THOMSON REUTERS
REVISTA DOS TRIBUNAIS™

MANUAL DE
DIREITO PROCESSUAL CIVIL

Diretora Responsável
GISELLE TAPAI

Diretora de Operações de Conteúdo
JULIANA MAYUMI ONO

Editores: Danielle Oliveira, Elisabeth Bianchi, Flávio Viana Filho, Henderson Fiirst e Iviê A. M. Loureiro Gomes

Editorial

Coordenação
JULIANA DE CICCO BIANCO

Analistas Editoriais: Amanda Queiroz de Oliveira, Andréia Regina Schneider Nunes, Flávia Campos Marcelino Martines, George Silva Melo, Georgia Renata Dias, Ivo Shigueru Tomita e Luara Coentro dos Santos

Técnicos de Processos Editoriais: Maria Angélica Leite e Paulo Alexandre Teixeira

Assistente Documental: Samanta Fernandes Silva

Capa: Andréa Zanardi

Coordenação Administrativa
RENATA COSTA PALMA E ROSANGELA MARIA DOS SANTOS

Assistentes: Karla Capelas

Editoração Eletrônica

Coordenação
ROSELI CAMPOS DE CARVALHO

Equipe de Editoração: Adriana Martins, Carolina do Prado Fatel, Gabriel Bratti Costa, Ladislau Francisco de Lima Neto, Luciana Pereira dos Santos, Luiz Fernando Romeu e Vera Lúcia Cirino

Produção Gráfica

Coordenação
CAIO HENRIQUE ANDRADE

Auxiliar: Rafael da Costa Brito

Dados Internacionais de Catalogação na Publicação (CIP)
(Câmara Brasileira do Livro, SP, Brasil)

Alvim, Arruda
Manual de direito processual civil / Arruda Alvim. -- 16. ed. rev., atual. e ampl. -- São Paulo : Editora Revista dos Tribunais, 2013.

Bibliografia.
ISBN 978-85-203-4870-3

1. Processo civil 2. Processo civil - Brasil 3. Processo de conhecimento I. Título.

13-07332 CDU-347.9(81)

Índices para catálogo sistemático: 1. Brasil : Direito processual civil 347.9(81) 2. Brasil : Processo civil 347.9(81)

ARRUDA ALVIM

MANUAL DE DIREITO PROCESSUAL CIVIL

16.ª edição revista, atualizada e ampliada

- Jurisdição e competência
- Teoria da ação
- Intervenção de terceiros
- Prova
- Sentença
- Tutela antecipada

Apontamentos sobre o Projeto do Código de Processo Civil

THOMSON REUTERS
REVISTA DOS TRIBUNAIS™

Manual de Direito Processual Civil

Arruda Alvim

16.ª edição revista, atualizada e ampliada

1.ª edição: 1977 – *2.ª edição:* 1986 – *3.ª edição:* 1990 – *4.ª edição:* 1992 – *5.ª edição:* 1996 – *6.ª edição, 1.ª tiragem:* 1997; *2.ª tiragem:* 1998 – *7.ª edição, 1.ª tiragem:* 2000; *2.ª tiragem:* 2001 – *8.ª edição:* 2003 – *9.ª edição:* 2005 – *10.ª edição:* 2006 – *11.ª edição:* 2007– *12.ª edição:* 2008 – *13.ª edição:* 2010 – *14.ª edição*: 2011 – *15.ª edição:* 2012.

Editora Revista dos Tribunais Ltda.

Giselle Tapai

Diretora responsável

Rua do Bosque, 820 – Barra Funda
Tel. 11 3613.8400 – Fax 11 3613.8450
CEP 01136-000 – São Paulo, SP, Brasil

Central de Relacionamento RT
(atendimento, em dias úteis, das 8 às 17 horas)
Tel. 0800-702-2433

e-mail de atendimento ao consumidor: sac@rt.com.br

Visite nosso *site:* www.rt.com.br

Impresso no Brasil [08-2013]

Universitário (texto)

Fechamento desta edição [07.08.2013]

ISBN 978-85-203-4870-3

Aos meus netos

Rafael de Arruda Alvim Pinto,

Pedro de Arruda Alvim Wambier,

Henrique Leão de Arruda Alvim,

José Manoel de Arruda Alvim *e*

João Pedro Leão de Arruda Alvim

Prefácio à 16.ª Edição

Nesta edição procurou-se atualizar, com doutrina e jurisprudência sucessivas, em relação à edição precedente. Ademais disto, em praticamente todos os capítulos está feita referência minudente ao Projeto de Novo CPC (Projeto 8.046/2010), com a redação atualmente conhecida, da Câmara dos Deputados, antes da votação por este corpo legislativo.

Para isto contamos com o trabalho de valor inestimável da Profa. Dra. Clarissa Diniz Guedes, Doutora em Direito pela USP e Mestre em Direito pela UERJ e também do advogado Leonard Schmitz, Mestrando da PUC-SP, ambos na área do Direito Processual Civil. A eles agradeço o esforço e o trabalho exemplar realizado.

O Autor

Prefácio à 15.ª Edição

Após a inserção, na edição precedente, das proposições legislativas em trâmite no Senado Federal e na Câmara dos Deputados, buscou-se ampliar e aprimorar os comentários especialmente sobre o Projeto de Novo Código de Processo Civil (PLS 166/2010, aprovado no Senado Federal em dezembro de 2010 e remetido à Câmara dos Deputados, onde tramita como PL 8.046/2010).

Também foram revistas e atualizadas as referências doutrinárias, legislativas e jurisprudenciais.

Agradeço a revisão feita por Clarissa Diniz Guedes, mestre em direito pela Universidade do Estado do Rio de Janeiro e doutoranda na Universidade de São Paulo, bem como a revisão feita pela equipe da Editora Revista dos Tribunais.

O Autor

PREFÁCIO À 14.ª EDIÇÃO

Nesta nova edição buscou-se atualizar a obra mediante inserção das proposições legislativas em trâmite no Senado Federal e na Câmara dos Deputados, especialmente daquela que se refere ao Projeto de Novo Código de Processo Civil (PLS 166/2010, recentemente aprovado no Senado Federal e remetido à Câmara dos Deputados).

No Capítulo I da Primeira Parte (22-B), descrevemos de forma ampla o conteúdo e as tendências do Novo Código de Processo Civil. Além disso, conforme a matéria assim o exigisse, em alguns outros capítulos, as inovações propostas para o Novo Código de Processo Civil foram alvo de tópicos específicos; em outros, foram feitas remissões no decorrer do texto.

Procurou-se reorganizar e imprimir maior clareza às anotações que, em virtude das sucessivas atualizações da obra, apresentavam-se muito extensas.

Suprimiu-se da Primeira Parte deste *Manual* o capítulo que tratava da competência na Comarca de São Paulo. A alteração deveu-se tanto à especificidade do tema quanto ao fato de que as normas estaduais ali referidas, antes de difícil acesso, já se encontram difundidas nos endereços eletrônicos dos órgãos oficiais (Tribunal de Justiça e Assembleia Legislativa do Estado de São Paulo). Com isso, transferiu-se o tratamento das questões relativas aos "foros" regionais aos capítulos que versam sobre a organização judiciária (Capítulo V da Primeira Parte) e a competência (Capítulo VI).

Apesar do curto lapso de tempo transcorrido desde a última atualização, foram revistas e atualizadas as referências doutrinárias e jurisprudenciais.

O AUTOR

Prefácio à 13.ª Edição

Essa 13.ª edição reúne o que antes eram os dois volumes do nosso *Manual de Direito Processual Civil*; não houve modificação substancial quanto às matérias abordadas, mas, apenas, por questões práticas, unificou-se o que antes eram dois livros.

As únicas modificações quanto ao conteúdo podem ser atribuídas à necessidade constante de atualização da obra.

Nesse passo, foram realizadas anotações quanto à jurisprudência e inseridas algumas breves digressões que sintetizam nosso entendimento quanto a assuntos recentes, levando-se em consideração os reflexos das reformas processuais ocorridas nos últimos anos.

Em relação a alguns temas, revimos – ou refletimos sobre – algumas opiniões manifestadas num passado remoto ou próximo. Assim, por exemplo, o *status* não jurisdicional do juízo arbitral que, à luz da Lei 9.307/1996, não mais se sustenta; o consequente elastecimento do conceito de jurisdição; a natureza *radicalmente* preliminar – colocada em primeiro lugar, antes de outros aspectos preliminares – da repercussão geral no juízo de admissibilidade do recurso extraordinário, inviabilizada pela regulamentação da EC 45/2004; a compreensão da distinção entre juízo de admissibilidade da ação e juízo de mérito, que foi objeto de certa inovação por parte do entendimento de alguns Ministros do Superior Tribunal de Justiça.

A algumas dessas reflexões dedicamos tópicos específicos; a outras, meras anotações esparsas no corpo da obra. Isso foi determinado pela relevância que atribuímos a cada um desses temas para os efeitos do objetivo desse *Manual*.

Não quero deixar de agradecer a revisão feita pela Editora Revista dos Tribunais, e, particularmente, as de Clarissa Diniz Guedes e de Geraldo Vilaça, colegas de escritório, ela mestre em direito pela Universidade do Estado do Rio de Janeiro e doutoranda na Universidade de São Paulo e ele mestrando em Direito pela Pontifícia Universidade Católica de São Paulo.

O Autor

Prefácio à 12.ª Edição

Nesta décima segunda edição, procuramos atualizar a jurisprudência da obra, inserindo os acórdãos mais significativos surgidos entre a edição anterior e esta.

Agradecemos a colaboração dos Drs. Gilberto Bruschi e Antonio Notariano Júnior.

O Autor

PREFÁCIO À 11.ª EDIÇÃO

Nesta nova edição procurou-se atualizar este *Manual* em relação às modificações ocorridas desde a edição precedente. Assim, foram consideradas nesta atualização as modificações advindas das Leis 11.382/2006 ("execução de títulos extrajudiciais"), 11.417/2006 ("súmula vinculante"), 11.418/2006 ("repercussão geral"), 11.419/2006 ("processo eletrônico") e 11.441/2007 ("inventário, partilha, separação e divórcio por via administrativa"). Foi acrescentada, também, a indicação da doutrina que se produziu no período.

Agradecemos ao Dr. Eduardo Camargo Righi e à Dra. Mônica Bonetti Couto, justamente no auxílio inestimável nos pontos que demandavam alteração.

O AUTOR

Prefácio à 10.ª Edição

Na atualização desta nova edição, foram consideradas as alterações legislativas ocorridas entre o final do ano de 2004 e o início do ano de 2006, como, por exemplo, a Lei 11.187/2005, que alterou o procedimento do recurso de agravo, a Lei 11.232/2005, que estabeleceu novo procedimento para a liquidação e a execução da sentença condenatória, além das várias modificações decorrentes das recentíssimas Leis 11.275/2006, 11.277/2006 e 11.280/2006, bem como as modificações advindas da Emenda Constitucional n. 45/2004, e as implicações daí decorrentes. Foi acrescentada, também, indicação de doutrina que se produziu neste mesmo espaço de tempo.

Foram feitas significativas atualizações em relação à jurisprudência, tendo-se levado em consideração as mais recentes evoluções das orientações dos Tribunais. Tomou-se o cuidado de selecionar as decisões citadas, levando-se em conta a qualidade dos julgados citados (p. ex., em razão de apontar para a alteração de um dado entendimento, ou em virtude de se tratar de julgado bem fundamentado, que melhor explique os motivos da orientação adotada). As decisões proferidas anteriormente foram mantidas, atentando-se aos mesmos critérios, e apenas quando não localizadas decisões mais recentes, sobre o mesmo tema.

O autor expressa seus melhores agradecimentos aos ilustres juristas, Professores Teresa Arruda Alvim Wambier (Didi, minha filha), Luiz Rodrigues Wambier e José Miguel Garcia Medina, cuja colaboração para esta décima edição foi absolutamente inestimável.

O Autor

Prefácio à 9.ª Edição

Nesta nova edição procurou-se atualizar este Manual em relação às modificações ocorridas desde a edição precedente. Agradecemos, ainda, à Dra. Mônica Bonetti Couto, justamente no auxílio dos pontos que demandavam alteração.

O Autor

Prefácio à 8.ª Edição

Procurou-se atualizar esta oitava edição, consideradas as alterações legislativas que ocorreram entre esta e a edição precedente, especialmente diante das recentes Leis 10.352, 10.358/2001 e 10.444/2002, fazendo-se referência, também, ao novo Código Civil, aprovado pela Lei 10.406, de 10.01.2002, bem como acrescentando-se alguma doutrina, publicada nesse mesmo período e agregando ao trabalho algumas decisões, cuja referência nos pareceu dever ser feita. Consigna-se o nosso agradecimento à Dra. Mônica Bonetti Couto que, exemplarmente, nos auxiliou na identificação dos locais onde foram feitas as atualizações decorrentes das mais recentes leis.

Ainda que tenham sido revogados os dispositivos do Código Civil de 1916 (Lei 3.071/1916), por inúmeras vezes citados neste trabalho, pareceu-nos válido manter, nesta atualização, para fins históricos e didáticos, a menção aos dispositivos do Código Civil de 1916, fazendo a correspondência destes, quando cabível, aos preceitos do novo Código Civil de 2002.

O Autor

Sumário

II – REVISÃO DOGMÁTICA
DO DIREITO PROCESSUAL CIVIL –
SUA CORRESPONDÊNCIA À EVOLUÇÃO
DO SISTEMA JURÍDICO

III – AS NORMAS PROCESSUAIS CIVIS

IV – DA JURISDIÇÃO – O ESTADO DE DIREITO E A FUNÇÃO JURISDICIONAL

V – FUNÇÕES E ÓRGÃOS DO PODER JUDICIÁRIO – ORGANIZAÇÃO JUDICIÁRIA

VI – DA COMPETÊNCIA

VII – A JUSTIÇA FEDERAL

XV – DO MINISTÉRIO PÚBLICO

XVI – DO ADVOGADO

SEGUNDA PARTE

I – DOS SUJEITOS DO PROCESSO

II – REPRESENTAÇÃO EM JUÍZO
DAS PESSOAS JURÍDICAS

III – REPRESENTAÇÃO DOS ENTES
DESPERSONALIZADOS

IV – DO LITISCONSÓRCIO

VIII – DA DENUNCIAÇÃO DA LIDE

IX – DO CHAMAMENTO AO PROCESSO

X – DA PETIÇÃO INICIAL

XI – DAS COMUNICAÇÕES DOS ATOS PROCESSUAIS

XII – DA RESPOSTA DO RÉU

XIII – DA REVELIA

XIV – DA MODIFICAÇÃO DO LIBELO

XV – DA SUSPENSÃO DO PROCESSO

XVI – DA TUTELA ANTECIPADA

XVII – DO JULGAMENTO CONFORME O ESTADO DO PROCESSO

XVIII – CONCEITO JURÍDICO DA PROVA

XIX – A PROVA E OS PRINCÍPIOS REGENTES DO DIREITO PROCESSUAL CIVIL

XX – CLASSIFICAÇÃO GERAL DAS PROVAS

XXI – ÔNUS DA PROVA

XXII – MOMENTOS DA PROVA

XXIII – DA PROVA DOCUMENTAL

XXIV – DA PROVA TESTEMUNHAL

XXV – DO DEPOIMENTO PESSOAL

XXVI – DA CONFISSÃO

XXVII – DA PROVA PERICIAL

XXVIII – DA INSPEÇÃO JUDICIAL

XXIX – INDÍCIOS E PRESUNÇÕES

XXX – DAS AUDIÊNCIAS:
PRELIMINAR E DE INSTRUÇÃO E JULGAMENTO

XXXI – DA SENTENÇA

PRIMEIRA PARTE

I

DIREITO PROCESSUAL CIVIL

1. Denominação e âmbito

Contemporaneamente, nossa disciplina é chamada de Direito Processual Civil. Quer entre nós, quer no Direito estrangeiro, é o nome usual. Antigamente, era utilizado o nome de Direito Judiciário Civil, expressão hoje criticada pela circunstância de que não abrangia o processo de execução, que também é atividade jurisdicional. Dizia respeito, o Direito Judiciário (por causa da origem do termo *juditium*), somente à atividade do juízo, entendida esta predominantemente como atividade lógico-jurídica, declaratória *lato sensu* da existência ou não do direito postulado, em especial a do processo de conhecimento. Por outro lado, a denominação é ampla demais, compreendendo outros assuntos, como o da organização judiciária, por exemplo, o qual não se pode dizer integrante do conceito de Direito Processual Civil, no que respeita à sua essência, embora tradicionalmente venha sendo estudado nesta disciplina.

Para delimitarmos o âmbito do processo civil, devemos tecer algumas considerações propedêuticas,[1] sendo necessário atentar-se para a circunstância de que este ramo do Direito se destina somente à solução das "lides civis". O critério fundamental, pois, é identificar a *matéria* da lide. Desta forma, se, do fato ocorrido, o legislador fizer decorrer consequências jurídico-penais, e, pois, havendo uma contravenção ou crime, *ipso facto* estaremos no campo do processo penal e não do processo civil, embora esta discriminação entre a lide civil e o delito se fixe dentro da Justiça comum (civil e penal); se as consequências forem de Direito Privado, ou mesmo se forem de Direito Público (Administrativo, ou qualquer outro ramo de Direito Público), o processo será o civil, em varas especializadas da Fazenda Pública, se existirem. Conquanto seja este o critério usual, poderá, entretanto, deixar margem para dúvida. Lide civil será a lide não penal,[2] nesse primeiro sentido. Havendo dúvida sobre a natureza da lide, de início, devemos verificar se não é ela de natureza penal. Se não for penal e não estiver inserida dentre as da jurisdição especial, será civil.

---

1. V. nosso *Curso de direito processual civil*, vol. 1/1, e *Direito processual civil* – TGPC, vol. 1, p. 15 e especialmente p. 35 *et seq*. Mais amplamente, v. nosso *Tratado de direito processual civil*, vol. 1, p. 1-141.

2. A expressão "lide penal" (com o objetivo de se distinguir lide civil da penal) poderá ensejar dúvidas atinentes à sua propriedade no contexto do Direito Processual Penal. Foi utilizada – para quem creia ser ela, efetivamente, inadequada – *facilitatis causa*. Cumpre notar, entretanto, que doutrina autorizada dela faz uso (cf. José Frederico Marques, *Elementos de direito processual penal*, vol. 1, n. 3, p. 11-13; Fernando da Costa Tourinho Filho, *Código de processo penal anotado*, vol. 1, p. 91).

Portanto, o critério mais preciso, *nas hipóteses em que haja dúvida,* para encontrarmos uma lide civil é o de se trabalhar por exclusão, excluindo-se, desde logo, do rol das lides civis as que se constituem atualmente na matéria das jurisdições especiais (militar [art. 122 *et seq.* da CF], trabalhista [art. 111 *et seq.* da CF] e eleitoral [art. 118 *et seq.* da CF]), pois estas se destacaram, com o correr dos tempos, da chamada jurisdição comum, pela qual estavam antes abrangidas, na qual cabiam antigamente. Desta forma, diante de hipóteses de dúvida, dever-se-á, primeiramente, examinar se se trata ou não de uma lide inserida no rol de atribuições de uma das jurisdições especiais. Não se verificando esta hipótese, dever-se-á cair na jurisdição comum, com o que, todavia, não se terá, ainda, resolvido de vez o problema, pois a jurisdição comum, a seu turno, encontra-se dividida em dois grandes troncos: o civil e o penal. Aqui, também, o critério a ser utilizado pelo intérprete é o mesmo. É mais fácil, *se houver dúvida,* sabermos quando estamos ante casos penais, pelos traços marcantes que definem as figuras típicas no Direito Penal. Assim, se chegarmos à conclusão de que não serão aplicadas, por meio do processo, normas materialmente penais, concluiremos, por exclusão, que estamos diante de uma lide civil, entendida esta expressão *lato sensu.* Isto significa que se aplicará o processo civil para resolver essa lide, ou, em outros termos, utilizar-se-á o Código de Processo Civil (art. 1.211, primeira parte). A este propósito, é necessário se ter presente que a aplicação do Código de Processo Civil, se houver lei específica, se fará apenas subsidiariamente, pois, nesse caso, *principaliter*, aplicar-se-á a lei especial, de que se cogite (*v.g.*, Lei 8.078/1990, art. 90; Lei 8.069/1990, arts. 152 e 212, § 1.º; Lei 7.347/1985, art. 19; Lei 6.515/1977, art. 40, § 2.º;[3] Lei 4.717/1965, art. 22; Dec.-lei 3.365/1941, art. 42 etc.). Se isto ocorrer, valerá o sistema do Código de Processo Civil, em regra, exclusivamente naquilo que não colidir com o que estiver *especialmente disposto* em tais múltiplas leis (por exemplo, o Dec.-lei 3.365/1941, no art. 42, diz que, omissa essa lei de desapropriação, aplicar-se-á o Código de Processo Civil; semelhantemente, *v.* o art. 1.º da Lei 6.830/1980, quanto à execução fiscal, o art. 19 da Lei 7.347/1985, em relação ao procedimento da ação civil pública, e o art. 189 da Lei 11.101/2005, que regula a recuperação judicial, a extrajudicial e a falência do empresário e da sociedade empresária). Nestes casos, portanto, é necessário algum cuidado por parte do aplicador da lei.[4]

Forma-se o processo em decorrência de alguém resistir, extraprocessualmente, à pretensão de outrem e este recorrer à ação,[5] sendo esta a hipótese mais comum (ação condenatória). Se se criar uma incerteza objetiva, cabe ação declaratória de existência ou inexistência de relação jurídica, e, se o objetivo for o da modificação, extinção ou "criação" de relação jurídica, constitutiva será a ação. Há, contemporaneamente, entre nós, forte tendência, já consagrada em direito positivo,

3. A Lei 11.441/2007 inseriu no CPC o art. 1.124-A, permitindo que se realize separação e divórcio consensual por escritura pública. Todavia, o exemplo mantém-se válido para os casos em que o casal tenha filhos menores ou incapazes. O art. 40, § 2.º, da Lei 6.515/1977 continua, portanto, regendo o divórcio consensual em tais hipóteses.

4. Nesse sentido: Ernane Fidelis dos Santos, Aplicação subsidiária de normas do processo de conhecimento no processo de execução, *Revista de Processo* (*RePro*) 29/41. Referido autor anota que "a aplicação do princípio da subsidiariedade, porém, requer cuidados, pois não se pode fugir dos princípios elementares que especificam o tipo de processo. Tanto o processo de conhecimento, quanto o de execução e o cautelar têm seus fundamentos próprios, exatamente pela diversidade da forma de provimentos jurisdicionais que, através deles, são postulados".

5. Cf. nosso *Curso*... cit., p. 3; v. ainda p. 54, notas 10 a 12, e *Direito processual civil* – TGPC, vol. 1, p. 94, nota 105.

para a solução de conflitos mediante ação/sentença mandamental.[6] À primeira modalidade pode seguir-se execução de sentença condenatória, a qual se consubstancia numa das possíveis espécies de título executivo, que, no caso, é o judicial (cf. art. 475-N, I, na redação da Lei 11.232/2005, que é similar ao art. 584, I, revogado pela mesma Lei). Como denominador comum, entre estas três espécies de ações, deve haver ilícito imputado à conduta (omissiva ou comissiva) do réu.[7]

Se alguém for o beneficiário de título extrajudicial, proporá, verificado inadimplemento da obrigação (caracterizada ao nível do processo de execução), que estiver configurada num documento a que a lei confira eficácia de título executivo (art. 580, *caput*, e 475-N), a execução prescindirá do processo de conhecimento, para o fim de formação do título. Todavia, como não poderia deixar de ser, pelo princípio do contraditório, a defesa oponível tem a dimensão/profundidade de uma contestação (art. 745).

A resistência à pretensão, obstando a submissão do interesse de um ao do outro, gera o conflito de interesses. Esse conflito de interesses, ocorrido na vida social, é, através do pedido do autor, feito ao Estado-juiz, trasladado da vida social, enquadrado num esquema jurídico e colocado diante de uma autoridade imparcial, o juiz, que até este momento o ignorava. É a lide ou o objeto litigioso.[8] Para o juiz não interessa, propriamente, o conflito de interesses (tal como sociologicamente preexistente à propositura da ação), mas, sim, como este lhe seja apresentado pelo autor em sua petição inicial (v. arts. 282, 128 e 460, *caput*). A parte do conflito de interesses não reduzida à lide é juridicamente irrelevante, mesmo porque dela não pode o juiz conhecer (art. 128).[9]

---

6. Julgamos que as chamadas *ação e sentença* mandamentais têm peculiaridades que as diferenciam das ações declaratórias, constitutivas e condenatórias. Cf. n. 24, *infra*, e, na segunda parte deste *Manual*, n. 303.

7. É necessário distinguir-se tais ilícitos, considerando, também, como haverá de ser a correção destes pela sentença e como os efeitos desta se projetam no campo da realização do direito. Em relação à ação condenatória, há de dizer-se que a respectiva sentença de procedência comporta uma fase de execução (fase de cumprimento de sentença), dentro do mesmo processo, com base em tal sentença, que se constitui no epílogo da fase de conhecimento e na base ou "prólogo" da fase de execução. A condenação para pagar comporta execução por quantia líquida e certa, nos termos do art. 475-J e ss., inseridos pela Lei 11.232/2005 (se a condenação não for líquida, necessário será, previamente, apurar-se essa liquidez, cf. arts. 475-A e ss., na redação da Lei 11.232/2005). Antes da Lei 10.444/2002, as sentenças condenatórias de obrigações de fazer e de não fazer comportavam execução, igualmente, mas, se o devedor não cumprisse a condenação, convertiam-se em perdas e danos (arts. 633, em relação às obrigações de fazer, e 643, do CPC, no que tange às obrigações de não fazer). O mesmo se diga em relação às obrigações de entrega de coisa (art. 627 do CPC). Ou, por outras palavras, nas obrigações de fazer ou de não fazer e nas de entrega de coisa, ou o devedor as cumpria, ou, então, dificilmente, pela ausência de meios indiretos que coagissem o devedor, o resultado deixava de ser o das perdas e danos. Atualmente, as perdas e danos são relegadas a plano secundário, com o sistema dos arts. 461 e 461-A, do CPC, que se aplicam respectivamente à execução de sentenças relativas a obrigação de fazer e não fazer (art. 644) e de entrega de coisa (o art. 621 restringe-se expressamente à execução fundada em título *extrajudicial*).

8. Cf. *Direito processual civil* – TGPC, vol. 2, 6.ª parte, letra *j*, § 1.º, p. 107 *et seq*.

9. Nesse sentido, é falha a distinção feita por Carnelutti, em *Sistema di diritto processuale civile*, vol. 1, p. 40, 231 e 250, entre lide total e parcial, pois o que interessa é o que tenha sido trazido ao juiz, exclusivamente. Correto Liebman, em *Estudos sobre o processo civil brasileiro*, p. 114 *et seq*. Outrossim, no Direito alemão, exaustivamente, demonstrou-se que o objeto litigioso do processo é o pedido do autor (cf. n. 131, *infra*).

2. O processo contencioso e o de jurisdição voluntária

Desde que surja um conflito de interesses na vida social, cuja composição (= eliminação) pelas partes não tenha sido possível, se houver pedido, impõe-se a intervenção de uma ou mais pessoas desinteressadas no conflito (são as que ocupam os órgãos do Poder Judiciário), para que se consiga a respectiva solução, de forma definitiva e estável (coisa julgada – *v.* art. 467). Isto é, grosso modo, o processo contencioso, visto pela sua função e pelo seu resultado.

A jurisdição voluntária, por sua vez, constitui-se em atividade intrinsecamente administrativa, e não jurisdicional. Trata-se da administração pública de interesses particulares, que cabe ao Poder Judiciário. Assim foi, historicamente, e é também no Direito estrangeiro.

A jurisdição voluntária é, nessa medida, uma anomalia no quadro sistemático das funções estatais, atribuída que tem sido esta tarefa administrativa ao Judiciário; isto porque a administração, num Estado de Direito, cabe primordialmente ao Poder Executivo. A jurisdição voluntária cabe, entretanto, privativamente ao Poder Judiciário.[10]

Esta anomalia existe há muito tempo, e a atividade de jurisdição voluntária, porque se foi agregando à função jurisdicional, hoje está formalmente integrada na disciplina do Direito Processual Civil (*v.* art. 2.º, do CPC, pois nos arts. 2.º e 1.104 alude o CPC a *interessado*), com peculiaridades (*v.* arts. 1.103 e 1.112, particularmente).

2-A. O processo judicial e os métodos alternativos de solução de conflitos

Se nos concentrarmos na essência da função exercida pelo processo civil – ressalvados os procedimentos de jurisdição voluntária que, como assinalado, não se destinam a solucionar litígios propriamente ditos – temos que seu objetivo primordial consiste na resolução de conflitos.

Em princípio, o estudo do Direito Processual Civil destinava-se ao exame da consecução deste objetivo pela via judicial, até porque preponderava o entendimento, hoje bastante questionado, de que a função jurisdicional deveria ser exclusiva dos entes estatais.

Já na atualidade, observa-se considerável evolução de outros mecanismos de solução de conflitos, tais como a arbitragem, a mediação e a conciliação, que escapam à via estritamente judicial.[11]

Devido aos reflexos da utilização destes meios alternativos de solução de conflitos sobre o estudo do processo judicial, seja por contribuírem efetivamente com a função estatal de pacificação social, seja pelo interesse na análise comparativa entre esses métodos e a via judicial, verifica-se o crescente interesse da processualística moderna sobre o tema.

Em razão disso, evidencia-se o alargamento do objeto da ciência do Direito Processual Civil, antes entendida como o estudo dos princípios e normas atinentes ao processo judicial (de jurisdição contenciosa e voluntária), de molde a abranger, hodiernamente, as diversas formas de solução de conflitos existentes na sociedade, independentemente de constituírem função jurisdicional.

3. Definição de Direito Processual Civil

A definição de Direito Processual Civil, para ser abrangente de tudo o que sua

10. V. nosso *Curso*... cit., vol. 1, n. 40, p. 174. Tem a sentença uma vulnerabilidade (art. 1.111 do CPC) que não tem a do processo contencioso.

11. Cf. Mauro Cappelletti, Os métodos alternativos de solução de conflitos no quadro do movimento de acesso à justiça, *Revista de Processo*, ano 19, n. 74, abr.-jun. 1994, p. 84/88. Sobre a natureza da atividade arbitral, remetemos o leitor ao Capítulo IV da presente obra, mais especificamente ao item 52-A.

disciplina compreende, tem que considerar tanto a parte contenciosa como a jurisdição voluntária.

Podemos, assim, definir o Direito Processual Civil como sendo o sistema de princípios e normas que regulam o funcionamento da jurisdição civil, tendo em vista o exercício do direito da ação, que contenha lide civil, e o direito de defesa, bem como a estruturação infraconstitucional dos órgãos do Poder Judiciário e seus auxiliares – exceto o que respeita à organização judiciária – e, ainda, a disciplina de todos os casos de jurisdição voluntária[12] e os métodos de solução de conflitos que extrapolem a via judicial.

4. Princípios informativos e fundamentais do processo civil[13]

Os princípios informativos são regras predominantemente técnicas e, pois, desligados de maior conotação ideológica, sendo, por esta razão, quase que universais. Já os denominados princípios fundamentais do processo são diretrizes nitidamente inspiradas por características políticas, trazendo em si carga ideológica significativa, e, por isto, válidas para os sistemas ideologicamente afeiçoados aos princípios fundamentais que lhes correspondam.

Comportam, os princípios fundamentais, por isso mesmo, princípios antagônicos. Assim, *v.g.*, ao do dispositivo pode-se contrapor o oficioso (inquisitório); ao da oralidade, o do processo inteiramente escrito etc.

Os princípios informativos, que, em verdade, se poderiam considerar quase que axiomas, porque prescindem de demonstração maior, são os seguintes: a) lógico; b) jurídico; c) político; e d) econômico.[14]

a) A estruturação do processo tem de ser lógica, pois atende a uma finalidade, à qual, racionalmente, se devem dirigir todos os atos, culminando todos eles na sentença, que é atividade intelectiva, sem deixar de ser volitiva, na medida em que o juiz concretiza a vontade da lei, pois, sentenciando, formula uma norma concreta, geneticamente ligada à norma abstrata. Como exemplo de dispositivo legal em que existe, nitidamente, um reflexo deste princípio, veja-se o art. 301 do CPC, que estabelece uma ordem para a defesa do réu, devendo ser as questões preliminares alegadas antes do mérito (ou da decisão que haja posto fim ao processo, *sem apreciação do mérito*). Nisto está implicado, *ao menos como princípio*, deverem estar as preliminares decididas anteriormente àquele (art. 560 do CPC), da mesma forma que as decisões interlocutórias, porque precedentes ao mérito, hajam, no Tribunal, de ver os recursos que lhes digam respeito (agravos de instrumento ou retidos) apreciados antes do recurso da decisão final, que é a apelação (art. 559 e parágrafo único, do CPC). As alegações constantes do art. 301 do CPC, muitas delas (*v.* incisos III, IV, V, VI, VIII, IX, X), são correlatas ou correspondentes às hipóteses de extinção do processo sem resolu-

---

12. Inaceitáveis, outrossim, as considerações tecidas por Carnelutti, em *Istituzioni di diritto processuale civile*, 5. ed., cap. II, n. 18, p. 17 *et seq.*, pretendendo que na jurisdição voluntária haja "função preventiva" do processo. Os casos de jurisdição voluntária são taxativos e, entre nós, como em todo o mundo ocidental, não tiveram maior desenvolvimento, porquanto, no contexto de nossa civilização, é pequena a esfera de ingresso do Estado no âmbito da liberdade individual. Entre nós, já ao final do séc. XX, Celso Agrícola Barbi apontou a finalidade preventiva como característica da jurisdição voluntária – *Comentários ao Código de Processo Civil*, vol. 1, n. 9, p. 14.

13. V. nossos *Curso*... cit., n. 2, p. 6, e tb. *Direito processual civil*–TGPC, vol. 1/110; v. tb. nosso *Tratado*... cit., vol. 1, p. 81-103.

14. Cf. Mancini, *Commentario al Codice Sardo*, vol. 2/10, em que originariamente expôs a definição desses princípios. Sobre essa definição, v. Arruda Alvim, *Código de Processo Civil comentado*, vol. 1/54, 1975; v. tb. nosso *Tratado*... cit., vol. 1, p. 81.

ção de mérito (art. 267, do CPC, cf. respectivamente os incisos I, II, IV, V, VI e VII), o que significa que, no plano lógico, a extinção sem resolução de mérito deve ser efetivada (se incidente qualquer das hipóteses do art. 267, do CPC), obstando-se, desta forma, a resolução do mérito, eis que, incidente o art. 267, inexistiam (*lato sensu*) condições para a decisão do mérito (= decisão que verse sobre o bem da vida, propriamente dito, em jogo no processo). Há, pois, na própria estrutura do sistema processual (entre as alegações e tipos de decisões possíveis), uma ordenação lógico-positivo-jurídica das questões preliminares e de fundo, o que deve repercutir numa prioridade *cronológica* para o julgamento das preliminares e apreciação dos recursos a essas relativos, em relação ao julgamento do recurso da decisão final.

b) Pelo princípio jurídico, o processo tem de submeter-se a um ordenamento preexistente, e, se este se alterar, estando em curso o processo, os atos já realizados devem ser respeitados (art. 1.211, segunda parte, CPC). Manifestação desse princípio, correlacionado com o direito intertemporal, é a regra consistente em que a data da intimação da sentença determina o recurso cabível, seu prazo, seu regime jurídico etc., tudo de acordo com a lei processual então vigente. Nada impede que o recurso seja manifestado antes da intimação, desde que o advogado se dê por ciente da decisão, sentença ou acórdão.[15] Vale dizer, há uma situação ou um direito processual adquirido ao recurso existente àquela data.[16] Assim, só haverá prestação de tutela jurisdicional "nos casos

15. *RJTJESP* 102/42. A Corte Especial do STJ estabeleceu que, se o advogado tomou ciência da decisão e interpôs o recurso antes de sua publicação na imprensa oficial, protocolizando o recurso, tal recurso não pode ser tido por intempestivo: STJ, AgRg no EREsp 492.461/MG, Corte Especial, j. 17.11.2004, rel. p/acórdão Min. Eliana Calmon. Tal entendimento foi reforçado pela atual tendência de publicidade dos atos decisórios por meio eletrônico, previamente à publicação oficial (*cf.*: STJ, AgRg nos EDcl no Ag 1067981/SC, 3.ª T., j. 23.02.2010, rel. Min. Nancy Andrighi, *DJe* 05.03.2010; STJ, REsp 942.018/SP, 2.ª T., j. 06.08.2009, rel. Min. Eliana Calmon, *DJe* 21.08.2009; STJ, EAg 522249/RS, Corte Especial, j. 02.02.2005, rel. Min. José Delgado, *DJ* 04.04.2005). Em sentido contrário à jurisprudência dominante naquela Corte: STJ, AgRg no Ag 1324686/PR, 5ª T., j. 03.05.2011, rel. Min. Napoleão Nunes Maia Filho, *DJe* 30.05.2011.

16. Diante da edição da Lei 9.756/1998, a doutrina manifestou-se a respeito de sua vigência, como lei de aplicação imediata, porque assim editada é *lei processual*, mas sem caráter retroativo (v. *Aspectos polêmicos e atuais dos recursos cíveis de acordo com a Lei 9.756/1998*, coordenado pela Prof.ª Teresa Arruda Alvim Wambier, com posições nos vários trabalhos escritos, neste sentido, de Nelson Nery Jr., p. 479-482; Vicente Greco Filho, p. 608 [que, todavia, refere-se à lei *da data de interposição*]; Teresa Arruda Alvim Wambier, que se estende sobre o assunto, p. 579-583).

Quanto às Leis 10.352/2001, 10.358/2001 e 10.444/2002, v. Luiz Rodrigues Wambier, Teresa Arruda Alvim Wambier e José Miguel Garcia Medina, *Breves comentários à nova sistemática processual civil*, p. 395 e ss. Quanto à incidência das referidas Leis, cf. os seguintes julgados: STJ, REsp 480.547/MS, 2.ª T., j. 03.04.2003, rel. Min. Franciulli Netto, *DJ* 30.06.2003, p. 208; STJ, REsp 226.878/RS, 1.ª T., j. 06.08.2002, rel. Min. Milton Luiz Pereira, *DJ* 30.09.2002, p. 163; STJ, REsp 556.312/SP, 4.ª T., j. 26.10.2004, rel. Min. Aldir Passarinho Júnior, *DJ* 28.02.2005, p. 327; STJ, REsp 713.119/PR, 1.ª T., j. 03.05.2005, rel. Min. Teori Albino Zavascki, *DJ* 16.05.2005, p. 265. Na doutrina: Galeno Lacerda, *O novo direito de processo civil e os feitos pendentes*, p. 20; José Olympio de Castro Filho, *Comentários ao Código de Processo Civil*, p. 332; Haroldo Valladão, *Comentários ao Código de Processo Civil*, p. 89; J. C. Barbosa Moreira, *Comentários ao Código de Processo Civil*, vol. 5, n. 150-151, p. 269-273. Antes do Código de Processo Civil vigente, no mesmo sentido: Arruda Alvim, *Curso de direito processual civil,* vol. 1, capítulo III, n. 13, com doutrina e farta indicação de jurisprudência na vigência do CPC/1939.

e formas legais" (art. 2.°, compreendendo-se na expressão *tutela jurisdicional* a jurisdição voluntária – CPC, arts. 1.104 e 2.°).

c) A vitalidade de um dado sistema processual prende-se necessariamente a determinadas premissas *políticas*, que informam o sistema e que têm de ser conhecidas para a feitura correta da lei e para a sua aplicação. Como exemplo, podemos apontar a indeclinabilidade do dever de sentenciar (art. 126), que recolhe sua raiz do texto constitucional, no próprio art. 5.°, XXXV, da CF. É preciso que se decida à luz e conforme o ordenamento, o que responde também ao mesmo mandamento constitucional citado, o qual determina não poder nenhuma lesão de direito, ou ameaça de lesão, ser subtraída à apreciação do Judiciário. Ora, se o juiz se negasse a decidir, *ipso facto*, por omissão estariam sendo maculados o sentido e a função da norma constitucional, que garante a plenitude de acesso ao Judiciário.

Para o Direito material existe o chamado *princípio da plenitude lógica do ordenamento jurídico*, que significa estarem todas as condutas da vida social submetidas à ordem jurídica. Justapostamente e ao lado deste princípio, precisamente para que não ocorram lesões, ou mesmo incertezas jurídicas objetivas, que não sejam reparadas ou suprimidas, respectivamente, há o chamado *princípio de pleno acesso ao Judiciário*, estampado na regra, já citada, do art. 5.°, XXXV, da CF. Acentue-se que, em face da redação do art. 5.°, XXXV, da CF, há, ao lado da previsão do acesso à justiça, a previsão de que neste está implicado o direito à cautelaridade, desde que se configurem os pressupostos de risco iminente de perecimento do direito.

No Brasil, não é possível se sustentar que um processo administrativo impeça o acesso ao Poder Judiciário, principalmente em face do art. 5.°, XXXV, que alude, ampliando o espectro do art. 153, § 4.°, primeira frase, da CF revogada, também a *ameaça* a direito, e em que não há o adjetivo *individual*, qualificando os direitos ameaçados ou ofendidos. Este direito à apreciação do Judiciário é reforçado pelos incisos LV e LIV do mesmo art. 5.°.

O art. 5.°, XXXV, não repetiu a segunda frase do art. 153, § 4.°, da CF anterior, em que se dizia que a lei poderia exigir, como condição de acesso ao Judiciário, que se esgotassem os caminhos no plano administrativo. A não obrigatoriedade do exaurimento das vias administrativas apenas é ressalvada quando se trate dos feitos desportivos, conforme dispõe a própria Constituição, nos §§ 1.° e 2.° do art. 217 e, a partir da Emenda Constitucional n.° 45/2004, quanto aos conflitos coletivos da competência da Justiça do Trabalho (art. 114, § 2.° da, CF).[17-18]

---

17. Dispõe o art. 114, § 2.°, da CF: "§ 2.° Recusando-se qualquer das partes à negociação coletiva ou à arbitragem, é facultado às mesmas, de comum acordo, ajuizar dissídio coletivo de natureza econômica, podendo a Justiça do Trabalho decidir o conflito, respeitadas as disposições mínimas legais de proteção ao trabalho, bem como as convencionadas anteriormente. (Redação dada pela EC n. 45, de 2004).

18. O Supremo Tribunal Federal já se pronunciou sobre a constitucionalidade desse dispositivo, tendo o Em. Relator para o acórdão das ADI 2.139-MC e ADI 2.160-MC, Min. Marco Aurélio, asseverado o seguinte: "No inciso XXXV do art. 5°, previu-se que 'a lei não excluirá da apreciação do Poder Judiciário lesão ou ameaça a direito'. (...) O próprio legislador constituinte de 1988 limitou a condição de ter-se o exaurimento da fase administrativa, para chegar-se à formalização de pleito no Judiciário. Fê-lo no tocante ao desporto, (...) no § 1° do art. 217 (...). (...) Também se tem aberta exceção ao princípio do livre acesso no campo das questões trabalhistas. Entrementes, a norma que versa sobre o tema está limitada aos chamados dissídios coletivos, às ações coletivas, no que se previu, no § 2° do art. 114 da CF (...). Constata-se, no entanto, que não se chegou a exigir, em si, a tentativa de solução da pendência, contentando-se a norma com a simples recusa de participação em negociação ou envolvimento em arbitragem. (...) Os dispositivos atacados não chegam, de forma

Pense-se, ainda no âmbito do esgotamento da via administrativa, *v.g.*, na hipótese de um ato administrativo ilegal que potencialmente ofenderia direito líquido e certo da parte, mas que seja ainda passível de ser vulnerado por meio de recurso com efeito suspensivo, sem qualquer ônus para o recorrente. Se o recurso administrativo, para ser interposto, estiver subordinado a oneração, há claramente negativa de acesso ao Judiciário. Mas, se assim não for, como no caso do Mandado de Segurança, o que se verifica é, apenas, descabimento desta medida.

O inciso I do art. 5.º da Lei 1.533/1951 considerava esta uma das hipóteses de não cabimento do mandado de segurança, disposição que foi mantida no inciso I do art. 5.º da Nova Lei do Mandado de Segurança (Lei 12.016, de 07.08.2009). Se o recurso administrativo, sem ônus, inibe os efeitos do ato, não há nem ameaça e muito menos lesão. Pelo menos não há *ainda*, só podendo a lesão produzir-se se e quando vier a ser improvido o recurso.

Este raciocínio não se aplica se o ato da administração for um ato omissivo (*v.g.*, há recusa de entrega de certidões), pois, em casos como este, mesmo tendo, em tese, efeito suspensivo o recurso, a lesão – se for o caso – já se estará produzindo. Neste sentido a Súmula 429, STF: "A existência de recurso administrativo com efeito suspensivo não impede o uso do mandado de segurança contra omissão da autoridade".[19] A Súmula 429, como se observou em acórdão do TFR,[20] aplica-se ao caso de recusa ou omissão da autoridade em praticar o ato, mesmo que comporte recurso, pois não há como falar-se em efeito suspensivo *útil*, desde que não se suspende omissão, e, sim, ação. Ainda que utilizado o recurso administrativo, a omissão poderá perdurar.

Conclui-se, pois, que não se pode estabelecer uma regra absoluta. Tudo virá a depender do bem jurídico pleiteado, de como o agir da Administração atinge *atualmente* o administrado e da conduta da Administração em relação ao administrado.

O que se pode asseverar é que a exigência de que se esgote a via administrativa para que só então se possa lançar mão do direito de ação, embora não seja *necessariamente* inconstitucional, significa uma restrição ao direito de ação, ainda que temporária.[21] Há decisões que francamente entendem que, ainda quando exigida em lei a exaustão das vias administrativas, sua falta não impede o acesso do interessado às vias judiciais.[22]

Questão relativa ao tema, e que tinha sido posta para discussão perante os Tribunais brasileiros, foi acerca da constitucionalidade, ou não, do art. 15 da Lei Delegada 4/1962, que condicionava a interposição de recurso administrativo perante a SUNAB ao prévio depósito de metade do valor da mul-

clara, precisa, direta, a revelar o obrigatório esgotamento da fase administrativa. É certo, versam sobre a atividade a ser desenvolvida pela Comissão de Conciliação Prévia, aludindo, até mesmo, à juntada do documento que venha a ser elaborado, no caso de insucesso na tentativa de conciliação, à petição inicial da ação trabalhista. Dispensável é esforço maior para atribuir-se ao que se contém no novo art. 625-D interpretação conforme o texto constitucional. Faço-o para assentar que as normas inseridas em nossa ordem jurídica pelo art. 1º da Lei 9.958/2000, mais precisamente pelo novo preceito da Consolidação das Leis do Trabalho, dele decorrente – art. 625-D –, não encerram obrigatória a fase administrativa, continuando os titulares de direito substancial a terem o acesso imediato ao Judiciário, desprezando a fase que é a revelada pela atuação da Comissão de Conciliação Prévia" (j. 13.05.2009, *DJE* 23.10.2009).

19. V. a respeito tb. *RTJ* 113/828 e STF, *RT* 631/235.
20. *RTFR* 57/149.
21. *RJTJESP* 92/161.
22. Cf. STJ, AgRg no RMS 17.050/DF, 5.ª T., j. 03.08.2004, rel. Min. Gilson Dipp, *DJ* 06.09.2004, p. 273.

ta, a título de "garantia de instância". A tese que pareceu ser a prevalecente foi a da *inconstitucionalidade* superveniente (*rectius*, há revogação desse art. 15, pela CF/1988) daquele dispositivo em face do comando do art. 5.º, XXXIV, *a* (garantia do direito de petição aos órgãos públicos, isento de taxas de qualquer espécie), LIV e LV (ampla defesa, contraditório e devido processo legal), da Constituição Federal. Assim decidiram os Tribunais Regionais Federais das 1.ª e 2.ª Regiões,[23] e mesmo o STJ, quando do julgamento do RMS 240/SP,[24] oportunidade em que se assentou a seguinte consequência a partir deste entendimento: "Nosso ordenamento jurídico não admite que se subordine a interposição de recurso administrativo ao pagamento prévio de taxa ou de multa. Enquanto a Administração condicionar o recebimento do apelo ao recolhimento de multa, não corre o prazo recursal. Nesta circunstância, não é lícito exigir que o paciente da multa interponha o recurso para depois formular o pedido de mandado de segurança. Ele pode pedir o amparo constitucional dentro dos cento e vinte dias, na forma do art. 18 da Lei 1.533/1951".

Mais recentemente, o STF decidiu que é inconstitucional a exigência do depósito da multa como condição de admissibilidade do recurso administrativo.[25]

Por certo, diante de uma lei que determine tal exaurimento, e diante de caso concreto "pendente" junto à Administração, o juiz não deverá, sequer, admitir a postulação dirigida ao Judiciário. Cria tal lei, desta forma, pressuposto processual negativo, conduzindo o juiz, legitimamente, à sentença de indeferimento liminar da petição inicial (art. 295, parágrafo único, III), uma vez que inexistirá, *si et in quantum*, possibilidade jurídica do pedido (= possibilidade jurídica de acesso ao Poder Judiciário); ou, então, se o processo indevidamente se tiver formado, havê-lo-á o magistrado de extinguir, sem resolução de mérito, sob o mesmo fundamento da existência de pressuposto processual negativo (art. 267, VI).

Trata-se, entretanto, de restrição temporária, que não se confunde, de forma alguma, com obstáculo imutável ou intransponível.

23. Neste sentido, cf. 1.ª T. do TRF da 2.ª Região (*IOB* 1/7688, 1/7529 e 1/7005); 3.ª T. do TRF da 1.ª Região (*IOB* 1/7314); 4.ª T. do TRF da 1.ª Região (*IOB* 1/7363 e *LEX STJ/TRF* 28/286). Conquanto extinta a SUNAB (Lei 9.618/1998), vale a hipótese como exemplo de que foram corretas as decisões afastando a garantia de instância administrativa. Mais recentemente, a jurisprudência do TRF da 2.ª Região se mostrava oscilante, a respeito. Não admitindo que a interposição de recurso administrativo seja condicionada ao pagamento de taxa ou multa: TRF, 2.ª R., Proc. 200402010061667-RJ, j. 31.08.2004, rel. Juiz Carreira Alvim, *DJ* 11.03.2005, p. 174. *Em sentido contrário*: TRF, 2.ª R., Proc. 200402010041371-RJ, j. 07.12.2004, rel. Juiz Poul Erik Dyrlund, *DJ* 21.12.2004, p. 44-45.

24. Ementa publicada no *DJU* I, 01.06.1992, p. 8.023. No mesmo sentido: STJ, REsp 89.597-SP, 1.ª T., j. 23.05.1996, rel. Min. José Delgado, *DJ* 17.06.1996, p. 21.467. *Em sentido contrário*: STJ, RMS 16.706/RJ, 2.ª T., j. 04.09.2003, rel. Min. Franciulli Netto, *DJ* 03.11.2003, p. 286.

25. "A exigência de depósito ou arrolamento prévio de bens e direitos como condição de admissibilidade de recurso administrativo constitui obstáculo sério (e intransponível, para consideráveis parcelas da população) ao exercício do direito de petição (CF, art. 5.º, XXXIV), além de caracterizar ofensa ao princípio do contraditório (CF, art. 5.º, LV). A exigência de depósito ou arrolamento prévio de bens e direitos pode converter-se, na prática, em determinadas situações, em supressão do direito de recorrer, constituindo-se, assim, em nítida violação ao princípio da proporcionalidade. Ação direta julgada procedente para declarar a inconstitucionalidade do art. 32 da MP 1.699-41 – posteriormente convertida na Lei 10.522/2002 –, que deu nova redação ao art. 33, § 2.º, do Dec. 70.235/1972" (STF, ADIn 1.976/DF, 1.ª T., j. 28.03.2007, rel. Min. Joaquim Barbosa, *DJ* 18.05.2007, p. 64).

Se for examinada a grande massa de normas que têm sido editadas desde o advento da Constituição Federal de 1988, poderão ser encontradas aquelas (leis ou medidas provisórias) que buscam a restrição (ou a regulação) da concessão de liminares em ações promovidas em face do Poder Público.

Neste sentido, dispunha o art. 1.º da Medida Provisória 375, de 23.11.1993, que tais restrições seriam aplicadas naquelas medidas cautelares requeridas com fulcro no Código de Processo Civil (art. 798), na antiga Lei de Mandado de Segurança (art. 7.º, II, Lei 1.533/1951) e na Lei da Ação Civil Pública (art. 12 e § 1.º, Lei 7.347/1985). Esta medida provisória foi, por assim dizer, *esquartejada* pelo Supremo Tribunal Federal quando da análise da liminar requerida na ADI 975-3/MS, rel. o Min. Carlos Velloso, como dá notícia Theotônio Negrão.[26] Após a manifestação do STF, a referida medida nunca foi apreciada pelo Congresso Nacional ou sequer reeditada pelo Presidente da República, fazendo incidir, portanto, a regra do então parágrafo único do art. 62 da CF.[27]

A Lei 8.437/1992, genericamente, acabou por estender a todas as ações, que, dirigidas (ou potencializadas) contra os atos praticados pelo Poder Público, podem assumir caráter cautelar (inclusive liminarmente), as restrições já encontradiças no sistema jurídico anterior à nova ordem constitucional para a concessão de liminares em se tratando de mandado de segurança. Essas restrições constavam de leis infraconstitucionais vigentes à época, algumas das quais foram expressamente revogadas pelo art. 29 da Lei 12.016/2009; outras foram revogadas apenas tacitamente, já que o art. 7.º, § 2.º, da referida Lei reproduziu as disposições nelas contidas. Assim, por exemplo, no procedimento cautelar ou em quaisquer outras ações de natureza cautelar ou preventiva, não é possível a concessão de liminares que pretendam a liberação de mercadorias, bens ou coisas de qualquer espécie quando procedentes do estrangeiro (restrição estabelecida pela Lei 2.770/1956, art. 1.º, não revogada expressamente pela Lei 12.016/2009, que faz referência a vedação similar no art. 7.º, § 2.º); que visem à reclassificação ou equiparação de servidores públicos e à concessão de aumento ou extensão de vantagens (art. 5.º da revogada Lei 4.348/1964 – restrição reproduzida no art. 7.º, § 2.º, da Lei 12.016/2009); ou, ainda, que objetivem pagamento de vencimentos e vantagens pecuniárias (art. 1.º, § 4.º, da revogada Lei 5.021/1966, – há restrição similar no citado art. 7.º, § 2.º da Lei 12.016/2009). Em razão da pretensão em aplicar-se a medida da antecipação de tutela contra o Poder Público, a Lei 9.494, de 10.09.1997, dispôs *restritivamente*, estabelecendo vedações, ou seja, "aplica-se à tutela antecipada prevista nos arts. 273 e 461 do Código de Processo Civil o disposto nos arts. 5.º e seu parágrafo único e 7.º da Lei 4.348, de 26.06.1964, no art. 1.º e seu § 4.º da Lei 5.021, de 09.06.1966, e nos arts. 1.º, 3.º e 4.º da Lei 8.437, de 30.06.1992".[28] O art. 7.º, §

26. *Código de Processo Civil e legislação processual em vigor*, p. 1.150.

27. Este artigo sofreu substanciais alterações por ocasião da edição da Emenda Constitucional 32/2001, que, dentre outras novidades, estabeleceu diversas limitações à edição de medidas provisórias. A redação do antigo parágrafo único corresponde atualmente, com alguma similaridade, ao seu § 3.º, que assim preceitua: "As medidas provisórias, ressalvado o disposto nos §§ 11 e 12 perderão eficácia, desde a edição, se não forem convertidas em lei no prazo de 60 (sessenta) dias, prorrogável, nos termos do § 7.º, uma vez por igual período, devendo o Congresso Nacional disciplinar, por decreto legislativo, as relações jurídicas delas decorrentes".

28. O STF julgou procedente a Ação Declaratória de Constitucionalidade referente ao art. 1.º da Lei 9.494/1997 (ADC 4, Pleno, j. 01.10.2008). Observe-se, porém, que, ainda sob a vigência

5.º, da Nova Lei do Mandado de Segurança (Lei 12.016/2009) reproduziu a restrição ali contida especificamente quanto ao mandado de segurança, determinando que as vedações relacionadas com a concessão de liminares previstas no citado dispositivo se estendam à "tutela antecipada a que se referem os arts. 273 e 461 da Lei 5.869, de 11 de janeiro de 1973 – Código de Processo Civil".

Além dos diplomas já referidos, não se pode esquecer, acerca do assunto, do art. 1.º da Lei 7.969/1989, que já estendia, genericamente, às ações cautelares propostas com arrimo no Código de Processo Civil, as restrições constantes nos arts. 5.º e 7.º da Lei 4.348/1964, e do art. 1.º da Lei 8.076/1990, oriunda de uma série de medidas provisórias que restringiam a possibilidade de liminares em ações que tivessem, como causa de pedir, diversas normas reguladoras da implantação de planos econômicos. Uma das medidas provisórias, origem deste diploma (MP 173/1990), foi alvo de impugnação perante o STF (MC na ADI 223-6/DF) quando, por maioria de votos, não foi tida como inconstitucional, desde que, *em cada caso concreto*, não estivesse o juiz inibido de afastar suas restrições quando as entendesse impertinentes com relação à natureza da tutela cautelar: assegurar a efetividade do processo.[29-30]

A Lei 8.437/1992, portanto, é a mais ampla de todos os diplomas que a precederam, já que não faz qualquer menção ao preenchimento de tantos requisitos para a concessão de liminares (ou sua simples vedação), com respeito, apenas, às ações dirigidas contra uma ou outra lei específica, o que poderia configurar, até mesmo, *desvio de poder na função legislativa*, como faz entrever o precitado acórdão do TRF da 3.ª Região. Para o diploma vigente, *qualquer liminar* requerida em qualquer ação movida contra o Poder Público deve submeter-se a seu regime, a não ser que o juiz, motivadamente e sob pena de nulidade, afaste sua incidência, como, a este respeito, já decidiu o STF, no caso apontado.

d) Finalmente, pelo princípio econômico, evidencia-se a postura do legislador no sentido de que com o mínimo de atividade desenvolvida se consiga o máximo de rendimento, respeitada sempre a incolumidade do direito à ação e à defesa e, pois, em *ultima ratio*, do direito material que, eventualmente, esteja subjacente. Vejam-se, como exemplos de dispositivos do CPC em que se reflete o princípio citado, as regras do

da liminar referente à precitada ADC 4, entendeu-se que "a decisão proferida na ADC 4, no sentido da constitucionalidade do art. 1.º da Lei 9.494, de 1997, não impede a concessão de tutela antecipada em face da Fazenda Pública, com exceção das hipóteses expressamente descritas em referida Lei" (STF, Pleno, Rcl 1.603/SE, j. 21.11.2002, rel. Min. Gilmar Mendes, *DJ* 19.12.2002, p. 72). O STF, a respeito, editou a Súmula 729, que tem o seguinte teor: "A decisão na ADC 4 não se aplica à antecipação de tutela em causa de natureza previdenciária".O STJ sempre conferiu aplicação restritiva às limitações da Lei 9.494/1997. Cf., neste sentido, STJ, AgRg no REsp 441161/RS, 5.ª T., j. 08.03.2005, rel. Min. Felix Fischer, *DJ* 04.04.2005, p. 335; STJ, AgRg no Ag 616.342/MG, 5.ª T., j. 24.05.2005, rel. Min. Arnaldo Esteves Lima, *DJ* 01.07.2005, p. 599; STJ, AgRg no Ag 639.218/RS, 5.ª T., j. 19.04.2005, rel. Min. Laurita Vaz, *DJ* 16.05.2005, p. 386; STJ, REsp 716.379/RN, 2.ª T., j. 03.03.2005, rel. Min. Franciulli Netto, *DJ* 22.08.2005, p. 234.

Embora o artigo 1.º da Lei 9.494/1997 faça referência a alguns dispositivos revogados pela Nova Lei do Mandado de Segurança, a declaração de constitucionalidade desse dispositivo presta-se a esclarecer o entendimento do STF quanto à possibilidade de se estenderem as limitações de liminares contra o Poder Público às hipóteses de tutela antecipada, tal como previsto no vigente art. 7.º, § 5.º, da Lei 12.016/2009.

29. A inconstitucionalidade desta medida provisória foi declarada pelo TRF da 3.ª Região, como se verifica do acórdão veiculado na *RDP* 98/275.

30. Cf. *JSTF* 143/36 e *RTJ* 132/571.

art. 125, II; simplicidade, que leva à rapidez na forma dos atos processuais, do art. 154, *caput* e parágrafo único (na redação da Lei 11.280/2006); no campo das nulidades, com reflexos benéficos na economia, dos arts. 243, 244, 245, 249, §§ 1.º e 2.º etc.

A própria concepção do processo, como um conjunto de *atos, inseridos numa sucessão* de *momentos,* em que estes atos devem ser praticados, é indicativa de que o princípio da economia processual também aí encontrou guarida. Examinem-se, por exemplo, os arts. 319 e 330, II do CPC. Pelo primeiro, não se contestando a ação, reputar-se-ão verídicos (= desde que o sejam realmente e serão tomados por verdadeiros – art. 330, II) os fatos alegados pelo autor, o que, por isso, enseja modalidade de julgamento antecipado da lide, proferindo-se sentença, respeitadas, todavia, as exceções ao art. 319, constantes do art. 320. Igualmente, se a questão de mérito for exclusivamente de direito (art. 330, I), haverá julgamento antecipado, e, mesmo que seja também de fato (haverá que se dirimir questão de fato), mas se a prova for exclusivamente documental (= "não houver necessidade de produzir prova em audiência" – art. 330, I), julgamento antecipado deverá ter lugar. Numa palavra, a existência da audiência de instrução e julgamento liga-se à sua possível utilidade; se se sabe que carece, *a priori*, de razão de ser, deixar-se-á de decidir ao depois da mesma (art. 456), momento normal de se sentenciar, antecipando-se esse momento, sem prejuízo para qualquer dos litigantes.

Sistema similar existe no que diz com o possível "julgamento antecipado dos embargos do devedor", pelas mesmas razões (art. 740, *caput*). Todavia, se não forem impugnados os embargos do devedor por parte do credor-exequente, *apesar do disposto no art. 598*, não há incidência do art. 319 (que seria conjugado com o art. 740, *caput*), porque, mesmo revel nos embargos do devedor, *nem por isso* se destrói a presunção de legitimidade do título executivo.[31] Nesta última hipótese, o princípio da economia processual cede lugar a princípio maior.

A mesma razão de ser – princípio da economia processual – encontra-se no processo cautelar (art. 803), e em muitos outros dispositivos do Código.

A ação monitória, introduzida no Código de Processo Civil pela Lei 9.079, de 14.07.1995, ao conferir executividade ao(s) documento(s) que embasam a ação, na ausência de *embargos* do devedor, determinando, como consequência, que a ação prossiga nos termos do Livro I, Título VIII, Capítulo X do CPC (cf. art. 1.102-C, na redação da Lei 11.232/2005), é exemplo claro de aplicação do princípio da economia processual e da efetividade do processo.

A inserção do § 7.º no art. 273 do CPC, pela Lei 10.444, de 07.05.2002, é outro exemplo da utilização do princípio da economia processual e do comprometimento e preocupação do legislador com a efetividade do processo, expressado, agora, através de comandos mais flexíveis. Dispõe-se nesse texto: "§ 7.º Se o autor, a título de antecipação de tutela, requerer providência de natureza cautelar, poderá o juiz, quando pre-

31. V. *RT* 496/15, n. III, A ação de execução e o instituto da revelia, por Athos Gusmão Carneiro; v. tb. STJ, REsp 23.177-6/PR, 4.ª T., j. 23.03.1993, rel. Min. Fontes de Alencar, negaram provimento, v.u., *DJU* 03.05.1993, p. 7.800, 2.ª col., em.: "A não impugnação aos embargos do devedor não faz presente o efeito da revelia estampado no art. 319 do CPC". No mesmo sentido: STJ, REsp 332.763/SP, 3.ª T., j. 30.04.2002, rel. Min. Nancy Andrighi, *DJ* 24.06.2002, p. 297; STJ, REsp 601.957/RJ, 6.ª T., j. 23.08.2005, rel. Min. Hamilton Carvalhido, *DJ* 14.11.2005, p. 410; STJ, REsp 671.515/RJ, 2.ª T., rel. Min. João Otávio de Noronha, j. 03.10.2006, *DJ* 23.10.2006, p. 289; STJ, REsp 885.043/RJ, 5.ª T., j. 13.12.2007, rel. Min. Arnaldo Esteves Lima, *DJ* 07.02.2008, p. 1.

sentes os respectivos pressupostos, deferir a medida cautelar em caráter incidental do processo ajuizado".

Os *princípios fundamentais*, diversamente dos anteriores, precisamente *porque* densamente *ideológicos*, admitem princípios antagônicos, sendo os mais importantes os seguintes: 1.º) O da *bilateralidade da audiência*, significativo de que o réu tem de ser citado[32] para ser válido o processo[33] (art. 214)e de que ambas as partes (autor e réu) têm, durante todo o procedimento, igualdade de oportunidades (v., p. ex., o art. 326).[34] Este princípio opõe-se ao inquisitório;[35] 2.º) *Princípio dispositivo*, que se expressa no fato de a parte iniciar o processo (regra válida para a jurisdição voluntária, também – art. 2.º, embora nesta possa agir, além do interessado, eventualmente, o Ministério Público – art. 1.104) – arts. 2.º, 262 – e de que, no processo, regra geral, as partes podem dispor do direito material que vão fazer valer em juízo (v. arts. 269, II, III, V, e 350; como exceção, v. art. 351).

32. Havemos de perquirir a respeito da redação do art. 296, que lhe foi dada pela Lei 8.952/1994, em face do que se afirma no texto. Pela redação desse art. 296, só se cita o réu na hipótese de ser provido o recurso do autor, tendo em vista a reforma da sentença de indeferimento da inicial. E, em sequência, perguntemo-nos: e se o motivo do indeferimento houver sido de mérito (*v.g.*, decadência)? E, ainda, nesse caso ter-se-á formado coisa julgada "para o réu"? A mesma indagação vale em face da redação dada ao art. 1.102-C, § 2.º, que permite a constituição do título executivo independentemente de intimação do réu, tendo em vista a sistemática da ação monitória (Lei 9.079/1995). O que nos parece é que inocorre inconstitucionalidade, dado que, apesar da não presença (e, em rigor, da não ciência de quem é, seria e que poderá vir a ser réu), para este somente resulta benefício de uma tal decisão, pois o conteúdo da decisão do juiz, não reformada pelo Tribunal, o beneficia. *O que parece possa ser dito é que, confirmando o Tribunal a sentença em que se haja decidido pela inocorrência de decadência, quer parecer que, citado o réu, não ficará esse inibido de alegar, novamente, essa mesma decadência, devendo o Tribunal decidir essa questão novamente, à luz da argumentação trazida pelo réu, i.e., não terá ocorrido preclusão.* Observe-se que, de acordo com o art. 219, § 6.º do CPC, passada em julgado a sentença que, embora não citado o réu, pronunciar a prescrição (art. 219, § 5.º, na redação da Lei 11.280/2006) ou a decadência (cf. art. 220), "o escrivão comunicará ao réu o resultado do julgamento". O mesmo raciocínio, para inexistência de qualquer inconstitucionalidade, se aplica em caso de ocorrência da hipótese prevista no art. 285-A do CPC (artigo acrescentado pela Lei 11.277/2006), desde que, logicamente, não haja recurso por parte do autor, pois, do contrário, será o réu citado para responder o recurso (cf. art. 285-A, § 2.º).

33. Ou para que se o considere existente (devidamente triangularizada) a relação processual (Teresa Arruda Alvim Wambier, *Nulidades do processo e da sentença*, p. 354 e ss.). Se houver comparecimento espontâneo do réu, nos termos do art. 214, § 1.º, terá sido obedecido o princípio. V. STJ, REsp 216849/MG, 4.ª T., j. 17.08.1999, rel. Min. Sálvio de Figueiredo Teixeira, *DJ* 13.09.1999, p. 73; STJ, REsp 434465/MS, 3.ª T., j. 18.06.2002, rel. Min. Castro Filho, *DJ* 05.08.2002, p. 341; AgRg no Ag 595.976/SP, 5.ª T., j. 23.06.2004, rel. Min. Gilson Dipp, *DJ* 02.08.2004, p. 532. Semelhantemente, cf. *RT* 612/158, 630/138, 508/147, *RJTJESP* 129/323, *JUTACivSP* 107/468, 1.ª col.: O réu que ingressa no feito tem-se como citado a partir da juntada aos autos da procuração que outorgou para sua defesa. Com maioria de razão começa a correr o prazo para defesa se, ao ingressar nos autos, o réu se dá por citado ou se declara ciente dos termos da demanda.

34. No Direito italiano (Constituição, art. 24), fica claro que o princípio da bilateralidade há de estar presente durante todo o evolver do processo. Esta regra, explícita nesse sistema, tem inteira aplicação ao Direito brasileiro, pois é dedutível da regra do art. 5.º, XXXV; v., explícito, o art. 5.º, LV.

35. Neste ponto, observe-se que é nítida a maior intensidade da atividade do juiz, no campo probatório, quando se tratar de jurisdição voluntária, do que no processo contencioso (confronte-se, para comprovar o acerto da afirmação, os arts. 333 e 1.107).

Este princípio opõe-se ao da indisponibilidade. Desta enunciação decorre que: a) o autor é quem fixa[36] a lide (art. 128, do CPC; art. 4.º do Código anterior), e o réu, por sua vez, levanta questões gerando controvérsia; b) a este delineamento bilateral fica o juiz vinculado (*ne eat iudex ultra petita partium; sententia debet esse conformis libelo*) (v. arts. 128 e 460, *caput*), pois deverá conceder, ou não, ao autor, só o que se lhe solicitou, como ainda solucionar as questões trazidas pelo réu ao processo, em função do bem jurídico pedido pelo autor, o que, todavia, não o inibe de formular, ele próprio, as suas questões – dentro do âmbito estrito da necessidade de decidir sobre o processo, a ação e a respectiva lide, ou seja, na medida em que isto se coloque como *conditio sine qua non* a que possa o juiz decidir e sentenciar;[37] c) o juiz, ademais, deverá julgar, com apoio não só nas alegações das partes, como também na prova trazida aos autos (*secundum allegata et probata; actore non probante reus absolvitur*); 3.º) *Princípio do impulso processual pelas partes*, não acolhido entre nós (v. art. 262), significativo de que o processo não só é iniciado pela vontade das partes, como fica a depender dessa mesma vontade. Os dois primeiros princípios são adotados no processo moderno; o do impulso das partes, contudo, é geralmente adotado só no que tange ao início do procedimento – propositura de ação –, pois o impulso ulterior é oficial. No que diz respeito à diligência para a citação, *na iminência de prescrição de um direito, ou de poder ocorrer decadência*, os §§ 1.º e 2.º do art. 219 (redação da Lei 8.952, de 13.12.1994) antecipam o momento de interrupção da prescrição e óbice à decadência (e a todos os prazos extintivos), nos termos do art. 220, para o momento da propositura da ação (art. 219, § 1.º). Pelo regime do art. 219, do Código de Processo Civil, a prescrição é interrompida pela citação, retroagindo, contudo, os seus efeitos, à data da propositura da ação (art. 263), a teor do § 1.º, do mesmo art. 219, com a redação que lhe foi atribuída pela Lei 8.952/1994. Com a modificação do regramento da prescrição pelo Código Civil de 2002, dispôs o art. 202, I que "*a interrupção da prescrição*, que somente poderá ocorrer uma vez, dar-se-á: I – *por despacho do juiz*, mesmo incompetente, que ordenar a citação, se o interessado a promover no prazo e na forma da lei processual;" (grifos nossos). Quer dizer, segundo a literalidade do Código Civil, a interrupção da prescrição se contará da data do despacho, mas ocorrerá pela citação, pois ao despacho deverá necessariamente seguir outro ato: a citação. Ou seja, em realidade, o que efetivamente interrompe a prescrição é a citação, feita no prazo e na forma assinalados pela lei.

Cumpre examinar, em face disso, eventual interferência entre o disposto no § 1.º do art. 219 do CPC, em referência, com o art. 202, I, do CC. Pelo § 1.º, do art. 219, considera-se que o ato interruptivo, decorrente da citação, retroagiria à propositura da ação, compreendida esta, em face do art. 263 do CPC, quando despachada pelo juiz, ou, havendo mais de uma vara, quando da sua distribuição. O Código Civil dispôs no inciso I, do seu art. 202, que se considerará interrompida a prescrição "por despacho do juiz...", estando essa interrupção condicionada a que o *interessado promova a citação no prazo e na forma da lei processual*, invocando-se a aplicação, nesse passo, do disposto nos §§ 2.º e 3.º do art. 219 do CPC.

36. Cf. Arruda Alvim, *Direito processual civil* – TGPC, vol. 1, cit., 1.ª parte, p. 110.

37. Quanto às ações que versem obrigações de fazer, não fazer e de entrega de coisa, é facultado, porém, ao juiz, conceder *ex officio* providências diversas daquelas requeridas pelo autor, desde que assegurem o resultado prático equivalente ao pedido, na esteira do que dispõem os arts. 461, § 5.º e 461-A, § 3.º, do CPC, na redação conferida pela Lei 10.444, de 07.05.2002.

Parece que este inciso I do art. 202 do Código Civil eliminou a distinção que decorre do art. 263 do Código de Processo Civil, dado que por este texto era possível, no caso de pluralidade de juízos competentes, que com a *mera* distribuição se considerasse, desse momento, interrompida a prescrição, dependentemente de vir a ser feita, tempestivamente e sem mora do autor, a citação do réu. Em suma, parece que a eficácia retroativa da citação, pelo sistema atual, só será possível para o momento do *despacho do juiz* (tal como constava originariamente do art. 219 do CPC, antes do advento da Lei 8.952/1994), a depender, naturalmente, do cumprimento dos §§ 2.º e 3.º do art. 219 do CPC.

Então, atinentemente à diligência da parte, esta deverá ocorrer a partir do despacho que ordenar a citação (art. 219, § 2.º, primeira frase), restando claro, pelo art. 219, § 2.º, segunda parte, que o autor não sofrerá prejuízo "pela demora imputável exclusivamente ao serviço judiciário". A regra geral constante do art. 262 consagra o princípio citado só no sentido de que o processo civil *começa* por *iniciativa da parte*, mas se *desenvolve* por *impulso oficial*. Todavia, com isso não se deseja dizer que a vontade-atividade das partes não apresenta relevância em relação aos atos processuais. Tanto não é assim que lhes é facultado suspender o processo ou adiar a audiência (embora por uma só vez), desde que quanto a isso acordem (arts. 265, II, e 453, I); ainda, o processo poderá, pela omissão-inércia delas (do autor ou de ambas), extinguir-se (v. art. 267, II, III, respectivamente; e o inciso VIII – desistência da ação).

Apontam-se, ainda, os seguintes princípios fundamentais importantes para a compreensão do processo: 4.º) o da *oralidade*[38] e 5.º) o da *publicidade dos atos processuais*.

Em virtude do princípio da oralidade, o juiz deverá colher, ele próprio (arts. 413 e 416, § 2.º – diretamente e sem intermediação), o depoimento das partes e das testemunhas (v. arts. 344, 413 e 452, incs. II e III), tendo, então, a oportunidade de sentir-lhes a honestidade ou as dúvidas e hesitações, aspectos, em regra, irredutíveis à documentação. Daí a utilidade da colheita e avaliação da prova por aquele que for julgar. A razão de ser deste princípio é a de que se obtém melhor avaliação, porque melhor percebida pelo juiz que julgue a prova que ele mesmo colheu; diz, pois, com uma melhor qualidade da Justiça.

Alguns autores, contudo, entendem esse princípio mais rigidamente. Para Eduardo Couture, num sistema jurídico-processual regido pelo princípio da oralidade, os atos processuais orais que se praticam através da escrita "se reduzem ao estritamente necessário".[39] Decorrem deste princípio alguns subprincípios, que se colocam mesmo como requisitos de operatividade do princípio da oralidade, sendo-lhe, nessa medida, essenciais e, pois, de grande im-

38. Consultar, a esse respeito, Peter Arens, *Mündlichkeitsprinzip und Prozeßbeschleunigung* [*Princípio da Oralidade e Princípio da Celeridade no Processo Civil*], *Zivilprozeß* [*Direito Processual Civil*], p. 19 *et seq.*, cap. III. Especialmente, p. 17, na qual se observa que a oralidade se limita ao mesmo juízo, como ainda que não abrange todo o processo; por outro lado, a oralidade entrosa-se com o princípio da publicidade (p. 13, § 2.º); e a parte escrita do processo envolve uma preparação para o desenvolvimento da oralidade (p. 19). Saliente-se que no direito brasileiro a parte escrita é importante, entre outros motivos, por causa das preclusões que ocorrem com relação à atividade das partes. A parte escrita do processo, por outro lado, limita e estratifica o contraditório. V. ainda Fritz Baur, *Wege zu einer Konzentration der mündlichen Verhandlung im Prozeß* [*Caminho para a concentração da instrução oral no processo*], p. 1, cap. I, especialmente.

39. Cf. Eduardo Couture, *Fundamentos del derecho procesal civil*, p. 199.

portância. São os da imediação (v. arts. 344, 413 e 452, incs. II e III), da concentração dos atos processuais (art. 455), da irrecorribilidade em separado das interlocutórias (art. 522 e seu parágrafo único) e da identidade física do juiz (art. 132, subprincípio atenuado; no Direito anterior, art. 120, mais rígido),[40] diretamente vinculado ao da imediação. Pelo primeiro e pelo último, temos que o juiz (que irá julgar) deverá colher as provas sem a intermediação de quem quer que seja; entende-se por concentração dos atos processuais a proximidade necessária dos diversos atos processuais, em especial os instrutórios, para que o juiz (coletor da prova e julgador, ele mesmo) possa valer-se da impressão deixada no seu espírito (sem se esquecer) pelos testemunhos e depoimentos, a ponto de o ideal ser a unidade da audiência (art. 455, primeira frase). Nessa linha já se decidiu que: "Fora das hipóteses legais não é lícito ao juiz fragmentar o procedimento de colheita da prova testemunhal, deixando de inquirir no mesmo dia, segundo a ordem e as cautelas da lei, todas as testemunhas arroladas. Se ouve as do autor numa data e em outra as do réu, e há prejuízo para o autor, anula-se a instrução".[41]

O mal expressado subprincípio da irrecorribilidade em separado das interlocutórias representa a impossibilidade de se usar, para as decisões proferidas no curso do procedimento (precisamente, durante a instrução oral), de um recurso que o paralise, ou seja, para que este princípio seja levado a efeito, não se pode apelar das interlocutórias (v. arts. 162, § 2.º, e 522, na redação da Lei 11.187/2005). Esta regra vale para todas as decisões interlocutórias, mas, para as proferidas dentro do segmento representado pela instrução oral, a regra fundamenta-se na razão de ser da própria concentração dos atos processuais. Veda-se recurso de apelação das interlocutórias, de que se trata, pois, do contrário, em face do efeito suspensivo da apelação, procrastinando-se a fase instrutória, que viria a ser desconcentrada, possivelmente o princípio da imediação, conjugado com seu complemento, o da identidade física do juiz, pouco operariam, na verdade, ficando fundamentalmente comprometidos. Este princípio não é afetado pela atribuição de efeito suspensivo ao recurso de agravo, cabível das decisões interlocutórias, e pela necessidade de impetração do mandado de segurança para conceder efeito suspensivo ao agravo de instrumento, quando houver preenchimento dos requisitos do recurso, mesmo após as Leis 9.139/1995 e 11.187/2005. Isto porque tal efeito suspensivo só obsta a eficácia da decisão agravada, mas não interrompe o procedimento, em si mesmo.

O subprincípio da identidade física do juiz foi atenuado já com a promulgação do Código de Processo Civil de 1973, uma vez que o juiz que iniciava a instrução, mas não a terminava, não julgava necessariamente a lide. Neste sentido eram claros o texto da lei e a jurisprudência, negando qualquer vinculação ao juiz promovido, transferido ou aposentado. Em tais casos, não podiam pairar dúvidas de que seu sucessor recebia os autos, podendo prosseguir na audiência ou fazendo repetir as provas que entendia necessárias (art. 132, CPC, com a redação original). No entanto, havia profunda divergência na jurisprudência – mormente no início da vigência do Código – se, naqueles casos em que o juiz, promovido ou transferido, houvesse concluído a instrução, restando, ao tempo da promoção, apenas a prolação da sentença, estava ou não vinculado à causa, devendo, sem embargo de seu afastamento, por promoção ou transferência, proferi-la. Entendíamos, à época da redação primitiva

40. Sobre o subprincípio da identidade física do juiz, v. Arruda Alvim, *Código de Processo Civil comentado*, vol. 1/65, e *Tratado de direito processual civil* cit., vol. 1/94.

41. *RT* 687/205.

do art. 132, em que pesasse sua dubiedade,[42] que a melhor interpretação, em face da oralidade, era aquela por nós propugnada desde a primeira edição desta obra. Acredi-

42. Inocorrendo qualquer das hipóteses previstas no art. 132, do CPC [antes da alteração], o juiz que presidiu a instrução não se desvincula do feito por ter convertido o julgamento em diligência (*JUTACivSP* 73/267). Essencialmente nesse sentido, a Súmula 5 do extinto TACRJ: "Não há vinculação do juiz que iniciou a audiência, mas não colheu qualquer prova".

O juiz, convocado para substituir, que cessasse sua atuação em determinada vara, estava vinculado a proferir a decisão da causa (*RJTJSP* 83/309).

O juiz auxiliar só se desvincula do processo quando se desloca definitivamente de vara, o que não se dá com as suas sucessivas mudanças, idas e vindas, em que está ínsita uma "competência" difusa, geral, que o acompanha sempre, independentemente de onde estiver, nas várias convocações a que o critério do presidente do Tribunal o sujeita (*RT* 575/118). Esta orientação existiu desde os primeiros tempos da vigência do Código de Processo Civil e subsiste (v. nosso *Código de Processo Civil comentado*, vol. 5/284), *mas foi se esvanecendo, até que a Lei 8.637/1993 praticamente sepultou a regra da vinculação, tantas são as exceções.*

Era orientação útil para a boa decisão, em função do princípio da oralidade, mas se assentava numa circunstância que, em tese, seria indesejável, mas que, de fato, era e é incontornável, e *cada vez mais se hipertrofiou*, pois está ligada à extrema mobilidade dos magistrados. Estas observações valem, quer para o juiz convocado, quer para o auxiliar, hipóteses referidas nas decisões publicadas na *RJTJSP* 83/309 e na *RT* 575/118. O STJ já decidiu, antes da nova redação ao art. 132: "A designação de juiz auxiliar ou substituto, para ter exercício em outra vara, consoante facultado pela lei de organização judiciária, equipara-se à transferência, fazendo cessar a vinculação – REsp 13.651/SP, rel. Min. Eduardo Ribeiro, *DJ* 25.11.1991". Decidiu o mesmo STJ, antes da alteração: "I – Hipótese em que não configurada violação do art. 132, do CPC, quando o juiz auxiliar, designado para o período de férias, apenas, deu início à audiência de instrução, porém não a concluiu. II – A melhor orientação, que se afina com a finalidade do citado dispositivo, é aquela que procura harmonizar o princípio da identidade física do juiz, nele consubstanciado, com o princípio da imediatidade. Tendo o magistrado titular concluído a instrução processual, inclusive determinando às partes apresentassem as alegações finais, imperioso que proferisse a sentença. Precedentes do STJ" (REsp 13.444/SP, rel. Min. Waldemar Zveiter, *DJ* 02.12.1991).

"O juiz que presidiu a audiência de processo que, posteriormente, veio a ser anulado parcialmente, tendo a anulação atingido também a audiência realizada, não fica vinculado para a realização da nova audiência" (*RJTJSP* 63/257).

Decidiu-se, na vigência do Dec.-lei 7.661/1945, que "o princípio da identidade física do juiz não se aplica à Lei de Falências" (*RJTJSP* 63/265).

"O princípio da identidade física do juiz não é alterado, quando o objeto da demanda para julgamento é um incidente de falsidade" (*JUTACivSP* 69/137).

"Nula é a sentença prolatada por substituto, quando já preparado o processo pelo ex-Juiz titular da comarca" (*JUTACivSP* 69/82).

Na doutrina, mais antigamente, entendendo haver a vinculação do juiz quando concluída a instrução: Arruda Alvim e outros, mesa de debates do V Curso de Especialização em Direito Processual Civil, PUC/SP, 1975, *Revista de Processo [RePro]* 4/219; v. tb. de Arruda Alvim, *Código de Processo Civil Comentado*, vol. 5/273 *et seq*.

Em sentido contrário: José Carlos Barbosa Moreira, *O novo processo civil brasileiro*, p. 116-7; Celso Agrícola Barbi, *Comentários ao Código de Processo Civil*, p. 538-9, 1983; Hélio Tornaghi, *Comentários ao Código de Processo Civil*, p. 406; José Frederico Marques, *Manual de direito processual civil*, vol. 3/18-19.

O TJSP, antes da modificação do art. 132, decidiu (*RJTJSP* 83/309): "Em regra, o juiz que teve a sentença anulada pelo tribunal é que deve proferir outra" (TFR, AC 95.493/RN, 1.ª T., j. 05.08.1986, rel. Min. Washington Bolívar, deram provimento, v.u., *DJU* 02.04.1987, p. 5.649, 1.ª col., em.). Nesse sentido, *RT* 660/124: "O fato de entrar em gozo de férias não desvincula o juiz do feito"; *RT* 500/191: "Nula é a sentença proferida por juiz substituto quando o titular, vinculado ao feito, entrara em férias".

tamos que razões de grandes distâncias geográficas e mobilidade excessiva dos membros da magistratura levaram ao fortalecimento da interpretação que passou, então, a dominar e que hoje foi albergada às expressas pelo legislador.

Assim, com a redação que a Lei 8.637, de 31.03.1993, deu ao art. 132 – "O juiz, titular ou substituto, que concluir a audiência julgará a lide, salvo se estiver convocado, licenciado, afastado por qualquer motivo, promovido ou aposentado, casos em que passará os autos ao seu sucessor. Parágrafo único. Em qualquer hipótese, o juiz que proferir a sentença, se entender necessário, poderá mandar repetir as provas já produzidas" –, acabou-se toda aquela discussão. A *norma de encerramento* – "afastado por qualquer motivo" – traduz a intenção do legislador de desvincular o juiz do julgamento da causa sempre que o mesmo for afastado por qualquer outra razão que não aquelas *exemplificativamente* constantes da lei.[43]

O princípio da identidade física do juiz não se aplica:

– aos mandados de segurança (*RT* 467/88);

– às justificações de posse (*RJTJSP* 33/188).

"A inspeção pessoal, realizada antes da audiência, não vincula o juiz ao processo" (*RT* 624/139, *JUTACivSP* 108/363).

Nas *RJTJSP* 61/273-274, *JUTACivSP* 59/71-361, 60/77, 73/350 encontram-se acórdãos no sentido de que se vincula o juiz, ainda que não tenham sido praticados atos probatórios em audiência. Esta posição é equivocada, mesmo em face do nosso precedente ponto de vista, pois a razão de ser da vinculação é a colheita de prova oral; na *JUTACivSP*, *RT* 79/224, decidiu-se no sentido de que vincula, se o juiz iniciou a audiência, isto é, se colheu depoimento pessoal ou de testemunhas, ou se ouviram esclarecimentos verbais do perito. Já quando escrevemos o nosso *Código de Processo Civil Comentado*, cit., vol. 5/285, n. 3.3.1 ao art. 132, parecia-nos mesmo que a jurisprudência, de um modo geral, iria inclinar-se pelo ponto de vista da vinculação.

Em sentido contrário, antes mesmo da modificação do art. 132 pela Lei 8.637/1993: *RT* 543/117 (cabendo ao sucessor, se entender necessário, renovar as provas já colhidas); *RT* 545/100 (houve apenas a entrega de memoriais – esta decisão, em rigor, não diz com o problema, porque entrega de memoriais não é colheita de prova oral); *RT* 546/100 (não vincula, mesmo quando hajam sido colhidas provas); 550/160, 552/88, 559/194, 561/84 (se prolatada, nula é a sentença), 566/94, 558/143 (se promovido, perde o magistrado a competência, e, se julga a causa, esta padece de nulidade); *JUTACivSP* 79/147 (obrigatória somente se o magistrado entrar em contato com as provas – no caso, não), 82/314 (não vincula, sendo irrelevante o presidir a audiência e encerrar prova nela produzida, e, se julgar, haverá nulidade); *RJTJSP* 85/60, *RTJ* 96/776 e 100/820 (se prolatada, nula é a sentença). O entendimento da nulidade da sentença é correto, desde que se parta do pressuposto da ausência de vinculação, eis que o juiz que procedeu à instrução vem supervenientemente carecer de competência para julgar.

43. A respeito do assunto, com a nova redação dada ao art. 132, cf. Cândido Rangel Dinamarco, *A reforma do Código de Processo Civil*, p. 55, e Athos Gusmão Carneiro, *Jurisdição e competência*, p. 117-127, com base em ampla jurisprudência. Este último autor narra (idem, p. 125-126), todavia, que o STJ, por intermédio de sua 4.ª T., rel. o Min. Sálvio de Figueiredo Teixeira, acabou por se inclinar para o entendimento de vinculação do juiz nos casos de transferência (remoção) para outra vara, mesmo sob o império da nova lei, *desde que já encerrada a instrução do feito* (REsp 19.826, v.u., 24.08.1993, *RSTJ* 54/132. Íntegra do acórdão está em p. 298-302 do livro citado de Athos Carneiro). A decisão referida, no entanto, foi tomada com base na anterior redação do art. 132 do CPC.

Já na vigência da redação atual do art. 132, contudo, em acórdão também lavrado pelo Min. Sálvio de Figueiredo Teixeira, assentou-se que "o afastamento do juiz que concluiu a audiência de instrução, colhendo a prova oral, não impede que seja a sentença proferida pelo seu sucessor, o qual, se entender necessário, poderá mandar repetir as provas já produzidas" (STJ, REsp 149.366/SC, 4.ª T., j. 17.06.1999, *DJ* 09.08.1999, p. 172). No mesmo sentido: STJ,

Cremos oportuno mencionar-se aqui algumas decisões versando sobre o subprincípio da identidade física do juiz. Já se entendeu, por exemplo, que não havia vinculação do juiz à causa, se não houvessem sido colhidas provas orais em audiência, mas apenas fossem entregues os memoriais.[44] Também não há vinculação do "juiz que presidiu a audiência de processo que, posteriormente, veio a ser anulado parcialmente, tendo a anulação atingido também a audiência realizada.",[45] nem há ofensa ao princípio da identidade física do juiz "quando o objeto da demanda para julgamento é um incidente de falsidade".[46]

Outrossim, não há que se falar em vinculação do juiz à causa quando, tratando-se de procedimento comum sumário, o juiz limita-se a iniciar a audiência, recebendo a contestação e tentando a conciliação das partes, marcando, em seguida, nova audiência para a colheita de provas. Nesta hipótese, não se aplica o princípio da identidade física do juiz, porque não houve colheita de provas. Mas, salvo essas exceções, *que praticamente inutilizam a regra*, a regra geral continua sendo a mesma: "O juiz que iniciar a audiência concluirá a instrução, julgando o processo".[47]

O Projeto de Lei do Senado 498/2009 (denominado PL 7.584/2010 na Câmara dos Deputados e posteriormente apensado ao

---

REsp 49.653/GO, 4.ª T., j. 22.03.2005, rel. Min. Aldir Passarinho Júnior, *DJ* 09.05.2005, p. 407.

Já se decidiu que a expressão "afastado por qualquer motivo" não compreende as férias do juiz (nesse sentido, STJ, REsp 256.198/MG, 2.ª T., j. 28.08.2001, rel. Min. Franciulli Netto, *DJ* 27.05.2002, p. 151; REsp 398.971/GO, j. 27.06.2002, rel. Min. Carlos Alberto Menezes Direito, *DJ* 23.09.2002, p. 357), mas prepondera, no STJ, orientação em sentido contrário (cf. STJ, REsp 134.678/RS, 4.ª T., j. 02.03.1999, rel. Min. Sálvio de Figueiredo Teixeira, *DJ* 12.04.1999, p. 156; STJ, REsp 499.188/SE, 1.ª T., j. 26.08.2003, rel. Min. Luiz Fux, *DJ* 29.09.2003, p. 160; STJ, REsp 617.396/RJ, 1.ª T., j. 03.08.2004, rel. Min. José Delgado, *DJ* 27.09.2004, p. 256; STJ, REsp 650.594/MA, 4.ª T., j. 26.10.2004, rel. Min. Aldir Passarinho Júnior, *DJ* 28.02.2005, p. 336; STJ, AgRg no Ag 632.742/MA, 4.ª T., j. 25.09.2007, rel. Min. Massami Uyeda, *DJ* 22.10.2007, p. 280).

Prepondera a orientação segundo a qual o proferimento de sentença por juiz designado em regime de "cooperação" ou "mutirão" não viola o art. 132 do CPC. Nesse sentido: STJ, REsp 149.366/SC, 4.ª T., j. 17.06.1999, rel. Min. Sálvio de Figueiredo Teixeira, *DJ* 09.08.1999, p. 172; STJ, REsp 413.898/SC, 2.ª T., j. 20.05.2004, rel. Min. Peçanha Martins, *DJ* 03.11.2004, p. 171; STJ, AgRg no Ag 654.298/RS, 1.ª T., j. 24.05.2005, rel. Min. José Delgado, *DJ* 27.06.2005, p. 242). *Em sentido contrário*, decidiu-se que, se o juiz permanecer atuando na vara onde presidiu a instrução, deve ele proferir a sentença, e não o juiz designado em razão de "mutirão" de apoio (nesse sentido, STJ, REsp 493.838/CE, 3.ª T., j. 04.12.2003, rel. Min. Ari Pargendler, *DJ* 01.03.2004, p. 180).

Já se decidiu, também, que não viola o art. 132 o julgamento de embargos de declaração por juiz diverso daquele que proferiu sentença: STJ, REsp 198.767/RJ, 4.ª T., j. 02.12.1999, rel. Min. Sálvio de Figueiredo Teixeira, *DJ* 08.03.2000, p. 122; STJ, REsp 617.396/RJ, 1.ª T., j. 03.08.2004, rel. Min. José Delgado, *DJ* 27.09.2004, p. 256.

44. *JUTACivSP* 72/258. Como se disse, os memoriais, porque nada têm que ver com colheita de prova oral, não interferem mesmo com o problema *sub examen*.

    Em sentido contrário: *JUTACivSP* 65/161. Equivocada, esta última decisão, em que se pretendeu, mesmo em face só da entrega de memoriais, aplicar o princípio, por meio da vinculação.

45. *RJTJSP* 63/257.

46. *JUTACivSP* 69/137.

47. De se registrar, porém, o entendimento contrário adotado em acórdão proferido pela 3.ª Turma do STJ, onde se argumentou que, ainda que inexistente qualquer das hipóteses de afastamento do juiz previstas no art. 132, a decretação da nulidade da sentença dependeria de demonstração de efetivo prejuízo ao contraditório e à ampla defesa (STJ, REsp 780.775/CE, 3.ª T., j. 15.08.2006, rel. Min. Nancy Andrighi, *DJ* 04.09.2006, p.269).

PL 8.046/2010 – Projeto de Novo Código de Processo Civil – para análise conjunta) propunha uma nova redação ao art. 132 do CPC, na qual se regulamentariam as situações do juiz removido ou designado para outra vara da mesma comarca ou unidade judiciária, bem como daquele que é afastado do exercício de sua jurisdição por prazo não superior a trinta dias: *"Art. 132. O juiz, titular ou substituto, que concluir a instrução em audiência, julgará a lide, salvo se estiver convocado, licenciado, afastado, promovido ou aposentado. I – O juiz terá sua competência prorrogada e julgará a lide quando removido ou designado para outra vara da mesma comarca ou unidade territorial judiciária; II – O juiz terá sua competência mantida para o julgamento da lide quando afastado do efetivo exercício de sua jurisdição, por qualquer motivo, por prazo não superior a trinta dias"*. A redação original do Projeto de Novo Código de Processo Civil não contemplava tais situações, limitando-se o art. 112 e parágrafo único do PLS 166/2010 a disporem semelhantemente ao vigente Código de Processo Civil. O texto atual do Projeto, na versão do substitutivo apresentado pela Comissão Especial na Câmara dos Deputados em julho de 2013, sob a denominação de PL 8.046/2010, não reproduziu o preceito, deixando de disciplinar o princípio da identidade física do juiz.

Pelo art. 155 do CPC adotou-se o princípio da publicidade dos atos processuais. Hoje, o princípio da publicidade foi alçado a garantia constitucional, agasalhado pelo art. 93, IX, da CF, segundo o qual "todos os julgamentos dos órgãos do Poder Judiciário serão públicos, e fundamentadas todas as decisões, sob pena de nulidade" (1.ª parte). Segundo este princípio, os atos processuais são suscetíveis de serem conhecidos, todos eles, mesmo por quem não seja parte no processo (liberdade de manuseio de autos e direito de assistir a audiências e sessões de julgamento). A própria CF (art. 93, IX, 2.ª parte) abre uma exceção a este princípio, quando diz que a lei pode, se o interesse público exigir, limitar a presença, em determinados atos, às partes e seus advogados, ou somente a estes, "em casos nos quais a preservação do direito à intimidade do interessado no sigilo não prejudique o interesse público à informação" (art. 93, IX, 2.ª parte, na redação da Emenda Constitucional 45/2004).[48] O Código de Processo Civil abre taxativamente duas exceções: correm em segredo de justiça os processos em que o exigir o *interesse público* (aqui tem-se um caso de interpretação de conceito vago, devendo o juiz avaliar caso a caso, concretamente considerado) e os que dizem respeito a casamento, filiação, separação dos cônjuges, conversão desta em divórcio, alimentos e guarda de menores[49] que, em *ultima ratio*, também seriam casos em que o interesse público autorizaria o segredo de justiça.

Em face da circunstância de a Constituição Federal, hoje, tratar da publicidade dos processos, abrindo exceção, quando permite à lei que crie casos excepcionais em que o princípio da publicidade não seja obedecido, só pode a lei ordinária limitar a aplicação do princípio a casos de interesse público, segundo a dicção do texto constitucional (art. 93, IX). Mas, mesmo nestes ca-

48. A respeito: Luiz Rodrigues Wambier, Teresa Arruda Alvim Wambier e José Miguel Garcia Medina, *Breves comentários à nova sistemática processual civil*, p. 32 e ss., e Fernando Sacco Netto, Análise das novas redações dos incisos IX e X do art. 93 da Constituição Federal de acordo com a EC 45, in Teresa Arruda Alvim Wambier *et alii* (coords.), *Reforma do Judiciário* – Primeiras reflexões sobre a Emenda Constitucional 45/2005, p. 243 e ss.

49. Como bem observa Fernando Sacco Neto: "A intimidade e a privacidade representam um espaço existencial ao qual o ser humano tem o direito de manter reservado. Trata-se de assuntos envolvendo vida privada e familiar e que, em princípio, não devem estar acessíveis a estranhos" (op. cit., p. 251).

sos, se a ausência de publicidade prejudicar o interesse público à informação, por força da nova regra constitucional, publicidade aos atos há de ser dada.

Há, ainda, que se referir um princípio que não é propriamente fundamental, nem informativo, do processo, mas, na realidade, é um princípio ético. Trata-se do princípio da lealdade processual, tratado, entre nós, pelos arts. 14[50] a 18, do CPC.[51] Dois preceitos tão somente cuidavam do assunto, no Código de Processo Civil de 1939: os arts. 3.º e 63. Por este princípio objetiva-se coibir a deslealdade e a má-fé dentro do processo, bem como evitar pretensões sem fundamento e o requerimento de provas e diligências inúteis ou desnecessárias. A parte que se quiser valer do processo, sem atentar para a verdade, a lealdade e a boa-fé, arcará com os prejuízos causados à parte adversa, pagando-lhe perdas e danos, honorários advocatícios e todas as despesas efetuadas. Tal condenação, contudo, dependia de pedido da parte contrária, dentro do próprio processo,[52] ainda que, nos últimos momentos de vigência da redação precedente, o STJ haja entendido pela desnecessidade de pedido, em votação majoritária;[53] orientação que se torna

50. No art. 273, *caput* e inciso II, na redação decorrente da Lei 8.952, de 13.12.1994, está estabelecido que o autor tem direito à antecipação de tutela, desde que, em face da existência de *prova inequívoca (i.e., prova suficiente [= não equívoca e suficiente] da verossimilhança do seu direito art. 273,* caput*)*, verifique o juiz restar, na forma do inciso II, do mesmo art. 273, "caracterizado o abuso de direito de defesa ou o manifesto propósito protelatório do réu". Isto revela que uma das hipóteses possíveis de antecipação de tutela filia-se, em ponderável escala, às regras dos arts. 14 e 17, no sentido de atribuir à boa-fé (*i.e.*, não demandar com abuso de direito ou procrastinando indevidamente o processo) um outro efeito, que é, precisamente, o da possibilidade de antecipar-se a tutela ao autor.

51. Sobre lealdade processual, v. Arruda Alvim, *Código de Processo Civil comentado*, vol. 2/117 *et seq.*; v. tb. trabalho do autor sobre "Resistência injustificada ao andamento do processo", em *Revista de Processo [RePro]* 17/13; Celso Agrícola Barbi, *Comentários ao Código de Processo Civil*, p. 121 *et seq.*; Hélio Tornaghi, *Comentários ao Código de Processo Civil*, cit., vol. 1/139 *et seq.*

52. Admitindo a condenação, ainda que não houvesse pedido: *Revista de Processo [RePro]* 3/342, em. 129; *RT* 507/201; *JUTACivSP* 71/120. Em sentido contrário: *RJTJSP* 83/82; *RT* 579/164; *JUTACivSP* 82/233. Admitindo, sem pedido: STJ, *RT* 690/165; *diferentemente*, só admitia com pedido o STF-Pleno, AR 249-1-SP, j. 17.04.1980, p. 3.229, 3.ª col., em.

53. O Superior Tribunal de Justiça, como se diz no texto, muito pouco tempo antes da nova redação dada ao art. 18, do Código de Processo Civil, prestigiou entendimento contrário ao que se sustenta neste trabalho, em relação à primitiva redação do art. 18. Nos embargos de divergência no REsp 36.718-0, relator sorteado o Min. Cláudio Santos, ementado o entendimento deste, com os seguintes dizeres: "A lei processual [art. 18, redação anterior à da Lei 8.952, de 13.12.1994] trata apenas da indenização da parte-vítima, subordinando-se a condenação a pedido do prejudicado". Pelo voto do relator sorteado, acolhia este os embargos de divergência, para o fim de dar provimento ao recurso especial, pois neste se postulava que, sem pedido, era inviável a condenação verificada, que decorrera de atividade oficiosa. O voto do relator sorteado está embasado em parte ponderável da doutrina, aí referida (Arruda Alvim, *Código de Processo Civil comentado*, vol. 2, p. 147; Marcos Afonso Borges, *Comentários ao Código de Processo Civil*, vol. 1, p. 27-28; José Carlos Barbosa Moreira, no artigo Responsabilidade das partes por dano processual, na *Revista de Processo [RePro]*, vol. 10, p. 15-31), e direito comparado (processual civil italiano e português), no sentido de sua conclusão. Referem-se, ainda, diversos recursos especiais da 3.ª T. do STJ, no sentido de sua conclusão, todos com votações unânimes. No entanto, nesses embargos de divergência, julgados pela 2.ª Seção, com vistas a uniformizar os entendimentos colidentes das Turmas, resultou o predomínio do entendimento da desnecessidade de pedido. No voto seguinte ao do relator

indiscutível, em face da atual redação dada ao art. 18.

Tal condenação, ao contrário do que prevalecia na interpretação da regra constante originalmente do art. 18 do CPC,[54] não necessita mais de prévio pedido da parte interessada, é dizer, pode ser aplicada de ofício. A Lei 8.952, de 13.12.1994, e, posteriormente a Lei 9.668/1998, dando nova redação ao precitado dispositivo, portanto, acabaram por acolher considerável parcela da jurisprudência que entendia despicienda a solicitação da parte para condenação do litigante de má-fé em perdas e danos.[55] Atendendo a esta visão publicística do processo, a atual redação dada ao § 2.º, do art. 18, do CPC, possibilitou ao juiz que, de pronto, fixe o valor da indenização em até 20% sobre o valor da causa (certamente corrigido monetariamente até a época da fixação, nos termos da Súmula 562 do STF, aplicável à espécie),[56-57] sem prejuízo do efetivo dano processual ocorrido ser liquidado por arbitramento – que já era a regra constante do dispositivo anterior –, diante da inexistência de qualquer parâmetro para atuação do juiz no sentido de fixar a indenização.[58-59] Ainda

sorteado, do Min. Sálvio de Figueiredo, que veio a ser o relator para o acórdão, invoca-se principalmente o disposto no art. 125, III, para concluir contrariamente ao entendimento do relator sorteado, *i.e.*, desnecessidade de pedido. Fulcro do entendimento contrário ao do texto, *i.e.*, pela possível condenação independentemente de pedido, é que a lealdade no processo diz com o interesse público (como se percebe do voto do relator para o acórdão e do voto do Min. Ruy Rosado de Aguiar, e como, ainda, mais antigamente, resultava do voto do Min. Athos Carneiro, no REsp 17.608, referida aí a posição dos Profs. Hélio Tornaghi e Ernane Fidélis dos Santos, no mesmo sentido, contrária à que tínhamos por exata). Votou com o relator sorteado o Min. Costa Leite.

54. *V.g.*: *RJTJSP* 83/82; *RT* 579/164; *JUTACivSP* 82/233; STF, Pleno, AR 429-1/SP, j. 17.04.1980, p. 3.229, 3.ª col., em. Também exigindo pedido expresso da parte para a fixação da indenização – antes da nova sistemática imprimida pela Lei 8.952/1994 –, entendeu o Min. Cesar Rocha, da 1.ª T. do STJ, quando do julgamento do REsp 51.896-2/RS em 19.10.1994 (*DJU*, I, 21.11.1994, p. 31.723), sob o argumento de que "não se cogita de multa em benefício do Estado, mas de perdas e danos em favor da parte-vítima".

55. Idem para a hipótese ventilada no texto. A respeito, *Revista de Processo [RePro]* 3/342, em. 129; *RT* 507/201; *JUTACivSP* 71/120; *RT* 690/165. Sálvio de Figueiredo Teixeira, em seu *O STJ e o processo civil*, p. 36-37, elenca as seguintes decisões do STJ neste sentido: REsp 13.722-0/SP, rel. Min. Pádua Ribeiro, *DJ* 13.06.1994; REsp 17.068/SP, rel. Min. Athos Carneiro, *DJ* 03.08.1992; REsp 23.384-0/RJ, rel. Min. Fontes de Alencar, j. 22.06.1993; e EDiv no REsp 36.718-0/SP (já referidos na nota 38, *supra*). Quanto à imprescindibilidade do pedido da parte para a condenação prevista no antigo art. 18 do CPC, há precedente do STJ (REsp 48.994-6/RS, *DJ* 10.10.1994) também mencionado por Sálvio de Figueiredo Teixeira (idem, p. 37).

56. Neste sentido, cf. o voto do Min. Aldir Passarinho no RE 99.441/RS, aplicável à espécie, à espera de jurisprudência específica sobre o tema (STF, 2.ª T., j. 27.04.1984, *DJ* 29.06.1984, *RTJ* 110/1.127).

57. A Súmula 43 do STJ é do seguinte teor: "Incide correção monetária sobre dívida por ato ilícito a partir da data do efetivo prejuízo".

58. Nesse sentido: STJ, REsp 241.109/BA, rel. Min. Fernando Gonçalves, 4.ª T., j. 01.04.2004, *DJ* 01.07.2004, p. 199; STJ, REsp 166.196/RJ, 3.ª T., j. 07.04.2003, rel. Min. Ari Pargendler, *DJ* 29.03.2004, p. 228.

59. Muito embora nos pareça que o prejuízo processual sofrido pela parte esteja ínsito no fato de se submeter à conduta maliciosa de seu adversário, o Superior Tribunal de Justiça tem exigido a demonstração efetiva do dano decorrente do ato processual para o fim de aplicar as penalidades previstas ao litigante de má-fé. Nesse sentido: STJ, REsp 744.446/DF, 2.ª T., j. 17.04.2008, rel. Min. Humberto Martins, *DJ* 05.05.2008, p. 1; STJ, REsp 217.442/BA, 4.ª T., j. 26.06.2001, rel. Min. Aldir Passarinho Junior, *DJ* 05.11.2001, p. 115; STJ, REsp 220.054/SP, 1.ª T., j. 08.08.2000, rel. Min. Humberto Gomes de Barros, *DJ* 18.09.2000, p. 100.

como decorrência deste princípio, a lei confere ao juiz poderes para coibir o emprego de expressões injuriosas (art. 15). Deve-se ressaltar, quanto a essa atuação *ex officio* do magistrado na repressão dos ilícitos processuais, que não exclui, de acordo com a Constituição Federal (princípios do devido processo legal e do contraditório), a necessidade de manifestação prévia das partes ou advertência anterior do juiz quanto à possibilidade de aplicação da penalidade a ser imposta, na linha do que já defendíamos,[60] e tal como dispõe expressamente o Projeto de Novo Código de Processo Civil.[61]

5. Evolução histórica do Direito Processual Civil[62]

O processo contemporâneo deriva do processo romano, mais evoluído, e do germânico, ao contrário, pouco evoluído, pois servia um povo, então, primitivo.

Do ponto de vista da formação histórica do jurista, principalmente, interessa o estudo do processo civil a partir do Direito romano. São sabidas as razões e motivos, quer de ordem histórica – em especial, a tradição cultural romana –, quer de ordem estritamente intelectual – alto grau atingido pelo Direito romano –, para que cuidemos de encarecer a sua importância.

Podemos traçar o seguinte quadro da evolução histórica do Direito Processual Civil do Ocidente:

1.º) processo civil romano, de 754 a.C. a 568 d.C.;

2.º) processo civil romano-barbárico, de 568 a 1100, aproximadamente;

3.º) período da elaboração do processo comum, de 1100 a 1500, mais ou menos;

4.º) período moderno, de 1500 a 1868, antes da renovação dos estudos do Direito Processual, a nosso ver iniciados com a obra de Oskar Bülow, precisamente em 1868;[63]

5.º) de 1868 até hoje, podemos considerar como o *período contemporâneo*, que é o realmente relevante, tendo em vista que o processo, dogmaticamente, e como ciência, é contemporâneo.

Sem embargo disso, as modificações sofridas mais recentemente justificam uma outra divisão, relativa ao período que estamos vivendo, nos últimos trinta anos.

6.º) período propriamente contemporâneo – se é usualmente entendida, da data de 1868 até *recentemente*, como representando a fase contemporânea do processo, julgamos que depois da Segunda Guerra Mundial acentuou-se a ausência de dogmatismo, tendo em vista as carências de que, universalmente, se reconhece estar se ressentindo a distribuição da Justiça.

Por isto, pode-se dizer que a *urgência*, as *ações coletivas*, os *procedimentos sumários*, encontram-se na pauta das preocupações de todos os processualistas, governos, juízes e advogados, o que é reflexo direto de tais carências. Em relação às ações coletivas (Leis 7.347/1985, 8.078/1990 e outras), ao lado do grande espectro dos possíveis beneficiados, nelas já *originariamente* se encontra reconhecida a necessidade da tutela de urgência, pois preveem-se tanto *cautela* como *tutela liminar do direito*. Destinam-se tais ações, no fundo, à defesa de novos bens jurídicos, nessa quadra histórica assumidos, pelas so-

60. Cuidava-se de parecer que versou a nulidade da imposição de multa em casos de fraude à execução sem o devido contraditório em parecer que emitimos sobre o tema no ano de 2008, publicado na recente coleção *Soluções Práticas de Direito*, vol. IV, p. 873 e ss.

61. Arts. 9º e 10 e 77, §1º, do PL 8.046/2010 (originado do PLS 166/2010).

62. V. nosso *Direito processual civil* – TGPC, vol. 1/117.

63. Oskar Bülow, *Excepciones procesales y presupuestos procesales*, trad. argentina, Buenos Aires, 1964.

ciedades e legislador, como relevantes, por isso que já nasceram *privilegiados*, e em relação aos quais se alterou também o direito material (civil, penal, administrativo), com vistas a que, em torno destes, se proporcione, no plano do *processo* e no do *direito material*, teleologicamente coordenados, uma proteção mais intensa.

Por isto tudo, a fase *efetivamente* contemporânea não guarda as mesmas características da fase precedente, ou seja, a que foi de 1868 até aproximadamente uns trinta anos atrás.

6. Processo civil romano

O Direito Processual Civil romano teve três fases, cada uma delas com suas características próprias, a saber:

a) período das *legis actiones*, de 754 a.C. até 149 a.C., mais ou menos;

b) período do processo formulário, de 149 a.C. até 209 d.C., fase esta coincidente com a expansão territorial do Direito romano sobre toda a Península Itálica;

c) período da *extraordinaria cognitio*, de 209 até o fim do Império Romano, correspondente à extensão do Direito por sobre todo o Império.

Rapidamente, vejamos as características dessas fases do processo romano.

7. Período das *legis actiones*

Sabe-se que o Direito romano era de formação eminentemente processual; ou seja, era da atividade jurisdicional do Estado romano que – em escala apreciável – se ia constituindo o Direito Substantivo romano.

No sistema das ações da lei, havia verdadeira identificação da *ação* com a *lei*.[64]

Em virtude dessa conexão, ou, com mais exatidão, verdadeira simbiose entre o direito e a ação (entre o *jus* e a *actio*), clara se mostra a influência deste regulamento processual sobre a substância dos vários institutos jurídicos.[65] Diz-se mesmo que se pode ver no Direito romano, particularmente no desta época, mais um sistema de ações do que de direitos.[66]

Classificam-se as ações da lei da seguinte forma:

a) *legis actio per sacramentum*; b) *legis actio per condictionem*; c) *legis actio judicis arbitrive postulationem*; d) *legis actio per pignoris capionem*; e e) *actio per manus iniectionem*.[67]

A *legis actio per sacramentum* tinha caráter geral. As outras ações da lei tinham caráter subsidiário.

A *actio per sacramentum*, grosseiramente comparada, seria aquela cujo procedimento era o comum.

As demais dariam lugar a procedimentos diferentes, tal como ocorre atualmente, de certa forma, com os procedimentos especiais.

8. Período do processo formulário

Passou, neste período, o processo a ter uma base escrita, continuando, porém, a ser

64. Cf. Cuenca, *Processo civil romano*, n. 33, p. 39; especialmente n. 179, p. 189.Confirma a criatividade da sentença, no Direito romano, Pietro Bonfante, *Istituzioni di diritto romano*, § 7.º, p. 23, com afirmação a propósito do direito justiniano (v. tb. § 1.º, p. 1); do mesmo autor, especialmente, a propósito da figura do pretor e a renovação/criação do Direito, Bonfante, *Storia del diritto romano*, vol. 1, cap. XV, 3, p. 263. Cons., por todos, Moreira Alves, *Direito romano*, XVIII, n. 123 *et seq.*, p. 234 *et seq.*; v. tb. Max Käser, *Das Römische Zivilprozeßrecht [O Processo Civil Romano]*, I, §§ 3.º, p. 17 *et seq.*, e, de um modo geral, toda a obra. Nestas duas últimas obras encontra-se um panorama completo do processo romano.

65. Cf. Correia e G. Sciascia, *Manual de direito romano*, § 40, p. 93.

66. V. nossos *Curso...* cit., vol. 1, n. 4, p. 15, e *Direito processual civil* – TGPC, cit., vol. 1, 2.ª parte, ns. 1 e 2, p. 118 *et seq.*

67. V. nosso *Curso...* cit., vol. 1, n. 4, p. 16.

predominantemente oral. Coincidiu com esta fase evolutiva do processo romano, como já acentuamos, a expansão do Direito romano por toda a Península Itálica. Antes dessa expansão, somente os romanos tinham o direito de invocar a jurisdição (isto é, o magistrado), dado que o *ius civile* abrangia exclusivamente os romanos.

Com o expandir do Direito romano, houve a necessidade de se criar uma nova magistratura, de molde a que o Judiciário também se fizesse presente nessa expansão, ao lado da conquista política. Surgiu o *praetor peregrinus*. Este não podia aplicar, aos não romanos, a sistemática das *legis actiones*, e, desta forma, se fez necessário um sistema adequado à distribuição da justiça. Encontraram-se as fórmulas, fornecidas pelo *praetor*, àqueles que viessem submeter-lhe um conflito de interesses. Dados os evidentes inconvenientes do sistema anterior, as fórmulas acabaram, inclusive, sendo estendidas aos próprios romanos.

Esse novo sistema, adquirindo base escrita, deixou de ser sacramental, como era o anterior.[68]

9. Período da *extraordinaria cognitio*

O processo chamado *extraordinaria cognitio* foi perceptivelmente marcado pelo agigantamento do Estado-juiz e a consequente ingerência estatal no processo, desde o início do litígio até a sentença final. Este tipo de procedimento foi a síntese de todo o evoluir do processo romano, que se trasladou do campo do Direito Privado para inserir-se no campo do Direito Público e, consequentemente, inspirar-se, enquanto processo, em seus princípios.[69]

Acentuou-se o perfil do instituto da revelia: o não comparecimento do réu não mais significava impedimento à constituição do juízo, nem à válida prolação da sentença.[70] Ou, em outras palavras, suficiente, para a formação do processo, era só a citação e não o comparecimento.

O juiz, no Direito romano, exercia uma função pública, a *jurisdictio*, destinada à realização do direito. Era o responsável pela decisão; daí dizer-se que ele era a *viva vox juris civilis*.

As provas obedeciam à racionalidade, no sentido de servirem para convencer o juiz da ocorrência dos fatos alegados. O Direito romano regulava o ônus da prova, devendo provar aquele que tivesse feito a alegação – *ei qui dicit*.[71] Reconhecia-se ao réu o direito à contraprova.

A sentença era uma decorrência da aplicação do direito aos fatos provados à luz das provas apresentadas,[72] e a valoração a estas atribuídas era eminentemente racional.[73] A sentença afetava tão somente as partes – *facit jus inter partes*.[74]

A sentença era recorrível através do recurso da apelação.[75]

Esta fase do processo romano já não era predominantemente oral, e o processo passou a ser visto também como um veículo de

68. Cf. Cuenca, op. cit., n. 46, p. 53 (sobre o pretor, v. nota 46, *retro*).

69. V. nosso *Curso*... cit., vol. 1, n. 4, p. 19, e *Direito processual civil* – TGPC, vol. 1, 2.ª parte, n. 6, p. 130.

70. Cf. Arruda Alvim, *Direito processual civil* – TGPC, vol. 1, 2.ª parte, n. 6, p. 132, e Arturo Rispoli, *Il processo civile contumaciale*, ns. 58 *et seq.*, p. 61 *et seq.* Cf. Rita Gianesini, *A revelia no direito processual civil*, item 2.1.1.

71. É considerável a similitude entre as linhas gerais de tal fase do processo romano e os sistemas atuais, no que diz com o Direito brasileiro; v., sobre o ônus da prova, art. 333, I.

72. Arts. 130, 1.ª frase, e 458, II.

73. Art. 130, 1.ª frase.

74. O art. 472, 1.ª parte, é sobrevivência desta regra romana.

75. Art. 513.

realização do direito material (*res in judicium deducta*).

10. Processo romano-barbárico

O processo romano-barbárico, nas regiões que viriam mais tarde a constituir a Itália, pode ser dividido em três fases: a) "fase longobarda"; b) "fase franca" e c) "fase feudal".

A primeira fase referida, a "longobarda" (568 a 774), deve seu nome à região de um dos povos que fundou uma monarquia na Península Itálica – a Lombardia –, que foi o primeiro a adotar um processo de tipo germânico.

O juiz nesse processo era o duque e, ao que tudo indica, além de ser um processo vazado em sacramentalidade, o sistema probatório era o ordálico.

O escopo do processo germânico era o de reparar a violação do direito. Confundiam-se praticamente os processos civil e penal, no sentido de que a separação entre ambos não era nítida. Praticamente inexistia, no processo germânico, uma fase declaratória; ingressava-se, desde logo, numa fase de realização do direito, hoje designada de execução.

Dominavam, nessa fase, os princípios da oralidade e publicidade.

Já no denominado "período franco" (774 a 900), houve fortalecimento do poder real, sendo a autoridade judiciária o conde, nomeada pelo detentor do poder. O conteúdo da sentença era fornecido pelos *scabini*, juízes populares, que permanentemente o assessoravam. O procedimento passou a ser dinamizado pelo impulso oficial. As testemunhas mereciam especial respeito. Estabeleceu-se, também, o sistema da prova legal[76] (prova graduada = valor da prova predeterminado na lei).

Nesta segunda fase (a "franca"), não se teve mais um processo do tipo estritamente germânico, constatando-se, contrariamente, uma infiltração das leis romanas, através da influência do Direito canônico no processo leigo. Saliente-se, no entanto, que os representantes do rei, os *missi domini*, tinham poder jurisdicional superior a toda a magistratura, colocados no mais alto patamar da sua hierarquia (774 a 900).

Na "fase feudal" (900 a 1100), coincidente com a estrutura político-jurídica do feudalismo na Europa, houve um retrocesso em relação ao processo de tipo "franco", que era unitário, marcado pelas virtudes decorrentes da unificação política do Império Carolíngio, que findou no ano 900. Com a atomização do poder político e a paralela divisão da soberania, a mesma coisa ocorreu com o poder jurisdicional. Constatou-se acentuada decadência dos institutos jurídicos. Refloresceu o duelo como forma de solução de contendas. Verificou-se, com indesejável incidência, perjúrios e falsos juramentos, o que desacreditou a prova testemunhal e o juramento. Decadente a jurisdição civil leiga, atrofiou-se o seu âmbito e, proporcionalmente, aumentou o da jurisdição eclesiástica.

11. O processo comum na Itália[77]

Na Itália ou, mais precisamente, no lugar aonde viria a ser a Itália, desenvolveu-se o chamado processo comum, manifestação de fenômeno maior, que foi o direito comum.

É usual a divisão dos períodos de formação do processo comum da seguinte forma:

76. Consultar, sobre o significado de prova legal, Carlo Furno, Teoría de la prueba legal, p. 6 *et seq.*, Madrid, *Revista de Derecho Privado*, 1954.

77. Consultar Friedrich Lent, *Zivilprozeßrecht [Direito processual civil]*, 12. ed., § 100, p. 274-275. Mais recentemente, cf. Othmar Jauernig, *Zivilprozeßrecht [Direito processual civil]*, 19. ed., § 99, p. 309-310, 1981.

a) período dos glosadores, de 1100 até 1271; b) período dos pós-glosadores, de 1271 a 1400; e, finalmente, c) período da jurisprudência culta, de 1400 (princípio) até 1500.

12. Período dos glosadores

Coincidentemente com o início da formação do processo comum, surgiram as universidades. A de Bolonha, desde logo, representou o primeiro grande centro de estudos científicos sobre Direito. Trabalhou-se, então, sobre os textos romanos, especialmente as *Pandectas*, e os juristas anotavam tais textos com as chamadas "glosas".

Considera-se terminado o período dos glosadores no ano de 1271, com a publicação da obra de Guilherme Duranti denominada *Speculum Judiciale*, onde se encontra repositório integral de todo o processo de então. Nesta obra se retrata um tipo de processo predominantemente romano.

Findo, ao menos do ponto de vista da rígida divisão da História, obrigada a fixar datas, o período dos glosadores, abriu-se o dos pós-glosadores.

13. Período dos pós-glosadores

Criaram os pós-glosadores institutos jurídicos novos, o que inseriu, na evolução histórica, elemento antes inexistente: a *criação jurídica*.

As características principais do processo da época dos pós-glosadores são: 1.ª) a prova e a sentença obedeciam aos princípios romanos, ou seja, eram inspiradas na razão; 2.ª) consagrava-se a intervenção principal, de origem germânica; 3.ª) entendia-se a contestação da lide (*litiscontestatio*) como necessária para a instauração do juízo e, consequentemente, para a prolação da sentença, o que representou retrocesso, já que o que se considera, hoje, relevante na esteira de uma evolução, é que o réu seja cientificado e não que se manifeste, necessariamente; 4.ª) o impulso do processo foi deixado às partes, o que, ulteriormente, veio a ser alterado pela adoção do princípio do impulso oficial; 5.ª) além do processo ordinário, havia o processo sumário determinado e o indeterminado; 6.ª) admitia-se a *appellatio tertii*, de origem francesa; 7.ª) a coisa julgada passou a ter como fundamento a circunstância de valer por encerrar uma presunção da verdade; 8.ª) o processo dividia-se em fases (*positiones*), estrutura esta que constitui o fundamento remoto do instituto da preclusão, *i. e.*, as *positiones* eram *irreversivelmente* superadas, sem retorno à fase anterior; 9.ª) introduziram-se os juízos provocatórios, cuja construção – embora indireta e complexa – destinava-se a dar ao processo uma função meramente declaratória.

Deve ser referida, nesta fase, a constituição papal de Clemente V, de 1306, chamada *Clementina Saepe*, cujos princípios se generalizaram rapidamente, determinando o uso nos tribunais eclesiásticos de um processo sem formalidades, onde se decidisse *simpliciter et de plano ac sine strepitu et figura iudici*.

14. Período da jurisprudência culta

Depois da fase dos pós-glosadores, surgiu a da chamada jurisprudência culta, estendendo-se à França e à Alemanha. Da escola francesa, há que se mencionar o nome notável de Jacomo Cujácio, que trabalhou sobre as leis de Justiniano ("Institutas de Justiniano"), fornecendo material de alto valor para seus contemporâneos e para os que o sucederam.

15. O processo comum na Alemanha

Na Alemanha, ou mais precisamente, nas regiões que viriam ulteriormente a constituir a Alemanha, o processo italiano-canônico ingressou na vida jurídica simultaneamente com o direito comum. Depois de algum tempo, desenvolveu-se o processo comum como uma parte do direito comum.[78]

Deve-se dizer que o fenômeno da introdução do processo romano-canônico (comum) na Alemanha implicou a diminuição da influência do processo local, o germânico. A este fenômeno denominou-se "recepção".

Em síntese, as características do processo comum, introduzidas na Alemanha, eram as seguintes: 1.ª) no ano de 1495, constituiu-se o órgão jurisdicional supremo do Império, denominado *Reichskammergericht*; 2.ª) existiam, ademais, os juízes territoriais; 3.ª) o processo era escrito e não público; 4.ª) a Alemanha recebeu do processo italiano, nesta primeira fase, o desenvolvimento processual *per positiones*, não adotando o princípio da eventualidade (ou seja, o princípio segundo o qual todas as alegações hão de ser feitas de uma vez só, sob pena de preclusão, isto é, sob pena de não mais poderem ser feitas).

O processo saxão inspirou-se, no entanto, em princípios diversos, sintetizados em uma ordenança (*Kursächsische Gerischtsordnung*) do ano de 1622, que, de certa forma, implicou avanço em relação à fase anterior. Dividia-se o procedimento em duas fases, destinadas às alegações e às provas. O juramento ganhou singular prestígio, quando deferido de uma parte à outra. Adotou-se, ademais, o princípio da eventualidade.

Duas ordenações alemãs ainda devem ser mencionadas: a ordenação saxônica de 1735 e a bárbara de 1753. Singularidades dignas de referência são as seguintes: a) a demanda apoiava-se sobre fatos e alegações; b) o réu tinha que apresentar sua defesa dentro de certo prazo; c) a sentença era proferida com base na prova colhida; d) o sistema probatório, todavia, era o da prova legal, graduada, isto é, da prova que tem seu valor previamente determinado em lei e cuja determinação vincula o julgador (princípio diferente do livre convencimento, em que a margem de liberdade de valoração da prova é ampla, princípio este aceito contemporaneamente, salvo poucas exceções expressas); e) previam-se recursos.

O panorama da legislação prussiana corporificou-se no *Corpus Juris Fridericianum*, de 1781, e na Ordenança Geral sobre os Tribunais, de 1793. Suas características fundamentais eram as seguintes: a) o domínio do juiz sobre o processo era praticamente absoluto, adotado que foi o princípio inquisitório; b) como decorrência da adoção deste princípio havia a fortíssima ingerência do magistrado na formação do material probatório; c) as partes eram interrogadas pelo juiz; d) a representação das partes em juízo não se fazia pelos advogados, mas por funcionários do governo, com esta função específica; e) eliminou-se o princípio da eventualidade. No entanto, este sistema, contrastante com o restante de toda a evolução europeia, de índole liberal (pelo menos potencialmente), pouco durou.

16. História do processo na Península Ibérica e respectivas implicações no Direito brasileiro – O *Forum Juditium (Fuero Juzgo)*

Passemos agora a examinar a evolução do processo na Península Ibérica, pois nos diz respeito mais de perto.

Alarico, rei visigodo, em 506, baixou a primeira lei de que se tem conhecimento, depois da invasão dos bárbaros. Denominou-se esta lei *Breviarium Alaricianum*. Este breviário não é senão uma recopilação de algumas leis romanas; quer dizer, o invasor e dominador dobrou-se à cultura de origem

78. Cf. Lent, *op. cit.*, p. 274-275, sobre este assunto, *Der Gemeine Prozeß [O processo comum]*, e Jauernig, *Zivilprozeßrecht [Direito processual civil]*, cit., 19. ed., § 100, p. 310-311; cf. Arruda Alvim, *Direito processual civil* – TGPC, vol. 1, 1.ª parte, p. 173.

romana e foi recolher nos povos conquistados, em grande parte, as leis para regular suas condutas.

Alguns anos depois, em 693, baixou-se uma outra lei, revocatória da anterior, chamada *Fuero Juzgo* ou *Forum Juditium*. Também esta é uma síntese do Direito romano, muito toscamente estruturada, porque não tinha havido, ainda, qualquer influência dos costumes germânicos, nem dos da própria região.

No ano de 711, os árabes invadiram a Península Ibérica, lá ficando até 1492. Esta invasão dos árabes pouco representou do ponto de vista da cultura jurídica.

Em 1139, destacou-se na Península Ibérica o chamado Condado Portucalense, que representou a base político-geográfica do que veio a ser Portugal.

Logicamente, teve de se reger pelo *Forum Juditium*, que o disciplinava antes de sua independência.

Além do *Forum Juditium*, regeu-se pelas cartas forais, baixadas pelo poder real e que se destinavam a regular determinados problemas locais.

Este era, mais ou menos, do ponto de vista legislativo, o panorama contemporâneo ao nascimento de Portugal. Concomitantemente, como no resto da Europa, agiganta-se a jurisdição eclesiástica. No século XIII, o rei de Portugal, D. Afonso III, que se educou em Paris, onde já iam avançados os estudos do Direito romano, procurou de certa forma reorganizar a justiça e o processo. Outro rei de Portugal, D. Diniz, fundou em 1380 a Universidade de Lisboa, que foi um grande centro de estudos jurídicos.

17. As Ordenações – Especialmente as Filipinas

Com isto, Portugal, solidificado como nação, expulsando, praticamente, os árabes e já se aproveitando de certo caldeamento de cultura própria, tinha a base necessária para sua primeira grande lei: as "Ordenações Afonsinas", baixadas por D. Afonso V, em 1446. Essa lei vigeu até 1521, quando foi substituída pelas "Ordenações Manuelinas", baixadas pelo rei D. Manuel.

Finalmente, promulgou-se a última lei desses tempos mais antigos de Portugal: as "Ordenações Filipinas", que tiveram importância extraordinária, inclusive para o nosso Direito. Foram baixadas por D. Felipe II da Espanha, e I de Portugal. As Ordenações Filipinas já apresentavam uma estrutura bastante moderna, se comparada com o que havia antes. A parte processual (Livro Terceiro) dividia-se da seguinte forma: 1.ª) "fase postulatória", que se encontra nos Códigos modernos; 2.ª) "fase instrutória", destinada à prova; 3.ª) "fase decisória", destinada à decisão; 4.ª) "fase executória", destinada ao processo de execução.

Ao lado disto, regulava o processo ordinário, que era o processo comum, e ainda os chamados processos sumários, empregados para alguns casos particulares, juntamente com os chamados processos especiais, aplicáveis a determinadas ações.[79]

18. O Brasil e sua legislação depois da Independência

O Brasil desvinculou-se politicamente de Portugal em 1822. Nesta época, vigiam em Portugal as Ordenações Filipinas, que foram adotadas como lei brasileira pelo Decreto de 20.10.1823. O Brasil, separando-se de Portugal, não tinha e nem podia ter, pela ausência de situação histórico-cultural produtora de normas, leis próprias. O que o Brasil fez foi adotar, na sua integridade, as leis portuguesas, ressalvada a Constituição, que foi feita logo

79. V. nosso *Curso* ... cit., vol. 1, n. 4, p. 30.

em seguida (símbolo de que houvera independência política). As demais leis, por sua vez, foram surgindo paulatinamente com o correr dos tempos.

A partir de 1823, as Ordenações Filipinas passaram a reger o processo civil no Brasil.

19. O Regulamento 737

Em meados do século XIX, precisamente em 25.11.1850, ocorreu um fato importante para o processo: fez-se um Código de Processo Comercial, que foi o Regulamento 737. Havia, então, a jurisdição comercial ao lado da jurisdição civil. As Ordenações Filipinas continuaram a reger a matéria de processo civil, enquanto o Regulamento 737 regia a de processo comercial.

Em 1871, o governo imperial encarregou o Conselheiro Ribas de consolidar as Ordenações e as leis extravagantes, que, posteriormente à Independência, foram sendo promulgadas pelo governo imperial, vindo, por uma resolução imperial de 1876, a ser adotada, como lei processual, a Consolidação Ribas.

As Ordenações Filipinas, portanto, através da Consolidação Ribas, continuaram a reger nosso processo civil até a proclamação da República.

Em seguida, houve dois fatos que tiveram grande repercussão no campo do Direito. Em primeiro lugar, o Regulamento 737, que regia o processo comercial, passou a ser aplicado, através do Dec. 763, de 1890, ao processo civil, com o que foram definitivamente revogadas as Ordenações Filipinas. Além disso, em 1891, foi promulgada a Constituição da República, manifestamente inspirada no padrão da Constituição política dos Estados Unidos da América do Norte (induvidosamente no que respeita à competência legislativa adjudicada aos Estados, desde então, definidos como federados).

20. A República e o processo civil – Os Códigos de Processo Civil Estaduais

O Dec. 763, de setembro de 1890, estabelecia que o Brasil continuaria sendo regido, quer em matéria civil, quer comercial, pelo Regulamento 737, enquanto cada um dos Estados não baixasse o seu Código de Processo Civil próprio.

A partir de 1905, iniciou-se o movimento de codificações estaduais, sendo o Estado do Pará o primeiro a baixar seu estatuto de processo civil, sem ser um código, porém. A partir dessa data, vários Estados baixaram suas leis processuais, exceto o de Goiás. São Paulo foi um dos últimos a promulgar a sua lei processual civil (1930).[80] Dessa época, merecem destaque, como bons códigos, o da Bahia – o melhor deles –, o de São Paulo, o do Rio Grande do Sul e, ainda, o do Distrito Federal.

21. A reunificação do processo civil

Como as consequências decorrentes dessa fragmentação legislativa não foram das mais positivas, já a Constituição de 1934 determinava, no art. 11 das Disposições Transitórias, que o governo, uma vez promulgada a Constituição, nomearia uma comissão de três juristas, a fim de organizar um projeto de Código de Processo Civil e Comercial.

Em consequência de um contragolpe de Estado, a Carta Constitucional de 1937 substituiu a Constituição de 1934. Reafirmou-se o propósito da reunificação do processo, trazendo-se, ainda, uma inovação, que teve, por sua vez, reflexos no campo de aplicação da Justiça: a supressão da Justiça Federal.

Devemos, entretanto, lembrar que esta foi reinstituída em nosso sistema jurídico.

---

80. Cf. Mendonça Lima, *Ajuris* 7/94 *et seq.*, no qual estuda amplamente este aspecto. Resenha dos Códigos Estaduais pode ser encontrada, ainda, em Teresa Celina de Arruda Alvim Wambier, *Os agravos no CPC brasileiro*, n. 1.1.

Quando da vigência da Carta Constitucional de 1937, vários projetos de Código começaram a ser elaborados. Entretanto, aquele de Pedro Batista Martins, advogado de renome, foi terminado antes dos outros e apresentado ao Ministro da Justiça. Esse projeto, que veio a ser o nosso Código de Processo Civil de 1939, foi totalmente revisado pelo processualista, e então juiz, Guilherme Estellita.

No governo de Jânio Quadros, iniciou-se o trabalho de reformulação da legislação brasileira. No campo do processo civil, foi elaborado o Anteprojeto do Prof. Alfredo Buzaid (1964), o qual serviu por vários anos como obra doutrinária, enquanto passava pelo crivo de Luís Antonio de Andrade e Luiz Machado Guimarães. Este último, depois de sua morte, foi substituído por José Frederico Marques. Os revisores mantiveram a essência do trabalho, e as sugestões que fizeram, a seu turno, foram escassamente aproveitadas.[81] O anteprojeto foi enviado ao Congresso Nacional em 02.08.1972, através da Mensagem 210 do Presidente da República. No Congresso, sob o n. 810, recebeu o projeto 339 emendas na Câmara dos Deputados e 674 no Senado, vindo, depois de aprovado nas duas casas legislativas, a ser sancionado pelo Presidente da República em 11.01.1973, tornando-se a Lei 5.869.

As principais mudanças instituídas por este Código ocorreram na parte referente aos recursos.[82] Foram, entretanto, mantidos os recursos dos processos regulados em leis especiais e as disposições que lhes regem o procedimento constantes do Dec.-lei 1.608, de 18.09.1939, até que fosse publicada a lei que os adaptaria ao sistema deste Código (v. art. 1.217). As leis adaptadoras do sistema de recursos foram as de n. 6.014, de 27.12.1973, e 6.071, de 03.07.1974, esta última com a finalidade de disciplinar outros assuntos também. Continuaram em vigor, por força do art. 1.218, diversos procedimentos especiais regulados pelo Código antigo, "até serem incorporados nas leis especiais". Esses procedimentos especiais, elencados no art. 1.218, vigem, salvo os revogados, como o do inciso II, originalmente pela Lei 6.649/1979, atualmente regulado pela Lei 8.245/1991, que revogou o diploma de 1979 (art. 90, III); no inciso III, havia necessidade que se atentasse para o disposto no Dec. 24.150/1934 (Lei das Luvas), revogado posteriormente pela Lei 8.245/1991 (art. 90, I); os dos incisos IV, V, VI, IX, pela Lei 6.015/1973 (Lei dos Registros Públicos); o do inciso VIII decorreu da Lei 6.780/1980; o do inciso XV, que havia sido renumerado pela Lei 6.780/1980 e que foi posteriormente revogado pela Lei 7.542/1986, implicando a renumeração dos demais incisos. Ressalte-se, ainda, que o Código vigente dá um tratamento mais científico e sistemático ao processo.

Subsiste, também, a legislação dos Estados, nos claros deixados pelo legislador federal, devendo, entretanto, adaptar-se ao Código de 1973. A legislação dos Estados diz respeito às leis de organização judiciária e aos regimentos internos dos Tribunais, as primeiras, leis, propriamente, e os segundos, normas regimentais, enquanto editadas por Tribunais estaduais.

Após o advento do Código, mas antes de sua entrada em vigor, entretanto, uma nova lei veio à luz (Lei 5.925, de 01.10.1973), modificando e corrigindo diversos dispositivos.

Em seguida, tivemos a Lei 6.071 (de 03.07.1974), já mencionada, que adaptou ao novo sistema processual diversas leis especiais mantidas em vigor pelo Código.

81. Consultar *Revista de Processo [RePro]* 1/13 *et seq.*, em que está publicado o Parecer da Comissão Revisora sobre o Anteprojeto de Código de Processo Civil.

82. Consultar nosso estudo Dogmática jurídica e o novo Código de Processo Civil, na *Revista de Processo [RePro]* 1/85 *et seq.*

Além dessas, tivemos a Lei 6.314, de 16.12.1975, que unificou os prazos recursais para o procedimento sumaríssimo, atualmente denominado de sumário, pela Lei 8.952, de 13.12.1994, que alterou o art. 272, tendo em vista o procedimento ordinário; e a Lei 6.338, de 07.06.1976, prescrevendo que as ações de acidente do trabalho correm durante as férias, pondo fim à jurisprudência que se vinha manifestando no sentido de que essas ações não tinham curso nas férias.[83-84]

Lembre-se, ainda, a Lei 6.246, de 07.10.1975, que suspendeu a vigência do art. 1.215 do CPC, que dispunha sobre a incineração de processos findos; a Lei 6.355, de 08.09.1976, que modificou o *caput* do art. 20 da Lei 5.869 (de 11.01.1973, instituidora do Código), no sentido de, explicitamente, atribuir verba honorária ao advogado em causa própria; a Lei 6.745, de 05.12.1979, que introduziu o § 5.º ao art. 20; a Lei 6.771, de 27.03.1980, que deu nova redação aos incisos do art. 17, aos quais foi posteriormente acrescido o inciso VII, pela Lei 9.668, de 23.6.1998; a Lei 6.780, de 12.05.1980, que introduziu o inciso VIII ao art. 1.218, com renumeração de todos os incisos posteriores; a Lei 6.820, de 16.09.1980, que suprimiu a 2.ª parte do art. 923; a Lei 6.851, de 17.11.1980, que deu nova redação ao *caput* do art. 687 e seus §§ 1.º e 2.º (este último já alterado pela Lei 11.382/2006), bem como ao *caput* do art. 700 e seu § 2.º (atualmente revogados pela Lei 11.386/2006), e, ainda, introduziu o § 3.º ao último dispositivo citado (também já revogado pela Lei 11.386/2006); a Lei 7.005, de 28.06.1982, que deu nova redação ao § 2.º do art. 416, inserindo o advérbio "obrigatoriamente"; a Lei 7.019, de 31.08.1982, que alterou os dispositivos referentes ao arrolamento de bens no processo de inventário; a Lei 7.219, de 19.09.1984, que modificou a redação ao art. 280, posteriormente alterados pelas Leis 9.245/1995 e 10.444/2002 (vigente a redação implementada por este último diploma); e a Lei 7.270, de 10.12.1984, que acrescentou três parágrafos ao art. 145.

Vale lembrar, ainda, a Lei 6.515, de 26.12.1977, que alterou a redação do art. 100, I, do art. 733, § 2.º, e do art. 155, II. Pela Lei 7.359, de 10.09.1985, acrescentou-se ao art. 232 o que veio a ser o seu § 2.º, estabelecendo que, sendo a parte beneficiária da Assistência Judiciária, a publicação do edital far-se-á apenas no órgão oficial; e, pela Lei 7.363, de 11.09.1985, acresceu-se ao art. 686 um § 3.º, posteriormente tendo sua redação modificada pela Lei 11.382/2006, estabelecendo-se que, não excedendo o valor dos bens penhorados a 60 vezes o salário mínimo, conforme o art. 275, do CPC (cuja redação atual do seu inciso I, com a edição da Lei 10.444/2002, foi modificada, estabelecendo a observância ao procedimento sumário "nas causas cujo valor não exceda a 60 (sessenta) vezes o valor do salário mínimo"), dispensa-se a publicação de editais, "não podendo, neste caso, o preço da arrematação ser inferior ao da avaliação". Houve, ainda, outras alterações introduzidas pela Lei 7.513, de 09.07.1986, que modificou o art. 649, acrescentando-lhe o inciso X, o qual tornou impenhorável o imóvel rural até um módulo. Com a Lei 11.382/2006, a impenhorabilidade da pequena propriedade rural passou a ser regulada pelo inciso VIII do mesmo artigo; Lei 8.038, de 28.05.1990, que instituiu normas procedimentais para os processos que especifica, perante o Superior Tribunal de Justiça e o Supremo Tribunal Federal, revogando os arts. 541 a 546 (estes vieram a ser repristinados, com a redação decorrente da Lei 8.950, de 13.12.1994, art. 2.º) e alterando dispositivos pertinentes à disciplina recursal do CPC; Lei 8.069, de 13.07.1990, que

83. Extinto 2.º TACSP, Ap.Cív. 22.411, Igarapava, 2.ª C., 19.02.1975, rel. Barros Monteiro, v.u.

84. Esta matéria é, ou pode ser, objeto de lei local (art. 24, XI, da CF).

instituiu o Estatuto da Criança e do Adolescente; Lei 8.076, de 23.08.1990, que estabeleceu hipóteses de suspensão de concessão de medidas liminares, lei essa que vigorou até 15.09.1992; Lei 8.079, de 13.09.1990, que alterou a redação do § 2.º do art. 184 e acrescentou um parágrafo único ao art. 240, do CPC; Lei 8.397, de 06.01.1992, que instituiu medida cautelar fiscal; Lei 8.437, de 30.06.1992, que dispõe sobre a concessão de medidas cautelares contra atos do Poder Público; Lei 8.455, de 24.08.1992, que alterou dispositivos do Código de Processo Civil relativos à prova pericial, nos arts. 138, III, 146, parágrafo único, 421, *caput* e § 2.º, 422, 423, 424, *caput*, II, e parágrafo único, 427, 433, *caput* e parágrafo único, e revogou os arts. 430, 431 e 432, parágrafo único, do CPC; Lei 8.637, de 31.03.1993, que alterou a redação do art. 132; Lei 8.710, de 24.09.1993, que alterou a redação dos arts. 222, 223, 224, 230, 238, 239, 241 e 412, § 3.º; Lei 8.718, de 14.10.1993, que alterou a redação do art. 294; Lei 8.950, de 13.12.1994, que alterou dispositivos concernentes à disciplina recursal e à ordem dos processos nos Tribunais; Lei 8.951, de 13.12.1994, que alterou dispositivos relativos às ações de consignação em pagamento e às de usucapião; Lei 8.952, de 13.12.1994, que alterou dispositivos do Código de Processo Civil sobre o processo de conhecimento e o processo cautelar; Lei 8.953, de 13.12.1994, que alterou dispositivos do Código referentes ao processo de execução; Lei 9.079, de 14.07.1995, em que se instituiu a ação monitória; Lei 9.139, de 30.11.1995, que alterou a disciplina do recurso de agravo, parcialmente revogada pelas Leis 10.352/2001 e 11.187/2005; Lei 9.245, de 26.12.1995, que alterou a disciplina do procedimento sumário (parcialmente alterada pela Lei 10.444/2002); e, finalmente, a Lei 9.307, de 23.09.1996, que dispôs sobre a arbitragem, revogando os dispositivos do Código de Processo Civil e do Código Civil sobre o assunto.

Publicou-se no *DOU* de 24.12.1985 (p. 18.953-60), Anteprojeto de Modificação do Código de Processo Civil, elaborado por ilustres juristas e antecedido de lúcida justificativa, em que se procuram introduzir no Código institutos modernos, viabilizadores de mais efetiva tutela dos direitos, ao lado de melhoria geral e simplificação, tudo sem quebra do sistema vigente. Este Anteprojeto, em certa escala, serviu de inspiração às modificações que se fizeram no sistema processual e de que se deu notícia, elencando as leis mais recentes, em que se procurou agilizar o processo, eliminando-lhe pontos de estrangulamento, como disse, com propriedade, o Min. Sálvio de Figueiredo.[85]

Em prosseguimento, modificaram-se alguns textos do Código de Processo Civil, pela Lei 9.756, de 17.12.1998.[86] Os textos do Código que foram alterados são os arts. 120, parágrafo único, 481, parágrafo único, 511, 542, § 3.º, 544, §§ 3.º e 4.º (recentemente alterados pela Lei 12.322, de 2010), 545 (parcialmente alterado pela Lei 12.322/2010) e 557, como, ainda, por essa mesma Lei, foram acrescentados os arts. 41-A e 41-B, da Lei 8.038, de 1990.

A modificação inserida no art. 120, pelo seu parágrafo único, erige a ideia de *jurisprudência dominante*,[87] que é tipicamente um conceito vago, em elemento apto a nortear e *indiretamente* fundamentar a decisão monocrática do relator, que poderá decidir de plano, no tema do conflito de competência,

85. Fazendo, de certa forma, uma comparação entre o Anteprojeto de 1985 e as leis acima referidas, *v.*, com proveito, Sérgio Bermudes, *A reforma do Código de Processo Civil*.

86. Sobre esta lei consultar a obra coordenada por Teresa Arruda Alvim Wambier e Nelson Nery Jr., *Aspectos polêmicos e atuais dos recursos cíveis de acordo com a Lei 9.756/1998*.

87. Ressalte-se, por oportuno, que os arts. 544, § 3.º e 557 também passaram a se utilizar do conceito de jurisprudência dominante.

com a possibilidade de agravo, dentro de cinco dias, para "o órgão recursal competente". A modificação inserida no art. 481, igualmente, com um parágrafo único, consistiu em que órgãos fracionários dos tribunais, desde que estes, pelos seus órgãos de cúpula (*plenário* ou *órgão especial*), já tenham decidido a respeito de arguição de inconstitucionalidade, esses órgãos fracionários não haverão de, novamente, submeter essa mesma questão a tais órgãos de cúpula. Ocorre que esse mesmo texto assim também determina que se haja de proceder quando o plenário do Supremo Tribunal Federal já houver se manifestado sobre a arguição de inconstitucionalidade. O art. 481, parágrafo único, não distingue se o STF se manifestou *incidentalmente* ou em ação direta de inconstitucionalidade. O que se pretende é atribuir – ao que parece –, mesmo à decisão sobre inconstitucionalidade *incidentalmente* prolatada, uma eficácia potencial que transcenda às partes, desde que essa decisão sirva de suporte a outra, nos termos do art. 481, tal como modificado. Na modificação inserida no art. 511, acabou-se por *flexibilizar* a norma, que, precedentemente, ao menos em sua *literalidade*, era mais rígida, ainda que a jurisprudência *já prenunciasse* esta modificação, que veio a ocorrer.

A modificação decorrente da redação introduzida no art. 542, pelo seu § 3.º, foi, possivelmente, a mais importante. Julgamos que há inúmeros argumentos contrariamente ao acerto desta lei.[88] Como vantagem ter-se-á verificado, apenas, um desafogo momentâneo do STF e STJ.

88. As interlocutórias, *tradicionalmente*, são as decisões proferidas ao longo do curso e evolver do processo, com vistas a preparar e deixar o processo apto para a decisão final. Por meio destas deferem-se ou indeferem-se provas, determina-se que um terceiro integre ou não o processo, e, de um modo geral, resolvem-se incidentes, de tal forma que, quando da decisão final, os assuntos solucionados por essas questões resultem resolvidos, ou seja, estabilizados. Por isto é que os agravos (de instrumento ou retido) são, no CPC vigente e em nossa tradição, resolvidos antes da apelação (arts. 559 e parágrafo único e 523, ambos do CPC). De resto, é intuitivo e de lógica elementar que as questões preliminares sejam sempre solucionadas antes do julgamento de mérito (art. 560 do CPC).
Se esse é o perfil e se essa é a estrutura *tradicional* das decisões interlocutórias no sistema processual, pode-se dizer que se verificou, com as modificações da sociedade e mesmo da disciplina processual, um componente relevante de decisões que veio aumentar significativamente o campo das interlocutórias. Pode-se dizer que todas as medidas urgentes, tais como as decorrentes da aplicação dos arts. 273, 461 e 461-A, na redação advinda da Lei 8.952 e alterações da Lei 10.444/2002, comportam, se deferidas, agravo de instrumento (cf. art. 522, na redação da Lei 11.187/2005, que estabelece, como *discrímen* para a admissibilidade do agravo *de instrumento*, estar-se diante de "decisão suscetível de causar à parte lesão grave e de difícil reparação"), ou então, se indeferidas, igualmente, pois a parte procurará obter a medida no Tribunal (agravo de instrumento com *efeito ativo*, cf. art. 527, III, na redação da Lei 10.352/2001). Igualmente, decisões liminares nos sistemas do Código do Consumidor e da Lei de Ação Civil Pública são agraváveis, sendo decisões que têm significativa importância e não se assemelham às interlocutórias de outros tempos, *predominantemente* de caráter ordinatório. Ora, pela sistemática desta Lei, se os recursos extraordinário e especial, interponíveis de decisões interlocutórias, ficam retidos, todas as questões assim recorríveis, e, que, em princípio e em escala apreciável, *haveriam de estar* ou *poderiam estar resolvidas* pelo STF ou pelo STJ, antes que os Tribunais de segundo grau resolvessem o mérito, passam, sempre, a ser resolvidas ao ensejo da solução do mérito, nas instâncias extraordinárias. Ou seja, se a decisão interlocutória no Tribunal não logra ensejar recurso especial ou extraordinário, processáveis deste logo, segue-se que o serão, apenas, quando da decisão de mérito. Altera-se, portanto, profundamente a estrutura precedente, na expectativa de que possa haver uma menor carga de reiterações desses recursos, ou,

Pela Lei 10.173, de 09.01.2001, o Código de Processo Civil foi acrescido dos arts. 1.211-A, 1.211-B e 1.211-C, estabelecendo a prioridade de tramitação aos procedimentos judiciais em que figurem como parte ou interveniente pessoa com idade igual ou superior a sessenta e cinco anos. Tais dispositivos foram modificados pela Lei 12.008/2009, que ampliou o benefício para os maiores de sessenta anos e portadores de doença grave, fazendo também alterações ao procedimento para requerimento da prioridade na tramitação. Essa lei 12.008/2009 também acresceu o § 1.º ao art. 1.211-B. Interessante alteração ao Código de Processo Civil foi proposta pela Medida Provisória 2.180-35, com o acréscimo de um parágrafo único ao art. 741, admitindo que em embargos do devedor haja insurgência contra a decisão (transitada em julgado), desde que baseada em lei ou ato normativo declarados inconstitucionais pelo STF ou, ainda, em aplicação ou interpretação tidas como incompatíveis com a Constituição Federal. Com a alteração da Lei 11.232/2005, o art. 741 do CPC passou a regular apenas os embargos à execução contra a Fazenda Pública, e o parágrafo único do art. 741 passou a ter o seguinte texto: "Para efeito do disposto no inciso II do *caput* desde artigo, considera-se também inexigível o título judicial fundado em lei ou ato normativo declarados inconstitucionais pelo Supremo Tribunal Federal, ou fundado em aplicação ou interpretação da lei ou ato normativo tidas pelo Supremo Tribunal Federal como incompatíveis com a Constituição Federal". Norma com conteúdo idêntico consta do § 1.º do art. 475-L, que trata da impugnação à execução de sentença realizada sob o procedimento dos arts. 475-J e ss. do CPC, inseridos pela Lei 11.232/2005.[89]

---

talvez, que haja até desestímulo na utilização de tais recursos.

Dispõe o art. 542, § 3.º, tal como resultou redigido por obra desta Lei, na sua parte final, que "(...) somente será processado se o reiterar a parte, no prazo para a interposição do recurso contra a decisão final, ou para as contrarrazões". Vários dos que se manifestaram a respeito entenderam que a interposição de recurso especial ou extraordinário – mesmo que não caibam – coloca-se como condição essencial para que se possa reiterar. Mas esta interpretação peca por dois argumentos: 1.º) seria implausível que o legislador viesse a exigir da parte uma conduta consistente em interpor um recurso que não cabe, como, por exemplo, se somente existe matéria de fato, impeditiva do cabimento do recurso especial ou extraordinário; 2.º) ademais disto, a própria interpretação literal admite outro entendimento, qual seja o de que, no texto, se estabelece que a reiteração do recurso deve ocorrer no prazo que está estabelecido para a interposição do recurso retido e/ou extraordinário, mas não está dito que um e outro são, em si mesmos, necessários à reiteração. É este, portanto, o entendimento correto, e, de mais a mais, o que se coaduna, até mesmo, com a *ratio legis*, ou uma delas, qual seja, a de que se diminua a sobrecarga no STF e no STJ. É curial que, se se tivesse de interpor um recurso especial e/ou extraordinário incabível, este haveria sempre de vir a ser indeferido, ou seja, contribuiria para aumentar a sobrecarga, neste ponto.

89. Sobre a defesa do executado, com base na inconstitucionalidade da lei em que se baseia a sentença exequenda, cf. Teresa Arruda Alvim Wambier e José Miguel Garcia Medina, *O dogma da coisa julgada* – Hipóteses de relativização, n. 2.3.3, p. e 72 ss.

Em julgado anterior à Lei 11.232/2005, o STJ assim definiu os parâmetros de incidência do art. 741, parágrafo único do CPC:

"1. O parágrafo único do art. 741 do CPC, buscando solucionar específico conflito entre os princípios da coisa julgada e da supremacia da Constituição, agregou ao sistema de processo um mecanismo com eficácia rescisória de sentenças inconstitucionais.

"Sua utilização, contudo, não tem caráter universal, sendo restrita às sentenças fundadas em norma inconstitucional, assim consideradas as que (a) aplicaram norma inconstitucional (1.ª parte do dispositivo), ou (b) aplicaram norma em situação tida por inconstitucional ou, ainda, (c) aplicaram norma com um sentido tido por inconstitucional (2.ª parte do dispositivo).

Mais recentemente, modificaram-se diversos textos do Código de Processo Civil, pela Lei 10.352, de 26.12.2001, Lei 10.358, de 27.12.2001 e, ainda, pela Lei 10.444, de 07.05.2002.[90] Pode-se dizer que essas leis vêm na sequência – e estão inspiradas na mesma filosofia – das minirreformas do Código que vêm sendo levadas a efeito na última década, com a identificação dos pontos de estrangulamento e apresentação de soluções, com vistas a um processo mais efetivo.

Os textos do Código que foram alterados pela Lei 10.352, e que dizem respeito ao regime do reexame necessário e dos recursos,

---

"2. Indispensável, em qualquer caso, que a inconstitucionalidade tenha sido reconhecida em precedente do STF, em controle concentrado ou difuso (independentemente de resolução do Senado), mediante (a) declaração de inconstitucionalidade com redução de texto (1.ª parte do dispositivo), ou (b) mediante declaração de inconstitucionalidade parcial sem redução de texto ou, ainda, (c) mediante interpretação conforme a Constituição (2.ª parte).

"3. Estão fora do âmbito material dos referidos embargos, portanto, todas as demais hipóteses de sentenças inconstitucionais, ainda que tenham decidido em sentido diverso da orientação do STF, como, *v.g.*, as que (a) deixaram de aplicar norma declarada constitucional (ainda que em controle concentrado), (b) aplicaram dispositivo da Constituição que o STF considerou sem autoaplicabilidade, (c) deixaram de aplicar dispositivo da Constituição que o STF considerou autoaplicável, (d) aplicaram preceito normativo que o STF considerou revogado ou não recepcionado, deixando de aplicar ao caso a norma revogadora.

"4. Também estão fora do alcance do parágrafo único do art. 741 do CPC as sentenças, ainda que eivadas da inconstitucionalidade nele referida, cujo trânsito em julgado tenha ocorrido em data anterior à da sua vigência. (...)

"6. À luz dessas premissas, não se comportam no âmbito normativo do art. 741, parágrafo único, do CPC, as sentenças que tenham reconhecido o direito a diferenças de correção monetária das contas do FGTS, contrariando o precedente do STF a respeito (RE 226.855-7, Min. Moreira Alves, *RTJ* 174:916-1.006). É que, para reconhecer legítima, nos meses que indicou, a incidência da correção monetária pelos índices aplicados pela gestora do Fundo (a Caixa Econômica Federal), o STF não declarou a inconstitucionalidade de qualquer norma, nem mesmo mediante as técnicas de interpretação conforme a Constituição ou sem redução de texto. Resolveu, isto sim, uma questão de direito intertemporal (a de saber qual das normas infraconstitucionais – a antiga ou a nova – deveria ser aplicada para calcular a correção monetária das contas do FGTS nos citados meses) e a deliberação tomada se fez com base na aplicação direta de normas constitucionais, nomeadamente a que trata da irretroatividade da lei, em garantia do direito adquirido (art. 5.º, XXXVI)" (STJ, REsp 720.953/SC, 1.ª T., j. 28.06.2005, rel. Min. Teori Albino Zavascki, *DJ* 22.08.2005, p. 142).

Registre-se, todavia, decisão monocrática recentemente prolatada no Supremo Tribunal Federal, da lavra do Ministro Celso de Mello, que, contrariamente à à interpretação conferida pelo STJ, aponta para a inconstitucionaldiade do art. 741, parágrafo único, do CPC. Extrai-se da ementa dessa decisão: "A decisão do Supremo Tribunal Federal que haja declarado inconstitucional determinado diploma legislativo em que se apóie o título judicial, ainda que impregnada de eficácia '*ex tunc*', como sucede com os julgamentos proferidos em sede de fiscalização concentrada (RTJ 87/758 – RTJ 164/506-509 – RTJ 201/765), detém-se ante a autoridade da coisa julgada, que traduz, nesse contexto, limite insuperável à força retroativa resultante dos pronunciamentos que emanam, '*in abstracto*'" (STF, RE 603.023, j. 02.06.2010, rel. Min. Celso de Mello).

90. Sobre estas reformas, encontramos excelentes obras, de obrigatória consulta, dentre as quais vale referir a de Teresa Arruda Alvim Wambier, Luiz Rodrigues Wambier e José Miguel Garcia Medina, *Breves comentários à nova sistemática processual civil*, já em sua 3. ed., e a de William dos Santos Ferreira, *Aspectos práticos e polêmicos da segunda etapa da reforma processual civil*. Consulte-se, ainda, sobre esse mesmo assunto, José Rogério Cruz e Tucci, *Lineamentos da nova reforma do CPC*; Cândido Rangel Dinamarco, *A reforma da reforma;* e Joel Dias Figueira Júnior, *Comentários à novíssima reforma do Código de Processo Civil*.

são os arts. 475 (redação alterada posteriormente pela Lei 11.232/2005), 498, 515, § 3.º, 520, VII, 523, §§ 2.º e 4.º(posteriormente revogado pela Lei 11.187/2005), 526, parágrafo único, 527 (posteriormente alterado pela Lei 11.187/2005), 530, 531, 533, 534, 542, 544, §§ 1.º e 2.º, 547, parágrafo único e art. 555, §§ 1.º e 2.º (posteriormente alterado pela Lei 11.280/2006).

As modificações decorrentes da Lei 10.358 dizem respeito, por sua vez, aos seguintes dispositivos: arts. 14, 253, 407, 433, parágrafo único, 575, IV, 584, III e VI (revogado pela Lei 11.280/2006), como, ainda, acrescentou, ao Código de Processo, os arts. 431-A e 431-B. Ademais, por essa mesma Lei, foi revogado o inciso III do art. 575 desse mesmo Código.

Pela Lei 10.444, foi alterado o art. 273, § 3.º, sendo, a este mesmo dispositivo, inseridos dois novos parágrafos – a cujo exame dedicamos algumas linhas mais adiante, no decorrer deste *Manual* –, que estabelecem o seguinte: "§ 6.º A tutela antecipada também poderá ser concedida quando um ou mais dos pedidos cumulados, ou parcela deles, mostrar-se incontroverso". E, ademais: "§ 7.º Se o autor, a título de antecipação de tutela, requerer providência de natureza cautelar, poderá o juiz, quando presentes os respectivos pressupostos, deferir a medida cautelar em caráter incidental do processo ajuizado". Além dessas alterações, a Lei 10.444 modificou os textos dos arts. 275, I, 280, 287, 331, *caput* e § 3.º, 461, §§ 5.º e 6.º, 588, 604, §§ 1.º e 2.º, 621, parágrafo único, 624, 627, §§ 1.º e 2.º, 644, 659, §§ 4.º[91] e 5.º, 814, parágrafo único, e, ademais, propôs o acréscimo do art. 461-A, dispondo, ainda, que a Seção III do Capítulo V do Título VIII do Livro I passa a denominar-se "Da Audiência Preliminar", passando o art. 744, posteriormente revogado pela Lei 11.382/2006, a integrar o Capítulo III do Título III do Livro II.

A Lei 11.187/2005 conferiu nova disciplina ao recurso de agravo de instrumento, tornando regra a interposição de agravo sob o regime de retenção, e estabelecendo a irrecorribilidade da decisão do relator que determina a conversão do agravo de instrumento em agravo retido, ou que concede ou indefere requerimento de efeito suspensivo ou de efeito ativo. Foram alterados pela referida Lei os arts. 522, 523, § 3.º, 527, II, V e VI e parágrafo único, e revogado o § 4.º do art. 523.

Ainda no ano de 2005, pela Lei 11.232, de 22.12.2005 (publicada no *DOU* de 23.12.2005, com *vacatio legis* de 6 meses, cf. seu art. 8.º), foram acrescentados ao Código de Processo Civil os arts. 466-A a 466-C, 475-A a 475-R, alterados os arts. 162, § 1.º, 267, 269, 463 e 741 e 1.102-C, e revogados o inciso III do art. 520 e os arts. 570, 584, 588 a 590, 602 a 611, e 639 a 641. Com esta recente Reforma, as ações de condenação, liquidação e execução da sentença passarão a desenvolver-se no mesmo processo.

No início do ano de 2006, foram publicadas três novas Leis que inseriram ou modificaram várias disposições do CPC. A Lei 11.277/2006, inseriu o art. 285-A, relativo ao julgamento de "processos repetitivos". A Lei 11.276/2006, alterou os arts. 504, 506, III e parágrafo único, e 518, §§ 1.º e 2.º, bem como incluiu o § 4.º do art. 515 do CPC. A Lei 11.280/2006, procedeu a alterações nos arts. 112, parágrafo único, 114, 154, parágrafo único, 219, § 5.º, 253, incisos II e III, 305, parágrafo único, 322, *caput* e parágrafo único, 338, 489 e 555, §§ 2.º e 3.º; essa mesma Lei 11.280 revogou, ainda, o art. 194 do Código Civil. A Lei 11.341/2006, alterou o parágrafo único do art. 541 do CPC, admitindo o uso de mídia eletrônica, inclusive

91. Os arts. 588 e 604, §§ 1.º e 2.º, foram revogados pela Lei 11.232/2005 e o § 4.º do art. 659 teve sua redação alterada pela Lei 11.382/2006.

na *internet*, como prova de divergência jurisprudencial.

Em seguida, a Lei 11.382/2006, modificou vários artigos do CPC, principalmente os referentes à execução de títulos extrajudiciais. A Lei 11.417/2006, disciplinou a edição, a revisão e o cancelamento de súmula vinculante pelo STF. A Lei 11.418/2006, regulamentou a necessidade de repercussão geral para a admissibilidade do recurso extraordinário. A Lei 11.419/2006, dispôs sobre a informatização do processo judicial. A Lei 11.441/2007, possibilitou a realização de inventário, partilha, separação consensual e divórcio consensual por via administrativa. A Lei 11.672/2008 acrescentou o art. 543-C, que trata do julgamento dos recursos especiais com idêntico fundamento.[92] A Lei 11.694/2008 acrescentou o inciso XI ao art. 649 e o § 4.º ao art. 655-A, dispositivos esses relativos à execução contra partido político. A Lei 11.965/2009 admitiu a participação do defensor público na lavratura de escritura de inventário, partilha, divórcio e separação. A Lei 11.969/2009, alterou o § 2.º do art. 40 do CPC, de forma a disciplinar a retirada dos autos de cartório no caso de prazo comum às partes. A Lei 12.008/2009, alterando os arts. 1.211-A a 1.211-C, alterou a disciplina da prioridade de trâmite para partes com idade superior a 60 anos e portadoras de doenças graves. A Lei 12.122/2009, por meio de acréscimo feito ao art. 275 do CPC, admite como sujeitas ao rito sumário as causas relativas à revogação de doação. A Lei 12.125, de 16 de dezembro de 2009, acrescenta um parágrafo ao art. 1.050 do CPC, de forma a dispensar, nos embargos de terceiro, a citação pessoal. A Lei 12.195/2010 alterou os incisos I e II do *caput* do art. 990 do CPC para assegurar ao companheiro sobrevivente o mesmo tratamento legal já conferido ao cônjuge supérstite no que se refere à nomeação de inventariante. Por fim, a Lei 12.322/2010 alterou o inciso II do § 2.º e o § 3.º do art. 475-O, os arts. 544 e 545 e o parágrafo único do art. 736 do CPC. Referida lei, promulgada em 09 de setembro de 2010 com *vacatio legis* de 90 dias, cuida, fundamentalmente, de transformar o agravo de instrumento interposto contra decisão que não admite recurso especial ou extraordinário em "agravo nos próprios autos". Há que se mencionar, ainda, a Lei 12.153/2009, que, embora não altere diretamente as normas do CPC, tem influência sobre as normas ali contidas. Essa lei, promulgada em 22 de dezembro de 2009, com *vacatio legis* de seis meses, institui os Juizados Especiais da Fazenda Pública, órgãos da justiça comum e integrantes do Sistema dos Juizados Especiais, a serem criados pela União, no Distrito Federal e nos Territórios, e pelos Estados, para conciliação, processo, julgamento e execução, nas causas de sua competência. Ainda no âmbito dos Juizados Especiais, a Lei 12.726, de 16 de outubro de 2012 acrescentou um parágrafo único ao art. 95 da Lei 9.099/1995, dispondo sobre a criação e instalação, no prazo de 6 (seis) meses, contados da publicação da referida norma, dos Juizados Especiais itinerantes, que deverão dirimir, prioritariamente, os conflitos existentes nas áreas rurais ou nos locais de menor concentração populacional. Mais recentemente, a Lei 12.810, de 15 de maio de 2013, acresceu o art. 285-B ao Código de Processo Civil, estabelecendo como requisito à petição inicial de ações que tenham por objeto obrigações decorrentes de empréstimo, financiamento ou arrendamento mercantil, a quantificação do valor incontroverso.

92. Essa lei foi regulamentada pela Resolução n. 8, de 07 de agosto de 2008 do Superior Tribunal de Justiça, e tem o claro objetivo de promover a uniformização na aplicação do direito e contribuir para a celeridade processual.

21-A. As tendências atuais do processo civil. A socialização do processo civil. A fase propriamente contemporânea do processo civil brasileiro

O processo civil de nossos dias encontra-se num estágio de modificação profunda, na mesma esteira do que precedentemente se tem verificado no mundo ocidental, consistente em colocar ao lado do que se pode designar como processo civil *clássico (em sua estrutura e funções)* e outros instrumentos, destinados a fazer frente às necessidades, que não datam de hoje, mas que são cada vez mais agudas, nestes dias contemporâneos, conduzindo a uma espécie de *convivência* entre o processo civil clássico (já, em si mesmo,[93] *intrinsecamente* alterado, em decorrência do descarte da inspiração individualista *radical*) e esse novo aparato hodierno.[94]

É necessário ter-se presente, na estrutura do que designamos de *processo clássico*, as *funções* desempenhadas, *rigidamente separadas*, de que se constitui um modelo o vigente Código de Processo Civil, na sua estrutura originária. Ou seja, função de conhecimento confinada ao segmento do processo de conhecimento, cautelar no âmbito do processo cautelar, e execução (ou a realização do direito) dentro do espectro do processo de execução. Vale dizer, os atos processuais previstos no processo de execução não podiam ser praticados fora do segmento executório. A prática de tais atos processuais – pode-se dizer – ficava atrelada ao segmento respectivo.

Há *pontos* ou *setores* de estrangulamento que têm demandado alterações nesse sistema, porque deixaram de atender às expectativas sociais. É extremamente útil ter-se presente a origem do sistema, que hoje se pode dizer *clássico*, a sua *contextura* e o seu *funcionamento* (e como este deixou de ser satisfatório), o que se justifica, tanto mais porque, ainda hoje, é o *processo clássico* o referencial permanente do discurso sobre as mutações contemporâneas.

Para que bem possamos compreender esse sistema, tenhamos presentes as suas grandes linhas.

A *estrutura* do sistema brasileiro, filiado ao continental europeu, modelou o seu processo civil em três segmentos: a) conhecimento; b) execução e c) cautelar. Foi um sistema formado a contar do último quartel do século XIX até, aproximadamente, o término da 2.ª Guerra Mundial, cuja preocupação nuclear foi a de traçar o perfil dos institutos ou categorias jurídicas, idealizar um funcionamento harmônico e articulado dos institutos; no plano da legislação, ter sempre presente o enquadramento sistemático rigoroso dos institutos nas categorias doutrinárias fundamentais. *Trata-se de um conjunto de preocupações às quais a ideia de instrumentalidade era apreciavelmente estranha.* Entre nós esse sistema repercutiu mais nitidamen-

93. Na verdade, a problemática contemporânea consiste em tentar equacionar os grandes aspectos referentes, *principalmente*, àquilo que, há menos de um século, em obra célebre, se designou como sendo a ascensão (*rebelião*) das massas – v. Ortega y Gasset, *La rebelión de las masas*, cap. I, p. 49, e em diversas outras obras, deste mesmo autor, dado que essa obra e outras compõem uma parte central do pensamento do autor espanhol.

94. Já se disse, com razão, que nenhum aspecto ou ponto do direito contemporâneo encontra-se imune a críticas – v. Mauro Cappelletti e Bryant Garth, Access to justice: the newest wave in the worldwide movement to make rights effective [A mais recente onda no movimento mundial para tornar efetivos os direitos], *Buffalo Law Review*, vol. 27, n. 2 e separata, p. 181; este mesmo relatório antecede a obra coordenada por Mauro Cappelletti e Bryant Garth, *Access to justice* – A world survey [*Acesso à justiça* – Uma visão mundial], vol. 1, p. 1 e separata. Estes temas são retomados na obra de Mauro Cappelletti, *The judicial process in comparative perspective* [*O processo judicial numa perspectiva comparativa*], parte III, II, letra *b*, sob ns. 1/5, p. 239 *et seq.*

te com o Código de Processo Civil de 1939, e, com transparência, no de 1973. *A forma de execução praticamente predominante era a da tutela ressarcitória,* o que equivale a dizer *quase sempre* execução por quantia certa, *especialmente* nas obrigações de fazer e não fazer, que, inadimplidas, se convertiam em *perdas e danos*. Essa tutela ressarcitória encontrou no art. 1.142 do CC francês o seu texto fundamental, que informou o sistema de outros países, o qual dispõe: "Toda obrigação de fazer ou não fazer resolve-se em perdas e danos e juros, em caso de descumprimento pelo devedor" (*nemo ad factum potest cogi*), com o que também as obrigações de fazer e de não fazer eram, praticamente, sempre conversíveis em pecúnia. No Brasil, o Código Civil dispõe: "Art. 248. Se a prestação do fato tornar-se impossível sem culpa do devedor, resolver-se-á a obrigação; se por culpa dele, responderá por perdas e danos"; e: "Art. 251. Praticado pelo devedor o ato, a cuja abstenção se obrigara, o credor pode exigir dele que o desfaça, sob pena de se desfazer à sua custa, ressarcindo o culpado perdas e danos", com o que se verifica que a *tutela específica* restava abandonada.

O que deve ser remarcado é que o processo civil dessa época repousava na tônica da condenação à qual se seguia execução consistente em tutela ressarcitória. Neste, a execução prescindia da vontade do executado, sendo a execução realizada por sub-rogação (Chiovenda, Calamandrei, Carnelutti), *ao lado da tipicidade dos meios executivos*.[95] Sublinha-se, nesse tempo, o papel inanimado do juiz, diante da desconfiança em relação ao papel dos juízes no *Ancien Régime*, de tal forma que haveria de prevalecer a letra da lei.[96] Deve-se, ainda, ter presente que, paralelamente à evolução dessa fase, de forma congruente, pela posição da sociedade em relação aos juízes, admitia-se apenas a interpretação literal, com o que se objetivava jugular os juízes à *letra da lei*. Somente perto do fim do século veio a admitir-se a interpretação sociológica.[97] Acentue-se *a latere* evidente que, dentro dessa visão da atividade jurisdicional, era inconcebível o reconhecimento ao juiz de um *poder cautelar geral*. Nessa fase liminar do século XX, deve ser lembrado pensamento de Chiovenda, que pretendia válido para a época, *i.e.*, para o Código de Processo Civil italiano de 1865, extraindo das medidas cautelares tipificadas, à luz do denominador comum que nessas se continha, a existência de um poder cautelar geral. Conquanto *vencida* sua opinião, ela se projetou para o futuro.[98]

O que deve ser sublinhado é que a reação, talvez a mais expressiva, a este sistema ocorreu na França, através das *astreintes*, o que configurou *paradoxal pioneirismo* (por causa do art. 1.142, do *Code Civil*) ou uma

95. Sobre a tipicidade e a atipicidade dos meios executivos, cf. José Miguel Garcia Medina, *Execução civil* – Teoria geral; princípios fundamentais, p. 396 e ss., com indicação de farta bibliografia.

96. Cf. Angelo Chianale, *Diritto soggettivo e tutela in forma specifica*, p. 56.

97. Foi somente na altura de 1880 que se falou, pela primeira vez, em interpretação teleológica (Binding, Wach, Kohler), com o que a hermenêutica veio a reconhecer *mais espaço interpretativo ao juiz*.

98. Como ideia geral, asseverou Chiovenda que "il processo deve dare per quanto possibile praticamente a chi ha un diritto tutto quello e proprio quello ch'egli ha diritto de conseguire" (Cf. Chiovenda, Dell'azione nascente dal contrato preliminare, *Riv. Dir. Comm.*, 1911 e em *Saggi di diritto processuale civile,* Roma, 1930, vol. 1, p. 110) e especificamente quanto à sua opinião em relação ao poder cautelar geral, concluía: "Esiste dunque anche nella nostra legge la figura generale del provvedimento provvisorio cautelare; è rimesso completamente al giudice di stabilirne l'opportunità e la natura" (cf. Chiovenda, *Istituzioni di diritto processuale civile,* Nápoles, 1935, vol. 1, p. 242).

alteração nos rumos, originariamente decorrente esse novo caminho de *construção pretoriana pura (sem lei)*, ulteriormente consagradas pela Lei 72.626, de 14.07.1972, e, atualmente, pela Lei 91.650, de 09.07.1991. A princípio, as *astreintes* abrigavam-se debaixo da regra do art. 1.142 do CC francês, vale dizer, submetiam-se ao *quantum* das perdas e danos, e, sucessivamente, passaram a ter autonomia, *i.e.*, a *multa* nada tinha mais a ver com *perdas e danos*.

A alteração trazida pela modificação feita ao art. 461 pela Lei 8.952/1994 afeta, claramente, o sistema precedente, *falando-se mesmo em modificações do direito material por meio do processo, o que, todavia, se não vale ou é verdadeiro no plano dogmático ou de vigência das leis, é verdadeiro no plano pragmático.*[99]

As *funções* realizáveis por cada segmento eram rigidamente distintas, e insuscetíveis de serem realizadas outras funções, *havidas como próprias e exclusivas* de um segmento, em outro. A função de cognição tinha por fim a declaração do direito; a cautelar, única e exclusivamente, produzir um efeito assecuratório da possibilidade de realização prática ulterior, quando da procedência da ação, *o que excluía que se pudesse, cautelarmente, produzir um efeito idêntico àquele suscetível de ser produzido pela procedência da ação.*[100] Não havia possibilidade de execução/realização do direito, *sobreposta ou simultaneamente* à

99. Exemplo de alteração do sistema processual, sem correlata alteração/revogação do direito material, é o das obrigações de fazer e não fazer e das obrigações de entrega de coisa, *o que não quer dizer, todavia, que não haja ocorrido "fortalecimento das regras de direito material"*. As regras dos arts. 461 e 461-A do CPC não importam propriamente em modificação da disciplina de direito material, referente ao assunto (arts. 247-249; 250-251 e 233-246, do Código Civil, e que correspondem aos arts. 879-881; 882-883 e 864-877 do CC/1916, em que se regulam, respectivamente, obrigações de fazer, de não fazer e de entregar). *Mas, induvidosamente, o sistema dos arts. 461 e 461-A é paralelo e deve conviver (ou está convivendo) com as regras dos arts. 632-635, 642-643 e 621-631, respectivamente, obrigações de fazer, de não fazer e de entrega de coisa, tais como regradas pelo Código de Processo Civil.* Isto parece implicar uma dualidade de regimes, dentro do sistema do Código de Processo Civil: 1.º) o regime antigo, dos arts. 632-635, 642-643 e 621-631, para os casos em que não tenha sido aplicado o art. 461 ou o art. 461-A, conforme o caso; 2.º) se houver sido aplicado o art. 461 ou o art. 461-A certamente não será o caso de cogitar da aplicação dos arts. 632-635, 642-643 e 621-631 do CPC de forma *derrogatória ou em detrimento da finalidade dos mandamentos do art. 461*, senão que, apenas e exclusivamente, estes textos poderão ser aplicados para colmatar uma lacuna do sistema do art. 461, *mas nunca com vistas a empecer os comandos constantes desses arts. 461/461-A.*

Em relação a este assunto, vale notar que a Lei 11.232/2005 alterou o CPC "para estabelecer a fase de cumprimento das sentenças no processo de conhecimento e revogar dispositivos relativos à execução fundada em título judicial". Dentre as alterações procedimentais mais relevantes da referida Lei, merecem destaque as seguintes: 1.º) As ações condenatória, de liquidação e de execução desenvolvem-se no mesmo processo, mas, tanto para que tenha início a liquidação, quanto para que se realizem atos executivos (penhora etc.), faz-se necessário o requerimento do autor/exequente (cf., respectivamente, arts. 475-A, § 1.º e 475-J, *caput*); 2.º) Na execução da sentença, o executado poderá opor-se à execução por impugnação (arts. 475-J, § 1.º e 475-L), que, em regra, não tem efeito suspensivo.

100. Neste contexto é que é compreensível a existência, cada vez mais frequente, a contar de umas décadas a esta parte, do que se convencionou chamar de *cautelares satisfativas* ou *atípicas*. Designavam-se *satisfativas* porque não se podia cogitar de que uma medida cautelar, *normalmente*, pudesse ser *satisfativa*, função exclusivamente possível no *processo de execução;* e diziam-se também *atípicas*, significando-se que, se houvesse satisfação, mercê de uma medida cautelar, isto havia de ser tido como *atípico*. Cautelar *satisfativa* é expressão em que o adjetivo *praticamente* colide com o substantivo *cautelar*.

fase ou no âmbito da fase de conhecimento; por isso que nem o era em segmento paralelo, mas contemporâneo ao desenrolar do conhecimento. Esta impossibilidade é que marcou as cautelares atípicas ou satisfativas, *quase que como uma anomalia.* A realização do direito ou a execução, *propriamente dita*, eram sempre e necessariamente sucessivas ao término da cognição, o que, como regra geral, pressupunha a ocorrência de coisa julgada, ou, ao menos, *mais raramente*, a ausência de recurso com efeito suspensivo,[101-102] (salvo, limitadamente, no caso de *execução provisória, em cujo âmbito não se podia e não se pode, em regra, chegar às últimas consequências*). Nisto estava implicada, *como divisor de águas*, entre cognição e execução ou realização do direito, a ocorrência da coisa julgada. O máximo que se avançou nunca configurou *expressiva* ou *institucionalizadamente* a possibilidade de produção de efeitos, a partir e *durante* o processo de conhecimento.[103]

Partindo-se de um tal processo, com os segmentos da fase de conhecimento, cautelar e execução destinados às respectivas funções, sem que houvesse a possibilidade de produção de efeitos *apreciáveis* fora da *exclusiva* fase executória, verificou-se esse fator de ineficiência ou ausência de efetividade do processo, além de outros, a seguir identificados.

Os pontos nodais, porque constitutivos de *setores de estrangulamento do processo ci-*

---

101. A coisa julgada representava manifestação profunda, no campo do processo, da ideia de segurança de que era imbuída a sociedade do século passado. Somente era concebível a produção de efeitos jurídicos satisfativos, *i.e.*, o ingresso no patrimônio do demandado, no âmbito do processo de execução, porque só então havia certeza de que isso era possível, justamente porque já houvera um processo de cognição, com uma sentença revestida pela autoridade de coisa julgada. Essa sentença, a seu turno, era lastreada em cognição plena e completa do material probatório, o que, sob outra faceta, respondia ao ideal de segurança. Por isso mesmo, era inconcebível que, em nome apenas da *verossimilhança,* se pudesse produzir efeitos apreciáveis (normas como as dos arts. 273, 461 e 461-A foram introduzidas em nosso sistema pela Lei 8.952/1994 e Lei 10.444/2002).

102. Esta ideia de segurança, *curialmente,* não se circunscrevia ao campo do processo, senão que espraiava em outros domínios do direito. V.g., compare-se a estrutura e invulnerabilidade do contrato, tal como disciplinado no direito privado *que se pode denominar, também, de clássico.* O princípio do *pacta sunt servanda* era rigidamente observado, pois, o que houvesse sido contratado, haveria de ser cumprido. De outra parte, dificilmente poder-se-ia *vulnerar* um contrato, pois as nulidades eram *taxativas* e poucas (art. 145 do CC/1916, cujo rol foi ampliado pelo Código Civil de 2002, e consta dos arts. 166-167 do atual diploma). Se compararmos essa estrutura com o sistema do Código de Proteção e de Defesa do Consumidor, em que o sistema de nulidades é *numerus apertus* (art. 51, *caput*), no qual os incisos do art. 51 são amplíssimos e alguns deles referem-se a conceitos vagos, bastando, para exemplificar, ler o inciso IV desse art. 51, para o qual são causas de nulidade as cláusulas "iníquas, abusivas, que coloquem o consumidor em desvantagem exagerada, ou sejam incompatíveis com a boa-fé ou a equidade", para concluir-se que, em lugar da segurança formal (e rígida) do contrato clássico, colocou-se a ideia de poder o juiz reequalizar situações contratuais, em nome de valores, tais como boa-fé, equidade e outros.

103. A evolução que pode ser percebida, no direito luso e no brasileiro, foi a da *compactação* do procedimento, com vistas a chegar-se a uma sentença, no processo de conhecimento, mais rapidamente. Assim no despacho saneador do Código de Processo Civil de Portugal, de 1939 (art. 514), de onde resultava até a possibilidade de decisão da causa; congruentemente com essa tendência, no Código de Processo Civil de 1939 (art. 294) tivemos o nosso despacho saneador, que evoluiu, depois para o julgamento antecipado. Se a sentença de mérito podia ser proferida com maior rapidez, *sem lesão ao princípio do contraditório,* o recurso que cabia tinha sempre efeito suspensivo, o que afastava a possibilidade de produção de efeitos.

vil, que merecem destaque são os seguintes: 1.º) as custas judiciais, *enquanto significativas de óbice de acesso à Justiça*;[104] 2.º) as Cortes menores, ou, mais especificamente, entre nós, os Juizados de Pequenas Causas e os Especiais, hoje unificados, ao menos no que tange à matéria cível, com a promulgação da Lei 9.099/1995,[105-106-107] e mais recentemente, os Juizados Especiais Cíveis e Criminais no âmbito da Justiça Federal, após o advento da Lei 10.259/2001 e os Juizados Espe-

104. A lei alemã, precedente à vigente (a lei atual é de 01.01.1981), aludia, em relação ao *auxílio nas custas*, como se constituindo num direito dos *pobres*. A vigente lei, todavia, alude a uma ajuda para as custas do processo (*Prozeßkostenhilfe*), com o que se verifica ter banido referência a *pobres*, tendo-se de utilizado de uma expressão compatível com o Estado *Social* de Direito. *Isto constou, expressamente, do Anteprojeto antecedente a esta lei, de 01.01.1981* (cf. Birkl, *Prozeßkostenhilfe Beratungshilfe Kommentar mit Einführung und Gesetzestexten [Ajuda para as custas do litígio e auxílio de aconselhamento]*, Munique, 2. ed., A, 1, b, p. 14; para o direito precedente, v. Bruno Bergfurth, *Das Armenrecht [O direito de auxílio aos pobres]*, p. 11, 15 e 17 *et seq.*, Munique, 1971. Para uma análise mais *ampla* e *compreensiva* deste assunto, v. Mauro Cappelletti, *Proceso, ideologias, sociedad*, Buenos Aires, 1974 (trad. arg. de S. Sentís Melendo e Tomás A. Banzaf), seção 2.ª, p. 131-215 [publicação conjunta das obras *Processo e ideologie* e *Giustizia e società*, editadas, respectivamente, em 1969 e 1972].

105. As chamadas Cortes Menores, se não podem ser consideradas, inteira e propriamente, como "formas alternativas plenas" de realização da justiça, entre nós, têm inserido elementos caracterizadores de modalidades ou formas alternativas de realização da Justiça. Assim é que os Juizados de Pequenas Causas, regulados inicialmente pela Lei (federal) 7.244/1984, ao lado da sumariedade, do informalismo e da oralidade, já se assentavam na conciliação e, se frustrada, no juízo arbitral; somente se inócuos se evidenciassem estes meios e, assim, superados "estes dois estágios sucessivos", é que se deveria passar à atividade jurisdicional, intrinsecamente estatal (arts. 6.º e 7.º). Estes dois pontos foram mantidos, com os mesmos contornos, na Lei 9.099/1995, que regula os Juizados Especiais Cíveis e Criminais (art. 1.º). Diga-se mais que, no âmbito do possível juízo arbitral, há autorização da lei, tanto na anterior (Lei 7.244/1984, art. 26), como na atual (Lei 9.099/1995, art. 25), para inobservância da legalidade estrita, pois que se admite a decisão com lastro na equidade. Acrescente-se, ainda, a previsão da Constituição Federal de 1988, no seu art. 24, X, em que a competência concorrente, da União e dos Estados, está estabelecida para a "criação, funcionamento e processo do juizado de pequenas causas". Isto significa que, em função dessa previsão, e submissão da distribuição dessa competência às regras dos §§ 1.º a 4.º, do mesmo art. 24, é possível que os Estados federados (e, também, o Distrito Federal), bastante acanhados, mesmo após a abertura que lhes deu a Constituição atual, flexibilizem as suas justiças, adaptando-as às suas peculiaridades locais; ou seja, isto viabiliza que venham a ter maior rendimento (v. adiante a distinção entre processo, normas procedimentais gerais e normas procedimentais particulares ou não gerais).

106. Ademais, a Constituição Federal de 1988, no seu art. 98, I, estabelece "obrigatoriamente" (pois no *caput* se diz "criarão") a criação, pela União, pelo Distrito Federal, pelos Territórios e pelos Estados de *juizados especiais*, que envolvem a possibilidade da participação de leigos, também.

Em consonância com o texto constitucional, a Lei 9.099, de 26.09.1995, criou estes Juizados apoiados em um *tripé* de predicados, recomendados *porque se mostraram operacionais*, como os únicos possíveis caminhos conjugados, para a solução dos problemas da *justiça de massa*. Ou seja, devem contar, quando de sua efetiva instalação ou readaptação, a partir dos sistemas já operantes por força da Lei 7.244/1984, com os seguintes elementos: 1.º) observância da oralidade (Lei 9.099/1995, art. 2.º); 2.º) o procedimento haverá de ser sumaríssimo (Lei 9.099, arts. 2.º, 3.º, 27-29, 33) ainda, o julgamento dos recursos haverá de ser feito "por turmas de juízes de primeiro grau" (Lei 9.099/1995, art. 41, § 1.º), *o que quer significar que a criação destes Juizados Especiais não virá a sobrecarregar os Tribunais*. Precisamente para que a efetiva instalação destes Juizados Especiais não sobrecarregasse os Tribunais,

ciais da Fazenda Pública no âmbito da Justiça Estadual, previstos na Lei 12.153/2009, devem ser *enfatizados*, porque *destinados à* absorção *de contingentes imensos, que demandam acesso à Justiça*; 3.º) a "incapacidade" ou a "inabilitação" da parte, do ponto de vista de não lograr se defender (=acionar [ativamente] ou defender-se, se acionada), *o que também se sedia na temática do acesso à Justiça*; 4.º) a definição dos interesses difusos ou coletivos, *para viabilizar que* interesses e direitos, *com nova configuração e fisionomia, possam ser defendidos, utilmente*;[108-109] o rol

---

foi vetado pelo Presidente da República, por contrário ao "interesse público", o art. 47 do precitado diploma, que facultava à lei local instituir recurso de divergência do julgamento da turma de recursos dos Juizados com julgados dos Tribunais do Estado ou de outra turma recursal, ou, ainda, quando o valor do pedido julgado improcedente fosse superior a vinte salários mínimos.

A Lei 9.099/1995, em atenção aos ditames do art. 98, I, da Constituição, ainda, alude à conciliação (art. 2.º e arts. 21 a 26) e à transação (idem), uma e outra, nesta conjuntura, formas alternativas de realização da Justiça, no sentido de que prescindem de uma decisão judicial, propriamente dita. A transação compreende, inclusive, matéria penal, dando efetividade ao comando constitucional (Lei 9.099/1995, art. 60 e arts. 72 a 76). A Lei 12.153/2009, que prevê a criação dos Juizados da Fazenda Pública no âmbito estadual, não olvidou esse ponto: a conciliação é referida logo no art. 1º desse diploma, merecendo registro o art. 8º, que assim dispõe: "Os representantes judiciais dos réus presentes à audiência poderão conciliar, transigir ou desistir dos processos da competência dos Juizados Especiais, nos termos e nas hipóteses previstas na lei do respectivo ente da Federação".

Nesse mesmo sentido e sob idêntica filosofia, dispôs-se acerca da instituição dos Juizados Especiais Cíveis e Criminais no âmbito da Justiça Federal (Lei 10.259/2001), norteados, praticamente, pelos mesmos princípios informadores dos Juizados já existentes nas Justiças Estaduais. Dispõe-se, nesta lei: "São instituídos os Juizados Especiais Cíveis e Criminais da Justiça Federal, aos quais se aplica, no que não conflitar com esta Lei, o disposto na Lei 9.099, de 26 de setembro de 1995" (art. 1.º).

107. Já se assentou que estas "Cortes menores" devem ser consideradas tão dignas quanto as que compõem o que se pode chamar de *justiça institucionalizada clássica*, pois que aquelas são, justamente, uma expressão do Estado social de direito (cf. Roberto Omar Berizonce, *Efectivo aceso a la justicia*, p. 118).

108. Para uma visão ampla, por juristas argentinos, v. *La justicia entre dos épocas*, La Plata, 1980, de autoria de Augusto M. Morelo, Roberto Omar Berizonce e outros, e *El proceso justo (Del garantismo formal a la tutela efectiva de los derechos)*, Abeledo-Perrot, 1994, da autoria de Augusto M. Morelo.

109. As ações coletivas vieram a criar um sistema coletivo, *paralelo ao do Código de Processo Civil*, com vistas à proteção de determinados bens, nominalmente indicados, quando da edição da lei (Lei da Ação Civil Pública) e ao consumidor (Código de Defesa do Consumidor), na origem desta última lei. Tais bens, há algumas décadas, eram destituídos de proteção processual *eficiente*, e alguns deles sequer integravam a *pauta de direito material*. Essas ações coletivas nasceram acopladas a uma forte proteção do direito material (proteção penal específica e com a responsabilidade civil *agravada*, e, no Código de Defesa do Consumidor, *forte proteção contratual e de direito administrativo*), e, no plano do processo, já nasceram com a preocupação da cautelaridade e da possibilidade de tutela liminar do direito, o que significa, *praticamente*, que nasceram tais ações, ou nasceu tal sistema, voltado para a finalidade de realização da *tutela específica*, ficando em último plano o caminho da tutela ressarcitória. São os seguintes os textos fundamentais de que se extraiu a afirmação imediatamente feita: Lei da Ação Popular (Lei 4.717/1965): art. 5.º, § 4.º, que prevê a suspensão liminar do ato impugnado; LACP (Lei 7.347/1985): art. 11, que disciplina a tutela específica das obrigações de fazer e não fazer; art. 12, que autoriza a concessão de liminar sem justificação prévia, e art. 5.º, que arrola os legitimados para a ação civil pública (Ministério Público; Defensoria Pública; União, Estados, Distrito Federal e Municípios; autarquia, empresa pública, fundação ou sociedade de economia mista; associação que, concomitantemente: *a)* esteja constituída

de legitimados para tais ações é *diferenciado*, nada tendo a ver com a disciplina da legitimidade *clássica;* compativelmente com essa legitimidade, a coisa julgada é *erga omnes*, com vistas a beneficiar, e não a inibir, ulterior ação individual, ainda que improcedente aquela; se improcedente a ação coletiva, *por falta de prova,* havendo *nova prova,* a própria ação coletiva pode ser reproposta, o que evidencia o *valor atribuído* pelo legislador aos bens protegíveis por tais ações, ou seja, só diante do ilícito *"cabalmente" não comprovado* é que haverá improcedência, sem ser por carência de provas e, pois, sem a ulterior possibilidade de repropositura de outra ação coletiva, mas, ainda aqui, não inibidas ações individuais ulteriores; as ações coletivas podem abarcar grande número de eventuais beneficiários, o que contribui para a diminuição – em certa escala – do número de processos; de outra parte, e, *de certa forma inversamente ao que se acabou de afirmar*, são ações, as coletivas, que levam processos ao Judiciário, não passíveis de ser instaurados antes da existência daquelas, vale dizer, aumentaram o acesso à Justiça; 5.º) a conflituosidade da sociedade contemporânea, porque muito mais intensa, está a exigir a idealização de outros meios de solução para muitíssimos dos conflitos, tais como a intervenção de *leigos*, com vistas à *obtenção incentivada* de *transação*, e por intermédio de cujo processo, *exercido de forma argumentativa e bilateralmente didática,* em relação a ambas as partes, possível será, muitas vezes, que os contendores, *mais facilmente*, cheguem a transacionar, *porque entenderão, ao menos, parcialmente,* as razões do outro. Ainda, dentro do âmbito dessa *conflituosidade*, identificam-se *conflitos, ou, mais precisamente, "atritos permanentes", qualitativamente diferentes*, que, de uma parte, não deverão deixar de existir (*porque isso se mostra impossível*) e, por isso mesmo, não comportam uma pretensa "solução definitiva", *própria do processo estatal,* que os extinga. São, em verdade, tais conflitos/atritos representados por *relações duráveis e continuativas, que merecem ou precisam ser conservadas, ainda que ajustadas.* Na verdade, caracterizam-se por *sintomas* ou *aspectos* que devem ser *superados* ou *resolvidos*, e o grau de tensão neles existente não pode conduzir a uma *ruptura*. Em realidade, configuram um grau de litigiosidade *com menor intensidade* do que o clássico conflito de interesses propriamente dito, como também apresentam-se com tendência incontida à repetição. Tais são, exemplificativamente, as dissensões ou tensões provocadas pelo valor crescente, em termos de valor nominal, das mensalidades escolares,[110] reivin-

há pelo menos 1 (um) ano nos termos da lei civil; *b)* inclua, entre suas finalidades institucionais, a proteção ao meio ambiente, ao consumidor, à ordem econômica, à livre concorrência ou ao patrimônio artístico, estético, histórico, turístico e paisagístico);

Se a LACP nasceu voltada à proteção dos interesses difusos e coletivos, aí elencados, pela inserção do inciso IV, do seu art. 1.º, tal proteção resultou generalizada, alcançando quaisquer desses interesses e direitos, e pelo art. 21 da LACP (aí inserido pelo art. 110 do CDC); e, em relação ao aludido art. 21 (incluído na LACP pelo art. 110 do CDC), parece que o sistema, originariamente nascido para a defesa do consumidor, quando esse art. 21 refere-se a *interesses "individuais"* parece referir a outros que não necessariamente os que digam respeito ao consumidor.

110. O que tem justificado, em bom tamanho, a edição de diversas medidas provisórias sobre o assunto versante das mensalidades escolares (forma de fixação de seus preços, forma de reajustes, periodicidade destes reajustes etc.), invariavelmente com predicados de socialização do processo, ao legitimar, para a propositura de ações que versem sobre mensalidades escolares, grupos de pais que representem dado contingente dos alunos dos colégios ou universidades, sem prejuízo da possibilidade das ações serem promovidas pelos legitimados a que se refere o art. 82 do Código de Defesa do Consumidor. Ainda que várias das disposições destas medidas provisórias tenham sido ques-

dicações salariais outras, pela mesma razão (mormente num país que, até há pouquíssimo tempo, caracterizava-se como de inflação constante), como ainda, do *acesso à escolaridade, de segmentos mais carentes*; assuntos relativos à vivência em fábricas (o que, entre nós, *tenderá a aumentar em sua problematicidade*) e os pertinentes à convivência em condomínios de apartamentos. São, de certa forma e em alguns casos, mesmo, tensões ou atritos provocados por uma instabilidade *externa* aos litigantes, como, por exemplo, mais amplamente, a conjuntura econômica (ou, mais confinadamente, a vivência num condomínio de apartamentos), mas dentro da qual, inevitavelmente, todos ou muitos têm de viver. Para estas relações, preferíveis são organismos *informais* que exerçam funções de mediação *constante* entre os grupos opostos, pois, geralmente, tais tensões são engendradas entre grupos que se opõem (ou dentro do próprio grupo), mas que têm de inevitavelmente conviver próximos, como se percebe dos exemplos fornecidos. É certo que isto será possível diante de um juízo arbitral, *menos formal* do que o previsto no Código Civil e no CPC, originalmente, ou mesmo por outro meio, ainda mais flexível, porém *mais operativo e funcional*, como veio a regular a Lei 9.307/1996.

Praticamente as mesmas razões que inspiraram a publicação das obras referidas anteriormente[111] levaram a outra obra, do mesmo autor, Mauro Cappelletti, e do Prof. J. A. Jolowicz.[112] Em sequência a esta obra, seguiu-se outra, na qual, parcialmente, os mesmos temas são retomados, *ao lado de outros*.[113]

Estas verdadeiras premências, motivadoras dessas transformações, não datam de hoje, senão que tiveram início *perceptível* principalmente ao depois da Segunda Guerra Mundial, *e, entre nós, mais recentemente*. Tanto na Europa, quanto nos Estados Unidos, como aqui, verificaram-se pressões sociais pela "reivindicação" de "novos" direitos e, bem assim, detectou-se – talvez com perplexidade inicial, ao menos – a in-

tionadas perante o Supremo Tribunal Federal em diversas ações diretas de inconstitucionalidade, nunca aquelas disposições atinentes à *abertura do processo* que visaram empreender foram tidas como inconstitucionais.

111. Referimo-nos aqui, especificamente, às obras escritas por Mauro Cappelletti e Bryant Garth, Access to justice: The newest wave in the worldwide movement to make rights effective [Acesso à justiça: A mais recente onda no movimento mundial para tornar efetivos os direitos], *Access to justice* – A world survey [*Acesso à justiça* – Uma visão mundial] e, apenas de Cappelletti, The judicial process in comparative perspective [O processo judicial em perspectiva comparada], já citadas anteriormente.

112. Trata-se da obra de Mauro Cappelletti e J. A. Jolowics, *Public interest parties and the active role of the judge in civil litigation [Partes no interesse público e o papel ativo do juiz no litígio]*, Milão, Giuffrè, 1975.

113. Trata-se da obra de autoria de Mauro Cappelletti, intitulada *The judicial process in comparative perspective [O processo judicial numa perspectiva de comparação]*. Aí se estudam a crise dos Governos (dos Governos que procuraram estabelecer o *"bem-estar social")*, com imensa proliferação legislativa, com a hipertrofia dos Poderes Executivos (p. 16 *et seq.*). Entre nós, conquanto a intenção dos constituintes não fosse essa, a realidade é que se mantém inalterada a *tendência*, provocadora de tensões, no campo político, da *vontade* e *necessidade* de o Executivo exercer atividades regulatórias da vida social. A aspiração a um Estado de "bem-estar social" conduziu, nos países que já *realizaram esse bem-estar*, em escala apreciável, a problemas no campo do processo (v., a este respeito, Mauro Cappelletti, *Access to justice and the Welfare State [Acesso à justiça e o Estado do Bem-Estar Social]*, 1981, edição do Instituto da Universidade Europeia). Uma síntese desse pensamento encontra-se publicada na *Revista de Processo [RePro]*, vol. 61 (jan.-mar./1991), com o título O acesso à Justiça e a função do jurista em nossa época (p. 144-160), trabalho de Mauro Cappelletti.

suficiência dos instrumentos processuais existentes, de caráter estruturadamente individualista.[114]

Referimo-nos a que os problemas que vieram, *verdadeiramente, "assolar" o direito processual civil* não surgiram somente nesta seara do direito, senão que emergiram em *sintonia* com problemas e consequentes modificações operadas no direito material.

No continente europeu, provavelmente já na década de 20 ou antes, era detectável o fenômeno da ascensão das massas,[115] no sentido de que, com essa ascensão, já se percebia a turbulência social que envolvia e acompanhava o fenômeno. Aquelas ascenderam da marginalização social, principalmente, como já referido, por causa da Revolução Industrial, com o que, deixando de *integrar* o rol dos que se encontravam nas periferias das sociedades e respectivas civilizações, não alcançadas, de fato, pelo aparelho do Estado, *iniciaram um processo para "forçar" a entrada nos quadros melhores da civilização, com o que se colocou, de um lado, a insuficiência do aparato estatal, e bem assim do sistema tradicional.*

Possivelmente um dos setores mais modificados, no direito privado, foi o obrigacional. E, na raiz das modificações operadas no direito obrigacional – segundo pensamos – encontram-se em escala apreciável os mesmos fenômenos que levaram à necessidade de reequacionamento dos instrumentos processuais, motivadas aquelas e estes pelo

114. Por exemplo, nos Estados Unidos, já no final da década de 40, passou-se a disciplinar acuradamente nas *Federal Rules* as *class actions*, tendo cabida duas observações: 1.ª) esse instrumento não era estranho à tradição do Direito norte-americano, que o recebeu do Direito inglês; 2.ª) e, de outra parte, vieram essas *class actions* a assumir um papel transcendental, *podendo, em realidade, ser apontadas como o aspecto mais importante do direito processual contemporâneo desse país*. Uma notícia ampla do tema é dada pelo Prof. Adolf Homburger in *Klagen Privater im öffentlichen Interesse [Ações privadas no interesse público]*, Frankfurt, 1975, no seu relatório apresentado em Hamburgo, em 1973, com vistas a fornecer subsídios de direito comparado e intitulado *Private suits in the public interest in the United States of America [Litígios privados no interesse público nos Estados Unidos da América]*, onde se evidenciam as peculiaridades das *class actions* e o *caráter privado* que as inspira, mas com vistas a litígios marcados pelo interesse público. As *class actions, todavia, não são objeto de louvor generalizado e, principalmente, sem fronteiras, havendo, à luz de tal critério, quem as critique* (cf. Mary Kay Kane, *Civil Procedure [Processo Civil]*, cap. VIII, p. 253 *et seq*., St. Paul., Minn., 1985).Todavia, já se observou que, possivelmente, esse sistema seria o único apto a realizar e a conduzir, economicamente, para uma realização da Justiça (cf. Harold Koch, *Kollektiver Rechtsschutz im Zivilprozeß (Die class action des amerikanischen Rechts und deutsche Reformprobleme) [(As ações de classe do direito norte-americano e o problema da reforma alemã)]*, Introdução, p. 9, Frankfurt am Main, 1976).

115. A repercussão dos *efeitos colaterais* de um *capitalismo sem barreiras* gerou problemas extremamente sérios, mercê dos segmentos imensos da sociedade, que foram injustiçados. A reação se fez produzir, tanto no campo do processo, mas, *primariamente*, através de proteção do direito material. O Prof. Hein Kötz, nos seus comentários sobre as Normas Gerais de Contratação [alemã], observa que essas normas, representadas pela lei de 09.12.1976, são uma decorrência da Revolução Industrial – cf. Hein Kötz, *Münchener Kommentar zum Bürgerlichen Gesetzbuch [Comentário de Munique ao Código Civil (alemão)]*, vol. 1, p. 1.616, Munique, 1984. Este mesmo autor, em trabalho intitulado *Public interest litigation: a comparative survey [Litígios de interesse público; uma visão comparativa]*, p. 107 *et seq*., in Mauro Cappelletti, *Access to justice and the Welfare State [Acesso à justiça e o Estado do Bem Estar Social]*, observa que, na Alemanha, tenta-se o transporte das *class actions* norte-americana para o direito alemão, o que tem encontrado, *compreensivelmente*, resistência dos setores industriais.

mesmo valor axiológico: um *reequilíbrio* dos que se defrontam na ordem jurídica.[116] Daí, por exemplo, fique dito de plano, as premissas, ou, ao menos, parte das premissas, que nortearam os trabalhos da Comissão de Juristas responsável pelas mais recentes modificações no Código de Processo Civil, e a introdução, em nosso sistema de direito positivo, de institutos como o da antecipação da tutela e uma mais rígida e eficiente disciplina das obrigações de fazer ou não fazer.

Este fenômeno não é estranho aos países da América Latina, *mutatis mutandis*, ainda que protraído no tempo, ou seja, especialmente, a contar de uma ou duas décadas depois da Segunda Guerra Mundial, *o que se explica pelo descompasso do desenvolvimento do capitalismo em nosso continente, o que estabeleceu momentos mais tardios para a ocorrência de tais reivindicações sociais e respectivas consequências*. Em nosso continente, mais especialmente no Brasil, *simultaneamente* e *ao lado* do fenômeno da ascensão das massas, verificou-se, com incrível intensidade, um desdobramento com gravidade cumulativa, ou seja, a vinda desses "peregrinos ascendentes" em verdadeiras populações para os grandes centros; vale dizer, houve ascensão social ou, *mesmo quando esta não ocorreu, ainda assim, houve aglutinação nos grandes centros*. É um fenômeno que subsiste, diante de fluxo contínuo para os grandes centros. Criaram-se megalópoles, as quais, correlatamente, vieram vertiginosamente a perder a qualidade de vida.[117]

116. V., a respeito, Karl Larenz, *Bürgerliches Gesetzbuch, Einführung* [*Código Civil* (alemão) – *Introdução*], antecedendo à 29. ed. do texto da Beck'sche, p. 12 *et seq.*, item III, onde, entre outros aspectos, considera a posição do consumidor (p. 13) em face das emergidas forças do mercado e do poder dos empreendedores, a demandar formas especiais de defesa. Jacques Ghestin, no seu *Traité de droit civil*, vol. 2, p. 483 *et seq.*, Paris, 1980, aborda o tema das cláusulas abusivas, necessárias à proteção dos consumidores; à p. 486, n. 489, dá notícia da evolução paralela do direito europeu, no particular. Jean Carbonnier, mais amplamente, alude a uma ordem pública de direção, consistente numa intervenção na economia (por certo, economia de escala), com vistas à eliminação de contratos, entre particulares, que pudessem contrariar uma economia nacional (cf. *Droit civil*, 12. ed., p. 138, Paris, 1985). Karl Larenz, em *Lehrbuch des Schuldrechts* [*Compêndio de direito das obrigações*], 11. ed., vol. 2 – Parte Geral, § 4.º, p. 35 *et seq.*, Munique, 1976, trata da liberdade contratual e considera os seus limites; à p. 42, considera as regras de equalização da Justiça ou a defesa dos socialmente mais fracos. Com isto, conquanto seja a base fundamental e regente do direito contratual a chamada liberdade contratual (autonomia da vontade), ou seja, a "liberdade na própria configuração do tipo contratual"; casos há em que o "tipo contratual" é imposto por normas de ordem pública (p. 43), donde existirem contratos com conteúdo proibido, contratos com conteúdos predeterminados pela lei. O Prof. Eike von Hippel, em sua obra *Der Schutz des Schwächeren* [*A defesa dos fracos*], Tübingen, 1982, analisando todas as categorias dos que devem ser havidos como fracos, confere lugar de particular destaque à defesa do consumidor (§ 3.º, p. 29 *et seq.*). Não deixa de considerar como relevante, ou essencial, uma forma de defesa coletiva do consumidor (p. 38), em especial nos casos de danos. No direito norte-americano diz-se, em comentário à autonomia da vontade, que, quando uma parte puder impor à outra uma contratação, deveria acudir o legislador, para que isso não ocorresse (cf. John D. Calamari e Joseph M. Perillo, *Contracts* [*Contratos*], p. 8, New York, 1987). Se a igualdade que é pressuposta entre os contratantes se constitui na razão de ser da liberdade, tanto a igualdade, quanto a liberdade, no caso de vendas ao consumidor, não são havidas como existentes (v. John D. Calamari e Joseph M. Perillo, *op. ult. cit.*, cap. X ("Consumer Protection") [("Proteção ao Consumidor")]. Para uma visão mais ampla, *v.* o nosso *Tratado de direito processual civil*, São Paulo, 1990, 'Considerações Propedêuticas', item 6.1.3 (Os interesses difusos, os coletivos e os direitos do consumidor), p. 127 *et seq.*

117. Em conformidade com dados e *projeções atuais* do Instituto Brasileiro de Geografia e Estatística

Foi depois da Segunda Guerra Mundial que se veio a perceber, com maior nitidez, pela sua gravidade e dramaticidade, os problemas que passaram a afligir as sociedades existentes e respectivos governos, os quais podem, sinteticamente, ser surpreendidos pelos seguintes indicativos: 1.º) desequilíbrio entre os litigantes, constantemente defrontando-se um forte com um fraco (*ainda que, na Europa, já em fins do século passado, não fosse esse fenômeno estranho à contextura social, o qual, no entanto e por isso mesmo, já encontrava algum remédio no sistema do Código de Processo Civil austríaco, mercê do reconhecimento de um juiz ativo, onde, sem embargo deste ponto pioneiro, dentre outros, dever tal Código, ainda, ser considerado um sistema mais afeiçoado ao passado*);[118] 2.º) *convivendo com esse desequilíbrio, que vem subsistindo*, passou-se a verificar *precariedade*, ou *ausência* mesmo, da possibilidade de acesso à Justiça para um grande número de pessoas, porque: a) não sabem que têm direitos; b) se, eventualmente, têm consciência de que os têm, todavia, não têm condições de arcar com os custos de um litígio; e, c) em função de características, cada vez mais acentuadas, das sociedades moldadas pelo sistema capitalista, em grande número de hipóteses, muitos litígios acabam não sendo *individualmente* compensatórios, *mesmo que o lesado tenha consciência dos seus direitos, e "teoricamente" pudesse cogitar arcar com os ônus de um litígio, como, exemplificativamente, nos casos de relações de consumo.*[119]

(IBGE), em 1980, 67,5% de nossa população vivia nas cidades e 32,5%, nos campos [em 1940, aproximadamente 70% vivia no campo]. No Estado de São Paulo, já em 1980, 80% da população habitava as cidades e, no fim da década, a projeção ou estimativa é a de que 96% habitará as cidades (Jornal *O Estado de S. Paulo*, p. 2, de 30.11.1991). No ano de 2000, a população do Estado de São Paulo estava assim dividida: na área urbana, mais de 34 milhões de pessoas; de outro lado, na área rural, somavam apenas cerca de 2 milhões e meio de pessoas. Segundo dados da Fundação Sistema Estadual de Análise de Dados (SEADE), órgão da Secretaria de Estado de Economia e Planejamento do Governo de São Paulo, a taxa de urbanização para os municípios do Estado de São Paulo equivalia, no ano de 2000, a 93,40% (dados extraídos de artigo de minha autoria, resultado de conferência que proferi em Roma, na Università degli Studi di Roma, "Tor Vergata", no Instituto Italo-Latino Americano, no dia 25 de janeiro de 2003, e lá publicado).

118. O Código de Processo Civil austríaco, em realidade, pode ser considerado um pálido e muito tímido prenúncio em relação às modificações incomparavelmente mais profundas que vieram a ser exigidas e vieram, paulatinamente, a ocorrer.

119. As sociedades contemporâneas engendraram lesão a determinados bens, em função da necessidade de "abastecimento do próprio mercado". O que se quer dizer é que todas as sociedades contemporâneas exigem bens de consumo. É evidente que, isto ocorrendo, coloca a todos nós como "consumidores necessários". E, em realidade, não se conhece outra solução. Paradoxalmente, talvez se pudesse dizer que ser "consumidor" é encontrar um caminho (ou, ao menos, um "embasamento material") de realização, o que não deixa de ter, efetivamente, uma dose profunda de verdade. O processo de industrialização, de que depende o mercado, todavia, acabou por lesar outros bens, como, exemplificativamente, o meio ambiente. Se o consumo pode ser reputado um "bem" para a sociedade, é, mesmo que se assim não for entendido, inapelavelmente, uma necessidade, praticamente absoluta; de outra parte, em função do gigantismo dos parques industriais requeridos para a produção de bens, verifica-se que da mesma realidade geraram-se dois tipos de problemas: 1.º) a figura do consumidor e a percepção de que este haveria de ter mais direitos em face do produtor (e, na verdade, em face da cadeia de produção de bens), pois os Códigos tradicionais de direito privado (Códigos comerciais) nada lhe outorgavam; e, como os consumidores são toda a sociedade, segue-se que tais direitos somente podiam e podem ser utilmente realizados sob o ângulo ou mercê de um instrumental de tratamento coletivo; 2.º) mas, o próprio sistema econômico instalado, se, de uma parte, 'satisfaz', acaba, de outra banda,

Consequentemente, a chamada *igualdade formal* constituiu uma grande vitória (senão o núcleo vitorioso da Revolução Francesa), na verdade – sem descarte de que tenha havido um progresso nessa equalização formal dos membros da sociedade; nem por isto, todavia, proporcionou esse *parâmetro formal* uma almejada igualdade entre os homens,[120] tal como se "prometia" pela pregação ideológica liberal individualista.

---

por vir a lesar o meio ambiente, o que, a seu turno, corporificou outro direito – ao meio ambiente –, o qual, igual e compreensivelmente, deve merecer um tratamento coletivo.

120. Na pauta da pregação e da consolidação do liberalismo individualista, podem-se apontar os seguintes pontos: 1.º) a lei, a que estão submissos Executivo e Justiça, "tem de ser igualmente obrigatória para todos"; 2.º) pretendia-se que as "leis do Estado correspondessem às leis do mercado: (...)" (v. Jürgen Habermas, *Mudança estrutural da esfera pública (investigações quanto a uma categoria da sociedade burguesa)*, p. 100-102, Rio de Janeiro, 1984). Este mesmo autor observa que na transformação sócio-estatal, do Estado liberal de Direito para o Estado social-democrata, conquanto tenha se operado através da continuação do mesmo Estado, necessária se revelou a intervenção do Estado, que pretende realizar a "justiça", diante do "esvaziamento" da concepção liberal de dois dos seus elementos chaves: a) "a generalidade como garantia da igualdade"; b) "a correção", isto é, "a verdade como garantia da justiça", acrescentando-se que isto ocorreu "a tal ponto que o preenchimento de seus critérios formais não basta mais para uma normatização adequada da matéria" (*op. ult. cit.*, p. 262).Essa igualdade formal, todavia, não deve subsistir sequer, quando isso não se justificar aos olhos do legislador, vale dizer, quando as *situações reais* não forem, ou não puderem, ser consideradas iguais, conduzindo esse desequilíbrio, então, à *única solução compatível com a própria igualdade, ou seja, a proteção do mais fraco*. É o caso, exemplificativamente, da regra do art. 6.º, VIII, do Código de Proteção e Defesa do Consumidor, em que se admite a inversão do ônus da prova, por decisão do juiz, quando este constatar ser *verossímil a alegação,* ou quando o consumidor for *hipossuficiente*. Esta regra *convive* com o princípio da igualdade de todos perante a lei, mandamento de raiz constitucional, e, também, explicitamente projetado na regra do art. 125, I, do CPC. Aqui se prescreve que o juiz deve "assegurar às partes igualdade de tratamento". Isto porque: a) em face do texto constitucional, justamente porque se trata de igualdade *em face da lei*, nesta haver-se-ão de reconhecer situações desiguais, como no caso; e esse reconhecimento é, em *última análise*, redutível ao princípio da igualdade, pois que, se as partes são desiguais, devem, como tais, ser tratadas, isto é, desigualmente, na medida da desigualdade; b) convive a regra do aludido art. 6.º, VIII, pois, com o mandamento do art. 125, I, do CPC, *porque o suposto desta igualdade formal é a admissão de uma igualdade substancial* . Cada norma terá a sua esfera de aplicação, valendo o mandamento no Código de Proteção e Defesa do Consumidor no âmbito desta lei especial. De resto, a própria igualdade formal, regra geral no sistema do Código de Processo Civil, tem comportado temperamentos. *Já a admissão de igualdade substancial absolutamente refoge das premissas de verdade do Código de Proteção e Defesa do Consumidor.* Na hipótese referida [art. 6.º, VIII, Código de Proteção e Defesa do Consumidor], desde que o juiz constate desigualdade *acentuada*, tem o dever de inverter o ônus da prova. O requisito de ser *verossímil a alegação justificará, muitas vezes, o "aparente favor" ao consumidor* e o "aparente" desfavor em relação ao fornecedor, ou, mais precisamente, com referência aos sujeitos que compõem a cadeia da produção. Muitas vezes,

por exemplo, um dano causado por fato do produto envolve, por estar lastreado em alegações altamente plausíveis, *mas não definitivamente comprováveis pelo consumidor (ou por quem por este atue)*, a necessária inversão do ônus da prova. É compreensível que isto ocorra, porque é o fornecedor (*v.g.*, quando seja o *produtor*) que conhece intimamente o seu produto, pois que o terá concebido, construído, modificado, pesquisado a respeito etc. Necessariamente, pois, conhece sempre melhor o produto do que o consumidor, *ainda que este seja do ramo*. A força do consumidor é sempre menor do que a do produtor (v. a respeito Eike von Hipel, *Der Schutz der Schwächeren [A defesa dos fracos]*, cit., p. 34). Por isto tudo é que esta aparente

Conquanto se tivessem verificado progressos na ordem social, particularmente em virtude da industrialização, este fenômeno – se, de um lado, proporcionou que maior número de pessoas pudesse participar de bens materiais, *mercê do "abastecimento" possível de grande massa de pessoas* – acarretou alterações profundas nos segmentos sociais. Isto tanto mais se verificou porque o *individualismo* foi também elemento constante do rol de modificações aportadas pela Revolução Francesa.[121]

Isto veio a significar que o sistema jurídico todo, que fora construído com respeito às premissas de verdade do individualismo, *o que, por isso mesmo, gerou profunda aversão pelo papel de grupos sociais, começou a ser posto em dúvida*. O esquema originário, no limiar e sucessivamente, na Idade Contemporânea, no processo civil e da ordem jurídica, era aquele em que *indivíduo* deveria se defrontar com *indivíduo, ainda que um deles pudesse ser forte e outro fraco*.

O perfil do processo civil, emergido do individualismo, se traduziu em institutos jurídicos que consideravam o indivíduo, enquanto tal, agindo isoladamente.[122]

---

discriminação se justifica, *precisamente porque não é discriminação ou favorecimento real*. Casos há no Código de Proteção e Defesa do Consumidor, todavia, em que *a priori* já está determinado o "ônus da prova" *como não sendo do consumidor, v.g.*, no art. 38, ao dispor que "o ônus da prova da veracidade e correção da informação ou comunicação publicitária cabe a quem as patrocina"; por outro lado, dispõe o parágrafo único do art. 36 que "o fornecedor, na publicidade de seus produtos ou serviços, manterá em seu poder, para informação dos legítimos interessados, os dados fáticos, técnicos e científicos que dão sustentação à mensagem". Em realidade, esse art. 38 do CDC disciplina além do "ônus da prova", senão que imputa um dever de direito material, *efetivamente*.

121. No Brasil o fenômeno da aglomeração foi verdadeiramente brutal, em torno dos grandes centros. De 1940 a esta época inverteu-se a proporção que existia. Se em 1940 habitava o campo 70% da população, atualmente o percentual dos que habitam os grandes centros é maior. Vieram em busca de empregos que lhes proporcionassem acesso aos bens da vida e, também, tendo em vista o descaso, principalmente governamental, pelo campo.

122. Exemplo disto é o art. 6.º do CPC, em que – como regra geral – ninguém pode agir em nome de outrem, *salvo se expressamente autorizado por lei*.

Esta regra pode ser, ou pretendeu poder ser realmente, considerada, sistematicamente, no plano do direito "infra" constitucional, uma regra geral.

Do ponto de vista prático, ou do ponto de vista quantitativo, possivelmente, será cada vez mais esvaziada, tanto bastando recordar as regras constitucionais, do art. 5.º, incisos XXI [legitimidade para associações agirem em juízo], LXX [mandado de segurança coletivo], LXXI [mandado de injunção], que poderá e *deverá* comportar tratamento coletivo, *também*; art. 129, III, da CF/1988 [previsão constitucional de titularidade para a propositura da ação civil pública e inquérito civil, pelo Ministério Público, *sem a exclusão de outros legitimados – art. 129, § 1.º, Constituição Federal de 1988]; no que diz respeito a programações de rádio e televisão (que contrariem o art. 221 da CF), da mesma forma que, em face da propaganda de produtos, práticas e serviços que possam ser nocivos à saúde e ao meio ambiente. Tais textos devem ser articulados com os da Lei 8.069/1990, art. 201, V.*

Isto sem considerar, no próprio plano infraconstitucional, a Lei da Ação Civil Pública, o Código de Proteção e Defesa do Consumidor, e, ainda, outras leis que, fundamentalmente, seguem o modelo da Ação Civil Pública, tais como a Lei 7.853/1989 (destinada à defesa de pessoas portadoras de deficiência) e a Lei 7.913/1989 (atinente à responsabilidade por danos causados a investidores no mercado de valores mobiliários).

Recordemos, a propósito, a Lei 8.069/1990 (Estatuto da Criança e do Adolescente), que perfilhou o "modelo" de mais intensa eficácia do processo [possibilidade de tutela específica liminar] – hoje a regra em todo o processo civil à luz do art. 273 do CPC, com a redação que lhe deu a Lei 8.952/1994 e, mesmo, dos arts. 461

Pode-se dizer também que o próprio direito civil e comercial foram assim estruturados, tendo como *autor* sempre *um* indivíduo, ou seja, cogitava-se de um *indivíduo, isoladamente*.[123]

Isto quer dizer que esses ramos do Direito Privado desconheciam, em suas fisionomias *clássicas*, outras realidades, que não fosse o indivíduo. E mais, o *ambiente absoluto* em que deviam se *confrontar os indivíduos era o da liberdade absoluta*, o que, diante de um crescente desequilíbrio entre eles, gerou o predomínio dos fortes sobre os fracos e, daí, consequentemente, a necessidade de intervenção do Estado.

Ocorre que, se, durante muito tempo, *reivindicações* de segmentos sociais desprotegidos (*pelas mais variadas razões, rapidamente elencadas, nos seus aspectos mais evidentes*) passaram despercebidas, mercê do avultado dos problemas engendrados, tais reclamos não mais poderiam ser ignorados.

A estrutura do Direito Privado, como se disse, e os próprios propósitos do legislador, ao disciplinar determinados institutos, era o de, considerando somente o indivíduo isoladamente, como o sujeito, por excelência, da vida social e econômica, *acabar, virtualmente*, vindo a favorecer aquele que tivesse bens. Desta forma, *para nos servirmos de um exemplo, que, pela sua importância prática na ordem econômica*, pode-se asseverar, nessa perspectiva exemplificativa (dentre muitas), *altamente expressivo, ou seja, o de* que os Códigos *clássicos* foram diplomas feitos em favor dos *fabricantes*,[124] *que eram os indiví-*

e 461-A – e no pertinente às facilidades para o acesso à justiça do Código de Proteção e Defesa do Consumidor, e, em certa escala, no que diz respeito à "concepção" das ações coletivas [art. 201, V, ECA], tanto bastando, entre outros textos, lembrar os arts. 210, ECA [quanto aos legitimados], ainda que no art. 212, § 1.º, do ECA esteja determinada a aplicação do Código de Processo Civil para as ações previstas na Lei 8.069; quanto à *tutela específica*, há coincidência do art. 213 e seu § 1.º, da Lei 8.069, e o Código de Proteção e Defesa do Consumidor [art. 84, § 3.º, deste último] e, atualmente, com o art. 461 do Código de Processo Civil, com a redação da Lei 8.952/1994; quanto ao Fundo, há similaridade com o Código de Proteção e Defesa do Consumidor [v. art. 214, da Lei 8.069]; similarmente, quanto ao não adiantamento de custas [art. 219, Lei 8.069].

123. A Constituição Federal de 1988, no seu art. 5.º, incisos XVIII/XXI, deixa evidente a maior amplitude do direito processual civil, *assentada num autêntico "incentivo" do constituinte, em relação às associações*.

124. Utilizamo-nos da expressão *vendedor* para compará-la com a figura do *fornecedor* (ver, para uma análise desta posição, Carlos Ferreira de Almeida, *Os direitos dos consumidores*, Coimbra, 1982, onde se estudam o princípio da igualdade contratual (= igualdade abstrata), com pertinência ao contrato de compra e venda, o princípio da culpa e a *desproteção dos consumidores* – Cap. I, p. 19-20); observa-se que, mesmo em face das lacunas do Direito Comercial, com a aplicação do Direito Civil, a situação não se alterava, pois subsistia a posição privilegiada do "vendedor".Eram o fabricante e o vendedor (aqui compreendidos enquanto albergados, *mutatis mutandis*, sob o significado de fornecedor) os "protegidos" pelos sistemas clássicos. Atualmente, desde a produção, em todo o seu possível ciclo, a responsabilidade é de índole objetiva, ou pelo risco civil, ou seja, não é uma responsabilidade *pautada* na teoria da culpa (v. Código de Proteção e Defesa do Consumidor, art. 12 *et seq.* e 18 *et seq.*). No fundo, pode o consumidor – ou outrem por ele – atingir o produtor (ainda que isto fosse possível, mas sempre com lastro na culpa), com supedâneo na responsabilidade objetiva, acaba aproximando os dois elos, mais importantes, quais sejam, a produção e o consumo. O "menos apenado" restou sendo o vendedor, justamente porque, pelo menos no que diz respeito ao *fato do produto*, diretamente nada tem a ver com os danos que um produto ocasione, salvo se insuscetível de identificação do fornecedor. Entre nós, no aludido art. 12 do Código de Proteção e Defesa do Consumidor, restou estabelecida a responsabilidade sem culpa; a enumeração, aí constante, é, todavia, taxativa, tendo em vista os fornecedores aí, *numerus clausus*, nominados. Esta opção foi correta porque, tratando-se

duos detentores de poder econômico e que, em função desse sistema, dele se utilizaram para a sua expansão econômica. Por outro lado, a própria responsabilidade do fabricante, lastreada na *culpa*, pelos produtos que fabricava (ou pelos serviços que prestasse), não era uma modalidade de responsabilidade, de *um teor tal* que viabilizasse, na ordem prática, que os compradores pudessem efetivamente obter indenizações pelos produtos que adquirissem.[125] *Somavam-se, portanto, à luz deste exemplo, dois aspectos: 1.º) o tipo de responsabilidade, só por causa de culpa, era em si mesmo – se comparado com a responsabilidade "objetiva" ou pelo risco civil – inócuo; 2.º) cumulativamente a isto, havia que se considerar que, pelos incômodos, dispêndios, perda de tempo etc., não se mostraria compensatória a demanda individual, até mesmo supondo-se que o litigante individual (por exemplo, um consumidor) pudesse resultar vitorioso.*[126]

Quer para se responsabilizar um vendedor, por um vício (=vício redibitório), pela exiguidade do prazo decadencial, em que o vício oculto haveria de ser identificado, quer, ainda, para se pretender responsabilizar um fabricante, por um dano ocasionado pela aquisição de uma coisa (=um dado produto), é de se ter presente que os diplomas de direito material não continham regras que ensejassem *uma situação ou condições de viabilidade aceitável*, seja para o desfazimento da compra de um produto, seja para o caso em que se vise a reparação dos danos causados por este produto. Nesta última hipótese, a responsabilidade do fabricante era informada pela teoria da culpa, e esta, certamente, comportando diversas excludentes, acabava, com isso, resultando em pouquíssimos responsáveis pelos danos. Por outras palavras, constatava-se um quadro literalmente adverso para que efetivamente pudessem ocorrer indenizações.

Quando se fala em *vendedor, no plano do direito comercial*, há que, no âmbito teórico, e também no patamar da lei e do sistema do Código de Proteção e Defesa do Consumidor, Lei 8.078/1990, se traduzir esta expressão, como a significar toda a cadeia de produção, para que na ordem prática se possam vir a obter resultados que, à luz da consciência contemporânea, se reputem aceitáveis e justos. *E, mais ainda, é justamente o vendedor que restou o menos apenado, no que diz respeito ao fato do produto.*

De outra parte, a evolução da sociedade veio a identificar outros bens jurídicos

de responsabilidade independentemente de culpa, a taxatividade, isto é, a indicação do(s) responsável(veis) deve ser *inequívoca* (v. Arruda Alvim, Thereza Alvim, Eduardo Arruda Alvim, James J. Marins de Souza, *Código do Consumidor comentado*, 2. ed., p. 87 *et seq.*, São Paulo, 1995). Já no que diz respeito à responsabilidade decorrente de vício do produto ou do serviço (art. 18 do Código de Proteção e Defesa do Consumidor), inexiste esta indicação subjetiva (*op. ult. cit.*, p. 141 *et seq.*). No mesmo sentido, v. *Código Brasileiro de Defesa do Consumidor*, São Paulo, 1991, Editora Forense Universitária, de vários autores, p. 88, parte comentada por Zelmo Denari; *Comentários ao Código de Proteção do Consumidor*, São Paulo, Saraiva, 1991, p. 55, vários autores, parte que coube a Antonio Herman de Vasconcellos e Benjamin).

125. Autor alemão que escreveu como a defesa dos interesses "*supra*" individuais, no processo civil, observa que, *inclusive, as chances do litigante individual são maiores, em face de leis que fortaleçam a posição destes* (cf. Karl Thiere, *Die Wahrung überindividueller Interessen im Zivilprozeß [A defesa dos interesses supraindividuais no processo civil)]*, § 15, II, p. 296, Bielefeld, 1980 [analisando as Normas Gerais de Contratação (alemã)].

126. V. Richard A. Posner, *Economic Analysis of the Law* [Análise econômica da lei], § 4.7, p. 80 *et seq.*, Boston e Toronto, 1977, para uma análise e estudo a respeito de não compensarem, para o consumidor, as demandas individuais; v. tb., § 4.9, p. 449.

a respeito dos quais se pode asseverar que, mais antigamente, eram praticamente inexistentes, ou, ao menos, eram desconsiderados pelas ordens jurídicas. De certa forma, pode-se dizer que eram bens a respeito dos quais não "ocorriam problemas". É de se ter presente, por outro lado, que essas novas realidades, que vieram a obter guarida e proteção por parte do direito contemporâneo – *porque transformadas em bens objeto de submissão à categoria dos interesses e direitos difusos* –, em verdade, em tempos mais antigos, *eram incomparavelmente menos duramente atingidas*.[127]

Estes bens são, *v.g.*, os relativos ao meio ambiente,[128] ao consumidor,[129] a bens e direitos de valor artístico, histórico,[130] turísti-

127. O que se quer dizer é que na *civilização contemporânea* encontramo-nos *todos*, sem exceção, na contingência de termos de ser consumidores. As grandes aglomerações nas cidades engendraram outros danos. De outra parte, com o aumento populacional e sua vinda para os grandes centros, isto acarreta a necessidade de produção em massa de bens, *até mesmo pela intensificação de um estilo citadino de vida*, e, daí, as lesões, mais profundas e permanentes, como, por exemplo, ao meio ambiente, *em centros inominavelmente densos*.

128. A expressão *meio ambiente* envolve a necessidade de *zoneamento ambiental, com planejamento*. Compreende a identificação do que seja *impacto ambiental*. Implica a responsabilidade civil *objetiva*, com a reparação do dano ecológico. Envolve a vedação de se poluir, tanto a água como a atmosfera, por resíduos sólidos e por pesticidas. Demanda a proteção de florestas e faunas (v. Paulo Affonso Leme Machado, *Direito ambiental brasileiro*, 13. ed., São Paulo, Malheiros, 2005, *passim*). A tutela processual *fundamental* é a prevista na Lei da Ação Civil Pública (art. 1.°, I), e é uma tutela de caráter coletivo.

129. A situação do consumidor exige toda uma metodologia adequada à sua *caracterização* como tal e à *identificação do rol dos seus direitos* (v., amplamente, Eike von Hippel, *Verbrauchershutz [A defesa do consumidor]*, 3. ed., Tübingen, § 1.°, III, p. 25 *et seq.*, 1986). *Este perfil, amplo, constante desta obra, evidencia grande coincidência com o que consta do art. 6.° do Código de Proteção e Defesa do Consumidor.* Como um dos aspectos fundamentais, pode-se apontar a fundamentação da responsabilidade, não na culpa, senão que num critério *objetivo*, o que, em vários países, *se ensaiou já a partir e no plano* do próprio Código Civil. (Para uma evolução, no Direito italiano, v. Guido Alpa e Mario Bessone, *La responsabilità del produtore*, Milão, 3. ed., p. 113 *et seq.*, 1987; essa foi, também, a tendência do Direito alemão: Eike von Hippel, *Verbraucherschutz [A defesa do consumidor]*, cit., § 2.°, p. 46 *et seq.*; atualmente, na Alemanha adotou-se a responsabilidade objetiva – v. Walter Rolland, *Produkthaftungsrecht [Responsabilidade pelo fato do produto]*, Munique, 1990, onde está o texto da lei de 15.12.1989 – v. n. 4, p. 11 *et seq.*, sendo que referência ao pensamento de diversos autores, mesmo anteriores a essa lei, aludem a *responsabilidade independentemente de culpa* (Schmidt-Salzer), ou a *responsabilidade estrita* (von Caemmerer), ou a *forma modificada de responsabilidade causal* (Brüggemeier); basicamente, no mesmo sentido; na Áustria – cf. Fitz, Purtscheller, Reindl, *Produkthaftung [Responsabilidade pelo produto]*, 1988, § 1.°, p. 20 *et seq.*, onde se alude à posição objetiva, igualmente, em comentários à lei de 01.07.1988, p. 20 *et seq.*, p. 37; da mesma forma, na Espanha, conforme art. 25, do Cap. III, da Lei 26 de 1984, em Josep Bujons, *Derechos del consumidor*, Barcelona, s/d, p. 101, a solução é praticamente idêntica. Para uma visão do Direito inglês, na mesma linha evolutiva, e em função do *Consumer protection act 1987 [Parte I]*, v. Alistair Clark, *Product liability [Responsabilidade (civil) pelo produto]*, Londres, 1989. Para o Direito argentino, na mesma linha, cf. Gabriel A. Sitglitz, *Protección jurídica del consumidor*, 2. ed., cap. II, p. 69 *et seq.*, Buenos Aires, 1990, mas sem um sistema inteiramente protetivo).

130. Na Itália entende-se que a tutela do ambiente envolve bens ou aspectos históricos (v. *La tutela dell'ambiente con particolare riferimento ai centri storici – Atti del convegno tenuto a Firenze*, 23-31 de outubro de 1976, Giuffrè, 1977, publicada nos "Quaderni" della Rivista "Impresa, Ambiente e Pubblica Amministrazione"). Entre nós, a Lei 7.347, de 24.07.1985, art.

co e paisagístico, e, mesmo, à ordem econômica, regulada à exaustão pela ordem constitucional brasileira.[131] Mais recentemente, entre nós, acrescentou-se ao rol de tais bens a possibilidade de proteção a qualquer outro interesse *difuso ou coletivo, com o que se constata uma abertura do sistema jurídico a realidades antes não cogitadas pelo legislador. Da mesma sorte que a legislação brasileira permite esta abertura da tutela destes interesses ou direitos difusos, permite a responsabilização por ofensa a estes bens tutelados pelo sistema não só patrimonialmente, mas também (e exclusivamente, se for o caso) moralmente.*[132] *Ou seja, esta abertura vem a significar uma "válvula" num sistema jurídico que não mais se reputa "fechado", dado que está receptivo não só para interesses e direitos difusos, já dele nominalmente constantes, bem como para quaisquer outros.* O âmbito da tutela do direito civil é diferente da tutela do meio ambiente, de que cogitamos. Na Itália isto restou bem claro, ao se dizer que, "do ponto de vista civilístico, a disciplina do ambiente se circunscreve à tutela da propriedade, tendo em vista imissões".[133]

As *primeiras* grandes modificações sofridas pelo direito processual civil – sem ain-

---

1.º, III, refere-se, autonomamente, a bens de valor histórico. A publicação contém inúmeras comunicações espanholas, no mesmo sentido.

131. A partir da Lei 8.884, de 11.06.1994, que acrescentou o inciso V ao art. 1.º da Lei 7.347/1985, posteriormente alterado pela Medida Provisória 2.180-35/2001, é defensável coletivamente no Direito brasileiro, por meio da ação civil pública, qualquer infração (*rectius*, afirmação *administrativa* da infração) à ordem econômica e à economia popular. Esta valoração do legislador brasileiro em incluir no rol dos bens tuteláveis para ação civil pública infrações à ordem econômica é inerente ao quanto se vem dizendo, no que toca um Estado *Social* de Direito. Se, de uma parte, a Constituição brasileira é minudente na disciplina da ordem econômica, fixando diversos princípios a serem atingidos (*v.g.*, a função social da propriedade [art. 170, III] e a defesa do consumidor [art. 170, V]), faltava, no plano do direito processual, mecanismo próprio para que se tornassem efetivos estes valores prestigiados pelo constituinte. Assim sendo, nada mais razoável que a própria lei, que visa a regulamentar aqueles dispositivos (a Lei 8.884/1994 dispõe sobre a prevenção e a repressão às infrações contra a ordem econômica), introduzisse no Direito brasileiro mecanismo explícito e eficaz de tutela. Além do alargamento das hipóteses de cabimento da ação civil pública, o precitado diploma legislativo garantiu, em seu art. 29, que "os prejudicados, por si ou pelos legitimados do art. 82 da Lei 8.078, de 11 de setembro de 1990, poderão ingressar em juízo para, em defesa de seus interesses individuais ou individuais homogêneos, obter a cessação de práticas que constituam infração da ordem econômica, bem como o recebimento de indenização por perdas e danos sofridos, independentemente do processo administrativo, que não será suspenso em virtude do ajuizamento da ação".

132. Neste sentido é o *caput* do art. 1.º da Lei 7.347/1985 com a redação que lhe deu o art. 88 da Lei 8.884/1994, *verbis*: "Regem-se pelas disposições desta Lei, sem prejuízo da ação popular, as ações de responsabilidade por danos *morais* e patrimoniais causados (...)".

133. Cf. *Diritto e ambiente (materiali di dottrina e giurisprudenza)*, comentados por Mario Almerichi e Guido Alpa, Parte, I – Direito Civil, capítulo terceiro, p. 179 *et seq.*, Padova, 1984. Observa-se que as relações atinentes ao direito de vizinhança radicam-se, basicamente, numa economia fundada na agricultura (o que, todavia, em nosso sentir, não exaure a questão) [*op. ult. cit.*, p. 179]. *Mas é evidente que os problemas relacionados com o meio ambiente, de que ora, especificamente, cogitamos, ou com a ecologia, são precipuamente os decorrentes da industrialização.* Fala-se, de uma parte, no direito ao meio ambiente como direito da personalidade, e, de outra, que a ofensa ao meio ambiente deve ser *unitariamente considerada; ou seja, é esse um bem indivisível* (v. Amedeo Postiglione, *Il diritto all'ambiente*, respectivamente, p. 1-34 e p. 79 *et seq.*, Nápoles, 1982 (com referência também ao direito comparado, no mesmo sentido). *Isto evidencia tratar-se de um "interesse ou direito difuso", protegível, utilmente, apenas, por tutela coletiva.*

da considerar-se a incorporação, ao sistema processual, das ações coletivas – consistiram, fundamentalmente, nos seguintes pontos:

1.º) manter, em escala apreciável, o modelo estrutural legado pelo século passado, ainda que com modificações, *alteradoras da fisionomia individualista*, neste mesmo inseridas: a) o juiz não deve ser um espectador do litígio, senão deve ser um juiz ativo, o que se traduz na possibilidade de determinar provas, para que tenha condições de conhecer a verdade, da mesma forma que é ao juiz que cabe conduzir o processo;[134] b) o critério, mercê do qual deve o juiz apreciar as provas, é o do seu *livre convencimento*, o que significa e importa, também, modificação do próprio valor que, em outros tempos, *aprioristicamente*, era atribuído a muitas provas, *mercê do que estas deveriam prevalecer, ainda que o juiz, intimamente, pudesse estar convencido de não traduzirem elas a verdade; com isto, afetou-se mais poder ao juiz, com vistas à apuração de uma verdade, dita "verdade real"*; c) distinguida a relação processual, ou o processo, do seu conteúdo, aquela fica, fundamentalmente, sob a fiscalização do juiz, quer no que diz respeito ao respectivo andamento, quer, ainda e principalmente, no que atine com os requisitos gerais de sua formação, *resguardando-se espaço para as partes no que diz respeito ao objeto do litígio, propriamente dito*;

134. V., a respeito, Mauro Cappelletti, *La Oralidad y las Pruebas en el Proceso Civil,* trad. arg., estudo sob ns. 4 e 6, p. 119, notas 12, 13, 14 e 15, Buenos Aires, 1972; para a Alemanha, Arwed Blomeyer, *Zivilprozeßrecht* – Erkenntnisverfahren *[Direito processual civil* – Processo de conhecimento*]*, 1963, 14, II, p. 68, *fine*; para a Finlândia, v. Tauro Tirkonnen, *Das Zivilprozeß Finnlands [O processo civil da Finlândia]*, cap. IV, p. 16, Helsinki, 1958; entre nós, Barbosa Moreira, *Revista de Processo [RePro]*, vs. 11/12, p. 180 (trabalho intitulado O juiz e a prova); para uma notícia sobre o relatório internacional então apresentado, v. *Revista de Processo [RePro]*, vs. 11/12, p. 117 [Congresso Internacional realizado na Bélgica, 1977]; mais recentemente, em obra monográfica, na Alemanha, Rolf Stürner, *Die Richterliche Aufklärung im Zivilprozeß [O dever jurisdicional do juiz ao esclarecimento]*, II, 3.º, p. 11 e notas de rodapé, Tübingen, 1982; entre nós, em sede monográfica, José Roberto dos Santos Bedaque, *Poderes instrutórios do juiz,* 3. ed., São Paulo, 2001, n. 3.

O Código de Proteção e Defesa do Consumidor, no seu art. 6.º, VIII, admite, diante de determinadas condições, a própria inversão do ônus da prova. O Superior Tribunal de Justiça, no AgIn 49.124-2/RS, 4.ª T., rel. Min. Ruy Rosado de Aguiar (*RSTJ* 66/26 *et seq.*), já aplicou o texto, sendo a seguinte a ementa parcial do acórdão: "Pode o juiz determinar que o réu apresente a cópia do contrato que o autor pretende revisar em juízo. Aplicação do disposto no art. 3.º, § 2.º, do Código de Defesa do Consumidor". Consta do voto o seguinte: "Um deles é a inversão do ônus da prova, assim como disposto no art. 6.º, VIII, que incluiu entre os direitos básicos de consumidor 'a facilitação da defesa de seus direitos, inclusive com a inversão do ônus da prova, a seu favor, no processo civil, quando, a critério do juiz, for verossímil a alegação ou quando for ele hipossuficiente, segundo as regras ordinárias de experiência'. A aplicação deste princípio pode ser feita em muitas situações, sendo propícia a que se apresenta no processo em exame" (*rev. cit.*, p. 28). O demandado insistiu na obediência das regras dos arts. 282 e, especialmente, na do 283 do CPC. Se não fora exibido o documento, porque o demandante não o tinha, haveria de perder a demanda, porque não comprovado o direito desse demandante. Consta do voto, ainda, que "sabidamente é mais fácil à instituição bancária guardar e conservar os contratos de financiamento, e apresentá-los em juízo quando solicitados, do que esperar que o mesmo aconteça com o pequeno agricultor", e, por isso, como o demandado (banco) não exibiu o documento, contra este julgou-se. Semelhantemente, cf. os seguintes julgados: STJ, REsp 557.030/RJ, rel. Min. Nancy Andrighi, 3.ª T., j. 16.12.2004, *DJ* 01.02.2005, p. 542; STJ, REsp 731.333/RS, rel. Min. Jorge Scartezzini, 4.ª T., j. 03.05.2005, *DJ* 23.05.2005, p. 306; STJ, REsp 242.409/PR, rel. Min. João Otávio de Noronha, 2.ª T., j. 19.04.2005, *DJ* 01.08.2005, p. 373.

2.º) se, de uma parte, estas alterações procuraram reequilibrar o processo tradicional, envergando o juiz de maiores poderes, passando e devendo este ser um *juiz ativo*, de outra parte, todavia, não resolveu os problemas maiores, que consistem na possibilidade de equacionar a defesa de várias situações sociais: a) a dos mais enfraquecidos socialmente; b) aqueles que *difusamente* são os "titulares" de determinados bens, tais como o meio ambiente, os bens estéticos, artísticos etc., e, mesmo, quaisquer outros "interesses" que possam merecer proteção jurídica; c) ainda, de uma maneira especial, o consumidor estava inteiramente desprotegido, pelo sistema individualista.

É certo que essas situações, se são diferentes no que diz respeito aos bens tutelados, encontraram, no que diz respeito à sua proteção (*rectius*, desproteção) pelo Direito e pelo direito processual *clássico*, um denominador comum. Ou seja, "cumulava-se" ausência de proteção pelo direito material e pelo processual, para todas estas situações.[135]

Este denominador comum consistiu, precisamente, na carência de proteção, propriamente dita, e mais, *ou por isso mesmo*, na ausência de uma pauta, ou mesmo de indicativos, de como tais bens poderiam ser efetivamente protegidos.

É certo que a chamada dogmática, ou, preferivelmente, designável como *dogmática tradicional*, não continha quaisquer parâmetros, sequer de ordem histórica, em escala apreciável, para se construir um sistema. Ou seja, não se tinha *dados*, ou *diretrizes* sequer, de um sistema *histórico* ou mesmo *paralelo* ao sistema tradicional, mercê do qual esses bens lograssem a vir obter proteção jurídica, sob os dois ângulos necessários, vale dizer, no plano do direito material e no patamar do direito processual.

Legou-nos essa dogmática clássica, todavia, dois dados, curiais, na verdade, mercê de cuja articulação os bens podem ser objeto de proteção por parte do Direito. Como primeiro dado, necessário é que o direito *defina*, ou, ao menos, *considere* suscetíveis de proteção, determinados bens.

Ou seja, o primeiro dado imprescindível é que determinadas realidades deixem de ser "bens" (ou realidades) indiferentes ao Direito, passando tais realidades, então, bafejadas pela "atenção" do legislador, a ser consideradas bens jurídicos propriamente ditos, agora em função de um valor axiológico antes não cogitado ou não percebido.

Como *segundo dado*, todavia, *mesmo que modificado o direito material*, seria isso *razoavelmente inócuo* que aí existissem bens jurídicos, como tais consideradas na pauta do Direito posto, mas se, de outra parte, inexistissem instrumentos processuais *eficientes* para que esse reconhecimento pudesse ser efetivado na ordem prática.

Por isto é que dissemos que, sem a articulação do direito processual civil ao direito material, na ordem prática, a proteção somente deste último revelar-se-ia sem grandes objetivos práticos, porque não ancorada numa tábua de instrumentos destinados a tornar eficaz o direito material, construída em torno de valores sociais contemporâneos, em que se pretende traduzir um sentimento mais adequado de Justiça.

135. Observa-se que explica, em grande parte, as perplexidades dos juristas contemporâneos, compelidos a encontrar soluções, sem parâmetros ou indicativos prévios, a obra de Theodor Viehweg, *Topik und Jurisprudenz [Tópica e jurisprudência]*, Munique, com 1. ed. em 1954 e 5. ed. em 1973, em que, "recuperando" as noções da Tópica de Aristóteles e o pensamento de Cícero ("De inventione"), demonstra que, muitíssimas vezes, fica-se na contingência de *extrair dos problemas as soluções*.

É insuficiente, portanto, proteger no plano do direito material, se inexistirem formas de viabilizar essa proteção.[136]

Desta forma, os problemas que se colocaram foram os de proteger os que não tinham condições de se defender, pois nem pelo fato de existirem instrumentos processuais adequados e funcionais isto virá a significar a efetiva atuação, na ordem empírica, desses instrumentos.

A esta realidade, no Brasil, acorreu a instituição da justiça gratuita. Isto, todavia, tem sido insuficiente, porque muitíssimos, constantemente, não têm consciência de que têm direitos, e, se a têm, não têm condições de "tráfego" social para lograr obter um advogado.

A Constituição Federal de 1988 previu a criação da Defensoria Pública para essa finalidade, com a ambição de poder ver, *realmente institucionalizada, a proteção aos incapazes de se defenderem*. É o que está previsto no texto constitucional, *verbis*: "Art. 134. A Defensoria Pública é instituição essencial à função jurisdicional do Estado, incumbindo-lhe a orientação jurídica e a defesa, em todos os graus, dos necessitados, na forma do art. 5.º, LXXIV. § 1.º. Lei complementar organizará a Defensoria Pública da União e do Distrito Federal e dos Territórios e prescreverá normas gerais para sua organização nos Estados, em cargos de carreira, providos, na classe inicial, mediante concurso público de provas e títulos, assegurada a seus integrantes a garantia de inamovibilidade e vedado o exercício da advocacia fora das atribuições institucionais. § 2.º Às Defensorias Públicas Estaduais são asseguradas autonomia funcional e administrativa e a iniciativa de sua proposta orçamentária dentro dos limites estabelecidos na lei de diretrizes orçamentárias e subordinação ao disposto no art. 99, § 2.º" (§ 1.º renumerado e § 2.º inserido pela EC 45/2004).

Ainda que isto se constitua numa *promessa do legislador constituinte*, revela-se, como indicativa de consciência plena do reconhecimento dessa realidade, que parcelas imensas da população são "indefesas", e evidencia que essa mesma realidade foi digna da atenção do próprio constituinte. A Lei Complementar 80, de 12.01.1994, instituiu entre nós a Defensoria Pública da União e do Distrito Federal, além de estabelecer as normas gerais para sua organização nos Estados.[137] A mesma já foi implantada

136. Saliente-se que, em um primeiro momento, pelas peculiaridades referentes a determinadas situações ou relações jurídicas – tais como as protegíveis pela ação civil pública, pelo Código de Proteção e Defesa do Consumidor, pelo Estatuto da Criança e do Adolescente, e outras – que podem ser passageiras, por isso que demandam proteção *instantânea*, sob pena de perecimento irreversível, criaram-se meios jurisdicionais de caráter cautelar e, até mesmo, da própria possibilidade de tutela liminar do direito (ver Código de Proteção e Defesa do Consumidor, art. 84, § 3.º, e Estatuto da Criança e do Adolescente, art. 213, § 1.º), como também encontra-se *enfatizado* que a satisfação *deve ser específica, ou, se isto for inviável, ainda assim há que se assegurar o resultado equivalente*.

Atualmente, estas mesmas preocupações espalharam-se por todo o ordenamento jurídico, generalizando-se para todo o processo civil. Se, em um primeiro momento, esta ânsia pela cautelaridade ou pela presteza na prestação jurisdicional manifestou-se mais sensível naqueles "direitos" *supra*individuais, o estágio evolutivo atual das sociedades não suportou mais desconsiderá-los do direito clássico, tradicional, isto é, do direito individual que tem como berço o Código de Processo Civil. Assim é o art. 273 e o art. 461 (cópia quase que literal do art. 84 do CDC), e assim também o art. 461-A, todos do CPC. Sobre o tema voltaremos neste *Manual* quando da análise do julgamento conforme o estado do processo (v. n. 164-A do 2.º volume).

137. Como funções institucionais da Defensoria Pública podem ser postas em destaque, porque relevantes ao quanto se tem afirmado no texto: a) promover, extrajudicialmente, a conciliação

em vários Estados, encontrando-se as diretrizes para sua instalação e funcionamento na Lei Complementar 988/2006, no Estado de São Paulo.

No que diz respeito aos outros bens jurídicos não idealizáveis em um sistema jurídico pautado no individualismo – meio ambiente, "bens e direitos" de valor artístico, estético, histórico, turístico e paisagístico, ordem econômica –, ao lado de sua consideração no sistema de direito positivo, adjudicou-se, entre nós, na mesma lei que os institucionalizou, legitimidade a entidades de caráter público e privadas, de molde a que tais bens possam ser efetivamente perseguidos e defendidos.[138]

O Código de Proteção e Defesa do Consumidor é, neste sentido, representativo da forma de como se procurou criar largas condições para a defesa do consumidor em juízo, tendo em vista as largas e profundas mutações que as sociedades têm experimentado, como notado anteriormente.

O Código de Proteção e Defesa do Consumidor, em verdade, procurou estabelecer uma correlação ou articulação entre o *direito processual e o material* (modificando profundamente o direito privado=comercial) preexistente.

Ponto saliente é a sua disciplina de como restaram vedadas práticas abusivas dos fornecedores, e estabelecidas, no seu art. 51, I a XVI, modalidades de nulidades de cláusulas, através de tipificação das hipóteses, e, no inciso XV, estabelecendo que qualquer violação ao CDC importa nulidade. Ao estabelecer a responsabilidade pelo fato do produto (pelo risco civil, *subtraindo a ocorrência de indenização por danos da esfera da culpa*) e garantindo em escala apreciável o consumidor por proteção penal, cuidou, também, do estabelecimento de um *sistema geral* de ações coletivas.

Este sistema geral de ações coletivas, pode-se acentuar, *coincide* com o sentido teleológico daquele estabelecido pela Lei da Ação Civil Pública, *ainda que, nesta lei, originariamente, no que diz respeito ao consumidor, não se possa dizer que este, individualmente*, estivesse protegido. Foi mercê da articulação da Lei da Ação Civil Pública com o Código de Proteção e Defesa do Consumidor que este ou, mais precisa e amplamente,[139] as vítimas

---

entre as partes em conflito (Lei Complementar 80/1994, art. 4.º, I); b) exercer a defesa da criança e do adolescente (art. 4.º, VII); c) atuar junto aos Juizados Especiais de Pequenas Causas e Juizados Especiais (art. 4.º, X); d) patrocinar os direitos e interesses do consumidor lesado (art. 4.º, XI).

138. Trata-se da Lei de Ação Civil Pública (Lei 7.347/1985), que sofreu diversas modificações, principalmente as que lhe advieram da Lei 8.078/1990, quer melhorando-a, quer, *principalmente, articulando-a com o Código de Defesa do Consumidor*, de tal forma que os resultados emergentes da procedência de uma ação civil pública pudessem beneficiar o consumidor, enquanto *mais amplamente definido como* vítima, ou os seus sucessores.

Nova *articulação* desta Lei 7.347/1985 com as necessidades emergentes do direito material foi obtida com a Lei 8.884/1994 (art. 88) que, além de alterar seu *caput* para incluir no objeto da ação, além do dano patrimonial, o dano moral, franqueou o cabimento da ação civil pública por infração da ordem econômica e da economia popular (art. 1.º, V, com a redação dada pela MP 2.180-35/2001), além de legitimar para sua propositura aquelas entidades de classe que incluam entre suas finalidades institucionais, dentre os bens já constantes na redação original da Lei 7.347/1985, a proteção à ordem econômica e à livre concorrência (art. 5.º, V).

139. *V.g.*, o Código de Proteção e Defesa do Consumidor, no seu art. 103, § 3.º, alude, ao disciplinar a procedência da ação civil pública, a vítimas e sucessores. Isto quer dizer que o significado aí assumido é aquele definido no art. 17, do CDC, e que diz respeito à disciplina dos arts. 12-16, desse mesmo Código. No art. 17 lê-se: "Para os efeitos desta Seção, equiparam-se aos consumidores todas as vítimas do evento". *Não se trata, portanto, exclusivamente, de*

e sucessores destas acabaram logrando uma proteção *processual* "cumulativa", vale dizer, seja através da utilização das ações coletivas, tais como disciplinadas pelo Código de Proteção e Defesa do Consumidor, seja, ainda, pela própria procedência da ação civil pública, tendo-se em vista que o Código de Proteção e Defesa do Consumidor atribuiu a essa procedência eficácia suficiente para beneficiar individualmente, também. Não há referência mais extensa a consumidor, nos textos da parte processual do Código de Proteção e Defesa do Consumidor e da Lei da Ação Civil Pública (tal como alterada pelo Código de Proteção e Defesa do Consumidor), senão que a *vítimas* (e aos sucessores desta), com o que se constata que se elegeu um designativo que, englobando a figura do consumidor, é, em verdade, mais amplo do que consumidor.[140]

O que se verifica, portanto, é que, para poder-se acorrer à defesa de determinados bens, tais como o meio ambiente, bens de valor artístico ou estético, infrações à ordem econômica etc., da mesma forma que, para se poder lograr defender o consumidor, foi necessária a utilização de ações coletivas.

Sem tais ações coletivas, certamente, tais bens não seriam defendidos, à luz do que reclama a consciência social contemporânea. Muito improvavelmente, alguém – mesmo um cidadão consciente e zeloso – virá defender o meio ambiente, ou, então, irá pugnar pela preservação de bens de valor artístico ou estético, *sem se considerar as imensas complicações, ou a inviabilidade mesma, da legitimidade de um só indivíduo para essa finalidade*. Da mesma forma, o consumidor isolado, normalmente, não arcaria com os incômodos, custos e tempo de um processo, para se defender de uma compra feita.

Por isto é que necessário se mostrou atribuir legitimidade *também* a entidades que, pela sua situação no organograma do Estado, e, bem assim, a entidades particulares, mas vocacionadas para a defesa de tais bens jurídicos, pudessem agir. E agindo, que o resultado prático viesse a ser compensatório do ponto de vista quantitativo, ou seja, tendo em vista o grande número de beneficiados.

Estas entidades atuam normas de direito material com outro vigor, porque são normas de ordem pública e porque infundem a consciência de vir a ocorrer *efetiva responsabilidade*, no que diz respeito à sua infringência.

Por isto é que se pode dizer, com propriedade, que a chamada dogmática clássica, inspirada e construída em função do individualismo jurídico, e que resultou no positivismo jurídico, encontra-se superada, e esta situação ocorreu principalmente pelo fato de a dogmática clássica não poder mais satisfazer às necessidades contemporâneas, animadas por uma consciência coletiva reivindicante e tendo em vista os reclamos de que todas estas situações viessem a ser protegidas. As construções conceituais do Direito (entendendo-se isto como uma expressão de dogmática rígida, de índole predominantemente "dedutiva", onde era grande a crença na "Justiça" do sistema) mostraram-se abaladas, em largos setores, principalmente nos setores críticos do Direito (e, frisamos, são muitíssimos).[141]

---

consumidor, com o significado do art. 2.º, caput, *senão que, diz respeito à significação extraível do art. 17, e, mais, com a extensão subjetiva indeterminada do § 2.º do art. 2.º, onde se lê: "Equipara-se a consumidor a coletividade de pessoas, ainda que indetermináveis, que haja intervindo nas relações de consumo".* Este mesmo significado é o que consta do art. 103, III, também do CDC.

140. Ver o que escrevemos, longamente, em nosso *Código do consumidor comentado*, p. 460 *et seq.*

141. V. nosso *Tratado de direito processual civil*, vol. 1, p. 109, São Paulo, 1990.

O nosso legislador constituinte, no próprio patamar constitucional, idealizou inúmeros caminhos à tutela coletiva de direitos. Assim, o mandado de segurança, marcadamente nascido com caráter individualista, passou, à luz do disposto no art. 5.º, LXX, a comportar, também, *abertura à defesa coletiva*. Esse dispositivo encontra-se, atualmente, regulamentado pela Nova Lei do Mandado de Segurança (Lei 12.016/2009 – arts. 21 e 22). Ainda que não expressamente, a mesma sorte deve ser reservada para o mandado de injunção previsto no art. 5.º, LXXI.[142]

No referente à ação de inconstitucionalidade, sofreu ela modificação *operacional*, porquanto se abriu o espectro de legitimados, perante o Supremo Tribunal Federal, somando-se à conhecida modalidade de controle difuso o da *inconstitucionalidade por omissão* (Constituição Federal de 1988, art. 102, § 2.º); mais ainda, previu-se que os Estados Federados (art. 125, § 2.º) hajam de prever o mesmo sistema, para controle das leis estaduais ou municipais, em face das Constituições dos respectivos Estados, "vedada a atribuição da legitimação para agir a um único órgão", o que é significativo evidente desta socialização do processo de que estamos falando. Em que pesem as críticas que lhe foram dirigidas, *a ação declaratória de constitucionalidade*, criada pela Emenda Constitucional 3/1993, também deve ser entendida neste mesmo contexto político, jurídico e social. Voltaremos a tratar destes temas mais adiante (*v.*, especialmente, os ns. 55 e 55-A deste 1.º volume).

A *oferta* de instrumentos processuais, existentes no Direito brasileiro, é grande, ao lado da garantia, *na letra do texto constitucional*, de um imenso rol de direitos. Todavia, já passados quase vinte anos da promulgação da Constituição de 1988, é desanimadora a situação *estrutural* do Poder Judiciário,[143] como, também, precária é a situação de conscientização de grandes camadas da população.

Pois, na verdade, a agilidade do Poder Judiciário, o que exige o seu aumento físico, bem como uma melhoria significativa da consciência de que existem direitos, constituem dois pressupostos vitais para uma real e efetiva atuação da ordem jurídica, *mesmo que esta, como se disse, seja objetivamente rica de meios processuais, e ainda que as previsões*

142. Assim já decidiu o STF (v. *Revista de Direito da Procuradoria Geral* 43, p. 219-276, Rio de Janeiro, 1991). Mais recentemente: "Entidades sindicais dispõem de legitimidade ativa para a impetração do mandado de injunção coletivo, que constitui instrumento de atuação processual destinado a viabilizar, em favor dos integrantes das categorias que essas instituições representam, o exercício de liberdades, prerrogativas e direitos assegurados pelo ordenamento constitucional" (STF, MI 472, Pleno, rel. Min. Celso de Mello, j. 06.09.1995, *DJ* 02.03.2001, p. 3); "A jurisprudência do Supremo Tribunal Federal admite legitimidade ativa *ad causam* aos sindicatos para a instauração, em favor de seus membros ou associados, do mandado de injunção coletivo" (STF, Pleno, MI 102, rel. p/ acórdão Min. Carlos Velloso, j. 12.02.1998, *DJ* 25.10.2002, p. 25).Esse entendimento foi reafirmado pelo Pleno do Supremo Tribunal Federal em acórdão mais recente, em que se asseverou que "o acesso de entidades de classe à via do mandado de injunção coletivo é processualmente admissível, desde que legalmente constituídas e em funcionamento há pelo menos um ano", deixando, contudo, de se conhecer do remédio, em razão da natureza da medida pleiteada (STF, MI 689/PB, Rel. Min. Eros Grau, Tribunal Pleno, j. 07.06.2006, *DJ* de 18.08.2006).

143. Neste sentido, v. o discurso proferido pelo Min. Carlos Velloso por ocasião da posse do Min. Sepúlveda Pertence na Presidência do Supremo Tribunal Federal, quando há referência aos seguintes dados concretos: enquanto na Alemanha, disse o precitado Ministro, tem-se um juiz para cerca de 4.000 habitantes, no Brasil, contando os cargos que estão vagos, a proporção é de um juiz para cada 25.000 habitantes (publicado no *Jornal da Magistratura* 28, jul. 1995, p. 8).

de direito material estejam afinadas com as posturas contemporâneas, que se pretendem sintonizadas com um sentimento hodierno de realização de direitos, em nome da Justiça.

A Emenda n. 45, de 08.12.2004, inseriu várias disposições na Constituição Federal que se ajustam a estes ideais. Expressou-se a garantia à *razoável duração do processo* (art. 5.º, LXXVIII).[144] Ao mesmo tempo, estabeleceu-se que "o número de juízes na unidade jurisdicional será proporcional à efetiva demanda judicial e à respectiva população" (art. 93, XIII). Atendem à mesma aspiração os incisos XII e XV do art. 93, segundo os quais a atividade jurisdicional será ininterrupta, e os processos deverão ser imediatamente distribuídos, em todos os graus de jurisdição.

No plano das perspectivas de reforma da lei processual, a novidade mais recente e significativa foi a instalação, em 14 de outubro de 2009, de uma Comissão de Juristas para elaborar o Anteprojeto de um novo Código de Processo Civil (CPC). Esse Anteprojeto foi convertido no Projeto de Lei do Senado 166/2010, aprovado no Senado Federal em dezembro de 2010 e remetido à Câmara dos Deputados, onde tramita sob a denominação de PL 8.046/2010. O Projeto de Novo Código de Processo Civil será objeto de considerações específicas no tópico subsequente.

Paralelamente, em novembro do mesmo ano, foi apresentado ao Senado Federal, o Projeto de Lei 498/2009, que propõe modificações importantes ao Código de Processo Civil vigente. O texto final desse Projeto, aprovado pelo Senado Federal, foi remetido à Câmara dos Deputados (PL 7.584/2010) e posteriormente apensado ao PL 8.046/2010 – Projeto de Novo Código de Processo Civil – para análise e deliberações conjuntas. O PLS 498/2009 propôs, entre outras, alterações aos arts. 10, 37, parágrafo único, 184, § 1.º, 330, *caput*, 483, *caput*, 484, *caput*, 496, *caput*, I-VII, 511, *caput* e § 2.º, 539, *caput*, 544 e §§, 552, §§ 1.º e 2.º, 557, 655, § 2.º, 719, *caput*, todos do CPC.

O texto do PLS 498/2009 estava em consonância com as modificações recentemente sofridas pelo direito processual e do direito material contemporâneos; muitas das propostas nele contidas foram incorporadas ao Projeto de Novo Código de Processo Civil. Assim é que, exemplificativamente, o PLS

144. A respeito do art. 5.º, LXXVIII, assim manifestou-se o STF, recentemente: "Não custa destacar, neste ponto, considerada a perspectiva ora em análise, a indiscutível importância que assume o reconhecimento, em favor dos cidadãos, do direito de ver julgados, em prazo razoável, sem demora excessiva ou dilações indevidas, os litígios submetidos à apreciação do Poder Judiciário, tal como o preconiza o magistério da doutrina (José Rogério Cruz e Tucci, *Tempo e processo: uma análise empírica das repercussões do tempo na fenomenologia processual* – Civil e penal, p. 87-88, item n. 3.5, 1998, RT; Luiz Flávio Gomes, *O sistema interamericano de proteção dos direitos humanos e o direito brasileiro*, p. 242-245, 2000, RT, *v.g.*), com inteiro apoio da jurisprudência que o Supremo Tribunal Federal firmou na matéria em causa: '*O julgamento sem dilações indevidas constitui projeção do princípio do devido processo legal*. – O direito ao julgamento, sem dilações indevidas, qualifica-se como prerrogativa fundamental que decorre da garantia constitucional do *due process of law*. O réu (...) tem o direito público subjetivo de ser julgado, pelo Poder Público, dentro de prazo razoável, sem demora excessiva nem dilações indevidas. Convenção Americana sobre Direitos Humanos (art. 7.º, n. 5 e 6). Doutrina. Jurisprudência. – O excesso de prazo, quando exclusivamente imputável ao aparelho judiciário (...), traduz situação anômala que compromete a efetividade do processo, pois, além de tornar evidente o desprezo estatal pela liberdade do cidadão, frustra um direito básico que assiste a qualquer pessoa: o direito à resolução do litígio, sem dilações indevidas e com todas as garantias reconhecidas pelo ordenamento constitucional' (RTJ 187/933-934, rel. Min. Celso de Mello)" (STF, MI 715/DF, rel. Min. Celso de Mello, j. 25.02.2005, *DJ* 04.03.2005, p. 40).

498/2009 acrescentava o inciso VI ao art. 100 do CPC, para estabelecer a competência do foro do domicílio do idoso, "*nas ações que versem sobre direitos individuais previstos na lei 10.741, de 1.º de outubro de 2003*", analogamente ao que dispõe o art. 53, III, *e*, do PL 8.046/2010 (última versão resultante de substitutivo proposto por Comissão Especial da Câmara dos Deputados em maio de 2013); propunha alteração no *caput* e acrescia os incisos I e II ao art. 132 do CPC, referente ao princípio da imediatidade; acrescia o inciso VIII ao art. 282 do CPC, incluindo o pedido de medida cautelar ou antecipatória como requisito formal da petição inicial; acrescia ao art. 410 os incisos IV, V e o parágrafo único, todos do CPC, referentes às hipóteses excepcionais em que a testemunha não é ouvida perante o juiz da causa – incluindo, entre elas, a hipótese de inquirição por videoconferência, quando a testemunha estiver presa ou residir noutra comarca, de forma semelhante ao que dispõe o § 1º do art. 460 do PL 8.046/2010; modificava e renumerava o parágrafo único, e inseria outros dois parágrafos ao art. 538, relativo aos embargos de declaração, a fim de tratar das questões do prequestionamento para recursos excepcionais, da tempestividade, e da oposição de embargos de declaração protelatórios, temas que atualmente estão abordados no Projeto (arts. 1.038 e 1.039 do PL 8.046/2010); renumerava para § 1.º o parágrafo único e inseria o § 2.º do art. 541 do CPC, onde previa a aplicabilidade do disposto nos arts. 13, 37, 249 e 250 do CPC aos recursos extraordinário e especial; e inseria no art. 658 o parágrafo único, que dispensava expedição de carta precatória para penhora e avaliação em comarcas contíguas, de fácil comunicação, e nas que se situem na mesma região metropolitana, aplicando-se o disposto no art. 230 do CPC, com a possibilidade da prática de atos executivos em geral, tal qual prevê o art. 255 do PL 8.046/2010.

Propunha, ademais, o PLS 498/2009 substancial alteração no art. 178 do CPC, segundo a qual: "*Os prazos, quando estabelecidos em dias, serão computados* apenas nos dias úteis" (destacou-se). Disposição coincidente pode ser encontrada no art. 219, *caput*, do PL 8.046/2010. O texto proposto, se aprovado, modificará consideravelmente a contagem dos prazos processuais, que atualmente correm nos dias não úteis, exceto pelas datas referentes ao termo inicial e final dos prazos.

Por fim, como medida de economia e efetividade processual, previa o PLS 498/2009 a inserção de um art. 273-A, com a seguinte redação "*Art. 273-A. O juiz, verificando a existência de diversos processos individuais propostos contra o mesmo réu, com identidade de fundamento jurídico, notificará o Ministério Público a fim de que proponha, se cabível, ação coletiva; ajuizada esta, serão suspensos os processos individuais. Parágrafo único. A suspensão do processo individual perdurará até o julgamento da demanda coletiva em primeiro grau de jurisdição, facultado ao autor, comprovando graves prejuízos decorrentes da suspensão, requerer o prosseguimento da ação individual, caso em que não se beneficiará do resultado da demanda coletiva.*" A proposta desse novo dispositivo estava alinhada com os desígnios de uniformização das decisões judiciais e economia processual acerca de causas semelhantes, bem como busca atender aos propósitos do direito processual coletivo. Sob a mesma inspiração e com objetivos idênticos, o PL 8.046/2010, prevê o incidente de resolução de demandas repetitivas, minuciosamente regulado no art. 988 e ss..

Distanciam-se, contudo, tais disposições do antigo PLS 498/2009 e do Projeto de Novo Código de Processo Civil da disciplina no art. 104 do Código de Defesa do Consumidor, segundo a qual a suspensão da ação individual e o aproveitamento da sentença proferida em sede de ação coletiva dependem de requerimento expresso do autor na ação individual.

Por outro lado, referido dispositivo do PLS 498/2009 apenas considera a legitimação do Ministério Público para a defesa de direitos coletivos, deixando de prever a intimação de outros entes, públicos ou privados, igualmente legitimados para a tutela coletiva de direitos.

De toda sorte, é notável a iniciativa do Senado Federal para modernização do Código de Processo Civil vigente, no intuito de adequá-lo à evolução verificada desde 1973.

Como se disse, contudo, a Câmara dos Deputados determinou o apensamento do PLS 498/2009 (PL 7.584/2010) e de outros projetos de leis processuais ao PL 8.046/2010, os quais estão sendo examinados em conjunto, por Comissão especialmente designada para este fim. As expectativas dos juristas em geral voltam-se, portanto, à votação de um novo Código de Processo Civil, cujo Projeto já foi aprovado pelo Senado Federal, sob o n. 166/2010, e encontra-se em tramitação na Câmara dos Deputados como PL 8.046/2010. Trata-se de Projeto que, por sua magnitude, merece ser tratado em tópico próprio.

Em lei processual recentemente publicada (Lei 12.562/2011), disciplinou-se a representação interventiva prevista no inc. III do art. 36 da Constituição Federal, de iniciativa do Procurador-Geral da República em caso de violação aos princípios constitucionais: a) da forma republicana, do sistema representativo e do regime democrático; b) relativos aos direitos da pessoa humana; c) da autonomia municipal; d) da prestação de contas da administração pública, direta e indireta; e d) da aplicação do mínimo exigido da receita resultante de impostos estaduais, compreendida a proveniente de transferências, na manutenção e desenvolvimento do ensino e nas ações e serviços públicos de saúde (art. 34, VII, da CF). Também denominada ação direta de inconstitucionalidade interventiva, esse instrumento configura-se modalidade de controle direto de inconstitucionalidade, que incide concretamente com a finalidade de preservar o equilíbrio federativo e a soberania do Estado em situações de extrema gravidade. Entre outras coisas, a Lei 12.562/2011 estabelece requisitos específicos à petição inicial, bem como prevê a possibilidade de concessão de medida liminar mediante decisão da maioria absoluta dos membros do Supremo Tribunal Federal, além de estabelecer um quórum mínimo para julgamento.

21-B. *Segue:* As tendências atuais do processo civil. Algumas considerações sobre o Projeto de Novo Código de Processo Civil

O Anteprojeto do Novo Código de Processo Civil, convertido no PLS 166/2010 (atualmente em tramitação perante a Câmara dos Deputados sob a denominação PL 8.046/2010), foi elaborado por uma Comissão, criada pelo Senado Federal. Tal Comissão,[145] presidida pelo Min. Luiz Fux, do Superior Tribunal de Justiça, contou com a relatoria da professora Teresa Arruda Alvim Wambier, e foi integrada por Adroaldo Furtado Fabrício, Bruno Dantas, Elpídio Donizetti Nunes, Humberto Theodoro Júnior, Jansen Fialho de Almeida, José Miguel Garcia Medina, José Roberto dos Santos Bedaque, Marcus Vinícius Furtado Coelho e Paulo Cezar Pinheiro Carneiro.

A motivação da elaboração de um novo Código reside na necessidade de se conferir

145. A Comissão foi instituída pelo Ato do Presidente do Senado Federal n. 379 de 2009, destinada a elaborar Anteprojeto de Novo Código de Processo Civil.

coesão à legislação processual, bem como de imprimir agilidade à proteção de direitos fundamentais, conforme salientado no discurso do Presidente do Senado Federal, José Sarney (*cf.* notícia disponível em <http://www.senado.gov.br/agencia/verNoticia.aspx?codNoticia=%2096399&codAplicativo=2>).

O PLS 166/2010 foi aprovado pelo Senado Federal em dezembro de 2010, nos termos do Parecer da Comissão Temporária da Reforma do Código de Processo Civil, relatado pelo Senador Valter Pereira. Na sequência, o Projeto foi encaminhado à Câmara dos Deputados, onde recebeu o n. 8.046/2010. Seguiu-se a formação de uma Câmara Especial destinada a proferir Parecer no Projeto de Novo Código de Processo Civil.

Para auxiliar a Comissão Especial, foi nomeada uma Comissão de Juristas, que tenho a honra de integrar, ao lado dos colegas Luiz Henrique Volpe Camargo, Paulo Henrique dos Santos Lucon, Dorival Pavan, Sérgio Muritiba, Leonardo Carneiro Cunha, Rinaldo Mouzalas, Daniel Mitidiero, Alexandre Freitas Câmara e Fredie Didier Jr., Inúmeros outros juristas e componentes de diversos segmentos da sociedade contribuem para o debate amplo sobre diversos pontos do Projeto, nos moldes do que já havia sido feito precedentemente, quando da tramitação no Projeto no Senado Federal.

A Comissão Especial da Câmara dos Deputados proferiu parecer favorável à aprovação de diversos dispositivos do PL 8.046/2010, apresentando, em setembro de 2012, o substitutivo constante do Relatório do Deputado Sérgio Barradas.

Na sequência, em maio de 2013, o atual relator da referida Comissão, Deputado Paulo Teixeira, apresentou novo Relatório, com sugestão de algumas alterações ao substitutivo apreciado pela Câmara dos Deputados em setembro de 2012. Mais recentemente, em julho de 2013, a apresentou novo substitutivo, que deverá ser submetido à votação em plenário, em breve.

Na presente edição analisaremos o Projeto a partir deste texto último de julho de 2013, redação do substitutivo apresentado na Câmara dos Deputados, conforme parecer de relatoria da Comissão Especial presidida pelo Deputado Paulo Teixeira. Para maior facilidade e escorreitez na leitura, nos referiremos a este texto como "versão atual do PL 8.046/2010", "PL 8.046/2010, na versão de julho de 2013" ou , simplesmente, "PL 8.046/2010".

Eventualmente, referido texto será comparado ao substitutivo anterior, apresentado na Câmara dos Deputados sob a Relatoria do Deputado Sérgio Barradas, ao qual denominaremos "PL 8.046/2010, na versão anterior, do substitutivo apresentado na Câmara dos Deputados em setembro de 2012".

Noutros pontos deste *Manual*, faremos alusão à redação consolidada no Senado Federal, à qual denominaremos "PLS 166/2010, na redação aprovada pelo Senado Federal, em dezembro de 2010", nos termos do Parecer da Comissão Temporária da Reforma do Código de Processo Civil, relatado pelo Senador Valter Pereira.

Finalmente, poderemos nos referir à redação do Anteprojeto, a que denominaremos simplesmente "Anteprojeto" ou à redação originária do Projeto de Lei apresentado no Senado, a que denominaremos "Redação Originária do PLS 166/2010".

Esclarecida a fase atual do Projeto, retomam-se as considerações sobre seu conteúdo.

A filosofia do PL 8.046/2010, em linhas gerais, é a seguinte: não se pretendeu fazer uma mudança radical ou brusca, até porque as mudanças radicais em direito geralmente não se justificam, e, se feitas, não geram resultados satisfatórios.

Procurou-se manter o que seria aproveitável do Código vigente, e incorporar novidades tendo em vista uma resposta mais atual aos problemas que afligem os operadores do direito.

Desde o art. 1.º, o Projeto enfatiza o valor fundamental da Constituição, o que representa um enfoque contemporâneo da temática do direito. Valeu-se, portanto, da concepção de que os Códigos devem ser iluminados pelas Constituições.[146]

Além disso, da estrutura do Projeto extrai-se, em primeiro lugar a intenção de imprimir-se maior *organicidade* e *simplicidade* à normativa processual civil e ao processo, com o objetivo de fazer com que o juiz deixe, na medida do possível, de se preocupar excessivamente com o processo, como se fosse um fim em si mesmo, *deslocando o foco da atenção do julgador para o direito material*. Com isto, pretende-se descartar uma processualidade excessiva, desvinculada do objetivo do direito material.

Outro ponto importante a ser frisado é a extrema cautela do Projeto quanto à manutenção da *segurança jurídica* e da *estabilidade* da jurisprudência. Procurou-se, como se verá mais adiante, incentivar a *uniformidade* da jurisprudência e sua *estabilidade*, e, ao mesmo tempo, conferir maior rendimento (*i.e.*, efetividade) a cada processo, individualmente considerado.

Como se sabe, o Código de Processo vigente tem cinco livros.

O Livro I, intitulado "Do Processo de Conhecimento", contém disposições correspondentes à parte geral, relativas a temas como jurisdição, ação, partes e procuradores, competência, atos processuais, tempo no processo, comunicação dos atos processuais etc. As normas que dizem respeito propriamente ao processo de conhecimento somente têm lugar após tais disposições gerais, embora sejam todas integrantes do mesmo Livro I. Tais normas incluem, além dos preceitos pertinentes ao procedimento comum – ordinário e sumário – em primeiro grau de jurisdição, a fase de cumprimento de sentença, e a disciplina da ordem dos processos nos tribunais e dos meios de impugnação às decisões judiciais (recursos e ação rescisória). O Livro II do CPC cuida do "Processo de Execução", suas espécies e das defesas do executado; o Livro III, do "Processo Cautelar", incluindo-se aí as medidas cautelares que podem ser conhecidas no bojo do processo de conhecimento (art. 798 e ss.); já o Livro IV disciplina os "Procedimentos Especiais", de jurisdição voluntária e contenciosa; finalmente, o Livro V contém as "Disposições Finais e Transitórias".

O PL 8.046/2010 está distribuído de forma diversa daquela contida no CPC vigente.

Do ponto de vista da organicidade, o Projeto aprimorou a divisão do CPC vigente, observando maior rigor técnico e metodológico. O PL 8.046/2010 contém uma "Parte Geral", que atualmente se encontra embutida no Livro I do CPC vigente. Foram incluídas nesse livro, por exemplo, as matérias da competência, cooperação nacional e internacional, suspeição, impedimentos, tutela de urgência e de evidência. Essa parte geral representa uma conquista técnica e, portanto, deve ser preservada e aprimorada.

Na Parte Especial, o Projeto trata "Do Processo de Conhecimento e do Cumprimento de sentença"; "Do Processo de Execução" e dos "Processos nos Tribunais e dos Meios de Impugnação das Decisões Judiciais", onde incluem-se temas como a ação rescisória, os recursos e assuntos afins.

146. Sobre o tema da constitucionalização do processo e do direito em geral, cf. artigo de nossa autoria, denominado "Processo e Constituição", publicado em obra coletiva organizada por In: Bruno Dantas, Eliane Cruxên; Fernando Santos e Gustavo Ponce Leon Lago (Constituição de 1988: O Brasil 20 anos depois. A Consolidação das Instituições. 1 ed. Brasília: Senado Federal Instituto Legislativo Brasileiro, 2008, v. 3, p. 388-483).

Ao final desta Parte estão as "Disposições Finais e Transitórias".

Comparativamente com o CPC vigente, a sistematização afigura-se muito mais clara e simplificada, uma vez que: a) destina um espaço específico do Código às normas que compõem a parte geral, conferindo-lhes abordagem correta do ponto de vista metodológico e ressaltando-lhes a importância; b) inclui os procedimentos especiais no livro que trata "Do Processo de Conhecimento", porque aqueles se enquadram, rigorosamente, no âmbito deste; c) dedica um livro específico ao processo nos tribunais e aos meios de impugnação às decisões judiciais, cujas normas regentes, por suas peculiaridades, merecem ser tratadas de maneira apartada às atinentes ao procedimento em primeiro grau; e, por fim d) deixa de atribuir natureza típica e procedimento específico a determinadas medidas de cunho cautelar, bem como de enquadrar as medidas cautelares no âmbito do "Processo Cautelar", atualmente disciplinado em livro próprio (Livro III do CPC), salvo a disciplina dos arts. 273 e 461; privilegia, assim, a instrumentalidade da tutela de urgência (assim entendidas as medidas antecipatórias e acautelatórias), adequadamente regulada, em conjunto com a tutela de evidência, na "Parte Geral" do Projeto de Novo Código de Processo Civil (arts. 295-312 do PL 8.046/2010), enquadrando-as como espécies de tutela jurisdicional que se submetem a um procedimento e a princípios comuns.

Sob a perspectiva da segurança jurídica, dentre outras medidas, procura-se estabelecer uma intensa necessidade de contraditório, à luz, evidentemente, de uma visão que deflui da Constituição Federal. O PL 8.046/2010 prevê, por exemplo, que mesmo as decisões judiciais que independem de provocação das partes, a respeito de questões de ordem pública, devem ser precedidas de contraditório, com efetiva oportunidade de prévia manifestação dos interessados (arts. 9.º e 10). A exigência dessa medida – que evidencia o propósito legislativo de concretizar o princípio constitucional do contraditório – aplica-se não apenas às decisões relativas a controvérsias fáticas, mas também àquelas decisões que digam respeito a questões eminentemente jurídicas. Nessa linha, o art. 10 do PL 8.046/2010 – é enfático ao vedar o juiz de decidir com base em "fundamento" a respeito do qual "não se tenha oportunizado manifestação das partes, ainda que se trate de matéria apreciável de ofício". Não se trata, em absoluto, de revogação do princípio do "*iura novit curia*", que permite ao juiz decidir com base em fundamentos jurídicos não invocados pelas partes; trata-se, simplesmente, de facultar às partes interessadas oportunidade de se manifestarem e influenciarem a convicção judicial a respeito da aplicabilidade daquele fundamento jurídico ou fático não invocado ou debatido nos autos. Evita-se, dessa forma, que as partes sejam surpreendidas, no momento da decisão judicial, com um argumento ou alegação de que não cogitaram, e cuja incidência ao caso poderia ser afastada ou modificada, se a matéria tivesse sido previamente debatida.

Sob a ótica da simplificação, são diversos os aspectos que consagram a instrumentalidade processual, procurando, sem abrir mão da segurança jurídica, evitar que o processo se converta no centro da atenção do juiz. Procurar-se-á pontuar alguns deles.

Rejeitou-se a proposta de flexibilização, nos termos originariamente previstos no PLS 166/2010, que garantia ao juiz, por um dispositivo genérico, poderes amplos de adaptação do procedimento às peculiaridades do caso.

Nesse sentido, a redação primitiva do art. 151, § 1.º, do PLS 166/2010 autorizava o juiz a promover o necessário ajuste ao procedimento ou aos atos processuais, quando estes se revelassem inadequados às peculiaridades da causa e desde que ouvidas as partes e observados o contraditório e a ampla defesa. Tratava-se de disposição muito semelhante àquela que consta do art. 265-A do CPC Português, que instituiu o denominado "Princípio da Adequação Formal".[147]

De outra parte, o art. 107 da redação originária do PLS 166/2010 previa, no inc. V, a possibilidade de o juiz "adequar as fases e atos processuais às especificações do conflito, de modo a conferir maior efetividade à tutela do bem jurídico, respeitando sempre o contraditório e a ampla defesa"; já o inc. IX do dispositivo permitia que o juiz determinasse o suprimento de pressupostos processuais e o saneamento de outras nulidades.

A redação aprovada pelo Senado diminuiu os poderes conferidos ao juiz na adaptação do procedimento, mas não os eliminou completamente. O inc. V do art. 118 da versão encaminhada à Câmara dos Deputados (substitutivo aprovado pelo Senado Federal em dezembro de 2010) fazia referência à possibilidade de o juiz "dilatar os prazos processuais e alterar a ordem de produção dos meios de prova, adequando-os às necessidades do conflito, de modo a conferir maior efetividade à tutela do bem jurídico". Esta disposição foi mantida, com sutis alterações de redação – fala-se em tutela do "direito", em lugar de tutela do "bem jurídico" –, pela Comissão Especial destinada a analisar o Projeto na Câmara dos Deputados, constando do art. 139, VI, do PL 8.046/2010. Manteve-se, também, no inc. IX do art. 139 do PL 8.046/2010, a autorização para determinar que as partes sanem as nulidades e supram os pressupostos processuais – providências totalmente consentâneas com a instrumentalidade das formas e que, de alguma forma, já se encontram inseridas nos objetivos dos arts. 154 e 284 do CPC vigente.[148]

As inovações quanto à adaptação do procedimento *ope judicis* ficaram, portanto, restritas à ordem de produção de provas e aos prazos processuais, não sendo o juiz, em regra, autorizado a modificar os demais atos procedimentais cuja ordenação e forma estejam previstas em lei.

Permite-se a utilização do processo eletrônico e atribui-se competência ao Conselho Nacional de Justiça e, supletivamente, aos tribunais para disciplinar a prática e a comunicação dos atos processuais por meios eletrônicos e velar pela compatibilidade dos sistemas, disciplinando a incorporação progressiva dos novos avanços tecnológicos e editando, para esse fim, os atos que forem necessários, respeitadas sempre as normas fundamentais deste Código (art. 196 do PL 8.046/2010).

Simplifica-se, por exemplo, a figura da reconvenção no procedimento ordinário (arts. 315

---

147. É o seguinte o teor do art. 265-A do Código de Processo Civil Português: "Princípio da Adequação Formal. Quando a tramitação processual prevista na lei não se adequar especificidades da causa, deve o juiz oficiosamente, ouvidas as partes, determinar a prática dos actos que melhor se ajuste ao fim do processo, bem como as necessárias adaptações". O novo Código de Processo Civil Português, que entrará em vigor em 1º de setembro de 2013, contém disposição semelhante no art. 547º.

148. O art. 154 do CPC vigente consagrou o denominado "princípio da instrumentalidade das formas", que condiciona a invalidação dos atos processuais – mesmo que praticados em inobservância à forma legal – à efetiva demonstração de prejuízo ao cumprimento da finalidade destes atos. É a seguinte o texto da norma: "Art. 154. Os atos e termos processuais não dependem de forma determinada senão quando a lei expressamente a exigir, reputando-se válidos os que, realizados de outro modo, lhe preencham a finalidade essencial". Já o art. 284 do CPC vigente permite que o juiz, verificando qualquer irregularidade na petição inicial, determine ao autor que a emende, de modo a sanar os vícios existentes.

a 318 do CPC),[149] a ser deduzida no bojo da própria contestação (art. 344 do PL 8.046/2010).

Também se simplificaram, diminuíram as hipóteses de intervenção de terceiros. Mantém-se o chamamento ao processo (arts. 130 a 132 do PL 8.046/2010) e a denunciação da lide (arts. 125 a 129 do PL 8.046/2010), já previstas no Código atual, já previsto no sistema do Código precedente (arts. 77 a 80 e 70 a 76 do CPC, respectivamente). A oposição deixa de ser considerada intervenção de terceiro para ser tratada como procedimento especial (arts. 697-701 do PL 8.046/2010). Nessa simplificação, desaparece a nomeação à autoria, que a é situada no plano da correção da legitimidade (art. 339 do PL 8.046/2010).[150]

Algumas matérias, que atualmente são objeto de incidentes processuais específicos, como é caso da impugnação ao valor da causa (art. 261 do CPC), passam, na redação do Projeto, a ser passíveis de postulação dentro da contestação, sem necessidade de incidente apartado com autuação em apenso (art. 294 do PL 8.046/2010).[151]

São eliminadas as exceções de suspeição e impedimento, dispondo o art. 146 do PL 8.046/2010 que tais matérias deverão ser arguidas mediante simples petição, acompanhada das respectivas provas documentais e/ ou de rol de testemunhas, o que está, nitidamente, em consonância com a instrumentalidade que se pretende imprimir ao processo.

Outra forma de simplificação concerne à arguição de falsidade para a qual, assim como a impugnação ao valor da causa torna-se desnecessária a instauração formal de incidente, passando a ser suscitada na própria contestação, na réplica, ou no prazo de quinze dias, contados a partir da juntada aos autos do documento (art. 437 do PL 8.046/2010). A falsidade será decidida como questão incidental, salvo se o requerente se manifestar no sentido de requerer a declaração de forma principal, hipótese em que constará da parte dispositiva da sentença e produzirá coisa julgada (arts. 437, parágrafo único e 440 do PL 8.046/2010).

Muitos procedimentos especiais são extintos pelo Projeto, ficando estabelecido o uso do processo de conhecimento como processo padrão, com muito mais intensidade do que no atual Código.

Há uma inovação no sistema das provas, diante da possibilidade de antecipar-se a produção de provas referentes a um possível litígio, como mera faculdade conferida às partes, sem que se configure situação em que haja risco de perecimento do objeto ou fonte de prova. Essa produção antecipada de provas poderá consistir em interrogatório da parte, inquirição de testemunhas e

---

149. Na redação do substitutivo aprovado pelo Senado Federal em dezembro de 2010 a reconvenção havia sido substituída por um pedido contraposto (art. 326 §§ 1.º e 2.º do PLS 166/2010, na versão de dezembro de 2010). O relatório da Comissão Especial da Câmara dos Deputados destinada a analisar o PL 8.046/2010, retornou, porém, à denominação vigente de "reconvenção". Manteve-se, entretanto, a simplificação, consistente no fato de poder ser aproveitada a contestação para este fim.

150. Conforme a redação do Projeto: *"Art. 339. Alegando o réu, na contestação, ser parte ilegítima ou não ser o responsável pelo prejuízo invocado, o juiz facultará ao autor, em quinze dias, a alteração da petição inicial para substituição do réu. Parágrafo único. Realizada a substituição, o autor reembolsará as despesas e pagará honorários ao procurador do réu excluído, que serão fixados entre três e cinco por cento do valor da causa ou, sendo este irrisório, nos termos do art. 85, § 8.º".*

151. Nos termos do PL 8.046/2010: *"Art. 294. O réu poderá impugnar, em preliminar da contestação, o valor atribuído à causa pelo autor, sob pena de preclusão; o juiz decidirá a respeito, impondo, se for o caso, a complementação das custas. A decisão do juiz que acolher a impugnação do réu é impugnável por agravo de instrumento, salvo se for um capítulo da sentença, quando então será impugnável por apelação".*

exame pericial, e terá lugar, nos termos dos incisos II e III do art. 388 do PL 8.046/2010, nos casos em que: "*II – a prova a ser produzida seja suscetível de viabilizar a tentativa de conciliação ou de outro meio adequado de solução do conflito; III – o prévio conhecimento dos fatos possa justificar ou evitar o ajuizamento de ação*".

A possibilidade de produção de prova antes da propositura do processo de conhecimento destinado ao reconhecimento de direitos, fora das hipóteses em que haja receio de se tornar impossível ou muito difícil a verificação dos fatos na pendência de ação futura, traz consigo uma modificação paradigmática no instituto da prova. Em lugar de se atribuir à atividade probatória a finalidade *exclusiva* de formar a convicção do juiz sobre os fatos do litígio, passa-se a atribuir-lhe *também* a função de influenciar o próprio juízo que fazem as partes das perspectivas de êxito num eventual processo judicial. Esse novo propósito da atividade probatória, que, de certa forma, situa também as partes como destinatárias da prova, tem como objetivo prevenir a propositura de ações infundadas ou fadadas ao insucesso, porque desprovidas de respaldo fático.

Por outro lado, se da análise que feita pelas partes sobre a prova produzida antecipadamente não resultar que se evite o processo judicial, é bem possível que a produção antecipada proporcione ao autor e ao réu melhor desempenho na defesa de seus direitos, uma vez que suas alegações já estarão amparadas nos elementos probatórios colhidos. Sob esse prisma, concretiza-se o objetivo jurídico do processo de, por meio do contraditório e da busca da verdade, possibilitar a prolação de uma sentença justa e consentânea com a realidade dos fatos.[152]

A ênfase à atividade das partes é também verificada no tratamento específico da prova pericial. Diz o PL 8.046/2010 que o juiz pode dispensar a realização da perícia quando as partes, na inicial e na contestação, apresentarem sobre as questões de fato pareceres técnicos ou documentos elucidativos que considerar suficientes (art. 479). Há também a possibilidade de se realizar o que se chama de uma perícia *ex officio* e *ad eventum*, ou seja, realizar uma perícia depois da juntada das peças dos assistentes técnicos das partes, por força do disposto no art. 489 do PL 8.046/2010.

Com foco na instrumentalidade e no cumprimento dos objetivos sociais do processo, o PL 8.046/2010 prevê a atuação de conciliadores e mediadores (arts. 166 a 176), e permite a atuação dos conciliadores e mediadores na audiência de conciliação, subordinando-a às normas do Conselho Nacional de Justiça (art. 166, § 1.º). Não obstante o Projeto original não tivesse cedido

152. A produção antecipada de provas, independentemente da verificação de *periculum in mora* e desvinculada da existência de um processo judicial foi amplamente defendida por Flávio Luiz Yarshell. A ênfase na inclusão das partes como destinatárias da prova e o consequente cumprimento dos objetivos social e jurídico do processo são a tônica da obra, que não afasta, obviamente, a posição do juiz como destinatário da prova no processo judicial; deixa apenas de considerá-lo como *único* destinatário (*Antecipação da Prova sem o requisito da urgência e direito autônomo à prova*). Esse posicionamento vai ao encontro dos valores consagrados pelo processo civil contemporâneo, bem como da mudança paradigmática sofrida no direito processual no que diz respeito à compreensão do Estado como único responsável pela pacificação social. *V.* nessa linha, o que escrevemos no item 2-A desse Manual. Sobre a produção de provas como atividade voltada às partes, *v.* ainda, a experiência inglesa da fase de pre-action, relatada por Neil Andrews no artigo "*The pre-action phase. General report*" – *Common Law*, publicado em obra organizada por Ada Pellegrini Grinover e Petrônio Calmon, denominada *Direito Processual Comparado – XIII Congresso Mundial de Direito Processual*.

à pressão social para que se estendessem as funções de mediador e conciliador a pessoas que não fossem bacharéis em direito inscritos na Ordem dos Advogados do Brasil,[153] a versão do PLS 166/2010 aprovada pelo Senado Federal em dezembro de 2010 (texto em tramitação na Câmara dos Deputados como PL 8.046/2010) optou por dispensar tal exigência para o exercício da função, o que foi mantido na mais recente versão do PL 8.046/2010 (conforme art. 169, § 1.º).

Na redação inicial do Projeto, houve uma tentativa de se ampliar o lapso temporal destinado à possibilidade de alteração do pedido e da causa do pedido, desde que se procedesse de boa fé, que a alteração não gerasse tumulto no processo, e, ainda, que fosse obedecido o princípio do contraditório, facultando-se, a critério do juiz, a produção de prova complementar. Eram estes os mandamentos do primitivo artigo 314 do PLS 166/2010.[154]

Este sistema, com espectro mais amplo para a modificação *causa petendi* e do pedido, visava evidentemente à instrumentalidade e economia processuais, com vistas a aproveitar o processo nas hipóteses em que o interessado decidisse reformular o pedido ou causa de pedir. A proposição, entretanto, foi alvo de críticas que motivaram a manutenção da regra atualmente vigente: a alteração do pedido e da causa de pedir é possível até o saneamento do processo, conforme estabelecido no art. 330 do PL 8.046/2010.[155] Dentre os argumentos contrários à redação original do art. 314 do PLS 166/2010, destacou-se o de que a previsão da possibilidade de alteração do pedido e da causa de pedir até a sentença – e não mais até a citação ou até a decisão saneadora (arts. 294 e 264 do CPC vigente) – somente retardaria a prestação jurisdicional.[156-157]

---

153. Nessa linha, já dispunha, por exemplo, Projeto de Lei da Câmara dos Deputados 4.827/1998, de autoria da Deputada Zulaiê Cobra. Referido Projeto, posteriormente emendado e substituído no Senado pelo PL nº 94/2002 *"institucionaliza e disciplina a mediação, como método de solução panprocessual dos conflitos"*. Originariamente, o PL 4.827/1998 previa a possibilidade de as partes escolherem como mediador judicial ou extrajudicial *"qualquer pessoa capaz e que tenha formação técnica ou experiência prática adequada a natureza do conflito"*.

154. Essa mesma orientação consta do Anteprojeto de Código Brasileiro de Processos Coletivos (elaborado em conjunto nos programas de pós-graduação *stricto sensu* da Universidade do Estado do Rio de Janeiro (UERJ) e da Universidade Estácio de Sá (UNESA), de agosto de 2005, art. 15; consta, igualmente, de outras versões de anteprojetos de Código Brasileiro de Processos Coletivos. No Anteprojeto de Código Brasileiro de Processos Coletivos, versão de janeiro de 2007, no parágrafo único, do seu art. 5.º, consta a mesma previsão. Este é antecedido de Exposição de Motivos da lavra da Profa. Ada Pellegrini Grinover.

155. Informação extraída do site do Instituto Brasileiro de Direito Processual <http://novo.direitoprocessual.org.br/content/view/94/57>, acesso em 22.10.2010.

156. Nesse sentido, a proposta enviada pelo Prof. Paulo Henrique dos Santos Lucon ao Senado Federal, datada de 09 de setembro de 2010 (disponível em: <http://www.senado.gov.br/atividade/materia/getPDF.asp?t=82848>, acesso em 22.10.2010), fixa a audiência preliminar como momento da estabilização da demanda. Na opinião do ilustre professor: "o art. 314 do Anteprojeto de Novo Código de Processo Civil, ao conceder ao autor a liberdade de alterar o pedido e a causa de pedir até a prolação da sentença, torna essa matéria, concernente à estabilização da demanda, não mais sujeita à preclusão. O enfraquecimento de técnicas, como a preclusão, essenciais para a organização do procedimento, contribui demasiadamente para a demora do processo."

157. Outro argumento contrário, utilizado pela doutrina, consistiu na malfadada experiência italiana com disposição análoga (art. 189 do *codice di procedura civile*, na redação de 1950), em que a possibilidade ampla de alteração do pedido teria resulta-

Quanto ao procedimento de proposição de provas judiciais, inicialmente, o PLS 166/2010 determinava a necessária apresentação, na petição inicial e na contestação, do rol de testemunhas cuja oitiva pretendessem (art. 306 da redação originária do PLS 166/2010 e arts. 296 e 325, parágrafo único, do PLS 166/2010, na versão do substitutivo aprovado no Senado Federal em dezembro de 2010). A redação do substitutivo recentemente apresentado pela Comissão Especial na Câmara dos Deputados não contempla, porém, esta exigência. O PL 8.046/2010 estabelece, no art. 364, § 4º, primeira parte, que, na decisão saneadora, "caso tenha sido determinada a produção de prova testemunhal, o juiz fixará prazo comum não superior a quinze dias para que as partes apresentem rol de testemunhas". A redefinição do momento da apresentação do rol de testemunhas alinha-se às exigências do princípio do contraditório; nesse caso, a compactação do procedimento inicialmente proposta foi revista para prestigiar a possibilidade de as partes proporem o rol de testemunhas após o término da fase postulatória, com os fundamentos do pedido e a matéria de defesa já debatidos.

Ainda no âmbito da instrumentalidade, dispõe o art. 318 do PL 8.046/2010: "*Antes de proferir decisão sem resolução de mérito, o órgão jurisdicional deverá conceder à parte oportunidade para, se possível, corrigir o vício*". O dispositivo busca concretizar ao máximo a economia processual, permitindo o prosseguimento do processo defeituoso, ao propiciar a possibilidade de correção dos vícios existentes.

Permite-se a improcedência liminar do pedido, quando: se fundamente em matéria exclusivamente de direito, e desde que: a) o pedido contrarie entendimento do Supremo Tribunal Federal e do Superior Tribunal de Justiça, sumulado ou adotado em julgamento de casos repetitivos; b) seja o caso de manifesta improcedência, ou contrariedade ao ordenamento, ainda, c) quando o pedido contrariar Súmula de tribunal de justiça sobre direito local (art. 333, I, II, III, IV e V do PL 8.046/2010). Trata-se de medida direcionada a resolver o problema concernente à sobrecarga de processos no Judiciário.

Quanto à regra atual do artigo 296 do CPC, que permite ao juiz reconsiderar a sentença de indeferimento da inicial no prazo de 48 (quarenta e oito horas) horas, esta é bastante ampliada no art. 332 do PL 8.046/2010, fixando-se o prazo de cinco dias para a reconsideração e estendendo-a a qualquer das hipóteses de indeferimento.

No julgamento conforme o estado do processo, são mantidas – e esclarecidas – as possibilidades de julgamento antecipado do pedido (art. 362 do PL 8.046/2010).[158] A grande novidade é a introdução de uma possibilidade clara e expressa de julgamento antecipado parcial de mérito, realizado antecipadamente (art. 363 do PL 8.046/2010).[159] Essa hipótese correspon-

do em processos com "objetos incertos", o que ocasionou a alteração introduzida pela Lei 353, de 26 de novembro de 1990, que antecipou o momento preclusivo para alteração do *thema decidendum* pelas partes. Nessa linha, confiram-se as considerações tecidas pelos advogados Fernando Dantas M. Neustein e Daniele Vecchi, em artigo intitulado "O novo CPC e a experiência italiana: o caso de uma novidade que nasce já ultrapassada" disponível em: <http://www.migalhas.com.br>.

158. "Art. 362. O juiz julgará antecipadamente o pedido, proferindo sentença com resolução de mérito, quando: I – não houver necessidade de produção de outras provas; II – o réu for revel e ocorrer o efeito previsto no art. 351."

159. "Art. 363. O juiz decidirá parcialmente o mérito, quando um ou mais dos pedidos formulados

de, em grande medida, ao que hoje se denomina "tutela antecipada da parte incontroversa do pedido" (art. 273, § 6.º, do CPC vigente), instituto cuja natureza gera muita polêmica e que sempre consideramos tratar-se de julgamento parcial de mérito. Os §§ do art. 363 do PL 8.064/2010 esclarecem, ademais, diversos pontos nebulosos que dificultam a compreensão do instituto na sistemática atual, tais como o recurso cabível contra a decisão que julga parcial e antecipadamente o pedido (agravo) e a natureza da execução desta decisão, quando transitada em julgado (execução definitiva).

Outro aspecto interessante do Projeto de Novo Código de Processo Civil é a eliminação das cautelares nominadas. Evidentemente isso responde a uma tendência do direito brasileiro, em que se expandiram as medidas cautelares e de urgência, de tal modo que não se justifica a manutenção de procedimentos cautelares típicos, diante da grande liberdade para decidir, adjudicada ao Judiciário. O PL 8.046/2010 consagra a ampliação dos poderes concedidos aos magistrados na concessão de medidas destinadas à tutela da urgência e da evidência, que, como já se disse, passam a ser tratadas em conjunto.

As tutelas de urgência e da evidência estão, sem dúvida alguma, entre os desafios contemporâneos atinentes à simplificação do processo e à efetividade. E, como se disse, a simplificação dessa modalidade de tutela – voltada para a necessidade de conferir soluções mais céleres e adequadas ao direito material versado no litígio – teve início nas sucessivas reformas a que se submeteu o sistema atual, desde 1994,[160] com a instituição da tutela antecipada, até os dias atuais, com a previsão de fungibilidade entre medidas cautelares e antecipatórias[161] e da tutela antecipada da parte incontroversa. Tenha-se presente, aliás, que, embora a modalidade de tutela antecipatória mais frequentemente utilizada e difundida na *práxis* jurídica tal como a referente às situações de risco de dano irreparável ou de difícil reparação (tutelas de urgência), o CPC, desde 1994, já prevê, no inciso II do art. 273, modalidade de tutela da evidência, fundada na verossimilhança da alegação e no propósito protelatório ou na natureza abusiva da defesa do réu. A introdução da tutela antecipada da parte incontroversa do pedido ou do pedido incontroverso (no CPC, atualmente, prevista no art. 273, § 6.º), é também exemplo de tutela da evidência. Nesses dois casos, há fundadas opiniões no sentido de que não haveria tutela antecipada, propriamente dita, por tratar-se do próprio provimento final – ainda que parcial – almejado, o que representa a opinião correta. Nessa linha, como apontado acima, o instituto do julgamento antecipado parcial do mérito, previsto no Projeto, (art. 363 do PL 8.046/2010 soluciona uma série de problemas atualmente existentes.

---

ou parcela deles: I – mostrar-se incontroverso; II – estiver em condições de imediato julgamento, nos termos do art. 362. § 1º. A decisão que julgar parcialmente o mérito poderá reconhecer a existência de obrigação líquida ou ilíquida. § 2º. A parte poderá liquidar ou executar, desde logo, a obrigação reconhecida na decisão que julgar parcialmente o mérito, independentemente de caução, ainda que haja recurso contra essa interposto. Se houver trânsito em julgado da decisão, a execução será definitiva. § 3º. A liquidação e o cumprimento da decisão que julgar parcialmente o mérito poderão ser processados em autos suplementares, a requerimento da parte ou a critério do juiz. § 4º. A decisão proferida com base neste artigo é impugnável por agravo de instrumento."

160. Cf. a Lei 8.952/1994, que atribuiu nova redação ao art. 273 e nele incluiu os incisos I e II e os §§ 1.º, 2º, 4º e 5º.

161. Cf. a Lei 10.444/2002, que, dentre outras modificações, acrescentou ao art. 273 os §§ 3º, 6.º e 7.º.

Em suma, a principal diferença entre a tutela de urgência e a tutela da evidência reside no fato de que, em relação à tutela da evidência não há a necessidade de demonstrar o *periculum in mora*, tal como ocorre na tutela de urgência, pois se trata de situações em que a evidência do direito já se encontra configurada nos autos. Também não se há que falar, propriamente, em *fumus boni iuris*, porquanto a ausência de defesa consistente (CPC, art. 273, II) ou de controvérsia sobre o pedido ou parte dele (CPC, art. 273, § 6.º), denotam, mais que a plausibilidade do direito – autorizada por cognição superficial ou sumária –, a própria verificação de sua existência, fundada em cognição judicial exauriente.

O PL 8.046/2010 regula a tutela de urgência nos arts. 301[162] a 305, permitindo a contrapartida da caução real ou fidejussória; já a tutela de evidência está prevista no artigo 306, que estabelece como hipóteses de sua concessão: "*I – ficar caracterizado o abuso de direito de defesa ou o manifesto propósito protelatório da parte*"; "*II – as alegações de fato puderem ser comprovadas apenas documentalmente e houver tese firmada em julgamento de casos repetitivos ou em súmula vinculante;*"; "*III – se tratar de pedido reipersecutório fundado em prova documental adequada do contrato de depósito, caso em que será decretada a ordem de entrega do objeto custodiado, sob cominação de multa*".

O inciso I do art. 306 do PL 8.046/2010 corresponde ao inciso II do art. 273 do CPC, e, o inciso II encontra correspondência no § 6.º do atual art. 273. O denominador comum que enlaça estas duas hipóteses previstas do dispositivo, diferentes da tutela de urgência (tutela antecipada, propriamente dita), justificou esse tratamento em separado.

Ademais, o Projeto aprimora a disciplina vigente quando cuida da exigência especial de uma fundamentação mais delicada quanto à matéria. No artigo 299 do PL 8.046/2010 lê-se que: "*Na decisão que conceder, negar ou revogar a tutela antecipada o juiz justificará as razões do seu convencimento de modo claro e preciso*". Tal exigência é justificada pelo fato de que, pelo Projeto, as decisões referentes à tutela de urgência e de evidência terão maior estabilidade do que têm no sistema atual, ainda que de coisa julgada não se trate.

Quanto ao aspecto mencionado – da estabilidade das decisões que concedem tutelas de urgência e de evidência –, reza a parte final art. 305, *caput*, do PL 8.046/2010: "A tutela antecipada satisfativa, concedida nos termos do art. 304, torna-se estável se da decisão que a conceder não for interposto o respectivo recurso". Neste caso, prevê o § 1º, o processo será extinto. Contudo, qualquer das partes poderá demandar a outra com intuito de discutir o direito que tenha sido objeto da tutela antecipada satisfativa estabilizada (§ 2º do art. 305), sendo que a tutela satisfativa conservará seus efeitos enquanto não reformada ou invalidada por decisão de mérito proferida na ação que venha a ser proposta por uma das partes (§ 3º do art. 305). Observa-se, ainda, que, nos termos do § 5º do art. 305: "O direito de rever, reformar ou invalidar a tutela antecipada, previsto no § 2º deste artigo, extingue-se após dois anos, contados da ciência da decisão que extinguiu o processo, nos termos do § 1º."

162. Na dicção do Projeto, *verbis*: "*Art. 301. A tutela antecipada de urgência será concedida quando houver elementos que evidenciem a probabilidade do direito e perigo na demora da tutela jurisdicional. § 1.º Para a concessão da tutela de urgência, o juiz poderá, conforme o caso, exigir caução real ou fidejussória idônea para ressarcir os danos que a outra parte possa vir a sofrer; a caução poderá ser dispensada se parte economicamente hipossuficiente não poder oferecê-la. § 2.º A tutela antecipada de urgência pode ser concedida liminarmente. § 3.º A tutela antecipada poderá ser efetivada mediante arresto, sequestro, arrolamento de bens, registro de protesto contra alienação de bem e qualquer outra medida idônea para asseguração do direito.*"

Quanto se trate de tutela antecipada de cunho acautelatório, autoriza o art. 302 do PL 8.046/2010 que, em casos excepcionais ou expressamente previstos em lei, o juiz, incidentalmente, conceda a tutela de ofício. Esta disposição, bastante polêmica por romper com o princípio dispositivo, já vinha prevista no PLS 166/2010, mas teve seu espectro restrito às medidas antecipatórias de natureza cautelar, o que é um pouco menos problemático. Ainda assim, trata-se de medida excepcionalíssima, destinada a salvaguardar interesses de extrema importância, e que, aconselhavelmente, deve ser precedida de contraditório, nos moldes do que preveem os arts. 9º e 10 do Projeto.

Na realidade, relativamente às tutelas de urgência e de evidência, excluídas algumas disposições inovadoras, o que o Projeto de Novo Código de Processo Civil fez foi aprimorar as inserções mais recentes no CPC vigente, e sistematizá-las de maneira mais abrangente e correta, seguindo antiga sugestão do Presidente da Comissão responsável por sua elaboração, o Min. Luiz Fux, feita em tese que antecede à própria criação da tutela antecipatória.[163]

Esse é um dos inúmeros exemplos de hipóteses em que, conforme se assinalou de início, o Projeto de Novo Código de Processo Civil não se pretende revolucionário – no sentido de negar a sistemática vigente – mas se propõe, ao contrário, a utilizar de maneira adequada e ordenada o que nela se revele útil aos desígnios contemporâneos do processo civil.

Outro grande desafio a ser enfrentado pelo PL 8.046/2010 é o problema da justiça de massa. Não é possível exigir do magistrado um trabalho de artesão para enfrentar a enormidade de ações repetitivas, com objetos semelhantes ou praticamente idênticos. Diante disso, a Comissão buscou uma solução para resolver esse problema, ou, ao menos, encaminhar rumos para uma solução. Nela reside a grande novidade do Projeto de Novo Código de Processo Civil.

Na realidade atual, a matéria é tratada no art. 285-A do CPC, e, no tocante aos tribunais superiores, Supremo Tribunal Federal e Superior Tribunal de Justiça, respectivamente, as soluções encontradas consistem na regulação da repercussão geral e dos recursos repetitivos, com disciplinas diferentes, ainda que animadas pelo mesmo denominador comum.

O Projeto de Novo Código de Processo Civil pretende desafogar o Judiciário em primeiro grau de jurisdição, a partir do que se denominou incidente de resolução de demandas repetitivas (arts. 988-1.000 do PL 8.046/2010). A disciplina aí encontrada parece-nos promissora, e deverá aliviar a sobrecarga de ações repetitivas nos Tribunais de Justiça e dos Tribunais Regionais Federais. De acordo com os dispositivos do Projeto, o incidente de demandas repetitivas é admissível quando, estando presente o risco de ofensa à isonomia e à segurança jurídica, houver efetiva repetição de processos que contenham controvérsia sobre a mesma questão de direito material ou processual (art. 988 do PL 8.046/2010). O incidente poderá ser suscitado perante o Tribunal de Justiça ou Tribunal Regional Federal, na pendência de qualquer causa de competência destes. O pedido de instauração será dirigido ao Presidente do Tribunal: pelo relator ou órgão colegiado, por ofício; pelas partes, pelo Ministério Público, pela Defensoria Pública, pela pessoa jurídica de direito público ou pela associação civil, por petição, devidamente instruída com os documentos necessários para a demonstração do preenchimento dos pressupostos para a instauração do incidente (art. 988, §§ 1.º a

163. Confira-se a obra *Tutela de segurança e tutela da evidência*. São Paulo: Revista dos Tribunais, 1996, *passim*.

4.º). Se não for o requerente, o Ministério Público intervirá obrigatoriamente no incidente e poderá assumir sua titularidade em caso de desistência ou abandono (art. 988, § 6.º). A instauração e o julgamento do incidente serão sucedidos da mais ampla e específica divulgação e publicidade, por meio de registro eletrônico no Conselho Nacional de Justiça (art. 989). Os tribunais manterão banco eletrônico de dados atualizados com informações específicas sobre questões de direito submetidas ao incidente, comunicando, imediatamente, ao Conselho Nacional de Justiça, para inclusão no cadastro (art. 989, § 1.º). Após a distribuição, o órgão colegiado competente para julgar o incidente procederá ao juízo de admissibilidade, levando em consideração os pressupostos do art. 988 (art. 990). Admitido o incidente, o relator: suspenderá os processos pendentes, individuais ou coletivos, que tramitem no Estado ou Região, conforme o caso; poderá requisitar informações aos órgãos em cujo juízo tramita o processo em que se discute o objeto do incidente, que as prestarão em quinze dias; intimará o Ministério Público para, querendo, manifestar-se no prazo de quinze dias (art. 990, § 1.º). O julgamento do incidente caberá ao órgão que o Regimento do Tribunal indicar (art. 991), salvo se arguida a inconstitucionalidade de lei ou de ato normativo do poder público, ocasião em que a competência será do plenário ou do órgão especial (art. 991 § 3.º). Julgado o incidente, a tese jurídica será aplicada a todos os processos que versem idêntica questão de direito e que tramitem na área de jurisdição do respectivo tribunal, inclusive os processos que venham a tramitar no futuro, até que esse mesmo tribunal a revise (art. 995, *caput* e § 1.º). Havendo recurso e sendo a matéria apreciada, no mérito, pelo STF ou pelo STJ, a tese jurídica será aplicada a todos os processos individuais ou coletivos que versem idêntica questão de direito e que tramitem na área de jurisdição do respectivo tribunal (995, § 1.º). Se houver recurso e a matéria for apreciada, em seu mérito, pelo Supremo Tribunal Federal ou pelo Superior Tribunal de Justiça, a tese jurídica firmada será aplicada a todos os processos individuais ou coletivos que versem sobre idêntica questão de direito e que tramitem no território nacional (art. 995, § 5.º).. Não observada a tese adotada pela decisão proferida pelo incidente, caberá reclamação para o tribunal competente (art. 1.000 do PL 8.046/2010). Alterado o entendimento do tribunal sobre a tese jurídica decidida no julgamento de questões repetitivas, poderá o tribunal modular os efeitos da decisão que supera o entendimento anterior (art. 521, §§ 1.º e 5.º), limitando sua retroatividade ou atribuindo-lhe efeitos prospectivos.

É um sistema que se aproxima do tratamento já existente, destinado aos recursos com fundamento em idêntica questão de direito ("recursos repetitivos") perante o Superior Tribunal de Justiça (art. 543-C, § 1.º a 9.º, do CPC), mas transportado para os órgãos de segundo grau de jurisdição. Quanto a este particular, previu-se, nos mesmos moldes, uma disciplina única para o julgamento dos recursos extraordinário e especial repetitivos (art. 989, § 3.º, do PL 8.046/2010). Este procedimento deverá ser dotado de amplíssima defesa, com todos os recursos previstos nas leis processuais. Assim, o Tribunal proferirá decisão com amplo espectro de eficácia, definindo o direito controvertido de tantos quantos se encontram na mesma situação jurídica, plasmando uma decisão consagradora do princípio da isonomia constitucional.

Em relação à sentença, o Projeto revigora a garantia constitucional da fundamentação das decisões, em conformidade com as exigências determinadas pela evolução do direito.

Não sendo suficiente a previsão da fundamentação como um dos elementos da sentença, estabelecida nos moldes do art. 458 do CPC vigente, pelo art. 499 do PL 8.046/2010, o § 1º do dispositivo em questão preceitua que "Não se considera fundamentada qualquer decisão judicial, seja ela interlocutória, sentença ou acórdão que: I – se limita a indicação, à reprodução ou à paráfrase do ato normativo; II – empregue conceitos jurídicos indeterminados sem explicar o motivo concreto de sua incidência no caso; III – invoque motivos que se prestariam a justificar qualquer outra decisão; IV – não enfrentar todos os argumentos deduzidos no processo capazes de, em tese, infirmar a conclusão adotada pelo julgador; V – se limita a invocar precedente ou enunciado de súmula, sem identificar seus fundamentos determinantes nem demonstrar que o caso sob julgamento se ajusta àqueles fundamentos; VI – deixar de seguir enunciado de súmula, jurisprudência ou precedente invocado pela parte, sem demonstrar a existência de distinção no caso em julgamento ou a superação do entendimento". Já o § 2º exige que, no caso de colisão entre normas, o órgão jurisdicional justifique o objeto e os critérios gerais da ponderação efetuada.

O conteúdo deste art. 499 é significativo, uma vez que disciplina de maneira pormenorizada o teor da garantia de fundamentação das decisões judiciais. Note-se que as exigências nele contidas não se limitam à sentença ou ao acórdão de mérito; referem-se, além disso, a qualquer decisão judicial.

Veja-se, ainda, que apesar de exemplificativas, as hipóteses dos incisos I a VI do § 1º, aliadas à redação incisiva deste parágrafo – que estabelece expressamente que "não se considera fundamentada a decisão, sentença ou acórdão" que se enquadre numa daquelas situações – viabilizarão uma verdadeira mudança de mentalidade no direito processual brasileiro. Da interpretação deste artigo à luz da Constituição Federal extrai-se, por exemplo, que serão nulas as decisões que se limitem a mencionar "a ausência dos requisitos legais para a concessão da medida" ou, ainda, que atenham-se a assinalar que "a situação dos autos não se enquadra na previsão legal *x* ou *y*", sem esclarecer os motivos concretos do entendimento firmado.

A norma contida no inciso II determina a necessidade de a sentença ser mais explícita e analítica, quando fundamentada em conceitos jurídicos indeterminados. Nesses casos, o juiz deve expor, analiticamente, o sentido em que tais expressões jurídicas foram compreendidos. Há, com efeito, nas normas que consubstanciam conceitos juridicamente indeterminados, cláusulas gerais ou princípios jurídicos, maior amplitude de deliberação adjudicada ao juiz, e, por isso mesmo, pode-se dizer que dele se exige fundamentação mais minudente.

A hipótese do inciso IV encerra, ainda, uma virada paradigmática com relação ao entendimento dos Tribunais, que se contentam com a existência de fundamentos suficientes para respaldar a decisão, sem se preocupar, muitas vezes, com o enfrentamento dos fundamentos que poderiam-na ter respaldado mas foram implicitamente rejeitados. Tal raciocínio tem aplicação também para as questões fáticas, uma vez que o livre convencimento (art. 131 do CPC vigente e 378 do PL 8.046/2010[164]) não autoriza o afastamento da apreciação dos elementos probatórios não acolhidos, mas, antes, determina que sua rejeição seja fundamentada.

Outro problema que de certa maneira ficou resolvido pela jurisprudência do STJ é o relacionado ao art. 268 do CPC, no sentido de que se o julgamento for extinto sem julgamento de mérito a demanda pode ser

164. "Art. 378. O juiz apreciará livremente a prova constante dos autos, independentemente do sujeito que a tiver promovido, e indicará na decisão as razões da formação de seu convencimento."

reproposta, pois não terá ocorrido coisa julgada. Enfrentaremos, no item 122-B da Primeira Parte deste Manual, a questão relativa à possibilidade de se repropor ação idêntica àquela em que tenha sido extinta sem resolução de mérito, ainda que sem a correção do vício declarado na sentença terminativa, cuja parte dispositiva não se submete à coisa julgada material, *o que decorreria de uma interpretação literal desse art. 268, CPC.*

Com efeito, segundo uma concepção tradicional, transitada em julgado a sentença que extingue o processo sem resolução de mérito formando-se apenas coisa julgada formal, de sorte que, nos termos do art. 268 do CPC, seria possível que a ação viesse a ser proposta, em idênticos termos, o que, sob certas circunstâncias, pode ocasionar o exercício abusivo do direito de ação. Como o art. 268 do CPC não menciona a necessidade de correção do vício que motivou a sentença terminativa como requisito para a repropositura da ação, e para obstar a persistência da propositura de ação em que uma das partes padecia de ilegitimidade *ad causam,* o Superior Tribunal de Justiça chegou a afirmar que a ilegitimidade é tema que se confunde com o mérito.[165]

Embora divirja da redação *literal* do art. 268 do CPC, bem como das concepções tradicionais sobre o direito de ação, esse entendimento pareceu-nos mais consentâneo com as exigências éticas do processo (*cf.* o que dissemos no nº 122-B da Primeira Parte desse Manual).

O PL 8.046/2010 levou em consideração essa problemática e explicitou a necessidade de corrigir-se o vício quando da nova propositura da ação, diante da prolação de sentença terminativa motivada pelo indeferimento da inicial, pela ausência de pressupostos de constituição e de desenvolvimento válido e regular do processo, pela ilegitimidade ou falta de interesse processual, ou pelo acolhimento da alegação de existência de convenção arbitral (art. 496, § 1.º, do PL 8.046/2010). A modificação oferece solução mais técnica e explícita quanto à necessidade de correção do defeito, que coincide com a posição atual do Superior Tribunal de Justiça. É mais uma demonstração de que a Comissão não pairou indiferente aos problemas que afligem os Tribunais na aplicação do Código de Processo Civil vigente, e, bem assim, proveitou-se de construções jurisprudenciais saudáveis.

As inovações propostas para os recursos, analogamente àquelas referentes ao processo em primeiro grau, orientam-se pela necessidade de racionalizar o máximo o processamento e julgamento de recursos, bem como de uniformizar a aplicação do direito e estabilizar a jurisprudência, o que, respectivamente, valoriza a *segurança jurídica* e o *princípio da igualdade de todos perante a lei* (e, também, face a *decisões judiciais*).

Em matéria recursal, a maior parte das questões decididas por interlocutórias, não serão objeto de preclusão, e haverão de ser alegadas, para fins de devolução ao Tribunal, ao ensejo da interposição do recurso de apelação ou da apresentação de contrarrazões. Diante disso, foi abolida pelo Projeto a modalidade de agravo retido nos autos, prevista atualmente no art. 522 do CPC. À luz da problemática que aflige especialmente aos Tribunais, parece tratar-se de uma boa solução.[166]

---

165. Referimo-nos ao julgamento do Resp 160.850/SP, 4.ª T., Rel. Min. Cesar Asfor Rocha, *DJ* 05.03.2001.

166. Nos termos do PL 8.046/2010: "Art. 1.022. Da sentença cabe apelação. § 1.º As questões resolvidas na fase de conhecimento, se a decisão a seu respeito não comportar agravo de instrumento, têm de ser impugnadas em apelação, eventualmente interposta contra a decisão final, ou nas contrarrazões. Sendo suscitadas em contrarrazões, o recorrente será intimado para, em quinze dias, manifestar-se a respeito delas. § 2.º A impugnação prevista no § 1.º pressupõe a prévia apresentação de protesto

O agravo de instrumento, cuja primeira das grandes reformas nasceu sob os auspícios de ser uma alteração positiva no sentido da efetividade processual,[167] revelou, nas reformas subsequentes, uma tendência à gradativa diminuição das hipóteses de cabimento,[168] reservado a impugnar decisões taxativamente previstas no Código e na legislação extravagante, nos termos do art. 1.028 do PL 8.046/2010.[169]

Ainda na linha da simplicidade e da instrumentalidade em sede recursal, dispensa-se o juízo de admissibilidade em primeiro grau, atualmente previsto no art. 518, §§ 1.º e 2.º, do CPC. A apelação será processada em primeiro grau, mas o juízo de admissibilidade será feito exclusivamente pelo tribunal (art. 1.023, § 4.º, do PL 8.046/2010). A supressão do juízo de admissibilidade pelo órgão *a quo* facilita muito o processamento do recurso, uma vez que, sendo do órgão julgador do recurso a competência definitiva para tal juízo, evita-se a interposição de recursos contra o juízo de admissibilidade negativo que venha a ser feito em primeiro grau de jurisdição. Por outro lado, elimina-se a realização inócua ou inútil do juízo de admissibilidade positivo no órgão *a quo*, eis que está sempre sujeito à confirmação ou à revogação pelo Tribunal.

Extinguem-se os embargos infringentes; em contrapartida, estabelece o Projeto de Novo Código de Processo Civil que o voto vencido terá sempre que ser declarado e será parte integrante do acórdão, inclusive de-

---

no primeiro momento que couber à parte falar nos autos, sob pena de preclusão."

167. Referimo-nos à reforma veiculada pelas Leis 8.950/1994 e 9.134/1995, que viabilizaram a distribuição do agravo de instrumento diretamente no Tribunal e a concessão de efeito suspensivo pelo Relator.

168. Foi o que ocorreu, fundamentalmente, com as modificações implementadas pela Lei 10.352/2001, que, na prática, inverteram a regra geral, até então vigente, do cabimento do agravo de instrumento contra decisões interlocutórias diante da possibilidade de conversão, pelo Relator, deste agravo em retido na quase totalidade dos casos. A Lei 11.187/2005 veio na sequencia, para 'complementar' essas modificações, estipulando a obrigatoriedade de tal conversão em todos os casos em que a decisão agravada não fosse suscetível de causar à parte lesão grave e de difícil reparação, bem como nos casos de inadmissão da apelação e nos relativos aos efeitos em que a apelação é recebida. Estabeleceu, também, a irrecorribilidade da decisão do relator que convertesse em retido o agravo de instrumento (*cf.* a redação atribuída ao art. 527, II e parágrafo único do CPC vigente).

169. "Art. 1.028. Além de outras hipóteses previstas em lei, cabe agravo de instrumento contra decisão interlocutória que:

I – conceder, negar, modificar ou revogar a tutela antecipada;

II – versar sobre o mérito da causa;

III – rejeitar a alegação de convenção de arbitragem;

IV – decidir o incidente de desconsideração da personalidade jurídica;

V – negar o pedido de gratuidade da justiça ou acolher o pedido de sua revogação;

VI – determinar a exibição ou posse de documento ou coisa;

VII – excluir litisconsorte;

VIII – indeferir o pedido de limitação do litisconsórcio;

IX – admitir ou não admitir a intervenção de terceiros;

X – versar sobre competência;

XI – determinar a abertura de procedimento de avaria grossa;

XII – indeferir a petição inicial da reconvenção ou a julgar liminarmente improcedente;

XIII – redistribuir o ônus da prova nos termos do art. 380, § 1.º;

XIV – converter a ação individual em ação coletiva;

XV – alterar o valor da causa antes da sentença;

XVI – suspender o curso do processo na forma do art. 1.050, § 4.º;

XVII – tenha sido proferida na fase de cumprimento de sentença e nos processos de execução e de inventário.

XVIII – resolver o requerimento previsto no art. 990, § 4.º."

vendo servir para fins de prequestionamento (art. 954, § 4.º, do PLS 8.046/2010). Ainda, o art. 1.038 estabelece que consideram-se incluídos no acórdão os elementos que o embargante pleiteou, para fins de prequestionamento, ainda que os embargos de declaração não sejam admitidos, caso o tribunal superior considere existentes erro, omissão, contradição ou obscuridade.

Enfim, extrai-se do Projeto o objetivo de que o juiz deixe, na medida do possível, de se preocupar excessivamente com o processo, como se fosse um fim em si mesmo, buscando deslocar o foco da atenção do julgador para o direito material. Com isto, pretende-se descartar uma "processualidade excessiva", desvinculada do objetivo primordial de solução do conflito pelo direito material. Entra em cena, neste particular, o marcante papel do princípio da instrumentalidade, a ser abordado mais adiante.

Ampliaram-se as possibilidades de sustentação oral na fase recursal. Permitir-se-á sustentação oral nas decisões interlocutórias que tangenciam o mérito ou que cuidem de antecipação de tutela (art. 950, I, do PL 8.046/2010), as chamadas decisões interlocutórias mistas, como, por exemplo, no caso da rejeição de prescrição. Essa medida tem em vista o propósito, expresso na Exposição de Motivos do Anteprojeto que redundou no PLS 166/2010, de "alcançar resultado do processo mais rente à realidade dos fatos". Atualmente, como sabido, o Código de Processo Civil não autoriza a sustentação oral nos recursos de agravo de instrumento (art. 554 do CPC).

Algumas modificações sugeridas para os recursos especial e extraordinário são especialmente interessantes. Autoriza o Projeto que os Tribunais Superiores decidam o mérito de um recurso desde que seja tempestivo, afastando causas de inadmissibilidade que não sejam consideradas graves. Essa regra está no § 3.º do art. 1.042 do PL 8.046/2010. É possível traçar um paralelo entre tal disposição e a aplicação daquilo que se denomina, no direito argentino, "gravidade institucional" do recurso extraordinário.

A "gravidade institucional" é um filtro à admissibilidade do recurso extraordinário argentino, análogo ao da repercussão geral, entre nós. Está prevista no art. 280 do Código Procesal Civil y Comercial de la Nación argentino[170] e, embora constitua um filtro de admissibilidade recursal, historicamente, parece ter servido ao objetivo de superar irregularidades formais quanto à admissibilidade do recurso extraordinário e permitir a análise de questões que transcendam o interesse subjetivo das partes. Isso pode ser extraído da obra de Fernando N. Barrancos Y Vedia, que escreveu sobre o tema nos idos de 1960 até 31 de agosto de 1968, quando se teria formado a noção de gravidade institucional. Posteriormente, com a Lei 23.774, aprovada pelo Congresso Nacional argentino em 5 de abril de 1990, passou a ser a "gravidade institucional" meio legalmente estabelecido para rechaçar recursos que não fossem portadores desse requisito.[171] Mas, atualmente, continua a haver transigência com os requisitos de cabimento, quando presente a "gravidade institucional", para a admissão de tais recursos extraordinários, sem que isso afete o julgamento do mérito

170. A dicção do artigo é a seguinte: *"Art. 280. LLamamiento de autos. Rechazo del recurso extraordinario. Memoriales en el recurso ordinario. Cuando la Corte Suprema conociere por recurso extraordinario, la recepción de la causa implicará el llamamiento de autos. La Corte, según su sana discreción, y con la sola invocación de esta norma, podrá rechazar el recurso extraordinario, por falta de agravio federal suficiente o cuando las cuestiones planteadas resultaren insustanciales o carentes de trascendencia."*

171. *Recurso Extraordinario y "Gravedad Institucional"*, Prólogo de Genaro R. Carrió, pp. 7-11 e ns° 143 e 144, pp. 237-241.

dos recursos extraordinários.[172] A introdução, no PL 8.046/2010, da possibilidade de se superarem vícios de admissibilidade que não se reputem graves, parece seguir essa linha e permitir a análise de questões verdadeiramente relevantes à aplicação e uniformização da lei federal constitucional e infraconstitucional.

Inicialmente, o PLS 166/2010, havia previsto o aumento do âmbito de devolutividade do recurso especial e do extraordinário, de forma que, no julgamento do recurso extraordinário ou especial, estariam os Tribunais Superiores autorizados a examinar os fundamentos da causa e da defesa, ainda que não abordados no recurso, desde que tratassem de matéria de direito (art. 988 do PLS 166/2010, na versão do relatório apresentado pelo Senador Valter Pereira em dezembro de 2010). No entanto, a redação do substitutivo apresentado pela Comissão Especial em setembro de 2012 não manteve tal amplitude na devolutividade, restringindo-a aos "fundamentos e de todas as questões de fato e de direito relevantes para a solução do capítulo impugnado", (art. 1.047, parágrafo único[173] do PL 8.046/2010).

Quanto às questões repetitivas no âmbito dos recursos especial e extraordinário, seu processamento e julgamento segue, tal como em segundo grau de jurisdição, o lineamento dos arts. 543, 543-A, 543-B e 543-C do CPC, mas o Projeto simplifica as disposições ali contidas, por unificar a regulamentação aplicável aos recursos extraordinário e especial (art. 989, § 3.º, do PL 8.046/2010). Essa unificação também se afigura salutar.

Em relação especificamente à segurança jurídica e à isonomia, o art. 520 estabelece que se deve uniformizar a jurisprudência e mantê-la estável". Considerando que a jurisprudência pode – e, em realidade, muitas vezes precisa – mudar, mas isso pode acarretar transtornos, o § 5.º do art. 521 estabelece, com vistas a poderem ser atenuados esses inconvenientes: "*Na hipótese de alteração de jurisprudência dominante, sumulada ou não, ou de precedente, o tribunal poderá modular os efeitos da decisão que supera o entendimento anterior, limitando sua retroatividade ou lhe atribuindo efeitos prospectivos*".

É perceptível a ênfase conferida ao peso e ao significado social da jurisprudência dos tribunais, mormente sob a perspectiva da realização da isonomia e da segurança jurídica. Isso se dá em todos os níveis, dos Tribunais Superiores aos órgãos de segundo e primeiro grau. O objetivo que informa essas regras é exatamente concretizar melhor os princípios da legalidade e da isonomia, no sentido de que se diz que, se a lei é igual para todos, é importante também que as decisões judiciais que interpretem a lei sejam iguais para todos.

Procurou-se oferecer uma visão do projeto, mas seria impossível considerar nesta sede todos os seus aspectos. Para terminar, diríamos que o projeto é bastante bom, bem ordenado, impecavelmente bem redigido, sintonizado rigorosamente com as necessi-

---

172. *Cf.*, no direito argentino excelente trabalho de Augusto M. Morello, editado logo após a vigência da Lei 23.774/1990, *La nueva Etapa del Recurso Extraordinario – El "Certiorari"*, onde faz, inclusive, remissões ao direito brasileiro, em relação à arguição de relevância (pp. 31, 81 e 82).

173. "Art. 1.047. Admitido o recurso extraordinário ou especial, o Supremo Tribunal Federal ou Superior Tribunal de Justiça julgará a causa, aplicando o direito. Parágrafo único. Tendo sido admitido o recurso extraordinário especial por um fundamento, devolve-se ao tribunal superior o conhecimento dos demais fundamentos e de todas as questões de fato e de direito relevantes para a solução do capítulo impugnado."

dades contemporâneas, especialmente com o problema da justiça de massa, com a simplificação do processo; ademais, a sociedade está sendo ouvida, ocorreram audiências públicas antes da entrega ao Presidente do Senado, e, sucedem-se outras audiências públicas, amplamente divulgadas e concorridas. Faço votos que esse projeto seja bem sucedido com a colaboração da sociedade e do Congresso Nacional.

No mais, deve ser ressaltado que os inumeráveis caminhos possíveis de soluções que se encontram no Projeto decorrem dos problemas atuais, que assolam a Justiça brasileira. A promulgação de um novo Código de Processo Civil – conquanto haja problemas paralelos outros, atinentes à estrutura do Judiciário, tais como aprimoramento profissional de servidores e magistrados, adequação dos rendimentos, instalações melhores, uso acentuado da informática – é um dos elementos que podem auxiliar na melhoria da distribuição da Justiça e na aplicação do direito.

Contudo, se, no plano da "promessa da lei" e das perspectivas de reforma, é grande a oferta, é certo, todavia, que essa "oferta" somente será verdadeira dependentemente da atividade do Estado, o que inclui o Poder Judiciário, da mesma forma que os demais poderes.

Dissemos que toda a gama de direitos existentes, processuais e materiais, necessitam de um Estado para torná-los existentes (e eficazes), no que, curialmente, está implicada a efetividade do agir estatal. No entanto, pesquisa realizada no início da década de 1990 revela uma descrença no papel do Estado.[174] Politicamente busca-se uma maior confiança no papel do Estado com o objetivo de, realmente, cogitar-se, com autêntica seriedade, de uma recuperação de seu perfil institucional, entre nós (como na maior parte do mundo), em meio a um *Estado Social de Direito*, tal qual traçado pela Constituição de 1988. Esta, parece-nos, é uma diretriz correta, *ainda que com resultados a muito longo prazo*, porquanto o Estado nunca poderá ser forte e acreditado enquanto não se lograr obter, entre nós, uma razoável ou ponderável homogeneidade social.

Sustentamos anteriormente que em todos os campos, em específico para a atividade do Judiciário e para um reequacionamento do direito processual, colocavam-se como indispensáveis estatísticas idôneas e outros instrumentos de verdadeira cognição da realidade da realidade, a fim de que as reformas por empreender (e são tantas, e tão profundas) fossem concretas, na medida em que a realidade indesejada e que se pretendesse modificar não estaria corretamente representada perante quem colimasse reformá-la. Inútil, dizíamos nós, que se empreendessem quaisquer modificações baseadas em meras intuições sempre unilaterais, calcadas num empirismo primário, com o risco sério, senão que quase certo, de inevitável fracasso.

Recentes, diversas e profundas modificações foram trazidas para o corpo do Processo Civil, tendo-se presentes, precisamente, estas preocupações; o Projeto de Novo CPC, como dito, as incorpora e aprimora. Cada um dos pontos que envolvem as reformas e propostas para o futuro será abordado, a tempo e modos oportunos, nos capítulos atinentes aos assuntos respectivos que versa este *Manual*. A experiência de nossos Tribunais no cotidiano poderá demonstrar a *efetiva eficácia* do CPC vigente, amplamente reformado, sua correspondência com os pontos de estrangulamento detectados no

174. Destaca-se uma crença da população de menos de 20% no Exército, no Judiciário e na Justiça (v. jornal *O Estado de S. Paulo*, 01.12.1991, p. 4). Sociólogo que interpretou a pesquisa entendeu que há uma distância da sociedade em relação à nação, a qual, a seu turno, é confundida com o Estado.

sistema que motivaram sua elaboração e transformação, bem como, eventualmente, a pertinência das normas propostas no PL 8.046/2010.

Com base nestas novas realidades, nestes novos mecanismos e institutos processuais, bem como nas perspectivas de mudança, que afetam inexoravelmente o direito material e, como visto acima, vice-versa, é que o Direito, hoje, deve ser pensado, interpretado e aplicado.

No entanto, frise-se uma vez mais, esta modificação substancial no pensar e aplicar o Direito somente poderá realmente operar melhoria do Estado, na medida e na proporção exatas em que haja melhoria concreta das condições de vida da população, *ou seja, em função de uma melhoria da Nação.*

Bibliografia

Andrews, Neil. The pre-action phase. General report – Common Law. In: Grinover, Ada Pellegrini e Calmon, Petrônio (orgs.) *Direito processual comparado – XIII Congresso Mundial de Direito Processual*. Rio de Janeiro: Forense, 2008.

Alvim, José Eduardo Carreira. *Código de Processo Civil reformado*. Belo Horizonte: Del Rey, 1995.

Arruda Alvim, Eduardo. *Direito processual civil*. São Paulo: Ed. RT, 2008.

______. *Direito processual civil*. 3ª ed. São Paulo: Ed. RT, 2010.

______. *Direito processual civil*. 4ª ed. São Paulo: Ed. RT, 2012.

Arruda Alvim Netto, José Manoel de. *Código de Processo Civil comentado*. São Paulo: Ed. RT, 1975. vol. I e II.

______. *Curso de direito processual civil*. São Paulo: Ed. RT, 1971. vol. I.

______. *Direito processual civil* – Teoria geral do processo de conhecimento. São Paulo: Ed. RT, 1972. vol. I e II.

______. Dogmática jurídica e o novo Código de Processo Civil. *Revista de Processo [RePro]* 1/85-133, ano I, São Paulo: Ed. RT, jan.-mar. 1976.

______. Processo e Constituição. In: Dantas, Bruno; Cruxên, Eliane; Santos, Fernando; Lago, Gustavo Ponce Leon. (Orgs.). *Constituição de 1988: O Brasil 20 anos depois. A Consolidação das Instituições*. 1. ed. Brasília: Senado Federal Instituto Legislativo Brasileiro, 2008, vol. 3, p. 388-483.

______. *Tratado de direito processual civil*. São Paulo: Ed. RT, 1990. vol. I; 1996. vol. II.

______. *Soluções Práticas de Direito: Pareceres*. vol. IV. São Paulo: Ed. RT, 2011.

______; Micheli, Gian Antonio; Fornaciari Júnior, Clito; Peluso, Antônio Cezar e Arruda, Antônio Carlos Matteis de. O ônus da prova e o direito intertemporal. *Revista de Processo [RePro]* 4/227-230, ano I, São Paulo: Ed. RT, out.-dez. 1976.

Arruda Alvim Wambier, Teresa. *Os agravos no CPC brasileiro*. 4. ed. São Paulo: Ed. RT, 2005.

______. *Nulidades do processo e da sentença*. 6. ed. São Paulo: Ed. RT, 2007.

Arruda Alvim Wambier, Teresa Celina de; Nery Jr., Nelson (coords.). *Aspectos polêmicos e atuais dos recursos cíveis de acordo com a Lei 9.756/1998*. São Paulo: Ed. RT, 1999.

Barbi, Celso Agrícola. *Comentários ao Código de Processo Civil*. 3. ed. Rio de Janeiro: Forense, vol. 1, 1983.

______. *Comentários ao Código de Processo Civil*. Rio de Janeiro: Forense, 1998. vol. I.

Barbosa Moreira, José Carlos. A estrutura do novo Código de Processo Civil. *RF* 246/34.

______. *O novo processo civil brasileiro*. Rio de Janeiro: Forense, 1984; 25. ed., 2007.

______. Tendências contemporâneas do direito processual civil. *RBDP* 42/35, 1984.

Barancos y Vedia, Fernando N. *Recurso Extraordinario y "Gravedad Institucional"*. 2. ed. Buenos Aires: Abeledo-Perrot, 1991.

BERIZONCE, Roberto Omar. *Efectivo aceso a la justicia*. La Plata: Platense, 1987.

BERMUDES, Sérgio. *A reforma do Código de Processo Civil*. Rio de Janeiro: Freitas Bastos, 1995.

BONDIOLI, Luis Guilherme Aidar. *O novo CPC – A terceira etapa da reforma*. São Paulo: Saraiva, 2006.

BONFANTE, Pietro. *Istituzioni di diritto romano*. 5. ed. Milano, 1912.

______. *Storia del diritto romano*. Roma: Instituto di Diritto Romano, 1934. vol. I.

BORGES, Marcos Afonso. Da audiência, da sentença e da coisa julgada. *RBDP* 3/143, 1975.

______. Jurisdição voluntária. *Ajuris* 18/76, 1980; e *RBDP* 18/133, 1979.

BUENO, Cássio Scarpinella. *A nova etapa da reforma do Código de Processo Civil*. São Paulo: Saraiva, 2006. vols. 1 e 2; 2007, vol. 3.

CAMPOS, Ronaldo Cunha. *Limites objetivos da coisa julgada*. 2. ed. Rio de Janeiro: Aide, 1988.

CALMON DE PASSOS, J. J. *Inovações no Código de Processo Civil*. 2. ed. Rio de Janeiro: Forense, 1995.

CAPPELLETTI, Mauro. *The judicial process in comparative perspective*. Oxford, 1989.

______; GARTH, Bryant. Access to justice: the newest wave in the worldwide movement to make rights effective. *Buffalo Law Review*, vol. XXVII, n. 2 e separata, p. 181.

______. *Access to Justice – A world survey*. Milão: Giuffrè, 1978. vol. I, p. 1 e separata.

______. Os métodos alternativos de solução de conflitos no quadro do movimento de acesso à justiça. *Revista de Processo [RePro]*, ano 19, n. 74, abr-jun 1994, p. 84/88.

CARNELUTTI, Francesco. *Sistema de diritto processuale civile*. 1936. vol. I.

CASTRO FILHO, José Olympio de. Inovações no Código de Processo Civil brasileiro de 1973. *RF* 242/25.

______. Processo civil e a reorganização judiciária. *RF* 259/29.

CHIANALE, Angelo. *Diritto soggetivo e tutela in forma especifica*. Milão, 1993.

COGLIOLO, Pietro. *Tratatto teorico e pratico della eccezione di cosa giudicata*. Torino: Fratelli Bocca, 1893.

CORREIA, A.; SCIASCIA, G. *Manual de direito romano*. 2. ed. São Paulo: Saraiva, 1953.

CRUZ E TUCCI, José Rogério; AZEVEDO, Luiz Carlos de. *Lições de processo civil canônico (história e direito vigente)*. São Paulo: Ed. RT, 2001.

______; ______. *Lições de história de processo civil romano*. São Paulo: Ed. RT, 2001.

______. *Lineamentos da nova reforma do CPC*. São Paulo: Ed. RT, 2002.

CUENCA. *Processo civil romano*. Buenos Aires: EJEA, 1957.

DE PAULA, Adriano Perácio; BARBI, Celso Agrícola; THEODORO JÚNIOR, Humberto; TEIXEIRA, Sálvio de Figueiredo; CARREIRA ALVIM, J. E. *Código de Processo Civil* – Modificações. Belo Horizonte: Del Rey, 1995.

DINAMARCO, Cândido Rangel. *A reforma da reforma*. São Paulo: Malheiros, 2002.

______. *A reforma do Código de Processo Civil*. 2. ed. São Paulo: Malheiros, 1995.

FERREIRA, William Santos. *Aspectos práticos e polêmicos da segunda etapa da reforma processual civil*. Rio de Janeiro: Forense, 2002.

FIGUEIRA JÚNIOR, Joel Dias. *Comentários à novíssima reforma do Código de Processo Civil*. Rio de Janeiro: Forense, 2002.

FURNO, Carlo. Teoría de la prueba legal. Madrid, *Revista de Derecho Privado*, 1954.

FUX, Luiz. *Tutela de segurança e tutela da evidência*. São Paulo: Ed. RT, 1996.

GIANESINI, Rita. *A revelia no direito processual civil*. São Paulo: Ed. RT, 1977.

LIEBMAN, Enrico Tullio. *Estudos sobre o processo civil brasileiro*. São Paulo: José Bushatsky, 1976.

MACHADO, Antônio Cláudio da Costa. *A reforma do processo civil interpretada*. São Paulo: Saraiva, 1995.

Marques, José Frederico. *Manual de direito processual civil.* São Paulo: Saraiva, 1983. vol. I.

Meira, José de Castro. Notas sobre o conceito de processo. *Ajuris* 23/73, 1981.

Mendonça Lima, Alcides de. Jurisdição voluntária. *RBDP* 28/13, 1981.

______. A nova terminologia do Código de Processo. *RT* 464/11-22, jun. 1974; e *RF* 246/191.

______. O processo como garantia das instituições sociais. *Ajuris* 14/30, 1978.

Monteiro, João. *Theoria do processo civil e commercial.* 4. ed. Rio de Janeiro: Ed. Jornal do Brasil, 1925.

Morello, Augusto M. *La nueva etapa del recurso extraordinario – El "certiorari".* Buenos Aires: Livraria Editora Platense-Abeledo Perrot, 1990.

Moreira Alves, José Carlos. *Direito romano.* Rio de Janeiro: Forense, 2000, vol. XVIII.

Moreira de Paula, Jônatas Luiz. *História do direito processual brasileiro* – Das origens lusas à Escola Crítica do processo. São Paulo: Manole, 2002.

Nery Jr., Nelson. *Atualidades sobre o processo civil.* São Paulo: Ed. RT, 1995.

Nery Jr., Nelson; Nery, Rosa Maria de Andrade. *Código de Processo Civil comentado.* 9. ed. São Paulo: Ed. RT, 2006.

Neves, Daniel Amorim Assumpção; Ramos, Glauco Gumerato; Lima Freire, Rodrigo da Cunha e Mazzei, Rodrigo. *Reforma do CPC.* São Paulo: Ed. RT, 2006. vol. 1; 2007, vol. 2.

Ortega y Gasset. *La rebelión de las masas.* 30. ed. Madrid: Alianza, 1956.

Rispoli, Arturo. *Il processo civile contumaciale.* Milano: Libraria, 1911.

Rolim, Luiz Antonio. *Instituições de direito romano,* 2. ed. São Paulo: Ed. RT, 2003.

Sacco Netto, Fernando. Análise das novas redações dos incisos IX e X do art. 93 da Constituição Federal de acordo com a EC n. 45. In: Arruda Alvim Wambier, Teresa et alii (coords.). *Reforma do Judiciário* – Primeiras reflexões sobre a Emenda Constitucional n. 45/2005. São Paulo: Ed. RT, 2005.

Santos, Ernane Fidélis dos. Aplicação subsidiária de normas do processo de conhecimento no processo de execução. *Revista de Processo [RePro]* 29/41-49, ano VI, São Paulo: Ed. RT, jan.-mar. 1983.

Savigny, Friedrich Karl von. *System des heutigen römischen recht* (Sistema do direito romano moderno). Berlim: Veit und Comp., 1847.

Silva, Tomás Bawden de Castro. *Inovações recursais no Código de Processo Civil.* São Paulo, 1995.

Theodoro Júnior, Humberto. *As inovações no Código de Processo Civil.* Rio de Janeiro: Forense, 1995.

______. *As novas reformas do Código de Processo Civil.* Rio de Janeiro: Forense, 2006.

______. *A reforma da execução do título extrajudicial.* Rio de Janeiro: Forense, 2007.

______. Princípios gerais de direito processual civil. *Revista de Processo [RePro]* 23/173-191, ano VI, São Paulo, Ed. RT, jul.-set., 1981.

Tornaghi, Hélio. *Comentários ao Código de Processo Civil.* São Paulo: Ed. RT, 1976. vol. I.

Tourinho Filho, Fernando da Costa. *Código de Processo Penal anotado.* 8. ed. vol. I. São Paulo: Saraiva, 2004.

Yarshell, Flávio Luiz. *Antecipação da prova sem o requisito da urgência e direito autônomo à prova.* São Paulo: Malheiros, 2009.

Wambier, Luiz Rodrigues; Wambier, Teresa Arruda Alvim; Medina, José Miguel Garcia. *Breves comentários à nova sistemática processual civil.* 3. ed. São Paulo: Ed. RT, 2005; 2006, vol. 2; 2007, vol. 3.

II

Revisão Dogmática do Direito Processual Civil – sua Correspondência à Evolução do Sistema Jurídico

22. A reelaboração do Direito no século XIX[1]

No século XIX teve lugar total reelaboração do Direito, atingindo todos os setores da ciência jurídica.

Particularmente no Direito Processual Civil, na segunda metade do século mencionado, iniciou-se uma autêntica elaboração conceitual, que consistiu em colocar as bases fundamentais para o estudo, verdadeiramente científico, ou havido como verdadeiramente científico (= dogmático), desta disciplina.

Inegavelmente, o século XIX, antecedido pela Revolução de 1789, significou para o Direito moderno um de seus momentos capitais. A Revolução Francesa foi o prólogo de todo um ciclo histórico. Seguiram-se-lhe, nesse século XIX, em que teve início uma apurada revisão de conceitos jurídicos, decorrentes da necessidade de se elaborar uma nova ordem, compatível com os frutos e exigências da grande revolução, mutações profundas.

Apesar de o processo constituir uma disciplina autônoma nos dias de hoje, mercê da evolução por que passou, ainda assim convive ele com o direito material, porque tem, em certo sentido, natureza instrumental, destinada à tutela do direito substancial.

A convivência do processo com o direito material, e, consequentemente, a influência deste sobre aquele, no século XIX, antes da revisão de conceitos por que passou aquele, era muito grande.

O Direito Processual era classificado, antigamente, como mero compartimento do Direito Civil, não passando de uma projeção deste.[2]

Nessa época, o processo vivia vergado ao peso do civilismo avassalador. O próprio processo e sua dinâmica eram disciplinados por princípios de Direito Civil, quando, cientificamente, hoje se entende que o processo, em si mesmo, deve ter seus próprios princípios, que respondem aos fins propostos pelo legislador, de caráter eminentemente público (v. número 4, *retro*, sobre os "Princípios informativos e fundamentais do processo civil").

A renovação conceitual, no âmbito do Direito Processual Civil, é que provocou integral revisão dogmática, podendo-se, a rigor, dizer que, na realidade, essa renovação é que criou a dogmática processual, que antes era praticamente inexistente. Como consequência disso, saliente-se desde logo,

1. V. nosso *Direito processual civil* – TGPC (Teoria geral do processo de conhecimento), vol. 1/107 e 154 *et seq.*

2. Cf. Planiol, *Traité élementaire de droit civil,* 6. ed., vol. 1, n. 26, p. 10.

ficou plenamente evidenciada a autonomia deste ramo do Direito, enquanto disciplina autônoma.

Mas, antes desta fase, era inevitável a predominância de um método acentuadamente descritivo dos fenômenos judiciários, que se contentava com a contemplação dos usos e praxes observados em juízo, sem uma preocupação de se identificar, por exemplo, em que consistia o processo e a que regras haveria de se submeter para atingir o seu fim (fins). O Direito Processual Civil, por conseguinte, era tido como o próprio Direito Privado, numa posição projetada em juízo.[3]

A concepção de ação, àquela época, era a que identificava, apesar de leves discordâncias entre os autores, o direito e a ação como expressões de uma única realidade.

Ora, a ação é o núcleo do processo; é em decorrência dela que este se formava e se forma. Se ação e direito eram a mesma coisa, fatalmente, mercê desta premissa, tinha o processo que ficar confinado a mero compartimento do Direito Privado. A ação era informada, acentuadamente, por princípios de Direito Privado, porquanto era vista como se não passasse, quando muito, de uma modificação exterior do direito subjetivo que, por seu intermédio, se fazia valer.

23. Autonomia do direito da ação[4]

Chiovenda, ao pronunciar, em 1903, a célebre "prolusione bolognese", fundou a moderna escola processualista italiana, nela projetando os frutos dos precedentes estudos alemães, como lealmente confessa, já afirmava, como premissa elementar de seu sistema, a autonomia da ação.[5]

Este mesmo jurista, na sua última obra – *Instituições de Direito Processual Civil* –, em que sintetiza seu pensamento, coloca a ação como instituto já processualmente configurado, afirmando-a independente do direito que ela se destina a fazer valer (apesar de, ainda e de certo modo, permanecer ligado a ideias civilísticas).

A evolução do processo, com vistas à sua separação do direito material, para tornar-se uma disciplina com foros de cientificidade, conduziu à chamada autonomia da ação, que acabou desembocando na denominada teoria abstrata do direito de ação, assumida pelo nosso Código de Processo Civil, à luz da formulação final de Enrico Tullio Liebman.[6] O que se pode dizer é que essa *posição do direito de ação, que abstrai, ou mais precisamente, que pretende abstrair o direito material*, considerando-o, apenas, como hipótese possível, com o que a ação é admissível, contribuiu para manter, na sombra, um possível florescimento maior das tutelas diferenciadas. O contexto em que se construiu a figura da ação foi o de dotá-la de uma amplitude que ocupou o espaço todo do processo de conhecimento, sem maiores peculiaridades que se afeiçoassem aos *processos sumários*, admitindo-se apenas se classificassem as ações pelos efeitos declaratório, constitutivo e condenatório.

24. Moderna classificação das ações

Ainda subsistem as classificações feitas à base de critérios que pertencem "propriamente ao direito substancial", a saber: (a) ações reais e pessoais (v. arts. 94 e 95, sobre

3. Cf. Arruda Alvim, *Direito processual civil – TGPC*, vol. 1/216.

4. V. nosso *Curso...*, cit., vol. 1/263 *et seq.*

5. Cf. Enrico Tullio Liebman, L'azione nella teoria del processo civile, *Scritti Giuridici, in Onore di Francesco Carnelutti*, vol. 2/430, Chiovenda, *Saggi di diritto processuale civile* (1900-1930), vol. 1, p. 3 *et seq.*, trabalho intitulado L'azione nel sistema dei diritti (ensaio do ano de 1903).

6. V. nesta obra, cap. 11, onde se fazem "Observações críticas à teoria civilista, à do direito concreto, à da tutela jurídica e à da ação como direito potestativo".

competência, que aludem a direito pessoal e real e ações neles fundadas); (b) mobiliárias e imobiliárias (art. 10, § 1.º, com a redação que lhe foi dada pela Lei 8.952/1994, que revogou o parágrafo único do art. 10, e aí inseriu o § 1.º, mantendo, porém, a redação original da norma: "Ambos os cônjuges serão necessariamente citados para as ações: [...]").

Processualmente, porém, classificam-se as ações pelos efeitos objetivados. Assim, temos as ações de conhecimento, ou declaratórias *lato sensu*, que habilitam o juiz a conhecer e declarar, em sentido lato, o direito, afora outras consequências específicas do tipo de ação proposta pelo autor; as executivas, que se baseiam em títulos extrajudiciais[7] (nota promissória, cheque etc. – v. art. 585, I), e as cautelares[8] (v. todo Livro III do Código), que têm por escopo proteger ("acautelar") uma pretensão, com aparência de direito (*fumus boni iuris*) e em relação à qual ocorra o perigo da demora da solução processual (*periculum in mora*), com vistas a assegurar praticamente futura execução (ou a própria, eventual e futura proteção da eficácia da sentença, declaratória ou constitutiva), pois, a eficácia declaratória ou constitutiva, ou a eficácia da sentença condenatória, poderá ser elidida ou excessivamente dificultada pela demora da formação do título executivo judicial na fase de conhecimento do processo; ou, ainda, proteger cautelarmente a própria e frutífera execução por título extrajudicial. Nessa conjuntura, justificando a medida cautelar, comparece a atividade ilícita do devedor, preordenada a frustrar ou dificultar a satisfação do credor, quando provocar o *periculum in mora*. O que caracteriza as ações/sentenças cautelares (eficácia da cautelar concedida) é a provisoriedade e sua dependência do resultado do processo principal (art. 807).[9]

Sem embargo de este ter sido o perfil das ações cautelares, e de esta função encaixar-se auxiliar e tributariamente entre os processos de conhecimento e de execução, este último representado especificamente pela prática de atos tendentes à satisfação do direito, e aquele, o de conhecimento, objetivando, *apenas*, a declaração do direito, não podemos deixar de considerar as chamadas *cautelares atípicas* ou *cautelares satisfativas*, em que, mercê de hipertrofia na evolução da cautelaridade, em casos de extrema urgência, acabava-se normalmente *antecipando uma eficácia*

7. A instituição da ação monitória, entre nós, pela Lei 9.079/1995, viabiliza que, nas condições aí previstas, possa nascer título executivo judicial. Por intermédio dessa ação, na ausência de embargos, "constituir-se-á, de pleno direito, o título executivo judicial" (v. art. 1.102-C, CPC, na redação da Lei 11.232/2005).

8. V. o que, com extensão, está escrito em nosso *Tratado de direito processual civil*, vol. 1, sobre as ações/sentenças mandamentais, p. 313 *et seq.*, e, nesta *obra*, capítulo XXXI.

9. Note-se, a respeito da provisoriedade e da dependência das ações/sentenças cautelares, que constava originalmente do Projeto de Lei 3.803/1993, afinal convertido na Lei 8.952, de 13.12.1994, que alterou diversos dispositivos do Código de Processo Civil, a introdução de um parágrafo único ao art. 806 do CPC, nestes termos: "Dispensar-se-á a propositura de ação principal quando a execução da medida cautelar importar em perda do seu objeto, devendo essa circunstância ser declarada pelo juiz por ocasião da concessão da medida". Talvez pela ampla divergência doutrinária e jurisprudencial que o tema envolve, este acréscimo não constou do corpo do precitado diploma legislativo, estando presente apenas na redação original do indigitado Projeto. No ano de 2005 foi entregue ao governo federal, pela comissão do Instituto Brasileiro de Direito Processual (IBDP), Anteprojeto de lei que pretende regulamentar a "estabilização da tutela antecipada". Esse projeto recebeu no Senado o n. 186/2005, já arquivado, por força de disposição regimental desse órgão. O propósito de conferir estabilidade às decisões liminares foi incorporado pelo PLS 166/2010, que contém o Projeto de Novo Código de Processo Civil.

a ser obtida no processo de conhecimento e a ser realizada no processo de execução.[10] Hoje, estas cautelares atípicas ou satisfativas perderam a razão de ser em virtude de o direito positivo brasileiro ter encampado de modo expresso a possibilidade de se antecipar(em) efeito(s) da tutela pleiteada no bojo do próprio processo de conhecimento, desde que preenchidos determinados pressupostos.

A antecipação de tutela, seja a do art. 273 (redação da Lei 8.952/1994), seja a do art. 461 (redação da Lei 8.952/1994) ou do art. 461-A (inserida pela Lei 10.444/2002),[11] veio *situar novamente* o processo cautelar na sua mais primitiva feição de estrita cautelaridade ou instrumentalidade em relação aos processos de conhecimento e de execução.

Graças à revisão dos princípios do processo, a classificação autenticamente processual, com base nos efeitos específicos que as ações produzem, quanto ao processo de conhecimento, é a seguinte: (a) ações

---

10. Vale dizer, as chamadas cautelares atípicas ou satisfativas significaram historicamente uma hipertrofia da cautelaridade, passando no seu bojo à realização do direito, ainda que sempre se afirmando isso se fazia ou ocorria "resoluvelmente". Essa evolução sofrida pelo processo cautelar ocorreu igualmente em outros países, como, exemplificativamente, na Itália. Tanto aqui quanto na Itália acentuou-se crescentemente depois da Segunda Guerra Mundial. São expressivas as palavras do Prof. Edoardo Ricci a respeito do art. 700 do CPC italiano, equivalente do nosso art. 798. Disse ele a respeito da interpretação que pretendia confinar o âmbito do art. 700 do CPC italiano à estrita função cautelar de segurança do direito: "Mas a rigorosa interpretação dessa corrente doutrinária rapidamente desencontrou-se com as tendências da prática, que tem aplicado o art. 700 do CPC bem além dos confins, dentro dos quais a norma devia ser contida segundo o seu provável fim originário" (v. do Prof. Edoardo Ricci, o trabalho intitulado "A tutela antecipatória no direito italiano", *Revista de Direito Processual*, Curitiba, vol. 4, p. 126). De outra parte, a tendência que particularmente modelou o texto do Código de Processo Civil português é a inspirada em Projeto de Diretiva, da Comunidade Europeia, através da instituição de um verdadeiro poder cautelar geral, incluída a antecipação de tutela, com o que "(...) os Estados membros [da Comunidade Europeia] concedem ao juiz o poder de ordenar uma medida para a proteção provisória de todo o direito, fixando ele próprio o seu conteúdo segundo as circunstâncias", com o que, os procedimentos cautelares *tipificados* resultam completados pela amplitude do texto do art. 381, 1, do CPC português, quando se revelarem insuficientes (v. Carlos Francisco de Oliveira Lopes do Rego, *Comentários ao Código de Processo Civil*, 2. ed. (reimpressão). Coimbra: Almedina, 1999, comentários ao art. 381, 2, p. 275; e, em relação à orientação europeia, informa este mesmo autor transcrevendo o art. 10.1, que é texto do Projeto de Diretiva "para a aproximação [comunitária] do direito processual civil, *verbis*: 'Além das medidas destinadas, de uma forma típica, à proteção de um direito subjetivo determinado (arresto, arrolamento, embargo de obra nova...) os Estados membros concedem ao juiz o poder de ordenar uma medida para a proteção provisória de todo o direito, fixando ele próprio o seu conteúdo segundo as circunstâncias'". E, pelo art. 10.1.2, do aludido Projeto de Diretiva, vê-se que "essa medida [de proteção provisória dos direitos] pode visar: (a) a salvaguarda e a regulação provisória da situação de fato de modo a preservar o *statu quo*; b) a antecipação provisória, total ou parcial, da pretensão litigiosa (...)".

11. Com a Lei 10.444/2002, foi acrescido o art. 461-A, que estendeu o sistema do art. 461 às hipóteses de obrigação de entrega de coisa. Dispõe-se neste artigo: "Art. 461-A. Na ação que tenha por objeto a entrega de coisa, o juiz, ao conceder a tutela específica, fixará o prazo para o cumprimento da obrigação. § 1.º Tratando-se de entrega de coisa determinada pelo gênero e quantidade, o credor a individualizará na petição inicial, se lhe couber a escolha; cabendo ao devedor escolher, este a entregará individualizada, no prazo fixado pelo juiz. § 2.º Não cumprida a obrigação no prazo estabelecido, expedir-se-á em favor do credor mandado de busca e apreensão ou de imissão na posse, conforme se tratar de coisa móvel ou imóvel. § 3.º Aplica-se à ação prevista neste artigo o disposto nos §§ 1.º a 6.º do art. 461".

declaratórias, ou de mera declaração, que podem ser positivas ou negativas; (b) ações constitutivas ou desconstitutivas; e (c) ações condenatórias.

Existe, na doutrina, tendência a que se considere haver outros dois tipos de sentenças, ao lado das que antes mencionamos, que são as sentenças executivas *lato sensu* e as mandamentais. Ambas têm como característica serem capazes de gerar, no mundo empírico, alterações tendentes a satisfazer o credor *in natura*, independentemente do processo de execução, porque o juiz, nestes casos, será dotado de poderes para tomar providências (= determinar medidas de apoio) que acabam tendo por resultado levar o réu a cumprir o mandamento (a ordem) contido na sentença. Há autores que utilizam indiferentemente ambas as expressões: sentença mandamental e sentença executiva *lato sensu*. Outros fazem distinção entre elas, dizendo que só nas executivas *lato sensu*, em face da definitiva resistência do réu no que tange ao cumprimento da ordem contida na sentença, pode o juiz determinar providência equivalente, sub-rogando-se.

Nossa posição é no sentido de que estas sentenças podem ser consideradas uma subespécie das ações condenatórias, embora reconheçamos que, no contexto atual, venham efetivamente ganhando espaço e importância.

Esta classificação diz respeito às ações de conhecimento. Deve-se acentuar, todavia, que as ações de conhecimento, por sua vez, adotado o mesmo critério – classificação das ações com base no fim por elas objetivado –, inserem-se nesta outra classificação maior, de que há pouco se falou, e que, logicamente, antecede à anterior, a saber: (a) ações de conhecimento (Livro I); (b) ações executivas (Livro II); e (c) ações cautelares (Livro III).

Esta última classificação está em conformidade com a estrutura atual do Código de Processo Civil.

O PL 8.046/2010, por sua vez, situa a disciplina das medidas cautelares e antecipatórias no âmbito das tutelas de urgência e de evidência (arts. 295-312), eliminando, assim, o livro dedicado às ações cautelares. Com isso, se aprovado o Projeto de Novo CPC, as medidas cautelares e antecipatórias passarão a integrar, em grande parte, modalidades de tutela concedida no bojo das ações de conhecimento, sem prejuízo da possibilidade de constituírem ações satisfativas autônomas. De todo modo, os critérios que conduziram à classificação das ações, segundo a estrutura do CPC vigente, em ações de conhecimento, executivas e cautelares, permanecerão válidos para distinguir as modalidades de tutela jurisdicional.

25. O processo concebido como contrato ou quase contrato

Em 1868, Oskar Bülow publicou célebre obra, intitulada *Teoria das exceções dilatórias e dos pressupostos processuais*, em que distinguiu, com nitidez, o direito material controvertido e o processo, por meio do qual se resolvia aquele. A relação material litigiosa (*res in judicium deducta*) era, pois, algo de diferente da relação jurídica processual (*judicium*). Esta conceituação foi de extraordinária importância, eis que o processo ficou conhecido como verdadeiro "continente" e a lide (retrato do direito material expressado no processo – arts. 128, 460, *caput*) como o seu "conteúdo". A partir desta distinção, passou-se a identificar, na principiologia do processo, a predominância da marca do *Direito Público*.

Anteriormente ao aparecimento da obra de Bülow e dos frutos dela originados na consequente reelaboração teórica do direito processual, era comum atribuir-se natureza jurídica de contrato ao processo, ou quase contrato, embora isto repugnasse à mais elementar lógica jurídica e à própria operatividade do processo, como elemento de coação, onde avulta que a sentença substitui a vontade dos litigantes e é a base da realização da atividade coativa contra o vencido. Era, de fato, uma ideia antagônica a do poder estatal, na medida em que esse também reside no processo, e, ainda, na medida em que é vital ao desempenho da atividade jurisdicional. Pensamos que esta ideia – natureza do processo como contrato ou quase contrato – reassumiu particular vigor – porque já fora conhecida no Direito romano – no século XIX, em virtude da posição quase mística a que se elevou, ao influxo das ideias de Rousseau, a figura do contrato, expressão prática do relevantíssimo papel da vontade na ordem jurídica.[12]

No entanto, ao conceber-se o processo como relação jurídica, desvinculada da relação jurídica material naquela contida, somente foi possível depois da evolução doutrinária iniciada mercê da obra de Bülow. Esta notável obra, tanto mais notável porque assentada no Direito romano,[13] foi o ponto de partida para a autonomia do processo, tal como hoje entendida, e informa todo organismo processual, e tal como consta nos Códigos modernos, principalmente a partir dos Códigos de Processo Civil alemão e austríaco.

26. O processo como instrumento predominantemente técnico

O processo veio a ser havido como um instrumento de técnica jurídica, cujo escopo principal é a aplicação da lei a um caso controvertido, não solucionado extraprocessualmente, e cuja solução é pedida pelo autor. A circunstância de dizer-se tratar-se de *instrumento técnico* não pode levar à desconsideração dos valores subjacentes ao sistema jurídico, que devem ser realizados no plano do direito, pois que permeiam o sistema e vitalizam as regras técnicas.

A tarefa do processualista, no trato de sua ciência e disciplina, é essencialmente a de, aproveitando-se dos valores universais da ciência jurídica processual da atualidade, e mesmo do passado, objetivar a simplificação desse instrumento "que o Estado põe à disposição dos litigantes, a fim de administrar justiça".[14] Na medida em que se atinja essa simplicidade, sem que dela decorra prejuízo para as partes litigantes, em função do amplo contraditório ao longo de

12. A tutela ressarcitória, que predominou largamente em todos os sistemas jurídicos, historicamente, pode ser explicada pela extensão reconhecida à vontade, por exemplo, nos casos das obrigações de fazer e de não fazer, quando, ainda que em face de um ilícito, entendia-se inviável coação pecuniária e psicológica sobre o devedor recalcitrante (diferentemente do que se passa, atualmente, com o art. 461), e, tal ilícito, era redutível ou se convertia sempre em perdas e danos. Isto porque a coação pessoal era inaceitável (*nemo ad factum potest cogi*).

13. Rudolf von Ihering, na sua obra *Der Kampf um's Recht* [*A luta pelo direito*], 4. ed., Viena: Manz'sche, 1900, abordando uma das muitas implicações do direito romano, na Idade Contemporânea, escreveu: "*Wenn ich dasselbe in wenig Worte zusammendrängen soll, so setzte ich den eingenartigen Charakter der gesammten Geschichte und Geltung des modernen römischen Rechts in das eigenhümtliche, durch die Verhältnisse selber allerginds bis zu einem gewissen Grade nothwendig gemachte Übergewicht der blossen Gelehnrsamkeit, über alle jene Factoren, wleche sont die Gestaltung und Entwicklung des Rechts bestimmen: das nationale Rechtsgefühl, die Praxis, die Gesetzgebung*" (edição bilíngue, Rio de Janeiro: Rio, 1978). Ou, no vernáculo, dessa edição: "Para resumir direi que a característica específica da história e do conteúdo do direito romano moderno reside no predomínio singular, mas até certo ponto determinado pelas circunstâncias, da simples erudição sobre os fatos que via de regra determinam a evolução e a configuração do direito: o sentimento nacional da justiça, a prática, a legislação" (op. cit., p. 84).

14. Alfredo Buzaid, Exposição de motivos ao Código de Processo Civil, *Diário do Congresso Nacional*, p. 4.

todo o evolver do processo, é que se estará dotando a Justiça de um instrumento realmente útil (= eficiente) e, portanto, digno de sua missão.

Nos dias correntes, dúvida alguma pode-se levantar no sentido de que o processo é um instrumento público e de que o Direito Processual Civil – apesar do respeito devido às partes e ao princípio dispositivo – está inserido nos quadros do Direito Público. Exemplos disto são: (a) o dever de comportamento ético (art. 14) e a responsabilidade pelo dano processual (arts. 16 e 18); *sublinhe-se, tendo em vista a redação dada ao art. 273, II, pela Lei 8.952/.1994, no sentido de, ocorrente má-fé, poder-se mesmo antecipar a tutela, o que é um possível efeito, expressivo, decorrente de má-fé*; (b) o impulso oficial (art. 262), em que se prescinde, fundamentalmente, da atividade dos litigantes; a amplitude dos poderes do juiz (art. 342) e a possibilidade de determinação de providências sem pedido da parte, como está estampado atualmente no art. 18, *caput*; no art. 461, §§ 4.º a 6.º, e no 273, § 3.º (cuja redação foi alterada pela Lei 10.444/2002, fazendo, agora, expressa referência à aplicabilidade do art. 461, §§ 4.º e 5.º à efetivação da tutela antecipada) todos do Código de Processo Civil, como, de resto, denotando as tendências contemporâneas do Processo Civil, já constavam de nosso ordenamento nos casos da Lei 8.078/1990, art. 84, § 4.º; Lei 7.347/1985, art. 11; Lei 8.069/1990, art. 213, § 2.º etc., mas, por outro lado, chega-se mesmo à extinção do processo, por inércia bilateral (art. 267, II, do CPC), ou unilateral (art. 267, III, do CPC). Tais regras, constantes dessas leis extravagantes, assumidas pelo Código de Processo Civil, ganharam generalidade.

Se o processo é meio a perseguir um fim – o que se aceita como axioma –, põe-se relevante que a técnica é elemento fundamental no tratamento da disciplina. O escopo do processo é, na realidade, não exclusivamente a consecução de um interesse privado das partes, mas principalmente de um interesse público de toda a sociedade.[15-16]

27. As relações entre o Direito Processual Civil e os demais ramos do Direito

Apesar de o Direito Processual Civil ser autônomo em relação ao seu objeto, e, pois, tendo em vista os demais ramos do Direito, não deixa de se interpenetrar com estes, como procuraremos demonstrar.

---

15. Alfredo Buzaid, Idem, n. 5, p. 209.

16. Neste mesmo sentido, o entendimento expressado por José Roberto dos Santos Bedaque: "A ciência processual foi construída visando à concepção de um instrumento apto a alcançar determinados objetivos. Como é natural em toda evolução, houve distorções que perduram até hoje. Urge eliminá-las"."Na medida em que, segundo se diz, 'pretensão e água benta não fazem mal a ninguém', apresenta-se agora mais uma tentativa, fruto de reflexões teóricas e da experiência concreta – dois elementos essenciais a qualquer construção que pretenda representar efetiva contribuição ao desenvolvimento do direito processual."

"A identificação dos escopos do processo contribui decisivamente para a determinação da natureza jurídica desse ramo do Direito, destinado a regular o meio pelo qual o Estado atua coercitivamente as regras de direito material e obtém a pacificação social. A ciência processual visa ao estudo de seus princípios e fundamentos teóricos."

"Se o processo tem natureza pública, especialmente porque visa a alcançar objetivos de interesse público, importante encontrar meios aptos a permitir que a relação processual desenvolva-se da maneira mais adequada possível, possibilitando que o resultado seja obtido de forma rápida, segura e efetiva. Para tanto, a eliminação de formalidades inúteis constitui dado a ser levado em conta pelo legislador na regulamentação da técnica processual" (*Efetividade do processo e técnica processual*. São Paulo: Malheiros, 2006, p. 34).

28. O processo civil e o Direito Penal

O Direito Processual Civil passou por uma profunda evolução, desde os tempos mais primitivos, em que a justiça era privada e de índole grupal, até nossos dias, em que toda a tarefa da realização da justiça acabou sendo aglutinada em um organismo do Estado (Poder Judiciário).

Nos tempos primitivos, a autodefesa era a maneira violenta de solução dos litígios. Na maioria das vezes, segundo autores mais autorizados, como Ihering, o direito estava ao lado daquele que vencia pela violência, embora realizando o direito pela força bruta pessoal; outras vezes, entretanto, não estava. Parece não haver dúvida de que predominava um "conúbio", isto é, a força ao lado do direito. Era uma forma "tosca" e primitiva da realização do direito.

O que há de fundamental, marcando o perfil da autodefesa ou autotutela do direito, nessa antiga quadra histórica, é a insuscetibilidade da revisão ulterior da conduta pela Justiça. Quer dizer, o indivíduo agia, autodefendia-se e, com isto, resolvia de vez aquele conflito de interesses.

No art. 345 do CP ainda vigente (apenas reformado na parte geral – arts. 1.º a 120 – pela Lei 7.209/1984), lê-se que ninguém pode fazer justiça pelas próprias mãos, ainda quando destinada a satisfazer pretensões legítimas, salvo quando a lei o permite. Assim, aquele que deseja realizar seu direito terá de se dirigir ao Poder Judiciário.

Então, como o primeiro postulado neste assunto, há vedação, como regra geral, da realização da justiça pelas próprias mãos. Entretanto, quer o Direito Civil, quer, por implicação, o Direito Processual Civil, como o Direito Penal, estabelecem algumas derrogações, no sentido de permitirem a autodefesa em determinados casos.

Assim, ante a contingência de uma parte sofrer um dano injusto, a lei permite que se defenda exclusivamente para evitar esse dano (v. arts. 1.210, § 1.º, parte final, 930, parágrafo único e 1.283 do Código Civil),[17] não se configurando, portanto, esse comportamento, como ato ilícito (art. 188, I, do Código Civil).[18] São casos taxativos, todavia, e o fundamento da permissão da autodefesa é a impossibilidade de acesso imediato ao Poder Judiciário e recebimento da tutela a tempo e utilmente.

Encontramos, também no campo do Direito Penal, a excludente de ilicitude (redação dada pela Lei 7.209/1984 ao subtítulo "exclusão de criminalidade" do Código Penal) quando o ato tenha sido praticado em estado de necessidade, em legítima defesa, em estrito cumprimento de dever legal ou no exercício regular de um direito (v.g., Código Penal [Parte Geral], art. 23, I, II, III).[19]

O que há de fundamental na legítima defesa moderna, porém – e é neste ponto que difere da legítima defesa antiga –, é sua possível revisão pela autoridade jurisdicional, o que se afirma, mais uma vez, com fulcro no art. 5.º, XXXV, da CF/1988, neste particular, na esteira do direito constitucional brasileiro precedente.

É possível verificar-se, ulteriormente, se a legítima defesa se exerceu, ou não, dentro dos limites estabelecidos em lei (v., p. ex., o sentido da palavra *moderadamente*, no art. 25, do CP; v. ainda o teor do art. 1.210, § 1.º – principalmente na parte final – do Código Civil).[20]

29. O processo civil e o Direito Constitucional

A realização da justiça é por excelência uma atividade pública, praticada por um dos

17. No CC/1916, *v*. arts. 502, *caput* e parágrafo único, 1.520, parágrafo único e 558.
18. No CC/1916, correspondia-lhe o art. 160, I.
19. Agora, com a inovação contida no art. 23, parágrafo único, o excesso punível, antes restrito à legítima defesa, foi estendido a todas as causas de justificação.
20. Cf. parágrafo único do art. 502 do CC/1916.

poderes do Estado. Sendo assim, é compreensível que ela radique seus traços fundamentais no Direito Constitucional.

O Poder Judiciário enraiza-se na Constituição Federal e participa da natureza da própria soberania nacional (v. art. 2.º, da CF/1988), sendo função estatal. Os pontos fundamentais da administração da justiça, do Poder Judiciário, da proteção ao juiz como *funcionário público com uma situação diferenciada* que é, e outros aspectos, tudo isto encontra o seu traçado básico delineado na Constituição Federal e não pode, de forma alguma, ser desrespeitado pelas leis hierarquicamente inferiores à Constituição, sejam leis federais (processo civil), sejam leis estaduais de organização judiciária (arts. 92 *et seq.*, da CF/1988).

Resta-nos, contudo, examinar quais os aspectos do processo civil que encontram suas raízes na Constituição Federal.

Em primeiro lugar, verifiquemos a "ubiquidade". Por este termo, entende-se que a administração da justiça, no sistema jurídico brasileiro, alcança tudo e todos, garantia que deflui do art. 5.º, XXXV, da CF/1988.[21]

Outro postulado de ordem constitucional, em segundo lugar, é o de que todos são iguais perante a lei (art. 5.º, *caput*, e I, da CF/1988). Este, inegavelmente, implica que, no processo, as partes têm que ser tratadas com igualdade. Essa igualdade é estabelecida pelo legislador porque assume que os litigantes são iguais, não havendo razão para favorecer um determinado autor em detrimento de um determinado réu. Assim, autor e réu não poderão ter tratamento desigual. Entenda-se isto mais no sentido de que a significação nuclear deste princípio é a de que todos os autores sejam igualmente tratados (igualdade formal), o mesmo ocorrendo com todos os réus, mas não quer implicar, também, propriamente, que significa que o autor seja igual ao réu, com o qual concretamente se defronta (igualdade substancial). A igualdade, do ponto de vista formal, até

21. Deve-se explicar a significação desse princípio em face da arbitragem, atualmente, disciplinada pela Lei 9.307/1996, de molde a perceber que a arbitragem não colide com tal princípio. O STF, no julgamento do AgReg na Homologação de Sentença Estrangeira 5206-Espanha, considerou constitucionais, por unanimidade, os dispositivos da Lei de Arbitragem "que prescrevem a irrecorribilidade (art. 18) e os efeitos de decisão judiciária da sentença arbitral (art. 31)", e, por maioria, considerou constitucionais as disposições da referida Lei que permitem à parte, "havendo resistência [da outra parte] quanto à instituição da arbitragem, recorrer ao Poder Judiciário para compelir a parte recalcitrante a firmar o compromisso". Quanto a esta parte do julgado, restaram vencidos os Mins. Sepúlveda Pertence, Sydney Sanches, Néri da Silveira e Moreira Alves, que "declaravam a inconstitucionalidade do parágrafo único do art. 6.º, do art. 7.º e seus parágrafos; no art. 41, das novas redações atribuídas ao art. 267, VII, e ao art. 301, IX, do Código de Processo Civil; e do art. 42, todos do referido diploma legal" (Pleno, j. 12.12.2001, rel. Min. Sepúlveda Pertence, *DJ* 30.04.2004, p. 29).Escrevemos a respeito em texto publicado na *RePro* 101, p. 191 e ss., sob o título *Cláusula compromissória e compromisso arbitral: efeitos*. A posição que sustentamos naquele estudo é a mesma que, em julgado recente, veio a ser manifestada pelo STJ: "Impõe-se a extinção do processo sem julgamento do mérito se, quando invocada a existência de cláusula arbitral, já vigorava a Lei de Arbitragem, ainda que o contrato tenha sido celebrado em data anterior à sua vigência, pois, as normas processuais têm aplicação imediata. Pelo Protocolo de Genebra de 1923, subscrito pelo Brasil, a eleição de compromisso ou cláusula arbitral imprime às partes contratantes a obrigação de submeter eventuais conflitos à arbitragem, ficando afastada a solução judicial. Nos contratos internacionais, devem prevalecer os princípios gerais de direito internacional em detrimento da normatização específica de cada país, o que justifica a análise da cláusula arbitral sob a ótica do Protocolo de Genebra de 1923. Precedentes" (STJ, 3.ª T., REsp 712.566/RJ, j. 18.08.2005, rel. Min. Nancy Andrighi, *DJ* 05.09.2005, p. 407).

agora considerada, não elimina, sendo possível que se hajam de tratar igualmente, de um ponto de vista substancial, autor e réu, de um mesmo processo, ensejando-se-lhes, real e concretamente, igualdade de oportunidades.[22] Aprofundando a significação medular da igualdade, agora sob o ângulo substancial, leis infraconstitucionais podem discriminar a partir da situação concreta de desigualdade reconhecida, para determinadas categorias, procurando reverter a desigualdade concretamente existente.[23] São casos em que a assumida igualdade dos litigantes, pelo legislador, não se justifica, pela razão curial de que não são iguais. É a situação de embate entre o "forte" e o "fraco".

Encontramos, em terceiro lugar, também na Constituição Federal, o enunciado de que a instrução de qualquer processo, inclusive na esfera administrativa (art. 5.º, LV), será necessariamente contraditória, com ampla defesa e com meios e recursos a isso inerentes. Para o processo civil (*lato sensu*) e penal, vale dizer, há menção expressa à garantia para aquele que é acusado, ou, para aquele que possa perder seus bens está assegurado constitucionalmente o direito ao devido processo legal (art. 5.º, LIV).

Diz-se, ademais, na Constituição Federal, que nenhuma lesão ou ameaça de lesão a direito[24-25] pode ser subtraída à apreciação

22. *V.*, a propósito, nosso *Tratado de direito processual civil*, vol. 1, p. 106 *et seq.*, e 114-117.

23. É o que expressamente consta do art. 6.º, VIII, do CDC (Lei 8.078/1990), *verbis*: "A facilitação da defesa de seus direitos, inclusive com a inversão do ônus da prova, a seu favor, no processo civil, quando, a critério do juiz, for verossímil a alegação ou quando for ele hipossuficiente, segundo as regras ordinárias de experiências". Verifique-se que essa "facilitação" da defesa do consumidor, que deve ser aplicada nas demandas coletivas e individuais, não se circunscreve à "inversão do ônus da prova", uma vez que consta deste texto a expressão "inclusive". Constata-se tratar-se de um texto com conteúdo vago (indeterminado), amplo em sua significação, em que está deferido poder ao magistrado, para poder conduzir-se com vistas a realizar praticamente, no processo, essa "facilitação da defesa do consumidor".

24. Nesse ponto, tão relevante quanto a afirmação do princípio constitucional são suas implicações no plano da legislação infraconstitucional. Assim, por exemplo, as medidas cautelares típicas não devem ficar sempre circunscritas aos requisitos legais taxativamente previstos, uma vez que as disposições processuais pertinentes devem ser interpretadas em conjunto com o art. 798 do CPC, que estabelece o poder geral de cautela, e à luz do art. 5.º, XXXV, da Constituição Federal. É possível que, excepcionalmente, sejam concedidas medidas cautelares típicas mediante demonstração do *fumus boni iuris* e do *periculum in mora* genericamente considerados. A respeito da questão ora analisada, decidiu o STJ que, "considerando que a medida cautelar de arresto tem a finalidade de assegurar o resultado prático e útil do processo principal, é de concluir-se que as hipóteses contempladas no art. 813, CPC, não são exaustivas, mas exemplificativas, bastando, para a concessão do arresto, o risco de dano e o perigo da demora" (STJ, REsp 123.659/PR, 4.ª T., j. 09.06.1998, rel. Min. Sálvio de Figueiredo Teixeira, *DJ* 21.09.1998, p. 175).

25. Se pelo texto constitucional está, no âmbito do acesso à justiça, garantida a situação de "ameaça a lesão" (art. 5.º, XXXV), mostram-se incompatíveis com a Constituição Federal restrições à cautelaridade [v., sobre este ponto, Eduardo Arruda Alvim, artigo denominado Noções sobre a ação constitucional do mandado de segurança – Sua aplicabilidade no campo do Direito Tributário, em *Processo tributário*, p. 67, analisando a Medida Provisória 375/1993, havida como inconstitucional pelo STF – MC na ADI 975-3, rel. Min. Carlos Velloso. Cf. também o entendimento mais recentemente manifestado pelo mesmo autor acerca das restrições às medidas de urgência contra o Poder Público, contidas, em especial, nas Leis 4.348/1964 (atualmente revogada pelo art. 7.º, § 2.º, da Lei 12.016/2009), 8.437/1992 e 9.494/1997, em *Antecipação da tutela*, p. 337 e segs.]. Especificamente quanto ao disposto no art. 1.º da Lei 9.494, porém, a questão das restrições à tutela antecipatória contra o Poder Público restou solucionada pelo julgamento da ADC 4, cuja procedência implica a aplicabilidade

do Judiciário (art. 5.º, XXXV); se alguém sofrer uma condenação civil sem ter tido sequer a oportunidade de ser ouvido, estar-se-á, obliquamente, violando a Constituição Federal, especificamente, o art. 5.º, XXXV c/c LIV e LV.

Em quarto lugar, encontramos, na Constituição, a correlação de dois princípios: estão definidos e arrolados nela os tribunais que podem ter existência no Brasil (art. 92)[26] e a proibição expressa de existência de tribunais de exceção (art. 5.º, XXXVII). Assim, no sistema jurídico brasileiro, somente é válida a aplicação de uma lei por juiz ou tribunal que hajam sido previstos pela Constituição Federal, ou cuja existência esteja etiologicamente ligada à Constituição.

O princípio do art. 5.º, XXXV encontra desdobramentos em outros enunciados que *enfatizam* tal garantia. O art. 5.º, LXXVIII (inserido pela EC 45/2004) assegura *razoável duração do processo* e *os meios que garantam a celeridade da sua tramitação*. A própria Constituição contém normas que se voltam à realização deste desiderato, tal como a regra de que "o número de juízes na unidade jurisdicional será proporcional à efetiva demanda judicial e a respectiva população", e de que "a distribuição de processos será imediata, em todos os graus de jurisdição" (CF, art. 93, XIII e XV, ambos acrescentados pela EC 45/2004).[27]

Mas, de nada adiantariam essas garantias, se ao aplicador da lei não estivessem, também, previstas proteções especiais, quer do ponto de vista funcional, quer do pessoal. Por isso, encontra-se na Constituição uma série de normas que visam à proteção do juiz, quer como juiz, quer como homem.

A primeira garantia da magistratura respeita à vitaliciedade (art. 95, I da CF/1988), que representa um "direito 'quase' absoluto" ao cargo, com exceções (v. última parte do art. 95, I, da CF/1988, em que se alude a "nos demais casos", referindo-se às hipóteses em que já há vitaliciedade).

A vitaliciedade é garantia mais ampla do que a da estabilidade, que é garantia dos juízes, enquanto funcionários públicos que gozam de uma situação especial com vistas a uma maior proteção do cargo. A estabilidade é significativa de garantia no serviço público, ao passo que a vitaliciedade, com o ser, também, garantia no serviço público, é garantia mais profunda, porque diz com o

do disposto nos arts 5.º, p.u., e 7.º da revogada Lei 4.348/1964; 1.º, § 4.º, da revogada Lei 5.021/1966; e 1.º, 3.º e 4.º da Lei 8.437/1992, à tutela antecipada prevista nos arts. 273 e 461 do CPC. Reconheceu-se, deste modo, a constitucionalidade da vedação de concessão de tutela antecipada ou qualquer modalidade de medida preventiva contra o Poder Público nos seguintes casos: reclassificação, equiparação, concessão de aumento ou extensão de vantagens e/ou pagamento de vencimentos e vantagens pecuniárias de servidores públicos; deferimento de compensação de créditos tributários ou previdenciários ou, ainda, nas hipóteses em que a liminar esgote, no todo ou em qualquer parte, o objeto da ação. Mais recentemente, diante da promulgação da Nova Lei do Mandado de Segurança, Eduardo Arruda Alvim manifestou-se sobre o tema das tutelas de urgência no capítulo 7 da obra *Mandado de segurança*.

26. O inciso I-A do art. 92, inserido pela EC 45/2004, estabelece que o Conselho Nacional de Justiça é um dos órgãos do Poder Judiciário.

27. Sobre as alterações decorrentes da referida Emenda Constitucional merecem ser consultados, com proveito, os seguintes trabalhos doutrinários: *Breves comentários à nova sistemática processual civil*, de Luiz Rodrigues Wambier, Teresa Arruda Alvim Wambier e José Miguel Garcia Medina, em que, na primeira parte, são analisadas as repercussões da Reforma Constitucional, em relação ao Direito Processual Civil; e *Reforma do Judiciário* – Primeiras reflexões sobre a Emenda Constitucional 45/2004, obra coletiva coordenada por Teresa Arruda Alvim Wambier, Luiz Rodrigues Wambier, Luiz Manoel Gomes Jr., Octávio Campos Fischer e William Santos Ferreira, em que os variados aspectos da Reforma Constitucional são profundamente analisados.

próprio direito ao cargo (cf. art. 57, da CF de 1891, preciso nesse sentido).

O art. 95, I, estabelece a "vitaliciedade, que, no primeiro grau, só será adquirida após dois anos de exercício, dependendo a perda do cargo, nesse período, de deliberação do tribunal a que o juiz estiver vinculado, e, nos demais casos, de sentença judicial transitada em julgado". Assim, se a vitaliciedade é a cristalização do direito ao cargo, antes dela, todavia, e ainda que sem ela, não pode o juiz perder o seu cargo, a não ser nas condições estabelecidas no art. 95, I.

Isto significa que, para os demais integrantes da magistratura, quando nela ingressem, a vitaliciedade ocorre com a posse no cargo (v.g., o advogado ou membro do Ministério Público, que ingressa pelo quinto constitucional em tribunais locais, ou o jurista escolhido para Ministro do Supremo Tribunal Federal, dizendo a aludida exceção apenas com a magistratura de 1.º grau).

A inamovibilidade (art. 95, II) é significativa de que o juiz não poderá ser removido contra a sua vontade, mesmo que sua recusa implique, eventualmente, a perda de uma possível promoção, cujo direito à recusa se reconhece ao juiz, porque significa praticamente uma concretização inafastável do próprio princípio da inamovibilidade.

Caso não houvesse essa expressa garantia – da inamovibilidade –, o juiz, ou qualquer outro membro da magistratura, poderia facilmente ser objeto de pressão. E é tão ampla essa garantia que se lhe assegura, que ela se estende até ao direito do juiz, do desembargador ou de ministro de qualquer tribunal, de permanecer no seu cargo, por isso que, aos que ocupem órgãos colegiados, em tribunais, se reconhece o direito de permanecerem no órgão fracionário que ocupem.

A inamovibilidade comporta as restrições do art. 93, VIII, da CF/1988.

Diga-se, ainda, que, ao lado da perda do cargo, poderá o magistrado ser compulsoriamente aposentado ou ser posto em disponibilidade "por interesse público", por meio de "decisão por voto da maioria absoluta do respectivo tribunal ou do Conselho Nacional de Justiça, assegurada ampla defesa" (art. 93, VIII, da CF/1988).

A irredutibilidade dos subsídios, que é a terceira garantia de que goza a magistratura (art. 95, III); entretanto, pode significar muito pouco em um país inflacionário, e quando, ocorrida a inflação, não se conceda o aumento do valor nominal da moeda correspondente à desvalorização verificada.

Este princípio, se adotado em sua plenitude, tendo em vista o que por seu intermédio se persegue, implica a necessidade de, além de não serem redutíveis, serem fixados numa "base mínima", não prevista pela Constituição Federal. Seria a "garantia econômica" da magistratura, que diz respeito à independência econômica do juiz, em cuja razão se assenta, igualmente, a irredutibilidade.

Já decidiu o Supremo Tribunal Federal que a garantia da irredutibilidade de vencimentos não tem como corolário a revisão automática dos vencimentos dos magistrados, em razão dos índices de desvalorização da moeda. Somente a lei de iniciativa do Poder Executivo pode operar esse reajustamento.[28]

Considerando as relações do Direito Processual Civil com o Direito Constitucional, verifica-se que as implicações fundamentais destas relações são decorrentes dos princípios normativos constitucionais que atingem o processo civil, aos quais este está submetido, como o ordenamento jurídico todo.

Entretanto, devemos explicitar que tais relações se estabelecem, também, sob outro

28. *RTJ* 105/671 (conquanto tenha sido caso de não conhecimento). V. STF, ADI 965-PE, Pleno, j. 03.08.1998, rel. Min. Maurício Corrêa, *DJ* 08.09.2000, p. 3.

aspecto importante, no próprio plano do Direito Público. Efetivamente, a regra fundamental que preside a própria mecânica das funções básicas do Estado é a de que os Poderes Executivo, Legislativo e Judiciário são harmônicos e independentes entre si (art. 2.º da CF/1988).[29]

Contudo, esses três poderes submetem-se aos ditames da Constituição, e, pela função natural e constitucionalmente atribuída ao Poder Judiciário, é a ele que cabe controlar a medida de submissão dos poderes à Constituição Federal (art. 5.º, XXXV, art. 102, III, *a*, ambos da CF/1988).

O Poder Judiciário tem a tarefa primordial de fazer operar efeitos às leis, no bojo de processos, quando sejam descumpridas (art. 5.º, II, da CF/1988) e a suprema missão de garantir eficácia à Constituição. Toda e qualquer lei federal, estadual ou municipal, que contrariar a Constituição Federal, não poderá ser aplicada pelo julgador. A declaração de inconstitucionalidade ou constitucionalidade de lei federal poderá provir da iniciativa do Presidente da República, e de todos aqueles a quem o art. 103, I a IX, da CF (de acordo com a Emenda 45/2004) atribui legitimidade para tal, em processo autônomo e específico à obtenção de tal declaração, ou, então, incidentemente, hipótese em que aos próprios litigantes assiste o direito à arguição de inconstitucionalidade, como fundamento da ação ou da defesa.

Também, por força da Emenda Constitucional 3, de 17.03.1993, é possível ao Supremo Tribunal Federal declarar a *constitucionalidade* de preceito normativo federal quando provocado pelo Presidente da República, Mesas do Senado Federal ou da Câmara dos Deputados ou, ainda, pelo Procurador-Geral da República (cf. art. 102, I, *a*, c/c art. 103 [na redação da Emenda 45/2004] da Constituição Federal). Antes da Emenda Constitucional 45, de 2004, o espectro de legitimados para a propositura de ação declaratória de *constitucionalidade* era menor do que na ação direta de *inconstitucionalidade* (cf. dispunha o § 4.º do art. 103, parágrafo este revogado pela EC 45); atualmente, o art. 103, alterado pela Emenda Constitucional 45, não faz mais tal distinção.

A tarefa do Judiciário, contudo, vai além. Também o Poder Executivo deve viver no sistema da legalidade. Ao Poder Judiciário incumbe o controle das atividades do Executivo: é o controle jurisdicional dos atos administrativos, que existe tanto em face do Direito Constitucional, como do Direito Administrativo e Processual Civil.[30]

29. A concepção da separação de poderes, visualizada particularmente tendo em vista os poderes do juiz, alterou-se apreciavelmente ao longo dos tempos, ou, mais precisamente, do século passado para os dias correntes. Assim é que, no século passado – e, ainda uma vez, tomando como referência o processo cautelar – dizia-se que, em tempos mais antigos, o juiz, porque juiz e aplicador da lei, restava estrita e rigorosamente vinculado à lei (= à letra da lei). Daí, então, afirmar-se também que o juiz era a boca da lei (= *la bouche de la loi*). Esta visão repercute – entre outros aspectos – no âmbito da extensão dos poderes do juiz, no processo cautelar, levando a que este somente pudesse ser concebido diante dos casos-modelos tipificados, no que estava implicada a inexistência de poder cautelar geral, pois que, *periculum in mora* era unicamente aquele que houvesse sido identificado e assumido pelo legislador, em lei. Essa concepção de ordem jurídica era dogmaticamente refratária à existência de poder cautelar geral, como, ainda, afirmava que, uma visão diferente, esbarraria na própria ideia da separação de poderes.

30. V. nosso *Curso*... cit., vol. 1, n. 6, p. 44; v. tb. nosso *Direito processual civil* – Teoria Geral do Processo de Conhecimento, vol. 1, 8.ª parte, p. 277 *et seq.*; v. ainda Thereza Alvim, O ato administrativo irrevogável e a coisa julgada – Distinções e aspectos comuns. *Revista da Procuradoria-Geral do Estado de São Paulo* II/267 *et seq.*

30. O processo civil, o Direito Administrativo e o Direito Tributário

As relações do Direito Processual Civil com o Direito Administrativo são muitas. Podemos apontar, em primeiro lugar, a circunstância de que o processo civil não serve tão somente à aplicação do Direito Civil, mas também do Direito Público em geral. O processo civil é veículo de aplicação, nos casos contenciosos, resolvendo os conflitos entre a Administração e o particular (como, v.g., nos casos de desapropriação judicial) e os litígios entre a Administração e funcionários (lides administrativas).

Por outro lado, nos casos de jurisdição voluntária, é profundo o entrosamento do processo civil e do Direito Administrativo, porquanto: (1.º) formalmente temos uma modalidade de processo, ou, mais precisamente, de um procedimento civil (art. 1.º do CPC), dado que exteriormente os casos de jurisdição voluntária fazem-se valer através de um procedimento diante de um juiz, faltando-lhes, porém, o requisito final da coisa julgada material (v. art. 1.111);[31] (2.º) substancialmente, contudo, a atividade desenvolvida pelo juiz é, por excelência, de caráter administrativo, e não precipuamente jurisdicional; (3.º) ainda, a organização dos serviços da justiça (organização judiciária) são decorrentes de normas processuais civis *lato sensu*. São oriundas do próprio Poder Judiciário, a quem compete organizar suas secretarias e serviços auxiliares e os dos juízos que lhes forem vinculados, velando pelo exercício da atividade correicional respectiva (art. 96, I, *b*, da CF/1988). Segundo alguns, trata-se de normas mais afetas ao Direito Administrativo.

31. V. Mendonça Lima, *Comentários ao Código de Processo Civil*, vol. 12/79, comentários ao art. 1.111.

Por outro lado, deve-se ter presente que o processo civil é fonte subsidiária do procedimento administrativo, aplicando-se a este, com o caráter de subsidiariedade, os princípios e normas daquele.[32]

Ainda por meio dele cobra-se o crédito tributário, para o que há lei especial (Lei 6.830/1980), além de inúmeras outras hipóteses.[33]

Pela Lei 9.784/1999, princípios do processo, abrigados pela Constituição Federal, encontram-se recebidos pelos procedimentos administrativos federais em obediência, de resto, ao mesmo mandamento constitucional (princípios do contraditório e ampla defesa, art. 5.º, LV, sublinhando-se ainda a referência na lei ao princípio da legalidade – CF, art. 37, *caput*).[34]

32. V. Hely Lopes Meirelles, *Direito administrativo brasileiro*, 29. ed., n. 5, p. 42.

33. V. o que está escrito, a respeito, no *Repertório de jurisprudência e doutrina sobre o processo tributário*, obra coletiva sob a organização de Teresa Celina de Arruda Alvim Pinto, James Marins e Eduardo Arruda Alvim, onde será encontrado farto material sobre as relações entre o Direito Processual Civil e o Direito Tributário, além das dificuldades sentidas a partir destas relações "que cada vez mais reclamam sistematização própria, jurisprudencial, doutrinária e legal" (op. cit., p. 14). Essa análise, no mesmo sentido, foi retomada, em outra obra de Eduardo Arruda Alvim, *Mandado de segurança no direito tributário*, 2. tir., p. 211-212.

34. É o que dispõe o art. 2.º da Lei 9.784/1999 (regula o processo administrativo no âmbito da Administração Pública Federal), ao enunciar diversos princípios a que se submete a administração federal, e, dentre esses os de que cogitamos, *verbis*: "Art. 2.º A Administração Pública obedecerá, dentre outros, aos princípios da legalidade, finalidade, motivação, razoabilidade, proporcionalidade, moralidade, ampla defesa, contraditório, segurança jurídica, interesse público e eficiência. Parágrafo único. Nos processos administrativos serão observados, entre outros, os critérios de: I – atuação conforme a lei e o Direito (...)".

31. O processo civil e o Direito Civil

Profundas são as relações do processo civil com o Direito Civil. Desde logo, lembre-se, têm estes ramos do Direito até mesmo o adjetivo *civil* em comum. Pode dizer-se, *grosso modo*, que grande parte do direito substantivo privado (direito privado comum) é constituída pelo Direito Civil, e que, por outro lado, o processo civil é o instrumento por meio do qual os casos controvertidos dessa parte do direito substancial são resolvidos.

Há ainda dois aspectos importantes. O Direito Civil, pela circunstância de ser o mais antigo ramo do Direito, é, inegavelmente, o mais densa e sistematicamente aperfeiçoado, mesmo porque diz ele com o homem e toda sua multifacetada projeção na família e na sociedade civil; tem em seu bojo a disciplina atinente ao domínio dos bens pelos homens e o destino de tais bens após a morte. Nenhum ramo do Direito, em verdade, foi tão estudado quanto o Direito Civil. Nessas condições, não é incomum os processualistas – mesmo tendo presente que o Direito Processual Civil encarta-se no que se convenciona chamar de Direito Público –, ainda hoje, se sentem obrigados a ir buscar subsídios no Direito Civil, mesmo tendo que constantemente fazer as necessárias adaptações, reelaborando a própria configuração de muitos dos institutos. Por outro lado, instituto processual *pode vitalizar* regras de direito civil, como se passa com as obrigações de fazer e de não fazer, à luz do disposto no art. 461 do CPC, com a redação que lhe emprestou a Lei 8.952/1994, e no art. 461-A, referente às obrigações de entrega de coisa.

Por outro lado, justamente pelo fato histórico de ser o mais antigo ramo do Direito, aí se estudaram e se delinearam, com alto grau de perfeição, determinados institutos jurídicos que, na verdade, não são propriamente institutos só do Direito Civil. Pode dizer-se que a chamada parte geral do Direito Civil, na verdade, não é só uma parte geral de Direito Civil, mas sim uma teoria ou parte geral do Direito, e o é como direito positivo.

Quanto à chamada Lei de Introdução ao Código Civil, pode afirmar-se que se trata, no consenso dos doutrinadores, de norma de sobredireito, embora de hierarquia igual do ponto de vista formal à das demais leis, sendo aplicável não só ao Direito Civil como também, em grande parte, aos demais ramos do Direito, inclusive ao Direito Penal. A LICC, atualmente denominada *Lei de Introdução de Normas do Direito Brasileiro* (conforme alteração promovida pela Lei 12.376/2010), ao disciplinar o início normal da vigência das leis, no ambiente do direito intertemporal, contém definição de coisa julgada, sob o aspecto do momento de sua ocorrência (art. 6.º, § 3.º).[35] Nela se contém também regra de hermenêutica; por um lado, de resto, apreciavelmente óbvia à luz dos valores contemporâneos da sociedade, recomendando se deva interpretar com o *descarte* de uma interpretação individualista, *em favor* de uma interpretação social, *desde que isso seja possível* (art. 5.º).[36]

Nela, ainda, se expressa o *princípio político da obrigatoriedade das leis* (art. 3.º da LICC), e, bem assim, contém regra *repetida* pelo art. 126 do CPC, em que se mostra a *plenitude lógica do sistema jurídico (ou, mais*

---

35. Dispõe-se no art. 6.º da LICC: "Art. 6.º A lei em vigor terá efeito imediato e geral, respeitados o ato jurídico perfeito, o direito adquirido e a coisa julgada. § 1.º Reputa-se ato jurídico perfeito o já consumado segundo a lei vigente ao tempo em que se efetuou. § 2.º Consideram-se adquiridos assim os direitos que o seu titular, ou alguém por ele, possa exercer, como aqueles cujo começo do exercício tenha termo pré-fixo, ou condição preestabelecida inalterável, a arbítrio de outrem. § 3.º Chama-se coisa julgada ou caso julgado a decisão judicial de que já não caiba recurso".

36. Dispõe o art. 5.º da LICC: "Art. 5.º Na aplicação da lei, o juiz atenderá aos fins sociais a que ela se dirige e às exigências do bem comum".

corretamente, a explicitude da integridade do sistema jurídico), ao ensejo de disciplinar os meios, sucessivamente aplicáveis, de colmatarem-se as lacunas da lei, mercê da utilização dos referenciais constantes do sistema jurídico. (art. 4.º da LICC).[37]

32. O processo civil e o Direito Comercial

O Direito Comercial é, segundo alguns, uma parte especial do Direito Civil; segundo outros, constitui-se em disciplina autônoma. Pelo Código Civil de 2002, aprovado pela Lei 10.406, de 10.01.2002, unificou-se, em parte, o Direito Privado, assimilando-se o direito obrigacional comercial ao civil, constituindo-se, assim, um corpo de *obrigações do direito privado* (v., na Parte Especial temos, lado a lado, o Livro I, tratando de toda a matéria obrigacional, aí inserida a regulamentação de "Títulos de Crédito"; no Livro II, cuida-se do "Direito de Empresa"). De qualquer forma, porém, colocava-se *ao lado* do Direito Civil, constituindo-se ambos nos dois grandes desdobramentos do Direito Privado, situação que foi substancialmente modificada com a entrada em vigor do Código Civil de 2002, que no art. 2.045, do Livro Complementar, nas Disposições Finais e Transitórias, estabelece que "Revogam-se a Lei 3.071, de 1.º de janeiro de 1916 – Código Civil e a Parte Primeira do Código Comercial, Lei 556, de 25 de junho de 1850". Verifica-se, com isto, o que se tem designado como um "esvaziamento" *normativo* do direito comercial.

Similarmente ao Direito Civil, o Comercial, nos casos concretos controvertidos, faz-se valer por meio do Direito Processual Civil.

Relaciona-se com o Direito Processual, porquanto diversos aspectos, exemplificativamente, como o da prova,[38] são comumente regulados no Código Comercial, ao lado da disciplina do Direito Processual e do Direito Civil.

Onde, porém, mais intensas se verificam as relações entre os dois ramos do Direito é justamente na parte do Direito Comercial que trata da execução coletiva contra comerciantes insolventes, isto é, a parte do Direito falimentar.

O Direito falimentar é, por excelência, Direito Processual, ou, caso assim se preferir, Direito Processual em verdadeira simbiose com o Direito substancial.

Foi sancionada, em 09.02.2005, a Lei 11.101, que *regula a recuperação judicial, a extrajudicial e a falência de devedores pessoas físicas e jurídicas que exerçam atividade regida pelas leis comerciais*. Essa Lei substituiu a antiga Lei de Falências, que antes se encontrava em vigor (Dec.-lei 7.661/1945).

37. V. respectivamente, os seus arts. 3.º e 4.º: "Art. 3.º Ninguém se escusa de cumprir a lei, alegando que não a conhece". "Art. 4.º Quando a lei for omissa, o juiz decidirá o caso de acordo com a analogia, os costumes e os princípios gerais de direito".

38. Referem-se, textos do Código Comercial, atualmente revogados, à prova dos atos de comércio os arts. 22, 23 e 24 (nestes faz-se referência à prova plena, nomenclatura antiga, que não se enquadra bem no livre convencimento do juiz [art. 131 do CPC]); no art. 123, 2.ª alínea, evidencia-se, de certa forma, uma hierarquia entre as provas, *verbis*: "Em transações de maior quantia, a prova testemunhal somente será admitida como subsidiária de outras provas por escrito"; no art. 123, 1.ª alínea, limita-se a prova testemunhal a determinado valor (assunto que depois, encontrou a disciplina do art. 141 do CC/1916 e hoje, do art. 227 do Código Civil e do art. 401 do CPC) etc. É ampla a disciplina do Código Comercial, sucessivamente, em que se regulam aspectos específicos. Não podemos deixar de referir, mais uma vez, que a Parte Primeira do Código Comercial foi revogada com a entrada em vigor do Código Civil de 2002, por expressa determinação legal (art. 2.045 desse último diploma).

O estudo da Lei de Falências revela, a saciedade, a importância do aspecto processual, e nela se encontram delineados institutos peculiarmente para servir à falência, mas que, por sua natureza, são verdadeiros institutos de Direito Processual.

Outras vezes, o legislador falimentar previu determinados institutos, sem, contudo, traçar o perfil de sua disciplina, o que é feito a partir do Código de Processo Civil.

Não há, na realidade, a apropriação de regras de Direito Processual Civil pelo Direito falimentar, senão que, em face do que dispõe o art. 189 da Lei 11.101/2005, aplica-se o CPC, no que couber, aos procedimentos previstos na nova Lei de Falências.[39]

A nova Lei de Falências, tal como a Lei revogada, tem dupla natureza: traz, de um lado, normas de direito processual (ao dispor sobre a condução das falências e a recuperação de empresas) e, de outro, regras de direito substancial (v.g., ao enunciar as hipóteses e condições em que as pessoas e sociedades estariam a merecer a tutela do Estado, no sentido de promover e auxiliar na recuperação das mesmas).

33. O processo civil e o Direito Processual do Trabalho

O Direito Processual Civil também se relaciona com o Direito Processual do Trabalho, haja vista ser o processo comum (abrangendo, desta forma, quer o processo civil, quer o processo penal) fonte subsidiária do processo trabalhista (art. 769 da CLT), sendo, portanto, aplicável sempre que não existir norma expressa, relativa ao processo trabalhista, dispondo acerca da matéria, e desde que não se contrariem os princípios consagrados pela CLT.[40] Interessante notar que, no que tange à execução trabalhista, há aplicação subsidiária das disposições constantes da Lei 6.830/1980 (Execução fiscal),[41] aplicando-se as disposições contidas no Código de Processo Civil somente naquilo que a referida lei for omissa, assim como não contrariar, por óbvio, os princípios norteadores do processo trabalhista.

33-A. O processo civil e o Direito Processual Penal

Sem embargo da diversidade de objetivos e pressupostos do processo civil e do processo penal[42] – matéria que não será

39. Quanto à aplicação dos princípios previstos no CPC à antiga Lei de Falências, que era anterior ao CPC, afirmava J. A. Penalva Santos haver uma "forma integradora acessória" (*A lei de falências e o novo CPC*, p. 12). A afirmação não era considerada exata de forma absoluta – *v.* Arruda Alvim, *Código de Processo Civil e legislação extravagante* – Anotações de jurisprudência e doutrina, p. 676, 3; 681, 7.1; 683, 2; etc., para onde se remete o leitor e onde há um "perfil" jurisprudencial das exceções à regra firmada. Um texto do Dec.-Lei 7.661/45, em que *se desatendia da forma mais radical o princípio do contraditório,* resultou "desautorizado" pelo entendimento correto do STJ. Trata-se do art. 204, *caput, verbis:* "Art. 204. Todos os prazos marcados nesta Lei são peremptórios e contínuos, não se suspendendo em dias feriados e nas férias, e correm em cartório, salvo disposição em contrário, independentemente de publicação ou intimação".A seu turno, o art. 207 da antiga Lei de Falências, dispunha: "Art. 207. O processo e os prazos da apelação e do agravo de instrumento são os do Código de Processo Civil".E, por fim, a Súmula 25 do STJ assentou que: "Nas ações da Lei de Falências o prazo para a interposição de recurso conta-se da intimação da parte", embasando esta súmula referência ao art. 207 da antiga Lei de Falências. Na Lei atual, não há disposição legal semelhante ao art. 204 da Lei anterior.

40. *V.* Amauri Mascaro Nascimento, A subsidiariedade do direito processual comum no processo trabalhista, *Revista de Processo* [*RePro*] 2/230.

41. Cf. art. 889 da CLT.

42. Tal diversidade é anotada pela unanimidade da doutrina, sendo indiferente a circunstância de acatarem ou não a viabilidade de uma "teoria geral do processo." Assim, Grinover,

objeto de aprofundamento nessa sede –, é inevitável que se relacionem quanto a diversos aspectos.

Entre os diversos pontos de confluência entre as matérias, podem-se citar, por exemplo: a observância dos preceitos do direito processual civil quanto à prova do estado das pessoas (art. 155, parágrafo único, do CPP, incluído pela Lei 11.690/2008) a necessidade de solução, no juízo cível, de questão prejudicial que verse sobre o estado civil das pessoas (art. 92 do CPP); a suspensão do processo penal quando o reconhecimento da existência de infração penal dependa de decisão sobre questão de difícil solução, diversa do estado civil, da competência do juízo cível, se neste tiver sido proposta ação para resolvê-la (art. 93 do CPP); a regência, pelo direito processual civil, sobre o depósito e a administração de bens arrestados no juízo penal (art. 139 do CPP, com a redação que lhe foi atribuída pela Lei 11.435/2006).

Outro aspecto em que se inter-relacionam o direito processual civil e o direito processual penal diz respeito à possibilidade de transporte da prova realizada numa das esferas para a outra, desde que observados alguns parâmetros constitucionais, a saber: realização da prova em contraditório, entre as mesmas partes e com ampla possibilidade de debates sobre a finalidade da prova no processo para o qual foi transportada, preservando-se a liberdade de convicção do juízo que irá examiná-la.[43]

É possível, ainda, que o julgamento de ação cível guarde prejudicialidade com a comissão de ato delituoso, quando, então, a teor do art. 110 do CPC, poderá o juízo cível sobrestar o andamento do feito até que se pronuncie a justiça criminal.

E, enfim, não se podem deixar de considerar as diversas disposições que assinalam a repercussão civil da sentença penal condenatória, as quais podem ser encontradas tanto no Código Penal como no Código de Processo Penal e, também, no Código de Processo Civil.

É que, embora o Código Civil vigente (art. 935), reproduzindo o disposto no art. 1.525 do Código Civil de 1916, assinale, em linha de princípio, a separação entre a instância civil e a instância penal, há casos em

Dinamarco e Araujo Cintra defendem, com base na unidade da teoria do processo, com base na natureza igualmente una do poder estatal, sem com isso deixarem de admitir que "a unidade fundamental do direito processual não pode levar à falsa ideia da identidade de seus ramos distintos. Conforme a natureza da pretensão sobre a qual incide, o processo será civil ou penal. Processo penal é aquele que apresenta, em um dos seus polos contrastantes, uma pretensão punitiva do Estado. E civil, por seu turno, é o que não é penal e por meio do qual se resolvem conflitos regulados não só pelo direito privado, como também pelo direito constitucional, administrativo, tributário, trabalhista etc. Disciplinando um e outro processo, temos, respectivamente, direito processual civil e direito processual penal, cujas normas espelham as características próprias dos interesses envolvidos no litígio civil e na controvérsia penal" (*Teoria geral do processo*, pp. 54-55). Já Rogério Lauria Tucci defende a completa separação entre direito processual civil e direito processual penal, tendo em vista a existência de traços característicos que determinam a autonomia deste, determinando, na visão do autor, a necessidade de reconhecimento de "autonomia e dignidade científica do Direito Processual Penal" (*Teoria geral do processo penal*, pp. 32-51 e 53 s.).

43. Quanto à prova emprestada, consulte-se: Nelson Nery Jr., *Princípios do processo na Constituição Federal*, pp. 243-244; Ada Pellegrini Grinover, *Novas tendências do direito processual*, p. 1-16 e Danilo Knijnik, *A prova nos juízos cível, penal e tributário*, pp. 78 e s. Esse último autor faz interessante abordagem acerca da possibilidade de transporte, para o juízo cível, de provas invasivas da esfera íntima e privada dos indivíduos realizadas excepcionalmente no processo penal mediante autorização judicial, conforme previsão de leis processuais penais.

que não se pode afastar a influência existente entre elas.[44] Assim, por exemplo, constitui a sentença penal condenatória título executivo judicial no juízo cível (art. 475-N do CPC), podendo o ofendido, seu representante legal ou herdeiros promover-lhe a execução (art. 63 do CPP e art. 91, I, do CP), observado o valor mínimo fixado pelo juízo criminal, conforme dispõe o art. 387, IV, do CPP, com a redação que lhe foi atribuída pela Lei 11.719/2008.[45] Isso não impede, todavia, que, mesmo antes de proferida a sentença penal condenatória, proceda o ofendido, o representante legal ou herdeiros ao ajuizamento da ação cível para ressarcimento do dano, nos termos do art. 64 do CPP, podendo o juiz, proposta a ação penal, suspender o andamento da ação cível até o julgamento definitivo daquela (parágrafo único do citado art. 64 do CPP).

Quanto à sentença absolutória, tendo em vista a separação das instâncias civil e penal (art. 935 do Código Civil vigente), a coisa julgada por ela formada somente vinculará o juízo cível quando estiver comprovada a inexistência do fato (art. 386, I, do CPP) ou que o réu não tenha concorrido para a prática da infração penal (art. 386, IV, do CPP, na redação dada pela Lei 11.690, de 2008).

Por outro lado, não tendo sido categoricamente reconhecida a inexistência material do fato ou da autoria pela sentença absolutória, não se impedirá a propositura de ação civil (art. 66 c/c 386, I e IV, do CPP). Também não impedirão a propositura da ação civil, nos termos do art. 67, incisos I a III, do CPP: o despacho de arquivamento do inquérito ou das peças de informação; a decisão que julgar extinta a punibilidade; a sentença absolutória que decidir que o fato imputado não constitui crime.

44. Acerca da necessidade de trânsito em julgado da sentença penal para que irradie efeitos no juízo cível, nos casos em que a lei autoriza: "Direito Civil e Processual Civil. Não vinculação do juízo Cível à sentença penal absolutória fundamentada na falta de provas para a condenação ou ainda não transitada em jugado. A sentença penal absolutória, tanto no caso em que fundamentada na falta de provas para a condenação quanto na hipótese em que ainda não tenha transitado em julgado, não vincula o juízo cível no julgamento de ação civil reparatória acerca do mesmo fato. O art. 935 do CC consagra, de um lado, a independência entre a jurisdição cível e a penal; de outro, dispõe que não se pode mais questionar a existência do fato, ou sua autoria, quando a questão se encontrar decidida no juízo criminal. Dessa forma, tratou o legislador de estabelecer a existência de uma autonomia relativa entre essas esferas. Essa relativização da independência de jurisdições se justifica em virtude de o direito penal incorporar exigência probatória mais rígida para a solução das questões submetidas a seus ditames, sobretudo em decorrência do princípio da presunção de inocência. O direito civil, por sua vez, parte de pressupostos diversos. Neste, autoriza-se que, com o reconhecimento de culpa, ainda que levíssima, possa-se conduzir à responsabilização do agente e, consequentemente, ao dever de indenizar. O juízo cível é, portanto, menos rigoroso do que o criminal no que concerne aos pressupostos da condenação, o que explica a possibilidade de haver decisões aparentemente conflitantes em ambas as esferas. Além disso, somente as questões decididas definitivamente no juízo criminal podem irradiar efeito vinculante no juízo cível. Nesse contexto, pode-se afirmar, conforme interpretação do art. 935 do CC, que a ação em que se discute a reparação civil somente estará prejudicada na hipótese de a sentença penal absolutória fundamentar-se, em definitivo, na inexistência do fato ou na negativa de autoria. Precedentes citados: AgRg nos EDcl no REsp 1.160.956-PA, 1.ª T., *DJe* 07.05.2012, e REsp 879.734-RS, 6.ª T., *DJe* 18.10.2010." (STJ, REsp 1.164.236-MG, Rel. Min. Nancy Andrighi, j. 21.2.2013).

45. "Art. 387. O juiz, ao proferir sentença condenatória: [vide Lei 11.719, de 2008])

"(...) IV – fixará valor mínimo para reparação dos danos causados pela infração, considerando os prejuízos sofridos pelo ofendido; (...)" [redação dada pela Lei 11.719, de 2008].

33-B. O processo civil e os Direitos Humanos

O principal ponto de convergência entre processo civil e Direitos Humanos reside na natureza universal daqueles que são internamente denominados "princípios e garantias fundamentais do processo".

Com efeito, ainda que não estivessem positivados na Constituição Federal de 1988, os princípios da isonomia material, do juiz natural, da efetividade processual, do devido processo legal e do acesso à justiça estariam assegurados aos cidadãos, no âmbito do processo civil, por se tratarem de princípios reconhecidos ao ser humano independentemente do ordenamento nacional em que se insira, pois sua natureza e importância reclamam universalização. Prova disso é esses princípios e garantias encontrarem-se encartados em declarações e tratados internacionais, com destaque para a Declaração Universal dos Direitos Humanos de 1948 que, entre os arts. VI e XII, confirma o *status* supraestatal de tais preceitos.[46]

Dessa forma, antes de serem princípios e garantias constitucionais, os preceitos mencionados, aplicáveis ao processo civil, constituem direitos humanos universalmente consagrados.

Bibliografia

ALVIM, Thereza. O ato administrativo irrevogável e a coisa julgada – Distinções e aspectos comuns. *Revista da Procuradoria-Geral do Estado de São Paulo*, II/267.

ARRUDA ALVIM, Eduardo. *Antecipação de Tutela. Curitiba: Juruá, 2007.*

______. *Curso de direito processual civil*. São Paulo: Ed. RT, 1998. vol. 1.

______. *Curso de direito processual civil*. São Paulo: Ed. RT, 2000. vol. 1.

______. *Direito processual civil*. São Paulo: Ed. RT, 2008.

______. *Direito processual civil*. 3. ed. São Paulo: Ed. RT, 2010.

______. *Direito processual civil*. 4. ed. São Paulo: Ed. RT, 2012.

______. *Mandado de segurança*. 2. ed. Rio de Janeiro: GZ, 2010.

______. *Mandado de segurança no direito tributário*. 2. tir. São Paulo: Ed. RT, 1998.

______. Noções sobre a ação constitucional do mandado de segurança – Sua aplicabilidade no campo do Direito Tributário. *Processo Tributário*, São Paulo: Ed. RT, 1994.

46. "Art. VI. Todo ser humano tem o direito de ser, em todos os lugares, reconhecido como pessoa perante a lei."Art. VII. Todos são iguais perante a lei e têm direito, sem qualquer distinção, a igual proteção da lei. Todos têm direito a igual proteção contra qualquer discriminação que viole a presente Declaração e contra qualquer incitamento a tal discriminação."Art. VIII. Todo ser humano tem direito a receber dos tribunais nacionais competentes remédio efetivo para os atos que violem os direitos fundamentais que lhe sejam reconhecidos pela Constituição ou pela lei."Art. IX. Ninguém será arbitrariamente preso, detido ou exilado."Art. X. Todo ser humano tem direito, em plena igualdade, a uma justa e pública audiência por parte de um tribunal independente e imparcial, para decidir sobre seus direitos e deveres ou do fundamento de qualquer acusação criminal contra ele."Art. XI. 1. Todo ser humano acusado de um ato delituoso tem o direito de ser presumido inocente até que a sua culpabilidade tenha sido provada de acordo com a lei, em julgamento público no qual lhe tenham sido asseguradas todas as garantias necessárias à sua defesa. 2. Ninguém poderá ser culpado por qualquer ação ou omissão que, no momento, não constituíam delito perante o direito nacional ou internacional. Também não será imposta pena mais forte do que aquela que, no momento da prática, era aplicável ao ato delituoso."Art. XII. Ninguém será sujeito à interferência em sua vida privada, em sua família, em seu lar ou em sua correspondência, nem a ataque à sua honra e reputação. Todo ser humano tem direito à proteção da lei contra tais interferências ou ataques."

______. *Repertório de jurisprudência sobre o processo tributário*. (obra coletiva.) São Paulo: Ed. RT, 1994.

ARRUDA ALVIM NETTO, José Manoel de. Cláusula compromissória e compromisso arbitral: efeitos. *RePro* 101, p. 191 e ss. São Paulo: Ed. RT.

______. *Código de Processo Civil e legislação extravagante* – Anotações de jurisprudência e doutrina. São Paulo: Ed. RT, 1985.

______. *Curso de direito processual civil*. São Paulo: Ed. RT, 1971. vol. 1.

______. *Direito processual civil* – Teoria geral do processo de conhecimento. São Paulo: Ed. RT, 1972. vol. 1.

______. *Tratado de direito processual civil*. São Paulo: Ed. RT, 1990. vol. 1.

ARRUDA ALVIM PINTO, Teresa Celina de; MARINS, James; ARRUDA ALVIM, Eduardo. *Repertório de jurisprudência e doutrina sobre o processo tributário*. (obra coletiva.) São Paulo: Ed. RT, 1994.

BARBI, Celso Agrícola. *Comentários ao Código de Processo Civil*. Rio de Janeiro: Forense, 1983. vol. 1.

BEDAQUE, José Roberto dos Santos. *Efetividade do processo e técnica processual*. São Paulo: Malheiros, 2006.

BUZAID, Alfredo. Exposição de motivos ao Código de Processo Civil. *Diário do Congresso Nacional*, n. 5, p. 209, Imprensa Nacional.

CAMPOS, Ronaldo Cunha. O objeto do processo e a posição do Judiciário. *RBDP* 35/15, 1982.

CARNEIRO, Athos Gusmão. Aspectos polêmicos no novo Código de Processo Civil. *RT* 475/215-216, ano 64, São Paulo: Ed. RT, maio/1975.

______. Jurisdição – Noções fundamentais. *Ajuris* 20/22, 1980.

CHIOVENDA, Giuseppe. L'azione nel sistema dei diritti (ensaio do ano de 1903). *Saggi di diritto processuale civile* (1900-1930). Roma: Società Editrice "Foro Italiano", 1931. vol. 1.

CINTRA, Antonio Carlos de Araújo; GRINOVER, Ada Pellegrini; DINAMARCO, Cândido Rangel. *Teoria geral do processo*. 22. ed. São Paulo: Malheiros, 2006.

GRINOVER, Ada Pellegrini. *Novas tendências do direito processual*. 2. ed. Rio de Janeiro: Forense Universitária, 1990.

KNIJIK, Danilo. *A prova nos juízos cível, penal e tributário*. Rio de Janeiro: Forense, 2007.

HERKENHOFF, João Baptista. Generalidades das inovações do Código de Processo Civil. *RT* 254/399.

IHERING, Rudolf von. *Der Kampf um's Recht*. Viena: Manz'sche, 1900.

______. *A luta pelo direito*. Rio de Janeiro: Rio, 1978.

LIEBMAN, Enrico Tullio. L'azione nella teoria del processo civile. *Scritti Giuridici, in Onore di Francesco Carnelutti*. Padova: Cedam, 1950. vol. 2.

MARRARA, José. Teoria geral do processo civil (Ação – Natureza jurídica). *RF* 270/374.

MEIRA, José de Castro. Notas sobre o conceito de processo. *Ajuris* 23/73, 1981.

MEIRELLES, Hely Lopes. *Direito administrativo brasileiro*. 29. ed. São Paulo: Ed. RT, 2004.

MENDONÇA LIMA, Alcides de. *Comentários ao Código de Processo Civil*. São Paulo: Ed. RT, 1982. vol. 12.

______. O princípio da probidade no Código de Processo Civil brasileiro. *Revista de Processo [RePro]* 16/15, ano IV, São Paulo: Ed. RT, out.-dez./1979; *RF* 268/29; *RBDF* 18/13.

______. O processo como garantia das instituições sociais. *Ajuris* 14/130, 1978.

NASCIMENTO, Amauri Mascaro. A subsidiariedade do direito processual comum no processo trabalhista. *Revista de Processo [RePro]* 2/230-234, ano I, São Paulo: Ed. RT, abr.-jun./1976.

NERY JR., Nelson. *Princípios do processo na Constituição Federal*. 9. ed. São Paulo: RT, 2009.

NEVES, Celso. Binômio, trinômio ou quadrinômio? *RJTJSP* 63/13 e *RF* 264/9.

______. Classificação das ações. *RBDP* 7/31, 1976.

______. O automatismo procedimental como técnica de atualização do processo civil. *JTA* 79/1.

Planiol, Marcel. *Traité élementaire de droit civil*. 6. ed. Paris: LGDJ, 1911. vol. 1.

Prata, Edson. O direito de ação. *Juriscível* 104/19.

Ricci, Edoardo. A tutela antecipatória no direito italiano. *Revista de Direito Processual*, vol. 4, p. 126, Curitiba.

Santos, J. A. Penalva. *A lei de falências e o novo Código de Processo Civil*. Rio de Janeiro: Forense, 1975.

Theodoro Júnior, Humberto. Princípios gerais do direito processual civil. *Revista de Processo [RePro]* 23/173-191, ano VI, São Paulo: Ed. RT, jul.-set. 1981.

______. Princípios informativos e a técnica de julgar no processo civil. *RF* 268/103.

Tucci, Rogério Lauria. Aspectos modernos do conceito de ação. *RT* 497/11-30, ano 66, São Paulo: Ed. RT, mar./1977, e *Juriscível* 50/13.

______. *Teoria do direito processual penal*. São Paulo: RT, 2002.

Wambier, Luiz Rodrigues; Wambier, Teresa Arruda Alvim; Medina, José Miguel Garcia. *Breves comentários à nova sistemática processual civil*. 3. ed. São Paulo: Ed. RT, 2005.

Wambier, Teresa Arruda Alvim; Wambier, Luiz Rodrigues; Gomes Jr., Luiz Manoel; Fischer, Octávio Campos; Ferreira, William Santos. *Reforma do Judiciário* – Primeiras reflexões sobre a Emenda Constitucional n. 45/2004. São Paulo: Ed. RT, 2005.

III

As Normas Processuais Civis

34. Norma jurídica

A norma jurídica, em regra, é bilateral, pois ao mesmo tempo em que impõe deveres a uns, atribui faculdades, ou direitos, a outros.[1]

Lembremos, ainda, que a estrutura dos sistemas jurídicos contemporâneos e a técnica daí decorrente aplicável ao Direito têm, como indispensável, a hierarquização das normas jurídicas entre si, no sentido de que umas prevalecem sobre outras. E isto no sentido de que, muitas vezes, quando alterada a norma superior, pode perder a inferior a sua validade, quando aquela colida com esta, porque ocorre *revogação*.[2] Sob outra angulação – ao lado de ter de ser compatível com a norma superior[3] –, pode se afirmar que a norma inferior recolhe da superior a sua fonte de validade.

O ordenamento jurídico é constituído por leis ou normas jurídicas,[4] em que se es-

1. Uma norma jurídica (considerada em si mesma) não deve ser confundida com os fatos naturais a que ela se refira. Por excelência uma norma estatui um *dever-ser*, expressão esta albergadora de todas as possíveis e multiformes funções normativas, quais sejam: *ordenar, conferir poderes, permitir* e *derrogar* (cf. Hans Kelsen, *Allgemeiner Theorie der Normen*, p. 3, item VI, *fine [Teoria geral das normas]* na tradução do Prof. José Florentino Duarte, p. 4); essa ideia, verdadeira e manifestamente expressiva, logrou inumeráveis adeptos, *v.g.*, Salvatore Foderaro, *Il concetto di legge*, § 3.º, p. 23, no qual diz que uma norma *"se rivolge al dover essere, agisce sulla volontà umana, per indirizzarla in un senso piuttosto che in un altro* (...)". Essa ideia tem ensejado trato na Filosofia do Direito, *v.g.*, Lourival Vilanova, *As estruturas lógicas e o sistema do direito positivo*, p. 34 e ss.; e em *Causalidade e relação no direito*, p. 55. A concepção da norma processual albergando um dever-ser é bastante expressiva, nesta disciplina, pois que, um Código de Processo Civil, é um modelo idealizado do que deve ocorrer em relação aos processos. Um tal Código modela ou projeta a *estrutura* e o *evolver* dos processos.

2. A constitucionalidade ou a inconstitucionalidade deriva de a norma ser compatível ou não com a Constituição, com o que, esta última tem de *preceder* à edição da norma. A incompatibilidade ou não de uma norma infraconstitucional com a Constituição, *que àquela seja posterior*, é redutível a *revogação*, e só com impropriedade poder-se-ia falar em inconstitucionalidade.

3. A compatibilidade de uma norma com outra, que lhe é superior, para muitos constitui-se num *"elemento della legalità"*, e esse *"è veramente essenciale per la qualificazione della norma giuridica positiva"* (cf. Ferruccio Pergolesi, Saggi sulle fonti normative, p. 22). Em relação à compatibilidade, ou não, de uma norma com a Constituição, fala-se em *constitucionalidade* ou *inconstitucionalidade*.

4. O que se diz no texto não exaure a ideia de "ordenamento jurídico" (v. amplamente, Santi Romano, *L'ordinamento giuridico*, §§ 2.º e 3.º), valendo sublinhar, por exemplo, dentre muitas observações, que as leis, constitutivas de um

tabelece a conduta daqueles que estão sujeitos a esse ordenamento. Assim, ao definirem uma determinada conduta, também estabelecem as consequências da submissão e da insubmissão ao seu comando. Esta é, em linhas gerais, a estrutura da norma jurídica.[5]

sistema, encontram-se, justamente porque inseridas nesse *sistema*, submetidas a uma ideia de *unidade*, que marca os ordenamentos jurídicos (§ 4.°, p. 12 e ss.). Esse sistema, *assim unitariamente compreendido*, é informado por seus *princípios* (*princípios guias*, como os chamou Savigny, sem os quais se torna *difícil* ou *inseguro* resolver os problemas – veja-se de Savigny, *Vom Beruf unserer Zeit fur Gesetzgebung und Rechtswissenschaft*, p. 22; na tradução espanhola, *De la vocación de nuestro siglo para la legislación y la ciencia del derecho*, capítulo II, p. 51 e ss., esp. p. 57, s/d).

5. Anote-se, ainda, a partir da visão unitária com que deve ser visualizado um sistema jurídico, que os sistemas jurídicos contêm *imagens implícitas* que permitem uma compreensão *paradigmática* do direito, em uma determinada época, variando de época para época, imagens essas que se manifestam por expressões emblemáticas, tais como "ideal social" ou "modelo social", "visão social", ou outras (v. a respeito, Jürgen Habermas, *Facticidad y validez* – Sobre el derecho y el estado democrático de derecho en términos de teoría del discurso, p. 473). Essas imagens existem, também, no direito processual civil, pois, contemporaneamente, uma das expressões mais utilizadas é a da instrumentalidade do processo, enfaticamente trabalhada. V. Cândido Rangel Dinamarco, *A instrumentalidade do processo, passim*, várias edições; *v.*, também, Luiz Guilherme Marinoni, *A tutela inibitória, individual e coletiva*, na qual, em relação ao que designa como *processo civil clássico*, apontando suas deficiências (ao menos à luz das expectativas sociais vigentes – p. 19 e ss.) e fazendo eco a modificações profundas, já objeto de consagração legislativa, entre nós – p. 22, 375 etc.; Marcelo Lima Guerra, *Execução indireta*, cuja tônica da obra é a demonstração de uma tutela verdadeiramente efetiva, particularmente, em relação às obrigações de fazer e de não fazer; José Roberto dos Santos Bedaque, *Tutela cautelar e tutela antecipada*: tutelas sumárias e de urgência (tentativa de sistematização), em que procura demonstrar, ao influxo do direito constitucional, a necessidade de modificações que, pouco a pouco, vão se instalando e cunhando, precisamente, uma nova ou novas imagens no sistema processual brasileiro, sintônicas com as tendências mais expressivas do direito comparado, e, em muitos passos, concretizando o que, em muitos países, constitui-se somente expectativa da doutrina, ainda que nessa "empreitada" os tribunais acabem, por vezes, *"antecipando-se ao legislador"*.

O direito processual civil integra o ordenamento jurídico objetivo (direito positivo); consequentemente, ele encontra sua expressão jurídica também nas normas jurídicas. É justamente a norma processual civil, com as suas especialidades, o objeto deste capítulo.

Evidentemente, para se conseguir perceber bem a norma processual civil e extremá-la da norma de Direito substancial, devemos tecer umas poucas considerações, das quais decorrerão algumas distinções, para, depois, procurarmos estabelecer as consequências práticas que tais distinções acarretam na aplicação da lei processual civil e na do Direito substancial.[6]

Examinemos, com alguma detença, as peculiaridades da norma processual civil e que tipo de atividade tem por objetivo provocar, no processo, estimulando os litigantes.

No processo civil, o fato do não cumprimento do mandamento da norma, fundamentalmente, liga-se à ideia de "ônus". O ônus significa, especialmente, que aquele a quem é dirigida a norma deve praticar o ato, conforme a determinação normativa, sob pena de, não o fazendo, ou se praticá-lo mal, vir a sofrer, ele mesmo, normalmente, um dado prejuízo. Exemplos vários poderão ser apontados:

1.°) o autor deve redigir corretamente sua petição inicial, pois, se não o fizer, ensejar-lhe-á o juiz a possibilidade de me-

6. V. nosso *Curso de direito processual civil*, cit., vol. I, n. 7, p. 69.

lhoria, no que diz com a clareza (art. 284, *caput*, do CPC); mas, se a parte não desempenhar a contento, será indeferida a petição inicial (art. 284, parágrafo único, do CPC); isto significa que o juiz não pode ensejar a oportunidade de a parte corrigir o que queria, alterando para outro querer, senão que há, apenas, de esclarecer aquilo que precedentemente já queria; esta correção se realiza por causa da atividade jurisdicional e para que a outra parte possa entender, mas não para "ajudar" o autor, *pois do contrário essa conduta seria infratora do disposto no art. 125, I, do CPC*;

2.º) ao réu incumbe responder à ação. Assim é que, se deixar de se utilizar de exceção de incompetência (art. 112, *caput*, do CPC), prorrogar-se-á a competência (cf. art. 114 do CPC, na redação da Lei 11.280/2006, a não ser que incida o parágrafo único do art. 112, também inserido pela Lei mencionada[7]); ainda, se não contestar a ação, ocorrerá revelia e, conforme as circunstâncias (art. 319 do CPC), reputar-se-ão verídicos os fatos deduzidos pelo autor (efeito da revelia), o que poderá levar ao julgamento antecipado da lide (arts. 330, II, e 319 do CPC), em regra, contra o demandado, ou, ainda, o que *facilitará* haverem-se os fatos como verossímeis (art. 273, *caput*, do CPC), se requerida tutela antecipada, como também poderá ser concedida a tutela antecipada postulada se um ou mais dos pedidos cumulados, ou parte deles, revelarem-se incontroversos (art. 273, § 6.º, acrescido pela Lei 10.444/2002);

3.º) as decisões interlocutórias devem ser, regra geral, objeto de recurso de agravo por quem tenha sido prejudicado, em regra sob a forma retida, se não se tratar de hipótese que envolva urgência, nem da decisão que não admite apelação ou da que resolve acerca dos efeitos em que esta é recebida (art. 522 do CPC, na redação da Lei 11.187/2005). Se não for interposto dito recurso, operar-se-á, em regra,[8] a preclusão e, então, será vedado à parte rediscutir a questão, no mesmo processo (art. 473 do CPC), e, ao juiz, inviável será, nos termos do art. 471 do CPC, decidi-la novamente;

4.º) se o autor não usou de todos os argumentos de que poderia ter-se utilizado, como lhe incumbia, ou, então, e inversamente, se o réu, contestando, não fez o mesmo (*v.* art. 303 do CPC), aquele que perder não poderá renovar a ação, quer autor ou réu, mesmo invertidas as partes, em ação ulterior, e ainda que com novos argumentos (art. 473 do CPC);[9] pois, com o término do processo, reputam-se deduzidas todas e quaisquer alegações (art. 474 do CPC), denominando-se a isto de princípio do deduzido e do dedutível,

---

7. Após a alteração decorrente da Lei 11.280/2006, assim dispõe o parágrafo único do art. 112 do CPC: "A nulidade da cláusula de eleição de foro, em contrato de adesão, pode ser declarada de ofício pelo juiz, que declinará de competência para o juízo de domicílio do réu". A nova redação do art. 114, por sua vez, é a seguinte: "Prorrogar-se-á a competência se dela o juiz não declinar na forma do parágrafo único do art. 112 desta Lei ou o réu não opuser exceção declinatória nos casos e prazos legais". A respeito, cf. *infra*, Capítulo. VI deste *Manual*, especialmente itens 92 e 94.

8. Só não haverá preclusão quando a lei expressamente o dispuser, como no caso do art. 267, § 3.º, do CPC.

9. Consultar J. C. Barbosa Moreira, *A eficácia preclusiva da coisa julgada material no sistema do processo civil brasileiro* (Libro Homenaje a Luis Loreto), n. 6.1, letra *a*, p. 303; no Direito comparado, *v.* Walther F. Habscheid, *Der Streitgegenstand im Zizilprozeß und im Streitverfahren der Freiwilligen Gerichtsbar-keit* [*O objeto litigioso no processo civil* e *nos procedimentos de jurisdição voluntária*], § 20, p. 296-297. A interpretação correta, todavia, significa que somente novos argumentos não podem ser deduzidos. Segue-se, portanto, que, se se pretende invocar outra *causa petendi*, isto poderá ser feito.

ou, eficácia preclusiva da coisa julgada.[10] Vale dizer, a coisa julgada cobre o deduzido (art. 468 do CPC: "A sentença, que julgar total ou parcialmente a lide, tem força de lei nos limites da lide e das questões decididas", a qual, julgados os recursos pelo tribunal, e/ou nos casos de duplo grau, torna-se imutável – art. 467 do CPC), sendo que, o argumento que não foi deduzido, tem-se como se deduzido tivesse sido (art. 474 do CPC), com o que se garante duradouramente o bem jurídico, contido e retratado na sentença revestida pela autoridade de coisa julgada, e, pois, imutável;

5.º) aquele que perde a demanda e deixa de recorrer permite que se opere a imutabilidade dos efeitos da sentença de mérito, que passa a revesti-la (art. 467 do CPC), perdida a chance de reforma.

Basicamente, portanto, verifica-se que toda a dinâmica do processo é ligada a essa ideia nuclear (realidade estimuladora), consistente em que, não praticado um ato, ou, se praticado incorretamente, em regra, seguir-se-á um dano para aquele a quem incumbia a respectiva prática.

O processo nasce para terminar e vive numa dimensão temporal.[11] Os atos processuais das partes devem ser praticados dentro de lapsos temporais segmentados, em que se subdivide aquela dimensão temporal maior, na qual a não prática do ato que deveria ser realizado, porque à parte se enseja essa oportunidade ou chance, liga-se à ocorrência de preclusão, salvo as exceções legais. Geralmente, porque a prática do ato seria útil à parte que não o praticou, na medida em que efetivamente o ato fosse útil, decorre prejuízo pela omissão. O prejuízo, porém, não é consequência absolutamente necessária da omissão. É, *v.g.*, possível, mesmo que o réu não conteste a ação, e, ainda, mesmo que seja julgada antecipadamente (arts. 319 e 330, II, do CPC), venha a mesma a ser julgada improcedente. Se o ato que deveria ter sido praticado o foi, igualmente, há preclusão (consumativa); se o foi mal, não poderá igualmente vir a ser repetido.

35. Normas cogentes e dispositivas

Um primeiro aspecto que se deve ter presente, no estudo da norma processual civil, é o de que ela é predominantemente uma norma de Direito Público, e, de regra, norma cogente ou de ordem pública. As normas processuais não se podem dizer *estáticas*, senão que se encontram inseridas num sistema por meio do qual se colima *imprimir dinamicidade sem retrocessos* ao procedimento.

As normas jurídicas distinguem-se, sob o aspecto dos principais pressupostos de sua incidência, em duas espécies: cogentes e dispositivas.

As "normas cogentes", ou de "ordem pública", desde que ocorram os pressupostos de seu funcionamento, necessariamente incidem no caso concreto, uma vez verificados no plano empírico os fatos a que se referem os seus elementos definitórios, independentemente da vontade dos interessados e mesmo contra tais vontades, que são impotentes (= irrelevantes) para impedir a sua incidência, a qual é, assim, inexorável.

Já as "normas dispositivas" ou "normas facultativas" são aquelas que incidem na ausência de qualquer manifestação volitiva das partes em sentido contrário à norma, ou cuja incidência pode ser afastada se as partes se manifestarem nesse sentido. Por outras palavras, a vontade das partes pode afastar a incidência da norma dispositiva,

10. No mesmo sentido, *v.* Arruda Alvim, *Direito processual civil – TGPC*, vol. II, 7.ª parte, p. 222; Heinitz, *I limiti oggettivi della cosa giudicata*, 1937, p. 144. *V.*, também, Teresa Arruda Alvim Wambier, *Omissão judicial e embargos de declaração*, p. 115-119.

11. José Rogério Cruz e Tucci, na sua obra *Tempo e processo*, procurou estudar essa relação – tempo e processo – sob os seus mais variados aspectos.

a qual incidirá se não se tiver estipulado diferentemente.[12]

Mas, conquanto existam no direito processual civil, algumas normas dispositivas, na sua imensa maioria elas são cogentes. É característica da norma processual civil o não ser possível afastar sua incidência nem às partes, nem ao juiz. Assim, está excluída a possibilidade de um processo convencional.[13]

Como exemplo de norma dispositiva no processo, temos a que permite, em parte, a convenção acerca do ônus da prova (art. 333, parágrafo único, do CPC);[14] também é possível a própria suspensão do curso do procedimento (art. 265, II, até o limite do § 3.º, do mesmo texto). Como exemplo de norma cogente, temos a do art. 295, V, do CPC que veda a escolha de procedimento pelas partes, ainda quando, através do rito escolhido, ficasse assegurado, supostamente, mais amplamente, o direito de defesa do réu;[15-16-17] a que estabelece prazos para recursos (art.

12. A imperatividade é característica das normas jurídicas. Para poder explicar essa característica em relação às *normas dispositivas* há quem afirme que os destinatários das normas *dispositivas*, porque podem ser afastadas pelos interessados (o que é comum em direito privado), isso não acontecendo, resulta ser também o Estado, no sentido de que, se não afastadas pelos interessados, essas haverão de ser *imperativamente* aplicadas (cf. Ferruccio Pergolesi, *Saggi sulle fonti normative*, cit., § 8.º, p. 17). Por outras palavras, *se as partes não houverem "disposto", afastando a incidência de uma dada norma "dispositiva", o que poderiam ter feito, essa norma aplicar-se-á imperativamente, então.*

13. *V.* nosso *Curso de direito processual civil*, cit., vol. 1, n. 7, p. 71.

14. Contudo, é interessante notar que embora o legislador tenha possibilitado que as partes possam convencionar acerca da distribuição do ônus da prova, tal liberdade não se dá de forma absoluta, ou seja, a liberdade das partes encontra barra quando: (i) recair sobre direito indisponível da parte, e (ii) tornar excessivamente difícil a uma das partes o exercício do seu direito de defesa (art. 333, parágrafo único).

15. No sentido de negar a possibilidade de o autor escolher o rito para o processo, *v.* corretamente: TJPR, AgIn 146268000, 8.ª Câm.Cív., j. 17.03.2004, rel. Des. Munir Karam; TJSC, AgIn 2004.027775-1, 2.ª Câm. Dir. Comercial, j. 14.04.2005, rel. Des. Nelson Schaefer Martins. Na doutrina: J. J. Calmon de Passos, *Comentários ao Código de Processo Civil*, 8. ed., vol. III, p. 231 *et seq.*; Clito Fornaciari Jr., Agravo retido dos autos, *Revista de Processo* [*RePro*] 5/381. Diversamente: *RT* 561/178; *JUTACivSP* 58/154 e 80/58; *RJTJSP* 43/179 e 45/35. No primeiro exemplo (art. 295, V), se desobedecida a norma, interfere outro princípio, que é o de que, se não se perceber *a priori*, haverá sanabilidade, ao passo que, no caso do art. 508, é absolutamente fatal a incidência da norma. Há variação, portanto (*v.* nota seguinte).

16. Conquanto constitua matéria indisponível, pelas partes, o procedimento ordinário ou sumário, não deixa de prevalecer aquele que, acaso originariamente inadequado na espécie, chegou a seu termo útil sem oposição e sem ocasionar prejuízo para qualquer das partes (*RTJ* 97/869). Este, também, tem sido o entendimento prevalecente no Superior Tribunal de Justiça. Assim, REsp 737.260/MG, 3.ª T., j. 21.06.2005, rel. Min. Nancy Andrighi, *DJ* 01.07.2005, p. 533; REsp 262.669/CE, 4.ª T., j. 13.09.2000, rel. Min. Sálvio de Figueiredo Teixeira, *DJ* 16.10.2000, p. 317.

17. No sentido de que, embora a questão de procedimento se trate de matéria de ordem pública, é perfeitamente possível a conversão de rito (sumário para ordinário), sem que exista qualquer nulidade: "Processual Civil. Agravo no recurso especial. Ação indenizatória. Acidente de trânsito. Procedimento. Adoção do rito ordinário ao invés do sumário. Possibilidade. Precedentes. A jurisprudência do STJ acolhe entendimento no sentido de que, inexistindo prejuízo para a parte adversa, admissível é a conversão do rito sumário para o ordinário. Não há nulidade na adoção do rito ordinário ao invés do sumário, salvo se demonstrado prejuízo, notadamente porque o ordinário é mais amplo do que o sumário e propicia maior dilação probatória. Agravo não provido" (STJ, AgRg no REsp 918.888/SP, 3.ª T., j. 28.06.2007, rel. Min. Nancy Andrighi, *DJ* 01.08.2007, p. 487).

508 do CPC).[18] Frise-se novamente que a grande maioria das normas processuais são cogentes.

36. Norma processual e norma substancial – Natureza da norma processual civil

Dito isto, passemos a uma segunda ordem de considerações, que nos leva a uma distinção bastante nítida e muito importante, do ponto de vista prático, que é a de se estabelecer a natureza da norma processual civil, sobretudo comparando-a com a norma de Direito material.

Diz-se geralmente – estabelecendo um contraste entre a norma de Direito substancial ou material e a norma de Direito Processual Civil –, que, enquanto aquela é material, esta é de natureza instrumental.

É instrumental com a significação de que o processo raramente pode constituir-se num bem em si. O processo tem natureza instrumental, no sentido de que é por seu intermédio que se consegue um outro bem da vida, o qual privadamente não se logrou obter. Nesse sentido, pode dizer-se *um direito-meio*, não encerrando um fim em si mesmo.

Deve dizer-se, ainda, que as normas do Direito Processual Civil objetivam, dentro do processo e em função do resultado, tornar eficaz uma norma de Direito substancial ou material fora do processo. Os resultados objetivam produzir, em regra, efeitos no mundo exterior ao próprio processo (efeitos da sentença), inclusive com a produção da coisa julgada material, sobre a eficácia da sentença, e pela realização de tal eficácia por meio da execução, quando seja o caso.[19]

Diz-se, então, que as normas de Direito Civil retratam um interesse primário, ao passo que as normas de Direito Processual Civil expressam um interesse secundário. Tal interesse é, por sua vez, derivado da existência de obstáculo ao gozo do interesse primário ou substancial, que nasceu de uma lesão feita a esse interesse.[20-21] Normas processuais, como aquelas que constam do art. 461 e do art. 461-A, podem *vivificar* a execução espe-

---

A análise da questão sob o ponto de vista da inexistência de prejuízo é assaz interessante, na exata medida em que as normas cogentes versam questões de interesse público cuja estrita observância interessa, antes de tudo, ao próprio Estado, estando exatamente aí a presunção da existência de prejuízo. De outra parte, a conversão de rito fora das hipóteses permitidas trazem ao cenário do processo uma série de implicações, pois no rito sumário: (i) não se admite ação declaratória incidental e intervenção de terceiros, salvo a assistência, recurso de terceiro prejudicado e intervenção fundada em contrato de seguro; (ii) há a necessidade de especificação de provas para o autor já na inicial e para o réu na contestação, sob pena de preclusão; (iii) os recursos interpostos devem ser julgados no prazo de 40 (quarenta) dias; e (iv) não há revisor nos recursos interpostos.

18. A intempestividade é matéria que comporta atividade *ex officio* (STJ, AgRg nos EDcl no Ag 611.842/SP, 3.ª T, j. 05.05.2005, rel. Min. Castro Filho, *DJ* 23.05.2005, p. 276; STJ, AgRg no Ag 493.403/RJ, 5.ª T., j. 21.08.2003, rel. Min. Laurita Vaz, *DJ* 06.10.2003, p. 305; STJ, AgRg no Ag 177489/RS, 4.ª T., j. 16.03.2000, rel. Min. Sálvio de Figueiredo Teixeira, *DJ* 08.05.2000, p. 97).

19. O que se diz no texto não é aplicável à hipótese em que a tutela tenha sido antecipada, pois se produzem efeitos antes da ocorrência da coisa julgada.

20. *V.* nossos *Curso de direito processual civil*, cit., vol. 1, n. 7, p. 73, e *Direito processual civil – TGPC*, vol. 1, 1.ª parte, n. 1, p. 15 *et seq.*

21. Acentua-se no direito processual civil contemporâneo a possibilidade de acesso à justiça *antes da ocorrência da lesão*. A isto denomina-se *ilícito de perigo*, o qual, na medida em que a lei ou o sistema jurídico tenha por idôneo um determinado perigo, proporciona a solicitação de providência jurisdicional, por isso que está presente *interesse de agir*, mercê do qual admite-se o acesso ao Judiciário, com vistas a inibir a ocorrência da lesão.

cífica em relação às obrigações de fazer e de não fazer e de entrega de coisa,[22] e, com isto, a própria eficácia dessas obrigações. Vale dizer, as normas de direito material foram dotadas, pela norma processual, de uma sanção, consistente em conduzir tais inadimplementos ao adimplemento, mercê do que se tem denominado de *execução indireta*.

Vários processualistas negam às normas de Direito Processual Civil o caráter ideológico. Já se verificou que o processo civil é inspirado em princípios fundamentais, e, assim sendo, finalisticamente suas normas têm, a nosso ver, caráter ideológico, o que se torna evidente ou perceptível quando observamos as relações íntimas do Direito Processual Civil com o Direito Constitucional. Este caráter torna-se tanto mais nítido quando se examina o sistema como um todo.

As normas processuais são profundamente marcadas pela fisionomia do Estado, impressa nas Constituições.[23]

37. Classificação das normas processuais civis

Tratemos rapidamente da classificação das normas processuais civis. Classificam-se, tendo em vista a sua finalidade e a sua origem.

Quanto à sua finalidade, as normas de processo civil podem ser de três espécies:

a) normas processuais civis *stricto sensu*, que são aquelas diretamente ligadas ao processo em si, regulando, por excelência, o processo contencioso, as atividades das partes, o reflexo dessas atividades nas próprias partes e, eventualmente, sobre terceiros, o órgão jurisdicional e sua atividade, bem como a atividade dos auxiliares da Justiça. A sede destas normas está no Código de Processo Civil e leis extravagantes, isto é, no sistema geral das leis processuais;

b) as chamadas normas processuais civis estritamente procedimentais, que regulam especificamente a forma do procedimento. Não são exclusivamente normas de Direito Processual Civil, no sentido de regularem tão somente o processo contencioso. Aplicam-se não só a eles, mas também aos procedimentos de jurisdição voluntária.

b-1) É necessário considerar, agora, um outro sentido assumido, em nosso sistema jurídico, pela expressão *procedimento*.

A CF/1988, como já se disse, modificou o sistema de legislação sobre *processo civil*, se for entendida esta expressão *stricto sensu* e *lato sensu*. Em *sentido estrito* hão de se entender as *normas de processo* ou as *normas processuais*. *Lato sensu*, devem ser compreendidas tanto as *normas de processo* quanto as respectivas *regras procedimentais*. À luz desta distinção, deve-se considerar que toda a *norma de processo* demanda *norma procedimental respectiva*, no sentido de que esta se constitui em *condição essencial* da funcionalidade daquela.

As *normas de processo* são de exclusiva competência da União, na forma do art. 22, I, da CF/1988. *Com as normas procedimentais, a mesma coisa ocorria precedentemente* a esta Constituição Federal. Com esta, não mais.

Isto porque a CF/1988, no seu art. 24, em seu inciso XI, disciplinando a *competên-*

22. As normas de processo *podem influir* na eficácia das normas de direito material; mais precisamente, *podem vir a imprimir uma eficácia que, anteriormente, em termos práticos, estas últimas não tinham*. No caso da disciplina constante do art. 461 (com a redação que lhe deu a Lei 8.952/1994) e do art. 461-A (acrescido pela Lei 10.444/2002), lograr-se-á, na maioria das hipóteses, *tutela específica em relação às obrigações de fazer e de não fazer e de entrega de coisa, respectivamente*, conquanto imodificados os textos do Código Civil (em relação às obrigações de fazer, v. arts. 247 a 249; em relação às obrigações de não fazer, *v.* arts. 250 e 251; e, finalmente, em relação à obrigação de entrega de coisa, *v.* os arts. 233 a 246).

23. Cf. Arruda Alvim, *Direito processual civil* – TGPC, cit., vol. 1, 2.ª parte, n. 1, p. 107 *et seq.*

cia concorrente, de um lado, da União, e, *de outro,* dos Estados federados e do Distrito Federal, prevê, viabilizando o exercício de competência legislativa *concorrente*, a matéria relativa aos *"procedimentos em matéria processual"*. Esta competência concorrente, todavia, encontra *discriminação* constante do sistema desse art. 24 da CF/1988, *ao distinguir* entre *normas gerais* e *não gerais*, nessa matéria.

É certo que o *procedimento, enquanto* relativo a *normas gerais,* às quais se alude nos §§ 1.º e 4.º do art. 24 da CF/1988, pode ser da competência da União, que, em tal caso, afastará a *competência* dos Estados federados e do Distrito Federal (art. 24, § 1.º), não excluída a competência suplementar dos Estados, em relação a essas *normas gerais* (art. 24, § 2.º). É relevante, portanto: 1.º) tentar estabelecer em que se constitui e qual o âmbito de abrangência da expressão *procedimento*, tal como utilizada no art. 24, XI, da Constituição Federal de 1988; 2.º) de outra parte, como se podem distinguir e o que são *normas gerais de procedimento* e *normas não gerais de procedimento; e* 3.º) *ter sempre presente* que a *norma processual* não deve ser confundida com a *norma procedimental.*

Estabelece o texto constitucional que a União, se regular assunto *procedimental*, deve, exclusivamente, *estabelecer normas gerais sobre procedimento* (art. 24, § 1.º, da CF/1988); e, ademais, a competência da União *não exclui (=não pode excluir) a competência suplementar dos Estados federados e nem a do Distrito Federal,* tendo em vista *normas não gerais de procedimento.* Por outras palavras, as "normas não gerais sobre procedimento", editadas pela União, subsistem enquanto os Estados federados e o Distrito Federal não venham a editar as suas respectivas normas regionais. Editadas que venham a ser estas, revogarão as *"normas procedimentais não gerais 'da União'"*. Esta última expressão, na conjuntura e estrutura *atuais*, conduz a paradoxo, porquanto todas as possíveis regras ditas *"não gerais"*, atualmente, são gerais, pela circunstância de que se constituem num sistema com o atributo da *uniformidade, e, pois, com aplicação uniforme em todo o território nacional (dado que todas elas foram editadas pela União).* Desempenham, por essa *contingência*, necessário papel de generalidade. É só a partir da Constituição Federal de 1988 que se poderá vir a regular diferentemente o que disser respeito a *normas não gerais.* Por outras palavras, a partir da CF/1988 nasceu a *possibilidade de edição de normas não gerais*, mas todas as que existiam no momento da promulgação dessa CF/1988 eram gerais, pelo *fato* de sua origem única e pela função desempenhada (regiam *todo o processo* e *todo o procedimento*, em todo o território nacional).

Se inexistir, todavia, (alguma) *norma geral* sobre *procedimento,* então, *"os Estados exercerão a competência legislativa plena, para atender a suas peculiaridades"* (art. 24, § 3.º, da CF/1988), o que significa que o Distrito Federal e os Estados-membros, *diante de tal "omissão"*, ou, *em face da inexistência de normas gerais sobre procedimento,* terão competência legislativa para editá-las, igualmente. Editarão, pois, em tal caso, de "vácuo legislativo", normas gerais e normas não gerais sobre procedimento.

Mas, se supervenientemente vierem essas *normas gerais sobre procedimento* a ser editadas pela União, esta circunstância *"suspende a eficácia da lei estadual, no que lhe for contrário"* (art. 24, § 4.º, da CF/1988).

Isto quer dizer que, no *vazio legislativo*, ou, mais precisamente, *na ausência de norma geral sobre procedimento, que não haja sido editada pela União*, têm os Estados federados e o Distrito Federal, inclusive, competência para editar essas *normas gerais* sobre procedimento. Estas expressões resultam ou acarretam, também, certo paradoxo. Pois, emanadas estas *normas gerais*, na verdade, *acabarão* elas por vir a ser *estritamente regionais* ou *locais*. Essas normas gerais sobre procedimentos – como se disse – *em larga escala* já existem, e são representadas, *principalmente*, pelo que se contém, a propósito, no Código de Processo Civil e na legislação extravagante, *ainda que não tenha sido o Código de Processo Civil e essa legislação editados dentro do quadro de possibilidades dessa competência constitucional concorrente, ensejado e inaugurado pela CF/1988*.

Parece-nos que os temas relacionados com o *direito de ação*, as *partes*, as *provas*, a *sentença* (= os requisitos de existência e de validade da sentença), *nos seus elementos essenciais*, não poderão ser entendidos como encartáveis na ideia de *procedimento*, pois que, onticamente, têm de ser objeto de normas não gerais.[24] Acentue-se, ao menos como argumento, que, na verdade, esses temas, *em escala apreciável*, encontram-se *delineados* mesmo no próprio texto da Constituição Federal de 1988. Este *argumento* demonstra que estão de tal forma permeados pela ideia de *uniformidade*, que o constituinte os colocou, em suas linhas gerais, no próprio texto constitucional.

O direito de ação é o veículo configurativo do próprio retrato, *i.e.*, *da própria possível existência* do Direito material; a disciplina referente à capacidade e à legitimação das partes (sua capacidade, plena ou não), igualmente, não pode ser regulada em *norma procedimental não geral*, da mesma forma que não o pode a da *legitimação* para *agir* ou *processual*, porque diz respeito à titularidade do possível direito subjacente à ação.[25] *A legitimação processual* ou *para agir, a seu turno, e em realidade, regula a titularidade do direito de agir, em juízo, pressuposto para o exercício do direito de ação.*

Ademais, as regras de *processo devem* mesmo guardar *simetria* com regras de direito material, e, no particular, os Estados federados e o Distrito Federal não têm com-

24. O mesmo se há de dizer em relação aos recursos, que "não podem ser criados ou extintos, salvo por lei federal" (Teresa Arruda Alvim Wambier, *Os agravos no CPC*, n. 5.4.1). Pode-se dizer, sob este prisma, que também não pode lei estadual regular os *efeitos* dos recursos. Assim, foi considerada inconstitucional Lei Estadual que "desobriga o servidor público de restituir valores percebidos a título de vencimento ou vantagem, *em liminar ou sentença de mérito, quando não confirmada a decisão na instância superior*" (STF, MC na ADIn 2.336/SC, Pleno, j. 19.12.2000, rel. Min. Nelson Jobim, *DJ* 09.03.2001, p. 102, g.n.). Não se considerou inconstitucional, no entanto, norma estadual que estabelece a "previsão, no âmbito estadual, do instituto da reclamação", em razão de se ter considerado que "a natureza jurídica da reclamação não é a de um recurso, de uma ação e nem de um incidente processual" (STF, ADIn 2.212/CE, Pleno, j. 02.10.2003, rel. Min. Ellen Gracie, *DJ* 14.11.2003, p. 11). Declarou-se a inconstitucionalidade de Lei Estadual que estendia a competência por "prerrogativa de foro" a delegados de polícia estadual (STF, ADIn 882/MT, Pleno, j. 19.02.2004, rel. Min. Maurício Corrêa, *DJ* 23.04.2004, p. 6), mas, em julgado anterior, decidiu-se que "não se mostra ofensivo à Carta preceito de Constituição Estadual que contempla os Procuradores do Estado com a prerrogativa de foro, isto ao atribuir ao Tribunal de Justiça a competência para processá-los e julgá-los nos crimes comuns e de responsabilidade. Se de um lado compete à União legislar sobre direito processual – art. 22, I – de outro cabe às Constituições dos Estados a fixação das competências dos respectivos Tribunais – art. 125, § 1.º, ambos da Constituição Federal" (STF, MC na ADIn 541/DF, Pleno, j. 25.10.1991, rel. Min. Marco Aurélio, *DJ* 14.02.1992, p. 1.165). Foi considerada inconstitucional lei estadual que disciplinava "matéria referente ao valor que deva ser dado a uma causa" (STF, ADIn 2.655/MT, Pleno, j. 09.10.2003, rel. Min. Ellen Gracie, *DJ* 26.03.2004, p. 5).

25. O STF declarou a inconstitucionalidade de Lei estadual que atribuía "competência ao Procurador-Geral de Justiça para promover 'ação civil pública', matéria de direito processual, de competência da União" (STF, MC na ADIn 1.916/MS, Pleno, j. 11.02.1999, rel. Min. Nelson Jobim, *DJ* 26.10.2001, p. 34).

petência para legislar sobre o tema de direito material, *direito civil*, que está subjacente a todos esses institutos. Se não guardarem simetria, *todavia* – o que não se contesta ser possível –, haverá a regra (= *norma processual*) de ser editada pelo mesmo Poder Legislativo *que pode editar a norma de direito material*, dado que, *nessa hipótese*, o sentido e a função da regra processual *se desviam dos parâmetros da regra de direito material*. Esse desvio só pode se verificar emergindo do mesmo Poder, que é o Congresso Nacional.[26]

Se assim não fosse, e se os Estados federados legislassem *nesse campo, ipso facto, estariam* obliquamente disciplinando assuntos *diferentemente* do que o tivesse feito o direito civil, e cuja disciplina *desfiguraria* a deste ramo, para o qual a competência legislativa é *exclusivamente* da União (art. 22, I, da CF/1988).

As *provas* dizem respeito à *tradução* ou à *demonstração* do Direito material em juízo, e, pois, porque devem ser aptas para retratar o próprio Direito, se viessem a ser objeto de disciplina *procedimental*, de *caráter não geral*, estar-se-ia, *indiretamente*, podendo fazer desaparecer situações de direito material, e estas variariam de um Estado federado para outro, e entre esses e o Distrito Federal. As situações de direito material devem, necessariamente, ter uniformidade, em relação às situações iguais; e quando o legislador federal entender que não devem ter uniformidade, a ausência de uniformidade deve decorrer da *lei material federal*, e, *ainda aqui*, haverá, certamente, de ser compatível com o princípio da igualdade de todos perante a lei, tendo em vista a gama de assuntos *exclusivamente* adjudicados à competência legislativa da União.

É curial, pois, que as regras atinentes à essência da disciplina da prova não se encartem no mandamento do art. 24, XI, da CF/1988. Parece que um parâmetro ponderável, senão o *mais relevante*, para se traçar um limite ao espectro das regras procedimentais, é o da regra constitucional do art. 5.º, *caput*. Ou seja, se todos são iguais perante a lei, *e se, correlatamente, não existe a competência dos Estados federados para legislar sobre direito material* (dentro das matérias arroladas no art. 22 da CF/1988), disto se segue que as normas *procedimentais* não podem chegar ao ponto de criar *direitos diferentes* nos Estados federados e no Distrito Federal, dentro desse espectro do art. 22.

Há, pois, diferença profunda em comparação com o que existe nos Estados Unidos da América do Norte. Como se disse, tais *normas procedimentais gerais* e *não gerais* existem em larga escala, donde, por esse fato, chegar-se-ia à conclusão de *estar preenchido esse espaço*, e, *aparentemente*, encontrar-se *reduzido* o *ambiente* ou ter restado diminuída a *possibilidade* de rendimento prático do § 3.º do art. 24 da Constituição Federal. No entanto, é preciso distinguir, nesse conjunto de regras procedimentais, justamente as regras *procedimentais* à luz das *hipóteses possíveis* para o exercício da competência concorrente, por isto que *são aptas a comportar discriminação*, e, por essência, são essas, justamente, as regras não gerais.

Referimo-nos a *aparentemente*, porque, em verdade, nem pelo fato de existirem tais *normas procedimentais*, oriundas, *todas elas*, da União, ficou vedado aos Estados federados e ao Distrito Federal que editem *normas procedimentais não gerais*, *pois que o farão*

26. É, exemplificativamente, o que se passa com o disposto na Lei 9.099/1995, em que, nesta lei (art. 8.º, § 2.º) "disciplina a capacidade de estar em juízo de forma diferenciada em relação ao processo civil tradicional (CPC) e ao CC" (v. a respeito, Joel Dias Figueira Júnior e Maurício Antônio Ribeiro Lopes, *Comentários à lei dos juizados especiais cíveis e criminais*, 2. ed. São Paulo, 1997, comentários. ao art. 8.º, n. 3, p. 170). Vale o texto deste art. 8.º, § 2.º, no âmbito a que ele se destina, pois foi emanado do mesmo poder legislativo.

dentro do âmbito de sua competência (exegese com fulcro nos §§ 1.º e 2.º do art. 24 da CF/1988). E isto porque, se a União, dentro dessa competência concorrente, deve – a partir da CF/1988 – limitar-se a editar *normas gerais* (art. 24, § 1.º), e se essas normas gerais *não excluem a competência dos Estados* (art. 24, § 2.º), *disto se segue que, em se tratando de normas procedimentais, as que sejam editadas pelos Estados federados e pelo Distrito Federal, terão estas a virtude de revogar as precedentes normas procedimentais existentes*, desde que, *ontologicamente*, possam comportar distinções. Ou seja, desde que pela sua *natureza* sejam *normas procedimentais não gerais*.

Caberá discriminar no quadro da legislação existente, e tendo em vista os seus institutos, e identificar, agora, aqueles que, *conquanto uniformemente disciplinados*, podem ensejar distinções, a partir de leis locais.

Sob outro ângulo, todavia, o reverso é que pode ser verdadeiro. Ou seja, são os Estados federados que *poderão exercer competência plena* (isto é, compreensiva de *normas procedimentais gerais e não gerais)* quando inexistirem *normas gerais sobre procedimento* da União (art. 24, § 3.º). A União, todavia, não pode *impedir* que os Estados federados editem *normas procedimentais, desde que sejam normas não gerais*.

Por outras palavras, os Estados federados *poderão ter competência*, para normas procedimentais gerais, *quando estas inexistam*, como *têm sempre competência* para editar *normas não gerais, e, com isto, alterar regras preexistentes que, pela sua natureza, sejam não gerais. Ou seja, é possível que os Estados federados façam aquilo que a União pode(ria) fazer, mas não o fez* (editar normas gerais sobre procedimento); e, ainda, que estes e o Distrito Federal desfaçam o que a União já fez ou a respeito do que já legislou, tendo em vista *normas ontologicamente não gerais*.

A União, a partir da Constituição Federal de 1988, *deverá limitar-se à edição de normas gerais (art. 24, § 1.º)*. Se se entende que o procedimento é a *forma* assumida pelo processo, o encadeamento dos atos, fatos e negócios processuais, no que diz respeito à *forma*, ao *tempo* e ao *lugar*, são estas realidades, as que dizem respeito tipicamente a *atos procedimentais, que podem assumir disciplinas em locais diferentes (i.e., podem ter aspectos peculiares) e, como tais, reguláveis pelos Estados federados*.

Poder-se-ão, inclusive, criar *novas modalidades de citação* ou de *intimação*, desconhecidas da lei processual, desde que *respeitados os princípios do art. 5.º, XXXV, LIV e LV, da Constituição Federal de 1988, principalmente, entre outros*; a mesma coisa se diga quanto a *cartas precatórias* e a *cartas de ordem*. O tema relacionado com *protocolo* poderá ser disciplinado por lei local.

A carta rogatória, porque representativa de uma expressão do Judiciário, enquanto manifestando sua *soberania (pois diz respeito à autoridade e à comunicação do Poder Judiciário nacional, como um todo)*, haverá necessariamente de ser disciplinada por lei federal.

É certo que um Estado federado não poderá *impor a outro* as suas normas procedimentais, e, portanto, na hipótese de *comunicação interestadual* de atos processuais, tem de prevalecer inteiramente a legislação federal. Por outras palavras, a comunicação de Estado federado a Estado federado, e entre esses e o Distrito Federal, deve ser *uniforme*, e aí a regra tem de ser necessariamente da União (= norma procedimental geral). Poderá haver, *todavia*, verdadeira adoção de normas de um Estado federado por outro, quando, então, o *conteúdo* poderá ser aplicado, mas o será por virtude de um dado Estado, mercê de sua própria autonomia normativa, *i.e.*, por "ter encampado" normas de outro, fazendo-as também suas.

Parece-nos, como visto, também, que poderão ser criados, nos Estados federados e no Distrito Federal, determinados procedimentos *especiais*, desconhecidos no sistema do Código de Processo Civil, *v.g.*, um *procedimento especial*, com *liminar*, em *ação de imissão na posse*. Tratar-se-á, no caso, de *abreviar no tempo* a prestação jurisdicional, e na realidade inexiste qualquer norma do Código de Processo Civil a respeito. Não se estará, em realidade, alterando a substância do direito e nem estabelecendo desigualdade entre uns e outros Estados federados e o Distrito Federal, senão fazendo com que a prestação jurisdicional seja mais rapidamente prestada. Nesta última hipótese, em editando a União regra jurídica diferente da que haja sido editada por Estado federado ou pelo Distrito Federal, aplicar-se-á o § 4.º do art. 24 da CF.

Vale a pena colocar em destaque que o Presidente da República vetou *integralmente* o Projeto de Lei 95 de 1993 do Senado Federal (n. 3.588/1989 na Câmara dos Deputados), que adaptava normas de direito processual ao disposto no inciso XI do art. 24 da Constituição Federal. O argumento motivador do veto foi o de sua flagrante inconstitucionalidade. Eis seus fundamentos:

"Cabe, pois, fixar os conceitos de 'Direito Processual' e de 'procedimento processual', de modo a distinguir a competência privativa da União, da sua competência concorrente com os Estados. Direito Processual, segundo informa a doutrina, é o conjunto de princípios e normas jurídicas destinados a possibilitar a administração da Justiça, enquanto que o procedimento processual é o modo pelo qual aqueles princípios e normas devem ser aplicados. Em suma, o Direito Processual constitui um todo do qual o procedimento processual é uma das partes. Assim, *tempo*, *lugar*,[27-28] prazos e comunicações dos atos processuais, inclusive recursos, são induvidosamente matérias inseridas no âmbito da competência concorrente dos Estados federados, no que diz respeito às *normas não gerais*, ao passo que prazos e comunicação dos atos processuais, inclusive recursos, constituem matéria do Direito Processual, mas não do procedimento processual, e, em consequência, matéria a ser disciplinada privativamente pela União, nos termos do art. 22, I, da Constituição, salvo se mediante lei complementar autorizar os Estados a legislar sobre questões específicas de Direito Processual (parágrafo único do art. 22 da Constituição). Ora, pelos seus arts. 1.º e 3.º, o projeto de lei ordinária pretende deferir aos Estados e ao Distrito Federal competência para legislar, precisamente, sobre essas matérias, o que refoge aos mandamentos dos preceitos constitucionais transcritos. Aliás, o Distrito Federal sequer poderia ser abrangido,

27. O que nos parece é que *tempo* e *lugar* são matérias próprias da competência estadual, mesmo porque, do contrário, parece que pouco, ou nada, restaria para se constituir no conteúdo dessa competência constitucional – *v.* nosso anterior *Tratado de direito processual civil*, vol. I, p. 256 *et seq.* O que nos parece é que o veto é correto, nos outros pontos, e, em particular, naquilo que o art. 24, XI, da CF desnecessita de regulamentação, justamente porque é autoaplicável.

28. É com base no que se diz no texto que se legitima o que consta do § 3.º do art. 172 do CPC (com a redação dada pela Lei 8.952/1994): "(...) § 3.º Quando o ato tiver que ser praticado em determinado prazo, por meio de petição, esta deverá ser apresentada no protocolo, dentro do horário de expediente, *nos termos da lei de organização judiciária local*" (grifo nosso). Semelhantemente, estabelece o § 2.º do art. 525 do CPC que "no prazo do recurso [de agravo de instrumento], a petição será protocolada no tribunal, ou postada no correio sob registro com aviso de recebimento, ou, ainda, *interposta por outra forma prevista na lei local*" (grifo nosso).

pois à União cabe a administração da Justiça do Distrito Federal e Territórios. Demais, trata-se de projeto de lei despiciendo, isso porque o art. 24, XI, da Constituição é autoaplicável, independentemente de lei federal regulamentadora, eis que a competência dos Estados emana do próprio texto constitucional. Dessa maneira, impõe-se o veto total ao Projeto de Lei 95/1993, face à sua inequívoca inconstitucionalidade".[29]

No que diz respeito à "criação, funcionamento e *processo* do juizado de pequenas causas", porque utilizou-se no texto constitucional da expressão *processo*, isto poderia significar que as próprias *normas gerais* refugiriam do âmbito do art. 24, e, inteiramente, haveria a matéria de ser disciplinada por leis estaduais. Todavia, conquanto no art. 24, X, esteja usada a palavra *processo*, esse art. 24, X – e, aí, a expressão *processo* – não pode ser interpretado contra todo o sistema desse mesmo art. 24, e, ademais, com ignorância da regra do art. 22, I, todos da Constituição Federal de 1988. Segue-se disto, portanto, que nem pela circunstância de se ter utilizado o legislador da palavra *processo*, no art. 24, X, e, no XI, *procedimento*, altera-se a competência legislativa dos Estados federados para mais, tendo em vista o inciso X.

No Estado de São Paulo, reza a Constituição estadual de 1989, em seu art. 88: "A lei disporá sobre a criação, funcionamento e *processo* dos Juizados de Pequenas Causas a que se refere o art. 24, X, da Constituição Federal". O que se verifica, em face do art. 24, X, da Constituição Federal de 1988, é que houve uma adjudicação de competência aos Estados federados e ao Distrito Federal, *tendo em vista a "criação, funcionamento e processo do juizado de pequenas causas; (...)"*. A Constituição do Estado de São Paulo *repetiu* a expressão *processo*, o que, certamente, não altera os quadros de sua competência, que é concorrente.

A Constituição do Estado do Rio de Janeiro prevê, no seu art. 167, *juizados especiais providos por juízes togados, ou togados e leigos*, para *julgamento* e *execução* de *causas cíveis de menor complexidade*. O julgamento dos recursos está previsto por *turmas de juízes de primeiro grau* (*idem*, art. 167). Esta mesma Constituição prevê, quando trata da *competência concorrente* da União e do Estado, no seu art. 74, X, a *competência* para a *"criação, funcionamento e processo do juizado de pequenas causas"*. Na Constituição do Estado do Mato Grosso estão previstos os *juizados especiais* e as *turmas recursais* (art. 91, V e VI, *respectivamente*). Na Constituição do Estado do Mato Grosso do Sul estão previstos *juizados especiais das causas cíveis de menor complexidade* (art. 97, V), sendo que os órgãos para o julgamento dos recursos de suas decisões constarão das leis de organização e divisão judiciárias do Estado (art. 118, *caput*). Na composição desses juizados especiais *"poderão ser aproveitados leigos, recrutados de preferência na comunidade local, para atuar na fase de conciliação"* (art. 118, parágrafo único). A Constituição do Estado do Paraná prevê estes *juizados especiais* para causas cíveis de menor complexidade, com julgamento dos recursos por *turmas de Juízes* (art. 109, *caput* e parágrafo único). Esta última Constituição prevê, ao disciplinar competência concorrente, a referente à criação, à determinação de competência, composição e funcionamento dos *juizados especiais*, de que cogita a Constituição Federal, respeitado o art. 98, I, desta última (art. 13, X). E no art. 13, XI, *reedita* a regra do art. 24, XI, da Constituição Federal. Na Constituição do Estado do Rio Grande do Sul estão previstos os *juizados especiais e de pequenas causas* e, *ainda*, os *juízes togados com jurisdição limitada* (art. 91, VI e VII). Na Constituição do Estado do Ceará encontram-se, *lado a lado*, previstos

29. <http://www.planalto.gov.br/ccivil/VETO_TOTAL/1995/Mv644-95.htm>. Acesso em 23.11.2009.

os *juizados especiais* e os *juizados de pequenas causas* (art. 94, VIII e IX). O art. 16, X e XI, desta última Constituição, corresponde ao art. 24, X e XI, da Constituição Federal.

Ocorre, de outra parte, considerar o disposto no art. 98, I, da Constituição Federal. Aí se estabelece o seguinte: "Art. 98. A União, no Distrito Federal e nos Territórios, e os Estados criarão: I – juizados especiais, providos por juízes togados, ou togados *e leigos*, competentes para a conciliação, o julgamento e a execução de *causas cíveis de menor complexidade* e infrações penais de menor potencial ofensivo, mediante os *procedimentos oral e sumariíssimo*, permitidos, *nas hipóteses previstas em lei*, a transação e o julgamento de recursos por turmas de juízes de primeiro grau; (...)".

Os arts. 24, X, e 98, I, ambos da Constituição Federal de 1988, indicam duas realidades distintas. No art. 24, X, citado, verifica-se que *o legislador constitucional assumiu a existência dos juizados de pequenas causas*; já, tendo em vista o disposto no art. 98, I, citado, constata-se que, *nesta hipótese*, refere-se o texto a *causas cíveis de menor complexidade*. Estas, como se percebe, não são aquelas (ou, ao menos, *não devem ser* aquelas) que dizem respeito ao juizado de pequenas causas. No entanto, com a edição da Lei 9.099/1995, ao que tudo indica, acabaram por ser unificadas, claramente, as sistemáticas dos *juizados de pequenas causas* e a dos *juizados especiais* de causas de menor complexidade, ao menos naquelas relacionadas a matéria cível, isto porque foi revogada *expressamente* a Lei 7.244/1984 (art. 97 da Lei 9.099/1995) que regulava o processamento perante os juizados de *pequenas causas* cíveis.

Atualmente, o Sistema dos Juizados Especiais no âmbito da Justiça Comum dos Estados, Territórios e do Distrito Federal é integrado pelos Juizados Especiais Cíveis e Criminais, regidos pela Lei 9.099/1995 e, também, pelos Juizados Especiais da Fazenda Pública, que serão "*criados pela União, no Distrito Federal e nos Territórios, e pelos Estados, para conciliação, processo, julgamento e execução, nas causas de sua competência*", conforme preceitua o art. 1.º da Lei 12.153/2009. Já no âmbito da Justiça Federal vale referir que, por ocasião da Lei 10.259, de 12.07.2001, foram instituídos os Juizados Especiais Cíveis e Criminais da Justiça Federal, em relação aos quais se aplica, no que não conflitar com esta lei, o quanto está disposto na Lei 9.099/1995. Para a previsão do art. 98, I, da CF/1988, devem ser feitas as seguintes observações: 1.ª) a disciplina destas causas depende de *lei definidora* de quais sejam, que, no caso, é *lei federal*; 2.ª) ademais, para este juízo haverá *procedimento oral* e *sumariíssimo, tal como venha a ser definido, ao menos* em suas linhas gerais, por lei federal; 3.ª) não se deve entender que, pela circunstância de se estabelecer no art. 98, *caput*, que a União criará e os Estados também criarão, que a estes ficou liberado o caminho para regular o assunto, *a partir mesmo e inclusive* de normas gerais de *processo* ou *processuais, propriamente ditas; se assim se viesse a entender, estar-se-ia, diante de texto diferente do art. 24, X,* e *estar-se-ia rompendo o sistema de todo o art. 24, ambos da Constituição Federal de 1988*. Sem texto expresso, estar-se-ia, neste caso, disciplinando diferentemente a situação dos Estados federados, no particular; 4.ª) pela leitura do texto, e – mercê de uma interpretação *literal* –, é-se conduzido a que, os órgãos constitutivos de tais juízos, destinados a *causas de menor complexidade*, poderão ser compostos por *juízes togados*, "*ou togados e [também] leigos*". Esta interpretação seria a verdadeira – o que equivaleria ser possível que *juízes leigos, ao lado de juízes togados, aqueles também com funções judicantes*, compondo, uns e outros, a magistratura – porque isto se ajusta às profundas diferenças existentes no Brasil? A resposta, no caso, deve ser negativa. Os chamados *juízes leigos* não integram a magistratura, na qual se ingressa, em primeiro grau, necessariamente por concurso (art. 93, I, da CF/1988), salvo a nomeação para tribunais superiores, *mas as exceções constam do próprio texto constitucional*. Não fazendo os *juízes leigos* parte integrante do Poder Judiciário, *não podem decidir, tal como se fossem juízes "judicantes"*. Há que se atentar para o texto do art. 5.º, LIII, da CF/1988, no qual se alude à *autoridade competente*, tendo-se em vista que *somente* esta é que pode processar e sentenciar; ainda, consta do art. 5.º, LIV, que "ninguém será privado da liberdade ou de seus bens sem o devido processo legal"; e, finalmente, o art. 5.º, XXXV, no qual se lê que "*a lei não excluirá da apreciação do Poder Judiciário lesão ou ameaça a direito*". Se assim é, por certo, se o Poder Judiciário haverá sempre de *apreciar* qualquer alegada *lesão* ou *ameaça a direito*, não se justifica que tais *juízes leigos* possam julgar.

A Lei 9.099/1995, ao regular os Juizados Especiais Cíveis e Criminais, reservou aos *conciliadores* e aos *juízes leigos* funções primordialmente conciliatórias (art. 22, *caput*, da Lei 9.099/1995, dispositivo expressamente aplicável aos Juizados da Fazenda Pública, *ex vi* do art. 15 da Lei 12.153/2009 e aplicável, no que couber, ao regime dos Juizados Especiais da Justiça Federal), ressalvando que a homologação será sempre efetivada pelo *juiz togado*, mediante sentença (art. 22, parágrafo único, da Lei 9.099/1995). Para os *juízes leigos* (recrutados entre advogados com mais de cinco anos de experiência – art. 7.º, *caput, da* Lei 9.099/1995), o diploma outorga, ainda, as seguintes funções: serão eles os árbitros a serem escolhidos para a condução do juízo arbitral a ser homologado pelo juiz togado (arts. 24, § 2.º, e 26); poderão conduzir a instrução, sob a supervisão do juiz togado (art. 37 da Lei 9.099/1995, também expressamente aplicável aos Juizados da Fazenda Pública, *ex vi* do art. 15 da Lei 12.153/2009) e, nesta hipótese, poderão proferir decisão, submetendo-a, de imediato, ao juiz togado, o qual poderá homologá-la ou proferir outra em substituição, determinada a realização dos atos probatórios que entender indispensáveis (art. 40 *da* Lei 9.099/1995, igualmente aplicável aos Juizados da Fazenda Pública, *ex vi* do art. 15 da Lei 12.153/2009). Tendo-se em conta que a atuação destes denominados juízes leigos está sempre – inclusive aquela de fins meramente conciliatórios – sujeita à supervisão e revisão imediatas do juiz togado, e, sendo deste e não daqueles as decisões efetivas, não há razão para que seja sustentada a inconstitucionalidade deste regime jurídico: o vetor constitucional da *autoridade competente* a que nos referimos acima foi agasalhado, portanto, pela Lei 9.099/1995, pela Lei 10.259/2001 e pela Lei 12.153/2009.

A Constituição Estadual de São Paulo de 1989, dispõe, em seu art. 87, que "os juizados especiais das causas cíveis de menor complexidade e das infrações penais de menor potencial ofensivo terão sua *composição* e *competência* definidas em lei, *obedecidos os princípios previstos no art. 98, I, da Constituição Federal*". Esta lei, a que se refere o art. 87 da Constituição do Estado de São Paulo de 1989, é *lei estadual* a ser editada em *sintonia* com a lei federal. Ainda, na Constituição do Estado de São Paulo, ao serem discriminados os órgãos do Poder Judiciário, refere-se aos *Juizados Especiais*, e, sucessivamente, aos *Juizados de Pequenas Causas* (v. art. 54, VII e VIII). São (ou, ao menos, deveriam ser), portanto, organismos distintos. Nesse mesmo art. 54 (inciso IV), indicam-se como órgãos as *Turmas de Recursos*. Estas, todavia, pela mesma Constituição, terão competência, tanto para os Juizados Especiais quanto para os de Pequenas Causas, na forma do disposto no art. 84, § 1.º. Tenha-se presente que a redação mencionada do art. 54 Constituição do Estado de São Paulo foi atribuída pela Emenda Constitucional estadual n. 8, de 20.05.1999. Essa emenda chegou a ter a eficácia suspensa pelo Supremo Tribunal Federal na ADin-MC 2.011 (Pleno, rel. Min. Ilmar Galvão, *DJ* 04.04.2003, p. 39); posteriormente, contudo, mediante decisão irrecorrida, publicada no *DJU* de 11.05.2005, a ação foi extinta sem resolução de mérito. Dever-se-á, no entanto, respeitar o que consta do art. 98, I, da Constituição Federal de 1988, e, bem assim, o que constará da *lei federal*, cuja edição está prevista nesse mesmo art. 98, I. É, como visto, o que ocorreu com a promulgação da Lei 9.099/1995, que, de qualquer sorte, acabou por dar tratamento unificado aos *Juizados de Pequenas Causas* e aos *Juizados Especiais*, ao menos aqueles com competência para matéria cível. As linhas mestras deste diploma, todavia, são aquelas reservadas, para o tema, pelo texto constitucional, e colocadas em linhas gerais precedentemente, não sendo este o local adequado para fixarmo-nos em sua análise mais detida. É o que também se verificou com a promulgação das Leis 10.259/2001 e 12.153/2009, que em atenção ao que dispunha o art. 98, I, da CF/1988, instituíram, respectivamente, os Juizados Especiais Cíveis e Criminais da Justiça Federal e os Juizados da Fazenda Pública no âmbito da Justiça Comum dos Estados e do Distrito Federal.[30]

c) normas processuais civis *lato sensu* são as que disciplinam e regulam a organização judiciária de cada um dos Estados.

Quanto à origem, as duas primeiras espécies de normas processuais civis nascem, em nosso sistema jurídico, com exclusão daquelas chamadas normas processuais civis *lato sensu*, do Poder Legislativo federal.

Ao lado das normas processuais em sentido estrito, como vimos, encontram-se as chamadas normas de organização judiciária, que são normas processuais no sentido lato.

Estas leis de organização judiciária são editadas pelos Poderes Legislativos a partir de proposta que compete privativamente aos respectivos tribunais superiores (art. 96, II, *a* a *d*, da CF/1988).

Contudo, não se encontram fixados objetivamente os limites da organização judiciária no texto constitucional. Para esse efeito, há que se ter presente a Lei Federal 5.621, de 04.11.1970, que delimitou o campo de atuação das normas acerca da organização judiciária dos Estados.

Nessas condições, as normas de Direito Processual Civil *lato sensu*, em que se compreendem as de organização judiciária também, nascem hoje do Poder Legislativo estadual, e não mais encontram sua fonte exclusiva nos Tribunais de Justiça dos Estados.

38. As fontes da norma processual civil[31]

Um dos significados da palavra fonte é o de princípio ou causa donde provêm efeitos.[32]

Pode-se elaborar uma divisão das fontes do Direito em: dogmáticas, que são as próprias leis, e históricas, que são representadas pelas leis revogadas.

Aspecto particularmente importante das fontes dogmáticas é aquele que estuda os modos do nascimento do Direito Processual Civil, o que não se deve confundir com seus

30. Decidiu o STF que é inconstitucional lei estadual que, ao dispor sobre Juizados Especiais, "introduz novas hipóteses de aplicação do procedimento previsto no art. 28 do CPP" (STF, MC na ADIn 2.257/SP, j. 14.02.2001, rel. Min. Nelson Jobim, *DJ* 06.04.2001, p. 66). Similarmente, considerou-se inconstitucional lei estadual que "outorga competência a juizados especiais" (STF, MC na ADIn 1.807/MT, j. 23.04.1998, rel. Min. Sepúlveda Pertence, *DJ* 05.06.1998, p. 2).

31. V. nosso *Curso de direito processual civil*, cit., vol. 1, n. 8, p. 77.

32. Laudelino Freire, *Grande e novíssimo dicionário da língua portuguesa*, p. 2.595.

modos de conhecimento, quando, então, estaríamos antes nas fontes de conhecimento do Direito Processual Civil.[33]

Dividem, ainda, os juristas, as fontes em diretas e indiretas. Por fontes diretas, devem entender-se as leis, que são modernamente a fonte do Direito por excelência. Alguns denominam as fontes diretas de fontes imediatas do Direito; nestas incluem-se ainda o costume, como fonte subsidiária da lei, quando e na medida em que a lei lhe empreste validade, e, também, os princípios gerais de direito (v. art. 126 do CPC).

Nas fontes indiretas compreender-se-iam as fontes históricas, o Direito comparado e a doutrina.

No moderno Estado de Direito se aceita como princípio nuclear da vida social o fato de que a conduta dos jurisdicionados, de maneira geral, subordina-se à regra jurídica emanada do Estado, mormente porque o próprio Estado fica a elas subordinado (especificidade que marca o Estado de Direito).

Pode-se asseverar, seguramente, que a plenitude logicamente necessária, ínsita ao sistema jurídico, encerra um princípio, em grande escala, exato:[34] o ordenamento jurídico não contém lacunas. E dizemos isto porque o próprio ordenamento contém uma mecânica tal, possibilitadora de fornecer outros elementos (analogia, costume, princípios gerais de direito), que, apesar de não contemplarem expressamente dado caso, são técnicas através das quais se revela a integridade do sistema ou, pelo menos, a possibilidade de, por meio de elementos do próprio sistema, explicitar-se a sua integridade (art. 4.º da LICC – atualmente denominada Lei de Introdução às normas do Direito Brasileiro, conforme alteração promovida pela Lei 12.376/2010 – e art. 126 da CPC).[35]

39. Competência para legislar sobre Direito Processual Civil[36]

Segundo o art. 22, I, da CF/1988, cabe à União legislar sobre Direito Civil, Comercial, Penal, Processual e outros ramos do Direito. Embora não se faça referência expressa ao Direito Processual Civil, o inciso I do art. 22 do texto constitucional confere à União competência para legislar tanto sobre Direito Processual Civil, como sobre Direito Processual Penal, pois a expressão "Direito Processual" abrange esses dois ramos do Direito e outros mais (trabalhista, *v.g.*).

As normas de *processo* são, então, de exclusiva competência da União (art. 22, I, da CF/1988).

Entretanto, toda norma de *processo*, no sentido estrito, reclama uma norma *procedimental* (que também é norma de processo, *lato sensu*), pois esta, em regra, consubstancia-se em condição essencial à funcionalidade daquela. Nada impede – e esta tem sido a regra geral – que uma e outra se encontrem *amalgamadas* no mesmo texto.

33. Cf. José Frederico Marques, *Instituições*... cit., vol. 1, n. 26, p. 58; n. 55, p. 124; v. também Guasp, *Derecho procesal civil*, n. 4, p. 43.

34. Diz-se substancialmente exato porque, no nível de filosofia do Direito e de teoria geral do Direito, principalmente, tem comportado discussão. Ocorre que ainda não foi substituído por outro princípio que, com maior clareza e tanta operatividade, lhe fizesse as vezes.

35. O ângulo de descarte do *individualismo* tem integrado as variáveis na interpretação da norma, conforme enfatiza o Min. Sálvio de Figueiredo. *V. RSTJ* 26/378, especialmente p. 384, na qual se lê: "A interpretação das leis não deve ser formal, mas sim, antes de tudo, real, humana, socialmente útil. (...) Se o juiz não pode tomar liberdades inadmissíveis com a lei, julgando *contra legem*, pode e deve, por outro lado, optar pela interpretação que mais atenda às aspirações da Justiça e do bem comum". *É certo que este entendimento diz, não só com o processo, mas, também, com o direito material.*

36. V., neste Manual, n. 37, *supra*.

Antes do advento da CF/1988, ambas as espécies de normas eram de competência exclusiva da União. Hoje, o art. 24, XI, da CF/1988, disciplina a competência que é concorrente, da União, dos Estados federados e do Distrito Federal, para legislar sobre "procedimentos em matéria processual".

Os §§ 1.º, 2.º e 3.º deste art. 24 preveem que, nos casos de competência concorrente, à União caberá estabelecer normas gerais, tendo os Estados competência suplementar para editar normas procedimentais não gerais. Caso não haja leis federais, de caráter geral, os Estados exercerão competência legislativa plena. Se não existirem normais gerais, a título de exceção, têm os Estados federados competência para editar *normas gerais*.

O primeiro discrímen que se tem de estabelecer, pois, é o que há entre normas *processuais*, propriamente ditas, e normas *procedimentais;* e, num segundo momento, a diferença que há entre *normas gerais* de procedimento e normas *procedimentais que não gerais*.

Grande parte dessas normas gerais sobre procedimentos já existiam no próprio CPC e em outras leis federais, antes de haver este quadro atual de competência legislativa concorrente sido criado pela vigente Constituição Federal.

Parece-nos que assuntos relacionados com, *v.g.*, direito de ação, partes, provas, sentença, não podem ser tidos como temas atinentes ao procedimento, até porque, acentue-se *ex abundantia*, em grande escala foram objeto de normas constitucionais, e, pois, não podem ter seu perfil alterado por normas procedimentais não gerais, que variam de Estado federado para Estado federado. Ou, então, como no caso da *legitimidade*, há *sincronia* ou *justaposição* em relação a normas do Direito Civil. À luz dessa *conexão*, é inviável que se pretendesse disciplinar variadamente, por isso que, *legitimidade* é assunto de *processo* e não de *procedimento*.

Para se identificar, com alguma nitidez, o traço divisório entre as normas procedimentais e processuais, é necessário que se levem em conta fundamentalmente dois parâmetros: 1.º) a estreita conexão que têm certas regras de processo com o direito material, *v.g.*, regras atinentes à legitimidade, à capacidade, às provas, o que, por si só, afasta a possibilidade de os Estados federados legislarem acerca dessas matérias, que consistem, pois, em normas *processuais* e não *procedimentais;* 2.º) o princípio segundo o qual todos são iguais perante a lei, pelo que as normas procedimentais não podem *gerar direitos diferentes, v.g.*, no Acre e em Santa Catarina.

A nosso ver, de acordo com estas balizas, normas *procedimentais não gerais* seriam as que estabeleceriam novas formas de citação ou de intimação, normas respeitantes a cartas precatórias, a cartas de ordem etc., aplicáveis sempre dentro do Estado federado que as haja editado.

Finalmente, cumpre observar-se que um Estado-membro não poderá "impor" a outro suas normas procedimentais não gerais. Logo, relações de comunicação interestaduais serão regidas por normas emanadas da União, ou seja, normas procedimentais gerais.

40. Normas processuais na Constituição Federal

O Capítulo III do Título IV da Constituição Federal trata amplamente do Poder Judiciário. Sendo este uma das expressões da soberania nacional (art. 2.º da CF/1988), deve encontrar no estatuto político supremo do Estado as suas linhas mestras. Todavia, encontramos na Carta Magna também normas processuais em sentido restrito, além das normas de índole substancialmente constitucional (substancial e formalmente constitucionais), quais sejam, estruturadoras do Poder Judiciário. No art. 96, I, defere-se aos tribunais, privativamente, competência para elaborar seus regimentos internos, eleger seus órgãos diretivos, organizar os seus serviços auxiliares, provendo-lhes os cargos na forma da lei etc. No art. 99 (na redação da EC 45/2004), assegura-se expressamente autonomia administrativa e financeira ao Poder Judiciário e se determina que os tribunais elaborarão suas propostas orçamentárias. Admite-se que os regimentos internos "estabeleçam" recursos, *v.g.*, como os de agravo regimental, na esteira e à semelhança do que consta das leis processuais, que, no caso específico de que se cogita, é, por excelência, o recurso de agravo (art. 96, I, *a*).[37]

Os regimentos internos dos tribunais – além de outras garantias – são necessários à autonomia da magistratura, dado que, sem autogoverno, não se pode falar em autonomia.

Nesse mesmo capítulo, no art. 97 da CF/1988, prescreve-se que somente pela maioria absoluta de seus membros ou dos membros de órgão especial poderão os tribunais declarar a inconstitucionalidade de lei ou ato normativo do poder público.[38]

Trata-se de norma processual, dado que, a rigor, diz respeito à competência interna

37. A alteração trazida pela Lei 11.187/2005, ao vedar a interposição de recurso em face das decisões proferidas pelo relator do recurso de agravo nas hipóteses dos incisos II e III e parágrafo único, do art. 527 do CPC (conversão do agravo de instrumento em agravo retido e atribuição ou não de efeito ativo ou suspensivo), faz com que haja a impossibilidade de os Tribunais disciplinarem em seus regimentos internos o cabimento de agravos regimentais em tais situações.

38. Em julgamentos de agravos de instrumento tirados contra a negativa de trânsito de recursos extraordinários (172.913-9/ES, 172.824-8/RS [*DJU*, I, 14.08.1995, p. 23.942/23.943] e 172.992/RS [*DJU*, I, 10.08.1995, p. 23.537]), o Min. Celso de Mello deixou asseverado que há diversos precedentes do STF no sentido de que, sob pena de nulidade absoluta do julgado, não pode ser desconsiderado o princípio constante no art. 97 da CF/1988 – *princípio da reserva de plenário* –, pelo qual somente pelo voto da maioria absoluta de seus membros, ou, onde houver, dos integrantes do respectivo Órgão Especial, pode ser declarada a inconstitucionalidade *incidenter tantum* de qualquer lei ou ato estatal pelos Tribunais. A propósito, cita os acórdãos veiculados em *RTJ* 58/499, 71/233, 110/226, 117/265 e 135/297. Informa, ainda, que era corrente a necessidade da prévia declaração do Plenário ou, onde houvesse, do Órgão Especial do respectivo Tribunal, entendendo-se satisfeito o princípio constitucional da reserva de Plenário quando *cumulativamente* satisfeitos os seguintes requisitos: 1.º) já tenha sido pronunciada a inconstitucionalidade de determinado ato estatal pelo Pleno do STF; e 2.º) que já exista, no âmbito do Tribunal *a quo,* precedente plenário no mesmo sentido, ainda que desse Órgão Especial, mesmo naqueles casos em que já havia decisão anterior *incidenter tantum* do STF declarando a inconstitucionalidade do ato, ainda que se argumentasse contra isto com o princípio da economia processual (*RTJ* 99/273). Posteriormente, entretanto, prossegue o Ministro, em julgamento da 1.ª T. daquele Tribunal, acabou por prevalecer o entendimento da dispensa pronunciamento não tenha resultado o formal reconhecimento da inconstitucionalidade da regra estatal questionada (RE 190.725, rel. para o acórdão Min. Ilmar Galvão). Interessante notar que o Min. Celso de Mello – componente da 2.ª T. daquele Tribunal – abriu mão de seu entendimento pessoal sobre o tema, inclinando-se para o firmado neste mais novo precedente. Mais recentemente, porém, o Min. Celso Mello reafirmou seu posicionamento anterior acerca da intangibilidade da reserva de plenário, hipótese em que não se verificava a particularidade do caso precedente (pronunciamento do Pleno do STF e do próprio Tribunal local acerca da inconstitucionalidade do ato) (STF, AgIn AgRg 472897, j. 18.09.2007, v.u., rel. Min. Celso de Mello, *DJ* 26.10.2007). Atualmente, a questão é objeto da Súmula Vinculante n. 10, cujo enunciado assim dispõe: "Viola a cláusula de reserva de plenário (CF, art. 97) a decisão de órgão fracionário de Tribunal que, embora não declare expressamente a inconstitucionalidade de lei ou ato normativo do poder público, afasta sua incidência, no todo ou em parte". A Súmula Vinculante n. 10 é originária de Sessão realizada em 18.06.2008, tendo sido publicada no *DJE* de 27.06.2008.

dos tribunais, no julgamento respeitante à matéria constitucional.[39]

Esse órgão especial, ademais, exercerá atribuições administrativas e jurisdicionais, que seriam da competência do tribunal pleno (art. 93, XI, da CF/1988).

O art. 100 da CF/1988, na redação que lhe foi atribuída pela Emenda Constitucional n.º 62/2009, disciplina o direito de ordem cronológica e consequente direito de preferência daqueles que tiverem créditos contra as fazendas federal, estadual, distrital e municipal, "em virtude de sentença judiciária", sendo esta substancialmente uma norma processual, formalmente inserta na Constituição. O § 1.º deste dispositivo, na redação conferida pela EC 62/2009, define os créditos de natureza alimentícia e estabelece a preferência de pagamento destes créditos sobre os demais, com exceção daqueles referidos no § 2.º, quais sejam: "os créditos de natureza alimentícia cujos titulares tenham 60 (sessenta) anos de idade ou mais na data de expedição do precatório, ou sejam portadores de doença grave, definidos na forma da lei". Esses últimos "serão pagos com pre-

---

39. A Lei 9.756/1998, entre outras modificações, na que introduziu ao art. 481 do CPC, conduz a que órgãos fracionários não submeterão ao pleno ou órgão especial arguição de inconstitucionalidade quando já houver pronunciamento destes ou do plenário do Supremo Tribunal Federal sobre a questão. Quando o texto refere-se ao "plenário do Supremo Tribunal Federal" obriga a aceitação do entendimento, regra essa que é compatível com a do art. 97 da CF/1988. Na medida em que já preexiste à arguição de inconstitucionalidade pronunciamento do próprio Tribunal ou do STF, não tem sentido prático suscitar-se o mesmo incidente, para obter-se a mesma solução, no órgão plenário do Tribunal, para só depois o órgão fracionário menor decidir, mas igualmente vinculado àquele pronunciamento. Deve-se ponderar, todavia, que o art. 481 "está outorgando, ainda que indiretamente, uma eficácia *ultra partes* às decisões que reconhecem, obedecidas as exigências do art. 97 da Lei Maior da União, a inconstitucionalidade de lei ou ato normativo federais ou estaduais por via de exceção", pois resta dispensado o reexame da questão pelo próprio Tribunal em que se reconheceu a inconstitucionalidade. Na realidade, acabou-se impondo um *efeito vinculante* para os órgãos fracionários dos Tribunais, tendo como *vinculante* a decisão do plenário ou do órgão especial destes, ou, então, do plenário do STF, *ainda que, aqui, a decisão em que se reconheça a inconstitucionalidade possa ter advindo de declaração incidental, sabidamente com eficácia inter partes* (consultar Donaldo Armelin, Apontamentos sobre as alterações ao Código de Processo Civil e à Lei 8.038/1990, impostas pela Lei 9.756/1998, p. 193, em *Aspectos polêmicos e atuais dos recursos cíveis de acordo com a Lei 9.756/1998,* coordenação da Professora Teresa Arruda Alvim Wambier, sublinhando Donaldo Armelin a possibilidade de discussão respeitantemente à constitucionalidade do atual art. 481 do CPC). O STF, de todo o modo, admitiu a "aplicabilidade, no caso, da exceção prevista no art. 481, parágrafo único, do CPC (redação da Lei 9.756/1998), que dispensa a submissão ao plenário, ou ao órgão especial, da arguição de inconstitucionalidade, quando já houver pronunciamento destes ou do plenário do Supremo Tribunal Federal sobre a questão" (STF, AgRg no RE 440.458/RS, 1.ª T., j. 19.04.2005, rel. Min. Sepúlveda Pertence, *DJ* 06.05.2005, p. 25). No entanto, a incidência do art. 481 do CPC, na hipótese, tem sido assim delineada pelo STF: "1. O art. 481, parágrafo único, introduzido no Código de Processo Civil pela Lei 9.756/1998 – que dispensa a submissão ao plenário, ou ao órgão especial, da arguição de inconstitucionalidade, quando já houver pronunciamento destes ou do plenário do Supremo Tribunal Federal sobre a questão – alinhou-se à construção jurisprudencial já então consolidada no Supremo Tribunal, que se fundara explicitamente na função outorgada à Corte de árbitro definitivo da constitucionalidade das leis. 2. A regra, por isso mesmo, só incide quando a decisão do órgão fracionário de outro tribunal se ajusta à decisão anterior do plenário do Supremo Tribunal. 3. Manifesta é a sua impertinência a hipóteses, como a do caso, em que a Turma da Corte de segundo grau vai de encontro ao julgado do STF, para declarar inconstitucional o dispositivo de lei que aqui se julgara válido perante a Constituição" (STF, AgRg no RE 433.806/SP, 1.ª T., j. 08.03.2005, rel. Min. Sepúlveda Pertence, *DJ* 01.04.2005, p. 33).

ferência sobre todos os demais débitos, até o valor equivalente ao triplo do fixado em lei para os fins do disposto no § 3.º ["obrigações de pequeno valor] deste artigo, admitido o fracionamento para essa finalidade, sendo que o restante será pago na ordem cronológica de apresentação do precatório". Anteriormente à promulgação da EC 62/2009, a redação do art. 100 e respectivos parágrafos que vigia era aquela atribuída pela EC 30/2000, segundo a qual os créditos de natureza alimentar, então definidos no revogado § 1.º-A do dispositivo, estariam excluídos da ordem dos precatórios.[40] Atualmente, a regra que determina a observância da ordem cronológica dos precatórios comporta apenas uma

40. O Supremo Tribunal Federal, ao interpretar o art. 100 da CF/1988, na redação então vigente, conferida pela EC 30/2000, considerou imprescindível, "mesmo tratando-se de crédito de natureza alimentícia, a expedição de precatório, ainda que reconhecendo, para efeito de pagamento do débito fazendário, a absoluta prioridade da prestação de caráter alimentar sobre os créditos ordinários de índole comum (*RTJ* 143/289, rel. Min. Octavio Gallotti; *RTJ* 147/1.082, rel. Min. Ilmar Galvão; *RTJ* 149/648, rel. Min. Moreira Alves)", colação elaborada pelo Min. Celso de Mello no RE 169.799-7/SP (*DJU* I, 20.06.1995, p. 18.862-18.863). Portanto, mesmo à luz da redação anterior, estes créditos deveriam ser objeto de precatórios para fins de inclusão no orçamento das entidades (devedoras) de direito público; submetiam-se, todavia, a uma ordem cronológica específica, e não à ordem geral dos demais créditos. A imprescindibilidade de expedição de precatório relativo a créditos alimentícios foi sumulada no Enunciado 655 do STF, que assim enuncia: "A exceção prevista no art. 100, *caput*, da Constituição, em favor dos créditos de natureza alimentícia, não dispensa a expedição de precatório, limitando-se a isentá-los da observância da ordem cronológica dos precatórios decorrentes de condenações de outra natureza". Não é outra a conclusão do STJ, como demonstra a Súmula 144, aprovada em sessão de 10.08.1995 (*DJU* I, 18.08.1995, p. 25.079), redigida nos seguintes termos: "Os créditos de natureza alimentícia gozam de preferência, desvinculados os precatórios da ordem cronológica dos créditos de natureza diversa". Para tais fins, ambas as Turmas do STF têm entendido que devem ser tratados como preferenciais também os créditos indenizatórios decorrentes de acidentes de trabalho ou moléstia profissional (cf. RE 171.894-3/SP, 06.12.1994, rel. Min. Sydney Sanches, v.u., conhecido e provido, *DJU*, I, 18.08.1995, p. 24.949; e RE 167.359, j. 22.11.1994,, rel. Min. Néri da Silveira *DJ* 25.08.1995).O STF entendeu também (ADIn 446/SP – medida liminar) que determinado Estado-membro, sem violar o precitado dispositivo constitucional, pode conceder tratamento privilegiado para a hipótese dos créditos alimentares, a exemplo do que fez o Estado de São Paulo. Assim, entendeu-se que não agredia a sistemática da execução contra a Fazenda Pública a norma constante do art. 57, § 3.º, da Constituição bandeirante, na redação já revogada, anterior à Emenda Constitucional estadual 21, de 14.02.2006, pela qual "os créditos de natureza alimentícia, nesta incluídos, entre outros, vencimentos, pensões e suas complementações, indenizações por acidente de trabalho, por morte ou invalidez fundada na responsabilidade civil, serão pagos de uma só vez, devidamente atualizados até a data do efetivo pagamento". O entendimento que deve ser dado a este dispositivo para que não incida em inconstitucionalidade é aquele de que, uma vez atualizado o requisitório em 1.º de julho e incluído no orçamento do ano seguinte, seu pagamento deve se verificar até o final do exercício seguinte, de uma só vez e devidamente atualizado àquela data (cf. RE 159.029, rel. Min. Octavio Gallotti, j. 26.09.1995, *DJ* 17.05.1996).Da mesma forma, foi negada a medida liminar requerida na ADIn 1.098-1/SP, rel. Min. Marco Aurélio, visando à suspensão do parágrafo único do art. 334 do RITJSP de 1992, revogado pelo Novo RITJSP, de 30.09.2009, que reservava aos créditos alimentícios idêntico regime (cf. RE 172.703-9/SP, rel. Min. Sydney Sanches, j. 31.08.1994, neg. seguimento [*DJU*, I, 19.09.1994, p. 24.621], onde consta rol extenso de precedentes de ambas as Turmas do STF no mesmo sentido). Esse entendimento foi mantido no julgamento final da ADIn 1.098/SP, que declarou a inconstitucionalidade do precitado parágrafo apenas quanto à

exceção, introduzida com a promulgação da EC. 30/2000, e mantida pela redação atual do § 3.º ao art. 100 (EC 62/2009), segundo a qual não será exigida a expedição de precatórios para o pagamento de "obrigações definidas em lei como de pequeno valor que as Fazendas referidas devam fazer em virtude de sentença judicial transitada em julgado". Definiu-se que seriam considerados de "pequeno valor", para os fins dos arts. 100, § 3.º, da CF/1988 e 78 do ADCT (este último com eficácia suspensa, por força de liminar proferida nos autos das Medidas Cautelares nas ADIns 2356 e 2362), até que lei específica do ente o defina, os débitos ou obrigações consignados em precatório judiciário com valor igual ou inferior a: "I – quarenta salários mínimos, perante a Fazenda dos Estados e do Distrito Federal; II – trinta salários mínimos, perante a Fazenda dos Municípios" (art. 87 do ADCT, com a redação conferida pela Emenda Constitucional n. 37, de 12.06.2002).[41-42]

---

expressão "de natureza não alimentar inferior a trinta e seis mil unidades fiscais do Estado de SP e os" (STF, ADIn 1.098, j. 11.09.1996, rel. Min. Marco Aurélio, *DJ* 25.10.1996).

De outra parte, o Supremo Tribunal Federal houve por bem suspender, em medida liminar, concedida em ação direta de inconstitucionalidade, a eficácia dos dispositivos do Assento Regimental 195/1991 do Tribunal de Justiça do Estado de São Paulo (ADIn 565-1 – medida liminar, rel. Min. Néri da Silveira, *DJU*, I, 07.02.1995, p. 435-436) e do parágrafo único (revogado conforme Assento Regimental 326/1996) do art. 334 do Antigo RITJSP (de idêntico teor ao art. 57, § 4.º, da CESP), ressalvados os de natureza alimentar, de que já se falou (ADIn 1.098-1 – medida liminar, rel. Min. Marco Aurélio, *DJU*, I, 03.05.1995, p. 11.133), que determinavam a dispensa de precatórios naqueles créditos (de qualquer natureza) inferiores ao limite monetário fixado por aquelas normas: "Ao primeiro exame, não se coaduna com a uniformização de tratamento encerrada no art. 100 da Carta da República, preceito em que se cogita de satisfação preferencial de créditos, estranhos à espécie alimentar, considerado um teto" (*DJU*, I, 03.05.1995, p. 11.133).

41. Com a criação dos Juizados Especiais da Justiça Federal pela Lei 10.259/2001, com competência para as demandas envolvendo até 60 (sessenta) salários mínimos, nos casos de obrigação de pagar quantia certa, uma vez transitada em julgado a decisão, "o pagamento será efetuado no prazo de 60 (sessenta) dias, contados da entrega da requisição, por ordem do Juiz, à autoridade citada para a causa, na agência mais próxima da Caixa Econômica Federal ou do Banco do Brasil, independentemente de precatório" (art. 17, *caput*).

A Lei 12.153/2009, que prevê a criação dos Juizados Especiais da Fazenda Pública no âmbito dos Estados e do Distrito Federal, dispõe, por sua vez, que: *"Art. 13. Tratando-se de obrigação de pagar quantia certa, após o trânsito em julgado da decisão, o pagamento será efetuado: I – no prazo máximo de 60 (sessenta) dias, contado da entrega da requisição do juiz à autoridade citada para a causa, independentemente de precatório, na hipótese do § 3.º do art. 100 da Constituição Federal; ou II – mediante precatório, caso o montante da condenação exceda o valor definido como obrigação de pequeno valor."* Estabelece o § 2.º do referido artigo que *"As obrigações definidas como de pequeno valor a serem pagas independentemente de precatório terão como limite o que for estabelecido na lei do respectivo ente da Federação"*, no que é complementado pela disposição contida no § 3.º, *verbis*: "§ 3.º Até que se dê a publicação das leis de que trata o § 2.º, os valores serão: I – 40 (quarenta) salários mínimos, quanto aos Estados e ao Distrito Federal; II – 30 (trinta) salários mínimos, quanto aos Municípios".

42. Sobre o tema, assim tem se manifestado o STF: "A Lei 10.099, de 19.12.2000, art. 1.º, deu nova redação ao art. 128 da Lei 8.213, de 1991, alterado pela Lei 9.032, de 1995. Citada Lei 10.099, de 2000, é regulamentadora do § 3.º do art. 100 da CF. Porque tem natureza processual, aplica-se imediatamente, alcançando os processos em curso" (STF, AgRg no RE 349.404, rel. Min. Carlos Velloso, *DJ* 14.02.2003); "Débito de pequeno valor. Lei 10.099/2000. Desnecessária expedição de precatório, ante a aplicabilidade imediata da Lei 10.099/2000, que regulamentou o art. 100, § 3.º, da Constituição Federal"

Importante referir, ainda, que, por força de liminar proferida no Plenário do Supremo Tribunal Federal, *encontra-se com eficácia suspensa* a novidade trazida pelo art. 2º da citada Emenda Constitucional n. 30/2000, que conferiu nova redação ao art. 78 do ADCT, para estabelecer a possibilidade de parcelamento dos valores constantes dos precatórios judiciais. O texto do *caput* do art. 78 está assim redigido: "Ressalvados os créditos definidos em lei como de pequeno valor, os de natureza alimentícia, os de que trata o art. 33 deste Ato das Disposições Constitucionais Transitórias e suas complementações e os que já tiverem os seus respectivos recursos liberados ou depositados em juízo, os precatórios pendentes na data de promulgação desta Emenda e os que decorram de ações iniciais ajuizadas até 31 de dezembro de 1999 serão liquidados pelo seu valor real, em moeda corrente, acrescido de juros legais, em prestações anuais, iguais e sucessivas, no prazo máximo de dez anos, permitida a cessão dos créditos".

De acordo com a decisão proferida pelo Supremo Tribunal Federal, "o art. 78 do ADCT, acrescentado pelo art. 2.º da EC 30/2000, ao admitir a liquidação 'em prestações anuais, iguais e sucessivas, no prazo máximo de dez anos' dos 'precatórios pendentes na data de promulgação' da emenda, *violou o direito adquirido do beneficiário do precatório, o ato jurídico perfeito e a coisa julgada* [destacou-se]". Ainda, entendeu-se que o dispositivo viola "a independência do Poder Judiciário, cuja autoridade é insuscetível de ser negada, máxime no concernente ao exercício do poder de julgar os litígios que lhe são submetidos e fazer cumpridas as suas decisões, inclusive contra a Fazenda Pública, na forma prevista na Constituição e na lei". Por tais razões, concluiu-se que a alteração constitucional afronta cláusulas pétreas (incs. III e IV do § 4.º do art. 60 da CF), concernentes à separação dos Poderes e aos direitos e garantias individuais. Foi decidido, ainda, que, "Quanto aos precatórios 'que decorram de ações iniciais ajuizadas até 31 de dezembro de 1999', sua liquidação parcelada não se compatibiliza com o *caput* do art. 5.º da CF. Não respeita o princípio da igualdade a admissão de que um certo número de precatórios, oriundos de ações ajuizadas até 31.12.1999, fique sujeito ao regime especial do art. 78 do ADCT, com o pagamento a ser efetuado em prestações anuais, iguais e sucessivas, no prazo máximo de dez anos, enquanto os demais créditos sejam beneficiados com o tratamento mais favorável do § 1.º do art. 100 da Constituição. Medida cautelar deferida para suspender a eficácia do art. 2.º da EC 30/2000, que introduziu o art. 78 no ADCT da Constituição de 1988".[43]

Mais recentemente, o Plenário do STF declarou a inconstitucionalidade parcial da EC 62/2009, no tocante a algumas regras instituídas para os precatórios no art. 100 da CF, em especial nos §§ 9.º, 10 e 15, bem como à integralidade do art. 97 do ADCT.

(STF, AgRg no AgIn 399.500, rel. Min. Joaquim Barbosa, *DJ* 23.04.2004); "O poder público (...), a pretexto de satisfazer conveniências próprias, não pode fazer incidir, retroativamente, sobre situações definitivamente consolidadas, norma de direito local que reduza, para os fins do art. 100, § 3.º, da Constituição, o valor das obrigações estatais devidas, para, com apoio em referida legislação, submeter a execução contra ele já iniciada, fundada em condenação judicial também já anteriormente transitada em julgado, ao regime ordinário de precatórios, frustrando, desse modo, a utilização, pelo credor, do mecanismo mais favorável e ágil da requisição de pequeno valor, de aplicabilidade até então legitimada em razão dos parâmetros definidos no art. 87 do ADCT" (STF, RE 601.914-AgR, 2.ª T., rel. Min. Celso de Mello, j. 06.03.2012, *DJE* 25.02.2013).

43. STF, Plenário, ADI 2.356-MC e ADI 2.362-MC, Rel. p/ o ac. Min. Ayres Britto, j. 25.11.2010, *DJE* 19.05.2011.

Entendeu-se, quanto aos §§ 9.º, 10 do art. 100,[44] inserido na CF pela aludida emenda, que a compensação obrigatória de crédito a ser inscrito em precatório com débitos perante a Fazenda Pública consagra a superioridade processual da parte pública – no que concerne aos créditos privados reconhecidos em decisão judicial com trânsito em julgado – sem que tenha sido considerada a garantia do devido processo legal e de seus principais desdobramentos: o contraditório e a ampla defesa. Por tratar-se de "tipo unilateral e automático de compensação de valores", o disposto nos §§ 9.º e 10 embaraçaria a efetividade da jurisdição, desrespeitaria a coisa julgada e afetaria o princípio da separação dos Poderes, além do princípio constitucional da isonomia, "uma vez que o ente estatal, ao cobrar crédito de que titular, não estaria obrigado a compensá-lo com eventual débito seu em face do credor contribuinte."[45]

No tocante ao regime especial de parcelamento instituído pela EC 62/2009 no § 15[46] do art. 100 da CF, e regulado no art. 97 do ADCT, consistente na adoção de sistema de parcelamento de 15 anos da dívida, combinado o regime que destinava parcelas variáveis entre 1% a 2% da receita de estados e municípios para uma conta especial voltada para o pagamento de precatórios, o STF considerou que os preceitos impugnados subverteriam os valores do Estado de Direito, do devido processo legal, do livre e eficaz acesso ao Poder Judiciário e da razoável duração do processo.[47]

No art. 101, refere-se a Constituição Federal ao STF, que é o órgão de cúpula do Poder Judiciário nacional. Já, a seguir, no art. 102, I, com extensa redação, trata de sua competência originária; no art. 102, II, de sua competência recursal, por meio de recurso ordinário; e, no art. 102, III, finalmente, da competência para julgamento de recurso extraordinário (normas processuais).

No art. 104, a Constituição Federal alude à composição do Superior Tribunal de Justiça, órgão criado pela CF/1988.

O art. 105, I, de *a* a *i*, prevê as hipóteses de competência originária; no art. 105, II, alistam-se as hipóteses em que a competência é de natureza recursal (recurso ordinário), nas letras *a*, *b* e *c*; e, finalmente, no art. 105, III, letras *a*, *b* e *c*, elencam-se outros casos de competência recursal (recurso especial).[48]

---

44. "§ 9.º No momento da expedição dos precatórios, independentemente de regulamentação, deles deverá ser abatido, a título de compensação, valor correspondente aos débitos líquidos e certos, inscritos ou não em dívida ativa e constituídos contra o credor original pela Fazenda Pública devedora, incluídas parcelas vincendas de parcelamentos, ressalvados aqueles cuja execução esteja suspensa em virtude de contestação administrativa ou judicial." (Redação da EC 62/2009)

"10. Antes da expedição dos precatórios, o Tribunal solicitará à Fazenda Pública devedora, para resposta em até 30 (trinta) dias, sob pena de perda do direito de abatimento, informação sobre os débitos que preencham as condições estabelecidas no § 9º, para os fins nele previstos." (Redação da EC 62/2009)

45. STF, Plenário, ADIn 4.357 e ADIn 4.425, rel. p/ Ac. Min. Luiz Fux, j. 13 e 14.03.2013, Informativo 698.

46. "§ 15. Sem prejuízo do disposto neste artigo, lei complementar a esta Constituição Federal poderá estabelecer regime especial para pagamento de crédito de precatórios de Estados, Distrito Federal e Municípios, dispondo sobre vinculações à receita corrente líquida e forma e prazo de liquidação. (Redação da EC 62/2009)".

47. STF, Plenário, ADI 4.357 e ADI 4.425, rel. p/o ac. min. Luiz Fux, j. 13 e 14.3.2013, Informativo 698

48. As alterações realizadas pela Emenda Constitucional 45/2004 nos dispositivos constitucionais ora mencionados foram examinadas em obra de autoria de Luiz Rodrigues Wambier, Teresa Arruda Alvim Wambier e José Miguel Garcia Medina, intitulada *Breves comentários à nova*

No art. 106, a Constituição Federal estabelece quais são os órgãos que integram a Justiça Federal. Cria, no inciso I, complementado pelo art. 27, § 11, do ADCT (em conformidade com a redação dada pela EC 73/2013), os Tribunais Regionais Federais, que, de certa forma, substituem o antigo Tribunal Federal de Recursos, e se refere, no inciso II, aos juízes federais, quando, tecnicamente, deveria referir-se a juízos federais de 1.º grau (pois, tecnicamente, os juízos é que são os *órgãos*, e não as pessoas físicas dos *juízes*).

Dentre os novos tribunais, criados pela Constituição Federal, os Tribunais Regionais Federais são compostos de juízes, sempre que possível, da região relativa ao seu âmbito de competência, sendo um quinto de sua composição formado de advogados e membros do Ministério Público, em atividade e com mais de dez anos de carreira. Os demais, serão juízes federais que ao tribunal ascenderão por promoção (antiguidade e merecimento, respectivamente) – (v. art. 107, I e II).

No art. 108, I, alistam-se, nas letras *a* a *e*, as hipóteses de competência originária dos Tribunais Regionais Federais, e no art. 108, II, a sua competência recursal. No art. 109 alistam-se as hipóteses de competência dos juízes federais de primeiro grau de jurisdição, nos incisos I a XI e §§ 1.º a 5.º (na redação da EC n. 45/2004).

Na Seção V do mencionado Capítulo III (Do Poder Judiciário), Título IV (Da Organização dos Poderes), da Constituição Federal, trata-se da Justiça do Trabalho; na Seção VI, da Justiça Eleitoral; e na Seção VII, da Justiça Militar.

Ainda no Título IV da Constituição Federal, o Capítulo IV, subsequente, Seções I, II e III, trata do Ministério Público, da Advocacia-Geral da União e da Advocacia e da Defensoria Pública, a que o constituinte chamou de "funções essenciais à justiça".

As normas processuais citadas encontram-se no texto constitucional e consistem nas chamadas fontes constitucionais-processuais, pois *formalmente* estão na Constituição e *substancialmente* versam sobre direito processual.

A inserção de normas processuais no corpo da Constituição dá margem a uma observação. Há, no caso, uma ampliação significativa do texto constitucional, abrangendo também matérias que, sendo substancialmente processuais, são, porém, formalmente constitucionais.

A razão é evidente. Deseja-se conferir a essas matérias uma *rigidez* idêntica à das normas substancialmente constitucionais. Assim, apesar de tais matérias não serem intrinsecamente constitucionais, mas como integram o texto da Constituição, aproveitam-se das virtudes das normas formalmente constitucionais.

41. Outras normas constitucionais que versam sobre matéria processual

A Constituição Federal vigente, como nenhuma outra antes o havia feito, tratou de matéria processual.

Tem-se, por exemplo, o art. 5.º, LVI, em que se estabelece que são inadmissíveis, no processo, provas obtidas por meios ilícitos.[49]

sistemática processual civil, em que são enfatizados os "reflexos da Reforma Constitucional no processo civil brasileiro" (p. 25 e ss.).

49. No julgamento do *Habeas Corpus* 69.912/RS (16.12.1993, *DJU*, I, 25.03.1994, Ementário 1.738-1, *IOB* 3/9547), rel. Min. Sepúlveda Pertence, o STF decidiu quanto à *impossibilidade* de, sem lei que regulamentasse o art. 5.º, XII, da CF, ser autorizada a interceptação de conversação telefônica, ainda que mediante autorização judicial e para fins de investigação criminal. Ficou assentado, ainda, que a ilicitude da prova contamina todas aquelas que lhe são

O art. 5.º, LXIX, refere-se ao mandado de segurança, e o inciso subsequente, ao mandado de segurança coletivo, que pode ser impetrado por partido político com representação no Congresso Nacional, organização, entidade de classe ou associação legalmente constituída e em funcionamento há pelo menos um ano, em defesa dos interesses de seus membros ou associados.[50]

No inciso LXXI do art. 5.º, criou a CF/1988 o instituto do mandado de injunção, cabível quando a falta de regramento legal torne impossível o exercício dos direitos e liberdades constitucionais e das prerrogativas inerentes à nacionalida-

---

derivadas. Em seu voto, o Min. Celso de Mello menciona precedente do STF sobre o tema (*RTJ* 110/798), no qual se concluiu, sob a égide da Constituição anterior, pela ilicitude deste meio de prova, por ser incompatível com a tutela constitucional da intimidade. Este dispositivo foi regulado pela Lei 9.296, de 24.07.1996.

Note-se, de todo o modo, que tem decidido o STF que "a jurisprudência da Corte é pacífica ao afirmar que não se anula condenação se a sentença condenatória não se apoia apenas na prova considerada ilícita" (STF, AgRg no AgIn 503.617, rel. Min. Carlos Velloso, *DJ* 04.03.2005; neste julgado, há referência a várias decisões no mesmo sentido). V., sobre o tema, o item 178 da Segunda Parte desse *Manual*.

50. Questão que sempre atormentou a jurisprudência e a doutrina desde a promulgação da Carta de 1988 é a relativa à legitimidade para agir em se tratando de mandado de segurança coletivo. Sem nos aprofundarmos no assunto, sob pena de desbordar dos limites desta obra, pode ser dito que a tendência de nossos Tribunais era de ser – para impetrar mandado de segurança coletivo, nos termos do art. 5.º, LXX, alínea *b* – necessário que a organização sindical ou a entidade de classe de âmbito nacional busquem a tutela de (afirmações de) direitos que as caracterizem como tais (STF, *IOB* 1/5566 e *RTJ* 145/521; TARJ, *IOB* 1/7726; TRF – 1.ª R., *IOB* 1/6185; TRF–3.ª R., *IOB* 1/5243 e 1/5266; STJ, *RSTJ* 36/249). Levando esta necessidade de "vinculação temática/estatutária" para o mandado de segurança coletivo na hipótese de ser impetrado por partido político (alínea *a* do mesmo dispositivo constitucional), há precedente do STJ, 1.ª S., veiculado na *RDA* 188/187, cujo entendimento foi reafirmado em julgamento da 2.ª T. (*IOB* 3/9263).

O STF editou a Súmula 629, segundo a qual não se deve exigir, para a impetração da segurança coletiva, que se apresente "autorização", nos termos do art. 5.º, XXI ("a impetração de mandado de segurança coletivo por entidade de classe em favor dos associados independe da autorização destes"). No mesmo sentido, cf., também, TJMG, *RT* 660/157; TJSP, *RT* 657/74. *Contra*, decisão proferida antes da edição da referida Súmula, entendendo necessário cumprimento da norma constante no inciso XXI do art. 5.º da CF/1988, mesmo em se tratando de segurança coletiva, já decidiram o extinto 1.º TACivSP, *IOB* 1/5395, o extinto TARS, *RT* 668/159, e o STJ, *IOB* 3/7211 (esta decisão foi revista pelo STF quando do julgamento do MS 21.514), e *IOB* 1/5101. Mais recentemente, prepondera no STJ orientação conforme a Súmula 629 do STF: "Têm as entidades sindicais legitimidade ativa para representar seus filiados nas ações em que se busca a correção monetária dos saldos das contas vinculadas do FGTS, independentemente de autorização especial em assembleia" (STJ, 2.ª T., REsp 427298/DF, j. 24.06.2003, rel. Min. João Otávio de Noronha, *DJ* 25.08.2003, p. 280). No mesmo sentido: STJ, 1.ª T., REsp 489.179/BA, j. 29.06.2004, rel. Min. Teori Albino Zavascki, *DJ* 23.08.2004, p. 122; STJ, 1.ª T., REsp 624.340/PE, j. 29.06.2004, rel. Min. José Delgado, *DJ* 27.09.2004, p. 260. Neste julgado foram citados vários precedentes, de ambos os Tribunais superiores, no mesmo sentido.

Quanto a essa discussão, o art. 21 da Nova Lei do Mandado de Segurança (Lei 12.016/2009) filiou-se ao entendimento da jurisprudência predominante no STF, referente à vinculação da legitimação dos partidos políticos à "defesa de seus interesses legítimos relativos a seus integrantes ou à finalidade partidária"; já quanto às organizações sindicais e entidades de classe, exige o dispositivo que o *mandamus* seja proposto na defesa dos direitos da totalidade ou de parte dos membros, na forma do estatuto e desde que pertinentes às finalidades, dispensando, em contrapartida, autorização especial.

de, à soberania e à cidadania.[51] O mandado de injunção, por certo, deve ter caráter coletivo,[52] se os pressupostos necessários a isso se fizerem presentes.

---

51. Ao contrário do que a maior parte da doutrina que se formou sobre a novidade do mandado de injunção, constante do art. 5.º, LXXI, da CF/1988, o STF, reiteradas vezes, entendeu que não era possível, sem ofensa ao princípio da separação dos poderes, que o magistrado, dando pela procedência da ação, *criasse* qualquer norma, para o caso concreto, tida como faltante para usufruto de dada garantia constitucional. Neste particular, restaram vencidos os Ministros Carlos Velloso, Ilmar Galvão e Marco Aurélio, que acompanhavam, de certa forma, a doutrina dominante. A função do mandado de injunção, como reiteradamente tem afirmado aquela Corte, resume-se, a exemplo do que ocorre para a ação direta de inconstitucionalidade por omissão, é declarar a inconstitucionalidade da omissão do órgão produtor da norma, que deve ser comunicado para que promova a integração do dispositivo constitucional questionado, não sendo cabível, regra geral, fixação de prazo para que seja a omissão suprida (cf. rel. Min. Sepúlveda Pertence, *RTJ* 131/492 e 135/882). No mesmo sentido, cf. STF, MI 584/SP, j. 29.11.2001, rel. Min. Moreira Alves, *DJ* 22.02.2002, p. 36; STF, MI 611/SP, j. 21.08.2002, rel. Min. Sydney Sanches, *DJ* 29.11.2002, p. 18. Constata-se, porém, uma considerável evolução desse entendimento em matéria de injunção, conforme se verifica nos seguintes julgados: MI/708, j. 25.10.2007, Min. Gilmar Mendes; MI 721/DF, rel. Min. Marco Aurélio, j. 30.08.2007, *DJe* 152, pub. 30.11.2007, *DJ* 30.11.2007, p. 29, *RDDP* n. 60, 2008, p. 134-142; MI 758/DF, j. 01.07.2008, também relatado pelo Min. Marco Aurélio, *DJe* 25.09.2008.

    No âmbito das ações diretas de inconstitucionalidade por omissão, o STF também já sinalizava essa tendência antes mesmo da edição da Lei 12.063/2009, que modificou a Lei 9.868/1999 para, com significativos avanços, regulamentar o instrumento. Assim, no julgamento da ADI 3.682, o STF "julgou procedente ação para reconhecer a mora do Congresso Nacional, e, por maioria, estabeleceu o prazo de 18 (dezoito) meses para que este adote todas as providências legislativas ao cumprimento da norma constitucional imposta pelo art. 18, § 4.º, da Constituição Federal, nos termos do voto do Relator, vencidos os Senhores Ministros Marco Aurélio e Sepúlveda Pertence, que não fixavam prazo" (j. 09.05.2007). Esclareceu-se no inteiro teor do acórdão que "não se trata de impor um prazo para a atuação legislativa do Congresso Nacional, mas apenas da fixação de um parâmetro temporal razoável".

    Na esteira dessa evolução, a Lei 12.063/2009 acrescentou à Lei 9.868/1999 disposições que alargam consideravelmente a efetividade da Ação Direta de Inconstitucionalidade por Omissão. A mais impactante inovação diz respeito à possibilidade de concessão de medida cautelar em ADO, estabelecida pelo novo art. 12-F. De acordo com a lei, em caso de omissão parcial, poderá o Tribunal suspender a aplicação da lei ou do ato normativo; ainda, poderão ser suspensos os processos judiciais ou procedimentos administrativos nos quais esteja sendo discutida a aplicação de lei ou ato normativo (omissão parcial), tal como já ocorre com a ADC; por fim, numa abertura que ensejará variadas possibilidades e grandes questionamentos, a norma faz referência a "outra providência a ser fixada pelo Tribunal".

    No que diz respeito ao provimento final, o art. 12-H limita-se a estabelecer que, declarada a inconstitucionalidade por omissão, deverá ser dada ciência ao Poder competente para as providências necessárias, silenciando, contudo, quanto à possibilidade de fixação de prazo para tal. Remanesce, portanto, em aberto, a discussão jurisprudencial sobre esse tema. Tratando-se o suprimento da omissão de ato da competência de órgão administrativo, o parágrafo único do art. 12-H estabelece o prazo de 30 dias – ou, conforme as circunstâncias específicas do caso ou o interesse público assim o determinarem, a fixação de prazo razoável – para adoção da medida destinada a suprir a omissão.

52. O STF tem admitido que o mandado de injunção pode ser impetrado na forma *coletiva*, a exemplo do que a atual Constituição reservou para o mandado de segurança (art. 5.º, LXX, *a* e *b*). Cf., a respeito, MI 361-1/RJ, j. 08.04.1994 (*DJU*, I, 17.06.1994, ementário n. 1749-1), MI 73-5/DF, j. 07.10.1994 (*DJU*, I, 19.12.1994, p. 35.177), e, mais recentemente, MI 278/MG, j. 03.10.2001, rel. p/ acórdão Min. Ellen Gracie, *DJ* 14.12.2001, p. 28; MI 485/MT, rel. Min. Maurício Corrêa, j. 25.04.2002, *DJ* 23.08.2002, p. 71. A opinião firmada em nosso *Tratado de direito processual civil*, cit., vol. 1,

Outro instituto introduzido no Direito brasileiro pela CF/1988 (art. 5.º, LXXII) é o *habeas data*, de que se pode servir a parte para assegurar o conhecimento e a possibilidade de retificação de informações relativas à sua pessoa, dados esses constantes de registros ou bancos de dados de entidades do governo ou de caráter público. Necessário é que, para o cabimento do *habeas data*, tenha havido recusa da autoridade administrativa em fornecer informações (Súmula 2 do STJ).[53]

Isto sem falar nas normas que preveem recursos, *v.g.*, art. 105, III, *a*, *b* e *c*, que trata do recurso especial.

Como vemos, as normas constitucionais acima mencionadas, apenas exemplificativamente, são inegavelmente, do ponto de vista de sua natureza, normas *processuais*.

Preveem-se, ainda, na Constituição, os demais tribunais do País, que constituem a chamada justiça especial (eleitoral, do trabalho e militar), nos dispositivos que há pouco alistamos. Não se constituem estas normas, porém, segundo a nossa tradição jurídica, como aquelas que se referem às linhas mestras do Poder Judiciário, em normas de processo *stricto sensu*, porque disciplinam e estruturam órgãos constituintes do Poder Judiciário. São estas e aquelas normas intrinsecamente constitucionais.

42. Fontes subsidiárias da norma processual civil

Todo sistema jurídico, como dissemos, é tido como necessariamente pleno, isto é, não contém lacunas, as quais, em face deste, são, por definição, lógica e juridicamente, impossíveis. Aceite-se esta posição para raciocinar, embora filosoficamente e no plano da teoria do direito seja discutível e efetivamente seja discutida, porque, como já se disse, é esta posição assumida a mais *operativa*.

O sistema jurídico regula integralmente a vida jurídica daqueles que a ele estão submetidos, prescrevendo, assim, o lícito e o ilícito, bem como as respectivas consequências jurídicas para todos os setores da atividade humana. Abarca toda a conduta humana.

---

p. 30-31, *ainda que minoritária no campo da doutrina, coincide com a do STF.*

53. No STJ tem predominado o entendimento de que "à ausência de pleito administrativo suficiente a configurar relutância da administração em atender ao pedido, sofre o *habeas data* de ausência de interesse de agir", consubstanciado no enunciado de sua Súmula 2 (*DJU*, I, 18.05.1990, p. 4.359). Assim, por exemplo, v.: *HD* 25/DF, 3.ª S., rel. Min. Anselmo Santiago (não conheceram – *DJU*, I, 06.03.1995, p. 4.287); *HD* 27-1/SP, rel. Min. Demócrito Reinaldo (j. 06.09.1994, *DJU*, I, 12.09.1994, p. 23.798-23.799); e *HD* 28/DF, rel. Min. Anselmo Santiago (j. 10.04.1995, *DJU*, I, 18.04.1995, p. 9.759), em que há a distinção entre este novo instituto e o direito de petição (já constante da Carta anterior), "este sim vocacionado para a defesa de direitos e esclarecimentos de situações de interesse pessoal". No mesmo sentido, no STF, assim se decidiu: "O *habeas data* configura remédio jurídico-processual, de natureza constitucional, que se destina a garantir, em favor da pessoa interessada, o exercício de pretensão jurídica discernível em seu tríplice aspecto: (a) direito de acesso aos registros; (b) direito de retificação dos registros e (c) direito de complementação dos registros. Trata-se de relevante instrumento de ativação da jurisdição constitucional das liberdades, a qual representa, no plano institucional, a mais expressiva reação jurídica do Estado às situações que lesem, efetiva ou potencialmente, os direitos fundamentais da pessoa, quaisquer que sejam as dimensões em que estes se projetem. O acesso ao *habeas data* pressupõe, dentre outras condições de admissibilidade, a existência do interesse de agir. Ausente o interesse legitimador da ação, torna-se inviável o exercício desse remédio constitucional. A prova do anterior indeferimento do pedido de informação de dados pessoais, ou da omissão em atendê-lo, constitui requisito indispensável para que se concretize o interesse de agir no *habeas data*. Sem que se configure situação prévia de pretensão resistida, há carência da ação constitucional do *habeas data*" (STF, HD 22, rel. Min. Celso de Mello, *DJ* 01.09.1995).

A distinção entre lícito e ilícito, aquele integrando o Direito e este não, é feita pela doutrina tradicional. Não pensamos, entretanto, que o ilícito esteja fora do Direito, mas que também integra o sistema, tal como o lícito. A lembrança desta distinção tradicional entre o lícito e o ilícito é, todavia, pelo menos altamente operacional, principalmente porque se levam ao Poder Judiciário, quase sempre, atos ilícitos, objetivando-se a concretização das consequências jurídicas respectivas. Tais consequências, precisamente pela verificação do ilícito, não poderiam ser obtidas sem o concurso indispensável do Poder Judiciário, que tais hipóteses resolverá precisamente aplicando o Direito.

Mas, ao se qualificar o sistema jurídico como pleno e ao se afirmar, com ênfase, este aspecto do sistema jurídico, sugere-se, imediatamente, a ideia ou o problema das assim chamadas *lacunas da lei* (*v.* art. 126 do CPC, que é expresso a respeito; *v.* também art. 4.º da LICC – atualmente denominada Lei de Introdução às normas do Direito Brasileiro, conforme alteração promovida pela Lei 12.376/2010).

Verifica-se, em todos os ordenamentos jurídicos, a existência de vazios que, à primeira vista, não estariam regulamentados. Isto significa que pode parecer haver aspectos da vida social sem direitos e deveres.

Coloca-se, desta forma, um problema, que é o da existência das lacunas nas leis e respectiva solução pelas chamadas *fontes subsidiárias do Direito*, previstas no próprio sistema (*v.* art. 126 do CPC).

Fontes subsidiárias do Direito são, portanto, os instrumentos de que se serve o próprio legislador, para que, não prevendo a lei especificamente todas as hipóteses, não seja prejudicada a ideia vital e realidade matriz do sistema, qual seja, a da plenitude do ordenamento jurídico (art. 5.º, II, da CF/1988, devendo-se vislumbrar, no lugar de *lei*, a ideia de *ordenamento jurídico* ou *sistema jurídico*).

Assim, por mais incansável que seja a busca deste objetivo, por meio da lei, um ideal de plenitude jurídica, na previsão e regulamentação específica de todos os fatos possíveis de acontecer no plano do real, é impossível, dado que a vida humana não é passível de ser integralmente abrangida ou açambarcada por um mero sistema normativo, *enquanto se pretender lê-lo como exaurindo-se nos textos de lei*. De outra parte, os Códigos assumiriam indesejável complexidade, seriam descomunalmente grandes e não teriam, portanto, operatividade.

Há, em nosso sistema jurídico, três modalidades subsidiárias, principais, de explicitação da *integridade do Direito*, com o fim de suprir as *lacunas da lei*: 1.ª) a analogia; 2.ª) o costume; e 3.ª) os princípios gerais de direito (art. 4.º da LICC – atualmente denominada Lei de Introdução às normas do Direito Brasileiro, conforme alteração promovida pela Lei 12.376/2010 – e art. 126 do CPC). São corretas as expressões *explicitação da integridade* justamente porque esses meios destinados a colmatar as *lacunas da lei, e, não, do sistema*, encontram-se já previstos no sistema. Falar em *integração* implica a ideia de que isso ocorreria com *algo* que viria *de fora do sistema*.

O Código de Processo Civil, no art. 126, estabelece: "O juiz não se exime de sentenciar ou despachar alegando lacuna ou obscuridade da lei. No julgamento da lide caber-lhe-á aplicar as normas legais; não as havendo, recorrerá à analogia, aos costumes e aos princípios gerais de direito". O costume ("norma costumeira") está previsto sucessivamente à lei e à analogia, o que significa ser indubitável constituir-se a lei na fonte primordial do Direito. Isto fica claro se atentarmos para que a fonte produtora fundamental do sistema é a lei, o que há de se concluir a começar pelo próprio enunciado constitucional (art. 5.º, II, da CF/1988).

O costume só será, pois, usado quando lacunosa a lei escrita, e isto ocorrendo quando não seja ainda viável a analogia, eis que nosso sistema processual é receptivo ao seu uso, transformando-o em "norma costumeira", tendo, dessa forma, bafejado o costume com juridicidade.

Existe uma hierarquia entre a analogia, o costume e os princípios gerais de direito, no sentido de que não se há, exemplificativamente, de usar um costume se a solução pela analogia for possível.

Tanto a Lei de Introdução do Código Civil – atualmente denominada Lei de Introdução às normas do Direito Brasileiro, conforme alteração promovida pela Lei 12.376/2010 –, em seu art. 4.º, quanto o Código de Processo Civil (art. 126) referem-se a tais realidades na mesma ordem. O art. 126, acentue-se, é manifestamente repetitivo, de forma congruente com o aludido art. 4.º. Ademais, é razoável que se aplique a analogia, prioritariamente ao costume, porquanto a analogia é uma solução que decorre do próprio sistema, isto é, trata-se de se resolver o problema à luz do que foi querido, embora não explicitamente, pelo próprio legislador. É, pois, em última análise, uma solução mais próxima do Direito escrito, e, assim, mais próxima da ideia matriz de todo o nosso sistema, consistente, essencialmente, em que ninguém é obrigado a fazer ou a deixar de fazer alguma coisa, senão em virtude de lei, e, por outro lado, que responde melhor ao princípio da igualdade de todos perante a lei = sistema jurídico (art. 5.º, *caput*, da CF/1988). Às situações análogas aplica-se a regra próxima, tal como consta da lei, o que conduz a uma maior e possível igualdade de todos perante o sistema. Já – se omissa a lei –, se se fosse(m) aplicar o(s) costume(s), variável(is) ao longo do País, resolver-se-iam questões idênticas por normas costumeiras diferentes, o que não condiz com o art. 5.º, *caput*, da CF/1988. O costume, pois, só será aplicado se impossível a aplicação analógica de uma lei.[54]

Até então, se tratava de assunto relacionado com associação mercantil, seguiam-se as leis comerciais; se lacunosas, os usos comerciais, e só à falta de ambos poder-se-ia recorrer ao Direito Civil (art. 291 do Código Comercial). Consistindo o Direito Comercial em Direito especial, as regras gerais (art. 126 do CPC e art. 4.º da LICC – atualmente denominada Lei de Introdução às normas do Direito Brasileiro, conforme alteração promovida pela Lei 12.376/2010) conviviam (art. 2.º, § 1.º, da LICC – atualmente denominada Lei de Introdução às normas do Direito Brasileiro, conforme alteração promovida pela Lei 12.376/2010) com seu art. 291 (regra especial). Vale dizer, em relação às regras do Código Comercial, para lacunas atinentes a associações mercantis aplicava-se o seu art. 291 e somente à falta dos elementos de explicitação da integridade do sistema jurídico, referidos nesse artigo, é que se passaria ao Direito Civil.

Com a Lei 10.406/2002, que institui o Código Civil, a matéria restou unificada e a regulamentação das sociedades passou a constar do próprio Código Civil,[55] que lhe reservou o Livro II da Parte Especial, sob a rubrica *Do direito de empresa*, além do Título II do Livro I da Parte Geral. Ainda vale refe-

54. A redação primitiva do CPC dava precedência aos *costumes* em vez da *analogia*, mas, mesmo antes de ter vigência, a Lei 5.925/1973 a alterou para voltar ao sistema do art. 4.º da Lei de Introdução ao Código Civil, atualmente denominada Lei de Introdução às normas do Direito Brasileiro, conforme alteração promovida pela Lei 12.376/2010.

55. Salvo as sociedades anônimas, que permanecem regidas por lei especial (Lei 6.404/1976, com as alterações das Leis 10.303/2001 e 11.638/2007). V., a esse respeito, o art. 1.089 do Código Civil, em cujo texto se lê: "A sociedade anônima rege-se por lei especial, aplicando-se-lhe, nos casos omissos, as disposições deste Código".

rir que por esse mesmo diploma, revogou-se o art. 291 do Código Comercial, a teor do que expressamente estabelece o art. 2.045.

43. Analogia

A analogia representa uma técnica de autointegração do Direito, porque decorre de uma lógica interna, que se contém no próprio ordenamento jurídico, não se servindo o aplicador da lei de elementos situados fora dele, ditos extrassistemáticos, no que diz com a sua origem substancial: o costume nasce do povo e não do Direito positivo; este, formalmente, pode torná-lo jurídico. É o próprio ordenamento jurídico que, por meio de princípio lógico, permite seja encontrada a solução para um determinado caso que o sistema positivo não resolve expressamente. Entretanto, há uma solução no sistema legislado, precisamente porque esse sistema prevê um *modus operandi* para a *lacuna da lei*, donde, então, dever considerar-se a possível *lacuna da lei*, mas não do *sistema*.

Não se pode, ainda, deixar de diferenciar a analogia da interpretação extensiva.

Na analogia, parte-se de duas situações: uma, regulada por determinada norma; outra, que não foi sequer cogitada pelo legislador. Devido, precisamente, à analogia entre as duas situações, aplica-se, então, a norma às duas, ou seja, à situação expressamente prevista e à situação que, embora não prevista, é *similar* àquela que o é. Na analogia, pois, há duas situações: a prevista e a que lhe é análoga, ou seja, o fato ou a situação análoga.

Na interpretação extensiva, o intérprete parte de uma só norma, por meio da delimitação de seu âmbito, procurando fixar seu significado e abrangência. Assim, uma interpretação é extensiva, quando o legislador disse menos do que tinha a intenção de dizer, ou seja, quando há uma desconformidade entre o pensamento do legislador (o que quer o legislador) e a própria norma, onde o legislador disse menos do que queria ter dito.

A norma é veículo comunicativo de um mandamento e o que importa é que, por intermédio dela, se identifique o mandamento. Por exemplo, o art. 188 do Código de Processo Civil comporta interpretação extensiva, implicativa de que aí também se compreenda a reconvenção, pois a Fazenda há de ter maior prazo também para a reconvenção. Nesse sentido é a jurisprudência.[56] Outro tanto diga-se quanto ao art. 297, que deve ser objeto de interpretação extensiva, relativamente à ação declaratória incidental que, apesar de aí não escrita, há de se reputar, por extensão, nele prevista. Desde logo firmou-se esse entendimento.[57] Ainda, para o uso da declaratória incidental pela Fazenda Pública, terá esta o prazo em quádruplo. Assim, haver-se-á de entender a declaratória incidental também consagrada no já referido art. 188 por extensão.

Na interpretação extensiva, delimita-se bem a situação mal definida pela norma (mandamento), não havendo situação externa a esta. Lendo-se extensivamente, verificar-se-á que a situação está dentro do próprio mandamento.

---

56. STF, *RTJ* 88/628, *RJTJESP* 55/181. Observa-se o disposto no art. 188 também em relação ao prazo para apresentar *exceção* (cf. STJ, REsp 24.055/RJ, 2.ª T., j. 14.04.1993, rel. Min. José de Jesus Filho, *DJ* 10.05.1993, p. 8.625; STJ, REsp 8.233/RJ, 2.ª T., j. 17.04.1991, rel. Min. Ilmar Galvão, *DJ* 13.05.1991, p. 6.077), para *contestar ação rescisória* (cf. STJ, REsp 363.780/RS, 6.ª T., j. 27.08.2002, rel. Min. Paulo Gallotti, *DJ* 02.12.2002, p. 379) e para interpor *recurso adesivo* (cf. STJ, EDcl no REsp 171.543/RS, 2.ª T., j. 16.06.2000, rel. Min. Nancy Andrighi, *DJ* 14.08.2000, p. 159).

57. Simpósio de Curitiba, concl. XXXI, *RT* 482/271: "É de quinze dias o prazo para resposta à ação declaratória incidental". Nesse sentido: STJ, REsp 30.747/SP, 3.ª T., j. 25.10.1993, rel. Min. Nilson Naves, *DJ* 29.11.1993, p. 25.875.

Exemplo e realidade diferente, que consistia, em clássica aplicação da analogia no campo do Direito Processual Civil, era a da seguinte hipótese: o Código de Processo Civil (arts. 714 e 715, revogados pela Lei 11.382/2006) regulava expressamente o procedimento para a adjudicação de bem imóvel penhorado, a partir do que muitos negavam esta possibilidade quando se tratava de bem móvel.[58] No entanto, admitindo-se a adjudicação de imóvel penhorado, pela mesma razão havia que se admitir a adjudicação quando a penhora recaía sobre móvel.[59]

44. Costume[60]

O costume, para poder vir a ser juridicamente relevante, tem de contar com dois elementos: um exterior e outro interior.

Como elemento exterior, entende-se o fato de o costume ter de se constituir num hábito, num uso, isto é, tem que se traduzir na vida por meio de determinados atos constante e sistematicamente praticados.

A diferenciação (psicológica) entre o costume e o hábito está no elemento interior e caracterizador do costume, e peculiar somente a este.

O elemento interior do costume é de percepção mais ou menos delicada, e é denominado *opinio necessitatis* (correspondente ao porquê do agir habitual, que se expressa na conduta submetida ao costume).

A *opinio necessitatis* poderia ser descrita como a correspondência do comportamento exterior a uma convicção individual coincidente com o coletivo, ou seja, que a prática do mesmo decorre e responde a uma necessidade jurídica, tal como se fosse lei escrita. Quem assim age, está convencido de que obedece regra de direito, e, bem assim, sendo este, também, o modo de pensar da sociedade na qual existe o costume.

Nas legislações modernas, o costume, para ter função jurídica, necessita de mais de um requisito, que é a respectiva relevância a ele emprestada pelo Direito positivo, o que exige, para sua aplicação, uma lacuna na lei, a inviabilidade de aplicação analógica da lei e a compatibilidade do costume com o resto do ordenamento jurídico positivo.

Vivemos hoje numa época em que a tônica básica é a de que só é direito aquilo que emana do Estado, por meio de normas escritas. Não há dúvida, pois, que, dia a dia, cada vez mais se atrofia a função do costume, como elemento diretamente criador de direito. Surgem, então, os problemas consistentes em se estabelecer em que medida o costume pode valer.

Em última análise é a lei (fonte formal), como norma legislada, e conforme o deseje o legislador, que empresta vitalidade jurídica aos costumes ("norma costumeira").

Não é possível, portanto, de forma alguma, um *pretenso* costume infringir um princípio do ordenamento jurídico positivo. Se isto ocorrer e se a solução via analógica não

58. Nesse sentido, entre outros, negava esta possibilidade: Amílcar de Castro, na 1.ª edição de seus *Comentários ao Código de Processo Civil*, 1974, vol. 3, n. 484, p. 354.

59. A jurisprudência, antes da revogação dos artigos mencionados, era dividida, uns se posicionando a favor do uso da analogia na adjudicação, como, por exemplo: STJ, RMS 960/RJ, 4.ª T., j. 26.11.1991, rel. Min. Bueno de Souza, *DJ* 03.02.1992, p. 466; STJ, REsp 324.567/MG, 3.ª T., j. 28.08.2001, rel. Min. Nancy Andrighi, *DJ* 24.09.2001, p. 299; STJ, REsp 485.962/SP, 5.ª T., j. 04.03.2004, rel. Min. Felix Fischer, *DJ* 19.04.2004, p. 228; outros *contra*, entendendo que só podia haver adjudicação de imóvel: *RT* 647/138; *JUTACivSP-LEX* 35/163. Com o novo art. 685-B (inserido pela Lei 11.382/2006) não há mais dúvida, de que a adjudicação é possível tanto para bens imóveis quanto pra bens móveis, não sendo mais necessário recorrer-se a analogia.

60. V. nosso *Curso de direito processual civil*, cit., vol. 1, n. 10, p. 92.

tiver sido possível, haver-se-á de recorrer aos princípios gerais de direito, eis que, colidente o costume com o ordenamento, não poderá ser validamente invocado como direito.

No Direito Processual Civil, o costume é de especial importância, pois há uma série de atos que não estão regulados em lei.

O costume é fonte do Direito Processual Civil, porém, mais amplamente, é fonte do Direito em geral. Bastante para essa conclusão é ler o art. 4.º da LICC – atualmente denominada Lei de Introdução às normas do Direito Brasileiro, conforme alteração promovida pela Lei 12.376/2010 –, assunto este regulado, para o processo civil, no art. 126 do Código de 1973.

Tanto a Lei de Introdução ao Código Civil – atualmente denominada Lei de Introdução às normas do Direito Brasileiro, conforme alteração promovida pela Lei 12.376/2010 –, quanto o Código de Processo Civil, repetindo-a, referem-se à lacuna da lei e às várias modalidades de autointegração do sistema. É certo que na analogia a autointegração é rigorosamente confinada ao sistema; analogicamente, eis que, por processo lógico, a solução emerge no e do sistema normativo. A analogia, diante de lacuna, proporciona a solução mais próxima da regra análoga, que será aplicada. Já, quanto ao costume e aos princípios gerais de direito, conquanto a integração encontre no sistema sua causa de validade, os elementos de que se servirá o magistrado são externos, mas, precisamente pela referência de tais textos a eles, tornam-se, nessa medida, integrantes do próprio sistema, porque este os assumiu.

Na medida em que a lei (art. 4.º da LICC – atualmente denominada Lei de Introdução às normas do Direito Brasileiro, conforme alteração promovida pela Lei 12.376/2010 – e art. 126 do CPC) não distingue, é possível aplicarem-se tais modalidades, tanto quando se tratar de lacuna de lei material como quando se tratar de lei processual.

45. Os princípios gerais do Direito

Os princípios gerais do Direito constituem-se no ponto final das fontes subsidiárias em nosso Direito positivo (art. 126 do CPC e art. 4.º da LICC– atualmente denominada Lei de Introdução às normas do Direito Brasileiro, conforme alteração promovida pela Lei 12.376/2010 –), "fechando" o sistema jurídico (esta última ideia não é pacífica), ou seja, é a "norma de encerramento" do preenchimento das lacunas. Representam as fronteiras extremas do ordenamento jurídico, pois até *regras e princípios do Direito comparado podem validamente ser invocados, porque virtualmente assumidos pelo nosso ordenamento.*

Para a detecção dos princípios gerais do Direito, ou, eventualmente, do princípio geral de direito que rege o caso concreto, dever-se-á proceder, em primeiro lugar, a uma análise do sistema jurídico nacional.

Importa indagar, a esta altura, a respeito do ponto mais difícil do problema, a saber, qual é a metodologia adequada à percepção desses princípios gerais do Direito. Para a construção científica, recomenda-se: a) em primeiro lugar, que o trabalho se faça em torno do sistema jurídico positivo, equivale dizer, do sistema jurídico nacional, no sentido de aí identificar e recolher o princípio geral de direito respectivo; b) depois, se esta pesquisa não produzir resultados, há de recorrer-se às leis científicas do Direito, isto é, à Ciência do Direito; c) se nem mesmo mediante essa "ordem crescente de generalização" se conseguir resolver o problema, passa-se à "filosofia do Direito, que, com o Direito natural, reúne os princípios primeiros e fundamentais inspiradores de todos os ramos da ciência jurídica, formando a unidade do conhecimento do Direito".[61]

61. Cf. Vicente Rão, *O direito e a vida dos direitos*, vol. 1, p. 314.

O Professor Nicolau Nazo, em conclusão às suas considerações sobre o tema, entendia que se deveria proceder, em primeiro lugar, a sucessivas abstrações no próprio Direito positivo; nada conseguindo, o intérprete deveria ir ao encontro de "certos princípios da razão jurídica natural, com os quais a tendência idealista identifica os princípios gerais do Direito".[62]

A construção teórica a que se aludiu, efetivamente, parece-nos exata, dado que se afina, inclusive, com as noções fundamentais da filosofia perene, no que diz respeito às suas relações com as demais ciências.[63]

46. A jurisprudência e o processo civil[64]

Há, quanto aos temas da jurisprudência e do processo civil, em nosso modo de ver, uma particularidade interessante a ser evidenciada. Queremos lembrar que o processo civil está sempre e indissoluvelmente ligado à atividade dos tribunais; não se pode conceber, sequer teoricamente, o processo civil desligado dela. Só por mera separação mental é possível conceber-se o processo, e o próprio direito material, desvinculado do pensamento resultante da atividade judicante, em todas as suas facetas e graus, especialmente dos graus superiores da atividade jurisdicional.

Todas as elaborações teóricas do processo têm de ter, sempre, como elemento vital no equacionamento final e último do problema e respectiva solução, a autoridade judiciária, a figura mais eminente do processo. O processo é impensável prescindindo-se da atividade jurisdicional. A sua razão de ser é servir de instrumento àqueles que pedem justiça; e quem a distribui, por meio do processo, são os magistrados e os tribunais. São os magistrados que dão o perfil último, eficaz e concreto da lei.

A elaboração legislativa, as cogitações puramente acadêmicas, os livros de doutrina, os livros de comentários de leis, o ensino da disciplina, tudo, em suma, dirige-se ao processo como meio, e quem diz a última palavra sobre tudo são os tribunais. E a última palavra reiterada e uniforme dos tribunais é expressa numa linguagem a que se convencionou, tradicionalmente, dar o nome de *jurisprudência.*

Jurisprudência é termo que comporta diversos significados. No entanto, não se pode dizer serem equívocos, mas análogos, pois todos os sentidos têm ligação entre si. A importância da jurisprudência no sentido delimitado na ciência do processo é, pois, indiscutível. A lei processual civil ou, se se quiser, o processo, só se realiza, só é eficaz, nos tribunais. Fora dos tribunais, a eficácia da lei processual é irrealizável. Nem mesmo o jurista, pretensa e exclusivamente teórico do processo, dela pode prescindir, mas, pelo contrário, também este terá de considerá-la, fundamentalmente, nas suas cogitações, sob pena de sua produção estar destinada ao vácuo de uma visualização estritamente lógica, mas desligada dos múltiplos fatos da vida corrente, de cuja indispensável consideração resulta o perfil da norma, tal como ela é e será efetivamente aplicada. Se assim se faz, todavia, há de se entender que a referência à jurisprudência é a ela diretamente feita apenas no sentido de se endereçar, tal menção, à lei, tal como constantemente vem sendo entendida,[65]

---

62. Cf. Nicolau Nazo, *Os princípios gerais do direito*, p. 60.

63. Para uma análise ampla do papel que desempenham, modernamente, os princípios jurídicos, cf. Teresa Arruda Alvim Wambier, *Controle das decisões judiciais por meio de recursos de estrito direito e de ação rescisória*, n. 1.2, p. 57 e ss.; e, mais recentemente, da mesma autora, *Omissão judicial e embargos de declaração*, cit., n. 1.1, p. 33 e ss.

64. *V.*, mais amplamente, nosso *Tratado de direito processual civil*, cit., vol. 1, p. 11 *et seq.*

65. Pode-se dizer que a afirmação do texto é *dogmaticamente exata*. Do ponto de vista pragmá-

salvo hipóteses absolutamente excepcionais de autêntica criação pretoriana. Todos os estudiosos do processo têm de trabalhar no laboratório obrigatório por que passam as leis do processo: os tribunais.

A jurisprudência, contudo, nos sistemas de Direito escrito e de origem europeia continental, não pode ser considerada, dogmaticamente, como fonte de direito,[66] sequer para os próprios tribunais (*afirmação esta que subsiste como verdadeira, mesmo em face de súmula vinculante – art. 103-A da Constituição Federal, introduzido pela Emenda Constitucional 45/2004 e regulamentada pela Lei 11.417/2006 –, mas que, pragmaticamente, fica reduzida a muito pouco, consoante se expõe adiante*).

De um rigoroso ponto de vista técnico-jurídico, nenhum juiz poderá ou deverá dizer que decide um caso, de tal ou qual forma (embora isto ocorra muitas ou muitíssimas vezes), porque a jurisprudência é tal ou qual; isto não se constitui, tecnicamente, entre nós, em *fundamento jurídico de sentença ou decisão*, o que se faz *commoditatis* ou *brevitatis causa* – salvo se se estiver diante de *súmula vinculante*, consoante se expõe adiante.[67-68-69]

---

tico, todavia, a jurisprudência vem recebendo importância crescente.

66. Há pronunciamentos que admitem ser a jurisprudência fonte criadora do direito, como, *v.g.*, consta de acórdão do STJ, REsp 4.599/RJ, 3.ª T., rel. Min. Nilson Naves, publicado na *RSTJ* 26/359, a propósito da criação pretoriana dos direitos emergentes do concubinato, lendo-se no acórdão que "o instituto do concubinato, no direito brasileiro, recebeu seus contornos atuais graças à criação pretoriana. Embora os manuais elementares de direito civil não abram espaço para a inclusão da jurisprudência, como fonte de direito, a verdade é que a jurisprudência constitui entre nós fonte de direito. Tanto assim que o acinte à orientação jurisprudencial dá margem, tanto quanto a ofensa à lei federal, ao recurso previsto na CF/1988, art. 105, III, *c*". Em realidade, tratava-se de hipótese complexa, de disputa a partir de um concubinato, entre sobrinhos de um concubino contra os do outro.

67. Se assim tem sido entre nós, o resultado da ação direta de inconstitucionalidade ou declaratória de constitucionalidade, previstas no art. 102, I, *a*, da CF/1988, com a redação dada pela EC 3/1993, levará a que as decisões "definitivas de mérito" nestas ações produzirão eficácia contra todos, e efeito vinculante relativamente aos demais órgãos do Poder Judiciário e ao Poder Executivo (art. 102, § 2.º, introduzido pela EC 3/1993 e alterado pela EC 45/2004).

68. Também convém registrar que já houve projeto de lei (3.804/1993, apensado ao Projeto de Novo Código de Processo Civil – PL 8.046/2010, para análise e deliberações conjuntas) que, alterando a sistemática da uniformização de jurisprudência do Código de Processo Civil, reservava, de certa forma, o efeito vinculante aos órgãos hierarquicamente inferiores, diante das súmulas expedidas pelos Tribunais hierarquicamente superiores (redação proposta para o art. 479, § 3.º). É de se notar que estas duas realidades – a ação direta de constitucionalidade já concreta – afetam, por completo, as diretrizes fixadas no texto subsequente. Sistemática semelhante à sugerida no referido projeto de lei foi incorporada, ao menos em relação aos procedimentos dos Juizados Especiais Federais, pela Lei 10.259/2001: "Art. 14. Caberá pedido de uniformização de interpretação de lei federal quando houver divergência entre decisões sobre questões de direito material proferidas por Turmas Recursais na interpretação da lei. § 1.º O pedido fundado em divergência entre Turmas da mesma Região será julgado em reunião conjunta das Turmas em conflito, sob a presidência do Juiz Coordenador. § 2.º O pedido fundado em divergência entre decisões de turmas de diferentes regiões ou da proferida em contrariedade a súmula ou jurisprudência dominante do STJ será julgado por Turma de Uniformização, integrada por juízes de Turmas Recursais, sob a presidência do Coordenador da Justiça Federal. § 3.º A reunião de juízes domiciliados em cidades diversas será feita pela via eletrônica. § 4.º Quando a orientação acolhida pela Turma de Uniformização, em questões de direito material, contrariar súmula ou jurisprudência dominante no Superior Tribunal de Justiça – STJ, a parte interessada poderá provocar a manifestação deste, que dirimirá a

A fundamentação técnico-jurídica, entre nós, é *a lei*. À falta de norma expressa, os modos de integração do sistema jurídico estão hierarquicamente previstos no art. 126 do CPC, que dispõe, como já verificamos, no sentido de que, sendo omissa a lei, o juiz deverá recorrer à analogia, e, finalmente, não havendo costume ou se existir *pretenso* costume contrário ao sistema, aos princípios gerais do Direito.

Devemos considerar, ainda, que o juiz, conquanto expressamente não se possa basear na jurisprudência para decidir, mas na lei, pois este é o nosso sistema jurídico, normalmente *cita* a jurisprudência do tribunal que integra, ou mesmo de outros tribunais, que lhe sejam hierarquicamente superiores ou não, para reforçar as conclusões de sua decisão, pois nenhum advogado, ou outro profissional que trabalhe efetivamente com o Direito, ficará satisfeito com a sua interpretação *pessoal* da lei, e, por isso mesmo, normalmente, não se contentará com a inteligência pessoal do juiz a respeito da lei, desacompanhada do confronto com a inteligência que outros tenham dado à mesma, ou seja, a inteligência da lei, que se consubstancia na jurisprudência.

Assim, devemos considerar que há mais de 40 anos o STF instituiu o sistema de sú-

---

divergência. § 5.º No caso do § 4.º, presente a plausibilidade do direito invocado e havendo fundado receio de dano de difícil reparação, poderá o relator conceder, de ofício ou a requerimento do interessado, medida liminar determinando a suspensão dos processos nos quais a controvérsia esteja estabelecida. § 6.º Eventuais pedidos de uniformização idênticos, recebidos subsequentemente em quaisquer Turmas Recursais, ficarão retidos nos autos, aguardando-se pronunciamento do Superior Tribunal de Justiça. § 7.º Se necessário, o relator pedirá informações ao Presidente da Turma Recursal ou Coordenador da Turma de Uniformização e ouvirá o Ministério Público, no prazo de 5 (cinco) dias. Eventuais interessados, ainda que não sejam partes no processo, poderão se manifestar, no prazo de 30 (trinta) dias. § 8.º Decorridos os prazos referidos no § 7.º, o relator incluirá o pedido em pauta na Seção, com preferência sobre todos os demais feitos, ressalvados os processos com réus presos, os habeas corpus e os mandados de segurança. § 9.º Publicado o acórdão respectivo, os pedidos retidos referidos no § 6.º serão apreciados pelas Turmas Recursais, que poderão exercer juízo de retratação ou declará-los prejudicados, se veicularem tese não acolhida pelo Superior Tribunal de Justiça. § 10. Os Tribunais Regionais, o Superior Tribunal de Justiça e o Supremo Tribunal Federal, no âmbito de suas competências, expedirão normas regulamentando a composição dos órgãos e os procedimentos a serem adotados para o processamento e o julgamento do pedido de uniformização e do recurso extraordinário. Art. 15. O recurso extraordinário, para os efeitos desta Lei, será processado e julgado segundo o estabelecido nos §§ 4.º a 9.º do art. 14, além da observância das normas do Regimento".

Recentemente, com a mesma finalidade de aliviar a sobrecarga de ações repetitivas nos Tribunais de Justiça e dos Tribunais Regionais Federais, o Projeto de Novo Código de Processo Civil (PL 8.046/2010), prevê o incidente de resolução de demandas repetitivas (arts. 988 a 1.000). Cuida-se de sistemática que se aproxima do tratamento já existente, destinado aos recursos com fundamento em idêntica questão de direito ("recursos repetitivos") perante o Superior Tribunal de Justiça (art. 543-C, §§ 1.º a 9.º, do CPC), mas transportado para os órgãos de segundo grau de jurisdição (cf. o que dissemos sobre o tema no item 21-B da Primeira Parte desse Manual).

69. O que nos parece é que, em face do que se disse na nota anterior, diante do crescimento da sociedade e de um volume brutal de serviço, e diante do fato de que a grande maioria dos feitos chegaria aos Tribunais superiores, que a jurisprudência vinculativa virá representar um bem, *pois existirá em relação às hipóteses de litígios de massa, e em casos em que, improvavelmente, poderão não ter tido cabimento ações coletivas*. Ademais, o "cerne" da decisão vinculativa não deixa de ser a lei, ou seja, a súmula (antigo PL 3.804/1993) ou decisão do Tribunal (PL 8.046/2010) não deixa de ser a lei, interpretada: em sua interpretação oficial.

mulas, que se constituem em sínteses de sua própria jurisprudência, enunciadas em texto, com o objetivo de tornar claro e límpido o sentido de uma lei ou hipótese, emergida de interpretação reiterada e cristalizada do sistema, normalmente de ocorrência prática, rotineira e a respeito da qual haja uma série muito grande de entendimentos no mesmo sentido. A tendência para o uso das súmulas vem aumentando, como se evidencia pelo grande número de súmulas que tem sido "editado" pelo STJ, principalmente.

Tendo em vista essa tendência, o próprio legislador processual civil previu a "uniformização da jurisprudência", com a preocupação de conferir à lei uma única significação, dado que a ideia de que a lei nasce vocacionada a gerar um só entendimento, é antiga. No fundo, a uniformização (entendida a expressão *lato sensu*) deve operar um papel de *recondução da inteligência da lei a um único entendimento,* diante do fato de que, na sua aplicação, acabam ocorrendo diversificados entendimentos.

Quando houver possibilidade de, num recurso, ou no bojo de julgamento de hipótese de duplo grau de jurisdição, verificar-se divergência sobre tese jurídica (art. 476, I e II, do CPC), qualquer juiz poderá (e, em rigor, *deverá*), antes de dar o voto na turma, câmara ou grupo de câmaras, solicitar, como também poderão fazê-lo o recorrente e/ou o recorrido, o pronunciamento prévio do tribunal acerca da interpretação do Direito que, em tal hipótese, se terá mostrado não uniforme. Deverá o julgador provocar o incidente, desde que patenteada nos autos a divergência, ou mesmo quando seja ela do seu conhecimento, e haverá de aflorá-la e providenciar, então, seja ela devidamente documentada.

Reconhecida a divergência, será ouvido o representante do Ministério Público, que atua junto ao tribunal respectivo, indo o processo a julgamento do plenário civil, e a votação será tomada pela maioria absoluta dos membros judicantes, em matéria civil, que integrem o tribunal. Se o tribunal só julgar a matéria civil, o órgão competente, então, será o tribunal mesmo. Esta posição oriunda de tal pronunciamento é que será objeto de súmula, ou seja, sendo tomada pela maioria absoluta dos membros integrantes do tribunal, em sua parte civil, constituirá objeto de súmula com o fim de ser "precedente na uniformização da jurisprudência" (art. 479, *caput*, do CPC).

Com o mesmo objetivo da uniformização de jurisprudência, deu a Lei 10.352/2001 nova redação ao art. 555, criando um § 1.º, o qual permite ao relator, ocorrendo relevante questão de direito, propor o julgamento do recurso pelo órgão colegiado que o regimento interno indicar que seria – normalmente – o pleno ou o órgão especial. Deve-se dizer que nesse texto insere-se requisito que justificaria, especialmente, essa modalidade de uniformização, no que está implicada alteração da competência do órgão julgador. Dispõe o § 1.º do art. 555: "§ 1.º Ocorrendo relevante questão de direito, que faça conveniente prevenir ou compor divergência entre câmaras ou turmas do tribunal, poderá o relator propor seja o recurso julgado pelo órgão colegiado que o regimento indicar; reconhecendo o interesse público na assunção de competência, esse órgão colegiado julgará o recurso" (incluído pela Lei 10.352, de 26.12.2001). Essa uniformização poderá ocorrer no bojo do julgamento de agravo ou de apelação, referindo-se o mencionado § 1.º a "relevante questão de direito", e os objetivos são os de "prevenir" ou "compor" divergência entre câmaras ou turmas do tribunal. Ou seja, com a finalidade preventiva, ou, então, de uniformizar divergência que já exista, ao ensejo do julgamento do recurso. O órgão colegiado que venha a ser indicado em regimento do Tribunal, por proposta do relator, que deverá ser votada no órgão fracionário menor, deverá assumir a causa, manifestando-se sobre a divergência e decidindo o recurso. Tramitou no Congresso Nacional o Projeto de Lei 3.804/1993, que pretendeu atribuir nova redação aos dispositivos do Código de Processo Civil regedores da uniformização de jurisprudência. Esse projeto de lei foi apensado ao Projeto de Novo Código de Processo Civil (PL 8.046/2010) para análise e deliberação conjuntas, mas, por tratar-se de proposta de alteração ao CPC vigente, a sua primitiva redação e estruturas ficaram obscurecidas pelas inovações trazidas por este último. A estrutura proposta era bastante diversa da atualmente vigente. Recuperando de certa forma os "assentos" tradicionais do Direito luso-brasileiro[70] e constantes do Anteprojeto de 1964, o que se propunha, em síntese, no respectivo Projeto de Lei, era que, fixada, pelo tribunal ou órgão competente, a tese de direito a ser aplicada, e constituindo objeto de súmula quando tirada pela maioria absoluta dos votantes (art. 478, parágrafo único, do CPC vigente, na redação proposta originalmente pelo PL 3.804/1993), a qual constituiria precedente de uniformização de jurisprudência. Outrossim, para aquelas hipóteses de ações multitudinárias, *v.g.*,[71] quando uma determinada tese jurídica repete-se dezenas, centenas ou milhares de vezes, sem variação – o que é bem mais frequente do que se pode imaginar –, poderia ser proposto o incidente de uniformização, seguindo-se a suspensão dos processos pendentes relativos à mesma questão de direito (art. 479, *caput* e § 1.º, do CPC, na redação originalmente proposta pelo PL 3.804/1993). Fixado o entendimento em súmula, seria o mesmo aplicado a todas aquelas situações voltadas para o mesmo tema (art. 479, § 3.º, na redação originalmente proposta pelo PL 3.804/1993).

O Projeto de Novo Código de Processo Civil (PL 8.046/2010), guiado pelas mesmas finalidades, prevê o incidente de resolução de demandas repetitivas (arts. 988 a 1.000), em sistemática que, como assinalado, aproxima-se do tratamento destinado, atualmente, aos recursos especiais repetitivos (art. 543-C do CPC). Aprovado o texto desse Projeto, será a decisão dos tribunais sobre tema repetitivo vinculante para as causas assentadas em idêntica tese jurídica, sem a necessidade de fixar-se o entendimento em súmula, tal como previa originalmente o PL 3.804/1993.

Sem embargo de este sistema ser medida saudável e que não afeta a liberdade dos juízes, como se acabou de colocar em destaque (*v.*, também, textos das notas 64 e 65) – inclusive porque existe nos Estados Unidos, em que, sabidamente, goza a magistratura do mais alto prestígio –, já mencionávamos, nas edições anteriores deste Manual, a possibilidade deque se arguisse a inconstitucionalidade das normas propostas, tendo-se presente que entre a lei (= fonte do direito) e o destinatário de sua aplicação (= juiz) coloca-se o entendimento de tribunal, e o juiz estaria sujeito *diretamente* a esse entendimento nos casos em que se estabelecesse a vinculação. Foi o que, de fato, ocorreu na tramitação do PL 3.804/1993 na Câmara dos Deputados; porém, ao menos nesse âmbito a conclusão a que chegou o parecer do Relator do Projeto, Dep. Paulo Magalhães (DEM-BA), de 29.05.2009, foi favorável à "*constitucionalidade, juridicidade, técnica legislativa e, no mérito, pela aprovação da Emenda de nº 2/2007 apresentada nesta Comissão, com substitutivo*".[72]

70. Os tradicionais assentos, do direito português, foram havidos como inconstitucionais.

71. A respeito, cf. também o que dispõe o art. 285-A do CPC (introduzido pela Lei 11.277/2006), examinado no item 93 da segunda parte deste *Manual*.

72. *Cf.* o aludido parecer no endereço eletrônico da Câmara dos Deputados (www.camara.gov.br).

Todavia, antes disso, e precisamente por força desta "inconstitucionalidade embutida" no referido projeto de lei que altera, profundamente, a disciplina codificada da uniformização de jurisprudência, é que sua inclusão no Direito brasileiro veio a ser concretizada em decorrência de alteração na própria Constituição.

Com efeito, por meio da EC 45/2004, foi inserido o art. 103-A na Constituição Federal, com o seguinte teor: "Art. 103-A. O Supremo Tribunal Federal poderá, de ofício ou por provocação, mediante decisão de dois terços dos seus membros, após reiteradas decisões sobre matéria constitucional, aprovar súmula que, a partir de sua publicação na imprensa oficial, terá efeito vinculante em relação aos demais órgãos do Poder Judiciário e à administração pública direta e indireta, nas esferas federal, estadual e municipal, bem como proceder à sua revisão ou cancelamento, na forma estabelecida em lei. § 1.º A súmula terá por objetivo a validade, a interpretação e a eficácia de normas determinadas, acerca das quais haja controvérsia atual entre órgãos judiciários ou entre esses e a administração pública que acarrete grave insegurança jurídica e relevante multiplicação de processos sobre questão idêntica. § 2.º Sem prejuízo do que vier a ser estabelecido em lei, a aprovação, revisão ou cancelamento de súmula poderá ser provocada por aqueles que podem propor a ação direta de inconstitucionalidade. § 3.º Do ato administrativo ou decisão judicial que contrariar a súmula aplicável ou que indevidamente a aplicar, caberá reclamação ao Supremo Tribunal Federal que, julgando-a procedente, anulará o ato administrativo ou cassará a decisão judicial reclamada, e determinará que outra seja proferida com ou sem a aplicação da súmula, conforme o caso".

A Comissão Especial destinada a oferecer parecer à Proposta de Emenda Constitucional 96/1992, de autoria do Deputado Hélio Bicudo – que, posteriormente, recebeu o número 29/2000 no Senado Federal e veio a ser inserida na Constituição por meio da Emenda Constitucional 45/2004 – manifestou-se da seguinte forma, em relatório elaborado no mês de novembro de 1995: "Acreditamos que a adoção da súmula vinculante, conforme ora propomos, não provocará, como equivocadamente alguns entendem, o 'engessamento da jurisprudência', pois, como bem observou o Ministro Sepúlveda Pertence, ela não virá para 'cristalizar solução de princípios gerais de Direito, nem para cristalizar a solução de questões eternas ou de questões seculares de Direito' (pronunciamento de 26.09.1995). Cremos que, na forma ora concebida, a súmula com efeito vinculante não coarctará a independência dos juízes. Ao contrário, contribuirá para a evolução do Direito de modo construtivo, pois, já estando definida determinada questão jurídica pelas instâncias superiores, mais tempo terão nossos juízes e tribunais para debruçar-se sobre novos temas jurídicos que lhes sejam submetidos, judicando com sabedoria e profundidade, hoje impossíveis, em virtude de terem que fundamentar numerosíssimas decisões (...)".

De se notar, por fim, que, nesta alteração do texto constitucional, regulamentada pela Lei 11.417/2006 – em verdade, opera-se uma modificação profunda e ampla em todo o funcionamento do Poder Judiciário na Constituição de 1988, pelo que sua análise acabaria por desbordar de muito do intuito deste trabalho –, a exemplo do que se colhe do sistema europeu de controle da constitucionalidade, uma vez suscitada questão constitucional de lei, ato normativo federal, estadual ou municipal, em determinado processo (inclusive quando contrastados estes atos em face de constituições pretéritas), o Supremo Tribunal Federal (a requerimento das entidades que, hoje, podem propor a ação direta de inconstitucionalidade, além do Advogado-Geral da União) poderá proferir decisão com efeito vinculante quanto a esta matéria constitucional. Esta súmula, a partir de sua publicação oficial, será oponível a todos e terá efeitos vinculantes em relação aos demais órgãos do Poder Judiciário e a todos os níveis da administração direta ou indireta (*v.* art. 103-A, *caput,* da Constituição Federal).

Verifica-se, assim, que a evolução, de 1964 até hoje, das súmulas do STF e do antigo TFR frutificou-se, e nessa esteira prossegue o STJ (*cf.*, a propósito o art. 543-C, cuja redação foi atribuída pela Lei 11.672/2008). Maior avanço haverá se aprovado o Projeto de Novo Código de Processo Civil, que prevê incidentes de uniformização e julgamento de causas e recursos repetitivos em segundo grau de jurisdição (*v.*, novamente, notas 68 e 69, *supra).*

Constituem-se tais modificações e propostas numa síntese das tendências dominantes da jurisprudência, o que, praticamente, tem o sentido de expressar o profundo valor e influência da jurisprudência na formação do Direito, na sua inteligência, como ainda na própria atividade judicante. A jurisprudência, que tenha sido sintetizada nos enunciados das súmulas, fornece-nos o perfil último e eficaz da inteligência dos textos pelos tribunais. Deve-se remarcar que a circunstância da edição das súmulas, no início da década de 60, significou um maior valor da jurisprudência, o que, de resto, tem sido constante e crescentemente acentuado.

Estas súmulas – não editadas de acordo com o art. 103-A da Constituição –, porém, e em regra, não vinculam legalmente os julgadores, tendo apenas valor de orientação prevalecente, mas na ordem prática a inteligência que à lei elas conferem tem sido quase que incontrastável, mormente nas instâncias extraordinárias. O mesmo não se dá, como se observou, com as súmulas vinculantes criadas em conformidade com o art. 103-A da Constituição Federal, acrescentado pela EC 45/2004, e a Lei 11.417/2006.[73]

47. Da interpretação das leis em geral

A interpretação das leis é assunto eminentemente ligado à teoria do conhecimento. Sendo o conhecimento a apreensão de um objeto cognoscível, a interpretação, sob este aspecto, diz respeito à necessidade de o intérprete conhecer, exatamente, qual o significado da lei. Somente apreendendo-lhe o sentido é que poderá aplicá-la adequadamente ao caso que lhe esteja submetido a julgamento.

Na interpretação judiciária reúnem-se, na mesma pessoa, o intérprete e o aplicador da lei. Acontece, porém, que o juiz, ao interpretar a lei, age intelectivamente, ao passo que, ao aplicá-la, age justamente em função dos poderes de que está investido, havendo de realizar, na espécie, a vontade da lei.

O trabalho do juiz, enquanto intérprete, parte do texto, perpassa pelo sistema (iluminado pela doutrina e por outras decisões) e termina no texto. Efetivamente, ao cabo da tarefa interpretativa, nada mais terá feito o juiz do que clarificar, nitidamente, o sentido, a extensão e a amplitude do texto legal. Aí, em nosso modo de ver, termina a sua tarefa como intérprete. De certa forma, a tarefa do juiz, enquanto intérprete, confunde-se com a do jurista, porque, em última análise, ambos estão voltados ao conhecimento específico do significado do texto legal.

O momento de interpretação da conduta descrita na lei é uno: o juiz age tão somente perquirindo o que quer o legislador por meio da lei. Outro momento anterior, porém, é o da verificação da conduta ocorrida. São duas realidades perfeitamente distintas, pelo menos no plano lógico e intelectual.

73. Sobre o tema, cf. Luiz Rodrigues Wambier, Teresa Arruda Alvim Wambier e José Miguel Garcia Medina, *Breves comentários à nova sistemática processual civil*, cit., p. 106 e ss.

O raciocínio do juiz, ao decidir uma controvérsia, como aplicador da lei, parte da realidade fática constante do processo para interpretá-la mediante e em função da lei. Desta forma, a escolha do texto legal aplicável à espécie é feita tendo em vista o fato ocorrido. Desde que identificada a lei, deverá o juiz constatar em que medida a conduta se ajusta ou não a ela. É a conduta que se submete à lei (= é, em face da lei, valorada). A conduta é apenas constatada como fato ocorrido na vida. Depois é examinada à luz do comando da lei, sendo-lhe, então, extraídas as respectivas consequências.

Ainda na tarefa da interpretação da lei, como habitualmente se diz, tem-se de levar em consideração diversos aspectos relevantes, que se colocam como autênticas premissas ao correto equacionamento do assunto: 1.º) a lei – entendida como sinônimo de texto legal – é menor do que o Direito – entendido este último como sistema; 2.º) há, entre a lei e o Direito (= sistema), uma relação de parte para o todo; 3.º) logo, a interpretação da lei envolve, necessariamente, a consideração de todo o sistema, pois aquela há de ser entendida à luz dos princípios informadores deste; 4.º) assim, na interpretação da lei processual civil, necessário será, além da consideração do próprio sistema processual, ter em vista o que dispõem certas normas de sobredireito; principalmente, há que se atentar para o art. 5.º da LICC – atualmente denominada Lei de Introdução às normas do Direito Brasileiro, conforme alteração promovida pela Lei 12.376/2010 –, que dispõe: "Na aplicação da lei, o juiz atenderá aos fins sociais a que ela se dirige e às exigências do bem comum",[74] e outros dispositivos similares. Muitas vezes, *perceptivelmente*, ainda, terá em vista o intérprete o próprio sistema constitucional que, mesmo sob o prisma da hermenêutica, influi na tarefa de se diagnosticar exatamente o sentido da lei processual civil.

Assim, exemplificativamente, dentre muitos casos, pode-se referir o problema do prazo para utilização de declaratória incidental utilizável pelo réu, como ainda lembrar-se a correta exegese, e, em função desta, qual a posição daquele que seja denunciado pelo autor, na denunciação da lide.

Há quem entenda, relativamente ao prazo para o uso pelo réu da ação declaratória incidental, que, tendo em vista a circunstância de a lei processual ser omissa, o réu teria um prazo bem mais dilatado do que aquele que foi *expressamente* conferido ao autor, isto é, o de 10 dias (*v.* art. 325 do CPC, que é expresso quanto ao autor). Entretanto, porque é princípio medular, em nosso sistema, a igualdade de todos perante a lei, princípio este que é estabelecido de forma expressa pela CF/1988, regra essa expressamente encampada pelo processo (art. 125, I, do CPC), determinativa de que o juiz assegure às partes "igualdade de tratamento", a solução não pode ser essa. Disto se segue que o prazo para o uso de tal ação pelo réu há de ser, o quanto possível, similar ao prazo do autor. Assim, o réu terá o prazo da contestação, reconvenção ou exceção, em suma, o prazo de sua defesa, também para o uso da declaratória incidental, conquanto o art. 297 seja omisso.[75] Trata-se, ademais, de enfocar o

74. No art. 6.º da Lei 9.099/1995 (em que se disciplinam os Juizados Especiais Cíveis e Criminais), sublinha-se, antecedentemente aos "fins sociais da lei e às exigências do bem comum", que a decisão deve ser *justa* e *equânime*.

75. Nesse sentido, *v.*: Arruda Alvim, *Tratado de direito processual civil, cit.*, vol. 1, p. 468-469; anteriormente, *Código de Processo Civil comentado*, vol. 1, p. 376; Celso Agrícola Barbi, *Comentários ao Código de Processo Civil*, vol. 1, p. 102; J. C. Barbosa Moreira, *O novo processo civil brasileiro*, p. 92-93; Athos Gusmão Carneiro, Notas sobre a ação declaratória incidental, *Ajuris* 27/53; Adroaldo Furtado Fabrício, *A ação declaratória incidental*, p. 162. Diversamente: Wellington Moreira Pimentel, *Comentários ao Código de Processo Civil*, vol. 3, p. 380

princípio da paridade de tratamento, menos sob ângulo estritamente formal – todos os autores são tratados da mesma forma e todos os réus de outra forma –, senão que, o quanto possível, equipararem-se as oportunidades de tratamento, ensejando-se, ao autor e ao réu, *que concretamente se defrontam*, iguais oportunidades, *desde que isso seja possível*.

O que se quer dizer, para acentuar, é que se deverá reconhecer ao autor e ao réu, iguais oportunidades, mas isto não significa que se poderia desconhecer que são sujeitos do processo que atuam diferentemente, e, possível não será, certamente, chegar ao ponto de deixar de reconhecer essa diferença ontológica entre ambos. Vale dizer, não é possível o tratamento idêntico entre o autor e o réu, senão que a essência dessa igualdade é a de tratarem-se todos os autores igualmente, o mesmo se passando com os réus. *Na medida do possível, o autor deverá ser tratado igualmente ao réu.*

O mesmo diga-se quanto à exegese do art. 74 do CPC. Relativamente ao denunciado pelo réu (art. 75, II), o texto expresso, em sua interpretação literal, não deixa margem a dúvida, no sentido de que, comparecendo ou não (= atuando) o denunciado, é réu da ação de denunciação. Já, diversamente, tendo em vista o denunciado pelo autor (art. 74), poder-se-ia pretender vislumbrar diversidade de tratamento, pois aí não se alude à revelia daquele que foi denunciado pelo autor. Entretanto, se tiver havido denunciação pelo autor, tanto quanto tiver ocorrido em decorrência de pedido do réu, em ambos os casos e em nome dos princípios adotados, tanto o denunciado pelo sujeito ativo quanto o que o tenha sido pelo sujeito passivo serão efetivamente réus da denunciação, e, se o denunciado pelo autor não contestar, será revel.[76]

Acentue-se, ainda, quanto a este outro ponto, o seguinte: 1.º) é indubitável que o autor também pode lançar mão do instituto da denunciação da lide; 2.º) se assim é, não tem sentido que a denunciação da lide – o mesmo instituto – tenha um sentido para o autor e outro para o réu; 3.º) não é proporcionar-se paridade de tratamento entender que, pelo fato da redação "pior" do art. 74, o réu-denunciante pode, no mesmo processo, obter, desde logo, a reparação do seu direito, mas que o autor, diversamente, não o pode, somente sendo-lhe esta possível se o denunciado *comparecer*, entendida a palavra, erradamente, como sinônimo de *concordar*; 4.º) de mais a mais, atualmente, ninguém é réu de um dado processo, como regra geral, porque concorde em ser réu, mas é réu porque tenha sido citado, por ordem do juiz; 5.º) o problema de seu comparecimento, no caso (leia-se comparecimento = atuação), é significativo de um ônus, vale dizer que, se não comparecer (= atuar = contestar), sofrerá as consequências eventualmente negativas de sua omissão.

Como se verifica, nestes dois exemplos, é a projeção das regras da paridade de tratamento que auxilia o intérprete e o aplicador da lei, no processo, para lograr o entendimento correto da lei.

Fixamos liminarmente estas observações pela circunstância de que nos parecem indiscutíveis, independentemente do método usado e da escola a que se filie o intérprete. Valem, pois, porque podem ser consideradas diretrizes universais.

Os métodos de interpretação usualmente referidos são: 1.º) o *gramatical*, que atenta para o sentido literal (ou, mais amplamente, linguístico) das palavras, e que é o mais precário e pobre de todos. Na verdade, a interpretação gramatical assimila-se mais à ideia de *pressuposto interpretativo* do que à de método; 2.º) o *lógico*, que se serve da contribuição dos elementos da lógica, para a constru-

---

(entendendo que o réu poderá requerê-la até o encerramento das providências preliminares).

76. No mesmo sentido: Arruda Alvim, *Código de Processo Civil comentado*, vol. 3, p. 315.

ção mental da inteligência do preceito; 3.º) o *sistemático*, que exige a consideração da lei sempre dentro do sistema de que ela é, apenas, uma parte, embora a maior parte, pois a lei é a linguagem do Direito; 4.º) o *histórico*, que tem presente ser a lei o produto de uma vivência e experiência humanas, nela sintetizadas. Para entender tal síntese existencial-histórica da lei, muitas vezes será necessário remontar às causas que a determinaram; 5.º) o *teleológico*, que procura identificar qual é a finalidade da norma, a fim de, com isso, realizar a vontade do legislador.[77]

Os métodos acima mencionados são, em nosso sentir, eminentemente técnicos e, justamente por isso, universais, pois ninguém poderia sustentar a não serventia de qualquer um deles. Deve dizer-se, todavia, que o intérprete haverá conjugadamente de se servir de todos eles, pois são úteis à tarefa final: entender a lei, ou seja, como implicação última, chegar-se ao que quer o legislador.

48. Interpretação da lei processual civil

A interpretação da lei processual civil, fundamentalmente, não difere daquela reservada a outras leis em geral.

Um aspecto particular que se pode apresentar na interpretação da lei processual civil, entretanto, é o de constatar, no caso, se estamos diante de uma lei processual civil ou de uma lei do Direito Civil, apesar de esta, eventualmente, se encontrar num Código de Processo Civil. Conforme a hipótese, poderá ou não haver esta ou aquela peculiaridade, na interpretação e aplicação de uma ou de outra lei.

As normas processuais, ao serem interpretadas, jamais poderão deixar de o ser de acordo com a finalidade do processo civil. Haver-se-á de ter presente que o processo civil não é instrumento *per se* preordenado à constituição ou criação de direitos,[78] como o é o Direito material, e, *ipso facto*, a que se tire de alguém direito que tem, por causa do processo. Ora, à luz do que foi dito, examine-se o art. 319 do Código de Processo Civil, que dispõe que não sendo contestada a ação – salvo os casos do art. 320, I a III –, reputar-se-ão verídicos os fatos deduzidos pelo autor. Se se fosse dar a esta regra uma interpretação com ignorância da função que cabe ao processo, e à qual este se restringe, no sistema jurídico, seguir-se-ia que, pura e simplesmente, muitas ações seriam julgadas procedentes pela mera revelia, quando não deveria ser dado, só por isso, pela procedência. O art. 319 do CPC há de ser entendido como objetivando facilitar a convicção do juiz, dispensando-se a prova, quando isto razoavelmente se justifique.[79] Segue-se, assim, que, além das exce-

---

77. É de se lembrar as palavras de Sidnei Agostinho Beneti acerca da interpretação das leis de simplificação do CPC. Diz ele que "a interpretação das Leis de Simplificação Processual não pode deixar de levar em conta que essas leis vieram para a simplificação e agilização do procedimento, com que se garante o acesso efetivo à Justiça, de modo que, sempre que necessária a interpretação de ponto aparentemente duvidoso nessas leis, é preciso não esquecer que vieram elas para simplificar e agilizar, não para complicar e procrastinar" (A interpretação das leis de simplificação do Código de Processo Civil, Revista do Advogado da AASP, n. 46).

78. Em acórdão do STJ, em que se discutia a respeito da necessidade de audiência, consta do voto do relator a frase correta, *verbis*: "Ademais, registro aos nobres pares que a irresignabilidade da recorrente, neste particular, vem desacompanhada de qualquer demonstração de eventual prejuízo que a não realização da audiência pudesse ter-lhe causado, preferindo embasar o seu inconformismo em um mero aspecto formal que teria sido violado, como se o processo fosse fonte autônoma de direito" (4.ª T., REsp 674-MS, j. 12.12.1989, rel. Min. Fontes de Alencar; *RSTJ* 16/192).

79. A Lei 9.099/1995 (em que se disciplinam os Juizados Especiais Cíveis e Criminais), no seu art. 20, *parte final*, bem expressa esse enten-

ções à aplicabilidade do art. 319, expressas no sistema (art. 320), acrescente-se, mais, desde que os fatos alegados sejam impossíveis, quando sejam desmentidos por prova trazida pelo próprio autor, ou quando sejam inverossímeis, haver-se-á de julgar a demanda contrariamente ao autor. Não se haverá, jamais, de interpretar o art. 319 do Código como suscetível de constituir direitos, que se originariam de uma omissão do réu. O art. 319, noutra expressão, só poderá e deverá ser aplicado se a hipótese trazida pelo autor for verossímil,[80] e só neste caso deixar-se-á de carrear a esse autor (pelo menos em parte) o ônus da prova, para além da convicção com que o seu pedido e provas se haja apresentado. Com isto ajusta-se o art. 319 de CPC à função própria do processo, que é a de servir de instrumental formal à aplicação do direito preexistente ao processo, e não ensejar que direito subjetivo seja "criado" no processo. Atento à evolução jurisprudencial, o Projeto de Novo Código de Processo Civil já subordina expressamente o efeito material da revelia à verossimilhança das alegações do autor (art. 352, IV do PL 8.046/2010). Há, por outro lado, regras de Direito que, conquanto estejam no Código de Processo Civil, têm natureza jurídica de regras materiais. Assim, exemplificativamente, a regra estampada no art. 778. Sucessivamente ao término do processo de insolvência corre o prazo decadencial de cinco anos, e, após o seu decurso, *ipso facto*, todas as obrigações do devedor estarão extintas. É, como se vê, regra de Direito material, pois disciplina a extinção de direitos de cunho obrigacional. Em última análise, trata-se de regra que, em função da insolvência e do respectivo processo, acaba atrofiando e redefinindo prazos prescricionais, disciplinados no Direito Civil, e mudando-lhes a natureza para prazos de decadência.

O inverso também pode ocorrer, isto é, pretender resolver-se um problema de direito material (civil, no exemplo a seguir) em função de dados outros que não os do direito civil.

Outro ponto digno de nota – para se estabelecerem os limites entre o Direito material e o processo civil – é o sustentar-se em doutrina que, pendendo uma demanda real imobiliária (uma reivindicatória, suponha-

---

dimento, *verbis*: "Reputar-se-ão verdadeiros os fatos alegados no pedido inicial, *salvo se o contrário resultar da convicção do juiz*", preceito que tem inteira aplicabilidade ao regime dos Juizados Especiais Federais (art. 1.º da Lei 10.259/2001). O próprio Código de Processo Civil, ao dispor acerca dos efeitos da revelia do procedimento sumário, destaca a ressalva à presunção de veracidade na expressão "salvo se do contrário resultar da prova dos autos" (art. 277, § 2.º, acrescentado pela Lei 9.245/1995). Ainda quanto à natureza relativa das presunções enunciadas no CPC, já se pronunciou o Superior Tribunal de Justiça no seguinte sentido: "Recurso especial. Fatos narrados na inicial. Falta de ataque específico. Presunção de veracidade. Colisão com a defesa considerada em seu conjunto. A presunção de veracidade dos fatos não especificamente impugnados na contestação cede quando incompatível com as provas geradas pela defesa, consideradas em seu conjunto (art. 302, III, do CPC)" (STJ, 3.ª T., REsp 772.804/SP, j. 17.08.2006, rel. Min. Castro Filho, rel. p/ acórdão Min. Humberto Gomes de Barros, *DJ* 02.10.2006, p. 271).

80. Este aspecto é realçado, nos termos sustentados no texto e a propósito da interpretação da norma processual, pelo moderno Código de Processo Civil da Colômbia (art. 4.º, *verbis*: "Interpretación de las normas procesales. Al interpretar la ley procesal, el juez deberá tener en cuenta que el objeto de los procedimientos es la efectividad de los derechos reconocidos por la ley sustancial. Las dudas que surgen en la interpretación de las normas del presente Código, deberán aclararse mediante la aplicación de los principios generales del derecho procesal, de manera que se cumpla la garantía constitucional del debido proceso, se respete el derecho de defensa y se mantenga la igualdad de las partes").

-se), que não tenha sido inscrita, na conformidade do que determina a Lei de Registros Públicos, aquele que, de boa-fé, pendente a lide, adquirir o bem, sempre se subtraia à execução.[81] O problema, *in casu*, não há de ser resolvido, precipuamente, por regras de Direito Processual Civil, mas por regras de Direito material. Ninguém pode adquirir derivadamente de quem não seja proprietário. Segue-se que, em tal hipótese, dando-se pela procedência da ação reivindicatória, *ipso facto*, contém-se na sentença a declaração de que proprietário é o autor e o réu não o é, em face daquele. Se assim é, para fins de legítima aquisição de domínio, é juridicamente insustentável que o adquirente possa, em nome de sua boa-fé, se esquivar, só por isso, da execução.

O equívoco em que incidem tais juristas é o de emprestarem à boa-fé o condão jurídico de se constituir em ingrediente que, somado à ausência de justo título (no sentido em que o Código Civil a ele alude em seu art. 1.228, *caput*, e não no sentido em que alude ao vocábulo o art. 1.209 do mesmo diploma),[82] tem virtude suficiente para o que equivaleria a uma quase aquisição derivada. Segue-se que se utilizaram de regras estranhas ao Direito Civil e, mais do que isto, inserem-nas no processo, criando um tipo de proteção desconhecido no sistema jurídico.

O problema da aquisição é tão somente disciplinado pelo Direito Civil. O processo é exclusivamente, regra geral, instrumental. Na medida em que o Direito desautoriza tal modo de aquisição, ela não existe, e, não existindo, a solução dada à hipótese é equivocada. É nesse sentido que se há de interpretar o sistema do Direito Processual Civil, isto é, partindo-se da ideia de que seja eminentemente instrumental.

Para rematar, cite-se o moderno Código Civil grego, que trata longamente do assunto. Ali se dispõe (art. 1.036 do CC grego) que, tratando-se de coisas móveis, a boa-fé é suficiente para a aquisição, mesmo que o alienante não fosse o proprietário. Já, porém, tratando-se de imóveis, nesse Código, que é liberal no que diz respeito ao favorecimento da boa-fé, nega-se essa possibilidade (art. 1.043, 2.ª parte, do CC grego).[83]

É certo que, por outro lado, e tendo em vista outro problema, a ausência de inscrição pode ensejar direito outro, de cunho pessoal, cujo valor, conforme a hipótese, poderá até ultrapassar o do bem imóvel. Mas suposta aquisição de domínio *a non domino* não existe e não é possível subtrair-se o bem à execução, em nome do direito de sequela (art. 1.228, *caput*, *in fine*, do CC/2002), que favorece o autor-vencedor, exercitável *adversus omnes* ou *erga omnes*, e cuja disciplina, aliás, encontra a correlata proteção processual, e, assim, a solução é a de a execução atingir o bem (arts. 593, I, 42, § 3.º; v. também 566, 568, I e II, 628 do CPC).

Há que se ter presente, como visto, que a inserção de uma norma num corpo de lei não é, certamente, critério definitivo para determinar-lhe a natureza jurídica. É certo, porém, que a circunstância de uma norma estar no Código de Processo Civil é elemento altamente indicativo de que teria os atributos próprios da norma de processo.

Outro aspecto sabidamente importante no tema é o da existência de normas proces-

81. *V.* nosso *Código de Processo Civil comentado*, vol. II, p. 313 *et seq.* (e nosso *Tratado de direito processual civil*, vol. 2, comentários ao art. 4.º). Desenvolvemos esta argumentação, em face do Direito brasileiro, em trabalho intitulado O terceiro adquirente de bem imóvel do réu, pendente ação reivindicatória não inscrita no Registro de Imóveis, e a eficácia da sentença, em relação a este terceiro, no Direito brasileiro (cf. Libro Homenaje a Jaime Guasp, p. 145-149).

82. No CC/1916, correspondem-lhe os textos dos arts. 524, *caput*, e 498, respectivamente.

83. Cf. *Code Civil Hellénique*, Athènes, 1956.

suais em corpos de leis que não o Código de Processo Civil, como é o caso da Constituição Federal, em que se regulam, por exemplo: 1.º) o direito genérico de petição; 2.º) o mandado de segurança; 3.º) o recurso extraordinário; 4.º) o recurso especial etc. Ora, na interpretação de leis que eventualmente venham regulamentar o direito de petição e o mandado de segurança, deve-se, constantemente, ter presente a extensão que a Lei Maior lhes deu, sob pena de se aplicar inconstitucionalmente a lei ordinária, principalmente atrofiando o âmbito constitucional do instituto.[84]

Deve-se, na tarefa de interpretar a lei processual, ter presente, ainda, que, na verdade, não se está interpretando a lei isoladamente, mas o Direito como um todo sistemático, embora com especial referibilidade a uma determinada lei que será a particularmente aplicada.[85]

Na interpretação do Direito Processual Civil há de se ter alguma cautela, tendo em vista a índole e a natureza de sua função no sistema jurídico em geral.

A lei processual, como já se asseverou atrás, é de índole instrumental. Significa isto, essencialmente, que deve ser distinguida da norma do Direito material, porquanto é o Direito material que, à luz de certos acontecimentos da vida por ele definidos, "cria" direitos, desde que, todavia, ocorram fatos subsumíveis às normas substanciais (modelos legais). O processo *per se*, primária e originariamente, não tem função criadora de direitos, ou, se se quiser, constitutiva de direitos. Segue-se, portanto, que toda interpretação da norma processual terá de ser feita sempre com essa cautela, consistente em que é próprio da função do Direito processual fazer valer o Direito material, objeto do processo, mas não alterá-lo, dando ou tirando direitos, além e aquém dele. Nesse sentido, diz-se que o processo de cognição é essencial e naturalmente declarativo, e o de execução realiza praticamente o que já consta do título que viabiliza a execução mesma.

Esta ponderação há de servir de alerta ao aplicador da lei.

Assim, exemplificativamente, na exegese do art. 319 do CPC, como já acentuamos. Diz-se aí que, "se o réu não contestar a ação, reputar-se-ão verdadeiros os fatos afirmados pelo autor".

---

84. O recurso especial e o recurso extraordinário são recursos constitucionalmente previstos e não é possível, pela sua forma de interposição e processamento, que com isso se possa fazer abortar ou restringir o cabimento desses recursos, nos casos em que, pela CF/1988, têm eles cabimento. Esta ponderação tem alguma pertinência a propósito de uma das interpretações surgidas com a edição da Lei 9.756/1998, que, dando nova redação ao § 3.º do art. 542 do CPC, estabelece a modalidade de interposição retida desses recursos, quando interpostos contra acórdãos que hajam decidido interlocutórias. Ora, é importante ter presente que, conquanto retidamente interponíveis, *não se modificaram as hipóteses de cabimento, porque essas estão disciplinadas na Constituição*. Se se fosse interpretar a interposição retida à luz da mesma relação existente entre agravo retido e recurso de apelação, na qual está implicada que, não interposta a apelação, ou, se interposta, não vier a ser conhecida, *ipso facto*, o agravo retido não o será, estar-se-ia fazendo com que a forma de interposição e o mecanismo de conhecimento acabasse por suprimir recursos que constitucionalmente são cabíveis. Desta forma, em relação a esses recursos, diferentemente do caso em que a apelação é condição para o agravo retido ser conhecido, não pode a forma retida de interposição conter essa implicação, sob pena de entendimento inconstitucional. No mesmo sentido, cf. Teresa Arruda Alvim Wambier, Anotações a respeito da Lei 9.756, de 17 de dezembro de 1998, *Aspectos polêmicos e atuais dos recursos cíveis de acordo com a Lei 9.756/1998*, p. 568; José Miguel Garcia Medina, *O prequestionamento nos recursos extraordinário e especial*, n. 2.6.1.

85. V. nosso *Curso de direito processual civil*, cit., vol. 1, n. 12, p. 98.

Ora, tal preceito só poderá ser entendido com a finalidade de simplificar o processo, podendo levar ao julgamento antecipado da lide (art. 319, conjugado com o art. 330, II), e isto quando os fatos constitutivos do pedido sejam coerentes, suscetíveis de terem ocorrido e quando não sejam desmentidos por prova ou alegação do próprio autor etc. Desconsideradas estas últimas hipóteses, e se se desse pela procedência da ação, estar-se-ia conferindo à norma processual, que é instrumental, uma função que iria além da de aplicar meramente o direito e que seria a de "criar" direito em favor do autor, que não o tinha. Segue-se, pois, que a natureza da função da norma processual é elemento nuclear na sua interpretação, que não é constitutiva de direitos: por intermédio do processo, apenas, aplica-se o Direito. As mesmas considerações servem para o correto entendimento do art. 320, *caput*. Também esse preceito objetiva criar a verdade formal, fática, na medida, porém, em que essa "verdade formal" não seja desautorizada pela verdade material, perceptível no processo por intermédio, exemplificativamente, de exame de prova, calcada nos lineamentos gerais da contestação (art. 302, III), de lado a lado.

Este é um dos aspectos mais importantes na hermenêutica e aplicação do Direito Processual Civil e, por isso, não pode ser deixado de lado.

48-A. Evolução da hermenêutica e o processo civil

Devem-se tecer algumas considerações sobre o contexto histórico do século retrasado, sua evolução cambiante para o século passado, e, dentro desse ambiente, surpreender a linha de evolução sofrida pelo direito processual civil, e, nesse caminho evolutivo, verificar as mutações sofridas na relação entre o *juiz* e a *lei*, e sublinhar que modificações profundas pelas quais passou essa relação, que consistiu no engrandecimento dos poderes do juiz, conduziu a uma compreensão diferente da lei. *De certa forma, o juiz "aumentou" e a "lei" diminuiu.* E, por fim, pontuar tal evolução em relação à hermenêutica e à aplicação da lei processual.

Deve-se acentuar que, nesse itinerário, o que se verificou foi uma constante e crescente abertura para uma maior proteção jurisdicional, fazendo-se com que, cada vez mais, se pudesse ter, no plano do processo, instrumentos mais ajustados à realização, no plano processual, daquilo que teria ocorrido, se não tivesse havido ilícito, ou, se tivesse ocorrido o adimplemento das obrigações; ou, ainda, dotou-se o processo de instrumental mais rico e produtor de mais efeitos jurídicos. Paralelamente a isto, em pontos de grande importância passou-se à utilização de conceitos vagos, que, sabida e necessariamente, adjudicam maior poder ao juiz, justamente porque, em tais normas, há menos elementos definitórios da conduta; se essa é a estrutura da norma, correlatamente, o juiz acaba por ter de preencher espaços.

Dentre os elementos que devem ser sopesados, em relação ao século passado, portanto, está a análise e a compreensão do liberalismo e de toda sua significação, nessa época, tendo em vista a ideia de liberdade *dos indivíduos*, a que foi correlata a de um Estado apequenado. O instrumento fundamental de realização do sistema liberal individualista foi a lei, transferido que foi o poder político do *rei* para o *povo*, e a *lei* era a expressão da vontade geral (a burguesia tinha significativo poder sobre os parlamentos). A *lei* assegurava a *liberdade* e não permitia *decisão arbitrária* do Poder Executivo e *nem dos juízes*, como, ainda, fazia respeitar a *igualdade (= igualdade formal)*, ainda que apenas de *forma abstrata* e *permanente*, como, ainda, ensejava *segurança*, como *permitia "prever o futuro"*, ou seja, era mais fácil fazer e mais seguros eram os *prognósticos* sobre a interpretação do direito. A noção de *segurança contratual* – no campo do direito privado –, com o radical entendimento do *pacta sunt servanda*, é expressão prática dessa noção de *segurança*, que se traduzia na *previsibilidade do comportamento dos contratantes, em relação àquilo que houvesse sido pactuado.*

Diante desse *papel da lei, que era o referencial jurídico de "todo o comando da sociedade"*, era compreensível que não se pudesse reconhecer ao juiz um espectro maior na interpretação da *lei*. Durante muitas décadas prevaleceram, como limites à hermenêutica, aqueles que confinavam o juiz a indagar a respeito da *vontade do legislador*. Somente no fim do século passado é que esse quadro veio a modificar-se. À luz de tais premissas, que praticamente jugulavam o juiz a uma interpretação literal da lei, era impensável que se pudesse cogitar de um poder cautelar geral do juiz, e, *a fortiori*, muito menos, desse poder cautelar geral do juiz albergar mesmo *medidas cautelares satisfativas* ou *atípicas*.

Deve-se ter presente que no meio da década de 1880 cristalizou-se alteração no que diz respeito à hermenêutica. Precedentemente a essa época, ancorados os juristas nos referenciais originários da Revolução Francesa, admitiam, apenas e precariamente, que se interpretasse a vontade do legislador. Nessa época, mercê dos trabalhos de Wach, Binding e Kohler, quase simultâneos, verificou-se a inviabilidade – porque não mais atendia aos anseios sociais dominantes –, de tal limitação interpretativa, passando-se, então, a cogitar de hermenêutica gravitando não mais em torno da vontade do legislador, senão que procurando entender a vontade da lei.[86]

Não foi pequena a desconfiança dos legisladores franceses em relação aos juízes. Em decorrência disso, acabou-se restringindo a atividade jurisdicional – especialmente no que diz respeito à interpretação – a um âmbito estrito, pois o juiz era tido como um *ser inanimado* e não deveria ser nada além da *boca da lei*. A Corte de Cassação francesa nasceu como órgão *anexo* ou *auxiliar* do *Corps Legislatif*.

Recorda Mauro Cappelletti o mesmo fenômeno, no seu *O controle judicial de constitucionalidade das leis no Direito Comparado*,[87] ao referir-se também aos limites possíveis ou ao âmbito limitado da interpretação. Pode-se, neste particular, atentos às origens do Tribunal de Cassação francês, decorrente da Lei de 19.11.1790, cujo escopo, no dizer de P. Foriers, era o de assegurar-se "um controle da lei, do seu conteúdo, de sua observância por parte dos juízes de mérito, com o fito de salvaguardar a obra legislativa", vale dizer, com o objetivo de "proteger a lei".[88] A *lei* era o começo e o *fim intransponível* do comando social.

Essa ideia de "proteção da lei", todavia, cedeu passo à de enxergar-se na lei um instrumento *mais atualizado em relação ao tempo de sua aplicação*, perquirindo-se mais a *ratio legis*, com vista a atender às necessidades contemporâneas da aplicação da lei. Passou-se, então, da *mens legislatoris* à *mens legis*.

Passou a verificar-se, ainda – sublinhe-se – uma tendência a se considerar a desigualdade *manifesta* entre os litigantes no liberalismo, sempre assumidos pelo legislador como *absolutamente iguais*, de tal forma que o juiz haverá de *reequalizar* a situação dos litigantes, o que não colide(iria) com a sua imparcialidade. Diz-se que "esta pretendida imparcialidad no debe ser ciega a la desigualdad sustancial manifiesta de las partes. Debe al contrario, velar para el efectivo acceso a la

86. *V.* sobre isto, Karl Larenz, *Metodologia da ciência do direito*, p. 42-43.

87. Cf. Mauro Cappelleti, *O controle judicial de constitucionalidade das leis no direito comparado*, p. 40 e ss.

88. *V.* Chaïm Perelman, *Logica giuridica* – Nuova retorica, vol. 39, p. 75.

justicia de los litigantes".[89] Diz Georges Ripert que o *reinado do direito começava* e que o Código Civil francês foi, durante muito tempo, havido como intangível, dizendo um outro autor que nesse Código somente se poderia tocar com a mão trêmula.[90-91] Diante desse quadro e tendo sido um sistema feito para a burguesia, que era o poder econômico, este nada pedia ao legislador, senão a liberdade.

Se formos nos alçar ao plano da interpretação constitucional, digno de menção é o chamado princípio da proporcionalidade, que, numa de suas facetas, senão a principal delas, consiste em *avaliar* uma dada lei à luz de dois valores constitucionalmente consagrados. E, esta *avaliação* objetiva verificar se o regime jurídico infraconstitucional *bem regulou o assunto*, vale dizer, se bem dimensionou os valores constitucionalmente consagrados, ou, ao contrário, se exorbitou, aumentando *indevidamente* um valor em detrimento de outro. Este poder interpretativo é de grande dimensão e cabe ao Judiciário, de maneira especial, às mais altas Cortes de um sistema jurídico.

Pode-se dizer que o "Judiciário [pode] proceder até ao exame da lei – dentro do contexto de avaliar a sua constitucionalidade, *i.e.*, em função da compatibilidade dos meios nela idealizados pelo legislador para atingir determinado fim, entre as opções políticas que lhe eram possíveis quando da elaboração da lei".[92] É certo que, já nesta sede, o assunto acaba por refugir do *estrito* âmbito da *hermenêutica*, para se alçar ao da *validade* da *lei* em face da Constituição.

Parece-nos que os critérios a informar e mobilizar o intérprete do direito constitucional são os seguintes, tendo em vista a exegese recomendada por Konrad Hesse: 1) a unidade da Constituição; 2) os bens jurídicos têm de ser coordenados, ou seja, deve da exegese resultar uma concordância prática, em que se expresse a convivência dos mesmos; 3) ao se interpretar uma norma constitucional – constantemente, e, no caso isto se passa – há que se fazer com que os diversos bens se equilibrem.[93]

Notável autor ressalta, igualmente, a ideia de unidade, o que conduz a que haja a Constituição de ser interpretada "sem fissuras e sem contradições", aduzindo, ademais, que ao intérprete incumbe solucionar a relação de tensão recíproca existente entre as normas, harmonizando-as.[94]

Um dos primeiros,[95] senão o *leading case* no Brasil, a respeito de referência ao princípio da proporcionalidade, então rotu-

89. V. Álvaro J. D. Pérez Ragone, Concepto estructural y funcional de la tutela antecipatoria, *Revista de Direito Processual Civil*, vol. 13, p. 501-502, item 1.2, 1.21, recomendando mesmo que na ideia de imparcialidade está inserida a de que o juiz deve compensar o atuar do litigante mais fraco, de tal forma que "efectivamente las partes actúen en igualdad de condiciones".

90. *V.* a respeito Georges Ripert, *Le declin du droit* – Études sur la legislaticon contemporaine, p. 2 e ss.

91. *V.* a respeito Georges Ripert, *idem*, n. 2, p. 3.

92. Cf. o trabalho de Suzana de Toledo Barros, *O princípio da proporcionalidade e o controle de constitucionalidade das leis restritivas de direitos fundamentais*, p. 25.

93. Cf. Konrad Hesse, *Grundzüge der Bundesrepublick Deutschland* [*Lineamentos fundamentos do direito constitucional da República Federal Alemã*], Heidelberg, Muller, § 2.º, IV, ns. 77 e ss. e 79 e ss.; na trad. espanhola, *Escritos de derecho constitucional*, ns. 74 e ss. e 79 e ss., p. 50-57.

94. Cf. Klaus Stern, *Das Staatsrecht der Bundesrepublik Deutschland*, § 4.º, III, n. 8, p. 131 e ss.; na trad. espanhola parcial, *Derecho del estado de la Republica Federal Alemana*, p. 290-291.

95. Antes desse pode-se identificar o julgamento no RE 18.331, rel. Min. Orozimbo Nonato, *RF* 145/164 e ss. (ano de 1953), que versava sobre o *poder de taxar*, devendo-se também fazer menção à Representação 1.077, em que se enfrentou os limites da *taxa judiciária*, com

lado de "razoabilidade", ocorreu no julgamento da Representação por Inconstitucionalidade 930-DF, julgada em 05.05.1976, relator para o acórdão Min. Rodrigues Alckmin. Dizia respeito à disciplina por lei da profissão de corretor, tendo sido havida, essa disciplina, como injustificável. Consta do acórdão a indagação: "Que adiantaria afirmar *livre* o exercício de qualquer profissão, se a lei ordinária tivesse o poder de restringir tal exercício, a seu critério e alvitre, por meio de requisitos e condições que estipulasse, aos casos e pessoas que entendesse?". Tratava-se de disciplinar a profissão de corretor para cujo exercício não era e não é sequer exigida "capacidade técnica", o que tornava sem sentido determinadas exigências da lei.

Em nosso sentir esse princípio da proporcionalidade teve, em escala apreciável, a sua viabilidade, diante da evolução do que se passou entre o juiz, no liminar do século retrasado, a ela *cegamente* vinculado, vindo a lei, sucessiva e crescentemente, a comportar interpretação teleológica, mais lata, o que veio também a repercutir no próprio juízo da constitucionalidade das leis (*v.* adiante, *mais amplamente*, item n. 56-D da Primeira Parte deste *Manual*).

Bibliografia

Armelin, Donaldo. Apontamentos sobre as alterações ao Código de Processo Civil e à Lei 8.038/1990, impostas pela Lei 9.756/1998. In: Wambier, Teresa Arruda Alvim (coord.). *Aspectos polêmicos e atuais dos recursos cíveis de acordo com a Lei 9.756/1998*. São Paulo: Ed. RT, 1999.

Arruda Alvim, Eduardo. *Curso de direito processual civil*. São Paulo: Ed. RT, 1998. vol. 1.

______. *Curso de direito processual civil*. São Paulo: Ed. RT, 2000. vol. 2.

largo desenvolvimento (rel. Min. Moreira Alves, *RTJ* 112/58-59).

______. *Direito processual civil*. São Paulo: Ed. RT, 2008.

______. *Direito processual civil*. 3. ed. São Paulo: Ed. RT, 2010.

______. *Direito processual civil*. 4. ed. São Paulo: Ed. RT, 2012.

Arruda Alvim Netto, José Manoel de. *Código de Processo Civil comentado*. São Paulo: Ed. RT, 1975. vol. 1, 2; 1976. vol. 3.

______. *Curso de direito processual civil*. São Paulo: Ed. RT, 1971. vol. 1.

______. *Direito processual civil* – Teoria geral do processo de conhecimento. São Paulo: Ed. RT, 1972. vol. 1 e 2.

______. O terceiro adquirente de bem imóvel do réu, pendente ação reivindicatória não inscrita no Registro de Imóveis, e a eficácia da sentença, em relação a este terceiro, no Direito brasileiro. In: Libro Homenaje a Jaime Guasp. Comares, 1984.

______. *Tratado de direito processual civil*. São Paulo: Ed. RT, 1990. vol. 1; 1996. vol. 2.

Barbi, Celso Agrícola. *Comentários ao Código de Processo Civil*. Rio de Janeiro: Forense, 1983. vol. 1.

Barbosa Moreira, José Carlos. *A eficácia preclusiva da coisa julgada material no sistema do processo civil brasileiro* (Libro Homenaje a Luis Loreto). Caracas: Ediciones de la Controladoria General de la República, 1975.

______. *Comentários ao Código de Processo Civil*. 13. ed. Rio de Janeiro: Forense, 2006. vol. 5.

______. Convenções das partes sobre matéria processual. *RBDP* 40/81, 1983.

______. *O novo processo civil brasileiro*. 25. ed. Rio de Janeiro: Forense, 2007.

______. Tendências contemporâneas do direito processual civil. *RBDP* 42/35, 1984.

Barros, Suzana de Toledo. *O princípio da proporcionalidade e o controle de constitucionalidade das leis restritivas de direitos fundamentais*. Brasília: Brasília Jurídica, 1996.

Bedaque, José Roberto dos Santos. *Tutela cautelar e tutela antecipada:* tutelas sumárias e de urgência (tentativa de sistematização). 3. ed. São Paulo: Malheiros, 2003.

Beneti, Sidnei Agostinho. A interpretação das leis de simplificação do Código de Processo Civil. *Revista do Advogado da AASP,* n. 46, ago. 1995.

Calmon de Passos, José Joaquim. *Comentários ao Código de Processo Civil.* Rio de Janeiro-São Paulo: Forense, 1979; 8. ed. 1998. vol. 3.

Cappelletti, Mauro. *O controle judicial de constitucionalidade das leis no direito comparado.* Trad. Aroldo Plínio Gonçalves. Porto Alegre: Fabris, 1992.

Carneiro, Athos Gusmão. Notas sobre a ação declaratória incidental. *Ajuris* 27/53.

Castro, Amílcar de. *Comentários ao Código de Processo Civil.* 1974. vol. 3.

Code Civil Hellénique. Athènes. 1956.

Cruz e Tucci, José Rogério. *Tempo e processo.* São Paulo: Ed. RT, 1997.

Cunha, Mauro. Notas relativas ao novo Código de Processo Civil. *Ajuris* 2/37, 1974.

Dinamarco, Cândido Rangel. *A instrumentalidade do processo.* São Paulo: Ed. RT, 1987.

Duarte, José Florentino. *Teoria geral das normas.* Porto Alegre: Fabris, 1968.

Fabrício, Adroaldo Furtado. *A ação declaratória incidental.* 1976.

Figueira Júnior, Joel Dias; Lopes, Mauricio Antônio Ribeiro. *Comentários à lei dos juizados especiais cíveis e criminais.* 2. ed. São Paulo: Ed. RT, 1997.

Foderaro, Salvatore. *Il concetto di legge.* Roma: Mario Bulzoni, 1971.

Fornaciari Jr., Clito. Agravo retido dos autos. *Revista de Processo* [*RePro*] 5/381, ano II, São Paulo, Ed. RT, jan.-mar. 1977.

Freire, Laudelino. *Grande e novíssimo dicionário da língua portuguesa.* 1954. vol. 3.

Guasp. *Derecho procesal civil.* Madri. 1962.

Guerra, Marcelo Lima. *Execução indireta.* São Paulo: Ed. RT, 1999.

Habermas, Jürgen. *Facticidad y validez* – Sobre el derecho y el estado democrático de derecho en términos de teoría del discurso. Madrid: Trotta, 1998.

Habscheid, Walther F. *Der Streitgegenstand im Zizilprozeß und im Streitverfahren der Freiwilligen Gerichtsbarkeit.* Bielefeld.

Heinitz. *I limiti oggettivi della cosa giudicata.* 1937.

Hesse, Konrad. *Grundzüge der Bundesrepublick Deutschland.* Heidelberg: Muller, 1988; *Escritos de derecho constitucional.* Trad. Espanhola. Madrid: Centro de Estudios Constitucionales, 1983.

Kelsen, Hans. *Allgemeiner Theorie der Normen.* Viena: Manz'sche, 1979.

Larenz, Karl. *Metodologia da ciência do direito.* 3. ed. portuguesa. Trad. da 6. ed. alemã (1991). Lisboa: Fundação Calouste Gulbekian, 1997.

Marinoni, Luiz Guilherme. *A tutela inibitória, individual e coletiva.* 3. ed. São Paulo: Ed. RT, 2003.

Marques, José Frederico. *Instituições de direito processual civil.* 4. ed. Rio de Janeiro: Forense, 1971. vol 1.

Medina, José Miguel Garcia Medina. *O prequestionamento nos recursos extraordinário e especial.* 4. ed. São Paulo: Ed. RT, 2005.

Mendonça Lima, Alcides de. A nova terminologia do Código de Processo Civil. *Ajuris* 1/104, 1974.

Nazo, Nicolau. *Os princípios gerais do direito.* 1935.

Pará Filho, Tomás. A chamada uniformização da jurisprudência. *Revista de Processo [RePro]* 1/71, ano I, São Paulo, Ed. RT, jan.-mar. 1976.

Perelman, Chaïm. *Logica giuridica* – Nuova retorica. Milano: Giuffrè, 1979. vol. 39. (Coleção Civiltà del Diritto, n. 26.)

Pergolesi, Ferruccio. *Saggi sulle fonti normative*. Milão: Giuffrè, 1943.

Pimentel, Wellington Moreira. *Comentários ao Código de Processo Civil*. São Paulo: Ed. RT, 1979. vol. 3.

Ragone, Álvaro J. D. Pérez. Concepto estructural y funcional de la tutela antecipatoria. *Revista de Direito Processual Civil*, Curitiba, vol. 13, set. 1999.

Ráo, Vicente. *O direito e a vida dos direitos*. 1952. vol. 1.

Ripert, Georges. *Le declin du droit* – Études sur la legislaticon contemporaine. Paris: LGDJ, 1949.

Rocha, José de Albuquerque. *O procedimento da uniformização de jurisprudência*. São Paulo: Ed. RT, 1977. (Coleção Estudos de Direito de Processo Enrico Tullio Liebman – vol. 3.)

Rosas, Roberto; Aragão, Paulo Cezar. *Comentários ao Código de Processo Civil*. São Paulo: Ed. RT, 1975. vol. 5.

Sanches, Sydney. *Uniformização de jurisprudência*. São Paulo: Ed. RT, 1975.

Santi Romano. *L'ordinamento giuridico*. Reimp. 2. ed. Firenze: Sanzoni, 1951.

Savigny, Friedrich Karl von. *Vom Beruf unserer Zeit zur Gesetzgebung und Rechtswissenschaft*. Heidelberg: Mohr u. Zimmer, 1814; *De la vocación de nuestro siglo para la legislación y la ciencia del derecho*. Trad. Espanhola. Buenos Aires: Biblioteca Jurídica Atalaya, s/d.

Silva, Ovídio A. Baptista da. Direito subjetivo, pretensão de direito material e ação. *Ajuris* 29/99, 1983.

Stern, Klaus. *Das Staatsrecht der Bundesrepublik Deutschland*. 2. ed. Munique: Beck'sche, 1984; *Derecho del estado de la Republica Federal Alemana*. Trad. espanhola parcial. Madrid: Centro de Estudios Constitucionales, 1987.

Tucci, Rogério Lauria. *Curso de direito processual civil:* Processo de conhecimento II. São Paulo: Bushatsky, 1976.

Vilanova, Lourival. *Causalidade e relação no direito*. 4. ed. São Paulo: Saraiva, 2000.

______. *As estruturas lógicas e o sistema do direito positivo*. São Paulo: Ed. RT, 1977.

Wambier, Luiz Rodrigues; Wambier, Teresa Arruda Alvim; Medina, José Miguel Garcia. *Breves comentários à nova sistemática processual civil*. 3. ed. São Paulo: Ed. RT, 2005.

Wambier, Teresa Arruda Alvim. *Os agravos no CPC brasileiro*. 4. ed. São Paulo: Ed. RT, 2005.

______. Anotações a respeito da Lei 9.756, de 17 de dezembro de 1998. In: *Aspectos polêmicos e atuais dos recursos cíveis de acordo com a Lei 9.756/1998*. São Paulo: Ed. RT, 1999.

______. *Controle das decisões judiciais por meio de recursos de estrito direito e de ação rescisória*. São Paulo: Ed. RT, 2001.

______. *Omissão judicial e embargos de declaração*. São Paulo: Ed. RT, 2005.

______; Wambier, Luiz Rodrigues; Gomes Jr., Luiz Manoel; Fischer, Octávio Campos; Ferreira, William Santos. *Reforma do Judiciário* – Primeiras reflexões sobre a Emenda Constitucional 45/2004. São Paulo: Ed. RT, 2005.

IV

Da Jurisdição – O Estado de Direito e a Função Jurisdicional

49. O Estado de Direito

O Direito confundia-se, de início, com as regras de moral, religião e convivência. Não se podiam perceber nitidamente quaisquer subdivisões das normas sociais, entre as quais estava o Direito. Paulatinamente, porém, foram-se isolando as normas jurídicas e, exclusivamente com elas, foram-se construindo os sistemas jurídicos (positivos).

Antes dessa fase, por estarem amalgamadas as normas do ordenamento jurídico com outras regras sociais, também a posição do juiz era confusa. Assim sendo, do ponto de vista subjetivo (identificação da autoridade judiciária), nos primórdios das sociedades, essa autoridade judiciária não era exercida por uma pessoa que tivesse exclusivamente essa função.[1]

Por outro lado, foi muito longa a caminhada do homem para conseguir um juiz que viesse aplicar imparcialmente a lei. Para que se conseguisse a realização da Justiça de forma justa, entendendo-se, neste passo, por justa, a fiel observância das leis, necessitou-se proteger o homem que a distribuía. Ainda, foi preciso especializar, no quadro das funções estatais, a função por ele exercida, com o que, impedindo-se a injunção dos outros poderes, ou mesmo de indivíduos poderosos, sobre o Judiciário, defendia-se a pessoa do juiz, como imparcial e justo aplicador da lei, não em favor do homem-juiz, porém em benefício da sua função e, pois,

1. Se entre nós, até recentemente, a atividade jurisdicional ficava inteiramente adstrita ao juiz, isto é, ao *juiz togado*, com a CF, no seu art. 98, I, admite-se a participação de *leigos*, ao lado e para auxiliar, indireta e não *finalisticamente*, na atividade jurisdicional. Não se atribuiu a estes últimos, por isso mesmo, *atividade jurisdicional propriamente dita*. Pela Lei 9.099/1995, serão auxiliares do juiz os conciliadores e os juízes leigos (art. 7.º); poderão conduzir a conciliação o juiz leigo, preferentemente, ou mesmo o conciliador, *sempre sob a orientação do juiz togado* (art. 22, *caput*); que homologará a conciliação quando esta for obtida (art. 22, parágrafo único); não verificada a conciliação, poder-se-á seguir o *juízo arbitral*, devendo o *árbitro* ser escolhido "dentre os juízes leigos", *não havendo referência ao conciliador para esta atividade arbitral* (art. 24, § 2.º); o juiz leigo pautará sua conduta pelos mesmos referenciais que o juiz togado (art. 25, c/c arts. 5.º e 6.º), mas quem homologa o laudo é este (art. 26); frustradas essas duas antecedentes possibilidades, passar-se-á à instrução, *que poderá ser dirigida por juiz leigo (sem referência ao conciliador)*, o qual, sucessivamente, elaborará um texto *decidindo a causa, submetendo-o ao juiz togado, que o aceitará, "homologando-o"; do contrário, proferirá o juiz togado a sua sentença. O que imprimirá "virtude de decisão" a todos os atos, todavia, é sempre a participação do juiz* togado. Estes dispositivos têm aplicabilidade ao sistema dos Juizados Especiais também no âmbito da Justiça Federal, por força de expressa previsão legal (art. 1.º da Lei 10.259/2001).

da sociedade. A generalidade das Constituições ocidentais, expressões do nosso sistema comum de vida, consagra garantias de ordem pessoal e funcional que asseguram a liberdade do juiz: são as chamadas garantias fundamentais da magistratura.[2]

Além dessas garantias de ordem pessoal, no próprio quadro das funções estatais, há a tripartição de poderes, que nada mais significa do que tripartição de funções inerentes ao poder. Com a tripartição, que é um critério orgânico representativo da impenetrabilidade de um poder no outro, assegura-se, *ipso facto*, a plenitude e a pureza do exercício de cada função.

No curso da História, nomeadamente depois da Revolução Francesa, especializou-se nos organismos estatais ocidentais o Poder Judiciário como estrutura independente. O fundamento, no Direito antigo, da ordem jurídica e da própria realização da Justiça era o rei.[3]

Com a mudança, porém, do fundamento sobre o qual se assentava o Direito, que se pretendeu veio a residir essencialmente na vontade do povo, o que, pelo menos, foi e tem sido afirmado, a realização da Justiça passou a ser feita em nome da República, governada por leis elaboradas por mandatários do povo (democracia).

Ideia imediatamente decorrente desta é a da submissão dos juízes exclusivamente à lei,[4] como configurativa e albergadora da ideia do melhor modo de viver. O valor da lei (legalidade) atinge no contexto social um autêntico apogeu.

Em um único caso deve deixar de haver aplicação de uma lei ordinária ou de qualquer outra norma: quando haja incompatibilidade desta lei com a Constituição. Neste caso, o Judiciário não aplica a norma e a declara, *incidenter tantum*, inconstitucional. Mas, é evidente que, longe de constituir um desrespeito à lei, isto representa a mais alta respeitabilidade à própria lei (a constitucional), pois é desta que emana a validade de toda a tessitura normativa que lhe seja inferior.

Modernamente, é universal a tendência de se entender como sendo Direito, unicamente, aquele emanado do Estado. O Direito seria, por assim dizer, a própria expressão do Estado, que é a fonte única do Direito (art. 5.º, II, da CF/1988). Esta ideia, todavia, não é tida por verdadeira por todos os autores.[5]

De outra parte, aceitou-se universalmente a ideia de que o Estado é uma pessoa política e jurídica, qualificada e definida pela ordem jurídica por ele criada.

Em virtude da evolução desses dois dados do problema, atingiu sua pureza máxima o conceito de Estado de Direito.

O Estado de Direito foi, possivelmente, o mais útil elemento à compreensão do fenômeno jurídico positivo e ao desenvolvimento da ciência jurídica, por intermédio de uma visão que empresta o mais alto significado à dogmática jurídica, já a partir do patamar constitucional.

---

2. Em momentos excepcionais da vida das nacionalidades e com o objetivo de realizar e concretizar outros valores, ou reafirmar valores anteriores em periclitância, tais garantias, temporariamente, podem ser suspensas total ou parcialmente, tal como sucedeu em nosso País, e com a EC 1/1969, art. 181, cristalizando-se uma situação.

3. Mário Guimarães, *O juiz e a função jurisdicional*, Cap. I, n. 1, p. 19 *et seq*.

4. Com a instituição das "súmulas vinculantes" (cf. art. 103-A da Constituição Federal, inserido pela Emenda Constitucional 45/2004), nas hipóteses em que existem, ficará o juiz submetido à lei, *tal como interpretada pelo tribunal editor da "súmula vinculante"*, que haverá de ser seguida pelo juiz.

5. Cf. R. V. Ihering, *L'évolution du droit*, n. 145, p. 145. Cf. tb. Maurice Hauriou, *Derecho público constitucional*, p. 313 *et seq.*; Jellinek, *Teoria general del estado*, p. 338.

O que habilita o Estado a estabelecer normas jurídicas é o fato de ser o detentor da soberania.

Os problemas mais agudos do Direito referem-se precisamente à limitação da soberania, exercida sobre todos os indivíduos.[6]

Assim, quando o Estado estabelece a regra jurídica, traça os comportamentos lícitos entre particulares e as consequências respectivas, do mesmo modo que define os ilícitos[7] e as consequências que lhes são próprias.

No Estado de Direito, o próprio Estado submete-se à própria regra jurídica, dizendo-se, consequentemente, que o próprio Estado autolimita o seu âmbito de ação, dentro das balizas da lei.

A vida em sociedade gravita entre o indivíduo e a coletividade. Uni-los harmoniosamente é uma tarefa árdua com que temos de nos defrontar.

O problema central relativo a este tema, como se constata, é o do estabelecimento das relações entre a soberania e a liberdade daqueles sobre os quais ela atua.[8]

À submissão da soberania a uma disciplina jurídica oriunda do corpo social, através de uma vontade idoneamente manifestada, denominam os autores de *racionalização do poder*. O fenômeno da racionalização do poder, estudado do ponto de vista histórico-jurídico, afigura-se-nos encontrar seu marco inicial decisivo e moderno na conhecida teoria da tripartição dos poderes (ou, melhor dizendo, de *funções*, desde que a soberania é una).

6. Cf. Jellinek, *System der Subjektiven öffentlichen Rechte* [Sistema dos direitos públicos subjetivos], p. 41 *et seq*.

7. Referimo-nos a "ilícito" não como algo "fora" do sistema, mas como um fato previsto e regrado no próprio sistema.

8. Cf., sobre o assunto, Augustín Gordillo, *Princípios gerais de direito público*, p. 65 *et seq*., em específico, p. 67 e 84.

A aplicação dessa teoria foi o instrumento histórico, *ou mais precisamente*, um dos caminhos, possivelmente o mais relevante e atuante, de que se serviu a burguesia para se garantir contra o poder ilimitado do Estado e, simultaneamente, assumir o poder. Vale dizer, contra a antiga feição do poder, que precedentemente se encontrava encarnado na nobreza. Consistiu tal "expediente", que se generalizou, no Ocidente, historicamente, no perfeito instrumento de construção do Estado de Direito. Este princípio foi, para os juristas, o mais eficaz e lógico instrumento para a elaboração do Estado de Direito, tendo-se em vista as condicionantes históricas da época. Disto resultou ter sido o Estado de Direito do liberalismo um Estado apequenado, deixando espaço amplo para a prática de uma concepção de liberdade, pelos indivíduos, que sucessivamente veio a ser restringida, diante da circunstância desse *État gendarme* ter-se mostrado um ambiente em que a *liberdade do forte* prevaleceu sobre a *suposta liberdade* dos fracos, colocando segmentos vastos da sociedade em permanente desvantagem. As origens desse descompasso ancoram-se na Revolução Industrial, que ocorreu nessa quadra histórica. A crescente proteção do *fraco* contra o *forte* ocorre em todos os países.[9]

9. É o que se remarca na literatura, em relação a importante lei alemã, que, *na seara do direito contratual*, como decorrência da prática do liberalismo, resultou afetada, e, nessa lei se procura *consolidar* essa proteção, já existente de longa data, todavia. O Prof. Hein Kötz que escreveu sobre os §§ 1.º ao 9.º, da *Gesetz zur Regelung des Rechts der Allgemeinen Geschäftsbedingunden (AGB-Gesetz)*, observa, expressivamente e com inteira razão, que "Historisch sind AGB ein Kind der Industriellen Revolution des 19 Jahrhunderts" ["Historicamente é a Lei das Normas Gerais de Contratação um filho (nascido) da Revolução Industrial do século 19"] – cf. *Münchener Kommentar zum Bürgerlichen Gesetzbuch, Introdução, função e significação prática das Normas Gerais de Contratação, 1*, vol. 1, p. 1.797.

O Estado de Direito, aprimorado sob a égide da Justiça, é um dos elementos importantes, se não o mais importante, de todos os valores que são caros e indispensáveis à nossa civilização. A preocupação da "Justiça", oriunda dos pontos em que fracassou o liberalismo, ensejou o que se convencionou chamar de "Estado do Bem Estar Social", que representa uma evolução do Estado de Direito *liberal*.

Parece-nos que é impossível serem atingidas a verdadeira liberdade e a Justiça fora do Estado de Direito (*ao qual se agregam preocupações de ordem social*), pois este é concebido e estruturado de forma a reconhecer e dar realidade prática a uma filosofia, na qual o homem é o valor substancial da sociedade.[10]

O Estado de Direito é aquele em que governantes e governados, desde que estabelecida a regra jurídica com o consentimento destes, a ela estão obrigados.[11]

50. Sistema de jurisdição

O sistema de jurisdição única é aquele que recolheu sua marca inconfundível na separação de poderes, no sentido de que, separadas organicamente as funções estatais, teria de ficar afeto ao Poder Judiciário aquilo que, naturalmente, segundo as condicionantes históricas contemporâneas às grandes e marcantes diretrizes criadoras do Estado moderno, lhe deveria caber. Assim, coube ao Poder Judiciário a função de dizer o direito no processo de conhecimento e, quando necessário, de realizá-lo coativamente (processo de execução).

De nada adiantaria a simples manifestação do Estado dizendo o direito. É imprescindível que a sua atividade se complete através da efetivação do direito declarado.[12]

No Brasil, o sistema da separação das funções do Estado foi, desde a nossa primeira Constituição republicana, invariavelmente adotado.[13]

51. Natureza da função jurisdicional e suas características

Afigura-se-nos que a função jurisdicional é de índole substitutiva. Se ela se destina a solucionar um conflito de interesses, tal como tenha sido trazido ao Estado-juiz, sob a forma e na medida da lide,[14] deverá

10. Cf. Legaz y Lacambra, *Filosofia del derecho*, Barcelona, 1953, p. 523.

11. V. nosso *Curso...*, vol. 1, ns. 26 a 28, p. 137 *et seq.*

12. Atualmente – diante da demora do segmento do processo de conhecimento, que, num sistema clássico, pode ser tido *como impermeável à realização (= execução) do direito, enquanto processo de conhecimento* – evidencia-se uma tendência a admitir-se a *antecipação da tutela, dentro do processo de conhecimento,* do que é exemplo, entre nós, o art. 273, o art. 461, § 3.º (redação de ambos os textos dada pela Lei 8.952, de 13.12.1994) e o art. 461-A (acrescentado pela Lei 10.444/2002, que estende a possibilidade de tutela específica do art. 461 às obrigações de dar), ligadas as hipóteses à irreparabilidade do dano ou à dificuldade da reparação (art. 273, I) ou à "ineficácia do provimento final" (art. 461, § 3.º). O art. 273, II, contém outra hipótese, não ligada à urgência, senão que ao *abuso do direito de defesa, pelo demandado e este mesmo dispositivo, em seu § 6.º, acrescentado pela Lei 10.444/2002, contém mais uma hipótese, ligada, agora, à incontrovérsia do pedido.*

13. Cf. Rui Barbosa, *Comentários à Constituição Federal brasileira*, vol. 4/429; Pedro Lessa, *Do Poder Judiciário*, p. 143 a 151.

14. Em relação às medidas que digam respeito à defesa do prestígio da própria atividade jurisdicional, tais como as que podem ser estabelecidas pelo juiz, no âmbito da chamada *execução indireta,* não há que se cogitar do princípio dispositivo, *v.g.*, como se prescreve no CDC, art. 84, § 4.º, em relação ao disposto no § 3.º desse art. 84, determinando a incidência da multa, desde logo, ou, então, na sentença; e, no art. 461, § 4.º, em face do que está previsto no § 3.º do mesmo art. 461. Tais medidas representativas de *coação pecuniária e psicológica* proporcionam, *no plano dos fatos,* maior eficácia a certas espécies de decisão (*com caráter mandamental*).

este afirmar, sentenciando, a existência de uma vontade concreta da lei, favoravelmente àquela parte que seja merecedora da proteção jurídica. Essa prestação jurisdicional, que soluciona a lide, para que seja realizada com eficácia imutável, terá que ter validade absoluta, porquanto, se não a tivesse, ainda, e de certa forma, perduraria o conflito e não teria havido substitutividade. Desta forma, em virtude da atividade jurisdicional, o que ocorre, em regra,[15] é a substituição de uma atividade/vontade privada por uma atividade pública, que é a "vontade da lei" a imperar.[16-17]

Todavia, para que tal substituição ocorra com eficácia imutável, como dissemos, necessário se faz que uma qualidade seja agregada a essa atividade substitutiva, ou seja, mais precisamente, que se some à autoridade da solução a qualidade de imutabilidade da própria sentença, na sua parte decisória. O que caracteriza, na quase totalidade dos casos, verdadeiramente essa função da sentença – enquanto síntese da atividade jurisdicional, e, tendo em vista a parte dispositiva da sentença – é a autoridade da coisa julgada.[18]

Excepcionalmente, poderá o sistema jurídico estruturar-se de molde a que a atividade jurisdicional não fique revestida (em sua síntese final, que é a sentença) pela autoridade da coisa julgada. Os casos excepcionais, exatamente porque o são, servem apenas para confirmar a regra geral.[19-20] Ademais,

15. Para aqueles que, como nós, estão convencidos pela natureza jurisdicional da arbitragem, esta substitutividade pode decorrer da atividade privada da lei à luz do entendimento do árbitro.

16. Cf. Chiovenda, *Instituições de direito processual civil*, vol. 2, § 19, n. 140, p. 11.

17. Sobre a doutrina italiana ver interessante trabalho de Ovídio Araújo Baptista da Silva, Curso de processo civil; sobre a doutrina de Chiovenda, p. 14 a 18; sobre a doutrina de Allorio, p. 18 a 20; e sobre a doutrina de Carnelutti, p. 20 a 27.

18. Cf. José Frederico Marques, *Ensaio sobre a jurisdição voluntária*, p. 61; Arruda Alvim, *Código de Processo Civil comentado*, vol. 1/42. V., também, nosso *Tratado de direito processual civil*, vol. 1, p. 62-63.

19. É certo que existem hipóteses em que não há coisa julgada, como por exemplo: (a) no mandado de segurança, cuja decisão denegatória não tenha apreciado o mérito (art. 19 da Lei 12.016/2009 e Súmula 304, da jurisprudência dominante do STF), muito embora várias decisões existem (e, hoje predominam absolutamente), do próprio STF, desautorizando a sua súmula, embora julguemos que esta é que corretamente interpretava a lei, ainda que numa interpretação literal. O enunciado da súmula é o seguinte: "Decisão denegatória de mandado de segurança, não fazendo coisa julgada contra o impetrante, não impede o uso da ação própria". A regra, aliás, é da tradição do nosso Direito: 1.º) v. Constituição Federal de 1934, art. 113, item 33; 2.º) Lei 191, de 16.01.1936, art. 2.º; 3.º) art. 329 do CPC de 1939, que vigeu até a Lei 1.533/1951 [revogada pela Lei 12.016/2009]; (b) art. 18 da Lei 4.717, de 29.06.1965, da qual decorre que a sentença que julga improcedente a ação popular por deficiência de provas não faz coisa julgada. A mesma disposição encontra-se na Lei da Ação Civil Pública (Lei 7.347/1985), art. 16; e, de certa forma, no Código de Defesa do Consumidor (Lei 8.078/1990), art. 103, I e II. Para um estudo profundo da coisa julgada no Código de Defesa do Consumidor, inclusive a partir de suas relações e implicações com a Lei da Ação Civil Pública, consulte, do autor, em colaboração com Thereza Alvim, James Marins e Eduardo Arruda Alvim, *Código do Consumidor comentado*, p. 460-486. Sobre o tema, cf. também Teresa Arruda Alvim Wambier e José Miguel Garcia Medina, *O dogma da coisa julgada* – Hipóteses de relativização.

20. A Lei de Alimentos (Lei 5.478, de 25.07.1968) no seu art. 15 dispõe: "Art. 15. A decisão judicial sobre alimentos não transita em julgado e pode a qualquer tempo ser revista em face da modificação da situação financeira dos interessados". No entanto, sendo lei anterior ao Código de Processo Civil, a solução da hipótese veio, como regra geral, a ser disciplinada no art. 471, I, *verbis:* "Art. 471. Nenhum juiz decidirá novamente as questões já decididas, relativas à mesma lide, salvo: I – se, tratando-se de relação jurídica continuativa, sobreveio

mesmo nesses casos, a revisão que poderá ser feita da sentença sê-lo-á sempre pelo próprio Judiciário e não por outro Poder.

As características marcantes da atividade jurisdicional são as seguintes:

(1.ª) A "terzietà" do juiz, que tem de ser desinteressado do litígio, conceito este universalmente aceito e tradicional, e há de ser ocupante de órgão constitutivo do Poder Judiciário;[21] daí, como consequência, afastar-se do processo o juiz impedido ou suspeito (art. 134 e ss.), pois o seu desinteresse (= imparcialidade) está comprometido; ademais, no caso de impedimento, a própria sentença, ou acórdão, é suscetível de desconstituição por ação rescisória, dentro de certo prazo (art. 485, II, do CPC).

(2.ª) O poder de que está investido este terceiro é o de aplicar a norma ao caso concreto, valendo a sua decisão irrefragavelmente. E, esgotados os recursos, a sentença/acórdão valerá e será eficaz, adquirindo a imutabilidade de sua parte dispositiva, fenômeno conhecido como coisa julgada, característica e qualidade da eficácia da sentença.

modificação no estado de fato ou de direito; caso em que poderá a parte pedir a revisão do que foi estatuído na sentença; (...)".

21. Deve-se registrar, contudo, que a moderna tendência ampliativa dos métodos de solução de conflitos terminou por suscitar o debate acerca da natureza jurisdicional da arbitragem, mormente após a promulgação da Lei 9.307/1996 que, dentre outras coisas, erigiu a sentença arbitral à categoria de título executivo judicial, que somente pode ser revisto nas hipóteses taxativas previstas no dito diploma, todas de caráter formal e fundadas, principalmente, na observância do princípio da imparcialidade, aplicável também ao árbitro. Para aqueles que consideram a arbitragem como modalidade de jurisdição, o monopólio estatal sobre tal função teria sido objeto de relativização, tendência, aliás, perceptível no âmbito da função administrativa do Estado. Sobre o assunto, cf. item 51-A, *infra*.

O legislador, ao elaborar a lei, inova na ordem jurídica, pois toda lei discrimina, traçando novas condutas, ao passo que o juiz, aplicando a norma jurídica já existente, não o faz com a mesma intensidade, visto que apenas fez valer a norma anterior, aplicando-a ao caso concreto. Ou, se se pretender sustentar, como muitos o fazem com certa razão, que também o juiz inova ao formular a regra jurídica concreta, é certo que o faz em sentido diverso ao do legislador.

(3.ª) Além daqueles dois elementos, é característica, ainda, da atividade jurisdicional, o seu desenvolvimento através de um *contraditório regular*, o que implica fundamentalmente, além de outros aspectos, a obediência a um procedimento regular e preestabelecido.

(4.ª) Outro princípio informador da atividade jurisdicional é o de sua *inércia inicial* (arts. 2.º e 262 do CPC), o que significa que só mediante solicitação da parte é que se instaura o processo contencioso, e, ainda, somente através de pedido do interessado é que o juiz poderá agir no campo da jurisdição voluntária. A regra, pois, é a de que o Poder Judiciário somente age quando regularmente provocado. Desta forma, não pode um juiz, sem pedido preordenado a tanto, instaurar um processo para o qual não tenha sido provocado pela parte.[22]

22. Esboça-se uma *aparente* alteração, nessa linha, que atenua a rigidez sempre imprimida ao princípio dispositivo, na medida em que há leis que admitem a imposição de multa (= multa diária), em hipóteses de decisão, cujos pressupostos tenham sido a urgência ou a possibilidade de perecimento do direito (v. art. 461, § 4.º, acrescentado pela da Lei 8.952/1994, cuja inspiração está no art. 84, § 4.º, do Código de Proteção e Defesa do Consumidor). O mesmo se diga em relação ao novo § 6.º, acrescido a esse mesmo art. 461 pela Lei 10.444/2002, segundo o qual é dado ao juiz, de ofício, "modificar o valor ou a periodicidade da multa", julgando que ela tornou-se insuficiente ou excessiva. Todavia,

51-A. Arbitragem e jurisdição

Sistematizadas as características da função jurisdicional, apresenta-se a questão atinente à análise da arbitragem, das similitudes e distinções relativamente à jurisdição e, por fim, do enquadramento desta modalidade de solução de conflitos como atividade jurisdicional.

A matéria reveste-se de importância atual, na medida em que a nova disciplina da arbitragem, instituída pela Lei 9.307/1996, garantiu a este instituto maior autoridade e abrangência.

Dentre as principais inovações implementadas pela regulamentação da arbitragem contida na Lei 9.307/1996, podem-se citar: (a) a competência do árbitro para decidir sobre a existência, validade e eficácia da cláusula compromissória e do contrato que contenha esta cláusula ;[23] e, consequentemente, a competência do árbitro para decidir sobre o próprio cabimento da via arbitral;[24] (b) a obrigatoriedade de se utilizar a via arbitral, se uma das partes assim preferir, sempre que houver cláusula compromissória previamente firmada para a solução de conflitos emanados daquela relação jurídica;[25] (c) a

---

afigura-se-nos que a alteração é *apenas aparente*, porquanto o pedido do autor, enquanto *manifestação de conhecimento de fatos* (= *fatos constitutivos do pedido*) e *de vontade* (o pedido em si mesmo) não resulta vulnerada pelo juiz, com a imposição de multa. Com a imposição da multa ou a sua alteração apenas objetiva-se proporcionar a tutela específica do direito que haja sido pedida, de acordo com as variáveis do caso em concreto.

23. É o que se extrai do art. 8.º, parágrafo único, da citada Lei 9.307/1996: "Parágrafo único. Caberá ao árbitro decidir de ofício, ou por provocação das partes, as questões acerca da existência, validade e eficácia da convenção de arbitragem e do contrato que contenha a cláusula compromissória".

24. Paulo Cezar Pinheiro Carneiro bem analisou este ponto: "O juízo arbitral é o local adequado para nele se discutirem as questões relativas à nulidade, invalidade ou ineficácia da convenção de arbitragem (cláusula compromissória ou compromisso arbitral). (...) Nem se diga que esta sistemática ofenderia ao princípio previsto no art. 5.º, XXXV, da Constituição Federal, pois a nova Lei não afasta a possibilidade de se discutir, em sede judicial, tais questões. Aqui, a opção do legislador foi a de privilegiar e prestigiar o juízo arbitral para dirimir, no primeiro momento e com exclusividade, estas questões, evitando o absoluto descrédito que poderia gerar, para a instituição de arbitragem e para seu próprio procedimento, uma ação judicial para discutir a validade da convenção" (Paulo Cezar Pinheiro Carneiro, Aspectos processuais da Nova Lei de Arbitragem, in Paulo Borba Casella et al. (coords.), *Arbitragem: A Nova Lei Brasileira (9.307/96) e a praxe internacional*, p. 144). Carlos Alberto Carmona comunga do mesmo entendimento: "Caberá, portanto, ao árbitro decidir se o ato das partes que estabelece sua própria competência tem ou não eficácia. Se o árbitro decidir pela nulidade da convenção de arbitragem, proferirá sentença terminativa (o laudo, portanto, terá conteúdo meramente processual)" (Carlos Alberto Carmona, *Arbitragem e processo. Um Comentário à Lei 9.307/96*, p. 37).O Superior Tribunal de Justiça analisa o art. 8.º sob idêntica perspectiva: "A câmara arbitral é competente para decidir a respeito de sua própria competência para a causa, conforme o princípio da Kompetenz-Kompetenz que informa o procedimento arbitral. Precedente" (STJ, MC 13274/SP, j. 20.09.2007, Decisão da Min. Nancy Andrighi); "16. Deveras, uma vez convencionado pelas partes cláusula arbitral, será um árbitro o juiz de fato e de direito da causa, e a decisão que então proferir não ficará sujeita a recurso ou à homologação judicial, segundo dispõe o art. 18 da Lei 9.307/1996, o que significa dizer que terá os mesmos poderes do juiz togado, não sofrendo restrições na sua competência.17. Outrossim, vige na jurisdição privada, tal como sucede naquela pública, o princípio do Kompetenz-Kompetenz, que estabelece ser o próprio juiz quem decide a respeito de sua competência" (STJ, AgRg no MS 11308/DF, j. 14.08.2006, rel. Min. Luiz Fux).

25. É o que prevê o art. 7.º, *caput*, da Lei 9.307/1996: "Existindo cláusula compromissória e havendo resistência quanto à instituição da arbitragem, poderá a parte interessada requerer a citação

desnecessidade de homologação judicial da sentença arbitral (art. 18 da precitada Lei), cuja eficácia é equiparada, por lei, a título executivo judicial (art. 31); (d) a rigidez das normas referentes à anulação da sentença arbitral, que somente pode ser desconstituída nas hipóteses excepcionais arroladas no art. 32 da Lei 9.307/1996.

A Lei 9.307/1996 é um reflexo da mudança de paradigma nos estudos que envolvem os métodos de solução de conflitos, pois sinaliza novas possibilidades para a aplicação do direito aos litígios, alternativas à via judicial. O que se preconiza atualmente é que o Estado não é o único – e, algumas vezes, sequer é o mais adequado ente vocacionado para esta função, que pode muito bem ser exercida por particulares, algumas vezes com resultados mais proveitosos do que aqueles obtidos no âmbito do Judiciário.

Não se trata de destituição do poder estatal para solucionar conflitos e, menos ainda, de inobservância ao princípio da inafastabilidade da apreciação jurisdicional; o poder-dever do Estado remanesce, facultando-se às partes a utilização da arbitragem para os litígios patrimoniais que envolvam direitos disponíveis e entre partes que sejam maiores e capazes ("pessoas capazes de contratar", art. 1.º, da Lei 9.307/1996).

A perspectiva de utilização da arbitragem, por seu caráter célere e informal, antes de reduzir, amplia o espectro do acesso à justiça, conforme já decidiu o próprio Supremo Tribunal Federal.[26] E, sendo este (o acesso à justiça) a maior preocupação com a processualística dos dias atuais – dentro de cuja ideia é necessário que haja uma resposta aos que precisam resolver conflitos –, parece-nos que o foco da finalidade da jurisdição, resolução de conflitos e aplicação do direito deve se sobrepor à titularidade para exercê-la – que em princípio, e na visão tradicional, seria do Estado, exclusivamente.

Nesse contexto, a maior parte da doutrina já faz alusão à arbitragem como modalidade jurisdicional,[27] ao argumento de que o

---

da outra parte para comparecer em juízo a fim de lavrar-se o compromisso, designando o juiz audiência especial para tal fim".

Tivemos a oportunidade de desenvolver estudo sobre o tema afeto a este dispositivo legal em obra coletiva organizada por Pedro A. Batista Martins e José Maria Rossani Garcez, denominada *Reflexões sobre arbitragem: In memoriam do Desembargador Cláudio Vianna de Lima*. O artigo de nossa autoria foi intitulado "Exegese dos arts. 6.º e 7.º da Lei n. 9.307, de 1996".

26. SE 5.206-AgR, j. 12.12.2001, rel. Min. Sepúlveda Pertence, *DJ* de 30.04.2004.

27. Nesse sentido: Carlos Alberto Carmona, Arbitragem e processo: um comentário à Lei 9.307/1996, p. 45/46; Joel Dias Figueira Júnior, *Arbitragem, legislação nacional e estrangeira e o monopólio jurisdicional*, p. 21 e ss; Nilton César Antunes da Costa, *Poderes do árbitro – de acordo com a Lei 9.307/1996*, p. 57 e ss; Uadi Lammêgo Bulos e Paulo Furtado, *Lei da Arbitragem comentada*, p, 14 e ss).

Em sentido convergente, pelo alargamento do conceito de jurisdição com o fim de albergar outros mecanismos de solução de conflitos, Carlos Alberto Salles: "A assimilação pelo sistema jurídico brasileiro de mecanismos alternativos de solução de conflitos, como dito acima, leva a uma nova consideração do próprio conceito de jurisdição. Por certo, a consideração contemporânea desse instituto tenderá a ressaltar suas características de função e atividade e abrandar sua consideração enquanto poder estatal. De fato, introduzindo-se no objeto de estudo dos juristas e, em especial, dos processualistas novas formas de solução de controvérsias, não inseridas na burocracia judiciária estatal, o enfoque da jurisdição naturalmente recairá sobre sua função de pacificação social e atividade caracterizada enquanto método de solucionar disputas" (Carlos Alberto Salles, Mecanismos alternativos de solução de controvérsias, in Luiz Fux, Nelson Nery Jr. e Teresa Arruda Alvim Wambier (orgs.), *Processo e Constituição*: Estudos em homenagem ao professor José Carlos Barbosa Moreira, p. 784).

instituto exerce idêntica função e produz os mesmos efeitos que a atividade jurisdicional do Estado, de sorte que o propagado "monopólio estatal" não poderia justificar a exclusão da arbitragem do conceito de jurisdição. A propósito do "mito" da indelegabilidade da jurisdição, Joel Dias Figueiredo Jr. assinala a importância, sobretudo no âmbito internacional, de se refletir este princípio, que não pode ser erigido à condição de dogma, em detrimento dos objetivos da jurisdição e da interação entre os Estados.[28]

Havíamos manifestado, anteriormente à vigência da Lei 9.307/1996 e com fundamento na visão ortodoxa, então vigente, da soberania estatal – atualmente questionada diante das transformações culturais que envolvem o fenômeno da globalização –, entendimento no sentido da natureza eminentemente contratual do instituto da arbitragem, diversamente do que ocorria com a jurisdição estatal, reflexo do poder soberano do Judiciário de dirimir conflitos.[29]

Contudo, a partir das inovações trazidas pela Lei 9.307/1996 que, no compasso de transformações jurídicas mais abrangentes, conferiu ao árbitro amplos poderes para proferir sentença com eficácia de sentença judicial (art. 31) e para decidir, inclusive, sobre a própria competência (art. 8.º), parece-nos ter-se modificado profundamente o panorama em que expressamos tal opinião.

Diante disso, a atividade do árbitro, que antes poderia ser considerada como "equivalente" jurisdicional, pode, atualmente, inserir-se no próprio conceito de jurisdição, como espécie privada deste gênero.

Para essa conclusão contribuem, além da mudança de paradigma já assinalada, com enfoque na *finalidade* da jurisdição e na ampliação do acesso à justiça em detrimento da *titularidade estatal*, as demais características da jurisdição, cuja presença se detecta, em maior ou menor escala, no instituto da arbitragem: (a) a arbitragem é revestida de *substitutividade*, já que o árbitro detém poderes para se sub-rogar à vontade das partes e, dessa forma, aplicar o direito; (b) a sentença arbitral produz coisa julgada, de molde que seus efeitos revestem-se da característica da *imutabilidade*, inerente à atividade

28. Anota o citado autor: "(...) A concepção formada pelo binômio monopólio jurisdicional x soberania nacional já está sendo objeto de profunda análise, questionamento ou revisão pelos estudiosos da matéria, porquanto os Estados precisam indistintamente adequar as suas respectivas Cartas Constitucionais e começar a aprender a conviver com o fenômeno chamado 'globalização' e intercâmbio de grandes blocos econômicos, pois o nosso planeta lentamente vai se transformando numa grande aldeia, em que as primeiras linhas do chamado 'direito comunitário' já foram traçadas e há muito os tribunais internacionais deixaram de ser uma utopia para se transformar em realidade, como constatado na União Europeia, através da Corte de Luxemburgo. (...) A magnitude do Estado-juiz deve residir na qualidade de suas decisões, na rapidez da prestação da tutela oferecida e na satisfação efetiva do direito subjetivo violado ou ameaçado do jurisdicionado; o exercício desse mister de grandeza ímpar prescinde do sufocamento da jurisdição paraestatal, que aparece, neste cenário de fim de século e início de milênio, como forte aliada na solução dos mais diversos conflitos de ordem nacional e internacional. Trata-se do que podemos chamar de reengenharia das jurisdições externa e interna" (Joel Dias Figueira Júnior, *Arbitragem – Legislação Nacional e Estrangeira e o Monopólio Jurisdicional*, p. 29).

29. Dissemos, na ocasião, que "o juízo arbitral é um equivalente jurisdicional" e que o compromisso arbitral possuía natureza contratual. Entendíamos, ainda, que não havia litispendência entre juízo arbitral e processo judicial, uma vez que somente o órgão jurisdicional detinha a competência para decidir sobre a própria competência, que seria "expressão própria da jurisdição, radicada na soberania, sendo esta, como se sabe, por natureza, inalienável" (José Manoel de Arruda Alvim Netto, *Direito Processual Civil*: Teoria Geral do Processo de Conhecimento. p. 301-305).

jurisdicional, que é *definitiva* por natureza; (c) o árbitro atua na qualidade de terceiro desinteressado, satisfazendo o requisito da *imparcialidade;* (d) a despeito de não estar investido de um cargo público, o árbitro, assim como o juiz, está investido de *poderes decisórios* cuja eficácia equipara-se à sentença judicial; (e) é certo que a arbitragem deve ser exercida em *contraditório regular*, muito embora o procedimento arbitral não seja idêntico àquele estabelecido para o processo judicial; e, enfim, (f) a atividade do árbitro, tanto como a do juiz, é *inerte,* pois depende de provocação dos interessados.

Porém, o que é importante compreender é que a discussão sobre a natureza jurídica da arbitragem só terá relevância se acompanhada desta reflexão acerca do embasamento ideológico e dos efeitos práticos das modificações implementadas pela disciplina legal vigente.

E, ainda assim, é preciso que se tenha em mente que, mesmo se entendendo, como nós, pela natureza jurisdicional, cuida-se de espécie de jurisdição diversa daquela exercida pelos órgãos judiciais. Daí falar-se em jurisdição privada.

É que, conquanto se assemelhem nos pontos relevantes para o enquadramento no conceito de jurisdição, a arbitragem e o processo judicial possuem distinções que devem ser enfatizadas.

A disciplina da arbitragem sofre algumas limitações comparativamente à do processo judicial, em especial quanto à largueza da substitutividade. Apesar de ter função adjudicatória, o árbitro limita-se a *estabelecer* as providências coercitivas (*v.g.* multa diária, busca e apreensão, comparecimento de testemunha sob pena de condução coercitiva etc.) ao cumprimento de suas decisões, mas *realização prática* de tais providências em casos de descumprimento demanda, invariavelmente, a atuação judicial. Em suma, o árbitro possui poderes para aplicar o direito ao caso concreto, mas, não, para praticar atos executivos que se destinem ao cumprimento forçado da sentença arbitral.

Além disso, a arbitragem é disciplinada pelo direito público, porquanto objetiva à resolução de conflitos e está inserida no direito processual civil, mas a ela se aplicam também princípios e diretrizes privatistas, relativos à autonomia da vontade. Assim, não há como negar a grande ingerência de tais princípios sobre o procedimento arbitral, diversamente do que ocorre no direito processual, onde se verifica, em maior medida, a presença de normas procedimentais de natureza cogente, cuja aplicação não pode ser derrogada pelas partes, bem como a estrita observância das garantias *formais* atinentes ao processo. Na arbitragem, ao contrário, ressalvadas as disposições da Lei 9.307/1996 acerca da validade da sentença, da cláusula compromissória e do compromisso arbitral, o procedimento é de livre escolha das partes, sendo que a própria lei dispensa formalidades tidas como fundamentais ao processo judicial (como é o caso, por exemplo, do direito de recurso).

Tendo em vista tais distinções, é comum se aludir à arbitragem como modalidade de jurisdição *privada* e ao processo judicial como jurisdição *estatal,* ou, simplesmente, jurisdição.

A perspectivas para a utilização da arbitragem passam por uma mudança de mentalidade dos jurisdicionados, no sentido de assumirem, em determinados casos, uma postura mais conciliadora que combativa, onde prepondere a finalidade de obter uma resposta rápida e efetiva do juízo arbitral, cujo conteúdo as partes estejam propensas a acatar para dar fim ao litígio. A arbitragem será sempre mais adequada quanto maior for interesse maior das partes em dirimir o conflito com o fim de dar continuidade à relação jurídica existente entre elas, como é o caso, por exemplo, das sociedades comerciais, cujas relações são continuadas e onde há interesse em que as divergências sejam solucionadas por um *expert* de maneira a permitir o rápido prosseguimento as atividades econômicas praticadas.

Além disso, a utilização da via arbitral poderá se prestar a contribuir, em parte, com a solução da crise do Judiciário atribuída ao excesso de causas em trâmite perante este órgão.

52. Os princípios fundamentais da jurisdição

A jurisdição ou a função jurisdicional (para, neste passo, usarmos as palavras como sinônimas) dos Estados ocidentais contemporâneos, tal como é concebida no Estado de Direito, é informada por uma série de princípios que lhe dão fisionomia, distinguindo-a da jurisdição de outras épocas.

O primeiro deles é o de que somente é juiz aquele terceiro desinteressado cuja competência esteja prescrita em leis anteriores ao caso que seja por ele decidido. Em termos de jurisdição estatal – que é a regra –, o juiz deverá ser integrante do Poder Judiciário.[30] É o princípio do *juiz natural*. Desta forma, na sistemática constitucional, juízes são aqueles que, legalmente, ocupem os cargos nos juízos e tribunais, constitucionalmente previstos (art. 92, I a VII, da CF/1988), cujos cargos tenham sido legitimamente criados pela legislação própria e infraconstitucional.

Precisamente tendo em vista este princípio, agregam-se aos juízes, complementarmente, as garantias asseguradoras da imparcialidade. Tem, assim, o autor, por meio do direito público subjetivo de ação que lhe foi conferido amplamente pelo Estado, um direito em face do próprio Estado, e, correlatamente, existe um dever da parte deste para com o indivíduo de lhe prestar tutela (v. art. 5.º, XXXV, da CF/1988),[31] desde que a mesma tenha sido requerida "nos casos e formas legais" (art. 2.º do CPC). Esta regra é válida também para o réu no sentido de que a sua contestação (= questões aí suscitadas) haverá também de ser objeto de decisão (art. 458 do CPC), e, bem assim, quaisquer outros incidentes levantados pelo demandado.

Mas este direito do jurisdicionado de pedir tutela jurídica ao Estado e respectivo dever deste em lhe prestar dependem de uma condição, que pode ser colocada também como princípio da própria atividade jurisdicional (v. item anterior, 4.ª característica), que decorre da necessidade de alguém acionar a jurisdição.

Este princípio vem expresso nas seguintes máximas: *nemo iudex sine actore* e *ne procedat iudex ex officio*. Quer significar-se com isto que a inércia inicial da atividade jurisdicional é um de seus princípios fundamentais (arts. 2.º e 262 do CPC).[32] Nessas condições,

30. No particular, pertinente a análise de Nery Jr. acerca da inexistência de violação ao princípio do juiz natural pela Lei 9.307/1996: "Com a celebração do compromisso, as partes não estão renunciando ao direito de ação nem ao juiz natural. Apenas estão transferindo, deslocando a jurisdição que, de ordinário, é exercida por órgão estatal, para um destinatário privado. Como o compromisso só pode versar sobre matéria de direito disponível, é lícito às partes assim proceder" (Nelson Nery Júnior, *Princípios do Processo Civil na Constituição Federal*, 7. ed., p. 88).

31. Cf. Alfredo Rocco, *La sentenza civile*, n. 37, p. 83-88.

32. Em alguns pontos, *no próprio processo contencioso,* essa regra tem sofrido alterações, *não propriamente respeitantes aos limites da lide,* senão que em aspectos que conferiram ao juiz *poder oficioso* com vistas a instrumentá-lo melhor, no que diz respeito à coerção, e para que suas decisões sejam obedecidas. Assim é que, com a Lei 8.078, de 11.09.1990 (Código de Proteção e Defesa do Consumidor), no seu art. 84, § 4.º, está previsto que o juiz poderá "impor multa diária ao réu, *independentemente de pedido do autor*", para assegurar o cumprimento da tutela que haja concedido,

para que seja acionada a jurisdição, faz-se essencial a atividade da parte ou do interessado no processo civil. Depois, desenvolve-se o processo por impulso oficial (art. 262). Isto quer dizer que não é necessária a cada momento a presença da parte para requerer o andamento da causa, que se dá oficialmente (embora não de forma total – v. art. 267, II e III). De quando em vez, no entanto, as partes devem requerer a prática de atos específicos ou tomar outras providências para a movimentação do processo.

Ainda, acrescente-se a este o princípio de que a atividade jurisdicional não pode ser delegada ou transferida, sendo a prestação da tutela jurisdicional obrigação indeclinável do órgão e pela pessoa que foi dela constitucionalmente investida (v. art. 2.º da CF/1988).[33]

Ao juiz, nomeado na conformidade de leis anteriores, válidas e constitucionais, confere-se uma série de garantias, que não são pessoais propriamente ditas, mas garantem o juiz tendo em vista a função que ele exerce na sociedade, qual seja a de decidir unicamente subordinado à lei (arts. 95, I, II e III; 93, IX, da CF/1988; v. item subsequente, a respeito das garantias).

Como outro princípio de relevância atinente à jurisdição, devemos mencionar a indeclinabilidade da prestação jurisdicional (v. art. 5.º, XXXV, da CF/1988, e art. 126 do CPC), já referida, correspondente ao direito de ação como direito público subjetivo que é, atribuído a toda e qualquer pessoa.[34] Se o inciso XXXV do art. 5.º da CF/1988 enseja a todos os que estão sob a égide da jurisdição brasileira o direito de a ela terem acesso, segue-se que esta há sempre de manifestar-se sobre os pedidos que lhe sejam endereçados, embora este direito não se confunda com a outorga da proteção pleiteada por aquele que teve a iniciativa de propor a ação.

Este princípio manifesta-se expressa e inequivocamente, também no nível da lei ordinária, no art. 126 do CPC, que prescreve: "O juiz não se exime de sentenciar ou despachar alegando lacuna ou obscuridade da lei (...)". Verifica-se, pois, que, embora não se possa assegurar direito a sentença favorável, existe o direito a uma decisão ou sentença, mesmo que desfavorável, ou, então, que inadmita mesmo a ação (= carência de ação – arts. 267, VI, e 301, X, do CPC), ou, ainda, que dê pela invalidade do processo (v.g., art. 267, IV, do CPC).

Por outro lado, a jurisdição é eminentemente ligada a um território no sentido de que, como regra, as decisões judiciárias na-

nos termos e no momento a que se refere o § 3.º do art. 84 ou na sentença. O Código de Processo Civil, tendo em vista a modificação ocorrida no seu art. 461, e tendo em vista as obrigações de fazer ou não fazer, no seu § 4.º, hipóteses estendidas às obrigações de dar (art. 461-A, pela Lei 10.444/2002) adotou, precisamente, o mesmo sistema, com os mesmos dizeres do § 4.º do art. 84 do Código de Proteção e Defesa do Consumidor, consignando-se que esse art. 84 disciplina, também, obrigações de fazer e de não fazer. O art. 84, § 4.º, aplica-se não só às ações coletivas, mas é preceito aplicável ao consumidor, se este demandar individualmente.

33. É possível, contudo, que as partes convencionem a solução pela via arbitral, desde que se trate de litígio sobre direitos patrimoniais disponíveis, nos termos da Lei 9.307/1996, hipótese que constitui exceção à indelegabilidade da jurisdição.

34. Parece que, referindo-se expressamente o art. 5.º, XXXV, da CF, à tutela jurisdicional também nas hipóteses de "ameaça a direito", sucessivamente à "lesão a direito", segue-se que existe, no próprio patamar constitucional, a previsão de que a atividade cautelar faz parte do direito constitucional de *acesso à Justiça*. E parece que preocupado com essas situações urgentes que não podem ficar ao desamparo, que o legislador acresceu o § 7.º ao art. 273 do CPC, consagrando a fungibilidade dos pedidos de tutela antecipatória e cautelar (redação dada pela Lei 10.444/2002).

cionais têm sua validade e eficácia circunscritas ao território do próprio Estado brasileiro; quanto à possível validade e eficácia de sentença brasileira fora do nosso território, hão de se observar os pressupostos de receptividade do ordenamento estrangeiro à nossa decisão, o mesmo ocorrendo na hipótese inversa.[35]

De outra parte, a decisão proferida em outro território e sob a égide de jurisdição estrangeira só produzirá efeitos desde que aceita pelo STJ, sendo por este órgão homologada, segundo a dicção do art. 105, I, *i*, da Constituição (redação da Emenda Constitucional 45/2004, que revogou a alínea *h* do art. 102, I, da Constituição).[36]

É com a homologação que a sentença estrangeira adquire validade e eficácia em território nacional.

Finalmente, toda a atividade jurisdicional é realizada publicamente (art. 93, IX, da CF/1988, redação de acordo com a Emenda Constitucional 45/2004, e art. 155, *caput*, 1.ª parte, do CPC), salvo exceções. A publicidade é havida como garantia para o povo de uma Justiça "justa", que nada tem a esconder e, por outro lado, é também garantia para a própria magistratura diante do mesmo povo, pois, agindo publicamente, permite a verificação de seus atos.[37]

De acordo com a nova redação do art. 93, IX, da Constituição, pode "a lei limitar a presença, em determinados atos, às próprias partes e a seus advogados, ou somente a estes, *em casos nos quais a preservação do direito à intimidade do interessado no sigilo não prejudique o interesse público à informação*" (g.n.).[38] A excepcionalidade de correr a causa em segredo de justiça fundamenta-se em nome de outros princípios, quais sejam os do decoro e do interesse público, cujos valor e resguardo se sobrepõem à publicidade. Nas hipóteses previstas no art. 155, I, do CPC admite-se a liberdade ampla de interpretação do juiz em eleger as causas em que há necessidade de segredo,[39] e, no inciso II, porque possivelmente poderá haver um dano maior decorrente da publicidade do que o representado pelo segredo de justiça.

53. A independência do Judiciário (da Justiça)

A Justiça a que nos referimos é aquela realizada pelo Poder Judiciário, constitucio-

35. V. Arruda Alvim, *Direito processual civil – TGPC*, vol. 2, 9.ª parte; CPC, arts. 483/484.

36. Observe-se que, de acordo com o que estabelece o art. 483, parágrafo único, do CPC, "a homologação obedecerá ao que dispuser o *regimento interno* do Supremo Tribunal Federal [*rectius*: deve-se entender, após a EC 45/2004, *Regimento Interno* do Superior Tribunal de Justiça]" (g.n.). Não obstante, tal procedimento segue, no STJ, o que dispõe a Resolução 9, de 04.05.2005, do Presidente do STJ (*DJ* 06.05.2005), que "dispõe, *em caráter transitório*, sobre competência acrescida ao Superior Tribunal de Justiça pela Emenda Constitucional n. 45/2004" (g.n.).

Ainda, o Novo 498/2009, denominado PL 7.584/2010 na Câmara dos Deputados e apensado ao PL 8.046/2010 (Projeto de Novo CPC), para análise e deliberações conjuntas, alterava a redação do art. 483 do CPC de modo a adequá-lo à reforma constitucional implementada pela EC 45/2004, conforme observado na transcrição do dispositivo vigente, *supra* (explicação entre colchetes).

O Projeto de Novo Código de Processo Civil também ajustou o texto normativo à Constituição (arts. 972, § 2.º, e 973, § 5.º, do PL 8.046/2010).

37. V. nosso *Curso*... cit., vol. 1, n. 31, p. 148; consultar tb. Walther J. Habscheid, *Droit judiciaire privé suisse*, p. 339 e ss.

38. A respeito da nova redação do art. 93, IX, da CF/1988, *v.* Luiz Rodrigues Wambier, Teresa Arruda Alvim Wambier e José Miguel Garcia Medina, *Breves comentários à nova sistemática processual civil*, 3. ed. Na primeira parte do trabalho são analisadas as repercussões, no processo civil, da Reforma Constitucional.

39. Cf. E. D. Moniz de Aragão, *Comentários ao Código de Processo Civil*, vol. 2, n. 12, p. 23-24.

nalmente independente, isto é, aquele onde os magistrados que o compõem podem aplicar a lei de forma imparcial.

Em nosso Direito Constitucional vigente, gozam, os juízes, de garantias asseguradoras de sua independência, e delas já tratamos, se bem que sucintamente, ao analisarmos as relações entre o processo civil e o Direito Constitucional. Estas garantias asseguram indiretamente a *operatividade* da regra que estabelece a independência do Poder Judiciário. O pensamento comum dos constitucionalistas ocidentais aponta três garantias da magistratura:[40] (1.ª) a vitaliciedade; (2.ª) a inamovibilidade; e (3.ª) a irredutibilidade de subsídio.

A "vitaliciedade" é característica inerente à judicatura, constituindo-se em princípio político-jurídico essencial à independência do Judiciário no contexto das funções estatais. A vitaliciedade é adquirida, no primeiro grau de jurisdição, após dois anos de exercício. No entanto, mesmo durante esse período, não pode o juiz perder o cargo, senão por deliberação do tribunal a que estiver subordinado (art. 95, I, da CF/1988). Isto significa que, para os que ingressem como membros do Ministério Público ou advogados pelo quinto constitucional ou como ministros no STJ ou STF, a vitaliciedade é adquirida com a posse no cargo. O juiz é vitalício na magistratura e concretamente no seu cargo, salvo se perder essa qualidade por sentença judicial (art. 95, I, última parte, da CF/1988). Fica indissoluvelmente ligado ao seu cargo e, se este for extinto, ficará em disponibilidade remunerada se o desejar.

A "inamovibilidade" (art. 95, II, da CF/1988) comporta entendimento o mais amplo possível, ou seja, não se pode fazer exceção ao princípio, a não ser as legais (*rectius*: constitucionais). A inamovibilidade tem o seu perfil constitucional, abaixo analisado, nos arts. 95, II, e 93, VIII – este, de acordo com a Emenda Constitucional 45/2004 –, da CF/1988. Daí dizer-se que a inamovibilidade somente comporta regramento excepcional ao princípio no nível do Direito Constitucional, eis que é garantia constitucional, de tal maneira que, se houver eventuais exceções, devem ser previstas na Constituição. As hipóteses de interesse público, que geram remoção do magistrado, implicam "transferência do juiz", pois, nesta hipótese, não perde o poder jurisdicional, senão que o exercerá em outro juízo (se for juiz de primeiro grau), ou, se for membro de tribunal, em outro órgão fracionário do tribunal. Com a disponibilidade (também prevista no art. 93, VIII, da CF/1988), perderá o juiz, *temporariamente*, o poder jurisdicional, o que leva a que se constituam em exceções à inamovibilidade.

Hipótese que não consiste *propriamente* em afronta à regra da inamovibilidade é a prevista no art. 198 do CPC. Quando o juiz tenha excedido prazo previsto em lei, o que pode implicar que, mediante representação das partes ou do Ministério Público, ao Presidente do Tribunal de Justiça, uma vez distribuída a representação, instaure-se procedimento para apuração de responsabilidade, e o relator, conforme as circunstâncias, avoque os autos em que ocorreu excesso de prazo, designando outro juiz para decidir a causa. Independentemente da providência do art. 198, pode ocorrer que nada seja decidido a respeito da eventual transferência do juiz (assunto que poderá, ou não, estar em pauta) e, bem assim, de sua disponibilidade.

Neste caso, embora não se altere o poder jurisdicional, em si mesmo, este é alterado para aquela dada causa. Isto porque o juiz – ainda que mantida sua inamovibilidade – perde o poder específico para julgar uma determinada demanda. Esta exceção, que ri-

40. Castro Nunes, *Teoria e prática do Poder Judiciário*, p. 93 e ss., sobre as garantias fundamentais da magistratura.

gorosamente afeta o sentido absoluto da inamovibilidade, justifica-se pelo fundamento respectivo – excesso de prazo –, apesar de não constar do texto constitucional, *expressis verbis*. Aduza-se, ademais, que a inamovibilidade colima proteger o juiz contra pressões ilegítimas que, para lograrem seus fins, desestabilizariam o exercício da função, removendo-o; não é, por certo, o que ocorre na hipótese do art. 198. Acentue-se que um desembargador (do Tribunal de Justiça), ou de outro Tribunal, não tem inamovibilidade somente no tribunal, mas a tem na própria câmara ou turma que integrem.

Além disso, a inamovibilidade implica que, desde que o sistema jurídico-processual atribua uma causa a um dado magistrado, este deverá necessariamente julgá-la.[41] A inamovibilidade poderá deixar de existir se ocorrer: (a) a remoção do magistrado, de qualquer grau de jurisdição (art. 93, VIII, da CF/1988); (b) ou a sua disponibilidade (também tratada pelo art. 93, VIII, da CF/1988), esta com vencimentos proporcionais ao tempo de serviço.

Estas providências, que atingem a inamovibilidade, deverão ter como fundamento o interesse público, e a deliberação só ocorrerá com o voto de dois terços dos membros efetivos do respectivo tribunal, assegurando-se ao magistrado ampla defesa (art. 93, VIII, da CF/1988).

Hipótese que não afronta propriamente o princípio da inamovibilidade, como já foi dito, é a do art. 198 do CPC. Trata-se, aqui, do fato de o juiz exceder prazos, o que justifica a possibilidade de avocação da causa, para que outro magistrado a decida. *O fim da lei, no caso, não é o de afastar o juiz, senão fazer com que o processo tenha andamento regular.* Exceção feita a esta hipótese, a causa não lhe poderá ser subtraída, pois, se isto fosse possível, estar-se-ia infringindo o sentido de garantia e a própria *ratio essendi* do princípio. A subtração de uma causa a um juiz, fora dos casos legais, não diz respeito, pois, só a um problema de competência, mas ao próprio significado último e existencial do princípio da inamovibilidade, constitucionalmente garantido (art. 95, II, da CF/1988).

A irredutibilidade de subsídio (art. 95, III, da CF/1988) é uma garantia que, segundo a análise de Eduardo Arruda Alvim,[42] restou bastante esvaziada pois solidificou-se o entendimento de que a revisão dos salários dos magistrados não deve ocorrer de forma automática, o que em épocas de inflação compromete significativamente esta garantia. O âmbito desta garantia foi reduzido à expressão nominal dos salários dos magistrados.[43]

A importância da figura do juiz nas sociedades ocidentais conduzem a diversos sistemas de recrutamento. No sistema brasileiro, tradicionalmente, o ingresso na carreira de magistrado, para o cargo inicial, faz-se por concurso público de provas e títulos, sendo que a nomeação haverá de obedecer à ordem de classificação. Pela Constituição Federal de 1988 restou estabelecido que a Ordem dos Advogados do Brasil haverá de participar do concurso em todas as suas fases (art. 93, I, da CF/1988). A vitaliciedade do juiz em primeiro grau (art. 95, I, da CF/1988) só é suscetível de ser adquirida depois de dois anos de efetivo exercício. A perda do cargo, enquanto não vitaliciado o juiz, depende de

41. Tenhamos presente que o significado da garantia constitucional não é o de impedir a movimentação dos agentes nos cargos, isto é, não se tem por fim impedir que os magistrados saiam de um juízo para outro. O objetivo é defendê-los contra o seu desalojamento do cargo, o qual tenha por fim específico impedi-los de decidir determinada causa.

42. Cf. Eduardo Arruda Alvim, *Curso de direito processual civil*, 1999, vol. 1, p. 52.

43. A respeito, *v.* decisões citadas no Capítulo II, item que trata sobre a relação existente entre processo civil e direito constitucional.

deliberação do Tribunal a que esteja vinculado o juiz, e depois do vitaliciamento, de sentença judicial transitada em julgado (art. 95, I). A vitaliciedade nos Tribunais, daqueles que não pertenciam antes à magistratura, decorrerá do fato da posse no cargo de desembargador ou ministro. Com o Projeto de Emenda Constitucional referente ao Poder Judiciário (PEC 29/2000) o quadro alterava-se no que dizia respeito à perda do cargo.[44]

Verifica-se que, no Brasil, a função jurisdicional é representativa de uma carreira, *ainda que a significação de carreira diminua em relação aos Tribunais e tendo em vista os que aí ingressam, sem antes pertencerem à magistratura.*

Há países em que os critérios de segurança do juiz – nestas expressões estando sempre fundamental e indissociavelmente implicadas a segurança da sociedade – variam.

Na França, o critério é o de nomeação.

Nos Estados Unidos, predomina *ao menos quantitativamente* o critério de eleição. Informa-se que os juízes federais são nomeados.[45] O sistema de nomeação pelo Executivo, todavia, é precedido de consultas políticas institucionalizadas e que parece significar imensamente em favor do que haverá de ser nomeado.[46] Ao lado de informações solicitadas a membros do congresso, que significam muito, há um comitê, desde 1946, que igualmente pesa nas indicações.[47]

No que diz respeito às eleições – que valem para os demais magistrados – são elas largamente adotadas na maioria dos Estados federados dos Estados Unidos da América.[48] A média de permanência nos cargos é de seis a dez anos, havendo casos de quinze anos (o, que, – parece-nos – elimina apreciavelmente a cogitação de que haveria uma possibilidade de subsistir a influência de quem houvesse concorrido para a eleição). Há Estados que adotam o que se pode dizer um sistema misto, entre a nomeação e o sistema de eleição, como é o caso da Califórnia em que – exceção feita aos juízes de primeiro grau, em que a nomeação do governador é livre – para a Suprema Corte e para a Corte de Apelação, o governador nomeia *ad referendum* da Comissão Judicial de Indicações. Esta nomeação vale até que se siga aprovação pelo eleitorado, para um período de doze anos (ou, menos,

44. Pela PEC 29/2000, a vitaliciedade do juiz só poderia ser adquirida após três anos de exercício, como estava proposto no texto do art. 95, I. Porém, com a transformação da PEC 29/2000 na EC 45/2004 não se concretizou tal alteração, ou seja, a vitaliciedade continua sendo adquirida após dois anos de exercício (art. 95, I, da CF/1988).

45. V. a obra de Henry J. Abraham, *The judicial process,* que no capítulo 2 trata com grande amplitude do assunto, em relação a todos os aspectos existentes nos Estados Unidos. A escolha, todavia, tem sido "delegada", possivelmente de maneira informal a auxiliares diretos e da confiança do Presidente (pp. 22-23). Em relação aos juízes federais informa que, em 1992, os 1.000 magistrados existentes haviam sido nomeados pelo Presidente da República. O número de pessoas que "gravitam" em torno de problemas judiciários, e, principalmente, administrativos excede, todavia, o número de 1.000 (idem, p. 22, nota 4).

46. Idem, p. 23-25, onde minuciosamente se descreve o funcionamento, inclusive à luz de modificações sugeridas, indicadas as personalidades envolvidas e as épocas.

47. Idem, e nota 13. Trata-se do *American Bar Association's fifteen member Commitee on Federal Judiciary*, que antes da nomeação é "largamente utilizado". Ainda que esse comitê não "gere" nomes, avalia e é veículo poderoso e respeitado nessa avaliação, havendo, inclusive, notas atribuídas, e recomenda sempre advogados "com experiência", geralmente de 15 anos (idem, p. 26-27).

48. Idem, p. 34, onde informa que em 1970, 82% dos Estados federados adotava o sistema eleitoral, variando, todavia, também, as formas. Há eleições pelo eleitorado ou pelo legislativo; há Estados em que se deve demonstrar uma ligação partidária (*partisan ticket*) e em outros não.

conforme o tempo precedente de exercício em decorrência da nomeação estatutária). Esta tem poder de veto, tendo isso ocorrido uma única vez. Esse sistema influenciou outros Estados, que o seguiram.[49]

A Constituição brasileira assegura a não existência de tribunais de exceção e ampla defesa aos acusados (art. 5.º, XXXVII e LV, garantia esta completada pela regra do art. 5.º, LIII), garantindo expressamente, também, que a instrução criminal seja contraditória (art. 5.º, LV) e observada a lei anterior quanto ao crime e à pena, salvo quando esta agravar a situação do réu (art. 5.º, XL).

Aproximadamente no mesmo sentido da Constituição anterior, porém mais amplamente, o legislador complementa tais garantias quando, no art. 5.º, XXXV, afirma que não pode ser excluída da apreciação do Judiciário qualquer lesão ou ameaça de lesão a direito. Dissemos mais amplamente porque a Constituição Federal anterior não mencionava expressamente a *ameaça* de lesão a direito e aludia a *direito individual* (art. 153, § 4.º, da CF/1969), sendo que a atual refere-se exclusivamente a direito, ampliando, assim, consideravelmente, o espectro de abrangência desse dispositivo. O art. 5.º, LXXVIII, estabelece que "a todos, no âmbito judicial e administrativo, são assegurados a razoável duração do processo e os meios que garantam a celeridade de sua tramitação". Esta disposição pode ser considerada, sob certo ponto de vista, *desdobramento* do princípio inserido no art. 5.º, XXXV.

Desse mesmo dispositivo da Lei Magna deflui a necessidade, também, do contraditório no processo civil, e, especialmente, do disposto no art. 5.º, LIV. Isto porque, se não se ensejasse ao réu a possibilidade de ser idônea e exaurientemente ouvido, e, se resultasse de um tal processo a sua condenação ou perda de seus bens, estar-se-ia, em princípio, ferindo-lhe um direito individual, o que esbarra na redação do art. 5.º, XXXV, c/c o inciso LIV. Deduzido deste princípio, o Código de Processo Civil consagra a regra de que para a validade do processo é indispensável a citação inicial (art. 214, *caput*), regra abrangente do processo de conhecimento, cautelar e de execução, sendo que, em rigor, onde se lê "validade" leia-se "existência do processo em relação ao réu".[50-51]

49. Idem, p. 35. A comissão é composta pelo Presidente da Suprema Corte estadual, pelo Presidente da Corte de Apelação da área respectiva e pelo Procurador-Geral.

50. Veja-se, sobre a citação como pressuposto processual de existência, Teresa Arruda Alvim Wambier, *Nulidades do processo e da sentença*, p. 354 a 361.

51. Em decorrência da modificação introduzida no art. 296 (Lei 8.952, de 13.12.1994), a petição inicial poderá ser indeferida – sem que o réu haja sido citado – e, desse indeferimento, é cabível recurso de apelação. Reformada que seja a sentença de indeferimento, só então o réu será citado. Pela redação precedente do *caput* do art. 296 dispunha-se que "se o autor apelar da sentença de indeferimento da petição inicial, o despacho, que receber o recurso, mandará citar o réu para acompanhá-lo". À vista da redação atual, forma-se o processo sem a presença, desde logo, do réu. Dessa sentença de indeferimento poderia o autor não apelar. Na hipótese de indeferimento liminar, porque o juiz haja reconhecido a prescrição do que foi pleiteado, por exemplo, uma vez transitada em julgado a sentença, dispõe o § 6.º do art. 219 que o escrivão comunicará o fato ao réu. Uma tal sentença é inteiramente benéfica para o réu, e daí ser possível não ter sido ele citado para o processo sem que isto comprometa a validade do que foi sentenciado. Para as demais possíveis hipóteses de indeferimento, a lei não prevê comunicação ao réu, pelo escrivão, possivelmente porque será viável a reiteração da mesma ação (art. 268, *caput*, primeira parte). Na mesma linha, o art. 285-A, introduzido no CPC pela Lei 11.277, de 2006, ao prever a possibilidade de julgamento de improcedência das ações repetitivas, estabelece a necessidade de citar o réu para apresentar contrarrazões a eventual recurso de apelação (§ 2.º).

54. O direito de ação e a amplitude da função jurisdicional em nosso Direito

Já salientamos que o art. 5.º, XXXV, da CF/1988, é um dos preceitos mais importantes do nosso ordenamento jurídico, inclusive porque a Constituição Federal atual alude até que, além da lesão, nem a ameaça a direito poderá ter a sua apreciação excluída do Poder Judiciário, como já se observou.

O preceito inscrito em nossa Lei Magna – a lei não poderá excluir da apreciação do Poder Judiciário qualquer lesão ou ameaça a direito (art. 5.º, XXXV) – traça o âmbito do direito de ação em nosso ordenamento jurídico. E, assim, constitui-se em medida amplíssima, ainda mais ampla do que na Constituição Federal anterior (art. 153, § 4.º, da CF/1969), de salvaguarda dos direitos definidos pelas leis materiais ou nestas compreendidos. Isto significa que toda e qualquer pessoa terá o direito de acesso ao Poder Judiciário e, portanto, direito de ação, na sua acepção mais ampla, para que o Poder Judiciário – e somente este –, através de uma decisão, possivelmente, de eficácia praticamente indestrutível (sentença revestida pela coisa julgada): evite que se consubstancie a lesão, afastando a ameaça; diga e aplique o direito; e, eventualmente, o realize (processo de execução). A própria Constituição Federal, ainda no capítulo "Dos direitos e deveres individuais e coletivos", consagra expressamente, no art. 5.º, XXXVI, a impossibilidade de qualquer lei prejudicar "o direito adquirido, o ato jurídico perfeito e a coisa julgada".[52]

Finalmente, faça-se referência ao art. 5.º, § 2.º, da CF/1988, que trata dos direitos e garantias individuais implícitos. Diz esse parágrafo da Carta Magna: "Os direitos e garantias expressos nesta Constituição não excluem outros decorrentes do regime e dos princípios por ela adotados, ou dos tratados internacionais em que a República Federativa do Brasil seja parte".[53]

No plano jurídico-constitucional, onde originária e primariamente se situa a ação, consubstancia-se ela num direito autônomo e absolutamente abstrato, consistente no direito que tem o indivíduo de pedir tutela jurisdicional ao Estado, relativamente a uma pretensão, podendo dessa ação, no nível constitucional, nascer a ação do processo civil.

Vincula-se ao direito de ação o indeclinável dever de prestação jurisdicional; consequentemente, constituem-se – um e outro – em verdadeiras condições de funcionamento e eficiência de um ordenamento jurídico, desde que ocorrentes conflitos de interesses, traduzidos em lide e levados ao Judiciário para solução.

55. Inconstitucionalidade de lei – Inconstitucionalidade incidental

As Constituições podem ser consideradas como sendo a síntese da vida jurídica, econômica e social de um povo, que se impõe, a si mesmo, normas fundamentais, e, *ipso facto*, impõe referenciais e limites ao legislador ordinário. Isto faz com que nasça a possibilidade de, no plano real (= fático), surgirem normas ordinárias que venham a

52. Consultar, com alto proveito, o trabalho da Prof.ª Thereza Alvim, O ato administrativo irrevogável e a coisa julgada – Distinções e aspectos comuns, na *Revista da Procuradoria-Geral do Estado de São Paulo* II/267 e ss., que é o melhor estudo a respeito.

53. O § 3.º do art. 5.º da CF, inserido pela EC 45/2004, estabelece que "os tratados e convenções internacionais sobre direitos humanos que forem aprovados, em cada Casa do Congresso Nacional, em dois turnos, por três quintos dos votos dos respectivos membros, serão equivalentes às emendas constitucionais".

colidir com o texto constitucional e que, portanto, não podem subsistir.

Deste contexto é que emerge a problemática atinente ao controle de constitucionalidade das leis. Precisa-se corrigir a anomalia consistente em que o teor da norma, fruto da vontade do legislador ordinário, contrarie norma emanada da vontade do constituinte, pois esta é a que deve prevalecer.

O sistema havido na Idade Contemporânea e ainda hoje como o mais racional, adotado no Brasil, é o que se deduz da tripartição de poderes.

No Brasil, a atribuição de poder para declaração de inconstitucionalidade da lei é, portanto, privativa do Poder Judiciário. Isto ocorre tanto quando se tratar de declaração incidental quanto de principal, ou, por via direta,[54] esta da competência exclusiva ao STF, na esfera federal, tendo em vista leis ou atos normativos federais ou estaduais que sejam havidos como inconstitucionais (art. 102, I, *a*, da CF/1988). Os Estados federados instituirão esta ação para leis ou atos normativos estaduais ou municipais, que colidam com as suas respectivas constituições (art. 125, § 2.º, da CF/1988).[55]

Qualquer órgão do Poder Judiciário, inclusive órgão monocrático de primeiro grau

54. Consultar o trabalho de Celso Ribeiro Bastos sobre o Perfil constitucional da ação direta de declaração de inconstitucionalidade, em *RDP* 22/78 (tese de doutoramento na PUC – SP); v. também Celso Agrícola Barbi, *Ação declaratória*, parte IV, p. 175 e ss. Mais recentemente, cf. Luiz Rodrigues Wambier, Teresa Arruda Alvim Wambier e José Miguel Garcia Medina, *Breves comentários*... cit., em que, comentando o art. 102, § 2.º, da CF/1988 analisam os perfis das ações direta de inconstitucionalidade e declaratória de constitucionalidade, após a Emenda Constitucional 45/2004.

55. Interpretando este dispositivo (art. 125, § 2.º), já teve oportunidade de entender o Supremo Tribunal Federal que a Constituição Federal somente admite o controle em abstrato de lei ou ato normativo municipal em face da Constituição Estadual, perante o Tribunal de Justiça do Estado, pelo que incabível, por via da ação direta, o contraste de leis emanadas destes componentes da Federação perante a Constituição da República, seja diante o STF, seja diante os Tribunais de Justiça locais. Neste sentido, cf. *RTJ* 147/404 e ADIn 1.268-1/MG, j. 18.04.1995, rel. Min. Carlos Velloso, *DJU*, I, 26.04.1995, p. 10.727; ADI 347, Rel. Min. Joaquim Barbosa, julgamento em 20-10-06, *DJ* de 20-9-; RE 421.256, j. 26.09.2006, rel. Min. Ricardo Lewandowiski, *DJ* de 24.11.2006. Já se decidiu, no entanto, que, havendo propositura simultânea de ADIn contra lei estadual perante o Supremo Tribunal Federal e o Tribunal de Justiça, deve-se determinar a suspensão do processo no âmbito da justiça estadual, até a deliberação definitiva do STF (STF, Pet. 2.701-AgR, rel. p/ o ac. Min. Gilmar Mendes, *DJ* 19.03.2004).

Diferente é a questão atinente à propositura de ações diretas de inconstitucionalidade perante o Tribunal de Justiça dos Estados, alegando que determinados atos municipais violam dispositivos das Constituições Estaduais, que nada mais são que repetições de dispositivos constantes da Constituição Federal. Em longo e erudito voto, o Min. Moreira Alves acabou por firmar o entendimento, acolhido por maioria no Plenário do STF, de que é possível, nestes casos, a ação direta perante a Corte *local*, sendo resguardada a competência do STF pela possibilidade de interposição de recurso extraordinário quando a interpretação dada pela Corte Estadual contrariar o dispositivo constitucional símile (Reclamação 383-3/SP, j. 11.06.1992, acórdão inserto em *O controle de constitucionalidade por via de ação*, de Dircêo Torrecillas Ramos, p. 147-178). Esta orientação tem sido seguida em julgados mais recentes:

Parâmetro único de controle: a Constituição do próprio Estado-membro ou, quando for o caso, a Lei Orgânica do Distrito Federal – Impossibilidade, contudo, tratando-se de jurisdição constitucional *in abstracto* do Estado-membro (ou do Distrito Federal), de erigir-se a própria Constituição da República à condição de paradigma de confronto – A questão da incorporação formal, ao texto da carta local, de normas constitucionais federais de observância obrigatória. 'Estadualização', nessa hipótese,

de jurisdição, pode e *deve* dar pela inconstitucionalidade de lei, incidentalmente.

Todavia, diante de um caso concreto, *sendo possível*, dever-se-á julgar a hipótese dos autos, desde que haja outros fundamentos, sem enfrentar a questão da constitucionalidade.[56]

Quanto à simples recusa em se cumprirem leis havidas por inconstitucionais – o que já se admitiu largamente entre nós –, atualmente, desde que exista a possibilidade de iniciativa do Presidente da República, da Mesa do Senado Federal, da Mesa da Câmara dos Deputados, da Mesa da Assembleia Legislativa ou da Câmara Legislativa do Distrito Federal, do Governador de Estado ou do Distrito Federal, do Procurador-Geral da República, do Conselho Federal da OAB, de partido político com representação no Congresso Nacional e de confederação sindical ou entidade de classe de âmbito nacional (art. 103, I a IX, incisos IV e V na redação da EC 45/2004), tal descumprimento não se justifica. Deve-se acentuar que, conquanto existam vários legitimados, o STF interpreta essas diversas legitimidades tendo em vista a atividade de cada um deles, o que envolve uma interpretação restritiva, consistente em que deve haver uma relação entre a postulação da lei inconstitucional e a atividade desenvolvida pelo legitimado. Vale dizer, exige-se o que se pode designar como *pertinência temática*.

Possivelmente, as razões históricas recentes, no Brasil, que levaram à inclusão dos incisos VII, VIII e IX no art. 103, decorreram dos papéis representados por estes novos legitimados no segmento histórico que se convencionou chamar de "abertura política", pois o controle de constitucionalidade das leis é, sob certo aspecto, um meio processual preordenado, também e principalmente, à defesa dos direitos "sociais" e que dizem respeito às liberdades públicas fundamentais.[57]

Acresce principalmente, ainda, estar previsto pedido de medida cautelar em tal modalidade de ação (art. 102, I, *p*, da CF/1988; art. 10 e ss. da Lei 9.868, de 10.11.1999, que dispõe sobre o processo e o julgamento da ação direta de inconstitucionalidade e da ação declaratória de constitucionalidade perante o Supremo Tribunal Federal).

Mesmo havendo dúvida razoável a respeito da constitucionalidade, deverá a lei ser aplicada, dado que não se "presume" a inconstitucionalidade.[58]

---

de tais normas constitucionais, não obstante o seu máximo coeficiente de federalidade – Legitimidade desse procedimento. Hipótese em que as normas 'estadualizadas' poderão ser consideradas como parâmetro de confronto, para os fins do art. 125, § 2.º, da Constituição da República (STF, Rcl 3.436/MC, rel. Min. Celso de Mello, *Informativo* 394).

De todo o modo, tal como ocorre com as ações declaratórias de constitucionalidade ou inconstitucionalidade julgadas pelo STF, "a declaração de inconstitucionalidade de norma estadual em face da Constituição estadual, quando se torna irrecorrível, tem eficácia *erga omnes*, vinculando, por isso, necessariamente o Tribunal local de que ela emanou, como corretamente salientou o acórdão recorrido" (STF, AI 255.353-AgR, rel. Min. Moreira Alves, *DJ* 10.08.2000).

56. *RF* 97/647 e 109/523.

57. A legitimidade ativa da confederação sindical, entidade de classe de âmbito nacional, Mesas das Assembleias Legislativas e Governadores, para a ação direta de inconstitucionalidade, vincula-se ao objeto da ação, pelo que deve haver pertinência da norma impugnada com os objetivos do autor da ação – Precedentes do STF: ADIn 305, RTJ 153/428; ADIn 1.151, DJ 19.05.1995; ADIn 1.096, LEX-JSTF 211/54; ADIn 1.519, j. 06.11.1996; ADIn 1.464, DJ 13.12.1996 – Inocorrência, no caso, de pertinência das normas impugnadas com os objetivos da entidade de classe autora da ação direta" (STF, ADIn 1.507-MC-AgR, rel. Min. Carlos Velloso, DJ 06.06.1997).

58. *RF* 103/464 e 96/641.

À decretação de inconstitucionalidade, por juiz singular, quando da oportunidade do julgamento de uma causa, denomina-se incidental, pela circunstância de o processo não objetivar, precipuamente, essa decretação, a qual se coloca como fundamento do pedido ou da defesa ou questão oficiosamente levantada pelo Judiciário e por ele resolvida, também como fundamento e, portanto, *nesses casos, não fica esta decisão acobertada pela autoridade de coisa julgada.*

A inconstitucionalidade deverá ser decretada havendo, ou não, arguição da parte. Este procedimento não é senão decorrência e aplicação, nas suas últimas consequências, da regra de *da mihi factum, dabo tibi jus*. O juiz é obrigado a aplicar o direito, e a regra jurídica ordinária que contravier à Constituição não é direito, pois, pela hierarquia das normas, é a norma constitucional que terá irrefragavelmente de prevalecer sobre as infraconstitucionais, mesmo porque, em tal hipótese, carece a infraconstitucional de legitimidade.

Todos tribunais e o STF, assim, têm o poder-dever de decretar incidentalmente a inconstitucionalidade da lei, valendo o mesmo que foi dito para os juízes singulares.[59]

O art. 97 da CF/1988 de 1988 exige que a maioria absoluta dos membros do tribunal em que se levantar ou for levantada de ofício a inconstitucionalidade, ou do órgão especial, vote, para que a lei possa ser tida como inconstitucional, *incidenter tantum* (v. Capítulo III, sobre as "Normas processuais na Constituição Federal", especificamente no ponto em que nos referimos ao tema do art. 97 da CF/1988).

59. O Superior Tribunal de Justiça, ainda que adstrito, em sede de recurso especial, ao exame da questão federal *infraconstitucional*, pode (deve) examinar *incidenter tantum* a constitucionalidade da norma aplicada, embora a jurisprudência do STJ não seja absolutamente pacífica a esse respeito.

O art. 97, há pouco mencionado, não consubstancia regra de competência exclusiva, pois, se o fosse, os juízes singulares não poderiam decretar a inconstitucionalidade. Mas não só podem como *devem*.[60-61]

60. Pela Lei 9.756, de 17.12.1998, acrescentou-se ao art. 481 do CPC, um parágrafo único, do seguinte teor: "Os órgãos fracionários dos tribunais não submeterão ao Plenário, ou ao órgão especial, a arguição de inconstitucionalidade, quando já houver pronunciamento destes ou do Plenário do Supremo Tribunal Federal sobre a questão".

A propósito, as decisões que parecem haver norteado e contribuído, de algum modo, ao acréscimo do parágrafo único ao art. 481, acima transcrito: RE 196430-RS, 1.ª T., rel. Min. Sepúlveda Pertence, *DJ* 21.11.1997, p. 60.600; RE 227018-RS, 1.ª T., rel. Min. Sepúlveda Pertence, *DJ* 04.09.1998, p. 21; AI 473.019-AgR, rel. Min. Sepúlveda Pertence, *DJ* 23.04.2004.

61. Interessante notar a alteração havida no art. 741 do CPC, resultante da Medida Provisória 2.180-35, que acresceu um parágrafo único a referido dispositivo, mantida com pequenas modificações pela Lei 11.232/2005, admitindo que, em embargos à execução contra a Fazenda Pública (embargos do devedor, antes da Lei de Cumprimento da Sentença), haja insurgência contra a decisão, desde que baseada em lei ou ato normativo declarados inconstitucionais pelo STF ou, ademais, em aplicação ou interpretação incompatíveis com a CF. O parágrafo único do art. 741 passou a vigorar com o seguinte texto: "Para efeito do disposto no inciso II do *caput* desde artigo, considera-se também inexigível o título judicial fundado em lei ou ato normativo declarados inconstitucionais pelo Supremo Tribunal Federal, ou fundado em aplicação ou interpretação da lei ou ato normativo tidas pelo Supremo Tribunal Federal como incompatíveis com a Constituição Federal" (com redação determinada pela Lei 11.232/2005). Idêntico teor foi atribuído pela mencionada Lei 11.232/2005 ao § 1.º do art. 475-L, que versa sobre a impugnação ao cumprimento de sentença.

Em que pese a jurisprudência do STF já haver aplicado tais dispositivos (arts. 475-L, § 1.º e 741, parágrafo único, do CPC) noutras oportunidades (assim, exemplificativamente, o Ag. Reg. em AI 559.669-1/SP, 2.ª T.,Rel. Min.

Trata-se, isto sim, de regra de competência absoluta (funcional) *interna dos tribunais*, com o que não se retira tal poder dos juízes singulares. E, ademais, nem se retira o poder do órgão do tribunal para o julgamento de questões outras, extrínsecas à da inconstitucionalidade.[62]

Ação direta é *ação declaratória*, e isso gerava a questão relativa à *possível* retroatividade dos efeitos da sentença de procedência que nela se proferisse. Isto foi bastante discutido em nossa literatura. A doutrina dominante se inclinava pela posição segundo a qual a lei declarada inconstitucional nunca terá produzido efeitos. Parte da doutrina propugnava no sentido de que sejam resguardadas as situações jurídicas, nascidas ao abrigo desta lei, de que fazem parte indivíduos de boa-fé. Tal orientação, não obstante coerente com o princípio da boa-fé (e da própria estabilidade formada ao "abrigo de texto ulteriormente havido como inconstitucional"), é, *ao menos* formalmente ilógica, pois que, se a lei é *declarada* inválida (= inconstitucional), não terá tido validade, desde o seu nascedouro. No entanto, esta última posição tinha muitos inconvenientes sob o ângulo dogmático, ainda que pragmaticamente aceitável. No sentido do caráter declaratório e *retroativo* da declaração de inconstitucionalidade, emitimos Parecer,[63] que resultou acolhido pelo STJ.[64]

Atualmente em face da Lei 9.868, de 10.11.1999, que "dispõe sobre o processo e julgamento da ação direta de inconstitucionalidade e da ação declaratória de constitucionalidade perante o Supremo Tribunal Federal", pode-se dizer que *essa questão restou superada*. Sublinhe-se, desde logo, que no art. 11, dessa lei, no seu § 1.º, está disposto: "§ 1.º A medida cautelar, dotada de eficácia contra todos, será concedida com efeito *ex nunc*, salvo se o Tribunal entender que deva conceder-lhe eficácia retroativa". E, no § 2.º, em decorrência e congruência com o que se

---

Eros Grau, j. 18.04.2006), o Ministro Celso de Mello se manifestou, recentemente, em decisão monocrática proferida no RE 60.023, j. 2/6/2010. Veja-se trecho da ementa: "A decisão do Supremo Tribunal Federal que haja declarado inconstitucional determinado diploma legislativo em que se apoie o título judicial, ainda que impregnada de eficácia "ex tunc", como sucede com os julgamentos proferidos em sede de fiscalização concentrada (RTJ 87/758 – RTJ 164/506-509 – RTJ 201/765), detém-se ante a autoridade da coisa julgada, que traduz, nesse contexto, limite insuperável à força retroativa resultante dos pronunciamentos que emanam, "in abstracto", da Suprema Corte."

62. Como dito no capítulo anterior (item n. 40), o STF já entendeu o art. 97 da Constituição de maneira menos rígida naqueles casos em que se encontram cumulativamente satisfeitos os seguintes requisitos: já tenha sido pronunciada a inconstitucionalidade de determinado ato estatal pelo Pleno do STF e que já exista, no âmbito do tribunal *a quo*, precedente plenário no mesmo sentido, ainda que desse pronunciamento não tenha resultado o formal reconhecimento da inconstitucionalidade da regra esta tal questionada (RE 190.725, rel. para o acórdão Min. Ilmar Galvão). Mais recentemente, decidiu-se que "reputa-se declaratório de inconstitucionalidade o acórdão que – embora sem o explicitar – afasta a incidência da norma ordinária pertinente à lide para decidi-la sob critérios diversos alegadamente extraídos da Constituição" (RE 432.597-AgRg, rel. Min. Sepúlveda Pertence, *DJ* 18.02.2005). Atualmente, a questão é objeto da Súmula Vinculante 10, cujo enunciado assim dispõe: "Viola cláusula de reserva de Plenário (CF, art. 97) a decisão de órgão fracionário de Tribunal que, embora não declare expressamente a inconstitucionalidade de lei ou ato normativo do Poder Público, afasta sua incidência, no todo ou em parte."

63. Parecer sob n. 19, p. 268-289, publicado na coleção *Estudos e pareceres*, volume referente a Mandado de Segurança e Direito Público, coleção em 6 volumes, onde amplamente abordam-se as correntes doutrinárias existentes.

64. Cf. *Revista do Superior Tribunal de Justiça*, vol. 10, p. 164 e ss., especificamente p. 167, Recurso Ordinário em Mandado de Segurança 93-PR, rel. Min. Armando Rollemberg.

haja decidido em relação à suspensão liminar da lei, dispõe: "§ 2.º A concessão da medida cautelar torna aplicável a legislação anterior acaso existente, salvo expressa manifestação em sentido contrário".[65] E, por fim, em relação à ação direta de inconstitucionalidade, dispõe o art. 27 da Lei 9.868/1999, *compativelmente com o disposto no art. 11, § 1.º*, o seguinte: "Art. 27. Ao declarar a inconstitucionalidade de lei ou ato normativo, e tendo em vista razões de segurança jurídica ou de excepcional interesse social, poderá o Supremo Tribunal Federal, por maioria de 2/3 (dois terços) de seus membros, restringir os efeitos daquela declaração ou decidir que ela só tenha eficácia a partir de seu trânsito em julgado ou de outro momento que venha a ser fixado".

O que se constata, portanto, é que a regra enseja *flexibilidade* em atenção aos referenciais que do próprio texto constam. Parece ser a melhor solução.[66]

Percebe-se, ainda, pela leitura desse art. 27 que subsiste – parece-nos – a regra geral de que a inconstitucionalidade compromete a lei *desde o seu nascedouro;* no entanto, pela maioria qualificada de dois terços dos membros é que será possível alterar-se essa regra. Constata-se mais, pelo art. 28, que se incluem no regime desta lei sobre *constitucionalidade* ou da *inconstitucionalidade* as hipóteses de "(...) interpretação conforme a Constituição e a declaração parcial de inconstitucionalidade sem redução de texto", com vistas à eficácia *erga omnes* e "efeito vinculante em relação aos órgãos do Poder Judiciário e à Administração Pública [*direta e indireta*, cf. nova redação do art. 102, § 2.º, da CF, alterado pela EC 45/2004] federal, estadual e municipal" (art. 28, parágrafo único, da Lei 9.868/1999).

A "interpretação conforme a Constituição", que se encontra disciplinada nesta Lei 9.868/99, deve ser compreendida e assimilada a um juízo de inconstitucionalidade. Corresponde e está implicado nesta modalidade de interpretação um juízo sobre mais de um entendimento, a respeito de uma norma, e dele resulta que se fornece aquela interpretação que se julga a compatível com a Constituição, e, paralelamente, afasta-se aquela que não é compatível com a mesma Constituição. Não é, para isso, necessário (*ou melhor dizendo*, nem isso seria possível) modificar o texto da norma. Ainda que a norma comporte mais de uma interpretação, a que não é congruente com a Constituição haverá de ser afastada, *o que é redutível a um juízo de inconstitucionalidade sobre a lei*, ou, mais precisamente, sobre um possível significado da lei, dado que esse significado resulta incompatível com a Constituição.[67] A tarefa do Supremo Tribunal Federal, no caso, é a de perquirir com exaustão o significado da lei, inclusive em função de gênese, não podendo *atribuir à lei significação que essa não tenha;* mas, tendo significação compatível com a Constituição, deverá reconhecer esse sentido, afastando o que não é compatível.[68]

65. Não se trata, *propriamente,* de repristinação da lei precedente, pela razão de que, se a lei ulterior e que teria revogado essa lei anterior, vem a ser havida como inconstitucional, essa revogação, em realidade, não ocorreu.

66. Cf., na literatura recente, a obra *Nulidades do processo...* cit., 6. ed., de Teresa Arruda Alvim Wambier, em que o tema é analisado com profundidade.

67. V. a respeito, Gilmar Ferreira Mendes, *Controle de constitucionalidade – Aspectos jurídicos e políticos,* Capítulo IV, Secção II, § 1.º, p. 294-295, acolhendo os ensinamentos que constam de voto do Min. Moreira Alves.

68. Em julgado recente, de todo o modo, observou-se que a interpretação conforme a Constituição é "técnica de controle de constitucionalidade que encontra o limite de sua utilização no raio das possibilidades hermenêuticas de extrair do texto uma significação normativa harmônica com a Constituição" (STF, ADIn 3.046, rel. Min. Sepúlveda Pertence, *DJ* 28.05.2004).

Remarque-se que, como se disse, *já indicado o texto da Lei 9.868/1999*, a declaração de inconstitucionalidade da lei encontra previsão constitucional, mesmo de medida cautelar (art. 102, I, *a* e *p*, da CF/1988; art. 10 e ss. da Lei 9.868/1999) com o escopo de suspender a aplicação da lei apontada como inconstitucional.

Esta circunstância pode ser tida como mais uma razão a não recomendar que, simplesmente, autoridades ou particulares se recusem a cumprir a lei, porque inconstitucional.

Esta ação direta de inconstitucionalidade – tendo em vista a compatibilidade das leis federais e estaduais com a Constituição Federal – é de competência exclusiva do STF, ação esta em que a inconstitucionalidade é discutida *principaliter* (art. 102, I, *a*, da CF/1988). Neste caso, também deve a decisão ser proferida pela maioria absoluta de seus membros (art. 97 da CF/1988).

Mais recente é a introdução em nosso sistema constitucional da ação declaratória de constitucionalidade (arts. 102, I, *a*, e § 2.º, e 103 [redação dada pela EC 45/2004, que revogou o § 4.º do art. 103] da CF/1988), cuja decisão produzirá eficácia contra todos (*erga omnes*) e efeito vinculante relativamente aos demais órgãos do Poder Judiciário e ao Poder Executivo – Administração Pública *direta* e *indireta*, cf. nova redação do § 2.º do art. 102 –, disciplinada também pela Lei 9.868/1999, juntamente com a ação direta de inconstitucionalidade. O Supremo Tribunal Federal já teve oportunidade, quando do julgamento da ADC 1/DF, em declarar, incidentalmente, a compatibilidade do texto da precitada emenda constitucional com os valores prestigiados pelo constituinte de 1988 (*DJU*, I, 16.06.1995, p. 1.812-1.813).[69]

Examinemos, mais de espaço, o assunto da declaração incidental e da ação direta de inconstitucionalidade e direta de constitucionalidade.

Cabe-nos, agora, mais minuciosamente, a distinção entre a declaração *incidental* de inconstitucionalidade e aquela decorrente da ação declaratória de inconstitucionalidade, e, bem assim, abordar também o tema em relação à ação declaratória de constitucionalidade, introduzida em nosso sistema constitucional.

Na competência exclusiva do STF está inserida a "ação direta de inconstitucionalidade de lei ou ato normativo federal ou estadual" e "a ação declaratória de constitucionalidade de lei ou ato normativo federal", previsto expressamente o efeito vinculante, emergente da decisão [art. 102, I, *a* – redação de acordo com a Emenda Constitucional 3, de 1993 (*DOU* de 18.03.1993, n. 52) e § 2.º da Constituição Federal; v., a propósito, o art. 28, parágrafo único, da Lei 9.868/1999]. A competência do STF diz com a declaração de constitucionalidade e inconstitucionalidade de *norma federal* ou de *norma estadual* em relação à Constituição Federal.

A declaração *incidental* de inconstitucionalidade é diferente daquela decorrente da ação direta de inconstitucionalidade.

Diz a propósito, e com inteiro acerto, Nunes Leal, procurando extremar uma modalidade de ação da outra, sublinhando ser inviável a declaração *em tese*, fora do âmbito da ação declaratória, e aduzindo, finalmente, que isso deverá realizar-se à luz de competência especialmente prevista, afirmando textualmente:[70] "Tanto assim que também

69. Acórdão integral desta decisão está publicado em *Ação declaratória de constitucionalidade*, obra coletiva sob a coordenação de Ives Gandra Martins e Gilmar Ferreira Mendes, p. 183-235.

70. A Constituição Federal prevê em seu art. 125, § 2.º, que "cabe aos Estados a instituição de

não se pode pleitear a invalidade, *em tese*, de uma lei por ação ordinária. Essa limitação, operante em relação a qualquer processo judicial, não importa de que rito, resulta da própria natureza da função jurisdicional".[71]

Por outro lado, quando se contrasta, *diretamente*, a validade da norma infraconstitucional com a norma constitucional, tem-se tipicamente juízo *abstrato*, seja na hipótese de pleitear-se a inconstitucionalidade, seja na de ter-se postulado pela constitucionalidade. Esse juízo envolve, sempre, a comparação das normas, devendo a inferior ser compatível com a superior.

Esse tipo de juízo é o próprio da ação direta de inconstitucionalidade "que, assim, se restringe ao exame dos dispositivos (ou de partes deles) (...), cabendo-lhe [ao STF] examinar as normas atacadas em face de toda a Constituição Federal".[72] A norma que se

---

representação de inconstitucionalidade de leis ou atos normativos estaduais ou municipais em face da Constituição Estadual, vedada a atribuição da legitimação para agir a um único órgão".

71. Cf. Nunes Leal, *Problemas de direito público*, p. 447-448.

Nessa mesma linha, ensina Celso Agrícola Barbi que, ainda quando se admite a utilização da via mandamental contra leis de efeitos concretos ou autoexecutáveis, não se está atacando diretamente a lei, senão que apenas se busca cortar seus efeitos dentro do caso concreto, *in verbis*: "No caso, por exemplo, das leis autoexecutáveis, a sentença judicial não poderá ter nunca o alcance de anular, aniquilar a lei, como não o poderia ter em relação a qualquer lei. Seu efeito seria apenas de subtrair o autor da demanda aos efeitos da lei inconstitucional" (Cf. Celso Agrícola Barbi, *Do mandado de segurança*, p. 148). Em outro estudo, complementa esse mesmo autor: "(...) o sistema de controle por via de exceção limita o efeito do julgado às partes na demanda, não anulando a lei, que continua a viger" (Cf. artigo Evolução do controle da constitucionalidade, *RDP* 4/43).

Assim, salvo nos casos excepcionais em que se discute a inconstitucionalidade pela via da ação, e não pela via da exceção (incidental), não é possível discutir a lei em face da Constituição em abstrato. O controle da constitucionalidade pela via da ação, introduzido em nosso Direito positivo pela CF/1946 (art. 8.º, parágrafo único), passando a abranger também as leis federais com a EC 16/1965, é da competência originária e exclusiva do Supremo Tribunal Federal (art. 102, I, *a*, da CF/1988). É igualmente da competência do Supremo Tribunal julgar e processar, originariamente, a ação direta de constitucionalidade (art. 102, I, *a*, da CF/1988, com a redação dada pela EC 3/93). Fora dessas hipóteses, a questão da constitucionalidade há sempre de ser decidida em função de um suporte fático concreto, inexistente na vertente hipótese.

Em acórdão do STF inserto em *LEX – Jurisprudência do Supremo Tribunal Federal* 141/100 *et seq.*, rel. Min. Aldir Passarinho, afirma-se: "Na verdade, no nosso sistema, o controle de constitucionalidade que, inicialmente, instituído com a Constituição de 1891, era apenas o *difuso*, por via de exceção – o qual ainda perdura – e no qual *incidenter tantum* pode ser reconhecida a inconstitucionalidade de lei ou de ato referente a caso concreto, passou, todavia, a ter uma maior extensão, adotando-se também o critério concentrado, pelo qual, por via de ação direta, tornou-se possível ao Judiciário – competência privativa do Supremo Tribunal Federal – declarar a inconstitucionalidade da lei ou do ato normativo, em tese". Cita-se nesse julgado Manoel Gonçalves Ferreira Filho, que fala na ação direta, cujo "objeto é a declaração de tal inconstitucionalidade, em tese, independentemente da lesão a direito individual", sendo da competência do Supremo Tribunal Federal. Refere-se também à posição de Michel Temer, no sentido de que, na ação direta, da competência do Supremo Tribunal Federal, "não há caso concreto a ser solucionado", *diferentemente do que ocorre, acrescentamos nós, quando se trata de controle difuso de constitucionalidade, quando se exige que haja fatos concretos, absolutamente inexistentes na ação de que se origina a presente reclamação, e tendo em vista o fato de ter sido admitida esta ação.*

72. Cf. Min. Moreira Alves, A evolução do controle da constitucionalidade no Brasil, p. 9, publica-

pretende seja inconstitucional é um referencial *pontual*, ao passo que o seu exame é feito tendo como pano de fundo a Constituição Federal toda, segundo este último entendimento. Este entendimento afigura-se-nos o correto, diferentemente do que já pensamos, diante da circunstância de a ação direta de inconstitucionalidade ter de conduzir a um juízo *positivo* ou *negativo*, ou seja, a norma é ou não é constitucional. Por outro lado, pode-se dizer que o exame da norma havida como inconstitucional, em face do texto "x" ou "y", poderá sê-lo em face do texto "z". E, esse exame em face de toda a Constituição deve ser, *mutatis mutandis*, a aplicação do princípio *iura novit curia*, nessa modalidade de julgamento.

A inconstitucionalidade incidental *só* pode ser pedida como fundamento de uma ação, em qualquer processo, e é decidida dentro de um litígio, o qual, em relação à questão da inconstitucionalidade, tem vida própria, constituindo-se a questão da inconstitucionalidade numa questão prejudicial.[73]

Os pressupostos da declaração incidental são, no dizer do Professor Alfredo Buzaid, os seguintes: "(a) a propositura de ação; (b) o exercício do poder jurisdicional; (c) o julgamento da questão *incidenter tantum*, não podendo constituir objeto principal da causa, nem ser pleiteada por ação direta; (d) o Judiciário só age por provocação do interessado, jamais *ex officio*, não decidindo nunca em abstrato, mas sempre o caso concreto",[74] *o que não significa que fique adstrito, todavia, ao texto constitucional havido como ferido.*

Em sequência à dúvida por ele mesmo levantada – isto é, a respeito da extensão subjetiva dos efeitos da sentença –, observa o Professor Alfredo Buzaid que, no sistema argentino contemporâneo à época em que escreveu sua obra, havia diferença fundamental, pois, "o direito positivo argentino atribuiu eficácia *erga omnes* às decisões da Corte Suprema em matéria de interpretação constitucional", mas aduz que isso acontece (na verdade não acontecia, então, mas hoje sim) entre nós. "O juiz brasileiro decide, segundo a sua convicção, a causa, que lhe

---

do em *As garantias do cidadão*, obra coletiva sob a coordenação do Min. Sálvio de Figueiredo Teixeira.

73. O Professor Alfredo Buzaid, que, principalmente sobre a declaração incidental de inconstitucionalidade, escreveu obra fundamental, ensinou que essa é sempre e necessariamente *questão prejudicial*, ou seja "não [é] a *questão principal* debatida na causa; por isso o juiz não a decide *principaliter*, mas *incidenter tantum*, pois ela não figura nunca como objeto do processo e dispositivo da sentença" (v. Alfredo Buzaid, *Da ação direta de declaração de inconstitucionalidade no direito brasileiro*, n. 4, p. 24, referindo farta doutrina, à p. 24, nota 13).

Outros dois autores, Nelson Nery Júnior e Rosa Maria de Andrade Nery, no seu *Código de Processo Civil e legislação processual civil extravagante em vigor*, 1994, comentários ao art. 102, I, *a*, da CF/1988, p. 122, observam, igualmente que o *controle concreto*, só pode ser feito, tendo em vista um litígio, que não se confunde com a questão da inconstitucionalidade, dizendo: "O controle concreto é feito em cada caso levado ao Poder Judiciário, tendo a inconstitucionalidade da lei como *causa de pedir*, isto é, como *fundamento do pedido*, mas nunca o pedido em sentido estrito..." (grifo nosso).

74. Cf. Alfredo Buzaid, op. cit., n. 29, p. 80. Em outra passagem cogita o mesmo Professor Alfredo Buzaid do seguinte: "A autoridade da coisa julgada, que qualifica a sentença, é restrita às partes. Até aí todos estão de acordo. A questão que surge é a de saber se, por força da declaração de inconstitucionalidade, todos os juízes, em ações propostas por litigantes alheios ao primeiro processo, estão *obrigados a decidir do mesmo modo*, ou se lhes é lícito discrepar, julgando constitucional a lei e aplicando-a ao caso concreto (p. 82).

é submetida. Não está sujeito a outro império que não seja o da lei (...). [Por isso é que entre nós] a jurisprudência não tem efeito vinculativo".[75] Esta situação é, precisamente, a que subsistiu, *em nosso sistema positivo*, no caso de declaração incidental de inconstitucionalidade, ou seja, qualquer outro juízo pode, sobre a questão da inconstitucionalidade, decidir diferentemente.[76]

Ainda o mesmo jurista observa que no litígio constitucional, *se o objeto do processo fosse a lei, não o direito subjetivo da parte*, poder-se-ia disciplinar diferentemente, *exatamente como veio a acontecer com a ação declaratória (ou direta) de inconstitucionalidade*. Todavia, continua dizendo que, "enquanto os juízes [na declaração *incidental*] resolvem *in casu* o direito do particular, ameaçado ou violado por ato ilegal da legislatura ou do executivo, os efeitos do julgado valem *inter partes*, não se estendendo *erga omnes*".[77]

É importante discriminar um processo comum daquele em que se fere o juízo *abstrato* de inconstitucionalidade (ou *abstrato* de constitucionalidade). O processo comum é construído sempre e indispensavelmente sobre *fatos históricos*,[78] ao passo que fatos tais são estranhos ao juízo de constitucionalidade ou de inconstitucionalidade, cingindo-se este à comparação entre a norma infraconstitucional e a constitucional, a ver se aquela é compatível com esta, sendo que a ordinária recolhe sua validade da constitucional.[79] Nesse tipo de juízo há, apenas, o confronto de normas com vistas a verificar-se e decidir se a norma inferior colide ou se choca com a constitucional.

Deve-se distinguir, nitidamente, a respeito da eficácia de uma e de outra ação, ou, mais precisamente, da decisão respectiva. A declaração incidental, restrita que é às partes, gera, apenas, ineficácia da lei para um dado caso, e é exatamente por isso que se faz imprescindível identificar *faticamente* qual é esse dado caso.[80] *A lei não valerá no âmbito desse litígio (= litígio real e concreto)*. Na declaração incidental, uma vez declarada, há uma relação jurídica a ser *fulminada, concretamente,*

75. Idem, ns. 32, *fine*, e 33, p. 84-85.

76. Esse texto deve ser entendido em função da época e da legislação à luz da qual foi escrito e subsiste válido para a *declaração incidental;* diferentemente se passa com a ação declaratória de inconstitucionalidade de lei, que também entre nós produz coisa julgada *erga omnes*, tal como ocorria com o Direito argentino então vigente.

77. Buzaid, op. cit., n. 35, p. 87.

78. Cf. José Rogério Cruz e Tucci, *A* causa petendi *no processo civil*, p. 107-108, ao estudar a *"função da* causa petendi*"*, onde hão de estar os "fatos constitutivos da situação jurídica (substancial) preexistente". Outro autor, Milton Paulo de Carvalho, *Do pedido no processo civil*, p. 81, diz: "A *causa petendi* terá sido, necessariamente, um fato, ou um conjunto de fatos que se subsumem na descrição hipotética para a qual o ordenamento prevê determinado efeito. *Fato e previsão de efeito jurídico são os componentes da causa de pedir...*".Cf. nosso *Direito processual civil* – Teoria geral do processo de conhecimento, vol. 2, p. 41 e ss., onde procuramos demonstrar o fenômeno da identificação das ações, desde o Direito romano, passando pela Idade Média, pelo nosso Direito histórico e então vigente (CPC/1939), analisando as teorias sobre o *objeto litigioso* (p. 56) e verificando que sempre e imprescindivelmente o direito se origina de fatos reais acontecidos e situados na história, isto é, situados no tempo e no espaço. Até mesmo a petição inicial, enquanto é explicada como *silogismo*, encontra nos fatos a sua premissa menor.Pode-se dizer que todos os princípios informadores do processo civil *supõem os fatos à base da petição inicial, tal como se fosse* um edifício do processo.

79. É o que, ainda uma vez, a respeito dessa *compatibilidade,* ensina o Professor Alfredo Buzaid: "uma lei é inconstitucional quando ela, no todo ou em parte, ofende a Constituição" (Buzaid, op. cit., n. 12, p. 43).

80. Cf. Regina Maria Macedo Nery Ferrari, *Efeitos da declaração de inconstitucionalidade*, p. 107, com apoio em Marcelo Caetano.

mas a lei continua inteiramente a ser havida como válida.[81]

Se é próprio do Poder Judiciário declarar a inconstitucionalidade de lei, nem por isto todos os seus órgãos podem fazê-lo da mesma forma e através do mesmo processo. Todo e qualquer juiz pode declarar *incidentalmente* a inconstitucionalidade. *Principaliter*, somente os tribunais para os quais foi estabelecida a competência, como o STF e os Tribunais de Justiça, estes no que diz respeito a *leis estaduais* e *municipais* inconstitucionais, umas ou outras, em face das Constituições estaduais respectivas. A declaratória de constitucionalidade, todavia, é de competência originária do STF.

A ação declaratória de constitucionalidade (art. 102, I, *a*, e § 2.º, e cujo processo e julgamento é disciplinado pela Lei 9.868, de 10.11.1999), diz respeito a "lei ou ato normativo *federal*". Neste particular, tem âmbito menor do que o da ação direta de inconstitucionalidade, que compreende "lei ou ato normativo federal ou *estadual*". Dispõe o § 2.º do art. 102: "As decisões definitivas de mérito, proferidas pelo Supremo Tribunal Federal, nas ações diretas de inconstitucionalidade e nas ações declaratórias de constitucionalidade, produzirão eficácia contra todos e efeito vinculante, relativamente aos demais órgãos do Poder Judiciário e à administração pública direta e indireta, nas esferas federal, estadual e municipal". A Lei 9.868/1999, no parágrafo único do art. 28, dispõe a respeito da eficácia da decisão de mérito, nos seguintes termos: "Parágrafo único. A declaração de constitucionalidade ou de inconstitucionalidade, inclusive a interpretação conforme a Constituição e a declaração parcial de inconstitucionalidade sem redução de texto, têm eficácia contra todos e efeito vinculante em relação aos órgãos do Poder Judiciário e à Administração Pública federal, estadual e municipal". Isto significa que uma tal decisão não pode ser desobedecida, por nenhum jurisdicionado ("eficácia contra todos"), como, ainda, os próprios órgãos do Poder Judiciário e do Executivo, nessas mesmas condições, a essa decisão estarão sujeitos. Ao lado disto, e, ainda, se uma tal decisão tem "efeito vinculante", disto decorre que, *fora do âmbito do que foi decidido*, não é possível sequer impugnação a uma tal decisão.

A competência do Supremo Tribunal Federal (tal como prevista no art. 102, I, *a*, da CF/1988) para declarar a inconstitucionalidade de lei federal ou estadual, inconstitucional, em face da Constituição Federal, em ação direta, é competência *exclusiva*,[82] e nenhum outro órgão judiciário do País a tem, em condições idênticas. Isto é, nenhum outro órgão declara *em abstrato* inconstitucionalidade de lei *federal* ou *estadual* em colisão com a Constituição Federal.

Diferentemente e com âmbito restrito – como se disse –, é reconhecida a possibilidade de declaração incidental a todo o Poder Judiciário, ou seja, todo e qualquer órgão pode emitir "pronunciamento declarativo de invalidade ou de ineficácia, restrito à es-

81. Idem, p. 108, e José Afonso da Silva, *Curso de direito constitucional positivo*, vol. 1, p. 23.

82. O Min. Moreira Alves observa, com a lucidez e judiciosidade de sempre, que "o controle de constitucionalidade *in abstracto* (principalmente em países em que, como o nosso, se admite, sem restrições, o *incidenter tantum*) é de natureza excepcional, e só se permite nos casos expressamente previstos na própria Constituição, como consectário, aliás, do princípio da harmonia e independência dos Poderes do Estado" (cf. no RE 91.740-RS, publicado na *RTJ* 93/461). Igualmente, a mesma e idêntica ideia é sublinhada pelo mesmo eminente Min. Moreira Alves, em A evolução do controle da constitucionalidade... cit., p. 7, *fine*.

pécie submetida a julgamento, [o que] decorre, de um lado, da noção de Constituição rígida e, de outro, da função do Judiciário de pronunciar o direito aplicável à espécie".[83-84]

Ao Supremo Tribunal Federal, como órgão judiciário pinacular e enquanto guardião da Constituição, por meio da ação direta, cabe assegurar, *com exclusividade*, através da ação direta de inconstitucionalidade, na sua máxima extensão de eficácia incidente sobre todo o território da Federação, a compatibilidade do sistema jurídico infraconstitucional com a Constituição mesma, com a possibilidade de extirpar, do ordenamento, norma incompatível com a Constituição (leis federais e estaduais têm de ser compatíveis com a Constituição Federal).

Declarada que seja a norma inconstitucional pela procedência dessa ação, não poderá mais ela ser aplicada em todo o território nacional, precisamente porque a eficácia de tal decisão é revestida pela autoridade da coisa julgada *erga omnes*.

Disto se segue que se encontram em pauta, no juízo abstrato, isto é, pela ação declaratória de inconstitucionalidade, os seguintes valores fundamentais: *(a)* o controle da constitucionalidade das leis, com vistas a assegurar, neste particular, o primado da Constituição sobre todo o ordenamento que nessa encontra seus pressupostos de validade; *(b)* a necessária compatibilidade de uma lei (federal ou estadual) com a Constituição (Federal); *(c)* a lei que for declarada inconstitucional, em ação direta (isto é, reconhecida como inconstitucional *erga omnes*), exige que tal decisão tenha validade e eficácia em todo o território do País, *não podendo haver fratura desse território, mercê do atrofiamento dessa eficácia*; *(d)* isto é assim porque ou a lei vale ou não vale, e, se era preordenada a valer em todo o território, neste haveria de ser aplicada, desde que ocorrentes os respectivos pressupostos de sua incidência;[85] *(e)* se se admitisse a inconstitucionalidade decretada para parte do território, infringidos estariam os princípios da própria igualdade jurídica, como, ainda, isto envolveria *insuperável contradição*, pois que a lei valeria para parte do território federal e para outra seria nula ou ineficaz por inconstitucionalidade; *(f)* por isto, tratando-se de *lei federal*, é que há e *tem de haver*, nesse caso, exclusividade da competência do Supremo Tribunal Federal, para que, só assim, se possa concretizar na ordem empírica essa unidade de juízo sobre uma lei: saber se é ela constitucional ou não e, se for, a decisão deve atingir a lei, em si mesma e, pois, todo e qualquer destinatário; *(g)* o juízo, na ação direta de inconstitucionalidade, é "tão só de regra jurídica (de lei ou ato normativo federal ou estadual); portanto (...), o

---

83. Cf. Min. Moreira Alves, idem, p. 2, *fine*. V., igualmente, o voto do Min. Carlos Madeira, na Recl. 324-8-DF, *DJ* 09.03.1990, em *Lex-Jurisprudência do Supremo Tribunal Federal* 139/126, *fine*.

84. O mesmo não ocorre, de modo absoluto, em relação ao STJ: "Não se contesta que, no sistema difuso de controle de constitucionalidade, o STJ, a exemplo de todos os demais órgãos jurisdicionais de qualquer instância, tenha o poder de declarar incidentemente a inconstitucionalidade da lei, mesmo de ofício; *o que não é dado àquela Corte, em recurso especial, é rever a decisão da mesma questão constitucional do tribunal inferior; se o faz, de duas uma: ou usurpa a competência do STF, se interposto paralelamente o extraordinário ou, caso contrário, ressuscita* matéria preclusa" (STF, AI 145.589-AgR, rel. Min. Sepúlveda Pertence, *DJ* 24.06.1994).

85. Por isso é que os Tribunais de Justiça dos Estados federados poderão declarar a inconstitucionalidade das leis estaduais ou municipais em face de suas próprias Constituições (art. 125, § 2.º, da CF/1988), porque tais decisões valerão no âmbito do respectivo Estado federado.

art. 119, I, *l* [CF/67, redação dada pela EC 1/69], estabeleceu, pela primeira vez, a ação constitutiva negativa por inconstitucionalidade, *in abstracto*, mas com legitimação ativa somente para o Procurador-Geral da República";[86] *(h)* como efeito absolutamente indispensável da declaração de inconstitucionalidade de *lei federal* – no âmbito da ação direta de inconstitucionalidade – é reconhecido o efeito ou eficácia *erga omnes*, ou seja, tal decisão atinge a *todos* em *todo* o território, em relação aos quais e ao qual estava a lei vocacionada a incidir, não fosse a inconstitucionalidade.

A arguição *incidental* de inconstitucionalidade somente pode ser admitida num litígio *como fundamento deste*, mas nunca *principaliter*, o que só é possível em caso de ação direta de inconstitucionalidade.[87]

Isto significa que, conquanto a inconstitucionalidade possa ser alegada *incidenter tantum*, tal alegação só é admissível se o for em relação a um litígio, em si mesmo definível e diferente da arguição de inconstitucionalidade. Não é viável – salvo previsão específica de competência para decidir em abstrato e instituição da ação a isso preordenada[88] – uma arguição de inconstitucionalidade desconectada de um litígio. Se isso ocorrer, trata-se de controle concentrado ou em abstrato. Este entendimento é unânime.[89-90-91-92-93]

Se, à época em que escreveu Lúcio Bittencourt, a regra era a de que somente era

86. Pontes de Miranda, *Comentários à Constituição de 1967, com a Emenda n. 1, de 1969*, vol. 4, p. 44. Hoje, os legitimados para a ação direta encontram-se nos incisos I a IX do art. 103 da CF/1988 (cf. redação dada pela EC 45/2004).

87. A suspensão a que pode proceder o Senado Federal (art. 52, X, da CF/1988) é, ainda hoje, discutida, no sentido de se saber se, essa suspensão que pode decorrer, exclusivamente, do julgamento incidental de inconstitucionalidade pelo STF, confere publicidade ao julgamento, ou, então, se inviabiliza, a partir da suspensão, a aplicação da lei, havida *incidentalmente* como inconstitucional.

88. V. Min. Moreira Alves, A evolução do controle da constitucionalidade... cit.

89. V. Lúcio Bittencourt, *O controle jurisdicional da constitucionalidade das leis*, p. 101, onde diz: "O que se infere daí é, precisamente, que os tribunais não admitem a ação que tenha por fim, apenas, declarar a inconstitucionalidade sem qualquer ligação com uma hipótese concreta. Mas, desde que existe, ou possa existir, um litígio e que para sua decisão seja mister o exame da eficácia da lei, pouco importa a forma processual adotada".

90. Idem, p. 111, no caso da declaração incidental, a posição de que, dentre as "regras que os tribunais devem observar", está a de que "o Poder Judiciário só se pronuncia em face de um 'caso concreto', para cuja decisão seja mister o exame da constitucionalidade da lei aplicável à espécie" (primeira regra).

91. Inversa e diferentemente, o objeto da ação direta tem como "objeto a declaração de tal inconstitucionalidade, em tese, independentemente de lesão a direito individual" (Manoel Gonçalves Ferreira Filho, *Comentários à Constituição brasileira*, vol. 2, p. 211); Michel Temer, a seu turno, diz: "No debate posto na ação direta de declaração de inconstitucionalidade não há caso concreto a ser decidido" apud *Lex-Jurisprudência do Supremo Tribunal Federal*, vol. 141/100, ADIn (medida liminar) 205-8-MA, Pleno, rel. Min. Aldir Passarinho. Ainda neste julgado, colhe-se do voto do Min. Aldir Passarinho: "É esta, acentue-se, a posição tranquila da doutrina, como se sabe, pelo que me dispenso de citar outros autores" (fls. 105).

92. Em outro acórdão do STF (*RTJ* 108/515), rel. Min. Décio Miranda, restou decidido descaber a ação direta, pois: "No caso, trata-se de provisão de cunho concreto, boa ou má aplicação, mas não criadora de comando em tese, despida de qualquer atributo de abstração, generalidade ou universalidade" (apud *RTJ* 141/105).

93. Em outra decisão do STF (Repr. 895, *RTJ* 67/351) o eminente relator, Min. Djaci Falcão, deixou assentado *descaber a ação direta* quando "os sucessivos diplomas legais tiveram em consideração as várias situações funcionais, envolvendo, consequentemente, casos concretos".

possível o pronunciamento da inconstitucionalidade em face de litígio concreto, esse entendimento continua sendo regra, salvo no caso de atribuição de competência diferente, como é o caso do art. 102, I, *a*, para o Supremo Tribunal Federal.

Outras novidades introduzidas pela nossa Constituição Federal constam do art. 103, §§ 2.º e 3.º. Declarada a inconstitucionalidade por omissão, terá o poder competente trinta dias para a adoção de medidas necessárias ao cumprimento da norma constitucional, e, com isso, se tentou evitar que o teor da decisão do Judiciário caia no vazio (§ 2.º). Hoje, deve também o Advogado da União manifestar-se nesses processos, quando, necessariamente, deverá defender o texto impugnado (§ 3.º).[94-95]

94. É necessário que a manifestação do Advogado-Geral da União seja em prol da efetiva defesa do texto da norma impugnada, veiculando todos os argumentos disponíveis para defesa da presunção de sua conformidade com o texto constitucional, sob pena de invalidade do processo. O Advogado-Geral da União, nestes casos, atua, portanto, como verdadeiro curador da presunção de constitucionalidade da lei. Assim já decidiu o STF na ADIn 72/ES, j. 22.03.1990, rel. Min. Sepúlveda Pertence, *RDA* 179-180/208.

95. Vale referir o texto dos §§ 1.º, 2.º e 3.º, acrescidos ao art. 482 do CPC pela Lei 9.868, de 10.11.1999: "Art. 482 (...). "§ 1.º O Ministério Público e as pessoas jurídicas de direito público responsáveis pela edição do ato questionado, se assim o requererem, poderão manifestar-se no incidente de inconstitucionalidade, observados os prazos e condições fixados no Regimento Interno do Tribunal. § 2.º Os titulares do direito de propositura referidos no art. 103 da Constituição poderão manifestar-se, por escrito, sobre a questão constitucional objeto de apreciação pelo órgão especial ou pelo Pleno do Tribunal, no prazo fixado em Regimento, sendo-lhes assegurado o direito de apresentar memoriais ou de pedir a juntada de documentos. § 3.º O relator, considerando a relevância da matéria e a representatividade dos postulantes, poderá admitir, por despacho irrecorrível, a manifestação de outros órgãos ou entidades".

55-A. Controle concentrado da constitucionalidade

Há peculiaridades respeitantes ao controle concentrado da constitucionalidade que devem ser sublinhadas.

Não se trata de um processo animado por interesses residentes em pessoas ou subjetivados, senão que é processo em que se colima, exclusivamente, a defesa da Constituição vigente, enquanto possa ser violada pela normatividade ordinária.[96]

Diz-se, então, ser um *processo objetivo* ou *um processo sem sujeitos*, sendo um instrumento envolto por caráter político.

É um processo que se inicia por um *requerimento*, que não pode, todavia, ser confundido com um *pedido*, tal como se faz no processo civil comum. Ademais disto, formulado tal pedido, esse viabiliza *ampla margem de exame* da constitucionalidade, dado que não há adstrição à ou às inconstitucionalidades apontadas nesse pedido, senão que, o pano de fundo é a Constituição toda.[97] Ainda, e, conquanto tenha havido dúvidas no STF, assentou-se não haver possibilidade de desistência da ação direta, uma vez desencadeado o respectivo processo.[98]

96. Cf. Michel Temer. Elementos de direito constitucional, p. 42: "Por esse meio objetiva-se obter a invalidação da lei, em tese. No debate posto na ação direta de declaração de inconstitucionalidade não há caso concreto a ser solucionado. Almeja-se expurgar o sistema de ato normativo que o contrarie, independentemente de interesses pessoais ou materiais".

97. "A delimitação do objeto da ação declaratória de constitucionalidade não se adstringe aos limites do objeto fixado pelo autor, mas estes estão sujeitos aos lindes da controvérsia judicial que o autor tem que demonstrar" (STF, ADC 1, rel. Min. Moreira Alves, *DJ* 16.06.1995).

98. "Pedido de desistência – Legitimidade ativa – Em se tratando de ação direta de inconstitucionalidade, já se firmou, nesta Corte, o entendimento de que ação dessa natureza não é suscetível de desistência" (STF, ADIn 164, rel.

Seja em relação à ação direta de inconstitucionalidade, seja em relação à ação declaratória de constitucionalidade, a Constituição Federal é o "*pano de fundo*" em relação ao qual se avalia a inconstitucionalidade ou a constitucionalidade. Daí a inviabilidade de impugnação ulterior, como, ainda, a extensão *máxima* da coisa julgada, vale dizer, essa ocorre em extensão máxima, e, *congruentemente* com a função do "pedido", que não é pedido *propriamente dito*. Aquele que inicia a ação sobre a constitucionalidade ou sobre a inconstitucionalidade é um *substituto processual*.

A constitucionalidade ou inconstitucionalidade dizem respeito à Constituição *vigente* e não a textos constitucionais não mais vigentes, e, se a norma infraconstitucional não for compatível com o texto constitucional vigente, terá sido revogada. Já em relação à inconstitucionalidade em face de Constituição revogada, essa pode ser discutida *incidenter tantum* porque essa questão está atrelada a direito subjetivo do litigante, e, assim, trata-se de questão jurídica, *propriamente dita*, ao passo que no controle concentrado há componente político, colimando-se por este controle a harmonia e compatibilidade das leis infraconstitucionais com a Constituição.

No controle concentrado não há, ou fica diminuída, a própria razão de ser do *contraditório*, porque sobressai o interesse político na manutenção imaculada do primado da Constituição sobre as leis ordinárias.

Instaurado o processo decorrente da propositura de ação direta de inconstitucionalidade, é possível pedir-se a suspensão do texto havido por inconstitucional, podendo essa suspensão ser a partir da concessão da medida,[99] ou mesmo para segmento de tempo anterior, na hipótese em que, se assim não fosse, seria inútil a própria concessão da liminar *ex nunc*. Vale dizer, se a norma impugnada se exauria no presente e se os seus efeitos residiam no passado, era necessária a concessão da medida com caráter *retroativo*, tendo em vista o momento de sua concessão.

A eficácia decorrente do julgamento da procedência de uma ação declaratória de inconstitucionalidade deve ter – e, parece que somente assim pode ser – eficácia *erga omnes*. Se a lei é *suprimida* do conjunto de normas constitutivas do direito infraconstitucional, porque não compatível com a Constituição Federal, é certo que os efeitos emergentes de tal decisão – procedência da ação declaratória de inconstitucionalidade de lei – tem necessariamente de atingir a todos que estariam submetidos a essa lei. Invoque-se, neste passo, o argumento sólido de que, se a lei inconstitucional é *nula*, é certo que, assim decretada, não se conceberia que todos deixassem de ser atingidos.

Min. Moreira Alves, *DJ* 17.12.1993). No mesmo sentido: STF, Pleno, ADI-MC 892/RS; rel. Min. Celso de Mello; j. 27.10.1994; *DJ* 07.11.1997 PP-57230, STF, Pleno, ADI-MC 1368 / RS; j. 19.12.1995, relator Min. Néri da Silveira *DJ* 19.12.1996, p.51765).

99. V. Michel Temer. Elementos..., cit., p. 45: "O art. 102, I, "p", estabelece a possibilidade de solicitação de medida cautelar nas representações por inconstitucionalidade. Seu objeto é a paralisação da eficácia do ato normativo enquanto a representação pender de julgamento. O pressuposto (implícito) do pedido é a ocorrência de lesão irreparável às pessoas, à sociedade, à ordem, à segurança e à economia pública, de modo a não poder aguardar-se o julgamento final e a suspensão de eficácia pelo Senado. Somente será deferida se, no período que medeia entre a propositura da ação e a eventual declaração de inconstitucionalidade, puder verificar-se a ocorrência de atos que impeçam, após a declaração, a recomposição de direitos vulnerados. A concessão da liminar, no caso, é exceção ao princípio segundo o qual os atos normativos são presumidamente constitucionais. Sendo excepcional, a sua interpretação é restritiva. A regra é a não invalidação apriorística do texto normativo. A concessão da liminar produz esse efeito antes da declaração definitiva".

Ao lado desse possível resultado – nulidade da lei incompatível com a Constituição Federal – há caminho diferente, para hipótese diferente, que consiste em reconhecer na lei impugnada a possibilidade de mais de uma interpretação, sendo uma delas compatível com a Constituição, como se observou no item precedente.[100]

56. O controle dos atos administrativos pelo Poder Judiciário[101]

Em nosso vigente sistema jurídico, a apreciação e controle dos atos administrativos compete ao Poder Judiciário, sem que isto retire da Administração, o poder-dever de decretar a nulidade dos atos administrativos eivados de vício.

A generalidade de nossa doutrina, bem como de nossa jurisprudência, entende que, conquanto os atos administrativos estejam submetidos ao controle do Judiciário, o mérito de tais atos é insuscetível de ser reexaminado, dado que constitui assunto exclusivamente afeto à Administração Pública. Desta afirmação, *ipso facto*, conclui-se que o Judiciário pode tão somente examinar o aspecto da legalidade do ato administrativo. A afirmação é exata e recolhe o seu fundamento primário e constitucional na própria separação de poderes (art. 2.º da CF/1988), no sentido e com a função de que a cada "poder" está afeta uma determinada função, sem ingerência dos outros.

No entanto, parece-nos que alguns doutrinadores, como parte de nossos tribunais, têm um conceito excessivamente amplo do que seja o mérito do ato administrativo. Muitas vezes, diz-se que este ou aquele ato administrativo não pode ser alterado pelo Judiciário, porque isto importaria em tocar-lhe no mérito (o que não é lícito); mas, na verdade, o que ocorre é que, se bem examinada a hipótese, verificar-se-ia ser caso de legalidade e não propriamente de mérito. Por outras palavras, julgamos que, embora seja rigorosamente exato dizer-se que o mérito não pode ser reapreciado pelo Judiciário – o que importaria invasão de poderes –, é possível reexaminar grande número de atos administrativos sob o ângulo da legalidade.

Justifica-se esta orientação diante de uma primeira premissa, ou seja, à luz do que dispõe a Constituição Federal (art. 5.º, XXXV), no sentido de que nenhuma lesão ou ameaça a direito poderá ser subtraída à apreciação do Poder Judiciário.

A segunda premissa no trato do assunto é a de que, no que diz respeito à conveniência ou à oportunidade do ato administrativo, quando, efetivamente, a lei deixe à discrição larga do administrador, seus atos, ainda assim, não refugirão ao reexame pelo Judiciário. Isto porque caberá sempre ao Judiciário verificar se o administrador agiu dentro da esfera estritamente legal, que lhe está definida, ou seja, dentro do âmbito da área efetivamente discricionária; ou, diversamente, se praticou ilegalidade *lato sensu* ("abuso de poder"), ou, por outras palavras, se exorbitou, tendo agido arbitrariamente, desbordando, assim, do âmbito legítimo de ajuizamento de situações em face da discricionariedade, caindo no arbítrio e cometendo ilegalidade. Se, de um lado, nesta hipótese, a exclusividade no juízo de conveniência e oportunidade cabe, constitucionalmente, ao Executivo (art. 2.º da CF/1988), de outro, todavia, há de respeitar tal juízo os limites intransponíveis da legalidade, dentro da qual se contém esse juízo avaliatório de situações.

É uniforme a nossa jurisprudência vedando o reexame pelo Poder Judiciário do

100. Repr. 948 do STF, rel. Min. Moreira Alves, *RTJ* 821/55; Rp. 1.000, *RTJ* 115/993.

101. V. Arruda Alvim, *Código de Processo Civil comentado*, vol. 1, p. 163 e ss.; mais recentemente, nosso *Tratado de direito processual civil*, 1990, vol. 1, p. 165 e ss.

mérito dos atos administrativos, ou seja, o Judiciário, desde que o ato esteja conforme à legalidade ao administrador imposta e por ele respeitada, não pode alterar o ato, sob a justificativa de que outro seria *melhor*. E nem poderia ser diferente, diante do nuclear princípio constitucional da separação dos poderes.[102] O Judiciário, no caso, *qualitativamente* exerce um poder diferente daquele que pratica o administrador. O Poder Judiciário deve identificar o mérito, circunscrevê-lo precisamente para a respeito deste não se pronunciar, ou seja, não deve haver juízo sobre o mérito em si mesmo e intrinsecamente considerado.

O problema reside, porém, como se viu, na determinação exata da amplitude do conceito de mérito do ato administrativo. Devemos trabalhar por um critério de exclusão, verificando o que pode ser reexaminado; o que se excluir destes aspectos, constituirá o mérito.

Um primeiro problema, por exemplo, que se coloca é o do merecimento de pena

102. *RDA* 84/12; *RT* 214/569 e 219/159; *Arquivo Judiciário* 41/301; *RF* 162/192. Mais recentemente, assim decidiu o STF, a respeito:

"Improcedência da alegação de infringência ao art. 2.º da Carta Magna, pois, quando se trata de ação popular contra a prática de atos administrativos que se reputam contrários à Carta Magna ou em fraude a ela, como ocorre no caso, não há que se pretender que o Poder Judiciário, chamado a julgá-la, se esteja imiscuindo, indevidamente, em assunto que envolve juízo de mérito ou político que é privativo de outro Poder" (STF, RE 230267-MG, 1.ª T., j. 24.10.2000, rel. Min. Moreira Alves, *DJ* 15.12.2000, p. 105). O STF, em outro julgamento, assentou que é viável a impugnação judicial de ato disciplinar em três hipóteses: incompetência da autoridade, inobservância das formalidades essenciais e ilegalidade da sanção disciplinar. O único aspecto vedado ao exame do Judiciário neste tema é a reavaliação dos critérios de conveniência e oportunidade, a oportunidade e a necessidade da aplicação da pena. No entanto, "isso não significa, porém, a impossibilidade de o Judiciário verificar se existe ou não causa legítima que autorize a imposição da sanção disciplinar. O que se lhe veda, nesse âmbito, é, tão somente, o exame do mérito da decisão administrativa, por tratar-se de elemento temático inerente ao poder discricionário da Administração Pública" (MS 20.999, j. 21.03.1990, rel. Min. Celso de Mello, *RDA* 179-180/117). Ainda no tocante ao controle da legalidade dos atos administrativos, o Supremo Tribunal Federal vem possibilitando ao Judiciário a análise da conformação da conduta do administrador ao princípio da proporcionalidade e seus consectários, bem como a conceitos jurídicos indeterminados contidos nas normas legais e constitucionais. Assim, os julgados adiante colacionados:

Cabe ao Poder Judiciário verificar a regularidade dos atos normativos e de administração do Poder Público em relação às causas, aos motivos e à finalidade que os ensejam – Pelo princípio da proporcionalidade, há que ser guardada correlação entre o número de cargos efetivos e em comissão, de maneira que exista estrutura para atuação do Poder Legislativo local. (RE 365.368-AgR, j. 22.05.2007, rel. Min. Ricardo Lewandowski, *DJ* 29.06.2007).Embora resida, primariamente, nos Poderes Legislativo e Executivo, a prerrogativa de formular e executar políticas públicas, revela-se possível, no entanto, ao Poder Judiciário, determinar, ainda que em bases excepcionais, especialmente nas hipóteses de políticas públicas definidas pela própria Constituição, sejam estas implementadas pelos órgãos estatais inadimplentes, cuja omissão – por importar em descumprimento dos encargos político-jurídicos que sobre eles incidem em caráter mandatório – mostra-se apta a comprometer a eficácia e a integridade de direitos sociais e culturais impregnados de estatura constitucional. –A questão pertinente à 'reserva do possível'. (RE 436.996-AgR, j. 22.11.2005, rel. Min. Celso de Mello, *DJ* 03.02.2006).Os atos administrativos que envolvem a aplicação de 'conceitos indeterminados' estão sujeitos ao exame e controle do Poder Judiciário – O controle jurisdicional pode e deve incidir sobre os elementos do ato, à luz dos princípios que regem a atuação da Administração. (...) – A capitulação do ilícito administrativo não pode ser aberta a ponto de impossibilitar o direito de defesa (RMS 24.699, rel. Min. Eros Grau, j. 30.11.2004, *DJ* 01.07.2005).

aplicada ao servidor público. A jurisprudência inclina-se pelo entendimento de que o juízo de valor sobre a conduta do funcionário, para que se lhe aplique uma pena, é insuscetível de reexame pelo Judiciário, isto porque, conforme fixa-se no aresto citado, "o controle jurisdicional dos atos administrativos é limitado à sua legalidade", o que levaria à implicação da impossibilidade de revisão de pena por parte do Judiciário.

O princípio é exato, em si mesmo, mas não tem esta implicação específica. Parece-nos, assim, que, em determinado caso concreto, assistia razão ao voto divergente do juiz Marcos Nogueira Garcez, o qual entendeu que o princípio de que a justiça ou injustiça da pena imposta ao servidor, ou seja, se ela é ou não merecida – ficando subtraída ao Judiciário –, estaria vulnerando a amplitude do acesso ao Judiciário e a legítima expectativa do seu pronunciamento (hoje, art. 5.º, XXXV, da CF/1988).[103] Isto porque há necessidade de adequação rigorosa da conduta do funcionário à lei, no sentido de verificar-se se ela preencheu todos os pressupostos justificadores da punição. Assim, não trata a questão propriamente de mérito, mas de legalidade, na medida em que à conduta correspondam sanções diversas. Trata-se, pois, de um problema de subsunção e adequação, ou não, da conduta do funcionário à norma e à respectiva punição, e não de mera escolha discricionária.

Outro problema que tem suscitado diversas dúvidas em nossa jurisprudência e doutrina é o consistente em indagar da possibilidade de o Judiciário reexaminar as provas produzidas no processo administrativo, em função das quais tenha sido o funcionário punido. A solução não comporta modificação e já era idêntica à discutida no sentido da legitimidade do reexame.[104] Atualmente, em face do disposto no art. 5.º, LV, da CF/1988, esse entendimento afigura-se-nos ter restado indiscutível.

É errôneo argumentar-se que o processo administrativo, mesmo que nele se hajam de observar garantias praticamente equivalentes, do ponto de vista formal e dialético, que as do processo judicial (art. 5.º, LV, da CF/1988), haja por isso de dispensar sempre ulteriormente sua verificação intrínseca pelo Judiciário.

Em verdade, deve-se ter liminarmente presente que no processo administrativo não se têm as mesmas garantias, ao menos *substanciais*,[105] que se têm no processo judicial, pois: (a) é a própria Administração que julga, sendo ela parte e juiz ao mesmo tempo; (b) a garantia do contraditório não é tão ampla,[106] como no processo judicial;[107] (c) não se pode esquecer que o funcionário, e ainda que se imprima ao processo administrativo garantias rigorosamente *equivalentes* às do processo judicial – pois é justamente com este que surge o grande número de casos práticos –, é sempre um subordinado da Administração, em virtude da hierarquia que, mesmo durante o processo, não desaparece. Assim, o processo administrativo é uma

103. *RDA* 84/125.

104. *RT* 194/756.

105. Por ausência de *garantias substanciais* significa-se, principalmente, que a contingência de agente da Administração ser quem decide, certamente enfraquece a posição do administrado.

106. Quanto ao contraditório, a assertiva, que não é incomum, não mais se justifica, em face do art. 5.º, LV, da CF/1988 uma vez que a *garantia do contraditório* abrange, igualmente, o processo judicial e o administrativo. Isto "convida" a Administração a aparelhar-se e vir a proporcionar condições plenas de contraditório.

107. Como mais um argumento irrefutável de que existe a aplicação do princípio do contraditório também em procedimento administrativo, destaca-se a Súmula 343 do STJ, que prevê expressamente que: "É obrigatória a presença de advogado em todas as fases do procedimento administrativo disciplinar".

garantia insuficiente para o funcionário que pode ter direito contra a Administração. Sem embargo, porém, nem pelo fato de poder haver o reexame, o Judiciário poderá entender que a Administração respeitou o princípio da legalidade, e, em nada alterará a situação emergente do procedimento administrativo.

Finalmente, desde que se verifique, num dado caso, haver-se deferido ao administrador, realmente, o poder de aferir da conveniência ou oportunidade de ato administrativo, o que envolve caráter manifestamente subjetivo, nesta situação estará afastada a esfera de ação do Judiciário, desde que essa ação pretendesse substituir, pela sua, o juízo do administrador. Aqui haverá mero interesse, e não direito, e não há, pois, o que tutelar. Por outro lado, quer a oportunidade, quer a conveniência, originam-se, sob certo aspecto e em certa medida, do "subjetivismo", e este será, certamente, do administrador.

No entanto, desde que o ato administrativo possa ser encarado pelo prisma da legalidade, até em sua "justiça", como no reexame das provas, incidirá sempre a atividade controladora do Poder Judiciário, como decorrência inarredável de sua função nos quadros do constitucionalismo vigente (art. 5.º, XXXV, da CF/1988).

56-A. A reforma do Poder Judiciário[108]

Pode-se dizer que há um tempo apreciável cogitava-se no país a reforma do Poder Judiciário, que, *ao menos em parte*, veio a se concretizar com a Emenda Constitucional 45/2004.[109]

As deficiências materiais do nosso Poder Judiciário são palpáveis em relação a alguns outros países, o que não significa, todavia, que os juízes, de uma maneira geral, não trabalhem, ou, mais precisamente, que não trabalhem muito. A agilidade do nosso Poder Judiciário, com vistas a adequar-se a uma economia mais moderna e com o fito de atender às necessidades desta e às expectativas sociais que existem, depende, principalmente, de mais verbas e de uma reestruturação funcional, especialmente à luz de critérios de organização racional do trabalho.

Isto, por ser verdadeiro, revela quão inócuas são determinadas críticas dirigidas ao Poder Judiciário, pois a maioria dessas críticas não contém nelas embutidas qualquer perspectiva de solução, o que revela serem produto de discurso demagógico.

O que efetivamente aflige, não somente ao Poder Judiciário, mas à nação toda, é a própria situação em que se encontra o Estado brasileiro, isto é, o seu aparato estatal, que se revela manifestamente insuficiente diante das solicitações feitas. Tratamos desse assunto há quase vinte anos, e o que então se disse se revela inteiramente atual.[110]

108. Sobre as alterações decorrentes da referida Emenda Constitucional 45/ 2004, v. doutrina: Luiz Rodrigues Wambier, Teresa Arruda Alvim Wambier e José Miguel Garcia Medina, *Breves comentários à nova sistemática processual civil*, em que são analisadas as repercussões da Reforma Constitucional, em relação ao direito processual civil; e Teresa Arruda Alvim Wambier, Luiz Rodrigues Wambier, Luiz Manoel Gomes Jr., Octávio Campos Fischer e William Santos Ferreira, *Reforma do Judiciário* – Primeiras reflexões sobre a Emenda Constitucional n. 45/2004, obra coletiva em que vários pontos da Reforma Constitucional são analisados aprofundadamente.

109. Esses trabalhos iniciaram-se com a Proposta de Emenda à Constituição 96-A, de 1992, de autoria do Deputado Hélio Bicudo, projeto que foi remetido, em 30.06.2000, ao Senado Federal, lá recebendo o número 29/2000. Essa PEC 29/2000 foi dividida em duas partes: uma delas foi promulgada (EC 45/2004).

110. Trata-se de texto publicado na obra *As garantias do cidadão na justiça,* coordenada pelo Ministro Sálvio de Figueiredo Teixeira. O trabalho intitula-se Anotações sobre as perplexidades e os caminhos do processo civil contemporâneo – sua evolução ao lado da do direito material,

Tendo-se presente a Emenda Constitucional 45/2004, devem-se anotar os seguintes aspectos mais relevantes:

estando esse texto nas p. 167-184, onde escrevemos o seguinte (p. 184):

"Se, no plano da 'promessa da lei', é grande a oferta, é certo, todavia, que essa 'oferta' somente será verdadeira dependentemente da atividade do Estado, o que inclui o Poder Judiciário, da mesma forma que os demais poderes."Seria uma profunda inutilidade um trabalho deste jaez que, se alguma utilidade puder ter, será a de comportar uma 'leitura iluminada' – ou, com mais precisão, lamentavelmente – ofuscada pela nossa realidade. Dissemos que toda a gama de direitos existentes, processuais e materiais, necessitam de um Estado para torná-los existentes. Uma pesquisa realizada, na época em que se escreve este trabalho [ano de 1991], todavia, destaca uma descrença no papel do Estado."No dia seguinte à notícia *supra* referida, noticiam os jornais um plano governamental, com vistas a uma expansão do consumo, mercê de aumento do poder aquisitivo dos salários, com o que se pretende que o comprometimento do acesso à justiça, à segurança e aos serviços básicos, por parte dos pobres, venha a ser superado, com o que se pretende *recuperar a cidadania, a muitos segmentos.*"É esta uma diretriz correta, *ainda que com resultados a muito longo prazo,* porquanto o Estado nunca poderá ser forte e acreditado enquanto não se lograr obter, entre nós, uma razoável ou ponderável homogeneidade social. É a partir desta que se poderá, realmente, cogitar, com autêntica seriedade, de uma recuperação do perfil do Estado, a partir da melhoria dos segmentos sociais desafortunados."Por fim, em todos os campos – mas isto vale de uma forma absoluta e plena para a atividade do Judiciário e para um reequacionamento do direito processual –, colocam-se como indispensáveis estatísticas idôneas e outros instrumentos de cognição real da realidade, porquanto quaisquer reformas ficarão sempre muito a desejar na medida em que a realidade indesejada e que se pretende modificar não esteja corretamente representada perante quem colime reformá-la. *O não conhecimento da realidade conduz a reformas baseadas em meras intuições sempre unilaterais, calcadas num empirismo primário, com o risco sério, senão que quase certo, de inevitável fracasso, com o que aquilo que estava imprestável continuará a não prestar ou não vir a ser bom, como se esperava. É só o pleno e verdadeiro conhecimento da realidade que enseja condições para que se possa reformar para o bom – mesmo com a consciência de que não se irá, ao menos a curto prazo, atingir o ideal.*"Mas, por outro lado, somente poderá realmente se operar melhoria do Estado na medida em que haja melhoria das condições de vida da população, *ou seja, em função de uma melhoria da Nação*".

Através do art. 2.º da Emenda, e inserindo-se no texto constitucional o art. 103-B, criou-se o Conselho Nacional de Justiça, indicados os seus integrantes, que exercerão o seu mister através de mandato de dois anos, admitida uma recondução. A afirmativa – muito discutível – é a de que esse Conselho poderá contribuir para aprimorar o funcionamento da Justiça, competindo-lhe (art. 103-B, § 4.º) controlar a "atuação administrativa e financeira do Poder Judiciário e o cumprimento dos deveres funcionais dos juízes", podendo vir a ter outras atribuições que lhe sejam "conferidas pelo Estatuto da Magistratura".[111]

Relativamente aos direitos, garantias e deveres de juízes e membros do Ministério Público: (*a*) a EC 45 estabelece que a magistratura deve ter atividade ininterrupta, o que

111. A constitucionalidade das atribuições do Conselho Nacional de Justiça, segundo o art. 103-B, da CF, inserido pela EC 45/2004, já foi declarada pelo Supremo Tribunal Federal na ADI 3.367, da relatoria do Min. Cezar Peluso. De acordo com o acórdão, publicado no *DJ* de 22.09.2006, *"são constitucionais as normas que, introduzidas pela Emenda Constitucional 45, de 8 de dezembro de 2004, instituem e disciplinam o Conselho Nacional de Justiça, como órgão administrativo do Poder Judiciário nacional". O julgado ressaltou a natureza estritamente administrativa – e não jurisdicional – do Conselho Nacional de Justiça, além de haver assinalado a incompetência daquele órgão para fiscalizar as atividades dos ministros do Supremo Tribunal Federal* (ADI 3.367, j. 13.04.2005, rel. Min. Cezar Peluso, *DJ* de 22.09.2006).

se nos afigura correto e atende às expectativas sociais (art. 93, XII, da CF/1988); (*b*) passa a ser exigido para o ingresso na carreira da magistratura e do Ministério Público que o candidato tenha, no mínimo, três anos de atividade jurídica (art. 93, I e art. 129, § 3.º, da CF/1988); (*c*) veda-se aos juízes o exercício da advocacia no juízo ou no tribunal do qual se afastou, antes de decorrido o prazo de três anos contados do afastamento do cargo por aposentadoria ou exoneração (art. 95, parágrafo único, V); (*d*) alteração nas regras para promoção de magistrados (art. 93, II), dispondo-se, ainda, que não será promovido o juiz que, injustificadamente, retiver autos em seu poder além do prazo legal, "não podendo devolvê-los ao cartório sem o devido despacho ou decisão" (art. 93, II, *e*). Ademais, no art. 95, parágrafo único, IV, veda-se ao juiz receber, em razão de seu cargo e a qualquer título, auxílios ou contribuições de pessoas físicas ou entidades (públicas ou privadas), com exceção das hipóteses já previstas em lei.

Na nova redação do art. 5.º, LXXVIII, da CF/1988, assegura-se – o que correlatamente *impõe o respectivo dever* à Magistratura – "razoável duração do processo e os meios que garantam a celeridade de sua tramitação", o que, certamente, significará menos que essa norma possa ser cumprida, *mas implicará, em verdade, que haverão de ser proporcionadas condições melhores para a magistratura*, pois, sabidamente, a carga de trabalho que a sobrecarrega é das maiores do mundo. Tanto basta ver-se a média nacional de juiz por habitante e compará-la com a de outros países. Ainda, na vertente desse mesmo *valor que se procura assegurar – celeridade da atividade jurisdicional* –, o art. 93, II, *e*, da CF/1988 estabelece a inviabilidade de promoção do juiz que, injustificadamente, retiver autos em seu poder, além do prazo legal, prescrevendo que só poderá devolvê-los ao cartório com o despacho cabível ou com a decisão que haja de ser proferida. Esse texto, ainda que animado por razões saudáveis, faria mais, ou, ao menos algum sentido, se existissem condições materiais para a sua realização prática integral, ou, então, só terá sentido quando essas condições vierem a existir.[112]

No art. 5.º, § 3.º, da CF/1988 – *ainda que o tema fuja da reforma do Judiciário* –, dentro de determinadas condições, passa-se a atribuir a "tratados e convenções internacionais sobre direitos humanos que forem aprova-

---

112. Com referência à dificuldade de implementação prática do direito à razoável duração do processo entre nós, Cruz e Tucci chama a atenção para tais obstáculos de ordem material e, bem assim, para a diversidade de parâmetros a serem adotados para a aferição da duração *razoável* do processo em cada unidade do território nacional: "Observe-se que, em primeiro lugar, que, dada a profunda diversidade da *performance* da justiça nos vários quadrantes do Brasil, a aferição do 'prazo razoável' será absolutamente diferenciada de Estado para Estado, seja no âmbito da Justiça Estadual, seja no dos Tribunais Federais. De um modo geral, pela inarredável falta constante de recursos materiais destinados ao Poder Judiciário, a justiça no Brasil é lenta..." (José Rogério Cruz e Tucci, Duração razoável do processo [art. 5.º, LXXVIII, CF], in Araken de Assis, Eduardo de Arruda Alvim, Nelson Nery Jr., Rodrigo Mazzei, Teresa Arruda Alvim Wambier e Thereza Alvim, *Direito Civil e Processo: Estudos em Homenagem ao Professor Arruda Alvim*, p. 1.086). Já Araken de Assis analisa a alteração constitucional sob o enfoque das reformas na legislação processual para concluir que "as reformas parciais, até agora, produziram escassos resultados concretos. E, desmoralizada pelos fatos, a terapêutica tende a se esgotar e abalar os fundados anseios de simplicidade do processo brasileiro. Não existe consenso quanto ao diagnóstico por falta de dados. Mas teme-se o consequente tratamento de choque se a realidade vier à tona" (Duração razoável do processo e reformas da lei processual civil, in Luiz Fux, Nelson Nery Jr. e Teresa Arruda Alvim Wambier (orgs.), *Processo e Constituição*: estudos em Homenagem ao Professor José Carlos Barbosa Moreira, p. 201).

dos, em cada Casa do Congresso Nacional, em dois turnos, por três quintos dos votos dos respectivos membros", a equivalência ou a categoria jurídica de emendas constitucionais, com o que tais tratados e convenções, que se situavam com a hierarquia de lei ordinária, passarão a ser hierarquicamente privilegiados, dado que poderão vir a ser categorizados como emenda constitucional.[113] Há, de outro lado, proposta para previsão no § 4.º do art. 5.º, também inserido no texto constitucional pela EC 45/2004, de que "o Brasil se submete à jurisdição de Tribunal Penal Internacional a cuja criação tenha manifestado adesão".

E, ainda, pela EC 45/2004, o art. 103-B, § 7.º, dispõe que "a União, inclusive no Distrito Federal e nos Territórios, criará ouvidorias de justiça, competentes para receber reclamações e denúncias de qualquer interessado contra membros ou órgãos do Poder Judiciário, ou contra seus serviços auxiliares, representando diretamente ao Conselho Nacional de Justiça".

No que diz respeito à atividade jurisdicional propriamente dita, devem ser sublinhados: *(a)* Há previsão para a interposição de recurso extraordinário nos casos em que a decisão recorrida "julgar válida lei local contestada em face de lei federal" (art. 102, III, *d*);[114] *(b)* Delimitam-se as hipóteses de cabimento de recurso extraordinário, na redação prevista para o art. 102, § 3.º, devendo-se, nesses casos de insurgência recursal, além dos requisitos de cabimento, "demonstrar a repercussão geral das questões constitucionais discutidas no caso", de tal forma que, se estiver presente essa repercussão, além dos demais requisitos de admissibilidade, é que terá cabimento o recurso; esta medida é digna dos maiores e melhores encômios, pois ajusta o cabimento dos recursos "extraordinários *lato sensu*" às finalidades para as quais existem os Tribunais de cúpula, sendo que o preenchimento deste novo requisito deve observar

113. Acerca do tratamento dos tratados e convenções a que se refere o § 3.º do art. 5.º da CF/1988, pertinente a anotação de José Miguel Garcia Medina no sentido do cabimento de recurso extraordinário contra decisão judicial que os contrarie. De fato, por terem sido erigidos à categoria de emendas constitucionais, tais tratados e convenções não se amoldam – como os demais – à hipótese de cabimento de recurso especial prevista no art. 105, III, *a*, da CF/1988, mas, isto sim, àquela inscrita na alínea *a* do art. 102, III, do texto constitucional (*cf.* José Miguel Garcia Medina, Variações recentes sobre os recursos extraordinário e especial – Breves considerações, in *Luiz Fux, Nelson Nery Jr. e Teresa Arruda Alvim Wambier (orgs.), Processo e Constituição*: estudos em Homenagem ao Professor José Carlos Barbosa Moreira, p. 1.051).

114. A hipótese de cabimento citada, anteriormente prevista no art. 105, III, *b*, da CF/1988, já suscitava dúvidas acerca da natureza constitucional ou infraconstitucional das decisões que julguem válida lei local contestada em face de lei federal. É que, via de regra, a questão dizia respeito à competência legislativa para a matéria versada. Contudo, nada impede que a questão diga respeito ao exato alcance das normas local e federal, quando, em verdade, o estar-se-á diante de contraposição entre atos normativos infraconstitucionais e, somente em segundo plano, "estará em jogo" a norma constitucional de competência legislativa. Ao analisar o dispositivo em foco, Leonardo Greco termina por concluir que "A Emenda eleva ao grau de questão constitucional a chamada inconstitucionalidade reflexa. Resta saber se o STF adotará a mesma orientação nas ações de controle concentrado" (A reforma do Poder Judiciário e o acesso à Justiça, *Estudos de direito processual*, p. 583). Posição simétrica é a de José Miguel Garcia Medina, que, amparado na doutrina argentina, classificou a hipótese da alínea *d* como *"questão constitucional complexa indireta"*, a qual "ocorre quando houver conflito *entre normas infraconstitucionais*, suscetível de violar o princípio da hierarquia das leis, tal como traçada pela Constituição Federal" (Recursos Extraordinário e Especial: Breves Considerações cit., p. 1.056).

os termos da regulamentação legal;[115-116] (*c*) Alterou-se, com a EC n. 3/93, a redação da alínea *a* do inciso I do art. 102 da CF/1988, que passou a dispor: "A ação direta de inconstitucionalidade de lei ou ato normativo federal ou estadual e a ação declaratória de constitucionalidade de lei ou ato normativo federal"; (*d*) Tendo em vista o tema da *súmula vinculante*, dispõe o art. 103-A o seguinte: "O Supremo Tribunal Federal poderá, de ofício ou por provocação, mediante decisão de dois terços dos seus membros, após reiteradas decisões sobre matéria constitucional, aprovar súmula que, a partir de sua publicação na imprensa oficial, terá efeito vinculante em relação aos demais órgãos do Poder Judiciário e à administração pública direta e indireta, nas esferas federal, estadual e municipal, bem como proceder à sua revisão ou cancelamento, na forma estabelecida em lei. § 1.º A súmula terá por objetivo a validade, a interpretação e a eficácia de normas determinadas, acerca das quais haja controvérsia atual entre órgãos judiciários ou entre esses e a administração pública que acarrete grave insegurança jurídica e relevante multiplicação de processos sobre questão idêntica. § 2.º Sem prejuízo do que vier a ser estabelecido em lei,[117] a aprovação, revisão ou cancelamento de súmula poderá ser provocada por aqueles que podem propor a ação direta de inconstitucionalidade. § 3.º Do ato administrativo ou decisão judicial que contrariar a súmula aplicável ou que indevidamente a aplicar, caberá reclamação ao Supremo Tribunal Federal que, julgando-a procedente, anulará o ato administrativo ou cassará a decisão judicial reclamada, e determinará que outra seja proferida com ou sem a aplica-

---

115. A esse propósito escrevemos sobre o STJ, o que, curialmente, vale para o STF e para o TST: "Avulta, por tudo quanto se disse, enormemente de importância o reflexo do conteúdo das soluções, em face de determinados pronunciamentos jurisdicionais, diante da posição ocupada pelo Tribunal na estrutura do Poder Judiciário, alojada no cume da sua pirâmide. Conquanto a validade e a eficácia das decisões seja, normalmente, circunscrita às partes, as proferidas pelos Tribunais de cúpula transcendem o ambiente das partes, e, com isto, projetam-se o prestígio e autoridade da decisão nos segmentos, menor da atividade jurídica, de todos quantos lidam com o direito, e, mesmo em espectro maior, para a sociedade toda. É nesta segunda perspectiva, em grau máximo, que se inserem, por excelência, as decisões do Superior Tribunal de Justiça. Sendo o mais elevado Tribunal em que se aplica o direito federal infraconstitucional, ao afirmar a correta inteligência do direito federal – e é sempre isso que afirma o STJ, e não outra coisa –, o valor e o peso inerentes a tais decisões é enorme, por causa da posição pinacular do STJ. Esta é a razão em virtude da qual tais pronunciamentos exorbitam do interesse das partes, projetando-se para toda a sociedade a *verdade do seu entendimento* e nesta influindo.

"A expectativa, senão mesmo a imprescindível necessidade social – em relação às decisões de um Tribunal de cúpula, e, no caso, o Superior Tribunal de Justiça é o fecho da abóbada da justiça sobre a legalidade infraconstitucional –, é a de que [tais decisões] sejam paradigmáticas, pois que o rumo dessas vale como roteiro para os demais Tribunais e jurisdicionados, mercê dos precedentes assentados" (trabalho destinado aos estudos em homenagem ao C. Superior Tribunal de Justiça, pelos seus 10 anos de atividades, intitulado *A alta função jurisdicional do Superior Tribunal de Justiça no âmbito do recurso especial e a relevância das questões*, a convite do Min. Sálvio de Figueiredo Teixeira).

116. A Lei 11.418, de 19.12.2006, que regulamenta a repercussão geral, entrou em vigor sessenta dias após a data de sua publicação. No próximo item teceremos alguns comentários sobre esta nova Lei.

117. Essa Lei 11.417 – disciplinando a edição, a revisão e o cancelamento de súmula vinculante – foi sancionada pelo Presidente da República também em 19.12.2006 e entrou em vigor três meses após a data de sua publicação. Adiante analisaremos a referida Lei (item que trata da Súmula Vinculante).

ção da súmula, conforme o caso";[118-119] (*e*) Altera-se o texto da alínea *b* no inciso III do art. 105 do texto constitucional ("*b*) julgar válido ato de governo local contestado em face de lei federal"); com o que se procura distinguir melhor a competência do STF e do STJ, que, à luz da atual letra *d* do inciso III do art. 102, levava a dúvida; (*f*) Passa a constar do texto constitucional que "todos os julgamentos dos órgãos do Poder Judiciário serão públicos, e fundamentadas todas as decisões, sob pena de nulidade, podendo a lei limitar a presença, em determinados atos, às próprias partes e a seus advogados, ou somente a estes, em casos nos quais a preservação do direito à intimidade do interessado no sigilo não prejudique o interesse público à informação" (art. 93, IX); (*g*) Prevê-se que o "número de juízes na unidade jurisdicional será proporcional à efetiva demanda judicial e à respectiva população" (art. 93, XIII, da CF/1988); (*h*) Há previsão de que os servidores receberão delegação para a prática de atos administrativos e de mero expediente sem conteúdo decisório (art. 93, XIV, da CF/1988); (*i*) Dispõe-se que a distribuição dos processos será imediata, em todos os graus de jurisdição (art. 93, XV, da CF/1988).

Pelo art. 4.º dessa EC 45/2004, extinguem-se os Tribunais de Alçada, "passando os seus membros a integrar os Tribunais de Justiça dos respectivos Estados, respeitadas a antiguidade e classe de origem".

Por derradeiro, há previsão, nessa Emenda Constitucional 45, no sentido de que os Tribunais Regionais Federais, os Tribunais Regionais do Trabalho e os Tribunais de Justiça instalarão a justiça itinerante, com a realização de audiências e demais funções

---

118. Pode-se, neste particular da *cassação da decisão judicial*, vislumbrar alguma inspiração nas origens do Tribunal de Cassação francês, decorrente da Lei de 19.11.1790, cujo escopo, no dizer de P. Foriers, era o de assegurar-se "um controle da lei, do seu conteúdo, de sua observância por parte dos juízes de méritos, com o fito de salvaguardar a obra legislativa", vale dizer, com o objetivo de "proteger a lei" (v. Chaïm Perelman, *Logica giuridica* – Nuova retorica, n. 26, p. 75).

119. Deve-se ter presente, ainda, que, conquanto possa ter havido essa *remota inspiração* a que nos referimos na nota precedente, há diferenças sensíveis entre aqueles tempos e os de hoje: (1.ª) a *cassação*, no caso, dar-se-á, pela emenda, pelo próprio Tribunal, inserido no Poder Judiciário; (2.ª) já vai muito longe o *ambiente em que teve prestígio a escola exegética*, que circundava a lei francesa de 19.11.1790, qual seja o do *ápice da escola exegética*, onde havia sempre e *rigidamente* de prevalecer a vontade do legislador; (3.ª) desde fins do século passado, *superou-se esse restrito e quase inexistente modo de entender a lei*, passando a prevalecer a *vontade da lei*, o que habilita o intérprete a *uma atualização da lei, vocacionada a atender à problemática contemporânea à sua aplicação*, e não uma interpretação ancorada na vontade do legislador, quando a editou (*v.*, sobre isto, Chaïm Perelman, idem, n. 25, p. 71 e ss., sobre a escola da exegese; e, sobre a sua superação, v., amplamente, Karl Larenz, *Metodologia da ciência do direito*, n. 4, especialmente p. 39-49, em que, na altura dos anos de 1885 e 1886, em função dos trabalhos de Binding, Kohler e Wach, passou-se a admitir objetividade na interpretação, do que resultou a *interpretação teleológica;* (4.ª) é preferível admitir a súmula vinculante, em assuntos de interesse nacional e cujas dissidências possam *causar verdadeira convulsão nos meios jurídicos e econômicos e/ou um aumento descomunal de processos*, do que não admiti-la; (5.ª) isto porque é admissível aceitar que as causas que poderiam ser objeto de súmula vinculante chegarão aos Tribunais de cúpula, depois de muito tempo, para serem objeto de reforma de decisões que contrariem o que esses Tribunais já hajam firmado; (6.ª) indaga-se, então, por que aguardar meses e anos para chegar-se ao mesmo resultado, e, nesse meio tempo, com dano para a segurança e certeza jurídicas, e, comumente, no contexto de uma hipertrofia ou sobrecarga brutal de processos?; (7.ª) não se justifica esse *interregno* se possivelmente a solução final haverá de ser a que os Tribunais Superiores hajam firmado como a correta.

da atividade jurisdicional, nos limites territoriais da respectiva jurisdição (arts. 107, § 2.º; 115, § 1.º; 125, § 7.º), bem como de que esses Tribunais poderão funcionar descentralizadamente, constituindo Câmaras regionais, a fim de assegurar o pleno acesso do jurisdicionado à justiça em todas as fases do processo (arts. 107, § 3.º, 115, § 2.º; 125, § 6.º).

56-B. A repercussão geral[120]

A presença da repercussão geral condiciona a possibilidade de apreciação de todos os recursos extraordinários. De certa forma, é representativa de juízo de admissibilidade. Foi ela instituída por emenda constitucional (EC 45/2004), porque interfere no âmbito da competência recursal do STF e porque afeta, especialmente, o sentido do inciso III do art. 102 da CF/1988, tendo-se restringido *qualitativa* e *quantitativamente* essa competência, com o fito de atribuir ao *STF, exclusivamente, causas com significação social, econômica, jurídica, política, jurídica etc. e de descartar causas sem essa significação*. Mas, se esse foi o objetivo principal, não resta o STF *engessado*, porquanto, nos casos em que vislumbre *repercussão geral*, poderá admitir os recursos extraordinários, da mesma forma que, deixando uma hipótese de ser portadora dessa repercussão geral, poderá passar a não mais admitir, sobre esse fundamento, recursos extraordinários. É, pois, um instrumento flexível (o art. 543-A, § 5.º, do CPC [artigo acrescentado pela Lei 11.418/2006] refere-se a "revisão da tese"). Mas, a contrariedade a *súmula* (não a súmula vinculante), como, ainda, a jurisprudência dominante do STF, significam, *per se*, que há repercussão geral (art. 543-A, § 3.º, do CPC, acrescentado pela Lei 11.418/2006). Esse requisito só é, em si mesmo, apreciável pelo STF (art. 543-A, § 2.º, do CPC, acrescentado pela Lei 11.418/2006). A configuração da contrariedade à súmula e à jurisprudência dominante do STF engrandecem-no e proporcionam condições melhores para o prevalecimento de seu entendimento.

Esse juízo de admissibilidade, em relação a avaliação da presença ou da ausência de repercussão geral em determinado recurso extraordinário, envolve a prática de uma avaliação política (*lato sensu*), lastreada ou tendo como referencial conceito indetermi-

120. Nesta descrição da lei ordinária que regulamentou a *repercussão geral* abdicamos de um estudo a respeito do significado dessas expressões e de uma teorização a respeito. Estudamos em si mesmas as expressões *repercussão geral*, em obra que foi publicada, na Argentina, em 2006, com trabalho de nossa autoria, em que se procura explicar o significado de *repercussão geral* comparando-o especialmente com a intitulada *gravidade institucional*, prevista do Código de Processo Civil argentino (art. 280), e, outros diplomas do direito comparado: O recurso extraordinário brasileiro e o instituto da repercussão geral (EC 45/2004) – (A repercussão geral é requisito análogo ao previsto no art. 280 do Código de Processo Civil da nação argentina e guarda similitude com a chamada arguição de relevância no recurso extraordinário que existiu no Brasil, no regime constitucional, de 1969 a 1988). Notícia de projeto para sua disciplina por legislação ordinária, escrito em homenagem ao Professor Augusto Mario Morello. Este trabalho saiu publicado no volume intitulado El papel de los Tribunales Superiores, sob a coordenação dos Professores Omar Berizonce, Juan Carlos Hitters e Eduardo David Oteiza.No Brasil, escrevemos trabalho intitulado A EC n. 45 e o instituto da repercussão geral, publicado na obra coletiva *Reforma do Judiciário* – Primeiras Reflexões sobre a Emenda Constitucional n. 45/2004, coordenada pela Professora Teresa Arruda Alvim Wambier e outros (p. 63-99) e, também, em *Separata*.Publicamos, ainda, a obra *A arguição de relevância no recurso extraordinário,* em que, com maior espaço, estudou-se a arguição de relevância, na vigência da precedente Constituição Federal, procurando fazê-lo também em face do direito comparado existente à época e em face das noções de linguística e filosóficas úteis.

nado ou aberto, que é o da repercussão geral e seus desdobramentos explicitativos, ou seja, "de questões relevantes do ponto de vista econômico, político, social ou jurídico, que ultrapassem os interesses subjetivos da causa" (art. 543-A, § 1.º, do CPC, acrescentado pela Lei 11.418/2006), e, bem assim, as hipóteses do art. 543-A, § 3.º.

Ainda que possa ser considerado um juízo de admissibilidade, o "*pano de fundo*" ou a baliza para a sua prática (avaliação da repercussão geral) é representada por conceito vago ou indeterminado, e, como visto, a própria explicitação ou sucessiva verbalização da noção de repercussão geral é realizada, também, por conceitos vagos ou indeterminados, o que é muito comum, senão, inevitável nessa temática dos conceitos vagos ou indeterminados.[121]

O juízo de admissibilidade relativo ao cabimento do recurso extraordinário, sucessivo à constatação da existência de repercussão geral – tradicional e constante em nosso direito, salvo o período de vigência do sistema da arguição de relevância, *em que havia similitude com o sistema inaugurado agora pela EC 45 e completado por esta Lei 11.418/2006, e cujas regras estão contidas no RISTF* – ao qual se segue o julgamento do mérito, se positivo aquele, é baseado em normas com elementos definitórios conducentes a subsunção, tais como tempestividade, cabimento, e também, por exemplo, a análise do requisito do prequestionamento.

O objeto da Lei 11.418, de 19.12.2006, é o indicado no seu art. 1.º e é o de regulamentar a disciplina da apreciação da repercussão geral (instituída pela EC 45/2004, inserido na Constituição Federal o § 3.º, no seu art. 102) pelo STF, no que dessa apreciação deriva em relação aos Tribunais de onde foram interpostos os recursos extraordinários e suas consequências em relação à parte recorrente.

Como do próprio texto do § 3.º do art. 102 da CF/1988 consta, não foi atribuída ao texto a possibilidade de ser autoaplicável, senão que, aí constando "nos termos da lei", isso exigiu esta sua disciplina por lei ordinária. Para isso inseriram-se no Código de Processo Civil dois artigos, cada um deles com diversos incisos, isto é, os arts. 543-A e 543-B, por esta Lei 11.418, de 19.12.2006.

Ainda que constante do Código de Processo Civil, trata-se de uma disciplina geral, ou seja, extravasa o âmbito do processo civil, aplicando-se, por exemplo, ao processo penal. Em realidade disciplina-se no Código de Processo Civil, com a inserção feita pela Lei 11.418, a apreciação da repercussão geral em relação ao recurso extraordinário, de tal forma que, em relação a quaisquer decisões de que possam caber recurso extraordinário, dever-se-á, previamente ao juízo de admissibilidade do recurso, antecedente ao julgamento do mérito, verificar se esse é portador dessa repercussão geral. Ainda que haja sido encartada no CPC a disciplina legal atinente à repercussão geral, ao âmbito do processo civil a sua aplicação não se restringe.

Modificamos o entendimento consignado na 13.ª edição desta obra no sentido de a repercussão colocar-se como pressuposto *prévio* e *essencial* à possibilidade de apreciação do recurso. Na ocasião, entendíamos que, se não estivesse a repercussão geral imantada a um dado recurso extraordinário, este (e, todos os demais com idêntica questão – art. 543-A, § 5.º) não seria apreciado, ou seja, não seria submetido ao ulterior juízo de admissibilidade, para verificar sua tempestividade, prequestionamento etc. Seria *descartado* pelo Tribunal, porque nesse recurso extraordinário a questão seria destituída de

121. V. nesse sentido: Rafael Tocantins Maltez, Repercussão geral da questão constitucional. Rogério Licastro Torres de Mello (coord.), *Recurso especial e extraordinário – repercussão geral e atualidades*, p. 190.

importância, não transcendendo os interesses dos litigantes. Queríamos, com isso, demonstrar que a repercussão geral é, em si mesma, um primeiro *passo* ou *momento* que constitui requisito de admissibilidade, ainda que não deva ser confundida com o juízo de admissibilidade do recurso extraordinário propriamente dito, entendido como "preenchedor" dos outros pressupostos constitucionais *mais nítidos* de admissibilidade do recurso, tais como a exigência de prequestionamento, e legais, *v.g.*, tempestividade.

Uma reflexão melhor acerca dessas ponderações à luz da regulamentação implementada pela Lei 11.418/2006 fez-nos, porém, modificar nossa opinião sobre a ordem de apreciação dos pressupostos tradicionais do recurso extraordinário com relação à repercussão geral. Diversamente do que ocorria com a extinta arguição de relevância, a sistemática legal vigente impõe que a *existência da* repercussão geral seja analisada *após* a verificação dos outros requisitos de admissibilidade. Nesse ponto, ficamos, enfim, com Araken de Assis[122] ao ponderar que a localização da repercussão geral como requisito *prévio* de admissibilidade não se coaduna com a economia processual, pois, enquanto os requisitos tradicionais do recurso extraordinário podem ser aferidos pelo Tribunal de origem e, monocraticamente, pelo relator, a repercussão demanda pronunciamento do órgão colegiado do Supremo Tribunal Federal (e, nos casos de configuração de inexistência de repercussão, no próprio Plenário).

Assim, independentemente da precedência desse requisito na escala de sua importância dentre os demais pressupostos de admissibilidade do recurso extraordinário, do ponto de vista econômico e procedimental, fica inviabilizada sua análise prioritariamente a estes pressupostos.

Isso não afasta, contudo, a necessidade de o órgão *a quo* e o relator aferirem, em caráter *prévio* e *preliminar*, a presença da *alegação* e *demonstração* de repercussão geral, como preliminar na peça recursal, por se tratar de requisito ínsito à regularidade formal do recurso que, por sua importância, deverá ser apreciado com precedência relativamente aos demais. A repercussão geral é requisito de *caráter político*, objetivando afastar do âmbito das atribuições do Supremo Tribunal Federal recursos destituídos de importância, ou, recursos que não tenham essa repercussão geral e interessem exclusivamente aos recorrentes. Foi uma providência do constituinte e do legislador ordinário que atribuiu ao STF aquilo que, pela

---

122. "Inconfundível que seja a repercussão geral com as demais condições, quer com as hipóteses de cabimento do art. 102, III, *a* até *d*, da CF/1988, quer com as da lei ordinária, poderosas razões de economia recomendam que tal juízo aconteça após o relator declarar preenchidos tais requisitos. E, realmente, de modo algum a melhor opção localizará a repercussão geral como requisito prévio às demais condições de admissibilidade. É preciso conjugá-la com o princípio da economia, que exige a obtenção de resultados máximos com o mínimo de esforço, e, principalmente, com as peculiaridades da mecânica do julgamento dos recursos, hoje afeta ao relator (art. 557). Assim declara o art. 323 do RISTF, na redação da ER 21, de 30.04.2007: 'Quando não for o caso de inadmissibilidade do recurso...'. Assim, o relator só levará a questão vertida no extraordinário ao tribunal, para avaliar a repercussão geral – competência exclusiva do órgão colegiado –, após o exame das condições gerais de admissibilidade, e mesmo na turma (ou no plenário) tal verificação precederá aquela – nada impede que a falta de algum requisito escape à atenção do relator. Por outro lado, pouco adiantaria o órgão colegiado manifestar-se positivamente quanto à repercussão geral da questão ventilada no recurso para, ato contínuo, deixar de conhecê-lo, por intempestivo. O paradoxal desfecho aponta o acerto da solução aqui defendida. Em síntese, a repercussão geral situa-se, no terreno da admissibilidade do extraordinário, não como primeiro, mas como último dos requisitos passíveis de controle antes de o STF passar ao julgamento do mérito do recurso" (*Manual dos recursos*, p. 699).

sua natureza e função, deve a ele ser adjudicado, e, não mais do que veio, agora, a lhe caber.

Pode-se dizer que historicamente o recurso extraordinário, e, bem assim, o recurso especial, que daquele nasceu, mercê da transferência de parte da competência do STF para o STJ com a Constituição Federal de 1988, foram e são marcados pelo interesse público, no sentido de que só têm cabimento se se perceber uma ofensa à Constituição Federal ou ao direito federal, respectivamente. Deve-se, então, ter presente que o recorrente só poderia obter sucesso perante o STF e também perante o STJ, quando, respectivamente, se identificasse violação à Constituição Federal e se identifique lesão à lei federal. Por outras palavras, o sucesso do recorrente dependeu sempre do reconhecimento da violação ao direito federal (antes, constitucional e federal infraconstitucional, no STF; depois da CF, o federal infraconstitucional passou para as atribuições do STJ).

Sempre que houvesse (i) sucumbência e (ii) demonstração dessa lesão, haveria o recurso de ser admitido. Esta *lesão* sempre foi havida como condição ou requisito necessário à admissibilidade do recurso extraordinário e do especial. Isto significa que, sem estar demonstrada uma lesão, ou, uma possível lesão à ordem jurídica, não haveriam de ser admitidos. A sucumbência, também necessária – por certo – é e sempre foi havida como *condição, mas insuficiente* para a admissão do recurso. Esta circunstância demonstra que *historicamente* esses recursos sempre se destinaram, também e fundamentalmente, à proteção da ordem jurídica constitucional e federal.

Em rigor, a repercussão geral acrescenta mais um requisito: não mais basta para o recurso extraordinário a evidência da lesão à Constituição Federal[123] (acompanhada da sucumbência), senão que, ainda, é necessário que a apreciação pelo STF seja justificada pelo impacto, pela importância, pela relevância, pela *significação fundamental da questão (Alemanha)* ou pela sua *gravidade institucional (Argentina)* abrigada no recurso.[124]

A decisão a respeito da existência de repercussão geral, nos termos do art. 543-A, *caput,* do CPC, é irrecorrível e é da competência exclusiva do STF (art. 543-A, § 2.º) ainda que tenha sido a deliberação de Turma (art. 543-A, § 4.º), já que, mesmo nesta hipótese, há a compatibilização com o disposto no art. 102, § 3.º, da CF/1988.

Ao reverso, a decisão que não reconheça repercussão geral deverá ser do Pleno, em decorrência do *quorum* exigido constitucionalmente para o reconhecimento dessa inexistência de repercussão geral (art. 102, § 3.º, da CF/1988).

A repercussão geral tem, como marca fundamental de sua noção, a de transcender os interesses subjetivos da causa, isto é, a questão deve repercutir perante a socieda-

123. Cf. Nelson Rodrigues Netto, A aplicação da repercussão geral da questão constitucional no recurso extraordinário consoante a Lei 11.418/2006. Revista Dialética de Direito Processual. São Paulo: Dialética, vol. 49, abril, 2007, p. 114: "Doravante não bastará ao recorrente fundamentar seu recurso na assertiva de que, por exemplo, a decisão recorrida contrariou dispositivo da Constituição (art. 102, III, *a*) ou que julgou válida lei local contestada em face de lei federal (art. 102, II, *d*). Deverá ele ainda demonstrar que a questão constitucional tem repercussão geral. Isto significa que para que o recurso extraordinário seja cabível deverá haver uma dupla subsunção de sua causa de pedir próxima a uma (ou mais) das hipóteses de cabimento do art. 102, III e a hipótese do art. 102, § 3.º. Havendo mais de uma questão constitucional, a decisão sobre a repercussão geral deve ser feita em capítulos, um capítulo para cada uma das questões a ser decidida acaso seja admitido o recurso".

124. Esses são os outros nomes existentes no direito comparado que apresentam grande similitude com o instituto da repercussão geral, sua função e sua finalidade.

de. É por esta razão – pois é com a presença desse requisito que o recurso extraordinário poderá vir a ser apreciado – que a demonstração da repercussão geral na peça recursal deve vir em caráter preliminar (art. 543-A, § 2.º).[125] E, deve ser a primeira argumentação a ser desenvolvida pelo recorrente, porquanto, é o mínimo necessário que seja essa repercussão geral demonstrada como presente na hipótese, em forma de preliminar recursal, para, então, seguir-se a apreciação do recurso (com o juízo de admissibilidade dos outros requisitos constitucionais e legais, e, em caso de ultrapassagem desse juízo, sucessiva apreciação, pelo colegiado – Turma ou eventualmente Plenário –, da efetiva *existência* de repercussão geral e, seguidamente, a análise do mérito).

São, pois, três etapas: (1.ª) exame e reconhecimento da presença dos requisitos ou pressupostos de admissibilidade do recurso, ao depois do que, então passar-se-á à apreciação ou ao reconhecimento da existência de *alegação* da repercussão geral; (2.ª) se presentes os requisitos da admissibilidade desta segunda fase, será então apreciada a efetiva *existência* da repercussão geral da matéria; 3.ª) uma vez constatada a repercussão geral, será apreciado o mérito do recurso.

A expressão *repercussão geral* envolve, em seus essenciais desdobramentos, nos termos do § 1.º do art. 543-A do CPC, as "questões relevantes do ponto de vista econômico, político, social ou jurídico". Isto significa que é possível que esses aspectos, ao lado do aspecto jurídico, justifiquem o reconhecimento da repercussão geral em dado recurso extraordinário, como, por certo, é também possível que somente o aspecto *jurídico,* tomada a expressão *em sentido estrito,* justifique esse mesmo reconhecimento. A expressão *repercussão geral* é vaga, deixando esfera de liberdade ao julgador. E, a seu turno, as expressões que se encontram no art. 543-A do CPC, igualmente, são, também, expressões vagas. Vale dizer, a própria verbalização do conteúdo das palavras *repercussão geral* acaba por ser realizada, também, por expressões vagas, ainda que com "vaguidade" de calibre menor. E, essa indeterminação é que possibilitará que a previsão constitucional, agora disciplinada em lei, atinja as suas finalidades. Uma questão dotada de repercussão geral, pode deixar de ter esse predicado (por isto a lei se refere a "revisão da tese" – art. 543-A, § 5.º, do CPC), e, uma que não tenha, poderá vir a ter. Desta forma, é somente através de conceito *vago* ou *indeterminado* que é possível operar o instituto com essa flexibilidade.

Como se procurou acentuar, a repercussão geral envolve um juízo de admissibilidade político, entendida esta expressão em sentido lato, realizável tendo como referencial conceitos abertos ou indeterminados.

O art. 543-A, no seu § 3.º, estabelece que se a decisão contrariar a jurisprudência dominante do Tribunal (que é a do STF), bem como súmula editada pelo STF, constituirá hipótese *ex lege* de repercussão geral. Não se refere o texto explicitamente à *súmula vinculante*. Em relação à proteção da súmula vinculante, e, à luz da Lei 11.417, de 19.12.2006, que veio a disciplinar ordinariamente o assunto, alegando-se violação à súmula vinculante, caberão os recursos suscetíveis de serem interpostos e outros meios de impugnação eventualmente cabíveis, como, também, reclamação. Ainda que o texto desse § 3.º do art. 543-A do CPC não se refira à súmula vinculante, curialmente,

125. Nelson Rodrigues Netto, A aplicação da repercussão... cit., p. 116: "A demonstração da repercussão geral da questão constitucional deve ser feita em preliminar do recurso extraordinário (art. 543-A, § 2.º, do CPC), seguindo ordem lógica para solução das questões submetidas ao juízo: inicia-se com as preliminares e/ou prejudiciais, segue(m)-se a(s) principal(is), que corresponde(m) ao mérito, como ocorre, *e.g.*, na fórmula delineada para a contestação (art. 301 do CPC)".

e, *a fortiori*, ela não resta excluída, porquanto se caberá o recurso extraordinário para a proteção da súmula *comum*, deverá caber, por certo (e, em certa medida, com mais razão), em relação à súmula vinculante. Pelo art. 7.º da Lei 11.417/2006, caberá, também, cumulativamente, a reclamação, já prevista no texto constitucional, pela EC 45/2004 (art. 103-A, § 3.º, da CF/1988). O cabimento, também, de recursos, resultou admitido pela Lei 11.417/2006, como se verificará (v., adiante, tópico em que tratamos da Súmula Vinculante).

A razão de ser da previsão de cabimento da reclamação é a de que, em tese, a hipótese objeto da súmula vinculante já se encontra julgada pelo STF, e, precisamente por ter eficácia vinculante esse entendimento sumulado, deveria ter sido aplicado. Isto significa que, não aplicada a súmula, estar-se-á, nessa medida, desrespeitando uma decisão do STF e restringindo a sua eficácia, pois pelo *caput* do art. 2.º da Lei 11.417/2006 esse entendimento "terá efeito vinculante em relação aos demais órgãos do Poder Judiciário (...)".

Em relação ao cabimento de recurso extraordinário cuja decisão recorrida afrontar *jurisprudência dominante* do STF, é certo que, em relação a saber *o que é jurisprudência dominante*, poderá haver dúvida em determinados casos. No § 3.º do art. 543-A do CPC a referência à *súmula* e à *jurisprudência dominante do STF*, quando ofendidas, representarão ambas as hipóteses, casos de repercussão geral. Na hipótese da súmula, tanto bastará invocar a súmula (e, analisar a hipótese julgada à luz dessa súmula, nela "subsumindo-a"), para dever ser reconhecida a repercussão geral, e, admitido por isso o recurso, passar-se-á, então ao juízo de admissibilidade, *em relação ao que não será próprio invocar-se lesão à súmula, senão que invocar-se os dispositivos constitucionais violados* e, se positivo, passar-se-á ao julgamento.

Já em relação à noção ou à configuração na hipótese de *jurisprudência dominante*, este pressuposto pode ser discutível, porque é possível que o recorrido afirme que o entendimento existente do STF não é representativo do seu entendimento dominante. Em ambas as hipóteses (e, em rigor, em todas) em relação às quais tenha sido reconhecida a repercussão geral, isso não significará que o recurso extraordinário haja de necessariamente superar o juízo de admissibilidade, ainda que careça do preenchimento dos pressupostos constitucionais e legais. É o que é possível prever em face da sistemática, como, ainda, em face do comportamento do STF, em si mesmo, e, também quando existiu a arguição de relevância, diferentemente do que se tem passado na Argentina, em face de requisito análogo (o da *gravidade institucional*) que, quando presente, *se força o cabimento do recurso extraordinário argentino*.

Como não é possível, dentro de Turma julgadora, obter-se o *quorum* constitucionalmente exigido pelo art. 102, § 3.º, da CF/1988, que se refere à exigência de dois terços dos membros do Tribunal para não reconhecer a repercussão geral, e, como esses "dois terços" não são suscetíveis de serem obtidos em julgamento de Turma, é por isto que o recurso extraordinário para esse fim deverá ter essa questão apreciada pelo Plenário. Porém, a existência da repercussão geral é alcançável dentro da Turma (art. 543-A, § 4.º, do CPC).[126]

126. Sobre a questão do quórum ver: Rafael Tocantins Maltez, *Repercussão...* cit., p. 196 a 198, esp. p. 198, quando preleciona: "A Lei 11.418/2006 aclarou o tema ao dispor que, se a Turma decidir pela existência da repercussão geral por, no mínimo, quatro votos dos cinco Ministros, ficará dispensada a remessa do recurso ao plenário (art. 543-A, § 4.º, do CPC)."Dessa forma, extrai-se que a palavra final sobre a repercussão geral é do pleno do STF. Contudo, se quatro componentes da Turma decidirem

Estabelece o art. 543-A, *caput*, que o STF em decisão irrecorrível não conhecerá do recurso não portador de repercussão geral. Se essa apreciação é do Plenário, não se justifica a previsão de recurso, senão, ao contrário, a sua vedação. [127]

Ou seja, como não podem ser alcançados dois terços de votos dos membros do Tribunal, dentro da Turma – isto é, mesmo se os cinco ministros votarem pela ausência de repercussão geral –, essa votação não satisfará o *quorum* constitucionalmente exigido de dois terços. E, pois há razão para recorrer-se ou chegar-se ao Pleno.

É por isso que, a remessa ao Plenário será *obrigatória* quando a turma decidir que a questão constitucional versada no recurso extraordinário não oferece repercussão geral. Do contrário, haverá violação de norma constitucional expressa, a qual determina o *quorum* para a recusa do recurso extraordinário, por ausência de repercussão geral.

Somente será desnecessária a remessa ao Plenário quando a Turma decidir pela *existência* de repercussão geral, pois neste caso a Constituição não fixa um *quorum* mínimo. Sendo, portanto, suficiente o julgamento efetuado pela Turma, desde que quatro Ministros votem a favor da presença da repercussão geral, nas questões versadas no recurso extraordinário (art. 543-A, § 4.º, inserido no CPC pela Lei 11.418/2006).

A exigência de manifestação de dois terços dos membros do STF para a recusa do requisito da repercussão geral está presente no art. 102, § 3.º, da Constituição Federal. Neste caso, há, portanto, a necessidade de que a decisão seja tomada em Plenário, para que ocorra então a recusa na apreciação do recurso.

Já quando for pela existência, por ensejar o julgamento do mérito do recurso extraordinário, uma minoria poderá sobrepor-se à maioria. Pode-se dizer que é um *quorum* prudencial. Como se trata, tal como visto, de um conceito vago, e, como a própria Lei 11.418/2006 também se utiliza de conceitos vagos procurando revelar aspectos da repercussão geral, se os dois terços são exigidos para a recusa, isto quer dizer que não alcançados esses dois terços, estará entendido que há repercussão geral. Trata-se, pois, de uma minoria sobrepor-se à maioria *(se há quatro votos pela existência da repercussão geral – art. 543-A, § 4.º, do CPC –, à maioria resta inerme desdizer esse entendimento)* para entender haver repercussão geral. Isso se justifica diante da indeterminação das noções de repercussão geral e daquelas da Lei 11.418/2006 que procuram, vagamente, explicitá-las. É, também, o que se passou na Alemanha e nos Estados Unidos em relação à sua Suprema Corte.

O § 5.º do art. 543-A do CPC (acrescentado pela Lei 11.418/2006) estabelece, cuidando dos efeitos de decisão que não reconheça repercussão geral, que essa vale para recursos extraordinários com matéria idêntica, e, daí, o dever de indeferimento liminar desses outros recursos extraordinários, uma vez que a hipótese foi reconhecida como não portando repercussão geral, "salvo revisão da tese, tudo nos termos do Regimento Interno do Supremo Tribunal Federal".

A expressão "matéria idêntica" a que se refere o § 5.º do art. 543-A do CPC, para ser corretamente entendida, pode, ou deve, levar em consideração o que sejam *ratio decidendi* e *obiter dicta*. Vale dizer, haver-se-á de identificar a questão central, nuclear, que

pela presença do requisito ora examinado, a remessa ao Plenário é dispensada".

127. Art. 326 do RISTF: "Toda decisão de inexistência de repercussão geral é irrecorrível e, valendo para todos os recursos sobre questão idêntica, deve ser comunicada, pelo (a) Relator (a), à Presidência do Tribunal, para os fins do artigo subsequente e do art. 329" (Atualizado com a introdução da Emenda Regimental 21/2007).

há de ser idêntica ou a mesma, no caso já apreciado pelo STF e existente nos demais recursos, independentemente da extensão e da variedade da argumentação. A *ratio decidendi* responde ao núcleo, à essência de uma controvérsia, ao passo que os *obiter dicta* são considerações não integrantes de uma resposta a esse núcleo ou a essa essência.

Naturalmente, ainda, há de se ter presente que na hipótese *não se tratará, propriamente, de uma decisão de caráter jurisdicional*, mas de uma *deliberação de caráter político*. Isto, todavia, não impede a utilização desses dois referenciais – *ratio decidendi* e *obiter dicta* – para o fim comum, que pode existir em decisão jurisdicional ou não (na hipótese do § 5.º), de saber qual é a essência de uma determinada postulação e se aquilo que a respeito já restou decidido inclui ou exclui a mesma matéria (idêntica) que está sendo postulada em outros recursos extraordinários.

Problema que se coloca, na interpretação desse § 5.º do art. 543-A do CPC, é o de saber se esse indeferimento caberá, exclusivamente, ao STF ou, ao contrário, se se insere também na atribuição dos Presidentes dos Tribunais locais, a partir do entendimento firmado pelo STF de que não há repercussão geral. A nossa impressão é a de que também os Presidentes dos Tribunais locais têm essa possibilidade, estabelecendo a identidade da questão objeto do recurso extraordinário destituído da alegada repercussão geral, tal como já não acolhida, pelo STF e pelo indeferimento dos recursos extraordinários pendentes de decisão de admissibilidade em Presidências de Tribunais locais, portadores de idêntica alegação que já foi havida como não sendo portadora de repercussão geral. Esta interpretação não interfere com o disposto no § 2.º deste art. 543-A do CPC, porquanto, a repercussão geral foi apreciada pelo STF, e a hipótese havida como desvestida de repercussão geral por já ter sido apreciada pelo STF valerá como paradigma. A tarefa local é, exclusivamente, a de estabelecer identidade entre o paradigma tido sem repercussão geral e os demais casos, também desvestidos de repercussão geral. Essa matéria é disciplinada do Regimento Interno do Supremo Tribunal Federal (art. 543-A, § 5.º, *fine*, do CPC), especificamente no art. 328-A, §1º.

Os terceiros, a que se refere o § 6.º do art. 543-A, serão aqueles cujos interesses possam estar ligados à repercussão geral atribuída pelo postulante a determinado recurso extraordinário. A previsão do § 6.º deste art. 543-A justifica-se precisamente porque, reconhecida a repercussão geral, isso significa que o interesse no julgamento transcende os interesses subjetivos dos litigantes. A lei não distingue se esses terceiros poderão manifestar-se em favor da existência da repercussão geral e também pela sua inexistência. Como não há distinção, parece ser possível que no âmbito da expressão "terceiros" compreendam-se também os que possam entender que a causa é destituída de repercussão geral.

De outra parte, a interferência de "terceiros" deve cingir-se a manifestação atinente à repercussão geral, não devendo ingressar, propriamente, na parte estritamente jurídica do julgamento do recurso extraordinário. Poderão, por certo, a essa referir-se, admitindo o provimento ou o improvimento do recurso extraordinário, finalística ou argumentativamente, com vistas a demonstrar os reflexos de uma ou outra situação processual na comunidade.

A súmula, prevista no § 7.º do art. 543-A do CPC, terá redação análoga à súmula tradicional, mas valerá como acórdão (art. 543-A, § 7.º, *fine*). A redação desse comando deve ser feita na forma de súmula objetiva que, sinteticamente, mas com todos os elementos definitórios da hipótese aí abrigados, venha a compreender o que restou deliberado. A validade dessa súmula é equivalente à de um acórdão, o que significa que se trata de uma decisão do STF, e, que, como tal, haverá de ser seguida no que diz respeito à configuração ou não da repercussão geral. Essa súmula servirá para decidir o caso concreto e os que com esse se identifiquem.

Havendo multiplicidade de recursos com fundamento em "idêntica controvérsia", a verificação da presença da repercussão geral será processada de acordo com as normas que constam do Regimento Interno do Supremo Tribunal Federal, observando-se, destarte, o disposto no art. 543-B do CPC.[128] Ou seja, o Regimento Interno do STF complementa procedimentalmente a apreciação das hipóteses de multiplicidade de recursos fundados em "idêntica controvérsia".[129]

Estabelece o § 1.º do art. 543-B do CPC que competirá ao Tribunal local selecionar um ou mais recursos representativos da controvérsia e encaminhá-los ao Supremo Tribunal Federal, sobrestando os demais até o pronunciamento definitivo da Corte.

O objetivo desse § 1.º do art. 543-B é o de proporcionar um panorama ao STF, de tal forma que, à luz da abordagem de uma determinada controvérsia e em face de argumentação preferencialmente multiforme, enseje melhores condições de avaliação. A pluralidade de argumentação, no caso, é o desejável; isto é, a análise de mais de um recurso, ainda que a exigência da lei tenha por suficiente a remessa de um só (art. 543-B, § 1.º). Ao STF dever-se-á na forma deste § 1.º remeter "um ou mais recursos representativos da controvérsia", para ensejar esse exame. Selecionados um ou mais recursos, outros ainda existentes ficarão sobrestados, aguardando a definição do STF a respeito da existência ou não de repercussão geral numa dada controvérsia.

O § 2.º do art. 543-B do CPC dispõe que "negada a existência de repercussão geral, os recursos sobrestados considerar-se-ão automaticamente não admitidos", mas é preci-

128. Art. 322 do RISTF: "O Tribunal recusará recurso extraordinário cuja questão constitucional não oferecer repercussão geral, nos termos deste capítulo. "Parágrafo único. Para efeito da repercussão geral, será considerada a existência, ou não, de questões que, relevantes do ponto de vista econômico, político, social ou jurídico, ultrapassem os interesses subjetivos das partes" (atualizado com a introdução da Emenda Regimental 21/2007).

129. RISTF: "Art. 327. A Presidência do Tribunal recusará recursos que não apresentem preliminar formal e fundamentada de repercussão geral, bem como aqueles cuja matéria carecer de repercussão geral, segundo precedente do Tribunal, salvo se a tese tiver sido revista ou estiver em procedimento de revisão.

"§ 1.º Igual competência exercerá o(a) Relator(a) sorteado(a), quando o recurso não tiver sido liminarmente recusado pela Presidência.

"§ 2.º Da decisão que recusar recurso, nos termos deste artigo, caberá agravo" (atualizado com a introdução da Emenda Regimental 21/2007). "Art. 328. Protocolado ou distribuído recurso cuja questão for suscetível de reproduzir-se em múltiplos feitos, a Presidência do Tribunal ou o(a) Relator(a), de ofício ou a requerimento da parte interessada, comunicará o fato aos tribunais ou turmas de juizado especial, a fim de que observem o disposto no art. 543-B do Código de Processo Civil, podendo pedir-lhes informações, que deverão ser prestadas em 5 (cinco) dias, e sobrestar todas as demais causas com questão idêntica. "Parágrafo único. Quando se verificar subida ou distribuição de múltiplos recursos com fundamento em idêntica controvérsia, a Presidência do Tribunal ou o(a) Relator(a) selecionará um ou mais representativos da questão e determinará a devolução dos demais aos tribunais ou turmas de juizado especial de origem, para aplicação dos parágrafos do art. 543-B do Código de Processo Civil" (atualizado com a introdução da Emenda Regimental 21/2007). "Art. 329. A Presidência do Tribunal promoverá ampla e específica divulgação do teor das decisões sobre repercussão geral, bem como formação e atualização de banco eletrônico de dados a respeito" (atualizado com a introdução da Emenda Regimental 21/2007).

so identificar com segurança ou confirmar identificação precedente para ter esses recursos já como não admitidos.

Em tal caso, caberá, apenas, ao Tribunal local, a tarefa de identificação da mesma controvérsia dos recursos não admitidos e a hipótese-paradigma em que o STF não reconheceu a repercussão geral. Esta hipótese envolve o *não conhecimento* dos recursos extraordinários. É o que se extrai do art. 328-A, §§ 1.º e 2.º, do Regimento Interno do Supremo Tribunal Federal,[130] bem como da Portaria 138, de 19.7.2009, cujo art. 1.º determina à Secretaria Judiciária que "devolva aos Tribunais, Turmas Recursais ou Turma Nacional de Uniformização dos Juizados Especiais os processos múltiplos ainda não distribuídos relativos a matérias submetidas a análise de repercussão geral pelo STF, os encaminhados em desacordo com o disposto no § 1.º do art. 543-B, do Código de Processo Civil, bem como aqueles em que os Ministros tenham determinado sobrestamento ou devolução".

O § 3.º do art. 543-B do CPC, a seu turno, estabelece que uma vez julgado o mérito do recurso extraordinário pelo STF – no que está implicado que a questão nesse existente era dotada de repercussão geral –, os recursos sobrestados, na forma do § 1.º desse mesmo dispositivo, e, também, aqueles outros que não foram sobrestados, no mesmo ou em outro Tribunal, por algum motivo, "serão apreciados pelos Tribunais, Turmas de Uniformização ou Turmas Recursais, que poderão declará-los prejudicados ou retratar-se".

A hipótese do § 3.º do art. 543-B desdobra-se em três possibilidades, ou seja, tendo havido julgamento de mérito (em que, como dito, foi reconhecida a repercussão geral), esse julgamento – no qual poderá ter dado ou não provimento ao recurso extraordinário – pode servir de paradigma para: (a) que o órgão que já julgou a causa reformule o seu entendimento e, sendo o caso, acabe dando o recurso por prejudicado, hipótese em que, essa verificação da identidade da questão da "repercussão geral" em relação àquela do recurso extraordinário já julgado pelo STF, acaba sendo feita pelo próprio Tribunal local e o recurso nem é remetido ao STF; (b) ou, então, em caso em que o julgamento haja sido colidente com aquele que o STF haja firmado no julgamento do recurso extraordinário, esse órgão local poderá retratar-se, alterando a sua decisão; (c) ou, então, como a lei se utiliza da expressão *pode*, parece possível que não haja nem uma nem outra conduta, ficando mantido pelo Tribunal local o seu entendimento, sendo esta hipótese a disciplinada no § 4.º do art. 543-B, caso em que o STF *cassará* ou *reformará* liminarmente o acórdão contrário à orientação por ele firmada, o que poderá ser feito pelo relator, como preceituado no art. 21, §1º do Regimento Interno do Supremo Tribunal Federal.

Assim, se o Tribunal local mantiver o seu entendimento, o STF, tal como a matéria venha a ser disciplinada no seu Regimento Interno, poderá *cassar* ou *reformar*, liminar-

130. "Art. 328-A. Nos casos previstos no art. 543-B, caput, do Código de Processo Civil, o Tribunal de origem não emitirá juízo de admissibilidade sobre os recursos extraordinários já sobrestados, nem sobre os que venham a ser interpostos, até que o Supremo Tribunal Federal decida os que tenham sido selecionados nos termos do § 1.º daquele artigo. (Em conformidade com a Emenda Regimental 23/2008).

§ 1.º Nos casos anteriores, o Tribunal de origem sobrestará os agravos de instrumento contra decisões que não tenham admitido os recursos extraordinários, julgando-os prejudicados nas hipóteses do art. 543-B, § 2.º, e, quando coincidente o teor dos julgamentos, § 3.º.(Em conformidade com a Emenda Regimental 27/2008).

§ 2.º Julgado o mérito do recurso extraordinário em sentido contrário ao dos acórdãos recorridos, o Tribunal de origem remeterá ao Supremo Tribunal Federal os agravos em que não se retratar." (Em conformidade com a Emenda Regimental 23/2008).

mente esse entendimento colidente com o seu. Este § 4.º do art. 543-B da Lei demonstra que a súmula referente à repercussão geral vale também para outros recursos extraordinários, e, mais ainda, que o resultado do julgamento do recurso extraordinário que comportou julgamento de mérito (art. 543-B, § 3.º, do CPC) deverá repercutir nos demais (art. 543-B, § 4.º). O § 2.º do art. 528-A do Regimento Interno do Supremo Tribunal Federal (na redação conferida pela Emenda Regimental 23/2008), limita-se a estabelecer que "julgado o mérito do recurso extraordinário em sentido contrário ao dos acórdãos recorridos, o Tribunal de origem remeterá ao Supremo Tribunal Federal os agravos em que não se retratar".

Toda a parte procedimental da execução dos arts. 543-A e 543-B do CPC, tendo em vista a disciplina das atribuições dos Ministros, Turmas e outros órgãos do STF, em relação à análise do requisito da repercussão geral, está estabelecida no Regimento Interno do STF (art. 543-B, §§ 4.º e 5.º, do CPC).

O Regimento Interno do Supremo Tribunal Federal estabelece em seus arts. 323 a 325, as regras gerais para o procedimento do juízo de admissibilidade dos recursos extraordinários, para que se faça a análise do requisito da repercussão geral:

"Art. 323. Quando não for caso de inadmissibilidade do recurso por outra razão, o(a) Relator(a) submeterá, por meio eletrônico, aos demais ministros, cópia de sua manifestação sobre a existência, ou não, de repercussão geral. § 1.º Tal procedimento não terá lugar, quando o recurso versar questão cuja repercussão já houver sido reconhecida pelo Tribunal, ou quando impugnar decisão contrária a súmula ou a jurisprudência dominante, casos em que se presume a existência de repercussão geral. § 2.º Mediante decisão irrecorrível, poderá o(a) Relator(a) admitir de ofício ou a requerimento, em prazo que fixar, a manifestação de terceiros, subscrita por procurador habilitado, sobre a questão da repercussão geral (Atualizado com a introdução da Emenda Regimental 21/2007).

"Art. 324. Recebida a manifestação do(a) Relator(a), os demais ministros encaminhar-lhe-ão, também por meio eletrônico, no prazo comum de 20 (vinte) dias, manifestação sobre a questão de repercussão geral.

§ 1.º Decorrido o prazo sem manifestações suficientes para a recusa do recurso, reputar-se-á existente a repercussão geral.

§ 2.º Não incide o disposto no parágrafo anterior quando o Relator declare que a matéria é infraconstitucional, caso em que a ausência de pronunciamento no prazo será considerada como manifestação de inexistência de repercussão geral, autorizando a aplicação do art. 543-A, § 5.º, do Código de Processo Civil" (atualizado com a introdução da Emenda Regimental 31/2009).

"Art. 325. O(A) Relator(a) juntará cópia das manifestações aos autos, quando não se tratar de processo informatizado, e, uma vez definida a existência da repercussão geral, julgará o recurso ou pedirá dia para seu julgamento, após vista ao Procurador-Geral, se necessária; negada a existência, formalizará e subscreverá decisão de recusa do recurso. Parágrafo único. O teor da decisão preliminar sobre a existência da repercussão geral, que deve integrar a decisão monocrática ou o acórdão, constará sempre das publicações dos julgamentos no *Diário Oficial*, com menção clara à matéria do recurso" (atualizado com a introdução da Emenda Regimental 21/2007).

Independentemente da estrutura procedimental imprimida regimentalmente, haverá constantemente decisões de que se pode dizer venham a ser *subjetivamente complexas, i.e.*, participação de mais de um órgão.

Superada a *vacatio legis* (art. 5.º da Lei 11.418/2006) e publicada a Emenda Regimental 21, de 30 de abril de 2007, em 3 de maio de 2007, é que passou a ser exigida a demonstração formal e fundamentada, no recurso extraordinário, da repercussão geral das questões constitucionais discutidas, pois somente aí passou a ter eficácia a lei e não do início da vigência da lei, devendo ser ela aplicada imediatamente.[131]

56-C. A súmula vinculante

A Lei 11.417, de 19 de dezembro de 2006 disciplina a matéria relacionada com as súmulas vinculantes editadas pelo STF. Pelo art. 103-A, *caput*, da CF, introduzido pela EC 45, era requerida a edição de lei, como aí constou.[132] Esta Lei 11.417 prevê a *edição* da súmula vinculante.

Prevê, igualmente, a possibilidade de sua *revisão*, e, bem assim, a hipótese do seu *cancelamento*. A *revisão* envolverá uma modificação de entendimento do STF. O *cancelamento*, decorrerá da edição de norma constitucional ou de outra norma, incompatível com a precedente súmula vinculante, assentada em outra norma. Nada obstará, ocorrentes os pressupostos que, sobre esse outro ou novo texto, venha a ser editada súmula. Isto demonstra que a súmula vinculante tem de guardar uma relação inafastável com o texto que a ela está subjacente.

A súmula vinculante objetiva impor o entendimento estabelecido pelo STF, em plenário, pelo *quorum* de 2/3 (dois terços) dos seus membros (art. 103-A, *caput*, CF/1988 e § 3.º, art. 2.º, Lei 11.417), a todos os demais juízos e tribunais, e bem assim à Administração Pública, direta e indireta.

A súmula e a súmula vinculante não inovam na ordem jurídica, *no sentido de criar originariamente um comando, tal como ocorre com a lei*. É certo que, naturalmente, o papel da súmula para ser encartado na teoria das fontes, dependerá, previamente, do significado atribuído a fonte de direito. A *lei* é, por excelência, *a fonte do direito*. A súmula, em rigor, acaba por conter a interpretação de uma lei, a qual se torna obrigatória. Mas, é evidente, que essa interpretação, oriunda do mais alto Tribunal do país, objetiva, apenas, atribuir à lei interpretada o seu entendimento correto, de forma obrigatória. O mandamento é o da lei e a interpretação obrigatória é da súmula.

Historicamente, as súmulas no direito brasileiro têm exercido uma função persuasiva, altamente significativa, por meio da síntese do entendimento pacificado e assentado dos Tribunais Superiores e também de segundo grau, representativo da interpre-

131. Nesse sentido: STF, Pleno, AIQO 664567/RS, j. 18.06.2007, rel. Min. Gilmar Mendes, *DJ* 06.09.2007, p. 37: "(...) por unanimidade e nos termos do voto do Relator, decidiu a questão de ordem da seguinte forma: (1) que é de exigir-se a demonstração da repercussão geral das questões constitucionais discutidas em qualquer recurso extraordinário, incluído o criminal; (2) que a verificação da existência de demonstração formal e fundamentada da repercussão geral das questões discutidas no recurso extraordinário pode fazer-se tanto na origem quanto no Supremo Tribunal Federal, cabendo exclusivamente a este Tribunal, no entanto, a decisão sobre a efetiva existência da repercussão geral; (3) que a exigência da demonstração formal e fundamentada no recurso extraordinário da repercussão geral das questões constitucionais discutidas só incide quando a intimação do acórdão recorrido tenha ocorrido a partir de 3 de maio de 2007, data da publicação da Emenda Regimental 21, de 30 de abril de 2007".

132. "Art. 103-A. O Supremo Tribunal Federal poderá, de ofício ou por provocação, mediante decisão de dois terços dos seus membros, após reiteradas decisões sobre matéria constitucional, aprovar súmula que, a partir de sua publicação na imprensa oficial, terá efeito vinculante em relação aos demais órgãos do Poder Judiciário e à administração pública direta e indireta, nas esferas federal, estadual e municipal, bem como proceder à sua revisão ou cancelamento, na forma estabelecida em lei."

tação estabelecida por inúmeros precedentes cristalizados no verbete sumulado.[133] É mais do que jurisprudência dominante, porquanto a súmula acaba por representar um "selo" significativo e formal de que a jurisprudência é *reconhecidamente* a dominante. Em diversos textos do CPC, todavia, atribuiu-se à súmula uma função (que no caso tem a finalidade de configurar verbalmente a interpretação pacificada de uma lei) o que, aparentemente, extravasa a da mera persuasão (v. g., art. 475, § 3.º, decorrente da Lei 10.352/2001; também, o art. 544, § 4.º *[na redação atribuída pela Lei 12.322/2010]*, art. 557, *caput*, decorrentes as duas últimas modificações da Lei 9.756/1998).

Mas, em rigor – e, ainda nessas hipóteses –, a linguagem aí utilizada pelo CPC deve ser entendida no sentido de que determinadas providências não cabem contra a lei, *subjacente à súmula e tal como a súmula expressa o entendimento dessa lei;* ou, que não deve o juiz decidir contra essa lei, *tal como ela é pacificamente entendida, ou seja, tal como já se encontra sumulada. Nestas hipóteses, a funcionalidade da súmula é a de traduzir o entendimento pacificado da lei. Ao invés desses últimos textos acima arrolados fazerem referência à lei, em rigor, fazem referência a esta, tal como é uniformemente entendida, i.e., tal como sumulada.*

É, todavia, *juridicamente possível*, em relação a estas hipóteses, invocar-se entendimento diferente do sumulado, ainda que, em termos práticos, isso seja normalmente inócuo. Não nos parece compatível com o nosso sistema jurídico atribuir-se à súmula – sem ser vinculante – uma eficácia que a "aproxime" da súmula vinculante. Foi o que se fez em relação ao § 1.º do art. 518 do CPC: "*(...) § 1.º O juiz não receberá o recurso de apelação quando a sentença estiver em conformidade com súmula do Superior Tribunal de Justiça ou do Supremo Tribunal Federal*" (alterado pela Lei 11.276/2006). Na realidade, esse texto de *lei ordinária* acaba por atribuir à súmula – que outra não é senão a súmula *persuasiva* – uma eficácia superior ou quase que superior à da lei, porquanto a lei (ou a sua interpretação pacificada), tal como sumulada, pelo STF (sem ser em súmula vinculante) e pelo STJ não poderia, sequer, ser discutida, tanto que se nega o cabimento do recurso de apelação.[134] Em realidade, esse § 1.º do art. 518 do CPC é um decalque do projeto de emenda constitucional para instituir súmula impeditiva de recursos, para o STJ e para o TST, *o que, no entanto, exigia e exige a modificação da Constituição Federal*, tudo a demonstrar a ilegitimidade do aludido § 1.º do art. 518.[135] E, o que estamos a iden-

133. Cf. André Ramos Tavares, *Nova lei da súmula vinculante*: estudos e comentários à Lei 11.417, de 19.12.2006, p. 24.

134. Nesse sentido corretamente escreveu-se: "Ainda que se pretenda dar à súmula da jurisprudência predominante no STF e no STJ eficácia *igual* à da lei, por certo essa eficácia não deverá ser *maior* do que a da lei. A ninguém parecerá razoável dizer que o juiz não pode receber o recurso de apelação, alegando que a sentença está conforme a lei ou, em outras palavras, que 'a sentença está certa', da mesma forma que não se poderá entender razoável o juiz indeferir a apelação porque estaria em desacordo com a súmula *tout court* (simples ou vinculante) do STF e do STJ" (Nelson Nery Jr. e Rosa Maria Andrade Nery, *Código de Processo Civil comentado e legislação extravagante*, 9.ª ed., nota 9 ao art. 518).

135. O texto do § 1.º do art. 518, como se disse, atribui à súmula *comum* ou *meramente persuasiva* a função de uma "súmula impeditiva de recursos", que se pretende ou se pretendeu instituir para o STJ e no TST.

Isso fica claro pelo exame do Projeto remanescente no Congresso referente à Reforma do Judiciário – Proposta de Emenda à Constituição n. 358, de 2005, cujos textos dos arts. 105-A e 111-A, tais como projetados, são os seguintes: Art. 105-A – O Superior Tribunal de Justiça poderá, de ofício ou por provocação, aprovar *súmula* que, a partir de sua publicação, consti-

tificar como origem desse § 1.º do art. 518 está em parecer proferido durante o processo legislativo do projeto de Lei 4.724/2004, que resultou na Lei 11.276 (a qual alterou o art. 518 e aí acresceu a *súmula impeditiva de recursos*).[136]

Já em relação à súmula vinculante o entendimento firmado pelo STF se imporá ao Poder Judiciário e à Administração, nos termos do art. 103-A da CF/1988 e nos do art. 2.º desta Lei 11.417/2006.[137]

Por outras palavras, é juridicamente impossível transpor-se o enunciado da súmula e invocar a lei ou a Constituição Federal com significado diferente daquele que está sumulado. O entendimento da lei terá de ser o da súmula vinculante, necessariamente. Vale dizer, por meio da súmula vinculante passa a não existir a possibilidade de outro entendimento de determinado texto da Constituição Federal, senão que aquele que tenha sido sumulado. Problema ulterior à edição da súmula vinculante é o de, eventualmente, essa súmula comportar, a seu turno, dúvida quanto ao seu entendimento, o que, por certo, exigirá, então, que seja interpretada. O que a súmula torna obrigatório é o entendimento do STF a respeito daquele determinando texto (constitucional). É certo, por isso mesmo, que alterado o texto constitucional, objeto da súmula, isso haverá de repercutir no enunciado da súmula vinculante. Como, ainda, alterado o texto da lei objeto da súmula, normalmente, isso repercutirá na mencionada súmula.

A súmula vinculante, para vir a ser editada, pressupõe determinadas condições, que constam do § 1.º do art. 103-A da CF/1988, e que são reiteradas no art. 2.º, *caput* e seu § 1.º, da Lei 11.417/2006. São essas condições ou circunstâncias – em rigor, um ambiente anterior – precedentes à edição da súmula vinculante que devem ter sido consideradas pelo STF: (a) deve haver reiteradas decisões sobre a matéria da competência do STF, *i.e.*, interpretação e aplicação de matéria constitucional; (b) essas decisões reiteradas dizem respeito a decisões de Tribunais outros, entre si, que não o STF, ou de colisão de decisões destes com as do STF, pois é da existência de decisões diferentes, sobre o mesmo assunto, que se pode configurar "grave insegurança jurídica"; (c) também, coloca-se como elemento previsto a "relevante multiplicação de

---

tuir-se-á impedimento à interposição de recurso contra a decisão que a houver aplicado; (...) Art. 111-B – Ao Tribunal Superior do Trabalho é estabelecida competência análoga a do STJ, para aprovar súmula, nas mesmas condições e com idênticos efeitos; (...)"

136. É o que se colhe na obra de Nelson Nery Jr. e Rosa Nery: "É preciso atentar para a recente publicação da já mencionada EC 45/2004 (Reforma do Judiciário), que adotou, no âmbito do Supremo Tribunal Federal, a chamada súmula vinculante, acrescentando o art. 103-A à Constituição da República. Ademais, na parte que retornou à Câmara (PEC 358, de 2005), tem-se a previsão da súmula impeditiva de recursos para o Superior Tribunal de Justiça e para o Tribunal Superior do Trabalho. Nota-se, pois, que o não recebimento da apelação contra sentença em consonância com súmula dos Tribunais Superiores representa, em nosso sentir, uma medida condizente com a adoção da súmula vinculante. Ou seja, se optamos pela súmula vinculante, não há sentido em permitir o processamento de recurso contrário ao entendimento fixado por aquela. Ainda que assim não o fosse, tal conduta do magistrado apenas anteciparia o provimento que fatalmente viria a ser tomado pelo relator do recurso, o qual, com base no art. 557 do CPC já está autorizado a negar seguimento a recurso em confronto com súmula ou jurisprudência dominante do respectivo tribunal, do STF ou de Tribunal Superior" (Parecer do relator na Câmara – Dep. Inaldo Leitão, *apud* Nelson Nery Jr. e Rosa Maria Andrade Nery, *Código de Processo Civil comentado e legislação extravagante*, 9.ª ed., p. 747, nota 8 ao art. 518).

137. Sobre o confronto entre o art. 103-A e a Lei 11.417/2006 ver: Luiz Rodrigues Wambier, Teresa Arruda Alvim Wambier e José Miguel Garcia Medina, *Breves comentários à nova sistemática processual civil*, p. 256-257.

processos sobre idêntica questão" (§ 1.º do art. 2.º); (d) como, ainda, é possível editar-se a súmula se a divergência de entendimento ocorrer entre decisões judiciárias e órgãos da administração pública.

As possíveis finalidades de uma súmula vinculante são as de estabelecer a *validade* da norma constitucional, a sua *interpretação* e a sua *eficácia*. É possível que uma súmula se restrinja a uma dessas finalidades, ou, cumulativamente, possa dizer respeito a todas elas. Mas, acima de tudo, e, como finalidade última, a súmula objetiva estabelecer *certeza jurídica*, eliminando, com isso, a precedente incerteza e criando condições para resolver a multiplicação de processos, em que se manifeste *expressivamente essa incerteza*, que acaba por criar segmentos indesejáveis de tumulto judiciário, de choques entre entendimentos administrativos e os do Judiciário, e, pois, de insegurança jurídica. Essa *certeza jurídica* emergente da súmula vinculante se projetará em relação aos órgãos judiciários e também em relação à administração pública, direta e indireta, nas esferas de poder da administração pública, nos níveis federal, estadual e municipal, havendo-se de compreender também o distrital por interpretação extensiva do art. 2.º *caput*, da Lei 11.417/2006.

Em todas as hipóteses que gravitam em torno da súmula vinculante, se não houver sido formulada a sua *edição*, *revisão* ou *cancelamento* pelo Procurador-Geral da República, este será sempre ouvido (§ 2.º, art. 2.º). Com isto – como sempre ocorre com a intervenção do Ministério Público – fica patenteado *interesse público*, em relação a tais hipóteses, e, *interesse público de âmbito nacional*.

O *quorum* exigido para a validade da edição, revisão e cancelamento da súmula com efeito vinculante é o de 2/3 (dois terços) dos membros do STF, em sessão plenária, o que atribui consistência e peso ao que venha a ser sumulado, revisto ou cancelado.

Quaisquer atos fundamentais relacionados com a súmula vinculante – edição, revisão ou cancelamento – comportará publicação em dois meios oficiais de comunicação, do enunciado em que se expresse a súmula, ou seja, no Diário da Justiça em seção especial e no Diário Oficial da União, a partir de cuja publicação o enunciado levará a que essa súmula vinculante tenha a eficácia prevista (§ 4.º, art. 2.º). E, é dessa publicação na imprensa oficial que a súmula vinculante será eficaz.

O art. 3.º da Lei 11.417/2006 elenca os legitimados para propor a edição, revisão ou cancelamento de súmula vinculante. Deve-se ter presente que pelo § 2.º, do art. 103-A, os legitimados para propor a ação direta e inconstitucionalidade, por esse texto constitucional, são *legitimados natos* para essa propositura, revisão ou cancelamento da súmula vinculante, sem prejuízo do disposto na nova lei.[138]

Dispõe o texto da Lei 11.417/2006: "Art. 3.º São legitimados a propor a edição, a revisão ou o cancelamento de enunciado de súmula vinculante: I – o Presidente da República; II – a Mesa do Senado Federal; III – a Mesa da Câmara dos Deputados; IV – o Procurador-Geral da República; V – o Conselho Federal da Ordem dos Advogados do Brasil; VI – o Defensor Público-Geral da União; VII – partido político com representação no Congresso Nacional; VIII – confederação sindical ou entidade de classe de âmbito nacional; IX – a Mesa de Assembleia Legislativa ou da Câmara Legislativa do Distrito Federal; X – o Governador de Estado ou do Distrito Federal; XI – os Tribunais Superiores, os Tribunais de Justiça de Estados ou do Distrito Federal e Territórios, os Tribunais

138. Dispõe esse texto: "§ 2.º Sem prejuízo do que vier a ser estabelecido em lei, a aprovação, revisão ou cancelamento de súmula poderá ser provocada por aqueles que podem propor a ação direta de inconstitucionalidade".

Regionais Federais, os Tribunais Regionais do Trabalho, os Tribunais Regionais Eleitorais e os Tribunais Militares".

Em relação ao Município, na forma deste art. 3.º, § 1.º, não se admite uma *legitimação direta* perante o STF, senão que, apenas, a possibilidade de *arguição incidental* em processo pendente, do qual seja parte o Município.[139] Essa arguição não ensejará a possibilidade de suspensão do processo em que seja feita. O § 1.º desse art. 3.º dispõe: "§ 1.º O Município poderá propor, incidentalmente ao curso de processo em que seja parte, a edição, a revisão ou o cancelamento de enunciado de súmula vinculante, o que não autoriza a suspensão do processo".

Ainda que o § 2.º do art. 3.º deva vir a ser completado por normas subsidiárias do Regimento Interno do STF, o relator poderá admitir manifestação de terceiros, a qual, parece que é livre. Ou seja, nem pelo fato, *v.g.*, de estar sendo processada uma *revisão de súmula vinculante,* esse terceiro haverá de concordar com essa revisão, como, ainda, mesmo concordando, poderá manifestar-se em sentido diferente, ofertando outra redação, diferente da daquele que propôs essa revisão.

Ainda, deve-se acrescer que a súmula com efeito vinculante – em princípio, de eficácia imediata – poderá ter essa eficácia restrita por decisão de 2/3 dos membros do STF, o que ocorrerá "tendo em vista razões de segurança jurídica ou de excepcional interesse público", como já mencionamos (art. 4.º). Esta norma do art. 4.º guarda similitude com a do art. 27, da Lei 9.868/1999, que dispõe: "Art. 27. Ao declarar a inconstitucionalidade de lei ou ato normativo, e tendo em vista razões de segurança jurídica ou de excepcional interesse social, poderá o Supremo Tribunal Federal, por maioria de dois terços de seus membros, restringir os efeitos daquela declaração ou decidir que ela só tenha eficácia a partir de seu trânsito em julgado ou de outro momento que venha a ser fixado".

Pode-se dizer que *praticamente* a edição de uma súmula vinculante, *em certa escala,* produzirá um *impacto* similar ao da edição de uma norma. E, no caso, tratando-se de norma constitucional, esse impacto deve ser havido como mais forte e significativo. O que consta do art. 4.º desta Lei, no sentido de que, em nome da segurança jurídica ou de comparecer excepcional interesse público, é que se proporciona a possibilidade de flexibilizar a vigência e/ou o espectro de abrangência, para acorrer à segurança jurídica ou em nome de excepcional interesse público, deslocando-se para momento ulterior a eficácia da súmula, em relação àquele em que ela venha a ser editada, como, ainda, que sejam *restringidos* os efeitos vinculantes dessa súmula.

Ainda (art. 4.º, *parte final),* como se adiantou, por esse mesmo art. 4.º, será possível que se delimitem, para menos, os efeitos vinculantes de um determinado entendimento, caso em que a súmula vinculante não abrangerá a totalidade das entidades públicas, pessoas políticas e jurisdicionados, determinada região, todos, naturalmente, destinatários desse entendimento vinculante, senão que, apenas, parcialmente esse resultará vinculante, em razão dessa possibilidade de discriminação.

O deslocamento da eficácia para momento ulterior à deliberação guarda *certa similitude* com a noção da *vacatio legis.* A *vacatio legis* significa o tempo que vai da publicação de uma lei até o momento em que ela inicia a sua eficácia, ou seja, o momento em que essa lei terá vigência. Como a *lei nova* traz uma ordenação diferente da preexistente, deve haver um tempo – maior ou menor, conforme a importância da lei que se traduz num maior ou menor impacto na sociedade e órgãos, ao que deverá corresponder tempo maior de *vacatio* – para proporcionar aos destinatários que se

139. V. André Ramos Tavares, *Nova lei* ... cit., p. 58-60.

"acomodem" para a finalidade de a entenderem e poderem vir a cumpri-la.

Se uma súmula vinculante representa a única maneira de ler um texto – ainda que não seja ela mesma uma norma – é certo que, *mutatis mutandis*, provoca um impacto algo similar ao da edição de uma norma. O dimensionamento desse espaço *vago* ficará a critério do Pleno do STF.

O art. 5.º – referindo-se a lei, quando na realidade, *aparentemente*, o objeto da súmula vinculante seria o de norma constitucional – estabelece que deverá o STF, de ofício ou por provocação, *rever* ou *cancelar* a súmula vinculante, conforme o caso. Se a súmula vinculante representa a única maneira possível de entendimento de uma norma, e, se esta norma foi alterada, é certo que a leitura objeto da súmula não deverá subsistir.[140] A alteração da norma constitucional cuja interpretação vinculante consta da respectiva súmula, acaba por subtrair a base dessa súmula. Ocorre que, pela Lei 11.417/2006 – e esta, em nosso sentir, não exorbita das finalidades imprimidas à súmula vinculante, que estão no art. 103-A da CF/1988 – há referência à *lei* (arts. 2.º, § 1.º, e 5.º). Essa referência está correta, porquanto a alusão a decisões sobre *matéria constitucional* conecta-se às relações entre essa e as leis infraconstitucionais. Em outras palavras, o "*pano de fundo*" da atividade de que possa resultar súmula vinculante, em suas linhas gerais, está no art. 102 da CF/1988. Isto conduz a que é possível haver súmula vinculante sobre quaisquer leis, como também, sobre atos normativos que possam ser abrigados no conceito de lei.

A proposta de edição, revisão ou cancelamento não tem interferência nos processos em que a mesma questão esteja sendo discutida (art. 6.º). Enquanto não se *editar, rever* ou *cancelar* (ou, mais precisamente, enquanto não se fizer publicar o enunciado respectivo no diário oficial), prevalece a ordem jurídica sem se considerar qualquer proposta.

Na forma do art. 7.º, o que *contrariar* ou *negar vigência*, ou, ainda, se *aplicar indevidamente* a súmula, comporta *reclamação*. O cabimento de reclamação não exclui os *recursos cabíveis*, ou, eventualmente, *outros meios de impugnação*. Há concorrência desses meios de impugnação.

A escolha do instituto e cabimento da *reclamação*,[141] especialmente, nas hipóteses de *negativa de vigência* ou de *contrariedade à súmula*, explica-se pela circunstância de que, a hipótese – no que diz respeito à sua interpretação – já se encontra decidida pelo STF, e, sendo vinculante essa decisão, haveria de ter sido integralmente respeitada. Não res-

140. V. Luiz Rodrigues Wambier, Teresa Arruda Alvim Wambier e José Miguel Garcia Medina, *Breves*... cit., vol. 3, p. 275-276:

"O art. 5.º chama atenção para um aspecto que entendemos relevante: diz que, revogada ou alterada a lei em que se fundou a súmula vinculante, poderá o STF, de ofício ou por provocação, rever ou cancelar a súmula."Este dispositivo nos leva a afirmar que, de acordo com a lei, as matérias sobre as quais deverão versar as súmulas vinculantes não são constitucionais, no sentido estrito. São em conformidade com o art. 103-A da Constituição Federal, matérias constitucionais em sentido amplo. A súmula vinculante do STF poderá, sim, abranger a lei, dizendo respeito, por exemplo, a como deva ser entendida ou interpretada para que seja compatível com a Constituição Federal. De fato, este é um tipo de ofensa à Constituição (que se faz por meio de decisão que aplica lei inconstitucional) objeto de recurso extraordinário, e, por conseguinte, satisfeitos os demais requisitos, pode dar origem a uma súmula vinculante".

141. Cf. André Ramos Tavares, *Nova lei*... cit., p. 79: "Logo, a reclamação constitucional passou a desempenhar um papel importante no cenário do controle de constitucionalidade brasileiro. E, doravante, em virtude de se ter contemplado expressamente seu cabimento nos casos de descumprimento de súmula vinculante, sua importância será reforçada enquanto instrumento próprio para fazerem-se impor efetivamente as decisões sumulares do STF dotadas de eficácia geral e efeito vinculante".

peitada, estar-se-á desrespeitando decisão *vinculante, de observância obrigatória* do STF.

O que nos parece é que a lei, no caso, criou meios ou caminhos concorrentes. O art. 7.º, *caput*, dispõe que "caberá reclamação ao Supremo Tribunal Federal, sem prejuízo dos recursos ou outros meios admissíveis de impugnação". O que nos parece é que, concorrentemente, pode-se usar a reclamação e/ou os recursos. Se estes não forem interpostos, penso que a reclamação não será afetada. Como, ainda, parece-nos que o contrário também.

A escolha da reclamação se explica sob o ângulo de ter sido desrespeitada decisão que haveria de ter sido acolhida para aplicação em determinada hipótese.[142] As demais hipóteses de cabimento da reclamação assimilam-se a esta.[143] O cabimento dos demais recursos, que possam caber, indica uma dualidade de caminhos possíveis. E, se couberem, ao invés de recursos, outros meios de impugnação, verificar-se-á esta dualidade entre a reclamação e estes outros meios.

No âmbito da Administração Pública, impõe-se como requisito ao cabimento da reclamação (art. 7.º, § 1.º) o necessário esgotamento das vias administrativas, no que está implicada a possibilidade de a própria Administração corrigir o seu ato ou suprir a sua omissão.

À luz do § 2.º do art. 7.º, tratando-se de ato administrativo que haja desrespeitado a súmula vinculante, esse ato será anulado. E, tratando-se de decisão judicial, o STF cassará essa decisão, determinando que outra seja proferida, aplicando-se a súmula vinculante; *i.e.*, que esta seja obedecida, tal como já deveria ter acontecido. Ou, então, que deixe de aplicar a súmula vinculante, que haja sido aplicada erroneamente. Esta última hipótese – como se disse, compreende-se também no âmbito da reclamação. Em rigor, aqui, obedeceu-se a uma súmula vinculante, que não diz respeito à hipótese, ou seja, a hipótese do caso concreto não foi objeto de decisão vinculante sumulada pelo STF.

A nova redação atribuída ao § 3.º do art. 56 da Lei 9.784/1999, pelo art. 8.º, da Lei 11.417/2006, impõe o dever à autoridade que proferiu a decisão, à luz do recurso interposto e antes de encaminhá-lo para a autoridade superior, de explicitar, de tornar mais clara a sua decisão em relação à questão que tenha sido levantada no recurso *de infração à súmula vinculante*, proporcionando condições melhores para a apreciação desse pelo órgão *ad quem*. Ou, eventualmente, poderá o órgão prolator da decisão reconsiderar a sua decisão, na hipótese de entender que ao recorrente assiste razão. Com isto o § 3.º desse art. 56 da Lei 9.784/1999 (tal como decorrente da redação da Lei 11.417/2006, art. 8.º), estabelece a possibilidade de *retratação* ou de *reconsideração*, com o que se alteraria o resultado do que houvesse sido decidido.

Ao ensejo do julgamento do recurso administrativo, à luz do art. 64-A, acrescido pelo art. 9.º da Lei 11.417/2006 à Lei 9.784/1999 – e, já precedido da explicitação a que se refere a nova redação atribuída ao art. 56 da Lei 9.784/1999 –, deverá o órgão julgador, a seu turno, manifestar-se espe-

142. V. Luiz Rodrigues Wambier, Teresa Arruda Alvim Wambier e José Miguel Garcia Medina, *Breves*... cit., vol. 3, p. 278: "A reclamação está entre os feitos de competência originária do STF e tem como objetivo preservar a competência desse tribunal e garantir a autoridade de suas decisões. Segundo o dispositivo ora comentado, a reclamação para o STF terá também a função de corrigir decisões que desrespeitem as súmulas desse tribunal, o que, de certo modo, já se poderia dizer estar incluído em desrespeitar suas decisões, já que uma súmula consiste exatamente na cristalização de uma posição reiteradamente assumida em decisões isoladas, em certo tribunal, sobre uma determinada questão jurídica".

143. Para um estudo mais apurado sobre a reclamação ver: Leonardo Lins Morato, *Reclamação e sua aplicabilidade para o respeito da súmula vinculante*.

cificamente também sobre a *aplicabilidade* ou *inaplicabilidade* da súmula, conforme a hipótese. Este texto, diferentemente do que se passa com a redação atribuída ao art. 56 da Lei 9.784, em rigor, não seria necessário, porquanto, se o objeto do recurso diz respeito à súmula vinculante, é certo que o órgão julgador desse recurso não teria como deixar de manifestar-se a respeito.

O texto deste art. 64-B, acrescido à Lei 9.784/1999, determina que acolhida a alegação de ter sido violada a súmula vinculante pelo STF, que este cientifique disso a autoridade prolatora da decisão e também o órgão competente para o julgamento do recurso, no sentido de que seja efetivamente respeitada a súmula vinculante, em decisões futuras em hipóteses semelhantes, ou, *a fortiori*, iguais. Esta cientificação se coloca como condição de responsabilização cível, administrativa e penal.

Como se adiantou, o art. 10 da Lei 11.417/2006 estabelece que o procedimento em relação às hipóteses de *edição*, *revisão* ou *cancelamento* de súmula vinculante terá de ser *subsidiariamente* complementado por normas do RISTF, o que se encontra previsto nos arts. 102 e 103 deste Regimento.

56-D. A função jurisdicional no controle da constitucionalidade (*especialmente* do STF) e o princípio da proporcionalidade

O princípio da proporcionalidade[144-145-146] resultou possível em decorrência de uma evolução bastante profunda que alterou a relação do juiz com a lei (decididamente este deixou de ser somente "*a boca da lei*"), e, cumulativamente, com a conscientização de que a Constituição é a lei que, por excelência, tem de ser obedecida, com os seus valores realizados na extensão máxima possível (v., *supra*, Capítulo III, item: "Evolução da hermenêutica e o processo civil", para uma notícia dessa evolução, no plano do direito processual civil). A Constituição é, com primazia, uma lei que se sobrepõe ao governante, e, mais do que isto, sobrepõe-se, inclusive, ao Parlamento.[147-148]

Esse princípio da proporcionalidade importa numa releitura do papel do juiz em relação ao direito constitucional e à avaliação da constitucionalidade das leis, sendo especialmente relevante ter-se presente: (a) o engrandecimento da figura do juiz; (b) particularmente, a maior conscientização do papel da Constituição, com significação engrandecida do direito constitucional, base dos ordenamentos – que sempre teve, mas que, atualmente, a isso se emprestam *efeitos*

144. Para uma exposição completa, v. Robert Alexy, *Theorie der Grundrechte*, *passim*, mas especificamente cap. 3.º, n. 8, p. 100 *et seq.*; na edição espanhola, *Teoría de los derechos fundamentales*, p. 111 *et seq.*

145. Este princípio foi enunciado pela primeira vez em 1802, por Von Berg e dizia respeito à limitação da atividade policial.

146. Com o seu perfil contemporâneo, no Direito Constitucional alemão, ensina Gilmar Ferreira Mendes: "No Direito Constitucional alemão, outorga-se ao princípio da proporcionalidade (*Verhältnismässigkeit*) ou ao princípio da proibição de excesso (*Übermassverbot*) *qualidade de norma constitucional não escrita*, derivada do Estado de Direito. Cuida-se, fundamentalmente, de evitar restrições desnecessárias ou abusivas contra os direitos fundamentais" (*Controle da constitucionalidade*, p. 43).

147. Esta ideia é antiga; não é apenas de nossos dias. Como lembrou, com oportunidade ímpar, o Ministro e Professor Moreira Alves "de há muito se encontra no pensamento jurídico *o postulado da supremacia de normas fundamentais*. Sob formas diversas, ela já existe na Idade Média. A distinção, na França, *de leis do rei* e de *leis do reino* remonta, quando menos, ao século XV" (*v.* Moreira Alves, discurso proferido ao ensejo da instalação da Assembleia Nacional Constituinte, em *Revista de Informação Legislativa*, n. 83, p. 5).

148. Mas o que é verdadeiro é que, conquanto uma ideia exista, em nosso tempo, a essa ideia atribui-se uma maior realização.

práticos –, que passa a submeter mais rígida e eficazmente a legislação *infraconstitucional*; (c) constituiu-se numa teoria particular da constitucionalidade das leis, com vistas a um maior e mais eficiente resguardo de direitos fundamentais, que não devem ser "arranhados" ou "minimizados" pela legislação ordinária, enquanto esta não se mostrar compatível com a grandeza desses direitos, tais como tenham sido cunhados na Constituição, restringindo-os, na estrita medida do necessário ou disciplinando-os de forma que atuem o mais amplamente possível, pois é isso que determina a Constituição; (d) importa no estabelecimento de uma *sintonia fina* entre a Constituição e o Judiciário, para saber se o legislador bem concretizou, no plano ordinário, direitos fundamentais, tendo-se em vista esses textos constitucionais em que se preveem tais direitos. Viabiliza-se pela aplicação desse princípio que se identifiquem ou que se flagrem inconstitucionalidades decorrentes do descompasso entre o *significado albergado pelo texto constitucional* e não corretamente compreendido, não adequadamente realizado pelo legislador ordinário; (e) o Judiciário passou a ser um *longa manus expressivo* do constituinte, na fiscalização dessa *rigorosa congruência* entre a lei em relação à Constituição; (f) não se aplica, exclusivamente, à avaliação da submissão da *lei* à *Constituição*, senão que também no direito administrativo [*de resto, onde foi concebido ou idealizado*], no direito penal;[149] (g) há uma imensidão de dados, que ainda estão sendo – especialmente entre nós – objeto de organização e sistematização.

Esse princípio da proporcionalidade realiza, na extensão máxima, o papel que uma Constituição deve exercer no sistema jurídico. É, esse princípio, uma implicação lógica da eminência do direito constitucional em relação ao ordenamento, particularmente, quando aí se estabelecem direitos fundamentais. Estes somente poderão ser restringidos se isto se mostrar: (*1*) *necessário;* (2) *se essa restrição for adequada ao fim ou aos fins a serem atingidos, em nome e por causa de outro valor igualmente tutelável;* (3) *se um direito fundamental for restringido de uma forma radical (por causa de outro direito)*, porém *se existir outra forma de restrição mais suave, mas atingindo esta a finalidade daquela, esta será a preferida, e, se houver lei que tenha optado pelo radicalismo, esta será inconstitucional.*

Esse princípio permite flagrar inconstitucionalidades mais intensamente – antes do reconhecimento de sua existência –, estabelecendo uma *submissão mais intensa* da legislação infraconstitucional para com a Constituição, tendo isto sido possível (a) por um reconhecimento maior de poderes do juiz, na interpretação, a serem utilizados em nome e por causa de uma mais intensa fidelidade da legislação ordinária para com a Constituição; (b) para que isto haja ocorrido, é certo que se verificou uma maior e mais intensa conscientização do papel fundamental da Constituição no sistema jurídico, como já se disse; (c) enfrenta-se em rigor não por esse mesmo princípio – senão que *possivelmente* pelo princípio da *razoabilidade* – o antigo problema das leis, formalmente corretas e formalmente obedientes à Constituição, mas *irracionais, destituídas de razão, ou das leis representativas de capricho do legislador ordinário,* e, segundo muitos, até mesmo da *lei injusta.*

O princípio da *razoabilidade* impõe ao legislador uma atuação racional, ou seja, que não enuncie comandos absurdos, sem sentido. Guardam, o da *razoabilidade* e o da *proporcionalidade*, proximidade, mas possivelmente não se identificam inteiramente; diversos autores estabelecem sinonímia. O princípio da proporcionalidade vai além do

149. V. a respeito o trabalho de Roberto Rosas, Devido processo legal: proporcionalidade e razoabilidade, publicado na *RT* 783/11, especificamente p. 15, n. 9.

da *razoabilidade*, como esclarece Helenilson Cunha Pontes,[150] na medida em que no princípio da proporcionalidade exige-se apenas "que a atuação estatal e a decisão jurídica sejam razoáveis, mas que sejam os melhores meios de maximização das aspirações constitucionais".

Para Paulo Bonavides,[151] o princípio da proporcionalidade pretende "instituir a relação entre fim e meio, confrontando o fim e o fundamento de uma intervenção com os efeitos desta para que se torne possível o controle do excesso "(...) trata-se daquilo que há de mais novo, abrangente e relevante em toda a teoria do constitucionalismo contemporâneo; princípio cuja vocação se move sobretudo no sentido de compatibilizar a consideração das realidades não captadas pelo formalismo jurídico, ou por este marginalizadas, com as necessidades atualizadoras de um Direito Constitucional projetado sobre a vida concreta e dotado da mais larga esfera possível de incidência – fora, portanto, das regiões teóricas, puramente formais e abstratas".

Para Luís Roberto Barroso,[152] escrevendo sobre o princípio da razoabilidade, esse princípio

" (...) é um parâmetro de valoração dos atos do Poder Público para aferir se eles estão informados pelo valor superior inerente a todo ordenamento jurídico: a justiça. Sendo mais fácil de ser sentido do que conceituado, o princípio se dilui em um conjunto de proposições que não o libertam de uma dimensão exclusivamente subjetiva. É *razoável* o que seja conforme à razão, supondo equilíbrio, moderação e harmonia, o que não seja arbitrário ou caprichoso; o que corresponda ao senso comum, aos valores vigentes em dado momento ou lugar".

Para Maria Rosynete Oliveira Lima,[153] a procura de um equilíbrio entre o exercício do poder estatal e a preservação dos direitos fundamentais do homem fez brotar na jurisprudência e doutrina pátria exames que ora chamou de razoabilidade, ora de proporcionalidade, não só da atuação administrativa, mas também legislativa.

Gilmar Ferreira Mendes[154] vê como consolidado na jurisprudência do Supremo Tribunal Federal "(...) o desenvolvimento do princípio da proporcionalidade ou da razoabilidade como postulado constitucional autônomo que tem sua *sedes materiae* na disposição constitucional que disciplina o devido processo legal (art. 5.º, LIV)", afirmando-se "de maneira inequívoca a possibilidade de se declarar a inconstitucionalidade da lei em caso de sua dispensabilidade (inexigibilidade), inadequação (falta de utilidade para o fim perseguido) ou de ausência de razoabilidade em sentido estrito (desproporção entre o objetivo perseguido e o ônus imposto ao atingido)".

Conforme ressalta Gilmar Ferreira Mendes,[155] subsidiado por forte aparato doutrinário alemão, o pressuposto da adequação (*Geeignetheit*) exige que as medidas interventivas adotadas pelo Estado mostrem-se aptas a atingir os objetivos pretendidos. O requisito da necessidade ou da exigibilidade (*Notwendigkeit oder Erforderlichkeit*) significa que nenhum meio menos gravoso para

150. *O princípio da proporcionalidade e o direito tributário*, p. 190-191.

151. *Curso de direito constitucional*. p. 315.

152. Cf. Luís Roberto Barroso, *Interpretação e aplicação da Constituição, fundamentos de uma dogmática constitucional transformadora*, p. 205-206.

153. *Devido processo legal*, p. 273-276.

154. Cf. Gilmar Ferreira Mendes, A proporcionalidade na jurisprudência do Supremo Tribunal Federal, *Repertório IOB de Jurisprudência*, n. 23/94.

155. Cf. Gilmar Ferreira Mendes, *Direitos fundamentais e controle de constitucionalidade*, p. 39.

o indivíduo revelar-se-ia igualmente eficaz na consecução dos objetivos pretendidos. Assim, apenas o que é adequado pode ser necessário, mas o que é necessário não pode ser inadequado. Um juízo definitivo sobre a proporcionalidade ou razoabilidade da medida há de resultar da rigorosa ponderação entre o significado da intervenção para o atingido e os objetivos perseguidos pelo legislador (proporcionalidade ou razoabilidade em sentido estrito).

Marcelo José Magalhães Bonicio[156] esclarece que a proporcionalidade é o princípio constitucional em que se apoia "a linha de equilíbrio fundamental do sistema processual" de molde a legitimar as decisões judiciais, mercê da "observância de critérios que proíbem o excesso de poder", bem assim "o desequilíbrio ou a desnecessidade de certas medidas", entre os jurisdicionados e o próprio Estado. O princípio da proporcionalidade está albergado na garantia constitucional do devido processo legal, cuja efetividade é garantida pelo Estado de Direito.

Um dos primeiros,[157] senão o *leading case* no Brasil, a respeito de referência ao princípio da proporcionalidade, então rotulado de "*razoabilidade*" ocorreu no julgamento pelo STF da Representação por Inconstitucionalidade 930-DF, julgada em 05.05.1976, relator para o acórdão Min. Rodrigues Alckmin. Dizia respeito à disciplina por lei da profissão de corretor, tendo sido havida, essa disciplina, como injustificável (= injustificavelmente, desarrazoadamente restritiva). Consta do acórdão a indagação: "Que adiantaria afirmar *livre* o exercício de qualquer profissão, se a lei ordinária tivesse o poder de restringir tal exercício, a seu critério e alvitre, por meio de requisitos e condições que estipulasse, aos casos e pessoas que entendesse". Tratava-se de disciplinar a profissão de corretor para cujo exercício não era e não é, sequer exigida "capacidade técnica", o que tornava sem sentido determinadas exigências da lei.

Antes desse pode-se identificar o julgamento pelo STF do RE 18.331, rel. Min. Orozimbo Nonato, *RF* 145 (1953), p. 164 e ss., que versava sobre o *poder de taxar*, devendo-se também fazer menção à Representação 1.077, em que se enfrentou os limites da *taxa judiciária*, com largo desenvolvimento. Lê-se no acórdão: "O poder de taxar não pode chegar à desmedida do poder de destruir, uma vez que aquele somente pode ser exercido dentro dos limites que o tornem compatível com a liberdade de trabalho, comércio e da indústria e com o direito de propriedade".[158]

Em fevereiro de 1968 (STF, HC 45.232, rel. Min. Themístocles Cavalcanti, *RTJ* 44, p. 327-328), analisou-se o art. 48 do Dec.-lei 314, de 1967. O STF reconheceu que a restrição aí contida *revelava-se desproporcional (excedente, ou, descabidamente excedente, aos efeitos da condenação)*, dado que se proibia que o acusado de prática contra a Segurança Nacional desempenhasse qualquer atividade profissional pública ou privada.[159]

156. Marcelo José Magalhães Bonicio, *Proporcionalidade e processo*, p. 23.

157. Antes desse pode-se identificar o julgamento pelo STF do RE 18.331, rel. Min. Orozimbo Nonato, *RF* 145/164 *et seq.* (ano de 1953), que versava sobre o *poder de taxar*, devendo-se também fazer menção à Representação 1.077, em que se enfrentou os limites da *taxa judiciária*, com largo desenvolvimento (*RTJ* 112/58-59, STF, rel. Min. Moreira Alves).

158. A base da decisão deste acaso é identificada por Gilmar Ferreira Mendes (*Direitos fundamentais e controle da constitucionalidade*, cit., 2.3, p. 68-69, como aplicando o princípio da proporcionalidade). A mesma coisa ocorreu no julgamento do *HC* 45.232 (idem, p. 70-71).

159. Os acórdãos citados do STF – RE 18.331, j. 21.09.1951 e *Habeas corpus* 45.232 – são expressões de aplicação do princípio da proporcionalidade, *dado serem leis "desarrazoadas ou desproporcionadas"*, segundo Suzana de

O Supremo Tribunal Federal, ao julgar a arguição de inconstitucionalidade do art. 5.º, e seus parágrafos e incisos, da Lei 8.713, de 30.09.1993, disciplinadora da participação de partidos políticos nas eleições presidenciais, utilizou-se do princípio da *razoabilidade* (assim nominado no acórdão), ou seja, decidiu que a Lei 8.713 feria o princípio constitucional do *devido processo legal* (esse princípio abarca a *falta de razoabilidade de uma norma*): (a) consta do voto do Min. Moreira Alves: "Por isso mesmo já houve quem dissesse que é um modo de a Suprema Corte americana ter a possibilidade de certa largueza de medidas para declarar a inconstitucionalidade de leis que atentem contra a razoabilidade" [surpreende-se, nesta parte, a similitude vislumbrada entre o *princípio da razoabilidade* e o da *proporcionalidade*]; (b) são – os textos em causa, da Lei 8.713 – dispositivos de exceção, ou seja, continua o voto, "(...) partem de fatos passados, já conhecidos pelo legislador quando da elaboração da lei, para criar *impedimentos futuros e, portanto para cercear a liberdade desses partidos políticos*" (ADIn 855, RTJ: 152, p. 455 e ss.); (c) questiona o Min. Moreira Alves se seria possível estabelecerem-se restrições ao pluripartidarismo, *deixando de enfrentar a questão, na hipótese, porque rigorosamente impertinente*, mas concluindo: "Fico apenas nesse outro que é o da falta de razoabilidade desse princípio". Outro caso, de que foi relator o Min. Moreira Alves foi o da Representação 1.054 (*RTJ* 100/967), em que se arguiu de inconstitucionalidade o art. 86 do então vigente Estatuto da Ordem dos Advogados do Brasil – revogada Lei 4.215, de 27.04.1963 (com a redação dada pela Lei 5.681/1971) –, em que se estabelecia incompatibilidade de magistrados, membros do Ministério Público e de outras categorias, durante os dois anos seguintes, a contar da aposentadoria. O relator argumentou que essa restrição não era aceitável, sob ângulo algum de avaliação, e, que, portanto, na realidade, o significado prático da lei era manifestamente discriminatório, sem razão alguma.

A jurisprudência constitucional do Supremo Tribunal Federal – que rigorosamente tem se utilizado mais do *nomen iuris* do princípio da *razoabilidade* –, bem por isso, tem censurado a validade jurídica de atos estatais que, desconsiderando as limitações incidentes sobre o poder normativo do Estado, veiculam prescrições que ofendem os padrões de razoabilidade e que se revelam destituídas de causa legítima, exteriorizando abusos inaceitáveis e institucionalizando agravos inúteis e nocivos aos direitos das pessoas (ADIn 1.063-DF, j. 18.05.1994, rel. Min. Celso de Mello, *DJ* 27.04.2001; ADIn 1.158-AM, j. 19.12.1994, rel. Min. Celso de Mello, *DJ* 26.05.1995, v.g.). De outro lado, o Plenário do Supremo Tribunal Federal tem prestigiado normas que não se revelam arbitrárias ou irrazoáveis em suas prescrições, em suas determinações ou em suas limitações: "A norma estatal, que não veicula qualquer conteúdo de irrazoabilidade, ajusta-se ao princípio do devido processo legal, analisado na perspectiva de sua projeção material (*substantive due process of law*). Essa cláusula tutelar, ao inibir os efeitos prejudiciais decorrentes do abuso de poder legislativo, enfatiza a noção de que a prerrogativa de legislar outorgada ao Estado constitui atribuição jurídica essencialmente limitada, ainda que o momento de abstrata instauração normativa possa repousar em juízo meramente político ou discricionário do legislador" (ADIn 1.407-DF, j. 07.03.1996, rel. Min. Celso de Mello, *DJ* 24.11.2000).

Conclui-se, portanto, que superado esse limite, e exteriorizando a norma legal conteúdo tisnado pelo vício da irrazoabilidade, vem o legislador, em tal anômala situação, a

---

Toledo Barros, em *O princípio da proporcionalidade e o controle da constitucionalidade das leis restritivas de direitos fundamentais*, cap. III, 4, p. 98.

incidir em causa configuradora do excesso de poder, o que compromete – especialmente naquelas situações em que a lei se reduz à condição de deliberação estatal totalmente opressiva e arbitrária – a própria função jurídico-constitucional dessa espécie normativa" (STF, ADIMC 1.755, rel. Min. Celso de Mello, *DJ* 04.02.1998, p. 1).

Em voto do Min. Moreira Alves há referência à inconstitucionalidade (referida como *ferindo indiretamente* texto constitucional) baseado no princípio da razoabilidade: "Começo pelo princípio constitucional do *due process of law*, oriundo do direito norte-americano, de conceito tão impreciso que o *Justice Felix Frankfurter* chegou a afirmar que a sua essência não admite os limites inseguros de uma conceituação: que os exemplos de sua aplicação e de seus significados em manual jurídico (...). E mais: conceito que tem variado no tempo, perdendo seu significado primitivo (que foi acolhido nos EUA por cerca de um século) restrito ao campo dos procedimentos irregulares e iníquos das autoridades executivas e judiciárias especialmente no terreno processual penal, *para, paulatinamente, passar a permitir que o Poder Judiciário declare como inconstitucionais e nos Estados Unidos da América só há esse controle no caso concreto, leis que se apresentem de tal forma aberrantes da razão que possam ferir indiretamente direitos constitucionais*" (voto do Min. Moreira Alves na ADIn 223, *RTJ* 132/571).

Como *exemplo* da hipótese em que podem colidir dois direitos fundamentais, *compatibilizados* ou *acomodados* tendo em vista o *princípio da proporcionalidade,* vale mencionar caso julgado pelo Supremo Tribunal Federal. Na ADI-MC 855/PR, j. 01.07.1993, rel. Min. Sepúlveda Pertence, *DJ* 01.10.1993 estão claramente presentes a *liberdade de comércio* e *o direito do consumidor.*

Deflui do v. acórdão proferido na referida ADIn 855-2, onde francamente o Supremo Tribunal Federal fundamentou acórdão com lastro no princípio da proporcionalidade, ao ensejo da suspensão liminar de vigência de lei de Estado federado, em que se disciplinava matéria de consumo. De uma parte, sustentou-se a competência da União para a disciplina do assunto (ainda que houvesse competência concorrente do Estado federado), arguição esta que refoge do assunto aqui tratado; como, também, constituiu-se fundamento do v. acórdão a violação do princípio da proporcionalidade (v. acórdão, item 6.º, do relatório, e, item 4.º do voto de relator). Em relação ao aspecto atinente ao princípio da proporcionalidade fundamentou-se em que as despesas que estavam implicadas se cumprida a lei local, em decorrência das inovações por ela impostas seriam "onerosas e de duvidosos efeitos úteis".

Tratava-se de lei local, disciplinadora de consumo, em que se impunha, para a troca domiciliar de botijões de gás, que houvesse sempre pesagem "à vista do consumidor", tanto do botijão recolhido, quanto do entregue (da súmula da lei). Para isto haveriam os entregadores de "portar balança apropriada para essa finalidade".

Bibliografia

ABRAHAM, Henry J. *The judicial process.* 6. ed. New York-Oxford: Oxford University Press, 1993.

ALEXY, Robert. *Teoría de los derechos fundamentales.* Madrid: Centro de Estudios Constitucionales, 2001.

______. *Theorie der Grundrechte.* 2. ed. Baden-Baden, 1994.

ALVIM, Thereza. O ato administrativo irrevogável e a coisa julgada – Distinção e aspecto comum. *Revista da Procuradoria-Geral do Estado de São Paulo* II/267 e ss.

ARRUDA ALVIM, Eduardo. *Curso de direito processual civil.* São Paulo: Ed. RT, 1998. vol. 1.

______. *Curso de direito processual civil.* São Paulo: Ed. RT, 1999. vol. 1.

______. *Curso de direito processual civil*. São Paulo: Ed. RT, 2000. vol. 2.

______. *Direito processual civil*. São Paulo: Ed. RT, 2008.

______. *Direito processual civil*. 3. ed. São Paulo: Ed. RT, 2010.

______. *Direito processual civil*. 4.ed. São Paulo: Ed. RT, 2012.

ARRUDA ALVIM NETTO, José Manoel de. *A arguição de relevância no recurso extraordinário*. São Paulo: Ed. RT, 1988.

______. A EC n. 45 e o instituto da repercussão geral. In: WAMBIER, Teresa Arruda Alvim; WAMBIER, Luiz Rodrigues; GOMES JR., Luiz Manoel; FISCHER, Octávio Campos; FERREIRA, William Santos (coords.). *Reforma do Judiciário* Primeiras reflexões sobre a Emenda Constitucional n. 45/2004. São Paulo: Ed. RT, 2005.

______. Anotações sobre as perplexidades e os caminhos do processo civil contemporâneo – sua evolução ao lado da do direito material. In: TEIXEIRA, Sálvio de Figueiredo (coord.). *As garantias do cidadão na justiça*. São Paulo: Saraiva, 1993.

______. *Código de Processo Civil comentado*. São Paulo: Ed. RT, 1975. vol. 1.

______. *Curso de direito processual civil*. São Paulo: Ed. RT, 1971. vol. 1.

______. *Direito processual civil* – Teoria geral do processo de conhecimento. São Paulo: Ed. RT, 1972. vol. 2.

______. O recurso extraordinário brasileiro e o instituto da repercussão geral (EC 45/2004) – (A repercussão geral é requisito análogo ao previsto no art. 280 do Código de Processo Civil da Nação argentina e guarda similitude com a chamada arguição de relevância no recurso extraordinário que existiu no Brasil, no regime constitucional, de 1969 a 1988). Notícia de projeto para sua disciplina por legislação ordinária. In: BERIZONCE, Omar; HITTERS, Juan Carlos; OTEIZA, Eduardo David (coords.). *El papel de los tribunales superiores*. Ruzinzal-Cuzoni, 2006.

______. Parecer. *Mandado de segurança e direito público*. São Paulo: Ed. RT, 1995. (Coleção *Estudos e pareceres*.)

______. *Direito Processual Civil:* Teoria Geral do Processo de Conhecimento. vol. 2. São Paulo: Ed. RT, 1972.

______. *Tratado de direito processual civil*. São Paulo: Ed. RT, 1990.

______. ALVIM, Thereza; MARINS, James; ARRUDA ALVIM, Eduardo. *Código do Consumidor comentado*. 2. ed. São Paulo: Ed. RT, 1995.

ASSIS, Araken de. ALVIM, Eduardo de Arruda. NERY JR., Nelson. MAZZEI, Rodrigo. WAMBIER, Teresa Arruda Alvim. ALVIM, Thereza. *Direito Civil e Processo:* Estudos em Homenagem ao Professor Arruda Alvim. São Paulo: Ed. RT, 2007.

______. *Manual dos recursos*. São Paulo: Ed. RT, 2007.

BARBI, Celso Agrícola. *Ação declaratória*. Rio de Janeiro – São Paulo: Forense, 1976.

______. *Comentários ao Código de Processo Civil*. Rio de Janeiro: Forense, 1983.

______. *Do mandado de segurança*. 3. ed. 3. tir. Rio de Janeiro: Forense, 1980.

______. Evolução do controle da constitucionalidade. *RDP* 4/43.

BARBOSA, Rui. *Comentários à Constituição Federal brasileira*. Rio de Janeiro: Livraria Acadêmica, 1933, vol. 4/429.

BARROS, Suzana de Toledo. *O princípio da proporcionalidade e o controle da constitucionalidade das leis restritivas de direitos fundamentais*. Brasília: Brasília Jurídica, 1996.

BARROSO, Luís Roberto. *Interpretação e aplicação da constituição, fundamentos de uma dogmática constitucional transformadora*. São Paulo: Saraiva, 1996.

BASTOS, Celso Ribeiro. Perfil constitucional da ação direta de declaração de inconstitucionalidade. *RDP* 22/78-106, São Paulo, Ed. RT, out.-dez./1972.

BERMUDES, Sérgio. A ação judicial como espécie de direito de petição e a independência do Poder Judiciário como condição do exercício da jurisdição. *RBDP* 17/103, 1979.

BITTENCOURT, Lúcio. *O controle jurisdicional da constitucionalidade das leis*. Atual. José de Aguiar Dias. Rio de Janeiro: Forense, 1968.

BONAVIDES, Paulo. *Curso de direito constitucional*. 4. ed. São Paulo: Malheiros, 1993.

BONICIO, Marcelo José Magalhães. *Proporcionalidade e processo*. São Paulo: Atlas, 2006.

BULOS, Uadi Lammêgo, FURTADO, Paulo. *Lei da Arbitragem Comentada*. São Paulo: Saraiva, 1997.

BUZAID, Alfredo. *Da ação direta de declaração de inconstitucionalidade no direito brasileiro*. São Paulo: Saraiva, 1958.

CALAMANDREI; FURNO, Carlo. Cassazione civile. In: AZARA, Antonio; EULA, Ernesto (coord.). *Novissimo Digesto Italiano*. UTET. vol. 2.

CAMPOS, Ronaldo Cunha. O objeto do processo e a posição do Judiciário. *RBDP* 35/15, 1982.

CARMONA, Carlos Alberto. *Arbitragem e processo:* Um Comentário à Lei 9.307/1996. 2. ed. São Paulo: Atlas, 2007.

CARNEIRO, Athos Gusmão. Jurisdição e competência. *AJURIS* 20/22; *RMPR* 23/53.

______. Jurisdição – Noções fundamentais. *Revista de Processo [RePro]* 19/9-22, ano V, São Paulo, Ed. RT, jul.-set./1980; *AJURIS* 20/22, 1980.

CARVALHO, Milton Paulo de. *Do pedido no processo civil*. Porto Alegre: Fabris, 1992.

CASELLA, Paulo Borba et al (coord). *Arbitragem:* A Nova Lei Brasileira (9.307/96) e a praxe internacional. São Paulo: LTr, 1997.

CASTRO, Amílcar de. Reparos sobre a jurisdição e a ação. *RF* 254/17; *RBDP* 1/13, 1975; *Litis* 1/25; *RJ* 1/23.

CASTRO NUNES. *Teoria e prática do Poder Judiciário*. Rio de Janeiro: Leite Ribeiro & Maurillo, 1943.

CHIOVENDA, Giuseppe. *Instituições de direito processual civil*. 2. ed. Trad. G. Menegale. vol. 2.

COSTA, Nilton César Anutnes da. *Poderes do Árbitro – de acordo com a Lei 9.307/96*. São Paulo: Ed. RT, 2002.

COUTURE, Eduardo. A jurisdição. *RBDP* 10/37, 1977.

CRUZ E TUCCI, José Rogério. *A causa petendi no processo civil*. São Paulo: Ed. RT, 1993.

FERRARI, Regina Maria Macedo Nery. *Efeitos da declaração de inconstitucionalidade*. 3. ed. São Paulo: Ed. RT, 1992.

FERREIRA, William dos Santos. In: WAMBIER, Teresa Arruda Alvim; WAMBIER, Luiz Rodrigues; GOMES JR., Luiz Manoel; FISCHER, Octávio Campos; FERREIRA, William Santos. *Reforma do judiciário* – Primeiras reflexões sobre a Emenda Constitucional n. 45/2004. São Paulo: Ed. RT, 2005.

FERREIRA FILHO, Manoel Gonçalves. *Comentários à Constituição brasileira*. 2. ed. São Paulo: Saraiva. vol. 2, 1990.

FIGUEIRA JÚNIOR, Joel Dias. *Arbitragem, Legislação Nacional e Estrangeira e o Monopólio Jurisdicional*. São Paulo: LTr, 1999.

FUX, Luiz. NERY JR, Nelson. WAMBIER, Teresa Arruda Alvim (org.). *Processo e Constituição:* Estudos em homenagem ao professor José Carlos Barbosa Moreira. São Paulo: Ed. RT, 2006.

GRECO, Leonardo. *Estudos de Direito Processual*. Campos de Goytacazes: Ed. Faculdade de Direito de Campos, 2005.

GORDILLO, Augustín. *Princípios gerais de direito público*. Trad. Marco Aurélio Greco. São Paulo: Ed. RT, 1977.

GUIMARÃES, Mário. *O juiz e a função jurisdicional*. Rio de Janeiro: Forense, 1958.

HABSCHEID, Walther J. *Droit judiciaire prive suisse*. Genebra: L'Université, 1975.

HAURIOU, Maurice. *Derecho público constitucional*. 2. ed. trad. espanhola. Madri: Reus, 1927.

HERKENHOFF, João Baptista. Considerações sobre o novo Código de Processo Civil. *AJURIS* 1/5, 1974, e 7/61, 1976.

IHERING, Rudolf von. *L'évolution du droit*. Trad. Meulenare, s/d., n. 145.

JELLINECK, Georg. *System der Subjektiven öffentlichen Rechte*. [Sistema dos direitos públicos subjetivos]. 2. tir. Tübingen: 1905.

______. *Teoría general del estado*. Trad. 2. ed. alemã. Buenos Aires: s/d.

KÖTZ, Hein. *Münchener Kommentar zum Bürgerlichen Gesetzbuch*. 3. ed. Munique: C. H. Beck, 1993.

LARENZ, Karl. *Metodologia da ciência do direito*. Trad. 6. ed. alemã (1991). Lisboa: Calouste Gulbenkian, 1997.

LEGAZ Y LACAMBRA, Luís. *Filosofia del derecho*. Barcelona: Bosch, 1953.

LESSA, Pedro; *Do Poder Judiciário*. São Paulo: Francisco Alves, 1915.

LIMA, Maria Rosynete Oliveira. *Devido processo legal*. Porto Alegre: Fabris, 1999.

MARTINS, Pedro A Batista; GARCEZ, José Maria Rossani (org.). *Reflexões sobre arbitragem: In memoriam* do Desembargador Cláudio Vianna de Lima. São Paulo: LTr, 2002, vol. 1.

MALTEZ, Rafael Tocantins. Repercussão geral da questão constitucional. In: MELLO, Rogério Licastro Torres de (coord.). *Recurso especial e extraordinário – repercussão geral e atualidades*. São Paulo: Método, 2007.

MARQUES, José Frederico. *Ensaio sobre a jurisdição voluntária*. 2 ed. São Paulo: Saraiva, 1959.

MARTINS, Ives Gandra; MENDES, Gilmar Ferreira. *Ação declaratória de constitucionalidade*. São Paulo: Saraiva, 1994.

MAZZARELLA, Ferdinando. *Analisi del giudizio civile*. 2. ed. Padova: Cedam, 1994.

MEIRELLES, Hely Lopes. *Direito administrativo brasileiro*. 17. ed. São Paulo: Malheiros, 1991.

MENDES, Gilmar Ferreira. A proporcionalidade na jurisprudência do Supremo Tribunal Federal. *Repertório IOB de Jurisprudência*, n. 23/94, 1.ª quinzena de dez./1994: 469/475.

______. *Controle de constitucionalidade – Aspectos jurídicos e políticos*. São Paulo: Saraiva, 1990.

______. *Direitos fundamentais e controle de constitucionalidade*. São Paulo: Celso Bastos, 1998.

MONIZ DE ARAGÃO, Egas Dirceu. *Comentários ao Código de Processo Civil*. Rio de Janeiro – São Paulo: Forense, 1979. vol. 2.

Embargos infringentes. São Paulo: Saraiva, 1974.

______. O estado de direito e o direito de ação (a extensão de seu exercício). *RBDP* 16/69, 1978.

MORATO, Leonardo Lins. *Reclamação e sua aplicabilidade para o respeito da súmula vinculante*. São Paulo: Ed. RT, 2007.

MOREIRA ALVES, José Carlos. A evolução do controle da constitucionalidade no Brasil. In: TEIXEIRA, Sálvio de Figueiredo. *As garantias do cidadão*. São Paulo: Saraiva, 1993.

______. Discurso de instalação proferido ao ensejo da instalação da Assembleia Nacional Constituinte. *Revista de Informação Legislativa*, n. 83, ano 24, jan.-mar./1987, p. 5.

NERY JUNIOR, Nelson; NERY, Rosa Maria de Andrade. *Código de Processo Civil e legislação processual civil extravagante em vigor*. São Paulo: Ed. RT, 1994.

______; ______. *Código de Processo Civil e legislação processual civil extravagante em vigor*. 8. ed. São Paulo: Ed. RT, 2004.

______; ______. *Código de Processo Civil comentado e legislação extravagante*. 9. ed. São Paulo: Ed. RT, 2006.

NERY JÚNIOR, Nelson. *Princípios do Processo Civil na Constituição Federal*. 7. ed.São Paulo: Ed. RT, 2002.

NEVES, Celso. Binômio, trinômio ou quadrinômio? *RJTJSP* 63/13 e *RF* 264/9.

NUNES LEAL, Victor. *Problemas de direito público*. Rio de Janeiro: Forense, 1960.

OLIVEIRA, Eduardo Ribeiro de. Sobre o conceito de jurisdição. *RBDP* 18/67, 1979; *Revista de Processo [RePro]* 16/135-154, São Paulo, Ed. RT, ano IV, out.-dez./1979.

PERELMAN, Chaïm. *Logica giuridica* – Nuova retorica. Milano: Giuffre, 1979. vol. 39. (Coleção *Civilità del Diritto*.)

PICARDI, Nicola. Introdução. *Code Louis, Ordonnance Civile, 1667*. Milano: Giuffrè, 1996. vol. I.

PONTES DE MIRANDA. *Comentários à Constituição de 1967, com a Emenda n. 1, de 1969*. Rio de Janeiro: Forense, 1987. vol. 4.

PONTES, Helenilson Cunha. *O princípio da proporcionalidade e o direito tributário*. São Paulo: Dialética, 2000.

PONTES FILHO, Valmir. O controle jurisdicional dos atos administrativos. *Revista de Processo [RePro]* 24/178-189, São Paulo, Ed. RT, ano VI, out.-dez./1981.

PRATA, Edson. Jurisdição. *RBDP* 27/39, 1981; *RBDP* 28/75, 1981.

RAMOS, Dircêo Torrecillas. *O controle de constitucionalidade por via de ação*. São Paulo, 1994.

ROCCO, Alfredo. *La sentenza civile*. Milano: Giuffrè, 1962 (ristampa da 1. ed., 1906).

RODRIGUES NETTO, Nelson. A aplicação da repercussão geral da questão constitucional no recurso extraordinário consoante a Lei 11.418/2006. *Revista Dialética de Direito Processual*, São Paulo: Dialética, vol. 49, abril, 2007.

ROSAS, Roberto. Devido processo legal: proporcionalidade e razoabilidade. *RT* 783/11.

SILVA, José Afonso da. *Curso de direito constitucional positivo*. São Paulo: Ed. RT, 1976. vol. 1.

SILVA, Ovídio A. Baptista da. *Curso de processo civil*. 7. ed. Rio de Janeiro: Forense, 2005. vol. 1.

TAVARES, André Ramos. *Nova lei da súmula vinculante*: estudos e comentários à Lei 11.417, de 19.12.2006. São Paulo: Método, 2007.

TEMER, Michel. *Elementos de direito constitucional*. 9. ed. São Paulo: Saraiva, 1992.

VINCENT, Jean; GUINCHARD, Serge. *Procédure civile*. 22. ed. Paris: 1991.

WAMBIER, Teresa Arruda Alvim. *Nulidades do processo e da sentença*. 6. ed. São Paulo: Ed. RT, 2007.

______; MEDINA, José Miguel Garcia. *O dogma da coisa julgada* – Hipóteses de relativização. São Paulo: Ed. RT, 2003.

WAMBIER, Luiz Rodrigues; WAMBIER, Teresa Arruda Alvim; MEDINA, José Miguel Garcia. *Breves comentários à nova sistemática processual civil*. 3. ed. São Paulo: Ed. RT, 2005.

______; ______; ______. *Breves comentários à nova sistemática processual civil*. São Paulo: Ed. RT, 2007. vol. 3.

______;______ ; ______. GOMES JR., Luiz Manoel; FISCHER, Octávio Campos; FERREIRA, William Santos. *Reforma do Judiciário* – Primeiras reflexões sobre a Emenda Constitucional n. 45/2004. São Paulo: Ed. RT, 2005.

V

Funções e Órgãos do Poder Judiciário – Organização Judiciária

57. A jurisdição voluntária

Como já tivemos oportunidade de nos manifestar, a denominada "jurisdição voluntária"[1] não é própria e naturalmente jurisdição.[2] Acentuemos, agora, que não é nem graciosa, nem voluntária. Em verdade, é uma anomalia no quadro sistemático das funções estatais – se se parte da premissa, *não inteiramente exata*, de que a cada poder há de caber, *qualitativamente*, somente aquilo que à sua natureza "deve" dizer respeito –,[3] atribuída que tem sido ao Poder Judiciário, cuja função específica é exercer a atividade jurisdicional. Mas a esse Poder são afetas, secundariamente, outras atividades; como exemplo, temos justamente o exercício da "jurisdição voluntária", que não é exercício da função jurisdicional ou contenciosa, e cujo resultado não produz coisa julgada material (art. 1.111, ao inverso do art. 467, onde está disciplinado o resultado da jurisdição contenciosa), sendo mais exatamente ato de administração pública dos interesses privados.

A "jurisdição voluntária" é o instrumento de que se serve o Estado para resguardar, por ato do juiz, quando solicitado, bens reputados pelo legislador como de alta relevância social. E, na medida em que o juiz devesse ser solicitado, e não o tenha sido, o ato será viciado.[4] Não se deve, porém, por

---

1. V. Arruda Alvim, *Código de Processo Civil Comentado*, p. 170 *et seq.*, vol. 1; mais recentemente, cf. nosso *Tratado de direito processual civil*, p. 155-156 e 239 *et seq.*, vol. I; Celso Agrícola Barbi, *Comentários ao Código de Processo Civil*, p. 16 *et seq.*; Edson Prata, A jurisdição voluntária no CPC/1973, *RBDP* 3/7 *et seq.*

2. Há correntes doutrinárias que vislumbram na jurisdição voluntária atividade jurisdicional, de que são adeptos, por exemplo, Carnelutti (*Diritto e processo*, Nápoles, 1958, p. 62), argumentado que é atividade jurisdicional *qualquer desobediência à lei*, e na contenciosidade há uma reação *repressiva*, ao passo que, na *voluntária*, a reação é *preventiva;* Gian Antonio Micheli, *Significato e limiti della giurisdizione volontaria*, em *Riv. Dir Proc.*, 1957, vol. 1, p. 526. A corrente que lhe atribui natureza administrativa – como nós – é majoritária na Itália: Chiovenda, *Istituzioni di diritto processuale civile*, Nápoles, 1936, p. 315; Zanzucchi, *Il nuovo diritto processuale civile*, Milão, 1964, p. 47, entre muitos outros.

3. O que se diz no texto não pretende significar que as atividades administrativas desempenhadas pelo Judiciário, no que diz respeito às suas próprias necessidades, como condição ao desempenho de sua função precípua – *a jurisdicional* – nublassem esta justaposição que se percebe entre a sua organicidade, voltada ao exercício da função jurisdicional. No caso da *jurisdição voluntária*, todavia, o que se passa é que o Poder Judiciário administra bens e pessoas da sociedade, e, portanto, que a ele, enquanto poder, não dizem direta ou indiretamente respeito.

4. O art. 57, *caput*, da Lei 9.099/1995 permite a homologação de "acordo extrajudicial, de qualquer natureza ou valor (...), valendo a sentença como título executivo judicial". No caso, conquanto a homologação judicial não seja imprescindível para a validade do acordo

essa afirmação, entender estarmos ante um processo "cautelar", nem "preventivo", mas simplesmente ante um procedimento destinado a integrar atos jurídicos para que tenham validade.

Assim, parece que a prevenção – inspirada no critério do interesse público para a defesa de certos direitos subjetivos privados, mas regulados por normas cogentes, porque indisponíveis – é que determina, ao nível de valor motivador do legislador, a atuação do Poder Judiciário para o especial resguardo desses mesmos direitos subjetivos.[5-6] No fundo, a jurisdição voluntária importa uma limitação à autonomia privada.

Os poderes do juiz (art. 1.107) na jurisdição voluntária são mais amplos do que no processo contencioso, no que diz respeito à instrução. Efetivamente, a regra do ônus da prova (art. 333), em caso de fato alegado e não provado, deverá sempre ser aplicada pelo juiz e, se este não lograr resolver a controvérsia, é que deverá, só então, usar dos poderes a que se refere o art. 130. Já, diferentemente, nos casos de jurisdição voluntária, seus poderes instrutórios, no que diz respeito à iniciativa, são mais amplos, pois, diante da indisponibilidade do bem jurídico, não poderá o assunto ser resolvido, tendo em vista os "azares" do ônus da prova, tal como ocorre no processo contencioso (mormente quando se trate de bens disponíveis, entre maiores e capazes).[7]

Não nos deteremos, todavia, em considerações em torno de nomenclatura, aceitando a denominação de "jurisdição voluntária", por causa da tradição e do fato de a ter adotado a lei.

Passemos, agora, a comentar as principais diferenças existentes entre as jurisdições "voluntária" e contenciosa, ou jurisdição propriamente dita.

Em primeiro lugar, notemos que, na "jurisdição voluntária", não há uma atividade substitutiva da vontade das partes pela vontade do Estado-juiz, como na contenciosa. Aquele integra o negócio que se está a realizar; é, assim, uma atividade constitutiva (em rigor, constitutiva necessária), mas que só tem cabimento nas hipóteses taxativamente previstas. Não pode o juiz ser obrigado a atuar em procedimento de jurisdição volun-

---

extrajudicial, o será para a formação de título executivo judicial.

5. Nelson Nery Jr. e Rosa M. Andrade Nery (*Código de Processo Civil comentado e legislação extravagante,* comentários ao art. 1.103, p. 1.059) referem-se ao caráter administrativo de ordem pública, de interesses privados, da jurisdição voluntária, chamando a atenção para a existência de interesses privados, que, em virtude de opção legislativa, comportam fiscalização pelo poder público, tendo em vista a relevância que representam para a sociedade, com lastro em trabalho de Nelson Nery Jr., intitulado "Intervenção do Ministério Público nos procedimentos especiais de jurisdição voluntária" publicado na *Revista de Processo (RePro)* 46/10, *Justitia* 135/39 e na *RTJSP* 113/8.

6. Em definição ampla, de caráter positivo, da jurisdição voluntária, diz-se que deve ela ser entendida como "a intervenção da autoridade judiciária nas relações jurídicas de direito privado, não com a finalidade de resolver controvérsias entre particulares, senão com o escopo de que determinadas (direitos ou interesses e) certas situações jurídicas se constituam e se desenvolvam com respeito à lei e tendo em vista determinados interesses superiores" (v. Giovanni Santarcangelo, *La volontaria giurisdizione: nella attività negoziale*. Milão: Giuffrè, 1985, vol. 1, 1-c, p. 4, referidas inúmeras definições e bibliografia).

7. Assim sendo, nos procedimentos de jurisdição voluntária o juiz tem poderes de plena investigação, podendo determinar de ofício a realização de provas, mesmo contra a vontade dos interessados. Isto porque tais procedimentos são tipicamente informados pelo *princípio do inquisitório* (cf. Nelson Nery Jr. e Rosa M. Andrade Nery, *Código de Processo Civil comentado e legislação extravagante*, nota 5 ao art. 130, p. 339).

tária não previsto em lei, como já se decidiu, antes da Constituição de 1988, por exemplo, no pedido de homologação de pensão alimentícia em favor de companheira, por liberalidade de seu companheiro. Nessas hipóteses, o pedido deve ser trancado liminarmente.[8]

Falta à "jurisdição voluntária" a "contenciosidade"; não há lide a ser solucionada pelo Poder Judiciário; consequentemente, não há pretensão e, se não há pretensão, nem contenciosidade, não há *partes*, mas *interessados* (v. esta distinção, entre *partes* e *interessados*, nos arts. 2.º, 1.104, 1.105 etc.). Isto, todavia, não exclui a possibilidade de, entre esses, haver *dissenso*.

A lei processual vigente foi explícita a respeito da matéria em tela, consagrando-lhe o Título II do Livro IV.

Dentre as normas aí constantes, três merecem especial atenção. O art. 1.107 é expresso no sentido de que os interessados podem produzir provas destinadas a demonstrar suas alegações, mas ao juiz é lícito investigar livremente os fatos e ordenar de ofício a realização de quaisquer provas. Desta forma, ficou expressamente consagrado o que dissemos anteriormente, ou seja, o que realmente interessa, de uma forma marcante, nos procedimentos de "jurisdição voluntária", é a *verdade objetiva*, a que se pode chegar até mesmo por meio da atividade oficiosa do juiz, na realização da prova, inclusive com iniciativa amplíssima de que se investiu o magistrado (art. 1.107, 2.ª parte).[9]

O art. 1.109 libera o juiz de ter, necessariamente, que decidir o pedido, observando o critério da legalidade estrita, podendo adotar, em cada caso, a solução que reputar mais *conveniente* ou *oportuna*,[10] regra esta diversa, em sua intenção, daquela albergada

8. TJRJ, Ap. 99, 1.ª Câm. Civ., 05.08.1975, m.v., rel. Vivalde Couto. Os procedimentos de jurisdição voluntária são os numerados taxativamente na lei, não sendo o juiz obrigado a mandar processar pedido para o qual não haja previsão legal. V. Nelson Nery Jr. e Rosa M. Andrade Nery, *Código de Processo Civil comentado e legislação extravagante*, nota 3 ao art. 1.103, p. 1.059.

Mais recentemente, contudo, admitiu-se requerimento de homologação de dissolução de união estável, a despeito da ausência de disposição legal a respeito: STJ, REsp 178.262/DF, 3.ª T., j. 19.05.2005, rel. p/ Acórdão Min. Menezes Direito, *DJ* 29.08.2005, p. 326.

9. Deve-se salientar existir uma tendência, que já deixou o campo doutrinário e foi assumida pelo legislador, no sentido de obtenção da verdade objetiva. O que nos parece é que isto existe, inequivocamente, nos casos em que assim se legislou. No Código de Proteção e Defesa do Consumidor (Lei 8.078/1990), exemplificativamente, inocorre coisa julgada, nos casos do art. 103, I e II, quando "o pedido for julgado improcedente por insuficiência de provas" (art. 103, I, e, com o mesmo sentido, a redação do inciso II, do art. 103). Este sistema de coisa julgada *atendendo-se ao resultado do processo* está na linha do art. 18, da Lei 4.717, de 29.06.1965 (Lei da Ação Popular) e art. 16, da Lei 7.347/1985 (Lei da Ação Civil Pública). Ora, se inocorre coisa julgada, se houver insuficiência de prova, *parece induvidoso que durante o processo está reconhecida ao juiz a maior latitude no campo da indagação probatória,* diferentemente do âmbito do art. 130, limitado, ou, melhor dizendo, interpretável este, sem desconsideração da regra do art. 333.

10. STJ, REsp 373.282/MG, 4.ª T., j. 10.08.2004, rel. Min. Jorge Scartezzini, *DJ* 30.08.2004, p. 291; TJSP, Ap. 235.758, Sorocaba, 1.ª Câm. Civ., 27.08.1974, v.u., rel. Penido Burnier; TJSP, Ap. 236.473, Assis, 1.ª Câm. Civ., 09.09.1974, v.u., rel. Jonas Vilhena. Cf. tb. A liberdade de julgamento na jurisdição voluntária, Alcides de Mendonça Lima, *AJURIS* 16/5. Segundo decidiu o STJ, o art. 1.109 autoriza o juiz a adotar a "solução mais conveniente e oportuna à situação concreta", mas "isso não quer dizer que a liberdade ofertada pela lei processual se aplique à prática de atos procedimentais, máxime quando se tratar daquele que representa o direito de defesa do interditando" (STJ, REsp 623.047/RJ, 3.ª T., j. 14.12.2004, rel. Min. Nancy Andrighi, *DJ* 07.03.2005, p. 250).

pelo art. 126, diferença que demonstra, com clareza meridiana, não se tratar de atividade jurisdicional, *propriamente dita*.

O terceiro artigo, para o qual desejamos chamar a atenção, é o art. 1.111, que trata da modificação da sentença. Pelo Código revogado, os atos de "jurisdição voluntária" eram retratáveis, pois, pelo art. 288, não faziam coisa julgada, referindo-se o dispositivo, embora não explicitamente, à coisa julgada material, *que era por esse art. 288 descartada*, pois a formal é sempre atingida ao final do procedimento. Assim pensamos porque, para que houvesse modificação, necessária seria a instauração de outro procedimento.

Atualmente, com as Leis 8.952/1994 e 11.277/2006, que deu nova redação ao art. 296 e acrescentou o art. 285-A, § 1.º, respectivamente, permite-se a retratação, no caso de indeferimento da inicial, e este dispositivo incide também nos procedimentos de jurisdição voluntária, pois o recurso cabível das decisões finais em procedimento de jurisdição voluntária é o de apelação (art. 1.110); isso não afasta, evidentemente, o recurso cabível de decisões interlocutórias, proferidas no curso do procedimento de jurisdição voluntária, que é o agravo.

O ato que põe fim ao incidente de prestação de contas, em procedimento de venda e administração de coisa comum, é impugnável através do recurso de apelação, que deve ser recebido em ambos os efeitos,[11] ocorrendo o mesmo com o pronunciamento que decide sobre requerimento de expedição de alvará.[12] Nos casos em que tal requerimento é realizado no curso de processo falimentar, contudo, tratar-se-á de decisão interlocutória, sujeita, como tal, a recurso de agravo.[13]

Outrossim, as regras atinentes aos demais recursos previstos no sistema do Código são aplicáveis aos procedimentos de jurisdição voluntária.[14]

Não nos esqueçamos de que entre a jurisdição contenciosa e a voluntária há um elemento em comum: o órgão que a ambas respeita é sempre integrante do Poder Judiciário, sendo usado, também, para ambas, o procedimento civil, respeitados os procedimentos especiais existentes, e, à falta dos mesmos, aplicáveis as regras dos arts. 1.103 a 1.111. Todavia, salientamos, para os casos de "jurisdição voluntária" não se pode corretamente falar em existência de processo (relação jurídica processual), mas só de sua manifestação exterior, como já mencionamos, o procedimento.

Assim, prevê a legislação processual vigente que a sentença poderá ser modificada, mas sem prejuízo dos efeitos já produzidos e se ocorrerem circunstâncias supervenientes (v. art. 1.111), o que significa o respeito aos direitos adquiridos, como não poderia deixar de ser (art. 5.º, XXXVI, da CF).

11. 2.º TACSP, MS 16.039, São Paulo, 6.ª Câm., 24.04.1974, v.u., rel. Carvalho Pinto, *Revista de Processo (RePro)* 1/205, em. 94 (causam espécie as regras dos incisos IV e V, do art. 1.112, que nada têm a ver com jurisdição voluntária, colocados na parte a esta referente). Cf. também STJ, AgRg no Ag 51.419/GO, 4.ª T., j. 31.08.1994, rel. Min. Sálvio de Figueiredo Teixeira, *DJ* 26.09.1994, p. 25.657.

12. STJ, REsp 104.939/SP, 1.ª T., j. 07.11.1997, rel. Min. Demócrito Reinaldo, *DJ* 15.12.1997, p. 66.220.

13. STJ, REsp 603.930/RS, 3.ª T., j. 07.06.2005, rel. Min. Menezes Direito, *DJ* 29.08.2005, p. 332. No caso, admitiu-se a aplicação do princípio da fungibilidade recursal.

14. A aplicação destas regras deve se dar, inclusive, no que se refere à possibilidade de retratação do juízo de 1.º grau nos casos de rejeição *in limine* da petição inicial (CPC, art. 296, com a redação que lhe deu a Lei 8.952, de 13.12.1994) e da revisão pelo juízo de interposição do recurso da concorrência de seus pressupostos após a apresentação das contrarrazões (art. 518, § 2.º, na redação da Lei 11.276/2006).

Ainda uma observação deve ser feita a respeito no Código de Processo Civil de 1973. O art. 1.º, no capítulo "Da Jurisdição", dispõe: "A jurisdição civil, contenciosa e voluntária, é exercida pelos juízes, em todo o território nacional, conforme as disposições que este Código estabelece".

À primeira vista, pareceria estar tal norma subdividindo a jurisdição civil, o que, contudo, não é confirmado pelas normas subsequentes, relativas à "jurisdição voluntária" (arts. 1.103 *et seq.*), e nem poderia ter sido, ante a indiscrepância de pensamento doutrinário sobre a matéria, no que diz com a unidade formal da jurisdição.

Significa isto que, formalmente, está a jurisdição voluntária integrada no sistema geral do Código, aplicando-se-lhe os preceitos do sistema, salvo as exceções expressas a que aludimos, e que respondem às peculiaridades da jurisdição voluntária.

A anulação de sentença simplesmente homologatória proferida em processo de jurisdição voluntária dá-se como a dos atos jurídicos em geral, através de ação anulatória (art. 486), independentemente de ação rescisória;[15] isto, no entanto, quando o vício de que padece a sentença diga respeito ao seu conteúdo. Não fica, todavia, excluída a possibilidade de rescisão da sentença, quando o vício que a macula disser respeito à sentença em si mesma, enquanto ato formal.

A jurisprudência tem admitido a ação anulatória para anular a partilha amigável em processo de inventário,[16] ou anular sentença homologatória de separação consensual.[17]

Por fim, devemos atentar para o fato de que, enquanto no procedimento de jurisdição contenciosa há precedentemente um conflito de interesses, que representa o pressuposto sociológico do processo, no campo da jurisdição voluntária inexiste tal conflito, com a feição que assume em torno do processo contencioso.

58. Funções do Poder Judiciário e funções judiciárias

Ao Poder Judiciário cabe especificamente exercer a função jurisdicional.

Entretanto, ao Poder Judiciário são afetas outras atribuições que não são jurisdi-

15. TJAL, AR 99.001301-4, Seção Especializada Cível, j. 16.08.2000, rel. Des. Casado Ramalho, *RT* 788/325; TAMG, Ap. 5.070, 2.ª Câm. Civ., 12.09.1975, v.u., Montes Claros, rel. Walter Machado, *Revista de Processo (RePro)* 4/397, em. 137. Na doutrina: Luis Eulálio de Bueno Vidigal, *Comentários ao Código de Processo Civil*, p. 160, 1974; Ada Pellegrini Grinover, *Direito Processual Civil*, p. 171, 1974; cf. Nelson Nery Jr. e Rosa M. Andrade Nery, *Código de Processo Civil comentado e legislação extravagante,* comentários ao art. 1.111. Por outro lado, decidiu corretamente o TJSP que, "se o processo de extinção de condomínio assume feição contenciosa, com prolação de sentença de mérito, não há que se falar em impropriedade da ação rescisória por se tratar de procedimento de jurisdição voluntária" (TJSP, AR 127.046-2, 4.º Gr. Câm., j, 23.02.1989, rel. Des. Lair Loureiro, *RT* 640/107).

16. TJMG, Ação Rescisória 1.0000.00.352337-0/000, j. 18.05.2005, rel. Des. Pinheiro Lago, *DJ* 24.06.2005; RT 570/58, Anais Forenses do Estado do Mato Grosso 59/300. Contra (pelo cabimento da rescisória): Arquivo Forense 39/84; RJTJSP 73/116; Clito Fornaciari Júnior, RT 551/54. O entendimento consolidado no STJ é no sentido de que, havendo interesse de menor, é cabível a ação rescisória em lugar da anulatória, por não se tratar de ato meramente homologatório: REsp 21377/MG, rel. Min. Barros Monteiro, *DJ* 22.11.1993; REsp 32.306/ES, rel. Min. Costa Leite, *DJ* 07.11.1994; REsp 586.312/SC, 3.ª T., j. 18.05.2004, rel. Min. Castro Filho, *DJ* 16.08.2004, p. 260; *RNDJ* 59/105; *RT* 830/169.

17. STJ, REsp 277.843/RJ, 4.ª T., j. 28.08.2001, rel. Min. Sálvio de Figueiredo Teixeira, *DJ* 22.10.2001, p. 327; *RT* 554/248; *RTJ* 97/1.092. Em acórdão publicado na *RJTJRS* 162/228, trata-se de hipótese de modificação da sentença em separação consensual, aplicando-se o art. 1.111.

cionais, mas que recebem o nome de atos ou funções judiciárias, como as de natureza eminentemente administrativa e normativa, que dizem respeito aos serviços que lhe são afetos. O art. 96, I, *a*, da CF, por exemplo, é expresso quanto às atividades dessa natureza. Compete aos tribunais, por exemplo, eleger seus presidentes e demais titulares de sua direção, elaborar seus regimentos internos e organizar seus serviços auxiliares.

Os órgãos do Poder Judiciário são os juízos e os tribunais, quer todo o tribunal (pleno), quer as suas subdivisões internas (órgãos fracionários). A razão de ser da existência dos tribunais decorre, antes de mais nada, do fato de haver previsão legal (constitucional) e de se proporcionarem as condições à realização do princípio da dualidade de graus de jurisdição.

Aos tribunais cabe, em regra, a revisão das decisões já proferidas em primeiro grau (juízo singular), o que constitui sua competência funcional, em razão dos recursos (competência hierárquica, que é absoluta – vejam-se os arts. 93 e 111 do CPC e normas de organização judiciária).

Entretanto, casos há de competência originária dos próprios tribunais, quando os processos são aí diretamente instaurados. Mas, competência originária dos tribunais não significa que seja elidido, normal e necessariamente, o princípio do duplo grau de jurisdição, *que assume outra fisionomia*. Pois, depois de julgado no tribunal, há, em tese, a possibilidade de julgamento pelo Superior Tribunal de Justiça ou pelo Supremo Tribunal Federal (ainda que, em ambos os casos, se trate de recursos de estrita revisão e cujo cabimento fica adstrito a pressupostos rígidos). Ademais, o recurso ordinário constitucional não tem, diferentemente do recurso extraordinário (CF, art. 102, III, *a-d*, na redação da EC 45/2004) e do recurso especial (CF, art. 105, III, *a-c*), *fundamentação vinculada*.[18] Sendo assim, na hipótese ventilada, não se pode sustentar qualquer ofensa ao duplo grau de jurisdição. Antes, com a previsão deste recurso ordinário em sede constitucional (art. 102, II e art. 105, II), ao que o intérprete deve atentar é, precisamente, a confirmação explícita e inequívoca do acolhimento do duplo grau pelo legislador de 1988, *como regra geral*.

Dissemos que os juízos e os tribunais são os órgãos do Poder Judiciário, mas não pode ser esquecido que funções judiciárias são exercidas também por órgãos não judiciários, excepcionalmente.

59. Órgãos não judiciários com funções jurisdicionais

Existe atividade jurisdicional deferida pela Constituição, quer a Federal quer a Estadual, a órgãos não integrantes do Poder Judiciário. Assim, na Constituição Federal temos, por exemplo:

"Art. 51. Compete privativamente à Câmara dos Deputados: I – autorizar, por dois terços de seus membros, a instauração de processo contra o Presidente e o Vice-Presidente da República e os Ministros de Estado (...)";

"Art. 52. Compete privativamente ao Senado Federal: I – processar e julgar o Presidente e o Vice-Presidente da República nos crimes de responsabilidade, bem como os Ministros de Estado e os Comandantes da Marinha, do Exército e da Aeronáutica nos crimes da mesma natureza conexos com aqueles;[19] II – processar e julgar os Minis-

18. Cf., a respeito, Teresa Arruda Alvim Wambier, *Controle das decisões judiciais por meio de recursos de estrito direito e de ação rescisória*. São Paulo: RT, 2001, item 6., p. 166 ss.; José Miguel Garcia Medina, *O prequestionamento nos recursos extraordinário e especial*, item 3.2.

19. Na experiência político-jurídica nacional, há caso de destaque no qual teve o Supremo Tri-

tros do Supremo Tribunal Federal, os membros do Conselho Nacional de Justiça e do Conselho Nacional do Ministério Público, o Procurador-Geral da República e o Advogado-Geral da União nos crimes de responsabilidade; (...). Parágrafo único. Nos casos previstos nos incisos I e II, funcionará como Presidente o do Supremo Tribunal Federal, limitando-se a condenação, que somente será proferida por dois terços dos votos do Senado Federal, à perda do cargo, com inabilitação, por oito anos, para o exercício de função pública, sem prejuízo das demais sanções judiciais cabíveis".

bunal Federal de resolver diversas das questões atinentes ao tema da instauração de processo contra Presidente da República. Dentre os diversos posicionamentos então firmados ao longo de todas as ações judiciais interpostas, de interesse o destaque da seguinte: "À Câmara dos Deputados, compete, nos termos do art. 51, I, da Constituição, por dois terços de seus membros, autorizar a instauração de processo por crime de responsabilidade, que deverá tramitar no Senado Federal (juízo de pronúncia) até julgamento final. A lei tida como recepcionada, em grande parte, pela nova ordem constitucional para disciplinar o processo e o julgamento do *impeachment* é a Lei 1.079/1950" (este entendimento é referido no MS 21.564/DF, j. 17.12.1992, rel. Min. Carlos Velloso, *RDA* 192/211). Por outro lado, foi firmada a competência do STF para aquelas hipóteses em que na denúncia oferecida são acusadas diversas pessoas, dentre as quais ex-Presidente da República (Inquérito 705/DF, j. 28.04.1993, rel. Min. Ilmar Galvão, *RDA* 192/284). Decidiu-se, por outro lado, que "tratando-se, no entanto, de atos praticados *in officio* ou *propter officium*, e desde que possuam qualificação penal, tornar-se-á constitucionalmente lícito instaurar, contra o Presidente da República, mesmo na vigência de seu mandato, a pertinente persecução penal, uma vez exercido, positivamente, pela Câmara dos Deputados, o controle prévio de admissibilidade da acusação penal (art. 86, *caput*, da CF c/c o art. 51, I)" (STF, Inq. 1.418, rel. Min. Celso de Mello, *DJ* 08.11.2001).

60. Órgãos judiciários

Passemos a examinar, sucintamente, quais são os órgãos judiciários. A justiça comum subdivide-se em justiça penal e justiça civil *lato sensu*. Ao lado da justiça comum existe a justiça especial, compreendendo a justiça trabalhista, a militar e a eleitoral. É uma justiça com competência especial, para certas causas, para cujas soluções sejam respectivamente aplicáveis o Direito Trabalhista, o Militar e o Eleitoral.

A estrutura básica de seus órgãos, também prevista na Lei Magna, diverge daquela da justiça comum. Os órgãos da justiça comum podem ser, ainda, federais (Justiça Federal) ou estaduais (Justiça Estadual).

A Carta Constitucional de 1937 havia abolido a Justiça Federal, e a Constituição de 1946, apesar de ter criado o Tribunal Federal de Recursos (TFR), silenciou a respeito de qual seria seu primeiro grau de jurisdição. Assim, todas as causas eram julgadas pela Justiça Estadual comum, embora pelos juízes da Fazenda Nacional (órgãos especializados), para, depois, mercê de recurso, subirem para o referido tribunal.

O primeiro grau de jurisdição da Justiça Federal foi restabelecido pela Revolução de 1964 (Ato Institucional 2 e Emenda 16 à Constituição de 1946), dela tratando a Constituição de 1967, nos arts. 118 e 119, e a Constituição Federal de 1967 com a Emenda 1/1969, nos arts. 123 e 126, modificados o art. 123 e seu parágrafo único, o art. 124 e seu parágrafo único, e os arts. 125, V, VIII e IX, e 126, alterado, inclusive, o número da Seção, que veio a ser a IV, do Capítulo VIII ("Do Poder Judiciário").

Com a recriação da Justiça Federal de primeiro grau, houve uma integral sobreposição do Tribunal Federal de Recursos (TFR) aos juízes federais, ajustando-se um sistema que anteriormente não era harmônico.

Hoje, de acordo com a redação da CF vigente, os órgãos da Justiça Federal são os Juízos de primeiro grau (federais) e os Tribunais Regionais Federais (art. 106, complementado pelo art. 27, § 11, do ADCT (em conformidade com a redação dada pela EC 73/2013).

Extinguiu-se, pois, com a nova Constituição, o Tribunal Federal de Recursos, tendo sido este tribunal praticamente substituído pelos novos Tribunais Regionais, *cuja jurisdição se distribui atualmente em nove regiões.*

Dessa forma, nos dias correntes, a organização judiciária da Justiça Federal é, basicamente, oriunda da União (Lei 5.010/1966 – que permanece vigente, na medida em que não conflita com a nova Constituição) e coexiste com as organizações judiciárias estaduais, cada uma se reportando aos seus respectivos órgãos.

A competência da Justiça Federal é estabelecida *ratione personae*, isto é, quando a União, por sua Administração direta ou indireta, e ainda empresas públicas da União assumirem posição processual, de autora ou ré, ou forem interessadas, como opoente ou assistente, salvo as de falência (aqui, por identidade de razões, compreendida a insolvência civil), as de acidentes de trabalho, as eleitorais e as militares (art. 109, I, da CF). Quanto às execuções contra devedor insolvente, subtraem-se da Justiça Federal, menos por causa do art. 99, parágrafo único, I, do CPC, mais pela interpretação extensiva do próprio art. 109, I, da CF, como se disse.

Com a promulgação da Lei 10.259, de 12.07.2001, foram instituídos os Juizados Especiais Cíveis e Criminais no âmbito da Justiça Federal, com competência, o Juizado Especial Federal Criminal, para "processar e julgar os feitos de competência da Justiça Federal relativos às infrações de menor potencial ofensivo, respeitadas as regras de conexão e continência" (art. 2.º, *caput*, da Lei 10.259/2001, com redação determinada pela Lei 11.313/2006), assim consideradas as contravenções penais e os crimes para os quais a lei comine pena máxima não superior a 2 (dois) anos, cumulada ou não com multa (art. 61 da Lei 9.099/1995). O Juizado Especial Federal Cível, por sua vez, é competente para "processar, conciliar e julgar causas de competência da Justiça Federal até o valor de sessenta salários mínimos, bem como executar as suas sentenças" (art. 3.º, *caput*, Lei 10.259/2001), expressamente excluídas: a) as causas a que se refere o art. 109, II, III e XI, da CF – quais sejam: "as causas entre Estado estrangeiro ou organismo internacional e Município ou pessoa domiciliada ou residente no País"; "as causas fundadas em tratado ou contrato da União com Estado estrangeiro ou organismo internacional;" e a "disputa sobre direitos indígenas" –, as ações de mandado de segurança, desapropriação, divisão e demarcação, ações populares, execuções fiscais e de improbidade administrativa, bem como as ações que versem direitos ou interesses difusos, coletivos ou individuais homogêneos (art. 3.º, § 1.º, I); b) ações que versem bens imóveis da União, autarquias e fundações públicas federais (art. 3.º, § 1.º, II); c) ação para a anulação ou para o cancelamento de ato administrativo federal, não incluídos nesta exceção os atos de natureza previdenciária e de lançamento fiscal (art. 3.º, § 1.º, III); e, ainda, d) que visem a impugnar pena de demissão que haja sido imposta a servidores públicos civis ou sanções disciplinares aplicadas a militares (art. 3.º, § 1.º, IV).

Não nos esqueçamos de que, como ramos ou subdivisões da Justiça comum, tanto a Federal como a Estadual, por sua vez, subdividem-se em penal e civil *lato sensu*.

O primeiro grau de jurisdição da Justiça Estadual é exercido, basicamente, por juízes togados vitalícios, tendo o Código Judiciário do Estado de São Paulo (Dec.-lei

Complementar 3/1969, art. 2.º, VI)[20] previsto juízes auxiliares de investidura temporária. As Resoluções do TJSP 1/1971 e 2/1976 (art. 59) mantiveram, em suas linhas gerais, a legislação referente aos juízes auxiliares de investidura temporária. A disciplina consta de leis locais ordinárias e complementares. Dentre as muitas novidades, trazidas ou assumidas pela CF de 1988, estão os *juizados especiais*, cuja função é a de julgar *causas de menor complexidade*, e que são compostos de juízes togados, ou togados e leigos, e os *juizados de pequenas causas*, estes já preexistentes à referida CF (art. 98, I e 24, X, da CF, respectivamente). Esta lei, como acabou de se ver, concretizou-se na Lei 9.099, de 26.09.1995, que acabou por unificar claramente a sistemática dos *Juizados de Pequenas Causas* com os *Juizados Especiais* (ao menos aqueles com competência para matéria cível) – isto porque foi revogada *expressamente* a Lei 7.244/1984 (revogação ocorrida pela Lei 9.099/1995, art. 97), que regulava o processamento perante os Juizados de Pequenas Causas Cíveis – como também concretizou-se na Lei 10.259, de 12.07.2001, que institui os Juizados Especiais Cíveis e Criminais no âmbito da Justiça Federal. Recentemente, a Lei 12.153/2009 instituiu, no âmbito do sistema dos Juizados Especiais Estaduais e do Distrito Federal, os Juizados Especiais da Fazenda Pública.

Tendo delineado, neste e no item precedente, os órgãos judiciários civis de primeiro e segundo graus de jurisdição, federais e estaduais, é oportuno, agora, mencionar-se o Superior Tribunal de Justiça, criado pelo art. 104 da CF. Este tribunal, sob certo aspecto, exerce a função de resguardo do direito federal (infraconstitucional), tendo absorvido parte da antiga competência do Supremo Tribunal Federal, no que diz respeito a matérias não constitucionais, antes de esta competência começar a angustiar-se progressivamente.[21]

Finalmente, cabe aludir-se àquele que se sobrepõe a todos esses e cuja primordial função é de ser o guardião da Constituição, portanto, da viga mestra do sistema jurídico e político do País, estando assentado no cume do Poder Judiciário.[22] O que se disse deve, todavia, ser entendido em termos, porque, ressalvada a competência das Justiças Especiais (militar, eleitoral e trabalhista), o Superior Tribunal de Justiça deve ser considerado o cume no que diz respeito ao direito federal infraconstitucional. Isto significa que nos mais altos tribunais do País verifica-se uma divisão de competência, atribuída que foi ao STF jurisdição constitucional, *em grande escala*, e, regra geral, no âmbito da Justiça Comum, ao STJ o pronunciamento final *sobre os assuntos de direito federal infraconstitucional*.

A esse órgão, o STF, compete processar e julgar originariamente determinadas matérias que, pela sua gravidade, não devem ser examinadas por outros juízes ou tribunais (art. 102, I, da CF).

Em recurso ordinário, sua competência limita-se às cinco principais hipóteses previstas no art. 102, II, da Carta Magna, ou seja:[23] *habeas corpus*, mandado de seguran-

20. V. Res. 2/1976, do TJSP, art. 59.

21. Mais amplamente, sobre o assunto, cf., do autor, O antigo recurso extraordinário e o recurso especial (na Constituição de 1988), publicado em obra coletiva sob a coordenação do Min. Sálvio de Figueiredo Teixeira, *Recursos no Superior Tribunal de Justiça*, São Paulo, Saraiva, 1991, p. 145-161.

22. Dos vários estudos realizados sobre o tema, pode ser posto em destaque aquele empreendido pelo Min. Carlos Mário Velloso, O Supremo Tribunal Federal: Corte Constitucional, publicado em sua coletânea *Temas de Direito Público*, p. 91-121.

23. A mais recente jurisprudência do Superior Tribunal de Justiça não tem mais admitido a fungibilidade entre o recurso especial e o recurso

ça, *habeas data*, mandado de injunção decidido em única instância pelos Tribunais Superiores, se denegatória a decisão, e crimes políticos.[24]

Em recurso extraordinário, julga o STF causas que podem afetar a própria Constituição Federal, mas não as estaduais, e nem se pronuncia sobre lei municipal, *em si mesmas*. Assim, caberá recurso extraordinário das causas decididas em um único ou último grau de jurisdição por outros tribunais (art. 102, III), quando a decisão recorrida contrariar dispositivo da própria Constituição (alínea *a*), ou declarar a inconstitucionalidade de tratado ou lei federal (alínea *b*), ou julgar válida lei ou ato do governo local contestado em face da Constituição (alínea *c*), ou julgar válida lei local contestada em face de lei federal (alínea *d*, inserida pela EC 45/2004).

---

ordinário constitucional, taxando a interposição de um pelo outro de *erro grosseiro* (cf. AgRg no Ag 634.957/SP, 2.ª T., j. 15.02.2005, rel. Min. Eliana Calmon, *DJ* 14.03.2005, p. 288; EDcl no AgRg no Ag 454835/PR, 5.ª T., j. 17.12.2002, rel. Min. Gilson Dipp, *DJ* 28.04.2003, p. 247; REsp. 58.054-4/RS, 4.ª T., j. 08.05.1995, m.v., rel. Min. Torreão Braz, *DJU*, I, 07.08.1995, p. 23.045; AI 27.846-8/SP, j. 19.08.1994, rel. Min. Edson Vidigal, *DJU* I 25.08.1994, p. 21.832). O desenvolvimento do assunto quanto à passagem do entendimento do STJ, de aceitar a fungibilidade recursal a não mais aceitá-la, pode ser examinada na *Jurisprudência Brasileira,* vol. 163, nota 12, p. 147-148.

24. Decisão *denegatória* para os fins de interposição do recurso ordinário compreende tanto o que julga o impetrante carecedor da ação, como aquela que rejeita seu pedido e, portanto, o mérito da ação (STJ, RMS 14.675/RS, 2.ª T., j. 06.09.2005, rel. Min. João Otávio de Noronha, *DJ* 10.10.2005, p. 265; RMS 4.700-8/SP, 1.ª T., j. 14.09.1994, rel. Min. César Rocha, *DJU,* I, 10.10.1994, p. 27.105; REsp. 8.634/AM, 3.ª T., j. 21.09.1993, rel. Min. Eduardo Ribeiro, *DJU,* I, p. 20.551). Não é outro o entendimento do Supremo Tribunal Federal, como faz prova o acórdão constante de *RTJ* 132/718.

Está prevista no § 1.º do art. 102, da CF/1988, na competência do STF, a arguição de descumprimento de preceito fundamental dessa Constituição, tal como disciplinado na Lei 9.882/1999.

A competência é privativa do STF, e essa lei regulamentadora haverá de identificar o que significa "preceito fundamental".

Por força da EC 3, de 17.03.1993, foi modificado o inciso I do art. 102, criando a ação declaratória de constitucionalidade, cuja decisão terá eficácia contra todos (*erga omnes*) e efeito vinculante relativamente aos demais órgãos do Poder Judiciário e à Administração Pública direta e indireta, nas esferas federal, estadual e municipal (art. 102, § 2.º, na redação da EC 45, de 2004). O art. 103, por seu turno, dispõe sobre a titularidade ativa desta ação, que, com a EC 45, tornou-se a mesma da ação direta de *inconstitucionalidade* (CF, art. 103, I a IX, na redação da referida Emenda). Como dito anteriormente, o STF já decidiu, incidentalmente ao julgamento da ADC 1/DF, a compatibilidade desta ação com o regime constitucional imposto pelo Constituinte de 1988.

60-A. Conselho Nacional de Justiça

O Conselho Nacional de Justiça, criado pela Emenda Constitucional 45/2004, é órgão integrante do Poder Judiciário com atribuições de natureza administrativa (art. 103-B da CF). Nos termos do § 4.º, *caput,* do art. 103-B, compete ao Conselho Nacional de Justiça "o controle da atuação administrativa e financeira do Poder Judiciário e do cumprimento dos deveres funcionais dos juízes". Além das atribuições previstas nos incisos do referido parágrafo, o texto constitucional possibilita a previsão de outras, que venham a ser conferidas pelo Estatuto da Magistratura (art. 103-B, § 4.º).

A composição do Conselho Nacional de Justiça é híbrida, porquanto seus 15 membros são provenientes dos mais variados segmentos ligados à justiça, e não apenas do Poder Judiciário. Além de Ministros dos Tribunais Superiores, desembargadores, juízes estaduais e federais, que sejam pontualmente indicados, o CNJ é composto por membros do Ministério Público, advogados e cidadãos de "notável saber jurídico e reputação ilibada, indicados um pela Câmara dos Deputados e outro pelo Senado Federal". Esses membros têm mandato de dois anos, admitida a recondução.

Deve-se enfatizar a natureza estritamente administrativa do Conselho, tal como salientou o Supremo Tribunal Federal no julgamento da ADIn 3.367, proposta pela Associação Nacional dos Magistrados. Portanto, não pode o CNJ exercer ou interferir no exercício da atividade jurisdicional.

No julgamento da referida ADIn 3.367, da relatoria do Min. Cezar Peluso, o Plenário do Supremo Tribunal Federal, por sete votos a quatro, reputou constitucionais as normas que, introduzidas pela EC 45/2004, instituem e disciplinam o Conselho Nacional de Justiça.[25] De acordo com o voto do Ministro Relator, tais normas não afrontam a separação e independência dos Poderes (art. 2.º da CF), uma vez que as atividades administrativas do Conselho não interferem na atividade jurisdicional. No que diz respeito à presença de não magistrados na composição do CNJ, frisou-se a necessidade de erradicar o corporativismo. Nesse ponto, restaram vencidos o Min. Carlos Velloso e a Min. Ellen Gracie, para quem a presença de membros do Ministério Público, advogados e cidadãos violaria a independência do Poder Judiciário. Prevaleceu, ainda, a tese de que a submissão do Judiciário dos Estados ao CNJ não fere o pacto federativo (art. 18 da CF). O Conselho, assim como os órgãos dos Judiciários Estaduais, pertencem ao Poder Judiciário nacional, e não à União.

Em decorrência da índole administrativa do Conselho Nacional de Justiça, tem-se a possibilidade de controle jurisdicional de seus atos, nos termos do art. 102, I, *r*, da CF, introduzido pela EC 45/2004.[26] Em que pese tal distinção, há que se registrar o entendimento contrário consignado pelo Min. Marco Aurélio, no voto vencido do julgamento da mencionada ADIn 3.367, *verbis:* "Não podemos ser ingênuos a ponto de acreditar que a atividade a ser desenvolvida pelo Conselho Nacional de Justiça não repercutirá no ofício judicante, que é exercido por homens, e circunstâncias externas acabam por repercutir na formalização de decisões".

O reconhecimento da constitucionalidade das normas reformadoras que instituíram o Conselho Nacional de Justiça não afasta a análise, pelo Supremo Tribunal Federal, da observância de determinados limites ao exercício das atribuições previstas pela EC 45/2004, a serem traçados casuisticamente, de forma incidental.

61. Regimento dos tribunais

Além da função jurisdicional, que lhe é própria, exerce o Poder Judiciário outras atribuições, como já se mencionou no início do capítulo.

Entretanto, devemos salientar que as funções normativas e administrativas asseguram a independência do magistrado ante os outros Poderes do Estado (assunto tratado no capítulo 4 da Primeira Parte deste *Manual*, que trata da jurisdição), possibilitando o autogoverno do Judiciário.

25. ADI 3.367, j. 13.04.2005, rel. Min. Cezar Peluso, *DJ* de 22.09.2006.

26. Por isso mesmo, pontua Eduardo Arruda Alvim, i.e., por não se revestirem de caráter jurisdicional, as decisões do CNJ não possuem o atributo da imutabilidade, não havendo que se falar em coisa julgada material (*Direito Processual Civil*, p. 69).

A função normativa deste Poder, embora num sentido algo impróprio, mas que é o que nos interessa de perto, consiste principalmente na circunstância de os tribunais elaborarem seus próprios regimentos.

Examinemos, em primeiro lugar, a função dos regimentos. Esses não são[27] leis, no sentido que a elas se refere o art. 59, III, da Lei Maior, pois não são emanados do Poder Legislativo, e, por isso mesmo, não estão contidos na enumeração taxativa do art. 59 da CF. Entretanto, são normas abstratas e gerais elaboradas pelos tribunais, conforme o previsto constitucionalmente no art. 96, I, *in verbis*:

"Compete privativamente: I – aos tribunais: a) (...) elaborar seus regimentos internos, com observância das normas de processo e das garantias processuais das partes, dispondo sobre a competência e o funcionamento dos respectivos órgãos jurisdicionais e administrativos".

É perceptível que os regimentos internos, ao disciplinarem *procedimento*, haverão de ser compatíveis com as normas de processo (e com as garantias processuais das partes).[28]

62. Organização judiciária

De um modo geral, pode dizer-se que as normas de organização judiciária visam dis-

27. O RISTF, diante do art. 119, § 1.º a § 3.º, da CF/1967 se constituía, neste ponto, autêntica lei significativa de que a competência legislativa, no particular, é privativa, e, portanto, excludente de qualquer outra. Este poder caiu em face da CF/1988. Antes da EC 7/1977, tendo em vista o que dispunha o art. 144, § 5.º, da CF, tinham os Tribunais de Justiça competência legislativa, através de resolução, oriunda da maioria absoluta dos membros do tribunal, para dispor "sobre a divisão e organização judiciárias". Reminiscências desse poder são, exemplificativamente, a Res. 2/1976, do TJSP, e a Res. 1/1975, do TJRJ. Subsistiram estas normas, na medida em que não tenham sido, ulteriormente, objeto de modificação levada a efeito, na Constituição, pela EC 7/1977, valendo o mesmo em face da CF/1988.

28. Um ponto que se tem discutido, a respeito do âmbito a que devem restar circunscritos os regimentos dos tribunais, diz respeito à interpretação dos poderes do seu Presidente, no que diz com o encaminhamento e fiscalização dos ofícios requisitórios, quando o juiz, nos termos do art. 730, I, solicita o pagamento. É este, portanto, um ponto *limitativo* da função e do âmbito da competência que cabe ao Presidente, nos termos do art. 730, I, não se devendo disciplinar o assunto, de forma a pretender atribuir ao Presidente *competência jurisdicional*. Tem o Superior Tribunal de Justiça decidido, com uniformidade, que essa função do Presidente não é função jurisdicional, senão que, meramente, de caráter administrativo. Nesse sentido já decidiu o STJ "ser inquestionável que a requisição do pagamento (art. 730, I, CPC) no Tribunal obedecerá a procedimento de *natureza administrativa,* sem esmaecer que os efeitos jurídicos do consequente pagamento *ocorrerão no originário processo de execução,* presidido pelo Juiz que, até a extinção, tem competência para a pertinente prestação jurisdicional solicitada. Ao Presidente [logo, igualmente, ao Plenário] do Tribunal, como prenunciado, *competente a verificação da regularidade formal da requisição de pagamento, colocação na ordem cronológica de apresentação, sem transmudar-se em juiz da execução*" (REsp 2.095-0/SP, rel. Min. Milton Luiz Pereira, *DJU* 23.08.1993 – grifos e destaques nossos). No mesmo sentido: REsp 19.625/SP, 1.ª T., j. 08.04.1992, negaram provimento, v.u., rel. Min. Garcia Vieira, *DJU* 15.06.1992, p. 9.227, 1.ª col., em. Pelo acórdão, que se segue, em parte, verifica-se ser esse entendimento pacífico: "Constitui hoje, nesta Colenda Corte, matéria pacífica o entendimento de que compete ao Juízo da execução, de primeiro grau, declarar a extinção da execução, e nega vigência ao art. 575, II do CPC, a decisão sobre pedido de extinção de execução. Neste sentido podemos citar os Recursos Especiais 2.059/SP, *DJ* 07.05.1990; 2.158/SP, *DJ* 23.04.1990; 2.061, *DJ* 26.03.1990; 2.244/SP, *DJ* 04.06.1990; 5.552/SP, *DJ* 18.03.1991; 2.198/SP, *DJ* 04.06.1990; 2.305/SP, *DJ* 21.05.1990; 2.533/SP, *DJ* 21.05.1990; 2.927/SP, *DJ* 06.08.1990; 3.940/SP, *DJ* 10.09.1990; 2.248/SP, *DJ* 25.06.1990" (STJ, REsp. 19.625/SP, 1.ª T., rel. Min. Garcia Vieira).

ciplinar as *condições materiais* para o exercício da função jurisdicional, atribuindo funções e competência aos órgãos monocráticos ou colegiados, regrando sua própria constituição, e, ainda, regulam a organização, classificação, disciplina e atribuições dos serviços auxiliares da Justiça.

A distribuição da autoridade judiciária faz-se geralmente em função da matéria (lides civis e lides penais), do valor das causas e das funções exercidas pelos juízes e tribunais (competência funcional), sempre respeitada a disciplina constitucional e a do Código (v. arts. 91 e 93).

A organização judiciária estadual disciplina também os requisitos essenciais ao funcionamento dos órgãos, quer no que tange à pessoa dos seus ocupantes e à ligação (estatutária ou não), entre o agente e o órgão, quer no que diz respeito aos vários auxiliares da Justiça.

Em relação à estrutura dos tribunais, em si mesmos considerados, tendo em vista a sua *competência* e o funcionamento *dos respectivos órgãos judiciários e administrativos*, a matéria passou a ser disciplinada em seus *respectivos regimentos internos* (art. 96, I, *a*, da CF), e não mais, *propriamente*, através de leis de organização judiciária. Ainda, *compete privativamente aos tribunais* a *organização* de suas secretarias (art. 96, I, *b*, da CF). Da mesma forma, lhes cabe, *privativamente*, organizar os *serviços auxiliares e dos juízos que lhes forem vinculados, velando pelo exercício da atividade correicional* (art. 96, I, *b*, da CF). Aos tribunais, ainda, cabe *prover, na forma prevista na Constituição Federal, os cargos de juiz de carreira da respectiva jurisdição* (art. 96, I, *c*, da CF), da mesma forma que lhes cabe, *privativamente, propor a criação de novas varas judiciárias* (art. 96, I, *d*, da CF).

O provimento de cargos, por concurso público de provas, ou de provas e títulos, respeitado o § 1.º do art. 169 da CF, *lhes cabe privativamente*, tendo em vista *os cargos necessários à administração da Justiça*, exceto os de confiança, *tais como sejam definidos em lei* (art. 96, I, *e*, da CF).

Esse art. 169, § 1.º, da CF, subordina a concessão de qualquer vantagem ou aumento de remuneração, a criação de cargos ou alteração de estrutura de carreiras, bem como a admissão de pessoal, *a qualquer título*, a que haja dotação orçamentária suficiente (art. 169, § 1.º, I, da CF), e, ainda, a que haja autorização *específica* na lei de diretrizes orçamentárias (art. 169, § 1.º, II, da CF).

Por outro lado, no art. 96, II, se estabelece que "ao Supremo Tribunal, aos Tribunais Superiores e aos Tribunais de Justiça [compete privativamente] propor ao Poder Legislativo respectivo", sempre respeitado o art. 169 da CF, as seguintes matérias: "a) a alteração do número de membros e dos tribunais inferiores; b) a criação e a extinção de cargos e a remuneração dos seus serviços

---

Mais recentemente, contudo, decidiu-se que "os precatórios de requisição para pagamento são atualizados automaticamente pelos Presidentes dos Tribunais, evitando a prática da expedição de precatórios complementares para simples atualização" (STJ, RMS 19.023/PI, 2.ª T., j. 06.09.2005, rel. Min. Eliana Calmon, *DJ* 03.10.2005, p. 157). No entanto, tem-se ressalvado que, "em relação a questões relativas à atualização do valor devido no precatório e outros incidentes, somente o juízo da execução é competente, no exercício de atividade jurisdicional, para decidir a controvérsia, determinando, inclusive, se necessária, a expedição de precatório complementar, salvo se se tratar de mera inexatidão material. Com efeito, não pode o Presidente do Tribunal fazê-lo, pois atua apenas administrativamente, enquanto que a providência necessária exige atuação jurisdicional" (STJ, REsp 682.539/RS, 6.ª T., j. 26.04.2005, rel. Min. Hélio Quaglia Barbosa, *DJ* 09.05.2005, p. 490). No mesmo sentido: STJ, REsp 596.743/SP, 2.ª T., j. 07.10.2004, rel. Min. João Otávio de Noronha, *DJ* 22.11.2004, p. 312; REsp 666.401/SP, 1.ª T., j. 12.12.2006, rel. Min. Teori Albino Zavascki, *DJ* 15.02.2007, p. 214.

auxiliares e dos Juízos que lhes forem vinculados, bem como a fixação do subsídio de seus membros e dos juízes, inclusive dos tribunais inferiores, onde houver; (...) d) a alteração da organização e da divisão judiciárias" (redação da alínea *b* de acordo com a EC 41/2003).

Verifica-se, desta forma, que neste art. 96 da CF estão previstos os elementos de que necessita, *imprescindivelmente*, a Justiça, em sua estrutura, para poder funcionar.

Obviamente, não se pode perder de vista que muitos dos aspectos disciplinados pela estrutura judiciária estadual já se encontram, em linhas gerais, esboçados na Constituição Federal. Assim, em tudo o que se refira à organização judiciária, este Poder só poderá inovar respeitando as linhas fundamentais da seção constitucional que a ele diz respeito e tendo em vista o que, complementarmente à Constituição Federal, venha a dispor o Estatuto da Magistratura. Desta forma, dando fisionomia ao aparelho judiciário, traçando-lhe os aspectos indispensáveis ao seu funcionamento, disciplinando as relações existentes entre os próprios órgãos competentes do organismo, proporcionando as condições materiais imprescindíveis ao funcionamento da Justiça, regulando as relações dos órgãos judiciários, bem como dos próprios órgãos auxiliadores com outros órgãos da Administração Pública, deverá haver respeito às normas constitucionais, ao Estatuto da Magistratura, e, atualmente, à Loman (Lei Complementar 35/1979), no que não for incompatível com a CF, e às leis processuais, desde que estas últimas se mantenham nos limites constitucionais para elas definidos.

Desta forma, podemos concluir que a organização judiciária é essencial, pois, na sua falta, o Poder Judiciário não poderia materialmente funcionar. Tal organização, como é curial, varia em parte, dependentemente da estrutura, necessidades e possibilidades do próprio Estado federado.

63. Normas disciplinadoras da organização judiciária

A divisão do Poder Judiciário em vários órgãos é imposição da natureza das coisas. A extensão territorial, a capacidade limitada dos homens e outros fatores acarretam, imperiosamente, a necessidade da divisão.

O art. 96, II, *d*, da CF, estabelece que compete privativamente ao Supremo Tribunal Federal, aos Tribunais Superiores e aos Tribunais de Justiça propor ao Poder Legislativo respectivo, observado o disposto no art. 169, a alteração da organização e da divisão judiciárias.

Desta forma, a Constituição consagra a competência do Estado federado para disciplinar e regulamentar a organização da sua própria Justiça, com a iniciativa da modificação cabendo ao Poder Judiciário, junto ao Legislativo.

As considerações feitas têm o objetivo de evidenciar o âmbito de validade da lei federal, das normas de organização judiciária e, ainda, dos preceitos contidos nos regimentos internos dos tribunais. Cada uma dessas normas, como se viu, tem o seu âmbito de ação e de validade.

Aflorado, assim, o problema da validade das normas federais e das que tratam da organização judiciária, surge a necessidade de distinguir, com nitidez, a esfera em que devem agir o legislador federal e os tribunais.

A Constituição Federal, no seu art. 22, I, dá competência à União para legislar sobre processo. Por outro lado, repetimos, a mesma Lei Constitucional, no seu art. 96, II, *d*, atribui aos Estados competência para organizarem as suas justiças.

O art. 96, II, *d*, da CF/1988, não pode ser entendido sem consideração dos demais textos, constantes desse mesmo art. 96.

Cumpre, então, definir o que é lei do processo e o que é lei de organização judiciária.

As leis do processo são as que regulam a atividade jurisdicional, criando todos os seus instrumentos essenciais de ação e regrando o respectivo funcionamento, toda ela globalmente, destinada à realização do direito objetivo, tendo em vista as lides trazidas à apreciação do Poder Judiciário, ou, segundo a fórmula de Chiovenda, à atuação da vontade concreta da lei. Em outros termos: "As leis de processo têm por objetivo regulamentar a jurisdição para que o Estado, através do juiz, possa aplicar contenciosamente o direito objetivo a casos particulares".[29]

Tudo aquilo que diga respeito à tutela do direito invocado, à apreciação desse direito, à produção de provas que objetivem demonstrar esse direito, é matéria de processo. Atualmente, em face desta CF/1988, não se deve esquecer que é possível aos Estados federados, e, bem assim, ao Distrito Federal, editarem *normas procedimentais não gerais*, para adaptarem e *completarem* as normas de *processo* e *normas procedimentais gerais*, tendo em vista as peculiaridades locais, tudo nos termos do art. 24, §§ 1.º e 4.º, da CF. Estas normas, todavia, não se confundem com *normas de organização judiciária*, senão que completam as regras jurídicas necessárias ao funcionamento da atividade jurisdicional, em si mesma. São estas últimas, *exclusivamente*, da competência dos respectivos Poderes Legislativos estaduais.

As normas de organização judiciária são as que regulamentam a forma pela qual se constituem os órgãos judiciários e traçam-lhes o modo pelo qual se devem reger administrativamente.

Não é demais relembrar que tanto a lei do processo quanto as da organização judiciária devem estar conformes aos preceitos da Constituição Federal que, sobre uma e outra, prevalecem. Assim, como é sabido, qualquer lei de processo que seja contrária à Constituição é inconstitucional, o mesmo acontecendo em relação às de organização judiciária. Por outro lado, se a lei do processo regular matéria relativa à organização judiciária, e vice-versa, também será inconstitucional, pois a competência privativa e absoluta do Estado, nessa matéria, é determinada pela Constituição Federal.

64. Possibilidade de conflito entre as normas de organização judiciária e a lei do processo

Há uma zona onde, especialmente, podem surgir conflitos entre a norma de organização judiciária e o Código de Processo Civil. É na matéria relativa à competência.

Definimos, provisoriamente, a competência como sendo uma fronteira ao exercício da atividade jurisdicional, delimitando o que cabe a cada um dos órgãos do Poder Judiciário. Trata-se de matéria disciplinada por regras que traçam os limites – não exclusivamente no sentido geográfico – dentro dos quais a atividade jurisdicional de certo órgão pode ser exercida.

Saber-se qual o órgão competente para julgar determinado processo é operação que passa por várias fases:

1.ª) deve-se verificar qual a justiça competente, o que é matéria de direito constitucional;

2.ª) a segunda fase é a respeitante à verificação do foro da causa. É matéria de lei processual;

3.ª) de posse desses dois dados, isto é, a justiça e o foro competentes, cabe, ainda, indagar qual o juízo competente, o que deve ser buscado nas normas existentes sobre organização judiciária.

Isto é matéria de organização judiciária, pelo seguinte: se é a ela afeta a fixação dos limites da divisão do território, o número

29. José Frederico Marques, Organização judiciária e processo, *Revista de Direito Processual Civil* 1/19-20.

de juízes de cada comarca, que, a seu turno, compõem as circunscrições – matérias estas eminentemente ligadas à organização material da Justiça –, segue-se que se há de buscar a indicação do juízo competente também nas acima mencionadas normas de organização judiciária.

Tanto a lei processual, como a de organização judiciária, têm seus limites estabelecidos no sentido do art. 96, II, *d*, da CF.

65. Competência funcional nas fases do procedimento e os limites da organização judiciária no primeiro grau de jurisdição

A organização judiciária poderá dar a mais de um juiz competência para funcionar em um mesmo processo. Por essa razão, diz-se competência funcional. Isto é, a competência do magistrado é delimitada tendo em vista a especificidade de sua função. Assim, poderão as normas de organização judiciária determinar que um juiz prepare o processo até o início da instrução, devendo esta ser feita por outro magistrado. Todavia, para essas normas, há o limite estabelecido pelo art. 132 do CPC (com a redação que lhe deu a Lei 8.637/1993), o qual determina que, na hipótese de um juiz, titular ou substituto, concluir a audiência, caber-lhe-á concluir a instrução e julgar a lide, salvo se for convocado, licenciado ou afastado por qualquer motivo, promovido ou aposentado, caso em que passará os autos a seu sucessor, que, como dispõe o parágrafo único do dispositivo, mandará repetir, se entender necessário, as provas já produzidas.[30]

Não é, assim, possível se estabelecer que um juiz haja de presidir a instrução e outro dar a sentença. A matéria está regulada pela lei processual, porque o juiz que instrui a causa, concluindo a audiência, inegavelmente, está mais apto a julgar, e esta aptidão maior implica a própria atuação da Justiça, a qual é disciplinada no CPC, art. 132, *ainda que essa razão de ser encontre-se profundamente esvaziada*.

Atualmente, tendo em vista a necessidade de se viabilizar um maior *acesso à Justiça*, haverá um aumento da atividade dos juízes de primeiro grau, inclusive com crescimento do quadro.

Os chamados *Juizados de Pequenas Causas* e os relativos às *Causas de Menor Complexidade*, que acabaram por ser *fundidos* (ao menos para as causas cíveis, como visto acima) para autoridades com a mesma competência, conduziram a que a *competência recursal seja efetivada por juízes de primeiro grau de jurisdição, os quais realizarão tarefa de segundo grau*, sem prejuízo, provavelmente, de suas funções *normais*. São as chamadas *Turmas de Recursos*, já previstas em diversas Constituições estaduais, concretamente disciplinadas por leis de organização judiciária, no que diz respeito ao respectivo funcionamento (v. Constituições de São Paulo, art. 88;[31] do Rio de Janeiro,

30. Verifica-se que ocorreu um *esvaziamento do subprincípio da identidade física*, já mesmo pela jurisprudência que se formou e agora pelo texto da Lei 8.637/1993. O que pesou para isso – como já acentuamos anteriormente, em mais de uma oportunidade – foi a extrema mobilidade dos membros da magistratura, e a correlata necessidade de que as causas sejam decididas. É evidente que uma interpretação em prol de uma maior rigidez do princípio, em face da redação precedente do art. 132, certamente conduziria a uma demora que veio se revelando, cada vez mais, injustificável. E, por isso mesmo, a nova redação alargou imensamente as hipóteses de desvinculação, em desfavor do subprincípio da identidade física do juiz, e em favor de uma demora que não se justifica.

31. No Estado de São Paulo, por exemplo, a Lei Estadual 5.143, de 28.05.1986, que criou o Sistema do Juizado Especial de Pequenas Causas do Estado, remeteu, em seu art. 3.º, § 1.º, à "resolução do Tribunal de Justiça" a organiza-

art. 167; do Mato Grosso, art. 91, V e VI; do Mato Grosso do Sul, art. 97, V, esta com explicitude quanto à disciplina ulterior, por lei de organização judiciária – art. 118 –; a do Paraná, art. 109, parágrafo único). A Lei 9.099/1995 – que se refere, textualmente, ao termo "segunda instância" em seu art. 46 –, a exemplo do que já dispunha a Lei 7.244/1984, dispôs em seu art. 41, § 1.º (art. 82, *caput*, para os Juizados Especiais Criminais), que esta turma recursal deve ser formada por três juízes *togados*, em exercício no primeiro grau de jurisdição. No âmbito dos Juizados Especiais da Justiça Federal, a Lei 10.259/2001, servindo-se do termo já utilizado pela Lei 9.099/1995, estabelece que "as Turmas Recursais serão instituídas por decisão do Tribunal Regional Federal, que definirá sua composição e área de competência, podendo abranger mais de uma seção" (art. 21 da Lei 10.259/2001). A Lei 12.153/2009, que disciplina os Juizados Especiais da Fazenda Pública no âmbito dos Estados, Territórios e do Distrito Federal, dispõe, no art. 17, que "As Turmas Recursais do Sistema dos Juizados Especiais são compostas por juízes em exercício no primeiro grau de jurisdição, na forma da legislação dos Estados e do Distrito Federal, com mandato de 2 (dois) anos, e integradas, preferencialmente, por juízes do Sistema dos Juizados Especiais".

ção e o funcionamento dos Colégios Recursais; esta disciplina foi mantida pelo art. 15, § 1.º, da Constituição do Estado de São Paulo. Tais normas foram, inicialmente, veiculadas pelo Provimento 511, de 23.08.1994, do Conselho Superior da Magistratura do Estado de São Paulo. Especificamente, os Colégios Recursais e o processamento dos recursos neles receberam sua disciplina nos arts. 19 a 28, não se verificando dos mesmos qualquer incompatibilidade com a superveniência da nova disciplina imprimida pela Lei Federal 9.099/1995. Atualmente, a matéria encontra-se disciplinada nos itens 52 a 90 do Provimento 806, de 24.07.2003, do TJ do Estado de São Paulo.

66. Competência interna dos tribunais

A matéria da competência interna dos tribunais é regulada tanto pela Constituição do Estado federado, quanto pela lei processual e pela lei de organização judiciária. O texto constitucional (art. 96, I a III) estabelece que compete aos tribunais "eleger seus órgãos diretivos e elaborar seus regimentos internos, com observância das normas de processo e das garantias processuais das partes, dispondo sobre a competência e o funcionamento dos respectivos órgãos jurisdicionais e administrativos" (art. 96, I, *a*, da CF).

A competência *interna* de cada tribunal deverá ser disciplinada por ele mesmo (art. 96, I, *a*, CF), em seu regimento interno.

67. Os limites das normas de organização judiciária, particularmente no segundo grau de jurisdição

As normas de organização judiciária, por certo, não podem disciplinar matéria fora de seu âmbito. No entanto, em inúmeras hipóteses, a lei processual é notoriamente falha, deixando de regulamentar assuntos indispensáveis, muitas vezes até mesmo o próprio funcionamento do instituto criado pela lei federal. Nestes casos, deve-se admitir que, pelas leis ou normas de organização judiciária, venha disciplinada a hipótese a respeito da qual a lei processual é omissa. Assim, cabe subsidiariamente às normas de organização judiciária suprir as falhas da lei federal, de molde a que, assim, possam os institutos funcionar adequadamente, atingindo suas finalidades.

Contudo, qualquer norma de organização judiciária deve respeitar dois pontos: 1.º) jamais, a pretexto de disciplinar lacunas, será possível a deformação dos institutos do processo, ou, ainda, ir contra lei federal. Nestes casos, indiscutível será sua inconstitucionalidade; 2.º) por outro lado, mesmo havendo lacuna e existindo regra, em lei de organização judiciária, somente destinada a suprir essa lacuna, na hipótese de vir a ser editada lei federal sobre o assunto, imediatamente esta terá prevalência. Esta segunda hipótese de prevalência da lei federal será indiscutível, desde que dúvida alguma haja a respeito da área regulada.

No que tange à competência funcional, estabelece o Código de Processo Civil que a matéria é constitucional ou de organização judiciária (art. 93). No entanto, atualmente, pelo art. 96, I, *a*, da CF, essa competência interna, tendo em vista os órgãos judicantes, será estabelecida nos *Regimentos Internos dos Tribunais*.

68. Auxiliares da Justiça

Como já dissemos, a administração da Justiça depende não só da atividade do juiz, que é sua figura central, embora subordinado neste aspecto ao Tribunal de Justiça (Corregedoria-Geral da Justiça), como também de seus auxiliares. O art. 139 do CPC estabelece: "São auxiliares do juízo, além de outros, cujas atribuições são determinadas pelas normas de organização judiciária, o escrivão, o oficial de justiça, o perito, o depositário, o administrador e o intérprete".

Tradicionalmente, encontramos serventuários (*lato sensu*), tanto ligados à própria Administração (escrivães, funcionários públicos), como autônomos, ou seja, serventuários que não são funcionários em sentido estrito, apesar de terem suas funções, regime de trabalho e disciplinar, progresso na carreira etc. disciplinados pelas normas de organização judiciária de cada Estado.

Na vigente Constituição, estabelece o art. 96, II, *b* (redação da EC 41/2003), que, mediante *proposta* do Supremo Tribunal Federal, dos Tribunais Superiores, e, na esfera estadual, do Tribunal de Justiça, aos respectivos Poderes Legislativos, criar-se-ão cargos e fixar-se-ão os respectivos vencimentos, dos serviços auxiliares "e os dos juízos que lhes forem vinculados". Pela Constituição do Estado de São Paulo (art. 70, II), esta competência, em consonância com o texto constitucional, é *privativa* do Tribunal de Justiça e abrange, também, o regime jurídico dos servidores *do Tribunal de Justiça Militar*.

Passemos, contudo, a examinar quais são os principais auxiliares da Justiça.

As duas principais figuras, que se podem reputar *essenciais* no juízo, são o escrivão e o oficial de justiça. Rigorosamente, nenhum juiz poderia exercer suas funções, se não tivesse, pelo menos, esses dois auxiliares.

Ao escrivão incumbe primordialmente, no cartório ligado ao juízo, o qual fica a seu cargo e sob sua responsabilidade, funções como: documentação dos atos processuais, ou seja, lavratura de assentadas, termos de audiência, depoimentos a serem reduzidos a escrito, atos de julgamento etc.; ainda, o escrivão movimenta a relação jurídica processual (v. arts. 166 a 171 do CPC). Em síntese, sob esse aspecto, podemos dizer que o escrivão tem uma função interna, pois todo o seu trabalho se desenvolve no cartório, junto ao juiz e às partes.

Já o oficial de justiça, ao contrário do que ocorre com o escrivão, tem função precipuamente externa, ou seja, realiza todos os atos judiciais que se tenham de operar no foro, por determinação do juiz (arts. 143; 144; 221, II; 224 a 228; 230; 239; 577; 652, § 1.º; 653; 659 a 663; 938, todos do CPC).

Segundo o art. 143 do CPC, incumbe ao oficial de justiça fazer as citações, prisões, arrestos, penhoras e outras diligências; executar as ordens do juiz a que estiver subordinado; entregar em cartório o mandado logo depois de cumprido; estar presente às audiências e coadjuvar o juiz na manutenção da ordem; e, finalmente, efetuar avaliações (inciso V inserido pela Lei 11.382/2006).[32] Todos esses atos deverá o oficial de justiça praticar pessoalmente, em princípio.

Deve acentuar-se que, com o aumento das atividades decorrentes da distribuição da Justiça, o escrivão, por sua vez, terá que ter auxiliares, os quais poderão ser funcionários públicos, no caso de cartórios oficializados, ou empregados do próprio escrivão, se, por hipótese, se tratar de serventia de justiça não oficializada, *não mais existente no Estado de São Paulo*.

O foro chamado extrajudicial não há de ser considerado como integrante *stricto sensu* dos órgãos auxiliares da Justiça. Desde o art. 193 do Código Judiciário do Estado de São Paulo (Dec.-lei Complementar 3/1969) estava estabelecido que os serviços auxiliares da Justiça seriam realizados através de Ofícios de Justiça e de Cartórios e a esses competindo os serviços do foro extrajudicial. Eram eles, no Estado de São Paulo, os Cartórios de Notas do Registro Civil e das Pessoas Naturais e dos Registros Públicos. Atualmente, os cartórios extrajudiciais da Capital de São Paulo são os Cartórios de Notas, Cartórios de Registro de Títulos e Documentos, Cartórios de Protesto de Letras e Títulos, Cartórios de Registro de Imóveis, Cartórios de Registro Civil das Pessoas Naturais e Anexos.

No entanto, tais órgãos, conquanto sumamente relevantes, dizem mais respeito à documentação pública de atos jurídicos do interesse das partes, sem reflexos diretos na administração da Justiça. Assim, não há possibilidade de incluí-los no elenco dos órgãos que permanentemente assessoram os juízes e que são imprescindíveis ao funcionamento da Justiça.

Nos tribunais, também há órgãos auxiliares que possibilitam o funcionamento da Justiça nesse grau de jurisdição. O principal

---

32. Interessante registrar o entendimento defendido por Luiz Rodrigues Wambier, Teresa Arruda Alvim Wambier e José Miguel Garcia Medina (*Breves comentários à nova sistemática processual civil*, 2007, vol. 3, p. 26-27), no sentido de que a possibilidade de realização da perícia pelo Oficial de Justiça, a teor do que dispõe o inciso V do art. 143, acrescentado pela Lei 11.382/2006, encontra óbice no art. 37 da Lei 8.112/1990, assim como em eventual conflituosidade existente entre o oficial de justiça e o executado que possa refletir negativamente na estimativa pecuniária dos bens penhorados. Segundo referidos autores, "não nos parece inteiramente acertado atribuir a um órgão (oficial de justiça) a função inerente ao exercício de outro cargo (avaliador), pois, neste caso, não se estaria cumprindo o que estabelece o art. 37 da Lei 8.112/1990, segundo o qual, havendo redistribuição de cargos entre órgãos, devem ser observados os seguintes preceitos: 'III – manutenção da essência das atribuições do cargo; IV – vinculação entre os graus de responsabilidade e complexidade das atividades; V – mesmo nível de escolaridade, especialidade ou habilitação profissional'."Pensamos, diante disso, que as alterações dos arts. 143, inciso V, 652, § 1.º, e 680, ao permitirem que o oficial de justiça realize avaliações, não alcançam os oficiais de justiça aprovados em concurso público realizado antes da Lei 11.382/2006 e que, diante disso, não poderiam considerar a avaliação como uma das atribuições de tal cargo."Assim, a rigor, somente podem realizar avaliações aqueles que, sendo ou não oficiais de justiça, tenham sido aprovados em concurso público ajustado às atribuições, complexidade e exigência de especialidade e habilitação profissional de avaliador."Há, ainda, outra razão que, segundo nosso entendimento, pode representar óbice ao alcance de resultados satisfatórios, pela alteração da Lei 11.382/2006."Na realização dos atos executivos, não raro pode ocorrer algum conflito entre o oficial de justiça e o executado, o que pode afetar a imparcialidade daquele, repercutindo negativamente na estimativa dos bens penhorados. Também por este motivo é conveniente que as atividades consistentes em identificar, penhorar e apreender bens que compõem o patrimônio do executado sejam realizadas por pessoa diversa daquela a quem incumbe fazer a avaliação".

órgão auxiliar é a secretaria de cada tribunal, onde o auxiliar de destaque é o secretário do tribunal, havendo também ofícios, com escrivães e demais auxiliares, cujas funções vêm disciplinadas nos arts. 166 a 171 do CPC, juntamente com os atos do escrivão (Livro I, Título V, Capítulo I, Seção IV).

O papel do contador teve sempre, entre nós, importância palpável. Sua incumbência fundamental era a de fazer o cálculo aritmético do *quantum* correspondente a qualquer direito ou obrigação, sempre a mando do juiz. Nossa lei processual a ele se refere expressamente, *v.g.*, no art. 475-B, §§ 3.º e 4.º, do CPC, acrescidos pela Lei 11.232/2005, que revogou o art. 604, §§ 1.º e 2.º, de igual teor. Pode-se dizer que essa importância, em decorrência de estar sendo minimizada a sua função, foi diminuída.[33-34]

Devemos, ainda, reportar-nos ao distribuidor e depositário públicos. Ao distribuidor incumbe, obrigatoriamente, repartir as causas entre os juízos (arts. 251 a 257) e registrá-las. Sua função pode ser fiscalizada pela parte ou pelo procurador da mesma (art. 256).

O depositário público é órgão auxiliar do juízo a que se vincula, sendo que normalmente um depositário serve a diversos juízos. Cabe ao depositário a guarda de bens e valores, sendo responsável perante os juízos cujas ordens há de cumprir.

Dentre os auxiliares da justiça, inserem-se, ainda, o perito, o administrador e o intérprete (art. 139, que alude também ao escrivão, ao oficial de justiça e ao depositário, já considerados).

Perito é a pessoa dotada de conhecimentos técnicos, ou científicos, de que careça o juiz, precisamente porque não é especialista, ou que, embora os tenha, eventualmente não tem condições, por sua função, de colher diretamente certos dados e chegar, tecnicamente, a determinadas conclusões, como nos casos em que a demanda verse sobre problemas contábeis, econômicos, de engenharia etc. Para isto, há de funcionar o perito, assistindo o juiz (art. 145), devendo diligenciar para cumprir tal ofício público (art. 146). Há, necessariamente, de prestar informações verdadeiras, sob pena de inabilitação sucessiva por dois anos para fun-

---

33. Pela redação precedente do art. 518, os autos eram remetidos ao contador, para o cálculo do que houvesse de ser objeto de preparo dos recursos. Pela Lei 8.950, de 13.12.1994, esse texto teve redação que não guarda relação com a precedente; e, por essa mesma lei, com a nova redação dada ao art. 511, *caput* (mantida, no particular, pela Lei 9.756/1998), o recorrente deve preparar o seu recurso, no ato da interposição, verificando o quanto é devido através do exame da "legislação pertinente". De acordo com o § 2.º do art. 511 (inserido pela Lei 9.756/1998), "a insuficiência no valor do preparo implicará deserção, se o recorrente, intimado, não vier a supri-lo no prazo de 5 (cinco) dias".

34. Com a Lei 10.444/2002, passou a constar expressamente do art. 604 – que, posteriormente, foi revogado pela Lei 11.232/2005, cf. *infra* –, com o acréscimo de dois parágrafos àquele dispositivo, a possibilidade de o juiz valer-se dos serviços do contador, até mesmo antes da citação do devedor, a fim de auxiliá-lo a esclarecer dúvidas quanto ao valor efetivamente devido e que está sendo exigido pelo credor, bem como nas hipóteses de assistência judiciária. Dispunha o revogado § 2.º deste artigo que: "Poderá o juiz, antes de determinar a citação, valer-se do contador do juízo quando a memória apresentada pelo credor aparentemente exceder os limites da decisão exequenda e, ainda, nos casos de assistência judiciária. Se o credor não concordar com esse demonstrativo, far-se-á a execução pelo valor originariamente pretendido, mas a penhora terá por base o valor encontrado pelo contador." Cf., a respeito, Luiz Rodrigues Wambier, Teresa Arruda Alvim Wambier e José Miguel Garcia Medina, *Breves comentários à nova sistemática processual civil*, 2005, p. 364 e ss. A referida norma foi repetida no art. 475-B do CPC, inserido pela Lei 11.232/2005.

cionar em outras perícias (art. 147), além da responsabilidade penal em que incida eventualmente (CP, art. 342). A figura do administrador vem assimilada à do depositário, estando ambas disciplinadas nos arts. 148 a 150. Incumbe-lhes, essencialmente, a guarda de bens, devendo perceber remuneração determinada pelo juiz, tendo em vista a tarefa que lhes foi cometida (art. 149). Pode o juiz, ainda, por indicação do depositário ou administrador, nomear prepostos (art. 149, parágrafo único). Se agirem com dolo ou culpa, causando prejuízo, responderão civilmente à parte, além de perderem o direito à remuneração, sem, todavia, perderem o direito de reembolso pelo que efetivamente despenderam em função da tarefa que lhes foi cometida (art. 150). O intérprete haverá de auxiliar o juiz, tendo em vista a necessidade de que os documentos escritos em língua estrangeira constantes dos autos, e que servem de prova, devem ser entendidos, pois é obrigatória a utilização do idioma português (art. 156). Ainda, documentos que sejam juntos aos autos só poderão ser admitidos se devidamente vertidos para o vernáculo, por tradutor juramentado (art. 157). A função do intérprete, neste particular, é, pois, a de: 1.º) analisar documento que, à discrição do juiz, seja tido como suscetível de criar dúvidas (art. 151, I, embora já deva existir nos autos sua versão, em português, por causa do disposto no art. 157) e verter para o português declarações das partes e testemunhas, que as façam no seu próprio idioma, por desconhecerem o idioma nacional. Além disto, entretanto, o significado de interpretação transcende o mero problema de língua, pois aos intérpretes caberá traduzir, também, linguagem mímica de surdos e mudos, desde que estes não possam expressar suas declarações por escrito (art. 151, III). Casos há, todavia, em que, conquanto em si mesmo, pelos seus conhecimentos, alguém que pudesse servir de intérprete fica impossibilitado (art. 152), e tais são: 1.º) os que não tenham a livre administração de seus bens, vale dizer, para ser intérprete, este deverá ser maior e capaz, além de possuir dotes especiais; 2.º) se tiver sido arrolado como testemunha, ou se servir como perito no processo; 3.º) finalmente, se estiver inabilitado ao exercício de tal função, por sentença penal condenatória, enquanto os efeitos desta perdurem. Porque o intérprete exerce função auxiliar do juiz, aplicam-se-lhe, também, as restrições dos arts. 146 e 147, seja o mesmo oficial ou não (v. art. 153). O intérprete, portanto, há de agir idoneamente, isto é, há de traduzir com veracidade o que lhe incumba fazê-lo, pois que, se agir com dolo ou culpa, incide nas penalidades a que alude o art. 147. Apesar de prestar sua colaboração à Justiça, o carteiro, mesmo quando realiza a citação postal, doravante tida como regra e meio comum no processo civil (art. 222, com a redação que lhe foi dada pela Lei 8.710, de 24.09.1993), não pode ser considerado auxiliar da Justiça,[35] não gozando das prerrogativas próprias deste.

Bibliografia

Abreu, Ênio Brusque de. Garantia do judiciário e a soberania nacional. *AJURIS* 11/105, 1977.

Araújo, Justino Magno. Os poderes do juiz no processo civil moderno (visão crítica). *Revista de Processo (RePro)* 32/94-106, ano VIII, São Paulo: Ed. RT, out.-dez./1983.

Arruda Alvim, Eduardo. *Curso de direito processual civil.* São Paulo: Ed. RT, 1999. vol. 1.

______. *Curso de direito processual civil.* São Paulo: Ed. RT, 2000. vol. 2.

______. *Direito processual civil.* São Paulo: Ed. RT, 2008.

35. Cf. Clito Fornaciari Júnior, Citação pelo correio, *AJURIS* 6/97; v. tb. Athos Gusmão Carneiro, Da citação pelo correio na Justiça comum, *JURIS* 9/59.

______. *Direito processual civil*. 3. ed. São Paulo: Ed. RT, 2010.

______. *Direito processual civil*. 4.ed. São Paulo: Ed. RT, 2012.

ARRUDA ALVIM NETTO, José Manoel de. O antigo recurso extraordinário e o recurso especial (na Constituição de 1988). In: TEIXEIRA, Sálvio de Figueiredo (coord.). *Recursos no Superior Tribunal de Justiça*. São Paulo: Saraiva, 1991.

______. *Código de Processo Civil comentado*. São Paulo: Ed. RT, 1975. vol. 1.

______. *Tratado de direito processual civil*. São Paulo: Ed. RT, 1990.

BARBI, Celso Agrícola. *Comentários ao Código de Processo Civil*. Rio de Janeiro: Forense, 1983. vol. 1.

BARBOSA, Balthazar Gama. A reforma do judiciário. *AJURIS* 11/65, 1977.

BORGES, Marcos Afonso. Jurisdição voluntária. *AJURIS* 18/76, 1980; *Juriscível* 108/36, 1980; *Revista de Processo (RePro)* 11-12/209-220, ano III, São Paulo: Ed. RT, jul.-dez./1978.

BUZAID, Alfredo. Da responsabilidade do juiz. *Revista de Processo (RePro)* 9/15-36, ano III, São Paulo: Ed. RT, jan.-mar./1978.

CARDOZO, José Eduardo Martins. A jurisdição voluntária e a coisa julgada. *Justitia* 140/38.

CASTRO FILHO, José Olympio de. Processo civil e organização judiciária. *RF* 259/29.

COSTA, Luiz Antônio Severo da. O poder normativo do Supremo Tribunal Federal (construtivismo judiciário). *RF* 266/91.

CRESCI SOBRINHO, Elício de. *O juiz e seus poderes no novo Código de Processo Civil*, 1977.

DINAMARCO, Cândido Rangel. Ministério Público e jurisdição voluntária. *RT Informa* 254/33-35, São Paulo: Ed. RT.

FABRÍCIO, Adroaldo Furtado. O juiz e o poder. *AJURIS* 31/39, 1984.

FIGUEIRA, Francisco Bernardo. O juiz, sua conduta no foro e na sociedade. *AJURIS* 29/157, 1983.

FORNACIARI JÚNIOR, Clito. Citação pelo correio. *AJURIS* 6/97.

______. Responsabilidade do perito. *AJURIS* 10/18, 1977.

HERKENHOFF, João Baptista. Considerações sobre o novo Código de Processo Civil. *AJURIS* 1/5, 1.974; e 7/61, 1976.

______. O juiz e o novo Código de Processo Civil. *RF* 254/399.

LOPES, João Batista. Os poderes do juiz e o aprimoramento da prestação jurisdicional. *Revista de Processo (RePro)* 35/24-67, ano IX, São Paulo: Ed. RT, jul.-set./1984.

MARQUES, José Frederico. *A reforma do Poder Judiciário*. São Paulo: Saraiva, 1979. vol. 1.

______. *Ensaio sobre a jurisdição voluntária*. 2. ed. São Paulo: Saraiva, 1969.

______. *Manual de direito processual civil*. São Paulo: Saraiva, 1982/1984.

______. Organização judiciária e processo. *RDPC* 1/19 e 20.

MEDINA, José Miguel Garcia. *O prequestionamento nos recursos extraordinário e especial*. 4. ed. São Paulo: Ed. RT, 2005.

MEDINA, Paulo Roberto Gouvêa. Em torno da jurisdição voluntária. *RBDP* 28/13, 1981; *Revista de Processo (RePro)* 17/25/40, ano V, São Paulo: Ed. RT, jan.-mar./1980.

MELO, Luiz Pereira de. Dos poderes e deveres do juiz. *RBDP* 10/83, 1977.

MENDONÇA LIMA, Alcides de. A evolução da competência do Supremo Tribunal Federal. *RF* 266/1.

______. A liberdade de julgamento na jurisdição voluntária. *AJURIS* 16/5, 1979.

______. Jurisdição voluntária. *RBDP* 28/13, 1981; e *Revista de Processo (RePro)* 17/25-40, ano V, São Paulo: Ed. RT, jan.-mar./1980.

NERY JR., Nelson; NERY, Rosa Maria de Andrade. *Código de Processo Civil comentado e legislação extravagante*. 9. ed. São Paulo: Ed. RT, 2006.

PORTO, Mário Moacyr. Responsabilidade do Estado pelos atos dos seus juízes. *RT* 564/9-14, ano 71, São Paulo: Ed. RT, set./1982.

PRATA, Edson. A jurisdição voluntária no novo Código de Processo Civil. *RF* 251/403; *RBDP* 3/57 *et seq.*, 1975; *Juriscível* 11/38.

______. *Jurisdição voluntária*. São Paulo: Leud, 1959.

ROCHA, José de Moura. O juiz: sua posição no atual Código de Processo Civil. *Estudos de Processo Civil*, 1982. vol. 2.

TEIXEIRA, Sálvio de Figueiredo. O juiz em face do Código de Processo Civil. *RF* 261/81; *AJURIS* 12/172; *Revista de Processo (RePro)* 10/223-232, ano III, São Paulo: Ed. RT, abr.-jun./1978; *RBDP* 17/93, 1979; *RT* 533/23-29, ano 69, São Paulo: Ed. RT, mar./1980.

VELLOSO, Carlos Mário. O Supremo Tribunal Federal: Corte Constitucional. In: VELLOSO, Carlos Mário (coord.). *Temas de Direito Público*. Belo Horizonte: Del Rey, 1994.

VIDIGAL, Luis Eulálio de Bueno. *Comentários ao Código de Processo Civil*. São Paulo: Saraiva, 1965.

WAMBIER, Luiz Rodrigues; WAMBIER, Teresa Arruda Alvim; MEDINA, José Miguel Garcia. *Breves comentários à nova sistemática processual civil*. 3. ed. São Paulo: Ed. RT, 2005; 2007, vol. 3.

WAMBIER, Teresa Arruda Alvim. *Controle das decisões judiciais por meio de recursos de estrito direito e de ação rescisória*. São Paulo: Ed. RT, 2001.

VI
Da Competência

69. Jurisdição e competência

O poder ou a função jurisdicional, ou, ainda, a jurisdição, hodiernamente atribuída com exclusividade ao Estado, ou, mais especificamente, aos órgãos que constituem o Poder Judiciário, poder-função enraizado na própria soberania (art. 2.º da CF/1988), é naturalmente abstrato.

A estruturação e o concretizar da jurisdição se dá precisamente em função das regras do instituto da competência (*lato sensu*). Pela competência, atribui-se a função jurisdicional a um ou mais órgãos do Poder Judiciário, o que possibilita àquele ou àqueles órgãos (quando mais de um órgão for abstratamente competente), com exclusividade, o exercício desse poder, a partir do momento em que nele se fixe a competência, com a propositura da ação (art. 263) e com a ocorrência da prevenção (art. 219).[1] Se se tratar de medida cautelar, a prevenção firmada em decorrência de medida preparatória, previne a jurisdição para esta e, bem assim, para a ação principal.[2] Oportunamente dis-

---

1. A prevenção, em primeiro grau de jurisdição, significa a fixação da competência, num dado juízo, através de ato concreto. A lei contém dois critérios para a fixação do *momento* da ocorrência da prevenção, nos arts. 219 e 106. Tem-se entendido que, se os juízos, que sejam considerados, na hipótese de discussão, não tiverem a mesma competência territorial, dá-se a prevenção pelo ato da citação (âmbito de abrangência do art. 219, à luz do art. 106); se tiverem, todavia, a mesma competência territorial – o que depende de exame da hipótese concreta –, a prevenção ocorrerá no juízo em que se tenha verificado o despacho, na inicial, em primeiro lugar. Basicamente firmou o STJ esse entendimento, em acórdão publicado na *RSTJ* 3/725, ao decidir, em temas de conflito de competência e prevenção, sobre a *exegese da aparente contradição entre os arts. 106 e 219*. Firmou o entendimento de que a citação válida torna prevento o juízo, é a regra (art. 219), e, em se tratando, porém, de órgãos da mesma competência territorial, incide a regra do art. 106. No mesmo sentido, cf. STJ, CC 32.268/SP, 2.ª S., j. 24.04.2002, rel. Min. Sálvio de Figueiredo Teixeira, *DJ* 19.08.2002, p. 139; STJ, EDcl no MS 9.680/DF, 1.ª S., j. 22.06.2005, rel. Min. Luiz Fux, *DJ* 01.08.2005, p. 300; em doutrina, v. Athos Gusmão Carneiro, *Jurisdição e competência*, Cap. XVI, n. 63; Barbosa Moreira, *Estudos sobre o novo Código de Processo Civil*, p. 95.
2. Nesse sentido: STJ, REsp 712.999/SP, 3.ª T., j. 12.04.2005, rel. Min. Menezes Direito, *DJ* 13.06.2005, p. 305 (produção antecipada de provas ainda em curso); STJ, CC 34.547/MG, 2.ª Seção, j. 25.08.2004, rel. Min. Castro Filho, *DJ* 13.09.2004, p. 169 (sustação de protesto); STJ, REsp 487.630/SP, 2.ª T., j. 21.08.2003, rel. Min. Franciulli Netto, *DJ* 28.06.2004, p. 245 (neste julgado, ressaltou-se que a ação cautelar de produção antecipada de provas não conduz à prevenção, *salvo se verificada a intervenção do magistrado no feito, com a nomeação de* expert *de sua confiança*); na doutrina, Pontes de Miranda, *Comentários ao Código de Processo Civil*, 1976, vol. 12, p. 58, onde diz que "as medidas cautelares, quaisquer que sejam, têm

tinguiremos estes dois conceitos – fixação da competência e prevenção (*v. infra*).

A competência, pois, é decorrência de uma especificação gradual e sucessiva do poder jurisdicional, que possibilita a sua concretização, num dado órgão do Poder Judiciário, relativamente a uma espécie ou mais de causas.[3]

Sabemos que o Poder Judiciário, sobretudo nos Estados modernos, tem necessariamente que se subdividir numa multiplicidade de órgãos, dado que, somente assim, é possível ao Estado atender à necessidade de realização da justiça (outorga de tutela jurídica) em relação aos que a ele acodem.

A competência *primariamente* está estabelecida em nível internacional – antes de cogitar-se da *competência interna, i.e.*, que consiste em indagar-se e determinar-se qual o órgão da jurisdição do país que é competente –, visualizada no plano internacional, dizendo-se, então, tratar-se da competência internacional (v. item 80, abaixo, mais minuciosamente). O estabelecimento da regra, ou regras, de competência internacional é decorrência direta do poder soberano do Estado.

Normalmente o legislador estabelece regras coincidentes com as fronteiras do Estado,[4] pois dentro destas é que se exerce

de ser pedidas ao juiz que no momento seria o competente para a ação, ainda que não se trate, *in casu*, de ação de medida cautelar para a preparação de outra. Se pedidas, pendente a lide, está visto que a causa principal atrai a acessória"; v. tb. p. 63. Deve-se, no entanto, acentuar que medidas como vistoria *ad perpetuam rei memoriam* – com exceção das ressalvas feitas acima – ou medida cautelar "meramente conservativa de direito", que não tenha natureza litigiosa, como a interpelação judicial, não previnem jurisdição: STJ, CC 40.451/SP, j. 23.06.2004, rel. Min. Aldir Passarinho Júnior, 2.ª S., *DJ* 18.10.2004, p. 183; no mesmo sentido, afirmando que "medidas de cunho não contencioso, onde apenas foi requerido ao juízo *a quo* meras providências administrativas, medidas essas isentas de qualquer natureza litigiosa, cujo conteúdo em nada influenciará a atividade jurisdicional plena do processo principal, tem-se como inexistente a prevenção arguida", cf. STJ, AgRg nos EREsp 213.187/SP, Corte Especial, j. 25.10.2004, rel. Min. Francisco Falcão, *DJ* 13.12.2004, p. 188.

3. A concretização realiza-se, no entanto, efetivamente, com a prevenção (v. nota *supra*, para o primeiro grau de jurisdição). Sentido algo diverso é o da prevenção por atração (*v.g.*, casos de conexão), ou, ainda, o da prevenção do tribunal, para futuros recursos, quando já tiver conhecido de um recurso.

4. É possível que um Estado reconheça que a respeito de uma dada situação jurídica lhe falece competência para apreciá-la. É o que já se decidiu a respeito da seguinte hipótese: "As relações jurídicas entre empresa estatal estrangeira e cidadão daquela nacionalidade, designado para representá-la no Brasil e seu posterior desligamento, ambos mediante atos administrativos do Governo daquele País, não estão sujeitas à legislação trabalhista brasileira", hipótese em que se reconheceu a *imunidade* do réu da ação – *RSTJ* 23/47, Ap.Cív. 10, 3.ª T., j. 16.04.1991, v.u. rel. Min. Cláudio Santos., Mais especificamente, a hipótese consistia em que se arguiu "incompetência absoluta da Justiça Brasileira para conhecer da reclamatória uma vez que se tratava de relação de emprego constituída em território argentino, por partes argentinas e sob o regime da legislação argentina" (*Rev.*, cit., p. 50). Constituiu-se no cerne ou *ratio decidendi* da decisão o de que estava sendo acionada *empresa pública estrangeira,* e, no regime argentino, portanto, o próprio Estado estrangeiro, e, em face do princípio *par in parem non habet imperium,* não era viável o exercício da jurisdição pelo Brasil.

Em julgado mais recente, observou-se que a "imunidade de jurisdição não alcança litígios de ordem trabalhista decorrentes de relação laboral prestada em território nacional e tendo por reclamante cidadão brasileiro aqui domiciliado" (STJ, RO 33/RJ, 3.ª T., j. 02.06.2005, rel. Min. Nancy Andrighi, *DJ* 20.06.2005, p. 262). A respeito, cf. também os seguintes julgados: STJ, RO 19/BA, 4.ª T., j. 21.08.2003, rel. Min. Cesar Asfor Rocha, *DJ* 13.10.2003, p. 365; STJ, RO 41/RJ, 2.ª T., j. 03.02.2005, rel. Min. Eliana Calmon,

de fato e *de direito* a soberania. Inócuo seria disciplinar esta matéria com desconhecimento desses referenciais, pois que, em tal caso, inviável seria o exercício da jurisdição, por colidir com regras de outro Estado, o qual teria o *poder efetivo* de fazer respeitar as suas regras, *em detrimento daquele Estado que houvesse desrespeitado tais princípios políticos, geneticamente ligados e dependentes de fato, da soberania de cada Estado.*

É certo que outros fatores influem nessas regras de competência internacional, tal como o que recomenda a vivência harmônica entre os Estados, e o princípio de que, quanto mais intenso for o relacionamento comercial, entre dois Estados, tanto mais *franqueada* haverá de estar a receptividade das decisões de um Estado em relação ao outro. Observa-se, comumente – dentre essas regras políticas que devem ser levadas em conta pelo legislador –, o princípio da reciprocidade, como, ainda, valem os tratados internacionais, a seu turno, inspirados também pela reciprocidade.

Os critérios de competência absoluta e "relativa", *mutatis mutandis*, são utilizados no direito processual civil internacional. Na realidade, não se pode dizer, *propriamente*, que há um critério de determinação de competência (que não o de caráter absoluto), que, se infringido, geraria *incompetência relativa.* O que existe, na realidade, é, no âmbito do art. 88 do CPC, concorrência de jurisdições. Vale dizer, as jurisdições de ambos os Estados *são igualmente competentes*, por isso que é impróprio assimilar-se ou encartar-se a hipótese de concorrência de foros dentro da temática onde pode ser gerada incompetência relativa.

Vale dizer, há que estabelecer se a autoridade judiciária brasileira é a competente de uma "forma absoluta", excluindo a competência de outra autoridade judiciária estrangeira, ou não. No art. 89 do CPC disciplinam-se as hipóteses de 'competência absoluta' da autoridade judiciária brasileira,[5] ao passo que, no art. 88, a competência brasileira é concorrente com a de autoridade judiciária estrangeira.[6]

Isto significa que a decisão proferida pela autoridade judiciária estrangeira deverá

DJ 28.02.2005, p. 255. Atente-se, ainda, relativamente ao inc. VI do art. 114, para o enunciado da Súmula Vinculante 22 ("Justiça do Trabalho é competente para processar e julgar as ações de indenização por danos morais e patrimoniais decorrentes de acidente de trabalho propostas por empregado contra empregador, inclusive aquelas que ainda não possuíam sentença de mérito em primeiro grau quando da promulgação da Emenda Constitucional 45/2004").

5. Aqui estão inseridas as ações reais, cuja competência é absoluta do Judiciário brasileiro (v. Arruda Alvim, Competência internacional, *Revista de Processo* (*RePro*), vols. 7-8/32; e, na jurisprudência *RTJ* 124/905). Não pode ser homologada decisão homologatória estrangeira de partilha de bens situados no Brasil (*Jurisprudência Brasileira* 19/172). Inviável homologação de sentença declaratória de falência, cujos efeitos incidem, diretamente, sobre imóvel situado no Brasil – *RTJ* 101/69. Inviável homologação de sentença estrangeira, em que se partilharam imóveis, dispondo sobre imóvel situado no Brasil – *RTJ* 125/507; *hipótese diferente*, se se trata de acordo em que se partilharam bens no país, devendo, então, ser a sentença homologatória desse acordo, a seu turno, homologada no Brasil – *RTJ* 115/1.088.

6. Se um interessado, nos quadros da jurisdição brasileira, entende ter direito (em rigor, se existir essa *mera possibilidade* – *RTJ* 115/616, 1.ª col.; *RT* 602/239, 1.ª col., refere-se à *possibilidade de não aceitação da jurisdição estrangeira*) de não aceitar a jurisdição estrangeira, isso, todavia, não obsta cumprimento de carta rogatória para citá-lo perante essa jurisdição estrangeira, devendo-se, também, noticiar a essa autoridade a recusa do interessado (STF-*RTJ* 124/910 e 115/616; STF-*RT* 602/238; 614/211). A eficácia da recusa, no entanto, "dependerá do disposto no ordenamento normativo do País do qual emanou o pedido rogatório" (STF, CR 9.734-AgRg, rel. Min. Ellen Gracie, *DJ* 16.05.2003).

produzir efeitos no Brasil, depois de homologada pelo STJ (cf. art. 105, I, *i*, da CF/1988, alínea inserida pela EC n. 45/2004).[7] A competência para a homologação de sentença estrangeira, antes da EC n. 45/2004, era do STF (cf. art. 102, I, *h*, alínea revogada pela referida Emenda).

De acordo com o que estabelece o art. 483, parágrafo único, do CPC, "a homologação obedecerá ao que dispuser o *Regimento Interno* do Supremo Tribunal Federal (*rectius*: deve-se entender, após a EC n. 45/2004, *Regimento Interno* do Superior Tribunal de Justiça)". Não obstante, tal procedimento segue, no STJ, o que dispõe a *Resolução* 9, de 04.05.2005, do Presidente do STJ (*DJ* 06.05.2005), que "dispõe, *em caráter transitório*, sobre competência acrescida ao Superior Tribunal de Justiça pela Emenda Constitucional n. 45/2004".[8-9]

Antes da EC 45/2004, o Regimento Interno do STF – que disciplinava tal proce-

7. Em razão das alterações oriundas da EC 45/2004, referidas no texto, assim decidiu o STF: "Homologação de sentença estrangeira: deslocamento da competência do STF para STJ (EC 45/2004), que não afeta, contudo, a competência remanescente do primeiro para homologar a desistência do pedido, quando iniciado o julgamento e manifestada a desistência antes da alteração constitucional" (STF, SEC 5.404, rel. Min. Sepúlveda Pertence, *DJ* 24.06.2005).

8. O PLS 498/2009, denominado PL 7.584/2010 na Câmara dos Deputados e apensado ao PL 8.046/2010, para análise e deliberações conjuntas, propunha nova redação para o *caput* do art. 483 do CPC, de modo a compatibilizá-lo com a EC 45/2004: "A sentença proferida por tribunal estrangeiro não terá eficácia no Brasil senão depois de homologada pelo Superior Tribunal de Justiça, nos termos do respectivo regimento interno". O Projeto de Novo Código de Processo Civil também ajustou o texto normativo à Constituição (arts. 972, § 2.º, e 973, § 5.º, do PL 8.046/2010).

9. Estabelece a referida Resolução: "Art. 1.º Ficam criadas as classes processuais de Homologação de Sentença Estrangeira e de Cartas Rogatórias no rol dos feitos submetidos ao Superior Tribunal de Justiça, as quais observarão o disposto nesta Resolução, em caráter excepcional, até que o Plenário da Corte aprove disposições regimentais próprias. Parágrafo único. Fica sobrestado o pagamento de custas dos processos tratados nesta Resolução que entrarem neste Tribunal após a publicação da mencionada Emenda Constitucional, até a deliberação referida no caput deste artigo. Art. 2.º É atribuição do Presidente homologar sentenças estrangeiras e conceder *exequatur* a cartas rogatórias, ressalvado o disposto no artigo 9.º desta Resolução. Art. 3.º A homologação de sentença estrangeira será requerida pela parte interessada, devendo a petição inicial conter as indicações constantes da lei processual, e ser instruída com a certidão ou cópia autêntica do texto integral da sentença estrangeira e com outros documentos indispensáveis, devidamente traduzidos e autenticados. Art. 4.º A sentença estrangeira não terá eficácia no Brasil sem a prévia homologação pelo Superior Tribunal de Justiça ou por seu Presidente. § 1.º Serão homologados os provimentos não judiciais que, pela lei brasileira, teriam natureza de sentença. § 2.º As decisões estrangeiras podem ser homologadas parcialmente. § 3.º Admite-se tutela de urgência nos procedimentos de homologação de sentenças estrangeiras. Art. 5.º Constituem requisitos indispensáveis à homologação de sentença estrangeira: I – haver sido proferida por autoridade competente; II – terem sido as partes citadas ou haver-se legalmente verificado a revelia; III – ter transitado em julgado; e IV – estar autenticada pelo cônsul brasileiro e acompanhada de tradução por tradutor oficial ou juramentado no Brasil. Art. 6.º Não será homologada sentença estrangeira ou concedido *exequatur* a carta rogatória que ofendam a soberania ou a ordem pública. Art. 7.º As cartas rogatórias podem ter por objeto atos decisórios ou não decisórios. Parágrafo único. Os pedidos de cooperação jurídica internacional que tiverem por objeto atos que não ensejem juízo de delibação pelo Superior Tribunal de Justiça, ainda que denominados como carta rogatória, serão encaminhados ou devolvidos ao Ministério da Justiça para as providências necessárias ao cumprimento por auxílio direto. Art. 8.º A parte interessada será citada para, no prazo de 15 (quinze) dias, contestar o pedido de homologação de sentença estrangeira ou intimada para impugnar a carta rogatória.

dimento, no âmbito deste Tribunal – dispunha que "não será homologada sentença que ofenda a soberania nacional, a ordem pública e os bons costumes" (RISTF, art. 216),[10] exigindo-se, ainda, o preenchimento dos requisitos constantes do art. 217, do RISTF.[11] Inexistente qualquer óbice do art. 216, e preenchidos os requisitos do art. 217, ambos do RISTF, o STF homologava a decisão da autoridade judiciária estrangeira, sem adentrar no mérito, *i.e.*, respeitando-lhe o conteúdo e eficácia originários.[12] Após a EC 45/2004, os requisitos e óbices à homologa-

---

Parágrafo único. A medida solicitada por carta rogatória poderá ser realizada sem ouvir a parte interessada quando sua intimação prévia puder resultar na ineficácia da cooperação internacional. Art. 9.º Na homologação de sentença estrangeira e na carta rogatória, a defesa somente poderá versar sobre autenticidade dos documentos, inteligência da decisão e observância dos requisitos desta Resolução. § 1.º Havendo contestação à homologação de sentença estrangeira, o processo será distribuído para julgamento pela Corte Especial, cabendo ao Relator os demais atos relativos ao andamento e à instrução do processo. § 2.º Havendo impugnação às cartas rogatórias decisórias, o processo poderá, por determinação do Presidente, ser distribuído para julgamento pela Corte Especial. § 3.º Revel ou incapaz o requerido, dar-se-lhe-á curador especial que será pessoalmente notificado. Art. 10. O Ministério Público terá vista dos autos nas cartas rogatórias e homologações de sentenças estrangeiras, pelo prazo de dez dias, podendo impugná-las. Art. 11. Das decisões do Presidente na homologação de sentença estrangeira e nas cartas rogatórias cabe agravo regimental. Art. 12. A sentença estrangeira homologada será executada por carta de sentença, no Juízo Federal competente. Art. 13. A carta rogatória, depois de concedido o *exequatur*, será remetida para cumprimento pelo Juízo Federal competente. § 1.º No cumprimento da carta rogatória pelo Juízo Federal competente cabem embargos relativos a quaisquer atos que lhe sejam referentes, opostos no prazo de 10 (dez) dias, por qualquer interessado ou pelo Ministério Público, julgando-os o Presidente. § 2.º Da decisão que julgar os embargos, cabe agravo regimental. § 3.º Quando cabível, o Presidente ou o Relator do Agravo Regimental poderá ordenar diretamente o atendimento à medida solicitada. Art. 14. Cumprida a carta rogatória, será devolvida ao Presidente do STJ, no prazo de 10 (dez) dias, e por este remetida, em igual prazo, por meio do Ministério da Justiça ou do Ministério das Relações Exteriores, à autoridade judiciária de origem. Art. 15 Esta Resolução entra em vigor na data de sua publicação, revogados a Resolução 22, de 31.12.2004 e o Ato 15, de 16.02.2005."

10. Se ocorreu vício na citação, feita por correio, com AR, quando haveria de ter sido feita por carta rogatória, é de ser indeferida a homologação – STF-*RTJ* 117/60.

11. De acordo com o art. 217 do RISTF, são estes os seguintes requisitos para homologação: "I – haver sido proferida por juiz competente (*i.e.*, que seja a autoridade estrangeira havida como competente *em conformidade com o sistema jurídico brasileiro, o que significa que não o será na hipótese do art. 88); II* – terem sido as partes citadas ou haver-se legalmente verificado a revelia; III – ter passado em julgado e estar revestida das formalidades necessárias à execução no lugar em que foi proferida; IV – estar autenticada pelo cônsul brasileiro e acompanhada de tradução oficial". A exigência do inciso III é, inclusive, objeto de súmula do STF (Súmula 420). Será hipótese de negar-se a homologação se a sentença estrangeira for destituída de fundamentação (*RTJ* 119/597, 95/34 e *RT* 579/221), pois, do contrário, estaria infringido o art. 216 do RISTF. Quanto ao requisito do inciso I, do art. 217, *não diz esse respeito a se estabelecer, em face do direito estrangeiro, sobre a competência da autoridade judiciária rogante* – STF-*JSTF-LEX* 181/98 – mas sim da competência internacional (cf. STF, SEC 5.418, rel. Min. Maurício Corrêa, *DJ* 24.11.2000).

12. *RTJ* 133/790. Decidiu-se que "a norma inserta na alínea *h* do inciso I do artigo 102 da Constituição Federal [revogada pela EC 45/2004, que inseriu a alínea *i*, do inciso I, do art. 105, atribuindo tal competência ao STJ], segundo a qual compete ao Supremo Tribunal Federal [atualmente, STJ] processar e julgar, originariamente, a homologação das sentenças estrangeiras, há de ser tomada respeitando-se a soberania do país em que praticado o ato. Prevendo a respectiva legislação o divórcio mediante simples ato administrativo, como ocorre, por exemplo, no Japão, cabível é a homologação para que surta

ção de sentença estrangeira pelo STJ passaram a ser aqueles previstos nos arts. 5.º e 6.º da Resolução 9, de 2005, do STJ.

À luz desses pressupostos, válido é acordar-se arbitragem, no estrangeiro, e, homologado o laudo respectivo, deverá esse, a seu turno, ser homologado entre nós, para aqui produzir efeito (cf. arts. 34 e ss. da Lei 9.307/1996).[13]

Inserem-se dentre as decisões homologáveis, *em regra*, no Brasil, as decididas no estrangeiro em ações por infração contratual.[14] Se se decidiu sobre *mandato*, ainda que o réu seja domiciliado no Brasil, a decisão estrangeira deve ser homologada, pois que nem pelo fato de o réu ser aqui domiciliado (art. 88, I) há incompetência internacional da autoridade estrangeira.[15]

Há, ainda, de distinguir-se entre eficácia da sentença estrangeira e atos de comunicação processual, sendo indispensável a homologação para aqueles e não para estes.[16] Sentença estrangeira, já transitada em julgado, poderá ser homologada, *ainda que haja pendente no Brasil demanda com o mesmo objeto*. Será o juízo que processará a sentença que vier a ser homologada o que decidirá sobre a demanda proposta no Brasil.[17]

Passemos à análise dos pontos principais da competência interna.

Já a partir da própria Constituição, por mais de um critério, podemos identificar as grandes divisões, em relação ao que se denomina de jurisdição-competência. Através de um critério material (ou seja, pelas consequências jurídico-materiais que o sistema normativo substancial atribui a um fato), ficará a causa afeta a uma das justiças especiais, isto é, à militar (art. 124 da CF/1988), à eleitoral (art. 121, que estabelece se disporá acerca da organização e da competência dos tribunais, dos juízes e juntas eleitorais em lei complementar) ou à do trabalho (art. 114, *caput*, da CF/1988).[18] Cabe à lei dispor sobre os *crimes militares* que constituem a competência da Justiça Militar (art. 124 da CF/1988).

Se a lide não couber dentro de uma destas (jurisdição-competência), poderá ser da competência da Justiça Federal (art. 109, I a XI, da CF/1988).

Não ocorrendo tal hipótese, cair-se-á na Justiça comum ("Tribunais e Juízes dos Estados", arts. 125 e 126 da CF/1988), procedendo-se à verificação da competência entre Justiça Federal e Estadual, o que ocorre nos quadros da Justiça Comum, por ambas composta.

Sucessivamente, há de se considerar o tema também no patamar do Código de Processo Civil.

---

efeitos no território brasileiro" (STF, SEC 6.399, rel. Min. Marco Aurélio, *DJ* 15.09.2000).

13. *RTJ* 109/30. Quanto à aplicabilidade da Lei 9.307/1996 a procedimentos arbitrais iniciados fora do Brasil antes de sua vigência, assim manifestou-se o STF: "Tendo as normas de natureza processual da Lei 9.307/1996 eficácia imediata, devem ser observados os pressupostos nela previstos para homologação de sentença arbitral estrangeira, independentemente da data de início do respectivo processo perante o juízo arbitral" (STF, SEC 5.828, rel. Min. Ilmar Galvão, *DJ* 23.02.2001).
14. STF-*RT* 632/222; *RTJ* 126/86.
15. STF-*RT* 677/241.
16. *RTJ* 115/91.
17. *JSTF-LEX* 177/276 (tratava-se de sentença alemã, em que se decretou, com trânsito em julgado, o divórcio; a partilha de bens, situados no Brasil, não foi objeto da ação, e implicou a homologação em que isso seria resolvido pela Justiça brasileira).
18. Sobre a competência da justiça do trabalho após a EC 45/2004 ver: Guilherme Rizzo Amaral, Novas competências trabalhistas na EC 45/2004 e direito intertemporal. *Revista de Processo (RePro)* 138/112-129, agosto, 2006; Estevão Mallet, Apontamentos sobre a competência da justiça do trabalho após a Emenda Constitucional 45/2004. *Revista de Processo (RePro)* 126/40-58, agosto, 2005.

Os problemas da competência, propriamente ditos, no âmbito do Código (arts. 86 *et seq.*), pressupõem, porém, que já esteja identificada a Justiça ("jurisdição-competência"), o que não se deixa de fazer, também, através dos critérios próprios de determinação da competência. As Justiças especiais são escolhidas pelo critério material (norma aplicável), e a Justiça Federal, ora por este critério, (*v.g.*, art. 109, V, VI e VII da CF/1988), ora pelo critério *ratione personæ* (*v.g.*, art. 109, I e II da CF/1988).

A jurisdição-competência da Justiça Federal, "em certo sentido", *tem* prevalência inclusive sobre a das chamadas Justiças especiais, pois conflitos poderão surgir, em especial, tendo em vista a jurisdição-competência da Justiça trabalhista. Tanto é assim que quaisquer causas, propostas perante outros juízos, desde que nelas intervenha a União, seja como assistente, seja como opoente, *ipso facto*, passam "a ser da competência do juíz(o) federal respectivo" (art. 109, I, da CF/1988). Ou, mesmo se intervier empresa pública federal, como assistente, a competência é da Justiça Federal.[19]

É o fenômeno de deslocação da competência. Referimo-nos a "em certo sentido" porquanto a regra é a de que devem inexistir conflitos (ao menos, *conflitos reais*), porquanto a cada Justiça cabe o que, segundo os pressupostos respectivos, lhe seja atribuído. Todavia, se conflito houver, e desde que verificado o pressuposto do art. 109, I, da CF/1988, a solução há de ser a deslocação da competência.

Em realidade, o que se verifica, efetivamente, é que se terá configurado hipótese de incompetência absoluta da outra jurisdição, devendo, por isso mesmo, a causa ser remetida à Justiça Federal.

Por outro lado, ainda que na Constituição Federal de 1988 não exista texto legal similar ao da CF/1969, referentemente à deslocação da competência, esta implicação decorre necessariamente do sistema existente, diante da competência da Justiça Federal e da Justiça Estadual, pois que uma é *absoluta* em relação à outra.

Outra diferença existente entre a jurisdição-competência da Justiça Federal e a competência dos chamados juízos especializados das capitais dos Estados federados – *no que diz respeito à dimensão do deslocamento da causa* –, consiste em que, na Justiça Federal, desloca-se a causa, inclusive, e, se necessário, com mudança de foro, ao passo que, tendo em vista a posição processual dos Estados federados, ou dos Municípios das capitais, as causas em que uns e outros sejam partes só irão para tais juízos desde que a competência – de acordo com as regras do Código de Processo Civil – seja a da capital do Estado. O mesmo se passa com o Município, no sentido de que, se pelo Código de Processo Civil a competência é num dado Município, que, por hipótese, é réu, e, se neste houver Vara especializada, esta será a competente para a causa; caso contrário, ficam tais causas com os juízos cíveis da comarca do interior (no caso do Estado-federado), salvo se aí houver juízo especializado, quando, então, serão deslocadas as causas para este, mantida a causa no mesmo foro, permanecendo sempre na própria comarca. Por outras palavras, os juízos especializados hão, sempre, de supor a competência do foro, segundo as regras gerais do processo.

Quer a extensão geográfica, quer a diversidade dos ramos do Direito, quer a "hierarquia" (*rectius*, sobreposição de órgãos) exis-

---

19. Tratava-se de ação de usucapião onde ocorreu intervenção de empresa pública federal – STJ, CC. 13.013-1-SP, 2.ª Seção, v.u., rel. Min. Nilson Naves, *DJ* 14.08.1995. No mesmo sentido: STJ, CC 50.335/SP, 1.ª Seção, j. 14.09.2005, rel. Min. Teori Albino Zavascki, *DJ* 26.09.2005, p. 164; STJ, CC 41.790/SP, 1.ª Seção, j. 10.08.2005, rel. Min. Denise Arruda, *DJ* 05.09.2005, p. 198.

tente dentro do Judiciário, exigem a especialização dos órgãos constituintes de tal função do Estado. No território, numa perspectiva horizontal, distribuem-se os órgãos, dando origem à chamada competência territorial.

O próprio território do Estado federal, como não se ignora, divide-se em diversos Estados, chamados federados. Nestes encontramos, do ponto de vista jurisdicional, a subdivisão em comarcas, onde existem os juízos de primeiro grau de jurisdição, de igual ou diversa atribuição. Em cada Estado federado há, pelo menos, um órgão que "rejulga" quase todas as causas de primeiro grau (Tribunal de Justiça), em virtude de sua competência hierárquica recursal (competência funcional). Alguns Estados federados, com mais volume de serviço, como são os casos de São Paulo, Rio de Janeiro, Minas Gerais e Rio Grande do Sul, tinham mais de um órgão de segundo grau de jurisdição, sendo então dividida entre eles a tarefa de julgamento dos recursos, oriundos dos juízes de primeiro grau (Tribunal de Justiça e Tribunais de Alçada). Atualmente, em razão da EC 45/2004 (art. 4.º), foram extintos os Tribunais de Alçada.[20]

A existência de um volume mais significativo de lides de determinada matéria (família, registros públicos etc.) implica, no plano da competência – sobretudo nas comarcas de maior movimento – a especialização dos juízos, com o que temos a competência material, *i.e.*, determinados juízos resultam competentes em decorrência da *matéria* ou do *assunto* a eles exclusivamente adjudicado, tratando-se de hipótese de competência que, se violada, gerará incompetência absoluta.

As causas administrativas (onde se aplica normalmente o Direito Administrativo ou o Constitucional), nas comarcas de menor movimento estão contidas na competência dos juízos cíveis; nas de maior movimento, especialmente a(s) da(s) capital(is), inserem-se nos chamados juízos especializados, cuja competência é, à semelhança do critério da Justiça Federal, no art. 109, I, da CF/1988, determinada *ratione personæ*. Isto é, desde que neles intervenha o Estado (pela sua Administração direta ou indireta) ou o Município, e desde que o foro seja o da capital, serão da competência dos juízos especializados. Se penderem em outros juízos, e sendo o foro o da capital (ou, onde haja vara especializada), com a intervenção, outrossim, desloca-se a competência. É assunto disciplinado, neste particular, pelas leis de organização judiciária.

Quanto à chamada hierarquia, que é melhor traduzida no mundo jurídico pela chamada competência funcional, tem-se em mira a determinação da competência precipuamente em virtude da *função* exercida pelo órgão. Um dos aspectos mais importantes da competência funcional é justamente aquele respeitante à respectiva determinação, tendo em vista os recursos (competência recursal, funcional-recursal ou hierárquica, como lhe denomina a lei, art. 111, do CPC, conquanto aluda também ao gênero, que é o funcional, art. 93).

70. Definição de competência[21]

Competência é a atribuição a um dado órgão do Poder Judiciário daquilo que lhe

20. De acordo com o parágrafo único do art. 4.º da EC 45/2004, "no prazo de cento e oitenta dias, contado da promulgação desta Emenda, os Tribunais de Justiça, por ato administrativo, promoverão a integração dos membros dos tribunais extintos em seus quadros, fixando-lhes a competência e remetendo, em igual prazo, ao Poder Legislativo, proposta de alteração da organização e da divisão judiciária correspondentes (...)".

21. Sobre a definição de competência, v. José de Moura Rocha, *A competência e o novo Código*

está afeto, em decorrência de sua atividade jurisdicional específica, dentro do Poder Judiciário, normalmente excluída a competência simultânea de qualquer outro órgão do mesmo poder (ou, *a fortiori*, de outro poder).[22]

Competência é atributo do órgão (juízo, tribunal, câmara etc.) e não do agente (=juiz). Nessa conceituação compreendem-se, além dos critérios de determinação da competência (critério objetivo, Livro I, Título IV, Cap. III, Seção I, do CPC, ao qual a lei, assim, explicitamente, não denomina, aludindo só às suas espécies: competência em razão do valor e material, critério territorial ou de foro, e critério funcional, que comporta espécies, mas a lei, expressamente, só deu destaque à competência hierárquica),[23] também aquilo que se há de denominar de critério de fixação de competência, isto é, a prevenção.[24] No conceito de competência, portanto, inserimos também o de prevenção.

Para se determinar a competência, *todos os critérios* hão de ser *sempre* e *simultaneamente* utilizados. Não se pode prescindir de um deles. Entretanto, quando se diz que se está em face de um problema concreto de competência – embora não seja critério de determinação –, vale dizer, o de encontrar o órgão dito competente (= juízo competente), supõe-se que tenha havido prevenção. Prevenção é, pois, o resultado de um ato jurídico realizado no processo, a que a lei empresta a relevância de ligar uma causa a um dado órgão (concretamente, o competente), dentre diversos competentes (abstratamente competentes), isto é, já tidos por competentes, à luz da aplicação dos critérios de determinação da competência.

A prevenção, normalmente, verifica-se com a citação do réu (art. 219), podendo-se dizer que é esta a regra geral.[25-26]

Todavia, o sistema, embora indesejavelmente, conhece outro critério de fixação do momento em que ocorre a prevenção (art. 106). Se se tratar de reunião de causas conexas, num mesmo juízo, por causa da prevenção, reputar-se-á prevento não aquele onde tenha sido feita a citação, mas o que despachou em primeiro lugar, desde que ambos os juízes tenham a mesma competência territorial.[27] Por mesma competência territo-

de Processo Civil, 1976, p. 25 *et seq.*; *Revista de Processo* (*RePro*) 4/38-67.

22. V. nosso *Curso*... cit., vol. 1, 50, p. 229 *et seq.*

23. No art. 93, 2.ª parte, dispõe-se: "A competência funcional dos juízes de primeiro grau é disciplinada neste Código".

24. Quando aludimos a *atividade jurisdicional específica*, é curial que aí compreendamos sempre os três critérios, quais sejam, o territorial, o objetivo e o funcional. Mesmo porque esses critérios determinativos da competência estão sempre presentes, todos para a determinação da competência, salvo raríssimas exceções. Essa atividade jurisdicional específica resulta e é identificada como epílogo da consideração dos critérios de determinação da competência. Isto feito, fixar-se-á a competência pela prevenção (em primeiro grau, arts. 106 ou 219, do CPC).

25. Neste sentido, e com essa fundamentação, v. *RSTJ* 5/84, CC 155, rel. Nilson Naves.

26. Aplica-se o mesmo critério em relação a processos disciplinados fora do Código de Processo Civil, como na hipótese de ações populares análogas, promovidas perante juízos diferentes – CC 433-DF, 1.ª Seção, m.v., rel. Min. Ilmar Galvão, *DJ* 25.06.1990. Mais recentemente: STJ, CC 41.444/AM, 1.ª Seção, j. 11.02.2004, rel. Min. Luiz Fux, *DJ* 16.02.2004, p. 200.

27. Neste sentido, na doutrina: José Carlos Barbosa Moreira, Prevenção da competência, *Estudos sobre o novo Código de Processo Civil*, p. 92 *et seq.*; José Frederico Marques, *Manual de direito processual civil*, vol. 1, 209; Hélio Tornaghi, *Comentários ao Código de Processo Civil*, p. 348; Celso Agrícola Barbi, *Comentários ao Código de Processo Civil*, 1983, p. 468, 611. Na exegese do art. 106 já se decidiu acertadamente que, se as ações conexas tramitam em comarcas diferentes, aplica-se a regra do art. 219, que constitui a regra 'geral', por assim dizê-lo. Entretanto, se correm na mesma comarca,

rial entenda-se que os órgãos hão de estar situados, *em regra*, na mesma comarca.[28-29]

Diz-se *em regra*, pois nas comarcas muito grandes é possível que órgãos situados na mesma comarca não tenham a mesma competência territorial. Assim, no Estado de São Paulo, a comarca da Capital está dividida entre foro central e foros regionais, com jurisdição, os foros regionais, em todo o território da comarca. Esses foros regionais não têm a mesma competência territorial, sendo esta determinada a competência pelo domicílio, residência, local do fato ou prática do ato e semelhantes. As regras pertinentes dispõem, com efeito, que "os foros distritais (= hoje foros regionais) se consideram distintos entre si e do foro central" (Res. 2/1976 do Tribunal de Justiça do Estado de São Paulo, e Lei 3.947/1983, art. 4.º, onde se reputou vigente o critério da Res. 2/1976), o que confirma nossa afirmação de que o fato de estarem situados na mesma comarca não induz identidade de competência territorial. A distinção entre o foro central e os regionais afigura-se-nos legítima, pois cabe ao Estado federado a definição de comarca, no que estão implicadas suas subdivisões e a diversidade de competência territorial. Disso deflui, como dito, que nem sempre o fato de os juízes estarem na mesma comarca acarreta a identidade de competência territorial.

Nestas hipóteses de grandes cidades, onde as leis de organização judiciária prevejam a divisão interna da comarca, a região é fundamental ao equacionamento do raciocínio, tendo-se presente que o fato relacionado, normalmente, com a comarca possa ser relacionado com a região, ou foro regional (ou foro distrital).

Se não ocorrer que os órgãos estejam situados na mesma comarca, ou na mesma região (conforme a hipótese), mesmo tratando-se de conexão, a regra aplicável será a do art. 219 do CPC.[30] Para os demais efeitos da prevenção,

---

competente é o juiz que despacha em primeiro lugar (art.106). Pela expressão "despacho em primeiro lugar" deve-se entender o pronunciamento jurisdicional positivo que determina a citação, conforme decisão do STJ-*RT* 653/216 (REsp 2.099-PA, 4.ª T, j. 06.03.1990, rel. Min. Sálvio de Figueiredo).

No STJ, 4.ª T., CCom. 1.395-SP, *DJ* de 04.03.1991, decidiu-se, igualmente que *em se tratando de ações conexas, tramitando perante juízes de diferentes competências territoriais, prevalece a regra do art. 106 do mesmo diploma processual.* Cf. também, a respeito, o que se disse na nota de rodapé 1, neste Capítulo, e jurisprudência ali citada.

28. Diante do que se diz no texto, a competência do juízo prevento, no foro central e foros regionais, em São Paulo, decorrerá da citação, pois ambos não têm a mesma competência territorial. Aplica-se o art. 219 do CPC.

29. Havendo citações no mesmo dia, sem menção de hora, na falta de elementos sobre qual a petição que foi despachada em primeiro lugar, é competente o juízo da petição distribuída primeiramente (*RT* 567/210, em.). O STJ já adotou este critério para hipótese de inexistência de citação válida em ambos os juízos, sendo diversa a competência territorial dos órgãos: "(...) Comarcas diversas – Conexão – Citação Válida – Ausência – Critério subsidiário para caracterização da prevenção: momento da propositura da ação – Havendo ações conexas – revisional de contrato de *leasing* e de reintegração de posse – ajuizadas em comarcas diversas impõe-se a reunião dos processos, a fim de evitar decisões conflitantes – Sendo objeto das ações direito obrigacional e possessório sobre bem móvel, a hipótese agasalha competência territorial – Ausente citação válida em qualquer das ações constitui parâmetro subsidiário para dirimir controvérsia sobre a prevenção o momento da propositura da ação (...)" (STJ, CC 33259/SP, 2.ª S., j. 13.03.2002, rel. Min. Nancy Andrighi, *DJ* 18.11.2002 p. 154).

30. *RSTJ* 5/84, 2.ª Seção, CC. 155-SP, j. 27.09.1989, rel. Min. Nilson Naves; *RSTJ* 98/191, CC. 17.588-GO, j. v.u., 09.04.1997, fixando-se o entendimento de que, prevalece a regra do art. 219 do CPC, para atrair causa conexa, porque os juízos não têm a mesma competência territorial. Cf. também decisões citadas na nota de rodapé 1, acima.

valerá sempre a citação;[31] assim, para a objeção de litispendência, relevante será a citação (arts. 219, 267, V e 301, V e § 3.º).

Sem embargo destas distinções, não se poderá deixar de considerar, dentro do tema da competência, o critério da prevenção, como também os critérios de modificações da competência (arts. 102 a 111), bem como, ainda, as modalidades da declaração de incompetência (arts. 112 a 124).

71. A competência no quadro dos pressupostos processuais

Há um ângulo preambular, na temática da competência, importante para o correto equacionamento do juízo competente. Este ângulo importa ter-se presente que, para a identificação do juízo competente, hão de ser considerados, *simultaneamente*, todos os critérios existentes, para essa determinação.

Em obra nossa – fazendo lugar comum à doutrina nacional, antiga e atual, e à doutrina estrangeira – afirmamos que "*todos os critérios de classificação da competência, basicamente, partem dos elementos componentes do processo*", e esses critérios são, fundamentalmente, os da competência objetiva (expressão compreensiva da determinação da competência por critério material e por valor), territorial e funcional. Sucessivamente, analisando-se cada um dos critérios, quando se chega ao da competência funcional, já escrevemos que este critério de determinação da competência parte de outra perspectiva do fenômeno *e coexiste* com as demais formas de determinação da competência.

Como síntese de todo esse pensamento, em outra oportunidade já estudamos, mais minudentemente, este ponto, com vistas a aprofundar este tema. Aí discorreu-se a respeito "*da relevância de todos os critérios simultaneamente usados para a determinação da competência*". No texto, escrevemos o seguinte: "Outra questão altamente relevante a ser considerada é a de saber se a determinação da *competência interna* pode ser feita à luz do critério da competência territorial e material, exemplificativamente, prescindindo-se para isto, v.g., do critério da competência funcional. Este, ainda na mesma hipótese, só viria a ser influente no momento da interposição dos recursos, suponha-se, do juízo de primeiro grau de jurisdição para o segundo grau de jurisdição. Na verdade, para que se afirme ou para que se diagnostique, na competência interna, se um dado juízo é competente, hão de estar presentes *sempre e simultaneamente os três critérios*".[32]

Em sequência ao texto supracitado, há transcrição da obra de Rosenberg-Schwab, precisa e exatamente nesse mesmo sentido, o que é indicativo do caráter pacífico do entendimento. Dizem estes autores o seguinte: "*Essas três formas de determinação da competência precisam comparecer em conjunto*, de tal forma que se possa dizer que um determinado órgão (este ou aquele juízo) é para uma dada causa competente" (destaques da transcrição).[33]

A doutrina, habitualmente, categoriza os pressupostos processuais como sendo os requisitos respeitantes à existência e à validade da relação jurídica processual, e que, pois, por tal motivo, devem, regra geral, ser

31. Cf., também, art. 202, I, do CC: "A interrupção da prescrição, que somente poderá ocorrer uma vez, dar-se-á: I – por despacho do juiz, mesmo que incompetente, que ordenar a citação, se o interessado a promover no prazo e na forma da lei processual".

32. Cf. Arruda Alvim, estudo intitulado Anotações sobre o tema da competência, *Estudos de direito processual em homenagem a José Frederico Marques*, p. 98-99 (destaques da transcrição).

33. No original lê-se: "Diese drei Bestimmungsgründe müßen zusammentreffen, damit man sagen darf, diese Behörde (dieses Gericht) sei für dieses Verfahren in dieser Sache zuständig" (da obra *Zivilprozeßsrecht*, § 30, I, 3, p. 123).

objeto de exame antes das condições da ação e, com mais razão, antes do mérito (v. arts. 329 e 267).[34]

A *competência* é a *jurisdição para o caso específico*, ou, por outras palavras, a concretização do poder jurisdicional num dado órgão, cujo juiz tem poder para processar a causa e julgá-la (art. 86). É ela, pois, um requisito que diz respeito a um dos elementos do processo: ao órgão ocupado pelo juiz.

O valor atribuído pelo sistema jurídico à competência deve ser estimado, acima de tudo, pelo critério do exame das consequências advindas da não ocorrência de competência, *i.e.*, pelas implicações oriundas da infração às regras da competência. Ou seja, pelo consequente poder-se-á determinar, claramente, o antecedente.

O nosso Código de Processo Civil preceitua no art. 113, § 2.º: "Declarada a incompetência absoluta, somente os atos decisórios serão nulos, remetendo-se os autos ao juiz competente" (no Código de 1939, v. art. 279).[35] Não há necessidade de declaração expressa de nulidade, uma vez que esta, *ex lege*, decorre do próprio reconhecimento da incompetência absoluta.[36] Necessário será, apenas, identificarem quais os atos decisórios, já nulos.[37]

Desta forma, não padece dúvida: no Direito brasileiro, a competência "absoluta" é pressuposto processual, mas só no sentido de que, sendo o juízo incompetente por infringência às regras que dizem respeito à *competência absoluta* (matéria, função), não serão válidos os atos decisórios praticados no processo (art. 113, § 2.º, que comina nulidade), sendo, inclusive, rescindível a sentença proferida por juízo absolutamente incompetente (art. 485, II).[38] No caso de incompetência absoluta, assim, dever-se-á trocar de órgão jurisdicional, passando do absolutamente incompetente para o competente, devendo o juiz absolutamente incompetente decretar a nulidade dos atos decisórios, remetendo, então, os autos ao juízo que tenha por competente. Esta posição implica a afirmativa de que o juiz, mesmo quando absolutamente incompetente, é, todavia, o competente para declarar a sua própria incompetência absoluta, ou melhor, do órgão por ele ocupado. É certo que, isto feito, conflito poderá surgir no sentido de que o órgão ao qual sejam os autos remetidos, a seu turno, se entenda incompetente. Nesta hipótese, é claro, ter-se-á um conflito negativo de competência. Consigne-se, ade-

34. Sobre o tema, cf. também Teresa Arruda Alvim Wambier, *Nulidades do processo e da sentença*, n. 1.2.2, p. 46 ss.

35. STF, RE 81.609, rel. Xavier de Albuquerque, *RTJ* 76/291.

36. "A nulidade dos atos decisórios praticados pelo juízo declarado absolutamente incompetente prescinde de determinação expressa, nos termos do art. 113, § 2.º, do CPC, sendo uma decorrência natural" (STJ, EDcl no CC 39365/SP, 2.ª S., j. 26.05.2004, rel. Min. Fernando Gonçalves, *DJ* 14.06.2004, p. 154). No mesmo sentido: STJ, EDcl nos EDcl no CC 36.933/SE, 2.ª S., j. 24.03.2004, rel. Min. Nancy Andrighi, *DJ* 19.04.2004, p. 150.

37. Os demais atos processuais (p. ex., citação e intimações) devem ser preservados (cf. STJ, AgRg no Ag 573.923/RS, 1.ª T., j. 19.08.2004, rel. Min. Denise Arruda, *DJ* 20.09.2004, p. 194).

38. Caso venha a ser aprovado do texto do Projeto de Novo Código de Processo Civil (PL 8.046/2010), haverá significativa mudança na disciplina dos atos praticados por juiz absolutamente incompetente. Diversamente do que dispõe o § 3.º do art. 113 do CPC vigente, a norma contida no art. 64, § 3.º, do PL 8.046/2010 estabelece a regra geral da eficácia das decisões proferidas por juiz incompetente, ao dispor que "Salvo decisão judicial em sentido contrário, conservar-se-ão os efeitos das decisões proferidas pelo juízo incompetente, até que outra seja proferida, se for o caso, pelo juízo competente". Quanto às sentenças e acórdãos de mérito proferidos por juiz absolutamente incompetente, a norma proposta no art. 978, II, do PL 8.046/2010 preserva-lhes a rescindibilidade.

mais, que a decisão em que o juiz tenha o juízo, por ele ocupado, como absolutamente incompetente comporta recurso de agravo de instrumento.

A competência, faltando absolutamente, vicia a relação jurídica processual, mas tal vício repercute apenas nos atos decisórios. É pressuposto processual, todavia, dado que os atos decisórios serão havidos como nulos pela não ocorrência do pressuposto de o juízo ser competente, mas não porque padeçam, necessariamente, em si mesmos, de qualquer vício intrínseco. É um pressuposto processual porque, se infringido (art. 485, II), dá azo à ação rescisória, como se frisou atrás, do que está prescrito no art. 113, § 2.º.

Havendo incompetência absoluta, forma-se ou não relação jurídica processual? Em nosso entender, forma-se.

Trata-se, ao que nos parece, de uma relação jurídica processual mutilada. Isto porque: (1.º) prevenção não houve e nem pode haver, uma vez que, havendo incompetência absoluta, não pode ocorrer prorrogação; (2.º) litispendência também não houve (v. art. 219, 2.ª parte), o que implica admitir que, se houve ajuizamento de outra ação, a primeira pendente não poderá constituir-se em óbice à sucessiva propositura e andamento desta segunda ação; assim, vice-versa, a segunda – suponhamos regularmente pendente – será, por sua vez, óbice à primeira; (3.º) não há coisa litigiosa (v. art. 219, 2.ª e 3.ª frases), o que significa que, se for alienada a coisa, objeto da ação, tal alienação será válida e eficaz, especialmente em relação ao que venha a ser decidido, se conflitar com a eficácia decorrente do fato da alienação. Pendendo causa perante juízo incompetente, é inaplicável, portanto, o art. 42, § 3.º, pois a sentença proferida neste processo não atingirá o comprador, por não se ter tornado litigiosa a coisa ou o direito. Tal análise decorre do art. 219 do atual estatuto processual, sendo que tal entendimento, no sistema antigo, decorria do art. 166, § 1.º, do CPC de 1939, mais claro, ao passo que a redação do art. 219, 2.ª parte, deixa muito a desejar.

Devem, porém, ser enfocados ainda dois aspectos.

Suponha-se que, apesar disto, uma sentença seja efetivamente proferida por juiz absolutamente incompetente. É esta, em face do texto legal (art. 113, § 2.º, do CPC), uma sentença nula. O vício em tela, mediante recurso, deverá ser corrigido, para que outra sentença seja proferida pelo órgão competente.

Mas, suponha-se, mais ainda, que transite em julgado essa sentença eivada desse mesmo vício. Com o trânsito em julgado, a sentença, de nula que era, passará a ser rescindível. Caberá então a ação rescisória com base no art. 485, II, do CPC, em dois anos da data do trânsito em julgado.

A sentença rescindível, contudo, antes do julgamento que venha dar pela procedência da ação rescisória, opera todos os efeitos,[39] dado que o vício da nulidade da sentença ficou coberto pela coisa julgada (v., no entanto, art. 489, na redação da Lei 11.280/2006).[40] Ainda, se não for proposta

39. Pode-se cogitar do pedido de tutela antecipada, dentro de uma ação rescisória, com vistas à antecipação de um dos possíveis efeitos emergentes do acórdão de procedência da rescisória. Neste caso, haver-se-á de entender 'operarem-se todos os efeitos', com este eventual temperamento.

40. Sustentávamos nós, nas edições anteriores deste *Manual*, a possibilidade de pedido de tutela antecipada, dentro de uma ação rescisória, com vistas à antecipação de um dos possíveis efeitos emergentes do acórdão de procedência da rescisória. Neste caso, haver-se-ia de entender 'operarem-se todos os efeitos', com este eventual temperamento.

Esta orientação – que, de resto, já se mostrava pacífica na doutrina e na jurisprudência – veio a ser confirmada com a alteração da Lei 11.280/2006, que deu a seguinte redação ao

oportunamente a ação rescisória, a sentença proferida por juiz absolutamente incompetente terá, para todos os efeitos, validade e eficácia. O vício terá desaparecido de vez.

Em nosso Direito, a incompetência relativa não pode sequer ser objeto de consideração, no quadro dos pressupostos processuais. Isto porque, se a parte interessada não excepcionar dentro de 15 (quinze) dias, a contar do início do prazo para defesa, a consequência será a prorrogação da competência (art. 114, na redação da Lei 11.280/2006).[41] A esta mesma conclusão se chega, mesmo com a nova redação do art. 114, alterada pela Lei 11.280, já que, não tendo havido anterior manifestação do juiz acerca da nulidade da cláusula de eleição de foro (cf. parágrafo único do art. 112, inserido pela Lei 11.280/2006), e se o réu não opuser, oportunamente, exceção de incompetência, arguindo tal vício, *não se poderá dizer que a cláusula de eleição de foro é inválida, já que não terá representado efetiva dificuldade à apresentação de defesa pelo réu*. Por isso, a competência é prorrogada, *também neste caso*, nos termos da nova redação do art. 114.[42] Se a incompetência superveniente for de grau absoluto, não se aplica o prazo previsto no art. 305.

A incompetência que sobrevive, viciando a relação jurídica processual, mesmo após os 15 (quinze) dias, e, consequentemente, a sentença e atos decisórios, é a incompetência absoluta; esta, sim, tornará a sentença nula, a qual deverá ter essa nulidade reconhecida, por via recursal, dando, se isto não ocorrer, oportunidade inclusive à ação rescisória, se tiver havido trânsito em julgado, como já se asseverou.

Devemos observar que o conceito de *competência* não é exclusivo ou próprio do Direito Processual Civil, mas existe nos demais ramos do Direito. É uma ideia concernente à teoria geral do Direito.

Na Administração, existem os órgãos competentes, significando-se com isto que só a tais e quais órgãos atribui-se poder para a prática de atos próprios da Administração. Trata-se, pois, aqui, da concretização do poder de administrar em um ou mais de um órgão integrante da Administração.[43]

---

art. 489: "O ajuizamento da ação rescisória não impede o cumprimento da sentença ou acórdão rescindendo, ressalvada a concessão, caso imprescindíveis e sob os pressupostos previstos em lei, de medidas de natureza cautelar ou antecipatória de tutela".

41. A Súmula 33 do STJ dispõe que "a incompetência relativa não pode ser declarada de ofício". Antecedentemente à edição da súmula, sempre foi essa a orientação do STJ: *RSTJ* 6/89, CC 367, rel. Bueno de Sousa, p. 102; CC 28, rel. José de Jesus Filho; *RSTJ* 31/88, CC 1.494, rel. Bueno de Souza; *RSTJ* 33/381, CC 245, rel. Sálvio de Figueiredo (marido ajuíza ação no seu domicílio e só à mulher é dado insurgir-se, por exceção); 33/383, CC 872, rel. Athos Carneiro; 33/386, CC 1.496, rel. Hélio Mosimann; 33/391, CC 1.591, rel. Américo Luz; *RSTJ* 4/396, CC 1.589, rel. Waldemar Zveiter. No mesmo sentido, mais recentemente, cf. STJ, REsp 642.479/SC, 1.ª T., j. 05.08.2004, rel. Min. José Delgado, *DJ* 27.09.2004, p. 277; *REPDJ* 21.03.2005, p. 264. Mesmo antes da Lei 11.280/2006, a Súmula 33 do STJ não vinha sendo observada nos casos em que é considerada nula cláusula de eleição de foro estabelecida em contrato de consumo, e a ação é movida em local distante daquele em que reside o consumidor, dificultando a defesa deste. Nesse sentido: STJ, CC 32.868/SC, 2.ª S., j. 18.02.2002, rel. Min. Nancy Andrighi, *DJ* 11.03.2002, p. 160. Exige-se, contudo, para tanto, que se demonstre a hipossuficiência do consumidor; caso contrário, incide o disposto na Súmula 33 do STJ. Nesse sentido: STJ, CC 40.995/RJ, 2.ª S., j. 26.05.2004, rel. Min. Aldir Passarinho Júnior, *DJ* 30.08.2004, p. 197.

42. Um dos requisitos da legalidade do ato administrativo é a competência do órgão ocupado pelo agente (v. Hely Lopes Meirelles, *Direito administrativo brasileiro* cit., Cap. IV, I, p. 106, Lei 4.717/1965, art. 2.º, *a*).

43. V. no Direito Constitucional, José Afonso da Silva, *Princípios do processo de formação das leis no direito constitucional*, 13, *in fine*, p. 37.

Outrossim, ao Poder Legislativo cabe a função específica de fazer leis. No entanto, à União cabe legislar sobre determinados assuntos, aos Estados federados sobre outros etc. Ora, essa delimitação, ou atribuição de matéria sobre a qual incida a legislação, é uma função ou um aspecto da competência, a que se denomina – se enfocada às avessas – de inconstitucionalidade (por ausência de competência legislativa), *i.e.*, inconstitucionalidade numa de suas espécies. Se a União legisla sobre assunto que, constitucionalmente, cabe ao Estado federado legislar, tê-lo-á feito inconstitucionalmente, porque sem competência para tanto.[44]

A competência é fixada no momento em que a ação é proposta. A lei se utiliza da expressão "determinada", mas o que significa é que *os critérios de determinação da competência, existentes no momento em que a ação é proposta, subsistem, nos termos do disposto no art. 87* (v. "*Perpetuatio iurisdictionis*", *infra*, no capítulo IX).

72. Distinção entre incompetência e impedimento

Distinga-se, nitidamente, a *incompetência* do *impedimento*, porque este não é defeito respeitante ao órgão jurisdicional, mas sim pertinente à pessoa física que integra o órgão.

Na incompetência, desde que reconhecida pelo próprio juiz integrante do órgão, ou pelo tribunal, é indeclinável a transferência da causa do órgão incompetente para o competente; no impedimento, a causa permanece no mesmo órgão, devendo, porém, ser substituído o juiz (o agente), pois o defeito, no caso, diz respeito à sua pessoa (art. 313).

Por sua vez, a suspeição do juiz (art. 135), mesmo superveniente, se a compararmos com o impedimento, pode ser distinguida deste pelos reflexos, diversos, na sentença revestida da autoridade de coisa julgada: a primeira, se não declinada, é coberta pela preclusão (art. 305), relativamente às partes,[45] ao passo que o impedimento chega a ensejar a rescisória (art. 485, II).

Assim, quando se diz que o juiz deve ser imparcial, se está significando que ele não poderá ser impedido, para que esteja satisfeito o pressuposto processual da imparcialidade. A circunstância de o juiz ser suspeito não diz respeito ao pressuposto processual referido. Releva observar, entretanto, que tanto um vício quanto o outro, regulados pela nossa lei conjuntamente, devem ser objeto de atividade *ex officio* do juiz (art. 137, 2.ª parte). A preclusão incidente sobre a suspeição não atinge o juiz, senão à(s) parte(s), se esta(s) não se utilizar(em) da exceção de suspeição oportunamente.

Acontece, porém, que, relativamente à suspeição, no caso de o juiz omitir-se e a parte também, tal causa de parcialidade ficará sepultada diante da ocorrência da preclusão, que só existe para as partes, repita-se. E isto porque o juiz pode sempre (a todo o tempo) dar-se por suspeito (art. 135, parágrafo único). Diversamente, como já salientamos, tal não se dá com o impedimento.

Se a possibilidade de uso da exceção de suspeição é direito que preclui no prazo de 15 (quinze) dias, a contar do conhecimento do fato, com mais razão ficará coberto

44. O TJRS (*RJTJRS* 147/298) acertadamente decidiu que 'o prazo do art. 305 do CPC é preclusivo, de sorte que, transcorrido sem arguição, a correspondente exceção não pode mais ser validamente oposta, presumindo-se aceito o juiz'. O mesmo ocorre em relação à suspeição do perito, se não arguida no prazo do art. 305: STJ, REsp 68.692/SP, 4.ª T., j. 24.10.1995, rel. Min. Ruy Rosado de Aguiar, *DJ* 18.12.1995, p. 44583; TRF-5.ª R., ApCív 297508, 1.ª T., j. 23.09.2004, rel. Des. Cesar Carvalho, *DJ* 15.10.04, p. 653.

45. V. nosso *Curso*... cit., vol. 1, 52, p. 241; sobre os critérios determinativos de competência, 51, p. 239 e suas notas.

quando a sentença vier a ser atingida pela coisa julgada.

73. A divisão tripartida da competência[46]

Todos os critérios de classificação da competência, basicamente, partem dos elementos componentes do processo.

A divisão tripartida da competência é tida como clássica, vale dizer, tem sido adotada pela maioria dos processualistas contemporâneos, e o foi pela nossa lei (Livro I, Tít. IV, Cap. III, Seções I, II e III).

Este critério parte de três divisões básicas:

(a) a competência objetiva – embora a lei não se utilize deste adjetivo – compreende a competência determinável, quer em razão da matéria (absoluta, art. 111), quer em razão do valor (relativa, art. 111); é disciplinadora da competência de juízo; (b) a competência territorial (relativa, art. 111) é regulamentadora da competência do foro; (c) a competência funcional (absoluta, art. 111, que se refere à competência hierárquica, espécie da funcional).

74. Competência objetiva

Competência objetiva é aquela determinada pelo conteúdo (objeto) do processo (matéria do processo) e pelo valor pecuniário atribuído à causa (valor desse objeto), ou, se alterado ou impugnado, prevalecerá o valor que vier a ser determinado pelo juiz, de ofício ou a pedido (art. 261, *caput*, e parágrafo único).[47]

Quanto à matéria,[48] temos uma divisão básica na Justiça comum: civil e criminal. Além disto, toda causa civil, como regra geral, tem um determinado valor.

Ainda, na determinação da competência pela própria matéria civil, poderá ser verificada uma subdivisão.

Por exemplo: se formos à Capital do Estado de São Paulo (ou a outras capitais), verificaremos que as varas de família e sucessões decidem sobre direito de família e sobre matéria sucessória, ao lado da competência dos foros regionais, que é praticamente a mesma, isto é, destes foros regionais fica excluída a matéria das alíneas *a* e *b*, do inciso III, do art. 4.º, da Lei Estadual (São Paulo) 3.947/1983.

Constataremos ainda que, ao lado dessas varas de família e sucessões, há as varas cíveis, às quais cabe decidir sobretudo o que diga respeito à remanescente matéria civil (*lato sensu*), e cuja competência é dividida entre o foro central e os regionais pelo critério do valor da causa (Res. 2/1976, art. 54, I), e, em algumas (na verdade, muitas) hipóteses, em razão da matéria, independentemente do valor (Res. 2/1976, art. 54, alíneas *a*, *b*, *c*, *j*, *k* e *l*, e Lei 3.947/1983, art. 4.º, I, alíneas *a*, *b*, *c* e *d*). Em matéria de direito de família e sucessões, vige a Lei 3.947/1983, art. 4.º, III (com as exceções das alíneas *a* e

46. Cf. Prieto Castro, *Derecho procesal civil*, vol. 1, 120, p. 126.

47. Moacyr Amaral Santos, *Primeiras linhas de direito processual civil*, vol. 1, p. 210: "Segundo o critério objetivo, determina-se a competência atendendo-se a certos elementos externos da lide, objetivamente considerada. Assim, a competência se distribui tendo em vista a *natureza da causa*, o seu *valor* e as *condições das pessoas em lide*".

48. Ernane Fidélis dos Santos, *Manual de direito processual civil*, vol. 1, p. 148: "A competência em razão da matéria, que se informa pela classificação de direito material que se dá à pretensão deduzida, também é regulada, em princípio, pelas normas de organização judiciária. De modo geral, é meio de se especializar a justiça, criando-se varas exclusivas para a apreciação de pedidos que se relacionam com determinado ramo de direito público ou privado. É o caso das varas de família, da Fazenda Pública, de falências e concordatas, registros públicos etc.".

b, desse inciso III), o que "esvaziou" o art. 54, II, alíneas *e* a *h*.

Quanto ao *discrimen* entre o foro central e os foros regionais, deve-se atentar, no Estado de São Paulo e especialmente na Comarca da Capital, para a Res. do TJSP 2/1976, art. 53, II, ainda em vigor.

De acordo com os dizeres do art. 91 da lei processual, regem a competência, em razão do valor e da matéria, as normas de organização judiciária (que, como vimos, são estaduais), ressalvadas as hipóteses em que o Código seja expresso. Na verdade, todavia, o regime jurídico dessas modalidades de competência está no Código, pois, do contrário, haveria mesmo inconstitucionalidade das leis locais.

Assim, o que significa dito art. 91, caso o movimento forense o requeira, é que as normas de organização judiciária poderão determinar uma subdivisão da atividade jurisdicional relativamente às causas cíveis (e criminais, também), tomando em consideração a matéria ou o respectivo valor,[49] o que se reflete, evidentemente, na determinação da competência. É o que se dá, atualmente, com a competência dos foros regionais (antigas varas distritais) na comarca da Capital de São Paulo.[50]

75. Competência territorial[51]

Todo órgão jurisdicional naturalmente supõe um território sobre o qual é exercida a função jurisdicional (v. art. 200, de onde se intui esta ideia).

O juiz somente pode julgar um processo para o qual seja competente, desde que ocupe órgão ao qual tenha sido deferido poder jurisdicional específico. Além disso, o juiz de uma comarca só pode praticar atos válidos dentro dos limites territoriais dessa mesma comarca (v. art. 200), na qual está localizado o órgão, seja nas causas a ele afetas, seja normalmente naquelas em que deve cumprir atos solicitados por precatória, salvo a permissão do art. 204.

No que diz com os foros regionais, embora dividido o território da comarca em regiões, a jurisdição (= competência) de cada vara situada em uma dada região "é extensiva a todo o território da comarca, para a prática de atos e diligências, nos feitos de sua competência" (Res. 2/1976, do TJ/SP, art. 53, I). Assim, para a região (Lei Estadual 3.947/1983, arts. 2.º e 4.º), a competência do foro regional é determinada pela delimitação geográfica da região mesma, coincidente com a das antigas varas distritais (isto é, com os distritos) (Lei Estadual 3.947/1983, art. 4.º), mas a jurisdição do magistrado se exerce sobre toda a comarca, regras essas compatíveis com o art. 200, e, pois, desnecessária a requisição por carta.

49. Luiz Rodrigues Wambier, Eduardo Talamini e Flávio Renato Correia de Almeida. *Curso avançado de processo civil,* p.98-99, item 5.8.1, vol. 1: "O valor dado à causa é um dos critérios determinativos de competência (art. 91). Este critério pode desempenhar papel importante (...) no que diz respeito ao primeiro grau de jurisdição, principalmente nas comarcas de grande extensão territorial, em que pode haver varas distritais (nos bairros) cuja competência seja fixada, pelo menos em parte, a partir deste critério (...)".

50. Sobre os foros regionais e o foro central (na Capital do Estado), e a relativa mudança de perspectiva, tendo em vista a compreensão do critério territorial, v. o que está escrito, em específico, nos itens 93 e 95, *infra*.

51. Este critério de delimitação geográfica vale, em São Paulo, para a Capital, tendo em vista os foros regionais, cuja definição espacial supõe o conhecimento das áreas de jurisdição das antigas varas distritais, pois há coincidência (v. Lei Estadual 3.947/1983, art. 4.º, v. Res. 1/71, do TJ/SP, Tabela "C", onde havia 17 subdivisões da comarca, e, por essa lei, aglutinadas para 11 – Lei Estadual 3.947/1983, art. 2.º). Foram criados, depois, outros foros regionais, em decorrência da promulgação de sucessivas Leis Complementares Estaduais.

No campo da competência territorial, o que importa, acima de tudo, é encontrarmos o chamado foro (*territorialmente*) competente.

Foro competente é o lugar onde alguém deve ser demandado.

A competência territorial tem grande importância no primeiro grau de jurisdição. No segundo, tem, praticamente, menor destaque. O Tribunal de Justiça tem jurisdição em todo o território estadual, não surgindo aí, portanto, maiores problemas, *no que diz respeito à competência territorial*. Entretanto, se a todos os tribunais dos Estados federados cabe julgar recursos, a competência funcional (hierárquica) liga-se à territorial, no sentido de ao tribunal situado no Estado onde está o juízo monocrático dever ser dirigido o recurso.

76. Competência funcional[52]

Este critério de determinação da competência parte de outra perspectiva do fenômeno e coexiste com as demais formas de determinação da competência. É um critério aplicável fundamentalmente em momentos – em regra – distintos dos antecedentes. Leva em consideração, precipuamente, a função do órgão jurisdicional. Os problemas de competência funcional surgem, então, quando o critério básico para a determinação da competência é aquele que encara a função do órgão jurisdicional, *prescindindo, mas só aparentemente*, da matéria, do valor da causa etc.

Assim, e por outro lado, na competência funcional hierárquica (arts. 93 e 111) as causas vão aos tribunais porque a estes está afeta a função de julgar recursos. O critério a ser aliado ao dos recursos deve ser, fundamentalmente, material (espécies de causas), à luz da Lei Complementar Federal 35/1979, art. 108, III.

Encontrava-se vigente no Estado de São Paulo a Lei Complementar 832, de 13.10.1997, em que se disciplinava o que cabia julgar em grau de recurso ou, originariamente, processar e julgar, além do que consta da Constituição do Estado (art. 1.º da Lei 832/1997). No art. 2.º desta Lei estava previsto que a distribuição de competência entre os Tribunais de Alçada decorria de Resolução do Tribunal de Justiça. Para tanto o Tribunal de Justiça baixou o Provimento 50/1998, em que se encontrava concretizada a distribuição de competência dos Primeiro e Segundo Tribunais de Alçada Civis. Tais disposições, em razão do art. 4.º da Emenda Constitucional 45/2004, que extinguiu os Tribunais de Alçada e integrou-os ao Tribunal de Justiça, restam hoje sem aplicação.[53] A atual composição do Tribunal de Justiça do Estado de São Paulo, após a integração dos antigos Tribunais de Alçada, bem como a competência das respectivas Seções e Câmaras, foi disciplinada pela Resolução 194/2004, do referido Tribunal.[54]

A competência das *Turmas de Recursos* é decorrente de lei *que a correlacione* aos Juizados Especiais (causas cíveis de menor complexidade) e aos Juizados de Pequenas Causas (Lei 7.244/1984, revogada), tendo em vista a unificação a que se procedeu por intermédio da Lei 9.099/1995 (v., no âmbito dos Juizados Especiais Federais, e repetindo o termo já utilizado pela Lei 9.099/1995, o art. 21 da Lei 10.259/2001).

Em São Paulo, foi editado o Provimento 511, de 23.08.1994, do Conselho Superior

52. V. Moacyr Amaral Santos, *Primeiras linhas de direito processual civil*... cit., p. 3.212, item 158.

53. *Cf.* o que estabelece o art. 2.º da Resolução 194/2004, a propósito da composição e competência das Seções do TJSP. Após a entrada em vigor da Resolução referida, outras Resoluções criaram novas câmaras especializadas. Por exemplo, recentemente a Resolução 240/2005 do TJ/SP, de 05.10.2005, criou a Câmara Especial do Meio Ambiente; antes, a Resolução 207/2005, de 04.05.2005, já havia criado a "Câmara Especial de Falências e Recuperações Judiciais".

54. *Jurisdição e competência*, p. 102.

da Magistratura do Estado de São Paulo, que estabelecia as normas de serviço do Juizado Informal de Conciliação e do Juizado Especial de Pequenas Causas (doravante, por força da Lei Federal 9.099/1995, Juizados Especiais Cíveis), cujos arts. 15-28 tratavam dos Colégios Recursais, dos recursos e de seus procedimentos. Esse Provimento foi revogado pelo Provimento 806, de 24.07.2003, que trata dos Colégios Recursais, dos recursos e de seus procedimentos nos itens 52 a 90.

77. A competência jurisdicional em se tratando de mandado de segurança

Em mandado de segurança (quer "individual" ou "coletivo"), a competência é determinável *ratione personæ* e *ratione muneris*, ou seja, em razão da pessoa e por causa da função, tendo em vista a jurisdição a que, normalmente, está submetida a autoridade impetrada.

Por isso mesmo, a teor do art. 109, inciso VIII, da Constituição Federal, quando a autoridade coatora for autoridade da Administração Pública Federal, a competência será da Justiça Federal, ao passo que, em se tratando de autoridade da Administração Pública Estadual ou Municipal, a competência será da Justiça Estadual. Sobre o tema manifestou-se, exaustivamente, Athos Gusmão Carneiro, quando deixou anotado: "As regras de competência encontram-se na Constituição Federal, em Constituições Estaduais, nos Códigos de Organização Judiciária e Regimentos Internos dos Tribunais. Assentam tais regras, fundamentalmente, não na natureza da lide ou da pretensão deduzida no *writ*, mas, sim, estão em função da *qualificação* da autoridade coatora, se autoridade de nível federal, ou de nível estadual ou municipal, e ainda em função da *hierarquia* de tal autoridade" (destaques da transcrição).[55]

Prosseguindo em sua exposição, o precitado Ministro escreve o seguinte trecho: "Cabe à Justiça Estadual conhecer dos mandados de segurança impetrados contra ato de autoridade estadual ou municipal. Também, nestes casos, apresenta-se preponderantemente o critério da hierarquia – competência *ratione muneris* – da autoridade dita coatora. Sendo a autoridade impetrada Juiz de Direito diretamente vinculado ao Tribunal de Justiça local, irrelevante será a matéria discutida para deslocar a competência para a Justiça Federal: permanece competente a Justiça Estadual (STJ, CC 3.081, rel. Min. José de Jesus, *RSTJ*, 47/28)".[56-57]

55. Idem, p. 103.

56. Este, na verdade, é o entendimento tranquilo na doutrina. Assim, Castro Nunes (*Do mandado de segurança e de outros meios de defesa contra atos do poder público*, atual. José de Aguiar Dias, p. 207): "A competência judiciária para o mandado de segurança está assentada em dois princípios: (a) o da qualificação da autoridade como federal ou local, e (b) o da hierarquia, isto é, da graduação hierárquica da autoridade, para o efeito da competência no mecanismo das instâncias em cada uma daquelas jurisdições. É uma competência *ratione autoritatis*, porque depende da qualificação da autoridade pelo critério acima; e *ratione muneris*, isto é, em razão do cargo ou função da autoridade contra a qual se requer o mandado. Aquela regra sofre, porém, exceção nos casos de competência da Justiça Eleitoral, competência que é *ratione materiae* 'em matéria eleitoral' (Constituição, art. 121 e Lei 4.737/1965), cabendo a essa Justiça, que é federal, decidir os mandados de segurança, ainda que requeridos contra atos de autoridades locais"; Celso Agrícola Barbi (*Do mandado de segurança*, p. 133 *et seq.*): "A determinação da competência para julgamento dos mandados de segurança está assentada, segundo Castro Nunes, em dois princípios: (a) o da qualificação da autoridade coatora como 'federal' ou 'local'; (b) o da 'hierarquia' daquela autoridade. É, em princípio, uma competência estabelecida pela qualidade e gradação daquelas pessoas, e não pela natureza da questão a ser apreciada no mandado de segurança"; Othon Sidou (Habeas data, *mandado de injunção,* habeas corpus, *mandado de segurança, ação*

Atente-se, contudo, que, nos casos de ato de autoridade praticado no exercício de competência delegada, o mandado de segurança deve ser impetrado ela, conforme preceitua a Súmula 510 do STF.

Ademais, a lei considera federal a autoridade coatora se as consequências de ordem patrimonial do ato impugnado tiverem de ser suportadas pela União ou entidade por ela controlada (art. 2.º da Lei 12.016/2009, na mesma linha do que dispunha o art. 2.º da revogada Lei 1.533/1951).

Sendo a competência definida em função da autoridade coatora, à evidência trata-se de competência funcional e, por isso mesmo, tem natureza absoluta, não podendo ser prorrogada e podendo (*rectius*, devendo) ser reconhecida de ofício pelo Judiciário.

Adotando o mesmo critério para determinação da competência, em se tratando de mandado de segurança, colhe-se precedente do Superior Tribunal de Justiça, que se passa a expor.

Na hipótese concreta, os impetrantes, embora exercessem suas atividades e recolhessem suas contribuições em São Paulo, haviam sido atingidos por ato coator emanado de autoridade do Rio de Janeiro. Impetrado o mandado de segurança no Rio de Janeiro, houve remessa dos autos a São Paulo. Como o juiz de São Paulo se reconheceu, igualmente, incompetente, suscitou-se conflito de competência – que era da competência originária do STJ, a teor da alínea *d* do inciso I, do art. 105, da CF/1988, eis que os dois juízes federais eram subordinados a tribunais distintos, quais sejam, os Tribunais Regionais Federais da 2.ª e 3.ª Regiões, respectivamente –, decidindo o STJ no sentido de ser do Juiz Federal do Rio de Janeiro a competência para julgar o mandado de segurança, pois "em ação de mandado de segurança firma-se a competência pelo local da prática do ato de autoridade".[58] A

popular – As garantias ativas dos direitos coletivos segundo a nova Constituição, p. 240-241): "A lei do mandado de segurança concentra a competência jurisdicional nas consequências de ordem patrimonial do ato violador de direito. E é exemplificativa, no art. 2.º, ao considerar federal a autoridade coatora se as consequências de ordem patrimonial do ato contra o qual se requer a garantia houverem de ser suportadas pela União Federal ou pelas entidades autárquicas federais. O campo aplicativo do mandado de segurança, definido com a ajuda da jurisprudência, e a posterior criação da Justiça Federal mostram que este singelo princípio está ultrapassado. (...) Em não se configurando como federal a autoridade coatora, no contexto acima exposto, entende-se que o ato contra que se postula a garantia é de autoridade não federal, e assim a competência é a estabelecida nas diversas leis de organização judiciária dos Estados e dos Territórios"; José Cretella Jr. (*Comentários à lei do mandado de segurança*, p. 298/299): "Em mandado de segurança, a determinação da competência decorre não da natureza da questão (*ratione materiae*), mas da hierarquia da autoridade cujo ato se procura impugnar. (...) Assentando-se em dois princípios, o da qualificação da autoridade coatora, como federal ou local, e o da hierarquia da autoridade (cf. Castro Nunes, *Do mandado de segurança*, 5. ed., 1956, p. 277, e Celso Agrícola Barbi, *Do mandado de segurança*, p. 97), a competência é fixada pela qualidade e pela graduação da fonte editora do ato e não pela natureza da questão a ser apreciada no *writ*.

57. CC. 305/SP, *RSTJ* 1/347-348.

58. Cf., dentre outras, as seguintes decisões: STJ, CC 31.210/SC, 2.ª Seção, j. 14.04.2004, rel. Min. Castro Filho, *DJ* 26.04.2004, p. 142; STJ, EDcl no CC 38.008/PR, 1.ª Seção, j. 10.09.2003, rel. Min. Eliana Calmon, *DJ* 28.10.2003, p. 181; STJ, CC 19.543/DF, 2.ª Seção, j. 11.06.2003, rel. Min. Fernando Gonçalves, *DJ* 30.06.2003, p. 125; STJ, CC 30.018/MA, 1.ª Seção, j. 24.04.2002, rel. Min. Milton Luiz Pereira, *DJ* 17.06.2002, p. 182; STJ, CC 23.978/MG, 1.ª Seção, j. 10.02.1999, rel. Min. José Delgado, *DJ* 17.05.1999, p. 118; STJ, CC 45.874-RS, j. 08.08.2005, rel. Min. Franciulli Netto (dec. monocrática), *DJ* 22.08.2005; STJ, CC 47.880-SC, j. 01.09.2005, rel. Min. Luiz Fux (decisão monocrática), *DJ* 21.09.2005.

jurisprudência mais recente consolidou-se nesse sentido.[59]

78. Competência funcional recursal

Determina-se a competência recursal, avultando de importância o critério da hierarquia, tendo-se em vista a função atribuída ao órgão (competência hierárquica, acima dos juízos do primeiro grau de jurisdição, com a função de rever, por via recursal, as decisões dos mesmos). Quer dizer, não se consideram mais, *em primeira linha*, os outros elementos: o território, a matéria, o valor da causa – salvo, excepcionalmente, se houver regra expressa em sentido diverso (p.ex., CF/1988, art. 109, § 4.º).[60] Leva-se em conta predominantemente a *função* do órgão de segundo grau. E é por isso que se diz que função é critério-gênero, e hierarquia critério-espécie.

79. Competência funcional nas fases do procedimento

O critério funcional, como determinante da competência, está presente tanto em primeiro quanto em segundo grau.

Assim, dirigimo-nos ao juízo monocrático, pois sabemos que é aos tribunais que cabe, fundamentalmente, rever as causas, mercê de recursos.

Desta forma, na medida em que a função precípua dos tribunais é a de rejulgar as causas, *ipso facto*, sabemos que a função dos juízes monocráticos é a de conhecer das causas em primeira mão.

80. Competência internacional e interna

A competência deve ser decidida a partir de um outro critério, lógica e cronologicamente, o primeiro deles, e que sempre antecede aos demais, em: (a) internacional e (b) interna, da qual temos tratado até o momento.

A internacional, disciplinada antes pela Lei de Introdução ao Código Civil, hoje se encontra tratada nos arts. 88 a 90 do CPC.

O art. 88 estabelece a competência da autoridade judiciária brasileira, quando o réu for domiciliado no Brasil ou aqui tiver de ser cumprida a obrigação; ou, ainda, se a ação se originar de fato ocorrido ou ato praticado no Brasil. O que não consta dessa disciplina não poderá ser havido como critério de determinação (= fixação) ou de *alteração da competência*. No campo da competência

---

59. De acordo com os §§ 3.º e 4.º do art. 109 da CF/1988, "serão processadas e julgadas na justiça estadual, no foro do domicílio dos segurados ou beneficiários, as causas em que forem parte instituição de previdência social e segurado, sempre que a comarca não seja sede de vara do juízo federal, e, se verificada essa condição, a lei poderá permitir que outras causas sejam também processadas e julgadas pela justiça estadual". Neste caso, "o recurso cabível será sempre para o Tribunal Regional Federal na área de jurisdição do juiz de primeiro grau". A respeito, cf. os seguintes julgados: STJ, 3.ª Seção, CC 27.318/RJ, j. 24.09.2003, rel. Min. Fontes de Alencar, *DJ* 20.10.2003, p. 171; STJ, CC 32.588/RJ, 2.ª Seção, j. 26.06.2002, rel. Min. Nancy Andrighi, *DJ* 16.09.2002, p. 134; STJ, 1.ª S., CC 38.623/MG, j. 26.02.2004, rel. Min. Luiz Fux, *DJ* 22.03.2004, p. 188.

60. No sentido de que a nossa lei não previu a conexão como causa de determinação-fixação da competência internacional, *RSTJ* 12/362, REsp 2170-SP, 3.ª T., rel. Min. Eduardo Ribeiro, j. 07.08.1990. Como fundamento central do acórdão diz-se que "admitir-se que a conexão possa levar a que se firme a competência da autoridade judiciária brasileira, para hipóteses não cogitadas nos artigos 88 e 89 do CPC, poderá levar a um alargamento excessivo daquela, colocando em risco o princípio da efetividade que domina a matéria" (*Rev.*, cit., p. 364). Semelhantemente, tratando da "pluralidade de juízos sucessórios", cf. STJ, REsp 397.769/SP, 3.ª T., j. 25.11.2002, rel. Min. Nancy Andrighi, *DJ* 19.12.2002, p. 362.

internacional cogitar-se-ia de determinação--fixação,[61] *ainda que, normalmente, no campo da competência interna o tema seria de alteração da competência.*

Entretanto, pelo texto legal, é legítimo o entender-se estarmos diante de casos de *competência concorrente*, ou seja, aquela que pode ser afastada pela vontade das partes,[62] e valerá a sentença que primeiro alcançar a coisa julgada, devendo a estrangeira (se assim tiver sido) ser regularmente homologada.[63] Entendemos isto pelo nítido contraste existente dentro do sistema, pois que o art. 89 prevê o que compete, *com exclusividade*, à autoridade judiciária brasileira, ou seja, conhecer de ações relativas a imóveis situados no Brasil, inventários e partilhas de bens aqui situados, ao passo que o art. 88 se refere à competência concorrente.

Todavia, também devemos concluir, ante o texto do art. 90, que as ações, mesmo as relativas à matéria contida no art. 88, em curso perante tribunais estrangeiros, não produzem litispendência para o Poder Judiciário brasileiro.

Deve acentuar-se que o Código de Processo Civil disciplina quando um litígio se insere na jurisdição nacional, concorrentemente com a estrangeira (art. 88), ou quando exclusivamente encartado na jurisdição nacional. Problema distinto é o relacionado com o se saber qual a norma jurídica aplicável, pois poder-se-á, por exemplo, aplicar norma estrangeira por juiz nacional. A lei aplicável é assunto do Direito Internacional Privado.

81. Competência exterior e interior

O instituto da competência, noutra perspectiva, pode ser também encarado sob dois outros aspectos primordiais: um deles é o seu aspecto exterior, que é o que temos considerado predominantemente; a outra faceta é a do aspecto interior, que é de suma importância nos tribunais (órgãos colegiados), principalmente por causa das respectivas subdivisões.

Quem alude à competência sob o aspecto exterior considera um órgão no contexto ou conjunto de funções que ele tem dentro do Poder Judiciário, ou seja, considera o órgão no confronto de uns com os outros e, em decorrência desse confronto, fica sabendo o que cabe a diversos órgãos, abstratamente competentes, ou a um órgão e não a outros.

Surge, agora, um outro assunto de excepcional relevância, principalmente para

---

61. V. nosso *Curso*... cit., vol. I, 53, p. 246.

62. De acordo com o entendimento há muito consolidado no Supremo Tribunal Federal, em casos de competência concorrente, a cláusula de eleição de foro celebrada em contratos internacionais era plenamente válida. Nesse sentido: STF, SEC 4.948, j. 08.10.1998, rel. Min. Nelson Jobim, *DJ* 26.11.1999, e, antes disso: STF, Tribunal Pleno, CR-AgR 3166/MG, rel. Min. Antônio Neder; j. 18.06.1980, *DJ* 15.08.1988, p. 05914; *RTJ* v. 095-01, p. 42. Recentemente, porém, o STJ tem-se manifestado pela invalidade da eleição de foro ante à competência concorrente, de molde a permitir o ajuizamento da ação em qualquer dos Estados cuja competência seja cumulativa:

"Competência internacional – Contrato de conversão de navio petroleiro em unidade flutuante – Garantia representada por 'performance Bond' emitido por empresas estrangeiras – Caráter acessório deste último. Jurisdição do Tribunal brasileiro em face da denominada competência concorrente (art. 88, II, do CPC). (...) – Caso em que empresas as garantes se sujeitam à jurisdição brasileira, nos termos do disposto no art. 88, inc. II, do CPC, pois no Brasil é que deveria ser cumprida a obrigação principal – Competência internacional concorrente da autoridade judiciária brasileira, que não é suscetível de ser arredada pela vontade das partes (...)". (REsp 251438/RJ, 4.ª T, j. 08.08.2000, rel. Min. Barros Monteiro, *DJ* 02.10.2000 p. 173). No mesmo sentido: REsp 498835/SP, 3.ª T., j. 12.04.2005, rel. Min. Nancy Andrighi, *DJ* 09.05.2005 p. 391; STJ, REsp 804.306-SP, j. 19.08.2008, rel. Min. Nancy Andrighi).

63. STF, SEC 6971/EU, Tribunal Pleno j. 28.11.2002, rel. Min. Maurício Corrêa, *DJ* 14.02.2003.

os órgãos do segundo grau de jurisdição, qual seja, o da divisão interna de sua competência. É o que, impropriamente, se denomina "competência interior",[64] ou seja, não se considera mais o órgão *como um todo*, no seu confronto com os demais, os quais podem excluir a competência daquele órgão; mas, sim, considera-se o órgão internamente dentro de si, *já assente a competência do órgão (= tribunal)*, tendo em vista os problemas que afetam a divisão da competência dentro dele próprio. Se se tratar de órgão monocrático (por definição e, em regra, ocupado por uma só autoridade-juiz), confunde-se o órgão com a autoridade. No entanto, apesar de ser órgão monocrático, poderá ser ocupado por mais de um magistrado. Haverá, então, uma divisão interna de serviço ou de tarefa. Essa realidade, no entanto, não configura, propriamente, um assunto relacionado com o tema da competência. De outra parte, para que seja considerada a competência interior de um órgão, o problema da competência exterior já deve ter sido superado e este seria assunto próprio de competência.

82. Foro competente

Trata-se de um conceito básico relativo à competência territorial, que comporta uma divisão em foro geral e foros especiais. Na ideia de foro competente, compreende-se a de foros concorrentes. Existentes foros concorrentes, a ação pode ser ajuizada em qualquer um deles, sem que se possa cogitar de incompetência, *sequer de caráter relativo*. No entanto, necessário é que, *efetivamente*, estejam caracterizadas as circunstâncias de ocorrência de foros concorrentes, *i.e.*, ambos os foros são competentes, *sem qualquer vício*.[65]

83. Foro geral[66]

Como diretriz principal da regra geral para determinação da competência territorial temos o art. 94 do CPC, ao determinar que o réu, nas ações fundadas em direito pessoal ou real sobre bens móveis, deverá ser demandado, em regra, no foro de seu

64. *RSTJ* 9/36, rel. Min. Bueno de Sousa, em hipótese em que, pretendendo-se aplicar a Súmula 363, do STF, isso foi inadmitido, porque a *filial* nada havia praticado e, portanto, a ação foi corretamente proposta no domicílio onde a empresa tinha a sua sede. Sobre a hipótese, cf. também, mais recentemente, os seguintes julgados: STJ, REsp 742.923/RS, 1.ª T., j. 28.06.2005, rel. Min. José Delgado, *DJ* 29.08.2005, p. 225; STJ, AgRg no REsp 657.932/RS, 1.ª T., j. 16.06.2005, rel. Min. Luiz Fux, *DJ* 01.08.2005, p. 332.

65. Já se decidiu que, havendo mais de um réu, aplica-se a regra do art. 94, § 4.º, que, por essa circunstância, prevalece sobre a regra do art. 100, IV, letra *a* – *RSTJ* 7/93, rel. Min. Sálvio de Figueiredo. No mesmo sentido: STJ, REsp 423061/MA, 3.ª T., j. 08.10.2002, rel. Min. Nancy Andrighi, *DJ* 11.11.2002, p. 212; STJ, REsp 355273/SP, 3.ª T., j. 21.03.2002, rel. Min. Antônio de Pádua Ribeiro, *DJ* 15.04.2002 p. 216; STJ, REsp 505.160/RO, 3.ª T., j. 09.09.2003, rel. Min. Menezes Direito, *DJ* 03.11.2003, p. 319.

66. Cf. Humberto Theodoro Júnior, *Curso de direito processual civil*, p. 197, item 159, vol. 1:

"O foro *comum* ou *geral* para todas as causas não subordinadas a foro especial é o do domicílio do réu (art. 94) regra que se aplica inclusive às pessoas jurídicas (arts. 99 e 100, IV).O conceito de domicílio é dado pelo Código: para pessoa física "é o lugar onde ela estabelece a sua residência com ânimo definitivo" (art. 70, CC/2002; CC/1916, art. 31); para as pessoas jurídicas, "o lugar onde funcionarem as respectivas diretorias e administrações ou onde elegerem domicílio especial no seu estatuto ou atos constitutivos" (art. 75, IV, do CC/2002; CC/1916, art. 35, IV). Há outrossim, domicílios especiais regulados nos arts. 32 a 41 do Estatuto Civil, que também deverão ser levados em conta na determinação do foro comum, nos casos concretos.Assim, pertence ao foro comum e não aos especiais, a norma, aliás desnecessária, do art. 98, que manda ser o réu incapaz demandado no foro do domicílio do representante legal. Isto porque o domicílio do incapaz, é justamente o de seu representante (CC/2002, art. 76, parágrafo único; CC/1916, art. 36)".

domicílio (CPC/1939, art. 134). O art. 94, referindo-se a domicílio, regula o foro geral principal, indicada essa aparente 'preponderância' ("principal") pelas palavras "em regra", constantes da própria lei.[67] Prevalece a regra geral da competência, se forem vários réus, e, ainda que um deles – pessoa jurídica – pudesse ser demandado no local indicado no art. 100, IV, alínea *a*.[68]

Na realidade, todavia, a ação só será movida no foro domiciliar se, para a hipótese, não se configurar o cabimento de nenhum foro especial. O foro especial terá preferência ao foro domiciliar (= foro geral para pessoas). Segue-se, pois, que o sentido da palavra "em regra" (em face da realidade empírica) quer, efetivamente, dizer "ordinariamente, comumente". De um ponto de vista dogmático, porém, o art. 94 deverá ser aplicado quando não estiverem configurados os pressupostos para a aplicabilidade das normas atinentes aos foros especiais.

Com o chamado foro de eleição, porém, ter-se-á o fenômeno de foros concorrentes: o domiciliar, tal como vem disciplinado no art. 94, §§ 1.º e 2.º, e o foro de eleição. Nada impede que haja mais de um foro de eleição. Por isso é que, mesmo havendo foro de eleição, não há inibição de propositura da ação no foro do domicílio. De outra parte, é inviável foro de eleição, se se tratar de contrato, no qual esteja implicada posse, pois, se isso é possível, no campo da competência territorial, não o é, tratando-se, também, de posse.[69]

Tratando-se de competência pelo foro domiciliar e constatado o domicílio, é indeclinável que seja a ação aí proposta.[70]

---

67. *RSTJ* 7/92, CC 769-CE, 2.ª Seção, j. 08.11.1989, rel. Min. Sálvio de Figueiredo, contando do voto que "somente prevalece [o art. 100, IV, *a*] na hipótese da pessoa jurídica ser ré única" (*Rev.* cit., p. 94).

68. Assim, tratando-se de possessória, como pedido fundamental, e, ainda que cumulada com rescisão contratual (art. 95, que conquanto admita a eleição de foro, exclui a posse, o direito de propriedade, entre outros), não há a possibilidade de eleger-se foro: *RSTJ* 28/460, 4.ª T., j. 16.04.1991, rel. Min. Fontes de Alencar.

    Este entendimento, todavia, não se nos afigura o correto. Ainda nesse sentido: PIZZOL, Patrícia Miranda. *A competência no processo civil*, p. 175 e Nery & Nery, citando jurisprudência, em ambos os sentidos, sobre o tema (*Código de Processo Civil Comentado e Legislação Extravagante*. 10.ª ed. p. 353-354).

    Conforme nosso entendimento: *RSTJ* 40/416, REsp. 13.125-0, 3.ª T., j. 22.09.1992, rel. Min. Athos Carneiro, sublinhando que o pedido de posse é estrita decorrência do pedido de rescisão, e, este, como pedido principal, é o que deve ser tomado em consideração para o critério de determinação da competência. Na mesma linha: STJ, REsp 19992/SP, 4.ª T., j. 13.03.1995, rel. Min. Sálvio de Figueiredo Teixeira, *DJ* 17.04.1995; *LEXSTJ* v. 84, p. 88; *RDR* v. 2, p. 204; *REVFOR* v. 339, p. 274; *REVPRO* v. 84, p. 381; *RSTJ*, v. 74, p. 229; *RT* v. 724, p. 187; STJ, CC 31209/RJ, 2.ª Seção, j. 22.08.2001, rel. Min. Carlos Alberto Menezes Direito, *DJ* 01.10.2001; STJ, 3.ª T., REsp 402.762/SP, j. 27.8.2002, rel. Min. Menezes Direito, *DJ* 04.11.2002, *RNDJ*, v. 37, p. 133.

    Decidiu-se, mais recentemente, o seguinte: "(...) Pedido de resolução de promessa de compra e venda de imóvel cumulado com reintegração de posse – Direito pessoal – Prevalência do foro de eleição – Existência de dois contratos, cada um contendo cláusula de eleição de foro diversa – Cumulação imprópria de pedidos – Limitação da cognição aos limites da competência do órgão julgador. (...) – A ação de resolução de compromisso de compra e venda assenta-se em direito pessoal – A existência do pedido de reintegração de posse, consequência natural que decorre da resolução, não atrai a regra de competência absoluta insculpida na segunda parte do art. 95 do Código de Processo Civil – Prevalece o foro de eleição. (...)" (REsp 967826/RN, 3.ª T., j. 13.11.2007, rel. Nancy Andrighi, *DJ* 22.11.2007).

69. 1.º TAC/SP [extinto], AgIn 205.214, v.u., rel. Costa Mendes, 3.9.1974, *O novo Código de Processo nos Tribunais de Alçada Civil de São Paulo*, vol. 1/93, 1975; no mesmo sentido: STJ, REsp 122.013/SP, 3.ª T., j. 24.5.2005, rel. Min. Antônio de Pádua Ribeiro, *DJ* 1.7.2005, p. 508.

70. A ação cautelar previne a competência do juízo para a ação principal, ainda que a medida limi-

Já aludimos por diversas vezes ao conceito de prevenção. É interessante, nesse passo, observar-se que a medida cautelar, em regra, previne a competência.[71-72-73-74-75-76]

A razão legal de ser do estabelecimento da prevenção para a ação principal[77] pela

nar haja caducado (*RJTJSP* 78/283 e 79/314; *RT* 584/62), porque, ainda assim, o juiz conhecerá melhor os fatos. No mesmo sentido: TJ/SP, Câmara Especial, CC 73.050-0, j. 02.02.2001, rel. Nigro Conceição. *Em sentido contrário*: TJ/SP, AgIn 104.076-4, 7.ª Câm. de Direito Privado, j. 03.03.1999. rel. Júlio Vidal.

71. A sustação de protesto previne a competência do juízo para a futura ação anulatória de título (STJ, REsp 489.485/ES, 3.ªT., j. 26.08.2003, rel. Min. Menezes Direito, *DJ* 24.11.2003, p. 302; STJ, CC 34.547/MG, 2.ª Seção, j. 25.08.2004, rel. Min. Castro Filho, *DJ* 13.09.2004, p. 169; *JUTACivSP* 77/85-95-112; *RT* 563/139). Contra: *JUTACivSP* 71/146 e 73/154.

72. A vistoria *ad perpetuam rei memoriam* previne a jurisdição para a futura ação principal (*RT* 545/87, 547/182 e 556/89; *RJTJSP* 68/252, 74/266, 75/180 e 80/322; *JUTACivSP* 62/384; JTFR 25/199). Na doutrina, contra: Galeno Lacerda, ob. cit., p. 264 *et seq.* Conforme no que diz com a antecipação de prova: J. J. Calmon de Passos, ob. cit., p. 123, *verbis*: "A antecipação de prova (ver nossos comentários ao art. 846) é, para nós, típica medida cautelar, pelo que impõe, se requerida como antecedente, não só a indicação da lide a que se vincula, como, por igual, a propositura da ação principal no prazo do art. 806. Há os que permanecem relacionando a atual antecipação de prova com a antiga prova *ad perpetuam rei memoriam*, mera documentação de fato para uso em futuro processo, se ajuizado for, ou até sem necessária vinculação a processo para cujo ajuizamento se tenha configurado, concretamente, a necessidade. Assim entendida a antecipação de prova, logicamente não deve prevenir a competência. Mas essa conclusão se nos afigura incorreta e inaceitável, como discutiremos no lugar apropriado, ou seja, nos comentários aos artigos do Código de Processo Civil que disciplinam a antecipação de prova". Contra, na jurisprudência, afirmando que a antecipação não previne a competência: *RJTJSP* 72/237; *Revista de Processo* (*RePro*) 4/380, em. 35, e 5/377, em. 35; *RT* 509/224. No STJ, prepondera a seguinte orientação: *Em regra*, a medida cautelar de produção antecipada de provas não previne a jurisdição (nesse sentido: STJ, REsp 51.618/MG, 4.ªT., j. 20.09.1994, rel. Min. Sálvio de Figueiredo Teixeira, *DJ* 21.11.1994, p. 31.774; STJ, AgRg na MC 10.565/RJ, 4.ªT., rel. Min. Fernando Gonçalves, j. 25.10.2005, *DJ* 14.11.2005, p. 324); no entanto, "a depender da modalidade de prova requerida, mormente *se verificada a intervenção do magistrado no feito*, com a nomeação de *expert* de sua confiança, inegável a prevenção do Juízo da ação preparatória para exame da principal" (STJ, REsp 487.630/SP, 2.ªT., j. 21.08.2003, rel. Min. Franculli Netto, *DJ* 28.06.2004, p. 245, g.n.). Em acórdão mais recente, a 3.ª Turma do STJ aplicou entendimento análogo ao precedente, fazendo referência ao fato de a produção antecipada de provas ainda estar em curso:

"Medida cautelar de produção antecipada de provas – Controvérsia doutrinária e jurisprudencial – Peculiaridade. – Precedentes. 1. Estando ainda em curso a ação cautelar de produção antecipada de prova, sequer concluído o laudo pericial, deve ser reconhecida a prevenção para o ajuizamento da ação principal. 2. Recurso especial não conhecido" (STJ, REsp 712999/SP, j. 12.04.2005, 3.ªT., rel. Min. Carlos Alberto Menezes Direito, *DJ* 13.06.2005, p. 305).

73. A ação cautelar de busca e apreensão previne a jurisdição para a futura ação principal (*RJTJSP* 46/259 e 87/224).

74. O alvará de separação de corpos previne a jurisdição para a futura ação principal (*RJTJSP* 46/258 e 78/283).

75. O protesto contra a alienação de bens previne a competência para a ação de reivindicação a seguir proposta (*RT* 587/52).

76. É esta uma hipótese em que, por citação ou por despacho, respectivamente, tendo em vista as hipóteses dos arts. 219 ou 106, resta estabelecida a prevenção de processo futuro, a se cristalizar, *se* e *quando* vier a ser proposto este processo (= ação principal).

77. No que respeita à competência para o exame de medida cautelar ajuizada com a finalidade de suspender os efeitos de decisão impugnada por recurso extraordinário, o STF editou as Súmulas 634 e 635, que têm, respectivamente, o seguinte teor: "Não compete ao Supremo Tribunal Federal conceder medida cautelar para dar efeito suspensivo a recurso extraordinário

medida cautelar encontra-se prevista no art. 800, *caput*, que estabelece: "As medidas cautelares serão requeridas ao juiz da causa", ou seja, o juízo *que será* o competente para a causa, *ipso facto*, o é, *desde já* e também, para a medida cautelar.[78] Esta parte do texto supõe uma causa principal já pendente. Na hipótese de a causa já ter sido sentenciada, interposto o recurso a medida cautelar será requerida diretamente ao tribunal (CPC, art. 800, parágrafo único, acrescido pela Lei 8.952/1994). Parece-nos que, enquanto os autos do recurso não houverem ainda subido, vale dizer, enquanto não tiverem sido remetidos para o tribunal, deve-se aplicar, por analogia, o *caput* do art. 558 do CPC, firmando-se a competência para a medida cautelar perante o juízo de primeiro grau.[79]

No entanto, o que agora nos interessa é a segunda frase do texto, onde se estabelece que, quando forem as medidas cautelares preparatórias – e é aqui que se coloca o problema da prevenção (da cautelar em relação à principal) –, serão elas requeridas "ao juiz competente para conhecer da ação principal" (art. 800, *caput*, 2.ª parte). *Verifica-se, claramente, que os critérios de determinação da competência, para a medida cautelar, são os mesmos critérios de determinação da competência para a ação principal.*[80]

A razão *específica* de ser do art. 800, *caput*, 2.ª parte, é a de que esse juízo, que é, em tese, o competente para a ação principal, o sendo também para a medida cautelar, já quando da propositura daquela, terá conhecimento dos fatos e, assim, terá também melhores condições para manter ou revogar a medida cautelar e para julgar a própria ação principal, pois ambas se originam do mesmo quadro fático.

Por isto é que a notificação não deve prevenir competência, ao passo que, nas outras hipóteses, comparece esse pressuposto de "intimidade" (= cognição) com os fatos, o que justifica que se estabeleça a prevenção, na forma do art. 800, *caput*, 2.ª parte.

---

que ainda não foi objeto de juízo de admissibilidade na origem"; "Cabe ao Presidente do Tribunal de origem decidir o pedido de medida cautelar em recurso extraordinário ainda pendente do seu juízo de admissibilidade".O STJ tem aplicado, em relação ao recurso especial, o entendimento sumulado pelo STF, ainda que haja muitas exceções, que principalmente dizem respeito a hipóteses havidas como excepcionais (STJ, AgRg na MC 10.248/SP, 1.ª T., j. 06.09.2005, rel. Min. Luiz Fux, *DJ* 26.09.2005, p. 178; STJ, AgRg na MC 9.935/RJ, 1.ª T., j. 07.06.2005, rel. Min. José Delgado, *DJ* 01.07.2005, p. 365; STJ, AgRg na MC 14.385/RJ, 3.ª T., j. 26.06.2008, rel. Min. Nancy Andrighi, *DJe* 05.08.2008; STJ, 1.ª T., AgRg na MC 14.122/RJ, j. 17.06.2008, rel. Min. Luiz Fux, *DJe* 07.08.2008; STJ, AgRg na MC 13.981/SP, 5.ª T., j. 29.05.2008, rel. Min. Jorge Mussi, *DJe* 04.08.2008), salvo em hipóteses excepcionais (STJ, AgRg na MC 9.823/MA, 1.ª T., j. 17.05.2005, rel. Min. Teori Albino Zavascki, *DJ* 30.05.2005, p. 210; STJ, MC 10382/RJ, 5.ª T., j. 06.06.2006, rel. Ministro Gilson Dipp, *DJ* 01.08.2006, p. 454; STJ, AgRg na MC 12.755/SP, 4.ª T, j. 06.03.2008, rel. Min. Massami Uyeda, *DJe* 24.03.2008 STJ, 2.ª T., AgRg na MC 14.089/MG, j. 27.05.2008, rel. Min. Carlos Fernando Mathias (Juiz convocado do TRF 1.ª Região), *DJe* 23.06.2008).

78. V. Gelson Amaro de Souza, *Teoria geral do processo cautelar*, p. 12.

79. 1.º TAC/SP [extinto], CC. 210.231, 4.ª Câm., v.u., rel. Bandeira de Mello, 07.05.1973; *JUTACivSP* 72/76 (embora o foro competente seja o do lugar do pagamento, tem, no entanto, o credor a opção do foro, quando diversos os domicílios dos réus); *RT* 570/206 (neste caso se decidiu que a nota promissória emitida em foro diverso do domicílio do executado pode ser cobrada judicialmente neste, ainda que o avalista tenha indicado sua residência no local da emissão). O mesmo se dá em se tratando de execução fiscal (CPC, art. 578): STJ, REsp 166.768/MG, 1.ª T., j. 19.05.2005, rel. Min. Francisco Falcão, *DJ* 01.07.2005, p. 366.

80. V. sobre a regra geral de competência nas cautelares: Humberto Theodoro Júnior. *Processo cautelar*, p. 110 e ss., itens 78 a 84.

Outrossim, o foro domiciliar aplica-se à execução fundada em título extrajudicial[81] porque o Código, disciplinando a competência no Livro II, relativo ao processo de execução, se reporta ao Livro I (art. 576), tendo em vista a execução por títulos extrajudiciais.

Temos, além desta regra principal e primeira (art. 94, § 1.º), outras regras gerais, aplicáveis se inaplicável a anterior, e desde que a demanda verse sobre direito pessoal ou real mobiliário, as quais disciplinam os foros gerais subsidiários, aplicando-se sucessivamente:

(1.º) Sendo incerto ou desconhecido o domicílio do réu, deverá ele ser demandado onde for encontrado ou no domicílio do autor (são foros territoriais concorrentes) (art. 94, § 2.º).[82] (2.º) Não sendo o réu domiciliado no Brasil, nem aqui tendo residência, a demanda deverá ser proposta no domicílio do autor (art. 94, § 3.º).[83] (3.º) Caso o autor não tenha também residência no Brasil, a demanda poderá ser proposta em qualquer foro (art. 94, § 3.º). É a norma final de determinação da competência, pois qualquer juízo é competente quando autor e réu não forem domiciliados e nem residentes no Brasil (art. 94, § 3.º).

Dentre os foros gerais subsidiários, dissemos que estaríamos diante de foros territoriais concorrentes, se o domicílio do réu fosse incerto ou desconhecido, podendo o autor propor a ação onde fosse encontrado o réu ou no foro de seu próprio domicílio. Essa competência denomina-se concorrente.

Considerá-la-emos no que tange à competência territorial. Conforme as circunstâncias, o legislador, em assunto de competência, permite a opção por parte do autor, ensejando-lhe escolher entre demandar num ou noutro lugar.

Mas, se o réu tiver mais de um domicílio, poderá ser demandado em qualquer um deles (foros concorrentes – art. 94, § 1.º). Outrossim, se dois forem os réus, com domicílios diversos, em qualquer um deles poderá ser proposta a ação (idem, foros concorrentes – art. 94, § 4.º). Se tiverem esses réus, ainda, um deles, ou ambos, domicílios diversos, em cada um desses locais pode-se propor a ação.

Além das regras gerais para a determinação da competência, há as especiais, as quais têm preferência sobre as primeiras.

84. Foros especiais

Os chamados foros especiais têm um aspecto comum: afastam o foro geral, *i.e.*,

81. Para a propositura da ação de investigação de paternidade (*RJTJSP* 75/185-6 e 86/246), salvo se cumulada com ação de alimentos (STJ, REsp 108.683/MG, 4.ªT., j. 04.10.2001, rel. Min. Ruy Rosado de Aguiar, *DJ* 04.02.2002, p. 364); em caso de cobrança de cambiais pela via ordinária (*JUTACivSP* 60/19); em ação de nulidade de ato jurídico por vício do consentimento, não obstante nela se contenha a restituição do imóvel objeto do ato, com as consequências indenizatórias (*RT* 574/109, em.); em pedido de interdição competente é o foro do domicílio do interditando (*RJTJSP* 62/295-6). Conquanto a lei não fale, no § 1.º do art. 94, especificamente em residência, pode a ação ser proposta no local da residência, se inexistir domicílio (1.º TAC/SP [extinto], AgIn 205.682, v.u., rel. Nogueira Garcez, 15.10.1974, em *O novo Código de Processo nos Tribunais de Alçada Civil de São Paulo*, vol. 1/95, 1975; STJ, REsp 193.959/RJ, 4.ªT., j. 20.04.2004, rel. Min. Barros Monteiro, *DJ* 01.07.2004, p. 197).

82. Mas, "se uma das rés tem sede no exterior e as outras no Brasil, a ação deve ser proposta no foro do domicílio destas, e não no da autora, pois a disposição do § 3.º do art. 94 do CPC apenas se aplica se não existem outras litisconsortes com sede no Brasil" (STJ, REsp 223.742/PR, 4.ª T., j. 25.10.1999, rel. Min. Ruy Rosado de Aguiar, *DJ* 13.03.2000, p. 185).

83. V. o que escrevemos a respeito, inclusive com ampla citação jurisprudencial, no nosso *Curso...* cit., vol. 1/265 *et seq.*, considerando naquela oportunidade também o Anteprojeto de Código de Processo Civil.

as regras gerais, quer a principal, quer as subsidiárias.

O domicílio do réu, como vimos, é o foro geral principal. Seguem-se-lhes os foros gerais subsidiários que, à sua falta, servem para determinar a competência. Vimos, portanto, que os foros gerais levam em consideração, para ser determinada a competência, dados relacionados com os elementos subjetivos do processo: autor ou réu (mais precisamente, o domicílio dos mesmos, *com prioridade para o réu*).

No entanto, todos esses critérios devem ceder diante dos chamados foros especiais que são fixados com base em outros critérios, os quais, uma vez caracterizados, levam a competência ao foro especial respectivo, em detrimento do foro geral. Nossa lei atual trata dos chamados foros especiais nos arts. 95 a 100.

85. O art. 95

O Código de 1939, ao disciplinar o *forum rei sitae*, usou de uma expressão que foi tida como ambígua. Prescrevia: "Nas ações relativas a imóveis, será competente o foro da sua situação". Tais termos causaram na doutrina e jurisprudência contemporâneas, ao início da vigência daquele diploma, diversas controvérsias, uns entendendo que o artigo em discussão estabelecia o foro da situação da coisa apenas para as ações reais, enquanto outros, diferentemente, e com toda razão, entendiam que tal foro era extensível às ações – ainda que não *propriamente* reais – que tivessem como objeto material um bem imóvel.

O entendimento que prevaleceu, tanto na doutrina como na jurisprudência, foi o de que o art. 136 abrangia mais do que a mera ação real imobiliária. Assim, todas as ações, quer pessoais, quer reais, mas cujos objetos materiais fossem bens imóveis, deveriam ser propostas no foro da situação da coisa.[84]

A razão de as ações reais imobiliárias serem ajuizadas no foro da situação da coisa é a necessidade que tem o juízo de ficar mais próximo do bem imóvel, sobre o qual versa o litígio, para se realizarem rápida, eficaz e economicamente as diligências necessárias, *do que resulta benefício para a atividade processual e para o resultado do processo.*

Entretanto, o art. 95 não previu como sendo absolutamente necessária essa proximidade, estabelecendo que algumas ações reais imobiliárias podem ser propostas em foro diferente do local da coisa (no domicílio do réu ou no foro eleito), desde que o litígio não recaia sobre direito de propriedade, vizinhança, servidão, posse, divisão e demarcação de terras, bem como nunciação de obra nova. Em todos esses últimos casos arrolados é imprescindível a proximidade da coisa ao juízo. Nos demais, é possível a eleição do foro, ou, ainda, competente será o foro do domicílio (seja o principal, sejam os subsidiários, se for caso de aplicação das regras relativas a estes). Nesta última hipótese ter-se-á concorrência de foros.

Atualmente, em face do Código vigente, a ação de consignação em pagamento, que não verse sobre locação – que tem disciplina própria e diversa –, deve ser ajuizada no local do pagamento (art. 891). As ações para obter a anulação e a nulidade de contrato de compra e venda de bem imóvel e as ações para outorga de escritura definitiva, deverão ser ajuizadas no domicílio do réu. Estas hipóteses poderiam ser discutíveis à luz do art. 136 (Código de 1939), mas, hoje, estão claramente excluídas de qualquer cogitação de incidirem na regra do *forum rei sitae.*

Ocorre, entretanto, o fenômeno da competência concorrente, isto é, a possibilidade de a ação ser ajuizada no domicílio do réu ou no da situação da coisa, ainda, nos seguintes casos: (a) ação executiva hipotecária,[85] e (b)

84. *RT* 525/247. Na doutrina: Cândido Rangel Dinamarco, *Direito processual civil*, p. 197.

85. *RT* 474/170-1, 522/166 e 584/114, em.; *RJTJSP* 83/180; STJ, CC 46.771/RJ, 1.ª Seção,

todas as demais ações reais imobiliárias não abrangidas pela proibição do art. 95, *in fine*.

A ação para pedir redução do preço por vício do objeto adquirido não é ação real sobre imóvel, mas tipicamente ação pessoal, não sendo, destarte, de se lhe aplicar o art. 95 do CPC.

Assim é que, em face dos princípios firmados e explicitados, a ação de indenização por apossamento administrativo fica sujeita à regra do art. 95 do CPC.[86] As ações possessórias estão submetidas, absolutamente, à regra do art. 95 do CPC.[87]

A ação voltada à anulação de contrato de compra e venda de direitos possessórios deve ser proposta no foro da situação da coisa.[88] Esta tese é válida, desde que esta ação seja cumulada com ação reintegratória.

A ação de anulação de escritura e registro imobiliário deve, também, ser proposta no foro da situação da coisa objeto da escritura.[89]

A ação de adjudicação compulsória tem caráter real, sujeitando-se, portanto, à regra do art. 95 do CPC.[90]

Não prevalece o foro de eleição sobre o da situação do imóvel, porque a eleição de foro pressupõe foros *potencialmente* concorrentes.[91] A eleição gera foro concorrente, *v.g.*, ao do domicílio.

A ação de rescisão de compromisso de compra e venda de bem imóvel, cumulada com reintegração de posse, em conformidade com jurisprudência expressiva, deverá ser proposta no foro da situação da coisa, "prevalecendo" sobre o da eleição.[92] Como fundamento diz-se que, em rigor, não há lugar para eleição de foro, se houver reintegração de posse.[93] Nesse sentido, da com-

j. 24.08.2005, rel. Min. Denise Arruda, *DJ* 19.09.2005, p. 177.

86. STJ, CC 35.937/DF, 2.ª Seção, j. 23.06.2004, rel. Min. Antônio de Pádua Ribeiro, *DJ* 23.08.2004, p. 116. Na doutrina: Celso Agrícola Barbi, *Comentários ao Código de Processo Civil*, p. 427, 1983; Hélio Tornaghi, *Comentários ao Código de Processo Civil*, vol. 1/326, 1976.

87. *RJTJSP* 43/198.

88. *RJTJSP* 62/253 (sem se referir à anulação do registro imobiliário). Contra: *RJTJSP* 61/211.

89. *RT* 570/134, em.; *JUTACivSP* 63/130 e 68/111; TJSP, CC 59.039-0, São Paulo, Câmara Especial, rel. Djalma Lofrano, v.u., 09.12.1999 ; STJ, CC 26.293/SC, 2.ª Seção, j. 18.02.2002, rel. Min. Nancy Andrighi, *DJ* 11.03.2002, p. 159.

90. *RT* 514/243.

91. *RJTJSP* 78/223 e 80/223; *RTJ* 89/1.041 e 91/184. Contra: *RJTJSP* 72/192 e 74/210.

92. *RSTJ* 28/460, rel. Fontes Alencar, em que se decidiu ser inviável eleição de foro em reintegração de posse, referindo-se na fundamentação do acórdão ao CC. (STJ), rel. Min. Sálvio de Figueiredo, em que, cumulando-se reintegração de posse com rescisão contratual, ainda assim, prevalece a regra do art. 95, na parte em que a competência é aí disciplinada como absoluta.

93. Neste sentido, decidiu-se: "Competência. Conflito. Ação de rescisão contratual cumulada com reintegração de posse. Observância do artigo 95 do Código de Processo Civil. Prevalência do *forum rei sitae*. Caso de competência absoluta. Caso em que não se admitiria a alteração [na verdade, não há 'alteração', senão que instituição de outro foro competente, o eleito] por eleição de foro" (TJ/SP, CC. 22.109-0, j. 04.08.1994, rel. Ney Almada).

"Competência – Conflito – Ocorrência – Ação de rescisão contratual cumulada com reintegração de posse. Litígio versando sobre direito de propriedade – Competência absoluta – Hipótese em que não prevalece a eleição do foro, face à disposição expressa da lei. Artigo 95 do Código de Processo Civil" (TJ/SP, CC. 21.401, j. 04.08.1994, rel. Des. Ney Almada). Este acórdão é correto, porque não cabe eleição de foro para afastar o disposto no art. 95.

"Competência – Conflito – Ocorrência – Ação de rescisão contratual cumulada com reintegração de posse – Prevalecimento do foro *rei sitae* – Artigo 95 do CPC – Foro de eleição que em nada altera, por não se poder eleger foro contra disposição expressa de lei – Quando o litígio recai sobre o direito de propriedade, vizinhança, servidão, posse de imóvel, divisão e demarcação de terras e nunciação de

petência absoluta, em relação à possessória, ainda que cumulada com ação de rescisão contratual, é expressiva a jurisprudência.[94] Todavia, o STJ decidiu diferentemente, no bojo de ação rescisória, firmando o entendimento de que, ocorrendo cumulação de ações, de rescisão contratual e de reintegração de posse, sendo esta última *mera consequência* do resultado daquela, não se aplica a regra do art. 95. Esta última posição parece-nos a correta, pois, entre outros argumentos, a competência deverá fixar-se pela "*ação principal*", no sentido de que, no caso, a recuperação da posse é estrita consequência do resultado da ação pessoal, que é a de rescisão do compromisso.

A ação reivindicatória proposta contra a Caixa Econômica Federal (autarquia federal) não se sujeita à regra do art. 95 do CPC porque se trata de competência da Justiça Federal, que "prevalece" sobre a regra do art. 95.[95]

Diga-se, ainda, que, se for desmembrada uma comarca, o processo de usucapião em andamento há de ser remetido para o juízo da nova comarca onde está o imóvel usucapiendo, pois que se trata de ação real.[96]

---

obra nova, a competência é absoluta". (TJ/SP, CC. 21.421-0, j. 04.08.1994, rel. Des. Nigro Conceição).

"Contrato – Rescisão – Cumulação com reintegração de posse – Competência do juízo da situação do imóvel – Art. 95 do Código de Processo Civil – Conflito procedente e competente o juiz suscitado – Operando-se a cumulação sucessiva das ações, e não sendo a reintegração mera consequência da rescisão contratual, a competência é do foro da situação do imóvel" (TJ/SP, CC. 21.320-0, j. 21.07.1994, rel. Des. Nigro Conceição, *JTJ* 160/277). Cf. também TJ/SP, 8.ª Câm. de Direito Privado, AgIn 133.083-4, Campos do Jordão, j. 29.11.1999, rel. Zélia Maria Antunes Alves; TJ/AL, Ap 01.001456-0, Câm. Cível, j. 15.05.2002, rel. Des. Luiz Gama de Lima – *RT* 802/296.

94. *RSTJ* 74/230, REsp 19.992-3, 4.ª T., rel. Min. Sálvio de Figueiredo, constando da ementa (III) que "a regra de competência absoluta insculpida no art. 95 do CPC, não tem incidência quando o pedido de reintegração de posse é deduzido como mero efeito ou extensão do pedido principal de resolução do compromisso de compra e venda". Esta orientação *recupera* entendimento anterior (REsp 13.125, *DJ* 03.11.1992, rel. Min. Athos Carneiro, publ. na *RSTJ* 40/416). Neste acórdão do REsp 13.125 há referência a dois entendimentos da 2.ª Seção, no sentido da orientação desta nota. São os Conflitos de Competência 752 e 1.557, relatores os Mins. Sálvio de Figueiredo e Barros Monteiro, respectivamente. No sentido, ainda, da orientação desta nota, no STF, o RE. 92.857, rel. Min. Rafael Mayer (*RTJ* 97/442). RE 102.656, 1.ª T., rel. Min. Oscar Correa (*RTJ* 111/868). Neste mesmo sentido, mais recentemente: STJ, REsp 402.762/SP, 3.ª T., j. 27.08.2002, rel. Min. Menezes Direito, *DJ* 04.11.2002, p. 201; STJ, REsp 967826/RN, 3.ª T., j. 13.11.2007, rel. Min. Nancy Andrighi, *DJ* 22.11.2007, p. 239; STJ, REsp 332.802/MS, 4.ª T., j. 10.02.2009, rel. Min. Luis Felipe Salomão, *DJe* 26.02.2009.

95. *RJTJSP* 79/270.

96. *RJTJSP* 84/269; STJ, CC 9.065/MG, 1.ª Seção, j. 09.08.1994, rel. Min. Américo Luz, *DJ* 22.05.1995, p. 14.326. Tal entendimento já foi aplicado à ação reivindicatória:

"Competência – Imóvel – Reivindicatória – Desmembramento da comarca – Instalação de nova comarca, em cujo território se situa o imóvel objeto da ação reivindicatória, determina a modificação da competência – Recurso não conhecido" (STJ, REsp 156.898/PR, 4.ª T., j. 30.04.1998, rel. Min. Ruy Rosado de Aguiar, *DJ* 16.11.1998, p. 97). Nesse particular, ressalvamos nosso entendimento anterior, no sentido de que não haveria modificação da competência, por se tratar de competência territorial. Isso porque, de acordo com o art. 95 do CPC, é absoluta a competência territorial estabelecida para as ações que versem direitos reais imobiliários. Nesses casos, portanto, justifica-se o deslocamento superveniente da competência. A propósito, explica José Leonardo Carneiro da Cunha:

"É bem verdade, como já afirmado, que o desmembramento de comarca não altera a

É inaplicável a norma do art. 95 do CPC quando se tratar de contrato de compra e venda de imóvel, financiado pelo Sistema Financeiro da Habitação, com fundamento na alegação de inadimplemento do mutuário, referindo-se tal ação, não aos direitos reais sobre o imóvel, mas apenas aos direitos e obrigações decorrentes do contrato.[97]

Se, ainda, o contrato não estiver registrado, o direito real inexiste, prevalecendo o foro de eleição, vale dizer, é legítima a eleição de foro.[98]

Finalmente, as ações que versem sobre propriedade, vizinhança, servidão, posse, divisão e demarcação de terras e nunciação de obra nova devem *obrigatoriamente*, sob pena de nulidade dos atos decisórios (art. 113, § 2.º), ser propostas no foro da situação da coisa. Nestes casos, trata-se de competência funcional (absoluta) e, assim, improrrogável.[99]

Aspecto importante é o de saber se a infringência aos demais aspectos do art. 95, ajuizando-se a demanda no domicílio do réu, quando deveria ter sido ajuizada no foro da

---

competência, incidindo a *perpetuatio jurisdictionis*, a não ser que, com tal desmembramento, haja alteração da competência absoluta. E é exatamente o que ocorre com as ações reais imobiliárias. Segundo estabelece o art. 95 do CPC, nas ações fundadas em direito real sobre imóveis, é competente o foro da situação da coisa, não podendo o autor optar pelo foro de eleição, se o litígio recair sobre direito de propriedade, vizinhança, servidão, posse, divisão e demarcação de terras e nunciação de obra nova.

Ora, já se viu, (...), que, nessas hipóteses previstas no art. 95 do CPC, a competência é absoluta. Assim, havendo desmembramento de comarca, o juízo da nova comarca passará a ser competente para processar e julgar as ações fundadas em direito real imobiliário, se a coisa situar-se no seu foro ou território. Nesse sentido, o STJ assim já decidiu: 'Instalação de nova comarca, cujo território se situa no imóvel objeto da ação reivindicatória, determina a modificação da competência' [REsp 156.898/PR, 150.902]. De igual modo, não incide a *perpetuatio jurisdictionis,* havendo desmembramento de comarca, no caso de ação civil pública, se o dano tiver ocorrido na área da nova comarca, por ser a competência, nas ações coletivas, embora territorial, (...). O desmembramento da comarca, enfim, não atinge a *perpetuatio jurisdictionis,* a não ser nos casos em que o território é elemento de competência absoluta, como nas hipóteses de ações reais imobiliárias e de ações coletivas, como se vê nos itens 3.4 e 4.6.1. *supra* e, igualmente, no item 7.15 *infra*". (José Leonardo Carneiro da Cunha. *Jurisdição e Competência*, p. 287-290).

97. *RJTJSP* 74/209.

De acordo com o entendimento do STJ, o foro competente para julgamento das ações pessoais fundadas em contratos celebrados junto ao Sistema Financeiro de Habitação (*v.g.*, ações revisionais de contrato) é o do mutuário, nos moldes do CDC, de sorte a afastar a aplicabilidade da cláusula de eleição de foro para dar lugar ao foro do domicílio do consumidor (STJ, REsp 662.585/SE, 4.ª T., j. 01.03.2005, rel. Min. Jorge Scartezzini, *DJ* 25.04.2005, p. 357; STJ, CC 38.152/RJ, 1ª Seção, Rel. Min. Francisco Peçanha Martins, j. 22.3.2006, *DJ* 15.5.2006).

No sentido da validade da cláusula de eleição de foro, por não ter sido comprovada a hipossuficiência: "(...) I. Firmado pelo Tribunal estadual, soberano no exame fático, que não ocorre, na espécie dos autos, cerceamento de defesa ou situação de hipossuficiência a ensejar o afastamento do foro de eleição previsto no contrato, é de ser mantida a cláusula que o prevê, acordada entre as partes, ainda que se cuide de relação de consumo. (...)" (STJ, REsp 331.836/MG, 4.ª T., j. 20.05.2004, rel. Min. Aldir Passarinho Junior, *DJ* 30.08.2004, p. 291).

98. Há quem entenda que, neste caso, em vez de competência funcional absoluta, tem-se, em realidade, hipótese de *competência territorial absoluta*.

99. Mesmo sendo réu o Estado, que normalmente responde perante vara especializada na Capital, deve prevalecer a competência do foro da situação da coisa em adjudicação compulsória (*RJTJSP* 95/347).

situação da coisa, gera incompetência relativa ou absoluta. Claro está que o problema se apresenta com relação às ações a que o art. 95 veda a eleição de foro ou a preferência pelo foro do domicílio do réu, pois, diante do permissivo do início do artigo, nem em incompetência relativa se pode falar, pois temos aí, claramente, casos de competência concorrente.

Mas, o que ocorreria se o autor ajuizasse uma ação no foro do domicílio do réu, versando esta, por exemplo, sobre direito de propriedade, para cuja hipótese, taxativamente, a lei veda a escolha de foro, estabelecendo ser competente o *forum rei sitae*? Primeiramente, devemos dizer que, em nosso entender, a competência funcional estabelecida no art. 95 é competência absoluta. Partindo desta constatação, diríamos que, caso não oposta a exceção declinatória do foro no prazo de 15 (quinze) dias, nem por isso ocorreria o fenômeno que se denomina de prorrogação tácita, isto é, apesar da existência de vício, as partes não podem concordar tacitamente em aceitá-lo, pois o vício é insanável.

Dissemos que o foro da União é estabelecido pela Constituição Federal. Nessas condições não prevalece para ela a regra do art. 95, se a aplicação desta importar em infração à Constituição. Já o mesmo não podemos dizer a respeito da Fazenda Estadual. Esta, sendo demandada, e sendo caso de ação real imobiliária, se sujeitará à norma comum: a competência será o juízo do local do imóvel, nos moldes do art. 95, pois só a Fazenda Federal goza do privilégio do chamado "*foro privativo*".[100] Na Capital do Estado de São Paulo, por exemplo, a Fazenda do Estado sempre teve apenas *juízo*(s) privativo(s),[101-102] que são hoje as Varas da Fazenda Pública (Lei 6.166, de 29.06.1988, art. 17), amalgamadas que foram as Varas da Fazenda do Estado com as da Fazenda Municipal. Assim, se o imóvel for situado no interior do Estado, valerá o art. 95, para o fim de a ação dever ser ajuizada no interior; mas, estando o imóvel situado na Capital do Estado, a competência será do juízo privativo, sediado na comarca da Capital.

86. O art. 96

Outra exceção à regra geral, prevista em lei, é a do foro do domicílio do autor da herança, que vem expressa no art. 96.

Abre-se, nesse foro, o inventário, arrecadam-se os bens, faz-se a partilha e se cumprem as disposições de última vontade, onde era domiciliado o *de cujus*. Mais ainda, todas

100. *RT* 174/601, 186/222, 189/454, 338/185, 187/330, 346/106, 309/570, 384/217 e 219/486; *TJCE, Jurisprudência e Doutrina* 51/57.

101. Fazendo precisamente a distinção, no sentido de que a União tem *foro privativo* e que os Estados e Municípios não o têm, senão que, apenas, deverão ver suas causas julgadas em *juízos especializados,* v. *RSTJ* 92/81, 1.ª T., j. 13.06.1996, rel. Min. Demócrito Reinaldo, fazendo referência à 12.ª edição deste *Manual*. No mesmo sentido, *quanto ao conteúdo desta nota, RSTJ* 108/212, REsp 21.315-4-SP, 1.ª T., j. 24.03.1993, rel. Min. Garcia Vieira; *RSTJ* 108/219, 2.ª T., j. 16.12.1996, rel. Min. Adhemar Maciel, citados os seguintes precedentes: STJ, REsp 50.295-SC, 1.ª T., v.u., rel. Min. Milton Luiz Pereira, *DJ* 02.10.1995. No mesmo sentido: STJ, 1.ª T., Ag (AgRg) 58.282/MG, v.u., rel. Min. Milton Luiz Pereira, *DJ* 20.02.1995; e REsp 34.816-MG, 1.ª T., v.u., rel. Min. Milton Luiz Pereira, *DJ* 06.03.1995 (*Rev.*, cit., p. 222); ainda no mesmo sentido: STJ, REsp 186.576/RS, 2.ª T., j. 20.06.2000, rel. Min. Franciulli Netto, *DJ* 21.08.2000, p. 109. No Estado de São Paulo, onde tem surgido este problema, a jurisprudência é no mesmo sentido e constante: Tribunal de Justiça de São Paulo – *RJTJSP* 55/162, 93/245, 94/269, 97/283; v., ainda, *RT* 622/75, 608/65 e 594/131.

102. *RTJ* 1/441; Alexandre de Paula, *O processo civil à luz da jurisprudência*, nova série, vol. 2/29; TJSC, *Revista de Direito* 143/477; *RT* 385/263.

as ações relativas à herança deverão ser aí ajuizadas. Entendem-se por ações relativas à herança aquelas em que o espólio é réu,[103] mesmo que o óbito tenha ocorrido no estrangeiro. A herança é uma universalidade de direito e, desde que o objeto da demanda seja a ela relativo, a ação deve ser proposta no mesmo foro onde se abriu o inventário, enquanto a herança permanecer indivisa, pois, neste caso, a herança será ré. Se as ações versarem, por exemplo, sobre a inclusão de bens, ou sobre a inclusão ou exclusão de herdeiros, devem ser ajuizadas no foro do domicílio do autor da herança.

A infração à regra que determina este foro, gera o vício de incompetência relativa; portanto, não sendo alegada a incompetência na forma da lei, isto é, por meio de exceção (art. 112, *caput*), no prazo de 15 (quinze) dias, estará sanado o vício, por força da prorrogação tácita, a não ser que, a respeito, manifeste-se o juiz da causa, desde que presentes os pressupostos referidos no art. 112, parágrafo único e 114, alterados pela Lei 11.280/2006 (cf., a respeito, ainda neste capítulo, item: "Foro de eleição").[104]

Prova-se o domicílio do *de cujus*, via de regra, pela declaração na certidão de óbito. No entanto, diante de prova documental robusta, em sentido contrário, não deverá tal declaração ser aceita.[105] Salientamos que, mesmo pairando dúvida relativamente ao domicílio do *de cujus*, ao juiz incumbe o dever de determinar seja comprovado idoneamente o fato do domicílio. Deverá, nesse caso, ser regularmente processado o inventário e, somente na hipótese de prova clara e demonstrativa de que o *de cujus* não era domiciliado no local abrangido pelo âmbito da competência do juízo, perante o qual seja oposta a exceção, é que deverá o juiz dar-se por incompetente.[106]

---

103. "Se o título executivo extrajudicial que subjaz a ação de execução para entrega de coisa incerta elegeu foro para dirimir litígios deve ele prevalecer sobre a competência especial, mas relativa do foro do inventário, prevista no art. 96 do CPC" (STJ, REsp 420.394/GO, 3.ª T., j. 19.09.2002, rel. Min. Nancy Andrighi, *DJ* 04.11.2002, p. 203).

104. STF, *DJU* 15.10.1958, p. 2.860. Decidiu-se que "havendo duplo domicílio, com bens em lugares diferentes, exceto na cidade onde ocorreu o óbito, determina-se a competência com base na prevenção" (STJ, CC 23.773/TO, 2.ª Seção, j. 10.02.1999, rel. Min. Menezes Direito, *DJ* 05.04.1999, p. 77). A natureza relativa da competência estabelecida no art. 96 do CPC pode ser extraída dos diversos precedentes do STJ (STJ, CC 15227/GO, 2.a Seção, j. 13.12.1995, rel. Min. Paulo Costa Leite, *DJ* 20.05.1996, p. 16660; STJ, CC 19334/MG, 2.a Seção, j. 28.11.2001, rel. Min. Sálvio de Figueiredo Teixeira, *DJ* 25.02.2002, p. 195; STJ, CC 52.781/PR, 1.a Seção, j. 23.11.2005, rel. Min. Eliana Calmon, *DJ* 12.12.2005, p. 255). Sem embargo do entendimento consolidado na Corte Superior, há notícia de julgados proferidos pelo Tribunal de Justiça do Estado de São Paulo concebendo orientação diametralmente oposta, qual seja, a de que a competência do foro último domicílio do autor da herança se revestiria de natureza absoluta e que prevaleceria, inclusive, sobre a competência fixada pela parte final do art. 95 do CPC (*forum rei sitae*). Referido posicionamento tem como fundamentação o interesse público na melhor administração da justiça. Veja-se:

"Inventário – Regra de Competência. Domicílio do *de cujus* – Competência absoluta – Provimento negado" (TJ/SP, AI 426.502-4/2, 3.ª Câmara de Direito Privado, j. 17.01.2006, rel. Des. Caetano Lagastra).

"Inventário – Competência – Último domicílio da *de cujus* – Determinação de redistribuição para outra Comarca – Procedência – Inteligência do art. 96 do CPC – Regra Absoluta – Recurso improvido" (TJ/SP, AI 362.934.4/8-00, 8.ª Câmara de Direito Privado, rel. Des. Joaquim Garcia, j. 22.07.2005).

105. *RT* 321/432.

106. V. Alexandre de Paula, *O processo civil à luz da jurisprudência* (1.ª série), 28/360-362, julgado 34.718.

Finalmente, diga-se que a competência do foro da herança permanece até o momento em que a herança mantém-se como uma *universitas iuris*. Depois da homologação da partilha (e, pois, partilhados os bens entre o cônjuge supérstite e os herdeiros e/ou legatários), estes deverão ser acionados individualmente segundo as regras gerais, prescindindo-se daquela do art. 96.

No Direito anterior, a ação de investigação de paternidade, apesar de não ser propriamente relativa à herança, devia ser ajuizada no foro do inventário, se o *de cujus* devesse ser o réu da mesma.[107]

Afigura-se-nos que tal orientação deve subsistir, pois, ainda que o art. 135 do Código de 1939 se referisse a "ações relativas à herança", e este Código seja claro ao referir-se a ações "em que o espólio for réu" (art. 96), substancialmente o problema não se altera.[108]

Ocorrendo abertura de dois processos de inventário, relativos ao mesmo óbito, aplicar-se-á a regra da prevenção, na forma do art. 219 do CPC, salvo se os juízes tiverem a mesma competência territorial, quando a prevenção não será pela citação, mas pelo primeiro despacho (art. 106).[109]

Não tendo o *de cujus* domicílio certo quando de seu falecimento, mas tendo deixado um único bem, o foro competente para o respectivo inventário será o da localização deste bem. Ter-se-á, aqui, um foro especial subsidiário (art. 96, parágrafo único, I), em relação ao próprio *caput* do art. 96.

Entretanto, tendo deixado mais de um bem em lugares diferentes, sem ter, contudo, domicílio certo, o foro no qual se deverá proceder ao inventário será o do local onde se deu o seu óbito (art. 96, parágrafo único, II). É o entendimento que decorre dos dois incisos do parágrafo único do art. 96 do CPC.

A fim de não deixarmos de abordar problemas que podem surgir, consideremos a hipótese, não ventilada expressamente na lei, de um brasileiro ou estrangeiro, sem domicílio certo, que faleça fora do território nacional, deixando bens no Brasil em lugares diferentes. Em nosso entender, o foro competente para o inventário seria concorrente, ou seja, em qualquer dos lugares onde estivessem situados os bens (inteligência com base no art. 96, parágrafo único, I).

Mesmo que, sobre bens de estrangeiro, no seu país de origem, tenha sido feito inventário, deixando ele bens no Brasil, o juízo da comarca em que se localizam o bem ou os bens é que será o competente para o respectivo inventário. Isto porque compete à autoridade judiciária brasileira, com exclusividade, proceder ao inventário e partilha de bens situados no Brasil, mesmo sendo "o autor da herança estrangeiro e tenha residido fora do território nacional" (art. 89, II). Se, por acaso, forem bens localizados em comarcas diversas, não havendo domicílio certo, também estaremos ante hipótese de foros concorrentes, fixado o foro e juízo pelas regras da *perpetuatio iurisdictionis* e da prevenção.

Em face das regras fixadas, em virtude da interpretação deste art. 96, verifique-se

107. Ocorre prevenção da vara onde tramita o inventário somente nas ações em que o espólio for réu, o que não se dá em ação investigatória de paternidade proposta contra os herdeiros do *de cujus*, únicos que têm legitimidade passiva para esse tipo de ação (*RJTJSP* 83/184). Cf. também STJ, CC 28.535/PR, 2.ª S., j. 08.11.2000, rel. Min. Menezes Direito, *DJ* 18.12.2000, p. 152.

108. *Arquivo Forense* 45/191.

109. TJ/CE, AgIn 4.337, Fortaleza, rel. José Maria de Queiroz, v.u., 04.02.1976, *Ement. de Jurisp. do TJCE* 34/50.

o panorama jurisprudencial a respeito, que se segue.

As demandas movidas pelo espólio não ficam sujeitas à regra do art. 96, que não se refere à hipótese de o espólio ser autor, quando valerão as regras gerais.[110] O foro competente para a ação versando sobre imóvel objeto de sobrepartilha contra o espólio é o da localização do imóvel.[111]

A arrecadação de bens da herança considerada jacente deve ser procedida no foro do domicílio do *de cujus*.[112]

A competência para a ação voltada à sub-rogação de vínculo de bens imóveis partilhados em inventário é a do juízo através do qual foi o mesmo processado.[113]

O local onde faleceu o autor da herança, não sendo o do seu domicílio, não é competente para processar o inventário do *de cujus*.[114]

O Código de Processo Civil, no art. 96, só determina, em relação ao inventário, qual o foro competente, mas nem por isto estabelece competência exclusiva do juízo do inventário para as ações em que é interessado o espólio, sendo que, apenas nas hipóteses de ações novas, conexas com o procedimento do inventário, é que se poderia falar em união dos processos.[115]

110. Celso Agrícola Barbi, *Comentários ao Código de Processo Civil*, p. 432/433. Na jurisprudência: STJ, 2.ª Seção, CC 799/DF, j. 13.12.1989, rel. Min. Sálvio de Figueiredo Teixeira, *DJ* 12.03.1990, p. 1.697.

111. *Revista de Processo* (*RePro*) 7-8/331, em. 44.

112. *RJTJSP* 40/41. Contra: *RJTJSP* 40/246 (m.v.).

113. *RJTJSP* 45/230.

114. *RJTJSP* 73/257; STJ, 2.ª Seção, CC 34.167/RS, j. 11.09.2002, rel. Min. Antônio de Pádua Ribeiro, *DJ* 11.11.2002, p. 145.

115. Cf. art. 36 do CC/1916. Este foro cede diante dos especiais (conclusão do Simpósio de Curitiba, em *RT* 482/270), isto é, se configurar qualquer uma das hipóteses de incidência de foro espe-

87. O art. 97

O art. 97 contém outra regra alteradora do foro geral da competência, dispondo a respeito do foro competente para a propositura de ações em que o réu seja pessoa declarada ausente por decisão judicial. Tal foro é o do seu último domicílio.

Passando um ano sem que se saiba do paradeiro do ausente, caso este não tenha deixado representante ou procurador, ou passados quatro anos, caso tenha deixado um ou outro, os interessados poderão requerer a abertura da sucessão provisória, de acordo com o art. 1.163 do CPC. Passados dez anos da sentença que concedeu a abertura da sucessão provisória, poderá ser requerida a abertura da sucessão definitiva, de acordo com o art. 1.167, II, ou, ainda, na hipótese do inciso III do mesmo texto, isto é, se o ausente contar 80 (oitenta) anos e não tiver havido notícias suas nos últimos cinco anos. Em qualquer dos dois casos – sucessão provisória ou definitiva – o foro competente para o processamento da sucessão é o de seu último domicílio (arts. 1.159 e 1.169).

88. O art. 98

O art. 98, apesar de sua posição no Código, *dentre os foros especiais*, não representa, *propriamente*, alteração da regra geral da competência. Estabelece que "a ação em que o incapaz for réu se processará no domicílio de seu representante".

Na realidade, este artigo segue a regra geral de a ação ser proposta no domicílio do réu, uma vez que o domicílio do incapaz é o de seu representante, conforme o art. 76, parágrafo único, do Código Civil. Assim, propondo-se a ação no domicílio do representante, nada mais se está fazendo do que

cial, o que comprova a asserção do texto de que não se trata de desvio da regra geral.

propor a ação no domicílio, que é, também, o do incapaz.[116-117]

116. *JUTACivSP* 32/161.

A questão foi didaticamente exposta em acórdão do TJ/SP, *verbis*: "Exceção de incompetência – Corréu incapaz – Domicílio necessário – Artigo 76 do Código Civil c.c. art. 98 do Código de Processo Civil – Remessa para o foro do domicílio do representante. Todas as pessoas têm o direito de eleger livremente seu domicílio, mas a lei o impõe em razão de algumas circunstâncias particulares. O domicílio legal ou necessário para os incapazes deriva do próprio texto da lei, que leva em conta a impossibilidade jurídica de que se manifestem, com validade, sobre domicílio diverso daquele gravado pela norma. Como o domicílio legal do incapaz é a Comarca da Capital, fica acolhida a exceção de incompetência e determinada a remessa dos autos" (TJ/SP, AgIn 1.010.602-0/7, 34.ª Câmara de Direito Privado, j. 03.07.2006, rel. Des. Irineu Pedrotti). O mesmo TJSP consignou a irrelevância, para fins de fixação da competência, do fato de a incapacidade da parte ser superveniente à ocorrência do fato que originou a demanda: "O foro do incapaz de direito é o do domicílio de seu representante (domicílio necessário ou *ex lege* do incapaz) e deve prevalecer sobre o do lugar do pagamento, mesmo que a interdição tenha sido decretada após a prestação do serviço (...)" (TJSP, AgIn 1.049.778-0/5, 27.ª Câmara de Direito Privado, j. 11.04.2006, rel. Des. Campos Petroni).

117. O TJ/RS já entendeu que, conquanto seja relativa, a competência fundada na incapacidade da parte, se devidamente suscitada, prevalece sobre determinadas prerrogativas (*v.g.*, foro do domicílio da mulher em ações de separação e divórcio), em razão dos fundamentos de direito material que embasam o artigo 98 do CPC: "Divórcio – Incapacidade do varão – Foro privilegiado – Competência territorial – Embora seja competente o foro da residência da mulher nas ações de divórcio (art. 100, inciso I, CPC), tal prerrogativa não é absoluta. A norma deve entrar em consonância com a regra do domicílio do incapaz dada pelo direito material. Assim, o foro competente para a demanda em que o varão é incapaz, é o do domicílio da sua representante legal (art. 76, CC e art. 98, CPC). Agravo desprovido" (TJ/RS, AgIn 70013915681, 7.ª Câmara Cível, j. 22.03.2006, rel. Des. Maria Berenice Dias, *DJ* 03.04.2006).

89. O art. 99

O art. 99, incisos I e II, e seu parágrafo único, I e II, do CPC, que correspondia aproximadamente aos arts 125, I, e §§ 1.º e 2.º, da CF/1969, encontra-se revogado (art. 109, I, §§ 1.º e 2.º, CF/1988).

Segundo a Constituição Federal vigente, as causas em que a União (ou empresa pública ou entidade autárquica federal) for parte, assistente ou opoente, salvo as de falência, as de acidentes de trabalho e as sujeitas às Justiças Eleitoral e Militar, são de competência da Justiça Federal. Quanto ao foro em que serão propostas as ações em que a União for autora, será competente a seção judiciária em que tiver domicílio a outra parte (art. 109, § 1.º, do CF/1988); nas ações em que a União for ré, o foro é o da seção judiciária do domicílio do autor, ou daquela em que ocorreu o ato ou o fato de que se originou a demanda, ou daquela em que a coisa esteja situada, ou, ainda, no Distrito Federal (art. 109, § 2.º, do CF/1988).

Reitere-se, ainda, de passagem, que os Estados e os Municípios não têm uma Justiça, que, "sob certo aspecto" ou "aparentemente", seria especial, que é a Justiça Federal, mas que, na verdade, é integrante da Justiça comum; o Estado e o Município têm, apenas e tão somente, juízo privativo, que são as Varas da Fazenda Pública (nomenclatura no Estado de São Paulo), dentro dos quadros da Justiça Estadual. Para este juízo privativo irá a demanda desde que, existente esse no foro competente, de acordo com as regras gerais, exista juízo privativo.[118]

118. A diferença entre *foro* privativo e *juízo* privativo, este destinado às pessoas jurídicas de direito público interno e aquele referente à União, já foi amplamente referendada pelo Superior Tribunal de Justiça, conforme julgados a seguir: 1.ª T., j. 24.03.1993, rel. Min. Garcia Vieira, *DJ* 10.05.1993, p. 8607, *RSTJ*, v. 108, p. 212; AgRg no Ag 42513/RS, 5.ª T., j. 25.05.1994, rel. Min. Jesus Costa Lima, *DJ* 06.06.1994, p.

90. O art. 100

O art. 100, I, contém mais uma regra especial, preceituando que, nas ações de separação e a conversão desta em divórcio, e para a anulação de casamento e declaração de nulidade de casamento, será competente o foro da residência da mulher.[119] Se desconhecido o domicílio ou a residência da mulher, poderá o marido requerer no seu do-

14285, *RSTJ*, v. 108, p. 205, *RSTJ*, v. 74, p. 17; REsp 67186/SP, 1.ª T., j. 19.06.1995, rel. Min. Humberto Gomes de Barros, *DJ* 28.08.1995, p. 26603, *RSTJ*, v. 108, p. 227; AgRg no Ag 92717/PR, 2.ª T., j. 13.12.1996, rel. Min. Antônio de Pádua Ribeiro, *DJ* 03.02.1997, p. 696, *RSTJ*, v. 108, p. 207; AgRg no Ag 120071/RS, 6.ª T., j. 16.12.1997, rel. Min. Vicente Leal, *DJ* 16.02.1998, p. 143; REsp 120.245/MG, 2.ª T., j. 15.04.1999, rel. Min. Francisco Peçanha Martins, *DJ* 28.06.1999, p. 78, *RSTJ*, v. 126, p. 166; REsp 210.134/RS, 5.ª T., j. 01.06.1999, rel. Min. Gilson Dipp, *DJ* 28.06.1999, p. 150; CC 31.408/MG, 2.ª S., j. 26.09.2001, rel. Min. Aldir Passarinho Junior, *DJ* 04.02.2002, p. 266, *RJADCOAS*, v. 37, p. 23.

119. Aplica-se o art. 100, I, se a mulher for domiciliada no Brasil; do contrário, segue-se a regra geral, ou seja, o art. 94, § 3.º – v. *RSTJ* 95/195, STJ, REsp 27.483-SP, 3.ª T., j. 04.03.1997, rel. Min. Waldemar Zveiter, *LEXSTJ* v. 96 p. 80, *RDR* v. 9, p. 270, *RSTJ*, v. 95, p. 195, onde esse entendimento está fixado, e, bem assim, o de que, se infringido o art. 100, I, não oposta exceção de incompetência, há prorrogação (quanto a este último entendimento, ocorrência de prorrogação, v. no mesmo sentido, *RSTJ* 33/382, 4.ª T., rel. Min. Sálvio de Figueiredo). No caso do REsp 27.483 havia separação de fato e a ação proposta era de divórcio, sendo a mulher domiciliada fora do Brasil e, daí ter-se aplicado a *norma de encerramento* do art. 94, § 3.º. Há precedente do STF, RExtr 69.408, 1.ª T., *ocorrido na vigência do CPC/1939*, em que se aplicou o seu art. 134, § 1.º, *correspondente* ao atual art. 94, § 3.º (*RJTJSP* 45/74-76).

Quanto à vigência do art. 100, I, *em relação ao art. 226, § 6.º, CF/1988*, aceita-se em parte da doutrina que "a regra do art. 100, I, do Código de Processo Civil permanece em pleno vigor, não porque seja compatível com o princípio da igualdade inscrito na Constituição, senão pela simples continuidade de sua força normativa, que não sofreu qualquer interrupção" (v. João Baptista Villela, *Direitos de Família e do Menor*, p. 95). Quanto a este ponto, *diferentemente* v. Yussef Said Cahali, *Divórcio e separação, 8.ª* ed., p. 596-598. Discutia-se no acórdão a sobrevivência do art. 36 do CC/1916, e, bem assim, que o texto do art. 100, I – de qualquer forma – não compreenderia o divórcio direto. A opinião consignada por Cahali, no sentido de que o foro privilegiado conflitaria com o princípio da igualdade, é temperada, porém, com a ressalva de que "até que se proceda à adaptação das normas (de direito substantivo e de processo) à nova ordem constitucional, e enquanto não se define a jurisprudência a respeito, resta continuar examinando o dispositivo do art. 100, I, do CPC, como se o mesmo não tivesse sido derrogado" (*op. cit.*, p. 598).

Decidiu o STJ que, à luz do art. 226, § 6.º, da CF/1988, o art. 100, I, deve ser interpretado restritivamente, não se aplicando às ações movidas com base em união estável (STJ, REsp 327.086/PR, 4.ª T., j. 08.10.2002, rel. Min. Sálvio de Figueiredo Teixeira, *DJ* 10.02.2003, p. 214, *RDDP*, vol. 6, p. 104; STJ, REsp 453.825/MT, 4.ª T., j. 01.03.2005, rel. Min. Fernando Gonçalves, *DJ* 21.03.2005, p. 383; *RDDP*, v. 26, p. 192; *RNDJ*, vol. 66, p. 158; *RSTJ*, vol. 190. p. 394).Quanto à ação de divórcio direto, adota o STJ idêntica linha restritiva na interpretação do art. 100, I, do CPC, excluindo a prerrogativa de foro da mulher, por não haver previsão expressa em lei (STJ, REsp 17999/RJ, 4.ª T., j. 31.08.1992, rel. Min. Sálvio de Figueiredo Teixeira, *DJ* 05.10.1992, p. 17107). Os tribunais pátrios inferiores, no entanto, vêm interpretando a regra do art. 100, I, do CPC, ampliativamente, em oposição ao entendimento do STJ. Nesse sentido, *v.*, principalmente, a jurisprudência do TJ/RS e do TJ/MG, segundo a qual a prerrogativa de foro deve se aplicar não só à ação de separação judicial, como em todas aquelas em que se discutam aspectos da entidade familiar, incluindo, por conseguinte, a dissolução de união estável e o divórcio direto (TJ/MG:, AI 1.0518.06.097626-4/001, 7.ª Câm.Cív, j. 29.05.2007, rel. Des. Belizário de Lacerda; *DJ* 21.06.2007; 1.0000.00.267238-4/000, 5.ª Câm. Cív., j. 07.10.2002, rel. Des. Dorival Guimarães Ferreira, *DJ 25*.02.2003; e TJ/RS, AgIn 70023719933, 8.ª Câm. Cív., rel. Des. Claudir Fidelis Faccenda, j. 03.04.2008,

micílio conversão da separação em divórcio, sendo lícito, todavia, à mulher, utilizar-se da exceção de incompetência.[120]

A lei usa da palavra "residência", e não "domicílio", pela razão de que o domicílio da mulher é o do marido (na verdade, entenda-se hoje, *do casal*), enquanto não houver anulação do casamento ou decretação de sua nulidade, ou, ainda, a separação judicial (litigiosa ou consensual) terminada (Lei 6.515/1977). No entanto, competente será o juízo da residência da mulher a partir e já para a própria separação cautelar, pois que, já requerendo esta, o cônjuge normalmente terá a sua residência descoincidente do domicílio conjugal. A regra geral de que a ação deve ser proposta no domicílio do réu é, mais uma vez, derrogada pela especial. A lei, porém, não leva à implicação de que, sendo a mulher a autora, a ação seja, necessariamente, proposta em sua residência, pois pode renunciar a essa comodidade ou privilégio, que existe exclusivamente em seu interesse. A obrigatoriedade desse dispositivo diz respeito ao marido, para que proponha a ação no foro onde está situada a residência da mulher.

Compreende-se facilmente a intenção de proteger a mulher, considerada pela lei parte menos favorecida ou mais fraca. Se as partes interessadas, de que cuidam os incs. I, II e III do art. 100, por qualquer razão, não quiserem utilizar do privilégio que lhes concede a lei, poderão, ao agir, segundo o entendimento da doutrina e da jurisprudência, ajuizar a ação no domicílio do réu.

A incompetência oriunda do fato de não ter o marido ajuizado a ação na residência da mulher é relativa: "Somente ela (mulher) poderá excepcionar (...)", decidiu com acerto o Tribunal de Justiça do Espírito Santo. Ainda que essa decisão tenha sido baseada no CPC/1939, o entendimento continua plenamente válido.[121] Nem mesmo o Ministério Público, ou o curador do vínculo, que funcione no processo, poderão excepcionar; a competência territorial é regulada por norma de natureza dispositiva, e ao juiz não cabe atividade oficiosa. Em sendo relativa a competência do foro da mulher para a ação de separação judicial, não é lícito ao juiz do domicílio do marido, onde por este ajuizada a causa, declinar de sua competência, sem arguição da mulher (é a regra, hoje sumulada – v. Súmula 33 do STJ).[122]

AgIn 70023153158, 8.ª Câm. Cív., j. 12.03.2008, rel. Des. José Ataídes Siqueira Trindade; AgIn 70020751368, 7.ª Câm. Cív., j. 24.10.2007, rel. Des. Sérgio Fernando de Vasconcellos Chaves; AgIn 70015835796, 8.ª Câm Cív, j. 20.07.2006, rel. Des. Rui Portanova; AgIn 70016943953, 7.ª Câm. Cív., j. 08.11.2006, rel. Des. Maria Berenice Dias).Conquanto a matéria não esteja pacificada no seio do TJ/SP, há julgados recentes proferidos no sentido de que aplicar-se o foro especial da mulher extensivamente às hipóteses de união estável (TJ/SP, AI 578.308-4/1, 8.ª Câmara de Direito Privado, j. 31.07.2008, rel. Des. Sebastião Carlos Garcia, *DJ* 18.08.2008; TJ/SP, CC 91.314.0/4, Câmara Especial, j. 01.04.2002, rel. Des. Denser de Sá) e ao divórcio direito (TJ/SP, AgIn 4997494800, 3.ª Câmara de Direito Privado, j. 25.09.2007, rel. Des. Egídio Giacoia, *DJ* 26.09.2007). Em sentido contrário, *v.* TJ/SP, CC 1481160000, Câmara Especial, j. 24.09.2007, rel. Des. Canguçu de Almeida, *DJ* 08.10.2007; TJ/SP, CC 141.388-0/9, Câmara Especial, j. 23.04.2007, rel. Des. Roberto Vallim Bellocchi, *DJ* 15.05.2007; TJ/SP, CC 1517470600, Câmara Especial, j. 03.03.2008, rel. Des. J. G. Jacobina Rabello, *DJ* 07.03.2008.Acerca da conversão de separação em divórcio, *cf. RSTJ* 7/83, 2.ª Seção, CC. 704, rel. Min. Eduardo Ribeiro, j. 29.11.1989; na *RSTJ* 37/554, 4.ª T., REsp 21.741-0, rel. Min. Eduardo Ribeiro, sublinhou-se que a ação que mova a mulher poderá ser promovida no domicílio do réu, *salvo a demonstração de prejuízo deste* (*RSTJ*, p. 556).

120. *RT* 374/240 e 492/107; *RJTJSP* 62/292-3.

121. V. *RSTJ* 3/741 e *RSTJ* 33/381.

122. TJ/SP, AgIn 238.995, 6.ª Câm. Civ., v.u., rel. Oliveira Andrade, 13.06.1975; STJ, CC 35.761/SP, 2.ª Seção, j. 11.12.2002, rel. Min. Ari Pargendler, *DJ* 15.09.2003, p. 231.

A residência que deve ser levada em conta para os fins do inciso I do art. 100 é a do momento da propositura da ação em nome da *perpetuatio iurisdictionis*.[123]

Fica, pois, prevento o foro onde foi proposta a ação de alimentos provisionais em função da residência da mulher, nesse momento, para ulterior ação voltada à separação judicial, quando, entre uma e outra, a mulher mudou de residência. Esta orientação vale como regra geral, ou seja, qualquer medida antecedente, relacionada com a ulterior ação, fixa a competência, por prevenção.[124]

Na ação de anulação de casamento fundada na bigamia do cônjuge varão, o domicílio ou residência que deve prevalecer para fins de competência é o da mulher cujo casamento se pretende anular, e não o daquela que ingressou com a ação. Correta é esta orientação porque o fundamento do privilégio diz respeito à mulher do casamento anulando, o que não ocorre com a mulher de um primeiro casamento, na hipótese vertente.[125]

A ação de separação judicial há que ser proposta no foro da residência da mulher, mesmo quando fundada em abandono do lar. O abandono do lar é mero fundamento da ação, insuscetível de servir de regra de determinação de competência.[126]

A fixação da competência pela última residência conhecida da mulher, para a propositura, pelo marido, da ação de separação, melhor atende à norma que a protege contida no art. 100, I, do CPC, mesmo que se dê por ignorado o seu paradeiro.[127]

O art. 100, I, do CPC, não se aplica ao pedido de conversão de separação consensual em divórcio, se a mulher estiver atualmente residindo no estrangeiro. Igualmente correto tal entendimento, porque a conversão se dará perante a Justiça nacional, e, assim, irrelevante a residência fixada no exterior.[128]

O art. 100, I, do CPC, ao determinar que o foro competente para ações de anulação de casamento é o da residência da mulher, procura criar certa comodidade à mulher que se apresenta como casada, e cujo casamento quer anular ou que se quer anular.[129]

O art. 100, II, traz mais uma regra que afasta a da norma geral de competência, pois estabelece que as ações em que se pedem alimentos devem ser propostas no domicílio do alimentando.

Tudo quanto se disse acerca do inciso I tem aplicação aqui, isto é, para o inciso II do art. 100; a lei teve em mira proteger a parte presumidamente mais fraca. Entretanto, se esta parte quiser renunciar ao seu foro privilegiado, isto é admissível.

Já se decidiu que a ação de exoneração de pensão alimentícia, quando ocorre a mudança do domicílio de quem recebe alimentos, deve, ainda assim, ser proposta perante o juízo que decidiu a ação de alimentos.[130] Decidiu-se, também, que a ação de revisão de pensão alimentícia não deve ser proposta perante o juízo que decidiu sobre a separação judicial, na qual se fixara a obrigatoriedade da prestação de alimentos.[131]

123. *Revista de Processo* (*RePro*) 1/198, em. 26.

124. TJ/RJ, AgIn 1.144, 5.ª Câm. Civ., m.v., rel. Ivândio Caiuby, 21.09.1977.

125. *RJTJSP* 44/222.

126. *RT* 516/83, *RTJSP* 7/243, *RTJ* 90/782.

127. *RTJ* 102/863; *RJTJSP* 77/262.

128. Em sentido contrário: *JTFR* 28/245.

129. TJ/RJ, AgIn 1.179, 7.ª Câm. Civ., v.u., rel. Plínio Pinto Coelho, 27.10.1977.

130. TJ/RJ, AgIn 1.413, 5.ª Câm. Civ., v.u., rel. Rubem Rodrigues Silva, 16.05.1979 (entendendo que há foro especial, qual seja, o do domicílio ou residência do alimentado); *RJTJSP* 66/240; *RT* 563/90. Contra: *RJTJSP* 69/84 (trata-se de acordo firmado no ano anterior ao início da separação consensual); TJ/SP, CC 113.062.0/1-00, Câmara Especial, j. 13.12.2004, rel. Des. Mohamed Amaro.

131. Cf. STJ, REsp 436.251-MG, 3.ªT., j. 21.06.2005, rel. Min. Nancy Andrighi, *DJ* 29.08.2005, p. 329, em que são citados vários precedentes no

Mais recentemente, contudo, tem-se entendido que, em razão da finalidade da regra do art. 100, II, a mesma prevalece sobre aquela estabelecida no art. 575, II. Assim, decidiu o STJ que o foro competente para a execução de sentença que fixa pensão alimentícia é do domicílio do alimentando, ainda que a sentença tenha sido proferida em foro diferente.[132]

Já se entendeu que, na ação de investigação de paternidade cumulada com pedido de alimentos, a competência é do foro do domicílio do réu, e não do alimentando.[133]

Entretanto, já se julgou, em hipótese idêntica à anterior, pela prevalência do foro especial da ação de alimentos estabelecido no art. 100, II, sobre o do domicílio, firmando-se, aqui, entendimento certo, pois tanto basta o pedir alimentos para ocorrer o favor legal.[134]

O art. 100, II, do CPC, incide, mesmo tratando-se de ação de cobrança de alimentos, oriundos de contrato particular entre os pais do autor.

A regra do art. 100, II, deve *preponderar* sobre a hipotética possibilidade de aplicação da regra do art. 94.[135]

O art. 100, III, fixa como competente o foro do domicílio do devedor, para a ação de anulação de títulos extraviados ou destruídos. O inciso III deste artigo é mal redigido, ou incompletamente redigido, eis que o objetivo da ação é, além da anulação, precipuamente, a substituição dos títulos (v. art. 907, II).

Na realidade, aqui, a lei explicita a regra geral de que o réu deve ser demandado no foro de seu domicílio. A explicitação é útil e tem significação jurídica autônoma, dado que o detentor dos títulos deverá ser réu e haverá de ser, por isso, citado para a ação (art. 909, parágrafo único), mas não é no foro do domicílio desse que se moverá a ação.

O inciso IV do art. 100, alíneas *a* e *b*, estabelece regras para fixação do local onde deve ser demandada a pessoa jurídica: o local de sua sede, ou o local da agência ou sucursal, desde que, na hipótese da alínea *b*, as obrigações tenham sido contraídas por estas.

Não se aplica necessariamente, no entanto, a regra prevista na alínea *a*, quando se tratar de ação de reparação de dano, aplicando-se também o inciso V, *a*, do art. 100.

A alínea *c* do mesmo artigo e o inciso IV, estabelecendo o foro onde deve ser de-

---

mesmo sentido; STJ, REsp 223.207/MG, 3.ª T., j. 18.05.2004, rel. Min. Humberto Gomes de Barros, *DJ* 16.08.2004, p. 255. Subjacentemente ao entendimento de tais decisões está o fundamento da comodidade do que pediu e obteve alimentos.

132. *RT* 582/38, STJ, REsp 223.207/MG, 3.ª T., j. 18.05.2004, rel. Min. Humberto Gomes de Barros, *DJ* 16.08.2004, p. 255, *RDDP*, v. 19, p. 154, *RNDJ*, v. 59 p. 88; STJ, REsp 436.251/MG, 3.ª T., j. 21.06.2005, rel. Min. Antônio de Pádua Ribeiro, rel. p/ o Acórdão Min. Nancy Andrighi, *DJ* 29.08.2005, p. 329, *REVFOR*, v. 383, p. 354).

133. *RJTJSP* 75/186-187 e 83/183.

134. *RJTJSP* 87/246, STJ, 2.ª S., CC .214/SC, j. 28.06.1989, rel. Min. Athos Carneiro, *DJ* 28.08.1989, p. 13676, *JTS*, vol. 15, p. 127, *RSTJ*, v. 2, p. 334, *RSTJ*, v. 16, p. 17; STJ, REsp 108.683/MG, 4.ª T., j. 04.10.2001, rel. Min. Ruy Rosado de Aguiar, *DJ* 04.02.2002, p. 364; *LEXSTJ*, vol. 153, p. 90, *RJADCOAS*, vol. 34, p. 69, *RNDJ*, vol. 28, p. 133; STJ, CC 51.061/GO, 2.ª S., j. 09.11.2005, rel. Min. Carlos Alberto Menezes Direito, *DJ* 19.12.2005, p. 207, *LEXSTJ*, vol. 198, p. 29, *REVJMG*, vol. 174, p. 381.

135. *RSTJ* 16/20, rel. Min. Bueno de Sousa (hipótese de "cumulação de ações de alimentos e investigação de paternidade"); *RSTJ* 16/18, 16/19, rel. Sálvio de Figueiredo (hipóteses idênticas à primeira), rel. Athos Carneiro. Também do STJ vale o destaque de sua Súmula 1 (25.04.1990), *verbis*: "O foro do domicílio ou da residência do alimentado é o competente para a ação de investigação de paternidade, quando cumulada com a de alimentos". No mesmo sentido, v. *RJTJESP* 111/222, 107/270, 101/253, 88/280, 77/261, 75/186; *RT* 607/86, 492/106, 438/129, 445/112, 453/117, 456/94, 459/67 e 402/391.

mandada sociedade de fato, isto é, sociedade sem personalidade jurídica, fixa o local onde exerça a atividade principal.

Finalmente, o inciso IV do art. 100, na sua alínea *d*, estabelece que a ação em que se exigir o cumprimento da obrigação deve ser proposta no foro de seu cumprimento (é o *forum destinatæ solutionis*), lugar este que é indicado pelo Direito Civil ou Comercial. Aceita-se estar compreendido no âmbito do inciso IV "também as ações em que se litigue sobre a validade de cláusulas contratuais".

Seguem-se algumas notas a respeito do âmbito de aplicação que a jurisprudência tem emprestado a este dispositivo.

A regra do art. 100, IV, *a* e *b*, aplica-se à demanda movida contra o Estado federado.[136]

Aplica-se também à autarquia federal, tendo em vista o local de sua sede.[137]

A ação de prestação de contas pode ser ajuizada onde a obrigação de prestar contas deva ser satisfeita. Se a ré mantém agência ou filial em outra cidade, na qual se convencionou contrato, vindo este a dar origem a uma demanda, é na comarca da agência ou da filial que deverá ser proposta a ação.[138]

A empresa de transportes marítimos pode e deve ser demandada nos termos do art. 100, IV, *b*, no lugar onde se acha a agência ou sucursal, quanto às obrigações que aí contraiu, através da agência ou da sucursal.[139-140]

136. TJ/RJ, Ap. 27.723, 8.ª Câm. Civ., j. 18.10.1977, v.u., rel. Doreste Baptista. Ressalve-se, no entanto, que "o STJ firmou o entendimento de que Estado-Membro não possui foro privilegiado, mas apenas Varas Especializadas, podendo ser demandado tanto no foro da capital, quanto no foro do cumprimento da obrigação" (STJ, REsp 110.048/RS, 2.ªT., j. 21.10.2004, rel. Min. João Otávio de Noronha, *DJ* 14.02.2005, p. 147).

137. STJ, REsp 693.437/PR, 2.ª T., j. 15.09.2005, rel. Min. Castro Meira, *DJ* 03.10.2005, p. 207, *RNDJ*, v. 73, p. 111, *RT*, v. 845, p. 213; STJ, REsp 742.923/RS, 1.ªT., j. 28.06.2005, rel. Min. José Delgado, *DJ* 29.08.2005, p. 225.

138. TJ/RJ, AgIn 434, 8.ª Câm. Civ., m.v., rel. Olavo Tostes Filho, 08.06.1976; *RT* 493/172; *RTJ* 92/1.322; *JUTACivSP* 62/70 e 81/268.

139. O sentido de "agência ou sucursal" implica ausência de autonomia absoluta, pois são geneticamente ligadas ao estabelecimento; não há sucursal, agência ou filial com autonomia absoluta (cf. Pontes de Miranda, *Tratado de Direito Privado* t. I, § 112, 4, p. 478/479), com jurisprudência que veio dar sentido à Súmula 363, em torno do art. 35, § 3.º, do CC/1916, em que se embasou a aludida Súmula, além dos arts. 133, I, e 134, CPC/39 (v. José Nunes Ferreira, *Súmulas do Supremo Tribunal Federal*, 1977, notas à Súmula 363); cf. ainda, J. X. Carvalho de Mendonça, *Tratado de direito comercial brasileiro*, VI, 3.ª parte, 1.361, p. 75-76, referindo-se, embora especificamente, a bancos, e observando: "As filiais (sob este nome compreendemos as 'sucursais e agências') ficam sob a administração central da matriz..." (362, p. 76). A posição processual, por nós assumida, atende a tais lições e à jurisprudência, ao conceituar "agência e sucursal", como o fazemos.

140. *RJTJSP* 83/193; no mesmo sentido: *JUTACivSP* 77/1967, onde se decidiu que: "... não se exige que o estabelecimento esteja ligado à sede, por uma relação de subordinação ou de dependência administrativa. Se, embora atuando com autonomia, possa a unidade praticar atos em nome da entidade, importando em obrigações assumidas em seu interesse, já se verifica a situação que permite identificar como domicílio da pessoa jurídica o local da localização da agência ou sucursal, relativamente aos atos por ela empreendidos" – cf. Caio Mário da Silva Pereira, *Instituições de direito civil*, 1961, vol. 1/170 – inserto no acórdão parcialmente transcrito. V. tb. *JUTACivSP* 79/62 e 90/105.

Contra e decidindo corretamente: *JUTACiv-SP* 86/148 – "(...) embora tenha a agravante sido representada por agência de navegação de Santos (f. 66), não se trata de estabelecimento da própria agravante. Note-se que a lei processual, ao falar em 'agência ou sucursal', tem em mira aqueles estabelecimentos que, por pertencerem a empresa, dela devem ser considerados prolongamentos. Ora no caso em tela, a agência marítima evidentemente é entidade inteiramente independente, tendo apenas agido, neste caso específico, como

Dando uma extensão maior a esse texto (art. 100, IV, *b*), já se firmou entendimento de que, mesmo não existindo relação jurídica entre uma empresa e outra, a primeira mera mandatária de outra (mandante), por hipótese, ainda assim incide a regra.[141] Esta orientação extravasa os limites extremos do art. 100, IV, *b*, porque se os termos *agência* ou *sucursal* são indicativos de subordinação, descentralização, também se referem necessariamente à ligação genética com a matriz. Organicamente, sucursal e filial integram uma empresa, *o que não ocorre com a hipótese do mandato.*

Por força do art. 100, IV, *d*, do CPC, a ação anulatória de duplicatas deve ser proposta na praça do pagamento, que é o local onde é exigível o adimplemento.[142]

Não tem aplicação o art. 100, IV, *d*, do CPC, quando, na espécie, objetiva-se, tão somente, o pagamento de indenização ou a reparação de perdas e danos, pelo inadimplemento contratual, e não, propriamente, o cumprimento específico da obrigação assumida no ajuste.[143]

O art. 100, IV, *d*, do CPC, tem aplicação nas ações de indenização por rompimento de contrato de subarrendamento.[144]

Não havendo convenção expressa, o foro competente para a ação em que se objetiva o cumprimento de obrigação a pagar, em decorrência de prestação de serviço para pagamento à vista, é o do lugar da execução do serviço.[145]

Tratando-se de ação de execução de obrigação de fazer, representada pela outorga de escritura, o foro competente é o do cumprimento da obrigação, nos termos do art. 100, IV, *d*, do CPC.[146]

Vejamos, agora, o que está disciplinado no inciso V deste mesmo art. 100.

Quando se intentar ação visando à reparação de dano, deverá a mesma ser proposta no foro do local onde ocorreu o fato causador do dano. O objetivo desta regra é o de proporcionar a economia de movimentos para eventuais exames, perícias ou vistorias, e porque quem se abalança a vir a juízo possivelmente (na maioria das vezes) terá razão. De mais a mais, se somente pudesse ser movida a ação no domicílio do réu, conforme as circunstâncias, a viabilidade prática de propositura dessa ação de reparação dos danos seria muito difícil.

Entretanto, se o dano sobreveio em virtude de acidente de veículos, estaremos diante de um caso de competência concor-

representante da agravante. Nessa conformidade, teria agido como simples mandatária" (...) "(...) a verdade é que a agravante não contraiu obrigação à agravada. Ajustou transporte de mercadoria, mas com a vendedora desta, segurada da agravada. Ora, a seguradora está sub-rogada nos direitos de sua segurada, mas, nem por isso, liga-se diretamente à agravante, que com ela nada contratou. A obrigação que aqui se questiona tem outra fonte, não contratual; sua natureza é outra, de responsabilidade civil aquiliana. Portanto não deriva de obrigação contraída pela empresa, através de estabelecimento descentralizado. Também por esse motivo, por conseguinte, não pode ter curso, no caso presente, a regra especial de determinação de competência, aqui considerada". No mesmo sentido: *JTACivSP* 86/162 ("... a agravante, pessoa jurídica que é, não possui filial ou sucursal em Santos. Seu agente nesta cidade é mero representante comercial, cuja função é facilitar contratos próprios de suas atividades de transporte marítimo").

141. *JUTACivSP* 59/67.

142. *RJTJSP* 63/211. Semelhantemente, cf. STJ, REsp 661.137/SP, 4.ª T., j. 26.04.2005, rel. Min. Fernando Gonçalves, *DJ* 23.05.2005, p. 299.

143. *JUTACivSP* 62/214.

144. *RT* 528/213.

145. *RT* 490/104; STJ, REsp 655.206/SP, 4.ª T., j. 23.11.2004, rel. Min. Aldir Passarinho Júnior, *DJ* 07.03.2005, p. 279.

146. *RT* 581/52. Nesse sentido: STJ, REsp 182.495/SC, 3.ª T., j. 24.06.1999, rel. Min. Menezes Direito, *DJ* 09.08.1999, p. 168.

rente: a demanda poderá ser ajuizada no domicílio do autor (parte "mais fraca", suposta e eventualmente com razão no acidente, pois se abalou em acionar), ou no local onde ocorreu o fato. O que informou tal critério foi, mais uma vez, a comodidade do autor que a lei presume "mais fraco" (art. 100, V, parágrafo único). Sem embargo do previsto, o autor pode também, livremente, renunciar à regra do parágrafo único do art. 100 do CPC, propondo a demanda no domicílio do réu, não advindo deste procedimento vício algum, consistente na incompetência do juízo, pois, na verdade, dele somente resulta benefício para o réu.

Os aspectos mais relevantes colhidos da jurisprudência são os seguintes:

O local onde se praticou o ato ilícito é o foro competente para a propositura da ação de reparação de danos.[147]

Na ação de reparação de danos, ainda que com a publicação de editais, em medida cautelar de protesto contra a alienação de bens, é competente o foro do lugar onde a ação cautelar foi proposta, e não o do lugar da publicação dos editais.[148]

Demandado o réu em razão de ato seu, e visando o autor à reparação de dano em duas etapas, primeiramente através de ação declaratória (e, depois condenatória), perfeitamente aplicável ao caso é o art. 100, V, *a*, do CPC, para determinar a competência para a ação declaratória.[149]

A ação de reparação de dano, a ser proposta contra pessoa jurídica, pode ser movida no lugar do ato ou fato (art. 100, V, *a*), em vez do local de sua sede (art. 100, IV, *a*).[150]

O art. 100, V, *a*, do CPC, tem aplicação em ação de reparação de danos por acidente, ocorrido com estudante em estabelecimento de ensino oficial, pouco importando figure a Fazenda do Estado como autora ou ré.[151]

Tanto o foro do domicílio do acidentado ou de seus beneficiários, como o do local do acidente, são, por igual, competentes para o processamento da ação acidentária.[152]

A expressão "delito", já se decidiu, mencionada no art. 100, V, parágrafo único, do CPC, refere-se ao ilícito penal, sendo que, na dúvida sobre a natureza do ilícito, é de se aplicar a regra mencionada.[153]

A posição, por último firmada, é equivocada. Na verdade, o art. 100, V, *b*, parágrafo único, refere-se ao ilícito civil, exclusivamente. Utiliza-se, não propriamente como sinônimo de delito ou acidente de veículos, mas demonstrando que, *lato sensu*, esse ilícito (= civil) e o acidente de veículos (uma determinada modalidade de ilícito civil) são suficientes para determinar essa competência. Com isto, por certo, não fica excluída a hipótese de um ilícito civil ser, também, um ilícito penal.

A alínea *b* do inciso V do art. 100 fixa o foro de administração de negócios.

O administrador ou o gestor de negócios alheios será demandado no local onde

147. *RJTJSP* 75/182-183.

148. *RT* 556/83-84.

149. *RJTJSP* 75/184. A norma do art. 100, V, *a*, não se aplica aos pedidos de indenização por inadimplemento ou mau adimplemento contratual, conforme decidiu o STJ, em acórdão publicado na *RT* 670/190. Cf., também, decisões citadas acima, nas notas aos comentários ao art. 100, IV, *a*.

150. *RJTJSP* 55/160.

151. *JUTACivSP* 83/440; *RT* 573/179 (desde que a escolha do foro pelo autor não causasse prejuízo ao então INPS).

152. *RJTJSP* 83/182. No mesmo sentido: STJ, REsp 178.264/DF, 4.ª T., j. 01.09.1998, rel. Min. Sálvio de Figueiredo Teixeira, *DJ* 03.11.1998, p. 167.

153. *RJTJSP* 63/257 e 75/183; *JUTACivSP* 72/134; *RT* 527/103, em., 531/96, 537/185. Contra: *JUTACivSP* 66/116; *RT* 526/99, 531/98, 539/106, em., e 587/210.

se realiza ou onde se realizou a gestão ou a administração. Este foro não excluiu o do domicílio, nem o de eleição, se este último tiver sido objeto de ajuste (na administração).

Aliás, o art. 100 estabelece a competência de determinados foros, mas, como trata exclusivamente de competência relativa, podem as partes eleger o foro onde serão propostas essas ações, e ainda, mesmo sem esta convenção, se forem propostas em foro diverso e não excepcionado pelo réu, prorroga-se a competência.

Porque sub-rogada nos direitos e ações do segurado, tem-se decidido, a seguradora tem o mesmo privilégio de foro do segurado, quando move a ação regressiva contra o responsável pelo sinistro.[154]

Já se decidiu também que a regra do art. 100, parágrafo único, se infringida, enseja incompetência relativa, não absoluta.[155]

É possível a propositura da ação de ressarcimento de danos decorrentes de acidente de veículo no foro do domicílio do réu, uma vez que a regra especial, beneficiando o autor, não elimina a regra geral do foro do domicílio.[156]

Por fim, há que se registrar a proposta de inserção de novas hipóteses de competência no PL 8.046/2010 (Projeto de Novo Código de Processo Civil), previstas no art. 53, III, *e* e *f*: "[é competente o foro do lugar] e) de moradia do idoso, para as causas que versem sobre direitos individuais previstos no respectivo estatuto; f) da sede da serventia notarial ou de registro nas ações de reparação de dano por ato praticado em razão do ofício".

91. O art. 101

O art. 101 fixava a regra segundo a qual o juiz que deferisse a realização do juízo arbitral, ou ao que tocasse a causa (na hipótese de juízo arbitral não pendente a lide), seria o competente para homologação do respectivo laudo. Em segundo grau, tal competência passava para o juízo que seria o competente para julgar o recurso. Este dispositivo, contudo, foi expressamente revogado pela Lei 9.307/1996.

92. Foro de eleição

O Código de Processo Civil revogado, no art. 133, enumerava empírica e defeituosamente as hipóteses de determinação de competência, não se referindo explicitamente ao chamado foro de eleição (promiscuamente confundido com foro do contrato, sendo que este último nunca desempenhou *ex lege* papel de critério determinado de competência em nosso Direito), mas não o vedando expressamente, tampouco. Surgiu, por esta razão, o problema de se saber se, intencionalmente, pelo silêncio, havia a lei processual abolido o foro de eleição, como forma de determinação da competência. Como regra, contudo, concluía-se, tanto em jurisprudência como em doutrina, que, apesar de o Código revogado não se ter referido ao foro de eleição, o ajuste a respeito do foro era válido, desde que se tratasse de casos de competência concorrente.

Havia, no entanto, os que discordavam desse ponto de vista. O argumento central dos que negavam a existência do foro de eleição era o de que as regras de determinação de competência, sendo de ordem pública, não se encontravam na esfera de disposição das

154. *RJTJSP* 49/189; *RT* 561/135, em. Em sentido contrário: STJ, REsp 35.500, 3.ª T., rel. Min. Cláudio Santos, j. 09.08.1993, *DJ* 13.09.1993, *JTARS*, v. 87, p. 406; STJ, REsp 19767, 4.ª T., rel. Min. Barros Monteiro j. 23.11.1993, *DJ* 07.02.1994; *JBCC*, v. 174, p. 133; REsp 48.690/MG, 4.ª T., j. 02.08.1994, rel. Min. Ruy Rosado de Aguiar, *DJ* 29.08.1994, p. 22202.

155. *RJTJSP* 40/194 e 40/195; STJ, REsp 197.845/DF, 4.ª T., j. 26.04.2000, rel. Min. Aldir Passarinho Júnior, *DJ* 28.08.2000, p. 88.

156. Cf. José Frederico Marques, *Instituições de direito processual civil*, vol. 1, § 52, 222, p. 427.

partes, salvo se houvesse texto expresso, o que não ocorria.

Em oposição a tal argumento, já se dizia que o campo da competência territorial, diversamente da competência material e funcional, era e é regulado atendendo principalmente os interesses das partes.[157] Neste sentido se mantém a tradição (v. art. 111).

Ninguém, portanto, será mais senhor de interesses disponíveis do que as próprias partes, titulares do poder de disposição. As regras gerais existentes, de fato, vão ao encontro do interesse das partes, mas se estas entendem haver solução ainda mais cômoda, qual seja, a do foro de eleição, nada impede que seja esta a solução.[158]

Entretanto, toda esta discórdia se nos apresenta, agora, destituída de interesse, uma vez que o legislador atual adotou *expressamente* o foro de eleição, no art. 111 do Código vigente. A cláusula impressa, hoje de utilização corrente, é sempre válida e eficaz, *quando livremente discutida e aceita.*[159]

O foro de eleição decorre do ajuste entre dois ou mais interessados, devendo constar de contrato escrito e se referir especificamente a um dado negócio jurídico (disponível), para que as demandas oriundas de tal negócio jurídico possam ser movidas em tal lugar (art. 111, § 1.º). Tanto os sucessores *inter vivos* como os *causa mortis* vinculam-se ao foro eleito pelo antecessor (§ 2.º do mesmo artigo).

É comum empresas, ao manterem negócios com outras, ajustarem que será sempre competente determinado foro, com renúncia a qualquer outro, sendo inválida esta última ressalva.

A lei permite que se eleja foro, desde que não se alterem senão as normas de competência fixadas em razão do território ou do valor da causa. Com o advento do Código vigente, foi trazida para a lei (v. § 2.º do art. 111, que nominalmente se refere a foro contratual) uma falha terminológica que já se apresentava em nossa jurisprudência e doutrina. A lei aludia, indistintamente, como sinônimos, foro contratual e foro de eleição, mas sempre significando-se este último. Fala-se, agora, no art. 111, § 2.º, em foro contratual, quando na realidade se trata de foro de eleição.

O foro do contrato não foi, absolutamente, admitido pelo legislador brasileiro. O nosso sistema jurídico admite, isto sim, o foro de eleição, que pode ser considerado como um foro voluntário e concorrente com o do domicílio do réu.

O foro do contrato, que não é adotado, nem sequer admitido, é normalmente estabelecido como foro, no Código de Processo Civil, facultativo, ao lado do foro domiciliar. Foro do contrato, todavia, própria e tecnicamente, é o do lugar da celebração do contrato. Não há possibilidade de se entender que o § 2.º do art. 111 tenha estabelecido autonomamente foro do contrato, porque: (a) o § 2.º há de ser interpretado de acordo e subordinadamente ao *caput* do art. 111; (b) ademais, o sentido e

---

157. O Código de Processo Civil, debelando antiga divergência, de modo expresso reconheceu a admissibilidade do foro de eleição, também *impropriamente* chamado foro de contrato, ou seja, o ajuste entre os interessados, no sentido de que qualquer ação oriunda de determinado negócio seja ajuizada no foro que de comum acordo houverem escolhido, observadas sempre as restrições legais (*RT* 480/140).No acórdão referido, confunde-se, terminologicamente, foro de eleição com foro de contrato, realidades distintas, como se procura esclarecer adiante.

158. *RT* 582/41.

159. STF – *Arquivo Judiciário* 107/151; *RF* 164/151; *Arquivo Judiciário* 105/375. Sobrevivente, a Súmula 335 do STF reza: "É válida a cláusula de eleição do foro para os processos oriundos do contrato". No mesmo sentido, na jurisprudência recente do STJ, REsp 701.370/PR,,4.ª T., j. 16.08.2005, rel. Min. Jorge Scartezzini, *DJ* 05.09.2005, p. 430.

função do § 2.º demonstram consonância com o *caput* do artigo.

Profundamente diverso é o foro de eleição que, *conquanto normalmente seja estabelecido por causa e em função de contrato, não se confunde com o foro contratual*. É verdade que muito comumente se estabelece o foro (de eleição) justamente no local da feitura do contrato, e onde, por sua vez, habitualmente se deve cumprir o mesmo contrato. Tudo isto, porém, é ocasional, pois jurídica e conceitualmente é impossível haver confusão.

Para a validade da cláusula, por meio da qual se elege o foro, há necessidade de sua clareza absoluta.[160] Sempre foi este o entendimento do Supremo Tribunal Federal.[161] Atualmente há tendência em admitir-se como válida a cláusula de eleição de foro, se não contrariar a ordem pública e se não há prova de que o que aderiu ao contrato teve sua vontade viciosamente captada.[162-163]

Hoje, em decorrência das alterações da Lei 11.280/2006, foi acrescentado o parágrafo único ao art. 112, com a seguinte redação: "A nulidade da cláusula de eleição de foro, em contrato de adesão, pode ser declarada de ofício pelo juiz, que declinará de competência para o juízo de domicílio do réu". A mesma lei alterou o art. 114 do CPC, que assim passou a estabelecer: "Prorrogar-se-á a competência se dela o juiz não declinar na forma do parágrafo único do art. 112 desta Lei ou o réu não opuser exceção declinatória nos casos e prazos legais".

No período anterior a essa Lei 11.280/2006, o tratamento da nulidade das cláusulas de eleição de foro, em contratos de adesão, nas relações de consumo, no plano do direito material, era (e, continua sendo) disciplinado pelo sistema do Código de Defesa do Consumidor, o qual, por meio da cláusula geral do art. 51, IV, veda cláusulas contratuais que "estabeleçam obrigações consideradas iníquas, *abusivas*, que coloquem o consumidor em desvantagem exagerada, ou sejam incompatíveis com a boa-fé ou a equidade". Diante de cláusulas que infringissem esse texto aberto, o juiz, em nome do interesse público de tutelar o consumidor, tinha o dever de declará-las, *ex officio*, nulas de pleno direito.

Assim, as cláusulas de eleição de foro que importassem em colocar obstáculos ao direito de defesa do consumidor (que deve ser facilitado, art. 6.º, VIII, do CDC), por romper com a proteção exigida pelo Código de Defesa do Consumidor, eram rejeitadas nas relações de consumo. Essa nulidade se coloca como elemento destinado a reequilibrar a posição das partes, fortalecendo o consumidor, que é o fraco da relação e, somente assim, logrando isonomia no plano das relações fornecedor e consumidor.

De fato, o entendimento até a Lei 11.280/2006 era de que tais cláusulas não poderiam – como não podem –, de forma alguma, dificultar a defesa do consumidor em juízo. Parcela da doutrina até mesmo defendia a sua proibição absoluta nos contratos de consumo, por afirmarem ser tais cláusulas intrinsecamente abusivas. Jamais concordamos com os argumentos desta parcela da doutrina, visto que não existe específica ou genericamente previsão legal em que se enquadre esse entendimento absoluto, a respeito do assunto.

Sempre nos posicionamos, portanto, no sentido de que a cláusula de eleição no sistema do CDC valia, salvo se abusiva (art.

160. V. Patrícia Miranda Pizzol, *A competência no processo civil*, item 4.2.2.2, letra a.

161. *RT* 66/189.

162. V. Luciano de Camargo Penteado, As cláusulas abusivas e o Direito do Consumidor, *RT* 725/97, item 2.4 do trabalho, com entendimento contrário ao do texto.

163. V. Cássio Scarpinella Bueno, *Curso sistematizado de direito processual civil*, p. 55-59, item 7.1.

51, IV). Aliás, o STJ já vinha decidindo neste sentido, ou seja, de que somente existiria nulidade se a cláusula de eleição fosse tida como abusiva; não sendo, ela deveria ser considerada válida.[164]

Destarte, os julgamentos do STJ vinham somente considerando nula a cláusula de eleição de foro contida em contrato de consumo quando, verificada a situação de desvantagem para o direito de defesa do consumidor,[165] *i.e.*, quando tal cláusula impusesse dificuldades para sua defesa,[166] como por exemplo, nos casos em que fosse excessiva a distância do foro do domicílio do consumidor, daquele eleito no contrato de adesão.

Nestas situações, a cláusula era tida como abusiva, maculada por um vício absoluto, não sujeito à preclusão, passível de ser alegado a qualquer tempo e grau de jurisdição, sendo, inclusive, um dever do juiz reconhecê-lo de ofício. Portanto, quando fosse considerada abusiva a cláusula de eleição de foro, o interesse público na proteção do consumidor tornava o magistrado absolutamente incompetente para o julgamento da causa.[167]

Do contrário, isto é, não sendo considerada abusiva, diante do caso concreto, deveria ser respeitada a cláusula de eleição de foro. Em tal circunstância o foro de eleição teria sido legitimamente ajustado, e o juiz seria competente desde o início do processo, pois existiriam dois foros com competência concorrente para o trâmite da ação.

Havia na doutrina posicionamento diferente, como foi destacado, no sentido de ser sempre nula[168] – como se disse –, já que intrinsecamente abusiva, a cláusula de eleição de foro nos contratos de adesão frente a consumidores.[169]

Com a Lei 11.280, ao nosso sentir, restou superado esse entendimento, visto que agora os arts. 112 e 114 do CPC retiram qualquer dúvida quanto à possibilidade de

164. Cf. *Lex – Jurisprudência do Superior Tribunal de Justiça*, vol. 43, p. 113-122; também publicado na Revista do Superior Tribunal de Justiça, vol. 62, p. 446, 4.ª T., j. 17.05.1994, rel. Min. Sálvio de Figueiredo.

165. STJ, REsp 629.049/MT, 3.ª T., j. 14.06.2005, rel. Min. Menezes Direito, *DJ* 12.09.2005, p. 321; STJ, REsp 684.613/SP, 3.ª T., j. 21.06.2005, rel. Min. Nancy Andrighi, *DJ* 01.07.2005, p. 530.

166. STJ, CC 41.728/PR, 2.ª Seção, j. 11.05.2005, rel. Min. Fernando Gonçalves, *DJ* 18.05.2005, p. 158; STJ, CC 40.562/BA, 2.ª Seção, j. 10.08.2005, rel. Min. Ari Pargendler, *DJ* 10.10.2005, p. 216.

167. Cf. Cláudia Lima Marques, *Comentários ao Código de Defesa do Consumidor*, p. 740. Nesse sentido, encontra-se em tal obra a seguinte jurisprudência do STJ:

"Conflito de competência. Cláusula eletiva de foro lançada em contrato de adesão – Nulidade com base na dificuldade de acesso ao judiciário com prejuízo à ampla defesa do réu – Caráter de ordem pública da norma que institui o Código de Defesa do Consumidor – Inaplicabilidade do enunciado 33 da Súmula/STJ. Tratando-se de contrato de adesão, a declaração de nulidade da cláusula eletiva, ao fundamento de que estaria ela a dificultar o acesso do réu ao Judiciário, com prejuízo para a sua ampla defesa, torna absoluta a competência do foro do domicílio do réu, afastando a incidência do Enunciado 33 da Súmula/STJ em tais casos" (STJ, CC, 20826/RS, 2.ª S., j. 13.05.1998, rel. Min. Sálvio de Figueiredo Teixeira).

168. V. Patrícia Miranda Pizzol, *A competência*... cit., p. 325: "A cláusula de eleição de foro em contrato de adesão, na hipótese de relação de consumo, é nula, cumprindo ao juiz, de ofício, afastá-la, determinando a remessa dos autos ao juízo competente".

169. V. Luciano de Camargo Penteado, As cláusulas abusivas e o direito do consumidor, *RT* 725/97, item 2.4, do trabalho. Ainda: STJ, CC 22.000/PE, 2.ª Seção, rel. Min. Carlos Alberto Menezes Direito, *DJ* 08.02.1999, p. 246. Na doutrina, Nelson Nery Jr. e Rosa Maria de Andrade Nery, *Código de Processo Civil comentado e legislação extravagante*, 9. ed, p. 319, comentários. ao art. 111, com rica indicação bibliográfica e Luiz Paulo da Silva Araújo Filho, *Comentários ao Código de Defesa do Consumidor*, p. 6.

ser tida como válida a cláusula de eleição de foro no direito do consumidor. Portanto, tal cláusula não pode mais ser considerada intrinsecamente nula.[170]

Com efeito, este preceito legal *não estabelece que são nulas* as cláusulas de eleição de foro fixadas em contratos de adesão, mas apenas que, se constatada tal nulidade, esta *pode* ser declarada pelo juiz. Evidentemente, o juiz somente poderá declarar a nulidade da cláusula de eleição de foro estabelecida em contrato de adesão *se presentes as circunstâncias que determinam tal nulidade*.

Este entendimento é corroborado pela nova redação do art. 114 (cf. Lei 11.280), segundo o qual, não tendo havido anterior manifestação do juiz acerca da nulidade da cláusula de eleição de foro (cf. parágrafo único do art. 112, inserido pela Lei 11.280), e se o réu não opuser, oportunamente, exceção de incompetência, arguindo tal "vício", *não se poderá dizer que a cláusula de eleição de foro é inválida, já que não terá representado efetivo estorvo à apresentação de defesa pelo réu*. Por isso, a competência é *prorrogada, também neste caso*.[171]

Em verdade, nas situações do parágrafo único do art. 112, não há, precisamente, um vício, mas sim está admitida a validade da cláusula de eleição de foro, a qual, se nem para o juiz, e nem mesmo para o réu (se acolhida a sua exceção de incompetência), houver sido considerada abusiva, ou seja, não acarretou prejuízo de nenhuma espécie para o direito de defesa do réu. Por conseguinte,

170. No mesmo sentido ver interessante trabalho de Mônica Bonetti Couto, A nova regra do parágrafo único do art. 112 do CPC. *A nova reforma processual*, p. 189: "Não é toda e qualquer cláusula de eleição de foro em contrato de adesão que há de ser reconhecida nula. Ao contrário. A cláusula, ainda que aposta em um contrato de adesão, vale e é legítima, salvo em situações em que se comprove a hipossuficiência e o prejuízo da parte (réu/aderente) no exercício de sua defesa".

Em acórdão proferido no ano de 2008, o STJ reconheceu a validade de cláusula de eleição de foro em contrato de adesão, cujo objeto consistia em representação comercial. Conquanto não se tratasse de relação de consumo – o que, inclusive, não é exigência do art. 112, parágrafo único, que apenas alude a contrato de adesão – foi salientada a vulnerabilidade que, em geral, caracteriza a situação do representante comercial. No caso, contudo, não foi observada a hipossuficiência, com o que se afastou a possibilidade de invalidar a cláusula de eleição de foro (*cf.* STJ, EREsp 579.324/SC, 2.ª Seção, j. 12.03.2008, rel. Min. Nancy Andrighi, *DJe* 02.04.2008).

171. A *síntese* da jurisprudência existente a respeito foi assim delineada, pelo STJ: "A jurisprudência desta Corte firmou a orientação de que a cláusula de eleição de foro inserida em contrato de adesão é, em princípio, válida e eficaz, salvo: (a) se, no momento da celebração, a parte aderente não dispunha de intelecção suficiente para compreender o sentido e as consequências da estipulação contratual; (b) se da prevalência de tal estipulação resultar inviabilidade ou especial dificuldade de acesso ao Judiciário; (c) se se tratar de contrato de obrigatória adesão, assim entendido o que tenha por objeto produto ou serviço fornecido com exclusividade por determinada empresa" (STJ, REsp 379949/PR, 4.ª T., j. 26.02.2002, rel. Min. Sálvio de Figueiredo Teixeira, *DJ* 15.04.2002, p. 230). Este entendimento, como demonstram julgados mais recentes, encontra-se consolidado no STJ. No julgamento do REsp 471921/BA, reiterou-se que o *discrímen* para a declaração da nulidade da cláusula de eleição de foro em contrato de adesão – mesmo em se tratando de relação de consumo – é o reconhecimento da hipossuficiência da parte prejudicada, e que a eleição de foro seja "capaz de dificultar seu acesso ao Judiciário" (3.ª T., j. 03.06.2003, rel. Min. Nancy Andrighi, *DJ* 04.08.2003, p. 297). No mesmo sentido, mais recentemente: STJ, AgRg no Ag 616.500/ES, 3.ª T., j. 27.09.2005, rel. Min. Menezes Direito, *DJ* 07.11.2005, p. 264). Cf., também, decisões citadas na nota precedente, *in fine*.Pensamos que esta orientação jurisprudencial continua aplicável, mesmo após as alterações decorrentes da Lei 11.280/2006, referidas no texto, conforme se salientou no acórdão mencionado em nota precedente.

não ocorre, pelo menos em sentido próprio, uma prorrogação da competência, já que desde o princípio o juiz era e continua sendo competente para o julgamento da causa; ou seja, a sua competência não padecia de vício relativo.[172]

A propósito, como se observou, mesmo antes da Lei 11.280, a jurisprudência caminhava no sentido de que a cláusula de eleição de foro em contrato de adesão devia considerar-se válida, *salvo se* o réu fosse considerado hipossuficiente e sua defesa restasse dificultada.[173]

Pode-se dizer, diante disso, que embora seja possível ao juiz manifestar-se *ex officio* a respeito da nulidade de cláusula de eleição de foro, em contrato de adesão, declinando de sua competência para o juízo de domicílio do réu (cf. parágrafo único do art. 112, inserido pela Lei 11.280), *tal manifestação não mais será possível se o réu não apresentar exceção de incompetência, deixando de arguir a nulidade da cláusula de eleição de foro*, pois neste caso terá havido a manutenção da competência validamente pactuada pelas partes no contrato. (cf. art. 114 do CPC, na redação da Lei 11.280).[174]

Tendo em vista que, se "o réu não opuser exceção declinatória nos casos e prazos legais", "prorrogar-se-á a competência" (art. 114, em sua nova redação), deverá o juiz considerar que, eventualmente, o réu pode ter interesse em defender-se no foro eleito, ainda que em domicílio diferente do seu (p.ex., em razão da facilitação da produção de provas). Por tal razão, o juiz somente deverá declarar, *ex officio* e antes da resposta do réu, a nulidade da cláusula de eleição de foro, quando *as circunstâncias fáticas determinantes desta nulidade estiverem evidentes*, e puderem ser extraídas da própria petição inicial.[175]

Havendo dúvida, o juiz não deve declarar de ofício e, sim, aguardar a apresentação de exceção pelo réu. Este entendimento é confirmado pelo parágrafo único do art. 305, também inserido pela Lei 11.280/2006, que permite a apresentação de exceção de incompetência *no domicílio do próprio réu, o que facilita, consideravelmente, a alegação do vício pela parte que, eventualmente, se sentir prejudicada*, e justifica que o juiz só declare quando for perceptível o prejuízo para a defesa do réu. Em nosso sentir, parece que a oportunidade para o magistrado decretar a nulidade da cláusula é no momento de despachar a petição inicial, instante em que assume a sua competência. Parece não ter sentido o magistrado, mandar citar, determinar a expedição de Carta Precatória para o domicílio do réu, e, sucessivamente, sobrepostamente ao cumprimento da Carta Precatória, vir a decretar a nulidade.

De outra parte, a eventual anulação ou nulidade do contrato não afeta, por isso e

---

172. Sobre o tema, v. Cap. XII da segunda parte, item 113, deste *Manual*.

173. Cf. decisões citadas nas notas precedentes.

174. Apesar do parágrafo único do art. 114 do CPC referir-se a prorrogação de competência, esta, ao menos em sentido próprio e tradicional do nosso direito, não ocorre, pois para haver ampliação ou alargamento de sua competência, o juiz teria que ser no início relativamente incompetente para o julgamento da causa. Não é o que pode se passar na presente situação, já que o juiz era competente desde o início da lide, e, até mesmo antes dela, através da cláusula de eleição de foro pactuada pelas partes. Assim, desde o princípio, inclusive antes da propositura da ação, o juízo do foro de eleição já era, de forma abstrata, concorrentemente competente para julgar o litígio. Se não se der pela nulidade da cláusula, o que terá acontecido é que havia dois foros competentes, o geral, do domicílio e o de eleição. É compreensível a dicção do art. 114, mas, em rigor, não é uma hipótese que se ajuste inteiramente ao sistema originário do Código de Processo Civil em relação ao fenômeno da prorrogação de competência.

175. V. Mônica Bonetti Couto, A nova... cit., p. 190-193.

necessariamente, a cláusula em que, especificamente, se ajustou o foro. Seria ele próprio (o foro de eleição) o competente para a decisão sobre as ditas anulação ou nulidade do contrato.

É válida a eleição de foro também em pacto adjeto de nota promissória.[176]

Mesmo havendo cláusula de eleição de foro, não fica uma das partes inibida de propor ação no domicílio da outra, dado que o réu não será prejudicado.[177-178] É legítima a propositura da ação no domicílio do réu, em vez de o ser no foro de eleição. Assim, a eleição de foro não elimina, nunca, o foro do domicílio. Na linha da tradição de nosso Direito, já se entendeu, corretamente, que, não obstante ser o foro de eleição obrigatório para os contratantes, pode o autor optar pelo domicílio do réu.[179] Razão pela qual, também aqui, poder-se-ia falar na existência de foros concorrentes.

Tem sido o seguinte o panorama da interpretação que a jurisprudência tem dado ao art. 111:

O cessionário de direitos, porque de outro negócio jurídico se trata, não fica vinculado ao foro eleito pelo cedente, isto é, em relação ao outro negócio.[180] Isto é, não se sub-roga porque cessionário *também na cláusula de eleição de foro*.

A mulher não fica vinculada ao foro eleito pelo marido em contrato de que ela não participou.[181]

Diante da existência de cláusula de eleição de foro, a ação preparatória de sustação de protesto de título vinculado ao contrato pode ser proposta no foro eleito.[182] A eleição do foro não implica eleição de juízo, não sendo permitida a escolha de vara ou juízo.[183]

Pode haver eleição de foro em nível de competência internacional, quando se tratar de competência internacional concorrente.[184]

---

176. *RT* 195/269; *JUTACivSP* 77/68.

177. Arquivo Judiciário 118/8; *RT* 370/91; *RF* 203/197 (v. Arruda Alvim, *Código de Processo Civil e legislação extravagante – Anotações de jurisprudência e doutrina*, p. 91-92). A renúncia não é válida, todavia.

Decidiu o TJ/SP que é "entendimento majoritário de nossos tribunais no sentido de que o foro de eleição não obsta à propositura de ação no foro do domicilio do réu, não cabendo a este excepcionar o juízo" (TJ/SP, AgIn 399.782.4/9-00, 4.ª Câm. D. Privado, j. 11.08.2005, rel. Des. Francisco Loureiro).

178. TAMG-*RTJTAMG* 42/63, correto na solução e errado na fundamentação, pois equivocadamente funda-se o acórdão em que o foro de eleição, ao lado do foro do domicílio, se for escolhido este, o que se verificaria *seria hipótese de incompetência relativa*. O que se verifica, na realidade, são foros concorrentes, e não incompetência relativa. E é justamente por isso que não é viável *sequer cogitar-se de exceção de incompetência, exatamente porque não há sequer vício relativo de incompetência*.

179. *JUTACivSP* 35/326, 51/66, 52/20, 57/95, 58/51, 62/215, 69/96 e 76/69.

180. TJ/RS, AgIn 22.441, 2.ª Câm. Civ., Gravataí, rel. Emílio Alberto Maya Gischkow, v.u., 03.07.1974.

181. TJ/RJ, AgIn 937, 4.ª Câm. Civ., m.v., rel. Hamilton de Moraes e Barros, 06.06.1977.

182. *JUTACivSP* 46/92. Decidiu-se que "se o réu não opuser a exceção declinatória na cautelar de protesto, fica a competência prorrogada para a ação principal indenizatória, sendo intempestiva a exceção quando da contestação desta última" (STJ, REsp 489.485/ES, 3.ª T., j. 26.08.2003, rel. Min. Menezes Direito, *DJ* 24.11.2003, p. 302).

183. *JUTACivSP* 40/183 (v. 98, *infra*).

184. *RTJ* 93/969. Na doutrina: Arruda Alvim, Competência internacional, na *Revista de Processo* (*RePro*) 7-8/28, 6.3. Ver, ainda, as anotações constantes do item 80, *supra*, em que se elucida ser este o entendimento do Supremo Tribunal Federal (STF, SEC 4.948, j. 08.10.1998, rel. Min. Nelson Jobim, *DJ* de 26.11.99, e, antes disso: CR-AgR 3166/MG; j. 18.06.1980, rel. Min. Antônio Neder, *DJ* 15.08.1988, p. 5914, *RTJ* v. 95-01, p. 42), enquanto o STJ tem entendido que a competência concorrente internacional

É competente, já se decidiu, com *desacerto*, para a ação de reintegração de posse, fundada em comodato, o foro contratualmente eleito pelas partes, e não o da situação do imóvel.[185]

A suposta opção pelo foro de eleição em vez do foro do domicílio, segundo pensamos, não gera hipótese nem mesmo de incompetência relativa. Isto porque não há, como se disse, inconveniente algum em ser alguém demandado, no foro eleito, que resultou da própria vontade, também do demandado, e cuja eleição foi feita, precisamente, para a hipótese de demanda. Em consequência, e, também, a opção pelo foro do domicílio, mesmo havendo foro de eleição, não enseja o oferecimento por parte do réu de exceção de incompetência *ratione loci*. O foro de eleição é *um foro a mais*, mas que, nem pelo fato de existir, *transmuda o foro domiciliar em foro incompetente.*

Saber se a competência do foro regional é absoluta ou relativa é questão que aprofundaremos, com algum vagar, no número seguinte.

93. Foro e juízo

O objetivo da competência territorial é distribuir as causas entre juízos da mesma espécie, tendo em vista a situação dos mesmos no território, em função do(s) elemento(s) da causa que ligue(m) a causa ao foro, para determinar-se a competência.[186] Para a escolha do juízo, dentro do foro já determinado, há de se ter em vista o fenômeno da prevenção.

Os conceitos de foro e juízo não *se confundem* e, para fins práticos, raramente *coincidem geograficamente*, cabendo-nos, portanto, fazer distinção entre eles.

Ao dizermos que o foro de uma comarca é o competente, queremos dizer que, pelos estudos das regras especiais e das gerais, chegamos à conclusão de que a demanda tem que ser ajuizada nessa comarca. Uma comarca poderá ter dentro dela diversos juízos, inclusive com competência territorial própria e excludente da de outros, como é o caso dos *foros regionais* (Estado de São Paulo), ou *regiões* (Rio de Janeiro). Na realidade, competente(s) será(ão) o(s) juízo(s) situado(s) nesse foro.

Depois de determinada a competência do foro, como se vê, surge o problema do juízo.

Juízo (embora seja termo equívoco), neste passo, é o nome técnico que tem o órgão judiciário no campo do processo. Juízo, portanto, é uma das células constitutivas do Poder Judiciário, sendo o nome do órgão jurisdicional, no contexto orgânico dos serviços em primeiro grau de jurisdição. Sobrepõem-se-lhes, em segundo grau, os tribunais. Pode haver, então, diversos juízos cíveis ou vários órgãos cíveis que, abstratamente, tenham poderes iguais. Para a fixação do juízo, quando houver diversos juízos competentes, inicialmente determina a lei que seja efetuada uma distribuição (art. 251), mercê da qual se cristalize a competência de foro (arts. 87 e 263), com a *perpetuatio iurisdictionis*. Isto ocorre com a ligação da causa ao juízo, vale dizer, com a citação que leva à prevenção (art. 219).

Consequentemente, verifica-se que o juízo é um órgão que se coloca dentro do foro competente, sendo uma das células ju-

---

não é suscetível de afastamento por cláusula de eleição de foro (STJ, REsp 251438/RJ, 4.ª T., j. 08.08.2000, rel. Min. Barros Monteiro, *DJ* 02.10.2000, p. 173; REsp 498835/SP, 3.ª T., j. 12.04.2005, rel. Min. Nancy Andrighi, *DJ* 09.05.2005).

185. *RT* 588/156 (esta posição não é a correta). Cf. também comentários constantes do item 85, *supra*, relativamente ao art. 95 do CPC.

186. V. Nelson Rodrigues Netto, Qual é o juízo competente para a minha ação? *Revista de Processo (RePro) 146/363-372.*

risdicionais operativas e competentes, dentro do foro.[187]

Entretanto, se examinarmos a estrutura de uma comarca pequena, encontramos, possivelmente, para fins práticos, uma superposição entre o foro e o órgão (juízo), no sentido de que o juízo terá competência integral sobre todo o foro, que coincide com o território da comarca mesma. Muitas vezes, um só juízo decide a respeito de toda e qualquer lide, sejam elas criminais ou civis, sejam estas de Direito privado ou público, inclusive matéria trabalhista.

A determinação da competência dos juízos decorre, do ponto de vista material, da definição dos poderes do juízo pelas leis de organização judiciária: é competência de atribuições (funcional e material) e, portanto, de caráter absoluto.

Assim, indagar-se qual é o juízo criminal e qual o civil é assunto que será respondido pela lei de organização judiciária (v. art. 91), tendo em vista a determinação da matéria que efetiva e concretamente se insere na competência de um ou mais juízos, e um mesmo juízo poderá ser o competente para matéria civil e criminal (*v.g.*, em assunto falimentar), ou, até mesmo, ter competência cível e criminal plenas. Igualmente, saber-se qual é a competência dos juízos cíveis do Fórum João Mendes Júnior, na Capital do Estado de São Paulo, por exemplo, e a dos foros regionais (regiões, no Estado do Rio de Janeiro), é assunto que também se resolve pelas leis de organização judiciária.

Além dos juízos cíveis do Fórum Central, na Comarca de São Paulo, existem outros juízos a que se atribui competência sobre diversas matérias.

Trata-se da competência *ratione materiae* e, pois, absoluta. Ao lado destes juízos, que se devem dizer órgãos ordinários da justiça comum, encontram-se os chamados *juízos especiais*. Trata-se aqui, normalmente, de competência *ratione personæ*, como dos juízos da Fazenda Pública do Estado de São Paulo, e, desde que o foro seja o da capital, para tal juízo deverão ir tais causas (v. Dec.-lei Complementar 3 – Código Judiciário do Estado de São Paulo –, de 27.08.1969, art. 35 e parágrafo único).

Tais órgãos especiais, conquanto integrantes da justiça comum, têm atribuições especiais. Assim, os juízos da Fazenda Pública têm a atribuição de julgar as causas relativas ao Estado e ao Município, tendo em vista a qualidade da parte. Trata-se de *competência funcional*, absoluta, *desde que o foro seja o da capital do Estado*. Antigamente ocorria a mesma coisa com a chamada Fazenda Nacional. O problema modificou-se profundamente com a criação da Justiça Federal, como já vimos e mais adiante aprofundaremos.

Há uma questão que atualmente já se encontra bastante clarificada e precisa ser acentuada: as Fazendas do Estado e Municipal não têm, como já se pensou, foro privilegiado, mas tão somente *juízo privativo*.

Isto implica que o Estado e o Município, ao contrário do que acontece com a União Federal ou o Território (art. 99, II, e parágrafo único), submetem-se às regras gerais da competência.

94. Incompetência relativa

Verificou-se, até agora, que, para se resolver o problema da competência territorial, existe uma regra geral (art. 94, *caput*), que contém um critério-chave de determi-

187. Não se admite, portanto, o estabelecimento de cláusula de eleição "de juízo". Nesse sentido, assim decidiu o TJ/SP: "Lei processual civil que autoriza as partes a eleger o foro de determinada Comarca, mas nunca o Foro Regional dentro de uma mesma Comarca, tema que diz respeito à repartição do serviço forense entre diversas unidades – Questão de ordem pública e insuscetível de derrogação pela vontade dos contratantes" (TJ/SP, AgIn 399.782.4/9-00, 4.ª Câm. Dir. Priv., j. 11.08.2005, rel. Des. Francisco Loureiro).

nação da competência e outras quatro regras subsidiárias (art. 94, §§ 1.º, 2.º, 3.º e 4.º).

Consideremos que, ao lado desse critério, e com *prioridade* sobre o mesmo, pode-se determinar a competência por meio de regras especiais, visto que as regras gerais, quer a principal (art. 94, *caput*), quer as subsidiárias (art. 94 e seus parágrafos), não exaurem os critérios de determinação da competência.

Acentue-se, ainda, que as regras especiais prevalecem sobre a geral, pois, caso contrário, os foros especiais não teriam razão de ser. Estes existem por uma razão que, no entender do legislador, deve prevalecer sobre a outra, que inspirou a regra geral.[188]

A parte, dando preferência à regra geral, infringindo assim a regra especial, que seria aplicável à hipótese, dá nascimento a um vício de competência, pois propôs a demanda em foro relativamente incompetente. Inversamente, propondo ação perante um foro especial, quando a deveria ter proposto no foro geral, será hipótese, igualmente, de incompetência relativa.

As regras de competência podem ser infringidas, gerando dois tipos de vícios, com consequências jurídicas distintas. O primeiro vício é denominado de *incompetência relativa,*[189] e o segundo, *incompetência absoluta.*

No primeiro caso, o vício da competência é necessariamente superado no curso do processo, caso a parte-ré ou o devedor-embargante, nos embargos à execução, tendo em vista execução fundada em título extrajudicial (arts. 741, VII, 742, 745 e 576), não postule com exceção de incompetência (arts. 112, *caput* e parágrafo único, com a redação da Lei 11.280/2006, e 297; arts. 114 e 305, parágrafo único, ambos com a redação da mesma Lei). No caso do parágrafo único do art. 112 (inserido pela Lei 11.280/2006), há, também, segundo a lei, *prorrogação*[190] de competência, se o juiz não reconhece, *ex officio* e antes da resposta do réu, a nulidade de cláusula de eleição de foro em contrato de adesão,[191] bem como se o réu não opõe

188. V. Humberto Theodoro Júnior, *Curso de direito...* cit., p. 214, item 176-a.

189. Francisco Wildo Lacerda Dantas, *Teoria geral do processo,* p. 92: "A competência relativa é a que pode ser modificada pela vontade das partes, tendo em vista que foi instituída para atender aos seus interesses. É a que sofre o influxo do poder dispositivo das partes, razão pela qual pode ser alterada por ela, sendo portanto derrogável e o juiz dela não conhece senão quando para isso provocado (arts. 111, 2.ª parte, e 114 do CPC)".

190. Aqui, como foi dito anteriormente, não há propriamente uma prorrogação da competência, mas, sim, a manutenção do foro eleito pelas partes no contrato. Ou seja, no silêncio do juiz e da parte considerar-se-á válida a cláusula de eleição de foro e, por isso, determina a lei que seja definitivamente mantido como competente o foro escolhido pelas partes no contrato, a fim de evitar questionamentos supervenientes sobre a competência que possam produzir uma delonga na marcha processual. Nesta hipótese, é de se convir, que não se identificou vício algum pelo juiz, e, nem a parte contra a cláusula se insurgiu por meio de exceção. Como dissemos, parece-nos que o juiz deverá decretar essa nulidade quando assumir a causa.

191. Cf. Moacyr Amaral Santos, *Primeiras linhas...* cit., p. 255, item 205: "O Código de Processo Civil, pela falta de clareza a respeito, exigia uma perfeita distinção entre competência *relativa* e competência *absoluta*. Todavia, a Lei 11.280, de 16 de fevereiro de 2006, suscita uma hipótese de incompetência relativa passível de declaração de ofício pelo juiz. Dessa forma, a incompetência relativa e a absoluta mantém meios próprios para sua arguição e consequências diversas; contudo, os momentos e sujeitos da arguição já não são totalmente distintos, uma vez que ao juiz é facultado declarar de ofício sua incompetência relativa, quando apurar a cláusula de eleição de foto em contrato de adesão manifestamente desfavorável à parte aderente por sua qualidade de hipossuficiente (CPC, art. 112, parágrafo único)".

exceção, tempestivamente (cf. o que dissemos no item 92, *supra*).

Antes da alteração da Lei 11.280, a incompetência relativa devia ser deduzida no juízo em que foi proposta a ação, *i.e.*, no juízo que é tido por relativamente incompetente.[192] Não o fazendo, ficava prorrogada a competência do juízo relativamente incompetente, e competente se tornava esse juízo do foro, se a ação devesse ter sido movida em outro foro.

Atualmente, no entanto, em razão do que dispõe o parágrafo único do art. 305 (inserido pela Lei 11.280/2006), "na exceção de incompetência (art. 112 desta Lei), *a petição pode ser protocolizada no juízo de domicílio do réu, com requerimento de sua imediata remessa ao juízo que determinou a citação*" (g.n.).[193]

O único meio idôneo para se arguir incompetência relativa é a exceção. Tanto é que, em regra, há prorrogação da competência quando a incompetência relativa é arguida em preliminar de contestação.[194] Há decisões que, de alguma forma, *transigem* quanto ao uso da exceção.[195] Se se deslocar a competência de um juízo para outro, situado este

192. STJ, REsp 380.705/AL, 1.ª T., j. 07.03.2002, rel. Min. Garcia Vieira, *DJ* 08.04.2002, p. 153. Acentuando a exceção como a única forma para discutir a incompetência, *RSTJ* 49/69, STJ, CC. 3.450-3-DF, 2.ª Seção, j. 12.05.1993, rel. Min. Cláudio Santos (hipótese em que o conflito não foi conhecido).

193. Sobre a distribuição da exceção de incompetência ver: Fredie Didier Jr. [em colaboração com outros], *A terceira etapa da reforma processual civil*, p. 31-32: "O parágrafo único do art. 305 do CPC, recém-introduzido pela Lei federal 11.280/2006, permite que o réu apresente a exceção de incompetência relativa em seu domicílio, com requerimento de sua imediata remessa ao juízo que determinou a citação".A alteração é boa. Antes dela, o demandado tinha de deslocar-se para o foro onde a causa estivesse tramitando, para alegar a incompetência territorial. O autor, que desejasse prejudicar o réu, por má-fé poderia propor a ação em domicílio muito distante daquele em que o réu reside; com isso, aumentaria a probabilidade de o demandado ser revel, já que poderia ter dificuldades de apresentar a sua resposta em local tão distante de seu domicílio (pense, por exemplo, em um réu que reside em Salvador, Bahia, sendo indevidamente processado em Rio Branco, no Acre). Trata-se de alteração simples, que objetiva facilitar o acesso à justiça, o que é sempre louvável. "A petição de exceção de incompetência deve ser protocolizada no juízo de domicílio do réu, sendo imediatamente remetida ao juízo que determinou a citação, mesmo que em outro Estado da Federação".

194. V. *RSTJ* 33/395, 2.ª Seção, j. 27.02.1991, rel. Min. Waldemar Zveiter.

195. Firmou o STJ que "se o réu a argui na contestação, em preliminar, e o autor põe-se em conformidade com a arguição, é de se relevar a irregularidade" – v. *RSTJ* 42/47, CC. 2.903-9-SP 2.ª Seção, j. 24.06.1992, v.u., rel. Min. Nilson Naves, referido, como hipótese análoga, a que se decidiu no CC. 344, rel. Min. Sálvio de Figueiredo. Esta "transigência" com o instrumento próprio – exceção – pode ser havida como manifestação do princípio da instrumentalidade. Nesse sentido: STJ, REsp 169.176/DF, 2.ª Seção, j. 25.06.2003, rel. Min. Castro Filho, *DJ* 12.08.2003, p. 185, STJ, AgRg no REsp 363.395/AL, 1.ª T., j. em 15.09.2005, rel. Min. Francisco Falcão, *DJ* 07.11.2005; STJ, REsp 885.960/CE, 2.ª T., j. 02.08.2007, rel. Min. Humberto Martins, *DJ* 15.08.2007.

Mais recentemente, a posição flexível do STJ foi corroborada por uma série de julgados, ressalvada, contudo, a ausência de prejuízo para a parte contrária. No julgamento do CC 86.962/RO, o STJ reconheceu a existência de prejuízo ao direito de defesa da autora, que se alegava consumidora e, pois, detentora da prerrogativa de ajuizamento da ação em seu domicílio, para prorrogar a incompetência relativa arguida pelo réu em sede de preliminar de contestação (STJ, CC 86.962/RO, 2.ª Seção, j. 13.02.2008, rel. Min. Humberto Gomes de Barros, *DJe* 03.03.2008). Na ocasião, esclareceu-se que os precedentes *supra*citados, que relevaram a irregularidade, tiveram lugar em situações em que não comprovada a existência de prejuízo à parte contrária, ou mesmo em hipóteses em que o autor não se opusera (ou consentira) com a incompetência arguida em contestação.

noutro foro, isto compreenderá, portanto, a deslocação da causa de um foro para outro.

A incompetência relativa não pode ser conhecida *ex officio* pelo juiz (Súmula 33 do STJ),[196] salvo na hipótese do juiz entender haver, no caso, nulidade da cláusula de eleição de foro, em contrato de adesão, por flagrante prejuízo para a defesa do réu hipossuficiente, isto é, por excessiva dificuldade ocasionada à sua defesa, como determina o parágrafo único do art. 112, inserido pela Lei 11.280/2006, nos termos referidos acima, neste item e no item 92. O magistrado haverá, então, de manifestar-se a respeito *antes da apresentação de resposta pelo réu*. Mesmo no caso do art. 112, parágrafo único, se o réu apresentar contestação ou reconvenção, não opondo exceção, fica consolidada a competência do juízo, já que a cláusula de eleição de foro não terá comprometido a defesa do réu, sendo, *ipso facto*, válida e eficaz.[197]

Ressalte-se, por oportuno, não haver na espécie, precisamente, uma flexibilização da Súmula 33 do STJ. O afastamento ocorre, em verdade, porque a situação não se enquadra no Enunciado 33 da Súmula do STJ, ou seja, *não é caso de incompetência relativa*. Quando o magistrado verifica que a cláusula de eleição de foro, em contrato de adesão, cria excessiva dificuldade para a defesa do réu – e, por isso, declara de ofício a sua nulidade de pleno direito – ele passa a ser absolutamente incompetente para o julgamento da causa. Por outro lado, o foro será considerado competente se o juiz entender que a cláusula não prejudica o acesso do réu à justiça e o réu não fizer uso da exceção.[198]

---

196. Cf. também o que se disse no item 72, *supra*. Nesse sentido: STJ, CC 47.491/RJ, 1.ª Seção, j. 14.02.2005, rel. Min. Castro Meira, *DJ* 18.04.2005, p. 209. No mesmo sentido: *RSTJ* 20/32, rel. Pedro Acioli; 27/18 [AgReg. em AgIn 6.328, rel. Fontes de Alencar]; *RT* 476/116, 495/167, 505/83, 515/251,536/109, 558/116, 566/123, 591/172, 592/143; *JUTACivSP* 60/120, 69/69, 72/134, 74/76, 75/67 e 77/25. *Este entendimento cristalizou-se na Súmula 33 do STJ*, como se observou. Na doutrina: Wellington Moreira Pimentel, *Comentários ao Código de Processo Civil*, p. 258; Celso Agrícola Barbi, *Comentários ao Código de Processo Civil*, 1983, p. 485; J. J. Calmon de Passos, *Comentários ao Código de Processo Civil*, 1979, p. 279-280; Cândido Rangel Dinamarco, Declaração *ex officio* da incompetência relativa, em *AJURIS* 17/142 *et seq*. Contra: *JUTACivSP* 60/97. Na doutrina: E. D. Moniz de Aragão, *Comentários ao Código de Processo Civil*, 1979, p. 192; Alcides de Mendonça Lima, *Direito processual civil*, 1977, p. 64; Hélio Tornaghi, *Comentários ao Código de Processo Civil*, 1976, p. 360.

197. No mesmo sentido: Moacyr Amaral Santos, *Primeiras linhas*... cit., p. 255, item 205, onde pondera: "Poderá também ser declarada de ofício pelo juiz, quando este verificar a nulidade da cláusula de eleição de foro, em contrato de adesão, dada a hipossuficiência do aderente (CPC, art. 102, parágrafo único). Portanto, não oposta no caso e no prazo legal nem declarada de ofício na hipótese do art. 112, parágrafo único, do Código, a competência do juiz, apesar de relativamente incompetente, permanece intacta e prorroga-se, ou seja, "prorrogar-se-á a competência se dela o juiz não declinar na forma do parágrafo único do art. 112 desta Lei ou o réu não opuser exceção declinatória nos casos e prazos legais" (CPC, art. 114)".

198. Cf. tivemos a oportunidade de sustentar – Lei 11.280, de 16 de fevereiro de 2006 (análise dos arts. 12, 14 e 305, do CPC) (análise do § 5.º, do art. 219, do CPC). *Terceira etapa da reforma do Código de Processo Civil – Estudos em homenagem ao Ministro José Augusto Delgado, p. 63*: "O que nos parece, portanto, e, com vistas a evitar a sobreposição ou a possibilidade de sobreposição de atividades diferentes, *é que o juiz deverá decretar essa nulidade quando examinar o processo, num primeiro momento, e, antes de ordenar o processamento do feito*. A partir daí, parece que se há de reconhecer preclusão para o seu agir de ofício. Ademais, é de se ponderar que não faz sentido o juiz ordenar a citação, com expedição de carta precatória, para essa finalidade – suponha-se ação promovida no foro eleito e precatória expedida para o domicílio do réu –, e, depois disto, durante o processamento dessa carta precatória, *nesse mesmo meio*

Uma vez citada a parte, e verificada a ocorrência de incompetência relativa, a lei permite-lhe usar uma defesa processual indireta, denominada exceção, que nada tem que ver com o litígio. Tal exceção, até que seja devidamente resolvida, isto é, até a decisão interlocutória que a solucione, tem a virtude de suspender o curso do processo, o que se compreende, *mas não se suspende o processamento da exceção,* pois nela se discute justamente aspecto da legitimidade do órgão jurisdicional (arts. 265, III, e 306), enquanto o processo, *em si mesmo*, aguarda.

tempo, vir a reconhecer a nulidade da cláusula de eleição de foro. Deve-se, por fim, também lembrar que, na hipótese de acolhimento da exceção de incompetência, não aceitando o juízo do foro para o qual tenha sido declinada a competência, ocorrerá conflito negativo de competência (art. 115, II), que será suscitado pelo juiz (art. 116). Pelo que se procurou demonstrar, cremos que a única forma – ainda que talvez não tão nitidamente perceptível pela redação do texto, quanto desejável –, é a de que a atividade oficiosa deverá ser exercida *initio litis,* determinando o juiz a remessa dos autos para o domicílio do réu. Nisto ter-se-ia de vislumbrar nessa posição, que, sucessivamente, ocorre preclusão para o juiz. Cremos, ainda, que localizando a possibilidade do magistrado dar pela nulidade da cláusula *initio litis,* determinando a remessa dos autos para o juízo do domicílio do réu, contra isso este não poderá insurgir-se, porquanto pela *ratio legis* subjacente ao critério de determinação legal do foro do domicílio é conveniente para o réu (ainda que, hipotética e excepcionalmente conviesse ao réu o foro eleito, mas do que o domiciliar). Se isto se verificar, parece-nos não haverá espaço para a utilização da exceção de incompetência, cujo conteúdo, no caso objeto destes comentários, teria de ser o da insurgência contra a validade da cláusula onde se pactuou o foro de eleição. Antes do juiz assumir a sua competência – ordenando a citação do réu – nesse segmento temporal, coloca-se o espaço para a atividade oficiosa do magistrado; depois, disso, e, não tendo o magistrado dado pela nulidade da cláusula, abre-se a área territorial para a postulação do réu, por exceção de incompetência, sem interferência do magistrado."

Tendo sido oposta[199] exceção de incompetência, suspende-se o curso do prazo para a resposta, suspensão esta que independe de decisão judicial[200] e vigora até haver intimação da chegada dos autos no juízo competente.[201] Após o julgamento da exceção, deve continuar o processo principal.

O recurso que cabe dessa decisão (agravo, na modalidade de instrumento)[202] não

199. Para que ocorra a suspensão do processo é suficiente que a exceção seja oposta, ainda que posteriormente venha a ser inadmitida. Nesse sentido, já nos manifestamos em parecer sobre a matéria, publicado no vol. IV da coleção *Soluções Práticas de Direito,* p. 83 e ss. Em sentido conforme: Antonio Carlos Marcato, *Código de Processo Civil interpretado*, p. 951; Cássio Scarpinella Bueno, *Curso sistematizado de direito processual civil: teoria geral do direito processual civil*, v. 1, p. 464. Na jurisprudência: "Oposta a exceção de incompetência, o prazo para contestação fica suspenso, fluindo, pelo tempo restante, após o julgamento da exceção (RSTJ 164/364). No mesmo sentido: RTJ 91/191, RT 514/255" (Theotonio Negrão; José Roberto F. Gouvêa, *Código de Processo Civil e legislação processual em vigor*, p. 466) *Cf.*, ainda, no STJ, os julgados proferidos nos REsp 809.755 e REsp 243.792.

200. *Cf.*, nesse sentido: Patrícia Miranda Pizzol, *A competência no processo civil*, p. 382.

201. *RSTJ* 20/388, REsp. 5.930-RS, 3.ª T., j. 11.03.1991, rel. Min. Eduardo Ribeiro; *RSTJ* 46/249, REsp 19.453-0-RS, 4.ªT., j. 30.06.1992, v.u.; rel. Min. Fontes de Alencar, *RSTJ* 50/317, REsp 30.966-8-RJ, 6.ª T., j. 20.04.1993, rel. Min. Adhemar Maciel; *RT* 511/190, 522/129 e 572/40; *RJTJSP* 83/301. Mais recentemente, cf. STJ, REsp 513.964/SC, 3.ªT., j. 12.04.2005, rel. Min. Castro Filho, *DJ* 30.05.2005, p. 360; STJ, REsp 649.011/SP, 3.ªT., j. 25.09.2006, rel. Min. Carlos Alberto Menezes Direito, *DJ* 26.02.2007, p. 582. O prazo da contestação, desse modo, só começa a correr da data da intimação da decisão que a julgou procedente (*Revista de Processo* (*RePro*) 5/360, em. 85; *RT* 520/199). O prazo tem início a partir da intimação da chegada dos autos ao juízo para o qual foram remetidos. Na doutrina, v. J. C. Barbosa Moreira, *O novo processo civil brasileiro*, p. 42, 2007.

202. *RTJ* 93/400 e 105/1.275; *RJTJSP* 43/198; *Revista de Processo* (*RePro*) 21/315; *JUTACivSP* 34/43,

terá, *como regra geral, quase absoluta*, nesse caso, efeito suspensivo.[203] Pela redação da Lei 11.187/2005, arts. 522 e 527, II, o recurso *dificilmente* subsistirá como de instrumento, diante da não urgência, senão que há de ser processado como retido.[204] Nessas condições, dever-se-á entender o texto do art. 306 – *in verbis:* "Recebida a exceção, o processo ficará suspenso (art. 265, III), até que seja definitivamente julgada" – como significativo de que, por "definitivamente julgada", diz respeito à exceção e não a lide.[205]

O juiz, depois de receber a exceção e determinar a conclusão dos autos, ouvirá o excepto dentro de 10 (dez) dias e decidirá dentro de igual prazo, só designando audiência de instrução e julgamento caso haja necessidade de prova testemunhal (arts. 308 e 309). Entretanto, a petição em que se argui a exceção poderá ser indeferida *in limine*, caso o juiz a entenda manifestamente improcedente (art. 310). Se isto ocorrer, não se suspende qualquer prazo, a não ser o interregno entre a apresentação da petição e a respectiva rejeição. Se recebida, processada e julgada procedente a exceção, os autos são remetidos ao juízo competente (art. 311).

Desta forma, o que se verifica é que, sendo *relativa a incompetência*, o sistema processual faz com que esta seja prorrogada (art. 114, segunda parte), caso a alegação desse vício não seja feita dentro do prazo de quinze dias e por meio da peça processual idônea, que é a exceção. Assim, *prorrogação de competência* significa que o juízo, que era de início *relativamente incompetente,* terá tido, verificadas as circunstâncias referidas no art. 114, sua competência prorrogada, com o que desaparece o vício processual relativo. O juízo que originariamente seria o competente nada mais terá que ver com o processo, firmando-se definitivamente a competência do juízo onde foi proposta a ação.

O problema se torna mais delicado para o intérprete à luz do disposto no parágrafo único do art. 112 e na primeira parte do art. 114 do CPC, com a alteração feita pela Lei 11.280/2006. Se o juiz não agir *ex officio*, por ter entendido não haver nulidade da cláusula de eleição de foro, pela literalidade da norma processual, ocorrerá a prorrogação da competência. Neste ponto, se manifesta desarmonia sistemática entre a referida norma e o direito substancial e processual.

Com efeito, as nulidades do Código de Defesa do Consumidor geram vícios absolutos, como se percebe pela dicção do art. 51, *caput*, o qual estabelece que as cláusulas abusivas são nulas de *pleno direito*. Assim, pelo CDC, quando a cláusula de eleição de foro for perceptivelmente desvantajosa para o consumidor, será tida como abusiva e, por esta razão, ter-se-á uma nulidade.

O interesse público impõe a busca de uma igualdade material nas relações de consumo, exigindo uma tutela diferenciada do consumidor e proibindo, de forma absoluta, cláusulas contratuais que estejam em dissonância com os mandamentos da justiça social instituída pela Constituição Federal e pelo Código de Defesa do Consumidor.

Neste sentido, aduz Nelson Nery Júnior, que por ser "matéria de ordem pública (art.

37/269, 39/258, 41/193, 41/197, 45/51, 46/92 e 47/152; *RT* 550/117. Na doutrina, J. C. Barbosa Moreira, ob. ult. cit., p. 43; J. J. Calmon de Passos, *Comentários ao Código de Processo Civil,* p. 396, 1979; José Frederico Marques, *Manual de direito do processo civil,* 1984, vol. 2/85.

203. Com a nova sistemática do agravo de instrumento (redação dada ao art. 527 pela Lei 10.352/2001), poder-se-á cogitar – *ainda que dificilmente possa configurar-se a hipótese* – de atribuição de efeito suspensivo ao agravo pelo relator.

204. Sobre o tema, cf. extensa análise realizada por Teresa Arruda Alvim Wambier (*Os agravos no CPC brasileiro, passim*). V. também Antonio Notariano Jr. e Gilberto Gomes Bruschi, *Agravo contra as decisões de primeiro grau.*

205. Cf. STJ, REsp 578.344/BA, 3.ª T., j. 16.03.2004, rel. Min. Antônio de Pádua Ribeiro, *DJ* 12.04.2004, p. 209.

1.º, CDC), a nulidade de pleno direito das cláusulas abusivas nos contratos de consumo não é atingida pela preclusão, de modo que pode ser alegada no processo a qualquer tempo e grau de jurisdição, impondo-se ao juiz o dever de pronunciá-las de ofício".[206]

Entretanto, o art. 114 do CPC trata o vício "como se relativo fosse", gerando, consequentemente, uma nulidade relativa passível de ser sanada, através da não atividade do juiz e do não oferecimento, pelo réu, da exceção de incompetência. Aduz a lei que, com isto, estará *prorrogada* a competência.

Porém, se o juiz não declarou de ofício a nulidade é porque se convenceu, na análise da situação concreta, que ela não existia. E isso, somado ao fato do réu não ter ingressado com exceção de incompetência, significará que o foro de eleição foi legitimamente ajustado, sendo, portanto, válido e eficaz.

Nesta hipótese, em termos técnicos e sistemáticos, não há *incompetência relativa* do juízo – à luz da concepção do Código de Processo Civil –, já que, em verdade, as partes pactuaram um *foro de eleição*, ao lado do *foro de domicílio do réu*.

De fato, diante dessa situação, o que disso resultará é que serão dois os foros *concorrentemente competentes*. Em qualquer um deles, a ação poderia ter sido proposta.[207] Deste modo, é inviável, à luz do sistema de direito positivo preexistente, compreender tal modalidade como portadora *propriamente* de um vício de incompetência relativa. Para enquadrar-se em tal situação, o juízo teria que ser, no início, relativamente incompetente para o julgamento da causa, sendo sanado o vício e alargada sua competência depois, pelo silêncio do juiz e do réu.

Desta forma, não é possível, com rigor, afirmar que houve vício na escolha do foro, quando, diante do caso concreto figurado, em que o magistrado não constatou desvantagem para a defesa e o réu não opôs exceção declinatória; e, nesta última hipótese, ainda que haja sido oposta, mas não acolhida.

Todavia, o art. 114 do CPC também não se encaixa perfeitamente, pelo menos não na sistemática tradicional, como hipótese de incompetência absoluta, cuja arguição pode ser feita a qualquer momento. Segundo entendemos, o art. 114 do CPC proíbe tal alegação a qualquer tempo, devendo a atividade oficiosa do juiz ser exercida somente no início do processo, determinando, se considerar abusiva a cláusula de eleição de foro, a remessa dos autos para o domicílio do réu.

Logo, antes do réu integrar a relação jurídica processual, com sua citação ou comparecimento espontâneo, durante esse segmento temporal, coloca-se o espaço para o juiz agir de ofício, ocorrendo em seguida, à primeira vista, uma nova espécie de preclusão diante do silêncio do magistrado.

Depois disso, caso o magistrado não tenha dado pela nulidade da cláusula, abre-se o momento temporal para o réu arguir a sua exceção de incompetência.

Enfim, determina a lei que, no silêncio do juiz e da parte, seja mantido, definitivamente, como competente, o foro eleito pelas partes no contrato, procurando, com isso, evitar que, a qualquer tempo e grau de jurisdição, surjam eventuais questionamentos relativos à competência, o que acarreta-

206. Nelson Nery Junior, *Código brasileiro de defesa do consumidor*: comentado pelos autores do anteprojeto, 8. ed., p. 561, comentários ao art. 51, item 2: "O Código não fixou nenhum prazo para o exercimento do direito de pleitear em juízo a nulidade da cláusula abusiva. Consequentemente, na ausência de norma nesse sentido, a ação é *perpétua (imprescritível)*".

207. V. mais amplamente, Arruda Alvim, *Lei 11.280, de 16 de Fevereiro de 2006,* (análise dos arts. 112, 114 e 305, do CPC) – (análise do § 5.º do art. 219 do CPC), *Terceira etapa da reforma do Código de Processo Civil – Estudos em homenagem ao Ministro José Augusto Delgado, p. 53-66.*

ria maior demora no trâmite processual, senão tumulto.

Em suma, a Lei 11.280/2006 criou uma situação *sui generis*, na medida em que, apesar do art. 51, IV, do CDC estabelecer expressamente se tratar de nulidade absoluta, tal nulidade *não poderá ser alegada a qualquer tempo*. Ou seja, somente no limiar da fase postulatória, o juiz e a parte poderão decretar primeiro a nulidade e o demandado se manifestar a respeito da nulidade e da consequente incompetência do juízo, por meio de exceção de incompetência. Passada essa fase processual, observa-se a *preclusão temporal em relação a uma nulidade de pleno direito, havida como tal no plano do direito material do consumidor*.

Deve-se ter presente que, conquanto se haja mais extensamente tratado do assunto em face do Código do Consumidor, o texto compreende não só a eleição de foro no âmbito do Direito do consumidor – onde são comuns essas cláusulas – mas também o direito comum (civil). Pois o texto não se restringe ao direito do consumidor, uma vez que a referência do art. 112, parágrafo único é a contrato de adesão e estes são possíveis no Direito civil.

A nossa interpretação parece não ser a única possível dos arts. 112 e 114, mas é a que se nos afigura a melhor, porquanto estabelece segmentos temporais diferentes para a atividade de ofício e para a atividade da parte por meio da exceção de incompetência.

Enunciando o problema de forma ampla, poderemos dizer: (1.º) *que a infringência das regras especiais da competência, preferindo-se, indevidamente, a regra geral em detrimento da regra especial configurada (isto é, que incidiu), gera uma incompetência relativa, salvo nos casos em que a infração gere incompetência absoluta, nos casos dos arts. 95 (em parte) e 99*; (2.º) *e, de outra parte, deixar-se de seguir as regras gerais de determinação do foro geral, indo a um especial, indevidamente, configura, outrossim, incompetência relativa*; (3.º) refogem, como dito, do âmbito da competência relativa, os arts. 95, parcialmente, e 99, que, apesar de estarem topograficamente como sendo de competência territorial (e, portanto, "sugerindo", se infringidos, vício relativo, que não ocorre, pois o vício é absoluto), são casos de competência absoluta; (4.º) também não é caso de incompetência relativa quando o foro de eleição for considerado válido, pelo convencimento do juiz da ausência de um vício abusivo na cláusula de eleição de foro que dificultasse excessivamente a defesa do réu, não declarando, por esta razão, de ofício sua nulidade, somado ao fato de o réu não ter oposto exceção, por ter interesse em defender-se no foro eleito ou não se sentir prejudicado pelo mesmo. Serão, portanto, dois foros concorrentemente competentes, o de eleição e o do domicílio do réu; (5.º) por fim, são hipóteses de *incompetência sanável* pelo silêncio do juiz e da parte (art. 114, na redação da Lei 11.280/2006), as situações de nulidade da cláusula de eleição de foro, em contratos de adesão, quando a mesma criar obstáculos ao direito de defesa do consumidor, ou mesmo em relação àquele que seja aderente, sem ser consumidor.

95. Incompetência absoluta

Vejamos agora como a lei trata da *incompetência absoluta*. Dispõe a respeito o art. 113, estabelecendo que "a incompetência absoluta deve ser declarada de ofício e pode ser alegada, em qualquer tempo e grau de jurisdição, independentemente de exceção". Como se vê, a alegação da incompetência absoluta pode ser feita a qualquer tempo e em qualquer grau de jurisdição, e por qualquer das partes ou intervenientes, inclusive após o trânsito em julgado da sentença como fundamento de ação rescisória,[208] com base

208. V. Flávio Luiz Yarshell, *Ação rescisória – juízos rescindente e rescisório*, n. 141, p. 403-404.

no art. 485, II.[209] Entretanto, caso a alegação de incompetência absoluta seja feita após o prazo de contestação, a parte – autora, ré ou intervenientes, entenda-se – que a arguir pagará a totalidade das custas (art. 113, § 1.º). O fundamento disto é o de que, conquanto tenha razão no incidente, no seu agir tardio houve *culpa processual*.

Pelo sistema antigo, a alegação poderia ser feita até a oportunidade do saneador. Caso a alegação se desse após essa oportunidade, a parte que a alegasse arcaria com as custas em dobro.

Em face do atual Código de Processo Civil, a competência absoluta é aquela fixada tendo em vista a matéria da causa e a hierarquia dos órgãos (art. 111). Entenda-se *hierarquia,* entretanto, como hipótese de competência funcional, pois onde se disse hierarquia quis-se dizer funcional, tendo o legislador incorrido no vício da *sinédoque,* trocando a espécie pelo gênero.

O art. 112, *caput*, estabelece o modo como deve ser arguida a incompetência relativa, ou seja, por meio de exceção, no prazo de 15 (quinze) dias, ou, se superveniente, a contar do fato que "ocasionou a incompetência", como diz expressamente o art. 305, *caput,* sendo também de quinze dias o prazo.

Já a incompetência absoluta não deve ser discutida pela via da exceção e é matéria preliminar da contestação (art. 301, II), que, como vimos, seja ou não arguida, a seu respeito o juiz deverá sempre agir oficiosamente (art. 301, § 4.º). O réu, a qualquer momento, poderá também argui-la. A única implicação para o réu inerte é a relacionada com as custas (art. 113, § 1.º), regra esta também aplicável ao autor e intervenientes, com calço no mesmo art. 113, § 1.º, e no art. 125, I.

A incompetência material (*ratione materiae*) é aquela ocorrente em razão da matéria não caber dentro das atribuições de um determinado juízo (trata-se de incompetência de juízo), isto é, quando não se observa, basicamente, por exemplo, a regra de que as causas cíveis vão para o juízo cível e as criminais para o juízo criminal, *salvo exceção legal expressa.* Quanto às causas cíveis, há que se explicitar, ainda, que, tratando-se de causas que versem sobre determinadas matérias, há varas especializadas, cuja competência é absoluta, exatamente porque *ratione materiae* (ex.: varas de família, registros públicos etc.).

A competência das varas distritais (hoje foros regionais), portanto, na comarca de São Paulo, é absoluta. Esse entendimento pode ser estendido aos foros regionais de outras Comarcas ou circunscrições judiciárias, pois a existência dos foros regionais é, claramente, decorrente de razões de ordem pública, no sentido de: (a) distribuir melhor a Justiça, em localidades de grandes dimensões, sem que essa estrutura seja passível de fácil alteração; (b) colima proporcionar um acesso mais cômodo à Justiça, com vantagens para todos os jurisdicionados.[210]

209. Cf., amplamente, Teresa Arruda Alvim Wambier, *Nulidades do processo e da sentença*, n. 3.4.4, p. 375.

210. Na jurisprudência: 2.º TACivSP [extinto], AgIn 588.467-00/5, 7.ª Câm., j. 3.8.1999, rel. Juiz Américo Angélico: "Embora facultado no art. 58 da Lei 8.245/1991 eleger o Foro competente (Comarca), não se pode eleger o Juízo (foro central e regionais). As leis de organização judiciária, ao estabelecerem os foros regionais, utilizando-se de critérios combinados de valor, matéria e território, disciplinam a competência de juízos, de caráter funcional, regra de competência absoluta"; TJ/SP, AgIn. 196.119-4, 1.ª Câm. de Dir. Privado, j. 03.04.2001, rel. Elliot Akel; TJ/SP, CC 67.775-0, Câmara Especial, 13.04.2000, rel. Fonseca Tavares.

Assim também entendeu o STJ (decisão monocrática, AgIn 771.341, j. 28.06.2007, rel. Min. Hamilton Carvalhido, *DJ* 02.08.2007).

A esse propósito, é necessário sempre ter presente que, caso se admitisse a preferência pelo foro central, em detrimento dos foros regionais, é provável que muitos particulares, e principalmente pessoas jurídicas, tendo em vista a sua estrita comodidade, ajustassem em contrato a "eleição do foro central", e o poderiam fazer, por exemplo, ademais de tudo, em detrimento constante do interesse do outro contratante.

Parece, portanto, apesar dos aparentes entraves exegéticos que se colocam diante do aplicador da lei (isto é, o Código de Processo Civil, que no art. 111 define a competência territorial e por valor como relativas), não se poder admitir, como regra corrente, na dinâmica da vida judiciária, a eleição do foro central, por exemplo e por hipótese, em detrimento de um dado foro regional.

Se isto ocorresse e fosse tido por legítimo, por certo, implicaria desmontar o sistema de divisão interna estabelecido nas normas de organização judiciária, com infração à lei, o que seria tanto mais prejudicial se isto viesse a ser admitido, como regra geral.

Em rigor, e reportando-nos à realidade mesma da função desempenhada pelos foros regionais, não se pode deixar de reconhecer que a divisão de determinada comarca ou circunscrição implica *competência de atribuições*, ainda que isto tenha sido expressado pelo legislador, através da técnica da denominação de foro regional, respeitante a cada uma das subdivisões.

O art. 111 do CPC, que reza ser admissível que as partes possam "modificar a competência em razão do valor e do território, elegendo foro onde serão propostas as ações oriundas de direitos e obrigações", na verdade, deve ser interpretado da seguinte forma:

Se, num contrato entre A e B, ambos domiciliados na comarca da Capital de São Paulo, ajusta-se como foro de eleição o da comarca de Santos, no mesmo Estado de São Paulo, tal pacto é válido porque, em si mesmo, não redefine, com agressão a norma legal alguma, a competência de nenhuma das comarcas. Isto quer dizer que quando, no art. 111, se diz modificação da competência, significa-se que, ao lado do foro já competente – *in casu*, o(s) foro(s) domiciliar(es) –, erige-se mais um foro competente, isto é, concorrentemente competente com o domiciliar.

Indaga-se, agora, se este mesmo fenômeno ocorre na "eleição" do foro central, em detrimento dos foros regionais. Afigura-se-

---

Athos Gusmão Carneiro (*Jurisdição e Competência* cit., p. 73) entende ser caso de *competência absoluta* e não relativa; cita em prol de sua tese, a Súmula 3 das Câmaras Cíveis Reunidas do Tribunal de Justiça do Estado do Rio Grande do Sul, aprovada em 14 de junho de 1985, com a seguinte redação: "Na comarca da Capital, a repartição dos feitos entre o foro centralizado e os foros regionais é motivada por razões de ordem pública, autorizados os juízes a, de ofício, declinar da competência entre os referidos foros, obedecidos os preceitos do COJE e dos arts. 94 a 111 do CPC". Cita, em contrapartida, a Súmula 21 do extinto 1.º TACivSP [extinto] (*JUTACivSP* 115/191), em sentido oposto, dando por relativa a competência dos foros regionais (op. cit., p. 74). Em que pese a existência desta Súmula 21, colhe-se que nos tribunais paulistas predominava o entendimento defendido no texto (cf., além das decisões citadas no início desta nota, *RT* 690/122 e 658/143 – TJ/SP – 2.º TACivSP [extinto]; *RT* 683/99 – 1.º TACivSP [extinto]; *RT* 629/98 e 624/56).

No sentido do texto: Patrícia Miranda Pizzol, *A competência no processo civil*, São Paulo: RT, 2003, p. 226, item 3.3.4.2: "Trata-se de competência absoluta, muito embora, em princípio, à luz do art. 102 do CPC, seja a competência fixada em razão do valor da causa prorrogável. Isso porque o critério de que se valeu o legislador para a criação dos foros regionais e para a fixação da competência foi o do interesse público, e não o da comodidade das partes".

-nos que a resposta deve ser negativa, porque tal suposta "eleição" é atentatória das regras de competência, pois que, sendo descoincidente a competência do foro central da dos foros regionais, tal "eleição" é *contra legem* e vai contra o disposto no art. 54 da Res. TJSP 2/1976 e art. 4.º da Lei Estadual 3.947/1983. Fosse admitida esta espécie de "eleição" de foro, estar-se-ia rigorosamente derrogando o Direito positivo.

A eleição não pode pretender alterar a lei, mas, ao contrário, há de se subsumir à lei.

O pressuposto de eleição de foros é a igualdade dos foros, no que diz respeito à sua competência; tanto o foro domiciliar, quanto o eleito, *v.g.*, devem ter, *in abstracto*, a mesma e idêntica competência.

Enfocando-se o assunto por outro ângulo, caso se eleja um foro regional, fixando-se, de forma pretensamente concorrente, competência com outro foro regional, *v.g.*, num deles está o domicílio e no outro se estabelece, através de contrato, um foro de eleição, porque isto respeita à comodidade de ambos os contratantes, parece constituir-se em cláusula de negócio jurídico, à qual não se poderá, igualmente, emprestar validade, porque, em face do disposto no art. 53, II, da Res. 2/1976, do TJSP, inadmite-se "competência cumulativa entre o (foro) central e os distritais, nem entre estes".

O que pareceria, à primeira vista, ser possível é a eleição de foro regional, porquanto, nesta hipótese, não se estarão definindo regras de competência. Esta eleição de foro regional, todavia, é inviável, igualmente, porque inadmite o art. 53 da Res. 2/1976 a cumulatividade de competência entre os foros regionais, hipótese típica de técnica rígida de competência, vale dizer, cada foro tem a sua competência.

Neste sentido vem-se manifestando a jurisprudência mais recente do Tribunal de Justiça de São Paulo,[211] embora, há alguns anos, tenha havido controvérsia sobre o assunto, perante os demais Tribunais estaduais então existentes. O reconhecimento da incompetência, no sistema do CPC, não implica a extinção ou arquivamento do processo, porém a remessa dos autos ao juiz competente, tenha sido ela arguida pelas partes ou decretada de ofício.[212] Cabe agravo de instrumento contra a decisão *ex officio* declinando a sua competência.[213] Há jurisprudência errônea, porém, no sentido de que a decisão impugnada não pode ser tida como interlocutória.[214]

A sentença, conquanto proferida por um juiz absolutamente incompetente, será eficaz, porém, quando haja trânsito em julgado; pois, *em regra*, não se lhe pode impedir a exe-

---

211. Cf., dentre outros, os seguintes julgados: TJ/SP, Câmara Especial, CC 20.802-0, em 16.03.1995, rel. Des. Dirceu de Mello, *Boletim AASP* 1915/264-j (a incompetência dos foros regionais é absoluta, e não relativa, quando o valor da causa ultrapassar o limite estabelecido pelas normas de organização judiciária); TJ/SP, Câm. Esp., CC 120.561-0/5-00, j. 1.8.2005, rel. Des. Paulo Alcides; TJ/SP, CC 118.889-0/1-00, Câm. Esp., j. 27.06.2005, rel. Des. Ruy Camilo; TJ/SP, CC 115.661-0/0-00, Câm. Esp., j. 10.01.2005, rel. Des. Roberto Vallim Bellocchi; TJ/SP, CC 109.992-0/0-00, Câm. Esp., j. 16.08.2004, rel. Des. Viseu Júnior; TJ/SP, AgIn 196.119-4, 1.ª Câm. Dir. Priv., j. 03.04.2001, rel. Des. Elliot Akel; TJ/SP, AgIn 225.323-4, 9.ª Câm. Dir. Priv., j. 20.11.2001, rel. Des. Marco César; TJ/SP, CC 73.328-0, Câm. Esp., j. 10.8.2000, rel. Des. Nigro Conceição.

212. *RT* 576/69; *RJTJSP* 83/47; *JUTACivSP* 78/180. Diversamente, no Juizado Especial Cível o reconhecimento da incompetência conduz à extinção do processo (Lei 9.099/1995, art. 51, II e III).

213. *RJTJSP* 49/198.

214. *JUTACivSP* 44/176. Já se admitiu a aplicação do princípio da fungibilidade recursal, no caso: STJ, REsp 79.025/DF, 3.ª T., j. 07.05.1996, rel. Min. Eduardo Ribeiro, *DJ* 03.06.1996, p. 19.251.

cução, ou mesmo a execução provisória, ou a produção de outros efeitos, que não digam respeito à execução propriamente dita, salvo se, movida ação rescisória, sejam suspensos os efeitos da decisão rescindenda, por meio de "medidas de natureza cautelar ou antecipatória de tutela" (cf. nova redação do art. 489 do CPC, de acordo com a Lei 11.280). Entretanto, tal sentença, produzindo coisa julgada, formal e material, enseja *ação rescisória* (v. art. 485, II).

Será, igualmente, eficaz a sentença prolatada por juízo absolutamente incompetente, se o recurso não tiver efeito suspensivo (art. 520), até (pelo menos) o julgamento daquele.

Se, porém, uma vez proferida a sentença pelo juiz incompetente, tiver sido interposto recurso, isto é, *se o processo ainda estiver pendente,* por não ter a respectiva sentença transitado em julgado, diversa e mais pronta será a solução corretiva (v. art. 113, § 2.º). Nesse caso, não se fará uso da ação rescisória, mas a nulidade poderá ser alegada em recurso, como matéria preliminar, devendo ser decidida, desde logo, quando da apreciação deste; ou, se não constar do recurso, poderá ser alegada depois de sua interposição, até em sustentação oral, mas sempre antes do término do julgamento (art. 113, § 1.º); e, mesmo que não haja alegação, ainda assim o tribunal deverá agir oficiosamente.

Assim, pendente o processo mercê do recurso, o juiz ou tribunal que o devam apreciar simplesmente declararão nula a sentença e demais atos decisórios – aproveitados os atos instrutórios (v. art. 113, § 2.º) –, remetendo o processo ao juiz competente para que este, validamente, profira sentença (art. 113, § 2.º). Com isto, se constata que a incompetência absoluta não leva à extinção do processo, mas à necessidade de que se decretem as nulidades dos atos decisórios, enquanto pendente o processo, quaisquer que sejam, pois a lei não distingue (art. 113, § 2.º), e ao intérprete não cabe fazê-lo.

Temos, assim, duas consequências específicas e diversas da sentença proferida por juiz absolutamente incompetente, conforme as hipóteses de já ter (sentença de mérito rescindível, art. 485, II) ou não transitado em julgado a sentença (sentença e atos nulos, art. 113, § 2.º). Se houver trânsito em julgado, todavia, os atos decisórios não mais poderão ser, em si mesmos, atacados, *senão só* a sentença de mérito (art. 485, *caput*).

96. A competência no sistema das leis extravagantes

Em conformidade com a Lei 7.347/1985, que regula a ação civil pública,[215] dispõe-se, no art. 2.º, que "as ações previstas nesta lei serão propostas no foro do local onde ocorrer o dano, cujo juízo terá competência funcional para processar e julgar a causa". O Superior Tribunal de Justiça já decidiu que "compete à Justiça Estadual em primeiro grau processar e julgar ação civil pública, visando à proteção do patrimônio público e do meio ambiente, mesmo no caso de comprovado interesse da União no seu deslinde", como ainda, justificou-se esse entendimento diante da compatibilidade, no caso, do art. 2.º da Lei 7.347, com o art. 109, §§ 2.º e 3.º, da CF/1988. Consolidou-se então a orientação de que seria da Justiça Estadual a competência se não houvesse no local do dano, ocorrido e/ou a ocorrer, Justiça Federal, na linha do que propugnava a Súmula 183 do STJ.[216]

215. V. Hugo Filardi, Ação civil pública e acesso à justiça, *Revista de Processo (Repro)* 133-40-41, ano 31.

216. *RSTJ* 28/40, CC 2.230-RO, 1.ª S., j. 26.11.1991, rel. Min. Antonio de Pádua Ribeiro. Precedentemente à Constituição Federal de 1988 dava-se, no antigo Tribunal Federal de Recursos, por legítima a competência do art. 2.º, em face da Constituição Federal de 1969 (CC 7.482, 2.ª S., j. 17.09.1987, rel. Min. José de Jesus,

Posteriormente, porém, ante o posicionamento esposado pelo Supremo Tribunal Federal, no sentido de que a competência preceituada na Lei da Ação Civil Pública (7.347/1985) não se referia exclusivamente à Justiça Estadual,[217] o Superior Tribunal de Justiça procedeu ao cancelamento da aludida súmula,[218] de sorte que os julgados mais recentes são no sentido da competência da Justiça Federal, sempre que verificadas as hipóteses previstas nos incisos do art. 109, da CF/1988.[219]

O Código de Proteção e de Defesa do Consumidor (Lei 8.078/1990), dispõe a respeito: "Art. 93. Ressalvada a competência da Justiça Federal, é competente para a causa a Justiça local: I – no foro do lugar onde ocorreu ou deva ocorrer o dano, quando de âmbito local; II – no foro da Capital do Estado ou no do Distrito Federal, para os danos de âmbito nacional ou regional, aplicando-se as regras do Código de Processo Civil aos casos de competência concorrente".

A competência fixada no art. 93 é absoluta no plano da legislação ordinária,[220]

DJ 24.09.1987), ainda que não fosse pacífico esse entendimento. Atualmente, não havendo Justiça Federal, no local do dano, competente é a Justiça Estadual, com escoro no art. 109, § 3.º, CF/1988, pois no CC 2.230, sublinha-se que o dano "ocorreu e está ocorrendo em comarca que não é sede de Vara do Juízo Federal" (*Rev.* cit., p. 47).

217. "Ação civil pública – Promovida pelo Ministério Público Federal – Competência da Justiça Federal. Art. 109, I e § 3.º, da Constituição – Art. 2.º da Lei n. 7347/1985 – O dispositivo contido na parte final do § 3.º do art. 109 da Constituição é dirigido ao legislador ordinário, autorizando-o a atribuir competência (*rectius* jurisdição) ao Juízo Estadual do foro do domicílio da outra parte ou do lugar do ato ou fato que deu origem à demanda, desde que não seja sede de Varas da Justiça Federal, para causas específicas dentre as previstas no inciso I do referido art. 109. No caso em tela, a permissão não foi utilizada pelo legislador que, ao revés, se limitou, no art. 2.º da Lei 7.347/1985, a estabelecer que as ações nele previstas "serão propostas no foro do local onde ocorrer o dano, cujo juízo terá competência funcional para processar e julgar a causa" – Considerando que o Juiz Federal também tem competência territorial e funcional sobre o local de qualquer dano, impõe-se a conclusão de que o afastamento da jurisdição federal, no caso, somente poderia dar-se por meio de referência expressa à Justiça Estadual, como a que fez o constituinte na primeira parte do mencionado § 3.º em relação às causas de natureza previdenciária, o que no caso não ocorreu. Recurso conhecido e provido" (STF, RE 228955/RS, Pleno, j. 10.02.2000, rel. Min. Ilmar Galvão, *DJ* 24.03.2001, p. 70).

218. Cf. STJ, EDcl no CC 27.676/BA 1.ª Seção, j. 08.11.2000, rel. Min. José Delgado, *DJ* 05.03.2001, p. 118), onde se asseverou que "o tema em debate, por ser de natureza estritamente constitucional, deve ter a sua interpretação rendida ao posicionamento do Colendo Supremo Tribunal Federal, que entendeu que o dispositivo contido na parte final do art. 3.º, do art. 109, da CF/1988, é dirigido ao legislador ordinário, autorizando-o a atribuir competência ao Juízo Estadual do foro do domicílio da outra parte ou do lugar do ato ou do fato que deu origem à demanda, desde que não seja sede de Vara da Justiça Federal, para causas específicas dentre as previstas no inciso I, do referido art. 109. No caso dos autos, o Município onde ocorreu o dano não integra apenas o foro estadual da comarca local, mas também o das Varas Federais".

219. Cf., no STJ, CC 32104/MG, 1.ª S., j. 26.09.2001, rel. Min. Garcia Vieira, *DJ* 22.10.2001, p. 262; CC 33061/RJ, 1.ª S., j. 27.02.2002, rel. Min. Laurita Vaz, *DJ* 08.04.2002, p. 120, *JBC*, v. 44, p. 139, *RJADCOAS*, v. 37, p. 52, *RSTJ*, v. 154, p. 23; AgRg no CC 27.828/SP, 1.ª S., j. 26.03.2003, rel. Min. Francisco Falcão, *DJ* 05.05.2003, p. 211; CC 39.111/RJ, 1.ª S., j. 13.12.2004, rel. Min. Luiz Fux, *DJ* 28.02.2005, p. 178.

220. Dizer-se que se trata de competência absoluta significa que esse regime prevalece nesse plano, mas não pode afastar regras constitucionais, que, por certo, prevalecem, se for o caso; ou, mais precisamente, aplica-se a Constituição Federal e não a lei ordinária, pois que, se tipificada a hipótese de incidência de regra constitucional, não há de ser, sequer, cogitada, com vistas à sua incidência.

à semelhança do disposto no art. 2.º da Lei 7.347/1985.[221]-[222]

Na medida em que o art. 93, *caput, do CDC* ressalva a competência da Justiça Federal – como não poderia deixar de ser – e, como esta é disciplinada na Constituição Federal, é certo que esta prevalece sobre as regras do Código de Defesa do Consumidor, *ainda que estas normas sejam havidas como disciplinadoras de competência absoluta, porque não prevalece esta qualificação, de lei ordinária, no patamar da Constituição Federal.* De resto, é o próprio art. 93, *caput*, que ressalva a competência da Justiça Federal.

Este dispositivo regula a competência para ações a título coletivo[223] referentes à defesa de interesses individuais homogêneos, mas ressalva a competência da Justiça Federal, que é competência disciplinada na Constituição.

A competência virá a ser a da Justiça Federal quando propuser a ação a União, ou as entidades referidas no art. 109, I, da CF/1988, ou, então, quando na ação estas últimas vierem a intervir, provocando o fenômeno da alteração ou deslocamento da competência da Justiça Estadual para a Justiça Federal. Ressalvadas as hipóteses de competência da Justiça Federal, é ela da Justiça local (dos Estados federados ou do Distrito Federal, na forma do que *deflui* do art. 93, *caput, do CDC*).[224]

Ou, então, fora do sistema do Código do Consumidor, se, exemplificativamente, autarquia federal ou empresa pública federal agirem com base na Lei 7.347, de 24.07.1985 (art. 1.º, II, c/c o art. 5.º), o que significa também agir em favor do consumidor, a competência será da Justiça Federal.

A despeito da circunstância de este art. 93, *caput*, ressalvar a competência da Justiça Federal, dever-se-á, *sempre que seja possível*, não deixar de atender à regra da proximidade do juízo federal ao local do dano ou ao local onde seja provável a sua ocorrência, pois o critério da proximidade, que configura na ordem prática o direito de acesso à justiça e, simultaneamente, o da maior facilidade do

221. Cf. Rodolfo de Camargo Mancuso [em colaboração com outros], *Comentários ao Código de Proteção do Consumidor,* comentários ao art. 93, p. 321, com histórico da Lei 7.347. Ada Pellegrini Grinover [em colaboração com outros], *Código Brasileiro de Defesa do Consumidor,* cit., comentários ao art. 93, n. 6, p. 879, onde esclarece: "A competência territorial dos incisos I e II do art. 93 não se sujeita às regras do Código de Processo Civil, como aconteceria se se tratasse de competência relativa."É que, (...), o art. 2.º, LACP, aplicável ao CDC por força deste, em seu segundo sentido, confere à competência funcional (uma das modalidades da competência absoluta). O STJ tem falado em 'competência funcional'."Afirmamos, por isso, que a competência territorial é, no caso, absoluta, inderrogável e improrrogável pela vontade das partes."Se assim se entender, não ficará ela submetida a modificações pela conexão e pela continência, nos termos do art. 102 e ss. do CPC (...); e não será prorrogável mesmo quando, não tendo sido proposta no foro competente, o réu não opuser a exceção *declinatoria fori* (art. 114 do CPC)".

222. Há quem com judiciosas razões propugna por entendimento diferente, suscetível de ser lido no art. 93 do CDC, no sentido de que todas as capitais dos Estados federados e a do país, seriam concorrentemente competentes (v. Aluísio Gonçalves de Castro Mendes, artigo intitulado O Anteprojeto de Código Brasileiro de processos Coletivos: Visão Geral e Pontos Sensíveis, item 4, p. 20, publicado na obra coletiva *Direito Processual Coletivo e o anteprojeto de Código Brasileiro de Processos Coletivos)*.

223. Sobre a competência nas ações coletivas ver: Ricardo de Barros Leonel, Ações coletivas: nota sobre competência, liquidação e execução, *Revista de Processo* (*RePro*) 132/36-43; Luiz Manoel Gomes Júnior, *Curso de direito processual civil coletivo*, capítulo VI, p. 121-134.

224. A respeito da dúvida sobre a competência da justiça estadual ou federal para a ação civil pública, ver: Pedro Lenza, Competência na ação civil pública: dano de âmbito local, regional e nacional – art. 93 do CDC, *Revista de Processo (RePro)* 129/273-278.

juízo processante, foi o eleito pelo Código de Defesa do Consumidor.

A presença inicial da União, ou o seu comparecimento ulterior, não cria necessária incompatibilidade prática com o princípio[225] de que a ação deve ser processada e julgada proximamente ao local do dano ocorrido ou que pode vir a ocorrer, eis que aí poderá existir Justiça Federal.[226]

A competência se determina pelo dano ocorrido ou pelo local em que este possa vir a ocorrer, tendo em vista o foro do lugar, quando a lei se refere à hipótese de dano de âmbito local; isto quer dizer que a competência poderá vir a fixar-se em qualquer comarca de Estado federado respectivo, ou na do Distrito Federal, se for o caso desta hipótese (ainda sobre o assunto, ver inciso II do art. 93 do CDC).

O critério de se entenderem expressões "âmbito local", a que se refere o art. 93, I, do CDC, como sendo o de "comarca" e não município, é o preferível, e, na realidade, o correto. Isto porque se trata de tema ligado à determinação e à fixação de competência territorial, e, a comarca (ou, o foro, que abrange aquela; *ou, por outras palavras, o foro geralmente se sobrepõe à comarca*).[227] Assim é o foro que é o elemento indicado para essa finalidade. Se vários municípios, dentro de um mesmo Estado federado, estiverem compreendidos numa mesma comarca, tratar-se-á de dano de âmbito local. Este entendimento, mercê do qual se determinará a competência do juízo proximamente ao dano, ou da possível ocorrência do dano, é o que convém e que se ajusta à finalidade da disciplina da competência do Código do Consumidor. Se no foro competente, de acordo com as regras de determinação da competência, houver mais de um juízo (e, pois, se todos forem abstratamente competentes), fixar-se-á a competência no juízo que haja despachado em primeiro lugar (art. 106 do CPC).

O foro será o da capital do Estado ou do Distrito Federal, quando o dano for de âmbito regional ou nacional, o que significa, nessa última hipótese, que o dano deve transcender à área estadual, além dos limites de um Estado federado.

O que é necessário, na interpretação deste art. 93, II, do CDC, é o estabelecimento de áreas geográficas distintas, isto é, que os critérios geográficos, indicativos da determinação da competência, não se superponham, tendo em vista a explicitação dos conceitos descritivos contidos nessa norma, quais sejam, o dano regional e o dano nacional.

Quando transcender à área de uma dada Comarca,[228] tratar-se-á de dano regional, mas circunscrito, pois, ao âmbito de um Estado federado e a competência para a causa é o do foro da capital do Estado. A competência será da comarca do Distrito Federal quando o dano que haja ocorrido transcender, ou, por vir a ocorrer, houver de vir a transcender, a área geográfica de mais de um Estado,

225. Referimo-nos no texto a *princípio* exatamente porque o Código de Proteção e Defesa do Consumidor não pode ser havido como norma apta a imiscuir-se, com vistas a modificar a disciplina atinente à competência, tal como disciplinada na Constituição Federal.

226. De qualquer forma, ocorrente diversidade entre o Código de Proteção e Defesa do Consumidor e a Constituição Federal, aplica-se a regra do art. 109, § 1.º, desta última, sendo a União, a autora. Se a União for ré, aplicável é a regra do § 2.º do art. 109 da CF/1988.

227. Na hipótese de subdivisão de uma comarca, em diversos foros, como se passa em algumas capitais, dever-se-á observar a disciplina respectiva, o que não implica se descarte a regra de competência deste art. 93, I.

228. Vladimir Passos de Freitas [em colaboração com outros], *Comentários ao Código do Consumidor,* coordenação de José Cretella Júnior e René Ariel Dotti, Rio de Janeiro, Forense, 1992, n. 513, p. 351, *diferentemente,* apontando como local do dano (art. 93, I), como sendo o do "município".

ganhando por isso, âmbito nacional (o dano, por exemplo, deve vir a ocorrer em âmbito nacional, ainda que já existente em âmbito local ou regional, *tratar-se-á, tendo em vista a expansão do dano, de dano com âmbito nacional*).[229-230-231]

Estes critérios, conferindo-se o sentido de que no caso de âmbito regional a competência é a capital do Estado federado e, tendo em vista o dano de espectro nacional, a competência é do Distrito Federal, são os que, ao lado da distinção das áreas, como distintas e inconfundíveis, o que melhor diz com o acesso à Justiça.

Em todos os casos dos incisos I e II, desse art. 93, há competência concorrente de juízos sediados nas comarcas, entre si, eis que, pelo Código do Consumidor, a competência pode vir a ser determinada por qualquer um deles. Para a respectiva fixação, há se observar o disposto no Código de Processo Civil no seu art. 106. Parece ser incabível a regra do art. 219 do CPC, aplicável quando os juízos não tenham a mesma competência territorial, *i.e.*, não se situarem na mesma comarca, senão que, em comarcas diferentes, o critério da prevenção decorrerá da citação. Isto porque, tanto no inciso I quanto no inciso II, como aí se alude a "foro", há de se ter presente que foro supõe *a mesma competência territorial, ainda que com diversos juízos dentro desse, abstratamente competentes.*

A ação popular,[232] disciplinada pela Lei 4.717/1965, disciplina o tema da competência da seguinte forma: "Art. 5.º Conforme a origem do ato impugnado, é competente para conhecer da ação, processá-la e julgá-la o juiz que, de acordo com a organização judiciária de cada Estado, o for para as causas que interessem à União, ao Distrito Federal, ao Estado ou ao Município. § 1.º Para fins de competência, equiparam-se a atos da União, do Distrito Federal, do Estado ou dos Municípios os atos das pessoas criadas ou mantidas por essas pessoas jurídicas de direito público, bem como os atos das sociedades de que elas sejam acionistas e os das pessoas ou entidades por elas subvencionadas ou em relação às quais tenham interesse patrimonial. § 2.º Quando o pleito interessar simultaneamente à União e a qualquer outra pessoa ou entidade, será competente o juiz das causas da União, se houver; quando interessar simultaneamente ao Estado e ao Município, será competente o juiz das causas do Estado, se houver. § 3.º A propositura da ação prevenirá a jurisdição do juízo para todas as ações, que forem posteriormente intentadas contra as mesmas partes e sob os mesmos fundamentos (...)." Seguem-se as regras gerais de competência, como se percebe, do art. 5.º, *caput*, por isso que, uma ação popular que envolve o Presidente da República processa-se em primeiro grau de

229. Cf. Vladimir Passos de Freitas, *Comentários ao Código do Consumidor* cit., n. 514, p. 351-352-353, *substancialmente conforme,* observando que, nesse caso (dano nacional), o foro será o do Distrito Federal, podendo a competência ser da Justiça Estadual, ou da Justiça Federal, conforme a hipótese.

230. Todavia, é necessário que, fixada a *possibilidade* ou *viabilidade* da competência do foro do Distrito Federal, frisar-se que isto não pode desconhecer o que consta da Constituição Federal (cf. Vladimir Passos de Freitas, *Comentários ao Código do Consumidor* cit., n. 514, p. 352, *medio*).

231. Diverso, no entanto, o entendimento STJ, segundo o qual a competência do foro das capitais dos Estados e do Distrito Federal seria concorrente tanto para as hipóteses de dano de abrangência regional como para as de extensão nacional (*cf.* STJ, CC 26842/DF, 2.ª S., j. 10.10.2001, rel. Min. Waldemar Zveiter, rel. p/ Acórdão Min. Cesar Asfor Rocha, *DJ* 05.08.2002, p. 194; STJ, AgRg na MC 13.660/PR, 2.ª T., j. 04.03.2008, rel. Min. Castro Meira, *DJe* 17.03.2008).

232. V. Flávia Regina Ribeiro da Silva, Ação popular ambiental – primeiras abordagens. *Ação popular – aspectos relevantes e controvertidos*, item 4.3, p. 110-115.

jurisdição.[233] À ação popular aplica-se a regra da prevenção do art. 219 (ou, conforme a hipótese, a do art. 106), se várias são movidas contra os mesmos réus.[234]

O Estatuto do Idoso (Lei 10.741/2003) preceitua, em seu art. 80, a competência absoluta do foro do domicílio do idoso para processar e julgar as causas que versem direitos coletivos *lato sensu* deste, ressalvada a competência da Justiça Federal e a competência originária dos Tribunais Superiores. Pela Lei 9.099/1995, em que se dispõe sobre os Juizados Especiais Cíveis e Criminais, consta de suas Disposições Finais comuns: "Art. 93. Lei Estadual disporá sobre o Sistema de Juizados Especiais Cíveis e Criminais, sua organização, composição e competência".

Como já tivemos oportunidade de verificar, ainda que de forma muito sucinta, a Lei 10.259/2001, através da qual foram instituídos os Juizados Especiais Cíveis e Criminais no âmbito da Justiça Federal, estabelece que ao Juizado Especial Federal Criminal compete "processar e julgar os feitos de competência da Justiça Federal relativos às infrações de menor potencial ofensivo" (art. 2.º, *caput*, Lei 10.259/2001), assim consideradas, para os fins dessa Lei, os crimes para os quais a lei comine pena máxima não superior a 2 (dois) anos cominadas ou não com multa.

De outro modo, ao Juizado Especial Federal Cível foi conferida competência para "processar, conciliar e julgar causas de competência da Justiça Federal até o valor de sessenta salários mínimos, bem como executar as suas sentenças" (art. 3.º, *caput*, Lei 10.259/2001), expressamente excluídas as hipóteses enunciadas nos incs. I a IV do § 1.º deste mesmo dispositivo.

Essa competência, onde houver Juizado Especial Federal, é *absoluta,* diz a lei. Dispõe-se no art. 3.º, § 3.º, da Lei 10.259/2001, que: "No foro onde estiver instalada Vara do Juizado Especial, a sua competência é absoluta". O mesmo se diga com respeito ao Juizado Especial da Fazenda Pública, onde houver, conforme se extrai do art. 2.º da Lei 12.153/2009, *verbis:* "É de competência dos Juizados Especiais da Fazenda Pública processar, conciliar e julgar causas cíveis de interesse dos Estados, do Distrito Federal, dos Territórios e dos Municípios, até o valor de 60 (sessenta) salários mínimos".

Bibliografia

ALVIM, Thereza. A organização judiciária e o Código de Processo Civil – Competência em razão do valor. *Revista de Processo (RePro)* 3/32-37, ano I, São Paulo, Ed. RT, jul.-set. 1976; *RBDP* 6/143, 1976.

AMARAL, Guilherme Rizzo. Novas competências trabalhistas na EC 45/2004 e direito intertemporal. *Revista de Processo (RePro)* 138/112-129, ano 31, São Paulo, Ed. RT, agosto, 2006.

AMARAL SANTOS, Moacyr. *Primeiras linhas de direito processual civil*. 25. ed. (atualizada por Maria Beatriz Amaral Santos Köhnen). São Paulo: Saraiva, 2007. vol. 1.

ARAÚJO FILHO, Luiz Paulo da Silva. *Comentários ao Código de Defesa do Consumidor*. São Paulo: Saraiva, 2002.

ARMELIN, Donaldo. Competência internacional. *Revista de Processo (RePro)* 2/131-158, ano I, São Paulo, Ed. RT, abr.-jun. 1976.

ARRUDA ALVIM, Eduardo. *Curso de direito processual civil*. São Paulo: Ed. RT, 1999. vol. 1.

233. *RTJ* 121/17, Pleno, j. 18.02.1987, rel. Min. Moreira Alves, onde acertadamente se nega possível analogia entre competência do STF para mandado de segurança (prevista no art. 119, CF/1969) e a ausência de competência do STF, no caso.

234. V. STJ, CC. 433-DF, 1.ª S., j. 29.05.1990, rel. Min. Ilmar Galvão, *DJU* 25.06.1990, p. 6.019, 1.ª col., *apud* Theotonio Negrão, 3. ed. eletrônica (acórdão com inteiro teor). No mesmo sentido, mais recentemente: STJ, CC 41.444/AM, 1.ª Seção, j. 11.02.2004, rel. Min. Luiz Fux, *DJ* 16.02.2004, p. 200.

______. *Direito processual civil*. São Paulo: Ed. RT, 2008.

______. *Direito processual civil*. 3.ª ed. São Paulo: Ed. RT, 2010.

______. *Direito processual civil*. 4.ed. São Paulo: Ed. RT, 2012.

ARRUDA ALVIM NETTO, José Manoel de. Anotações sobre o tema competência. *Revista de Processo (RePro)* 24/9-51, ano VI, São Paulo, Ed. RT, set.-dez. 1981.

______. Anotações sobre o tema competência internacional. *Revista de Processo (RePro)* 7/15-50, ano II, São Paulo, RT, jul.-dez. 1977.

______. Anotações sobre o tema da competência. *Estudos de direito processual civil em homenagem a José Frederico Marques*. São Paulo: Saraiva, 1982.

______. A *perpetuatio jurisdictionis* no Código de Processo Civil Brasileiro. *Revista de Processo (RePro)* 4/13-37, ano I, São Paulo, Ed. RT, out.-dez./1976.

______. Competência. *RF* 246/243, 1974.

______. Competência internacional. *Revista de Processo (RePro)* 7-8/28.

______. Competência para ação de reparação de dano decorrente de delito. *Revista de Processo (RePro)* 7-8/157-162, ano II, São Paulo, Ed. RT, jul.-dez. 1977.

______. Ementas de doutrina e jurisprudência sobre competência. *Revista de Processo (RePro)* 25/221-234, ano VII, São Paulo: Ed. RT, abr.-jun. 1982; *Revista de Processo (RePro)* 26/219-232, ano VII, São Paulo, Ed. RT, jan.-mar. 1982; *Revista de Processo (RePro)* 28/203-220, ano VII, São Paulo, Ed. RT, out.-dez. 1982; *Revista de Processo (RePro)* 31/309 *et seq.*, ano VII, São Paulo, Ed. RT, jul.-set. 1983.

______. *Soluções Práticas de Direito: Pareceres*. Vol. IV. São Paulo: Ed. RT, 2011.

BARBI, Celso Agrícola. *Comentários ao Código de Processo Civil*. Rio de Janeiro: Forense, 1983. vol. I.

______. *Do mandado de segurança*. 7. ed. Rio de Janeiro: Forense, 1993.

BARBOSA MOREIRA, José Carlos. *O novo processo civil brasileiro*. 25. ed., Rio de Janeiro: Forense, 2007.

______. Prevenção da competência. *Estudos sobre o novo Código de Processo Civil*. 1974; e *Revista de Processo (RePro)* 7-8/197-204, ano II, São Paulo, Ed. RT, jul.-dez. 1977.

______. Relações entre processos instaurados, sobre a mesma lide civil, no Brasil e em país estrangeiro. *Revista de Processo (RePro)* 7-8/51-58, ano II, São Paulo, Ed. RT, jul.-dez. 1977.

BERMUDES, Sérgio. Prevenção da competência nas ações conexas. *RBDP* 9/83, 1977; e *Juriscível* 52/21.

BORBOREMA, Anete Vasconcelos de. Competência territorial. *Revista de Processo (RePro)* 20/89-112, ano V, São Paulo, Ed. RT, out.-dez. 1980.

______. Conflito de competência (Jurisprudência comentada). *Revista de Processo (RePro)* 23/208-228, ano VI, São Paulo, Ed. RT, jul.-set. 1981.

BUENO, Cássio Scarpinella. *Curso sistematizado de direito processual civil*. São Paulo: Saraiva, 2007. vol. 2, t. 1.

CAHALI, Yussef Said. *Divórcio e separação*. 8.ª. ed. São Paulo: Ed. RT, 1995. t. I.

CALMON DE PASSOS, J. J. *Comentários ao Código de Processo Civil*. São Paulo, Ed. RT, 1984.

CARNEIRO, Athos Gusmão. *Jurisdição e competência*. 13. ed. São Paulo: Saraiva, 2004.

CARVALHO, Vladimir Souza. *Da justiça federal e sua competência*. São Paulo: Ed. RT, 1980.

______. Declaração *ex officio* da incompetência relativa? *AJURIS* 17/142, 1979.

______. *Direito processual civil*. São Paulo: Bushatsky, 1975.

CARVALHO DE MENDONÇA, J. X. *Tratado de direito comercial brasileiro*. 6. ed. Rio de Janeiro: Freitas Bastos, 1961.

CASTRO NUNES. *Do mandado de segurança e de outros meios de defesa contra atos do poder público*. 8. ed. atual. por José de Aguiar Dias. Rio de Janeiro: Forense, 1980.

Castro, Pietro. *Derecho procesal civil*. Zaragoza: Librería General, 1949. vol. 1.

Couto, Mônica Bonetti. A nova regra do parágrafo único do art. 112 do CPC. *A nova reforma processual*. Gustavo Santana Nogueira (coord.). Rio de Janeiro: Lumen Juris, 2007.

Cretella Jr., José. *Comentários à lei do mandado de segurança*. 6. ed. Rio de Janeiro: Forense, 1993.

Cunha, Leonardo José Carneiro da. *Jurisdição e Competência*. São Paulo: Ed. RT, 2008.

Dantas, Francisco Wildo Lacerda. *Teoria geral do processo*. 2. ed. São Paulo: Método, 2007.

Dinamarco, Cândido Rangel. *Direito processual civil*. São Paulo: Bushatsky, 1975.

Fernandes Filho, Sólon. Juiz incompetente: eficácia de seus pronunciamentos. *Revista de Processo (RePro)* 14-15/121-126, ano IV, São Paulo, Ed. RT, abr.-set. 1979.

Ferraz, Sérgio. Prevenção de competência. *Revista de Processo (RePro)* 7-8/205-212, ano II, São Paulo, Ed. RT, jul.-dez. 1977.

Ferreira, Sérgio de Andréa. A competência internacional da Justiça brasileira e o foro nas ações de desquite. *RF* 246/295.

Filardi, Hugo. Ação civil pública e acesso à justiça. *Revista de Processo (Repro)* 133-40-41, ano 31, São Paulo, Ed. RT, março, 2006.

Fragoso, Marília. Competência, prevenção e conexidade (notas e comentários). *RF* 279/402.

Freitas, Vladimir Passos de et al. *Comentários ao Código do Consumidor.* Coords. José Cretella Júnior e René Ariel Dotti. Rio de Janeiro: Forense, 1992.

Gomes Júnior, Luiz Manoel. *Curso de direito processual civil coletivo*. Rio de Janeiro: Forense, 2005.

Grinover, Ada Pellegrini. *Código Brasileiro de Defesa do Consumidor*: Comentado pelos autores do anteprojeto. 8. ed. Rio de Janeiro: Forense Universitária, 2004.

Jorge, Flávio Cheim; Didier Jr., Fredie; Rodrigues, Marcelo Abelha. *A terceira etapa da reforma processual civil*. São Paulo: Saraiva, 2006.

Lenza, Pedro. Competência na ação civil pública: dano de âmbito local, regional e nacional – art. 93 do CDC. *Revista de Processo (RePro)* 129/273-278, ano 30, São Paulo, Ed. RT, novembro, 2005.

Liebman, Enrico Tullio. Os limites da jurisdição brasileira. *RF* 92/647 *et seq*.

Lima, Iran de. O momento de ocorrência da *perpetuatio jurisdictionis*. *AJURIS* 6/80.

Mallet, Estevão. Apontamentos sobre a competência da justiça do trabalho após a Emenda Constitucional 45/2004. *Revista de Processo (RePro)* 126/40-58, ano 30, São Paulo, Ed. RT, agosto, 2005.

Mancuso, Rodolfo de Camargo et al. *Comentários ao Código de Proteção do Consumidor.* São Paulo: Saraiva, 1991.

Marcato, Antonio Carlos. *Código de Processo Civil interpretado*. São Paulo: Atlas, 2004.

Marques, Cláudia Lima. *Comentários ao Código de Defesa do Consumidor.* 2 ed. São Paulo: Ed. RT, 2006.

Marques, José Frederico. *Manual de direito processual civil*. São Paulo: Saraiva, 1983. vol. 1.

Mendes, Aluísio Gonçalves de Castro. O Anteprojeto de Código brasileiro de processos coletivos: Visão geral e pontos sensíveis. *Direito processual coletivo e o anteprojeto de código brasileiro de processos coletivos*. Ada Pellegrini Grinover, Aluísio Gonçalves de Castro Mendes e Kazuo Watanabe (coords.), São Paulo, Ed. RT, 2007.

Mendonça Lima, Alcides de. A nova terminologia do Código do Processo Civil. *AJURIS* 1/104, 1974.

Negrão, Theotonio; Gouvêa, José Roberto F. *Código de Processo Civil e legislação processual em vigor*. 41. ed. amplamente atualizada. São Paulo: Saraiva, 2009.

Nery Júnior, Nelson. *Código Brasileiro de Defesa do Consumidor*: comentado pelos autores do anteprojeto. 8. ed. Rio de Janeiro: Forense Universitária, 2004.

______; NERY, Rosa Maria de Andrade. *Código de Processo Civil comentado e legislação extravagante*. 9. ed. São Paulo: Ed. RT, 2006.

______. NERY, Rosa Maria de Andrade. *Código de Processo Civil Comentado e Legislação Extravagante*. 10. ed. São Paulo: Ed. RT, 2007.

NOTARIANO JR., Antonio; BRUSCHI, Gilberto Gomes. *Agravo contra as decisões de primeiro grau*. São Paulo: Método, 2006.

NUNES, Castro. *Do mandado de segurança e de outros meios de defesa contra atos do poder público*. 8. ed. atual. José de Aguiar Dias. Rio de Janeiro: Forense, 1980.

______. *Do mandado de segurança*. 5.ed. Rio de Janeiro: Forense, 1956.

PAINI, Reynaldo José Castilho. Notificação e competência para a ação principal. *RT* 585/9.

PAULA, Alexandre de. *O processo civil à luz da jurisprudência* – Nova série. Rio de Janeiro: Forense, s.d. vol. 2.

PENTEADO, Luciano de Camargo. As cláusulas abusivas e o Direito do Consumidor. *RT* 725/97.

PEREIRA, Luis Cesar Ramos. A competência internacional da autoridade judiciária brasileira. *RT* 586/15-21, ano 73, São Paulo, Ed. RT, ago. 1984.

PIMENTEL, Wellington Moreira. *Comentários ao Código de Processo Civil*. 2. ed. São Paulo: RT, 1979.

PIZZOL, Patrícia Miranda. *A competência no processo civil*. São Paulo: Ed. RT, 2003.

PONTES DE MIRANDA. *Comentários ao Código de Processo Civil*. Rio de Janeiro: Forense, 1976, vol. 12.

PRATA, Edson. Competência territorial. *RBDP* 41/91, 1984.

REALE, Miguel. Da competência por dependência. *RT* 538/31-37, ano 69, São Paulo, Ed. RT, agosto 1980.

ROCHA, José de Moura. A competência e o novo Código de Processo Civil. *Revista de Processo (RePro)* 4/38-67, ano I, São Paulo, Ed. RT, out.-dez. 1976.

RODRIGUES NETTO, Nelson. Qual é o juízo competente para a minha ação? *Revista de Processo (RePro)*, 146/363-372, ano 32, São Paulo, Ed. RT, abril, 2007.

ROSENBERG, *Leo*; SCHWAB, *Karl Heinz*. *Zivilprozeßsrecht*. 10. ed. Munique: Beck'sche, 1969.

SANTOS, Ernane Fidélis dos. *Manual de direito processual civil*. 11. ed. São Paulo: Saraiva, 2006. vol. 1.

SIDOU, Othon. Habeas data, *mandado de injunção*, habeas corpus, *mandado de segurança, ação popular* – As garantias ativas dos direitos coletivos segundo a nova Constituição. 4. ed. Rio de Janeiro: Forense, 1992.

SILVA, Flávia Regina Ribeiro da. Ação popular ambiental – primeiras abordagens. *Ação popular – aspectos relevantes e controvertidos*. Luiz Manoel Gomes Júnior e Ronaldo Fenelon Santos Filho (coord.). São Paulo: RCS, 2006.

SILVA, José Afonso da. *Princípios do processo de formação das leis no direito constitucional*. São Paulo: Ed. RT, 1964.

SOUZA, Gelson Amaro. *Teoria geral do processo cautelar*. Rio de Janeiro: América Jurídica, 2002.

THEODORO JÚNIOR, Humberto. *Curso de direito processual civil*. 47. ed., Rio de Janeiro: Forense, 2007.

. *Processo cautelar*. 22. ed. São Paulo: Leud, 2005.

TORNAGHI, Hélio. *Comentários ao Código de Processo Civil*. São Paulo: Ed. RT, 1976. vol. 1.

VILLELA, João Baptista. *Direitos de Família e do Menor*. Belo Horizonte: Del Rey, 1992.

WAMBIER, Luiz Rodrigues; TALAMINI, Eduardo; ALMEIDA, Flávio Renato Correia de. *Curso avançado de processo civil*. 6. ed. São Paulo: Ed. RT, 2005.

WAMBIER, Teresa Arruda Alvim. *Os agravos no CPC brasileiro*. 4. ed. São Paulo: Ed. RT, 2005.

______. *Nulidades do processo e da sentença*. 6. ed. São Paulo: Ed. RT, 2007.

YARSHELL, Flávio Luiz. *Ação rescisória – juízos rescindente e rescisório*. São Paulo: Malheiros, 2005.

VII

A Justiça Federal[1]

97. Introdução

Depois da criação da chamada "Justiça Federal" para julgar as causas em que a União, de um modo geral, direto ou indireto, pela sua Administração, direta ou indireta, tenha interesse, estabeleceu-se uma dualidade de magistraturas na Justiça comum, a saber: a) a Justiça Estadual, existente nos Estados federados; e b) a Justiça Federal, com jurisdição em todo o território nacional, nas hipóteses em que se verifiquem os pressupostos legitimadores do acesso a ela, ou seja, nos casos de sua competência *ratione personae*,[2] em processo civil, aplicando-se predominantemente Direito Público Material comum (art. 109, I a XI, §§ 1.º a 5.º, da CF/1988, na redação da Emenda Constitucional 45/2004).

Em nosso sentir, tendo em vista um critério histórico-orgânico, a Justiça Federal pode ser considerada, em relação à Estadual, como uma *Justiça*, conquanto ordinária, de *índole especializada*, o que já tivemos oportunidade de observar. Todavia, a Justiça Federal é comum, tendo em vista o critério das normas por ela aplicadas.[3]

Refere-se à Justiça Federal a Constituição Federal nos arts. 106 a 110. Essa Justiça é composta pelos "Tribunais Regionais Federais" e "juízes federais" (art. 106, I e II, da CF/1988).

Assim, os juízes federais exercem jurisdição, em primeiro grau, nos casos afetos à Justiça Federal, e, como segundo grau de jurisdição, estão os Tribunais Regionais Federais.[4]

---

1. As dúvidas existentes entre a competência-jurisdição da Justiça Federal e da Justiça Estadual são tratadas neste capítulo.

2. Moacyr Amaral Santos, *Primeiras linhas de direito processual civil*, p. 224 e 225, item 172: "Os *juízes federais* de primeiro grau foram instituídos, mui especialmente, para constituírem os órgãos jurisdicionais competentes para processar e julgar as lides em que sejam interessados a União, entidades autárquicas ou empresas públicas federais, Estados estrangeiros, organismos internacionais. Daí a sua competência, quase toda ela, se verificar *em razão das pessoas*. E tal é a relevância dessa competência dos juízes federais, que a própria Constituição Federal dedicou-lhe disposições expressas, impedindo que a lei ordinária regulasse a matéria".

3. *RT* 578/94. Usa-se, na jurisprudência, a expressão "Justiça Federal Comum" em oposição à "Justiça Federal Especializada", sendo considerada especializada, por exemplo, a competência dos Juizados Especiais Federais (cf. TRF-4.ª R., CC 3968, 3.ª S., j. 10.3.2005, rel. Juiz Otávio Roberto Pamplona, *DJ* 6.4.2005, p. 353) e da Justiça do Trabalho (TRF-5.ª R., ApCív 337255, j. 17.8.2004, rel. Des. Paulo Roberto de Oliveira Lima, *DJ* 22.9.2004, p. 183).

4. Se houver conflito entre juiz federal e estadual *investido de jurisdição federal*, na forma da Súmula 3, do STJ, cabe ao Tribunal Regional Federal dirimir o conflito. No CC 291, *RSTJ* 2/67, rel. Vicente Cernicchiaro, observa-se ser competente o TRF respectivo, pois que a Constituição Federal, no art. 105, I, *d*, *fine*, refere-se a uma vinculação a *tribunais diversos*, quando,

98. A Justiça Federal e a Constituição

A jurisdição constitucionalmente deferida à Justiça Federal é a seguinte:

"Art. 109. Aos juízes federais compete processar e julgar: I – as causas[5] em que a União,[6] entidade autárquica ou em-

---

então, a competência para dirimir o conflito é do STJ; não assim, quando o juiz estadual está investido de jurisdição federal, pois o que esse decidir comporta recurso para o TRF respectivo.

Sobre a inteligência da referida Súmula, assim decidiu a 1.ª Seção do STJ: "1. No âmbito das Turmas que compõem esta Seção, há decisões com entendimentos divergentes a respeito da competência deste Tribunal para dirimir conflitos entre juízes estadual e federal, nos autos de execuções fiscais. 2. Em alguns casos, tem sido aplicado o enunciado 3 da Súmula/STJ, segundo o qual 'compete ao Tribunal Regional Federal dirimir conflito de competência verificado, na respectiva região, entre Juiz Federal e Juiz Estadual investido de jurisdição federal'. Em outros, ainda que não afastado expressamente o referido verbete, os conflitos são conhecidos e apreciada a questão controvertida. 3. A despeito do enunciado 3 da Súmula/STJ, a competência é deste Tribunal, uma vez presente conflito entre juízes vinculados a tribunais diversos, atraindo a incidência do art. 105, I, *d*, da Constituição. Acrescente-se que o juízo estadual, no caso, rejeita a delegação de competência, pelo que não se mostra presente o pressuposto exigido no referido verbete, qual seja, 'Juiz Estadual investido de jurisdição federal'" (STJ, CC 39.921/RS, 1.ª S., j. 28.4.2004, rel. Min. Denise Arruda, *DJ* 17.5.2004, p. 100).

5. A expressão causa abrange, também, os casos de jurisdição voluntária – v. 2.ª S., j. 14.12.1990, rel. Min. Athos Carneiro, *RSTJ* 33/336, fixando o seguinte: "A expressão causa, que está no art. 109, I, da Constituição Federal, abrange os processos de jurisdição voluntária". Do mesmo modo: STJ, CC 41.790/SP, 1.ª S., j. 10.8.2005, rel. Min. Denise Arruda, *DJ* 5.9.2005, p. 198; STJ, REsp 436.583/RN, 6.ª T., j. 16.3.2004, rel. Min. Hamilton Carvalhido, *DJ* 10.5.2004, p. 353.

6. Em conformidade com a Súmula 34, fixou o STJ o entendimento de que "compete à Justiça Estadual processar e julgar causa relativa a mensalidade escolar, cobrada por estabelecimento particular de ensino". Deram origem a essa súmula os CC 113, 1.383 e 1.390, da 2.ª Secção do STJ. Foi relator do CC 1.390 o Min. Sálvio de Figueiredo, e é fundamento o de que inexiste, no caso, delegação do Poder Público federal, ou seja, como consta da ementa, "o reajuste de mensalidades de instituições de ensino superior não se insere entre os atos delegados do poder público" – cf. *RSTJ* 33/411. Invoca-se, no acórdão precedente, acolhendo-o, em que se decidiu: "O ato praticado por dirigente de estabelecimento de ensino superior, quando não se revela com a conotação daqueles nos quais se inserem aqueles que integram o interesse público, não se o considera com os efeitos emanados da função pública delegada" (CC 631, rel. Min. Waldemar Zveiter, *DJU* 19.2.1990). Igualmente, CC 1.430, rel. Min. Barros Monteiro, *RTJ* 33/415.

Porém, quando o ato praticado por estabelecimento de ensino privado (universidade estadual) é a criação e implantação de cursos na área de saúde, e, portanto, aprisionado às normas gerais da educação e saúde nacionais, sujeito às diretrizes e exigências de específica legislação de regência, dependente de prévia avaliação e do consentimento do Conselho Nacional da Saúde, sucedendo-se a necessária autorização do Presidente da República, atrai-se o interesse jurídico da União, pelo que o feito deve tramitar perante a Justiça Federal (art. 109, I, da CF/1988) – cf. CC 13.758-6/PR, 1.ª S., j. 6.6.1995, rel. Min. Milton Luiz Pereira, *DJU* I, 7.8.1995, p. 23.003. No mesmo sentido, "não se tratando de causa relativa unicamente a mensalidade escolar e sim de impedimento a continuidade dos estudos e de recusa a prestar serviço delegado pelo poder público, a competência é da Justiça Federal" (STJ, CC 25.532/RS, 1.ª S., j. 22.9.1999, rel. Min. Garcia Vieira, *DJ* 16.11.1999, p. 174).

Mais recentemente, porém, o STJ consolidou o posicionamento de que "o critério definidor da competência da Justiça Federal é *ratione personae*, levando-se em consideração

presa pública federal[7] forem interessadas na condição de autoras, rés, assistentes ou oponentes,[8] exceto as de falência, as de aci-

a natureza das pessoas envolvidas na relação processual, sendo irrelevante, para esse efeito e ressalvadas as exceções mencionadas no texto constitucional, a natureza da controvérsia sob o ponto de vista do direito material ou do pedido formulado na demanda". Assim, "se a questão de direito material diz respeito ao ensino superior e a controvérsia instaura-se em mandado de segurança, a competência para o processamento da lide é da Justiça Federal, quer se trate de universidade pública, quer se trate de estabelecimento particular de ensino. Neste último caso, a autoridade impetrada age por delegação federal"; se, no entanto, "o litígio instrumentaliza-se em procedimento cautelar ou em processo de conhecimento, sob o rito comum ou algum outro de natureza especial que não o do mandado de segurança, a competência para julgá-lo será da Justiça Federal se a universidade for federal e da Justiça Estadual se a instituição de ensino for particular, salvo se dele participar como interessada, na condição de autora, ré, assistente ou oponente, a União, alguma de suas autarquias ou empresa pública federal". Tais critérios foram estabelecidos no CC 35.721/RO, 1.ª S., j. 11.6.2003, rel. Min. Teori Albino Zavascki, *DJ* 04.8.2003, p. 212, *RSTJ*, vol. 178. p. 45, tendo sido reproduzidos, sucessivamente, em numerosos julgados (cf. STJ, REsp 883.497/GO, 1ªT., rel. Min. Luiz Fux, j. 4.11.2008, *DJe* 1.12.2008; CC 45.660/PB, 1.ª S., rel. Min. Castro Meira, *DJ* 11.4.2005; CC 35.042/SP, rel. Min. Francisco Peçanha Martins, *DJ* 17.12.2004; CC 36.580/PR, rel. Min. Francisco Peçanha Martins; CC 40.624/PE, rel. Min. Denise Arruda, *DJ* 2.8.2004; CC 38.130/SP, j. 24.9.2003, rel. Min. Teori Albino Zavascki, *DJ* 13.10.2003, p. 223).

7. A Súmula 82 do mesmo STJ reza: "Compete à Justiça Federal, excluídas as reclamações trabalhistas, processar e julgar os feitos relativos a movimentação do FGTS", tendo, esta última, base no art. 109, I, da Constituição Federal. Já se ocorrer, *propriamente*, interesse da Caixa Econômica Federal, gestora do FGTS, desloca-se a competência, na forma do art. 109, I, da Constituição Federal – cf. *RSTJ* 47/33, rel. Min. Milton Luiz Pereira. Fundamenta-se o Ministro relator em que "a expressa disposição do art. 109, inciso I, da CF, restou ferida pelo art. 26 da Lei 8.036/1990, em que se previu competência da Justiça do Trabalho", sendo que o Tribunal Superior do Trabalho, através de sua Súmula 179, já julgara inconstitucional a mesma regra, ou seja, o art. 22 da Lei 5.107/1966 (a Súmula 179 do TST, posteriormente, veio a ser cancelada, cf. Res. 121/2003); 49/236, CC 896, rel. Min. José de Jesus; 49/239, rel. Min. Américo Luz; e consta do fundamento do voto que, em conformidade com o CC 5.993 e na forma do que restou decidido, com lastro em acórdão da *RTJ* 78/398, cabe ao STJ indicar a justiça de 1.º grau competente para a causa; 49/241, rel. Min. Hélio Mosimann (no mesmo sentido); 49/246, CC 2.907, rel. Min. Demócrito Reinaldo; 49/250, CC 3.067, rel. Min. Pádua Ribeiro; 49/254, CC 3.512, rel. Min. Gomes de Barros, onde se observa o fundamento de que "o FGTS não é acessório do contrato de trabalho", que consta igualmente da ementa. Cf. também os seguintes julgados: STJ, CC 41.435/RS, 1.ª S., j. 10.11.2004, rel. Min. José Delgado, *DJ* 17.12.2004, p. 392; STJ, REsp 723.918/RN, 2.ª T., j. 17.05.2005, rel. Min. Eliana Calmon, *DJ* 20.06.2005, p. 248; STJ, AgRg no CC 44.137/SP, 1.ª S., j. 8.6.2005, rel. Min. Luiz Fux, *DJ* 27.6.2005, p. 206.

8. A Súmula 11 do STJ reza: "A presença da União ou de qualquer de seus entes, na ação de usucapião especial, não afasta a competência do foro da situação do imóvel". Essa súmula estriba-se na interpretação da Constituição Federal, art. 109, § 3.º, e da Lei 6.969/1981, art. 4.º, § 1.º. Derivou dos julgamentos do CC 146/PR (2.ª S., j. 28.6.1989, *DJ* 21.8.1989) e do CC 1.064/SE (2.ª S., j. 30.5.1990, *DJ* 25.6.1990). Esse entendimento já recolhia precedentes do Tribunal Federal de Recursos (*Revista do TFR* 126/437, rel. Min. Costa Leite, e 121/31, rel. Min. Carlos Madeira; AgIn 47.475/MG, rel. Min. Nilson Naves, *DJ* 10.04.1986, e CC 6.934/RJ, rel. Min. Flaquer Scartezzini, j. 2.10.1986 – cf. *RSTJ* 16/298, CC, rel. Min. Barros Monteiro). Decidiu-se no CC 146 que "a ação de usucapião especial será processada e julgada no *forum rei sitæ*, consoante reza o art. 4.º da Lei 6.969/1981, ainda que haja interesse de órgão federal (cf. § 1.º do citado art. 4.º)". Trata-se de uma exceção à regra de que, havendo interesse da União, a causa compete aos juizes federais. Já era assim pela Constituição Federal de 1967, art. 126, mandamento esse, atualmente, constante do art. 109, § 3.º. Desta

dentes de trabalho[9] e as sujeitas à Justiça Eleitoral e à Justiça do Trabalho;[10-11-12] II – as

forma, prevendo-se na Lei 6.969/1981 (art. 4.º, § 1.º) competência do *forum rei sitæ*, essa norma foi recepcionada pelo art. 109, § 3.º, da Constituição Federal. No mesmo sentido: STJ, REsp 656.471/PR, 4.ª T., j. 17.2.2005, rel. Min. Jorge Scartezzini, *DJ* 21.3.2005, p. 402.

9. Segundo a Súmula 15, do STJ, *editada antes da Emenda Constitucional 45/2004*, "compete à Justiça Estadual processar e julgar os litígios decorrentes de acidente de trabalho", o que decorre do art. 109, I, da Constituição Federal, pelo qual não se justifica a competência. No CC 28, *RTJ* 60/90, invoca-se no fundamento do acórdão o art. 19, II, da Lei 6.367/1976, o qual dispõe que os litígios relativos a acidentes do trabalho serão apreciados pela Justiça Comum dos Estados, do DF e dos Territórios, o que já ocorria com o art. 142, § 2.º, da Constituição Federal de 1967 (nas redações atribuídas pelas EC 1/1969 e EC 7/1977), e a norma infraconstitucional citada foi recepcionada pelo art. 109, § 3.º, da Constituição Federal de 1988; igualmente, *RSTJ* 6/116, CC 405, rel. Min. Garcia Vieira, onde se sublinha que a competência do art. 109, I, deve ser interpretada em consonância com o art. 109, § 3.º, ambos da Constituição Federal (1988).

Após a Emenda Constitucional 45/2004, porém, o assunto ganhou novos contornos, na Constituição e na jurisprudência dos Tribunais Superiores. A nova redação do art. 114, VI, da CF/1988 estabelece que "compete à Justiça do Trabalho processar e julgar: (...); VI – as ações de indenização por dano moral ou patrimonial, decorrentes da relação de trabalho".

Inicialmente, o STF inclinou-se no sentido de que a competência continuaria sendo da Justiça Estadual, a despeito da nova redação do referido dispositivo constitucional (cf. STF, AgRg no RE 441038/MG, 2.ª T., j. 22.3.2005, rel. Min. Celso de Mello, *DJ* 8.4.2005, p. 36, em que são citados precedentes proferidos após a EC 45/2004), no que foi acompanhado pelo STJ (cf. STJ, CC 49.812/PR, 2.ª S., j. 22.6.2005, rel. Min. Castro Filho, *DJ* 1.8.2005, p. 314; STJ, AgRg no AgRg no CC 47.305/RJ, 2.ª S., j. 25.5.2005, rel. Min. Cesar Asfor Rocha, *DJ* 29.8.2005, p. 144; STJ, REsp 742.515/MG, 4.ª T., j. 28.6.2005, rel. Min. Fernando Gonçalves, *DJ* 15.8.2005, p. 331).

O STF, contudo, alguns meses depois, no julgamento do CC 7.204 (j. 29.6.2005, rel. Min. Carlos Britto, *Informativo do STF* 394), "por maioria, definiu a competência da justiça trabalhista, a partir da Emenda Constitucional 45/2004, para julgamento das ações de indenização por danos morais e patrimoniais decorrentes de acidente do trabalho". Diante desta *nova orientação do STF*, a jurisprudência mais recente do STJ *também se modificou* (cf., dentre outros, os seguintes julgados: STJ, CC 51.712/SP, 2.ª S., j. 10.8.2005, rel. Min. Barros Monteiro, *DJ* 14.09.2005, p. 189; STJ, CC 50.046/SP, 2.ª S., j. 24.8.2005, rel. Min. Humberto Gomes de Barros, *DJ* 14.9.2005, p. 189; STJ, CC 51.778/SP, 1.ª S., j. 28.9.2005, rel. Min. Teori Albino Zavascki, *DJ* 10.10.2005, p. 209). Assim, a Súmula 15 do STJ *deixou de ser observada pelo STJ*.

Note-se, contudo, que, de acordo com esta nova orientação, "compete à Justiça do Trabalho processar e julgar ações de indenização por dano moral decorrentes de acidente de trabalho, *desde que não prolatada sentença na Justiça Comum*" (STJ, AgRg no CC 50.987/SP, 2.ª S., j. 28.9.2005, rel. Min. Nancy Andrighi, *DJ* 13.10.2005, p. 140). Este entendimento tem fundamento na orientação de que "*a alteração superveniente da competência, ainda que ditada por norma constitucional, não afeta a validade da sentença anteriormente proferida*". Neste caso, sendo "válida a sentença anterior à eliminação da competência do juiz que a prolatou, subsiste a competência recursal do tribunal respectivo" (STF, CC 6.967/RJ, Pleno, j. 1.8.1997, rel. Min. Sepúlveda Pertence, *DJ* 26.9.1997, p. 47.476). Esse posicionamento foi, por fim, cristalizado no enunciado da Súmula Vinculante 22 ("Justiça do Trabalho é competente para processar e julgar as ações de indenização por danos morais e patrimoniais decorrentes de acidente de trabalho propostas por empregado contra empregador, inclusive aquelas que ainda não possuíam sentença de mérito em primeiro grau quando da promulgação da Emenda Constitucional 45/2004"). Sobre o tema, *cf.* Eduardo Arruda Alvim, *Curso de direito processual civil*, p. 116 e, também, Eduardo Arruda Alvim, Fernando Crespo Queiroz Neves, A competência da Justiça do Trabalho à luz da Emenda Constitucional n. 45/2004, in Rodrigo Mazzei, Bruno Freire Silva (coord.), *Reforma do judiciário – Análise interdisciplinar e estrutural do primeiro ano de vigência*, p. 77-91.

10. Na forma da Súmula 4, *editada antes da Emenda Constitucional 45/2004*, fixou o STJ que "compete à Justiça Estadual julgar causa decorrente do

causas entre Estado estrangeiro ou organismo internacional e Município ou pessoa domiciliada ou residente no País;[13] III – as causas fundadas em tratado ou contrato da União com Estado estrangeiro ou organismo internacional; IV – os crimes políticos e as infrações penais praticadas em detrimento de bens, serviços ou interesse da União ou de suas entidades autárquicas ou empresas públicas, excluídas as contravenções[14-15-16-17]

---

processo eleitoral sindical". Na *RSTJ* 16/71-73, CC 156, rel. Min. Miguel Ferrante, observa-se que, à luz do art. 8.º da Constituição Federal, a regência dos sindicatos é por seus estatutos, e, por isso mesmo, competente é a Justiça comum.

De acordo com a nova redação do art. 114, III, da Constituição Federal (cf. EC 45/2004), porém, "compete à Justiça do Trabalho processar e julgar: (...) III – as ações sobre representação sindical, entre sindicatos, entre sindicatos e trabalhadores, e entre sindicatos e empregadores". Em razão da nova redação do art. 114, III, da CF/1988, decidiu o STJ que "as ações relacionadas com processo eleitoral sindical, conquanto sua solução envolva questões de direito civil, inserem-se no âmbito da competência da Justiça do Trabalho, uma vez que se trata de matéria subjacente à representação sindical" (STJ, CC 48.431/MA, 1.ª S., j. 22.6.2005, rel. Min. João Otávio de Noronha, *DJ* 1.8.2005, p. 305). Sendo, entretanto, o sindicato representativo de direitos de servidores estatutários, entende o STJ que deverá ser aplicada ao art. 114, III, da CF/1988, a mesma interpretação dada pelo Supremo ao inciso I do aludido artigo, no sentido de deslocar a competência para a Justiça Comum (cf. STJ, CC 86.387/RS, 1.ª S., j. 22.8.2007, rel. Min. Teori Albino Zavascki, *DJ* 10.9.2007, p. 179).

11. A Súmula 97 do STJ reza que "compete à Justiça do Trabalho processar e julgar reclamação de servidor público relativamente a vantagens trabalhistas anteriores à instituição do regime jurídico único", súmula esta com base nos arts. 39 e 114 da Constituição Federal. Nesse sentido: CC 47.603/DF, 3.ª S., j. 11.5.2005, rel. Min. Paulo Medina, *DJ* 13.6.2005, p. 167. Evidentemente, tal não ocorre em relação ao servidor cuja relação submete-se ao regime estatutário: STJ, CC 41.685/PE, 3.ª S., j. 11.5.2005, rel. Min. José Arnaldo da Fonseca, *DJ* 23.5.2005, p. 143.

12. A Súmula 57 do STJ ("compete à Justiça Comum Estadual processar e julgar ação de cumprimento fundada em acordo ou convenção coletiva não homologados pela Justiça do Trabalho"), originalmente, tomava como base o art. 114 da Constituição Federal. No entanto, como já decidiu mais recentemente o próprio STJ, esta súmula está "revogada" pelo advento da Lei 8.984/1995, cujo art. 1.º, regulamentando o precitado art. 114 da CF/1988, dispôs que "compete à Justiça do Trabalho conciliar e julgar os dissídios que tenham origem no cumprimento de convenções coletivas de trabalho ou acordos coletivos de trabalho, mesmo quando ocorram entre sindicatos ou entre sindicato de trabalhadores e empregador". Assim, *v.g.*, no CC 13.765-9/BA (j. 13.6.1995, rel. Humberto Gomes de Barros, *DJU* I, 28.8.1995, p. 26.549), a 1.ª Seção daquele Tribunal decidiu que, "com o advento da Lei 8.984/1995, a competência para processar ação em que se discute obrigação oriunda de convenção coletiva não homologada pela Justiça do Trabalho transferiu-se para este ramo do Poder Judiciário. A Súmula 57 não mais prevalece". No mesmo sentido: STJ, CC 26.102/SP, 2.ª S., j. 10.10.2001, rel. Min. Castro Filho, *DJ* 12.11.2001, p. 124.

Esta orientação é confirmada pela nova redação do art. 114, III, da Constituição (cf. EC 45/2004), segundo a qual "as ações sobre representação sindical, entre sindicatos, entre sindicatos e trabalhadores, e entre sindicatos e empregadores" devem ser julgadas pela Justiça do Trabalho.

13. Patrícia Miranda Pizzol, *A competência no processo civil*, p. 215-217.

14. Com lastro neste texto, o STJ editou a Súmula 38: "Compete à Justiça Estadual Comum, na vigência da Constituição de 1988, o processo por contravenção penal, ainda que praticada em detrimento de bens, serviços ou interesse da União ou de suas entidades". Baseia-se a regra de competência no art. 26 da Lei 4.771/1965 – cf. CC 2.207, rel. Min. José Dantas, *RSTJ* 33/591. No mesmo sentido: STJ, HC 27.692/SP, 6.ª T., j. 16.11.2004, rel. Min. Paulo Medina, *DJ* 6.12.2004, p. 366.

Esse entendimento não se aplica, contudo, às hipóteses de ação civil pública ajuizada por ente federal, que tenham por fundamento a prática de contravenção penal pelo réu. Nesse sentido: STJ, AgRg na MC 12.155/RS, 1.ª T., j. 6.3.2007, rel. Min. Francisco Falcão, *DJ* 9.04.2007, p. 223, onde se citam vários precedentes.

15. A Súmula 73 do STJ reza que "a utilização de papel-moeda grosseiramente falsificado configura, em tese, o crime de estelionato, da

e ressalvada a competência da Justiça Militar e da Justiça Eleitoral; V – os crimes previstos em tratado ou convenção internacional, quando, iniciada a execução no País, o resultado tenha ou devesse ter ocorrido no estrangeiro, ou reciprocamente; V-A – as causas relativas a direitos humanos a que se refere o § 5.º deste artigo; VI – os crimes contra a organização do trabalho e, nos casos determinados por lei, contra o sistema financeiro e a ordem econômico-financeira; VII – os *habeas corpus*, em matéria criminal de sua competência ou quando o constrangimento provier de autoridade cujos atos não estejam diretamente sujeitos a outra jurisdição; VIII – os mandados de segurança e os *habeas data* contra ato de autoridade federal, excetuados os casos de competência dos tribunais federais; IX – os crimes cometidos a bordo de navios ou aeronaves, ressalvada a competência da Justiça Militar; X – os crimes de ingresso ou permanência irregular de estrangeiro, a execução de carta rogatória, após o *exequatur*, e de sentença estrangeira, após a homologação, as causas referentes à nacionalidade, inclusive a respectiva opção, e à naturalização; XI – a disputa sobre direitos indígenas. § 1.º As causas em que a União for autora serão aforadas na seção judiciária onde tiver domicílio a outra parte. § 2.º As causas intentadas contra a União poderão ser aforadas na seção judiciária em que for domiciliado o autor, naquela onde houver ocorrido o ato ou fato que deu origem à demanda ou onde esteja situada a coisa, ou, ainda, no Distrito Federal. § 3.º Serão processadas e julgadas na justiça estadual, no foro do domicílio dos segurados ou beneficiários, as causas em que forem parte instituição de previdência social e segurado, sempre que a comarca não seja sede de vara do juízo federal, e, se verificada essa condição, a lei poderá permitir que outras causas sejam também processadas e julgadas pela justiça estadual. § 4.º Na hipótese do parágrafo anterior, o recurso cabível será sempre para o Tribunal Regional Federal na área de jurisdição do juiz de primeiro grau. § 5.º Nas hipóteses de grave violação de direitos humanos, o Procurador--Geral da República, com a finalidade de assegurar o cumprimento de obrigações decorrentes de tratados internacionais de direitos humanos dos quais o Brasil seja parte, poderá suscitar, perante o Superior Tribunal de Justiça, em qualquer fase do inquérito ou processo, incidente de deslocamento de competência para a Justiça Federal" (inciso V-A e § 5.º inseridos pela Emenda Constitucional 45/2004).[18]

---

competência da Justiça Estadual", entendimento que recolhe o seu lastro no art. 109, IV, da Constituição Federal, e art. 289 do Código Penal. Conforme RSTJ 8/75, CC 619, rel. Min. Dias Trindade, incogitável é a competência da Justiça Federal por não se tratar de crime de emissão de papel moeda, dado que a falsificação é grosseira, inviável, até mesmo, de enganar o homem médio, e, assim, não se configurou o crime do art. 289 do Código Penal, que é o de emissão de papel-moeda. No mesmo sentido: STJ, CC 30.422/SP, 3.ª S., j. 24.03.2004, rel. Min. Jorge Scartezzini, DJ 01.07.2004, p. 173.

16. Pela Súmula 62 do STJ, entende-se que "compete à Justiça Estadual processar e julgar o crime de falsa anotação na Carteira de Trabalho e Previdência Social, atribuído à empresa privada", sendo que a Súmula 62 tem lastro na regra do art. 109, IV, da Constituição Federal. Nesse sentido: STJ, CC 46.029/MG, 3.ª S., j. 11.05.2005, rel. Min. Paulo Medina, DJ 13.06.2005, p. 166.

17. A Súmula 91 do STJ rezava: "Compete à Justiça Federal processar e julgar os crimes praticados contra a fauna". Em nível infraconstitucional, baseava-se na Lei 5.197/1967 e na Lei 7.653/1988. Com o advento da Lei 9.605/1998, a referida Súmula foi cancelada (cf. STJ, CC 27.848/SP, 3.ª S., j. 08.11.2000, rel. Min. Hamilton Carvalhido, DJ 19.02.2001, p. 135). É que, "após o advento da Lei 9.605/1998, que dispõe sobre os crimes ambientais, a definição da competência depende da verificação da existência de lesão a bens, serviços ou interesses da União, inexistente na espécie, sendo da competência da Justiça Comum o processamento e julgamento da presente ação penal" (STJ, REsp 433.369/RS, 6.ª T., j. 06.02.2003, rel. Min. Fernando Gonçalves, DJ 24.02.2003, p. 322). No mesmo sentido: STJ, AgRg no REsp 695.463/PA, 5.ª T., j. 06.09.2005, rel. Min. Arnaldo Esteves Lima, DJ 10.10.2005, p. 423.

18. Para que se configure a jurisdição do Tribunal Regional Federal (respectivo) com vistas a dirimir conflito de jurisdição, necessário é que o juiz

Nessas condições, mesmo as autarquias federais e empresas públicas, desde que partes, isto é, como autoras, rés, assistentes (simples ou litisconsorciais) ou oponentes, farão com que a causa deva ser processada e julgada por juízes federais (exegese com base no art. 109, I).

O Distrito Federal, assemelhado ao Estado-membro, por ser uma pessoa jurídica de direito público interno, ativo e passivo de direitos e de deveres, como tal não tem foro estabelecido pela CF/1988, cabendo à Justiça comum processar e julgar as ações em que o mesmo figure como parte, assim como suas autarquias e empresas públicas.[19]

Criticável afigura-se-nos decisão que entendeu não bastar a intervenção meramente formal da União como assistente para determinar a competência da Justiça Federal, entendendo que, para deslocar a competência, o interesse da União há de ser real, não de simples colaboração, de modo que a sentença ou diretamente a favoreça ou resulte em seu prejuízo (ementa).[20-21]

Na realidade, como se viu, o texto da Constituição é expresso ao aludir à assistência como pressuposto do deslocamento da competência (art. 109, I, da CF/1988), donde ser desacertada a decisão acima mencionada.

Se a União Federal alega interesse no processo, este há que ser deslocado para a Justiça Federal, única competente para aferir esse interesse, mesmo que ele não venha a existir.[22] Ao contrário, se desaparece a razão de ser da competência da Justiça Federal, os autos deverão retornar à Justiça de onde vieram.[23] Se houver citação da União,

---

estadual *esteja investido de jurisdição federal.* É o que reza a Súmula 55 do STJ, que tem lastro no art. 109, II, da Constituição Federal. Nesse sentido: STJ, RMS 18.091/RO, 1.ª T., j. 19.05.2005, rel. Min. Luiz Fux, *DJ* 20.06.2005, p. 121.

19. *JTFR* 29/245-257-261.

20. TJRS, ApCív 21.345, Santa Maria, 1.ª Câm.Cív., j. 30.4.1974, v.u., rel. Des. Peri Rodrigues Condessa. Corretamente, no julgamento do CC 50.335/SP, decidiu o STJ que a competência afere-se "pela natureza das pessoas envolvidas no processo: será da sua competência a causa em que figurar a União, suas autarquias ou empresa pública federal na condição de autora, ré, assistente ou opoente (art. 109, I [da CF/1988]), mesmo que a controvérsia diga respeito a matéria que não seja de seu interesse. Nesse último caso, somente cessará a competência federal quando a entidade federal for excluída da relação processual" (STJ, CC 50.335/SP, 1.ª S., j. 14.9.2005, rel. Min. Teori Albino Zavascki, *DJ* 26.9.2005, p. 164). No mesmo sentido: STJ, CC 41.705/AM, 1.ª S., j. 25.8.2004, rel. Min. Luiz Fux, *DJ* 4.10.2004, p. 199.

21. V. Leonardo José Carneiro da Cunha, *A Fazenda Pública em juízo,* p. 152-158, item 7.2.4.

22. Nesse sentido, dispõe a Súmula 150 do STJ: "Compete à Justiça Federal decidir sobre a existência de interesse jurídico que justifique a presença, no processo, da União, suas autarquias ou empresas públicas". Cf. também *JTFR* 29/270; antes da CF/1988 era esse mesmo o entendimento: RE 93.084/SP, 2.ª T., j. 7.10.1980, rel. Min. Moreira Alves, *RTJ* 99/1.328, hipótese em que a União havia alegado domínio, alegação que havia de ter sido necessariamente examinada pela Justiça Federal. Este julgamento encontra sua origem em conflito de jurisdição que o precedeu: *RTJ* 78/398, CJ 5.993, Pleno, j. 25.03.1976, rel. Min. Moreira Alves, onde se refere precedentes mais antigos do STF (*RT* 422/438; *Arquivo Judiciário* XLIV/111; *RTJ* 55/778). Na sequência das anteriores decisões, em matéria de usucapião, havendo interesse da União, o entendimento do STF tem sempre como competente a Justiça Federal nas ações em que a União intervenha alegando domínio sobre a área usucapienda (RE 101.250, 2.ª T., rel. Francisco Rezek, *RTJ* 109/843; RE 99.928, 2.ª T., rel. Min. Francisco Rezek, *RTJ* 108/391, sublinhando-se, em ambos os acórdãos, que, alegado usucapião, em causa em que houve intervenção da União, cabe à Justiça Federal apreciar a alegação). No mesmo sentido: STJ, CC 45.475/SP, 1.ª S., j. 13.04.2005, rel. Min. Luiz Fux, *DJ* 16.05.2005, p. 221.

23. É o que firma o STJ, na parte da seguinte ementa: "Se a entidade de direito público federal for excluída da relação jurídica processual, o processo retornará à competência da Justiça Estadual" – CC 71/PB, 2.ª S., j. 28.06.1989, rel. Min. Athos Carneiro, *RSTJ* 2/255. No mesmo sentido: STJ, CC 45.474/RN,

mas se esta declinar do seu interesse, não se justifica a competência da Justiça Federal.[24]

Os critérios de determinação da competência estão previstos no art. 109, §§ 1.º e 2.º, da CF/1988.

É importante, desde logo, remarcar que os critérios de determinação da competência relativos à Justiça Federal são os que do texto constitucional constam, *excludentes de quaisquer outros, que pudessem decorrer de norma infraconstitucional*. Além disto, é à Justiça Federal que compete decidir a respeito do interesse *ratione personæ* que se constitui em critério de determinação de sua competência (cf. Súmula 150 do STJ, citada acima). Ademais disto, mas por razão análoga, critérios de alteração da competência do Código de Processo Civil somente poderão ser utilizados se essa aplicação for compatível com o regramento constitucional. É o que resultou decidido, corretamente, no Conflito de Competência 14.446, pelo STJ.[25] Na mesma linha e esteira desse entendimento, com particular clareza é o que foi decidido no Conflito de Competência 9.100-4/SP: "Assim, excluído o ente federal do feito, a competência passa à Justiça Estadual, ainda que o processo cautelar preparatório tenha sido ajuizado no foro federal".[26] O Supremo Tribunal Federal, recentemente, manifestou-se no mesmo sentido.[27]

O art. 109, § 1.º, da CF/1988 dispõe: "As causas em que a União for autora serão aforadas na seção judiciária onde tiver domicílio a outra parte".

Já as intentadas contra a União poderão ser aforadas na seção judiciária em que for domiciliado o autor e naquela em que se verificou o ato ou fato que deu origem à demanda, ou na qual esteja situada a coisa, ou, ainda, no Distrito Federal (art. 109, § 2.º, da CF/1988).

1.ª S., j. 14.2.2005, rel. Min. José Delgado, *DJ* 28.3.2005, p. 179; STJ, CC 47.553/GO, 2.ª S., j. 25.05.2005, rel. Min. Fernando Gonçalves, *DJ* 13.06.2005, p. 165.

24. Caso em que, litisdenunciada a União, esta afirmou a sua falta de interesse – v. CC 187/PR, 2.ª S., j. 28.6.1989, rel. Min. Waldemar Zveiter, *RSTJ* 2/323; semelhantemente, cf. STJ, CC 47.574/PR, 1.ª S., j. 22.06.2005, rel. Min. Castro Meira, *DJ* 01.08.2005, p. 304.

25. O teor parcial da ementa desse CC 14.446, julgado pela 2.ª Seção, é o seguinte: "(...) II – A competência da Justiça Federal, fixada na Constituição, somente pode ser ampliada ou reduzida por emenda constitucional, contra ela não prevalecendo dispositivo legal hierarquicamente inferior. III – Não há prorrogação da competência da Justiça Federal se em uma das causas conexas não participa ente federal" [CC 14.446, j. 14.02.1996, rel. Min. Sálvio de Figueiredo, citando-se, entre outros acórdãos, no mesmo sentido, o seguinte: "Na mesma direção, o CC 5.288-2/SP (j. 24.11.1993), relatado pelo Min. Costa Leite, sob esta ementa: 'Competência. Conexão. Justiça Federal. A competência da Justiça Federal não se prorroga, em virtude de conexão, para abranger causa não incluída no elenco do art. 109 da Constituição. Precedentes. Conflito conhecido, declarando-se a competência da Justiça Estadual'" (cf. Theotônio Negrão e José Roberto Ferreira Gouvêa, *Código de Processo Civil e Legislação Extravagante*, 39. ed., junto ao art. 109 da CF/1988 e *RSTJ* 92/157)]. Em realidade, o que se fixa no acórdão, como uma das suas questões centrais é que na competência da Justiça Federal não pode ser inserida causa não prevista pelo art. 109 da CF/1988, com o que, então, *ainda que possa haver conexão*, é inaplicável a junção dos processos, porquanto isto importaria em transferir da Justiça Comum para a Justiça Federal causa em relação à qual esta não intervém ou efetivamente não tem interesse.

26. Cf. Theotônio Negrão, *Código de Processo Civil e legislação extravagante*, 39. ed., p. 58, junto ao art. 109 da CF/1988. O CC 9.100-4/SP foi julgado em 28.9.1994 (2.ª S., rel. Min. Eduardo Ribeiro).

27. "Competência da Justiça Federal definida na Constituição, não cabendo a lei ordinária e, menos ainda, a Medida Provisória sobre ela dispor" (STF, ADIn 2.473-MC, rel. Min. Néri da Silveira, *DJ* 07.11.2003).

As causas propostas perante outros juízes, se a União nelas intervier, como assistente ou oponente, passarão a ser da competência do juízo federal respectivo.

Segundo o art. 109, § 3.º, processar-se-ão na Justiça Estadual, no foro do domicílio dos segurados ou beneficiários, as causas em que forem parte instituição de previdência social e segurado, sempre que a comarca não seja sede de vara do juízo federal.[28]

Admite a parte final do § 3.º desse art. 109 que, se inexistente Justiça Federal na sede da comarca, a lei estabeleça que outras causas possam aí ser processadas e julgadas.[29] Quer isto dizer que leis anteriores à CF/1988 e compatíveis com essa parte do texto continuam válidas.

O recurso, que no caso couber, deverá ser interposto para o Tribunal Regional Federal, correspondente à área da jurisdição do juiz de primeiro grau (art. 109, § 4.º, da CF/1988).[30]

Lembremos que a competência territorial no sistema do Código de Processo Civil foi classificada admitindo competências concorrentes, isto é, prevendo mais de um foro como competente, como também podendo ser alterada pela vontade das partes, e relativa, que será prorrogada, quando infringidas as regras que a determinam e caso não seja excepcionada pela parte contrária.

Todavia, apesar de o § 1.º do art. 109 da CF/1988, acima estudado, tratar de competência territorial, estamos em face de uma competência constitucionalmente estabelecida, não sendo, assim, por um lado, aplicáveis a esses casos os arts. 111 ou 114 do CPC, pois são normas infraconstitucionais; por outro lado, e principalmente, inaplicáveis são esses artigos à hipótese de competência absoluta regrada na Constituição.

Está prevista, nesses §§ 1.º e 2.º do art. 109 da CF/1988, uma modalidade de competência territorial absoluta.

---

28. V. *JTFR* 29/242. A competência do art. 125, § 3.º, da CF/1969, não se estendia aos mandados de segurança em razão do VIII do mesmo artigo – *JTFR* 28/235.

29. V. Marcos Destefenni, *Curso de processo civil*, vol. 1, p. 74 e 75:

"A delegação de competência é válida apenas para a tramitação da ação em primeiro grau de jurisdição, uma vez que, nos termos do § 4.º do art. 109, o recurso cabível será sempre para o Tribunal Regional Federal na área de jurisdição do juiz de primeiro grau.

"A Justiça Federal Comum é dividida em regiões, as quais, por sua vez, se subdividem em seções judiciárias. A expressão seção judiciária equivale à ideia de comarca, pois indica o foro de primeiro grau de jurisdição federal. Assim, não se emprega a expressão comarca para se referir ao foro de primeiro grau da justiça federal".

30. Com lastro nesse mandamento constitucional, e, mais, no inciso I do art. 109 da Constituição Federal e no § 3.º do mesmo art. 109, e, ainda, no art. 109 do Código de Processo Civil e no art. 15 da Lei 5.010/1966, o STJ editou a Súmula 32, *verbis:* "Compete à Justiça Federal processar justificações judiciais destinadas a instruir pedidos perante entidades que nela têm exclusividade de foro, ressalvada a aplicação do art. 15, II, da Lei 5.010/1966". Tais justificações objetivam fazer prova contra a União – cf. CC 1.882, rel. Min. Fontes de Alencar, *RSTJ* 33/376. No acórdão da *RSTJ* 33/376 citam-se dois precedentes, quais sejam, os CC 1.456 e 1.475, respectivamente, relatados pelos Ministros Eduardo Ribeiro e Sálvio de Figueiredo. Há, ainda, os seguintes precedentes: CC 660, 893, 1.036, 1.420, 1.281, 1.476, 1.477 e 1.882, indicada a revista que publicou o acórdão que julgou esse conflito. Aplicando a referida Súmula: STJ, CC 32.588/RJ, 2.ª S., j. 26.06.2002, rel. Min. Nancy Andrighi, *DJ* 16.09.2002, p. 134. A incidência do entendimento sumulado foi afastada em procedimento de justificação judicial em que havia interesse da Previ – Caixa de Previdência dos Funcionários do Banco do Brasil, em razão de esta se tratar de "entidade de previdência privada" (cf. STJ, CC 25.791/RJ, 2.ª S., j. 8.11.2000, rel. Min. Antônio de Pádua Ribeiro, *DJ* 04.12.2000, p. 51).

Mas, para melhor explicar essa afirmação, verificamos que no art. 109, § 2.º, da Lei Magna preveem-se casos de foros de competência concorrente. As ações em que a União for autora, ré ou interveniente deverão ser propostas na capital da seção judiciária onde tiver domicílio a outra parte. As intentadas contra a União serão aforadas na seção judiciária (definida no art. 110, da CF/1988) em que for domiciliado o autor, ou, ainda, onde houver ocorrido o ato ou fato que deu origem à demanda, ou, ainda, onde esteja situada a coisa, ou, finalmente, no Distrito Federal (art. 109, § 2.º, da CF/1988). Como se vê, neste art. 109, § 2.º, os foros são concorrentes, o que significa que, movida a ação em qualquer um deles, terá sido bem ajuizada, operando-se a respectiva prevenção. Apesar de concorrentes ditos foros, fixados que o foram na Constituição, não podem ser afastados pela vontade das partes, seja por eleição de outro foro, diverso dos previstos, seja pela "suposta" omissão de uso de exceção de incompetência, irrelevante na espécie, uma vez que aplicável é o art. 301, II, do CPC (sem preclusão, art. 301, § 4.º), pois se trata de incompetência absoluta.

Do âmbito da própria Justiça Federal foram excluídos os processos de falência – compreenda-se, aqui também, a execução contra devedor insolvente, por via de interpretação extensiva[31] –, as ações de acidentes de trabalho e as causas sujeitas à Justiça Eleitoral ou do Trabalho (art. 109, I, da CF/1988).

Os processos de insolvência assemelham-se aos de falência (art. 109, I, da CF/1988) e, por essa razão, entendemos lícito interpretar-se a exceção como abrangente daqueles também. Como dissemos, esse entendimento é afinado com o sentido da exceção constitucional, em que só se alude, literalmente, à falência. Leia-se, portanto, no texto constitucional, concurso universal de credores, em todas as formas reguladas pelo CPC e pela Lei 11.101/2005.[32]

Substituindo os antigos arts. 125, § 3.º, da revogada Constituição Federal de 1967 (redação originária) e 126 (redação atribuída pelas EC 1/1969 e EC 7/1977), em que se permitia que a ação fiscal e outras fossem promovidas, nas comarcas do interior, onde tivesse domicílio a outra parte, perante a Justiça Estadual, há, hoje, a previsão genérica do art. 109, § 3.º, *in fine*. Fala-se, na CF vigente, em comarcas em que não haja varas da Justiça Federal e em que a lei pode permitir que, havendo causas, que seriam, *em tese*, da competência da Justiça Federal, sejam estas, em 1.º grau, julgadas pela Justiça Estadual.

Justamente, em função do permissivo constitucional, prevê-se, no Código de Processo Civil, que a execução fiscal "será proposta no foro do domicílio do réu" (art. 578), com as opções, ainda, consistentes em: a) a

31. V. *JTFR* 33/161. Esta exegese do texto constitucional, na verdade, encontra explicitude no CPC (art. 99, I, c/c o seu parágrafo único, I, no sentido de que tal explicação era legítima em face do texto constitucional então vigente).

32. Semelhantemente, caso haja concurso singular de credores (arts. 711-713 do CPC) em execução que tramite na Justiça Estadual, e o mesmo bem tenha sido penhorado em execução fiscal, não se desloca o feito para a Justiça Federal: "(...) I – Como já proclamava o verbete 244 da Súmula do extinto Tribunal Federal de Recursos, 'a intervenção da União, suas autarquias e empresas públicas em concurso de credores ou de preferência não desloca a competência para a Justiça Federal'. II – A Constituição vigente reforça tal entendimento, ao não determinar, no seu art. 109, a competência dos juízes federais em ocorrendo a simples intervenção da União ou de seus entes em tais concursos particulares" (STJ, CC 21.551/MG, 2.ª S., j. 26.08.1998, rel. Min. Sálvio de Figueiredo Teixeira, *DJ* 08.03.1999, p. 107). No mesmo sentido: STJ, REsp 654.779/RS, 1.ª T., j. 08.03.2005, rel. Min. Luiz Fux, *DJ* 28.03.2005, p. 213.

Fazenda Pública poderá escolher o foro de qualquer um dos devedores, se houver mais de um; b) se houver mais de um réu, com pluralidade de domicílios, relativamente a um ou a todos, poderá ser escolhido o "foro de qualquer dos domicílios do[s] réu[s]"; c) ainda, poderá a ação ser proposta no foro do lugar onde se praticou o ato; d) ou, o local onde o fato deu origem à dívida, mesmo que nele "não mais resida o réu"; e) finalmente, no foro da situação dos bens, "quando a dívida deles se originar" (art. 578, parágrafo único).

A Lei 6.830/1980 (art. 5.º) não regulou a competência territorial, mas disciplinou toda a matéria referente à execução, e, daí, se poderia pensar ter revogado os arts. 578 e 579 do CPC (art. 2.º, § 1.º, da LICC – atualmente denominada Lei de Introdução às normas do Direito Brasileiro, conforme alteração promovida pela Lei 12.376/2010). No entanto, como a matéria (competência territorial) não foi inteiramente disciplinada pela Lei 6.830/1980, no que diz com a competência territorial, sobrevivem esses arts. 578 e 579.

Antigamente, em função de permissivo constitucional anterior, previa-se similarmente (art. 3.º, e seu parágrafo único, do Dec.-lei 960/1938, *verbis:* "Art. 3.º A ação será proposta no foro do domicílio do réu; se não o tiver, no de sua residência, ou no do lugar onde for encontrado. Parágrafo único. A Fazenda poderá escolher o foro, quando houver mais de um réu, ou quando este tiver mais de um domicílio; bem assim, propor a ação no foro do lugar em que se praticou o ato ou ocorreu o fato que deu origem à dívida, embora nele não mais resida o réu, ou, ainda, no foro da situação dos bens, quando a dívida deles se originar"). Ainda, firmava o mesmo princípio, embora com redação menos minuciosa, a Lei 5.010, de 30.05.1966, em seu art. 15, dispondo que "nas comarcas do interior onde não funcionar vara da Justiça Federal (art. 12), os Juízes Estaduais são competentes para processar e julgar: I – os executivos fiscais da União e de suas autarquias, ajuizadas contra devedores domiciliados nas respectivas comarcas", por onde verificamos ínsitas duas regras: a) a do foro da comarca do devedor; b) a competência dos juízos estaduais.

Sobrevive esta regra, em especial, no que diz respeito à alínea *b*, *retro*, ou seja, outorgando competência aos juízos estaduais para julgamento dos executivos fiscais (*rectius:* execução de dívida ativa fundada em título extrajudicial – Lei 6.830/1980), respeitantes à Fazenda Pública federal.

99. A Justiça Federal e a sua lei

A Lei 5.010/1966, que organizou a Justiça Federal de primeiro grau, dispõe, no seu art. 10, de forma mais ou menos similar ao que veio a constar da Constituição de 1988.

A Lei 5.010 refere-se, exclusivamente, à União e entidade autárquica federal. A Constituição Federal, porém, além desses entes públicos, alude a empresa pública federal. Assim, já eram as Constituições de 1967 e de 1969, e é a de 1988, que, nesse passo, ampliou a jurisdição da Justiça Federal, devendo, evidentemente, prevalecer sobre a lei ordinária.

Nas comarcas do interior dos Estados federados, onde não houver Justiça Federal, prevê o art. 15, da citada lei, será dos juízes estaduais (Justiça Estadual) a competência para processar e julgar: "I – os executivos fiscais da União e de suas autarquias, ajuizados contra devedores domiciliados nas respectivas Comarcas; II – as vistorias e justificações destinadas a fazer prova perante a administração federal, centralizada ou autárquica, quando o requerente for domiciliado na Comarca; III – os feitos ajuizados contra instituições previdenciárias por segurados ou beneficiários residentes na Comarca, que se referirem a benefícios de natureza pecuniária. Parágrafo único. Sem prejuízo do disposto no art. 42 desta Lei e no art. 1.213 do Código de Processo Civil, poderão os Juízes e auxiliares da Justiça Federal praticar atos e diligências processuais no território de qualquer dos Municípios abrangidos pela seção, subseção ou circunscrição da respectiva Vara Federal". Essa última hipótese foi acrescentada à Lei 5.010 pela Lei 10.772/2003.

Tal lei é vigente, mas há de ser entendida em função da ampliação do art. 578, e seu parágrafo único, do Código de Processo Civil, desde que não contrarie os dispositivos constitucionais que regulam a matéria, em especial o art. 109, § 3.º, da CF/1988. Este dispositivo alude à possibilidade de a lei estabelecer, excepcionalmente, causas que possam, em 1.º grau, ser julgadas pela Justiça Estadual, onde não houver Justiça Federal. A lei, portanto, já o fizera nos incisos I e II do art. 15, já transcritos acima.

Já o caso constante do inciso III está, nessa mesma conformidade, previsto no § 3.º, *in limine*, do art. 109 da CF/1988.

100. A competência da Justiça Federal é absoluta

A jurisdição da Justiça Federal é de regime absoluto,[33] sendo, portanto, improrrogável, e, eventualmente, suscetível será o uso da ação rescisória contra a sentença prolatada por juiz não federal, quando se desobedeça à regra absoluta do regime jurídico da competência a ela pertinente (art. 485, II, do CPC).[34] Nesse sentido, aliás, já tem decidido o nosso mais alto tribunal. Em causa em que era parte autarquia federal, deu-se pela incompetência absoluta da Justiça Estadual.[35]

101. Hipóteses de intervenção federal na causa e a competência da Justiça Federal

Havendo intervenção federal, resulta óbvio o interesse da União, justificando-se assim o fundamento de decisão que estabeleceu, encontrando-se a firma-ré em regime de intervenção federal, que competente seria a Justiça Federal.[36]

33. V. Ovídio A. Baptista da Silva, *Curso de processo civil*, vol. 1, p. 43 e 44.

34. É entendimento pacífico o de que se trata de competência absoluta – cf. Vladimir Souza Carvalho, *Da Justiça Federal e de sua competência*, p. 178. Por isso mesmo, inviável é que a competência seja deslocada, por conexão ou continência – cf. *RTJ* 108/522, 110/901, *RT* 471/208, *RF* 246/377, 247/214, *RJTJSP* 84/264, 99/248, 99/252, *JTACivSP* 94/175. Este mesmo entendimento encontra-se solidamente expresso no CC 6.547, publicado na *RSTJ* 60/68, rel. Min. Sálvio de Figueiredo, constando do acórdão (voto) precedentes, dentre os quais o julgado pelo STJ, CC 321, 1.ª S., j. 5.6.1990, v.u., rel. Min. Pedro Acioli, *DJU* 25.6.1990, p. 6.018, 2.ª col. em., e, bem assim, do Tribunal Federal de Recursos, no mesmo sentido: TFR, ApCív 111.694/ES, 5.ª T., j. 8.9.1986, v.u., rel. Min. Pedro Acioli, anulando a sentença do juízo estadual, *DJU* 16.10.1986, p. 19.528, 2.ª col. em., não discrepando desse mesmo entendimento o acórdão do TJRS, *RJTJRS* 140/167 (onde, à luz de ser a competência da Justiça Federal constitucionalmente determinada, a conexão se atrai para esta da Justiça Federal); refere-se, ainda no acórdão de *RSTJ* 60/68, outros precedentes do STJ, como o CC 5.288; na *RTJ* 102/308 há acórdão em que se decide ser inviável reconvenção *da competência da Justiça Federal* oposta na Justiça Estadual; é inviável a cumulação de pedidos, na Justiça Estadual, *se um deles é da competência da Justiça Federal*, conforme decidido em *RTJ* 110/901; no mesmo sentido decidiu o STJ, pela sua 2.ª Seção, no CC 832, rel. Min. Athos Carneiro. No mesmo sentido: STJ, CC 38713/SP, 1.ª S., j. 14.4.2004, rel. p/ ac. Min. Teori Albino Zavascki, *DJ* 3.11.2004, p. 121; STJ, REsp 315.777/SP, 3.ª T., j. 28.6.2005, rel. Min. Humberto Gomes de Barros, *DJ* 15.08.2005, p. 300.

35. *RTJ* 46/73; 47/400 e 498.

36. *RTJ* 47/349.

Assim, manifestado o interesse da União em ações possessórias que versem sobre terrenos ditos seus, a competência para apreciar o feito é da Justiça Federal.[37]

É esta a orientação derivada da exegese do art. 109, I, da CF/1988, reforçada pela Súmula 250 do STF, do teor seguinte: "A intervenção da União desloca o processo do juízo cível comum para o fazendário". Hoje não há, na Constituição Federal, dispositivo equivalente ao § 2.º do art. 125 da revogada Constituição Federal de 1967 (na redação conferida pela EC 6/1969), mas esta regra se dessume do sistema porque 1.º) se trata de incompetência absoluta, 2.º) por causa do texto do próprio art. 109, I, que alude à assistência e à oposição, que só têm lugar em ações já em curso, o que, ocorrendo, acarreta a necessidade de deslocamento da causa.[38]

A Súmula 518 do STF, contudo, orientou-se no sentido de que, se a intervenção da União só se verificar em feito já julgado pelo segundo grau e pendente de embargos, isto não desloca o processo para o TFR (atualmente, Tribunais Regionais Federais). A referida Súmula, no entanto, deixou de ser aplicada pela jurisprudência do STF, e não tem sido observada pela jurisprudência mais recente do STJ.[39]

Tem sido reiteradamente decidido, tanto que a matéria foi sumulada pelo antigo Tribunal Federal de Recursos, que compete à Justiça Estadual processar e julgar as causas em que são partes instituições financeiras em regime de liquidação extrajudicial, salvo se a União Federal, suas entidades autárquicas ou empresas públicas forem interessadas na condição de autoras, rés, assistentes ou oponentes.[40]

O fundamento que está subjacente a esta súmula é o de que, não é pelo fato de haver, *in casu*, intervenção federal de *índole fiscalizadora*, em instituições financeiras de índole privada, que por isto perdem, tais instituições, essa natureza jurídica. Este fundamento fica tanto mais claro que somente se justificará a deslocação da competência a outro título, qual seja, o da intervenção no processo como sujeito deste, pela União, ou entidade autárquica ou empresa pública. Vale dizer, é a este título e por esta razão que se alterará a competência.

Sob esse fundamento já se decidiu que, se a entidade que sofre a intervenção é uma

37. *JTFR* 30/24.

38. Reversamente, "excluídos da relação processual os entes federais [o caso referia-se à União Federal e ao Banco Central do Brasil], desapareceu o motivo que justificava a tramitação do feito perante o foro federal. Restrito o litígio a dois particulares, a competência para processá-lo e julgá-lo é da Justiça Estadual" (STJ, CC 10.608-7/SP, 2.ª S., j. 28.9.1994, v.u., rel. Barros Monteiro, *DJU* I, 31.10.1994, p. 29.462).

39. STF, RE 86.278/SP, 2.ª T., j. 11.10.1977, rel. Min. Cordeiro Guerra, *DJ* 29.12.1977; STF, RE 110.442/PR, 2.ª T., j. 16.09.1986, rel. Min. Djaci Falcão, *DJ* 17.10.1986, p. 19.635; mais recentemente, do mesmo Tribunal: "A competência para processar e julgar recurso interposto pela União Federal, contra decisão de magistrado estadual, no exercício da jurisdição local, que não reconheceu a existência de interesse federal na causa e nem determinou a remessa do respectivo processo à Justiça Federal, pertence ao Tribunal Regional Federal (órgão judiciário de segundo grau da Justiça Federal comum), a quem incumbe examinar o recurso e, se for o caso, invalidar o ato decisório que se apresenta eivado de nulidade, por incompetência absoluta de seu prolator" (STF, RE 144.880, rel. Min. Celso de Mello, *DJ* 02.03.2001).

No mesmo sentido, no STJ: CC 27007/RR, 2.ª S., j. 14.02.2001, rel. Min. Barros Monteiro, *DJ* 19.03.2001, p. 72; CC 38.790/RS, 1.ª S., j. 27.8.2003, rel. p/ ac. Min. Teori Albino Zavascki, *DJ* 10.11.2003, p. 149.

40. Cf. Súmula 49 do TFR. No mesmo sentido: STJ, CC 16.395/SP, 2.ª S., j. 27.11.1996, rel. Min. Sálvio de Figueiredo Teixeira, *DJ* 16.12.1996, p. 50.741; TRF-3.ª R., AMS 252.814/SP, j. 13.10.2004, rel. Des. Marli Ferreira, *DJ* 14.1.2005, p. 266.

pessoa jurídica de direito privado, não se desloca a competência para a Justiça Federal.[41]

102. As sociedades de economia mista (com participação da União) não se submetem à Justiça Federal

As sociedades de economia mista, em que há, como se sabe, preponderância de capital pertencente à União, no que respeita ao tema em foco – elemento econômico definidor das sociedades de economia mista –, não se submetem à Justiça Federal.[42-43]

41. *JTFR* 29/253.

42. *RTJ* 41/556 e 46/75. Essa mesma orientação subsiste, atualmente, conforme Súmula 42 do STJ, *verbis:* "Compete à Justiça Comum Estadual processar e julgar as causas cíveis em que é parte sociedade de economia mista e os crimes praticados em seu detrimento". Essa orientação lastreia-se, agora, no art. 109, I e IV, da CF/1988. V. STJ, CC 2.198, rel. Min. Costa Leite, *RSTJ* 38/84 (crime cometido em detrimento de sociedade de economia mista controlada pela União – RFFSA); *RSTJ* 38/87, rel. Min. Costa Lima (mesma hipótese); 38/68, rel. Min. Assis Toledo (mesma hipótese); *RSTJ* 38/75, rel. Min. Vicente Cernicchiaro (mesma hipótese); 7/72, rel. Min. Edson Vidigal (mesma hipótese); 38/55, CC 686, rel. Min. Eduardo Ribeiro (hipótese cível, *lato sensu* – reclamação trabalhista); 38/66, CC 1.485, rel. Min. Fontes de Alencar (hipótese de consignação em pagamento contra Telesp, empresa do sistema Telebrás, mas nem por isso a competência é da Justiça Federal). Mais recentemente, no mesmo sentido: STJ, CC 43.891/RS, 1.ª S., j. 13.12.2004, rel. p/ ac. Min. Luiz Fux, *DJ* 6.6.2005, p. 173; STJ, CC 48.376/GO, 1.ª S., j. 11.05.2005, rel. Min. Francisco Peçanha Martins, *DJ* 20.06.2005, p. 115.

O próprio Supremo Tribunal Federal já tinha Súmula (517) do seguinte teor: "As sociedades de economia mista só têm foro na Justiça Federal, quando a União intervém como assistente ou opoente". Significa isto, pois, que suas ações não devem ser, em regra, julgadas pela Justiça Federal. Segue-se, neste caso, a regra geral, ou seja, só quando a União intervier na causa, é que esta passará a ser da competência da Justiça Federal. É, pois, o ingresso da União que tem a virtude de alterar a competência. No mesmo sentido é a Súmula 556, também do STF: "É competente a Justiça Comum para julgar as causas em que é parte sociedade de economia mista".

43. Patrícia Miranda Pizzol (*A competência no processo civil*, p. 235 e 236) preleciona que:

"Quando a Constituição Federal fala em causas, ela quer se referir tanto aos procedimentos de jurisdição contenciosa quanto aos de jurisdição voluntária.

"Ressalte-se que a Constituição Federal se refere à União, às autarquias federais e às empresas públicas federais, não fazendo menção às sociedades de economia mista, tampouco ao Ministério Público Federal.

"Assim, não compete à Justiça Federal processar causa que envolva sociedade de economia mista, porque tem qualidade de pessoa jurídica de direito privado".

103. Os Juizados Especiais Cíveis e Criminais no âmbito da Justiça Federal

Em atenção ao que já estabelecia a Constituição Federal, em seu art. 98, I, foi promulgada, posteriormente, a Lei 10.259/2001, através da qual foram instituídos os Juizados Especiais Cíveis e Criminais no âmbito da Justiça Federal.

Consoante o que consta dessa Lei, ao Juizado Especial Federal Criminal compete "processar e julgar os feitos de competência da Justiça Federal relativos às infrações de menor potencial ofensivo, respeitadas as regras de conexão e competência" (art. 2.º, *caput*, da Lei 10.259/2001), assim consideradas, para os fins dessa lei, as infrações para as quais a lei comine pena máxima não superior a 2 (dois) anos, cumulada ou não com multa (art. 61 da Lei 9.099/1995, com redação determinada pela Lei 11.313/2006).

Ao Juizado Especial Federal Cível foi conferida competência para "processar, conciliar e julgar causas de competência da Justiça Federal até o valor de 60 (sessenta) salários mínimos, bem como executar as suas sentenças" (art. 3.º, *caput*, da Lei 10.259/2001), expressamente excluídas: *a)* as causas a que se refere o art. 109, incisos II, III e XI, da CF/1988, as ações de mandado de segurança, desapropriação, divisão e demarcação, ações populares, execuções fiscais e de improbidade administrativa, bem como as ações que versem direitos ou interesses difusos, coletivos ou individuais homogêneos (art. 3.º, § 1.º, I); *b)* ações que versem bens imóveis da União, autarquias e fundações públicas federais (art. 3.º, § 1.º, II); *c)* ação para a anulação ou para o cancelamento de ato administrativo federal, não incluídos nesta exceção os atos de natureza previdenciária e de lançamento fiscal (art. 3.º, § 1.º, III); e, ainda *d)* que visem a impugnar pena de demissão que haja sido imposta a servidores públicos civis ou sanções disciplinares aplicadas a militares (art. 3.º, § 1.º, IV).

Remarque-se que o próprio legislador, a fim de dissipar eventuais incertezas acerca da aplicação dessa lei, estabeleceu expressamente que, "no foro onde estiver instalada Vara do Juizado Especial, a sua competência é absoluta" (art. 3.º, § 3.º, da Lei 10.259/2001).[44]

---

44. "A competência dos Juizados Especiais, de previsão constitucional, é absoluta" (STJ, REsp 611.718/RS, 5.ª T., j. 21.09.2004, rel. Min. Gilson Dipp, *DJ* 03.11.2004, p. 235). No entanto, não instalada vara de Juizado Especial Federal, não se aplica o referido preceito legal. Nesse sentido, assim decidiu o STJ: "Ainda que a presente ação de revisão de benefício previdenciário tenha sido proposta após a vigência da Lei 10.259/2001, que criou os Juizados Especiais Federais, o mesmo não foi ainda criado na comarca na qual reside o autor. Aplicação do entendimento preconizado pelo art. 109, § 3.º, da Constituição Federal, utilizado em precedentes análogos desta Corte de Justiça. Conflito conhecido para declarar, na hipótese, a competência do juízo estadual suscitado" (STJ, CC 35.420/SP, 3.ª S., j. 10.03.2004, rel. Min. José Arnaldo da Fonseca, *DJ* 05.04.2004, p. 199).

Bibliografia

ALVIM, Eduardo Arruda. *Curso de direito processual civil.* São Paulo: Ed. RT, 1999. vol. 1.

______. *Direito processual civil.* 2. ed., rev. e ampl. São Paulo: Ed. RT, 2008.

______. *Direito processual civil.* 3. ed. São Paulo: Ed. RT, 2010.

______. *Direito processual civil.* 4. ed. São Paulo: Ed. RT, 2012.

ALVIM, Thereza. A organização judiciária e o Código de Processo Civil. *Revista de Processo (RePro)* 3/32 e *Revista da Procuradoria-Geral do Estado de São Paulo* 7/141.

ALVIM NETTO, José Manoel de Arruda. *Código de Processo Civil Comentado.* São Paulo: Ed. RT, 1975. vol. 1.

______. *Curso de direito processual civil.* São Paulo: Ed. RT, 1971. vol. 1.

BARBI, Celso Agrícola. *Comentários ao Código de Processo Civil.* Rio de Janeiro: Forense, 1983. vol. 1.

CARVALHO, Vladimir Souza. *Da justiça federal e sua competência.* São Paulo: Ed. RT, 1980; Curitiba: Juruá, 1990 (depois da Constituição Federal de 1988).

CUNHA, Leonardo José Carneiro da. *A fazenda pública em juízo.* 5. ed. São Paulo: Dialética, 2007.

DESTEFENNI, Marcos. *Curso de processo civil.* São Paulo: Saraiva, 2006. vol. 1.

MAZZEI, Rodrigo; SILVA, Bruno Freire (coord.). *Reforma do judiciário – Análise interdisciplinar e estrutural do primeiro ano de vigência.* Curitiba: Juruá, 2006.

NEGRÃO, Theotônio. *Código de Processo Civil e legislação extravagante.* 39. ed. São Paulo: Saraiva, 2007.

Pellegrini, Luis Fernando Gama. Ações fiscais – Justiça comum – Justiça federal – Recursos: duplo grau de jurisdição. *Revista de Processo (RePro)* 52/229.

Pizzol, Patrícia Miranda. *A competência no processo civil.* São Paulo: Ed. RT, 2003.

Santos, Moacyr Amaral. *Primeiras linhas de direito processual civil.* 25. ed. São Paulo: Saraiva, 2007. vol. 1.

Silva, Ovídio A. Baptista da. *Curso de processo civil.* 7. ed. Rio de Janeiro: Forense, 2005.

VIII

Prevenção – *Perpetuatio Iurisdictionis* – Conexão e Continência

104. Prevenção

A prevenção, em primeiro grau, firma-se entre *juízos*, tendo em vista *critérios cronológicos*, destinados a resolver hipóteses diferentes (arts. 219 ou 106, ambos do CPC). Em verdade, nesses textos há dois critérios cronológicos, aplicáveis, cada um deles, isoladamente e tendo em vista a hipótese em relação à qual diz respeito. A lei indica um fato mercê do qual se marcará a prevenção, entre juízos abstratamente competentes, em função do que, um deles, restará prevento. Os critérios são diferentes tendo em vista (art. 219) os juízos estarem sediados em comarcas diferentes ou (art. 106) na mesma comarca.

O órgão monocrático que por primeiro ordenou a citação e onde ela se fez, normalmente, fica prevento (art. 219, *caput*). Em segundo grau, o órgão é a câmara ou turma, bem como o relator *que integre* tais órgãos colegiados, igualmente competentes, *in abstracto*, para julgar a causa.[1] A prevenção do órgão de segundo grau se dá pelo conhecimento do recurso. Neste sentido, é correto o entendimento de que a câmara ou turma que conhecer de um recurso acerca de determinada causa fica preventa para conhecer de outros que sejam eventualmente interpostos na mesma causa.[2]

É essencial, entretanto, para se falar em prevenção de câmaras ou turmas, que elas sejam do mesmo tribunal. Se, por exemplo, no Estado de São Paulo, uma delas tivesse sido de um dos extintos Tribunais de Alçada e a outra for do Tribunal de Justiça não há

---

1. *RT* 327/249. Quanto à prevenção do relator, cf. STJ, CC 23.011/CE, 2.ª S., j. 26.05.1999, rel. Min. Ruy Rosado de Aguiar, *DJ* 03.11.1999, p. 78. A respeito do tema, decidiu-se posteriormente que "constatada a distribuição a relatores diversos de dois recursos relativos às mesmas partes, caberia à agravante, antes do julgamento de qualquer um deles, ter suscitado a prevenção do relator a quem foi o primeiro recurso distribuído, já que a prevenção interna desta Corte, quando não verificada de ofício pelo julgador, pode ser arguida pelas partes ou pelo Ministério Público, porém apenas até o início do julgamento, consoante o disposto no art. 71, § 4.º, do RISTJ" (STJ, AgRg no Ag 632.495/RS, 4.ª T., j. 22.03.2005, rel. Min. Aldir Passarinho Júnior, *DJ* 02.05.2005, p. 366). Este entendimento encontra-se consolidado no STJ, como se extrai de inúmeros julgados recentes: STJ, AgRg no Ag 552201/RS, 3.ª T., j. 13.09.2005, rel. Min. Ari Pargendler, *DJ* 24.10.2005, p. 307; STJ, AgRg no AgIn 465703/SP, 3.ª T., j. 29.03.2005, rel. Ministro Antônio de Pádua Ribeiro, *DJ* 23.05.2005, p. 267; STJ, AgRg no REsp 925.902/PE, 3.ª T., j. 21.06.2007, rel. Min. José Delgado, *DJ* 02.08.2007, p. 421; STJ, AgRg no REsp 882.425/MT, 3.ª T., j. 04.12.2007, rel. Min. Humberto Gomes de Barros, *DJ* 14.12.2007, p. 405; STJ, AgRg no Ag 966.728/GO, 4.ª T., j. 07.08.2008, rel. Min. Fernando Gonçalves, *DJe* 18.08.2008.
2. TJ/SP, Dúvida de Competência 074.650-0, Grupo Especial, j. 20.02.2001, rel. Des. Laerte Nordi.

que se cuidar do assunto, pois tais cortes tinham *competências diferentes*,[3] e a prevenção pressupõe órgãos igualmente competentes no plano abstrato.[4]

A moderna doutrina processual (e a nossa lei, claramente) distingue nitidamente os fenômenos da *prevenção* e da *litispendência*, sendo este último incomparavelmente mais amplo do que aquele, além de ser fenômeno *diferente*, e, em rigor, insuscetível de ser confundido com o da prevenção.

Antes de tudo, há que se considerar que o termo *litispendência* é usado, fundamentalmente, em dois sentidos, o primeiro mais amplo do que o segundo, a saber: (1.º) entende-se, no sentido amplo, litispendência como sendo *processo, em ato, produzindo todos os efeitos*; (2.º) *no sentido mais restrito, entende-se por litispendência, meramente, um dos efeitos produzidos pelo processo*, no sentido de um primeiro processo *inibir um segundo cuja lide seja idêntica*, levando o segundo à sua extinção, sem resolução de mérito (art. 301, § 1.º e art. 267, V, do CPC).

Entretanto, é *conveniente*[5] que a matéria seja objeto de preliminar na contestação (art. 301, V).

3. A Res. 194/2004 do TJ/SP dispõe sobre a integração das câmaras e juízes dos extintos Tribunais de Alçada no Tribunal de Justiça (cf. nota seguinte).

4. O atual Regimento Interno do Tribunal de Justiça do Estado de São Paulo (em vigor desde 04.11.2009) regula as hipóteses de prevenção expressamente em seu art. 102, ao assegurar a prevenção da câmara que primeiro conhecer de uma causa, ainda que não apreciado o mérito, ou qualquer incidente, para quaisquer outros feitos originários conexos ou recursos, na causa principal, cautelar ou acessória, incidente, oriunda de outro, conexa, continente, derivadas do mesmo ato, fato, contrato ou relação jurídica, e nos processos de execução dos respectivos julgados. O § 1.º dispõe que o afastamento dos juízes que participaram do julgamento anterior não impede a prevenção, devendo o novo processo ser distribuído a quem os substituir ou assumir a cadeira vaga. Considerando a alteração trazida na organização interna do Tribunal de Justiça do Estado de São Paulo, pela substituição da 1.ª e 2.ª Seções Civis pela Seção especializada em Direito Privado e pela Seção especializada em Direito Público, colocados ao lado da Seção Criminal, o art. 7.º, § 1.º, da Res. 90/1995, estabeleceu que ficariam *preventos* os órgãos, os relatores, os revisores e demais membros das turmas julgadoras já definidos ou definíveis segundo as normas regimentais que este ato normativo revogou para o julgamento dos feitos distribuídos até o dia 13.11.1995, data fixada para que se desse a primeira distribuição dos feitos levando em conta a nova organização interna do Tribunal (Res. 90/1995, art. 7.º, *caput*, com a redação que lhe deu a Res. 92/1995). Ficaram estendidos, a esta prevenção, os embargos de declaração e os embargos infringentes opostos aos acórdãos dos julgamentos dos feitos distribuídos até aquela data. Em razão da incorporação dos Tribunais de Alçada pelo Tribunal de Justiça (de acordo com a Emenda Constitucional 45/2004), a composição e competência passaram a ser as seguintes, reguladas conforme o art. 2.º da Res. 194/2004 do TJ/SP. Naturalmente, houve remanejamento de algumas das câmaras e de parte dos desembargadores, em razão da indigitada incorporação. A propósito, estabeleceu o art. 3.º da referida Resolução que, "após a realização de concurso de remoção interna dos atuais desembargadores, os juízes dos Tribunais extintos escolherão as Câmaras que passarão a integrar, de acordo com sua antiguidade, nesses Tribunais". Tendo em vista a inevitável modificação da composição, assim estabeleceram os arts. 5.º e 6.º da Res. 194/2004, a respeito da prevenção: "Art. 5.º Os processos que já se encontram em poder dos juízes dos Tribunais extintos e dos atuais Desembargadores com eles permanecerão, caso não haja alteração na competência do magistrado após a escolha de que trata o art. 3.º desta Resolução". "Art. 6.º Redistribuídos os processos em razão da alteração da competência, o relator receberá número igual ao dos processos devolvidos, *cessada a prevenção*" (g.n.).

5. É *conveniente* porque, se fizer a alegação e se somente alegar depois do saneador, aplicar-se-ão os arts. 22 e 267, § 3.º, *segunda parte*.

Todavia, a litispendência, neste segundo sentido, está na esfera da oficiosidade dos poderes do juiz (art. 301, § 4.º). Assim, ainda que não seja alegada como preliminar de contestação, nem por isso haverá preclusão.[6]

Nossa doutrina e jurisprudência, mais antigas, confundiam o termo prevenção com este segundo significado de litispendência.

Uma das razões que possivelmente levou a essa confusão foi a de que tanto a prevenção quanto a litispendência sempre ocorriam no mesmo momento (*v.g.*, a hipótese do art. 219, *caput*).

Esclarecidos os dois sentidos do termo litispendência, passemos, rapidamente, a distinguir prevenção de litispendência, tomada neste segundo sentido.

A *prevenção*, neste sentido, ocorre entre juízos de igual competência. Trata-se de um fato processual, através do qual se fixa a competência de um dado juízo, concretamente, dentre diversos outros juízos que, do ponto de vista abstrato, também são competentes. Não é, pois, a prevenção critério de *determinação* da competência, porém, de fixação da competência dentre órgãos cuja competência já estava determinada e era *abstratamente a mesma*.

Dissemos que prevenção é um fato processual que não ocorre, necessariamente, no momento da citação inicial válida, e isto porque, conquanto na generalidade dos sistemas jurídicos a prevenção decorra da citação válida, isto não ocorre necessariamente sempre.

Neste sentido correto é o entendimento de que o juiz – cujo juízo existe com outros de igual competência, *se abstratamente considerados* –, despachando em primeiro lugar alvará de separação de corpos, é o competente para conhecer a ação de separação contenciosa distribuída posteriormente, ainda que nesta tenha ocorrido, anteriormente àquele, a citação válida, pois esta não modifica a competência, fixada com arrimo no art. 106 (e não no art. 219).[7]

Por isto é que se define a prevenção como um fato processual que poderá não estar localizado no momento da citação inicial, como se dá na hipótese do art. 106 do CPC, onde o critério relevante é o despacho do juiz.[8] No entanto, o fenômeno da prevenção quase sempre está ligado ao chamamento inicial válido (critério quantitativo).[9]

A regra do art. 106 é especial em contraste com a do art. 219, aplicando-se aque-

6. Sobre o instituto da preclusão, cf., amplamente, Teresa Arruda Alvim Wambier, *Os agravos no CPC brasileiro*, n. 8.

7. TJ/SP, CC 30.487-0, Câm. Esp., j. 20.03.1997, rel. Alves Braga; *RT* 574/94. Diga-se, ademais, que na medida preparatória é que se fixou a competência também para a ação principal.

8. Haverá prevenção em juízos de mesma competência territorial em razão de conexão, para o juízo que despachar em primeiro lugar, conforme dispõe o art. 106 do CPC, mas essa regra deve ser entendida como o pronunciamento judicial que determina a citação e não qualquer despacho, *v.g.*, aquele previsto no art. 284 do CPC (TJ/RJ, AgIn 2007.002.09910, 7.ª Câm. Cív., j. 16.08.2007, rel. Des. André Andrade, *DOE* 30.08.2007). No mesmo sentido: "Processo civil – Competência – Conexão – Prevenção – Art. 106, CPC – Posicionamento doutrinário e jurisprudencial – Precedente da Turma – Recurso provido. I – Se as ações conexas tramitam na mesma comarca, competente é o juiz que despacha em primeiro lugar, a teor do art. 106 do Código de Processo Civil. II – A expressão 'despachar em primeiro lugar', inserida no art. 106, CPC, salvo exceções (*v.g.*, art. 296, CPC), deve ser entendida como o pronunciamento judicial positivo que ordena a citação" (STJ, REsp 217.860, 4.ª T., j. 19.08.1999, rel. Min. Sálvio de Figueiredo Teixeira, *DJ* 20.09.1999, p. 67 e *RT* 772/207).

9. V. nosso *Curso de direito processual civil*, cit., vol. 1, p. 476, bem como nosso *Direito processual civil:* teoria geral do processo de conhecimento, vol. 2, n. II, p. 70/16. No mesmo sentido: Luiz Guilherme Marinoni e Sérgio Cruz Arenhart, *Manual de processo de conhecimento*, p. 51 e 52.

la somente quando os juizes tiverem a mesma competência territorial e tendo em vista junção de causas conexas.[10] A prevenção tem particular relevância em relação à causa ou às causas conexas com aquela em que ocorreu a prevenção, dado que, reconhecida a conexão, a causa é *atraída* para o juízo prevento.[11]

Comentamos o sentido principal de prevenção e procuramos extremá-lo do de litispendência. No entanto, o termo prevenção tem outra abrangência, além de ser critério de fixação da competência dentre vários juízos competentes, em abstrato. A prevenção, tendo em vista o critério cronológico, serve também para fixar a competência de dois órgãos igualmente competentes, quando, do ponto de vista geográfico, qualquer um deles possa vir a ser o competente (ainda que de Justiças estaduais diferentes). É a hipótese do art. 107 do CPC.

Outrossim, o problema poderá ocorrer não entre duas comarcas, mas dentro de uma só comarca, desde que ela seja dividida em foros regionais ou regiões. Mas, esse primeiro sentido da palavra deve ser entendido de maneira ampla. O instituto da prevenção fixa a competência não só para aquela causa específica, como para as que sejam conexas ou continentes a esta (art. 102).

Não esqueçamos a prevenção em segundo grau de jurisdição para o conhecimento do recurso. Ela ocorre pelo conhecimento de qualquer incidente do processo por determinado órgão, ou seja, por exemplo, a câmara que julgar um incidente em um dado processo, por esta razão será a competente para julgar o recurso que seja ulteriormente interposto, salvo regra explícita em contrário (art. 102 do RITJSP, por exemplo, de que se tratou na nota de rodapé 4 deste Capítulo).

A própria disciplina da competência aplica-se ao processo cautelar, donde a ação cautelar, quando fundada em direito pessoal, deve ser proposta no foro do domicílio do réu, que haverá de ser o competente; havendo mais de um juízo, far-se-á a distribuição, e, com a citação (art. 219, *caput*), firmada estará a competência; se se tratar de juízos abstratamente competentes, na mesma comarca, aplicar-se-á a regra do art. 106. É possível ocorrer, também, incompetência relativa no processo cautelar: não opondo o réu, na medida cautelar, se for o caso, exceção declinatória de foro ao juízo relativamente incompetente, torna-se prevento esse juízo da ação cautelar para esta e para a ação principal também.[12]

Também, o juízo que decidiu a medida cautelar (art. 800, *caput*) será o competente para o julgamento da causa, mas essa medida, se anterior à mesma, já deverá ter sido requerida ao juízo competente para conhecer da causa principal. Na hipótese de interposição de recurso, dispõe o parágrafo único do art. 800 do Código de Processo Civil, incluído pela Lei 8.952/1994, que a medida cautelar será requerida diretamente ao tribunal. Quer-nos parecer que, enquanto os autos não tiverem sido remetidos ao juízo *ad quem*, por analogia ao parágrafo único do art.

---

10. V. Gustavo Santana Nogueira, *Processo civil*, t. I (*Teoria geral do processo*), p. 138 e 139.

11. Essa "atração" a que nos referimos, subsiste ainda quando houver extinção do processo, sem resolução do mérito (art. 267), e sendo reiterado o pedido, ainda que a coincidência das partes seja apenas *parcial*. É o que consta do art. 253, II, com a nova redação atribuída pela Lei 11.280/2006. Dispõe-se neste artigo: "Distribuir-se-ão por dependência as causas de qualquer natureza: I – quando se relacionarem, por conexão ou continência, com outra já ajuizada; II – quando, tendo sido extinto o processo, sem julgamento de mérito, for reiterado o pedido, ainda que em litisconsórcio com outros autores ou que sejam parcialmente alterados os réus da demanda; III – quando houver ajuizamento de ações idênticas, ao juízo prevento".

12. STJ, REsp 489.485/ES, 3.ª T., j. 26.08.2003, rel. Min. Menezes Direito, *DJ* 24.11.2003, p. 302.

558, a medida pode ser requerida em face do próprio órgão de interposição.[13]

Em algumas medidas, ainda que antecedentes, mas despidas de caráter essencialmente cautelar, inocorre prevenção.[14]

Não assim, todavia, a realização da vistoria *ad perpetuam rei memoriam*. Ainda que nem sempre provida de natureza cautelar, previne a competência para a ação principal.[15]

Ainda, é pela competência da ação de conhecimento que se determina a competência do juízo da execução (art. 575, II – competência funcional sucessiva –, equivalente ao novo art. 475-P, II, inserido pela Lei 11.232/2005). Na hipótese de execução de título judicial consistente em sentença homologatória de transação, aquela deve ser proposta perante o juízo que homologou esta.[16] O parágrafo único do art. 475-P do CPC, inserido pela Lei 11.232/2005, faculta ao exequente requerer a execução em juízo distinto daquele que tenha processado "a causa no primeiro grau de jurisdição" (art. 475-P, II), podendo também optar pelo juízo do local onde se encontram bens sujeitos à expropriação ou pelo do atual domicílio do executado.[17]

---

13. É o que ocorre, *mutatis mutandis*, com a cautelar ajuizada com o intuito de se suspenderem os efeitos de acórdão impugnado através de recurso extraordinário ou especial. Neste caso, o STF editou as Súmulas 634 e 635, que têm, respectivamente, o seguinte teor: "Não compete ao Supremo Tribunal Federal conceder medida cautelar para dar efeito suspensivo a recurso extraordinário que ainda não foi objeto de juízo de admissibilidade na origem"; "Cabe ao Presidente do Tribunal de origem decidir o pedido de medida cautelar em recurso extraordinário ainda pendente do seu juízo de admissibilidade". No mesmo sentido, há várias decisões do STJ, em relação ao recurso especial (STJ, AgRg na MC 10.248/SP, 1.ª T., j. 06.09.2005, rel. Min. Luiz Fux, *DJ* 26.09.2005, p. 178; STJ, AgRg na MC 9.935/RJ, 1.ª T., j. 07.06.2005, rel. Min. José Delgado, *DJ* 01.07.2005, p. 365; STJ, AgRg na MC 14.385/RJ, 3.ª T., j. 26.06.2008, rel. Min. Nancy Andrighi, *DJe* 05.08.2008; STJ, AgRg na MC 14.122/RJ, 1.ª T., j. 17.06.2008, rel. Min. Luiz Fux, *DJe* 07.08.2008; STJ, AgRg na MC 13.981/SP, 5.ª T., j. 29.05.2008, rel. Min. Jorge Mussi, *DJe* 04.08.2008), salvo em hipóteses excepcionais (STJ, AgRg na MC 9.823/MA, 1.ª T., j. 17.05.2005, rel. Min. Teori Albino Zavascki, *DJ* 30.05.2005, p. 210; STJ, MC 10382/RJ, 5.ª T., j. 06.06.2006, rel. Ministro Gilson Dipp, *DJ* 01.08.2006, p. 454; STJ, AgRg na MC 12.755/SP, 4.ª T, j. 06.03.2008, rel. Min. Massami Uyeda, *DJe* 24.03.2008; STJ, AgRg na MC 14.089/MG, 2.ª T., j. 27.05.2008, rel. Min. Carlos Fernando Mathias (Juiz convocado do TRF 1.ª Região), *DJe* 23.06.2008). Esta é a regra geral. Em casos excepcionais, contudo, o STJ tem concedido efeito suspensivo ao recurso especial, ainda não admitido no Tribunal de origem, sendo exigida "a comprovação de uma situação de excepcionalidade, em que haja, cumulativamente, os requisitos do *periculum in mora* e do *fumus boni iuris*" (STJ, MC 20.298/MG, 2.ªT., rel. Min. Mauro Campbell Marques, j. 23.04.2013, *DJe* 29.04.2013).

14. "Medidas de cunho não contencioso, onde apenas foi requerido ao juízo *a quo* meras providências administrativas, medidas essas isentas de qualquer natureza litigiosa, cujo conteúdo em nada influenciará a atividade jurisdicional plena do processo principal, tem-se como inexistente a prevenção arguida" (STJ, AgRg nos EREsp 213.187/SP, Corte Especial, j. 25.10.2004, rel. Min. Francisco Falcão, *DJ* 13.12.2004, p. 188).

15. STJ, REsp 487.630/SP, 2.ª T., j. 21.08.2003, rel. Min. Franciulli Netto, *DJ* 28.06.2004, p. 245, em que se ressaltou que a ação cautelar de produção antecipada de provas não conduz à prevenção, salvo "se verificada a intervenção do magistrado no feito, com a nomeação de *expert* de sua confiança". Em sentido análogo: STJ, REsp 712999/SP, 3.ªT., j. 12.04.2005, rel. Min. Carlos Alberto Menezes Direito, *DJ* 13.06.2005, p. 305.

16. Há exceções à regra, por exemplo, "a execução de alimentos pode ser proposta no foro do alimentando, ainda que diverso daquele do Juízo da sentença" (STJ, REsp 223.207/MG, 3.ª T., j. 18.05.2004, rel. Min. Humberto Gomes de Barros, *DJ* 16.08.2004, p. 255; STJ, REsp 436.251/MG, 3.ª T., j. 21.06.2005, rel. Min. Antônio de Pádua Ribeiro, rel. p/ Acórdão Min. Nancy Andrighi, *DJ* 29.08.2005, p. 329, *REVFOR*, v. 383, p. 354).

17. Sobre a competência para o cumprimento da sentença ver: Fredie Didier Jr., Competência

Prorrogação tácita é fenômeno diretamente ligado à incompetência relativa. Toda vez que se tratar de incompetência relativa, e não sendo oposta a exceção dentro do prazo de 15 (quinze) dias (art. 305, *caput*, do CPC), prorroga-se a competência do juízo inicialmente incompetente. Como visto, não há possibilidade de o juiz *ex officio* declarar a incompetência relativa. Diferentemente se passa na hipótese de contrato de adesão em que se haja estabelecido cláusula de eleição de foro nula, já que, em tais situações, existe um interesse público de tutela do aderente ao pacto, por ele ser, na maioria das vezes, um consumidor, ainda que a norma transcenda a figura do consumidor (art. 112, parágrafo único, na redação da Lei 11.280/2006).[18] A jurisprudência dominante no Superior Tribunal de Justiça (Súmula 33) veda a atividade de ofício em relação à incompetência relativa. Rigorosamente, a hipótese do art. 112, parágrafo único, e do art. 114 não é assimilável à temática da incompetência relativa.[19]

105. Conexão de causas

O que interessa primordialmente para uma abordagem teórica da conexão de causas é estabelecer se uma ação é ligada a outra, a ponto de a decisão de uma influir na da outra. Neste caso, os ordenamentos jurídicos preveem fórmulas para afastar a perspectiva de um conflito de decisões que poderão ser contraditórias, evitando que isto ocorra, o que traria dano evidente à atividade jurisdicional. A lei investiu o juiz do poder de reunir processos que possam, eventualmente, produzir, se julgados separadamente, decisões que não se conciliem. Há algumas decisões do STJ em que se expressa bem a implicação fundamental que existe entre causas conexas e de por que haverão de ser reunidas. Trata-se da possibilidade de contradição, a qual, uma vez vislumbrada como possível, deve levar à reunião de causas no juízo prevento. Isto demanda a análise das causas à luz da teoria das três identidades.[20-21]

para a execução de título judicial, In: Gilberto Gomes Bruschi e Sérgio Shimura (coord.), *Execução civil e cumprimento da sentença,* vol. 2, p. 207 a 218. *Cf.*, também, a opinião de Marcelo Abelha Rodrigues, para quem a regra inscrita no inciso II do art. 475-P, permanece sendo de competência absoluta e funcional, somente podendo vir a ser "relativizada" nas hipóteses estritas do parágrafo único (local dos bens expropriados ou atual domicílio do executado). Entende Marcelo Abelha que, mesmo as exceções previstas no parágrafo único do art. 475-P seriam de caráter funcional, pois "albergam hipóteses em que seria mais vantajoso e *funcional* que a execução se processe em juízo diverso de onde a causa foi processada". Ainda de acordo com este autor, "feita a opção de se executar no domicílio do executado, e iniciada a execução, haverá *perpetuatio jurisdictionis* (estabilização da competência)"; de outra parte, porém, "nem sempre o exequente saberá, de antemão, qual o local onde se encontram os bens expropriáveis do executado, especialmente se não coincidir com o seu domicílio. Nesse caso, pensamos, requerido o início da execução e, verificado em seu curso que os bens expropriáveis se encontram em outra comarca ou juízo, entendemos que poderá ser direcionada a execução para o referido local (bens expropriáveis), aplicando-se a primeira exceção do parágrafo único após o início da execução, ou seja, não está adstrita a ocorrência da regra ao início da execução" (Flávio Cheim Jorge, Fredie Didier Jr. e Marcelo Abelha Rodrigues. *A terceira etapa da reforma processual civil,* p. 189-191).

18. A respeito, cf. itens 92 e 94, *supra.*
19. Para uma exposição mais ampla a respeito, v. Capítulo VI, n. 92, em que com maiores minúcias o assunto é tratado.
20. Em voto do Min. Eduardo Ribeiro, proferido no julgamento do REsp 3.511 lê-se: "De qualquer sorte, necessário interpretar-se com cuidado o dispositivo, que revela adesão à teoria das três *eadem*, pena de chegar-se a resultados verdadeiramente inaceitáveis, negando exista conexão em situações onde o próprio bom senso reclame a reunião de processos. O mais importante será não se entender que o art. 103 exija identidade completa entre o objeto ou a causa de pedir de cada uma das ações". Adian-

Há, em segundo lugar, um outro fundamento a recomendar a reunião dos processos: é o da *economia processual*. Se dois processos são parcialmente idênticos, a apreciação de ambos, num só juízo, trará economia, pois as provas poderão ser produzidas uma só vez (e não em *duplicata*), e, ademais, a parte comum a ambos será apreciada somente uma vez, pelo mesmo juiz, e não duas vezes, por juizes diversos.

Por esta razão é que, *v.g.*, os pedidos de falência ou recuperação judicial do mesmo devedor, conexos assim pela identidade do objeto, devem reunir-se sob a jurisdição do mesmo juízo, cuja prevenção, de acordo com o art. 6.º, § 8.º, da Lei 11.101/2005,[22] se dá com a distribuição. Outrossim, não se pode indagar se o pedido anterior encontra-se tramitando ou não, pois, ainda que arquivado, persiste a prevenção.[23]

Semelhantemente, a inexorável repercussão da solução estabelecida em um processo em relação ao outro tem ensejado a reunião de ações, em hipóteses que, *rigorosamente*, não se estaria diante de conexão, de acordo com o art. 103 do CPC. Nesse sentido, por exemplo, a jurisprudência mais recente do STJ tem admitido a reunião de ações de execução fiscal e de anulação de débito fiscal.[24] Evidentemente, sequer

te, no mesmo voto: "Ainda que na causa de pedir pudesse apontar-se alguma diferença, o fato de a obrigação ter a mesma origem bastaria para que aquela pudesse reputar-se comum". O Min. Waldemar Zveiter, a seu turno, em recurso de que foi o relator, afirmou que "o objetivo da norma inserta no art. 103, bem como no disposto no art. 106, ambos do CPC, é evitar decisões contraditórias; por isso, a indagação sobre o objeto ou a causa de pedir, que o artigo por primeiro (art. 103, CPC) quer que seja comum, deve ser entendida em termos, não se exigindo a perfeita identidade, senão que haja um liame que os faça passíveis de decisão unificada" (STJ, REsp 3.511/RJ, 3.ª T., j. 10.12.1990, m.v., rel. para o acórdão Min. Waldemar Zveiter, *DJU* 11.03.1991, p. 2.391). No mesmo caso, do REsp 3.511/RJ, do voto do Min. Cláudio Santos, lê-se, acompanhando o Min. Waldemar Zveiter, "por entender que a causa é uma só e sua origem é a mesma" e, mais ainda, porque "há um entrelaçamento entre as questões, o que recomenda que as mesmas sejam julgadas num só juízo" (dos votos dos Ministros Eduardo Ribeiro, Waldemar Zveiter, Cláudio Santos, no REsp 3.511/RJ), *apud* Theotônio Negrão, *Código de Processo Civil e legislação extravagante*, 29. ed., edição eletrônica, com inteiro teor do acórdão do REsp 3.511/RJ do STJ. A mesma orientação foi adotada nos seguintes julgados: STJ, CC 25.746/RJ, 2.ª S., j. 29.02.2000, rel. Min. Cesar Asfor Rocha, *DJ* 25.09.2000, p. 62; STJ, CC 37.805/CE, 2.ª S., j. 23.06.2004, rel. Min. Humberto Gomes de Barros, *DJ* 01.07.2005, p. 362; STJ, REsp 1226016/RJ, 3.ª T., Rel. Min. Nancy Andrighi, j. 15.03.2011, *DJe* 25.03.2011). Sobre a amplitude do conceito de conexão, já nos manifestamos em parecer publicado em nossas *Soluções Práticas de Direito: pareceres*. Volume I, p. 675 e ss.

21. V. Edward Carlyle Silva, *Conexão de causas*, sobre a tríplice identidade ou a teoria tradicional envolvendo a teoria de Matteo Pescatore (p. 63 a 70); as críticas quanto à teoria tradicional (p. 70 a 74); a teoria de Francesco Carnelutti (p. 74 a 79); e a contribuição de Enrico Redenti (p. 79 a 82).

22. A solução equivale, no particular, à do art. 202, § 1.º, do revogado Dec.-lei 7.661/1945. A respeito, cf. STJ, CC 26.021/RJ, 2.ª S., j. 22.09.1999, rel. Min. Menezes Direito, *DJ* 29.11.1999, p. 118. Evidentemente, o juízo prevento deve ser materialmente competente para conhecer do pedido de falência (art. 3.º da Lei 11.101/2005; art. 7.º, *caput*, do Dec.-lei 7.661/1945 [revogado]). Nesse sentido: STJ, CC 37.736/SP, 2.ª S., j. 11.06.2003, rel. Min. Nancy Andrighi, *DJ* 16.08.2004, p. 130.

23. Nesse sentido: *JTJ* 184/204. A opinião dominante é em sentido contrário, todavia: *RT* 478/109, 480/104 e 551/107; *RJTJSP* 43/285, 44/290, 46/263 e 66/249. Também no STJ, RMS 95/ES, 1.ª T., j. 06.06.1994, rel. Min. Humberto Gomes de Barros, *DJ* 27.06.1994, p. 16.877.

24. STJ, REsp 714.557/RS, 2.ª T., j. 09.08.2005, rel. Min. Castro Meira, *DJ* 19.09.2005, p. 295; STJ, REsp 510.470/RS, 2.ª T., j. 23.08.2005, rel. Min. Eliana Calmon, *DJ* 19.09.2005, p. 252; STJ,

se poderia falar, no caso, em "julgamento simultâneo" das ações, já que não há decisão sobre a existência da dívida na ação de execução, *ainda que haja julgamento sobre os embargos.*[25]

A conexão não é um critério de determinação de competência, conforme se chegou a entender em face do Código anterior, e sim um fator que pode eventualmente gerar alteração da competência, de acordo com o art. 102 do Código atual, critério este que se aplica somente quando a competência seja suscetível de alteração (ou seja, quando não se tratar de competência absoluta).[26]

Quanto à existência ou à inexistência de conexão, o panorama das decisões dos tribunais tem sido o seguinte:

Há conexão entre a ação de consignação em pagamento e a ação cominatória, ambas embasadas em um mesmo contrato.[27] O mesmo ocorre entre ação de consignação e ação de cobrança.[28]

Pode haver conexão de causas, ainda quando inexista identidade de partes no processo.[29]

Como a causa de pedir abrange as razões de direito e também as de fato, segue-se que, sendo diferentes os fatos em que se apoia o pedido, não se caracteriza a conexão de causas, com fundamento na identidade de causas de pedir, *inocorrente esta pela diversidade fática.*[30]

Há conexão de causas entre a ação de consignação em pagamento e a de despejo fundada na falta de pagamento.[31]

Há conexão de causas entre a ação de consignação em pagamento e a ação de adjudicação compulsória, fundadas ambas em um mesmo contrato.[32]

Não há conexão de causas entre a ação renovatória de locação comercial e a ação de despejo fundada em falta de pagamento.[33] Tampouco existe conexão entre as ações de despejo e de consignação em pagamento com a ação renovatória.[34]

REsp 732.335/RS, 1.ªT., j. 28.06.2005, rel. Min. José Delgado, *DJ* 29.08.2005, p. 217; STJ, REsp 193.725/SC, 2.ªT., j. 17.02.2005, rel. Min. João Otávio de Noronha, *DJ* 16.05.2005, p. 275; (STJ, REsp 834028/RS, 1.ªT., j. 01.06.2006, rel. Min. José Delgado, *DJ* 30.06.2006, p. 200; STJ, REsp 574.357/SP, 1.ªT., j. 25.04.2006, rel. Min. Teori Albino Zavascki, *DJ* 04.05.2006, p. 135, *REPDJ*, 12.06.2006, p. 439).

25. A jurisprudência, *em princípio*, não admite a suspensão da execução fiscal em razão da ação de conhecimento, a não ser que o executado/autor da ação de conhecimento realize o depósito da quantia cobrada. Nesse sentido: STJ, REsp 745.811/RS, 1.ª T., j. 24.05.2005, rel. Min. José Delgado, *DJ* 27.06.2005, p. 300; STJ, REsp 854.942/RJ, 1.ªT., j. 01.03.2007, rel. Min. Teori Albino Zavascki, *DJ* 26.03.2007, p. 211. Sobre a possibilidade de suspensão da execução por ação de conhecimento movida autonomamente, cf., amplamente, Teresa Arruda Alvim Wambier e José Miguel Garcia Medina, *O dogma da coisa julgada*: hipóteses de relativização, n. 3.2.5.

26. Cf. STJ, CC 41.953/PR, rel 1.ª S., j. 25.08.2004, Min. Teori Albino Zavascki, *DJ* 13.09.2004, p. 165; STJ, MS 9.299/DF, 1.ª S., j. 23.06.2004, rel. Min. Teori Albino Zavascki, *DJ* 20.09.2004, p. 178.

27. *Revista de Processo* (*RePro*) 3/330, em. 51, *RJTJSP* 72/237.

28. STJ, REsp 542.513/PR, 1.ªT., j. 04.03.2004, rel. Min. Luiz Fux, *DJ* 22.03.2004, p. 234.

29. *Revista de Processo* (*RePro*) 2/346, em. 40; STJ, REsp 613.216/RS, 2.ªT., j. 09.08.2005, rel. Min. Eliana Calmon, *DJ* 05.09.2005, p. 355; STJ, REsp 705.899/PB, 1.ªT., j. 07.06.2005, rel. Min. José Delgado, *DJ* 01.07.2005, p. 422.

30. *Revista de Processo* (*RePro*) 3/330, em. 50.

31. *Revista de Processo (RePro)* 2/346, em. 39 e 11-12/332, em. 62; STJ, REsp 439.849/SP, 5.ª T., j. 27.08.2002, rel. Min. Felix Fischer, *DJ* 30.09.2002, p. 285.

32. *Revista de Processo* (*RePro*) 9/348, em. 51.

33. *Revista de Processo* (*RePro*) 1/199, em. 5; STJ, EDcl no REsp 31.518/SP, 6.ª T., j. 20.06.1995, rel. Min. Adhemar Maciel, *DJ* 04.09.1995, p. 27.866.

34. *Revista de Processo* (*RePro*) 2/346, em. 39; STJ, AgRg no AREsp 91.138/MG, 3.ª T., rel. Min.

Há conexão, já se decidiu, entre a ação de despejo e a ação de usucapião.[35]

Não há conexão entre a ação de despejo por falta de pagamento e a ação voltada à anulação de contrato de compra e venda do mesmo imóvel.[36]

Há conexão entre a ação de despejo por falta de pagamento e a ação em que se discuta a própria validade do contrato de locação firmado entre as partes.[37]

Não existe conexão entre duas ações de despejo por falta de pagamento, entre as mesmas partes, se referentes a aluguéis de meses diversos,[38] bem como quando as ações de despejo têm fundamentos diferentes.[39]

Não há conexão entre a ação de despejo por falta de pagamento, de um lado, e, de outro, o pedido de redução de aluguéis, cumulado, alternativamente, com o de rescisão da locação.[40]

Não há conexão entre as ações de desapropriação de bens pertencentes a diversos proprietários.[41]

Há conexão, já se decidiu, entre duas ações movidas pelas mesmas partes, em comarcas diversas, acerca do mesmo acidente de veículo.[42]

Também há conexão entre a ação demarcatória cumulada com queixa de esbulho e a ação possessória envolvendo a mesma *causa petendi*.[43]

Há conexão entre a ação voltada à entrega de móvel e a anulatória de seu título aquisitivo.[44]

Não ocorre conexão de causas entre a ação de separação judicial e a de anulação de doação feita pelo casal (o acórdão refere-se ainda à ação de desquite).[45] Mas há conexão entre ação de divórcio e ação de separação judicial.[46]

Há conexão entre a ação de alimentos aforada pelo filho menor contra o seu pai e a ação de guarda e busca e apreensão promovida por este contra a mãe daquele que objetive a sua guarda.[47]

Não há conexão entre a ação de guarda de menor e a de anulação de adoção.[48]

Há conexão entre a ação de depósito e a anterior de busca e apreensão acerca do mesmo bem.[49]

Sidnei Beneti, j. 22.05.2012, *DJe* 31.05.2012 ("Ainda que baseadas no mesmo contrato locativo, a ação revisional e a de despejo expressam causas de pedir e pedidos diferentes")..

35. *Revista de Processo* (*RePro*) 6/305, em. 44.
36. STJ, REsp 158.651/AM, 6.ª T., j. 04.10.2001, rel. Min. Vicente Leal, *DJ* 22.10.2001, p. 358.
37. *RT* 557/154 (trata-se de conexão por prejudicialidade).
38. *JUTACivSP* 39/307.
39. STJ, REsp 115.873/SP, 6.ª T., j. 14.04.1997, rel. Min. Vicente Leal, *DJ* 26.05.1997, p. 22.590.
40. *JUTACivSP* 38/377.
41. *Revista de Processo (RePro)* 10/313, em. 59 (pode haver litisconsórcio facultativo).
42. *Revista de Processo* (*RePro*) 7-7/332, em. 47.
43. *Revista de Processo (RePro)* 6/306, em. 45 (em rigor, há erro na cumulação).
44. *RJTJSP* 39/170.
45. *Revista de Processo* (*RePro*) 6/306, em. 47.
46. STJ, CC 1.180/MG, 2.ª S., j. 29.08.1990, rel. Min. Sálvio de Figueiredo Teixeira, *DJ* 15.10.1990, p. 11.183.
47. STJ, CC 18.961/RJ 2.ª S., j. 09.09.1998, rel. Min. Cesar Asfor Rocha, *DJ* 23.11.1998, p. 113. O STJ decidiu que deverão ser reunidas, perante o foro do detentor da guarda do menor, as causas que versem questões afetas à guarda, à destituição do poder familiar, bem como aquelas que se refiram à segurança do menor (no caso do acórdão, cuida-se de "verificação de situação de risco" do menor), sempre que houver *risco de decisões colidentes, e independentemente de uma das causas já ter sido julgada ou encontrar-se em estágio processual avançado* (STJ, CC 54.084/PR, 2.ª Seção, j. 13.09.2006, rel. Min. Jorge Scartezzini, *DJ* 06.11.2006, p. 299). O julgado em apreço teve como fundamento o princípio do atendimento ao melhor interesse do menor.
48. *RJTJSP* 45/225.
49. *Revista de Processo* (*RePro*) 1/199, em. 31; e 9/348, em. 50.

Há conexão entre a execução fiscal e a ação anulatória de débito fiscal.[50]

Não há conexão entre a ação cominatória visando à obrigação de não fazer uso de marca e a ação de nulidade de registro de marca.[51]

Havendo identidade de autores e diversidade de réus e diversidade de objeto do pedido, não há que se falar em conexão de causas.[52]

Sendo as partes e o objeto os mesmos, admite-se a reunião como decorrência de conexão entre a ação cominatória e a ação de reintegração de posse, a fim de evitarem-se decisões colidentes, não colhendo o argumento de que estas ações possuem rito diferente.[53]

Pelo sistema antigo, o ponto nevrálgico de toda a teoria da conexão encontrava-se em determinar exatamente quando duas causas eram conexas, pois o Código de 1939 não definia a conexão, referindo-se a ela, incidentalmente, no art. 134, § 2.º.

Entretanto, o atual Código estabeleceu exatamente quando ocorre a conexão, em seu art. 103, *in verbis*: "Reputam-se conexas duas ou mais ações, quando lhes for comum o objeto ou a causa de pedir".

Assim, partindo-se dos elementos constitutivos da ação – pedido, causa de pedir e partes – temos que duas ações serão conexas quando o pedido *ou* a causa de pedir de ambas forem idênticos. Basta, portanto, a identidade de um único elemento para que estejamos diante da conexão, o que faz com que os processos possam ser reunidos e mereçam um julgamento conjunto.

Já em face da lei revogada, entendia-se haver conexão quando, dos três elementos da ação, dois eram idênticos.

Devemos, aqui, fazer uma observação importante em relação ao texto do art. 103, acima transcrito. São conexas duas ou mais ações sendo comum "o objeto", diz a lei.

Ora, o *objeto do processo* (pois neste incluem-se também as questões suscitadas pelo réu) é diferente do *objeto litigioso*, sendo este último a *lide*, ou o *mérito*, exclusivamente fixado pelo pedido do autor.

O *objeto do processo* consiste na *lide* somada às *questões suscitadas pelo réu*. Parece-nos que a lei quis referir-se, nesse artigo, ao *objeto litigioso* ou *lide*. Daí entendermos que apenas havendo pedido comum poderá haver conexão de causas.

Sustentamos, na 1.ª edição desta obra (vol. 1, p. 184), que o vocábulo "pode" do art. 105 era impróprio, uma vez que, desde que constatados os pressupostos da conexão, era inexorável a reunião de processos. Então, haver-se-ia de entender esse "pode" como significando "deve", não ocorrente qualquer margem de avaliação ou, mais precisamente, de latitude maior para interpretação.

No entanto, quer nos parecer que o correto é o entendimento que decorre até da mera interpretação gramatical do texto, ou seja, o juiz "pode", tendo-lhe conferido margem mais lata de interpretação (avaliação concreta do grau ou intensidade da conexão e da utilidade da reunião das causas).

Se a interpretação precedente tinha algum sentido, colimando corrigir o texto legal, a realidade é que tão grande é a diversidade dos tipos de influência recíproca, de uma causa na outra (isto é, da decisão de uma na outra, e vice-versa), que mais operativo e funcional é reconhecer-se certa margem de liberdade ao juiz para que decida, de uma

---

50. *Revista de Processo* (*RePro*) 24/258, em. 30; *JUTACivSP* 60/80; STJ, AgRg no REsp 1251021/RJ, 2.ªT., rel. Min. Humberto Martins, j. 2.8.2011, *DJe* 10.8.2011.

51. *RTJ* 95/520.

52. *Revista de Processo* (*RePro*) 5/355, em. 14; STJ, REsp 705.899/PB, 1.ªT., j. 07.06.2005, rel. Min. José Delgado, *DJ* 01.07.2005, p. 422.

53. *Revista de Processo* (*RePro*) 19/247, em. 62.

ou de outra forma, diante das circunstâncias caracterizadoras de cada caso concreto.

Esta liberdade, todavia, e por certo, não deverá conduzir à não junção dos processos, quando for *intensa a conexão* (por exemplo, identidade de pedidos e *causa petendi*), e quando houver real *utilidade* na junção de ambas as causas, e quando estejam aproximadamente no mesmo momento ou *estágio* processual. Inversamente, existirá, em maior latitude, esta liberdade quando for mais tênue a conexão e quanto menor a *utilidade* perceptível de se reunirem as ações.[54]

Se se aludiu a uma margem mais lata de interpretação, e tendo-se em vista que a esse espectro de avaliação colima, em face da maior flexibilidade que se pretende ver no texto, conferir-se maior exatidão às decisões, segue-se que aí, em face de um exame da jurisprudência, por causa de peculiaridades detectáveis *in concreto*, poder-se-á ver uma gradação.

Assim é que nas diversas hipóteses aventadas nas notas deste capítulo, porque os resultados das sentenças que se proferiam, separadamente, se não tivessem sido juntos os processos, poderiam ser totalmente antagônicos, nesses casos, não há liberdade para o juiz não determinar a conexão. Se não se determinasse a conexão, poder-se-ia comprometer, até mesmo, a certeza que há de emergir da função jurisdicional, diante do possível conflito prático de decisões, ou seja, decisões que seriam praticamente inconciliáveis se tivessem sido proferidas sentenças separadamente e com conteúdos antagônicos.

Efetivamente, a jurisprudência tem entendido da mesma forma que a doutrina que o juiz pode deixar de reunir ações conexas.

Por isto é que, em regra, não há nulidade ou ineficácia da decisão proferida, caso não venha a ser cumprido o preceito do art. 105 do CPC.[55]

54. Veja-se, especificamente, quanto ao aspecto da intensidade da conexão: *RT* 493/137, 499/222, 553/156 e 573/194; *RJTJSP* 63/71 e 69/239; *JUTACivSP* 69/241 e 81/129; STJ, RMS 5.419/PR, 4.ª T., j. 28.03.1995, rel. Min. Sálvio de Figueiredo Teixeira, *DJ* 08.05.1995, p. 12.393; no mesmo sentido, mais recentemente: STJ, REsp 112.647/RJ, 2.ª T., j. 13.10.1998, rel. Min. Peçanha Martins, *DJ* 22.03.1999, p. 162; STJ, REsp 248.312/RS, 4.ª T., j. 12.12.2000, rel. Min. Aldir Passarinho Júnior, *DJ* 05.03.2001, p. 170. Na doutrina: Hélio Tornaghi, *Comentários ao Código de Processo Civil*, p. 247. Contra: *Revista de Processo (RePro)* 5/355, em. 105; *RT* 534/169; *JUTACivSP* 72/165 e 83/153. Celso Agrícola Barbi, *Comentários ao Código de Processo Civil*, p. 467. No sentido de que a conexão impõe a reunião das ações: STJ, REsp 705.899/PB, 1.ª T., j. 07.06.2005, rel. Min. José Delgado, *DJ* 01.07.2005, p. 422; STJ, CC 38.973/SP, 1.ª S., j. 09.06.2004, rel. Ministro Luiz Fux, *DJ* 06.09.2004, p. 156.

55. *JUTACivSP* 48/209; semelhantemente, na decisão proferida pelo STJ no julgamento do REsp 112.647/RJ, por ter-se entendido que a regra do art. 105 não é inexorável, afastou-se a nulidade. Em sentido contrário: TJ/RS, Ap. 26.126, j. 13.07.1976, v.u., rel. Cristiano Graeff Jr., TJRS, Ap. 26.179, j. 21.07.1976, v.u., rel. Emílio Gischkow. De acordo com o entendimento mais atualizado do STJ: "(...) 2. Segundo a jurisprudência desta Corte, a reunião dos processos por conexão configura faculdade atribuída ao julgador, sendo que o art. 105 do Código de Processo Civil concede ao magistrado certa margem de discricionariedade para avaliar a intensidade da conexão e o grau de risco da ocorrência de decisões contraditórias. 3. Justamente por traduzir faculdade do julgador, a decisão que reconhece a conexão não impõe ao magistrado a obrigatoriedade de julgamento conjunto. 4. A avaliação da conveniência do julgamento simultâneo será feita caso a caso, à luz da matéria controvertida nas ações conexas, sempre em atenção aos objetivos almejados pela norma de regência (evitar decisões conflitantes e privilegiar a economia processual). 5. Assim, ainda que visualizada, em um primeiro momento, hipótese de conexão entre as ações com a reunião dos feitos para decisão conjunta, sua posterior apreciação em separado não induz, automaticamente, à ocorrência de

Se houve a determinação da reunião das causas, o correto é julgá-las conjuntamente. Embora possa haver decisões que sejam até *logicamente incompatíveis*, mas não *praticamente incompatíveis* (*e, por isso mesmo, sobreviveriam ambas, sem antagonismo prático insolúvel*), não é esta situação "desejada" pelo sistema e é essa uma das razões que levaram o legislador a fixar a regra da reunião de causas conexas para julgamento conjunto.[56]

Como já se observou, a reunião das causas deverá ter lugar se houver utilidade, no sentido da economia processual, ou outro motivo para a junção. Por isso, se uma das causas, tida por conexa, já se encontra em fase de sentença, não há porque reuni-las.[57] Do mesmo modo, não há que se falar em conexão entre duas causas, estando uma delas já julgada (cf. Súmula 235 do STJ).[58]

106. Continência de causas

Outra causa modificadora da competência é a continência (art. 102 do CPC). Estamos diante da continência quando duas ações têm as mesmas partes, a mesma causa de pedir, mas o pedido de uma delas tem conteúdo mais amplo, abrangendo o da outra. Neste caso, as ações também devem ser reunidas, seja a pedido dos interessados, seja por ordem do juiz (art. 105), sob o mesmo fundamento, isto é, que não haja decisões contraditórias e nem que se desenvolva uma atividade processual inútil.

No que diz respeito à continência há, todavia, que se fazer uma distinção.

Se a causa continente (a maior) for proposta antes da menor, não há que se falar em junção, pois sendo ajuizada a causa contida (a menor), sucessivamente à causa continente (a maior), segue-se que toda causa menor já está pendente na anterior, desde que haja identidade "integral" entre a menor e a parte da maior que lhe corresponde. Se assim é, o tratamento jurídico a ser emprestado à hipótese não será o de junção, mas o de arguir objeção de litispendência e o de, consequentemente, extinguir-se a segunda

nulidade da decisão. 6. O sistema das nulidades processuais é informado pela máxima 'pas de nullité sans grief", segundo a qual não se decreta nulidade sem prejuízo, aplicável inclusive aos casos em que processos conexos são julgados separadamente." (STJ, (REsp 1255498/CE, 3.ª T., rel. Min. Massami Uyeda, rel. p/ Ac. Min. Ricardo Villas Bôas Cueva, j. 19.06.2012, *DJe* 29.08.2012).

56. *RJTJSP* 51/71 e 51/68; *JUTACivSP* 48/209. Decisão que temos por correta é a da *JUTACivSP* 43/195.

57. *Arquivo Forense* 65/61; *RT* 499/197, 553/189 e 568/58; *JUTACivSP* 55/92 e 57/15; *RJTJSP* 72/194; *Revista de Processo (RePro)* 3/330, em. 49, 5/270 e 5/351; STJ, CC 21.179/MG, 1.ª S., j. 07.04.2000, rel. Min. Nancy Andrighi, *DJ* 15.05.2000, p. 114; STJ, REsp 309.668/SP, 4.ª T., j. 21.06.2001, rel. Min. Sálvio de Figueiredo Teixeira, *DJ* 10.09.2001, p. 396. Em caso interessante, assim se decidiu: "No caso concreto, esta concomitância é inoportuna, pois a ação revisional, nos termos da legislação especial (Lei 8.245/1991, art. 68) corre pelo rito sumário, enquanto que a renovatória (arts. 71 e seguintes, do referido diploma legal), pelo ordinário. Ora, a revisional já está prestes a ser sentenciada, ou seja, com toda a fase instrutória já realizada, enquanto a renovatória, ajuizada posteriormente, pelo locatário-recorrido, ainda está no início" (STJ, REsp 305.835/RJ, 5.ª T., j. 03.10.2002, rel. Min. Jorge Scartezzini, *DJ* 11.11.2002, p. 245).

58. Estabelece a Súmula 235 do STJ que "a conexão não determina a reunião dos processos, se um deles já foi julgado". No mesmo sentido: STJ, MS 6.250/DF, 3.ª S., j. 26.02.2003, rel. Min. Gilson Dipp, *DJ* 31.03.2003, p. 143; STJ, REsp 501.769/RS, 2.ª T., j. 18.11.2003, rel. Min. Eliana Calmon, *DJ* 15.12.2003, p. 265; STJ, CC 40.652/SP, 2.ª S., j. 25.08.2004, rel. Min. Castro Filho, *DJ* 13.09.2004, p. 170; STJ, REsp 121.423/SP, 2.ª T., j. 02.12.2004, rel. Min. João Otávio de Noronha, *DJ* 14.02.2005, p. 148; STJ, AgRg no REsp 674.691/RS, 1.ª T., j. 14.06.2005, rel. Ministro Francisco Falcão, *DJ* 29.08.2005, p. 174; STJ, CC 47.611/SP, 1.ª S., j. 13.04.2005, rel. Min. Teori Albino Zavascki, *DJ* 02.05.2005, p. 148.

ação sem resolução de mérito. O tratamento, desta forma, a ser dado a esta hipótese é o da duplicidade de processos idênticos, porquanto existe identidade integral de parte da lide do primeiro processo, do qual uma parte corresponde integralmente à lide do segundo processo.

Já a hipótese cronológica inversa, ou seja, quando a lide contida (a menor) seja proposta antes da lide maior (a continente), leva à implicação de que sejam juntas no juízo prevento, à semelhança do que se verifica com a conexão.[59] É o que consta do art. 105. No entanto, observe-se que, em realidade, se a ação menor, contida também, como parte da causa continente, for inteiramente igual a essa parte, da ação continente, não haveria de ter sido proposta a ação maior, e a solução efetivamente, em face desta identidade "plena", correta é a da litispendência parcial da causa continente (art. 301, §§ 1.º e 3.º).

Afigura-se-nos, ademais, que a prevenção para a junção das causas, tratando-se de continência, será sempre a do art. 219, *caput*, do CPC, dado que o art. 106 só se refere à conexão, quando para as causas conexas tenham os juízos a mesma competência territorial.

Quer a conexão, quer a continência, quer a litispendência, têm um elemento comum: a pendência simultânea de dois ou mais processos com lides conexas ou idênticas.

Porém, se os três institutos têm em comum tal elemento, as soluções práticas do sistema diferem relativamente aos mesmos. Tratando-se de conexão, dever-se-ão reunir os processos; o mesmo se dá relativamente à continência, com as ressalvas *supra*;[60] mas, se de litispendência se tratar, o processo iniciado, em segundo lugar, depois da citação ocorrida no primeiro, deverá ser extinto.

O momento final para admissibilidade da reunião dos processos é o do julgamento no primeiro grau de jurisdição. Depois de ocorrido este, é inviável a junção dos processos.

107. Ajuizamento da mesma ação

Com o propósito de evitar a influência dos advogados na distribuição da petição inicial, ou seja, com o objetivo de impedir, através de manipulação, a escolha de uma vara ou de um juízo mais favorável à tese defendida, a Lei 11.280/2006 estabeleceu novas regras de distribuição por dependência.[61] De outra parte, essa *concentração de causas*, nos termos dos incisos I a III do art. 253 do CPC, facilitará a tarefa do juiz, diante do conhecimento da causa em função da qual se estabelece a prevenção para a outra (continente, conexa, idêntica ou na hipótese do inciso II). No inciso II se estabelece uma prevenção que parte do pressuposto, inclusive, de um processo *já extinto sem resolução de mérito*.

Tais critérios determinam a prevenção do juízo quando houver a reprodução da mesma ação (art. 253, III); compreende a norma a hipótese, inclusive, se vier a ser modificado o polo ativo ou passivo da demanda (art. 253, II).[62]

---

59. Nesse sentido: STJ, REsp 512.074/RS, 2.ª T., j. 16.11.2004, rel. Ministro Franciulli Netto, *DJ* 04.04.2005, p. 257.

60. Aplicam-se à conexão, *mutatis mutandis*, as considerações realizadas no item precedente. Assim, não há que se falar em reunião de causas em razão da continência, quando já julgada uma das demandas (STJ, REsp 33.238/MG, 2.ª T., j. 16.12.1999, rel. Min. Eliana Calmon, *DJ* 08.03.2000, p. 94; STJ, REsp 206.499/ES, 4.ª T., j. 18.03.2004, rel. Min. Barros Monteiro, *DJ* 31.05.2004, p. 311).

61. V., a respeito, o que dissemos na Parte 2 desta obra, referente ao ajuizamento, distribuição e registro da petição inicial.

62. Cf. Cássio Scarpinella Bueno, *A nova etapa da reforma do Código de Processo Civil*, vol. 2, p. 99.

Assim, os incisos II e III do art. 253 do Código de Processo Civil obrigam que a ação seja distribuída, *por dependência*, para o mesmo juízo "quando, tendo sido extinto o processo, sem julgamento de mérito, for reiterado o pedido, ainda que em litisconsórcio com outros autores ou que sejam parcialmente alterados os réus", e também "quando houver ajuizamento de ações idênticas".[63]

A primeira regra exposta, em verdade, foi criada pela Lei 10.358/2001, passando somente – com a Lei 11.280/2006 – por uma alteração de redação, a fim de ampliar o seu âmbito. Com este desiderato, retirou-se a palavra desistência para colocar em seu lugar o termo extinção do processo, o qual é mais abrangente, pois engloba toda e qualquer extinção sem resolução de mérito. Parece ser necessário, no caso, que se trate do mesmo pedido, pois o art. 253, II, refere-se a reiteração do pedido, isto é, do mesmo pedido. Outrossim, adicionou-se ao dispositivo a determinação de que não modifica a prevenção, e a consequente distribuição por dependência, o acréscimo de autores no polo ativo e nem a alteração parcial do polo passivo da demanda.

Na mesma linha, a regra do inciso III dá origem a uma nova hipótese de prevenção para os casos de litispendência e coisa julgada (art. 301, §§ 1.º, 2.º e 3.º, do CPC). Assim, fica prevento o juízo quando for proposta, pela segunda vez, uma mesma ação, isto é, exatamente igual – mesmas partes, mesma causa de pedir e mesmo pedido – à que está tramitando ou que já foi julgada por sentença de mérito.

Pela literalidade da norma legal parece, em princípio, que o cartório distribuidor deverá, ele próprio, verificar a ocorrência da litispendência ou da coisa julgada para, em seguida, distribuir por dependência a ação ao juízo prevento. Na prática, porém, será muito difícil – para não dizer inviável – que o distribuidor consiga averiguar se está ou não diante de uma mesma ação. Para que isso fosse possível teria ele que comparar os dados do primeiro processo em curso, a fim de verificar se se trata da mesma ação, para somente então distribuí-la ao órgão prevento.

Não sendo feita a distribuição por dependência, ainda assim, em respeito à nova regra, fica prevento o juízo no qual tramita ou tramitou originalmente a ação. Portanto, a aplicação do art. 253, III, do CPC exige que qualquer juízo que receba a mesma ação novamente proposta, ao ter ciência deste fato, a envie ao juízo prevento.

A extinção da ação idêntica à primeira será feita pelo juízo onde o fenômeno da prevenção se consolidou, já que é nele que se fixou a competência para o julgamento da lide.

Com efeito, parece, *prima facie*, ter pretendido transformar o juízo prevento no único competente para extinguir, nos casos de litispendência e coisa julgada, a segunda ação idêntica à primeira já proposta.[64] Nas situações de total identidade entre as ações, em tramitação ou já transitadas em julgado, haverá, portanto, a prevenção do primeiro juízo, fixando-se nele a competência de forma absoluta – segundo alguns –, por se tratar de competência funcional, para a extinção do segundo processo posteriormente ajuizado.[65]

63. V. comentários de Luiz Rodrigues Wambier, Teresa Arruda Alvum Wambier e José Miguel Garcia Medina, *Breves comentários à nova sistemática processual civil*, vol. 2, p. 46 a 58. Ainda sobre o assunto conferir: Luiz Guilherme Marinoni e Sérgio Cruz Arenhart, *Manual do processo de conhecimento*, cit., p. 109 e 110.

64. Nesse sentido, cf. Cassio Scarpinella Bueno, *A nova etapa da reforma do Código de Processo Civil*, cit., p. 101 a 107.

65. V. Daniel Amorim Assumpção Neves et al., *Reforma do CPC*, p. 461 a 463; Nesse sentido, cf. também Cassio Scarpinella Bueno, *A nova*

Assim, a regra do inciso III do art. 253 do CPC, além de visar coibir manobras que causavam prejuízo, procurou facilitar o exercício da função jurisdicional através da concentração de todas as ações iguais em um só juízo.

Em outras palavras, a lei criou um novo caso de competência funcional, tanto para acabar com a escolha do juízo "mais favorável" quanto para tornar mais fácil a constatação pelo juiz prevento da existência ou não da identidade entre as ações. O que significa dizer que, se não for efetuada a distribuição por dependência – na linha dos que entendem tratar-se de competência absoluta-funcional –, será absolutamente incompetente o segundo juízo para a extinção do processo repetido. Ele deverá, portanto, somente enviar os autos para o juízo prevento, o qual, então, depois de verificar a presença de litispendência ou de coisa julgada, extinguirá a ação idêntica à outra (que, no fundo, como ensinou com precisão Chiovenda, é a mesma ação em outra "folha de papel").

Em suma, as modificações dos incisos II e III do art. 253 do CPC visaram, principalmente, eliminar, ou pelo menos diminuir, os artifícios usados pelos causídicos contrários à obediência de regras de competência (isto é, violadoras, em certo sentido, do juiz natural).[66]

De fato, o que a lei quer impedir é o ajuizamento da mesma ação, inúmeras vezes em vários juízos, com o nítido escopo de obter liminares antecipatórias inicialmente negadas, prática esta que caracteriza uma autêntica litigância de má-fé e, de certa forma, arranha também o próprio princípio do juiz natural, previsto constitucionalmente.

108. *Perpetuatio iurisdictionis*

A *perpetuatio iurisdictionis* significa a cristalização e subsistência *no plano do processo* dos elementos (de fato e de direito) em decorrência dos quais determinou-se a competência, inclusive do próprio critério legal. Quando diz a lei que "determina-se a competência no momento em que a ação é proposta" (art. 87, *primeira parte*, do CPC), o que quer dizer é que, uma vez proposta a ação, os critérios *legais* utilizados e *os elementos de fato, subsumidos aos legais*, para sua determinação, perduram, daí em diante, pois que, "*irrelevantes as modificações do estado de fato ou de direito*" (que serviram para determiná-la). Excetuam-se dessa subsistência dos critérios *de fato e de direito* as hipóteses do art. 87, *fine*, ou seja, não há manutenção da competência, à luz dos elementos contemporâneos à propositura, nas hipóteses de supressão do "órgão judiciário" ou quando se alterarem as regras de competência "em razão da matéria ou da hierarquia".

A *perpetuatio iurisdictionis* pertence à categoria dos institutos que têm por finalidade especial a proteção à parte ativa do processo (autor), compreendendo a hipótese de, também, não se alterar a competência já determinada, por fato decorrente da conduta do autor, como, exemplificativamente, se se tratar de ação de separação contenciosa movida pela mulher no foro de sua residência.[67] A

---

etapa da reforma do Código de Processo Civil*, cit., p. 101 a 107.

66. Cf. Humberto Theodoro Júnior, *As novas reformas do Código de Processo Civil*, p. 28. *V.*, também, acórdão do TRF da 3.ª Região, proferido no CC 91.03.25205-1-SP, e citado por Fredie Didier Jr., onde se decidiu que: "A distribuição a juízo diverso, de outro mandado de segurança idêntico ao primeiro que foi extinto por desistência, fere o princípio do juiz natural. A conexão entre dois feitos se pressupõe, inobstante a extinção do primeiro. Prevenção do juízo que conheceu da primeira impetração" (*apud* Flávio C. Jorge. Didier Jr. e Rodrigues. *A terceira etapa..., op. cit.*, p. 45).

67. Assim, se a ré de separação judicial, proposta a ação em sua residência, se muda para a comarca onde reside o autor, não se altera a com-

residência da mulher, contemporaneamente à propositura, foi elemento que serviu à determinação da competência, e nem pelo fato de ser alterada a sua residência, alterar-se-á a competência já determinada.

O instituto da *perpetuatio iurisdictionis* prende-se à necessidade de estabilidade da competência de foro, em particular, e, assim, uma vez determinada e fixada esta, quaisquer modificações de fato ou de direito supervenientes são irrelevantes em sua estabilidade.[68] Aplica-se a regra da *perpetuatio iurisdictionis* a todos os processos. Quanto às modificações de direito, em nosso sistema, hão de se ter presentes as exceções do art. 87, *fine*.

O primeiro aspecto, como já se viu, na problemática da competência, diz respeito aos critérios de sua determinação. Praticamente, será necessário indagar, no caso concreto, por qual ou quais elementos do processo determinar-se-á, concretamente, a competência. Assim, as ações pessoais, como regra (art. 94), são movidas no domicílio do réu. Um segundo aspecto diz respeito à estabilidade dessa competência, no sentido de, alterada a situação de fato, em função da qual se determinou a competência, saber se ela influi ou não numa possível redeterminação da competência ou se implica a sua alteração. Isto não ocorre.[69]

O que se objetiva, em nosso diploma processual civil, bem como na generalidade dos diplomas do Direito comparado, é, por excelência, a defesa da posição do autor, enquanto demandante, bem como o próprio rendimento da atividade processual, pois se se alterasse a competência, sistematicamente, não haveria ordem nem rendimento no processo.

As alterações na competência poderiam ocorrer em virtude de fatos ou do próprio direito. Conforme o art. 87 do CPC, as mudanças que ocorrerem em virtude de fatos, em função dos quais se determina a competência, acontecidos depois da propositura da ação, são irrelevantes.

Assim, se o réu, proposta a ação, mudar de domicílio, nem por isso a ação, que fora ajuizada em seu domicílio anterior, será

petência (*RJTJRS* 112/280 e *RJTJSP* 104/286). Se um processo de adoção foi iniciado onde residiam os menores, nem pelo fato de alterar-se a residência desses altera-se a competência (TJ/SP, *RT* 686/95). Em destituição do poder familiar, mesmo que haja mudança de residência, aplica-se a regra do art. 87 do CPC, ainda que o direito material seja o do Estatuto da Criança e do Adolescente (*RJTJSP* 133/257). Firmando princípio diferente, decidiu-se que, no caso de ação de alimentos, proposta na residência do alimentando (art. 100, II, do CPC), se houver criação de nova comarca, altera-se a competência, para a nova comarca (TJ/PR, *PJ* 22/146). Correto neste caso é o voto vencido, em que se entendia subsistir a competência da comarca onde já pendia a ação, *pois não se configurava nenhuma das exceções do art. 87, fine*. Semelhantemente, em ação relativa a alimentos e à guarda de filho menor, o STJ aplicou a regra do art. 87, não obstante tenha havido alteração do domicílio da mulher (STJ, CC 35.761/SP, 2.ª S., j. 11.12.2002, rel. para acórdão Min. Ari Pargendler, *DJ* 15.09.2003, p. 231).

68. Cf. STJ, EDcl no MS 9.680/DF, 1.ª S., j. 22.06.2005, rel. Min. Luiz Fux, *DJ* 01.08.2005, p. 300.

69. Se a competência foi fixada tendo em vista situação de *incapacidade civil* do réu, se ocorrer emancipação, nem por isto altera-se a competência (TJ/SP *RT* 598/48). Em sentido análogo, havendo mudança de domicílio do autor, não se modifica a competência dos Juizados Especiais Federais: "1. A regra da perpetuatio iurisdictionis, prevista no CPC, orienta o processo civil em geral, exatamente porque preserva o princípio do juízo natural, que tem sede constitucional. 2. Nas ações em trâmite nos Juizados Especiais Federais, a mudança de domicílio do autor não determina alteração de competência do juízo onde proposta a demanda. (STJ, CC 80.210/SP, 2.ª Seção, rel. Min. Humberto Gomes de Barros, j. 12.09.2007, *DJ* 24.09.2007, p. 242).

deslocada para a comarca deste novo.[70] Se a coisa, objeto material do processo, aumentar intrinsecamente de valor, nem por isso, também, altera-se o valor da causa etc. O valor será sempre fixado contemporaneamente à época da propositura da ação.

Incide o princípio da *perpetuatio iurisdictionis*, também, quando da ocorrência de mudanças legislativas que afetem a competência.[71] Entretanto, quando alterada a lei que regulamenta a competência absoluta (em razão da matéria ou a funcional),[72] este princípio não lhe conseguirá obstar a incidência, uma vez que tal competência é estatuída pelo legislador e, à luz desse critério, determinada, atendendo a uma série de requisitos e *objetivando a defesa de determinados valores*, entre outros os de ordem pública.[73]

Tratando-se de competência absoluta, não se aplica o princípio da *perpetuatio iurisdictionis*. É o que ocorreu e ocorre com a competência das varas distritais, hoje, na capital do Estado de São Paulo, foros regionais, que, quando criadas, chamam para si as causas acerca de imóveis situados no âmbito de sua região, nesta hipótese.[74]

Já se entendeu ser inalterável a competência, por criação de nova vara distrital, pois aplicável o art. 87 do CPC, segundo o qual somente se permite a alteração da competência quando absoluta.[75-76]

70. Decidiu-se, corretamente, que é irrelevante a posterior alteração do contrato social para a transferência da sede da empresa para outro Estado (STJ, CC 26.021/RJ, 2.ª S., j. 22.09.1999, rel. Min. Menezes Direito, *DJ* 29.11.1999, p. 118). *No mesmo sentido*: *RT* 726/210. Ainda que esta última solução seja *racional*, o art. 87 dispõe que somente alteração da competência material ou funcional, e não da territorial, conduz à alteração da competência.

71. TJ/SP, *RT* 603/111; *RJTJSP* 41/44. A criação de nova comarca não altera a competência (TJ/PR, *PJ* 301/112 – inventário).

72. STJ, REsp 156.898/PR, 4.ª T., j. 30.04.1998, rel. Min. Ruy Rosado de Aguiar, *DJ* 16.11.1998, p. 97, em que se decidiu que "instalação de nova comarca, em cujo território se situa o imóvel objeto da ação reivindicatória, determina a modificação da competência". Decidiu-se, também, que, alterada a competência, que fora determinada *pela qualidade da parte*, a *perpetuatio* não obsta a remessa dos autos (*RJTJSP* 111/443, com base em parecer do Professor Antonio Carlos Marcato). No mesmo sentido, decidiu o STJ que "a competência da Justiça Federal é definida *ratione personae* e, por isso, absoluta. Procedida a substituição processual e comprovada a cessão de créditos para a Caixa Econômica Federal, a competência passa a ser da Justiça Federal, ainda que para a ação de execução" (STJ, CC 41.277/RS, 2.ª S., j. 22.09.2004, rel. Min. Antônio de Pádua Ribeiro, *DJ* 06.12.2004, p. 188). Na doutrina, *cf.*, ainda, José Leonardo Carneiro da Cunha. *Jurisdição e Competência*, p. 287-290; Nelson Nery Jr. e Rosa Maria de Andrade Nery, *Código de Processo Civil comentado e legislação extravagante*, p. 391-393 .

73. No sistema do Código antigo, resguardava-se a posição do autor somente na parte referente às mudanças de fato que pudessem influir na competência. A lei atual, entretanto, resguarda inclusive a parte referente às mudanças legislativas, salvo quando essas tiverem em mira atender às necessidades do serviço, em termos de competência absoluta.

74. TJ/SP, CC 73.240-0/4/SP, Câm.Esp., j. 03.05.2001, rel. Mohamed Amaro. Nesta hipótese, tratando-se de competência pela situação do imóvel, em face do art. 95, enquanto regula competência absoluta, inviável pretender-se haver *perpetuatio iurisdictionis*, e, desta forma, altera-se, *ex lege*, a competência.

75. *RT* 539/107; igualmente em uniformização de jurisprudência, TJ/SP, *RJTJSP* 60/297.

76. STJ, REsp 884.489/RJ, 4.ª T., j. 14.08.2007, rel. Min. Hélio Qualia Barbosa, *DJ* 27.08.2007, p. 273, assim ementado:

"Recurso especial – Princípio da *perpetuatio jurisdictionis* – Exceções. Art. 87, *in fine*, do CPC – Alteração da competência em razão da matéria – Deslocamento imediato do feito – Ato normativo da Justiça Federal – Alteração da norma prevista no CPC – Impossibilidade – Posição hierárquica inferior – Recurso conhecido e provido. 1. 'O caráter absoluto da compe-

Igualmente, a instalação de vara distrital não implica a deslocação de mandado de segurança, que, por causa dessa nova vara distrital, haveria de ser remetido a ela, porque normalmente, se existisse tal vara distrital, quando de sua propositura, aí haveria de ter sido impetrado. Da mesma forma invocamos os arts. 87 e 263 do CPC, e 106 da Res. 2/1976 do TJSP. Igualmente, invocaram-se razões de fato, ou circunstâncias fáticas, consistentes na inviabilidade de recebimento dos processos, por essa nova vara distrital.[77]

Diferentemente, tem-se decidido ser inaplicável a regra da *perpetuatio iurisdictionis* em face de hipótese similar, mas não idêntica, porque não pertinente a problema de vara, juízo ou foro distrital[78] ou regional.

Na verdade, encontrava-se subjacente a estes acórdãos (*v.g.*, *RT* 539/107, *RJTJSP* 60/297 e 70/270) a ideia da própria natureza que se entende ter a competência das varas distritais (hoje, foros regionais) como sendo territorial, e, portanto, nem pelo fato de ter sido criada nova comarca, esse fato implicaria a modificação da competência. Todavia, uma vez consolidado o entendimento – correto – de que a competência dos *foros distritais* ou *regionais* é competência de *juízo*, de natureza absoluta, tem-se decidido, coerentemente, pela inaplicabilidade da regra da *perpetuatio jurisdictionis* em decorrência de reorganização da Justiça Estadual.[79]

Resta acrescentar à regra que informa o tema que, também nos casos de incompetência relativa, se tempestivamente arguida e acolhida a exceção respectiva, não se aplica a regra da *perpetuatio iurisdictionis*. Isto porque, em tal caso, o juiz enviará a causa ao juízo de outro foro, que será o competente, e, só então, ocorrerá a *perpetuatio*. Se na exceção se discutir só a competência de juízo, a causa não sairá do foro, mas prevenção, sendo acolhida a exceção, igualmente não terá ocorrido (art. 311 do CPC).

Segue-se disto que a *perpetuatio iurisdictionis* e a prevenção têm como pressuposto essencial a competência isenta de quaisquer vícios.

---

tência consiste na imunidade a prorrogações. Diz-se absoluta a competência que não pode ser desfeita ou alterada por conexidade, por ausência de arguição ou por qualquer ato de vontade das partes, consensual ou unilateral. Tal é a síntese de modo como o sistema jurídico trata a competência absoluta. O direito positivo desenha precisamente esse perfil, ao estabelecer que ela "deve ser declarada de ofício e pode ser alegada, em qualquer tempo e grau de jurisdição, independentemente de exceção" (CPC, art. 113)'. 2. Tamanha é a imperatividade da norma que, mesmo após o ajuizamento da demanda, eventuais modificações na competência do juízo processante, relativamente à matéria e à hierarquia, provocam a modificação do órgão autorizado para o processamento e julgamento do feito, anteriormente distribuído. 3. No caso em exame, houve a especialização de determinadas Varas Federais vinculadas ao Tribunal Regional Federal da 2.ª Região, para o processamento de demandas relativas ao direito de propriedade industrial, com a ressalva de que os feitos distribuídos anteriormente à publicação do ato normativo, que instituiu a alteração, permaneceriam nos juízos de origem. 4. Todavia, o Provimento expedido pela Corregedoria-Geral da Justiça Federal da 2.ª Região não se coloca no mesmo nível hierárquico das leis ordinárias, não podendo, *ipso facto*, alterá-las. O ato normativo em comento ofende o disposto na parte final do art. 87 do CPC, na medida em que, acaso entendido válido, importaria em frustração ao caráter absoluto da competência *ratione materiae*, por assim dizer 'excepcionando a própria exceção' prevista no estatuto processual civil. 5. Recurso especial provido, para determinar competente o juízo suscitante.

77. *RJTJSP* 70/270.

78. *RT* 548/203.

79. TJSP, CC 0107355-75.2000.8.26.0000, Câmara Especial, j. 26.04.2001; TJSP, CC 0107337-54.2000.8.26.0000, Câmara Especial, j. 03.05.2001

Bibliografia

ALVIM, Eduardo Arruda, *Curso de direito processual civil*. São Paulo: Ed. RT, 1999. vol. 1.

______. *Direito processual civil*. São Paulo: 2. ed., revista, atualizada e ampliada. São Paulo: Ed. RT, 2008.

______. *Direito processual civil*. 3. ed. São Paulo: Ed. RT, 2010.

______. *Direito processual civil*. 4. ed. São Paulo: Ed. RT, 2012.

ALVIM NETTO, José Manoel de Arruda. A *perpetuatio iurisdictionis* no Código de Processo Civil Brasileiro. *Revista de Processo (RePro)* 4/13, ano I, São Paulo, Ed. RT, out.-dez. 1976.

______. *Curso de direito processual civil*. São Paulo: Ed. RT, 1971. vol. 1.

______. *Direito processual civil*: teoria geral do processo de conhecimento. São Paulo: Ed. RT, 1972. vol. 2.

______. Conexão de causas no processo administrativo. *Soluções Práticas de Direito. Volume I: Direito Público*. São Paulo: RT, 2011.

______. *Tratado de direito processual civil*. São Paulo: Ed. RT, 1990. vol. 1.

ARAGÃO, Egas Dirceu Moniz de. Conexão e tríplice identidade. *Ajuris* 28/72, 1983.

BARBI, Celso Agrícola. *Comentários ao Código de Processo Civil*. Rio de Janeiro: Forense, 1983. vol. 1.

BARBOSA MOREIRA, José Carlos. *O novo processo civil brasileiro*. Rio de Janeiro: Forense, 1984.

______. Prevenção da competência. *Estudos sobre o novo Código de Processo Civil*, 1974; e *Revista de Processo (RePro)* 7-8/197-204, ano II, São Paulo, Ed. RT, jul.-dez. 1977.

BERMUDES, Sérgio. Prevenção da competência nas ações conexas, *RBDP* 9/83, 1977; *Juriscível* 52/21.

BUENO, Cassio Scarpinella. *A nova etapa da reforma do Código de Processo Civil*. São Paulo: Saraiva, 2006. vol. 2.

CUNHA, Leonardo José Carneiro da. *Jurisdição e Competência*. São Paulo: Ed. RT, 2008.

DIDIER JR., Fredie. Competência para a execução de título judicial. In: BRUSCHI, Gilberto Gomes; Shimura, Sérgio (coord.). *Execução civil e cumprimento da sentença*. São Paulo: Método, 2007. vol. 2.

DINAMARCO, Cândido Rangel. *Direito processual civil*. São Paulo: José Bushatsky, 1975.

FERRAZ, Sérgio. Prevenção de competência. *Revista de Processo (RePro)* 7-8/205-212, ano II, São Paulo, Ed. RT, jul.-dez. 1977.

FRAGOSO, Marília. Competência, prevenção e conexidade. *RF* 279/402.

JORGE, Flávio Cheim; DIDIER JR, Fredie; RODRIGUES, Marcelo Abelha. *A terceira etapa da reforma processual civil*. São Paulo: Saraiva, 2006.

LIMA, Iran de. O momento de ocorrência da *perpetuatio iurisdictionis*. *Ajuris* 6/80.

MARINONI, Luiz Guilherme; ARENHART, Sérgio Cruz. *Manual do processo de conhecimento*. 5. ed. São Paulo: Ed. RT, 2006.

MARQUES, José Frederico. *Manual de direito processual civil*. São Paulo: Saraiva, 1983. vol. 1.

NEGRÃO, Theotônio. *Código de Processo Civil e legislação extravagante*. 29. ed. Edição eletrônica.

NEVES, Celso. Notas a propósito da conexão de causas. *Revista de Processo (RePro)* 36/34-42, ano IX, São Paulo, Ed. RT, out.-dez. 1984.

NEVES, Daniel Amorim Assumpção et. al. *Reforma do CPC*. São Paulo: Ed. RT, 2006.

NERY JR., Nelson e NERY, Rosa Maria de Andrade. *Código de Processo Civil comentado e legislação extravagante*. 12. ed. São Paulo: Ed. RT, 2012.

NOGUEIRA, Gustavo Santana. *Processo civil*. 2. ed. Rio de Janeiro: Lumen Juris, 2006. t. I (*Teoria Geral do Processo*).

OLIVEIRA NETO, Olavo de. *Conexão por prejudicialidade*. São Paulo: Ed. RT, 1994.

REALE, Miguel. Da competência por dependência. *RT* 538, São Paulo, Ed. RT, ano 69, ago. 1980, p. 31-37.

SILVA, Eduardo Carlyle. *Conexão de causas*. São Paulo: Ed. RT, 2006.

THEODORO JÚNIOR, Humberto. *As novas reformas do Código de Processo Civil*. Rio de Janeiro: Forense, 2006.

TORNAGHI, Hélio. *Comentários ao Código de Processo Civil*. São Paulo: Ed. RT, 1976.

WAMBIER, Luiz Rodrigues; WAMBIER, Teresa Arruda Alvim; MEDINA, José Miguel Garcia. *Breves comentários à nova sistemática processual civil*. São Paulo: Ed. RT, 2006. vol. 2.

WAMBIER, Teresa Arruda Alvim. *Os agravos no CPC brasileiro*. 4. ed. São Paulo: Ed. RT, 2005.

______; MEDINA, José Miguel Garcia. *O dogma da coisa julgada*: hipóteses de relativização. São Paulo: Ed. RT, 2003.

IX

Conflito de Competência

109. Introdução

Referimo-nos anteriormente, ao tratar da incompetência absoluta e relativa, à exceção de incompetência, que é defesa processual indireta, consistente em possibilitar ao excipiente, entre outras coisas, a denúncia, ao juízo, do vício inquinador de sua incompetência. Sendo procedente ou não a exceção, resolvido estará o problema relativo à competência, ressalvando-se ao interessado o respectivo recurso.

No entanto, poderá configurar-se outra hipótese, consistente em que um dado juízo se entenda competente para julgar uma causa e outro juízo, também, se entenda competente para julgar a mesma causa. Isto cria um verdadeiro conflito entre os dois juízos.

Temos, aí, um conflito de competência, uma vez que os dois juízos têm jurisdição, abstratamente; ou podem ter jurisdição abstratamente. Mas o que se disputa é precisamente a competência (jurisdição para uma dada causa). A este conflito denomina-se positivo, pois dois juízos se entendem *competentes* para uma mesma causa.

Ao contrário, poderá não ocorrer um conflito positivo de competência, mas sim um conflito negativo. Nesta última hipótese, o que se dá é que dois ou mais juízos não se têm por competentes para julgar uma dada causa.

De se destacar que somente ocorrerá o conflito de competência se houver dois ou mais juízos entendendo-se competentes, ou rejeitando o julgamento por vislumbrarem sua incompetência. Não há que falar em conflito quando um juízo se declarar incompetente e o outro não se manifestar sobre sua competência, apenas remetendo os autos à corte superior.[1]

110. O tratamento dado à matéria pelo nosso Código e entre tribunais estaduais

O Código de Processo Civil regula a matéria em seu art. 115. O Código de 1939 dispunha sobre tal matéria no art. 802, prevendo, inclusive, o denominado conflito de jurisdição entre autoridade judiciária e administrativa, o que juridicamente é impossível, dado que a autoridade administrativa não tem função judicante.

No inciso III do art. 115, o Código vigente continua insistindo em um erro, no

---

1. STJ, CC 77.404/SP, decisão monocrática, j. 08.03.2007, rel. Min. Arnaldo Esteves Lima, *DJ* 03.04.2007:

"Verifico dos autos que o Juízo Trabalhista não decidiu acerca da competência ou não da Justiça do Trabalho para processar e julgar o feito. Limitou-se a acolher o pedido da União, determinando, em consequência, a remessa dos autos a esta Corte.

"De fato, não há manifestação no sentido de declinar da competência. Assim, verifica-se a ausência de conflito a ser dirimido nos termos do art. 105, I, *d*, da Constituição Federal".

qual já incidia o antigo estatuto, ao estabelecer que haverá conflito de competência quando, entre dois ou mais juízos, pender controvérsia acerca da reunião ou separação dos processos.[2]

Aí, na realidade, o que temos é redutível a um conflito positivo ou negativo, ou seja, redutível aos fenômenos que se encontram descritos no art. 115, I e II. Exemplificativamente, no juízo *A* pendem duas causas, *X* e *Y*. O juízo *B* entende-se competente em relação a uma delas, a causa *Y*. Assim, como se vê, o caso se reduz, em rigor, à hipótese de conflito positivo de competência: dois juízes se entendem competentes para julgar a mesma causa. Há, nessa hipótese, como consequência do conflito positivo, discordância quanto à separação de causas. O juízo *A*, que se entende competente, discordando da separação, e o juízo *B*, que também se entende competente, pretendendo a separação dos processos, a se operar no juízo *A*, vindo um deles para o juízo *B*. Reduz-se o problema, como vemos, a um conflito positivo de competência.

De outra parte, a reunião de processos também se reduz, em última análise, a um conflito negativo de competência; e o inciso III, também sob este aspecto, é redundante.

No juízo *A*, pende um processo (*Y*). No juízo *B*, pendem dois processos (*X* e *Z*). Entende o juízo *B* que um dos processos ali pendentes (o *Z*) deverá ser objeto de reunião ao processo pendente no juízo *A*, isto é, ao *Y*, dado existir conexão entre as causas *Y* e *Z*. O juízo *A*, ao contrário, entende inexistir conexão no caso, e, por essa razão, o processo deverá permanecer no juízo *B*. Tudo se cinge, desta forma, a um conflito de competência negativo, só tendo em vista o processo *Z*.

---

2. As palavras empregadas no Código antigo eram *junção* e *disjunção* (art. 802, parágrafo único, III).

Não há conflito de competência quando os juízes, supostamente conflitantes, anuem na remessa dos autos a um deles, ainda que justamente para aquele juízo que uma das partes entende incompetente.[3]

Se o conflito de competência se estabelecer entre juízes de direito de primeiro grau de jurisdição, competente será o Tribunal de Justiça para dirimi-lo, se a causa a respeito da qual se deu o conflito couber na sua competência hierárquica recursal.

Ao STJ cabe dirimir conflitos entre quaisquer tribunais, bem como entre tribunais e juízes a eles não vinculados, e entre juízes vinculados a tribunais diversos (art. 105, I, *d*, da CF/1988).[4] Estabeleceu a Sú-

---

3. STJ, AgRg no CC 46.328/RN, 3.ª S., j. 27.10.2004, rel. Min. Gilson Dipp, *DJ* 24.11.2004, p. 227.

4. Controverte-se quanto a saber se o STJ tem competência para dirimir conflito de competência entre Tribunal de Justiça e Turma Recursal de Juizado Especial.

No panorama a da jurisprudência atual, prevalece a competência do STJ: sem embargo da existência de julgados anteriores em contrário, há entendimento das 1.ª, 2.ª e 3.ª Seções do STJ no sentido da competência do Superior Tribunal de Justiça, o que pode ser confirmado também pela orientação do STF. No sentido da competência do STJ: CC 39876/PR, 3.ª S., j. 26.11.2003, rel. Min. Laurita Vaz, *DJ* 19.12.2003, p. 318; CC 62466/RS, 3.ª S., j. 13.09.2006, rel. Min. Paulo Medina, *DJ* 20.11.2006, p. 271; CC 85947/SC, 3.ª S., j. 08.08.2007, rel. Min. Napoleão Nunes Maia Filho, *DJ* 20.08.2007, p. 237; CC 87748/SC, 2.ª S., j. 24.10.2007, rel. Min. Humberto Gomes de Barros, *DJ* 14.11.2007, p. 399; CC 41.742/RS, 1.ª S., j. 09.04.2008, rel. Min. Teori Albino Zavascki, *DJe* 25.04.2008; STJ, CC 79.022/RS, 3.ª Seção, j. 23.04.2008, rel. Min. Maria Thereza de Assis Moura, *DJe* 08.05.2008; e, no âmbito do STF: CC 7081/MG, Pleno, j. 19.08.2002, rel. Min. Sydney Sanches; *DJ* 27.09.2002, p. 81; CC 7090/PR, Pleno, j. 11.09.2002, rel. Min. Celso de Mello, *DJ* 05.09.2003, p. 31. *Em sentido contrário*: STJ, CC 40.199/MG, Corte Especial, j. 06.10.2004, rel. p/ ac. Min. Barros Monteiro, *DJ* 23.05.2005, p. 119, STJ, CC 39.950/BA, 2.ª

mula 22 daquele Tribunal que não existia conflito de competência entre o Tribunal de Justiça e o Tribunal de Alçada do mesmo Estado-membro. Em razão da extinção dos Tribunais de Alçada e de sua integração aos Tribunais de Justiça, no entanto, eventuais controvérsias existentes a respeito restaram superadas.[5]

O que importa, desta forma, para que o conflito seja efetiva e eficazmente resolvido, é que a autoridade que resolva tenha poder para obrigar as duas ou mais autoridades conflitantes a aceitarem a decisão proferida.

Quanto à legitimação para que o conflito seja suscitado, o CPC (art. 116) a atribui à parte interessada, ao órgão do Ministério Público e ao juiz de direito.

A jurisprudência já se manifestou no sentido de que ao juiz é vedado suscitar conflito de competência negativo; a ele somente é dado promover o conflito para a defesa de sua competência positiva.[6] Não achamos, contudo, que essa seja a posição correta.[7]

111. Procedimento do conflito de competência

Pode-se dividir o procedimento do conflito de competência em cinco fases distintas, tal como disciplinado no Código de Processo Civil, a saber: (1.ª) a da instrução, que deve ser feita, inicialmente, por aquele que o suscitar (art. 118); (2.ª) a da distribuição, subsequente ao suscitamento do conflito; (3.ª) distribuído, o relator poderá determinar que as autoridades em conflito positivo sustem o andamento dos processos (art. 120); (4.ª) deverá, então, ser ouvido o Ministério Público e solicitadas as informações, no prazo de cinco dias, caso não tenham sido as autoridades mesmas as suscitantes do conflito; (5.ª) devidamente instruído o processo, passar-se-á ao respectivo julgamento, devendo-se ter presente o que dispõe a Lei 9.756/1998.[8]

O Código anterior estabelecia, em seu art. 807, que da decisão do conflito não cabia recurso algum. O atual Código é omisso a esse respeito. Entendemos incabíveis recursos, salvo o recurso extraordinário, o recurso especial – pois a fonte normativa destes é a Constituição Federal – e os embargos de declaração, uma vez que pelos pressupostos deste último não se colima reformar a decisão em si, mas resolver obscuridades ou contradições.

Caberão o recurso extraordinário e o recurso especial se se contrariar a Constituição Federal ou a lei federal, respectivamente, pois a lei infraconstitucional não afeta recursos previstos na Lei Magna.

Por fim, inviável é suscitar-se o conflito se já existir "sentença com trânsito em julgado, proferida por um dos juízos conflitantes" (Súmula 59, do STJ).

Em relação ao procedimento, há a possibilidade de decisão monocrática pelo relator, decorrente da Lei 9.756, que acrescentou pa-

---

S., j. 24.03.2004, rel. p/ ac. Min. Antônio de Pádua Ribeiro, *DJ* 23.05.2005, p.142.

5. Cf. STJ, CC 46.778/MG, 3.ª S., j. 23.02.2005, rel. Min. Laurita Vaz, *DJ* 7.03.2005, p. 139.

6. *Revista de Processo – RePro* 2/347, em. 44.

7. A jurisprudência do STJ tem admitido o conflito negativo de competência suscitado por juiz (STJ, CC 50.794/DF, 1.ª S., j. 28.09.2005, rel. Min. José Delgado, *DJ* 17.10.2005, p. 166) ou por Tribunal (STJ, CC 39.054/MG, 1.ª S., j. 22.06.2005, rel. Min. Luiz Fux, *DJ* 01.08.2005, p. 302).

8. O conflito de jurisdição entre órgãos, de uma mesma seção especializada de um tribunal, ficava, por força do art. 101, § 3.º, *b*, da Lei Orgânica da Magistratura (LC 35/1979), afeto à própria seção, e não ao tribunal. Este dispositivo não foi recepcionado pela nova ordem constitucional. Com efeito, o art. 96, I, *a*, da CF/1988, ao estabelecer competir *privativamente* aos tribunais dispor sobre a competência e o funcionamento dos respectivos órgãos jurisdicionais e administrativos, remeteu aos regimentos internos tal atribuição.

rágrafo único ao art. 120 do CPC. Dispõe-se aí: "Art. 120. (...) Parágrafo único. Havendo jurisprudência dominante do tribunal sobre a questão suscitada, o relator poderá decidir de plano o conflito de competência, cabendo agravo, no prazo de cinco dias, contado da intimação da decisão às partes, para o órgão recursal competente".

Em trabalho que escrevemos, observamos o seguinte a respeito da jurisprudência dominante: "...trata-se, portanto, de enxergar a lei através da *súmula* ou da jurisprudência dominante (ou ótica análoga), vislumbrando no texto, através da utilização de tais conceitos, um entendimento unívoco, sem margem para dúvidas significativas ou sem a possibilidade maior de equívocos. É claro, todavia, que o conceito ou a identificação de jurisprudência dominante demanda mais cautela na percepção de que há, realmente, essa dominância. Ao referir-se a lei à súmula, utiliza-se de conceito determinado, ou, ao menos, mais determinado, com margem muito maior de segurança, ou seja, tanto basta saber se existe a súmula e qual é o sentido que aí se empresta à lei; ao passo que, nos casos em que há alusão à jurisprudência dominante, utiliza-se de um conceito indeterminado, o que demanda maior delicadeza em sua aplicação, tendo em vista a dificuldade em aferir-se ser a jurisprudência efetivamente dominante, num país como o nosso, que se ressente em muitos campos, inclusive neste, da falta de dados estatísticos confiáveis (conducentes à certeza de ser a jurisprudência efetivamente a dominante). Deve-se remarcar que, em relação à noção de jurisprudência dominante, casos haverá em que essa será manifesta; em outros, será evidente que o referencial de jurisprudência dominante invocado estará ausente ou errado, pois não se trata de entendimento dominante, senão que de jurisprudência minoritária; e, outros casos, que possam levar à dúvida; situam-se numa espécie de zona cinzenta. "Nesta última hipótese, não deverá ser invocada, pois a *ratio legis*, em tais casos, é a de proporcionar certeza jurídica em relação a esse fundamento invocado".[9]

É certo que, referindo-se esse parágrafo único do art. 120 à *jurisprudência dominante*, se houver *súmula*, *a fortiori*, o texto é aplicável, dado que o *grau de certeza da súmula* é maior do que o de jurisprudência dominante.[10] E haverá sempre a possibilidade de *agravo* para o órgão colegiado, na esteira de várias hipóteses que, *nesse particular*, guardam semelhança.[11]

Bibliografia

ALVIM, Eduardo Arruda. *Curso de direito processual civil*. São Paulo: Ed. RT, 1999. vol. 1.

______. *Curso de direito processual civil*. 2. ed., rev., atual., e ampl. São Paulo: Ed. RT, 2008.

______. *Direito processual civil*. 3. ed. São Paulo: Ed. RT, 2010.

______. *Direito processual civil*. 4. ed. São Paulo: Ed. RT, 2012.

9. O trabalho a que nos referimos tem o seguinte título: Notas sobre algumas das mutações verificadas com as Leis 10.352 e 10.358, de dezembro de 2001, e foi feito em homenagem ao Min. Sálvio de Figueiredo Teixeira, a convite da Min. Eliana Calmon. In: *Estudos e Pareceres – II*.

10. O texto legal autoriza o relator a decidir de plano quando houver jurisprudência dominante do próprio tribunal, mas entendemos que deva ser aplicado tal dispositivo, com muito maior razão, quanto à tese já firmada em súmula ou jurisprudência dominante do STF ou do STJ. No mesmo sentido: Nelson Nery Jr. e Rosa Maria de Andrade Nery, *Código de Processo Civil comentado e legislação extravagante*, com. ao art. 120, nota 6, p. 330.

11. Ver o art. 545, tal como revigorado pela Lei 8.950/1994 e alterado pela Lei 9.756/1998; da mesma forma, em relação ao art. 557, tal como consta do parágrafo a ele acrescentado pela Lei 9.756/1998.

ALVIM NETTO, José Manoel de Arruda. Anotações sobre o tema da competência. *Revista de Processo [RePro]* 24/9, *RF* 283/37.

______. Competência. *RF* 246/243.

______. *Curso de direito processual civil*. São Paulo: Ed. RT, 1971. vol. 1.

______. *Direito processual civil*. São Paulo: Ed. RT, 2002. vol. 2 (Coleção Estudos e Pareceres – II).

BARBI, Celso Agrícola. *Comentários ao Código de Processo Civil*. Rio de Janeiro: Forense. 1983. vol. 1.

BORBOREMA, Anete Vasconcelos de. Conflito de competência (Jurisprudência comentada). *Revista de Processo [RePro]* 23/208-228, São Paulo, Ed. RT, ano VI, jul.-set. 1981.

DINAMARCO, Cândido Rangel. *Direito processual civil*. São Paulo: José Bushatsky, 1975.

GONÇALVES, Marcus Vinicius Rios. *Novo curso de direito processual civil*. 4. ed. São Paulo: Saraiva, 2007. vol. 1.

LIMA, Alcides de Mendonça. A nova terminologia do Código de Processo Civil. *Ajuris* 1/104, 1974.

MARINONI, Luiz Guilherme; ARENHART, Sérgio Cruz. *Manual do processo de conhecimento*. 5. ed. São Paulo: Ed. RT, 2006.

NERY JR., Nelson; NERY, Rosa Maria de Andrade. *Código de Processo Civil comentado e legislação extravagante*. 9. ed. São Paulo: Ed. RT, 2006.

PIZZOL, Patrícia Miranda. *A competência no processo civil*. São Paulo: Ed. RT, 2003.

THEODORO JR., Humberto. *Curso de direito processual civil*. 47. ed. Rio de Janeiro: Forense, 2007.

X
TEORIA DA AÇÃO[1]

112. Os conflitos de interesse e as respectivas soluções.

Verificamos que a hipótese de dois ou mais indivíduos irredutivelmente se intitularem, em face e com fundamento no mesmo ordenamento jurídico, como sendo aqueles a quem tal ordenamento protege, num mesmo momento e tendo em vista o mesmo bem, leva inelutavelmente à necessidade de resolver tal conflito.

Na vida social, são infinitamente mais comuns as hipóteses de respeito aos direitos (interesses) alheios do que de violação desses. Assim, o direito civil diz que *A* é proprietário de um bem; ou que *A* tem um crédito contra *B*; ainda, que *A*, casado com *C*, diante do comportamento do cônjuge, tem direito de exigir a guarda dos filhos, em caso de separação, e a separação mesma, julgada em seu favor. Ora, em regra, a propriedade de *A* é respeitada; normalmente, o seu crédito será satisfeito, como ainda, o cônjuge sem razão, mais comumente, aquiesce numa separação consensual do que se aventura a uma separação litigiosa.

Aqui, pode dizer-se que o direito se encontra num "estado fisiológico". Já, porém, quando isto não ocorre, passaremos a um "estado patológico". Se é violado o direito de propriedade de alguém, ou quando o devedor não paga, quer o proprietário, quer o credor – que não podem agir *manu militari*, mesmo na defesa dos seus direitos, pois isto é crime (art. 345 do CP) –, necessitam da intervenção do poder público (atualmente Poder Judiciário) para restaurar-lhes a lesão sofrida, ou para aplicar a norma que já incidiu. Esta reclamação, ou este *apelo à Justiça*, é que é a *ação* e que leva à formação de um *processo*.

O Poder Judiciário age substituindo a vontade das partes pela sentença que a essas se impõe, havendo de realizar o mandamento da lei. Assim, depois de definitivamente findo um processo, valerá e será eficaz o que o Judiciário tiver decidido (e, às vezes, até antes da decisão transitar em julgado, *v.g.*, sentença com recurso sem efeito suspensivo, nos casos previstos e nos em que isso sistematicamente se impõe,[2] ou medida cautelar concedida – aqui, todavia, não há

1. V. nossos *Curso*... cit., vol. 1, n. 69 *et seq.*, p. 351 *et seq.*, e *Código de Processo Civil Comentado*, vol. 1/297 *et seq.*; mais recentemente, nosso *Tratado de direito processual civil*, vol. 1, p. 363 *et seq.*

2. Referimo-nos à hipótese de antecipação de tutela, sem que isso decorra de decisão interlocutória, quando o juiz antecipe a tutela juntamente com a sentença em que julgue antecipadamente a lide, e, por isso mesmo, imprimindo à sentença de procedência o caráter, também, de antecipação de tutela (arts. 273 c/c 330). Pensamos que o juiz pode conceder tutela antecipatória na sentença também em casos em que se trate de julgamento antecipado.

definitividade). Valerá, em suma, a aplicação da vontade da lei ao caso concreto, pois ter-se-á dado prevalência ao interesse juridicamente protegido, sendo que se realizará completamente tal interesse definido como jurídico, mesmo coativamente, quando seja a hipótese de execução.

Quer, porém, a declaração (*lato sensu*) dos direitos, que se faz por meio da ação, num processo (processo de conhecimento), quer a subsequente realização material do direito já declarado (processo de execução ou fase executiva), supõem sempre a figura do juiz. Há, desta forma, uma autêntica trilogia: ação, processo e juiz.

113. Noção de direito objetivo e de direito subjetivo

A ação deve ser considerada o próprio motor do organismo judiciário – pois este é, pela sua natureza, inicialmente inerte (v. art. 262) – e deve, antes de ser estudada em si mesma, ser enfocada em face do direito objetivo e ao lado do direito subjetivo. É o que faremos a seguir.

Pode-se definir o direito objetivo como sendo a regulamentação dos comportamentos humanos, por meio de normas gerais e abstratas, apontando os referenciais e traçando os limites do que está de acordo e do que não está de acordo com essa mesma ordenação, e respectivas consequências, quer na hipótese dos comportamentos lícitos, quer na dos ilícitos. O Direito, ao disciplinar tais comportamentos, considera os homens em suas relações pessoais (conduta de uns em face de outros), bem como tendo em vista a apropriação do homem sobre os bens existentes, com exclusão dos demais – sujeição passiva universal, isto é, ao mesmo direito (conduta de um ou mais homens, tendo em vista um direito exclusivo sobre um bem: direito real), e exclusão da interferência da ação dos outros, em relação ao mesmo bem e ao direito absoluto que sobre ele incide (valem estes direitos *erga omnes*) –, e ensejam ações *adversus omnes* (v.g., art. 1.228, *caput*, do Código Civil, como exemplo fundamental).[3]

O direito objetivo, assim e sinteticamente, constitui-se num quadro definidor das situações juridicamente tuteláveis, desde que ocorrentes os pressupostos aí mesmo definidos. Não nos esqueçamos, contudo, de que o direito objetivo deve ser compreendido como um sistema, cuja característica principal é a da unidade, determinadora de sua harmonia. As normas têm que ser sempre entendidas e aplicadas dentro do sistema a que pertencem, o que implica sejam respeitados os princípios que o informam, realidade esta que se reflete nas normas constitutivas do sistema, tendo como matriz primária o Direito Constitucional.

O direito subjetivo[4] supõe o direito objetivo. Se este, num dos seus aspectos, representa a atribuição de bens da vida a diversos sujeitos, desde que nestes sujeitos se reúnam os respectivos pressupostos da atribuição de tais bens, o direito subjetivo, a seu turno, significa a titularidade de uma situação jurídica. Ou, se se quiser, o direito subjetivo é

3. Cf. art. 524 do CC/1916.

4. Esta era precisamente a conceituação de Puchta (*Lehrbuch der Pandekten [Manual das Pandectas]*, vol. 1/28), que definia o direito subjetivo como existente, nesse sentido objetivo, na hipótese de, por força do direito objetivo, determinado objeto quedar-se sob o poder de alguém. Para outra posição, agora de índole normativista, o direito subjetivo, todavia, seria apenas reflexo do dever jurídico de alguém em face daquele que é (seria) o titular do que se designa como direito subjetivo (Cf. Hans Kelsen, *Reine Rechtslehre [Teoria pura do direito]*, p. 149; cf. tb., a respeito, Karl Larenz, *Metodologia da ciência do direito*, p. 91). Kelsen, todavia, aceita o conceito, em rigor, *commoditatis causa*, ou tendo-o como operacional. O que vale, no entanto, é observar que se trata de conceito que, atualmente, é discutível, o que em outros tempos inocorria.

a própria individualização ou subjetivação concreta de um direito, atribuído a alguém, que é o seu titular. O direito objetivo, como já o dissemos, é geral e abstrato: atinge a todos e nele se formulam e descrevem hipóteses ideais. O direito subjetivo, ao contrário, é particular e concreto; pertence a indivíduos determinados e a estes é atribuído concretamente, em virtude da ocorrência de um ou mais fatos descritos pelo direito objetivo ou que por ele sejam considerados relevantes para esse fim.

O direito objetivo contém sanções e utiliza-se ainda da "coerção", mercê da qual se concretiza a sanção, desde que se verifiquem os pressupostos da incidência desta última, num dado caso concreto.

A *sanção*, num dos sentidos que a palavra comporta, é a consequência jurídica que se segue ao descumprimento de uma norma jurídica. A norma jurídica, como regra geral, contém dois elementos fundamentais: (1.º) a parte em que se define a conduta lícita (preceito primário); (2.º) o outro aspecto, em que se impõe uma sanção, em virtude do descumprimento do preceito primário.[5]

A sanção nos dias correntes é, ordinariamente, imposta *concretamente* pelo Poder Judiciário, em função do exercício do direito de ação, desde que se verifique, afinal, ter ocorrido a infringência ao preceito primário da norma jurídica. A Administração também impõe sanções, e, muitas vezes, acompanhadas de coação, mas estas são suscetíveis de revisão pelo Judiciário.

Verifica-se, por estas observações, que a ação é considerada essencial ao funcionamento da ordem jurídica, e isto porque, se não existisse, voltaria a ser usada a autodefesa ou a vingança privada, que a lei veda (ressalvem-se as hipóteses excepcionais e expressas, em que a lei permite a autodefesa). Assim, nos casos de infração ao preceito primário da norma jurídica, mercê da ação e através da figura do processo, pede-se a intervenção do Poder Judiciário para, constatada a infração, impor-se ao réu a respectiva sanção. Ou, se não é caso de sanção, fazer a aplicação da norma ao caso concreto controvertido, regra essa de direito já objeto de incidência.

O ordenamento jurídico, assim, além de atribuir os bens da vida, contém elementos (sanção e coação) por meio dos quais se efetivam as tutelas jurídicas. Essa efetivação é uma das grandes tarefas do processo, senão a principal.

A sanção, pois, sob o prisma processual, é representativa da individualização e/ou concretização da situação jurídica do réu para com o autor, nesta ótica de abordagem.

Se, entretanto, após a fixação definitiva da "obrigação" do réu – sendo já indiscutível o direito do autor – verificar-se a recusa do réu em obedecer à sentença, surgirá a figura da coerção ou coação. Esta figura pode surgir mesmo antes da definição imutável da obrigação do réu, nos casos de execução provisória, sejam os previstos no Código, sejam os constantes do sistema.

A coerção é o *quid* essencial e definidor do processo de execução ou da fase executiva, em que não mais se apura, precipuamente, a existência do direito do autor, mas, sim, se dá cumprimento ao mesmo, apesar da vontade do réu, ou melhor, contra a vontade do réu.[6] A coerção, que pode inclusi-

5. Há quem entenda que a norma primária é que encarna a sanção e que suscita o dever jurídico, e o dever jurídico é que se constitui na norma jurídica secundária (Cf. Hans Kelsen, *Reine Rechtslehre [Teoria pura do direito]*, p. 135 *et seq.*; trad. portuguesa, 5. ed., p. 190 *et seq.*; Recaséns Siches, *Introducción al estudio del derecho*, p. 123).

6. Esta afirmação não deve ser entendida de forma absoluta, pois, na execução, é possível ao réu (na verdade, executado) defender-se por meio dos embargos do devedor, mais amplamen-

ve consistir no emprego da força física por parte do Judiciário, é a base sobre a qual se assenta o processo de execução e, também, das denominadas ações executivas *lato sensu* ou mandamentais (p. ex., na fase executiva das ações reguladas pelos arts. 461 e 461-A do CPC).

114. Considerações sobre a ação e o direito subjetivo no prisma judicial

Definir-se o que seja direito subjetivo é tarefa das mais árduas na Ciência do Direito. Há mesmo aqueles que negam a existência da figura, como Hans Kelsen (v. nota 4, *retro*).

Historicamente, foi depois do trabalho dos grandes juristas alemães do século XIX – Savigny, Puchta e Ihering, dentre outros – que o conceito veio a assumir corpo, irradiando-se por todo o Direito, com significação e perfil razoavelmente claros.

Por este motivo, afiguram-se-nos importantes algumas considerações a respeito, sem o propósito de, é evidente, dizer algo de novo ou definitivo.

Duas clássicas e fundamentais posições podemos, desde logo, pôr em evidência, a respeito da natureza do direito subjetivo. Para Windscheid, o direito subjetivo é "una podestà e signoria della volontà impartita dell'ordine giuridico".[7]

O direito subjetivo seria, pois, um ato de vontade, concepção esta que deu nascimento à chamada *teoria voluntarista do direito subjetivo*.

Para Ihering, em contraposição, e atendendo às consequências lógico-jurídico-culturais decorrentes do seu pensamento, o direito subjetivo seria "um interesse juridicamente protegido".[8]

Ihering argumenta que o interesse constitui-se no móvel fundamental de toda pessoa humana. O agir humano não se explica por um "porquê", mas sim por um "para que fim". Desta forma, o direito subjetivo reduzir-se-ia precisamente ao interesse protegido pelo Direito, dizendo-se, nessa linha de pensamento, ainda hoje, que o interesse juridicamente protegido é o próprio conteúdo do direito subjetivo, ou que é o próprio direito subjetivo.

Quanto à teoria voluntarista, argumentou-se, para invalidá-la, que a vontade não poderia ser erigida como caracterizadora da natureza do direito subjetivo, pois o menor, o enfermo ou deficiente mental, os incapazes, em suma, todos aqueles em relação aos quais o Direito não reconhece qualquer efeito oriundo da manifestação de vontade, têm, sem embargo disto, reconhecida a titularidade (gozo) de direitos subjetivos.

A nosso ver, tanto a vontade, quanto o interesse protegido, merecem consideração, sob um prisma estritamente jurídico, isto é, depois de estabelecida a norma, vontade e interesse passam a ser elementos do direito subjetivo na exata medida em que este os considere. Se, rigorosamente, é o direito objetivo um antecedente do direito subjetivo, ou, como podemos dizer, é formalmente sua fonte, sendo, portanto, a norma jurídica (direito objetivo) necessariamente um de seus elementos constitutivos, a vontade do sujeito (ou de outrem por esse sujeito), como componente do direito subjetivo, será aquela a que a lei atribui determinados efeitos.

te (art. 745), ou por meio da impugnação ao cumprimento da sentença, mais restritamente (art. 475-L), consoante seja a natureza do título exequendo extrajudicial ou judicial, respectivamente; entretanto, a finalidade precípua da execução não é a de se apurar o direito do autor (agora exequente), o que só ocorre incidentalmente.

7. Cf. Bernard Windscheid, *Diritto delle pandette*, vol. 1/169-170.

8. Cf. Ihering, *Espírito do direito romano*, n. 71, p. 227 *et seq.*; v. James Goldschmidt, *Problemas generales del derecho*, p. 102, n. 121.

O interesse do sujeito em defender um bem ou uma situação terá que, antes de tudo, ser conforme ao ordenamento. O direito objetivo, pois, é formalmente a fonte do direito subjetivo. Substancialmente, depende ele da ocorrência de atos de vontade (como um contrato) ou, então, de fatos jurídicos (como a morte).

Pelo contrato criam-se direitos e obrigações; há, nele, manifestamente, o papel criador da vontade e do interesse, pois aquela foi dirigida em função deste. Outrossim, mesmo na hipótese da morte, há também o papel da vontade, pois, se o herdeiro o desejar, poderá renunciar à herança. Se nada disser, é porque concorda em recebê-la, e o seu silêncio é expressão tácita, juridicamente relevante, de que lhe interessa a herança.

Parece-nos difícil desvincular a vontade do interesse, dado que ambos dão conteúdo ao direito subjetivo.

Nesta posição encontramos Icílio Vanni, que afirmou serem a vontade e o interesse os elementos inseparáveis do direito subjetivo.[9]

115. Nossa posição acerca do direito subjetivo

Del Vecchio, considerando o assunto do direito objetivo, define-o como "a coordenação objetiva das ações possíveis entre vários sujeitos, segundo um princípio que as determina, excluindo-lhes os empecilhos".[10]

Verifica-se, pois, por esta concepção, a *ratio essendi* do Direito: é a de possibilitar a vida em sociedade, reduzindo ao mínimo os atritos possíveis. Outros, nessa mesma linha, ligam o aspecto da obrigatoriedade do Direito aos fins da vida social, consubstanciados na garantia, segurança e ordem sociais.[11]

Destas posições, e de quanto foi dito, podemos extrair as seguintes conclusões: (1.ª) a norma jurídica (direito objetivo) é necessariamente um dos elementos do direito subjetivo; (2.ª) sendo o direito objetivo – em si considerado – abstrato por definição, para existir direito subjetivo é necessário que se verifique a ocorrência de um fato jurídico (ato ilícito ou lícito, ou negócio jurídico, espécies de fato jurídico), a que o mesmo direito objetivo atribua relevância.

Um dos aspectos dessa relevância é a proteção,[12] e, ao considerarmos esse aspecto, entramos na temática da ação. Quem alude a proteção, fala em ação para proteger o direito.

A ação, considerada sob o prisma processual, como nós o fazemos, e em face do direito positivo, não integra a figura do direito subjetivo material. No entanto, como o ordenamento jurídico é necessariamente unitário, no sentido de ser integralmente coordenado à atribuição e proteção de direitos, aos diversos sujeitos jurídicos, pode dizer-se que o direito subjetivo material lesado, bem como a ação (processual), têm finalidades últimas voltadas ao mesmo ob-

9. Cf. Icílio Vanni, *Filosofia do direito*, p. 76.

10. Cf. Giorgio del Vecchio, *Lezioni di filosofia del diritto*, p. 197. É filiada esta conceituação à de Kant, de que é quase cópia (Cf. I. Kant, *Grundlegung zur Methaphisik der Sitten [As bases da metafísica dos costumes]*, tomo 41), p. 34; cf., a esse respeito, nosso estudo publicado na *RDP* 2/62 *et seq.*, esp. p. 63, sobre Poder Judiciário, Constituição, Liberdade.

11. Cf. Radbruch, *Filosofia do direito*, vol. 2/223.

12. Quem se refere à proteção poderá considerá-la normalmente como proteção ativa (direito processual de ação). O tema comporta aprofundamento, *v.g.*, como o de se saber se uma obrigação natural, destituída de proteção ativa, ou se uma obrigação prescrita, em que há (se patrimonial) direito de ação, extinguível por iniciativa do juiz (art. 219, § 5.º, do CPC) ou do devedor por alegação da prescrição, seriam tipicamente direitos subjetivos. Haveria, aí, propriamente, direito subjetivo, ou, então, ao menos, estaria mutilado? As dimensões desta obra, contudo, e sua finalidade, inadmitem maiores considerações.

jeto. Assim, o interesse (mediato) do titular do direito subjetivo material (do credor, por exemplo) é o de receber o seu crédito (ver, na hipótese, satisfeito o direito subjetivo de que é titular); outra não é a finalidade última da ação (interesse imediato, obter a sentença condenatória que instrumentalmente o conduza à satisfação do interesse mediato – o crédito). Há somente uma diferença: a posição do titular do direito subjetivo material – enquanto não ingresse em juízo – é uma; isto é, dirige-se ao seu devedor e pede a este que cumpra a sua obrigação. No entanto, quando verificar que este não vai fazê-lo, ajuizará contra o mesmo uma ação, objetivando conseguir judicialmente aquilo que desejaria tivesse acontecido extrajudicialmente, ou seja, *naturalmente*. Há, pois, uma coincidência intencional de finalidades, havendo, todavia, uma diversidade de meios, em função dos obstáculos que se colocam.

Deve-se ter presente, todavia, que, atribuindo o ordenamento jurídico o direito de ação a toda e qualquer pessoa, desde que tal direito seja exercido em conformidade com a lei, este direito de ação representa, de sua parte, um direito subjetivo, um direito subjetivo processual (trata-se de conceito ainda mais discutível que o de direito subjetivo).

Assim, utilizando-se alguém do direito subjetivo de ação, nem por isso, fatalmente, verá reconhecido o direito subjetivo material que afirma ter (pretensão). Há, pois, para a integração da figura do direito subjetivo material, se for ele contestado e submetido a pendência judicial, um outro elemento: o indispensável reconhecimento judicial do direito pretendido, por meio da procedência da ação. Consideremos o problema, para facilitar, somente da perspectiva do autor.

Evidentemente, poder-se-ia dizer que o reconhecimento judicial é, comumente, desnecessário à configuração do direito subjetivo. Efetivamente, desde que não haja contenda em juízo, e estejamos diante de um ato jurídico perfeito ou de uma situação jurídica subjetivada, acabada e estável (geradores de direito) – isto é, com todos os elementos definidos em lei, para produção de efeitos –, o reconhecimento seria desnecessário. Se, porém, mesmo diante de um ato jurídico perfeito ou de uma situação jurídica subjetivada, acabada e estável, houver contenda judicial, o reconhecimento será necessário, pois o que se denomina titular de tal posição tê-la-á nublada.

Poder-se-á dizer que a posição é contraditória. Responda-se, no entanto, que consideramos o reconhecimento judicial sob um prisma prático; será ou não necessário para a integração do direito subjetivo conforme penda ação ou não. Por isso, entendemos que os elementos do direito subjetivo são variáveis, dependendo do caso concreto (pelo próprio titular ou por alguém a quem o direito empreste relevância para manifestar vontade por outrem – o titular).

Salientemos que não temos a pretensão de dar uma definição exata e final de direito subjetivo, mas externar, ainda que sucintamente, nossa posição atual, com o objetivo de fornecer uma visão íntegra do direito de ação e de onde este se confina com o direito material.

Sintetizando, como elementos do direito subjetivo, temos: (1.º) o direito objetivo, que idealmente (hipoteticamente) o define para uma concretização, num dado sujeito; (2.º) o fato, em função do qual se diz ter nascido o direito subjetivo; (3.º) eventualmente, o reconhecimento judicial, quando se fizer necessário (compreende, para configurar o "reconhecimento judicial", não só a figura da ação, como também da sentença favorável). Se a sentença não for favorável ao autor, ter-se-á declaração de inexistência do direito do autor, igual, pois, à inexistência de direito subjetivo, infundadamente pretendido.

Como já se observou, há muitos, e nós mesmos assim colocamos a questão, que consideram os elementos *vontade* e *interesse* como relevantes na composição do direito subjetivo (na exata medida em que a lei os considere relevantes).

O assunto apresenta-se muito variado, tendo em vista os múltiplos direitos subjetivos existentes nos sistemas jurídicos.

Dificilmente, porém, o papel da vontade será irrelevante para a existência do direito subjetivo. Quer a vontade externada (pelo próprio titular ou por alguém a quem o direito empreste relevância para manifestar vontade por outrem – o titular), quer, por outro lado, o silêncio – que é também uma forma de manifestar a vontade, quando este sentido lhe for dado pelo direito –, integram a figura do direito subjetivo, como um elemento ao lado dos já mencionados.

O interesse, outrossim, é elemento do direito subjetivo. Mas, não esqueçamos que tanto a vontade como o interesse entram na composição do direito subjetivo na exata medida em que a lei os considere relevantes, para configurar tal entidade.

116. Teoria civilista a respeito da ação[13]

A teoria clássica acerca da natureza da ação é a chamada teoria civilista ou imanentista da ação. Esta teoria vigorou durante todo o século XIX e deveu a sua existência à fase evolutiva do processo, em que este se encontrava verdadeiramente subordinado ao Direito Civil, sendo concebido como apêndice deste.

Vivificavam, nos poucos princípios que informavam o processo civil de então, diretrizes marcadamente privatísticas. A superação desta teoria foi decorrência da própria autonomia do Direito Processual Civil, iniciada no último quartel do século XIX, a qual veio dar fisionomia própria aos institutos do processo e, assim, uma nova configuração e perfil à ação.

A teoria clássica acerca da natureza jurídica da ação identificava-a com o direito material; uma e outro eram a *mesma realidade*, apenas apresentadas sob formas diversas.[14]

Esta posição que identifica o direito material com o direito de ação, vendo-os como dois momentos de um mesmo fenômeno jurídico, em nosso sentir, não explicava racionalmente um fenômeno comum na prática judiciária, que era o da *ação infundada*.

Alguém demanda outrem e, na sentença final, verifica-se que o autor não tinha razão (ação infundada). No entanto – e é aqui que reside a pedra de toque do problema, em regra –, aquele que tem razão e o que não a tem podem receber do Judiciário o mesmo tratamento, porque é impossível, liminarmente, dizer quem tem e quem não tem.

É evidente, pois, que a teoria unitária não explicava a totalidade dos aspectos do fenômeno.

117. Posição de Adolf Wach

Se percorrermos os olhos pela história do processo civil, e, em especial, se observarmos os doutrinadores da teoria da ação, veremos que Adolf Wach seguramente representa o autor mais importante no evoluir moderno do conceito, no sentido de ter

13. V. nosso *Curso*... cit., vol. 1, n. 77, p. 362.

14. A respeito das posições mais claras e dominantes: F. Karl von Savigny, *Sistema del diritto romano attuale*, § 59; Windscheid, *Diritto delle Pandette*, § 44; G. F. Puchta, *Lehrbuch der Pandekten [Manual das pandectas]*, § 81; Galdi, no *Comentário* de Mancini, Scialoja e Pisanelli, cit., vol. 1, n. 385; Pescatore, em *Sposizione compendiosa della procedura civile e criminale*, p. 121; Joseph Unger, *System des österreichischen allgemeinen Privatrechts*, vol. 2, § 113, n. 13; Matirolo, nos seus *Elementi di diritto giudiziario civile*, vol. 1, n. 21 (v. nosso *Direito processual civil – TGPC*, vol. 1, p. 97, nota 134).

abalado, antes de todos, os alicerces da teoria civilista.

Mencionar, por outro lado, a evolução da teoria da ação quer significar, antes de tudo, aludir a um caminho percorrido no sentido de demonstrar que a ação é um instituto autônomo do direito material. Este é o aspecto primordial da questão.

Estabelecendo-se um contraste entre os conceitos dominantes antes do de Wach e o deste jurista verificaremos que foi mercê das ideias expendidas em suas obras que se conseguiu verdadeira e definitivamente superar a teoria civilista da ação,[15] embora o conceito de Wach, em si mesmo, não crie uma autonomia plena.

Verificou Wach, nitidamente, que, ao lado da ação condenatória – praticamente a única tratada pela doutrina civilista –, existia outro tipo de ação: a declaratória. Mais ainda, com fundamento na Exposição de Motivos do Código de Processo alemão, e tendo em vista ainda a Exposição de Motivos do Código Civil, deixou claro que o conceito de pretensão à declaração de forma alguma podia confundir-se com o instituto da pretensão de direito material. Deixou claro que não é objeto da ação declaratória a prestação; trata desta última, tão somente, a ação condenatória.[16]

Constatou-se que a ação declaratória, julgada procedente por meio da sentença declaratória, era insuscetível de execução, pois seu objetivo era, apenas, o de conseguir certeza jurídica; ao passo que a ação condenatória, ao lado da obtenção da certeza jurídica, tinha por finalidade principal a obtenção da sentença condenatória que, servindo de título executivo, satisfaria, no seu direito, ao ganhador da demanda.

15. V. nosso *Curso*... cit., vol. 1, n. 78, p. 364.

16. Cf. James Goldschmidt, *Teoría general del proceso*, n. 14, p. 36.

Este tipo de direito, de forma alguma, poderia confundir-se com qualquer categoria do direito civil, sobretudo – acentuava Wach – porque era perfeitamente demonstrável a existência de "direitos de ação", independentemente dos direitos subjetivos privados que devem ser protegidos por aqueles.

Assim definiu Wach a pretensão de proteção do direito (ação): "Direito relativamente independente, que serve à manutenção da ordem concreta dos direitos privados, em relação aos quais é um direito secundário e independente quanto aos seus requisitos".[17]

Verifica-se que os traços essenciais e marcantes de seu pensamento são os seguintes: (1.º) a ação é relativamente independente do direito material (substancial), que por seu intermédio se pretende fazer valer; (2.º) é, assim, um direito secundário, dado que supõe – na generalidade dos casos – um outro direito, o qual é, por sua vez, o direito primário; (3.º) com este direito primário, porém, não se confunde, embora haja de retratar qual seja esse direito. Esta afirmação é verdadeiramente axiomática, se tivermos presente a hipótese da ação declaratória negativa, cujo pressuposto é a própria inexistência de uma relação jurídica de direito material;[18] (4.º) os requisitos do direito de ação são determinados pelo direito processual; (5.º) a ação é bifronte, exercitável em duas direções: (a) em face do Estado, a quem se pede prestação jurisdicional; (b) contra o réu, obrigado a suportar a referida prestação.

17. Cf. Wach, *La pretensión de declaración*, p. 51.

18. Mesmo na chamada ação declaratória negativa, ainda assim é necessário o retrato ou a descrição da relação jurídico-material, cuja declaração, precisamente, é objetivada; do contrário, seria impossível declarar-se a sua inexistência.

Deve-se salientar, ainda, que Wach[19] já observara a impossibilidade de prescrição da ação declaratória.

118. Posição de Chiovenda

Foi Chiovenda o primeiro processualista que afirmou a autonomia da ação na Itália,[20] embora a sua teoria do direito de ação não o conceba como *absolutamente* autônomo.

Seus estudos, porém, são de tal forma profundos, que as linhas mestras de seu pensamento a respeito – cuja última expressão se encontra nas suas *Istituzioni di diritto processuale civile* – encontram adeptos até nossos dias. Desta forma, pela relevância de seu pensamento, quer na Itália quer fora dela, é que suas ideias merecem ser consideradas nos seus principais aspectos.[21]

A vontade concreta da lei, em regra, realiza-se independentemente do processo. Se, porém, não há regular cumprimento da obrigação, ou se não é obedecida a lei que incidiu, há necessidade do processo para traduzir em ato a vontade da lei.

Segundo Chiovenda, o processo serve às duas grandes categorias de direito, a saber: (1.º) à dos direitos ligados a um bem da vida, a serem alcançados, antes de tudo, mediante a prestação, positiva ou negativa, do obrigado; (2.º) à dos direitos tendentes à modificação do estado jurídico existente (a rigor, preexistente, *ex lege*), os quais são os direitos potestativos.[22]

Os direitos tendentes a uma prestação, por sua vez, subdividem-se em direitos obrigacionais (prestação positiva) e direitos reais (prestação negativa – abstenção de todos).

A ação, segundo Chiovenda, é um *direito potestativo*, e é aqui que reside a grande novidade de seu pensamento. Os direitos potestativos têm a característica fundamental de, por meio dos mesmos, poder "alguém... influir, com sua manifestação de vontade, sobre a condição jurídica de outro, sem o concurso da vontade deste".[23]

O *direito potestativo* tem dois objetivos primordiais: (1.º) fazer cessar um direito ou estado jurídico existente; (2.º) produzir um estado jurídico inexistente, e, nessa produção, compreende-se a mera modificação.

Em certos casos, para atuar o direito potestativo, há necessidade de intervenção

---

19. Wach, *La pretensión de declaración*, p. 69, com base na própria Exposição de Motivos do Código de Processo Civil alemão. Esta afirmação, que se pode dizer generalizada, aqui e no exterior, não deve, todavia, ser entendida num sentido absoluto. Tal assertiva liga-se a uma razão de ser: é imprescritível a ação declaratória, porque a incerteza jurídica que ela objetiva suprimir é intolerável pela ordem jurídica. Se, entretanto, suprimir-se por norma jurídica tal incerteza, não haverá lugar para a subsistência da afirmação. Ainda, quando a ação declaratória possa ser utilizada, quando o poderia também ser a condenatória, e se esta estiver prescrita, haver-se-á de decretar a prescrição da "ação" declaratória, mesmo porque o que prescreve é a pretensão (de direito material), e, somente por facilidade, diz-se prescrição da ação hodiernamente, e em face de um sistema processual que pretende seja a ação abstrata.
20. Liebman, *L'Azione nella teoria del processo civile*, p. 25; Sérgio Costa, *Manuale di diritto processuale civile*, p. 10.
21. V. nossos *Curso*... cit., vol. 1, n. 79, p. 367 e *Código de Processo Civil comentado*, vol. 1/302 *et seq.*; mais recentemente, v. nosso *Tratado de direito processual civil*, vol. 1, p. 368 *et seq.*
22. Cf. Chiovenda, *Instituições de direito processual civil*, vol. 1/36.
23. Esta afirmação deve ser entendida como sendo essencial ao direito potestativo: o agir de alguém, na esfera alheia, sem o concurso de quem esteja nesta esfera. No entanto, também numa ação tendente à prestação, *v.g.*, como na ação condenatória, de certa forma, com a instauração do processo respectivo, aparelha-se o autor, para poder vir a influir na esfera alheia, sem o concurso de outra vontade, o que se concretiza, quando procedente a ação, procedendo-se à execução forçada.

do juiz;[24] em outros, ao contrário, esta não é necessária.

Assim, o poder de ação, para Chiovenda, consiste no direito de conseguir uma atuação concreta da lei em face de um adversário. Tal adversário "não é obrigado a coisa nenhuma diante desse poder: simplesmente lhe está sujeito".[25]

Com o exercício do direito, a que corresponde a ação, a mesma se exaure.

Finalmente, há que se salientar, no pensamento de Chiovenda, o aspecto da autonomia da ação.

Considerando um primeiro ângulo do problema relativo à violação do direito e suas consequências, precisa esse autor que, "nesses casos, a ação se desprende do outro direito subjetivo (real ou pessoal), oriundo daquela vontade da lei; são distintos os dois direitos, conquanto possam coordenar-se a um idêntico interesse econômico".

Mas, apesar desta coordenação à satisfação de um mesmo interesse, "têm vida e condições diferentes e conteúdo profundamente diverso". O direito ao cumprimento da obrigação, por exemplo, "mesmo depois do inadimplemento, conserva a sua direção para a prestação do devedor". Já o direito de ação "aspira conseguir o bem garantido pela lei, por todos os outros meios possíveis". Desta forma, ação e obrigação "são, por consequência, dois direitos subjetivos distintos, que somente juntos e unidos preenchem plenamente a vontade concreta da lei".

119. Observações críticas à teoria civilista, à do direito concreto, à da tutela jurídica e à da ação como direito potestativo[26]

Considerar-se a ação como direito concreto à tutela jurídica, ou como um direito potestativo, tal como o fizeram Wach e Chiovenda, respectivamente, e seus seguidores, deixou sem explicações satisfatórias uma série de fenômenos.

É fora de dúvida que a relação entre ação e direito subjetivo é um dos pontos presentes na generalidade das teorias a respeito da ação.[27] A *ratio essendi* de toda teorização consiste em lograr chegar ao escopo de se distinguirem tais realidades: o direito subjetivo material e o direito de ação.

No entanto, o que importa realçar é que tanto Wach quanto Chiovenda, em última análise, condicionaram a própria existência do direito de ação àquela do direito subjetivo, salvo enquanto peculiarizam o fenômeno da ação declaratória, e, em especial, a ação declaratória negativa.

Tanto Wach quanto Chiovenda, conquanto tenham considerado a autonomia do direito de ação (o primeiro, em verdade, relativamente), foram claros no sentido de que somente na sentença final é que efetivamente era possível apreciar a existência ou não do direito de ação. Ainda, a existência do direito de ação seria constatada, desde que a ação fosse procedente. Assim, em última análise, existente seria a ação, desde

---

24. Quando ocorre a necessidade, *ex lege*, de intervenção do juiz, para o efetivo e real exercício de um direito potestativo, assemelham-se bastante o exercício do direito de ação (que tenha à sua base um direito potestativo) e o direito de ação tendente a uma prestação do obrigado. Diferenciam-se, isto sim, porque no potestativo, na hipótese tratada, coloca-se como despicienda a vontade do que está sujeito à atuação do outro, ao passo que, no direito tendente à prestação, poder-se-ia obter o que se obteria pela intervenção do Judiciário, se o obrigado tivesse cumprido o que lhe incumbiria.

25. Cf. Chiovenda, op. e loc. ult. cits.

26. V. nossos *Curso*... cit., vol. 1, n. 98, p. 369, e *Código de Processo Civil comentado*, vol. 1/305 *et seq.*; mais recentemente, v. nosso *Tratado de direito processual civil*, vol. 1, p. 370 *et seq.*

27. Cf. Pekelis, em *Nuovo Digesto Italiano*, vol. 2, n. 3, verbete "Azione".

que existente o direito que lhe estava subjacente (direito material, em regra). Havia, pois, grande condicionamento da ação ao direito material.[28]

Tal abordagem do problema, contudo, suscita uma dúvida ou deixa de responder satisfatoriamente a uma questão medular. Como explicar e justificar toda a atividade jurisdicional desenvolvida, para, somente a final, concluir se o autor tem ou não *ação*? Não seria mais fácil e mais lógico entender-se – mais coerentemente com a realidade dos fenômenos – que, nesta hipótese, a ação foi efetivamente exercida, independentemente do resultado, favorável ou desfavorável da demanda? Se a ação for julgada procedente, verificar-se-á que era fundada e que o autor tinha razão, ou seja, o seu pedido era conforme ao ordenamento jurídico. Se, ao contrário, constatar-se que a ação não tinha fundamento, ter-se-á visto que era infundada e que ao autor, assim, não assistia razão. Neste segundo caso, porém, a ação foi plenamente exercida; verificou, apenas, que inexistia qualquer direito subjetivo material a embasá-la.

A ação, pois, existe, mesmo prescindindo-se da existência do direito material. Pode dizer-se que a ação é, *per se* e também, um direito subjetivo, ao lado do direito subjetivo material.[29]

É impossível, como regra, aferir-se liminarmente a viabilidade ou não do fundamento da ação, e, mesmo que possível fosse, em certos casos, as regras do processo impedem absolutamente tal aferição (sentença), salvo casos excepcionalíssimos[30] (*v.g.*, art.

---

28. Estas posições, conquanto tenham influído decisivamente na alteração dos rumos conceituais do direito de ação, encerram ilogismo. Se a ação somente existiria quando a sentença constatasse existente o direito material ou subjetivo, segue-se, então, que nessa oportunidade constatar-se-iam existentes duas realidades: a ação e o respectivo direito subjetivo. No entanto, parece-nos que seria confundir, como regra permanente de raciocínio, ou efetivamente o é, a fotografia com o fotografado, pois que, da mesma maneira que a fotografia não é o fotografado, a ação não é o direito subjetivo. Se a ação revelaria o direito subjetivo, nela retratado (como hipótese), à qual o juiz viria dar realidade (isto é, existe, porque a autoridade com competência para dizê-lo o disse), segue-se que esse condicionamento do direito de ação, ao nível de *existência* do direito subjetivo, não procede. O que se pode dizer é que na ação se encontra perfeitamente retratado ou definido o direito subjetivo como hipótese de trabalho, mas este somente existirá quando a autoridade à qual se adjudicou competência diga que existe; isto é, quando a ação julgada procedente se exaure.

29. Hodiernamente, predomina, em doutrina, a teoria do direito abstrato: Liebman, L'azione nella teoria del processo civile, *Problemi del processo civile*, p. 22 *et seq.*, que pode ser considerado o moderno chefe da escola; Marco Tullio Zanzucchi, *Diritto processuale civile*, vol. 1, n. 51, p. 56; Ugo Rocco, *Trattato di diritto processuale civile*, vol. 1/260; José Alberto dos Reis, *Processo ordinário e sumário*, vol. I/138 *et seq.*; Alfredo Buzaid, *Da ação declaratória*, n. 63, p. 85, ideia reafirmada em *O agravo de petição no sistema do Código de Processo Civil*, n. 37, p. 83; José Frederico Marques, *Instituições de direito processual civil*, vol. 2, n. 260, p. 15; Moacyr Amaral Santos, *Primeiras linhas de direito processual civil*, vol. 1, n. 112. É a posição da nossa lei vigente (art. 267, VI).

30. Exemplificativamente, o juiz, ao examinar a petição inicial, para deferi-la ou não, poderá ter uma opinião formada sobre o direito da parte autora, firmemente. Se a tiver e se for contrária à pretendida pelo autor, haverá de indeferir liminarmente essa inicial (art. 295, parágrafo único, III). Assim, se o juiz (corretamente) entender que somente o proprietário pode reivindicar, se um compromissário-comprador pretender se utilizar de uma reivindicatória, deverá liminarmente indeferir essa petição inicial. Vale dizer, sequer hipoteticamente pode esse autor ter direito, porque inexiste proteção jurídica para o que quer. Se tiver dúvida, todavia, haverá de deferir a inicial, para, mais tarde, no saneamento, ou mesmo na sentença final, apreciar o pedido. No entanto, o conteúdo de sua decisão, tendo em vista o pedido inicial,

295, IV). Juridicamente, é hipótese rara. No entanto, é possível fixarem-se umas tantas condições, ou uns tantos requisitos (categorias jurídicas), para admitir-se o exercício do direito de ação. Tais requisitos tradicionalmente denominam-se *condições da ação*.[31] Se estiverem presentes, a ação ensejará uma sentença de mérito; caso contrário, será extinto o processo sem resolução de mérito (art. 267, VI, do CPC – redação do *caput* do art. 267 de acordo com a Lei 11.232/2005), inexistente, aqui, o próprio direito de ação, no sentido do CPC.

O que interessa primordialmente é estudar a ação e construir sua teoria tendo em vista sua finalidade, sempre em função do interesse público, e não focá-la unilateralmente, só da perspectiva do autor. Esta finalidade é o acionar da jurisdição, para a aplicação da lei. Esta aplicação da lei, obviamente, mesmo no caso do efetivo exercício de ação improcedente, terá sido feita, pois se terá dado razão ao réu, e não ao autor.

Inegavelmente, tal direito abstrato de ação existe, dado que diversas Constituições são expressas mesmo a respeito deste tipo de acesso ao Judiciário. Entre nós, o art. 5.º, XXXV, da CF/1988, é expresso no sentido de que nenhuma lesão ou ameaça a direito poderá ser subtraída à apreciação do Judiciário. Assim, tal texto, longe de consagrar um direito concreto, em nível constitucional, consagra, isto sim, autêntico *direito abstrato* de agir, ou, então, um *direito de petição*.

Julgamos que o direito genérico de petição, expressamente consagrado em nossa Constituição Federal (art. 5.º, XXXV), é o meio ou veículo revelador do direito de ação, já agora situado no plano processual, à luz do preenchimento dos requisitos por esse sistema exigidos (art. 3.º e 267, VI, do CPC).[32]

O juiz poderá não decidir, num caso concreto, o mérito de uma questão, proferindo, então, uma decisão de cunho estritamente processual, e não se poderá dizer que o proferir da decisão processual não consista em exercício de atividade jurisdicional. No caso de o autor não ter preenchido as condições da ação e de ter o processo acabado, pois, sem que o mérito tenha sido julgado, o autor terá legitimamente exercitado o seu direito de petição, e não o direito de ação propriamente dito, exatamente por não estarem preenchidas as condições para exercê-lo, condições estas concretamente definidas no CPC (arts. 267, VI e § 3.º; 295, II e III; e 295, parágrafo único, III).

Todavia, não é este direito de petição, manifestamente genérico e abstrato, que é objeto específico e precípuo do Direito Processual Civil. O direito de ação, verdadeiramente objeto do processo civil, é aquele

será o mesmo: inexiste, na ordem jurídica, a proteção pedida. O problema, pois, coloca-se tendo em vista o grau de certeza de quem vai deferir ou indeferir essa petição inicial. Por exemplo, admitindo que somente o titular do domínio pode reivindicar: *Arquivo Forense* 66/115; *RT* 543/71; diferentemente, admitindo reivindicação também por compromissário-comprador: *RT* 500/131, STJ, REsp 252.020/RJ, 3.ª T., j. 05.09.2000, rel. Min. Menezes Direito, *DJ* 13.11.2000, p. 144; STJ, REsp 59.092/SP, 4.ª T., j. 12.06.2001, rel. Min. Barros Monteiro, *DJ* 15.10.2001, p. 264; e, na doutrina, *Compromisso de compra e venda*, José Osório de Azevedo Júnior, 1983, ns. 63-69, p. 100-106. Se o juiz tiver opinião aprioristicamente formada, pela inadmissibilidade, não deverá admitir o processo. Se tiver dúvida, todavia, deverá admitir. A compreensão plena desta afirmação exige a leitura complementar do que consta no n. 268, da Segunda Parte deste Manual.

31. Cf., mais amplamente, item 121, *infra*.

32. Para um desenvolvimento amplo a respeito do *direito de ação constitucional*, v., entre outros, Donaldo Armelin (*Legitimidade para agir no direito processual civil brasileiro*, p. 36), que, em escala apreciável, baseou-se em nosso *Código de Processo Civil comentado*, vol. 1, e, mais recentemente, v. nosso *Tratado de direito processual civil*, vol. 1, p. 370-376.

idôneo e apto a provocar desenvolvimento da atividade jurisdicional até a sentença de mérito.

O fato de alguém preencher as condições da ação não lhe confere igualmente o direito de vitória, diversamente do que ocorre com a posição *chiovendiana* a respeito do tema.

A posição de Chiovenda, estudada sob o prisma das condições da ação, confirma o que já se disse, no sentido de que, em última análise, ela importa condicionar, ou subordinar, excessivamente, o direito de ação ao direito material que lhe estaria (e muitas vezes não está) subjacente. Isto é, reunidas as condições da ação, *ipso facto*, existindo a ação, tem o autor de vencer a demanda, pois, para esse processualista, seria condição da ação a própria existência do direito subjetivo material.

Para nós, e, principalmente, para nossa lei vigente, contudo, basta haver possibilidade jurídica do pedido do autor,[33] aliada à legitimidade para aquela causa e ao interesse processual, para que estejam preenchidas as condições de exercício do direito subjetivo de ação.

Finalmente, lembremos que a *ação* está situada no campo do direito público e não no direito privado, como normalmente ocorre com o direito material (Direito Civil ou Comercial), e também que é por meio dela que se fazem valer normas de direito material público. A ação está sempre e necessariamente, por definição, na órbita do direito público, dado que é ao Estado que cabe – e em regra, só a ele – a distribuição da Justiça, por meio da prestação jurisdicional.

33. Entendemos ser inútil a categoria da *possibilidade jurídica do pedido*, uma vez que o autor somente exercerá o direito de ação se tiver interesse legítimo, isto é, decorrente de lei; ora, se o interesse decorre de lei, sempre que este existir estará imanente ou necessariamente implicada a possibilidade jurídica do pedido (Arruda Alvim, *Código de Processo Civil comentado*, vol. 1/316; mais recentemente, v. nosso *Tratado de direito processual civil*, vol. 1, p. 380). Bastaria, em nosso sentir, fazer-se alusão a *interesse de agir*. Esse, aliás, o entendimento adotado no Projeto de Novo Código de Processo Civil (PL 8.046/2010), que apenas faz alusão à legitimidade e ao interesse processual (arts. 338, X e 495, VI). .

Bibliografia

ALVIM, Eduardo Arruda. *Curso de direito processual civil*. São Paulo: Ed. RT, 1999. vol. 1.

______. *Direito processual civil*. 3. ed. São Paulo: Ed. RT, 2010.

______. *Direito processual civil*. 4.ed. São Paulo: Ed. RT, 2012.

ALVIM NETTO, José Manoel de Arruda. *Código de Processo Civil comentado*. São Paulo: Ed. RT, 1975. vol. 1.

______. *Curso de direito processual civil*. São Paulo: Ed. RT, 1971. vol. 1.

______. *Tratado de direito processual civil*. São Paulo: Ed. RT, 1990. vol. 1.

AMARAL SANTOS, Moacyr. *Primeiras linhas de direito processual civil*, 25. ed. atual. por Maria Beatriz Amaral Santos Kohnen. São Paulo: Saraiva, 2007. vol. 1.

______. *Primeiras linhas de direito processual civil*. São Paulo: Max Limonad, 1961. vol. 1.

ARAGÃO, Egas Dirceu Moniz de. O Estado de Direito e o direito de ação (A extensão de seu exercício). *RBDP* 16/69, 1978.

ARMELIN, DONALDO. *Legitimidade para agir no direito brasileiro*. São Paulo: Ed. RT, 1979.

Barbi, Celso Agrícola. *Comentários ao Código de Processo Civil*. Rio de Janeiro: Forense, 1983. vol. 1.

BARBOSA MOREIRA, José Carlos. Tutela sancionadora e tutela preventiva. *RBDP* 18/123.

BERMUDES, Sérgio. A ação judicial como espécie de direito de petição e independência do Poder Judiciário como condição do exercício de jurisdição. *RBDP* 17/103, 1979.

BUZAID, Alfredo. *Da ação declaratória*. São Paulo: Saraiva, 1943.

______. *O agravo de petição no sistema do Código de Processo Civil*. 2. ed. São Paulo: Saraiva, 1956.

CASTRO, Amílcar de. Reparos sobre jurisdição e ação. *RF* 254/17; *RBDP* 1/13, 1975; *Litis* 1/25; *RJ* 1/23.

COSTA, Sergio. *Manuale di diritto processuale civile*. Torino: Torinese, 1955.

COUTURE, Eduardo G. Conceito de ação. *RBDP* 58/197.

______. A tutela jurídica. *RF* 260/385.

DEL VECCHIO, GIORGIO. *Lezioni de filosofia del diritto*. Milão: Giuffrè, 1946.

DIDIER JR., Fredie. *Pressupostos processuais e condições da ação*. São Paulo: Saraiva, 2005.

GOLDSCHMIDT, James. *Problemas generales del derecho*. Buenos Aires: Depalma, 1944.

______. *Teoría general del proceso*. 1936.

GRECO, Leonardo. *A teoria da ação no processo civil*. São Paulo: Dialética, 2003.

HENNING, Fernando Alberto Corrêa. *Ação concreta* – Relendo Wach e Chiovenda. Porto Alegre: Sérgio Antonio Fabris Editor, 2000.

IHERING, Rudolf von. *Espírito do direito romano*. Trad. bras. Rio de Janeiro: Alba, 1943.

KANT, IMMANUEL. *Grundlegung zur Methaphisik der Sitten*. Felix Mehler, 1952.

KELSEN, Hans. *Reine Rechtslehre*. 2. ed. Viena: Scientia Verlag Aalen, 1960.

LARENZ, Karl. *Metodologia da ciência do direito*. trad. da 2. ed. alemã. Lisboa: Calouste Gulbenkian.

LIEBMAN, Enrico Tullio. L'azione nella teoria del processo civile. *Problemi del processo civile*. Morano Editore, s. d.

MANCINI, SCIALOJA, PISANELLI. *Commentario del Codice di Procedura Civile*. Coordenado por Domenticantonio Galdi. Nápoles: Stabilimento Tipografico del Classici Italiani, 1975.

MARQUES, José Frederico. *Instituições de direito processual civil*. Rio de Janeiro: Forense, 1966. vol. 2.

______. *Manual de direito processual civil*. São Paulo: Saraiva, 1983. vol. 1.

MARRARA, José. Teoria geral do processo civil (Ação-natureza jurídica). *RF* 270/374.

MOREIRA ALVES, José Carlos. Direito subjetivo, pretensão e ação. *RT* 47/109.

MATIROLO, Luigi. *Elementi di diritto giudiziario civile*, Torino : Fratelli Bocca, 1875.

NEVES, Celso. Classificação das ações. *RBDP* 7/31.

PEKELIS. *Nuovo Digesto Italiano*. Turim: Utet, 1937. vol. 2.

PESCATORE. *Sposizione compendiosa della procedura civile e criminale*. Turim: Un. Tipografico Editrice, 1864.

PRATA, Edson. O direito de ação. *Juriscível* 104/19.

PUCHTA, G. F. *Lehrbuch der Pandekten*. Leipzig: Verlag von Johann Ambrosius Barth, 1856.

RADBRUCH, Gustav. *Filosofia do direito*. Coimbra, 1953. vol. 2.

RECASÉNS SICHES. *Introducción al estudio del derecho*. 6. ed. México, 1981.

REIS, José Alberto dos. *Processo ordinário e sumário*. 2. ed. Coimbra: Coimbra Editora, 1928. vol. I.

ROCCO, Ugo. *Trattato di diritto processuale civile*. Turim: UTET, 1957. vol. 1.

ROENICK, Hermann Homem de Carvalho. Breve estudo sobre as ações. *AJURIS* 3/18, 1975.

SANTOS, Ernani Fidélis dos. Estudos de direito processual civil. *RBDP* 1/63, 1975.

SAVIGNY, F. Karl von. *Sistema del diritto romano attuale*. Trad. Vittorio Scialoja. Turim: Un. Tipografico, 1896.

SILVA, Ovídio A. Baptista da. Direito subjetivo, pretensão de direito material e ação. *AJURIS* 29/99, 1983.

THEODORO JÚNIOR, Humberto. Condições da ação. *RF* 259/39 e *RBDP* 13/27.

TUCCI, Rogério Lauria. Aspectos modernos do conceito de ação. *RBDP* 9/59, 1977; *Juriscível* 50/13; *RT* 497/11; *RF* 261/53; *AJURIS* 14/155, 1978.

VANNI, Icílio. *Filosofia do direito*. Trad. da 3. ed. italiana. São Paulo: P. Weiss, 1916.

UNGER, Joseph. *System des österreichischen allgemeinen Privatrechts*. Leipzig: Brietkopf und Härtel, 1876. vol. 2.

WACH, Adolf. *La pretensión de declaración*. Buenos Aires: EJEA (Ediciones Jurídicas Europa-América), 1962.

WINDSCHEID, Bernard. *Diritto delle pandette*. Trad. Carlo Fadda e Paolo Bensa. Turim: Un. Tipografico Editrice, 1902. vol. 1.

ZANZUCCHI, Marco Tullio. *Diritto processuale civile*. 4. ed. Milão: Ed. do Dott. A. Giuffrè, 1962. vol. 1.

XI

A Ação em Nosso Direito Processual Civil

120. Definição de ação

A ação deve ser precipuamente considerada na sua dinâmica, ou seja, supondo-se a existência de um processo. A ação, como a totalidade dos institutos do processo, existe necessariamente limitada no tempo; existe para exaurir-se. Todo instituto do processo tem uma dimensão temporal; nasce, desenvolve-se e morre. Somente sobrevive ao processo a eficácia da sentença e, quase sempre, a coisa julgada material, sobreposta à parte dispositiva da sentença, para resguardo do bem jurídico nela definido.

Definimos a ação da seguinte forma: é o direito constante da lei processual civil, cujo nascimento depende de manifestação de nossa vontade. Tem por escopo a obtenção da prestação jurisdicional do Estado, visando, diante da hipótese fático-jurídica nela formulada, à aplicação da lei (material). Esta conceituação compreende tanto os casos referentes a direitos subjetivos, quanto, também, as hipóteses de cogitação mais recente, referentes a interesses e direitos difusos, coletivos e individuais homogêneos. O texto que se segue, no entanto, circunscreve-se a considerar o direito de ação *principalmente* tendo em vista a figura do direito subjetivo.

Analisemos a definição.

Quer os direitos materiais, quer os processuais, para se subjetivarem, isto é, para serem direitos subjetivos, necessariamente pressupõem a lei, que os define previamente. Assim, a ação é instituto processual, constante, pois, da lei processual, devendo esta traçar os seus requisitos de exercício (condições da ação) e os efeitos jurídicos que, por intermédio daquela, se poderão obter.

A ação, foi dito, depende de manifestação da nossa vontade. Isto se prende, necessariamente, à própria natureza jurídica da jurisdição, que é uma função estatal inicialmente inerte (art. 262, 1.ª frase). Sem a exteriorização da vontade do autor, não há ação.

Dissemos, ademais, que o escopo da ação é a obtenção da prestação judicial. É importante ressaltar que, quando se fala em prestação jurisdicional – o que admite seja ela favorável ou não –, está-se numa perspectiva que abrange as posições do autor e do réu, e é acima de tudo centrada e derivada da função jurisdicional. Por outro lado, se se aludisse à prestação jurisdicional favorável, cair-se-ia na posição da teoria concreta à tutela jurídica: só teria ação aquele que tivesse razão.

Finalmente, objetivou o legislador, ao instituir a ação, que seja ela o veículo para ser aplicada a vontade concreta da lei à hipótese formulada pelo autor. Evidentemente, a aplicação dessa vontade concreta da lei poderá ser favorável ou não a esse autor.

Dissemos, ainda, que a aplicação da vontade concreta da lei é feita diante de uma hipótese fático-jurídica. Isto significa – como veremos adiante – que toda ação é oriunda de fatos e que estes fatos, necessariamente, têm uma qualificação jurídica.

121. As condições da ação em nosso Direito positivo

As condições da ação são as categorias lógico-jurídicas, existentes na doutrina e, muitas vezes, na lei, como em nosso Direito positivo, que, se preenchidas, possibilitam que alguém chegue à sentença de mérito.

As condições da ação, em nosso ordenamento jurídico, são o *interesse de agir*, a *legitimação para a causa* e a *possibilidade jurídica do pedido* (arts. 295 e 267, VI, do CPC). O art. 295 é expresso: "A petição inicial será indeferida: I – quando for inepta; II – quando a parte for manifestamente ilegítima; III – quando o autor carecer de interesse processual; (...) Parágrafo único. Considera-se inepta a ação inicial quando: (...) III – o pedido for juridicamente impossível (...)". Por sua vez, o art. 267, na redação da Lei 11.232/2005, determina que deverá ser extinto o processo, sem resolução de mérito, não estando presente qualquer das condições da ação, como a possibilidade jurídica, a legitimidade das partes e o interesse processual (inciso VI).

Assim, se o autor objetiva, pela ação, uma providência jurisdicional, para a qual não existe previsão[1] no ordenamento jurídico positivo, é necessariamente inepta a petição, pois não poderá atingir o seu objetivo, sequer de instaurar o processo, com citação do réu etc. A ausência de previsão jurídica, em abstrato, da providência solicitada é verificável desde logo, *in limine*. Nesse sentido foi, à época, correta a decisão que deu pela impossibilidade jurídica do pedido, para a ação de reconhecimento de paternidade movida durante a constância da sociedade conjugal de que faz parte o suposto pai, uma vez que a Lei 883, de 21.10.1949, vedava tal possibilidade.[2] Quando há referência à *previsão*, isso não pode ser entendido de uma maneira rígida, pois há ações possíveis, menos em face de previsão específica, senão que em face do sistema jurídico, *v.g.*, como a ação de enriquecimento ilícito. Se, todavia, houver *veto* do sistema jurídico, esse é incontornável.

Por possibilidade jurídica do pedido, portanto, enquanto condição da ação, entende-se que ninguém pode intentar uma ação sem que peça providência que esteja, em tese, prevista, ou que a encontre óbice no ordenamento jurídico material.[3]

---

1. A afirmativa de que o conceito de possibilidade jurídica liga-se à ideia de previsão, no ordenamento jurídico, deve ser entendida como regra geral. No entanto, hipóteses haverá em que uma previsão legal será difícil de se encontrar, como, exemplificativamente, a hipótese dos juros compensatórios, *em matéria expropriatória*. Em que pesasse esta dificuldade quanto aos juros compensatórios, a 1.ª Seção do STJ acabou por sumular o entendimento de que, "em desapropriação, são cumuláveis juros compensatórios e moratórios" (Súmula 12, publicada no *DJU* I, de 05.11.1990, p. 12.448). Assim, por previsão, em *ultima ratio*, entenda-se existência de proteção, ainda que não diretamente calcada em texto. No caso dos juros compensatórios trata-se de *indenização pela perda da posse*, que, pela taxa de 12% resulta tarifada. Ao reverso, se houver proibição, *ipso facto*, poder-se-á, com segurança, asseverar inexistir previsão.

2. TJ/SP, ApCív 236.645, 4.ª Câm.Cív., Osasco, v.u., rel. Dias Filho, 19.09.1974. Após o advento da Lei 7.250/1984, que alterou a Lei 883/1949 (já revogada, pela Lei 12.004/2009), passou a existir possibilidade jurídica do pedido, observados os seus requisitos. O que parece mais é que, pelo art. 227, § 6.º, da CF/1988, inclusive, restou "sem sentido prático" a Lei 7.250/1984, eis que quaisquer filhos, em quaisquer circunstâncias, poderão ver-se como tais reconhecidos, pelo pai ou pela mãe, ou, então, judicialmente. Atualmente, a investigação de paternidade é tratada pela Lei 8.560/1992.

3. Assim, ilustrativamente, é o exemplo da falta de possibilidade jurídica do pedido a ação declaratória para declarar meros (puros) fatos (cf. Arruda Alvim, *Código de Processo Civil e legislação extravagante* – Anotações de jurisprudência e doutrina, anotações ao art. 4.º, n. 7, por onde se vê que o entendimento

O interesse de agir é, enquanto condição da ação, considerado sob o ângulo exclusivamente processual.[4] O art. 3.º do CPC prescreve: "Para propor ou contestar ação é necessário ter *interesse* e *legitimidade*" (grifos nossos). A lei, nesse artigo, não esclareceu qual o interesse que se faz necessário, mas o art. 295, III, deixou evidente que se trata de interesse processual. O interesse processual ou de agir é diverso do interesse substancial ou material, pois é aquele que leva alguém a procurar uma solução judicial, sob pena de, não o fazendo, ver-se na contingência de não poder ver satisfeita sua pretensão (o direito por vir a ser afirmado), *i.e.*, possível perda do interesse material (direito material de que julga ser titular).

O interesse de agir, *normalmente*, decorre da demonstração de que a outra parte omitiu-se ou praticou ato justificador do acesso ao Judiciário. Se isto pode ser aceito, integralmente, em relação ao Direito Privado, parece-nos que, em face do Direito Público, o problema se altera.

O interesse substancial é aquele diretamente protegido pelo direito material; é um interesse de índole primária, dado que incide diretamente sobre o bem. Assim, por exemplo, o interesse do proprietário, pela coisa de que tem o domínio, é utilizar-se da mesma em função dos direitos que lhe são inerentes; o do credor, tendo em vista o seu crédito, é o de recebê-lo. Se o primeiro (*o dominus*) puder fruir a coisa, alugá-la, dá-la em usufruto etc., não há que cogitar de interesse processual; se o credor receber o seu crédito, identicamente, não há que se pensar em interesse processual para acionar o seu devedor, que já terá pago.

Quando, porém, ante o titular do direito – mais rigorosamente, da pretensão –, surge um obstáculo impeditivo do gozo desse direito, ou da satisfação do mesmo, nasce um outro interesse, diverso daquele primário. Trata-se de um interesse dirigido à supressão do obstáculo, de molde a que o direito possa novamente ser objeto de gozo e utilização normal. A este interesse secundário dá-se o nome de interesse processual.

Além do art. 3.º, aludem a interesse para a propositura da ação outros artigos, conforme veremos. Proposta a ação, o juiz deverá fazer um exame liminar para ver se existe o interesse processual e indeferir a petição, se tal não existir (art. 295, III). Caso o juiz não indefira liminarmente a petição, o réu terá oportunidade, em sua contestação, de alegar, antes do mérito, carência de ação (art. 301, X), devendo o juiz, então, dar 10 (dez) dias para que o autor se manifeste (art. 327). A falta

---

é pacífico). Nestas hipóteses, sendo patente a ausência de possibilidade jurídica do pedido, este não deve, sequer, ser admitido pelo juiz (art. 295, parágrafo único, III). Igualmente não cabe ação declaratória para declarar nulidade de sentença, em lugar de ação rescisória (Arruda Alvim, *op. ult. cit.*, anotações ao art. 4.º, n. 8). O exame e a decisão precipuamente com base na ausência de possibilidade jurídica do pedido dependerão da certeza de que o magistrado se encontre investido, ao examinar a petição inicial. Como já se assentou, não cabe ação declaratória para declarar *nulidade* de sentença, já que, para tal fim, reserva o ordenamento jurídico meio próprio, *a ação rescisória* (art. 485 do CPC). Sobre a distinção entre uma e outra hipótese – de nulidade da sentença (reclamando, pois, ação rescisória para ser expurgada do ordenamento jurídico) e inexistência jurídica da sentença (podendo ser declarada como tal por mera ação declaratória), v., amplamente, Teresa Arruda Alvim Wambier, *Nulidades do processo e da sentença*, em especial o Capítulo 3, p. 283 e ss.

4. Por exemplo, inexiste interesse de agir ou interesse jurídico, para propositura de ação por desapossamento administrativo, se já existe em curso ação de desapropriação, proposta pelo Poder Público (*JUTACivSP* 36/333; STJ, EDcl no REsp 161.545/SP, 2.ª T., j. 25.09.2001, rel. Min. Francisco Peçanha Martins, *DJ* 18.02.2002, p. 283). Em casos como o apontado, haverá o juiz de, liminarmente, indeferir a inicial (art. 295, III).

do interesse de agir, como de qualquer outra das condições da ação, será, então, causa para o julgamento conforme o estado do processo, de conteúdo negativo para o autor, pois o art. 329 prevê que, ocorrendo qualquer das hipóteses do art. 267, o juiz declarará extinto o processo, sendo que o próprio art. 267 prevê que o processo, nos casos aí enumerados, se extinguirá sem resolução de mérito (art. 267, *caput*, na redação da Lei 11.232/2005).[5]

A lei simplesmente refere-se a interesse no art. 3.º, não o qualificando; contudo, há que se entender que o interesse que autoriza a propositura ou a contestação de uma ação é o interesse legítimo de natureza econômica ou moral, tal como o qualificava o art. 2.º do Código de 1939. O sentido do termo legítimo, no caso, vem de *lex, legis*, ou seja, "lei". Será, pois, legítimo o interesse que esteja definido pela *lei*, ou *virtualmente* existente no *sistema jurídico*, como tal, ou que pela lei ou pelo sistema não seja vedado, e não todo e qualquer interesse. Se não houver essa definição ou possibilidade sistemática, estaremos em face de um mero interesse, ou de um interesse meramente fático, em virtude do que não poderá a ação ser admitida.

Sobre as hipóteses em que se considera configurado o interesse processual tem-se estes exemplos, extraídos da jurisprudência:

"Não há interesse de agir quando do sucesso da demanda não puder resultar nenhuma vantagem ou benefício moral ou econômico para o seu autor."[6]

"Há interesse processual em ação declaratória de inexistência de relação jurídica tributária."[7]

"Não há interesse de agir através de *habeas data* se não se provar o indeferimento de pedido de informações de dados pessoais, ou a omissão em atendê-lo (Súmula 2 do STJ)."[8]

"O advogado tem interesse de agir para promover ação contra aquele que o contratou, quando denunciado unilateralmente o contrato de prestação de serviços, para receber pelos serviços prestados até o momento da rescisão."[9]

"A existência de ação civil pública para a tutela de direitos individuais homogêneos não afasta o interesse de agir para a ação individual."[10]

"Ocorre o interesse processual, ou de agir, quando a satisfação do interesse substancial ou jurídico, tutelado pelo Direito, não puder ser alcançado sem o recurso à autoridade judiciária."[11]

"O mero interesse cívico na observância da lei não legitima o exercício do direito da ação,[12] salvo se o ordenamento jurídico, ao lado de pressupostos específicos, vier a admitir a ação, como é o caso da ação popular. *Mas não se trata, pura e simplesmente, de 'interesse cívico'*."

5. Celso Agrícola Barbi, *Comentários ao Código de Processo Civil*, vol. 1, t. 1/62, 1975. O mesmo encontramos no ac. un. da 8.ª Câm. do extinto 2.º TACivSP [extinto], ApCív 292.189-0/00, 23.05.1991, rel. Juiz Milton Gordo, *RT* 667/138; semelhantemente, STJ, REsp 194.051/ES, 4.ª T., j. 23.02.1999, rel. Min. Ruy Rosado de Aguiar, *DJ* 22.03.1999, p. 215.

6. *RF* 254/330; mais recentemente, cf. STJ, REsp 264.676/SE, 5.ª T., j. 01.06.2004, rel. Min. Jorge Scartezzini, *DJ* 02.08.2004, p. 470.

7. STJ, REsp 746.897/MG, 1.ª T., j. 28.06.2005, rel. Min. José Delgado, *DJ* 29.08.2005, p. 228. No caso, cuidava-se de se saber se incidiria ICMS no transporte de mercadorias realizado entre a matriz e as filiais.

8. STJ, AgRg no HD 116/DF, 1.ª S., j. 28.09.2005, rel. Min. Luiz Fux, *DJ* 10.10.2005, p. 206.

9. STJ, REsp 402.578/MT, 4.ª T., j. 11.06.2002, rel. Min. Ruy Rosado de Aguiar, *DJ* 12.08.2002, p. 221.

10. STJ, REsp 770.143/RS, 1.ª T., j. 27.09.2005, rel. Min. José Delgado, *DJ* 17.10.2005, p. 228.

11. STJ, AgRg no REsp 721.358/CE, 5.ª T., j. 19.04.2005, rel. Min. Gilson Dipp, *DJ* 16.05.2005, p. 409.

12. *RJTJRS* 57/132.

O conteúdo do interesse legítimo será econômico na medida em que o sistema jurídico admitir tais ou quais pretensões de conteúdo econômico; será, por outro lado, moral, na mesma medida da admissão, pelo mesmo sistema, de resguardo, pelo processo, a tais ou quais pretensões de conteúdo não econômico.

Vemos, pelo exposto, que os interesses substancial e processual são independentes, embora este último emerja da insatisfação do interesse substancial. É ele um interesse que há de ser admitido com mais amplitude do que o interesse primário, e deste derivado, bastando que haja a mera possibilidade da presença do direito material para a existência do de índole processual. Existindo o interesse processual, deverá o juiz admitir a ação. Para essa admissão, terá o juiz que ter raciocinado sobre a possibilidade da presença do direito material, o qual será, *in concreto*, constatado na sentença, à luz das provas, e sempre depois de discussão.[13]

Contudo, esta admissão liminar na ação não cria preclusão para o juiz, mas vale *si et in quantum* ele não decidir o mérito da causa. Poderá, outrossim, ser examinada em outro grau de jurisdição.

A jurisprudência, entretanto, não é unânime. Raramente se tem decidido que há preclusão quanto à alegação de ilegitimidade da parte, se não se recorreu do saneamento.[14] Há acórdãos fundamentais do STJ no sentido da ausência de preclusão.[15] A Súmula 424 da jurisprudência dominante do STF, pela qual "transita em julgado o despacho saneador de que não houve recurso, excluídas as questões deixadas, explícita ou implicitamente, para a sentença", veio a ser entendida como subsistente, salvo na hipótese ampla do art. 267, § 3.º.[16]

Embora sejam poucos, há acórdãos no sentido de que, tendo havido decisão quanto às condições da ação no saneamento, o próprio juiz, ao sentenciar, fica impossibilitado de dar o autor por carecedor da ação.[17]

---

13. Assim, por exemplo, não é lícito ao juiz extinguir um processo, sem resolução de mérito, da mesma forma que não lhe seria lícito indeferir a inicial, quando a impossibilidade jurídica do pedido encontrar-se ligada ao mérito da causa (TJRJ, ApCív 6.219/RJ, 6.ª Câm.Cív., m.v., j. 04.07.1978). rel. Luiz Steele. Igualmente, se tal indeferimento, pelo mesmo motivo, depender de discussão e prova (TJRJ, ApCív 3.883, 5.ª Câm.Cív., v.u., j. 19.07.1977, rel. Des. Rubem Rodrigues Silva).

14. TJ/MT, ApCív 8.614, 1.ª Câm.Cív., v.u., 30.05.1977, rel. Carlos Avallone,; TJPE, ApCív 77.163, 1.ª Câm.Cív., v.u., 16.03.1976, rel. Pedro Malta. A admissão liminar, todavia, não preclui, e, neste passo, as opiniões são pacíficas.

15. *RSTJ* 5/362, rel. Min. Sálvio de Figueiredo, cujo trecho da ementa é o seguinte: "A ilegitimidade *ad causam*, como uma das condições da ação (art. 267, VI, do CPC), deve ser conhecida de ofício (art. 301, § 4.º, do CPC) e em qualquer tempo e grau de jurisdição (art. 267, § 3.º, do CPC), inocorrendo preclusão a respeito"; no mesmo sentido: STJ, REsp 533.733/RS, 4.ª T., j. 09.09.2003, rel. Min. Cesar Asfor Rocha, *DJ* 28.10.2003, p. 294; STJ, RMS 14.399/RJ, 2.ª T., j. 23.08.2005, rel. Min. João Otávio de Noronha, *DJ* 10.10.2005, p. 265; STJ, AgRg no REsp 193.204/PR, 1.ª T., j. 04.08.2005, rel. Min. Francisco Falcão, *DJ* 03.10.2005, p. 118; STJ, REsp 847390/SP, 1.ª T., j. 04.03.2008, rel. Min. Teori Zavascki, *DJ* 22.03.2007; STJ, REsp 670.233/RN, 4.ª T., rel. Min. João Otávio de Noronha, *DJe* 16.06.2008; STJ, REsp 1004910/RJ, 4.ª T., j. 18.03.2008, rel. Min. Fernando Gonçalves, *DJe* 04.08.2008.

16. *RTJ* 113/1.377, rel. Octávio Gallotti; outros acórdãos do STF (base do publicado na *RSTJ* 9/262) estão na *RTJ* 105/1038, 103/465, 101/901, todos relatados por Alfredo Buzaid. No STJ, cf. os seguintes julgados: REsp 343.750/MG, 4.ª T., j. 21.05.2002, rel. Min. Sálvio de Figueiredo Teixeira, *DJ* 10.02.2003, p. 215; REsp 261.651/PR, 3.ª T., j. 03.05.2005, rel. Min. Castro Filho, *DJ* 23.05.2005, p. 266.

17. TJ/RJ, ApCív 7.121, 5.ª Câm.Cív., 30.10.1978, v.u., rel. Gracchо Aurélio*Em sentido contrário*, orientação que temos como a correta: STJ, EREsp 265.844/SP, Corte Especial, j.

Nossa opinião é no sentido de que não há preclusão quanto à possibilidade de arguição de vícios relativos às condições da ação.

E é, especificamente, neste sentido a maioria das decisões.[18]

Adotando-se uma posição intermediária entre a não ocorrência da preclusão em relação à possibilidade de arguição das condições da ação e à sua decretação de ofício, e a da preclusão pelo fato de não se ter recorrido do "despacho" saneador (e, se fosse o caso, tratar-se-ia de preclusão lógica), pode-se dizer que haverá preclusão tanto para o juiz, quanto para as partes, se se recorrer da decisão que dá por saneado o processo, por meio de agravo de instrumento. Neste caso, se não reformada a decisão, ao ensejo do momento da possibilidade de retratação, pelo juiz, a partir daí a decisão está "inteiramente" devolvida ao Tribunal.

O art. 3.º do atual estatuto processual alude à legitimação para a causa. Faltando esta legitimação, o juiz deverá indeferir liminarmente o pedido: caso não o faça, o réu poderá alegá-la, antes de abordar matéria pertinente ao mérito, em sua contestação. O Código ressalta assim a diferença existente entre as condições da ação e o mérito.[19] Essa diferença (v. item sobre interpretação do art. 268 do CPC) veio a sofrer reconstrução pretoriana pelo STJ, em relação ao julgamento em que se reconheça ilegitimidade *ad causam*.

A *legitimatio ad causam* não se confunde com a legitimação formal, também denominada *ad processum* ou, ainda, capacidade para estar em juízo (que é pressuposto processual). A nossa lei colocou a capacidade processual, em rigor, como gênero (Livro I, Tít. II, Cap. I), e os diversos outros aspectos como espécies que tal modalidade de capacidade assume (art. 7.º, capacidade [plena] para estar em juízo; art. 8.º, assistência e representação etc).

Lendo-se o texto legal (arts. 3.º e 295, II), porém, se deve ter presente que só poderá haver dissociação das duas legitimidades quando isto for autorizado por lei, como na representação, ou na substituição processual, o que decorre do art. 6.º

Nessas condições, entendemos que tanto a *legitimatio ad causam* (condição da ação) como a legitimação processual (pressuposto processual) estão presentes nos arts. 3.º e 295, II, do estatuto processual de 1973.

O juiz deverá indeferir a inicial só quando a parte for manifestamente ilegítima;[20] na

20.02.2002, rel. Min. Humberto Gomes de Barros, *DJ* 01.04.2002, p. 166; STJ, REsp 174.356/SP, 4.ª T., j. 23.05.2000, rel. Min. Sálvio de Figueiredo Teixeira, *DJ* 07.08.2000, p. 109.

18. STJ, REsp 175.664/SP, 2.ª T., j. 03.02.2005, rel. Min. João Otávio de Noronha, *DJ* 09.05.2005, p. 321; STJ, REsp 218.689/RS, 4.ª T., j. 24.08.2004, rel. Min. Fernando Gonçalves*DJ* 20.06.2005, p. 288; STJ, REsp 426.273/SP, 4.ª T., j. 11.06.2002, rel. Min. Sálvio de Figueiredo Teixeira, *DJ* 01.07.2005, p. 538.

19. O antigo Código de Processo Civil estabelecia o momento do despacho saneador para, *ex lege*, se decidir a respeito da legitimidade. O atual saneamento não tem, pela lei, a riqueza do conteúdo decisório que existia no antigo despacho saneador. No entanto, é sede para se decidir a respeito da legitimidade, conquanto inocorra preclusão (art. 267, § 3.º, do CPC), podendo, portanto, o juiz ou o tribunal modificar o que tenha decidido, dando pela ilegitimidade, e pondo, assim, termo ao processo, extinguindo-se, sem resolução de mérito, sob esse fundamento. Ocorrerá, todavia, apesar do disposto no art. 267, § 3.º, preclusão para o juiz, se tiver havido agravo de instrumento, a ser julgado pelo tribunal (ressalvado o direito-dever do juiz de alterá-la ao ensejo da incidência do art. 526, tratando-se de agravo de instrumento, ou do § 2.º do art. 523, sendo o agravo na forma retida).

20. Casos que são de ilegitimidade manifesta: (a) o pai não tem legitimidade para propor ação colimando retificação do nome do filho (*Revista de Processo [RePro]* 6/18, em. 126); (b) locatário não tem legitimidade para pedir prestação de

dúvida, deverá ser deferida. Lembremos, porém, que esse deferimento não cria preclusão para o juiz, e, como qualquer das outras duas condições da ação, poderá a decisão referente a essa questão ser revista em qualquer grau de jurisdição, eis que se trata da própria existência do direito de ação (*legitimatio ad causam*) ou da existência e validade do processo (legitimação *ad processum*) (*arg. ex.* art. 267, § 3.º, que alude ao art. 267, IV). É certo que, se ocorrer indeferimento, o processo terá sido extinto sem resolução de mérito, cabível recurso de apelação; em relação à ilegitimidade *ad causam* v. o item sobre a interpretação do art. 268 do CPC. Pela redação atribuída ao art. 296, *caput*, pela Lei 8.952/1994, é possível que o juiz reforme sua decisão, ancorado nesse texto e à luz do art. 267, § 3.º.

Mas, devemos ter presente que a legitimidade *ad causam*, uma das condições da ação – em face do direito positivo brasileiro

---

contas e exibição de livros de síndico de condomínio (*RT* 560/173); (c) outros exemplos mais, cf. nosso *Código de Processo Civil e Legislação Extravagante* – Anotações de jurisprudência e doutrina, anotações ao art. 3.º.Em síntese, é manifesta a ilegitimidade quando há, a respeito, consenso, ou não possa pairar dúvida.Em que pese esta afirmação, muitas e, *na verdade, bem maiores* dificuldades têm surgido com relação à legitimidade para propositura das ações vocacionadas para tutela dos interesses coletivos em sentido amplo.Especificamente para a propositura da ação civil pública, por exemplo, há controvérsia na jurisprudência sobre a legitimidade do Ministério Público para propor ações de ressarcimento ao erário público. Em sentido negativo, à guisa de exemplo, cf. STJ, REsp 34.980-5/SP (*DJU* I, 19.12.1994, p. 35-216); TJ/MS, ApCív 10.061-0/Viçosa, *IOB* 1/8.060, que menciona outro precedente da mesma comarca, a ApCív 88.156-2, e na ApCív 22.962-5/Viçosa, na *IOB* 1/8.665; no sentido de que o Ministério Público tem legitimidade para tal ação: STJ, REsp 695.718/SP, 1.ª T., j. 16.08.2005, rel. Min. José Delgado, *DJ* 12.09.2005, p. 234; STJ, REsp 202.289/SP, 2.ª T., j. 07.06.2005, rel. Min. Castro Meira, *DJ* 05.09.2005, p. 329; STJ, AgRg no Ag 517.098/SP 2.ª T., rel. Min. Franciulli Netto, j. 16.06.2005, *DJ* 08.08.2005, p. 243.Admitindo a legitimidade do Ministério Público para propor ação em nome de pais de alunos de determinado colégio para questionar contratos de prestação de serviços educacionais, ou, ainda, o valor das mensalidades escolares: STJ, RE em REsp 35.644/MG, indeferido, 16.01.1995, *DJU* I, 17.03.1995, p. 5.818, e REsp 65.836-5/MG, 1.ª T., j. 14.06.1994, deram provimento, *DJU* I, 14.08.1995, p. 24.002; *em sentido contrário*: STJ, REsp 118.725/PR, 4.ª T., j. 04.10.2001, rel. Min. Barros Monteiro, *DJ* 11.03.2002, p. 256; STJ, REsp 440.617/SP, 4.ª T., j. 22.10.2002, rel. Min. Ruy Rosado de Aguiar, *DJ* 17.03.2003, p. 237. No que tange ao mandado de segurança coletivo, como apontado no Capítulo III, o STF editou a Súmula 629, segundo a qual não se deve exigir, para a impetração da segurança coletiva, que se apresente "autorização", nos termos do art. 5.º, XXI ("a impetração de mandado de segurança coletivo por entidade de classe em favor dos associados independe da autorização destes"). No mesmo sentido, cf., também, TJ/MG em *RT* 660/157; TJ/SP em *RT* 657/74. *Contra,* decisão proferida antes da edição da referida Súmula, entendendo necessário cumprimento da norma constante no inciso XXI do art. 5.º da Constituição, mesmo em se tratando de segurança coletiva, já decidiram o extinto 1.º TACivSP em *IOB* 1/5.395, o extinto TACivRS em *RT* 668/159 e o STJ em *IOB* 3/7.211 (esta decisão foi revista pelo STF quando do julgamento do MS 21.514, anotada acima) e *IOB* 1/5101. Mais recentemente, prepondera no STJ orientação conforme à Súmula 629 do STF: "Têm as entidades sindicais legitimidade ativa para representar seus filiados nas ações em que se busca a correção monetária dos saldos das contas vinculadas do FGTS, independentemente de autorização especial em assembleia" (STJ, REsp 427298/DF, 2.ª T., j. 24.06.2003, rel. Min. João Otávio de Noronha, *DJ* 25.08.2003, p. 280).Mesmo não ocorrendo, em todos estes casos, consenso quanto à legitimidade ou não dos promovedores da ação e, mais, embora haja teses sustentáveis em ambos os sentidos – vale dizer: *não há ilegitimidade manifesta* –, o que se tem verificado é o avolumamento das decisões de extinção do processo sem resolução de mérito.

–, se não integra os fundamentos da demanda, partindo do direito substancial, é definida em função de elementos fornecidos pelo direito material (apesar de ser dele, existencialmente – pelo que decorre do sistema do CPC –, desligada). A *legitimatio ad causam* é a atribuição, pela lei ou pelo sistema, do direito de ação ao autor, possível titular ativo de uma dada relação ou situação jurídica, bem como a sujeição do réu aos efeitos jurídico-processuais e materiais da sentença. Normalmente, no sistema do Código, a legitimação para a causa é do possível titular do direito material (art. 6.º). Pode-se dizer que as condições da ação têm a *posição* de um direito, mas não podem ser havidas *propriamente* como integrantes da *categoria* dos direitos; vale dizer, são consideradas como se *direito* fossem.

A legitimidade é ideia transitiva, isto é, alguém é legítimo em função de outrem; vale dizer, o perfil final da legitimidade exige a consideração do outro, ambos esses polos ligados a uma situação legitimante. Esta realidade pode, muitas vezes, passar despercebida, mas é verdadeira. Assim, o proprietário, que sofreu esbulho, será parte legítima ativa em face de quem, efetivamente, esbulhou; o marido em relação à mulher, e vice-versa, para solicitar separação; o credor em relação ao seu devedor (e não, por hipótese, em relação à sociedade de que faça parte o devedor), e assim sucessivamente. Ainda que ocorra inversão dos "papéis de parte", cogitando-se de que, o que era ou podia ser legitimado ativo, possa vir a ser o passivo, nem por isso desaparece essa transitividade. É a legitimidade atribuição da titularidade, tendo em vista uma dada relação ou situação jurídica.

O que é necessário ter presente, todavia, é que as condições da ação são requisitos de ordem processual, *lato sensu*, intrinsecamente instrumentais, e operam, em última análise, para se verificar se o direito de ação existe ou não. Não encerram, em si, bem-fim; são requisitos-meio para, admitida a ação, ser julgado o seu mérito (apesar de estudadas aqui cronologicamente antes, é no processo que deverá o juiz examinar, anteriormente às condições da ação, os pressupostos processuais da existência e da validade do processo, continente da ação).

122. O interesse de agir a partir do Direito Privado e no âmbito do Direito Público

No Direito brasileiro, o melhor texto a respeito do tratamento desse tema é do Prof. Eduardo Arruda Alvim,[21] que tece considerações dignas de serem transcritas, pela precisão do pensamento e pela cristalina distinção que se há de proceder entre o Direito Público e o Direito Privado, *tendo em vista o interesse de agir.* Diz este jurista o seguinte, ao versar *ex professo* sobre o instituto do mandado de segurança:

"Resta indagar se, mesmo não estando consumada essa situação de fato, tem cabimento a impetração preventiva em matéria tributária. Afigura-se-nos, em determinadas hipóteses, que sim. Hugo de Brito Machado, com propriedade, diz que para o cabimento do mandado de segurança preventivo 'basta que estejam concretizados fatos dos quais logicamente decorra o fato imponível'. Procuraremos figurar, abaixo, exemplos de hipóteses de cabimento de mandado preventivo, ainda que o fato imponível não tenha ocorrido.

"Antes disso, porém, é preciso abrir pequeno parêntese, eis que uma importante consideração faz-se necessária. Dissemos acima que, se configurada a situação de fato, que, nos termos da lei (que já terá incidido, pois a incidência dá-se com a ocorrência do fato imponível, que também leva ao nasci-

21. Eduardo Arruda Alvim, *Mandado de Segurança no Direito Tributário,* capítulo referente ao mandado de segurança preventivo, p. 134 e ss.

mento da obrigação tributária – CTN, art. 113, § 1.º), desencadeia uma série de consequências jurídicas que o contribuinte-impetrante pretende evitar, justifica-se a impetração preventiva. Como regra quase absoluta (senão verdadeiramente absoluta), mesmo que a lei seja inconstitucional (da óptica do contribuinte), o administrador não deixará de dar-lhe aplicabilidade, exsurgindo, pois, o justo receio do impetrante.

"Passemos a analisar melhor as implicações dessa última afirmação. Seabra Fagundes já disse: 'Administrar é aplicar a lei de ofício'. Ora, se a Constituição encontra-se no ápice do ordenamento, é justo o receio de que a Administração vá dar cumprimento à lei, em detrimento da Constituição?

"Claro está que sim. Não vimos, nas pesquisas por nós realizadas, uma única decisão administrativa, sequer, que tivesse deixado de aplicar a lei, por considerá-la contrária à Constituição, ou, ainda, que tivesse deixado de aplicar diploma normativo infralegal, por considerá-lo contrário à lei, ou à Constituição. Como diz Hugo de Brito Machado: '(...) mesmo que se admita que a autoridade administrativa pode descumprir uma lei por considerá-la inconstitucional, forçoso é reconhecer que isto jamais acontece de fato'. Assim, negar a possibilidade de impetração, nessas hipóteses, é angustiar indevidamente o cabimento do mandado de segurança, que, mesmo na modalidade preventiva, encontra raízes na Constituição Federal.

"Na verdade, cabe ao Judiciário julgar se determinado comando legal é contrário à Constituição, cabendo à Administração cumprir a lei, e não questionar a sua constitucionalidade, o que importaria invasão das atribuições constitucionalmente afetas ao Judiciário.

"Nesse sentido, ainda, corretíssima decisão do TRF, 3.ª Região, relatora a Juíza Lúcia Figueiredo, de cuja ementa lê-se o seguinte trecho: 'Existindo justo receio do contribuinte – simples ameaça – de ver-se autuado pela Administração Fazendária, cabível é a impetração de mandado de segurança (inteligência do inciso XXXV do art. 5.º, da CF)'.

"Já tratamos que, configurada a situação de fato, apta a desencadear, por exemplo, os efeitos da lei que se tem por inconstitucional, cabe a impetração preventiva. Ainda entendemos, com fundamento em posição de Hugo de Brito Machado, que, em determinadas hipóteses, mesmo não configurada essa situação de fato, tem cabimento a impetração preventiva em matéria tributária.

"Necessário, aqui, que procedamos à distinção, entre os chamados fatos geradores (fatos imponíveis, segundo a terminologia adotada) simples e complexos.

"No primeiro caso, diz Amílcar de Araújo Falcão, temos 'um fato isolado, único ou singelo'; já em se tratando de fato gerador complexo, o fato gerador consistirá, a seu turno, em um conjunto de fatos. Tal critério classificatório é criticado por parte da doutrina. Sem que aprofundemos os estudos a tais críticas, a verdade é que tal distinção revela-se útil para examinarmos a viabilidade de impetração preventiva. De fato, a distinção feita acima – entre fatos geradores simples e fatos geradores complexos – nos permite entender porque, no caso de tributos em que os fatos geradores sejam complexos, a só ocorrência de algum fato, ainda que o fato gerador não se tenha aperfeiçoado, é apta a justificar a existência do justo receio por parte do impetrante, viabilizando a impetração preventiva.

"Em determinadas situações, mesmo em se tratando de fato imponível simples não ocorrido no mundo empírico, 'tem-se de considerar a ocorrência de certos atos preparatórios que, por sua importância, pelos ônus que representam, autorizam a consideração de que a ocorrência do fato gerador é de tal sorte iminente, a não se poder mais considerar que se trata de simples cogitação', cabendo mandado de segurança preventivo. Exemplifica-se com o ato de comprar um bem no exterior, embarcá-lo para o País, o que já justificaria mandado contra o imposto de importação."[22]

O que se pode sublinhar, portanto, é que o interesse de agir, quando emergente no campo do Direito Privado, *normalmente dependerá de ter sido praticado algum ato, ou ter havido alguma omissão contra o Direito, que se traduzirá na esfera jurídica do autor, no lastro do seu interesse de agir.*

Já no Direito Público, *diferentemente e na medida em que as regras são cogentes, o agir da Administração está normativamente traçado, ainda que, de fato, a Administração não tenha agido, vale dizer, não haja feito o que lhe impendia fazer. Nem pelo fato de a Administração não ter agido – quando deveria ter agido –, isto retira do administrado o seu interesse de agir. Se a Administração deve agir, e se o mandamento normativo é incontornável, disto se segue que, por isso mesmo, existe o interesse de agir, quando a Administração, ainda que não praticado o ato, deva praticá-lo a qualquer momento, por imposição normativa.*

122-A. A legitimidade *ad causam* no Direito Positivo Brasileiro e a interpretação do art. 268 do CPC

Sem embargo das considerações expendidas no item sobre condições da ação, *supra*, acerca da inexistência de juízo de mérito quando da verificação da carência de ação, tal não significa que o juízo das condições da ação prescinda da análise de toda e qualquer questão de direito material, até porque, como já foi dito no capítulo X, o que não se pode admitir é que a análise do direito de ação esteja subordinada, excessivamente, ao direito material.

Contudo, não há como negar que a aferição das condições da ação depende de análise de questões substanciais, ainda que – no sistema do CPC, ortodoxamente entendido – não configure exame de mérito propriamente dito, nos termos do artigo 269 e incisos, do CPC.[23] Isso se deve ao fato de as condições da ação dizerem respeito à viabilidade da solução de mérito, donde deflui que o exame de cada uma delas deverá amparar-se em questões substanciais, embora com o mérito não se confunda.[24]

Insistimos em que, a princípio, a análise das condições da ação não se confunde com o mérito; em relação à ilegitimidade, deve-se entender diferentemente, pois, para o direito brasileiro, e conforme deflui do art. 269 e incisos, do CPC, o mérito corresponde à "à pretensão não satisfeita espontaneamente, trazida pelo autor do plano material, mediante a demanda e sobre que incide a decisão do juiz." Seria, portanto, a *res in judicium deducta*, o objeto litigioso, concretamente analisado à luz de cognição exauriente.[25]

---

22. Ob. loc. cits., n. 7.1, p. 140-144.

23. Nos termos do aludido dispositivo, a resolução de mérito depende: ou da procedência ou improcedência do pedido, ou do reconhecimento da prescrição ou decadência, que são todos casos de julgamento de mérito, ou, ainda, da existência de transação entre as partes, ou do reconhecimento da procedência do pedido pelo réu ou da renúncia ao direito sobre que se funda a ação por parte do autor, essas três hipóteses de resolução de mérito, sem a necessidade de atividade cognitiva pelo juiz, que se limita a homologar tais atos.

24. Deve ser feita uma ressalva quanto à impossibilidade jurídica do pedido, já que, das duas, uma: (a) ou se trata de condição da ação dispensável, pois se confunde, sob diversos aspectos, com a questão da necessidade ou adequação do provimento, o que já está encetado no interesse de agir; (b) ou cuida-se de questão afeta ao mérito, que deveria ser analisada quando do julgamento antecipado da lide, ou nos moldes do art. 285-A, quando nessa hipótese se enquadrar.

25. José Roberto dos Santos Bedaque, *op. cit.*, p. 249.

Especificamente quanto à legitimidade enquanto condição da ação é complexa a questão de distingui-la do mérito, uma vez que a *situação legitimante*, ainda quando abstratamente considerada, há de apresentar suporte no direito material. Do contrário, já se poderá afirmar, desde o início do processo, que determinado sujeito não possui condições de pleitear o direito invocado na inicial, ou que o réu não é suscetível de se submeter à sentença pretendida, ainda que verdadeiros os fatos alegados na inicial.[26]

E, quanto à decretação de legitimidade, concordamos em grande parte com José Roberto dos Santos Bedaque, ao asseverar que não se trata de exame de mérito, porquanto o juiz não decidiu integralmente a lide, mas que a sentença de carência de ação, produz, em casos de ilegitimidade, efeito substancial acerca das questões de direito material analisadas para o fim de se reconhecer a ilegitimidade. Convém reproduzir, nesse ponto, as palavras de Bedaque, ao asseverar que "embora não elimine integralmente a lide, a sentença de carência produz eficácia extraprocessual, pois reconhece não ser o autor titular daquele direito afirmado na inicial, muito embora terceiro possa sê-lo".[27]

Em virtude do exame de direito material realizado pelo juízo para efeito de reconhecer a ilegitimidade *ad causam*, entendemos, também como Bedaque, que a sentença deve tornar-se imutável quanto à decretação de ilegitimidade, "gerando a impossibilidade de o autor voltar a postular a tutela jurisdicional para aquela situação da vida, em relação à qual ele já foi declarado estranho", já que, "afinal de contas, um pequeno aspecto da relação material foi solucionado".[28]

---

26. Note-se que a hipótese aventada não depende da comprovação de serem verdadeiros os fatos alegados pelo autor; do contrário, estar-se-ia diante de verdadeiro juízo de mérito, como explica Bedaque: "A legitimidade corresponde à identificação das *giuste parti del processo*, ou seja, daquelas que, ante a relação de direito material supostamente existente, devem figurar nos polos ativo e passivo do processo. Se algum dos fatos descritos na inicial não for verdadeiro, resultando dessa realidade apurada no curso do procedimento não ser o autor titular do direito contra o réu, o pedido deve ser rejeitado – o que configura exame de mérito" (op. cit., p. 283).

27. *Efetividade do processo e técnica processual*, p. 291-292.

28. Idem, ibidem. Prossegue o autor com as seguintes considerações:

"Não se pode ignorar, todavia, os efeitos substanciais dessa decisão. Se há eficácia no plano material, ainda que mínima, ela deve adquirir o mesmo grau de imutabilidade conferido à sentença. A limitação imposta à coisa julgada formal, consistente em circunscrever tal qualidade ao âmbito de determinado processo, decorre da ausência de efeitos materiais da sentença meramente processual. Se, porém, há alguma projeção substancial com a extinção do processo, embora mínima, a coisa julgada deve alcançá-la. Nessa linha de raciocínio, a imutabilidade da sentença deve atingir também esse efeito, tornando inadmissível o reexame da questão em outra demanda. Quanto a esse aspecto da relação material, a sentença de carência é apta a transitar materialmente em julgado, embora não se trate de julgamento de mérito. Chega-se, então, no ponto fundamental da questão. Mesmo admitindo haver certa identidade entre ilegitimidade e improcedência, não se pode simplesmente ignorar o direito positivo. Por isso a relevância em distinguir os dois fenômenos deve ser buscada no regime processual diverso a que cada um deles está sujeito. Se a situação for de ilegitimidade, não obstante os efeitos substanciais dessa sentença sejam semelhantes aos produzidos pelo julgamento de mérito, o juiz está autorizado a indeferir a inicial e a conhecer de ofício da matéria a qualquer momento (CPC, arts. 295, II, e 267, VI e § 3.º). Aqui reside a relevância em identificar com precisão as situações de ilegitimidade. Se no âmbito do direito material há muita semelhança entre improcedência e ilegitimidad,e do ponto de vista processual cada uma dessas situações recebe tratamento diverso. Só por isso já se justifica a distinção" (José Roberto dos Santos Bedaque, *Efetividade do processo e técnica processual*, p. 293).

De fato, muito embora o direito positivo brasileiro tenha acolhido a teoria abstrata (liebmaniana) da ação, segundo a qual não há juízo de mérito ou coisa julgada material quando da decretação da ausência de uma das condições da ação, o Superior Tribunal Justiça já entendeu em sentido diverso, em acórdão relatado pelo Ministro Cesar Asfor Rocha, onde se concluiu que "A sentença que indefere a petição inicial e julga extinto o processo, sem o julgamento de mérito, pela falta de legitimidade passiva para a causa, faz trânsito em julgado material, se a parte deixar transcorrer em branco o prazo para a interposição do recurso cabível, sendo impossível o novo ajuizamento de ação idêntica".[29] Esta solução, diante dos inconvenientes trazidos por uma interpretação literal e mecânica do art. 268, parece ser a melhor; é, em rigor, uma construção preotoriana altamente saudável. Porque, quando se decide que, *v.g.*, o autor não é parte legítima, no fundo está se decidindo que o direito pleiteado a esse autor não diz respeito; que, ele, autor, não é o titular do direito postulado. E, nessa medida, justamente porque há eficácia fora do processo, isto se enquadra no âmbito da coisa julgada material. Do contrário, mercê de entendimento literal e estribado numa lógica "pobre" seria possível intentar diversas e sucessivas ações, em que juízes reconheceriam a ilegitimidade, até, eventualmente, encontrar o que a pudesse admitir. O único freio a isto seria reconhecer que, a partir da segunda ou terceira vez, estaria havendo abuso do direito de demandar.

Cuidava-se, na ocasião do julgado do STJ, de que foi relator o Min. Cesar Asfor Rocha, de repropositura de ação civil pública ajuizada contra instituição financeira com vistas à cobrança de diferenças creditadas a menor sobre saldos de cadernetas de poupança no período do Plano Collor.

A primeira ação, anteriormente proposta, era idêntica à segunda, com a peculiaridade de que naquela fora decretada a ilegitimidade passiva da instituição bancária, mediante sentença que restou irrecorrida.

Após o decurso *in albis* do prazo para o trânsito em julgado para a sentença proferida na primeira ação, a parte autora providenciou a repropositura, em idênticos termos, daquela ação civil pública.

Esclareça-se que as partes, o pedido e a causa de pedir da segunda ação eram idênticos aos da primeira.

Em razão de falha ou deficiência no sistema de distribuição, a segunda causa foi distribuída para juízo diverso do que decretara a ilegitimidade passiva do réu.

A instituição bancária ré suscitou, então, preliminar de coisa julgada material, que foi acolhida pelo Superior Tribunal de Justiça em sede de recurso especial.

O argumento, extraído do voto do Ministro Cesar Asfor Rocha, era de que a hipótese examinada não poderia ser equiparada à exceção do art. 267, § 3.º, do Código de Processo Civil, segundo o qual as condições da ação podem ser analisadas a qualquer tempo e em qualquer grau de jurisdição pelo órgão jurisdicional, por conta da inexistência de interposição de recurso pela parte interessada. Asseverou-se, na fundamentação do acórdão, que "a sentença que indefere a petição inicial e julga extinto o processo, sem julgamento do mérito,

29. STJ, REsp 160.850/SP, 4.ª T., j. 17.10.2000, rel. Min. Cesar Asfor Rocha, *DJ* 05.03.2001, p. 167, assim ementado:

"Processual civil – Ilegitimidade passiva – Extinção do processo sem julgamento de mérito – Indeferimento da inicial – Sentença sem recurso – Efeitos – Coisa julgada material. A sentença que indefere a petição inicial e julga extinto o processo, sem o julgamento de mérito, pela falta de legitimidade passiva para a causa, faz trânsito em julgado material, se a parte deixar transcorrer em branco o prazo para a interposição do recurso cabível, sendo impossível o novo ajuizamento de ação idêntica. Recurso especial conhecido e provido".

pela falta de uma das condições da ação, qual seja, a legitimidade passiva para a causa, faz trânsito em julgado material, se a parte deixar transcorrer em branco para a interposição do prazo do recurso cabível, sendo impossível o novo ajuizamento de ação idêntica".

Posteriormente, o acórdão foi objeto dos Embargos de Divergência 160.850, que restou improvido pela Corte Especial, sem que houvesse consenso quanto aos fundamentos para a impossibilidade de repropositura da ação em caso de ilegitimidade.

O fato, todavia, é que o acórdão mantido, relatado pelo Ministro Cesar Asfor Rocha, abre, na jurisprudência, a discussão acerca de existência de coisa julgada material em casos de ilegitimidade, quando a ação reproposta seja idêntica à anterior, sem correção do vício que ocasionou a extinção com base no art. 267 do CPC.

Nesse ponto, o STJ deixou de aplicar o disposto no art. 268 do Código de Processo Civil, em prol de uma interpretação lógica – não estritamente literal – da coisa julgada material, mais consentânea com o objetivo da atividade judicial quando da decretação de ilegitimidade *ad causam*.

Nesse ponto, é de se consignar a questão de a sentença de ilegitimidade produzir coisa julgada material ainda constitui objeto de debate no âmbito do Superior Tribunal de Justiça. O que não se discute, porém, é a impossibilidade de se repropor uma ação, após a decretada a extinção sem resolução do mérito quando do primeiro ajuizamento, de sorte a reproduzir-se integralmente a petição inicial formulada no primeiro processo, independentemente de qualquer esclarecimento ou modificação que tenha por objetivo sanar o vício que ensejou a primeira extinção.[30] Mas é evidente que, partindo-se a premissa de que aquilo que inviabilizou o primeiro processo – ilegitimidade *ad causam*

30. Veja-se, a propósito, acórdão proferido pela 4.ª Turma do STJ em 21.09.2000, no julgamento do Resp 191.934-SP, relatado pelo Min. Barros Monteiro, de cujo voto se extrai o seguinte:

"(...) Tal como anota o em. Ministro Sálvio de Figueiredo Teixeira em sede doutrinária, o *caput* (do art. 268), em sua 1.ª parte, deve ser interpretado com ressalvas, haja vista que há outros casos que obstam a renovação na propositura da ação (*v.g.* inciso IX) (*Código de Processo Civil Anotado*, pág. 193, 6. ed.)."Assim realmente o é. Para Theotônio Negrão, nem sempre prevalece a única ressalva inserta no caput do indigitado art. 268 do CPC, havendo outras hipóteses em que não poderá ser proposta a mesma ação: se a ilegitimidade de parte for ativa ou se falta interesse processual ao autor, não poderá propor nova ação (*Código de Processo Civil e legislação processual civil em vigor*, p. 332, 31. ed.). "Bem expressivo e esclarecedor a propósito do tema mostra-se o escólio de Nelson Nery Júnior e Rosa Maria de Andrade Nery, para quem como a sentença de extinção do processo sem julgamento do mérito (CPC 267) não faz coisa julgada material, a lide objeto daquele processo não foi julgada, razão pela qual pode ser reproposta a ação. A repropositura não é admitida de forma automática, devendo implementar-se o requisito faltante que ocasionou a extinção do processo. Por exemplo: processo extinto por ilegitimidade de parte somente admite repropositura se sobrevier circunstância que implemente essa condição da ação faltante no processo anterior. Do contrário, a repropositura pura e simples, sem essa observância, acarretaria nova extinção do processo sem julgamento do mérito por falta de interesse processual (CPC 267 VI) (*Código de Processo Civil Comentado e legislação processual civil extravagante em vigor*, p. 739, 4. ed.). A orientação jurisprudencial desta Casa não discrepa. Ao apreciar o REsp 45.935-4/SP, rel. Min. Nilson Naves, a C. Terceira Turma assentou: 'Intentar de novo a ação. Não é lícito que o autor intente de novo a ação, quando lhe tenha faltado interesse processual para a anterior. Identidade de ações. Hipótese em que não houve ofensa ao art. 268 do Código de Processo Civil'."Tal como enfatizou o voto condutor da decisão recorrida, a entender-se o voto condutor da decisão recorrida, a entender-se de modo contrário, poderia o autor

– precisa ser respeitado pelo Judiciário, fora do processo, esta solução representa coisa julgada material, obviamente circunscrita, em relação ao que foi objeto da decisão.

No caso da ilegitimidade, onde é clara a impossibilidade de sanar-se o vício sem modificação do elemento subjetivo da causa, é evidente a impossibilidade de aplicação literal do artigo 268 do CPC.

A bem da verdade, independentemente da condição da ação que tenha ensejado a sentença de carência, a interpretação meramente literal do disposto no art. 268 do CPC viabilizaria sempre repropositura da mesma ação, o que se afigura inconcebível.

A carência de ação, por assentar-se em análise baseada em aspectos do direito material, equivale à declaração de que, naquelas condições, não existe ou não pode existir o direito pleiteado.

Pode-se afirmar que, se da análise da causa extinta por ausência de uma das condições da ação, verifica-se que a ação não pode ser reproposta sem que se lhe alterem os elementos presentes na anterior propositura, a decisão que decretou a carência de ação é imutável.

Nesse sentido, abstraída a discussão acerca da natureza formal ou material da coisa julgada produzida pelas sentenças de carência de ação, pode-se verificar que a jurisprudência pátria reconhece: (a) a impossibilidade de repropositura da ação extinta por carência, sem que se modifiquem os termos da inicial e/ou os documentos que acompanham;[31] (b) o direito de acesso ao Poder Judiciário quando as situações fáti-

repetir a mesma ação quantas vezes quisesse, até encontrar, quiçá, um Juízo que viesse admitir a viabilidade do remédio judicial eleito. Escorreita, pois, a asserção do v. julgado no sentido de que poderá o autor intentar outra demanda semelhante, desde que corrigido o defeito que acarretou a extinção anômala da lide anterior. "Renovar a mesma causa, *ipsis litteris*, não é possível, daí porque, no caso, não há falar-se em ofensa aos dois dispositivos citados do diploma processual civil."

A impossibilidade de renovação da causa *em idênticos termos*, após a decretação de carência de ação ou extinção sem resolução de mérito em razão de outro vício, é assente na jurisprudência do STJ. Dissentem os ministros, tão somente, quanto aos efeitos da decisão que decreta a carência – e, especificamente, a ilegitimidade –, posicionando-se, de um lado, aqueles que, como Sálvio Figueiredo Teixeira, entendem tratar-se de coisa julgada meramente formal e, de outro, aqueles que, como Cesar Asfor Rocha, justificam a impossibilidade de repropositura, em casos de ilegitimidade, pela existência de coisa julgada material. A esse respeito, confira-se, também, STJ, REsp 25.297-4/SP, 4.ª T.: "A extinção do processo com fundamento em impossibilidade jurídica do pedido não obsta a que o autor venha posteriormente a renová-lo em juízo, nos moldes preconizados pelo art. 268, CPC, sendo de assinalar-se, a título de justificativa, que uma determinada pretensão pode, em certo momento, não encontrar respaldo no ordenamento jurídico e o mesmo não se verificar após o transcurso de certo tempo, em virtude de alterações legislativas ou da própria evolução do entendimento jurisprudencial" (v.u., j. 13.02.1995, *DJU* I, 20.03.1995, p. 6.120). Conferir também: *RT* 599/139, ano 74, set. 1985, acórdão da lavra do então Juiz Antônio Cezar Peluso, hoje Ministro do Supremo Tribunal Federal. O acórdão refere-se à apelação 150.010, da 5.ª Câmara Cível, do 2.º TACSP [extinto], j. em 02.03.1983, em cuja ementa se lê o seguinte: "Dizer que determinado pedido não pode se conhecido por expressa vedação legal, dando-se pela carência de ação, significa reconhecer que inexiste o direito subjetivo, da mesma forma que a sentença de improcedência".

31. Nesse sentido, aliás, é o texto proposto para o art. 496, *caput* e § 1.º "Art. 496. O pronunciamento judicial que não resolve o mérito não obsta a que a parte proponha de novo a ação. § 1.º No caso de extinção em razão de litispendência e nos casos dos incisos I, IV, VI e VII do art. 495, a propositura da nova ação depende da correção do vício que levou à extinção do processo sem resolução do mérito".

cas e/ou jurídicas contemporâneas à sentença de carência passam a ser diferentes. A jurisprudência tem reconhecido, ademais, em diversas hipóteses, a possibilidade de ajuizamento de ação rescisória contra sentença ou acórdãos terminativos, nas hipóteses em que a repropositura da ação se mostre inviável. Nessa direção, há acórdãos do Superior Tribunal de Justiça que confirmam o cabimento da ação rescisória quando a sentença ou acórdão a serem desconstituídos analisem, total ou parcialmente, o direito material subjacente, de tal forma que não ja possível ao autor propor ação idêntica contra o mesmo réu.[32]

123. Particularmente a ação declaratória e seus problemas práticos – Declaratória, violação do direito e título executivo[33]

Em face da lei anterior (1939), nossa doutrina e nossa jurisprudência mostravam-se dúbias quanto à admissibilidade da ação

32. O argumento utilizado pelo STJ para justificar a admissibilidade de rescisória contra as sentenças terminativas é o que as decisões rescindendas não seriam propriamente terminativas, na medida em que teriam analisado um ou outro aspecto do direito material e, por vezes, o próprio mérito da causa. Nessa linha: "A circunstância do julgado ter proclamado a carência da ação é irrelevante para o cabimento da rescisória (CPC, art. 485) se na realidade houve pronunciamento de merito" (STJ, REsp 1.678/GO, 4.ª T., j. 13.02.1990, rel. Min. Fontes de Alencar, rel. p/ acórdão Min. Sálvio de Figueiredo Teixeira, *DJ* 09.04.1990, p. 2.744); *JBCC*, vol. 159, p. 239; *JBCC*, vol. 179, p. 146; *REVJUR*, vol. 154, p. 53; *RJM*, vol. 78, p. 40).

"Legitimação para a causa. Mérito. Afirmando o autor ser titular de uma relação jurídica, de que é sujeito passivo o réu, a decisão que o negue, recusando sua pretensão, terá decidido a lide, julgado o mérito. Nada importa, para isso, que se considere seja outro o devedor. Revela, para o processo, unicamente a lide a ele trazida. Admissibilidade, em tese, da rescisória, nada obstando tenha-se dado pela carência de ação, quando o julgamento foi de mérito" (STJ, REsp 21.544/MG, 3.ª T., j. 19.05.1992, rel. Min. Eduardo Ribeiro, *DJ* 08.06.1992, p. 8.619).

Interessantes as ponderações do Ministro Jorge Scartezzini, em acórdão que, embora não cuidasse de rescisão de sentença que houvesse decretado a carência da ação (cuidava-se de decisão proferida em exceção de pré-executividade) tratou da questão indiretamente:

"(...) Para a qualificação das decisões como meritórias e, portanto, em tese, suscetíveis de rescisão, a análise apenas da linguagem concretamente utilizada pelo julgador mostra-se insuficiente, sendo imperioso perquirir acerca do verdadeiro conteúdo do ato decisório, é dizer, da matéria efetivamente enfrentada pelo magistrado, tomando por parâmetros, como visto, as disposições legais expressas nos arts. 267 e 269 do CPC. Deveras, não obstante conclua o órgão julgador pela extinção do processo sem exame de mérito, sob indicação expressa de uma das hipóteses do art. 267 do CPC, pode, de fato, ter incursionado no direito material (dúvida que sobreleva notadamente em se cuidando de extinção da lide em face da ausência de condições da ação, essencialmente inferidas a partir da própria relação de direito material), passando o *decisum*, então, a projetar efeitos externamente ao processo, inviabilizando-se a rediscussão da matéria e legitimando o ajuizamento de Ação Rescisória (cf. REsp. 21.544/MG, rel. Min. Eduardo Ribeiro, *DJU* 08.06.1992; 127.956/RS, rel. Min. Menezes Direito, *DJU* 22.06.1998; 216.478/SP, rel. Min. Otávio de Noronha, *DJU* 01.08.2005)" (STJ, REsp 666.637/RN, 4.ª T, rel. Min. Jorge Scartezzini, j. 09.05.2006, *DJ* 26.06.2006, p. 151).

Muito embora estes acórdãos não reconheçam expressamente a possibilidade de coisa julgada material produzida por sentença terminativa, mas isso está implicado na admissão da ação rescisória – o que, no âmbito do STJ parece ter ocorrido no acórdão REsp 160.850/SP, relatado pelo Min. Cesar Asfor Rocha –, abordando a questão sob o prisma da "falsa" carência de ação, é clara a tendência do STJ de relativizar o rigor do cabimento das rescisórias face à dificuldade de se diferenciar a análise meritória da sentença ausência que decrete a ausência de uma das condições da ação.

33. V. nosso *Direito Processual Civil* – TGPC, vol. 2/196 e I/53.

declaratória, quando já houvesse violação de direito. Nós nos colocávamos entre aqueles que admitiam a declaratória em tal situação. Outros entendiam que, *por já ter se configurado violação ao direito,* cabimento só tinha ação de caráter condenatório.

Com o advento do Código de Processo Civil de 1973, dúvida alguma existe, pois se admitiu expressamente a ação declaratória, mesmo depois de violado o direito, o qual se pretende ver declarado (art. 4.º, parágrafo único). Porém, antes das alterações da Lei 11.232/2005, a sentença declaratória não dava ensejo à execução de sentença (a não ser para custas e honorários – mas, quanto a esta porção da sentença, a mesma era condenatória), valendo tão somente como preceito (nesse sentido, era expresso o art. 290 do Código de 1939, e, antes da Lei 11.232/2005, chegava-se à mesma conclusão, uma vez que só a sentença condenatória levava à possibilidade de execução – cf. o revogado art. 584, I). Assim, o que foi declarado por sentença, mesmo transitada em julgado, somente através de ulterior sentença condenatória poderia vir a ser executado.[34]

Tínhamos, nesta hipótese, a seguinte sucessão de ações para se lograr a realização do direito (entendida esta expressão como indo *além* da *mera* declaração): ação declaratória, julgada procedente; a ação condenatória sucessiva àquela, partindo-se do preceito constante da declaratória sentenciada e já revestida da autoridade de coisa julgada; e, finalmente, a execução, fundada não na sentença declaratória, mas sim na sentença condenatória. É claro que para ocorrer tal sucessão de ações – declaratória sucedida de condenatória – seria necessário que o objeto da declaratória fosse um direito já violado, pois, caso contrário, inocorreriam os seus pressupostos.

Tal caminho, evidentemente, era mais longo, mas podia o autor propor ação condenatória sem anteriormente ter ajuizado ação declaratória, para obter a condenação correspondente e, deste modo, o título executivo. Todavia, a lei abria essa possibilidade de opção ao autor, e só ele era o juiz da conveniência da propositura de ação declaratória. Se, porém, fosse movida a declaratória positiva ou negativa, e tendo esta transitado em julgado, não poderia a condenatória, posterior, alterar o que fora decidido. Nesta hipótese, somente acrescentaria a condenação (sanção) àquilo que havia sido declarado judicialmente.

Nada impede, no entanto, que a norma jurídica, expressamente, atribua à sentença declaratória a qualidade de título executivo, como de fato veio a ocorrer com o novo art. 475-N, I, do CPC, inserido pela Lei 11.232/2005. Segundo o inciso I do art. 475-N, é título executivo judicial "a sentença proferida no processo civil que *reconheça a existência de obrigação* de fazer, não fazer, entregar coisa ou pagar quantia". Diante disso, também a sentença *declaratória* passa a poder ser título executivo, desde que reconheça a existência de obrigação, isto é, *defina, com precisão, os elementos da relação jurídico-obrigacional, não bastando a declaração da existência, em tese, de obrigação.*

Realmente, exigir-se o ajuizamento de uma ação condenatória, cujo conteúdo desta já está inteiramente predeterminado pela da precedente sentença declaratória, violentava o próprio sentido instrumental do processo. Por outro lado, ao considerar-se título executivo judicial a sentença declaratória, não há violação alguma à situação da outra parte, que já se defendeu exaustivamente e restou vencida.[35]

34. V., em relação ao sistema anterior à entrada em vigor da Lei 11.232/2005, STJ, REsp 237.383/SC, 4.ª T., j. 15.06.2000, rel. Min. Sálvio de Figueiredo Teixeira, *DJ* 21.08.2000, p. 145.

35. Admitia-se, na recente jurisprudência do STJ, mesmo antes da Lei 11.232/2005, a eficácia executiva da sentença declaratória para haver

124. Declaratória e mero fato

Não se poderá discutir, na ação declaratória, a existência de mero fato, ressalvando-se, a respeito, a hipótese do inciso II do art. 4.º do CPC, sobre a falsidade ou autenticidade do documento.[36]

Para efeito da propositura de ação declaratória, pouco importará que o fato seja "juridicamente relevante", só cabendo essa ação se aquele implicar uma relação jurídica, ou a ela der ou tiver dado nascimento. Nesse caso, mas por causa da relação jurídica, poderá vir a ser discutido o fato e respectiva relação jurídica dele resultante, por meio da ação declaratória.

Acentue-se que a ação declaratória só é cabível para que se declare a existência ou inexistência de relação jurídica, ou, então, para que se proclame a autenticidade ou falsidade de documento. Tal ação não pode ser, todavia, utilizada como "formulação de consulta ao Judiciário" sobre as consequências de superveniência de lei em relação a determinada cláusula contratual; mas consulta não é saber do enquadramento da correção monetária constante de contrato, e, portanto, não era caso, propriamente, de "consulta ao Judiciário", como se decidira na instância local.[37]

Assim, correto o entendimento de que há interesse jurídico na utilização da ação declaratória para que se declare judicialmente qual a relação jurídica que preside o regime de bens em casamento.[38] É cabível também para se afirmar que houve união estável ou vida em comum entre duas pessoas;[39] para a declaração de existência de casamento cujo registro se perdeu.[40]

125. Ação declaratória e reconvenção

Admite-se, com acerto, a ação reconvencional, mesmo tratando-se da declaratória, pois esta é uma ação igual às outras, desde que tenha, ou venha a ter procedimento ordinário ou sumário, por obra da contesta-

a repetição do indébito por meio de precatório: STJ, REsp 588.202/PR, 1.ªT., j. 10.02.2004, rel. Min. Teori Albino Zavascki, *DJ* 25.02.2004, p. 123; esta orientação foi ratificada em acórdão da 1.ª Seção: STJ, EREsp 502.618/RS, j. 08.06.2005, rel. Min. João Otávio de Noronha, *DJ* 01.07.2005, p. 359 e, mais recentemente, em julgado da 2.ª T. (REsp 602.469/BA, j. 16.08.2007, rel. Min. Castro Meira, *DJ* 31.08.2007, p. 218).

36. *Revista de Processo [RePro]* 6/300, em. 11; *RJTJSP* 54/31 e 62/209; *JUTACivSP* 72/30 e 77/218; *RT* 564/156 e 587/58. Na doutrina: Arruda Alvim, *Código de Processo Civil Comentado*, vol. 1/358 *et seq.*, 1975; mais recentemente, *Tratado de Direito Processual Civil*, vol. 1, p. 403 *et seq.*; Adroaldo Furtado Fabrício, *A ação declaratória incidental*, p. 54; Celso Agrícola Barbi, *Comentários ao Código de Processo Civil*, p. 64, 1983 e em *Ação declaratória principal e incidental*, p. 89; Hélio Tornaghi, *Comentários ao Código de Processo Civil*, p. 94.

37. *RSTJ* 10/417, REsp 1.644/RJ, rel. Min. Guerreiros Leite, j. 27.03.1990, tendo-se entendido que a obrigação de pagar se insere no âmbito da ação declaratória, tal como regulada no art. 4.º, tendo em vista saber se a correção é *trimestral* e *não é mensal,* invocado como fundamento o nosso *Código de Processo Civil Comentado*, vol. 1, p. 334-335. Similarmente, admitiu-se ação declaratória com a finalidade de "resolver incerteza sobre a relação jurídica como o não gozo de férias e licença-prêmio e tem por finalidade estipular ou fixar direitos e deveres dela emergentes no cálculo da aposentadoria do servidor" (STJ, AgRg no Ag 326.591/SP, 1.ª T., j. 07.12.2000, rel. Min. Francisco Falcão, *DJ* 02.04.2001, p. 275); admitiu-se, também, ação para se declarar a extinção da hipoteca (STJ, REsp 19.225/MG, 4.ª T., j. 03.12.2002, rel. Min. Sálvio de Figueiredo Teixeira, *DJ* 19.12.2002, p. 364).

38. *RJTJSP* 36/67; *RT* 557/211 (em.).

39. *RJTJSP* 44/33 e 70/58; *RT* 508/119; *RTJ* 101/231; STJ, REsp 285.961/DF, 4.ªT., j. 06.02.2001, rel. Min. Ruy Rosado de Aguiar, *DJ* 12.03.2001, p. 150.

40. *RT* 532/83; *RJTJSP* 61/51.

ção, e inexista, legalmente, qualquer restrição a respeito.

Acrescenta-se, ainda, que a reconvenção pode, inclusive, não ser meramente declaratória –, como seja a ação sobre a qual se reconvém –, podendo ser de outra classe, como a de tipo condenatório.

Subsistente, pelo que se disse, a Súmula 258 do STF, a qual dispõe que "é admissível reconvenção em ação declaratória", e que, com este enunciado amplo, continua dando cobertura à jurisprudência dominante.

É certo, porém, que o rito da reconvenção há de ser o comum ordinário, pois ação e reconvenção hão de ter *simultaneus processus* e hão de comportar formalmente decisão conjunta, numa única sentença (art. 318). De lembrar-se, ainda, que, se se tratar de procedimento sumário (assim renomeado no art. 272, com a redação da Lei 8.952/1994), descabe reconvenção (art. 315, antigo § 2.º), o que foi alterado pela Lei 9.245/1995, que revogou este dispositivo, mas alterou o § 1.º do art. 278, para permitir "ao réu, na contestação, formular pedido em seu favor, desde que fundado nos mesmos fatos referidos na inicial".

126. Declaratória e cumulação de ações

Tanto a doutrina como a jurisprudência[41] não veem nenhum óbice legal à cumulação de ação declaratória com condenatória ou com a constitutiva, ou com ambas, desde que sejam obedecidos os requisitos específicos da cumulação (art. 292, § 1.º, I a III, e § 2.º).

41. Na jurisprudência: *JUTACivSP* 48/196; *RT* 529/174, 590/125 e 590/132. Na doutrina: Arruda Alvim, *Código de Processo Civil Comentado*, vol. 1/333, 1975; mais recentemente, cf. *Tratado de direito processual civil*, vol. 1, p. 400.

127. Declaratória, cláusula contratual e outras hipóteses

É correta a posição que admite ação declaratória para interpretação de cláusula contratual,[42] desde que se prove o interesse de agir. Parece estar a se reiterar o óbvio, pois o interesse de agir é uma das condições da ação, mas o fazemos para salientar a relevância desse interesse e, às vezes, a dificuldade em demonstrá-lo.

Há, é certo, óbice formal, consistente em que o texto (art. 4.º, I) fala em *relação jurídica*, e poder-se-ia objetar que cláusula contratual não é, em si mesma, relação jurídica.

Além das hipóteses mencionadas acima, a ação declaratória tem sido também admitida para declarar: a inexistência da relação tributária;[43] a existência de imunidade tributária;[44] a inexistência de direito a cobrança, em que se discuta o fornecimento de energia elétrica, por sistemas diferentes, com elevação do consumo;[45] a existência de uma obrigação tributária principal ou acessória;[46] a existência de relação jurídica entre o autor e o réu, relativamente a obrigação por correção monetária, incidente sobre a importância devida;[47] a inexistência de débito cambial;[48] a inexistência de relação

42. STJ, REsp 28599/MG, 4.ª T., rel. Min. Sálvio de Figueiredo Teixeira, j. 06.12.1994, *DJ* 20.03.1995, p. 6.120; STJ, REsp 273.181/MG, 4.ª T., j. 17.10.2000, rel. Min. Aldir Passarinho Júnior, *DJ* 11.12.2000, p. 211; STJ, REsp 285.837/RO, 4.ª T., j. 01.03.2001, rel. Min. Ruy Rosado de Aguiar, *DJ* 09.04.2001, p. 369.

43. STJ, REsp 746.897/MG, 1.ª T., j. 28.06.2005, rel. Min. José Delgado, *DJ* 29.08.2005, p. 228.

44. STJ, REsp 92.779/MG, 1.ª T., j. 09.09.1997, rel. Min. Garcia Vieira, *DJ* 06.10.1997, p. 49.883, REP*DJ* 27.10.1997, p. 54.721.

45. *JUTACivSP* 38/345.

46. *RT* 482/132.

47. *RT* 541/226; *RSTJ* 10/417.

48. STJ, REsp 100.522/RS, 4.ª T., j. 07.05.2002, rel. Min. Aldir Passarinho Júnior, *DJ* 19.08.2002, p. 166.

jurídica capaz de fazer originar saques de duplicatas;[49] a inexistência da titularidade do direito de autoria (em que o autor pretendia ser titular do direito à exclusividade de um dado desenho);[50] a inexistência de obrigação cambiária, dada a ocorrência de compensação;[51] a certeza jurídica atinente a disposições que envolvem a inalienabilidade de bens herdados, ou, mais minuciosamente, que disposições similares de testamentos dos falecidos avós do autor envolviam inalienabilidade dos bens deixados, com a justificativa do receio da venda dos ditos bens;[52] a inexistência de parentesco;[53] a existência de parentesco com suposto avô;[54] a declaração de invalidade de alteração estatutária;[55] o estado de solteiro a quem, por erro, foi atribuído o estado de casado, em escritura de compra e venda;[56] as relações jurídicas existentes, havendo dúvida sobre a natureza de estrada vicinal;[57] a prescrição extintiva;[58] a liberação de fiadores cuja garantia foi prestada por tempo indeterminado;[59] a validade ou não de deliberação de assembleia condominial;[60] que os bens adquiridos são reservados e não entram para a comunhão universal do casamento;[61] que ações de sociedade anônima são válidas ou inválidas.[62] Cabe também quando houver incerteza objetiva quanto à vontade da lei (contribuinte pleiteia a declaração de que sua atividade escapa à incidência do então ICM).[63]

A ação declaratória é, em regra, imprescritível,[64] mas não será de admitir-se a sobrevivência da ação quando faltar ao autor o interesse de agir, por encontrar-se prescrito o crédito, cuja declaração de existência persegue.[65] A imprescritibilidade da ação declaratória decorre da presença ou da *atualidade* da incerteza jurídica objetiva, ou, se se quiser, da sua continuidade, encontrando-se na declaratória o veículo adequado à supressão dessa incerteza. Se, todavia, tiver havido lesão, e se estivesse prescrita a ação, conquanto admissível, muito possivelmente será reconhecida a prescrição (mesmo *ex officio*, pelo juiz, consoante autoriza a nova redação do § 5.º do art. 219 do CPC, na redação da Lei 11.280/2006), tal como ocorreria com ação condenatória, se houvesse sido esta proposta.

128. Declaratória e falsidade de documento

A ação declaratória de falsidade de documento é uma espécie de ação declarató-

49. *RJTJSP* 78/242.
50. *RJTJSP* 82/79.
51. *RT* 537/110, 537/133; STJ, REsp 502.618/RS, 1.ª T., j. 24.06.2003, rel. Min. Luiz Fux, *DJ* 08.09.2003, p. 238.
52. *RJTJSP* 44/34.
53. *RTJ* 95/1.304.
54. STJ, REsp 603.885/RS, 3.ª T., j. 03.03.2005, rel. Min. Menezes Direito, *DJ* 11.04.2005, p. 291.
55. *JUTACivSP* 59/173; STJ, CC 39.198/RS, 1.ª S., j. 23.06.2004, rel. Min. Luiz Fux, *DJ* 20.09.2004, p. 179.
56. *RT* 474/79.
57. *RJTJSP* 76/62; *RT* 574/108.
58. *JUTACivSP* 58/146 e 74/128.
59. *JUTACivSP* 77/302; STJ, REsp 473.868/RS, rel 5.ª T., j. 08.04.2003, Min. José Arnaldo da Fonseca, *DJ* 12.05.2003, p. 338.
60. *RJTJSP* 87/236; STJ, REsp 469.962/SP, 4.ª T., j. 21.09.2004, rel. Min. Aldir Passarinho Júnior, *DJ* 13.12.2004, p. 365.
61. *RJTJSP* 86/77.
62. *Arquivo Forense* 65/80.
63. *JUTACivSP* 69/42.
64. *JUTACIVSP/LEX* 39/60; STJ, AgRg no Ag 623.560/RJ, 5.ª T., j. 07.04.2005, rel. Min. Laurita Vaz, *DJ* 02.05.2005, p. 396.
65. *RJTJSP* 42/182. Diz-se, neste caso, que a ação declaratória não é "pura": STJ, REsp 666.563/RJ, 2.ª T., j. 05.10.2004, rel. Min. João Otávio de Noronha, *DJ* 29.11.2004, p. 313; STJ, REsp 411.563/PR 3.ª T., j. 06.04.2004, rel. Min. Castro Filho, *DJ* 10.05.2004, p. 272. Acerca do tema, *cf.* julgado recente do STJ, REsp 859.745/SC, 1.ª T, j. 11.12.2007, rel. Min. Luiz Fux, *DJe* 03.03.2008.

ria que tem peculiaridades merecedoras de estudo. A falsidade a que se refere a lei é a *material*; não se trata, em hipótese alguma, de falsidade intelectual ou ideológica,[66] pois, neste caso, terá havido uma manifestação de vontade, embora eivada de vício. Mas, nestas hipóteses, não se trata de invalidar materialmente o documento, por falso, mas evidenciar que não há correspondência entre a vontade e o seu retrato.[67]

Diversas decisões referem-se, com base em doutrina criticável, à ação declaratória, como tendo sempre natureza de ação preventiva.

É preciso, porém, compreender corretamente o sentido da expressão, quando utilizada por tais decisões, porque poder-se-ia ser levado a confundi-la com processo preventivo, o que de forma alguma ocorre na espécie. Usam do adjetivo preventivo com o intuito de evidenciar que, por meio da ação declaratória, tem-se comumente o escopo de prevenir outros litígios, obtendo a declaração do direito, de molde a que as partes possam, estabelecidos os seus direitos e obrigações, comportar-se conforme tais regras. Assim, evitar-se-ia, por meio desta ação, uma violação de direito, pois ela clarificaria, definindo nitidamente e de forma duradoura as relações jurídicas. Evitaria, a ação declaratória, desta forma, a própria possibilidade de infração, bem como as eventuais demais ações. Faz coisa julgada sobre as questões decididas e, nesta medida, a eficácia (própria da declaratória) é tão definitiva quanto a da sentença das outras ações.

129. A ação declaratória incidental

O art. 5.º do CPC criou a ação declaratória incidental.[68]

Sabemos que, pela sistemática do CPC vigente, a autoridade de coisa julgada, uma das qualidades da sentença, acoberta exclusivamente o *decisum*, ou seja, a parte propriamente decisória da sentença (art. 468); não se estende aos *motivos* que levaram o juiz a decidir de uma dada forma, nem à *verdade dos fatos* relevantes na determinação daquele julgamento, nem às *questões prejudiciais* decididas, para que se pudesse chegar à sentença (v. art. 469, I, II e III).[69]

---

66. *RTJ* 90/941; *RJTJSP* 64/145, 69/305 e 88/285; *RT* 538/180, 539/85, 588/144 e 585/82; *JUTACivSP* 60/252; *Arq. TARJ* 25/108; *RT* 281/338, 538/180; STJ, REsp 73.560/SP, 1.ª T., j. 16.06.1998, rel. Min. Garcia Vieira, *DJ* 24.08.1998, p. 9. Admite-se o ajuizamento de tal ação declaratória em face de documento considerado pela norma jurídica título executivo, aplicando-se-lhe o disposto no art. 585, § 1.º, do CPC: STJ, REsp 234.809/RJ, 4.ª T., j. 25.04.2000, rel. Min. Ruy Rosado de Aguiar, *DJ* 12.02.2001, p. 121.

67. No sentido do texto, emitimos parecer, publicado sob o título "Arguição de falsidade", na *Coletânea de Estudos e Pareceres*, vol. 2, Parecer n. 3.

68. Nelson Nery Jr. e Rosa de Andrade Nery, *Código de Processo Civil comentado e legislação extravagante*, p. 148.

69. Ver, também, Liebman, *Efficacia ed autorità della sentenza*, n. 16; na jurisprudência, STF-*RTJ* 56/223, em que restou clarificado que a coisa julgada recai sobre o dispositivo ou conclusão do acórdão. No mesmo sentido: STJ, REsp 472.595/PR, 1.ª T., j. 01.04.2004, rel. Min. Humberto Gomes de Barros, *DJ* 26.04.2004, p. 147, *REPDJ* 28.06.2004, p. 190. Em outro julgado do STJ, entendeu-se que "Descabe cogitar de contrariedade do artigo 469, I, do CPC, pois o Tribunal de origem observou atentamente a fundamentação do acórdão prolatado na fase cognitiva, justamente para concluir que, se os motivos deste forem contraditórios com o dispositivo, "deve-se concluir pela prevalência do segundo", até porque a fundamentação não faz coisa julgada" (STJ, REsp 876605/RS, 2.ª T., j. 28.11.2006, rel. Min. Castro Meira, *DJ* 12.12.2006, p. 272). No mesmo sentido: "(...) Coisa julgada. Divergência entre a fundamentação e o dispositivo do acórdão exequendo. Prevalência deste último. I – Nos termos do disposto no art. 469, I, do CPC, os motivos, ainda

A coisa julgada limita-se à *lide, ao mérito*, ao *objeto litigioso*, tal como este foi proposto, isto é, ao *pedido* do autor tal como formulado na inicial, desde que é este que fixa os *limites da lide ou mérito* (v., também, art. 128).[70]

Entretanto, se a parte (autor ou réu) quiser, por via da declaratória incidental, poderá requerer que o juiz sentencie *principaliter* sobre questões prejudiciais, transformando-as em causas. A pretensão à ação declaratória incidental, todavia, deve referir-se a questões de direito material e não processual.[71] O juiz, então, manifestar-se-á por sentença sobre essas questões, vindo a decisão a ter força de coisa julgada. Não mais serão conhecidas *incidenter tantum* (art. 469, III), porém serão objeto de sentença, com autoridade de coisa julgada (art. 470).

A questão sobre a qual poderá ser requerida declaratória incidental será aquela cuja existência ou inexistência irá influenciar o julgamento da lide, ou seja, a questão será *prejudicial*. Será assim, questão (por isso mesmo controvertida) influente no teor do próprio mérito.[72] A ação declaratória incidental, assim, só tem lugar nos casos em que a decisão da lide depende necessariamente de prévia decisão sobre o seu pressuposto fundamental.[73]

A fim de exemplificar, citemos o caso em que alguém, *A*, move ação de despejo para uso próprio contra *B*. *B* contesta alegando que *A* não é proprietário e, por isso, não é locador. *A* pode, então, com base no art. 325

---

que importantes para determinar o alcance do dispositivo do julgado, não fazem coisa julgada. II – Se há divergência entre a fundamentação e o dispositivo do acórdão exequendo, deve prevalecer este último. Recurso provido" (STJ, REsp 823.186/SP, 3.ª T., j. 20.05.2008, rel. Ministro Sidnei Beneti, *DJe* 05.08.2008).

70. *Jurisprudência Mineira* 4/387: "A sentença tem que ser conforme ao libelo, e ao juiz é defeso estatuir além dos limites do pedido" (TJ/MG-ApCív 6.418, rel. Des. Autran Dourado). Similarmente, STJ, REsp 567.097/PR, 5.ª T., j. 25.05.2004, rel. Min. Jorge Scartezzini, *DJ* 02.08.2004, p. 513. Na doutrina, cf., amplamente, Teresa Arruda Alvim Wambier e José Miguel Garcia Medina, *O dogma da coisa julgada* – Hipóteses de relativização, item 2.4, intitulado "Pedido não feito e decidido; pedido feito e não decidido".

71. *Revista de Processo* [*RePro*] 4/374, em. 3.

72. V. *JUTACivSP* 59/45. A definição de questão prejudicial é didaticamente exposta por Eduardo Arruda Alvim, com respaldo na doutrina pátria:

"Dentre as questões prévias, temos as preliminares e as prejudiciais. As primeiras (preliminares) são aquelas que, cronologicamente, devem ser decididas antes da questão seguinte, mas na decisão desta não influenciam. As últimas (prejudiciais) são aquelas que têm de ser decididas antes e influenciam no quanto se irá decidir depois. Somente as questões prejudiciais é que podem ser objeto de ação declaratória incidental. A distinção entre questões prévias e prejudiciais é feita de maneira lapidar por Barbosa Moreira, ao afirmar: 'A solução de certa questão pode influenciar a de outra: a) tornando dispensável ou impossível a solução desta outra (caso em que tratar-se-á de questão preliminar); ou b) predeterminando o sentido em que há de ser resolvida, isto é, influenciando o teor da decisão condicionada (caso em que se cuida de questão prejudicial). Conclui, a propósito, Thereza Alvim: "O que importa, portanto, para a distinção entre prejudicial e preliminar não é, assim, a natureza da questão vinculada, mas o teor da influência que a questão vinculante terá sobre aquela (vinculada)" (Eduardo Arruda, *Curso de Direito Processual Civil*. p. 440).

73. *Revista de Processo* [*RePro*] 1/196 e 2/342; *RJTJSP* 62/40. Como decidiu o TRF-4.ª Reg., "a ação declaratória incidental não se presta a reforço de argumentação" (ApCív 541.620, rel. Juiz Dirceu de Almeida Soares, j. 25.02.2003, *DJ* 09.07.2003, p. 272).

Já decidiu o STJ que a "ação declaratória incidental visando anular assembleia de condomínio não é prejudicial de ação de prestação de contas", pois "a anulação da assembleia não exonera o síndico de apresentar as contas a que está obrigado" (STJ, AgRg no Ag 402.179/SP, 3.ª T., j. 25.09.2006, rel. Min. Humberto Gomes de Barros, *DJ* 16.10.2006, p. 362).

do CPC, requerer declaração incidente sobre a questão da propriedade, pois a decisão que o juiz der a essa controvérsia irá influenciar no julgamento da ação de despejo.

Pelo art. 5.º vemos que qualquer das partes poderá requerer a declaração incidente.[74] Se ao autor dá a lei o prazo específico de 10 (dez) dias, a partir da contestação, para propor declaratória incidental, com relação ao réu, a lei não é explícita, quando o deveria ter sido, no art. 297; mas entendemos ter ele o prazo da contestação para fazê-lo.[75]

Deverá contestar, tornando controverso o ponto, e, simultaneamente, requerer a declaratória incidental.

A declaratória incidental só pode ser requerida por uma parte principal em relação à outra parte principal. Segue-se que é inviável e inadmissível o pedido de ação declaratória incidental, em execução de julgado por quantia certa, contra quem não é parte na execução.[76] Há outras hipóteses de inadmissibilidade de ação declaratória incidental, por desajuste com os seus pressupostos.[77]

É curial que se o réu, contestando a relação prejudicada (= a lide) e a relação prejudicial, isto é, aquela cuja existência (ou inexistência) influi definitiva e necessariamente no julgamento desta, propuser declaratória incidental, não poderá o autor fazê-lo. Tal ocorre porque a declaratória incidental do réu proporcionará também ao autor o que ele deseja, isto é, que sobre a relação prejudicial haja coisa julgada. O autor só poderia fazê-lo se o réu, propondo a ação declaratória incidental, por exemplo, o fizesse fora do prazo.

São requisitos essenciais para que tal requerimento seja acolhido: (1.º) que se trate efetivamente de *questão*, e *questão* só é aquilo que é *controvertido*. É preciso que se tenha estabelecido *controvérsia* sobre a matéria objeto de declaração incidente, aparecendo só posteriormente a tal contestação o interesse do requerente; (2.º) que se trate de questão prejudicial de mérito, isto é, cuja decisão condiciona a decisão da lide (mérito), e (3.º) que pudesse ser, a declaratória incidental, ação autônoma.[78] O réu, em contestando e *criando a controvérsia*, poderá requerer declaração incidental; se o não tiver requerido, mas houver contestado, poderá fazê-lo o autor.

É evidente, como já se disse, que, se o réu requerer declaração incidental, não poderá o autor fazê-lo, pois haverá litispendência sobre o assunto.

Havendo ação declaratória incidental, teremos duas lides formalmente unidas num só processo. Assim, para a propositura da declaratória incidental, deve o requerente preencher também os pressupostos processuais e condições da ação, que especificamente se reportam à ação declaratória incidental, além dos outros requisitos, a que já se aludiu.

74. V. nosso *Código de Processo Civil comentado*, vol. 1/368 *et seq.* (mais recentemente, nosso *Tratado de direito processual civil*, vol. 1/460 *et seq.*), e Thereza Alvim, *Questões prévias e os limites objetivos da coisa julgada*, p. 106. V. tb. *JUTACivSP* 46/174 e 68/77.

75. *RJTJSP* 32/128 e 42/145; *JUTACivSP* 41/178 e 46/173; *Revista de Processo [RePro]* 16/261, em. 4; *RTJ* 95/713; Simpósio de Curitiba, concl. XXX, *RT* 482/271; STJ, REsp 30.747/SP, 3.ª T., j. 25.10.1993, rel. Min. Nilson Naves, *DJ* 29.11.1993, p. 25.875.

76. *RJTJSP* 31/173. Não cabe ação declaratória incidental em ação de execução (STJ, REsp 434.443/MG, 4.ª T., j. 14.06.2005, rel. Min. Jorge Scartezzini, *DJ* 01.08.2005, p. 461). Sobre a admissibilidade da ação em embargos à execução, cf. nota seguinte.

77. Descabe ação declaratória incidental em embargos do devedor (*RJTJRS* 58/310; *JUTARS* 27/315; *em sentido contrário*: STJ, AgRg no Ag 113.212/GO, 4.ª T., j. 15.12.1998, rel. Min. Bueno de Souza, *DJ* 08.03.1999, p. 228). Não é de se admitir a declaratória incidental em embargos de terceiro (TJ/RJ, ApCív 5.006, 4.ª Câm.Civ., 10.10.1977, v.u., rel. Hamilton Moraes e Barros).

78. V. Thereza Alvim, *op. cit.*, p. 99 *et seq.*

A ação declaratória incidental, apesar de ser condicionante da principal e ter que ser cronologicamente, por esta razão, decidida antes, se extinguirá (podendo posteriormente ser movida ação autônoma), extinguindo-se a principal sem resolução de mérito. Esta deverá ser proferida formalmente na mesma sentença, em primeiro lugar, mas no mesmo momento da ação principal, a fim de que não haja confusões com o recurso de apelação.

Julgamos que, na hipótese de a declaratória estar madura para julgamento e o mesmo não ocorrer com a principal, o juiz poderá, e deverá, decidir aquela, julgando, por exemplo, antecipadamente a lide (art. 330, I), se for dar pela sua improcedência. Neste caso, *ipso facto*, julgará prejudicada a ação principal, o que é uma manifestação do teor de influência da prejudicial na relação prejudicada. Inversamente, se for dar pela procedência da declaratória, não deverá fazê-lo, pois, neste caso – sendo possível a eventual procedência da ação principal, quando estiver madura –, não tem elementos para decidir esta última. Se tal ocorresse, então, caberia apelação, e, nesse caso, se esta fosse interposta, teria de haver suspensão do curso da causa principal.

Afigura-se-nos que, embora o art. 162, § 2.º, aluda a questão incidente, o que sugeriria o cabimento do agravo de instrumento, toda a sistemática do Código convida ao repúdio à ideia de cabimento deste recurso.

É, pois, correto o entendimento de que a rejeição liminar da ação declaratória incidental comporta o recurso de agravo; ao passo que, se já a decisão for conjunta à da questão principal, o recurso é de apelação.[79]

Foi controvertido o cabimento de declaratória incidental em procedimento sumário.[80] Já entendíamos, nas edições anteriores deste *Manual* e no *Código de Processo Civil Comentado*, vol. 1/379, 1975, que, *a priori*, não se deveria admitir a ação declaratória incidental no procedimento sumário, a não ser naqueles casos em que houvesse dilatação do procedimento por força do deferimento da prova pericial. Este entendimento veio a ser encampado pelo legislador, com a promulgação da Lei 9.245/1995, que expressamente vedou o cabimento da ação declaratória incidental no procedimento sumário, antigo sumaríssimo. Com a alteração da Lei 10.444/2002, tal orientação foi mantida, no referido dispositivo legal.[81]

---

79. *Revista de Processo [RePro]* 4/374, em. 2; *RTJ* 97/291; *JUTACivSP* 79/37; STJ, REsp 323.405/RJ, 4.ª T., j. 11.09.2001, rel. Ministro Sálvio de Figueiredo Teixeira, *DJ* 04.02.2002, p. 386. V. tb. nossa posição firmada no III Curso de Especialização em Direito Processual Civil, PUC/SP, em 29.06.1974, *Revista de Processo [RePro]* 2/237. Contra (tendo o agravo de instrumento como configurando erro grosseiro): *RT* 558/149.

80. Até a promulgação da Lei 9.245, muito se discutia a respeito da matéria. Não tendo como admissível ação declaratória incidental em procedimento sumário: *Revista de Processo [RePro]* 6/390, em. 12. Na doutrina: J. C. Barbosa Moreira, *O novo processo civil brasileiro*, p. 146, 1984; Adroaldo Furtado Fabrício, *A ação declaratória incidental*, 1976, p. 141; Athos Gusmão Carneiro, Ação declaratória incidental, em *RF* 246/217 *et seq.*; Humberto Theodoro Júnior, *Processo de conhecimento*, vol. 2/505, 1981.Em sentido contrário (pela admissibilidade): Celso Agrícola Barbi, *Comentários ao Código de Processo Civil*, p. 102-103; J. J. Calmon de Passos, *Comentários ao Código de Processo Civil*, p. 196; João Batista Lopes, *Ação declaratória*, p. 98-99; Thereza Alvim, *Questões prévias e os limites objetivos da coisa julgada*, p. 108-109 (desde que a sua propositura não afete o *iter* específico do procedimento sumário). Esta questão hoje mostra-se superada, em face do expresso comando legal (cf. nota seguinte).

81. É o que dispõe o art. 280, tal como resultou da Lei 10.444/2002: "Art. 280. No procedimento sumário não são admissíveis a ação declaratória incidental e a intervenção de terceiros, salvo a assistência, o recurso de terceiro prejudicado e a intervenção fundada em contrato de seguro".

Já se decidiu pelo cabimento de declaratória incidente a respeito de falsidade documental.[82]

No que concerne às perspectivas para a legislação futura, o Projeto de Novo Código de Processo Civil propõe alteração no tratamento das questões prejudiciais, ao determinar que a sentença que julgue total ou parcialmente a lide tem força de lei nos limites da questão principal expressamente decididas (art. 514 do PL 8.046/2010), estendendo o disposto às questões prejudiciais, decididas expressa e incidentemente no processo, desde que a seu respeito tenha sido observado o contraditório prévio e efetivo e que o juízo tenha competência em razão da matéria e da pessoa para resolvê-la como questão principal (art. 514, II e III). Tal não ocorrerá se no processo houver restrições probatórias ou limitações à cognição que impeçam o aprofundamento da análise da questão prejudicial (art. 514, § 2.º, do aludido Projeto). Em virtude de tal modificação, o Projeto não prevê a figura da ação declaratória incidental, cuja existência se justifica pela norma contida no art. 468, III, do CPC vigente, que exclui as questões prejudiciais da incidência da coisa julgada.

130. O papel do "fato" na teoria da ação[83]

Toda ação é, necessariamente, oriunda de um ou mais fatos que tenham relevância no mundo jurídico. Normalmente, no momento da ocorrência do fato ou fatos juridicamente relevantes, a norma jurídica incide. Há coincidência cronológica entre o fato e a incidência da regra de direito. Se aquele que deve sofrer os efeitos dessa incidência passivamente os aceita, e, por exemplo, cumpre a sua obrigação, não surgirá qualquer motivo relacionado com o processo. Se, porém, aquele ou aqueles que se devem sujeitar aos efeitos oriundos do fato e da incidência da norma tentam subtrair-se aos mesmos, surge, em regra, a figura do processo, que é iniciado por uma ação do que se apresenta como juridicamente digno de proteção jurídica.

Encarando a ação sob este prisma, que talvez seja o principal, verificamos que a ação é um instrumento específico destinado a provocar, por meio do processo, e concretamente, pela sentença, efeitos jurídicos. Objetiva ela justamente gerar os efeitos jurídicos oriundos dos fatos (e da norma), que se constituem em seus fundamentos fáticos.

Esta consideração dá-nos a distinção entre incidência da lei e sua aplicação. A lei incide no momento do fato; no entanto, não sendo ela convenientemente obedecida, depois da sua incidência, recorrerá o interessado à ação, formando-se o processo. O juiz, no processo, se julgar procedente a ação, aplicará a lei, cuja incidência já terá anteriormente ocorrido. Inversamente, desprovendo a ação, nem por isto deixará de aplicar a lei, mas fá-lo-á favoravelmente ao interesse do réu.

A petição inicial, que se constitui na forma a ser obedecida pelo que deve tomar a iniciativa da propositura da ação em nosso Direito, encerra um silogismo do qual falaremos, na devida oportunidade. Uma das partes deste silogismo (premissa menor) é constituída pelos fatos. O relato dos fatos, na petição inicial, bem como na generalidade dos sistemas jurídicos, é feito pelo autor. Em nosso Direito, não há absoluta adstrição do juiz aos fatos alegados pela parte (art. 131). Há, todavia, que se entender isto dentro dos princípios informadores do nosso processo,

---

82. Não se nos afigura correto o entendimento porque documento não é relação jurídica, entre outros argumentos (*RT* 587/77).

83. V. nosso *Direito Processual Civil* – TGPC, vol. 2/61.

e, em especial, tendo em vista o princípio dispositivo, estampado no art. 128.[84]

Impõe-se, agora, uma distinção essencial, cujo escopo reside em diferenciar o fato jurídico dos fatos simples.[85]

Os fatos simples gravitam em torno do fato jurídico e não têm maior relevância, a não ser que sejam considerados sempre com referibilidade àquele. Assim, o fato jurídico é aquele em que essencialmente se baseia o autor. Desta forma, quando alguém pede a procedência da demanda de anulação de casamento, por exemplo, baseado em coação, o fato jurídico é a coação. Fatos simples são aqueles que levam à conclusão de que efetivamente ocorreu o fato jurídico. Em si mesmos, os fatos simples não têm maior relevância e não são sequer objeto de qualificação jurídica pelo autor, nem necessitam sê-lo pelo juiz na sentença. Já, porém, quanto ao fato jurídico, é essencial que seja ele juridicamente qualificado pelo autor, quando da propositura da ação. A adstrição do juiz ao fato jurídico é decorrente do princípio dispositivo, mercê do qual há, no processo, que se respeitar a vontade e as informações que a parte deseje trazer ao processo.

Desta forma, os fatos que o juiz pode livremente considerar, mesmo independentemente de alegação da parte, são os fatos simples. Deve fazê-lo, para poder dar pela procedência ou não da demanda do autor, mesmo que ele não os alegue. Todavia, a consideração destes fatos simples pelo juiz encontra limite absoluto no(s) fato(s) jurídico(s) e no(s) pedido(s). Existencialmente, porém, não há separação entre fato simples e fato jurídico, pois este é aquele, só que devidamente qualificado.

As mesmas observações feitas para a estrutura silogística da petição inicial cabem para a sentença. Existe manifesta correlação entre a petição inicial ("pedido, ação, pretensão") e a sentença, o que fica claro por vários artigos de lei, tais como o 128, o 460, *caput*, no sentido de que, podendo o autor dispor do seu direito ("princípio dispositivo"), o juiz não pode, absolutamente, considerar outros fatos jurídicos que não os deduzidos pelo autor (art. 128), como, ainda, não poderá proferir sentença diversa da solicitada, mesmo que outros fatos jurídicos existam e que estejam provados; ainda, mesmo que seja possível outra sentença, diversa da pedida, que seja melhor para o autor, não poderá proferi-la (art. 460, *caput*).

Há, pois, correlação entre a inicial e a sentença, no sentido de a inicial predefinir o âmbito da atividade do juiz. Tal correlação, ademais, não pode ser quebrada, pois não se pode acrescentar ao processo, depois de citado o réu, outro pedido (art. 294, com a redação que lhe deu a Lei 8.718/1993, *a contrario sensu*), como, ainda, só excepcionalmente pode haver modificação do pedido.

Se tal se verificar, deverá haver correlação entre a petição inicial, já com o pedido modificado, e a sentença.

O art. 131, que dá direito ao juiz de apreciar livremente a prova, impondo-lhe o direito-dever de atender "aos fatos e circunstâncias constantes dos autos, ainda que não alegados pelas partes", só tem o sentido de que os fatos (leia-se, no art. 131, fatos simples) hajam de ser considerados na linha do fato jurídico.

84. Pelo Código antigo, art. 118, o juiz ficava adstrito aos fatos jurídicos gizados pelo autor e réu. Mas desde que, no processo, outros fatos surgissem e que estivessem contidos dentro do âmbito de tais fatos jurídicos, haveria de levá-los em conta.

85. V. nosso *Direito Processual Civil* – TGPC, vol. 2/80, 81 a 94, 95 a 120; cf. Pontes de Miranda, *Comentários ao Código de Processo Civil de 1939*, vol. 1/156; Schönke, *Derecho procesal civil*, p. 33; *v.*, ainda, Chiovenda, *Instituições*, vol. 3/25; Chiovenda, *Saggi di diritto processuale civile*, vol. 1/162.

Assim, se alguém solicita separação contenciosa por adultério, é claro que todos os fatos simples, conducentes à comprovação de tal fato jurídico, hão de ser tidos como relevantes, mesmo os que não alegados expressamente.

Entretanto, não poderá o juiz, com base no art. 131, tomar em consideração uma tentativa de homicídio, pois tal importaria colocar, no fato jurídico do autor, outro fato jurídico, modificando-lhe arbitrariamente o fundamento do pedido. Desta forma, a correlação, ainda assim, existe e subsiste apesar do sentido aparente do art. 131, e este, pois, só pode ser aplicado obedientemente à correlação a que se aludiu. O juiz, para usar dos poderes a que alude o art. 131, haverá de considerar sempre o âmbito da petição inicial e da contestação e/ou reconvenção.

Desta forma, está claro que o juiz fica absolutamente adstrito ao fato ou fatos jurídicos, deduzidos pelo autor, ou seja, fica ele ligado indissoluvelmente ao pedido e respectiva *causa petendi*, pois aquele é feito em função dos efeitos jurídicos atribuídos aos fatos jurídicos. Daí, pois, as duas conhecidas máximas: *ne eat iudex ultra petita partium* e *sententia debet esse conformis libello*. Se isto não ocorrer, a sentença sofrerá de vício.

As mesmas ponderações e implicações valem para o réu, levando-se em consideração que quem formula o pedido e traça, portanto, os limites da lide é o autor, e, de regra, não o réu.

131. O conceito de mérito[86]

O conceito de *mérito* é congruente ao de *lide*, como ao de *objeto litigioso*, na terminologia alemã. Já o disse Liebman: é o pedido do autor que fixa o mérito. Nesse sentido, em obra clássica do Direito alemão, se esclarece que o pedido (usa a palavra pretensão: *Anspruch*) é o mesmo que mérito (usa a palavra objeto litigioso: *Streitgegenstand*).[87]

132. O mérito e as condições da ação

Parece-nos que a posição que considera as condições da ação como estranhas ao mérito é tecnicamente a mais exata, e é a encampada pela nossa lei (*arg. ex.* arts. 267, *caput*, e 267, VI). A jurisprudência do STJ, porém, fixou mais de uma vez que, *v.g.*, que a ilegitimidade *ad causam* configura julgamento de mérito.

Para deferimento ou indeferimento do pedido, é preciso, antes de mais nada, que tenha o magistrado condições de apreciar o mérito, para o que se exige a presença simultânea das três condições da ação.

Se, eventualmente, entender o magistrado que não há possibilidade jurídica, não há dúvida de que, no fundo, estará denegando o pedido em si mesmo, apesar de a possibilidade jurídica ser condição da ação pelo nosso Direito positivo e doutrina, podendo a ação ser reproposta (arts. 267, VI, e 268). Terá, nesse caso, apenas dito que inexiste no sistema jurídico o tipo de providência jurisdicional solicitada. Fá-lo-á, porém, *abstratamente*, isto é, sequer terá tido necessidade de examinar os *fatos* da demanda, à luz das provas, senão à luz do próprio e exclusivo relato feito pelo autor. Ter-lhe-á, normalmente, bastado o pedido e respectiva *causa petendi*, idealmente considerados, representativos de formulação incompatível com a ordem jurídica.

Parece-nos que, do ponto de vista lógico-jurídico, a possibilidade jurídica coloca-se como "prejudicial" das demais condições

86. V. nosso *Direito processual civil* – TGPC, vol. 2, 6.ª parte.

87. Cf. Karl Heinz Schwab, *Der Streitgegenstand im Zivilprozeß [O objeto litigioso no processo civil]*, p. 3.A compreensão plena deste texto exige o complemento do que consta no n. 278 do vol. 2.

da ação. Assim, se num dado caso não se verifica a possibilidade jurídica, desnecessário será mesmo passar ao exame das demais condições da ação. Essa hierarquia pode ser deduzida do sistema e dos arts. 295 e 267.

O art. 295 coloca como causa de indeferimento da petição inicial o fato de ser ela inepta, e assim o será se o pedido for juridicamente impossível (art. 295, parágrafo único, III). O art. 267 (na redação da Lei 11.232/2005), tratando da extinção do processo sem resolução de mérito, também enumera, no inciso VI, em primeiro lugar, a possibilidade jurídica do pedido.

Mas, mesmo que não se entenda obrigatória a referida hierarquia, estará o juiz seguindo-a, agindo logicamente e com economia processual.

Outrossim, o exame do interesse de agir também não pode ser considerado como mérito. Se o juiz não acolhe uma pretensão, por ausência de interesse de agir, em função dessa decisão fica obstado o conhecimento do mérito. Por exemplo, o magistrado não admite uma ação de cobrança, não porque afirma inexistir o direito de crédito, mas, sim, porque não está vencida a dívida; terá o credor, certamente, ao que tudo indica, direito de cobrar o seu crédito, quando este se vencer e não for pago. Nessa oportunidade, então, é que o magistrado verificará se existe ou não o direito do autor, o que constituirá o exame do mérito.

O mesmo, acentue-se, deve ser dito quanto à *legitimatio ad causam*. Um indivíduo, por exemplo, move uma ação de cobrança, para haver determinado crédito; o juiz entende que ele é parte ilegítima porque, se existisse (mera hipótese) o referido crédito, não caberia ao autor, mas sim à sociedade de que ele faz parte. Não se terá, então, decidido a respeito da existência, ou inexistência, do crédito, mas sim, exclusivamente, a respeito da titularidade do direito de cobrá-lo. O mérito, essencialmente, consiste na existência ou inexistência do direito de crédito; todavia, para se poder discutir a respeito da sua existência ou não, necessário é que a condição jurídica do seu possível titular esteja preenchida, isto é, que esteja no processo o legitimado *ad causam* ativo.

Na ação de imissão na posse, é interessante tecer-se consideração acerca do legitimado passivo. Ativamente, há de ser movida por quem se julgue juridicamente com título à posse, sem nunca a ter tido. Do ponto de vista passivo, a ação de imissão na posse somente pode ser movida contra terceiros, quando estes detêm a coisa em nome ou por conta do alienante.[88]

Ações existem para as quais é necessária certa e determinada qualificação jurídica. Assim, exemplificativamente, só o proprietário do imóvel tem legitimidade ativa para ajuizar ação de demarcação.[89]

Quanto ao recurso da decisão que extingue o processo sem resolução de mérito, por acolher arguição de ilegitimidade *ad causam*, dúvida não há no sentido de que seja impugnável mediante recurso de apelação,[90] pois que de sentença se trata.

88. STJ, REsp 404.717/MT, 3.ª T., j. 27.08.2002, rel. Min. Nancy Andrighi, *DJ* 30.09.2002, p. 257.

89. STJ, REsp 20.529/AL, 4.ª T., j. 30.08.1993, rel. Min. Dias Trindade, *DJ* 20.09.1993, p. 19.179. Os sucessores em herança ainda não partilhada não têm legitimidade para ingressar com ação demarcatória (*RJTJSP* 63/80).

90. STJ, REsp 113.443/PR, 4.ª T., j. 11.12.2001, rel. p/ac. Min. Sálvio de Figueiredo Teixeira, *DJ* 01.07.2004, p. 195. Neste julgado, ressalvou-se, corretamente, que "se efetivamente houve extinção do processo, sem prosseguimento do feito, foi proferida uma sentença. Se, ao contrário, se ensejou a continuação do processo, resolvida situação incidente, ainda que tenha sido extinto o feito em relação a um dos litisconsortes, ou quando extinta a reconvenção, a decisão tem natureza jurídica de interlocutória, sendo agravável, portanto".

Se houver extinção do processo, isto afeta a todos os seus integrantes. Segue-se que, diante da hipótese de ser extinto o processo por faltar ao autor legitimidade *ad causam*, fica prejudicado o pedido formulado por terceiros para figurarem no processo como assistentes.[91]

Já se decidiu que o locatário tem legitimidade passiva para a causa em que se visa à cobrança de despesas de condomínio carreadas pela lei e pela convenção ao proprietário.[92] De outra parte, em regra, o locatário não tem legitimidade para pedir prestação de contas e exibição de livros ao síndico do condomínio.[93]

Desta forma, afiguram-se-nos tecnicamente inconfundíveis, como categorias, as condições da ação com o mérito da demanda. Aliás, os pressupostos processuais e as condições da ação, presentes uns e outros, constituem uma categoria mais ampla, que toma o nome genérico de *requisitos da admissibilidade do julgamento do mérito*.

O exame dos pressupostos processuais, pelo juiz, deve, lógica, jurídica e cronologicamente, anteceder ao próprio exame das condições da ação, pois dizem respeito à existência e à validade do processo.

Devemos salientar, ademais, que as condições da ação, tanto quanto os pressupostos processuais, são categorias eminentemente técnico-formais, o que significa que, conforme o ordenamento jurídico positivo, poderão ser construídas e consideradas algo diferentemente. Poderão ser as condições da ação e os pressupostos processuais considerados numa categoria mais ampla e única, a distinguir-se do mérito ou, então, como o fazem os italianos, e nós, brasileiros, considerar o assunto uma trilogia: os pressupostos processuais, as condições da ação e, finalmente, o mérito.

Seja qual for a posição que se tome a respeito das questões de admissibilidade de julgamento de mérito, o que é importante observar é que "a questão de mérito" é, geralmente, a "questão principal" e quase sempre a "última a ser decidida".[94]

O Código de Processo Civil de 1973 pôs, em termos de Direito positivo, fim à discussão do que é *mérito*, quando, nos arts. 267 e 269, distinguiu as hipóteses em que há extinção do processo sem resolução de mérito daquelas em que deve ser considerado resolvido o mérito (= a lide). O Código vigente deixou claro que pressupostos processuais e condições da ação não integram a lide (art. 267, *caput*, IV e VI).

133. Cumulação de pretensões[95]

O instituto permissivo da reunião de mais de um pedido num só processo é inspirado na economia processual, pois, com menos trabalho, resolve-se mais de um assunto; além disto, inspira-se no princípio dispositivo, dado que, diante da permissão

91. TJRJ, EDecl. na ApCív 35.847, 7.ª Câm.Cív., v.u., rel. Décio Cretton, 19.06.1975.

92. STJ, REsp 36.815/SP, 3.ª T., j. 21.09.1993, rel. Min. Paulo Costa Leite, *DJ* 25.10.1993, p. 22.490.

93. *RT* 560/173.

94. Cf. Alfredo Buzaid, *O agravo de petição no sistema do Código de Processo Civil*, p. 90 (a afirmação deste autor é mais radical; *v*. logo a seguir, todavia). Se assim geralmente é, em face do Código de Processo Civil é possível que uma questão, que não seja a última a ser hipoteticamente suscetível de ser decidida, ainda assim (nem pelo fato de não ser a última, nem por isto deixará de se constituir numa decisão de mérito), como de mérito é, exemplificativamente, a hipótese de se decidir pela prescrição ou pela decadência (art. 269, IV), que é o exemplo mais típico. O que parece marcar o mérito, pelo sistema do Código de Processo Civil, é o prejuízo definitivo sobre o bem jurídico objetivado pelo autor; ou a supressão do conflito (= lide), por outro ângulo.

95. V. *Direito Processual Civil* – TGPC, vol. 2/382.

legal, o autor tem liberdade de cumular ou não esses pedidos.

O art. 292 permite a cumulação de pedidos em um único processo, enquanto o art. 294 (com a redação dada pela Lei 8.718/1993) marca o limite temporal extremo para fazê-lo: *antes de ser efetivada a citação do réu*. A lei processual usa da expressão "cumulação de pedidos", e a usada pela doutrina e jurisprudência é "cumulação de ações". Entendemos que seria preferível dizer-se "cumulação de pretensões processuais".

Não nos alongaremos nesse particular, por entendermos desnecessário aos fins desta obra.

Os requisitos existentes na lei para a validade da cumulação são os seguintes: (a) compatibilidade entre os pedidos;[96] (b) serem abrangidos pela competência de um mesmo juízo; e (c) que para todos os pedidos seja adequado o mesmo procedimento (art. 292). Caso não haja identidade de procedimento, ainda assim permite-se a cumulação, desde que o autor aceite, para todos os pedidos, o procedimento ordinário, sendo isto possível (art. 292, § 2.º).

A jurisprudência tem admitido a cumulação de: pedido de pagamento de seguro obrigatório com o de pensão alimentícia;[97] ação de investigação de paternidade com alimentos;[98] separação judicial com alimentos;[99] separação judicial com partilha de bens;[100] prestação de contas com dissolução de sociedade existente entre as partes;[101] declaratória de inexigibilidade de título de crédito e prestação de contas;[102] ação de sonegados com declaratória de nulidade de partilha;[103] pedidos de rescisão de contrato com exoneração da obrigação como fiduciário, e, em seguida, de prestação de contas da gestão;[104] declaratória de nulidade de cambial e de condenação em perdas e danos;[105] pedidos declaratório e constitutivo, desde que compatíveis entre si;[106] anulatória com cautelar;[107] rescisão contratual com despejo;[108] despejo por falta de pagamento com ordinária de despejo por infração contratual;[109] ação voltada ao

96. O Código antigo exigia que as ações fossem conexas e consequentes (art. 155); o atual exige tão só compatibilidade entre os pedidos formulados conjuntamente, no particular.

97. TJSP, ApCív 241.285, 4.ª Câm.Cív., v.u., rel. Oliveira Andrade, 15.05.1975.

98. *RT* 510/124, 525/179, 533/104 e 588/49; *RJTJSP* 33/28 e 42/114. Admitiu-se, em julgado recente, cumulação de ações de investigação de paternidade, petição de herança, alimentos e nulidade de registro civil contra réus distintos: STJ, REsp 291.311/RO, 4.ª T., j. 22.02.2005, rel. Min. Barros Monteiro, *DJ* 28.03.2005, p. 257.

99. *RJTJSP* 61/226.

100. *RJTJSP* 56/237.

101. *RT* 584/87; STJ, REsp 65.439/MG, 4.ª T., j. 13.10.1997, rel. Min. Sálvio de Figueiredo Teixeira, *DJ* 24.11.1997, p. 61.222.

102. *RT* 590/125.

103. *RT* 529/174.

104. *RT* 522/103; *RJTJSP* 54/176.

105. *RT* 590/132.

106. *JUTACivSP* 48/196.

107. *JUTACivSP* 86/159.

108. *JUTACivSP* 78/270 (desde que o rito seja o ordinário, como, obrigatoriamente, determina o art. 59, *caput*, da Lei 8.245/1991).

109. *RT* 550/150. Contra: *RT* 528/154 (inadmitindo despejo, com rito ordinário, para cumular outros pedidos). Esta última posição, que nos afigurava, em regra, a correta, é hoje a acolhida pela Lei de Locações de Imóveis Urbanos, Lei 8.245/1991, art. 59, *caput*, que imprime o rito ordinário para todas as ações de despejo nela fundadas. Sendo assim, e tendo presente a regra genérica do art. 292, § 2.º, do CPC, não podem surgir quaisquer inconvenientes para a cumulação, ao menos quanto ao aspecto procedimental. Admite-se cumulação de ação de despejo e ação de cobrança: STJ, AgRg no Ag 620.027/RJ, 5.ª T., j. 15.02.2005, rel. Min. Gilson Dipp, *DJ* 07.03.2005, p. 327.

cumprimento de dever de fazer, não fazer e de pagar quantia.[110]

Há que se admitir cumulação de execuções, não somente em face do disposto no art. 292 do Código de Processo Civil, aplicável à execução, tendo em vista o art. 598, mas, também, pelo art. 573, que prevê expressamente a hipótese. Destarte, atendendo às peculiaridades do caso, já se admitiu, diante do art. 292 c/c o art. 598, a cumulação da execução de aluguéis e ônus da sucumbência decorrentes da procedência de ação renovatória.[111] O Superior Tribunal de Justiça, por seu turno, interpretando o art. 573, já admitiu execução simultânea contra o devedor principal e os avalistas, tendo como base, respectivamente, o contrato e notas promissórias emitidas em garantia de seu cumprimento em decorrência da mesma dívida contratual.[112] A 2.ª Seção daquele Tribunal acabou por fixar este entendimento em sua Súmula 27, redigida da seguinte maneira: "Pode a execução fundar-se em mais de um título extrajudicial relativos ao mesmo negócio".[113-114]

Não se tem admitido a cumulação nos seguintes casos: pedido de cobrança de prestações (sucessivas ao desfazimento do negócio) e de rescisão contratual por inadimplemento;[115] ação voltada à declaração de vontade com a ação de consignação em pagamento, não havendo a opção pelo procedimento ordinário;[116] prestação de contas com declaratória de nulidade de títulos;[117] prestação de contas com indenização por perdas e danos;[118] prestação de contas com anulação de débitos e compensação de crédito;[119] ação divisória com reivindicatória.[120]

Dissemos que, conforme o preceito contido no art. 294, "antes da citação, o autor poderá aditar o pedido, correndo à sua conta as custas acrescidas em razão dessa iniciativa". Na redação constante originalmente do Código, todo pedido não formulado só poderia ser veiculado por ação diversa, o que parecia contrariar o princípio da economia processual, vez que o acréscimo de pedido *antes* da citação do réu não pode causar qualquer prejuízo para sua defesa.

Entretanto, devemos lembrar que as ações a serem cumuladas, e que não o tenham sido inicialmente, podem ser conexas, continentes, ou seja, quando, respectivamente, lhes for comum o objeto ou a causa de pedir e quando houver identidade quanto

110. STJ, REsp 605.323/MG, 1.ª T., rel. p/ ac. Min. Teori Zavascki, j. 18.08.2005, *DJ* 17.10.2005, p. 179.

111. *RT* 597/150.

112. REsp 3.680, rel. Min. Athos Carneiro, *DJ* 03.12.1990, citado em Sálvio de Figueiredo Teixeira, *O STJ e o processo civil*, p. 390; no mesmo sentido, mais recentemente: STJ, REsp 255.406/RJ, 3.ªT., j. 14.06.2004, rel. Min. Castro Filho, *DJ* 01.07.2004, p. 188.

113. *DJU* I, 20.06.1991, p. 8.374.

114. Amplamente sobre o assunto, Arruda Alvim, *Coleção Estudos e Pareceres, Direito Processual Civil*, vol. 3, p. 148-172. Parecer sob n. 9, em que se estuda o "Litisconsórcio na execução, possibilidade de sua utilização passiva e cumulação objetiva e subjetiva", entre outros muitos assuntos.

115. *Anais Forenses do Estado do Mato Grosso* 32/14.

116. *Anais Forenses do Estado do Mato Grosso* 37/230.

117. STJ, REsp 676.292/MT, 4.ªT., j. 08.03.2005, rel. Min. Barros Monteiro, *DJ* 09.05.2005, p. 427.

118. *RT* 495/190 e 529/141; *JUTACivSP* 60/140.

119. *Jurisprudência Mineira* 64/121.

120. *RT* 474/184; *RJTJRS* 73/746. Na verdade, aparentemente, correto o entendimento. Tal cumulação será possível. A cumulação é, todavia, inócua, pois emerge da divisória o direito à entrega da coisa (cf. Humberto Theodoro Júnior, *Terras públicas*, n. 208, p. 315). Admitiu-se, por outro lado, cumulação entre ação de divisão e de indenização: STJ, REsp 131.823/SP, 3.ª T., j. 31.08.2000, rel. Min. Pádua Ribeiro, *DJ* 20.11.2000, p. 288.

às partes ou à causa de pedir, mas o objeto de uma abranger o da outra. Nesses casos, deverá haver distribuição por dependência (art. 253);[121] se tal não se tiver verificado, o juiz, de ofício ou a requerimento de qualquer das partes, deverá, em regra, ordenar a reunião das ações para serem decididas simultaneamente (arts. 103, 104 e 105).

Nos casos acima lembrados não haveria exatamente uma cumulação de pedidos, nem posterior, pois estaremos em face de mais de uma ação, embora o efeito de julgamento conjunto se produza igualmente, depois de ter havido *simultaneus processus*, a partir da junção ou reunião dos processos.

Os tipos mais comuns de cumulação são os seguintes: (a) cumulação inicial, que se dá quando as ações são inicial e simultaneamente propostas, obedecido, inclusive, o limite temporal do art. 294; (b) o fenômeno que é redutível a uma cumulação posterior, quando a segunda ação é ajuizada posteriormente à primeira, já encontrando esta pendente, o que se dá nos casos de conexão ou continência; (c) cumulação eventual de ações, que é uma cumulação em sentido impróprio, ou diverso, em que uma delas é a principal e a outra subsidiária, devendo esta última ser objeto de apreciação somente no caso de a primeira não prosperar.

Aliás, determina expressamente o art. 289 que será lícito formular mais de um pedido em ordem sucessiva, só conhecendo, o juiz, do posterior se não acolher o primeiro. Neste último caso, é essencial a identidade de tipo procedimental para as ações cumuladas, embora sucessivamente, e, se se acolher a anterior, estará excluída a apreciação da posterior.

Lembremos que, ainda, poderá o pedido ser alternativo, na forma do art. 288, quando, pela natureza da obrigação, puder esta ser cumprida de mais de um modo.

Nos dois últimos casos citados, contudo, não há propriamente cumulação de pedidos, ou, se existe, é num sentido diverso das demais hipóteses, como se pode ver do exposto, pois, para haver cumulação, deve o autor ter mais de uma pretensão. Em nosso modo de ver, o art. 289 configura, com mais rigor, hipótese de ações ou pretensões concorrentes (havendo exclusão da posterior, se a anterior for conhecida).

Tratando do pedido, no art. 290, estabeleceu a lei processual que, consistindo a obrigação "em prestações periódicas, considerar-se-ão elas incluídas no pedido, independentemente de declaração expressa do autor; se o devedor, no curso de processo, deixar de pagá-las ou de consigná-las, a sentença as incluirá na condenação, enquanto durar a obrigação".

Resolveu, nessa conformidade, o Código vigente, um dos aspectos do problema, que vinha tomando a atenção dos tribunais, isto é, o entendimento exato de que, na consignação em pagamento, é desnecessária referência expressa ou protesto, quanto ao direito de se consignarem as prestações que se forem vencendo, estando em curso a lide.[122]

121. Remarque-se que a *atração* dos processos, a exigir a distribuição por dependência, verificar-se-á ainda quando houver a desistência e renovação do pedido, e mesmo nos casos de coincidência apenas parcial das partes. Dispõe-se no art. 253, com a redação da Lei 11.280, que "distribuir-se-ão por dependência as causas de qualquer natureza: I – quando se relacionarem, por conexão ou continência, com outra já ajuizada; II – quando, tendo sido extinto o processo, sem julgamento de mérito, for reiterado o pedido, ainda que em litisconsórcio com outros autores ou que sejam parcialmente alterados os réus da demanda; III – quando houver ajuizamento de ações idênticas, ao juízo prevento". Sobre o assunto, cf. STJ, AgRg no Ag 541.621/RJ, 4.ª T., j. 09.03.2004, rel. Min. Aldir Passarinho Júnior, *DJ* 12.04.2004, p. 215; STJ, REsp 766.930/RJ, 1.ª T., j. 01.09.2005, rel. Min. José Delgado, *DJ* 26.09.2005, p. 257.

122. *RT* 303/689; contrariamente: *RT* 390/250 (decisões anteriores ao CPC vigente).

Com o advento da Lei 8.245/1991, que regulou as locações de imóveis urbanos, a mesma solução foi dada expressamente pelo art. 67, III. Para as consignatórias em geral, reguladas pelo Código de Processo Civil, é de ser observado o disposto no art. 892, que se refere, expressamente, ao depósito das parcelas vincendas ao longo da tramitação do processo, "sem mais formalidades".

Também ficou solucionada, em definitivo, no Código de Processo Civil, a questão examinada pelo extinto Tribunal de Alçada de São Paulo, a saber: pretendendo-se, numa dada ação de cobrança, o direito às prestações que durante a litispendência se fossem vencendo, desnecessária será a propositura de outra ou outras ações, tantas quantas sejam as prestações. Podem todas elas ser cobradas na ação já ajuizada, desde que aqui se cobrem prestações vencidas e vincendas.[123] Havemos, então, de ter presente que se tornou desnecessária a explicitude da cobrança de prestações vencidas e vincendas, pois, pela lei, consideram-se elas implícitas no pedido (art. 290).[124]

Vejamos os casos em que a jurisprudência anterior (CPC/1939) já admitia a cumulação. Tomaremos por base de nossas considerações a jurisprudência sedimentada na lei anterior e o Código atual. Assim, admite-se a cumulação da ação declaratória com a condenatória,[125] como também é de admitir-se a cumulação da declaratória com constitutiva, tal como na vigência de lei anterior, pois para elas segue-se o mesmo tipo de procedimento (art. 292, III).

Cumulavam-se, no regime antigo, a ação cominatória e a declaratória,[126] e hoje cumulam-se, validamente, também o pedido cominatório e a declaratória, desde que o primeiro segue hoje sempre o rito desta, que é também o ordinário (hoje, explicitamente, o art. 287 trata de hipótese semelhante à da ação cominatória, e ambas têm o mesmo tipo de procedimento, donde poderem ser cumuladas essas pretensões).[127] Deixou, porém, de haver rito especial para a então designada ação cominatória, o que não foi afetado, propriamente, com a nova redação dada ao art. 461 pela Lei 8.952/1994.

---

123. *RT* 351/518 (decisão anterior ao CPC vigente). Com as modificações mais recentes experimentadas pelo Código de Processo Civil, é possível entender-se que nas ações de consignação o mesmo raciocínio pode ser aplicado, eis que: (i) é facultado que o depósito das parcelas vincendas seja efetuado conforme se vençam, 'sem mais formalidades' (art. 892), e (ii) é possível ao réu pretender, sem necessidade de reconvenção, a condenação do autor no pagamento das diferenças dos valores consignados e daqueles alegados como devidos (art. 899, § 2.º, com a redação que lhe deu a Lei 8.951/1994); logo, (iii) a sentença que acolher este *pedido* do réu (ação dúplice) será correspondente a uma verdadeira ação de cobrança proposta por aqueles valores vincendos, na esteira do que, genericamente, já dispunha o art. 290 do Código. A diferença entre as hipóteses é que, para a consignatória, o pedido de reaver a diferença dos depósitos deve ser expresso, eis que manifestação clara do princípio dispositivo (arts. 2.º e 128 do CPC).

124. Já se admitiu a inclusão de parcelas vincendas ao longo de processo de execução, desde que conhecidos os valores (STJ, REsp 31.164/RJ, 2.ª T., j. 20.11.1995, rel. Min. Hélio Mosimann, *DJ* 04.12.1995, p. 42.100; em relação a execução de alimentos, pelo rito do art. 732: STJ, EDcl no REsp 657.127/RS, 4.ª T., j. 16.08.2005, rel. Min. Jorge Scartezzini, *DJ* 05.09.2005, p. 422; STJ, RHC 19.045/MG, 3.ª T., rel. Min. Humberto Gomes de Barros, j. 18.04.2006, *DJ* 15.05.2006, p. 99; *LEXSTJ* v. 202, p. 38).

125. *RTJ* 56/350; *RT* 335/213 e 368/80; *RF* 209/193; *Jurisprudência Mineira* 13/84.

126. *RT* 421/292.

127. O art. 287 sofreu modificações em seu texto com a promulgação da Lei 10.444/2002, fazendo expressa referência, agora, à tutela específica do art. 461. Atualmente, está assim redigido referido dispositivo: "Se o autor pedir que seja imposta ao réu a abstenção da prática de algum ato, tolerar alguma atividade, prestar ato ou entregar coisa, poderá requerer cominação de pena pecuniária para o caso de descumprimento da sentença ou da decisão antecipatória de tutela (arts. 461, § 4.º, e 461-A)".

São, outrossim, perfeitamente cumuláveis dois pedidos preventivos, como o de depósito preparatório com o de vistoria *ad perpetuam rei memoriam.*[128]

A cumulação de ação demarcatória com queixa de esbulho já foi admitida,[129] bem como a demarcatória e a reivindicatória.[130]

Na ação objetivando a rescisão do contrato, tanto podem ser pedidos as perdas e danos,[131] como a reintegração de posse, desde que seja o pedido de reintegração deixado para final, como consequência da decretação da rescisão.[132] Semelhantemente, admitiu-se cumulação de ação reivindicatória com ação de perdas e danos.[133]

Admitem-se, cumulativamente, os pedidos de reembolso de despesas de mudança a serem havidos do antigo locador com o de indenização, devida ao locatário por desvio de uso.[134]

A nossa jurisprudência já tem reiteradamente admitido "cumulação de ações" em despejos de grandes edifícios, ou de despejos contra vários inquilinos, mesmo em prédios diversos. O problema, porém, como adiante se verá, liga-se mais proximamente à temática do litisconsórcio e não propriamente ao da cumulação de ações.[135]

Inadmite-se a cumulação de ação demarcatória com a de reintegração de posse e divisória.[136] Pelas mesmas razões, é inadmissível a cumulação do pedido de usucapião com demarcatória.[137]

Por outro lado, já se admitiu, também, a cumulação de ação possessória com outra ação, que deva obedecer ao procedimento ordinário; ocorrendo tal cumulação, ambas as ações haverão de ter o rito ordinário (art. 292, § 2.º), hipótese em que desaparece a possibilidade de medida liminar, na ação possessória, pela via do art. 928.[138] Nada impede, contudo, que, presentes os requisitos do art. 273, seja concedida a liminar de reintegração de posse.[139]

Havendo cumulação, haverá, na verdade, duas lides e dois "méritos" a serem apreciados pelo juiz. E tais lides, em regra, são independentes uma da outra. Desta forma, a carência de ação, relativamente a uma das ações, *v.g.*, por impossibilidade jurídica do pedido, não contamina e nem impede o exame do outro (ou dos outros) pedido(s) cumulado(s).[140]

Vejamos, com mais espaço, um caso típico de cumulação eventual expressamente admitida pelo art. 289 do atual CPC.

Admite-se a cumulação ("cumulação sucessiva"), aliás, já aceita pela jurisprudên-

128. *Revista Jurídica* 71/133; *RT* 376/340.

129. *RT* 358/317 (entenda-se a cumulação admitida como sucessiva – Theodoro Júnior, *op. ult. cit.*, n. 135, p. 204-207 – no entanto, é superfetação, pois a procedência da demarcatória envolve restituição.

130. *Jurisprudência Mineira* 19/78 (nesta hipótese é inviável a cumulação, pois, sendo a demarcatória ação do *dominus*, e, se procedente, implica restituição, descabe cumulação; ademais, incogitável obtenção de liminar na possessória, por causa do seu rito especial – Theodoro Júnior, *op. ult. cit.*, n. 136, p. 207-209). Acerca do tema, *cf.* o seguinte julgado do Tribunal de Justiça do Rio Grande do Sul: Assim: "Evidente que a procedência da ação demarcatória poderá acarretar o acréscimo de área em favor de uma das partes, sem que isso configure a cumulação de pedidos demarcatório e reivindicatório" (TJRS, AI 70020961744, 17.ª C. Cível, j. 14.08.2007, rel. Des. Alzir Felippe Schmitz, *DJ* 27.08.2007).

131. Alexandre de Paula, *O processo civil à luz da jurisprudência*, vol. 28/413, julgado 34.779.

132. *RTJ* 51/124; *RT* 286/198. Opinião corrente no CPC/1939.

133. STJ, REsp 84.790/SP, 4.ª T., j. 05.06.2001, rel. Min. Barros Monteiro, *DJ* 24.09.2001, p. 306.

134. *RF* 196/201.

135. 1.º TACSP, *RT* 383/374; *Jurisprudência Mineira* 14/39; TJRS, *Revista Jurídica* 24/143; *RTJ* 42/341 e 50/340; *TJSP* – *RT* 372/218 e 385/171.

136. *RT* 309/696.

137. *RT* 338/497 e 344/205-253.

138. *RJTJRS* 48/127 e 49/137.

139. Nesse sentido: STJ, REsp 332.194/SP, 3.ª T., j. 20.11.2001, rel. Min. Menezes Direito, *DJ* 25.02.2002, p. 379.

140. *JUTARS* 29/286.

cia, da ação de anulação de casamento com a de separação litigiosa. A separação litigiosa somente será apreciada não sendo fundado o pedido de anulação de casamento.[141]

Na realidade, na hipótese do art. 289, configura-se um caso de concorrência de ações, em que o que se objetiva são resultados semelhantes, embora diversos pudessem ser os meios de obtê-los, conquanto um meio (o antecedente) exclua o outro (o subsequente). Na hipótese, todavia, do art. 289, não terá havido, pelo autor, uma opção definitiva a respeito do resultado que deseja obter, antes do início do processo, como poderia ter havido.

O autor deseja primordialmente um determinado resultado, nele acentuando sua vontade: é aquele contido no pedido anterior; é esse resultado, realmente, o que é desejado pelo autor. Se, todavia, for tido como inviável tal resultado, mercê de deliberação judicial, já terá solicitado o autor, então, e já no mesmo processo, que o juiz passe ao exame do pedido posterior, embora reportado à mesma *causa petendi*. Há, portanto, dois pedidos, embora o primeiro deva, por vontade do autor, se possível (isto é, se for julgado como fundado), excluir o segundo.[142]

134. Concorrência de ações[143]

A doutrina e a jurisprudência, tradicionalmente, aludem a *concurso de ações*, quando, em verdade, parece-nos que, mais propriamente, deveriam referir-se a *concurso de pretensões*. Isto porque a teoria do concurso de ações diz respeito à existência, para a satisfação de um mesmo interesse, de mais de uma *pretensão* de direito material.

Tendo em vista a nossa posição, já firmada, no sentido de diferenciar as pretensões de direito material da pretensão processual, temos, no caso, um concurso de pretensões, ou seja, para a satisfação de um mesmo interesse fornece a lei mais de um caminho, os quais, todavia, se excluem reciprocamente.

Diz-se concurso ou concorrência de ações (*rectius*, pretensões) justamente porque elas *concorrem*, dirigem-se a uma mesma finalidade: a satisfação de um só interesse, o que por vários modos é suscetível de ocorrer.

Diz-se, também, concurso eletivo de ações. Na hipótese do art. 289, a eleição não se dá, definitivamente, antes do início do processo, senão que os dois pedidos são feitos com base na mesma *causa petendi*, embora enfatizado o pedido anterior. Trata-se, nesta hipótese, todavia, de cumulação eventual.

De várias formas pode-se apresentar o concurso de ações. Como exemplo, vejamos as ações que cabem ao comprador de coisa recebida com vício ou defeito oculto, que a tornem imprópria ao uso destinado. Estas existem para a satisfação do direito do comprador. Entretanto, pelo art. 442 do Código Civil, pode o adquirente, em vez de mover a ação redibitória, enjeitando a coisa e rescindindo o contrato (art. 441 do Código Civil), reclamar abatimento no preço.[144-145]

Também o evicto, que não assumiu os riscos da evicção, pode optar, sendo a evic-

141. *RT* 367/278 e 420/292; *RF* 209/196.

142. V. *RT* 544/93.

143. V. mais amplamente sobre o assunto nosso *Direito processual civil* – TGPC, vol. 2/379.

144. Se se pede a rescisão do contrato, a ação é constitutiva negativa, pois colima-se desfazer o negócio; se, diferentemente, se solicita o abatimento do preço, a ação é constitutiva, objetivando-se a alteração de um dos elementos da compra e venda, o preço. Conforme o que se deseje, portanto, o efeito jurídico será diferente. No entanto, ou se pede uma coisa, ou outra coisa. Assim é que, do ponto de vista jurídico, são esses pedidos excludentes, um do outro. Depende-se da vontade do autor; porém, manifestada esta, pela eleição de uma determinada ação, isto é, uma consequência jurídica específica, a outra – que teria sido possível – fica lógica e juridicamente inviável, ou seja, está excluída pelo próprio direito.

145. V. os arts. 1.105 e 1.101 do CC/1916.

ção parcial, mas considerável, entre a rescisão do contrato e a restituição da parte do preço correspondente à sua perda (art. 455 do Código Civil).[146-147]

Por outro lado, pode o concurso de ações simultaneamente apresentar-se impróprio e primeiramente como uma cumulação eventual (art. 289 do CPC), para, depois, haver concurso de ações propriamente dito. Esta pode ser tipicamente a hipótese do art. 500 do Código Civil.[148] Na aquisição de um imóvel, calculado o preço, determinando-se a área, se esta for inferior às dimensões dadas, o comprador terá o direito de exigir o complemento da área e, não sendo isso possível (cumulação eventual), pode ou reclamar a rescisão do contrato ou o abatimento proporcional do preço (concorrência de pretensões, havendo, aqui, alternatividade – art. 288).

Há que se observar, o que é importante, que o pressuposto para todas as ações concorrentes é sempre um só: uma determinada violação do direito, tal como descrita na lei. A causa da pretensão é uma: variam, porém, os possíveis respectivos meios satisfatórios.

Os problemas complexos, originados pelo chamado concurso de ações, dizem respeito tanto à teoria da litispendência, como à da coisa julgada.

Efetivamente, se ficarmos rigorosamente adstritos à chamada teoria das três identidades,[149] constataremos, à primeira vista, que ela não responde, de forma plenamente satisfatória, a tais aspectos. Em verdade, nas ações concorrentes, existe identidade quanto às partes, bem como relativamente à *causa petendi*; todavia, o *petitum* (pedidos ou objetos imediatos), rigorosamente, é diverso.

Um exame, porém, mais profundo revela que a teoria das três identidades explica suficientemente o assunto.

É pacífico em doutrina que, ajuizada uma ação concorrente, não poderá ser ajuizada a outra, ou as outras, concomitantemente. Assim, se o comprador ajuizar ação, pedindo diminuição do preço da coisa que lhe foi vendida com defeito oculto, certamente não poderá ajuizar ação pedindo a rescisão do negócio. Em face da teoria das três identidades, interpretada literalmente, caberia, então, perguntar-se o porquê da impossibilidade de propositura desta segunda ação, se, rigorosamente, de litispendência não se trataria, pois os pedidos, em si mesmos, são diferentes.

Entretanto, com base nesta mesma teoria, pode-se dizer que, conquanto o pedido de diminuição de preço e o de rescisão sejam coisas diversas, sob o prisma estritamente dos efeitos jurídicos, são absolutamente equivalentes e idênticas as *causae petendi*. O que importa, pois, é a respectiva equivalência, do ponto de vista do direito, das duas pretensões.

A teoria das três identidades não pode, pois, ser entendida, literalmente, devendo-se fazer certas aparentes concessões, tendo em vista que o sistema jurídico define um objeto ("consequência jurídica") como equivalente ao outro.

Há, ainda, diversas considerações que legitimamente podem ser feitas corroborando essa solução.

Se a ação concorrente foi julgada procedente, obviamente exauriu-se, do ponto de vista jurídico, o interesse do autor: a sua pretensão, que era fundada, recebeu sentença favorável. Não tem mais o autor,

146. A este tipo de concurso parte da doutrina denomina de concurso impróprio (cf. Pontes de Miranda, *Comentários ao Código de Processo Civil*, vol. 2, p. 395; Moacyr Amaral Santos, *Primeiras linhas de direito processual civil*, vol. 1, n. 149, p. 200).

147. Cf. art. 1.114 do CC/1916.

148. Cf. art. 1.136 do CC/1916.

149. V. nosso *Curso...*, vol. 1, n. 93, p. 404.

por essa razão, direito à outra ação concorrente.[150]

Por outro lado, suponha-se que a ação foi julgada improcedente, e isto terá ocorrido pela verificação de que não houve lesão alguma. Ora, como atrás verificamos, nas ações concorrentes a ação jurídica é uma só, conquanto as ações (= pretensões) que ela permite, para a respectiva reparação, podem variar. Se se verificou que a lesão inexistia, curialmente, nenhum dos efeitos teria sido admissível.

Várias hipóteses têm sido dirimidas pela doutrina e pela jurisprudência, no equacionamento dos casos mais comuns.

Assim, por exemplo, lembre-se a dualidade que existe entre a cambial e a respectiva relação fundamental, isto é, o negócio de Direito Civil ou Comercial que levou o devedor da cambial a emiti-la em favor do credor. Conquanto exista uma dualidade de realidades, há unidade relativamente à existência de direito; há um só direito (se o título se encontrar em mãos do devedor e credor originários). A cambial, nessas condições, é tão somente uma expressão da relação fundamental, tanto que é absolutamente pacífica a doutrina do Direito Comercial, no sentido de que a emissão de cambial, em tais condições, não produz novação alguma. Consequentemente, execução por título extrajudicial, porventura movida com base na cambial, impede, pelo mesmo autor, a ação relativa à relação fundamental, do mesmo modo que, se o credor optar pela ação ordinária, esta impede aquela.

Uma outra hipótese, de que a nossa doutrina não se ocupou suficientemente, é aquela que diz respeito às ações dos sócios, de uma mesma sociedade, movidas contra assembleia da mesma, ações estas com o mesmo pedido e com a mesma *causa petendi*. Variam, somente, as pessoas dos titulares. Todas as ações, no entanto, convergem para a mesma finalidade: a anulação da assembleia.[151]

A doutrina italiana desenvolveu adequadamente, em parte, o tema. As soluções (não pacíficas, todavia) a que chegou são, em linhas gerais, as seguintes: (1.ª) se a ação de um sócio for julgada procedente, não poderá outro sócio intentar a sua ação, formando-se, pois, coisa julgada; (2.ª) se, entretanto, a ação for julgada improcedente, nada impede que outros sócios ajuízem as suas ações.

Entre nós, como não há, na lei processual, solução expressa, poder-se-ia, por analogia (art. 126 do CPC) adotar a legislação pertinente à ação popular, especificamente tendo em vista a solução que aí se deu, pioneiramente, no ordenamento jurídico nacional, à coisa julgada *erga omnes* (*v.* Lei 4.717/1965, art. 18). A este diploma seguiu-se, com disposição símile, é interessante frisar, o art. 16 da Lei 7.347/1985 – Lei da Ação Civil Pública –, e, para ficarmos com os diplomas legislativos mais relevantes, o art. 103, I, da Lei 8.078/1990 – Código de Defesa do Consumidor –, todos analogicamente aplicáveis à espécie.

135. Objeto litigioso ou lide

A nossa doutrina denomina de *fundo de litígio, mérito* ou *lide* aquilo que os alemães chamam de *objeto litigioso*.

150. Em rigor, não se deve afirmar que em relação à ação que não foi julgada houve coisa julgada. A melhor explicação é a de que *falta interesse*, em relação a essa outra ação, se, hipoteticamente, vier a ser movida (este esclarecimento decorreu da leitura da obra de Eduardo Talamini, *Coisa julgada e sua revisão*, p. 69, nota 77).

151. V. nossos *Curso*... cit., vol. 1, n. 92, p. 400, e tb. *Direito processual civil* – TGPC, vol. 2/252 e 255 e 381 a 403, 404.

Para que se possa compreender de forma completa o assunto, é conveniente, neste passo, abordarem-se os conceitos de questões preliminares e questões prejudiciais (ambas estas espécies integram o gênero questão prévia).[152]

Há, no processo, determinados *assuntos* (*pontos*) que, se *controvertidos*, passam a merecer a denominação de *questões*. Se a solução destas não influir na existência (ou na inexistência) do exame do mérito, de questões prévias e preliminares propriamente ditas se tratará. Como exemplo, tem-se a competência do juízo.

Se, no entanto, da solução da questão depender o "como" será julgado o mérito (possivelmente procedente ou improcedente), de questão prévia e prejudicial se tratará. Exemplo expressivo desta hipótese é a questão da filiação em relação à petição de herança.

Cumpre, ainda, notar que nem sempre as questões prévias o são em relação ao mérito (embora seja este o caso mais encontradiço, como no segundo exemplo dado). Podem sê-lo em relação a outras questões, como no primeiro exemplo.

Nossa lei admite, atualmente, a ação declaratória incidental, cujo tema está diretamente relacionado com o objeto litigioso, pois, sendo requerida declaração incidente, há aumento do objeto de decisão do juiz e, portanto, maior extensão objetiva da coisa julgada. O objeto desta ação será sempre e necessariamente uma questão prejudicial em relação ao mérito.

A *lide* é conceito coincidente com a ideia de *mérito*, tal como delineado pelo autor, e sobre ele é que recairá a imutabilidade da coisa julgada.[153]

152. Sobre o assunto, amplamente: Thereza Alvim, *Questões prévias e limites objetivos da coisa julgada*.

153. Se o réu pedir declaratória incidental, fará com que seu pedido transmude a questão prejudicial em lide.

Nessas condições, é na petição inicial que se encontram os elementos para identificar o objeto litigioso, pois o autor é que o fixa. O réu, por sua vez, fixa os pontos controvertidos de fato e de direito, mas não aumenta o objeto litigioso, salvo se se servir da declaratória incidental ou de reconvenção (na verdade, nestes casos, haverá duas lides e, pois, dois objetos litigiosos).

O juiz, ao julgar, aprecia e decide todas as questões que se encontram no processo, mas só sobre o *objeto litigioso* (*lide*) é que pesará a autoridade de coisa julgada (*v.* arts. 468 e 469).

Essa a razão de entendermos ser o objeto do processo mais amplo que o objeto litigioso ou a lide, desde que no primeiro está contido o segundo (lide), somadas as alegações do réu.

Evidentemente, já que a lei o permite, por institutos como, por exemplo, a reconvenção, a oposição e a declaratória incidental, o processo é acrescido de mais objetos litigiosos (= lides) (o reconvinte, opoente e requerente da decisão incidental são autores), e sobre esses, se julgados no mérito, também pesará a autoridade de coisa julgada.

Como o objeto litigioso ou lide é o mérito da ação, deve ser esta identificada, a fim de que a atividade jurisdicional só seja prestada uma vez em relação à mesma pretensão.

Por meio dessa identificação impede-se que, já estando pendente uma ação, outra igual seja proposta (litispendência), ou que, já havendo coisa julgada a respeito de determinado objeto litigioso (= lide), seja movida nova e idêntica ação (= mesma ação, em rigor, a mesma lide), a fim de que não existam decisões contraditórias e desperdício da atividade estatal.

136. Elementos da ação

Na doutrina dos países latinos tradicionalmente fala-se em *teoria das três identi-*

dades, para que possam ser identificadas as ações. O Direito brasileiro imediatamente anterior – embora sem texto expresso –, e o atual (agora explicitamente) também seguiram essa orientação, pois se lê no art. 301, § 2.º, *in verbis*: "Uma ação é idêntica à outra quando tem as mesmas partes, a mesma causa de pedir e o mesmo pedido".

Assim, para evitar decisões contraditórias, tem-se que coibir a pendência de ações iguais e, para tanto, deve ser escolhida, como o fez nossa lei, uma teoria para a sua identificação.

O critério das três identidades, apesar de ter recebido crítica, é bastante operativo e fornece claro esquema para essa tarefa.

Toda ação tem três elementos, mercê dos quais ela é identificável: *partes, objeto* (pedido, diz a nossa lei) e *causa de pedir*.

137. As partes e sua identificação[154]

As partes identificam-se do *ponto de vista jurídico*, querendo-se com isto significar que é fundamental constatar, para a identificação das partes, a *qualidade jurídica* em que se apresentam. Poderá haver mudança de parte, *fisicamente*; no entanto, sob o prisma jurídico, pode não haver alteração, não deixando de haver identidade de partes, como no caso de *sucessão por morte*. Ademais, não se ignora que a mesma pessoa física poderá litigar em processos diversos, ou no mesmo, em distintas posturas jurídicas.

Este fenômeno pode ocorrer, exemplificativamente, na hipótese de embargos de terceiro. Ora, a própria parte pode também desempenhar papel de terceiro. É o que consta do art. 1.046, § 2.º, do CPC que reza, *verbis*: "Equipara-se a terceiro a parte que, posto figure no processo, defende bens que, pelo título de sua aquisição ou pela quantidade em que os possuir, não podem ser atingidos pela apreensão judicial". Assim, a mesma parte, no mesmo processo, pode ter distintas qualificações jurídicas.

Por outro lado, se houver em dois processos inversão de posições, passando num o autor a ser réu, e, ao reverso, o que era réu, a autor, se iguais forem os fatos e fundamentação jurídica, subsistirá a identidade de partes, quer para fins de litispendência, quer para os de coisa julgada.

Assim, por exemplo, se *A* move contra *B* uma ação condenatória, objetivando a cobrança do crédito *X*, e, subsequentemente, *B* (agora como autor) move contra *A* (como réu) uma ação declaratória negativa, objetivando negar a existência do mesmo crédito *X*, há, certamente, identidade de partes, de *causa petendi* e de objeto, dado que a declaração se compreende na condenação. O que importa, pois, no particular da qualidade da parte, não é a posição em que esta se encontra – ativa ou passiva –, mas, sim, que em ambos os processos ela se apresente na mesma qualidade jurídica (com a mesma postura).

Acima de tudo, pois, interessa a posição jurídica e os fins a serem atingidos pela ação.

138. O objeto[155]

Pretensão é a afirmação de um direito. Quem pretende um direito, afirma-o como seu.

Aquilo que está em dúvida, no litígio, é precisamente aquilo que foi afirmado pelo autor: *é o direito de que se diz titular*.[156]

Disto se dessume que a perquirição de quais sejam os elementos da ação tem de ser

154. V. nosso *Direito processual civil* – TGPC, vol. 2/65.

155. Cf. Karl Heinz Schwab, *Der Streitgegenstand im Zivilprozeß* [*O objeto litigioso no processo civil*], p. 3.

156. V. nosso *Direito processual civil* – TGPC, vol. 1/58 e 2/16; Teresa Arruda Alvim Wambier, *Omissão judicial e embargos de declaração*, item 4.

feita, precisamente, pelo exame da pretensão processual. O que está em jogo é, efetivamente, o direito afirmado pelo autor.

Um ponto que a doutrina estrangeira tem discutido é o consistente na indagação de integrar ou não a ação o objeto litigioso, para fins de identificação da ação, na teoria da litispendência. Por outras palavras: mesmo se estivermos, em dois processos, diante dos mesmos fatos, partes e fundamentações jurídicas (naturalmente contrapostas), se a ação for diversa, sendo num deles declaratória e, no outro, condenatória, por exemplo, haverá ou não identidade de objeto litigioso? O problema da ação é extrínseco ou não ao objeto litigioso? Ou, tendo em vista a terminologia de nossa lei, a ação é relevante, na teoria das três identidades, para solucionar os problemas a que se presta essa teoria?

A nossa opinião é a de que o objeto litigioso é integrado pelo tipo de ação na teoria da litispendência. Por outras palavras, aqui, o objeto litigioso é resultante da pretensão (material) e do tipo de ação (pretensão processual), no qual é ela feita valer. Desta forma, é indispensável considerar-se o tipo de ação para se determinar se ocorre ou não identidade de objeto litigioso. O problema é particularmente relevante na teoria da litispendência.

A identidade do objeto, já o dissemos, tal como a das partes, é dada pela pretensão processual. Esta é o retrato do objeto litigioso, da lide ou do mérito, para usarmos a terminologia tradicional de nosso Direito.

Pelo exposto, vemos que não se pode conceber no processo a pretensão como direito material, exclusivamente – salvo com uma função e configuração completamente diversas –, e nem mesmo, de acordo com muitos (Windscheid), como uma tendência para subordinar a vontade de outrem ao próprio direito.

Já dissemos que o autor fixa, com seu pedido, o objeto litigioso, o mérito ou a lide, sobre o qual irá incidir a sentença e a qualidade de imutabilidade dos efeitos desta, ou seja, a coisa julgada material (que não deve ser confundida com a coisa julgada formal, equivalente à "preclusão máxima", isto é, à situação de imutabilidade só dentro daquele mesmo processo, embora a coisa julgada material ocorra cronologicamente juntamente com a formal). Todavia, ao fixar o objeto litigioso, o autor delimita a lide, ou seja, aquilo sobre o que o juiz deve decidir, com força de coisa julgada, uma vez que este não pode julgar *extra*, *infra* ou *ultra petita* (arts. 128 e 460). Nessas condições, se o autor tiver proposto uma ação declaratória (genuinamente declaratória), não poderá o magistrado condenar o réu, pois os limites da lide já terão sido fixados na petição inicial; o autor deseja tão somente a declaração de seu direito (especificamente, art. 460). Diferentemente, se se tratar de uma ação declaratória que contenha elementos suficientes para proporcionar o seu cumprimento (execução), tal como se a condenatória houvesse sido proposta.[157]

Nesse sentido é que dizemos que o *tipo de tutela jurídica integra o objeto litigioso*,

157. Nesse sentido, mesmo antes da Lei 11.232/2005, assim decidiu o STJ, REsp 588.202/PR, j. 10.02.2004, rel. Min. Teori Albino Zavascki, de onde destacamos o seguinte trecho do voto: "No caso dos autos, conforme reconhecido, a sentença declaratória contém juízo de certeza e de definição exaustiva a respeito de todos os elementos da relação jurídica questionada, reconhecendo em favor do contribuinte o direito de haver a repetição (e, portanto, o dever da Fazenda de pagar) de valor indevidamente recolhido, prestação essa que atende até mesmo as condições para ser compensada com outra dívida fiscal. Submeter o contribuinte a nova ação cognitiva como condição para receber o pagamento significaria, conforme sustentado, atividade jurisdicional desnecessária e inútil, incompatível com o princípio constitucional da coisa julgada e com a própria razão de ser da função jurisdicional. Por tais razões, voto pelo provimento do recurso. É o voto".

para efeito de identificação das ações, mas, lembremos, tendo em vista a litispendência (termo usado aqui para significar a pendência simultânea de ações iguais), e não a coisa julgada material.

Para os problemas oriundos da coisa julgada material já não interessa a ação, mediante a qual foi exercida a pretensão. Assim, julgada improcedente ação declaratória, esta decisão, uma vez transitada em julgado, tem efeitos totais, vale dizer, compreensivos e excludentes de ulterior e eventual ação condenatória (entre as mesmas partes, com idêntica qualificação jurídica e a mesma *causa petendi*). Não poderá, portanto, sob pretexto de não haver identidade de ações, mover ação condenatória contra o mesmo réu, baseada nos mesmos fatos jurídicos e direito, pois este foi declarado inexistente.

Examinemos, agora, porque e em que medida o tipo de ação é importante na identificação de ações pendentes simultaneamente.

Problema que, desde logo, surge, é o de se saber se ação declaratória negativa movida pelo devedor contra o credor impede que este cobre judicialmente este mesmo crédito. O objeto litigioso, nele integrado o tipo de ação (para efeito, justamente, de verificar-se ou não a litispendência), não é idêntico ao da condenatória. O da ação condenatória será maior, pois nesta se contém não só a declaração do direito ou declaração de certeza, como o pedido de sanção contra o réu. Consequentemente, a ação declaratória negativa do devedor não produz litispendência para a ação condenatória do credor, pois, nesta, obterá ele não só a certeza jurídica como a condenação, sendo a ação julgada procedente.

Se se admitisse litispendência da declaratória para a condenatória, o prejuízo do credor seria manifesto, pois que se procrastinaria indevidamente a prestação da tutela jurisdicional. Seria necessário haver julgamento de improcedência da condenatória, para só então admitir-se a ação declaratória.

Neste sentido e de certa forma, é assim que deve ser entendido o § 1.º do art. 585, com a redação que lhe deu a Lei 8.950/1994, ao dispor que a propositura de qualquer ação relativa ao débito constante do título executivo não inibe o credor de promover-lhe a execução.

Já a ação condenatória ajuizada pelo credor inibe (= produz litispendência) a ação declaratória negativa do devedor, pois seu pedido de declaração será satisfeito na primeira ação, tendo-a ou não contestado: ou será devedor ou não o será.

Assim, a identificação das ações, quando tenha por escopo a eliminação de um de dois processos, baseia-se nas pretensões de ambos, levando-se em consideração o tipo de ação utilizado que, conforme a hipótese, poderá, ou não, produzir litispendência.

Essa identificação, no tema da litispendência, baseia-se em duas afirmações de direito e nos pedidos que se pretendam fazer valer.

Dissemos que os elementos individualizadores da ação são: (a) as partes; (b) o objeto, ou seja, o bem jurídico a respeito do qual se reclama uma providência jurisdicional; e (c) a *causa petendi*, isto é, os motivos de ordem jurídica e de fato dos quais emerge o pedido.

Ora, o objeto pode ser classificado em "imediato", que é o tipo de providência jurisdicional solicitada, e "mediato", que é o próprio bem jurídico reclamado. O objeto litigioso, nesse tema, abrange os dois tipos de objetos. Nossa lei não usa dessa terminologia, usando o mesmo *pedido*, desde que *não usa da expressão objeto litigioso*. Realmente, a lei eliminou o problema da diversa abrangência que tem o objeto litigioso, tendo seus termos igual alcance, desde que no pedido estão contidos tanto o objeto imediato como o mediato (art. 301, § 2.º).

139. Fundamento legal

Um ponto importante a ser ressaltado é que a fundamentação legal, isto é, a indicação do artigo de lei aplicável – segundo entendimento do autor – à hipótese fático-jurídica deduzida é extrínseca à identificação de ações. Nada tem que ver com ela.[158]

Isto quer dizer que há liberdade para o autor, sem alterar a estrutura da demanda, de mudar a fundamentação legal (artigo de lei), a qual, rigorosamente, nem sequer precisa constar da petição inicial;[159] pela mesma razão, o juiz pode acolher a demanda fundando-se em lei diversa.[160]

140. Fundamentação jurídica e *causa petendi*[161]

Os fatos contidos na inicial, qualificados como *causa petendi*, constituem efetivamente o fundamento jurídico da demanda. O autor deve demonstrar que os fatos descritos levam necessariamente à conclusão ou conclusões pedidas, isto é, à relação de causa e efeito (no plano lógico e volitivo do autor) entre os fatos jurídicos e o pedido, ou seja, os fatos e suas consequências.

Afigura-se-nos que a *causa petendi* é constituída pelos *fatos* e a *respectiva fundamentação jurídica*. São os fatos jurídicos em virtude dos quais nasce o interesse de agir ou mesmo a necessidade de agir, sob pena de ter o autor prejuízo.

Os fatos jurídicos são, então, aqueles em virtude dos quais entende o autor ser justificável o seu acesso ao Judiciário para pleitear uma dada providência prevista pelo ordenamento e precisamente a que decorre dos efeitos jurídicos daqueles fatos.

Assim, a *causa petendi* é *complexa*, no sentido de abranger todos os *fatos jurídicos* e *respectivos fundamentos*. Por *fatos jurídicos* entendemos os de que dimanam *consequências jurídicas*. Distinguem-se eles, como categoria mental, dos chamados fatos simples, os quais, *de per si*, são insuficientes para gerar consequências jurídicas. Levam estes, apenas, ao conhecimento pleno dos fatos jurídicos (qualificados aqueles como tais), os quais não poderão, de forma alguma, ser mudados durante a demanda (salvo modificação do libelo – art. 264, *caput*, se admitida), o que já não ocorre com os simples.

141. A *causa petendi* nas ações pessoais e nas ações reais

A doutrina discute, e muito, a respeito da *causa petendi* nas ações reais.

Quanto às pessoais, não há praticamente dúvida no sentido de que, para identificar-se a ação, é necessário não só a menção ao negócio como à respectiva origem; daí haver *causa petendi* próxima e *causa petendi* remota.

Assim, se um indivíduo se diz credor de outro, por mútuo, por exemplo, tem que indicar não somente o montante desse mútuo,

158. Cf. Prieto Castro, *Derecho procesal civil*, n. 257, p. 273; Santiago Sentís Melendo, artigo sob o título *Iura novit curia*, em *Revista de Derecho Procesal*, 2.ª parte, p. 219. É e foi absolutamente pacífica nossa jurisprudência a respeito: *RT* 304/288, 154/248, 265/659, 211/482, 321/180 e 326/159; *Revista de Jurisprudência* 2/127; *RT* 299/552, 306/519, 324/433, 208/451 e 223/254.

159. V., modernamente, Fritz Baur, A dicção *iura novit curia*, trad. Arruda Alvim, na *Revista de Processo [RePro]*, vol. 3.

160. *RT* 242/399; TJSP, *Boletim de Jurisprudência* 5/187. Sobre a ausência, na inicial, da fundamentação legal: *RT* 145/677, 311/330 e 180/684; v. Alexandre de Paula, vol. 3.º do *Repertório*, cit., julgados 4.056, 4.059, 4.054 e 4.053, do TJ/SP. Mais recentemente: STJ, REsp 233.446/RJ, 4.ª T., j. 27.03.2001, rel. Min. Sálvio de Figueiredo Teixeira, *DJ* 07.05.2001, p. 145.

161. Sobre o tema, cf. análise aprofundada desenvolvida por Teresa Arruda Alvim Wambier, *Omissão judicial e embargos de declaração*, item 3.

como também a forma de sua constituição; caso contrário, não será possível identificarmos corretamente a ação pessoal, movida para cobrança desse mútuo.

Parece-nos que a argumentação de validade do direito real *erga omnes* não pode, absolutamente, isentar o autor de demonstrar que o direito lhe cabe. Para tanto, de molde a fazê-lo idoneamente, terá de declinar a respectiva origem.[162]

Bibliografia

ALVIM, Eduardo Arruda. *Curso de direito processual civil*. São Paulo: Ed. RT, 1999. vol. 1.

______. *Curso de direito processual civil*. 2. ed., rev. e ampl. São Paulo: Ed. RT, 2008.

______. *Direito processual civil*. 3. ed. São Paulo: Ed. RT, 2010.

______. *Direito processual civil*. 4. ed. São Paulo: Ed. RT, 2012.

______. *Mandado de segurança no direito tributário*. São Paulo: Ed. RT, 1997.

ALVIM, Thereza Celina Diniz de Arruda. *Questões prévias e os limites objetivos da coisa julgada*. São Paulo: Ed. RT, 1977. vol. 1.

______; e ARMELIN, Donaldo. Ação declaratória. *Revista de Processo [RePro]* 22/201-211, São Paulo: Ed. RT, ano VI, abr.-jun. 1981.

ALVIM NETTO, José Manoel de Arruda. Ação declaratória incidental. *Revista de Processo [RePro]* 20/29, São Paulo: Ed. RT, ano V, out.-dez. 1980.

______. Aula ministrada no III Curso de Especialização em Direito Processual Civil, na PUC/SP, em 29.06.1974. *Revista de Processo [RePro]* 2/37, São Paulo: Ed. RT, ano I, abr.-jun. 1976.

______. Chamamento ao processo em ação declaratória positiva. *Revista de Processo [RePro]* 3/131.

______. *Código de Processo Civil comentado*. São Paulo: Ed. RT, 1975. vol. 1.

______. *Curso de direito processual civil*. São Paulo: Ed. RT, 1971. vol. 1.

______. *Direito processual civil – Teoria geral do processo de conhecimento*. São Paulo: Ed. RT, 1972. vol. 1.

______. *Direito processual civil*. São Paulo: Ed. RT, 2002, 1995 (Coleção Estudos e Pareceres – volumes 2 e 3).

______. O ônus da prova nas ações declaratórias negativas. *Revista de Processo [RePro]* 4/231.

______. *Tratado de direito processual civil*. São Paulo: Ed. RT, 1990. vol. 1.

AMARAL SANTOS, Moacyr. *Primeiras linhas de direito processual civil*. 25. ed. (atual. por Maria Beatriz Amaral Santos Kohnen). São Paulo: Saraiva, 2007. vol. 1.

ARMELIN, Donaldo. Ação declaratória de imunidade tributária. *Revista de Processo [RePro]* 26/21.

162. Cf. Arruda Alvim, *Direito processual civil – TGPC*, vol. 2, 6.ª parte, p. 83. A conclusão correta é a de que, na ação de reivindicação, exemplificativamente, é necessário, não só comprovar (prova legal) o fato atual da propriedade, devidamente individuada e descrita, e, pois, assim, a causa de aquisição, ao lado da posse ilegítima do réu. Vale dizer, não só a causa próxima (a propriedade, fato atual) como a causa remota (modo de aquisição). No sentido de nossa opinião, no Direito comparado: Prieto Castro, *Derecho procesal civil*, t. I, § 63, n. 263, n. III, p. 256; Schönke, *Derecho procesal civil*, § 47, II, 4, alínea *a*, p. 166; Schönke-Schöder-Niese, *Zivilprozessrecht* [*Direito Processual Civil*], 8. ed., § 47, III, 4, p. 214. Mais anteriormente, entre nós, Paula Batista, *Teoria e prática*, § 187, n. 1, p. 178-179. Em nossa jurisprudência, correto é o entendimento firmado, nesse sentido, pelo TJ/SP, *RT* 102/218. Fixa dito acórdão que os autores hão não só de demonstrar que são titulares do domínio, como também de quem houveram a coisa e como a houveram. Correta a posição, neste particular, de J. I. Botelho de Mesquita, em trabalho publicado na *Revista de Direito Processual Civil*, n. 6, p. 194, Saraiva. Incorreto o entendimento de Chiovenda, em *Principi di diritto processuale civile*, § 12, p. 284, 1923. Cf. também STJ, REsp 195.476/MS, 4.ª T., j. 07.02.2002, rel. Min. Sálvio de Figueiredo Teixeira, *DJ* 15.04.2002, p. 221.

______. *Legitimidade para agir no direito processual civil brasileiro*. São Paulo: Ed. RT, 1979.

ASSIS, Araken de. *Cumulação de ações*. 2. ed. São Paulo: Ed. RT, 1995.

BARBI, Celso Agrícola. *Ação declaratória principal e incidental*. Rio de Janeiro-São Paulo: Forense, 1976.

______. Ação, partes, despesas judiciais, intervenção de terceiros e do Ministério Público no novo Código de Processo Civil. *RF* 247/20.

______. *Comentários ao Código de Processo Civil*. Rio de Janeiro: Forense, 1975. vol. 1.

BARBOSA MOREIRA, José Carlos. *O novo processo civil brasileiro*. 25. ed. Rio de Janeiro: Forense, 2007.

BEDAQUE, José Roberto dos Santos. *Efetividade do processo e técnica processual*. São Paulo: Malheiros, 2006.

BERMUDES, Sérgio. A ação judicial como espécie do direito de petição e independência do Poder Judiciário como condição do exercício da jurisdição. *RBDP* 17/103, 1979.

BOTELHO DE MESQUITA, J. I. Conteúdo da causa de pedir. *RT* 564/41.

BURNIER, Penido. Ação declaratória incidental. *Revista de Processo [RePro]* 11-12/101, São Paulo: Ed. RT, ano III, jul.-dez. 1978.

BUZAID, Alfredo. *O agravo de petição no sistema do Código de Processo Civil*. São Paulo: Saraiva, 1946.

CARNEIRO, Athos Gusmão. Ação declaratória incidental. *RF* 246/217.

______. Ação declaratória incidental no novo Código de Processo Civil. *RT* 458/26.

______. Notas sobre a ação declaratória incidental. *AJURIS* 24/47, 1983.

CARVALHO, Luiz Antônio da Costa. Declaração incidente. *RBDP* 2/83, 1976.

DELGADO, José Augusto. Ação declaratória e medida cautelar. *RT* 587/273.

DINAMARCO, Cândido Rangel. O conceito de mérito em processo civil. *Revista de Processo [RePro]* 34/20-46, São Paulo: Ed. RT, ano IX, abr.-jun. 1984.

FABRÍCIO, Adroaldo Furtado. *A ação declaratória incidental*. Rio de Janeiro: Forense, 1976.

GRINOVER, Ada Pellegrini. *As garantias constitucionais do direito de ação*. São Paulo: Ed. Ed. RT, 1973.

LOPES, João Batista. *Ação declaratória*. São Paulo: Ed. RT, 1983.

______. O interesse de agir na ação declaratória. *RT* 688/255.

MALUF, Carlos Alberto Dabus. Cumulação de ações no processo civil. *Revista de Processo [RePro]* 17/61, São Paulo: Ed. RT, ano V, jan.-mar. 1980.

MARQUES, José Frederico. *Manual de direito processual civil*. São Paulo: Saraiva, 1983. vol. 1.

MARRARA, José. Teoria geral do processo civil (Ação-natureza jurídica). *RF* 270/374.

MENDONÇA LIMA, Alcides de. A nova terminologia do Código de Processo Civil. *AJURIS* 1/104, 1974.

NEGRÃO, THEOTÔNIO. *Código de Processo Civil e legislação processual civil em vigor*. 31.ed., São Paulo: Saraiva, 2000.

NERY JUNIOR, Nelson; e NERY, Rosa Maria de Andrade. *Código de Processo Civil e legislação processual civil extravagante em vigor*. 9. ed. São Paulo: Ed. RT, 2006.

______. *Código de Processo Civil e legislação processual civil extravagante em vigor*. 2. ed. São Paulo: Ed. RT, 1994.

OLIVEIRA, Eduardo Ribeiro de. Notas sobre o conceito de lide. *Revista de Processo [RePro]* 34/85-89, São Paulo: Ed. RT, ano IX, abr.-jun. 1984.

PASSOS, J. J. Calmon de. *Comentários ao Código de Processo Civil*. Rio de Janeiro: Forense, 1979.

PEREIRA, Sérgio Gischkow. Possibilidade jurídica do pedido. *AJURIS* 23/167, 1981.

PIMENTEL, Wellington Moreira. *Comentários ao Código de Processo Civil*. São Paulo: Ed. RT, 1979. vol. 3.

PONTES DE MIRANDA. *Comentários ao Código de Processo Civil de 1939*. 2. ed. Rio de Janeiro: Forense, 1958. vol. I.

PRATA, Edson. Ação declaratória e inexistência de débito. *RBDP* 57/149.

. O interesse do autor e a ação declaratória. *RBDP* 30/37, 1981.

PRIETO CASTRO. *Derecho procesal civil*. Zaragoza: Librería General, 1949.

ROSA, Eliézer. Carência, procedência e improcedência da ação. *RF* 129/367.

SANCHES, Sydney. Objeto do processo e objeto litigioso do processo. *Revista de Processo [RePro]* 13/31-47, São Paulo: Ed. RT, ano IV, jan.-mar. 1979; *RJTJSP* 55/13.

SANSEVERINO, Milton. A prescrição como objetivo de ação declaratória – Algumas reflexões críticas. *Revista de Processo [RePro]* 19/179.

SCHÖNKE. *Derecho procesal civil*. Barcelona: Bosch, 1950.

SCHWAB, Karl Heinz. *Der Streitgegenstand im Zivilprozeß*. Munique e Berlim: Beck'sche, 1954.

SENTÍS MELENDO, Santiago. Iura novit curia. *Revista de Derecho Procesal*, ano 1947, 2.ª parte, Buenos Aires, Ediar, p. 208-248.

TALAMINI, Eduardo. *Coisa julgada e sua revisão*. São Paulo: Ed. RT, 2005.

TEIXEIRA, Sálvio de Figueiredo. *O STJ e o processo civil*. Brasília: Brasília Jurídica, 1995.

THEODORO JÚNIOR, Humberto. Condições da ação. *RF* 259/39; *RBDP* 13/27, 1978.

______. *Processo de conhecimento*. 1981. vol. 2.

______. *Terras públicas*. 1981.

VIANA, José Ribamar de Castro. Ação declaratória. *Revista de Processo [RePro]* 26/215, São Paulo: Ed. RT, ano VII, jan.-mar. 1982.

WAMBIER, Teresa Arruda Alvim. *Nulidades do processo e da sentença*. 6. ed. São Paulo: Ed. RT, 2007.

______. *Omissão judicial e embargos de declaração*. São Paulo: Ed. RT, 2005.

______; MEDINA, José Miguel Garcia. *O dogma da coisa julgada* – Hipóteses de relativização. São Paulo: Ed. RT, 2003.

WATANABE, Kazuo. O ônus subjetivo da prova na ação declaratória negativa. *RJTJSP* 10/13.

XII

Ato Processual

142. Atos jurídicos e atos processuais

Fato jurídico é todo acontecimento da vida *relevante* para o Direito,[1] mesmo que seja fato *ilícito*.

Há dois significados de relevância para o Direito: 1.º) num primeiro e usual significado, relevante é o fato (lícito ou ilícito) ao qual o Direito liga consequências jurídicas; 2.º) num outro sentido, cronológica e antecedente ao anterior, e para o legislador, principalmente, nenhum fato é irrelevante, na medida em que, ao editar a lei, consideram-se todos os fatos, emprestando-se a alguns consequências jurídicas e a outros não.

Neste segundo significado, nada é irrelevante para o legislador, enquanto, nesse momento pré-jurídico, considera-se a totalidade dos fatos da realidade social, para, sucessivamente, discriminar os fatos aos quais se seguem consequências jurídicas e aos quais estas consequências não se seguem.

Os fatos jurídicos que interessam ao processo podem ser enfocados sob dois prismas distintos: 1.º) aqueles que dependem da vontade humana unilateral, os mais comuns (atos processuais), bem como os negócios jurídicos, processuais bilaterais; 2.º) os que dela independem (fato processual, v.g., a morte do litigante, art. 265, I, e o caso do art. 265, V).

O que interessa, porém, é procurar estudar o ato processual, e quem diz ato, necessariamente, liga-o à vontade humana. Sem vontade humana e, pois, sem anterior consciência e sucessiva volição, não se pode dizer que, juridicamente, haja a prática de um ato válido. O ato jurídico e, assim, o ato processual, é normalmente a exteriorização de uma vontade. Esta vontade tem como pressuposto, e é decorrente de, que só os maiores e capazes podem ter volição no processo e, como regra, são os que podem estar em juízo (art. 7.º). Os incapazes hão de ser representados ou assistidos, conforme o grau de sua incapacidade (art. 8.º do CPC), que se reporta à lei civil, assumindo-lhe os conceitos básicos.[2] Representantes, de um lado, e assistentes e assistidos, de outro, nessas condições diferenciados, poderão praticar atos processuais.

O ato processual é ato jurídico inserido na relação jurídica processual (processo). Sendo ato jurídico uma espécie, é, também, fato jurídico, que é o gênero.

Há quem conceitue os atos processuais como "aqueles atos que têm por efeito a constituição, a conservação, o desenvolvi-

1. V. nosso *Curso*... cit., vol. I, n. 94, p. 427.

2. O Código Civil dispõe que "a menoridade cessa aos 18 (dezoitos) anos completos, quando a pessoa fica habilitada à prática de todos os atos da vida civil" (art. 5.º, *caput*).

mento, a modificação ou a cessação da relação processual".[3]

Parece-nos, entretanto, que à definição se deve acrescentar mais um elemento, ou seja, em que circunstância deve ser praticado o ato. O ato, para ser processual, tem que ser necessariamente praticado *no processo*, ou sempre *trazido* a este. Todo e qualquer ato relativo ao processo, mas materialmente elaborado antes do início ou fora deste, somente adquirirá relevância jurídica e, então, produzirá efeitos, precisamente, quando for constituído o processo. É neste sentido que se há de ler o art. 158, *caput*. A palavra *imediatamente*, do art. 158, *caput*, há de ser interpretada como significando que os atos produzem imediatamente efeitos processuais, desde que trazidos ao processo, e não a partir da manifestação unilateral, ou mesmo bilateral (negócios processuais), mas antes de levadas, uma e outros, ao juiz.

Os negócios processuais não são propriamente atos (negócio é espécie de fato, e, um e outro, a seu turno, encartam-se no conteúdo maior de fato jurídico) necessariamente praticados no processo. Assim, o documento onde se elege foro (art. 111, § 1.º), conquanto válido antes do início do processo, só terá eficácia quando e se trazido ao processo, pela via e no momento procedimental adequado.

Tratando-se de negócio jurídico, avulta o papel da interpretação, com pertinência à vontade dos integrantes de tal negócio. Tanto os atos de conservação, como os de desenvolvimento e modificação, bem como de cessação de relação jurídica processual, devem ser praticados no processo perante o juiz ou por este. O que caracteriza o ato processual, fundamentalmente, é, pois, sua ligação ao processo e justamente o efeito que produzirá em relação aos atos que se lhe seguirem, se for ato de constituição. Ao contrário, porém, se se tratar, exemplificativamente, de ato de cessação da relação jurídica processual, será justamente este o efeito que produzirá com homologação, quando a lei a exija.

Ligando-se o ato processual, sempre, ao processo, podemos extrair dessa circunstância peculiaridades, que o caracterizam.

O ato processual – salvo em parte, o ato de propositura da ação – de maneira alguma se apresenta no mundo jurídico de forma isolada, pois é interligado, quer ao seu antecedente, quer ao seu consequente. Normalmente, o ato processual encontra no antecedente o seu pressuposto e, por sua vez, é o estágio necessário para que se pratique o ato que se lhe seguirá.

A razão de os atos processuais apresentarem-se interligados prende-se à circunstância de que são praticados visando a um fim comum: Preparam o caminho necessário à prolação da sentença. Vinculam-se, pois, pelo fim que por eles se colima.

Das características de interligação e vinculação pela finalidade dessume-se uma terceira: a interdependência entre eles.

A interdependência dos atos processuais é muito importante para a teoria da validade do processo. Aliás, fala-se comumente em validade do processo; no entanto, mais exato será, em nosso modo de ver, falar, não em validade de atos processuais ou de um determinado ato ou segmento processual, mas na nulidade, que pode macular um segmento processual, quando este venha depois de um ato nulo. Veremos a serventia desta característica, na medida em que determinados atos processuais dependem de um anterior: se este não tiver valor, necessariamente os dele dependentes e a ele posteriores não o terão (art. 248, 1.ª frase). A interdependência, usualmente, implica que, nulo um ato, todo o segmento processual, que lhe é lógica e cronologicamente posterior, e que dele depende, nulo será.

3. Moacyr Amaral Santos, *Primeiras Linhas de Direito Processual Civil*, vol. I, n. 225, p. 285.

143. Classificação dos atos processuais

Os atos processuais podem ser classificados usando-se de um critério subjetivo, isto é, tendo em vista aquele que pratica o ato. Sob a luz desse critério, o ato jurídico processual pode ser: a) ato judicial e b) ato postulatório das partes (igualmente de terceiros intervenientes no processo). Como atos judiciais são considerados não só os atos do juiz (*stricto sensu*), como os dos auxiliares da Justiça (*lato sensu*).[4]

O escrivão ou chefe de secretaria praticam atos de documentação (art. 166 do CPC) ao longo de todo o procedimento (art. 167 do CPC). O andamento do processo, do ponto de vista material, repousa no escrivão (art. 168), descrevendo a lei o *modus faciendi* de tais atos, cuja prática lhe incumbe (art. 169 do CPC), como, ainda, o que se lhe não permite (arts. 169, § 1.º [Primitivo parágrafo único renumerado pela Lei 11.419/2006], e 171, ambos do CPC), sendo-lhe lícito usar da taquigrafia, da estenotipia ou de qualquer outro meio idôneo de documentação (art. 170, com a redação que lhe deu a Lei 8.952/1994).[5] São estes os atos do auxiliar principal do juiz, sem o qual não haveria possibilidade material de andamento do processo.

A Lei 8.952/1994, acrescentou o § 4.º ao art. 162 do Código atual, pelo qual é possível ao servidor, de ofício, a prática de atos meramente ordinatórios que independam de despacho, como a juntada de peças aos autos e a vista obrigatória. Dispõe o mesmo dispositivo que tais atos serão revistos pelo juiz quando necessário.[6] Da reclamação feita ao juiz, e da decisão deste, é que terá cabimento o recurso de agravo, pois ter-se-á, então, caracterizado uma decisão, *propriamente dita*.

Afigura-se-nos relevante o critério subjetivo que distingue os atos do juiz dos das partes, pois, efetivamente, não se confundem. Este, aliás, é o sistema adotado pela legislação de 73, que, no Cap. I do Título V (que trata dos atos processuais) do Livro I, dedica a Seção II aos atos da parte (arts. 158 a 161), a III aos atos do juiz (arts. 162 a 165) e a IV aos do escrivão e aos do chefe de secretaria (arts. 166 a 171).

O critério objetivo, contudo, apesar de menos didático, é mais científico, pois tem como base o ato em si considerado e a função operativa por ele exercida no processo. Dentre os atos da parte, encontramos definição no art. 158 do CPC, de onde se colhem as seguintes regras: as chamadas declarações unilaterais incluem os atos de postulação, propriamente ditos, como, ainda, as meras manifestações de vontade. Já as declarações bilaterais de vontade não se constituem, tecnicamente, em atos processuais, porém em negócios jurídicos processuais. Exemplos das declarações unilaterais encontramos no art. 269, II, do ponto de vista passivo, qual seja, o ato de reconhecimento da procedência do pedido, que leva à extinção do processo, com resolução de mérito e coisa julgada. Do ponto de vista do autor, existe a renúncia ao direito (*rectius*, "à pretensão"), que conduz, outrossim, à mesma consequência (art. 269, V). Como negócio jurídico processual ("declaração bilateral de vontade"), encontramos a transação, que é meio de extinção do processo, com resolução de mérito, revestido também da autori-

4. O Código de Processo Civil de 1939 denominava frequentemente de atos *judiciais* os atos que, na realidade, eram atos *processuais*. Consultem-se, por exemplo, a respeito, os arts. 5.º, 56 e 800, parágrafo único, do CPC de 1939.

5. No Estado de São Paulo, o uso de estenotipia em audiência, para redução a termo dos atos processuais, já era permitido desde a edição da Lei Estadual 3.947/1983, art. 12.

6. Há previsão análoga no art. 203, § 4.º, do PL 8.046/210.

dade de coisa julgada. A transação é, de um lado, regrada no Direito Civil, e, de outro, no processo (arts. 840 a 850, do CC/2002;[7] e, no CPC, art. 269, III, especificamente).

Dentre os atos unilaterais, porém, os mais importantes são os chamados atos de postulação. Podem ser subclassificados tendo em vista o autor e o réu, fundamentalmente.

Da perspectiva do autor, o ato fundamental é a *petição inicial*, onde deduz o pedido e sua ação (art. 282 do CPC), devendo observar os requisitos aí definidos, juntando os documentos a que se refere o art. 283 do CPC. É ato que, se não praticado, ou se praticado inadequadamente, ou incompletamente, gera preclusão, para a hipótese de o autor pretender aditá-la, formulando pedido que omitira, ou consertando erros que cometera (salvo o art. 284 do CPC). Ao contrário do que originalmente dispunha o art. 294, que vedava ao autor formular pedido que omitira na petição inicial, sendo necessária a propositura de outra ação para tanto, com a redação que lhe deu a Lei 8.718/1993, aquele dispositivo passou a facultar ao autor a possibilidade de aditar o pedido desde que antes de efetivada a citação, correndo à sua conta (*rectius*: devendo adiantar, nos termos do arts. 19, *caput*, e 20) as custas processuais que se acresçam com esta iniciativa. Certamente, o norte que conduziu o legislador a esta alteração foi o princípio da economia processual. Poderá o autor, porém, com ou sem revelia, mas sempre citando novamente o réu (art. 321 do CPC), modificar o pedido ou a causa de pedir. A mudança do pedido ou de sua *causa petendi* só poderá ser feita, depois da citação, com o consentimento do réu (art. 264 do CPC), mas sempre imutáveis as partes (arts. 264 e 41 do CPC). Depois do saneamento, não poderá haver qualquer alteração, mesmo que haja consentimento (art. 264, parágrafo único, com a redação da Lei 5.925/1973).

Verifica-se, portanto, que a petição inicial é o edifício fundamental do processo, e é sobre o bem jurídico aí pretendido que se pronunciará a sentença, e será sobre tal bem que pesará a autoridade da coisa julgada.

Do ponto de vista do réu, assiste-lhe o direito de apresentar defesa, cujos atos de postulação podem ser assim elencados: 1.º) ao réu assiste o direito de discutir, por via de exceção ("exceção processual"), a incompetência relativa, a suspeição e o impedimento (arts. 297; 112 a 114, com as alterações da Lei 11.280/2006; 312 a 314), sendo que tal meio processual, se não utilizado *opportuno tempore*, leva à preclusão, salvo a hipótese do impedimento (*arg. ex.* art. 485, II) e da defesa, porquanto ao juiz, de ofício, incumbe conhecer de toda a matéria (art. 301, § 4.º), exceto a hipótese de compromisso arbitral, que, se não alegado, implicará preclusão lógica, pois o réu terá preferido a via judicial à extrajudicial, à semelhança do que se terá verificado com o autor, pois foi este que, ignorando o compromisso, terá proposto a ação.

Tanto o autor quanto o réu (se aquele dela não se tiver utilizado idoneamente) poderão se utilizar da ação declaratória incidental (arts. 5.º, 321, 325), para o fim de obter coisa julgada (art. 470) sobre relação prejudicial. O autor, tendo sido contestada a relação prejudicial, poderá utilizar-se de dita ação no prazo de 10 dias seguintes à intimação da contestação do réu (art. 325), salvo se o réu já a tiver solicitado, o que deverá este fazer no prazo da defesa, apesar da omissão do art. 297 do CPC.

Os demais atos de postulação constituem-se nas bases de recursos, utilizáveis quando da prolação das decisões interlocutórias e da sentença final, com ou sem resolução de mérito (quanto às decisões interlocutórias, arts. 162, § 2.º e 522 – este, na redação da Lei 11.187/2005; quanto à sen-

7. Cf. arts. 1.025 a 1.036 do CC/1916.

tença, arts. 162, § 1.º – na redação da Lei 11.232/2005 – e 513).

Os terceiros intervenientes, na assistência simples (com poderes processuais subordinados ao da parte assistida), têm poderes mais limitados; na assistência litisconsorcial (com poderes iguais ao da parte), é o assistente litisconsorcial tratado como litisconsorte; o opoente comporta-se, fundamentalmente, como um autor, salvo em algumas hipóteses ligadas a aspectos estritamente procedimentais. Ao denunciado à lide também cabem atos de postulação, tendo em vista sua situação.

Como atos do juiz, a lei distingue, nitidamente, a sentença (art. 162, § 1.º, na redação da Lei 11.232/2005), com resolução de mérito, quando deverá ser amplamente fundamentada (arts. 458 e 165), sendo que, não julgando o mérito, poderá ser concisamente fundamentada (art. 459, 2.ª frase),[8] como, ainda, cremos que nos casos de negócios jurídicos processuais, cuja substância são atos autocompositivos (art. 269, II, III e V), não havendo necessidade de fundamentação extensa. A nova redação do § 1.º do art. 162 define a sentença em razão de seu conteúdo (arts. 267 e 269), e não da circunstância de extinguir o processo. Mas, considerando que a sentença de mérito é a finalidade das ações de conhecimento declaratória, constitutiva e condenatória, ao proferir a sentença, o juiz não terá outra atividade a realizar na ação (salvo no caso do art. 463 do CPC, na redação da Lei 11.232/2005) e, por isso, a extinção do processo será consequência do proferimento da sentença. Nos casos das sentenças denominadas pela doutrina de mandamentais ou executivas *lato sensu* e, após a vigência da Lei 11.232/2006, também no que concerne às sentenças que ensejam execução – que, à exceção da sentença arbitral e da sentença penal condenatória, não ensejam processo executivo autônomo –, a sentença não extingue o processo, mas apenas a sua fase cognitiva.[9]

Os incidentes do processo são resolvidos por meio das decisões interlocutórias (art. 162, § 2.º), as quais, outrossim, hão de ser fundamentadas, se bem que o possam ser concisamente (art. 165).[10] O § 3.º do art. 162 alude a despachos, definidos por exclusão, que se constituem nos demais atos do juiz, sem forma prevista. Devem distinguir-se, todavia, as decisões interlocutórias, que terão conteúdo decisório, sendo agraváveis (em regra, no regime de retenção, salvo se presentes as circunstâncias referidas no art. 522, na redação da Lei 11.187/2005, hipótese em que se admitirá o regime de instrumento), e os chamados despachos (art. 504, na redação da Lei 11.276/2006), de que não cabe recurso algum, dos instituídos no Código, salvo embargos de declaração. O § 4.º desse art. 162, por fim –, dispõe que os atos meramente ordinatórios, vale dizer, que independem de despacho, tais como a juntada e a vista obrigatória – o rol da Lei é claramente exemplificativo –, devem ser praticados

8. STJ, AgRg no AgIn 428.178/MG, 5.ª T., j. 12.04.2005, rel. Min. Arnaldo Esteves Lima, *DJ* 20.06.2005, p. 330; STJ, REsp 737.933/MG, 1.ª T., j. 03.05.2005, rel. Min. José Delgado, *DJ* 13.06.2005, p. 211.

9. Sobre estas categorias de sentenças, cf., *supra*, n. 24, e, na Segunda Parte deste *Manual*, n. 303.

10. Desde que despida de qualquer fundamentação, é nula a decisão interlocutória (STJ, 4.ª T., RMS 6.465/SP, rel. Min. Sálvio de Figueiredo Teixeira, j. 29.10.1997, *DJ* 09.12.1997, p. 64.705; *JUTACivSP* 34/317, STJ, 2.ª T., AgRg no REsp 251.049/SP, Rel. Min. Nancy Andrighi, j. 13.06.2000, *DJ* 01.08.2000, p. 246, RDR. v. 18. p. 277). Igualmente, o indeferimento imotivado de solicitação de prova testemunhal (*RTJ* 76/640; afirmando tratar-se de cerceamento de defesa: STJ, 3.ª T., REsp 1.802/RJ, rel. Min. Waldemar Zveiter, j. 20.02.1990, *DJ* 12.03.1990, p. 1.704), da mesma forma que o indeferimento injustificado de pedido da parte de certidão que seja necessária à defesa do seu direito (*RTJ* 87/547).

de ofício pelo servidor. O mesmo dispositivo dispõe, ainda, que tais atos serão revistos pelo juiz, quando necessário.

O critério, talvez menos inseguro, pelo menos pragmaticamente, para chegar-se à distinção entre *despacho de mero expediente* e *decisão interlocutória*, é o de que aquele não implica prejuízo, sendo preparatório de decisão interlocutória ulterior, ao passo que a decisão que se lhes siga, a qual pelo despacho "fora preparada" necessariamente, é capaz de gerar prejuízo.[11]

Correlacionam-se os ns. 1 a 10 com os ns. I a X, abaixo, representando os ns. 1 a 10 despachos de mero expediente e os ns. I a X as respectivas decisões interlocutórias.

Assim, são despachos de mero expediente: 1.º) a ordem de preparo (antes do advento da Lei 8.951/1994 e, posteriormente, da Lei 9.756/1998, pela qual a comprovação do preparo, deve ser realizada, de acordo com o art. 511, *caput*, no ato de interposição do recurso);[12] 2.º) o mandar assinar termo de caução;[13] 3.º) o determinar a juntada de procuração pelo advogado;[14] 4.º) o ordenar a ida dos autos ao contador para que procedesse à liquidação de sentença, modalidade de liquidação extinta pelo advento da Lei 8.898/1994, em sistemática que assim se mantém com a alteração da Lei 11.232/2005;[15] 5.º) o determinar nova ida dos autos ao contador (idem 4.º);[16] 6.º) o fixar diretriz (regras) para cálculo de liqui-

11. A propósito, a orientação do STJ: "Processo civil. Decisão interlocutória. Despacho. Distinção. Doutrina. Despacho que determina a intimação da parte. Ausência de conteúdo decisório e de gravame. Art. 162, §§ 2.º e 3.º, CPC. Recurso desacolhido. I. Nos termos dos §§ 2.º e 3.º do art. 162, CPC, 'decisão interlocutória é o ato pelo qual o juiz, no curso do processo, resolve questão incidente' e 'são despachos todos os demais atos do juiz praticados no processo, de ofício ou a requerimento da parte, a cujo respeito a lei não estabelece outra forma'. II. A diferenciação entre eles reside na existência ou não de conteúdo decisório e de gravame. Enquanto os despachos são pronunciamentos meramente ordinatórios, que visam impulsionar o andamento do processo, sem solucionar controvérsia, a decisão interlocutória, por sua vez, ao contrário dos despachos, possui conteúdo decisório e causa prejuízo às partes. III. O pronunciamento judicial que determina a intimação da parte, como no caso, onde inocorre excepcionalidade, é meramente ordinátório e visa impulsionar o feito, sem causar qualquer gravame" (STJ, 4.ª T., REsp 195.848/MG, j. 20.11.2001, rel. Min. Sálvio de Figueiredo Teixeira, *DJ* 18.02.2002, p. 448).

12. TJMT, *Arquivo Forense do Estado de Mato Grosso* 40/238. Diferentemente, "determinado pelo juízo processante o recolhimento de custas adicionais, por entender, consoante pelo mesmo afirmado nas informações prestadas ao Tribunal estadual sobre o agravo interposto, que entendia que o valor dos embargos do devedor deveria corresponder ao da execução, configura, aquele ato, decisão interlocutória, atacável por agravo de instrumento, e não despacho de mero expediente" (STJ, 4.ª T., REsp 333.950/RJ, j. 22.04.2003, rel. Min. Aldir Passarinho Júnior, *DJ* 27.06.2005, p. 395).

13. 1.º TACSP, 2.ª Câm. Civ., AgIn 205.687, j. 25.09.1974, rel. Ferreira Prado, v.u.

14. STJ, 3.ª S., AgRg na Rcl 1.014/PE, j. 23.10.2002, rel. Min. Gilson Dipp, *DJ* 18.11.2002, p. 155.

15. TJSP, 2.ª Câm. Civ., Ap. 238.274, rel. Macedo Bittencourt, v.u., 18.02.1975; 2.º TACSP, 1.ª Câm., AgIn 18.517, rel. Nóbrega de Salles, v.u., 17.09.1974; 2.º TACSP, Ap. 20.089, rel. Luiz Francisco, v.u., 13.08.1974; *RT* 521/135; *JUTACivSP* 74/382; STJ, 4.ª T., REsp 326057/RJ, rel. Min. Ruy Rosado de Aguiar, *DJ* 02.09.2002, p. 193). Entretanto, "não se enquadra em tal conceito a decisão que impõe comandos minudentes para feitura da conta, contra a qual é cabível o recurso de agravo" (STJ, 2.ª T., REsp 421913/RS, j. 25.10.2005, rel. Min. Castro Meira, *DJ* 14.11.2005, p. 238).O art. 604 do CPC, que havia sido alterado pela Lei 8.898/2004, foi revogado pela Lei 11.232/2005, que inseriu o art. 475-B, que tem o mesmo conteúdo do revogado art. 604.

16. TJSP, 1.ª Câm. Civ., AgIn 236.201, rel. Andrade Junqueira, v.u., 27.08.1974; 1.º TACSP, 2.ª Câm., AgIn 202.269, rel. Ferreira Prado, v.u., 24.04.1974; TJSP, 4.ª Câm. Civ., AgIn 234.857,

dação (= para conta de liquidação – idem 4.º);[17] 7.º) a fixação de regras para feitura de partilha;[18] 8.º) a remissão de questão para decisão ulterior;[19] 9.º) a conversão do julgamento em diligência;[20] 10.º) a nomeação de perito para apurar o valor real da causa em face da impugnação.

A essas hipóteses – todas elas colhidas na jurisprudência – seguem-se as respectivas decisões interlocutórias, correlatas, a saber: I – a deserção; II – a decisão interlocutória que tenha a caução por prestada, ou não; III – a decisão que dê a parte representada por advogado, ou não; IV – a homologação de conta (no sistema anterior à Lei 8.898/1994, que extinguiu a liquidação por cálculo);[21] V – idem, homologação de conta (idem, IV); VI – homologação de conta e insurgência, nessa oportunidade, contra o critério que a informou (idem IV); VII – a decisão que homologue a partilha; IX – a decisão ulterior que julgará a causa ou o incidente, em função do qual se deu a conversão em diligência; X – a decisão que aceite, ou não, a impugnação ao valor da causa, depois de realizada a prova pericial.

A este critério pragmático, todavia, haver-se-á de ponderar que, mesmo quando se possa reputar, num primeiro exame, um ato do juiz como sendo despacho de mero expediente, se se demonstrar, no entanto, o prejuízo, descaracterizado estará como tal, e haverá de ser reputado como uma decisão interlocutória, passível, portanto, de ser vulnerada através de agravo (cf. art. 522, na redação da Lei 11.187/2005).

Assim é que o mandar prestar caução poderá tipificar-se como decisão interlocutória, desde que aquele que deve prestá-la entenda a isto não estar obrigado, ao passo que já o mero determinar assinatura de termo de caução será despacho de mero expediente.

Em síntese, em face do critério *supra*, colhido da jurisprudência, haver-se-á de examinar o ato sob a ótica do prejuízo, que é *punctus pruriens* atinente ao tema, vale dizer, é pelo prejuízo presente que um ato judicial, que não extinga o processo, haver-se-á de reputar decisão interlocutória.

Foram considerados irrecorríveis, à luz de tais critérios: a) o pronunciamento que

Rio Claro, rel. Médici Filho, v.u., 27.07.1974; *RT* 536/138.

17. 2.º TACSP, 5.ª Câm., AI 18.518, rel. Manuel Carlos, v.u., 12.06.1974; *JUTACivSP* 58/109; *RT* 577/122. *Diversamente*, decidiu-se que "se a decisão monocrática não se limitou a traçar normas para o contador efetuar o cálculo de liquidação, mas determinou nova atualização, com a inserção de novos critérios, que poderão resultar em gravame para a parte, não configura despacho de mero expediente, mas constitui ato de conteúdo decisório, deste cabendo agravo de instrumento" (STJ, 1.ªT., REsp 51.279/PR, j. 20.05.1996, rel. Min. Demócrito Reinaldo, *DJ* 17.06.1996, p. 21.449).

18. *RJTJSP* 44/231; TJSP, 33.ª Câm. Dir. Priv., AgIn 1150544004, j. 23.01.2008, rel. Des. João Carlos Sá Moreira de Oliveira, disponível em <http://www.tj.sp.gov.br>; TJRS, 9.ª Câm. Cív., AgIn 70022577035, j. 20.12.2007, rel. Des. Odone Sanguiné, *DJ* 14.01.2008. Em contrário, por se entender que a postergação do exame do pedido antecipatório configura reconhecimento tácito da ausência dos requisitos previstos no art. 273 do CPC: "Decisão interlocutória. Ausência de fundamentação. Violação ao art. 93, IX, da Constituição Federal. Nulidade reconhecida de ofício. A omissão, pelo magistrado, da fundamentação de sua decisão com base nos elementos fáticos constantes dos autos, além de afrontar o inciso IX do art. 93, da Carta Magna, impossibilita à parte o seu eficaz ataque pela via recursal própria, inviabilizando, ainda, a aferição, no grau superior, da pertinência e correção do ato recorrido" (TJSP, 26.ª Câm. Dir. Priv., AgIn 1186662001, j. 28.07.2008, rel. Des. Renato Sartorelli, disponível em <http://www.tj.sp.gov.br>).

19. *RJTJSP* 42/224.

20. *RT* 583/168.

21. Cf. nota 13, *supra*.

autoriza a extração de carta de sentença;[22] b) o que defere pedido de extração de peças dos autos e remessa ao Ministério Público;[23] c) o que manda riscar expressões injuriosas dos autos.[24]

Por outro lado, foram consideradas interlocutórias – e, como tais, agraváveis – as seguintes decisões: a) que determina à parte que se sujeite a novo exame de DNA;[25] b) que impõe o pagamento de diferença de custas processuais;[26] c) a decisão que determina a complementação de honorários de perito.[27]

Caracterizam-se, segundo alguns, ainda, como despacho de mero expediente, o mandar especificar provas; outros, diferentemente, entendem tratar-se de decisão interlocutória.[28] O critério correto, sem dúvida, é aquele que se assenta no possível prejuízo das partes, sendo nesta hipótese, portanto, difícil, *a priori*, estabelecer-se a natureza jurídica destes atos.

A admissão de purgação da mora, em princípio, será despacho.[29]

Será despacho o ato indeferitório de ida dos autos ao contador, por já existir conta de liquidação nos autos.[30]

Ato em que se determine a citação do réu, outrossim, já foi tido como despacho.[31]

Haverá, em princípio, de ser considerado como despacho de mero expediente o que fixe, liminarmente, honorários de advogado, em ação de despejo.

Uma das classificações objetivas mais aceitáveis dos atos processuais é a que os visualiza ao longo de todo evolver do processo.

Esta classificação tem por base as diversas fases do evolver do procedimento, desde a sua formação até a sua extinção.

Dividem-se, segundo este critério, os atos processuais em três grandes classes, a saber: I – os atos de iniciativa das partes, precipuamente; II – os de desenvolvimento, das partes e do juiz; e III – os atos de conclusão precipuamente do juiz, salvo os casos do art. 269, II, III e V.

Evidentemente, desde logo se verifica que a parte mais complexa dessa classificação diz respeito justamente aos atos de desenvolvimento, porquanto os de iniciativa confundem-se, em grande parte, com os atos de constituição ou formação da relação processual, e os da terceira categoria, com os

---

22. STJ, AgRg no REsp 487.248/RS, 6.ª T., j. 26.04.2005, rel. Min. Hamilton Carvalhido, *DJ* 01.07.2005, p. 647.

23. STJ, REsp 324.928/SP, 2.ª T., j. 23.10.2001, rel. Min. Eliana Calmon, *DJ* 04.02.2002, p. 338.

24. STJ, AgRg no Ag 447.735/RJ, 3.ª T., j. 17.06.2003, rel. Min. Nancy Andrighi, *DJ* 18.08.2003, p. 203.

25. STJ, REsp 651.001/SP, 4.ª T., j. 16.09.2004, rel. Min. Barros Monteiro, *DJ* 27.06.2005, p. 407.

26. STJ, REsp 333.950/RJ, 4.ª T., j. 22.04.2003), rel. Min. Aldir Passarinho Júnior, *DJ* 27.06.2005, p. 395.

27. STJ, EDcl no AgRg no AgIn 512.272/PA, 1.ª T., j. 07.04.2005, rel. Min. José Delgado, *DJ* 02.05.2005, p. 157.

28. STJ, REsp 163.775/RS, 2.ª T., j. 09.10.1998, rel. Min. Adhemar Maciel, *DJ* 01.02.1999, p. 152. Contra, entendendo ser decisão interlocutória: *JUTACivSP* 71/380.

29. 2.º TACSP, Ap. 27.071, 5.ª Câm., j. 03.04.1975, rel. Manuel Carlos, v.u. Contudo, sobreleva ressaltar que, se a admissão de purgação da mora se der sem a observância do disposto no parágrafo único do art. 62 da Lei 8.245/1991, evidentemente que se estará diante de um ato gravado por possível prejuízo, caracterizando, pois, uma decisão interlocutória.

30. 2.º TACSP, AgIn 18/654, 6.ª Câm., rel. Novaes de Andrade, v.u., 02.07.1974.

31. STJ, REsp 242.185/RJ, 4.ª T., j. 16.09.2004, rel. Min. Fernando Gonçalves, *DJ* 11.10.2004, p. 329; STJ, AgRg no REsp 584.694/RJ, 1.ª T., j. 18.03.2004, rel. Min. Francisco Falcão, *DJ* 17.05.2004, p. 149; STJ, AgRg no AgIn 550.748/MG, 3.ª T., j. 23.03.2004, rel. Min. Nancy Andrighi, *DJ* 19.04.2004, p. 194.Sobre a recorribilidade do pronunciamento que determina a citação, cf., amplamente, Teresa Arruda Alvim Wambier, *Os agravos no CPC,* cit., item 2.

atos finais do processo,[32] a saber, sentença (nas suas várias modalidades) que resolva, ou não, o mérito.

144. Forma dos atos processuais

Forma, em Direito, é fruto da necessidade de a manifestação de vontade obedecer a certos moldes, quando o próprio sistema define o modelo a ser seguido. Sendo a forma necessária imposta por lei, a manifestação, somente assim revestida, em princípio, produziria os efeitos jurídicos desejados. No entanto, como se verifica, este enunciado não é absoluto, sofrendo profundas atenuações, que tornam mais flexível a regra. O Direito não pode, todavia, de forma alguma, viver desvinculado de um certo formalismo.

Ora, seria difícil, para não dizer impossível, prescindir-se totalmente da forma. Realmente, muitas manifestações de vontade, quer das partes, quer do juiz, devem revestir-se de uma determinada forma, dada a sua importância. Muitas vezes, é tal a importância desta que, diante da hipótese da sua desobediência, o ato não produzirá efeitos jurídicos. Não é somente no campo do processo que isto acontece; porém, o formalismo é aqui muito importante.

Em casos como o da propriedade, fora do processo, mas com repercussão neste, tem-se exemplo expressivo. Aplica-se ao caso o art. 366 do CPC, o qual dispõe o seguinte: "Quando a lei exigir, como da substância do ato, o instrumento público, nenhuma outra prova, por mais especial que seja, pode suprir-lhe a falta". Assim, aquele que não tiver título de domínio não será reputado proprietário. No Código Civil, a regra da aquisição pelo registro do título de domínio também consta, e está no art. 1.245, *caput*; e, nesse mesmo art. 1.245,§ 1.º, há a expressa referência a que "enquanto não se registrar o título translativo, o alienante continua a ser havido como dono do imóvel".[33]

Há, nestas hipóteses, um rigorismo tal do legislador do Direito material, que o próprio conteúdo do ato jurídico (de Direito material) é revelado *exclusivamente* pela sua *forma* (única forma de que se pode revestir). Sem forma não há conteúdo, do ponto de vista jurídico (*forma dat esse rei*).

O formalismo, na prática de determinados atos, é condição essencial para a convivência social ordenada e, portanto, para uma vivência jurídica estável, a fim de que o Direito se apresente certo e seguro.[34]

Mas, a forma só prevalece quando a lei expressamente o exija, vigorando o princípio de liberdade, quando esta não fizer exigência de forma (art. 154 – regra geral – forma livre). A finalidade especial do ato, todavia, há sempre de ter sido atingida, para que o ato seja considerado válido, não tendo sido obedecida a forma estabelecida em lei, mesmo nos casos em que a lei o permite.

A relevância da forma pode ser máxima, quando erigida pelo legislador como essencial à validade de determinado ato, a qual, inobservada, acarreta a sua nulidade.

Outras vezes, contudo, vem prevista determinada forma, em lei, mas não se lhe segue, prescrita na própria legislação, a cominação de nulidade pela sua não observância. O formalismo, nesse caso, será instrumental, pois o ato, tendo atingido seus fins, será considerado válido.

32. Cf. Arruda Alvim, *Curso*... cit., vol. I, § 7.º, n. 94, p. 441.

33. Cf. arts. 530, I; 531 e 533 do CC/1916.

34. Para uma análise mais ampla do formalismo à luz do paradigm constitucional vigente, *cf.* a obra de Carlos Alberto Alvaro de Oliveira, *Do formalismo no processo civil. Proposta de um formalismo valorativo.* Enfatizando a importância do formalismo na proteção da segurança e liberdade das partes contra o arbítrio do juiz, Antonio do Passo Cabral, *Nulidades no Processo Moderno*.

Deste modo, correlacionemos a forma dos atos processuais com os reflexos, maiores ou menores, do descumprimento do formalismo, na validade ou invalidade do ato. Sintetizando, pois: 1.º) em princípio, é livre a forma (princípio da liberdade das formas – art. 154 do CPC; 2.º) em alguns casos, porém, o legislador estabelece uma determinada forma, sem, contudo, cominar expressamente a pena de nulidade para a sua não observância (princípio da instrumentalidade das formas – art. 244 do CPC); 3.º) finalmente, o legislador, noutras hipóteses (as mais raras), dada a suprema relevância do ato ou atos, determina expressamente a forma de que se devem revestir e, não sendo obedecida, nega-lhes a produção de efeitos, isto é, aplica-lhes a pena de nulidade (arts. 243; 245, parágrafo único; 246; 247 e 248).

De acordo com o parágrafo único do art. 154 (inserido pela Lei 11.280/2006), "os tribunais, no âmbito da respectiva jurisdição, poderão disciplinar a prática e a comunicação oficial dos atos processuais por meios eletrônicos, atendidos os requisitos de autenticidade, integridade, validade jurídica e interoperabilidade da Infraestrutura de Chaves Públicas Brasileira – ICP-Brasil".[35] Com esta alteração, busca-se regulamentar e implementar, no âmbito dos Tribunais, o que por muitos já vêm sendo adotado, ainda que de forma experimental, relativamente à prática de atos processuais mediante a utilização de sistemas de meios eletrônicos.

A partir da Lei 11.419/2006, com a possibilidade de peticionamento e comunicação de atos processuais eletronicamente, verifica-se a gradual introdução do processo eletrônico nos tribunais pátrios. No STF, tal sistema foi instituído pelas Resoluções n. 344/2007 e 350/2007 – já revogadas – e ampliado pelas Resoluções n. 417/2009 (revogada) e 427/2010 (em vigor); no STJ, o processo eletrônico foi instituído e regulamentado pela Resolução n. 01/2010.

O Projeto de Novo Código de Processo Civil. permite a utilização do processo eletrônico e atribui competência ao Conselho Nacional de Justiça e, supletivamente, aos tribunais, para disciplinar a prática e a comunicação dos atos processuais por meios eletrônicos e velar pela compatibilidade dos sistemas, disciplinando a incorporação progressiva dos novos avanços tecnológicos e editando, para esse fim, os atos que forem necessários, respeitadas sempre as normas fundamentais deste Código (art. 196 do PL 8.046/2010).[36]

35. Cf., a respeito, Medida Provisória 2.200-2, de 24.08.2001, que instituiu a ICP-Brasil. De acordo com o art. 10, § 1.º da referida Medida Provisória, "as declarações constantes dos documentos em forma eletrônica produzidos com a utilização de processo de certificação disponibilizado pela ICP-Brasil presumem-se verdadeiros em relação aos signatários" (cf. art. 368 do CPC; art. 219 do CC/2002). Também regulamentam a atuação da ICP-Brasil os Dec. 3.872, de 18.07.2001, e 3.996, de 31.10.2001.

36. Também no que diz respeito às formalidades dos atos processuais, a redação originária do PLS 166/2010 (Projeto de Novo CPC), posteriormente emendada no Senado Federal, previa, nos arts. 107, V, e 151, § 1.º, a possibilidade de o juiz adequar o procedimento e as fases procedimentais às especificações do conflito. O substitutivo aprovado pela Comissão do Senado em dezembro de 2010 suprimiu tal possibilidade, limitando a adaptação procedimental pelo juiz às hipóteses de dilação de prazos e alteração na ordem legal de produção dos meios de prova (inc. V do art. 118 da versão encaminhada à Câmara dos Deputados em dezembro de 2010). Esta disposição foi mantida, com sutis alterações de redação – fala-se em tutela do "direito", em lugar de tutela do "bem jurídico" –, pela Comissão Especial destinada a analisar o Projeto na Câmara dos Deputados, constando do art. 139, VI, do PL 8.046/2010. Manteve-se, também, no inc. IX do art. 139 do PL 8.046/2010, a autorização para determinar que as partes sanem as nulidades e supram os pressupostos processuais – providências

145. As nulidades dos atos processuais

Antes de abordarmos o tema das nulidades processuais, convém que esclareçamos não serem os princípios de Direito Privado os que efetivamente norteiam o sistema das nulidades processuais. Como já se frisou (n. 9 e n. 22 *et seq*), o processo civil faz parte do Direito Público e é daí que recolhe seus princípios fundamentais. Do *Direito Privado* conservam-se a terminologia e a circunstância de as nulidades serem vícios mais graves que as anulabilidades, contando aquelas com regime jurídico mais rígido.[37]

É verdade que os processualistas, habitualmente, procuram subsídios no Direito Civil. Mas isto se deve à circunstância de se tratar do mais antigo dos ramos do Direito, visto como um todo. Entretanto, no estágio atual de desenvolvimento do processo civil enquanto ciência, parece não ter sentido querer trazer ao seu campo próprio, integralmente, os princípios do Direito Civil, até porque é ele o grande ramo do *Direito Privado*.

Antes de verificarmos o sistema de nulidades adotado pela nossa lei processual, convém que salientemos quais os princípios informadores do tema.

Tendo-se em vista que a forma no processo não se constitui num fim, deve o tema das nulidades ser informado pelo chamado princípio da instrumentalidade, que consiste em que as formas, no processo, são meros meios para se atingirem finalidades. Atingidas estas, ainda que as formas não tenham sido obedecidas, não haverá vício.

Aplicando-se o princípio da instrumentalidade das formas, tem-se que não é nula a audiência, se o advogado é intimado por carta enviada a endereço errado, mas teve ele conhecimento da designação.[38] Também já se decidiu que a adjetivação imprópria não inutiliza a ação, se o pedido é claro e compreensível.[39]

Este princípio já era adotado pelo Código de 1939 e também foi encampado pelo Código de 1973, sendo compatível com as mais modernas tendências do processo civil, em geral.

O Código vigente albergou também, além do princípio da instrumentalidade, o da forma livre. Assim, não havendo forma específica prevista em lei, o ato pode ser praticado sem formalidade alguma, desde que se alcance seu objetivo. Por outro lado, só se decreta nulidade por desatendimento à forma se esta consequência for expressamente prevista.

O art. 154 do CPC, conquanto disciplinando os atos em geral, esquiva-os, regra geral, de nulidade, porquanto albergou o

---

totalmente consentâneas com a instrumentalidade das formas e que, de alguma forma, já se encontram inseridas nos objetivos dos arts. 154 e 284 do CPC vigente.

37. Ampla e exaurientemente sobre o tema, *v.* monografia exemplar: *Nulidades do processo e da sentença*, de Teresa Celina de Arruda Alvim Wambier, 6. ed., 2007.

38. TJ/SP, 4.ª Câm. Civ., Ap. 243.326, Jundiaí, rel. Oliveira de Andrade, v.u., 12.06.1975. Semelhantemente, não se considerou nula a citação se erroneamente realizada através de "mandado de intimação", se, a despeito disso, tal mandado tenha preenchido todos os requisitos do mandado de citação (STJ, 3.ª T., REsp 468.249/SP, j. 05.08.2003, rel. Min. Nancy Andrighi, *DJ* 01.09.2003, p. 281); considerou-se válida a intimação, em caso em que, embora tenha havido erro de grafia do nome das partes, tal equívoco não tenha impedido que o ato alcançasse sua finalidade (STJ, 3.ª T., REsp 295.276/SP, j. 15.05.2003, rel. Min. Ari Pargendler, *DJ* 23.06.2003, p. 351).No entanto, "não tem eficácia a publicação de nota de expediente com o nome incompleto do advogado, a dificultar sua identificação nos sistemas informatizados" (STJ, 4.ª T., REsp 78.766/BA, j. 13.02.1996, rel. Min. Ruy Rosado de Aguiar, *DJ* 08.04.1996, p. 10.476).

39. *RT* 570/258.

princípio da forma livre ou da instrumentalidade, desde que ditos atos alcancem o que lhes seja essencial (finalidade essencial).

Apesar do princípio da liberdade de forma, onde há a mais ampla autonomia, exige-se, mesmo nesses casos, que o ato processual contenha os seus elementos essenciais.

Se lhe faltar algum elemento, dependendo da importância de que seja merecedor, sua ausência pode gerar desde uma anulabilidade, até o vício mais grave, que é o da inexistência. Assim é que uma sentença sem fundamentação é nula, e a doutrina é quase unânime em admiti-lo.[40]

É, ainda, dependente do princípio anterior o de que não há nulidade sem prejuízo (*pas de nullité sans grief*), cuja aplicação em nossa lei se encontra no § 1.º do art. 249.[41]

Ainda inspirado nessa mesma ideia, surge o interesse dominante do sistema, e encampado pelo legislador, em se conservar a substância do ato processual e fazer com que ele valha e seja eficaz, mesmo que a forma não esteja rigorosamente conforme à descrita pela lei (ao ato-modelo, descrito na lei), mesmo para certos atos, para os quais se preveem modelos. Daí, pois, seguir-se o princípio da conservação dos atos, que consiste numa espécie de orientação no sentido de se fazer com que ele valha e seja eficaz, mesmo que a forma não esteja rigorosamente conforme à lei, e mesmo que o ato padeça de outros vícios de natureza formal.

Existe, efetivamente, forte tendência, quer no âmbito legal, quer no jurisprudencial, no sentido de que os atos sejam conservados, de que não se decrete nulidade. Exemplos legais dessa tendência são os arts. 13, 284 e 515, § 4.º (parágrafo este inserido pela Lei 11.276/2006),[42] do CPC.

No entanto, a jurisprudência do STF e do STJ não tem admitido a aplicação do art. 13 *quando do manejamento de recursos especiais e extraordinários*, vale dizer, perante a instância extraordinária.[43]

---

40. STJ, RMS 16.121/RJ, 5.ª T., j. 03.02.2004, rel. Min. Jorge Scartezzini, *DJ* 26.04.2004, p. 180; STJ, 3.ª T., REsp 259.875/SP, j. 19.04.2001, rel. Min. Menezes Direito, *DJ* 25.06.2001, p. 172 – e uma sentença a que falte decisório é inexistente (Rodriguez, *Nulidades procesales*, p. 60).

41. Cf. Arruda Alvim, *Curso*... cit., vol. I/444 *et seq.*, e José Frederico Marques, *Instituições de direito processual civil*, n. 483, p. 410, referindo-se ao art. 278, § 2.º, símile deste artigo no CPC de 1939.

42. Sobre o tema, *v.* excelente artigo de Thereza Alvim, Possibilidade de saneamento do processo em segunda instância: notas introdutórias e suas implicações, *Atualidades do processo civil*, p. 447 e ss.

43. Neste sentido, cf. STJ, AgRg no AgIn 663.875/SP, 1.ª T., j. 06.09.2005, rel. Min. Luiz Fux, *DJ* 26.09.2005, p. 206; STJ, AgRg no AgIn 668.875/RS, 2.ª T., j. 09.08.2005, rel. Min. João Otávio de Noronha, *DJ* 26.09.2005, p. 321; STJ, AgRg no AgRg no REsp 717.445/PR, 1.ª T., j. 18.08.2005, rel. Min. Teori Albino Zavascki, *DJ* 05.09.2005, p. 280. Neste sentido, também, é o AgIn 57.158/RS (j. 25.10.1994), relatado longamente pelo Min. Sálvio de Figueiredo com base em voto anterior proferido nos EDiv 14.827-8/MG, quando cita diversos precedentes daquela Corte, todos no mesmo sentido (*DJU* I 03.11.1994, p. 29.804-29.806). No STJ, o caso também é tido como de *inexistência*, como demonstra a Súmula 115 daquela Corte, nos seguintes termos: "Na instância especial é inexistente recurso interposto por advogado sem procuração nos autos" (*DJU* I 08.11.1994, p. 30.187).No STF, igualmente, ambas as Turmas têm entendido inaplicável o art. 13 do CPC na instância rara, tendo como *inexistente* o recurso interposto por aquele que não tem procuração. À guisa de ilustração, cf. RE 180.377-1/SP, j. 30.11.1994, rel. Min. Celso de Mello (*DJU*, I, 09.12.1994, p. 34.132). *V.*, também *RTJ* 132/450, citada no acórdão. Mais recentemente, no mesmo sentido, RE 281287-RJ, rel. Min. Carlos Velloso, j. 25.02.2003, *DJ* 04.04.2003, p. 52.Quanto à aplicabilidade do art. 13 aos recursos interpostos perante as "instâncias ordinárias", no entanto, prepondera orientação diversa: "A jurisprudência

Na jurisprudência tem-se que a sentença *ultra petita*, ao invés de ser anulada pelo tribunal, deverá ser reduzida aos limites do pedido.[44]

Por outro lado, tem-se decidido, não é nula a citação, se o mandado não contiver a advertência prevista no art. 285, apenas não ocorrendo o efeito da revelia.[45]

Já se decidiu que a sentença não deverá ser considerada nula, ainda que não contenha a assinatura do juiz, se, por outros meios, puder comprovar-se-lhe a autenticidade.[46] Mais recentemente, contudo, decidiu-se que tal sentença é *juridicamente inexistente*.[47]

Se se funda a sentença em leis erradas, em vez de anulada, pode ser corrigida pelo tribunal, no particular.[48]

Outro aspecto que pode ser enfocado, ainda no tema das nulidades de processo, é o da validade do ato, em si mesmo indiscutível, praticado em momento inadequado, como, *v.g.*, se o for durante as férias forenses, sem que o devesse ter sido, nesse lapso temporal, praticado. Afigura-se-nos que o ato há de ser tido por válido, salvo a ocorrência do prejuízo, alegável só pelo adversário (interpretação extensiva do art. 243 do CPC).

Assim, justamente porque não há nulidade, salvo se houver prejuízo, sempre se entendeu – e o Código de Processo Civil não inovou na matéria – que os atos processuais praticados nas férias, em causas que nelas não têm andamento, não são nulos, se não acarretam prejuízo às partes.[49]

As nulidades são de caráter estrito e, não cominadas, não devem ser pronunciadas, salvo prova de prejuízo.[50] Como exemplos de que não há nulidade sem prejuízo tem-se que, se não adveio prejuízo da decisão que indefere a produção de prova, porque a parte a quem esta nulidade aproveitaria venceu a demanda, esta não há de ser decretada.[51] Da mesma forma, a respeito da ausência de citação do cônjuge, em ação em que esta era

---

iterativa do STJ aponta no sentido de que, nas instâncias ordinárias, diante da ausência de instrumento de procuração do subscritor do recurso de apelação, deve ser concedido prazo razoável para a regularização da representação processual" (STJ, 4.ª T., REsp 594.426/RS, j. 06.04.2004, rel. Min. Fernando Gonçalves, *DJ* 10.05.2004, p. 296).

Esta orientação veio a ser confirmada pelo novo § 4.º do art. 515, inserido pela Lei 11.276/2006, que assim estabelece: "Constatando a ocorrência de nulidade sanável, o tribunal poderá determinar a realização ou renovação do ato processual, intimadas as partes; cumprida a diligência, sempre que possível prosseguirá o julgamento da apelação". V., amplamente, nosso *Tratado de direito processual civil*, vol. II, comentários ao art. 37, n. 4, p. 676 *et seq*.

44. *RJTJSP* 49/129; *Revista de Processo [RePro]* 4/406, em. 193; STJ, 1.ª T., REsp 374.966/SC, j. 15.08.2002, rel. Min. Francisco Falcão, *DJ* 21.10.2002, p. 281.

45. *RT* 496/119 e 537/128; *JUTACivSP* 43/81; *Revista de Processo [RePro]* 4/379, em. 28. Contra: *RT* 473/191, 481/133, 482/168, 486/108, 497/120, 503/163, 505/88 e 510/217; TRF-1.ª Reg., ApCív 200001990995181, j. 27.10.2004, rel. Gilda Sigmaringa Freitas, *DJ* 01.12.2004, p. 29.

46. 2.º TACSP, 2.ª Câm. Civ., Ap. 155.380, j. 18.04.1983, rel. Moraes Salles, v.u.

47. TRF-1.ª Reg., Ap.Cív. 199901001087390, j. 28.10.2003, rel. João Carlos Mayer Soares, *DJ* 20.11.2003, p. 117.

48. 2.º TACSP, Ap. Sum. 129.997, 9.ª Câm. Cív., j. 27.04.1983, rel. Vallim Belocchi, v.u. Não se considera nula, por ausência de motivação, a decisão *erroneamente* fundamentada: STF, AgIn 426.981-AgRg, rel. Min. Cezar Peluso, *DJ* 05.11.2004; STF, AI 410.898-AgR, rel. Min. Cezar Peluso, *DJ* 16.04.2004; STF, AI 402.819-AgR, rel. Min. Sepúlveda Pertence, *DJ* 05.09.2003.

49. VI ENTA – conclusão 49 – v.u., in *RT* 580/297.

50. 1.º TACSP, Ap. 206.725, 6.ª Câm., j. 29.10.1974, rel. Carlos Antonini, v.u., in Jurandyr Nilsson, *Nova jurisprudência de processo civil*, vol. I/219.

51. 1.º TACSP, Ap. 291.722-SP, 3.ª CE, j. 06.12.1981, rel. José Osório, v.u.

necessária, não deve ser decretada nulidade, se a decisão foi favorável à parte que a alega, que, portanto, não teve prejuízo.[52] Incide, no caso, o art. 249, § 2.º, do CPC.[53]

A lei, mesmo prescrevendo a forma, não adota, como já se observou, o princípio da exigência absoluta de obediência a ela, para todos os casos (art. 244 do CPC). Coincide esta orientação ou é sintônica com aquela da liberdade de formas, embora esta segunda posição seja mais liberal. Assim, mesmo desobedecida a forma, desde que não haja a lei previsto a nulidade, pela sua inobservância, poderá o ato ser considerado válido, isto é, poderá produzir efeitos: a) quando, praticado de outro modo, tiver atingido sua finalidade – entre o modelo não obedecido e a finalidade, prevalece esta última, se atingida (art. 244); nessa linha, é correta a asserção consistente em que os atos processuais para os quais a lei exige forma especial serão considerados válidos quando, praticados por outra forma, tenham atingido seu fim (art. 154), não se lhes decretando, em tal caso, a nulidade (art. 244); b) quando o pedido de decretação da nulidade for feito pela parte que lhe deu causa (art. 243). O Código de 1939 estabelecia, a respeito dessa terceira hipótese, que a nulidade era sanada quando não fosse "arguida pelo interessado na observância da formalidade ou na repetição do ato". Isto no sistema atual se dessume, a *contrario sensu*, do art. 243; c) quando não prejudicar a parte (§ 1.º do art. 249); d) quando o juiz puder decidir do mérito a favor da parte a quem aproveitaria a declaração da nulidade (§ 2.º do art. 249); e) quando o ato puder ser aproveitado (art. 250).

O Código vigente cuida das nulidades nos arts. 243 a 250, exclusivamente, ou precipuamente, sob o ângulo formal. Cuida do assunto, portanto, a nossa lei, de forma bastante incompleta.[54]

Esses artigos sugerem, vistos por outra perspectiva, que interessa primordialmente, no ato processual, o seu *fim*, o qual, uma vez atingido, faz com que não se justifique a decretação de nulidade do ato, mesmo se desconforme ao modelo (art. 244). De outra parte, mesmo que não tenha o ato produzido os efeitos a que se destinava, deixa-se à parte interessada a opção de arguir ou não a nulidade, desde que, evidentemente, não se trate de nulidade absoluta, decretável de ofício. Dizemos que só a ela interessa, pela circunstância de o art. 243, *in fine*, negar àquele que praticou o ato nulo, o direito de arguir-lhe a nulidade, o que é uma trasladação, para o campo processual, da regra, ou do princípio, de que ninguém pode beneficiar-se da própria torpeza. O fundamento último desta regra é o de que se deve entender que, em face do disposto no art. 243 do CPC, quem causou a nulidade não poderá argui-la, pois estaria beneficiando-se de sua própria torpeza. Assim, o advogado que impede a citação, induzindo o oficial de justiça a não realizá-la, já se decidiu, fica impedido de arguir esta nulidade.[55] Contudo, se se

52. 1.º TACSP, 5.ª CC, Ap. 202.792, Guaratinguetá, rel. Machado Alvim, v.u., 19.06.1974.

53. Cf., a respeito, STJ, 1.ª T., EDcl no REsp 581.846/SC, j. 02.08.2005, rel. Min. José Delgado, *DJ* 29.08.2005, p. 150; STJ, 1.ª T., AgRg no REsp 712.269/SC, j. 28.06.2005, rel. Min. Luiz Fux, *DJ* 22.08.2005, p. 140; STJ, REsp 633.469/BA, 2.ª T., j. 23.11.2004, rel. Min. Castro Meira, *DJ* 14.02.2005, p. 178.

54. É de se registrar a colocação feita por Egas Moniz de Aragão (*Comentários ao Código de Processo Civil*, vol. II – arts. 154 a 269, p. 258), no sentido de que o estudo das nulidades dos atos processuais "é um dos mais árduos capítulos do Código. Tanto faz que seja encarado por um de seus ângulos, as dificuldades são grandes e pouco variam".

55. TJMT, AgIn 2.571, 1.ª CC, rel. Licínio Carpinelli Stefani, v.u., 14.09.1981. A tese firmada não é a correta, porquanto a parte (se em nada tiver contribuído para o fato) não pode ficar prejudicada. Cf. também STJ, 1.ª T., REsp 551.959/RS, j.

tratar de, por exemplo, publicação de editais para realização de praça, que é matéria de ordem pública, e, na medida em que afeta terceiros, deve ser declarada a nulidade do ato, apesar de arguida por quem deu causa.[56] Isto porque o princípio segundo o qual não se pode alegar a própria torpeza em seu benefício não se aplica às nulidades absolutas.

Aliás, no processo civil, à diferença do que ocorre no Direito Civil, tanto as nulidades quanto as anulabilidades se sanam. Estas, se não arguidas, sanam-se no mesmo processo em que se produziram; aquelas, em princípio, no prazo de dois anos a contar do trânsito em julgado da sentença (de mérito) que põe fim à causa em que tiveram lugar.[57]

Observe-se, a propósito, que, consoante dispõe o novo § 4.º do art. 515 (inserido pela Lei 11.276/2006), no julgamento da apelação, "constatando a ocorrência de nulidade sanável, o tribunal poderá determinar a realização ou renovação do ato processual, intimadas as partes; cumprida a diligência, sempre que possível prosseguirá o julgamento da apelação".

Na verdade, o único tipo de vício que não se sana, nem com o esgotamento do biênio decadencial para a propositura da ação rescisória, é a *inexistência*. Devem-se considerar como inexistentes, *v.g.*, os processos que se tenham constituído, apesar da ausência de um (ou mais de um) pressuposto processual de existência.

Se existe, quanto ao ato processual, uma técnica e um esforço sistemático acentuados, de preservar-lhe os efeitos, mesmo havendo desconformidade entre o ato praticado e o modelo legal, este princípio da conservação do ato não se restringe ao ato, isoladamente considerado, mas se estende a todo o processo, ou seja, ao segmento de atos processuais. Com isso se quer significar que os atos processuais são, por definição e natureza, interligados e interdependentes e, desta forma, uns (os anteriores) afetam os outros (geneticamente ligados aos anteriores). Os efeitos danosos da nulidade não contaminam o ato mais do que o absolutamente necessário. Segundo o art. 249, pronunciando o juiz a nulidade, deverá expressamente dizer quais atos ela atinge, tomando as necessárias providências para a regularização do processo (repetição ou retificação dos atos).

A parte interessada na decretação da nulidade dos atos deverá alegá-la na primeira oportunidade em que lhe couber falar nos autos, sob pena de preclusão (casos de nulidade relativa). Não se tratando, pois, de nulidade absoluta, e não tendo sido alegada pelos interessados, quando estes tiveram oportunidade de fazê-lo, não é de se reconhecer a nulidade invocada.[58] Todavia, tratando-se de nulidade sobre a qual o juiz deve manifestar-se de ofício, não prevalece tal preclusão (art. 245 e parágrafo único).[59]

Entretanto, há decisões, com as quais não concordamos, embora poucas, que

07.04.2005, rel. Min. Luiz Fux, *DJ* 06.06.2005, p. 181; STJ, EDcl no AgRg na AR 2.374/ES, 1.ª Seção, j. 12.02.2003, rel. Min. Eliana Calmon, *DJ* 07.04.2003, p. 211.

56. TJRS, Ap. 22.487, rel. 2.ª Câm. Civ., Júlio Martins Porto, v.u., 29.05.1974, in Jurandyr Nilsson, *op. cit.*, vol. I/275.

57. Sobre a matéria, *v.*, amplamente, Teresa Arruda Alvim Wambier, *Nulidades do processo e da sentença*, itens 2.1 e 2.2, p. 135 e ss.

58. STJ, AgRg no Ag 448.699/SP, 1.ª T., j. 12.05.2005, rel. Min. Denise Arruda, *DJ* 20.06.2005, p. 124; STJ, AgRg no REsp 361.319/SC, 2.ª T., j. 09.11.2004, rel. Min. Eliana Calmon, *DJ* 13.12.2004, p. 275; STJ, REsp 337.865/AL, 5.ª T., j. 25.05.2004, rel. Min. Felix Fischer, *DJ* 28.06.2004, p. 381.

59. No sistema antigo, o momento especificamente adequado para o pronunciamento das nulidades, quer sanáveis (relativas), quer insanáveis (absolutas), era o do despacho saneador (art. 294), embora pudessem ser pronunciadas em momentos diversos, antes ou depois do despacho saneador.

consideram precluíveis mesmo as nulidades absolutas.

São, por exemplo, decisões em que se estabeleceu que se a parte deixa de alegar a falta de outorga uxória na primeira oportunidade que tinha de manifestar-se no processo, não mais poderá, posteriormente, alegá-la;[60] não sendo a nulidade de citação arguida na primeira oportunidade que teve o réu para falar nos autos, é a mesma suprida, uma vez que fica vencida pela preclusão.[61]

Há, ainda, julgados no sentido de que há preclusão até *pro judicato*, com o seguinte teor: "Tendo havido decisão quanto às condições da ação no despacho saneador, não pode o juiz, ao sentenciar, entender que o autor é carecedor da ação".[62] Estas decisões são raras e com elas não concordamos. Assim, correta é a tendência majoritária, segundo a qual não precluem os vícios referentes à ausência de condições da ação, ainda que não se tenha recorrido do saneamento.[63]

O art. 245, *caput*, que disciplina a matéria, foi inspirado, entre outros princípios, no da lealdade[64] processual, no sentido de ser desleal deixar o processo andar e guardar uma "arma", para só usá-la ulteriormente, ao que, todavia, se obsta.

Nossa jurisprudência anterior inclinava-se, também, sabiamente, por considerar haver preclusão nos casos de nulidade relativa, caso a parte falasse nos autos debatendo o mérito e, somente em outra oportunidade, quando em virtude de resultado desfavorável, viesse a argui-la.[65] O princípio, pois, era o mesmo que o cristalizado no art. 245 vigente.

Vemos, por outro lado, que a nossa lei considera a nulidade de grau absoluto (art. 245, parágrafo único) ao lado da relativa, sendo legítimo denominá-las, respectivamente, de insanáveis e sanáveis endoprocessualmente, isto é, no mesmo processo. Esta gradação, de absoluta e relativa, reside e recolhe sua *ratio essendi* no critério da respectiva sanabilidade.

Exemplos de aplicação da mecânica das nulidades insanáveis encontram-se nos arts. 214, 246 e 247 do CPC. Nos casos de nulidade absoluta, acentue-se, o problema do prejuízo a que se aludiu, durante o processo, é, em princípio, pertinente. Nessa linha, a jurisprudência tem aplicado dito princípio a casos de nulidade absoluta, admitindo a sua convalidação.

Assim, intervenção da Procuradoria da Justiça em segundo grau evita a anulação de processo no qual o Ministério Público não tenha sido intimado em primeiro grau, desde que não demonstrado o prejuízo ao interesse do tutelado.[66] É a própria lei que preceitua, independentemente da verificação de prejuízo, que o ato é desprovido de efeitos (art. 246, *caput* e parágrafo único do CPC). Não há que se falar, pois, em conva-

60. TJPR, Ap. 77.374, 3.ª Câm. Civ., rel. Costa Pinto, v.u., 06.05.1975.
61. *Revista de Processo* [*RePro*] 36/315.
62. TJRJ, Ap. 7.121, 5.ª Câm. Civ., rel. Graccho Aurélio, v.u., 30.10.1978.
63. *RT* 482/158 (conclusão do Simpósio de Curitiba), *RT* 490/138, 508/165 e 509/91; STJ, RMS 14.399/RJ, 2.ª T., j. 23.08.2005, rel. Min. João Otávio de Noronha, *DJ* 10.10.2005, p. 265; STJ, REsp 509.831/RJ, 4.ª T., j. 23.11.2004, rel. Min. Aldir Passarinho Júnior, *DJ* 07.03.2005, p. 260; STJ, AgRg no AgIn 332.188/RJ, 3.ª T., j. 22.05.2001, rel. Min. Nancy Andrighi, *DJ* 25.06.2001, p. 177.
64. *RTJ* 35/94 e 57/660.
65. RTJ 53/325; *Revista de Jurisprudência* 20/264.
66. VI ENTA – conclusão 42, m.v. Nesse sentido: *RT* 582/212, em. Contra: *Boletim da Associação dos Advogados de São Paulo* 1.308/12. A opinião expressada no texto depende, por certo, do exame cabal da hipótese, pois que, se se constatar que algum ato postulatório haveria de ter sido praticado em primeiro grau, e não o foi, a hipótese será de anulação, desde que patenteado o prejuízo (ou o possível prejuízo).

lidação do ato, mas sim em suprir-se a falta ou repetir-se o ato.

A regra primordial relativa às nulidades absolutas é a seguinte: a) as nulidades ligadas à atividade jurisdicional, em si mesma, como a ausência de legitimação processual, os casos em que falta autorização do marido à mulher, ou a outorga dela ao marido, na incompetência absoluta etc., são absoluta e irremissivelmente insanáveis; b) as nulidades absolutas e, portanto, também cominadas, deverão, em regra, ser decretadas, como, exemplificativamente, a ausência do Ministério Público em processo em que deveria ter estado presente e isto não ocorreu... Nestas, todavia, como dizem respeito ao direito de uma das partes, decorre que, se a parte não foi prejudicada, *ipso facto*, ligando-se o problema à ideia de efetivo prejuízo – conceito este compreendido no sistema –, segue-se que a nulidade não deverá ser *decretada*. Já, se se tratar de uma anulação de casamento, movida pelo cônjuge, como o bem jurídico – vínculo matrimonial – não é só ligado a uma parte, mas é, em si mesmo, um bem indisponível, se não esteve presente o Ministério Público dever-se-á dar pela nulidade.[67] Se, porém, se disputou sobre algum direito relativo a menor, que foi favorecido pela decisão, não haverá razão para a decretação de nulidade, diante da ausência de prejuízo.

Este raciocínio encontra apoio expresso no art. 249, §§ 1.º e 2.º, do Código vigente.

67. Parece que o critério fundamental é o da possibilidade de, pela ausência do Ministério Público, algum bem jurídico indisponível ter sido vulnerado. Na hipótese do casamento, existe, de uma parte, a defesa do vínculo matrimonial, mas, de outra parte, a possibilidade de o Ministério Público – se tivesse estado presente – dever ter opinado pela nulidade ou anulação. Parece que, nesta hipótese, portanto, há de ser desconsiderado o critério do prejuízo, em função da procedência, ou improcedência, da ação, tendo em vista a intervenção do Ministério Público.

Quanto às nulidades relativas, aplicam-se, com mais razão, também as regras do art. 249, §§ 1.º e 2.º, suprarreferidas.

Bibliografia

AMARAL SANTOS, Moacyr. *Primeiras linhas de direito processual civil*. 25. ed. São Paulo: Saraiva, 2007. vol. I. (atual. Maria Beatriz Amaral Santos Köhnen).

ALVIM, Eduardo Arruda. *Curso de direito processual civil*. São Paulo: Ed. RT, 1999. vol. 1.

______. *Direito processual civil*. 2. ed. rev., atual. e ampl. São Paulo: Ed. RT, 2008.

______. *Direito processual civil*. 3. ed. São Paulo: Ed. RT, 2010.

______. *Direito processual civil*. 4.ed. São Paulo: Ed. RT, 2012.

ALVIM, Thereza. Possibilidade de saneamento do processo em segunda instância: notas introdutórias e suas implicações, *Atualidades do processo civil*. *Arruda Alvim e Eduardo Arruda Alvim (coord.)*. Curitiba: Juruá. 2007.

ALVIM NETTO, José Manoel de Arruda. *Curso de direito processual civil*. São Paulo: Ed. RT, 1971. vol. I.

ARAGÃO, Egas Moniz de. *Comentários ao Código de Processo Civil* – arts. 154 a 269. 9. ed. Rio de Janeiro: Forense, 1998. vol. II.

CASTRO, Amílcar de. *Comentários ao Código de Processo Civil*. São Paulo: Ed. RT, 1983. vol. VIII.

Cabral, Antonio do Passo. *Nulidades no Processo Moderno* (Contraditório, Proteção da Confiança e Validade *prima facie* dos atos processuais). Rio de Janeiro: Gen-Forense, 2009.

DALL'AGNOL JÚNIOR, Antonio Janyr. Nulidade do processo civil por falta de intimação do Ministério Público. *AJURIS* 24/196, 1982.

LACERDA, Galeno. O Código e o formalismo processual. *AJURIS* 28/7, 1983.

MALACHINI, Edson Ribas. Das nulidades no processo civil. *RF* 261/163, *RBDP* 12/13, 1977, e 27/23, 1981; *Revista de Processo [RePro]* 9/57, 1978; *RMPR – Anais*, p. 151; *RT* 542/24.

MARQUES, José Frederico. *Manual de direito processual civil*. São Paulo: Saraiva, 1983. vol. I.

MELO, Luís Pereira de. Das nulidades. *RBDP* 3/135, 1975.

MENDONÇA LIMA, Alcides de. A nova terminologia do Código de Processo Civil. *AJURIS* 1/104, 1974.

OLIVEIRA, Carlos Alberto Alvaro. *Do Formalismo no Processo Civil. Proposta de um formalismo valorativo*. São Paulo: Saraiva, 2010.

THEODORO JÚNIOR, Humberto. As nulidades no Código de Processo Civil. *Revista de Processo [RePro]* 30/38, São Paulo: Ed. RT, ano VIII, abr.-jun. 1983.

______. Nulidade, inexistência e rescindibilidade da sentença. *Revista de Processo [RePro]* 19/23, São Paulo: Ed. RT, ano V, jul.-set. 1980.

TORNAGHI, Hélio. *Comentários ao Código de Processo Civil*. São Paulo: Ed. RT, 1978. vol. II.

WAMBIER, Teresa Arruda Alvim. *Nulidades do processo e da sentença*. 6. ed. São Paulo: Ed. RT, 2007.

______. *Os agravos no CPC brasileiro*. 4. ed. São Paulo: Ed. RT, 2005.

XIII

O Tempo no Processo

146. Prazos e preclusão

O tempo constitui-se numa das dimensões fundamentais da vida humana. Desta forma, sabendo-se que o homem vive no tempo e está continuamente envolvido pelo Direito, este considera também o problema do tempo, dedicando-lhe atenção especial.

Se isto é verdadeiro para o Direito em geral, maior é a importância do tempo no *processo*, pois este constitui-se numa *realidade jurídica que nasce, para se desenvolver e morrer.* Tudo isto, evidentemente, acontece no tempo, em função de um começo, desenvolvimento e fim. Daí porque são, minuciosamente, não só fixados os prazos processuais para a prática dos atos, como também criadas as preclusões.

Constituem-se os prazos processuais e as preclusões em dois aspectos através dos quais se exterioriza a disciplina do tempo no processo, em função da ideia de o processo dever marchar em direção à sentença, irreversivelmente.

Ante a marcada preocupação teleológica, na estruturação dos atos do processo, é preciso que a lei crie condições para que o processo atinja o seu fim. Esta a razão da existência dos prazos processuais.

Assim, se existe um dado prazo para a prática de um ato processual, ou seja, um limite temporal fixado na lei para a prática do ato, havendo, portanto, um termo inicial e um termo final, conclui-se que, de regra, se não praticado o ato nesse lapso temporal (=prazo), não mais poderá este ser praticado (art. 177 e, especificamente, arts. 183 e 473 do CPC).

A circunstância de se verificar preclusão para a parte – *v.g.*, no que diz respeito à exceção de suspeição – impede que a mesma argua, como direito seu, tal fato. No entanto, o juiz, nesta hipótese, não é atingido por essa preclusão, curialmente, pois é seu dever, se o for, dar-se por suspeito (art. 135, *caput* e parágrafo único, do CPC).

O Código atual trata dos prazos no Livro I, Título V, Capítulo III (arts. 177 a 199), sob a epígrafe "Dos prazos", disciplinando os prazos das partes, juízes e demais membros que funcionam na distribuição e realização da Justiça.

147. Os princípios informativos do processo e os prazos

Dois princípios informativos do processo refletem-se profundamente no tempo e nos prazos. São os princípios da paridade de tratamento e da brevidade, que vão ao encontro do princípio da economia processual.[1] O princípio da paridade de tratamento inspira-se em princípio político-jurídico fundamental do Direito moderno: o da

1. V. nosso *Curso de direito processual civil*, cit., vol. I, n. 96, p. 450; *Código de Processo Civil comentado*, cit., vol. I, p. 53; mais recentemente, nosso *Tratado de direito processual civil*, cit., vol. I, p. 82.

igualdade de todos perante a lei. Se todos são constitucionalmente iguais perante a lei (art. 5.º, *caput*, da CF/1988 e art. 125, I, do CPC), no processo, o legislador processual tem, necessariamente, que propiciar um tratamento igual aos autores, de um lado, e aos réus, de outro, ou seja, todos os autores serão igualmente tratados, e, assim, todos os réus (igualdade formal), e tendendo, quanto possível, atualmente, para a própria igualdade entre o autor e o réu, antagonista daquele (igualdade substancial).

O princípio da brevidade, porém, parte de perspectiva diversa. Muitos processualistas entendem que o processo é indiscutivelmente um mal. O alongamento desnecessário deste, sem finalidade alguma, a não ser a do próprio prolongamento, constitui-se em mal ainda maior.[2]

Ora, o princípio da brevidade encontra sua inspiração política precisamente nessa observação da realidade. Deve o processo – que se constitui, sob certo aspecto, num mal – ser suprimido do cenário jurídico o mais rapidamente possível. Tal princípio, apesar de inspirado em razões diferentes e visando a fins diversos, coincide, em sua aplicação prática, com outro princípio informativo do processo, que influi nos prazos, que é o da economia processual. Este último princípio faz com que não deva haver desperdício de atividade jurisdicional. Assim, podendo esta ser prestada em menor tempo (e com menor número de atos), tal deverá ocorrer.

Na verdade, o conflito de interesses é que é um mal, embora inevitável; o processo será um mal se se eternizar, e não desempenhar a função de extinguir o conflito, porque naquela hipótese terá sido contaminado pelo conflito do mesmo, transmudando-se, em si, num conflito, perpetuador e alimentador de outro conflito.

2. Cf. Leo Rosenberg, *Tratado de derecho procesal civil*, vol. I, § 1.º, VI, p. 8.

Tanto o princípio da paridade de tratamento quanto o da brevidade e o da economia processual têm que ser considerados sob dúplice aspecto.

O primeiro é o metajurídico, ou seja, como princípio dirigido ao legislador, particularmente, enquanto legisle sobre processo. Este deverá, o quanto possível, aprimorar ao máximo a igualdade das partes no processo, procurando, sob todos os aspectos, dar aos litigantes, sempre, uma igualdade de oportunidades. Outrossim, deve ser sempre marcante a preocupação do legislador processual em abreviar – sem prejuízo do conteúdo (=plenitude de contraditório bilateral) – as estruturas do processo, procurando simplificá-las o mais possível. Como princípio positivo geral, adota-o o CPC (art. 125, I).

O outro aspecto, eminentemente jurídico, ou seja, a paridade de tratamento, e, consequentemente, a economia processual, estão retratadas na lei, devendo, como tais, ser aceitas, com as qualidades e defeitos porventura existentes na norma positiva.

Assim, por exemplo, temos como exceção aparente ao princípio da paridade de tratamento, em nossa lei processual, o art. 188, que atribui à Fazenda Pública e ao Ministério Público, quando partes no processo, o prazo em quádruplo para contestar e em dobro para recorrer. Moacyr Amaral Santos, já ao referir-se ao art. 32 do antigo estatuto processual, cujo símile, atualmente, é o art. 188, entendia que este era um artigo derrogador do princípio da paridade de tratamento, com o que não concordávamos e não concordamos agora em face do Código de 1973.[3]

3. Moacyr Amaral Santos, *Primeiras linhas de direito processual civil*, 1985, vol. I, n. 225, p. 333. Sobre o art. 188, v. J. C. Barbosa Moreira, O benefício da dilação de prazo para a Fazenda Pública, *Revista de Processo* (*RePro*) 1/51; Eduardo Arruda Alvim, *Direito Processual Civil*, n. 3.1, p. 128. No sentido por nós sustentado, cf. STJ, REsp 24.196/SP, 3.ª T., j. 27.10.1992,

Nossa posição origina-se da própria conceituação de "paridade". Esta consiste em tratar os iguais de forma igual. Ora, o art. 188 do Código vigente não retrata partes em posições iguais; portanto, elas devem, ou pelo menos podem, por lei, receber tratamento diferente.

148. Os princípios da utilidade, continuidade, peremptoriedade e preclusão

Estes princípios podem ser considerados como informativos da teoria dos prazos, desde que o são da mecânica do andamento dos processos.

O princípio da utilidade significa que, conquanto atendendo à exigência de brevidade fixada pelo legislador para a generalidade dos prazos processuais, tais prazos têm que ser úteis, ou seja, têm de corresponder à finalidade para a qual foram criados (v. art. 180 do CPC). Liga-se à ideia de utilidade, ainda, o art. 182, *caput* e parágrafo único do CPC.

Por outro lado, justamente atendendo à brevidade, são os prazos contínuos.

De acordo com o art. 93, XII, da Constituição Federal, na redação da EC 45/2004, "a atividade jurisdicional será ininterrupta, *sendo vedado férias coletivas nos juízos e tribunais de segundo grau*, funcionando, nos dias em que não houver expediente forense normal, juízes em plantão permanente" (g.n.). Diante disso, consoante se observou na doutrina, "*a inexistência de férias coletivas mitigará a aplicação do art. 179 do CPC.* O art. 173 do Código, por sua vez, se restringirá apenas aos feriados".[4]

Diante disso, as disposições relativas a férias comentadas neste Capítulo, em consonância com o que estabelece o art. 93, XII, da Constituição Federal, aplicar-se-iam, por exclusão, *apenas aos Tribunais Superiores*.

Há que se registrar, contudo, que, no ano de 2005, o Conselho Nacional de Justiça editou a Res. 8, que, nada obstante o novo texto constitucional, estabeleceu a possibilidade de suspensão do expediente forense e dos prazos processuais no âmbito das Justiças Estaduais, conforme regulamentem os Tribunais de Justiça dos Estados, no período de 20 de dezembro a 6 de janeiro.[5] Aludida resolução ressalva a prática de atos proces-

---

rel. Min. Waldemar Zveiter, *DJ* 30.11.1992, p. 22.611.

4. Luiz Rodrigues Wambier, Teresa Arruda Alvim Wambier e José Miguel Garcia Medina, *Breves comentários à nova sistemática processual civil*, p. 48, g.n. Anotam ainda os referidos processualistas que "parece que o legislador constitucional não levou em consideração peculiaridades de nosso País, que talvez justificassem a manutenção de férias coletivas, pelo menos no período que envolve as festas de final de ano e o mês de janeiro. É duvidoso, a não ser que haja uma verdadeira revolução cultural de âmbito nacional, que os processos tramitem no mês de janeiro como se este fosse um mês 'normal'" (idem, p. 47).

5. "Resolução 8, de 29.11.2005 – Dispõe sobre a regulamentação do expediente forense no período natalino e dá outras providências.

"O Presidente do Conselho Nacional de Justiça, tendo em vista o decidido em sessão plenária do dia 29 de novembro de 2005, no uso de suas atribuições conferidas pela Constituição Federal, especialmente os incisos I e II, § 4.º, de seu art. 103-B;

"Considerando que o inciso I do art. 62 da Lei 5.010, de 30.05.1966, estabelece feriado na Justiça da União, inclusive nos Tribunais Superiores, nos dias compreendidos entre 20 de dezembro e 6 de janeiro;

"Considerando que a suspensão do expediente forense, no período de 20 de dezembro a 6 de janeiro, constitui antiga reivindicação dos advogados, sobretudo os de menor poder econômico e não vinculados a grandes escritórios profissionais;

"Considerando que a existência de critérios conflitantes, quanto à suspensão do expediente forense, gera incerteza e insegurança entre os usuários da Justiça, podendo inclusive prejudicar o direito de defesa e a produção de provas;

suais urgentes e necessários à preservação de direitos, além de determinar a manutenção de plantões judiciais de sorte a assegurar a prestação da atividade jurisdicional ininterrupta, o que é reforçado pela Recomendação 10, de maio de 2007, no sentido de se facilitarem os acessos a fóruns e Tribunais no âmbito das Justiças dos Estados e da União.[6]

Desta forma, nos termos da Resolução em apreço, na medida em que os Tribunais de Justiça dos Estados vierem a regulamentar a suspensão dos expedientes – e dos prazos – forenses, ter-se-á no recesso natalino disciplina assemelhada à das férias forenses, já que os simples feriados, em princípio, não interrompem nem suspendem o curso dos prazos processuais.

Com efeito, por continuidade dos prazos deve-se entender, segundo o art. 178, que eles correm em dias feriados. Isto quer dizer que, no curso ou na continuidade dos prazos, os dias feriados são irrelevantes. A

"Considerando que o caráter ininterrupto da atividade jurisdicional é garantido, quando da suspensão do expediente forense no período noturno, nos fins-de-semana e nos feriados, através de sistema de plantões judiciários;

"Resolve:

"Art. 1.º Os Tribunais de Justiça dos Estados poderão, por meio de deliberação do Órgão Competente, suspender o expediente forense no período de 20 de dezembro a 6 de janeiro, garantindo o atendimento aos casos urgentes, novos ou em curso, através de sistema de plantões."Parágrafo único. O sistema de plantões deve ser amplamente divulgado e fiscalizado pelos órgãos competentes."Art. 2.º A deliberação que aprovar a suspensão do expediente forense suspenderá, igualmente, os prazos processuais e a publicação de acórdãos, sentenças e decisões, bem como a intimação de partes ou advogados, na primeira e segunda instâncias, exceto com relação às medidas consideradas urgentes."Parágrafo único. O Tribunal de Justiça regulamentará o funcionamento de plantões judiciários, de modo a garantir o caráter ininterrupto da atividade jurisdicional."Art. 3.º A suspensão não obsta a prática de ato processual de natureza urgente e necessário à preservação de direitos, nem impede a realização de audiência e de sessão de julgamento já designadas até a data da publicação dessa Resolução."Art. 4.º Esta Resolução entra em vigor na data de sua publicação".

6. "Recomendação 10, de 08.05.2007 – Recomenda aos Tribunais Regionais Federais, Tribunais Regionais do Trabalho, órgãos da Justiça Militar da União e dos Estados e Tribunais de Justiça que facilitem o livre acesso dos membros e servidores do Ministério Público às suas respectivas salas de trabalho, quando localizadas no interior dos Fóruns, no período de recesso natalino.

"A Presidente do Conselho Nacional de Justiça, no uso de suas atribuições e

"Considerando o fechamento dos fóruns no período de recesso natalino, entre os dias 20 de dezembro e 06 de janeiro;

"Considerando que, especialmente no âmbito da Justiça Estadual, os membros do Ministério Público de Primeiro Grau não possuem prédios próprios para o exercício de suas atividades, atuando em salas localizadas no interior dos fóruns; Considerando que os membros do Ministério Público exercem atividades extrajudiciais em favor da sociedade e que, em razão do interesse público, devem ser realizadas de forma ininterrupta;

"Considerando a decisão plenária na sessão do dia 08.05.2007, exarada nos autos do Pedido de Providências 1.233, resolve

"Recomendar aos Tribunais Regionais Federais, aos Tribunais Regionais do Trabalho, aos órgãos da Justiça Militar da União e dos Estados e aos Tribunais de Justiça que adotem as providências necessárias no sentido de possibilitar, no período de recesso natalino, compreendido entre 20 de dezembro e 06 de janeiro, o livre acesso, respeitados os limites da excepcionalidade do período, aos membros do Ministério Público e aos servidores das respectivas Promotorias e Procuradorias, bem como aos advogados e defensores públicos, que exercem funções essenciais à administração da Justiça, devidamente identificados ao encarregado de segurança, vigilância ou zeladoria, aos locais de trabalho do Ministério Público, quando instalados no interior dos respectivos fóruns.

"Publique-se e encaminhe-se cópia desta Recomendação a todos os tribunais acima referidos" (*DJ* 17.08.2007, Seção 1, p. 205).

continuidade, porém, cessa com as férias, *ao menos nos Tribunais Superiores* (art. 179, *com as restrições no art. 93, XII, da Constituição Federal, referidas acima, e, após a Resolução CNJ 8, de 2005, com as restrições que advierem da regulamentação dos Tribunais de Justiça dos Estados, bem como do "feriado" da Justiça Federal, já previsto na legislação*)[7]. Assim, os prazos estabelecidos por lei ou pelo juiz são contínuos, não se interrompendo pela intercorrência de feriados em seu curso.[8-9]

Se for aprovado o Novo Código de Processo Civil, ocorrerá uma drástica ruptura da continuidade dos prazos processuais, à luz do que dispõe o art. 219, *caput*, do PL 8.046/2010. De acordo com a redação atual do Projeto, os prazos só serão computados nos dias úteis. À luz do CPC vigente, porém, aplica-se a regra oposta: computam-se os dias não úteis na contagem dos prazos processuais, exceto no que se refere às hipóteses legais de suspensão e interrupção, e observada a ressalva quanto aos termos inicial e final dos prazos.

Com efeito, tanto o início quanto o término do prazo que cair em feriado, em dia de fechamento do fórum ou em dia no qual o expediente forense for encerrado antes da hora normal, consideram-se prorrogados até o primeiro dia útil.

Entretanto, na jurisprudência, já se decidiu que a superveniência de feriados contínuos pela decretação de recesso forense equipara-se a férias, suspendendo-se o prazo recursal nos termos do art. 179 do CPC, mormente se esses feriados se situam imediatamente antes ou depois do início das férias.[10]

A superveniência da Semana Santa, entendia grande parte da jurisprudência,

---

7. Art. 62 da Lei 5.010/1966. Esse feriado vem sendo interpretado pela jurisprudência como "recesso" e equiparado, para fins de contagem de prazos, às férias forenses, conforme se depreende dos comentários e notas *infra*, acerca da contagem dos prazos nos feriados e recessos foresnses e, também, das anotações de Nelson Nery Jr. e Rosa Maria de Andrade Nery: "Recesso na justiça federal. No prazos em curso no período compreendido entre 20 de dezembro e 6 de janeiro, na Justiça Federal, aplica-se a regra do CPC 179 (TFR 105) (TFR, 4.ª T., Ag. 50146-SP, rel. Ilmar Galvão, v.u., j. 30.3.1987, *DJU* 30.04.1987). TFR 105: *'Aos prazos em curso no período compreendido entre 20 de dezembro e 6 de janeiro, na Justiça Federal, aplica-se a regra do art. 179 do Código de Processo Civil'"* (*Código de Processo Civil comentado*, p. 386-387).

8. STJ, AgRg no AgRg no AgIn 672.890/MG, 1.ª T., j. 16.8.2005, rel. Min. Teori Albino Zavascki, *DJ* 5.9.2005, p. 251; STJ, EDcl no AgRg no REsp 362.229/PR, 2.ª T., j. 4.3.2004, rel. Min. Castro Meira, *DJ* 2. 8.2004, p. 340; STJ, RCDESP no AgIn 525.795/RJ, 6.ª T., j. 28.10.2003, rel. Min. Paulo Medina, *DJ* 17.11.2003, p. 397.

9. Constavam do Projeto de Lei 3.475/2000, do qual resultou a Lei 10.358/2001, propostas de alteração dos textos dos arts. 175 e 178, sugestões que não resultaram acolhidas quando da promulgação da lei, tendo sido vetadas pelo Presidente da República. As sugestões diziam respeito à contagem dos prazos, com evidente objetivo de auxiliar no trabalho dos procuradores das partes. Dizia-se na proposta de redação ao art. 175 que "são feriados, para efeitos forenses, os sábados, os domingos e os dias assim declarados por lei". O art. 178, pela proposta de lei, estava assim redigido: "O prazo legal ou judicial, contado em dias, suspender-se-á nos dias, feriados e naqueles em que não houver expediente forense, salvo nos casos previstos no art. 188".

10. *RT* 573/252, 574/176 e 578/91. Já decidiu o STJ que "o feriado que antecede imediatamente as férias forenses não se lhes assimila, consumindo parte do prazo que já iniciou" (STJ, REsp 116.946/RS, 2.ª T., j. 19.2.1998, rel. Min. Ari Pargendler, *DJ* 16.3.1998, p. 81). Mais recentemente, contudo, decidiu-se que "o dia 1.º de janeiro, feriado, não incluído no período de recesso de 21 a 31 de dezembro, segundo provimento local, nem nas férias coletivas do Tribunal, que vão de 2 a 31 de janeiro, não é contado no prazo do recurso" (STJ, REsp 219.538/SP, 4.ª T., j. 25.04.2000, rel. Min. Ruy Rosado de Aguiar, *DJ* 19.6.2000, p. 151; STJ, AgRg no REsp 203.851/PA, 6.ª T., j. 21.2.2008, rel. Min. Maria Thereza de Assis Moura, *DJe* 10.3.2008).

suspendia o curso do prazo para recurso no Estado de São Paulo, vez que, em primeira instância, equiparava-se ao período de férias forenses.[11] Contudo, acabou por prevalecer o entendimento contrário, por nós defendido nas edições anteriores, no sentido de não se poder admitir que dias feriados, pelo só fato de serem contínuos, ou um a um, em seguida ao outro, sejam equiparados a férias forenses,[12] salvo se a lei assim o determinar, com as restrições do art. 93, XII, da CF.[13]

Desta forma, a publicação feita em dia feriado vale como feita no dia útil subsequente,[14] entendimento esse que já era o nosso, e que veio a ser objeto de mandamento expresso, pela redação introduzida ao art. 240, parágrafo único, do CPC pela Lei 8.079, de 13.09.1990. Pela mesma razão, os prazos somente começam a correr a partir do primeiro dia útil, após a intimação (art. 184, § 2.º, do CPC), regra já consagrada no enunciado da Súmula 310 do STF, na qual se inspirou o legislador. Se no sábado o expediente forense não é normal, o prazo terá a contagem iniciada no primeiro dia útil subsequente.[15]

Nessas condições, se alguém foi intimado numa sexta-feira, seu prazo só começará a correr na segunda-feira, nos casos de tipificação do art. 184, § 1.º, II, e § 2.º.[16]

De outra parte, tendo o Código regulado toda a matéria dos prazos, a disciplina está toda nele. De tal forma, pois, o fechamento do fórum ou o encerramento antecipado do expediente não acarreta, ante o Código de Processo Civil, a devolução dos dias em que isto se deu na contagem do prazo, encontrando-se revogada, neste ponto, a Lei 1.408/1951.[17]

Se houver justa causa para o ato não ter sido praticado, dever-se-á devolver o prazo (art. 183, § 2.º, do CPC). Já se reputou justa causa (art. 183, § 1.º, do CPC), para fins de prorrogação de prazo, o lapso cartorário consistente na anotação no mandado de citação de prazo maior do que aquele de que disporia o réu para contestar a ação que se

11. À guisa de ilustração, cf. os acórdãos insertos em *RT* 557/129; *JUTACivSP* 67/83, 69/56 e 69/96; *RJTJSP* 83/225.

12. Neste sentido, equiparando-se estes períodos às férias forenses, quando a elas imediatamente anteriores: *RTJ* 83/541; *RT* 593/68 e 683/65; *RJTJESP* 91/289 e 92/211; *JTA* 88/320.

13. *RT* 578/171; *JUTACivSP* 76/129; é a posição do STF: *RTJ* 78/156, 106/632, 113/924, 115/486 e 116/828; *JSTF* 79/237 (também o RE 94.120, referido nesta publicação) e *RT* 643/202; do Tribunal de Justiça do Estado de São Paulo: *RJTJESP* 76/235, 91/220 e 124/349; dos extintos Tribunais de Alçada Civil de São Paulo: *JTA* 86/439, 109/448 e 121/246; e do STJ: *RSTJ* 45/234; *RT* 686/203 e 689/275 e o REsp 56.799-8/RS (rel. Min. Sálvio de Figueiredo Teixeira, *DJU*, I, 20.2.1995, p. 3.194, não conheceram, v.u.), ementado de forma bastante esclarecedora desta tese: "Segundo entendimento jurisprudencial firmado pelas 3.ª e 4.ª Turmas, que compõem a Seção de Direito Privado do Superior Tribunal de Justiça, a fluência dos prazos não se suspende durante os feriados, nem mesmo durante aqueles contíguos às férias, que imediatamente as antecedam ou sucedam". Cf., ainda, *RF* 298/190 e *RT* 552/86, 558/148, 569/122 571/137 e 598/241.

14. STJ, REsp 474.362/BA, 1.ª T., j. 17.12.2002, rel. Min. José Delgado, *DJ* 24.3.2003, p. 158.

15. STJ, AgRg no AgIn 445.304/RN, 2.ª T., j. 2.9.2003, rel. Min. Castro Meira, *DJ* 29.9.2003, p. 194; STJ, REsp 457665/RN, 6.ª T., j. 16.12.2003, rel. Min. Paulo Gallotti, *DJ* 22.3.2004, p. 369; STJ, HC 85.686/BA, 5.ª T., j. 4.12.2007, rel. Min. Napoleão Nunes Maia Filho, *DJ* 17.12.2007, p. 257).

16. RE 86.247, *RJTJSP* 41/219; *RTJ* 95/186 e 95/739. Com maioria de razão, se a intimação tiver sido realizada num sábado: *RJTJSP* 63/217; *RT* 555/131, entendimento este que foi acolhido, expressamente, no parágrafo único do art. 240, introduzido pela Lei 8.079/1990.

17. STF, RE 80.291/SP, 1.ª T., 11.03.1974, rel. Min. Xavier de Albuquerque, v.u., *RTJ* 75/577; nosso *Código de Processo Civil comentado*, vol. I, p. 90; Jacy de Assis, *Proc. Ord.*, 1975, p. 49.

lhe propõe.[18] Similarmente, já se considerou justa causa o erro contido em "informações prestadas pela rede de computadores operada pelo Poder Judiciário", já que estas "são oficiais e merecem confiança".[19]

Conquanto a solução seja a correta, não se trata propriamente de justa causa, pois o fato descrito não se ajusta ao art. 183, § 1.º, mesmo porque esse fato não impediria, propriamente, a prática do ato. No entanto, há indução em erro, por obra da Justiça, o que justifica a solução dada (a parte, como tal, não sabe Direito). Já se entendeu como hipóteses de justa causa para tal finalidade a necessidade de o advogado de uma das partes ser submetido a cirurgia de emergência[20] e, similarmente, a doença do advogado, atendendo-se, todavia, nesta última hipótese, às circunstâncias do caso concreto, isto é, à inconveniência (senão impossibilidade) de a parte nomear outro procurador para prática de dado ato processual, sem que tal prática não configurasse trair a confiança de seu constituído.[21]

Outras hipóteses, todavia, não são configuradoras de justa causa. Não caracteriza, por exemplo, justa causa, autorizando a dilatação do prazo, a doença em pessoa da família da parte,[22] e, como regra, tampouco a só moléstia ou doença do advogado, tendo em vista as circunstâncias do caso concreto.[23]

---

18. 2.º TACivSP, AgIn 23.986/SP, 2.ª Câm., 11.12.1974, rel. Barros Monteiro Filho, v.u., *JUTACivSP* 84/83.

19. STJ, REsp 390.561/PR, 1.ª T., j. 18.06.2002, rel. Min. Humberto Gomes de Barros, *DJ* 26.8.2002, p. 175; TJRJ, AgIn 2003.002.13305, 5.ª Câm. Cív., j. 14.10.2003, rel. Des. Antonio Cesar Siqueira; TJRJ, AgIn 2003.002.13878, 8.ª Câm. Cív., j. 18.11.2003, rel. Des. Luisa Cristina Bottrel Souza; TJRJ, AgIn 2007.002.34688, 20.ª Câm. Cív., j. 13.12.2007, rel. Des. Marco Antonio Ibrahim).

Recentemente, porém, o STJ vem entendendo pela natureza meramente informativa dos dados processuais disponibilizados pela *internet,* excluindo a possibilidade de justa causa nas hipóteses de informações equivocadas: STJ, REsp 514.412/DF, 3.ªT., j. 02.10.2003, rel. Min. Castro Filho, rel. p/ acórdão Min. Antônio de Pádua Ribeiro, *DJ* 9.12.2003, p. 285; STJ, 1.ªT., AgRg no AgIn 847.376/RS, j. 05.06.2007, rel. Min. Denise Arruda, *DJ* 2.8.2007, p. 376; STJ, AgRg nos EREsp 514.412/DF, Corte Especial, j. 29.6.2007, rel. Min. Luiz Fux, *DJ* 20.08.2007, p. 229; STJ, 1.ª T., AgRg no AgIn 934.846/DF, j. 20.5.2008, rel. Min. José Delgado, *DJe* 23.6.2008. Nessa linha, também não é considerada justa causa informação equivocada prestada por pessoa jurídica prestadora de serviço de informações processuais, alheia ao Poder Judiciário (STJ, AgRg no AgIn 985.969/RS, 1.ª T., j. 26.8.2008, rel. Min. Hamilton Carvalhido, *DJe* 3.9.2008).

Quanto à informação prestada pelo cartorário que se equivoca quanto à contagem ou ao lapso temporal previsto na lei, segue-se a linha do que foi decidido no REsp 151.601/DF (4.ª T., j. 7.5.1998, rel. Min. Sálvio de Figueiredo Teixeira, *DJ* 22.6.1998, p. 92), no sentido de não se considerar justa causa, "a impedir a prática do ato no momento oportuno, o equívoco de certidão cartorária em relação ao procedimento adotado e ao início do prazo recursal, atestando coisa diversa do que preceitua a lei" (assim: STJ, AgRg no AgIn 733.514/PR, 3.ª T., j. 18.10.2007, rel. Min. Humberto Gomes de Barros, *DJ* 31.10.2007, p. 320). Seguindo essa orientação, asseverou-se, em acórdão relatado pelo Min. Aldir Passarinho Junior, que a informação equivocada constante do *site* de Tribunal acerca da juntada do mandado não exime o advogado de verificar os autos *in loco*. No caso, porém, mesmo que ausente a justa causa, o ato de juntada do mandado foi considerado inexistente, por ter sido praticado por estagiário de direito, afastando-se a revelia (STJ, REsp 1.020.729/ES, 1.ªT., j. 18.3.2008, rel. Min. Aldir Passarinho Junior, *DJe* 19.5.2008).

20. *RT* 613/128, em.

21. *RSTJ* 42/145. Semelhantemente, cf. STJ, REsp 627.867/MG, 1.ªT., j. 11.5.2004, rel. Min. José Delgado, *DJ* 14.6.2004, p. 184; STJ, AgRg no REsp 533.852/RJ, 3.ª T., j. 21.6.2005, rel. Min. Nancy Andrighi, *DJ* 5.9.2005, p. 398.

22. *Ementário de Jurisprudência do Estado do Ceará* 11/298.

23. *JUTACivSP* 80/145. Ainda: "(...) Não configura justa causa a perda do prazo recursal por

No âmbito do Superior Tribunal de Justiça, tem-se excluído a justa causa nos casos em que a greve dos funcionários dos Correios inviabilize a chegada do original da peça recursal ao protocolo no prazo de cinco dias que prevê a Lei 9.800/1999 ("Lei do Fax").[24]

De acordo com o atual CPC, a superveniência de férias – que ainda pode ocorrer em relação aos Tribunais Superiores, à luz do art. 93, XII, da Constituição – suspende sempre o curso do prazo (art. 179), que recomeçará a correr no "primeiro dia útil seguinte ao termo das férias" (salvo o disposto no art. 174).

Assim, se a citação foi feita durante as férias ou em feriado (por exemplo, em ação rescisória que tramite perante o STJ), o prazo começa a correr no primeiro dia útil seguinte ao feriado ou às férias (art. 179) (dia do começo do prazo), mas na contagem do prazo exclui-se o dia do começo, computando-se o do final do prazo (arts. 179 e 184, *caput*, do CPC).[25]

O legislador considera, ao lado da continuidade dos prazos, a sua peremptoriedade, que consiste, exatamente, na circunstância de que, atingido o termo final do prazo, sem que tenha sido praticado o ato, extinta, irremediavelmente, estará a oportunidade de praticá-lo.

Finalmente, a preclusão temporal é o "fato" processual da não prática de um ato processual dentro do prazo em que este deveria ter sido praticado, não podendo mais sê-lo, passando-se ao estágio subsequente do procedimento. Mais adiante discutiremos a preclusão.

Trataremos do instituto da preclusão, pela sua importância, não deixando de referi-la aqui por ser princípio que informa e assegura praticamente a teoria dos prazos. Além desses princípios, há o da inalterabilidade dos prazos, que informava e informa a lei processual civil, pelo qual estes não podem, como regra, ser modificados. A lei anterior abria exceções a essa inalterabilidade, como a atual (arts. 181 e 182). Só os prazos dilatórios podem ser alterados, por acordo comum, fundado em motivo legítimo e desde que se solicite tal alteração antes do vencimento do prazo (art. 181).

Como se observou acima, as normas existentes no CPC sobre férias coletivas passaram a ter aplicação restrita, a partir da EC 45/2004. É que, de acordo com o art. 93, XII, da Constituição, na redação da referida Emenda, são vedadas "férias coletivas nos juízos e tribunais de segundo grau", razão pela qual entendemos que as regras proces-

---

parte do advogado doente, quando este foi capaz de peticionar, ainda enfermo, pedindo a devolução do prazo recursal. Portanto, tinha condições de substabelecer, para que outro profissional praticasse o ato (...)" (STJ, AgRg no AgIn 816.528/RJ, 5.ª T., j. 14.08.2007, rel. Min. Arnaldo Esteves Lima, *DJ* 24.09.2007, p. 359); "(...) Atestado em nome do advogado não constitui justa causa, quando não for o único procurador instituído pela parte" (STJ, AgRg no AgIn 917.824/RJ, 3.ª T., j. 07.02.2008, rel. Min. Humberto Gomes de Barros, *DJe* 05.03.2008).

24. "Agravo regimental no agravo de instrumento. Decisão que se mantém por seus próprios fundamentos. 1. Sendo a tempestividade de recurso interposto perante o Superior Tribunal de Justiça aferida pela data do protocolo da petição na secretaria da Corte, não se configura como justa causa a ocorrência de greve na Empresa dos Correios para a interposição tardia do recurso. 2. Agravo regimental a que se nega provimento" (STJ, AgRg no AgRg no AgIn 517.053/RJ, 6.ª T., j. 16.10.2003, rel. Min. Paulo Gallotti, *DJ* 16.05.2005, p. 429). Em sentido convergente: STJ, EDcl nos EDcl no REsp 962.766/ES, 2.ª T., j. 06.12.2007, rel. Min. Castro Meira, *DJ* 17.12.2007, p. 165; STJ, AgRg no AgIn 1.021.343/SP, 4.ª T., j. 24.06.2008, rel. Min. João Otávio de Noronha, *DJ* 01.07.2008, p. 1.

25. STJ, REsp 13.368/MS, 4.ª T., j. 01.09.1992, rel. Min. Athos Carneiro, *DJ* 05.10.1992, p. 17.106; STJ, REsp 10.342/MG, 4.ª T., j. 05.05.1992, rel. Min. Barros Monteiro, *DJ* 22.06.1992, p. 9.761; *RT* 545/166.

suais relativas às férias aplicam-se, apenas, aos processos que tramitem perante os Tribunais Superiores.

O Código de Processo Civil regula o assunto pertinente a férias forenses em seu art. 174, e, à luz das hipóteses aí mencionadas, tem-se que os respectivos processos *têm curso nas férias estabelecidas nos Tribunais Superiores*, a saber: a) os atos de jurisdição voluntária; b) outros casos, em quaisquer processos, desde que "necessários à conservação de direitos" e que, se não praticados, "possam ser prejudicados pelo adiamento" (as férias), que, por isto, não se verificará, praticando-se, então, o ato ou os atos durante as férias (art. 174, I); c) ainda, as causas de alimentos provisionais (arts. 852-854), de dação ou remoção de tutores e curadores, e as mencionadas no art. 275 (doravante, procedimento sumário – art. 174, II); d) mais ainda, na forma do art. 174, III, todas as causas que a lei *federal* venha a determinar, o que, além do valor da regra, é significativo de que é pelo legislador ordinário federal (CPC) que se há de regrar o assunto, descabendo à lei estadual dispor sobre o mesmo, como já se salientou, até mesmo por vedação constitucional expressa (art. 22, I, da CF, que se refere à competência *exclusiva* da União Federal para legislar sobre *processo*).

No que diz respeito à concessão dos alimentos provisórios, direito há à obtenção dos mesmos nas férias, o que se funda no art. 174, I, 2.ª frase, e não no art. 174, II, em que se disciplinam os alimentos provisionais (arts. 852 a 854). A possibilidade de concessão dos alimentos provisórios decorre do permissivo do art. 4.º da Lei 5.478, de 25.07.1968, fixando-os o juiz "desde logo". Obtida esta fixação, mesmo nas férias (art. 174, I, 2.ª frase, do CPC), a ação de alimentos, porque não se determinou o seu curso nas férias, nelas não tem curso. O que pode ocorrer é a fixação liminar.[26]

26. *RJTJSP* 70/206.

Por este mesmo fundamento (art. 174, I, 2.ª frase, do CPC), todo e qualquer pedido, suscetível de, se não atendido, implicar a não conservação de direito, por esta razão e por aquele fundamento legal, tem curso nas férias, mas só para essa finalidade.

Assim é que, nas ações possessórias, que não têm curso nas férias, a medida liminar há de ser, nas férias, concedida, se for o caso.[27] Igualmente, a liminar em embargos de terceiro.[28] A mesma coisa se diga a respeito da liminar em mandado de segurança.[29] Pelo mesmo fundamento legal (art. 174, I, 2.ª frase), tem-se entendido que a verificação do dano, oriundo de modificação do estado da lide, enquadrável no aludido dispositivo legal e que dá azo aos artigos de atentado, tem curso durante as férias, mas não o processo de atentado.[30] Com essa orientação, entretanto, neste caso, não concordamos.

Já respeitantemente ao fluxo do prazo para embargos à execução, porque não comparece, em regra, o pressuposto definido no art. 174, I, 2.ª frase, não corre nas férias.[31]

Corre durante as férias, à luz do Código de Processo Civil, o prazo recursal nas causas sob procedimento sumário.[32]

27. VI ENTA, conclusão 45, v.u., em *RT* 580/297; *RT* 505/83 e 537/108; *RJTJSP* 49/197.

28. *RT* 512/199; *JUTACivSP* 42/24 e 42/112.

29. Simpósio de Curitiba, conclusão LXXVII, em *RT* 482/270; VI ENTA, conclusão 41, v.u., em *RT* 580/297; *JUTACivSP* 54/181.

30. Segundo parte da jurisprudência, correm, também, durante as férias, as ações de atentado (*RJTJSP* 44/222). Diversamente e, a nosso ver, corretamente, também já se tem decidido (*RJTJSP* 56/221 – entendendo, por maioria, incidir o art. 173, II, que trata dos atos que podem ser praticados durante as férias e nos feriados, embora a causa não se processe).

31. *RTJ* 97/302; embora já se tenha entendido como "razoável" opinião em sentido contrário, *RTJ* 97/297.

32. STJ, REsp 512.391/DF, 4.ª T., j. 24.5.2005, rel. Min. Fernando Gonçalves, *DJ* 13.06.2005, p.

Ainda segundo o Código de Processo Civil, correm nas férias os atos de jurisdição voluntária, como a conversão da separação judicial em divórcio[33] e o procedimento de curatela de interditos.[34]

Além dos casos previstos no Código de Processo Civil, correm durante as férias, conforme o disposto na legislação federal: os processos falimentares ainda regidos pelo art. 204 do revogado Dec.-lei 7.661/1945 (cf. art. 192 da Lei 11.101/2005, a qual revogou o referido Dec.-lei), mas não as causas em que sejam partes concordatária ou falida;[35] as desapropriações (art. 39 do); as renovatórias de locação e as revisionais ainda regidas pelo art. 35 do revogado Dec. 24.150/1934. Atualmente, com o advento da Lei 8.245, de 18.10.1991, acolhendo-se, certamente, substancial corrente jurisprudencial,[36] da qual compartilhávamos nas edições anteriores desta obra, todas as causas relativas à locação de imóveis urbanos (comerciais ou residenciais) e regidas por aquele novo diploma legal têm curso durante as férias (art. 58, I, da Lei 8.245/1991).

Não tinham, antes da EC 45/2004, e continuam não tendo curso nas férias, nos Tribunais Superiores: a ação de depósito,[37] as execuções fiscais,[38] a ação de divórcio,[39] o prazo recursal nos processos de separação judicial,[40] a ação de prestação de contas,[41] o pedido de alvará de separação de corpos,[42] a ação de nunciação de obra nova; somente sendo possível nas férias: o embargo liminar da obra,[43] a ação de retificação e alteração de registro,[44] os processos de inventário,[45] os mandados de segurança,[46] os embargos de terceiro,[47] a execução,[48] de retenção em reivindicatória,[49] a ação de alimentos[50] e a

311; STJ, REsp 363.942/PR, 3.ª T., j. 04.03.2004, rel. Min. Castro Filho, *DJ* 22.03.2004, p. 293; STJ, REsp 466.334/DF, 3.ª T., j. 02.09.2003, rel. Min. Menezes Direito, *DJ* 20.10.2003, p. 270; *RT* 519/112, 545/219, 554/128 e 572/223, em.; *RJTJSP* 73/140; *JUTACivSP* 57/81, 58/131 e 64/214; VI ENTA, conclusão 50, v.u., em *RT* 580/297. Contra *RT* 550/170.

33. *RT* 516/164; STJ, REsp 331.868/RJ, 5.ª T., j. 12.09.2006, rel. Min. Arnaldo Esteves Lima, *DJ* 09.10.2006, p. 337; STJ, REsp 223.165/SP, 3.ª T., j. 11.09.2001, rel. Min. Antônio de Pádua Ribeiro, *DJ* 22.10.2001, p. 318.

34. *RT* 507/72.

35. *RJTJSP* 59/155.

36. *RTJ* 103/711; *RT* 534/168, 545/149, 565/149, 580/186, 581/152 e 581/160, em.; *JUTACivSP* 52/215, 73/393, 80/201. O entendimento, todavia, não era unânime, como demonstram os acórdãos veiculados em *RT* 520/258, 533/200 e 549/157, em sentido oposto. Para as ações de despejo, entendendo-se que as mesmas *não* deveriam correr durante as férias forenses (o que não prevalece desde a promulgação da Lei 8.245/1991), cf. *RT* 524/185, 538/166 e 550/141; *JTACivSP* 59/337, 60/229 e 66/192.

37. *RT* 530/229 ("a exceção mencionada no art. 173, II, do CPC, não se estende a ações judiciais a que se refere o inciso, mas, sim, especificamente, a atos processuais").

38. *RTJ* 97/839, 98/481 e 101/808; *RT* 549/106, em.; 522/256 e 579/99, em.; *JUTACivSP* 48/100; 50/75 e 67/84.

39. *RT* 570/64.

40. *RT* 539/87.

41. *JUTACivSP* 62/117.

42. *RJTJSP* 71/210.

43. *RTJ* 100/426; *RT* 525/103; *RJTJSP* 63/86, 66/181 e 69/243.

44. TJSP, Ap. 241.533, 2.ª Câm.Civ., 12.08.1975, rel. Lafayette Salles Júnior, v.u.

45. *RT* 542/69 e 604/47. Contra: *RF* 264/255.

46. *RT* 524/92, 540/104 e 588/103; *RJTJSP* 64/197, 69/126 e 70/241; *JUTACivSP* 57/51; VI ENTA, conclusão 41, v.u., em *RT* 580/297. *Em sentido contrário*, STJ, REsp 489.903/RS, 1.ª T., j. 08.04.2003, rel. Min. José Delgado, *DJ* 02.06.2003, p. 209.

47. *RT* 524/145; *JUTACivSP* 58/259.

48. *RTJ* 97/302 e *RT* 604/147. Deve-se atentar que, no caso, "o processo de execução segue o mesmo rito da ação de conhecimento na qual se originou o título executivo" (STJ, REsp 401.018/ES, 2.ª T., j. 09.08.2005, rel. Min. Francisco Peçanha Martins, *DJ* 29.08.2005, p. 239).

49. *RT* 579/101, em.

50. *RJTJSP* 45/160 e 70/206.

ação revisional de alimentos.[51] Em quaisquer hipóteses, incidindo o art. 174, I, 2.ª parte, todavia, o ato deve ser praticado.

Há, pois, que se distinguir uma dualidade de situações: a) há os processos que correm nas férias (os de jurisdição voluntária – todos os demais, mencionados no CPC – art. 174, I, 1.ª frase, e II, e outros que a lei federal determine – art. 174, III); b) e os que não correm nas férias, *que são os restantes*.

Portanto, a exceção prevista pelo art. 174, I, 2.ª frase, só se aplica a estes últimos: só poderão ser praticados atos, durante as férias, nos processos que não têm curso de férias – o que é a regra geral – com o intuito de se prover à conservação de direito. Essa exceção, evidentemente, não diz respeito aos processos que não se suspendem com a superveniência de férias, pois que, nesses casos, praticam-se todos os atos, normalmente.

Como se disse, tais princípios, atualmente, aplicam-se apenas aos processos que tramitam perante os Tribunais Superiores. Enquanto a demanda tiver curso perante os Juízos de primeiro grau e os Tribunais de segundo grau, incide a regra do art. 93, XII, da Constituição, a que nos referimos acima.

149. Dos prazos e sua classificação

O Código de Processo Civil estabelece uma distinção entre prazos *peremptórios* e *dilatórios*, para efeito de possibilitar sua alteração por acordo entre as partes, não prevalecendo a regra da inalterabilidade, sequer para os prazos peremptórios, como vemos da 2.ª parte do art. 182, que prevê a possibilidade de o juiz, nas comarcas onde for difícil o transporte, prorrogar quaisquer prazos (acrescendo-lhes até 60 dias) para a parte. Em caso de calamidade pública (art. 182, parágrafo único, do CPC), quaisquer limites para quaisquer prazos fixados em lei poderão ser excedidos.

Pelo texto legal, só podemos chegar à conclusão de que prazos *peremptórios* e *dilatórios* se distinguem pela possibilidade de serem só os últimos alteráveis pela vontade das partes. Tal distinção não se projetou na doutrina no sentido de esta fornecer critérios para que se possam afastar os prazos peremptórios dos dilatórios; assim, como diz Egas Moniz de Aragão, "qualquer tentativa de enumerá-los conduziria ao casuísmo, e à jurisprudência caberá a construção casuística das soluções".[52]

Apesar dessa afirmação, entendemos, naturalmente, que, em função da interpretação das normas fixadoras dos prazos, saber-se-á se estes são peremptórios ou dilatórios. Exemplificativamente, podemos citar como peremptórios: o prazo de 15 dias para a resposta do réu (arts. 241 e 297 do CPC); o de 15 dias para excepcionar (arts. 304 e 305 do CPC), exceto quando de impedimento se tratar; o de 15 dias para recorrer (art. 508 do CPC) etc. Há que correlacionar a inteligência do assunto com uma interpretação sistemática.

Ao jurista não incumbe, em princípio, o classificar, em si mesmo, assunto que, com mais propriedade, deve ficar afeto à casuística. A esta, todavia, compete fornecer regras de interpretação, e estas regras hão de respeitar a função dos prazos, à luz de uma visão sistemática do Código.

Desta forma, seguem-se os seguintes parâmetros, que valem como diretrizes ge-

51. *RJTJSP* 60/39.

52. Cf. *Comentários ao Código de Processo Civil*, vol. II, p. 98-99. A conclusão do Simpósio de Curitiba (conclusão XIII, *RT* 482/270), no sentido de que os prazos dilatórios são disciplinados por norma dispositiva, e os peremptórios por norma cogente, igualmente, a nada leva.

Na verdade, trata-se de enunciado lógico, a partir dos diferentes sentidos de dilatório e peremptório, a que se seguem normas de rigidez (peremptórias e dilatórias), igualmente distintas, sem que, todavia, se tenha esclarecido quais sejam uns e outros prazos.

rais, a saber: 1.º) o prazo para contestação é peremptório, porque se lhe segue a revelia, depois da qual veda-se peremptoriamente a dedução de qualquer outra alegação (art. 303 do CPC), exceto as ressalvas dos incisos desse artigo; 2.º) o mesmo se diga atinentemente à resposta do réu (onde se compreende a própria contestação), pois, à ausência de exceção de incompetência, se segue prorrogação de competência (art. 114, na redação da Lei 11.280/2006, que ressalva a possibilidade de incidência do parágrafo único do art. 112, aludindo-se neste art. 114, expressamente, a "prazos" legais); 3.º) o prazo para recorrer, porquanto, não interposto o recurso cabível, ter-se-á coisa julgada ou preclusão (arts. 467 e 473, respectivamente; e, ainda, o art. 471).

Agregue-se, ainda, que o prazo para oposição de embargos do devedor é peremptório, mesmo porque se trata de prazo decadencial.[53]

Se tiver havido, legitimamente, suspensão, por se ter estado diante de prazo dilatório, não se haverá de computar nem o dia da suspensão e nem o da intimação, em decorrência da qual se determinará o curso do prazo.[54]

Há duas outras correntes: 1.ª) exclui-se o dia em que se verificou a suspensão, mas se inclui o dia da intimação de continuação do curso do prazo;[55] 2.ª) inversamente, inclui-se o dia da suspensão e se exclui o dia da intimação,[56] posição que temos por correta.

Consideramos dilatório o prazo para falar nos autos, pela própria redação do art. 185 do CPC, mesmo fixando a lei prazo para a manifestação da parte contrária, como nos arts. 398 e 327, nos casos de indicação de assistentes técnicos (art. 421, § 1.º) etc. As partes poderão, nessa conformidade, de comum acordo, modificar, reduzindo ou prorrogando, os prazos dilatórios, mas não os peremptórios.

Para validade deste acordo entre as partes é necessário: a) que seja feito antes de vencido o prazo legal; b) que se funde em motivo legítimo. O juiz, caso homologue o acordo, fixará a data do vencimento do prazo.

Havendo prorrogação de prazo, evidentemente, as custas com a demora serão acrescidas e correrão por conta da parte em favor de quem foi o prazo alongado. Se a prorrogação tiver sido por acordo e houver acréscimo de custas, ambas as partes arcarão com as mesmas.

Os prazos são, ainda, suscetíveis de serem classificados segundo diversos critérios. Assim, classificam-se os prazos em: 1.º) legais, que são fixados por regra geral (art. 177, 1.ª frase, do CPC), e judiciais (art. 178) ou convencionais (arts. 181 e 265, II); 2.º) comuns e particulares; 3.º) próprios e impróprios.

Os prazos legais são os estatuídos na lei (art. 177 e demais artigos que especificamente disciplinam os prazos). Sem determinação legal expressa ou fixação pelo juiz, o prazo será de cinco dias úteis, nos termos do art. 185 do CPC.

Parece-nos que a denominação de prazos judiciais deve ficar reservada para designar os prazos suscetíveis de serem fixados pelo juiz.[57]

Dizem-se prazos convencionais aqueles que podem ser ajustados pelas partes, nos li-

53. TRF-1.ª R., AgIn 200301990027188, 7.ª T., j. 11.2.2004, rel. Des. Luciano Tolentino Amaral, *DJ* 02.03.2004, p. 47.

54. *RTJ* 84/925 e *RT* 509/167 (esta posição é a fixada nos votos vencidos).

55. *RTJ* 84/925; *RT* 509/167.

56. *RTJ* 86/632, 95/739 e 106/770; STJ, AgRg no AgIn 638.501/RS, 2.ª T., j. 04.08.2005, rel. Min. João Otávio de Noronha, *DJ* 29.08.2005, p. 282.

57. José Frederico Marques, *Instituições de direito processual civil*, cit., vol. II, n. 447, p. 354; Couture, *Fundamentos de derecho procesal civil*, p. 175.

mites em que a lei o admite, ou em convencionais se transformam os prazos dilatórios, a respeito dos quais tenha havido convenção, nos moldes do art. 181, fixado o dia do vencimento judicialmente (art. 181, § 1.º).

A suspensão dos prazos por impedimento há de ser interpretada restritivamente (art. 183, § 1.º, do CPC). Assim, não sendo o preparo ato pessoal da parte, nem do seu advogado, não basta, para justificar a relevação, que tivessem ficado ambos impedidos, desde que existente a possibilidade concreta de que fosse providenciado o preparo através de terceiro,[58] mormente diante da nova sistemática do Código de Processo Civil, pela qual o preparo deve ser apresentado juntamente à petição de interposição do recurso (art. 511, *caput*, com a redação da Lei 9.756/1998).[59] Por outro lado, pacificou-se a jurisprudência do STJ no sentido de que "na hipótese da petição recursal ser protocolada no último dia do prazo e após o encerramento do expediente bancário, é admissível o pagamento do preparo no primeiro dia útil subsequente", aplicando-se, no caso, o art. 183, § 1.º, do CPC.[60]

Prazos comuns são os que existem, simultaneamente, para ambas as partes. Por exemplo, o prazo comum de apelação, em virtude de sucumbência recíproca. Prazos particulares, ao contrário, são aqueles existentes para uma só das partes, por exemplo: 1.º) a sucumbência de uma só delas – só a parte sucumbente apelará; 2.º) o prazo para exceção, contestação e para reconvenção – é só o réu que se defende, como é pessoal o prazo para as exceções oponíveis por ele. Se, porém, várias pessoas ocuparem a mesma posição, por exemplo, se forem vários os réus ou os sucumbentes, o prazo será também considerado comum. Se tiverem advogados diferentes, ser-lhes-ão contados em dobro os prazos para responder, recorrer e falar nos autos (art. 191).

Dizem-se prazos próprios os que efetivamente implicam uma consequência processual específica. Assim, quem não contesta no prazo é revel; quem não apela permite que se forme coisa julgada etc.

Já os prazos impróprios são aqueles que não acarretam, com a não prática do ato que neste espaço de tempo deveria ser praticado, uma consequência processual. São os prazos que existem para o juiz, *lato sensu* (art. 187 do CPC), e para os serventuários da Justiça. As consequências do descumprimento de tais prazos são de natureza eventual e meramente administrativa (arts. 193 a 199).

150. Da contagem dos prazos

A regra fundamental da contagem dos prazos é a da exclusão do dia do início e inclusão do dia do respectivo vencimento (art. 184 do CPC). Desta forma, na contagem dos prazos, exclui-se o dia do início, em regra, o da publicação, e inclui-se o do vencimento.[61]

A intimação tem por finalidade proporcionar conhecimento de um ato processual. Daí, portanto, se tiver sido realizada a intimação, por intermédio de Diário da Justiça, se a data da edição for descoincidente com a

58. 1.º TACSP, Ap. 209.674, 2.ª Câm., 5.3.1975, rel. Geraldo Arruda, v.u.

59. Veja-se, neste sentido, acórdão do TJDFT, Ap.Cív. 35.169, 5.ª T. Cív., j. un., 12.06.1995, rel. Des. Romão Oliveira, em *IOB* 3/11.133.

60. STJ, REsp 671.842/RS, 4.ª T., j. 05.05.2005, rel. Min. Jorge Scartezzini, *DJ* 23.05.2005, p. 301. Esta decisão cita vários precedentes no mesmo sentido. Esse posicionamento se mantém no STJ, conforme exemplificam os seguintes julgados: STJ, REsp 786.147/DF, 5.ª T., j. 15.03.2007, rel. Min. Arnaldo Esteves Lima, *DJ* 23.04.2007, p. 298; STJ, REsp 924.649/RS, 4.ª T., j. 17.05.2007, rel. Min. Aldir Passarinho Junior, *DJ* 06.08.2007, p. 531; STJ, AgRg no AgIn 843.672/RS, 3.ª T., j. 26.08.2008, rel. Min. Sidnei Beneti, *DJe* 11.09.2008.

61. STJ, REsp 172.186/SP, 4.ª T., j. 17.10.2002, rel. Min. Barros Monteiro, *DJ* 24.2.2003, p. 235.

data da circulação, certamente, valerá a data da circulação.[62]

Caso a intimação seja feita mediante veiculação em *Diário Oficial eletrônico*, considerar-se-á a data de publicação como sendo o primeiro dia útil subsequente ao da disponibilização da informação no *Diário* (art. 4.º, § 3.º, da Lei 11.419/2006), de sorte que os prazos terão início no primeiro dia útil seguinte ao considerado como a data da publicação (art. 4.º, § 4.º, da citada lei).

Caso se trate de prazo para a prática de ato que demande intimação pessoal da parte – como ocorre, por exemplo, na intimação para cumprimento de obrigação de fazer ou não fazer, a teor do que se extrai da Súmula 410 do STJ –, aplica-se o disposto no art. 241, *caput*, e incisos, do CPC, que determina o início do prazo: "I – quando a citação ou intimação for pelo correio, da data de juntada aos autos do aviso de recebimento; II – quando a citação ou intimação for por oficial de justiça, da data de juntada aos autos do mandado cumprido; III – quando houver vários réus, da data de juntada aos autos do último aviso de recebimento ou mandado citatório cumprido; IV – quando o ato se realizar em cumprimento de carta de ordem, precatória ou rogatória, da data de sua juntada aos autos devidamente cumprida; V – quando a citação for por edital, finda a dilação assinada pelo juiz.

Em se tratando de prazo recursal, a matéria é disciplinada especificamente pela regra do art. 242 do CPC, segundo a qual "O prazo para a interposição de recurso conta-se da data, em que os advogados são intimados da decisão, da sentença ou do acórdão", o que, em geral, é feito mediante divulgação no Diário Oficial (*v.* também o art. 506, III, do CPC), ou, ainda, em audiência, conforme o § 1.º do citado art. 242.

Quando, porém, o recurso a ser interposto destina-se a impugnar decisão concedida liminarmente e *inaudita altera parte*, controverte-se a jurisprudência quanto a: a) utilizar a norma específica do art. 242 do CPC para determinar que se conte o prazo a partir da data em que a parte tenha recebido o mandado ou ofício de citação, ou b) contar o prazo a partir da data da ciência pelo *procurador* da parte acerca do conteúdo da decisão, o que pode ocorrer pelo comparecimento espontâneo (mediante juntada de procuração ou contestação aos autos) ou com a juntada do mandado ou ofício de citação, devidamente cumprido, aos autos. Prevalece esse último entendimento, conforme se extrai da jurisprudência do STJ: "(...) 1. O termo *a quo* do prazo para interposição de agravo de instrumento, instituído pelo art. 522 do CPC, contra liminar concedida *inaudita altera pars*, começa a fluir da data da juntada aos autos do mandado de citação, exceto na hipótese de comparecimento espontâneo aos autos ou retirada dos mesmo de cartório, pelo advogado da parte, formas de inequívoca ciência do conteúdo da decisão agravada, fluindo a partir daí o prazo para a interposição do recurso" (STJ, 1.ª T., REsp 853.831/SP, Rel. Min. Luiz Fux, j. 15.5.2008, DJe 4.8.2008); "Tratando-se de liminar conce-

62. STJ, REsp 183.946/SP, 5.ª T., j. 16.03.2000, rel. Min. Felix Fischer, *DJ* 10.04.2000, p. 106. No mesmo sentido, *RTJ* 106/323. Por votação unânime, o Tribunal Regional Federal da 5.ª Região também entendeu no sentido de que só pode ser vigente a lei quando o órgão oficial que a veicula tenha *efetivamente* circulado. O acórdão, citando precedente do Tribunal de Justiça do Rio Grande do Sul, firmou posicionamento no sentido de que a publicação dos atos integra o próprio processo legislativo. Sua relevância não é imperceptível, já que o objeto da controvérsia era, precisamente, se determinada lei tributária, editada em 31.12.1991 – Lei 8.383 –, poderia viger naquele mesmo ano, sem ofensa ao princípio da anterioridade constitucionalmente assegurado, diante da circulação do Diário Oficial somente em 02.01.1992 (AMS 33.525/AL, rel. Juiz Hugo Machado, j. un., 18.11.1993, *Boletim da Associação dos Advogados de São Paulo* n. 1.868, p. 321-j).

dida liminarmente, sem a justificação prévia, o prazo para a interposição do agravo de instrumento flui a partir da juntada do mandado citatório devidamente cumprido ou da juntada do aviso de recebimento da citação pelo correio" (STJ, 4.ª T., REsp 599.420/SP, Rel. Ministro Barros Monteiro, j. 6.12.2005, DJ 20.3.2006 p. 280).

Já se tem decidido que, realizada a intimação no domingo, o prazo começa a correr na segunda-feira, e não na terça.[63]

Outra orientação, que, no fundo, se filia ao mesmo princípio ou razão de ser que a imediatamente anterior, é a que estabelece que, havendo a intimação no sábado, o entendimento é o mesmo. Assim, quando a intimação é realizada no sábado, o prazo começa a correr na segunda-feira imediata.[64]

Outra orientação, que se pode dizer mais recente, em essência, considera que a intimação, não caindo em dia útil, reputar-se-á como feita no primeiro dia útil. Desta forma, portanto, se a intimação é feita no sábado, domingo ou em dia feriado, deve-se considerá-la feita no dia útil seguinte, iniciando-se, portanto, a contagem do prazo no dia útil ainda posterior.[65] Assim, "publicada a sentença no Diário Oficial de sábado, considera-se como data da intimação o primeiro dia útil posterior, no caso em exame, segunda-feira, iniciando-se a contagem do prazo no dia seguinte, terça-feira".[66]

Esta parece ser a orientação mais correta, pelos seguintes fundamentos: a) se no sábado não há expediente forense, inexiste obrigação, ou razão de ser mesmo, para o advogado ir ao Fórum ou estar atento para a leitura do Diário Oficial; b) a intimação deve ser considerada como a notícia de um ato processual, e há que se atentar para o art. 172, *caput*, do CPC, em que se estabelece que os atos processuais serão realizados em dias úteis, das 6 (seis) às 20 (vinte) horas (redação dada pela Lei 8.952/1994), e, em regra, sábado não os são; c) desta forma, haver-se-á, em tal hipótese, mais corretamente, que reputar-se a intimação "feita" num sábado como sendo feita na segunda-feira, e, consequentemente, iniciando-se o prazo da contagem na terça-feira;[67] d) se a intimação é realizada no sábado, mas se reputa como feita na segunda-feira, isto conduziria ao paradoxo de o dia da intimação ser o mesmo do início da contagem.[68]

A Lei 8.079/1990 incluiu parágrafo único ao art. 240 do CPC neste sentido, em consonância com o quanto defendíamos nas edições anteriores deste *Manual, e na esteira da jurisprudência*. Doravante, não podem subsistir mais dúvidas de que as intimações consideram-se realizadas no primeiro dia útil seguinte se tiverem ocorrido em dia em que não tenha havido expediente forense, sendo certo que os prazos só têm início, nos termos do art. 184, § 2.º, do CPC, com a redação que lhe foi dada pelo mesmo diploma legislativo, no primeiro dia útil após a intimação. Para a hipótese ventilada no parágrafo anterior, portanto, a única conclusão a que se pode chegar é a de que, feita a publicação no sábado – e não sendo este dia útil –, considera-se que a mesma foi efetivada na segunda-feira (desde que dia útil – art. 240, parágrafo único), iniciando-se a fluência do prazo na terça-feira (art. 184, § 2.º).

Quando a intimação é realizada na sexta-feira, o termo inicial para contagem é a

63. *JUTACivSP* 78/93.

64. *RJTJSP* 63/217, 77/211; *RT* 555/131; *JUTACivSP* 78/93, 80/208.

65. *RT* 490/170, 575/108 e 588/114; *JUTACivSP* 76/157, 78/93, 81/224.

66. STJ, REsp 457.665/RN, 6.ª T., j. 16.12.2003, rel. Min. Paulo Gallotti, *DJ* 22.3.2004, p. 369. No mesmo sentido, STJ, AgRg no AgIn 445.304/RN, 2.ª T., j. 2.9.2003, rel. Min. Castro Meira, *DJ* 29.9.2003, p. 194.

67. *JUTACivSP* 81/224-6.

68. *JUTACivSP* 65/172-3.

segunda-feira imediata (cf. Súmula 310 do STF).[69]

O que se considera útil para o dia do começo do prazo, quanto à intimação judicial, é a existência de expediente forense, pois sua ausência torna o dia equivalente ao feriado.[70]

Os prazos fixados por horas se submetem à aplicação da regra geral contida no art. 184 do CPC, ante a falta de disposição expressa regulamentadora.[71]

O prazo decadencial é improrrogável – tem-se decidido e nós já assim pensamos –, não havendo, assim, razão para que se lhe aplique, quanto à prorrogação, a sistemática do Código de Processo Civil.[72]

No entanto, hoje afigura-se-nos correto o entendimento de que, se o termo final de prazo recair em dia não útil, prorrogar-se-á até o primeiro dia útil seguinte, mesmo que seja de decadência dito prazo. Do contrário, haveria amputação do prazo (reduzir-se-ia sua utilidade). Por outro lado, não se trata, propriamente, de *prorrogar* o prazo, senão que de se reconhecer da impossibilidade da prática do ato processual, utilmente, no último dia do prazo. Daí é que, embora já tenhamos pensado diferentemente, acreditamos que esta é a orientação correta.[73]

Quanto à intimação realizada em véspera de feriado, o primeiro dia do prazo será o primeiro dia útil subsequente.[74]

Sendo determinado com antecedência que o expediente do fórum ocorrerá apenas no período vespertino (como ocorre, normalmente, na quarta-feira de cinzas), não é de haver a devolução dos dias em que isto se deu na contagem do prazo.[75]

Caindo, porém, o termo final do prazo em domingo, dia feriado, dia em que foi determinado o fechamento do fórum, ou em que o expediente encerra-se antes da hora normal, considera-se prorrogado o prazo para o seguinte dia útil (art. 184, § 1.º).[76]

O termo inicial para a contagem dos prazos, desde que realizada a intimação em dia que não houver expediente forense, é o primeiro dia útil após a parte ter ciência do ato (ter sido intimada, diz o parágrafo único do art. 240 do CPC), em consequência do qual deve praticar o ato subsequente. O parágrafo único do dispositivo, como salientado acima, indica quando as intimações (*rectius*, ciência dos atos processuais) devem ser havidas como realizadas se ocorrerem em dia sem expediente forense.

151. Os prazos mais importantes

O CPC estabelece regra importante para o caso de não estar o prazo especificamente previsto em lei ou de o juiz não o haver assinado: a parte deverá praticar o ato no prazo de cinco dias (art. 185).

Os principais prazos estabelecidos pela lei são os seguintes: a) para contestar, 15 dias (art. 297); b) para opor as exceções de suspeição, impedimento e incompetência relativa, 15 dias (arts. 305 e 297), cuja utilização, de resto, suspende a fluência do prazo para contestar (arts. 306 e 265, III); c) para o depósito do rol de testemunhas, 10 dias (art.

69. STJ, AgRg no AgIn 623.411/GO, 4.ª T., j. 21.06.2005, rel. Min. Barros Monteiro, *DJ* 19.09.2005, p. 333. Cf. também *RTJ* 95/186 e 95/739; *RJTJSP* 44/219 e 44/218.
70. *RT* 568/94 e 589/119; *JUTACivSP* 80/57.
71. *RJTJSP* 87/192; *RTJ* 108/433.
72. *Revista de Processo* (*RePro*) 22/242.
73. *RTJ* 108/1.085.
74. *RTJ* 95/1.310.
75. STJ, REsp 661.119/SP, 3.ª T., j. 04.08.2005, rel. Min. Ari Pargendler, *DJ* 19.09.2005, p. 322; STJ, REsp 755.756/SP, 1.ª T., j. 06.09.2005, rel. Min. Teori Albino Zavascki, *DJ* 19.09.2005, p. 226.
76. O sistema antigo dispunha expressamente sobre os prazos que se iniciassem ou terminassem nos sábados (art. 3.º da Lei 1.408/1951). Hoje, com o parágrafo único do art. 240 do CPC, introduzido pela Lei 8.079/1990, a questão restou resolvida em definitivo.

407, *caput*), omitindo-se o juiz; d) para indicação de assistente técnico e apresentação de quesitos, 5 dias a contar da intimação do despacho de nomeação do perito (art. 421, § 1.º); e) para interpor os recursos de apelação, embargos infringentes, recurso ordinário, recurso especial, recurso extraordinário e embargos de divergência, 15 dias (art. 508, com a redação da Lei 8.950/1994); f) para interpor agravo, 10 dias (art. 522, *caput*, com a redação da Lei 11.187/2005); g) para interpor embargos de declaração, seja de sentença ou de acórdão, 5 dias (arts. 535 e 536, ambos com a redação da Lei 8.950/1994).

Não deverá haver restrição de espécie alguma ao lapso temporal de que dispõe a parte. Assim, o prazo para recebimento do recurso extingue-se no último minuto do expediente do cartório do *dies ad quem*.[77] Quando a lei não fixar prazos, o juiz o fará atendendo à complexidade da causa (*rectius*, do ato a ser praticado) (art. 177, *in fine*). Vale dizer que, se lacunosa a lei, poderá o juiz fixá-los ("determinará os prazos", diz o art. 177). Se não o fizer, incide o art. 185 do CPC.

152. Da preclusão[78]

A preclusão pode ser considerada um verdadeiro princípio da teoria dos prazos porque ela interfere em toda a dinâmica do andamento processual. Ela é a espinha dorsal do processo, no que respeita ao seu andamento, pois é o instituto através do qual, no processo, se superam os estágios procedimentais, e não deixa de ser também um instituto propulsionador da dinâmica processual, na medida em que for acatada pela legislação positiva.

A espécie de preclusão mais importante é a temporal, e é por isto que tratamos do tema dentro do item relacionado com o tempo no processo.

A preclusão, para ser corretamente entendida, pressupõe o entendimento do conceito de *ônus*.

A ideia de *ônus*[79] consiste em que a parte deve, no processo, praticar determinados atos em seu *próprio benefício*; consequentemente, se ficar inerte, possivelmente esse comportamento acarretará efeito danoso para ela. A figura do ônus, aliada à da preclusão, faz com que a parte saia de sua inércia e atue utilmente no processo, resultando disto, se for o caso, uma colaboração forçada da parte com a própria autoridade judiciária.

O processo se traduz em uma relação jurídica processual que vive e progride sempre, no tempo, visando à sentença. É um meio para a obtenção da aplicação da lei a um caso concreto controvertido, que só é eficaz nos tribunais. Pela razão de o *processo viver no tempo*, segue-se a consequência necessária da existência da preclusão temporal, expressamente prevista no art. 183, *caput*, do CPC. A participação dos sujeitos processuais, na movimentação dessa relação jurídica processual no tempo, se faz através dos ônus processuais que, uma vez não cumpridos pelos interessados, fazem nascer as respectivas preclusões.

77. TRF-4.ª R., AgIn 9404561673-RS, j. 25.05.1995, rel. Des. Luiza Dias Cassales, *DJ* 21.06.1995. Note-se que, no caso, não se aplica o horário previsto no art. 172 do CPC (cf. STJ, REsp 9.636/SP, 4.ª T., j. 28.05.1991, rel. Min. Athos Carneiro, *DJ* 01.07.1991, p. 9.202).

78. Sobre o tema, cf. amplo estudo realizado por Teresa Arruda Alvim Wambier, *Os agravos no CPC*, cit., item 8. *V.* também o estudo monográfico de Heitor Mendonça Sica (*Preclusão processual civil*).

79. O ônus distingue-se da obrigação, pois, nesta, o devedor sofrerá, no plano lógico (do dever-ser do direito), as consequências de inadimplemento, embora, praticamente, isto possa, eventualmente, inocorrer. Já com relação ao ônus, nem mesmo no plano lógico são inexoráveis as consequências, pois alguém poderá não ter contestado, mas, nem por isto, haverá, necessariamente, de perder a demanda, a qual poderá ser julgada improcedente.

A relação jurídica processual é triangular (autor, juiz e réu), complexa (envolve uma série de atos, ônus e faculdades) e unitária. Justamente por ser a relação jurídica processual unitária, ocorrendo uma preclusão na relação, tal preclusão fica valendo até final, ou seja, até a sentença, não podendo, de forma alguma, ser desconhecida pelo juiz (se à atividade jurisdicional disser respeito) ao prolatar sua decisão.[80]

Hipótese em que inocorre preclusão é a disciplinada pelo art. 267, § 3.º, pois, antes da sentença de mérito, nem pelo fato de o juiz dar por presentes as condições da ação, e inocorrente recurso, ficará, para ele, preclusa a questão.[81]

A *preclusão*, saliente-se, *não* se confunde com as *sanções processuais*. Sanção é a consequência jurídica, subsequente ao não cumprimento da norma jurídica. Já a preclusão temporal deriva da não prática de um ato, no prazo em que ele deveria ter sido praticado. Acontece que, na sanção, supõe-se uma obrigação que, não cumprida a tempo, sê-lo-á, depois, normalmente, mercê da aplicação da sanção. Ou, ainda, a sanção é a consequência à infração de um dever jurídico.

A *sanção* origina-se do *não cumprimento* de uma *obrigação*, como, por exemplo, a da testemunha que se recusa a depor e é *obrigada*, posteriormente, a fazê-lo. Já a preclusão deriva da não prática de ato no prazo em que a parte deveria tê-lo praticado: decorrido, *v.g.*, o prazo para a contestação, ou para solicitar o depoimento pessoal, a parte não mais poderá contestar ou lograr o depoimento.[82]

A preclusão, outrossim, não se confunde com a decadência. A decadência é um prazo estabelecido pela lei para o próprio exercício de uma pretensão ou (mesmo por ajuste) para exercer um determinado poder. Ocorrendo a decadência, isto é, verificando-se que não foi utilmente usado dentro de determinado prazo o direito, estará o mesmo definitivamente morto (se, porventura, tivesse existido).

A preclusão, ademais, não se confunde com a prescrição. Esta é também um prazo, dentro do qual, eficientemente, pode ser exercitado o direito de ação. Se não for este usado dentro desse prazo útil, entender-se-á, segun-

80. É possível que a parte não se utilize tempestivamente da exceção de suspeição e, nesta hipótese, verificar-se-á, para a parte, preclusão. Isto não significa, todavia, que o juiz fique impedido de dar-se por suspeito, com fulcro no art. 135, parágrafo único. Poderá, inclusive, haver descoincidência de motivos (o que a parte alegaria e o que terá levado o juiz a dar-se por suspeito), o que é irrelevante e nem se ficará sabendo. No entanto, o que releva frisar é que se a parte fica inibida de afastar o juiz, este, todavia, não fica – por causa da omissão da parte – inibido de se desligar do processo, *sponte sua*.

81. STJ, REsp 236.844/SP, 5.ª T., j. 03.02.2000, rel. Min. José Arnaldo da Fonseca, *DJ* 13.03.2000, p. 193; *Revista de Processo* (*RePro*) 6/318, em., 125; *RTJ* 94/445; *RT* 480/158, 490/138, 508/165, 509/91 e 557/103; *RJTJSP* 72/679 e 85/185; *JUTACivSP* 40/184, 48/234, 50/242, 66/35 e 73/165. Simpósio de Curitiba, conclusão XV, *RT* 482/270; VI ENTA (firmou tese, quanto às condições da ação , conclusão 9, por maioria) em *RT* 580/297; STJ, AgRg no AgIn 332.188/RJ, 3.ª T., rel. Min. Nancy Andrighi, *DJ* 25.06.2001; STJ, RMS 14.399/RJ, 2.ª T., rel. Min. João Otávio de Noronha, *DJ* 10.10.2005; STJ, AgRg no REsp 678.131/MG, 3.ª T., rel. Min. Ari Pargendler, *DJ* 21.11.2005; STJ, REsp 847.390/SP, 1.ª T., rel. Min. Teori Zavascki, *DJ* 22.03.2007; STJ, REsp 670.233/RN, 4.ª T., j. 4.3.2008, rel. Min. João Otávio de Noronha, *DJe* 16.06.2008; STJ, REsp 1.004.910/RJ, 4.ª T., j. 18.03.2008, rel. Min. Fernando Gonçalves, *DJe* 04.08.2008. Em sentido contrário: *RT* 571/201 e 526/107, em.; *RJTJSP* 62/29 e 70/159; *Arquivo Forense* 63/102.

82. Nem pelo fato de ter ocorrido preclusão para a parte, relativamente, *v.g.*, à oitiva de uma testemunha, que fora arrolada, necessariamente deixará ela de ser ouvida. No entanto, se o for, sê-lo-á, não porque a parte a isso tenha direito, que não tem, por causa da preclusão, mas porque o juiz poderá determinar a oitiva, em face do disposto no art. 130.

do a teoria civilista, se o réu alegar que a ação está prescrita, embora o direito, desmunido de ação, exista. Em termos práticos, porém, dificilmente prosperará a pretensão, já que, atualmente, da prescrição poderá o juiz conhecer *ex officio*, cf. art. 219, § 5.º, do CPC, na redação da Lei 11.280/2006 (na verdade, a pretensão não podendo prosseguir por encontrar-se prescrita, passou a ser errado dizer-se que existiria o direito). *Esse texto rompe com uma longa tradição, em nosso Direito.* O Código Civil estabelece de maneira expressa que o que se extingue pela prescrição é a pretensão, e não a ação, nos seguintes termos: "Art. 189. Violado o direito, nasce para o titular a pretensão, a qual se extingue, pela prescrição, nos prazos a que aludem os arts. 205 e 206".[83]

Ademais, em princípio, a *prescrição* e a *decadência* ocorrem *extraprocessualmente* (em regra, são decretados no processo), enquanto que a *preclusão* ocorre, sempre e necessariamente, no *âmbito do processo*.

A preclusão, como se viu, não é pertinente à existência ou inexistência de um direito subjetivo, mas, sim, às faculdades e aos poderes processuais, embutidos nos ônus que lhes sejam respectivos.

Da mesma forma, é *inconfundível* a *preclusão* com as *nulidades*. Uma vez ocorrida a preclusão, no processo, os respectivos efeitos são aí inelimináveis (dentro do âmbito da preclusão). É um fato processual que não poderá ser desconhecido e, necessariamente, se refletirá na sentença, possivelmente de forma negativa e em desfavor daquele em relação a quem se operou a preclusão. Já a nulidade, como regra, é sanável (art. 244 do CPC). Por outro lado, as nulidades (pelo menos as nulidades de forma, que são as únicas de que trata expressamente o legislador de 1973) surgem de uma desobediência ao modelo legal (mesmo que isso ocorra, porém, se o ato tiver atingido o seu fim, nem por isso deverá ser declarado nulo). A preclusão temporal, a seu turno, como dissemos, origina-se da não prática do ato, que deveria ter sido praticado. Assim, quanto ao problema atinente à ouvida de testemunha, cabe à parte contrária, na primeira oportunidade em que se manifestar no processo, após sua ocorrência, alegar a nulidade consistente no fato de a testemunha não ter sido arrolada oportunamente. Caso não se insurja nesta oportunidade, há preclusão e tal vício se reputa sanado.[84]

A *preclusão*, outrossim, distingue-se da *coisa julgada*. A primeira é a perda da possibilidade de praticar um ato dentro do processo, com *efeito a ele limitado*. A coisa julgada formal é representada pela impossibilidade de modificação do resultado do processo, nele mesmo, porque esgotados ou

83. Aplaudindo a inovação, Barbosa Moreira anota o seguinte: "O texto básico é o do art. 189. Nas várias disposições específicas do art. 206, distribuídas por cinco parágrafos, coerentemente, está dito que o que prescreve é 'a pretensão', não a ação.

"Inspira-se tal entendimento, sem sombra de dúvida, no direito alemão. O § 194 do Bürgerliches Gesetzbuch, com toda a clareza, aponta a pretensão (Anspruch) como o objeto da prescrição (Verjährung). Na ideia de pretensão está ínsita a de exigência: o titular da pretensão exige que alguém faça ou deixe de fazer algo."(...) A posição adotada parece-nos fundamentalmente correta. Ela retira, antes de mais nada, toda e qualquer base ao grave equívoco de supor que a prescrição extinga a ação. É certo que a tese já não se compadecia com o nosso direito positivo: bastará lembrar o texto do art. 269, IV, do Código de Processo. De qualquer modo, é confortador ver corrigido o erro do diploma de 1916" (*O novo Código Civil e o direito processual,* disponível em <http://www.amaerj.org.br/>, não paginado – acesso em 16.09.2004).

84. 1.º TACivSP, Ap. 202.755, São José do Rio Preto, 2.ª Câm., 08.05.1974, rel. Felizardo Calil, v.u. Semelhantemente, STJ, AgRg no REsp 517.425/CE, 1.ª T., j. 04.12.2003, rel. Min. Francisco Falcão, *DJ* 22.03.2004, p. 222.

não oferecidos os recursos cabíveis contra a sentença. À coisa julgada formal geralmente está ligada a coisa julgada material, mas não necessariamente. A sentença, pois, com a coisa julgada formal, torna-se imutável, produzindo, normalmente, seus efeitos para fora do processo (coisa julgada material). Haverá coisa julgada formal, e não material, em casos de possível modificação do resultado em outro processo. Como a coisa julgada formal pode resultar da preclusão para a interposição de um último recurso cabível, diz-se, habitualmente, que ela consubstancia a "preclusão máxima".

Sem embargo de a coisa julgada formal originar-se da preclusão, que se substancia na não interposição do recurso, ambas não se confundem. A preclusão diz respeito ao não uso do recurso, ao passo que a coisa julgada formal encerra e fecha o processo, pondo-lhe um ponto final.

A preclusão comporta diversas classificações. A mais comum é a que a divide em: a) temporal, a mais importante (=comum); b) lógica; e c) consumativa.

Diz-se temporal a preclusão quando um ato não é praticado no prazo existente para a respectiva prática e, por essa circunstância, não mais pode ser realizado.

Diz-se *lógica* a preclusão quando um ato não mais pode ser praticado,[85] pelo fato de se ter praticado outro ato que, pela lei, é definido como incompatível com o já realizado, ou que esta circunstância deflua inequivocamente do sistema. A aceitação da sentença envolve uma preclusão lógica de não recorrer. Assim, quando a parte toma conhecimento da sentença, vindo até a pedir sua liquidação, aceita-a tacitamente, não mais lhe sendo dado recorrer.

Fala-se, finalmente, em preclusão *consumativa*, quando se pratica o ato processual previsto na lei. Não será possível, depois de consumado o ato, praticá-lo novamente.

A preclusão lógica, rigorosamente, é também consumativa. Vale dizer, a circunstância de a prática de um ato processual se ter verificado envolve consumação. Tal consumação (no contexto da preclusão lógica) quer dizer que o mesmo ato não pode ser repetido e que, ainda, outro ato ou outros atos, que pudessem ter sido praticados, no lugar daquele, não mais poderão ser praticados.

Consideremos, afinal, uma hipótese de *preclusão temporal*.

O que se procura evidenciar, em relação ao instituto da preclusão, é que, se se verificar oportunidade para uma dada providência, esta não poderá vir a ser tomada quando, *de forma idêntica*, repetir-se essa "mesma oportunidade", porque, em realidade, não será mais a mesma oportunidade. Esta segunda oportunidade é apenas *aparente*, dado que, não tomada a providência, na primeira oportunidade, em relação a esta "segunda oportunidade", já terá ocorrido preclusão.

A hipótese é a seguinte:

Trata-se de caso em que acórdão no qual se julgaram embargos infringentes, em relação ao qual se interpuseram os embargos de declaração com caráter infringente, opostos por interessados que se dizem terceiros prejudicados. O teor desse acórdão é rigorosamente igual, no que diz respeito a esses que se intitulam prejudicados, a acórdão proferido no precedente julgamento da apelação.

É assente que o prazo e demais condições e requisitos de recorribilidade para recurso de terceiro são rigorosamente os mes-

85. 2.º TACivSP, Ap. 19.153/SP, 5.ª Câm., 14.08.1974, rel. Edgard de Souza, v.u.
Ocorre também preclusão lógica se se aceita o juízo (*v.g.*, contestando a ação), e, posteriormente, se se pretende – ainda que no prazo de 15 dias – levantar a suspeição do juiz (era expresso o art. 186 do CPC de 1939). Cf. também STJ, EDcl no REsp 618.642/MT, 1.ª T., j. 08.03.2005, rel. Min. José Delgado, *DJ* 18.04.2005, p. 218.

mos que as condições e requisitos (inclusive o do prazo) existentes para as partes.[86-87-88]

Se o prazo recursal e todas as condições de recorribilidade existem tanto para as partes quanto, igualmente, para terceiros prejudicados – ou para aqueles que assim se julgam –, disto deflui que, por exemplo, embargos de declaração com caráter infringente, opostos somente ao acórdão de embargos infringentes, são intempestivos, se a mesma situação já ocorrera.

Em realidade, o gravame ou prejuízo que teriam sofrido os que se intitulam terceiros prejudicados ocorreu quando do julgamento da apelação. Consequentemente, teria sido desse momento que haveriam de ter recorrido. Não o podem fazer agora, quando se repete e se reitera o mesmo e idêntico suposto e alegado gravame ou prejuízo, ou seja, quanto se repete a mesma situação. Do contrário estariam libertos de preclusão, diferentemente do que se passa em relação às partes. Se, como diz Barbosa Moreira, "as vias recursais que se abrem ao terceiro prejudicado são sempre e apenas as mesmas concedidas às partes (...)", é curial e evidente que, também para o terceiro prejudicado existe preclusão. Do contrário, o terceiro prejudicado teria *mais vantagens* do que a própria parte. A esse propósito diz ainda Barbosa Moreira: "O estatuto de 1939 concedia ao terceiro prejudicado, em certas hipóteses, prazos especiais para recorrer (art. 815, §§ 1.º e 2.º). No atual, desapareceu essa

86. José Carlos Barbosa Moreira (*Comentários ao Código de Processo Civil*, vol. V, em comentários ao art. 499, n. 163, *fine*, p. 294) ensina: "Entre nós, as vias recursais que se abrem ao terceiro prejudicado são sempre e apenas as mesmas concedidas às partes, os pressupostos de cabimento da apelação, do agravo, dos embargos, do recurso extraordinário (ou especial), não são, para o terceiro prejudicado, *diferentes*, do recurso extraordinário (ou especial) *da parte* (...)." No mesmo sentido, escreve Moacyr Amaral Santos (*Primeiras linhas de direito processual civil*, cit., 1985, vol. I, p. 96), dizendo que "ao terceiro prejudicado cabe recorrer nos prazos estabelecidos para as partes".

87. No sentido da identidade do prazo para as partes e para terceiro prejudicado é uniforme a jurisprudência: *a)* TJRJ, AgIn 8.832, rel. Des. Felisberto Ribeiro, *Adcoas*, 1985, n. 102.794 e em Alexandre de Paula, *CPC anotado*, julg. n. 78, p. 1966; *b)* em julgado do Tribunal de Justiça de Santa Catarina, publicado na *Jurisp. Cat.* 62/102, Ap 28.284, j. 21.06.1988, rel. Des. Napoleão Amarante, lê-se: "O prazo de recurso para o terceiro prejudicado não fica aberto indefinidamente, como se a qualquer tempo pudesse interpor a sua irresignação"; *c)* "o prazo para a interposição de recurso de terceiro prejudicado *é igual ao das partes, contando-se a partir da mesma data*" (acórdão unânime, TJSP, AgIn 70.286-1, 1.ª Câm.Civ., j. 04.02.1986, rel. Luis de Macedo, *RT* 606/95 e *RJTJESP* 104/316, e em Alexandre de Paula, op. cit., julg. 89, p. 1.967); *d)* "(...) o terceiro interessado não pode ter mais prazo para qualquer recurso do que a parte vencida" (trecho do voto extraído do acórdão unânime proferido pelo TJSP, Ap 67.482-1, 6.ª Câm.Civ., rel. Des. Gonçalves Santana); *e)* ainda do TJSP colhem-se, entre outros, os seguintes julgados, seguindo essa mesma orientação: Ap.Cív. 285.603, rel. Des. Campos Gouvêa, *RJTJESP* 65/170; e AgIn 241.688, rel. Carlos Antonini, *RT* 477/116.

88. Nesse sentido também é uníssona a jurisprudência do E. Superior Tribunal de Justiça: a) "Recurso. Terceiro. O prazo para recurso de terceiro é o mesmo das partes, não sendo de se aceitar o entendimento de que só começaria a fluir quando tivesse ciência da decisão, o que poderia protrair indefinidamente o trânsito em julgado" (AgRg no AgIn 51.691-1/MT, rel. Min. Eduardo Ribeiro, *DJU* 28.11.1994); b) "Recurso. Terceiro prejudicado. Prazo. Termo inicial. O *dies a quo* do prazo é igual ao das partes, não se podendo admitir que o prazo somente começaria a fluir quando o terceiro tivesse ciência da decisão, circunstância que protrairia indefinidamente o trânsito em julgado. Recurso especial conhecido, mas improvido" (REsp 82.191/SP, rel. Min. Barros Monteiro, *DJ* 09.06.1997, p. 25545); c) "Processo civil. Recurso. Terceiro. O prazo para o terceiro interpor recurso é o mesmo das partes. Recursos conhecido e provido" (REsp 74.597/BA, rel. Min. Costa Leite, *DJU* 18.12.1995).

peculiaridade: o terceiro tem sempre prazo igual ao da parte".[89]

Se o prejuízo que se alega ter sofrido decorre de decisão de mérito, que a esses terceiros, que se intitulam terceiros prejudicados, foi desfavorável (porque alegam que não poderia ter sido emanada sem a presença deles, no processo, pois se reputam litisconsortes necessários-unitários), exatamente isso mesmo já ocorrera quando do julgamento da apelação. Sendo assim, a insurgência – somente agora, ao ensejo do acórdão dos embargos infringentes, resulta ser extemporânea, pois com este acórdão se *reitera* e *se repete* situação precedente.

Do contrário, admitir-se-ia o ingresso de *terceiros prejudicados, que como tais se intitulam*, a qualquer momento, ainda que, precedentemente ao ingresso, já houvesse decisão que pudesse justificar esse ingresso, ou seja, que lhes houvesse *prejudicado*, segundo alegam.

O que ocorre é que falta condição de admissibilidade em relação ao recurso dos que alegam ter sido prejudicados pelo acórdão dos embargos infringentes, porque se arrogam e se intitulam litisconsortes necessários-unitários, dado que perderam o prazo para essa alegação, que haveria de ter sido feita em relação ao v. acórdão em que se julgou a apelação, precisamente porque, já então, tinham a mesma e idêntica condição que somente nesta oportunidade se atribuem. Vale dizer, direito ao recurso interposto contra o v. acórdão destes embargos infringentes não têm esses recorrentes.

Disto tudo resulta que, se os que se julgam terceiros prejudicados não recorrem *na primeira oportunidade* em que se configura o que alegam ser prejuízo, não o podem fazer numa segunda ou terceira oportunidade, em que se *repita* esse prejuízo, em nome da preclusão temporal.

89. Barbosa Moreira, *Comentários ao Código de Processo Civil*, cit., vol. V, em comentários ao art. 508, n. 208, p. 376. Neste mesmo sentido o entendimento expressado por Sérgio Bermudes: "O prazo deferido ao terceiro para recorrer é o das partes. O terceiro não goza de qualquer privilégio. O Código atual retirou do terceiro os benefícios que lhe eram concedidos nos parágrafos do art. 815 do diploma anterior" (*Comentários ao Código de Processo Civil*, cit., vol. VII, p. 61). Esse também o pensamento de Humberto Theodoro Júnior: "O prazo do terceiro, para recorrer, é o mesmo da parte a que ele assiste, muito embora não tenha o assistente, *in casu*, recebido qualquer intimação da decisão. O *dies a quo*, portanto, fixa-se pela data da intimação da parte assistida" (*Curso de direito processual civil*, vol. I, p. 494, n. 528).

Bibliografia

ALVIM, Eduardo Arruda. *Curso de direito processual civil*. São Paulo: Ed. RT, 1999. vol. I.

______. *Direito processual civil*. 3. ed. São Paulo: Ed. RT, 2010.

______. *Direito processual civil*. 4.ed. São Paulo: Ed. RT, 2012.

ALVIM NETTO, José Manoel de Arruda. *Código de Processo Civil comentado*. São Paulo: Ed. RT, 1975. vol. I.

______. *Curso de direito processual civil*. São Paulo: Ed. RT, 1971. vol. I.

______. *Tratado de direito processual civil*. São Paulo: Ed. RT, 1990. vol. I.

BARBOSA MOREIRA, J. C. O benefício da dilação de prazo para a Fazenda Pública, *Revista de Processo (RePro)* 1/51.

______. *O novo Código Civil e o direito processual*. Disponível em <http://www.amaerj.org.br/>, consultado em 16.09.2004.

______. *Comentários ao Código de Processo Civil*. 13. ed. Rio de Janeiro: Forense, 2006. vol. V.

BERMUDES, Sérgio. *Comentários ao Código de Processo Civil*. Rio de Janeiro: Forense, 1977. vol. VII.

COUTURE. *Fundamentos de derecho procesal civil*. 3. ed. Buenos Aires: Depalma, 1974.

MARQUES, José Frederico. *Instituições de direito processual civil.* Rio de Janeiro: Forense, 1962. vol. II

MENDONÇA LIMA, Alcides de. A nova terminologia do Código de Processo Civil. *AJURIS* 1, 1974, p. 104.

_____. Os princípios informativos no Código de Processo Civil. *Revista de Processo (RePro)* 34, 1984, p. 9.

MONIZ DE ARAGÃO, Egas Dirceu. *Comentários ao Código de Processo Civil.* Rio de Janeiro: Forense, 1979. vol. II.

NERY JR., Nelson; NERY, Rosa Maria de Andrade. *Código de Processo Civil Comentado.* 9. ed. São Paulo: Ed. RT, 2006.

PAULA, Alexandre de. *CPC anotado.* 6. ed. São Paulo: Ed. RT, 1994.

ROSENBERG, Leo. *Tratado de derecho procesal civil.* Trad. argentina. Buenos Aires: EJEA, 1955. vol. I.

SANTOS, Moacyr Amaral. *Primeiras linhas de direito processual civil.* São Paulo: Saraiva, 1985. vol. I; 21. ed. atual. Aricê Moacyr Amaral Santos. São Paulo: Saraiva, 2003. vol. III.

SICA, Heitor Mendonça. *Preclusão processual civil.* São Paulo: Atlas, 2006.

THEODORO JÚNIOR, Humberto. Prazos processuais. *RBDP* 12, 1977, p. 63; *AJURIS* 13/103; *Juriscível* 64/6.

_____. Princípios gerais de direito processual civil. *Revista de Processo (RePro)*, São Paulo, Ed. RT, ano VI, n. 23, jul.-set. 1981, p. 173.

_____. *Curso de direito processual civil.* 37. ed. Rio de Janeiro: Forense, 2001. vol. I.

WAMBIER, Luiz Rodrigues; WAMBIER, Teresa Arruda Alvim; MEDINA, José Miguel Garcia. *Breves comentários à nova sistemática processual civil.* 3. ed. São Paulo: Ed. RT, 2005.

WAMBIER, Teresa Arruda Alvim. *Os agravos no CPC.* 4. ed. São Paulo: Ed. RT, 2005.

XIV

Pressupostos Processuais

153. A relação jurídica processual[1]

Não deve ser confundida a relação jurídica de direito material com a relação jurídica processual.[2] Enquanto a relação jurídica de direito material constitui, normalmente, a matéria do debate, a relação processual é onde aquela se contém.[3]

Podemos explicitar dizendo que a relação jurídica processual é o próprio processo e só tem existência nos tribunais, isto é, mediante o uso do direito de ação. Nesta, se discute uma relação jurídica de direito material, o mérito, ou a lide, na terminologia do Código vigente.

Aliás, justamente o isolamento da categoria dos pressupostos processuais constitui-se num dos mais importantes elementos que serviram para a demonstração da autonomia do processo.

Após esta fase da evolução do estudo do processo, deixou-se de lado toda uma confusão procedimentalista (antes dela, só se estudavam os tipos de procedimento), e a atenção dos processualistas voltou-se para a relação jurídica processual, desenvolvendo-se profundos estudos, que, por sua vez, se refletiram nas legislações mais perfeitas, desde logo na alemã e, mais tarde, na austríaca.

O conceito de relação jurídica processual traduz-se, em última análise, como sendo aquela relação jurídica formada entre o autor e o juiz, entre o juiz e o réu e entre o autor e o réu. É uma relação trilateral. A lei usa, normalmente, o *nomen iuris* de processo para designá-la (v.g., arts. 262, 265, *caput*, 267, 270 etc.).

Alguns autores não concordam que a relação jurídica processual seja trilateral. Nossa lei, contudo, adotou essa posição, pois, no art. 219, estabelece que a citação válida (quando o réu, normalmente, toma conhecimento da ação que lhe foi proposta) torna prevento o juízo, induz litispendência e faz a coisa litigiosa, e, mesmo se ordenada por juiz (*rectius*, juízo) incompetente, constitui o devedor em mora e interrompe a prescrição. Quanto à interrupção da prescrição, deve-se atentar, para além do texto do art. 219 do CPC, para o art. 202, I, do Código Civil, e sua interferência no disposto no §

---

1. V., mais amplamente, nossos *Direito processual civil* – TGPC, vol. 1/269, e *Curso*... cit., vol. 1, 97, p. 457, e, ainda, *Código de Processo Civil comentado*, vol. 2/99. Ainda que na jurisdição voluntária inexista processo, ação e lide, existe procedimento, sendo que os pressupostos processuais aplicam-se às hipóteses de jurisdição voluntária.
2. V. Oskar Bülow, *La teoría de las excepciones procesales, y los presupuestos procesales*, p. 1 a 4.
3. Mesmo na ação declaratória negativa, em que se objetiva negar a existência de uma relação jurídica material, impende seja ela descrita, pois só assim poderá o réu defender-se, e, afinal, só em face da prévia identificação da relação jurídica esta poderá ser tida como existente ou como inexistente.

1.º do art. 219 do CPC, relativamente à eficácia retroativa da citação que, segundo o sistema atual, remonta ao despacho do juiz (v. o que dissemos, a esse respeito, no Capítulo I, desta parte I).

Entretanto, no art. 263 considera-se proposta a ação "*tanto que a petição inicial seja despachada pelo juiz ou simplesmente distribuída*, onde houver mais de uma vara. A propositura da ação, todavia, só produz, quanto ao réu, os efeitos mencionados no art. 219 depois que for validamente citado" (grifos nossos), em face do disposto no art. 263, 2.ª frase.

À primeira vista, se a lei considera proposta a ação desde o despacho da petição inicial, parece que teria adotado posição de que a relação jurídica processual ou processo só se estabeleceria entre o autor e o juiz. Mas não é assim. Antes da citação, pelos próprios termos do art. 263, não há coisa litigiosa e, se esta não existe, não há processo em relação ao réu, nem se operam os outros efeitos, quanto ao réu, elencados no art. 219.

No art. 263, simplesmente, pelo seu texto, considera-se instaurado o processo ou a relação processual entre o autor e o juiz, mas a relação jurídica processual trilateral só se formará (= integrará) com a citação. É o que decorre dos próprios termos do art. 263, 2.ª frase; ou, então, estará trilateralmente integrada a relação jurídica processual com o comparecimento do réu ao processo (art. 214, § 1.º), ainda que tal comparecimento tenha sido somente para pedir a nulidade da citação, considerando-se, então, efetivamente citado, na pessoa do seu advogado, quando da intimação da decisão que acolha esta sua arguição (art. 214, § 2.º), se for o caso.

Na verdade, portanto, o momento do art. 263, 1.ª frase, é o em que se inicia a formação da relação processual, que só se completará no momento a que alude o art. 219, isto é, o da citação, ou de circunstância que lhe faça as vezes (= comparecimento espontâneo do réu). Depois da propositura e antes da citação, no entanto, formado o processo entre o autor e o juiz, poderá aquele solicitar, *v.g.*, medida cautelar, *inaudita altera pars*, a qual, se concedida, atingirá o réu, enquanto não modificada. É momento, pois, que pode apresentar alta relevância. O mesmo se diga quanto a eventual requerimento de tutela liminar nos termos e para os fins do art. 461, § 3.º, com a redação que lhe deu a Lei 8.952/1994, como também para os fins do art. 461, § 6.º, acrescido pela Lei 10.444/2002, quando é conferida ao juiz a possibilidade de alterar, de ofício, o valor ou a periodicidade da multa aplicada.

154. Pressupostos processuais da existência da relação jurídica processual[4]

Em primeiro lugar, examinaremos os requisitos para a existência da relação jurídica processual, ou os pressupostos processuais de sua existência. Todavia, quem fala em existência não avança necessariamente sobre a validade. Ao contrário, é a validade (ou a invalidade) que supõe a existência, necessariamente. Podemos, portanto, concluir que a relação jurídica processual pode existir válida ou invalidamente, pois a *validade* se coloca depois de constatada a existência.

De acordo com a ideia que nos parece exata, sob o ponto de vista da teoria do processo, há três requisitos para que uma relação jurídica processual exista. Entretanto, em face do Direito positivo brasileiro, temos que considerar um quarto requisito, que é o da capacidade postulatória, da qual se tratará mais adiante. Desde logo, porém, adiantamos que capacidade postulatória, como alguns sustentam, e mesmo nós já as-

4. V. nossos *Direito processual civil* – TGPC, vol. 1/297, e Dogmática jurídica e o novo Código de Processo Civil, *Revista de Processo* (*RePro*) 1/109.

sim pensamos, situa-se fora dos quadros dos pressupostos processuais. Aliás, a nossa lei empresta à ausência de capacidade postulatória uma implicação mais profunda do que levar à extinção do processo ou à sua nulidade, pois, faltante essa modalidade de capacidade, esta circunstância implica a própria inexistência dos atos processuais (CPC, art. 37, parágrafo único; Lei do Advogado – 8.906/1994, art. 1.º, I, e art. 4.º, devendo-se fazer prova do mandato – art. 5.º; anteriormente, Lei 4.215/1963, art. 70, § 2.º, e CPC de 1939, art. 110, parágrafo único). Segue-se, pois, que a problemática da capacidade postulatória coloca-se como "prejudicial" a todos os outros problemas do processo. Estas afirmações devem ser entendidas no contexto de exceções havidas como justificáveis, para o fim de prescindir-se de advogado (v.g., Lei 7.244/1984, hoje revogada; Lei 9.099/1995, art. 9.º, 1.ª frase, no patamar do primeiro grau de jurisdição).

a) O primeiro requisito é o de haver uma *demanda*, traduzida numa petição inicial, mesmo inepta (v. art. 295, I), para haver um processo e, por conseguinte, uma relação jurídica processual. A palavra demanda está tomada aqui no sentido de pedido, de pretensão sempre em forma escrita, que é a petição inicial.[5] Não existe, assim, processo sem que haja iniciativa da parte (art. 262).[6] Diz-se, por esse motivo, que o primeiro requisito da existência do processo se prende a um princípio geral informador do Direito Processual Civil, que é o princípio dispositivo, que significa estar à disposição da parte, ou do interessado, quando se tratar de jurisdição voluntária (v. art. 2.º), o fazer valer sua pretensão. O juiz, consequentemente, movimenta a máquina jurisdicional ao influxo do pedido inicial, embora, depois de dinamizado o processo, o seu decorrer seja animado pelo impulso oficial (art. 262), não adotado de uma maneira absoluta (v.g., arts. 267, III, e 265, II).

Como já mencionamos, não nos podemos esquecer de que, quem diz existência, não indica só por isso validade. Pode instaurar-se, assim, um processo mediante uma demanda inválida. Será o caso de petição inicial inepta (art. 295, parágrafo único, I/IV), o que se verá a seu tempo.

b) Outro requisito de existência da relação jurídica processual (processo) é o da existência de *jurisdição*. A parte deve, portanto, formular o pedido a alguém investido de jurisdição, vale dizer, a um órgão jurisdicional (juízo de direito ou tribunal), pois, mesmo se incompetente (inclusive absolutamente incompetente), processo haverá.

Nesta hipótese, se se ordenar e se se fizer a citação, pelo menos se originarão efeitos civis (art. 219, *caput*, 2.ª parte).

c) Não podemos dizer que já há processo íntegro, como relação trilateral, e no sentido prático e real, se não houver *citação* da par-

5. A Lei 9.099, de 26.09.1995, que dispõe sobre os Juizados Especiais Cíveis e Criminais, permite que o pedido seja formulado oralmente à secretaria do Juizado (art. 14, *caput*; inclusive o procedimento sumaríssimo das infrações penais de menor potencial ofensivo, a denúncia e, se for o caso, a queixa podem ser oferecidas oralmente – Lei 9.099/1995, arts. 77, *caput* e § 3.º, respectivamente), devendo ser reduzido a escrito, podendo, para tanto, serem utilizados sistemas de fichas ou formulários (art. 14, § 3.º; para as causas criminais, cf. art. 78, *caput*). Do mesmo modo, em nosso sentir, conquanto não colide com os dispositivos da Lei 10.259/2001, pode ser feito oralmente o pedido, nos casos acima descritos, também no âmbito da Justiça Federal. A Lei 7.244, de 07.11.1984 (art. 15), admitia o pedido oral, a ser reduzido a escrito (art. 15, § 3.º); quanto ao mandato, tanto a Lei 9.099/1995 quanto a Lei 7.244/1984 permitem que o mesmo seja oral, salvo os poderes especiais (art. 9.º, § 3.º, dos dois diplomas legislativos).

6. Assim também na Lei 9.099/1995 (art. 14, *caput*) que reproduziu, neste particular, o teor do art. 15 da revogada Lei 7.244/1984.

te contrária; afirmação diversa seria baseada em conceito estritamente técnico (desligado do Direito positivo brasileiro), e seria válida apenas considerando o processo como relação bilateral entre autor e juiz. O que se poderia dizer é que há, com a só propositura da ação, apenas um início do processo, pois há relação jurídica entre o juiz e o autor.[7]

Concluímos, portanto, que a citação é o terceiro requisito para que se forme integralmente a relação jurídica processual.

d) Saindo do campo da teoria geral do processo e passando para o campo específico do Direito positivo brasileiro, similar, aliás, a outros ordenamentos, notamos ainda um quarto requisito para a formação do processo: a capacidade postulatória (arts. 254 e 36),[8] à qual já aludimos.

7. V. nosso *Direito processual civil* – TGPC, vol. 1/289.

Esta realidade, todavia, não significa que o processo nessas condições deixe de poder produzir efeitos. Na realidade, os efeitos são possíveis, especialmente quando se concedem medidas liminares (*v.g.*, arts. 273, antecipação dos efeitos da tutela; 804, medida liminar em cautelar; 928-929, em possessórias; 937, nunciação de obra nova; 1.071, venda a crédito com reserva de domínio etc., e, também, em leis extravagantes, *v.g.*, como no mandado de segurança (Lei 12.016/2009, art. 7.º, III), na lei da ação popular (Lei 4.717/1965, art. 5.º, § 4.º), da ação civil pública (Lei 7.347/1985, art. 12) e Código de Proteção e Defesa do Consumidor (Lei 8.078/1990, art. 84, § 3.º). Nestas hipóteses verifica-se uma possível providência, com eficácia, antes da citação, por razões estampadas nesses artigos de lei referidos. Há, excepcionalmente, inversão da ordem normal do andamento do processo, por motivos justificáveis, outorgada que pode ser uma dada proteção, procedendo-se, ulteriormente, à citação. Com as modificações introduzidas no Código de Processo Civil, nos arts. 273 e 461, são viáveis decisões que produzam efeito antes do momento *normal da sentença,* disciplinando-se, no art. 273, a tutela antecipada, de uma maneira geral, desde que satisfeitos os requisitos do art. 273, *caput,* e ocorrentes os motivos dos incisos I ou II, motivos esses que poderão estar cumulativamente presentes. Às hipóteses que o legislador vislumbrou e disciplinou, inicialmente, para o cabimento da concessão da tutela antecipada foi recentemente acrescida a possibilidade de sua concessão "quando um ou mais dos pedidos cumulados, ou parcela deles, mostrar-se incontroverso" (§ 6.º). O art. 461, que resultou de verdadeiro *decalque* do art. 84, § 4.º, do Código de Proteção e Defesa do Consumidor, prevê que, nos casos de obrigações de fazer e de não fazer, como também nos casos de obrigação de entrega de coisa, com a alteração realizada pela Lei 10.444/2002 (art. 461-A), se configurados os pressupostos de urgência, com a possibilidade de perecimento da pretensão, o juiz poderá, desde logo, proferir decisão liminar protetiva da situação do autor. Sobre os arts. 273, 461 e 461-A do CPC, cf., mais amplamente, Cap. 16 do v. II deste *Manual*.

8. A jurisprudência sempre entendeu não se constituir a falta de mandato em nulidade insanável, devendo-se, assim, ensejar à parte a devida oportunidade para supri-la (entendimento diverso, aliás, contrariaria a norma do art. 13 do CPC): *RF* 182/239; Alexandre de Paula, *O processo civil à luz da jurisprudência* 22/374, julgado 30.990; *RT* 425/98. Mais recentemente, o STJ tem decidido no seguinte sentido: "A jurisprudência iterativa do STJ aponta no sentido de que, nas instâncias ordinárias, diante da ausência de instrumento de procuração do subscritor do recurso de apelação, deve ser concedido prazo razoável para a regularização da representação processual" (STJ, REsp 594.426/RS, 4.ª T., j. 06.04.2004, rel. Min. Fernando Gonçalves, *DJ* 10.05.2004, p. 296); no mesmo sentido, STJ, REsp 163.239/SP, 3.ª T., j. 06.04.2004, rel. Min. Antônio de Pádua Ribeiro, *DJ* 03.05.2004, p. 146; STJ, AgRg no AgRg no Ag 537.635/RJ, 2.ª T., j. 11.09.2007, rel. Min. Herman Benjamin, *DJ* 22.10.2007, p. 230; STJ, REsp 984.232/RJ, 2.ª T., j. 18.03.2008, rel. Min. Carlos Fernando Mathias (Juiz convocado do TRF–1.ª R.), *DJe* 04.04.2008; STJ, AgRg nos EAg 730.664/DF, Corte Especial, j. 04.06.2008, rel. Min. Hamilton Carvalhido, *DJe* 07.08.2008. Este entendimento, atualmente, encontra fundamento também no novo § 4.º do art. 515, inserido pela Lei 11.276/2006, que assim estabelece: "Constatando a ocorrência de nulidade sanável, o tribunal poderá determinar a realização ou renovação do ato processual,

Não deve ser confundida a capacidade postulatória, tratada nos arts. 36 *et seq.*, com a capacidade das partes ou capacidade do próprio mandatário (representante voluntário das partes, hoje sem expressão maior no processo civil, diante da regra geral do art. 6.º), pois a capacidade postulatória antecede às outras, sendo requisito da existência da relação jurídica processual, mas não propriamente como pressuposto processual.

Devemos, ainda, salientar que a capacidade postulatória, se é requisito da existência da relação jurídica processual, no que diz respeito ao autor, não o é com pertinência ao réu. A capacidade postulatória também é requisito para o réu ingressar em juízo para se defender, mas não da existência da relação jurídica processual, que se forma com a citação ou com o comparecimento (art. 214 – este artigo alude à *validade*, mas o legislador significou existência).

O requisito da capacidade postulatória nada mais é do que a exigência de a parte postular em juízo através de advogado, salvo as exceções legais.[9] Aplica-se ao réu, não como requisito indispensável à formação do processo, em relação a ele, mas como requisito consistente em que o *réu só pode validamente se defender por advogado.*[10]

Entre as exceções, em virtude das quais admite-se a presença da parte em juízo de-

---

intimadas as partes; cumprida a diligência, sempre que possível prosseguirá o julgamento da apelação".

A mesma orientação *não é aplicada em relação aos recursos dirigidos ao próprio STJ*. Nesse caso, incide a Súmula 115 do mesmo Tribunal ("Na instância especial é inexistente recurso interposto por advogado sem procuração nos autos"), e a jurisprudência é no sentido de que "não se aplica, na instância especial, para fins de regularização da representação processual, o disposto no art. 13 do CPC" (STJ, AgRg no Ag 668.875/RS, 2.ª T., j. 09.08.2005, rel. Min. João Otávio de Noronha, *DJ* 26.09.2005, p. 321). Segundo se decidiu, isto se dá porque "o Tribunal *a quo* já esgotou sua função jurisdicional, inviabilizando, assim, novas diligências" (STJ, AgRg no Ag 663.875/SP, 1.ª T., j. 06.09.2005, rel. Min. Luiz Fux, *DJ* 26.09.2005, p. 206). No mesmo sentido: STJ, AgRg no Ag 929.964/RJ, 4.ª T., j. 10.06.2008, rel. Min. Aldir Passarinho Junior, *DJe* 30/06/2008; STJ, AgRg no Ag 964.849/RJ, 4.ª T., j. 17.06.2008, rel. Min. João Otávio de Noronha, *DJe* 30.06.2008.

É entendimento pacífico que os atos praticados em juízo, por quem não seja advogado, nas condições exigidas pela lei, são nulos. A lei processual, aliás, os define não como nulos, *mas como inexistentes* (art. 37, parágrafo único; correta, no particular, letra da Súmula 115 do STJ, referida no parágrafo precedente); TJCE – julgados 30.973-B e 30.973-C, *Repertório,* de Alexandre de Paula, 22/352; *RT* 279/750; ainda *Repertório,* de Alexandre de Paula, 22/355, julgado 30.975-C; *RF* 231/221. Tais atos, nulos que são, não podem ser ratificados: STF, *Arquivo Judiciário* XL/11 e LXXX/187; *Direito* LXX/180; *RF* 142/118; *RT* 276/769.

Para jurisprudência variada e discriminada, no CPC/1973, cf. Arruda Alvim, *Código de Processo Civil e legislação extravagante* – Anotações de jurisprudência e doutrina, comentários ao art. 37 (p. 42-43); v. tb. p. 43 *et seq.*

---

9. A Lei 8.906, de 04.07.1994, pretendeu dar por finda a possibilidade da postulação em juízo *sem* a presença de advogado (art. 1.º), ressalvada a impetração de *habeas corpus* em qualquer instância ou tribunal (art. 1.º, § 1.º). Com a liminar concedida na ADIn 1.127-8/DF, proposta pela Associação Brasileira dos Magistrados, a eficácia deste dispositivo foi suspensa, valendo, portanto, as exceções constantes do ordenamento (Juizado de Pequenas Causas e Justiça do Trabalho, além da hipótese referida no precitado § 1.º), além daqueles casos elencados pelo Código de Processo Civil, referidos no texto. A ação direta foi julgada parcialmente procedente em 17.05.2007, quando se julgou prejudicada a invocação de inconstitucionalidade da expressão "juizados especiais" e entendeu-se pela inconstitucionalidade da expressão "qualquer", contida no texto do aludido dispositivo.

10. V., sobre a atuação dos advogados, no processo e fora dele, nosso *Código de Processo Civil comentado*, vol. 2/253 *et seq.* Cf., também, item 17, *infra*.

sacompanhada de advogado, encontramos a falta de advogado no local e a recusa ou o impedimento dos que existirem (art. 36).[11] Evidentemente, sendo a própria parte advogado, poderá postular em causa própria (art. 254, I).

O advogado coloca-se em situação especial no processo, pois, além de defender interesses das partes, auxilia a própria Justiça (CF, art. 133); aliás, a Lei 8.906/1994, em seu art. 2.º, § 1.º, a exemplo do que já dispunha o art. 68 da anterior Lei do Advogado (Lei 4.215/1963), estabelece que o advogado presta serviço público e exerce função social (sobre a relevância dada pela vigente CF à atuação do advogado na realização da Justiça, consultem-se especificamente os n. 164 e ss. desta obra, *infra*).

Cabe ter presente não dever ser esquecido que a possibilidade de prescindir-se da atuação de advogado não se restringe ao campo do Direito Processual Civil (juizados especiais), como se vê do art. 791 da CLT, em que, excepcionalmente, não se exige capacidade postulatória para intentar reclamações ou defesas trabalhistas.[12]

Até aqui, expusemos os requisitos da existência da relação jurídica processual.

Pela atual lei do Juizado Especial Cível (Lei Federal 9.099, de 26.09.1995), é facultativa a presença do advogado naquelas ações que envolvam até *vinte* salários mínimos, sendo a assistência por advogado obrigatória naquelas ações excedentes àquele valor (art. 9.º, *caput*). De qualquer sorte, as partes devem sempre comparecer pessoalmente (art. 9.º, *caput*), à exceção da hipótese discriminada no § 4.º do mesmo dispositivo, pela qual o réu pode fazer-se representar por preposto credenciado quando pessoa jurídica ou titular de firma individual. Se uma das partes comparecer acompanhada de advogado (ou, ainda, se o réu for pessoa jurídica ou firma individual), a outra, desejando-o, também terá assistência de advogado, a ser prestada por assistência judiciária (ou órgão equivalente) instituída perante esse Juizado Especial. Em caso de recurso, necessariamente, haverá obrigatoriedade da representação pelo advogado (Lei 9.099/1995, art. 41, § 2.º), o que já constava do diploma anterior (Lei 7.244/1984, art. 41, § 2.º). No fundo, observou-se nesse art. 9.º, § 1.º, regra conducente a manter e a proporcionar um equilíbrio substancial e real entre as partes, a exemplo do que já dispunha o dispositivo de mesmo número do diploma anterior. A diferença sensível existente entre a Lei 9.099/1995 e a anterior Lei das Pequenas Causas, Lei 7.244/1984, é que nesta não havia previsão da obrigatoriedade do advogado, *perante o órgão monocrático de primeiro grau*, para aquelas ações versantes sobre mais de vinte salários mínimos, até porque, superado este valor, impossível que a ação fosse processada por estes Juizados. Pelo sistema atual – Lei 9.099/1995, art. 3.º, I –, frisemos, são consideradas causas cíveis de menor complexidade e, portanto, passíveis de serem processadas nestes Juizados aquelas cujo valor não exceda *quarenta* vezes o salário mínimo. Nos Juizados Especiais Federais (Lei 10.259, de 12.07.2001), pensamos ser possível sustentar a dispensa de advogado nas causas que envolvam até 20 (vinte) salários mínimos, em face do texto do art. 1.º da Lei 10.259 ("São instituídos os Juizados Especiais Cíveis e Criminais da Justiça Federal, aos quais se aplica, no que não conflitar com esta Lei, o disposto na Lei 9.099...") e diante da ausência de previsão de regras sobre a matéria ainda no âmbito dessa lei. No que diz respeito

11. V. nosso *Código de Processo Civil comentado*, cit., vol. 2/262.

12. V. sobre o *jus postulandi* no processo trabalhista: Amauri Mascaro do Nascimento, *Elementos de direito processual do trabalho*, p. 123. Na jurisprudência mais recente do TST, prepondera a orientação de que "o art. 133 da Constituição da República não revogou o *jus postulandi* das partes na Justiça do Trabalho" (TST, RR 475596, j. 18.06.2003, rel. Min. José Simpliciano Mendes, *DJ* 01.08.2003). No mesmo sentido, TST, RR 546271, j. 04.06.2003, rel. Juiz Convocado João César Loures, *DJ* 20.06.2003. Já o Enunciado 425 estabelece, sobre o alcance do *jus postulandi* na Justiça do Trabalho, que: "O *jus postulandi* das partes, estabelecido no art. 791 da CLT, limita-se às Varas do Trabalho e aos Tribunais Regionais do Trabalho, não alcançando a ação rescisória, a ação cautelar, o mandado de segurança e os recursos de competência do Tribunal Superior do Trabalho."

Todavia, essas considerações são feitas em função da própria existência de uma sentença, e de uma sentença válida, em função dos requisitos que a antecedem.

No processo há três ordens fundamentais de categorias: a primeira diz respeito à existência e validade do processo ou da relação jurídica processual; a segunda, às chamadas condições da ação; e a terceira e última, ao mérito (à lide).

Não é necessário entrar em pormenores para explicar que, antes de proferir sentença, já deve ter o juiz verificado da existência jurídica e da validade do processo, que, inocorrentes, acarretarão respectivamente a inexistência jurídica da sentença e a sua nulidade (que seria *inutiliter data*), e de todos os atos ali praticados. A validade é, assim, examinada em função da sentença de mérito. Assim, se não presentes os "pressupostos de constituição e de desenvolvimento válido e regular do processo" (art. 267, IV), o juiz deverá proferir sentença de extinção do processo, sem resolução de mérito. Esta sentença, normalmente, será prolatada como uma das modalidades de julgamento conforme o estado do processo (arts. 329 e 267), logo após a defesa ou a revelia (decurso *in albis* do prazo para defesa, com ausência de contestação). Nada obsta, porém, que, se o juiz, por lapso, deixar de fazê-lo nessa oportunidade, o faça ulteriormente. Deverá, aliás, assim decidir tanto tendo havido alegação da parte quanto oficiosamente (v. art. 301, I, III e VIII, e § 4.º).[13]

Ainda, em certas hipóteses, deve liminarmente indeferir a inicial: quando, por exemplo, houver petição inicial inepta (art. 295, I) ou quando a parte for manifestamente ilegítima (no que respeita à ilegitimidade processual ou *ad causam* – art. 295, II). Saliente-se que os casos de inépcia são fornecidos pela lei (art. 295, parágrafo único, I a IV).

155. Requisitos da validade da relação jurídica processual

É de toda conveniência examinarmos, depois da análise dos requisitos da *existência* do processo (pressupostos de constituição – art. 267, IV), os de sua validade, também chamados pressupostos processuais de validade, ou, ainda, na terminologia da lei, de "desenvolvimento válido e regular do processo".

1.º) O primeiro requisito de validade é o da petição inicial *regular*, apta, portanto, a produzir determinados efeitos. A petição inicial a que faltar o pedido ou a causa de pedir (arts. 295, parágrafo único, I), na qual os fatos narrados não conduzem, logicamente, à conclusão querida (arts. 295, parágrafo único, II), que não retratar pretensão amparada pelo Direito positivo (art. 295, parágrafo único, III), ou que contiver pedidos incompatíveis entre si (art. 295, parágrafo único,

---

à representação da parte, há, na Lei 10.259, norma expressa estabelecendo que "as partes poderão designar, por escrito, representantes para a causa, advogado ou não" (art. 10).

13. Firmou-se corretamente no VI ENTA, através de sua concl. 18, com aprovação unânime: "A circunstância de não ter o juiz indeferido liminarmente a inicial não impede de extinguir posteriormente o processo" (*RT* 580/297). Nessa linha já havia jurisprudência: *RT* 501/88; *RJTJSP* 45/185 (indeferida no curso da ação, por não preenchimento dos requisitos exigidos para a ação de usucapião, sem que a inicial tivesse minuciosamente descrito o imóvel). Contra (embora com peculiaridades): acórdão do TJRJ, *RF* 246/355-6, aplicando erroneamente o parágrafo único do art. 284, o qual, todavia, ainda que aplicado, não cria preclusão. A propósito, é firme a jurisprudência do STJ no sentido de que a ausência de pressuposto processual pode ser reconhecida de ofício até mesmo no julgamento da apelação: STJ, REsp 170.129/MG, 4.ª T., j. 29.10.1998, rel. Min. Sálvio de Figueiredo Teixeira, *DJ* 01.03.1999, p. 331; STJ, REsp 609.144/SC, 1.ª T., j. 06.04.2004, rel. Min. Teori Albino Zavascki, *DJ* 24.05.2004, p. 197.

IV), por exemplo, será uma petição inepta, destituída de viabilidade jurídica.

Percebendo o juiz, a qualquer momento, que a petição inicial é confusa, por não conduzir a conclusão alguma, ou por não ter fundamento jurídico, sendo, portanto, *inepta*, deverá obstar o prosseguimento do processo. Nesses casos, o processo se extinguirá, sem resolução de mérito (art. 295, parágrafo único, II e III c/c art. 267, I).

Por petição apta entende-se aquela que retrata um pedido que, em tese, é possível, ou que expressa pretensão possível ou viável. Tendo em vista a circunstância de o art. 295, parágrafo único, estabelecer os casos de inépcia, pode dizer-se que apta é a petição que não se encarte nesse dispositivo.

Caso a petição não apresente os requisitos de sua regularidade, deve ensejar-se ao autor que a conserte (art. 284), sob pena de, não o fazendo, vê-la indeferida (arts. 284, parágrafo único, e 295, VI); mas, se não tiver aptidão, nem houver possibilidade de emenda, deve ser rejeitada de início, sem se ordenar a citação da parte contrária, não se instaurando, assim, a relação jurídica processual completa, pois se terá tido exclusivamente uma relação linear entre autor e juiz (art. 295, I).

Evidentemente, sendo a inépcia manifesta, é a própria lei que exige o respectivo indeferimento, sem ordenar a citação do réu, a qual não tem sentido. Na sistemática imprimida pela Lei 8.952, de 13.12.1994, ao art. 296 do CPC, só será o réu citado se for dado provimento ao recurso de apelação (que não tem revisor – art. 551, § 3.º, do CPC) eventualmente interposto pelo autor contra a sentença de rejeição liminar de sua petição. À evidência, será determinada a citação do réu se, interposto o recurso, houver a retratação a que se refere o *caput* do novo dispositivo.

Sendo a petição inicial *regular* e *apta*, deverá então o juiz determinar a citação da parte contrária (arts. 284 e 295, a *contrario sensu*).

O primeiro requisito da validade da relação jurídica processual é, então, ser a demanda regular, conforme a lei e, portanto, apta em função dos reflexos que terá, para ensejar a defesa e o proferimento de sentença.

2.º) A competência do juízo e a imparcialidade do juiz podem ser englobadas como requisitos de validade do processo em função da pessoa do juiz (pressupostos processuais subjetivos do juiz – órgão competente ocupado por sujeito imparcial). Temos, assim, que considerar o problema da jurisdição, ao qual já se aludiu, enquanto pressuposto processual de existência, agora nas suas consequências mais específicas, ou seja, a jurisdição concretamente enfocada, que, então, dizem respeito à validade da relação jurídica processual.

O processo deve ser examinado em função da validade dos atos, notadamente do seu ato fundamental, que é a sentença proferida pelo juiz.

Foi dito que pode ser considerado *existente* um processo desde que se formule um pedido a alguém regularmente investido da função jurisdicional. Todavia, torna-se necessário, para a *validade* dos atos judiciais decisórios (art. 113, § 2.º), que o órgão do Poder Judiciário seja *competente*, ou seja, possa exercer a jurisdição naquele caso concreto, e, além disto, que o magistrado seja *imparcial*.

Enquanto o autor e o réu de uma demanda são partes interessadas, o juiz deve ser imparcial, isto é, não pode pender nem para um lado, nem para o outro.

Sendo possível a existência de parcialidade do juiz, pode a parte usar das exceções de suspeição ou de impedimento para proteger seu direito à imparcialidade. Considera-se impedido o juiz (art. 134): quando for parte (inciso I); quando interveio como mandatário da parte, oficiou como perito, funcionou como órgão do Ministério Público ou prestou depoimento como testemunha (inciso II); quando, no mesmo processo, esteja postulando como advogado da parte o seu cônjuge ou qualquer parente seu, consanguíneo ou afim, em linha reta, ou na linha colateral, até o segundo grau (inciso IV); quando parente de qualquer espécie, em qualquer linha, até terceiro grau, de qualquer das partes (inciso V); quando for órgão de direção ou administração de pessoa jurídica (inciso VI). Em segundo grau, além dessas causas de impedimento, temos a de ter o juiz decidido no processo em primeiro grau (art. 134, III).

Como causas de suspeição enumera nossa lei, no art. 135, as seguintes: ser o juiz amigo íntimo ou inimigo capital de qualquer das partes (inciso I); ser credor ou devedor de qualquer das partes, bem como seu cônjuge, ou qualquer parente em linha reta ou colateral até terceiro grau (inciso II); ser herdeiro presuntivo, donatário ou empregador de alguma das partes (inciso III); ter recebido dádivas antes ou depois de iniciado o processo, ter aconselhado alguma das partes sobre o litígio ou subministrado meios para atender às despesas deste (inciso IV); ser interessado no julgamento da causa em favor de qualquer uma das partes (inciso V).

Cumpre, porém, ressaltar que o pressuposto processual da imparcialidade só *não* estará presente se o juiz for *impedido*.

A distinção entre os dois institutos é importante, porque, enquanto a *suspeição* se assenta em vício que é *resolvido* ou é *sanado* no desenvolver do processo, já o *impedimento não se convalida*, dando oportunidade, inclusive, à ação rescisória, caso a sentença proferida por juiz impedido transite em julgado (art. 485, II).

Assim, sendo o juiz tão somente suspeito, deverá a parte excepcionar no prazo de 15 dias a partir do fato revelador da suspeição (art. 305); sendo hipótese de impedimento, porém, a qualquer momento este poderá ser alegado pela parte, apesar de se poder e dever de preferência alegar o impedimento por via de exceção. Entretanto, se tal não se der, nem por isto haverá preclusão.[14]

Assim, a competência e a imparcialidade do juiz (quando este for impedido) são requisitos que devem ser preenchidos, a fim de que a sentença tenha validade. Se não forem preenchidos, a sentença proferida por juiz ocupante de órgão absolutamente incompetente será nula (art. 113, § 2.º), outro tanto ocorrendo com sentença prolatada por juiz impedido, embora a lei não seja explícita, salvo quando prevê a possibilidade de ação rescisória (art. 485, II). Se o impedimento é motivo suficiente para cabimento de ação rescisória, há que se inferir que é, também, motivo de nulidade de sentença. Neste sentido, corretamente é expresso o Anteprojeto de Código de Processo Penal.

Com relação à competência, cabe observar que, ainda que o juízo seja relativamente incompetente, considera-se presente o pressuposto processual da competência. Este só se considerará como não tendo sido atendido se for caso de incompetência absoluta.

O regime da incompetência absoluta e do impedimento são praticamente coincidentes: em relação à sua alegação não há preclusão, podem ser declarados *ex officio* e, ainda, dão margem, após o trânsito em julgado, à ação rescisória (v. art. 485, II).

3.º) Para a validade da relação jurídica processual, de molde a que o juiz possa útil e validamente entrar no mérito do processo, exige a lei que tenha o autor *capacidade* (art. 7.º).

14. O Código anterior confundia o juiz impedido com o suspeito, no elenco das causas ensejadoras de um ou de outro vício, distinguindo, no entanto, as figuras para fins de ação rescisória, pois, somente quando o juiz fosse impedido, era a sentença rescindível.

Por pressuposto processual entende-se a capacidade de estar em juízo, também denominada comumente, pela doutrina tradicional, de legitimação formal (*legitimatio ad processum*) ou capacidade processual, conceitos que comportam distinção, todavia. A capacidade processual (Livro I, Tít. II, Cap. I) é imanente à parte.

Tem capacidade para estar em juízo toda a pessoa que se acha no exercício dos seus direitos (art. 7.º). Assim, aquele que, pelo Direito Civil, tem capacidade de gozo e de exercício de direitos, tem capacidade para estar em juízo. Lembremos que, muitas vezes, há capacidade de estar em juízo, sem que se trate de pessoa física ou jurídica. Como exemplo, poderemos citar a massa falida ou o condomínio.

Todas as pessoas têm capacidade de gozo de direitos, mas nem sempre de exercício. Assim, o menor, absolutamente incapaz pelo Direito Civil, não tem capacidade para estar em juízo, tendo-a, por ele, seu pai ou sua mãe, ou, ainda, o tutor.

Por outro lado, a capacidade de ser parte é pressuposto pré-processual, pois antecede ao próprio processo. É a capacidade de ter direitos e obrigações.

A capacidade de estar em juízo não deve ser confundida com a legitimação para a causa, também denominada legitimação material ou, ainda, *legitimatio ad causam*. Esta é definida, normalmente, em função de elementos fornecidos pelo direito substancial. Consiste em conferir o direito de ação ao possível titular ativo e contra o passivo da relação jurídica material. A *legitimatio ad causam* ativa é condição de ação e não pressuposto processual (v. art. 267, VI; o art. 295, II, compreende a processual e *ad causam*, e assim também o art. 3.º). Evidentemente, se alguém tem plena capacidade de exercício de direitos, terá capacidade para estar em juízo, mas nem por isso terá legitimação para *qualquer causa*, pois só naquelas que lhe dizem respeito terá a titularidade de demandar.

Comumente, a *legitimatio ad causam* coincide com a legitimidade processual, que, a seu turno, pressupõe a capacidade de estar em juízo (= processual). A legitimação processual, nessa hipótese de coincidência, tal como a legitimação *ad causam*, respeitarão, ambas, à mesma pessoa, ao mesmo sujeito ou ente jurídico (= parte).

Entretanto, podem estar dissociadas, como no caso dos menores absolutamente incapazes. Estes são representados em juízo por seus pais (art. 8.º). Então, quem tem legitimidade *ad causam* é o menor, mas quem tem a legitimidade processual é o pai. Se se tratar de menor relativamente incapaz, há de ser assistido (art. 8.º).

Ausente a capacidade processual, o juiz deve ensejar sua regularização. No entanto, o prazo fixado pelo juiz, com fulcro no art. 13 do CPC, para regularização das partes, é preclusivo. Não suprida a falta no prazo marcado, incumbe ao juiz declarar extinto o processo sem resolução de mérito, por falta de pressuposto processual.[15]

Os pressupostos processuais relativos à pessoa do juiz e das partes são comumente denominados pressupostos processuais subjetivos e, tendo em vista as partes e o juiz, há que se distinguir entre os das partes e os do sujeito imparcial.

Expusemos, até agora, os requisitos da existência da relação jurídica processual e os requisitos da validade dessa mesma relação. Constituem ambos os grupos os chamados pressupostos processuais positivos ou intrínsecos, sem os quais o processo não

15. STJ, AgRg no Ag 51.009/DF, 4.ª T., j. 29.08.1994, rel. Min. Sálvio de Figueiredo Teixeira, *DJ* 26.09.1994, p. 25.657.

poderá atingir sua finalidade, obtendo a sentença de mérito.

156. Pressupostos processuais negativos[16]

Além dos pressupostos processuais considerados até aqui, existem outros que se denominam pressupostos processuais negativos ou extrínsecos. Estes impedem a eficácia e a validade da relação jurídica processual, mas, como se situam fora do processo, são denominados extrínsecos. São eles a *litispendência*, entendida aqui como duplicidade de processos idênticos e não como o fenômeno da instauração da relação jurídica processual, e a *coisa julgada*.

Diz-se que a litispendência de um primeiro processo é um pressuposto processual negativo para um segundo, com conteúdo idêntico, porque o segundo, mesmo preenchendo todas as condições de prosperar, em virtude de um elemento que lhe é extrínseco, isto é, pelo mero fato da existência de um primeiro processo igual, será trancado. Então, a litispendência anterior é um pressuposto processual negativo, impedindo a validade de uma segunda relação jurídica processual idêntica.

A coisa julgada é também pressuposto processual negativo ou extrínseco, porque impede que um processo prospere em virtude da existência de coisa julgada anterior.[17]

16. V. nossos *Curso*... cit., vol. 1, 100, p. 468; *Direito processual civil* – TGPC, vol. 1/296; e Dogmática jurídica e o novo CPC, *Revista de Processo* (*RePro*) 1/111.

17. O Código antigo considerava *nominalmente*, pelo menos, a litispendência e a coisa julgada como exceções, contra o que sempre nos insurgimos.

O Código vigente, no § 1.º do art. 301, reza: "Verifica-se a litispendência ou a coisa julgada, quando se reproduz ação anteriormente ajuizada", enquanto no § 3.º explicita que há coisa julgada quando "se repete ação que já foi decidida por sentença, de que não caiba recurso".

Salientemos, contudo, que se pode ter formado coisa julgada se a lide já foi decidida em definitivo, mesmo sem ter sido objeto de ação autônoma, mas em ação declaratória incidental.

Bibliografia

ARRUDA ALVIM, Eduardo. *Curso de direito processual civil*. São Paulo: Ed. RT, 1999. vol. 1.

_____. *Direito processual civil*. 3. ed. São Paulo: Ed. RT, 2010.

_____. *Direito processual civil*. 4.ed. São Paulo: Ed. RT, 2012.

ARRUDA ALVIM NETTO, José Manoel de. *Código de Processo Civil comentado*. São Paulo: Ed. RT, 1975. vol. 2.

_____. *Curso de direito processual civil*. São Paulo: Ed. RT, 1971. vol. 1.

_____. *Direito processual civil* – Teoria geral do processo de conhecimento. São Paulo: Ed. RT, 1972. vol. 1.

_____. Dogmática jurídica e o Novo Código de Processo Civil. *Revista de Processo* (RePro) 1/109, São Paulo, Ed. RT, ano I, jan.-mar. 1976.

BÜLOW, Oskar. *La teoría de las excepciones procesales, y los presupuestos procesales*. trad. Argentina. Buenos Aires, 1964.

DIDIER JR., Fredie. *Pressupostos processuais e condições da ação* – O juízo de admissibilidade do processo. São Paulo: Saraiva, 2005.

Freire, Homero. Extinção do processo sem ou com julgamento do mérito. *Ajuris* 12/71, 1978.

Nascimento, Amauri Mascaro do. *Elementos de direito processual do trabalho*. São Paulo: LTr, 1973.

Prata, Edson. Pressupostos processuais. *RBDP* 29/27, 1981.

Moniz de Aragão, Egas Dirceu. *Comentários ao Código de Processo Civil*. Rio de Janeiro: Forense, 1979. vol. 2.

Theodoro Júnior, Humberto. Pressupostos processuais, condições da ação e mérito da causa. *Juriscível* 69/7.

Wambier, Teresa Arruda Alvim. *Nulidades do processo e da sentença*. 6. ed. São Paulo: Ed. RT, 2007.

XV

Do Ministério Público

157. A atual função do Ministério Público

O Ministério Público,[1] atualmente, encontra a sua disciplina fundamental na Lei Complementar 75/1993 – a qual dispõe sobre a organização, as atribuições e o estatuto do Ministério Público da União –, e na Lei 8.625/1993, que é a Lei Orgânica do Ministério Público – e dispõe sobre normas gerais para a organização do Ministério Público dos Estados. No Estado de São Paulo há a Lei Complementar estadual 734/1993.

São variadas as opiniões a respeito do que seja o Ministério Público e de quais sejam as suas características fundamentais e definidoras dentro do organismo estatal.

A literatura não aborda de forma abundante a influência das modernas transformações do Estado na estrutura e na função do Ministério Público, tema este que deveria ser alvo de maior atenção por parte da doutrina, devido à sua importância.

No antigo Direito francês, os membros da instituição eram autênticos advogados do rei e, com o fortalecimento da monarquia, representaram o significativo papel de agentes do poder real perante as Cortes.

1. A expressão "Ministério Público" foi empregada pela primeira vez na Constituição de 1934, em seu art. 95, que dispunha sobre a organização da instituição, em suas várias áreas e esferas de atuação.

Com a Revolução Francesa e a queda das monarquias, desapareceu a pretensa identidade entre o rei ou monarca, de um lado, e o Estado, de outro. O Estado oriundo da Revolução Francesa, especialmente o Estado de Direito, é aquele em que, pelo menos formalmente, se encontram sintetizados os interesses de toda a sociedade, principalmente quando se asseguram os interesses das minorias, por meio da respectiva representação política e consequente influência na vida estatal. Logo, diante deste panorama, não tinha mais cabimento falar-se em Ministério Público como representante dos interesses do rei ou da Coroa, pois, sob esta nova perspectiva, os interesses do Estado coincidiam com os do povo.

Tem-se, então, em apertada síntese, a influência das transformações do Estado na instituição do Ministério Público.[2]

Mais nítida e clara deve ser a finalidade do Ministério Público. Passou este, assim, a ser representante da "sociedade", ou, mais precisamente, dos superiores e indisponíveis interesses (*sociais* e *individuais*) da sociedade perante os tribunais, nos quadros d' "a defesa da ordem jurídica" e "do regime democrático" (art. 127, *caput*, da CF/1988).

Tanto é verdadeira esta evolução – ao menos no Direito brasileiro –, que a Cons-

2. V. Arruda Alvim, *Curso*... cit., vol. 1, 109, p. 552; *Código de Processo Civil comentado*, vol. 3/384 *et seq*.

tituição de 1988, ao contrário das anteriores, criou a Advocacia-Geral da União (arts. 131-132), que tem como função, precipuamente, a representação da União, judicial ou extrajudicialmente, cabendo-lhe as atividades de consultoria e assessoramento jurídico do Poder Executivo. Desta forma, desvinculou-se o Ministério Público desta função de agir em nome da União Federal em juízo ou fora dele. Aliás, o art. 129, IX, da atual Constituição, veda expressamente a representação judicial e a consultoria de entidades públicas pelo Ministério Público.[3]

Na esfera penal, em grande escala, cabe-lhe o exercício e a titularidade da ação penal. Coube, pela Constituição Federal de 1988, desta forma, ao Ministério Público, zelar integralmente, *junto à Justiça*, pelo cumprimento da lei, pois esta é, por definição, a expressão dos interesses comuns de todos os membros integrantes da sociedade (bem comum). Hoje está o Ministério Público tratado, pelo texto constitucional, dentre as "funções essenciais à Justiça" (no Título IV, Capítulo IV, Seção I, da CF/1988).

158. Os princípios estruturais do Ministério Público

Doutrinariamente, discute-se ainda a exata situação do Ministério Público no organograma do Estado. Debateu-se profundamente o assunto, quando da elaboração da Constituição italiana de 1947, prevalecendo, afinal, a posição de que o Ministério Público é órgão do Poder Executivo,[4] posição esta vitoriosa também entre nós, no sistema constitucional anterior. Na Constituição brasileira anterior, o Ministério Público era tido expressamente como órgão do Executivo, como se colhe dos arts. 94-96 daquela Carta (atualizada até a EC 27/1985), localizados estes dispositivos (Seção VII) no interior do Capítulo VII, dedicado ao Poder Executivo. Isto é que não se repetiu na Carta de 1988. Com efeito, na Constituição Federal vigente (v. arts. 127-130-A da CF), o Ministério Público está colocado no Título IV, do Capítulo IV, Seção I, "Das Funções Essenciais à Justiça". Porque era o Ministério Público um organismo integrado no Poder Executivo, necessariamente haveria de ser obediente às regras fundamentais, inspiradoras deste Poder. Como se constata, pela Constituição Federal de 1988, alojado que está, *ao lado do Poder Judiciário*, e constituindo-se a sua atuação em *função essencial à Justiça, modificou-se, para melhor, a sua posição.*

159. Os princípios estruturais e os da atuação do Ministério Público

O Ministério Público é *uno* e *indivisível*, tendo os seus membros autonomia funcional (art. 127, § 1.º, da CF/1988, em que se alude à *independência funcional* e à sua *indivisibilidade*; precedente Lei Complementar Federal 40/1981, arts. 2.º e 16, revogada pela Lei 8.625/1993). Atualmente, pela Lei Complementar 75/1993, art. 4.º, e pela Lei Orgânica Nacional do Ministério Público, Lei 8.625/1993, art. 1.º, parágrafo único, encontram-se igualmente consagrados os mesmos princípios. Deflui disto que todo ele é dirigido por uma vontade superior. Como expressão dessa *independência funcional*, dispõe o art. 127, § 2.º, da CF/1988, que lhe "é assegurada autonomia funcional e administrativa", e, respeitado o art. 169 do texto constitucional, pode propor ao Poder Legislativo a criação e extinção de seus cargos e serviços auxiliares, provendo-os por concurso público de provas e de títulos, o

3. Sobre o assunto discorreremos, com mais vagar, no n. 161, abaixo.

4. Cf. Vicenzo Carullo, *La Costituzione della Repubblica Italiana*, 1960, vol. 2. Consultar os arts. 107, 2.ª al., 108, 2.ª al. e 112, da CF italiana de 1947.

que se encontra, igualmente, na Lei Complementar Federal 75 (art. 22).

Dizendo-se que o Ministério Público é *uno* e *indivisível*, e que, quando um agente seu se manifesta no cumprimento de dever funcional, não o faz, na realidade, em nome próprio, mas de toda a instituição, isto equivale a dizer que tal manifestação compromete todo o organismo. Essa unidade diz respeito a cada Ministério Público, federal (ais) e estaduais, não se podendo vislumbrar uma unidade da instituição como um todo, no âmbito nacional. Deve-se ressaltar que, com a Emenda Constitucional 45/2004, que inseriu na Constituição Federal o art. 130-A, o tratamento aí dispensado considera o Ministério Público como uma unidade, *i.e.*, tendo em vista os objetivos a serem atingidos pelo Conselho Nacional do Ministério Público. O CNMP sobrepõe-se às diversas divisões do Ministério Público, tendo em vista e limitadamente aos fins que deve atingir. Daí necessariamente há de se concluir que este princípio da unidade permeia a instituição e informa a atuação dos órgãos do Ministério Público, especialmente do ponto de vista da subordinação. Assim, tem o chefe do Ministério Público o poder de avocar, para si, as funções de seus subordinados (*princípio da devolução*). Por outro lado, e com fundamento na mesma ideia, pode haver substituição de um membro do Ministério Público por outro, em virtude de determinação superior (*princípio da substituição*). O que conta, acima de tudo, é a manifestação do Ministério Público como organismo e, havendo discordância entre seus órgãos inferiores e o superior, terá que prevalecer a opinião discricionária deste. Podemos dizer, porém, que os princípios da devolução e da substituição não encontram, habitualmente, aplicação. Somente serão objeto de utilização, pelo chefe do *Parquet*, quando este discricionariamente entenda necessário.

160. Princípios que presidem a direção e disciplina do Ministério Público

Os princípios antes referidos dizem respeito à atuação do Ministério Público como órgão ou, mais precisamente, como organismo, junto ao Poder Judiciário.

Trataremos, agora, daquelas regras e princípios que informam a vida interna do organismo.

Pela Constituição Federal vigente (art. 128, § 1.º), a nomeação do Procurador-Geral da República deverá ocorrer "dentre integrantes da carreira", maiores de trinta e cinco anos, após aprovação pela maioria absoluta do Senado Federal, "para *mandato* de dois anos", admitida uma recondução. *Ademais* e *principalmente*, na forma do § 2.º, do art. 128, da Constituição Federal, "a destituição do Procurador-Geral da República, por iniciativa do Presidente da República, *deverá ser precedida de autorização da maioria absoluta do Senado Federal*".

Com este sistema, constata-se autêntica independência do Ministério Público, *inclusive* em relação ao Poder Executivo. O mesmo sistema, *mutatis mutandis*, foi adotado pelo Estado de São Paulo (Constituição do Estado de São Paulo, art. 94, II, e Lei Complementar Estadual 734/1993, art. 10), na linha do que consta do art. 128 da CF/1988.

Constata-se, portanto, que, ao lado da autonomia funcional do membro do Ministério Público, encontram-se poderes existentes, adjudicados ao chefe do *Parquet*, em nome da unidade do Ministério Público, os quais, sem arranhar a autonomia funcional, indicam o prevalecimento da unidade da instituição, mercê da *possível* substituição do que estiver atuando, o que ocorrerá sempre e também em nome do interesse público.

Cada *Parquet* tem o seu chefe, e este tem poderes de direção e inspeção. Com os poderes de direção, dirige a instituição, imprimindo-lhe os rumos mais adequados ao cumprimento de sua missão; munido dos segundos, mantém permanentemente a disciplina da mesma, na linha de nossa tradição.

A disciplina infraconstitucional do Ministério Público da União encontra-se estabelecida por lei complementar, no que diz respeito à organização, às atribuições, e, bem assim, no atinente ao estatuto de cada Ministério Público (art. 128, § 5.º, da CF/1988). Nessa disciplina encontram os seus integrantes as garantias constantes das letras *a* a *c* do inciso I do § 5.º do art. 128, quais sejam, as da *vitaliciedade*, da *inamovibilidade* e da *irredutibilidade de subsídio*.

Em atenção aos ditames constitucionais (art. 128, § 5.º), foi editada a Lei Complementar Federal 75/1993, que dispõe sobre a organização, as atribuições e o estatuto do Ministério Público da União. Anteriormente, já havia sido editada a Lei 8.625/1993, que instituiu a Lei Orgânica Nacional do Ministério Público e estabeleceu as normas gerais para a organização do Ministério Público dos Estados. Na precitada lei complementar somente foram garantidas aos membros da instituição a vitaliciedade e a inamovibilidade (LC 75/1993, art. 17, I e II, e arts. 208-213), tendo sido vetado o texto do inciso III deste art. 17, que dispunha sobre a irredutibilidade de vencimentos, sendo certo, todavia, que a Lei 8.625, art. 38, III, tem como garantia a "irredutibilidade de vencimentos, observado, quanto à remuneração, o disposto na Constituição Federal". No Estado de São Paulo, na forma do texto constitucional, dispôs a Lei Complementar Estadual 734/1993, art. 220.

Em atenção ao inciso II do § 5.º do art. 128 da CF/1988, a precitada legislação complementar federal (LC 75/1993) estabeleceu que é vedado ao membro do Ministério Público receber, a qualquer título e sob qualquer pretexto, honorários, percentagens ou custas processuais; exercer a advocacia; exercer o comércio ou participar de sociedade comercial, exceto como cotista ou acionista; exercer, ainda que em disponibilidade, qualquer outra função pública, salvo uma de magistério; exercer atividade político-partidária; receber, a qualquer título ou pretexto, auxílios ou contribuições de pessoas físicas, entidades públicas ou privadas, ressalvadas as exceções previstas em lei.

Para o Estado de São Paulo, em idêntico sentido, dispõe a Lei Complementar 734/1993, art. 170, I a V, excepcionando, todavia, não constituir cumulação as atividades exercidas em organismos estatais afetos à área de atuação do Ministério Público, em Centro de Estudos e Aperfeiçoamento do Ministério Público, em entidades de representação de classe e o exercício de cargo ou função de confiança na Administração Superior e junto aos Órgãos de Administração ou Auxiliares do Ministério Público.

161. O Ministério Público e o nosso Direito Constitucional[5]

Com a EC 1/1969, que deu nova redação e, em certa medida, até nova estruturação à Constituição de 1967, foi a instituição do Ministério Público tratada na Seção VII do Capítulo VII. Como se verificou, esta posição do Ministério Público foi *substancialmente* alterada pela Constituição Federal de 1988, colocado que ficou o Ministério Público ao lado do Poder Judiciário, e constituindo-se em organismo essencial à atuação da Justiça.

O Ministério Público da União subdivide-se em Ministério Público Federal, do Trabalho, Militar e do Distrito Federal e Territórios (art. 128, I, *a* a *d*, da CF/1988),

5. V. nosso *Curso*... cit., em que tratamos de toda a evolução operada no instituto, à luz das nossas Constituições (vol. 1, 112, p. 547), bem como nosso *Código de Processo Civil comentado*, vol. 3/389.

unitariamente subordinados ao Procurador-Geral da República.

Se até o sistema constitucional precedente o Ministério Público *representava a União*, o que acarretava *duplicidade indesejável de funções*, com o novo sistema constitucional tal não mais deve ocorrer. Tanto é verdadeira esta observação, que ao Ministério Público é vedada, por disposição expressa da Constituição Federal de 1988 (art. 129, IX), a representação judicial e a consultoria jurídica de entidades públicas.[6]

A CF/1988, ainda dentre as *funções essenciais à Justiça*, sucessivamente à disciplina do Ministério Público, regula a *Advocacia Pública* (arts. 131 e seguintes da CF). A *Advocacia-Geral da União* é a instituição que, "diretamente ou através de órgão vinculado, *representa a União*, judicial e extrajudicialmente, cabendo-lhe, nos termos da lei complementar que dispuser sobre sua organização e funcionamento, as atividades de consultoria e assessoramento jurídico do Poder Executivo" (art. 131, *caput*, da CF).

Tem a Advocacia-Geral da União por chefe o Advogado-Geral da União, *este sim*, de livre nomeação pelo Presidente da República, "dentre cidadãos maiores de trinta e cinco anos, de notável saber jurídico e reputação ilibada" (art. 131, § 1.º, da CF/1988).[7]

---

6. Vedando terminantemente a possibilidade de ajuizamento de ações pelo Ministério Público quando evidenciada a tutela de pessoas jurídicas de direito público, tem se demonstrado a jurisprudência do Superior Tribunal de Justiça (*RT* 671/210). Semelhantemente, cf., mais recentemente, STJ, REsp 676.707/DF, 2.ª T., j. 07.04.2005, rel. Min. Castro Meira, *DJ* 30.05.2005, p. 316. Diversamente, contudo, é a orientação que prepondera, em relação à ação fundada em ato de improbidade administrativa: STJ, AgRg no Ag 517.098/SP, 2.ª T., j. 16.06.2005, rel. Min. Franciulli Netto, *DJ* 08.08.2005, p. 243; STJ, REsp 695.718/SP, 1.ª T., j. 16.08.2005, rel. Min. José Delgado, *DJ* 12.09.2005, p. 234.Em julgado recente, o aparente conflito entre os incisos III e IX do art. 129 foi assim resolvido pelo STJ: "1. A função institucional do Ministério Público, de promover ação civil publica em defesa do patrimônio público, prevista no art. 129, III, da CF, deve ser interpretada em harmonia com a norma do inciso IX do mesmo artigo, que veda a esse órgão assumir a condição de representante judicial ou de consultor jurídico das pessoas de direito público. 2. Ordinariamente, a defesa judicial do patrimônio público é atribuição dos órgãos da advocacia e da consultoria dos entes públicos, que a promovem pelas vias procedimentais e nos limites da competência estabelecidos em lei. *A intervenção do Ministério Público, nesse domínio, somente se justifica em situações especiais, em que se possa identificar, no patrocínio judicial em defesa do patrimônio público, mais que um interesse ordinário da pessoa jurídica titular do direito lesado, um interesse superior, da própria sociedade*. 3. No caso, a defesa judicial do direito à reversão de bem imóvel ao domínio municipal, por alegada configuração de condição resolutória da sua doação a clube recreativo, é hipótese que se situa no plano dos interesses ordinários do Município, não havendo justificativa para que o Ministério Público, por ação civil pública, atue em substituição dos órgãos e das vias ordinárias de tutela" (STJ, REsp 246.698/MG, 1.ª T., j. 15.03.2005, rel. Min. Teori Albino Zavascki, *DJ* 18.04.2005, p. 213; g.n.). No mesmo sentido, também recentemente: STJ, REsp 673.135/RJ, 2.ª T., j. 22.03.2005, rel. Min. Franciulli Netto, *DJ* 20.06.2005, p. 225. Em 03.08.2006, a Corte Especial aprovou a Súmula 329, cuja dicção é a seguinte: "O Ministério Público tem legitimidade para propor ação civil pública em defesa do patrimônio público". Na sequência, foram proferidos outros julgados que assentaram tal orientação (cf. STJ, REsp 749.988/SP, 1.ª T., j. 08.08.2006, rel. Min. Luiz Fux, *DJ* 18.09.2006, p. 275; STJ, REsp 675.458/RJ, 1.ª T., j. 20.11.2007, rel. Min. Teori Albino Zavascki, *DJ* 05.12.2007, p. 232).

7. Com efeito, a Lei Complementar 73/1993, organizou a Advocacia-Geral da União, cuja função institucional, dispõe seu art. 1.º, é representar a União Federal judicial e extrajudicialmente. Dentre as funções atribuídas ao Advogado-Geral da União (art. 4.º) podem ser destacadas as seguintes: representação da União junto ao Supremo Tribunal Federal (inciso III); defender, nas ações diretas de inconstitucionalidade (e de

De outra parte, a vigente Constituição Federal dispõe, no seu art. 132, *caput*, que "os Procuradores dos Estados e do Distrito Federal (...), exercerão a *representação judicial* e a consultoria jurídica das respectivas unidades federadas".

Com isto fica nítido que a representação das pessoas políticas (União e Estados federados) far-se-á pelos seus procuradores e que refoge das funções do Ministério Público essa função.

162. O Ministério Público e sua posição político-jurídica

Se examinarmos rapidamente as legislações mais antigas, e que incidentalmente referiam-se ao Ministério Público – embora não com este nome –, verificaremos que seus membros eram manifestamente confundidos com os advogados ou procuradores do Estado. De certa forma, esta confusão, existente nesse estágio histórico, era perfeitamente explicável, diante da circunstância, já por nós ventilada, de que, originariamente, os interesses do rei seriam os interesses da sociedade. Numa fase mais adiantada, porém, conquanto o Poder Executivo já tivesse seus advogados para defendê-lo, estes e os membros do Ministério Público submetiam-se a uma única chefia: a do Poder Executivo. Preponderava absolutamente, pois, o interesse do Poder Executivo.[8]

Esta posição, atualmente abandonada pela doutrina e mesmo pelas leis – como está a evidenciar a CF/1988 –, levava inelutavelmente à dependência absoluta e integral do Ministério Público em relação ao Poder Executivo. Esta posição, como se disse, foi a adotada pelo nosso Direito Constitucional

---

constitucionalidade, acrescentamos), a norma legal ou ato normativo objeto da impugnação (inciso IV); apresentar as informações a serem prestadas pelo Presidente da República, relativas a medidas impugnadoras de ato ou omissão presidencial (inciso V); desistir, transigir, acordar e firmar compromisso nas ações de interesse da União, nos termos da legislação vigente (inciso VI); assessorar o Presidente da República em assuntos de natureza jurídica, elaborando pareceres e estudos ou propondo normas, medidas e diretrizes (inciso VII); assistir o Presidente da República no controle interno da legalidade dos atos da Administração (inciso VIII); sugerir ao Presidente da República medidas de caráter jurídico reclamadas pelo interesse público (inciso IX); fixar a interpretação da Constituição, das leis, dos tratados e demais atos normativos a ser uniformemente seguida pelos órgãos e entidades da Administração Federal (inciso X); unificar a jurisprudência administrativa, garantir a correta aplicação das leis, prevenir e dirimir as controvérsias entre os órgãos jurídicos da Administração Federal (inciso XI); editar enunciados de súmula administrativa, resultantes de jurisprudência iterativa dos tribunais (inciso XII); dentre outras. A Lei 9.028/1995, por seu turno, dispõe sobre o exercício das atribuições institucionais da Advocacia-Geral da União em caráter "emergencial e provisório". Seus principais pontos de destaque são os seguintes: aos titulares dos cargos de Advogado da União, de Procurador da Fazenda Nacional e de Assistente Jurídico das respectivas carreiras da Advocacia-Geral da União incumbe representá-la judicial e extrajudicialmente, bem como executar as atividades de assessoramento jurídico do Poder Executivo, conforme dispuser ato normativo do Advogado-Geral da União (art. 21). Além dos aspectos de organização interna do serviço, este diploma cria todo um sistema de enlaçamento entre os Procuradores Regionais da União e os "representantes judiciais da União", sendo estes orientados e supervisionados tecnicamente por aqueles (art. 3.º). Caberá a todos os órgãos ou entidades da União fornecer os elementos de fato e de direito para que seja viável a prestação de informações em mandados de segurança, *habeas corpus* ou *habeas data* impetrados contra autoridade federal (art. 4.º). Dispõe que a intimação de membros da Advocacia-Geral da União deverá ser efetivada pessoalmente, inclusive aos "representantes judiciais da União" designados pelo art. 69 da Lei Complementar 73/1993 (art. 6.º).

8. Cf. Sílvio do Amaral, Subtração do Ministério Público ao campo do Poder Executivo, *RT* 190/19.

anterior; hoje, a posição existente, no que tange ao Ministério Público federal e estadual, modificou-se, como foi visto.

Por meio da atividade do Ministério Público, defende-se o interesse da sociedade mercê de rigoroso cumprimento da lei, havida como um mandamento que se deve cumprir, porque consubstanciador das regras pelas quais se proporciona a consecução do bem comum.

Ora, o Ministério Público dificilmente poderia atingir a meta de *fiscal da lei*, se lhe cometessem a tarefa de defender, como advogado, os interesses do Estado. O advogado, em regra, defende *certos interesses*, sustentando-os como eminentemente jurídicos. O Ministério Público, porém, quando se manifesta, não está propriamente defendendo *interesses personalizados*, como os de um indivíduo, ou de uma pessoa jurídica; ao contrário, propugna pelos interesses sociais e individuais indisponíveis, que, em certa medida, são impessoais. Daí o grande peso de valor das manifestações do Ministério Público.

Sob esta ótica político-institucional, a Constituição Federal vigente adjudica amplas atribuições ao Ministério Público, quais sejam: "(...) I – promover, privativamente, a ação penal pública, na forma da lei [*esta função é tradicional*]; II – zelar pelo efetivo respeito dos Poderes Públicos e dos serviços de relevância pública aos direitos assegurados nesta Constituição, promovendo as medidas necessárias a sua garantia; III – promover o inquérito civil e a ação civil pública, para a proteção do patrimônio público e social, do meio ambiente e de outros interesses difusos e coletivos [*estas funções dos incisos II e III demonstram a alta relevância social, ativa, do que foi atribuído ao Ministério Público*]; IV – promover a ação de inconstitucionalidade ou representação para fins de intervenção da União e dos Estados, nos casos previstos nesta Constituição; V – defender judicialmente os direitos e interesses das populações indígenas; VI – expedir notificações nos procedimentos administrativos de sua competência, requisitando informações e documentos para instruí-los, na forma da lei complementar respectiva; VII – exercer o controle externo da atividade policial, na forma da lei complementar mencionada no artigo anterior [trata-se do § 5.º do art. 128]; VIII – requisitar diligências investigatórias e a instauração de inquérito policial, indicados os fundamentos jurídicos de suas manifestações processuais; IX – exercer outras funções que lhe forem conferidas, desde que compatíveis com sua finalidade, sendo-lhe vedada a representação judicial e a consultoria jurídica de entidades públicas" (art. 129 da CF/1988; no mesmo sentido, *v.* os arts. 5.º e 6.º da Lei Complementar 75/1993 e o art. 25 da Lei 8.625/1993).

Não há dúvida de que é difícil, até mesmo teoricamente, dizer que um agente integrante de um organismo, como o Ministério Público que integrasse o Poder Executivo, possa a ele se contrapor, em determinadas circunstâncias, na pessoa de seu chefe. Todavia, a independência do Ministério Público outro significado não poderá ter, senão, exclusivamente, o de, em certos momentos, poder contrapor-se ao próprio Poder Executivo.[9] *Esta posição foi aceita pela vigente Constituição.*

Finalmente, é fora de qualquer dúvida a independência do Ministério Público relativamente ao Judiciário.

163. Da atuação do Ministério Público

O Ministério Público atua no processo civil de duas formas: ora como parte (art. 81 do CPC), exercendo o direito de ação, ora como fiscal da lei (art. 82 do CPC).

A compreensão da atividade do Ministério Público deve ter em vista as suas funções institucionais, *constitucionalmente assegura-*

9. *RT* 158/11.

das, e, bem assim, as diversas leis existentes, que, em parte, já significam concreção dessas suas atribuições. Certamente, outras leis serão editadas, para, no plano infraconstitucional, dar-se consecução ao que está previsto na Constituição Federal de 1988.

Na primeira hipótese, *i.e.*, *como parte*, o Ministério Público, como órgão do Estado, está legitimado, nos casos previstos em normas legais, a invocar a tutela jurisdicional, como se dá, por exemplo, na ação de nulidade de casamento (art. 1.549 do CC/2002);[10] na ação de perda ou suspensão do poder familiar (art. 1.637 do CC/2002);[11] na ação rescisória (art. 487, III, do CPC).[12]

Acerca desta matéria há de sempre ser examinado o aspecto da legitimidade, bem como ser constatada a presença das demais condições da ação. Assim, a jurisprudência já se manifestou, corretamente, no sentido de que o Ministério Público não é parte legítima para ingressar em juízo com ação de alimentos em nome do menor, mormente estando este sob o poder familiar.[13-14] Recentemente, contudo, tem prevalecido a tese da legitimidade ativa do Ministério Público também para a defesa dos direitos individuais indisponíveis de hipossuficientes, ainda que relativos a pessoa determinada.[15]

No que diz respeito à legitimação ativa do Ministério Público para intentar ações, cabe abrir um parêntese para tratar-se sucintamente de um assunto bastante atual, que são os interesses difusos.[16]

---

10. Cf. art. 208, parágrafo único, do CC/1916.
11. Cf. art. 394 do CC/1916.
12. V., longamente, nosso *Código de Processo Civil comentado*, vol. 3/367 *et seq.*
13. TJMG, *Revista de Processo [RePro]* 7-8/345, em. 137; TJMG, *Revista de Processo [RePro]* 4/399, em. 151. Tal orientação é pacífica no STJ, consoante demonstra a fundamentação do seguinte julgado: STJ, REsp 659.498/PR, 4.ª T., j. 14.12.2004, rel. Min. Jorge Scartezzini, *DJ* 14.02.2005, p. 214. Nesse sentido: Araken de Assis, Substituição processual, *Revista Dialética de Direito Processual*, n. 9, dez. 2003. Refutando a tese da ilegitimidade irrestrita do Ministério Público para a defesa dos direitos individuais indisponíveis do menor e do idoso, Robson Renault Godinho argumenta pela possibilidade de ajuizamento de ação individual quando se verifique situação de risco ou abandono suscetível de autorizar a substituição processual (*O Ministério Público como substituto processual no processo civil*, p. 37 e ss.).
14. Se o menor estiver sob a guarda de terceiro que não seja detentor do pátrio poder, estabelece o art. 33, § 4.º, da Lei 8.069/1990 (incluído pela Lei 12.010/2009) que o dever de prestar alimentos pelos pais será objeto de regulamentação a pedido do interessado ou do Ministério Público.
15. Os acórdãos dizem respeito, em sua maioria, ao direito à saúde – hipóteses de pretensão ao fornecimento de medicamentos e à prestação de assistência à saúde dos menores e dos idosos – e ao direito à creche, no caso dos menores (STJ, REsp 822712/RS, 1.ª T., j. 04.04.2006, rel. Min. Teori Albino Zavascki, *DJ* 17.04.2006, p. 196; STJ, REsp 822712/RS, 1.ª T., j. 04.04.2006, rel. Min. Teori Albino Zavascki, *DJ* 17.04.2006, p. 196; STJ, REsp 984.430/RS, 2.ª T., j. 23.10.2007, rel. Min. João Otávio de Noronha, *DJ* 22.11.2007, p. 238; STJ, AgRg na MC 14.096/PR, 2.ª T., j. 03.06.2008, rel. Min. Carlos Fernando Mathias (Juiz convocado do TRF-1.ª R.), *DJe* 19.06.2008; STJ, REsp 899.820/RS, 1.ª T., j. 24.06.2008, rel. Min. Teori Albino Zavascki, *DJe* 01.07.2008).
16. V., a esse respeito: *A ação civil pública e a tutela jurisdicional dos interesses difusos*, de Nelson Nery Junior *et allii*, 1984; Ricardo Negrão, *Ações coletivas – enfoque sobre a legitimidade ativa;*. Pedro da Silva Dinamarco, *Ação civil pública. V.* ainda O MP e a tutela jurisdicional dos interesses difusos, Luiz Flávio Gomes, *Justitia* 116/117; com o mesmo título, trabalho de José Domingos da Silva Marinho, *RP* 36/114; MP, ação civil pública e defesa dos interesses difusos, de Paulo Salvador Frontini e outros, *Justitia* 131/263; Da tutela preventiva dos interesses difusos pelo MP, de Paulo Cezar Pinheiro Carneiro, *Justitia* 131/279; *A tutela jurisdicional dos interesses individuais homogêneos*, de Luiz Paulo da Silva Araujo Filho; *A ação civil pública e a defesa dos direitos individuais homogêneos*, de Ada Pellegrini Grinover; *A natureza jurídica do direito individual homogêneo e sua tutela pelo Ministério Público como forma de acesso*

Interesses difusos, isto é, aqueles que não têm titulares definidos ou definíveis *a priori*, *ex lege*, sempre houve. Ocorre que, em nossa época, empresta-se especial atenção a fenômenos coletivos, de massa. Em face dessa circunstância, vêm ganhando relevo e adquirindo contornos jurídicos os interesses desta espécie.

Exemplos destes interesses são os ligados à conservação da salubridade do ambiente, ao bom atendimento do consumidor, à qualidade de vida, à informação correta e atual etc.[17]

O Ministério Público deve atuar não só na defesa dos interesses *difusos*, como também na dos *coletivos*.[18]

Os autores discutem se, para que se configure o interesse difuso, é necessário, além de haver um interesse cujos titulares não sejam individualizados ou não sejam individualizáveis, como se disse, deva haver um outro interesse da mesma espécie cujos titulares sejam também não individualizáveis, e, por isso, aglutináveis num sujeito jurídico, que será o respectivo legitimado para agir. É a conflituosidade de difícil e nítida subjetivação, e, *ipso facto*, não é fácil estabelecer-se a legitimação para as ações daí derivadas ou deriváveis.

Alguns doutrinadores estabelecem diferenças, outros sinonímia, entre as expressões interesses difusos, coletivos, supra ou metaindividuais, *mas a posição correta é a de que interesses difusos são diferentes dos coletivos*.[19]

Modernamente, os ordenamentos jurídicos têm esboçado a tendência de outorgar também ao Ministério Público a legitimidade ativa para pugnar em juízo por este tipo de interesses, que realmente é de toda a sociedade ou de um grupo bastante significativo, por meio do que se tem chamado de *ação civil pública*. Já era esta a solução dada pelo nosso Direito, *inclusive antes da Constituição Federal de 1988*.

Entretanto, segundo a dicção do art. 81 do CPC, o Ministério Público só será parte nos casos expressos em lei, não sendo possível, pois, interpretação analógica.

Foi a revogada Lei Complementar 40, de 14.12.1981, que criou, no art. 3.º, III, a expressão *ação civil pública*, que se aplica a muitas das hipóteses para as quais a lei tenha conferido legitimidade ativa ao Ministério Público.

As inovações legislativas que se seguiram à referida Lei Complementar 40 alargaram o âmbito da ação civil pública, dizendo respeito, em um primeiro momento, à proteção do ambiente contra danos ecológicos, o que representava e representa tipicamente um interesse difuso.[20-21]

à justiça, de Humberto Dalla Bernardina de Pinho: *Apontamentos sobre o processo nas ações coletivas*, de Eduardo Arruda Alvim; *Ação Civil Pública: sua evolução normativa significou crescimento em prol da proteção às situações coletivas* e *Notas atuais sobre a figura da substituição processual*, de nossa autoria.

17. V., como exemplo, o texto de Nelson Nery Junior, Responsabilidade civil por dano ecológico e ação civil pública, *Justitia* 126/168.

18. Igualmente, ver, por exemplo, O Ministério Público e a tutela jurisdicional dos interesses coletivos, por Antônio Fernandes Barros e Silva de Souza, *Revista de Processo [Repro]* 32/274.

19. Uma das expressões possíveis de atuação do Ministério Público está no Código de Proteção e Defesa do Consumidor (art. 51, § 4.º), em que é facultado a qualquer consumidor ou entidade que o represente requerer ao Ministério Público que ingresse em juízo objetivando seja "declarada a nulidade de cláusula contratual que contrarie o disposto neste Código ou de qualquer forma não assegure o justo equilíbrio entre direitos e obrigações das partes".

20. Lei 6.938/1981, arts. 3.º, I, em que se define o que é o meio ambiente, e 4.º, em que se estabelecem normas destinadas à preservação (e, restauração, se degradado) do meio ambiente.

21. V. o nosso *Código do Consumidor comentado*, em colaboração com Thereza Alvim, Eduardo Arruda Alvim e James Marins, especialmente

Fruto de toda esta evolução legislativa é a Lei 7.347/1985, disciplinadora da ação civil pública. Pela redação original do art. 1.º deste diploma, tutelavam-se danos causados ao meio ambiente, ao consumidor e a bens e direitos de valor artístico, estético, histórico, turístico e paisagístico, ao lado e sem prejuízo da ação popular. Posteriormente, neste rol foi inserida a possibilidade de propositura desta ação por infração da ordem econômica e da economia popular – matérias então reguladas pela Lei 8.884/1994, atualmente dispostas na Lei 12.529/20111 –, bem como por danos à ordem urbanística (incisos V e VI, na redação da MP 2.180-35/2001), e a norma de encerramento constante do inciso IV, que permite o uso da ação civil pública para tutelar qualquer outro interesse difuso ou coletivo, ou *individual*[22] (acrescida pela Lei 8.078/1990, Código de Defesa do Consumidor).

Não é difícil, portanto, perceber a abrangência de incidência desta lei. Estão legitimados para sua propositura, além do Ministério Público, os três poderes políticos, autarquias e entidades paraestatais, associações civis, desde que preenchidos os requisitos constantes da lei e, ainda, as Defensorias Públicas (art. 5.º, incisos I a V, da Lei 7.347/1985, com as alterações da Lei 11.448/2007).[23] Não sendo o promovente da ação, o Ministério Público deverá intervir obrigatoriamente (art. 5.º, § 1.º), assumindo a titularidade ativa na hipótese de desistência (art. 5.º, § 3.º). Preocupou-se o legislador, ainda, com a facilidade do "acesso" ao Ministério Público para que possa, se for o caso, desencadear a ação (art. 6.º). O princípio da unitariedade se ostenta no art. 9.º, §§ 1.º a 3.º, e o da substitutividade no art. 9.º, § 4.º (*v.*, *infra*, a exposição no texto e, quanto aos princípios, *v.* 159, *supra*).

Acompanhando esta mesma evolução legislativa sobre o assunto – para ficarmos com o diploma legislativo sucessivamente à Lei da Ação Civil Pública mais significativo – foi promulgado o Código de Defesa do Consumidor – Lei 8.078/1990 –, que, dando maior funcionalidade à ação civil pública e à sua semelhança, criou um vasto sistema de proteção ao consumidor, franqueando amplamente a titularidade ao Ministério Público para agir judicialmente (art. 82, I, do CDC) na tutela dos direitos difusos, coletivos ou individuais homogêneos (indisponíveis).

Acreditamos seja desejável que, de futuro, amplie-se, ainda mais, a gama de possibilidades conferidas ao Ministério Público taxativamente pelo Direito positivo, para que este órgão vele por direitos que são indubitavelmente significativos, do ponto de vista social, defendendo os interesses difusos, tais como os caracterize a lei.[24]

---

os comentários ao art. 81 *et seq.* Cf., também, amplo estudo realizado por Luiz Rodrigues Wambier, *Sentença civil: liquidação e cumprimento*, n. 7.

22. Esse texto, quando se refere a *individual*, certamente significa *individual homogêneo*.

23. A Associação Nacional dos Membros do Ministério Público propôs Ação Direta de Inconstitucionalidade contra a nova redação do inciso II do art. 5.º da Lei da Ação Civil Pública, na redação conferida pela Lei 11.448/2007, ao argumento que o dispositivo impugnado viola o disposto nos arts. 134 e 5.º, LXXIV, da CF/1988. Referida ação direta tramita sob o n. 3943 e, até o momento, não foi apreciada pelo Supremo Tribunal Federal.

24. Neste sentido, o CC/2002 conferiu legitimidade ao Ministério Público para propor diversas ações, dentre as quais merecem referência as novidades trazidas pelos arts. 50 e 1.037 desse mesmo diploma. O art. 50 confere legitimidade ao Ministério Público para postular a desconsideração da personalidade jurídica com fundamento em abuso, e segundo o art. 1.037, o Ministério Público é legítimo para requerer a liquidação judicial de sociedade simples, nos casos que lei enuncia.

Parece-nos, todavia, que, outorgando-se, *ex lege*, legitimidade ao Ministério Público, também haver-se-á concorrentemente de conferir legitimidade a grupos sociais devidamente organizados (= havendo uma operativa subjetivação, para o exercício da ação), definidos os interesses difusos ou coletivos, para a mesma finalidade. Foi esta a orientação do legislador constitucional, dado que estabeleceu, no art. 129, § 1.º, da CF/1988, que "a legitimação do Ministério Público para as ações civis previstas neste artigo não impede a de terceiros, nas mesmas hipóteses, segundo o disposto nesta Constituição e na lei".

Atuando como interveniente, fiscal da lei, as hipóteses que ensejam a presença do Ministério Público no processo encontram-se previstas no art. 82 do CPC. Nos seus incisos I e II, o art. 82 prevê a intervenção do Ministério Público, taxativamente, ou seja, trata-se de atividade nitidamente vinculada, o que leva à conclusão de que pouquíssimas dúvidas poderão surgir a respeito do cabimento ou não da intervenção.

Será obrigatória a intervenção do Ministério Público nas causas em que houver interesse de incapazes, não importando ser o incapaz autor ou réu.[25] Havendo, contudo, incapazes em ambos os polos do processo, se a intervenção do Ministério Público é obrigatória como instituição, nem por isso haverá a necessidade de tantos promotores quantos forem os incapazes cujos interesses estiverem em conflito.[26]

Nas ações voltadas à nulidade de doação entre maiores e capazes não deve o Ministério Público intervir.[27]

25. STJ, REsp 303.097/DF, 1.ª T., j. 05.04.2001, rel. Min. José Delgado, *DJ* 11.06.2001, p. 140; *RJTJSP* 76/163; *RT* 586/142. É indiferente que o incapaz seja autor ou réu; nulo é o processo em que não intervém o representante do Ministério Público (*RSTJ* 18/507).

26. *RT* 573/131.

27. *RJTJSP* 38/143 e 41/63; *RT* 482/107 e 584/116.

O art. 82 trata dos casos em que deve haver intervenção do Ministério Público no processo civil, necessária e obrigatoriamente. Em todos os casos em que se configure uma das hipóteses previstas nos incisos do art. 82, conforme dispõe o *caput* do mesmo dispositivo, a intervenção há de ser obrigatória.

A falta de intervenção do Ministério Público, nestes casos, importa nulidade do feito, conforme dicção expressa dos arts. 84 e 246 do CPC.

Quando a lei se refere, no art. 82, I, ao interesse de incapaz, não o faz casuística, mas genericamente. O Ministério Público usará de lato poder interpretativo para verificar haver, ou não, interesse de incapaz que justifique a sua intervenção como fiscal da lei. Determinará, assim, o verdadeiro alcance da norma.

De fato, aludindo genericamente a interesse de incapaz, pode a lei acobertar hipóteses as mais variadas e diversas, como aquela em que é parte o espólio e há herdeiros menores.[28] Especificamente quanto aos interesses do menor, além da regra geral aplicável à defesa dos interesses do incapaz, contida no art. 82, I, do CPC, hão de ser observadas as disposições específicas do Estatuto da Criança e do Adolescente (Lei 8.069./1990), relativas à intervenção necessária do *Parquet*, anteriormente à concessão ou revogação de determinadas medidas – é o caso, por ex., da revogação da guarda, para a qual é exigida a oitiva prévia do Ministério Público (art. 35 da Lei 8.069/1990) ou, ainda, do deferimen-

28. *RT* 267/580. Decidiu o STF no sentido de ser nula a sentença por falta de intervenção do Ministério Público, em processo movido contra espólio em que há interesse de incapazes (*RTJ* 93/1.151). No mesmo sentido, no STJ, cf. REsp 35.083/PR, 4.ª T., j. 28.06.2001, rel. Min. Aldir Passarinho Júnior, *DJ* 05.11.2001, p. 113 (no caso, tratava-se de interesse *superveniente* de incapazes, em razão do falecimento do pai no curso da tramitação da ação).

to da inscrição de interessados no registro de adoção, que deve ser antecedido de consulta ao Ministério Público (art. 50, § 1.º, da Lei 8.069/1990).

Para entender-se o sentido do disposto no art. 82, I, do CPC, é preciso ter-se em mente que o incapaz, ainda que assistido ou representado, poderá não encontrar, por meio de quem o represente ou assista, uma defesa parificada a que uma pessoa capaz de exercitar seus direitos normalmente desenvolveria. Essa a *ratio* da preocupação do legislador em resguardar definitivamente, do ponto de vista processual, e por implicação reflexa desta atividade, o direito substancial desses interessados, por intermédio da atividade fiscalizadora do Ministério Público.

Já, diferentemente, enseja exercício do dever de ampla interpretação o inciso III do mesmo art. 82, com redação dada pela Lei 9.415/1996, em que se faz uso de conceito vago, ou seja, de conceito cujo referencial semântico é variável, dentro de certos limites.[29]

Efetivamente, quando a lei se refere à existência de *interesse público*, evidenciado pela natureza da lide ou pela qualidade da parte, cria para o Ministério Público, ao verificar se se trata de hipótese em que deve intervir, certa margem de liberdade para adaptar este conceito vago (o de interesse público) às hipóteses concretas. Trata-se de técnica diferente daquela de que se serviu o legislador, no inciso II do mesmo artigo, em que a numeração é feita específica e taxativamente.

Parece-nos que esta necessidade de interpretação do conceito cabe à instituição do Ministério Público, e não ao Poder Judiciário, em última análise.

Por esta razão, o juiz não pode extinguir o processo sem resolução de mérito diante da recusa do Ministério Público em intervir no feito, *desde que intimado*, por entender não ter havido no caso interesse público.[30]

É possível concluir, então, que a participação do Ministério Público no processo face à existência de *interesse público*, demanda *dualidade de vontades*, ou seja, a aceitação tanto do Ministério Público quanto do Poder Judiciário, não podendo, consequentemente, a participação ser imposta pelo juiz, até mesmo em razão do princípio da independência.

Destarte, se o Ministério Público quiser ingressar no processo e o juiz entender diferentemente, prevalecerá o entendimento do juiz, ressalvada, logicamente, a possibilidade de recurso em face de tal decisão, sendo certo que sua participação somente ocorrerá se, em grau de recurso, a decisão for modificada; já, em situação diversa, ou seja, caso o juiz entenda que ele deve entrar, e, ainda, o Ministério Público entender diversamente, então, não entrará. Há, nesta hipótese, que se cogitar de aplicar *analogicamente* e *mutatis mutandis* o disposto no art. 28 do CPP, podendo o juiz ouvir o Procurador-Geral.

Haver interesse público faz com que os direitos em jogo se tornem, em maior ou menor grau, indisponíveis. Esta indisponibilidade pode ser fruto do interesse público ligado ao sujeito titular do interesse, como, *v.g.*, a propriedade do menor ou do Estado (a propriedade, em si mesma, não é direito indisponível, mas pelo fato de ser do menor ou do Estado torna-se indisponível, porque o seu titular não pode dispor), e pode ocorrer a indisponibilidade do bem jurídico, ou seja, do direito em si mesmo considerado, sem que se tenha de atentar a quem seja seu titular, como, por exemplo, o matrimônio.

É importante, ainda, salientar que o Ministério Público, quando atua no processo

---

29. V. Arruda Alvim, Interpretação do art. 82, III, do CPC, *Revista de Processo [RePro]* 3/136.

30. *RT* 572/53; semelhantemente, cf. STJ, REsp 195.218/RN, 2.ª T., j. 18.08.2005, rel. Min. Castro Meira, *DJ* 19.09.2005, p. 241.

com base no art. 82 do CPC, deve fiscalizar, acima de tudo, a exata aplicação da lei. Assim, se intervier na causa porque, por exemplo, haja interesse de menor em jogo, não deverá opor-se necessariamente à pretensão contra o menor formulada, a não ser que haja razão para tal. Inexistindo razão, não há porque fazê-lo,[31] pois sua atuação, como *custos legis*, deve ter o caráter, em certa escala, de imparcialidade.

No que diz respeito ao art. 82, III, com a redação dada pela Lei 9.415/1996, pode ainda dizer-se que interesse público será aquele previsto expressamente pelo ordenamento jurídico como tal, ou aquele cuja qualificação de público seja dessumível do ordenamento, como um todo. A Lei 9.415/1996 apenas exemplificou este "interesse público" ao se referir a "litígios coletivos pela posse da terra rural".

A doutrina costuma elencar hipóteses, tais como os interesses ligados à paz, à justiça, à ordem social e econômica, à estética urbana, ao sossego público etc.

Não se deve confundir a expressão interesse público, constante deste dispositivo legal, com interesse do Estado. Considerando o inciso sob exame concretamente, pode dizer-se que é possível abranger, também, casos em que o Estado seja, sob qualquer das formas de que se pode revestir, titular do direito em jogo. Mas não só. O *discrimen* do significado desta expressão, enquanto ensejadora de intervenção obrigatória do Ministério Público, é a repercussão social. Assim, pode-se até conceber hipótese em que o órgão do Ministério Público tenha de opinar contra a pessoa jurídica de direito público envolvida na lide, e a favor do interesse público da sociedade, sempre verificando que haja fiel cumprimento da lei, pois esta é a sua função e o sentido do art. 82, III,[32] o que está em sintonia com o quanto dito precedentemente sobre a previsão das funções institucionais cometidas ao Ministério Público pela atual Constituição Federal, e que não foi prejudicado pelo advento da Lei 9.415/1996.

Assim é que se tem decidido que não se justifica a intervenção do Ministério Público numa ação de desapropriação, só porque o Estado é parte.[33] Por outro lado, o caso de um despejo de uma área muito grande, que envolvesse diversas famílias, já cria a necessidade de que o Ministério Público intervenha na causa. *Só se justifica a intervenção do Ministério Público em ação de desapropriação nas hipóteses em que o caso possa gerar uma significativa repercussão social.*[34]

31. TJ/SP, *RT* 108/204 e 326/123. Decidiu o STJ que "não está obrigado o representante do Ministério Público a manifestar-se, sempre, em favor do litigante incapaz. Estando convencido de que a postulação do menor não apresenta nenhum fomento de juridicidade, é-lhe possível opinar pela sua improcedência" (STJ, REsp 135.744/SP, 4.ª T., j. 24.06.2003, rel. Min. Barros Monteiro, *DJ* 22.09.2003, p. 327).

32. V. doutrina sobre o tema, Interpretação do art. 82, III, do Código de Processo Civil, por Arruda Alvim e outros, *Revista de Processo [RePro]* 3/136-debates; Intervenção do Ministério Público nas causas a que se refere o art. 82, III, do Código de Processo Civil, por J.J. Calmon de Passos, na *RF* 268/47 e na *RBDP* 18/97.

33. STJ, AgRg no Ag 493584/SP, 1.ª T., j. 02.12.2003, rel. Min. Luiz Fux, *DJ* 19.12.2003, p. 334; STJ, REsp 652.621/RJ, 2.ª T., j. 07.06.2005, rel. Min. Eliana Calmon, *DJ* 19.09.2005, p. 279. *V.*, em doutrina, A intervenção do Ministério Público nas ações de desapropriação, por Ivan Ordini Righi, *Revista Forense* 261/105.

34. *RJTJSP* 80/182; STJ, AgRg no REsp 724.702/CE, 1.ª T., j. 07.06.2005, rel. p/ Acórdão Min. Luiz Fux, *DJ* 26.09.2005, p. 242; STJ, REsp 876.044/CE, 2.ª T., j. 06.03.2008, rel. Min. Eliana Calmon, *DJe* 25.03.2008. Deste último constou: "A jurisprudência desta Corte é pacífica quanto à intervenção do Ministério Público Federal nas ações de desapropriação para fins de reforma agrária". Por outro lado, "a intervenção do *Parquet* não é obrigatória nas demandas indenizatórias propostas contra o Poder Público, como é o caso da ação de desapropriação por utilidade

A jurisprudência corretamente tem decidido no sentido de que não há por que intervir o Ministério Público em ação de cobrança de tributos.[35]

Também, como se comentou há pouco, já se decidiu, e com acerto, no sentido de que a circunstância de a pessoa de direito público ser parte na causa não constitui razão suficiente para a obrigatoriedade de intervenção do Ministério Público, se não evidenciada a conotação de interesse público[36] (interesse público que não coincide com aquele subjetivado na pessoa de direito público, mas interesse público que a transcenda e, pois, socialmente relevante). Também descabe a intervenção do *Parquet*, como fiscal da lei, tratando-se de sociedade de economia mista,[37] pois esta só circunstância não significa esteja presente o interesse público necessário para que tenha aplicação o art. 82, III. Decidiu-se ser dispensável a atuação do Ministério Público em ações ajuizadas pela Fazenda Pública, para constituição de servidão, como, ainda, em ações de indenização contra a Fazenda do Estado, em processos em que figura como parte instituição financeira sujeita a regime de liquidação extrajudicial; da mesma forma, inexiste razão de ser para intervenção em ações possessórias; e, por fim, também não é necessária a intervenção do Ministério Público nas causas em que a usucapião é arguida como defesa.

Como já se disse, em princípio, a ausência do Ministério Público em processo de que deveria participar, de acordo com os arts. 84 e 246 do CPC gera a nulidade.

Mais exata, entretanto, se nos afigura a posição que entende que, conquanto não tenha havido a intervenção do Ministério Público, em causas nas quais houvesse de intervir, não se deve *decretar* a nulidade do feito se a causa for decidida em favor daquele a quem a intervenção provavelmente teria beneficiado. Tal posição no sistema do Código antigo (1939) encontrava apoio no art. 275; atualmente, no art. 249, § 2.º.[38]

Ao reverso, e afinando-se com a jurisprudência dominante, será nula a causa em que somente venha a ocorrer a intervenção

pública. Tal participação só é imprescindível quando se evidenciar a conotação de interesse público, que não se confunde com o mero interesse patrimonial-econômico da Fazenda Pública (AR n. 2896/SP, rel. Castro Meira, *DJ* 02.04.2007) (...)" (STJ, REsp 787.967/SE, 1.ª T., j. 07.08.2007, rel. Min. Luiz Fux, *DJ* 23.08.2007, p. 213 – hipótese em que se argumentou que a mera presença de concessionária de serviço público na condição de autora da ação de constituição de servidão não acarreta interesse público hábil a ensejar a atuação do Ministério Público).Para um panorama completo dos assuntos tratados, v. Arruda Alvim, *Código de Processo Civil e legislação extravagante* – Anotações de jurisprudência e doutrina, p. 66-68, em que estão discriminadas e catalogadas as hipóteses de intervenção abordadas, e, outras correlatas, indicadas as fontes.

35. STJ, REsp 669.563/RS, 1.ª T., j. 12.04.2005, rel. Min. José Delgado, *DJ* 23.05.2005, p. 166.

36. STJ, REsp 640.412/SC, 1.ª T., j. 19.05.2005, rel. Min. Luiz Fux, *DJ* 13.06.2005, p. 176; STJ, REsp 676.707/DF, 2.ª T., j. 07.04.2005, rel. Min. Castro Meira, *DJ* 30.05.2005, p. 316; REsp 490.726/SC, 1.ª T., j. 03.03.2005, rel. Min. Teori Zavascki, *DJ* 21.03.2005, p. 219; AgRg no REsp 278.770/TO, 2.ª T., j. 17.10.2002, rel. Min. Eliana Calmon, *DJ* 05.05.2003, p. 239; *RTJ* 94/396 e 94/899; *RT* 518/209, 519/228, 524,214 e 539/211; *Anais Forenses do Estado do Mato Grosso* 43/288. Decidiu-se não caber ao Ministério Público, como fiscal da lei, velar pelos interesses das pessoas jurídicas de Direito Público, senão que, apenas, no caso, pela correta aplicação da lei, e, menos ainda, suprir as omissões dos procuradores de tais entidades (STJ-*RT* 671/210).

37. STJ, EDcl no REsp 92.115/SP, 4.ª T., j. 21.06.2001, rel. Min. Aldir Passarinho Júnior, *DJ* 03.09.2001, p. 225; *JUTARS* 16/318; *RT* 483/156 e 510/204.

38. STJ, REsp 271.680/CE, 1.ª T., j. 15.02.2001, rel. Min. José Delgado, *DJ* 09.04.2001, p. 334; *RJTJSP* 13/37; *Arquivo Forense* 35/293; *Revista de Processo [RePro]* 25/235, em. 89.

do Ministério Público em segundo grau, desde que a decisão tenha sido, por exemplo, contra o menor, pois terá havido prejuízo.[39]

Quando a presença do Ministério Público for obrigatória, já se decidiu que a sua intervenção tardia não tem a virtude de sanar a nulidade do processo em que haja interesse público. O critério correto, no entanto, é o de relacionar a equação do problema em função do possível prejuízo.[40]

Assim, deverá ocorrer intervenção do Ministério Público em separação judicial em que haja menores interessados ou cujos interesses possam ser atingidos.[41]

Nas ações de divórcio, o STF já decidiu ser obrigatória a intervenção do Ministério Público.[42-43]

Já se decidiu no sentido de que há interesse público a que alude o art. 82, III, do CPC, na discussão em torno da competência do juízo, sendo, pois, cabível a intervenção do Ministério Público, a nosso ver, em equívoco.[44]

39. *RT* 169/640, 171/148, 173/681 e 270/256. Por outro lado, "a intervenção do Ministério Público em segundo grau de jurisdição, *sem arguir nulidade nem prejuízo*, supre sua ausência na primeira instância, afastando a nulidade do processo" (STJ, REsp 221.962/BA, 3.ª T., j. 18.03.2004, rel. Min. Gomes de Barros, *DJ* 12.04.2004, p. 204, g.n.). Assim: "(...) este Superior Tribunal de Justiça, em homenagem ao princípio da economia e celeridade processual, vem decidindo que a não intervenção do *Parquet* no primeiro grau de jurisdição, por força de lei, tem-se por suprida com a sua integração à lide em segunda instância, desde que não ocasione às partes prejuízo, o que, no caso dos autos, inexistiu. Precedentes: REsp 271.680/CE, rel. Min. José Delgado, *DJU* 09.04.2001; REsp 549.707/CE, rel. Min. Franciulli Netto, *DJU* 09.05.2005; REsp 604.264/RN, rel. Min. Castro Meira, *DJU* 01.02.2006; MC 10.651/SP, rel. Min. Castro Meira, *DJ* 30.03.2006" (STJ, REsp 847.365/PA, 1.ªT., j. 24.10.2006, rel. Min. José Delgado, *DJ* 20.11.2006, p. 288).

40. TJRS, Ap. 23.482/Canoas, 4.ª Câm. Civ., j. 18.12.1974, v.u., rel. Bonorino Buttelli; *RF* 256/218; *Bol. da AASP* 1.308/12; *JUTACivSP* 85/407. Em sentido contrário, entendendo que a atuação da Procuradoria-Geral de Justiça em segundo grau supre a falha decorrente da não atuação do Ministério Público em primeiro grau, quando desta falha não resultar qualquer prejuízo ao incapaz: *RT* 582/212.

41. STJ, REsp 32.439/SP, 4.ª T., j. 11.12.1995, rel. Min. Sálvio de Figueiredo Teixeira, *DJ* 25.03.1996, p. 8579; *RT* 364/139; *RJTJRS* 57/302.

42. *RTJ* 105/271. Ressalta-se, na jurisprudência, que obrigatória é a intimação do Ministério Público, não importando se este quedar-se inerte: STJ, REsp 137.093/RS, 3.ªT., j. 19.02.1998, rel. Min. Waldemar Zveiter, *DJ* 27.04.1998, p. 155; STJ, REsp 85.276/MG, 4.ªT., j. 18.05.2000, rel. Min. Aldir Passarinho Júnior, *DJ* 21.08.2000, p. 135.

43. Já se decidiu que não se justifica a intervenção do Ministério Público nas ações relativas ao concubinato (*RT* 674/120), apesar da equiparação, que se possa pretender ver, entre casamento e união estável. *Em sentido contrário*, mais recentemente, exigindo a intimação do Ministério Público em ações relativas à união estável: TJPR, Proc. 100179200, Ac. 6.175, 6.ª Câm. Cív., j. 14.02.2001, rel. Des. Jair Ramos Braga. Com base no argumento de autoaplicabilidade do art. 127 da CF/1988, o STJ já decidiu pela necessária intervenção do Ministério Público em ação que visa ao reconhecimento do direito à percepção de pensão por morte em decorrência de relação homoafetiva: "Relacionamento homoafetivo. Possibilidade de concessão do benefício. Ministério Público. Parte legítima. 1 – A teor do disposto no art. 127 da Constituição Federal. 'O Ministério Público é instituição permanente, essencial à função jurisdicional do Estado, incumbindo-lhe a defesa da ordem jurídica, do regime democrático de direito e dos interesses sociais e individuais indisponíveis.' *In casu*, ocorre reivindicação de pessoa, em prol de tratamento igualitário quanto a direitos fundamentais, o que induz à legitimidade do Ministério Público, para intervir no processo, como o fez (...)" (STJ, REsp 395.904/RS, 6.ªT., j. 13.12.2005, rel. Min. Hélio Quaglia Barbosa, *DJ* 06.02.2006, p. 365).

44. *RT* 581/41, 590/65 (correta em nosso sentir a posição do procurador – rev. cit., p. 65). Diga-se que, se no caso do art. 116, parágrafo único, do CPC é obrigatória a intervenção, segue-se

Lembrem-se, exemplificativamente, outras causas em que deve haver intervenção do Ministério Público: em ação na qual se discute sobre a validade de registro público;[45] em ações acidentárias;[46] nos processos de dúvida[47] etc.

Sobre a atuação do Ministério Público no processo, pode dizer-se que pode requerer provas;[48] pode apresentar quesitos em processo de interdição;[49] tem direito a ser intimado para falar após a apresentação de memoriais pelas partes[50] etc.

Cumpre, ainda, notar que a intervenção, muitas vezes, poderá não ser exigida inicialmente, mas supervenientemente, se vierem a se configurar os pressupostos.[51]

Ainda, a lei não distingue (art. 82 do CPC), tangentemente à intervenção do Ministério Público, tendo em vista este ou aquele processo. Desde que a causa esteja elencada no art. 82 – requisito essencial e suficiente – deverá aquela ocorrer, quer no processo de conhecimento, quer no de execução, como também em processo cautelar.[52]

Finalmente, a parte contrária ao interesse do menor não poderá, em hipótese alguma, ser responsabilizada pela desídia do órgão do Ministério Público. A responsabilidade poderá ser meramente funcional, do agente do Ministério Público para com a cúpula ou chefe do *Parquet*.

O Ministério Público poderá, seja qual for a forma de sua atuação, recorrer das decisões proferidas no processo (art. 499, *caput*, do CPC), mas não tem interesse em recorrer, quando atua como fiscal da lei, sempre que nenhuma utilidade poderá advir em favor da parte que reclama sua atuação.[53]

---

que, em casos de exceção de incompetência, em regra, ela não o é.

45. STJ, REsp 401.138/MG, 3.ª T., j. 26.06.2003, rel. Min. Castro Filho, *DJ* 12.08.2003, p. 219; *Juriscível* 92/242; *JUTACivSP* 65/178; *RF* 247/183.

46. *RT* 481/105.

47. *JUTACivSP* 65/178; *Revista de Processo* [*RePro*] 25/235, em. 85.

48. STJ, REsp 45.487/MG, 4.ª T., j. 11.10.1994, rel. Min. Torreão Braz, *DJ* 21.11.1994, p. 31.772; *RJTJRS* 73/450.

49. *JUTACivSP* 83/109.

50. TJAC, Ap. 154/Rio Branco, j. 21.06.1978, v u. (em parte), rel. Carlos Alves Cravo.

51. *RF* 160/230; *RT* 358/364.

52. *RT* 311/382 e 566/218 (em.). O órgão do Ministério Público que atuou na ação em favor do revel citado por edital deve ser intimado para acompanhar a liquidação, sob pena de nulidade de sentença (*RT* 571/127). No Direito atual, esta conclusão não poderia prevalecer, eis que compete à Defensoria Pública da União a representação dos réus revéis citados por edital (Lei Complementar Federal 80/1994, art. 4.º, XVI). O assunto voltará a ser tratado, com maior vagar, no capítulo destinado à "figura do curador especial".

53. Cf. Ernane Fidélis dos Santos. *Manual de direito processual civil*, vol. 1, p. 108. No entanto, já decidiu o STJ que "a legitimidade do Ministério Público para apelar das decisões tomadas em ação de investigação de paternidade, onde atua na qualidade de *custos legis* (CPC, art. 499, § 2.º), não se limita à defesa do menor investigado, mas do interesse público, na busca da verdade real, que pode não coincidir, necessariamente, com a da parte autora. (...) Destarte, decretada em 1.º grau a revelia do investigado, mas sem que qualquer prova da paternidade ou elementos de convicção a respeito tenham sido produzidos nos autos, tem legitimidade e interesse em recorrer da sentença o Ministério Público" (STJ, REsp 172.968/MG, 4.ª T., j. 29.06.2004, rel. Min. Aldir Passarinho Júnior, *DJ* 18.10.2004, p. 279). Seguindo essa linha de raciocínio, o STJ considerou o Ministério Público parte legítima para recorrer de acórdão que deferiu aos avós pedido de guarda de menor, por ausência de condições da mãe verdadeira de manter a criança, refutando, assim, o argumento da ilegitimidade do *Parquet* para apelar contra sentença que "defere guarda do menor visando protegê-lo": "(...) É matéria solidamente assentada a faculdade de o Ministério Público recorrer nos processos que atua como fiscal da lei, ainda que silentes as partes. Art. 499, § 2.º, do Código de Processo Civil e Súmula 99 do Superior Tribunal de Justiça. 2. O Ministério Público como fiscal da lei, atua na defesa do

Sempre que o agente do Ministério Público, no exercício de suas funções, proceder com dolo ou fraude, será civilmente responsável, sendo que, no Estado de São Paulo, a Lei Complementar 734/1993 (art. 250) é expressa neste sentido.

Bibliografia

ALKMIN, José Geraldo Rodrigues de. A instituição do Ministério Público. *Justitia* 80/15, 1973.

ALMEIDA FILHO, Amaro Alves de. O interesse público do Código de Processo Civil e o Ministério Público. *Justitia* 89/275.

ALMEIDA, Jorge Luiz de. Formas de atuação do Ministério Público no cível. *Justitia* 88/241, 1975.

AMARAL, Sílvio. Subtração do Ministério Público ao campo do Poder Executivo. *RT* 190/19.

ARAUJO FILHO, Luiz Paulo da Silva. *A tutela jurisdicional dos interesses individuais homogêneos*. Rio de Janeiro: Forense, 2000.

ARRUDA ALVIM, Eduardo. *Curso de direito processual civil*. São Paulo: Ed. RT, 1999. vol. 1.

______. *Direito processual civil*. 2. ed., revista, atualizada e ampliada. São Paulo: Ed. RT, 2008.

______. *Direito processual civil*. 3. ed. São Paulo: Ed. RT, 2010.

______. *Direito processual civil*. 4.ed. São Paulo: Ed. RT, 2012.

. *Apontamentos sobre o processo das ações coletivas*. In: MAZZEI, Rodrigo; NOLASCO, Rita Dias (coord). *Processo civil coletivo*. São Paulo: Ed. RT, 1999. vol. 1.

ARRUDA ALVIM NETTO, José Manoel de. Ação Civil Pública: sua evolução normativa significou crescimento em prol da proteção às situações coletivas. In: MILARÉ, Edis (coord.) *Ação civil pública após 20 anos: efetividade e desafios*. São Paulo: Ed. RT, 2005.

______. *Código de Processo Civil comentado*. São Paulo: Ed. RT, 1976. vol. 3.

______. *Código de Processo Civil e legislação extravagante* – Anotações de jurisprudência e doutrina. São Paulo: Ed. RT, 1986.

______. *Curso de direito processual civil*. São Paulo: Ed. RT, 1971. vol. 1.

______. Notas atuais sobre a figura da substituição processual. *Revista de Processo*, n. 106, abril-junho de 2002.

______. Interpretação do art. 82, III, do Código de Processo Civil. *Revista de Processo [RePro]* 3/136, São Paulo: Ed. RT, ano I, jul.-set. 1976.

______; ALVIM, Thereza; ARRUDA ALVIM, Eduardo; MARINS, James. *Código do Consumidor comentado*. São Paulo: Ed. RT, 1991.

ASSIS, Araken de. Substituição processual. *Revista Dialética de Direito Processual n. 9*. Dezembro de 2003.

ASSIS, Jacy de. O Ministério Público no processo civil. *RF* 252/98; *Juriscível* 43/9; *RBDP* 3/95, 1975; *Justitia* 89/285; *Revista do Curso de Direito da Universidade Federal de Uberlândia* 4/133.

BARBI, Celso Agrícola. Ação, partes, despesas judiciais, intervenção de terceiros e do Ministério Público no Novo Código de Processo Civil. *RF* 247/20.

______. *Comentários ao Código de Processo Civil*. Rio de Janeiro: Forense, 1983. vol. 1.

BARRUFINI, José Carlos Toseti. O Ministério Público em face do Estado moderno. *RT* 535/244.

BIASUTTI, Luiz Carlos. O Ministério Público e os critérios de competência da Justiça Militar estadual. *Justitia* 99/233, 1977.

BRANCO, Hélio H. Castello. Aspectos da intervenção do Ministério Público nas causas em que há interesse público evidenciado pela natureza da lide ou pela qualidade da parte. *RF* 275/152; *RBDP* 27/97, 1981.

interesse público, decorrendo, então, do prévio reconhecimento do interesse de agir a outorga da legitimação (...)" (STJ, REsp 269.121/MG, 4.ª T., j. 07.08.2003, rel. Min. Fernando Gonçalves, *DJ* 18.08.2003, p. 209).

Caccuri, Antônio Edving. O Ministério Público e as causas de interesse público. *Revista de Processo [RePro]* 2/115, São Paulo: Ed. RT, ano I, abr.-jun. 1976.

______. O Ministério Público e o art. 82, III, do Código de Processo Civil. *RF* 254/151; *RT* 480/171; *Justitia* 86/135.

Calmon de Passos, José Joaquim. Intervenção do Ministério Público nas causas a que se refere o art. 82, III, do Código de Processo Civil. *RF* 268/47; *RBDP* 18/97, 1979; *Justitia* 107/80, 1979.

Carneiro, Paulo Cezar Pinheiro. Da tutela preventiva dos interesses difusos pelo MP. *Justitia* 131/279.

Carullo, Vicenzo. *La Costituzione della Repubblica Italiana*. 1960. vol. 2.

Congresso Interamericano do Ministério Público. *Justitia* 97/470, 1972.

Congresso Nacional do Ministério Público (V). *Justitia* 99/163, 1977.

Cunha, Maurício José da. O papel da Corregedoria dentro da administração do Ministério Público dos Estados. *Justitia* 82/269, 1973.

Dall'Agnol Júnior, Antonio Janyr. Nulidade do processo civil por falta de intimação do Ministério Público. *Ajuris* 24/196, 1982.

Dinamarco, Cândido Rangel. Ministério Público e jurisdição voluntária. *RT Informa* 254/33-35.

Dinamarco, Pedro da Silva. *Ação civil pública*. São Paulo: Saraiva, 2001.

Ferreira, Sérgio de Andréa. A intervenção do Ministério Público nos processos cíveis. *Justitia* 88/23.

Frontini, Paulo Salvador. Ministério Público, Estado e Constituição. *Justitia* 90/247, 1975.

______. O Ministério Público e sua lei complementar. *Justitia* 99/243, 1977.

e outros. MP, ação civil pública e defesa dos interesses difusos. *Justitia* 131/263.

Godinho, Robson Renault. *O Ministério Público como substituto processual no processo civil*. Rio de Janeiro: Lumen Juris, 2007.

Gomes, Luiz Flávio. O MP e a tutela jurisdicional dos interesses difusos. *Justitia* 116/117.

Grinover, Ada Pellegrini. A ação civil pública e a defesa dos direitos individuais homogêneos. *Revista de Direito do Consumidor*, n. 5, jan-mar 1993.

Guerra, João Batista Cordeiro. O Ministério Público e a defesa da ordem jurídica. *RF* 265/2, 1979; *Juriscível* 77/7.

Guimarães, João Lopes. O Ministério Público junto aos Tribunais de Contas. *Justitia* 110/123, 1980.

Guimarães, José Lázaro Alfredo. A intervenção do Ministério Público no processo civil. *Justitia* 108/9, 1980.

Lima, Herotides da Silva. Encargos do Ministério Público. *Revista da Faculdade de Direito (Universidade do Paraná)*, ano II, 2.

Lopes, José Fernando da Silva. *O Ministério Público e o processo civil*, 1976.

______. Os fundamentos e a atividade do Ministério Público interveniente. *Justitia* 91/183.

Machado, Nilton José. O interesse público como determinante da intervenção do Ministério Público na ação. *Justitia* 99/207, 1977.

Marinho, Armando de Oliveira. O Ministério Público como órgão fiscalizador das fundações. *RDA* 114/34, 1973.

Marinho, José Domingos da Silva. O MP e a tutela jurisdicional dos interesses difusos. *RP* 36/114.

Mazzilli, Hugo Nigro. Inovação no Ministério Público. *RT* 559/267.

Mendonça Lima, Alcides de. Atividade do Ministério Público no processo civil. *RF* 257/157; *Revista de Processo [RePro]* 10/63, 1978; *RBDP* 11/13, 1977.

Mesquita Filho, Venancyo Aires de. O Ministério Público e a extensão de sua atuação fiscalizadora no processo civil. *Justitia* 99/227, 1977.

Naconecy, Luiz Carlos Macedo. Privilégios processuais da intimação pessoal e da ampliação dos prazos concedidos ao Ministério Público. *Justitia* 102/209, 1978.

Negrão, Ricardo. *Ações coletivas – enfoque sobre a legitimidade ativa*. São Paulo: LEUD, 2004.

Nery Junior, Nelson. Responsabilidade civil por dano ecológico e ação civil pública, *Justitia* 126/168.

et alii. *A ação civil pública e a tutela jurisdicional dos interesses difusos*. 1984.

Oliveira, Jacyr Villar de. O Ministério Público e o aperfeiçoamento da tutela jurisdicional através do direito processual civil. *Justitia*, v. 90, p. 281-329, jul.-set. 1975; *Revista Forense*, Rio de Janeiro, v. 254, p. 191-195, abr.-jun. 1976.

Paula, Edylcéia Tavares Nogueira de. O Ministério Público e o seu posicionamento no Estado de Direito. *RF* 274/01.

Pinho, Humberto Dalla Bernardina de. *A natureza jurídica do direito individual homogêneo e sua tutela pelo Ministério Público como forma de acesso à justiça*. Rio de Janeiro: Forense, 2002 .

Pereira, Almir de Lima. O Ministério Público e a legislação pátria. *Justitia* 87/205, 1974.

Pontes de Miranda, Francisco Cavalcanti. Sobre vedação de advogar aos membros do Ministério Público. *Questões forenses*, 1957. t. II, Parecer 70.

Righi, Ivan Ordini. A intervenção do Ministério Público nas ações de desapropriação. *Revista Forense* 261/105.

Salvador, Antônio Raphael S. Ministério Público: defensor do interesse público e não representante da parte. *Justitia* 94/165.

Sanseverino, Milton. O Ministério Público e o interesse público no processo civil. *Revista de Processo [RePro]* 9/83, 1978; *RF* 254/197.

Santos, Ernane Fidélis dos. *Manual de direito processual civil*. 11 ed. São Paulo: Saraiva, 2006. vol. 1.

Santos, José Gilson dos. Da antiguidade na carreira do Ministério Público e seus efeitos. *Justitia* 92/91, 1976.

Silva, Octacílio Paula. Código de ética para o Ministério Público. *Justitia* 90/85, 1975.

Siqueira, Geraldo Batista de. Ministério Público – Legitimidade – Denúncia inepta – Inépcia substancial – Coautoria. *Justitia* 97/185, 1977.

______. O Ministério Público na relação processual civil. *Justitia* 94/183.

Siqueira Netto, Carlos. Ministério Público: uma nova estratégia para seu aperfeiçoamento. *Justitia* 99/189, 1977.

Souza, Antônio Fernandes Barros e Silva de. O Ministério Público e a tutela jurisdicional dos interesses coletivos. *Revista de Processo [Repro]* 32/274.

Souza, Paulo Olímpio Gomes de. Fatores impeditivos para a afirmação definitiva da instituição do Ministério Público no ordenamento jurídico-constitucional brasileiro. *Justitia* 99/177, 1977.

Sznick, Valdir. O Ministério Público no direito italiano. *Justitia* 96/161, 1977.

Thomé, Lauro Nélson Fornari. A independência do Ministério Público como garantia da ordem jurídica. *Justitia* 80/9, 1973.

Tornaghi, Hélio. *Comentários ao Código de Processo Civil*. São Paulo: Ed. RT, 1976. vol. 1.

Vieira, Waldir. Competência do Ministério Público. *RBDP* 9/225, 1977.

Wambier, Luiz Rodrigues. *Sentença civil: liquidação e cumprimento*. 3. ed. São Paulo: Ed. RT, 2006.

XVI

Do Advogado

164. Capacidade postulatória[1]

A Constituição Federal de 1988 dispõe, no seu art. 133, o seguinte: "O advogado é *indispensável* à administração da justiça, sendo inviolável por seus atos e manifestações no exercício da profissão, nos limites da lei" (g.n.).

Isto significa que a postulação em juízo, ativa ou passivamente, ou, ainda, na hipótese de intervenção de terceiros, será normalmente realizada por intermédio de advogado. É certo que essa regra não obsta a que se julgue tendo em vista a revelia ocorrida. Nem pelo fato de se ter consagrado o "devido processo legal" (art. 5.º, LIV; v. tb. o art. 5.º, LV, da CF/1988), a figura da revelia desaparece. O imprescindível é que o ingresso em juízo se faça por intermédio de advogado. Ademais, as exceções existentes no Código de Processo Civil (art. 37, 2.ª parte) *se justificam*, pois, do contrário, poderiam, *se fossem havidas como inconstitucionais*, conduzir até mesmo à própria perda de um possível direito.[2]

A lei exige que seja implementado, no processo, o requisito da chamada capacidade

---

1. Cf., amplamente, Teresa Arruda Alvim Wambier, *Nulidades do processo e da sentença*, item 1.2.1, p. 44 *et seq.*

2. À luz da ADIn 1.127-8, que suspendera a eficácia de diversos dispositivos da Lei 8.906/1994 (atual Estatuto da OAB), incluindo seu art. 1.º, e muito embora referida ação direta tenha restado prejudicada quanto ao ponto, o fato é que o art. 133, da Constituição Federal, não tem a extensão e o *absolutismo* que originariamente se lhe pretendia emprestar. Por isto é que – diferentemente do que havíamos afirmado, e convencidos do nosso desacerto – as disposições da Lei 7.244/1984, vigentes à época do julgamento daquela cautelar, e referentes à Consolidação das Leis do Trabalho (art. 791, *caput* e §§ 1.º e 2.º), em realidade, não são incompatíveis com o art. 133, citado. Resta saber, todavia, se o art. 9.º da Lei 9.099/1995, que, para as causas cíveis de menor complexidade, exige a representação por advogado naquelas causas que excedam a vinte salários mínimos, será tida, ou não, como inconstitucional diante deste precedente. Melhor seria, parece-nos, que o legislador mais recente se tivesse limitado a indicar o *dever* do magistrado de alertar as partes acerca da conveniência do patrocínio do advogado quando a causa recomendar (Lei 9.099/1995, art. 9.º, § 2.º), não se referindo à obrigatoriedade da presença do causídico, mormente por critério econômico que não guarda, necessariamente, qualquer relação com a complexidade da causa (v. nota 28). Nos Juizados Especiais Federais (Lei 10.259/2001), pensamos ser possível sustentar a dispensa de advogado, desde que observado o limite estatuído pela Lei 9.099/1995, de 20 (vinte) salários mínimos (v., com proveito, Fernando da Costa Tourinho Neto e Joel Dias Figueira Júnior, *Juizados especiais federais cíveis e criminais*: comentários à Lei 10.259, de 10.07.2001, p. 184 e ss). Tal possibilidade foi admitida - de maneira ainda mais ampla, porque até o limite de 60 salários mínimos - pelo Supremo Tribunal Federal no julgamento da ADI 3.168: "Ação direta de inconstitucionalidade. Juizados especiais federais. Lei 10.259/2001, art. 10. Dispensabilidade de advogado nas causas cíveis. Imprescindibilidade da presença de advogado nas causas criminais. Aplicação

postulatória, isto é, para que a parte (autora) possa ingressar em juízo, deverá ter outorgado procuração a um advogado, legalmente habilitado (art. 36), que é quem poderá praticar os atos processuais, salvo exceções muito raras (art. 36, *fine*), *dentro do sistema do Código de Processo Civil,* em que a parte pode atuar por si, sem ser advogado.

Quanto ao réu, desde que regularmente citado para apresentar sua defesa, deverá fazê-lo por advogado (art. 36). Esta regra, porém, não significa que o réu só fique ligado ao processo e só sofra os efeitos da sentença se tiver constituído advogado, pois, uma vez citado validamente (art. 214), tanto bastará para que fique vinculado ao processo e aos efeitos da sentença que aí seja proferida.

É requisito legal, no entanto, que o réu compareça a juízo acompanhado por advogado, inclusive para o fim do art. 214, § 1.º.[3] Assim é que pedido de vista dos autos formulado por advogado, que não tenha poderes para receber citação inicial, em nome do réu, não poderá implicar que o réu seja dado por citado, e nem leva a que se inicie o prazo para a defesa.[4] Igualmente, para arguir mesmo a nulidade da citação, na forma

subsidiária da Lei 9.099/1995. Interpretação conforme a Constituição. É constitucional o art. 10 da Lei 10.259/2001, que faculta às partes a designação de representantes para a causa, advogados ou não, no âmbito dos juizados especiais federais. No que se refere aos processos de natureza cível, o Supremo Tribunal Federal já firmou o entendimento de que a imprescindibilidade de advogado é relativa, podendo, portanto, ser afastada pela lei em relação aos juizados especiais. Precedentes. Perante os juizados especiais federais, em processos de natureza cível, as partes podem comparecer pessoalmente em juízo ou designar representante, advogado ou não, desde que a causa não ultrapasse o valor de sessenta salários mínimos (art. 3.º da Lei 10.259/2001) e sem prejuízo da aplicação subsidiária integral dos parágrafos do art. 9.º da Lei 9.099/1995. Já quanto aos processos de natureza criminal, em homenagem ao princípio da ampla defesa, é imperativo que o réu compareça ao processo devidamente acompanhado de profissional habilitado a oferecer-lhe defesa técnica de qualidade, ou seja, de advogado devidamente inscrito nos quadros da Ordem dos Advogados do Brasil ou defensor público. Aplicação subsidiária do art. 68, III, da Lei 9.099/1995. Interpretação conforme, para excluir do âmbito de incidência do art. 10 da Lei 10.259/2001 os feitos de competência dos juizados especiais criminais da Justiça Federal." (STF, Pleno, ADI 3.168, j. 08.06.2006, rel. Min. Joaquim Barbosa, *DJ* de 03.08.2007). *Cf.*, sobre o tema: Eduardo Arruda Alvim, *Direito Processual Civil,* p. 657 e ss.

3. STJ, REsp 133.861/MG, 3.ª T., j. 19.04.2005, rel. Min. Pádua Ribeiro, *DJ* 30.05.2005, p. 356; STJ, REsp 658.566/DF, 4.ª T., j. 01.03.2005, rel. Min. Jorge Scartezzini, *DJ* 02.05.2005, p. 373; *RT* 508/147.

4. *RJTJSP* 83/175. Não, porém, se o réu apresentar defesa e nenhum prejuízo possa resultar do comparecimento espontâneo do advogado que recebeu a citação, ainda que sem poderes: "(...) O comparecimento espontâneo do réu, na forma do disposto no § 1.º do art. 214 do Código de Processo Civil, supre a falta de citação, ainda que o advogado que comparece e apresenta contestação tenha procuração com poderes apenas para o foro em geral, desde que de tal ato não resulte nenhum prejuízo à parte ré. 4. O sistema processual pátrio é informado pelo princípio da instrumentalidade das formas, que, no ramo do processo civil, tem expressão no art. 244 do CPC. Assim, é manifesto que a decretação da nulidade do ato processual pressupõe o não atingimento de sua finalidade ou a existência de prejuízo manifesto à parte advindo de sua prática.(...)" (STJ, j. 06.12.2005, 2.ª T., rel. Min. João Otávio de Noronha, *DJ* 13.03.2006, p. 294). No mesmo sentido: STJ, REsp 658.566/DF, 4.ª T., j. 01.03.2005, rel. Min. Jorge Scartezzini, *DJ* 02.05.2005 p. 373. No sentido de que o mero protocolo de petição com pedido de vista não supre o ato citatório, quando o advogado signatário não detém poderes para receber a citação: STJ, REsp 92.373/MG, 4.ª T, rel. Ministro Barros Monteiro, j.12.11.1996, *DJ* 26.05.1997, p. 22545. Diversamente, aplicando a teoria da aparência, em consideração às circunstâncias do caso: STJ, REsp 61.127/MG, 3.ª T., rel. Min. Carlos Alberto Menezes Direito, j. 04.02.1997, *DJ* 24.03.1997, p. 9012.

do art. 214, § 2.º, deverá fazê-lo por advogado, regularmente constituído; e, nesta hipótese, a ulterior intimação, a que se refere a lei (art. 214, § 2.º), haverá de ser dirigida ao advogado,[5] e não, por hipótese, a curador especial, se atuando no processo. A lei, de resto, é expressa nos casos em que o advogado, só com poderes *ad judicia*, poderá receber citação (arts. 57, 316, *v.g.*), em casos em que o advogado já está atuando, circunstância que consiste no denominador comum a tais exceções legais.

O poder para receber citação, salvo as exceções mencionadas, é necessariamente especial.[6]

A capacidade postulatória do autor, pois, é requisito para a propositura da ação, mas não é para o réu, quanto à sua vinculação ao processo.

O advogado deve juntar aos autos prova do mandato recebido (art. 37), que pode ser outorgado por instrumento particular (art. 38); ou, nos termos da Lei 8.906/1994, art. 5.º, "o advogado postula, em juízo ou fora dele, fazendo prova do mandato".[7] A lei processual civil determina que, sem o instrumento de mandato, não se pode sequer distribuir petição inicial (art. 254), salvo as exceções expressas, da própria lei e do sistema, quais sejam: (1.ª) quando o requerente postular em causa própria (art. 254, I, hipótese em que, então, deverá obedecer ao disposto no art. 39 e seu parágrafo único); (2.ª) ainda nos casos excepcionais do art. 36, *fine*; (3.ª) em casos especiais (art. 37), para evitar prescrição ou decadência e para a prática de atos reputados urgentes; e, nestes casos, deverá juntar o mandato dentro de 15 (quinze) dias, prorrogáveis por mais outros 15 (art. 37 e Lei do Advogado, 8.906/1994, art. 5.º, § 1.º; anteriormente, pela 4.215, de 27.04.1963, art. 70); (4.ª) na hipótese do art. 254, II, em que se dispensa a exibição do mandato, num dado processo, uma vez que já conste de autos principais; (5.ª) quando a lei extravagante, expressamente, o permitir, como, *v.g.*, na hipótese de quem se disser credor de alimentos, em que pode comparecer a juízo, pessoalmente ou, então, acompanhado de advogado (Lei 5.478/1968, art. 2.º, *caput*);[8] (6.ª) admite-se (art. 36, *fine*), ainda, que, ocorrendo impedimento dos advogados do lugar onde deveria ser constituído advogado, que a parte, independentemente de advogado, defenda seus direitos.[9] O art. 36 do CPC, pois, não infringe o art. 133 da Constituição Federal.

A capacidade processual, mesmo que integrada por assistente ou representante, respectivamente, para o relativo e para o absolutamente incapaz (art. 8.º do CPC), pressupõe sempre a capacidade de ser parte; no entanto, a capacidade de ser parte, aliada à capacidade processual, não são suficientes, como se depreende do art. 36, para habilitar que alguém pratique *per se* atos processuais.

---

5. STJ, REsp 147.540/RN, 3.ª T., j. 18.11.1997, rel. Min. Eduardo Ribeiro, *DJ* 15.12.1997, p. 66.404; *RT* 476/72.
6. STJ, REsp 249.769/AC, 3.ª T., j. 12.03.2002, rel. Min. Castro Filho, *DJ* 08.04.2002, p. 208; *RTJ* 104/1.238.
7. Pela lei anterior podia o mandato ser conferido "por termo nos autos" (art. 70 da Lei 4.215/1963); ou poderá mesmo sê-lo oralmente, como permite o art. 9.º, § 3.º, da Lei 9.099/1995 – regra igualmente aplicável no âmbito dos Juizados Federais (v. art. 1.º, Lei 10.259/2001) –, para as ações processadas perante o Juizado Especial Cível (de Pequenas Causas), a exemplo do que já dispunha o diploma antecedente (cf. Lei 7.244/1984, que regulava o Juizado de Pequenas Causas, art. 9.º, § 3.º).
8. Sobre o Juizado Especial Cível (de Pequenas Causas), Lei 9.099/1995, v. neste n. 164, *fine*.
9. As hipóteses desse impedimento vinham especificadas mais casuisticamente na revogada Lei 4.215/1963, art. 75, I a III. O diploma atual (Lei 8.906/1994) os regula em seu art. 30.

Nestas condições, deve haver, antes da capacidade processual, a *postulatória*, ou seja, quem age postulatoriamente em juízo, praticando atos processuais, deve estar legalmente habilitado para tanto e haverá de os praticar em nome da parte.

Nada impede, entretanto, que a capacidade de ser parte, processual e de postular, confundam-se na mesma pessoa. Sendo alguém diretor ou representante legal de uma empresa e sendo advogado, em função dos amplos poderes que detém, pode advogar em nome da empresa, representando-a postulatoriamente.[10]

O representante de menor impúbere pode outorgar procuração a advogado por instrumento particular, fazendo-o em nome do menor.[11] Da mesma forma, poderá fazê-lo o menor púbere, desde que assistido por quem de direito.[12] Tem-se entendido, corretamente, também, que a procuração outorgada pelos pais de menor impúbere pode ser feita por instrumento particular.[13]

Já se decidiu ser válida a audiência a que o procurador judicial compareceu, sem procuração nos autos, e não ratificou ulteriormente os atos praticados, sob o fundamento de que a parte, ao comparecer à audiência, acompanhada pelo advogado, ter-lhe-ia conferido mandato verbal.[14] O STJ, no entanto, mais recentemente, manifestou-se em sentido diverso.[15]

Correta a solução, todavia, que não tem por necessária a juntada de procuração, quando já esteja o instrumento nos autos principais,[16] como já se consignou (art. 254, II).

O profissional, que postula em juízo, deverá estar regularmente inscrito na Ordem dos Advogados do Brasil, tal como determina a Lei 8.906/1994, art. 3.º, *caput* (anteriormente, Lei 4.215, de 27.04.1963, art. 67), e, ainda, necessário é que não ocorra qualquer causa em virtude da qual esteja suspenso ou impedido[17] de exercer a profissão, e, bem assim, não estar licenciado, ou, ainda, quando esteja exercendo atividade incompatível com a advocacia (Lei 8.906/1994, art. 4.º, parágrafo único).[18]

---

10. STJ, REsp 102.539/SP, 1.ª T., j. 12.11.1996, rel. Min. Gomes de Barros, *DJ* 16.12.1996, p. 50.779; *RT* 493/100; *RJTJSP* 44/78.
11. *RT* 573/196; *RJTJSP* 56/132.
12. *RBDP* 43.187 (ac. TJRJ); *RJTJSP* 61/219 e 63/339.
13. *RJTJSP* 61/219 e 63/214.
14. *RJTJSP* 82/205 (m.v.). A solução firmada, no entanto, não se ajustava ao art. 37, 1.ª parte, e nem se enquadrava no disposto no art. 70 da Lei 4.215/1963, que admitia esse mandato apenas e quando houvesse termo nos autos. Entretanto, pela ausência de prejuízo, era correta a posição majoritária, no sentido de não dever conduzir à nulidade a inobservância da forma.
15. "A representação em juízo se faz por instrumento formal de procuração, inservível para substituí-lo ata de audiência onde consta que o representante legal da empresa estava acompanhado por seus advogados" (STJ, AgRg no Ag 388.274/DF, 4.ª T., j. 04.12.2001, rel. Min. Passarinho Júnior, *DJ* 18.03.2002, p. 264).
16. *JUTACivSP* 72/180.
17. V. Lei 8.906/1994, arts. 27 e 28, sobre *incompatibilidade*, e art. 30, sobre *impedimento*. No sentido do texto, cf. STJ, REsp 421.843/RJ, 2.ª T., j. 16.11.2004, rel. Min. Peçanha Martins, *DJ* 17.12.2004, p. 477.
18. Nesse sentido: Cássio Scarpinella Bueno, *Curso sistematizado de direito processual civil*, vol. 1, p. 223: "Em determinadas situações, o advogado passa a exercer atividade incompatível com o exercício da advocacia, quando lhe passa a ser vedada integralmente a atuação como advogado. Em outros casos, a vedação é parcial, dando ensejo ao impedimento do exercício da advocacia. As hipóteses de incompatibilidade são as descritas no art. 28 da Lei 8.906/94; as de impedimento estão listadas no art. 30 do mesmo Estatuto. Em quaisquer destas hipóteses, a 'capacidade postulatória' do advogado deixa de existir e, por isto, na exata medida em que a prática de qualquer ato, judicial ou extrajudicialmente, reclame-a, a pessoa precisará dos

A suspensão, nos termos do disposto na Lei 8.906/1994, art. 35, II c/c o art. 37, § 1.º[19] (art. 76 da Lei 4.215/1963), gera proibição ao exercício da advocacia, equivalendo à falta de inscrição na Ordem (art. 4.º, parágrafo único, da Lei 8.906/1994, onde se estabelece a *nulidade* para os atos praticados por quem estiver suspenso). O mesmo dispositivo comina pena de nulidade aos atos praticados pelos bacharéis suspensos ou não inscritos (Lei 8.906/1994, art. 4.º, *caput* e parágrafo único). O caso será o de falta de representação postulatória, se se tratar de suspensão,[20] o que não se confunde com a irregularidade desta, sendo inaplicável, por isso, o art. 13 do CPC.[21]

Não obstante, já se decidiu, na vigência da Lei 4.215/1963, o que não altera a colocação do assunto, que o art. 13 do CPC não cuida apenas da representação legal dos incapazes e das pessoas jurídicas, mas inclui, no elenco das irregularidades a serem sanadas, também, a hipótese da incapacidade de postular.[22]

Afigura-se-nos errôneo o ponto de vista segundo o qual não haverá nulidade se o procurador não for inscrito, pois esta assertiva já era contrária ao texto da Lei 4.215/1963, art. 76. Tratar-se-ia de simples anulabilidade, e o ato poderia ser convalidado, pois, para essa hipótese, cominava-se nulidade. A mesma solução subsiste em face do art. 4.º, *caput*, e seu parágrafo único, da Lei 8.906/1994.

Admitia-se, na vigência da Lei 4.215/1963, que o ato praticado por bacharel, ainda estagiário, desde que devidamente ratificado por advogado, ambos inscritos, portanto, constituía-se em ato válido.[23]

---

préstimos de um advogado. Os eventuais atos praticados por advogado impedido (nos limites do impedimento), suspenso, licenciado ou que passar a exercer atividade incompatível com a advocacia são (devem ser considerados) de acordo com o parágrafo único do art. 4.º da Lei 8.906/94, nulos".

19. O art. 37 da Lei 8.906/1994 discrimina outras hipóteses, procurando individualizar a pena, i.e., a duração da suspensão, variável em conformidade com a falta e tendo em vista um caráter de coerção indireta (art. 37, § 2.º c/c art. 34, XXI e XXIII); no caso de inépcia profissional, haverá a pessoa de submeter-se a novo exame de habilitação, e, até que o faça, não pode praticar atos (art. 37, § 3.º c/c art. 34, XXIV). Na hipótese do art. 37, § 1.º, *sem correlação direta com a falta*, a pena de suspensão deverá ser individuada de 30 dias a 12 meses. Essa pena aplica-se à atividade em todo o território nacional (art. 37, § 1.º, Lei 8.906/1994, texto este que é, em parte, uma regra geral, quanto à suspensão).

20. Se a Lei 8.906/94 (art. 4.º, *caput* e parágrafo único) estabelece a cominação de *nulidade*, é incogitável a aplicação do art. 13 do CPC, pois isto implicaria que *atos nulos pudessem ser convalidados*.

21. No sentido do texto, v. *RT* 477/248; contra: *RT* 477/142 – em nosso sentir o correto é o voto vencido do Des. Kazuo Watanabe –; *RT* 477/183. No STJ, decidiu-se que, "estando o advogado excluído dos quadros da OAB, na data em que praticou o substabelecimento, não se reputam nulos os atos por ele praticados sem ensejar antes à parte interessada a regularização da sua representação, suprindo as omissões relativas à incapacidade postulatória, ficando sanados esses atos desde que ratificados atempadamente (art. 13, CPC)" (STJ, REsp 91.766/DF, 4.ª T., j. 22.09.1998, rel. Min. Sálvio de Figueiredo Teixeira, *DJ* 18.12.1998, p. 358).

22. *RTJ* 95/1.349; *RT* 557/158, *JUTACivSP* 58/17.

23. Relativamente aos proibidos de advogar, tem o STF entendido não serem nulos os atos quando haja inscrição na Ordem dos Advogados (*RTJ* 60/197, *RTJ* 77/995, *RF* 143/118). Quanto ao ato praticado por estagiário, já bacharel, que seja ratificado, tem-se por válido (v. *RTJ* 77/992; *JUTACivSP* 32/79; *RJTJSP* 81/188). Assim, "o instrumento de mandato, conferido a estagiário, possibilita a sua atuação como advogado no feito, após a sua graduação e inscrição nos quadros da OAB, sem que haja necessidade de que lhe seja outorgada nova procuração" (STJ, AgRg no Ag 613.422/SP, 2.ª T., j. 03.02.2005, rel. Min. Eliana Calmon, *DJ* 28.02.2005, p. 292).

A Lei 8.906/1994, a seu turno, não permite que o estagiário pratique qualquer ato no processo sem que esteja acompanhado de advogado. Em acórdão da 1.ª Câmara do Tribunal de Justiça do Estado de São Paulo (AgIn 244.306-1/São Paulo, j. 18.04.1995, v.u.) decidiu-se, com base nos comentários que Paulo Luiz Neto Lôbo fez à nova lei, que, "ao contrário do Estatuto anterior, que permitiu o exercício pelo estagiário dos atos não privativos de advogado, o novo Estatuto faculta ao estagiário (regularmente inscrito na OAB) exercer todos os atos, desde que acompanhado necessariamente por advogado, e sob responsabilidade deste. Assim, não é mais possível que o estagiário exerça os atos isoladamente, por mais simples que sejam, sem autorização expressa do advogado. (...) Assim, todos os atos profissionais e peças processuais deverão ser realizados com a participação do advogado, embora possam conter, também, o nome, o número de inscrição e a assinatura do estagiário. A ausência do advogado gera nulidade do ato e responsabilidade disciplinar para ambos, em virtude da infração de norma estatutária expressa". O AgIn 244.306 versava sobre a possibilidade de intimações serem dirigidas tão somente ao estagiário constituído nos autos, manifestando-se o Tribunal pela negativa.[24-25]

Admite-se, por exceção, como já se disse, que a petição assinada pelo advogado venha desacompanhada de procuração; mas o advogado, *afirmando urgência*, poderá protestar pela juntada de mandato procuratório dentro de 15 dias (art. 37 do CPC e Lei 8.906/1994, art. 5.º, § 1.º), os quais são prorrogáveis por outros 15 dias; se não juntar a procuração nesse prazo, e nem na eventual prorrogação judicial de prazo, cuja possibilidade é estabelecida pelo art. 37 do CPC (e pelo art. 5.º, § 1.º, da Lei 8.906/1994), serão havidos por inexistentes os atos não ratificados no(s) referido(s) prazo(s), respondendo o advogado por despesas e perdas e danos, nos termos do mencionado art. 37, parágrafo único.[26]

A ratificação dos atos praticados, todavia, não precisa ser expressa,[27] mas há de ser inequívoca ou decorrer de comportamento inequívoco.

Já se decidiu que, se a intervenção se tiver limitado à contestação, não ocorrente daí qualquer prejuízo às partes, a não ratificação dos atos praticados, pelo advogado, sem procuração, não importa a sua condenação em custas e honorários advocatícios.[28] Teve-se, na hipótese, por inaplicável o parágrafo único do art. 37.

Constitui cerceamento de defesa decisão judicial que determine o desentranha-

24. *Boletim da Associação dos Advogados de São Paulo* 1.913, 23 a 29 de agosto de 1995, p. 273 e 274-j.

25. O Regulamento Geral do Estatuto da Advocacia de 16.10.1994 (*DOU* 25.10.1994), baixado pelo Conselho Federal da Ordem dos Advogados do Brasil, em atenção à competência pelo art. 54, V, e 78 da Lei 8.906/94, trata da hipótese posta em destaque em seu art. 29. No *caput* deste dispositivo repete a regra geral de que o estagiário pode praticar os atos referidos no art. 1.º do Estatuto em conjunto com advogado ou defensor público. No § 1.º, entretanto, são abertas as seguintes exceções, *significativas de que, em tais casos, o estagiário poderá agir sozinho*: (i) retirar e devolver os autos em cartório, assinando a respectiva carga; (ii) obter junto aos escrivães e chefes de secretarias certidões de peças ou autos de processos em curso ou findos; (iii) assinar petições de juntada de documentos a processos judiciais ou administrativos. Outrossim, o § 2.º do dispositivo dispõe que, "para o exercício de atos extrajudiciais, o estagiário pode comparecer isoladamente, quando receber autorização ou substabelecimento do advogado".

26. STJ, REsp 146.479/RS, 3.ª T., j. 03.11.1998, rel. Min. Eduardo Ribeiro, *DJ* 29.03.1999.

27. *RTJ* 95/1.349.

28. *RT* 562/142.

mento, liminarmente, de defesa apresentada, porque não esteja acompanhada de instrumento de mandato, sem a concessão de oportunidade para a regularização.[29]

Essencial é que se observe, pelo menos, o prazo legal de 15 (quinze) dias, em que o advogado se tenha obrigado a juntar o instrumento aos autos (art. 37 e art. 5.º, § 1.º, Lei 8.906/1994, e art. 70 da Lei 4.215/1963, revogada).mkl

No chamado Juizado Especial Cível, instituído originalmente pela Lei 7.244/1984 (que o nominava de Juizado Especial de Pequenas Causas), referido expressamente pela Constituição Federal de 1988 e hoje regulado, em conjunto com os Juizados Especiais Criminais, pela Lei 9.099, de 26.11.1995, está estabelecido um sistema processual extremamente simplificado, acentuadamente inspirado pelos princípios enunciados no art. 2.º do atual diploma regente (art. 62 para as causas penais). Segundo a Lei 7.244/1984, a posição do advogado era afetada, por certo, à luz da suposição de que, muitas vezes, sem a sua presença, inexistiriam óbices de ordem econômica, para os que, de futuro (quando viesse a ser efetivamente implantado esse sistema, nos diversos Estados federados, conforme estava previsto já no art. 1.º daquela lei), viessem a se utilizar, optativamente, do processo instituído por aquele diploma (art. 1.º). Pela Lei 8.906/1994, art. 1.º, I, ficou estabelecido que o advogado é indispensável, inclusive, nos Juizados Especiais. No entanto, o STF, apesar de declarar prejudicada a análise da constitucionalidade do art. 1.º, I, da Lei 8.906/1994 no julgamento da ADIn 1.127-8, admitiu a possibilidade de a parte postular sem advogado nos Juizados Especiais Cíveis quando do julgamento da Ação Direta de Inconstitucionalidade (ADI) 3168, que considerou constitucional o artigo 10 da Lei federal 10.259/2001.[30] Com a promulgação da Lei 9.099, de 26.09.1995, foi mantido o sistema da *facultatividade* da presença do advogado constante originalmente da Lei 7.244/1984 para aquelas causas que não excedam vinte salários mínimos (Lei 9.099/1995, art. 9.º), com o que foi prestigiado o entendimento do STF já referido. No entanto, para aquelas causas em que o valor envolvido for *superior* a vinte salários mínimos (a alçada estabelecida neste diploma mais recente é de quarenta salários – art. 3.º, I e IV) e naquelas que, à evidência, não estão sujeitas a esta limitação, desde que o valor dado à causa seja superior a quarenta salários (art. 3.º, II e III), diz o art. 9.º precitado que é *obrigatória* a presença do advogado, bem como – aqui, a exemplo do que ocorria no sistema revogado – em hipótese de interposição de recurso para o órgão de segundo grau (Lei 9.009/1995, art. 41, § 2.º). A presença do advogado (ou defensor público, se o acusado não nomear procurador de sua confiança) é obrigatória para as causas penais, *ex vi* do art. 68 da mesma lei. Remarque-se que a presença do advogado é ainda obrigatória, no âmbito dos Juizados Especiais, nas impugnações às decisões, tal como consta do art. 41, § 2.º, da Lei 9.099, inteiramente aplicável também aos Juizados Especiais Federais.

A justiça, nesse sistema, haverá de ser gratuita, em primeiro grau de jurisdição (Lei 9.099/95, art. 54; Lei 7.244/1984, art. 51), devendo, entretanto, todas as custas incidirem na hipótese de interposição de recurso para o segundo grau de jurisdição, excetuado o caso de beneficiário da assistência judiciária (Lei 9.099/1995, art. 54, parágrafo único). Nos Juizados Especiais da Justiça

29. *RJTJSP* 71/364.

30. ADIn 3.168, ajuizada pelo Conselho Federal da Ordem dos Advogados do Brasil (OAB) contra dispositivos da lei que criou os Juizados Especiais no âmbito da Justiça Federal (j. 08.06.2006, rel. Min. Joaquim Barbosa, *DJ* 03.08.2007).

Federal também há isenção do pagamento de despesas no primeiro grau de jurisdição, com a ressalva prevista no art. 12, § 1.º, da Lei 10.259/2001. Desejando, no entanto, recorrer da decisão proferida, a parte deverá submeter-se aos preceitos dos arts. 42, § 1.º, e 54, parágrafo único, da Lei 9.099/1995, inteiramente aplicável aos Juizados Federais. Excluem-se dessa regra aqueles que gozam do benefício da gratuidade, bem como a União, suas autarquias e fundações e, ademais, a pessoa jurídica que vier a representar o Fundo de Garantia do Tempo de Serviço – FGTS (art. 24-A, da Lei 9.028/1995, na redação da MP 2.180-35/2001).

165. A função do advogado

Hoje, a função do advogado é considerada constitucionalmente como sendo essencial à realização da Justiça, e é ele "inviolável por seus atos e manifestações no exercício da profissão, nos limites da lei".[31]

Apesar das louváveis intenções do constituinte e do avanço que representa este dispositivo, do ponto de vista de se proporcionarem condições para uma justiça de melhor qualidade, saltam aos olhos os defeitos de redação do referido dispositivo da Constituição Federal, em que se alude a que o próprio advogado *é inviolável*, e não *seus direitos*, a agir e a manifestar-se no exercício da profissão, nos limites da lei.

O advogado tem a função de representar a parte em juízo (representação postulatória), como decorre do art. 36, *caput*, do CPC (v. Lei 8.906/1994, art. 5.º; na lei anterior e revogada, 4.215/1963, art. 70). Esta representação, não é demais lembrar, não se confunde com a do Cap. I, do Título II, do Livro I (representação processual), pois os representantes, a que se refere o art. 12 do CPC, devem, também, constituir advogado. A representação, a que se refere o art. 8.º do CPC, respeita à integração da capacidade processual do absolutamente incapaz, similarmente ao que ocorre com a assistência, tendo em vista o relativamente incapaz. Tanto esta modalidade de representação, quanto a da assistência, haurem seus pressupostos no Direito Civil (art. 8.º), pois a lei processual (CPC) os encampa. Já a representação por intermédio de advogado diz respeito à exigência de que, regra geral, qualquer pessoa, para postular em juízo, deverá constituir advogado.

Para ser advogado, é imprescindível a inscrição nos quadros da Ordem dos Advogados do Brasil (Lei 8.906/1994, art. 3.º; anteriormente, art. 67 da Lei 4.215), que vale para todo o País[32] e em quaisquer graus de jurisdição (art. 5.º, § 2.º, da Lei 8.906/1994; anteriormente, art. 70, § 3.º, da Lei 4.215).

Tendo o advogado sua inscrição em determinado Estado, nada obsta que advogue em outro, sem necessária inscrição suplementar, sendo esta, exclusivamente, matéria interna da entidade legalmente encarregada da fiscalização do exercício da profissão.[33-34]

31. Esta cláusula, referida no art. 133 da Constituição e reproduzida na Lei 8.906/1994 (art. 2.º, § 3.º), teve indeferido pedido de suspensão liminar de sua eficácia normativa formulado na Ação Direta de Inconstitucionalidade 1.127-8 (*DJU* I 14.10.1994, p. 27.595/27.596).

32. Arruda Alvim, *Código de Processo Civil comentado*, vol. 2, p. 261.

33. *RT* 584/137.

34. A Lei 8.906/1994, no seu art. 10, § 2.º, dispõe: "Art. 10. A inscrição principal do advogado deve ser feita no Conselho Seccional em cujo território pretende estabelecer o seu domicílio profissional, na forma do Regulamento Geral. (...) § 2.º Além da principal, o advogado deve promover a inscrição suplementar nos Conselhos Seccionais em cujos territórios passar a exercer habitualmente a profissão, considerando-se habitualidade a intervenção judicial que exceder de cinco causas por ano".

Ao lado do advogado, pode haver o estagiário, ao qual é lícito também acompanhar a causa, não podendo, entretanto, praticar os atos privativos do advogado (Lei 8.906/1994, art. 3.º, § 2.º, e Regulamento Geral do Estatuto da Advocacia e da OAB, art. 29, *do que decorre que atos de postulação restam excluídos;* anteriormente, v. art. 72 da Lei 4.215/1963), como, por exemplo, receber procuração sozinho. Nas procurações, deve sempre figurar juntamente com o advogado.

A forma de se conferir poder ao advogado, no processo civil, é instrumento público ou particular, em face dos termos do art. 38, sob pena de se extinguir o processo, se for advogado do autor, sem resolução de mérito. Não prevalece mais a necessidade de reconhecimento de firma – tida como superfetação desnecessária e anacrônica por muitos – quando o mandato é outorgado ao advogado por instrumento particular, considerando a nova redação dada ao art. 38 do CPC pela Lei 8.952/1994.

Na procuração, o advogado poderá receber poderes gerais e especiais (art. 38).[35] Pela Lei 9.099/1995, a exemplo do que já dispunha a revogada Lei 7.244/1984, os poderes *gerais* podem ser oralmente conferidos (art. 9.º, § 3.º, de ambos os diplomas, preceito aplicável aos Juizados Federais, cf. art. 1.º da Lei 10.259/2001).

A jurisprudência tem decidido pela desnecessidade da outorga de poderes especiais para o advogado: excepcionar;[36] formular pedido de quinhão em inventário;[37] requerer a prisão civil do depositário infiel;[38] requerer sobrepartilha;[39] requerer pedido de falência;[40] requerer benefício de assistência judiciária gratuita;[41] indicação de bens à penhora[42] (mas não para assinar termo de depósito dos bens penhorados).[43] Decidiu-se que a cláusula que outorga ao advogado "poderes especiais de receber e dar quitação" autoriza-o a requerer "expedição de alvará em seu nome para levantamento de depósitos judiciais decorrentes de condenação imposta ao ente previdenciário".[44]

A procuração *ad judicia*, ou a procuração geral para o foro (art. 38, 1.ª parte do CPC; Lei 8.906/1994, art. 5.º, e, anteriormente Lei 4.215/1963, art. 70, § 3.º), tem a finalidade de evidenciar a extensão dos poderes do mandante e habilita o profissional à prática de todo e qualquer ato relacionado com o processo, e mesmo outros, se não houver restrição. Uma ação rescisória, exemplificativamente, não pode ser proposta por advogado que só tenha recebido poderes para o processo em que tenha sido proferida a sentença (ou acórdão) de mérito que se pretenda rescindir, e isto porque a ação rescisória leva à formação de um novo processo. No entanto, os poderes gerais habilitam o advogado a praticar atos no processo de conhecimento, cautelar e de execução, ainda que seja este último considerado autônomo, quanto aos seus próprios pressupostos, em relação ao processo de conhecimento.

---

35. Observe-se que a Lei 9.469/1997 estabelece que "a representação judicial das autarquias e fundações públicas por seus procuradores ou advogados, ocupantes de cargos efetivos dos respectivos quadros, independe da apresentação do instrumento de mandato" (art. 9.º).
36. *Revista de Processo (RePro)* 1/203, em. 68, e 3/334, em. 80; *RJTJSP* 75/250. Contra: *JUTACivSP* 57/212; *RJTJSP* 81/339.
37. *RTJ* 96/331.
38. *RT* 553/235. Contra: *RTJ* 91/535.
39. *RJTJSP* 53/224.
40. *RT* 511/211.
41. STJ, REsp 746.046/RS, 2.ª T., j. 09.08.2005, rel. Min. Castro Meira, *DJ* 19.09.2005, p. 305.
42. STJ, REsp 573.672/MG, 2.ª T., j. 01.09.2005, rel. Min. Eliana Calmon, *DJ* 19.09.2005, p. 259.
43. STJ, RHC 17.289/MT, 4.ª T., j. 17.03.2005, rel. Min. Barros Monteiro, *DJ* 09.05.2005, p. 406.
44. STJ, REsp 674.436/SP, 5.ª T., j. 08.03.2005, rel. Min. José Arnaldo da Fonseca, *DJ* 11.04.2005, p. 370.

Também, dentre os amplos poderes contidos na cláusula *ad judicia*, encontra-se o de recorrer.[45]

Todavia, não se poderá conhecer de recurso de apelação apresentado por advogado que apenas tenha procuração *ad negotia*, precisamente porque carece, totalmente, dos poderes *ad judicia*.[46]

Por outro lado, para a desistência de recurso, devem-se exigir poderes especiais, mesmo porque, em última análise, estar-se-á obliquamente reconhecendo o pedido ou renunciando a um direito (*rectius*, pretensão – art. 269, II e V), apesar de não ser este um reconhecimento, puro e simples,[47] ou uma mera renúncia.

Pode oferecer, porém, reconvenção, o advogado do réu, sem que necessariamente tenha recebido, para tanto, poder especial. Isto porque a *finalidade última* e *intencional* da reconvenção é a de uma "defesa".[48] Ademais, o art. 38 não excepciona o caso da reconvenção como exigindo poder especial.

Se renunciar ao mandato, deverá o advogado provar que notificou o mandante, isto é, a parte para a qual advoga, de seu intento, a fim de que esta nomeie substituto. Sem embargo disto, ficará, nos dez dias seguintes, responsável pelo patrocínio da causa, desde que necessário para evitar prejuízo à parte, nos termos da atual redação dada ao art. 45 do Código de Processo Civil pela Lei 8.952/1994. Na redação primitiva do estatuto processual, sempre interessante a lembrança, a parte notificava o mandante valendo-se da própria máquina judiciária, e permanecia no patrocínio da causa pelo prazo de dez dias, salvo se antes do transcurso deste lapso outro advogado o sucedesse. Patentes as modificações dos dispositivos, portanto, com destaque à maior agilidade do texto atual.

Se o advogado estiver incompatibilizado[49] para o exercício da advocacia em determinada causa, poderá validamente substabelecer a procuração recebida. É o que tem sido reiteradamente decidido.[50] Isto é, a incompatibilidade *não compromete* a possibilidade de transferência dos poderes, *senão que impede que os poderes sejam pelo incompatibilizado realizados*.

Ainda, é direito da parte revogar o mandato (art. 44 do CPC), devendo, todavia, constituir outro profissional, para que assuma o patrocínio da causa. Segundo o Có-

45. STJ, REsp 463.666/SC, 2.ªT., j. 17.06.2004, rel. Min. Franciulli Netto, *DJ* 18.10.2004, p. 216 (decidiu-se, neste caso, que a procuração *ad juditia* "ao advogado confere a este poderes para todos os atos do processo, incluídos eventual reconvenção, medidas cautelares, processo de execução, intervenção de terceiros e procedimentos incidentais, bem como poderes para recorrer nas instâncias ordinárias e, também, nas extraordinárias," mas "*não confere, contudo, poderes para a propositura de ação rescisória de sentença proferida no processo em que o procurador funcionou*" – g.n.).

46. *JUTACivSP* 59/27.

47. Nesse sentido: Barbosa Moreira, *Comentários ao Código de Processo Civil*, vol. 5, 181, *fine*, p. 333.

48. Cf. STJ, REsp 463.666/SC, 2.ªT., j. 17.06.2004, rel. Min. Franciulli Netto, *DJ* 18.10.2004, p. 216, citado acima. Cf., também, TJ/RS, apud Alexandre de Paula, *O processo civil à luz da jurisprudência*, vol. 28, julgado 34.607-D; entretanto, já se julgou diferentemente: TJ/RS, *Revista Jurídica* 36/207.

49. As incompatibilidades encontram-se na Lei 8.906/1994, arts. 27 e 28, sendo que no último definem-se determinadas funções públicas como incompatíveis com a advocacia, exceto no que diz respeito a essas funções (procuradores-gerais, advogados gerais, defensores gerais e dirigentes jurídicos da administração pública direta, indireta e fundacional, os quais, nos termos do art. 29 da mesma lei, "são exclusivamente legitimados para o exercício da advocacia vinculada à função que exerçam, durante o período da investidura").

50. *RT* 486/145; *JUTACivSP* 42/183 e 44/185.

digo Civil (v. o art. 687),[51] a juntada de instrumento de mandato aos autos significa que o anterior foi revogado.[52]

Tratando-se de reconvenção, o autor-reconvindo será intimado na pessoa de seu procurador (art. 316 do CPC), para contestá-la; outro tanto dar-se-á com a oposição (art. 57 do CPC), tendo em vista os procuradores dos opostos, isto é, o autor e o réu, salvo, quanto a este, se for revel (art. 57, parágrafo único).

Conquanto de efetiva citação se trate, far-se-á na pessoa dos advogados que, nestes casos, têm poderes *ex lege* para receber citação. O *modus faciendi* é, no entanto, o da intimação ao advogado.

Os poderes gerais contidos na cláusula *ad judicia* não permitem ao advogado, segundo o art. 38, receber a citação inicial, confessar, reconhecer o pedido formulado pelo autor, transigir, desistir da ação, renunciar à pretensão, receber, dar quitação, firmar compromisso. Para a prática desses atos exige a lei que ao profissional sejam outorgados poderes especiais.[53]

166. Deveres do advogado em face do Código de Processo Civil

O primeiro dever que o Código impõe ao advogado é o de, na inicial ou na contestação, indicar o endereço em que receberá a intimação (art. 39, I).[54] Certamente, a interpretação a se dar ao dispositivo, que prevê este dever, há de ser extensiva às peças inaugurais da oposição, da assistência etc.

Se esta indicação não se fizer, o juiz mandará que seja feita; se não for suprida a omissão dentro de 48 horas, será indeferida a petição (arts. 39, parágrafo único, e 295, VI).

A exigência deste art. 39 é absolutamente imperativa nos casos em que as intimações devam ser feitas por carta registrada ou pessoalmente. Essa exigência, todavia, se é absoluta, para o primeiro grau de jurisdição, não o é, nessa intensidade, para o segundo grau, quando as intimações são feitas pela imprensa (art. 236 e 237, *caput*, 1.ª parte).

Para a reconvenção, desde que o réu tenha apresentado contestação, não há que se cogitar de necessidade de cumprimento do disposto no art. 39, I.[55] A exigência legal, constante do art. 39, I, aliás, é a de que se declare na contestação o endereço, o que leva a que, na reconvenção, apresentada com a contestação, a indicação de endereço seria superfluidade.

O segundo dever já pressupõe o processo em curso, ou seja, a modificação de qualquer endereço há de ser imediatamente comunicada ao escrivão (art. 39, II). Isto porque as intimações, no curso do processo, devem ser feitas aos advogados das partes e não a estas, pois lhes falta a capacidade postulatória.[56] Por exceção, se a intimação deve

51. Cf. o art. 1.319 do CC/1916.

52. *RSTJ* 32/336, 14/421; *RT* 683/190; STJ, REsp 763834/PB, 1.ª T., j. 16.03.2006, rel. Min. Teori Albino Zavascki, *DJ* 03.04.2006, p. 265; STJ, AgRg no AgRg no AgIn 737338/RS, 3.ª T., j. 09.05.2006, rel. Min. Nancy Andrighi, *DJ* 29.05.2006, p. 241; STJ, AgRg no REsp 811.180/SP, 2.ª T., rel. Min. Herman Benjamin, j. 18.09.2007, *DJ* 24.10.2007, p. 204.

53. Sobre os atos que exigem poderes especiais, v. Arruda Alvim, *Código de Processo Civil comentado*, vol. 2, p. 277; mais recentemente, v. nosso *Tratado de direito processual civil*, comentários ao art. 38.

54. Sobre a *obrigatoriedade do endereço na petição inicial*, v. trabalho de Celso Antonio Rossi, publicado em *RT* 479/247 e *RF* 254/465.

55. Cf. Clito Fornaciari Júnior, *Da reconvenção no direito processo civil brasileiro*, p. 164-5.

56. Segundo Nelson Nery Junior e Rosa Maria de Andrade Nery (*Código de Processo Civil comentado e legislação extravagante*, p. 215, nota 1 ao art. 39): "Este dispositivo tem aplicação apenas nas comarcas onde não existe órgão oficial de imprensa ou nos casos em que a lei exige a intimação pessoal do advogado".

ser feita pessoalmente à parte, que deixa de tomar providência, deve-se, com base neste fato, concluir que se configurou o abandono do processo, vindo-se a extingui-lo, então, sem resolução de mérito (casos dos inciso II e III do art. 267).[57]

Na hipótese de não ser indicado o endereço do advogado do autor, como dissemos (art. 39, I), o juiz não deverá determinar a citação do réu: mandará que a falta seja suprida, no prazo de 48 horas, sob pena de indeferimento da petição inicial (arts. 39, parágrafo único, e 295, VI). O 2.º TAC/SP [extinto] já decidiu que não é de se indeferir a petição inicial por não constar da mesma o endereço do advogado para recebimento de intimações, se tal já está expresso na procuração.[58]

Trata-se, a nosso ver, de entendimento correto, pois se afeiçoa aos fins da lei e permite que os objetivos aí colimados sejam alcançados. Igualmente já se decidiu que, constando o endereço do advogado de papel impresso, por ele utilizado, cumprida está a exigência legal. Em face desta última orientação correta, valerá tal endereço.[59]

Estando o processo em curso e não tendo o procurador comunicado a mudança do seu endereço, a lei reputa como válidas as intimações enviadas ao endereço primitivamente constante dos autos (art. 39, parágrafo único, 2.ª frase).[60] Disto decorre que se seguem a elas as consequências jurídicas *possíveis* e inerentes à validade das intimações, como perda dos prazos e preclusões respectivas.

A 2.ª parte do parágrafo único do art. 39 é inaplicável no Distrito Federal e nas capitais dos Estados – justamente porque o problema prático aí disciplinado não se põe nas capitais cujos advogados tenham aí escritório –, dado que, na forma do que prescreve o art. 236, nesses locais, as intimações se consideram feitas pela só publicação dos atos no órgão oficial.[61] Nas demais comarcas onde existam órgãos oficiais de publicação, ou que as vezes destes façam, igualmente, as intimações serão tidas por feitas e acabadas pela só publicação no órgão local (arts. 237 e 236).[62]

57. *RT* 474/64, 473/116, 478/136 e 479/153.

58. *JUTACivSP* 60/219; *RT* 519/179.

59. *RT* 567/127, em.

60. *RJTJRS* 82/247; *JUTACivSP* 51/70.

61. V. Arruda Alvim, *Código de Processo Civil comentado*, vol. 2/282-283. No sentido do texto, Theotônio Negrão e José Roberto Ferreira Gouvêa, *Código de Processo Civil e legislação processual em vigor*, p. 341, nota 3a.

62. Já se considerou órgão local, para os fins da lei processual (CPC, art. 236), publicação feita em jornal diário de dada comarca, ainda que o advogado de uma das partes lá não residisse. O voto vencido do Des. Villa da Costa asseverou que, para aquela finalidade, somente poderia ser entendido o termo "diários oficiais" como aqueles de âmbito nacional ou estadual (*RT* 525/96; TJ/SP, 6.ª Câm.Cív., AgIn 275.721/Jacareí, m.v., j. 12.10.1978). Parece assistir razão ao voto vencido. Decidiu-se que é "válida a publicação dos atos processuais quando faz referência, apenas, ao nome do advogado que assina o recurso, sem fazer constar os demais registrados na procuração" (STJ, REsp 722.772/MT, 1.ª T., rel. Min. José Delgado, j. 21.06.2005, *DJ* 29.08.2005, p. 205). Por outro lado, "é nula a intimação pelo órgão oficial quando da publicação não consta o nome do advogado da parte (art. 236, § 1.º, do CPC)" (STJ, EDcl no REsp 615.696/DF, 1.ª T., j. 22.02.2005, rel. Min. Luiz Fux, *DJ* 28.03.2005, p. 197). Tal nulidade ocorre também quando o nome do advogado é grafado incorretamente, pois "o exercício da advocacia nos grandes centros, como São Paulo, Santos e Belo Horizonte, pressupõe a utilização dos serviços prestados por empresas especializadas na leitura do diário oficial, que efetuam a busca de intimações, quer pelo meio físico quer por via da internet, com base no nome do advogado. Essa é a realidade atual, que não pode ser desprezada" (STJ, RMS 15.298/SP, 2.ª T., j. 22.04.2003, rel. Min. João Otávio de Noronha, *DJ* 26.04.2004, p. 155). Não vinha

Estes, contudo, não são os únicos deveres impostos pelo Código de Processo Civil aos advogados, pois outros existem, tais como os ligados ao princípio da lealdade processual (art. 14),[63] o de o advogado continuar representando o mandante nos 10 dias seguintes à renúncia ao mandato (art. 45),[64] o de restituir os autos em cartório no prazo legal (art. 195), ficando sujeito a penalidade caso não cumpra sua obrigação (idem).[65]

---

sendo admitida, para este fim, a divulgação do despacho via *internet*: "As intimações válidas são aquelas feitas pela publicação dos atos no órgão oficial, não podendo ser substituídas por meios eletrônicos ou qualquer outro tipo de informação fornecida por outros órgãos, que constituem simples subsídios aos advogados" (STJ, AgRg no REsp 685.665/SP, 5.ª T., j. 14.12.2004, rel. Min. Gilson Dipp, *DJ* 28.02.2005, p. 368).Vale destacar que este entendimento não pode ser tomado de forma absoluta, especialmente em decorrência da adoção do Diário Oficial Eletrônico. Desta forma, as publicações oficiais podem ser feitas em meio eletrônico – *internet* –, atentando-se às normas procedimentais já vigentes.

Observe-se que, de acordo com o parágrafo único do art. 154 (inserido pela Lei 11.280/2006), "os tribunais, no âmbito da respectiva jurisdição, poderão disciplinar a prática e a comunicação oficial dos atos processuais por meios eletrônicos, atendidos os requisitos de autenticidade, integridade, validade jurídica e interoperabilidade da Infraestrutura de Chaves Públicas Brasileira – ICP-Brasil".

63. V. Arruda Alvim, *Código de Processo Civil comentado*, vol. II/121 *et seq.*.; Hélio Tornaghi, *Comentários ao Código de Processo Civil*, vol. 1/142 *et seq.*, 1976; v. nosso *Tratado de direito processual civil*, vol. 2, comentários ao art. 14; v. Celso Agrícola Barbi, O dever de lealdade e o comportamento ético-jurídico do advogado no processo, *Revista Forense* 247/220l; Alcides de Mendonça Lima, O princípio da probidade no CPC, *Revista Forense* 268/29; *Revista de Processo* (*Repro*) 16/15; Ruy de Azevedo Sodré, *O advogado, seu estatuto e a ética profissional*, Paulo Cezar Pinheiro Carneiro, A ética e os personagens do processo. *Revista Forense*, v. 358/347; José Carlos Barbosa Moreira, Notas sobre o processo (civil e penal) nos países anglo-saxônicos, *Temas de direito processual;* Ada Pellegrini Grinover Abuso do processo e resistência às ordens judiciárias: o "contempt of court", *A marcha do processo*.

64. V. acerca da renúncia ao mandato: Arruda Alvim, *Código de Processo Civil comentado*, vol. 2/336 *et seq.*; Hélio Tornaghi, *Comentários ao Código de Processo Civil*, vol. 1/207.

65. Em virtude da nova redação do art. 475-J do CPC, que, em sua 1.ª parte, prevê que "caso o devedor, condenado ao pagamento de quantia certa ou já fixada em liquidação, não o efetue no prazo de quinze dias, o montante da condenação será acrescido de multa no percentual de dez por cento", decidiu o STJ, 3.ª T., rel. Min. Humberto Gomes de Barros, que a responsabilidade pela multa, no caso de não ser noticiado o trânsito em julgado a seu cliente, deverá recair sobre o advogado. Merece destaque trecho do voto proferido no REsp 954.859/RS, j. 16.08.2007, *DJ* 27.08.2007, p. 252, apesar de entendermos que talvez o acórdão não devesse ter avançado na questão da responsabilidade do advogado, uma vez que podem ocorrer diversas circunstâncias que não conduzam a tal responsabilidade, que devem ser examinadas *caso a caso*:

"Alguns doutrinadores enxergam a exigência de intimação pessoal. Louvam-se no argumento de que não se pode presumir que a sentença publicada no Diário tenha chegado ao conhecimento da parte que deverá cumpri-la, pois quem acompanha as publicações é o advogado."O argumento não convence. Primeiro, porque não há previsão legal para tal intimação, o que já deveria bastar. Os arts. 236 e 237 do CPC são suficientemente claros neste sentido. Depois, porque o advogado não é, obviamente, um estranho a quem o constituiu. Cabe a ele comunicar seu cliente de que houve a condenação. Em verdade, o bom patrono deve adiantar-se à intimação formal, prevenindo seu constituinte para que se prepare e fique em condições de cumprir a condenação."Se o causídico, por desleixo, omite-se em informar seu constituinte e o expõe à multa, ele deve responder por tal prejuízo".

167. Direitos do advogado em face do Código de Processo Civil

O advogado tem direito, em face do Código de Processo Civil, de examinar, em cartório de justiça e secretaria de tribunal, autos de qualquer processo, seja de natureza civil, criminal, trabalhista, militar ou administrativa;[66] e requerer, como procurador, vista dos autos, retirar os autos do cartório ou secretaria, sempre que neles lhe competir falar (art. 40 do CPC e Lei 8.906/1994, art. 7.º, XV). Caso existe, que decorre de texto expresso, em que, *mesmo havendo derrota*, como no caso da ação monitória, quando o réu cumpre o mandado, se o fizer desde logo, não pagará honorários de advogado (art. 1.102-C, § 1.º). Trata-se de estímulo, decorrente de lei, com vistas ao adimplemento da obrigação.[67]

O direito de examinar os autos, retirando-os de cartório, é prerrogativa inerente ao próprio ofício do advogado, garantia maior do exercício de sua profissão, não lhe podendo ser subtraída sob nenhum pretexto, não se subordinando tal direito sequer à demonstração de interesse.[68]

Ao amplo direito do advogado de examinar qualquer processo, o art. 40, I abre uma exceção, quando se tratar de processos que tramitem em segredo de justiça. Nestes casos delineados (art. 155), em que deve haver segredo de justiça, somente os advogados que funcionarem no feito poderão consultar os autos.

A permissão de retirar os autos, sem procuração, constante do art. 89, XVIII, da Lei 4.215/1963, fora revogada pelo art. 40 do CPC. Somente requerendo, em petição acompanhada de procuração, o juiz poderá deferir a retirada dos autos, quando extinto o processo.[69] Atualmente, pela Lei 8.906/1994, art. 7.º, XVI, voltou o advogado a poder retirar autos de processos findos, sem procuração, salvo as hipóteses do § 1.º desse art. 7.º.

Os autos não poderão ser retirados de cartório nas hipóteses: (a) quando não contiverem determinação de vista para o advogado; (b) quando, apesar da concessão de vista, o prazo for comum, e uma das partes se recusar a firmar o acordo para divisão do prazo ou se mostrar inviável a retirada em conjunto;[70] (c) quando não lhe puder ser dada vista, como quando tenham sido os autos enviados à mesa para julgamento de recurso.[71] Na segunda hipótese, cabe ressaltar que, para a obtenção de cópias, não é necessário acordo, sendo possível a cada procurador retirar os autos pelo prazo de uma hora (art. 40, § 2.º, do CPC, com a redação dada pela Lei 11.969/2009).

Feito acordo entre os advogados e retirados os autos em prazo comum, o primeiro dos procuradores que tiver tido acesso aos mesmos, se não os restituir quando deveria tê-lo feito, fará incidir o art. 180 do CPC, configurando-se o obstáculo que devolverá à outra parte ou a quem de direito, o prazo, no que o mesmo tenha sido excedido.

O advogado a quem se deferiu vista dos autos fora de cartório ou secretaria, estando o processo em curso, se somente devolvê-los após intimado, perderá o direito de retirada por força do § 1.º, 3, do art. 7.º, Lei 8.906/1994 (anteriormente, inciso IV do § 2.º do art. 89 da Lei 4.215, de 27.04.1963) e do art. 196 do CPC, bem como incorrerá em multa no valor correspondente à metade

66. *RJTJSP* 52/166. Na Lei 8.906/1994, em seu art. 34, XXII, qualifica-se esse comportamento como constitutivo de infração disciplinar (art. 34, XXII – "reter, abusivamente, ou extraviar autos recebidos com vista ou em confiança").

67. V. Carreira Alvim, *Procedimento monitório*, p. 144.

68. *RT* 527/59. Na *RTJ* 107/192, o STF decidiu que o direito de ter o advogado vista dos autos, fora de cartório, não pode ficar ao nuto do escrivão.

69. V. *JUTACivSP* 55/228; *RT* 509/186.

70. *RJTJRS* 71/406.

71. *RJTJSP* 60/246.

do salário mínimo vigente na sede do juízo, imposta pela Ordem dos Advogados. Este efeito jurídico, entretanto, só se efetiva se o advogado não devolver os autos, dentro de 24 horas, depois de intimado.[72] A vedação de retirada dos autos alcança, também, o escritório integrado pelo advogado punido.[73]

Contra despacho que proíbe ao advogado a vista dos autos fora do cartório o recurso cabível – já se decidiu – é o de agravo de instrumento, descabendo a interposição de mandado de segurança.[74] Todavia, se essa decisão pode ser entendida como significativa da regra geral, se houver urgência consistente em poder esse ato judicial ferir direito líquido e certo da parte, evidentemente caberá mandado de segurança.

Outro direito outorgado ao advogado é o de perceber os honorários que lhe sejam devidos, fixados de acordo com o art. 20 do CPC.

O *quantum* de honorários variará entre 10 e 20% sobre o valor da condenação (§ 3.º do art. 20). Tais percentuais limitativos, no entanto, poderão legitimamente não ser observados, tratando-se de causas de pequeno valor, de valor inestimável ou em que não tenha havido condenação, em que tenha sido vencida a Fazenda Pública, ou, ainda, nas execuções, embargadas ou não (§ 4.º do art. 20, com a redação que lhe deu a Lei 8.952, de 13.12.1994).[75-76]

É bastante difícil precisar quando uma causa é de pequeno valor, para os fins do § 4.º do art. 20. Essa tarefa vai ser desempenhada pela elaboração doutrinária e pela construção jurisprudencial, esta última diante de cada caso concreto.[77-78]

Pode haver decisão condenando a parte vencida em honorários advocatícios e ao pagamento de cláusula penal estipulada em contrato, tendo em vista, basicamente, as diferenças essenciais entre ambas,[79] orientação esta já encampada pelo STF.[80]

---

72. *RT* 471/56, 481/73, 490/48 e 579/47.
73. *RJTJSP* 133/227; *RT* 670/88.
74. TJSP, MS 233.941, 6.ª Câm.Cív., rel. Euler Bueno, v.u., 30.08.1974.
75. STJ, REsp 752.550/RS, 1.ª T., j. 09.08.2005, rel. Min. Teori Zavascki, *DJ* 19.09.2005, p. 224; Hélio Tornaghi, *Comentários ao Código de Processo Civil*, vol. 1, 184, p. 189 *et seq.*; Luís Antônio de Andrade, *Aspectos e inovações do Código de Processo Civil*, 128, p. 11; Arruda Alvim, *Código de Processo Civil comentado*, vol. 2/188.
76. TJ/RS, ApCív 70003370954, 6.ª Câm.Cv., j. 24.02.2002, rel. Des. Carlos Alberto Alvaro de Oliveira.
77. Neste sentido, v.: Hélio Tornaghi, *Comentários ao Código de Processo Civil*, vol. 1/168; Luís Antônio de Andrade, *Aspectos e inovações do Código de Processo Civil*, p. 12.
78. Procurando fixar um parâmetro, o TJ/RJ entendeu que uma causa de valor igual ou superior a Cr$ 10.000,00 não pode ser tida como de pequeno valor, tendo em vista o *standard* da renda média nacional, tida como baixa, o que nos afigurava uma estimativa correta (ano de 1977, 1.ª ed.). Esse valor, atualizado em ORTNs e admitido como sendo do início de 1974, comporta um aumento de 570 vezes, aproximadamente (para julho de 1985). V. acórdão do TJRJ, 7.ª Câm.Cív., ApCív 90.433, v.u., rel. Vivalde Brandão Couto, 03.07.1975. Estabeleceu o STJ que, nesse caso, "os honorários do advogado devem ser fixados de acordo com apreciação equitativa do juiz, mesmo que isso implique arbitrar honorários em valor superior ao que atribuído à causa, pois nesses casos não se impõem os percentuais demarcados no § 3.º do mesmo dispositivo legal [art. 20 do CPC]" (STJ, REsp 602.331/GO 3.ª T., j. 14.12.2004, rel. Min. Pádua Ribeiro, *DJ* 21.03.2005, p. 369).
79. No mesmo sentido: Arnoldo Wald, A cumulação de cláusula penal e dos honorários do novo CPC, *Revista de Processo (RePro)* 6/41; *RTJ* 98/848, 99/947, 100/374 e 101/1.327; STJ, REsp 3.841/MG, 3.ª T., j. 27.08.1990, rel. Min. Cláudio Santos, *DJ* 24.09.1990, p. 9.981; *RT* 570/208; *RT* 562/208; *JUTACivSP* 81/144; Yussef Said Cahali, *Honorários advocatícios*, 3. ed., item 89, p. 447 *et seq.*; do mesmo, *Ajuris* 20/181 e *RT Informa* 247/7.
80. STF, Súmula 616, Seção Plenária de 17.10.1984, *DJ* 29.10.1984, p. 18.115: "É permitida a cumu-

Se se tratar, todavia, de demanda respeitante a contrato de mútuo, ou de execução, fundada em mútuo, onde exista cláusula penal, especificamente ajustada para cobrir honorária advocatícia, não tem sentido, e por isto não é viável, a cumulação.[81]

Caso não hajam sido fixados os honorários, cabe ao advogado requerer arbitramento, com base no art. 22, § 2.º, da Lei 8.906/1994 (símile ao art. 97 da Lei 4.215/1963, que não havia sido, nesta parte, modificado pelo Código de Processo Civil).

Tenha-se presente que, não tendo havido menção expressa na decisão acerca da condenação em honorários advocatícios, não podem os mesmos ser considerados como implícitos na decisão.[82]

Para a fixação de honorários advocatícios, nas ações julgadas improcedentes, de acordo com o entendimento que tem prevalecido, não incide a regra do § 3.º do art. 20. Conquanto seja esta a tendência, manifestamente acentuada,[83] e, até certo ponto, com apoio no texto legal (art. 20, § 4.º, quando se refere às causas em que não haja condenação), não é, em nosso sentir, a orientação mais correta.

Admite-se, por certo, em face de tal entendimento, numa interpretação estritamente literal (conjugação dos §§ 3.º e 4.º, ambos do art. 20) que, quando a ação condenatória seja julgada procedente, *expressis verbis*, porque o Código se refere, então, só a essa hipótese, e, pois, ao percentual de 10% a 20%, como os parâmetros limites e normais, implica isto sejam eles aplicáveis, exclusivamente, a essa hipótese; no entanto, tratando-se de improcedência, inaplicáveis são, tem sido decidido.[84] Por certo, distingue-se entre o bem pedido e obtido, na hipótese de procedência (= condenação), e, de outra parte, entre bem pedido e negado, na hipótese de improcedência. Todavia, não nos parece seja a melhor exegese, porque: (1.º) aferra-se à letra da lei (art. 20, § 3.º, só aplicável aos casos de procedência, de ações condenatórias); (2.º) fica desconhecido e abandonado o princípio da igualdade das partes ou da paridade de tratamento, adotado pelo Código, no art. 125, I, quando é possível aplicá-lo, tratando igualmente, autor e réu, neste particular; e, desta forma, se aplicado esse princípio, ter-se-ia que o réu, quando improcedente uma ação, receberia um percentual de honorária igual àquele que receberia o autor, se se

lação da multa contratual com os honorários de advogado, após o advento do Código de Processo Civil vigente".

81. 1.º TACSP [extinto], ApCív 204.917, 1.ª Câm., v.u., 06.08.1974 rel. Almeida Camargo; 1.º SP [extinto], ApCív 247.943, 5.ª Câm., v.u., 20.09.1978, *JUTACivSP* 58/38; 1.º TACSP [extinto], 6.ª Câm., ApCív 252.992, São Paulo, rel. Paula Bueno, v.u., 22.03.1979, *JUTACivSP* 59/151.

82. TJSP, 2.ª Câm.Cív., AgIn 236.299, rel. Kazuo Watanabe, v.u., 30.07.1974. No caso, admitem-se embargos de declaração (STJ, EDcl no REsp 656.681/RS, 1.ª T., j. 16.11.2004, rel. Min. José Delgado, *DJ* 01.02.2005, p. 445).

83. STJ, AgRg no Ag 513.268/ES, 4.ª T., rel. Min. Jorge Scartezzini, j. 14.06.2005, *DJ* 22.08.2005, p. 280; STJ, REsp 735.669/PE, 1.ª T., j. 07.06.2005, rel. Min. José Delgado, *DJ* 01.07.2005, p. 443; STJ, REsp 740.946/RS, 1.ª T., j. 24.05.2005, rel. Min. Teori Zavascki, *DJ* 06.06.2005, p. 235; Celso Agrícola Barbi, *Comentários ao Código de Processo Civil*, vol. 1, 183, p. 188; 184, p. 189.

84. STJ, AgRg no REsp 753.487/PR, rel 1.ª T., j. 18.04.2006, Min. Luiz Fux, *DJ* 18.05.2006, p. 195: "Nas causas onde não haja condenação, ou seja, naquelas com sentença meramente declaratória, incluídas aí as de improcedência, o juiz, no afã de fixar a verba honorária, deve se ater ao cânone do § 4.º, art. 20, do CPC, para arbitrar o valor da causa e fazer incidir o percentual dos honorários advocatícios, sem a imposição de observância dos limites previstos no § 3.º do mesmo dispositivo legal". No mesmo sentido, mais recentemente, *cf.* STJ, REsp 914.533/RJ, 3.ª T., j. 16.09.2008, rel. Min. Nancy Andrighi, *DJe* 26.09.2008.

tratasse de hipótese de procedência da ação condenatória. Este entendimento é tanto mais palpavelmente defensável quando se cogitar de improcedência de ação condenatória; (3.º) ainda, praticamente, esta orientação estimula demandas infundadas, uma vez que, na realidade, pouco têm a temer os seus autores e, certamente, prejudicados os réus, que terão pago a seus advogados o que não podem recuperar.

Nas ações constitutivas e nas declaratórias igualmente se entende, em doutrina e jurisprudência, que os honorários de advogado podem ser fixados fora dos limites estabelecidos no § 3.º do art. 20, sendo a fundamentação, em substância, equivalente à da hipótese antecedente.[85]

Neste particular, analogicamente, parece-nos que se haveria de considerar como relevante o valor da ação, precisamente onde se pretende estar retratado o valor do bem jurídico discutido (o que, *mutatis mutandis*, tendo em vista ação constitutiva, equivale, na ação condenatória, tendo em vista o valor da condenação), e não outro valor, diferente, para escapar aos limites do § 3.º do art. 20.

Nas ações de responsabilidade civil por acidente, tem predominado o entendimento de que os honorários devem ser calculados tomando-se por base o montante das prestações vencidas e até 12 das vincendas. É este o critério que se nos afigura o aceitável, em face do disposto na Lei 6.745, de 05.12.1979, através da qual se incluiu o § 5.º do art. 20 do CPC.[86]

Casos há em que a fixação da honorária advocatícia vem com limite legal estabelecido em lei especial, como é o caso em que não é possível a condenação em honorários advocatícios em percentual superior a 15%, quando o condenado é beneficiário da justiça gratuita, na forma do disposto no art. 11, § 1.º, da Lei 1.060/1950.[87]

Há hipóteses em que, justificadamente, se tem admitido a fixação da honorária em percentual mais baixo do que os 10%, a que se refere o art. 20, § 3.º. Assim é que, na decisão que dê pela carência de ação, é legítimo o juiz fixar honorários em percentual inferior a 10%, uma vez que, se a honorária colima remunerar o advogado, o seu *quantum* liga-se ao trabalho desenvolvido, que, nesta hipótese, terá sido pequeno,[88] havendo-se de entender o limite mínimo de 10% (§ 3.º do art. 20) como necessariamente incidente quando a hipótese for de procedência-improcedência. Igualmente, e pela mesma razão de ser, sendo indeferida a petição inicial, liminarmente, não se justifica, sequer,

85. Decidiu recentemente o STJ: "Esta Corte firmou o entendimento de que, nas ações declaratórias, os honorários advocatícios devem ser fixados sobre o valor da causa, que deve corresponder ao benefício econômico que se pretende auferir com a demanda" (STJ, AgRg no REsp 704.255/MG, 1.ª T., j. 02.08.2005, rel. Min. Francisco Falcão, *DJ* 03.10.2005, p. 140). Cf. também *JUTACivSP* 31/145; *JUTACivSP* 32/251; *JUTACivSP* 37/154; Luís Antônio de Andrade, *Aspectos e inovações do CPC*, 12, p. 12; Celso Agrícola Barbi, *Comentários ao Código de Processo Civil*, vol. 1, 183, p. 188-189; Marcos Afonso Borges, *Comentários ao Código de Processo Civil*, 1974/5, vol. 1/32. Em sentido contrário e basicamente conforme o texto: 1.º TACSP [extinto], ApCív 204.882, 6.ª Câm., São Paulo, 01.10.1974, v.u., rel. Dias Filho, Arruda Alvim, *Código de Processo Civil comentado*, vol. 2/189.

86. STJ, REsp 390.050/SP, 3.ª T., j. 06.04.2004, rel. Min. Castro Filho, *DJ* 26.04.2004, p. 165; *RT* 562/260, em. (com farta citação de jurisprudência); STJ, REsp 737.708/CE, 4.ª T., j. 12.06.2007, rel. Min. Aldir Passarinho Junior, *DJ* 13.08.2007 p. 374.

87. STJ, REsp 569.425/RS, 5.ª T., j. 22.02.2005, rel. Min. José Arnaldo da Fonseca, *DJ* 21.03.2005, p. 422; *RJTJSP* 40/71.

88. *RJTJSP* 41/99; *RJTJSP* 42/98; Yussef Said Cahali, *Honorários advocatícios*, 99, p. 481 *et seq*. Em sentido contrário: *Anais Forenses do Estado de Mato Grosso* 40/347.

a condenação em verba honorária advocatícia, uma vez que não terá havido trabalho algum a ser remunerado.[89] Da mesma forma, tendo havido revelia, mas, apesar disto, se o resultado for de improcedência, nem por isto haverá condenação em honorária.[90]

Já se decidiu que, quando o juiz, na condenação de honorários advocatícios, faz referência ao valor da causa, haver-se-á de levar em consideração o valor da causa, quando de sua propositura.[91] Este entendimento não é o correto, tanto mais gravemente errôneo na proporção de uma inflação maior. Admitida a realidade de se tomar o valor da causa como base para a condenação, o que não se afeiçoa à lei (tendo em vista todas as hipóteses de base para incidência do percentual), sem embargo, ainda assim, a conclusão não está correta, pois esse valor deve ser corrigido. Neste sentido é a Súmula 14 do Superior Tribunal de Justiça, consolidando jurisprudência maciça de nossos tribunais, enunciada nos seguintes termos: "Arbitrados honorários advocatícios em percentual sobre o valor da causa, a correção monetária incide a partir do respectivo ajuizamento".

A expressão Fazenda Pública, contida no § 4.º do art. 20, abrange as autarquias,[92] da mesma forma que – tem-se decidido – compreende as empresas públicas;[93] ao contrário, não compreende as sociedades de economia mista, pois, se escolhida foi a forma de direito privado, inclusive com a presença de capital privado, não se justifica o aludido favor legal do § 4.º do art. 20.[94]

A condenação em verba honorária independe de pedido da parte que venha a ser beneficiada, uma vez que o pagamento dos honorários está colocado, no sistema do Código, como consequência objetiva da derrota (art. 20, *caput*).[95]

Da mesma maneira que devidos são honorários no processo de conhecimento, também o são no processo de execução, sempre decidiu a jurisprudência e a maior parte da doutrina,[96] sejam embargadas ou não, na dic-

89. Nesse sentido, *Arquivo Forense* 65/161; *RT* 561/114. Mas, "indeferida a petição inicial e intimado o réu para oferecer contrarrazões à apelação, se este comparece, oferecendo-as, são cabíveis honorários advocatícios em razão do princípio da causalidade" (STJ, REsp 593.867/SC, 3.ª T., j. 24.08.2004, rel. Min. Nancy Andrighi, *DJ* 27.09.2004, p. 358).

90. STJ, REsp 609.200/RS, 5.ª T., j. 03.08.2004, rel. Min. Felix Fischer, *DJ* 30.08.2004, p. 327.

91. STJ, EREsp 659.296/DF, 1.ª S., j. 28.09.2005, rel. Min. José Delgado, *DJ* 24.10.2005, p. 163.

92. STJ, 6.ª T., REsp 256.145/RS, rel. Min. Hélio Quaglia Barbosa, j. 31.08.2005, *DJ* 19.09.2005, p. 391; Arruda Alvim, *Código de Processo Civil comentado*, vol. 2/192.

93. STJ, EREsp 200.828/DF, 1.ª S., j. 25.05.2000, rel. Min. Franciulli Netto, *DJ* 01.08.2000, p. 186. Em sentido contrário: 1.º TACSP [extinto], ApCív 203.289/São Paulo, 3.ª Câm., 29.05.1974, v.u., rel. César de Moraes,; Arruda Alvim, *Código de Processo Civil comentado*, vol. 2/192 (com ponto de vista contrário ao texto, onde, todavia, se expressa a opinião então dominante).

94. STJ, REsp 437.203/SP, 2.ª T., j. 17.10.2002, rel. Min. Eliana Calmon, *DJ* 18.11.2002, p. 206; Arruda Alvim, *Código de Processo Civil comentado*, vol. 2/192.

95. STJ, REsp 652.364/PR, 3.ª T., j. 28.06.2005, rel. Min. Nancy Andrighi, *DJ* 10.10.2005, p. 361; Pontes de Miranda, *Comentários ao Código de Processo Civil*, vol. 1/418; 1974; Arruda Alvim, *Código de Processo Civil comentado*, vol. 2/186.

96. STJ, REsp 743.736/SP, 3.ª T., j. 01.09.2005, rel. Min. Menezes Direito, *DJ* 24.10.2005, p. 324; STJ, EDcl no AgRg no REsp 623.887/RS, 6.ª T., j. 24.05.2005, rel. Min. Paulo Medina, *DJ* 19.09.2005, p. 394; Celso Agrícola Barbi, *Comentários ao Código de Processo Civil*, vol. 1, 191, p. 197; Alcides de Mendonça Lima, *Comentários ao Código de Processo Civil*, 1979, vol. 6, t. I, 723, p. 352; E. D. Moniz de Aragão, Juros, honorários e custas no processo de execução de títulos extrajudiciais, *Revista de Processo* (*RePro*) 6/15; José de Moura Rocha, Sucumbência e processo de execução, *Revista*

ção do atual art. 20, § 4.º, com a redação que lhe deu a Lei 8.952/1994. Essa orientação vem sendo adotada pelo STJ também no que concerne à fase de cumprimento de sentença, nada obstante o sincretismo que caracteriza as ações condenatórias após as modificações implementadas pela Lei 11.232/2005.[97]

Igualmente, os honorários advocatícios são cabíveis no processo cautelar.[98]

Caso seja rejeitada a execução, em razão do acolhimento de "exceção de pré-execu-

---

de Processo (*RePro*) 5/77; J. J. Calmon de Passos, Da responsabilidade por custas e honorários de advogado na execução de títulos extrajudiciais, *Revista de Processo* (*RePro*) 3/22.Em sentido contrário, antes da nova redação do art. 20, § 4.º, pela Lei 8.952/1994: Celso Neves, *Comentários ao Código de Processo Civil*, vol. 7, 105, p. 263, 1977.

97. Cumprimento de sentença – Honorário advocatícios – Cabimento. São devidos honorários advocatícios no pedido de cumprimento de sentença (STJ, REsp 987.388/RS, 3.ª T., j. 24.03.2008, rel. Ministro Humberto Gomes de Barros, *DJe* 26.06.2008). O argumento do Voto-Vista, proferido pela Min. Nancy Andrighi, e que levou o Relator, Eminente Min. Humberto Gomes de Barros a modificar o voto antecedentemente proferido, é no sentido da necessidade de fixação de honorários para os atos praticados pelo advogado posteriormente à prolação da sentença. Em contrapartida, remanesce o entendimento de que os honorários arbitrados na sentença de desapropriação já abrangem o cumprimento dos precatórios, porquanto se trata de processo sincrético onde a fase de execução/cumprimento é, regra geral, inerente ao procedimento e não tem o condão de constituir nova relação processual: Processual civil – Administrativo – Desapropriação indireta – Condenação de honorários advocatícios em sede de execução – Impossibilidade – Satisfação sincrética – Precatório – Novel cumprimento de sentença *ratio essendi* do art. 27 do Dec.-lei 3.365/1941. 1. Os honorários advocatícios fixados na ação de desapropriação são servis à cobertura dos serviços do profissional da advocacia até o efetivo levantamento do preço, por isso que não há que se cogitar de suposta execução judicial a embasar novas verbas, a eventual discussão superveniente acerca do valor do precatório. 2. Deveras aquele que litiga em face da Fazenda Pública tem ciência que, por força de regra constitucional, salvante algumas exceções, a satisfação do julgado opera-se de forma sincrética, via precatório, sem que a isso corresponda novel relação processual, de resto extirpada do nosso ordenamento com o advento do novel "cumprimento da sentença". 3. Sobressai inequívoca essa *ratio essendi* do disposto no Decreto-lei 3.365, de 21 de junho de 1941, em seu art. 27, *verbis*: "O juiz indicará na sentença os fatos que motivaram o seu convencimento e deverá atender, especialmente, à estimação dos bens para efeitos fiscais; ao preço de aquisição e interesse que deles aufere o proprietário; à sua situação, estado de conservação e segurança; ao valor venal dos da mesma espécie, nos últimos cinco anos, e à valorização ou depreciação de área remanescente, pertencente ao réu. (...) § 1.º A sentença que fixar o valor da indenização quando este for superior ao preço oferecido condenará o desapropriante a pagar honorários do advogado, que serão fixados entre meio e cinco por cento do valor da diferença, observado o disposto no § 4.º do art. 20 do Código de Processo Civil, não podendo os honorários ultrapassar R$ 151.000,00 (cento e cinquenta e um mil reais).4. Precedentes: REsp 401018/ES, *DJ* 29.08.2005; REsp 673572/RS, *DJ* 18.04.2005; REsp 487535/SP, *DJ* 28.02.2005;REsp 656960/PB, *DJ* 01.07.2005. 5. Recurso Especial desprovido (STJ, REsp 743.618/SP, 1.ª T., j. 06.02.2007, rel. Ministro Luiz Fux, *DJ* 01.03.2007, p. 232).

98. STJ, AgRg no REsp 396.209/RJ, 1.ª T., j. 04.11.2003, rel. Min. Humberto Gomes de Barros, *DJ* 24.11.2003, p. 217; STJ, REsp 38.620-9/SP, 2.ª T., 31.08.1994, v.u., rel. Min. Hélio Mosimann (*DJU*, I, 19.09.1994, p. 24.678).Em sentido contrário: TJ/RJ, Ap. 3.952, 2.ª Câm.Cív., 03.05.1977, v.u., rel. Roque Batista; TJ/SP, 3.ª Câm.Cív., AgIn 287.017, 04.12.1979, v.u., rel. Osvaldo Caron; *RT* 536/105. Se a ação cautelar tinha caráter satisfativo e não foi ajuizada a ação principal nos termos do art. 808, I, já entendeu o Tribunal Regional Federal da 2.ª Região que não há propriamente sucumbência, pelo que não é devida a condenação na verba honorária (ApCív 64.013/RJ, 3.ª T., 05.10.1994, v.u., rel. Juiz Fernando Marques; *IOB* 1/10.647).

tividade", são devidos honorários ao advogado do executado.[99-100]

A utilização dos embargos do devedor, em processo de execução, com resultado de improcedência, conduz a condenação autônoma em verba honorária.[101] A Lei 8.952/1994, dando nova redação ao art. 20, § 4.º, confirma o entendimento do texto.

Se se interpõem embargos de terceiro e, sucessivamente, desiste o credor da penhora sobre o bem, objeto dos aludidos embargos, deverá esse credor (= embargado) ser condenado em honorária advocatícia;[102] da mesma forma são devidos honorários em embargos à arrematação.[103]

Bibliografia

ALVIM, Carreira. *Procedimento monitório*. Curitiba: Juruá, 1995.

ANDRADE, Luís Antônio de. *Aspectos e inovações do Código de Processo Civil*. Rio de Janeiro: Forense, 1974.

ARAGÃO, E. D. Moniz de. Juros, honorários e custas no processo de execução de títulos extrajudiciais. *Revista de Processo* (*RePro*) 6/15.

ARRUDA ALVIM, Eduardo. *Curso de direito processual civil*. São Paulo: Ed, RT, 1999. vol. 1.

---

99. STJ, REsp 778.498/MT, 1.ªT., j. 11.10.2005, rel. Min. Teori Zavascki, *DJ* 24.10.2005, p. 221; STJ, REsp 663.874/DF, 4.ªT., j. 02.08.2005, rel. Min. Jorge Scartezzini, *DJ* 22.08.2005, p. 295; STJ, REsp 696.177/PB, 3.ªT., j. 12.05.2005, rel. Min. Menezes Direito, *DJ* 22.08.2005, p. 272.

100. Na doutrina: Alberto Camiña Moreira, *Defesa sem embargos do executado*, p. 217 e 218; Gilberto Gomes Bruschi, *Incidente defensivo no processo de execução* – Uma visão sobre a exceção de pré-executividade, p. 34 a 39; Rita Dias Nolasco, *Exceção de pré-executividade*, p. 280 a 284.

101. 2.º TACSP [extinto], ApCív 19.086, 6.ª Câm., 02.10.1974, v.u., rel. Odyr Porto, *JUTACivSP* 34/374; 1.º TACSP [extinto], AgIn 254.414, 3.ª Câm., 07.02.1979, v.u., rel. Rebouças de Carvalho, *JUTACivSP* 59/54. Inversamente: "Julgados procedentes os embargos do executado, por nulidade da penhora, cabe a condenação na verba honorária, fixada na forma do § 4.º do art. 20 do CPC" (STJ, REsp 63.536/PA, 4.ª T., j. 26.09.1995, rel. Min. Ruy Rosado de Aguiar, *DJU* I, 06.11.1995, p. 37.574). Mais recentemente, decidiu o STJ que: "Este Sodalício já apreciou feitos semelhantes nos quais restou consignado a possibilidade de condenação em honorários advocatícios em sede de embargos à execução por considerar que, apesar de sua vinculação com o processo de execução, tal medida se trata de uma ação autônoma na qual é despendido esforço laboral pelo corpo de patronos, devendo o sucumbente ser compelido ao pagamento de tais verbas". Mas, "o somatório dos percentuais arbitrados a título de honorários advocatícios na execução fiscal e nos embargos à execução deverá respeitar os limites estabelecidos no art. 20, § 3.º do CPC, tendo sido estabelecido o percentual de 10% (dez por cento) sobre o valor da causa nos presentes embargos" (STJ, REsp 735.669/PE, 1.ª T., j. 07.06.2005, rel. Min. José Delgado, *DJ* 01.07.2005, p. 443).Em sentido contrário: TJRJ, ApCív 3.596, 3.ª Câm.Cív., 16.06.1977, v.u., rel. Salvador Pinto.

102. Incide na hipótese a Súmula 303 do STJ, segundo a qual, "em embargos de terceiro, quem deu causa à constrição indevida deve arcar com os honorários advocatícios". A respeito, decidiu o STJ que "é devida a condenação em honorários advocatícios do exequente que indica imóvel à penhora e, sabendo do negócio realizado, apresenta objeção aos embargos de terceiro" (STJ, AgRg no Ag 591.979/SP, 2.ª T., j. 09.08.2005, rel. Min. João Otávio de Noronha, *DJ* 19.09.2005, p. 263). No entanto, "pelo princípio da causalidade, deve ser condenado ao pagamento dos honorários advocatícios e às custas o terceiro que deu causa à penhora indevida. Assim, não pode ser responsabilizado pelos honorários advocatícios o credor que indica à penhora veículo transferido a terceiro, ainda não registrado no Detran. Com a inércia do comprador em proceder o registro não havia como o exequente tomar conhecimento de uma possível transmissão de domínio" (STJ, REsp 751.831/PR, 2.ªT., j. 04.08.2005, rel. Min. Castro Meira, *DJ* 12.09.2005, p. 310).

103. STJ, REsp 147.416/RS, 3.ªT., j. 24.04.2001, rel. Min. Ari Pargendler, *DJ* 11.06.2001, p. 198.

______. *Direito processual civil.* 2.ed., rev., atual. e ampl. São Paulo: Ed. RT, 2008.

______. *Direito processual civil.* 3.ed. São Paulo: Ed. RT, 2010.

______. *Direito processual civil.* 4.ed. São Paulo: Ed. RT, 2012.

Arruda Alvim Netto, José Manoel de. *Código de Processo Civil comentado.* São Paulo: Ed. RT, 1975. vol. 2.

. *Tratado de direito processual civil.* 2. ed. São Paulo: Ed. RT, 1996, vol. 2.

Barbosa Moreira, José Carlos. *Comentários ao Código de Processo Civil.* 13. ed. Rio de Janeiro: Forense, 2006. vol. 5.

. *O novo processo civil brasileiro.* 25. ed. Rio de Janeiro: Forense, 2007.

Barbi, Celso Agrícola. O dever de lealdade e o comportamento ético-jurídico do advogado no processo, *Revista Forense* 247.

Borges, Marcos Afonso. *Comentários ao Código de Processo Civil.* São Paulo: Leud, 1975. vol. 1.

Bruschi, Gilberto Gomes. *Incidente defensivo no processo de execução* – Uma visão sobre a exceção de pré-executividade. São Paulo: Juarez de Oliveira, 2002.

Bueno, Cássio Scarpinella. *Curso sistematizado de direito processual civil.* São Paulo: Saraiva, 2007. vol. 1.

Cahali, Yussef Said. *Honorários advocatícios.* 3. ed. São Paulo: Ed. RT, 1997.

Calmon de Passos, José Joaquim. Advocacia: o direito de recorrer à Justiça. *Revista de Processo* (*RePro*) 10/33, São Paulo, Ed. RT, ano III, abr.-jun. 1978.

Carneiro, Paulo Cezar Pinheiro. A ética e os personagens do processo. *Revista Forense*, v. 358, nov./dez. 2001, p. 347-356.

Comparato, Fábio Konder. Função social do advogado. *RT* 582/266, 1984.

Fornaciari Júnior, Clito. *Da reconvenção no direito processual civil brasileiro.* 2. ed. São Paulo: Saraiva, 1983.

Gil, Otto. Os honorários de advogado segundo o novo Código de Processo Civil. *RF* 246/101 e *Litis* 1/123.

Grinover, Ada Pellegrini. Abuso do processo e resistência às ordens judiciárias: o *contempt of court*. In: *A marcha do processo*. Rio de Janeiro: Forense Universitária, 2000, p. 62-69.

Lima, Alcides de Mendonça. O princípio da probidade no CPC. *Revista Forense* 268/29; *Revista de Processo* (*Repro*) 16/15.

Negrão, Theotônio; Gouvêa, José Roberto Ferreira. *Código de Processo Civil e legislação processual em vigor*. 39. ed. São Paulo: Saraiva, 2007.

Nery Jr., Nelson; Nery, Rosa Maria de Andrade. *Código de Processo Civil comentado e legislação extravagante*. 9. ed. São Paulo: Ed. RT, 2006.

Nolasco, Rita Dias. *Exceção de pré-executividade*. 2. ed. São Paulo: Método, 2004.

Marques, José Frederico. *Manual de direito processual civil*. São Paulo: Saraiva, 1983. vol. 1.

Moreira, Alberto Camiña. *Defesa sem embargos do executado*. 2. ed. São Paulo: Saraiva, 2000.

Moreira, José Carlos Barbosa. Notas sobre o processo (civil e penal) nos países anglo-saxônicos. In: *Temas de direito processual*. Sétima série. São Paulo: Saraiva, 2001, p. 155-179.

Paula, Alexandre de. *O processo civil à luz da jurisprudência*. Rio de Janeiro: Forense, 1968. vol. 28.

Passos, J. J. Calmon de. Da responsabilidade por custas e honorários de advogado na execução de títulos extrajudiciais. *Revista de Processo* (*RePro*) 3/22.

Pontes de Miranda, Francisco Cavalcanti. *Comentários ao Código de Processo Civil* (de 1973). Rio de Janeiro: Forense, 1974. t. I.

Rocha, José de Moura. Sucumbência e processo de execução. *Revista de Processo* (*RePro*) 5/77.

ROSSI, Celso Antônio. Obrigatoriedade do endereço do advogado na petição inicial. *RT* 479/247.

SODRÉ, Ruy de Azevedo. *O advogado, seu estatuto e a ética profissional*. 2. ed. São Paulo: Ed. RT, s/d.

THEODORO JÚNIOR, Humberto. *Curso de direito processual civil*. 47. ed. Rio de Janeiro: Forense, 2007. vol. 1.

TORNAGHI, Hélio. *Comentários ao Código de Processo Civil*. São Paulo: Ed. RT, 1976. vol. 1.

TOURINHO NETO, Fernando da Costa; FIGUEIRA JÚNIOR, Joel Dias. *Juizados especiais federais cíveis e criminais*: comentários à Lei 10.259, de 10.07.2001. São Paulo: Ed. RT, 2002.

TUCCI, Rogério Lauria. Instrumento de mandato: atos praticados por advogados sem a sua exibição. *Temas e problemas de direito processual*, 1983.

WALD, Arnoldo. A cumulação de cláusula penal e dos honorários do novo CPC. *Revista de Processo* (*RePro*) 6/41.

WAMBIER, Teresa Arruda Alvim. *Nulidades do processo e da sentença*. 6. ed. São Paulo: Ed. RT, 2007.

Segunda Parte

I

Dos Sujeitos do Processo

1. Introdução

Por sujeitos do processo[1] entendem-se concretamente todos aqueles que figuram na relação processual. Assim, incluem-se dentre os sujeitos do processo o *juiz*, que é o sujeito imparcial; *as partes propriamente ditas* (partes principais) *e até mesmo os que figuram no processo, sem que nada peçam diretamente para si*, como é o caso do assistente simples (parte não principal).

2. Do juiz

O juiz deve ser considerado, num sentido lato da expressão, funcionário público. No entanto, as peculiaridades respeitantes à sua posição e, em especial, à sua *função* são tantas, que o distanciam muito do funcionário público comum e do regime jurídico a que este se submete.

O primeiro aspecto a ser considerado, com relação à posição do juiz, do ponto de vista de sua função, implica o estudo do Direito Constitucional. Tão importantes são determinadas garantias do juiz, justamente as que extremam a figura do funcionário público comum, que o legislador houve por bem inseri-la no texto constitucional, na linha de longa tradição histórica.

Assim, os juízes têm diversas garantias que lhes são próprias e privativas,[2] tais como a da vitaliciedade, a da inamovibilidade e a da irredutibilidade de subsídios (CF/1988, art. 95, I, II e III, respectivamente, com a redação do inciso III dada pela EC n. 19/1998), bem como a chamada garantia econômica da Magistratura.

O juiz, em consequência de sua posição, situa-se, na relação processual, *acima das partes* e *desinteressadamente*. Assim, *comanda* o processo baseado na lei, devendo agir *imparcialmente*. Na condução do processo, exerce diversos poderes, se bem que tenha deveres, em contrapartida.

Dividem-se os poderes do juiz em poderes jurisdicionais (*lato sensu*, sentenças, decisões interlocutórias – art. 162, §§ 1.º e 2.º, e despachos – art. 162, § 3.º, e art. 504, na redação da Lei 11.276/2006) e poderes de polícia (*v.g.*, arts. 445, I a III, e 446; art. 15 e, mais especificamente no processo de execução, arts. 600, I a IV, e 601). A Lei 8.952/1994 viabiliza que atos meramente ordinatórios, tais como "juntada e vista obrigatória" independem de despacho, e haverão de ser praticados pelo servidor (art. 162, § 4.º, introduzido pela Lei 8.952/1994). O ato, enquanto praticado pelo servidor, é nitidamente *ato de mero expediente e sem caráter decisório* (CF/1988, art. 93, XIV, na redação da EC n.

1. V. sobre sujeitos do processo: Arruda Alvim, *Curso de direito processual civil*, p. 487; v., mais recentemente, Arruda Alvim, *Tratado de direito processual civil*, vol. 2, comentários ao art. 7.º.

2. V. nesta obra, n. 52 e 53 (Primeira Parte).

45/2004), àquele *ex lege* atribuído. No entanto, reclamando a parte, tais atos haverão de ser revistos pelo juiz, hipótese em que poderá configurar-se uma decisão.[3]

Os primeiros compreendem todos os atos, desde a formação da relação jurídica processual, até a sentença, ato com o qual o juiz põe fim ao processo, decidindo ou não a causa. Os poderes de polícia compreendem os poderes [4] exercidos pelo juiz, não como autoridade judicante, mas simplesmente como *autoridade*, dado que ao juiz, continuamente, são levados problemas oriundos do exercício dos trabalhos forenses (CPC, arts. 445 e 446).[5]

Dentre os deveres do juiz, há alguns que afetam a própria função que ele iria rotineiramente desenvolver no processo, ou seja, desligam o juiz do processo a que ele normalmente estaria ligado. Assim, por exemplo, o dever de o juiz abster-se de funcionar no processo, no qual seja tido como *suspeito* (arts. 135 e 137), ou *impedido* (arts. 134 e 137). Trata-se, nestes dois casos, de um dever que decorre de relação da *própria pessoa do juiz* para com uma das partes, ou para com ambas, e não tendo em vista o órgão por ele ocupado. É, além de um dever funcional, um *dever pessoal*, decorrente da incompatibilidade de sua pessoa, à luz das hipóteses descritas nos arts. 134, 135, e 136, do CPC, tendo em vista relacionamento de magistrados, entre si, em órgãos colegiados, motivos estes aplicáveis a todos os tribunais (art. 137).[6]

Outro dever existente para o juiz, e que tem a virtude de desligá-lo do processo, é o da verificação da incompetência absoluta do órgão por ele ocupado, o que deve ser por ele oficiosamente providenciado (art. 113). Embora o problema da competência seja relativo ao órgão e, portanto, implique o desligamento da causa do órgão, como consequência desliga o juiz da causa também.

Desde que o juiz constate a incompetência *absoluta* do órgão por ele ocupado, deverá imediatamente, mesmo que não tenha havido qualquer arguição nesse sentido, dar-se por incompetente (art. 113).[7] Trata-se, em princípio, de matéria de defesa (art. 301, II), mas a omissão da parte não inibe o conhecimento oficioso (art. 301, § 4.º). A hipótese, no entanto, é diversa, tratando-se de incompetência *relativa*, quando a arguição da parte é imprescindível para que o juiz se dê por incompetente, a não ser no caso referido no parágrafo único do art. 112 (inserido pela Lei 11.280/2006), desde que o juiz se manifeste *antes* da apresentação de resposta, pelo réu – já que, se o réu não opuser exceção, ocorre a prorrogação da competência (art. 114).[8]

---

3. O Projeto de Novo Código de Processo Civil (PL 8.046/2010) segue a mesma linha, sendo, porém, ainda mais minudente ao descrever os atos ordinatórios a serem praticados pelo escrivão (cf. art. 203, § 4.º).
4. Entre esses atos está o de *mandar riscar expressões* dos autos (art. 15, *caput*, do CPC), que integra o rol dos deveres consistentes no poder de polícia do juiz (*RSTJ* 60/327, REsp 35.519, esp. p. 329).
5. V. José de Moura Rocha, Há poder de polícia no art. 445 do Código de Processo Civil, *Revista de Processo* (*RePro*) 6/27.
6. V. em nosso *Manual*, n. 155, Primeira Parte; cf. Arruda Alvim, *Código de Processo Civil comentado*, vol. 6, 1-139, em que se analisam os arts. 134 ao 137 do CPC.
7. Neste sentido, v. Celso Agrícola Barbi, *Comentários ao Código de Processo Civil*, 1983, p. 486.
8. Cf. o que escrevemos nos itens 92 e 94, Primeira Parte deste *Manual*, no qual o tema é examinado de modo mais aprofundado. O entendimento correto foi sufragado pelo STJ, tendo em vista a sua Súmula 33, redigida nos seguintes termos: "A incompetência relativa não pode ser declarada de ofício" (*DJU* 29.10.1991, p. 15.312). Nesse sentido: STJ, REsp 642.479/SC, 1.ª T., j. 05.08.2004, rel. Min. José Delgado, *DJ* 27.09.2004, p. 277; *REPDJ* 21.03.2005, p. 264; STJ, CC 46.558/PR, 2.ª S., j. 30.03.2005, rel. Min. Fernando

3. Conceitos de parte e de capacidade processual

A *capacidade de ser parte* decorre da ordem jurídica atribuir a um ente, por ela também definido – geralmente às pessoas físicas e jurídicas – direitos e obrigações, na ordem do direito substancial. A existência de parte pressupõe vida para a pessoa física.[9]

Todavia, é possível que um dado ente, ao qual o direito atribua relevância jurídica, seja, no entanto, parte, embora não seja pessoa física, nem jurídica, mas que possa assumir direitos ou ficar devedor de obrigações, e, assim, podemos recordar a *massa falida*, e, neste Código, a massa decorrente da declaração de insolvência. São, tais entidades, propriamente, sujeitos de direitos e obrigações, mas não propriamente como o são as pessoas físicas e jurídicas; todavia, têm capacidade de ser parte (porque praticam atos da vida civil e comercial) e, em juízo, serão representadas, na falência, pelo administrador judicial (art. 12, III, do CPC c/c art. 22, III, *n*, da Lei 11.101/2005),[10] a massa insolvente, pelo seu administrador (art. 766, II, do CPC), e o consórcio, pelo seu representante legal. Casos há que, apesar da ausência de personalidade jurídica, mas diante da existência de patrimônio e da demanda repercutir, em tal patrimônio, tem sido reconhecida *personalidade judiciária*.[11]

Gonçalves, *DJ* 18.04.2005, p. 211; STJ, 3.ª S., CC 37.149/RN, j. 27.04.2005,rel. Min. Hélio Quaglia Barbosa, *DJ* 09.05.2005, p. 293; STJ, CC 37.401/SP, 2.ª S., j. 08.06.2005, rel. Min. Jorge Scartezzini, *DJ* 20.06.2005, p. 120. Na doutrina: Cândido Rangel Dinamarco, Declaração *ex officio* da incompetência relativa, *Ajuris* 17/142; Jacy de Assis, *Procedimento ordinário*, 1975, p. 38; Wellington Moreira Pimentel, *Comentários ao Código de Processo Civil*, 1979, p. 290; Celso Agrícola Barbi, *Comentários ao Código de Processo Civil*, 1983, p. 489; J. J. Calmon de Passos, *Comentários ao Código de Processo Civil*, 1979, p. 280; José Carlos Barbosa Moreira, Pode o juiz declarar de ofício a incompetência relativa?, *RP* 312/19. *Contra*: *JTACivSP* 60/97; Hélio Tornaghi, *Comentários ao Código de Processo Civil*, 1976, p. 360; E. D. Moniz de Aragão, *Comentários ao Código de Processo Civil*, 1979, p. 92; Alcides de Mendonça Lima, *Direito processual civil*, 1977, p. 64. Esta tese, que não nos afigura correta, foi acolhida na Súmula 28 do extinto 1.ºTACivSP [extinto] com o seguinte enunciado: "Pode o juiz declarar de ofício a incompetência relativa, desde que o faça em sua primeira intervenção no processo" – Incidente de Uniformização de Jurisprudência 391.536/SP, j. 20.04.1989, rel. Elliot Akel, maioria, *JTA* 118/9. O TJSP alterou sua jurisprudência a respeito deste tema, pois por longo tempo admitiu o reconhecimento *ex officio* da incompetência relativa, mas, hoje, não mais o admite, conforme se verifica na jurisprudência: *RJTJSP* 128/419 e 131/419. O STJ já decidiu que, "não obstante seja a exceção oposta por meio de peça processual autônoma, o meio correto de se arguir a incompetência relativa, constitui mera irregularidade à sua alegação como preliminar da contestação, devendo ser observado o princípio da instrumentalidade do processo, se a finalidade essencial do ato foi atingida e não houve prejuízo à defesa da parte contrária" (REsp 169.176/DF, rel. Min. Castro Filho, *DJU* 12.08.2003, p. 185).

9. No REsp 7.598 (*RSTJ* 48/136, rel. Min. Sálvio de Figueiredo), assunto aí *indiretamente* referido, e, adequadamente decidido pelo Tribunal local, em que se rescindiu sentença em que uma das partes havia morrido, antes do início do processo.

10. Com a Lei 11.101/2005, a figura do síndico foi substituída pela do *administrador judicial*, encargo que pode ser exercido inclusive por pessoa jurídica *especializada*. Na lei em referência, o art. 21 dispõe: "O administrador judicial será profissional idôneo, preferencialmente advogado, economista, administrador de empresas ou contador, ou pessoa jurídica especializada. Parágrafo único. Se o administrador judicial nomeado for pessoa jurídica, declarar-se-á no termo de que trata o art. 33 desta Lei, o nome de profissional responsável pela condução do processo de falência ou de recuperação judicial, que não poderá ser substituído sem autorização do juiz".

11. Na *RSTJ* 18/503, REsp 5.790, rel. Min. Vicente Cernicchiaro, ementa de acórdão mostra ter

Os *conceitos de parte* e de *capacidade procesual* são disciplinados por normas cogentes, muito embora se reporte o Direito Público às regras de Direito Privado (igualmente cogentes, *neste particular*), em grande medida, assumindo-as (*v.g.*, art. 7.º, do CPC). Tanto no Direito Privado, quanto no processo, são normas cogentes e, assim, inderrogáveis.

As pessoas físicas, maiores e capazes, que têm capacidade de exercício no direito civil, terão, em regra, *capacidade processual íntegra, e assim poderão, por si, estar em juízo.*[12-13]

O início da personalidade civil do homem, e, portanto, a capacidade de ser parte, começa com o nascimento, muito embora, desde a concepção, a lei resguarde os direitos do nascituro (art. 2.º do CC/2002).[14] Assim, é possível que se aja em nome do nascituro, considerando-o como parte, representando-o o pai, ou a mãe, se só esta tiver o poder familiar, ou o curador (art. 1.779 do CC/2002).[15]

Uma forma de garantir os direitos do nascituro é a concessão de alimentos à gestante, nos termos da Lei 11.804/2008, que cuida dos alimentos gravídicos. Isso porque, naturalmente, as medidas previstas por esta lei, a serem providas pelo futuro pai à gestante, dizem respeito à sobrevivência e à saúde do nascituro.

Trataremos, agora, mais especificamente, da *capacidade processual*, que, para o maior e capaz, leva a que possa *estar em juízo, por si só*.

O Código de Processo Civil prescreve no art. 7.º que "toda pessoa que se acha no exercício de seus direitos tem capacidade para estar em juízo".[16]

Utilizando-se da expressão *toda pessoa* (art. 7.º), quer significar que não há distinção alguma, suscetível de impedir que alguém exercite seus direitos, processualmente, exceto as restrições apontadas pela própria lei (v. art. 8.º, que trata dos incapazes), as quais se justificam diante da falta de discernimento dos que não têm capacidade plena de exercício de direitos, como na hipótese dos incapazes, quer na órbita processual, quer também na esfera do Direito Civil. Nestes casos, a capacidade processual há de ser integrada pela representação ou assistência.

---

sido decidido que "a Caixa de Previdência dos Advogados de São Paulo não tem personalidade jurídica, órgão que é do IPESP. A lei, no entanto, dotou-a de autonomia financeira e patrimônio próprio. A ação de que trata o processo repercutirá nesse patrimônio, por força da legislação. Urge, por isso, reconhecer-lhe personalidade judiciária", o que se justificou pela analogia com as figuras do espólio, a herança jacente e a massa falida (recurso especial não conhecido).

12. Casos residuais havia de ausência específica de capacidade para a mulher, como o art. 289, III, do CC/1916, em que, mesmo sendo capaz a mulher, seu marido era o seu substituto processual. Este dispositivo já havia sido revogado pelo art. 5.º, I, da CF/1988.

13. Pela Lei 7.244/1984 (LPC), em seu art. 8.º, § 2.º, admitia-se que o maior de 18 anos poderia comparecer, *independentemente de assistência, inclusive para fins de conciliação*, o que sai do sistema de capacidade, tal como consta do CPC. Esta regra foi repetida, com todas as letras, no atual art. 8.º, § 2.º, da Lei 9.099/95, que instituiu, para o que interessa para os fins desta obra, os Juizados Especiais Cíveis. Implica certo *paradoxo*, consistente em que alguém, se se utilizar da então vigente Lei de Pequenas Causas ou da atual Lei de Juizados Especiais Cíveis, será ou agirá como maior e capaz; mas, se esse mesmo alguém, a respeito do mesmo direito, se utilizasse do sistema do Código de Processo Civil, necessitaria ser assistido, nos termos do art. 8.º do CPC. Remarque-se, contudo, que o Código Civil de 2002, confere capacidade plena de exercício ao maior de 18 (dezoito) anos completos (v. art. 5.º).

14. Cf. art. 4.º, do CC/1916.

15. Cf. art. 462, *caput* e parágrafo único do CC/1916 e art. 1.779 do Código Civil vigente.

16. Para as pessoas jurídicas, v. Cap. II.

A lei (art. 7.º do CPC) refere-se à pessoa física, não só com capacidade de gozo, mas, também, com capacidade de exercício de direitos. A *capacidade de direito* (ou de gozo) é própria, mas não exclusiva, do *homem*, no sentido de centralizar-se em qualquer *ente* um foco de direitos (e obrigações), desde que a ordem jurídica o considere como tal.

Alguém tem *capacidade para estar em juízo*, quando, podendo exercitar legitimamente seus direitos, na esfera do Direito Civil, poderá ser validamente citado como réu em processo contra ele movido, ou, por sua vez, mover ação contra outrem (art. 7.º, CPC).

Utilizando-se a lei da expressão *que se acha*, indica que a parte deve ter, *atualmente*, a capacidade, isto é, que deve ser *maior* e *capaz*, no momento em que pratica qualquer dos atos processuais. A maioridade acarreta, em regra, a capacidade plena (v. art. 5.º do CC/2002, que altera as regras atinentes à maioridade civil, em relação ao diploma anterior, e no qual expressamente está dito: "A menoridade cessa aos 18 (dezoito) anos completos, quando a pessoa fica habilitada à prática de todos os atos da vida civil").[17]

4. Análise do conceito de parte

Parte é aquele que pede tutela jurídica no processo, bem como aquele contra quem essa tutela é pedida, e que esteja no processo.[18] Há quem distinga entre parte processual e substancial (v. n. 5, *fine*).

O conceito de parte é eminentemente processual, resultando, como já se observou, da "simples afirmação da ação". Decorre do fato da propositura da ação.[19]

O que é relevante para determinar quais sejam as partes é o fato de alguém pedir algo, por meio do processo, contra outrem. Se lhe reconhecer *legitimidade* (ativa, no caso do autor, ou passiva, no caso do réu), de parte legítima se tratará; caso contrário, será *parte ilegítima*, o que significa que é ou foi parte; isto é, quem é tido por parte ilegítima não terá deixado de ser parte. Este fato deve levar à extinção do processo sem resolução de mérito (art. 267, VI). O réu, a seu turno, que entenda ser *parte ilegítima*, terá legitimidade, pelo menos, para arguir a sua ilegitimidade *ad causam*.

5. As regras do Direito Civil no tema da capacidade e o Direito Processual Civil

Há uma influência decisiva das regras da capacidade processual. Existem, no entanto, distinções dignas de observação.

Assim, poderemos dizer: a) será processualmente capaz, todo aquele que tiver capacidade jurídica de exercício de direitos, conceito este que pressupõe a *capacidade de gozo* de direitos (art. 5.º do CC/2002);[20] b) nesta noção, incluem-se os homens maiores e capazes, bem como as pessoas jurídicas; c) no entanto, as sociedades de fato são também ativa e passivamente capazes, do ponto de vista processual, embora não tenham personalidade jurídica, em face do Direito Civil (art. 12, § 2.º, do CPC; art. 45, do CC/2002);[21] Decreto 3.708/1919; Lei 6.404/1976, art. 2.º, § 1.º).[22]

17. Cf. art. 9.º, *caput*, do CC/1916.

18. Sobre o conceito de parte: v. Arruda Alvim, *Código de Processo Civil comentado*, vol. 2, p. 9 e, também do autor, o antigo *Tratado de direito processual civil* cit., vol. 2, comentários ao art. 7.º. Consultar, também: Paulo Emílio Ribeiro de Vilhena, As partes no processo civil, *RBDP* 12/109 e *RFDUU* 6-2/83; José Augusto Delgado, Sujeitos do processo, *RePro* 30/61.

19. Cf. Chiovenda, *Instituições de direito processual civil*, vol. 2, p. 235.

20. Cf. art. 9.º do CC/1916.

21. Cf. art. 18, do CC/1916.

22. Não se pode deixar de ressalvar que o Código Civil aprovado pela Lei 10.406/2002 expressamente revoga parcela substancial do Código

É certo que é possível haver capacidade de exercício de direitos de outrem, sem capacidade de gozo, relativamente aos mesmos direitos, tal como se verifica quando o pai representa o filho. Este tem o gozo dos direitos e aquele os exercita, embora num regime jurídico especial.

Constatamos, portanto, que a capacidade de ser parte é uma realidade jurídica que corresponde a se ter aptidão, pelo direito material, para ser sujeito ativo e passivo de direitos e obrigações; outra coisa é a *capacidade processual* (e desta deflui a *legitimação processual*), embora ambas sejam pressupostos processuais.

Ainda, no conceito de capacidade de ser parte, insere-se a realidade de que será possível não ter personalidade jurídica, de Direito Civil, mas tê-la, no campo do processo, como no caso da sociedade de fato ou irregular, que, embora não tenham personalidade jurídica, na esfera do Direito Civil ou Comercial, têm capacidade, pelo nosso Direito Processual, de serem partes ativas e passivas (art. 12, *caput*, e VII). É, também, o caso das entidades e *órgãos da administração pública direta ou indireta* que podem agir em juízo em prol de consumidores, ainda que sem personalidade jurídica. Isto ocorre por texto legal expresso e por força do art. 82, III, da Lei 8.078/1990, CDC.[23]

Parte, pois, em sentido *processual*[24] é, em regra, o que pede e aquele contra quem se pede no processo, como já vimos, e que arcará com a sucumbência do processo. Parte, em sentido *substancial*, para quem aceite esta distinção, hoje superada, é de quem se afirma (substituição processual) ser o titular do direito material. Substituto processual seria parte processual, e parte substancial seria o substituído.

A nossa Lei (art. 53 do CPC), designando autor e réu como partes principais, *ipso facto*, denominou o assistente simples, de parte não principal. Definiu os poderes e deveres que lhe são atribuídos pelo sistema (art. 52 do CPC), salientando-se, todavia, que, quanto ao assistente simples, há limites (art. 53 do CPC), ao passo que o assistente litisconsorcial foi equiparado pela lei ao litisconsorte, se *ingressar no processo*, no plano do processo, no que diz com seus poderes e deveres e a respeito da eficácia da sentença e da coisa julgada (art. 54).[25]

6. Conceitos de parte, parte legítima e parte vencedora

Diferem entre si os conceitos de parte, parte legítima e parte vencedora. O conceito de *parte* expressa a realidade representada pelo *fato*, que se origina da afirmação feita pelo autor, considerando-se com direito à ação em função de uma pretensão, e atribuindo ao demandado a qualificação de

Comercial (arts. 1.º a 456), sem, contudo, referir-se à revogação da legislação civil e/ou comercial, abrangida pelo Código Civil, ou com ele incompatível, tal como constava do Projeto do Código Civil, em sua redação original. Há que se ter presente, no entanto, que a Lei Complementar 95/1998, com a redação da LC 107/2001, exige sempre a revogação expressa, ao determinar que toda a revogação haverá de mencionar a lei ou o dispositivo revogados.

23. Sobre o assunto específico, cf. mais amplamente, do autor *et alii*, *Comentários ao Código de Defesa do Consumidor*, p. 387.

24. Sobre a longa evolução do conceito de parte, como sendo o de *parte processual*, v., amplamente, Arruda Alvim, *Tratado de direito processual civil*, doutrina ao art. 7.º, vol. 2.

25. V. neste *Manual*, Cap. 5, segunda parte. Também, com proveito, cf.: Da assistência litisconsorcial no Código brasileiro, por Thereza Alvim, *Revista de Processo* (*RePro*) 11, p. 45; Assistência litisconsorcial, por Ovídio A. Baptista da Silva, *Revista de Processo* (*RePro*) 30, p. 9, *RBDP* 42/87; Sobre o assistente litisconsorcial, por Luiz Guilherme B. Marinoni, *Revista de Processo* (*RePro*) 58, p. 250.

réu. Deriva, exclusivamente, pois, de uma afirmação.

Já o segundo conceito, porém, acrescenta ao primeiro um atributo jurídico: o da *legitimidade*. Daí as ideias possíveis de parte legítima e ilegítima.

O conceito de *parte legítima*, em certa medida, refoge ao campo exclusivo dos pressupostos processuais, embora aí também se assente (*legitimação para o processo*), inserindo-se, também, no quadro das condições da ação. Para a parte ser legítima, há de estar íntegra a legitimação para o processo, como há de também estar presente a legitimação para a causa.

A legitimação processual[26] é pressuposto processual; a legitimação para a causa (*legitimatio ad causam*) constitui-se na própria titularidade subjetiva (ativa) do direito de ação, no sentido de dever ser movida a ação por aquele a quem a lei outorgue tal poder, figurando como réu aquele a quem a mesma lei submeta aos efeitos da sentença

26. A Lei da Ação Civil Pública (Lei 7.347/1985, art. 5.º) e o Código de Proteção e Defesa do Consumidor (Lei 8.078/1990, art. 82) estabeleceram legitimidades diferentes das do direito tradicional, este sempre baseado na ideia de direito subjetivo e individualismo. A Constituição Federal contém diversas hipóteses de legitimação diferente das tradicionais que conhecemos. Assim a do mandado de segurança coletivo. Não se tem emprestado à legitimidade decorrente da Constituição Federal (art. 5.º, LXX), no caso, um espectro de representação de toda a população, como já se pretendeu. Decidiu o STJ (*RSTJ* 2/215, rel. Garcia Vieira) que, "quando a Constituição autoriza um partido político a impetrar mandado de segurança coletivo, só pode ser no sentido de defender os seus filiados e em questões políticas, ainda assim quando autorizado por lei ou pelo estatuto". Tratava-se, aqui, de pretender discutir o valor do salário mínimo, cujo problema atingia a todos, no país, que percebessem esse salário. Sublinha-se nesse acórdão que o direito a ser pleiteado deve ter *natureza política* (*rev. cit.*, p. 200, do voto). Consta do voto do Min. Carlos Velloso: "Não posso admitir, entretanto, que a Constituição tenha erigido o partido político como parte legítima para a defesa de todos os indivíduos, em todos os campos" (*rev. cit.*, p. 224). De outra feita, o mesmo STJ (*RSTJ* 4/255, MS 1.252, rel. Pádua Ribeiro) circunscreveu os possíveis objetivos do mandado de segurança coletivo ao que do voto do relator consta relacionado, ou seja: "a) interesses ou direitos subjetivos do grupo associado; b) interesses ou direitos subjetivos individuais homogêneos dos integrantes do grupo associado; c) interesses difusos" (*rev. cit.*, p. 259, do voto). O objeto dessa segurança era a condenação do impetrado "ao pagamento do reajuste de 147,06% a todos os benefícios em manutenção e de prestação continuada da previdência social", o que afetava parcela imensa da população (*rev. cit.*, p. 260, do voto). O não cabimento da medida, com esse âmbito, pode-se dizer assentando no STJ, como se percebe de outros acórdãos, *v.g.*, MS 256-DF, rel. Min. Pedro Acioli (*DJ* 4.690, p. 5.672, e Embargos de Declaração no MS 197/DF, relator para o acórdão Min. Garcia Vieira). Sobre outro assunto análogo, o STJ decidiu que a associação "constituída nos termos do art. 103 da Lei 5.988/73 assiste legitimidade *ad causam* para, em substituição processual, defender em juízo direitos de seus associados" (*RSTJ* 39, p. 405, rel. Athos Carneiro), o qual, ademais de outros fundamentos, invoca o disposto no art. 5.º, XXI, da CF/1988, que fortalece os demais. Núcleo da fundamentação é a transcrição de trabalho, do próprio Min.-rel., em que diz: "Conforme expõe, por todos, Arruda Alvim, 'o fenômeno da substituição processual, nome latino devido a Chiovenda, consiste, precisamente, na circunstância de que, quem é parte no processo, por definição, não se afirma ser titular do direito material. Há, pois, uma autêntica dissociação, na titularidade, no que tange ao direito de ação. Materialmente, é um o titular, ou seja, no campo do Direito Privado; no campo do processo, é outro o titular do direito de ação' (*Código de Processo Civil comentado*, RT, 1975, vol. 1, p. 427-428). Lembra o ilustre processualista que com frequência o sistema admite a legitimação concorrente, isto é, a legitimação extraordinária do substituto processual ao lado da legitimação normal do titular da pretensão" (*RF* 316, p. 37). Examinam-se, no acórdão, os estatutos da entidade que agiu em juízo, constatando-se a autorização para isso.

proferida no processo (legitimação passiva para a causa).

Será, regra geral, parte legítima ativa aquela a quem a lei atribua a titularidade do direito de ação; e, do ponto de vista passivo, será aquela que, em regra, sendo julgada procedente a ação, deverá ser afetada pela eficácia de sentença a ela contrária, ou, se improcedente, deverá ser "absolvida" do pedido, beneficiando-se, igualmente, da eficácia da sentença, que lhe será, então, favorável.

Na hipótese de *substituição processual*, a relação a ser estabelecida, entre o autor (substituto processual) e o réu, carece ser esclarecida. E isto no sentido de que a temática das *condições da ação* será reportada ao *substituído processual*, dado que é ele quem sofrerá a eficácia da sentença, *no sentido de que* o bem jurídico a ele respeita, e não ao seu substituto.

O substituto deverá, apenas, evidenciar que tem tal qualidade em relação ao substituído.

A *legitimidade* é ideia que há de ser aferida em face da realidade concreta, *pelo menos concreta, como hipótese de trabalho*.

A capacidade é um atributo ou uma qualidade imanente à pessoa, ao passo que a legitimidade conduz ao estabelecimento de uma relação, inserida numa realidade concreta, como foi dito.

Além de a legitimidade encontrar-se numa realidade concreta, deve-se acentuar que a legitimidade se estabelece *transitivamente*. Vale dizer, alguém será parte legítima em relação a um determinado outrem e em função de certo objeto.

A *legitimidade ad causam*, no processo, é sempre significativa de que entre *autor* e *réu* encontra-se delineada (= descrita) uma *relação jurídica*, a qual, se aceita pelo magistrado, coloca-se como dado hipotético suficiente para a admissibilidade da ação.

Isto não significa, necessariamente, que a relação jurídica material, descrita no processo, *efetivamente exista, senão que é ela admitida* (salvo na ação declaratória negativa, em que é *descrita*, mas negada), à luz de elementos provisoriamente aceitos, os quais, *em definitivo*, serão apreciados na sentença.

A legitimidade, ainda, pode ser estabelecida em face da *negação da existência de uma relação jurídica*, como na hipótese de ação declaratória negativa. Ainda, aqui, todavia, há que se admitir que a relação jurídica, que o autor pretenda que não exista, *terá nascido* de incerteza jurídica criada pelo réu. Há, portanto, sempre, uma relação, ou, se se quiser, há uma *imputação* direcionada a alguém e que seja baseada em *fatos alegados*, ou emergida dos fatos alegados pelo autor.

Finalmente, *parte vencedora*, da perspectiva do autor, será aquela que vier a ter a sua ação julgada procedente. Do ponto de vista do réu, inversamente, será ele parte vencedora, em caso de improcedência da ação.[27]

7. Capacidade processual e capacidade de ser parte

A capacidade de ser parte, a capacidade processual e a legitimação processual são conceitos que não se confundem, embora apareçam, em regra, sobrepostos.

A capacidade de ser parte é a aptidão para ter direitos e obrigações, tal como adjudicada a um sujeito de direito (pessoas físicas e jurídicas, entes despersonalizados). À capacidade civil de exercício de direitos corresponde à capacidade para estar em juízo ou capacidade processual, pelo sistema do Código de Processo Civil.

27. V. Arruda Alvim, *Código de Processo Civil comentado*, vol. 2/13. Mais recente e amplamente, v. Arruda Alvim, *Tratado de direito processual civil*, vol. 2, comentários ao art. 7.º.

A capacidade processual, na linguagem corrente da doutrina, significa que alguém pode, idoneamente, instaurar um processo, porque maior e capaz (art. 7.º). A legitimação processual decorre, ou tem como pressuposto a capacidade processual, manifestando-se aquela, concretamente, no processo, em face dos fatos alegados e em que se embasa a ação proposta; correlatamente, a legitimação processual passiva ancora-se na capacidade processual do réu e se concretizará, ou seja, haverá *legitimação processual passiva*, se se mantiver o réu, efetivamente, como réu do processo, igualmente em função e por causa dos fatos alegados. É um pressuposto processual (subjetivo e respeitante à validade do processo), que, se inocorrente, deverá, sendo *manifesto*, levar ao próprio indeferimento da inicial (art. 295, II); ou, então, não tendo isto ocorrido, ulteriormente deverá haver a extinção do processo, sem resolução de mérito (art. 267, VI).

O art. 295, II, refere-se à *evidente* ilegitimidade processual e/ou *ad causam* do autor; no art. 267, IV e VI, refere-se a lei, igualmente, à ilegitimidade processual e *ad causam* das partes, que, detectadas no curso do processo, acarretam a sua extinção sem resolução de mérito.

Por outras palavras, a capacidade processual do maior e capaz nada mais é do que a trasladação de sua capacidade de exercício dos direitos, tal como a disciplina o Direito Civil, para o campo do processo e, daquela, *concretizada e admitida* no processo, ter-se-á a legitimação processual. Todo aquele que, na vida privada, tem o livre exercício dos seus direitos, será processualmente capaz para agir. É o que decorre do art. 7.º, como *regra geral*.

Quando se diz que alguém tem capacidade para ser parte legítima, supõe-se, necessariamente: 1) que tem capacidade para agir (pressuposto processual) e que tem, *in concreto*, legitimação para o processo; 2) como também que está preenchida a *legitimatio ad causam* (legitimação para a causa – uma das condições da ação). Quem é parte legítima, portanto, observadas as demais condições da ação e os outros pressupostos processuais positivos, em regra, e, inocorrentes quaisquer pressupostos processuais negativos, tem direito à sentença de mérito, mas que não deverá, só por isso e necessariamente, lhe ser favorável.

Pode ocorrer que determinadas pessoas sejam consideradas precisamente, como decorrência da função que ocupam, representantes de figuras jurídicas que, embora desprovidas de personalidade, propriamente dita, têm capacidade de ser parte, como se dá com o inventariante, o administrador judicial, e partes serão o espólio e a massa falida, respectivamente[28] etc.

Foi a teoria da representação *basicamente* a adotada pelo legislador (v. art. 12, *caput*), e não a teoria do órgão, segundo a qual aquele que age é considerado como verdadeiro órgão.[29]

Assim, tratando-se de firma comercial extinta por sentença proferida em ação de falência ou em procedimento judicial de qualquer outra espécie, devem ser citados não os ex-sócios, mas o respectivo liquidante.[30] Entretanto, se a sociedade entrar em

28. Várias teorias existem a respeito, tais como a da parte em razão do cargo, a do órgão e a da representação – cf. Arruda Alvim, *Código de Processo Civil comentado*, vol. 2, comentários ao art. 7.º, itens 4.7 e 4.8, 1975, p. 16-17. Mais recentemente, v. Arruda Alvim, *Tratado de direito processual civil*, vol. 2, comentários ao art. 7.º (Ed. RT, 1996).

29. A teoria do órgão não comporta, nesta sede, desenvolvimento compatível com as dimensões do trabalho. Todavia, no que diz com a "representação" do *Estado* e da *massa falida*, a teoria do órgão nos parece a mais adequada, *à luz do regime jurídico*, e não em face da letra da Lei.

30. TRF-1.ª R., AgIn 530845, j. 12.02.2004, rel. Des. Vallisney de Souza Oliveira, *DJ* 15.04.2004, p. 137; *RT* 688/73; *RT* 467/95.

liquidação ou for dissolvida na pendência da lide, devem ser citados para o processo os seus sócios.[31] É hipótese análoga, *juridicamente idêntica, em sua essência*, à de que a ação, entre pessoas físicas, supõe que essas estejam vivas.

Já se admite a personalidade judiciária de consórcios de empresas, para fins de demandarem e serem demandados em juízo, como decidiu o Superior Tribunal de Justiça, em acórdão relatado pelo Ministro Edson Vidigal. Na ocasião, foi esclarecido que "há determinadas pessoas que, não obstante a falta de personalidade jurídica, podem figurar como sujeitos da relação processual por uma questão de conveniência, nos termos do CPC, art. 12, inc. VII". Dessa forma, o dispositivo em questão diferencia a personalidade jurídica de direito material da personalidade judiciária, que permite que os entes desprovidos de personalidade jurídica demandem e sejam demandados. [32]

8. Princípios regentes do tema das partes

Para a própria existência do processo, tal como em nossa civilização é idealizado, há sempre a necessidade de dois sujeitos parciais (autor e réu), com interesses contrapostos (princípio da dualidade das partes), e um sujeito imparcial, que é o juiz.

Acrescente-se que, se de um lado, é o processo construído sobre um sistema de duas partes, por outro, não é possível um processo com mais de duas partes antagônicas. As duas partes são necessárias e suficientes, não sendo desnaturado o princípio com a formação de litisconsórcio ativo ou passivo (v., *infra*, Cap. IV).

Do princípio da dualidade de partes,[33] ensejador da indeclinável necessidade de haver dialeticidade no processo, seguem-se algumas consequências práticas relevantes.

Assim, é inviável juridicamente demanda de uma filial contra outra filial, porquanto, em última análise, constituem-se em expressões práticas de uma mesma pessoa jurídica; é inviável ação de *todos* os integrantes

31. "Massa falida. Citação de sócios. Indeferimento. Impossibilidade antes da penhora no rosto dos autos da quebra, para eventual prosseguimento contra os sócios. Súmula 44 do Tribunal Federal de Recursos. Prematuridade da pretensão. Recurso não provido" (TJSP, *JTJ* 203/199); *RT* 505/146; *JTACivSP* 46/63 (nega-se tenha ocorrido *sucessão processual* e se invoca o art. 47 para justificar a citação dos sócios). Na doutrina, de certa forma conforme Pontes de Miranda, *Comentários* (1974), I/261. Confira-se, ainda, Nery Jr. e Rosa Maria de Andrade Nery, p. 202, em comentário ao art. 12 do CPC (*Código de Processo Civil Comentado*, 10. ed., 2007), de onde se extrai o seguinte: "A representação pelo síndico se inicia com a decretação da falência e sua nomeação pelo juiz".

32. É a seguinte a ementa do acórdão citado: "1. Processual civil. Capacidade de ser parte. Entes sem personalidade jurídica. Possibilidade (CPC art. 12, VII). 2. Direito civil. Contrato. Natureza jurídica. Arrendamento e locação. Interpretação de contrato e reexame de prova. Impossibilidade. 1. Os entes sem personalidade jurídica de direito material podem ser parte no processo para demandar e serem demandados, a teor do CPC, art. 12, inc. VII, pois tal dispositivo trata do instituto da personalidade judiciária. 2. Para se descobrir a natureza jurídica do contrato, é necessário interpretar cláusulas do contrato e reexaminar provas, o que não é cabível nesta Corte, Súmulas 5 e 7. 3. Recurso não conhecido" (REsp 147.997/RJ, 5.ª T., rel. Min. Edson Vidigal, j. 15.04.1999, *DJ* 17.05.1999 p. 223, *JSTJ* vol. 6 p. 355). No mesmo sentido, a jurisprudência citada por Nelson Nery Jr. e Rosa Maria de Andrade Nery, referente a consórcio de automóveis: "O consórcio de automóveis, ainda que desprovido de personalidade jurídica, pode estar em juízo como parte, representado por seu administrador ou representante legal (RT 476/153; TJACivSP [extinto] 34/120)" (Nelson Nery Jr. e Rosa Maria de Andrade Nery, *Código de Processo Civil Comentado*, p. 203).

33. Sobre o princípio da dualidade de partes, v. Arruda Alvim, *Código de Processo Civil comentado*, vol. 2/19. Também, v. Arruda Alvim, *Tratado de direito processual civil*, vol. 2, comentários ao art. 7.º.

de uma sociedade contra essa mesma sociedade, dado que, em última análise, os autores é que constituem a ré. Já, diversamente, têm-se admitido demandas de autarquia federal contra a União, muito embora, substancialmente, os interesses encarnados por estas entidades sejam os mesmos, em *ultima ratio*. Todavia, como têm personalidades jurídicas diversas, é dogmaticamente aceitável que litiguem.

Ocorrendo confusão entre autor e réu, tendo em vista uma dada obrigação, sobre que se litigue (art. 381, do CC),[34] tal fato leva, ao nível do processo, a que haja extinção deste sem resolução de mérito (art. 267, X), justamente porque desaparecem as duas partes antagônicas.

Outro princípio de grande importância é o *da igualdade* das *partes* (v. art. 125, I).[35]

Esta igualdade de partes diz-se precipuamente, ou, pelo menos, há de ser formalmente respeitada, no sentido de que sempre aos autores cabem os mesmos direitos e deveres (ônus), e aos réus, da mesma forma. Não quer ela significar, e nem isso é possível, obviamente, que o autor tenha num dado processo, exatamente, os mesmos direitos que o réu.

Sem embargo de a igualdade ser praticamente a formal, advirta-se que, na medida do possível, dever-se-á propender pela igualdade substancial, ou seja, um dado autor deve ter as mesmas condições (prazos, oportunidades etc.) que o réu, seu antagonista. *Na dúvida, ademais, a igualdade substancial há de ser respeitada.*

9. Representação dos incapazes. Necessidade de integração da capacidade processual

O sistema processual do Código de Processo Civil, explicitamente, acolheu (= assumiu) os limites relativos à capacidade, constantes da lei civil (art. 8.º). Por outras palavras, quando há representação e assistência, na órbita do Direito Civil, para fins de integração da capacidade jurídica de exercício de direito (capacidade processual incompleta, a ser completada pela representação ou assistência), também tais fenômenos, simetricamente, ocorrerão, no campo do processo, se o incapaz ingressar em juízo, ativa ou passivamente.

O sistema do Direito Civil, neste particular, é de fundamental importância para o processo civil, dado que os casos de *integração subjetiva da capacidade processual* encontram sua razão de ser no Direito Civil, nos pontos em que neste diploma se limita, por alguma razão, a capacidade de exercício de direitos, constituindo-se no referencial para o processo civil.

O absolutamente incapaz, de uma forma geral e absoluta, nada pode fazer de válido, quer na esfera civil, quer na esfera do processo. Já, porém, o relativamente incapaz tem a sua capacidade reduzida ou incompleta; não, porém, inexistente.[36] Tanto é assim que o processo em que menor púbere (maior de

34. Cf. art. 1.049, do CC/1916.

35. Cf. Arruda Alvim, *Código de Processo Civil comentado*, vol. 5, 1978, comentários ao art. 125, item I, p. 1 *et seq*. Consultar, também: La igualdad de las partes en el processo civil, por José Carlos Barbosa Moreira, *Revista de Processo* (*Repro*) 44/176; Execução fiscal e princípio da paridade de tratamento das partes, por Nelson Luiz Pinto, *Revista de Processo* (*RePro*) 52/210; Da relação entre o princípio da isonomia e o contraditório no processo civil, por Alexandre Augusto da Silva Caballero, *Revista de Processo* (*RePro*) 52/225.

36. A incapacidade relativa é completada pela assistência. Segue-se, portanto, que existe capacidade. Sendo assim, não pode o pai que *assiste* (= *há de assistir*) ajuizar ação em nome de filho, sem qualquer interferência deste: igualmente, se o filho for sujeito passivo de ação, deverá *também* ser citado – é este o significado do art. 1.634, V, do Código Civil – v. Athos Gusmão Carneiro, *O novo Código de Processo Civil nos*

16 e menor de 18 anos) não foi citado pessoalmente, mas tão somente seu pai, é nulo.[37]

A *representação*, na esfera do processo civil, significa que o absolutamente incapaz, não tendo capacidade processual alguma, mas exclusivamente capacidade de ser parte (dado que a personalidade jurídica é capacidade de gozo no plano do Direito Material), não pode, processualmente, agir em hipótese alguma, *per se*, seja como autor, réu, assistente, opoente etc.

Por esta circunstância, a ordem jurídica confere a outrem, desde logo e normalmente ao pai e à mãe, porque detentores do poder familiar, o direito de acionar a jurisdição, movendo, em nome do absolutamente incapaz, as ações que este não pode mover, ou defendendo-o em ações que contra ele sejam movidas, ou, ainda, ingressando como representante do menor, na qualidade de terceiro interveniente nas causas em que este tenha interesse jurídico de agir, integrando, desta forma, a capacidade processual que o menor não tem, totalmente (representação), ou a tem parcialmente (assistência). No entanto, há de se ter presente que, em última análise, é ao menor, titular de pretensão material, que alcançarão os efeitos jurídicos oriundos do processo, favoráveis ou desfavoráveis, em que é representado por seu pai; falta-lhe, contudo, o poder de acionar, *sozinho*, a jurisdição, o qual é deferido a outrem, embora este o faça em nome do representado.

Já a figura da assistência a que também se refere o art. 8.º significa, praticamente, que o assistido é a parte, como ainda que tem conjuntamente com o assistente o poder de agir, ou seja, porque é dotado de *capacidade processual atrofiada*, o seu poder de agir em juízo, por isso mesmo, fica também diminuído. No entanto, há de se convir que, em definitivo, o que completa as reais virtudes jurídicas da atuação do menor assistido é a presença do assistente; segue-se, portanto, que o poder de agir do menor assistido é irremediavelmente incompleto, somente completando-se com a presença conjunta do assistente.

A capacidade processual plena, ou, em outros termos, a capacidade para estar em juízo *per se*, tem, na capacidade de ser parte (ou seja, na personalidade jurídica para o homem, no seu exercício civil de direitos, e para a pessoa jurídica, representada pelo órgão), normalmente, o seu pressuposto, como já expusemos. Quanto à pessoa jurídica, lembre-se do art. 12, § 2.º, todavia.

Nessas condições, se alguém não tem capacidade para estar em juízo, porque lhe veda a lei civil o próprio exercício de seus direitos, surge a necessidade da integração da capacidade *processual* do indivíduo, de molde a que possa ele, assim, mercê de tal integração, ter suprida sua capacidade processual, conforme vimos.

A Lei, em seu art. 13, prescreve que, verificada a incapacidade processual ou a irregularidade da representação das partes, o juiz deve suspender o processo, marcando prazo razoável para ser sanado o defeito, mandando intimar aquele que deveria suprir a incapacidade.[38] O prazo fixado pelo

---

tribunais do Rio Grande do Sul e Santa Catarina, t. I, 1976, julgado 0017, p. 25-26.

37. "Citação – Menor púbere – Chamamento que deve ser feito pessoalmente ao relativamente incapaz, em conjunto com seu assistente – Procedimento que, caso não seguido, gera nulidade por cerceamento de defesa" (1.º TACivSP [extinto], *RT* 652/96); *RT* 476/72. Por outro lado, não pode a citação ser realizada apenas em nome do menor: "Ato processual realizado tão somente em face do menor – Inadmissibilidade – Necessidade de ser o representante legal deste citado para o processo – Inteligência do art. 6.º do CC [de 1916] e do art. 8.º do CPC" (1.º TACivSP [extinto], *RT* 808/292).

38. TRF 4.ª R., AgIn 2003.04.01.028716-5/PR, rel. Des. federal Fábio Rosa, *DJU* 14.01.2004, p. 261. Essa providência, todavia, não se aplica

juiz para regularização da representação das partes é preclusivo. Não suprida a falta no prazo marcado, incumbe ao juiz declarar extinto o processo, por *nulidade*, sem resolução de mérito por falta de pressuposto processual (art. 13, I),[39] e, tratando-se de terceiro, será este excluído do processo (art. 13, III). Ademais, a exclusão prevista no inciso III do art. 13 do CPC deverá ser analisada de acordo com a relação, ou seja, no caso da nomeação à autoria, o nomeado somente será terceiro antes da extromissão do nomeante, após assume a condição de réu e a consequência, por decorrência lógica, será outra.

Por outro lado, constitui cerceamento de defesa o fato de o juiz mandar desentranhar liminarmente a defesa, que não veio acompanhada do instrumento de mandato, sem a concessão de oportunidade para a regularização do processo.[40] Em face da sistemática vigente (art. 13 do CPC), o juiz não deve extinguir o processo por defeito de representação antes de ensejar à parte suprir a irregularidade.[41]

Já se entendeu que o art. 13 do CPC, *por inteiro*, não cuida apenas da representação legal dos incapazes e das pessoas jurídicas, mas inclui, no elenco das irregularidades a serem sanadas, a hipótese da incapacidade para postular[42] (representação postulatória).

10. Regime jurídico dos incapazes no Direito Processual Civil

Os incapazes, no processo, não podem agir e, portanto, não podem estar em juízo por si próprios; não têm, por isso, possibilidade de constituir advogado. A atribuição deste poder é conferida, pela ordem jurídica, a outrem. Se existir poder familiar, será quem o exerça quem representará o menor em juízo.

O filho, absolutamente incapaz, é representado em juízo pelos pais. É o que dizem os arts. 8.º do CPC e 1.690 do CC/2002.[43] Hoje,

no âmbito das instâncias extraordinárias: "No âmbito do Recurso Especial, é inaplicável a providência de que trata o art. 13 do Código de Processo Civil. Agravo a que se nega provimento" (STJ, AgInREsp 493224/RS, 3.ª T., rel. Min. Castro Filho, *DJU* 19.12.2003, p. 455). E, do STF: "Inaplicabilidade, na fase recursal, do disposto no art. 13, CPC. II. – Precedentes do STF. (...)" (STF, RE-EDcl-AgRg, 2.ª T., 281287/RJ, rel. Min. Carlos Velloso, *DJU* 04.04.2003, p. 52).

39. TAMG, Ap 0346512-7, 1.ª Câm.Cív., Alfenas, rel. Juiz Nepomuceno Silva, j. 20.11.2001. *No mesmo sentido*: Arruda Alvim, *Código de Processo Civil comentado*, vol. 2/100; mais recentemente, v. Arruda Alvim, *Tratado de direito processual civil*, vol. 2, comentários ao art. 13 (RT, 1996); Celso Agrícola Barbi, op. cit., p. 165. No que pertine à interpretação do art. 13, II, há que se dizer que *se refere à hipótese de não regularização da posição do advogado*, porque não se pode admitir que a parte *despida de capacidade processual* possa ser tida como revel, *pois esta é um dos pressupostos da revelia*.

40. *RJTJSP* 71/364.

41. STJ, *RT* 659/183. Neste mesmo sentido, cf. *RSTJ* 32/324, em que se distingue entre defeito de representação e falta de representação. Recentemente, o STJ destacou que "protestando a parte pela conferência dos documentos originais com as cópias dos instrumentos procuratórios, não é prudente o juiz extinguir o feito sem que antes defira à parte (ou ao menos aprecie) tal oportunidade" (Trecho da ementa extraída do seguinte julgado: REsp 499863/RJ, 1.ª T., rel. Min. José Delgado, *DJU* 08.09.2003, p. 00236).

42. *RTJ* 85/1.349 – e *RT* 546/250; ainda, *JTACivSP* 58/17. Na decisão do RE 92.237, porque o advogado estava suspenso, e, com isto, deu-se a revogação automática do mandato, e daí a ausência de representação *postulatória*, entendeu-se aplicável o art. 13, intimada a parte e suspenso o processo (*RTJ* 95/1.351, voto do relator). *Similarmente*, *RT* 557/158 (em.). Nesta decisão entendeu-se que, não tendo o litigante condições para saber da inexistência de inscrição ou suspensão do advogado, ou de seu impedimento, não poderia sofrer o prejuízo, ensejando-se a correção, à parte prejudicada, pelo que prevê o art. 13.

43. Cf. art. 384, do CC/1916.

em face do que dispõe o art. 5.º, I, da Constituição Federal, o art. 21 da Lei 8.069/1990 (Estatuto da Criança e do Adolescente, com as alterações da Lei 12.010/2009), e o art. 1.631 do CC/2002, o pai e a mãe exercem, em condições de igualdade, o poder familiar. Havendo discordância de um deles, o outro pode recorrer à autoridade judiciária competente, para solucionar a divergência. A mencionada Lei 8.069/1990 revogou também o art. 380 do CC/1916 que dispunha caber ao "marido" (leia-se "pai") o exercício do poder familiar "com a colaboração da mulher" (leia-se "mãe"). Hoje, como se disse, esse poder é exercido por ambos, igualmente, e é o que consta atualmente do Código Civil. Portanto, à luz da sistemática vigente, poderá a mãe representar o filho, ou o pai, indiferentemente, mesmo quando não ocorrentes as hipóteses dos incisos I a III do art. 251 do CC/1916, que eram os únicos casos, à luz do Código Civil revogado, além, é claro, da morte do pai, em que à mulher passava a caber o exercício do poder familiar e, portanto, também a representação dos filhos menores incapazes. O absolutamente incapaz será representado pelo seu tutor, quando não o seja pelo pai ou pela mãe (art. 8.º do CPC e arts. 1.728, incisos I e II, e 1.747, I, do CC/2002).[44] Já o relativamente incapaz será assistido, pelo pai ou pela mãe, nas mesmas hipóteses em que o absolutamente incapaz é representado, como, ainda, será assistido pelo tutor, nos casos em que o absolutamente incapaz é representado. O maior, porém, incapaz, será representado, ou assistido (se a incapacidade for relativa) pelo seu curador (art. 8.º do CPC; e arts. 1.778 c/c 1.747 do CC/2002).[45]

Existe manifestamente uma correspondência entre o direito ou a pretensão do incapaz e o poder exercido pelo seu representante, no plano e ao nível do processo. Existe, ademais, uma relação que vincula o representante ao representado, e vice-versa.

Os maiores de 16 anos e menores de 18, os ébrios habituais, os viciados em tóxicos e os que, em decorrência de doença mental, tenham o seu discernimento reduzido, assim como os pródigos e os excepcionais, compreendidos como aqueles *sem desenvolvimento mental completo* (art. 4.º do CC/2002) por sua vez, têm capacidade limitada para estar em juízo.

Cumpre-nos referir que, evidentemente, a assistência tratada, no decorrer do que se disse a respeito deste art. 8.º, não se confunde com o instituto da assistência simples no que respeita ao ingresso de terceiros no processo, para auxiliar uma das partes (art. 50 *et seq.*),[46] nem com o da assistência litisconsorcial (art. 54).

11. O incapaz sem representante legal

Quando o menor não tiver representante legal, manda a Lei que se lhe nomeie um curador especial, nos termos do art. 9.º.[47]

A expressão *representante legal* aqui é empregada como *gênero*, abrangendo tanto a figura do assistente do relativamente incapaz, quanto a do representante do absolutamente incapaz e a do próprio curador ou tutor (v. art. 1.690, 1.747 e 1.778, do CC/2002).[48]

44. Cf. art. 426, I, do CC/1916.

45. Cf. arts. 458 e 426, do CC/1916.

46. Sobre a assistência, v., amplamente, Arruda Alvim, *Código de Processo Civil comentado*, vol. 3/1 a 104.

47. Sobre curador especial, v. Heitor Nogueira Guedes, *RF* 251/157; José Raimundo Gomes da Cruz, *RT* 528/279; Marcello Rabello de Mendonça, *RT* 562/270. Sobre a dispensa da hipoteca legal do curador, v. Fredie Didier Júnior, *Regras processuais no novo Código Civil (aspectos da influência do Código Civil de 2002 na legislação processual)*, p. 129.

48. Cf. Arruda Alvim, *Código de Processo Civil comentado*, vol. II/40; v., mais recentemente,

A figura do *curador especial*, nesta hipótese, tem por finalidade fazer as vezes do representante legal (art. 9.º, I, 1.ª *frase*).[49]

Se alguém pretender representar outrem, a quem, embora maior, se impute o estado de incapacidade, tal como a mãe que deseja anular casamento de filho, deverá prévia e necessariamente interditá-lo, pois que, enquanto não o tenha sido, legalmente está na plenitude do exercício de seus direitos.[50]

O interditando, porém, necessariamente, há de ter curador especial,[51] quando requerida a interdição pelo Ministério Público.

12. A colisão de interesses do incapaz e do representante (art. 9.º, I)

Também deve haver nomeação de curador especial, se o incapaz, conquanto tenha representante legal (isto é, o pai, a mãe ou o tutor de menor, seja o curador do maior e incapaz), tem interesses colidentes com os de seu representante (art. 9.º, I, 2.ª *frase*).[52]

A jurisprudência, acertadamente, já entendeu que existe colisão de interesses se representante e representado são proprietários, em condomínio, de uma gleba de terra indivisível e o representante pretende vendê-la, sem atentar para a vantagem ou desvantagem da venda para o representado.[53]

Também deverá haver nomeação de curador especial, quando o réu for citado por edital ou com hora certa e permanecer revel e, ainda, quando o réu estiver preso, neste caso seja revel, ou não; entre curador e curatelado, igualmente.[54] Em ação de anulação de casamento, é essencial a figura do

---

Arruda Alvim, *Tratado de direito processual civil*, vol. 2, comentários ao art. 9.º.

49. Cf. Clito Fornaciari Júnior, Curador especial, *Revista de Processo* (*RePro*) 1/185.

50. *RJTJRS* 56/132 e Edson Prata, *Repert. de Jurisp. ao Código de Processo Civil*, vol. 1/98-9, 1977.

51. Art. 1.179, do CPC.

52. Este curador tem plenitude de poderes processuais (cf. TJSP, AgIn 255.359-4/8, General Salgado, 6.ª C.D.Pr., rel. Ernani de Paiva, j. 15.05.2003). O STJ já decidiu que "o curador *ad litem*, inclusive quando integrante do Ministério Público (CPC, art. 9.º, parágrafo único), representa com plenitude a parte (quer demandante, quer demandada), considerada merecedora de especial tutela jurídica, cabendo-lhe impugnar as decisões judiciais tanto mediante recursos, como utilizando ações autônomas de impugnação, tais como o mandado de segurança contra ato judicial" (*RSTJ* 46/521, MS 1.768, rel. Athos Carneiro). Doutra feita, o mesmo STJ (*RSTJ* 57409, REsp 37.652-1, rel. Costa Leite), que o curador especial tem, também, legitimidade para os embargos do devedor, referidos no voto outros precedentes, no mesmo sentido: REsp 9.961, 23.495 e 32.623 (*rev. cit.*, p. 410). Nesse sentido é a doutrina: Cândido Dinamarco, *Fundamentos do processo civil moderno*,p. 330; José Raimundo Gomes da Cruz, A Curadoria à Lide no Processo de Execução, *RT* 528/279. O Tribunal de Justiça do Estado de São Paulo, no entanto, já decidiu pela nulidade de petição inicial de ação rescisória proposta por curador especial nomeado no processo original, reconhecendo a ausência de pressuposto processual, sob o fundamento de que *"o curador ad litem não é parte, nem representa a parte, sua função se limita à de nomeação, não podendo extrapolá-la"* (Trecho da ementa extraída do acórdão em AR 93.682-5, 1.º G.C.DPúb., j. 14.03.2000, rel. Des. Hermes Pinotti).

53. *RT* 470/210; tb. in Jurandyr Nilsson, op. cit., vol. 1/26, e Edson Prata, *Repert. de Jurisp. ao Código de Processo Civil*, cit., vol. I, n. 48, p. 111-112. No Estado do Rio de Janeiro *o curador ao vínculo é o defensor público* (Lei Complementar (Est. RJ) 6, de 12.05.1977, e leis que a atualizaram, art. 22, IX, *apud* Lígia Maria Bernardi, *O Curador Especial no Código de Processo Civil*, p. 202). Semelhantemente: "Se o pai de herdeira menor está sendo demandado pelo espólio, em processo no qual denunciou a lide à mesma filha, há manifesta colisão de interesses que obriga o Juízo a dar a esta curador especial" (TJSP, AgIn 84.333-4, 2.ª Câm.Dir. Priv., São Caetano do Sul, j. 09.02.1999, rel. Cezar Peluso, v.u.).

54. Caso não seja designado curador, é nulo o processo: TJMS, *RT* 531/207; *RT* 490/92 (mesmo que tenha advogado constituído nos autos

curador ao vínculo;[55] e isto não dispensa a nomeação de curador especial, figura com a qual não se confunde a do curador ao vínculo, se tiver havido citação por edital ou hora certa aliada à revelia (para a necessidade de nomeação de curador especial).[56] Não assim, por certo, quando alguém, citado por *hora certa*, contesta, ciente que ficou a respeito da ação, com a citação por edital ou com hora certa, mas o faz fora do prazo. Nesta hipótese, os efeitos da revelia se encontram produzidos e, de qualquer forma, se não houve o contraditório, isto se deu por perda de prazo, pelo próprio interessado, ou seja, pelo próprio revel.[57]

Se o menor solicita alimentos de seu pai, outrossim, configura-se conflito de interesses, havendo necessidade de nomeação de curador especial, pois ao pai não é dado representar seu filho contra si próprio, eis que tem de se defender na referida ação.[58] O mesmo se dá quando houver, mesmo em tese, conflito de interesses entre a mãe e filha menor com respeito a futura partilha.[59]

É lógico que, havendo *curador especial nomeado*, ou que o deva ser, esta circunstância inibe o julgamento antecipado da lide, com base no art. 330, II, c/c o art. 320, II, dado que, caso contrário, a nada ficaria reduzida a função desse curador.[60]

No que dizia respeito à nomeação do curador especial, afirmávamos nas edições anteriores deste *Manual* que, mesmo existindo membro do Ministério Público que pudesse funcionar, mas já não ocupante de cargo de curador de ausentes e incapazes, sempre se entendeu, predominantemente, que o juiz não ficava obrigado a nomear tal agente, senão que poderia nomear advogado. Dizíamos que ficava, sim, vinculado o juiz, quando especificamente existia o referido cargo.[61]

No Estado de São Paulo, por exemplo, entretanto, a função do curador da lide deixou de ser atribuição do Ministério Público, passando a ser mister de advogados, nomeados, caso a caso, pelo juiz oficiante (Lei Complementar Estadual 667/1991, cujo art. 16 extinguiu os cargos de Promotor de Justiça Curador Judicial de Ausentes).[62] Todavia,

---

– conflito entre curador e curatelado, ambos condôminos, de bem disputado).

55. Sob pena de nulidade do processo (TJMG, ApCív 000.320.672-9/00, 6.ª Câm.Cív., j. 07.04.2003 rel. Des. Sérgio Lellis Santiago).
56. *RJTJRS* 51/169.
57. *Lex-Julgados dos Tribunais de Alçada de São Paulo*, vol. 62/p. 163-4; nosso Código de Processo Civil comentado, vol. 2/41-42; v., Arruda Alvim, *Tratado de direito processual civil*, vol. 2, comentários ao art. 9.º.
58. *RT* 484/67.
59. *RT* 534/231. *No mesmo sentido*, havendo conflito de interesses: *RJTJSP* 62/100.
60. Anteriormente ao Código, já esse era o entendimento: *RT* 277/363 e 399/171; *RJTJSP* 1/42, 3/139 e 12/83, *mutatis mutandis*. Na vigência deste Código de Processo Civil de 1973: *RT* 509/197 e 573/176; *JTACivSP* 58/62.
61. Anteriormente ao Código, já esse era o entendimento: *RT* 277/363 e 399/171; *RJTJSP* 1/42, 3/139 e 12/83, *mutatis mutandis*. Na vigência deste Código de Processo Civil de 1973: *RT* 509/197 e 573/176; *JTACivSP* 58/62.
62. Esta Lei Complementar 667/91 teve sua constitucionalidade posta em discussão em Ação Direta de Inconstitucionalidade proposta pelo Conselho Federal da Ordem dos Advogados do Brasil. Naquela oportunidade, foram tidos pelo autor, como violadores do art. 22, I, da CF/1988 (que reserva competência exclusiva para a União legislar sobre processo), porque comprometedores da integridade do comando do art. 9.º do CPC, os seguintes dispositivos do precitado diploma: o art. 6.º, I, que alterou a denominação de cargos do Ministério Público paulista; o art. 16, que revogou o art. 41, II, da Lei Complementar 304/82, vale dizer, extinguiu os cargos de Promotor de Justiça Curador Judicial de Ausentes; o art. 17, em que se cogitou da apresentação de propostas de redistribuição de serviços, e o art. 18, ao estipular que "no mesmo processo ou procedimento não oficiará, simultaneamente, mais de um órgão do Ministério Público", partindo o autor, com

a Lei Complementar Federal 80/1994, que organizou a Defensoria Pública da União, do Distrito Federal e dos Territórios, além de dar normas gerais para sua organização nos Estados, prescreve em seu art. 4.º, XVI, ser função institucional da Defensoria Pública atuar como curador especial nos casos previstos em lei, dentre eles o art. 9.º do Código de Processo Civil em exame. Enquanto não havia sido instalada aquela Defensoria, por exemplo, no Estado de São Paulo, prevalecia o comando do art. 10 do Ato das Disposições Constitucionais Transitórias da Constituição daquele Estado que atribuía o exercício da função dos defensores à Procuradoria de Assistência Judiciária da Procuradoria Geral do Estado (cf. Lei Complementar Estadual 478/1986, que instituiu a Lei Orgânica da Procuradoria Geral do Estado, art. 28) ou, ainda, por advogados contratados ou conveniados com o Poder Público através da Seccional paulista da Ordem dos Advogados do Brasil. Porém, com a Lei Complementar estadual 988/2006, foi criada a Defensoria Pública do Estado de São Paulo que, além de prestar assistência judiciária às pessoas carentes, assumiu a sua função institucional de atuar nos casos do art. 9.º do CPC, tendo firmado convênio para que seja prestada assistência suplementar pelos advogados inscritos junto à OAB-SP.

13. A figura do curador especial[63]

O curador especial, a que se refere o art. 9.º, *caput*, distingue-se nitidamente do curador civil, que é nomeado em atenção à necessidade de completar a capacidade do incapaz[64] para a finalidade da realização de negócios de índole privada, *ainda que, um e outro, encontrem sua razão de ser na mesma razão: a incapacidade daquele em prol de quem atuam, ainda que o façam em planos diferentes*. O curador especial representa o incapaz.[65]

---

relação a este dispositivo, da premissa de que, com tal previsão, ter-se-ia alijado possível atividade como representante judicial de incapazes ou de ausentes. Somente este último dispositivo teve sua eficácia suspensa em sede de liminar (acolhida, no particular, a argumentação desenvolvida pelo autor da ação), vencidos, na oportunidade, os Mins. Marco Aurélio (relator), Ilmar Galvão e Celso de Mello (ADIn 932-0/SP, j. 13.10.1993, *DJU*, I, 22.04.1994). O Advogado-geral da União manifestou-se, no mérito, pela improcedência da ação (15.02.1995), que aguarda julgamento definitivo pelo Supremo Tribunal Federal. Diga-se, de qualquer sorte, que os dispositivos impugnados por esta ação direta de inconstitucionalidade foram revogados (implicitamente) pela Lei Complementar 734, de 26.11.1993, do Estado de São Paulo (Lei Orgânica do Ministério Público paulista), na qual não se fixou competência ao *parquet* para exercer as funções de curador de ausentes ou incapazes (o art. 103, que arrola quais as funções institucionais do Ministério Público em São Paulo, é silente neste ponto), enquanto seu art. 114, *caput*, dispõe que "no mesmo processo ou procedimento não oficiará simultaneamente mais de um órgão do Ministério Público".

63. Arruda Alvim, *Código de Processo Civil comentado*, vol. 2/42 *et seq.*; mais ampla e recentemente, v. nosso *Tratado de direito processual civil*, comentários ao art. 9.º (Ed. RT, 1996).

64. O STJ (*RSTJ* 50/127) já decidiu que, não verificada interdição, não se haveria de ter nomeado curador especial, e, no caso concreto, nem sequer declarações daquele de quem se afirma ser incapaz serviram de base à nulidade do negócio – *RSTJ* 50/130, *especialmente*. Tratava-se de afirmar que determinado ascendente, que cedeu a um seu descendente, com infração do art. 1.132 do CC/1916 (e que no atual Código Civil corresponderia ao art. 496), seria incapaz.

65. Diferentemente, fixando-lhe a natureza de *substituto processual*, cf. *RSTJ* 47/272, rel. Barros Monteiro. No mesmo sentido deste entendimento, cf. Antonio Cláudio da Costa Machado, *A intervenção do Ministério Público no Processo Civil brasileiro*, p. 152, que categoriza a atuação do Ministério Público, no âmbito do art. 9.º, como a de um *legitimado extraordinário. Mais ainda, orienta-se no sentido de que se trata de substituição processual* (op. cit., p. 155).

A expressão *representante legal* é, neste art. 9.º, I, empregada como *gênero*, abrangendo tanto a figura do assistente do relativamente incapaz, quanto a do representante do absolutamente incapaz, *mas não a do próprio curador.*[66] Constata-se, portanto, que a figura do curador especial, nesta hipótese, tem por finalidade fazer as vezes do representante legal.

O incapaz poderá ter tido representante legal e tê-lo perdido; como também poderá nunca tê-lo tido, hipótese em que também será o caso de nomeação de curador especial,[67] desde que surja processo em que este incapaz tenha de intervir, seja como autor, réu, opoente ou assistente.

O objetivo *basilar* da atuação do curador especial é estabelecer (*na verdade, restabelecer ou proporcionar)* um equilíbrio no processo, pela circunstância de uma das partes que litiga ou contra quem se litiga não estar, *de fato, normalmente* equilibrada, em relação à outra. Por isto é que esta nomeação foi estabelecida pelo legislador. Segue-se disto que não se trata, propriamente, de aparente vantagem, senão que de fazer funcionar a figura do curador especial, de que trata este art. 9.º, em situações que, em si mesmas, já se encontram previamente desequilibradas. Este critério, *que é comparativo,* tem em vista a situação de uma parte que, considerada em relação à outra (quando esta tiver capacidade "plena"), deve ser havida como *apequenada*, na sua capacidade de agir. Estas considerações não exaurem, todavia, a *ratio legis* da existência da figura do curador, pois que, ainda que incomumente, poderão não existir, e, sem embargo disto, deverá haver a nomeação.

Como se disse, as razões de existência da figura não se exaurem neste *apequenamento do incapaz,* os quais poderão sequer estar presentes, mas existem outros fundamentos pelos quais se nomeia curador especial. O fundamento último, e *essencial* – não se descartando do anterior, perceptível na maioria dos casos –, é o de que, mesmo *objetivamente, i.e., em si mesma considerada,* a parte não reúne condições para litigar. O que se quer dizer é que, se dois menores, nas condições descritas no art. 9.º, I, litigarem – não se podendo, neste caso, cogitar *propriamente* de reequilíbrio – sem embargo, ambos deverão ter *o seu curador especial*. Isto vem a significar que essa situação é *objetivamente indicativa* de que tais incapazes não reúnem condições objetivas (em si mesmas avaliadas e não comparativamente ao outro litigante) para desempenho processual, independentemente de se comparar a situação de um menor, v.g., com a do outro, seu antagonista (*ex adverso*), se este for maior e capaz.

As hipóteses de necessidade de nomeação, *por outro lado,* compreendem *quaisquer incapazes* e quaisquer *formas* ou *modalidades* de possíveis *conflitos de interesses*, entre representante e representado, que, ocorrentes, devem determinar a nomeação de curador. Este curador deverá, sempre, *funcionar efetivamente, e não optar por atuar, ou não, reduzindo-se a sua nomeação à mera formalidade.*[68]

66. A figura do *curador especial* é – segundo alguns – a de um *substituto processual*. Conquanto o parágrafo único do art. 9.º aluda a "representante judicial de incapazes e ausentes", na realidade deveria ser entendido, também este, como *substituto processual*. Esta não nos parece a posição correta, todavia.

67. É o que expressamente dispõe o art. 142, parágrafo único, do ECA.

68. Cf. Antonio Cláudio da Costa Machado, *A intervenção do Ministério Público no processo civil brasileiro*, p. 163. Ainda Calmon de Passos, *Comentários ao Código de Processo Civil*, Rio de Janeiro, 1974, p. 367. Nesse sentido, também, a jurisprudência: *RJTAMG* 19/3211; *Lex-Julgados dos Tribunais de Alçada de São Paulo* 46/139. Critica-se (Costa Machado, op. cit. em nota, à p. 163), com razão, decisão em que se entendeu ser "livre" a deliberação de apresentar defesa, ou não.

O não cumprimento da norma referente à nomeação de curador especial, *em regra*, conduz à nulidade, "*retroativamente*" até à revelia, *inclusive*, devendo-se nomear curador para que conteste.[69] Ou seja, o *segmento do processo*, em que já deveria ter sido nomeado curador especial, e tendo isto não ocorrido, é que padece de nulidade. Decisão há que, em *demarcatória*, onde houve citação por edital, sem comparecimento de confrontantes assim citados e, nomeado curador especial, *somente muito tempo depois*, tendo em vista aquele momento em que isto deveria ter ocorrido, deu-se pela validade de segmento processual, mesmo antes dessa nomeação, laborando-se em equívoco.[70] Na verdade, tipificando-se hipótese de nomeação de curador especial, este deverá ter sido nomeado imediatamente após à configuração da revelia e do não comparecimento ao processo, desse revel, e, em sendo réu preso, sempre, quer apresente este defesa, ou não.[71]

Assim, se se trata de ação de usucapião em que são autores curador e curatelado, existe a possibilidade de conflito, se um e outro têm pretensão a usucapir. O curatelado, exemplificativamente, era copossuidor e herdeiro, juntamente com a sua curadora (que era sua irmã) e não figurava, o curatelado, como autor na ação. O processo foi anulado para determinar-se sua citação, *como autor, acompanhado de curador especial*.[72]

É necessário, todavia, situar adequadamente a finalidade da nomeação.

Esse curador é obrigado a defender aquele pelo qual atua; é-lhe vedado *opinar* ou *manifestar-se* contrariamente a esse, *pois que, do contrário, esse estaria literalmente indefeso*.[73] Consequentemente, não está o curador autorizado à prática de atos de disposição dos direitos materiais do curatelado.

Por outro lado, assinala Eduardo Arruda Alvim, "o não oferecimento de contestação pode até acarretar sanção administrativa ao curador especial, se pertencente a organismo público, mas jamais implicará a ocorrência de revelia", pois, de outra forma, "estaria

---

69. TJSP, Ap.Cív. 745.797-0/3, 28.ª Câm.D.Pr., j. 10.05.2005, rel. Cesar Lacerda; 1.º TACSP [extinto] – *Lex-Julgados dos Tribunais de Alçada de São Paulo* 48, p. 56-58 (o acórdão funda-se na *unilateralidade* do pedido/situação, se não ocorrer a nomeação, com anulação do julgamento que se verificara); *RJTJSP* 90, p. 300-301; Pontes de Miranda, *Comentários ao Código de Processo Civil*, Rio de Janeiro, Forense, 1973, vol. 1, p. 293, n. 12, entendendo, corretamente, tratar-se de *nulidade; pela nulidade*, TJSC – *Jurisprudência Catarinense* 41/p. 177-8; *diferentemente*, acórdão do Tribunal de Justiça de Santa Catarina (TJSC, *Jurisprudência Catarinense* 45, p. 195, 1.ª col.) argumenta que o direito à arguição de nulidade é personalíssimo, *quando, em realidade, trata-se de vício objetivo* (há que se acentuar que o curador, ulteriormente nomeado, *ratificou* os atos praticados, p. 195, 2.ª col.).

70. TJSC – *Jurisprudência Catarinense* 45, esp. p. 183, 195 e 200, argumentando-se que, como o Código de Processo Civil não prevê o momento da nomeação, bastará que o seja antes da sentença.

71. Corretamente e diferentemente da nota anterior, pelo mesmo Tribunal de Justiça de Santa Catarina (*Jurisprudência Catarinense* 46/330-331), decidiu-se pela nomeação de curador (art. 9.º, I), tendo em vista embargos de terceiro, opostos por incapazes, em face de ação demarcatória, para a qual não haviam sido citados. Determinou-se que fossem corretamente citados e que se lhes nomeasse curador especial, diante da *mera possibilidade* de colisão dos interesses dos menores incapazes com seus representantes legais.

72. TJSC – *Jurisprudência Catarinense* 47/126 (1.ª col.) e 127 (1.ª col).

73. Nesse sentido, cf., amplamente, Maria Lúcia L. C. de Medeiros, *Da revelia sob o aspecto da instrumentalidade*, n. 3.1.1, p. 135. Decidiu o TJSP que o "curador especial que tem o dever de defender o interesse da parte" (*JTJ* 170/232); *Lex-Julgados dos Tribunais de Alçada de São Paulo* 46/139-141, em que o curador especial foi membro do Ministério Público, sem atuação, dando-se pela nulidade, aplicados os arts. 84 e 246.

inutilizada a própria razão de ser da regra constante do inc. II do art. 9.º do CPC, que prevê a necessidade de nomeação de curador especial em tais hipóteses".[74]

Ao curador especial, *atuando na defesa*, não falecem poderes para poder *reconvir*, modificando-se posição anterior.[75]

Em regra, o curador especial não poderá *denunciar a lide*.[76] No entanto, na hipótese de *evicção* assiste-lhe esse direito-*dever*, porquanto, do contrário, correria a parte, por esse defendida, o risco de perder o direito regressivo. Assiste-lhe, ainda, o direito de nomear à autoria, chamar ao processo e utilizar-se de embargos de terceiro.[77]

Hipóteses há em que, conquanto haja citação de desconhecidos (e, de réus *inominados e 'indefinidos'*), na expressão mais literal dessa significação, não se justifica a nomeação de curador especial, *precisamente porque não comparece, sequer hipoteticamente, o pressuposto de possível lesão*.[78] No

74. *Direito Processual Civil*, p. 335.

75. Em sentido conforme decidiu o TJSP: "Reconvenção – Apresentação por Curador Especial – Admissibilidade – Nomeado que cumpre o ônus processual de praticar todos os atos processuais para defender os interesses do seu curatelado – Instituto, ademais, considerado em nosso ordenamento processual como uma das formas de resposta do réu" (*JTJ* 146/237). No mesmo sentido: *RT* 701/81. Mais recentemente: "Processo Civil – Reconvenção – Curador especial – Admissibilidade – Agravo retido improvido. De acordo com o disposto no art. 9.º, inciso II, o juiz dará Curador Especial ao revel citado por edital. E, se a lei determina que, nesta hipótese, seja nomeado Curador Especial e não restringe o exercício do 'múnus público', não deve o intérprete restringir. O pressuposto é de que o Curador Especial deve assegurar os interesses do réu fictamente citado, exercitando defesa. Aliás, não fosse assim, o art. 300 do Código de Processo Civil, não disporia que 'compete ao réu alegar, na contestação, toda a matéria de defesa', permitindo além das defesas processuais (CPC, art. 301), utilizar-se da reconvenção (CPC, art. 315) (...) A propósito, a doutrina e a jurisprudência já revelaram a possibilidade de o Curador Especial apresentar embargos do devedor. Dada a similitude com a reconvenção, não se pode deixar de admitir que, no caso concreto, a reconvenção guarda conexidade com a ação principal, ou seja, há vínculo entre elas, quanto ao objeto e a causa de pedir, reunindo, portanto, os requisitos essenciais à sua viabilidade. Ademais, não custa salientar, os fatos invocados como defesa na ação principal, serviram de fundamento do pedido reconvencional, aumentando, destarte, a convicção favorável à manutenção da decisão agravada" (TJSP, Ap. com Rev. 911837000, Rel. Des. Artur Marques, j; 20.02.2006, disponível em http://www.tj.sp.gov.br). Para Humberto Theodoro Jr., ao curador especial cabe a "ampla defesa da parte representada", podendo apresentar "contestação, exceção e reconvenção, se encontrar elementos para tanto, pois a curatela especial dá-lhe poderes de representação legal da parte, e tudo o que diga respeito ao processo e à lide nela debatida". Na opinião do autor, apenas seria vedada ao curador especial a prática de atos de disposição (*Curso de Direito Processual Civil*, 49. ed., Rio de Janeiro: Gen/Forense, 2008, p. 85-86). Em sentido divergente, quanto à reconvenção: Eduardo Arruda Alvim entende que o mesmo raciocínio destinado aos atos de disposição de direito material se aplica à reconvenção, que não pode ser promovida pelo curador especial (*Direito Processual Civil:* processo de conhecimento, 2. ed., p. 335). Similarmente, Nelson Nery Jr. e Rosa Maria de Andrade Nery, em comentário à jurisprudência sobre o tema, explicam a que a situação da reconvenção seria distinta da dos embargos de devedor, pois os embargos – conquanto constituam ação autônoma – seriam a única defesa do executado, enquanto a reconvenção seria modalidade de ataque em sentido estrito. Já quanto à denunciação da lide em virtude de evicção (art. 70, I, do CPC), entendem ser possível o oferecimento pelo curador especial, pelo risco de se entender que esta seria a única forma permitida para o exercício do direito de regresso – segundo os autores (*Comentários ao Código de Processo Civil*, p. 196).

76. Nesse sentido, *JTJ* 151/100.

77. Nesse sentido, Antonio Cláudio da Costa Machado, *A intervenção do Ministério Público no processo civil brasileiro*, p. 182, 183 e 185.

78. É a hipótese em que se determina a ciência da ação a desconhecidos, no âmbito da ação

caso, fica evidente que o curador especial, até mesmo pela própria ignorância de quem seriam esses "réus incertos e desconhecidos" – hoje, pela Lei 8.951/1994, "eventuais interessados" –, nada teria que fazer. Esta citação, estabelecida pelo Código de Processo Civil, – parece-nos – decorre menos de qualquer preocupação mais íntima com a possibilidade da necessidade de ocorrência de um *contraditório real*, senão que, principalmente, mais existe com o fito de se poder vir a estabelecer a *denominada eficácia* erga omnes *emergente da formalização do direito de propriedade, que deflui do usucapião, tendo em vista a sentença declaratória, que é aí proferida, no caso de procedência.* Ainda que se diga que essa sentença tenha eficácia *erga omnes*, não é menos verdade que, se esses terceiros citados *de forma indefinida* viessem a ter curador especial, cogitar-se-ia de que a sentença valeria, *também*, em relação *a todo e qualquer terceiro*, ainda que tivesse esse um direito oponível a essa sentença, *o que é inaceitável.*[79-80] *É necessário, portanto, compreender, em termos, o que se pretende com essa eficácia* erga omnes, *cujo* nomen iuris *é enganoso, neste particular.*

A este tema outras leis se referem, *v.g.*, o Estatuto da Criança e do Adolescente (Lei 8.069/1990), ao disciplinar a atividade do juiz, em esfera não necessariamente *civil* (art. 148, parágrafo único, letra *f*), lhe defere competência para "designar curador especial em casos de apresentação de queixa ou representação, ou de outros procedimentos judiciais ou extrajudiciais em que haja interesses de criança ou adolescente", à luz da ocorrência do que está disposto no art. 98, desta mesma lei.[81-82]

O curador especial não precisava ser advogado. Aliás, o representante legal de quem este curador especial faz as vezes podia não ser advogado. Um e outro podiam e *deviam* constituir advogado.[83] Quer o CPC/1939, quer a lei atual não se referem à condição de advogado como requisito para funcionar como curador especial.

O curador especial, ao contrário do que podia ser afirmado anteriormente,[84] como se acabou de recordar, deverá hoje, *necessariamente, ser bacharel em direito.* A Lei Complementar Federal 80/1994, estabeleceu, em seu art. 4.º, XVI, ser função institucional da Defensoria Pública atuar como Curador Es-

de usucapião, *tendo em vista réus "incertos e desconhecidos"* (art. 942, II, na sua redação original, antes da Lei 8.951/1994). Cf., negando a razão de ser da nomeação, Paulo Penteado de Faria e Silva, Curador à lide em ação de usucapião, *RT* 526/15-19 (com farta indicação jurisprudencial); TJSP – Uniformização de Jurisprudência 29.761-1, *RJTJSP* 88/333-335; 120/350-1 *(hipótese de ação para instituir servidão)*; 121/196-7; *no mesmo sentido: RT* 477/82 e 114; 482/106; 485/85; 506/54; 527/84; TJSC – *Jurisprudência Catarinense* 42/78-80, *viável, por isso, em ação de usucapião, não contestada, o julgamento antecipado;* na *Revista de Processo* (*RePro*) 2/347, ementas 49; 6/306, ementa 57; *em sentido contrário*: *RT* 498/108; 542/55; 547/84; *RJTJSP* 32/132; 39/77; 77/232-3 (é inservível, *isto é, nada* sana, a participação ulterior de Curador Geral); *Revista de Processo* (*RePro*) 2/347, ementas 49; 6/306, 57.

79. Argumento do voto do Des. Bruno Afonso André, *RJTJSP* 88/335 (1.ª col).

80. V. a respeito, *ex professo*, Nelson Luis Pinto, *Ação de Usucapião*, p. 90, nota 66.

81. Observa-se apenas que, pelo Estatuto citado, com vistas ao âmbito de sua aplicação, inexiste coincidência rigorosa, *tendo em vista a idade*, com a incapacidade relativa e absoluta do Código Civil (v. CC, arts. 3.º e 4.º, e Estatuto, art. 2.º, em que se define "criança" e "adolescente").

82. O art. 98 do ECA altera parcialmente o art. 33 do CPP.

83. Arruda Alvim, *Código de Processo Civil comentado*, vol. 2/43; v., mais recentemente, Arruda Alvim, *Tratado de direito processual civil*, vol. II, comentários ao art. 9.º (RT, 1996); Clito Fornaciari Júnior, Curador especial, *Revista de Processo* (*RePro*) 1/185; Hélio Tornaghi, *Comentários ao Código de Processo Civil* 1/114.

84. Cf., na 8.ª edição deste *Manual*, vol. 2, p. 27.

pecial nos casos previstos em lei e, em outro passo, dispõe, no seu art. 26, que somente poderá ingressar na carreira de Defensor Público aquele que, no momento da inscrição, possuir registro na Ordem do Advogados do Brasil, excetuados apenas aqueles que estão proibidos de obtê-la (não porque não sejam bacharéis de direito, evidentemente, mas por incidirem em uma das hipóteses do art. 11 da Lei 8.906/1994 – Estatuto da Advocacia), comprovando, no mínimo, dois anos de prática forense.

O parágrafo único do art. 9.º reza que, "nas comarcas onde houver *representante judicial de incapazes ou de ausentes*, a este competirá a função de curador especial", e essa função era desempenhada pelo Ministério Público, o que já não mais ocorria, ao menos no Estado de São Paulo, desde o advento da precitada Lei Complementar Estadual 667/1991.

O parágrafo único do art. 9.º, porque rezava que, nas comarcas onde houvesse representante judicial de incapazes ou de ausentes, a este competiria a função de curador especial restou, irrefutavelmente comprometido com a superveniência da nova sistemática imprimida pela Lei Complementar Federal 80/1994 que reservou tal função aos Defensores Públicos.

No Estado de São Paulo, devido ao art. 41, IV, da Lei Complementar Estadual 304/1982, cabia ao Ministério Público "intervir nas causas em que houver interesses de incapazes, fiscalizando a atuação do seu representante, mesmo que este seja curador especial nomeado na forma das leis civil e processual, podendo, inclusive, quando for o caso, aditar a petição inicial e a contestação, sem prejuízo do eventual oferecimento de exceções". Modificava-se, em parte, portanto, o anterior sistema do Dec.-lei Complementar 12, de 09.03.1970, daquele Estado, quando essa função encontrava-se deferida ao Ministério Público, quando houvesse *in concreto* esse representante de incapazes na comarca.

A Lei Orgânica do Ministério Público do Estado de São Paulo atual (Lei Complementar Estadual 734/1993), como já ventilado anteriormente, não tem disposição similar. Apenas, em seu art. 103, IX, dispõe, genericamente, que são funções institucionais do Ministério Público "manifestar-se nos processos em que sua presença seja obrigatória por lei (...)". Assim, havendo interesse de incapazes, o Ministério Público deverá necessariamente atuar, mas *por força do art. 82, do CPC e, mesmo, por força do art. 202 da Lei 8.069/1990, Estatuto da Criança e do Adolescente*.

Em verdade, já com o advento da Lei Complementar Estadual 667/1991, extinguiu-se (art. 16), no âmbito do Estado de São Paulo, a figura do curador especial como função do Ministério Público, com a revogação expressa da Lei Orgânica anterior, de 1982. Passou este *munus*, desde então, a ser exercido, com toda plenitude,[85] num primeiro momento pela Procuradoria da Assistência Judiciária da Procuradoria Geral do Estado (Lei Complementar Estadual 478/1986, art. 28, II), ou, ainda, por advogados conveniados com a Ordem dos Advogados do Brasil, enquanto não estavam instaladas naquele Estado as Defensorias Públicas (Ato das Disposições Constitucionais Transitórias da Constituição do Estado de São Paulo, art. 10). Agora, como anteriormente mencionado, pela própria Defensoria Pública, criada pela Lei Complementar Estadual 988/2006.

Em que pesasse a situação jurídica lacunosa que poderia ser afirmada criada com o advento da Lei Complementar Estadual

85. Esta expressão – "com toda plenitude" – foi tirada das informações prestadas pelo Governador do Estado de São Paulo nos autos da precitada ADIn 932-0/SP, reproduzidas no parecer do Advogado-Geral da União (f. dos autos).

667/1991,[86] e em que pesasse a suspensão liminar do art. 18 deste diploma legislativo na ADIn 932-0/SP, com o advento da Lei Complementar (Federal) da Defensoria Pública e à luz das disposições da Constituição do Estado de São Paulo – *legem habemus* – o problema (quem deve fazer as vezes do curador a que se refere o art. 9.º, parágrafo único) restou solucionado.

Atualmente, portanto, nomeado o curador especial, a sua atuação será *fiscalizada e complementada pela atuação do Ministério Público*. Até porque, nitidamente, com a promulgação da Lei Complementar Federal 80, as duas funções estão claramente distinguidas. Por esta mesma razão é que não podem prevalecer as dúvidas existentes no sistema anterior no sentido de que a atuação de membro do Ministério Público como curador supriria, ou não, a necessidade, em algumas causas específicas, da presença do Ministério Público, ora como fiscal da lei, ora como parte. Considerando que as funções são (e já eram) totalmente distintas (hoje, a distinção está evidenciada pela dualidade de órgãos), decidiam com acerto aqueles que entendiam que não se poderia, diante destas hipóteses, cumular, o mesmo agente do Ministério Público, ambas as funções.[87]

Da mesma forma, ainda no sistema revogado, quando o representante do Ministério Público funcionasse como fiscal da lei, tal como ocorre na ação de usucapião, não podia, esse mesmo agente, atuar como curador de ausentes e incapazes na função prevista pelo Decreto-lei Complementar 12/1970, já citado, e, em face da Lei Complementar Estadual 304/1982, art. 41, II, revogada mais recentemente: não poderia, em suma, o *fiscal da lei*, ser o mesmo agente que fiscalizasse o desempenho do curador especial. Em casos como estes, deveria, então, ser nomeado outro elemento para exercer as funções de curador especial.[88]

Aspecto que merece ser considerado diz respeito à necessidade, ou não, de nomeação de curador especial para 'representação' ou para que cuide dos interesses de *réus incertos*, que tenham sido citados por edital, em *processo de usucapião*. Nosso entendimento é o de que tal nomeação não é necessária, pois, em verdade, não tem sentido.[89]

86. Como, por exemplo, fez o autor da ADIn 932-0/SP em sua inicial, tratada anteriormente.

87. TJRJ, AgIn 259, 3.ª Câm.Civ., rel. Oswaldo Goulart Pires, v.u., j. 25.03.1976; TJRJ, AgIn 267, 1.ª Câm.Civ., rel. Francisco Rangel de Abreu, v.u., j. 20.04.1976; TJRJ, AgIn 400, 6.ª Câm.Civ., rel. Basileu Ribeiro Filho, v.u., j. 04.05.1976; TJRJ, AgIn 299, 3.ª Câm.Civ., rel. Pedro Américo, v.u., 27.05.1976; TJRJ, AgIn 258, 1.ª Câm. Civ., rel. Francisco Rangel de Abreu, v.u., j. 01.06.1976; TJRJ, AgIn 417, 5.ª Câm.Civ., rel. Ebert Vianna Chamoun, v.u., j. 22.06.1976, apud Alexandre de Paula, *O Processo Civil à Luz da Jurisprudência*, vol. I/91-4, nova série, 1982. V. ainda *Revista de Processo* (*RePro*) 5/356, em. 58; 5/368, em. 139; 5/374, em. 182; 6/319, em. 132; e 7-8/333, ems. 57 e 58. Na Justiça Federal, sirva-se de ilustração, a União – antes do advento da CF de 1988, que vedou a sua representação pelo Ministério Público – art. 129, IX –, então sempre representada pelo Ministério Público Federal, em ação de usucapião, dever-se-ia fazer atuar *outro membro* (do MP Federal) como *custos legis* (com a função de atuar nos termos e para os fins do art. 944).

88. TJSP, AgIn 238.365, 6.ª Câm.Civ., rel. Dimas R. de Almeida, v.u., j. 22.11.1974, citado por Jurandyr Nilsson, *Nova jurisprudência do Código de Processo Civil*, vol. 1/33, Max Limonad, 1975.

89. No sentido da desnecessidade de nomeação de curador especial, é a jurisprudência majoritária. No âmbito do TJSP: *JTJ* 126/254; *RT* 538/59; *RT* 606/105; *RT* 658/89, *Revista de Processo* (*RePro*) 2/347, *RT* 477/82 e 527/84; *RJTJSP* 63/74 e 88/333 (UJ por maioria), Apel. 2769124600, 8.ª Câm. de Dir. Priv., rel. Des. Álvares Lobo; AgIn 4397314700, 2.ª Câm.de Dir. Priv., j. 18.07.2006,rel. Des. Boris Kauffmann, Ap. 2855954900, 3.ª Câm.Dir. Priv., j. 27.06.2008, rel. Des. Antonio Marcelo Cunzolo Rimola; disponível em http://www.tj.sp.gov.br. Em outros tribunais da federação: TJRS, 6.ª

O *curador especial* deve cobrir toda a atividade jurídica desenvolvida no procedimento em que é parte o incapaz. Terá a totalidade dos poderes processuais que teria o representante legal, dado que sua função deve fazer as vezes daquela do representante legal. Pouco importa que o representante legal seja o pai, ou que seja a mãe; de qualquer forma o curador haverá de atuar no lugar e desempenhar a função que seria do representante legal e, assim, terá todos os poderes que incumbiriam àquele.

Se a lei estabelece, para o juiz, o dever de nomear *curador especial*, nas hipóteses do art. 9.º, do CPC, seja este o Defensor Público (Lei Complementar Federal 80/1994, art. 4.º, XVI), ou quem lhe faça as vezes enquanto não estiverem efetivamente implantadas as defensorias públicas, segue-se que a falta de tal figura no processo deverá levar à nulidade deste, ou do segmento processual, em que deveria ter estado presente essa figura, se isso não ocorreu; a nulidade, todavia, deverá ser decretada somente se tiver havido prejuízo para o incapaz. Donde, se inocorrer prejuízo, não será hipótese de ser decretada a nulidade (v., com utilidade, o que consta deste *Manual*, Primeira Parte, Cap. XV, quando se discorreu sobre a falta de atuação, quando necessário, do Ministério Público, raciocínio aplicável, por analogia, para a hipótese que se cogita no texto).

Assim, deve-se recolher do art. 9.º do Código, neste particular, o sentido e espírito destinados à proteção do incapaz em decorrência de um defeito da capacidade processual, ou de representação, cujo reflexo é a cominação da nulidade do processo.

De outra parte, havendo interesses de incapazes, deve estar necessariamente presente e integrar o processo o Ministério Público. Isto não afeta a nulidade decorrente da ausência de curador especial. São duas nulidades distintas, até porque, como visto, funções atribuídas a pessoas distintas.

Quanto ao art. 9.º, II, duas questões relevantes se colocam. Desde logo, deve-se salientar que tanto bastará que alguém esteja preso, mesmo apresentando defesa (respondendo à ação), para dever ter curador especial.[90] Outro aspecto relevante é saber se, no

Câmara Cível, Ap.Cív. 586046583, rel. Des. Adroaldo Furtado Fabrício, j. 21.04.1987; TJRS, 8.ª Câm. Cív., AgIn.70005261102, j. 23.12.2002, rel. Des. Alfredo Guilherme Englert, disponíveis em http://www.tj.rs.gov.br; TJRJ, Ap. 2000.001.02507, 11.ª Câm.Cív., j. 11.05.2000, rel. Des. Luiz Eduardo Rabello, disponível em http://www.tj.rj.gov.br; TJMG, Ap: 2.0000.00.395454-1, 1.ª Câm. Cív., j. 23.09.2003 rel. Des. Osmando Almeida; *DJ* 01.11.2003, disponível em http://www.tj.mg.gov.br. Na doutrina v. Nelson Luiz Pinto, *Da Ação de Usucapião*. O E. TJSP, em Uniformização de Jurisprudência, por intermédio do seu órgão especial, respondeu que a esses – que não se sabe quem são e mesmo se existem – não havia que dar-se curador especial (Uniformização de Jurisprudência 29.761-1, publicada na *RJTJSP* 88/333 e em Theotônio Negrão e José Roberto Ferreira Gouvêa, *Código de Processo Civil e legislação extravagante*, p. 1.013, 1.ª col., nota 945:2. Refere este mesmo autor farta jurisprudência, no mesmo sentido (op. e loc. cits.), no mesmo sentido dessa Uniformização e da acima referida. Pela admissibilidade do curador especial: *RT* 498/108 e 547/84; *RJTJSP* 39/77, 40/202, 59/174 e 84/205.

90. Deve-se consignar, no entanto, que necessário será que o réu esteja *efetivamente preso*. Conforme Arruda Alvim, *Código de Processo Civil comentado*, vol. 2, 1975, comentários ao art. 9.º, p. 41; mais amplamente, v. Arruda Alvim, *Tratado de direito processual civil,* vol. 2, comentários ao art. 9.º e *RT* 490/92. No mesmo e idêntico sentido: *RJTJSP* 38/322-3 (sob o argumento de que pela *citação ficta* não se tem certeza de ter sido o executado por ela atingido; *Saraiva-Julgados dos Tribunais de Alçada de São Paulo* 72/140 (execução, com réus citados por edital, e oferecimento de embargos do devedor pelo Ministério Público, citados os precedentes das apelações 240.111 e 266.4601.4, do mesmo Tribunal); 76/68-70 (tese idêntica à do acórdão anterior); 79/82-3 (tese idêntica a dos

processo de execução de título extrajudicial, aquele que, citado por edital ou por hora certa, tem direito a curador especial, para o fim de que este embargue a execução.

Do ponto de vista formal e estrutural do processo, tendo-se em vista que os embargos do devedor constituem uma ação (e sobre ela operando-se coisa julgada), certamente a resposta seria negativa. No entanto, pensamos que, à luz do princípio do contraditório, de índole constitucional mesmo, tais considerações não poderão ser levadas a tal ponto, de vulneração de um valor maior e substancial. Ademais, o *conteúdo* dos embargos do devedor (ainda que processualmente seja ação), é, basicamente, coincidente com matéria própria de defesa, o que confirma o entendimento de que deve haver curador especial. Nesse sentido consolidou-se a jurisprudência do STJ, que culminou com a edição a Súmula 196: "Ao executado que, citado por edital ou por hora certa, permanecer revel, será nomeado curador especial, com legitimidade para apresentação de embargos".[91]

Por fim, não se pode deixar em aberto a situação gerada pela Lei 11.232/2005 – que introduziu o chamado *cumprimento de sentença*, eliminando a necessidade de instauração de nova relação processual tendente à satisfação do direito reconhecido, dentre outros, na sentença civil que reconhece a existência da obrigação de pagar quantia certa –, ou seja, atuando o curador especial na fase cognitiva do procedimento sua nomeação cessará tão logo haja o encerramento de tal fase, ou, persiste ela inclusive para fase executiva?

Parece-nos que, em razão do sincretismo implementado, o curador especial, nomeado na fase cognitiva, continua a exercer o seu mister também na fase executiva do procedimento, exatamente em razão da

acórdãos anteriores); *RT*-TJSP 606/105 (ementa); 1.º TACSP [extinto] – *Lex-Julgados dos Tribunais de Alçada de São Paulo* 59/23-4 (caso em que o curador especial arguiu prescrição, aceita pelo extinto 1.º TACSP [extinto] – atualmente, em razão da nova redação do § 5.º do art. 219, na redação da Lei 11.280, "o juiz pronunciará, de ofício, a prescrição"); 62/30-1; 54/99-100 (execução fiscal, entendendo-se aplicáveis as regras do processo de conhecimento, quando compatíveis, em face do disposto no art. 598 – decisão anterior à Lei 6.830/1980) 1.º TACSP [extinto] *RT* 598/137 (ementa – título extrajudicial); TJSP *RT* 607/86 (ementa – admitindo nomeação de pessoa estranha aos quadros do Ministério Público); TJSC – *Jurisprudência Catarinense* 49/281-2 (nota de crédito rural); TJSC – *Jurisprudência Catarinense* 41/177-8 (hipótese de execução de *sentença*, dando-se pela nulidade). Não se admitiu a nomeação de curador especial na hipótese de réu preso com advogado constituído: TJSP, *JTJ* 198/51.

91. Na doutrina, cf. Arruda Alvim, *Código de Processo Civil comentado*, vol. 2/48 *et seq.*; v., mais amplamente, Arruda Alvim, *Tratado de direito processual civil*, vol. 2, comentários ao art. 9.º; José Raimundo Gomes da Cruz, *RT* 528/279. Este entendimento foi acolhido pelo Superior Tribunal de Justiça quando do julgamento dos REsp 37.652-1/RJ, rel. Min. Costa Leite (*RSTJ* 57/405) e 27.103-8/RJ, rel. Min. Barros Monteiro, *DJ* 28.02.1994. Com fundamento na necessidade do contraditório, também já decidiu aquela Corte no REsp 32.623-4/RJ, rel. Min. Waldemar Zveiter, *DJ* 31.05.1993 (todos os julgados mencionados por Sálvio de Figueiredo Teixeira, *O STJ e o processo civil*, Brasília Jurídica, 1995, p. 25) e, com o mesmo fundamento, REsp 35.061-3/RJ, rel. Min. Milton Luiz Pereira (1.ª Turma), j. 20.03.1995, deram provimento, *DJU*, I, 17.04.1995, p. 9.559. No mesmo sentido, v. *RSTJ* 57/409, rel. Min. Costa Leite, referidos, neste acórdão, diversos precedentes, os REsp 9.961-SP, 23.495-RJ e 32.623-RJ (este já indicado acima); v., ainda, *RSTJ* 68/280, rel. Torreão Braz. Era esse, igualmente, o entendimento do STF – *RTJ* 103/330. *Contra*: *RT* 482/234; *JTFR* 30/6 e 32/7. Na doutrina: Clito Fornaciari Júnior, *Revista de Processo* (*RePro*) 1/185; Rita Gianesini, *Da revelia no processo civil brasileiro*, 1977, p. 137-8, que dá notícia (p. 138, notas 439-440) de um dos primeiros debates ocorridos (IV Curso de Especialização, sob nossa coordenação, no primeiro lustro da década de 1970).

unicidade procedimental existente, não havendo, portanto, até mesmo por razões ligadas ao princípio da economia processual e por interpretação teleológica, que se falar em nova tentativa de localização do réu, para depois, em caso negativo, se nomear novo curador.

14. A capacidade processual do marido e da mulher[92]

A capacidade processual da mulher solteira é plena, o mesmo se dando com relação à mulher viúva, à legalmente separada e à divorciada; e, praticamente, outro tanto ocorre com a mulher casada. Da mesma forma, o homem solteiro, viúvo, legalmente separado ou divorciado e o casado tem a plenitude da capacidade processual.

Com relação aos casados, no entanto, há uma limitação bilateral, ou seja, a capacidade processual tanto do marido como da mulher é limitada pela do outro, desde que as ações digam respeito à matéria discriminada no art. 10 do CPC.

O art. 10 da vigente Lei coloca em pé de igualdade a posição do marido e da mulher,[93] no que tange à possibilidade de um e outro, independentemente de autorização, demandarem a respeito de direitos pessoais. Consequentemente, a mulher e, assim também, o homem, poderão demandar sozinhos naqueles casos de direitos pessoais em relação aos quais tenham capacidade de exercício de direitos. As restrições para a mulher, portanto, são exclusivamente aquelas do art. 10, e são, simetricamente, as mesmas que existem para o marido (art. 5, I da CF/1988).

O objetivo do art. 10, § 1.º, I a IV, é a defesa do patrimônio do casal, no sentido de que as ações hão de ser movidas contra ambos, devendo, portanto, ser sujeitos passivos das ações, marido e mulher, nos casos discriminados pelo legislador. Segue-se, portanto, que um complementa a capacidade processual do outro, em função da própria incapacidade substancial específica para o caso concreto. O regime de bens, nestes casos, até o advento do Código Civil de 2002, era irrelevante.[94] Atualmente, contudo, a providência de que trata o art. 10 do CPC, está dispensada nos casos de matrimônio sob o regime de separação total de bens, em face do art. 1.647 do Código Civil, como se verá a seguir.

É evidente que, na medida em que a negativa do consentimento ou da autorização se faça sem um motivo justificado, indo ao desencontro dos interesses do casal, esta autorização poderá ser suprida pelo juiz na forma do art. 11, para regularizar o polo ativo do processo.

Incidem na esfera de abrangência do art. 10, *caput*, as hipóteses de ações que versem sobre direitos reais imobiliários, exigindo a presença do marido e da mulher nessas ações reais imobiliárias;[95] e, antes da nova redação que lhe deu a Lei 8.952/1994, já se havia decidido que essa mesma presença bilateral era exigida na ação de indenização por benfeitoria, desde que vinculadas à posse ou à reivindicação, a demolitória com estrutura da antiga ação cominatória.[96]

92. Sobre a análise dos arts. 10 e 11 do CPC, v. Arruda Alvim, *Código de Processo Civil comentado*, vol. 2/48 *et seq.*, e, mais recentemente, já com os textos legais atualizados para a Lei 8.952/1994, Arruda Alvim, *Tratado de direito processual civil*, vol. 2, comentários ao art. 10.

93. *JTACivSP* 34/328.

94. *Bol. AASP* 1.328/127.

95. Pelo art. 10, *caput*, na redação decorrente da Lei 8.952, de 13.12.1994, da perspectiva *ativa* haverão de comparecer ao processo, em litisconsórcio necessário ativo, ambos os cônjuges; ou, então, um deles deverá consentir que o outro proponha a ação em seu nome, também. Da perspectiva *passiva* ambos deverão ser citados (art. 10, § 1.º, I, na redação da Lei 8.952/1994).

96. *RT* 592/99 (em.); *RJTJSP* 86/42.

Antes da inclusão do parágrafo segundo do art. 10 pela precitada lei, vacilava bastante a jurisprudência sobre se deveria incluir no *caput* original do dispositivo as ações possessórias, isto é, se havia necessidade de, em ações possessórias, precisarem ser citados marido e mulher.[97] Com o novo parágrafo segundo, a questão ficou decidida, ao menos do ponto de vista legislativo, da seguinte forma: "Nas ações possessórias, a participação do cônjuge do autor ou do réu somente é indispensável nos casos de composse ou de ato por ambos praticados".[98] Note-se, a respeito deste dispositivo, que não foi criada qualquer regra que generalize o litisconsórcio (litisconsórcio necessário, portanto) entre os cônjuges. Pelo contrário, o sentido do dispositivo é inverso: versa sobre a *dispensabilidade* da participação do cônjuge do autor ou do réu em todas as ações possessórias, excetuados os casos de composse ou de atos praticados por ambos.[99]

A jurisprudência já decidiu pela necessidade da outorga uxória na ação de retrocessão, mesmo que alternada por pedido de perdas e danos;[100] por outro lado, será desnecessária a outorga uxória: em ação de resilição de promessa de compra e venda de imóvel (se direito *pessoal* configurar);[101] e em ação de consignação em pagamento contra espólio, objetivando o cumprimento de uma promessa de compra e venda de imóvel firmada pelo *de cujus*.[102]

Será também desnecessária a citação de ambos os cônjuges nas ações de nunciação de obra nova;[103] nas ações de despejo, da mulher do locatário, se a mesma não é signatária do contrato,[104] e na ação movida contra o vizinho, para haver indenização por prejuízos decorrentes do direito de vizinhança.[105]

Assim, devemos considerar como integrantes do conceito de imóveis três espécies de bens: em primeiro lugar, aqueles que são imóveis por natureza; em segundo lugar, aqueles que são imóveis por uma situação momentânea de imobilidade, aliada a uma definição legal, assim como as árvores, os frutos pendentes, na forma do art. 79 do CC;[106] em terceiro lugar, aqueles que o são por estrita definição legal, como nas hipóteses do art. 80 do CC.[107]

O elenco dos direitos reais é o constante da legislação civil, abrangendo o Código Civil e a legislação esparsa.

Inexistem direitos reais que não sejam criados por lei, o que indica um *sistema taxativo*. No entanto, o rol dos direitos reais não é taxativo.[108] Devemos citar, também,

97. No sentido de exigir a presença de marido e mulher em ações possessórias, cf. os julgados insertos em *RT* 491/71, 513/138 (em.), 514/203, 515/95 e 530/79; *RF* 265/321; *RJTJSP* 37/142, 55/103 e 58/120; *JTACivSP* 88/107 (todavia, o recurso afastou a extinção do processo com base no art. 250 do CPC). Não exigindo a presença de ambos: *RT* 468/83, 478/82, 508/88, 515/226, 518/106 e 578/213; *RF* 251/205; *RJTJSP* 37/78, 58/124, 63/216; 67/137 e 254; *JTACivSP* 79/233 e *RT* 542/88; 1.º TACSP [extinto] Ap 284.934, 1.ª CâmCív, j.24.11.1981, referido em *JTACivSP* 88/108.

98. *A fortiori*, desnecessária se faz a citação em se tratando de união estável, cf. STJ, REsp 596276-SC, j. 03.05.2005, rel. Min. Castro Filho, *DJ* 23.05.2005, p. 274.

99. Nesse sentido: TRF-5.ª Reg., ApCív. 142263, j. 25.11.2004, rel. Des. Cesar Carvalho, *DJ* 11.02.2005, p. 301.

100. *RF* 251/305.

101. *RT* 483/145.

102. *RT* 476/221.

103. *RT* 510/106.

104. *RT* 506/187.

105. *RJTJSP* 45/144.

106. Cf. art. 43, I, do CC/1916.

107. Cf. art. 44, do CC/1916.

108. No Código Civil de 2002, o rol dos direitos reais sofreu modificações em relação ao diploma anterior, como consta do seu art. 1.225. Retiraram-se deste elenco a enfiteuse e as rendas sobre imóveis. De outro lado, passaram a constar expressamente do rol dos direitos reais

como direitos reais, o caso do compromisso de compra e venda do imóvel para pagamento em prestações, desde que inscrito (segundo muitos, *negócio obrigacional com transcendência real*), e que passou a constar do rol do Código Civil (art. 1.225, VII); o compromisso do imóvel não loteado, desde que inscrito, tudo na forma dos arts. 5.º e 22 do Dec.-lei 58, de 10.12.1937, e arts. 5.º e 22 do Dec. 3.079, de 15.09.1938; e, ainda, para os não loteados, a Lei 649, de 11.03.1949.

Outrossim, a promessa de cessão de compromisso, quando inscrita, também confere o mesmo direito real ("em rigor, obrigação com transcendência real") a que se refere o art. 22 do Decreto-lei 58/1937, tudo nos termos do art. 69 da Lei 4.380, de 21.08.1964 (v. redação do citado art. 22, dada pela Lei 6.014, de 27.12.1973).

A Lei de Mercado de Capitais, Lei 4.728, criando a figura da *alienação fiduciária*, também prevê uma modalidade de direito real, o que fica tanto mais claro pelo exame do art. 1.361 do CC/2002. Ainda, a Lei 4.771, de 15.09.1965, a respeito da perpetuidade da floresta. Pela Lei 9.514, de 20.11.1997 ("Dispõe sobre o Sistema de Financiamento Imobiliário, institui a alienação fiduciária de coisa imóvel e dá outras providências"), no seu art. 23, prevê outro direito real, qual seja, o da *propriedade fiduciária*, a qual ocorre com o registro, constituindo este, direito real garantia sobre coisa própria. Outra modalidade de direito real é a propriedade fiduciária, tal como prevista no arts. 1.361 a 1.368 do CC/2002.

Deve-se remarcar, contudo, que a exigência de consentimento ou autorização do outro cônjuge, de que trata o art. 10 do CPC, está dispensada nos casos de matrimônio sob o regime de separação total de bens, em razão dos termos do art. 1.647 do CC/2002. Fica igualmente dispensada a observância do art. 10, *caput* e § 1.º nas hipóteses de matrimônio com participação final nos aquestos, havendo acordo antenupcial dispondo sobre a questão (dispensa de consentimento do cônjuge nos casos de alienação ou oneração de bem imóvel).

O Projeto de Lei 498/2009 (denominado PL 7.584/2010 na Câmara dos Deputados), apensado ao PL 8.046/2010 para análise e deliberação conjuntas, propõe uma nova redação ao *caput* do art. 10 do CPC, de modo a explicitar a interpretação que deve ser conferida ao dispositivo à luz do Código Civil. Referia-se o PLS 498/2009 às *"ações que versem sobre direitos reais imobiliários, salvo nos casos de separação absoluta de bens"*.

Na mesma linha, o Projeto de Novo Código de Processo Civil (PL 8.046/2010) estabelece, no art. 73, *caput*, que "O cônjuge necessitará do consentimento do outro para propor ações que versem sobre direitos reais imobiliários, *salvo quando casados sob o regime da separação absoluta de bens*" (destacou-se).

Não há, contudo, menção ao regime de matrimônio com participação final nos aquestos, havendo acordo antenupcial dispondo sobre a questão. De qualquer modo, tanto esta hipótese como a que se refere à separação total de bens devem, numa interpretação teleológica e sistemática (à luz do CC/2002), ser excepcionadas das regras de consentimento obrigatório do cônjuge.

Naturalmente que o consentimento será dispensado, conforme observa Ernane Fidélis dos Santos, nas ações reivindicatórias de imóveis que tenham sido objeto de gravame ou alienação por um dos cônjuges sem o consentimento do outro, ou daqueles que tenham sido doados ou transferidos por um dos cônjuges ao concubino ou concubina.[109]

---

trazido pela lei a superfície, o direito do promitente comprador do imóvel, a concessão de uso especial para fins de moradia e a concessão de direito real de uso.

109. *Manual de Direito Processual Civil*, p. 69.

No litisconsórcio necessário passivo, que há de se formar tendo em vista o art. 10, § 1.º, para os casos dos incisos I/IV, em princípio e como regra geral, subordina-se a eficácia da sentença à presença de todos os réus no processo respectivo; do contrário, será lícito atacar a validade e a eficácia da sentença.

A sanção decorrente de ausência do consentimento do outro cônjuge para demandar, nas ações em que isto é necessário, conforme o art. 10, *caput*, ou também a ausência da providência a que se refere o art. 11 será, necessariamente, a invalidação do processo (art. 11, parágrafo único).[110]

No entanto, é evidente que se dessume do texto do parágrafo único do art. 11 que não é uma nulidade insanável, mas, pelo contrário, trata-se de uma nulidade suscetível de ser sanada, porque o juiz deverá tomar a providência de determinar a regularização desta integração da capacidade processual.[111] Entretanto, o fato de se tratar de nulidade sanável não a desfigura enquanto nulidade absoluta.[112] De regra, as nulidades processuais, mesmo as absolutas, são sanáveis, diferentemente do que ocorre com o direito civil.[113]

O suprimento judicial a que se refere o art. 11 é obtido através de procedimento de jurisdição voluntária (art. 1.103).[114]

O juiz não deverá admitir a recusa ao consentimento, suprindo-o, portanto, quando a solicitação feita pelo outro cônjuge se respalde no que – segundo o que entender conveniente e oportuno – se tenha por uma conduta sensata e razoável e que, possivelmente, trará benefícios à família.

O mesmo não ocorre no polo passivo, pois é(são) caso(s) de litisconsórcio passivo *necessário* (art. 47).

15. Forma de ser sanado o vício de incapacidade

Se descumpridas quaisquer das exigências constantes dos arts. 8.º, 9.º e 12, ou seja, havendo incapacidade processual ou representação irregular da parte, o juiz deverá marcar prazo razoável para ser sanado o defeito, durante o qual ficará suspenso o processo, e, após o qual, se não cumprido o despacho, decretará o magistrado a nulidade do processo, se a providência couber ao autor; se ao réu,[115] reputá-lo-á revel, e, se ao terceiro, este será excluído do processo (art. 13).

---

110. *RT* 524/212.

111. Neste sentido: *JTACivSP* 88/107.

112. Tanto assim que o STJ já confirmou acórdão que decretou, de ofício, a nulidade de ação ajuizada sem outorga uxória, ao argumento de que "Em ação de reintegração de posse, existindo a composse, é imprescindível a participação do cônjuge para o processamento válido (art. 10, § 2.º, do CPC). Precedente: REsp 76.721/PR, rel. Min. Sálvio de Figueiredo Teixeira, *DJU* de 30.03.1998 3. Impõe-se a anulação do processo *ab initio* ante a ausência de citação do cônjuge listisconsorte passivo necessário" (STJ, REsp 553.914/PE, 2.ªT., j. 18.03.2008, rel. Min. Castro Meira, *DJe* 01.04.2008).

113. Observe-se, a propósito, que, de acordo com o § 4.º do art. 515, inserido pela Lei 11.276/2006, no julgamento da apelação, "constatando a ocorrência de nulidade sanável, o tribunal poderá determinar a realização ou renovação do ato processual, intimadas as partes; cumprida a diligência, sempre que possível prosseguirá o julgamento da apelação".

114. *RT* 530/90 e 540/153.

115. Se o absolutamente incapaz instaura processo desacompanhado de seu representante legal, ou se alguém que seja louco e, como tal declarado, na própria petição inicial, igualmente, instaura processo sem o seu representante legal, dever-se-á dar pela nulidade *ab initio*, ou seja, de todo o processo (*RJTJRS* 57/387). Conquanto a lei aluda à nulidade (art. 13, I), em termos práticos ter-se-á uma extinção do processo, sem resolução de mérito, não se podendo, ademais, pretender que em um tal processo se hajam produzido efeitos. Se se trata de pessoa relativamente incapaz, esta deverá ser pessoalmente citada, também, sob pena de nulidade (*RT* 476/22).

Tendo em vista o inciso II do art. 13, já dissemos o seguinte, cujo entendimento se nos afigura o correto: "No caso do *processualmente incapaz*, por exemplo, que seja erradamente citado, pois citado deveria ter sido o *processualmente capaz (seu representante)*, é indispensável que este (o processualmente capaz) seja efetivamente atingido pela comunicação do juiz (despacho a que alude a 2.ª parte do art. 13), porquanto, só atingido, terá possibilidade de defender o réu, processualmente incapaz. Desde que efetivamente atingido, *porém, conforme sua diligência, poderá ou não ser aplicado o art.* 13, II" (grifou-se).[116]

Só haverá extinção do processo, após a aplicação do art. 13, se o autor não atender ao que o juiz tenha determinado.[117]

A consequência mais significativa do enquadramento do processo no regime da suspensão, a que se alude no art. 13, é o tornar-se defesa, às partes, a prática de qualquer ato processual, com exceção de atos urgentes, devidamente autorizados pelo juiz, a fim de evitar danos irreparáveis (art. 266).

Será o juiz que, diante das circunstâncias do processo, deverá estabelecer o prazo para ser cumprida a falta, sempre tendo em vista o critério de utilidade às partes. Se a intimação disser respeito ao Ministério Público, o agente cujo órgão deva funcionar no processo deverá ser pessoalmente intimado (art. 236, § 2.º).[118]

Bibliografia

ALVIM, Eduardo Arruda. *Curso de direito processual civil*. São Paulo: Ed. RT, 1999. vol. 1.

______. *Direito processual civil: processo de conhecimento*. 2. ed. São Paulo: Ed. RT, 2008.

______. *Direito processual civil*. 3. ed. São Paulo: Ed. RT, 2010.

______. *Direito processual civil*. 4. ed. São Paulo: Ed. RT, 2012.

ALVIM NETTO, José Manoel de Arruda. *Código de Processo Civil comentado*. São Paulo: Ed. RT, 1975. vol. 2; 1976. vol. 3; 1978. vol. 5.; 1981. vol. 6.

______. *Curso de direito processual civil*. São Paulo: Ed. RT, 1971. vol. 1.

______. *Tratado de direito processual civil*. São Paulo: Ed. RT, 1996. vol. 2.

______. e outros. O gestor de negócios e o curador especial diante da revelia do réu assistido. *Revista de Processo (RePro)* 10/217, 1978.

______. et alli. *Comentários ao Código de Defesa do Consumidor*. 2. ed. São Paulo: Ed. RT, 1995.

ALVIM, Thereza. Da assistência litisconsorcial no Código brasileiro. *Revista de Processo (RePro)* 11/45.

ARAGÃO, Egas Dirceu Moniz de. *Comentários ao Código de Processo Civil*. Rio de Janeiro: Forense, 1979. vol. 2.

116. Cf. Arruda Alvim, *Comentário ao Código de Processo Civil*, vol. 2/104, n. 3, comentários ao art. 13; v., mais recentemente, Arruda Alvim, *Tratado de direito processual civil*, vol. 2, comentários ao art. 13 (Ed. RT, 1996).

117. Assim, "não é de se extinguir o feito, com fulcro no art. 267, IV, do CPC, em face da ausência de capacidade postulatória, mas de se determinar a sua regularização, nos termos do art. 13 do CPC, decretando-se a nulidade do processo, na hipótese de descumprimento" (TRF-3.ª Reg., Ap.Cív. 344705, j. 28.02.2005, rel. Des. Ramza Tartuce, *DJ* 30.03.2005, p. 332). Este, como visto anteriormente, é o entendimento do STJ, como se verifica dos acórdãos insertos em *RT* 659/183 e *RSTJ* 32/324, ambos mencionados por Theotônio Negrão, *Código de Processo Civil e legislação processual em vigor*, 26. ed., 1995, p. 85.

118. Também os membros da Advocacia-Geral da União deverão ser intimados pessoalmente em qualquer caso (art. 6.º, *caput*, da Lei 9.028/95, que dispõe sobre o exercício das atribuições institucionais da Advocacia-Geral da União em caráter emergencial e provisório). Enquanto não instalada efetivamente a Advocacia-Geral da União, seus *representantes judiciais*, designados pelo art. 69 da Lei Complementar 73/1993, também deverão ser intimados pessoalmente (§ 1.º do art. 6.º da Lei 9.028/1995).

______. Os poderes do juiz na direção e na instrução do processo. *RAMPR* 43/41.

ASSIS, Jacy de. *Procedimento ordinário*. São Paulo: Livraria dos Advogados, 1975.

BARBI, Celso Agrícola. Ação, partes, despesas judiciais, intervenção de terceiros e do Ministério Público no novo Código de Processo Civil. *RF* 247/20.

______. *Comentários ao Código de Processo Civil*. Rio de Janeiro: Forense, 1983. vol. 1.

______. Os poderes do juiz e a reforma do Código de Processo Civil. *RF* 106/235; *RT* 158/3.

______. Processo de conhecimento de primeiro grau. *RF* 246/77, 1974.

BARBOSA MOREIRA, José Carlos. La igualdad de las partes en el proceso civil, *Revista de Processo (Repro)* 44/176

______. *O novo processo civil brasileiro*. Rio de Janeiro: Forense, 1984.

______. O problema da divisão de trabalhos entre juiz e partes: aspectos terminológicos. *RBDP* 50/49, *Revista de Processo (RePro)* 41/07.

______. Pode o juiz declarar de ofício a incompetência relativa? *Revista de Processo (RePro)* 312/19.

______. A resposta do réu no sistema do Código de Processo Civil. *Revista de Processo (RePro)* 2/219, 1976.

BARROS, Hamilton de Moraes e. *Comentários ao Código de Processo Civil*. Rio de Janeiro: Forense, 1980. vol. 9.

BAUR, Fritz. O papel ativo do juiz. *Revista de Processo (RePro)* 27/186.

BERNARDI, Lígia Maria. *O curador especial no Código de Processo Civil*. Rio de Janeiro: Liber Juris, 1985.

BERTOCCHI, Aido F. O juiz e seu poder criador. *Ajuris* 48/20.

BORGES, Marcos Afonso. *Comentários ao Código de Processo Civil*. São Paulo: LEUD, 1975. vol. 1.

BUZAID, Alfredo. Da responsabilidade do juiz. *Revista de Processo (RePro)* 9/15.

______. *Exposição de Motivos do Código de Processo Civil*. São Paulo: Ed. RT, 1976.

CABALLERO, Alexandre Augusto da Silva. Da relação entre o princípio da isonomia e o contraditório no processo civil. *Revista de Processo (RePro)* 52/225.

CARNEIRO, Athos Gusmão, *O novo Código de Processo Civil nos tribunais do Rio Grande do Sul e Santa Catarina*. Porto Alegre: *Tribunal* Justiça do Estado do Rio Grande do Sul, t. I, 1976.

CHIOVENDA, Giuseppe. *Instituições de direito processual civil*. São Paulo: Saraiva, 1965, vol. 2.

CINTRA, Antonio Carlos de Araújo; GRINOVER, Ada Pellegrini; DINAMARCO, Cândido Rangel. *Teoria geral do processo*. São Paulo: Ed. RT, 1984.

CRUZ, José Raimundo Gomes da. A curadoria à lide no processo de execução. *RT* 528/279.

DELGADO, José Augusto. A atuação do juiz. *RT* 664/27.

______. Poderes, deveres e responsabilidades do juiz. *JB* 103/13, *Revista de Processo (RePro)* 42/37.

______. Sujeitos do processo. *Revista de Processo (RePro)* 30/61.

DIDIER JÚNIOR, Fredie. *Regras processuais no novo Código Civil (aspectos da influência do Código Civil de 2002 na legislação processual)*. São Paulo: Saraiva, 2004.

DINAMARCO, Cândido Rangel. Declaração *ex officio* da incompetência relativa. *Ajuris* 17/142.

______. *Fundamentos do processo civil moderno*. São Paulo: Ed. RT, 1986.

FABRÍCIO, Adroaldo Furtado. O juiz e o poder. *Ajuris* 31/39, 1984.

FADEL, Sergio Sahione. *Código de Processo Civil comentado*. Rio de Janeiro: Forense, 1984. vol. 1.

FORNACIARI JÚNIOR, Clito. Curador especial. *Revista de Processo (RePro)* 1/185.

GIANESINI, Rita. *Da revelia no processo civil brasileiro*. São Paulo: Ed. RT, 1977.

GOMES, Maria Ivone. *Revelia*. Rio de Janeiro: Editora Rio, 1976.

GRECO FILHO, Vicente. *Direito processual civil*. São Paulo: Saraiva, 1984. vol. 1.

GUEDES, Heitor Nogueira. Curador especial: Atribuição legal. *RF* 251/157.

HERKENHOFF, João Baptista. O juiz e o novo Código de Processo Civil. *RF* 254/399, Cap. I.

LIMA, Alcides Mendonça. *Direito processual civil*. São Paulo: José Bushatsky, 1977.

______. *O Poder Judiciário e a nova Constituição*. Rio de Janeiro: Aide, 1989.

______. *Processo de conhecimento e processo de execução*. Uberaba: Vitória, 1981.

LINS, Carlos Francisco Bezerra da Rocha Bandeira. Curador especial. Colidência de interesses do representante legal com os do incapaz. *Revista de Processo* (*RePro*) 18/215, 1980.

LOPES, João Batista Lopes. Os poderes do juiz e o aprimoramento da prestação jurisdicional. *Revista de Processo* (*RePro*) 35/24.

MACHADO, Antonio Cláudio da Costa. *A intervenção do Ministério Público no processo civil brasileiro*. São Paulo: Saraiva, 1989.

MANDRIOLI, Crisanto. *La rappresentanza nel processo civile*, 1959 (monografia).

MARINONI, Luiz Guilherme B. Sobre o assistente litisconsorcial. *Revista de Processo* (*RePro*) 58/250.

MARQUES, José Frederico. *Manual de direito processual civil*. São Paulo: Saraiva, 1983. vol. 1.

MAZZILLI, Hugo Nigro. Curadoria especial. *RT* 584/288, 1984.

MEDEIROS, Maria Lúcia L. C. de. *A revelia sob o aspecto da instrumentalidade*. São Paulo: Ed. RT, 2002.

MELO, Luiz Pereira de. Poderes de polícia processual. *Revista de Processo* (*RePro*) 16/43, 1979.

MENDONÇA, Marcello Rebello. Curador especial – Conceito – Forma de atuação – arts. 9.º, I, e 1.402, II, do CPC. *RT* 562/270.

NACONECY, Luiz Carlos Macedo. *Curso de direito processual civil*. São Paulo: Ed. RT, 1984.

NEGRÃO, Theotônio. *Código de Processo Civil e legislação extravagante*. 25. ed. São Paulo: Saraiva, 1994; 26. ed., 1995.

______; GOUVÊA, José Roberto Ferreira. *Código de Processo Civil e legislação extravagante*. 39. ed. São Paulo: Saraiva, 2007.

NERY JR., Nelson. A citação com hora certa e a contestação do curador especial. *Revista de Processo* (*RePro*)_ 55/7, *Ajuris* 47/76.

______. Legitimidade para arguir incompetência relativa. *Revista de Processo* (*RePro*) 52/214.

NERY JR., Nelson. NERY, Rosa Maria de Andrade. *Código de Processo Civil Comentado*. 10 ed. São Paulo: Ed. RT, 2007.

NEVES, Celso. Binômio, trinômio ou quatrinômio? *RJTJESP* 63/13; *RF* 264/9.

PASSOS, José Joaquim Calmon de. *Comentários ao Código de Processo Civil*. Rio de Janeiro: Forense, 1983. vol. 3.

PIMENTEL, Wellington Moreira. *Comentários ao Código de Processo Civil*. São Paulo: Ed. RT, 1979.

PINTO, Nelson Luiz. Execução fiscal e princípio da paridade de tratamento das partes. *Revista de Processo* (*RePro*) 52/210.

______. *Ação de Usucapião*. São Paulo: Ed. RT, 1991.

PRATA, Edson. *Comentários ao Código de Processo Civil*. Rio de Janeiro: Forense, 1979. vol. 2, t. I.

ROCHA, José de Albuquerque. Notas críticas sobre a legitimidade para agir. *RCDUFU* 12/253.

ROCHA, José de Moura. O juiz e sua posição no atual Código de Processo Civil. *Estudos de Processo Civil*, 1982. vol. 2.

______. Há poder de polícia no art. 445 do Código de Processo Civil. *Revista de Processo* (*RePro*) 6/27.

SANTOS, Ernane Fidélis dos. *Manual de Direito Processual Civil*, 13.ed. São Paulo: Saraiva, 2009.vol. 1.

SANTOS, Moacyr Amaral. *Primeiras linhas de direito processual civil*. São Paulo: Saraiva, 1983. vol. 1.

SILVA, Ovídio A. Baptista da. Assistência litisconsorcial. *Revista de Processo (RePro)* 30/9, *RBDP* 42/87.

______; MACHADO, L. Melíbio Uiraçaba; GESSINGER, Ruy Armando; GOMES, Fábio Luiz. *Teoria geral do processo civil*. Porto Alegre: Letras Jurídicas, 1983.

SILVA, Paulo Penteado de Faria. Curador à lide em ação de usucapião. *RT* 526/14. São Paulo: Ed. RT, 1979.

SOUSA, Paulo Roberto Pereira. Capacidade processual. *Digesto de Processo*. Rio de Janeiro: Forense, 1980/1988. vol. 2, 26.

TEIXEIRA, Sálvio de Figueiredo. O juiz em face do Código de Processo Civil. *RF* 261/81, *Ajuris* 12/172, 1978; *RBDP* 17/93, 1979; *Revista de Processo (RePro)* 10/223, ano III, São Paulo: Ed. RT, abr.-jun./78.

______. *O STJ e o processo civil*. Brasília: Brasília Jurídica, 1995.

THEODORO JR., Humberto. *Comentário ao Código de Processo Civil*. Rio de Janeiro: Forense, 1979. vol. 4.

______. *Curso de direito processual civil*. Rio de Janeiro: Forense, 1985.

______. *Curso de direito processual civil*. Rio de Janeiro: Forense, 2008.

______. *Processo de conhecimento*. Rio de Janeiro: Forense, 1981. vol. 1, t. I.

TORNAGHI, Hélio. *Comentários ao Código de Processo Civil*. São Paulo: Ed. RT, 1976. vol. 1.

VILHENA, Paulo Emílio Ribeiro de. As partes no processo civil. *RBDP* 12/109, 1977.

II

Representação em Juízo das Pessoas Jurídicas

16. Noções gerais

As pessoas jurídicas,[1] às quais o sistema jurídico-processual reconhece capacidade de ser parte (v. arts. 40 a 52, do Código Civil),[2] correlatamente à personalidade civil que têm e à capacidade civil (de exercício de direitos) de que gozam, e cujos direitos exercem, pelos seus órgãos representativos, agem no processo necessariamente também por meio de seus órgãos e tendo em vista o agente que os ocupe. O Código de Processo somente disciplina a matéria ao nível do processo, deixando os problemas de representação não processual à legislação de direito material (v. art. 12, VI, do CPC, substancialmente correspondente ao art. 17 do CC/1916, hoje revogado, aludindo-se aqui a *atos judiciais*).[3]

A representação, de que trata a lei, abrange tanto posições ativas como passivas, isto é, tanto para ser autora, como para ser ré; oponente ou oposta; ademais, e, ainda, assistente do autor ou do réu; aplica-se também para a

1. É ponto assente o de que as sociedades anônimas encontram nos arts. 44 e ss. do Código Civil a sua configuração e estrutura jurídicas. Assim já ensinava o Prof. Modesto Carvalhosa (*Comentários à Lei das Sociedades Anônimas*, vol. 1, p. 4, comentários ao art. 1.º), à luz do direito anterior (CC/1916, art. 16 e ss.) ao dizer: "A sociedade anônima é pessoa jurídica de direito privado e, como tal, sujeito de direito e ente capaz de figurar nas relações jurídicas, em conformidade com os arts. 16 a 20 do CC [1916]". É o que, igualmente, ensina o Prof. Darcy de Arruda Miranda Júnior, também com base no CC/1916, ao dizer que o Código Comercial não reconheceu a personalidade jurídica das sociedades comerciais. Por isso mesmo, então, "somente com a promulgação do Código Civil Brasileiro em vigor é que as sociedades mercantis passaram a ter personalidade jurídica, *dado que aquele diploma legal reconheceu expressamente, no seu art. 16, que as sociedades mercantis são pessoas jurídicas* de direito privado" (Cf. Darcy de Arruda Miranda Júnior, *Curso de direito comercial*, vol. II – *Sociedades comerciais*, Cap. II, n. 2, p. 14 e 15). As sociedades, com exceção das sociedades anônimas, passam a ser reguladas pelo Código Civil de 2002, dedicando-lhes um Livro Especial (Livro II – *Do direito da empresa*, da Parte Especial).
2. Cf. arts. 18 e 19 do CC/1916.
3. A Lei que institui os Juizados Especiais Cíveis (e os Juizados Especiais Criminais) – Lei 9.099/1995 – estabelece que a pessoa jurídica, ou firma individual, será representada, se o desejar (art. 9.º, § 4.º), *por preposto credenciado*. A mesma regra já era constante do art. 9.º, § 4.º, da revogada Lei 7.244/1984, que regulava o Juizado Especial de Pequenas Causas. Verifica-se, nestes dois diplomas, no que diz respeito à pessoa jurídica, uma forma simplificada de representação, sendo suficiente documento idôneo do representante legal àquele a quem credencie. Lembre-se que as disposições da Lei 9.099/1995 são inteiramente aplicáveis, no que não colidirem com a Lei 10.259/2001, aos Juizados Especiais Cíveis e Criminais da Justiça Federal. A propósito, essa lei expressamente dispõe: "As partes poderão designar, por escrito, representantes para a causa, advogado ou não".

posição de litisconsorte, para o terceiro embargante etc. De um modo geral, esta representação é instituída conferindo a plenitude dos poderes necessários ao desempenho da defesa e do ataque no plano do processo.

Pelo Código Civil de 1916 (art. 20, § 2.º), negava-se às sociedades, carentes de registro, ou de autorização, "personalidade judiciária *ativa*", e por isso não eram consideradas como pessoas jurídicas; já, agora, inequivocamente, por este estatuto, têm o direito de acionar seus membros e terceiros. Lembre-se, ainda, o art. 18 do CC/1916 (v. art. 45 do Código Civil), que colocava a autorização, se fosse o caso, e o registro das pessoas jurídicas, de direito privado, como condições de sua existência, como tais. Ocorre, todavia, que o Código de Processo Civil de 1973, no seu art. 12, *caput*, ao tratar da representação *ativa* e passiva, admitiu que a sociedade, *ainda que* despida de personalidade jurídica, estivesse em juízo, também como autora, opoente etc., representada por seu administrador (*rectius* – "pela pessoa a quem couber a administração dos seus bens" – art. 12, VII). Verificou-se, portanto, uma alteração do art. 20, § 2.º, do então vigente CC/1916, pelo art. 12, VII, do CPC.

A regra do Código de Processo Civil, portanto, estabelece que entidades de fato (= sociedades sem personalidade jurídica) tenham os mesmos predicados, no campo processual, que a sociedade que haja sido regularmente constituída, e quando esta última haja preenchido, pois, todos os requisitos da lei. Segue-se, portanto, que o art. 20, § 2.º, do CC/1916 ficou revogado, em grande parte. Sobreviveu, apenas, com base nesse art. 20, § 2.º, o direito dos seus membros responsabilizarem as sociedades irregulares ou de fato (v., *infra*, n. 22).

O art. 82, III, do Código de Proteção e Defesa do Consumidor (Lei 8.078/1990), admite que órgãos, ainda que destituídos de personalidade jurídica, desde que vocacionados à defesa do consumidor, atuem em juízo.[4]

17. A representação da União

A Constituição de 1967 deferira, na linha de nossa tradição legislativa, ao Ministério Público federal, a representação da União em juízo (art. 138, § 2.º), podendo a lei, todavia, cometer esse encargo, nas comarcas do interior, aos respectivos Ministérios Públicos locais.[5]

Com a EC 1/1969, todavia, não se deferiu explicitamente a representação da União

4. No aludido art. 82, III, da Lei 8.078/1990, compreendem-se entidades e órgãos da Administração Pública, direta ou indireta, pertencentes às três esferas clássicas de poderes políticos e também ao Distrito Federal; deverão essas entidades e órgãos, integrados em um desses quatro poderes políticos, estar especificamente vocacionados à defesa dos interesses e direitos protegidos por este Código, agindo na área de atuação que lhes cabe. Pelos dizeres desse art. 82, III, que se refere a órgãos "*especificamente* destinados à defesa dos interesses e direitos protegidos por este Código", essas expressões parecem significar que tais órgãos não devem ter outra finalidade, senão a de estarem com sua competência destinada à defesa, a título coletivo, do consumidor. Ainda que sem personalidade jurídica, poderão tais entidades e órgãos públicos atuar no campo do processo, o que demonstra que a personalidade jurídica de direito material foi descartada como elemento ou pré-requisito, normalmente necessário, para poder atuar em juízo, outorgada que foi a esses organismos capacidade para agir e legitimação processual, independentemente da preexistência de personalidade administrativa ou de personalidade no plano do direito material. A essas entidades e órgãos não se aplica a restrição temporal do art. 82, IV (que se refere às associações, *i.e.*, pessoas de direito privado).

5. Sobre a representação da União em juízo, v.: Arruda Alvim, *Código de Processo Civil comentado*, vol. II/84; mais recentemente, Arruda Alvim, *Tratado de direito processual civil*, vol. II, comentários ao art. 12; Hélio Tornaghi, *Comentários ao Código de Processo Civil*, vol. I/125.

ao Ministério Público federal. Muito embora o § 2.º do art. 95 tenha prescrito que, nas comarcas do interior, a União poderia ser representada pelo Ministério Público estadual, isto significa que, diante do texto constitucional revogado, existia a possibilidade de o legislador ordinário retirar a representação da União pelo Ministério Público federal.

O Ministério Público federal, entre nós, exercia três funções, sendo a primeira verdadeiramente própria do Ministério Público, tendo em vista os princípios universais que informam a instituição, qual seja, a de *fiscal da lei, mas exercida raramente*; a segunda, igualmente própria do Ministério Público, diz com o seu dever de propor as ações para as quais, *ex lege*, esteja legitimado, mas, enquanto não advogado da União, raramente praticada; já a terceira – representar a União – não lhe era própria, à luz do critério da compatibilidade desta última função com os mesmos princípios. A função imprópria era justamente a da representação, ou seja, a função de advogado da União, *representativa do grosso da atividade do Ministério Público federal*.

Hoje, a Constituição Federal, nos arts. 131 *et seq.*, dispõe acerca da *Advocacia-Geral da União,* órgão cuja função precípua é a de representar a União, judicial e extrajudicialmente, vedando, explicitamente, que o Ministério Público represente judicial ou extrajudicialmente as pessoas jurídicas de Direito Público (CF, art. 129, IX).

A Advocacia-Geral da União foi regulamentada, como visto no Cap. XV da Primeira Parte desta obra, pela Lei Complementar 73/1993. Dentre as funções atribuídas ao Advogado-Geral da União (art. 4.º), podem ser destacadas as seguintes: representação da União junto ao Supremo Tribunal Federal (inciso III); defender, nas ações diretas de inconstitucionalidade [e de constitucionalidade, acrescentamos], a norma legal ou ato normativo objeto da impugnação (inciso IV); apresentar as informações a serem prestadas pelo Presidente da República, relativas a medidas impugnadoras de ato ou omissão presidencial (inciso V); desistir, transigir, acordar e firmar compromisso nas ações de interesse da União, nos termos da legislação vigente; (inciso VI); assistir o Presidente da República nas medidas de caráter jurídico reclamadas pelo interesse público, por meio de pareceres e estudos (inciso VII); assessorar o Presidente da República no controle interno da legalidade dos atos da Administração (inciso VIII); sugerir ao Presidente da República medidas de caráter jurídico reclamadas pelo interesse público (inciso IX); fixar a interpretação da Constituição, das leis, dos tratados e demais atos normativos a ser uniformemente seguida pelos órgãos e entidades da Administração Federal (inciso X); unificar a jurisprudência administrativa, garantir a correta aplicação das leis, prevenir e dirimir as controvérsias entre os órgãos jurídicos da Administração Federal (inciso XI); editar enunciados de súmulas administrativas, resultantes de jurisprudência iterativa dos tribunais (inciso XII); dentre outras.

A Lei 9.028/1995, por seu turno, dispõe sobre o exercício das atribuições institucionais da Advocacia-Geral da União em caráter emergencial. Seus principais pontos de destaque são os seguintes: "Aos titulares dos cargos de Advogado da União, de Procurador da Fazenda Nacional e de Assistente Jurídico das respectivas carreiras da Advocacia-Geral da União incumbe representá-la judicial e extrajudicialmente, bem como executar as atividades de assessoramento jurídico do Poder Executivo, conforme dispuser ato normativo do Advogado-Geral da União" (art. 21, com o texto da Medida Provisória 2.180-35/2001). Além dos aspectos de organização interna do serviço, a Lei 9.028 cria todo um sistema de enlaçamento entre os Procuradores Regionais da União e os "representantes judiciais da União", cabendo àqueles a "coordenação das atividades das Procuradorias da União localizadas em sua área de atuação" (art. 3.º, com a redação da Medida Provisória 2.180-35). Caberá a todos os órgãos ou entidades da União fornecer os elementos de fato e de direito para que seja viável a prestação de informações em mandados de segurança, *habeas corpus* ou *habeas data* impetrados contra autoridade federal (art. 4.º). Dispõe que a intimação de membros da Advocacia-Geral da União deverá ser efetivada pessoalmente, inclusive aos "representantes judiciais da União" designados pelo art. 69 da Lei Complementar 73/1993 (art. 6.º).

Importantes alterações foram implementadas na Lei 9.028/1995 pela Medida Provisória 2.180-35. Dentre elas, merecem destaque:

a) a possibilidade de o Advogado-Geral da União avocar, ou integrar e coordenar, os trabalhos de órgão jurídico de empresa pública ou sociedade de economia mista, a se desenvolverem em sede judicial ou extrajudicial, nas hipóteses que possam trazer reflexos de natureza econômica (ainda que indiretos) ao erário federal (art. 8.º-C, acrescido pela MP 2.180-35);

b) a criação, no âmbito da Procuradoria-Geral da União, a Coordenadoria de Ações de Recomposição do Patrimônio da União, "com a finalidade de recuperar perdas patrimoniais sofridas pela União, à qual incumbe também a execução de títulos judiciais e extrajudiciais, inclusive os expedidos pelo Tribunal de Contas da União" (art. 8.º-E, inserido pela MP 2.180-35);

c) a expressa autorização conferida à Advocacia-Geral da União para assumir, por meio de suas Procuradorias, temporária e excepcionalmente, a representação judicial de autarquias ou fundações públicas nas hipóteses em que o artigo enuncia (art. 11-A, *caput* e incisos), esclarecendo o § 1.º desse mesmo dispositivo que a representação judicial extraordinária aqui prevista poderá ocorrer por solicitação do dirigente da entidade ou por iniciativa do próprio Advogado-Geral da União;

d) pelos termos do art. 11-B, igualmente acrescido pela MP 2.180-35, a representação judicial da União, relativamente aos assuntos confiados às autarquias e fundações federais relacionadas no Anexo V da Lei 9.028, passa a ser feita diretamente pelos órgãos próprios da Advocacia-Geral da União, permanecendo as atividades de consultoria e assessoramento jurídicos sob a responsabilidade dos Órgãos Jurídicos daquelas entidades.

Mais recentemente, a Lei 10.480, de 02.07.2002, dentre outras providências, criou a Procuradoria-Geral Federal, assegurando-lhe autonomia administrativa e financeira, e dispondo que a mesma ficaria vinculada à Advocacia-Geral da União (art. 9.º), responsável por sua supervisão.

Pelo texto do seu art. 10, *caput*, dispõe-se: "À Procuradoria-Geral Federal compete a representação judicial e extrajudicial das autarquias e fundações públicas federais, as respectivas atividades de consultoria e assessoramento jurídicos, a apuração da liquidez e certeza dos créditos, de qualquer natureza, inerentes às suas atividades, inscrevendo-os em dívida ativa, para fins de cobrança amigável ou judicial". Esse diploma estabelece, ademais, que às atividades de consultoria e assessoramento serão aplicáveis o disposto no art. 11, da Lei Complementar 73/1993 (art. 10, § 1.º, da Lei 10.480/2002).[6]

Integram a Procuradoria-Geral Federal as Procuradorias, Departamentos Jurídicos,

---

6. Sendo que "a representação judicial das autarquias e fundações públicas por seus procuradores ou advogados, ocupantes de cargos efetivos dos respectivos quadros, independe da apresentação do instrumento de mandato", nos termos do que preceitua o art. 9.º, da Lei 9.469/1997.

Consultorias Jurídicas ou Assessorias Jurídicas das fundações e autarquias federais, "como órgãos de execução desta, mantidas as suas atuais competências" (art. 10, § 2.º, da Lei 10.480/2002).

Pelo § 3.º do art. 10, a seu turno, ficou estabelecido que "serão mantidos, como Procuradorias Federais especializadas, os órgãos jurídicos de autarquias e fundações de âmbito nacional", reservando-se ao Advogado-Geral da União a indicação, nos termos da lei em referência, das autarquias e fundações de âmbito nacional (art. 10, § 10, da Lei 10.480/2002). E, ainda, pelo parágrafo único do art. 14, dispôs-se: "A representação judicial exercida pela Advocacia-Geral da União na forma dos arts. 11-A e 11-B da Lei 9.028/1995, acrescentados pela Medida Provisória 2.180-35, de 24 de agosto de 2001, poderá ser gradualmente assumida pela Procuradoria-Geral Federal, conforme ato do Advogado-Geral da União, observado o disposto no § 8.º do art. 10".

De relevo referir-se, finalmente, que por essa mesma Lei 10.480/2002 criou-se o cargo de Procurador-Geral Federal, "de natureza especial, privativo de Bacharel em Direito de elevado saber jurídico e reconhecida idoneidade", como se infere do art. 11.

18. A representação dos Estados federados

Os Estados, a que se refere também o inciso I do art. 12 do CPC, são os Estados-membros, todos eles tendo igualdade jurídica, entre si, e são representados, da mesma forma, pelos seus procuradores. Assim, há que se recorrer à lei de direito material de cada um destes Estados, para verificar quem são os procuradores do Estado e determinar, de tal arte, a quem incumbe, no campo do processo civil, a função de representá-los.

No Estado de São Paulo isto vem disciplinado desde logo, e a partir da própria Constituição Estadual. O Estado é representado em juízo por seus procuradores (= procuradores do Estado), nos termos dos arts. 98 e 99, I, da Constituição do Estado de São Paulo. Tem sido entendida como correta a utilização da expressão *Fazenda Pública estadual* para designar o Estado-membro como parte em ação judicial, uma vez que a Fazenda Pública estadual nada mais é do que o Estado-membro visualizado pelo ângulo financeiro.[7] A Fazenda do Estado, em São Paulo, é, outrossim, representada junto ao Tribunal de Contas por Procuradores designados pelo Procurador-Geral do Estado (Constituição do Estado de São Paulo, art. 99, III). O Tribunal de Contas, por sua vez, se for a juízo, será defendido pela Procuradoria-Geral do Estado, através do seu órgão competente.

Ao contrário do que era verificável antes da Constituição Federal de 1988,[8] as Constituições dos Estados federados distinguiram, nitidamente, entre o Ministério Público e as Procuradorias-Gerais do Estado. Isto porque, como já foi anotado, precedentemente, neste *Manual*, veda o texto da Constituição Federal de 1988 a representação judicial ou a consultoria jurídica de entidades públicas pelo Ministério Público (art. 129, IX).[9]

7. *RTJ* 102/245.
8. À guisa de exemplo histórico, consultar as seguintes Constituições Estaduais, anteriores à Constituição Federal de 1988: AL, arts. 63-69; AM, arts. 54-59; CE, arts. 101-105; GO, arts. 59-61; MG, arts. 88-95; PA, arts. 101-103; PI, arts. 65-66; SC, arts. 99-106; SE, arts. 90-95 [*apud* Milton Flaks, Representação dos entes públicos no processo civil. *Teses* (do VIII Congresso Nacional de Procuradores do Estado)].
9. Ver, por exemplo, as seguintes Constituições Estaduais promulgadas no ano de 1989: AC, art. 106 *et seq.* para o Ministério Público e art. 119 *et seq.* para a Procuradoria-Geral do Estado; AM, art. 84 *et seq.* para o Ministério Público e art. 94 *et seq.* para a Advocacia (Procuradoria)-Geral do Estado, art. 94 *et seq.*; BA, art. 135 *et seq.* para o Ministério Público e art. 140 *et seq.*

19. A representação dos Municípios

Deferiu o Código, no inciso II do art. 12, *competência concorrente* ao prefeito e ao procurador para representar o Município.[10] O prefeito – distinga-se – não tem necessariamente capacidade postulatória, mas a tem para constituir advogado, sendo o caso. Já o procurador haverá de ter capacidade postulatória, além da de representação.[11]

20. A representação do Distrito Federal

O Distrito Federal é a sede territorial da União, onde se localiza a capital da República Federativa do Brasil. O Distrito Federal não se equipara aos Estados-membros, tendo regime jurídico próprio, mas pela lei processual deve ser representado pelos seus procuradores, tal como os Estados (art. 12, I).

---

para a Procuradoria-Geral do Estado; CE, art. 129 *et seq.* para o Ministério Público e art. 150 *et seq.* para a Procuradoria-Geral do Estado; ES, art. 113 *et seq.* para o Ministério Público e art. 122 para a Procuradoria-Geral do Estado; GO, art. 114 *et seq.* para o Ministério Público e arts. 118-119 para a Procuradoria-Geral do Estado; MG, art. 119 *et seq.* para o Ministério Público e art. 128 para a Advocacia (Procuradoria)-Geral do Estado; MS, arts. 126 *et seq.* para o Ministério Público e arts. 144 *et seq.* para a Procuradoria--Geral do Estado; PB, arts. 125 *et seq.* para o Ministério Público e art. 132 *et seq.* para a Advocacia (Procuradoria)-Geral do Estado; PE, art. 67 *et seq.* para o Ministério Público e art. 72 para a Procuradoria-Geral do Estado; PR, art. 114 *et seq.* para o Ministério Público e art. 123 para a Procuradoria-Geral do Estado; RJ, art. 170 *et seq.* para o Ministério Público e arts. 176 *et seq* para a Procuradoria-Geral do Estado; RN, art. 82 *et seq.* para o Ministério Público e art. 86 *et seq.* para a Procuradoria-Geral do Estado; RS, art. 107 *et seq.* para o Ministério Público e art. 114 *et seq.* para a Advocacia (Procuradoria)-Geral do Estado; SP, art. 91 *et seq.* para o Ministério Público e art. 98 *et seq.* para a Procuradoria-Geral do Estado.

10. Assim já decidiu o Superior Tribunal de Justiça em decisão ementada da seguinte maneira: "Processual civil. Município. Representação em juízo. Prefeito ou procurador. Art. 12, II, do CPC. I – O Município será representado em juízo, ativa e passivamente, por seu prefeito ou procurador (art. 12, II, do CPC). II – Prefeitura Municipal e Município são expressões que, na prática, se equivalem para designar as circunscrições territoriais autônomas em que se dividem as unidades federativas. O uso da primeira pela segunda não constitui irregularidade capaz de invalidar o processo, mormente quando, por decisão judicial, determinou-se a retificação. III – Recurso conhecido e provido" (REsp 36.896-0/RJ, j. 02.08.1994, rel. Min. Waldemar Zveiter, em Sálvio de Figueiredo Teixeira, *O STJ e o processo civil*, p. 29). No mesmo sentido: STJ, REsp 493.287/TO, 1.ª T., j. 08.03.2005, rel. Min. Francisco Falcão, *DJ* 25.04.2005, p. 224; STJ, AgRg no AgIn 741.593/PR, 1.ª T., j. 23.05.2006, rel. Min. Luiz Fux, *DJ* 08.06.2006, p. 132.

11. Já se decidiu que é nula a citação realizada na pessoa do procurador jurídico do Município: TJSP, AgIn 125.115-4, Catanduva, 9.ª Câm.Dir. Priv., j. 23.11.1999, rel. Ruiter Oliva. Em sentido contrário, já se pronunciou o TJMG: "O procurador-geral do município, regularmente investido no cargo, detém poderes para representar a pessoa jurídica de direito público interno em juízo, não havendo falar que o exercício de cargo em comissão lhe retire os poderes de representação da pessoa jurídica de direito público, tampouco em nulidade no recebimento do mandado de citação" (TJMG, Ap. 1.0080.05.001142-0/001, j. 01.03.2007, rel. Des. Edgar Penna Amorim, *DJ* 06.06.2007, disponível em <http://www.tjmg.gov.br>. O Superior Tribunal de Justiça também reconhece os poderes do procurador municipal para receber a citação: "Processual civil. Embargos à execução. Citação. Procurador municipal. Desnecessidade de poderes especiais. Art. 12, II, do CPC. 1. Da exegese do art. 12 do CPC verifica-se não ser necessária a concessão de poderes especiais ao procurador do Município para receber a citação em nome da Municipalidade. 2. Recurso especial parcialmente provido, para determinar o retorno dos autos ao Tribunal Estadual, visando a continuidade do julgamento" (STJ, REsp 419.092/PB, 2.ª T., j. 02.03.2004, rel. Min. Eliana Calmon, *DJ* 26.04.2004, p. 159). É esta a posição que nos parece a correta.

21. A representação dos Territórios

Os Territórios são regiões geográficas que se subordinam diretamente, em sua administração, à Presidência da República, tanto que o art. 52, III, *c*, c/c art. 84, XIV, da CF, prescrevem que os seus governadores são nomeados pelo Presidente da República.[12] A função de representá-los em juízo, ativa e passivamente, foi deferida a seus procuradores.

Atualmente, não há mais Territórios federais no Brasil, tendo em vista a transformação dos Territórios de Roraima e Amapá em Estados (art. 14 do Ato das Disposições Constitucionais Transitórias), e, ainda, a extinção do Território de Fernando de Noronha, reincorporando a sua área ao Estado de Pernambuco (art. 15 do Ato das Disposições Constitucionais Transitórias).

21-A. A representação das autarquias e demais entidades de caráter público criadas por lei

Tendo em vista o disposto no Código Civil, ampliou-se o rol de pessoas jurídicas de direito público, acrescendo as *autarquias* (art. 41, IV) e as *demais entidades de caráter público criadas por lei* (art. 41, V) em relação ao dispositivo equivalente no CC/1916.

A representação das autarquias e *demais entidades de caráter público* competirá aos seus respectivos procuradores. No particular, cumpre referir que a Lei 10.480/2002, que criou a Procuradoria-Geral Federal, a esta incumbiu a tarefa da representação judicial e extrajudicial das autarquias e fundações públicas federais (art. 10).[13]

22. A representação das pessoas jurídicas de Direito Privado

As pessoas jurídicas, tal como as define o Código Civil,[14] ou mesmo leis de Direito Público, serão representadas por quem seus estatutos designarem (art. 12, VI, do CPC). Caso não haja esta designação, serão representadas pelo seu diretor ou por mais de um diretor.

Mesmo que a diretoria esteja com seu mandado expirado, enquanto não houver renovação ou eleição de outra, ela continuará a representar validamente a sociedade anônima até que em assembleia geral seja eleito novo corpo dirigente.[15]

Assim, em primeiro lugar, há que se verificar se existe designação estatutária e, subsidiariamente, inexistindo aquela, a representação se fará por seus diretores,

---

12. Sobre a natureza jurídica dos territórios, consultar: Michel Temer, *Território Federal nas Constituições Brasileiras*, principalmente a segunda parte do trabalho.

13. Em consonância com a Lei Complementar 73/1993, a representação das autarquias e fundações públicas federais competia aos seus respectivos órgãos jurídicos (art. 17), vindo a Lei 9.028/1995 a dispor que ficaria autorizada a "Advocacia-Geral da União a assumir, por suas Procuradorias, temporária e excepcionalmente, a representação judicial de autarquias ou fundações públicas nas seguintes hipóteses: I – ausência de procurador ou advogado; II – impedimento dos integrantes do órgão jurídico" (art. 11-A). E, por essa mesma Lei 9.028/1995, dispôs-se, no art. 11-B, *caput*, o seguinte: "A representação judicial da União, quanto aos assuntos confiados às autarquias e fundações federais relacionadas no Anexo V a esta Lei, passa a ser feita diretamente pelos órgãos próprios da Advocacia-Geral da União, permanecendo os órgãos jurídicos daquelas entidades responsáveis pelas respectivas atividades de consultoria e assessoramento jurídicos". Era o caso, por exemplo, do INSS, cuja representação competia à AGU.

14. Observe-se que o rol de *pessoas jurídicas de direito privado* do Código Civil (art. 44) foi ampliado pela Lei 10.825/2003, que lhe acresceu incisos e parágrafos, passando a compreender as *organizações religiosas* (inciso IV) e os *partidos políticos* (inciso V).

15. 1.º TARJ, citado por Alexandre de Paula, *Código de Processo Civil anotado*, vol. I, nova série, n. 504, p. 128.

ou seja, por aqueles que ocupem os cargos de direção.

A lei não exige, contudo, que a pessoa comprove a sua condição de representante da pessoa jurídica com a juntada de exemplares dos estatutos, competindo assim, à parte que impugnar a qualidade de representante afirmada no processo, o ônus da prova de inidoneidade dessa representação.[16]

A sociedade sem personalidade jurídica pode agir ativa ou passivamente (art. 12, *caput*, e VII) em juízo.

Por sociedade sem personalidade jurídica entendem-se as sociedades irregulares e as sociedades de fato. Na sociedade irregular existe um prenúncio de constituição, como a organização por escrito, a montagem dos dispositivos dos estatutos etc.; entretanto, se não é arquivado o contrato na Junta Comercial, ou, se não é submetido a registro (art. 45 do CC), trata-se de uma sociedade irregular.

A sociedade de fato, diferentemente, é aquela que existe como *puro fato*, em face do direito material e à luz de interpretação confinada ao mesmo, independentemente de qualquer documentação. Todavia, de um modo geral, esses dois tipos de sociedades – de fato e irregular – recebem basicamente o mesmo tratamento jurídico, apesar de a doutrina, muitas vezes, as distinguir.

A estes dois tipos o Direito Material nega personalidade jurídica, no plano material; no entanto, a lei processual admite que sejam sujeitos ativos ou passivos de uma ação, ponto em que, portanto, se verifica haver discrepância entre o Direito Material e o Processual, na medida em que o princípio observado é o de que, havendo personalidade no plano do Direito Material, *ipso facto*, essa realidade se projeta no processo, porque é por este assumida.[17]

---

16. "Descabido o não conhecimento da apelação da pessoa jurídica ré por falta de juntada aos autos de cópia do contrato social, se inexiste fundada dúvida acerca da regularidade da representação da empresa em juízo. Possibilidade, ademais, se fosse o caso, de ser determinado o suprimento documental, nos termos do art. 13 do CPC" (STJ, REsp 621.861, j. 19.05.2005, rel. Min. Aldir Passarinho Júnior, *DJ* 20.06.2005, p. 290). Cf. também *RF* 254/330, 2.ª col., em. *RF* 258/308; *AFMT* XXXVIII 291 e 312 (todos do TJMT); *JTACivSP* 66/99; *RT* 523/139 (fixando *existir poder oficioso do magistrado, se entender seja o caso*), posição última correta (embora não colidente com as anteriores), em face dos arts. 13, *caput* e inciso I, 267, VI, 267, § 3.º. Theotônio Negrão (*Código de Processo Civil...* cit., p. 85), menciona que o STJ não tem exigido que a pessoa jurídica prove, desde logo, a regularidade de sua representação (REsp 9.651/SP, j. 10.09.1991, *DJU* I, 23.09.1991, e EDcl no REsp 30.337-4/ES, j. 26.06.1993, *DJU* 02.08.1993). Entretanto, havendo dúvida razoável, anota aquele autor, deverá o juiz determinar que seja feita essa prova (*RT* 601/66) por quem impugna a regularidade da representação (*RJTJESP* 106/233 e *RJTAMG* 26/362). A ressalva acerca da dúvida razoável sobre a regularidade da representação é também assinalada pelo STJ (STJ, REsp 659.148/SP, 2.ª T., j. 02.02.2006, rel. Min. Eliana Calmon, *DJ* 06.03.2006, p. 320; STJ, REsp 723.502/PI, 2.ª T., j. 07.02.2008, rel. Min. Humberto Martins, *DJ* 28.02.2008, p. 86).

17. É possível que a lei faça depender do tempo de existência de uma entidade, para, só depois de certo lapso, admitir-lhe representatividade. A esse respeito já escrevemos o seguinte: é o que se passa com o Código de Proteção e Defesa do Consumidor e com a Lei da Ação Civil Pública. Em relação às associações, legitimadas para a defesa dos interesses e direitos nas hipóteses dos incisos I, II, e III, do art. 81, parágrafo único (arts. 91 e 102 deste Código), poder-se-á prescindir do requisito da anualidade de sua pré-constituição (mas não da sua constituição regular, *enquanto pessoa jurídica*), com relação às ações do art. 91 *et seq.*, ou seja, para a hipótese do art. 81, parágrafo único. O texto legal refere a *manifesto interesse social evidenciado pela dimensão ou característica do dano*, o que conduz à conclusão de que esta ação envolve responsabilidade civil. No entanto, como, sucessivamente e depois da disjuntiva *ou*, o mesmo texto (art. 82, § 1.º, da Lei 8.078/1990; e Lei 7.347/1985, art. 5.º, § 4.º, nesta introduzido

Representará, ativa e passivamente, a sociedade irregular ou de fato, aquele a quem, de fato, caiba a administração dos seus bens.[18]

Na sociedade irregular, em que, segundo consenso da doutrina, existe um começo de prova de existência da sociedade, embora não com publicidade, em face de terceiros, por não ter sido inscrita, será administrador aquele que conste de um contrato e que a administre efetivamente, ainda que não registrado; ou, então, aquele que *de fato* a administre.

A lei processual refere-se, no inciso VIII do art. 12, a que a pessoa jurídica estrangeira seja representada por aquele que esteja à sua testa (seu "representante ou administrador").[19]

Será nacional uma sociedade desde que constituída em conformidade com as leis brasileiras e tenha sua sede e administração localizadas no País, conceito válido, embora revogado o art. 171, I, da CF pela Emenda Constitucional 6/1995.

Basicamente, a sociedade estrangeira, não devidamente regularizada em face do

---

pela Lei 8.078/1990, art. 113) refere-se à *relevância do bem jurídico a ser protegido*, isso vem a significar que não somente quando se trate de responsabilidade civil há a possibilidade de dispensa dessa constituição há pelo menos um ano.Isto ocorrerá, se ingressarem em juízo, antes desse prazo ânuo, desde que compareçam um dos seguintes valores a serem resguardados: manifesto interesse social, traduzível pela dimensão do dano, como, exemplificativamente, um dano de abrangência nacional deverá, em princípio, conduzir a essa dispensa. Ou, diz mais este § 1.º do art. 82, pela característica do dano, como, exemplificativamente, se se tratar de um dano em expansão.Se o texto se tivesse atido a essas restrições, poder-se-ia limitar a aplicabilidade desse § 1.º.Ocorre que esse texto refere-se, ainda, à relevância do bem jurídico a ser protegido, como, por exemplo, quando se tratar de saúde, *como já se remarcou*; ou, mais acentuadamente, da possibilidade de perigo de vida ou vidas.Como, neste parágrafo primeiro do art. 82, o Código de Proteção e Defesa do Consumidor, depois de uma vírgula, alude à relevância do bem jurídico a ser protegido, essa hipótese, com esse conceito-valor, transcende inelutavelmente ao âmbito da ação do art. 81, parágrafo único, III. Leva este entendimento – ademais do que se disse – a que o requisito ânuo pode ser desconsiderado, também, em relação às hipóteses dos incisos I e II do parágrafo único do art. 81 do Código de Proteção e Defesa do Consumidor. Por outras palavras, "dimensão ou característica do dano" são hipóteses mais relacionadas com parte do conteúdo do inciso III do parágrafo único do art. 81, o que já não ocorre, com exclusividade, com a hipótese da relevância do bem jurídico. Este é um valor geral, aplicável aos incisos I e II, e, ainda, a outras hipóteses, do inciso III, todos do parágrafo único do art. 81.Por certo, necessário será que, em todas as hipóteses, essa realidade seja reconhecida pela autoridade judiciária.

As expressões flexíveis da lei, que se utiliza de conceitos vagos, virão a ensejar aos juízes uma larga margem de apreciação valorativa. Essa mesma possibilidade de dispensa da pré-constituição veio a ser estabelecida para a Lei 7.347, de 24.07.1985, na forma do § 4.º, ao art. 5.º desta, tal como foi acrescentado pelo art. 113 do Código de Proteção e Defesa do Consumidor, para a legitimidade das associações que atuem no âmbito desta última lei. Os critérios de dispensa válidos para o Código de Proteção e Defesa do Consumidor são os mesmos que para essa Lei 7.347, de 24.07.1985 (v. Arruda Alvim, Thereza Alvim, Eduardo Alvim e James Marins, *Código do Consumidor comentado*, p. 387-388).

18. *RT* 476/153.

19. O art. 42 do Código Civil preceitua: "São pessoas jurídicas de direito público externo os Estados estrangeiros e todas as pessoas que forem regidas pelo direito internacional público". A respeito, decidiu o STJ que "somente os chefes de missão diplomática detêm legitimidade para as demandas em que os interesses do País a que pertencem e representam estejam em discussão perante a Justiça brasileira, limitando-se os representantes consulares às atividades de cunho eminentemente comercial e administrativo" (STJ, Proc. 200401089410, j. 28.09.2004, rel. Min. Castro Filho, *DJ* 18.10.2004, p. 263).

Direito nacional, é uma sociedade irregular; e tudo aquilo que se diz a respeito desta é aplicável também a tais sociedades estrangeiras, mesmo porque não há distinção entre os nacionais e os estrangeiros, e, no particular, ademais, não tendo distinguido a lei processual, não cabe ao intérprete distinguir. A citação, para quaisquer processos, há de ser feita na pessoa do gerente da filial ou da agência (art. 12, § 3.º). Se a citação houver sido feita pelo correio (art. 241, I, redação da Lei 8.710, de 24.09.1993), dever-se-á ter nominado o gerente da filial ou da agência como o representante da empresa a ser citada.

Outrossim, no caso de falência de sociedade comercial, esta é representada ativa e passivamente pelo administrador judicial (Lei 11.101/2005, arts. 21 e 22, III, *n*).

Finalmente, diga-se que é legal a outorga de *mandato*, pelo órgão representativo de pessoa jurídica, mandatário esse que, a seu turno, poderá constituir advogado, na defesa dos interesses da sociedade.[20]

23. A representação das paróquias da Igreja Católica

As paróquias da Igreja Católica têm, como corporações, personalidade jurídica,[21] estando, destarte, habilitadas a demandar e a serem demandadas, sendo, então, representadas, ativa e passivamente, pelo seu vigário ou fabriqueiro.[22]

Bibliografia

ALVIM, Eduardo Arruda. *Curso de direito processual civil*. São Paulo: Ed. RT, 1999. vol. 1.

. *Direito processual civil*. 3. ed. São Paulo: Ed. RT, 2010.

______. *Direito processual civil. 4. ed.* São Paulo: Ed. RT, 2012.

ALVIM NETTO, José Manoel de Arruda. *Código de Processo Civil comentado*. São Paulo: Ed. RT, 1975. vol. II.

______. *Curso de direito processual civil*. São Paulo: Ed. RT, 1971. vol. I.

______. *Tratado de direito processual civil*. São Paulo: Ed. RT, 1996. vol. II.

e outros. *Código do Consumidor comentado*. 2. ed. São Paulo: Ed. RT, 1995.

BARBI, Celso Agrícola. *Comentários ao Código de Processo Civil*. Rio de Janeiro: Ed. Forense, 1983. vol. I.

BORGES, Marcos Afonso. *Comentários ao Código de Processo Civil*. São Paulo: LEUD, 1975. vol. I.

CARVALHOSA, Modesto. *Comentários à Lei das Sociedades Anônimas*. São Paulo: Saraiva, 1977. v. 1.

FADEL, Sérgio Sahione. *Código de Processo Civil comentado*. Rio de Janeiro: Ed. Forense, 1984. vol. I.

FLAKS, Milton. Representação dos entes públicos no Processo Civil. *Teses* (do VIII Congresso Nacional de Procuradores do Estado), Imprensa Oficial do Estado do Rio de Janeiro, p. 423, 1977.

GRECO FILHO, Vicente. *Direito processual civil brasileiro*. 20. ed. São Paulo: Saraiva, 2007. vol. I.

MARQUES, José Frederico. *Manual de direito processual civil*. São Paulo: Saraiva, 1983. vol. I.

MIRANDA, Francisco Cavalcanti Pontes de. *Comentários ao Código de Processo Civil (de 1973)*. Rio de Janeiro: Ed. Forense, 1974. t. I.

MIRANDA JÚNIOR, Darcy de Arruda. *Curso de direito comercial*. São Paulo: Ed. RT, 1982.

PAULA, Alexandre de. *Código de Processo Civil anotado*. 6. ed. São Paulo: Ed. RT, 1994. vol. I.

20. *JTACivSP* 92/200-2.

21. Arruda Alvim, *Código de Processo Civil comentado*, vol. II/91; mais recentemente, nosso *Tratado de direito processual civil*, vol. II, comentários ao art. 12.

22. TJSP, Ap 242.863, Orlândia, 4.ª Câm.Cív., 22.05.1975, rel. Carlos A. Ortiz, v.u.

PRATA, Edson. *Comentários ao Código de Processo Civil*. Rio de Janeiro: Ed. Forense, 1979. vol. II, t. I.

SANTOS, Moacyr Amaral. *Primeiras linhas de direito processual civil*. 25. ed. (atual. por Maria Beatriz Amaral Santos Köhnen.) São Paulo: Saraiva, 2007. vol. I.

TEIXEIRA, Sálvio de Figueiredo. *O STJ e o Processo Civil*. Brasília: Brasília Jurídica, 1995.

TEMER, Michel. *Território Federal nas Constituições brasileiras*. São Paulo: Ed. RT, 1995.

THEODORO JR., Humberto. *Curso de direito processual civil*. Rio de Janeiro: Ed. Forense, 1985. vol. I.

______. *Processo de conhecimento*. Rio de Janeiro: Ed. Forense, 1981. t. I.

TORNAGHI, Hélio. *Comentários ao Código de Processo Civil*. São Paulo: Ed. RT, 1976. vol. I.

III

Representação dos Entes Despersonalizados

24. Introdução

Vários conflitos de interesses poderão surgir relacionados com entes despersonalizados, nominados no Código de Processo Civil, como, por exemplo, a massa falida, a herança, e outros, ainda que não referidos no mesmo Código. No plano processual, surge o problema respeitante à representação desses entes em juízo. Tal matéria vem, basicamente, prevista no art. 12 do vigente CPC.

25. A representação da massa falida

A massa falida, de cuja representação trata o inciso III do art. 12 do CPC,[1] é uma universalidade de bens e, por definição, indivisível. Seu conceito é de direito material comercial.

A massa falida surge com a falência, isto é, desde que prolatada a sentença respectiva. *Ipso facto*, nesse instante perde o devedor o direito de administrar os bens e de deles dispor. É a sentença declaratória de falência que marca o momento em que nasce, para aquele patrimônio sujeito à execução coletiva, um novo estado jurídico, desafetando-o da anterior titularidade do falido, tal como rapidamente esboçamos.

Não é tecnicamente correto dizer-se que o administrador judicial representa, no sentido processual, o falido: na realidade, representa a *massa falida* (v. art. 22, III, *n*, da Lei de Falências e Recuperação Judicial de Empresas – Lei 11.101/2005).[2-3] O administrador judicial age como representante da massa falida e, como sua função decorre de um imperativo legal, poderá ele até mesmo agir contra o falido, o que evidencia que age em função de um verdadeiro múnus público. É nomeado pelo juiz para auxiliar a Justiça, tendo deveres inerentes ao seu cargo, não sendo propriamente sucessor do falido,

1. V. Arruda Alvim, *Código de Processo Civil comentado*, vol. II, p. 88, e, mais recentemente, nosso *Tratado de direito processual civil*, vol. II, comentários ao art. 12.

2. "Art. 22. Ao administrador judicial compete, sob a fiscalização do juiz e do Comitê, além de outros deveres que esta Lei lhe impõe: (...) III – na falência: (...) *n)* representar a massa falida em juízo, contratando, se necessário, advogado, cujos honorários serão previamente ajustados e aprovados pelo Comitê de Credores; (...)."

3. Tal como ocorria, no particular, com o síndico, na vigência do Dec.-lei 7.661/1945 (art. 63, XVI), revogado pela Lei 11.101/2005, referida no texto. Corretamente, decidiu-se, à luz da lei anterior, mas adotando-se solução adequada à Lei 11.101/2005, que "a empresa executada após a decretação de sua falência é parte ilegítima para figurar como polo ativo ou passivo em ação judicial, *cabendo ao síndico nomeado a representação da massa falida no processo*, ou a advogado contratado por este" (TRF-3.ª R., Ap.Cív. 433515, j. 19.03.2003, rel. Des. Cecília Marcondes, *DJ* 23.04.2003, p. 98; g.n.). No mesmo sentido: TRF-4.ª R., Ap.Cív. 670775, j. 20.10.2004, rel. Des. Maria Lúcia Luz Leiria, *DJ* 10.11.2004, p. 608.

na administração, mas recebendo poderes diretamente da lei e através do Judiciário.

O Código, por omissão manifesta, suprível mercê de interpretação sistemática, não aludiu no art. 12 ao administrador da massa insolvente (art. 766, II, do CPC). Esta massa insolvente decorre da *execução civil contra devedor insolvente*, a partir da sentença declaratória da insolvência, em que o mesmo será nomeado (art. 761, I, do CPC), justamente com a função, entre outras, de representação ativa e passiva da massa (art. 766, II, do CPC), para o que pode contratar advogado.

Outro tanto, e, similarmente, ao que se disse a respeito do síndico, o administrador não é representante do devedor insolvente, senão da *massa insolvente*.

26. A representação das heranças jacente e vacante

As heranças jacente e vacante, de cuja representação cuida o inciso IV do art. 12 do CPC, encontram-se, respectivamente, definidas nos arts. 1.819, 1.820 e 1.823 do Código Civil.[4]

O espólio é representado pelo seu inventariante (arts. 12, V, e 991, I, do CPC). Sendo *dativo* o inventariante, todos os herdeiros e sucessores do *de cujus* deverão ser chamados ao processo em que o espólio seja parte, como deverão agir ativamente, em conjunto (litisconsórcio ativo necessário unitário, na forma do art. 12, § 1.º, do CPC). A herança terá um curador, seja ela jacente ou vacante.

A figura da herança jacente precede à da vacante (art. 1.819 e 1.820 – v. CC/1916, arts. 1.591/1.594). Dispõe o Código Civil que, não havendo testamento e não havendo herdeiros legítimos notoriamente conhecidos, a herança será jacente, cabendo, então, sua guarda, conservação e administração a *um curador* (v. art. 12, IV). Sucessivamente, se praticadas todas as exigências legais, não apareceram herdeiros, haverá declaração de vacância da herança, declaração judicial esta que somente se fará depois de um ano da conclusão do inventário. Outrossim, a herança vacante será administrada por *curador*. Em ambas as hipóteses, este curador representará a herança em juízo, ativa e passivamente.

27. A representação do espólio

A representação do *espólio* é vinculada à abertura de inventário, em que é nomeado um *inventariante*.[5] A representação do espólio difere, portanto, da herança, seja jacente ou vacante. Encontra o assunto a sua disciplina nos arts. 12, V, e 991 do CPC, onde está determinado que incumbe ao inventariante a função de representar o espólio ativa e passivamente, em juízo ou fora dele, observando-se, quanto ao dativo, o disposto no art. 12, § 1.º (art. 991, I).[6]

O inventariante somente deixará de representar o espólio se a lide disser respeito *pessoalmente* a determinado herdeiro, o que,

4. Cf. arts. 1.591 e 1.593 do CC/1916.

5. Enquanto não formalizado o inventário, o espólio será representado pelo administrador provisório (arts. 985 e 986 do CPC): STJ, ROMS 15.377, j. 02.12.2003, rel. Min. Luiz Fux, *DJ* 16.02.2004, p. 203.

Decidiu-se, por outro lado, que "não obstante constituir-se em regra processual a representação judicial do espólio por seu inventariante, nos termos do art. 12, V, do CPC, nada impede que, ocorrendo a morte de qualquer das partes, seja procedida a habilitação direta dos herdeiros, com espeque nos arts. 43, 1.056, II, e 1.060, I, do estatuto processual vigente" (TRF-4.ª R., Ap.Cív. 686545, j. 14.12.2004, rel. Des. Thompson Flores Lenz, *DJ* 12.01.2005, p. 736).

6. Decidiu-se, com acerto, que "é sanável a falta de representação do espólio, por seu inventariante" (STJ, REsp 331.071, j. 09.11.2004, rel. Min. Barros Monteiro, *DJ* 07.03.2005, p. 259).

v.g., inocorre com ação do espólio para apurar haveres de sócio falecido.[7]

O art. 990 do CPC, parcialmente alterado pela Lei 12.195/2010, que atribuiu nova redação aos incisos I e II, estabelece o rol daqueles que podem ser nomeados inventariantes. No entanto, a ordem em que vêm dispostas essas pessoas não é absoluta, cedendo ante as circunstâncias concretas que a desaconselhem.[8]

Sendo o inventariante herdeiro necessário – diversamente do que ocorre com o inventariante dativo –, tendo sido aquele devidamente citado, dispensada estará a citação dos demais herdeiros, em ação movida contra o espólio.[9]

O *inventariante dativo*, justamente por ser estranho à herança, não tem capacidade de representar ativa ou passivamente o espólio, *tendo em vista ações que a este digam respeito*.[10] Todas as ações, na hipótese de espólio com inventariante dativo ser parte, deverão ter como partes os herdeiros ou sucessores. Assim, estes deverão ser necessariamente citados, se réus, regra essa confirmada no art. 991, I, do mesmo Código,[11] como deverão, em conjunto e como colegitimados ativos, comparecer em juízo, quando autor seja o espólio.

Nesse último caso, a questão que se apresenta diz respeito à obrigatoriedade na formação do litisconsórcio *entre os herdeiros*. Convém aqui atentar para as seguintes ponderações, feitas por Eduardo Arruda Alvim: a) embora excepcionais, há, de fato, hipóteses em que o litisconsórcio ativo é necessário, conforme já admitiu o Superior Tribunal de Justiça;[12] b) quando a lei

---

7. *RJTJSP* 90/381-383 (2.ª col.), 92/283 (em cuja fundamentação se alude a *direitos personalíssimos de um herdeiro*). Na doutrina, v. Hernani Estrella, *Apuração dos haveres do sócio*, p. 204, (obra escrita para o sistema do CPC/1939, mas com lição subsistente).

8. TJES, AgIn 3.319/Vitória, 2.ª T., j. 29.06.1976, rel. Hélio Gualberto Vasconcellos, v.u.; *RTJ* 101/667. No mesmo sentido, TJMG, AgIn 19.475, 4.ª T., j. 23.02.1988, rel. Des. Walter Veado, v.u., *Jurisprudência Mineira* 101/60 (citado por Alexandre de Paula, *Código de Processo Civil anotado*, p. 3.683, nota 4). O desentendimento irremovível entre os herdeiros há de levar à nomeação de inventariante dativo (art. 990, VI, do CPC; v. também: *RTJ* 71/881; *RT* 478/221).

9. STJ, AgRg no AgIn 513.095, j. 02.12.2003, rel. Min. Aldir Passarinho Júnior, *DJ* 09.02.2004, p. 188; *RJTJSP* 30/110.

10. Contra: *RJTJSP* 44/263; idem, Barbi, *Comentários ao Código de Processo Civil*, vol. I, p. 1983; conforme o texto: Pontes de Miranda, *Comentários ao Código de Processo Civil*, t. I, p. 327.

11. No sentido do litisconsórcio passivo necessário dos herdeiros com o inventariante dativo, há inúmeráveis julgados nos tribunais brasileiros, dentre os quais citam-se, exemplificativamente: STJ, REsp 36.380/RJ, 2.ª T., j. 20.11.1997, rel. Min. Hélio Mosimann, *DJ* 15.12.1997, p. 66.351; TJMG, Ap. 2.000.00.362256-4/000, 6.ª Câm. Cív., j. 19.09.2002, rel. Des. Beatriz Pinheiro Caires, *DJ* 08.10.2002; (TJMG, Ap. 2.0000.00.493064-1/000, 9.ª Câm. Cív., j. 07.06.2005, rel. Des. Fernando Caldeira Brant, *DJ* 01.07.2005; TJMG, AgIn 1.0342.06.075670-3/001, 13.ª Câm. Cív., rel. Des. Cláudia Maia, j. 15.02.2007, *DJ* 09.03.2007.

12. "Processo civil. Litisconsórcio ativo necessário. Exceção ao direito de agir. Obrigação de demandar. Hipóteses excepcionais. Recurso provido. I. Sem embargo da polêmica doutrinária e jurisprudencial, o tema da admissibilidade ou não do litisconsórcio ativo necessário envolve limitação ao direito constitucional de agir, que se norteia pela liberdade de demandar, devendo-se admiti-lo apenas em situações excepcionais. II. Não se pode excluir completamente a possibilidade de alguém integrar o polo ativo da relação processual, contra a sua vontade, sob pena de restringir-se o direito de agir da outra parte, dado que o legitimado que pretendesse demandar não poderia fazê-lo sozinho, nem poderia obrigar o colegitimado a litigar conjuntamente com ele. III. Fora das hipóteses expressamente contempladas na lei (*verbi gratia*, art. 10, CPC), a inclusão necessá-

expressamente previr a legitimação extraordinária de um dos possíveis litisconsortes, em virtude de a decisão da lide vir a ser uniforme para todos eles, estará excluída a obrigatoriedade na formação do litisconsórcio, pois se tratará de litisconsórcio *facultativo* unitário.[13]

Tais lições se aplicam à hipótese dos herdeiros, já que, como elucida o citado autor, não há necessidade de litisconsórcio entre os herdeiros quando a ação tiver por objetivo a defesa da universalidade da herança contra terceiros. Isso se deve à circunstância de estar prevista a legitimação extraordinária nos arts. 1.824 e 1.825 do Código Civil, que permitem a qualquer dos coerdeiros reivindicar a universalidade da herança ao terceiro que indevidamente a possua.

Esse raciocínio afigura-se-nos aplicável à hipótese de ter sido nomeado inventariante dativo, pois, conquanto o Código de Processo Civil (art. 12, § 1.º) exija a formação do litisconsórcio entre todos os herdeiros, em virtude da legitimação extraordinária estatuída nos arts. 1.824 e 1.825 do Código Civil, é possível que, *na hipótese específica de se reinvindicar a universalidade da herança contra terceiro,* a ação seja ajuizada pelo inventariante dativo e por um dos herdeiros, na defesa dos interesses dos demais. Enfim, observadas algumas peculiaridades, a representação do espólio pelo inventariante é a regra geral nas ações que tenham curso após a abertura do inventário e antes da homologação da partilha.

Como o espólio ainda se encontra indiviso, as consequências jurídicas específicas refletir-se-ão, desde logo, sobre ele e apenas posteriormente, com a partilha, é que elas repercutirão, individualmente, nos patrimônios dos herdeiros, que aí terão suas configurações concretas, justamente com o desaparecimento da *universitas iuris*.

Com o trânsito em julgado da partilha dos bens, o espólio não mais poderá propor ações e nem ser acionado.[14]

28. A representação dos condomínios e outras modalidades

O *condomínio*, a que se refere este inciso IX do art. 12 do CPC, é *aquele* criado em decorrência de edificações ou incorporações imobiliárias, assunto especificamente disciplinado pela Lei 4.591/1964, onde há, além das unidades autônomas e individuadas, *as partes comuns*.

Havendo litígios a respeito das unidades autônomas, cada titular será parte legítima para propor ações e a elas responder, pois submetem-se ao regime jurídico-material de propriedade autônoma (art. 2.º da Lei 4.591/1964). Eventual condomínio incidente sobre a mesma unidade autônoma – *v.g.*, dois coproprietários sobre a mesma unidade – reger-se-á pelo direito comum, em convivência com o disposto na Lei 4.591/1964 (art. 6.º).

Há partes, todavia, de edifício ou incorporação, que são de uso comum (arts. 8.º, *a* e *d*, e 9.º, § 3.º, *a* e *b*, da Lei 4.591/1964). Para a defesa dos interesses de tais partes comuns

ria de demandantes no polo ativo depende da relação de direito material estabelecida entre as partes. Antes de tudo, todavia, é preciso ter em conta a excepcionalidade em admiti-la, à vista do direito constitucional de ação" (STJ, REsp 141172/RJ, 4.ª T., j. 26.10.1999, rel. Min. Sálvio de Figueiredo Teixeira, *DJ* 13.12.1999, p. 150).

13. Eduardo Arruda Alvim, *Direito processual civil: processo de conhecimento*, p. 219.

14. *JTACivSP* 60/255. Decidiu-se que, nesse caso, "considera-se regular a representação ativa do espólio quando a viúva e todos os herdeiros se habilitam pessoalmente em juízo, independentemente de nomeação de inventariante quando o inventário já tenha se encerrado ou não exista" (STJ, REsp 554.529, j. 21.06.2005, rel. Min. Eliana Calmon, *DJ* 15.08.2005, p. 242).

do *condomínio*, com o sentido e função descritas nesta lei, elege-se um *síndico*, que, como já dispunha esta mesma lei, além de representar o condomínio em face do Direito Civil, tem legitimidade para fazê-lo em juízo (art. 22, § 1.º, *a*, da Lei 4.591/1964). *É a esse síndico ou administrador que se refere o art. 12, IX.*

O condomínio, assim, será sempre representado em juízo pelo administrador ou pelo síndico. O *condomínio*, na realidade, é propriamente o "sujeito do direito", porque assim *dispõe a lei do processo*, embora seja ente despersonalizado, em face do Direito Material. O condomínio habilita a que o administrador ou síndico, eleito de acordo com a convenção, possa representá-lo.

Não há, evidentemente, que se confundir este tipo de condomínio com a figura de condomínio (tradicional) do direito civil, expressão do condomínio do direito real, quando todos os condôminos deverão ser citados sempre como litisconsortes passivos necessários, se sujeitos passíveis de ação. Caso se promova *ativamente* a ação, aplicar-se-á o art. 1.314 do Código Civil,[15-16] relativo a domínio ou posse, sendo cada *condômino* parte legítima *per se e pelos demais*.[17]

Se existir de fato um condomínio, mas não existir síndico eleito, o processo civil atribui, com foros de juridicidade, no plano processual, legitimação *ad causam* para representar o condomínio àquele que, de fato, o administre. Assim, "registrada a convenção, o condomínio será representado pelo síndico; não registrada, será representado pelo administrador".[18]

Por outro lado, em face de haver um síndico eleito e uma administradora de condomínio, só ao primeiro caberá a representação em juízo do condomínio.[19-20]

Mais tarde, foi editada a Lei 9.514/1997, que dispõe a respeito do âmbito das atividades do agente fiduciário, em seu art. 13, o seguinte: "Ao *agente fiduciário* são conferidos poderes gerais de representação da comunhão dos beneficiários, inclusive os de receber e dar quitação, incumbindo-lhe: (...)". E no inciso II desse art. 13, o seguinte: "II – adotar as medidas judiciais ou extrajudiciais necessárias à defesa dos interesses dos beneficiários, bem como à realização dos créditos afetados ao patrimônio separado, caso a companhia securitizadora não o faça". Constata-se, pelo texto, que o agente fiduciário tem poderes *judiciais, ex lege*, agindo como substituto processual dessa comunhão de beneficiários.

---

15. Cf. arts. 623, II e 633 do CC/1916.

16. Assim já entendia o STJ na vigência do anterior Código Civil: "Nunciação de obra nova. Ação intentada por condômino contra terceiros. Pretensão dos réus de que sejam chamados ao processo os demais condôminos. Litisconsórcio necessário ativo. Não é o caso da necessidade, porque a lei permite que a ação seja proposta por qualquer um dos donos. Exemplos: arts. 623-II, 634, 892 e 1.580, parágrafo único, do Cód. Civil. É excepcional o litisconsórcio necessário ativo. Hipótese em que não se ofendeu o art. 47 do Cód. de Pr. Civil. Recurso especial de que a Turma deixou de conhecer" (STJ, 3.ª T., REsp 33.726/SP, j. 09.11.1993, rel. Min. Nilson Naves, *DJ* 06.12.1993, p. 26.663).

17. Trata-se de hipótese em que a lei estabeleceu a legitimidade ativa extraordinária de cada condômino para a defesa dos interesses dos demais, razão por que estaria dispensado o litisconsórcio necessário. Nesse sentido: Eduardo Arruda Alvim, *Direito processual civil*, p. 219.

18. STJ, REsp 445693, j. 06.03.2003, rel. Min. Nancy Andrighi, *DJ* 23.06.2003, p. 356.

19. *JTACivSP* 36/181. Mas, "mesmo após o término do mandato do síndico continuará ele representando o condomínio como administrador até a realização de assembleia e eleição de novo síndico, desde que não haja oposição dos demais condôminos" (TRF-3.ª R., Ap.Cív. 821.818, j. 01.06.2004, rel. Des. Johonsom di Salvo, *DJ* 31.08.2004, p. 334).

20. V. o que a respeito de órgãos da administração, *sem personalidade jurídica*, está dito no Capítulo anterior, tendo em vista a Lei 8.078/1990 (Código de Proteção e Defesa do Consumidor).

Bibliografia

ALVIM, Eduardo Arruda, *Curso de direito processual civil*. São Paulo: Ed. RT, 1999. vol. I.

______. *Direito processual civil: processo de conhecimento*. 2. ed. rev., atual. e ampl. São Paulo: Ed. RT, 2008.

______. *Direito processual civil*. 3. ed. São Paulo: Ed. RT, 2010.

______. *Direito processual civil*. 4. ed. São Paulo: Ed. RT, 2012.

ALVIM NETTO, José Manoel de Arruda. *Código de Processo Civil comentado*. São Paulo: Ed. RT, 1975. vol. II.

______. *Tratado de direito processual civil*. São Paulo: Ed. RT, 1996. vol. II.

BARBI, Celso Agrícola. *Comentários ao Código de Processo Civil*. Rio de Janeiro: Ed. Forense, 1983. vol. I.

BEZERRA FILHO, Manoel Justino. *Nova Lei de Recuperação e Falências comentada*. 3. ed. São Paulo: Ed. RT, 2005.

BORGES, Marcos Afonso. *Comentários ao Código de Processo Civil*. São Paulo: LEUD, 1975. vol. I.

ESTRELLA, Hernani. *Apuração dos haveres do sócio*. Rio de Janeiro: Ed. Forense, 1960.

FADEL, Sergio Sahione. *Código de Processo Civil comentado*. Rio de Janeiro: Ed. Forense, 1984. vol. I.

GRECO FILHO, Vicente. *Direito processual civil brasileiro*. Rio de Janeiro: Ed. Forense, 1984. vol. I.

LOPES, João Batista. *Condomínio*. São Paulo: Ed. RT, 1982.

MARQUES, José Frederico. *Manual de direito processual civil*. São Paulo: Saraiva, 1983. vol. I.

MIRANDA, Francisco Cavalcanti Pontes de. *Comentários ao Código de Processo Civil* [de 1973]. Rio de Janeiro: Ed. Forense, 1974. t. I.

PAULA, Alexandre de. *Código de Processo Civil anotado*. 6. ed. São Paulo: Ed. RT, 1994.

PERIN JUNIOR, Écio. *Curso de direito falimentar e recuperação judicial de empresas*. 3. ed. São Paulo: Método, 2006.

PRATA, Edson. *Comentários ao Código de Processo Civil*. Rio de Janeiro: Ed. Forense, 1978. vol. VI.

SANTOS, Moacyr Amaral. *Primeiras linhas de direito processual civil*. 25. ed. Atual. Maria Beatriz Amaral Santos Köhnen. São Paulo: Saraiva, 2007. vol. I.

THEODORO JR., Humberto. *Curso de direito processual civil*. 47. ed. Rio de Janeiro: Ed. Forense, 2007. vol. I.

______. *Processo de conhecimento*. Rio de Janeiro: Ed. Forense, 1981. t. I.

TORNAGHI, Hélio. *Comentários ao Código de Processo Civil*. São Paulo: Ed. RT, 1976. vol. I.

IV

Do Litisconsórcio

29. Conceito de litisconsórcio

Normalmente, há nos processos *um* autor litigando contra *um* réu, disputando sobre *uma única lide*, ou objeto litigioso único, a respeito da qual existem questões, sejam de fato ou de direito, ou de ambas as espécies. Poderá haver *um* autor contra *um* réu e mais de uma lide (v. art. 292 do CPC), para o que há um regime e obediência a requisitos especiais.

Pode haver também mais de um autor (litisconsórcio ativo), ou, então, um autor contra vários réus (litisconsórcio passivo), ou, ainda, haver vários autores contra réus (litisconsórcio misto). Trata-se do instituto do litisconsórcio, cuja característica marcante é a da existência de *pluralidade de partes*, num mesmo polo do processo, ou em ambos os polos do processo.

O significado de *pluralidade de partes* é representativo de que, em certos processos, vários litigantes encontram-se num dos polos da relação jurídica processual, existindo entre eles certo grau de *afinidade*, variável em sua intensidade, sob múltiplos aspectos (v. arts. 46, I a IV, e 47, *caput*, do CPC)[1] chegando até à identidade (litisconsórcio unitário).

30. Classificação do litisconsórcio quanto ao momento de sua formação

O litisconsórcio poderá ser *inicial* ou *ulterior*, conforme se constitua ele com a propositura da ação ou posteriormente.

O litisconsórcio será *ulterior*, comumente, quando necessário (simples ou unitário), e não tiverem sido citados todos os litisconsortes, que já deveriam ter sido citados ou ter comparecido ao processo (art. 47, parágrafo único). Nesta hipótese, o juiz, munido dos poderes que a lei lhe atribui, deverá determinar a citação dos litisconsortes necessários, ausentes até então (art. 47, parágrafo único).

Se for constatado tal vício desde logo e quando da propositura da ação, o juiz deverá marcar prazo para o autor saná-lo, indeferindo a petição inicial diante do descumprimento[2] (art. 47, parágrafo único, c/c o art. 267, I, do CPC).

---

1. Nessa linha, Luiz Guilherme Marinoni e Sérgio Cruz Arenhart esclarecem, tal como propugnamos, que o litisconsórcio não deve ser definido simplesmente como uma cumulação subjetiva de lides ou como a pluralidade de partes no polo passivo ou ativo de um mesmo processo; sendo necessária relação de afinidade entre as partes (*Manual do processo de conhecimento*, p. 172).Sobre o conceito de litisconsórcio, v., longamente, Arruda Alvim, *Código de Processo Civil comentado*, vol. 2, p. 361 *et seq.*; Celso Agrícola Barbi, *Comentários ao Código de Processo Civil*, vol. 1, p. 257-258.

2. STJ, REsp 242.260/SC, 4.ª T., j. 16.09.2004, rel. Min. Jorge Scartezzini, *DJ* 22.11.2004, p. 345; STJ, REsp 493.679/RS, 2.ª T., j. 16.11.2004, rel.

31. Classificação do litisconsórcio quanto à obrigatoriedade ou não de sua formação (arts. 46 e 47). Litisconsórcio multitudinário (art. 46, parágrafo único)

Tendo em vista os requisitos ou pressupostos de formação do litisconsórcio, podemos classificá-lo em *necessário* e *facultativo*, isto é, tendo em vista a liberdade que a lei defere ao autor em formá-lo ou não.

No litisconsórcio necessário, é indispensável a presença conjunta de diversos autores e/ou diversos réus, sob pena de ineficácia da sentença; no litisconsórcio facultativo, pode o litisconsórcio ser formado ou não, nada afetando sua não formação os efeitos da sentença que, todavia, atingirão somente quem tenha sido parte (art. 472, 1.ª frase, do CPC).

No litisconsórcio facultativo, a vontade relevante para sua formação, ou não, é, *a princípio*, a do autor. Mas a formação do litisconsórcio ativo ou passivo não pode comprometer o andamento do processo, tumultuando-o. Este é o limite legal existente para a vontade do autor. Por isto é que se disse *a princípio*, dado que, se a junção de diversos autores no polo ativo da relação processual ou de diversos réus no passivo puder afetar a rápida solução do litígio ou dificultar a defesa, ela poderá ser limitada pelo juiz, de ofício ou a requerimento da parte (art. 46, parágrafo único, do CPC, acrescentado pela Lei 8.952/1994). De qualquer sorte, desde que ausentes estes requisitos enumerados pelo novo dispositivo, a formação do litisconsórcio será imposta pela vontade do autor, presentes os pressupostos legais (art. 46, *caput e incisos*), sendo irrelevante a vontade contrária do juiz ou do(s) réu(s). É irrelevante, igualmente, a *mera* vontade do juiz, que não pode impor a formação do litisconsórcio facultativo no polo ativo, se o autor não o formou, e, nem no passivo.[3] Da mesma forma, o juiz não pode impor a formação do litisconsórcio passivo (não se tratando de litisconsórcio necessário ou necessário-unitário).[4]

Muito se discutia em sede de doutrina e jurisprudência sobre a sobrevivência do litisconsórcio facultativo recusável no sistema do Código de Processo Civil de 1973. Doravante, diante do parágrafo único do art. 46, não podem mais subsistir dúvidas a respeito da "recusabilidade" do litisconsórcio quando facultativo e presentes aqueles dois requisitos apontados pela lei. *Mas não se trata da mesma recusabilidade que existia no sistema do CPC/1939.* Neste sistema era lícito ao réu, *pura e simplesmente*, contrapor a sua vontade à do autor, recusando o litisconsórcio. E em face do parágrafo único do art. 46 o réu poderá "recusar" o litisconsórcio, mas não como decorrência de sua *vontade, pura e simplesmente*, mas haverá de invocar fundamento para isso.[5] Não se trata, ainda, de *recusa pura*, dado que o juiz deverá, também, obstar a formação de tal litisconsórcio,

Min. João Otávio de Noronha, *DJ* 17.12.2004, p. 483.

3. *RTJ* 77/898 e 84/267; STJ, REsp 524.903/PR, 1.ª T., j. 22.06.2004, rel. Min. José Delgado, *DJ* 16.08.2004, p. 136; *RDDP*, vol. 19, p. 165.
4. *RJTJSP* 76/228.
5. Tem-se decidido corretamente que, "após o transcurso do lapso temporal para a contestação, não há possibilidade de se acolher a irresignação do réu quanto à restrição do número de litisconsortes no polo ativo da demanda, em razão do estabelecido no parágrafo único do art. 46 do CPC" (STJ, REsp 600.261/PR, 2.ª T., j. 28.06.2005, rel. Min. Eliana Calmon, *DJ* 15.08.2005, p. 248). *No mesmo sentido*: STJ, REsp 571.771/PR, 1.ª T., j. 18.12.2003, rel. Min. José Delgado, *DJ* 22.03.2004, p. 245; STJ, REsp 624.836/PR, 2.ª T., j. 21.06.2005, rel. Min. Franciulli Netto, *DJ* 08.08.2005, p. 265. Este entendimento é o afeiçoado à lei, porquanto a parte final do parágrafo único do art. 46 dispõe: "(...) O pedido de limitação interrompe o prazo para a resposta, que recomeça da intimação da decisão". Ora, se esse pedido deve ser feito *durante o curso do prazo para a resposta,* isto significa que ultrapassado esse prazo, descabe venha a ser ulteriormente formulado.

mas, em o fazendo, deverá entender configurada ao menos uma das hipóteses vedadas pelo parágrafo único do art. 46. *No sistema do CPC/1939, era uma recusabilidade estribada na vontade, ao passo que, pelo parágrafo único do art. 46, trata-se principalmente de assunto relacionado com legalidade, ainda que esse texto albergue conceitos vagos.*

Em decisões antecedentes à regra expressa do parágrafo único do art. 46 do CPC, o grande número de litisconsortes ativos era – e continua sendo – pressuposto indispensável à possível configuração do litisconsórcio multitudinário.[6] Sempre foi reconhecida utilidade no litisconsórcio, é dizer, possibilidade de, em uma só decisão, resolverem-se diversas lides, sem a possibilidade de decisões *logicamente* contraditórias.[7] Nem pelo fato de existirem muitos litisconsortes configurar-se-á, só por isso, o litisconsórcio a que se alude no parágrafo único do art. 46, como, já antes desse texto, decidia-se.[8]

32. Classificação do litisconsórcio quanto à sorte no plano do Direito Material

Tendo em vista a identidade, relativamente à sorte no plano do Direito Material, da decisão em que figurem litisconsortes, podemos classificar o litisconsórcio em *simples* ou *unitário*. Será *unitário* o litisconsórcio quando a demanda deva ser decidida de forma idêntica para todos quantos figurem em um mesmo polo da relação processual.[9-10-11]

6. TJSP, *RT* 615/86, *em que os litisconsortes passivos eram apenas cinco*; *RJTJSP* 115/164 (o juiz deve recusar o litisconsórcio quando este poderá vir a tumultuar o processo); igualmente, STF, *RT* 608/263. No mesmo sentido, o STF: "(...) É descabida a recusa do litisconsórcio ativo previsto no art. 46, IV, do CPC, salvo quando fundada na impossibilidade legal da cumulação" (RE 108.747/PR, rel. Min. Francisco Resek, *RTJ* 120/403). Esta é a regra geral, que, atualmente, há de ser entendida em função do parágrafo único do art. 46. Este é também o entendimento da doutrina: cf. Cândido Rangel Dinamarco, *Litisconsórcio (um estudo sobre o litisconsórcio comum, unitário, necessário e facultativo)*, p. 60, nota 107; esposando idêntica orientação, Humberto Theodoro Júnior, *Processo de conhecimento*, t. I, p. 120.

7. Cf. Cândido Rangel Dinamarco, *Litisconsórcio* ... cit., p. 271. Esta mesma ideia foi comungada por decisões, *v.g.*, Ap.Civ. 21.559, rel. Des. Rubem Córdova, citado em *JTJSC* 48/266.

8. "(...) Cuida-se aqui de litisconsórcio facultativo fundado na afinidade de questões por pontos comuns de fato e de direito (art. 46, IV, do CPC). Reúnem-se, em tal hipótese, múltiplas ações em um único processo, repousando a cumulação na economia processual. Não se discute que, em casos tais, cabe ao juiz, no exercício do poder-dever que lhe fixa o art. 125 do estatuto básico processual e, visando assegurar às partes tratamento igualitário, adentrar ao exame de se o litisconsórcio não irá dificultar a defesa do réu. Todavia, as peculiaridades decorrentes da situação funcional própria a cada um dos autores *não faziam certo, no caso concreto, que ocorressem para a ré, pelo alentado litisconsórcio, maiores dificuldades do que as trazidas pelo ajuizamento de centenas de processos distintos*" (Ap.Civ. 115.987-1, rel. Des. Marco César, *RJTJSP* 123/163 – g.n.). No mesmo sentido, mais recentemente: STJ, REsp 571.771/PR, 1.ª T., j. 18.12.2003, rel. Min. José Delgado, *DJ* 22.03.2004, p. 245.

9. Sendo unitário o litisconsórcio, o resultado favorável do recurso interposto por apenas um deles a todos aproveita (art. 509 do CPC). *Nesse sentido*, STJ, REsp 573.312/RS, 1.ª T., j. 21.06.2005, rel. Min. Luiz Fux, *DJ* 08.08.2005, p. 183; STJ, REsp 154509/SC, 1.ª T., j. 07.05.1998, rel. Min. Garcia Vieira, *DJ* 19.10.1998, p. 28, *RSTJ*, vol. 183, p. 203. O mesmo não ocorre, em se tratando de litisconsórcio simples, cf. STJ, RMS 15.354/SC, 5.ª T., j. 26.04.2005, rel. Min. Arnaldo Esteves de Lima, *DJ* 01.07.2005, p. 561. No sentido de que o comparecimento de um dos litisconsortes unitário aproveita aos demais: STJ, REsp 614.766/MA, 1.ª T., j. 05.09.2006, rel. Min. Luiz Fux, *DJ* 21.09.2006, p. 216; e, ainda, de que a comunhão de interesses autoriza o aproveitamento das manifestações: STJ, AgRg no REsp 744.446/DF, 2.ª T., j. 16.10.2007, rel. Min. Humberto Martins, *DJ* 10.12.2007, p. 357 – no caso, a irregularidade na representação de um dos litisconsortes não o impediu de aproveitar os efeitos do recurso, pelo fato de o outro recorrente estar com a procuração regularizada.

A normalidade do funcionamento da atividade jurisdicional, no litisconsórcio unitário, é a de que realmente todos os litisconsortes unitários, situados em um dos polos do processo – *onde se formou o litisconsórcio* –, tenham sorte *efetivamente idêntica* no plano do Direito Material. Todavia, a essência da unitariedade significa ou é redutível a que a ação deverá ser contra ou a favor dos litisconsortes unitários. Isto é, *essencialmente*, há de ser julgada procedente ou improcedente, podendo, desta forma, a sorte no plano do Direito Material variar, em certa medida. Exemplo disto é o art. 1.561 do Código Civil.[12] *A identidade total* da sorte do litisconsorte, definida pela sentença, no plano do Direito Material é, entretanto, a regra geral.

Será simples o litisconsórcio quando tal identidade não tiver necessariamente de ocorrer, nem no plano processual, nem no material. Cotejando-se as duas classificações, temos que o litisconsórcio poderá ser necessário-simples e necessário-unitário; facultativo-simples e facultativo-unitário (mais raro na prática), conforme veremos mais adiante.[13]

---

10. "Se o comunheiro de imóvel tem legitimidade para reivindicá-lo de terceiro, sem anuência dos demais condôminos, com maior razão pode pleitear indenização por danos à coisa comum ou postular que seja protegido preventivamente de eventuais danos. Direito que se insere na faculdade conferida aos coproprietários" (STJ, REsp 586.684/RJ, 3.ª T., j. 01.06.2004, rel. Min. Humberto Gomes de Barros, *DJ* 14.06.2004, p. 219). Inversamente, se a ação envolvendo posse ou direito real diz respeito ao *lado passivo*, não se dispensa a presença de todos os que a essa situação estejam ligados. Nesse sentido o STJ, REsp 23.754-7, 4.ª T., j. 08.11.1993, rel. Min. Barros Monteiro, *RSTJ* 56/218, *da fundamentação do voto*. Consta do voto o seguinte: "É caso, portanto, de litisconsórcio passivo necessário, donde haviam de ser chamados à lide todos os condôminos, dentre eles os autores-recorridos" (*RSTJ* 56/219). Núcleo da questão consta ainda do voto, ao se transcrever, acolhendo-se o perfil da demanda, o voto do Des. Marcus Vinicius, do TJSP, *verbis:* "Ora, consoante já salientado, aflorou no feito reivindicatório indiscutível questão sobre a prevalência dos títulos de propriedade postos em confronto. Daí a justificada exigência, pelo v. acórdão recorrido, da convocação do condômino interessado na solução da causa, conforme, aliás, deixara acentuado o voto do Des. Marcus Vinicius: 'Está nos autos que na mencionada ação petitória a disputa se fez em nível dos títulos de domínio, tanto dos então autores, como dos réus, tendo ocorrido sérias divergências técnicas a respeito. A sentença, prestigiada pelo v. acórdão rescindendo, terminou por concluir pela prioridade dos títulos dos autores sobre o dos réus. Ora, essa decisão atingiu frontalmente os condôminos, agora autores nesta rescisória. O que se debateu na reivindicatória foi o direito à substância da coisa, que constitui a essência do domínio e, como coproprietários, os autores teriam que dela participar, pois, pela natureza da relação jurídica, a decisão da lide revestia-se (e se reveste) de uniformidade para todos os interessados, que deveriam figurar como partes. E a validade e eficácia da sentença dependerá da citação de todos, ante o litisconsórcio unitário'" (*RSTJ* 56/219).

11. Problema mais delicado é o de saber se aquele litisconsorte *necessário*, que haveria de ter sido citado, e não o foi, em que condições fica. Há decisões que propugnam pelo seu direito à ação rescisória, com base no art. 487, II, do CPC porque *seria terceiro interessado*, como consta de acórdão do STJ, *ainda que abordando a questão marginalmente*, com referência a decisões do TJSP (cf. REsp 23.754-7, da parte final do voto do Min. Barros Monteiro, *RSTJ* 56/220). Outra posição admite a impetração de mandado de segurança, conforme ementa de acórdão do STJ, *verbis:* "A jurisprudência prevalente é no sentido de que o terceiro prejudicado tem legitimidade para impetrar segurança, a fim de anular sentença proferida em outro processo de que deveria participar na qualidade de litisconsorte necessário, mas deixou de fazê-lo por não ter sido citado para a causa. Precedentes" (cf. RMS 964-0, 2.ª T., j. 07.10.1992, rel. Min. Antônio de Pádua Ribeiro, *RSTJ* 45/479). Sobre o assunto, cf. amplo estudo de Teresa Arruda Alvim Wambier, *Nulidades do processo e da sentença*, n. 3.3.4.

12. Cf. art. 221 do CC/1916.

13. V. Arruda Alvim, *Código de Processo Civil comentado*, cit., vol. 2, p. 345 *et seq.*, em que

33. Classificação do litisconsórcio quanto à posição, subjetiva ativa ou passiva, dos litisconsortes no processo

O litisconsórcio será *ativo* quando houver pluralidade de autores; será *passivo* quando houver pluralidade de réus; será *misto* quando houver pluralidade de demandantes e de demandados.

34. Litisconsórcio facultativo (noções gerais)

O chamado litisconsórcio facultativo encontra sua *ratio essendi*, principalmente, na economia processual.[14] Até mesmo o litisconsórcio facultativo haverá de comportar *enquadramento* no âmbito do art. 46 do CPC. Isto quer dizer que, para ser formado, haverá de existir *a vontade dos autores de formá-lo, enquadrável dentro da previsão legal*. Ou seja, não haverá de ser formado fora de previsão legal. Por isso é que, *fora dessas hipóteses* (do art. 46), e ainda que se trate de pretensão à formação de litisconsórcio facultativo, é inviável pretender-se instaurá-lo.[15] Se se configurar hipótese em que teria sido possível a formação de litisconsórcio facultativo, não se haverá de determinar a citação de terceiro ("em ação de acidentes de veículos descabe citação de terceiro, que teria participado do acidente, porquanto de litisconsórcio facultativo se trata").[16]

O litisconsórcio, disciplinado no art. 46 do CPC, é o *facultativo*, ou seja, aquele em que o autor, por sua deliberação ajustada à lei (casos do art. 46 e desde que não inocorrentes quaisquer das circunstâncias do parágrafo único do art. 46), inclui vários réus num só processo; ou, então, em que vários autores comparecem, por escolha deles mesmos, como litisconsortes ativos, para demandar um só réu; ou, ainda, em que vários autores vêm a juízo para demandar vários réus.

Podemos comparar, aproximadamente, a estrutura deste tipo de litisconsórcio facultativo (simples), à do litisconsórcio facultativo impróprio do sistema anterior, em que, uma vez deliberada a formação do litisconsórcio, não era lícito aos réus oporem-se à mesma (v. art. 88 do Código de 1939, quando se referia à conexão de causa).[17]

---

se ressalta, principalmente, a autonomia do litisconsórcio unitário. Adotando expressamente esta classificação: Clito Fornaciari Júnior, *Reconhecimento jurídico do pedido*, p. 23. Esse particular é também observado por Ovídio Baptista da Silva, que considera "dado indiscutido pela doutrina o fato de poder o litisconsórcio necessário ser dividido em duas classes, uma onde o litisconsórcio é dito simples, e outra envolvendo o litisconsórcio unitário"; além de serem admissíveis as figuras do litisconsórcio facultativo simples e do litisconsórcio facultativo unitário (*Curso de direito processual civil*, vol. 1, p. 245-246). Cf., ainda, Luiz Fux, *Curso de direito processual civil*, p. 270.

14. Cf. Monteiro Aroca, *La intervención adhesiva simple*, n. 5-A, p. 16. Entre nós, principalmente, senão exclusivamente, no que diz respeito ao litisconsórcio *facultativo*, v. Cândido Rangel Dinamarco, *Litisconsórcio (um estudo sobre o litisconsórcio comum, unitário, necessário e facultativo)*, cit., p. 59.

15. 2.º TACivSP, *RT* 549/159; TFR, *RJTR* 53/44 (em mandado de segurança, em que se pondera que, em realidade, o que se deseja é "fruir" da mesma distribuição e competência, mercê do "expediente" do ingresso de litisconsorte facultativo ulterior); semelhantemente, decidiu-se que o litisconsórcio facultativo ulterior, caso admitido, "implicaria violação ao princípio do juiz natural, uma vez que se estaria possibilitando à parte escolher o julgador que, pelo menos a princípio, seria consentâneo com sua tese" (STJ, REsp 111.885/PR, 2.ªT., j. 13.11.2001, rel. Min. Laurita Vaz, *DJ* 18.02.2002, p. 281).

16. *RTJ* 77/898. Cf. também, a respeito, artigo da Professora Teresa Arruda Alvim Wambier, intitulado Ausência de participação de terceiro interessado não vicia a sentença, *RePro* 85/285-291.

17. Já se decidiu, antes da inclusão do parágrafo único ao art. 46, entretanto, que, se se trata

No sistema atual, deferiu-se ao autor, com exclusividade, o direito de eleger ou não o litisconsórcio, desde que apoiado na lei, sendo absolutamente irrelevante a vontade positiva ou negativa dos réus, tangentemente à formação, ou não, do mesmo, o que, atualmente, deve ser compreendido no âmbito da regra do parágrafo único do art. 46.[18-19]

A circunstância de a lei utilizar-se, no art. 46, da palavra *quando* significa fundamentalmente que existe taxatividade nos casos de litisconsórcio, ainda que meramente facultativo, ou seja, *inviável* será pretender o autor demandar vários réus em casos insuscetíveis de ajustamento a uma das hipóteses do art. 46. A liberdade, pois, que existe para o autor encontra limites intransponíveis na lei, tendo-se sempre em mente o disposto no art. 46, *caput* e respectivo parágrafo único.[20]

Vejamos em seguida as várias hipóteses de litisconsórcio facultativo. Os litisconsortes deverão, *em regra*, aplicando-se esta ao litisconsórcio facultativo *simples*, ser tratados autonomamente em relação à parte adversária comum. Aplicação deste princípio é o tratamento não *necessariamente igualitário*, tendo em vista a sucumbência em honorários, *na medida em que a sorte de tais litisconsortes tenha sido diferente no plano material*.[21]

---

de litisconsórcio ativo facultativo ulterior, resultante da adesão de novos autores à lide já contestada, pode o réu "recusá-lo". Tal litisconsórcio, *na verdade*, implica acréscimo do número de sujeitos e de pedidos ao processo e prejuízo à defesa" (TJSP, AgIn 151/8-1, 4.ª Câm., j. 22.10.1981, v.u., rel. Freitas de Camargo).

18. Inadmitindo, antes da introdução do parágrafo único do art. 46 pela Lei 8.952/1994, que pudesse o réu, no Direito brasileiro, recusar a formação de qualquer tipo de litisconsórcio, cf. 1.º TACivSP, AgIn 322.693, 3.ª Câm., j. 28.03.1984, v.u., rel. José Osório. Apenas, evidentemente, tinha (e tem) o réu a possibilidade de impugnar o litisconsórcio demonstrando que a hipótese não se enquadra na previsão legal, com o que descaracterizado resta o litisconsórcio (Arruda Alvim, *Código de Processo Civil comentado*, cit., vol. 2, p. 351). Negando também a possibilidade de recusa do litisconsórcio: Cândido R. Dinamarco, *Direito processual civil*, p. 150 e, do mesmo autor, *Litisconsórcio*, 1984, p. 320. Nesta obra, o Professor Cândido Dinamarco defende a possibilidade de recusa do litisconsórcio facultativo quando "multitudinário" (p. 351 *et seq.*). Em nosso entender não se trata, como consta do texto, de *recusa* propriamente dita, como a que ocorria no sistema do Código de Processo Civil de 1939, mas de hipótese de desmembramento (limitação, na letra da lei) do litisconsórcio quando presentes os pressupostos do parágrafo único do art. 46. Esta situação é, com efeito, bastante diversa da alegação de que, em determinado caso concreto, não podem os litigantes litisconsorciarem-se, porque ausentes quaisquer dos permissivos arrolados nos incisos I a IV do art. 46, *caput*.

19. Inclina-se, ao que parece, a *praxis* pelo número máximo de 5 litisconsortes ativos, o que não nos parece encontrar justificativa na lei. Já se admitiu, contudo, a formação de litisconsórcio entre catorze autores (STJ, REsp 199.940/SP, 5.ª T., j. 04.03.1999, rel. Min. Gilson Dipp, *DJ* 05.04.1999, p. 150).

20. Já se decidiu, por exemplo, ser inadmissível litisconsórcio entre os locatários em ação de despejo, se celebraram com o autor contratos diferentes, com características e períodos diversos. Isto porque a espécie não se enquadrava nas hipóteses do art. 46 do CPC, que são taxativas (2.º TACivSP, AgIn 123.669, 9.ª Câm., j. 19.11.1980, v.u., rel. Joaquim de Oliveira).

21. V. STJ, REsp 7.046-0, 1.ª T., rel. Min. Humberto Gomes de Barros, *RSTJ* 42/276, bem expressando parte da ementa o que se afirma no texto: "Os litisconsortes facultativos devem ser tratados, em suas relações com as partes adversas, como litigantes autônomos (CPC – art. 48). Se alguns dos litisconsortes foram derrotados, somente estes devem pagar honorários por sucumbência. Os litisconsortes vitoriosos devem receber integralmente tais honorários. Não é lícito à sentença ou ao acórdão impor a estes condenação por sucumbência dos derrotados". *No mesmo sentido*, mais recentemente, decidiu-se que, à luz do art. 48 do CPC, "nada impede, assim, que o agravo de instrumento seja conhecido em relação a um e não a outro dos litisconsortes, como nada impediria que

35. Litisconsórcio facultativo baseado na comunhão de direitos ou de obrigações, tendo em vista a lide (art. 46, I)

Haverá *comunhão de direitos*, autorizando o litisconsórcio, quando diversos sejam os titulares do mesmo objeto do direito.

Em casos de legitimação concorrente, como, por exemplo, em ação renovatória, tanto pode o sócio, enquanto titular da locação, quanto a sociedade, enquanto titular do fundo de comércio, propor ação renovatória. Consequentemente, aí ter-se-á um litisconsórcio facultativo.[22]

No conceito de *comunhão de direitos* compreende-se, também, o caso de haver *comunhão de direitos ou de obrigações relativamente à lide*, hipótese esta que, autonomamente, justifica também o litisconsórcio facultativo. Haverá comunhão de obrigações toda vez que o objeto da obrigação tiver mais de um titular ativo ou mais de um titular passivo. Haveria litisconsórcio facultativo nas hipóteses de solidariedade – cuja opinião a respeito de se constituir comunhão não é pacífica.[23-24] Autêntica comunhão, lembra Clóvis Bevilacqua, verifica-se na unidade jurídica indecomponível da obrigação. Entretanto, se esta opinião de Clóvis Bevilacqua é sustentável em face do direito civil, já pela nova sistemática processual, esbarra nos arts. 77, III (em especial), e 80.

Examinemos alguns casos de comunhão.

Em princípio, nos casos em que pode haver *chamamento ao processo* pelo réu, justamente porque o autor, embora lhe fosse lícito demandar só um determinado réu (art. 77, I a III), poderia ter usado do litisconsórcio passivo. Se ao réu é lícito trazer ao processo a quem chama e se este virá a ser réu do mesmo autor, porque a lei confere ao réu tal direito (art. 77, I a III), é evidente que o autor, desde logo, poderia ter formado o litisconsórcio passivo. Se o réu, todavia, não é obrigado ao chamamento ao processo, e nem o autor teria sido obrigado à formação do litisconsórcio, segue-se que nos defrontamos com uma figura possível de litisconsórcio facultativo passivo, ao que é redutível a estrutura do processo, no polo passivo, se tiver havido chamamento ao processo.

---

o próprio recurso tivesse sido interposto em face de um e não de outro" (STJ, AgRg no AgIn 616.925/SP, 1.ª T., j. 06.10.2005, rel. Min. Teori Albino Zavascki, *DJ* 17.10.2005, p. 180).

22. 2.º TACivSP 102/227; na doutrina, Alfredo Buzaid, *Da ação renovatória*, vol. 1, p. 227-228; J. Nascimento Franco e Nisske Gondo, *Ação renovatória e ação revisional*, p. 11, 1983.

23. V. Guilherme Estellita, *Do litisconsórcio no direito brasileiro*, p. 142.

24. Distinguindo entre *solidariedade* como não exigindo a formação de *litisconsórcio necessário*, cf. STJ, REsp 421.938/RS, 5.ª T., j. 27.05.2003, rel. Min. Felix Fischer, *DJ* 30.06.2003, p. 287; cf. também acórdão do STJ, REsp 32.800-0, 4.ª T., j. 16.08.1994, rel. Min. Eduardo Ribeiro, *RSTJ* 63/352, constando do voto o trecho em que se identifica o problema aflorado nesta nota: "Fundou-se o julgado recorrido, para justificá-la, em que o caso seria de litisconsórcio necessário, havendo comunhão de interesses. Ocorre que, como acertadamente observado a f., a eventual existência desse de nenhum modo haveria de conduzir a que incidisse norma pertinente a dívida solidária. Havendo solidariedade passiva, o credor poderá cobrar a dívida, por inteiro, de qualquer dos devedores. Por isso mesmo ser-lhe-á lícito acionar qualquer deles isoladamente. No litisconsórcio necessário dá-se exatamente o contrário. A eficácia da sentença dependerá da presença de todos os litisconsortes. Não se percebe por que a norma pertinente àquele instituto de direito material haja de incidir apenas porque presentes os pressupostos de distinto instituto, de direito processual, com raízes inteiramente diferentes". Seguindo a trilha dos precedentes citados: STJ, REsp 604.725/PR, 2.ª T., j. 21.06.2005, rel. Min. Castro Meira, *DJ* 22.08.2005, p. 202; STJ, REsp 267.221/MG, 4.ª T., j. 17.10.2006, rel. Min. Aldir Passarinho Junior, *DJ* 27.11.2006, p. 288, *REPDJ* 26.02.2007, p. 592.

36. Litisconsórcio facultativo baseado na identidade de fundamentos de fato (art. 46, II)

Os fundamentos de fato constituem-se em parte da *causa petendi*, pois esta se define como sendo o conjunto de fatos e de direitos ("fundamentos jurídicos"), que embasam uma pretensão.

Todo direito origina-se de *fatos*. Na medida em que o mesmo fato afete a vários indivíduos, poderão estes pretender conjuntamente as respectivas consequências jurídicas. Desta forma, se existirem nas *causae petendi* fatos distintos, não se poderá pretender invocar o art. 46, II.[25]

Tem-se, exemplificativamente, a hipótese de um acidente provocado por mais de um veículo, num mesmo acidente (= mesmo fato) ter danificado quintais e muros de diversas casas. Os proprietários podem conjuntamente mover ação contra os causadores do acidente, pleiteando indenização, *lícito a cada um se defender eximindo-se da culpa que julgue não ter*.

37. Litisconsórcio facultativo baseado na identidade de fundamentos de direito (art. 46, II)

A origem do litisconsórcio facultativo poderá estar na identidade de fundamentos de direito, embora os fatos sejam diversos.

Assim, os que pleitearem consequências jurídicas similares, baseados precisamente no mesmo fundamento de direito, mesmo sendo diversos os fatos originadores de suas pretensões, poderão litigar em conjunto, como, exemplificativamente, vários contribuintes, contra o Poder Público, pretendendo uma mesma isenção; ou vários funcionários, contra o Poder Público, baseados na mesma lei, mas cada um à luz de sua situação individual e em função do seu interesse pessoal.

38. Litisconsórcio facultativo baseado na conexão de causas (arts. 46, III e 103)

O CPC, em seu art. 103, definiu o que é conexão de causas, dispondo: "Reputam-se conexas duas ou mais ações, quando lhes for comum o objeto ou a causa de pedir"; não é assim necessária a identidade de partes para o fim de se terem as causas como conexas.[26]

Se duas ou mais pessoas tiverem ações (= lides) que se liguem pela conexão, poderão valer-se do instituto do litisconsórcio.

O litisconsórcio facultativo pela conexão de causas baseia-se no princípio da economia processual e no intuito de se evitar haver decisões que, se fossem proferidas separadamente, pudessem ser pelo menos parcial e eventualmente contraditórias.[27]

39. Litisconsórcio facultativo baseado na afinidade de questões (art. 46, IV)

A afinidade de questões, por um ponto comum de fato ou de direito, enseja, também, o litisconsórcio facultativo, de conformidade com o inciso IV do art. 46. Por isto é que, em demanda numerosa, mas cujas soluções solicitadas eram baseadas na mesma e idêntica legislação, admitiu-se litisconsórcio.[28]

---

25. *RJTJSP* 120/192. Cf. também STJ, AgRg na MC 3.997/RJ, 2.ª T., j. 09.10.2001, rel. Min. Eliana Calmon, *DJ* 18.02.2002, p. 278.

26. STJ, REsp 705.899/PB, 1.ª T., j. 07.06.2005, rel. Min. José Delgado, *DJ* 01.07.2005, p. 422. Para configurar-se a conexão, suficiente é a conexão pelo pedido *ou* pela causa de pedir, *desnecessária a das partes* (*Boletim do TFR-3.ª R.* 9/74).

27. TRF-4.ª R., AgIn 10493602/RS, j. 16.03.2005, rel. Des. Valdemar Capeletti, *DJ* 20.04.2005, p. 970.

28. 1.º TACivSP, *RT* 652/83.

O sentido real do texto da lei é o de que, havendo identidade parcial dos fundamentos da ação (= lide), seja de fato, seja de direito, de um litisconsorte com a de outro, justifica-se o processo com pluralidade de partes, justamente porque haverá comunidade na produção e na realização da prova, bem como no próprio exame da causa pelo juiz, e, em síntese, estar-se-á atendendo ao princípio da economia processual.

Atualmente, proposta a ação e preenchidos os pressupostos do art. 46, IV (desde que inocorrentes as excludentes do parágrafo único deste dispositivo), hão os réus de ficar submetidos ao litisconsórcio.

O réu, da mesma forma como não pode recusar o litisconsórcio facultativo legitimamente formado pelo autor – vale dizer, sem que o autor incida em uma das causas de desmembramento constantes do parágrafo único do art. 46 –, não pode impor a formação do litisconsórcio facultativo, obrigando o autor a demandar contra quem não pretendia. Ressalva-se, contudo, a hipótese de figura diversa, qual seja a do chamamento ao processo (v. *supra*, n. 35, *fine*, e *infra*, n. 78).

Já decidiu o STF que, em ação de acidente de veículos, descabe citação de terceiro que teria participado do acidente, porquanto de litisconsórcio facultativo se trata (art. 46, IV).[29]

Examinemos este tema com mais detença.

Este texto do art. 46, IV, como os demais, inadmite a recusabilidade, ressalvada, como curial, a incidência da hipótese descrita no parágrafo único deste dispositivo.[30]

O problema dos fundamentos de fato ou de direito localiza-se na *causa petendi*, não tendo nada a ver com o pedido. Isto deve ser havido sempre como dado presente.

A afinidade por um ponto comum de fato, manifestamente, é o fundamento (laço) mais tênue, dos que podem ser escolhidos, para se terem por conectadas causas, para que, em face disso, se forme o litisconsórcio. Sem embargo disto, foi erigida, em igualdade de condições, com as demais hipóteses, para justificar o litisconsórcio.

Importa identificar o que seja tecnicamente *questão*, observando-se, no entanto, que a expressão utilizada não é a ideal.

Tanto bastará, pelo texto em análise, que exista *afinidade de questões, por "um ponto" comum, de fato "ou" de direito*. Desnecessária, portanto, é a identidade da questão de fato, inteira; ou, desnecessária é a identidade da questão de direito, sempre, entre um e outros litisconsortes. Tanto bastará que, em face da *questão de fato* ou da *questão de direito*, haja, apenas, *um ponto comum*, para se configurar a possibilidade de litisconsórcio.

Para a hipótese do art. 46, IV, constitui-se a questão na dúvida de fato ou de direito que tem de ser resolvida em conjunto na mesma sentença, de molde a que assim o sejam as lides ou os objetos litigiosos. A sorte, no plano do Direito Material, poderá ser diversa, pois os fundamentos deduzidos por um litisconsorte, embora ligados aos do outro por afinidade, não precisam ser idênticos. Nessa linha, já se decidiu que "o autor pode acionar vários réus, ainda se formulados pedidos cumulativos contra réus distintos".[31]

No caso de cumulação imprópria de pedidos (também denominada cumulação

29. *RTJ* 77/898 (v. n. 36, *supra*, *fine*).

30. *Diversamente do texto:* TFR, Ap 80.274/BA, 1.ª T., *DJU* 30.04.1987, apud Darcy de Arruda Miranda Júnior, *Código de Processo Civil nos tribunais*, vol. 1, p. 470; *Corretamente: RJTJSP* 105/304; TJSP, *RT* 649/69; STJ, REsp 402.447/ES, 5.ª T., j. 04.04.2006, rel. Min. Laurita Vaz, *DJ* 08.05.2006, p. 267.

31. STJ, REsp 204.611/MG, 4.ª T., j. 16.05.2002, rel. Min. Cesar Asfor Rocha, *DJ* 09.09.2002, p. 229.

eventual, prevista no art. 289 do CPC) formulados contra diferentes réus, há certa controvérsia acerca da viabilidade do litisconsórcio.[32] Como será explicado em momento oportuno, a cumulação imprópria ou eventual refere-se à hipótese em que o autor formula mais de um pedido em ordem sucessiva, a fim de que o juiz conheça do posterior, em não podendo acolher o anterior. Não é propriamente cumulação de pedidos, pois a incompatibilidade entre as pretensões exclui a possibilidade de serem acolhidos, concomitantemente, todos os pedidos formulados. O litisconsórcio fundado em cumulação imprópria de pedidos pode ocorrer tanto na hipótese de conexão de causas (art. 46, III), como também na de simples afinidade entre as questões (art. 46, IV). O STJ já se pronunciou sobre a viabilidade da formação de litisconsórcio nesses casos, em ação anulatória de débito tributário em desfavor de determinado Município, com pedido sucessivo de repetição de indébito contra outro Município, acolhendo, desta sorte, a viabilidade de incluir-se no polo passivo do feito litisconsortes com interesses conflitantes.[33]

As "questões" que devem guardar afinidade para efeito do disposto no art. 46, IV, constituem-se na dúvida a respeito de um fundamento de fato ou de direito. Interessa-nos considerar, neste momento, as chamadas questões de fundo, pois são destas que trata o art. 46, IV. Não se refere este inciso IV deste art. 46 às chamadas questões processuais ou de trâmite.

As questões de fato[34] (bem como as de direito) aumentam o objeto do conhecimento do juiz, alterando, todavia, as dimensões do objeto litigioso ou da lide.

Outrossim, há que ter presente que o conceito de lide ou objeto litigioso (ou, segundo alguns, com menos precisão, o de objeto do processo),[35] distingue-se do conceito de questão. Lide é a própria expressão do conflito de interesses, *tal como retratada no processo*, ao passo que questão é a dúvida, *levantada pelas partes ou, originariamente, até pelo juiz*, a ser resolvida para aplicar-se a lei à lide, ou, segundo a terminologia, a nosso ver inadequada, de Carnelutti, compor a lide, ou, ainda, para aplicar a lei a uma *questão processual*.

É próximo o art. 46, IV, atual – como o era o art. 88, *caput*, à última hipótese do Código de 1939 – do CPC italiano (art. 103).

O significado é, na realidade, o de fundamento, por um ponto comum, de fato ou de direito. E isto porque a questão, propria-

32. A doutrina denomina tal hipótese "litisconsórcio sucessivo" ou "eventual". Sobre o tema, *cf.* artigo de Rodrigo Mazzei, *"Litisconsórcio Sucessivo: Breves considerações"*, publicado na obra coletiva *Processo e Direito Material* (organizada por Fredie Didier Jr. e Rodrigo Mazzei).

33. Consta da ementa do julgado que: "...O conflito de interesses entre os Municípios de Jundiaí e São Paulo não representa empecilho à inclusão de ambos os entes na demanda na qualidade de litisconsortes passivos, sendo igualmente certo, sublinhe-se, que esta situação de antagonismo é intrínseca ao litisconsórcio eventual. (...)" (STJ, REsp 727233/SP, 2.ªT., j. 19.03.2009, rel. Min. Castro Meira, *DJe* 23.04.2009).

34. TJPR, *J* 21/186, em que se acentua que os fatos não precisam ser os mesmos, sendo suficiente a similitude entre os fatos, em relação aos quais se quer estabelecer essa afinidade, o que, de resto, deflui do próprio texto legal, pois que, para haver afinidade, esta há de ocorrer entre coisas diferentes, ainda que "afins". Admite-se, assim, que, havendo afinidade de questões, seja a ação movida contra vários réus, ainda que contra eles sejam feitos pedidos distintos (STJ, REsp 204.611/MG, 4.ª T., j. 16.05.2002, rel. Min. Cesar Asfor Rocha, *DJ* 09.09.2002, p. 229).

35. Lide, mérito, pedido e objeto litigioso são ideias substancialmente iguais, ao passo que *objeto do processo* é tudo aquilo que integra e compõe o processo, e, portanto, inclui, também, a defesa (= contestação) e as questões suscitadas pelo réu.

mente e no sentido ora atribuído ao termo,[36] só surgirá se e quando houver contestação. Se a questão só surge, tecnicamente, com a contestação, o problema deve ser encarado sob o prisma de *afinidade* dos fundamentos, o que será necessário e suficiente à admissão do litisconsórcio. Não se trata, *in casu*, das questões emergidas da contestação dos litisconsortes passivos, ou do réu contra litisconsortes ativos.

Devemos, na exegese do art. 46, IV, estabelecer o exato significado da palavra *questões*. A Calmon de Passos pareceu que o sentido de tal expressão (referia-se ele ao art. 88, 3.ª hipótese, do Código de 1939) era o de causas.[37] Diverso, todavia, era o entendimento de Guilherme Estellita.[38]

Realmente, não é exata a posição de Calmon de Passos. Se as causas tivessem afinidade por um ponto comum de fato e de direito, as causas da mesma natureza seriam sempre suscetíveis de ajuizamento em litisconsórcio. O sentido real da lei é o de que, havendo identidade das questões (*rectius*, fundamentos) da ação de um litisconsorte com a do outro, justifica-se haja litisconsórcio, justamente porque haverá comunidade na produção e na realização da prova, bem como no exame da causa pelo juiz, e, em síntese, estar-se-á atendendo ao princípio da economia processual. Com base nesta interpretação, vale repetir o Direito português (art. 30, 2, do Código), que fala em litisconsórcio "quando a procedência dos pedidos principais dependa essencialmente da apreciação dos mesmos fatos (questões de fato), ou da interpretação e da aplicação das mesmas regras de direito (questões de fato e de direito)".

Desta forma, pois, a palavra *questões* não foi tecnicamente usada.

No Direito anterior os réus não ficavam obrigados a aceitar este tipo de litisconsórcio, como se inferia do art. 88, *fine*,[39] ao passo que, atualmente, proposta a ação e preenchidos os pressupostos do art. 46, IV, e não ocorrente nenhuma das hipóteses do parágrafo único deste dispositivo, hão os réus de ficar submetidos ao litisconsórcio (a respeito do assunto, v. o quanto dito *supra*, n. 31).

Ainda, no regime atual, a distinção que era importante no regime anterior, consistente em saber quando havia conexão de causas ou a hipótese de afinidade de questões por um ponto de fato ou de direito, passou a ser irrelevante, diante da submissão de ambas as hipóteses ao mesmo regime jurídico, que é do art. 46 do CPC.

Era, no regime de 1939, e continua sendo, certamente, vasta a casuística inserível no art. 46, IV, do CPC. Assim, exemplifiquemos: a) a invasão, por gado pertencente a vários proprietários, de uma fazenda; b) o dono do prédio incendiado reclama, numa só ação, o valor do seguro de duas companhias que o seguraram, conquanto as apólices sejam diversas e independentes (Espínola e Estellita); c) num naufrágio, várias demandas se originam, entre as mesmas pessoas, contra a mesma companhia que deve responder; d) vários inquilinos, de prédios distintos, alugados cada qual mediante contrato autônomo, acionam o locador por faltar a todos fornecimento de água (Estellita); e) a ação (no caso concreto foi ação cominatória) movida por vários assinantes de jornal, objetivando obrigar a empresa ao fornecimento perpétuo do jornal aos autores, tendo em vista cumprimento de contrato em

36. É possível que o próprio juiz "levante questões" para resolvê-las. Não é, nesse sentido, todavia, que o termo está usado no texto.

37. Cf. Calmon de Passos, *Do litisconsórcio no Código de Processo Civil*, p. 46.

38. Cf. Guilherme Estellita, *Do litisconsórcio no direito brasileiro*, cit., p. 179.

39. V. Estellita, idem, p. 184.

tal sentido[40] (embora aí se tenha falado em conexão de causas); f) retomada de imóvel, locado a várias pessoas, isoladamente, alegando-se necessidade de todos os imóveis[41] (negou-se, na espécie, houvesse conexão de causas); g) solicitação de pagamento, à Fazenda Pública, por vários suplentes de Delegado de Polícia;[42] h) pretensão idêntica, de todos os litisconsortes, conquanto individualmente distintas, contra o Poder Público, no caso, Município;[43] i) vários credores, de um só réu, podem demandá-lo, com base no art. 46, IV, o que não ocorria no regime anterior, em que o litisconsórcio era facultativo próprio;[44] j) é legítima a retomada, para uso próprio, de dois conjuntos alugados a dois comerciantes distintos, sob causas distintas, o que é viável no regime do art. 46, IV, e inviável no regime do Código de 1939;[45] l) em transporte marítimo, em que houve perda da mercadoria, podem ser, em conjunto, demandadas as diversas seguradoras;[46] m) entidades integrantes da administração indireta do Município que pretendem impugnar a exigência da contribuição previdenciária sobre a remuneração de servidores ocupantes de cargo em comissão.[47]

40. Litisconsórcio necessário (noções gerais) (art. 47)

Haverá litisconsórcio necessário ou por *disposição de lei*, ou pela natureza da relação jurídica (art. 47, *caput*, 1.ª parte, do CPC), e, diante de tais hipóteses, todos os litisconsortes hão de ser citados, tendo em vista a norma do art. 47, *caput*, 2.ª parte, do CPC.[48]

Assim, o juiz não poderá dispensar o litisconsórcio quando a lei processual, ainda que encartada no Código Civil, prescrever sua formação necessária, devendo, então, determinar a formação do litisconsórcio *ex officio* (art. 47, parágrafo único, do CPC), o que, assim, independe sequer de requerimento.[49] Relativamente à hipótese prevista no parágrafo único do art. 47, deve-se observar: 1.º) para o litisconsórcio necessário passivo, é fora de dúvida, pela própria clareza do texto, que o juiz poderá determinar, sob pena de extinção do processo,[50] que o autor cite os demais litisconsortes; 2.º) relativamente ao litisconsórcio unitário, entendemos que é inaplicável, com caráter de inexorabilidade absoluta, como ocorre com o litisconsórcio necessário, a exigência de integração ativa da lide, na forma do parágrafo único do art. 47, mesmo porque, praticamente, em muitos casos, será isto muito difícil, senão impossível. Ainda, acrescente-se que a sentença poderá perfeitamente produzir efeitos, mesmo que não integra-

40. TJSP, *RT* 382/153.
41. TACivSP, *RT* 381/244.
42. TACivSP, *RT* 323/500.
43. TJSP, *RT* 421/162.
44. TACivSP, *RT* 417/211; Posteriormente, no mesmo sentido, STJ, REsp 324.656/ES, 4.ª T., j. 18.10.2001, rel. Min. Ruy Rosado de Aguiar, *DJ* 18.02.2002, p. 456.
45. TACivSP, *RT* 319/443.
46. TJSP, *RT* 333/247.
47. STJ, REsp 437.288/RJ, 1.ª T., j. 24.08.2004, rel. Min. Teori Albino Zavascki, *DJ* 06.09.2004, p. 165.
48. Cf., também, José Miguel Garcia Medina, Litisconsórcio necessário ativo: interpretação e alcance do art. 47, parágrafo único, do Código de Processo Civil, *RT* 777/41-56.
49. STJ, AgRg no REsp 310.827/SP, 6.ª T., j. 09.10.2001, rel. Min. Hamilton Carvalhido, *DJ* 25.02.2002, p. 462; STJ, AgRg no RMS 15.939/PR, 5.ª T., j. 16.09.2003, rel. Min. Gilson Dipp, *DJ* 06.10.2003, p. 288; STJ, REsp 480.712/SP, 1.ª T., j. 12.05.2005, rel. p/ Acórdão Min. Luiz Fux, *DJ* 20.06.2005, p. 124, *REPDJ* 05.09.2005, p. 207.
50. STJ, REsp 242.260/SC, 4.ª T., j. 16.09.2004, rel. Min. Jorge Scartezzini, *DJ* 22.11.2004, p. 345; STJ, REsp 493.679/RS, 2.ª T., j. 16.11.2004, rel. Min. João Otávio de Noronha, *DJ* 17.12.2004, p. 483; STJ, RMS 4.834/RJ, 3.ª T., j. 03.05.2005, rel. Min. Antônio de Pádua Ribeiro, *DJ* 30.05.2005, p. 356.

dos, no polo ativo do processo, todos os litisconsortes, no litisconsórcio unitário, *se bem que em hipóteses raríssimas*.

Embora não haja previsão legal, quer taxativa, quer exemplificativa, na lei material ou na processual, salvo a do art. 47 do CPC, toda vez que uma ação, *pela natureza jurídico-material* da relação jurídica a ela subjacente, tiver de ser proposta contra vários réus, porque a sentença haverá de dar sorte igual no plano do Direito Material aos litisconsortes, como é, exemplificativamente, a hipótese da ação de despejo para demolição de um prédio de apartamentos, haverá *litisconsórcio necessário-unitário*.

No *litisconsórcio necessário* por disposição de lei, deve atentar-se: 1.º) tanto à lei processual que dispõe, genericamente, sobre o litisconsórcio (art. 47); e 2.º) quanto à lei material ou processual (por exemplo, art. 942 do CPC) que, especificamente, preveja a hipótese concreta. Já nesta hipótese, mais amplamente designável como sendo de *litisconsórcio necessário simples*, conquanto obrigatória seja a citação de todos os litisconsortes, nem por isto a sentença há de lhes dar sorte igual (= procedente contra todos), no plano do processo e do Direito Material, necessariamente.

No litisconsórcio decorrente da indispensabilidade da propositura da demanda contra todos, porque todos estão ligados à relação jurídica, a lei processual dispõe que, toda vez que a sentença tenha, à luz dessa hipótese, necessariamente que produzir efeitos em face de diversas pessoas, todas deverão ser citadas. Neste caso, o que incumbe ao juiz é verificar se estão presentes no processo todos aqueles que serão afetados pela sentença, de modo uniforme. Não ocorrendo isto, deverá determinar a respectiva integração ao processo, *mesmo ativamente*, e, passivamente, por certo, sob pena de, não cumprida essa sua determinação *in tempore* (arts. 47, parágrafo único, e 267, XI), vir a dar pela extinção do processo sem resolução de mérito.

O Instituto Brasileiro de Resseguros, na conformidade do que dispunha o art. 68 do Decreto-lei 73/1966 (revogado pela Lei Complementar 126/2007), seria litisconsorte necessário, nas ações de seguro, sempre que tivesse responsabilidade no pedido.[51]

51. Chegou-se a discutir, depois da vigência do Código de Processo Civil de 1973, por causa do instituto da *denunciação da lide,* se se teria alterado a posição do Instituto Brasileiro de Resseguros, ao que respondeu negativamente a 3.ª Turma do STJ (REsp 45.914, rel. Min. Waldemar Zveiter, *RSTJ* 66/436).A 4.ª Turma seguiu orientação diversa, ao entender que a figura correta seria a denunciação à lide, nos termos do CPC e, posteriormente, com a promulgação da então vigente Lei 9.932/1999 (revogada pela LC 126/2007), que teria corrigido a impropriedade do Dec.-lei 73/1966: STJ, REsp 40911/MG, 4.ª T., j. 05.04.1994, rel. Min. Barros Monteiro, *DJ* 09.05.1994, p. 10877, *LEXSTJ,* vol. 45 p. 321, *RSTJ,* vol. 48, p. 292; STJ, REsp 125.573/PR, 4.ª T., j. 07.06.2001, rel. Min. Barros Monteiro, *DJ* 24.09.2001, p. 307, *RSTJ,* vol. 156, p. 331. Assentou também a 4.ª Turma o entendimento de que haveria preclusão da matéria. Assim, não poderia o réu alegar nulidade ou ineficácia da sentença se, no prazo da contestação, não houvesse declarado a existência de participação do Instituto Brasileiro de Resseguros na soma reclamada nem requereu a citação do ressegurador: STJ, REsp 36.671/GO, 4.ª T., j. 21.06.1994, rel. Min. Sálvio de Figueiredo Teixeira, *DJ* 15.08.1994, p. 20338; STJ, REsp 256.274/SP, 4.ª T., j. 26.09.2000, rel. Min. Ruy Rosado de Aguiar, *DJ* 18.12.2000, p. 204. Na 3.ª Turma prevaleceu o entendimento precedente, no sentido de que, "consoante jurisprudência sedimentada nesta Corte, a posição do Instituto de Resseguros do Brasil, nas ações relativas à cobrança de seguro, é de litisconsorte necessário, quando participe em percentual da soma reclamada, podendo responder, portanto, diretamente ao segurado" (STJ, REsp 556.201/PA, 3.ª T., j. 29.03.2005, rel. Min. Castro Filho, *DJ* 02.05.2005, p. 339; STJ, REsp 791.030/RS, 3.ª T., j. 13.12.2005, rel. Min. Castro Filho, *DJ* 22.05.2006, p. 200). No sentido da desnecessidade da formação do litisconsórcio e da ausência de nulidade ou ineficácia se,

Tenhamos presente que esta regra não tinha aplicação, tratando-se de seguro obrigatório de danos ocasionados por veículos, tendo em vista a disciplina da Lei 6.194/1974. E tal acontece porque o *caput* do art. 5.º da Lei citada dispõe: "O pagamento da indenização será efetuado mediante simples prova do acidente e do dano decorrente, independentemente da existência de culpa, haja ou não resseguro (...)".[52]

Inocorre litisconsórcio necessário (*rectius*, unitário), se aquele que tenha sido citado para a lide não vir a sua esfera jurídica afetada pelo comando diretamente emergente da sentença proferida.[53]

A exigência de a União ser citada, na qualidade de assistente, nas ações em que sejam autoras, rés, assistentes ou opoentes as sociedades de seguros ou de capitalização, em regime de liquidação extrajudicial (art. 4.º, *caput*, da Lei 5.627/1970), foi declarada inconstitucional pelo STF, por meio do seu plenário.[54]

Mais do que em razão de mera oportunidade ou conveniência, repousa a instituição do litisconsórcio necessário em motivos de *segurança* e *prestígio* da própria atividade jurisdicional.

Sendo caso de litisconsórcio necessário (simples ou unitário), a participação de todos os litisconsortes no processo é indispensável,[55] sendo ineficaz[56] sentença proferida sem a presença de todos,[57] referindo-se a lei à própria providência de extinção do processo (art. 47, parágrafo único, do CPC), se tiver sido descumprida a ordem judicial de citação dos "litisconsortes" ainda não presentes, como se disse. Fique frisado: o que a lei processual exige é que o autor forneça os meios necessários para que a citação dos litisconsortes necessários seja efetuada.[58] Somente sua inércia é que poderá levar à extinção do processo.[59]

---

ao tempo da prolação da sentença, o Dec.-lei 73/1966 já estivesse revogado, com o que não se pode concordar, já que, à luz da legislação então vigente, o processo teria se desenvolvido invalidamente desde a citação: STJ, REsp 647.377/RS, 3.ª T., j. 25.04.2006, rel. Min. Nancy Andrighi, *DJ* 08.05.2006, p. 200.

52. *RT* 458/180.
53. *RJT* 84/267.
54. *RT* 483/222.
55. TJMG, citado por Jurandyr Nilsson, *Repertório*, em. 41, p. 62.
56. Sobre o alcance da expressão "eficácia", e distinção entre ineficácia e inexistência, cf., amplamente, Teresa Arruda Alvim Wambier, *Nulidades do processo e da sentença*, cit., n. 2.
57. STJ, EDcl no REsp 297.872/AM, 5.ª T., j. 15.04.2003, rel. Min. Jorge Scartezzini, *DJ* 16.06.2003, p. 366; STJ, MC 9.275/AM, 1.ª T., j. 07.04.2005, rel. Min. Luiz Fux, *DJ* 23.05.2005, p. 148. *No mesmo sentido* era a jurisprudência oriunda do STF, cf. se noticia abaixo. *RTJ* 95/742; *RT* 508/202; *Jurisprudência Mineira* 59/26 e 73/63; TJPR, citado por Alexandre de Paula, op. cit., vol. 1, p. 436, nova série.É, *v.g.*, em hipótese de litisconsórcio necessário simples, relacionado com sentença que reconheceu a usucapião, *mas para cujo processo não foi o proprietário citado e nem compareceu ao mesmo*, pacífico o entendimento do STF no sentido de que a sentença é *ineficaz em relação ao proprietário*, subsistindo, *ipso facto*, o direito de propriedade, oponível *erga omnes* (RE 96.696, *RTJ* 104/830; ERE 96.696, *RTJ* 108/732; *mais antigamente, servindo de paradigma*: RE 63.677, *RTJ* 50/50). Nesse preciso sentido emitimos *Parecer* publicado na *RePro*, vol. 41.
58. Assim já decidiu o STJ: "Promover a citação, como consta do art. 47, parágrafo único, do CPC, significa requerê-la e arcar com as despesas da diligência; não significa 'efetivá-la', pois no direito processual brasileiro a citação é feita pelo sistema da mediação (...)" (RMS 42/MG, rel. Min. Athos Carneiro, *DJ* 11.12.1989, citado por Sálvio de Figueiredo Teixeira, *O STJ e o processo civil*, p. 69). No mesmo sentido: STJ, RMS 4.127/SC, 6.ª T., j. 23.03.2004, rel. Min. Paulo Medina, *DJ* 26.04.2004, p. 218.
59. "Intimado o impetrante para promover a citação do litisconsorte passivo necessário e decorrido o prazo para que isto lhe for assinado, *in albis*, extingue-se o processo, sem julgamento de mérito, nos termos dos arts. 267, IV, e 47,

Outrossim, o comparecimento do litisconsorte necessário, na fase recursal, "suprindo" a falta de citação, não convalida o processo ou a sentença, pois ao litisconsorte caberia o direito de apresentar suas alegações de mérito ou deduzir suas alegações preliminares no próprio juízo originário a fim de que fossem devidamente submetidas ao duplo grau de jurisdição, a não ser que haja manifestação expressa de aceitação do processo, se o bem for disponível e a capacidade processual admitir tal disposição.

A jurisprudência tem estabelecido haver litisconsórcio necessário nos seguintes casos: na ação ordinária de extinção de condomínio;[60] na execução de dívida hipotecária contra mais de um devedor;[61] na ação revocatória contra marido e mulher que alienaram fraudulentamente todos os seus bens, e contra todos aqueles que participaram de um determinado ato ou atos referentes às disposições de um determinado bem;[62] na ação em que se pleiteia nulidade de escritura pública de rescisão de compromisso de compra e venda de imóvel com pacto de retrovenda e de outras avenças subsequentes, relativas ao mesmo bem, entre todos os partícipes daqueles negócios jurídicos;[63] na ação de despejo movida por arrendador contra arrendatário, entre este último e seu subarrendatário;[64] na ação investigatória de paternidade, sendo já falecido o indigitado pai, entre os herdeiros necessários;[65] na ação anulatória de compra e venda de imóvel, entre todos aqueles que nela intervieram;[66] na ação direta do credor retardatário, em processo de insolvência civil, contra o devedor e os credores concorrentes, entre estes últimos;[67] na ação anulatória de testamento, entre os herdeiros testamentários, legatários, testamenteiros e outros beneficiados;[68] na ação voltada à postulação de honorários advocatícios, entre o advogado substabelecido e o substabelecente;[69] na ação de apuração de haveres proposta por espólio de sócio falecido, entre sócio sobrevivente e a sociedade;[70] da mesma forma, na ação de nulidade de título de crédito sacado sem causa, entre o autor e os endossatários, mormente se se pretende desconstituir os endossos afirmando-se conluio.[71]

É, igualmente, caso de litisconsórcio necessário para o que participou de processo precedente se se pretender alterar o resultado nascido daquele processo.[72]

Já, diferentemente, no processo de execução inexiste a figura do litisconsórcio necessário, tanto na execução judicial quanto na extrajudicial.[73]

41. Litisconsórcio unitário (noções gerais) (art. 47)

No litisconsórcio unitário existe, por definição, a imprescindibilidade de decisão uniforme, no plano do Direito Material, para to-

---

parágrafo único, do CPC. Súmula 145/TRF" (STJ, RMS 3.108-0/PE, rel. Min. Nilson Naves, *DJ* 26.09.1994, mencionado por Sálvio de Figueiredo Teixeira, *O STJ e o processo civil*, cit., p. 72).

60. *Bol. AASP* 1.151/8, em. 4.
61. *JTACivSP* 53/23.
62. *RF* 269/309.
63. Alexandre de Paula, op. cit., vol. 1, n. 1.919, p. 446.
64. *RF* 255/290.
65. *RT* 541/99.
66. *RT* 534/71.
67. *RT* 527/65.
68. *RT* 524/119.
69. *JTACivSP* 79/48.
70. *RJTJSP* 90/381.
71. REsp 17.830/PR, rel. Min. Dias Trindade, *DJ* 06.04.1992, Sálvio de Figueiredo Teixeira, *O STJ e o processo civil*, cit., p. 71.
72. *TJMG Jurisprudência Mineira* 107/240, em que cônjuge sobrevivente e meeiro é litisconsorte necessário, na ação de anulação de partilha.
73. 1.º TACivSP [extinto], *JTACivSP*, *RT* 107/95.

dos os que no polo do processo figurem como litisconsortes, no sentido de a ação ter de ser julgada procedente para todos, ou, então, e sempre, haver de ser julgada improcedente para todos os litisconsortes. Quando se alude a decisão uniforme "para todas as partes" (art. 47, *caput*), o que se quer dizer é decisão uniforme para todos aqueles que, de um lado do processo, se encontram litisconsorciados.

O que parece, pois, *essencialmente definidor* do litisconsórcio unitário é que, em hipótese alguma, ter-se-á tal figura, quando a sentença deixe de ser procedente para alguns dos litisconsortes e o seja para outros.

De um modo geral, a doutrina tem considerado o *litisconsórcio unitário* como uma espécie de litisconsórcio necessário, ao qual este último colocar-se-ia como *gênero*. As suas espécies seriam o litisconsórcio necessário *simples* e *unitário*.[74-75] Hipótese em que, por exceção legal, deixa-se de reconhecer a configuração dos pressupostos do litisconsórcio unitário é a dos arts. 1.199 e 1.314 do Código Civil.[76]

Afigura-se-nos, no entanto, que a posição correta[77] é a de se considerar o litis-

74. Marcos Afonso Borges, *Comentários ao Código de Processo Civil*, vol. 1, p. 59.

75. A jurisprudência também tem encarado o litisconsórcio unitário como uma espécie do necessário. Já se decidiu que a anulação de escritura de compra e venda de imóvel implica litisconsórcio necessário entre todos os que participaram da transação, pois a natureza da relação jurídica impõe decisão uniforme para todos (STJ, REsp 116.879/RS, 4.ªT., j. 27.09.2005, rel. Min. Passarinho Júnior, *DJ* 17.10.2005, p. 295). No sentido dessa rotulação do *litisconsórcio necessário, quando, em realidade, trata-se de unitário*, v. STJ, REsp 1.861, 2.ªT., rel. Min. José de Jesus Filho, *RSTJ* 32/197. Discutia-se a respeito de lei lesiva, no sentido de saber se não só o organismo parlamentar haveria de ser citado, senão que, também, todos os componentes que participaram da feitura da lei. Consta do voto que "as autoridades a que faz menção o art. 6.º da Lei 4.717 [de 1965] são quaisquer autoridades – legislativas, inclusive – e têm de ser citadas; quanto a isso, não há dúvida" (*RSTJ* 32/200), concluindo-se, mais adiante, no voto, que "há, portanto, litisconsórcio necessário para a citação dos responsáveis pelo ato impugnado, ou seja, os membros do Poder Legislativo" (*RSTJ* 32/200). Na doutrina, a respeito deste ponto, v. Barbosa Moreira na *RDA* 85/399 e José Afonso da Silva, *A ação popular constitucional*, p. 197. Da mesma forma, em mandado de segurança haverão de ser citados todos aqueles a quem a eventual concessão da segurança possa afetar (STJ, REsp 229, 2.ª T., rel. Min. Vicente Cernicchiaro, *RSTJ* 6/303; STJ, RMS 981, 2.ªT., rel. Min. Hélio Mosimann, *RSTJ* 40/154). Nesse sentido foi sempre esse o entendimento do STF, de uma forma geral (*RTJ* 64/277, 65/540, 82/618), e, de uma forma específica, no caso do mandado de segurança (*RTJ* 78/877, 94/481 – Pleno; 103/1.074, 114/627). Mais recentemente, o STJ tem se valido da mesma fórmula, isto é, denominando de necessário o litisconsórcio unitário: STJ, AgRg no RMS 15.939/PR, 5.ªT., j. 16.09.2003, rel. Min. Gilson Dipp, *DJ* 06.10.2003, p. 288; STJ, REsp 582.055/RN, 2.ªT., j. 14.09.2004, rel. Min. Eliana Calmon, *DJ* 17.10.2005, p. 249.

76. Correspondentes aos arts. 488, 623, 628 e 633 do CC/1916. Em hipótese de nunciação de obra nova, intentada por um condômino contra terceiros, reconheceu-se a desnecessidade da presença dos demais condôminos (STJ, REsp 33.726, 3.ªT., rel. Min. Nilson Naves, *RSTJ* 55/208), constando do texto do voto o caráter de unitariedade (ou uniformidade) da decisão, ao que se somou o argumento de que o litisconsórcio ativo não pode ser obrigatório, *constituindo-se este em argumento secundário*, colhido do voto do Min. Eduardo Ribeiro, em que se fixou que a regra do Código Civil é uma exceção à do art. 47 (*RSTJ* 55/210-211, voto).

77. Cf. Arruda Alvim, *Curso de direito processual civil*, cit., vol. 1, n. 105, p. 513; Arruda Alvim, *Código de Processo Civil comentado*, cit., vol. 2, p. 387 *et seq.*; José Carlos Barbosa Moreira, *Litisconsórcio unitário*, n. 143, p. 227, 1972 (diferentemente só em face do art. 56, do Anteprojeto); Celso Agrícola Barbi, *Comentários ao Código de Processo Civil*, cit., vol. 1, n. 307, p. 279 *et seq.*; Cândido R. Dinamarco, *Direito processual civil*, cit., n. 93, p. 146; *Litisconsórcio*, cit., p. 114, 1984 (e em outros lugares) e, mais recentemente,

consórcio unitário como figura autônoma (embora muito rara na ordem prática) e não embutida e necessariamente dependente do litisconsórcio necessário, embora isto *usualmente* ocorra, é certo.[78-79]

Assim, poderemos ter um litisconsórcio facultativo unitário, como, por exemplo, quando um herdeiro reivindica a herança (art. 1.791, parágrafo único, do Código Civil, que expressamente remete às regras aplicáveis ao condomínio – art. 1.314).[80] Não é necessário o litisconsórcio de todos os herdeiros, porque pode a demanda ser movida por um ou por alguns dos herdeiros e não obrigatoriamente por todos, mas a decisão há de ser uniforme para todos, pois a propriedade sobrevive para todos, ou não.

Poderemos, *e bem mais comumente*, ter um litisconsórcio necessário e unitário, por exemplo, na ação movida pelo Ministério Público visando à declaração de nulidade de casamento com base nos arts. 1.548 e 1.549 do Código Civil,[81] pois é imprescindível que a demanda seja movida contra o marido e contra a mulher, da mesma forma, a decisão inexoravelmente deve ser processualmente uniforme, pois o casamento ou vale para marido e mulher, ou não vale para marido e mulher. Sem embargo da necessidade de a sentença ser pela procedência ou pela improcedência da ação contra ambos, é possível que, no plano do Direito Material, haja certa variação de efeitos outros, *que não digam com a nulidade decretada*, em relação aos ex-cônjuges, expressamente admitida pelo art. 1.561 do Código Civil.[82]

Outro exemplo de litisconsórcio *unitário* e *necessário* refere-se à ação anulatória de contrato administrativo em que haja beneficiários do negócio jurídico, independentemente de se tratar de ação individual ou coletiva (ação popular, ação civil pública, mandado de segurança coletivo), pelo fato de se verificar o interesse jurídico dos beneficiários do ato de figurar como réus. Confira-se, exemplificativamente, o seguinte julgado no plano das ações individuais:

"(...). Mandado de segurança. Litisconsórcio passivo necessário. Licitação. Nulidade do processo. Intimação da impetrante para sanar a falha. '*Nas impetrações em que há beneficiários do ato ou contrato impugnado, esses beneficiários são litisconsortes necessários, que devem integrar a lide, sob pena de*

---

na 3. ed. desta obra, p. 161, nota 88, (1994). Parece-nos que aí se julga que entendemos ser o litisconsórcio unitário espécie do necessário. *Não é exato esse sentir*. (Cf. nosso *Código de Processo Civil comentado* cit., vol. 2, p. 348, letra *d*, intitulada Litisconsórcio facultativo unitário; v., longa e extensamente, p. 387 *et seq*., n. 42 sob o título Litisconsórcio unitário – Reconstrução da figura). Não é, pois, tal o nosso pensamento, que, salvo engano, nos foi atribuído; foi sempre diferente, de resto, nosso pensamento, já constante de nosso *Curso de direito processual civil*, cit., vol. 1, p. 512 (litisconsórcio necessário) e p. 513 (litisconsórcio unitário).

78. Tem-se considerado corretamente, por exemplo, o caso do litisconsórcio necessário unitário na ação pauliana, em que devem ser citados todos os participantes do ato impugnado e o adquirente do bem (TJSP, AgIn 15.256-1, 3.ª Câm., j. 22.09.1981, v.u., rel. Jurandyr Nilsson; TJSC, Ap 20.173, 1.ª Câm., j. 09.12.1983, v.u., rel. João Martins). Mais recentemente, o TJSP tem decidido no mesmo sentido: *JTJ* 130/250; *RT* 559/113.

79. Inexiste, entretanto, litisconsórcio necessário *entre os condôminos* na ação em que se visa à anulação de convenção condominial movida contra *o condomínio* (STF, AgRg no AgIn 76.551-4, 2.ª T., j. 11.09.1979, v.u., rel. Djaci Falcão). Não há, também, litisconsórcio necessário entre os filhos do casal em ação em que se vise à retificação de assento de óbito, apenas em relação ao nome da esposa, ainda que o nome destes tenha sido registrado com base no incorreto nome da mãe (TJSP, Ap 47.507-1, 2.ª Câm., j. 03.08.1984, v.u., rel. Sydney Sanches).

80. Cf. art. 1.580, parágrafo único, do CC/1916.

81. Cf. arts. 207 e 208, parágrafo único, II, do CC/1916.

82. Cf. art. 221 do CC/1916.

nulidade do processo' (Hely Lopes Meirelles, *Mandado de segurança*, 16.ª edição, Malheiros, p. 51)".[83]

No âmbito coletivo, a justificativa do litisconsórcio consiste em que, nem pelo fato de a lei autorizar a extensão subjetiva dos efeitos da coisa julgada, estará excluída a obrigatoriedade da formação do litisconsórcio para os interessados diretos que possam ter sua esfera individual atingida. Assim, no REsp 678.620/MG, entendeu-se pela necessidade de citação dos locatários de imóvel urbano em ação popular que tenha por objeto a nulidade de concessão de uso feita por autarquia ao locador (STJ, REsp 678.620/MG, 1.ª T., j. 06.11.2006, rel. Min. Francisco Falcão, *DJ* 18.12.2006, p. 314). Em sentido análogo, o REsp 480.712/SP, onde se discutia acerca da necessidade de incluir o Instituto de Previdência do Servidor Municipal de Diadema (Estado de São Paulo) no polo passivo de ação popular ajuizada apenas contra Prefeito Municipal, com vistas a anular o contrato de empréstimo contraído pelo Município junto àquele instituto previdenciário. Na oportunidade, o STJ entendeu que seria o caso de litisconsórcio passivo entre os contratantes, ao argumento de que "o regime da coisa julgada nas ações difusas não dispensa a formação do litisconsórcio necessário quando o capítulo da decisão atinge diretamente a esfera individual" (STJ, REsp 480.712/SP, 1.ª T., j. 12.05.2005, rel. Min. Teori Albino Zavascki, rel. p/ acórdão Min. Luiz Fux, *DJ* 20.06.2005, p. 124, *REPDJ* 05.09.2005, p. 207).

41-A. A posição do sócio em demanda contra a sociedade e a figura do litisconsórcio

Os sócios de sociedade não são litisconsortes necessários da pessoa jurídica que veio a ser regular e validamente citada para a demanda em que se pretende a declaração de nulidade de assembleia e/ou de cláusula estatutária de sociedade civil ou comercial aprovada em assembleia.

Para haver a imposição da formação do litisconsórcio necessário, com a integração do polo passivo da presente demanda, seria imprescindível que a lei exigisse tal formação, o que não se verifica em tais casos.

Não há exigência nesta hipótese da formação de um litisconsórcio necessário entre a sociedade, pessoa jurídica, e os sócios/membros/associados, não colhendo o argumento de que a esfera jurídica destes seria atingida da mesma e idêntica forma que a da pessoa jurídica, pois não existe essa identidade de situações.

Só existe litisconsórcio necessário quando a lei o estabeleça. No caso, essa previsão normativa não existe nem se trata de exigência de direito material. No caso concreto não é próprio, sequer, pretender que entre a pessoa jurídica e o sócio haja um litisconsórcio *unitário*, porquanto, à luz do disposto no art. 20, *caput*, do CC/1916, sem equivalente no Código Civil atual (mas o princípio prevalece), distinguem-se pessoa jurídica e seus membros.

Nenhuma modificação opera-se no patrimônio jurídico dos sócios em decorrência do reconhecimento e declaração de nulidade de assembleia ou da nulidade de cláusula estatutária.

Temos, então, que não há lei a impor a formação do litisconsórcio necessário, como também a natureza da relação jurídica formada entre ação promovida contra a sociedade não exige tal formação.

Examinemos, então, para melhor confortar o que é por nós aqui desenvolvido (*com base em literatura unânime, brasileira e italiana*), o que tem sido pronunciado pela doutrina e jurisprudência, em casos muito similares, e outros, juridicamente idênticos,

83. STJ, REsp 209.111/MG, 2.ª T., j. 15.03.2001, rel. Min. Franciulli Netto, *DJ* 15.10.2001, p. 255.

à hipótese aqui considerada, e nos quais se reconhece a legitimidade da ausência de litisconsórcio necessário no polo passivo de demanda em que se pretende a discussão acerca da validade de cláusula social ou de assembleia social.

A posição no direito brasileiro é basicamente a seguinte, a qual encontra a doutrina italiana como pano de fundo de forma coincidente.

Tratando-se de ação visando à anulação de deliberação assemblear em condomínio, neste sentido vieram a manifestar-se os C. Tribunais Superiores, STF e STJ, afastando a necessidade de integração do polo passivo pelos condôminos:

"Litisconsórcio necessário. Inexistência. Anulação de convenção condominial. Na ação que visa à anulação de convenção condominial, movida contra o condomínio, os condôminos não são litisconsortes necessários, não havendo obrigatoriedade de sua citação para validade do processo" (STF, AgRg no AgIn 76.551-4, 2.ª T., j. 11.09.1979, v.u., rel. Djaci Falcão, citado em Arruda Alvim e Teresa Arruda Alvim Wambier, *Assistência – Litisconsórcio*: Repertório de Jurisprudência e Doutrina, RT, 1986, p. 193-195).

De igual modo, confira-se o que veio a ser decidido pelo STJ: "Direito civil. Condomínio. Assembleia geral. Anulação. Vício apontado. Procurações outorgadas ao síndico. Irregularidade. Inexistência de firma reconhecida. Legitimidade ativa dos condôminos. Legitimidade passiva do condomínio. Ratificação dos poderes. Impossibilidade. Extemporaneidade. Art. 1.296 do CC [de 1916; v. art. 662 do CC/2002]. Recurso desacolhido. I – Em se tratando de anulação de assembleia geral de condomínio, por ter sido instalada com procurações sem reconhecimento de firma, inviável a pretendida ratificação após seu encerramento e somente depois da sentença proferida na competente ação judicial instaurada. Os condôminos têm legitimidade e interesse para pleitear a anulação de assembleia geral do condomínio, se irregularmente foram iniciados os trabalhos da reunião, sendo parte passiva legítima o condomínio, por ser ele o que vai sofrer os efeitos da sentença de procedência" (STJ, REsp 112185/RJ, 4.ª T., rel. Min. Sálvio de Figueiredo Teixeira, *DJU* 08.09.1998, p. 67).

E do voto do relator consta o seguinte: "(...) Em se tratando de anulação de assembleia geral de condomínios, deve a 'organização' ser chamada para responder a ação, uma vez que ela é que suportaria os efeitos de uma possível modificação na sua estrutura se vingar o mencionado pedido de anulação. A respeito do tema, esclarece o Professor João Batista Lopes: 'A invalidade das deliberações (casos de nulidade ou anulabilidade, e não de inexistência) deve ser pleiteada por ação constitutiva negativa intentada contra o condomínio representado pelo síndico. (...) Legitimado passivo é o condomínio, representado pelo síndico, como foi dito, sendo dispensável a citação dos demais condôminos, porquanto não há falar em litisconsórcio necessário'" (v. João Batista Lopes, *Condomínio*, n. 11.11, p. 130 e 132).

Neste preciso sentido veio a decidir o Tribunal de Justiça do Distrito Federal que, "em demanda objetivando a nulidade de Assembleia de Associação de Classe, têm legitimidade para estar em juízo, no polo ativo, os integrantes da mesma e, no polo passivo, a Entidade".[84]

Ou seja, o que se decidiu foi que, no caso de vir a ser proposta ação objetivando a declaração de nulidade de decisão assemblear de uma sociedade (*lato sensu*), será legitimada passivamente para respondê-la apenas e tão somente a organização, a sociedade, afastando-se a hipótese de ser litisconsórcio passivo necessário.

---

84. Ap.Civ. 50.053/98, 4.ª T. Cív., j. 30.11.1998, rel. Des. Estevam Maia.

Neste rumo, aliás, mas agora tratando de sociedades eminentemente comerciais (anônimas) – o que robora a argumentação precedente –, há inumeráveis decisões reconhecendo que, em ação de nulidade de deliberação tomada em assembleia de sociedade anônima, é ré somente a sociedade e que não são litisconsortes passivos necessários os acionistas.

Nessas decisões, o que se reconheceu foi a ausência de litisconsórcio necessário (entre a sociedade e os sócios) para figurar no polo passivo em ação proposta por acionista impugnando a validade de assembleia realizada.

Decisão do Tribunal de Justiça do Estado de São Paulo no julgamento da Apelação Cível 85.120-1 (decisão da 5.ª Câmara Civil, *RJTJESP* 109/142) fundamentou-se, basicamente, *"no fato de que a natureza jurídica da relação de direito material envolvida não estaria a impor o litisconsórcio necessário, pois que em jogo (diretamente) estão os interesses da sociedade e apenas indiretamente os das pessoas físicas atingidas ou favorecidas"*.

No julgamento da Apelação Cível 262.088, a 2.ª Câmara Civil do mesmo Tribunal de Justiça de São Paulo, conforme decisão publicada na *RJTJESP* 47/193 (que é o mesmo julgamento que veio a ser publicado na *RT* 624), decidiu-se também pela inexistência de litisconsórcio necessário, sob o seguinte fundamento:

"Acolhida a demanda, a ré apelou, arguindo nulidade porque, *configurando a espécie um litisconsórcio necessário*, teria sido imprescindível a convocação, a Pretório, de todos os sócios atingidos pela nulidade das deliberações da assembleia geral.

"A preliminar improcede.

"Quando o litígio alcança interesse e direitos de certo número de pessoas, em posição idêntica ou quase semelhante, o sistema processual possui dois remédios à sua frente: ou o classifica dentre os casos de litisconsórcio necessário e, com isso, ordena a integração da lide de todos os interessados, *ou, então, amplia os limites subjetivos da coisa julgada*. Por essa última alternativa, a demanda proposta por titular de direito igual e concorrente faz coisa julgada sobre portadores de idênticos direitos, quer tenham, ou não, comparecido a juízo.

"Na demanda aforada por acionista contra a sociedade com o objetivo de anular deliberações tomadas em assembleia geral, *o direito e a doutrina têm afastado a criação de um litisconsórcio necessário* e optado pelo alargamento dos limites subjetivos da coisa julgada.

"Isso constitui ponto pacífico entre os processualistas que seguiram aqui o ensinamento de Chiovenda ('Saggi', vol. 2, p. 449)".

Em tais casos reconheceu-se (tanto nas decisões indicadas quanto em doutrina) que se cuidava de litisconsórcio facultativo unitário, com base no art. 46, III, do CPC.

Nesse mesmo rumo, já prelecionou Fábio Konder Comparato: "Cuidando-se de ação que visa a declaração de nulidade de assembleias gerais de companhias, ela só pode ser proposta contra estas, não contra seus acionistas".[85] Neste mesmo sentido, confira-se a doutrina de Priscila Corrêa da Fonseca, que sustenta: "Sujeito passivo da suspensão de deliberações sociais será, destarte, sempre a sociedade, jamais, advirta-se, aqueles que com seus votos contribuíram para formar a vontade social".[86] Observa a autora, mais adiante, *que as regras atinentes à legitimidade ativa e passiva aplicam-se a todas as sociedades*, e não apenas às comerciais.[87]

Nesse preciso sentido, tratando de exemplificar os casos de litisconsórcio facultativo e unitário, afirma Celso Agrícola Barbi que a ação para anular deliberação

85. Parecer publicado na *RT* 507, jan. 1978, p. 46.
86. *Suspensão de deliberações sociais*, p. 105.
87. Idem, p. 107.

de assembleia geral de sociedade por ações proposta por acionista é exemplo desta modalidade de litisconsórcio.[88] De igual modo, reconhece Pontes de Miranda que a participação de outros acionistas (interessados) no processo não é imprescindível, pois que a hipótese revela tratar-se de litisconsórcio facultativo.[89] E assim também Sálvio de Figueiredo Teixeira, em anotações ao art. 46, estabelece: "Nem todo o litisconsórcio necessário é unitário (ex.: usucapião). E nem todo unitário é necessário (ex.: ação de anulação – deliberação de assembleia geral)".[90]

Entendendo que no polo ativo da ação que pretende anular deliberação *podem* figurar um ou mais acionistas, pois que se cuida de *litisconsórcio ativo facultativo unitário*, opinam diversos autores.[91]

Neste sentido, ainda:

"La persona giuridica, non avendo una vita naturale propria in modo da poter dar luogo a manifesazioni di volontà, esercita la capacità d'agire mediante gli organi – uffici e persone fisiche – la cui attività dal punto di vista formale è unicamente attività della persona giuridica. L'organo è parte della persona e non ha giuridica a sè: non è titolare di diritti, bensi di competenze, cioè della possibilità di esercitare diritti che sono della persona giuridica della quale l'organo è parte e neppure è titolare di poteri giuridici nei confronti della persona giuridica (...) mentre l'attività dell'organo à sempre e soltanto attività della persona giuridica".[92]

Convém salientar, ademais, como registrado acima, que as regras atinentes à legitimidade ativa e passiva (em ação de anulação de deliberação assemblear) aplicam-se a todas as sociedades, e não apenas às comerciais. Até porque, nada obstante a relação envolvida na demanda em apreço ser de direito civil, o tratamento processual a ser dispensado será precisamente o mesmo.

De fato, uma vez impugnada determinada disposição estatutária de uma associação, nascerá para o associado o interesse para intervir no processo, se quiser, na qualidade de litisconsorte. Mas esse litisconsórcio, justamente porque a solução da lide afetará diretamente apenas a pessoa jurídica (associação ou sociedade), será facultativo, e, segundo alguns, nada obstante *unitário*, na medida em que a solução haverá de ser única para a associação (e para a sociedade) e, via de consequência, para os associados e sócios.

Tem-se optado, em tais casos, é *pela extensão subjetiva da eficácia* do que seja ou foi decidido relativamente àqueles que poderiam ter sido parte (facultativamente), mas não foram.

Neste sentido, Barbosa Moreira, referindo-se em especial ao direito alemão, com os exemplos de anulação/nulidade de ato assemblear e com o da nulidade de contrato de sociedade por quotas de responsabilidade limitada.[93] Anota, ainda, Barbosa Moreira que, no direito austríaco, similarmente ao direito ale-

88. *Comentários ao Código de Processo Civil*, cit., vol. 1, 3. ed., p. 279 e 307. Não nos parece, sequer, como se diz no texto, que a hipótese seja de *litisconsórcio unitário,* diante da não identidade de situações entre a da *pessoa jurídica* e a dos seus *membros. O que se passa é uma situação próxima, mas não idêntica.*

89. *Comentários ao Código de Processo Civil*, t. II, comentários ao art. 46, p. 23.

90. *Código de Processo Civil*, p. 37, comentários ao art. 46.

91. V. Moacyr Amaral dos Santos, *Primeiras linhas de direito processual civil*, vol. 2, p. 10-11, n. 308; Cândido Rangel Dinamarco, *Litisconsórcio*, cit., p. 193, item 54.3 (casuística); Barbosa Moreira, *Litisconsórcio unitário*, p. 130; Ovídio A. Baptista da Silva, *Curso de processo civil*, vol. 1, p. 208.

92. V. Bernardino Scorza, L'ecesso di potere come causa di invalidità delle deliberazioni d'assemblea delle anonime, *Rivista di Diritto Commerciale*, vol. 31, Parte 1, p. 655-6, apud Priscila Corrêa da Fonseca, *Suspensão de deliberações sociais*, cit., p. 105.

93. *Litisconsórcio unitário*, cit., n. 11, p. 26.

mão, há extensão subjetiva da coisa julgada a quem não foi parte, mencionando-se literatura que se refere a "litisconsortes potenciais".[94]

No direito comparado encontramos expressa referência ao alargamento da eficácia da sentença, de forma a atingir as pessoas dos sócios. Dispõe o art. 61, 1, do Código das Sociedades Comerciais de Portugal o seguinte:

"(...) 1 – A sentença que declarar nula ou anular uma deliberação é eficaz contra e a favor de todos os sócios e órgãos da sociedade, *mesmo que não tenham sido parte ou não tenham intervindo na ação*" (grifo nosso).[95-96]

O art. 61, 2 (desse Código das Sociedades Comerciais), a seu turno, reza: "A declaração de nulidade ou a anulação não prejudica os direitos adquiridos de boa-fé por terceiros, com fundamento em atos praticados em execução da deliberação; o conhecimento da nulidade ou da anulabilidade exclui a boa-fé".[97-98]

A eficácia abrange tanto quem votou a favor quanto quem votou contra a deliberação, pois não existe no texto qualquer distinção, como, ainda, compreende-se como possível eficácia da sentença a que reconheça a inexistência do ato (de deliberação); ademais, o n. 1 do art. 61 disciplina *efeitos internos*, *isto é*, a serem produzidos dentro da sociedade, ao passo que, no n. 2, regulam-se *efeitos externos*.[99]

O Código Civil italiano, por sua vez, no seu art. 2.377, dispõe: "A anulação da deli-

94. Idem, p. 44, nota 42. Igualmente, defendendo o alargamento dos limites subjetivos da coisa julgada em tais casos, confira-se: Chiovenda, *Saggi di diritto processuale civile*, vol. 2, p. 449; Allorio, *La cosa giudicata rispetto ai terzi*, p. 118-131 e 277, o que, por isso mesmo, afasta a formação de litisconsórcio necessário.

95. O Código das Sociedades Comerciais, de Portugal, disciplina, entre outras, as sociedades por quotas de responsabilidade limitadas. Esse Código das Sociedades Comerciais foi aprovado pelo Dec.-lei 262/1986, de 2 de setembro, e republicado no Dec.-lei 76-A/2006, cf. a obra de Pinto Furtado, *Deliberações dos sócios*. Dispositivo similar ao do art. 61, n. 1 e 2, do Código das Sociedades Comerciais de Portugal, é o do art. 122 da lei espanhola de sociedades anônimas (Real Decreto 1564/1989, versão corrigida em 01.01.1990): "Art. 122. 1. A sentença que julgue procedente a ação de impugnação produzirá efeitos em relação a todos os acionistas, mas não afetará os direitos adquiridos por terceiros de boa-fé em consequência da deliberação impugnada", determinando-se, no n. 2, o registro da sentença que declare a nulidade de uma deliberação registrável, no registro do comércio, e o Boletim Oficial do Registro Mercantil publicará um extrato. O n. 3 desse art. 122 dispõe que: "3. No caso de a declaração impugnada ter sido registrada no registro comercial, a sentença determinará também o cancelamento de sua inscrição, assim como a dos assentos posteriores em contradição com ela". A Lei Alemã das Sociedades por Quotas de Responsabilidade Limitada foi a inspiradora da lei portuguesa (v. Pinto Furtado, *Deliberações dos sócios*, cit., p. 528).

96. Na doutrina portuguesa, trazendo à colação jurisprudência do STJ de Portugal, no mesmo sentido, v. L. P. Moitinho de Almeida, *Anulação e suspensão de deliberações sociais*, p. 48, sublinhando, ainda que, "à ação declaratória de nulidade correspondente o processo declarativo comum".

97. É manifesto que o fim dessa norma – análoga à da alínea 3.ª do art. 2.377 do Código Civil italiano – objetiva proteger terceiros que negociam com a sociedade. Veja-se a respeito Francesco Galgano. *Trattato di diritto commerciale e di diritto pubblico dell'edonomia, la societá per azoini*, vol. 7, p. 218. Valoriza-se a responsabilidade da sociedade em relação a terceiros de boa-fé, que com a sociedade hajam se relacionado.

98. Acentua-se, ainda, que essa proteção dos terceiros é menos uma proteção que nestes encontra o seu fim, mas o que realmente se objetiva é, no fundo, a proteção da própria sociedade, à luz do art. 2.332 do Código Civil italiano. Veja-se, a respeito, Francesco Galgano, idem, p. 218. O que se quer dizer é que, *minimizando as possíveis ações de terceiros, contra a sociedade – desde que estejam de boa-fé – garante maior estabilidade aos negócios sociais,* ou seja, valoriza-se "l'interesse della classe imprenditoriale, alla piú intensa valorizzazione possibile del capitale".

99. Cf. Pinto Furtado, *Deliberações dos sócios*, cit., p. 528-529.

beração tem efeito relativamente a todos os sócios e obriga os administradores a adotar todas as providências consequentes, sob a responsabilidade própria. São, em todos os casos, ressalvados os direitos adquiridos de boa-fé por terceiros com base nos atos realizados em execução da deliberação".

Eminente processualista, analisando com meticulosidade o direito italiano – escrevendo obra justamente permeada pela preocupação do princípio do contraditório –, *nega que, na hipótese, se pudesse cogitar de outro legitimado que não a sociedade/associação*, e, ao comentar o art. 2.377 do Código Civil italiano, afirma-o como constituindo uma *disciplina tipo* para reger quaisquer hipóteses, desde as sociedades por ações, valendo para pessoas jurídicas em sentido estrito, e, até mesmo, para organizações sociais ou de comunhão em estado embrionário.[100]

Essa situação – ainda em conformidade com o ensinamento de Proto Pisani – aplica-se às hipóteses de ações de comunheiros para anular deliberações da maioria, numa comunhão; ações de condôminos em que impugnem deliberações de assembleias condominiais, ações de sócios em que impugnem balanço final de liquidação, dizendo que se deve aplicar a tais hipóteses "uma disciplina análoga à descrita precedentemente [refere-se ao art. 2.377 do Código Civil italiano] e relativa às sociedades por ações".[101]

O que se sublinha, para sustentar que a eficácia de tais decisões transcenda aos litigantes, é o interesse geral da comunidade em ver resolvida a validade/invalidade do ato.[102]

Uma das explicações para justificar a eficácia em relação a todos os sócios – designada por Paolo Luiso como uma das "proposizioni fondamentali" – é projetar-se o princípio do valor absoluto da sentença no campo da eficácia da sentença, ou seja, descartar-se a preocupação dessa eficácia em relação aos limites subjetivos, e centrar-se nos seus limites objetivos, ou seja, "la sentenza decide dal rapporto dedotto in giudizio, e solo di questo; *ma entro tali limiti oggetivi, essa vale erga omnes, nel senso che deve essere rispettata da tutti coloro che si riferiscono all'esistenza o inesistenza di questo rapporto per fondare su di esso una propria domanda o una propria difesa*".[103] Outro autor, Federico Carpi, ao lado de, em sua obra, referir-se ao critério de ter-se como referencial *o que tenha sido decidido* (= *a relação individualizada*), para avaliar os terceiros que resultam atingidos pela sentença,[104] fornece critério dentro do qual se acomoda a hipótese ora considerada, e com a solução aqui propugnada, coincidente, de resto, com as doutrinas brasileira e estrangeira.

Registre-se, ainda, que a disciplina da Lei das Sociedades Anônimas alemã veio a estabelecer expressamente a submissão de todos os legitimados a agir à autoridade da coisa julgada (Aktiengesetz, de 06.09.1965, §§ 248 e 249).

100. V. Andrea Proto Pisani, *Appunti seui rapporti tra i limiti soggetivi di eficaccia della sentenza civile e la garanzia constitucionale del diritto di difesa*, n. 14 do trabalho, p. 941, no original: "Questo rilievo mi sembra di notevole importanza inquanto consente di ritenere che la disciplina dettada dell'art. 2.377 con riferimento alla società per azioni sai una *disciplina tipo*, applicabile anche quando non si sai alla presenza di una persona giuridica in senso stretto, ma di organizazzione o di comunità allo stato embrionale, *in fieri*".

101. V. Proto Pisani, idem, n. 14, p. 941-942.

102. Cf. Leo Rosenberg, *Tratado de derecho procesal civil*, vol. 2, p. 482, e ainda cf. Pinto Furtado, *Deliberações dos sócios*, cit., p. 532.

103. Cf. Francesco Paolo Luiso, *Principio del contradditorio ed efficacia della sentença verso terzi*, p. 200.

104. Cf. Federico Carpi, *L'efficacia* ultra partes *della sentenza civile*, n. 4, p. 13.

Girolamo A. Monteleone, que tratou *ex professo* do tema,[105] com base inclusive em decisões da Corte de Cassação italiana, afirma:

"Em relação à impugnação de deliberação social, atualmente as normas são bastante explícitas e eliminaram dúvidas semelhantes existentes em relação à legislação ab-rogada. Em realidade, dispõe-se expressamente que só a anulação das deliberações, em desconformidade com a lei ou ao ato constitutivo, tem efeito em relação a todos os sócios".[106]

Redenti, na sua obra clássica e específica sobre o tema, vale dizer, quando escreve sobre *Il giudizio civile com pluralità di parti*, enfrenta o assunto de ação contra sociedade e a situação dos sócios quando trata da casuística, no Capítulo II, n. 42, p. 55, *principalmente.*

Como primeiro exemplo dessa série – casuística –, aborda o seguinte: "Como exemplos típicos podem-se ter como presentes (...) a decisão de anulação (sob ou por oposição) de uma deliberação ilegal de assembleia social (...)" (op. cit., p. 56; original em nota).[107] A solução que dá à eficácia da decisão, nesse caso, é a seguinte (p. 57):

"42. Tem-se um primeiro e característico grupo nos casos em que a lei admite que decisão judicial possa anular ou modificar um ato ou a formação de uma vontade de um ente coletivo ou de órgão seu, ou substituir-se a um ato não praticado ou a uma vontade de formação não produzida, por pedido de mais de um sujeito, cujos interesses são prejudicados de fato, por *reflexo*, pelo ato impugnado ou pelos atos cuja impugnada

---

105. Cf. Girolamo A. Monteleone, *I limiti soggetivi del giudicato civile,* Capítulo 12, intitulado Alguns casos de extensão a terceiros da coisa julgada (Di alcuni casi di "estensione a terzi del giudicato"), p. 133 e ss., *especialmente*, p. 142-143.

106. V. Girolamo A. Monteleone, idem, p. 141, no original: "Veniano subito all'impugnazione delle delibere sociali; oggi le norme sono assai esplicite ed hanno eliminato parecchi dei dubbi esistenti sotto l'abrogata legislazione. Invero, si dispone espressamente che solo l'annullamento delle delibere, difformi alla lege o all'atto costitutivo, ha effetto rispeto a tutti i soci".

107. Diz Enrico Redenti, no seu *Il giudizio civile com pluralità di parti*, n. 42, p. 55, 56 e 57: "42. Um primo e carateristico gruppo si ha in quei casi in cui la legge ammette che un provvedimento giurisdizionale possa annullare o modificare un ato od una formazione di volontà di un ente collettivo o di un suo organo o sostituirsi ad un suo mancato atto o mancata formazione di volontà, ad instanza di più soggetti, i cui interessi siano pregiudicati di fatto, per riflesso, dall'atto impugnato o dagli atti a cui la impugnata formazione di volontà dell'ente o dall'oregano tendeva o dalla lamentata mancanza dell'uno o degli altri. Como esempli tipici possono tenersi presenti, per intanto, il giudizio di anullamento (su opposizione) d'una deliberazione illegale d'assemblea sociale o il giudizio per l'inscrizione delle liste elettorali d'un cittadino omesso o cancellato o casi simili. A questi vanno equiparati i giudizii per l'annullamento di provvedimenti che vincolano una università di persone, ad instanza di alcuna di esse, lese per riflexo nei loro interessi, es. l'annulamento di un regolamento da parte della IV sez. del Consiglio di Stato. Il provvedimento giurisdizionale in questi casi vincola meccanicamente l'ente, rimanendo senz'altro sostituito alla sua volontà oppure cancellando per l'avvenire del novero dei fati giuridicamente rilevanti una sua formazione o manifestazione di volontà. Con ciò il provvdimento opera necessariamente com *effetti riflessi* per tutti quanti gli interessati di fatto per essendo necessariamente unico, appunto precisamente perchè e come operava ed era único l'atto o la formazione di volontà che esso sostituisce o cancella (annulla). Anche il provvedimento che, per avventura, respinga la domanda è necessariamente único ed anch'esso ha effetti (riflessi) per tutti gli interessati, nel senso que conterrà soltanto la dichiarazione che l'atto impugnato non è attaccabile (o non è provato che lo sia) e com ciò lascia in vigore l'atto stesso per tutti gli interessati, si ch'esso preclusa o meno ulteriori impugnative da parte di esse".

formação de vontade do ente ou do órgão tendia ou da falta de um ou de outro. Como exemplos típicos podem ter-se presentes, por isso, a decisão de anulação (sob oposição) de uma deliberação ilegal de assembleia social ou decisão (...). A estas hipóteses devem ser equiparadas as decisões para a anulação de deliberações (*provvedimenti*) *que vinculam uma universalidade de pessoas, por pedido de alguma dessas.*

"(...)

"A decisão judicial nesses casos [de anulação de ato assemblear] *vincula mecanicamente o ente*, ficando sem [necessidade de] qualquer outra providência [ou, medida] ('senza altro'), (...) substituído [o ato anulado]. *Com isto a decisão opera necessariamente com efeitos reflexos em relação a todos quantos sejam interessados de fato, dado ser necessariamente único o ato*, precisa e justamente porque e como se operava em relação ao único ato ou à formação da vontade que essa (a decisão) substitui ou cancela (anula). Também a decisão que, por hipótese, dê pela improcedência da demanda, é necessariamente única e também essa tem *efeitos reflexos* em relação a todos os interessados".

Chiovenda, num dos mais significativos trabalhos sobre litisconsórcio necessário diz que, para pensar-se "no direito do sócio [previsto] no art. 163 do Código Comercial [anterior ao vigente Código Civil italiano] (...)", há de considerar-se que, "*conquanto não seja necessário, também aqui*, que todos os que tenham direito de agir *sejam chamados para o processo*, aqui, no entanto, o juízo é necessariamente único, também quando não hajam sido chamados, tal como seria se todos houvessem sido".[108] Diz mais, ainda, que "a anulação da deliberação [social] é *operada* pela sentença; esta está em relação ao querer social como um não querer social".[109] Conclusivamente, afirma, em relação a um "direito que diz respeito a vários para modificar ou remover os efeitos de um ato em relação ao qual vários são *sujeitos*" e que "cada um pode agir individualmente. Se mais agirem, o juízo *é necessariamente único. A coisa julgada forma-se a respeito de um, exclui a ação dos outros*".[110]

Outro grande clássico do direito italiano, em obra reeditada pela Universidade de Florença ("Fundação Piero Calamandrei"), nos casos em que há diversos legitimados, titulares de direito potestativo, concorrentes – do que são exemplos típicos ações em que haja insurgência contra atos ou em relação a atos de sociedades –, destinado à anulação de um ato, leva a que, agindo um desses, isso conduz a um "alargamento da coisa julgada", ou, ainda em suas próprias expressões, "*verdadeira e própria* extensão do que tenha sido julgado".[111]

Na densa obra sobre o estudo do processo litisconsorcial no direito italiano, esse en-

108. Chiovenda, *Saggi di diritto processuale civile*, cit., vol. 2, p. 449, n. 6, do estudo sobre o Litisconsórcio necessário.

109. Idem, p. 451, n. 6, do estudo sobre o Litisconsórcio necessário.

110. Idem, p. 452, n. 6, do estudo sobre o Litisconsórcio necessário.

111. Cf. Enrico Allorio, *La cosa giudicata rispetto ai terzi*, cit., n. 160 e 161, p. 274 e 275. Diz esse autor (n. 160, p. 274): "Per la realizzazione di quest'interesse individuale del socio, è necessario che la deliberazione illegale sia tolta di mezzo con effetto verso tutti". "Ricorro al solito esempio dell'art. 163 cod. comm. Se l'impugnativa, da parte d'un socio, della deliberazione che impone aglio azionisti nuovi versamenti per reintegrare il capitale perduto (art. 146 cod. comm.), dovesse aver come único effeto la cessacione dell'oobbligo di versare". E, sucessivamente, no n. 161, p. 275: "Qualora in questi casi di diritto concorrenti, si da ammetere, como sostento, l'allargamento della cosa giudicata, quest'ultima dev'essere interpretata come *vera e propria* estensione del giudicato, e non come semplice *preclusive*, dopo il giudicato, delle azioni spettanti ai titolari di diritti potestativi concorrenti".

sinamento é retomado, no mesmo sentido. Afirma-se que, em relação à demanda proposta por um acionista, voltada ou à declaração de nulidade, ou à anulação de deliberação assemblear de sociedades por ações, ou, então, à nulidade da sociedade mesma, o que se tem, em relação aos sócios, é o efeito reflexo, referindo-se o autor – Sérgio Menchini – aos efeitos reflexos ou aos efeitos estendidos da coisa julgada (*Rechtskrafterstreckung*).[112]

42. Regime jurídico fundamental e especial do litisconsórcio

O art. 48 do CPC estabelece a regra fundamental que rege a *independência dos litisconsortes*, uns em relação aos outros, pois que serão eles considerados, "em suas relações com a parte adversa, como litigantes distintos". Isto significa que, regra geral, cada litisconsorte defronta-se com o adversário comum a todos, autonomamente, o que, por sua vez, implica que os atos de um litisconsorte não influem na esfera do outro ou dos outros (*v.g.*, art. 350, *caput*, do CPC).

O regime jurídico do *litisconsórcio unitário* é especial. O significado prático da diminuição da independência entre os litisconsortes é o de que os atos dos que são diligentes acabam aproveitando aos inertes (*v.g.*, art. 509 do CPC). E isto decorre da própria circunstância de a sentença ter de ser igual para todos os que estão litisconsorciados. Assim, se não houvesse aproveitamento, tal fato levaria o juiz a ter que decidir diversamente, o que é juridicamente impossível. Entretanto, os atos que envolvam eventual disposição de direito, como a confissão, ou efetiva disposição de direito, como o reconhecimento jurídico do pedido, conquanto sejam *atos válidos* em si mesmos, tendo em vista o litisconsorte que os tenha praticado, serão *ineficazes*[113] *quer para quem praticou o ato*, quer em relação aos demais, e, também, tendo em vista o adversário comum. A eficácia só pode decorrer do fato de todos os litisconsortes unitários praticarem o ato, e no mesmo sentido.

O âmbito de aplicação do art. 48 do CPC é, pois, por excelência, o do litisconsórcio simples, seja facultativo ou necessário. Refoge do seu espectro, portanto, o *litisconsórcio unitário*.

A circunstância de serem autônomos os litisconsortes no litisconsórcio facultativo e no litisconsórcio *necessário simples* implica, ademais, o seguinte: a) cada litisconsorte poderá escolher seu advogado, embora isto possa ocorrer no litisconsórcio unitário, *mas as postulações ficam circunscritas à razão mesma de ser deste tipo de litisconsórcio*; b) igualmente, há autonomia no que diz respeito ao mérito, pois há mais de uma lide e pode haver diversidade no que diz com o teor da sentença de mérito (*em rigor, existencialmente mais de uma*).

Por outro lado, cada um terá um exame específico tangentemente aos pressupostos processuais, que individualmente respeitem a cada um, *e este aspecto vale para todos os tipos de litisconsórcio*. Mas, mesmo no litisconsórcio unitário, faltando um pressuposto processual, ainda que apenas para um dos litisconsortes, isto deverá ser individualmente corrigido, como na hipótese de um menor – desacompanhado de seu pai – comparecer a juízo. Se não o for, todavia, contamina todo o processo.

A regra fundamental – embora não absoluta, no evolver do processo – a informar estruturalmente o litisconsórcio, de todas as espécies, é a da *unidade procedimental*.

---

112. V. Sérgio Menchini, *Il processo litisconsortile, struttura e poteri delle parti*, vol. 1, p. 451-452, nota 136.

113. Neste sentido: Clito Fornaciari Júnior, *Reconhecimento jurídico do pedido*, cit., p. 26; José Carlos Barbosa Moreira, *Litisconsórcio*, cit., n. 45, p. 76.

Conquanto existam várias relações jurídicas processuais, são todas enlaçadas pelo mesmo procedimento – manifestação exterior das relações processuais – que é uma só. Por esta razão é que, se um litisconsorte contestar a ação, tal fato, do ponto de vista procedimental, aproveita a todos (art. 320, I, do CPC), pois o juiz não poderá prolatar sentença, em julgamento antecipado, tendo em vista que um litisconsorte tenha contestado a ação, embora outro não o tenha.

Quando da oportunidade procedimental única vier a proferir a sentença, tratando-se de litisconsórcio facultativo, como também no litisconsórcio necessário simples, e tendo em vista os fatos comuns, haverá de atender à prova feita pelo contestante, que, precisamente por serem comuns os fatos, beneficiará os demais, se for o caso. De outra parte, todavia, tendo em vista os *fatos não comuns*, deverá aplicar-se o art. 319 do CPC àquele(s) litisconsorte(s) que não contestou(taram) o pedido. Isto, porém, deverá ser feito sempre numa mesma sentença. Poderá, ou melhor, deverá haver discriminação no juízo de mérito, *em função da atividade de cada um*, embora deva esse ser pronunciado no mesmo instante cronológico, para todos os litisconsortes. Se for possível, no entanto, julgamento antecipado para todos, deverá o juiz, então, proferi-lo.

A peculiaridade do regime do litisconsórcio unitário consiste em que os atos de ataque ou defesa dos litisconsortes atuantes sempre beneficiam os inativos, *sendo irrelevante uma deficiente atuação individual*.

No litisconsórcio unitário, o que existe é um só objeto litigioso, ou lide, a que estão agregadas várias partes litisconsorciadas. Assim, os atos isolados, desde que preenchidos os seus respectivos pressupostos de validade, serão reputados *válidos*, como se dá com a confissão do litisconsorte, por exemplo, num litisconsórcio unitário, que, sendo válida, não poderá ser retratada, porque o confitente tenha meramente mudado de opinião. Poderá o confitente revogá-la (*rectius*, anulá-la), o que é coisa diferente.

No entanto, os conceitos de validade e eficácia hão de ser distinguidos. Se é válida, por isso mesmo, não pode ser retratada. Todavia, a validade não leva, neste caso, à sua *eficácia*, e isto porque a eficácia da mesma é condicionada, pelo sistema, a que todos confessem ou venham a confessar, ao lado daquele que já o fez.

A regra geral é a de que os litisconsortes, *que são havidos como litigantes distintos*, não podem ter a validade e a eficácia de seus atos condicionadas pelo agir ou pelo não agir dos demais (art. 48 do CPC). Quanto à confissão, a *regra geral* é a da independência, salvo no caso acima (v. art. 350 do CPC, que é especificação do art. 48; para *regra especial*, v. art. 75, III, em que vemos inocorrer independência, no que diz com a *ação principal*, o que evidencia regime unitário; v. tb. art. 509, parágrafo único, do CPC).

Todavia, como se disse da indivisibilidade da lide, no litisconsórcio unitário, emerge a desconsideração da atividade ou inatividade dos litisconsortes, como litigantes distintos, fazendo o sistema com que os atos benéficos de um deles, ou de mais de um, sejam aproveitáveis a todos, se necessário, em nome e teleologicamente tendo em vista a decisão possível futura uniforme.

A atividade de um litisconsorte, todavia, seja qual for sua categoria, não pode prejudicar a situação de outro.

Tendo em vista a imprescindibilidade da mesma sorte, no plano do Direito Material, a ser dada a todos os litisconsortes unitários, é irrelevante que algum deles tenha perdido algum prazo para recorrer para o fim de se pretender que isto o prejudique. Isto em nada poderá prejudicá-lo, pois como a sua sorte não poderá ser diversa da dos outros, o recurso interposto pelos demais a ele aproveitará (art. 509do CPC).[114] Assim, e só por esse motivo, deverá ser "representado" pelos demais.[115]

Já no litisconsórcio simples, seja ele necessário ou não, o recurso de um litisconsorte não aproveita ao outro (salvo em hipótese *circunstancialmente encartável* no art. 509, parágrafo único), vigorando aí a regra geral, segundo a qual os litisconsortes são considerados como partes distintas em relação aos demais litigantes.[116] Assim é que, numa ação de usucapião movida contra diversos proprietários, a hipótese é de litisconsórcio necessário simples (arts. 47 e 942 do CPC), sendo julgada procedente contra todos, só poderão, eventualmente, obter reforma os que tenham recorrido. Os recursos de alguns, pois, não aproveitarão aos demais, pois os objetos serão diversos.

Será correta, por outro lado, a sentença que tiver dado pela procedência contra uns, e não contra outros, desde que ocorrentes os pressupostos de procedência contra uns e inocorrentes para os demais, pois que inexiste, na espécie, unitariedade.

A confissão, como regra geral existente no tema do litisconsórcio, dessumível do art. 48, faz prova tão somente contra o *confitente*, não prejudicando nem beneficiando os demais litisconsortes (art. 350, *caput*, do CPC – norma específica).[117]

A confissão, havendo unitariedade, será *válida* se em si mesma considerada; entretanto, sua eficácia estará a depender de confissão igual dos demais litisconsortes.

A confissão em litisconsórcio unitário, pois, tem valor de *mera declaração*, se feita por só um litisconsorte, não sendo prova apta a embasar, por si só, a decisão da causa, pois não pode prejudicar os demais litigantes litisconsorciados e, por outro lado, tem a demanda de ser decidida de modo uniforme para todos os litisconsortes, o que a torna mesmo inaproveitável com relação ao próprio confitente.[118]

Com relação ao litisconsórcio simples, seja necessário, seja facultativo, não há necessariamente a decisão de ser no mesmo sentido, embora deva ela ser prolatada *na mesma oportunidade*, salvo hipótese rara de reconhecimento jurídico do pedido, por exemplo, em que um litisconsorte passivo aceita a pretensão do autor.

Finalmente, já foi decidido corretamente que, tratando-se de litisconsórcio passivo facultativo, o autor pode desistir da ação com relação a um dos litisconsortes, sem que os demais a tanto se possam opor.[119]

---

114. Nesse sentido: STJ, REsp 573.312/RS, 1.ª T., j. 21.06.2005, rel. Min. Luiz Fux, *DJ* 08.08.2005, p. 183; STJ, REsp 154509/SC, 1.ª T., j. 07.05.1998, rel. Min. Garcia Vieira, *DJ* 19.10.1998, p. 28, *RSTJ*, vol. 183, p. 203; STJ, AgRg no REsp 744.446/DF, 2.ª T., j. 16.10.2007, rel. Min. Humberto Martins, *DJ* 10.12.2007, p. 357 – nesse último caso, a irregularidade na representação de um dos litisconsortes não o impediu de aproveitar os efeitos do recurso, pelo fato de o outro recorrente estar com a procuração regularizada.

115. Cf. Arruda Alvim, *Curso de direito processual civil*, cit., vol. 1, n. 105, p. 513; Arruda Alvim, *Código de Processo Civil comentado*, cit., vol. 2, p. 395. Tenhamos presente, apenas, que a palavra "representação", neste passo, é utilizada com alguma impropriedade técnica, pois, rigorosamente, de representação não se trata. Trata-se de benefício da atividade de um em relação à situação do outro.

116. José Carlos Barbosa Moreira, *Comentários ao Código de Processo Civil*, vol. 5, n. 213, p. 385-386; Sergio Bermudes, *Comentários ao Código de Processo Civil*, vol. 7, n. 84, p. 112-113, 1977.

Cf., na jurisprudência: STJ, RMS 15.354/SC, 5.ª T., j. 26.04.2005, rel. Min. Arnaldo Esteves de Lima, *DJ* 01.07.2005, p. 561.

117. Sobre o problema da confissão no litisconsórcio, Moacyr Amaral Santos, *Comentários ao Código de Processo Civil*, vol. 4, n. 91, p. 106.

118. Cf. Arruda Alvim, *Código de Processo Civil comentado*, cit., vol. 2, p. 397.

119. Decidiu-se, corretamente, que "a desistência da ação quanto a alguns corréus somente

Por outro lado, o litisconsorte que confessar, desde que os fatos não sejam comuns aos demais, terá quase sempre – ainda que não necessariamente – a demanda julgada contra si, prejudicando sua ação ou a sua defesa; já os demais litigantes em nada serão afetados, pois o juiz deverá decidir a lide com base nas provas pelos mesmos produzidas. O "prejuízo" advindo da confissão ficará circunscrito tão somente ao confitente, não prejudicando nem beneficiando os demais.

Havendo litisconsórcio, seja unitário ou simples, e tendo algum dos litisconsortes permanecido revel, a contestação dos demais faz com que não se operem, pelo menos, os efeitos procedimentais da revelia, afastando assim a incidência do art. 330, II, do CPC.[120] O mesmo se diga tangentemente ao art. 302 do CPC.

Do ponto de vista procedimental ou, mais especificamente, do ponto de vista de dar andamento ao processo, em função da maior ou menor atividade, inexiste qualquer vinculação entre os litisconsortes, valendo a regra para todas as espécies de litisconsórcio (art. 49 do CPC).

De outra parte, se existe desvinculação total, devemos considerar que a eventual responsabilidade de determinado tipo de ato praticado, mesmo no litisconsórcio necessário unitário, há de ser individuada. Assim, se um litisconsorte, impulsionando o processo, pratica ato que o caracterize como litigante de má-fé (por exemplo, hipótese do art. 17, V ou VI), as consequências jurídicas emergentes de tal fato serão estritamente subjetivas.

O fundamento inspirador da regra geral, ou seja, da independência dos litisconsortes, é o princípio da liberdade (art. 49, 1.ª parte), desde que respeitada a comunicação dos atos processuais, devendo-se, pois, dar ciência dos atos praticados aos demais colitigantes (art. 49, 2.ª parte).

A comunicação dos atos processuais, praticados por um litisconsorte, deverá ser feita ao procurador do outro, ou aos procuradores dos outros litisconsortes, e não às próprias partes. Deve-se, ainda, ter presente que, havendo vários litisconsortes, com diversos procuradores, os prazos de contestar, recorrer e, "de modo geral, para falar nos autos" (art. 191) serão contados em dobro.[121] Mesmo que os procuradores dos litisconsortes subscrevam a mesma petição de recurso, ainda assim o prazo é dobrado,[122] e mesmo que somente um dos litisconsortes venha a recorrer, ainda assim o prazo para

exige a anuência destes [isto é, daqueles em relação aos quais está se operando a desistência], dispensando a dos demais" (TJSP, Ap.Civ. 63.484-4/SP, 9.ª Câm.Dir.Priv., j. 04.05.1999, rel. Brenno Marcondes).

120. Entendendo aplicável o art. 320, I, somente ao litisconsórcio facultativo-unitário, ou necessário-unitário, bem como ao litisconsórcio simples apenas na medida em que os fatos forem comuns: Rita Gianesini, *Da revelia no processo civil brasileiro*, p. 87; Calmon de Passos entende aplicável o art. 320, I, apenas quando se estiver diante de fatos comuns (*Comentários ao Código de Processo Civil*, vol. 3/442-443). O que nos parece é que, procedimentalmente, seja qual for o tipo de litisconsórcio, incide o art. 320, I. No que pertine ao mérito, dever-se-á verificar se, sendo diversos os fatos, é possível que, na sentença, sejam considerados diversamente.

121. A fluência do prazo em dobro independe de prévio requerimento dos interessados. Cf., a este respeito, STJ, REsp 60.098-7/PR, 4.ª T., 21.06.1995, v.u., rel. Min. Ruy Rosado de Aguiar, deram provimento, *DJU*, I, 14.08.1995, p. 24.031. No mesmo sentido, mais recentemente: STJ, REsp 268.260/SP, 5.ª T., j. 13.03.2002, rel. Min. Jorge Scartezzini, *DJ* 20.05.2002, p. 174; STJ, REsp 713.367/SP, 1.ª T., j. 07.06.2005, rel. Min. Luiz Fux, *DJ* 27.06.2005, p. 273.

122. STJ, REsp 11.225-PR, 4.ª T., rel. Min. Sálvio de Figueiredo Teixeira, *RSTJ* 32/336; STJ, REsp 14.030-0, 4.ª T., rel. Min. Cláudio Santos, *RSTJ* 37/450; STJ, AgRg no Ag 242.874/SP, 6.ª T., j. 28.09.1999, rel. Min. Fernando Gonçalves, *DJ* 18.10.1999, p. 297.

esse terá sido em dobro. Computar-se o prazo em dobro vale, também, para a hipótese em que o litisconsórcio haja sido formado mercê de denunciação da lide.[123] Se o litisconsórcio somente resta desfeito ao depois do trânsito em julgado da sentença, pois, até então, subsistente a presença de mais de uma parte, com procuradores diferentes, o prazo conta-se em dobro.[124] Esta posição nos parece discutível, dado que, desligada do processo a parte, não tendo sucumbido, e, por isso mesmo, não tendo razão para recorrer, parece-nos que o prazo não deve ser em dobro. Correto é o entendimento contrário.[125]

A propósito, estabelece a Súmula 641 do STF que "não se conta em dobro o prazo para recorrer, quando só um dos litisconsortes haja sucumbido".[126] No mesmo sentido é a jurisprudência do STJ.[127]

Caso se configure a revelia de um dos litisconsortes, sem que tenha constituído advogado nos autos, já decidiu o STJ pela inaplicabilidade do prazo em dobro previsto no art. 191 do Código de Processo Civil, "salvo se, ainda na fluência do prazo simples para o recurso, ele apresenta-se no processo com procurador distinto do que já atua como defensor do outro litisconsorte que contestou, o que inocorre na espécie".[128]

Devemos observar, ademais, que o problema surgirá, justamente, no caso de haver litisconsórcio com procuradores diferentes, dado que, se tiverem o mesmo procurador, o ato praticado tê-lo-á sido em nome de todos. No entanto, se apenas o litisconsorte que interpôs o recurso especial poderia recorrer do despacho de inadmissão, não há cogitar de dobra de prazo para o agravo de instrumento a que se refere o art. 544, como já decidiu, corretamente, a 3.ª Turma do STJ.[129]

---

123. STJ, REsp 25.519-7, 4.ª T., rel. Min. Nilson Naves, *RSTJ* 48/292, constando de parte da ementa que "na denunciação da lide, a posição do denunciado pelo réu é a de litisconsorte do denunciante". O litisdenunciado equipara-se ao litisconsorte, ainda que só "para efeitos estritamente procedimentais".Decidiu-se, mais recentemente, que "a contestação da litisdenunciada não está alcançada pelo prazo em dobro previsto no art. 191 do Código de Processo Civil" (STJ, REsp 594.875/SP, 3.ª T., j. 16.12.2004, rel. Min. Menezes Direito, *DJ* 09.05.2005, p. 394). Isso acontece porque tal prazo corre apenas para o denunciado; caso, diversamente, houvesse mais de um denunciado, com mais de um procurador, haveria de incidir a regra do art. 191. Por outro lado, uma vez integrado ao processo, incide o art. 191 em relação aos demais prazos processuais, que corram para o denunciante e para o denunciado (cf. STJ, REsp 145.356/SP, 4.ª T., j. 02.03.2004, rel. Min. Fernando Gonçalves, *DJ* 15.03.2004, p. 274).

124. STJ, REsp 39.926-2, 1.ª T., rel. Min. Cesar Rocha, *RSTJ* 63/362.

125. STJ, REsp 38.874-0, 4.ª T., rel. Min. Fontes de Alencar, *RSTJ* 79/241. Referem-se precedentes do STJ, e, entre esses, o REsp 2.727/RJ, rel. o Min. Nilson Naves. Em sentido análogo, mais recentemente: STJ, AgRg no Ag 724.376/SP, 3.ª T., j. 23.09.2008, rel. Min. Sidnei Beneti, *DJe* 13.10.2008.

126. Sessão plenária de 24.09.2003, *DJ* 09.10.2003, p. 2.

127. STJ, EREsp 222.405/SP, Corte Especial, j. 15.12.2004, rel. p/ ac. Min. Ari Pargendler, *DJ* 21.03.2005, p. 201; STJ, AgRg no Ag 389.714/RJ, 4.ª T., j. 23.10.2001, rel. Min. Sálvio de Figueiredo Teixeira, *DJ* 04.02.2002, p. 409; STJ, EDcl nos EDcl no REsp 287.299/CE, 3.ª T., j. 26.08.2008, rel. Min. Nancy Andrighi, *DJe* 05.09.2008.

128. STJ, REsp 157.744/SP, 4.ª T., j. 29.10.1998, rel. Min. Cesar Asfor Rocha, *DJ* 01.02.1999, p. 203; *RSTJ*, vol. 117, p. 437; STJ, REsp 1.039.921/MG, 3.ª T., j. 26.06.2008, rel. Min. Massami Uyeda, *DJe* 05.08.2008.

129. Cf. AgRg no AgIn 51.555-9/SP, j. 22.11.1994, v.u., rel. Min. Costa Leite, negaram provimento, *DJU*, I, 19.12.1994, p. 35.313. Pelo mesmo fundamento, a 3.ª T. do STJ rejeitou os segundos embargos de declaração opostos no REsp 4.148-0/SP, cuja ementa frisou: "Se apenas um dos litisconsortes manifestou recurso especial, tornou-se singelo, a partir daí, o prazo para interposição de qualquer outro recurso, não

42-A. A figura do litisconsórcio no procedimento sumário e fora do sistema do CPC

Consideremos, desde logo, o *procedimento sumário* decorrente da Lei 9.245/1995, que integra o sistema do CPC. O sistema admite o litisconsórcio – tal como nas Leis 9.099/1995 (Juizados Especiais Estaduais), 12.153/2009 (Juizados Especiais da Fazenda Pública) e 10.259/2001 (Juizados Especiais Federais) –, mas não admite a ação declaratória incidental, nem a intervenção de terceiro, admitindo, todavia, a assistência, o recurso de terceiro prejudicado e a intervenção fundada em contrato de seguro. A assistência pode ser a simples ou a litisconsorcial (v. no procedimento sumário, a Lei 10.444/2002, que deu nova redação ao art. 280 do CPC).

Abordemos, em sequência, o sistema do Código de Proteção e Defesa do Consumidor (Lei 8.078/1990).

A expressão "litisconsorte" utilizada no art. 94 do CDC não equivale, rigorosamente, ao litisconsorte do Código de Processo Civil. Na realidade, esse "litisconsorte" do Código de Proteção e Defesa do Consumidor é alguém que ingressa, *individualmente*, no âmbito de uma ação coletiva. A figura de litisconsorte exige, pelo menos, similitude de situações jurídicas e a atuação de um litisconsorte é igual à do outro, *inclusive no plano da legitimidade*. Sabe-se, nessa linha, que este "litisconsorte" do Código de Proteção e Defesa do Consumidor não pode ter a iniciativa desta ação coletiva. Parece, portanto, que essa figura, nominada como sendo a de um *litisconsorte*, mais se aproxima da do *assistente litisconsorcial*. Outro argumento em favor do entendimento de que não se trata de litisconsorte, senão que, aproximadamente, da figura de assistente litisconsorcial, é o de que a lei não estabelece qualquer prazo para o ingresso, o que conduz à conclusão de que o ingresso poderá ser a qualquer tempo. Esta solução da ausência de termo *ad quem para o ingresso* é a correta, *mas o é em face de se reputar que o art. 94 trata da figura de assistente litisconsorcial*. Se se tratasse de litisconsorte, *propriamente dito*, não seria plausível que pudesse ingressar a qualquer momento. Acentue-se, por fim, inexistir, sequer em relação ao assistente litisconsorcial, *uma identidade plena*. Isto porque, no plano do processo comum, quem pode ser assistente litisconsorcial poderia ter tido a iniciativa para o processo, em que, porque não a teve, vai ingressar como assistente litisconsorcial. E, como se percebe, esta iniciativa inocorre no caso de ação coletiva.

Por outro lado, deve-se acentuar o seguinte: a) esse "litisconsorte" tem que, *liminarmente*, comprovar a sua qualidade, ou seja, que está abrangido pela situação retratada na ação coletiva, com fundamento legal no art. 81, parágrafo único, III, do CDC; b) essa admissão pode ser questionada, pela parte contrária, como também – julgamos – pelo próprio autor da ação coletiva (pois se trata de tema inserido na *oficiosidade* dos poderes do juiz), como ainda, pelo Ministério Público, se não for o autor da ação coletiva e, isto ocorrendo, deverá haver uma decisão que resolva essa questão da admissibilidade; ainda que não haja questionamento, deverá haver decisão sobre essa admissibilidade; c) admitido que seja o seu ingresso, a sua situação, em relação à da ação coletiva, será a da *unitariedade*, porquanto, ou a demanda será julgada procedente, aproveitando-se-lhe os efeitos, na forma do Código de Proteção e Defesa do Consumidor; ou, d) ao reverso, se improcedente, não lhe aproveitarão os efeitos, ocorrendo, inclusive, para esse litisconsorte a autoridade de coisa julgada (art. 103, § 2.º, do CDC, c/c o art. 472, 1.ª frase, do CPC).

---

se verificando a dobra de prazo de que trata o art. 191 do CPC" (j. 26.09.1995, v.u., rel. Min. Costa Leite, *DJU*, I, 23.10.1995, p. 35.660-35.661).

Na Lei 9.099/1995, em que se disciplinam os Juizados Especiais Estaduais, pelo seu art. 10, admite-se, apenas, o litisconsórcio, e, como a lei não distingue, é este admitido em qualquer de suas modalidades. Veda-se, todavia, pelo mesmo art. 10, "qualquer forma de intervenção de terceiro" e, bem assim, a assistência. Pela vedação de "qualquer forma de intervenção de terceiro", incluem-se a oposição, a nomeação à autoria, a denunciação da lide e o chamamento ao processo. Quando este texto estabelece que "não se admitirá, (...), qualquer forma de intervenção de terceiro (...)", há de ser entendido como inadmitindo, também, que terceiro *seja colocado no processo*, como nos casos de denunciação ou chamamento. Aplicáveis tais regras aos Juizados da Fazenda Pública, previstos na Lei 12.153/2009, e aos Juizados Especiais Federais, instituídos pela Lei 10.259/2001, pois, como já salientamos, o quanto está disposto na Lei 9.099/1995 tem inteira aplicabilidade para ambas as leis – exigindo-se, para tanto, que não haja colidência entre os dispositivos nelas inscritos com a Lei 9.099/1995 (v. o que consta do art. 27 da Lei 12.153/2009 e do art. 1.º da Lei 10.259/2001).

Na Lei da Ação Civil Pública (Lei 7.347/1985), dispõe-se, por texto nela introduzido pelo art. 113 da Lei 8.078/1990 (Código de Proteção e Defesa do Consumidor), no seu art. 5.º, § 5.º: "Admitir-se-á o litisconsórcio facultativo entre os Ministérios Públicos da União, do Distrito Federal e dos Estados na defesa dos interesses e direitos de que cuida esta Lei". A facultatividade decorre da circunstância de que cada Ministério Público pode agir *per se*, e, pois, se se litisconsorciam, isto quer dizer que o fazem *voluntariamente*, ou seja, porque a lei isso lhes faculta. Parece que o disposto no art. 113 do Código de Proteção e Defesa do Consumidor é aplicável à Lei da Ação Civil Pública, em face do disposto no art. 90, deste mesmo último diploma. Alguns autores entendem que não se trataria, propriamente, de litisconsórcio, senão de *representação* do Ministério Público, que é uno e indivisível.[130]

Bibliografia

ALLORIO, Enrico. *La cosa giudicata rispetto ai terzi*. Milão: Giuffrè, 1992. (*Coleção de edições e reedições de obras clássicas da Fundação Piero Calamandrei.*)

ALMEIDA, L. P. Moitinho de. *Anulação e suspensão de deliberações sociais*. 2. ed. Coimbra: Coimbra Editora, 1990.

ALVIM, Eduardo Arruda. *Curso de direito processual civil*. São Paulo: Ed. RT, 1999. vol. 1.

______. *Direito processual civil*. São Paulo: RT, 2008.

______. *Direito processual civil*. 3. ed. São Paulo: Ed. RT, 2010.

______. *Direito processual civil*. 4. ed. São Paulo: Ed. RT, 2012.

ALVIM NETTO, José Manoel de Arruda. *Código de Processo Civil comentado*. São Paulo: Ed. RT, 1975. vol. 2.

______. *Curso de direito processual civil*. São Paulo: Ed. RT, 1971. vol. 1.

______; WAMBIER, Teresa Arruda Alvim. *Assistência – Litisconsórcio*: repertório de jurisprudência e doutrina. São Paulo: Ed. RT, 1986.

AMORIM, Luiz Francisco Guedes. Do litisconsórcio e do seu regime. *Juriscível* 74/7.

---

130. Cf. Nelson Nery Jr. e Rosa Andrade Nery, *Código de Processo Civil comentado*, n. 35, p. 1.419, referida neste mesmo sentido a posição de Kazuo Watanabe. O que nos parece, todavia, é que a indivisibilidade do Ministério Público diz respeito ao Ministério Público federal, em si mesmo, e a cada um dos estaduais, pois que, inexistente a possibilidade de "poder de mando" de um sobre os demais, e, vice-versa – até mesmo por causa da Federação – quer parecer que a indivisibilidade é interna a cada segmento do Ministério Público, isto é, ao federal e a cada um dos estaduais.

ANDRÉ, Bruno Afonso de. Litisconsórcio, denunciação da lide e chamamento ao processo. *Estudos sobre o novo Código de Processo Civil*. São Paulo: Resenha Tributária.

ARAGÃO, Egas Dirceu Moniz de. *Comentários ao Código de Processo Civil*. Rio de Janeiro: Forense, 1979. vol. 2.

ARRUDA MIRANDA JÚNIOR, Darcy de. *Código de Processo Civil nos tribunais*. São Paulo: Jurídica Brasileira, 1995. vol. 1.

BARBI, Celso Agrícola. *Comentários ao Código de Processo Civil*. 3. ed. rev. e aum. Rio de Janeiro: Forense, 1983. vol. 1.

BERMUDES, Sergio. *Comentários ao Código de Processo Civil*. São Paulo: Ed. RT, 1977. vol. 7.

BORGES, Marcos Afonso. *Comentários ao Código de Processo Civil*. São Paulo: Leud, 1974/1975. vol. 1.

______. Litisconsórcio. *RBDP* 17/34, 1979.

BUZAID, Alfredo. *Da ação renovatória*. 2. ed. São Paulo: Saraiva, 1981. vol. 1.

CARPI, Federico. *L'efficacia* ultra partes *della sentenza civile*. Milão: Giuffrè, 1974.

CHIOVENDA, Giuseppe. *Saggi di diritto processuale civile*. Roma: Foro Italiano, 1931. vol. 2.

CINTRA, Antônio Carlos de Araújo. Litisconsórcio unitário no sistema do Código de Processo Civil. *Justitia, s.n., 1973.*

______. *O processo civil*. São Paulo: AASP, 1974.

COMPARATO, Fábio Konder. Parecer. *Revista dos Tribunais, n.* 507, jan. 1978, p. 46.

COSTA, Carlos Coqueijo Torreão da. Litisconsórcio. *Juriscível* 50/7.

DINAMARCO, Cândido Rangel. *Direito processual civil*. São Paulo: José Bushatsky, 1975.

______. *Litisconsórcio*. São Paulo: Malheiros, 1984; 3. ed., 1994.

______. *Litisconsórcio (um estudo sobre o litisconsórcio comum, unitário, necessário e facultativo)*. 2. ed. São Paulo: RT, 1986.

ESTELLITA, Guilherme. *Do litisconsórcio no direito brasileiro*. Rio de Janeiro: Freitas Bastos, 1955.

FADEL, Sergio Sahione. *Código de Processo Civil comentado*. Rio de Janeiro: Forense, 1984. vol. 1.

FONSECA, Priscila Corrêa da. *Suspensão de deliberações sociais*. São Paulo: Saraiva, 1986.

FORNACIARI JÚNIOR, Clito. *Reconhecimento jurídico do pedido*. São Paulo: Ed. RT, 1977.

FRANCO, J. Nascimento; GONDO, NISSKE. *Ação renovatória e ação revisional*. 4. ed. São Paulo: Ed. RT, 1983.

FURTADO, Pinto. *Deliberação dos sócios*. 2. ed. Coimbra: Livraria Almedina, 1993.

FUX, Luiz. *Curso de direito processual civil*. 3. ed. Rio de Janeiro: Forense, 2005.

GALGANO, Francesco. *Trattato di diritto commerciale e di diritto pubblico dell'edonomia, la societá per azoini*. Padova: Cedam, 1984. vol. 7.

GIANESINI, Rita. *Da revelia no processo civil brasileiro*. São Paulo: Ed. RT, 1977.

GRECO FILHO, Vicente. *Direito processual civil brasileiro*. 20. ed. São Paulo: Saraiva, 2007. vol. 1.

GRINOVER, Ada Pellegrini; DINAMARCO, Cândido Rangel; CINTRA, Antonio Carlos de Araújo. *Teoria geral do processo*. 23. ed. São Paulo: Malheiros, 2007.

JOBIM, Nélson A. A sentença e a preterição do litisconsorte necessário. *Ajuris* 28/32, 1983; *RBDP* 43/83, 1981.

LAMBAUER, Mathias. *Do litisconsórcio necessário*. São Paulo: Saraiva, 1982.

LOPES, João Batista. *Condomínio*. 5. ed. São Paulo: Ed. RT, 1996; 9. ed., 2006.

LUISO, Francesco Paolo. *Principio del contradditorio ed efficacia della sentenza verso terzi*. Milão: Giuffrè, 1981.

MAIA, Antônio Carlos Cavalcanti. Litisconsórcio superveniente no novo Código de Processo Civil. *RBDP* 6/21, 1976; *Revista de Processo (RePro)* 7-8/105, ano II, São Paulo, Ed. RT, jul.-set. 1977.

MARQUES, José Frederico. *Manual de direito processual civil*. São Paulo: Saraiva, 1983. vol. 1.

MARINONI, Luiz Guilherme; ARENHART, Sérgio Cruz. *Manual do processo de conhecimento*. 5. ed. São Paulo: Ed. RT, 2006.

MAZZEI, Rodrigo. Litisconsórcio Sucessivo: Breves considerações. In: *Processo e Direito Material* (organizado por Fredie Didier Jr. e Rodrigo Mazzei). Salvador: Podivm. 2009, pp. 223-245.

MEDINA, José Miguel Garcia. Litisconsórcio necessário ativo: interpretação e alcance do art. 47, parágrafo único, do Código de Processo Civil. *RT* 777/41-56.

MENCHINI, Sérgio. *Il processo litisconsortile, struttura e poteri delle parti*. Milão: Giuffrè, 1993. vol. 1.

MIRANDA, Francisco Cavalcanti Pontes de. *Comentários ao Código de Processo Civil* (de 1973). Rio de Janeiro: Forense, 1974. t. II.

MONTEIRO AROCA. *La intervención adhesiva simple*. Barcelona: Hispano Européia, 1972. n. 5-A.

MONTELEONE, Girolamo A. *I limiti soggetivi del giudicato civile*. Padova: Cedam – Casa Editrice Dtto. Antonio Milano, 1978.

MOREIRA, José Carlos Barbosa. *Comentários ao Código de Processo Civil*. 13 ed. Rio de Janeiro: Forense, 2006. vol. 5.

______. *Estudos sobre o novo Código de Processo Civil*. Liber Juris, 1974.

______. *Litisconsórcio unitário*. Rio de Janeiro: Forense, 1972.

______. *O novo processo civil brasileiro*. 25. ed. Rio de Janeiro: Forense, 2007.

NACONECY, Luiz Carlos Macedo. *Curso de direito processual civil*. São Paulo: Ed. RT, 1984.

NERY JR., Nelson; NERY, Rosa Andrade. *Código de Processo Civil comentado*. São Paulo: Ed. RT, 1996.

PASSOS, José Joaquim Calmon de. *Comentários ao Código de Processo Civil*. Rio de Janeiro/ São Paulo: Forense, 1979. vol. 3.

______. *Do litisconsórcio no Código de Processo Civil*.

PIMENTEL, Wellington Moreira. *Comentários ao Código de Processo Civil*. São Paulo: Ed. RT, 1979. vol. 3.

PISANI, Andrea Proto. *Appunti seui rapporti tra i limiti soggetivi di eficaccia della sentenza civile e la garanzia constitucionale del diritto di difesa*. Napoli: Jovene, s/d, separata dos *Estudos em Memória de Alberto Auricchio*.

PRATA, Edson. *Comentários ao Código de Processo Civil*. Rio de Janeiro: Forense, 1984. vol. 2, t. I.

______. Litisconsórcio. *Juriscível* 116/12.

REDENTI, Enrico. *Il giudizio civile com pluralità di parti*. Milano: Dott. A. Giuffrè Editore, 1960.

RESTIFFE, Lauro Paiva. Litisconsórcio necessário. *RF* 251/444; *RT* 465/241.

RIBEIRO, Djanira Maria Radamés de Sá. Litisconsórcio. *RCDUFU* 11/163.

RIGOLIN, Antônio. O litisconsórcio e os arts. 623 e 1.580 do Código Civil. *Revista de Processo (RePro)* 22/80, São Paulo: Ed. RT, out.-dez. 1972.

ROSENBERG, Leo. *Tratado de derecho procesal civil*. Trad. da 5. ed. alemã pela Dra. Ângela Romear Vera. Buenos Aires: EJEA, 1955. vol. 2.

SANTOS, Ernane Fidélis dos. O litisconsórcio no Código de Processo Civil brasileiro. *Ajuris* 23/190, 1981; *RBDP* 29/41, 1981.

SANTOS, Moacyr Amaral. *Comentários ao Código de Processo Civil*. Rio de Janeiro: Forense, 1982. vol. 4.

______. *Primeiras linhas de direito processual civil*. 23. ed. Atual. Aricê Moacyr Amaral Santos. São Paulo: Saraiva, 2004. vol. 2.

SILVA, José Afonso da. *A ação popular constitucional*. São Paulo: Ed. RT, 1968.

SILVA, Ovídio A. Baptista da. *Curso de processo civil*. Porto Alegre: Fabris, 1987. vol. 1.

______. *Curso de processo civil*. Rio de Janeiro: Forense, 2005. vol. I.

______. Litisconsórcio necessário e "outros efeitos" da sentença. *RBDP* 14/96, 1978.

______; Machado, L. Melíbio Uiraçaba; Gessinger, Ruy Armando; Gomes, Fábio Luiz. *Teoria geral do processo civil*. Rio Grande do Sul: Letras Jurídicas, 1983.

Teixeira, Sálvio de Figueiredo. *O STJ e o processo civil*. Brasília: Brasília Jurídica, 1995.

______. *Código de Processo Civil*. 4. ed. São Paulo: Saraiva, 1992.

Telles, Gil Trotta. Depoimento de litisconsorte. *RBDP* 43/79, 1984.

Theodoro Júnior, Humberto. *Curso de direito processual civil*. 47. ed. Rio de Janeiro: Forense, 2007.

______. *Processo de conhecimento*. Rio de Janeiro: Forense, 1981. t. II.

______. *Processo de conhecimento*. Rio de Janeiro: Forense, 1984. t. I.

Tornaghi, Hélio. *Comentários ao Código de Processo Civil*. São Paulo: RT, 1976. vol. 1.

Wambier, Teresa Arruda Alvim. Ausência de participação de terceiro interessado não vicia a sentença. *Revista de Processo (RePro)* 85/285-291.

______. *Nulidades do processo e da sentença*. 6. ed. São Paulo: Ed. RT, 2007.

V

Da Assistência

43. Noções gerais acerca do instituto da assistência[1]

Na assistência, ocorre o ingresso de um terceiro em processo alheio[2] – embora venha a assistência disciplinada fora do capítulo atinente à intervenção de terceiros[3] – com vistas a melhorar o resultado a ser dado nesse litígio, tendo em vista a parte a que passa a assistir, seja porque tenha interesse próprio (art. 50 do CPC),[4] seja porque o seu próprio direito possa ser afetado (art. 54 do CPC).

O Código de Processo Civil prevê duas modalidades de assistência: a *simples*, disci-

1. V. o que se escreve no n. 42-A, *retro,* a respeito da figura do "litisconsorte", em que se considera, também, o instituto da "assistência litisconsorcial", tendo em vista o disposto no art. 94 do CDC.

2. TRF-2.ª Reg., Ap. em MS 47064, j. 28.04.2004, rel. Des. Fernando Marques, *DJ* 20.05.2004, p. 241; 2.º TACSP [extinto], *RT* 526/340; Ementário de Jurisprudência do Tribunal Federal de Recursos 53/52. A assistência não é provocada, *em regra*. No entanto, há leis, *v.g.*, a Lei 8.245/1991, que prevê que na ação de despejo movida contra o locatário se dará ciência aos sublocatários "que poderão intervir no processo como assistentes [simples]" (art. 59, § 2.º). A regra, de resto, já era constante do art. 35, parágrafo único, da Lei 6.649/1979. Pela argumentação de acórdão do TJBA, *Bahia Forense* 19/308, fica reconhecida a qualidade da intervenção como sendo a simples, e, ainda que a decisão tenha sido proferida para lei precedente, subsiste o mesmo entendimento.

3. Note-se que o Projeto de Novo Código de Processo Civil corrige esse equívoco ao inserir a assistência no capítulo que trata das intervenções de terceiros (*v.* especificamente, arts. 119 a 124, na última redação do PL 8.046/2010).

4. Por esta razão *existe o entendimento – que não é correto* – no sentido de que a assistência *simples*, diferentemente da assistência *litisconsorcial,* não firma e nem desloca a competência, na esfera da Justiça federal. Esse entendimento não é o aceito e nem se justifica, pois não se distingue entre os tipos de assistência, para configurar a hipótese de competência da Justiça federal: STJ, CC 959/RJ, 1.ª S., rel. Min. Américo Luz, com farta jurisprudência (*rev. cit.*, p. 84, voto), *RSTJ* 15/82; STJ, CC 1.755, 2.ª S., rel. Min. Eduardo Ribeiro, *RSTJ* 31/58. O que se firma, conforme ementa deste último CC 1.755, é que "não se dá o deslocamento para o foro federal apenas naqueles casos em que a União intervém no processo, ainda sem demonstrar interesse jurídico, tal como se verifica[va] na hipótese prevista no art. 7.º da Lei 6.825/80 [revogada]". Mas a parte antecedente da ementa fixa a orientação correta: "Figurando como assistente, não importa que assistência simples ou qualificada, a União, suas autarquias ou empresas públicas, a competência será da Justiça federal". No voto do Ministro relator lê-se, corretamente: "Figurando a União, como assistente, em qualquer das modalidades de que cogita o CPC, seja simples ou qualificada, firmar-se-á a competência da Justiça federal. A Constituição não estabelece distinções e não há justificativa para que o intérprete o faça" (*RSTJ* 31/46). Substancialmente no mesmo sentido que o CC 1.755, v. *RSTJ* 25/44, CC 1.764/BA. No mesmo sentido, mais recentemente, cf. STJ, CC 52.078/MA, 2.ª S., j. 28.09.2005, rel. Min. Fernando Gonçalves, *DJ* 13.10.2005, p. 140.

plinada a partir do art. 50 (arts. 50, *caput* e parágrafo único, 51, 52, 53 e 55), e a *litisconsorcial*, regulamentada no art. 54, e também no art. 55, pois este abrange as duas espécies.

Os aspectos configuradores da fisionomia do instituto da *assistência simples* são: a) não é o assistente parte, tal como o são autor e réu, pois a lide não é respeitante ao seu direito, apesar de a lei o denominar de *parte não principal* (art. 52 do CPC); b) deve sempre o assistente ter interesse *jurídico* para poder ingressar no litígio (art. 50 do CPC).[5]

O objetivo da assistência simples é agregar-se o assistente a uma das partes, colimando que a sentença seja favorável à parte à qual auxilie. Portanto, o assistente, para intervir no processo, desde logo deverá evidenciar a dimensão concreta do interesse que justifique sua intervenção (arts. 50 e 51 do CPC),[6] salvo quando esta já esteja claramente definida em lei (Lei 8.245/1991, art. 59, § 2.º, que repete, neste particular, o que já constava da revogada Lei 6.649/1979, art. 35, parágrafo único).

Já na *assistência litisconsorcial* existe uma pretensão material do assistente sobre o objeto material do processo, mas não pretensão processual pelo assistente deduzida, senão que foi deduzida pelo assistido, *mas que, por isso mesmo, está em juízo, e também a ele, assistente, diz respeito (tal como se ele a houvesse deduzido)*.

Esta conceituação deve ser desdobrada, para melhor entendimento.

O assistente litisconsorcial, diz a lei (art. 54 do CPC), tem relação jurídica (= conflito de interesses) com o adversário do assistido, *da mesma forma que tem, esse mesmo conflito, o próprio assistido*.

Verifica-se, desta forma, que a figura da assistência litisconsorcial é extremamente próxima à do litisconsorte unitário.

A eficácia da sentença produzirá efeitos tanto para o assistido quanto para o assistente litisconsorcial, que o foi, ou ao terceiro que poderia ter sido assistente litisconsorcial, e não o foi.

Parece que o *discrímen* para se distinguir a figura do assistente litisconsorcial da do litisconsorte unitário é o de que o assistente litisconsorcial é alguém que, *em quase tudo e por tudo, equipara-se ao litisconsorte unitário*, exceção feita ao problema de que outrem – *que é o assistido* – tem legitimidade para agir, em relação à sua própria situação,

---

5. No ano de 1997, como resultado da conversão da Medida Provisória 1.561-6/1997, foi editada a Lei 9.469, prevendo uma intervenção que se pode chamar de *anômala*, em cujo art. 5.º se encontra disposto o seguinte: "Art. 5.º A União poderá intervir nas causas em que figurarem, como autoras ou rés, autarquias, fundações públicas, sociedades de economia mista e empresas públicas federais. Parágrafo único. As pessoas jurídicas de direito público poderão nas causas cuja decisão possa ter reflexos, ainda que indiretos, de natureza econômica, intervir, independentemente da demonstração de interesse jurídico, para esclarecer questões de fato e de direito, podendo juntar documentos e memoriais reputados úteis ao exame da matéria e, se for o caso, recorrer, hipótese em que, para fins de deslocamento de competência, serão consideradas partes". Tem-se decidido que, em razão desta disposição legal, "justifica-se a intervenção da União na condição de assistente simples nas causas em que se discute a cobrança das diferenças decorrentes da aplicação de correção monetária sobre os saldos das contas vinculadas do FGTS, *dispensando-se a demonstração de interesse jurídico em que a sentença venha a ser favorável à Caixa Econômica Federal, ou seja, bastando exibir exclusivamente interesse econômico, ainda que de forma indireta e reflexa*" (STJ, EREsp 589.560/SP, 1.ª S., j. 10.08.2005, rel. Min. Teori Zavascki, *DJ* 29.08.2005, p. 141, g.n.). No mesmo sentido, STJ, REsp 330.033/SP, 1.ª T., j. 09.12.2003, rel. p/ac. Min. José Delgado, *DJ* 17.05.2004, p. 110.

6. V. Arruda Alvim, *Código de Processo Civil comentado*, vol. 3/34.

e cujo agir afeta também a situação jurídica de outrem, que, ingressando no processo, será assistente litisconsorcial.

É, exemplificativamente, a hipótese do condômino e do compossuidor, conferida legitimidade *per se* a um condômino ou a um possuidor, para fins de reivindicação ou defesa da posse, do bem comum ou do bem em composse. Se assim é, segue-se que há legitimidade de alguém (o que envolve um permissivo legal, excepcional a regra do art. 6.º do CPC, para que uma pessoa aja em nome de outrem, atuando no seu próprio interesse) para afetar a esfera alheia, desde que possa litigar sozinho, pelo seu interesse ou direito, *levando também a juízo interesse ou direito alheio*.[7]

E assim se passa porque é, pela natureza das coisas, inevitável que o interesse ou direito da figura do art. 54 do CPC seja posto em juízo, se o for o daquele que pode ser o seu assistido (se ingressar como assistente litisconsorcial a figura do art. 54).

Se assim é, esse outro, cuja esfera jurídica é afetada pelo agir do que instaura o processo – *v.g.*, como no caso de reivindicação ou na propositura de ação possessória, em condomínio ou composse – poderá vir a ser assistente litisconsorcial, se ingressar no processo; não ingressando, será igualmente afetado.

Hipótese estruturalmente idêntica (à da reivindicação por um só condômino e à ação possessória movida por um só possuidor) é a que consta do art. 1.791, parágrafo único, do CC/2002, estabelecendo legitimidade para qualquer herdeiro reclamar a universalidade da herança a terceiro, estabelecendo que "até a partilha, o direito dos coerdeiros, quanto à propriedade e posse da herança, será indivisível, e *regular-se-á pelas normas relativas ao condomínio*", devendo essa hipótese ser lida, também, à luz do disposto no art. 1.314 do mesmo Código.[8]

Parece ficar claro que, se não houvesse essa permissão de agir *per se*, no seu interesse e *(necessariamente) no alheio, tratar-se-ia de hipótese de litisconsórcio unitário*, uma vez que o condômino, o compossuidor e o herdeiro, *necessariamente, haveriam de comparecer juntamente com seus consortes*.

Exatamente porque é essa a grandeza do interesse do terceiro, que está em jogo, relativamente a esse terceiro, que pode vir a ser o assistente litisconsorcial, é que, *ingressando ele no processo, assumirá posição, a partir do seu ingresso, idêntica à de um litisconsorte, exceção feita à iniciativa do processo, ativamente, ou, a ter sido passivamente colocado, desde logo, como réu*.

44. Influência do processo na esfera jurídica do assistente simples e do assistente litisconsorcial[9]

A razão de ser do ingresso do assistente para defender interesse jurídico próprio decorre, curialmente, do tipo de influência que a sentença, a ser proferida no processo principal, tenha sobre sua esfera jurídica.

Este tipo de influência pode manifestar-se sob quatro aspectos, a saber: 1.º) com a autoridade de coisa julgada que afeta a esfera jurídica do *assistente litisconsorcial*, tenha ele se tornado assistente, ou mesmo não tendo ingressado no processo; 2.º) a posição do *assistente simples* é, ou pode ser, atingida pelo processo como um efeito de fato, isto

7. V. arts. 1.314, *caput*, e 1.199, do Código Civil.

8. Cf. art. 1.580 do CC/1916, correspondente ao art. 1.791 do CC/2002.

9. Já se decidiu, corretamente, que é caso de assistência simples aquele em que o terceiro não é cotitular do direito em litígio, só podendo ser beneficiado de forma indireta pelo resultado da demanda (TRF-4.ª R., AgIn 579880/PR, j. 19.04.2005, rel. Des. Dirceu de Almeida Soares, *DJ* 18.05.2005, p. 627).

é, a posição desse assistente é faticamente atingida, embora a lei denomine de jurídico o interesse em nome do qual se admite o seu ingresso; 3.º) propicia ou pode ensejar, a sentença, um efeito executivo, que se projeta, inclusive, sobre a esfera jurídica do assistente;[10] 4.º) tanto o assistente simples como o litisconsorcial, se ingressaram no processo, são alcançados pela justiça da decisão, salvo se puderem alegar qualquer das hipóteses excludentes previstas nos incisos I e II do art. 55 do CPC.

O interesse jurídico justificador do ingresso do assistente simples deve ser aferido em função de a sentença poder afetar ou não esse terceiro. Corretamente se tem entendido que *não têm interesse jurídico para ingressar como assistentes (simples)*: a) a OAB, em processo em que advogados litigam com a Municipalidade devido à relação empregatícia;[11] b) o parlamentar que teve a iniciativa do projeto de lei, quando a lei é objeto de representação de inconstitucionalidade.[12]

O que justifica o ingresso do assistente simples no processo é o seu *interesse*, seja econômico ou moral, mas há de ser sempre jurídico no sentido de a ordem jurídica ter emprestado a esse interesse, econômico ou moral, relevância constante da alusão feita pela lei, caracterizando-o como sendo interesse jurídico, ou contida por compreensão, no sistema.

O puro e estrito interesse econômico, pois, não habilita o ingresso do que pretenda ser assistente.[13] Assim, o sócio não pode litigar como assistente em ação da socieda-

10. Cf. Donau, *Prozesstandschaft und Streithilfe in Vollstreckungsschutz Verfahren* [*Substituição processual e assistência no processo de execução*], citado em *NJW*, 1952, p. 412.

11. TJSP, ApCív 263.440, 1.ª Câm., j. 14.03.1978, v.u., rel. Andrade Junqueira, *RT* 518/71-77. Por outro lado, o mesmo TJSP tem admitido a intervenção da OAB como assistente simples em ação movida contra advogados demandados por atos praticados no exercício da profissão. Nesse sentido: *RT* 763/194; AgReg. no Ped. de Assist. 32.133-4, 1.ª Câm.Dir.Priv., j. 10.11.1998, rel. Gildo dos Santos.
O TJSP (Pleno, MS 268.840, j. 30.08.1978, rel. Vieira de Morais, *RT* 523/57-8) admitiu a possível assistência do Sindicato dos Farmacêuticos de São Paulo, negando-se-lhe, todavia, legitimidade para agir por associado. A tese aqui firmada não é a correta e diverge da ApCív 263.440, do TJSP, que temos por correta. Hoje, pelo art. 8.º, III, da CF/1988, é possível que sindicatos ajam em prol de seus associados, ao afirmar que "ao sindicato cabe a defesa dos direitos e interesses coletivos ou individuais da categoria, inclusive em questões judiciais ou administrativas".

12. STF, Pleno, AgRg na Repr. 1.088-1, 17.03.1982, v.u., rel. Min. Rafael Mayer; *RTJ* 102/920.

13. STJ, EDcl nos EDcl no AgRg na MC 3.997/RJ, 2.ª T., j. 06.06.2002, rel. Min. Eliana Calmon, *DJ* 05.08.2002, p. 217. Assim se decidiu que não pode ser assistente aquele terceiro que ingressa no processo, *colimando não haja rescisão de contrato, entre autor e réu, com o objetivo final de que seja feita cessão para si, em pagamento de seus créditos*. No caso, o terceiro seria credor daquele que é réu da ação de rescisão contratual, tendo em vista compromisso de compra e venda – argumenta o terceiro que o direito do réu lhe seria cedido, e por isto *teria interesse mesmo em extinguir a dívida do réu*. O compromisso de compra e venda vedava, expressamente, qualquer cessão. Reputou-se, pois, interesse meramente econômico. Cf. tb. *RJTJSP* 96/258; *RF* 251/192; *JUTCivSP* 34/332, 111/404; *Revista de Processo [RePro]* 33/245, 47/287. Para se verificar a existência de interesse jurídico de terceiro para intervir no processo como assistente de uma das partes, há de partir-se da hipótese de vitória da parte contrária para indagar se dela adviria prejuízo juridicamente relevante. Com este pensamento, cf.: *RTJ* 132/652; *RT* 669/215; *RF* 317/213.
Em decisão publicada na *JTJR* 31/154 decidiu-se que, tendo sido a assistência deferida por tribunal estadual (TJBA), lícito não era ao TFR desconstituí-la, determinando-se a remessa dos autos ao STF, em face do disposto no art. 119, I, e, da CF/69; o fundamento do acórdão é o de que era cabível a assistência.

de da qual faz parte, dado que aí se trata de um puro interesse econômico, sendo que o interesse jurídico que está em jogo é o da pessoa jurídica, que estará regularmente representada.[14-15]

A distinção entre interesse *jurídico* do assistente simples e o mero interesse de fato é delineada por Eduardo Arruda Alvim, para quem "a caracterização do interesse como jurídico está ligada à possibilidade de a sentença afetar (poder afetar) a esfera jurídica daquele que pretende intervir como assistente".[16]

Desta forma, explica, "o interesse jurídico necessário ao acolhimento do pleito de assistência deve ser identificado a partir da potencialidade de a decisão afetar relação jurídica de que seja titular o assistente". Ainda segundo este autor, configuram exemplos de interesse ditado pela *potencialidade* de influência da sentença sobre a esfera jurídica do assistente: *(i)* o interesse da usufrutuária de determinado imóvel em intervir como assistente (simples) dos filhos, donatários, em ação de revogação de doação, movida pelo ex-marido, doador do referido imóvel, contra os filhos, por ingratidão (art. 555 e ss. do CC/2002), hipótese em que a revogação do contrato de doação atingiria reflexamente a esfera jurídica da mãe, *(ii)* o interesse do segurador para intervir como assistente do segurado em demanda movida contra este, caso em que a assistência simples é justificada ante o disposto no art. 776 do CC/2002.[17]

Quanto às hipóteses de interesse meramente de fato, exemplifica o autor, na linha do que já foi exposto, com hipótese de interesse puramente econômico, relativo ao

---

Em decisão constante da *JTACivSP* 36/327, admitiu-se a assistência de hospital, em demanda promovida por segurado do então INPS, de molde a que o hospital pudesse, vencedor o segurado, vir, ulteriormente, receber o seu crédito – a hipótese é de interesse de fato, incabível a assistência (cf. Ubiratan de Couto Maurício, *Assistência simples no direito processual civil*, item 6.2.2.11, p. 61).

Corretamente, inadmitiu-se a assistência simples, requerida por credor da parte legitimada a contestar usucapião, pois o interesse era redutível a que não se esvaziasse o patrimônio do devedor e, pois, interesse de fato (*JTARS* 25/375-379 e Couto Maurício, op. cit., p. 62).

A doutrina já negou haver interesse para o ingresso como assistente, nem sequer na modalidade simples, à hipótese do pedido de intervenção do cônjuge de herdeira, sendo o regime o da comunhão de bens, solicitação feita nos autos de inventário e partilha (cf. Couto Maurício, op. cit., p. 64-65, estando o acórdão publicado *RJTJRS* 63/190-194). Em nosso entender, trata-se de assistência litisconsorcial, mesmo porque o direito-interesse do marido é idêntico ao de sua mulher; igualmente, temos por correto o entendimento, similar, *RJTJRS* 79/254-5.

Em pedido de assistência formulado por devedor (originário) de cambial, com execução movida contra o avalista, foi ela indeferida, em nome da autonomia e independência do aval, reputado o interesse do devedor interesse meramente econômico (*RT* 597/130, em.).

14. TRF-3.ª R., AgIn 129982, 4.ª T., j. 10.04.2002, rel. Des. Therezinha Cazerta, *DJ* 07.06.2002, p. 399.

15. É interesse meramente econômico o da filha que pretende assistir o pai em ação em que visa à declaração de nulidade de pacto antenupcial com a segunda esposa (TJSP, AgIn 18.715, 3.ª Câm., j. 29.06.1982, v.u., rel. Jurandyr Nilsson, citado em *RJTJSP* 79/266); também, já se decidiu ser interesse meramente econômico o dos credores do corréu em ação pauliana que visa a que o imóvel objeto dessa ação retorne ao patrimônio de seu devedor (TJSP, AgIn 33.381-1, 6.ª C., j. 05.05.1983, v.u., rel. Macedo Bittencourt, citado em *RJTJSP* 85/268). Assim, também, o interesse do cessionário em ação de desapropriação em que é parte o desapropriado cedente (STJ, REsp 337.805/PR, 2.ª T., j. 21.11.2002, rel. Min. Eliana Calmon, *DJ* 09.12.2002, p. 320).

16. Eduardo Arruda Alvim, *Curso de Direito Processual Civil: Processo de Conhecimento*. Ed. RT, 2008, p. 231.

17. Idem, ibidem.

"interesse" do credor em intervir em ação de cobrança que seja movida contra o devedor, tendo em vista a possibilidade de diminuição patrimonial do último, o que, faticamente, seria desfavorável ao credor. O exemplo reforça nossa assertiva no sentido de que o interesse de índole exclusivamente econômica não legitima a intervenção do terceiro com assistente Daí se concluir, na esteira da jurisprudência do STJ, que o interesse jurídico o assistente advém ou do fato de ser este *titular de uma relação jurídica sujeita a sofrer efeitos reflexos da sentença, caso em que pode intervir como assistente simples (CPC, art. 50)* ou da circunstância de ser cotitular da própria relação jurídica que constitui o objeto litigioso, caso em que poderá intervir como assistente litisconsorcial (CPC, art. 54).[18] O interesse jurídico do assistente *simples*, por outro ângulo, não se confunde com o interesse de agir ou com o interesse processual pertinente ao autor,[19] desde que aquele não vai exercer o direito de ação. A União tem interesse jurídico, como assistente simples, quando se discuta concessão de serviço público, de que é concessionária.[20] A Caixa Econômica Federal tem interesse jurídico, enquanto assistente simples, em demanda possessória envolvendo o Sistema Financeiro de Habitação.[21] Sublinhe-se que o interesse jurídico, no caso da União – hipótese esta deve ser completada por casos juridicamente iguais – decorre de lei, ou do sistema jurídico, e, por isso mesmo, desnecessita ser, *propriamente*, comprovado,[22] ao contrário do que havia enunciado a Súmula 61 do extinto TFR.[23]

45. Aspectos comuns entre a assistência simples e a assistência litisconsorcial

Passemos a examinar quais são os aspectos comuns entre a assistência simples e a litisconsorcial, bem como, ao lado disso, traçar brevemente as diferenças entre uma e outra:

a) A assistência, seja simples ou litisconsorcial, tem cabimento desde a citação do réu

18. Idem, ibidem. O julgado que sintetiza a conclusão do autor, já chancelada em sede doutrinária, foi proferido pela 1.ª Turma do STJ no REsp 724507/PR, j. 21.09.2006, rel. Min. Teori Albino Zavascki, *DJ* 05.10.2006.

19. 1.º TACSP [extinto], AgIn 210.917, 5.ª C., j. 23.04.1975, v.u., rel. Toledo Piza.

20. STJ, CC 910, 1.ª S., j. 20.11.1990, rel. Min. Pedro Acioli, *RSTJ* 13/81, colhendo-se, à p. 82, do voto, material no sentido da afirmação do texto, com precedentes do TFR e do STJ, dando-se por aplicável a Súmula 62 do STJ, que estabelece a competência da Justiça Estadual para "processar e julgar o crime de falsa anotação na Carteira de Trabalho e Previdência Social, atribuído à empresa privada". No mesmo sentido: TRF-4.ª R., Ap em MS 92259, j. 21.09.2004, rel. Des. Márcio Antônio Rocha, *DJ* 20.10.2004, p. 684.

21. STJ, CC 1.762, 2.ª S., rel. Min. Dias Trindade, *RSTJ* 26/46.

22. Nesse sentido já se decidiu no STJ: "Assumi a posição no sentido de dispensar, no caso, a União da obrigação de demonstrar o interesse jurídico específico, sem olvidar que a assistência simples pressupõe a necessidade de demonstração de interesse jurídico. No caso da Petrobras, essa matéria chegou até ao Pleno do tribunal: dispensei a prova do interesse jurídico, por entender que decorre da Constituição e da lei que criou o monopólio estatal do petróleo" (REsp 5.332/BA, 2.ª T., j. 07.10.1991, voto de mérito do Min. Antônio de Pádua Ribeiro, *RSTJ* 28/287 e ss., estando o trecho do voto à p. 392). No CC 6.648/SP, o Min. Antônio de Pádua Ribeiro rebate, na esteira do seu entendimento precedente, o que se pretendeu fixar, como regra geral, consistente em que a União *sempre haveria de demonstrar o seu interesse jurídico, ainda que para intervir como assistente simples* (1.ª S., j. 22.02.1994, *RSTJ* 59/29).

23. TFR [extinto] – Súmula 61: "Para configurar a competência da Justiça Federal, é necessário que a União, entidade autárquica ou empresa pública federal, ao intervir como assistente, demonstre legítimo interesse jurídico no deslinde da demanda, não bastando a simples alegação de interesse na causa".

até o momento em que ocorra o trânsito em julgado, na forma do que decorre dos arts. 50, parágrafo único, e 55 do CPC, aplicáveis esses textos a ambas as hipóteses. Isto significa que poderá haver assistência até perante o STJ ou o STF, pois o trânsito em julgado supõe a inexistência, inclusive, dos recursos especial e extraordinário.[24]

b) O ingresso de qualquer tipo de assistente poderá verificar-se, a qualquer momento,[25] variando apenas e *sempre* o tipo de atividade por ele exercida dado que, na assistência simples, a atividade é de caráter subordinado à do assistido, ao passo que na assistência litisconsorcial a atividade processual é *praticamente independente*.[26] Mas é importante ressaltar que o art. 50, parágrafo único, do CPC dispõe, em sua parte final, que "o assistente recebe o processo no estado em que se encontra". Esta parte do art. 50, parágrafo único, deve ser correlacionada com o art. 55, I, referente à possibilidade de aquele que foi assistente vir a afastar a *justiça da decisão* em processo ulterior, desde que comprove que, "pelo estado em que recebera o processo, fora impedido de produzir provas suscetíveis de influir na sentença".

O termo final para a admissão da assistência, em primeiro grau, *normalmente*, é o já se ter proferido sentença de mérito.[27-28] Nem por isto, todavia, não ocorrente o ingresso em primeiro grau, deixará de ser possível em segundo grau de jurisdição, e, até mesmo, como se acentuou, na instância extraordinária.[29] Mas o assistente simples receberá o processo no estágio em que se encontre, prevalecendo as preclusões anteriormente verificadas.[30]

De outra parte, terminado o processo, *ipso facto*, não há que se cogitar possa a assistência simples subsistir, dado o seu caráter *auxiliar* e *subordinado* à atuação da parte que auxilia.[31]

24. Arruda Alvim, *Código de Processo Civil comentado*, vol. 3/11, em que fizemos referência ao recurso extraordinário (que era o único existente, à época em que a obra foi escrita).

25. Já se decidiu pela negativa do pedido de assistência litisconsorcial ativa formulado em mandado de segurança depois de decorridos os 120 dias de prazo decadencial, a fim de evitar procrastinação da decisão (*RJTJSP* 50/290). Em sentido contrário, porém, o entendimento consignado no REsp 616.485-DF, j. 11.04.2006, rel. Min. Eliana Calmon.

26. Pode o assistente simples oferecer contestação, que caracteriza gestão de negócios, impedindo a ocorrência dos efeitos da revelia (*JUTACivSP* 68/16).

27. Decidiu-se que "viola o art. 463 do CPC a decisão do juiz de 1.º grau que, após ter proferido sentença, defere pedido de assistência" (TRF-2.ª R., ApCív 146626, j. 30.06.1999, rel. Des. Paulo Barata, *DJ* 14.10.1999). No mesmo sentido, TRF-4.ª R., AgIn 69021, j. 13.03.2001, rel. Des. Silvia Goraieb, *DJ* 25.04.2001, p. 864.

28. Diz-se normalmente, no texto, porquanto hipóteses raras poderão ocorrer em que, depois de publicada a sentença, possa vir a ser admitida a assistência, como, exemplificativamente, no caso de ser ela requerida, para assistir a parte vencedora, em face do recurso interposto pela vencida (*Ementário de Jurisprudência do Tribunal de Justiça do Rio de Janeiro* 7/37).

29. Hipótese em que a mãe de menor pode intervir no processo em segundo grau (TJ/SP – *RT* 516/103). Já se decidiu que o ingresso de autarquia após a sentença impõe "a remessa dos autos à Justiça Federal, considerada a competente, ainda que a intromissão tenha se operado nesse momento processual (art. 109, I, da CF)" (STJ, MC 9.275/AM, 1.ª T., j. 07.04.2005, rel. Min. Luiz Fux, *DJ* 23.05.2005, p. 148).

30. 2.º TACSP [extinto], *RT* 634/129; "(...) A teor do disposto no parágrafo único do artigo 50 do Código de Processo Civil, o assistente receberá o processo no estado em que se encontra, daí porque preclusos estarão os direitos que o assistente teria de produzir prova e mesmo de apelar, quando o ingresso do assistente no feito se der no momento em que este já estiver no Tribunal, prestes a ser julgada a apelação (...)"(STJ, REsp 331.503/SP, 4.ªT., j. 20.08.2002, rel. Min. Cesar Asfor Rocha, *DJ* 25.11.2002, p. 238).

31. TRF-1.ª R., AgReg em AgIn 328468, j. 07.05.2002, rel. Des. Luciano Tolentino Ama-

O assistente litisconsorcial, apesar de não ser originariamente litisconsorte, é categorizado dessa forma e autorizado pela lei a agir como tal. Assim, seus poderes processuais são amplos, podendo praticar todos os atos que, em tese, seriam em benefício do assistido, mesmo contra a vontade deste, pois, com tais atos, em *ultima ratio*, colima também beneficiar-se a si próprio. E esta assertiva se concretiza em que, se a parte não recorrer, poderá fazê-lo o assistente litisconsorcial; se a parte transigir, esta transação poderá ser impugnada pelo assistente litisconsorcial,[32] que sobre ela haveria de ter sido ouvido.

c) Terminando o processo em relação ao assistido, o assistente simples deve sair do processo em razão dos limites à sua atividade, fixados pelo art. 53 do CPC, pois este dispositivo legal prevê, *in fine*: "(...) terminando o processo cessa a intervenção do assistente".[33]

Ao assistente litisconsorcial, entretanto, não se aplica o art. 53, desde que a lei o equiparou ao litisconsorte, e o ato de um litisconsorte não pode afetar o outro, prejudicando-o (v. art. 48; v. tb. art. 509, parágrafo único, do CPC).

d) Ambas as modalidades de assistente devem ostentar, necessariamente, *interesse jurídico*, embora o do assistente simples deva ser dedutível da existência de uma influência de fato incidente, *atualmente*, sobre o conteúdo econômico ou moral de sua esfera jurídica, *mas não de forma igual ao que se passa com o seu assistido, ou seja*, o seu círculo jurídico poderá ser eventualmente afetado pelos efeitos da sentença. Mas, para configurar a possibilidade de assistência, não há que tratar-se *só de interesse econômico, senão que, somado a esse (ou ao moral) a sua esfera deve poder ser afetada pela sentença. Porém, não é necessário que esse interesse seja objeto de definição pela sentença.*

Já diversamente, na assistência litisconsorcial, os efeitos da sentença entre as partes principais afetam virtual e inexoravelmente a relação jurídica do assistente litisconsorcial, com o adversário do assistido, se este perder a ação,[34] *e, pois, a sua situação* jurídica, o que significa que o assistente litisconsorcial também a terá perdido, e tal ocorrerá, se não tiver ingressado no processo, igualmente.

e) Tanto o assistente simples como o litisconsorcial não podem requerer ação declaratória incidental,[35] pois que a autonomia do assistente litisconsorcial não é de tal porte (= não foi originariamente litisconsorte) a que se lhe reconheça o direito de afetar a esfera jurídica do assistido. Tem autonomia no que lhe diz respeito, não podendo, todavia, inserir-se, a seu turno, na esfera do assis-

---

ral, *DJ* 31.05.2002, p. 94.

32. Nesse sentido, TJMT, ApCív 9.308, 1.ª Câm., j. 17.10.1977, v.u, rel. Athaíde Monteiro da Silva; TFR, AgIn 39.189, 1.ª T., j. 12.06.1978, rel. Márcio Ribeiro. O assistente simples não pode recorrer contra a vontade do assistido (TARS [extinto], ApCív 26.438, 4.ª Câm., j. 07.04.1982, v.u., rel. Alfredo Engle, j). Mais recentemente, tem decidido o STJ que não se admite "recurso especial interposto de forma autônoma pela assistente-recorrente" (STJ, AgRg no REsp 695.965/SP, 2.ª T., j. 22.03.2005, rel. Min. Franciulli Netto, *DJ* 27.06.2005, p. 336).

33. Assim, "a desistência do recurso especial interposto pelo assistido faz cessar a assistência simples" (STJ, AgRg no AgRg no REsp 313.931/MG, 3.ª T., j. 02.04.2002, rel. Min. Nancy Andrighi, *DJ* 03.06.2002, p. 201). Semelhantemente, 1.º TACSP [extinto], AgIn 281984, 8.ª Câm., j. 25.11.1980, v.u, rel. Pereira da Silva.

34. Arruda Alvim, *Código de Processo Civil comentado*, cit., vol. 3/13. V. tb. E. D. Moniz de Aragão, Ação de intervenção de terceiro no processo de assistência de litisconsórcio – Oposição – Faixa de fronteira, *RF* 251/161.

35. Cf. Celso Agrícola Barbi, *Comentários ao Código de Processo Civil*, vol. 1, n. 72, p. 104.

tido, da mesma forma que um litisconsorte unitário não pode, sozinho, propor esse tipo de ação, senão que somente poderá fazê-lo em conjunto com o seu consorte na lide. *O regime entre o assistente litisconsorcial e o seu assistido é o unitário.*

f) É vedada ao assistente simples qualquer transação respeitante ao objeto do litígio, que precipuamente diz respeito ao assistido. Ainda, é proibido qualquer ato direto de disponibilidade, como o reconhecimento jurídico do pedido,[36] com o escopo de provocar a extinção do processo. Por parte do assistente do autor não pode também, e pelas mesmas razões (v. considerações feitas na letra *e*, *retro*), haver renúncia à pretensão.

O assistente litisconsorcial deve participar de tais atos, em conjunto com o assistido.

g) O assistente simples ou litisconsorcial submete-se à competência do juízo em que pende a causa, salvo se intervier como assistente a União Federal, entidade autárquica ou empresa pública federal, quando, então, altera-se a competência, alterando-se mesmo o próprio foro, se for o caso.[37] Nesse sentido, a 1.ª Seção do STJ deixou assentado que "a intervenção da União Federal, autarquia ou empresa pública como assistente ou opoente só deslocará a competência se demonstrado legítimo interesse jurídico próprio, ficando sem força atrativa apenas a participação *ad adjuvantum*". No caso, não foi requerida a participação da União, nem manifestou qualquer interesse.

Se houver intervenção do Estado ou do Município, conquanto não se altere o foro, deverá ser alterada a competência do juízo, sempre dentro do mesmo foro.

Qualquer assistente pode arguir a incompetência, que diga respeito à lide já proposta, se esta for absoluta, seja o assistente do réu ou do autor; se for relativa, o litisconsorcial pode argui-la, ao passo que o simples, em princípio, não o pode, ou, mais precisamente, não poderá deduzi-la se isso contrariar a vontade do seu assistido, decorrente esta distinção, respectivamente, dos arts. 53 e 54 do CPC.

h) Como o sistema jurídico há de conferir a todos os sujeitos do processo um juiz imparcial, na medida exata em que haja suspeição, é possível a arguição deste vício também pelo assistente.[38]

i) Tanto o assistente simples, quanto o litisconsorcial, podem deduzir *impedimento* do juiz, quer tendo em vista relação do assistente com o juiz, e até mesmo o atinente ao próprio assistido. Isto porque, conquanto a lei se tenha referido a impedimento como conteúdo de uma exceção (art. 312 do CPC), é este, na realidade, um pressuposto processual, tanto que, ocorrente, tendo havido sentença de mérito, transitada em julgado, enseja ação rescisória (art. 485, II, do CPC).

j) No que tange às alegações relacionadas com a falta de pressupostos processuais intrínsecos ou positivos, ou ao levantamento de objeções com base na existência de pressupostos processuais extrínsecos ou negativos, quais sejam, a litispendência ou a coisa julgada, têm ambos os assistentes o direito de levantar estas questões, podendo, inclusive, o juiz conhecer delas de ofício (art. 301, § 4.º, do CPC).

k) Outrossim, também a falta de quaisquer das condições da ação (do autor), pelo

36. Clito Fornaciari Júnior, *Reconhecimento jurídico do pedido*, n. 12, p. 31, em parte conforme.

37. CC 13.705-5/MA, j. 13.06.1995, v.u., rel. Milton Luiz Pereira, *DJU* I, 28.08.1995, p. 26.549. *Cf.*, ainda: STJ, CC 52.078/MA, 2.ª S., j. 28.09.2005, rel. Min. Fernando Gonçalves, *DJ* 13.10.2005, p. 140; *RTJ* 95/1 e 106/108; art. 125, I, da CF/69 (atual art. 109, I).

38. Cf., no sistema passado: Moacyr Lobo da Costa, *Assistência*, p. 144.

mesmo motivo de se assentarem elas na oficiosidade dos poderes do juiz, são assuntos que podem e devem ser levantados pelo assistente do réu (v.g., arts. 267, VI e § 3.º, e 301, X e § 4.º, do CPC).

l) Também poderão os assistentes do autor alegar inconstitucionalidade da lei em que se fundamente a parte contrária, ou discutir, enquanto assistentes do réu, tal assunto, mesmo porque essa matéria está em sede dos poderes do juiz para conhecer *ex officio*.

m) Ocorrendo decadência, poderá até o assistente simples levantá-la, contra a vontade do assistido, justamente porque se trata de matéria inserida no poder oficioso do juiz (art. 220 do CPC). *A fortiori*, pode o assistente litisconsorcial.

n) Quanto ao problema dos recursos, o assistente simples e o litisconsorcial podem recorrer autonomamente, inclusive adesivamente, salvo se houver desistência expressa do assistido,[39] salientando-se que a desistência não obsta ao recurso do assistente litisconsorcial. O assistente, mesmo o simples, intervindo só na fase recursal, após, portanto, o recurso da parte principal, não terá podido, obviamente, apresentar recurso próprio, mas poderá coadjuvar a parte recorrente, demonstrando com novos argumentos, inclusive, a procedência das alegações do assistido.[40]

o) O assistente, simples ou litisconsorcial, é, pelo nosso sistema, condenado nas custas na exata proporção da atividade que tenha exercido (art. 32 do CPC).

39. Nesse sentido: Celso Agrícola Barbi, *Comentários ao Código de Processo Civil*, cit., vol. 1/296; reconhecendo ainda o direito de o assistente recorrer: José Carlos Barbosa Moreira, *Comentários ao Código de Processo Civil*, vol. 5, ns. 163 e 164, p. 293-6.

40. Nesse sentido, no Código de 1939: Moacyr Lobo da Costa, op. cit., p. 149.

45-A. A distinção entre a assistência e a intervenção da União e das pessoas jurídicas de direito público fundada no art. 5.º e parágrafo único da Lei 9.469/1997

Como observado no item precedente (letra g), a jurisprudência do STJ exige a demonstração de interesse jurídico da União, entidade autárquica e empresa pública federal, para efeito de, em decorrência da participação dessas pessoas no feito, operar-se o deslocamento de competência para a Justiça Federal. Em se tratando, por outro lado, dos Estados ou Municípios, haverá alteração da competência do juízo.

Por outro lado, mencionou-se (nota de rodapé n. 5 deste Capítulo) a admissibilidade de intervenção da União mediante verificação de simples interesse econômico. Essa intervenção, por vezes denominada assistência simples, com ela não se confunde, razão por que é tecnicamente incorreto utilizar a tal denominação para a figura prevista no art. 5.º, parágrafo único, da Lei 9.469/1997.

As principais diferenças entre a figura prevista na citada lei e a assistência, regulada pelo CPC, consistem: a) na dispensa da demonstração do interesse jurídico para fins de admitir a participação da União e demais pessoas jurídicas de direito público; e, ainda; b) no tratamento da questão relativa ao deslocamento de competência para a *Justiça Federal*, nas hipóteses em que a União seja interveniente, ou, quando se trate da intervenção dos Estados e Municípios, no tratamento da questão relativa ao *juízo* competente para processar e julgar a causa.

Com efeito, em que pese a utilização errônea do termo "assistência simples" para tal hipótese, a ausência de demonstração de interesse jurídico afasta a intervenção da Lei 9.469 da assistência simples.

Por isso, costuma-se denominar *intervenção anômala* a figura prevista no art. 5.º da Lei 9.469/1997.

Dispõe o citado art. 5.º, *caput,* que "A União poderá intervir nas causas em que figurarem, como autoras ou rés, autarquias, fundações públicas, sociedades de economia mista e empresas públicas federais".

Já o parágrafo único do dispositivo é categórico em dispensar a demonstração de interesse jurídico para a intervenção das pessoas jurídicas de direito público, sendo suficiente o interesse econômico. Diz este parágrafo único: "As pessoas jurídicas de direito público poderão, nas causas cuja decisão possa ter reflexos, ainda que indiretos, de natureza econômica, intervir, independentemente da demonstração de interesse jurídico, para esclarecer questões de fato e de direito, podendo juntar documentos e memoriais reputados úteis ao exame da matéria e, se for o caso, recorrer, hipótese em que, para fins de deslocamento de competência, serão consideradas partes".

A interpretação atribuída ao dispositivo, quando se trate de intervenção da União, é a seguinte: conquanto se possa admitir a participação da União em virtude federal de simples interesse econômico – ainda que indireto ou reflexo – no resultado da lide, sua atuação em juízo, por ser limitada a "esclarecer questões de fato e de direito", não pode ser equiparada à condição de parte ou terceiro interessado, para fins do disposto no art. 109, I, da Constituição Federal. Logo, a admissão da participação destas entidades federais em juízo não tem, por si só, o condão de deslocar a competência da Justiça Estadual para a Justiça Federal.

Desse modo, mesmo após a promulgação da Lei 9.469/1997 (resultante de conversão da medida provisória 1.561-6/1997) prevalece a orientação de que o deslocamento da competência, quando decorrente da participação da União no feito, somente se dá em razão da demonstração de interesse jurídico. Por isso, é possível que a União ingresse no feito, por força do disposto no art. 5.º e parágrafo único, da Lei 9.469/1997, sem que a competência para processar e julgar a causa seja deslocada para a Justiça Federal. Aqui reside a segunda diferença fundamental entre a assistência simples e a intervenção anômala da União: quando se trata de verdadeira assistência, motivada pela demonstração de interesse jurídico do ente federal, há deslocamento da competência para a Justiça Federal; já no caso de intervenção fundada no art. 5.º da Lei 9.469/1997, fundada no mero interesse econômico, não há deslocamento de competência em primeiro grau de jurisdição.

Transcreve-se, nessa linha, trecho de acórdão proferido pelo STJ, em que se decidiu que:

"Conquanto seja tolerável a intervenção anódina da União plasmada no art. 5.º da Lei 9.469/97, tal circunstância não tem o condão de deslocar a competência para a Justiça Federal, o que só ocorre no caso de demonstração de legítimo interesse jurídico na causa, nos termos dos arts. 50 e 54 do CPC/73. (...) A interpretação é consentânea com toda a sistemática processual, uma vez que, além de não haver previsão legislativa de deslocamento de competência mediante a simples intervenção 'anômala' da União, tal providência privilegia a fixação do processo no seu foro natural, preservando-se a especial motivação da intervenção, qual seja, 'esclarecer questões de fato e de direito, podendo juntar documentos e memoriais reputados úteis ao exame da matéria'. [...] A melhor exegese do art. 5.º da Lei 9.469/97 deve ser aquela conferida pelo Supremo Tribunal Federal ao art. 70 da Lei 5.010/66 e art. 7.º da Lei 6.825/80, porquanto aquele dispositivo disciplina a matéria, em essência, do mesmo modo que os diplomas que o antecederam".[41]

Consigne-se, todavia, que, ainda que a intervenção tenha sido admitida com fundamento no disposto no art. 5.º da Lei 9.469/1997, o parágrafo único deste artigo prevê, incoerentemente, a necessidade de deslocamento de competência na hipótese de interposição de recurso. Há, nesse ponto, alguns aspectos a serem considerados. Primeiro, pelo citado parágrafo único, a interposição de recurso se dá independentemente de demonstração de interesse jurídico, diferindo, por isso, da figura do recurso de terceiro prejudicado. Além disso, com a interposição do recurso, ampliam-se as prerrogativas processuais do interveniente anômalo, que em primeiro grau de jurisdição limitava-se ao esclarecimento de questões de fato e de direito. Tal ampliação de prerrogativas, por sua vez, concede ao interveniente anômalo – do ponto de vista dos poderes, faculdades e ônus processuais – o *status* de parte no processo – fato que ocasiona o deslocamento da competência para a Justiça Federal quando o interveniente seja a União. Disso resulta um posicionamento incongruente – decorrente da própria lei –,[42] segundo o qual a ausência de interesse jurídico do interveniente desautoriza o deslocamento da competência *apenas em primeiro grau de jurisdição*. Tal orientação pode ser extraída de julgado recente, proferido no julgamento dos EDcl no AgRg no CC 89783 / RS, cuja ementa se reproduz parcialmente, *verbis:*

"(...) 2. A Lei 9.469/97, em seu art. 5.º, autorizou a intervenção da União nas ações em figurem como autoras ou rés autarquias, fundações públicas, sociedades de economia mista e empresas públicas federais, ainda que haja interesse meramente econômico, e não jurídico.

3. O dispositivo em comento traz nova forma anômala de intervenção de terceiros, embasada apenas no interesse econômico, ainda que reflexo ou indireto, dispensando a comprovação do interesse jurídico.

4. É de se considerar que, embora permitida essa peculiar modalidade de intervenção da União e de outras pessoas jurídicas de direito público, quando constatada a potencialidade de eventual lesão econômica, a admissão do ente público não traz comando suficiente a modificar a competência originária para julgamento da demanda. E isso porque a lei ordinária não tem a força de ampliar a enumeração taxativa da competência da Justiça Federal estabelecida no art. 109, I, da Constituição Federal, razão pela qual o deslocamento da competência para a Justiça especializada somente se verificaria se configurado o efetivo interesse jurídico da União ou de outro ente federal.

5. Impende relevar que, embora o ente público interveniente tenha sua atuação limitada (o dispositivo legal apenas lhe permite esclarecer questões de fato e de direito, além de juntar documentos ou memoriais úteis ao esclarecimento da matéria *sub judice*), a parte final do parágrafo único do art. 5.º da Lei 9.469/97 permite-lhe a interposição de recurso cabível na espécie, momento no qual passará a revestir a condição de parte, exercendo os ônus, poderes, faculdades e deveres que são atribuídos a qualquer parte no processo. E, passando a ostentar a condição de parte no processo por ter recorrido da decisão que lhe for desfavorável, há, por conseguinte, o deslocamento da competência da Justiça Comum para a Justiça Federal.

41. STJ, REsp 1097759/BA, 4.ª T., j. 21.05.2009, rel. Min. Luis Felipe Salomão, *DJe* 01.06.2009, *RSTJ* vol. 215 p. 555.

42. A incoerência em questão foi, inclusive, objeto de consideração pelo Min. José Delgado, no voto proferido no REsp. 633028/PR, *DJ* de 29.11.2004, em que se transcreve trecho de parecer doutrinário a propósito desse ponto (*cf.* a íntegra do acórdão no endereço eletrônico do STJ – www.stj.gov.br.

6. Apreciando controvérsias advindas da intervenção anômala de que trata o art. 5.º, parágrafo único, da Lei 9.469/1997, a jurisprudência desta Corte tem se firmado no sentido de que, quando não se configurar o interesse jurídico do ente federal para integrar a lide, a Justiça Federal não terá competência para apreciar e julgar o feito. Somente se a pessoa de direito público recorrer, haverá o deslocamento. (...)"[43]

Deve-se salientar que a interpretação consignada acima se aplica, analogamente – e respeitadas as peculiaridades das normas de organização judiciária de cada ente federativo – às hipóteses em que o interveniente anômalo seja um Estado ou Município, quando, então, deverá ser analisado o tratamento a ser conferido competência do juízo a fim de se definir se o feito deverá tramitar perante as varas especializadas eventualmente existentes em determinada Comarca.

46. A posição do assistente no processo

Alguns autores consideram o assistente como parte[44] com base no próprio texto interpretado *a contrario sensu* (arts. 52 e 53 do CPC). No entanto, a circunstância de a lei usar, nos arts. 52 e 53, a expressão *parte principal* não pode levar à conclusão segura de que tecnicamente o assistente *simples* é, seja do ponto de vista substancial, seja do processual, uma parte tal como o é o autor ou o réu.

Deve-se fazer uma distinção consistente em que, na assistência simples, propriamente, embora este não peça nada para si, é certo, que a própria lei admite a nomenclatura de *parte* não principal. Já diversamente, na chamada assistência litisconsorcial ou qualificada, atualmente disciplinada pelo art. 54, tem-se efetivamente uma figura que mais se aproxima – *e com ela, em sua substância, praticamente se identifica* – da ideia de parte, pois que a esta se aplica o regime de um litisconsorte, do ponto de vista processual, ao que se segue a circunstância consequente de que seja também este último atingido, substancialmente, pela eficácia da sentença e respectiva autoridade de coisa julgada.[45]

Os poderes do assistente *simples*, prescreve a lei, identificam-se com os das partes (art. 52, *caput*, do CPC: "exercerá os mesmos poderes"). Todavia, esta assertiva somente poderá ser entendida e *corretamente dimensionada* à luz dos limites opostos à assistência simples por este art. 52, diversos e mais estritos do que os limites traçados ao assistente litisconsorcial. Este último tem posição processual de *litisconsorte*, vinculado ao seu assistido em regime unitário.

47. A sentença, o assistente simples e o assistente litisconsorcial

Em síntese, o assistente é alguém atingido pela eficácia da sentença proferida em processo alheio. *O assistente simples é atingido predominantemente de fato*. Referimo-nos a predominantemente de fato, porquanto, se

43. STJ, EDcl no AgRg no CC 89783/RS, 1.ª S., j. 09.06.2010, rel. Min. Mauro Campbell Marques, *DJe* 18.06.2010.

44. Hélio Tornaghi, *Comentários ao Código de Processo Civil*, vol. 1/223; José Frederico Marques, *Manual de direito processual civil*, vol. 1, n. 244, p. 297; José Carlos Barbosa Moreira, *Comentários ao Código de Processo Civil*, vol. 5, ns. 163 e 164, p. 293-6.

45. Decidiu-se, corretamente, que, embora tenha a parte ingressado no processo, voluntariamente, como assistente litisconsorcial, "não pode ver-se excluída da relação processual" (STJ, EDcl no AgRg na MC 8.791/RS, 1.ª T., j. 28.09.2004, rel. Min. Luiz Fux, *DJ* 13.12.2004, p. 217). No sentido de ser o assistente litisconsorcial parte no sentido *estrito* da palavra: Ovídio Baptista da Silva, *Curso de Processo Civil*, vol. 1, p. 270-271, Luiz Guilherme Marinoni e Sérgio Cruz Arenhart, *Manual do Processo de Conhecimento*, p. 181.

predomina o afetar de fato, não se trata, todavia, de eficácia pura de fato. Assim, o sócio, na demanda contra a sociedade de que faz parte, é de fato (meramente de fato) atingido pela sentença. O interesse do credor, na solidez do devedor, é, em regra, interesse de fato, e, pois, se outro credor executa esse devedor *comum* não é caso de assistência, sequer simples.[46] Todavia, justamente porque se trata aqui de eficácia estritamente de fato, não pode ser assistente, nem mesmo simples. *O assistente litisconsorcial é atingido juridicamente e, pois, também o é de fato, tal como o seu assistido*.

Se o assistente simples interveio, plenamente, não pode discutir a justiça da decisão e a ela estará vinculado tanto quanto o juiz de eventual processo posterior. Todavia, a decisão não faz coisa julgada para ele, *porque não esteve em jogo bem jurídico seu*.

Quando a lei se refere à "justiça da decisão" (art. 55 do CPC), está empregando um termo mais amplo, "em certo sentido", do que coisa julgada, e em outro significado, menos amplo.

Assim, se o tabelião for assistente em ação anulatória de escritura, sob o fundamento de sua culpa, o que se discute é a escritura, em si mesma. Se for anulada, é possível que haja, *v.g.*, ação da parte assistida que se entender prejudicada contra o tabelião (ulteriormente, em outro processo), fundando-se, todavia, na culpa do mesmo. Se o tabelião tiver atuado como assistente, plenamente (não colhendo nenhuma das possíveis exceções de que esse tabelião possa se valer, à luz do disposto no art. 55 do CPC), não poderá mais discutir a sua culpa, isto é, a justiça da decisão. Se não foi assistente, ou, se ele se beneficiar do art. 55, poderá, todavia, discuti-la e provar, no segundo processo, a ausência dela. Vale dizer, neste caso não prevalece a definição de sua culpa, em seu detrimento, necessariamente; isto é, poderá provar em sentido contrário.

Na *coisa julgada*, o objetivo específico a ser atingido pelo legislador é o de conferir indiscutibilidade à decisão do mérito, da lide, relativamente à parte dispositiva da sentença.

Por *justiça da decisão* não se entende eficácia da decisão (= sentença = parte dispositiva), mas que os fatos e, curialmente, a respectiva prova, foram correta e justamente apurados e definidos pelo juiz, num processo em que o assistente esteve presente e em que o assistido agiu adequadamente, e que não podem ser desconhecidos e hão de se impor em eventual processo ulterior (art. 55, *caput*, do CPC). A relevância da figura da *justiça da decisão*, pois, é a de que, tendo havido processo anterior, tanto a prova, como os respectivos fatos, tais como provados e tidos por verídicos, no processo em que houve a assistência, haverão de ser respeitados pelo juiz do segundo processo, salvo os casos dos incisos I e II do art. 55 do CPC.

Nosso legislador, no art. 55, *caput*, do CPC estabeleceu como regra geral que, tendo o assistente estado presente ao processo e, ademais, atuado plenamente *ou tendo tido oportunidade para atuação plena, e, por omissão sua isto não tiver ocorrido*, ser-lhe-á defeso discutir a justiça da decisão em processo posterior que contra ele seja movido, ou que ele próprio mova.

Entretanto, o assistente poderá ter ingressado e/ou sido admitido tardiamente[47] no processo, ou ter sido impedido de produzir provas, por atos ou declarações pratica-

46. V. Athos Gusmão Carneiro, *Intervenção de terceiros*, p. 108-109.

47. Se é a própria lei que determina ciência da ação de despejo ao sublocatário, quando seja acionado o locatário-sublocador, quer parecer que esta alegação do ingresso tardio não poderá beneficiar o sublocatário (art. 59, § 2.º, da Lei 8.245/1991).

das pelo assistido (art. 55, I, do CPC), provas essas que poderiam ter tido influência no teor da sentença; ainda, poderá o assistente, à época, não ter sabido de alegações ou provas das quais o assistido por dolo ou culpa não se valeu (art. 55, II, do CPC). Nestas hipóteses ocorrem exceções à regra da impossibilidade de se discutir a justiça da decisão (art. 55, I e II, do CPC).

Afigura-se-nos que, na exegese do art. 55, I, 2.ª frase, do CPC haver-se-á, em determinadas circunstâncias, de distinguir entre a posição do assistente simples e a do litisconsorcial.

Na medida em que o assistente simples fica, efetivamente, subordinado à atuação e à vontade do assistido, segue-se que a aplicabilidade ao assistente simples do art. 55, I, 2.ª frase, do CPC é maior, *por essa razão*, do que em relação ao litisconsorcial. Já, todavia, com referência ao assistente litisconsorcial, justamente porque atua como litisconsorte ao lado do seu assistido, em regime unitário (v. n. 41, *supra*), deduz-se que, somente quando se configurar *autêntico* impedimento ou óbice à sua atuação, é que será beneficiário da excludente disciplina no art. 55, I, 2.ª frase. Nessa linha, portanto, se tiver havido reconhecimento jurídico do pedido, pelo assistido-réu, e com isto tiver concordado o seu assistente litisconsorcial; se tiver havido renúncia ao direito (*rectius*: "pretensão"), nas mesmas condições; se se tiver verificado transação e se, com eles, tiver concordado o assistente litisconsorcial, *ipso facto*, não poderá o mesmo, ulteriormente, pretender discutir a justiça da decisão. E isto porque, se atuava como litisconsorte, se o regime era o unitário, e, assim, se para a consecução daqueles atos materiais-processuais, era relevante sua vontade, e se esta existiu curialmente, não poderá depois objetivar a invalidação de tais atos, para cuja formação também concorreu.

Ocorrendo alguma das hipóteses dos incisos do art. 55 do CPC, não ficarão os assistentes sujeitos à justiça da decisão.

48. A atividade do assistente

O art. 52 do CPC define, claramente, o tipo de atividade desenvolvida pelo assistente, bem como explicita os seus poderes e ônus, referindo-se a eles como sendo idênticos aos do assistido. Todavia, essa *aparente* identidade não ocorre e tem de ser entendida a partir da distinção entre o assistente *simples* e o *litisconsorcial*.

Prescrevendo a lei que o assistente é um auxiliar do assistido, em conformidade com a doutrina, os atos a serem praticados pelo assistente simples ou litisconsorcial somente poderão consistir em atos que *auxiliem* ou ajudem e, nunca, que prejudiquem a posição do assistido.[48]

Os atos eventualmente prejudiciais ao assistido, que sejam praticados pelo assistente simples, e também pelo litisconsorcial, não terão relevância jurídica, pois não terão validade e eficácia reconhecidas pelo sistema. Só os atos benéficos é que lhe aproveitam, sendo que na assistência simples não pode o assistente agir desconformemente com aquilo que deseja o assistido (art. 53 do CPC; diversamente, na hipótese do assistente litisconsorcial, cuja figura vem prevista no art. 54).

O assistente litisconsorcial não está sujeito, porém, aos limites de atuação impostos ao assistente simples (o art. 53 é só *aplicável ao assistente simples*), desde que deve ser considerado, em função do que determina a lei, como se fora litisconsorte do assistido.

Poderá o assistente simples praticar atos que a parte principal não praticou, exceto

48. Ressaltando a atividade do assistente no sentido de ajudar a da parte: v. Hélio Tornaghi, op. cit., vol. 1/223.

nas hipóteses limitativas de sua atividade, previstas no art. 53; poderá até mesmo recorrer, ainda que o assistido não o faça, mas não o poderá quando o assistido evidencie não querer o recurso. Também não poderá o assistente simples produzir provas quando o assistido declare expressamente que não as deseja produzir. Já estas limitações não ocorrem com o assistente litisconsorcial.

Aplica-se ao assistente litisconsorcial, que se submete ao regime do litisconsórcio unitário, a parte *inicial* (1.ª parte) do art. 48 do CPC, exigindo-se, para os atos de disponibilidade, manifestação conjunta (com o assistido), pois seu regime jurídico substancial em relação ao assistido é o da *unitariedade* (v. n. 41, *supra*). Aplica-se, outrossim, ao assistente litisconsorcial, o art. 49 do CPC.

Sendo revel o assistido, o assistente será considerado seu gestor de negócios [arts. 861 a 875 do CC/2002] (art. 52, parágrafo único, do CPC), sendo que a contestação do assistente, desde que oportuna, impedirá que se produza o efeito da revelia (art. 319 do CPC).[49-50]

Lícito será o assistente simples indicar testemunhas; não, porém, testemunhas com as quais o assistido não concorde.

Já quanto ao assistente litisconsorcial, além de poder indicar testemunhas suas, não se faz necessária a concordância do assistido para que sejam estas ouvidas.

Examinemos quais são, casuisticamente, os poderes que cabem ao assistente simples: 1.º) poderá argumentar, oferecendo razões e deduzindo argumentos próprios; 2.º) poderá formular quesitos, em eventual prova pericial, os quais poderão, todavia, ser impugnados pelo assistido na medida em que impertinentes; ou, mesmo que o assistido os tenha por *inconvenientes*, aspecto este último que não se aplica ao assistente litisconsorcial; 3.º) poderá, em suma, realizar toda e qualquer atividade probatória, e sempre que pertinente ao objeto litigioso, e desde que não colida com a vontade do assistido; 4.º) poderá funcionar na audiência de instrução e julgamento impugnando, e eventualmente contraditando, testemunhas e inquirindo-as; 5.º) poderá fazer alegações orais em audiência ou apresentar memorial escrito, em data e hora designadas; 6.º) poderá recorrer ou contrarrazoar o recurso da parte contrária; 7.º) poderá usar do recurso adesivo, salvo se deste tiver desistido o assistido e cuja desistência abranja o do assistente simples também; 8.º) poderá sempre o assistente deduzir todas as matérias sobre as quais incida a atividade oficiosa do juiz, e, neste passo, *mesmo contra a vontade do assistido*.

49. Limites à atividade do assistente

O art. 53 do CPC disciplina os limites impostos à atividade do assistente simples no que tange, principalmente, à própria substância da relação jurídica material do assistido.[51]

Apesar da assistência simples, a parte principal pode reconhecer o pedido, se réu; da mesma forma, poderá o assistido renunciar ao direito (*rectius*: pretensão em que se funda a ação), se for autor; como ainda poderá, seja autor ou réu, transigir sobre os direitos controvertidos, cessando a intervenção do assistente (arts. 53 e 269, II, III e V, do CPC).

Conquanto não identifiquemos, em tudo e por tudo, o assistente litisconsorcial a um litisconsorte, afigura-se-nos que o art.

49. V. mais amplamente Rita Gianesini, *Da revelia no processo civil brasileiro*, p. 93-95.

50. Pode o assistente simples oferecer contestação, o que caracteriza a gestão de negócios, impedindo a ocorrência dos efeitos da revelia (*JUTACivSP* 68/16).

51. Arruda Alvim, *Código de Processo Civil comentado*, vol. 3, p. 71 e ss.

53 é exclusivamente aplicável à assistência simples e não à assistência litisconsorcial.[52]

Os poderes que são conferidos ao assistente simples encontram limitação, em toda e qualquer manifestação de vontade do assistido, em especial, nos casos abrangidos pelo art. 53, eis que o assistente é só auxiliar da parte principal; e ainda na proibição, indiretamente contida no mesmo artigo, de praticar atos exclusivos da parte; assim, se seus poderes são relativos à prática de atos processuais, com maioria de razão, não afetam o direito material, nem o próprio direito de ação, porque o primeiro não lhe diz respeito, e, porque a ação não foi nem por ele nem contra ele proposta.

Assim, se o processo for extinto, fica prejudicado o pedido de ingresso de terceiro na qualidade de assistente ou cessará a atividade do assistente (simples ou litisconsorcial).[53]

Quando a lei se refere a que se configura a assistência litisconsorcial toda vez que a sentença houver de influir na relação jurídica entre ele (assistente) e o adversário do assistido, utilizando-se da palavra *influir*, afigura-se-nos ter deixado claro que a esfera jurídica do assistente litisconsorcial é atingida pela sentença, pela sua parte dispositiva, revestida pela autoridade de coisa julgada.

Por exemplo: o caso do herdeiro na ação do executor testamentário contra terceiro; o caso de comprador de bem litigioso, que lhe haja sido alienado pelo réu, o qual poderá ingressar no processo em que outrem reivindica do alienante como seu assistente litisconsorcial (art. 42, § 3.º, do CPC). Nesses exemplos, verificamos que a relação jurídica do assistente litisconsorcial com o adversário do assistido será, *ainda que não tenha sido assistente*, sem dúvida, atingida pela coisa julgada material.[54]

Por outro lado, tal como o assistente simples, o litisconsorcial pode arguir: a) suspeição do juiz; b) impedimento em relação a ele, assistente, ou ao assistido; c) falta de pressupostos processuais positivos ou negativos (litispendência e coisa julgada); d)

52. Nosso posicionamento, ao que parece, foi adotado pelo Projeto de Novo Código de Processo Civil, uma vez que o Capítulo reservado à Assistência – já dentro do Título concernente às intervenções de terceiros – é dividido em três seções: "Disposições comuns", "Da assistência simples" e "Da assistência litisconsorcial". O atual art. 53 do CPC, é transcrito no art. 122 do PL 8.046/2010, encontra-se na seção específica da assistência simples.

53. STJ, REsp 37.306/SP, 4.ª T., j. 22.10.1996, rel. Min. Cesar Asfor Rocha, *DJ* 16.12.1996, p. 50.873.

54. Isso porque, no entender do STJ, o potencial assistente litisconsorcial terá sido *substituído* pelo potencial assistente, como é o caso do herdeiro que ajuíza ação em defesa da universalidade patrimonial: "(...) Mais razoável, portanto, que os coerdeiros, cada qual com legitimidade para reclamar *per se* a *universitas rerum*, não sejam considerados terceiros uns em relação aos outros quando agem em defesa do interesse comum. Se somente um ou alguns ingressarem em juízo com esse intuito, os demais, que não ocuparem a posição de litisconsortes ou de assistentes litisconsorciais, serão considerados, como substituídos, sujeitos à coisa julgada que se estabelecer (...)" (STJ, REsp 44.925/GO, 4.ª T., j. 21.06.1994, rel. Min. Sálvio de Figueiredo Teixeira, *DJ* 15.08.1994, p. 20339, *LEXSTJ* vol. 65, p. 297, *REVPRO*, vol. 82, p. 355, *RSTJ*, vol. 66, p. 421).

Ainda no tocante à incidência da coisa julgada sobre a esfera do assistente litisconsorcial, merecem destaques outros julgados do STJ: "(...) O assistente litisconsorcial detém relação de direito material com o adversário do assistido, de modo que a sentença que vier a ser proferida, em relação a ele, constituirá coisa julgada material (...)" (STJ, REsp 623.055/SE, 2.ª T., j. 19.06.2007, rel. Min. Castro Meira, *DJ* 01.08.2007, p. 434); "(...) ao se falar da sentença em que interveio assistente litisconsorcial, ocorre para este a chamada eficácia preclusiva da coisa julgada, não ocorrendo para o assistente simples" (STJ, REsp 774.777/MT, 2.ª T., j. 06.03.2007, rel. Min. Humberto Martins, *DJ* 20.03.2007, p. 260).

não preenchimento das condições da ação; e) decadência; f) poderá, ainda, arguir suspeição, tendo em vista relacionamento do próprio assistido para com o juiz, porquanto, se o juiz é suspeito e se o assistido disto não se apercebe, ou, apercebendo, inerte fica, como a sentença afeta sua esfera jurídica, segue-se que poderá existir para o assistente eventual prejuízo, justificador deste seu direito em pugnar por uma justiça imparcial (v. letra *a*, *retro*).

Sintetizando: na assistência simples a ligação do assistente é com a pessoa a quem assiste, podendo haver ou não relação de *cunho jurídico* entre assistente simples e assistido (*v.g.*, locação e sublocação consentida). Já na assistência litisconsorcial, o assistente tem relação jurídica (= conflito de interesses) com o adversário da parte a que assiste, podendo ter relação jurídica (e, aqui, *propriamente* dita) com o assistido (*v.g.*, no condomínio). Mas é o conflito de interesses (a que a lei designa como relação jurídica), que é o relevante e que se coloca em pauta, na temática da assistência litisconsorcial.

50. Os processos que ensejam a intervenção do assistente[55]

A assistência, seja simples, seja litisconsorcial, é cabível no processo de conhecimento, tendo em vista todos os tipos de procedimento, sejam os especiais, sejam o comum-sumário ou o comum-ordinário.[56]

Na execução somente será possível a assistência se, por via incidental, for proposta a ação de embargos do devedor, intervindo, então, o assistente unicamente no processo de embargos.[57]

55. O TJSP admitiu a intervenção de consumidores de energia elétrica, como assistentes simples, em ação civil pública movida pelo Ministério Público estadual (TJSP, ApCív 265.106-2, Santos, 16.ª Câm.Cív., j. 10.04.1997, rel. Soares Lima). Necessário frisar que o art. 94 do CDC, ao se valer da expressão "litisconsorte" ("Art. 94. Proposta a ação, será publicado edital no órgão oficial, a fim de que os interessados possam intervir no processo como litisconsortes, sem prejuízo de ampla divulgação pelos meios de comunicação social por parte dos órgãos de defesa do consumidor"), não equivale, rigorosamente, ao litisconsorte do Código de Processo Civil. Na realidade, esse litisconsorte do Código de Proteção e Defesa do Consumidor é alguém que ingressa, *individualmente*, no âmbito de uma ação coletiva. A figura de litisconsorte exige, pelo menos, similitude de situações jurídicas e a atuação de um litisconsorte é igual à do outro, *inclusive no plano da legitimidade*. Sabe-se, nessa linha, que este "litisconsorte" do Código de Proteção e Defesa do Consumidor não pode ter a iniciativa desta ação coletiva. Parece, portanto, que essa figura, nominada como sendo a de um *litisconsorte*, mais se aproxima da do *assistente litisconsorcial*. Outro argumento em favor do entendimento de que não se trata de litisconsorte, senão que, aproximadamente, da figura de assistente litisconsorcial, é o de que a lei não estabelece qualquer prazo para o ingresso, o que conduz à conclusão de que o ingresso poderá ser a qualquer tempo. Esta solução da ausência de termo *ad quem* para o ingresso é a correta, mas o é em face de se reputar que o art. 94 trata da figura de assistente litisconsorcial. Se se tratasse de litisconsorte propriamente dito não seria plausível que pudesse ingressar a qualquer momento. Acentue-se, por fim, inexistir, sequer em relação ao assistente litisconsorcial, *uma identidade plena*. Isto porque, no plano do processo comum, quem pode ser assistente litisconsorcial poderia ter tido a iniciativa para o processo, em que, porque não a teve, vai ingressar como assistente litisconsorcial. E, como se percebe, esta iniciativa inocorre no caso de ação coletiva diante do comando do art. 82 do CDC. A respeito da interpretação deste art. 94 do CDC e suas implicações, v., longamente, o que escrevemos em nosso *Código do Consumidor comentado*, p. 427 e ss.

56. Cf. Arruda Alvim, *Código de Processo Civil comentado*, vol. 3, p. 37; Hélio Tornaghi, op. cit., vol. 1, p. 225; Marcos Afonso Borges, *Comentários ao Código de Processo Civil*, vol. 1, n. 322, p. 293.

57. Assim, "se a execução não tende à obtenção de sentença destinando-se apenas à realiza-

Por outro lado, a parte que ingressou com embargos de terceiro julgados improcedentes não pode pleitear seu ingresso em execução na qualidade de assistente.[58]

O argumento que afasta a possibilidade de assistência no processo de execução diz respeito à inexistência de sentença de mérito a ser proferida nesta sede que possa ensejar eventual interesse do assistente na prolação de sentença favorável ao assistido, conforme preconiza o art. 50 do CPC.

Todavia, especificamente quanto aos títulos executivos judiciais – com exceção da sentença penal condenatória e da sentença estrangeira autônoma, tendo-se presente a atual conformação da *fase* de cumprimento de sentença, que instaurou o sincretismo entre o processo de conhecimento e o processo de execução, deve-se atentar para a *possibilidade* de prolação de sentença de mérito já na fase de execução, nas hipóteses que apresentada impugnação ao cumprimento de sentença.

De fato, como já expusemos outrora,[59] dentre as matérias suscetíveis de serem deduzidas em impugnação ao cumprimento de sentença, há aquelas que, se veiculadas por meio deste expediente, transformam-no em verdadeira ação e geram decisão que transita em julgado, como, por exemplo, a prescrição. Em casos tais, é evidente a admissibilidade da figura do assistente, na medida em que poderá configurar-se o interesse numa sentença favorável ao assistido, seja este o exequente ou o executado.

Em suma: na atual sistemática do cumprimento de sentença, parece-nos cabível a assistência sempre que, oferecida impugnação, as matérias por esta veiculadas possam suscitar prolação de sentença de mérito.

A admissibilidade da assistência, além de se verificar em todos os procedimentos do processo de conhecimento e, também, em todos os graus de jurisdição, é admissível, inclusive no STF e no STJ, onde, eventualmente, a causa possa se encontrar, *v.g.*, para julgamento de recurso extraordinário ou de recurso especial, respectivamente.

Nesse sentido, veja-se, por exemplo o entendimento do STJ, consignado no REsp 616.485-DF, j. 11.04.2006, rel. Min. Eliana Calmon: "A assistência, simples ou litisconsorcial, tem cabimento em qualquer procedimento ou grau de jurisdição, inexistindo óbice a que se admita o ingresso do assistente em mandado de segurança ainda que depois de transcorrido o prazo decadencial do *writ*".

A propósito da possibilidade de intervenção assistencial em mandado de segurança, é oportuno mencionar o posicionamento doutrinário mais atual, já à luz da Lei 12.016/2009. Conforme explica Eduardo Arruda Alvim,[60] o fato de ter sido suprimida

---

ção de atos concretos para realização coativa do título, resulta inadmissível a assistência no processo executivo" (STJ, REsp 329.059/SP, 6.ª T., j. 07.02.2002, rel. Min. Vicente Leal, *DJ* 04.03.2002, p. 306).Admitindo indistintamente a assistência em execução: Celso Agrícola Barbi, op. cit., vol. 1, n. 322, p. 290; contra: *Revista de Processo [RePro]* 24/256, em. 18.A mulher pode intervir em embargos do devedor oferecidos pelo marido, na qualidade de assistente litisconsorcial deste, pleiteando a nulidade da fiança prestada somente pelo cônjuge varão (*JUTACivSP* 59/79).

58. *JUTACivSP* 60/75.

59. A natureza jurídica da impugnação prevista na Lei 11.232/2005 – A impugnação do devedor instaura ação incidental, proporcionando o exercício do contraditório pelo credor; exige decisão, que ficará revestida pela autoridade de coisa julgada. In: Wambier, Teresa Arruda Alvim. *Aspectos polêmicos da* nova *execução de títulos judiciais 3 – Lei 11.232/2005*. São Paulo: RT, 2006, p. 48.

60. Eduardo Arruda Alvim. *Mandado de Segurança*. Rio de Janeiro. GZ, 2010, *item* 3.4, de onde foram extraídos os trechos citados adiante.

da lei antiga[61] a remissão expressa aos artigos do CPC de 1939 referentes ao instituto da assistência não excluía sua aplicação ao mandado de segurança à luz da legislação revogada, mesmo após a adaptação feita ao novo CPC pela Lei 6.071/1974.

Sempre reputamos correto tal entendimento. Entretanto, deve-se registrar que, como, a partir da supracitada Lei 6.071/1974, a redação do art. 19 da revogada Lei 1.533/1951 prescrevia apenas a aplicação, ao mandado de segurança, dos arts. 46 a 49 do CPC (que tratam do litisconsórcio), grande parte da jurisprudência dos Tribunais Superiores passou a excluir essa modalidade de intervenção em sede de mandado de segurança.

A redação do art. 24 da Lei 12.016/2009 é, nesse aspecto, semelhante à do art. 19 da revogada Lei 1.533/1951, o que conduziria à conclusão de que remanesceria o entendimento majoritário na jurisprudência – com o qual não concordamos –, no sentido do descabimento da assistência no mandado de segurança. Esse entendimento, ressalte-se, comporta algumas exceções, como se extrai, por exemplo, do julgado colacionado linhas atrás, da relatoria da Min. Eliana Calmon.

Contudo, deve-se ponderar, com Eduardo Arruda Alvim, que o "§ 2.º do art. 14 desse mesmo diploma legal é denotativo de que não há qualquer incompatibilidade entre o regime da assistência e o mandado de segurança", pois, "se a nova lei de mandado de segurança confere legitimidade para a autoridade coatora interpor recurso, na qualidade de terceiro prejudicado, quer nos parecer que, pelas mesmas razões, não se pode deixar de reconhecer à autoridade coatora a possibilidade de poder intervir como assistente".

Além disso, conclui o autor, "o fato de o legislador ter feito menção apenas aos arts. 46 a 49 do CPC (que tratam do litisconsórcio), no art. 24 da Lei 12.016/2009, não quer significar que o CPC não se aplique subsidiariamente ao processo do mandado de segurança sempre que não houver incompatibilidade específica entre o CPC e o mandado de segurança, aquele primeiro aplicar-se-á subsidiariamente. Afigura-se-nos ser este o caso do instituto da assistência".

Verifica-se, dessa sorte, que a Nova Lei do Mandado de Segurança reforçou o cabimento da assistência ao dispor, no mencionado § 2.º do art. 14, sobre a possibilidade de interposição de recurso pela autoridade coatora, na condição de terceira interessada, o que equivale à possibilidade de seu ingresso como assistente em grau recursal.

Hipóteses há, todavia, em que não se justifica a assistência, *v.g.*, como na ação direta de inconstitucionalidade;[62] da mesma forma que é ela injustificável na ação direta de constitucionalidade.[63] É, curialmente, inviável verificar-se qualquer relação entre aquele que pode propor tais ações, de con-

61. Redação original do art. 19 da revogada Lei 1.533/51, ainda sob a vigência do CPC de 1939: "Aplicam-se ao processo de mandado de segurança os arts. 88 a 94 do Código de Processo Civil."

62. Neste sentido, não fosse a prescrição explícita constante do art. 169, § 2.º, do RISTF, é pacífica a jurisprudência daquela Corte, como pode se verificar dos precedentes veiculados em *RDA* 155/155 e 157/266 e, mais recentemente, na ADIn 575-8 (AgRg), rel. Min. Celso de Mello, *DJU* 01.07.1994, todos reafirmados em despacho proferido (14.06.1995) na ADIn 1.254-1/RJ, rel. Min. Celso de Mello (*DJU*, I, 20.06.1995, p. 18.855-18.856).

63. Evidentemente, o entendimento jurisprudencial referido na nota anterior é aplicável, também, para a ação direta de constitucionalidade, vez que a *ratio* da vedação do ingresso dos assistentes é a mesma em uma e em outra ação: trata-se de *ação objetiva*, sem partes, donde não se falar, propriamente, em *interesses*, a motivar o instituto da assistência.

trole abstrato da inconstitucionalidade ou da constitucionalidade, e outrem que pretenda ser daquele assistente.

51. O incidente de admissibilidade do assistente

Na admissibilidade da assistência, além de se verificar a regularidade do pedido de ingresso das partes (assistência simples e litisconsorcial), há de ver se a sentença a ser proferida no processo pode afetar o que pretende ser assistente simples (art. 50 do CPC), ou se pode dizer respeito à relação jurídica existente entre o que pretende ser assistente litisconsorcial e o adversário do que poderá vir a ser assistido (art. 54 do CPC); se assim afigurar-se, poder-se-á pleitear, ao juiz, por petição escrita, o ingresso no processo, demonstrando esse interesse (arts. 50 ou 54 do CPC).[64]

O juiz, antes mesmo do exame do interesse do assistente, há de verificar se a sua petição é apta; se não o for, há de ser indeferida, com calço no art. 295, I, do CPC, aplicável à espécie; ainda deverá indeferi-la com base no art. 295, II, nas hipóteses em que aquele que pretenda ser assistente não tenha, manifestamente, legitimação processual. É o caso de aplicar-se o art. 284 do CPC à espécie.

Se não for o caso de indeferimento liminar, o juiz dará ciência às partes, que poderão, no prazo de cinco dias, alegar que não preenche, aquele que pretende ser assistente, o requisito do interesse jurídico ou qualquer fundamento pelo qual não possa ele ingressar no processo. Se isto ocorrer, deve o juiz determinar, sem a suspensão do processo, o desentranhamento da petição e da impugnação de molde a que sejam autuadas em apenso (art. 51, I, do CPC), acompanhadas de eventuais documentos.

A formação de autos apartados visa à não interrupção do processo, e neles será autorizada a produção de provas, após as quais e no prazo de cinco dias deverá o juiz da causa decidir o incidente.

Serão admitidas provas a serem produzidas tanto pelo terceiro, *que pretende o ingresso,* como pelo impugnante, *que já é parte.* A impugnação pode ocorrer por aquele em relação ao qual se pretende venha a ser assistido, como pela parte contrária a este último, ou, por ambos.

Deferido o pedido de assistência, ficará o assistente vinculado ao processo e, inclusive, submetido à justiça da decisão, com os dois abrandamentos constantes dos incisos I e II do art. 55 do CPC e, quanto ao litisconsorcial, tendo em vista as considerações já feitas (v. n. 46, *infra*).

Não se pode deixar de analisar a questão atinente à falta de impugnação, ou seja, tal situação vincularia o juiz à aceitação do pedido de ingresso do assistente? Somos da opinião de que a análise deve ser feita a partir da existência ou não de interesse jurídico; decerto que a falta de impugnação não tem o condão de transformar o interesse meramente econômico ou moral em interesse jurídico hábil a autorizar o ingresso do assistente.

Inversamente, se indeferido o pedido e não interposto o recurso, no prazo legal, haverá preclusão a respeito do pedido de ingresso do assistente e, em nome dessa preclusão que se operou, não mais lhe será lícito ingressar naquele processo.

Havendo indeferimento liminar do pedido, ou o julgamento desfavorável à intervenção, caberá agravo (art. 522 do CPC),[65]

---

64. Sendo defeso ao adquirente ingressar em juízo substituindo o alienante do imóvel da lide, por discordância da parte contrária, faculta-lhe a lei o ingresso como assistente daquele (1.º TARJ [extinto], ApCív 53.462, 1.ª Câm., j. 26.08.1980, rel. José Edvaldo Tavares).

65. *Contra*, pelo cabimento de apelação: *JUTACiv-SP* 68/32; *Revista de Processo [RePro]* 2/237.

mas este só poderá ser interposto pelo terceiro, que deseja entrar no processo como assistente.[66] Todo e qualquer indeferimento do pedido de assistência não comporta recurso das partes principais, nem mesmo daquela que teria sido assistida, pois não têm elas interesse e nem legitimidade para tanto, desde que a decisão prejudique apenas o terceiro. Há de excluir-se dessa negativa a hipótese do art. 59, § 2.º, da Lei 8.245, de 18.10.1991, no qual a assistência é provocada. Se isto ocorrer e o autor se insurgir contra a assistência, deixando de ser atendido erroneamente, justificar-se-á o recurso.

O texto do Projeto de Novo Código de Processo Civil altera ligeiramente a sistemática de ingresso do assistente, seja ele simples ou litisconsorcial. O art. 120, na última redação do PL 8.046/2010, aumenta de cinco para quinze dias o prazo de impugnação do pedido de assistência. Além disso, se houver alegação de falta de interesse jurídico para a intervenção, o juiz "decidirá o incidente, sem suspensão do processo". O parágrafo único do art. 120 dispõe que o agravo de instrumento é o recurso cabível da decisão.

51-A. A assistência no procedimento sumário fora do sistema do Código de Processo Civil

A assistência continua admissível no procedimento sumário (art. 280 do CPC, com a redação dada pela Lei 10.444/2002). A assistência é inadmissível na ação direta de inconstitucionalidade ou na de constitucionalidade (Lei 9.868, arts. 7.º e 18).[67] Nos Juizados Especiais está banido o instituto da assistência (art. 10 da Lei 9.099/1995, aplicável, em nosso entender, também ao regime da Lei 10.259/2001, que instituiu os Juizados Especiais Federais).

Bibliografia

ALVIM, Eduardo Arruda. *Curso de direito processual civil*. São Paulo: Ed.RT, 1999. vol. 1.

______. *Curso de direito processual civil*. 2. ed. São Paulo: Ed.RT, 2008.

______. *Direito processual civil*. 3. ed. São Paulo: Ed.RT, 2010.

______. *Direito processual civil*. 4. ed. São Paulo: Ed. RT, 2012.

______. *Mandado de segurança*. Rio de Janeiro: GZ, 2010.

ALVIM, Thereza. Da assistência litisconsorcial do Código brasileiro. *Revista de Processo* [*RePro*] 11-12-45, ano III, São Paulo, RT, jul.-dez./78.

ALVIM NETTO, José Manoel de Arruda. A natureza jurídica da impugnação prevista na Lei 11.232/2005 – A impugnação do devedor instaura ação incidental, proporcionando o exercício do contraditório pelo credor; exige decisão, que ficará revestida pela autoridade de coisa julgada. In: Wambier, Teresa Arruda Alvim. *Aspectos polêmicos da nova execução de títulos judiciais 3 – Lei 11.232/2005*. São Paulo: Ed. RT, 2006.

______. Assistência. *Revista de Processo* [*RePro*] 6/227, ano I, São Paulo, RT, abr.-jun./77.

______. *Código de Processo Civil comentado*. São Paulo: Ed. RT, 1976. vol. 3.

66. A hipótese de inadmissão de terceiro como assistente não configura caso de cabimento de agravo retido, a despeito do que estabelece a nova redação do art. 522 do CPC (cf. Lei 11.187/2005), porque inviável, para esse terceiro inadmitido, configurar-se a hipótese do art. 523, § 1.º. Neste sentido, admitindo somente agravo de instrumento e não o retido, contra a decisão que denega intervenção: *RT* 499/87. Em sentido contrário, Teresa Celina Arruda Alvim Wambier, *Os agravos no CPC brasileiro*, item 7.3, embora citando orientação em sentido diverso.

67. STF, ADIn 1.286, Min. Ilmar Galvão, *RTJ*, 164/895; Embargos na ADIn 29, Min. Marco Aurélio, *RTJ* 139/373.

_____. *Curso de direito processual civil*. São Paulo: Ed. RT, 1971. vol. 1.

______ e outros. *Código do Consumidor comentado*. 2. ed. São Paulo: Ed.RT, 1995.

______ e outros. O gestor de negócios e o curador especial diante da revelia do réu assistido. *Revista de Processo* [*RePro*] 10/217, ano III, São Paulo, RT, abr.-jun./78.

ARAGÃO, Egas Dirceu Moniz de. Ação de intervenção de terceiro no processo de assistência de litisconsórcio – Oposição – Faixa de fronteira. *RF* 251/161, 1975.

BARBI, Celso Agrícola. *Comentários ao Código de Processo Civil*. Rio de Janeiro: Forense, 1983. vol. 1.

BARBOSA MOREIRA, José Carlos. *Comentários ao Código de Processo Civil*. 13. ed. Rio de Janeiro: Forense, 2006. vol. 5.

______. *Estudos sobre o Novo Código de Processo Civil*. Rio de Janeiro: Liber Juris, 1974.

______. *O novo processo civil brasileiro*. 25. ed. Rio de Janeiro: Forense, 2007.

BORGES, Marcos Afonso. *Comentários ao Código de Processo Civil*. São Paulo: LEUD, 1975. vol. 1.

CARNEIRO, Athos Gusmão. Da assistência no processo civil. *AJURIS* 22/237, 1981.

______. *Intervenção de terceiros*. 5. ed. São Paulo: Saraiva, 1991.

e outros. *Código do Consumidor comentado*. 2. ed. São Paulo: Ed.RT, 1995.

COSTA, Moacyr Lobo da. *Assistência*. São Paulo: Saraiva, 1968.

DIDIER JÚNIOR, Fredie. *Regras processuais no Novo Código Civil*. São Paulo: Saraiva, 2004.

FADEL, Sergio Sahione. *Código de Processo Civil comentado*. Rio de Janeiro: Forense, 1984. vol. 1.

FERRAZ, Sérgio. *Assistência litisconsorcial no direito processual civil*. São Paulo: Ed. RT, 1979.

FORNACIARI JÚNIOR, Clito. *Reconhecimento jurídico do pedido*. São Paulo: Ed.RT, 1977.

GIANESINI, Rita. *Da revelia no processo civil brasileiro*. São Paulo: Ed.RT, 1977.

GRECO FILHO, Vicente. Assistência (simples e litisconsorcial) (verbete). *Enciclopédia Saraiva do Direito*, 1978. vol. 8.

______. *Direito processual civil brasileiro*. 20. ed. São Paulo: Saraiva, 2007. vol. 1.

MARINONI, Luiz Guilherme. ARENHART, Sérgio Cruz. *Manual do Processo de Conhecimento*. 5. ed. São Paulo: Ed.RT, 2006.

MARQUES, José Frederico. *Manual de direito processual civil*. São Paulo: Saraiva, 1983. vol. 1.

MAURÍCIO, Ubiratan de Couto. *Assistência simples no direito processual civil*. São Paulo: Ed.RT, 1983.

MESSIAS, Stênio Jório de. Da assistência no novo Código de Processo Civil. *RF* 254/55.

MIRANDA, Francisco Cavalcanti Pontes de. *Comentários ao Código de Processo Civil* (de 1973). Rio de Janeiro: Forense, 1974. t. II.

NACONECY, Luiz Carlos Macedo. *Curso de direito processual civil*. São Paulo: Ed. RT, 1984.

OLIVEIRA JÚNIOR, Waldemar Mariz de. Assistência, oposição, nomeação à autoria. *Estudos sobre o novo Código de Processo Civil*. São Paulo: Resenha Tributária.

PAULA, Alexandre de. *Código de Processo Civil anotado*. São Paulo: Ed.RT, 1980. vol. 1.

PRATA, Edson. Assistência no processo civil. *RBDP* 37/55, 1983.

_____. *Comentários ao Código de Processo Civil*. Rio de Janeiro: Forense, 1979. vol. 2, t. I.

RIBEIRO, Antônio de Pádua. A assistência no novo Código de Processo Civil. *RF* 251/119.

SANTOS, Moacyr Amaral. *Primeiras linhas de direito processual civil*. 23. ed. (atualizada por Aricê Moacyr Amaral Santos.) São Paulo: Saraiva, 2004. vol. 2.

SILVA, Ovídio A. Baptista da. *Curso de processo civil*. Rio de Janeiro: Forense, 2005. vol. 1.

______. Assistência litisconsorcial. *Revista de Processo* [*RePro*] 30/9, ano VIII, São Paulo, RT, abr.-jun./83; *RBDP* 42/87, 1984.

Silva, Ovídio A. Baptista da; Machado, L. Melíbio Uiraçaba; Gessinger, Ruy Armando; Gomes, Fábio Luiz. *Teoria geral do processo civil*. Rio Grande do Sul: Letras Jurídicas Editora, 1983.

Theodoro Jr., Humberto. *Curso de direito processual civil*. 47. ed. Rio de Janeiro: Forense, 2007. vol. 1.

Tornaghi, Hélio. *Comentários ao Código de Processo Civil*. São Paulo: Ed.RT, 1976. vol. 1.

Valle, Christino Almeida do. *Da assistência e o novo Código de Processo Civil*. Rio de Janeiro: Americana, 1974.

Wambier, Teresa Arruda Alvim. *Os agravos no CPC brasileiro*. 4. ed. São Paulo: Ed. RT, 2005.

VI

Da Oposição

52. Colocação no instituto

O instituto da *oposição*, disciplinado nos arts. 56 ao 61 (Capítulo VI, "Da intervenção de terceiros", do Livro I), regula o ingresso de terceiro, em processo pendente, nos casos em que este terceiro tenha pretensão excludente da do autor e da defesa do réu, e objetive excluir o autor e o réu – acerca do direito ou coisa, objeto do litígio. Desta forma, os interesses do terceiro colidem, necessariamente, com os do autor e do réu e não somente com um deles.

O ingresso do terceiro, através da oposição, implica que, a um tempo, o opoente acione tanto o autor, quanto o réu, normalmente solicitando contra o autor uma ação declaratória negativa da pretensão deste, e contra o réu uma ação de condenação. A oposição, portanto, cristaliza-se numa ação bifronte, ou, se se quiser, por uma mesma ação se colima dualidade de eficácia.

A pretensão do opoente poderá ser total ou parcialmente excludente do direito do autor ou do réu, na medida em que se volte à totalidade, ou não, daquilo que está sendo por estes disputado.

Assim, a oposição representa uma ação movida por um terceiro, visando a excluir a pretensão do(s) autor(es) e a defesa (aqui compreendida eventual reconvenção) do(s) réu(s) no processo principal.

A *oposição* não deve ser confundida com os *embargos de terceiro*, porquanto, através destes e tendo em vista as qualidades de *senhor* e/ou *possuidor*, colima-se excluir de ato judicial constritivo incidente sobre um determinado bem, a respeito do qual se alega a inviabilidade de submissão àquele ato. Já na oposição, o que pretende o *opoente* é afastar as posições do autor e do réu sobre a coisa ou o direito disputado ou controvertido, em função de entender que a titularidade cabe a ele, opoente.[1]

A melhor técnica legislativa foi privilegiada, portanto, no texto do Novo Código de Processo Civil, pois o instituto da oposição foi retirado das intervenções de

1. *RT* 506/145; *JUTACivSP* 49/116. Com correção o STF *apreciou* hipótese (recurso conhecido, mas não provido, criticando-se o fundamento do acórdão local), consistente em ter sido deduzida oposição *somente contra os autores da ação*, o que, *em tese*, se admitira, tendo-se por mal interpretado o art. 56, na instância local – *RTJ* 111/1.351; *RT* 599/262. Similarmente, decidiu o STJ que, "proposta a ação de anulação da confissão de dívida contra o primitivo credor, o cessionário deste, que vem a juízo sustentar a validade do título, é um assistente do cedente, não um opoente" (STJ, REsp 47.142/MG, 4.ªT., j. 29.11.1994, rel. Min. Ruy Rosado de Aguiar, *DJ* 13.02.1995, p. 2.242).

terceiro e deslocado a um procedimento especial. Isso, pois a oposição é uma ação, na qual alguém estranho à lide pretende o direito ou a coisa sobre que controvertem autor e réu. A oposição, prevista nos arts. 697 a 701 do PL 8.046/2010, está disposta logo após a previsão de Embargos de Terceiro (arts. 689 a 696), evidenciando que são procedimentos com finalidades distintas. Em consonância com o Projeto, a oposição deverá ser distribuída por dependência à ação anterior, pois é provável que as causas sejam conexas pelo pedido ou pela causa *petendi*, a teor do art. 55 do PL 8.046/2010.[2]

53. Pressupostos de admissibilidade da oposição. Implicações da oposição admitida

O opoente é autor de uma ação. Assim, deverá sua pretensão ser formulada de acordo com os requisitos para dedução de uma ação (art. 57), ou seja, devem ser preenchidos os pressupostos processuais e as condições da ação, e observados os requisitos dos arts. 282 e 283, sem o que deverá ser a petição inicial da oposição indeferida. A oposição tem valor próprio, o qual deverá constar da petição inicial da mesma.[3]

Deve, ademais, a oposição ser registrada e distribuída (art. 57), por dependência (art. 109, pois este artigo se refere genericamente a terceiros intervenientes), sendo, por exigência legal, da competência do juízo da causa principal. Na hipótese de ser a União a opoente, esta circunstância pode provocar até mesmo o deslocamento de foro e sempre do juízo (art. 109, I, da CF/1988); ou, sendo o opoente o Estado-membro ou o Município, isto provocará a deslocação de juízo,[4] mas não de foro, se for o caso.

Os pressupostos de admissibilidade da oposição são os seguintes: 1.º) litispendência do processo principal; 2.º) que a pretensão do opoente objetive a coisa ou o direito sobre o qual discutem autor e réu, e essa pretensão terá *causa petendi* diversa da do autor e diferente do fundamento da defesa do réu. Basta, pois, que, com as posições do autor e do réu, seja incompatível a pretensão do opoente, não podendo conviver juridicamente; 3.º) ainda devemos considerar o momento da dedução da *oposição*, pois este influi no procedimento da mesma: a) se deduzida antes da audiência, o regime jurídico será o da plena unidade procedimental (art. 59), havendo julgamento prejudicial da oposição (art. 61) e, aqui, será *realmente* uma oposição; b) se oferecida depois de iniciada a audiência, o julgamento da oposição será realizado, em regra,[5] sem prejuízo do julgamento do processo principal, muito embora possa o

2. "Art. 55. Reputam-se conexas duas ou mais ações quando lhes for comum o objeto ou a causa de pedir. § 1.º Os processos de ações conexas serão reunidos para decisão conjunta, salvo se um deles já houver sido sentenciado. § 2.º Aplica-se o disposto no *caput* à execução de título extrajudicial e à ação de conhecimento relativas ao mesmo ato jurídico. § 3.º Serão reunidas para julgamento conjunto as ações que possam gerar risco de prolação de decisões conflitantes ou contraditórias caso sejam decididas separadamente, ainda que não haja conexão entre elas."

3. Dever-se-á atribuir, assim, valor à causa da oposição (*RT* 474/200).

4. Mais amplamente: Arruda Alvim, *Código de Processo Civil Comentado*, vol. 3, p. 160.

5. Na verdade, a oposição deduzida nos termos do art. 60, 1.ª frase, sem sobrestamento, configura autêntica ação em processo autônomo. Ver nesse sentido a posição da Comissão Revisora, em seu Parecer sobre o Anteprojeto.

juiz sobrestar o andamento deste último, por até 90 dias, para julgamento conjunto da causa principal e da oposição nos autos do processo principal (art. 60); c) só pode ser admitida oposição até ser proferida a sentença de primeiro grau[6] (art. 56, que alude à sentença como termo final).

Após a sentença de primeiro grau, aquele que teria tido direito a ser opoente poderá aguardar o trânsito em julgado da decisão, a fim de fazer valer seu direito contra o vencedor da demanda; ou, então, mover, se quiser, ação autônoma contra autor e réu do primeiro processo, mesmo que pendente, ainda, no segundo grau de jurisdição, embora deva fazê-lo no primeiro grau de jurisdição e com autonomia plena.[7]

54. Processos que admitem e não admitem oposição

Processos existem, tais como os regidos pelas Leis 7.347/1985 e 8.078/1990, respectivamente, em que se disciplina a ação civil pública e o Código de Proteção e Defesa do Consumidor, nos quais se mostra inviável a oposição. Isto porque não existe a possibilidade de que os legitimados para estas ações pretendam excluir autor e réu, porque tenham uma pretensão que pudesse viabilizar tal pedido. O que é possível ocorrer é que algum dos legitimados, por uma destas ações, ingresse como litisconsorte do autor, dado ser portador da mesma legitimidade que aquele que já propôs a ação, mas não é possível que outro legitimado pretenda excluir aquele que, legitimamente, já propôs a ação. E, no que diz respeito ao réu, os legitimados por essas leis existem para necessariamente litigarem contra aqueles que hajam infringido qualquer um dos bens referidos no art. 1.º da Lei 7.347/1985, ou, então, contra o fornecedor, tal como definido pelo Código de Proteção e Defesa do Consumidor. A mesma coisa se evidencia nas ações diretas de inconstitucionalidade e de constitucionalidade.

A oposição é exercício do direito de ação e, portanto, se insere na temática e no campo do processo de conhecimento. Descabe, desta forma, no processo de execução, seja calcado em título judicial, seja em título extrajudicial, bem como não se a admite, também, no bojo dos embargos do devedor.[8] A oposição deve ser admitida em função da circunstância de, no processo em que vai ser deduzida, poder vir a ser proferida sentença de mérito, que apreciará, igualmente, a oposição, se tiver sido admitida (v. art. 61).

Anexo I, Da oposição, n. 1, *Revista de Processo (RePro)* 1/20.

6. Na doutrina: Arruda Alvim, *Código de Processo Civil Comentado*, vol. 3, p. 114; Celso Agrícola Barbi, *Comentários ao Código de Processo Civil*, vol. 1, n. 355, p. 309; Hélio Tornaghi, *Comentários ao Código de Processo Civil*, vol. 1/242. Na jurisprudência: *TJRS*, citado por Athos Gusmão Carneiro, *Repertório*, cit., em. 114, p. 86.

7. De qualquer forma, não terá mais cabimento a oposição, se o processo, em que ela poderia ter sido deduzida já se encontra extinto por transação nele celebrada (TJRJ, ApCív 91.648, 3.ª Câm.Cív., j. 22.05.1975, v.u, rel. Salvador Pinto Filho, no mesmo sentido, *RT* 657/201; *JTJ* 116/167). Já se decidiu que é tempestiva a oposição, em ação possessória, em que houve acordo, desde que o mesmo não esteja, ainda, homologado (*RT* 576/143).

8. Arruda Alvim, *Código de Processo Civil Comentado*, vol. 3, p. 110. *Diversamente*: Celso Agrícola Barbi, *Comentários ao Código de Processo Civil*, vol. 1, n. 356/357, p.

De modo geral, deverá a oposição ser admitida como intervenção principal voluntária em quaisquer processos de conhecimento, mesmo nos procedimentos especiais, desde que estes tomem o rito ordinário. Por excelência, é admissível no procedimento comum ordinário.

Na Lei que reformulou o procedimento sumário (Lei 9.245/1995), veda-se que, em ações que tramitem sob este rito, haja intervenção de terceiros, "salvo assistência e recurso de terceiro prejudicado".[9-10]

A Lei 10.444/2002, a seu turno, operou algumas modificações no texto deste artigo, mas manteve a vedação da intervenção de terceiros no procedimento sumário, ampliando, agora, as exceções a essa regra. Dispõe-se no atual texto do art. 280 do CPC que não se admite a intervenção de terceiros, "salvo a assistência, o recurso de terceiro prejudicado e a intervenção fundada em contrato de seguro", o que significa que não cabe oposição, salvo se tiver por fundamento o contrato de seguro.

A oposição, por certo, para ser admitida, haverá, além do preenchimento dos pressupostos processuais, genéricos e *específicos*, de preencher as condições da ação. Assim é que, corretamente, já se decidiu, antes da Constituição Federal de 1988, não ser admissível a oposição, oferecida pela mulher e filhos "legítimos", visando a excluir as partes (igual a filho "adulterino" e pai) da ação de alimentos,

309-310.Nesse sentido, acórdão proferido pelo extinto Tribunal de Alçada do Estado de São Paulo, da relatoria de José Roberto dos Santos Bedaque: "A oposição configura modalidade de intervenção de terceiros típica de processo cognitivo. Sua finalidade é possibilitar a quem não integra a relação processual deduzir pretensão fundada em direito real, sobre o qual controvertem autor e réu (CPC, art. 56). Isso para que a sentença defina o real titular do interesse protegido. Verifica-se, pois, que duas razões impedem seja a oposição admitida em processo executivo. Primeiro, porque não se discute a respeito de posse ou propriedade de bem. Além disso, inexiste sentença reconhecendo direito a qualquer das partes. Se os apelantes pretendem seja-lhes assegurada a posse ou propriedade de imóvel submetido a constrição judicial em processo de execução, devem valer-se da via processual adequada. A oposição seguramente não se presta a esse objetivo. São eles, portanto, carecedores de ação, visto que pleitearam tutela jurisdicional inadequada para a situação fática descrita na inicial. Não têm interesse processual. Ainda que por fundamento diverso, mas análogo, deve ser integralmente mantida a sentença" (Ap. 728.587-4, São José dos Campos, 1.° TACSP [extinto], 12.ª Câm., rel. Des. José Roberto dos Santos Bedaque, j. 3.4.1997, v.u. *apud* Antonio Carlos Marcato (coord). *Código de Processo Civil Interpretado*, p. 133).

9. Celso Agrícola Barbi, *Comentários ao Código de Processo Civil*, vol. 1, n. 357, p. 309, modificando-se a posição da 1.ª ed.; J. J. Calmon de Passos, *Comentários ao Código de Processo Civil*, n. 102, p. 189. O procedimento sumaríssimo, que veio a ser designado por sumário, diante da nova redação que a Lei 8.952/1994 deu ao *caput* do art. 272, comportava oposição. No entanto, afigurava-se-nos que a oposição que fosse deduzida em procedimento sumário havia, também, de comportar inserção no rol de causas suscetíveis de serem processadas de acordo com este procedimento (art. 275). Não se justificaria submissão da oposição ao rito comum ordinário, mas, ao contrário, o seu encarte havia de ser como ação inserida entre as hipóteses do art. 275.

10. Igualmente, admitia a oposição, na disciplina precedente do procedimento sumaríssimo, depois sumário, v. Adroaldo Furtado Fabrício, Doutrina e Prática do Procedimento Sumaríssimo, *Ajuris* 7, n. 23, 1977, p. 65-66. Também pelo cabimento, no sistema precedente ao da Lei 9.245/1995, desde que a oposição tivesse o rito doravante chamado de sumário, v. Milton Sanseverino, *Procedimento Sumaríssimo*, 4.11.62, p. 127-128.

movida pelo filho "adulterino".[11] Diversamente, havendo possibilidade jurídica do pedido, há, preenchidos os demais requisitos, de ser admitida a oposição, e, nesse sentido, já se decidiu corretamente: a) que é admissível oposição manifestada por concubina, em ação de indenização daquele com quem vivia, nos autos da ação indenizatória movida pela mulher legítima contra o seu marido;[12] b) ainda, possível é o oferecimento de oposição, em ação de despejo, em que é opoente a ex-mulher do réu, provando esta (ou alegando mesmo) a inexistência de relação jurídica entre o réu e o autor, em hipótese em que a opoente ocupava o prédio, objeto da ação.[13]

Se alguém é corretamente colocado em determinado processo (de usucapião), como parte (réu), deverá *defender-se contestando*, e não ingressar com oposição, uma vez que a sentença que aí será proferida lhe dirá respeito, dado que, se reconhecer a posse do promovente, excluirá a alegação (embora parcial) de domínio desse réu. Se não é terceiro e é parte, não se pode utilizar da oposição.[14]

11. TJRJ, ApCív 4.024, 8.ª Câm.Cív., j. 14.06.1976, v.u., rel. Rodrigues Silva.

12. *JUTACivSP* 76/3; mais recentemente, "A circunstância de a companheira ter manejado oposição na ação de divórcio permite a ampla defesa, tanto da companheira quanto da esposa. Assim, tanto o autor quanto o réu da ação principal figurarão como litisconsortes em face do opoente, exatamente o que pretende a ora recorrente (companheira) com o chamamento da esposa à ação de reconhecimento de união estável (STJ, REsp 1018392/SE, 4.ª T., j. 06.03.2012, rel. Min. Luis Felipe Salomão, *DJe* 30.03.2012)

13. *JUTACivSP* 65/185.

14. *RJTJSP* 42/131.

55. Os momentos de oferecimento da oposição e as repercussões no procedimento

O Código de Processo Civil prevê sistemática diversa para a oposição, conforme oferecida antes ou depois de iniciada a audiência (arts. 59 e 60).

Sendo oferecida antes do início da audiência (art. 59), a oposição será apensada aos autos principais, representando, desta forma, autenticamente, o papel de intervenção de terceiros em processo alheio. Assim é que seu desenvolvimento será simultâneo ao da ação principal, sendo julgada conjuntamente com ela, na mesma sentença.[15]

Nesta hipótese, o juiz examinará primeiramente a pretensão do opoente (art. 61),[16] que, se for julgada procedente, *prejudicará* o conhecimento da ação principal, em regra, devendo ser julgada improcedente a pretensão do autor e procedente a oposição contra os réus, sempre em julgamento unificado. Entendendo ser improcedente a oposição, examinará a pretensão do autor da ação principal em face da defesa (contestação) e reconvenção, se tiver sido oposta pelo réu, decidindo-a(s) (art. 61).[17]

15. No entanto, o STJ já admitiu o julgamento autônomo e anterior da oposição, "da manifesta inércia das partes em dar prosseguimento ao processo principal" (STJ, REsp 208.311/RJ, 4.ª T., j. 18.05.2000, rel. Min. Sálvio de Figueiredo Teixeira, *DJ* 07.08.2000, p. 112).

16. TARS [extinto], citado por Athos Gusmão Carneiro, *Repertório*, cit., em. 115, p. 86.

17. A inobservância da ordem a que se refere o art. 61, no entanto, não gera nulidade, se não houver prejuízo. Nesse sentido, decidiu-se que, "não obstante tenha sido a causa principal decidida antes da oposição, em afronta a letra do art. 61 do CPC, a sentença deu a cada parte o que lhe era de direito. Apesar de não obedecida a

A preclusão para a dedução da oposição, para o fim de ser ela apensada ao processo principal, ficando sujeita ao grau de progressão do procedimento, e comportar julgamento simultâneo opera-se, nos termos expressos da lei, iniciando-se a *audiência*. Contudo, devemos lembrar que a oposição poderá ser sempre deduzida até o trânsito em julgado da decisão do processo principal, mas não com as suas consequências procedimentais específicas, a que aludimos. Nesta última hipótese será verdadeira ação autônoma,[18] como já acentuamos.

Mesmo estando a causa em segundo grau, poderá ser oferecida a oposição. Porém, ocorrendo isto, a oposição terá sempre o caráter de demanda autônoma, sendo impensável a sua dedução direta, no juízo de segundo grau. Na verdade, então, de oposição só terá o nome.

Sendo oferecida depois de iniciada a audiência, a oposição terá um procedimento autônomo, desligado do da causa principal à qual o terceiro pretende opor-se (art. 60, 1.ª frase).

No entanto, tem o juiz o poder de mandar paralisar o processo principal, até o prazo de 90 dias, objetivando equiparar o estágio processual da ação principal ao da oposição (art. 60, 2.ª frase, e art. 265, VI), de tal forma que haja julgamento conjunto (art. 60, 2.ª frase), observada a regra do art. 61.

Conseguindo, com o sobrestamento, colocar na mesma fase procedimental os dois processos, o juiz deverá julgar primeiramente a oposição, somente conhecendo *intrinsecamente* do mérito da ação principal, se a oposição for julgada improcedente, pois que a relação lógica que se estabelece entre oposição e ação principal é de prejudicialidade. Não tendo, contudo, determinado o sobrestamento, ou, não conseguindo equiparar o procedimento das duas causas (art. 60, 2.ª frase), o juiz irá julgá-las independentemente.

56. O processamento da oposição

A forma de dedução da oposição, quer seja oferecida antes da audiência, ou após, é idêntica à prevista para a petição inicial (arts. 282 e 283), e isto porque, através da oposição, está o opoente exercendo autêntico direito de ação.

No caso de ter sido oferecida a oposição, antes da realização da audiência, não pode o juiz mandar realizá-la antes de dar tramitação regular à oposição.[19]

Se, no entanto, for apresentada no dia e hora da audiência, deverá ser autuada em apartado, prosseguindo a oposição autonomamente.[20]

Deverá, sendo admitida e para o seu processamento, ser deferida a citação do autor e réu, isto é, dos opostos. Muito embora a citação deles, normalmente, venha a ser efetivada na pessoa dos respectivos advogados, já se decidiu no sentido de que a citação "deve seguir a linha normal de chamamento a juízo" dos arts. 221 e 224 do CPC, não se admitindo, para tanto, a "publicação pelo órgão oficial".[21] Se, even-

forma, criada, aliás, por uma questão de lógica, o fim visado pelo dispositivo foi atingido" (STJ, REsp 420.216/SP, 6.ªT., j. 01.10.2002, rel. Min. Fernando Gonçalves, *DJ* 21.10.2002, p. 428).

18. *V.*, nesse sentido, Parecer da Comissão Revisora sobre o Anteprojeto de Código de Processo Civil, *Revista de Processo (RePro)* 1/20.

19. *Anais Forenses do Estado de Mato Grosso* 35/381.

20. *RJTJSP* 38/140.

21. TJSP, *JTJ* 115/158.

tualmente, o processo estiver correndo à revelia, deverá o réu do processo principal ser citado, segundo as regras dos arts. 213 a 233, ou do Título V, Capítulo IV, Seção III, do Livro I.

A oposição é deduzida perante o juízo onde já pende o processo principal (art. 109), dado que ela deve ser distribuída *por dependência* (art. 57).

Os opostos terão prazo de 15 dias para *contestar* (art. 57), sendo que, diante do fato de a lei especificar esse prazo, é incogitável a aplicação do art. 191.[22] A circunstância de o legislador ter usado da palavra *contestar* não implica, como parece à primeira vista, restrição ao direito de resposta dos opostos.

A resposta dos opostos poderá compreender a contestação, exceção (quase que somente confinada à de impedimento e à de suspeição) e reconvenção, comportando, pois, o art. 57, interpretação extensiva. Pode também o opoente discutir a incompetência absoluta e quaisquer alegações residentes na oficiosidade dos poderes do juiz.[23]

Parece-nos, igualmente, que podem os opostos reconvir isolada ou independentemente, ou, mesmo, como litisconsortes ativos de reconvenção.[24]

O oferecimento de oposição, antes de iniciada a audiência, dá oportunidade a que haja uma só fase probatória, com aproveitamento substancial das provas produzidas ou com produção conjunta de provas, quer para o julgamento da causa principal, quer da oposição.[25]

57. A posição dos opostos em relação ao opoente

Se alguém faz valer sua pretensão através de oposição, necessariamente deverá deduzi-la contra autor e réu. Não há que falar em oposição, como tal, contra um só dos litigantes, ante nosso Direito positivo. Então, sendo feito uso da oposição, os opostos serão, por força de lei, *circunstancialmente litisconsortes necessários*.[26]

Não se colocam, todavia, em litisconsórcio unitário, pois o juiz não há de decidir a lide de modo necessariamente uniforme, em relação aos opostos. Ainda, os atos de disponibilidade praticados por um dos opostos produzem efeito próprio, mesmo que não esteja acompanhado do outro oposto, do que é exemplo o próprio teor e sentido do art. 58, o que a seu turno é manifestação da independência dos opostos,

22. No mesmo sentido: Cassio Scarpinella Bueno, *Partes e terceiros no processo civil brasileiro*, p. 180. Em atenção a essa possível dúvida, o parágrafo único do art. 698 do PL 8.046/2010, diz que "distribuída a oposição por dependência, serão os opostos citados, na pessoa de seus respectivos advogados, para contestar o pedido no prazo comum de quinze dias".

23. TJRJ, AgIn 512, 7.ª Câm.Civ., j. 12.08.1976, v.u., rel. Sampaio Lacerda.

24. No mesmo sentido: Clito Fornaciari Júnior, *Da reconvenção no direito processual civil brasileiro*, p. 96.

25. Digno de nota o apontamento feito por Moacyr Amaral Santos, que sustentou a possibilidade: "Sem embargo da redação do art. 56 do referido Código, conforme a qual o opoente poderá 'oferecer oposição contra ambos', isto é, autor e réu, donde poder-se supor que a lei autoriza apenas a primeira oposição, a doutrina, que tem apoio no direito pátrio anterior, reconhece admissíveis uma segunda, terceira e sucessivas oposições, formuladas por terceiros diversos, destinados à exclusão das pretensões das partes e dos opoentes anteriores" (*Primeiras linhas de direito processual civil*, vol. 2, p. 47-48).

26. Arruda Alvim, *Código de Processo Civil Comentado*, vol. 3, p. 158.

enquanto litisconsortes na oposição (art. 48), em regime *circunstancialmente necessário*, mas não unitário.

58. A autonomia dos opostos

O art. 58 expressa praticamente uma das consequências de os opostos colocarem-se como litisconsortes não unitários. Guardam, por essa razão, autonomia de movimentos e atos, sendo considerados, em suas relações com o opoente, como litigantes diversos, em conformidade com o art. 48 da lei processual.

O art. 58, sendo manifestação da autonomia dos opostos, alberga, curialmente, os poderes menores. Assim, poderá um dos opostos confessar os fatos, na oposição, o que não afetará o outro; poderá transigir etc., mas nesta última hipótese sairá do processo (art. 269, III), ensejando uma sentença que especificamente diga respeito a este ato de natureza dúplice (a transação).

Poderá também reconhecer a procedência do pedido do opoente, quando, então, deverá o juiz, relativamente a ele, proferir sentença com base no art. 269, II, do Código.[27]

Praticado qualquer ato de disponibilidade que leve ao fim o processo principal (seja do autor-oposto, seja do réu-oposto), automaticamente a oposição fica reduzida a uma demanda simples, ao lado da ação principal, preexistente à oposição, figurando como autor o opoente, e, como réu, aquele litigante que ainda continua a figurar no processo.

59. Os pressupostos processuais e as condições da ação na oposição

A oposição, constituindo-se em verdadeiro exercício do direito de ação, deve ser usada com o preenchimento dos pressupostos processuais, e das condições da ação, genéricas e previstas para toda e qualquer ação, além daquelas específicas da oposição (v. n. 53, *supra*).

A verificação, tanto dos pressupostos processuais específicos como dos genéricos e, ainda, tangentemente às condições da ação, submete-se ao poder oficioso do juiz (v. arts. 267, § 3.º; 301, X e § 4.º).

60. O indeferimento do pedido de oposição

A decisão que indeferir a oposição ensejará, ao que pretende ser opoente, o recurso de agravo de instrumento, quando tenha sido requerida antes da audiência. Se já iniciada a audiência, a rejeição é recorrível por apelação, nos autos da oposição, pois haverá, nessa segunda hipótese, plena autonomia procedimental, não ensejando a interposição deste recurso qualquer prejuízo ao procedimento da ação em que, autonomamente, litigam os opostos.[28]

61. A sentença da oposição

A sentença sobre a oposição poderá referir-se a todo o direito ou coisa disputada no processo principal e na relação proces-

27. Clito Fornaciari Júnior, *Reconhecimento jurídico do pedido*, p. 35. Pela não unitariedade, v. Nelson Nery Jr. e Rosa Andrade Nery, *Código de Processo Civil Comentado*, comentário n. 7 ao art. 56, p. 239, em que dizem tratar-se, também, de litisconsórcio necessário o formado pelos opostos.

28. Nesse sentido: Sérgio Rizzi, Indeferimento liminar de ação declaratória incidental, *Revista de Processo (RePro)* 2/237.

sual da oposição, ou apenas parcialmente, tudo em consonância com as dimensões do pedido de oposição, pois nesta também há uma lide, fixada pelo opoente quando da dedução da oposição e sobre a qual deverá o juiz decidir. A coisa ou o direito poderá ter sido, total ou parcialmente, pretendido pelo opoente[29] e, nessa medida, deverá julgar a sentença ambos os pedidos, sob pena de ser viciada, ou seja, será *infra* ou *ultra petita*, tendo em vista o pedido da oposição.

Qualquer que seja o resultado dado à oposição, operar-se-á *coisa julgada* entre opoente e autor-oposto e, ainda, entre opoente e réu-oposto, mas não entre autor-oposto e réu-oposto,[30] em cuja relação jurídica ou lide não interfere a oposição.

Bibliografia

ALVIM, Eduardo Arruda. *Curso de direito processual civil*. São Paulo: Ed.RT, 1999. vol. 1.

______. *Direito processual civil*. São Paulo: RT, 2008.

______. *Direito processual civil. 3. ed.* São Paulo: RT, 2010.

______. *Direito processual civil. 4. ed.* São Paulo: RT, 2012.

ALVIM NETTO, José Manoel de Arruda. *Código de Processo Civil comentado*. São Paulo: Ed. RT, 1976. vol. 3.

ARAGÃO, Egas Dirceu Moniz de. *Comentários ao Código de Processo Civil*. Rio de Janeiro: Forense, 1979. vol. 2.

ASSIS, Jacy de. *Comentários ao Código de Processo Civil*. 1979. vol. 2, t. II.

BARBI, Celso Agrícola. *Comentários ao Código de Processo Civil*. Rio de Janeiro: Forense, 1983. vol. 1.

BARBOSA MOREIRA, José Carlos. *Estudos sobre o novo Código de Processo Civil*. Rio de Janeiro: Liber Juris, 1974.

______. *O novo processo civil brasileiro*. 25. ed. Rio de Janeiro: Forense, 2007.

BLOMEYER, Arwerd. *Zivilprozeßrech – Erkenntnisverfahren [Direito Processual Civil*: Processo de Conhecimento]. Berlim: Springer, 1963.

BORGES, Marcos Afonso. *Comentários ao Código de Processo Civil*. São Paulo: LEUD, 1975. vol. 1.

BUENO, Cassio Scarpinella. *Partes e terceiros no processo civil brasileiro*. São Paulo: Saraiva, 2003.

CARNEIRO, Athos Gusmão. *Da intervenção de terceiro*. São Paulo: Saraiva, 1982.

______. Oposição e nomeação à autoria. *ROAB*-DF 79.

DINAMARCO, Cândido Rangel. Intervenção de terceiro em processo cautelar. *Ajuris* 32/216, vol. 1, 1984.

FABRÍCIO, Adroaldo Furtado. Doutrina e prática do procedimento sumaríssimo. *Ajuris* 7, n. 23, 1977.

FADEL, Sergio Sahione. *Código de Processo Civil comentado*. Rio de Janeiro: Forense, 1984. vol. 1.

FORNACIARI JÚNIOR, Clito. *Reconhecimento jurídico do pedido*. São Paulo: Ed. RT, 1977.

______. *Da reconvenção no direito processual civil brasileiro*. 2. ed. São Paulo: Saraiva, 1983.

29. Marcos Afonso Borges classifica a oposição em total ou parcial, na medida da pretensão exercida pelo opoente (*Comentários ao Código de Processo Civil*, vol. 1, p. 70).

30. V. Blomeyer, em *Zivilprozeßrecht – Erkenntnisverfahren [Direito Processual Civil*: Processo de Conhecimento], § 111, n. II, p. 622.

MARCATO, Antonio Carlos (coord). *Código de Processo Civil interpretado*. 3.ª ed. São Paulo: Atlas, 2008.

MARQUES, José Frederico. *Manual de direito processual civil*. São Paulo: Saraiva, 1983. vol. 1.

MIRANDA, Francisco Cavalcanti Pontes de. *Comentários ao Código de Processo Civil* (de 1973). Rio de Janeiro: Forense, 1974. t. II.

MUÑOZ, Pedro Soares. Da intervenção de terceiros. *Estudos sobre o novo Código de Processo Civil*, 1974. vol. 1.

NACONECY, Luiz Carlos Macedo. *Curso de direito processual civil*. São Paulo: Ed.RT, 1984.

NERY JR., Nelson; NERY, Rosa Andrade. *Código de Processo Civil comentado*. 9. ed. São Paulo: Ed.RT, 2006.

OLIVEIRA JÚNIOR, Waldemar Mariz de. Assistência, oposição, nomeação à autoria. *Estudos sobre o Novo Código de Processo Civil*. São Paulo: Resenha Tributária.

PASSOS, José Joaquim Calmon de. *Comentários ao Código de Processo Civil*. Rio de Janeiro-São Paulo: Forense, 1979. vol. 3.

PAULA, Alexandre de. *Código de Processo Civil anotado*. São Paulo: Ed.RT, 1980. vol. 1.

PRATA, Edson. Oposição. *RBDP* 31/145, 1982.

RIZZI, Sérgio. *Indeferimento liminar na ação declaratória incidental*. *RePro* 2/237, ano I. São Paulo, RT, abr.-jun./76.

ROENICK, Hermann Homem de Carvalho. A oposição e outros estudos de Direito Processual. *Ajuris* 10, 1979.

SANSEVERINO, Milton. *Procedimento sumaríssimo*. São Paulo: Ed.RT, 1983.

SANTOS, Moacyr Amaral. *Primeiras linhas de direito processual civil*. 23. ed. (atualizado por Aricê Moacyr Amaral Santos.) São Paulo: Saraiva, 2004. vol. 2.

SILVA, Ovídio A. Baptista da; MACHADO, L. Melíbio Uiraçaba; GESSINGER, Ruy Armando; GOMES, Fábio Luiz. *Teoria geral do processo civil*. Porto Alegre: Letras Jurídicas, 1983.

THEODORO JÚNIOR, Humberto. *Curso de direito processual civil*. Rio de Janeiro: Forense, 1985.

______. *Processo de conhecimento*. Rio de Janeiro: Forense, 1981. t. II.

TORNAGHI, Hélio. *Comentários ao Código de Processo Civil*. São Paulo: Ed.RT, 1976. vol. 1.

VII

Da Nomeação à Autoria

62. Noções necessárias à compreensão do instituto

Pelo nosso sistema civil – afinado com a generalidade do Direito comparado – foi admitida a cisão da posse em direta e indireta (art. 1.197 do CC/2002).[1] Esta divisão ocorre, havendo um negócio jurídico pessoal ou real, por meio do qual o proprietário-possuidor transfere a outrem, mercê de qualificação jurídica específica, a ligação física com a coisa (possuidor direto), mas guarda para si a posse indireta. A posse direta é, então, aquela exercida, como o nome indica, *diretamente* sobre o bem, por força de obrigação ou direito. Seria o caso da posse do usufrutuário, do locatário e outras. Essas, porém, não eliminam a existência da posse indireta, mas, ao contrário, com ela coexistem (art. 1.197 do CC/2002).

Já a detenção, segundo o art. 1.198, *caput*, do Código Civil,[2] é a afetação de um bem a alguém que, "achando-se em relação de dependência para com outro, conserva a posse em nome deste e em cumprimento de ordens ou instruções suas" (fâmulo da posse).[3]

1. Cf. art. 486 do CC/1916.
2. Cf. art. 487 do CC/1916.
3. Arruda Alvim, *Código de Processo Civil comentado*, vol. 3, p. 184 *et seq.*; Hélio Tornaghi, *Comentários ao Código de Processo Civil*, vol. 1, p. 248 *et seq.*

63. Definição

Nomeação à autoria é o ato por meio do qual o mero detentor, nos termos do art. 62, tendo sido erroneamente demandado, declara ao autor quem deve ser o verdadeiro réu, ou seja, aquele em nome de quem *detém* o bem que lhe está sendo demandado. Supõe, assim, uma ação acerca de bem móvel ou imóvel.

Através deste instituto, busca-se a correção da legitimação passiva para a causa, uma vez que o detentor, sendo demandado "em nome próprio", isto é, como parte supostamente legítima, alega que não é o titular da possível relação de Direito Material, tal como retratada pelo autor. Desta forma, o que ocorre é que o nomeado deve assumir o processo, pois é contra este que a ação deveria ser movida, e esta oportunidade, corretiva da legitimação passiva, é ensejada ao autor.[4]

Na eventualidade de a ação respeitar, *por hipótese*, a atos concretos praticados por um comodatário (possuidor e não detentor), e, se em face da providência solicitada (manutenção de posse) não puder decorrer a perda da coisa ou de direito algum, descabe *nomeação à autoria*, uma vez que legiti-

4. Ao autor, todavia, se reconhece o direito de aceitar, ou não, a nomeação (art. 65, 1.ª frase – v. tb. *RT* 478/107); *JUTACivSP* 78/201.

mado para a ação é o próprio comodatário.[5] Constata-se, pelo exemplo elucidativo, aplicável para todo o tema da *nomeação à autoria*, que, não havendo *legitimação passiva "ad causam"* a ser corrigida, não é cabível a nomeação à autoria.[6]

Tenhamos presente que a nomeação nunca deverá ser feita *per saltum*, isto é, citado, o detentor deverá nomear sempre aquele de quem a sua posição deriva. O detentor não deverá pular aquele de quem derivou sua posição na coisa, nomeando diretamente o proprietário, se sua detenção deste não deriva. A admissibilidade de tal atitude poderia trazer outro não legitimado para a causa e, assim, não aportaria benefício para o processo.

O pressuposto tradicional para o uso do instituto da nomeação à autoria, no direito brasileiro, é o de que se trate de demanda sobre coisa, muito embora o art. 63 se refira também à hipótese da viabilidade de nomeação à autoria relativamente "à ação de indenização, intentada pelo proprietário ou pelo titular de um direito sobre a coisa", sempre que aquele que se tem por responsável (parte legítima passiva) para responder pela ação afirme que praticou o ato em decorrência de *ordem*, ou "em cumprimento de instruções de terceiro".

Em ambos os casos, entretanto, a finalidade do instituto da nomeação à autoria é a da correção da legitimidade passiva *ad causam*.

Deve-se observar o texto do art. 1.228, do CC/2002, que inova em relação ao disposto no art. 524 do CC/1916,[7] ao dispor que o proprietário poderá reivindicar a coisa de quem injustamente a possua ou detenha e indagar, nesse passo, qual a influência desse novo regramento no art. 62 do CPC, que menciona apenas a figura do possuidor, sem nada dizer sobre o detentor. O que se deseja saber, fundamentalmente, é se estaria o mero detentor legitimado a responder à ação de reivindicação, inexistindo, assim, a necessidade de corrigir-se o polo passivo, em tais ocasiões, de que cuida o art. 62.

A resposta, em nosso sentir, não deve ser positiva, ainda que o art. 1.228, *caput*, do CC/2002 haja expressamente inserido a legitimidade passiva do detentor em relação às ações reivindicatórias. Tratar-se-ia de uma previsão legal de substituição processual (legitimação extraordinária) conferida

5. Já decidiu o STJ que, se a hipótese é de ação de imissão na posse proposta por quem se afirma titular da propriedade e da posse indireta, embora com fundamento no art. 70, II, a denunciação da lide é obrigatória (para serem resguardados os riscos da evicção) pelos réus a terceiro que, na qualidade de locador, lhes transmitiu a posse direta do bem imóvel. O caso não é de nomeação à autoria, posto que a procedência da ação pode implicar a perda da posse direta do imóvel dos réus originários, pelo que são partes legítimas para responder à ação. No corpo do acórdão (REsp 20.121-8/PR, *RSTJ* 66/258, também mencionado na nota 21 do n. 70, *infra*), há menção a elucidativa lição doutrinária de Athos Carneiro, manifestada em seu *Da intervenção de terceiros*, que bem se aplicava àquela hipótese, como, de resto, às nossas preocupações presentes: "A denunciação da lide, neste caso, como observam vários autores, reveste-se até certo ponto de alguns aspectos da 'nomeação à autoria'. Embora o arrendatário seja parte legítima como réu na ação reintegratória de posse (pois não é ele um simples detentor da coisa), não menos certo que ao arrendante assiste idêntico ou maior interesse jurídico em contestar a demanda reintegratória, sendo, pois, igualmente parte legítima passiva na ação principal. Não se opera, assim, a substituição do réu parte ilegítima por um réu parte legítima, como na nomeação à autoria, mas sim forma-se, no polo passivo da ação principal, um litisconsórcio entre possuidor direto e possuidor indireto".

6. *JUTACivSP* 58/297.

7. O art. 524 dispunha que "a lei assegura ao proprietário o direito de usar, gozar e dispor de seus bens, e de reavê-los do poder de quem quer que injustamente os *possua*" (g.n.).

ao detentor para atuar como legitimado passivo na ação de reivindicação. Em tais casos, portanto, tratando-se de demandas versando a propriedade, não incidiriam os arts. 62 e seguintes, que acabariam, por certo, a ter a sua incidência reduzida, isto é, inaplicáveis para as reivindicatórias, mas em vigor para as demandas possessórias.

A doutrina que se debruçou sobre o assunto não é pacífica. Para alguns, o mero detentor – com os quais concordamos – não detém legitimidade para a ação de reivindicação, mantendo-se *quase que* incólume a diretriz dos arts. 62 e seguintes, do CPC, devendo ele, então, nomear à autoria o possuidor ou proprietário.[8] Para a outra corrente, à qual não nos filiamos, tem legitimidade o detentor para responder à ação reivindicatória, de acordo com os termos do art. 1.228 do CC/2002.[9] Com isto, alteramos ponto de vista de edição precedente.

O que se deve frisar é que o instituto da nomeação à autoria existe precisamente para dispensar o autor de investigar a qualidade de quem, de fato, obsta o exercício de seu direito. Referido instituto, originário do direito romano, permite, *v.g.*, que o reivindicante proponha ação contra quem obsta seu direito dominial, sem que lhe caiba trazer ao processo o verdadeiro possuidor. Isso decorre, como esclarece o Min. Luiz Fux da própria oponibilidade *erga omnes* do direito de propriedade, uma vez que "em razão do direito de que era titular, o proprietário podia propor ação contra quem obstasse ao seu *ius domini*, não necessitando indagar se injusto apossamento tinha, como autor, o detentor ou possuidor. Após a propositura da ação e citado o detentor, cabia a este, e não ao reivindicante, trazer ao processo o verdadeiro possuidor."[10]

8. Nesse sentido, Fredie Didier Jr. sustenta que:

"Permanece em vigor o art. 62 do CPC.

"Enfrentou a questão Alexandre Freitas Câmara. Segundo o processualista fluminense, a cláusula 'ou detenha', contida no mencionado artigo do CC/2002, deve ser considerada como não escrita, por ferir o devido processo legal. Afirma ele que, se assim não fosse, a demanda eventualmente proposta em face do detentor seria inútil, pois o comando da sentença, à luz do disposto no art. 472 do CPC, não poderia ser oposto contra o possuidor/proprietário de quem o detentor é fâmulo, que não participou do processo e que certamente, por causa disso, ajuizaria embargos de terceiro para se contrapor a qualquer tentativa de efetivação da sentença.

"O único jeito de salvar a nova redação seria considerar o mero detentor como legitimado extraordinário (substituto processual): estaria autorizado por lei a defender, em nome próprio, interesse alheio (o do seu amo). Não nos convence a tentativa, contudo. Seria irrazoável permitir ao subordinado defender em juízo interesses do seu patrão, que, pelas regras da experiência, em princípio dispõe de melhores condições para isso. Além disso, importante doutrina afirma que 'a legitimação extraordinária somente é admissível quando se tratar de mecanismo destinado à tutela do interesse do legitimado extraordinário, ante a inércia do substituído', o que efetivamente não é o caso."A despeito da redação do art. 1.228 do CC/2002, não possui o mero detentor (art. 1.198) legitimidade passiva *ad causam* para a ação reivindicatória, razão pela qual deve nomear à autoria o verdadeiro possuidor/proprietário, tudo na forma como prescreve o art. 62 do CPC, que se mantém incólume" (*Regras processuais no novo Código Civil,* p. 102).

9. Marco Aurélio Viana assevera: "Observamos que o art. 524 do Código de 1916 referia-se apenas ao possuidor, não havendo menção ao detentor. Mas não havia dúvida quanto à possibilidade de se manejar a ação contra o detentor. O art. 1.228 incluiu a figura do detentor, afastando qualquer dúvida que se pudesse ter" (*Comentários ao Código Civil,* vol. 16, p. 26). [Para o nosso ponto de vista, v., mais amplamente, os *Comentários ao Código Civil Brasileiro,* da Editora Forense, coordenação de Arruda Alvim e Thereza Alvim, vol. 11, em que se incluem também comentários ao Código de Processo Civil].

10. Luiz Fux. *Curso de Direito Processual Civil*, p. 289, em que o autor compara o sistema romano com o germânico (op. cit., nota 89), no qual o

A nomeação à autoria permite, desta sorte, maior economia processual, em benefício do autor que, diante da dificuldade de ajuizar a demanda contra o real possuidor, tem a seu favor disposição legal que impõe ao detentor – eventualmente demandado por equívoco, como se possuidor fosse – o ônus de requerer a correção do polo passivo, sob pena se ser responsabilizado por sua inércia em nomear o possuidor à autoria.

Isso evita a extinção do processo sem resolução de mérito por ilegitimidade passiva do detentor, bem como a imposição, ao autor, do ônus desproporcional de adivinhar quem seja o real possuidor de um bem que esteja sob a detenção de outrem. Desta sorte, o autor não está obrigado a ajuizar tantas ações quantas forem necessárias contra possíveis possuidores, até lograr êxito na indicação correta do legitimado passivo. É o réu que, demandado como se possuidor fosse e, não se encontrando em tal situação por ser mero detentor, tem o ônus de indicar o sujeito legitimado para figurar no polo passivo da ação (*i.e.*, o possuidor).

Cumpre ressaltar, ainda, que, conquanto essa modalidade de intervenção de terceiros não esteja prevista no Projeto de Novo Código de Processo Civil, caso este seja aprovado, restará atingido o objetivo do instituto pela possibilidade de correção da legitimidade, prevista no art. 339 do PL 8.046/2010, em sua mais recente redação, *verbis:* "Alegando o réu, na contestação, ser parte ilegítimaou não ser o responsável pelo prejuízo invocado na inicial, o juiz facultará ao autor, em quinze dias, a alteração da petição inicial para substituição do réu."

Dessa forma, serão mantidos os desígnios de economia processual que informam o instituto; sua concretização, porém, se dará de maneira mais simplificada, tanto do ponto de vista formal, como, também, dos pressupostos à modificação polo passivo. Veja-se, por exemplo, que o Projeto não estabelece a necessidade de aceitação da sucessão por quem é indicado como verdadeiro legitimado (exigência imposta na nomeação à autoria no art. 66 do vigente CPC, conforme exposto *infra,* nos ns. 64 a 66), sendo suficiente o requerimento do autor, diante da impugnação da legitimidade passiva por parte do réu. Outrossim, não há previsão taxativa das hipóteses de aplicação do art. 339 do PL 8.046/2010; já no vigente CPC, a nomeação à autoria está adstrita aos casos taxativamente enumerados em lei, de acordo com a matéria versada na causa (art. 62 do CPC, conforme exposto *supra*).

64. Legitimação para a nomeação e procedimento

A nomeação à autoria só cabe ao réu, que deverá requerê-la no prazo para defesa (art. 64). *Defesa*, neste passo, é expressão mais ampla que *resposta*, pois a nomeação à autoria cabe em todos os processos de conhecimento, inexistindo óbice, decorrente do tipo de procedimento, ao uso do instituto. Assim, poderá haver nomeação à autoria nos procedimentos especiais, não havendo proibição expressa em lei, e não exclusivamente no comum ordinário.[11]

Pela Lei 9.245/1995, que alterou o rito sumário do Código de Processo Civil, está vetada a nomeação à autoria no procedimento sumário, diante da *literalidade* da nova lei e a partir de uma visão *sistemática* do Código (art. 280), a intervenção de terceiros (no caso que nos interessa neste momento, a nomea-

reivindicante não podia nomear, de sorte que a ação ajuizada contra servidor tinha como desfecho a extinção do processo por carência de ação.

11. Sobre o cabimento da nomeação à autoria nos processos cautelar e de execução, ver Cássio Scarpinella Bueno, *Partes e terceiros no processo civil brasileiro*, n. 7, p. 200-201.

ção à autoria) nas ações que seguem esse procedimento; exceção feita à assistência e ao recurso de terceiro prejudicado, e aos casos em que a intervenção tiver por objeto contrato de seguro (texto da Lei 10.444/2002).

Feita a nomeação, deferindo o juiz o pedido, suspenderá o processo, ouvindo o autor no prazo de cinco dias (art. 64, 2.ª frase). O silêncio do autor implica a aceitação do nomeado, caso em que lhe cumpre promover a citação do mesmo. O mesmo ocorre quando o autor expressamente aceita o nomeado. Se o autor recusar a nomeação, o prazo para contestação é integralmente devolvido ao réu,[12] pois o que consta do art. 67 é que "assinar-se-á ao nomeante *novo prazo* para contestar".

A lei processual não estabeleceu prazo dentro do qual deve o autor promover a citação do nomeado, *prazo de promoção de citação esse que não terá maior relevância se a citação for pelo correio* (art. 241, I, redação pela Lei 8.710/1993).

O nomeado só estará legitimado a ingressar no processo, na qualidade de *réu*, quando o autor o tiver aceitado. É livre o autor para aceitar ou não o nomeado (art. 65); se não aceitar, ficará sem efeito a nomeação.[13] Isso não impedirá o que foi nomeado de, contudo, se preencher os requisitos legais para tanto, requerer o seu ingresso como *assistente*.

Por sua vez, recebendo a citação, o nomeado: a) pode comparecer e nada alegar (art. 68, II, parte final); ou b) pode não comparecer (art. 68, II, primeira parte), em ambos os casos presumir-se-á aceita a nomeação (art. 68, *caput*); e c) poderá também aceitar ou negar expressamente a qualidade que lhe foi atribuída (art. 66).

Na hipótese de o nomeado não aceitar a qualidade que lhe for atribuída, ou, ainda, quando o próprio autor recusar o nomeado (art. 67), "assinar-se-á ao nomeante novo prazo para contestar", vale dizer, devolve-se-lhe totalmente o prazo,[14] sob pena de nulidade.[15] Ocorrendo a hipótese do art.

12. *RSTJ* 45/284, REsp 17.995-0, 4.ª T., rel. Min. Barros Monteiro; mais recentemente, no mesmo sentido, STJ, REsp 257.091/RO, 3.ª T., j. 21.08.2001, rel. Min. Menezes Direito, *DJ* 08.04.2002, p. 209.A regra do art. 67 incide ainda que a nomeação à autoria tenha sido realizada juntamente com a apresentação de defesa pelo réu: "Isso porque, após o indeferimento do pedido, constata-se nova situação jurídica para o nomeante que a partir daí será considerado, efetivamente, parte legítima no processo. Ofender-se-ia a ampla defesa e o contraditório se ficasse a parte, diante da confirmação de sua legitimidade *ad causam*, impedida de apresentar resposta" (STJ, REsp 235.644/SP, 3.ª T., j. 16.02.2001, rel. Min. Waldemar Zveiter, *DJ* 09.04.2001, p. 354).

13. *RT* 478/107.

14. *RT* 486/81 e 159. Mais recentemente, o tema foi enfrentado pela 4.ª Turma do Superior Tribunal de Justiça quando do julgamento do REsp 17.955-0/PR, rel. o Min. Barros Monteiro, a final conhecido por ofensa ao art. 67 do Código de Processo Civil (permissivo do art. 105, III, *a*, da Constituição) e provido sem discrepância entre os votantes (02.02.1993). Tratava-se de ação de imissão de posse em que os réus nomearam à autoria determinada sociedade comercial. Recusada a nomeação pela nomeada, determinou o magistrado de primeiro grau fossem especificadas provas. Contra este pronunciamento agravaram os réus (nomeantes) alegando que tal "despacho" acabara por lhes negar, implicitamente, novo prazo para apresentarem resposta, nos termos do precitado dispositivo da lei processual. Negado provimento àquele recurso pelo tribunal local, foi acolhido o inconformismo manifestado em sede do especial, onde se anotou, após colação das lições de Pontes de Miranda e Frederico Marques: "Há que se conceder, pois, novo prazo para contestar, não bastando, como estabeleceu o acórdão recorrido, a simples intimação acerca da recusa da nomeação à autoria. A abertura do mencionado prazo há de ser explícita e, além do mais, no caso em tela, ocorreu o indicativo de que se suprimira a exigência da lei, com a determinação às partes de especificação das provas" (*RSTJ* 45/286).

15. *RJTJSP* 68/149 e *JUTACivSP* 90/151.

67, deverá, aquele que nomeou, responder à ação, dado que isto é do seu interesse, incumbindo-lhe, portanto, levantar todas as exceções e as questões processuais cabíveis, bem como defender-se, tendo em vista o fundo do litígio, preparando defesa que lhe possibilite, posteriormente e inclusive, o uso da ação regressiva, quando couber, ou ação de perdas e danos contra o nomeado que, devendo ter tomado o seu lugar no processo, não o fez (art. 69, I).[16] A lei processual (art. 69) prevê expressamente a responsabilidade, por omissão (art. 69, I) ou por nomeação errônea (art. 69, II).

O juiz, só se for evidente o descabimento da nomeação, poderá indeferi-la com base no art. 125, II, pois pode ocorrer seja esta meramente protelatória; mas desta decisão caberá agravo (retido, ou de instrumento, se presentes as circunstâncias do art. 522, na redação da Lei 11.187/2005), por parte do nomeante.

Quando a lei, no art. 67, prescreve que será assinado ao nomeante "novo prazo para contestar", devemos entender a expressão contestar como significativa de *responder*, pois, na realidade, o nomeante exercerá no processo, em sua integridade, os poderes outorgados ao réu, *que ele passa a ser*, sendo-lhe lícito, curialmente, levantar como preliminar sua ilegitimidade passiva *ad causam* (arts. 301, III e 267, VI).

Apesar de a lei aludir à suspensão do processo (art. 64), continuando o processo contra o nomeante (art. 66, *fine*), o prazo para resposta será íntegro, porque o art. 67 se refere a *novo prazo*, como já consignamos. Apesar do art. 64 referir-se a *suspensão*, o que aí se significa é que o processo não tem andamento, *mas não que haja de se verificar continuação do prazo, que já havia começado.*

16. Nesse sentido: STJ, REsp 29.161/SP, 3.ª T., j. 29.05.2001, rel. Min. Ari Pargendler, *DJ* 25.06.2001, p. 166.

Caso venha a nomeação a se perfazer, com a aceitação do autor e do nomeado, o nomeante deixará o processo, ingressando em seu lugar o nomeado, na condição de réu e com a plenitude dos poderes a este atribuídos.[17]

Assim, e porque é réu, poderá o nomeado reconhecer a procedência do pedido formulado pelo autor, sem o que o nomeante tenha qualquer interesse ou possibilidade de opor-se a tanto.[18]

65. A aceitação ou a recusa do nomeado pelo autor

A vontade do autor é tida, pelo nosso sistema processual, como relevante para a consumação da nomeação (art. 65). Este poderá aceitar, ou não, o nomeado pelo réu. Caso aceite, é ônus seu proceder à citação do novo réu, salvo se esta houver de ser realizada pelo correio, em que a incumbência da realização é do cartório, como já aflorado neste tema; não aceitando, a causa continuará contra o réu primitivo.[19]

66. A aceitação ou a recusa do nomeado

Aceita a nomeação pelo autor, são passíveis de ocorrência duas hipóteses: a) o nomeado, citado, reconhece a qualidade que lhe é atribuída, passando a ocupar a posição de réu, tendo, evidentemente, o prazo para a sua resposta (art. 66); desta forma,

17. TJRS, citado por Athos Gusmão Carneiro, *Repertório*, cit., p. 87, em. 116.

18. Clito Fornaciari Júnior, *Reconhecimento jurídico do pedido*, p. 37.

19. O Superior Tribunal de Justiça já teve oportunidade de decidir que, se o autor recusa o nomeado, ou, ainda, se este nega a qualidade de legitimado para a causa que lhe é atribuída, o processo prossegue com relação ao nomeante (réu primitivo). Cf. REsp 47.062-5/SP, 3.ª T., j. 31.05.1994, rel. Min. Waldemar Zveiter, não conheceram, unanimemente, *RSTJ* 69/458.

é excluído da demanda o nomeante;[20] b) o nomeado nega tal qualidade, continuando, destarte, no processo, o réu primitivo (art. 66, *fine*).[21]

A não aceitação pelo autor da ação há de ser sempre *expressa*; à falta de manifestação no prazo legal, presume-se aceita a nomeação (art. 68), tacitamente, pelo autor (art. 68, I), e, pelo nomeado, se não comparecer, ou, mesmo comparecendo, nada alegar contra a nomeação (art. 68, II).

Não sendo aceita a nomeação, o terceiro não será atingido pela eficácia da sentença e nem pela coisa julgada, podendo opor-se à decisão que venha a ser proferida no processo, se contra ele se pretender realizem-se tais efeitos. Outro tanto, diante da mesma hipótese de recusa do nomeado, o nomeante poderá demonstrar não ser efetivamente parte legítima; por isso é que nomeou à autoria, o que leva, então, à extinção do processo sem resolução de mérito, por falta de condição da ação, qual seja a da legitimação para a causa, como já se observou.

67. A responsabilidade por perdas e danos

A nomeação à autoria é obrigatória.[22] O legislador associou ao não cumprimento do preceito contido nos arts. 62 e 63 uma consequência desfavorável *possível*, qual seja a da responsabilidade por perdas e danos[23] (art. 69).

A expressão perdas e danos, aqui, foi usada em sentido amplo, abrangendo os prejuízos propriamente processuais, despesas em geral e honorários, além dos prejuízos extraprocessuais, e, portanto, ressarcimento das perdas causadas ao próprio bem da vida, e os lucros cessantes, tendo em vista os direitos sobre ele legalmente exercidos (v. arts. 402 a 405 do CC/2002).[24]

O pressuposto fundamental para o nascimento do direito às perdas e danos é o de que se apure que o réu foi parte ilegítima.

Se o réu deixa de nomear outrem à autoria, quando deveria tê-lo feito, por não ter legitimidade passiva *ad causam* para estar no processo, deverá, por isso, ser responsabilizado civilmente pelos prejuízos que tenham da omissão decorrido (art. 69, I). Ainda, se nomeia erradamente, o seu ato já será possivelmente indicativo de ausência de sua legitimidade *ad causam*, mas, ao invés de corrigir o defeito – como obriga a lei, que usa a palavra *deverá* (art. 62) –, faz com que o vício sobreviva.

Bibliografia

Alvim, Eduardo Arruda. *Curso de direito processual civil*. São Paulo: Ed. RT, 1999. vol. 1.

______. *Direito processual civil*. São Paulo: RT, 2008.

______. *Direito processual civil*. 3. ed. São Paulo: Ed. RT, 2010.

______. *Direito processual civil*. 4. ed. São Paulo: Ed. RT, 2012..

Alvim Netto, José Manoel de Arruda. *Código de Processo Civil comentado*. São Paulo: Ed. RT, 1975. vol. 2; 1976. vol. 3.

______. *Comentários ao Código Civil brasileiro*. Rio de Janeiro: Forense, 2009. vol. XI, t. 2.

20. Nesse caso, ocorre a "eliminação automática do nomeante como réu do processo", nada impedindo, conforme o caso, a "possibilidade apenas de permanência voluntária e facultativa na condição de assistente do nomeado" (1.º TACivSP [extinto], *RT* 628/133).
21. V. n. 65, *supra*.
22. Cf. Arruda Alvim, *Código de Processo Civil Comentado*, vol. 3, p. 187; Celso Agrícola Barbi, *Comentários ao Código de Processo Civil*, n. 394, p. 330; Hélio Tornaghi, *Comentários ao Código de Processo Civil*, vol. 1, p. 257; Marcos Afonso Borges, *Comentários ao Código de Processo Civil*, vol. 1, p. 77.
23. V. *JUTACivSP* 58/146.
24. Cf. arts. 1.059 a 1.061, do CC/1916.

______. *Curso de direito processual civil*. São Paulo: Ed. RT, 1971. vol. 1.

BARBI, Celso Agrícola. *Comentários ao Código de Processo Civil*. Rio de Janeiro: Forense, 1983. vol. 1.

BARBOSA MOREIRA, José Carlos. *Estudos sobre o novo Código de Processo Civil*. Rio de Janeiro: Liber Juris, 1974.

______. *O novo processo civil brasileiro*. 25. ed. Rio de Janeiro: Forense, 2007.

BORGES, Marcos Afonso. *Comentários ao Código de Processo Civil*. São Paulo: LEUD, 1975. vol. 1.

BUENO, Cássio Scarpinella. *Partes e terceiros no processo civil brasileiro*. São Paulo: Saraiva, 2003.

CARNEIRO, Athos Gusmão. *Da intervenção de terceiros*. São Paulo: Saraiva, 1982.

______. Oposição e nomeação à autoria. *ROAB*-DF 79.

DIDIER JÚNIOR, Fredie. *Regras processuais no novo Código Civil*. São Paulo: Saraiva, 2004.

FADEL, Sergio Sahione. *Código de Processo Civil comentado*. Rio de Janeiro: Forense, 1984. vol. 1.

FORNACIARI JÚNIOR, Clito. *Reconhecimento jurídico do pedido*. São Paulo: Ed.RT, 1977.

FUX, Luiz. *Curso de Direito Processual Civil*. Rio de Janeiro: Forense, 2005.

GIANESINI, Rita. Nomeação à autoria (verbete). *Enciclopédia Saraiva do Direito*, 1980. vol. 54.

GRECO FILHO, Vicente. *Direito processual civil brasileiro*. 20. ed. São Paulo: Saraiva, 2007. vol. 1.

MARQUES, José Frederico. *Manual de direito processual civil*. São Paulo: Saraiva, 1983. vol. 1.

MIRANDA, Francisco Cavalcanti Pontes de. *Comentários ao Código de Processo de Processo Civil* (de 1973). Rio de Janeiro: Forense, 1974. t. II.

MUÑOZ, Pedro Soares. Da intervenção de terceiros. *Estudos sobre o novo Código de Processo Civil*, 1974. vol. 1.

NACONECY, Luiz Carlos Macedo. *Curso de direito processual civil*. São Paulo: Ed. RT, 1984.

OLIVEIRA JÚNIOR, Waldemar Mariz de. Assistência, oposição, nomeação à autoria. *Estudos sobre o novo Código de Processo Civil*. São Paulo: Resenha Tributária, 1974.

PASSOS, José Joaquim Calmon de. *Comentários ao Código de Processo Civil*. Rio de Janeiro-São Paulo: Forense, 1979. vol. 3.

PAULA, Alexandre de. *Código de Processo Civil anotado*. São Paulo: Ed. RT, 1980. vol. 1.

PRATA, Edson. *Comentários ao Código de Processo Civil*. Rio de Janeiro: Forense, 1979. vol. 2, t. I.

ROCHA, José de Albuquerque. *Da nomeação à autoria*. São Paulo: Saraiva, 1983.

SANTOS, Moacyr Amaral. *Primeiras linhas de direito processual civil*. 23. ed. (atualizada por Aricê Moacyr Amaral Santos.) São Paulo: Saraiva, 2004. vol. 2.

SILVA, Ovídio A. Baptista da; MACHADO, L. Melíbio Uiraçaba; GESSINGER, Ruy Armando; GOMES, Fábio Luiz. *Teoria geral do processo civil*. Porto Alegre: Letras Jurídicas, 1983.

THEODORO JR., Humberto. *Curso de direito processual civil*. Rio de Janeiro: Forense, 1985. vol. 1.

______. *Processo de conhecimento*. Rio de Janeiro: Forense, 1981. t. I.

TORNAGHI, Hélio. *Comentários ao Código de Processo Civil*. São Paulo: Ed. RT, 1976. vol. 1.

VIANA, Marco Aurélio. *Comentários ao Código Civil*. Rio de Janeiro: Forense, 2004. vol. 16.

VIII

Da Denunciação da Lide

68. Noções gerais

O instituto da denunciação da lide[1] é a forma reconhecida pela lei como idônea para trazer terceiro ao processo (litisdenunciado), a pedido da parte,[2] autor e/ou réu, visando a eliminar eventuais ulteriores ações regressivas, nas quais o terceiro figuraria, então, como réu. Por isto mesmo é que o denunciado em relação ao denunciante é réu. O direito de regresso, ocorrendo a denunciação, deverá ser resolvido no mesmo processo.

Dever-se-á atentar, para ter cabimento a denunciação da lide, que haverão de estar presentes os pressupostos processuais e condições da ação, que à denunciação digam respeito.

Há de estar presente a possibilidade jurídica do pedido da denunciação. Por exemplo, em hipótese de aquisição de gleba, objeto de contrato de arrendamento, com validade *erga omnes* (§ 5.º, do art. 92 da Lei 4.504/1964 – Estatuto da Terra), inscrito para esse fim no registro de imóveis, o adquirente (a quem não "teria" sido contratualmente transmitida desde logo a posse, e nem de fato) pretendeu ingressar na área. O arrendatário (possuidor direto) moveu-lhe possessória, na qual quis esse réu (adquirente) denunciar a lide ao alienante. Entendeu-se, corretamente, descaber tal denunciação, tendo em vista a validade, também em face dele, adquirente, do contrato de arrendamento, o que impedia o seu ingresso no bem imóvel. No caso, em realidade, inadmitiu-se a denunciação por falta de *possibilidade jurídica do pedido*, pois, apesar de haver demanda sobre posse, se era demonstrável que o adquirente tinha de respeitar essa posse, segue-se que não havia razão para denunciar a lide ao alienante,[3] pois direito à posse não tinha esse adquirente, nas condições descritas, *e, assim, direito algum poderia ter contra o alienante*.

Correlatamente, já se decidiu ser incabível a denunciação da lide diante da existência de cláusula contratual excluindo expressamente os denunciados da obrigação.[4] A Lei 8.078/1990, CDC, veda a possibilidade da denunciação da lide pelo comerciante, ressalvando a viabilidade de ajuizamento de ação de regresso autônomo, quando do

1. Arruda Alvim, *Código de Processo Civil comentado*, vol.3, p. 235 *et seq.*; Hélio Tornaghi, *Comentários ao Código de Processo Civil*, vol. 1, p. 257 *et seq.*; Cândido Rangel Dinamarco, *Direito processual civil*, p. 153 *et seq.*; Celso Agrícola Barbi, *Comentários ao Código de Processo Civil*, vol. 1, p. 331 *et seq.*; Marcos Afonso Borges, *Comentários ao Código de Processo Civil*, p. 70 *et seq.*
2. Diz-se a pedido da parte, porque a denunciação não poderá ser oficiosamente determinada, tanto que se lê no art. 71, *caput*, 1.ª parte, que "a citação do denunciado será *requerida*". Nesse sentido: STJ, REsp 49.180/DF, 3.ª T., j. 26.08.1996, rel. Min. Menezes Direito, *DJ* 01.12.1997, p. 62.736. Assim também: *RT* 502/109, 611/26 e *RJTJSP* 126/297.
3. *JTARS* 13/284.
4. *RT* 588/131. No mesmo sentido: *RJTJSP* 51/52.

término do processo com base nesse Código, facultado, para essa, o prosseguimento nos mesmos autos (Lei 8.078/1990, arts. 13, parágrafo único e 88).[5] Idem para o caso do art. 101, II, daquele diploma legal.[6] Claro está que, nestas hipóteses, o próprio pedido de denunciação carece de possibilidade jurídica.

Coloca-se, igualmente, como requisito necessário que o réu, para poder denunciar a lide, seja parte legítima passiva. Assim é que alguém acionado para responder por acidente de veículo, na condição de proprietário do veículo, por danos causados, arguindo sua ilegitimidade passiva *ad causam*, estribado no fato de que, à época do acidente, já havia alienado o veículo, não pode, *simultaneamente*, pretender denunciar a lide a esse adquirente do veículo (o novo proprietário). Pela denunciação, objetiva, o denunciante, se for condenado, na ação principal, obter a seu favor um título executivo contra aquele em relação a quem afirma ter direito de regresso. Se isto é impossível, pois o denunciante se diz parte ilegítima passiva *ad causam*, não pode denunciar. *Numa palavra, portanto, quem é (ou pretende ser) parte ilegítima passiva ad causam, na ação principal, ipso facto, se-lo-á parte ilegítima ativa na denunciação.*[7] Tratar-se-ia de exceção, portanto, ao princípio da eventualidade da defesa, se a denunciação *fosse matéria de defesa, mas, em realidade, configura ela a propositura de ação, do denunciante contra o denunciado.*

Nada obsta que o denunciado seja, a seu turno, litisconsorte passivo, que já se encontre no processo, pois que, como litisconsorte passivo, "responde nos limites do pedido, e na de interveniente responde, em tese, nos termos da denunciação".[8]

Admite-se, assim, que determinado indivíduo, como *autor*, proponha, contra outrem, ação de reivindicação. Se o autor vier a ganhar a ação, *e, tendo denunciado o réu da ação àquele de quem adquirira o imóvel*, procedente a reivindicatória, em princípio, haverá de ser julgada procedente a denunciação (art. 70, I), responsabilizando-se o litisdenunciado pela evicção (art. 447 do CC/2002).[9] *Igualmente*, o réu de ação reivindicatória, defendendo-se como proprietário e, por isto, tendo denunciado a lide a quem lhe alienara o imóvel, improcedente a reivindicatória, em regra, haverá de ser julgada improcedente a denunciação (arts. 70, I, do CPC e art. 447, do CC/2002).

Ainda, é cabível denunciação da lide pelo possuidor direto ao possuidor indireto, isto é, de quem o denunciante recebeu a posse direta (arts. 70, II, do CPC e 447 do CC/2002). Essa hipótese foi retirada do texto do Projeto de Novo Código de Processo Civil (PL 8.046/2010, em sua última redação). O art. 125 admite a denunciação da lide apenas nos casos equivalentes aos atuais incisos I e III do art. 70, do CPC.

Da mesma forma o segurado pode denunciar à seguradora, salvo se evidente por cláusula contratual a irresponsabilidade da seguradora, no caso em que se pretende denunciar; o empregador ao seu empregado, quando demandado o primeiro em virtude de ato praticado pelo empregado; o proprietário ao construtor ou ao engenheiro (art. 70, III) etc. *Há quem não admita estes exemplos* (v. *infra*, n. 71).

Ainda acerca do cabimento da denunciação da lide no Projeto de Novo Código de

5. V., amplamente, do autor et al, *Código do Consumidor comentado*, p. 412 *et seq*. *O e. STJ é pacífico no entendimento de que descabe a denunciação da lide nos contratos de consumo (STJ, AgRg no REsp 1340395/MS, 2.ª T., j. 18.04.2013, rel. Min. Mauro Campbell Marques, DJe 23.04.2013).*

6. V., idem, p. 455 *et. seq*.

7. *JUTACivSP* 88/18-19.

8. *RT* 506/142 e 575/113.

9. Cf. art. 1.107 do CC/1916.

Processo Civil, o PLS 166/2010, do Senado Federal, havia mantido essa modalidade interventiva sob a denominação "*denunciação em garantia*", disciplinada subsequentemente às normas que tratam do chamamento ao processo. Com as modificações feitas pela Câmara dos Deputados no PL 8.046/2010, o instituto retornou como "Denunciação da lide". É de se notar, ainda, que foi retirada do texto normativo a expressão "obrigatória", presente na lei atual (art. 70, *caput*, do CPC), que deu margem a tantas discussões acerca da imprescindibilidade da utilização dessa modalidade interventiva para o fim de se exercer do direito de regresso. Assim, o art. 125 do Projeto diz ser "admissível" a denunciação, e não mais obrigatória.

Rigorosamente, a expressão *obrigatória*, no sentido de que, não feita a denunciação, haverá *perda do direito regressivo* (*se porventura existir*), teve significação ou implicação de perda somente na hipótese do art. 70, I.[10-11] Nos casos dos incisos II (neste inciso, se houver evicção, há perda do direito, se não realizada a denunciação) e III, a não denunciação implicará, exclusivamente, a não apreciação da pretensão que teria o réu, no mesmo processo; poderá, no entanto, mover, depois, a ação regressiva.[12-13]

A denunciação da lide pode ser praticamente vantajosa.

---

10. É de se registrar a posição sustentada por Cassio Scarpinella Bueno: "O correto é afirmar que a 'obrigatoriedade' da denunciação da lide só é cogitável em casos em que se questiona a respeito da evicção. Mesmo assim, entretanto, não há como olvidar que, em nome de um *princípio jurídico* – o que veda o locupletamento ilícito –, a rigidez que decorre do texto do art. 450 do novo Código Civil vem sendo amenizada, tolerando-se que, não obstante a falta de denunciação, possa o interessado recobrar o *preço* da coisa evicta" (*Partes e terceiros no processo civil brasileiro*, p. 212).

11. Quando do julgamento do REsp 880.698-DF, a 3.ª T. do STJ (10.04.2007, *DJU* 23.04.2007), rel. Min. Nancy Andrighi, teve como possível a propositura de ação pelo evicto para recobrar o preço da coisa, mesmo tendo deixado de denunciar da lide o alienante. "Conforme posto no acórdão recorrido, o STJ já pacificou entendimento no sentido de que o "direito que o evicto tem de recobrar o preço, que pagou pela coisa evicta, independe, para ser exercitado, de ter ele denunciado a lide ao alienante, na ação em que terceiro reivindicara a coisa" (REsp 255.639/SP, rel. Min. Carlos Alberto Menezes Direito, *DJ* 11.06.2001). Em julgado mais recente, o mesmo deslinde: "Civil e processual – Ação de indenização contra os alienantes por evicção sofrida pelo autor – Prequestionamento insuficiente – Súmula 211-STJ. Denunciação à lide – Matéria não suscitada, eficazmente, em 1.º grau. Descabimento da discussão, em 2.ª instância. Tema deficientemente agitado. Denunciação, ademais, desnecessária. (...) II. Desnecessária a denunciação à lide do antigo alienante do imóvel para que o evicto possa dele reivindicar indenização, em ação própria, quando condenado a pagar àquele a quem vendeu o valor despendido pela perda patrimonial sofrida, ante a invalidade do título de propriedade (...)" (REsp 66.558/SP, rel. Min. Aldir Passarinho Junior, *DJ* 01.07.2005). Nesse mesmo sentido, ainda, os seguintes precedentes: REsp 9.552/SP, rel. Min. Nilson Naves, *DJ* 03.08.1992; REsp 22.148/SP, rel. Min. Waldemar Zveiter, *DJ* 05.04.1993; REsp 132.258/RJ, rel. Min. Nilson Naves, *DJ* 17.04.2000.

12. Cf. STJ, REsp 328.284/RJ, 2.ª T., j. 26.04.2005, rel. Min. Francisco Peçanha Martins, *DJ* 06.06.2005, p. 245; REsp 66558/SP, 4.ª T., rel. Min. Aldir Passarinho Junior, julgado em 02.06.2005, *DJ* 01.07.2005 p. 537. Cf. também STJ, REsp 15.714, rel. Dias Trindade, *RSTJ* 37/499, em que há referência ao AgIn 1.670-SP, rel. Sálvio de Figueiredo, e ao REsp 1.296, rel. Athos Carneiro, este último publicado em *O processo civil no STJ,* coletânea coordenada por Sálvio Figueiredo Teixeira, p. 89.

13. No sentido de que na hipótese do inciso III, do art. 70, inocorrente a denunciação, não há perda de direito. Nesse sentido: STJ, REsp 661.696/PR, 2.ª T., j. 20.09.2005, rel. Min. Eliana Calmon, *DJ* 10.10.2005, p. 311, *RSTJ* 9/262, REsp 565-RJ, 4.ª T., j. 26.09.1989, rel. Min. Bueno de Souza.

Inocorrendo a denunciação, mas sem que tenha havido perda do direito (pretensão, do autor ou do réu da ação principal contra aquele que seria denunciado), é possível que, na ação regressiva, suscetível de ser proposta depois de julgada a ação, na qual poderia ter-se verificado a denunciação, isso pode implicar, hipoteticamente, soluções praticamente diferentes, a saber: a) se tivesse sido proposta a denunciação, tudo indicava que a solução (na denunciação) seria em determinado sentido, isto é, favorável ao réu (que teria sido o denunciante); b) no entanto, como não foi proposta, e como a solução dos fatos (os quais *teriam sido* aproveitáveis em virtude do conjunto probatório, *que poderia ter sido comum*) não vincula o juiz de um ulterior processo (autônomo), disto decorre que a solução da ação autônoma de regresso pode ser diferente daquela que possivelmente teria sido, se houvesse sido proposta denunciação. É evidente que, nessa contingência, a denunciação da lide representa uma vantagem para o réu, que haveria de ter denunciado a lide.[14]

Diante da responsabilidade prevista na lei civil (hipótese de evicção), seriam cogitáveis duas soluções: a) aguardar-se a decisão da primeira causa, para, conforme o resultado, isto é, se favorável ao autor, voltar-se o então réu, agora autor, noutra ação, contra o responsável pela evicção, e esta era a solução do Direito anterior (CPC/1939, art. 101); ou b) diferentemente, desde logo trazer ao processo o terceiro para que, figurando na qualidade de litisconsorte da parte que o denunciou *em relação à parte contrária comum*, responda pela evicção, na ação de denunciação. É a solução da sistemática vigente (arts. 70, I e 76), com obrigatoriedade (art. 70, I e *caput*), sob pena de perda da pretensão à evicção (art. 456, do CC/2002).[15]

Nosso sistema consagra a segunda posição, tornando, ao menos com relação ao inciso I do art. 70, a denunciação obrigatória (v., infra, ns. 69 e 70). E, neste caso, o sentido da palavra "obrigatória" decorre, não propriamente, do Código de Processo Civil (art. 70, I e *caput*), mas pela consequência de direito civil, que acompanha a não denunciação, para se poder exercitar o direito oriundo da evicção, em face dos termos do art. 456, do CC/2002. Tanto o art. 456, citado, quanto o art. 1.116, do CC/1916, condicionavam que, para o exercício do direito derivado da evicção, se houvesse de ter denunciado a lide (o Código anterior referia-se à notificação do litígio). A jurisprudência do STJ acaba por prescindir desse requisito. Parece ser uma "solução mais justa", ainda que, na ação regressiva seja possível que, pela ausência de cientificação do litígio e demonstrando o alienante que teria tido elementos úteis para a improcedência da ação movida contra o adquirente, deverá este fracassar no seu direito de regresso. O que o STJ afirma é que, não denunciada a lide, ficará o réu da ação reivindicatória que contra ele seja proposta privado do título executivo, que derivaria da improcedência e o habilitaria a realizar, desde logo, o seu direito contra o adquirente, se houvesse sido denunciado (esta é havida pelo STJ como a consequência específica da não denunciação da lide). O caminho firmado pelo STJ é "mais justo", ainda que atrite, em certa escala, com a letra da lei. A interpretação que haverá de ser dada a esse art. 456 é a de que, podendo o adquirente denunciar a lide em relação a o "alienante imediato, *ou qualquer dos anteriores*, (...)", nisso está implicada solidariedade em relação ao adquirente, e, aquele que venha a ser acionado poderá denunciar a lide a quem

14. *RJTJRS* 79/317, *apud* Jurandyr Nilsson, *Nova jurisprudência do processo civil*, vol. 9, p. 224, j. 2.670.

15. Cf. art. 1.116 do CC/1916.

entenda ser o responsável, ou, então, promover ação regressiva. A denunciação da lide, se for o caso, poderá vir a ser sucessiva pelo originariamente demandado em relação àquele que seja havido por responsável, e, por este, sucessivamente.

A denunciação da lide é somente possível quando a lei expressamente a tiver previsto, conforme o art. 70, I a III, de nosso texto processual.

Questão interessante que tem merecido a atenção da maior parte de nossos doutrinadores é a consistente em saber se é possível a denunciação sucessiva.[16]

Sustentávamos, anteriormente, a inviabilidade da denunciação *sucessiva*, em face do texto do art. 73, pois, ao invés de aí se aludir à *citação*, fala-se em intimação. Fizemo-lo pelo fato de o legislador ter distinguido, o que vincularia o intérprete na distinção. No entanto, *modificamos nosso ponto de vista, aderindo à corrente absolutamente majoritária*, e, passamos a admitir a denunciação sucessiva, na convicção de que essa diferenciação não pode conduzir à distinção por nós precedentemente feita;[17-18] sem embargo dever-se-á

16. Admitindo a denunciação: *RJTJSP* 78/253, *JUTACivSP* 89/81, *JC* 19-20/311. *Contra*: *RT* 775/281. Na doutrina: Pontes de Miranda, *Comentários ao Código de Processo Civil*, t. II, p. 128, Marcos Afonso Borges, *Comentários ao Código de Processo Civil*, vol. 1, p. 81; Hélio Tornaghi, *Comentários ao Código de Processo Civil*, vol. 1, p. 265-266; Moacyr Amaral Santos, *Primeiras linhas de direito processual civil*, vol. 2, p. 32-3; Celso Agrícola Barbi, *Comentários ao Código de Processo Civil*, p. 347-348, 1983; Sergio Sahione Fadel, *Código de Processo Civil Comentado*, t. I, p. 180; Humberto Theodoro Júnior, *Processo de conhecimento*, vol. 1, p. 170 e *Curso de direito processual civil*, p. 141-142, 1985; Norberto Carride Júnior, *Da denunciação da lide*, p. 52; Aroldo Plínio Gonçalves, *Da denunciação da lide*, p. 299 *et seq.*; Sydney Sanches, *Denunciação da lide*, p. 182 *et seq.* (embora considere relevante o posicionamento contrário citando, especialmente, a opinião de Arruda Alvim); José Frederico Marques, *Manual de direito processual civil*, vol. 1, p. 290. V. em sentido contrário: Arruda Alvim, *Código de Processo Civil comentado*, vol. 3, p. 304-305, 297-303 [opinião anterior, que foi modificada]; Celso Araújo Guimarães, *Da denunciação da lide*, p. 57, n. 7.

17. O STJ não se tem manifestado avesso ao cabimento de sucessivas denunciações. No entanto, já teve oportunidade de asseverar que, "embora admitida exegese ampla ao disposto no art. 70, III, do CPC, não está obrigado o magistrado a admitir sucessivas denunciações da lide, devendo indeferi-las (certamente que com resguardo de posterior "ação direta"), naqueles casos em que possa ocorrer demasiada demora no andamento do feito, com manifesto prejuízo à parte autora" (REsp 9.876/SP, rel. Min. Athos Carneiro, *DJ* 12.08.1991, *RSTJ* 25/460, também publicado em Sálvio de Figueiredo, *O STJ e o processo civil*, p. 78). Esse acórdão admite, em tese, a denunciação sucessiva, salvo manifesto prejuízo, pela delonga, ao autor. Consta do voto de Athos Carneiro que "se estendermos a possibilidade de denunciação a todos os casos de possibilidade de direito de regresso, violaríamos todos esses princípios, de aceitação pacífica no direito processual brasileiro, sem exceção" (*rev. cit.*, p. 470). Parece que o critério a nortear o aplicador da lei é o da possibilidade, *mas sempre atento que isso não leve o processo a delonga, a dano, principalmente do autor.* Referem o nosso entendimento anterior, que sobrevive como *temperador* dessa possibilidade da denunciação, *verbis*: "Daí resoluções várias alvitradas em sede doutrinária, como *v.g.* a preconizada por Arruda Alvim, de que o CPC usou, propositadamente, no art. 73, do verbo 'intimar' e não do verbo 'citar', com o que os 'intimados' ingressariam no processo não como réus em ações regressivas, mas sim, apenas, querendo, como assistentes" (*RSTJ* 24/472).

18. O Professor Flávio Luiz Yarshell propugna pelo entendimento ou pela leitura de que o art. 456, do CC teria sufragado essa interpretação, devendo assim ser lido, ao invés de admitir, como consta da literalidade do texto, uma denunciação a qualquer dos alienantes, constantes da cadeia em que esta o último que alienou ao adquirente (v. Flávio Luiz Yarshell, Evicção e denunciação da lide no novo Código Civil, publicado em *Reflexos ao Novo Código Civil no Direito Processual Civil*, p. 318-319. De

atentar que a denunciação não poderá levar a delonga a dano do autor, principalmente.[19] Em sede doutrinária, com o fito de obviar a demora decorrente de denunciações sucessivas, propugna-se ou fala-se em *denunciação coletiva*, admitindo o chamamento "coletivo" à autoria, isto é, a denunciação da lide não somente ao alienante como, igualmente, na mesma ocasião, a "todos os antecessores na cadeia dominial".[20]

Também essa polêmica exigiu um posicionamento no Projeto de Novo Código de Processo Civil. Com efeito, o § 2.º do art. 125 do PL 8.046/2010, admite "uma única denunciação sucessiva, promovida pelo denunciado, contra seu antecessor imediato na cadeia dominial ou quem seja responsável por indenizá-lo, não podendo o denunciado sucessivo promover nova denunciação". Rejeita-se, assim, a denunciação coletiva, e no caso de o denunciado sucessivo ter direito de regresso contra um terceiro, este deverá ser exercido por ação autônoma.

Sendo feita a denunciação, teremos duas ações tramitando simultaneamente.[21] Uma, a principal, movida pelo autor contra o réu; outra, cuja, procedência é eventual, movida pelo litisdenunciante contra litisdenunciado. Diz-se que a segunda ação é *eventual*, porque somente terá significado prático, se e quando do julgamento desfavorável ao denunciante na primeira ação. Aí, então, é que se apreciará a sua procedência ou improcedência (art. 76), em si mesma: existe, ou não, o pretendido direito de regresso. Por isto mesmo não pode abstrair da figura do réu originário, que foi o denunciante, julgando-se diretamente a demanda contra o denunciado.[22]

---

qualquer forma, o art. 447 fixa, claramente, a responsabilidade do alienante, i.e., do que negociou "diretamente" com o adquirente. Mas não nos parece, como está no texto, que a interpretação sugerida em relação ao art. 456 haja de ser a acatada, em sua inteireza.

19. Nesse sentido: TRF-1.ª R., AgIn 476044, j. 04.06.2004, rel. Des. Daniel Paes Ribeiro, *DJ* 28.06.2004 p. 64; *JTJ* 195/230. No fundo ocorre a possibilidade de o juiz avaliar a situação, tal como se admitiu, com base no art. 125, I, em relação ao litisconsórcio *multitudinário*, antes da inserção do parágrafo único, ao art. 46 (Lei 8.952/1994).

20. V. Egas Dirceu Moniz de Aragão, Sobre o chamamento à autoria, artigo publicado na *Revista do Instituto dos Advogados do Paraná*, 1979, n. 1, e na *Ajuris*, 25/22. Este entendimento foi acolhido, expressamente, pelo STJ quando do REsp 4.589/PR, rel. Min. Athos Carneiro (*RSTJ* 27/303, em especial, p. 311).

21. Cf. STJ, REsp 661.696/PR, 2.ªT., j. 20.09.2005, rel. Min. Eliana Calmon, *DJ* 10.10.2005, p. 311.

22. *RSTJ* 5/363, REsp55-RJ, 4.ªT., j. 08.08.1989, rel. Min. Sálvio de Figueiredo, percebendo-se bem a assertiva do texto, tal como consta do voto do relator (rev. cit., p. 367): "Vê-se também que a r. sentença se equivocara ao condenar a segunda denunciada, excluindo do processo o réu primeiro-denunciante e a primeira-denunciada, segunda-denunciante, quando é cediço que na denunciação da lide há uma ação originária e uma ou mais ações derivadas, cumprindo ao juiz julgar distintamente, embora na mesma sentença, essas demandas" e do voto do Min. Barros Monteiro: "Na denunciação da lide, num só ato, numa só sentença, o juiz deve examinar a ação originária e as ações derivadas, se se cuidar de denunciações sucessivas à lide. Na espécie, o magistrado, segundo depreendi da exposição, condenou a segunda-denunciada ao pagamento do pedido, e fê-lo diretamente, após excluídos da lide o réu e o primeiro-denunciado. Nestes termos, parece-me claro que tanto a decisão de primeiro grau como o acórdão da ação rescisória infringiram o art. 319 do Código de Processo Civil, ao reconhecer, indevidamente, a revelia e, de outro lado, o art. 267, VI, do mesmo estatuto processual, ao dar essa segunda-denunciada como parte legítima, *ad causam*, com vistas ainda ao disposto na Súmula 492 do STF, inaplicável ao caso. Conheço e dou provimento, para anular a decisão que assim procedeu" (rev. cit., p. 368). Na jurisprudência mais recente, tem-se admitido a "condenação direta" do denunciado, solidariamente com o denunciante. Nesse sentido: STJ, REsp 211.119/ES, 2.ªT., j. 17.05.2005, rel. Min. João Otávio de Noronha, *DJ* 20.06.2005, p. 181; STJ,

69. A hipótese do art. 70, I

O inciso I do art. 70, à luz do art. 70, *caput*, define a denunciação como *obrigatória* "ao alienante, na ação em que terceiro reivindica a coisa, cujo domínio foi transferido à parte, a fim de que esta possa exercer o direito que da evicção lhe resulta".[23]

O linguajar do Código, no art. 70, I, é desatento à técnica processual. Na realidade, no art. 70, I, o Código se refere a *terceiro* como parte principal, pois quem propõe ação de reivindicação é parte, *i.e.*, é o autor da ação, e, portanto, nada tem a ver com o conceito processual de terceiro. O significado de *terceiro*, aí *inadequadamente* usado, poderia, quando muito, ser atribuído àquele que não integrou o negócio de direito material, mas que é *parte* no processo. Terceiro, processualmente falando, no art. 70, I, é o *alienante*, a quem é feita a denunciação *e não o autor = reivindicante*.

Na transferência da propriedade, posse ou uso, o transmitente é responsabilizado *ex lege* pela evicção, salvo disposição expressa em sentido contrário, pelo objeto do contrato, e deve garantir o direito do adquirente; assim, caso este seja ameaçado no desfrute desse direito, deve denunciar a lide àquele de quem adquiriu o direito (mas não o fazendo não perderá o direito, ficando privado, apenas da obtenção de título executivo que nasceria, conforme o caso do mesmo processo), para que se possa garantir os do equivalente do negócio celebrado *na medida da frustração deste*.

A "notificação" do litígio ao alienante, em consonância com a lei do processo, foi sempre havida como essencial pelo nosso Direito Civil (art. 456 do CC/2002),[24] para que possa o evicto exercitar o direito resultante da garantia; caso contrário, diante da omissão, há a perda do direito à evicção. Esta orientação encontra-se alterada pelo entendimento do STJ.

Essa "notificação" a que se alude na lei civil aparece na lei processual sob a denominação de denunciação da lide.[25]

Neste sentido, podia-se dizer ser realmente *obrigatória* a denunciação da lide,

---

REsp 275.453/RS, 3.ª T., j. 22.02.2005, rel. Min. Humberto Gomes de Barros, *DJ* 11.04.2005, p. 288. Frise-se, contudo, que esta condenação direta do denunciante apenas é admitida quando em *solidariedade* com o denunciante-réu, de forma que não se concebe que o denunciado seja condenado na ação principal quando não se verifique a responsabilização do réu que o denunciou. Assim:; "Não é lícito ao juiz declarar improcedente o pedido formulado pelo autor contra o denunciante e, a despeito disso, condenar diretamente o denunciado a pagar indenização ao autor".(STJ, REsp 982.941/SP, 3.ª T., j. 09.10.2007, rel. Min. Humberto Gomes de Barros, *DJ* 25.10.2007, p. 178).

23. Hipótese que comporta denunciação da lide, com base no art. 70, I, é a da responsabilidade decorrente de mandato em causa própria, e não simplesmente *ad negotia*, em que o mandante confere poderes para alienar imóvel, declarando o recebimento do preço, isento de prestações de contas, passando assim o procurador a agir realmente em seu próprio interesse e por conta própria (hipótese julgada pelo STJ, rel. Min. Athos Carneiro, *RSTJ* 27/303). O mandado *in rem suam* é suficiente para que o mandatário *efetivamente* aliene, agindo em nome próprio, conforme ensinam Serpa Lopes, *Curso de direito civil,* vol. 4, n. 593 e Orlando Gomes, *Contratos*, n. 288. Desta forma, aplica-se o art. 70, I a outras hipóteses em que, transferido o domínio, essa transferência vem a ser frustrada (cf. Athos Carneiro, Da *intervenção de terceiros*, n. 16.2, e Sydney Sanches, Denunciação da lide, *Revista de Processo (RePro)* 34/51).

24. O art. 1.116 do CC/1916 dispunha: "Para poder exercitar o direito, que da evicção lhe resulta, o adquirente notificará do litígio o alienante, quando e como lho determinarem as leis do processo".

25. Há quem entenda preencher esse requisito a *notificação* propriamente dita (cf. José Ignácio Botelho de Mesquita, Da ação de evicção, *Ajuris* 22/92).

pois, à previsão do art. 70, I, associa-se a *consequência desfavorável* àquele que não cumpriu a obrigação (*rectius*, ônus), qual seja, a de não poder exercer os direitos decorrentes da evicção.

Com isto quer-se dizer que, em princípio, não basta que a lei estabeleça ser o uso de um instituto obrigatório se não se alia ao não uso uma consequência negativa. Essa consequência, atualmente, reduz-se à não obtenção de título executivo, como se disse.

Pelo texto do art. 456 do CC está dito: "Para poder exercitar o direito que da evicção lhe resulta, o adquirente notificará do litígio *o alienante imediato, ou qualquer dos anteriores*, quando e como lhe determinarem as leis do processo", abrindo a possibilidade para a chamada denunciação *per saltum*, até então inadmitida, quando se entendia que a denunciação sucessiva de que trata o art. 73 não podia se fazer *por saltos*.[26] Agora, ao que parece, em face da expressa autorização do Código Civil não haveria mais necessidade do denunciado seguir a ordem das alienações do bem evicto: poderá denunciar (notificar) ao alienante imediato, ou a qualquer de seus anteriores. Ou, à luz do entendimento do STJ, poderá diretamente mover a ação contra qualquer um dos que esteja na cadeia de alienantes.

Evidentemente a denunciação supõe, *em regra*, que quem deva responder pela evicção ainda não esteja no processo figurando como parte, pois do contrário não teria sentido, em princípio, a denunciação.[27]

70. A hipótese do art. 70, II

Apesar de estarmos diante de hipóteses de aplicação do instituto de denunciação da lide, devemos salientar que o inciso II do art. 70 alberga, na verdade, duas funções processuais distintas: de uma parte desempenha o que, em última análise, é redutível a uma nomeação à autoria, dado que a lei, neste passo, é clara ao referir-se a que a denunciação da lide é obrigatória "ao proprietário ou ao possuidor indireto quando, por força de obrigação ou direito, (...) o réu, citado em nome próprio, exerça a posse direta da coisa demandada". Isto evidencia que, sendo o réu citado em nome próprio – isto é, como proprietário ou *possuidor indireto* – mas não estando legitimado para qualquer dessas posições jurídicas, em função do pedido que tenha sido feito, deve indicar quem o esteja.

Neste particular, portanto, constatamos prever o referido dispositivo, típica, *mas não exclusivamente*, a função processual de *nomeação à autoria*, embora sem este *nomen iuris*.[28]

26. Assim decidia a jurisprudência: "(...) 4. Denunciação da lide ao Estado-membro que vendeu o imóvel. Código de Processo Civil, art. 70. Hipótese em que os autores adquiriram o imóvel do Estado-membro. 5. A denunciação da lide não se faz *per saltum*. O STF, em casos semelhantes, não tem admitido a denunciação da lide ao Estado-membro e, consequentemente, afirma sua incompetência para processar e julgar, originariamente, a ação proposta. Precedentes" (STF, ACORQO 305, TP, rel. Min. Néri da Silveira, *DJU* 29.09.2000, p. 69). E ainda: "(...) 1. Em ação proposta por particulares contra a União e a Funai perante a Justiça Federal de 1.ª Instância, tendo por base desapropriação indireta, não cabe denunciação da lide ao Estado alienante do imóvel porque o caso não se adapta em nenhuma das três hipóteses do art. 70 do CPC, eis que não se trata de reivindicação de imóvel pela União, nem de denunciação sucessiva (art. 73 do CPC), mas feita *per saltum*. Precedentes" (STF, Pleno, ACORQO 280, MT, rel. Min. Maurício Corrêa, *DJU* 31.10.1996).

27. TJSP, AgIn 237.814, 3.ª Cam. Civ., j. 19.06.1975, v.u, rel. Oliveira Andrade.

28. Quando do julgamento do REsp 1959/SP, a 4.ª T. do STJ (09.02.1993, *DJU* 13.09.1993), rel. o Min. Bueno de Souza, teve como viável a efetiva nomeação à autoria sob as vestes da denunciação da lide, porquanto este entendimento é ajustado à instrumentalidade, "que deve pre-

Na realidade, *normalmente*, na denunciação há uma lide entre o autor e o réu, e *outra* entre litisdenunciante e litisdenunciado. Na hipótese do inciso II, do art. 70, a denunciação da lide *tem, também*, a função de que, denunciada a lide, *tal implique que a ação proposta, isto é, a lide entre autor e réu, pela sentença que a julgue, tenha, ela mesma, eficácia em relação ao litisdenunciado*, ao lado e convivendo com a ação/lide/sentença que venha a ser proferida em sede de denunciação. *Este fenômeno é particular deste inciso II deste art. 70.*[29]

Já se decidiu, em ação reivindicatória, movida por quem se dizia proprietário, contra locatário, não caber nomeação à autoria, senão que seria hipótese de denunciação da lide, com fulcro no art. 70, II. Anota-se em doutrina que a reivindicatória, para ter eficácia contra ambos (locatário, no processo, e locador, fora do processo), haveria de ter sido movida contra os dois. Admite-se, contudo, que se fizesse, na hipótese, nomeação à autoria, como forma de "integralização da legitimidade passiva *ad causam*", ou, então, que fosse utilizado o art. 70, II.[30]

---

sidir a atividade da prestação jurisdicional". O caso era de acidente automobilístico em que o réu, alegando sua ilegitimidade passiva, limitou-se a denunciar a lide ao proprietário do automóvel, com o que concordou o autor. O denunciado, embora pondo em dúvida a possibilidade de a litisdenunciação ser efetuada por aquele que se limitou a dizer-se parte ilegítima, contestou amplamente a ação. Tanto o juízo de primeiro grau como o de segundo deixaram assentado que, inocorrente, no caso, qualquer prejuízo para quaisquer dos envolvidos, notadamente para o autor que expressamente concordou com aquela "litisdenunciação" (*rectius*, correção do polo passivo da relação processual), não haveria por que ser anulado o processo (art. 250, parágrafo único). Ainda que trazendo à colação outro precedente (REsp 23.039, rel. Min. Sálvio de Figueiredo), e reconhecendo que os institutos processuais não foram bem aplicados à espécie, o recurso não foi conhecido, prevalecendo, pois, o acórdão do tribunal estadual. O Min. Sálvio de Figueiredo, que, no precedente em exame, votou com o relator, teceu a seguinte consideração, digna de destaque: "a nossa denunciação da lide na realidade não abrangeu todos os aspectos que deveria abranger, em face das finalidades desejadas pelo legislador de 1973. Tanto assim que a jurisprudência e a doutrina se veem constantemente em dificuldades na solução de alguns problemas, dentre os quais o que diz respeito às seguradoras e esse que hoje estamos vendo pela segunda vez abordado nesta Turma. Tais dificuldades legais fazem com que a jurisprudência e doutrina procurem contornar e mitigar a deficiência para construir, de forma teleológica, no sentido de aprimorar o nosso ordenamento jurídico. Louvo, assim, as considerações do em. relator e trago como exemplo, ainda no plano do direito positivo, o que se encontra no inciso II do art. 101 do Código do Consumidor, em que o legislador brasileiro, já vendo as deficiências da disciplina legal da atual denunciação da lide, deu tratamento especial à hipótese ali contemplada".

29. *RSTJ* 66/251, rel. Min. Sálvio de Figueiredo, devendo-se atentar, na revista citada, à p. 257, para o trecho do voto em que as figuras do inciso II, do art. 70, vêm corretamente qualificadas: "A referência a 'proprietário' e 'possuidor indireto', tal como consta de norma legal (art. 70, II, CPC), é indicativa daquela pessoa que, à época da transferência da posse, estava qualificada, ou convincentemente se haja apresentado, como legitimada a tanto. Não, por óbvio, daquela pessoa que, no momento da propositura da ação, ostenta ser titular da propriedade e/ou posse indireta, até porque a busca de certeza jurídica a esse respeito é que constitui causa maior da obrigatoriedade da denunciação da lide, visando a oportunizar a todos os interessados ensejo de apresentarem argumentos e provas que possibilitem precisar a quem efetivamente toca referida titularidade. Tal definição, portanto, somente poder-se-á alcançá-la após integrados à relação processual todos aqueles que possam de algum modo opor-se ao reconhecimento da condição de 'proprietário' e/ou 'possuidor indireto' em que se arvora o autor".

30. Sydney Sanches, *Denunciação da lide no direito processual civil brasileiro*, n. 7.2, p. 95, nota 48;

Em nosso sentir, entretanto, só tem sentido fazer uso o possuidor direto do instituto da denunciação à lide quando: a) haja um conflito potencial entre ele – denunciante – e o denunciado; b) e, também, quando haja uma razão em virtude da qual deva o denunciante permanecer no processo (v. *supra* n. 68).

Tenha-se em mente, por exemplo, o caso de um locatário (possuidor direto) acionado em virtude de prejuízos causados por benfeitorias necessárias realizadas no imóvel em que reside, que teriam afetado o imóvel contíguo ao seu. Citado, denuncia a lide ao proprietário (possuidor indireto), asseverando que as benfeitorias teriam sido realizadas a mando deste.

Assim, a nosso ver, *rigorosamente*, numa ação reivindicatória, citado o locatário como se fosse o proprietário, deverá levar a que o juiz extinga o processo sem resolução de mérito, uma vez que o réu não tem legitimidade para responder a esta ação e *ipso facto* tampouco para denunciar a lide a outrem. Não se trata outrossim de hipótese de nomeação que, como vimos, é instituto que se presta à correção da legitimidade passiva quando de detenção se tratar.

Acertadamente tem sido decidido pelo cabimento de denunciação da lide em ações possessórias.[31]

Ademais, não tem relevância, para admitir, ou não admitir, a denunciação em demanda possessória, saber se a posse, sobre a qual se discute, representa ou se assenta sobre um direito real ou pessoal, ou, ainda, se trata de mera posse, pois, inexistindo distinção na lei, a esta não deve proceder o intérprete.[32]

Não se poderá, pois, recusar a legitimidade da denunciação da lide nas chamadas ações *ex empto*.[33]

Tem cabimento a denunciação da lide aos promitentes-cedentes de direitos hereditários, como também nos casos de compromisso de compra e venda.

O inciso II do art. 70, entretanto, não se confina à mera operatividade de nomeação à autoria, porquanto, se isto acontecesse, o denunciante – que seria, então, mero nomeante à autoria – deveria sair do processo, o que inocorre; não saindo o denunciante do processo, aí permanece como parte, e a denúncia, a seu turno, liga – nas condições descritas nos arts. 74 e 75 – o denunciado ao processo, ligação esta, por sua vez, significativa de que: a) o denunciado aí permanece como litisconsorte do denunciante (no que diz com a ação principal), comungando com este, na atividade processual, *em relação à ação principal*; b) ademais, na medida em que a propositura da ação contra as figuras descritas no art. 70, II, que podem denunciar a lide, signifique-lhes *prejuízo e/ou lucros cessantes*, a própria denúncia da lide representa a ação movida, pelo que a denúncia contra o litisdenunciado, sendo decidida a lide prin-

na jurisprudência, *Anais Forenses do Estado do Mato Grosso* 39/203.

31. *RF* 246/348; *JUTACivSP* 72/60; *Revista de Processo (RePro)* 2/343; *RT* 480/96, 510/110, 525/104, 532/107 e 534/76; *RJTJSP* 49/105. *RSTJ* 66/251, REsp 20.121, rel. Sálvio de Figueiredo, constando de parte da ementa que, "em se tratando de garantia própria (formal), assim entendida a inerente à transmissão de direitos, é obrigatória, notadamente nos casos de evicção (transferência onerosa de domínio, posse ou uso – art. 1.107, CC/1916 [art. 447 do CC/2002]), a denunciação da lide ao alienante". Admite-se a denunciação da lide também em embargos de terceiro (STJ, REsp 161.759/MG, 3.ª T., j. 03.05.2005, rel. Min. Antônio de Pádua Ribeiro, *DJ* 13.06.2005, p. 287).

32. *Revista de Processo (RePro)* 2/348, tb. publicado na *RF* 246/348, *RJTJSP* 29/161, e Sydney Sanches, *Denunciação da lide no direito processual civil brasileiro*, n. 5, 5.1, 4, p. 80.

33. *Bol. AASP* 887/304 (ação *ex empto*); *RJTJSP* 34/142 (quanto à primeira hipótese); *RT* 506/142, *JUTACivSP* 49/64 (quanto à segunda hipótese).

cipal, e o pedido de indenização pelas perdas e danos, na mesma sentença, conforme o caso (art. 76).

Também para essa hipótese, prescreve o Código ser obrigatória a denunciação. Mas esta *obrigatoriedade*, com referibilidade ao inciso II do art. 70, nos casos *não relativos à evicção*, somente pode ser entendida como relativa à finalidade-necessidade de que haja denunciação, para que o litisdenunciante possa haurir o benefício de obter, desde logo, sentença, no mesmo processo, acerca da ação regressiva. Ressalvada a hipótese de evicção, não ocorre, diante da não denunciação, perda do direito.[34] A falta de denúncia da lide apenas priva a parte, a quem aproveitaria, caso feita, da sentença (que lhe poderia ser eventualmente favorável) e, pois, do título executivo, cuja materialização, nos próprios autos, traria consigo ponderável vantagem de ordem temporal, econômica e prática.[35]

Poderíamos dizer, acerca da denunciação, que há uma segunda lide formalmente contida no mesmo processo, tanto assim que, na mesma sentença em que se julgar procedente a ação, o juiz declarará (*rectius*, condenará) o litisdenunciado, tendo em vista a sua responsabilidade por perdas e danos (art. 76), ocorrentes os pressupostos.

Relembre-se, como já mencionado, que a hipótese do art. 70, II, do CPC não está contida no texto do Projeto de Novo Código de Processo Civil, deixando portanto de ser situação que comporte denunciação da lide.

71. A hipótese do art. 70, III

O inciso III do art. 70 prevê a denunciação da lide àquele que estiver obrigado, por *lei ou contrato*, a indenizar, em ação regressiva, o prejuízo do que perder a demanda, seja ele autor ou réu.

Já se decidiu, numa linha *restritiva* de *interpretação* do inciso III do art. 70, que, *v.g.*, se o *Município* é acionado por *indústria*, pela reparação de prejuízos resultantes de invasão por águas pluviais canalizadas, em seu estabelecimento, não poderá denunciar a lide a empresa que executou os serviços das galerias pluviais, (ainda que) alegando a existência de cláusula contratual, fixadora da responsabilidade da empreiteira perante terceiros, pela má qualidade das obras.[36] No caso, negou-se a denunciação sob o fundamento da necessidade de intromissão de *novo fundamento*, ausente na demanda originária; admite-se, nessa decisão, a denunciação estritamente decorrente da lei ou do contrato. A ação foi ajuizada contra a Polícia Militar, invocados os arts. 107 da CF/1967 anterior e 15 (art. 43 do CC/2002) e 159 (no

34. *RJTJSP* 36/136: *RT* 492/159 e 529/81. *Na doutrina*: Sydney Sanches, *Denunciação da lide no direito processual civil brasileiro*, p. 63, 1984; Milton Flaks, *Denunciação da lide*, p. 183-184; Celso Agrícola Barbi, *Comentários ao Código de Processo Civil*, p. 340-341, 1983 (reformulando entendimento anterior); Wellington Moreira Pimentel, *Comentários ao Código de Processo Civil*, p. 78. *Contra: RT* 489/96; *RJTJSP* 40/72 e 80/232; *Revista de Processo (RePro)* 21/314. No sentido de não ocorrer perda do direito, nas hipóteses dos incisos II e III, continua corretamente a jurisprudência do STJ – *RSTJ* 2/262, 4.ª T., rel. Bueno de Souza; 3/367, REsp 301, 4.ª T., rel. Fontes de Alencar Mais recentemente, cf. também os seguintes julgados: STJ, REsp 661.696/PR, 2.ª T., j. 20.09.2005, rel. Min. Eliana Calmon, *DJ* 10.10.2005, p. 311; STJ, AgRg no Ag 655.820/CE, 4.ª T., j. 21.06.2005, rel. Min. Fernando Gonçalves, *DJ* 01.07.2005, p. 550; STJ, REsp 537.688/DF, 1.ª T., j. 19.04.2005, rel. Min. Teori Zavascki, *DJ* 02.05.2005, p. 158; STJ, REsp 91.202/SP, 2.ª T., j. 16.09.2004, rel. Min. Castro Meira, *DJ* 13.12.2004, p. 268.

35. *RJTJSP* 85/237; *JUTACivSP* 88/60.

36. *RJTJSP* 79/285; *no mesmo sentido*: Vicente Greco Filho, A denunciação da lide: sua obrigatoriedade e extensão. *Justitia* 94/13; do mesmo autor e no mesmo sentido, *Direito Processual Civil Brasileiro*, vol. 1, p. 151.

Código Civil de 2002 os artigos correspondentes são o 186 e 927), estes do CC/1916 e o fundamento da denunciação foi o da imperfeição do serviço. Entendeu-se comportar, esse inciso III do art. 70, interpretação restritiva, como dito. Este entendimento, chamado de restritivo – e que não se nos afigura a melhor interpretação em face do direito brasileiro –, busca inspiração na distinção, feita pela doutrina italiana, entre garantias *próprias* e *impróprias*.[37]

Como será visto a seguir, a aplicabilidade desta distinção como critério *isolado* para afastar a denunciação da lide calcada em garantia *imprópria* não se coaduna sequer com o ordenamento italiano, do qual foi importada dita classificação. Além disso, parece-nos que, em linha de princípio, tal distinção não encontra apoio no direito brasileiro. Esclareça-se que o direito italiano regula a matéria nos arts. 32 e 106 do *codice di procedura civile*. E, como será explicado adiante, de acordo com a doutrina italiana, a *garantia própria* reflete uma situação de conexão objetiva com a causa principal, apta a alterar as regras de competência para o julgamento da ação de garantia. Ou seja: o fundamento da ação secundária, de garantia, deve, *de alguma forma*, poder ser extraído do fundamento da causa principal ou, até mesmo, identificar-se com este. Já a *garantia imprópria* corresponde àquela hipótese em que não há *qualquer* identidade entre os fundamentos (títulos) que originaram as demandas; sendo totalmente distintas as relações jurídicas em que se baseiam a demanda principal e a demanda de garantia.[38]

Tal diferenciação *encontrou alguma ressonância prática no Brasil*, e esse sistema é chamado à colação – *em tríplice equívoco* – com a finalidade de excluir do âmbito da denunciação da lide a *chamada garantia imprópria*.

A verificação do equívoco incorrido na adoção, entre nós, desta classificação, demanda exame do Direito italiano, em que se faz essa distinção, pois: 1.º) *no próprio sistema positivo italiano a distinção não se presta a afastar a cumulatividade da ação de garantia imprópria no mesmo juízo, donde ser improcedente sua invocação, em si mesma ou como modelo, dado que a tal* discrimen *não autoriza o direito italiano* (independentemente de se aceitar a distinção teórica entre garantia própria e imprópria); 2.º) o *Direito brasilei-*

37. *Conforme nosso texto*: Milton Flaks, *Denunciação da Lide*, cit., § 32, n. 145, p. 170 et seq.; Aroldo Plínio Gonçalves, *Da denunciação da lide*, p. 240 e 70, esp, 1983. *Diferentemente*, adotando posição restritiva (como em *RJTJSP* 79/285), v. Sydney Sanches, *Denunciação da lide no direito processual civil brasileiro*, n. 7.6, 1, p. 118 *et seq.*, 1984. Esta posição – vedando a denunciação da lide quando há necessidade de introdução de fundamento novo para sua solução – tem sido acolhida pelo Superior Tribunal de Justiça, como demonstram o AgIn 56.108-9/SP, j. 03.11.1994, rel. Min. Waldemar Zveiter, *DJU*, I, 08.11.1994, p. 30.211, e o REsp 49.418-4/SP, j. 14.06.1994, rel. Min. Sálvio de Figueiredo Teixeira (em Sálvio de Figueiredo, *O STJ e o Processo Civil*, p. 82-83), e vem sendo reafirmada em julgados mais recentes (cf., dentre outros, STJ, REsp 142.934/SP, 4.ª T., j. 21.10.2004, rel. Min. Barros Monteiro, *DJ* 17.12.2004, p. 547; STJ, AgRg no REsp 727.276/RJ, 4.ª T., j. 07.04.2005, rel. Min. Fernando Gonçalves, *DJ* 02.05.2005, p. 377.

Humberto Theodoro Júnior (cf. *Curso de direito processual civil*, 49. ed., vol. 1, n. 115-A, *fine*, p. 131-132) aplaude a evolução da jurisprudência brasileira, no abandono da injustificada interpretação restrita. Fazemos notar, entretanto, que a jurisprudência do STJ, como visto precedentemente, tem se desenvolvido no sentido contrário, ainda que por fundamento diverso: não se deve permitir, nestes casos, a denunciação da lide por importar em agressão à economia processual, vetor que deve ser prestigiado por este instituto.

38. *Cf.* Carpi – Colesanti – Taruffo, *em Commentario breve al Codice di Procedura Civile*, nos comentários ao art. 32 do Código de Processo Civil italiano, como remissões doutrinárias, pp. 56-57.

ro (ainda que aceite, igualmente, a distinção entre garantia própria e imprópria), *em si mesmo interpretado*, inadmite a invocação da natureza *imprópria* da garantia como critério suficiente para excluir o cabimento da denunciação da lide, interpretação que decorre*: a) tanto da letra da lei* (arts. 70, III e 109), que inadmite se afaste a garantia imprópria como base e fundamento à denunciação da lide; *b) como, ainda, da interpretação sistemática do próprio direito brasileiro*, como se procurará, a seguir, evidenciar; 3.º) *consequentemente, temos que*: a) tomou-se o direito italiano para se pretender fazer uma distinção que, *no plano do processo*, lá inexiste; b) desta forma o sistema italiano serve de argumento para se admitir a garantia imprópria – *como se demonstrará* – no bojo da denunciação da lide, uma vez que a *ação de garantia imprópria é reunida no juízo da ação principal, no direito italiano*; c) se assim não fosse, *'ad argumentandum', ainda assim*, não se poderia encampar, de maneira ampla e irrestrita, um sistema alienígena, com desatenção à letra da lei (do direito brasileiro – art. 70, III) e, na maior parte dos casos, com descuido manifesto da *interpretação sistemática* a que se haja de submeter o exame do CPC (conjugação do art. 70, III ao art. 109).

Para que se possa compreender a impossibilidade de se aplicar – *de forma generalizada* e *irrefletida* – a diferenciação entre garantias *próprias* e *impróprias* no direito brasileiro, é preciso ter presentes os contornos dessa distinção no ordenamento italiano.

A propósito do tema, a distinção *teórica* que se nos afigurou a mais clara (ainda que não idealmente completa) é a encontrada na obra de Salvatore Satta (iluminando a doutrina italiana existente), quando alude à *garantia própria* como aquela inerente, ou, se se quiser, necessariamente dedutível, da pretensão do autor, na ação principal. Por exemplo, alude à evicção, *como decorrência natural, isto é, legal ou sistemática da possibilidade da perda da ação reivindicatória*. Outras hipóteses seriam constitutivas de garantia imprópria (ou garantia *simples*), como as denomina esse mesmo autor.

Temos para nós que a garantia própria envolve, com a hipotética propositura da denunciação, na realidade, um verdadeiro juízo analítico, realizado na denunciação, em relação à ação principal; *vale dizer, suficiente será desdobrar no bojo da denunciação o fundamento da ação principal, para se chegar à identificação do fundamento da ação de garantia (garantia própria)*. Por outras palavras, em face de uma ação reivindicatória, está *embutida*, pelo próprio sistema jurídico, a ideia de garantia pela evicção; donde, então, proposta a denunciação, com fulcro no art. 70, I, nada mais estará fazendo o réu-denunciante que explicitar *volitivamente* essa possibilidade jurídica, certamente porque deseja vê-la apreciada.

No entanto, devemos dizer que o texto brasileiro não autoriza, em si mesmo – e, de modo geral, nem sistematicamente –, essa distinção. O nosso texto é amplo e o art. 70, III, alude *à lei e ao contrato*. Diga-se, ainda, que no próprio direito italiano considera-se a ação do segurando contra o segurador como significativa de garantia imprópria, hipótese que, entre nós, muitos juristas têm considerado, a nosso ver, em equívoco, como representativa de garantia própria.[39]

Nesse passo, imperioso ressaltar que, na interpretação do art. 32 do Código de Processo Civil italiano, admitem a doutrina e a jurisprudência a junção da ação principal com a ação de *garantia* – ainda que *imprópria* – perante o mesmo juízo, desde que verificada coincidência de competência para as demandas, ou, ainda, quando se trate de hipótese em que a regra de competência para a

39. Cf., *v.g.*, Sydney Sanches, *Denunciação da lide no direito processual civil brasileiro*, n. 7.7.7, p. 125.

demanda secundária (de *garantia imprópria*) possa ser flexibilizada.[40] Em verdade, abandonou-se a própria interpretação literal do dispositivo da lei italiana, pela qual a garantia imprópria *"legitima la chiamata e la riunione delle cause solo quando lo stesso giudice è competente"*, a fim de permitir a modificação da competência para processamento da ação secundária de garantia imprópria, que é atraída para o juízo da causa principal.[41]

Esse, pois, o panorama, doutrinário e jurisprudencial, atual, do Direito italiano. Parece, portanto, que nem sequer a "fonte" em que se inspiraram os propugnadores da interpretação restritiva do art. 70, III, os autoriza a "trasladar" para o direito brasileiro esse critério, restritivo, pois não é esse o que predomina no direito italiano, ao que se soma não ter sido essa *suposta* distinção, adotada no art. 70, III, *senão que claramente repelida*.

Se, no direito italiano, a única restrição à propositura da demanda de garantia imprópria é rarissimamente atinente à competência, esta, no direito brasileiro, não só inexiste, como ainda, ao contrário, pela regra do art. 109, fixa-se a regra de que o juiz da causa principal é, não só o competente para as ações de garantia, como também *para* "outras que respeitem ao terceiro interveniente".

Ora, no direito brasileiro, dispõe o art. 109: "O juiz da causa principal é também o competente para a reconvenção, a ação declaratória incidente, *as ações de garantia e outras que respeitam ao terceiro interveniente*" (g.n.).

---

40. Cf. Corte de Cassação, 12.07.1947, sob n. 739 e Salvatore Satta, *Comentario al Codice di Procedura Civile*, Livro I, comentários ao art. 32, p. 140-141; ainda, de certa forma, distinguindo, Rocco, *Trattato di diritto processuale civile*, vol. 2, Cap. VII, § 3.º, p. 123, n. 4; Sérgio Costa, *Manuale di diritto processuale civile*, Cap. IV, n. 140, p. 200, em que admite, inclusive para a "garanzia impropria", que a causa relativa a esta seja proposta perante o mesmo juízo (da causa principal), desde que haja coincidência de competência de foro, para as duas ações (a principal e a da garantia imprópria); ou, então, desde que, propostas separadamente, possam ser reunidas (no juízo da causa principal) – v. p. 200, nota 138, farta jurisprudência da *Corte de Cassação*, nesse sentido. *É torrencial e monolítico* o entendimento da *Corte de Cassação italiana* no sentido da *cumulação da garantia imprópria no mesmo juízo*: a) na garantia imprópria, cumulam-se as ações (principal e da garantia imprópria), desde que competente o juízo, *pelo valor* para a segunda (CC, 14.03.1963, n. 620; CC, 08.07.1961); b) o art. 32 (CPC it.) encontra aplicação, inclusive, em matéria de seguro. *A cláusula sobre competência é irrelevante, no contrato de seguro*, já que essa cláusula de alteração da competência territorial não prevalece (CC, 10.06.1960, n. 1.554; 21.06.1956, n. 2.206; 29.09.1954, n. 3.162); c) igualmente, admitindo a *garantia imprópria* no juízo da causa principal, ainda que, ou *verbis* "anche se eccede [a causa da garantia imprópria] la sua [do juízo da causa principal], competenza per valore" [conjugação dos arts. 32 CPC it. e 1917 CC it.], (CC, 22.01.1959, n. 146), e *muitíssimas outras hipóteses* (cf. Laporta, Tamburrino e Greco, *Codice di Procedura Civile e Legge Fallimentare*, vol. 1, anotações ao art. 32, CPC it., p. 297 *et seq.*, significando a abreviação CC, Corte de Cassação). Deve ser consultada a mesma obra, a propósito do art. 106, CPC it., vol. 1., p. 991 *et seq.*, *com jurisprudência no mesmo sentido*, reportada agora ao aludido art. 106.

41. É o que se extrai de obra mais recente (do que a de Salvatore Satta), dirigida por Enrico Allorio, o *Commentario del Codice di Procedura Civile*, nos comentários ao art. 32, parte que coube ao jurista Giuseppe Franchi, em que se examinam as múltiplas hipóteses (inclusive reguladas por leis especiais, v.g., circulação de veículos, transportes, responsabilidade nuclear etc.), e da mesma forma se observa que se modifica a competência, inobstante se trate de *garantia imprópria*, atraída a causa, referente a essa garantia, ao juízo da causa principal (*verbis*: "La giurisprudenza ha rittenuto che nonostante la garanzia impropria la competenza si spostasse" – v. na op. cit. n. 4, do art. 32, sob a *rubrica "La garanzia semplice. La garanzia impropria"*, p. 314 *et seq.*, esp. p. 316).

Deve-se, pois, dizer o seguinte: 1.º) no próprio direito italiano, mesmo a interpretação mais ortodoxa e restritiva da lei autoriza a reunião de causas se o juiz for o competente para a causa principal e para a causa representativa de garantia imprópria; 2.º) no direito brasileiro, o art. 109 é expresso a respeito da mesma competência do juiz da causa principal e para as de garantia; 3.º) se, no art. 109, se alude à causa principal, é porque existe a que não é principal, e, entre estas, está a de garantia, a qual pode pender simultaneamente com a principal, ponto que não parece suscitar maiores dúvidas; 4.º) ocorre, no entanto, que o mesmo art. 109 estabelece a mesma competência para "outras (causas) que respeitem ao terceiro interveniente" ao lado da *causa principal*, e, curialmente, dentre estas *causas*, por certo, efetivamente se incluem as de garantia imprópria, além das ações de garantia (dita própria), mesmo porque a lei não distingue; e porque, ainda, o art. 109 inclui na competência do mesmo juízo "*outras* (aceite-se que *além* das ações de garantia *própria*) que respeitem ao terceiro interveniente". Acrescente-se que a regra do art. 109 é significativa de competência absoluta, porque *funcional*. Ademais, de tudo quanto foi dito, sentido prático algum teria inadmitir-se a denunciação em todos os casos rotulados como garantia imprópria (*ainda que a lei mesmo, no particular, não distinga*), se a ação em que se peça o objeto da garantia imprópria pode ser movida separadamente e há de pender no juízo da outra ação. *Assim, ainda que esta distinção exista no sistema jurídico, é ela irrelevante, todavia, para se pretender inadmitir* a denunciação da lide, pela chamada garantia imprópria; 5.º) é, em princípio e de modo geral, incabível a interpretação a que se designou de *restrita*, porque, se a ação de garantia é aquela claramente dedutível da ação anterior, se a lei brasileira utilizou-se da figura do *contrato* para admitir a denunciação, segue-se que o contrato é sempre, necessário – *existencialmente* e por definição, desligado e não decorrente da ação que tenha sido anteriormente proposta. Quer parecer, portanto, que, se a lei brasileira alude a contrato (entre a parte e outrem – terceiro), isto significa que – bem ou mal – não há que se adotar interpretação restritiva, que não tem cabimento na espécie. O contrato é, no caso, necessariamente, representativo de outro(s) fato(s) que não decorrente(s) da ação principal; 6.º) a solução está no Código de Processo Civil, art. 109, quando alude a ações de garantia (garantia própria) *e outras genericamente* (em que se compreenderiam as *ações* de garantia imprópria); mas, pelo próprio art. 109, é isso irrelevante para se inadmitirem estas últimas; ao contrário, pelo art. 109, devem elas ser admitidas; 7.º) ademais, pelo sistema do CPC encontra-se a denunciação da lide na parte dos terceiros intervenientes (Livro I, Cap. VI, Seção III).

Dentre as hipóteses mais comuns de aplicação deste dispositivo, temos aquele em que o causador de danos, a outrem, amparado por seguro, seja obrigatório ou facultativo, denuncia, então, a lide à companhia seguradora.[42] Esta deverá arcar com a

42. *RT* 477/112 e 481/98; *RJTJSP* 40/72; TJSP, Ap 240.743, 1.ª Câm. Civ., j. 11.03.1975, v.u, rel. Moretzsohn de Castro. Negando a possibilidade da denunciação no seguro facultativo – *RT* 470/99. *Na doutrina*: Celso Agrícola Barbi, que negava a possibilidade de denunciação nas hipóteses de seguro, mudou de posição, na ed. de 1983 de seus comentários, passando a admiti-la (*Comentários ao Código de Processo Civil*, n. 408, p. 341-2).

Mais recentemente, predomina, no STJ, a orientação segundo a qual "em ação de indenização, decorrente de acidente de trânsito, movida contra empresa que explora serviço de transporte coletivo de passageiros é inadmissível a denunciação da lide à seguradora, uma vez que inexiste relação de garantia própria entre a empresa denunciante e a seguradora" (STJ, REsp 401.487/SP, 3.ªT., j. 30.08.2002, rel. Min. Nancy Andrighi, *DJ* 14.10.2002, p. 226).

indenização, até o limite contratual, caso a demanda vingue contra o segurado.[43] Já se admitiu, em equívoco, recusa da seguradora à denunciação da lide, por ser a responsabilidade desta em quantia inferior à pretendida pelo autor da inicial.[44]

Já se decidiu também que, no caso de a empresa de transporte de passageiros ser acionada para indenização por acidente, poderá denunciar a lide à seguradora, como litisconsorte da denunciante.[45] Da mesma forma, em ação indenizatória movida por vítimas de danos contra empresa construtora de rede coletora pode esta denunciar a lide à sua seguradora para cobertura dos riscos de sua atividade.[46]

Cumpre, ainda, ressaltar que, já se tem decidido, a responsabilidade da seguradora perante o beneficiário do seguro nada tem que ver com o seu direito de cobrar da cosseguradora a parte que lhe toca no pagamento, razão pela qual, neste caso, não se tem admitido a denunciação da lide pela seguradora à cosseguradora.[47]

No mesmo sentido, STJ, AgRg no Ag 587.845/SP, 3.ª T., j. 18.11.2004, rel. Min. Nancy Andrighi, *DJ* 06.12.2004, p. 297; STJ, REsp 228800/DF, 4.ª T., j. 06.12.1999, rel. Min. Ruy Rosado de Aguiar, *DJ* 21.02.2000, p. 134).

Diversamente, considera-se "cabível a denunciação à lide de empresa seguradora que, por força de contrato, se acha obrigada a dar cobertura à ré em caso de acidente de trabalho pelo qual responda civilmente a segurada, e se tal ato não causa prejuízo à autora" (STJ, REsp 439.788/SP, 4.ª T., j. 26.08.2003, rel. Min. Aldir Passarinho Júnior, *DJ* 29.09.2003, p. 256).

Nesse caso, pode a seguradora "ser condenada, direta e solidariamente, com o réu" (STJ, REsp 188.158/RS, 4.ª T., j. 15.06.2004, rel. Min. Fernando Gonçalves, *DJ* 01.07.2004, p. 197).

Tem-se decidido, contudo, que não pode a seguradora denunciar a lide ao "terceiro supostamente causador do acidente, por buscar inserir controvérsia nova, inteiramente dissociada da relação contratual objeto de debate na ação de cobrança em comento" (STJ, REsp 198.688/SP, 4.ª T., j. 07.11.2002, rel. Min. Aldir Passarinho Júnior, *DJ* 10.02.2003, p. 212).

43. *RF* 251/205. *No mesmo sentido*, *RJTJSP* 62/214 (tendo sido decretada à revelia da seguradora).

44. *RJTJSP* 42/104.

45. *RF* 258/253; *RT* 522/93; em sentido contrário, "Em ação de indenização, decorrente de acidente de trânsito, movida contra empresa que explora serviço de transporte coletivo de passageiros é inadmissível a denunciação da lide à seguradora, uma vez que inexiste relação de garantia própria entre a empresa denunciante e a seguradora" (STJ, REsp 401.487/SP, 3.ª T., j. 30.08.2002, rel. Min. Nancy Andrighi, *DJ* 14.10.2002, p. 226);

Ainda, em situação semelhante: "Responsabilidade civil - Seguro - Acidente de trânsito que resulta em óbito - Ação indenizatória ajuizada por descendentes de passageira de ônibus falecida - Denunciação da lide da seguradora pela empresa de transportes - Apólice com cláusula expressa de exclusão de cobertura de indenização por danos morais - Ressarcimento indevido - Súmula 402 do superior tribunal de justiça - apelo provido. O seguro por dano pessoal inclui o dano moral. No entanto, quando a apólice limitar ou particularizar os riscos do seguro, não responderá por outros o segurador (CC/1916, art. 1.460). O contrato de seguro por danos pessoais compreende os danos morais, salvo cláusula expressa de exclusão" (Súmula 402 do STJ) (TJSC, Apelação Cível n. 2006.018809-6, 4.ª Câm. Dir. Púb., j. 22.07.2010, rel. Des. Rodrigo Collaço).

46. *RJTJSP* 61/145.

47. *RT* 539/107. Assim também: "Agravo de Instrumento – Denunciação da lide – Contrato de cosseguro – Responsabilidade isolada – IRB – Direito de regresso. Incabível é a denunciação da lide pela seguradora líder à cosseguradora, uma vez que o contrato de cosseguro não gera solidariedade entre elas, devendo cada uma responder por sua cota isoladamente. Deve-se admitir a denunciação da lide ao IRB, a fim de a seguradora garantir seu direito de regresso" (TJMG, AgIn 1.0702.06.290185-6/001, j. 28.08.2007, rel. Fabio Maia Viani; *DJ* 21.09.2007); "Cosseguro – Denunciação da Lide – Inadmissibilidade – Recurso improvido. Inexistente vínculo de solidariedade entre cosseguradoras, não há que se falar em direito de regresso a justificar denunciação

É incorreta a orientação consistente em que, como regra geral, se não feita a denunciação, tal importará perda de direito.[48]

Há decisões corretas, admitindo que o preponente possa denunciar a lide ao preposto na ação de reparação de danos em acidente de veículos causada por este.[49]

Outra hipótese também bastante frequente é a de a Fazenda Pública trazer ao processo seu funcionário que, tendo agido com culpa ou dolo, tenha causado, no exercício de suas funções, danos a outrem, e a ação haja, com um desses fundamentos (dolo ou culpa), *ou mesmo só com base no art.* 37, § 6.º, da CF/1988, sido proposta só contra a pessoa jurídica de direito público.[50] Essa hipótese merece análise mais detida, porquanto, embora a posição que sustentamos seja a de que, em linha de princípio, o art. 70, III, do CPC repeliu a restrição da denunciação da lide calcada em fundamento novo, diverso daquele que motivou a ação principal, não se podem ignorar as situações – ainda que excepcionais – em que a natureza imprópria da garantia, *em conjunto com outros argumentos jurídicos*, inviabiliza a denunciação.

Referimo-nos aos casos em que a diversidade de fundamentos entre a ação principal e a ação de garantia possa vir a prejudicar o exercício de direito de defesa pelo réu-denunciante; em tais hipóteses, se os direitos defendidos pelo denunciante forem indisponíveis, afigura-se-nos defensável a tese da inaplicabilidade da denunciação da lide. Quanto a esse aspecto, modificamos parcialmente nosso entendimento anterior para aderir a alguns dos argumentos que restringem a denunciação da lide pela pessoa jurídica de direito público.

Advirta-se, desde já, que essa modificação de posicionamento não implica a aceitação da natureza *imprópria* da garantia como elemento que, *isoladamente*, possa conduzir ao indeferimento da denunciação *em todo e qualquer caso*. É preciso, como se disse, que se agreguem outros fatores, os quais, em conjunto com a natureza *imprópria* da garantia, poderão, eventualmente, inviabilizar o cabimento da denunciação.

Explica-se.

A corrente contrária à possibilidade de denunciação da lide pela pessoa jurídica de direito público tem como argumento o de que, enquanto a pretensão indenizatória, nestas hipóteses, se funda na responsabilidade objetiva do Estado (CF/1969, art. 107

---

da lide (TJSP, AgIn 1076822900, 35.ª Câm.de Dir.Priv., j. 18.12.2006, rel. Des.Egidio Giacoia). Diversamente: "Agravo de Instrumento – Seguros – Ação de cobrança – Contrato de cosseguro – Denunciação à lide – Cabimento – Agravo de instrumento provido" (TJRS, AgIn 70016386534, 5.ª Câm. Cív. *DJ* 15.08.2006).

48. *RJTJSP* 85/236; *JUTACivSP* 82/92. São precisamente neste sentido os julgados do STJ mencionados acima (nota 30). Assim, "nos casos do art. 70, III, do CPC, a não denunciação da lide não acarreta a perda da pretensão regressiva. Ficará o réu apenas privado da vantagem da imediata obtenção do título executivo contra o obrigado regressivamente" (STJ, REsp 209.383/PB, 4.ªT., j. 04.03.2004, rel. Min. Barros Monteiro, *DJ* 17.05.2004, p. 228).

49. *RT* 493/82, 505/95 e 584/145; *JUTACivSP* 69/179, 72/82 e 86/154. *Contra*: *RT* 475/97, 501/199, 502/102, 503/88 e 504/231; *RJTJSP* 45/234. Decidiu recentemente o STJ que "o entendimento pretoriano, em princípio, não admite lide entre o autor e o terceiro, com afastamento do denunciante. Mas, em certos casos, o réu tem direito de chamar ao processo o terceiro que culposamente concorre para o evento". Nesse caso, "a denunciação da lide nos casos de acidente de trânsito deve prosperar, como acentuam doutrina e jurisprudência, quando comprovada a culpa exclusiva do preposto da empresa denunciada e sua obrigação, derivada da lei, de indenizar" (STJ, REsp 155.224/RJ, 4.ª T., j.09.03.2004, rel. Min. Fernando Gonçalves, *DJ* 01.07.2004, p. 196).

50. *RT* 518/99; *Revista de Processo (RePro)* 21/310; *RJTJSRS* 108/298; *JUTARS* 54/333.

– CF/1988, art. 37, § 6.º), a denunciação da lide ao funcionário só poderia, em tese, se fundar na responsabilidade subjetiva do denunciado, o que demonstra, em última análise, terem as referidas pretensões (a indenizatória e a denunciação) títulos distintos. Ademais – argumenta-se – só se admite a denunciação da lide nos casos de garantia automaticamente decorrente de lei ou do contrato, sendo vedada a intromissão de fundamento, não constante da ação originária.[51]

O que nos parece é que o argumento da intromissão de fundamento *novo* não tem, por si só, a procedência que a ele se pretende emprestar (v. argumentação, retro, neste n. 71). Dessa forma, se houver ação movida contra o Estado, por *culpa ou dolo* do funcionário, pode haver denunciação da lide (arts. 70, III, do CPC e 37, § 6.º, da CF/1988).[52] No entanto– e é justo nesse ponto que modificamos em parte posição anterior –, se ação se fulcrar em *responsabilidade objetiva*, em tendo de ser a denunciação, necessariamente, pelo fundamento da culpa, *não deverá ser necessariamente feita pelo Estado – ainda que esse possa denun-*

---

51. A tendência predominante, na jurisprudência mais recente do STJ, é no sentido de que a denunciação, no caso, não é obrigatória ou, ainda no sentido de haver nulidade no indeferimento da denunciação fundado no prejuízo ao direito indisponível de uma das partes: REsp 620.829/MG, 1.ª T., j. 21.10.2004, rel. Min. Luiz Fux, *DJ* 22.11.2004, p. 279; REsp 237.180/RN, 2.ª T., j. 26.04.2005, rel. Min. João Otávio de Noronha, *DJ* 22.08.2005, p. 184; STJ, REsp 661.696/PR, 2.ª T., j. 20.09.2005, rel. Min. Eliana Calmon, *DJ* 10.10.2005, p. 311; STJ, REsp 606.224/RJ, 1.ª T., j. 15.12.2005, rel. Min. Denise Arruda, *DJ* 01.02.2006, p. 437).A evolução da jurisprudência a respeito foi assim delineada, em julgamento recente: "Embora seja o preposto estatal também legitimado para responder pelo dano, sendo diferentes as suas responsabilidades, a do Estado objetiva e a do preposto subjetiva, caminhou a jurisprudência por resolver em primeiro lugar a relação jurídica mais facilmente comprovável, ressalvando-se a ação de regresso para apurar-se a responsabilidade subjetiva do preposto estatal" (STJ, REsp 489.511/SP, 2.ª T., j. 22.06.2004, rel. Min. Eliana Calmon, *DJ* 04.10.2004, p. 235).Cf. também *RJTJSP* 82/259, acórdão relatado pelo então Des. Sydney Sanches, v. tb. sua obra *Denunciação da Lide no direito processual civil brasileiro*, p. 121-123, 1984. *No mesmo sentido*: *RTJ* 100/1.352 e 106/1.054; *RT* 529/81; *RJTJSP* 51/72 e 58/65. Cf., no entanto, nota seguinte. Sob a égide da Carta Constitucional de 1988, já teve o STF oportunidade de se manifestar de idêntica maneira. Em longo "despacho" proferido na Ação Cível Originária 460-8/DF, o Ministro Celso de Mello, com base nos precedentes veiculados em *RTJ* 106/1.054 e 100/1.352, bem como nas lições doutrinárias de Sydney Sanches já citadas, indeferiu o requerimento da União Federal de denunciação da lide (fundada na responsabilidade *objetiva* do Estado) ao servidor público que, como alegado, teria provocado acidente e danos ao patrimônio do Distrito Federal (*DJU* I, 31.10.1994, p. 29.406).V. também o que se diz neste n. 71, início.

52. O Superior Tribunal de Justiça (Seções de Direito Público), por exemplo, tem admitido a denunciação da lide nestes casos, como estão a evidenciar o REsp 35.853-1/SC (1.ª T., j. 24.08.1994, v.u., rel. Min. Demócrito Reinaldo, *DJU* 12.09.1994), no qual, inclusive, se firma a tese – atualmente vencida – de que a denunciação da lide pelo Estado nos casos do art. 37, § 6.º, da CF/1988, é um *dever*, não mera *faculdade* (citando outro precedente da mesma 1.ª T. neste sentido: 31.583-2/SP); e o REsp 23.453-4/SP (1.ª T., j. 09.11.1994, v.u., rel. Min. Demócrito Reinado, *DJU* 28.11.1994), citando os seguintes precedentes: REsp 15.614/SP e 4.338/SP, ambos da 2.ª T. daquele tribunal e REsp 16.024/DF e 37.215-1/SP, estes da 1.ª T. Em todos estes casos, claramente as duas Turmas de Direito Público do Superior Tribunal de Justiça sustentaram o cabimento da denunciação da lide ao funcionário público naqueles casos de ação indenizatória movida contra o Estado, fundada aquela na existência de dolo ou culpa do agente estatal, nos termos do referido dispositivo constitucional. Nenhum dos acórdãos, entretanto, revela se a ação foi proposta com fundamento *único* na responsabilidade objetiva do Estado o que, a nosso sentir, inviabilizaria o cabimento da litisdenunciação.

Cf., também, nota precedente.

ciar a lide. Isto porque poderá vir a importar que o Estado, *ainda que indiretamente*, viesse agravar a sua própria situação, enquanto réu, pois denunciaria com base em tipo de responsabilidade (culpa), sobre a qual normalmente haveria de diligenciar para provar (isto, no pressuposto de que a ação tenha sido *estritamente* promovida com base em responsabilidade objetiva), *no mesmo processo*, o que acarretaria que estaria "trabalhando" contra si próprio, enquanto réu. Efetivamente, se vier a ser comprovada a culpa do funcionário, ainda que por *diligência do Estado, ipso facto*, estará, *a fortiori*, provada a ação principal contra ele próprio. Vale recordar que esta possibilidade – se admitida – vulneraria, embora indiretamente, o princípio da indisponibilidade dos bens estatais.[53]

Por isso, deve-se concluir que, em casos tais, a restrição ao cabimento da denunciação da lide não decorre, pura e simplesmente, da natureza *imprópria* da garantia, senão que decorre da natureza *imprópria* da garantia associada a outro fator determinante, que é a necessidade de se viabilizar a defesa dos direitos indisponíveis. No entanto, se houver evidência da culpa, e, portanto, diante do *juízo a esse respeito, feito pelo Estado*, como a não denunciação somente faria demorar o ressarcimento do mesmo Estado, este deverá proceder à denunciação.

72. O ingresso do denunciado

No Direito brasileiro, só tem cabimento a denunciação da lide a quem não for parte, como *regra geral*.

De forma correta, já decidiram o STJ e o TJSP pela admissibilidade da denunciação da lide a litisconsorte passivo.[54]

Uma vez solicitada, quer pelo autor, quer pelo réu, a denunciação, o assentimento, tolerância ou oposição meramente volitiva da parte contrária ao litisdenunciante é supérflua ou inoperante. Certamente poderá, a parte contrária, objetivamente e do ponto de vista jurídico, demonstrar a inocorrência dos pressupostos de denunciação da lide; isto lhe é lícito fazer, conquanto a lei não tenha disciplinado, especialmente, tal incidente. Se não for acolhida a impugnação da parte à denunciação da lide, haverá uma decisão interlocutória, agravável; e, se acolhida tal impugnação, ao que pretendia denunciar, caberá o mesmo recurso,[55] em ambos os casos de instrumento ou retido, sempre se ressalvando que deverá se verificar a modalidade de agravo a ser escolhida levando-se em conta as especificidades de cada caso, em virtude da atual redação do art. 522, *caput*, do CPC, dada pela Lei 11.187/2005.

Da lei processual não consta, expressamente, a possibilidade de o juiz rejeitar liminarmente a denunciação da lide. Evidentemente, porém, se o uso desse institu-

---

53. Entendimento convergente com o nosso é esboçado por Eduardo Arruda Alvim, ao anotar que, se "o Estado for demandado por responsabilidade objetiva, parece ser inviável a denunciação. Se se admitisse, nesta última hipótese, a denunciação, estar-se-ia admitindo que o Estado, ao procurar demonstrar a culpa do funcionário, agisse contra seus próprios interesses, pois o reconhecimento dessa culpa acarretaria, *ipso facto*, sua responsabilização, atentando contra o princípio da indisponibilidade dos bens públicos. Ademais disso, estar-se-ia introduzindo na denunciação fundamento novo (culpa do funcionário), o que corrobora a conclusão de que a denunciação, nesses casos, não deve ser aceita" (*Direito Processual Civil*, 2. ed., p. 247).

54. *RJTJSP* 83/207 e *RT* 575/113 (há votos vencidos).

55. STJ, REsp 8.185/SP, 3.ª T., j. 28.05.1991, rel. Min. Cláudio Santos, *DJ* 24.06.1991, p. 8635; TJSP, AgIn 179.732-4, 4.ª Câm. de Dir. Priv., j. 15.02.2001, rel. Narciso Orlandi; *RT* 574/150. Neste sentido: Arruda Alvim, *Código de Processo Civil Comentado*, vol. 3, p. 268.

to não encontrar amparo legal algum, sendo meramente protelatório, parece-nos ser poder-dever da autoridade judiciária sua rejeição liminar.[56] Não poderá, entretanto, em tal momento apurar o magistrado do mérito da denunciação, no caso concreto, mas simplesmente há de decidir se está sendo usado o instituto em conformidade com as disposições processuais, bem como à luz dos pressupostos de direito material invocados. Nada impede que, admitida liminarmente a denunciação da lide, venha posteriormente o juiz a inadmiti-la, por descabida, tendo em vista a impugnação do denunciado; inexiste para o magistrado preclusão a respeito, da mesma forma que não ocorre preclusão para inadmitir ação que tenha sido anteriormente admitida (art. 267, § 3.º).

De tal decisão denegatória caberá agravo de instrumento, pelas próprias razões de admissibilidade deste e não apelação, como do indeferimento da inicial, pois, apesar de no mesmo processo poder-se já solucionar a ação regressiva, esta encontra-se inserida dentro do processo principal;[57] todavia, se, em superior grau de jurisdição, mercê de recurso, for admitida a denunciação, terão que ser repetidos todos os atos praticados, pois como o litisdenunciado é litisconsorte do denunciante, na ação principal, por isso não será obrigado a receber o processo no estado em que se encontra, por força do indeferimento injustificado do requerimento de sua citação.

No que diz com eventuais incidentes, no procedimento da denunciação da lide, anotem-se os seguintes aspectos.

Pelos mesmos motivos e razões dos quais decorre a tolerância relativamente à promoção da citação inicial, tem-se admitido ou tolerado, igualmente, que tal ocorra com a promoção de citação, tratando-se de denunciação da lide.[58] Tendo em vista a alteração introduzida no art. 222 (Lei 8.710/1993), em que a *regra geral* é a da citação pelo correio, certamente, se não tiver sido requerida "de outra forma" (art. 222, *f*), o assunto relacionado com a indagação consistente em se saber se o denunciante promoveu,[59] ou não, a citação, para eventual incidência do disposto no § 2.º, do art. 72, *ficará contornado*. Isto porque a citação pelo correio independerá, substancialmente, do denunciante promover ou não a citação.

O prazo para o réu denunciar a lide é o prazo de sua contestação, e, sucessivamente, não mais lhe será permitido denunciar a lide. Por isto já se decidiu que em denunciação requerida depois da contestação (dois meses), ainda que citado, o denunciado tem o direito de ser excluído da lide.[60]

Deve ter prosseguimento o processo, se a citação dos denunciados não for promo-

56. V. *RT* 518/69; não é opinião pacífica.

57. A respeito, cf. Teresa Arruda Alvim Wambier, *Os agravos no CPC brasileiro*, item 7.3.

58. Especificamente no sentido do texto, v. *RSTJ* 15/435, REsp 3.508-RJ, 4.ª T., j. 18.09.1990, rel. Min. Barros Monteiro; *RT* 524/116; *RJTJSP* 48/201. Em *RT* 597/80 fixa-se orientação correta, transpondo-se para o procedimento da citação (promoção da citação pelo litisdenunciante) o mesmo critério existente no que pertine à citação inicial, *tendo-se por não infringido o art. 72, § 2.º, dado que, embora não* cronologicamente obedecido o prazo aí estabelecido, tal não se deveu à inércia da litisdenunciante (v. texto do ac., rev. cit., p. 81, n. 2). Em síntese: o litisdenunciante tomou todas as providências, tempestivamente, que lhe couberam; a demora havida não se deveu a inércia sua, que inexistiu (v. o quanto dito no n. 85, infra). Este entendimento que, genericamente, já era acolhido pelo STJ em sua Súmula 106, foi acolhido expressamente pela Lei 8.952/1994, que alterou a redação do art. 219, § 2.º.

59. *JUTACivSP-Lex* 59/310, m.v.

60. *RT* 563/97 (no caso concreto, não houve insurgência do adversário).

vida pelo denunciante, no prazo marcado pelo juiz.[61]

Se a denunciada for a Fazenda Pública, o prazo para contestar é quadruplicado.[62]

73. A posição do litisdenunciado

Cumpre, neste passo, determinar, com respeito à exegese do art. 70, a posição, em rigor, posições, em que o denunciado da lide se coloca. É figura processual *bifronte*.

Em nosso direito, afigura-se-nos que, sendo citado, o denunciado assume a posição de parte (principal). Isto porque se coloca como litisconsorte, e litisconsorte é parte principal. Denunciante e denunciado são, portanto, litisconsortes, em face do adversário comum e tendo em vista o objeto (lide) da ação principal. Deve-se dizer que, *enquanto litisconsorte* do denunciante (art. 75, I), conquanto seja *parte e litisconsorte*, não está *diretamente em jogo*, nessa lide (do autor contra o réu, tendo em vista a ação principal), um bem jurídico que lhe respeita (v. n. 70), todavia, para peculiaridade do inciso II do art. 70). A função do denunciado, neste ângulo, é a de litigar conjuntamente com o réu-denunciante, no sentido de objetivar a improcedência da ação principal, porquanto, com a procedência, *configura-se pressuposto a que, então e sucessivamente, venha em si mesma ser apreciada a denunciação de que é réu e onde, aqui sim, existe pretensão contra o denunciado.*[63] Errôneo, pois, cogitar-se de o *litisdenunciado* poder ser condenado em face do autor,[64] embora haja jurisprudência

61. *RT* 506/101 (v., a respeito, o que se diz no n. 85, *infra*).

62. *RT* 514/97.

63. Assim, observe-se o seguinte: 1.º) no caso do art. 70, I, em ação reivindicatória, denunciada a lide ao adquirente, o que se discute é a propriedade do denunciante, nada mais. Se o denunciante (réu da ação principal) perder a reivindicatória, então é agora que se irá apreciar a responsabilidade pela evicção. No caso do art. 70, II, se alguém é acionado em nome próprio, denunciará a lide ao possuidor indireto. Por exemplo: um usufrutuário é citado em nome próprio para responder a uma ação reivindicatória, e, então: a) denunciará a lide ao proprietário, para que, como parte legítima passiva, responda à ação; e b) nessa denunciação poderá pedir, contra esse proprietário, os prejuízos decorrentes da eventual procedência da ação reivindicatória, se vier a ser atingido, porque perderá a posse, base econômica do exercício do seu direito de usufruto; 2.º) no caso do art. 70, III, movida ação principal, alguém demandado como empregador pode denunciar a lide ao seu empregado; se demandado como proprietário por defeitos da coisa alienada, pode denunciar a lide ao construtor. Em todos esses casos – o empregador e o proprietário – colocam-se como responsáveis perante o autor, mas têm direito regressivo contra aquele a quem denunciam (para quem adota posição restritiva estas hipóteses inadmitiriam denunciação). Se alguém reclama complementação de área (imóvel adquirido *ad mensuram*), pede também abatimento do preço, se impossível a complementação, cabe denunciação a quem alienou o imóvel (hipótese aceita pela corrente não restritiva do art. 70, III – Sydney Sanches, *Denunciação da lide no direito processual civil brasileiro*, n. 7.7, 3, p. 127). Em todos os casos a ação principal coloca-se como prejudicial à apreciação da denunciação da lide. Se o resultado da ação principal for favorável a quem denunciou, estará prejudicada a denunciação da lide, é a regra a ser seguida. Por essa razão, consistente em dever haver a alegação de existência de relação jurídica/conflito de interesses entre o réu-denunciante e o denunciado, *diretamente*, em face do disposto no art. 73, já se decidiu ser inviável denunciação *per saltum*: *RTJ* 104/942 *et seq.* (STF, Pleno); *RTJ* 108/459, especialmente p. 462.

64. *RSTJ* 25/426, REsp 6.793, rel. Barros Monteiro, cuja ementa reza: "Na denunciação da lide promovida pelo réu, é inadmissível a condenação direta do denunciado a compor os prejuízos reclamados pelo autor, sem apreciação da lide principal"; no mesmo sentido, *RT* 629/216-217 ("o denunciado *não pode* ser condenado diretamente a compor os prejuízos reclamados pelo autor"). É pressuposto da denunciação a existência de *relação jurídica* entre denunciante

no sentido de que é possível a condenação direta do denunciado, solidariamente com o denunciante.[65]

O litisdenunciado, a seu turno, tendo em vista a denunciação da lide que lhe foi feita (citação), é réu, *parte passiva*, em face do litisdenunciante. Isto significa que a relação jurídica processual constituída a partir da ação original tem independência da outra relação jurídico-processual, que se instaura, mercê da denunciação da lide. Ademais, as pretensões são diversas, constituindo-se aquela em função de que se instaura a primeira relação jurídico-processual, numa das hipóteses que levam à aplicação das hipóteses definidas nos incisos I, II ou III, do art. 70; assim, a pretensão que leva à instauração da segunda relação jurídico-processual é, a seu turno, representativa da possível responsabilidade do litisdenunciado (pretendida responsabilidade), *diretamente* para com o litisdenunciante.

Feita a citação do denunciado, produzem-se, em relação a ele, os efeitos do art. 219, suscetíveis de serem produzidos: 1.º) litispendência (efeito processual); 2.º) coisa litigiosa; 3.º) sua constituição em mora; 4.º) interrupção da prescrição (de acordo, também, com o art. 202, I, do Código Civil, com as observações feitas no item 97-A, infra, quanto à possível interferência entre o seu texto e o do art. 219, § 1.º). Quanto à prevenção, não há que considerá-la, pois o juízo já está prevento e a competência para as ações de garantia e outras é a mesma das ações principais (art. 109).

Se assim é, segue-se que é fora de dúvida que a pretensão consubstanciada na denunciação da lide tem independência existencial, tendo em vista a pretensão deduzida em primeiro lugar, com base em qualquer um dos incisos do art. 70.

Entretanto, se há essa existência distinta, há unidade procedimental, devendo, ambas, marcharem *pari passu* em todos os pontos e recebendo, a final, sentença *formalmente* unitária (art. 76).

Poderá haver extinção do processo da denunciação da lide, sem resolução de mérito, desde que, exemplificativamente, o litisdenunciante *desista da ação* (art. 267, VIII), para o que, certamente, necessita da concordância do litisdenunciado (art. 267, § 4.º), se já tiver decorrido o prazo para responder. A *denunciação da lide* seria extinta, remanescendo a ação principal.

Já, diversamente, existe entre a pretensão principal e a que enseja a denunciação da lide com base nos incisos I, II e III, do art. 70, ou seja, a pretensão (ação de garantia ou mesmo a chamada *garantia imprópria*) que, mercê da denunciação da lide, seja movida, verdadeira *prejudicialidade*. Isto porque é pressuposto essencial da procedência da ação *sucessiva* (não autônoma), consubstanciada na denunciação da lide (feita pelo réu), que seja julgada procedente a ação originariamente movida e motivadora da ação de garantia.

Se a denunciação tiver sido feita pelo autor, a improcedência da ação principal é que poderá levar à procedência da denunciação. A responsabilidade do litisdenunciado recolhe, no caso de denunciação feita pelo réu,

---

e denunciado – *RSTJ* 67/441, rel. Waldemar Zveiter, constando do voto que "a tese acolhida pelo aresto tem o aval de precedente de minha relatoria, qual seja, no REsp 3.814-SP, em que, na ementa, se concluiu que, não havendo relação jurídica entre litisdenunciante e litisdenunciado, não há como se admitir o pedido de denunciação da lide, e tal relação entre o litisdenunciante réu e o litisdenunciado terceiro há de existir no plano do direito material".

65. STJ, REsp 211.119/ES, 2.ª T., j. 17.05.2005, rel. Min. João Otávio de Noronha, *DJ* 20.06.2005, p. 181; STJ, REsp 275.453/RS, 3.ª T., j. 22.02.2005, rel. Min. Humberto Gomes de Barros, *DJ* 11.04.2005, p. 288; REsp 188.158/RS, 4.ª T., j. 15.06.2004, rel. Min. Fernando Gonçalves, *DJ* 01.07.2004, p. 197.

na procedência de tal ação, um pressuposto que se pode dizer, efetivamente, constituinte, em parte, de tal responsabilidade. Para a denunciação feita pelo autor, inverta-se o raciocínio.

Todavia, tal como na prejudicialidade, consubstanciam-se a improcedência (no caso da denunciação feita pelo autor) e a procedência (quando se trate de denunciação feita pelo réu) em pressuposto essencial e necessário, porém, não suficiente à procedência da denunciação. E isto porque, conquanto procedente a ação de reivindicação, por exemplo, nem por isso decorrerá inexoravelmente o direito do litisdenunciante-réu. É perfeitamente possível que, mesmo procedente a primeira ação, venha a segunda a ser julgada improcedente, por ter, por exemplo, o comprador desistido dessa garantia, o que é possível (art. 447 do CC/2002).[66] Inversamente, porém, tal já não será possível, ou seja, desde que improcedente a ação movida com base em qualquer um dos incisos do art. 70, *ipso facto*, será sempre inviável ao juiz dar pela procedência do ressarcimento ao denunciante-réu.

Se o juiz dá pela carência da ação, por reconhecimento da ilegitimidade passiva *ad causam* da ré denunciante, deverá esta ser condenada pelo reembolso das custas despendidas pela denunciada, bem como pelo pagamento de honorários advocatícios.[67]

74. O comparecimento ou não do denunciado pelo autor

O litisdenunciado pelo autor, *comparecendo*, estabelece a lei, assumirá a posição de litisconsorte do denunciante. A norma parece prever essa condição para sua ligação ao processo. Entretanto, tal se dá pela só citação do denunciado, quer pelo autor, quer pelo réu, pois este já se torna *réu* da ação regressiva e litisconsorte do denunciante, podendo ser abrangido, se for o caso, pelo art. 76, independentemente de seu comparecimento.[68] A lei, no art. 74, quer significar que, comparecendo, o litisdenunciado poderá agir, aditando a petição inicial, pois é litisconsorte. Caso não *compareça*, nem por isso deve-se entender ineficaz a denunciação da lide.

Se comparecer e aditar a petição inicial, a lide do processo não mais terá o perfil inicial que lhe havia dado o autor, porém, aquele que lhe tenha agora emprestado o litisdenunciado. O aditamento à petição inicial é significativo de que há de ter prevalência a estrutura que o litisdenunciado confira à lide.

O réu deverá ser citado, constando do mandado, se for o caso, o aditamento que tenha sido feito (art. 74), e deverá contestar a inicial com o aditamento. Na medida em que haja eventual desconformidade entre a petição inicial, originariamente redigida pelo autor, e o aditamento, feito pelo litisdenunciado, *prevalecerá o aditamento*, pois do contrário não teria significado prático a regra do art. 74.

---

66. Cf. art. 1.107, *caput*, do CC/1916.

67. *RJTJSP* 79/181. O STJ já decidiu que, "tratando-se de garantia simples ou imprópria, em que a falta de denunciação da lide não envolve perda do direito de regresso, o denunciante arcará com os honorários do advogado do denunciado [mesmo em hipótese de vitória do denunciante na demanda principal]. Não assim, entretanto, na hipótese prevista no art. 70, I, do CPC, quando os honorários serão suportados pelo vencido na demanda principal" (REsp 51.457-6/RS, rel. Min. Eduardo Ribeiro, *DJ* 29.08.1994, em Sálvio de Figueiredo, *O STJ e o processo civil*, p. 85). No mesmo sentido, *RSTJ* 9/262, rel. Bueno de Souza, *quanto a que, na hipótese do art. 70, III, não há perda do direito, se inocorrente a denunciação*. Mais recentemente, cf. STJ, AgRg no Ag 569.044/RS, 4.ª T., j. 22.06.2004, rel. Min. Aldir Passarinho Júnior, *DJ* 16.11.2004, p. 291; STJ, REsp 258.335/SE, 2.ª T., j. 14.12.2004, rel. Min. Castro Meira, *DJ* 21.03.2005, p. 305.

68. Arruda Alvim, *Código de Processo Civil comentado*, vol. 3, p. 309.

O fato de o litisdenunciado *comparecer* dá-lhe o direito de *agir como litisconsorte*, implicando: 1.º) o litisdenunciado não discute *a eventual responsabilidade*, somente, da denunciação da lide, como uma consequência da improcedência da ação movida pelo autor-litisdenunciante; 2.º) justamente por isto é que tem interesse em discutir, o melhor possível, com o adversário comum – o réu da demanda proposta pelo autor – para, vencendo esta, isto é, pela improcedência da ação, *ipso facto*, ver-se exonerado da denunciação. *Enquanto denunciado (e, pois, réu do litisdenunciante), deverá contestar a denunciação da lide.*

O denunciado, pelo autor, apesar de não ser expressa a lei, pode comparecer no processo, para, só e exclusivamente, impugnar sua responsabilidade, entendendo não ser ele responsável pela evicção, ou por perdas e danos, com o objetivo de o denunciante não conseguir fazer prevalecer sua pretensão. Cremos que tal atitude não levará o litisdenunciado a aditar a petição inicial; não o exime, todavia, da abrangência do art. 76, se assim o vier a entender o juiz; de outra parte, pois é litisconsorte, pode a qualquer momento atuar no processo, como tal,[69] mesmo que não tenha aditado a inicial e/ou contestado a ação, ou seja, a denunciação da lide.

O TJRJ já decidiu que o denunciado pelo autor tem também legitimidade para impugnar o valor da causa.[70] O mesmo – decidiu o TJSP – não pode fazer o denunciado pelo réu.[71]

75. O comparecimento ou não do denunciado pelo réu

Trata o art. 75 da denunciação da lide pelo réu e dos caminhos que o denunciado pode tomar.

O réu deverá lançar mão do instituto dentro do prazo para a resposta, não o liberando, a denunciação, de seu outro ônus, o de responder à ação, que contra ele tenha sido proposta, pois são atividades distintas; muito pelo contrário, se o réu não contestar a ação, tal implicará sua revelia (art. 319 do CPC).[72] Poderá, ainda, opor exceções antes da própria denunciação.

A lei processual prevê várias atitudes que podem ser tomadas por aquele que é denunciado pelo réu. A primeira delas é a de o denunciado "*aceitar*" e *contestar*, passando, *desde o momento da aceitação, a agir como litisconsorte do réu* em relação ao autor. Trata-se de atividade desenvolvida em regime de unitariedade, *tendo em vista o adversário comum e a ação/lide principal.*

A contestação do réu, por outro lado, *convive* com a do denunciado, que haverá, este último, de contestar, *tanto* a ação principal, *quanto* a denunciação (hipótese do art. 75, I). Se a denunciação tiver sido feita pelo réu, na hipótese de procedência da ação principal, isso se coloca como pressuposto à apreciação (eventual procedência), a seu turno, da denunciação da lide. *Inversamente*, essa antagonicidade de interesses ocorre, em função de a ação principal ser julgada improcedente, na hipótese de a denunciação da lide ter sido feita pelo autor-litisdenunciante.

Há, entre litisdenunciante e litisdenunciado, regime unitário, assimilável ao do litisconsórcio unitário,[73] *no que diz com a ação*

69. *Do mesmo sentir*: José Frederico Marques, *Manual de direito processual civil*, n. 239, p. 291.

70. *RT* 529/237.

71. *RT* 793/238.

72. No mesmo sentir: Rita Gianesini, *Da revelia no processo civil brasileiro*, p. 142.

73. O TJSP já decidiu que se o réu alega ser parte ilegítima e ao mesmo tempo denuncia à lide o verdadeiro responsável, e este, aceitando a litisdenunciação, contesta o pedido formulado pelo autor, passando à condição de litisconsorte passivo, não há prejuízo em que a sentença dê pela carência de ação, em relação ao denunciante, e pela procedência ou improcedên-

principal;[74] diversamente, são litisdenunciante e litisdenunciado, antagonistas (autor e réu), na denunciação da lide. *Comparecendo* o denunciado, significa que terá contestado; se o não fizer, *ainda assim*, será revel. Mesmo na hipótese de *revelia*, o denunciado é parte, pois se a lei fala em *revel* (art. 75, II, *initio*), é porque o define como parte, pois revel é parte,[75] eis que ser parte é requisito para ser revel. Entretanto, nem pelo fato de ser revel, é, nesse contexto, cogitável que se lhe aplicasse o efeito da revelia (art. 319), para o fim de julgamento antecipado (art. 330, II), dado que a procedência/improcedência da ação principal (*conforme o caso*), é que habilita o magistrado à apreciação da denunciação. O art. 319 (efeito da revelia), no entanto, poderá ser aplicado, conforme as circunstâncias, na sentença final (ou na sentença que, antecipadamente também julgue a ação principal). E isto para o fim de se terem como verdadeiros os fatos embasadores da denunciação. Poder-se-á, nessa sede de sentença final (ou, no julgamento antecipado das duas ações – principal e de garantia), se for o caso, aplicar-se-á o art. 302.

Aliás, após a citação, o denunciado é sempre considerado parte, e, pois, *litisconsorte do denunciante (na ação principal)* e seu réu (*na denunciação*). *Se não aceitar a denunciação*, igualmente, será litisdenunciado. *Deverá* o magistrado, desde logo, decidir o incidente de ilegitimidade do denunciado, por ele levantado, ou *ex officio*. Se isso inocorrer, entretanto, leva a que, na sentença, decidirá o juiz, ao depois de decidir sobre a ação principal, se lhe cabe, ou não, responsabilidade no bojo da denunciação.

A aceitação do denunciado é representativa simplesmente do seu agir processual. Pela citação já é ele considerado réu de denunciação e litisconsorte do denunciante, devendo ser atingido pela sentença (art. 76).

O inciso II do art. 75 prevê uma das hipóteses em que compete ao denunciante prosseguir sozinho na defesa, até o final do processo, obrigatoriamente: quando o denunciado for revel ou comparecer para negar a qualidade que lhe está sendo atribuída, em ambos os casos é parte, em sua dupla função, embora afinal seja possível decidir-se pela sua legitimidade ou ilegitimidade (ainda que revel). Todavia, se se tratar de denunciação da lide por evicção, não há mais o ônus do réu-denunciante prosseguir na sua defesa, se o denunciado for revel e manifesta for a procedência da evicção. É o que consta do parágrafo único do art. 456 do CC/2002: "Art. 456. Para poder exercitar o direito que da evicção lhe resulta, o adquirente notificará do litígio o alienante imediato, ou qualquer dos anteriores, quando e como lhe determinarem as leis do processo. Parágrafo único. Não atendendo o alienante à denunciação

---

cia, quanto ao denunciado (*RJTJSP*, 101/144). Aproximadamente nesse sentido acentuou-se no STJ, ou seja, "o acórdão que define como litisconsorcial a relação do litisdenunciado com o réu litisdenunciante não contraria o art. 75, I, do CPC" (ementa – *RSTJ* 40/544, rel. Eduardo Ribeiro). No entanto, parece-nos que razão assiste ao voto vencido, pois que no acórdão veio a se atribuir diretamente o ônus da responsabilidade, com exclusão do denunciante, o qual, na hipótese, assim o foi porque não verificada a tradição do bem adquirido. A posição que, no plano dogmático, nos parece a correta é a do Min. Eduardo Ribeiro, *RSTJ* 40/546, *verbis:* "A meu ver, entretanto, esta expressão, não muito feliz, só pode ser entendida dentro do contexto em que foi regulamentado o instituto. Interessa ao denunciado opor-se à pretensão formulada pelo adversário do denunciante, mas, tão só e exclusivamente, na medida em que essa demanda é prejudicial à outra e, julgada improcedente a ação originária, ficará prejudicada a litisdenunciação".

74. Como consequência, incide, *no particular*, o disposto no art. 509. Cf. STJ, EDcl no REsp 226.326/SP, 3.ªT., j. 17.02.2000, rel. Min. Eduardo Ribeiro, *DJ* 12.06.2000, p. 108.

75. V. *RJTJSP* 62/214, em que se decretou a revelia de seguradora que, denunciada à lide, não compareceu.

da lide, e sendo manifesta a procedência da evicção, pode o adquirente deixar de oferecer contestação, ou usar de recursos". Nessas hipóteses, a ausência de prosseguimento na defesa não implica, de forma alguma, em óbice a que o denunciante tenha a sua pretensão regressiva apreciada na sentença (art. 76).

O inciso I do mesmo art. 75 oferece ao denunciado pelo réu a possibilidade de aceitar a denunciação e contestar. O seu não comparecimento (*não contestação à denunciação*), se devidamente citado, fará com que seja considerado *revel*.

Ora, a revelia, para o denunciado pelo réu, opera-se pelo transcurso do prazo para contestação, mesmo que haja manifestação expressa de sua vontade, a fim de negar a qualidade que lhe está sendo atribuída, e desde que a alegação de ilegitimidade não seja acolhida.

Nessas condições haverá *revelia*, caso o denunciado pelo réu seja citado e não conteste, mas não se produzirá na *ação principal* o efeito do art. 319, por força do art. 320, I (se o réu-denunciante tiver contestado a ação principal). Mas, na denunciação da lide, ação de garantia ou de regresso movida no mesmo processo, pelo denunciante contra o denunciado, há de se poder aplicar o art. 319, *se configurados os seus pressupostos*. No entanto, incogitável será pretender-se aplicar o art. 330, II, porque o julgamento da denunciação *depende, prejudicialmente*, da eventual procedência da *ação principal*. De qualquer forma, a reunião de *todos os pressupostos* para se configurar *o efeito da revelia, in casu*, depende, *sempre*, da procedência da ação principal (no caso de denunciação pelo autor), diante do que, então, em face da não contestação, será possível (mas não necessário) aplicar o art. 319, relativamente à denunciação. Basta considerar que, em tal hipótese (revelia do denunciado), a lei impôs um dever ao denunciante (art. 75, II, parte final, dever que é afastado na hipótese de denunciação da lide por evicção em que, sendo o denunciado revel, for manifesta a procedência da evicção, conforme está disposto no art. 456, parágrafo único, do CC/2002).

Se, ainda, o denunciado comparecer apenas para negar a qualidade que lhe foi atribuída, caberá, igualmente, ao denunciante prosseguir na defesa; e o denunciado se tornará, da mesma forma, seu litisconsorte (no resultado do processo principal), salvo se o juiz o excluir do processo. A jurisprudência tem entendido que, negando o litisdenunciado a qualidade que lhe é atribuída, o juiz deverá decidir a controvérsia daí decorrente, entendimento correto, pois pertine, tal arguição, aos próprios pressupostos justificadores, *ou não*, da denunciação.[76]

Se o denunciado negou, indevidamente, a qualidade que lhe foi atribuída, legalmente, pelo denunciante, estará eventualmente agindo de má-fé, de acordo com o art. 17 da lei processual, e esta poderá ser apurada no processo em que é parte. E, pela má-fé, poderá responder (arts. 16 e 18) podendo, até mesmo, ser apenado de ofício pelo juiz (art. 18, *caput*, com a redação que lhe deu a Lei 9.668/1998).

O inciso III do art. 75 refere-se à hipótese de o denunciado confessar os fatos alegados pelo autor. Está claro que só poderá fazê-lo se tiver aceitado a denunciação. Como já nos manifestamos, em outra oportunidade, apesar de a lei usar da expressão "confessar os fatos alegados pelo *autor*", deverá ser considerada como também incluída, neste inciso, a hipótese de reconhecimento jurídico do pedido.[77]

76. *Revista de Processo (RePro)* 6/307, em. 59; *RJTJSP* 38/62.

77. Também neste sentido: Clito Fornaciari Júnior, *Reconhecimento jurídico do pedido*, p. 40, 1977. O *nomen iuris* é utilizado com alguma impropriedade, porquanto, no caso, *em realidade, a lide (a da ação principal)* não respeita,

Mas, como a citação da denunciação acarreta a formação de um litisconsórcio unitário, entre litisdenunciante e litisdenunciado, *relativamente à ação principal*, nenhum desses atos, se praticados por um só dos litisconsortes, produzirá efeitos jurídicos que lhe seriam próprios.[78]

Se, porém, o denunciado pelo réu confessar, ou "reconhecer juridicamente o pedido do autor", o litisdenunciante poderá estar de acordo com ele, extinguindo-se o processo, neste último caso, e não havendo sido criado óbice quanto ao direito do evicto ou responsabilidade por perdas e danos do denunciado, a sentença já os declarará em favor do denunciante, ocorrentes os pressupostos.

Todavia, será facultado ao denunciante, se, por exemplo, tiver predominantemente interesse, no próprio bem da vida, objeto do litígio; se desconfiar da solvabilidade do denunciado, contra quem pediu perdas e danos, o direito de continuar na defesa, a fim de lutar pelo seu direito, na ação principal, *precipuamente*.

Lembremos, ainda, que, mesmo tendo o denunciado confessado os fatos alegados pelo autor, esse denunciado pode continuar no processo para negar os efeitos jurídicos de tais fatos. Nessas condições, como já se observou, o inciso III do art. 75, em exame, apesar de referir-se, *expressis verbis*, à confissão, abrange também o "reconhecimento jurídico do pedido". Entretanto, estes atos praticados por um só dos litisconsortes são, conquanto *válidos*, inoperantes processualmente, dado que se trata de regime unitário. Todo ato dispositivo de direito no regime unitário fica condicionado à aquiescência do(s) outro(s) litisconsorte(s) para ser *eficaz*, ou será *apenas* uma mera manifestação que, quando da prolação da sentença, será sopesada pelo juiz no conjunto das provas.

76. As consequências da denunciação

Havendo denunciação, tanto pelo autor como pelo réu, haverá regime unitário contra a parte adversa, e na denunciação o denunciado será réu. A sentença será formalmente una, mas conterá, na verdade, duas decisões, já se tendo corretamente decidido pela nulidade da sentença omissa quanto a uma das lides.[79]

A "primeira sentença" será relativa, ou à ação reivindicatória, ou relativa ao bem em posse do possuidor direto, por direito ou obrigação, ou, ainda, a relacionada com obrigação da qual o inadimplemento dá direito à ação regressiva. A "segunda", por seu turno, diz respeito ao direito do evicto ou o prejuízo cabível na espécie. *Formalmente há uma sentença.*

À redação do art. 76, porém, devem ser feitas algumas observações. Prescreve esse artigo: "A sentença, que julgar procedente a ação, declarará, conforme o caso, o direito do evicto, ou a responsabilidade por perdas e danos, valendo como título executivo".

Ora, na hipótese da lei, à primeira vista, parece que esse tipo de sentença só poderia ser proferida nos casos em que o denunciado da lide fosse o réu. Todavia, tal interpretação não estaria de acordo com o sistema processual e muito menos com os contornos dados pela lei processual ao instituto da denunciação da lide, nos arts. 70 a 76 do Código.

Nessas condições, deve-se entender que a sentença que julgar procedente a ação, ha-

propriamente, ao que reconhece, que é o denunciado.

78. Sydney Sanches, *Denunciação da lide no direito processual civil brasileiro*, n. 9.45, p. 223.

79. *RT* 578/215 (caso em que a sentença foi omissa quanto à responsabilidade do denunciado). Cf. também STJ, REsp 206.390/PE, 2.ª T., j. 16.08.2001, rel. Min. Eliana Calmon, *DJ* 01.10.2001, p. 184.

vendo denunciação da lide por parte do réu, decidirá sobre o direito do evicto e sobre a responsabilidade por perdas e danos. Da mesma forma, já que a própria lei dá direito ao autor de usar do instituto da denunciação da lide, *se a ação principal for julgada improcedente*, também deverá ser decidido o direito do evicto ou a responsabilidade por perdas e danos.

Outra observação que cabe fazer é a de que, de acordo com o art. 76, a segunda decisão do juiz seria *meramente declaratória*, o que não era coerente, todavia, com as últimas palavras da própria norma em exame (*valendo como título executivo*), já que o mencionado art. 584, I (hoje revogado pela Lei 11.232/2005) considerava título executivo apenas a sentença *condenatória*. Sustentávamos, diante disso, nas edições anteriores deste *Manual*, que a palavra *declarar*, no texto do art. 76, havia sido usada no sentido estrito de definir, reconhecer, e que queria dizer *condenar*. De todo o modo, o art. 475-N, I, inserido pela Lei 11.232/2005, estabelece que é título executivo "a sentença proferida no processo civil que *reconheça a existência de obrigação* de fazer, não fazer, entregar coisa ou pagar quantia". Assim, sob este prisma, também a sentença *declaratória* passa a poder ser título executivo, quando reconhecer a existência de obrigação, de acordo com o que observamos anteriormente (cf., a respeito, o que escrevemos no item n. 123 da Primeira Parte deste *Manual*). A possibilidade de execução é, aliás, a vantagem do instituto; em um só processo, resolverem-se, em definitivo, com força de coisa julgada material, *duas lides conexas*, possibilitando *duplo título executivo*.

77. A denunciação da lide no procedimento sumário, na execução e na cautelar

O art. 280 do CPC, com a redação da Lei 10.444/2002, certamente pautado em preocupação maior com a concentração de atos processuais e, reflexamente, com a economia processual, na trilha do que já estabelecia o inciso I desse mesmo artigo, com a redação que lhe fora dada pela Lei 9.245/1995 (mas que restou revogada com o advento da Lei 10.444/2002), dispõe: "No procedimento sumário não são admissíveis a ação declaratória incidental e a intervenção de terceiros, salvo a assistência, o recurso de terceiro prejudicado e a intervenção fundada em contrato de seguro". Como no sistema do Código de Processo Civil a denunciação da lide é forma de intervenção de terceiros (o Capítulo VI em que o instituto está inserido tem esta denominação), com o advento deste dispositivo (inovação trazida pela Lei 9.245 e mantida pela Lei 10.444/2002), continuou, pela *literalidade de seu texto*, vedada a denunciação da lide no procedimento sumário, salvo nos casos que a própria excepciona.

Há, porém, há uma importante alteração na parte final do art. 280, visto que com a vigência da Lei 9.245/1995 ficou expresso, sem exceção, o não cabimento da denunciação da lide no procedimento sumário. Essa posição, todavia, parecia não refletir o melhor entendimento, ao menos quando se tratasse de seguro, pois em tais casos era fundamental permitir ao segurado o uso do instituto da intervenção de terceiros no procedimento sumário, para que, deste modo, ele pudesse evitar o risco de ter que pagar pessoalmente os danos, se, por ventura, perdesse a ação. O reembolso de tal soma dependeria do ajuizamento de uma ação de regresso contra a seguradora. Convém ressaltar ainda, que dentre as principais hipóteses de uso do procedimento sumário, sempre esteve presente a resolução de conflitos originados de uma colisão de automóveis, e, em tais situações, a proibição absoluta da intervenção de terceiros – do revogado inciso I do art. 280 – revelava-se um verdadeiro óbice para a efetivação do direito material do segurado, garantido pela apólice.[80]

Por todas essas razões o Código foi modificado pela Lei 10.444/2002 e o art. 280 expressamente passou a excepcionar a vedação da intervenção de terceiros em procedimento sumário, se se estiver diante de "intervenção fundada em contrato de seguro".[81]

Assim, com essa nova redação do art. 280 do CPC, a lei passou novamente a permitir ao segurado denunciar a lide à seguradora no rito sumário, quando se tratar de matéria referente a acidentes de veículos. É relevante frisar, que apenas a denunciação da lide motivada por contrato de seguro restou autorizada no procedimento sumário, e não todas as demais do art. 70 do CPC.[82]

No processo de execução descabe denunciação da lide, que é instituto próprio do processo de conhecimento[83] (v. *infra* o que se diz sobre o processo cautelar).

Basta assinalar que a denunciação da lide acarreta, sendo decidida conjuntamente com a ação principal, que, por uma mesma sentença que julgue procedente a ação principal, aí se haja de *declarar*, também, "conforme e, se for o caso", o direito do denunciante em face do que tenha sido denunciado (art. 76 e, também, art. 475-N, I, na redação da Lei 11.232/2005). Consequentemente, forma-se um título sentencial (ou pode ser formado) do denunciante contra o denunciado, o que é função específica do processo de conhecimento.

Já na ação de execução realiza-se praticamente o título executivo, e a impugnação à execução apresentada pelo devedor objetivam desconstituí-lo (arts. 475-L e 475-M, na redação da Lei 11.232/2005). *Há, desta forma, visceral incompatibilidade entre o instituto e a execução, no sentido de ser inviável, em sede de execução, denunciar a lide, nos termos dos arts. 70 a 76.*

Assunto que, no plano de uma interpretação à luz dos dispositivos disciplinadores da denunciação da lide, não é, aparentemente, fácil de ser resolvido, é o relacionamento com o cabimento, ou não, de denunciação da lide, em procedimento cautelar.[84]

---

80. Nesse sentido, cf., Cândido Rangel Dinamarco, *A reforma da reforma*, p. 120-121.

81. Assim, o STJ já decidiu: Processo Civil – Ação Indenizatória – Intervenção de Terceiro – Rito sumário – Denunciação da lide – Seguradora – Possibilidade – Art. 280, CPC. Lei 10.444/2002. Embargos de divergência providos. I. Em interpretação teleológica, mesmo antes da vigência da Lei 10.444/2002, que alterou a redação do art. 280, CPC, já se mostrava admissível, no procedimento sumário, a intervenção de terceiro fundada em contrato de seguro. II. Com a vigência da nova lei, não há mais dúvida a respeito do tema" (STJ, EResp 299084/RJ, 2.ª S., rel. Min. Sálvio de Figueiredo Teixeira, *DJU* 06.10.2003, p. 201).

82. A respeito, cf. também, José Rogério Cruz e Tucci, *Lineamentos da nova reforma do CPC*, p. 48. Afirma o citado processualista que "versando a lide relação de consumo, será também possível o chamamento ao processo da segurança do fornecedor, como expressamente autoriza o art. 101, II, do CDC, uma vez que a nova redação do art. 280 permitiu a 'intervenção de terceiros' e não apenas a denunciação da lide".

83. Pelo descabimento da denunciação da lide em ação de execução: 1.º TACSP [extinto], Ap 262.922, 3.ª Câm., j. 28.11.1979, rel. Arruda Alvim, v.u.; *RT* 504/173, 521/197 e 562/112; *JUTACivSP* 49/98, 60/129 e 69/68; *Bol. da AASP* 1.153/15; *RTJ* 93/917; *JC* 48/148. *Na doutrina, no mesmo sentido*: Sydney Sanches, *Denunciação da lide no direito processual civil brasileiro*, p. 146; Celso Agrícola Barbi, *Comentários ao Código de Processo Civil*, p. 352; Milton Flaks, *Denunciação da lide*, p. 188-191. Admite-se a denunciação, no entanto, em embargos de terceiro: STJ, REsp 161.759/MG, 3.ª T., j. 03.05.2005, rel. Min. Antônio de Pádua Ribeiro, *DJ* 13.06.2005, p. 287.

84. Pelo cabimento da denunciação da lide em processo cautelar: *Revista de Processo (RePro)* 9/283; *RT* 558/116; *RJTJSP* 43/191 (alude o acórdão a chamamento), 84/286. *Na doutrina*: Milton Flaks, *Denunciação da lide*, p. 192; Ovídio A. Baptista da Silva, *Comentários ao CPC*, p.

Doutrina e jurisprudência encontravam-se divididas.

Parecia que a solução correta fosse aquela em que se sustentava a admissibilidade de "denunciação da lide", embora o termo fosse, efetivamente, impróprio. Era impróprio porque, na realidade, não se realizavam os efeitos próprios para os quais existia este instituto.

Julgamos que se haverá de dizer o seguinte:

É essencial que, para uso do processo cautelar, salvo a hipótese de já estar pendente o processo principal, que se indiquem a lide e seu fundamento, e, bem assim, quem é o requerido (art. 801, III e II, respectivamente). O requerido, a seu turno, é citado para contestar (art. 802). O que se pode afirmar é que, no processo cautelar, existe uma imagem da lide do processo principal, ainda que antecedente a este (art. 801, III), e o que objetiva será, a seu turno, perfeitamente perceptível.

Se o processo cautelar é instrumental e se liga, teleologicamente, a assegurar situação em função do processo/lide principal, segue-se que, na medida em que *terceiro* (que no processo principal *será/seria denunciado*) possa vir a ser atingido, porque em sede de processo principal se pretende propor contra ele denunciação da lide, é *cogitável* que se lhe dê ciência (tal como se se tratasse de denunciação da lide), agora e já em sede de processo cautelar. No entanto, passando da cogitação à exigência, dever-se-lhe-á dar ciência (mandar citá-lo), quando fique claro que a eficácia da medida cautelar poderá vir atingi-lo, ideia essa que aparece com nitidez em acórdão do Tribunal de Justiça do Estado de São Paulo veiculado na *RJTJSP* 84/286. Numa palavra: quando, pela situação estrutural do processo cautelar, já se sabe que, certamente, haverá denunciação da lide no processo principal, aquele, a quem a lide seria denunciada, deverá ser ouvido já no processo cautelar, embora, neste momento, não se possa ainda dizer que se trata de denunciação da lide propriamente dita.

A admissibilidade da denunciação no sumário, nos casos excepcionais em que se admite, como exposto acima (se tiver como fundamento contrato de seguro),[85] há de respeitar os prazos em que deve, *ex lege*, ser feita.[86]

Quanto ao autor, deverá proceder à denunciação juntamente com a petição inicial, atendendo ao art. 71. Somente após o comparecimento do litisdenunciado ou o transcurso do prazo sem o seu comparecimento, é que será possível a citação do réu. No caso da denunciação pelo réu, este poderá fazê-lo até o término do prazo para a contestação, ou seja, até a audiência. Recebendo o pedido de denunciação, o juiz deverá mandar suspender o processo, realizando a citação do denunciado para que compareça à nova

186; Galeno Lacerda, *Comentários ao Código de Processo Civil*, p. 44-45. *Contra: RT* 530/90 (alude-se no ac. a *chamamento*), 554/142, e, mais recentemente: STJ, REsp 213.556/RJ, 3.ª T., j. 20.08.2001, rel. Min. Nancy Andrighi, *DJ* 17.09.2001, p. 161 (todos os acórdãos desta nota dizem respeito à produção antecipada de provas). *Na doutrina*: Sydney Sanches, *Denunciação da lide no direito processual civil brasileiro*, p. 144.

85. "(...) I – Em interpretação teleológica, mesmo antes da vigência da Lei 10.444/2002, que alterou a redação do art. 280, CPC, já se mostrava admissível, no procedimento sumário, a intervenção de terceiro fundada em contrato de seguro. II – Com a vigência da nova lei, não há mais dúvida a respeito do tema" (STJ, EREsp 299.084/RJ, 2.ª S., j. 25.06.2003, rel. Min. Sálvio de Figueiredo Teixeira, *DJ* 06.10.2003, p. 201).

86. Os prazos previstos no art. 72 do CPC não podem ser desrespeitados se a denunciação foi feita em procedimento sumário, mesmo que ainda não tenha sido designada a audiência de continuação do processo – *RT* 539/198.

audiência designada, quando, então, irá recomeçar a correr o processo.

Bibliografia

ALLORIO, Enrico. *O Commentario del Codice di Procedura Civile*, Torino: Utet, 1973. vol. 1.

ALVIM, Eduardo Arruda. *Curso de direito processual civil*. São Paulo: Ed.RT, 1999. vol. 1.

______. *Direito processual civil*. 2. ed., revista, atualizada e ampliada. São Paulo: Ed. RT, 2008.

______. *Direito processual civil*. 3. ed. São Paulo: Ed. RT, 2010.

______. *Direito processual civil*. 4. ed. São Paulo: Ed. RT, 2012.

ALVIM NETTO, José Manoel de Arruda. *Código de Processo Civil comentado*. São Paulo: Ed. RT, 1976. vol. 3.

______ *et al. Código do Consumidor comentado*. São Paulo: Ed. RT, 1991.

______. *Curso de direito processual civil*. São Paulo: Ed. RT, 1971. vol. 1.

ANDRÉ, Bruno Afonso de. Litisconsórcio, denunciação da lide e chamamento ao processo. *Estudos sobre o novo Código de Processo Civil*. São Paulo: Resenha Tributária, 1974.

ARAGÃO, Egas Dirceu Moniz de. Sobre o chamamento à autoria. *Revista de Processo (RePro)* 27/49, 1982; *Revista do Instituto dos Advogados do Paraná*, 1979, n. 1 e *Ajuris*, 25/22.

BARBI, Celso Agrícola. *Comentários ao Código de Processo Civil*. Rio de Janeiro: Forense, 1983. vol. 1.

BARBOSA MOREIRA, José Carlos. *Estudos sobre o novo Código de Processo Civil*. Rio de Janeiro: Liber-Juris, 1974.

______. *O novo processo civil brasileiro*. 25. ed. Rio de Janeiro: Forense, 2007.

BORGES, Marcos Afonso. *Comentários ao Código de Processo Civil*. São Paulo: Leud, 1975. vol. 1.

BUENO, Cássio Scarpinella. *Partes e terceiros no processo civil brasileiros*. São Paulo: Saraiva, 2008.

CARNEIRO, Athos Gusmão. *Da intervenção de terceiros*. 4. ed. São Paulo: Saraiva, 1989.

______. Denunciação da lide e chamamento ao processo. *Ajuris* 21/24, 1981; *RBDP* 27/13, 1981; *RF* 276/7.

CARPI, Federico; COLESANTI, Vittorio; TARUFFO, Michele. *Commentario breve al Codice di Procedura Civile*. 2. ed. Padova: CEDAM, 1988.

CARRIDE JR., Norberto. *Da denunciação da lide*. São Paulo: Julex Livros, 1980.

COSTA, Sérgio. *Manuale di diritto processuale civile*. 3 ed. Torino: Utet, 1966.

CRESCI SOBRINHO, Elício de. Litisdenunciação (verbete). *Enciclopédia Saraiva do Direito*, 1980. vol. 50.

DIAS, Rui Belford. Estudos sobre a litisdenunciação. *RF* 268/175.

DINAMARCO, Cândido Rangel. *Direito processual civil*. São Paulo: José Bushatsky, 1975.

______. *A reforma da reforma*. São Paulo: Malheiros, 2002.

FABRÍCIO, Adroaldo Furtado. *Comentários ao Código de Processo Civil*. Rio de Janeiro: Forense, 1980. vol. 8, t. III.

FADEL, Sergio Sahione. *Código de Processo Civil comentado*. Rio de Janeiro: Forense, 1984. vol. 1.

______. *Direito processual civil brasileiro*. São Paulo: Saraiva, 1984. vol. 1.

FIGUEIRA JÚNIOR, Joel Dias. *Comentários ao Código de Processo Civil*. São Paulo: Ed. RT, 2001. vol. 4, t. 1.

FLAKS, Milton. *Denunciação da lide*. Rio de Janeiro: Forense, 1984.

FORNACIARI JÚNIOR, Clito. *Reconhecimento jurídico do pedido*. São Paulo: Ed. RT, 1977.

GIANESINI, Rita. *Da revelia no processo civil brasileiro*. São Paulo: Ed. RT, 1977.

GONÇALVES, Aroldo Plínio. *Da denunciação da lide*. Rio de Janeiro: Forense, 1983.

GOMES, Orlando. *Contratos*. 8. ed. Rio de Janeiro: Forense, 1981.

GRECO FILHO, Vicente. A denunciação da lide: sua obrigatoriedade e extensão. *Justitia* 94/9.

______. *Direito processual civil brasileiro*. 20. ed. São Paulo: Saraiva, 2007. vol. 1.

GUIMARÃES, Celso Araújo. *Da denunciação da lide*, Tese apresentada no 1.º Encontro Interestadual de Magistrados – Paraná – São Paulo, 03 a 05.10.1980, Jacarezinho-Ourinhos, Ed. da Associação dos Magistrados do Paraná.

LACERDA, Galeno. *Comentários ao Código de Processo Civil*. Rio de Janeiro: Forense, 1980. vol. 8, t. I.

LAPORTA; TAMBURRINO; GRECO. *Codice di Procedura Civile e Legge Fallimentare*. Roma: Casa Editrice Stamperia Nazionale, s/d. vol. 1.

LIMA, Alcides de Mendonça. A nova terminologia do Código de Processo Civil. *Ajuris* 1/107, 1974.

MANESCHY, Renato Lemos. Denunciação da lide. A hipótese do inciso III do art. 70 do CPC. *RF* 261/113; *Juriscível* 63/48.

MARQUES, José Frederico. *Manual de direito processual civil*. São Paulo: Saraiva, 1983. vol. 1.

MESQUITA, José Ignácio Botelho de. *Da ação civil*. São Paulo: Ed. RT, 1975.

______. Da ação de evicção. *Ajuris*, vol. 22.

MIRANDA, Francisco Cavalcanti Pontes de. *Comentários ao Código de Processo Civil* (de 1973). Rio de Janeiro: Forense, 1974. t. II.

NACONECY, Luiz Carlos Macedo. *Curso de direito processual civil*. São Paulo: Ed.RT, 1984.

NERY JUNIOR, Nelson; NERY, Rosa Maria de Andrade. *Código de Processo Civil comentado*. 9. ed., São Paulo: Ed. RT, 2006.

NILSSON, Jurandyr. *Nova jurisprudência do processo civil*. São Paulo: Max Limonad, 1959. vol. 9.

PASSOS, José Joaquim Calmon de. *Comentários ao Código de Processo Civil*. Rio de Janeiro: Forense, 1979. vol. 3.

______. Denunciação da lide (verbete). *Enciclopédia Saraiva do Direito*, 1979. vol. 23.

PAULA, Alexandre de. *Código de Processo Civil anotado*. São Paulo: Ed. RT, 1976. vol. 1.

PRATA, Edson. *Comentários ao Código de Processo Civil*. Rio de Janeiro: Forense, 1979. vol. 1, t. I.

ROCCO. *Trattato di diritto processuale civile*. Torino: Utet, 1957. vol. 2.

SANCHES, Sydney. Consequências da não denunciação da lide. *Ajuris* 14/94, 1978; *RJTJSP* 47/13; *JTA* 46/182.

______. Denunciação da lide. *Revista de Processo (RePro)* 34/47, ano IX. São Paulo, Ed.RT, abr.-jun./84.

______. *Denunciação da lide no direito processual civil brasileiro*. São Paulo: Ed. RT, 1984.

SANTOS, Moacyr Amaral. *Primeiras linhas de direito processual civil*. 23. ed. (atualizada por Aricê Moacyr Amaral Santos). São Paulo: Saraiva, 2004. vol. 2.

SATTA, Salvatore. *Comentario al Codice di Procedura Civile*. Milano: Casa Ed. Dr. Francesco Vallardi, 1966.

SERPA LOPES, MIGUEL MARIA DE . *Curso de direito civil*. Rio de Janeiro: Freitas Bastos, 1958. vol. 4.

SILVA, Ovídio A. Baptista da. *Comentários ao CPC*. Porto Alegre: Lejur, 1985.

______; MACHADO, L. Melíbio Uiraçaba; GESSINGER, Ruy Armando; GOMES, Fábio Luiz. *Teoria geral do processo civil*. Porto Alegre: Letras Jurídicas, 1983.

SOUZA, Paulo Roberto Pereira de. Denunciação da lide. *Revista de Processo (RePro)* 14-15/367, ano VI. São Paulo: Ed.RT, abr.-set./79.

TÁVORA, Paulo. Situação Processual do denunciado na ação de nulidade de registro imobiliário. *Revista de Processo (RePro)* 26/208, 1982 e *Ajuris* 25/22, 1982.

TEIXEIRA, Sálvio Figueiredo (coord.). *O processo civil no STJ*. São Paulo: Saraiva, 1992.

______. *O STJ e o Processo Civil*. Brasília: Brasília Jurídica, 1995.

THEODORO JÚNIOR, Humberto. *Curso de direito processual civil*. 47. ed. Rio de Janeiro: Forense, 2007. vol. 1; 48. ed., 2008, vol. 1; 49. ed., 2009, vol. 1.

______. Intervenção de terceiros no processo civil: denunciação da lide e chamamento ao processo. *RF* 268/95; *Juriscível* 77/16; *Revista de Processo (RePro)* 16/49, ano VI. São Paulo, Ed. RT, out.-dez./79.

______. *Processo de conhecimento*. Rio de Janeiro: Forense, 1981. vol. 2.

TORNAGHI, Hélio. *Comentários ao Código de Processo Civil*. São Paulo: Ed. RT, 1976. vol. 1.

TUCCI, José Rogério Cruz e. *Lineamentos da nova reforma do CPC*. 2. ed. São Paulo: Ed. RT, 2002.

VELLOZA, Rubens Tarcísio Fernandez. Denunciação da lide. *Revista de Processo (RePro)* 14-15/87, ano VI. São Paulo: Ed. RT, abr.-set./79.

WAMBIER, Teresa Arruda Alvim. *Os agravos no CPC brasileiro*. 4. ed. São Paulo: Ed.RT, 2005.

YARSHELL, Flávio Luiz. Evicção e denunciação da lide no novo Código Civil. In: DIDIER JR., Fredie; MAZZEI, Rodrigo (orgs.). *Reflexos ao novo Código Civil no direito processual civil*. Salvador: Jus Podivm, 2007.

IX
Do Chamamento ao Processo

78. Finalidade do chamamento ao processo

O chamamento ao processo é uma das formas de ingresso de terceiro em processo de *conhecimento*[1] alheio. Sua finalidade é a de que o chamado, por meio de manifestação de vontade do réu, originariamente demandado, se coloque ao seu lado como litisconsorte, ficando, assim, no processo, também na condição jurídica de réu do mesmo autor comum. Trata-se de um poder outorgado ao réu.

O art. 77 contém três incisos que apresentam um elemento comum. Aquele que chama outrem ao processo, na realidade, não tem pretensão a fazer valer em relação ao chamado; apenas entende que este tem, tanto quanto ele, ou mais (como no caso de chamamento do *devedor principal* – art. 77, I), obrigação de responder em face do autor. Tanto o chamante quanto o chamado se colocam no processo como litisconsortes facultativos passivos, por obra do chamamento.

Hipótese em que já se admitiu o *chamamento ao processo* é aquela em que alguém, sendo acionado por *acidente de veículos*, chama ao processo outrem, alegando que este concorreu, culposamente, para o acidente.[2] Considerando, no entanto, o disposto no art. 275, II, *d*, c/c art. 280 (na redação da Lei 10.444/2002), a ação de indenização por da-

1. O que se afirma no texto é a viabilidade de chamamento em processo de conhecimento. Se se tratar, no entanto, de chamamento originário em *processo de execução* de título extrajudicial, como em execução por aluguéis, pretender o fiador chamar o seu afiançado (*JUTACivSP* 61/193), dito "chamamento" é incabível. Igualmente, citado em execução, o fiador não pode chamar o afiançado e demais fiadores (STJ, REsp 70.547/SP, 5.ª T., j. 05.11.1996, rel. Min. José Arnaldo da Fonseca, *DJ* 02.12.1996, p. 47.700; *JUTACivSP* 65/175; *JUTACivSP* 79/145, referida, aqui, p. 146, *farta jurisprudência, no mesmo sentido*). Incide, no caso, o art. 595 do CPC. V. também, *infra*, o que se diz, a respeito, no n. 84.

2. *RT* 526/86 (nesta decisão invoca-se, como fundamento, o art. 1.518 do CC/1916 e, como fundamento do CPC, o art. 77, III; citada no mesmo sentido *RT* 494/89), ambas as decisões do TJSP. *RF* 255/195 (invocado o art. 80, admitindo o chamamento diante da alegação do que quer chamar, para o "efeito da possível responsabilidade indenizatória (...) dos proprietários dos outros (...) veículos envolvidos, no acidente, bem como seu preposto", admitindo-se que a vítima: a) poderia se voltar contra qualquer um dos autores do dano ou contra todos; b) se acionar um só, tem este direito ao chamamento). O que se constata é o reconhecer-se uma fungibilidade entre algumas hipóteses de chamamento ao processo e de denunciação da lide. *Todavia, o que nos parece é que, fundamentalmente, nas hipóteses de denunciação da lide há duas relações jurídicas/conflito de interesses distintos, a saber: a) entre autor e réu; b) entre autor-denunciante e/ou réu-denunciante e/ou os respectivo(s) denunciado(s). Já no chamamento ao processo, a relação jurídica/conflito de interesses é, atualmente, entre o que chama e o autor da ação.*

nos causados em veículos deve observar o procedimento sumário, e, neste caso, a intervenção de terceiro somente será admitida se fundada em contrato de seguro.[3]

79. As hipóteses de chamamento ao processo (art. 77, I)

Deve-se sublinhar que, para ser viável o chamamento ao processo, necessário é que o réu seja parte legítima. É expressiva decisão do STJ (datada de 14.08.1990, quando as relações extraconjugais não eram consideradas matéria de família) em que, nas instâncias locais, inadmitiu-se ação, proposta por concubina, em que esta havia chamado ao processo armadoras, que entendeu terem sido responsáveis pelo falecimento do seu concubino. Inadmitiu-se a ação sob o fundamento de que a concubina não faz jus à indenização, dado que – como consta do acórdão do STJ –, transcrevendo o cerne do acórdão local, a concubina a alimentos não fazia jus. Todavia, o STJ reformou a decisão, sob o fundamento de que, no caso, seria de aplicar-se o direito comum. Constou da parte final do voto do relator, Min. Athos Gusmão Carneiro, o seguinte: "Ficando admitida a autora como parte legítima para a causa, que terá andamento na forma da lei processual, assegurada preferência que evite maior demora à solução do litígio". Vale dizer, a legitimidade da ré, no caso, foi elementar.[4]

Por força deste dispositivo é possível ao fiador, quando demandado originariamente, chamar ao processo o devedor principal (art. 77, I).

O art. 77, I disciplina, ao nível do processo civil, o chamado *benefício de ordem* existente no Direito Civil (art. 827 do CC).[5] Verifica-se que o Direito Civil, pelo artigo citado, já confere ao fiador o direito de não sofrer execução, decorrente do não pagamento de dívida pelo afiançado, salvo quando exausto o patrimônio deste. Verifica-se, portanto, pelo sentido da lei civil, que esta coloca a responsabilidade do fiador com a característica de subsidiariedade.

O chamamento ao processo, previsto pelo inciso I do art. 77, disciplina a possibilidade de, no processo de conhecimento, ser o afiançado, desde logo, trazido ao processo, a quem não assiste o direito de, através de manifestação de vontade, se insurgir contra o chamamento que lhe faz o fiador, devendo, necessariamente, ser abrangido pelos efeitos da decisão proferida sobre as responsabilidades dos obrigados (art. 77), na forma do que dispõe o art. 78 do CPC. Assim, sendo trazido o afiançado ao processo, será (= poderá ser) ele condenado, da mesma forma que o será o fiador, como responsável pela dívida, na hipótese de a ação ser julgada procedente. Quando for instaurada a execução do credor contra o fiador e afiançado, *se for o caso* (arts. 827, parágrafo único, e 828 do Código Civil),[6] projeta-se o benefício de ordem na própria ação de execução, em virtude do art. 595 do CPC – aplicável, também, à execução de sentença condenatória, conforme o caso (cf. art. 475-R, incluído pela Lei 11.232/2005).

O art. 77, I, deve ser entendido em função do art. 827 do Código Civil, no sentido

---

3. A respeito, cf., amplamente, Luiz Rodrigues Wambier, Teresa Arruda Alvim Wambier e José Miguel Garcia Medina, *Breves comentários à nova sistemática processual civil*, Parte II, comentários ao art. 280 do CPC. Na jurisprudência, cf. STJ, REsp 182.754/RJ, 3.ª T., j. 04.03.2004, rel. Min. Humberto Gomes de Barros, *DJ* 29.03.2004 p. 229; STJ, REsp 309.696/RJ, 3.ª T., j. 05.03.2002, rel. Min. Menezes Direito, *DJ* 13.05.2002, p. 207; STJ, REsp 313.334/RJ, 4.ªT., j. 05.04.2001, rel. Min. Barros Monteiro, *DJ* 25.06.2001, p. 197.
4. *RSTJ* 18/354, STJ, REsp 589, 4.ªT., j. 14.08.1990, rel. Min. Athos Carneiro, DJ 10.09.1990.
5. Cf. art. 1.491, do CC/1916.
6. Cf. arts. 1.491, parágrafo único, e 1.492 do CC/1916.

de que, para se poder arguir, *se for o caso*, o benefício de ordem, ao nível, já e agora, da execução (art. 595 do CPC), necessário é que tanto *fiador* quanto *afiançado* hajam de poder ser, executivamente, responsabilizados na execução. Se o afiançado não constar do título executivo como sujeito passivo, inviável seria a utilização, pelo fiador, do benefício de ordem.

Verifica-se, portanto, que a responsabilidade do fiador, tanto no Direito Civil quanto no Direito Processual, certamente, depois de julgada no processo de conhecimento, projetando-se agora na ação de execução, é, *em regra geral* (art. 827 do Código Civil), uma *responsabilidade subsidiária*, prevendo a lei um mecanismo que permite a realização dessa subsidiariedade. O fiador é, *em regra*, obrigado subsidiário, e uma das maneiras de ele poder fazer valer ulteriormente (na execução – art. 595) esta subsidiariedade é justamente ter sido tomada e efetivada, já no processo de conhecimento, a providência a que se refere o art. 77, I.

O pressuposto para o fiador poder exercitar, pois, na ação de execução de sentença (arts. 475-J e ss.), o benefício de ordem (art. 595) é o de que, individualmente acionado em ação de conhecimento, *tenha chamado* o seu afiançado, para, julgada (eventualmente) procedente a ação, tanto ele, quanto o afiançado, sejam devedores "reconhecido[s] como tal[is] no título executivo" (art. 568, I, c/c art. 475-R).

Ainda que não tenha benefício de ordem a seu favor, poderá o fiador chamar o afiançado, uma vez que, inexistente o benefício, será o fiador, *então, principal pagador, também*, o que implica, *em face do credor*, que terá de responder, em condições similares às do devedor, inaplicável o art. 595. Todavia, pagando esse fiador, ou sendo executado e satisfeito o credor, "beneficiar-se-á" do disposto no art. 80; vale dizer, com o fato da *satisfação do credor*, somado ao fato de o devedor-afiançado ter sido, também, condenado, poderá, então, *executivamente, voltar-se contra o seu afiançado*.[7]

80. A hipótese do art. 77, II

O art. 77, II, disciplina a hipótese de haver vários fiadores como garantes de determinada dívida, e, na ação em que se cobra essa dívida, ter sido demandado apenas um deles. A lei faculta, então, ao demandado trazer os demais fiadores ao processo.

O fiador que foi acionado individualmente ou o chamado ao processo, sendo citado, torna-se litisconsorte e poderá, a seu turno, chamar os outros fiadores ao processo, eis que, em regra, só ele ficará prejudicado por não obter, na mesma sentença, título executivo contra os que não chamou, caso seja ele chamado a solver a dívida, nos moldes e para os fins do art. 80.

O inciso II do art. 77, ainda, comporta a hipótese de o fiador originariamente acionado só chamar ao processo de *conhecimen-*

7. É por isto que se decidiu corretamente que o afiançado não pode ser chamado pelo seu fiador originariamente na ação de execução (*RT* 481/136; v. tb. *RT* 483/123, 484/134 e 485/118). A respeito, cf. nota n. 1, *supra*, e item 84, *infra*. De outra parte, o fiador convencional *pode ser executado, diretamente, somente nos casos em que figurou no processo de conhecimento como litisconsorte* (e o chamamento aí feito levará a que tenha sido litisconsorte). Sobre o tema, o STJ editou a Súmula 268, com o seguinte teor: "O fiador que não integrou a relação processual na ação de despejo não responde pela execução do julgado" (*DJ* 29.05.2002, p. 135). Cf., a respeito, os seguintes julgados: STJ, REsp 80.817/PR, 6.ª T., j. 29.10.2002, rel. Min. Hamilton Carvalhido, *DJ* 04.08.2003, p. 444; STJ, AgRg no AgRg no REsp 329.001/RS, 6.ª T., j. 31.05.2005, rel. Min. Hamilton Carvalhido, *DJ* 01.08.2005, p. 577. Cf., também, TJCE – *Ement. de Jurisp. do Estado do Ceará* 1/40-70; na doutrina, Amílcar de Castro, *Coment. ao CPC*, n. 25/266, p. 16-17; Alcides de Mendonça Lima, *Coment. ao CPC*, n. 321, *fine*, p. 138.

to o outro fiador, o qual, a seu turno, terá o direito de chamar o devedor principal, por se ter tornado réu (inciso I), e de chamar os demais fiadores, com base no inciso II.

81. A hipótese do art. 77, III

As obrigações, de uma maneira geral, são representativas de vínculos jurídicos, que se colocam entre dois polos, em que se situam o sujeito ativo e o sujeito passivo. Esta é a maneira comum e usual de se apresentarem as obrigações.

Na solidariedade, no entanto, existem dois ou mais sujeitos de um, ou de ambos os lados. Se existirem vários sujeitos do lado ativo, teremos a solidariedade ativa. Se existirem vários sujeitos do lado passivo, teremos a solidariedade passiva. É possível, embora não comum, que exista solidariedade ativa e solidariedade passiva, quando, então, poder-se-ia denominá-la *solidariedade mista*.

A hipótese que nos interessa é a da solidariedade passiva.

O inciso III do art. 77 permite o chamamento ao processo de todos os devedores solidários, quando o credor exigir de um, ou de alguns deles apenas, a dívida comum.

Através do instituto do chamamento, conforme previsto no inciso III do art. 77, são trazidos ao processo os demais devedores solidários, que passarão a figurar ao lado do primitivamente demandado, tendo, destarte, direito a se defender neste mesmo processo, podendo inclusive deduzir defesas personalíssimas contra o credor comum.

O juiz não deverá admitir o chamamento ao processo naqueles casos em que isto possa importar na formação de litisconsórcio multitudinário, em decorrência do número excessivo dos chamados. Isto porque, em tal hipótese, e, tendo-se em vista que o chamamento ao processo, quando efetivado, é redutível à formação de litisconsórcio facultativo, do lado passivo, e que o art. 46, parágrafo único, limita o litisconsórcio multitudinário, o juiz, em tais casos e por esse fundamento, não deverá admitir o chamamento em tal extensão. O art. 46, parágrafo único, ao dispor que o "juiz poderá *limitar* o litisconsórcio facultativo", envolve os poderes de *obstar* e também o de *desmembrar* a junção dos litigantes, nos casos de ter-se configurado a hipótese de litisconsórcio multitudinário. Outrossim, se, mesmo assim, for admitido o chamamento, qualquer dos chamados poderá formular o pedido de *desmembramento* alegando (e demonstrando) a configuração do litisconsórcio multitudinário e a dificuldade no exercício de defesa, ou, ainda, o comprometimento da rápida solução do litígio.

82. Procedimento para o chamamento

O chamamento ao processo tem oportunidade específica para ser feito, sob pena de preclusão. Assim, inviável é tal chamamento, quando da oportunidade de interposição do recurso de apelação.[8]

O prazo para *chamar* ao processo nas hipóteses do art. 77 é o da resposta.[9] Ordenado o chamamento, ficará suspenso o processo; portanto, os réus, enquadráveis nas hipóteses previstas no art. 77, deverão, se quiserem, dentro do prazo, chamar os demais ao pro-

8. 1.º TACSP, Ap. Cív. 202.971, São Paulo, 1.ª Câm., j. 14.05.1974, rel. Evaristo dos Santos, v.u., *JUTACivSP* 31/57.

9. A jurisprudência, com acerto, vem sistematicamente indeferindo o chamamento ao processo, quando realizado após a contestação. Neste sentido: 1.º TACSP, AgIn 204.409, São Paulo, rel. Rodrigues Porto, 10.07.1974, v.u.; 1.º TACSP, Ap. Cív. 204.359, São Paulo, 3.ª Câm., rel. César de Moraes, 14.08.1974, v.u.; *RF* 252/236. Na doutrina, no mesmo sentido: Arruda Alvim, *Código de Processo Civil comentado*, vol. III/358; Celso Agrícola Barbi, *Comentários ao Código de Processo Civil*, vol. I, n. 441, p. 366; Pontes de Miranda, *Comentários ao Código de Processo Civil*, vol. II/135; Hélio Tornaghi, *Comentários ao Código de Processo Civil*, vol. I/274.

cesso. Todavia, já se decidiu que, como este é um prazo estabelecido em garantia do autor, e apenas para que se evite retardamento da ação, ocorre que, se este concordar com o chamamento formulado fora deste prazo, não há falar em extemporaneidade,[10] posição esta que não nos parece correta, em face do disposto no art. 79, que faz remissão ao disposto nos arts. 72 e 74.[11] Estes três últimos textos não teriam aplicação possível, na hipótese da conclusão deste acórdão, e, daí as razões da incorreção.[12]

Evidentemente, o chamado também terá prazo para resposta após sua citação, desde que se tornará litisconsorte do chamante.

Se, porventura, o réu não responder *ab initio* e chamar alguém ao processo, seu prazo, para tal, ficará suspenso até que se efetive a citação nos prazos do art. 72, continuando a correr conforme o art. 241, podendo, assim, mesmo depois desta, responder, ou só contestar a ação.

83. Efeitos do chamamento

O juiz somente poderá indeferir o chamamento ao processo se, visivelmente, não se enquadrar o requerimento do réu em alguma das hipóteses previstas no art. 77. Do indeferimento, o recurso cabível é o de agravo (nos termos do art. 522, na redação da Lei 11.187/2005).[13]

Mas o chamado não poderá furtar-se ao chamamento ao processo, desde que legitimamente feito e admitido, tendo, contudo, como réu que é, direito de defesa.

A sentença, proferida no processo de conhecimento, que julgar procedente a ação, condenará os devedores e valerá como título executivo para o credor. Se, após o processo de conhecimento, um dos devedores, seja o fiador ou o devedor solidário, saldar a dívida, a mesma sentença que tiver julgado procedente a ação já valerá também para este, desde logo, como título executivo, para exigi-la por inteiro, do devedor principal ou de cada um dos codevedores na proporção que lhe tocar. Terá havido, nesse caso, uma sub-rogação do crédito, passando o antigo devedor a credor, nos termos do art. 80.

Por isto se pode dizer que o art. 80 envolve, *em parte*, uma *sentença condicional*, pois *só, se e quando* o que, já condenado, satisfizer a dívida, poderá voltar-se contra *o que fora* seu litisconsorte. Essa *condicionalidade* é decorrente da *eficácia natural da sentença* (por virtude do art. 80), eis que o juiz, na sua sentença, não precisará ter sido explícito.

84. Hipóteses de não admissibilidade do chamamento

Um rápido exame do processo de execução de título extrajudicial demonstra, desde logo, a inaplicabilidade do chamamento a essa modalidade de processo.[14] Em

10. Já se admitiu, o chamamento ao processo "quando houver expressa concordância do autor" (TJRS, AgIn 70011777422, 4.ª Câm. Cív., j. 27.07.2005, rel. Des. João Carlos Branco Cardoso).Pensamos que, ainda que se admita orientação mais liberal a respeito, incidirá a limitação temporal referida no art. 264, *caput* e parágrafo único, do CPC. Ou seja, mesmo com o consentimento do autor, o chamamento ao processo não deverá ser admitido após o saneamento do processo.

11. Se a citação se fizer pelo correio (art. 222, *caput* e alíneas), será difícil, ou inviável, aplicarem-se os arts. 72 e 74, *ainda que, no caso da citação pelo correio, o processo tenha de ficar suspenso* (art. 72, *caput*).

12. *JUTACivSP* 45/63.

13. Celso Agrícola Barbi, *Comentários ao Código de Processo Civil*, vol. I, n. 445, p. 367; Teresa Arruda Alvim Wambier, *Os agravos no CPC brasileiro*, item 7.3.

14. Neste sentido, na doutrina: Celso Agrícola Barbi, *Comentários ao Código de Processo Civil*, vol. I, n. 440, p. 363; Arruda Alvim, *Código de Processo Civil comentado*, vol. III/333; Antônio Cezar Peluso, *Revista de Processo* (*RePro*) 1/189; Antonio Rodrigues Porto, Do

primeiro lugar, o título extrajudicial (art. 585) engendra processo de execução, com executividade de índole definitiva, na forma do que dispõe o art. 587, podendo esta, no entanto, ser paralisada, mercê do recebimento dos embargos do devedor com atribuição de efeito suspensivo. Normalmente não há sentença na execução, salvo quando forem oferecidos embargos. Nunca, no entanto, será uma sentença sobre o título extrajudicial, que, do ponto de vista jurídico, não sofre apreciação positiva.

Logo, não se forma novo título executivo no processo de execução de título extrajudicial; apenas realizam-se praticamente os efeitos necessários à realização do direito estampado no título executivo que instrui o pedido. O título, no processo de execução, o antecede. No caso de chamamento ao processo, no bojo de ação de conhecimento, forma-se um título executivo, não só contra o primitivo réu, como também contra aquele que venha a ser chamado.

Em síntese, inexiste sentença sobre a pretensão executiva no processo de execução de título extrajudicial; já sobre a ação condenatória, em função da qual há chamamento, existe sentença, e com as peculiaridades, tal como a disciplina o art. 80 do CPC (v. *retro* e *fine*, n. 83).

Finalmente, cabe mencionar o argumento consistente em correlacionar-se o parágrafo único do art. 595, constante do livro do processo de execução de título extrajudicial, com o sistema instituído nos arts. 77 a 80. Ora, o parágrafo único do art. 595 dispõe: "O fiador, que pagar a dívida, poderá executar o afiançado nos autos do mesmo processo". É evidente que o art. 595 há de ser lido, tendo-se uma visão integrada deste parágrafo único, com a cabeça do artigo. O pressuposto de aplicação do parágrafo único do art. 595 diz respeito a hipóteses de o *fiador ser executado*. Se tal ocorrer, assiste-lhe, no processo de execução de título extrajudicial, o denominado *benefício de ordem*, admitindo a norma legal, em seu *caput*, que bens livres e desembargados do *devedor* sejam nomeados. É certo que, enquanto este mesmo art. 595, *caput*, dispõe que, sendo insuficientes os bens do devedor, certamente ficarão sujeitos à execução os bens do fiador. Aí está, nitidamente, delineado o caminho da realização da responsabilidade subsidiária do fiador e a forma através da qual pode ele fazer valer seu benefício de ordem. Ora, é evidente que o art. 595, teleologicamente, é um dispositivo manifestamente similar ao art. 80, não havendo porque aplicar-se este último. Neste sentido, a jurisprudência já decidiu que o fiador não pode (originariamente), na execução, chamar o afiançado.[15] O STF, que inicialmente admitia o chamamento no processo de execução de título extrajudicial,[16] parece ter firmado o entendimento – este sim correto – de que não é cabível o chamamento ao processo nas execuções cambiais.[17] No mesmo sentido decidiu o STJ.[18]

chamamento ao processo no novo CPC, *RT* 458/262; Athos Gusmão Carneiro, Denunciação da lide e chamamento ao processo, *Ajuris* 21/44; Humberto Theodoro Júnior, Intervenção de terceiros no processo civil: denunciação da lide e chamamento ao processo, *Revista de Processo* (*RePro*) 16/55-6.

15. Nesse sentido, cf. STJ, AgIn 214.456/SP, j. 16.09.2004, rel. Min. Humberto Gomes de Barros, *DJ* 14.10.2004 (decisão monocrática); STJ, AgIn 557.133/SP, j. 06.05.2004, rel. Min. Paulo Medina, *DJ* 21.05.2004 (decisão monocrática). Cf. também *RT* 481/136, 483/123, 484/134, 485/118, 555/137, em., 564/147 e 566/137; *JUTACivSP* 65/165, 79/144 (v.u., v. n. 79, *retro*). Contra: *RT* 562/57.

16. *RTJ* 82/324, 85/317 e 86/283.

17. *RTJ* 90/566 e 1.028, 91/283, 752, 1.168, 93/327 e 923. No mesmo sentido: *JUTACivSP* 59/183, 60/186 e 61/158.

18. STJ, REsp 70.547/SP, 5.ª T., j. 05.11.1996, rel. Min. José Arnaldo da Fonseca, *DJ* 02.12.1996, p. 47.700. Mais recentemente, no mesmo sentido: "Este Superior Tribunal tem se posicionado

Ainda, o avalista não pode chamar ao processo de execução de título extrajudicial os demais coobrigados.[19] Na execução contra fiador, não cabe o chamamento ao processo da massa falida do devedor afiançado.[20]

Tal como ocorre em relação ao processo de execução de título extrajudicial, não cabe chamamento ao processo na ação monitória, a requerimento do réu que não embargou, já que, caso não sejam opostos embargos na ação monitória, esta "converte-se" em execução de título judicial (cf. art. 1.102-C, na redação da Lei 11.232/2005).[21]

Outro aspecto que nos incumbe considerar é o de saber se é possível o chamamento ao processo só em *ações condenatórias*, ou se também o uso do instituto é viável em *ações declaratórias*. Efetivamente, deve-se cogitar da hipótese de, sendo movida uma ação contra qualquer um dos sujeitos indicados nos incisos. I, II ou III, do art. 77, de índole declaratória positiva, estes chamarem tal como se se tratasse de uma ação condenatória, também, as demais figuras, referidas nos mesmos incisos, para que a declaração as abranja.

É bem verdade que a lei usa, no art. 78, a expressão "para que o juiz declare", o que sugere, *ao menos no plano da interpretação estritamente literal*, tal possibilidade. Entretanto, o sentido prático desse chamamento liga-se à ideia de: a) constituição de título executivo; b) que será objeto de sub-rogação por parte do que pagar. Toda esta estrutura indica que o chamamento dever-se-á dar diante da iminência ou diante da possibilidade da formação do título executivo, ou seja, no bojo do processo em que possa haver sentença condenatória.

Sustentávamos, antes das alterações da Lei 11.232/2005, que, se a ação fosse meramente declaratória, faltaria ao réu originariamente demandado interesse jurídico em chamar ao processo os demais, porquanto não poderia ele ser executado sucessivamente ao término do processo de conhecimento, em que a ação declaratória fosse julgada procedente. *Mutatis mutandis*, não era aplicável, sequer analogicamente, o art. 4.°, parágrafo único. Se, entretanto, fosse movida, depois da declaratória, a ação condenatória (salientando-se que sobre a *declaração do direito* já haverá *coisa julgada*), nesta o réu poderia chamar ao processo aquelas figuras.[22] Se isto ocorrer, há de se ter presente que o resultado da procedência da ação declaratória é imutável, e, com a condenatória, objetiva-se agregar à sentença declaratória positiva, que acolheu a ação declaratória, a sanção, que é o elemento nascido da sentença condenatória. Mas, no que diz respeito à decisão que se proferirá em relação ao chamado, não há que se cogitar de imutabilidade, *i.e.*, *em relação a este*.

Considerando, no entanto, que o art. 475-N, I, inserido pela Lei 11.232/2005, considera título executivo judicial a sentença que "reconheça a existência de obrigação", parece ser possível, em razão do que estabelece este dispositivo legal, sustentar que o réu em ação declaratória pode chamar ao processo as figuras referidas no art. 77, já que a sentença declaratória poderá valer como

no sentido de não ser cabível o chamamento ao processo em fase de execução. Precedentes do STJ" (STJ, AgRg no Ag 703.565/RS, 4.ª T., j. 20.11.2012, rel. Min. Maria Isabel Gallotti, *DJe* 04.12.2012).

19. *RT* 548/250, em., e 554/226: *JC* 48/152.

20. *RT* 562/57.

21. Nesse sentido, STJ, REsp 337.683/ES, 4.ª T., j. 02.05.2002, rel. Min. Ruy Rosado de Aguiar, *DJ* 10.03.2003, p. 226.

22. Neste sentido: Chamamento ao processo em ação declaratória positiva, debates entre Arruda Alvim, Clito Fornaciari Júnior, Luiz Sérgio de Souza Rizzi e Thereza Alvim (sustentando esse ponto de vista) e, ainda, Antônio Cezar Peluso (admitindo o chamamento na ação declaratória), *Revista de Processo* (*RePro*) 3/131 *et seq.*

título executivo, nos termos do art. 475-N, I (cf., mais amplamente, item n. 123 da primeira parte deste *Manual*).

Diga-se que, atinentemente ao processo cautelar, caberá "chamamento ao processo", com as mesmas ressalvas e observações feitas em relação à "denunciação da lide" (v. n. 77, *retro*).

Pela Lei 9.245, de 26 de dezembro de 1995, em que se alterou o procedimento sumário, a redação do art. 280, I, passou a ser a seguinte: "I – não será admissível [no procedimento sumário] ação declaratória incidental, nem a intervenção de terceiros, salvo assistência e recurso de terceiro prejudicado". Desta forma, discussão anterior a respeito do assunto deixou de ter relevância diante do texto expresso de lei, em que, por ser o chamamento ao processo espécie da intervenção de terceiros, resulta não admissível.[23] Atualmente, a Lei 10.444, de 07.05.2002, promoveu alterações no texto do art. 280, mantendo a vedação da intervenção de terceiros, mas autorizando o seu cabimento nos casos de assistência, recurso de terceiro prejudicado e nas intervenções envolvendo contrato de seguro. Hoje está assim redigido referido dispositivo: "No procedimento sumário não são admissíveis a ação declaratória incidental e a intervenção de terceiros, salvo a assistência, o recurso de terceiro prejudicado e a intervenção fundada em contrato de seguro".

Em realidade, o que se constata é uma tendência contrária à admissão, *ao menos ampla*, da intervenção de terceiros. É o que, também, se passa com o Código de Proteção e Defesa do Consumidor.[24]

23. O estágio do problema de que incumbe dar notícia, precedentemente à Lei 9.245/1995, era o seguinte, atinentemente ao chamamento ao processo quando em procedimento sumário: 1.º) basicamente, o chamamento ao processo era um instituto que buscava o favorecimento do réu; 2.º) já o procedimento sumário existia e existe, buscando favorecer, principalmente, o autor, como também a ordem jurídica, dado existirem razões de ordem pública para se assegurar a mais rápida e pronta resolução dos litígios submetidos ao Poder Judiciário; 3.º) embora a razão de ser do procedimento sumário fosse a de imprimir-se maior celeridade à solução dos litígios, e se a criação deste procedimento envolve sobretudo razões de ordem pública, nem por isto deixava de se justificar o chamamento para se atender a um interesse do réu. Assim, no procedimento sumário devia ser admitido o chamamento ao processo. Conforme o texto, antes da modificação decorrente da Lei 9.245/1995: TARS, citado por Athos Gusmão Carneiro, *Repertório* cit., t. I, Ac. 127, p. 95. No mesmo sentido desta nota, ainda: *RT* 474/89, Ac. 239.818, 14.02.1975. Diversamente do texto, pelo descabimento: *RT* 515/89. Antes da edição da Lei 9.245/1995, entendíamos pelo cabimento do chamamento; mas, antes dessa posição, julgávamos descaber o chamamento, com o que se verifica que, pela Lei 9.245/1995, veio a adotar-se posição negativa, quanto a este tema, congruente com a nossa mais primitiva posição. Cf., também, nota seguinte.

24. Há polêmica sobre o assunto, na jurisprudência das Turmas que compõem a 3.ª Seção do STJ. Recentemente, decidiu a 3.ª Turma do STJ que, "pelo critério da especialidade (LICC, art. 2.º, § 2.º), o art. 280, I, do CPC (Lei 9.245/1995) [redação anterior à Lei 10.444/2002] afasta a incidência do art. 101, II, do CDC, apenas nos processos sob o rito sumário. Não há revogação. *No rito ordinário, a regra consumerista é plenamente aplicável às ações de responsabilidade civil*" (STJ, REsp 182.754/RJ, j. 04.03.2004, rel. Min. Gomes de Barros, *DJ* 29.03.2004, p. 229; g.n.). No mesmo sentido, da mesma Turma, STJ, REsp 309.696/RJ, j. 05.03.2002, rel. Min. Menezes Direito, *DJ* 13.05.2002, p. 207. Os dois julgados citados foram proferidos *por maioria*. Note-se que, antes do proferimento das referidas decisões, no julgamento dos EDiv 299.084/SP, a 2.ª Seção havia definido, em julgamento unânime, que, "em interpretação teleológica, mesmo antes da vigência da Lei 10.444/2002, que alterou a redação do art. 280, CPC, já se mostrava admissível, no procedimento sumário, a intervenção de terceiro fundada em contrato de seguro", e, "com a vigência da nova

lei, não há mais dúvida a respeito do tema" (j. 25.06.2003, rel. Min. Sálvio de Figueiredo Teixeira, *DJ* 06.10.2003, p. 201).De acordo com este precedente, mas *em sentido contrário* ao que vem decidindo a 3.ª Turma, são as seguintes decisões da 4.ª Turma do STJ: REsp 214.216/RJ, j. 11.04.2000, rel. Min. Sálvio de Figueiredo Teixeira, *DJ* 07.08.2000, p. 112; REsp 313.334/RJ, j. 05.04.2001, rel. Min. Barros Monteiro, *DJ* 25.06.2001, p. 197. O Código de Defesa do Consumidor, também pautado nestes princípios de uma maior celeridade processual, tendo em vista a posição do consumidor enquanto autor (individualmente considerado), dispõe, em seu art. 101, que, "na ação de responsabilidade civil do fornecedor de produtos e serviços, sem prejuízo do disposto nos Capítulos I e II deste Título, serão observadas as seguintes normas: I – a ação pode ser proposta no domicílio do autor; II – o réu que houver contratado seguro de responsabilidade poderá chamar ao processo o segurador, vedada a integração do contraditório pelo Instituto de Resseguros do Brasil. Nesta hipótese, a sentença que julgar procedente o pedido condenará o réu nos termos do art. 80 do Código de Processo Civil. Se o réu houver sido declarado falido, o síndico será intimado a informar a existência de seguro de responsabilidade facultando-se, em caso afirmativo, o ajuizamento de ação de indenização diretamente contra o segurador, vedada a denunciação da lide ao Instituto de Resseguros do Brasil e dispensado o litisconsórcio obrigatório com este".Refere-se este art. 101, *caput*, do Código do Consumidor, exclusivamente, à ação de responsabilidade civil do fornecedor de produtos e serviços. Uma vez acionado, no caso de o réu ter seguro de responsabilidade civil (na primeira hipótese deste art. 101, II), poderá *chamar ao processo* o seu segurador (arts. 77 a 80 do Código de Processo Civil), sem que a este seja possível providenciar a integração ao contraditório do Instituto de Resseguros do Brasil, e nem sendo lícito a este, de sua parte, vir ao processo. Esse chamamento deverá ocorrer no prazo para contestação, da mesma forma como regula o art. 78 do Código de Processo Civil. O juiz, nessa hipótese, tendo em vista que o segurador foi chamado, aqui e nesse passo, como corresponsável em face do consumidor, observará o disposto no art. 79 do Código de Processo Civil, e, julgando a ação procedente, poderá julgá-la não só contra o réu, como também contra o seu segurador (apesar de o inciso II do art. 101 do Código do Consumidor empregar a palavra "réu" no singular), se houver desprezado também, por hipótese, a defesa que haja sido oposta pelo segurador (art. 80 do Código de Processo Civil). Isto ocorrendo, se o segurador vier a pagar no âmbito do seguro, ou, então, se vier a ser executado, virá a poder, eventualmente, ter direito regressivo contra o fornecedor-réu, cujo direito será representado por título executivo, nos termos do mesmo art. 80 do Código de Processo Civil. Com efeito, o art. 101, II, do Código do Consumidor dispõe, na hipótese da sua primeira parte – a que nos interessa para os fins deste *Manual*, e, em específico, para esta nota –, que o réu será *condenado*, nos termos do art. 80 do Código de Processo Civil, o que quer significar, na verdade, que tanto o fornecedor quanto o segurador poderão vir a ser *condenados*, a exemplo da nossa interpretação do art. 78 do Código de Processo Civil, ao dispor que o juiz *declarará* "as responsabilidades dos obrigados". Estes obrigados, no caso da lei especial, são, precisamente, o fornecedor e o segurador (este, porém, nos exatos termos do contrato de seguro de responsabilidade), ambos obrigados em face do consumidor. Parece-nos bastante improvável um efetivo direito de regresso, do segurador contra o fornecedor, dado que o calço do direito de regredir se assenta num direito de crédito. Ora, se o seguro destina-se, precisamente, a cobrir determinados acidentes (e se o segurador já recebeu o seu prêmio), normalmente, parece-nos difícil imaginar – salvo casos especiais – este direito de crédito. Com isto, evidencia-se que, conquanto servindo-se o legislador do chamamento ao processo, em verdade, por ato do réu (fornecedor), logra colocar, perante o consumidor, mais um responsável "à disposição deste último", o que, sob este ângulo, condiz com os propósitos do Código do Consumidor. Na realidade, o sistema adotado por este Código, no particular, implica colocar o segurador como devedor solidário, em relação ao consumidor. É certo, todavia, que a *extensão do possível benefício econômico*, decorrente do chamamento do segurador, fica limitada pelo valor do seguro.Interessante pôr em destaque que, fosse a matéria regulada pelo Código de Processo Civil, a hipótese de chamamento ao processo que se acabou de ver seria de denunciação da lide. Entretanto, na denun-

O reconvinte não pode chamar terceiro ao processo, uma vez que o chamamento é faculdade deferida ao demandado enquanto réu.[25]

Bibliografia

ALVIM, Eduardo Arruda. *Curso de direito processual civil*. São Paulo: Ed. RT, 1999. vol. 1.

______. *Direito processual civil*. 2. ed. rev., atual. e ampl. São Paulo: Ed. RT, 2008.

______. *Direito processual civil*. 3. ed. São Paulo: Ed. RT, 2010.

______. *Direito processual civil*. 4. ed. São Paulo: Ed. RT, 2012.

ALVIM NETTO, José Manoel de Arruda. *Código de Processo Civil comentado*. São Paulo: Ed. RT, 1976. vol. III.

______. *Curso de direito processual civil*. São Paulo: Ed .RT, 1971. vol. I.

______. Em debates com Clito Fornaciari Júnior, Luiz Sérgio de Souza Rizzi, Thereza Alvim e Antônio Cezar Peluso. Chamamento ao processo em ação declaratória positiva. *Revista de Processo* (*RePro*) 3/131, ano I, São Paulo, Ed. RT, jul.-set./1976.

ciação nunca o denunciado pelo réu poderia ficar diretamente responsável perante o autor. Assim, o instituto do chamamento ao processo foi usado pelo Código de Proteção e Defesa do Consumidor, mas com contornos diversos dos traçados pelo Código de Processo Civil, visando, com tal atitude, a uma maior garantia do consumidor (vítima ou sucessores). Por isto mesmo, de acordo com os princípios norteadores do Código do Consumidor, na hipótese de existir resseguro desse segurador em relação ao Instituto de Resseguros do Brasil, veda este art. 101, II, que haja, por este, integração do contraditório. Isto não obsta, evidentemente, a que, ocorrendo o pagamento pelo segurador ou a sua execução (do segurador), que não possa o segurador vir, autonomamente, a receber do Instituto de Resseguros do Brasil o que haja despendido, tendo em vista o resseguro. É certo que só poderá vir a receber, em *ação autônoma*, do Instituto de Resseguros do Brasil, sempre, nos limites e dentro do âmbito do resseguro.

25. *RT* 519/197; *JUTACivSP* 60/236.

______; e outros. *Código do Consumidor comentado*. 2. ed. São Paulo: Ed. RT, 1995.

ANDRÉ, Bruno Afonso. Litisconsórcio, denunciação da lide e chamamento ao processo. *Estudos sobre o novo Código de Processo Civil*. São Paulo: Resenha Tributária, 1974.

BARBI, Celso Agrícola. *Comentários ao Código de Processo Civil*. Rio de Janeiro: Ed. Forense, 1983. vol. I.

BARBOSA MOREIRA, José Carlos. *Estudos sobre o novo Código de Processo Civil*. Rio de Janeiro: Liber Juris, 1974.

______. *O novo processo civil brasileiro*. 25. ed. Rio de Janeiro: Ed. Forense, 2007.

BORGES, Marcos Afonso. Chamamento ao processo. *RBDP* 19/122, 1979.

______. *Comentários ao Código de Processo Civil*. São Paulo: Leud, 1975. vol. I.

CARNEIRO, Athos Gusmão. *Da intervenção de terceiros*. São Paulo: Saraiva, 1982.

______. Denunciação da lide e chamamento ao processo. *Ajuris* 21/24, 1981; *RBDP* 27/13,1981.

CASTRO, Amílcar de. *Comentáiros ao Código de Processo Civil*. São Paulo: Ed. RT, 1983.

DINAMARCO, Cândido Rangel. *Direito processual civil*. São Paulo: José Bushatsky, 1975.

FADEL, Sergio Sahione. *Código de Processo Civil comentado*. Rio de Janeiro: Ed. Forense, 1984. vol. I.

GRECO FILHO, Vicente. *Direito processual civil brasileiro. 20. ed.* São Paulo: Saraiva, 2007. vol. I.

JORGE, Flávio Cheim, *Chamamento ao processo*. São Paulo: Ed. RT, 1996.

LEITE, J. O. Oliveira. Chamamento ao processo e solidariedade. *Litis* 1/95.

LIMA, Alcides de Mendonça. A nova terminologia do Código de Processo Civil. *Ajuris* 1/107, 1974.

______. *Comentários ao CPC*. Rio de Janeiro: Ed. Forense, 1985.

MARQUES, José Frederico. *Manual de direito processual civil*. São Paulo: Saraiva, 1983. vol. I.

Miranda, Francisco Cavalcanti Pontes de. *Comentários ao Código de Processo Civil* [de 1973]. Rio de Janeiro: Ed. Forense, 1974. t. II.

Muñoz, Pedro Soares. Da intervenção de terceiros. *Estudos sobre o novo Código de Processo Civil*, 1974. vol. I.

Passos, José Joaquim Calmon de. *Comentários ao Código de Processo Civil*. Rio de Janeiro: Ed. Forense, 1979. vol. III.

Paula, Alexandre de. *Código de Processo Civil anotado*. São Paulo: Ed. RT, 1980. vol. I.

Peixoto, Carlos Fulgêncio da Cunha. Chamamento ao processo de devedores solidários – Inteligência do art. 77 do Código de Processo Civil. *RF* 254/13.

Peluso, Antônio Cezar. Chamamento ao processo em execução. *Revista de Processo* (*RePro*) 1/186, ano I, São Paulo, Ed. RT, jan.-mar./76.

Porto, Antônio Rodrigues. Do chamamento ao processo no novo Código de Processo Civil. *RF* 246/331.

Prata, Edson. *Comentários ao Código de Processo Civil*. Rio de Janeiro: Ed. Forense, 1979. vol. II, t. I.

Restiffe, Lauro Paiva. Chamamento ao processo na execução. *RT* 494/11.

Santos, Moacyr Amaral. *Primeiras linhas de direito processual civil*. 23. ed. (atualizada por Aricê Moacyr Amaral Santos.) São Paulo: Saraiva, 2004. vol. II.

Silva, Ovídio A. Baptista da; Machado, L. Melíbio Uiraçaba; Gessinger, Ruy Armando; Gomes, Fábio Luiz. *Teoria geral do processo civil*. Rio Grande do Sul: Letras Jurídicas, 1983.

Theodoro Júnior, Humberto. *Curso de direito processual civil*. 47. ed. Rio de Janeiro: Ed. Forense, 2007. vol. 1.

______. Intervenção de terceiros no processo civil; denunciação da lide e chamamento ao processo. *RF* 268/95; *Revista de Processo* (*RePro*) 16/49, ano IV, São Paulo, Ed. RT, out.-dez./1979; *Juriscível* 77/16.

______. *Processo de conhecimento*. Rio de Janeiro: Ed. Forense, 1981. t. II.

Tornaghi, Hélio. *Comentários ao Código de Processo Civil*. São Paulo: Ed. RT, 1976. vol. I.

Villar, Willard de Castro. Do chamamento ao processo. *RF* 254/121; *RT* 484/11.

Wambier, Luiz Rodrigues; Wambier, Teresa Arruda Alvim; Medina, José Miguel Garcia. *Breves comentários à nova sistemática processual civil*. 3. ed. São Paulo: Ed. RT, 2005.

Wambier, Teresa Arruda Alvim. *Os agravos no CPC brasileiro*. 4. ed. São Paulo: Ed. RT, 2005.

X
Da Petição Inicial

85. Ajuizamento, distribuição e registro da petição inicial

O processo civil inicia-se pela vontade do autor (art. 262 do CPC), embora o impulso para seu desenvolvimento sucessivamente seja oficial (idem), *quase que* integralmente (v. art. 267, II e III, do CPC, onde há exceções ao caráter desse impulso). Tal início consubstancia-se na propositura da ação, retratada na petição inicial, fixando-se aí, indelevelmente, regra geral, os próprios limites da lide (art. 128 do CPC) – (*v.* a exceção do art. 264, *caput*, e art. 294 do CPC, com a redação que lhe deu a Lei 8.718, de 14 de outubro de 1993, ao permitir o aditamento ao pedido antes da citação do réu). Constitui-se, também, em exceção à regra da imutabilidade do pedido, a hipótese descrita no art. 517 do CPC. Se se admite que "as questões de fato, não propostas no juízo inferior, poderão ser suscitadas na apelação, se a parte provar que deixou de fazê-lo por motivo de força maior", disto se segue que, verificada esta hipótese, poderá haver – na medida em que tais questões se enquadrem no art. 517 e a parte resulte beneficiada pela força maior ocorrida – alteração do libelo, ou do núcleo da petição inicial.

Todos os processos que se instauram estão sujeitos a *registro* (art. 251 do CPC), e, nas comarcas onde houver mais de uma Vara ou de um juízo,[1] ou mais de um escrivão, deverão ser *distribuídos*, alternadamente (art. 252 do CPC), entre um e outro, salvo quando a distribuição, por força da continência (art. 104 do CPC) ou da conexão (art. 103 do CPC) existente entre as ações, tiver que ser feita por dependência (art. 253 do CPC), sob pena da *possível* e *ulterior* incidência do art. 105.

A distribuição, portanto, pode ser *originária*, desde que exista mais de um juízo ou mais de um escrivão, dado que, se existir um único *juízo* e um escrivão, tanto bastará o mero registro (art. 251 do CPC). O *modus faciendi* será alternado (art. 252 do CPC), como, ainda, dever-se-á obedecer a *rigorosa igualdade* (art. 252 do CPC). No caso de cancelamento da distribuição, por inércia do autor,[2] que deixou transcorrer *in albis* o pra-

---

1. O Código de Processo Civil, no art. 251, erra ao se referir a *juiz* e não a *juízo*. O Projeto de Novo Código de Processo Civil, na redação dada pela versão mais recente do PL 8.046/2010 (de março de 2013), art. 285, incide no mesmo equívoco.

2. Dessa decisão já se admitiu agravo de instrumento (*RJTJSP* 61/223). Por meio dessa decisão fixou-se o cabimento de agravo e não de apelação, embora daquele não se tivesse conhecido. No entanto, parece-nos que, *rigorosamente*, a hipótese seria de apelação, pois esta tem cabimento das decisões que extingam o processo, *sem resolução de mérito, também* (art. 513 do CPC). No caso concreto, foi cancelada a distribuição, porque o advogado do autor não anexou aos autos mandato (o que existia era ilegível). Em rigor, pois, aproxima-se mais a decisão recorrida da extinção do processo, sem resolução de mérito, do que de uma interlocu-

zo de 30 dias do art. 257 do CPC para preparo, dever-se-á, tendo em vista o art. 251, compensar o cancelamento.

Por outro lado, a distribuição poderá ser *por dependência*[3] (art. 253 do CPC), no caso de ligação da ação proposta com a anteriormente ajuizada, por conexão ou continência (art. 253, I, do CPC), casos em que deve o juiz proceder de ofício à reunião, desde que reconheça os pressupostos de tal distribuição, devendo determinar, para manter a igualdade, que se compense com uma a menos, em virtude da causa que recebeu a mais, pela distribuição por dependência. O próprio autor, entendendo estar configurada a conexão ou continência, deve solicitar a distribuição por dependência.

A Lei 11.280/2006[4] firmou duas novas regras de distribuição por prevenção.[5] A primeira – inciso II do art. 253 do CPC – sofreu uma alteração de redação e um acréscimo, tudo com o claro propósito de alargar as hipóteses de sua ocorrência.

Com efeito, o texto anterior, instituído pela Lei 10.358/2001, previa a distribuição por dependência quando o autor, após ter desistido da demanda, reiterasse o pedido, "mesmo que em litisconsórcio com outros autores". Agora, com a Lei 11.280/2006, foi substituído o termo *desistência* por *extinção* do processo, evidentemente mais amplo, já que abrange qualquer extinção sem resolução de mérito. O legislador acrescentou ainda, na parte final do dispositivo, que, além de parcial alteração do polo ativo, a parcial modificação do polo passivo também não altera a competência por prevenção do juízo em que foi distribuída originariamente a precedente causa.

O inciso III do art. 253 do CPC é totalmente novo, criando norma de prevenção para os casos de ajuizamento da mesma ação em curso ou já julgada por sentença de mérito. Como na lei constam exclusivamente *ações idênticas, essa expressão* compreende também tanto a precedente ocorrência de coisa julgada, como a dualidade de causas idênticas (litispendência). Assim, por meio do que aí se estabelece, restaram incompetentes todos os demais juízos para a extinção do processo por litispendência ou coisa julgada, fixando-se exclusivamente a competência funcional do juízo prevento para proceder à análise dos autos, com o objetivo de averiguar se se trata da mesma ação e, consequentemente, a extinguir se tal exame resulte positivo.

---

tória, cujo pressuposto é sempre o ulterior prosseguimento do processo. De qualquer forma, seria hipótese de *fungibilidade de recurso*. Há decisão do STJ em que se decidiu que a distribuição é "mero ato pré-processual, de disciplina interna do juízo ou tribunal", que "pode ser impugnada através do mandado de segurança, prescindindo-se do recurso prévio tal como exigido nas impetrações contra ato judicial" (STJ, RMS 304/MA, 3.ª T., j. 24.04.1990, rel. Min. Gueiros Leite, *DJ* 28.05.1990, p. 4.730).

3. Sobre este assunto, v. Da competência por dependência, de Miguel Reale, RT 538/31, e Competência – Distribuição por dependência, de José Ignácio Botelho de Mesquita, *Revista de Processo* [*RePro*] 19/215.

4. Sobre a nova redação dada ao art. 253 do CPC pela Lei 11.280/2006, ver na doutrina: Luiz Rodrigues Wambier, Teresa Arruda Alvim Wambier e José Miguel Garcia Medina, *Breves comentários à nova sistemática processual civil*, vol. 2, p. 46 a 58; Cassio Scarpinella Bueno, *A nova etapa da reforma do Código de Processo Civil*, vol. 2, p. 99 a 109.

5. Cf., sobre o tema, o que escrevemos na parte 1, cap. 9, deste *Manual*, item 108-A. Na jurisprudência: TJDF, AgIn 2006.00.2.015220-9, j. 21.02.2007, rel. Des. Antoninho Lopes: "Agravo de instrumento. Distribuição. Prevenção. 1. De acordo com o que dispõe o art. 253/II do Código de Processo Civil, com a nova redação que lhe deu a Lei 11.280, de 16.02.2006, o julgamento do processo anteriormente proposto não extingue a sua conexão com qualquer outro a ser aforado. 2. O novo processo deve ser encaminhado à mesma vara para onde o anterior havia sido distribuído. 3. Agravo provido".

Do exposto retira-se a ilação de que os incisos II e III do art. 253 do CPC procuram facilitar a concentração das ações idênticas num mesmo juízo, evitando, desta forma, eventuais tentativas de manipulação da distribuição pelos advogados. Tornam, portanto, a função do juiz mais fácil e eficaz no controle destas manobras astuciosas de litigância de má-fé, prejudiciais à garantia constitucional do juiz natural.[6]

Na distribuição, dever-se-á verificar se a petição inicial está acompanhada do instrumento de mandato (art. 254 do CPC), salvo nas hipóteses definidas nos incisos I, II e III do mesmo art. 254. O STF decidiu corretamente que, já tendo o advogado de um recorrente procuração em autos de *execução judicial* movida contra um espólio, recorrido, não se negou vigência ao art. 254 do CPC, ao se ter determinado a conversão do julgamento em diligência, para a juntada do instrumento de mandato.[7]

É, ainda, direito do advogado, ou da própria parte, o de fiscalizar a distribuição (art. 256 do CPC),[8] como, por outro lado, qualquer erro, ou mesmo a própria falta de distribuição, há de ser corrigida ou determinada, oficiosamente, pelo juiz, ou a requerimento, mediante compensação,[9] para que se supra a falha.

Também se registrará reconvenção ou a intervenção de terceiro, por ordem do juiz, que, neste caso, atuará de ofício (v. art. 253, parágrafo único, do CPC), como, ainda, a ação declaratória incidental.

Parece-nos que a distribuição, conquanto necessária, pois a lei é peremptória, não encontra cominada qualquer nulidade para a sua ausência. Todavia, se houvesse tolerância habitual para com a falta de distribuição, seria o próprio caos na organização judiciária. Da lei, aliás, intui-se que o despacho do juiz pode anteceder à distribuição (*v.g.*, em caso de urgência), a qual, todavia, em seguida, deverá ser feita. Normalmente, porém, haverá distribuição e registro, ou só registro, quando houver um só juízo e/ou um só escrivão, e, depois, virá o despacho.

Assim, temos a seguinte sequência no ajuizamento da inicial: a) distribuição (art. 251 do CPC); b) registro; c) autuação no Cartório ligado à Vara a que foi distribuída e, subsequentemente, despacho de recebimento da petição inicial pelo juiz, ou de indeferimento. Segue-se, sucessivamente, sendo deferida a petição inicial, a remessa da carta citatória pelo correio (art. 223, *caput*, do CPC), para vincular o réu ao processo (art. 214 do CPC), mercê de seu ulterior cumprimento (citação). Frustrada a citação pelo correio ou sendo ocorrente uma das hipóteses do art. 222 do CPC (redação da Lei 8.710/1993), extrair-se-á o mandado citatório a ser cumprido pelo oficial de justiça (art. 225 *et seq.* do CPC).

6. A má-fé do autor que ajuíza demanda sem informar a prevenção prevista no art. 253, II, do CPC, já foi objeto de análise pela jurisprudência: "(...) 2. É vedado o reexame de matéria fático-probatória em sede de recurso especial, a teor do que prescreve a Súmula 7 desta Corte. No caso específico, o acórdão recorrido atestou haver nos autos 'prova suficiente de ter agido de má-fé a agravada, já que ajuizou a mesma demanda, com a mesma causa de pedir, contra a mesma parte e subscrita pelo mesmo advogado, sem informar a prevenção, logo após ter sido homologado pedido de desistência da primeira ação'. 3. A regra de competência prevista no art. 253, II, do CPC, é de natureza absoluta, podendo ser declarada a qualquer tempo, independentemente de exceção declinatória, o que acarreta a nulidade dos atos decisórios proferidos pelo juiz incompetente (art. 113, *caput*, e § 2.º, do CPC) (...)" (STJ, REsp 819.862/MA, 1.ª T., j. 08.08.2006, rel. Min. Teori Albino Zavascki, *DJ* 31.08.2006, p. 249).

7. *RTJ* 104/344.

8. O art. 290, do PL 8.046/2010, acrescenta o Ministério Público e a Defensoria Pública como possíveis fiscalizadores da distribuição judicial.

9. *RT* 493/213.

Caso a parte autora não promova o preparo do processo em até 30 (trinta) dias, depois de distribuído, na forma do art. 257 do CPC, será cancelada a distribuição, cancelando-se também os efeitos decorrentes do ajuizamento (art. 87 do CPC e outros de índole civil, *v.g.*, arts. 1.601, parágrafo único, e 560, do CC),[10] pois será havido como extinto o processo, sem resolução de mérito. No Projeto de Novo Código de Processo Civil, esse prazo foi reduzido, de trinta para quinze dias (art. 291 do PL 8.046/2010).

A jurisprudência mais recente é controvertida, quanto à questão de saber se, para que se dê o cancelamento da distribuição em razão do não pagamento de custas processuais, deve a parte ser intimada pessoalmente.[11]

A petição inicial já redigida, mas ainda não submetida a qualquer ato do juiz ou de órgão auxiliar, é documento particular da parte e do advogado, ainda não se tendo processualizado. No momento em que seja distribuída ou despachada, tem-se por *proposta* a demanda, nos exatos termos do art. 263 do CPC, ocorrendo a produção de alguns efeitos jurídicos que, assim, prescindem mesmo da citação inicial válida, para serem produzidos, pois a ela são anteriores. Assim, por exemplo, o efeito que constava do art. 345 do CC/1916, segundo o qual, tanto que proposta a ação, com o escopo de se ver contestada a legitimidade dos filhos, ocorre sua transmissão aos herdeiros do autor. Atualmente, entretanto, dispõe o art. 1.601, parágrafo único, do Código Civil em vigor, que, "*contestada a filiação*, os herdeiros do impugnante têm direito de prosseguir na ação".

Ao lado desse efeito de Direito Material, outros existem, de Direito Processual, quais sejam: a) a só propositura da ação (art. 263 do CPC) implica a *perpetuatio iurisdictionis* (art. 87 do CPC), ou seja, *fixa o foro* (comarca) onde tenha sido ajuizada a ação, *mesmo que não* tenha havido a citação; b) referentemente à *prevenção*, o nosso Código de Processo Civil prevê duas espécies, que se verificam em momentos diferentes, produzindo efeitos diversos, mas coexistindo.

Se for caso de junção de causas conexas, pendentes em *juízos diversos*, mas que tenham a mesma *competência territorial*, o critério determinador do momento da prevenção será o do art. 106, considerando-se *sempre* como prevento o juízo onde ocorreu o despacho em primeiro lugar; caso os juízes tenham competência territorial diversa, a prevenção ocorrerá somente com a citação inicial do réu, portanto, em momento posterior à *perpetuatio iurisdictionis* (art. 219 do CPC). Assim, os arts. 106 e 219 do CPC convivem, representando o art. 106 do CPC uma regra especial, referentemente à do art. 219 do CPC, tendo, cada uma delas, hipóteses diversas de aplicação.[12]

---

10. Cf. arts. 345 e 1.185 do CC/1916.

11. No sentido de que é indispensável a intimação pessoal da parte: STJ, REsp 676.601/PR, 1.ªT., j. 27.09.2005, rel. Min. Luiz Fux, *DJ* 10.10.2005, p. 234; STJ, AgRg no REsp 628.595/MG, 1.ª T., j. 05.08.2004, rel. Min. José Delgado, *DJ* 13.09.2004, p. 183; TJPI, *RT* 803/362, REsp 1006113/RS, 1ªT., j. 03.03.2009, rel. Min. Luiz Fux, *DJe* 25.03.2009. Em sentido contrário, da desncessidade de intimação pessoal: STJ, REsp 680.406/RS, 4.ªT., j. 07.12.2004, rel. Min. Aldir Passarinho Júnior, *DJ* 21.03.2005, p. 403; STJ, REsp 531.293/MG, 2.ª T., j. 14.12.2004, rel. Min. Eliana Calmon, *DJ* 28.02.2005, p. 282, AgRg no REsp 1134906/RJ, 3ªT., j. 05.08.2010, rel. Min. Sidnei Beneti, *DJe* 30.08.2010.

12. "Conflito de competência. Prevenção. Exegese da aparente contradição entre os arts. 106 e 219 do CPC. A citação válida torna prevento o juízo, é a regra do art. 219. Em se tratando, porém, de órgãos da mesma competência territorial, incide a regra do art. 106, CPC" (*RSTJ* 3/725). Mais recentemente, no mesmo sentido, cf. STJ, AgRg no CC 40.377/RJ, 2.ª S., j. 27.04.2005, rel. Min. Pádua Ribeiro, *DJ* 01.06.2005, p. 91, *REPDJ* 13.06.2005, p. 164; STJ, MS 9.680/DF, 1.ª S., j.

Se houver litispendência, tendo em vista processos pendentes em juízos que não tenham a mesma competência territorial, ou ainda que tenham a mesma competência territorial, aplica-se o art. 219 do CPC, em ambos os casos; se o problema se relacionar com a junção de causas (= processos), tendo em vista juízos que não tenham a mesma competência territorial, outrossim, aplica-se o art. 219, não se cogitando da incidência do art. 106, inaplicável neste último caso, como já se disse.

Quanto à *prescrição*, sua interrupção (que resulta do despacho que ordena a citação) retroagirá à data da propositura da ação (art. 219, § 1.º, do CPC, com a redação dada pela Lei 8.952/1994), nos casos em que a distribuição da demanda é imprescindível (art. 263 do CPC),[13] devendo, para tanto, a citação se concretizar no prazo de 10 dias, prorrogável, independentemente do pedido da parte, como no sistema anterior, até 90 dias (art. 219, § 3.º, do CPC, com a redação da Lei 8.952/1994).

Acolhendo o entendimento predominante na jurisprudência (TFR, Súmula 78, e STJ, Súmula 106),[14] o legislador de dezembro de 1994 houve por bem incluir no § 2.º, 2.ª parte, deste art. 219 do CPC, a regra pela qual, desde que a ação seja proposta no prazo fixado para seu exercício, a demora na citação, por motivos inerentes e imputáveis ao mecanismo da Justiça, não justifica o reconhecimento da consumação da prescrição (que, de acordo com a nova redação do § 5.º do art. 219 do CPC, pode ser reconhecida *ex officio*) e, acrescentamos, à luz do art. 220 do CPC, da decadência. No que diz respeito à hipótese de a citação vir a ser feita pelo correio (art. 222 do CPC, redação da Lei 8.710/1993), *que pode ser reputada a hipótese normal e prevalente de forma de efetivar-se a citação* (art. 222, *caput*, do CPC), segue-se que, uma vez deferida pelo juiz, as providências incumbem ao cartório (art. 223, *caput*, do CPC, redação da Lei 8.710/1993),

---

27.10.2004, rel. Min. Luiz Fux, *DJ* 28.03.2005, p. 177; STJ, AgRg no AgRg no CC 41.523/RJ, 2.ª S., j. 14.02.2005, rel. Min. Castro Filho, *DJ* 14.03.2005, p. 190; no mesmo sentido, ver: STJ-*RT* 653/216; *Revista de Processo [RePro]* 4/401, em. 166; *RT* 558/84; *RJTJSP* 63/260; *JUTACivSP* 60/142 e 537/104.

13. O que interrompe a prescrição, tratando-se do assunto relacionadamente com processo judicial, é a citação. Este é o sistema do Código de Processo Civil vigente (art. 219, onde se refere a que a citação válida *produz efeitos civis*, quais sejam, os de interromper a prescrição e o de tornar a coisa litigiosa, além dos efeitos processuais aí mencionados). Pelo § 1.º, do art. 219 do CPC (onde está disposto: "A interrupção da prescrição retroagirá à data da propositura da ação"), significa-se que o ato interruptivo, decorrente da citação, não terá seu termo inicial nesta, senão que tê-lo-á no ato da propositura da ação, ou seja, à luz do disposto no art. 263, do CPC, quando despachada pelo juiz, ou, havendo mais de uma vara, quando da sua distribuição. O atual Código Civil dispôs, no inciso I do seu art. 202, que se considerará interrompida a prescrição: "I – por despacho do juiz, mesmo incompetente, que ordenar a citação, se o interessado a promover no prazo e na forma da lei processual; (...)". Parece que este inciso I do art. 202, do Código Civil, eliminou a distinção que decorre do art. 263, do Código de Processo Civil, dado que, por este texto, era possível, no caso de pluralidade de juízos competentes, que com a *mera* distribuição se considerasse, desse momento, interrompida a prescrição, dependentemente de vir a ser feita, tempestivamente e sem mora do autor, a citação do réu. Cf., a respeito, o que escrevemos, mais amplamente, no item 97-A, *infra*.

14. Cf., igualmente, STJ, REsp 700.038/RS, 1.ª T., j. 04.08.2005, rel. Min. José Delgado, *DJ* 12.09.2005, p. 236; STJ, REsp 605.184/PE, 2.ª T., j. 28.06.2005, rel. Min. Francisco Peçanha Martins, *DJ* 29.08.2005, p. 269; STJ, AgRg no AgIn 665.198/MS, 2.ª T., j. 12.05.2005, rel. Min. Castro Meira, *DJ* 20.06.2005, p. 222. Cf. também *RTJ* 81/287 e 990, 91/1.174 e 102/445; *RT* 499/127, 508/75 e 509/91; *RJTJSP* 47/282; *Revista de Processo [RePro]* 22/244.

o que significa que não se poderá cogitar de eventual diligência, ou não, da parte autora.

86. Forma da ação, da contestação, da reconvenção e da oposição

A ação e o pedido nela contido, no processo civil brasileiro, exteriorizam-se tais como venham retratados na petição inicial, preenchidos os requisitos formais do art. 282 do CPC, ao lado dos substanciais (art. 282, III e IV), bem como observado o art. 283 do CPC, quando seja o caso.

Há, nesta linha, de se asseverar que o *nome* que se dá à ação na petição inicial não a caracteriza. Por exemplo, tendo o autor deixado claro que pretendia a indenização estimada no pedido, pouco importa que tenha dado à ação o nome de "ordinária de cobrança", em nada ficando afetada sua pretensão.[15] Da mesma maneira, atendendo à máxima de que ao juiz cabe dizer o direito aplicável (*da mihi factum, dabo tibi jus*), a jurisprudência tem deixado de considerar inepta a inicial que não contenha o fundamento legal do pedido.[16]

Nesta oportunidade, deve-se observar que: 1) a *petição inicial é peça escrita*, que deve preencher determinados requisitos formais e substanciais (art. 282 do CPC);[17]

15. Nas mais diversas situações, têm os tribunais reconhecido que o *nomen iuris* dado à petição inicial não é o que indica a pretensão do autor. Assim; "A ação será meramente declaratória, constitutiva, condenatória, executiva ou mandamental, a depender do pedido contido na inicial e não na nomenclatura constante no início da exordial. Conforme se observa, o autor requereu a pretensão constitutiva negativa, em que pese ter escrito na inicial que se tratava de uma ação declaratória incidental. Repita-se, a ação é classificada de acordo com a pretensão exercida, e não em razão de um *nomen iuris* elencado na petição inicial (STJ, REsp 1.346.477/SC, Decisão Monocrática, j. 28.09.2012, rel. Min. Humberto Martins, *DJ* 08.10.2012); TJSC, citado por Jurandyr Nilsson, *Repertório* cit., vol. II/401. No mesmo sentido: *RTJ* 74/283, 85/247, 86/351 e 107/643; *RT* 518/211 e 525/194; *RF* 255/300; *RJTJSP* 50/281.

16. STJ, EDcl no AgRg no REsp 327.079/DF, 2.ª T., j. 05.10.2004, rel. Min. Franciulli Netto, *DJ* 14.03.2005, p. 243; STJ, AgRg nos EREsp 534.335/SP, 1.ª S., j. 13.12.2004, rel. Min. José Delgado, *DJ* 21.03.2005, p. 210; STJ, REsp 496.814/PE, 6.ª T., j. 19.05.2005, rel. Min. Hamilton Carvalhido, *DJ* 01.07.2005, p. 649; STJ, REsp 233.446/RJ, 4.ª T., j. 27.03.2001, rel. Min. Sálvio de Figueiredo Teixeira, *DJ* 07.05.2001, p. 145; STJ, REsp 121.308/RS, 2.ª T., j. 02.05.2000, rel. Min. Paulo Gallotti, *DJ* 01.08.2000, p. 221. Cf. também *RT* 504/116 e 540/115; *RJTJSP* 43/138, 50/281 e 66/66; *RF* 255/253; *RJTJRS* 78/298; *Intermédio* 105/1.024, na esteira de entendimento pacífico, já do CPC/39 e mesmo anteriormente. Note-se, a respeito, que a lei não exige a declinação do fundamento legal, mas, sim, dos fatos e dos fundamentos jurídicos do pedido, que constituem, estes sim, a causa de pedir (*JTA* 120/77, maioria). Sobre o assunto, ver, ainda: *RT* 696/158.

17. Pela Lei 9.099/1995 (art. 14) admite-se, no âmbito dos juizados especiais, que o pedido seja *oral*. O intuito do legislador, *decorrente da própria razão de ser desses juizados, é o da simplicidade*. Anote-se, também, que no art. 14, § 1.º, II, há referência, apenas, a fundamentos (e não a fundamentos jurídicos). No § 3.º desse art. 14, está estabelecido que "o pedido oral será reduzido a escrito pela Secretaria do Juizado, podendo ser utilizado o sistema de fichas ou formulários impressos". Aduza-se, ainda, que não é imprescindível o nome completo, senão que viável será fornecer-se o *nome* e uma *alcunha*. Deve ser indicado o *valor*, para poder-se avaliar a legitimidade da inserção dessa causa, no âmbito do juizado especial (Lei 9.099/1995, art. 3.º, I) – v., mais amplamente, Joel Dias Figueira Júnior e Maurício Antonio Ribeiro Lopes, *Comentários à Lei dos Juizados Cíveis e Criminais*, p. 116-117. O pedido *oral* deverá ser formulado pelo próprio autor, vale dizer, exige-se a *pessoalidade*. No tocante ao pedido a ser apresentado perante os Juizados Federais, aplicar-se-á o disposto no art. 14 da Lei 9.099/1995, porquanto absolutamente compatível com os ditames da Lei 10.259/2001 (v. sobre a matéria Fernando da Costa Tourinho Neto e Joel Dias Figueira Júnior, *Juizados Especiais Federais Cíveis e Criminais*, p. 234 e ss.).

2) a *ação*, nela consubstanciada, tem por escopo provocar efeitos jurídicos, concretizáveis apenas na sentença (declaratória, constitutiva ou condenatória; ou mandamental, que se concretizará no plano da realização do direito, sucessivamente ao comando mandamental), salvo se se tratar de caso de antecipação de tutela *initio litis* (art. 273 do CPC, com a redação da Lei 8.952/1994, alterada pela Lei 10.444/2002; *v.* tb. o art. 461, § 3.º, com a redação dada por aquela Lei, e o art. 461-A, § 3.º, novidade também trazida pela Lei 10.444/2002), de processo cautelar, com liminar (que seja concedida), ou ação de execução, destinada à prática de atos materiais (exceto no que diz com os embargos do devedor, cf. art. 745); e realizáveis os efeitos *condenatórios*, se isto for necessário, quando da execução (provisória ou definitiva – art. 475-O do CPC, na redação da Lei 11.232/2005, com as ressalvas já feitas quanto aos arts. 273, 461, § 3.º, e 461-A, § 3.º, do CPC); e 3) na inicial, ainda, está contida a *pretensão*, que é a expressão prática do porquê e de como o autor deseja que o seu interesse prepondere sobre o do réu. O autor define a sua pretensão como representativa de *interesse juridicamente protegido*, o que, por exclusão, implica que a situação do réu seja tida como configuradora de *mero interesse*. Será a sentença, a final, que confirmará, ou não, tal definição, verificando se o autor tem ou *não razão*.

Muitos dos elementos formais requeridos para a petição inicial devem também constar de outras peças.

Relativamente à *contestação*, impõe-se-lhe a disciplina de obediência a certos requisitos, ou seja, os dos incisos III e VI do art. 282 do CPC (arts. 300 e 396 do CPC). Quanto aos requisitos dos incisos I e II, são dispensáveis (pelas mesmas razões a que aludiremos, ao tratarmos da reconvenção), embora, havendo na petição inicial erro na identificação das partes, isto deva ser discutido, como preliminar ao mérito, na contestação (*v.g.*, art. 301, VIII e X, do CPC); ademais, poderão ser objeto de consideração pelo réu, no caso de serem levantadas questões a respeito da ilegitimidade processual e/ou substancial. Quanto ao inciso I do art. 282 do CPC, discutirá o réu através de exceção (art. 112 do CPC), no caso de se tratar de juízo relativamente incompetente; ou como preliminar da contestação (art. 301, II, do CPC) ou a qualquer tempo (art. 113, § 1.º, do CPC), tratando-se de juízo absolutamente incompetente.

Quanto ao valor da causa, caso o réu não o aceite, deverá impugná-lo, em peça autônoma, no prazo da resposta (art. 261 do CPC), sem suspensão do processo. Já se decidiu que não se deve conhecer da impugnação ao valor da causa, se feita no corpo da contestação.[18] Em procedimento sumário, todavia, já se decidiu que o incidente de impugnação ao valor da causa poderia ser suscitado e decidido em audiência.[19]

Uma vez impugnado o valor da causa, pode o juiz fixá-lo, sem se valer de peritos.[20]

---

18. Em sentido contrário, mais recentemente, STJ, REsp 256.157/SP, j. 05.03.2002, rel. Min. Pádua Ribeiro, *DJ* 01.04.2002, p. 181. Mas a jurisprudência é majoritária no sentido referido no texto. Assim já decidiu, anteriormente, o STJ (AR 164/SP, 1.ª S., j. 28.11.1989, rel. Min. Adhemar Maciel, não conheceram, *DJU* 05.03.1990, p. 1.395, 1.ª col., em.). Cf. também *RT* 498/108, 506/127, 511/231, 574/171 e 613/150.

19. *JUTACivSP* 81/20 (decisão em face do regime anterior à Lei 9.245/1995. A lei que alterou a sistemática do procedimento sumário do Código acolheu esta orientação, já existente em decisões no sistema alterado, como se percebe, dispondo: "O juiz decidirá de plano, na audiência, impugnação ao valor da causa ou a controvérsia sobre a natureza da demanda, determinando, se for o caso, a conversão do procedimento sumário em ordinário").

20. STJ, AgRg no AgIn 61.156/SP, 4.ª T., j. 03.10.1995, rel. Min. Fontes de Alencar, *DJ* 06.11.1995, p. 37.572; STJ, REsp 127.354/SP,

A impugnação do valor da causa pode ter lugar mesmo nas causas não constantes do art. 259 do CPC. Basta que o réu o tenha por inadequado.[21]

Mesmo não havendo impugnação do réu, pode o juiz fixar o valor da causa de ofício, se aquele fixado pelo autor contraria a lei.[22] Desta decisão cabe agravo, bem como da que decide o incidente de impugnação.[23]

Também a oposição deverá ser deduzida com observância dos arts. 282 e 283 do CPC, a respeito do que, aliás, é expresso o CPC, no art. 57.

A reconvenção é uma das maneiras pelas quais o réu pode *responder* ao pedido feito pelo autor (v. art. 297 do CPC), devendo ser oferecida no mesmo prazo em que a contestação (15 dias), e simultaneamente, diz o art. 299 do CPC, ambas em peças autônomas. A reconvenção deverá obedecer ao que dispõe o art. 282, III, IV e VI, e ao art. 396 do CPC, pois nela o réu reconvinte faz um *pedido* contra o autor-reconvindo. Quanto aos requisitos dos incisos I e II, são dispensáveis, porque: 1.º) o juízo competente para a reconvenção é o mesmo da ação (art. 109 do CPC); 2.º) as partes já estão plenamente identificadas e, de resto, se o réu reconvém ao autor, é porque o reconhece como parte legítima. Por outro lado, não há que se falar em citação na reconvenção, dado que a ciência da demanda ao autor-reconvindo, para impugná-la, se dá através da *intimação*, feita ao advogado do autor-reconvindo (art. 316 do CPC), para contestá-la. Finalmente, o va-

---

2.ªT., j. 25.09.1997, rel. Min. Adhemar Maciel, *DJ* 20.10.1997, p. 53.032; *RF* 305/193.

21. Cf. STJ, REsp 650.032/SP, 4.ªT., j. 23.11.2004, rel. Min. Aldir Passarinho Júnior, *DJ* 07.03.2005, p. 279 (decidiu-se, nesse julgado, que o rol do art. 259 é taxativo, não admitindo interpretação extensiva). Na doutrina: E. D. Moniz de Aragão, *Comentários ao Código de Processo Civil*, n. 435, p. 426. Contra: TJRJ, Ap. Cív. 4.138, 6.ª Câm.Cív., j. 21.06.1977, rel. Basileu Ribeiro Filho, v.u., *RF* 269/254.

22. STJ, REsp 757.745/PR, 2.ªT., j. 23.08.2005, rel. Min. Eliana Calmon, *DJ* 03.10.2005, p. 228. Admitiu-se a correção *ex officio*, em hipótese em que o valor da causa não correspondia ao "conteúdo econômico da demanda": STJ, REsp 286.161, rel. Min. Milton Luiz Pereira, *DJ* 18.11.2002; STJ, REsp 572.536/PR, 2.ªT., j. 05.05.2005, rel. Min. João Otávio de Noronha, *DJ* 27.06.2005, p. 322; STJ, REsp 1.077.272, 1.ªT., j. 04.11.2008, rel. Min. Francisco Falcão, *DJE* 24.11.2008). Não admitindo a alteração do valor da causa *ex officio*, fora das hipóteses referidas no art. 259, cf. STJ, REsp 650.032/SP, 4.ªT., j. 23.11.2004, rel. Min. Aldir Passarinho Júnior, *DJ* 07.03.2005, p. 279. Na doutrina: J. C. Barbosa Moreira, *O novo processo civil brasileiro*, p. 25; E. D. Moniz de Aragão, *Comentários ao Código de Processo Civil*, n. 437, p. 427; Hélio Tornaghi, *Comentários ao Código de Processo Civil*, vol. II/267.

23. De acordo com a nova redação do art. 522 do CPC (cf. Lei 11.187/2005), o recurso deverá observar a forma retida, salvo quando se demonstre urgência no julgamento do recurso. Sustenta Teresa Arruda Alvim Wambier, contudo, que, nos casos em que se demonstre o risco de dano processual, em que a imposição do regime de retenção contrarie o princípio da economia dos juízos, o regime de retenção não pode ser imposto às partes (*Os agravos no CPC brasileiro*, item 7.1). V. no mesmo sentido: Antonio Notariano Jr. e Gilberto Gomes Bruschi, *Agravo contra as decisões de primeiro grau*, item 3.Admitindo, antes da alteração da Lei 11.187/2005, tanto agravo de instrumento quanto agravo retido, cf. STJ, REsp 675.183/SC, 1.ªT., j. 01.09.2005, rel. Min. Luiz Fux, *DJ* 26.09.2005, p. 216; *RT* 511/246 e 593/165; *RJTJSP* 36/176, 51/54, 56/174, 64/206 e 67/208. Na doutrina: E. D. Moniz de Aragão, *Comentários ao Código de Processo Civil*, n. 436, p. 427; Hélio Tornaghi, *Comentários ao Código de Processo Civil*, vol. II/269; J. C. Barbosa Moreira, *O novo processo civil brasileiro*, p. 146; Humberto Theodoro Júnior, *Processo de conhecimento*, n. 281, p. 351. Outras decisões admitem tão somente o agravo de instrumento, nunca seu manejo na forma retida: TFR, AgIn 52.900/PR, 5.ª T., j. 14.09.1987, rel. Min. Torreão Braz, v.u., *Bol. do TFR* 131/16; *JTA* 100/154; STJ, REsp 403.553/SC, 4.ª T., j. 07.10.2004, rel. Min. Fernando Gonçalves, *DJ* 14.02.2005, p. 207.

lor da causa, na reconvenção, deve constar da petição em que se formule o contra-ataque.

87. Petição inicial e libelo

Na estrutura da petição inicial, na verdade, pode-se distinguir, nitidamente, a petição inicial em seu aspecto formal e o libelo (aspecto substancial), embora a lei não aluda literalmente a *libelo*. A petição inicial, formalmente, consiste em elemento de natureza processual; o libelo, nela contido, em elementos indicativos da lide ou do objeto litigioso.[24]

Todos os requisitos que se contêm na petição inicial (art. 282 do CPC) são importantes.

O requisito do inciso I do art. 282 do CPC diz respeito à exigibilidade de indicação do juízo ou do tribunal, ao qual é dirigida a petição inicial. Alguns dos demais elementos da petição inicial fornecem os meios indispensáveis à verificação da competência do juízo, tais como o domicílio das partes, matéria e o valor da causa, que influi, como visto na Primeira Parte deste *Manual*, na determinação da competência (absoluta) dos foros regionais e do foro central na Comarca de São Paulo. Quando o inciso I do art. 282 refere-se a tribunal, volta-se à determinação da competência das causas de competência originária dos tribunais.

O inciso II do art. 282 indica a necessidade de serem devidamente identificadas as partes – elementos subjetivos da ação. Tal indicação servirá: 1.º) para se verificar a legitimação processual ativa e passiva; 2.º) ainda, para se constatar haver legitimação para a causa, ativa e passiva.

O inciso III do art. 282 exige, para aptidão da inicial, que se indiquem claramente quais são os fatos e os respectivos fundamentos jurídicos do pedido. A referência feita pelo legislador a fatos ("fatos jurídicos") demonstra que o sistema adotou a teoria da substanciação (*relação jurídica ou conflito de interesses imantado ou emergente de fatos*), que se opõe à da individualização (*relevante seria só a relação jurídica, praticamente prescindindo-se dos fatos*).

Uma das consequências práticas importantes decorrentes dessa teoria adotada pelo Código – em nosso sentir a única realizável ou "verdadeira" – é a de que, embora modificando o autor o nome da ação, *mas baseando-se nos mesmos fatos*, não poderá propor a mesma ação, porque será caso de litispendência, se a ação primitiva estiver ainda em curso, ou então de coisa julgada, se a primeira decisão já tiver transitado em julgado.[25] Outra consequência, decorrente desta primeira, é que a alteração dos fatos que basearam a pretensão caracteriza uma alteração nos pedidos deduzidos e, portanto, uma modificação na própria ação, pois a relação jurídica, por si só, não é suficiente – como seria na teoria da individualização – para definir o pedido.[26]

---

24. V., sobre o libelo, Arruda Alvim, *Curso*... cit., vol. II, n. 118, §§ 1.º, 2.º e 3.º, p. 6 *et seq.*

25. *RT* 257/277 (julgado na vigência CPC/1939, *mas válido para o sistema vigente*).

26. Processual civil. Causa de pedir. Conteúdo. Limites. Qualificação jurídica dos fatos narrados na petição inicial. Julgamento *extra petita*. Inexistência. - O processo civil brasileiro é regido pela teoria da substanciação, de modo que a causa de pedir constitui-se não pela relação jurídica afirmada pelo autor, mas pelo fato ou complexo de fatos que fundamentam a pretensão que se entende por resistida. A alteração desses fatos representa, portanto, mudança na própria ação proposta. - O juiz pode decidir a causa baseando-se em outro dispositivo legal que não o invocado pela parte, mas não lhe é dado escolher, dos fatos provados, qual deve ser o fundamento de sua decisão, se o fato eleito for diferente daquele alegado pela parte, como fundamento de sua pretensão. - Inexiste julgamento *extra petita* quando se empresta qualificação jurídica diversa aos fatos narrados

O inciso IV do art. 282 alude ao pedido, com as suas especificações. O pedido deve ser *certo ou determinado* (art. 286, *caput*, do CPC), podendo, entretanto, ser formulado genericamente, nas hipóteses dos incisos I a III do art. 286. Poderá também ser o pedido formulado alternativamente, atendendo à natureza da obrigação (art. 288 do CPC).

Não caracteriza, no entanto, *indeterminação do pedido*, o fato de ter o autor pleiteado a reparação devida "mediante pagamento do que se apurasse em liquidação", pois o art. 286 do CPC autoriza a formulação de pedido genérico,[27] em determinados casos expressamente previstos.

O inciso V do art. 282 estabelece a necessidade de menção, em todas as ações, do seu respectivo valor. O valor da causa, entre outras finalidades, serve, muitas vezes, para a aferição da própria competência da autoridade judiciária. Aliás, a lei processual, a respeito, dispõe no art. 258 do CPC: "A toda causa será atribuído um valor certo, ainda que não tenha conteúdo econômico imediato". E, no art. 259 do CPC: "O valor da causa constará sempre da petição inicial (...)". O requisito da indicação do valor da causa, porém, conquanto tenha a importância mencionada, não é essencial à identificação da ação, mas pode ser relevante em relação ao procedimento (v. art. 275, I, do CPC com a redação da Lei 10.444/2002) e é elemento, *ao lado de outros*, que influía no possível cabimento de recurso extraordinário (*RISTF*, art. 325, VIII – antiga redação) ou, mesmo de outros recursos,[28] como pode, também, servir de elemento à determinação da competência, como anotado acima, para determinar, conforme as normas de organização judiciária de determinada comarca, se a competência é do foro regional ou do foro central.

O art. 258, referindo-se à indispensabilidade de se atribuir valor a toda e qualquer causa (compreendem-se hipóteses de jurisdição contenciosa ou voluntária), diz que essa atribuição deve ocorrer, "ainda que não tenha [a causa] conteúdo econômico imediato". Este art. 258 do CPC, nesta parte final, deve ser interpretado, também, no sentido de que há de se atribuir valor, mesmo que a causa não tenha conteúdo econômico algum, sequer mediato (remoto), como, exemplificativamente, a hipótese de separação consensual de casal sem bens. O legislador, neste passo, *dixit minus quam voluit*. A jurisprudência, a este respeito, se divide. Há decisões admitindo que se dê a algumas ações "valor inestimável". Outras há em sentido contrário,[29] e estas são as corretas.

O valor da causa é fixado na petição inicial e prevalece, desde que não seja impugnado (*v.* art. 261, parágrafo único, do CPC), ou não seja aceita a impugnação, salvo a oficiosidade do juiz, nos casos do art. 259 do CPC.[30]

O valor, que há, sempre, de constar da petição inicial (art. 259, *caput*, do CPC) deverá ser: a) na ação de cobrança de dívida

---

pelo requerente (STJ, REsp 1043163/SP, 3ª T., j. 01.06.2010, rel. Min. Nancy Andrighi, *DJe* 28.06.2010).

27. 2.º TACivSP [extinto], em Jurandyr Nilsson, *Repertório*, vol. II/387. Semelhantemente, cf. STJ, REsp 327.442/SP, 1.ª T., j. 16.08.2001, rel. Min. José Delgado, *DJ* 24.09.2001, p. 250.

28. Consta da Lei 6.830/1980, que disciplina a execução fiscal (art. 34), que das sentenças de primeiro grau de jurisdição proferidas em execuções lastreadas em valor inferior a 50 Obrigações Reajustáveis do Tesouro Nacional (reajustados da distribuição à data do sentenciamento – § 1.º) não cabe recurso de apelação, mas, sim, embargos infringentes.

29. *RT* 574/113, em. Contra: *RT* 586/46.

30. Cf. decisões citadas na nota 19, acima. Na doutrina, no mesmo sentido: E. D. Moniz de Aragão, *Comentários ao Código de Processo Civil*, n. 437, p. 427; Barbosa Moreira, *O novo processo civil brasileiro*, vol. I/25.

(quantia certa), representativo da soma do principal, da pena, se houver, e dos juros vencidos, até a propositura da ação (v. art. 263 do CPC, sobre propositura);[31] b) havendo cumulação de pedidos (v. art. 292 do CPC), somam-se todos os pedidos,[32] sendo de recordar a hipótese especial do art. 921, I a III, do CPC; c) havendo pedidos alternativos – deseja-se o pedido *A* ou o *B* – o valor será o do maior (v., sobre pedido alternativo, art. 288 do CPC); d) havendo *pedido subsidiário* (v., sobre o conceito, art. 289 do CPC), o valor será o do pedido principal, isto é, o do que se deseja, pois que o subsidiário só será concedido se o principal não puder sê-lo; e) se o pedido versar sobre negócio jurídico (sua existência, validade, cumprimento, modificação ou rescisão), o próprio "valor do contrato" (art. 259, V, do CPC);[33] f) na ação de divisão (v. arts. 967 a 981 do CPC), de demarcação (arts. 950 a 966 do CPC), como, ainda, na de reivindicação, constituirá o valor do pedido, "a estimativa oficial para lançamento do imposto";[34] g) nas ações de alimentos, a soma de 12 (doze) prestações mensais, pedidas pelo autor, o mesmo ocorrendo na revisional de alimentos.[35]

Nas ações de despejo,[36] consignação em pagamento de aluguel[37] e acessórios da locação, revisionais de aluguel e renovató-

31. *JUTACivSP* 84/62. Quanto ao valor da causa na execução fiscal, cf. STJ, REsp 617.580/MG, 1.ª T., j. 03.08.2004, rel. Min. Luiz Fux, *DJ* 30.08.2004, p. 223.

32. *RTJ* 110/324. Assim já decidiu, também, o STJ: "Determinando o juiz a reunião das ações, em face da conexão, para julgamento uno, o valor da causa deve ser a quantia correspondente à soma do valor de todas elas – arts. 105 e 259, II, do CPC" (REsp 28.141-0/SP, 1.ª T., j. 11.11.1992, rel. p./ac. Min. Demócrito Reinaldo, deram provimento, m.v., *DJU* 22.03.1993, p. 4.515, 2.ª col., em.). No mesmo sentido, mais recentemente: STJ, REsp 178.243/RS, 4.ª T., j. 16.12.2004, rel. Min. Aldir Passarinho Júnior, *DJ* 11.04.2005, p. 305.

33. *RJTJSP* 88/300; *RT* 586/67. Se a demanda versar sobre parte do negócio jurídico, deverá ter seu valor fixado correspondentemente a esta parcela – *Revista de Processo [RePro]* 24/267, em. 85. Quando o litígio não envolve o contrato por inteiro, referindo-se apenas a determinada obrigação, dentre outras estipuladas, deve-se estabelecer o valor da causa sobre o montante correspondente a essa obrigação. Assim, os acórdãos insertos em *JTJ* 143/146 e *RT* 702/88. Cf. também STJ, REsp 557.469/SP, 3.ª T., j. 28.10.2004, rel. Min. Nancy Andrighi, *DJ* 07.03.2005, p. 241.

34. STJ, REsp 141.966/RS, 3.ª T., j. 15.10.1998, rel. Min. Eduardo Ribeiro, *DJ* 26.04.1999, p. 90; *RJTJSP* 81/262; *RT* 536/108 e 589/225, em. No mesmo sentido, quanto à ação de manutenção de posse, com a ressalva de que a estimativa oficial para lançamento do imposto territorial seja reduzida para um terço, já que o direito de propriedade não está em jogo (*RT* 590/148, tb. publ. em *JUTACivSP* 89/172).

35. *RJTJSP* 108/363.

36. Nas ações de despejo, decidia-se antes da Lei 8.245/1991 que o valor da causa seria o do contrato de locação, uma vez que o litígio, não se pode negar, versa sobre a rescisão de um negócio jurídico (art. 259, V); tratando-se, no entanto, de locação por prazo indeterminado, o valor da causa deveria ser o referente ao da renda anual do imóvel. Vejam-se, a respeito, os seguintes julgados, ainda válidos: 2.º TACivSP, Ap.Cív. 24.627, 2.ª Câm., j. 19.02.1975, rel. Ney Almada, v.u.; 2.º TACivSP, AgIn 24.850, 3.ª Câm., j. 04.02.1976, rel. Carvalho Pinto, v.u., *RT* 560/58. Contra (tendo-se, como valor da causa, a renda anual do imóvel, entendimento acolhido pela Lei 8.245/1991): *RT* 570/168, em., e 587/150; *JUTACivSP* 86/351. Decidindo à luz da Lei 8.245/1991, cf. STJ, REsp 184.452/ES, 6.ª T., j. 24.08.1999, rel. Min. Hamilton Carvalhido, *DJ* 22.11.1999, p. 204, *REPDJ* 29.11.1999, p. 214.

37. Mesmo antes da Lei 8.245/1991, já se decidia que, na consignação atinente a aluguel, o valor da causa corresponderia a uma anuidade. Neste sentido, cf.: STF, Súmula 449; TARS, Ap. Cív. 9.551, 1.ª Câm., j. 07.11.1974, rel. Juiz José Barison, v.u., citado por Jurandyr Nilsson, *Nova jurisprudência do processo civil*, vol. II/295; *RT* 582/214.

rias de locação[38] fundadas na Lei 8.245, de 18.10.1991, o valor a ser atribuído à causa é de doze vezes o valor do aluguel (art. 58, III), exceto na hipótese de ações de despejo de imóvel ocupado por empregado fundadas na rescisão do contrato de trabalho (art. 47, II, daquele diploma), em que o valor deverá ser de três salários mínimos vigentes à época do ajuizamento.

Se se solicitarem prestações vencidas, como, ainda, vincendas (isto é, as que venham a vencer a partir da propositura de ação e durante o evolver do procedimento), o valor da causa será representado pelo "valor de umas e outras" (art. 260 do CPC). Se, todavia, o contrato ou a obrigação (expressão da lei) for por tempo indeterminado, ou, ainda, por tempo superior a um ano, o valor das prestações vincendas "será igual a uma prestação anual" (art. 260 do CPC), no sentido de que será igual à soma das prestações vencíveis e exigíveis no período de 12 meses, tantas quantas existam nesses 12 meses. Se, por outro lado, o período das prestações vincendas for inferior a um ano, o valor destas "será igual à soma das prestações".[39]

Além das decisões mencionadas, entendemos com a jurisprudência como sendo correto o valor da causa, exceção à restrição feita no texto: em embargos de terceiro, o do bem objeto de embargos;[40] na ação

38. Decidia-se, antes da Lei 8.245/1991, que, na renovatória, o valor da causa seria a soma da renda ofertada pelo autor, para o período da prorrogação da locação. Assim, por exemplo, os julgados insertos em *RT* 538/168, 541/260, em., 546/155, 563/175 e 573/197, em., *JUTACivSP* 84/306. Diversamente (o valor da causa seria o da soma dos aluguéis do último contrato), veja-se os votos constantes de *RT* 556/164, 556/212, 566/164 e *JUTAMC* 19/363.

39. Neste sentido, já decidiu o STJ, por intermédio de sua 2.ª T. (REsp 6.561, j. 05.12.1990, rel. Min. Vicente Cernicchiaro, deram provimento, v.u., *DJU* 25.02.1991, p. 1.463, 1.ª col., em.), decisão colacionada por Theotônio Negrão, *Código de Processo Civil e legislação processual em vigor*, comentário n. 1 ao art. 260. Mais recentemente, no mesmo sentido: STJ, REsp 707.662/RS, 1.ª T., j. 06.09.2005, rel. Min. Teori Albino Zavascki, *DJ* 19.09.2005, p. 210; REsp 616.564/PR, 1.ª T., j. 01.06.2004, rel. Min. Luiz Fux, *DJ* 02.08.2004, p. 334.

40. STJ, REsp 323.384/MG, 1.ª T., j. 21.06.2001, rel. Min. Garcia Vieira, *DJ* 27.08.2001, p. 238; *RT* 520/119, 527/231, 562/139 e 572/203; *PJ* 14/205. Na doutrina: Ernani Fidélis dos Santos, *Manual de direito processual civil*, n. 576, p. 436; Edson Prata, Embargos de terceiro, *Revista de Processo [RePro]* 24/213. Fixando ser o valor dos embargos de terceiro o do bem, *como solução correta* (*RJTJSP* 92/284). Observa-se nesse acórdão, corretamente, que: a) o valor dos embargos de terceiro *deve ser equivalente ao do bem que se pretende liberar, e não ao valor da ação principal* (cf., tb., neste sentido: *RT* 549/126); *já, sem que concordemos, diz-se ainda*, b) de outra parte, como teto "superior" o valor não há de ser "superior ao da dívida, cuja solução a penhora garante" (cf. tb. *JUTACivSP* 40/102); c) finalmente, firma-se na *RJTJSP* 92/285, além das regras *a* e *b*, a de que, por estarem os embargos de terceiro intimamente ligados à ação principal (*que é a execução), o valor dos embargos de terceiro há de ser o da causa principal* (cf. *RJTJSP* 92/285, item 5.º do acórdão. *No mesmo sentido, TJSC, RT* 539/158); v. tb.: José Horácio Cintra Pereira, *Dos embargos de terceiro,* item 8.5, p. 54 e 55. Parece-nos que em *RJTJSP* 92/284-5 a proposição sob *a* é antagonizada pela letra *c* (a *a* está no item 2.º e a *c*, no item 5.º do acórdão). Correta, no entanto, é a proposição sob a letra *a*; vale dizer, o valor dos embargos de terceiro é o *"do bem cuja liberação se pretende e não o valor dado à ação principal"*, conforme, aliás, *RT* 549/126 (1.º TACivSP); conforme, ainda, decisão da Seção Civil, TJSP, de 1971 (RR 184.692, j. 15.12.1971, *RT* 437/144, e *farta argumentação* em *RT* 549/128, 1.ª col., válida para o CPC/1973 a orientação de *RT* 437/144; *ao reverso,* submeter o valor dos embargos de terceiro ao *valor da execução, necessariamente*, é incorreto, porque o valor: *a)* pode não coincidir; *b)* pode ter sido fixado erroneamente esse valor e não ter sido impugnado, *com o que o terceiro nada tem a ver.* Pelas mesmas razões que prevalece a proposição *a*

rescisória, o da ação em que foi proferido o julgado rescindendo, o que não temos por certo, pois o valor pode variar, e, então, haverá de ser o valor do bem jurídico, à época da rescisória;[41] na ação *quanti minoris*, o da indenização estimada pelo autor para compensar o valor do efeito que impede a sua integral utilização;[42] na ação que verse sobre parte de cotas de sociedade anônima, o valor desta parte das cotas;[43] na ação de dissolução de sociedade, o montante do capital social, e não a parcela desse capital representado pelas cotas dos sócios dissidentes da maioria social;[44] na ação de sonegados, o valor do bem que se deseja seja restituído ao acervo hereditário para posterior sobrepartilha;[45] na ação declaratória, o valor da relação jurídica cuja existência se quer afirmar ou negar;[46] no sequestro, deve corresponder, o quanto possível, ao valor da causa principal, a não ser que o benefício patrimonial pretendido nas ações cautelar e principal não seja o mesmo;[47] na execução, o do título que se executa;[48] já nos embargos à execução, o valor será o do benefício econômico visado pelo embargante.[49]

O valor da causa na ação de repetição de indébito fiscal vem a ser o *quantum* cuja restituição é pedida, mais correção monetária, até a data da propositura da ação; por isso que a correção monetária, além de ter sido pedida na inicial, é devida a partir do pagamento indevido.[50]

---

e não a *c*, não pode subsistir *a* sob *b*, porque o valor do bem pode ser superior ao da dívida, *com a qual nada tem a ver o terceiro,* v.g., *se lhe penhoram bem que valha muito mais* do que se pretende na execução. Porque haveria de *ficar submetido ao valor de dívida ou obrigação, à qual é estranho*, além de poder ter havido equívocos, na própria fixação do valor da ação principal = execução, conforme se ponderou nas letras *A* e *B*, *supra*?

41. STJ, AgRg no REsp 721.772/BA, 1.ª T., j. 07.06.2005, rel. Min. Francisco Falcão, *DJ* 05.09.2005, p. 283; *RT* 495/172, 512/267, 516/107 e 531/271; *JUTACivSP* 71/233; *RTJ* 103/202; STF, *DJU* 04.02.1983, p. 619; *RJTJSP* 93/331. Contra, entendendo que o valor deva ser fixado em função do benefício patrimonial que se pretende obter mediante a rescisão: STJ, EREsp 383.817/RS, 1.ª S., j. 24.08.2005, rel. Min. Teori Zavascki, *DJ* 12.09.2005, p. 196; *RT* 495/89, 571/86 e 587/144; *RJTJRS* 71/219. Na doutrina: J. C. Barbosa Moreira, *Comentários ao Código de Processo Civil*, p. 209-211; Pontes de Miranda, *Comentários ao Código de Processo Civil* (de 1973), t. VI/387; *Tratado da ação rescisória*, p. 513. *Incorretas estas orientações:* a) pretender-se atualizar o valor da causa, *em função do pedido condenatório*, por falta de previsão legal (conforme nosso entendimento, *RJTJSP* 93/274); b) pretender-se corrigir monetariamente valor de contrato(s), em ação de anulação de ato jurídico (desconforme nosso entendimento, *Paraná Judiciário* 14/52).

42. TJRJ, AgIn 1.153, 8.ª Câm.Cív., 06.09.1977, rel. Olavo Tostes Filho, v.u., *RT* 514/216; mais recentemente, *RT* 800/314.

43. 1.º TACivSP [extinto], AgIn 208.976, 2.ª Câm., 26.02.1975, rel. Geraldo Arruda, v.u.

44. *RJTJSP* 76/236; REsp 605.325/SP, 4.ª T., j. 12.09.2006, rel. Min. Cesar Asfor Rocha, *DJ* 02.10.2006.

45. *RJTJSP* 43/209.

46. STJ, REsp 734.029/RS, 2.ª T., j. 06.09.2005, rel. Min. Castro Meira, *DJ* 03.10.2005, p. 220; *RT* 537/231, 539/228, 594/115 e 595/70; *JUTACiv-SP* 86/9; *RTFR* 106/21; *RJTJSP* 114/365.

47. Decidiu recentemente o STJ que "o valor da causa na medida cautelar não precisa ser igual ao da causa principal e sim deve corresponder ao benefício patrimonial pleiteado" (STJ, AgRg no AgIn 578.855/MA, 4.ª T., j. 05.08.2004, rel. Min. Aldir Passarinho Júnior, *DJ* 25.10.2004, p. 358); semelhantemente, quanto a haver descoincidência entre o valor da cautelar e da principal, cf. *RJTJSP* 92/285; *RT* 498/194.

48. *RT* 524/157, 599/138 e 608/214.

49. V. Gelson Amaro de Souza, Valor da causa nos embargos à execução, *Execução civil e cumprimento da sentença* (coord. Gilberto Gomes Bruschi e Sérgio Shimura), vol. 2, p. 219 a 243, esp. item 6, p. 226 a 228. Na jurisprudência: *RT* 803/255 e *RT* 779/388.

50. Súmula 46 do extinto Tribunal Federal de Recursos.

O réu poderá, como já se disse, no prazo da resposta, impugnar o valor atribuído pelo autor à causa. A impugnação será autuada em apenso ao processo. O autor deverá, então, ser ouvido no prazo de cinco dias, após o que o juiz deverá decidir tal incidente em 10 dias, valendo-se, caso entenda necessário, de perito (v. art. 261 do CPC).[51-52]

Caso não haja impugnação, nem haja o juiz de atuar oficiosamente, prevalecerá o valor atribuído pelo autor à causa, para todos os efeitos, uma vez que, pelo Código atual, a competência em razão do valor da causa não é absoluta, mas relativa e, pois, prorrogável, exceção feita se disser respeito à discriminação de competência, na capital do Estado de São Paulo, entre o *foro central* e os *foros regionais*,[53] à discriminação de competência nos Juizados Especiais Federais (art. 3.º da Lei 10.259/2001) e nos Juizados Especiais da Fazenda Pública (art. 2.º da Lei 12.153/2009).

O prazo para impugnação do valor é preclusivo. Todavia, se tal valor está taxativamente determinado na lei (art. 259 do CPC), a falta de oportuna impugnação não torna definitiva a estimativa constante da inicial, não se operando em tal hipótese a preclusão.[54]

O inciso VI do art. 282 do CPC estabelece a obrigatoriedade de o autor indicar as provas que pretende produzir durante o processo, devendo, tratando-se de procedimento sumário, até especificá-las na petição inicial, apresentando aí inclusive o rol de testemunhas.[55]

Se a petição inicial, em procedimento de rito comum sumário, não contiver o rol, não deverá a apresentação de tal rol ser deferida, no próprio dia da realização da audiência.[56]

Esta exigência de inclusão de do rol de testemunhas já na petição inicial, atualmente aplicável apenas ao procedimento sumário, deve-se à necessidade de simplificação do processo, o que contribui para a celeridade na tramitação. Trata-se de tendência que será incorporada como regra geral no processo de conhecimento, caso venha a ser aprovado o Projeto de Novo Código de Processo Civil.

Para o sistema vigente, contudo, é suficiente, no procedimento comum ordinário,

---

51. 2.º TACivSP [extinto], em Jurandyr Nilsson, *Repertório*, vol. II/301. No procedimento sumário, antes de alterada sua disciplina, como posto em destaque precedentemente (Lei 9.245, de 26.12.1995), o incidente de impugnação ao valor da causa havia de ser oferecido com a defesa, antes da instrução (TFR – *Bol. AASP* n. 1.402/268, em. 18). Hoje, o art. 277, § 4.º, do CPC, dispõe que tal impugnação terá lugar quando frustrada a conciliação da primeira audiência.

52. O procedimento incidental de impugnação ao valor da causa foi modificado no Projeto de Novo Código de Processo Civil. De acordo com o art. 294 do PL 8.046/210, "O réu poderá impugnar, em preliminar da contestação, o valor atribuído à causa pelo autor, sob pena de preclusão; o juiz decidirá a respeito, impondo, se for o caso, a complementação das custas". Quer-se, assim, descomplicar e imprimir mais celeridade à resolução dessa questão incidental.

53. *Cf.*, julgado da Câmara Especial do Tribunal de Justiça do Estado de São Paulo confirmou o quanto já se afirmava nas edições anteriores deste *Manual*, reconhecendo que a competência dos foros regionais da Comarca de São Paulo é absoluta, pelo que, sendo ultrapassado o valor indicado pela lei – ressalvadas as hipóteses em que o valor é indiferente – desnecessária exceção de incompetência para que sejam os autos remetidos para distribuição perante um dos juízos do foro central (CC 20.802-0/SP, j. 16.03.1995, rel. Des. Dirceu de Mello, v.u., *AASP* 1.915/264-j).

54. 2.º TACivSP, em Jurandyr Nilsson, *Repertório*, vol. II/302.

55. Esta obrigatoriedade é mantida na Lei 9.245/1995, que modificou o regime do procedimento sumário (cf. atual redação do art. 276).

56. *RT* 480/171.

a *indicação* das provas que serão produzidas, dispensando-se a especificação da identidade das testemunhas.

O STF e o STJ já decidiram que o protesto geral, por todos os meios de prova em direito permitidos, é válido, "seguindo forma usual, porquanto a precisa indicação das necessárias, muitas vezes, só e possível após a contestação, pois esta até pode admitir como verdadeiros todos os fatos alegados, dispensando-se, assim, a instrução",[57] de modo que, de acordo com os tribunais superiores, "vale o protesto genérico para futura especificação probatória (CPC, art. 282, VI)."[58] A posição, embora não ortodoxa, torna "flexível" a exigência do inciso VI do art. 282. Também se admite o direito de produzir provas, ainda que estas tenham sido omitidas em ser referidas na petição inicial.[59] *Ambas as posições não são rigorosamente corretas.*

O inciso VII do art. 282 diz respeito à necessária solicitação de que seja citada a parte contrária, a qual deverá ser requerida pelo autor e deferida pelo juiz, ao ensejo do despacho liminar, de recebimento da inicial, e, se se pretender a denunciação da lide, dever-se-á também formular o pedido respectivo, solicitando, outrossim, a citação do litisdenunciado, o que se passa também com o chamamento ao processo.

57. *RTJ* 106/157.

58. "Processual civil. Prova. Momento de produção. Autor. Petição inicial e especificação de provas. Preclusão. O requerimento de provas divide-se em duas fases: na primeira, vale o protesto genérico para futura especificação probatória (CPC, art. 282, VI); na segunda, após eventual contestação, o Juiz chama à especificação das provas, que será guiada pelos pontos controvertidos da defesa (CPC, art. 324). (...)" (STJ, REsp 329.034, 3.ª T., j. 14.02.2006, rel. Min. Humberto Gomes de Barros, *DJ* 20.03.2006).

59. *RT* 459/83; *RJTJSP* 42/223; *Revista de Processo* [*RePro*] 5/295; *Bol. da AASP* 943/5; STJ, REsp 28.628, 1.ª T., j. 19.02.1994, rel. Min. Milton Luiz Pereira, *DJ* 10.10.1994).

O Projeto de Lei 498/2009, denominado PL 7.584/2010 na Câmara dos Deputados e apensado ao Projeto de Novo Código de Processo Civil (PL 8.046/2010), propunha a inserção do inciso VIII ao art. 282 do CPC vigente, referente à formulação de "pedido de concessão de medida de natureza cautelar ou antecipatória, se for o caso". Naturalmente que a ausência de previsão legal nesse sentido não inibe a formulação do pedido de liminar; por outro lado, à falta deste pedido, não será indeferida a petição inicial – por não se tratar, a rigor, de um requisito do ato –, nem precluirá o direito do autor de, oportunamente, formulá-lo.

Como já anotávamos nas edições anteriores deste *Manual*, ainda que estranho ao rol do art. 282 e, ao que nos parece, aos ditames legais, não se pode desconhecer que a praxe forense, desde o início de vigência dos arts. 273 e 461, § 3.º (com a redação atribuída pela Lei 10.444/2002, do CPC), tem generalizado o *pedido de liminar* em todas as ações de conhecimento de cognição exauriente, autorizando a antecipação da tutela específica, tratando-se de obrigação de entregar coisa, e, ainda, com a consagração da fungibilidade entre o pedido antecipatório e o cautelar, tal como consta do § 7.º, acrescido ao art. 273 do CPC pela Lei 10.444/2002. Voltaremos ao assunto, oportunamente, quando do exame profundo do art. 273, com a redação da Lei 8.952/1994 e alterações da referida Lei 10.444/2002.[60]

É de se registrar, ainda, que recentemente foi aprovada a Lei 12.810/2013, que dentre outros dispositivos, inseriu o art. 285-B, ao texto do CPC vigente, com a seguinte redação: "Nos litígios que tenham por objeto obrigações decorrentes de empréstimo, financiamento ou arrendamento mercantil, o autor deverá discriminar na petição inicial, dentre as obrigações contratuais, aquelas

60. Cf., *infra*, itens 146 e ss.

que pretende controverter, quantificando o valor incontroverso. Parágrafo único. O valor incontroverso deverá continuar sendo pago no tempo e modo contratados". A referência ao artigo merece alguns apontamentos críticos.

Em primeiro lugar, veja-se que o conteúdo do artigo 285-B, quer nos parecer, apresenta feições de um requisito específico para determinadas petições iniciais. Sendo assim, há pouca lógica em posicioná-lo como um adendo ao art. 285, que trata da hipótese de a petição inicial estar em ordem para o prosseguimento do feito. Em verdade, o que está disposto no art. 285-B é uma exigência a ser conferida antes do ato judicial decorrente do próprio *caput* do art. 285.[61] Seria mais adequado, acreditamos, que o novo dispositivo figurasse como mais um inciso ao art. 282, ou ainda como um eventual *art.* 282-A, uma vez que dispõe sobre o conteúdo essencial da petição inicial.

O artigo, por outro lado, foi inserido no CPC com redação que pode dar azo a dúvidas. O texto é expresso em exigir que o autor, nos casos específicos de que trata o dispositivo, discrimine qual o valor incontroverso e quais obrigações pretende controverter. Isso pode significar que o titular de uma pretensão em face de instituição financeira – e o artigo trata justamente dessas situações, mormente de contratos de *leasing* – deva, obrigatoriamente, deduzir, além daquilo que pretende, aquilo que *não pretende*, fugindo, de certa forma, à lógica processual civil. Ademais, a correta delimitação do objeto da lide é, desde sempre, um requisito da petição inicial (art. 282, IV), não se mostrando necessário que o autor decline, expressamente, quais obrigações não serão discutidas, cabendo ao réu deduzir essas questões como matéria de defesa.

Por fim, registre-se que o parágrafo único do dispositivo, ao que nos parece, contém regra de direito material civil já existente no CC/2002, igualmente parecendo-nos desnecessária sua inclusão no texto do CPC. O Projeto de Novo Código de Processo Civil não contempla disposição nesse sentido, o que leva a crer que a inclusão do art. 285-B não sobreviverá, caso o projeto venha a ser aprovado.

88. Conteúdo lógico-jurídico da petição inicial

A petição inicial, em sua parte substancial – isto é, no libelo – encerra um silogismo. Nela se contém a afirmação de fatos, os quais são *premissa menor* do silogismo; depois, vêm os fundamentos jurídicos, que são a *premissa maior*. E, tendo-se em vista determinados fatos, *afirmados* como juridicamente fundados no ordenamento, ter-se-á finalmente a conclusão do silogismo, que é o pedido.[62]

No entanto, a jurisprudência já decidiu que não é inepta a petição inicial, quando, apesar de não ser um modelo de técnica, permite a preparação da defesa sem dificuldade pelo réu.[63] Da mesma forma, o uso impreciso

61. Muito diferentemente, o art. 285-A apresenta uma exceção à regra do art. 285, de maneira que, a nosso entender, encontra-se tecnicamente correta sua posição no texto do CPC.

62. Cf. Rosenberg, *Die Beweislast [O Ônus da Prova]*, p. 6; idem, a mesma obra, *La carga de la prueba*, trad. argentina, 2. ed., II, p. 6; Mello Freire, *Instituciones* juris civilis lusitani, Livro IV, Título X, § II, p. 141.

63. "Não é inepta a petição inicial onde foi feita descrição suficiente dos fatos que servem de fundamento ao pedido, ensejando ao réu o pleno exercício de sua defesa" (STJ, AgRg no AgIn 447.331/SP, 3.ª T., j. 28.06.2005, rel. Min. Gomes de Barros, *DJ* 15.08.2005, p. 300). Assim também o STJ, quando do julgamento do REsp 11.200/SP, rel. Min. Dias Trindade, *DJ* 09.09.1991, ao anotar: "Não se apresenta inepta a inicial em que é possível identificar a causa de pedir e o pedido,

da linguagem técnica não deve prejudicar o direito da parte, quando a sua intenção é facilmente apurável.[64]

89. A forma da petição inicial em nosso Direito

A nossa lei é expressa quanto à forma da petição inicial (art. 282 do CPC). Há de ser escrita, podendo-se compreender, nessa expressão, não só a datilográfica, como a reprodução por qualquer meio mecânico e, também, a própria escrita manual.

Outrossim, o uso do vernáculo é obrigatório (art. 156 do CPC).[65]

90. O conteúdo da petição inicial. Declaração de vontade e declaração de ciência nela contidas

A manifestação de vontade da petição inicial tem direção dúplice: de um lado, e primordialmente, objetiva uma providência jurisdicional, a que se dá o nome de pedido imediato; de outro lado, e mediatamente, colima, justamente através do acolhimento do pedido imediato, a obtenção do chamado pedido mediato, que consiste propriamente na satisfação da pretensão. O primeiro visa à própria sentença e seus efeitos; o segundo visa à obtenção do bem da vida pleiteado. Esta vontade cristalizada na inicial limita o juiz em sua atividade (arts. 128 e 460, *caput*, do CPC).

A declaração de ciência consubstancia-se num relatório dos fatos ocorridos, que são, precisamente, os fatos constitutivos do pedido. Este relato dos fatos limita, também, a atividade judicante (art. 128 do CPC).

91. Funções preparatórias e definitivas da petição inicial

A petição inicial, quanto aos reflexos que gera no processo, pode ser enfocada sob os seguintes aspectos: 1.º) *procedimentalmente*, ela inicia, quando distribuída ou despachada, o processo, representando a propositura da ação (art. 263 do CPC), e, nesse sentido, pode-se dizer que a sua função é preparatória, pois inaugura o processo que se vai desenvolver; 2.º) em certa medida, porém, traz ao processo elementos definitivos, visto que: a) o objeto litigioso (= lide-mérito) do processo é definido pela inicial e, como regra, não sofre mutações (exceções: v. arts. 264 e 294 do CPC, com a redação que lhe deu a Lei 8.718/1993); b) os elementos subjetivos do processo – autor e réu – outrossim, permanecem os mesmos, em regra (v. art. 41 do CPC).[66]

92. Do pedido

Tendo em vista ser um aspecto definitivamente fixado pela petição inicial – salvo a chamada modificação do libelo (v. adiante) –, devemos analisar, mais minudentemente,

---

este consequente a exposição dos fatos". Esta tese, dentre outras, deu ensejo à negativa de provimento ao AgIn 30.646-4/RJ (*DJU* I, 06.04.1995, p. 8.757).

64. *RF* 254/330.

65. A 4.ª T. do TRF da 3.ª Região já deu provimento a recurso de apelação dirigido contra sentença que rejeitara a inicial sob o fundamento de a mesma não ter atentado à prescrição do art. 156, diante da inexistência de acentuação das palavras, sinalização gráfica ou cedilha. O comportamento do juiz de primeiro grau foi considerado excessivo, até porque, no caso concreto, não havia qualquer dificuldade em identificar a pretensão do autor e as incorreções eram devidas pela má utilização de computador. Se fosse o caso, deixou assente a relatora, Juíza Lúcia Valle Figueiredo, o magistrado *a quo* deveria ter determinado a emenda da inicial, nunca seu indeferimento (Ap.Cív. 103.208, j. 30.06.1993, v.u., *DOE* 16.12.1993, p. 209, *IOB* 3/9312).

66. Sobre a sucessão das partes no processo, v. Arruda Alvim, *Código de Processo Civil comentado*, vol. II/291 *et seq.* e, mais recentemente, nosso *Tratado de direito processual civil*, comentários aos arts. 41 e 42.

o pedido. O seu estudo é feito, basicamente, do ponto de vista do autor.

À imprescindibilidade de formulação do pedido, aliado às suas especificações, alude o art. 282, IV. E, nos arts. 286 ao 294 do CPC, disciplinou o legislador, amplamente, o *pedido*.

O pedido representa os tipos de bens jurídicos desejados pelo autor. Pode-se falar em pedido imediato e em pedido mediato.

O *pedido imediato* (tipo de providência jurisdicional solicitada, isto é, *declaração*, *constituição/desconstituição* ou *condenação* do réu que, nesta medida, determina a natureza da *ação*); pedido imediato, pois, é aquele que, desde logo, diretamente se deseja; é o pedido dirigido ao Poder Judiciário, no sentido de que outorgue a tutela *especificamente* solicitada.

Já o chamado *pedido mediato* representa o bem jurídico material (*bem da vida*) subjacente ao *pedido imediato*. O pedido mediato, portanto, representa o que o autor deseja (interesse do autor), em detrimento do interesse do réu.

O pedido mediato evidencia o *objeto litigioso*, ou a lide (terminologia do Código), ou ainda, o mérito. O conceito de objeto litigioso, em rigor, compreende não só o pedido *mediato* como também o *imediato*.

O pedido (art. 286 do CPC) deve ser *certo* ou *determinado* (*rectius*, determinável), ou seja, há de ser especificado, com nitidez, qual o bem jurídico desejado pelo autor e há de se poder permitir que se o identifique. Entretanto, admite a própria lei que, em *certas hipóteses*, seja o pedido *genérico*, o que não elimina que haja de identificar claramente a lide: 1.º) nas *ações universais*, assim como, exemplificativamente, na ação da petição de herança, desde que seja inviável ao autor a individuação do bem ou bens, ou quando não haja por que proceder à individuação, pedirá este, então, uma parte da herança; 2.º) nas demandas em que não se pode saber, *ab initio*, o *quantum* relativo a todas as consequências de um ato ou fato ilícito. Como exemplo, cite-se o de um acidente a respeito do qual inexistam condições de se arrolar a totalidade dos gastos referentes a despesas hospitalares, porque a vítima haja de permanecer hospitalizada muito tempo; 3.º) ainda, quando a própria determinação do valor da condenação "depender de ato que deva ser praticado pelo réu" (*v.* art. 286, I, II e III, do CPC).

Consistindo o pedido do autor em que o réu se abstenha da prática de qualquer ato, ou, ainda, para que tolere o réu certa atividade (do autor), ou para que preste (o réu) fato, insuscetível este último de ser realizado por terceiro ("pintura de um quadro, por artista célebre"), deverá constar da petição inicial a "cominação de pena pecuniária para o caso de descumprimento da sentença". Constata-se, neste passo, a sobrevivência de um *pedido cominatório*, sem que exista *procedimento especial cominatório*, como antigamente (Código de 1939, arts. 302 *et seq.*),[67] ainda que tal pedido tenha sido bastante fortalecido com o advento da Lei 8.952/1994 e a redação que deu ao art. 461 e parágrafos, e, ainda, pelo art. 461-A do CPC, resultante da promulgação da Lei 10.444/2002, que, entre outras novidades, alterou o texto do art. 644 do CPC, fazendo expressa remissão, agora, à aplicabilidade do art. 461 em tais hipóteses, de sentença relativa à obrigação de fazer ou não fazer. A sistemática original do CPC/1973 foi nítida em esclarecer problema objeto de alguma discussão, no regime anterior, dispondo que "a condenação na pena pecuniária deverá constar da sentença, que julgou a lide" (art. 645 do CPC, antes da alteração da Lei 8.953/1994). Com as modificações trazidas pela Lei 8.953, de 13 de dezembro de 1994, o art. 644, *caput*, passou a

67. A ação cominatória subsiste com o procedimento comum (*RT* 562/87).

admitir que, mesmo não fixada na sentença a condenação no pagamento daquela multa, poderá o juiz da execução fixá-la, bem como a data a partir da qual será devida (*v.*, tb., art. 461, § 4.º, do CPC). Da mesma sorte, se constante da sentença exequenda o valor da multa imposta ao réu e verificando o juiz da execução que a mesma tornou-se excessiva ou insuficiente, poderá alterá-la (art. 645, parágrafo único, do CPC). Agora, com a nova redação que lhe foi atribuída pela Lei 10.444, está assim redigido referido dispositivo: "A sentença relativa a obrigação de fazer ou não fazer cumpre-se de acordo com o art. 461, observando-se, subsidiariamente, o disposto neste Capítulo", o qual resultou alterado. Parte da doutrina entende ser esse o único caminho da realização do direito, sem aplicabilidade prática os arts. 632-645 do CPC.[68]

Quer isto dizer que a *pena pecuniária*, via de regra, será devida a partir não do fato constitutivo do direito do autor e, *ipso facto*, representativo do ilícito imputado ao réu, senão que a contar da eficácia da sentença/acórdão e tendo em vista o não cumprimento do comando aí contido.[69] É certo que a sentença a ser proferida, com base no art. 287 do CPC, ensejará ao réu conduta alternativa, pois: a) deverá, como lhe determina a sentença, cumprir sua obrigação; b) se não o fizer, todavia – o que não será lícito, mas há de se ter em vista que ninguém poderá ser fisicamente coagido a fazer ou deixar de fazer algo –, já estará estipulada, na *mesma sentença*, a pena pecuniária, isto é, o *quantum* devido pelo seu descumprimento.[70]

O art. 475-J, *caput*, do CPC, inserido pela Lei 11.232/2005, estabelece que "caso o devedor, condenado ao pagamento de quantia certa ou já fixada em liquidação, não o efetue no prazo de 15 (quinze) dias, o montante da condenação será acrescido de multa no percentual de 10% (dez por cento) (...)".

O pedido poderá ser, diz o art. 288 do CPC, alternativo, quando o seja a natureza da obrigação a ele subjacente (*v.* arts. 252 a

68. Ver Alberto Camiña Moreira e outros, *Nova reforma processual civil comentada*, p. 456; Luiz Rodrigues Wambier, Teresa Arruda Alvim Wambier e José Miguel Garcia Medina, *Breves comentários à nova sistemática processual civil*, vol. 1, p. 230 ss., os quais entendem que as regras atinentes à execução das obrigações de fazer e de não fazer sobrevivem *em relação à execução por título extrajudicial*, dando conta da divergência e citando autores que entendem que essas regras aplicam-se, também, às decisões judiciais. Merece destaque, *a todos os títulos*, a posição de Araken de Assis, *Manual da execução*, item 181, p. 522.

69. Neste mesmo sentido, confira-se o disposto no art. 621, com a redação da Lei 10.444/2002. *Em sentido conforme*: STJ, REsp 518.155/RS, 1.ª T., j. 17.02.2004, rel. Min. Luiz Fux, *DJ* 28.04.2004, p. 232; *RJTJSP* 39/68; *RTJ* 84/478; *RTJ* 103/774. Já se decidiu que, *em princípio*, a multa pecuniária é ilimitada (*JC* 48/267). Pela regra do art. 461, § 4.º, introduzido em nosso ordenamento pela Lei 8.952/1994, visivelmente inspirado no art. 84, § 4.º, do Código de Proteção e Defesa do Consumidor (Lei 8.078/1990), tanto aqui, quanto lá, é possível a incidência da multa antes da sentença e a partir de decisão liminar, com vistas a forçar o cumprimento da obrigação. É o que claramente decorre do art. 461, § 4.º, do CPC, e do art. 84, § 4.º, da Lei 8.078/1990. Tenha-se presente que, com a alteração promovida pela Lei 10.444/2002, foram expressamente conferidos poderes ao juiz, a fim de que, adequando a multa aplicada ao caso em concreto, force o devedor, eficazmente, ao cumprimento da decisão; pode, por outro lado, diminuir o valor da multa. Consta do § 6.º, acrescido ao art. 461 do CPC: "O juiz poderá, de ofício, modificar o valor ou a peridiocidade da multa, caso verifique que se tornou insuficiente ou excessiva".

70. O art. 287 do CPC sofreu sensíveis modificações pela Lei 10.444/2002. Agora, pela atual redação que lhe foi conferida, a cominação de pena pecuniária para os casos de descumprimento pode ser imposta não apenas na sentença, mas também já na decisão antecipatória de tutela.

256, do Código Civil),[71] isto é, na hipótese de a obrigação poder ser cumprida de mais de um modo.[72]

Ainda, poderá haver formulação de pedido *em ordem sucessiva* (cumulação eventual), em que o autor pede algo que deseja, em primeiro lugar; se, todavia, não puder obter esse algo, já terá formulado outro pedido – sucessivamente àquele – para que o juiz o aprecie já na mesma sentença, tendo negado o pedido precedente.

Certamente, se puder atender positivamente ao primeiro pedido, o segundo, *ipso facto*, estará prejudicado. Um exemplo é a hipótese de pedido de anulação de casamento, que, se não atendido, habilitará o juiz a examinar o pedido de separação litigiosa, outrossim, formulado na mesma petição inicial. Nesta hipótese, *o valor da causa* reger-se-á pelo art. 259, IV, do CPC.

Também serão caso de cumulação eventual – desde que observado o mesmo rito – os pedidos de outorga de escritura sob pena de adjudicação compulsória; mas, não sendo possível a adjudicação, o pagamento de perdas e danos por inadimplemento contratual.[73]

Se se tratar de *obrigações periódicas* (a serem periodicamente solvidas; de trato sucessivo), "considerar-se-ão elas ['todas'] incluídas no pedido, independentemente de declaração expressa do autor" (art. 290 do CPC). Trata-se, pois, de conteúdo virtual do pedido, *ex lege*, neste caso. Não cumprindo durante o curso do procedimento tais obrigações, o réu do processo (isto é, o devedor), seja não pagando, seja não consignando "a sentença, as incluirá na condenação, enquanto durar a obrigação". Significa isto: a) a sentença abrangerá as prestações que tenham vencido antes do início do processo, como as que vençam durante o curso do processo e que não tenham sido pagas ou consignadas; b) ademais, deverá condenar o devedor ao pagamento das que vençam ulteriormente à própria prolação da sentença, embora tais prestações, posteriores, somente sejam suscetíveis de viabilizar execução quando dos respectivos vencimentos, *e, se, então, forem inadimplidas*. Nos casos da letra *a*, pode, desde logo, ser iniciada a execução; no caso da letra *b*, há que se aguardar os respectivos vencimentos e inadimplementos, para após, tendo por base a sentença (título judicial), promover-se, através de processo autônomo, a execução.

Tratando-se de *obrigação indivisível*, o pedido formulado por alguns credores aproveita àquele que não foi parte (art. 291 do CPC), o qual poderá receber sua parte, desde que, a final, sejam "deduzidas as despesas na proporção de seu crédito" (art. 291, *in fine*). Para o conceito de obrigação indivisível, há que se ter presente a disciplina respectiva (arts. 257 a 263, do Código Civil).[74]

A exegese do pedido, conquanto deva ser *restritiva* (art. 293 do CPC), implica, porém, que no principal se compreendam os *juros legais* (v. Súmula 254 do STF, que dizia: "Incluem-se os juros moratórios na liquidação, embora omisso o pedido inicial ou a condenação"), o que faz com que se excluam os juros contratuais, se não tiverem sido – explicitamente – pedidos, e, ainda que pedidos, *não constem da condenação* (sentença *infra petita*).

Se de um lado se entendeu como necessariamente incluídos no pedido os juros da mora (STF, Súmula 254), de outra parte, veda essa mesma Corte de Justiça (STF, Súmula 121) os juros capitalizados, mesmo

71. Cf. arts. 884 a 888, do CC/1916.

72. STJ, EDcl no AgRg no AgIn 491.905/DF, 1.ª T., j. 28.10.2003, rel. Min. José Delgado, *DJ* 15.12.2003, p. 198; *RJTJRS* 67/119.

73. *RJTJSP* 71/123 e 80/175.

74. Cf. arts. 890 a 895, do CC/1916.

que tenham sido convencionados, dado que tal contrato infringe lei de ordem pública.

Finalmente, ao contrário do quanto disposto pela sistemática original do Código, *antes da citação do réu* é lícito ao autor aditar o pedido, isto é, formular pedido que omitira na inicial, correndo por sua conta as custas acrescidas em razão desta iniciativa (art. 294 do CPC, com a redação que lhe deu a Lei 8.718, de 14 de outubro de 1993). *Para esta finalidade*, portanto, não prevalece mais a importância de se saber quando é que a ação deveria ser considerada proposta, nos termos do art. 263 do CPC. Regra claramente inspirada no princípio da economia processual, revogou o disposto no art. 294 primitivo, que vedava esta iniciativa, mesmo antes da citação, remetendo o autor à propositura de nova ação fundada naquele pedido omitido. É de se ter presente, todavia, que haverá estabilização de instância definitiva – nenhuma alteração objetiva ou subjetiva poderá ser admitida – após o saneamento do processo, como determina o art. 264 do CPC. Atentando-se a essa sistemática, o PL 8.046/2010 dispõe que o autor poderá aditar o pedido ou a causa de pedir, independentemente do consentimento do réu, até a citação (art. 330, I), e, "até o saneamento do processo, com o consentimento do réu, aditar ou alterar o pedido e a causa de pedir, assegurado o contraditório mediante a possibilidade de manifestação deste no prazo mínimo de quinze dias, facultado o requerimento de prova suplementar" (330, II).

Desnecessário, já se entendeu, o pedido expresso de correção monetária, dado que, mesmo inocorrente e havendo julgamento que o "aprecie" favoravelmente ao autor, inocorre julgamento *ultra petita*.[75]

Aliás, a jurisprudência tem entendido, reiteradamente, que o pedido de correção monetária pode-se entender como implícito no pedido principal, independendo, assim, de pedido expresso.[76] Essa jurisprudência, todavia, somente haverá de ser entendida e é aplicável às hipóteses em que tem cabimento *correção monetária*, independentemente de lei (*v.g.* a Súmula 562, da jurisprudência dominante do STF), tendo em vista a discutível distinção entre dívida de dinheiro e de valor, mas que tem desempenhado sua função de discriminar hipóteses.[77] A partir da *vigên-*

75. STJ, REsp 720.851/RS, 2.ª T., j. 15.09.2005, rel. Min. Castro Meira, *DJ* 10.10.2005, p. 335. No mesmo sentido: *RTJ* 100/773.

76. *RT* 537/158 e 171, 560/131; *RJTJSP* 61/50; *JUTACivSP* 72/93; STF, *Juriscível* 92/192. Contra: *RJTJSP* 40/72 e 44/54 (decisões menos recentes).

77. No que diz com essa *discriminação*, atente-se para jurisprudência pacífica do STF, no sentido de que a Lei 6.899/1981, na forma do art. 3.º do Dec. 86.649/1981, que a regulamentou, *só tem incidência da data de sua vigência* – *RTJ* 104/435 (funda-se em que contrariava o art. 153, § 3.º, da CF anterior, decisão que concede correção monetária sobre diferentes estipêndios de funcionário público, *em período anterior à vigência da Lei 6.899/1981*); *RTJ* 104/876 e 260 (fundam-se, *em última análise, na inaplicabilidade da Lei 6.899/1981*, em período anterior à sua vigência); *RTJ* 105/789 (refere-se claramente a que a Lei 6.899 se *aplica a dívida de dinheiro*); *RTJ* 106/403 e 442 (funda-se a primeira decisão em que, se se aplicasse a Lei 6.899/1981 a período anterior à sua vigência, *isso importaria em violação ao princípio da irretroatividade de lei*; a segunda fixa, claramente, que não *incide retroativamente, senão que de forma imediata, o que significa a partir de sua vigência*). *Em sentido contrário*, há acórdão do STJ: REsp 1.553/RJ, 4.ª T., j. 10.12.1991, rel. Min. Bueno de Souza, *DJ* 03.02.1992, p. 466. O acórdão na *RTJ* 105/789 é o "mais expressivo", porquanto alude à operacional (embora discutível) distinção entre dívida de dinheiro e dívida de valor. Enquanto desembargador, proferimos extenso voto vencido, precisamente na linha da orientação do STF (*Revista de Processo [RePro]* 30/328-333), tratando do mesmo problema jurídico, embora reportado a outras leis – o tema da retroatividade, no

cia da Lei 6.899/1981, o direito à correção monetária decorre de lei, incidente sobre as dívidas de dinheiro, *também*.

93. Deferimento e indeferimento da petição inicial

Sucessivamente à distribuição e ao registro, deverá ir a petição inicial ao cartório respectivo, para autuação, e, depois, deverá ser objeto de apreciação por parte do juiz. Se não tiver havido distribuição, por desnecessária (em face da existência de apenas uma Vara), depois do registro e da autuação irá ao magistrado.

Em regra, o *despacho* que ela recebe é o despacho de deferimento, que: a) determinará, normalmente, a citação do réu; b) se se tratar de procedimento sumário, deverá o juiz designar audiência de conciliação a ser realizada no prazo de trinta dias, citando-se o réu com antecedência mínima de dez dias (art. 277, *caput*, do CPC, na redação da Lei 9.245/1995); c) poderá, se for o caso, conceder liminar solicitada pelo autor (em especial, arts. 273 e 461, § 3.º, do CPC); d) e, ainda, conforme a hipótese, principalmente tratando-se de procedimentos especiais, poderá o juiz determinar outra providência, além da mera citação.

Todavia, poderá ocorrer uma das hipóteses previstas no art. 295 do CPC, isto é, que falte à petição inicial um requisito que, sequer, a habilite à providência de citação do réu, e, então, estaremos diante de hipóteses de indeferimento da inicial. Pode ocorrer, ainda, que estejam presentes os pressupostos para a incidência do art. 285-A do CPC (inserido pela Lei 11.277/2006), hipótese em que "poderá ser dispensada a citação e proferida sentença", tal como ocorre nas hipóteses referidas no art. 295.

entanto, foi, nesse voto, solucionado pelos mesmos parâmetros das decisões mencionadas anteriormente.

Tratando-se de indeferimento de petição inicial, enquadra-se o caso, *em regra*, no inciso I do art. 267 do CPC (na redação da Lei 11.232/2005), que, por sua vez, configura uma das hipóteses de extinção do processo *sem* resolução do mérito. As exceções são as que constam dos arts. 285-A e 295, IV, já que, nestes casos, haverá resolução de mérito (art. 269, na redação da Lei 11.232/2005).

De acordo com o novo art. 285-A (inserido pela Lei 11.277/2006), poderá o juiz proferir sentença de improcedência (art. 269, I, do CPC), sem citar o réu, se a matéria for unicamente de direito e já houver, no juízo, outras sentenças de total improcedência, em casos idênticos. Estabelece o referido dispositivo legal que, neste caso, poderá o juiz reproduzir "o teor da [sentença] anteriormente prolatada".

Há julgados que exigem a menção expressa às sentenças anteriores de improcedência e, até mesmo, a reprodução de trechos das decisões anteriormente prolatadas, considerando inválidas as sentenças que, embora fundamentadas no art. 285-A do CPC, não atendam a tais exigências.[78] Exige-se, também, que se possa extrair da sentença a semelhança entre do caso com a hipótese julgada pela sentença paradig-

78. Assim: "Apelação – Art. 285-A, do Código de Processo Civil. A ausência de cumprimento dos requisitos previstos no art. 285-A, do Código de Processo Civil, quando do proferimento da sentença, gera a sua nulidade. Necessidade de retorno dos autos ao Juízo a o para o seu regular prosseguimento. – Sentença anulada de ofício (...) . No caso em tela, conforme se verifica da r. decisão recorrida, a magistrada a quo, em momento algum, fez menção às sentenças de total improcedência em outros casos idênticos, assim como não reproduz o teor das decisões anteriormente prolatadas (...)" (TJSP, 37.ª Câmara de Direito Privado, Rel. Des. Eduardo Siqueira, Apelação 991090335121, j. 14.10.2010, com remissão a vários outros julgados no mesmo sentido).

mática.[79] Afigura-se-nos correto este posicionamento, tendo em vista a necessidade de, a partir da fundamentação da sentença, propiciar-se o controle da existência ou não dos requisitos legais para a improcedência liminar do pedido.

Lembre-se, ainda, que o art. 285-A deve ser interpretado sistematicamente, à luz de outras regras jurídico-processuais relativas à formação, revisão e estabilização das decisões judiciais.

Considerando que o sistema jurídico--processual mostra evidente preferência pelos entendimentos sumulados ou, até mesmo, manifestados por jurisprudência dominante (cf., por exemplo, art. 518, § 1.º, na redação da Lei 11.276/2006, e art. 557, ambos do CPC), o novo art. 285-A do CPC deve ser compreendido dentro deste contexto, *devendo o juiz evitar a reprodução de sentenças que adotem orientação contrária àquela manifestada por órgão jurisdicional que lhe seja hierarquicamente superior, em especial pelo STF e pelo STJ*, já que uma sentença assim proferida, justamente por destoar de orientação jurisprudencial dominante ou sumulada, *fatalmente será objeto de apelação*.[80] Não sendo assim, a aplicação do art. 285-A poderia resultar em *manifesto desperdício de tempo e de atividade jurisdicional*, o que estaria em descompasso com a garantia constitucional de *duração razoável e celeridade da tramitação do processo* (CF, art. 5.º, LXXVIII, inserido pela EC 45/2004).

Salutar, nesse ponto, o conteúdo do art. 333 do PL 8.046/2010, referente ao Projeto de Novo Código de Processo Civil. De acordo com a norma projetada, permite-se a improcedência *prima facie* do pedido, quando este for fundamentado em matéria exclusivamente de direito, e desde que contrarie entendimento do Supremo Tribunal Federal e do Superior Tribunal de Justiça, sumulado ou adotado em julgamento de casos repetitivos; quando o pedido for manifestamente improcedente e a decisão de indeferimento liminar não contrarie a jurisprudência dos tribunais superiores, ou, ainda, quando contrariar Súmula do Tribunal de Justiça respectivo, sobre direito local (art. 333, I, II, III, IV e V). A ressalva quanto ao entendimento dos Tribunais Superiores deve ser aplicada ao CPC vigente, por ser esta a interpretação correta do art. 285-A.

De fato, a correta exegese do art. 285-A do CPC deve levar em conta a orientação da jurisprudência dos Tribunais superiores (STF e STJ), no sentido de que não deverá ser utilizado o art. 285-A se o entendimento do magistrado colidir com o entendimento desses Tribunais.[81] Em realidade, se a hipótese

79. TJSP, 37.ª Câmara de Direito Privado, Apelação 990101006880, Rel. Des. Tasso Duarte de Melo, j.02.09.2010.

80. Ao contrário, se a sentença tiver sido proferida em consonância com Súmula do STF ou do STJ, a apelação poderá não ser recebida pelo próprio juiz da causa, perante o qual tal recurso é interposto (cf. art. 518, § 1.º, do CPC, na redação da Lei 11.276/2006). Havendo agravo de instrumento (art. 522 do CPC, na redação da Lei 11.187/2005) contra esta decisão, este recurso poderá até mesmo ser rejeitado por decisão monocrática do relator, por contrariar entendimento sumulado, ou oriundo de jurisprudência dominante do STF ou do STJ (art. 557 do CPC), cabendo contra esta decisão monocrática do tribunal agravo interno, nos exatos termos do art. 557, § 1.º, do CPC.

81. Nesse mesmo sentido: Eduardo Arruda Alvim, *Direito processual civil*, p. 371, onde se lê o seguinte: "O juiz não está adstrito a julgar com base em referido dispositivo, podendo determinar a citação do réu, por entender, por exemplo, que, apesar de haver precedentes similares do próprio juízo, a situação específica se reveste de alguma peculiaridade, ou mesmo pode ter havido mudança da posição precedente. Também não nos parece que o dispositivo em questão deva ser aplicado nas hipóteses em que o entendimento do juízo se revele contrário à

de que já haja decisões do juízo não colidir com o entendimento de Tribunal superior, em tal situação configura-se o quadro para o juiz aplicar a norma. Se se configurar esse quadro, a aplicação revelar-se-á funcional; do contrário, a aplicação, ao invés de facilitar, complicará o processo, e o objetivo da norma é facilitar as hipóteses que se coloquem ao juízo como pacíficas, mas sem colisão com jurisprudência existente. A identificação do que vêm a ser "casos idênticos" poderá servir-se, senão deverá servir-se, das noções de *ratio decidendi* e *obiter dicta*. *Ratio decidendi* diz respeito à essência de um litígio, que, no caso, será igual a outro. E *obiter dicta* é o que possa constar de uma decisão, mas que não se terá colocado como necessário para decidi-la. Essas duas noções podem ser úteis porque, certamente – conquanto se reputem casos idênticos –, não haverá identidade necessária nos argumentos que possam constar desses casos. Mas haverá uma *essência* dessa argumentação que se projetará nas decisões (*ratio decidendi*), e haverá parte dessa argumentação que se evidenciará como desnecessária. Curialmente, não se trata de hipótese de *causas idênticas (inaplicável o art. 301, § 2.º)*, mas de causas em que os *fundamentos* se repetem, e, igualmente, os *pedidos* (na terminologia da lei, *casos idênticos*). E uns e outros já se encontram no juízo decididos contrariamente. Muito embora o dispositivo seja objeto de ação direta de inconstitucionalidade ajuizada pelo Conselho Federal da OAB (ADI 3.695), não pensamos que esse texto – do art. 285-A – possa ser havido como inconstitucional, porquanto, se o réu não é ouvido, a decisão será a seu favor inteiramente.[82]

Note-se, ademais, que, imediatamente após a apresentação de resposta pelo réu, poderá o juiz, versando a causa apenas sobre matéria de direito, proferir sentença julgando antecipadamente a lide (CPC, art. 330, I), emitindo uma decisão talvez mais amadurecida sobre o caso, e, por isso mesmo, com maior probabilidade de ser mantida, se contra ela houver recurso.

No caso do art. 295, IV, tratando-se de decadência ou prescrição (matérias sobre as quais o juiz deve manifestar-se *ex officio*, cf. CC, art. 210, quanto à decadência, e nova redação do § 5.º do art. 219 do CPC, modi-

posição do tribunal local e, com muito mais razão, quando essa incompatibilidade se der com a orientação dos tribunais superiores". Assim também, Marinoni e Arenhart, para quem "não há qualquer lógica em admitir que o juiz possa julgar conforme o que decidiu em casos idênticos quando o tribunal ao qual é vinculado já firmou jurisprudência dominante ou editou súmula em sentido contrário" (*Manual do processo de conhecimento*, p. 113).

82. Pela sistemática a ser adotada pelo Projeto de Novo Código de Processo Civil, o fato de a decisão a favor do réu prescindir de sua manifestação é um argumento que gera margem a dúvidas. O art. 10 do PL 8.046/2010 acata a teoria do *contraditório efetivo*, dispondo que "o órgão jurisdicional não pode decidir, em grau algum de jurisdição, com base em fundamento a respeito do qual não se tenha dado às partes oportunidade de se manifestar, ainda que se trate de matéria sobre a qual tenha que decidir de ofício". Estaria privilegiado, nesse ponto, o princípio da cooperação, já que o conceito de contraditório é aí entendido como o ato de manifestar-se dialeticamente no processo, e não mais apenas o ato de defesa em juízo. Por esse mesmo motivo, como se verá adiante (item 96, *infra*), a citação, no projeto, não é mais o ato de chamamento do réu para se defender (213, do CPC), passando a ser a convocação do réu, executado, ou interessado, para "integrar a relação processual" (art. 238, do PL 8.046/2010). Isso leva a crer que, mesmo nos casos de improcedência liminar dos pedidos formulados na petição inicial (art. 333, do PL 8.046/2010), a parte adversa deva ser ouvida. Sobre a dialeticidade e o processo judicial, v. Daniel Francisco Mitidiero. *Elementos para uma teoria contemporânea do processo civil brasileiro*. p. 55.

ficado pela Lei 11.280/2006, quanto à prescrição[83]), o juiz indeferirá a petição inicial, resolvendo o mérito (art. 269, IV, do CPC). Lembrando sempre que o juiz deve ouvir ambas as partes antes de se pronunciar sobre a prescrição, já que o autor pode demonstrar que ocorreram causas interruptivas ou suspensivas da prescrição e o réu pode desejar fazer uso do seu direito de renúncia da prescrição (art. 191 do CC).[84]

O pronunciamento do juiz que, nos termos referidos, resolve ou não o mérito da causa é considerado sentença, nos termos do § 1.º do art. 162 do CPC (na redação da Lei 11.232/2005) e, como tal, é atacável por recurso de apelação (art. 513 do CPC).

Antes do indeferimento da petição inicial, no entanto, deve o magistrado aplicar a regra do art. 284 do CPC,[85] possibilitando ao autor a oportunidade de corrigi-la.

Tal não ocorrendo e sendo a ação contestada sem arguição da irregularidade, já se decidiu, estará esta suprida, nos termos do art. 245 do CPC.[86]

Se for *possível* a emenda, porque não preenche a petição os requisitos dos arts. 282 e 283 do CPC, ensejará o juiz ao autor o prazo de 10 dias, para emendá-la ou completá-la. Se tal não ocorrer, dispõe o art. 284, parágrafo único do CPC: "(...) o juiz indeferirá a petição inicial". Entretanto, o art. 284 só poderá ser aplicado quando se tratar de "defeitos ou irregularidades capazes de dificultar o julgamento de mérito", mas *eventual e intrinsecamente consertáveis*.[87] De acordo com o Projeto de Novo Código de Processo Civil, o juiz, ao determinar que o autor emende ou complete a petição inicial, deverá indicar "com precisão o que deve ser corrigido" (art. 322, *caput*, parte final, do PL 8.046/2010). Trata-se de disposição, a nosso ver, salutar, decorrente dos princípios da efetividade e da instrumentalidade das formas; de nada adianta o Código prever a possibilidade de emenda à inicial, se o magistrado não fundamenta de forma específica a decisão que viabiliza o saneamento da peça.

É evidente que, se insuscetíveis de conserto, o art. 284 não deverá ser cogitado, passando-se, então, diretamente à aplicação do art. 295, que disciplina os casos de indeferimento liminar da petição inicial, o que levará à extinção do processo, sem resolução de mérito (art. 267, I, do CPC). Verifica-se, aliás, defluir do sistema, nitidamente, *que há processo* antes mesmo da citação do réu, embora somente havendo relação jurídica existente entre autor e juiz, e não em relação jurídica triangular.

Do indeferimento da inicial cabe o recurso de apelação.[88]

83. A mesma Lei 11.280/2006 revogou o art. 194 do Código Civil, que permitia a manifestação judicial de ofício sobre a prescrição somente para "favorecer a absolutamente incapaz".

84. Cf., a respeito, o que escrevemos no cap. XI, item 97-A, da presente parte deste *Manual*.

85. STJ, REsp 760.208/RS, 1.ª T., j. 13.09.2005, rel. Min. Luiz Fux, *DJ* 10.10.2005, p. 254; STJ, REsp 617.629/MG, 5.ª T., j. 22.03.2005, rel. Min. José Arnaldo da Fonseca, *DJ* 18.04.2005, p. 372; STJ, AgRg no REsp 556.569/RJ, 1.ª T., j. 04.12.2003, rel. Min. Francisco Falcão, *DJ* 22.03.2004, p. 243.

86. *RJTJSP* 50/62.

87. *RJTJSP* 55/136.

88. STJ, AgRg no RMS 12.201/SP, 4.ª T., j. 18.05.2004, rel. Min. Barros Monteiro, *DJ* 30.08.2004, p. 286. Há farta jurisprudência no mesmo sentido. Cf., dentre outras, as seguintes decisões: *RT* 491/87 (não conhecendo do agravo de instrumento) e 502/219 (conhecendo do agravo de instrumento pela fungibilidade); *RJTJRS* 58/186 (não conhecendo do agravo de instrumento) e 58/190; *JUTACivSP* 32/65 e 65/78 (ambos considerando como sendo erro grosseiro a interposição do agravo de instrumento no lugar da apelação); ainda, tendo como erro grosseiro, *RJTJSP* 101/285.Sobre o princípio da fungibilidade, v. Nelson Nery Jr., *Teoria geral dos recursos*, p. 139 a 175, e Teresa Arruda Alvim Wambier, *Os agravos no CPC*

Ao contrário do sistema constante originalmente do Código, na hipótese do art. 295, com o indeferimento da inicial não deverá seguir-se a citação do réu. Doravante, conforme prescreve o art. 296, com a redação que lhe deu a Lei 8.952/1994, com a apelação do autor, poderá (*rectius*, *deverá*, se for o caso) o magistrado retratar-se de sua decisão em quarenta e oito horas. Na negativa da reforma perante o juízo de interposição, os autos serão remetidos ao tribunal competente para julgamento do recurso (art. 296, parágrafo único, do CPC). Ainda que silente a nova lei, é de se ter presente que, provido o recurso, será citado o réu (já não mais *intimado* na pessoa de seu advogado, como determinava o revogado § 2.º do art. 296), pessoalmente, posto que não há previsão legal de sua integração da relação processual até aquele instante.

Diversamente, indeferida a petição inicial no caso previsto no art. 285-A (cf. Lei 11.277/2006), havendo apelação, poderá o juiz reformar sua decisão no prazo de cinco dias (§ 1.º do art. 285-A do CPC).

Se o juiz modificar seu entendimento anterior, reiniciando o processo no primeiro grau de jurisdição, será citado o réu para exercer o seu direito fundamental de defesa (art. 5.º, LV, da CF).

Mantida a sentença, deverá o réu ser citado, na dicção do § 2.º do art. 285-A,[89] para apresentar resposta ao recurso. Nas con-

brasileiro, item 3.2.Em se tratando, no entanto, de indeferimento da inicial apenas em relação a um dos coautores, o recurso cabível será o de agravo, e não a apelação. Nesse sentido: STJ, REsp 625.114/RS, 4.ªT., j. 21.09.2004, rel. Min. Aldir Passarinho Júnior, *DJ* 13.12.2004, p. 374; STJ, REsp 427.786/RS, 2.ªT., j. 15.04.2003, rel. Min. Franciulli Netto, *DJ* 04.08.2003, p. 265. Na doutrina: Antonio Notariano Jr. e Gilberto Gomes Bruschi, *Agravo contra as decisões de primeiro grau*, n. 2.2.3, p. 21.

89. Apesar do § 2.º do art. 285-A do CPC enunciar que o réu será citado para contra-arrazoar a apelação do autor, segundo alguns, em boa técnica processual, o que ocorre na espécie é a intimação do réu, a fim de informá-lo dos atos e termos de um processo que, nitidamente, lhe favorece (art. 234 do CPC). Tratar-se-ia de autêntico ônus processual, sem maiores efeitos pelo descumprimento. Isso foi visto como uma falta de técnica por Glauco Gumerato Ramos, *Resolução imediata do processo,* em Daniel Amorim Assumpção Neves [*et al.*], *Reforma do CPC*, p. 394-395. Expõe: "Embora fale a lei em 'citação', o mais correto será considerar que o réu será *intimado* para responder ao recurso de apelação. O legislador não se pautou pela melhor técnica. Por definição do próprio CPC, a citação é ato pelo qual se chama o réu a juízo para se defender (art. 213 do CPC). Ora, se não foi preciso chamá-lo a juízo para se defender, tendo em vista que defesa nenhuma seria necessária para a *resolução imediata*, qual a lógica de se proceder à 'citação' apenas para cumprir um ônus processual tal como é o oferecimento de contrarrazões?".

O que nos parece, todavia, é que o principal objetivo da citação é ligar o réu ao processo, porquanto a esse não estaria ligado o réu, senão por esse ato. Em realidade, essa citação, prevista no art. 285-A, § 2.º, não se circunscreve, apenas, à finalidade de responder o recurso; a partir desse ato de comunicação, o réu toma conhecimento e integra o processo, na condição de sujeito passivo. Tal reflexão nos levou a rever o posicionamento consignado na edição anterior deste Manual, onde dizíamos, à nota de rodapé n.º 88 deste capítulo, tratar-se de intimação o ato comunica o réu da existência do processo e faculta apresentação de contrarrazões. Esse posicionamento está em consonância com o que já afirmávamos no item 96 do capítulo subsequente: "Citação é, portanto, o ato pelo qual fica o réu ou o interessado (nos casos de jurisdição voluntária) ciente de que foi ajuizada demanda contra ele, ou feita certa solicitação, em caso de jurisdição voluntária". O fato de a lei mencionar (art. 213 do CPC), além do conhecimento – pelo réu – da existência do processo, a oportunidade para a apresentação de defesa, não retira a importância primordial do primeiro objetivo: é o conhecimento da demanda que faz com que o réu tenha sido citado (ou, comparecendo espontaneamente, supra a necessidade de citação). Tanto assim que não há necessidade de citação do reconvindo, mas,

trarrazões o réu, em princípio, fará uso de fundamentos para convencer o tribunal do acerto da decisão do juiz de primeiro grau, ou seja, pautará sua defesa na permanência da sentença de improcedência do pedido, por meio do indeferimento da petição inicial, bem como na extinção do processo com resolução de mérito.

Observe-se que regime jurídico previsto para o processamento do recurso de apelação contra a sentença de indeferimento fundamentada no art. 285-A é diverso daquele aplicável às hipóteses de indeferimento do art. 295, I, II, III, V e VI,[90] previsto no art. 296 do CPC. Pelo art. 296, caso o juiz não se retrate e mantenha a sentença, o processo será enviado para o tribunal julgar, não sendo mais necessária a citação do réu para contra-arrazoar o recurso, prosseguindo de forma "angular" o processo, após a reforma da Lei 8.952/1994.[91]

No 285-A, § 2.º, do CPC, o regime é diferente, porque, cuidando-se de ações repetitivas, há previsão da citação do réu para acompanhar a apelação. Em caso de procedência da apelação, o tribunal ordenará o retorno dos autos ao juízo *a quo*, iniciando-se, depois de citado o réu, o prazo legal para que este apresente a sua defesa (art. 297 do CPC).

Parece-nos que, apesar da diferença de processamento da apelação contra as sentenças de indeferimento pelo art. 296 e contra a sentença fundamentada no art. 285-A, em todos os casos, se provido o recurso e quando do seu trânsito em julgado, iniciar-se-á, a partir de *intimação* ou *citação* do réu, o prazo para a defesa.[92]

Já se julgou que é inoportuno o indeferimento de petição inicial ao ensejo do saneamento do processo.[93] Parece que, efetiva e *propriamente, indeferir* a inicial no curso do processo (quando ela já terá sido deferida) não seria a *terminologia* mais correta. Entretanto, embora não mais com fundamento nos arts. 267, I, e 295, do CPC, ao juiz é dado extinguir o processo sem resolução de mérito por outros fundamentos (*v.g.*, arts. 267 e 329 do CPC), pois, de regra, não há preclusão nem para as partes, nem para o juiz, quanto às matérias constantes do art. 295, *em si mesmas e intrinsecamente consideradas* (e o processo haverá de ser obstado, ainda que não mais sob forma de indeferimento da peça exordial, principalmente por superação do próprio instante cronológico).[94]

As causas de indeferimento da petição inicial encontram-se, basicamente, arroladas no art. 295 do CPC, que prevê, entre elas, a da ilegitimidade. Assim, a petição

tão somente, de intimação (art. 316 do CPC), eis que já está presente no processo como autor da ação principal.

90. Embora a lei não disponha a respeito, parece-nos que o art. 296 não deve ser aplicado à hipótese do inciso IV do art. 285 do CPC, porque se trata de situação em que o indeferimento da inicial se opera mediante sentença de mérito. Logo, faz-se necessária a citação do réu para contra-arrazoar o recurso de apelação.

91. Antes de 1994, pelo texto original do CPC, havia previsão de citação do réu para acompanhar o processo, e, mesmo após a Lei 5.925/1973, que alterou o texto original do CPC, a previsão de citação foi mantida. Mas, com a Lei 8.952/1994, e justamente porque se entendeu que era um desperdício oneroso para o réu, essa citação foi dispensada.

92. *Cf.* TJSP, 20.ª Câmara de Direito Privado, Apel. 990093500442, Rel. Des. Rebello Pinho, j. 21.06.2010.

93. *RF* 246/355.

94. Cf. STJ, REsp 38.219/MG, 5.ª T., j. 17.09.1996, rel. Min. José Arnaldo da Fonseca, *DJ* 29.10.1996, p. 41.676; STJ, REsp 39.927/ES, 3.ª T., j. 26.09.1994, rel. Min. Eduardo Ribeiro, *DJ* 17.10.1994, p. 27.892. No mesmo sentido, *RJTJSP* 45/185; *Jurisprudência Mineira* 66/38.

Na doutrina, v. Teresa Arruda Alvim Wambier, *Nulidades do processo e da sentença*, item 1.3, p. 66 e 67.

inicial deverá ser indeferida, se faltar: a) a *capacidade* de ser parte ou houver *ilegitimidade processual* (pressupostos processuais) como, exemplificativamente, no caso do *tio* pleitear pelo sobrinho menor quando este tenha pai, no exercício do poder familiar (ilegitimidade processual do pretenso representante); b) na hipótese de faltar a *legitimatio ad causam*, quando, exemplificativamente, o pai pretenda separação consensual da filha, capaz, o que só a esta cabe pedir. É certo, entretanto, que a lei exige que haja *manifesta* ilegitimidade, ou seja, se houver dúvida, o juiz deverá deferir a inicial, o que não lhe criará preclusão para, ulteriormente, decidir em sentido contrário, texto esse (art. 295, II, do CPC) que, *sistematicamente*, abona a interpretação ora feita da ausência de preclusão (art. 267, § 3.º, do CPC). A lei não distingue a espécie de ilegitimidade (processual ou substancial), o que significa que o inciso II do art. 295 aplica-se a ambas.

Também autoriza o indeferimento a falta de *interesse processual*, que é uma condição da ação, isto é, quando se evidenciar que, pelo contexto da inicial, o autor não precisa do processo, como, exemplificativamente, quando venha cobrar crédito ainda não vencido.

A impossibilidade jurídica do pedido (art. 295, I, conjugado com o parágrafo único, III) é também causa de indeferimento da petição inicial, isto é, quando pelo exame da inicial verifica-se que o sistema jurídico não protege a pretensão deduzida pelo autor, ou seja, quando, aprioristicamente, *pela exposição do próprio autor*, constata-se que não tem razão; é evidente, tenhamos presente que, nesta hipótese, não haverá sequer questão de fato.

Observamos, por outro lado, que as três hipóteses analisadas anteriormente levam à extinção do processo, sem resolução de mérito, definidas no art. 267, VI, e, assim também, a falta de *capacidade de ser parte*, o que está capitulado no inciso IV do art. 267.

Admitir-se o prosseguimento do processo, evitando, inclusive por decisão, a sua extinção nos casos dos incisos IV, V e VI, não obsta, porque não cria preclusão, que ulteriormente seja o processo extinto.[95]

Em todos os casos, todavia, a ação pode ser proposta de novo (art. 268 do CPC), pois, de acordo com a dicção da lei, não há coisa julgada material, atributo só da sentença de mérito (art. 269, conjugado com os arts. 467 e 485, todos do CPC). Em algumas situações (*cf.* item 122-A da Primeira Parte deste Manual),[96] contudo, a interpretação

---

95. Simpósio de Curitiba, out./1975, conclusão XV, *RT* 482/271.

Há jurisprudência recente nesse sentido: STJ, REsp 1062996/PR, 4.ª T., Rel. Min. Fernando Gonçalves, j. 09.03.2010, *DJe* 26.04.2010; EREsp 295604/MG, 1.ª S., Rel. Min. Eliana Calmon, j. 12.09.2007, *DJ* 01.10.2007; RMS 14.399/RJ, 2.ª T., j. 23.08.2005, rel. Min. João Otávio de Noronha, *DJ* 10.10.2005, p. 265; REsp 509.831/RJ, 4.ª T., j. 23.11.2004, rel. Min. Aldir Passarinho Júnior, *DJ* 07.03.2005, p. 260.

V. tb. *Ajuris* 28/127 a 136, conclusão 9, decidida por m.v. no VI ENTA, quanto a não ocorrer a preclusão, tratando-se de condições da ação. No mesmo sentido das conclusões citadas: *Revista de Processo [RePro]* 6/318, em. 125; *RTJ* 94/445; *RT* 480/158, 490/138, 508/165, 509/91 e 557/103; *RJTJSP* 85/185; *RJTJRS* 72/679; *JUTACivSP* 40/184, 48/234, 50/242, 66/35 e 73/165. Em sentido contrário: *RT* 517/201 e 526/107, em.; *RJTJSP* 62/29 e 70/159: *Arquivo Forense* 63/102.

96. A) Conquanto não seja esta a sede específica para adiantar soluções atinentes à *coisa julgada*, há que se compreender o que consta do texto, a respeito do art. 268, nos seguintes termos. Se se viesse entender o que aí consta, *literalmente*, ou seja, não importa qual seja a decisão atinente a qualquer uma das condições da ação, *em quaisquer circunstâncias que fossem, viabilizada sempre estaria a propositura de nova* (rectius, *da mesma ação), tal conduziria a uma interpretação absurda. Se assim fosse,* tendo um

juiz ou tribunal, até mesmo o STF, negado, *v.g.*, *a possibilidade jurídica de um pedido*, lícito seria ao mesmo autor e em *condições idênticas* repetir esse pedido, até que algum juiz ou tribunal o admitisse, e, sucessiva e *eventualmente*, viesse a tê-lo por fundado.

As condições da ação dadas como presentes constituem-se em elementos que, assim reunidos, levam à admissão da ação, pois, *hipoteticamente*, é possível que a ação, à luz dos fatos a ela subjacentes, esteja respaldada pela ordem jurídica. *As condições da ação, pois, são manifestamente, se presentes todas elas, representativas de um direito-meio e configuradoras de uma hipótese de trabalho, em função da qual se admite a atividade jurisdicional, porque tal hipótese é suscetível de ser "verdadeira"; vale dizer, o juiz poderá reconhecer o direito subjetivo ou a situação jurídica, tal como invocado pelo autor.*

B) No entanto, se a decisão, ainda que sob a veste de falta de possibilidade jurídica, como na hipótese de alguém solicitar uma *sentença (= proteção ou efeito jurídico) vedada* pela ordem jurídica, em função da qual, portanto, um suposto "direito subjetivo" não existe (= *não pode existir, pois não existe na lei, no sistema ou na ordem jurídica*); se, de outra parte, p. ex., *A* pretende um crédito de *B*, mas fica claro da sentença que – se existir dito crédito (sobre o que o juiz não se pronuncia) – somente poderá ser de *C*; ou, ainda, se, numa demanda entre *A* e *B*, o juiz entende *carecer A de interesse processual*, porque, na ação declaratória para suprimir incerteza jurídica (que teria sido provocada por *B*), fica, desde logo, evidente que este *jamais criou quaisquer condições ensejadoras ou conducentes à incerteza jurídica de situação de A, quer parecer que, nestas hipóteses, negou-se, por definição jurisdicional, a própria possibilidade de existência de direito subjetivo, ou o direito de alterar qualquer situação jurídica, mesmo porque não há direito subjetivo sem base na lei ou no sistema*. Quer isto significar que, diante de tais hipóteses, *a ação não pode ser renovada, nas mesmas condições, e neste sentido é inaplicável o art. 268*. Nestes casos e em outros, que sejam a estes assimiláveis, ainda que se utilizando de *linguagem* referente a *carência de ação* (ou, *brevitatis causa*, carência de uma condição da ação), o que, efetivamente, se terá dito, *e significado juridicamente, é que inexiste o direito*, porque não pode existir direito em tais condições; quer dizer, *tais sentenças são sentenças de improcedência, ainda que a linguagem tenha sido diferente*: não existe o "direito subjetivo", porque naquelas condições um tal "direito subjetivo" *não pode existir; o que não pode existir, sequer hipoteticamente, não pode existir de fato.*

Por outras palavras, se a dicção carecer de possibilidade jurídica, ou carecer de interesse processual, ou, ainda, carecer de legitimidade ativa, *nestas hipóteses, que guardam denominador comum, equivale qualquer uma delas, juridicamente, a carecer da ação (= carência de ação), o que, em face de tais elementos, quer significar não ter ou não poder ter direito.*

C) Em tais casos, aliás, *a evidência de que inexiste um pretendido "direito subjetivo" ou o direito a uma sentença sobre determinada situação jurídica* coloca-se como curial, o que significa que, apesar de, eventualmente, proferida a decisão *ictu oculi*, em outros casos, todavia, poderá ser manifestamente grande o grau de certeza jurisdicional que embasa a decisão em função da qual foi motivado o juiz.

Em muitos casos, aliás, *necessário terá sido contraditório para chegar o magistrado a tal solução.*

D) Que diferença *ontológica* existe, *de uma parte*, entre decretar a prescrição de direitos não patrimoniais, como se permitia ao juiz conhecer de ofício no sistema anterior (CC/1916, art. 166), ou reconhecer, *in limine litis*, a decadência (sem audiência, *sequer do que é réu*), beneficiando-se este último *definitivamente*, e *causando tal sentença de mérito um "prejuízo definitivo" ao que pretendia o autor*; e, de *outra banda*, dar-se pela ilegitimidade ativa (porque o crédito pretendido não pode pertencer ao *autor* senão que a outrem)? *Em ambos os casos, para o autor, perdido está o bem da vida*. Seria – *se assim não fosse* – plausível que, por estar a primeira hipótese, *nominal ou taxinomicamente*, capitulada no art. 269, IV, e a outra no art. 267, as soluções fossem diversas? A resposta é negativa, porque, em essência, os fenômenos se identificam.

Segue-se, pois, que tais decisões *obstam a novo acesso ao Poder Judiciário.*

É evidente que, estando subjacentes a qualquer decisão *fato(s) e direito (= ordem jurídica)*,

literal do disposto no art. 268 do CPC não é aconselhável; por isso, parece-nos salutar o conteúdo do art. 496, § 1.º do Projeto de Novo Código de Processo Civil (PL 8.046/2010), que propõe redação um pouco diversa para a norma que seria correspondente à do art. 268 do CPC vigente. No referido § 1.º, explicitou-se a necessidade de, proferida sentença terminativa fundada em ilegitimidade *ad causam* ou falta de interesse processual, corrigir-se o vício quando da nova propositura da ação. Como dissemos no n. 21-B da Primeira Parte deste *Manual*, a modificação proposta oferece solução mais técnica e explícita quanto à necessidade de correção do defeito que motivou a primeira ação, que coincide com a posição atual do Superior Tribunal de Justiça no julgamento do Resp 160.850/SP, relatado pelo Min. Cesar Asfor Rocha.

Outra hipótese de indeferimento da petição inicial é aquela em que, verificando o juiz – também e ainda sem a presença do réu –, que ocorreu prescrição ou a decadência da pretensão do autor, decretará uma ou outra

---

desde que, alterados um ou outro, ou ambos, poder-se-á ter acesso ao Poder Judiciário, ao que não obsta a *coisa julgada*, tendo em vista que é inerente à coisa julgada o sentido e a função de subsistir a *imutabilidade dela emergente, e obstativa de novo acesso ao Judiciário, desde que e quando*, igualmente, persistam as *condições fáticas e jurídicas coevas à sentença*.

Assim é que, *se atualmente* não há possibilidade jurídica, *mas se se alterar a ordem jurídica*; *se, atualmente*, não há interesse, porque um crédito não está vencido; se *A* não pode ser titular do crédito que pretende de *B*, porque esse crédito somente pode pertencer a *C*, *mas se se alterarem essas condições, a saber*: a) ordem jurídica passa a admitir a possibilidade jurídica; b) o crédito se vence e há inadimplemento e c) ocorre confusão entre *A* e *C*, curialmente, *há o direito de acesso ao Poder Judiciário, pois as situações fáticas e/ou jurídicas contemporâneas à sentença passam a ser diferentes*. [Interessante, neste sentido, o quanto dito pela 4.ª T. do STJ quando do julgamento do REsp 25.297-4/SP: "A extinção do processo com fundamento em impossibilidade jurídica do pedido não obsta a que o autor venha posteriormente a renová-lo em juízo, nos moldes preconizados pelo art. 268, CPC, sendo de assinalar-se, a título de justificativa, que uma determinada pretensão pode, em certo momento, não encontrar respaldo no ordenamento jurídico e o mesmo não se verificar após o transcurso de certo tempo, em virtude de alterações legislativas ou da própria evolução do entendimento jurisprudencial" (v.u., j. 13.02.1995, *DJU* I, 20.03.1995, p. 6.120).] Evidentemente, estes exemplos, *calcados nessa realidade comum*, poder-se-iam multiplicar, mas é certo que, ocorrendo definição de inexistência sequer de possível "direito subjetivo", e inalteradas as condições presentes a tal definição, não há direito de acesso ao Poder Judiciário, porque tal decisão fica revestida pela autoridade de coisa julgada. Ao reverso, alterada uma ou mais das condições fáticas ou jurídicas, então presentes, e, agora *supervenientemente*, comparecendo outra ou outras diferentes, há o direito de acesso, *porque a ação proposta já será outra* e essa nova possibilidade há de ser, pelo menos, examinada (v., com alto proveito, *RT* 599/139, acórdão da lavra do Dr. Antônio Cezar Peluso).

E) De outro ângulo, se se indeferir a petição inicial, por descumprimento do art. 39; se se der pela *inexistência* dos atos processuais (art. 37), se não se admitir a inicial, por inepta etc., *porque não se terá definido, em absoluto, nem sequer reflexamente, a pretensão do autor*, por estas e outras variadas razões segue-se que, *neste passo, nestas hipóteses* e *em outras* assemelhadas e a estas assimiláveis, aplica-se, por certo, o art. 268. *Diferem estas desta letra* E *das da letra* D, *porque informadas, todas elas, por uma* ratio decidendi *comum, mas essencialmente diferente*.

Igualmente, esta gama de casos ou de hipóteses desta letra E, *submetidas a um sentido e razão de ser diferente das outras*, poder-se-iam, também, multiplicar.

No mesmo sentido, cf. Teresa Arruda Alvim Wambier e José Miguel Garcia Medina, *O dogma da coisa julgada* – Hipóteses de relativização, item 1.

F) Luiz Eduardo Ribeiro Mourão sustenta a impossibilidade de repropositura da ação,

(*ex officio*, cf., respectivamente, CPC, art. 219, § 5.º, na redação da Lei 11.280/2006, e CC, art. 210); o réu, nesta hipótese, terá, então, sido beneficiado sem ter sequer agido.

extinta por falta de qualquer das condições da ação, caso o vício apontado na sentença não tenha sido corrigido pelo autor, ao propor a nova demanda. Segundo este monografista, a vedação da repropositura da ação, com o referido vício, se daria em razão da coisa julgada formal.

Para o referido monografista, a coisa julgada formal caracteriza-se, tal qual a coisa julgada material, pela impossibilidade de repetição do exercício da mesma atividade jurisdicional, pelas mesmas partes (e, excepcionalmente por terceiros), sobre o mesmo objeto, *em processos futuros*. A distinção entre as duas espécies de coisa julgada (material e formal) residirá apenas no conteúdo da decisão: quando se tratar de decisão que apreciou o mérito, haverá coisa julgada material; quando a decisão for terminativa, formar-se-á a coisa julgada formal. Entretanto, ambas terão como ponto de identidade o fato de produzirem efeitos sobre processos futuros. Assim, a sentença proferida com base no art. 267, VI, do CPC, fará coisa julgada formal e impedirá a repropositura da ação com o vício que deu origem à extinção do processo (Cf. *Ensaio sobre a coisa julgada civil*, dissertação de mestrado (inédita), cap. 4, item 4.6).

G) O Superior Tribunal de Justiça já decidiu, em acórdão que cuidava da ilegitimidade *ad causam* do réu, pela existência de coisa julgada material quanto a este aspecto, porquanto o autor estaria impossibilitado, nesse caso, de repropor a ação (STJ, REsp 160.850/SP, 4.ª T., j. 17.10.2000, rel. Min. Cesar Asfor Rocha, *DJ* 05.03.2001, p. 167). Nesse sentido, a fundamentação do acórdão precitado, constante do voto do Min. César Asfor Rocha.

Há, todavia, no seio daquela mesma Corte Superior, entendimentos no sentido de que seria a coisa julgada formal – e não a material, como entende Asfor Rocha – o obstáculo oposto à repropositura da ação, sem sanar o vício que a maculou na primeira causa. Assim, o entendimento consignado pelo Min. Barros Monteiro no REsp 191.934/SP, j. 20.09.2000). *Cf.*, a propósito, o que escrevemos na parte I deste *Manual*, item 122-B.

Será comunicado a ele, todavia, o resultado, na forma do art. 219, § 6.º. Esta decisão, *sentença de mérito que é* (art. 269, IV, conjugado com os arts. 467 e 485, todos do CPC), fica coberta pela coisa julgada.

Até a última edição deste Manual, nos posicionávamos pela possibilidade de pronúncia de prescrição liminarmente,[97] porém é necessária uma correção técnica nesse ponto. Isso porque as feições atuais do instituto do contraditório – e o chamado contraditório efetivo – buscam impedir a existência de decisões-surpresa, prolatadas sem a participação das partes. Assim prevê o art. 10, do Projeto de Novo Código de Processo Civil (v. nota 82, acima), conferindo mais efetividade aos provimentos jurisdicionais. É possível, portanto, que a prescrição possa ser reconhecida *ex officio*, porém passa a ser extremamente recomendável que a parte autora seja intimada para se manifestar sobre o fato – podendo aduzir causas de interrupção ou recontagem de prazos, por exemplo – antes da pronúncia definitiva e a sentença que extinguirá o feito. Além disso, a Lei 11.280/2006, que acrescentou o §5.º ao art. 219 do CPC, e revogou o art. 194 do CC/2002 (pelo qual o juiz podia suprir a alegação de prescrição), manteve intacto o art. 191, também do CC/2002, persistindo a possibilidade de o réu renunciar à prescrição, o que por si só já faria ineficaz uma decretação liminar sem a oitiva das partes.

A disposição do art. 219, § 6.º deve aplicar-se, analogicamente, à hipótese em que, proferida a sentença a que se refere o art. 285-A, recentemente inserido pela Lei 11.277/2006, caso não haja apelação do autor – já que, se este apelar, o réu deverá ser

97. Neste sentido, a conclusão XXVI do Simpósio de Curitiba. *RT* 482/271.

citado –,[98] cf. estabelece o § 2.º do art. 285-A do CPC.

O desacerto na escolha do tipo de procedimento, como, exemplificativamente, na hipótese de o autor escolher o sumário, quando o tipo procedimental cabível seja o comum ordinário, ou vice-versa (art. 295, V do CPC), é ou *pode ser* também causa de indeferimento da inicial.[99] É verdade que o art. 295, V, admite *adaptação*, a ser determinada pelo juiz, oficiosamente.[100] Se, entretanto, não for possível a adaptação, como, exemplificativamente, porque tenha sido pedida a *execução*, e pretender o autor transformá-la em ação de conhecimento, tal é inadmissível porque alterará a própria *causa petendi* (substância do pedido), o que transcende o problema meramente procedimental; nesta hipótese há de ser inafastavelmente indeferida a petição inicial da execução.

Logo, o âmbito de aplicabilidade do art. 295, V, no sentido de ser possível a conversão de procedimento, é confinado ao *processo de conhecimento* (procedimento comum ordinário, procedimento comum sumário e procedimentos especiais, dentro do Código, Livro IV, e fora do Código). Esta decisão, que indeferirá a petição inicial, também não produzirá coisa julgada, pois seu conteúdo é capitulável no art. 267, IV, do CPC. Comportará, pelo autor, que contra ela deseje se insurgir, o recurso de apelação.

Fora do âmbito do art. 295 do CPC, autoriza o indeferimento, ainda, o não cumprimento do art. 39 do CPC (art. 39, I – indicação de endereço do advogado, quando necessário), ou do art. 284 do CPC, no prazo de 10 dias.[101]

Finalmente, a inicial deverá ser indeferida nos casos de *inépcia*, a saber: a) quando não houver pedido, hipótese em que o juiz não terá condições de atender, ou deixar de atender aquilo que, sequer, foi solicitado; b) quando, embora feito o pedido, não se indique os *fatos jurídicos* (*causa petendi*), como quando alguém diga que é credor de outrem por X, mas não indique a origem do seu cré-

98. Revimos nosso posicionamento anterior no sentido de se tratar, em verdade, de intimação do réu para responder ao recurso de apelação, visto que o réu passa a ter ciência do processo a partir deste ato de comunicação. V. a respeito o que foi dito anteriormente, nota de rodapé 84, logo no início deste item 93.

99. Ao autor não é dado escolher o procedimento pelo qual deseja ver tramitar sua ação. Neste sentido: STJ, HD 105/DF, 1.ª S., j. 13.04.2005, rel. Min. José Delgado, *DJ* 30.05.2005, p. 192; MS 8.196/DF, 3.ª S., j. 26.03.2003, rel. Min. Felix Fischer, *DJ* 28.04.2003, p. 170, *REPDJ* 12.05.2003, p. 210. Ainda, no mesmo sentido do texto: *RJTJSP* 30/181 e 34/136. É no sentido do texto a conclusão XVI do Simpósio de Curitiba (*RT* 482/271), entendendo, todavia, inocorrer *nulidade*; *RT* 479/85 e 487/138. Na jurisprudência recente, afirma-se que, se o procedimento escolhido não causa prejuízo ao réu, não gera nulidade. Nesse sentido: STJ, REsp 737.260/MG, 3.ª T., j. 21.06.2005, rel. Min. Nancy Andrighi, *DJ* 01.07.2005, p. 533; STJ, REsp 198.280/RJ, 4.ª T., j. 21.09.2000, rel. Min. Barros Monteiro, *DJ* 30.10.2000, p. 160; REsp 210.030/RJ, 3.ª T., j. 09.12.1999, rel. Min. Nilson Naves, *DJ* 04.09.2000, p. 149. Na doutrina: J. J. Calmon de Passos, *Comentários ao Código de Processo Civil*, vol. III, n. 178, p. 311 *et seq*. Contra: *RT* 561/178 e 584/134; *RJTJSP* 41/204, 43/179, 45/35 e 46/66; *JUTACivSP* 58/154 e 80/58.

100. STJ, REsp 642.122/PR, 1.ª T., j. 07.12.2004, rel. Min. Francisco Falcão, *DJ* 14.03.2005, p. 218; STJ, REsp 74.237/SP, 4.ª T., j. 28.11.1995, rel. Min. Barros Monteiro, *DJ* 18.03.1996, p. 7.574. Cf. também STJ, REsp 11.200/SP, rel. Min. Dias Trindade, *DJ* 09.09.1991, quando se afirmou: "Não resultando prejuízo para a parte ré, inexiste nulidade pela adoção de procedimento ordinário em causa que, pelo seu valor, se deveria desenvolver pelo sumaríssimo" (invocado como razões de decidir, dentre outras, para negativa de trânsito ao AgIn 30.646-4/RJ, *DJU* I, 06.04.1995, p. 8.757).

101. Sobre a obrigatoriedade do endereço do advogado na petição inicial, v. Celso Antônio Rossi, *RT* 479/274.

dito; c) se a petição inicial for ilógica, pois se conclui, incongruentemente, em função do que os fatos expostos autorizariam (art. 295, parágrafo único, II, do CPC); d) pedido juridicamente impossível; e) quando, embora existentes os pedidos, sejam eles incompatíveis, no sentido de simultaneamente se excluírem, ressalvadas apenas as hipóteses de pedidos alternativos e sucessivos.

Não é inepta a petição inicial que, na parte atinente à qualificação das partes, reporta-se ao instrumento de mandato, que contém a referida qualificação.[102] O mesmo se diga, quanto à exigência do art. 39, I, do CPC, se o endereço do advogado já constar do instrumento de mandato.[103]

Entretanto, configura-se caso de inépcia quando a petição inicial é confusa, não permitindo a identificação do réu com nitidez, nem do próprio pedido, devendo, então, o juiz extinguir o processo sem resolução de mérito, utilizando-se do permissivo do art. 267, § 3.º, c/c o IV deste mesmo dispositivo.[104]

Quando, porém, a má redação dada à inicial não impeça que se vislumbre a verdadeira natureza do feito ajuizado, e nem dificulte a defesa do réu, já se decidiu que não se deve, conquanto reconhecendo-se o defeito de postulação, sacrificar-se o exame do direito perseguido.[105]

Bibliografia

AGUIAR, João Carlos Pestana de. Pretensão cominatória. *RF* 254/113.

AMORIM, Aderbal Torres de. Reconvenção, cumulação de ações e ação rescisória. *RT* 581/268, *RBDP* 40/21, 1983.

ARRUDA ALVIM, Eduardo. *Curso de direito processual civil*. São Paulo: Ed. RT, 1999. vol. 1.

______. *Direito processual civil*. 2. ed. rev., atual. e ampl. São Paulo: Ed. RT, 2008.

______. *Direito processual civil*. 3. ed. São Paulo: Ed. RT, 2010.

______. *Direito processual civil*. 4. ed. São Paulo: Ed. RT, 2012.

ARRUDA ALVIM NETTO, José Manoel de. *Código de Processo Civil comentado*. São Paulo: Ed. RT, 1975. vol. II.

______. *Curso de direito processual civil*. São Paulo: Ed. RT, 1972. vol. II.

______. *Tratado de direito processual civil*. São Paulo: Ed. RT, 1996. vol. II.

ARRUDA ALVIM WAMBIER, Teresa. *Os agravos no CPC brasileiro*. 4. ed. São Paulo: Ed. RT, 2005.

______. *Nulidades do processo e da sentença*. 6. ed. São Paulo: Ed. RT, 2007.

______; MEDINA, José Miguel Garcia. *O dogma da coisa julgada – Hipóteses de relativização*. São Paulo: Ed. RT, 2003.

ASSIS, Araken de. *Manual da execução*. 11. ed. São Paulo: Ed. RT, 2007.

102. STJ, REsp 11.096/MG, 3.ª T., j. 20.08.1991, rel. Min. Dias Trindade, *DJ* 16.09.1991, p. 12.634. A qualificação incompleta das partes não gera a inépcia da petição inicial, desde que possível a sua identificação (STJ, REsp 232.655/BA, 5.ª T., j. 03.10.2000, rel. Min. Jorge Scartezzini, *DJ* 13.11.2000, p. 151). Decidiu-se, também, que "em caso de ocupação de terreno urbano por milhares de pessoas, é inviável exigir-se a qualificação e a citação de cada uma delas" (STJ, REsp 154.906/MG, 4.ª T., j. 04.05.2004, rel. Min. Barros Monteiro, *DJ* 02.08.2004, p. 395).

103. *RT* 519/179.

104. STJ, RMS 7.295/BA, 2.ª T., j. 13.10.1998, rel. Min. Ari Pargendler, *DJ* 16.11.1998, p. 36.

105. "A inicial só deve ser considerada inepta quando ininteligível e incompreensível, porém, mesmo confusa e imprecisa, se permite a avaliação do pedido, há que se apreciá-la e julgá-la" (STJ, REsp 640.371/SC, 1.ª T., j. 28.09.2004, rel. Min. José Delgado, *DJ* 08.11.2004, p. 184). Assim também: TRF – 3.ª R., Ap.Cív. 103.208, 4.ª T., j. 30.06.1993, rel. Lúcia Valle Figueiredo, v.u. (*DOE* 16.12.1993, p. 209, *IOB* 3/9.312).

Assis, Jacy de. *Comentários ao Código de Processo Civil*. Rio de Janeiro: Ed. Forense, 1979. vol. II, t. II.

______. *Procedimento ordinário*. São Paulo: Lael, 1975.

Azevedo, José Olivar de. A ação cominatória no atual Código de Processo Civil. *RF* 273/240.

Baptista, Raimundo Barbosa de Carvalho. *Do indeferimento da petição inicial e suas consequências*. São Paulo: Pró-Livro, 1979.

Barbi, Celso Agrícola. *Comentários ao Código de Processo Civil*. Rio de Janeiro: Ed. Forense, 1983. vol. I.

Barbosa Moreira, José Carlos. *O novo processo civil brasileiro*. 25. ed. Rio de Janeiro: Ed. Forense, 2007.

______. Tutela sancionatória e tutela preventiva. *RBDP* 18/123.

Borges, Marcos Afonso. *Comentários ao Código de Processo Civil*. São Paulo: LEUD, 1975. vol. I.

Bueno, Cassio Scarpinella. *A nova etapa da reforma do Código de Processo Civil*. São Paulo: Saraiva, 2006, vol. 2.

Calixto, Negi. A abolição aparente das ações cominatórias no novo CPC. *RT* 460/65, *RF* 246/279.

Carneiro, Athos Gusmão. Das *astreintes* nas obrigações de fazer fungíveis. *Ajuris* 141/125, 1978.

Diz, Nelson Nascimento. A ação cominatória e a pena pecuniária nas obrigações de fazer e não fazer no novo CPC. *RT* 461/127.

Fadel, Sergio Sahione. *Código de Processo Civil Comentado*. Rio de Janeiro: Ed. Forense, 1984. vol. I.

Figueira Júnior, Joel Dias; Lopes, Maurício A. Ribeiro. *Comentários à lei dos juizados especiais cíveis e criminais*. São Paulo: Ed. RT, 1995.

Gianesini, Rita. Petição Inicial – verbete. *Enciclopédia Saraiva do Direito*, 1981. vol. 58.

Greco Filho, Vicente. *Direito Processual Civil Brasileiro. 18. ed.* São Paulo: Saraiva, 2007. vol. II.

Luz, Bernardino Lima. Concurso e cumulação de ações. *RBDP* 36/35.

Maluf, Carlos Alberto Dabus. Cumulação de ações no processo civil. *Revista de Processo [RePro]* 17/61, ano V. São Paulo: RT, abr.-jun./1980.

Marinoni, Luiz Guilherme; Arenhart, Sérgio Cruz. *Manual do processo de conhecimento*. 5. ed. São Paulo: Ed. RT, 2006.

Marques, José Frederico. *Manual de direito processual civil*. São Paulo: Saraiva, 1983. vol. II.

Mesquita, José Ignácio Botelho de. Conteúdo da causa de pedir. *RT* 564/41.

MITIDIERO, Daniel Francisco. *Elementos para uma teoria contemporânea do processo civil brasileiro*. Porto alegre: Livraria do Advogado, 2005.

Moniz de Aragão, Egas Dirceu. *Comentários ao Código de Processo Civil*. Rio de Janeiro: Ed. Forense, 1979. vol. II.

Moreira, Alberto Camiña e outros. *Nova reforma processual civil comentada*. São Paulo: Método, 2002.

Moura, Mário Aguiar. A causa de pedir na investigação de paternidade. *RT* 534/34, *RF* 267/437, *Ajuris* 17/156.

Mourão, Luiz Eduardo Ribeiro. Ensaio sobre a coisa julgada civil. Dissertação (mestrado), inédita. São Paulo: Pontifícia Universidade Católica de São Paulo, 2006.

Muniz, Severino. Petição inicial no procedimento comum. *RBDP* 29/75, 1981.

Naconecy, Luiz Carlos Macedo. *Curso de direito processual civil*. São Paulo: Ed. RT, 1984.

Negrão, Theotonio; Gouvêa, José Roberto Ferreira. *Código de Processo Civil e legislação processual em vigor.* 39. ed. São Paulo: Saraiva, 2007.

Nery Jr., Nelson. *Teoria geral dos recursos*. 6. ed. São Paulo: Ed. RT, 2004.

Neves, Daniel Amorim Assumpção; Ramos, Glauco Gumerato; Freire, Rodrigo da Cunha Lima; Mazzei, Rodrigo. *Reforma do CPC* – Leis 11.187/2005, 11.232/2005, 11.276/2006, 11.277/2006 e 11.280/2006. São Paulo: Ed. RT, 2006.

Notariano Jr., Antonio; Bruschi, Gilberto Gomes. *Agravo contra as decisões de primeiro grau*. São Paulo: Método, 2006.

Passos, José Joaquim Calmon de. *Comentários ao Código de Processo Civil*. Rio de Janeiro: Ed. Forense, 1979. vol. III.

Paula, Alexandre de. *Código de Processo Civil Anotado*. São Paulo: Ed. RT, 1976. vol. II.

Pereira, José Horácio Cintra G. *Dos embargos de terceiro*. São Paulo: Atlas, 2002.

Pereira, Sérgio Gischkow. Possibilidade jurídica do pedido. *Ajuris* 23/167, 1981.

Pimentel, Wellington Moreira. *Comentários ao Código de Processo Civil*. São Paulo: Ed. RT, 1979. vol. III.

Pontes de Miranda, Francisco Cavalcanti. *Comentários ao Código de Processo Civil* (de 1973). Rio de Janeiro: Ed. Forense, 1974. t. IV.

Prata, Edson. *Petição inicial e seus requisitos*. Rio de Janeiro: Liber Juris, 1981.

______. Embargos de terceiro. *Revista de Processo [RePro]* 24/213.

Rosenberg. *Die Beweislast [O Ônus da Prova]*. 5. ed. Munique: C. H. Beck, 1965.

Santos, Ernane Fidélis. *Manual de direito processual civil*. 11. ed. São Paulo: Saraiva, 2006. vol. I.

Santos, Moacyr Amaral. *Primeiras linhas de direito processual civil*. 23. ed. (atualizada por Aricê Moacyr Amaral Santos.) São Paulo: Saraiva, 2004. vol. II.

Silva, Ovídio Araújo Baptista da; Machado, L. Melíbio Uiraçaba; Gessinger, Ruy Armando; Gomes, Fábio Luiz. *Teoria geral do processo civil*. Rio Grande do Sul: Letras Jurídicas, 1983.

Theodoro Júnior, Humberto. *Curso de Direito Processual Civil*. 47. ed. Rio de Janeiro: Forense, 2007. vol. 1.

______. *Processo de Conhecimento*. Rio de Janeiro: Ed. Forense, 1981. t. II.

Tourinho Neto, Fernando da Costa; Figueira Júnior, Joel Dias. *Juizados especiais federais cíveis e criminais: comentários à Lei 10.259, de 10.07.2001*. São Paulo: Ed. RT, 2002.

Wambier, Luiz Rodrigues; Wambier, Teresa Arruda Alvim; Medina, José Miguel Garcia. *Breves comentários à nova sistemática processual civil*. 3. ed. São Paulo: Ed. RT, 2005. vol. 1; 2006. vol. 2.

XI

Das Comunicações dos Atos Processuais

94. Considerações introdutórias

A citação e a intimação são espécies do gênero que é a *comunicação dos atos processuais*. Consistem tais institutos nas formas por meio das quais se realizam e se comunicam no processo os respectivos atos.

O Código de Processo Civil refere-se às "comunicações de atos", distribuindo tais categorias em comunicação "por ordem judicial" ou "requisição por carta". O Capítulo IV, do Título V, do Livro I, do Código, deveria, na verdade, referir-se à comunicação de atos *processuais*, pois a esta realidade se reporta, como, aliás, se reporta à *carta de ordem* se o juiz for "subordinado" (isto é, for de gradação jurisdicional inferior ao tribunal, porquanto verdadeira subordinação, em sentido hierárquico-administrativo *puro*, inexiste no Judiciário); a *carta rogatória*, como o meio de comunicação entre a autoridade judiciária estrangeira e a nacional (é neste sentido que se referem à autoridade judiciária, embora brasileira, os arts. 88 e 89); e, finalmente, nos demais casos, a maneira de comunicação será a *carta precatória*. Será caso de se enviar carta precatória, de juízo a juízo, se, por exemplo, a citação do réu houver de efetivar-se em outra comarca, que não aquela em que foi proposta a ação. Se, no entanto, se tratar de comarcas contíguas e de fácil comunicação, e naquelas que se situem na mesma região metropolitana, desnecessária será a carta precatória, podendo o oficial de justiça de uma comarca proceder à citação na outra (art. 230, com a redação que lhe deu a Lei 8.710/1993).[1] Esta exceção enseja alguma *liberdade* para o juiz que, motivadamente, será examinada *caso por caso*.[2] Importante é notar que o art. 230 se aplica à citação, às intimações[3] e, segundo algumas decisões, se estende à penhora, comportando interpretação extensiva.[4]

---

1. Para efeito de citação por *oficial de justiça* e para os fins do art. 230 do CPC, a Resolução 93, de 22.11.1995, do Tribunal de Justiça do Estado de São Paulo, que veio a revogar a Resolução 78/1994, em razão da necessidade de tornar mais claros os casos "em que os Juízos deverão praticar diretamente os atos e diligências do processo e quando deverão deprecá-los."

2. Sobre o assim chamado "poder *discricionário* da autoridade judiciária" e a crítica que se faz ao uso desta nomenclatura em sede da teoria geral do processo, v. nosso *Arguição de relevância no recurso extraordinário*, p. 15 *et seq.*, e, amplamente, Teresa Celina de Arruda Alvim Wambier, *Medida cautelar, mandado de segurança e ato judicial*, p. 121 *et seq.*, e, mais recentemente, da mesma processualista, *Controle das decisões judiciais por meio de recursos de estrito direito e de ação rescisória*, p. 350-388, e *Os agravos no CPC brasileiro*, n. 5.4.2. Esta "discricionariedade", *in casu*, respeita à facilidade da comunicação.

3. Simpósio de Curitiba, concl. X (m.v.), *RT* 482/270.

4. *RT* 504/166; *JUTACivSP* 47/60 (m.v.), 62/108 e 72/217, admitindo a aplicação do art. 230 à penhora. Na doutrina: Humberto Theodoro Júnior, *Código de Processo Civil anotado*,

Quando a lei se refere a *mandado judicial*, significa que há uma ordem direta do juiz ao oficial de justiça, a ele subordinado (art. 225, VII); já havendo carta de ordem, carta rogatória ou precatória, haverá sempre uma solicitação *de uma autoridade judiciária a outra*, sendo que, na hipótese de carta rogatória, a autoridade a que se destina a solicitação será estrangeira. Esta autoridade estrangeira há de ser considerada na sua *competência externa*, isto é, solicita-se a algum juiz de país estrangeiro que cumpra a ordem, e não diretamente a este ou àquele juiz (= juízo), o que diria respeito à competência interna; já em se tratando de solicitação *dentro do Brasil*, haverá de se dirigir à autoridade judiciária, indicando-se-lhe especificamente a competência. Mas, se se tratar de solicitação feita de um tribunal a outro, certamente solicitar-se-á ao presidente do tribunal e não a qualquer órgão interno, de tal tribunal.

95. A citação

A existência da citação, no início de cada ação, seja de conhecimento, cautelar ou de execução, prende-se ao princípio da *bilateralidade da audiência*, sendo uma exigência impostergável para a *existência* do processo (em relação ao réu) e da sentença. Tanto o autor quanto o réu devem ser devidamente ouvidos para terem suas razões sopesadas pelo órgão julgador. Ora, o réu só poderá ser ouvido se tiver ciência da demanda que contra ele é movida, e a forma reconhecida como hábil a tanto, pelo sistema, é a citação, se bem que o comparecimento espontâneo do réu supre a sua falta (art. 214, § 1.º), pois aquele consubstancia a finalidade última da citação.[5] Neste sentido já se decidiu que a arguição de nulidade cai no vazio quando o réu comparece a juízo, em tempo hábil, e contesta a ação.[6]

A citação poderá ser feita pelo *correio*, pelo *oficial de justiça* ou por *edital*.[7] O comum

---

p. 156. Em sentido contrário: J. C. Barbosa Moreira, *O novo processo civil brasileiro*, p. 240; Contra, em parte: *JUTACivSP* 63/72 (nesta decisão, realizou-se a penhora por carta, sem, contudo, lograr-se a sucessiva intimação dos devedores – admitiu-se que esta intimação fosse feita com base na aplicação do art. 230, argumentando-se extensamente, no caso, com a falta de qualquer tipo de prejuízo – *rev. cit.*, p. 73-75, também publ. em *Revista de Processo [RePro]* 19/298). *A regra, todavia, é a da inadmissibilidade de realização da penhora e intimação subsequente, com base no art. 230, mesmo porque o art. 658 determina, no caso, que a execução se faça por carta.* Observe-se que o § 5.º do art. 659 (na redação da Lei 10.444/2002) estabelece que, "(...) quando apresentada certidão da respectiva matrícula, a penhora de imóveis, independentemente de onde se localizem, será realizada por termo nos autos, do qual será intimado o executado, pessoalmente ou na pessoa de seu advogado, e por este ato constituído depositário". Trata-se, pois, de exceção à regra do art. 658. De todo o modo, decidiu-se que a penhora não deve ser anulada, se realizada nos termos do art. 230, em razão do princípio segundo o qual não é nulo o ato que, embora realizado de outro modo, tenha alcançado sua finalidade (STJ, REsp 68.264/RS, 3.ª T., j. 12.05.1997, rel. Min. Menezes Direito, *DJ* 30.06.1997, p. 31.022).

5. STJ, REsp 512.946/RJ, 3.ª T., j. 22.06.2004, rel. p/ acórdão Min. Nancy Andrighi, *DJ* 30.08.2004, p. 281; STJ, REsp 514.304/MT, 3.ª T., j. 02.12.2003, rel. Min. Castro Filho, *DJ* 19.12.2003, p. 460; STJ, REsp 257.302/MG, 4.ª T., j. 17.08.2000, rel. Min. Sálvio de Figueiredo Teixeira, *DJ* 25.09.2000, p. 110. No mesmo sentido: *RT* 514/150, 517/115 e 531/236; *JUTACivSP* 46/60.
6. *Arquivo Forense* 62/90.
7. Foram acrescentadas pelo Projeto de Novo Código de Processo Civil as hipóteses de citação "pelo escrivão ou pelo chefe de secretaria, se o citando comparecer em cartório" (art. 246, III, do PL 8.046/2010), e "por meio eletrônico, conforme regulado em lei" (art. 246, IV). Trata-se, nesse último inciso, da Lei 11.419/2006, que dispõe sobre a informatização do processo judicial.

é que ela seja feita pelo correio, pessoalmente ao réu, ou ao seu representante ou, ainda, ao seu procurador, desde que devidamente autorizados (art. 215);[8] no silêncio da lei, no sentido de aí se dispor sobre uma modalidade especial de citação, diante de determinados pressupostos ou situações excepcionadas pelo legislador, é de se realizar a citação pelo correio, que é a regra geral (art. 222, com a redação que lhe deu a Lei 8.710/1993).

À regra de que a citação há de ser feita *pessoalmente* (art. 215), ao réu, ou, então, ao seu representante ou mandatário com poderes especiais (interpretação *a contrario sensu* do art. 38), coloca-se uma exceção, tendo em vista os negócios praticados por administrador, por feitor ou gerente, quando, então, poderão estes ser citados em nome do réu, e não o réu, pessoalmente. Há, portanto, para estes casos, autorização legal para recebimento de citação (art. 215, § 1.º), embora confinada a certos e determinados atos.

O menor púbere deverá ser pessoalmente citado, além da citação endereçada e feita a seu pai. Ambos devem ser citados pessoalmente, e, inocorrente essa hipótese, isto acarretará a nulidade do processo.[9]

Quanto à comunicação da reconvenção, bem como da oposição, serão feitas na pes-

---

8. O procurador deve exibir procuração com poderes especiais para receber a citação, conforme dispõe, expressamente, o art. 38 do CPC. V. *RTJ* 104/1238. Ainda: "É nula a citação feita a quem não seja representante legal ou procurador do réu (CPC, art. 215) II - A indicação do procurador ou do representante legal da ré constitui ônus do autor. Nada importa a circunstância de a pessoa que recebeu a citação ter afirmado ser o representante da ré. III - Na dúvida e à míngua de indicação específica do autor, incumbe ao Oficial de Justiça exigir de quem está a receber citação, a prova de sua habilitação como representante legal do procurador" (STJ, REsp 219661/ES, 1.ª T., j. 24.10.2000, rel. Min. Humberto Gomes de Barros, *DJ* 12.02.2001, p. 95).

9. *RT* 476/72. Também nesse sentido, são elucidativos os julgados proferidos pelo Tribunal de Justiça do Estado de São Paulo:

"Citação. Menores 'púberes'. Necessidade de citação pessoal em conjunto com a assistência dos pais. Art. 6.º, I, do CC c/c 8.º do CPC. Nulidade decretada. Constitui nulidade absoluta a ausência de citação pessoal do menor púbere, citado apenas na pessoa de seu pai" (TJSP, extinto 2.º TACivSP, Ap. sem revisão 637032700, j. 06.08.2002, rel. Des. Linneu Rodrigues de Carvalho Sobrinho, rel. designado Des. Magno Araujo)."(...) Procede a arguição de nulidade do processo por falta de regular citação das menores púberes residentes fora da Comarca. A citação feita na pessoa da genitora não é válida. Dispõe, com efeito, o art. 8.º do Estatuto Processual Civil que os 'incapazes serão representados ou assistidos por seus pais, tutores ou curadores, na forma da lei civil'.Os menores absolutamente incapazes não participam de nenhum ato jurídico, sendo representandos pelos pais, tutores ou curadores. Os relativamente incapazes, porém, já tendo algum discernimento, participam dos atos jurídicos em geral, assistidos, isto é, acompanhados de seus representantes legais. Assinam os contratos e demais papéis necessários à prática dos atos jurídicos, juntamente com seus representantes legais. Ambos assinam e participam e não apenas o representante legal.Em se tratando de citação, esclarece Moniz de Aragão: 'Se a incapacidade do citando for apenas relativa, a citação inicial será feita, conjuntamente, a ele e ao representante legal, que o assistirá no ato (art. 8.º)' (*Comentários ao Código de Processo Civil*, Forense, II vol., p. 177, n. 206).No caso vertente, a citação não foi feita conjuntamente aos menores e à sua representante legal mas somente a esta. Não se observaram, pois, os ditames legais, em prejuízo dos menores, que foram condenados ao pagamento das despesas condominiais, sem terem sido citados pessoalmente. A jurisprudência já se firmou no sentido de que é nulo o processo 'em que o menor púbere não foi citado pessoalmente, mas tão somente seu pai' (Theotônio Negrão, 25. ed., nota n. 5 ao art. 8.º do CPC).Prescreve o art. 247 do Estatuto Processual que 'as citações e as intimações serão nulas, quando feitas sem observância das prescrições legais'. A validade da citação interessa à ordem pública e, por essa razão, o exame de eventual anomalia em sua efetivação independe de provocação da parte,

soa dos advogados do autor reconvindo e dos opostos (arts. 316 e 57, *caput*), respectivamente. Na hipótese de a oposição ser deduzida, em processo principal, que corra à revelia do réu, será este citado na forma do disposto no Título V, Capítulo IV, Seção III, do Livro I.

Quanto ao local em que deva ser citado o réu, o art. 216, *caput*, disciplina a matéria, prevendo o que se poderia denominar de "mobilidade do mandado", pois o réu será citado "em qualquer lugar em que se encontre". Evidentemente que esta regra, mantida no Código de Processo Civil pela Lei 8.710/1993, tem maior aplicação àquelas hipóteses em que a citação (ou intimação) por correio tenha sido frustrada (arts. 224 e 239, *caput*), já que não compete ao carteiro localizar o réu em outro lugar que não o endereço constante da carta citatória.

O militar poderá ser citado, se em serviço ativo, na sua unidade (em que estiver servindo, que é o seu domicílio necessário, nos termos do art. 76 do CC/2002), ou em sua residência, ou, onde seja encontrado (art. 216, parágrafo único, do CPC).

A lei, por outro lado, proíbe a citação em determinadas circunstâncias, visando com isto a preservar as pessoas, enquanto estejam em determinados locais ou participando de determinados atos; no entanto, a citação será possível, mesmo nestes casos, para evitar perecimento de direito. Ocorrendo a caracterização do possível perecimento do direito, poder-se-á, então, citar quem esteja assistindo a qualquer ato de culto religioso (art. 217, I); ainda, nos casos dos incisos II, III e IV, do art. 217. Não mais vige, com a edição da Lei 8.952/1994, a regra constante originalmente no inciso I do art. 217, pela qual *somente* nestes casos de perecimento de direito poderia ser efetivada a citação de funcionário público na repartição em que trabalha. O inciso I constante originalmente do art. 217 (que vedava a citação do funcionário público na repartição, salvo a ocorrência do caso excepcional já apontado), com efeito, foi suprimido.

Dever-se-á deixar de fazer a citação sendo o *réu demente*, o que se justifica, dado que a citação tem por objetivo provocar ou estimular o réu, a que, inteirando-se do que contra ele se pede, tome providências. Se é demente, é curial que não poderá agir. Não se trata, entretanto, de hipótese de demência do que tenha sido interditado, pois nesta hipótese já terá um curador que o represente, mas, sim, de demência constatável pelo oficial de justiça (art. 218, § 1.º – note-se que, nos termos da letra *b* do art. 222, não será possível a citação pelo correio ao *incapaz*), e, depois, verificável tecnicamente por médico, nomeado pelo juiz, mediante exame e laudo, apresentável dentro de cinco dias (art. 218, § 1.º). Se for positivada a demência, deverá o juiz dar curador ao demente (art. 218, § 2.º), nos moldes da lei civil, embora sem o caráter da definitividade desta, sendo, então e sucessivamente, feita a citação do réu na pessoa do curador (art. 218, § 3.º). Trata-se, porém, de curador nomeado para aquele caso específico.[10] A nomeação só terá lugar após a constatação da incapacidade por parte do médico, e não por parte do oficial de justiça.[11]

uma vez que ao Judiciário incumbe apreciar de ofício os pressupostos processuais e as condições da ação, conforme proclamação feita pelo Colendo Superior Tribunal de Justiça, em aresto anotado por Theotônio Negrão (25. ed., nota n. 5 ao art. 214 do CPC). (...) Ante o exposto, nega-se provimento ao agravo retido e dá-se provimento parcial à apelação para, de ofício, declarar a nulidade do processo a partir da citação das menores púberes residentes fora da Comarca" (TJSP, extinto 1.º TACivSP, Ap. 586.533-2, 6.ª Câmara Especial de Janeiro, j. 30.01.1995, rel. Des. Carlos Roberto Gonçalves).

10. 1.º TACivSP, Jurandyr Nilsson, *Repertório*, vol. 1/246; v. também *RJTJSP* 88/37.

11. *JUTACivSP* 59/141. Nomeado que seja perito médico, nem por isto se poderá nomear assistente técnico: *RJTJSP* 93/238.

Se, contudo, for feita a citação ao próprio demente, anula-se o processo a partir da citação, inclusive, devendo o réu, após obedecidas as formalidades legais, ser citado na pessoa de seu curador (art. 218, § 3.º). A observação é válida, também, se a citação originariamente foi determinada pelo correio e veio a se verificar, posteriormente, que o citando era demente à época da prática daquele ato (incidiria, na hipótese, ainda que *a posteriori*, a vedação do art. 222, *b*). Deve intervir, por outro lado, em todos os termos do processo, o representante do Ministério Público,[12] sob pena de nulidade (arts. 84 e 246).[13]

A citação será feita pelo correio quando não ocorrentes uma das causas inibitórias constantes das letras *a* a *f* do art. 222, com a redação que lhe deu a Lei 8.710/1993,[14] quais sejam: nas ações de estado;[15] quando for ré pessoa incapaz; quando for ré pessoa de direito público; na ação de execução; quando o réu residir em local não atendido pela entrega domiciliar de correspondência; e quando o autor, por qualquer motivo, requerer seja procedida a citação de outra forma. Uma vez deferida esta modalidade de citação, o escrivão ou o chefe da secretaria remeterá ao citando cópias da petição inicial e do despacho do juiz que, necessariamente, disporá sobre a advertência constante do art. 285, segunda parte, sendo-lhe comunicado, ainda, o prazo para a resposta e o juízo e cartório, com o respectivo endereço. Como se vê, relevante a explicitação, dado que os requisitos da *carta citatória* em nada diferem *substancialmente* dos requisitos do *mandado de citação* (cf. art. 225, *caput* e respectivos incisos). Esta carta de citação deverá ser registrada para entrega ao citando, exigindo o carteiro, ao fazer a entrega, que assine o recibo (art. 223, parágrafo único, 1.ª parte). Dispõe o mesmo dispositivo, em continuação, que, em sendo pessoa jurídica o réu, será válida a entrega a pessoa com poderes de gerência geral ou de administração.[16]

12. 1.º TACivSP, Jurandyr Nilsson, *Repertório*, vol. 1/247.

13. *RTJ* 88/285; *RT* 521/281; *JUTACivSP* 83/150. *Nesse sentido*, já decidiu o STF pela nulidade de acórdão por haver nos autos presumido incapaz, sem que lhe tivesse sido dado curador e a assistência do Ministério Público. *RTJ* 88/285; *RT* 521/281. V. *JUTACivSP* 83/150, em que, por ter havido suspeita de ocorrência da incapacidade no curso do processo, foi convertido o julgamento em diligência, dando-se vista dos autos à Procuradoria-Geral de Justiça.

14. Antes das modificações radicais introduzidas no sistema processual civil pela Lei 8.710/1993, a citação somente poderia ser feita pelo *correio* quando, cumulativamente, o réu fosse comerciante ou industrial domiciliado, acionado no Brasil, e a demanda respeitasse à sua profissão ou atividade (art. 222, com a redação original), devendo tal modalidade ser requerida, pelo autor, expressamente com a petição inicial.

15. Já se decidiu, à luz da atual redação do art. 222, que não pode ser realizada pelo correio a citação em ação de investigação de paternidade, por ser esta ação de estado, fazendo incidir, portanto, a vedação legal: TJDF, 2.ª T., 13.02.1995, v.u., rel. Des. Paulo Evandro, *IOB* 3/11.197.

16. Sempre se discutiu se, para validade da citação, seria necessário que a carta fosse entregue ao próprio réu ou se suficiente sua entrega a representante legal da empresa. Assim, havia decisões no sentido da validade da citação de pessoa jurídica na figura de seu preposto, se este, ao receber a contrafé na sede da empresa, assinasse o mandado sem advertir o oficial de justiça de que não se tratava da pessoa certa para ser citada em nome da empresa (cf.: *RT* 475/93 e 574/140; *JUTACivSP* 74/317 e 89/167; no *mesmo sentido*: *RT* 551/166, em ementa que diz não caber exigir a exibição de prova de representação legal ou contratual da pessoa a ser citada quando da realização deste ato); enquanto outras, que tínhamos e temos como corretas, inclinavam-se no sentido de que o carteiro não poderia entregar a carta destinada a citar o réu a outra pessoa que não o citando, ou a quem tivesse poderes para receber a citação em seu nome, devendo o aviso de recebimento ser assinado, pessoalmente, pelo destinatário

As formas de citação pelo correio e pelo oficial de justiça em tese deveriam atender rigorosamente ao requisito da pessoalidade da citação, pois, nesses casos, embora por veículos processuais diversos (vemos que o correio está servindo de veículo processual), sempre ficará o réu efetivamente inteirado da demanda (arts. 221, II, 225 e, especialmente, 226, I).

Não sendo permitida a citação pelo correio (casos das letras *a* a *e* do art. 222), desde que o autor requeira que seja efetivada de outro modo (*rectius*, por oficial de justiça), como lhe permite a letra *f* do mesmo dispositivo, ou, ainda, quando tenha se frustrado a citação postal, faz-se a citação *por mandado e por ordem do juiz* (art. 224, com a redação da Lei 8.710/1993, e art. 225), entregue ao oficial de justiça, para que o cumpra. Os elementos que devem conter o mandado estão estabelecidos no art. 225. O oficial de justiça, ao encontrar o citando, deverá ler o mandado e entregar-lhe a contrafé, portando por fé se esta foi recebida ou recusada. Na primeira hipótese deverá obter a nota do ciente; na segunda, deverá certificar a recusa (art. 226, III).

(*RTJ* 105/200; *RT* 522/138, 537/139 e 554/277, em.; *RJTJSP* 82/238; *Revista de Processo [RePro]* 24/256, em. 22). Neste segundo sentido, caminhava boa parte da doutrina, tendo-se em vista a exigência do parágrafo único do art. 223 em sua redação original: Clito Fornaciari Júnior, A citação pelo correio, *Revista de Processo [RePro]* 3/38; Moacyr Amaral Santos, *Primeiras linhas de direito processual civil*, vol. 2/181; Alcides de Mendonça Lima, *Direito processual civil*, p. 35; Hélio Tornaghi, *Comentários ao Código de Processo Civil*, vol. 2/169; Milton Sanseverino e Roque Komatsu, *A citação no direito processual civil*, p. 151; Marcos Afonso Borges, *Comentários ao Código de Processo Civil*, vol. 1/213). Sobre a aplicação da teoria da aparência no que diz respeito à citação, consultar, com proveito, para uma opinião restritiva sobre a incidência da teoria, Teresa Arruda Alvim Wambier, *Nulidades do processo e da sentença*, p. 365 e ss.Mais recentemente, tem decidido o STJ que "é válida a citação de pessoa jurídica por via postal, quando implementada no endereço onde se encontra o estabelecimento do réu, sendo desnecessário que a carta citatória seja recebida e o aviso de recebimento assinado por representante legal da empresa" (STJ, REsp 582.005/BA, 4.ª T., j. 18.03.2004, rel. Min. Fernando Gonçalves, *DJ* 05.04.2004, p. 273). Tem-se admitido, assim, que a citação seja recebida por empregado do estabelecimento (STJ, AgRg no AgIn 630.917/DF, 6.ª T., j. 15.02.2005, rel. Min. Nilson Naves, *DJ* 11.04.2005, p. 406; STJ, AgRg nos EDcl no AgIn 451.000/RJ, 1.ª T., j. 25.11.2003, rel. Min. Luiz Fux, *DJ* 19.12.2003, p. 325) ou por "auxiliar de filial" (STJ, AgRg nos EDcl no AgIn 451.000/RJ, 1.ª T., j. 25.11.2003, rel. Min. Luiz Fux, *DJ* 19.12.2003, p. 325), "sendo desnecessário a carta citatória seja recebida e o aviso de recebimento assinado por representante legal da empresa" (STJ, REsp 582.005/BA, 4.ª T., j. 18.03.2004, rel. Min. Fernando Gonçalves, *DJ* 05.04.2004, p. 273), não sendo relevante a ausência de poderes para representar a empresa judicialmente (STJ, REsp 540.376/SP, 3.ª T., j. 09.09.2003, rel. Min. Castro Filho, *DJ* 29.09.2003, p. 252). Incide, no caso, a teoria da aparência (STJ, REsp 660.014/SC, 3.ª T., j. 13.09.2005, rel. Min. Nancy Andrighi, *DJ* 26.09.2005, p. 366; STJ, REsp 741.732/SP, 2.ª T., j. 07.06.2005, rel. Min. Eliana Calmon, *DJ* 15.08.2005, p. 293; AgRg no AgIn 618.317/MG, 4.ª T., j. 23.11.2004, rel. Min. Jorge Scartezzini, *DJ* 17.12.2004, p. 575; STJ, REsp 817.284/MG, 1.ª T., j. 21.03.2006, rel. Min. Francisco Falcão, *DJ* 10.04.2006, p. 164).Deve-se enfatizar, contudo, que esse raciocínio não se aplica às pessoas físicas, pois, quanto a estas: "Conforme posicionamento sufragado pela Corte Especial (ERESP n. 117.949/SP), 'a citação da pessoa física pelo correio deve obedecer ao disposto no art. 223, parágrafo único, do Código de Processo Civil, sendo necessária a entrega direta ao destinatário, de quem o carteiro deve colher o ciente'. Recurso especial conhecido e provido" (STJ, REsp 884.164/SP, 3.ª T., j. 27.03.2007, rel. Min. Castro Filho, *DJ* 16.04.2007, p. 199). Cf. também a fundamentação do acórdão proferido no EREsp 117.949,

citado na ementa, onde a importância da citação pessoal é sobrelevada pelo STJ.V., ainda, nota 54, *infra*.

Com as alterações trazidas pela Lei 8.710/1993 ao sistema da comunicação dos atos processuais do direito processual civil brasileiro, não mais podem subsistir as dúvidas ocorrentes no passado a respeito da possibilidade de a citação pelo correio poder ser feita em réu domiciliado além dos limites da jurisdição do juízo onde tramitava a causa.[17] Agora, o próprio *caput* do art. 222 é claro ao prescrever que "a citação será feita pelo Correio, para qualquer comarca do País".

Já se decidiu que a só inobservância do disposto no art. 226, III, do CPC não sugere inexistência, nem produz nulidade da citação, o que, *cautelosamente, ante a regra do art.* 247, deve ser tida como a opinião correta.[18]

A jurisprudência tem considerado, como justa causa para fins de prorrogação de prazo da defesa/resposta, o lapso cartorário consistente na anotação, no mandado de citação, de prazo maior do que aquele de que disporia o réu para responder à ação que se lhe propõe.[19] Ainda, a menção ao prazo para defesa é obrigatória, sob pena de nulidade.[20]

Ao lado do caso de citação feita pelo correio e daquela pelo oficial de justiça, por excelência caracterizadas como *citação real*, consagra o nosso legislador, desde que ocorrentes os respectivos pressupostos, a chamada *citação ficta*. A citação ficta difere fundamentalmente da realizada pelo correio e da realizada pelo oficial de justiça porque, enquanto na citação realizada por carta citatória ou por mandado há certeza jurídica de que realmente o réu foi inteirado da demanda, tal não se dá com a citação ficta. As espécies de citação ficta, entre nós, são a citação *por edital* e a por *hora certa*.

A citação por edital pressupõe: a) a afirmação feita pelo autor, ou certificada pelo oficial de justiça, de que o réu está em lugar incerto e não sabido, ou que o próprio réu é desconhecido ou incerto (arts. 231, I e II, e 232, I); b) ou, então, a verificação das hipóteses descritas no art. 231, I e II, pelo oficial de justiça (art. 232, I).

Dadas essas circunstâncias, poderia o autor vir a alegar, dolosamente, a ocorrên-

17. Para fins ilustrativos desta controvérsia, no sentido de que era possível ao juiz determinar a citação pelo correio além dos limites de sua jurisdição, cf.: *JUTACivSP* 52/67, 54/25, 65/109, 68/20 e 84/26; *RT* 522/138 e 537/157. V., ainda, a opinião do autor manifestada por ocasião da realização do V Curso de Especialização em Direito Processual Civil/PUC-SP, em 21.10.1975, publicada na *Revista de Processo [RePro]* 5/177, e também a concl. VI, por maioria, do Simpósio de Curitiba/1975; *RT* 482/270. *Em sentido contrário*: Clito Fornaciari Júnior, Citação pelo correio, *Revista de Processo [RePro]* 3/40 e 5/178 (aqui em opinião manifestada por ocasião da realização do V Curso de Especialização em Direito Processual Civil/PUC-SP, 21.10.1975); Carlos Alberto Chaves, Da citação postal, *RT* 520/42; Alcides de Mendonça Lima, *Direito processual civil*, p. 39. Na jurisprudência, v. *RT* 519/109.

18. *RT* 580/164; *RF* 254/331. Contra: *RJTJSP* 64/191.

19. *Revista de Processo [RePro]* 4/401, em.; *RT* 495/90, 509/200, 525/142 e 541/119; *JUTACivSP* 58/152 e 86/83; *RTJ* 97/1.291.

20. *RT* 565/59, 590/95 e 592/157; *JUTACivSP* 60/82. *No mesmo sentido*: v. concl. 2, m.v., do VI ENTA, *RT* 580/297, "A citação há que conter, expresso, o prazo para defesa (art. 225, IV, do CPC [*rectius*: art. 225, VI, do CPC]), sob pena de nulidade" (STJ, RMS 14.106/MS, 6.ª T., j. 09.12.2003, rel. Min. Paulo Medina, *DJ* 02.02.2004, p. 363); "É regra basilar do Processo Civil, aliás positivada em nosso Código, a de que para a validade do processo é indispensável a citação. Entre os requisitos do mandado de citação, o Código de Processo Civil exige que se assinale o prazo para a defesa. A inobservância da norma acarreta a nulidade da citação, independentemente do grau de cultura jurídica da pessoa que recebe a citação, conforme dispõe o art. 247 do diploma legal citado" (STJ, REsp 807.871/PR, 1.ª T., j. 14.03.2006, rel. Min. Francisco Falcão, *DJ* 27.03.2006. p. 238).

cia dos pressupostos exigidos para a citação por edital, tais como descritos no art. 231, I e II. Por dolo, neste passo, se entenda a constatação de que a parte sabia da inverdade do que dizia, objetivando prejudicar o adversário. Tal inverdade há de ser aferida por um critério objetivo (art. 17, I, analogicamente aplicável), e não por um quase impossível ingresso na intimidade psicológica da parte. Caso se comprove o dolo, incorrerá a parte na multa de cinco salários-mínimos, em benefício do seu antagonista (art. 233, *caput* e seu parágrafo único),[21] sendo, ademais, nula a citação (art. 247), ao que não é óbice à vedação constante do art. 7.º, IV, da Constituição Federal, dada a diversa *ratio* da Lei 6.205/1975, ao mencionar o salário mínimo como fator insuscetível de ser usado para quaisquer fins de direito.

Incumbe ao autor, que afirmou encontrar-se o réu em lugar incerto e não sabido, explicar e comprovar, na medida do possível, que realmente ignorava seu paradeiro, quando da citação por edital.[22]

Uma vez levada a efeito a citação do réu, por edital, por lhe ser desconhecido o paradeiro, a providência guardará o seu valor integral, embora ocorrendo a revelia, não obstante venha a ser descoberto, no tramitar do feito, o paradeiro do réu.[23]

No entanto, se o réu, à época da citação, tinha domicílio conhecido, não há de se aplicar o entendimento *supra*.

A lei define, ainda, como inacessível, para fins de citação edital, além das hipóteses inerentes ao próprio significado do termo, a hipótese do país que se recuse ao cumprimento de rogatória (art. 231, § 1.º).

Sendo realmente inacessível o local onde está o réu (inclusive no caso do § 1.º do art. 231), a notícia da citação deverá ser divulgada pelo rádio, se na comarca houver emissora de radiodifusão (art. 231, § 2.º).

A chamada *citação com hora certa* pode ser legitimamente levada a efeito, desde que haja suspeita fundada de ocultação por parte do réu, justamente no sentido e com o intuito de evitar a citação. Quando, porém, a ausência do citando revelar-se normal e compatível com suas condições de vida, não deve ocorrer a suspeita de ocultação que justificaria a citação por hora certa.[24]

A citação com hora certa, além da necessária suspeita de ocultação, exige que o oficial de justiça tenha estado no domicílio

21. *JUTACivSP* 40/121.

22. Na jurisprudência mais recente, admite-se a citação por edital *após o exaurimento de todos os meios de localização do réu/executado*: STJ, REsp 653.480/MG, 2.ª T., j. 01.09.2005, rel. Min. Francisco Peçanha Martins, *DJ* 17.10.2005 p. 258; STJ, REsp 684.811/MG, 5.ª T., j. 09.08.2005, rel. Min. Laurita Vaz, *DJ* 05.09.2005 p. 469; STJ, AgRg no REsp 597.981/PR, 1.ª T., j. 01.06.2004, rel. Min. Luiz Fux, *DJ* 28.06.2004, p. 203. Decidiu-se, também, que, se os endereços dos réus constam dos autos, nem pelo fato de serem antigos e ainda que seja grande o número de acionados, justificar-se-á a citação por edital: *RT* 599/135, em. Mais recentemente: "A citação do devedor por edital só é admissível após o esgotamento de todos os meios possíveis à sua localização" (STJ, AgRg no REsp 756.911/SC, 1.ª T., j. 17.05.2007, rel. Min. Luiz Fux, *DJ* 31.05.2007, p. 340). Esse entendimento é aplicável, naturalmente, à citação em sede de execução fiscal: STJ, AgRg no Ag 785.095/RS, 2.ª T., j. 24.10.2006, rel. Min. João Otávio de Noronha, *DJ* 04.12.2006, p. 284, onde se consignou que a citação por edital tem como decorrência lógica a interrupção do prazo prescricional; STJ, AgRg no REsp 911.553/SP, 1.ª T., j. 17.04.2007, rel. Min. Francisco Falcão, *DJ* 07.05.2007, p. 297; STJ, AgRg no REsp 930.239/PE, 1.ª T., j. 26.06.2007, rel. Min. José Delgado, *DJ* 13.08.2007, p. 354.

23. 1.º TACivSP, AgIn 203.376, Santos, 5.ª Câm., j. 17.07.1974, v. u., rel. Toledo Piza.

24. *Boletim AASP* 1.142/211. Ocorrente a suspeita de ocultação, a hipótese é de citação com hora certa e não por edital; se se desatender a essa regra e houver prejuízo, há nulidade e não irregularidade: *JUTAMG* 19/32.

ou na residência do réu por três vezes, e não o tenha encontrado (art. 227). Diante disto, intimará a qualquer pessoa da família deste, ou a qualquer vizinho, na falta de alguém da família, de que voltará no dia seguinte imediato e na hora designada, para citá-lo. Já se anulou o processo a partir da citação, pelo fato de o oficial de justiça não ter esclarecido, na certidão, os horários em que esteve à procura da citanda.[25]

Se realmente *houver dúvida* quanto à ocultação, o que depende do caso concreto, é caso de nulidade, porque existe direito à *pessoalidade* da citação. No dia e hora designados, o oficial deverá comparecer para citar o réu, pessoalmente, caso aí esteja, ou, então, na pessoa de quem tiver sido intimado no dia anterior, ou na pessoa de outrem (art. 228, § 1.º), declarando-lhes os nomes, conforme a hipótese, independentemente de já ter havido intimação no dia anterior.[26] Da ocorrência deverá o escrivão cientificar o réu através de carta, telegrama ou radiograma (art. 229), não importando, contudo, a referida carta a dilatação do prazo, cujo termo *a quo* é o da juntada do mandado, e, assim, em nada interfere na fluência do prazo para a resposta do réu.[27] Sua expedição, contudo, é obrigatória e indispensável.[28]

Uma vez realizada a citação, ou com hora certa, ou por edital, permanecendo o réu revel, é de se lhe nomear curador especial (art. 9.º, II) para contestar a ação proposta. Não tem este curador o ônus de impugnar especificamente os fatos aduzidos pelo autor, podendo, destarte, contestar por negativa geral.[29]

Cabe ressaltar, por fim, a alteração imposta ao art. 1.050 do CPC pela Lei 12.125/2009, que acrescentou o § 3.º, segundo o qual a citação, nos embargos de terceiro, será pessoal apenas se o embargado não tiver procurador constituído nos autos da ação principal.

96. Conceito de citação. Peculiaridades

A citação é ato de fundamental importância, quer pela circunstância de, por seu intermédio, instaurar-se o processo, em relação ao réu (relação jurídica processual *trilateral*), quer pelos efeitos que produz (art. 219, *caput*), ressalvando-se o seu comparecimento espontâneo (art. 214, § 1.º), o que, como visto na primeira parte desta obra, não restou abalado com a atual redação dada ao art. 296 pela Lei 8.952, de 13 de dezembro de 1994.

Só com a citação pode-se falar em *processo juridicamente existente* como ambiente adequado para produzir sentença de mérito, com exceção da rejeição da ação com base no art. 285-A, inserido no CPC pela Lei 11.277/2006 (art. 269, I)[30] e do pronunciamento da decadência e da prescrição[31] (arts. 269, IV, e 295, IV).

---

25. *RT* 583/164. Mais recentemente, no mesmo sentido: "É nula a citação feita por hora certa se o oficial de justiça deixa de consignar na certidão os horários em que realizou as diligências" (STJ, REsp 468249/SP, 3.ª T., j. 05.08.2003, rel. Min. Nancy Andrighi, *DJ* 01.09.2003, p. 281).
26. Cf. Barbosa Moreira, *O novo processo civil brasileiro*, p. 30.
27. STJ, REsp 8.633/MG, 3.ª T., j. 29.04.1991, rel. Min. Waldemar Zveiter, *DJ* 27.05.1991, p. 6.963.
28. STJ, REsp 468.249/SP, 3.ª T., j. 05.08.2003, rel. Min. Nancy Andrighi, *DJ* 01.09.2003, p. 281; *RJTJSP* 86/44 e 91/62; *RT* 551/216. *Diversamente*: *JUTACivSP* 70/26.
29. Arruda Alvim, *Código de Processo Civil comentado*, vol. 2/35, mais recentemente, *Tratado de direito processual civil*, vol. 2, comentários ao art. 9.º, e Rita Gianesini, *Da revelia no processo civil*, p. 96-104.
30. Cf. item 93, *supra*.
31. Ressalte-se que agora o juiz pode também declarar de ofício a prescrição de direitos patrimoniais (art. 219, § 5.º, do CPC, com a

Tratando-se de causas para as quais se possa observar o procedimento sumário, na redação primitiva do Código de Processo Civil, já antes da citação, ocorriam atos processuais, uma vez que o réu era citado para a audiência de instrução e julgamento, e, antes disto, o juiz já teria designado e deferido, ou não, a realização das provas requeridas pelo autor. O réu, na audiência, apresentava a defesa e produzia provas (de ambos os lados), devendo o réu, se fosse o caso, ter observado o disposto no art. 278, § 2.º.[32]

Citação é, portanto, o ato pelo qual fica o réu ou o interessado (nos casos de jurisdição voluntária) ciente de que foi ajuizada demanda contra ele, ou feita certa solicitação, em caso de jurisdição voluntária.

Documentada a citação nos autos, isto é, juntado o aviso de recebimento, quando a citação é feita pelo correio, ou, quando a citação é realizada pelo oficial de justiça, juntado o mandado cumprido aos autos, na forma do art. 241, I e II, respectivamente, do CPC, como *regra geral*, tem o réu o prazo de 15 dias para apresentação da resposta (art. 297 do CPC), ressalvada a hipótese do art. 188.

Outra exceção ao prazo de 15 dias para a resposta do réu é aquele previsto no art. 191 do CPC, ou seja, terão prazo dobrado para se defender, recorrer e falar em geral nos autos, os litisconsortes com procuradores diferentes.[33-34]

Quanto ao termo inicial do prazo para a resposta, existem inúmeras peculiaridades que merecem breve referência. O termo inicial do prazo para a resposta é a data da juntada aos autos do aviso de recebimento ou mandado devidamente cumprido, no caso de a citação ser feita, respectivamente, pelo correio ou por oficial, na forma do art. 241, I e II, com a redação da Lei 8.710/1993.[35] No

---

redação determinada pela Lei 11.280/2006). Não deverá deixar de ouvir o beneficiário, pois a este é assegurado o direito de *renunciar à prescrição*; e, deverá verificar, também, se não houve renúncia tácita. Cf., a respeito item 97-A, *infra*.

32. De acordo com a Lei 9.245/1995, que alterou o rito sumário, a citação do réu passou a se dar, exclusivamente, para que se compareça à audiência de conciliação. Somente se frustrada qualquer tentativa de acordo, e desde que necessária a produção de prova em audiência (ou realização de perícia), é que se seguirá audiência de instrução e julgamento (cf. atual redação dos arts. 277, *caput*, e 278, § 2.º).

33. V. Luiz Guilherme Marinoni e Sérgio Cruz Arenhart, *Manual do processo de conhecimento*, p. 178: "Da mesma forma, a existência de litisconsórcio (simples ou unitário) acarreta alteração relativa aos prazos processuais, sempre que pelo menos um dos litisconsortes tiver advogado distinto dos demais (art. 191 do CPC)".

34. STJ, REsp. 683956/MG, 4.ª T., j. 27.02.2007, rel. Min. Aldir Passarinho Junior, *DJ* 02.04.2007, p. 280: "Processual civil. Exceção de incompetência. Tempestividade. Réus diversos. Prazo para contestação dobrado. Benefício que depende apenas da certeza da diversidade de procuradores dos litisconsortes. CPC, art. 191. I. A regra do art. 191, do CPC, que confere prazo dobrado para contestar quando os réus atuem com procuradores diversos, tem aplicação independentemente do comparecimento do outro litisconsorte à lide, bastante que apresente a sua defesa separadamente, mediante advogado exclusivo, sob pena de se suprimir, de antemão, o direito adjetivo conferido à parte que, atuando individualmente, não tem como saber se o corréu irá ou não impugnar o feito. *In casu*, tempestiva a exceção de incompetência apresentada antes da contestação. II. Recurso especial conhecido e provido".

35. Mesmo antes da promulgação da Lei 8.710, esta já era a regra constante originalmente no Código de Processo Civil (ainda que a citação postal tivesse um campo de aplicação bastante mais restrito) e o entendimento sufragado pela jurisprudência (TJRJ, Ap 1.189, 5.ª Câm.Civ., 18.12.1975, v.u., rel. Graccho Aurélio; TJRJ, AgIn 1.865, 5.ª Câm.Civ., 26.12.1978, v.u., rel. Barbosa Moreira) e na doutrina (Milton Sanseverino e Roque Komatsu, op. cit., p. 169). Mais recentemente, no mesmo sentido: STJ, REsp 506.947/PR, 4.ª T., j. 24.05.2005, rel.

caso de haver pluralidade de partes, sendo diversos os meios empregados para citá-las, o prazo para contestação terá início após completado o ciclo de todas as citações,[36] devendo ser aplicado nesta hipótese o disposto acima, no que diz respeito à regra contida no art. 191. Neste caso, não é necessária a intimação comunicando a juntada aos autos do último mandado de citação cumprido, para que se desencadeie o prazo para a resposta.[37]

Por outro lado, já se decidiu, o fato de o advogado do réu ter retirado os autos de cartório antes da juntada do mandado de citação cumprido faz com que se inicie o prazo para a resposta.[38] A regra, a nosso ver, pode ser aplicada para a hipótese em que o aviso de recebimento ainda não consta dos autos. A mesma conclusão não pode ser aplicada, entretanto, se, apesar do deferimento de pedido de vista dos autos, deles não constava procuração outorgada ao advogado com poderes especiais para receber citação (art. 38). Tal situação não pode ser assimilada ao "comparecimento espontâneo do réu".[39]

Em ação que a citação se faz por precatória, o prazo para a resposta começa *da data do termo de juntada* da carta cumprida aos autos, e não do despacho que determinou a anexação, nem da respectiva publicação[40] (art. 241, IV).

No processo de execução, quando houver necessidade de citação por carta precatória, o prazo para oferecimento dos embargos à execução será diferenciado em relação ao processo de conhecimento, pois, conforme dispõe o art. 738, § 2.º, do CPC, com a redação dada pela Lei 11.382/2006, "(...) a citação do executado será imediatamente comunicada pelo juiz deprecado ao juiz deprecante, inclusive por meio eletrônicos, contando-se o prazo para embargos a partir da juntada aos autos de tal comunicação".[41]

Na hipótese de a citação se dar por edital, o prazo fixado *para o edital* não se confunde com o prazo para a resposta do réu, entendendo-se que o prazo para a resposta tem início quando findo o prazo de divulgação do edital[42] (art. 241, V, que se refere ao fim da "dilação assinada pelo juiz").

Min. Barros Monteiro, *DJ* 27.06.2005, p. 400; STJ, REsp 601.625/SE, 1.ª T., j. 14.06.2005, rel. Min. Teori Zavascki, *DJ* 27.06.2005, p. 230.

36. TRF-4.ª R., AgIn 47768, j. 01.06.2000, rel. Des. Dias Cassales, *DJ* 05.07.2000, p. 210; *JUTACivSP* 33/15; *RT* 563/208. *Na doutrina*: E. D. Moniz de Aragão, *Comentários ao Código de Processo Civil*, n. 329, p. 318; Clito Fornaciari Júnior, *Da reconvenção no direito processual civil brasileiro*, n. 42, p. 152; Hélio Tornaghi, *Comentários ao Código de Processo Civil*, vol. 2/215. Com a Lei 8.710/1993, o inciso III do art. 241 passou a dispor que, havendo vários réus, o prazo começa a correr da data de juntada aos autos do último aviso de recebimento ou mandado citatório cumprido, o que é aplicável para a espécie.

37. *RJTJSP* 44/224 e 44/226.

38. *RJTJSP* 44/237.

39. *Cf. RSTJ* 56/200, *RTJ* 119/859 e STF-*RT* 613/259.

40. *RT* 479/134, 488/104, 491/82, 518/182, 519/80, 539/172, 557/205 e 561/136, em.; *RTJ* 78/972, 80/288, 87/1.065 e 100/449; *Arquivo Forense* 66/308; *Revista de Processo [RePro]* 17/333, em. 111; *RJTJSP* 37/64 e 60/241; *JUTACivSP* 88/264.

41. Sobre a citação por carta precatória no processo de execução e o prazo para os embargos à execução ver, na doutrina: Humberto Theodoro Júnior, *A reforma da execução de título extrajudicial*, p. 187; v. também: Luiz Rodrigues Wambier, Teresa Arruda Alvim Wambier e José Miguel Garcia Medina, *Breves comentários à nova sistemática processual civil*, p. 198.

42. Decidiu o TJSP que o prazo é verificado "após o término de prazo de 30 dias do edital de citação, contado a partir da primeira publicação (232, IV, do CPC)" (TJSP, AgIn 295.176-5, São Caetano do Sul, 8.ª Câm. Dir. Pub., 02.10.2002, rel. Des. Celso Bonilha). *Na doutrina*: Milton Sanseverino e Roque Komatsu, *A citação no direito processual civil*, p. 145; E. D. Moniz de Aragão, *Comentários ao Código de Processo Civil*, n. 327, p. 315; Moacyr Amaral Santos, *Primeiras linhas de direito processual civil*, vol.

A definição de citação, como sendo o ato por meio do qual se dá ciência ao réu (ou ao interessado) de que contra ele se está movendo uma ação (ou de que a ele se está fazendo uma solicitação), se amolda perfeitamente ao procedimento comum ordinário do processo de conhecimento. No caso de procedimento sumário, ou no de processos cautelares ou de execução, poderá sofrer este ou aquele acréscimo, dependendo da diversidade existente entre estes procedimentos, ou estes processos, e o de conhecimento, que é o padrão, *embora o que se acrescente seja extrínseco à citação*, propriamente dita.

O art. 213 do CPC, a seu turno, define, de modo sintético, a citação, *in verbis*: "Citação é o ato pelo qual se chama a juízo o réu ou o interessado a fim de se defender".[43] O conceito de citação vem remodelado no Projeto de Novo Código de Processo Civil, com redação que se nos afigura correta. Diz o art. 238 da versão atual do PL 8.046/2010, que "a citação é o ato pelo qual são convocados o réu, o executado ou o interessado para integrar a relação processual".

97. Dos efeitos da citação

A citação inicial válida produz os seguintes efeitos: a) completa a formação do processo, agora em relação ao réu, pois ele já existia entre o autor e o juiz, como relação bilateral (art. 263, *primeira parte*); ou, então, triangulariza a relação jurídica processual; b) e, especificamente, produz os efeitos discriminados no art. 219, *caput*, do CPC, quais sejam, previne a competência, induz litispendência, faz litigiosa a coisa e constitui o devedor em mora (*este efeito pode preceder a citação, conforme tenha sido o caso*).

Observe-se que, com a alteração do regramento da prescrição pelo Código Civil de 2002, em cujo art. 202, I, dispõe que se considerará interrompida a prescrição "por despacho do juiz (...)", estando essa interrupção, todavia, condicionada a que *o interessado promova a citação no prazo e na forma da lei processual*, invocando-se a aplicação, nesse passo, do disposto nos §§ 2.º e 3.º do art. 219, do CPC, parece ter havido uma eliminação da diferenciação que decorre (ou decorria) do texto do art. 263, do CPC, tendo em vista que por este texto era possível, no caso de pluralidade de juízos competentes, que, com a *mera* distribuição se considerasse, desse momento, interrompida a prescrição, dependentemente de vir a ser feita, tempestivamente e sem mora do autor, a citação do réu. O que nos parece essencial ter presente é que, pelo sistema atual, e à luz do que consta do art. 202, I, do CC vigente, a citação (*rectius*, os efeitos desta) retroage ou remonta ao momento do *despacho do juiz* que ordena a citação (tal como constava originariamente do art. 219, do CPC, antes do advento da Lei 8.952/1994), a depender, como se disse, a que *o interessado promova a citação no prazo e na forma da lei processual*. Teceremos outras considerações sobre o art. 202 do CC/2002 no item 97-A, *infra*.[44]

No caso de a citação ser ordenada por juízo incompetente – ressalvando-se a hipótese de incompetência relativa, quando não oposta a respectiva exceção –, dá-se a pre-

2/186; Hélio Tornaghi, *Comentários ao Código de Processo Civil*, vol. 2/46.

43. Já opinamos no sentido de, em face do art. 47, dever o juiz ordenar a *integração subjetiva da lide*, o que envolve citação de *autor* (*Código de Processo Civil comentado*, vol. 2, n. 4.4, p. 406), por parecer a única solução possível, na hipótese; há quem negue, em sede doutrinária: Cândido Dinamarco, *Litisconsórcio*, p. 167, sem apresentar, todavia, solução para resolver o problema decorrente de algum litisconsorte necessário (ou necessário-unitário) "dever" integrar ativamente a demanda e não o fazer (p. 166-168).

44. Cf. também o que escrevemos em Prescrição intercorrente, in Mirna Cianci (coord.), *Prescrição no novo Código Civil*, p. 27-56.

venção. Não há, entretanto, prevenção (= fixação da competência) no juízo absolutamente incompetente (quando reconhecida essa incompetência), porque a causa terá de ser remetida a outro juízo; não há, também, o efeito da litispendência (art. 219, *in fine*; v. também o art. 263, *segunda parte*), e, ainda, a coisa não se torna litigiosa (art. 219, *in fine*; v. também o art. 263, *segunda parte*).

Quanto à prevenção do juízo, deve-se atentar para o fato de que, tratando-se de juízos com a mesma competência territorial, a prevenção ocorrerá pelo despacho e não pela citação (art. 106), para o fim específico de junção de causas conexas nesse juízo prevento.

Questão relacionada com os efeitos da citação, tendo em vista o disposto no art. 220, diz com se saber se, não tendo sido efetuada a citação, nos 10 dias seguintes ao despacho (art. 219, § 2.º, 1.ª parte), ou, se não tiver sido prorrogada nos termos do § 3.º do art. 219, o § 4.º deste dispositivo se aplica à decadência. Nosso entendimento é o de que se aplica, uma vez que o art. 220 se refere "a *todos* os prazos extintivos previstos na lei", o que inclui a decadência.[45]

É certo que a suposta *rigidez* desta interpretação descarta a hipótese (tanto para a prescrição como para a decadência) de qualquer demora que não seja debitada à inércia do autor. Com efeito, muito se discutia em doutrina e jurisprudência acerca da possibilidade de o autor, ajuizada a ação no prazo fixado para o seu exercício, poder ser prejudicado pelo retardamento em sua distribuição e na citação do réu, por obstáculo decorrente do mecanismo da justiça.[46] No entanto, a Lei 8.952/1994, ao dar nova redação ao art. 219, § 2.º, acabou por encampar o entendimento predominante tanto na jurisprudência como na doutrina – corrente à qual nos filiávamos nas edições anteriores desta obra –, ao determinar que não ficará prejudicado o autor quanto à interrupção ou consumação da prescrição pela demora imputável exclusivamente ao serviço judiciário. Assim, tendo sido diligente o autor, isto é, cumprindo todos os ônus a seu cargo (recolhimento de custas, postagem da carta citatória, encaminhamento da precatória etc.), a demora na efetivação da citação não lhe poderá ser imputada. O mesmo se diga quanto aos casos de decadência e de prescrição que vierem a favorecer o absolutamente incapaz, não havendo, portanto, razão para serem decretadas pelo juiz de ofício.

Assim, *a contrario sensu*, se, por culpa exclusiva do autor, a citação não se efetivar nos prazos previstos pelo Código de Processo Civil, não há se falar em *interrupção da prescrição* (art. 202, I, parte final, do CC/2002) e, portanto, estará o autor sujeito à consumação da prescrição e/ou decadência.

Já se decidiu, corretamente, no sentido de ser irrelevante o problema em tela na execução fiscal, tendo-se em vista a citação

45. No sentido do texto, já decidiu a jurisprudência: *RTJ* 94/85; *RJTJSP* 86/72 e *RJTJSP* 94/379; *JUTAMG* 19/342; *RT* 502/211, 579/67, 582/202 e 588/133 (neste acórdão há um voto vencido no sentido de que, no momento em que o autor vai a juízo e exerce o direito, não há mais que se falar em decadência, ainda que o réu tenha sido citado em data posterior àquela que seria exigível). *No sentido do voto vencido*, vamos encontrar: *RJTJRS* 87/238 e 372; *RT* 584/235, em. Em *JUTACivSP* 48/229, não foi decretada a decadência sob a afirmação de que o exercício do direito não se subordina à citação; idem, em relação à ação renovatória, v. *RF* 261/262.

46. *RTJ* 81/287 e 990, 91/1.174, 100/320 e 102/445; *RT* 496/217, 499/127, 508/75 e 509/91; *Revista de Processo [RePro]* 22/244; *RJTJSP* 47/882. Não havendo inércia e decorrendo a demora do próprio mecanismo (burocrático) da justiça, não há de se acolher arguição de prescrição e nem a decadência: este era o sentido da Súmula 78 do extinto Tribunal Federal de Recursos, que foi acolhido, ainda antes da edição da Lei 8.952/1994, pela Súmula 106 do Superior Tribunal de Justiça.

efetuada após o prazo legal, considerando que a interrupção da prescrição se dá com o despacho do juiz, não estando subordinada a qualquer outra condicionante.[47] Esta orientação é válida para o art. 219, § 2.º, com a redação da Lei 8.952/1994.

Por outro lado, nas execuções fiscais ajuizadas anteriormente à Lei 6.830/1980, embora prosseguindo no regime desta, com razão, considerava-se como não interrompida a prescrição, com base nos §§ 3.º e 4.º do art. 219 do CPC (cf., a respeito, item 97-A, *infra*). Aqui, portanto, não teve – como não deveria ter tido – aplicação retroativa a lei posterior, uma vez que à época incidira o Código de Processo Civil.[48] Proposta a ação e pagas as despesas, incumbe ao juiz ordenar ao escrivão que dê cumprimento à carta precatória, fazendo-a chegar ao juízo deprecado, devendo o autor aguardar esse despacho para agir.[49]

É evidente que, havendo de realizar-se a citação pelo correio (art. 222, *caput*, redação dada pela Lei 8.710, de 24.09.1993), a possibilidade de imputação, ao autor, de demora em diligenciar em relação ao ato de citação diminui consideravelmente, tendo em vista a forma através da qual é efetivada esta citação.

97-A. A interrupção da prescrição e o art. 202 do CC/2002

A posição do direito brasileiro, tanto do Código Civil de 1916, quanto do atual, implica admitir que, com a propositura da ação, e, *quando e por causa da sucessiva citação*, fica interrompida a prescrição.[50]

Em realidade, o que interrompe a prescrição, tratando-se do assunto relacionadamente com processo judicial, é a citação. Este é o sistema do Código de Processo Civil vigente (art. 219, *caput*, no qual se refere a que a citação válida *produz efeitos civis*, quais sejam o de interromper a prescrição e o de tornar a coisa litigiosa, além dos efeitos processuais aí mencionados). No § 1.º do art. 219 está disposto que "a interrupção da prescrição retroagirá à data da propositura da ação", significa que o ato interruptivo, decorrente da citação (interrupção essa condicionada a que *o interessado promova a citação no prazo e na forma da lei processual*, à vista dos §§ 2.º e 3.º do art. 219 do CPC), ou, mais propriamente, os efeitos desta, à vista do texto do art. 202, I, do CC/2002, podem retroagir ao momento do *despacho do juiz, que ordenou a citação,* desde que, naturalmente, se aperfeiçoe esta nos moldes (prazo e forma) da lei processual.

O atual Código Civil dispôs no inciso I do seu art. 202 que se considerará interrompida a prescrição: "(...) I – por despacho do juiz, mesmo incompetente, que ordenar a citação, se o interessado a promover no prazo e na forma da lei processual; (...)". Parece que este inciso I do art. 202 do CC/2002 eliminou a distinção que decorria do art. 263 do CPC, dado que, por este texto, era possível, no caso de pluralidade de juízos competentes, que, com a *mera* distribuição, se considerasse, a partir desse momento, interrompida a prescrição, dependentemente de vir a ser feita, tempestivamente e sem mora do autor, a citação do réu.

A solução do direito brasileiro é a de que, sucessivamente a essa interrupção, co-

47. *RJTJSP* 88/202 (invocou-se, no caso, o art. 8.º, § 2.º, da Lei 6.830/1980).

48. *RJTJSP* 85/198, 86/75 e 87/166.

49. *RT* 584/141. *No mesmo sentido*: *RT* 567/112. Em *JUTACivSP* 71/223, deu-se por consumado o prazo decadencial, por m.v., pelo atraso na efetivação da citação por carta, atribuindo-se o mesmo à negligência manifesta do autor, o que prevalece pela peculiaridade do caso (atraso atribuível ao autor) para a atual redação do art. 219, § 2.º. *Nesse sentido*: v. *RTJ* 87/3.

50. Cf., mais amplamente, Arruda Alvim, Prescrição intercorrente, in Mirna Cianci (coord.), *Prescrição no novo Código Civil*, p. 27-56.

meça novamente o curso prescricional, com o que se descarta a ideia de que o seu curso fica suspenso; mas, tendo isto ocorrido em processo, esse novo curso começará "(...) do último ato [praticado no processo] para interromper a prescrição". Isto significa que, pendente o processo em que normalmente praticam-se sucessivos atos processuais, não se haverá de cogitar da ocorrência da prescrição; poderá vir a ocorrer a prescrição, se nesse processo não se praticar ato algum, por período superior ao do prazo prescricional de que se trate. Ainda que a inércia continuada seja *bilateral* ou de todos que estejam no processo, isso prejudicará o autor e beneficiará o réu. A prescrição interrompe-se no curso do processo por prática de ato seja do autor, seja do réu. Se o réu praticar atos, mas o autor, apesar de instado à prática do que lhe incumbe, nada fizer, configurar-se-á situação de inércia que, se continuada e por prazo superior ao prazo da prescrição, poderá conduzir à prescrição intercorrente.

Deve-se dizer que este sistema se estende, também, à decadência, *ainda que*, como se sabe, a decadência não seja, *propriamente*, objeto de interrupção, senão que a sua ocorrência é obstada. Isto significa que, *mutatis mutandis*, quando o direito positivo estabelece que a *prescrição será interrompida pela citação*, haver-se-á de ler, em relação à decadência, que, *proposta tempestivamente a ação, i.e., antes de consumar-se a decadência, resulta exercido o direito utilmente*. Aduza-se, ainda, que a decadência a que possa estar sujeita uma dada pretensão, exercitável por meio de processo, não é suscetível de ser obstada fora do processo, tal como ocorre com a prescrição; ou seja, não se obsta essa decadência para, aproveitando-se dessa circunstância, ulteriormente, vir-se a impedi-la, agora, por intermédio de processo judicial.

Quanto à forma de interrupção da prescrição e a de obstar a decadência, resulta do disposto no art. 220, do CPC, que o sistema de interrupção (interrupção *no processo*) daquela a esta se aplica, pois a decadência é prazo extintivo previsto em lei.[51] Já era este o sistema imediatamente precedente, no qual se discutiu, justamente a interrupção pela citação, *em função da antecipação do efeito interruptivo para o despacho do juiz*, desde que o autor *promovesse* os atos que lhe incumbia.[52] Dissemos, em obra escrita em 1972, que essa "orientação [era] rigorosamente conforme os princípios, pois a razão pela qual se antecipa a interrupção da prescrição é a mesma por que se deseja impedir a decadência. E a identidade de tratamento, além dessa igualdade de motivos, é tanto mais compreensível, se atentarmos para a realidade da dificuldade [então] existente em se distinguir um instituto do outro",[53] dificuldade essa que resultou sensivelmente minorada com o Código Civil de 2002.[54]

51. O Código Civil estabelece, como *regra geral*: "Art. 207. Salvo disposição legal em contrário, não se aplicam à decadência as normas que impedem, suspendem ou interrompem a prescrição", e, no caso, comparece *disposição legal em contrário,* que é a do art. 220 do CPC. O que do Código Civil, em conformidade com a regra geral estabelecida, aplica-se à decadência é o que está disposto nos seus arts. 195 e 198, I, na forma do seu art. 208, que a estes últimos textos faz referência.

52. No sistema anterior determinou-se que se aplicasse o art. 166 do CPC de 1939 "a todos os casos previstos no art. 178 do Código Civil [de 1916] e aos demais casos de prescrição e prazos extintivos previstos em lei".

53. Cf. Arruda Alvim, *Teoria geral do processo de conhecimento,* vol. 1, p. 325. Os colchetes foram acrescentados.

54. Há outro sistema, adotado em diversos países, em decorrência do que a propositura da ação *interrompe a prescrição,* como, ainda, *impede ou* suspende *o curso da prescrição.* É este o sistema italiano, tanto no Código de Processo Civil de 1865 quanto no atual. Em relação ao sistema processual de 1865, ensinava Chiovenda que *o não curso da prescrição era, tipicamente, "un effetto della litspendenza"* (cf. *Saggi di diritto processuale civile,* I, n. 2, *a*, p. 278). No

Este segundo sistema guarda sintonia com a chamada *perpetuação da ação*, nela recolhendo sua inspiração remota, a qual deita raízes no direito romano. Significa *perpetuação da ação* efeito defluente da *litiscontestatio*, consistente em que, ocorrida esta última "as ações de caráter temporal, como as pretorianas, que caducavam se não fossem exercidas dentro do ano, se tornavam perpétuas depois da *litiscontestatio*, no sentido de que não prescreviam e nem caducavam".[55] A tradição do direito luso-brasileiro não foi infensa a este sistema. Assim, nas Ordenações Filipinas estava consagrado o princípio da perpetuação da ação, e nossos clássicos referiam-se também à perpetuação da ação como decorrência da litiscontestação.[56] A contar do Regulamento 737, *que não mais se referia a este princípio*, os julgados passaram a não mais fazer referência a tal perpetuação.[57]

direito italiano vigente, rege este assunto o Código Civil, no seu art. 2.945 – *Effetti e durata dell'interruzione*, dispondo na sua segunda alínea: "Se l'interruzione è avvenuta mediante uno degli atti indicati dai primi due commi dell'art. 2.943, la prescrizione non corre fino al momento in cui passa in giudicato la sentenza che definisce il giudizio (Cod. Proc. Civ. 324)". Está disposto, ainda no Código Civil, o seguinte: "Art. 2.943 – Interruzione da parte del titolare. La prescrizione è interrotta (1.310) dalla notificazione dell'atto con il quale si inizia un giudizio, sia questo di cognizione (Cod. Proc. Civ. 163, 638) ovvero conservativo (Cod. Proc. Civ. 670 e seguente, 688, 700, 703) o esecutivo (Cod. Proc. Civ. 474 e seguenti)". Era este, igualmente, o sistema do direito português (Código de Processo Civil de 1961, arts. 481, a e 285); atualmente, no que interessa a este assunto, a disciplina é a seguinte "Código Civil português – Interrupção da prescrição – Art. 323.º (Interrupção promovida pelo titular) 1. A prescrição interrompe-se pela citação ou notificação judicial de qualquer ato que exprima, direta ou indiretamente, a intenção de exercer o direito, seja qual for o processo a que o ato pertence e ainda que o tribunal seja incompetente". E a suspensão da prescrição está prevista no art. 327: "Art. 327.º (Duração da interrupção) 1. Se a interrupção resultar de citação, notificação ou ato equiparado, ou de compromisso arbitral, o novo prazo de prescrição não começa a correr enquanto não passar em julgado a decisão que puser termo ao processo". No direito alemão, da mesma forma, pelo § 211, *primeira parte*, do seu Código Civil: "A interrupção por propositura da ação dura até que o processo seja decidido em definitivo ou, de outro modo, despachado". Mas a segunda alínea do mesmo § 211 reza: "Se o processo vier a cessar em consequência de uma transação ou pela circunstância de que não se dá a ele prosseguimento, terminará a interrupção com o último ato processual das partes ou do juízo. À nova prescrição, começando depois da terminação da interrupção, será interrompida [por sua vez] pela circunstância de que uma das partes deu prosseguimento de novo ao processo, do mesmo modo como pela propositura da ação" (tradução do Professor Souza Diniz, *Código Civil alemão traduzido para o português*, edição da Record). A parte final da *segunda alínea* desse § 211 bem explicita a regra do art. 202 do nosso Código Civil, na parte em que o regime com este coincide.

55. V. Humberto Cuenca, *Proceso civil romano*, n. 81, p. 81.

56. V. Ordenações Filipinas, Livro III, 4, proêmio, na edição do Professor Fernando Henrique Mendes de Almeida, São Paulo, 1986-1987, Saraiva, p. 23; na mesma obra, Ordenações, Livro III, 9, proêmio, p. 42, referência às fontes anteriores, do direito português. Na literatura, João Monteiro, *Teoria do processo civil e comercial*, vol. II, § 116, p. 79; João Mendes, *Direito judiciário brasileiro*, p. 145.

57. Cf. *Revista do Supremo Tribunal Federal*, vol. 26, p. 84; no mesmo sentido, vol. 24, p. 138. Extremamente rico é o julgado do STF, na mesma revista, vol. 65, p. 236, do ano de 1924, em que se afirmava a revogação das Ordenações. Este entendimento não se pode dizer tenha sido pacífico, tendo comportado alguma controvérsia, antes de firmar-se o entendimento que abandonava a figura da *perpetuação da ação* (ver como expressão diferente de entendimentos os dois julgados, o que está na mesma revista, à p. 48, do vol. 15 em cuja ementa se lê: "O direito reclamado em feito *litiscontestado* [do que decorria a *perpetuação da ação*] só prescreverá em 40 anos", nos termos das Ordenações do Livro 3.º, tit. 4 pr., tit. 9 pr. e tit. 18, § 12, e, *como* ratio decidendi, *afirmava-se*

A ocorrência da prescrição inutiliza o direito que eventualmente exista e que seja albergado pela pretensão formulada pelo autor. O atual Código Civil estabelece no seu art. 189: "Violado o direito, nasce para o titular a pretensão, a qual se extingue, pela prescrição, nos prazos a que aludem os arts. 205 e 206". A pretensão é a afirmação da existência de um direito.

A pretensão, por consistir na afirmação de um direito, admite, por isso mesmo, a inexistência desse direito, na hipótese de a decisão negar essa pretensão, e ter, então, efeitos declaratórios negativos (pretensão infundada).

Desta forma, a leitura que comporta o fato da interrupção da prescrição deve estar ligada, da mesma forma que o exercício tempestivo da ação, obstando a decadência, à existência do direito, tal como venha a ser reconhecido pela sentença. É certo, por isso que, se a sentença vier a ter conteúdo declaratório negativo, no sentido de que o autor não tendo direito, não terá tido significado prático algum falar-se em *interrupção da prescrição* ou que *a decadência do direito foi obstada*, pela razão de que direito algum existia. Salvo, é certo, se essa sentença declaratória negativa, vier a ser rescindida (em rescisória com pedido cumulado de novo julgamento), quando então, deverá vir a ser considerada a primitiva interrupção, pela propositura da ação no processo precedente (cuja sentença seja rescindida), o que será útil na hipótese de, nesta rescisória, se vier a dar pela procedência do pedido, *v.g.*, no caso de cumulação da ação rescisória com pedido de novo julgamento da ação condenatória que havia sido dada por improcedente (art. 488, I, do CPC).

Assunto *paralelo* ao da prescrição intercorrente é o que se liga à indagação das repercussões decorrentes da circunstância de o art. 202, *caput*, do CC/2002 admitir uma única interrupção da prescrição ("Art. 202. A interrupção da prescrição, que somente poderá ocorrer uma vez, dar-se-á: (...)").

A questão pode ser desenvolvida – servindo-nos de exemplo a seguir indicado – a partir da consideração da hipótese de uma prescrição de cambial ter sido interrompida, à luz do disposto no inciso III do art. 202 do CC/2002. Se pode ser interrompida uma única vez, poder-se-ia cogitar de que essa interrupção inviabilizaria uma ulterior interrupção, qual viria a ser, a que decorresse da propositura de ação, cuja interrupção, agora, operar-se-ia à luz do inciso I do art. 202. E, consequentemente, se se viesse a entender que a interrupção operada à luz do inciso III do art. 202 exauriria a possibilidade de interrupção, impedindo outra (que seria a do inciso I do art. 202, isto é, agora no âmbito do processo), é certo que não se poderia vir a considerar que, sucessivamente a esta última interrupção, na pendência de um processo, destinado à cobrança executiva da cambial, não se pudesse aplicar a regra do parágrafo único do art. 202 ("A prescrição interrompida recomeça a correr da data do ato que a interrompeu, ou do último ato do processo para a interromper").

Ou seja, por raciocínio absurdo, concluir-se-ia, em face da situação imaginada, que o processo que viesse a ser intentado teria de terminar em três anos, sob pena de prescrição. A nossa impressão, todavia, é que dificilmente se deverá interpretar assim, pois, se assim fosse, a interrupção – em tal hipótese – não teria maior utilidade.

O entendimento que parece ser o correto é o de que a interrupção, que só pode ser feita uma vez, refere-se à interrupção *fora do âmbito do processo* (ainda que concordemos que poderia ser aparentemente argumento contrário, qual seja, o de que no inciso I do art. 202 se trata de interrupção no processo, previsão essa que está no mesmo patamar e

---

que o art. 59 do Regulamento 737 não havia revogado as Ordenações Filipinas).

com aparente identidade de função relativamente às outras hipóteses). Entendemos que a interrupção feita fora do processo é que pode ser feita somente uma vez. Sendo assim, interrompida a prescrição no caso do inciso III, por protesto cambial, pode ser promovida a ação de execução; com a citação, será, novamente, interrompida a prescrição, e, no curso do processo, aplicar-se-á o parágrafo único do art. 202, 2.ª parte ("A prescrição interrompida recomeça a correr da data do ato que a interrompeu, *ou do último ato do processo para a interromper*"); ou seja, a cada ato do processo interrompe-se novamente. De resto, parece curial que a interrupção realizada fora do processo destina-se, exata e precisamente, a que, ainda que correndo novamente a prescrição, possa-se promover processo judicial. Outro raciocínio, por isso mesmo – na imensa maioria das hipóteses –, reduziria à inutilidade essa interrupção ocorrida fora do processo.

Cremos que a regra de interrupção somente uma vez não se aplica à possibilidade ulterior de interrupção, na forma do inciso I do art. 202, e nem ao andamento do processo, o que deflui do próprio parágrafo único do art. 202. Pensamos assim porque, se interrompida a prescrição, no caso do inciso III do art. 202, a finalidade única desta interrupção é para o fim de que se possa promover a ação. E, se assim é, promovida a ação, aplicar-se-á a segunda parte do parágrafo único do art. 202.

Há, no direito brasileiro antigo, precedente de direito positivo, previsto em lei especial, no Dec. 20.910/1932, o qual regulava o assunto nos seus arts. 8.º e 9.º ("Art. 8.º A prescrição somente poderá ser interrompida uma vez. Art. 9.º A prescrição interrompida recomeça a correr, pela metade do prazo, da data do ato que a interrompeu ou do último ato ou termo do respectivo processo"). A interpretação legítima desses arts. 8.º e 9.º é a de que era possível uma única interrupção, recomeçando a prescrição pela metade do prazo; mas, referindo a parte final do art. 9.º que recomeçaria também "do último ato ou termo do respectivo processo", nisto está implicado o seguinte: 1.º) era possível uma interrupção, fora de um processo; 2.º) mas podia ser promovido ulteriormente o processo, pois, do contrário, a frase final do art. 9.º ficaria sem sentido. Como é lei especial, aí estava previsto que a "nova prescrição" será contada pela metade do prazo prescricional previsto para a hipótese, diferentemente do que está no Código Civil de 2002.

Por fim, deve-se acentuar que a única e exclusiva finalidade de ser interrompida uma prescrição, fora do âmbito de um processo, é para que, possivelmente, venha este a ser proposto. Se assim é, por certo, este é o entendimento que deverá vir a ser aceito.

Outro ponto que deve ser considerado diz respeito à necessidade, ou não, de iniciativa da parte, para poder vir a ser decretada a prescrição intercorrente. Cabe cogitar o seguinte.

O § 5.º do art. 219 do CPC (na redação da Lei 11.280/2006) estabelece que "o juiz pronunciará, de ofício, a prescrição". A mesma Lei 11.280 revogou o art. 194 do CC/2002, que dispunha: "Art. 194. O juiz não pode suprir, de ofício, a alegação de prescrição, *salvo se favorecer a absolutamente incapaz*" (g.n.).

Disso decorre que, a partir das alterações da Lei 11.280/2006, o juiz haverá de reconhecer a prescrição intercorrente, independentemente da condição jurídica do sujeito favorecido.

O art. 166 do CC/1916 dispunha: "Art. 166. O juiz não pode conhecer da prescrição de direitos patrimoniais, se não foi invocada pelas partes". E, o revogado § 5.º do art. 219 do CPC estabelecia: "§ 5.º Não se tratando de direitos patrimoniais, o juiz poderá, de ofício, conhecer da prescrição e decretá-la de imediato".

Parece, portanto, à luz do que prescreve a nova redação do § 5.º do art. 219 do CPC, que não mais existe utilmente – dentro deste tema –, para fins de se admitir atividade *ex officio*, ou não, a distinção entre direitos patrimoniais e não patrimoniais.

Ademais, a mudança decorrente do § 5.º do art. 219 também foi, de certo modo, um pouco prejudicial para o sistema ou para a sua compreensão, feita sem a devida cautela, em relação ao direito substancial, onde predomina a autonomia da vontade. Por mais bem intencionada que possa ter sido a reforma operada pela Lei 11.280/2006, a tentativa de modificar a concepção histórica do instituto da prescrição esbarra em sérios argumentos que se opõem à sua aplicação incondicional.

Parece nunca ter sido reconhecido um *interesse público* que justificasse o fato de que a arguição da prescrição de direitos patrimoniais deixasse de residir, em regra, no poder dispositivo das partes, passando a admitir, em qualquer hipótese, a atividade oficiosa do juiz. Aparentemente, não há explicação para essa *invasão* da *esfera pública* sobre a *privada*, diminuindo o espaço desta.[58]

A celeridade processual, por si só, não consegue fundamentar a alteração de categoria da prescrição,[59] deixando ela de ser *exceção*, e passando a ser tida como conteúdo de uma *objeção*.

Para a litispendência, quando foi alçada de *exceção* para *objeção*, havia uma justificativa forte para a mudança. Isto porque ela, com o advento da compreensão de que a prestação da tutela jurisdicional é voltada ao interesse público, passou a ser encartada no campo dos pressupostos processuais, onde a atividade do juiz passou a ser reconhecida como sendo de ofício, já que é ele que tem o dever de vigiar a regularidade formal do processo.

Coisa diversa se passa com a prescrição, instituto tipicamente de direito material, cujo conhecimento do juiz sempre esteve vinculado a uma *exceção substancial*, residente no poder de iniciativa da parte.

De fato, antes das alterações da Lei 11.280/2006, configurando-se pelo decurso do tempo a *prescrição intercorrente*, deveria o réu argui-la, justamente porque de *exceção* se tratava.[60] Atualmente, o juiz pode decretá-la *ex officio*, aplicando a nova redação do § 5.º do art. 219 do CPC, o que já se dava com a prescrição ocorrida no âmbito da Lei 6.830/1980, à luz da nova redação do seu art. 40, § 4.º, decorrente da Lei 11.051/2004.

Este art. 40, § 4.º, da Lei de Execução Fiscal assegura, expressamente, a necessidade de prévia oitiva da Fazenda Pública (sendo excepcionalmente dispensada apenas em casos de pequeno valor, conforme prescreve o § 5.º do mesmo dispositivo), antes do juiz decretar, de ofício, a ocorrência de prescri-

58. V. Arruda Alvim, Lei 11.280, de 16 de Fevereiro de 2006 (análise dos arts. 112, 114 e 305, do Código de Processo Civil; análise do § 5.º do art. 219, do Código de Processo Civil), *Terceira Etapa da Reforma do Código de Processo Civil – Estudos em homenagem ao Ministro José Augusto Delgado*, p. 53-66.

59. Cf. Humberto Theodoro Júnior, *As novas reformas do Código de Processo Civil*, p. 66.

60. Nesse sentido: "Processual civil e tributário. Execução fiscal. Prescrição intercorrente. Decretação de ofício. Direito patrimonial. Impossibilidade. 1. Em se tratando de direito patrimonial, o nosso ordenamento jurídico não ampara a decretação da prescrição, de ofício, pelo juiz. 2. Diversidade de precedentes. 3. Recurso Especial provido" (STJ, REsp 513.348/ES, 1.ª T., rel. Min. José Delgado, *DJU* 17.11.2003, p. 215). E, ademais: "Em se tratando de execução fiscal versando sobre direito de natureza patrimonial, não pode o juiz de ofício reconhecer a prescrição, mesmo a intercorrente, devendo aplicar no caso em tela as normas insertas no art. 40, da Lei 6.830/1980. Apelação provida. Sentença anulada" (TRF-2.ª R., Ap 1977.50.01.005647-2, 3.ª T., rel. Des. Fed. Francisco Pizzolante, *DJU* 09.02.2004, p. 378).

ção intercorrente. Tal indispensável ressalva, apesar de não constar na nova redação do § 5.º do art. 219 do CPC, também deve ser seguida pelo juiz, em respeito ao direito de renúncia à prescrição, previsto no art. 191 do CC/2002. O Código Civil regula direito comum e deve ser aplicado à hipótese ora tratada, isto é, também à prescrição intercorrente.

Com efeito, a possibilidade de optar pela renúncia da prescrição é direito material do devedor, só tendo validade depois que a prescrição estiver consumada. Portanto, o art. 191 do CC/2002 impõe, para a sua aplicabilidade, que seja ouvido aquele a quem a prescrição beneficiaria. Do contrário, o processo, que nada mais é do que um instrumento do direito material, estaria retirando direitos, ao invés de concretizá-los. Em outra oportunidade já tecemos considerações acerca do tema:

"Se a Lei 11.280/2006 revogou o art. 194 do Código Civil, assumindo para o sistema em geral o que veio a estar no § 4.º do art. 40 da Lei 6.830/1980 (aqui claramente só em relação à prescrição intercorrente), por inclusão deste § 4.º pela Lei 11.051/2004, há texto do Código Civil que não resultou revogado, e diante dessa modificação sugere alguma consideração. Deve-se observar que esse § 4.º disciplinou precipuamente o fenômeno da prescrição intercorrente, tanto que esta se inicia com a determinação de arquivamento (não definitivo do processo). Já o § 5.º do art. 219, com a redação dada pela Lei 11.280, de 2006, abrange a possibilidade de decretação da prescrição ocorrida antes do início do processo, como, também, a prescrição intercorrente, ainda que o texto esteja colocado dentre os possíveis efeitos ocasionados pela propositura da ação e a manifestação do juiz em relação à ocorrência da prescrição.

"Cabe ter presente o art. 191 ('Art. 191. A renúncia da prescrição pode ser expressa ou tácita, e só valerá, sendo feita, sem prejuízo de terceiro, depois que a prescrição se consumar; tácita é a renúncia quando se presume de fatos do interessado, incompatíveis com a prescrição').

"Se este texto vige, é necessário compatibilizar o *espaço por ele ocupado* com a regra do art. 219, § 5.º, tal como decorrente da Lei 11.280. Essa compatibilidade deve, conquanto o juiz haja de decretar de ofício a prescrição, demandar audiência do interessado, antes dessa decretação da prescrição, porquanto a prescrição, depois de consumada, pode ser renunciada. Se houver ou se pode haver renúncia à prescrição, por aquele a quem essa beneficiaria, é certo que o juiz não deverá decretar a prescrição ou não deve deixar de ouvir o interessado. Isso porque a regra do art. 219, § 5.º, do Código de Processo Civil aplica-se, também, à prescrição intercorrente. Deve-se sublinhar que, conquanto o art. 219, § 5.º tenha estabelecido atividade oficiosa, é, no caso, atividade que pode ser obstada pela vontade do beneficiário da prescrição.

"Pode haver *interesse* na renúncia à prescrição, o que, antes da regra do art. 219, § 5.º, tal como consta da Lei 11.280, manifestava-se pela não utilização da *exceção de prescrição*, na hipótese de uma *renúncia tácita*.

"É possível que alguém seja demandado por determinado débito, em relação ao qual seja evidente a prescrição. Mas é possível que esse alguém nada deva e que a ele seja preferível uma decisão de improcedência da ação, por este fundamento. Do contrário, se fosse decretada a prescrição, *poderia vir a ser rotulado como mau pagador, beneficiado, apenas, pela ocorrência de prescrição*".[61]

Outrossim, o credor, autor da ação, deverá ser intimado pelo juiz para se pronun-

61. Arruda Alvim, Prescrição intercorrente, in: Mirna Cianci (coord.), *Prescrição no novo Código Civil*, p. 30-33. O texto citado entre aspas foi levemente alterado, para maior clareza.

ciar a respeito da prescrição intercorrente, já que, além da possibilidade de ter acontecido alguma causa suspensiva ou interruptiva, a prescrição é um fato extintivo de sua pretensão. Destarte, em respeito ao direito fundamental ao contraditório (art. 5.º, LV, da CF/1988), determina o art. 326 do CPC que o autor seja ouvido no prazo de dez dias.[62] Tudo isso evidencia a necessidade de prudência do juiz, para se forrar em relação a uma análise prematura da questão.[63]

Com efeito, a harmonização do novo § 5.º do art. 219 do CPC exige uma interpretação sistemática, compatível com as garantias constitucionais do processo e com o regime da prescrição estabelecido pelo Código Civil. E tal exegese só será possível se o juiz permitir, antes da pronúncia *ex officio* da prescrição, a manifestação de ambas as partes.[64]

Do contrário, se o magistrado não permitir a oitiva de ambas as partes antes de decretar a prescrição, perpetuará um flagrante desrespeito ao direito fundamental do devido processo legal.[65] Em suma, tanto o autor quanto o réu devem ter a oportunidade de se manifestar a respeito da prescrição. O § 5.º do art. 219 do CPC necessita ser aplicado em conformidade com as normas prescricionais do Código Civil (arts. 189 a 206) e com as garantias constitucionais do processo. Aparentemente, a possível interpretação assistemática desse dispositivo foi percebida, e o art. 240, do PL 8.046/2010, equivalente ao atual art. 219, suprime o § 5.º, mantendo idêntica a redação de seu *caput* e demais parágrafos.

Outro ponto que merece ser destacado, nesta temática, diz respeito à suspensão da ação de execução, em virtude da ausência de bens do devedor e a consideração de saber se, durante essa suspensão, corre ou não prescrição, e, se afirmativa a resposta, ter-se-ia, durante a suspensão, a consumação da prescrição intercorrente.

No sistema do Código de Processo Civil, disciplina o assunto seu art. 791, III: "Art. 791. Suspende-se a execução: (...) III – quando o devedor não possuir bens penhoráveis". Parece, dentro do sistema do Código de Processo Civil, que somente poder-se-ia falar em "prescrição do direito do autor" – embora disso rigorosamente não se trate – no caso do art. 778 do CPC. Este, na realidade, trata de *extinção das obrigações*.[66]

E regula o assunto, no procedimento de execução fiscal,[67] o art. 40 da Lei das Exe-

---

62. Nesse sentido, cf. Rodrigo Mazzei, Reconhecimento *ex officio* da prescrição, in Daniel Amorin Assumpção Neves et al., *Reforma do CPC*, p. 430-440.

63. Cf. Luiz Rodrigues Wambier, Teresa Arruda Alvim Wambier e José Miguel Garcia Medina, *Breves comentários à nova sistemática processual civil*, p. 45, vol. 2.

64. V. Humberto Theodoro Júnior, *As novas reformas do Código de Processo Civil*, p. 41-69.

65. Idem, p. 67.

66. É o que dispõe o art. 778 do CPC: "Art. 778. Consideram-se extintas todas as obrigações do devedor, decorrido o prazo de 5 (cinco) anos, contados da data do encerramento do processo de insolvência". Com impropriedade falou-se no texto em *prescrição da pretensão do autor*, mas, praticamente, há aproximação muito grande das consequências. Em rigor, entre prescrição, que não ocorre, e extinção das obrigações, há diferenças, pois esta última é acontecimento *mais profundo*. O que se quer dizer é que só ao cabo do procedimento da insolvência da perda do direito do autor-credor se poderia falar.

67. São os seguintes os pontos que espelham a orientação atual do Superior Tribunal de Justiça a respeito: a) REsp 543.913, 1.ª T., rel. Min. Luiz Fux: 1. o art. 40 da Lei 6.830/1980 tem de ser entendido em harmonia com o art. 174 do Código Tributário Nacional; havendo colisão, este deve prevalecer sobre aquele; 2. o mero despacho ordinatório da citação se submete, principalmente, ao regramento do art. 219, § 4.º, do CPC, no que está implicada interpretação sistemática do art. 8.º, § 2.º da Lei 6.830/1980, com o texto do CPC; 3. se o

cuções Fiscais (Lei 6.830/1980): "Art. 40. O juiz suspenderá o curso da execução, enquanto não for localizado o devedor ou encontrados bens sobre os quais possa recair a penhora, e, nesses casos, não correrá o prazo de prescrição. § 1.º Suspenso o curso da execução, será aberta vista dos autos ao representante judicial da Fazenda Pública. § 2.º Decorrido o prazo máximo de 1 (um) ano, sem que seja localizado o devedor ou encontrados bens penhoráveis, o juiz ordenará o arquivamento dos autos. § 3.º Encontrados que sejam, a qualquer tempo, o devedor ou os bens, serão desarquivados os autos para prosseguimento da execução. § 4.º Se da decisão que ordenar o arquivamento tiver decorrido o prazo prescricional, *o juiz, depois de ouvida a Fazenda Pública, poderá, de ofício, reconhecer a prescrição intercorrente e decretá-la de imediato.* § 5.º A manifestação prévia da Fazenda Pública prevista no § 4.º deste artigo será dispensada no caso de cobranças judiciais cujo valor seja inferior ao mínimo fixado por ato do Ministro de Estado da Fazenda" (redação do § 4.º de acordo com a Lei 11.051/2004; § 5.º acrescentado pela Lei 11.960/2009).[68]

O Código de Processo Civil, no caso, refere-se apenas, à suspensão do curso da execução. A Lei 6.830, antes da alteração da Lei 11.051/2004, referida acima, era mais "radical", e do entendimento desta decorria que a suspensão da execução não prejudicaria o credor, no que estava induvidosamente implicado que não correria *sobrepostamente* ao período de suspensão a *prescrição intercorrente.* Mas este texto já estava sendo entendido em função do disposto no art. 174 do CTN.

Atualmente, o art. 187, *caput,* do CTN, com a redação da LC 118/2005, prescreve: "Art. 187. A cobrança judicial do crédito tributário não é sujeita a concurso de credores ou habilitação em falência, recuperação judicial, concordata, inventário ou arrolamento", o que parece afastar a necessidade de um procedimento de insolvência. É, pois, a situação descrita no art. 40 da LEF, qual seja a de não se encontrarem bens, situação comum, e a solução de suspensão é a solução cabível.

---

processo ficar paralisado por mais de 5 anos, ocorre a prescrição, aí citados os REsp 188.963-SP e 255.118-RS, da 1.ª T., e o REsp 123.392, da 2.ª T.; b) substancialmente análogo é o REsp 570.771-SP, rel. Min. José Delgado, analisado abaixo; c) REsp 300.366, 6.ª T., j. 11.03.2003, rel. para o acórdão Min. Vicente Leal, similar no que diz respeito aos fundamentos que devem comparecer para configurar-se prescrição intercorrente, no caso não acolhida (o recurso especial não foi conhecido).

68. Controverte-se, no STJ, sobre a aplicabilidade imediata § 4.º do art. 40 da Lei 6.830/1980 (parágrafo este que, como se mencionou acima, foi inserido pela Lei 11.051/2004) às execuções fiscais iniciadas antes de sua vigência. Em sentido afirmativo: "1. A jurisprudência do STJ, no período anterior à Lei 11.051/2004, sempre foi no sentido de que a prescrição intercorrente em matéria tributária não podia ser declarada de ofício. 2. O atual § 4.º do art. 40 da LEF (Lei 6.830/1980), acrescentado pela Lei 11.051, de 30.12.2004 (art. 6.º), viabiliza a decretação da prescrição intercorrente por iniciativa judicial, com a única condição de ser previamente ouvida a Fazenda Pública, permitindo-lhe arguir eventuais causas suspensivas ou interruptivas do prazo prescricional. Tratando-se de norma de natureza processual, *tem aplicação imediata, alcançando inclusive os processos em curso*" (STJ, REsp 735.220/RS, 1.ª T., j. 03.05.2005, rel. Min. Teori Zavascki, *DJ* 16.05.2005, p. 270; g.n.). *Em sentido diverso*: "5. A inovação legislativa produzida com a redação dada pela Lei 11.051/2004 ao art. 40, § 4.º, da LEF apenas gera efeitos em relação a execuções fiscais iniciadas após a sua entrada em vigor, vez que condicionada à regra do *tempus regit actum.* 6. Impossibilidade de, na hipótese dos autos, se dar efeito retroativo à nova redação dada pela Lei 11.051/2004 ao art. 40, § 4.º, da LEF, que permitiu a decretação *ex officio* da prescrição intercorrente pelo juiz, depois de ouvida a Fazenda Pública" (STJ, REsp 758.566/RS, 2.ª T., j. 13.09.2005, rel. Min. Eliana Calmon, *DJ* 03.10.2005, p. 229).

A suspensão do procedimento de execução, e decorrendo da lei, por isso, o não curso da prescrição, indefinidamente, era mandamento que parece não se justificar. Acorrendo a isso, a Lei 11.051/2004 dispôs que, em tal hipótese, ocorre prescrição, inclusive, devendo ser objeto de atividade *ex officio* do magistrado, como se observou acima.

As circunstâncias e os valores que se encontravam subjacentes à regra do art. 40 da Lei 6.830/1980 são os seguintes: (a) o credor agiu e interrompeu a prescrição; (b) não pode agir sucessivamente porque não há bens a serem penhorados, e, tendo-se em vista que a execução há de se realizar sobre bens integrantes do patrimônio do devedor; (c) o não agir, na hipótese, não significa inércia e, portanto, obsta-se a ocorrência da prescrição intercorrente; (d) identificado bem ou bens do devedor, a execução continuará. O que já não era aceito era a aplicação do art. 40, da Lei 6.830/1980, na medida em que se entendia colidir com o disposto no art. 174, do CTN, o que efetivamente ocorre. O art. 40, *caput*, em sendo suspensa a execução, acarreta, pelo que aí mesmo se dispõe, a suspensão do curso da prescrição. O problema que demandava ser solucionado, possivelmente, por lei (e o foi, pela Lei 11.051/2004), era o de não haver bens, e o credor, por isso mesmo, "nada teria a fazer", situação essa que não se poderia traduzir propriamente por inércia. Essa possível *inatividade* poderia vir a ser tomada como *inércia*, e quando o CTN, no seu art. 174, *caput*, dispõe que ocorre prescrição em cinco anos, por certo, se encontra aí albergada a realidade de que essa inatividade seja suscetível de ser confundida com inércia real.

O que se coloca, agora, é saber se no sistema comum, disciplinado pelo art. 791, III, do CPC, a solução é a mesma. Se assim for, estar-se-ia admitindo a *analogia* de uma norma especial, que é a da Lei das Execuções Fiscais, a colmatar lacuna do direito comum. O que nos parece, ainda que haja opiniões discrepantes,[69] é que, em princípio, a solução deve ser a mesma, *desde que não haja inércia do credor e autor*. Ou seja, não se justifica que, suspensa a execução por ausência de bens penhoráveis, e não podendo o credor agir ou não tendo como agir (mesmo porque o art. 793, do CPC, durante esse período, veda a prática de atos[70]), que, a partir dessa suspensão *corresse* simultânea e sobrepos-

69. Argumenta-se, nesse sentido, que o art. 40 da Lei 6.830/1980 deve ser interpretado em harmonia com o sistema jurídico e especialmente com o art. 174, do CTN, em razão do que não se deveria admitir que a ação para a cobrança do crédito tributário tivesse um "prazo perpétuo". Assim, o STJ já observou que: "O art. 40, da Lei 6.830/1980, nos termos em que foi admitido no ordenamento jurídico, não tem prevalência. A sua aplicação há de sofrer os limites impostos pelo art. 174, do CTN. Repugnam os princípios informadores do nosso sistema tributário a prescrição indefinida" (trechos extraídos da ementa tirada do acórdão do REsp 570.771/SP, rel. Min. José Delgado, *DJU* 19.12.2003, p. 371). Neste acórdão são citados os seguintes precedentes: EREsp 36.855, REsp 4.488 (neste último, a citação por edital verificou-se quando já prescrito o direito, à luz do art. 174, do CTN); o REsp 99.867/SP, 1.ª T., j. 30.04.1984, rel. Min. Néri da Silveira, aplicado o art. 174, do CTN, dando por prescrito o direito, porquanto o credor (Estado de São Paulo) não diligenciou na forma dos §§ 3.º e 4.º, do art. 219, do CPC); REsp 106.217/SP, 1.ª T., j. 08.08.1986, rel. Min. Octavio Gallotti, em que se recusou aplicação ao art. 40 da Lei 6.830/1980, por incompatível com o art. 174, do CTN, com o argumento de que, aplicado o aludido art. 40, os débitos fiscais viriam a ser "imprescritíveis" (*rev. cit.*, p. 329, 2.ª coluna).

70. "Art. 793. Suspensa a execução, é defeso praticar quaisquer atos processuais. O juiz poderá, entretanto, ordenar providências cautelares urgentes", regra específica do processo de execução que repete, fundamentalmente, a regra que já consta do art. 266, do mesmo diploma ("Art. 266. Durante a suspensão é defeso praticar qualquer ato processual; poderá o juiz, todavia, determinar a realização de atos urgentes, a fim de evitar dano irreparável").

tamente a esse segmento de suspensão de prazo prescricional, que viria a concretizar uma prescrição intercorrente. Desta forma, então, enquanto não localizados bens em nome do devedor, encontrar-se-á o credor em uma posição de impossibilidade de dar seguimento ao feito; a prescrição, portanto, não haverá de fluir contra aquele que não pode agir. Não poder agir, por óbice, é noção ou circunstância que inviabiliza a ideia de inércia. A solução do Código de Processo Civil é a da insolvência, que pode ser requerida tanto pelo credor quanto pelo devedor.

Neste sentido, corretamente, inclina-se decisivamente o entendimento do Superior Tribunal de Justiça, consoante se infere de trechos de alguns julgados, cujas ementas estão a seguir transcritas: "Direitos civil e processual civil. Processo de execução. Título de crédito. Execução. Prescrição intercorrente. Execução suspensa. CPC, arts. 791 e 793. Impossibilidade de fluência do prazo. Precedentes. Recurso provido. Estando suspensa a execução, não corre o prazo prescricional, ainda que se trate de prescrição intercorrente".[71] "É indiscrepante a jurisprudência da Corte sobre a não existência da prescrição intercorrente, suspenso o feito por falta de bens penhoráveis, se o exequente não deixou de adotar as diligências possíveis para o andamento da execução".[72]

E, em sentido semelhante, mais recentemente, o STJ reconheceu: "A prescrição intercorrente se consuma na hipótese em que a parte, devendo realizar ato indispensável à continuação do processo, deixa de fazê-lo, deixando transcorrer o lapso prescricional".[73] Insuscetível de permitir semelhante conclusão é a hipótese na qual se constatar que a paralisação do processo decorre da inércia da parte.[74] Todavia, se a demora deflui de motivos alheios à vontade do autor, não se justifica o acolhimento da arguição da prescrição.[75]

98. A falta de citação

A citação é ato essencial do processo (art. 214, *caput*), sendo a lei vigente expressa a respeito, prescrevendo ser necessária a citação no início do processo, sob pena de inexistência jurídica. Conforme dissemos ante-

71. REsp 85.053/PR, rel. Min. Sálvio Figueiredo Teixeira, *DJU* 25.05.1998.
72. REsp 241.868/SP, rel. Min. Carlos Alberto Menezes Direito, *DJU* 11.12.2000.
73. REsp 474.771/SP, 6.ª T., j. 04.02.2003, rel. Min. Vicente Leal. Frisa-se no acórdão que a prescrição intercorrente é aquela que se consuma quando a parte, "devendo realizar ato indispensável à continuação do processo, deixa de fazê-lo, deixando transcorrer o lapso prescricional".
74. Assim a orientação do STJ: "2. A inércia da parte credora na promoção dos atos e procedimentos de impulsão processual, por mais de cinco anos, pode edificar causa suficiente para a prescrição intercorrente. 3. Precedentes jurisprudenciais. 4. Embargos rejeitados" (STJ, EREsp 237.079/SP, 1.ª S., rel. Min. Milton Luiz Pereira, *DJU* 30.09.2002). A esse propósito, a lição de Pontes de Miranda: "O fundamento da prescrição é proteger o que não é devedor e pode não mais ter prova da inexistência da dívida; e não proteger o que era devedor e confiou na inexistência da dívida, tal como juridicamente ela parecia; nem o que transparecia das Ordenações Filipinas (Livro IV, Título 79, pr. *verbis:* 'por a negligência que a parte teve, de não demandar em tanto tempo sua coisa, ou dívida, havemos por bem, que seja prescrita a ação, que tinha para demandar'). Tal fundamento espúrio, de penalidade, viera das Ordenações Manuelinas (Livro IV, Título 80, *pr.*); pois não tinha o direito anterior a elas (Lei de 6 de janeiro de 1339; cf. Ordenações Afonsinas, Livro IV, Título 108, § 3.º)" (Pontes de Miranda, *Tratado de direito privado,* t. VI, p. 135).
75. "Precedentes da Segunda Seção. Todavia, na hipótese, deve ser a prescrição intercorrente afastada, na hipótese, pois que reconhecida a demora na tramitação processual por falta de impulso oficial" (STJ, REsp 331.337-RJ, 3.ª T., rel. Min. Castro Filho, *DJU* 10.02.2004, p. 246).

riormente, processo sem citação (ou com citação nula somada à revelia) é *juridicamente inexistente*, enquanto situação jurídica apta a produzir ou gerar sentença de mérito (salvo o caso do art. 285-A do CPC, inserido pela Lei 11.277/2006, e os casos de decadência e de prescrição – que podem ser decretadas *ex officio*, cf., respectivamente, art. 210 do CC/2002, e art. 219, § 5.º, do CPC, este último na redação da Lei 11.280/2006).

Na hipótese de falta de citação e não tendo havido manifestação alguma do réu, a jurisprudência já entendeu que a sentença proferida não terá valor jurídico (arts. 741, I, e 745, V).[76] Não há preclusão no que diz com a arguição da falta de citação, ou de sua nulidade (art. 247), desde que o processo tenha corrido à revelia. Mesmo após o transcurso do prazo para a ação rescisória, pode tal vício ser alegado em embargos do devedor na execução da sentença proferida no processo viciado, ou até mesmo por simples petição, ou, se houver *interesse jurídico*, em ação própria (= *ação declaratória* dessa *inexistência*).

A apresentação da defesa, no entanto, supre a própria citação, porque, mesmo não tendo sido feita a citação, a apresentação de defesa indica que a demanda chegou ao conhecimento do réu (art. 214, § 1.º).[77] Entretanto, o réu poderá comparecer a juízo tão somente para alegar a falta de citação (art. 214, § 2.º). Desde que o juiz venha a reconhecer que, na realidade, não houve citação, considerar-se-á citado o réu a partir do momento em que o seu advogado seja intimado do despacho de reconhecimento, pelo juiz, de que não houve citação. O art. 214, no § 2.º, refere-se à nulidade; entretan-

76. *RF* 138/459; *RT* 313/500; *RF* 115/509 e 96/681. No mesmo sentido, cf. TRF-1.ª R., Ap.Civ 9601100067, j. 03.10.2001, rel. Des. Leão Aparecido Alves, *DJ* 23.01.2002, p. 15.A doutrina vem, nos diversos aspectos em que o problema possa surgir, atendendo à lei e seguindo esse entendimento, discrepantemente – v. Cândido Dinamarco, *Litisconsórcio*, p. 234 e 235, entende que, em litisconsórcio necessário, a falta (= não citação) de um dos litisconsortes necessários implica *ineficácia* da sentença, matéria oponível, *v.g.*, em embargos do devedor e, em rigor, sem necessidade de ação rescisória; v. também Mathias Lambauer, *Do litisconsórcio necessário*, 1983, p. 145; para o sistema de 1939, *no fundamental*, imodificado para este: José Carlos Barbosa Moreira, *Litisconsórcio unitário*, 1972, p. 147, que se refere à *nulidade*; na jurisprudência, servindo-nos do exemplo de litisconsórcio necessário, em usucapião, igualmente: *RT* 544/78, 578/117, 579/216 e 582/214 (mais antigamente, *no mesmo sentido*: *RT* 381/146 e 400/218; *RJTJSP* 8/380, 13/62 e 16/51). Indiscrepantemente, nesta linha, o STF: *RTJ* 50/703 e 104/830, confirmado este acórdão pelo Pleno, *RTJ* 108/732 (estes três acórdãos do STF dizem respeito à não citação do proprietário, em ação de usucapião). Igualmente, *v.g.*, e, ainda, em ação para anulação ou decretação de nulidade de negócio jurídico, a parte contratante que deveria ter sido citada, e não foi, conduz *à anulação* do processo: *RT* 534/71; *RF* 255/236 (estes do TJSP); *mais antigamente*: *RT* 303/204, 340/324, 409/184, 438/254 e 447/194 (estes seis acórdãos na vigência do CPC/1939, imodificado o sistema para este CPC). Os exemplos poderiam ser multiplicados, mas o princípio é o mesmo. Este assunto foi abordado *ex professo* por Teresa Celina de Arruda Alvim Wambier, em sua monografia *Nulidades do processo e da sentença*, item 3.6; e, da mesma forma, por Nelson Luiz Pinto, em sua obra *Ação de usucapião* (p. 82 *et seq.*, RT, 1987). Nós emitimos *Parecer*, no *mesmo sentido*: *Revista de Processo [RePro]* 41.

77. STJ, REsp 133.861/MG, 3.ª T., j. 19.04.2005, rel. Min. Antônio de Pádua Ribeiro, *DJ* 30.05.2005, p. 356; STJ, AgRg no AgIn 504.280/RJ, 4.ª T., j. 02.09.2004, rel. Min. Jorge Scartezzini, *DJ* 08.11.2004, p. 235; STJ, REsp 422.642/RS, 2.ª T., j. 16.09.2004, rel. Min. João Otávio de Noronha, *DJ* 08.11.2004, p. 197; STJ, REsp 620.612/MG, 3.ª T., j. 28.09.2004, rel. Min. Nancy Andrighi, *DJ* 03.11.2004, p. 203. *Na doutrina, no mesmo sentido*: E. D. Moniz de Aragão, *Comentários ao Código de Processo Civil*, n. 211, p. 210; Hélio Tornaghi, *Comentários ao Código de Processo Civil*, vol. 2/139; Marcos Afonso Borges, *Comentários ao Código de Processo Civil*, vol. 1/203.

to, acreditamos dever mencionado dispositivo abranger não só as hipóteses de nulidade propriamente dita, como também de ausência de citação, *a fortiori*.

O texto do PL 8.046/2010 modifica essa sistemática. Nas versões anteriores do projeto, o § 1.º do art. 239, dizia: "o comparecimento espontâneo do réu ou do executado supre a falta ou a nulidade da citação, contando-se a partir de então o prazo para a contestação ou para os embargos à execução". Ao dispor "a partir de então", o projeto deixava menos claro qual seria exatamente o início do prazo para contestar, se o da intimação do procurador da decisão que reconheceu a falta de citação – como ocorre atualmente – ou se, literalmente, do próprio comparecimento espontâneo do réu.

Essa última hipótese, que se nos afigura menos acertada, foi acatada pela versão mais recente, de julho de 2013, do código projetado, já que o § 1.º agora tem a seguinte redação: "o comparecimento espontâneo do réu ou do executado supre a falta ou a nulidade da citação, fluindo a partir desta data o prazo para apresentação de contestação ou de embargos à execução". Assim, o réu ou executado terá de manifestar-se nos autos para arguir a nulidade e, logo em seguida, sem ao menos saber do pronunciamento do juízo, oferecer contestação.

Embora a redação da versão anterior do projeto não fosse a mais clara, a interpretação dada ao dispositivo é mais adequada, em relação a essa recentemente modificação: o prazo para a resposta seria contado a partir da intimação a respeito da decretação de nulidade da citação. Só assim seria possível dar ao réu, ou ao executado, a garantia do contraditório efetivo. Ademais, o § 2.º do art. 239 estipula que, uma vez rejeitada a arguição de nulidade, no processo de conhecimento, o réu será considerado revel, e, no de execução, o feito terá seguimento.

99. A nulidade da citação

A citação é nula quando se realiza em desconformidade com a lei (art. 247). Será nula, *v.g.*, quando a forma de citação eleita não corresponder aos pressupostos fáticos que autorizavam a escolha do meio pelo qual foi feita, na hipótese de não ter sido pessoal, e desde que se verifique prejuízo. Quando o citando é o Estado, a falta de advertência no *mandado de citação* quanto às consequências da falta de contestação é um defeito inócuo,[78] para o fim do art. 319, que não incide; irrelevante, pois, tenha sido, ou não, observado o art. 285, 2.ª parte.

Há também decisões corretas, no sentido de que a ausência desta advertência torna nula a citação e impede, *a fortiori*, que se produza(m) o(s) efeito(s) da revelia. Neste caso, embora não haja comprometimento da citação, em si mesma, *a lei comina de nulidade*.[79] Se a ação, pois, não vier a ser contestada, haverá revelia, e, em nosso sentir, nulidade (*desde que ocorrente prejuízo*), e, *a fortiori*, incogitável a incidência do art. 319 (e inviável é a possibilidade de julgamento antecipado – art. 330, II, c/c art. 319), *para cuja incidência e consequente aplicação é es-*

78. *RTJ* 97/869. Note-se que esta orientação, ainda hoje, é válida, porquanto não é possível a citação do Estado pelo correio (art. 222, letra *c* – que se refere genericamente a *pessoa de direito público*). Mesmo que não houvesse esta exceção no ordenamento jurídico, todavia, a cláusula constante do art. 285, 2.ª parte (consequências da ausência de citação), deveria constar da carta citatória – com as ressalvas de sua falta, na esteira do quanto decidido pelo STF no precedente precitado – em obediência ao art. 223, *caput*, com a redação da Lei 8.710/1993.

79. Neste sentido tem sido a iterativa jurisprudência do STJ: REsp 10.137/MG, rel. Min. Athos Carneiro, *DJ* 12.08.1991; REsp 30.222-9/PE, rel. Min. José Dantas, *DJ* 15.02.1993; REsp 35.250-9/MA, rel. Min. Sálvio de Figueiredo, *DJ* 30.08.1993, todos citados por Sálvio de Figueiredo Teixeira, *O STJ e o processo civil*, p. 184-185.

sencial que tenha sido observado o disposto no art. 285, 2.ª parte.[80] Não é viável distinguir, em face do art. 247, que comina para a hipótese nulidade, pois o legislador não distinguiu. *O critério central, todavia, para bem decidir é o do prejuízo, inafastável como diretriz imanente à solução correta embora com referibilidade a hipótese particular.*

De qualquer forma, e, como regra, *inocorrente prejuízo*, não há que se dar pela nulidade.[81]

80. Entendendo não haver nulidade, apenas não tendo aplicação os efeitos da revelia: *RT* 496/119, 537/128 e 577/234; *JUTACivSP* 43/81, 2.ª col., e 69/193, *Revista de Processo [RePro]* 4/379, em. 28. O TJPR já decidiu: "A nulidade de citação decorrente de inobservância do art. 285 do CPC só se justifica quando a sentença der acolhida à presunção de serem verdadeiros os fatos articulados pelo autor, por falta de contestação do réu" (*RF* 251/309). Por sua vez, a 1.ª Câmara do extinto 2.º TACivSP considerou suprida a omissão da advertência pelo comparecimento da ré à audiência inicial, com base no disposto do art. 244 do CPC (*JUTACivSP* 59/320). *Diversamente*, pela nulidade (conforme o que já se afirmara na 1.ª ed.): *RT* 473/191, 482/168, 486/108, 497/120, 503/163, 505/88, 510/217, 536/207 e 565/59; *JUTACivSP* 36/230, 39/335 e 43/81; *Revista de Processo [RePro]* 4/379, em. 30. Nesse sentido é a conclusão do VI ENTA – concl. 2 – m.v., *RT* 580/297. Hipótese particular foi decidida pelo STF, em que se deu pela nulidade de citação, entendendo ter havido negativa de vigência do art. 225, e, bem assim, do art. 218, § 3.º, em que *réu reconhecidamente insano mental foi citado, e não o seu curador.* Ocorreu revelia na hipótese, tendo sido esta ação de *anulação de casamento* julgada procedente. Fixou-se no acórdão que, se o prazo a que se alude no art. 225, VI, *é conhecido do profissional advogado,* "não se insere dentre os conhecimentos normalmente exigíveis do *homo medius*". Entendeu-se que, do contrário, estar-se-ia negando vigência aos arts. 225 e 285 (trecho do *Parecer, rev. cit.*, p. 276-277, cuja fundamentação foi encampada pelo acórdão), para o fim de *declarar a nulidade do feito a partir da citação* – *RT* 596/275.

81. TJRS, Athos Gusmão Carneiro, *Repertório*, n. 347, p. 281.

Assim, *v.g.*, já mais antigamente se entendia que não ocorria qualquer prejuízo, se o citando, dentro do prazo, comparecia e apresentava defesa.[82]

De qualquer forma, se houver nulidade, a atividade do juiz sempre foi e é oficiosa, e essa nulidade haverá de ser sempre decretada.[83]

Hipótese em que já se decidiu pela ausência de prejuízo, e, portanto, não se deu pela nulidade da citação, foi a do caso de citação que se dá por edital, em que o revel tenha sido defendido por curador especial.[84]

Entretanto, mesmo que irregular a citação, se tiver conseguido preencher a sua finalidade, não se deverá decretar a nulidade do processo.[85]

100. O comparecimento do interessado

No regime atual, comparecendo o réu, sem se ter previamente defendido, para alegar a falta ou vício da citação, o juiz deverá constatar a procedência ou não do defeito em face do que diz o alegante, isto é, a observância, ou não, da formalidade; se constatar a nulidade, deverá o juiz determinar a repetição da citação e dos atos posteriores, e que dela sejam dependentes (art. 248, 1.ª parte).

Se o réu comparece, porém, e não alega, ou, se alega, mas não demonstra prejuízo, terá ocorrido sanação de vício, devendo apresentar o mesmo a sua defesa.

82. TJSP, Jurandyr Nilsson, *Repertório*, vol. 1/283, *RJTJSP* 69/82. Mais recentemente, no mesmo sentido, cf., do STJ, AgRg no AgIn 45.107-0/SP, in Sálvio de Figueiredo Teixeira, *O STJ e o processo civil*, p. 185.

83. *RT* 310/295.

84. *RT* 578/66. *No mesmo sentido*: v. em *JUTACivSP* 56/205 o voto vencido do Juiz Odyr Porto.

85. *RF* 107/277.

101. Destruição dos efeitos da citação

Nas hipóteses de *extinção do processo*, sem resolução de mérito (nos casos do art. 267, II e III), de um modo geral, os efeitos oriundos da citação inicial válida ficam despidos de valor, tal como se a citação nunca tivesse existido.[86]

Ou, em outras palavras, com a extinção do processo, *nesses dois casos*, desfaz-se a relação jurídica processual que se formara com a citação inicial válida. Se, ordenada a citação, fora a prescrição interrompida, ou se impedira a consumação da decadência ocorrendo a extinção do processo, sem resolução de mérito, tais efeitos desaparecerão, isto é, o direito que não teria prescrito prescreverá, e a decadência que não se teria consumado ter-se-á consumado.[87]

Fora das hipóteses dos incisos II e III do art. 267, contudo, a jurisprudência considera que, extinto o processo sem resolução de mérito por outro fundamento, a citação válida terá produzido o efeito de interromper o curso do prazo prescricional. Nesse sentido, já entendeu o STJ que "Mesmo sendo extinto o processo por ilegitimidade da parte, a citação válida possui o condão de interromper a prescrição, por haver inclusive aparência de correta propositura da ação."[88]

102. Distinção entre propositura da ação e prazo para apresentação da defesa

Não se deve confundir propositura da ação com início do prazo para defesa.

A ação se tem por proposta, de acordo com o art. 263 do CPC, quando a petição inicial tiver sido despachada pelo juiz, ou simplesmente distribuída, o que produz uma série de efeitos, conforme já vimos. Os efeitos decorrentes do ajuizamento da ação, entretanto, somente atingirão o réu com a citação inicial válida (art. 219).

Já, porém, o início do prazo para o réu responder à ação se dará, quando a citação for pelo correio, da data da juntada aos autos do respectivo aviso de recebimento (art. 241, I); quando a citação for por oficial de justiça (pessoal ou com hora certa – *ficta*), da data da juntada aos autos do mandado devidamente cumprido (art. 241, II); quando o ato se realizar em cumprimento de carta de ordem, de carta precatória ou rogatória, da juntada aos autos da carta devidamente cumprida (art. 241, IV); quando a citação for por edital, tanto que finda a dilação assinada pelo juiz (art. 241, V).

Na hipótese de existir litisconsórcio passivo (art. 241, III), o prazo para citação terá início quando da juntada aos autos do

---

86. Em sentido parcialmente diverso do texto, Eduardo Arruda Alvim: "Temos por correto o entendimento que admite a interrupção da prescrição, ainda que o processo tenha sido extinto sem resolução de mérito, tendo em vista que o autor adotou uma conduta ativa suficiente para atingir essa finalidade, independentemente do resultado final do processo" (*Direito processual civil*, 2008, p. 327), onde, contudo, o autor consigna, à nota 24 da página referida, a jurisprudência do STJ no sentido de que a interrupção do prazo prescricional *não* ocorre quando a extinção do processo sem resolução do mérito tenha respaldo nos incisos II e III do art. 267 do CPC: REsp 238.222/SP, 2.ª T., j. 15.05.2001, rel. Min. Castro Filho, *DJ* 13.08.2001; mais recentemente, EDcl no REsp 511.121/MG, 1.ª T., j. 03.05.2005, rel. Min. Luiz Fux, *DJ* 30.05.2005.

87. Arruda Alvim, *Direito processual civil*, cit., vol. 1/365 *et seq.* O fundamento legal está no art. 175 do CC/1916, ao prescrever que, *perempta a instância*, a prescrição (que tenha sido interrompida) reputar-se-á como não interrompida. Não nos parece revogado esse dispositivo, e *perempção* de instância equivale às hipóteses do art. 267, II e III. *É assunto controvertido.*

88. STJ, 5.ª T., AgRg no REsp 806.852/PR, rel. Min. Gilson Dipp, j. 11/04/2006, *DJ* 08/05/2006.

último aviso de recebimento ou do último mandado de citação cumprido.

103. A citação é ato judicial

A citação, no direito brasileiro, é *ato judicial*, ou seja, é ordenada pelo juiz, independentemente de ser o carteiro, como regra (excetuadas as hipóteses das letras *a* a *f* do art. 222), quem a cumpra, porquanto toda a atividade que a antecede é realizada em juízo, pelo juiz e pelos auxiliares da justiça, cumprindo ordens daquele.

104. Como se realiza a citação

A citação deverá, como ato processual que é, realizar-se nos dias úteis, das 6 às 20 horas (art. 172, *caput*, com a redação da Lei 8.952/1994). Podem ser concluídos após as 20 horas aqueles atos, inclusive a citação, que já estejam sendo praticados e cuja cessação possa prejudicar a diligência ou, ainda, causar grave dano. Excepcionalmente e mediante autorização do juiz, poderá realizar-se nos domingos e feriados ou fora do horário estabelecido pela lei, tendo-se presente, todavia, o art. 5.º, XI, da CF/1988 (art. 172, §§ 1.º e 2.º, com a redação da Lei 8.952/1994).

De outra parte, a citação deverá ser feita na pessoa do réu, ou na do seu representante legal, ou na de procurador com poderes bastantes para tal (art. 215, *caput*).

Nula será a citação, quando feita a quem não tem qualidade para representar a pessoa demandada.[89]

Ainda, devemos atentar para o fato de que a citação poderá ser feita em qualquer lugar em que se encontre o réu (art. 216), salvo as exceções restritivas capituladas no art. 217.

Entretanto, caso o direito alegado esteja prestes a perecer, as restrições acima não têm lugar, podendo a citação ser feita a quem esteja assistindo a culto religioso; ao cônjuge ou parente do morto, nos sete dias seguintes ao da morte; aos noivos, nos três primeiros dias de bodas; e mesmo aos doentes em estado grave (art. 217, I a IV). A Lei 8.952/1994 excluiu deste rol a vedação, constante no Código de 1973, de o funcionário público não poder ser citado na repartição em que trabalhava, salvo a ocorrência das situações apontadas no *caput* deste art. 217, renumerando os incisos restantes daquele dispositivo.

89. STJ, REsp 94.973/RJ, 2.ª T., j. 19.10.2004, rel. Min. João Otávio de Noronha, *DJ* 06.12.2004, p. 241; STJ, REsp 330.070/DF, 4.ª T., j. 27.11.2001, rel. Min. Aldir Passarinho Júnior, *DJ* 25.04.2005, p. 351. O STJ, reiteradamente, tem decidido neste sentido. Assim, por exemplo, quando do julgamento pela 1.ª T. do REsp 37.274-7/SP, 22.03.1995, v.u., rel. Min. Milton Luiz Pereira, *DJU*, I, 24.04.1995, p. 10.386: "1. O autor, na inicial, para a citação, deve indicar o representante legal da pessoa jurídica ré, incumbência que não pode ser transferida para o oficial de justiça. Desobedecida a obrigação legal, recairão sobre o autor as consequências dos equívocos e erros cometidos pelo oficial de justiça (Moniz de Aragão, *Comentários ao Código de Processo Civil*); 2. A 'teoria da aparência' não serve para escumar os vícios no caso concreto; 3. Feita a citação na pessoa de preposto, faltante a representação legal para a aceitar em ato judicial de tal significância, o formal chamamento para o processamento da ação é nulo; 4. Multiplicidade de precedentes jurisprudenciais; 5. Recurso provido". Não foi outro o entendimento firmado pela 3.ª T. no REsp 39.134-2/BA, 28.11.1994, m.v., rel. Min. Costa Leite, *DJU*, I, 06.03.1995, p. 4.355, citando diversos precedentes da Segunda Seção daquele tribunal. Ainda, em decisão publicada no *DJ* 23.05.1994, o STJ, rel. Min. Sálvio de Figueiredo, deixou assentado que, à luz do art. 215, é inválida a citação feita na pessoa de gerente sem poderes de representação, mesmo em se tratando de atos aprovados por ele em nome e por conta de pessoa jurídica a que pertence (REsp 41.621-3/RS) – in Sálvio de Figueiredo Teixeira, *O STJ e o processo civil*, p. 183. No mesmo sentido, mais recentemente, cf. STJ, REsp 219.661/ES, 1.ª T., j. 24.10.2000, rel. Min. Gomes de Barros, *DJ* 12.02.2001, p. 95. V., ainda, o quanto dito *supra*, na nota 15.

O *modus faciendi* da citação por edital será pela afixação, na sede do juízo, do edital, tudo devidamente certificado pelo escrivão (art. 232, II), sob pena de invalidade da mesma.[90] O edital será, dentro do prazo máximo de 15 dias, a contar da sua afixação, publicado no órgão oficial e, ainda, "pelo menos duas vezes em jornal local, onde houver" (art. 232, III). Se as três publicações excederem o prazo de 15 dias, tratar-se-á de nulidade relativa, que não ganha maior relevo, se não demonstrado o prejuízo;[91] porém, a não publicação em jornal local acarreta a nulidade da citação.[92] O prazo do edital variará entre 20 a 60 dias, a critério do juiz, contando-se sempre tal prazo da primeira publicação (art. 232, IV). Outrossim, é requisito essencial (art. 247), sob pena de nulidade (da eventual decisão que julgue com base no art. 319, no momento do art. 330, II), que conste do mandado citatório a advertência a que alude o art. 285, 2.ª parte, desde que os bens litigiosos sejam disponíveis, e, ainda que o réu deles possa dispor, para o fim de poder incidir o art. 319 (art. 232, V). Já se decidiu, corretamente, que a não observância do prazo estabelecido *em função* do art. 232, IV, do CPC, acarreta a nulidade do processo, desde a citação.[93] Finalmente, dever-se-á anexar, aos autos, "um exemplar de cada publicação" (art. 232, III), como, ainda, da própria afixação do edital (art. 232, II), como determina o art. 232, § 1.º. Em sendo a parte beneficiária da assistência judiciária, a publicação do edital será feita apenas no órgão oficial (art. 232, § 2.º, acrescentado pela Lei 7.359, de 10 de setembro de 1985).

Também é válida a citação por edital em forma resumida, quando do mesmo constam todos os elementos necessários à plena defesa.

105. Das intimações

Intimação, segundo a definição do art. 234 do CPC, é o ato pelo qual se dá ciência a alguém dos atos e termos do processo, para que faça ou deixe de fazer alguma coisa.

As intimações, quase sempre, são feitas aos advogados, pois são esses que possuem aptidão para a prática de atos processuais. No entanto, a lei contempla algumas hipóteses em que a intimação deve ser feita *à parte, pessoalmente*, como se dá com a intimação prevista no § 1.º do art. 267.[94] Há, inclusive, decisões que admitem a intimação por edital por aplicação analógica dos arts. 231 a 233 do CPC.[95]

Já se a intimação foi feita pessoalmente à parte, quando deveria ter sido ao advogado, e se não se tomam as providências nela recomendadas, não se pode, com base neste fato, computar o prazo de abandono do processo, vindo-se a extingui-lo sem resolução de mérito.[96]

As intimações são feitas no curso do processo, nas Capitais dos Estados, Territórios e Distrito Federal, pela publicação no órgão

90. *RT* 539/85; *RJTJSP* 89/71. *Diversamente*, o TJMT, com base no art. 249, § 1.º, do CPC, deixou de anular processo de inventário, considerando configurar apenas mera irregularidade a ausência de afixação do edital de citação do marido de herdeira, na sede do juízo (*RT* 584/183).

91. *RJTJSP* 87/44.

92. *RT* 587/94.

93. *RJTJSP* 79/267.

94. STJ, REsp 676.601/PR, 1.ª T., j. 27.09.2005, rel. Min. Luiz Fux, *DJ* 10.10.2005, p. 234; STJ, REsp 641.793/PB, 2.ª T., j. 23.08.2005, rel. Min. Eliana Calmon, *DJ* 19.09.2005, p. 276. Neste mesmo sentido, cf.: *RJTJSP* 100/173 e STJ, REsp 1.262/RJ, 1.ª T., j. 06.11.1989, v.u., rel. Min. Armando Rollemberg, deram provimento, *DJU* 18.12.1989, p. 18.465, 2.ª col., em. V. o quanto está dito a respeito deste tema no Capítulo XVI do 2.º volume desta obra.

95. *JUTACivSP* 87/52, 302 e 432. Ainda: *RT* 648/151; *JTA* 90/395 e 104/194.

96. TJRJ, Ap 35.648, Vassouras, 7.ª Câm.Civ., 29.07.1975, v.u., rel. Décio Cretton.

oficial da Justiça (art. 236, *caput*), que, atualmente, pode ser inclusive o Diário Oficial Eletrônico (v. item 105-B, *infra*). Nas demais comarcas, caso não haja órgão oficial, ou que as vezes deste faça, que publique o expediente forense, terá o escrivão de intimar *pessoalmente* os advogados das partes, ou por carta registrada com aviso de recebimento, caso o domicílio do advogado seja fora da comarca (arts. 236 e 237); inviável intimação com aviso de recebimento para o advogado com escritório na própria comarca.

A intimação do Ministério Público também deverá ser feita pessoalmente (art. 236, § 2.º). O início do prazo para o Ministério Público se inicia a partir da intimação. Para este fim, a jurisprudência do STF considera que "a entrega de processo em setor administrativo do Ministério Público, formalizada a carga pelo servidor, configura intimação direta, pessoal, cabendo tomar a data em que ocorrida como a da ciência da decisão judicial",[97] sendo esta orientação acompanhada pela jurisprudência mais recente do STJ, conforme se extrai da ementa de julgado proferido pela Corte Especial: "1. A jurisprudência desta Corte é uníssona no sentido de que os prazos processuais para o Ministério Público começam a correr a partir da entrega dos autos no protocolo administrativo do órgão. Precedentes da Corte Especial: AgEREsp 734.358/PR, Rel. Min. Eliana Calmon, *DJU* 18.12.06; EREsp 337.052/SP, Rel. Min. Felix Fischer, *DJU* 14.03.05; REsp 628.621/DF, Corte Especial, Rel. Min. Carlos Alberto Menezes Direito, DJU 06.09.04. 2. Não pairam dúvidas de que esse entendimento é aplicável também aos recursos apresentados em momento anterior à sedimentação do posicionamento da Corte Especial, haja vista que é manifesto o conteúdo declaratório dos julgamentos, os quais não criaram nova regra acerca da tempestividade – fenômeno que deriva da edição de uma lei –, mas apenas procederam à interpretação de normas já vigentes."[98]

No entanto, já se decidiu antes da Constituição Federal de 1988, corretamente, a nosso ver, pela desnecessidade da intimação pessoal quando o Ministério Público atuava como procurador judicial da União,[99] pois nesta hipótese a sua função era a de um advogado. Todavia, ainda que funcionando como advogado, haveria de ser pessoalmente intimado em execução fiscal (art. 25 da Lei 6.830/1980). Já se decidiu – basicamente com fundamento em razões de ordem prática, tidas por intransponíveis, e,

97. STF, HC 83.255/SP, j. 05.11.2003, rel. Min. Marco Aurélio, *DJ* 12.03.2004, p. 38. No mesmo sentido: STF, RHC 81.787/SP, j. 06.09.2005, rel. Min. Cezar Peluso, *DJ* 23.09.2005, p. 16.

98. STJ, CE, Rel. Min. Castro Meira, AgRg nos EREsp 403.153/SP, j. 02/08/2010, *DJe* 23/08/2010). *Cf.* também: STJ, REsp 628.621/DF, Corte Especial, j. 04.08.2004, rel. Min. Menezes Direito, *DJ* 06.09.2004, p. 155; STJ, EREsp 337.052/SP, Corte Especial, j. 17.11.2004, rel. Min. Felix Fischer, *DJ* 14.03.2005, p. 180; STJ, EREsp 261.949/SP, 3.ª S., j. 14.02.2005, rel. Min. José Arnaldo da Fonseca, *DJ* 02.03.2005, p. 185; STJ, REsp 633.537/MS, 1.ª T., j. 12.04.2005, rel. Min. Luiz Fux, *DJ* 02.05.2005, p. 183; STJ, REsp 598.524/PR, 1.ª T., j. 27.04.2004, rel. Min. Teori Zavascki, *DJ* 17.05.2004, p. 153. Em sentido contrário é o entendimento de Hugo Nigro Mazzili, com base na Lei Complementar 75/1993, *verbis:* "O direito de receber intimação pessoal é norma prevista na LONMP e já provinha da legislação processual codificada; aplica-se a qualquer processo e grau de jurisdição (LC 75/1993, art. 18, II, *h*). Tal privilégio processual se justifica pelas peculiaridades da instituição, sem violar o princípio da igualdade das partes. Como a intimação será pessoal, não é contada a partir do recebimento dos autos pela secretaria da promotoria ou da procuradoria, mas sim da ciência pessoal do promotor ou do procurador" (cf. Hugo Nigro Mazzilli, *Regime jurídico do Ministério Público*, p. 332).

99. *Revista de Processo [RePro]* 24/264, em. 69; *RTJ* 95/445 e 101/306; *RJTJSP* 89/336. V. TFR, Súmula 117.

assim, configuradoras de que não se vulnera a *ratio legis* desse art. 25 – que é ele inaplicável em segundo grau de jurisdição.[100]

Lembre-se, todavia, que, com a promulgação da Constituição Federal de 1988, como visto longamente nos capítulos anteriores, já não é mais possível que a representação judicial ou extrajudicial da União (ou de qualquer outra pessoa de direito público) possa ser feita pelo Ministério Público. Para tal finalidade, a mais recente Carta Constitucional criou a Advocacia-Geral da União. Seus membros, como determina o art. 6.º, *caput*, da Lei 9.028/1995, deverão ser intimados dos atos processuais pessoalmente.

Os prazos para a prática de atos têm início após a intimação (art. 240, *caput, do CPC*), aplicando-se a regra da exclusão do dia do início e inclusão do dia final. Consideram-se realizadas as intimações, ademais, no primeiro dia útil seguinte, se tiverem ocorrido em dia que não tenha havido expediente forense, nos termos do parágrafo único deste art. 240, acrescentado pela Lei 8.079/1990.

O Código de Processo Civil, no art. 57, alude a *citação dos opostos* – autor(es) e réu(s) – na pessoa dos respectivos advogados, ao passo que, atinentemente à reconvenção, no art. 316, refere-se à intimação do autor reconvindo, na pessoa do advogado por este último constituído. Todavia, apesar da discrepância terminológica, dado que, num artigo (o 57), fala-se em citação na pessoa do advogado, e noutro (o 316) alude-se à intimação de que foi "oferecida a reconvenção". Trata-se, em ambos os casos, na realidade, de propositura de ações. Efetivamente, num e noutro caso, o que se verifica é a propositura da ação, e dita citação na pessoa dos advogados dos opostos – exceto no caso do art. 57, parágrafo único, quando será feita de acordo com as regras gerais –, bem como a decorrente do oferecimento da reconvenção, operando a intimação efeitos próprios da citação (v. art. 219).

No que diz respeito aos principais problemas que existem respeitantemente aos *requisitos* e *à validade* e *à eficácia* das intimações, diga-se o seguinte, tendo em vista, especialmente, a interpretação do art. 236: considerando que a regra do art. 236, *caput*, do CPC é prescrita sem a cominação de nulidade, já se reputou válida a intimação feita pelo escrivão ao advogado da parte (ao invés de o ter sido pelo órgão oficial), o que se pode abonar pela ausência de prejuízo e por ter o ato atingido a sua finalidade.[101] Para a validade da intimação da sentença, não é necessário que o escrivão a transcreva em sua integridade, sendo suficiente que, com clareza, precise o resultado favorável ou desfavorável à parte intimada, orientação válida, na medida em que não se tenha omitido qualquer ponto essencial identificador, precisamente, do resultado.[102] É nula a intimação em que faltar o nome de todos os advogados, pois estes são os intimandos.[103] Todavia, a omissão do nome de um dos advogados na intimação tratar-se-á, no máximo, de

100. *RJTJSP* 74/130, m.v., mantido, agora com v.u., *RJTJSP* 83/247.

101. *RTJ* 97/1.162 (*aceita-se o fato*, com ele se argumenta e nele é fundado – entre outros supedâneos menores da decisão – *de que os autos foram mesmo retirados de cartório*).

102. *Revista de Processo [RePro]* 5/375, em. 187.

103. Decidiu o STJ que "é válida a intimação, via publicação, da qual conste o nome de apenas um dos vários litisconsortes, desde que acompanhado da expressão 'e outros' e presente o nome de todos os advogados das partes, uma vez suficiente para a identificação exigida pelo art. 236, § 1.º, CPC" (STJ, REsp 627.218/PR, 1.ª T., j. 23.08.2005, rel. Min. Luiz Fux, *DJ* 12.09.2005, p. 213). No mesmo sentido: STJ, AgRg no REsp 241.786/ES, 3.ª T., j. 07.03.2002, rel. Min. Antônio de Pádua Ribeiro, *DJ* 08.04.2002, p. 208. Cf. também *RT* 588/50.

irregularidade.[104] Ambas as Turmas do STF têm decidido que, por isto mesmo, quando da mesma procuração constam os nomes de vários advogados, basta que a intimação seja feita a um deles,[105] sendo este também o entendimento dominante no STJ.[106] Assim, válida e eficaz é a intimação feita em nome do advogado que substabeleceu em favor de outro, com reserva de poderes.[107] No entanto, se tal substabelecimento – ainda que com reserva de poderes – tiver sido objeto de requerimento de que as intimações subsequentes passem a ser feitas para o substabelecido, uma vez deferido o pleito, entende o STJ que a exclusiva intimação do substabelecente gerará nulidade.[108] Se não houver sido feito e deferido requerimento para que a publicação seja feita em nome de um determinado advogado, incogitável pensar-se em nulidade.[109] Também já se decidiu que é nula a intimação se o número do processo dela constante é diverso do feito a que se refere (art. 236, § 1.º).[110] Da mesma forma, o nome do advogado deve ter sido publicado corretamente, devendo a incorreção inviabilizar a ciência da intimação.[111] Há julgado interessante do STJ, sobre o assunto, no sentido de que, ainda que sutil o erro, ocorre nulidade, visto que "o exercício da advocacia nos grandes centros, como São Paulo, Santos e Belo Horizonte, pressupõe a utilização dos

104. *RJTJSP* 43/187; *JUTACivSP* 76/271; *Ementário de Jurisprudência do Estado do Ceará* 23/19.

105. *RTJ* 76/308, 79/590, 85/542, 88/614, 90/105, 100/755 e 106/277. No mesmo sentido: *RT* 541/281; *RJTJSP* 43/187.

106. STJ, AgRg no REsp 677.830/SC, 1.ª T., j. 02.06.2005, rel. Min. Luiz Fux, *DJ* 27.06.2005, p. 254; STJ, REsp 216.886/SP, 2.ª T., j. 16.12.2004, rel. Min. Castro Meira, *DJ* 18.04.2005, p. 244.

107. *Revista de Processo [RePro]* 22/248. No mesmo sentido: *RTJ* 81/79.

108. Cf. *Revista de Processo* [*RePro*] 24/259, em. 38, REsp 11.856/PB, rel. Min. Athos Carneiro, *DJ* 21.09.1992; REsp 37.012-4/SP, rel. Min. Torreão Braz, *DJ* 04.10.1993; REsp 37.013-2/SP, rel. Min. Sálvio de Figueiredo, *DJ* 08.11.1993 – in Sálvio de Figueiredo Teixeira, O STJ e o processo civil, p. 189-190. Do mesmo modo, não intimado da pauta do julgamento o advogado substabelecido especificamente para acompanhar o feito na segunda instância, é de se ter como vulnerada a regra do art. 236, § 1.º: REsp 34.224-0/BA, rel. Min. Dias Trindade, *DJ* 21.02.1994 – in Sálvio de Figueiredo Teixeira, op. cit., p. 190.

109. "Se não existe requerimento no sentido de as publicações veicularem o nome de determinado advogado, dentre os constituídos, descabe cogitar da pecha de nulidade quando grafado o nome de qualquer deles" (STF, AgRg em RE 130.725-2/RJ, j. 02.02.1995, rel. Min. Marco Aurélio, *RT* 722/242).

Firmando, entre outros, o mesmo princípio, v. decisão do 1.º TACivSP: "Não há necessidade de serem intimados todos os advogados da mesma parte; basta que seja intimado um só, desde que atuado no processo e mesmo que haja substabelecimento com reserva de seus poderes, salvo se o substabelecimento é para funcionar em tribunal ou em outra comarca, ou se o advogado requereu expressamente que as intimações fossem feitas em seu nome" (1.º TACivSP, AgIn 548.597/2, 4.ª Câm., j. 15.09.1993, rel. Juiz Sidnei Beneti, *RT* 700/100).

No âmbito do STJ: "I. Esta Corte firmou entendimento no sentido de que havendo pedido expresso para que as intimações sejam feitas em nome de advogados substabelecidos, o seu não atendimento acarreta nulidade.II. Entretanto, no caso em tela, restou consignado no v. Acórdão recorrido que inexiste prova de requerimento de intimação exclusiva em nome de um dos causídicos. Para modificar as conclusões consignadas no Acórdão impugnado, seria necessário reexaminar o conjunto fático-probatório dos autos, o que é vedado em sede de Recurso Especial (Súmula 7/STJ) III. Havendo vários procuradores constituídos, é valida a intimação feita em nome de apenas um deles. (STJ, 3.ª T., rel. Min. Sidnei Beneti, AgRg no Ag 1176384/RS, j. 27.10.2009, *DJe* 06.11.2009).

110. STJ, REsp 13.472-0/MG, 2.ª T., 15.02.1995, v.u., rel. Min. Antônio de Pádua Ribeiro (*DJU*, I, 06.03.1995, p. 4.341).

111. *RSTJ* 13/421, REsp 4.052, 2.ª T., rel. Min. Vicente Cernicchiaro, em que foi omitido "Júnior" do nome do advogado, *tendo sido decidido, pelo tribunal local, que essa omissão era irrelevante.*

serviços prestados por empresas especializadas na leitura do Diário Oficial, que efetuam a busca de intimações, quer pelo meio físico quer por via da internet, com base no nome do advogado. Essa é a realidade atual, que não pode ser desprezada".[112] A decisão, embora acertada, não é ainda pacífica, tendo os tribunais decidido que os equívocos de grafia de pequena monta e que não inviabilizem o reconhecimento, pelo procurador, de seu próprio nome, não geram nulidade.[113] Tendo em vista o acerto da decisão que reconhece a realidade da utilização de serviços automatizados de leitura de diários, especialmente nos grandes centros, parece-nos que mesmo os erros considerados *sutis* podem gerar nulidade, eis que não cumpram sua função de cientificar o procurador da decisão judicial.

Os advogados de *todos* os litigantes deverão ser intimados.[114] Acarreta nulidade, também, a omissão do nome do advogado, para indicar peças.[115]

Como se salientou, se o advogado solicita que a publicação seja feita em determinado nome, se isto é deferido, saindo a publicação em nome de outro advogado, é caso de nulidade.[116] Firmem-se outras variáveis, que são as seguintes: "Em regra, havendo substabelecimento com reserva de poderes, nas publicações poderão constar o nome de qualquer dos advogados, substabelecente e substabelecido; inocorrência de ato ou fato que afastem a regra geral, principalmente *porque não se requereu que nas publicações constasse o nome do novo advogado* que, por despacho do relator, teve ciência de que o processo logo seria julgado".[117] Nas hipóteses em que há requerimento, a jurisprudência tem considerado que constitui violação ao § 1.º do art. 236 do Código de Processo Civil a decisão que não decreta a nulidade da intimação de que não constou o nome do advogado requerente.[118]

---

112. STJ, RMS 15.298/SP, 2.ª T., j. 22.04.2003, rel. p/ acórdão Min. João Otávio de Noronha, *DJ* 26.04.2004, p. 155. Afirma-se, ainda, no referido julgado, que "é dever do Estado-juiz, enquanto entidade monopolista da prestação jurisdicional, intimar a parte corretamente".

113. "Processual civil. Agravo regimental na petição no recurso especial. Intimação. Erro na grafia do nome do advogado. Possibilidade de identificação do feito. Ausência de prejuízo. Não se deve declarar a nulidade da publicação de acórdão do qual conste, com grafia incorreta, o nome do advogado se o erro é insignificante (troca de apenas uma letra) e é possível identificar o feito pelo exato nome das partes e número do processo." (STJ, AgRg na Pet no REsp 1138757/SP, 1.ª T., j. 19.08.2010, rel. Min. Benedito Gonçalves, *DJe* 26.08.2010).

114. *RSTJ* 14/421, REsp 4.133, 4.ª T., rel. Min. Barros Monteiro. No caso houve troca de advogado, e a publicação deixou de referir-se ao nome do advogado que assumiu. Consta do voto (*rev. cit.*, p. 427): "Para a perfeita regularidade da intimação, era imprescindível que nela se consignasse o nome do novo procurador constituído, sob pena de nulidade, conforme impõe a regra do art. 236, § 1.º, do CPC".

115. *RSTJ* 30/409, REsp 9.173, 3.ª T., rel. Min. Cláudio Santos: aplicável a regra, inclusive, para incidentes processuais (no caso, falta de intimação para indicar peças em agravo de instrumento).

116. Recentemente: Questão de ordem em recurso ordinário. Julgamento. Nulidade. Publicação em nome de advogado diverso. A jurisprudência deste Superior Tribunal de Justiça é firme no sentido de que, havendo pedido expresso de que as intimações sejam feitas no nome de advogado determinado, o seu desatendimento implica em nulidade que deve ser declarada (STJ, RMS 31520/SP, 6.ª T., j. 09.04.2013, rel. Min. Maria Thereza de Assis Moura, *DJe* 24.04.2013). *Ainda: RSTJ* 36/444, 4.ª T., rel. Min. Fontes de Alencar, com farta jurisprudência do STF, no mesmo sentido.

117. STJ, REsp 5.203/BA, 3.ª T., rel. Min. Cláudio Santos, *DJU* 05.02.1996; acolhendo a mesma tese, podem-se, ainda, destacar os seguintes acórdãos: do TJSP, publicados na *RT* 618/89 e *RJTJSP* 99/278; do 1.º TACivSP, publicados na *RT* 653/237 e *JUTACivSP* 146/105.

118. "Quando o advogado substabelecido, ainda que o substabelecimento seja com reservas,

Por fim, podemos destacar, ainda, outra posição da jurisprudência, no sentido de que as publicações deverão sair sempre em nome do advogado que assina as peças principais, independentemente de requerimento: "Intimação. Publicação pela imprensa apenas do nome de um dos advogados figurantes da procuração. Hipótese, contudo, de ser outro o advogado atuante no processo. Prov. CXIII/79 do CSM. Republicação ordenada. (...), posição esta referente a São Paulo, tendo em vista a legislação infralegal citada. Considerando que, embora o provimento não sobrepuje, em autoridade, a citada jurisprudência, ele denota critério e prudência em termos de maior eficiência da intimação, *pois intimado estará o advogado que efetivamente atue no processo*".[119]

Já à luz do critério do *prejuízo* e de não ter o ato atingido o fim objetivado, e com base nos arts. 49 e 236, § 1.º, do CPC, o STF considerou nula a intimação pela imprensa, pelo fato de na publicação não constar o nome do advogado de outros litisconsortes, que haveriam também de ser intimados.[120] Tendo sido demandados em litisconsórcio passivo acionista controlador (detentor de 97% das ações) e sociedade anônima, representados por advogados do mesmo escritório e com procurações diferentes, o STF, por maioria de votos, deixou de reputar válida a intimação, considerando que a intimação com a publicação do nome do advogado de um réu *não* supre a omissão relativa ao nome do outro.[121] Já não pode prevalecer, em nosso sentir, decisão pela qual se deu pela validade de intimação de preparo recursal feita ao estagiário de direito, por se ter entendido, na oportunidade, que o vocábulo "advogados" abrangeria também a figura do estagiário

---

requer, em petição escrita, que as intimações sejam feitas em seu nome, o desatendimento dessa vontade assim manifestada implica ofensa ao art. 236, § 1.º, do CPC. (...) É que na hipótese ora sob julgamento a falta de intimação do advogado substabelecido constitui surpresa de que resulta inegável prejuízo para o litigante" (STJ, REsp 37.012-4/SP, 4.ª T., j. 13.09.1993, rel. Min. Torreão Braz), publicado na *RT* 702/207. Em face de hipótese similar, decidiu-se da mesma forma: "Dois advogados, tão só, são os procuradores da agravante, com único instrumento de mandato nos autos. Indicou-se, expressamente, o nome de um para que constasse das publicações, sendo irrelevante que o outro fosse quem praticasse os atos processuais. A publicação intimando a agravante para efetuar o preparo foi feita em nome de um só advogado, aquele que não fora indicado. Evidente o prejuízo da agravante, quando não teve sua clara e manifesta indicação escolhida" (TJSP, AgIn 161.808-2, 6.ª Câm. Civ., j. 29.08.1990, rel. Des. Viana Santos, publicado na *RJTJSP* 126/331). E, ainda, no mesmo substancial sentido: "Deste modo, se a intimação da pauta se fez em nome de advogado que, embora com reserva, havia substabelecido poderes em favor de outros causídicos, e um destes requereu que as intimações fossem realizadas em seu nome, e isso foi deferido, há de ter-se que a intimação, tal como se deu, se encontra irregular" (STF, RE 95.895/RJ, 2.ª T., j. 13.04.1984, rel. Min. Aldir Passarinho, publicado na *RTJ* 112/707).

119. TJSP, Ap 23.528-2, 10.ª Câm.Civ., j. 01.09.1982, vencido, rel. Des. Geraldo Roberto, publicado na *RJTJSP* 81/146. Na mesma esteira e em conformidade com o texto: "Advogado. Intimação. Publicação de que não constou o nome do causídico subscritor da contestação, constando apenas os nomes de outros procuradores da parte. Inadmissibilidade. Indispensabilidade de intimação do advogado que vem atuando na causa. Inteligência dos arts. 236, § 1.º, do CPC, e item 62, Cap. IV, das Normas de Serviço da Corregedoria-Geral da Justiça. Voto vencido; (...) Assim sendo e para dar integral cumprimento ao disposto no § 1.º do art. 236 do Código de Processo Civil, é indispensável a intimação do advogado que vem atuando na causa" (TJSP, 17.ª Câm.Civ., j. 05.04.1994, rel. Des. Hermes Pinotti, *RT* 719/124).

120. Sobre o princípio do prejuízo, v. Teresa Arruda Alvim Wambier, *Nulidades do processo e da sentença*, item 2.3.; *RTJ* 99/471.

121. *RTJ* 109/1.045.

(art. 236).[122] Não fosse porque, com a edição da Lei 8.906/1994 (art. 3.º, § 2.º), restou vedado o exercício ao estagiário de qualquer ato de postulação em juízo sem que esteja acompanhado do advogado, porque a Lei 8.950/1994, dando nova redação ao art. 511 do CPC, passou a exigir que seja demonstrado, com a petição de recurso, o respectivo preparo, quando exigido pela lei (simultaneidade), exigência que foi mantida pela Lei 9.756/1998, que posteriormente veio a alterar o art. 511, *caput*, e acrescentando-lhe dois parágrafos.[123] Se assim é, considerando que o ato passa a ser uno (do ponto de vista processual), não mais poderia ter validade intimação dirigida exclusivamente a estagiário de direito, quando o ato a ser praticado não possa ser realizado por ele sem a presença do advogado. Em embargos de terceiro julgados improcedentes, por outro lado, nula é a publicação da decisão que deixou de mencionar o nome da embargante, fazendo-o apenas com relação a seus advogados. Nem pelo fato de o intimando ser o advogado pode isto significar que haja, na intimação, ausência de identificação a respeito do que está o advogado sendo intimado.[124] Todavia, quando várias ou muitas as partes, a indicação do primeiro nome, seguido da expressão "e outros", torna até mais fácil a indicação, pois o processo passa a ser conhecido pelo nome do primeiro litigante, valendo, assim, a publicação,[125] orientação que se justifica pelos seus fundamentos, pois a finalidade de se dar conhecimento do ato é atingida. Não

---

122. *RJTJSP* 78/266 (decisão na vigência da Lei 4.215/1963). Se essa posição era sustentável, na vigência da lei anterior, é ela, em face da Lei 8.906/1994, mais acentuada, pois que o estagiário há sempre de estar acompanhado por advogado.

123. É possível perceber uma atenuação da regra da simultaneidade, prevista no *caput* do art. 511, pela jurisprudência mais recente. Nesse norte, há julgados do Superior Tribunal de Justiça afastando a pena de deserção em casos de encerramento do expediente bancário anteriormente ao horário do protocolo (v., dentre outros, REsp 493.551/SC, 1.ª T., rel. Min. Luiz Fux, *DJU* 28.10.2003, p. 199 e 2.ª T., AgIn no REsp 264.505/DF, rel. Min. Eliana Calmon, *DJU* 02.06.2003, p. 242), assim como em hipóteses de demora na juntada de comprovante de preparo, mas cujo recolhimento se tenha dado oportunamente (REsp 325.908/ES, 4.ª T., rel. Min. Ruy Rosado de Aguiar, *DJ* 22.04.2002, p. 212). Seguindo essa tendência, constava do Projeto de Lei 498/2009, aprovado no Senado Federal, proposta de alteração ao art. 511, *caput* e § 2.º do CPC vigente que incluía a possibilidade de suprir, além da insuficiência do preparo, a ausência absoluta do cumprimento a este requisito: "Art. 511. No ato de interposição do recurso, o recorrente comprovará, quando exigido pela legislação pertinente, o respectivo preparo, que inclui o porte de remessa e retorno. (...) § 2.º O não cumprimento do preparo ou a insuficiência no recolhimento do seu valor implicará deserção se o recorrente, intimado na pessoa de seu procurador, não vier a supri-lo no prazo de cinco dias". O texto final desse Projeto, remetido à Câmara dos Deputados (PL 7.584/2010) foi apensado ao PL 8.046/2010 – Projeto de Novo Código de Processo Civil – para análise e deliberações conjuntas. O art. 1.020, § 1º, do PL 8.046/2010 dispõe, nessa linha, que "No ato de interposição do recurso, o recorrente comprovará, quando exigido pela legislação pertinente, o respectivo preparo, inclusive porte de remessa e de retorno, *sob pena de deserção*, observado o seguinte: (...) § 1º Provando o recorrente justo impedimento, o relato relevará, por decisão irrecorrível, a pena de deserção, fixando-lhe prazo de cinco dias para efetuar o preparo" (g.n).

124. *JUTACivSP* 43/65.

125. *JUTACivSP* 33/269. No mesmo sentido, v. *RTJ* 87/910. Já decidiu o STJ que "não há que se considerar inválida a publicação intimatória se dela constar o nome do primeiro dos vários litisconsortes com o acréscimo da expressão 'e outros', e se houve indicação do representante judicial da parte cujo nome fora substituído pela aludida expressão, eis que se fez suficiente a identificação, nos termos do art. 236, § 1.º, do CPC. Recurso não conhecido" (REsp 38.827-9/RS, rel. Min. Cláudio Santos, *DJ* 11.04.1994, in Sálvio de Figueiredo Teixeira, *O STJ e o processo civil*, p. 191).

é válida, já se decidiu, a intimação quando publicada no *Diário da Justiça* fora do expediente normal da Vara por onde se processa a causa.[126]

Consolidando o entendimento jurisprudencial mais recente, o Projeto de Novo Código de Processo Civil aprimora a redação do atual art. 236, do CPC. O § 3.º do art. 272, do PL 8.046/2010, dispõe: "A grafia dos nomes das partes não deve conter abreviaturas. O § 4.º, por sua vez, prevê que "A grafia dos nomes dos advogados deve corresponder ao nome completo e ser a mesma que constar da procuração ou que estiver registrada junto à Ordem dos Advogados do Brasil". Já o § 5.º diz: "constando dos autos pedido expresso para que as comunicações dos atos processuais sejam feitas em nome dos advogados indicados, o seu desatendimento implicará nulidade".

Examinemos os principais problemas respeitantes aos *requisitos*, *à validade* e *à eficácia* da intimação que gravitam em torno do art. 237. A intimação feita por jornal diário de comarca do interior tem eficácia mesmo para os advogados residentes em outra comarca.[127] Para a validade da intimação por carta, não é necessário que o aviso de recebimento seja assinado pelo procurador da parte intimada, bastando que seja entregue no endereço constante da inicial ou da contestação.[128] Não é ficta, mas real, a intimação por carta registrada, com aviso de recebimento, quando o advogado é domiciliado fora do juízo, correndo o prazo para recurso, nessa hipótese, da data da juntada aos autos do aviso de recebimento.[129] Já se decidiu, antes da Lei 8.710/1993, que o advogado que reside na mesma comarca por onde tramita a causa não pode ser intimado por carta com aviso de recebimento.[130] O jornal que publica o expediente forense não há que ser, necessariamente, jornal oficial.[131] No entanto, se as intimações se fazem por aviso de recebimento e *passam a ser feitas* por publicações, deverão, *desta mudança*, ser intimados os advogados de fora da comarca, e, bem assim, os da própria comarca; aqueles por aviso de recebimento (art. 237, II) e estes pelo escrivão (art. 237, I). A partir de tais intimações, as subsequentes, pelo novo sistema, serão válidas. Do contrário, não se poderá emprestar validade (e nem eficácia) às intimações que venham a ser feitas pela nova e diversa modalidade.[132]

Como regra geral, já se firmou corretamente, em encontro de magistrados, que a intimação (tenha-se presente que, em regra, pelo correio) é feita ao advogado e não à par-

126. *RT* 561/214.

127. *RT* 491/68 e 525/96; *RJTJSP* 55/168; *JUTARS* 50/250. No mesmo sentido, v. concl. 28, por v.u., do VI ENTA, *RT* 580/297.

128. TJSP, AgIn 239.355, Piracicaba, 6.ª Câm.Civ., 04.07.1975, v.u., rel. Oliveira Andrade; *RT* 524/208 e 566/18, em.

129. *RT* 561/136, em.

130. *JUTACivSP* 41/82. Entendeu-se, corretamente, na espécie, que a intimação haveria de ter sido pessoal, *inferindo-se do acórdão ter havido prejuízo*. Mesmo pelo sistema atual, em que a intimação deve, como regra, ser realizada pelo correio, se sua realização nestes moldes traz prejuízo a seu destinatário pode-se argumentar que o caso não era de citação pelo correio, devendo ter sido a mesma realizada pelo oficial exatamente por esta circunstância (arg. ex. art. 239, *caput*, com a redação da Lei 8.710/1993).

131. *RJTJSP* 62/239.

132. A modificação do sistema por meio do qual vinham sendo feitas as intimações, para outro sistema, deverá ser comunicada ao advogado. Assim, se as intimações são feitas por carta, com aviso de recebimento, alterando-se tal forma de comunicação, para intimação pela imprensa local, disso haverá o advogado de ser intimado, para, somente depois dessa intimação, ganharem validade e eficácia as intimações pela imprensa. Do contrário, haverá manifesta modificação de um sistema, no qual se confiava, para outro sistema, cuja própria existência haverá de ser tida como ignorada pelo(s) advogado(s).

te, salvo quando a lei determinar o contrário, orientação que permanece válida para o *caput* do art. 238 do CPC, com a redação dada pela Lei 8.710/1993.[133] Aliás, é por esta razão que o parágrafo único do art. 238 estabelece, explicitamente, uma presunção de validade para as intimações feitas ao endereço que constar na petição inicial, na contestação ou nos embargos. A parte fica incumbida, portanto, de atualizar qualquer eventual mudança de endereço (parágrafo único do art. 238, inserido pela Lei 11.382/2006).[134]

A mera declaração do escrivão de que intimou o advogado não é suficiente, em regra, para que este seja tido como efetivamente intimado, segundo certa corrente jurisprudencial.[135] Assim, correto o entendimento de que deverá, nessa linha, sob pena de nulidade, colher o ciente do advogado, ou, no caso de recusa, certificar as razões desta.[136] No entanto, se essa exigência não consta do art. 237, I, o *ciente* pode ser colhido (*e, por cautela deve ser*); mas, para nós, havendo omissão, *só por isso, não há invalidade*. Esta orientação, no entanto, em julgado mais recente, não foi acolhida pelo STJ.[137]

O preenchimento dos requisitos do parágrafo único do art. 239 do CPC, no entanto, sempre nos pareceu, com base na jurisprudência, que só se referia à intimação feita por oficial de justiça, não à do advogado, quando realizada pelo escrivão.[138] Doravante, as alterações experimentadas por este dispositivo com o advento da Lei 8.710/1993, vêm confirmar este entendimento, ao deixar claro que suas disposições são dirigidas às hipóteses de intimação feitas pessoalmente pelo *oficial*, quando frustrada a intimação pelo correio. De acordo com a atual sistemática, outrossim, não pode mais prevalecer entendimento de que não tem valor jurídico, importando sua renovação, a intimação feita quando a pessoa

133. VI ENTA, concl. 29, por v.u., *RT* 580/197.

134. Na doutrina ver: Humberto Theodoro Júnior, *A reforma da execução do título extrajudicial*, p. 10 e 11: "A Lei 11.382, de 06.12.2006, veio obviar esse inconveniente, adotando a presunção de intimação (tanto do advogado como das partes) pela simples entrega da correspondência no endereço residencial ou profissional declinado na petição inicial, contestação ou embargos. Não há mais necessidade, portanto, de contar com o retorno do aviso de recepção assinado pelo destinatário. Basta o comprovante de que ocorreu a entrega da carta no endereço fornecido pela parte nos autos. De qualquer maneira, não tendo sido alterado o art. 241, I, o prazo decorrente da intimação só começará a contar da juntada aos autos do respectivo comprovante postal, ainda que não firmado pelo destinatário. (...) O ato de intimação pelo correio passa a ser o ato de comunicação para o endereço fornecido pelo litigante. É bom ressaltar, todavia, que a presunção depende de a parte mesma ter comunicado seu endereço, na inicial, na contestação ou nos embargos. Não se pode aplicar tal presunção em face de endereço fornecido pelo adversário daquele contra quem se promove a intimação". V. também: Luiz Rodrigues Wambier, Teresa Arruda Alvim Wambier e José Miguel Garcia Medina, *Breves comentários à nova sistemática processual civil*, p. 31 e 32, vol. 3.

135. TJRJ, AgIn 1.836, Volta Redonda, 8.ª Câm.Civ., 31.11.1978, v.u., rel. Paulo Pinto; TARS, Ap 13.639, Lajeado, 2.ª Câm.Civ., 12.10.1976, v.u., rel. Athos Gusmão Carneiro; *Boletim da AASP* 1.397/236.

136. *RT* 567/212, em. (a leitura desta decisão autoriza, ademais, concluir que não se tratava de arguição séria). No entanto, haver-se-á, *sempre*, de ter presente que o oficial de justiça tem *fé pública*, e, desta forma, se alguém tiver sido por ele intimado e tiver aposto sua assinatura, não terá procedência a alegação de nulidade, calcada no argumento de *falta de nome de testemunhas*, pois a *assinatura do intimando terá objetivado o ato da intimação, ao que se soma a assinatura do meirinho* (*RTFR* 105/99).

137. STJ, REsp 114.534/SC, 4.ªT., j. 28.04.1997, rel. Min. Ruy Rosado de Aguiar, *DJ* 19.05.1997, p. 20.641.

138. *JUTACivSP* 78/183.

intimada deixa, ou se nega a apor o seu ciente no mandado, e este é omisso na menção dos nomes das testemunhas eventualmente presentes ao ato.[139] Com efeito, a redação dada ao inciso III do parágrafo único do art. 239 pela Lei 8.952/1994 não mais exige os nomes das testemunhas, contentando-se o legislador com a nota de ciente ou certidão de que o intimado não a apôs. Não é, finalmente, necessária a intimação, tendo em vista o despacho lançado pelo juiz na petição inicial que lhe é apresentada antes da distribuição,[140] uma vez que, em tal hipótese, ter-se-á o advogado como intimado no ato.

105-A. A transmissão de dados nos atos processuais (Lei 9.800/1999). Admissibilidade do uso do *fac-símile*

Desde o início da utilização, principalmente, do fax, verificou-se resistência de nossos Tribunais, compreensível e aceitável, na medida em que, não disciplinado o assunto, sua utilização acarretaria insegurança. Somente por meio de lei poder-se-ia, com apreciável margem de segurança, admitir a utilização de sistemas de transmissão de dados para a prática de atos processuais. Precedentemente à edição da Lei 9.800/1999, as posições eram conflitantes, predominantemente pela não legitimidade da utilização, *principalmente*, do *fac-símile ou* fax.[141]

A lei aplica-se a qualquer tipo de processo. É necessário, para que alguém se possa utilizar da aplicação da lei, que seja parte, ou que pretenda vir a sê-lo, *v.g.*, no caso de petição em que se postule como assistente. Há quem entenda que o Ministério Público pode utilizar-se da lei enquanto parte, mas não pode enquanto fiscal da lei.[142] Não nos parece acertada esta opinião, porque a lei permite o uso do sistema "para a prática de atos processuais que dependam de petição escrita" e isso ocorre em relação ao Ministério Público, enquanto fiscal da lei. Excluem-se, todavia, os atos que necessariamente devam ser praticados *oralmente*. Os documentos que instruam a petição podem ser transmitidos pelo mesmo sistema eletrônico.[143]

Se a transmissão pelo sistema da Lei 9.800/1999 for feita antes do término do prazo, os originais poderão ser entregues tendo como termo *ad quem* o quinto dia depois do término do prazo respectivo.[144] Salvo se para o ato que foi praticado não houver prazo, como, no caso, de petição inicial, hipótese em que, então, os originais deverão ser entregues em até cinco dias da transmissão da mesma. Coloca-se, aqui, o problema de saber se se exclui ou não o dia (= data) da transmissão. A nossa tendência é a de entender que não se exclui, pois, ainda que se pudesse sustentar estar-se aqui, *de certa forma*, diante de um prazo judicial (art. 2.º), a redação da lei é clara, em sentido contrário. Refere-se à entrega dos originais "até cinco dias *da data* da recepção do material" (art. 2.º, parágrafo único, *in fine*).

139. *RT* 569/191; *RJTJSP* 82/139. No mesmo sentido: *Revista de Processo [RePro]* 5/365, em. 118.

140. *JUTACivSP* 33/114.

141. Cf. na *RT* 728/122-127 trabalho de Ellen Gracie Northfleet, intitulado A Utilização do fax no Poder Judiciário, com a jurisprudência indicada no texto, publicada na Secção *Jurisprudência Selecionada*, no mesmo volume, p. 105 e ss.

142. V. trabalho de Júlio Machado Teixeira Costa, A transmissão de atos processuais por fac-símile ou meios semelhantes, *Revista de Processo [RePro]* 96/9.

143. V. trabalho de Júlio Machado Teixeira Costa, já citado.

144. STJ, EDcl no AgRg na Pet 3.934/MG, Corte Especial, j. 21.09.2005, rel. Min. Ari Pargendler, *DJ* 17.10.2005, p. 159; STJ, EDcl no AgRg no AgIn 657.574/SP, 4.ªT., j. 15.09.2005, rel. Min. Jorge Scartezzini, *DJ* 17.10.2005, p. 303; STJ, EDcl no REsp 733.896/PR, 2.ªT., j. 15.09.2005, rel. Min. Castro Meira, *DJ* 10.10.2005, p. 339.

Afigura-se-nos que o ato ou a petição escrita objeto de transmissão fica subordinada a uma situação *resolutória*, ou seja, transmitidos e entregues os originais tempestivamente, o ato valerá da data da transmissão.

Pela Lei 9.800/1999, passa-se a admitir o *fac-símile* ou outro meio similar de transmissão de dados e imagens, tendo em vista "atos processuais que dependam de petição escrita" (art. 1.º), o que não levará ao desrespeito de cumprimento dos prazos, com necessária entrega dos originais em até cinco dias após o término do prazo (art. 2.º); mesmo para os atos não sujeitos a prazo, a regra do art. 2.º, *caput*, há de ser observada (art. 2.º, parágrafo único).[145]

A *qualidade* e a *fidelidade* do que for transmitido correrão por conta da parte que se utilizar do meio de transmissão (art. 4.º, *caput*, da Lei 9.800/1999).[146] Deverá haver coincidência entre o meio utilizado por *fac-símile* e o original ulteriormente apresentado, pois, do contrário, será o litigante considerado como de má-fé (art. 4.º, parágrafo único, da Lei 9.800/1999). É hipótese em que a conduta de litigância de má-fé está objetivamente definida.

A aplicabilidade do sistema depende da existência de aparelhagem dos órgãos judiciários (art. 5.º), que, em os tendo, deverão dar à publicidade o fato e disciplinar como será recebida a transmissão.

Se por qualquer razão o material eletronicamente enviado não chegar ao seu destino, parece que a solução é de colocar isso como ônus da parte.[147]

Se o material chegar *defeituoso*, ou seja, com trechos ilegíveis, parece que deverá valer na parte *legível*, tendo em vista que isso seja possível, quando mais não seja, *mutatis mutandis*, fazendo-se aplicação do princípio da instrumentalidade.[148] O Supremo Tribunal Federal editou a Resolução 179, de 26.07.1999, já referida, em que se dispôs sobre a utilização, no âmbito desse Tribunal, do que se encontra disciplinado na Lei 9.800/1999.[149]

145. Rejeitou-se reclamação, em razão da não juntada dos originais no prazo de cinco dias (STJ, Rcl 1.693/RJ, 3.ª T., j. 24.08.2005, rel. Min. Laurita Vaz, *DJ* 21.09.2005, p. 126).

146. STJ, AgRg no AgIn 668.875/RS, 2.ª T., j. 09.08.2005, rel. Min. João Otávio de Noronha, *DJ* 26.09.2005, p. 321.

147. Neste sentido dispôs a Resolução 179, de 26 de julho de 1999, do Supremo Tribunal Federal.

148. V. trabalho de Júlio Machado Teixeira Costa, já citado.

149. Devem sublinhar os seguintes pontos, a saber: a) indicam-se, com exclusividade, os equipamentos para receber comunicações, que são os "localizados na Seção de Protocolo de Petições, da Coordenadoria de Processamento Inicial, da Secretaria Judiciária", inclusive indicados os números das linhas (art. 2.º, *caput*, da Res. 179/1999); b) o risco do fracasso na não obtenção de linha disponível ou, ainda, defeitos de transmissão ou recepção "correrão à conta do remetente, e não escusarão o cumprimento dos prazos legais" (art. 2.º, parágrafo único); c) "recebidas as petições, das seis às vinte e quatro horas, a Seção de Protocolo de Petições adotará as necessárias providências de registro e protocolo, admitindo-se, como prova do oportuno recebimento do original transmitido, a autenticação dada pelo equipamento recebedor, a qual será anexada aos autos, e, como comprovante da transmissão, o relatório do equipamento transmissor do fac-símile (fax)" – (art. 3.º, *caput*); d) mais ainda, a pedido do remetente e por este custeado, a secção de recebimento "enviará ao interessado, inclusive pelos sistema tipo fac-símile (fax), se for o caso, cópia da primeira página da petição recebida e protocolizada no Supremo Tribunal Federal, a qual servirá de contrafé" (art. 4.º).

105-B. Do processo eletrônico[150]

Havia polêmica, na jurisprudência recente, sobre a admissibilidade da prática de atos processuais por meio de correio eletrônico (*e-mail*), se observadas as condições da Lei 9.800/1999.

Orientava-se parte da jurisprudência do STJ no sentido de que "a utilização do correio eletrônico na interposição de recursos ainda não possui regulamentação e nem mesmo técnica específica para atestar a idoneidade do documento e de seu subscritor nesta Corte, não sendo adequado invocar a Lei 9.800/1999 para justificar tais casos".[151]

Em sentido contrário, existiam decisões afirmando que "o correio eletrônico (*e-mail*) é sistema de transmissão de dados e imagens similar ao fac-símile, motivo pelo qual permitida a sua utilização, para a apresentação de petição escrita, na forma da Lei 9.800/1999".[152] Observa-se, neste julgado, que "a interposição de recurso, nos termos facultados pela Lei 9.800/1999, em seu art. 2.º, atribui à parte a total responsabilidade pela entrega dos originais ao órgão judiciário".

Por outro lado, havia entendimento intermediário, no sentido de que o *e-mail* pode ser utilizado, desde que para transmitir imagens digitais do documento original impresso e assinado.[153]

Atualmente, de acordo com o parágrafo único do art. 154 do CPC (inserido pela Lei 11.280/2006), "os tribunais, no âmbito da respectiva jurisdição, poderão disciplinar a prática e a comunicação oficial dos atos processuais por meios eletrônicos, atendidos os requisitos de autenticidade, integridade, validade jurídica e interoperabilidade da Infraestrutura de Chaves Públicas Brasileira – ICP-Brasil".[154]

Com esta alteração, busca-se regulamentar e implementar, no âmbito dos Tribunais, o que por muitos já vem sendo adotado, relativamente à prática de atos processuais mediante a utilização de sistemas de meios eletrônicos, consoante demonstram os julgados citados acima, que, em certa medida, já vêm admitindo a prática de atos processuais por meios eletrônicos.

De qualquer forma, é importante ressaltar a importância que tal regra – cuja implementação já foi iniciada em alguns tribunais – pode vir a representar na modernização do

150. Acerca do processo eletrônico, cf. a obra de Carlos de Araújo Almeida Filho, já na segunda edição: *Processo eletrônico e teoria geral do processo eletrônico*.

151. STJ, AgRg nos EDcl no AgRg no REsp 644.765/RS, 5.ª T., j. 26.04.2005, rel. Min. Felix Fischer, *DJ* 23.05.2005, p. 331. No mesmo sentido: STJ, AgRg no AgIn 632.346/MG, 4.ª T., j. 17.02.2005, rel. Min. Fernando Gonçalves, *DJ* 21.03.2005, p. 398; STJ, EDcl nos EDcl no AgRg no AgIn 604.640/MG, 3.ª T., j. 17.03.2005, rel. Min. Nancy Andrighi, *DJ* 11.04.2005, p. 292; STJ, AgRg no REsp 652.325/SC, 2.ª T., j. 04.11.2004, rel. Min. João Otávio de Noronha, *DJ* 14.02.2005, p. 183.

152. STJ, AgRg no REsp 660.369/RS, 1.ª T., j. 08.03.2005, rel. Min. Luiz Fux, *DJ* 28.03.2005, p. 215. No mesmo sentido: STJ, EDcl no AgRg no REsp 658193/SC, 5.ª T., j. 15.03.2005, rel. Min. Gilson Dipp, *DJ* 04.04.2005, p. 342; STJ, AgRg no REsp 691.728/SC, 1.ª T., j. 03.03.2005, rel. Min. José Delgado, *DJ* 04.04.2005, p. 215.

153. STJ, AgRg no REsp 594.352/SP, 3.ª T., j. 17.02.2004, rel. Min. Antônio de Pádua Ribeiro, *DJ* 22.03.2004, p. 308.

154. Cf., a respeito, a Medida Provisória 2.200-2, de 24.08.2001, que instituiu a ICP-Brasil. De acordo com o art. 10, § 1.º da referida Medida Provisória, "as declarações constantes dos documentos em forma eletrônica produzidos com a utilização de processo de certificação disponibilizado pela ICP-Brasil presumem-se verdadeiros em relação aos signatários" (cf. art. 368, *caput*, do CPC; art. 219, *caput*, do CC/2002). Também regulamentam a atuação da ICP-Brasil os Decs. 6.605, de 15.10.2008 e 3.996, de 31.10.2001.

Poder Judiciário, por meio do uso da velocidade da internet para a prática da maioria dos atos processuais, contribuindo, assim, para a diminuição da quantidade enorme de papéis, que, literalmente, abarrotam o fórum e dificultam, em muito, a agilidade da prestação da tutela jurisdicional.[155]

A comunicação dos atos processuais por meio de cartas precatórias, de ordem e rogatórias poderá, talvez em um curto espaço de tempo, ser realizada eletronicamente, via internet, com a segurança atestada pela Infraestrutura de Chaves Públicas Brasileira – ICP-Brasil, representando um significativo avanço tecnológico que contribuirá, consideravelmente, para a celeridade do processo.

Com este intuito ressalte-se, por oportuno, que foi sancionada pelo Presidente da República a Lei 11.419, em 19 de dezembro de 2006, que regulamenta a informatização do processo judicial.

Certamente, a Lei 11.419/2006 dependerá de condições materiais e da efetiva implantação do sistema por ela criado. Quando implantado o sistema, deverá funcionar – e, em alguns Tribunais, já vem, efetivamente, funcionando – como se procura descrever.

Assim, a Lei 11.419/2006, oriunda de projeto de lei do ano de 2001, regulamenta inteiramente o que se pode designar como processo eletrônico, a ser aplicado aos processos civil, penal e trabalhista, como, também, aos juizados especiais e em qualquer grau de jurisdição (art. 1.º, § 1.º), e, que deverá vir a ser praticado com a quase exclusão do sistema tradicional. Essa lei altera profundamente o Código de Processo Civil, na medida em que prevê a informatização do processo,[156] modificando a redação de alguns de seus textos, a fim de viabilizar a utilização de meio eletrônico, ao lado de outras providências. Em rigor, o objetivo central dessa lei é o de substituir inteiramente a tradicional utilização de papel por comunicação eletrônica autêntica, isto é, com validade jurídica como tal, porque legalmente disciplinada a atividade. Essa substituição não ocorrerá somente quando isso se mostrar efetivamente inviável.

Esta disciplina da Lei 11.419 pressupõe precedente regulação do assunto, objeto da Medida Provisória 2.200-2, de 24 de agosto de 2001,[157] em que se instituiu "a Infraestrutura de Chaves Públicas Brasileira – ICP-Brasil, para garantir a autenticidade, a integridade e a validade jurídica de documentos em forma eletrônica, das aplicações de suporte

155. Sobre o tema, cf. Flávio Cheim Jorge, Fredie Didier Jr. e Marcelo Abelha Rodrigues, *A terceira etapa da reforma processual civil*, p. 36 e 37.

156. Pelo que consta do art. 1.º, *caput*, da Lei 11.419/2006, "o uso de meio eletrônico na tramitação de processos judiciais, comunicação de atos e transmissão de peças processuais será admitido nos termos desta Lei".

157. Em realidade, a Lei 9.800/1999, foi a primeira a admitir, de maneira expressa, a prática de atos processuais (*v.g.*, protocolo de petições) por meio da utilização do aparelho de fax ou similar (*e-mail*) (art. 1.º da referida Lei), exigindo, contudo, o protocolo e apresentação em juízo do respectivo original no prazo de 5 (cinco) dias contados do término do prazo legal. Mais tarde, a Lei 10.259/2001, que instituiu os Juizados Especiais Federais, permitiu o *peticionamento eletrônico* e também a intimação pelo meio eletrônico, e o fez mediante o § 2.º do art. 8.º, *in verbis*: "Os tribunais poderão organizar serviço de intimação das partes e de recepção de petições por meio eletrônico". Mais recentemente, no ano de 2006, por obra da Lei 11.280, ao art. 154 foi acrescentado um parágrafo único, dispondo: "Os tribunais, no âmbito da respectiva jurisdição, poderão disciplinar a prática e a comunicação oficial dos atos processuais por meios eletrônicos, atendidos os requisitos de autenticidade, integridade, validade jurídica e interoperabilidade da Infraestrutura de Chaves Públicas Brasileira – IPC-Brasil".

e das aplicações habilitadas que utilizem certificados digitais, bem como a realização de transações eletrônicas seguras" (MP 2.200-2, art. 1.º).[158] A Lei 11.419/2006, no fundo, estabelece que a atividade jurisdicional, e também a de postulação, passará a observar esse processo eletrônico.

Permitir-se-á entre nós a introdução efetiva da informática nos serviços judiciários – incluindo a postulação, formação de autos em meio digital, intimações, citações, notificações, criação de *Diário Oficial* eletrônico, como, de fato, já existe na Justiça do Trabalho, no TRT da 2.ª Região, e na Justiça Comum Cível Estadual em muitos Estados, inclusive no Estado de São Paulo, no Superior Tribunal de Justiça e no Supremo Tribunal Federal, tudo modificando o método de trabalho até hoje utilizado –,[159] sob o selo de ser oficial e substitutiva do método tradicional (uso do papel); essa lei será complementarmente disciplinada nos Estados federados e nas secções judiciárias federais pelos Tribunais (art. 18 da Lei 11.419/2006), juizados especiais e, em rigor, em todo o país, à luz de regras estabelecidas e a serem estabelecidas e, ainda, haver-se-á de ter em conta as disponibilidades materiais.

Deverá haver submissão ou sintonia com a da disciplina geral, que é, fundamentalmente, a da MP 2.200-2/2001, a qual se refere, inclusive, à validade e à autenticidade e a outros requisitos imprescindíveis à legitimidade das comunicações eletrônicas.

O ICP-Brasil estabeleceu as condições de legalidade dessas comunicações; legalidade no sentido de atribuir autenticidade a elas, validade e eficácia. É o ICP-Brasil um conjunto de técnicas, práticas e procedimentos, a ser implementado pelas organizações governamentais e privadas brasileiras, com o objetivo de estabelecer os fundamentos técnicos e metodológicos de um sistema de certificação digital baseado em chave pública, e, essa nomenclatura está na MP 2.200-2, de 24 de agosto de 2001.

O parágrafo único do art. 154 do CPC (tal como decorreu de sua redação pela Lei 11.280/2006) já havia sido vetado, quando da sanção ao Projeto de Lei 3.475/2000, que, incluído num outro, gerou a Lei 10.358/2001. E, com a sanção da Lei 11.419/2006, não foi novamente vetado, tendo sido a razão central da ausência de veto a de manter o sistema do ICP-Brasil como base do processo eletrônico.

A normatização complementar ficou afetada a cada tribunal, mas dependente da legislação federal existente (especialmente a MP 2.200-2/2001 e a que decorrerá da Lei 11.419/2006), como, ainda, tendo-se em vista as disponibilidades técnicas e materiais que possam ser proporcionadas.

Há a precedente Lei 9.800/1999, regulamentada pela maioria dos Tribunais, senão todos, em que há referência à utilização de fax ou meio "similar"; porém, esta última expressão não conduziu à informatização, com as características aqui expostas, mormente porque exigia, ainda, a apresentação ao Tribunal dos originais no prazo legal. E, em rigor, não poderia ter conduzido, para tanto bastando examinar as minúcias e meticulosidades disciplinadas nesta Lei 11.419, de 19 de dezembro de 2006.

---

158. A MP 2.200-2/2001 instituiu a "Infraestrutura de Chaves Públicas Brasileira (ICP-Brasil)", estabelecendo que a função primordial desta seria a de organizar o processo de certificação digital dos documentos eletrônicos em todo o País (art. 1.º).

159. A recente Lei 11.382/2006, inspirada sob idêntica "filosofia", acrescentou ao CPC o art. 689-A, que autoriza a que a hasta pública, a requerimento do exequente, possa ser "realizada por meio da *rede mundial de computadores*, com uso de páginas virtuais criadas pelos Tribunais ou por entidades públicas ou privadas em convênio com eles firmado".

A Lei 9.983, de 14 de julho de 2000, acrescentou ao Código Penal os arts. 313-A e 313-B, em que se tipificam os chamados crimes informáticos.[160]

No âmbito do STF e do STJ, além da criação dos *Diários Eletrônicos*, vem sendo introduzido, gradualmente, um sistema de tramitação de processos eletrônicos, que inclui, nos termos da Lei 11.419/2006, a possibilidade de peticionamento e comunicação de atos processuais eletronicamente. No STF, tal sistema foi instituído pelas Resoluções 344/2007 e 350/2007 – já revogadas – e ampliado pelas Resoluções 417/2009 (revogada) e 427/2010 (em vigor); no STJ, o processo eletrônico foi instituído e regulamentado pela Resolução 1/2010.

Tal regulamentação dos Tribunais Superiores observa – como deverão observar as regulamentações introduzidas no âmbito de quaisquer outros tribunais – alguns requisitos, estabelecidos pela Lei 11.419/2006 e pela MP 2.200-2/2001. Estes requisitos básicos, sinteticamente enunciados, que haverão de ser proporcionados para comunicações eletrônicas válidas e para um processo eletrônico válido, são os seguintes: (a) autenticidade; (b) integridade dos documentos; (c) assinatura eletrônica; (d) valor probante da assinatura equiparado ao da assinatura atual; (e) criptografia, uma técnica que consiste na aplicação de um padrão de transformação de dados através de operações matemáticas, de maneira a torná-los inacessíveis a quem não possua conhecimento apropriado para sua tradução. A criptografia, no caso, é baseada no uso de chaves. Essas chaves se constituem em códigos. Há a chave privada e a chave pública. A chave privada fica na posse de quem vai receber a informação e sua função é a de descriptografar o que está criptografado para ter acesso ao conteúdo. A chave pública permite o acesso de qualquer um e sua função é a de criptografar a informação; é de domínio público. Cada destinatário tem a sua chave pública, a qual criptografa as informações que somente serão abertas através da chave privada do destinatário. A chave pública fica ou é residente numa entidade que funcionará como certificadora e provedora das chaves. Em rigor, o que existe é um par de chaves para cada destinatário – pública e privada.

A criptografia, portanto, é representada por uma sequência de operações matemáticas destinadas a ocultar a informação, para normalmente destiná-la a fins de armazenamento e de transferência de dados.

A chave pública é de domínio público; compõe uma lista acessível a usuários; e a chave privada proporciona ao destinatário descriptografar e ter acesso ao conteúdo, objeto da precedente criptografia.

O sistema deverá proporcionar autenticação do conteúdo e identificação do que

---

160. Dispõem esses textos:

"*Inserção de dados falsos em sistema de informações:* Art. 313-A. Inserir ou facilitar, o funcionário autorizado, a inserção de dados falsos, alterar ou excluir indevidamente dados corretos nos sistemas informatizados ou bancos de dados da Administração Pública com o fim de obter vantagem indevida para si ou para outrem ou para causar dano: Pena – reclusão, de 2 (dois) a 12 (doze) anos, e multa" (incluído pela Lei 9.983/2000)."*Modificação ou alteração não autorizada de sistema de informações:* Art. 313-B. Modificar ou alterar, o funcionário, sistema de informações ou programa de informática sem autorização ou solicitação de autoridade competente: Pena – detenção, de 3 (três) meses a 2 (dois) anos, e multa. Parágrafo único. As penas são aumentadas de 1/3 (um terço) até a 1/2 (metade) se da modificação ou alteração resulta dano para a Administração Pública ou para o administrado" (incluído pela Lei 9.983/2000).Art. 153 do CP: "Art. 153. (...) § 1.º-A Divulgar, sem justa causa, informações sigilosas ou reservadas, assim definidas em lei, contidas ou não nos sistemas de informações ou banco de dados da Administração Pública: Pena – detenção, de 1 (um) a 4 (quatro) anos, e multa. § 1.º (...) § 2.º Quando resultar prejuízo para a Administração Pública, a ação penal será incondicionada".

formou o documento. Deverá proporcionar impedimento de rejeição, ou seja, se o documento foi idoneamente remetido, não poderá ser rejeitado pelo destinatário (acentue-se que, se o envio é feito pelo sistema de criptografia, só por isso haverá impedimento de rejeição). Deverá proporcionar privacidade, ou seja, ter a capacidade do sistema ocultar o conteúdo, salvo para o(s) destinatário(s).

A assinatura digital será certificada pelo autenticador – de certa forma é "outra chave"; e essa autenticação imprimirá autenticidade em relação ao que formou o documento e é o seu signatário.

A certificação será efetivada por empresa credenciada ou cadastrada junto à ICP-Brasil.

A Medida Provisória 2.200-2/2001 estabelece no seu art. 10: "Art. 10. Consideram-se documentos públicos ou particulares, para todos os fins legais, os documentos eletrônicos de que trata esta Medida Provisória.

"§ 1.º As declarações constantes dos documentos em forma eletrônica produzidos com a utilização de processo de certificação disponibilizado pela ICP-Brasil presumem-se verdadeiros em relação aos signatários, na forma do art. 131 da Lei 3.071, de 1.º de janeiro de 1916 – Código Civil".

A esse art. 131 do Código Civil precedente corresponde o art. 219 do vigente Código Civil, que dispõe: "As declarações constantes de documentos assinados presumem-se verdadeiras em relação aos signatários" (*caput*).

E também no Código de Processo Civil se dispõe sobre a veracidade de declarações constantes de documentos particulares, no seu art. 368, *caput*, que reza: "As declarações constantes do documento particular, escrito e assinado, ou somente assinado, presumem-se verdadeiras em relação ao signatário".

Essa Lei 11.419/2006, procura disciplinar quase que inteiramente – ressalvadas as competências dos Tribunais, em aspectos complementares – o processo eletrônico. Disciplina, também, as condições de implantação do sistema, como, ainda, as hipóteses em que o processo eletrônico não pode ser utilizado.

A utilização do meio eletrônico na tramitação de processos judiciais haverá de observar o que se contém nessa Lei 11.419/2006 (art. 1.º; v. também o art. 8.º, podendo ser os autos total ou parcialmente digitais; todos os atos processuais serão eletronicamente assinados, na forma do previsto nesta lei).

Aplicar-se-á a todo o Poder Judiciário (art. 1.º, § 1.º) e, por este sistema, serão feitas as comunicações de atos processuais em geral (art. 4.º e ss.), estando nessa lei definidos os conceitos fundamentais do sistema (art. 1.º, § 2.º, I, II e III), como também referido o requisito para a assinatura digital, que será autêntica, prevendo-se cadastro do usuário no Poder Judiciário, aspecto último este que demandará disciplina complementar pelos órgãos respectivos (art. 1.º, § 2.º, III, *a* e *b*).

O sistema haverá de proporcionar sigilo, identificação e autenticidade das comunicações, podendo os órgãos do Judiciário criar cadastro único (art. 2.º, §§ 2.º e 3.º).

O ato processual será havido como realizado no momento (dia e hora) do envio e haverá protocolo eletrônico de sua prática, a ser entregue ou liberado para o que praticou o ato (art. 3.º, *caput*). Se a petição enviada destinar-se a cumprimento de prazo ou o ato haja de ser praticado dentro de determinado prazo, esse terminará no último momento do dia (meia-noite) (arts. 3.º, parágrafo único, e 10, § 1.º).[161]

161. STJ, EDcl no AgRg no Ag 798562/DF, 1.ª T., j. 05.06.2007, rel. Min. Denise Arruda, *DJ* 29.06.2007, p. 495: "Processual civil. Embargos de declaração no agravo regimental. Omissão e obscuridade. Inexistência. Lei

Serão criados *Diários Oficiais* eletrônicos, a serem implementados pelos Tribunais, basicamente para as mesmas finalidades atualmente desempenhadas pelos *Diários Oficiais* tradicionais (art. 4.º, *caput*), e será esse meio de comunicação e informação eletrônico substitutivo de "qualquer outro meio e publicação oficial, para quaisquer efeitos legais", salvo a necessidade de intimação ou vista pessoal (art. 4.º, § 2.º). Nesta hipótese, considerar-se-á a data de publicação como sendo o primeiro dia útil subsequente ao da disponibilização da informação no *Diário* (art. 4.º, § 3.º), mas os prazos terão início no primeiro dia útil seguinte ao considerado como a data da publicação (art. 4.º, § 4.º).

Aos que se cadastrarem será possível que as intimações sejam feitas "em portal próprio", dispensada a publicação no órgão oficial, inclusive eletrônico (art. 5.º, *caput*).

Por outras palavras, o cadastramento proporcionará intimação individualizada ou personalizada – "em portal próprio" –, o que dispensará a leitura do *Diário Oficial* eletrônico e terá validade.

Dispõe o § 1.º do art. 5.º o seguinte: "§ 1.º Considerar-se-á realizada a intimação no dia em que o intimando efetivar a consulta eletrônica ao teor da intimação, certificando-se nos autos a sua realização". Se a consulta ocorrer em dia não útil, prorrogar-se-á a data da intimação para o primeiro dia útil seguinte (art. 5.º, § 2.º), mas a consulta deverá ser feita em até 10 dias corridos, contados do envio da intimação, sob pena de, então, vir a considerar-se a intimação realizada automaticamente "na data do término desse prazo" (art. 5.º, § 3.º).

A própria Fazenda Pública será intimada na forma do art. 5.º, e valerá como intimação pessoal (art. 5.º, § 6.º). Em casos urgentes, em que a intimação realizada pela forma acima possa causar prejuízo, ou se for evidenciada burla ao sistema, o juiz poderá determinar seja realizada de outra forma (art. 5.º, § 5.º). Rogatórias, precatórias e cartas de ordem, e, de um modo geral, "todas as comunicações oficiais" entre órgãos do Judiciário, e as deste em relação aos demais Poderes, utilizar-se-ão preferencialmente deste sistema (art. 7.º).

Em relação à disciplina do processo eletrônico (Capítulo III), acentue-se o seguinte. Intimações, citações e notificações serão feitas com base nesta lei (art. 9.º, *caput*). Se se viabilizar o acesso à íntegra do processo, isso valerá como "vista pessoal" para todos os efeitos legais (art. 9.º, § 1.º). Se tecnicamente inviável a utilização do meio eletrônico para a realização de citação, intimação ou notificação, serão esses atos praticados "segundo as regras ordinárias", digitalizado o documento físico, o qual deverá ser posteriormente destruído (art. 9.º, § 2.º). Ou seja, nesta hipótese, seguido o sistema tradicional, ulteriormente o documento ou os documentos utilizados serão incorporados em meio eletrônico.

A distribuição da petição inicial e a juntada da contestação, dos recursos e das pe-

---

11.419/2006. Inaplicabilidade. *Vacatio legis* de noventa dias. Correção de erro material. Parcial acolhimento. 1. O acórdão embargado, de maneira clara e objetiva, não conheceu do agravo regimental por intempestividade. Entendeu-se que o art. 10, § 1.º, da Lei 11.419/2006 – que autoriza a prática de ato processual por meio eletrônico até as 24 horas do último dia do prazo –, é inaplicável ao caso, porque a lei somente entrou em vigor noventa dias depois de sua publicação, em 20 de março de 2007, não retroagindo, portanto, para alcançar o recurso protocolado no mês de fevereiro. 2. O mero inconformismo da parte não configura vício, tampouco caracteriza hipótese de cabimento de embargos de declaração, que constituem recurso de estritos limites processuais cujo cabimento requer estejam presentes os pressupostos legais insertos no art. 535 do CPC. 3. Embargos de declaração parcialmente acolhidos, apenas para se corrigir *ex officio* o erro material na indicação do número da Lei 11.419/2006".

tições em geral, em formato digital, poderão ser feitas diretamente pelos advogados, públicos ou privados, sem necessidade de intervenção do cartório ou secretaria, com autuação automática, mediante recibo eletrônico de protocolo (art. 10, *caput*).

Se o sistema tornar-se indisponível, por motivo técnico, o prazo se prorrogará até o primeiro dia útil seguinte à resolução do problema (art. 10, § 2.º).

Documentos com garantia de origem e do signatário serão considerados originais para todos os efeitos legais (art. 11, *caput*). Extratos digitais e documentos digitalizados, anexados aos autos, têm a mesma força probante que os originais, ressalvada a alegação motivada de adulteração antes ou durante o processo de digitalização (art. 11, § 1.º). A arguição de falsidade seguirá as regras do CPC, mas será processada eletronicamente (art. 11, § 2.º).

Os originais dos documentos digitalizados (referidos no § 2.º do art. 11) deverão ser preservados por seu detentor até o trânsito em julgado, ou, se admitida, até o termo final do prazo de ação rescisória (§ 3.º do art. 11). Se tecnicamente inviável a digitalização de documento, esse deverá ser entregue em cartório; contar-se-á o prazo da data do envio da petição eletrônica; dentro em dez dias deverá ser feita a entrega em cartório, e será devolvido à parte quando do trânsito em julgado (§ 5.º, do art. 11). Está prevista a preservação para as situações de sigilo e segredo de justiça, quando só às partes e ao Ministério Público estará disponibilizado o acesso por meio da rede externa (§ 6.º do art. 11).

A conservação dos autos poderá ser, total ou parcialmente, por meio eletrônico (art. 12, *caput*). Deverão esses autos eletrônicos estar protegidos por meio de sistemas de segurança, e bem assim a sua armazenagem, desnecessária a formação de autos suplementares (§ 1.º do art. 12).

Se autos eletrônicos houverem de ser transmitidos a outro juízo em que não haja esse sistema, proceder-se-á à impressão e serão autuados na forma do art. 166, do CPC, aplicável essa regra para causas de natureza criminal, trabalhista ou de juizado especial. Nesta hipótese, feita a autuação, o processamento será o tradicional, ou seja, "seguirá a tramitação legalmente estabelecida para os processos físicos" (§ 4.º do art. 12 da Lei 11.419/2006). O § 5.º do art. 12 da Lei 11.419/2006 estabelece: "§ 5.º A digitalização de autos em mídia não digital, em tramitação ou já arquivados, será precedida de publicação de editais de intimações ou da intimação pessoal das partes e de seus procuradores, para que, no prazo preclusivo de 30 (trinta) dias, se manifestem sobre o desejo de manterem pessoalmente a guarda de algum dos documentos originais". Por este texto se verifica a intenção de que aquilo que não esteja digitalizado possa vir a sê-lo, ensejando às partes a possibilidade de manutenção de algum ou de todos os documentos originais.

O aporte de meios instrutórios poderá ser determinado pelo magistrado em meio eletrônico (art. 13, *caput*).

Cadastros públicos, tais como conceituados no § 1.º do art. 13, são os existentes em concessionárias de serviço público ou empresas privadas, contendo informações indispensáveis ao exercício da atividade judicante, ou os que venham a existir.

Recomenda-se (art. 14, *caput*) que preferencialmente se utilize programas com código aberto,[162] acessíveis sem interrupção pela

162. Os chamados programas de *código aberto* (*open source*) são aqueles que permitem aos usuários saber o que está dentro do programa, *v.g.*, como o Linux. Por outras palavras, "programa de código aberto é aquele em que você tem acesso ao código fonte e pode efetuar modificações no programa original" (do *site* <w3.unesp.br/unespfree/unespfree_faq.htm>, consultado em 19.12.2006).

rede mundial de computadores, priorizada a sua padronização. No parágrafo único do art. 14, se estabelece que os sistemas deverão procurar identificar os casos de prevenção, litispendência e de coisa julgada, o que remete, principalmente, para os fins objetivados pelo art. 253 do CPC. A parte deverá informar, ao distribuir a petição inicial de qualquer ação judicial, o número do cadastro de pessoas físicas ou jurídicas, perante a Receita Federal, conforme a hipótese, salvo se isso comprometer o acesso à justiça, hipótese em que há dispensa dessa informação (art. 15, *caput*, da Lei 11.419/2006). Para fins análogos na área criminal, os membros do Ministério Público ou autoridades policiais deverão identificar suas comunicações com os números de registros dos acusados no Instituto Nacional de Identificação do Ministério da Justiça, se houver (art. 15, parágrafo único).

Livros cartorários e demais repositórios dos órgãos do Poder Judiciário poderão ser gerados e armazenados por meio totalmente eletrônico (art. 16).

Adaptam-se diversos artigos do CPC para se afeiçoarem a este novo sistema: art. 38, parágrafo único; art. 154, § 2.º; art. 164, parágrafo único; art. 169, §§ 1.º, 2.º e 3.º; art. 202, § 3.º; art. 221, IV; art. 237, parágrafo único; art. 365, V e VI e §§ 1.º e 2.º; art. 399, §§ 1.º e 2.º; art. 417, §§ 1.º e 2.º; art. 457, § 4.º; e art. 556, parágrafo único.[163]

---

163. As novas redações são as seguintes:

"Art. 38. (...) Parágrafo único. A procuração pode ser assinada digitalmente com base em certificado emitido por Autoridade Certificadora credenciada, na forma da lei específica."

"Art. 154. (...) § 2.º Todos os atos e termos do processo podem ser produzidos, transmitidos, armazenados e assinados por meio eletrônico, na forma da lei."

"Art. 164. (...) Parágrafo único. A assinatura dos juízes, em todos os graus de jurisdição, pode ser feita eletronicamente, na forma da lei."

"Art. 169. (...) § 1.º É vedado usar abreviaturas. § 2.º Quando se tratar de processo total ou parcialmente eletrônico, os atos processuais praticados na presença do juiz poderão ser produzidos e armazenados de modo integralmente digital em arquivo eletrônico inviolável, na forma da lei, mediante registro em termo que será assinado digitalmente pelo juiz e pelo escrivão ou chefe de secretaria, bem como pelos advogados das partes. § 3.º No caso do § 2.º deste artigo, eventuais contradições na transcrição deverão ser suscitadas oralmente no momento da realização do ato, sob pena de preclusão, devendo o juiz decidir de plano, registrando-se a alegação e a decisão no termo."

"Art. 202. (...) § 3.º A carta de ordem, carta precatória ou carta rogatória pode ser expedida por meio eletrônico, situação em que a assinatura do juiz deverá ser eletrônica, na forma da lei."

"Art. 221. (...) IV – por meio eletrônico, conforme regulado em lei própria."

"Art. 237. (...) Parágrafo único. As intimações podem ser feitas de forma eletrônica, conforme regulado em lei própria."

"Art. 365. (...) V – os extratos digitais de bancos de dados, públicos e privados, desde que atestado pelo seu emitente, sob as penas da lei, que as informações conferem com o que consta na origem; VI – as reproduções digitalizadas de qualquer documento, público ou particular, quando juntados aos autos pelos órgãos da Justiça e seus auxiliares, pelo Ministério Público e seus auxiliares, pelas procuradorias, pelas repartições públicas em geral e por advogados públicos ou privados, ressalvada a alegação motivada e fundamentada de adulteração antes ou durante o processo de digitalização. § 1.º Os originais dos documentos digitalizados, mencionados no inciso VI do *caput* deste artigo, deverão ser preservados pelo seu detentor até o final do prazo para interposição de ação rescisória. § 2.º Tratando-se de cópia digital de título executivo extrajudicial ou outro documento relevante à instrução do processo, o juiz poderá determinar o seu depósito em cartório ou secretaria."

"Art. 399. (...) § 1.º Recebidos os autos, o juiz mandará extrair, no prazo máximo e improrrogável de 30 (trinta) dias, certidões ou reproduções fotográficas das peças indicadas

Dispõe-se, finalmente, que "ficam convalidados os atos processuais praticados por meio eletrônico até a data de publicação desta Lei, desde que tenham atingido sua finalidade e não tenha havido prejuízo para as partes" (art. 19 da Lei 11.419/2006).

A transmissão de dados por meio eletrônico é, enfim, uma realidade presente no sistema judiciário, e o Projeto de Novo Código de Processo Civil demonstra uma nítida preferência pela realização de atos judiciais eletronicamente. Assim, e observando-se o disposto acima, a citação poderá ser feita por meio eletrônico (art. 246, V, do PL 8.046/2010); a carta de ordem e a carta precatória serão transmitidas eletronicamente em caso de urgência (arts. 263 e 264); e as intimações serão realizadas, preferencialmente e sempre que possível, por meio eletrônico (art. 270).

---

pelas partes ou de ofício; findo o prazo, devolverá os autos à repartição de origem. § 2.º As repartições públicas poderão fornecer todos os documentos em meio eletrônico conforme disposto em lei, certificando, pelo mesmo meio, que se trata de extrato fiel do que consta em seu banco de dados ou do documento digitalizado."

"Art. 417. (...) § 1.º O depoimento será passado para a versão datilográfica quando houver recurso da sentença ou noutros casos, quando o juiz o determinar, de ofício ou a requerimento da parte. § 2.º Tratando-se de processo eletrônico, observar-se-á o disposto nos §§ 2.º e 3.º do art. 169 desta Lei."

"Art. 457. (...) § 4.º Tratando-se de processo eletrônico, observar-se-á o disposto nos §§ 2.º e 3.º do art. 169 desta Lei."

"Art. 556. (...) Parágrafo único. Os votos, acórdãos e demais atos processuais podem ser registrados em arquivo eletrônico inviolável e assinados eletronicamente, na forma da lei, devendo ser impressos para juntada aos autos do processo quando este não for eletrônico."

Bibliografia

Almeida Filho, José Carlos de Araújo. *Processo eletrônico e teoria geral do processo eletrônico*. São Paulo: GEN/Forense, 2008.

Arruda Alvim, Eduardo. *Curso de direito processual civil*. São Paulo: Ed. RT, 1999. vol. 1.

______. *Direito processual civil*. 2. ed. São Paulo: Ed. RT, 2008.

______. *Direito processual civil*. 3. ed. São Paulo: Ed. RT, 2010.

______. *Direito processual civil*. 4. ed. São Paulo: Ed. RT, 2012.

Arruda Alvim Netto, José Manoel de. *Arguição de relevância no recurso extraordinário*. São Paulo: Ed. RT, 1988.

______. *Código de Processo Civil comentado*. São Paulo: Ed. RT, 1975. vol. 2.

______. *Direito processual civil – teoria geral do processo de conhecimento*. São Paulo: Ed. RT, 1972. vol. 1.

______. Lei 11.280, de 16 de fevereiro de 2006 (análise dos arts. 112, 114 e 305 do Código de Processo Civil) (análise do § 5.º do art. 219 do CPC). Artigo escrito em homenagem ao Min. José Augusto Delgado. No prelo.

______. Prescrição intercorrente. In: Cianci, Mirna (coord.). *Prescrição no novo código civil*. 2. ed. São Paulo: Saraiva, 2006.

______. *Tratado de direito processual civil*. São Paulo: Ed. RT, 1996. vol. 2.

______. et alii. O destinatário na citação pelo correio. *Revista de Processo [RePro]* 5/177, ano V. São Paulo: Ed. RT, jan./mar. 1977.

______. e outros. Recursos contra atos praticados pelo juízo deprecado. *Revista de Processo [RePro]* 7/163, 1977.

Arruda Alvim Wambier, Teresa. *Controle das decisões judiciais por meio de recursos de estrito direito e de ação rescisória*. São Paulo: Ed. RT, 2002.

______. *Medida cautelar, mandado de segurança e ato judicial*. 3. ed. São Paulo: Ed. RT, 1994.

______. *Nulidades do processo e da sentença*. 6. ed. São Paulo: Ed. RT, 2007.

______. *Os agravos no CPC brasileiro*. 4. ed. São Paulo: Ed. RT, 2005.

BARBOSA MOREIRA, José Carlos. Citação de pessoa falecida. *Ajuris* 58/85.

______. *Litisconsórcio unitário*. Rio de Janeiro: Forense, 1972.

______. *O novo processo civil brasileiro*. 25. ed. Rio de Janeiro: Forense, 2007.

______. Prevenção e competência. *Revista de Processo [RePro]* 7-8/197, ano II. São Paulo: Ed. RT, jul.-dez. 1977.

BORGES, Marcos Afonso. *Comentários ao Código de Processo Civil*. São Paulo: LEUD, 1975. vol. 1.

CAHALI, Yussef Said. Citação interruptiva da prescrição (verbete). *Enciclopédia Saraiva do Direito*, 1980, vol. 14.

CALMON, Petrônio. *Comentários à Lei de Informatização do Processo Judicial*. Rio de Janeiro: Forense, 2007.

CARNEIRO, Athos Gusmão. Da citação pelo correio na justiça comum. *Ajuris* 9/59, 1977.

CHAVES, Carlos Alberto. Da citação postal. *RF* 263/95; *RT* 520/41.

CHAVES, Marcos. Da intimação pessoal do ministério público no código de processo civil. *Revista de Processo [RePro]* 26/169, ano VII. São Paulo: Ed. RT, abr./jun. 1982.

CHIOVENDA, Giuseppe. Romanesimo e germanesimo nel processo civile. *Saggi di diritto processuale civile*. Roma: Società Editrice "Foro Italiano", 1930. vol. 1.

COSTA, Dilvanir José da. Os requisitos formais da citação inicial. *RT* 502/43.

CUENCA, Humberto. *Proceso civil romano*. Buenos Aires: EJEA, 1957.

DINAMARCO, Cândido Rangel. *Litisconsórcio*. 2. ed. São Paulo: Ed. RT, 1986.

FADEL, Sergio Sahione. *Código de Processo Civil Comentado*. Rio de Janeiro: Forense, 1984. vol. 1.

FERRAZ, Sérgio. Prevenção de competência. *Revista de Processo [RePro]* 7-8/205, ano II. São Paulo: Ed. RT, out./dez. 1976.

FORNACIARI JÚNIOR, Clito. Citação pelo correio. *Revista de Processo [RePro]* 3/38, ano I. São Paulo: Ed. RT, jul.-set. 1976; *RF* 258/81; *Ajuris* 6/96.

______. *Da reconvenção no direito processual civil brasileiro*. São Paulo: Saraiva, 1982.

GIANESINI, Rita. *Da revelia no processo civil*. São Paulo: Ed. RT, 1977.

GRECO FILHO, Vicente. *Direito processual civil brasileiro. 18. ed.* São Paulo: Saraiva, 2007. vol. 2.

KOMATSU, Roque; SANSEVERINO, Milton. *A citação no direito processual civil*. São Paulo: RT, 1977.

JORGE, Flávio Cheim; DIDIER JR., Fredie; RODRIGUES, Marcelo Abelha. *A terceira etapa da reforma processual civil*. São Paulo: Saraiva, 2006.

LAMBAUER, Mathias. *Do litisconsórcio necessário*. São Paulo: Saraiva, 1982.

LIMA, Alcides de Mendonça. A nova terminologia no Código de Processo Civil. *Ajuris* 1/107, 1974.

______. Citação de comerciante ou de industrial. *Direito processual civil*. São Paulo: José Bushatsky, 1977.

______. Da intimação processual com hora certa. *RT Informa* 265/1.

______. Intimação pela imprensa e contagem do prazo. *RBDP* 9/13, 1977; *Ajuris* 9/101, 1977.

MARINONI, Luiz Guilherme; Arenhart, Sérgio Cruz. *Manual do processo de conhecimento*. 5. ed. São Paulo: Ed. RT, 2006.

MARQUES, José Frederico. *Manual de direito processual civil*. São Paulo: Saraiva, 1983. vol. 1.

MAZZEI, Rodrigo. Reconhecimento *ex officio* da prescrição. In: Neves, Daniel Amorin Assumpção et alii. *Reforma do CPC*. São Paulo: Ed. RT, 2006.

MAZZILLI, Hugo Nigro. *Regime jurídico do Ministério Público*. 2. ed. São Paulo: Saraiva, 1995.

MENDES, João. *Direito judiciário brasileiro*. 2. ed. Rio de Janeiro: Typ. Batista de Souza, 1918.

______. *Tratado de direito privado*. Atual. Vilson Rodrigues Alves. São Paulo: Bookseller, 2000. t. VI.

MONIZ DE ARAGÃO, Egas Dirceu. *Comentários ao Código de Processo Civil*. Rio de Janeiro: Forense, 1979.

MONTEIRO, João. *Teoria do processo civil e comercial*. 3. ed. São Paulo: Duprat & Comp., 1912. vol. 2.

MUSSI, Breno Moreira. Cartas precatórias, rogatórias e de ordem. *Ajuris* 19/58, 1980.

______. Legalidade e oportunidade da intimação pela imprensa particular nos juízos do interior. *RT* 513/295; *RBDP* 18/49, 1979; *Ajuris* 16/15, 1979.

NORTHFLEET, Ellen Gracie. A Utilização do faz no Poder Judiciário. *RT* 728/122-127, 105 e ss. São Paulo: Ed. RT, jun. 1996.

PAULA, Alexandre de. *Código de Processo Civil anotado*. São Paulo: Ed. RT, 1976. vol. 2.

PASSOS, José Joaquim Calmon de. *Comentários ao Código de Processo Civil*. 9. ed. Rio de Janeiro: Forense, 2004. vol. 3.

PIMENTEL, Wellington Moreira. *Comentários ao Código de Processo Civil*. São Paulo: Ed. RT, 1979. vol. 3.

PINTO, Fernando. A publicação de editais e o segredo de justiça no direito de família. *RF* 254/447.

PINTO, Nelson Luiz. *Ação de usucapião*. São Paulo: Ed. RT, 1987.

PIZA, Marcos Salvador de Toledo. Citação edital. *RT Informa* 272/23.

PONTES DE MIRANDA, Francisco Cavalcanti. *Comentários ao Código de Processo Civil* (de 1973). Rio de Janeiro: Forense, 1974. t. III.

PRATA, Edson. *Comentários ao Código de Processo Civil*. Rio de Janeiro: Forense, 1976. vol. 2, t. I.

SANTOS, Moacyr Amaral. *Primeiras linhas de direito processual civil*. 23. ed. atual. Aricê Moacyr Amaral Santos. São Paulo: Saraiva, 2004. vol. 2.

SILVA, Ovídio Araújo Baptista da; MACHADO, L. Melíbio Uiraçaba; GESSINGER, Ruy Armando; GOMES, Fábio Luiz. *Teoria geral do processo civil*. Rio Grande do Sul: Letras Jurídicas, 1983.

TEIXEIRA COSTA, Júlio Machado. A transmissão de atos processuais por fac-símile ou meios semelhantes. *Revista de Processo [RePro]* 96/9-16.

THEODORO JÚNIOR, Humberto. *A reforma da execução do título extrajudicial*. Rio de Janeiro: Forense, 2007.

______. *As novas reformas do Código de Processo Civil*. Rio de Janeiro: Forense, 2006.

______. *Código de Processo Civil anotado*. 10. ED. RIO DE JANEIRO: FORENSE, 2007.

______. *Curso de direito processual civil*. 47. ed. Rio de Janeiro: Forense, 2007. vol. 1.

______. *Processo de conhecimento*. Rio de Janeiro: Forense, 1981. t. I.

TORNAGHI, Hélio Bastos. *Comentários ao Código de Processo Civil*. São Paulo: Ed. RT, 1978. vol. 2.

TUCCI, Rogério Lauria. Carta (direito processual civil) (verbete). *Enciclopédia Saraiva do Direito*, 1978. vol. 13.

______. Citação (verbete). *Enciclopédia Saraiva do Direito*, 1978. vol. 14.

______. Citação com hora certa (verbete). *Enciclopédia Saraiva do Direito*, 1978. vol. 13.

______. Citação ficta ou presumida (verbete). *Enciclopédia Saraiva do Direito*, 1978. vol. 13.

______. Citação inicial (direito processual civil) (verbete). *Enciclopédia Saraiva do Direito*, 1978. vol. 13.

______. Intimação (verbete). *Enciclopédia Saraiva do Direito*, 1980. vol. 46.

______. Rogatória (verbete). *Enciclopédia Saraiva do Direito*, 1981. vol. 66.

VASCONCELOS, Antonio Vital Ramos. A intimação pela imprensa do interior. *Revista de Processo [RePro]* 14-15/199, 1979; *RBDP* 21/41, 1980.

WAMBIER, Luiz Rodrigues; WAMBIER, Teresa Arruda Alvim; MEDINA, José Miguel Garcia. *Breves comentários à nova sistemática processual civil*. São Paulo: Ed. RT, 2006. vol. 2.

______. *Breves comentários à nova sistemática processual civil*. São Paulo: Ed. RT, 2007. vol. 3.

XII

Da Resposta do Réu

106. Introdução

Uma vez citado para a ação contra ele proposta, em procedimento comum ordinário, terá o réu 15 dias, a contar da data de juntada aos autos do Aviso de Recebimento, quando a citação for postal, para responder à ação (art. 241, I, observando-se que outro poderá ser o termo inicial para a resposta) – v. art. 241, II (citação por mandado), III (litisconsórcio), IV (carta de ordem, precatória ou rogatória) e V (citação por edital).

São os seguintes os principais problemas e soluções que envolvem o prazo para apresentação da contestação.

Constando do mandado de citação prazo superior ao da lei para o réu apresentar sua resposta, o juiz não pode rejeitar a contestação apresentada fora da quinzena, senão que há de admiti-la se dentro do prazo errado assinalado no mandado.[1] Esta regra é aplicável, também, para os casos de citação pelo correio, tendo-se presente o disposto no art. 223, *caput*, com a redação da Lei 8.710/1993, que se refere à necessidade da menção ao prazo da resposta.

Já se decidiu, corretamente, pela intempestividade da contestação despachada no prazo, mas entregue em cartório após a consumação do mesmo.[2]

Há também decisões no sentido de que a retirada dos autos pela parte ré implica ciência inequívoca da ação a ser contestada, contando-se o prazo para defesa a partir deste evento, e não com a juntada do mandado de citação aos autos.[3]

Sob o fundamento correto, de que nada impede nas possessórias que o réu se antecipe à citação, para se opor ao pedido de expedição de mandado liminar de posse, o TJSP admitiu a apresentação da contestação antes de iniciado o prazo para a resposta.[4]

Embora haja jurisprudência no sentido de que "as informações que foram apresentadas de modo incorreto ou impreciso pelo serviço de informatização, configuram justa causa a autorizar que a parte prejudicada pratique o ato que deixou de efetivar quando induzida em erro",[5] decidiu-se que "a junta-

1. *Anais Forenses do Estado do Mato Grosso* 39/241; *RJTJSP* 76/204.
2. *RJTJSP* 63/218. O *inverso* (apresentação em cartório, sem despacho) não levará à intempestividade (*RJTJSP* 63/218 e RE 67.776, *DJU* 06.11.1970). O STJ já decidiu, correlatamente, que a devolução tardia dos autos não propicia a decretação da intempestividade da peça contestatória apresentada no prazo legal (STJ, REsp 47.931-2/RJ, 3.ª T., j. 31.10.1994, rel. Min. Cláudio Santos, v.u., *DJU* I, 05.12.1994, p. 33.557).
3. STJ, REsp 235.823/CE, 2.ª T., j. 12.05.2005, rel. Min. João Otávio de Noronha, *DJ* 01.07.2005, p. 460. Mais recentemente: STJ, AgRg no REsp 1210446/SP, 3.ª T., j. 14.06.2011, rel. Min. Sidnei Beneti, *DJe* 22.06.2011.
4. *RJTJSP* 49/109. V., ainda: *RT* 501/178 e 537/105.
5. STJ, REsp 557.103/MG, 2.ª T., j. 01.04.2004, rel. Min. Franciulli Netto, *DJ* 09.08.2004, p. 221. O precedente desta orientação, que veio a ser

da do cumprimento do mandado é ato que independe de intimação, sendo desimportante para o início do prazo da contestação a ciência da parte quanto a esse ato em particular e, por conseguinte, não constituindo justa causa eventual informação equivocada".[6]

O prazo para requerer a purgação da mora em ação de despejo é o mesmo da contestação;[7] todavia, não é de se admitir a contestação oferecida pela parte que, em ação de despejo, tenha requerido prazo para a purgação da mora,[8] regra essa que vale no sentido de a contestação preceder à purgação da mora, quando esta será inviável.

Ainda que intempestiva e, por isso mesmo, desentranhada, a contestação, deve a procuração outorgada ao advogado permanecer nos autos, para a necessária intimação desse desentranhamento e dos atos subsequentes do processo.[9]

Já se entendeu pela inaplicabilidade do parágrafo único do art. 298 às causas que tramitem pelo procedimento sumaríssimo, doravante sumário, uma vez que o termo inicial para a apresentação da contestação, neste tipo de procedimento, está fixado na audiência de conciliação, independendo da formalização da última citação ou da desistência da ação relativa a um réu. Em se tratando da Fazenda Pública, corresponde-lhe prazo quádruplo para contestar (exegese dos arts. 188 e 278, *caput*).[10]

No entanto, para ser realizada a audiência e ser tida como o termo *a quo* desse prazo, necessário é que tais citações estejam completas.

Da mesma forma, tratando-se de embargos do devedor, tais incidentes não alteram o prazo para a respectiva oposição, que é o da data da juntada do respectivo mandado citatório, sendo certo que, havendo pluralidade de executados, os prazos são computados individualmente, salvo a hipótese de cônjuges (exegese do art. 738 do CPC, com a nova redação dada pela Lei 11.382/2006).

Neste prazo, o réu poderá oferecer exceção, contestação e reconvenção (art. 297), bem como ação declaratória incidental, que se há de reputar como *elemento* integrante da defesa, usada esta expressão *lato sensu* (v. art. 5.º). É certo que o réu, para usar da declaratória incidental, terá de ter contestado a relação prejudicial (= relação subordinante) – exegese com fulcro nos arts. 5.º, 302, *caput*, 303 e 325, devendo, então, usar simultaneamente da declaratória incidental. Se o fizer, o autor não o poderá fazer, não se aplicando, assim, o art. 325 (pois o réu, além de *contestar*, terá requerido declaratória incidental), salvo se a declaratória incidental do réu não vier a ser admitida e o autor tiver proposto tempestivamente a sua ação.

O interesse de agir, na ação declaratória incidental, encontra seu *pressuposto* na contestação à relação prejudicial, *enquanto fundamento*, e reside na vontade do que propõe a ação declaratória incidental de que a autoridade da coisa julgada passe a

---

adotada pelo STJ, é o seguinte: STJ, REsp 2.100/PR, 4.ª T., j. 03.04.1990, rel. Min. Sálvio de Figueiredo Teixeira, *DJ* 07.05.1990, p. 3.833.

6. STJ, REsp 538.642/RS, 4.ª T., j. 09.09.2003, rel. Min. Cesar Asfor Rocha, *DJ* 28.10.2003, p. 294. Semelhantemente: "Processual civil. Devolução de prazo para oferecimento da contestação. Impossibilidade. Acompanhamento da juntada do AR junto ao serventuário do cartório e via internet. Natureza meramente informativa. Meio inábil" (STJ, AgRg no Ag 628.210/PR, 3.ª T., j. 29.03.2005, rel. Min. Antônio de Pádua Ribeiro, *DJ* 18.04.2005, p. 323). Essa orientação restou consolidada pela Corte Especial no julgamento do EREsp 503.761/DF, relatado pelo Min. Felix Fischer (*DJU* 14.11.2005).
7. *JUTACivSP* 58/311.
8. *JUTACivSP* 60/209.
9. *JUTACivSP* 63/38.
10. *RJTJSP* 62/160 (1.ª hipótese do texto); *RT* 597/132, em. (2.ª hipótese).

pesar também sobre a "fundamentação" da sentença, transformada aquela em relação (*jurídica*) prejudicial que deixará, então, de ser fundamento e se terá constituído em lide. É certo que, pesando a autoridade de coisa julgada sobre a *relação prejudicial*, haverá coisa julgada, igualmente sobre a *relação subordinada*, dê-se pela sua existência, total ou parcialmente, ou quando seja ela tida como *relação prejudicada*, propriamente dita. É, assim, um interesse que existe, *potencialmente*, tanto para o autor, quanto para o réu, o da propositura da ação declaratória incidental.

Se o réu propuser a ação idoneamente, *ipso facto*, o objetivo que poderia ter o autor, neste particular, em propor tal ação já estará satisfeito, do mesmo modo que se a ação declaratória incidental tivesse sido proposta por ele, pois sobre a decisão da relação jurídica prejudicial em face do mérito pesará, de toda forma, autoridade de coisa julgada, *curialmente se aquele for efetivamente julgado*.

Além dessas posições defensivas, poderá o réu se abster em relação ao ônus de contestar, dando lugar à *revelia*, que implica, *em regra*, poderem ser tidos por verdadeiros os fatos afirmados pelo autor, salvo as exceções do art. 320, *e desde que efetivamente presentes os pressupostos de incidência do art. 319* (v. n. 126, *fine* e *retro*).

Por outro lado, poderá o réu aceitar os fatos e as consequências jurídicas do pedido formulado pelo autor, rendendo-se ao mesmo, ou seja, *reconhecendo juridicamente o pedido* formulado pelo autor.[11] Se o réu contestar alguns fatos e outros não, aplicar-se-á quanto àqueles o art. 302, salvo se ocorrerem quaisquer das exceções do próprio art. 302 e desde que os fatos *não especificamente contestados se revistam de credibilidade*.

107. Analogia existente entre o direito de ação e o direito de defesa[12]

A ação e a contestação baseiam-se *num mesmo* interesse substancial: o autor pretende que o réu seja submetido ao seu interesse, que é por ele definido como jurídico, e o réu, contrariamente, deseja que o seu interesse não sucumba, por causa da prevalência daquele do autor. O processo, pois, encerra um conflito de interesses tal como retratado na lide, e o retrato deste conflito encontra-se cunhado na petição inicial; e, na contestação do réu, levantam-se questões, de fato e/ou de direito, preordenadas a evidenciar que ao autor não assiste *razão*.

Quer a ação, quer a defesa ligam-se a situações materiais nelas retratadas. Têm em comum, a ação e a contestação, o fim de objetivarem a prestação da tutela jurisdicional, constituindo-se, ambas, em direitos processuais subjetivos. Entretanto, embora apresentem o mesmo objetivo imediato (tutela jurisdicional), diferem no seu pedido mediato, uma vez que, enquanto a finalidade da *contestação praticamente* é sempre única – obtenção de uma sentença declaratória negativa –, a da ação varia. Só raramente, e por disposição de lei, podem-se formular *autênticos pedidos* na contestação, que, então, opera como *reconvenção* (v. art. 922 – caráter dúplice da ação possessória; art. 899, § 2.º, com a redação que lhe deu a Lei 8.951/1994 – caráter dúplice da ação consignatória, em geral; Lei 8.245/1991, art. 72, *caput* c/c o art. 52, II (correspondentes ao art. 8.º, *e*, da revogada Lei de Luvas) – pedido de uso próprio do prédio pelo locador (réu); Lei 8.245/1991,

11. Sobre o assunto, v. Clito Fornaciari Júnior, *Reconhecimento jurídico do pedido*.

12. V., sobre o tema, amplamente, v. Heitor Vitor Mendonça Sica, *O direito de defesa no processo civil brasileiro: um estudo sobre a posição do réu, passim*.

art. 72, § 4.º – pedido de fixação de aluguel provisório pelo réu durante a tramitação da ação renovatória etc.).[13]

As ações – no processo de conhecimento – podem ser declaratórias, positivas ou negativas, constitutivas ou desconstitutivas, e, finalmente, condenatórias, que condenem a uma prestação positiva ou negativa e, desde que a sentença as acolha, ter-se-á, respectivamente, sentença declaratória, constitutiva ou desconstitutiva e condenatória. Haverá casos, entretanto, como aqueles constantes dos arts. 461 e 461-A, com a redação da Lei 8.952/1994 e alterações da Lei 10.444/2002, em que a ação tenderá ao caráter mandamental, pelo que a sentença que a acolha será, igualmente, de caráter mandamental. *Ou seja, ao lado da natureza condenatória, e sobrepostamente a ela, coloca-se a mandamentalidade.* Sobre a classificação destas ações, cf. item 24 da parte 1 deste *Manual*, e item 303, *infra*.

Já através da contestação, no que diz respeito ao mérito (v. arts. 300 e 301, *caput*), ou defesa direta, porém, somente se pode almejar haja natureza declaratória negativa *lato sensu*, pois, sendo acolhida, importará em declaração negativa relativamente à pretensão do autor.

108. Função processual da contestação

O réu, contestando o mérito, ou seja, o pedido formulado pelo autor, não enriquece ou aumenta juridicamente a lide, ou, segundo terminologia também difundida entre nós, o objeto *litigioso*.[14] Todavia, deve impugnar especificamente os fatos, sob pena de incidir o art. 302, ressalvando-se, contudo, as exceções expressamente previstas em seus incisos I, II e III, quais sejam: se não for admissível, a seu respeito, a confissão; se a petição inicial não estiver acompanhada do instrumento público que a lei considerar da substância do ato; e, finalmente, se os fatos estiverem em contradição com a defesa em seu conjunto.[15] Ainda, de acordo com o parágrafo único do art. 302, a regra quanto ao ônus da impugnação especificada dos fatos não se aplica ao advogado dativo, ao curador especial[16] e ao órgão do Ministério Público.

---

13. Também pela Lei 9.245/1995, que modificou o procedimento sumário, está disposto que é lícito ao réu formular pedido na contestação em seu favor, desde que fundado nos mesmos fatos referidos na inicial (art. 278, § 1.º). Revogou essa mesma lei, expressamente, o § 2.º do art. 315 do CPC (passando o antigo parágrafo primeiro a ser parágrafo único), que vedava a utilização da *reconvenção* nesta espécie de procedimento. Também é possível ao réu formular pedido em seu favor, na contestação, quando acionado perante os juizados especiais cíveis, desde que o mesmo se faça adequar a uma das hipóteses de competência daqueles órgãos jurisdicionais (Lei 9.099, de 26 de setembro de 1995, art. 31, *caput*). A mesma regra já constava, anteriormente, do art. 32, *caput*, da Lei 7.244/1984, que regulava os juizados de pequenas causas, agora revogada expressamente. Deve-se salientar, contudo, que o fato de o pedido contraposto, previsto no procedimento sumário e em alguns procedimentos especiais, ter a mesma finalidade da reconvenção, a disciplina destes institutos é regulamentada de forma diversa: enquanto a reconvenção é autônoma à ação originária, de sorte que, extinta esta sem resolução de mérito, prossegue a ação reconvencional, o pedido contraposto guarda com a ação de origem relação de dependência, extinguindo-se ambos, na hipótese de a ação originária se enquadrar numa das situações do art. 267 do CPC.

14. Cf. Liebman, *Estudos sobre o processo civil brasileiro*, p. 136.

15. *RT* 527/156; *JUTACivSP* 38/274.

16. V. *RT* 497/118; *RF* 259/202. No mesmo sentido, mais recentemente, STJ, REsp 252.152/MG, 3.ª T., j. 20.02.2001, rel. Min. Waldemar Zveiter, *DJ* 16.04.2001, p. 107. Essa é uma *regra excepcional*, e, por isso, deve necessariamente decorrer de texto expresso. *Em regra geral,* incumbe ao réu contestar especificamente. Já se admitiu que "limitar-se o réu a dizer não serem verdadeiros os fatos aduzidos na inicial *é o mesmo que não*

Se o réu apresenta defesa no sentido da negação total do que tenha sido reclamado, não haverá de, congruentemente, impugnar precisamente os fatos alegados, pois os terá negado absolutamente.

De outra parte, em face do art. 302, *caput*, 2.ª frase, os fatos não impugnados presumem-se verdadeiros, e não há, portanto, necessidade de produção de provas, impondo-se, como regra geral, o julgamento antecipado da lide. Os fatos não impugnados, assim, *sendo suficientes para tornar crível o que alegou o autor*, levam à procedência da ação.[17]

A regra firmada no art. 302 do estatuto processual – à qual a lei chama de presunção de veracidade dos fatos não impugnados –, já se decidiu, cede ante a existência de prova em contrário, e isto porque, ao decidir a causa, nos termos do art. 131 do CPC, o juiz apreciará livremente a prova, atendendo aos fatos e circunstâncias constantes dos autos, ainda que não alegados pelas partes.[18]

impugnar; e, assim, isto (essa 'quase' negativa geral) não impede se estabeleça a presunção de verdade do alegado pelo autor" (*JUTARS* 54/333, em.). *Em nosso sentir,* esta orientação vale como *mera diretriz geral,* mas, de forma alguma, *como regra,* pois hipóteses haverá em que o réu *terá de negar,* e nem por isso, necessariamente, aplicar-se-á o art. 302, *caput.*

17. 1.º TACivSP, in Jurandyr Nilsson, *Nova jurisprudência de processo civil,* vol. II/420. No mesmo sentido: STJ, REsp 434.866/CE, 4.ª T., j. 15.08.2002, rel. Min. Barros Monteiro, *DJ* 18.11.2002, p. 227.

18. TJSP, ApCív 242.705, São Paulo, 4.ª Câm. Cív., j. 22.05.1975, rel. Carlos A. Ortiz, v.u. Semelhantemente, "a simples revelia não leva, necessariamente, ao deferimento do pedido, se o autor não fornecer ao juiz elementos suficientes para convencê-lo da procedência da sua pretensão" (STJ, REsp 173.939/PB, 4.ª T., j. 08.09.1998, rel. Min. Ruy Rosado de Aguiar, *DJ* 19.10.1998, p. 110).Na esteira desse posicionamento, vejam-se os julgados mais recentes: STJ, REsp 434.866/CE, 4.ª T., j. 15.08.2002, rel. Min. Barros Monteiro, *DJ* 18.11.2002, p. 227; STJ, REsp 689.331/AL, 2.ª T., j. 21.02.2006, rel.

A contestação, no mérito, contrapõe-se à essência da petição inicial, sob um ou dois aspectos: 1.º) juridicamente, será sempre contrária à inicial, pois, se não o fosse, contestação deixaria de ser; 2.º) a sua conclusão jurídica contrária (pelo menos praticamente) à inicial poderá também ser antecedida de um relato de fatos diversos dos constantes na inicial (art. 302) ou não, pois poderá haver concordância quanto aos fatos, total ou parcialmente,[19] e haverá sempre de expressar discordância quanto às consequências jurídicas que se pretende sejam deles extraídas.

109. Contestação e conceito de questão de fato ou de direito

Na medida em que sejam contestados os fatos, há questões de fato a serem, a final, resolvidas pelo juiz, em função da prova a ser produzida (art. 131), ou, se inocorrente, a produção da prova, ou, com resultado negativo em relação à posição que essa prova sustentaria, o juiz decidirá, tendo em vista a regra do ônus da prova (art. 333).

Na *contestação* deve haver indicação dos meios de prova.[20] A falta de indicação dos

Min. Castro Meira, *DJ* 13.03.2006, p. 266; STJ, REsp 723.083/SP, 3.ª T., j. 09.08.2007, rel. Min. Nancy Andrighi, *DJ* 27.08.2007, p. 223.

19. V. Arruda Alvim, *Direito processual civil*... cit., 1972, vol. I/117 *et seq.*, vol. II/218 *et seq.* Na *ordem prática ou quantitativa* geralmente se verifica a opção sob n. 2, do texto.

20. No procedimento comum sumário, diversamente do que ocorre com o ordinário, não basta a indicação dos meios de prova a serem produzidos; pelo *caput* do art. 278 do CPC, é exigido que a contestação traga, tanto quanto a inicial (art. 276 do CPC), a indicação precisa das provas a serem realizadas, inclusive com a apresentação de rol de testemunhas, indicação de assistente técnico e formulação de quesitos periciais, quando for o caso. A celeridade caracterizada pelo procedimento comum sumário impõe maior rigor no cumprimento das normas que dizem respeito à indicação e especificação das provas a serem produzidas, sob pena de se

meios de prova, ou seja, da especificação das provas, que o réu pretende produzir, em *princípio*, autoriza o julgamento antecipado da lide, nos termos do art. 330 do CPC, pois é injustificável a realização da audiência sem que haja provas a produzir, porque não tenha sido solicitada a respectiva produção.[21] Ressalve-se a hipótese de o autor ter protestado por provas e terem estas cabimento, quando, então, não ocorrerá julgamento antecipado. Ainda, já se admitiu que o juiz, ao sanear o processo, pode facultar às partes a especificação de provas,[22] numa tendência liberalizadora, que não temos por *rigorosamente* correta, *a ser erigida em regra*.

No entanto, as questões poderão ser, tão somente, de direito, quando o réu aceitar a narração do autor e discutir, num plano exclusivamente jurídico, os fundamentos da inicial (*causa petendi*) – fatos e fundamento(s) jurídico(s) – e se insurgir contra a(s) respectiva(s) conclusão(ões), pretendida(s) pelo autor. Se as questões forem também de fato, mas dirimíveis por documentação, mesmo que suscitadas de lado a lado, ainda assim deverá haver julgamento antecipado da lide (arts. 330, I, aplicáveis, previamente, os arts. 326 e 327, à luz da regra do art. 328, *conforme o caso*).

Estas questões denominam-se questões de fundo, ou de mérito, e se distinguem das questões processuais, de trâmite ou de rito,[23] que lógica e cronologicamente antecedem àquelas.

110. Contestação e seu conteúdo processual

As questões processuais, discriminadas no art. 301, deverão ser alegadas pelo réu também na contestação – embora sem a implicação de preclusão, salvo no que diz respeito ao compromisso arbitral (art. 301, § 4.º)[24] –, antes de entrar na discussão do mérito, as quais, segundo o art. 301, são as seguintes:

a) inexistência ou nulidade da citação, o que terá impedido que se tenha formado a relação jurídica processual *trilateral*, ou implicará que se tenha formado de maneira viciada (art. 301, I);

---

eliminar a concentração dos atos processuais, típica do procedimento sumário.Desta forma, a ausência de indicação dos meios de prova, de apresentação do rol de testemunhas, de formulação de quesitos ou de indicação de assistente técnico pelo réu acarretará a preclusão da prerrogativa de fazê-lo. Esse sistema simplificado, aplicável ao procedimento sumário no CPC vigente, inspirou, o procedimento comum idealizado no Projeto de Novo Código de Processo Civil (PL 8.046/2010, originado do PLS 166/2010 – *v.* especialmente, art. 306, que exige a apresentação de rol de testemunhas pelo autor e pelo réu, respectivamente, na petição inicial e na contestação).

21. 1.º TACivSP [extinto], ApCív 202.566, in Jurandyr Nilsson, *Repertório* cit., vol. II/411; *RT* 505/103.Assim, embora haja jurisprudência no sentido de que "caracteriza-se o cerceamento de defesa quando a parte pugna pela produção de prova necessária ao deslinde da controvérsia, mas o julgador antecipa o julgamento da lide e julga improcedente um dos pedidos da inicial, ao fundamento de ausência de comprovação dos fatos alegados" (STJ, REsp 184.472/SP, 3.ª T., j. 09.12.2003, rel. Min. Castro Filho, *DJ* 02.02.2004, p. 332), *ausente requerimento de produção de prova pela parte, inexiste cerceamento de defesa*. Cf., nesse sentido, STJ, EREsp 243.311/SP, 1.ª S., j. 25.06.2003, rel. Min. Franciulli Netto, *DJ* 15.09.2003, p. 230.

22. *RT* 587/139, em.

23. Cf. Carnelutti, *Istituzioni del processo civile italiano*, vol. I, n. 13, p. 38.

24. Pela Lei 9.307/1996, que dispõe sobre *arbitragem*, tendo em vista a redação dada ao art. 267, VII, e ao art. 301, IX, parece-nos que, existente a convenção de arbitragem, isso é causa de extinção do processo sem resolução de mérito. Todavia, não quis o legislador deixar de tratar o assunto independentemente da vontade da parte-ré, por isso que tal arguição se faz por meio de uma exceção, o que deflui do exame do texto e do fato de não ter sido alterado o art. 301, § 4.º.

b) incompetência absoluta (art. 301, II);[25]

c) inépcia da petição inicial, que poderia ter sido uma das causas mesmo de indeferimento liminar da petição inicial, nos casos previstos no art. 295 e no seu parágrafo único (art. 301, III);

d) perempção da ação, que se terá configurado pelas anteriores extinções do mesmo processo, sem resolução de mérito, por três vezes, com base no art. 267, III (arts. 301, IV, e 268, parágrafo único);

e) litispendência, ou seja, a existência de dois processos em ato (= pendentes), com partes iguais (*quase sempre*) e lides idênticas, para o fim de extinção do segundo processo, ou seja, onde se citou em segundo lugar, e onde se faz a alegação de litispendência (art. 267, V, e art. 301, § 3.º). A propósito do inciso V do art. 301 do CPC, corretamente a jurisprudência já entendeu *não haver litispendência* nos seguintes casos: entre a ação possessória e a ação negatória de servidão;[26] entre a ação que pretende ver reconhecida a existência de locação protegida pelo Dec. 24.150/1934 e a ação movida pelo locador visando à retomada do imóvel[27] – o mesmo entendimento sendo invocável, também, para os casos de locações comerciais regidas pela Lei 8.245/1991; entre ação de execução e ação de consignação em pagamento;[28] entre a ação de imissão de posse e a de prestação de contas com preceito cominatório;[29] entre mandado de segurança e ação declaratória[30] – a não ser que no mandado de segurança se repita o mesmo pedido veiculado na outra ação (de repetição de indébito, p. ex.);[31] entre a ação exibitória de livros e documentos comerciais de sociedade dissolvida pela morte de um dos sócios e a apuração de haveres do sócio morto na referida sociedade;[32] entre consignatória e ação de rescisão contratual com pedido de condenação em maior extensão do que a consignação;[33] entre a execução extrajudicial e o posterior pedido de falência, este com base no desatendimento daquela;[34] entre ação de execução e ação de busca e apreensão que tenha diferente causa de pedir;[35] entre a ação de usucapião e a ação divisória;[36] entre ação rescisória de acórdão que julgou improcedente ação de nulidade de compromisso de compra e venda e ação de adjudicação compulsória;[37] entre a anulatória do débito fiscal sem o depósito prévio a que alude o art. 38 da Lei 6.830/1980 e a ação de execução.[38] Note-se, sobre esta última hipótese, que o art. 585, § 1.º, com a redação da Lei 8.953/1994, dispõe expressamente que a propositura de qualquer ação relativa ao débito constante do título executivo não inibe o credor de promover-lhe a execução. Em realidade, essa modificação revela, ape-

25. O art. 338, II, da versão atual do PL 8.046/2010 dispõe, como matérias preliminares alegáveis em contestação, tanto a incompetência absoluta quanto a relativa. Com isso, extingue-se a exceção de incompetência de que trata o atual art. 112 do CPC.

26. *RT* 475/82; *RF* 258/255.

27. 2.º TACivSP, AgPet 17.092, Itanhaém, 4.ª Câm., j. 17.07.1974, rel. Júlio de Viseu, v.u.

28. STJ, REsp 155.134/MG, 4.ª T., j. 26.02.2002, rel. Min. Cesar Asfor Rocha, *DJ* 22.04.2002, p. 208.

29. TJSP, ApCív 239.299, 1.ª Câm.Cív., j. 30.12.1974, rel. Des. Almeida Camargo, v.u.

30. STJ, REsp 182.077/RS, 1.ª T., j. 04.09.2001, rel. Min. Milton Luiz Pereira, *DJ* 11.03.2002, p. 174.

31. STJ, REsp 542.690/RS, 1.ª T., j. 05.02.2004, rel. Min. José Delgado, *DJ* 03.05.2004, p. 110.

32. TJRJ, ApCív 3.614, 3.ª Câm.Cív., j. 16.06.1977, rel. Des. Goulart Pires, v.u.

33. *RT* 561/203.

34. *RTJ* 97/766.

35. STJ, REsp 623.729/SC, 3.ª T., j. 29.06.2004, rel. Min. Nancy Andrighi, *DJ* 02.08.2004, p. 392.

36. *RT* 490/63.

37. *RT* 519/115.

38. *RJTJSP* 85/265. Nessa publicação proferimos *voto vencedor* quando ocupávamos o cargo de desembargador do TJSP, em que, extensamente, está justificado o nosso entendimento (rev. cit., p. 266-268).

nas, um princípio, que é o de que uma ação com uma determinada eficácia não pode ser obstada por outra, que, no caso, teria, necessariamente, uma eficácia menor, *ainda que contrapostas as partes;*

f) coisa julgada, isto é, a existência de uma sentença, transitada em julgado, sobre lide ou causa idêntica à atual em curso (art. 301, § 3.º; v. tb. art. 267, V).[39] A esse respeito, interessante é salientar que não descaracteriza coisa julgada o fato de uma das ações (= lides), que tenham as mesmas partes, a mesma causa de pedir e o mesmo pedido, ter valor superior ao de outra.[40] Caracteriza-se a coisa julgada, mesmo se, em face de duas ações idênticas do ponto de vista objetivo, uma tiver sido proposta contra a pessoa jurídica de direito público e outra contra seu agente;[41]

g) conexão, que é o liame existente entre dois processos, por terem o mesmo pedido ou a mesma causa de pedir. O juiz, neste caso, deve, conforme a intensidade da conexão, ordenar a reunião de ambos os processos. Compreende o inciso VII do art. 301, por interpretação extensiva, o direito de alegar a continência quando a causa contida penda anteriormente à causa continente, *embora* nesta última hipótese do fenômeno seja redutível a *litispendência parcial*;

h) incapacidade da parte, defeito de representação ou falta de autorização, que, na realidade, impedem a formação *válida* da relação processual, devendo o juiz providenciar a regularização, à luz do disposto no art. 13, *caput,* e seu inciso I, sob pena de ter de extinguir o processo, sem resolução de mérito (art. 267, IV), devendo haver atividade oficiosa a respeito de todas estas questões;

i) convenção de arbitragem (expressão decorrente da Lei 9.307/1996, substituindo as precedentes expressões "compromisso arbitral"), a única matéria das discriminadas no art. 301 que, se não for alegada pela parte, não poderá ser conhecida oficiosamente pelo juiz;

j) carência da ação, que havia também sido causa de indeferimento liminar do pedido (v. art. 295, II, III, e parágrafo único, III), o que demonstra que não há preclusão quanto ao "indeferimento" *ulterior* da petição inicial, embora propriamente não seja *indeferimento "in limine litis"* (arts. 301, X; 301, § 4.º, e 267, § 3.º);

k) falta de caução ou de outra prestação, que a lei exige como requisito de procedibilidade como, exemplificativamente, no caso do art. 268, em que o autor tenha dado motivo à anterior extinção do processo, sem resolução de mérito, terá, nesta hipótese, que provar o pagamento das custas, bem como o dos honorários advocatícios, aos quais terá sido condenado, para poder utilmente propor novamente a ação.

O Projeto de Novo Código de Processo Civil, com o intuito de eliminar os incidentes processuais e simplificar os procedimentos, extinguiu tanto a exceção de incompetência relativa (v. nota 25, *supra*, e item 113, *infra*) quanto as impugnações ao valor da causa e a concessão de gratuidade da Justiça. Assim, no art. 338, do PL 8.046/2010, foram acrescentados como matérias alegáveis preliminarmente ao mérito, em contestação, a incorreção do valor da causa (338, III), e a indevida concessão do benefício da gratuidade de justiça (338, XII).

Como regra geral, as matérias alegáveis com fulcro e fundamento nos incisos do art. 301 levam à extinção do processo, sem resolução de mérito.

Se tiver sido alegada incompetência absoluta, todavia, não se terá dita extinção, mas a remessa dos autos ao órgão competente

39. Sobre o tema, cf. amplamente, Teresa Arruda Alvim Wambier e José Miguel Garcia Medina, *O dogma da coisa julgada* – Hipóteses de relativização, *passim*.

40. *Arquivo Forense* 65/120.

41. *RJTJSP* 44/43.

(arts. 141, IV, *d*, e 113, § 2.º, específico quanto ao efeito da declaração de incompetência absoluta), o que se dará oficiosamente ou no caso de acolhimento da arguição.

Na hipótese de alegação de conexão (art. 301, VII), sendo acolhida, isto levará à remessa dos autos ao órgão prevento (art. 106, nos casos de mesma competência territorial, e, nos demais, com base na prevenção oriunda da citação – art. 219). Acolhida a alegação de conexão ou decorrente da atividade oficiosa do juiz, portanto, e também o próprio procedimento, isto leva à junção de processos e, sucessivamente, ao *simultaneus processus* (unidade procedimental), perante o órgão ao qual tenha sido remetida a causa conexa.

Se existir causa prejudicial, deverão as implicações respectivas ser, desde logo, trazidas ao juiz, seja uma causa prejudicial penal já pendente, o que *poderá* levar ao sobrestamento da causa civil (art. 110), seja uma prejudicial de índole mesmo civil (art. 265, IV, *a*, *b* e *c*), o que *deverá* implicar a suspensão do processo cuja relação jurídica depende da outra (a prejudicial civil), e em que tenha sido suscitada a questão prejudicial civil.

Apresentada a contestação, ter-se-á preclusão consumativa, obstando que lhe seja alterado o conteúdo (art. 303, com as exceções dos incisos I/III),[42] salvo a hipótese de modificação do libelo (art. 264), a qual, se admitida, haverá de ensejar, *nessa medida*, nova *resposta* e, pois, nova contestação referente ao âmbito do que tenha sido modificado. É hipótese possível de alteração da contestação a ocorrência do que consta do art. 517. Se não apresentada da contestação, ter-se-á preclusão temporal e aplicação, eventualmente, dos efeitos do art. 319, ou não (v. art. 324).

Poderá, entretanto, qualquer das partes fazer alegações concernentes a direito superveniente, ou seja, aquele que, alegado, irá ocorrer só após a contestação, alegação esta, todavia, que não engloba a possibilidade de alteração do pedido ou da causa de pedir;[43] ou quanto à matéria que deva o juiz conhecer de ofício (art. 303, I e II);[44] ainda, cabe alegação ulterior, se, por disposição expressa em lei, puderem ser formuladas mesmo depois da contestação, *v.g.*, a alegação de prescrição (art. 193, do Código Civil – embora, atualmente, sobre esta matéria, o juiz deva se pronunciar de ofício, cf. art. 219, § 5.º do CPC, na redação da Lei 11.280/2006);[45-46] ainda, nos casos dos incisos IV, V e VI do art. 267 (art. 267, § 3.º),[47] e, ademais, no caso de *impedimento* (art. 134), para o qual o não uso da exceção não faz com que haja preclusão em relação ao ônus de alegação, pois é assunto residente nos poderes oficiosos do juiz.

111. Considerações introdutórias acerca das exceções

O réu, na oportunidade de dar sua resposta, que é o termo genérico, poderá não

42. STJ, AgRg no REsp 297.538/MG, 3.ª T., j. 22.05.2001, rel. Min. Nancy Andrighi, *DJ* 25.06.2001, p. 173. V., ainda: *RT* 503/178 e 613/95 e *RTJ* 112/743. Também em razão da preclusão consumativa, não se admitiu a apresentação de reconvenção após a contestação (STJ, REsp 31.353/SP, 4.ª T., j. 08.06.2004, rel. Min. Aldir Passarinho Júnior, *DJ* 16.08.2004, p. 260).

43. *JUTACivSP* 67/170.

44. Quanto ao conhecimento de direito superveniente, há decisão do STJ no sentido de que "no processo de mandado de segurança leva-se em conta norma superveniente cujo advento torna lícita a pretensão do impetrante" (STJ, REsp 191.149/RJ, 1.ª T., j. 08.02.2000, rel. Min. Gomes de Barros, *DJ* 03.04.2000, p. 114).

45. Cf. art. 162, do CC/1916.

46. *RJTJSP* 42/88.

47. *No mesmo sentido*, quanto à coisa julgada, v. *RT* 510/60 e *RF* 246/393; v. tb. 1.º TACivSP, AgIn 204.918, 5.ª Câm., 31.07.1974, rel. Octávio Stucchi, v.u., e *JUTACivSP* 39/246, quanto à litispendência.

se preocupar inicialmente com as matérias preliminares da contestação, que é uma das espécies da resposta e, sem dúvida, praticamente, a mais importante (art. 301, I a XI), e nem com o mérito.

Poderá alegar vício que afeta a relação jurídica processual, referentemente à sua principal figura: o juiz, ou o órgão de que seja ele o agente. Assim, poderá deduzir por meio de exceção a *incompetência relativa* do órgão, a *suspeição*, ou, ainda, o *impedimento* do juiz. *Recebida* a exceção, o processo ficará suspenso (art. 180 e 265, III), o que significa que se processará a exceção e o processo ficará paralisado, até que a exceção seja julgada em primeiro grau, não podendo, no processo principal, praticar qualquer ato (art. 266),[48] salvo aqueles *urgentes*, para evitar dano irreparável.

Como se trata de suspensão, uma vez julgada a exceção, sobeja ao réu o remanescente do prazo (art. 180)[49] para contestar, para se utilizar da declaratória incidental e/ou reconvir; o curso desse prazo não é, assim, obstado pela interposição de recurso do julgamento da exceção,[50] que no caso é o de agravo de instrumento.[51]

O momento inicial para recomeçar a fluir o prazo é o da intimação da respectiva decisão, *no juízo para onde se remeteram os autos*.[52]

No procedimento comum sumário inexistem as exceções com procedimento específico,[53] devendo toda a defesa ser deduzida em audiência (arts. 277 e 278), esta necessariamente existente, inadmitindo-se a reconvenção (art. 315), e, como regra geral, também a ação declaratória incidental.[54]

No procedimento sumário, assim e porque não incidem as regras sobre respostas, próprias do procedimento ordinário, as exceções devem apresentar-se diretamente em audiência, oportunidade em que cabe ao juiz decidi-las, depois de ouvido o excepto sobre a incompetência arguida.[55]

Já se decidiu, corretamente, que a exceção de incompetência suspende o processo de execução de título extrajudicial, não sus-

48. Entendendo serem nulos os atos, se forem realizados: *RT* 527/228.

49. STJ, REsp 243.492/MS, 3.ª T., j. 13.11.2001, rel. Min. Nancy Andrighi, *DJ* 18.02.2002, p. 410; *RTJ* 91/191; *RF* 266/140.

50. *RT* 522/129 e 572/49; *JUTACivSP* 58/19 e 59/96. Ver, ainda: *RT* 511/190; *RJTJSP* 88/294 e 103/281; *JTA* 59/96 e 111/240 e *RF* 264/251.

51. STJ, REsp 578.344/BA, 3.ª T., j. 16.03.2004, rel. Min. Pádua Ribeiro, *DJ* 12.04.2004, p. 209. No mesmo sentido: *RTJ* 93/400, 94/337 e 105/1.275; *RT* 491/86, 491/145, 509/103, 510/143, 521/166 e 550/117; *RJTJSP* 48/124; *Revista de Processo* (*RePro*) 21/315; *JUTACivSP* 45/51, 46/92 e 47/152; VI ENTA, concl. 58, v.u., in *RT* 580/297. Ainda: *RT* 642/132.

52. *Revista de Processo* (*RePro*) 5/360, em. 85; *RT* 520/199, 582/77 e 591/176; *JUTACivSP* 61/188; *RSTJ* 20/388 e 46/250; *RJTJERGS* 156/31.

53. O conteúdo das exceções deve ser apresentado na própria contestação, quando se trate de procedimento sumário: "(...) No procedimento sumário, a exceção de incompetência deve ser oposta no corpo da própria contestação, em peça única (...)" (STJ, 3.ª T., REsp 432.524/MA, Rel. Min. Nancy Andrighi, j.28/10/2004, *DJ* 29/11/2004 p. 316).

54. Frise-se, por oportuno, que o art. 278, § 1.º, com a redação dada pela Lei 9.245/1995, que modificou a disciplina do procedimento sumário, faculta ao réu formular pedido em sua contestação, desde que fundado nos mesmos fatos referidos na inicial. O art. 2.º da Lei 9.245/1995 revogou o § 2.º do art. 315 (passando a ter o art. 315 apenas parágrafo único), que vedava o cabimento da reconvenção nas causas que tramitassem sob o procedimento *sumaríssimo*. A redação do art. 280, por seu turno, veda a ação declaratória incidental (*caput*, conforme alteração promovida pela Lei 10.444/2002).

55. *RJTJRS* 109/310, em.

pendendo, porém, o prazo para o executado oferecer embargos.[56]

No caso das exceções de incompetência relativa e de suspeição, o prazo para a sua representação é o da resposta (art. 297), quando fundadas em motivo preexistente (ao prazo da resposta); só tem aplicação o art. 305 quando se tratar de motivo superveniente, contando-se o prazo do conhecimento que a parte venha a ter de fato.[57] Se for discutir-se *e se for possível* a parcialidade do juiz, as alegações de suspeição e/ou impedimento preferem a relacionada à incompetência do órgão.

112. As exceções, as preliminares e o princípio da eventualidade

As exceções devem ser alegadas antes da arguição das matérias dos incisos I a XI do art. 301, pois estas fazem parte da contestação; e do tema do art. 301, *caput*, e do mérito, mesmo porque comportam (as exceções) decisão antes das preliminares dos incisos I a XI do art. 301 (art. 306), e, obviamente, antes do mérito.

Se a parte não se utilizar da exceção, cujo objeto preclua, não mais poderá fazê-lo, salvo provando que não o fez por justa causa (art. 183). No que diz respeito ao juiz, no tema da suspeição, não ocorre preclusão, pois a este é dado dar-se por suspeito por *motivo íntimo* (art. 135, parágrafo único), a qualquer tempo.

Surge, agora, oportunidade para considerar o princípio da eventualidade e a técnica a ser preferencialmente adotada.

Uma vez alegadas, as exceções, no procedimento comum ordinário, que suspendem o curso do processo, somente depois da respectiva solução é que este deve prosseguir (art. 265, III).

É evidente que tal estrutura faz com que o processo demore. O preferível, pois, *seria* prescindir-se, ao máximo, das exceções, de *certa forma*, como se fez no Código de 1973, adotando-se o princípio da eventualidade.[58] Desta forma, na peça processual que é a contestação, deve-se arguir todas as matérias conjuntamente para, no caso, ou na *eventualidade* de não serem acolhidas as alegadas em primeiro lugar, serem apreciadas as que lhes sigam. É evidente que, adotado tal princípio, o curso do processo ficará reduzido no tempo, sem haver, corretamente, prejuízo para a defesa (tendo em vista os aspectos múltiplos que ela pode, conjuntamente, encerrar).

É certo, todavia, que as matérias do art. 301, com exclusão do *compromisso arbitral* (embora sem rito próprio), não são exceções no sentido estrito da palavra, mas defesas que configuram verdadeiras objeções, por encerrarem questões de ordem pública, não sujeitas à preclusão. No entanto, são matérias preliminares ao mérito e, tal como o réu deverá alegá-las antes do mérito; outrossim, o juiz deverá apreciá-las antes do mérito, isto é, logo após a contestação, devendo, antes de vir a fazê-lo, ter ensejado oportunidade à manifestação do autor, dentro de 10 dias (art. 326, 1.ª frase).

---

56. *RT* 543/163. No mesmo sentido, quanto ao processo de execução, v. *JUTACivSP* 56/102. O prazo para embargos do devedor é decadencial.

57. Neste sentido, v. *Arquivo Forense* 56/120, quanto à impossibilidade de se arguir a incompetência relativa por motivo preexistente, com base no art. 305. V. tb. *RJTJSP* 61/286, quanto à contagem do prazo para excepcionar por motivo superveniente.

58. Fê-lo de maneira mais ampla o legislador quando tratou do procedimento sumário (*v.* o que dissemos no item precedente), que dispensa a instauração de incidente próprio quando da arguição das exceções de incompetência, suspeição e impedimento. Assim também pretende fazer o legislador, caso seja aprovado o PL 8.046/2010, que contém o Projeto de Novo Código de Processo Civil (*cf.* art. 64, que permite a arguição de incompetência relativa como preliminar de contestação e art. 146, que trata das arguições de suspeição e impedimento de modo mais simplificado, mediante simples petições).

113. A exceção de incompetência

Só se pode falar no uso da exceção de incompetência tangentemente à incompetência que seja *relativa*, pela circunstância de o juiz dela, em princípio, não poder conhecer *ex officio* (arts. 112, *caput* e 304 – v., também, a Súmula 33 do STJ).

Os tribunais vinham declarando de ofício nula cláusula de eleição de foro, em contratos de adesão, quando a mesma trouxesse dificuldades para a defesa do consumidor hipossuficiente. Estas decisões tinham, e têm, como fulcro o regime do art. 51, *caput* c/c inciso IV, do Código de Defesa do Consumidor, que determina serem absolutamente nulas as cláusulas que prejudiquem o exercício do direito de defesa do consumidor. O art. 6.º, VIII, do mesmo diploma legal, exige, ainda, uma postura ativa do juiz, obediente à lei, na tutela do vulnerável consumidor, com o escopo de atingir a isonomia processual – paridade de armas – nas relações de consumo.

A Lei 11.280/2006 codificou tal entendimento, permitindo, de forma expressa, que o magistrado, nos contratos de adesão que tornem flagrantemente difícil a defesa do réu, declare de ofício a nulidade da cláusula de eleição de foro. O juiz, em seguida, declinará de sua competência para o juízo onde o réu tiver domicílio (art. 112, parágrafo único, do CPC).

Além dessa atividade oficiosa, que já era permitida pelo direito material em tais situações – art. 51, IV e art. 6.º, VIII, do Código de Defesa do Consumidor –, pode o réu, também, agora, por meio da Lei 11.280/2006, fazer uso da exceção declinatória de foro alegando ser abusiva a cláusula pactuada. Frise-se que anteriormente já era permitido ao réu arguir a nulidade de tal cláusula, mas não por exceção processual e, sim, informalmente, por intermédio de uma simples petição.

O juiz, diante de um entendimento sistemático, visando compatibilizar essas novas disposições legais, em função dos possíveis momentos da atividade oficiosa e da parte, deverá, antes da integração de réu ao processo, exercer sua atividade oficiosa. Caso ele não verifique prejuízo para a defesa do réu e, por isto, não declare a nulidade da cláusula, surge o momento temporal da eventual interposição da exceção de incompetência pelo réu. Não oposta, considera-se inexistente qualquer vício de competência maculando o contrato, o que significa dizer que a cláusula de eleição foi considerada válida e eficaz.

Nesta hipótese, a lei determina a manutenção da vontade das partes, ou seja, deverá prevalecer a competência do foro eleito no contrato (art. 114 do CPC). Assim, é correto afirmar que existiam, desde o início, dois foros concorrentemente competentes para o julgamento da lide. Por isso, é, de certa forma, equivocado falar em incompetência relativa em tais situações – quando o juiz não declara de ofício a nulidade e o réu não excepciona –, já que o juízo eleito no contrato efetuado entre as partes é, e sempre foi, competente para a ação proposta. Com efeito, sendo nula a cláusula de eleição de foro, poderá o juiz manifestar-se de ofício, desde que antes da apresentação de resposta do réu.[59] Se não houver manifestação do juiz na hipótese do parágrafo único do art. 112, ou se não for utilizada exceção de incompetência pelo réu, ocorrerá, nas palavras da lei, *prorrogação* da competência, e sanado ficará o "vício relativo" (art. 114, na redação da Lei 11.280).

59. Caso o réu conteste ou apresente reconvenção, sem opor exceção, não haverá mais espaço para a decretação da nulidade da cláusula de eleição de foro e, pela letra do art. 114, terá havido a prorrogação da competência. Por isso, mostra-se inviável uma manifestação do juiz a respeito, se inexistir exceção de incompetência. A respeito, cf., mais amplamente, Cap. VI da Primeira Parte deste *Manual*, especialmente itens 92 e 94.

Urge, porém, salientar que não é tecnicamente correto – ou, ao menos, não se coaduna com o sistema da competência relativa em relação a vício aí existente – dizer que havia um vício e que pelo silêncio do magistrado e do réu o mesmo foi sanado. O que ocorre, na verdade, é que tanto o juiz quanto o réu consideraram válida a cláusula de eleição de foro. Se a cláusula foi considerada válida, pela omissão da parte e do juiz, é certo que vício não havia, e, se não havia vício, em rigor, nada havia, propriamente, a prorrogar. Tratou-se de foro concorrente e validamente pactuado em cláusula contratual.

Aliás, o direito privado pauta-se pela autonomia da vontade, permitindo que as partes optem por eleger, em seus contratos, o foro que melhor lhes convenha. Deste modo, não existindo nenhum prejuízo para o direito fundamental de defesa do réu, é tida como legítima a cláusula de eleição de foro e, portanto, competente o juiz para o julgamento da lide.

De fato, apesar de o art. 114 afirmar que há a prorrogação da competência do juiz que "não declinar na forma do parágrafo único do art. 112 desta Lei", isso não é bem o que acontece, pois o juiz era desde o início competente, por meio da válida e eficaz cláusula de eleição de foro.[60]

Assim, escrevemos que, "considerando-se a hipótese de não ter havido atividade oficiosa e nem o réu ter ingressado com exceção de incompetência, isso significará que o foro de eleição terá sido legitimamente ajustado. Parece que nesta hipótese sequer de *incompetência relativa* poder-se-ia falar, porquanto o réu pactuou um *foro de eleição*, ao lado do *foro do seu domicílio*. Isto porque, diante desta situação, o que se terá são dois foros competentes, dois foros *concorrentemente* competentes (o domiciliar e o de eleição). Em qualquer um deles, a ação estará bem proposta".[61]

Ressalte-se, por oportuno, que o parágrafo único do art. 112 do Código de Processo Civil não se reporta diretamente às relações de consumo, mas sim a todos os contratos de adesão, não obstante a maior parte, normalmente, se refira aos contratos regidos pelo direito do consumidor.

Considera-se incompetência relativa, por força da disciplina do atual Código, a determinada em razão do território – exceto os casos do art. 95, 2.ª frase, e do art. 99 do Código de Processo Civil, regrado este último no art. 109 e respectivos parágrafos, e 110, parágrafo único, da Constituição Federal de 1988 –, bem como também relativa é a determinada em razão do valor da causa, salvo se este implicar, porque excedente ao limite legal, deslocamento da competência de algum Foro Regional para o Foro Central, ou, ainda, quando se tratar de competência dos Juizados Especiais Federais (art. 3.º da Lei 10.259/2001) ou dos Juizados Especiais da Fazenda Pública (art. 2.º da Lei 12.153/2009), nas comarcas e circunscrições em que estes Juizados já estiverem instalados.

Somente quando o órgão jurisdicional for incompetente em razão do valor

60. Cf. Cassio Scarpinella Bueno, *A nova etapa da reforma do Código de Processo Civil*, vol. 2, p. 90. Com perspicácia, aduz "que a Lei 11.280/2006 não altera, propriamente, a lógica e o sistema relativos à incompetência relativa e ao grau de disponibilidade do réu que a lei confere no caso. O que os arts. 112 e 114 estão a disciplinar, bem diferentemente, é que as cláusulas contratuais que alteram, em prejuízo do réu, as regras disponíveis de competência jurisdicional podem ser declaradas nulas de ofício. A decisão do juiz dá-se, portanto, no plano do direito material. O que é visível nas novas regras processuais civis é, muito mais, a *consequência* daquela decisão no e para o plano do processo".

61. Arruda Alvim, Lei 11.280, de 16 de fevereiro de 2006. In: *Terceira Etapa da Reforma do Código de Processo Civil:* estudos em homenagem ao Ministro José Augusto Delgado.

da causa, com a ressalva que acabou de se fazer,[62] ou territorialmente incompetente, poderá a parte alegá-lo por meio de exceção. Nos demais casos de incompetência, o juiz deve dar-se por incompetente *ex officio*, independente de qualquer manifestação da parte, embora, normalmente, o réu possa e deva alegar tal matéria como preliminar da contestação.

114. A exceção de suspeição

A suspeição também deve ser alegada mediante exceção (art. 304), com a consequência de preclusão para as partes. As hipóteses em que o juiz é considerado suspeito no atual Código vêm elencadas no art. 135.

Entendemos ser aconselhável ao advogado, para arguir exceção de suspeição, munir-se de procuração com poderes especiais, pois muitas das hipóteses que possibilitam tal arguição, desde que não comprovadas, podem configurar crime de ação penal privada.[63]

Como se pode ver, atende-se à ligação do juiz com a *parte*, não se constituindo em motivo de suspeição ou impedimento qualquer das hipóteses previstas na lei, se configuradas com relação ao advogado.

115. A exceção de impedimento

O impedimento, apesar de não haver preclusão em relação à possibilidade de sua arguição, deverá ser alegado, dentro em 15 dias da data do conhecimento do fato (art. 305), para poder ser através de exceção (art. 304). As hipóteses de impedimento do juiz, em face do atual Código, vêm disciplinadas nos arts. 134 e 136.

Aqui, como na suspeição, existe a possibilidade de o juiz dar-se por impedido de ofício, o que para o magistrado é dever.

116. A distinção entre suspeição e impedimento[64]

O Código antigo tratava do assunto, referindo-se nominalmente tão só à exceção de suspeição; entretanto, dentre as hipóteses em que considerava suspeito o juiz, arrolava os casos de impedimento (v. art. 185 do Código de 1939). O regime jurídico do impedimento, ainda assim, era diverso, *em sua essência, do da suspeição*, mesmo porque ensejava direito à ação rescisória, e, assim, se não alegado, isto não implicava preclusão, sendo que esta ocorria com referência à suspeição.

Distinguem-se no vigente Código, nitidamente, a suspeição e o impedimento. A suspeição é gerada por elementos definidos em lei em que se expressam motivos eminentemente subjetivos, ao passo que, no impedimento, os fatos são de caráter objetivo, implicando isto que, em qualquer dos dois casos, seja o juiz havido como parcial. A suspeição é base para uma verdadeira exceção, o que não ocorre com o impedimento, que pode ser alegado a qualquer momento, mesmo sem que o tenha sido por via de exceção, pois compromete insanavelmente a "imparcialidade", dado que esta é pressuposto processual positivo de *validade*; o mesmo já não ocorre com a suspeição. A suspeição é oferecida (pela parte) *sempre* por exceção, *preclusivamente*; ou é aceita pelo juiz (art. 313), ou, então, nos termos do art. 313, será decidida pelo tri-

62. Hipóteses poderão ocorrer em que a impugnação ao valor da causa (art. 261, *caput*) pode se colocar como requisito prévio à decisão da exceção de incompetência.

63. *JUTACivSP* 57/212; *RT* 510/187; *RJTJSP* 81/339. V., a respeito, *diversamente: Revista de Processo (RePro)* 1/203, em. 68, e 3/334, em. 80; *RT* 490/140; *RJTJSP* 75/250.

64. Sobre o assunto, v. Arruda Alvim, *Código de Processo Civil comentado,* vol. VI, p. 56, 58, 59, 91-93; no Direito anterior: p. 93-95; comentários e doutrina ao art. 134, p. 1-71; idem, p. 73-122.

bunal, *superando-se igualmente o incidente*. Depois de 15 dias do conhecimento do fato motivador da exceção de suspeição, seja esse conhecido no limiar do processo, ou depois (exceção superveniente), *o assunto não mais pode ser discutido, por causa* da preclusão. *O suposto vício da suspeição* (salvo atividade oficiosa – art. 135, parágrafo único), não alegado, não tem relevância, *justamente porque não terá sido aflorado*.

O impedimento é mais facilmente identificável (mais nitidamente caracterizado, e, pois, enseja uma mais fácil subsunção) e, sendo mais grave, vicia até mesmo a própria coisa julgada, dando fundamento e oportunidade à ação rescisória (v. art. 485, II).[65]

O impedimento e os motivos de suspeição podem ser levantados no processo contencioso comum ordinário, no cautelar, na execução e nos de jurisdição voluntária.

No comum sumário, deverá a suspeição ser alegada no momento da apresentação da defesa (art. 278, *caput*) como preliminar da contestação, sob pena de preclusão. Outro tanto se dá com o impedimento, embora, quanto a este fundamento de parcialidade do juiz, não ocorra qualquer preclusão.

65. Diversamente ocorre com a suspeição: STJ, REsp 95.667/SP, 6.ª T., j. 20.09.2001, rel. Min. Hamilton Carvalhido, *DJ* 04.02.2002, p. 576. Pensamos que os próprios atos decisórios são nulos (art. 113, § 2.º) – cf. nosso *Código de Processo Civil Comentado*, vol. VI/29, 30, 31; nesse sentido dispõe o RISTF, no seu art. 285, *a fortiori*, pois aí se alude só à suspeição. O RISTJ, art. 279, por sua vez, tem como nulo tudo "o que tiver sido processado perante o Ministro recusado, após o fato que ocasionou a suspeição". De outra parte, o art. 280 refere-se a que "afirmados o impedimento e a suspeição pelo arguido, ter-se-ão por nulos os atos por ele praticados". V., extensamente, sobre a matéria, Teresa Arruda Alvim Wambier, *Nulidades do processo e da sentença*, p. 374 ss.

117. O procedimento da exceção de incompetência

A exceção de incompetência, no procedimento comum ordinário, deverá ser alegada no prazo de 15 dias, a contar, geralmente, da juntada ao processo do Aviso de Recebimento da carta citatória ou do mandado citatório devidamente cumprido, ou, nos casos do art. 241, III, IV e V, dentro de 15 dias, também (salvo se os litisconsortes a que se refere o art. 241, III, tiverem procuradores diversos, quando haverá de se aplicar a regra do art. 191: prazo em dobro para contestar), mas alterando-se o termo inicial do prazo (art. 297); se *superveniente*, a exceção de incompetência deverá ser alegada dentro de 15 dias, *preclusivamente*, contados da data do conhecimento do fato.

A petição de exceção pode ser apresentada perante o próprio juízo em que pende a causa (art. 297), ou, como autoriza o parágrafo único do art. 305 (inserido pela Lei 11.280), "pode ser protocolizada no juízo de domicílio do réu, com requerimento de sua imediata remessa ao juízo que determinou a citação".

A nova regra legal, portanto, torna mais fácil para o réu excepcionar o juízo, já que permite a ele oferecê-la no juízo de seu próprio domicílio. Este último realizará a remessa àquele que determinou a citação. O dispositivo aplica-se para os casos em que o processo tramita num Estado brasileiro diverso daquele onde o réu foi demandado.

Assim, tal norma acaba por permitir o recebimento da exceção de incompetência por um juízo – o do domicílio do réu – havido por incompetente para o julgamento da causa e, por esta razão, ele somente enviará a petição para o juízo territorialmente competente. Alteração interessante, pois contribui para facilitar o acesso à justiça de quem é havido como vulnerável, em um país de dimensões continentais como o Brasil.

A exceção deverá ser arguida em petição fundamentada (peça autônoma)[66] e há de ser devidamente instruída, se necessário, devendo o excipiente indicar, na mesma, o juízo para o qual declina (art. 307). Já se decidiu, contudo, com desacerto, que a apresentação da exceção de incompetência como preliminar de contestação constitui mera irregularidade que não impede o seu conhecimento. A convalidação desta irregularidade, contudo, estará condicionada à inexistência de prejuízo à parte contrária, em consonância com a jurisprudência do STJ.[67]

A mera oposição da exceção acarreta a suspensão do processo.[68] Caso o juiz a entenda manifestamente improcedente, poderá indeferi-la liminarmente (art. 310), decisão esta de que caberá agravo (arts. 522 – na redação da Lei 11.187/2005 – e 162, § 2.º),[69] sob a consequência de, se não interposto, verificar-se preclusão (arts. 473 e 516, texto último esse que não alterou *substancialmente* a solução, no caso, com a redação que lhe deu a Lei 8.950/1994). Ao contrário, recebendo-a para discussão, permanecerá suspenso o processo, dando o juiz, então, oportunidade a que o excepto se manifeste dentro do prazo de 10 dias (art. 308). O juiz, havendo

---

66. *RJTJSP* 53/220 e 74/212; *JUTACivSP* 58/97 e 58/121. Nada impede que a parte apresente, em peças autônomas, mas no mesmo instante, exceção e contestação. Consoante já se decidiu, "o fato de o réu ter contestado a ação não significa tenha aceito implicitamente o juízo, pelo que pode também oferecer exceção de incompetência. Se apenas suscitasse a exceção, correria o risco de ver rejeitado o seu pedido, sem suspensão do processo, com perda do prazo para contestar" (STJ, REsp 457.710/ES, 4.ª T., j. 3.4.2003, rel. Min. Ruy Rosado de Aguiar, *DJ* 5.5.2003, p. 309).

67. STJ, REsp 169.176/DF, 2.ª S., j. 25.6.2003, rel. Min. Castro Filho, *DJ* 12.8.2003, p. 185; STJ, REsp 432.524/MA, 3.ª T., j. 28.10.2004, rel. Min. Nancy Andrighi, *DJ* 29.11.2004, p. 316 (procedimento sumário); STJ, AgRg no REsp 363.395/AL, 1.ª T., j. 15.9.2005, rel. Min. Francisco Falcão, *DJ* 7.11.2005, p. 85; STJ, REsp 885.960/CE, 2.ª T., j. 02.08.2007, rel. Min. Humberto Martins, *DJ* 15.8.2007, p. 263. Cf. também *RF* 256/246; *JUTACivSP* 77/85. A ressalva quanto à inexistência de prejuízo à parte contrária está presente em todos os julgados, e se fez sentir especialmente no conflito de competência cuja ementa segue abaixo transcrita, onde o STJ, por vislumbrar a existência de prejuízo à parte contrária, deixou de convalidar a irregularidade, por não encontrar amparo no princípio da instrumentalidade:

"Conflito de competência. Arguição de incompetência relativa. Preliminar em contestação. Possibilidade, desde que não haja prejuízo. 1. A teor do art. 112 do CPC, a incompetência relativa deve ser arguida por exceção, cuja ausência conduz à prorrogação da competência (art. 114, CPC). 2. A jurisprudência do Superior Tribunal de Justiça mitigou o rigor técnico da norma e passou a admitir a arguição de incompetência relativa em preliminar de contestação, sob o argumento de que o defeito não passa de mera irregularidade, a ser convalidada com base no princípio da instrumentalidade. 3. Embora se trate de simples irregularidade, a arguição de incompetência relativa em preliminar de contestação só pode ser convalidada com base na regra da instrumentalidade se não resultar prejuízo à parte contrária" (STJ, CC 86.962/RO, 2.ª S., j. 13.02.2008, rel. Min. Humberto Gomes de Barros, *DJe* 03.03.2008).

68. Assim nos manifestamos em parecer sobre a matéria, publicado no vol. IV da coleção *Soluções Práticas de Direito: Pareceres*, p. 83 e ss. Em sentido conforme: Antonio Carlos Marcato, *Código de Processo Civil interpretado*, p. 951; Cássio Scarpinella Bueno, *Curso sistematizado de direito processual civil: teoria geral do direito processual civil*, vol. 1, p. 464. Na jurisprudência: "Oposta a exceção de incompetência, o prazo para contestação fica suspenso (Patrícia Miranda Pizzol, *A competência no processo civil*, p. 382), fluindo, pelo tempo restante, após o julgamento da exceção (RSTJ 164/364). No mesmo sentido: RTJ 91/191, RT 514/255" (Theotonio Negrão; José Roberto F. Gouvêa, *Código de Processo Civil e legislação processual em vigor*, p. 466). Cf., ainda, no STJ, os julgados proferidos nos REsp 809.755 e REsp 243.792.

69. V. n. 111, *supra*.

necessidade de prova testemunhal, marcará audiência dentro de 10 dias, devendo, sucessivamente, decidir o incidente no mesmo prazo (art. 309).

Caso seja julgada procedente a exceção, os autos serão remetidos ao juízo competente (art. 311); caso contrário, continuarão no próprio juízo que rejeitou a exceção. Desse julgamento, ficando a causa no juízo prevento, recomeça – se for o caso –, pelo remanescente, o prazo da resposta; se a causa for para outro juízo, a partir da intimação das partes, nesse juízo.[70]

A necessidade de ser ouvida a parte contrária prende-se à obrigatoriedade de ser observado o princípio do contraditório, não podendo o juiz, diante da exceção, decidir, sem ouvir a outra parte, ou, pelo menos, sem que lhe tenha ensejado essa oportunidade, salvo o indeferimento liminar.

Ao Ministério Público cabe suscitar a exceção de incompetência relativa, em processo em que funcione como parte; como *custos legis, regra geral*, não o poderá. Terá, para isso, o prazo legal, a partir do momento em que for intimado para o seu ingresso no processo.[71]

Somente a incompetência absoluta é que pode ser alegada na contestação.[72]

Com a redação dada pelo Projeto de Novo Código de Processo Civil, as discussões sobre incompetência dar-se-ão, todas, interinalmente no processo, eliminando-se o trâmite incidental da exceção. As particularidades do procedimento, no entanto, não sofrem alterações significativas. A contestação que contenha alegação de incompetência (relativa ou absoluta) poderá ser protocolada no foro do domicílio do réu, comunicando-se o fato ao juiz da causa (art. 341, do PL 8.046/2010) e, reconhecida a competência do foro indicado pelo réu, o juiz para o qual foi distribuída a contestação será considerado prevento (§ 2.º).

118. O procedimento da exceção de suspeição e impedimento

O procedimento relativo às exceções de suspeição e impedimento encontra-se unificado no Código atual, dispondo a respeito os arts. 312 a 314.

O excipiente oferecerá a exceção de suspeição ou a de impedimento no prazo do art. 297, ou, observando o prazo do art. 305, se se tratar de suspeição ou de impedimento supervenientes, e o fará em petição instruída e fundamentada, já com os documentos e rol de testemunhas (art. 312), se for o caso, perante o próprio juízo em que pende a causa.

O juiz, ao recebê-la, poderá desde logo reconhecer-se suspeito ou impedido e ordenar a remessa dos autos ao seu substituto legal (art. 313).

Entretanto, já se decidiu, corretamente, segundo pensamos, em face do texto da lei (art. 310) que não se poderá indeferir liminarmente a exceção sob o pretexto de ser manifestamente improcedente, pois, *in casu*, não se aplica o art. 310, que diz com a exceção de incompetência.[73] O impedimen-

70. STJ, REsp 513.964/SC, 3.ª T., j. 12.4.2005, rel. Min. Castro Filho, *DJ* 30.5.2005, p. 360; cf. também *RTJ* 91/191; *RT* 514/255.

71. Admitindo intervenção do Ministério Público, para esse fim, seja como parte, seja como fiscal da lei: *RJTJSP* 49/200 e 54/186; Contra: *RT* 527/106 em. (conforme nosso ponto de vista anterior).

72. *RT* 524/95.

73. *RT* 524/251, em. Diversamente: *JUTACivSP* 85/229 e 85/409 (considerando não haver erro procedimental em rejeitar desde logo a exceção). Correta é a orientação de que "não pode o juiz excepto, como parte passiva da relação jurídico-processual que se estabelece, trancar a remessa dos respectivos autos ao tribunal mesmo que entenda intempestiva a arguição. Essa circunstância, como qualquer outra preliminar,

to para que o juiz indefira liminarmente a exceção, e, *a fortiori*, a não aplicação do art. 310 do CPC, encontra fundamento na exata medida em que se encontra compreendido na garantia do devido processo legal (CF, art. 5.º, LIV), segundo o qual toda e qualquer decisão proferida pelo Poder Judiciário deve partir de um juiz imparcial. Com isso, pelo fato de a imparcialidade do juiz ter sido colocada em dúvida, não poderá ele proferir qualquer decisão até que a questão (*rectius*, imparcialidade) seja resolvida.

Se isto não ocorrer, o juiz, diante da petição acompanhada de documentação e/ou rol de testemunhas (art. 312), despachá-la-á, fazendo que da mesma constem suas próprias razões, bem como documentos e/ou rol de testemunhas. Sucessivamente, ordenará a remessa dos autos ao tribunal (art. 313), que será o tribunal competente para conhecer dos recursos que possam ser interpostos da causa e do processo.

É despacho o ato do juiz que não reconhece a arguição de suspeição e ordena a remessa dos autos para o tribunal,[74] pelo que não é, em regra, recorrível (art. 504).

O tribunal decidirá a respeito, seja determinando o arquivamento, se a exceção não tiver fundamento; seja, se nela encontrar fundamento, determinando a remessa dos autos ao substituto do juiz, que deva conhecer da causa ("substituto legal") e, nesta hipótese, condenando-o nas custas (art. 314).

Quando a lei confere ao juiz o direito de apresentar, dentro de 10 dias, suas razões, acompanhando-as dos documentos que julgar necessários, bem como do rol de testemunhas, se houver, em última análise, aqui se está também obedecendo ao princípio do contraditório, dando-se oportunidade a que o juiz se defenda (art. 313).

O tribunal, recebendo a exceção, poderá mandar arquivá-la, caso entenda que a mesma não tem fundamento; mas, por outro lado, entendendo-a procedente, como se disse, remeterá os autos ao juiz substituto, condenando o impedido ou suspeito nas custas a que deu causa (art. 314). O impedimento envolve, sendo considerado fundado, a substituição de *juiz* e não necessariamente de juízo, tal como também ocorre com a suspeição fundada.

Se houver dúvida quanto à suspeição ocorrente, deve o juiz dar-se por suspeito, por ser a imparcialidade condição essencial à distribuição da justiça.[75]

119. O problema da não alegação no prazo

No caso de a parte interessada não excepcionar dentro do prazo de 15 dias, referentemente às exceções de suspeição e de incompetência relativa, não mais poderá fazê-lo. Assim, o juiz, que teria sido considerado suspeito e não o foi, decidirá a lide, vindo a proferir sentença plenamente válida, porque terá desaparecido o vício; da mesma forma, o juiz que era relativamente incompetente terá plena competência para decidir o processo pendente em seu juízo (art. 114, na redação da Lei 11.280/2006), pois terá havido o fenômeno da "prorrogação".

O parágrafo único do art. 112, inserido pela Lei 11.280/2006, dispõe que "a nulidade da cláusula de eleição de foro, em contrato de adesão, pode ser declarada de ofício pelo juiz, que declinará de competência para o juízo de domicílio do réu". Tal dispositivo legal, no entanto, não autoriza ao juiz manifestar-se a qualquer tempo, a respeito do tema, já que, se o réu não opuser exceção,

deve ser apreciada pelo órgão competente para processar e julgar o incidente, não pelo próprio excepto" (*RJTJSP* 109/300).

74. *RT* 524/90.

75. TJMG, *Jurisprudência Mineira* 19/207.

prorroga-se a competência (art. 114). Ademais, se o réu apresentar contestação, não terá havido prejuízo à sua defesa, e, assim sendo, não se considerará nula a cláusula de eleição de foro.[76] Assim, a hipótese referida no parágrafo único do art. 112 somente terá aplicação *antes* da apresentação de resposta pelo réu, e não depois.

O réu, como se disse, deve oferecer exceção nos 15 dias que se seguirem à citação, em petição escrita ao juiz da causa, ou "protocolizada no juízo de domicílio do réu, com requerimento de sua imediata remessa ao juízo que determinou a citação" (parágrafo único do art. 305, inserido pela Lei 11.280). Se não excepcionar nesse prazo e o fizer posteriormente, a sua manifestação será extemporânea, visto que a competência relativa se terá prorrogado.[77]

O fato de haver *preclusão*, tendo em vista a possibilidade de a parte usar da *exceção de suspeição*, não inibe o juiz, se a parte não o tiver feito, de se dar por suspeito (parágrafo único do art. 135), a qualquer tempo.

No que se refere ao impedimento, também, e mais especialmente, deverá o juiz se reconhecer como tal a qualquer momento, independentemente de alegação da parte, e à qual, por força do art. 303, II, se concede o direito de o alegar a qualquer momento.[78]

Outro tanto ocorre com a suspeição, não havendo para o juiz prazo preclusivo, como se disse. Existe, na verdade, o dever de o juiz se dar por suspeito, tendo em vista até *motivo íntimo* (art. 135, parágrafo único). Se o juiz se abstiver quanto a se dar por suspeito, e se as partes tempestivamente nada tiverem alegado, o assunto fica sepultado.[79] Já diversamente, neste particular, ocorre com a omissão do juiz, ou mesmo com a omissão das partes, relativamente ao impedimento, como já observamos.

Por outras palavras, o direito de excepcionar, tratando-se de suspeição ou de incompetência relativa, cabe, em princípio, apenas à parte[80] e preclui com o não oferecimento da exceção no prazo de 15 dias, contados ou da juntada aos autos do mandado citatório, devidamente cumprido, ou de outro termo inicial, ou, então, do fato que a ocasionou, se supervenientes, salvo a hipótese consistente na possibilidade de que o próprio juiz se declare suspeito.

Ao contrário, tratando-se de impedimento, inexiste preclusão do direito de alegação, podendo as partes alegá-lo e o juiz reconhecê-lo a qualquer momento ou grau de jurisdição,[81] embora as partes, não se tendo utilizado da exceção, não mais possam fazê-lo por esse meio processual, senão que por simples petição. Quanto à suspeição, deve haver atividade oficiosa do juiz; quanto à incompetência relativa, não pode haver atividade, a não ser na hipótese referida no parágrafo único do art. 112, inserido pela Lei 11.280/2006, mas antes da ocorrência de prorrogação da competência (*argumentum ex* art. 114, alterado pela mesma lei).[82]

76. Cf. o que escrevemos, amplamente, nos itens 92 e 94 da parte I deste *Manual*.

77. STJ, CC 34.879/MG, 3.ª S., j. 25.6.2003, rel. Min. Gilson Dipp, *DJ* 25.8.2003, p. 260. Em julgado interessante, assim decidiu o STJ: "Se a exceção de incompetência, ajuizada pelos réus, restou acolhida em decisão transitada em julgado, não pode o autor, quando da chegada dos autos à nova comarca, ajuizar nova exceção visando o retorno do processo ao juízo onde fora iniciado, pois precluiu-lhe o direito de discutir a questão" (STJ, REsp 729.476/SP, 3.ªT., j. 4.8.2005, rel. Min. Castro Filho, *DJ* 5.9.2005, p. 408).

78. Sobre a extensão do vício do impedimento nas decisões, tendo em vista a coisa julgada, v., *supra*, n. 116, *fine*.

79. V. a respeito n. 116, *supra*.

80. Se quem não for parte oferecer exceção, não se suspende o processo (*RJTJSP* 81/49).

81. *RT* 498/107; STJ, REsp 11.934/AC, 3.ª T., j. 23.08.1991, rel. Min. Dias Trindade, *DJ* 16.09.1991, p. 12638.

82. Cf. o que se disse no início deste item, a respeito. Cf. também, mais amplamente, itens 92 e 94

120. Da reconvenção

O réu poderá, ao ensejo da sua resposta, reconvir ao autor, quando demandado em procedimento comum ordinário (arts. 315 *et seq.*), movendo contra o autor uma ação de conhecimento, isto é, voltada a uma sentença.

Por esta razão, descabe *reconvenção* em execução.[83] Na hipótese, todavia, de o devedor ter títulos de crédito, líquidos e certos, contra o credor, ele, ao invés de reconvir, deverá embargar, alegando compensação.[84]

Admite-se, diversamente, a apresentação de reconvenção em ação monitória, desde que apresentados os embargos referidos no art. 1.102-C,[85] que, segundo orientação dominante na jurisprudência, têm natureza de contestação.[86]

O instituto da reconvenção, tal qual disciplinado hoje no Código de Processo Civil, consubstancia uma nova ação que é movida pelo réu contra o autor, no mesmo processo de rito comum ordinário (v. art. 315) em que este propôs a sua contra o réu. Nesta segunda ação, passa o réu a se denominar *reconvinte* e o autor *reconvindo*. Sua admissibilidade enseja ao réu uma forma mais ampla, e transcendente da própria defesa, a ponto de passar ao próprio ataque.

O instituto da reconvenção inspira-se, essencialmente, no princípio da economia processual, muito embora já se tenha, mais de uma vez, admitido em parte na jurisprudência (conforme certo entendimento doutrinário) reconvenção de reconvenção, o que não é o nosso ponto de vista,[87]-[88] embora o Projeto de Novo Código de Processo Civil, na redação atual do PL 8.046/2010, admita expressamente a reconvenção da reconvenção (art. 344, § 7.º).

Há duas ações contrapostas, conexas por contraposição, quais sejam ação e reconvenção, mas unidas procedimentalmente, havendo produção simultânea das provas, debates conjuntos, bem como solução formal na mesma sentença (art. 318), embora deva o juiz decidir explicitamente sobre a reconvenção.[89]

---

da Primeira Parte deste *Manual*.

83. *JUTACivSP* 35/196, 36/46, 39/143, 46/98, 47/62, 59/53, 61/89 e 117. No mesmo sentido, v. VI ENTA, concl. 13, por v.u., *RT* 580/297.

84. STJ, REsp 603.441/DF, 2.ª T., j. 3.2.2005, rel. Min. Eliana Calmon, *DJ* 28.2.2005, p. 290; STJ, AgRg no REsp 525.426/RS, 3.ª T., j. 19.5.2005, rel. Min. Antonio de Pádua Ribeiro, *DJ* 13.6.2005, p. 291. Já se admitiu a oposição de compensação na própria ação de execução, independentemente de embargos (STJ, REsp 240.091/RJ, 1.ª T., j. 24.2.2000, rel. Min. Garcia Vieira, *DJ* 27.3.2000, p. 77).

85. STJ, REsp 401.575/RJ, 4.ª T., j. 6.8.2002, rel. Min. Sálvio de Figueiredo Teixeira, *DJ* 2.9.2002, p. 197; STJ, REsp 363.951/PR, 3.ª T., j. 11.4.2003, rel. Min. Ari Pargendler, *DJ* 29.3.2004, p. 230.

86. STJ, REsp 222.937/SP, 2.ª S., j. 9.5.2001, rel. Min. Nancy Andrighi, *DJ* 2.2.2004, p. 265.

87. *RJTJSP* 42/47 (em parte). Contra: *RT* 586/45.

88. Em sede doutrinária, Luiz Guilherme Marinoni e Sérgio Cruz Arenhart admitem a reconvenção em sede de ação reconvencional, no caso desta última ter sido proposta com base no fundamento da defesa do réu-reconvinte: "Isto porque, nesse caso – mas não no outro, em que a reconvenção tem por base a conexão com a ação principal –, o réu traz material fático totalmente novo ao processo, podendo surgir daí o interesse do autor-reconvindo em apresentar, sobre esse novo material, também sua pretensão" (*Manual do processo de conhecimento*, p. 156).

89. Para negar seguimento ao AgIn 78.609/RS, baseou-se o Min. Fontes de Alencar, do STJ, na decisão que negou trânsito ao recurso especial do agravante e da qual se colhe o seguinte trecho: "Reconvenção. A conexão no art. 315 do CPC não se relaciona com aquela prevista no art. 103 do mesmo diploma. A conexão do art. 315 é a chamada instrumental, ou seja, aquele relacionamento cuja existência assenta no regime da instrução e no aproveitamento comum dos elementos probatórios, segundo doutrina de Barbosa Moreira. Sobre o tema, segundo José Frederico Marques, a diretriz que prevalece é

Os pressupostos processuais específicos da reconvenção, tais como a identidade de rito comum, ou seu cabimento em procedimento especial, que tenha sido contestado, sua utilização por quem seja parte (*rectius*, parte principal), e, pois, a existência de processo pendente, bem como sua conexão com o fundamento da defesa (contestação na parte do *mérito*) e/ou a ação, assentam-se no princípio de que é necessário haver *compatibilidade* entre a reconvenção e a ação (art. 315), no sentido de que ambas se desenvolvam harmonicamente, sem que a segunda possa entravar ilegitimamente a primeira.

121. Procedimento da reconvenção

Conquanto a finalidade da reconvenção seja a de ser processada simultaneamente com a ação, ela é autônoma, em sua existência, devendo sua propositura, pois, ser anotada no distribuidor (art. 253, parágrafo único).

Se o réu não a apresentar no prazo de sua resposta, poderá mover contra o autor ação autônoma. Nada há que o impeça, como regra geral, pois tem pretensão que, se exercida pela via reconvencional, em regra geral, levaria a uma maior economia processual.[90] No entanto, já se decidiu que não pode o réu pretender que sua reconvenção seja admitida em hipótese de intempestividade da contestação, já que uma não pode pretender substituir a outra.[91]

O processamento e o julgamento, nessa hipótese de não uso da reconvenção, que teria tido cabimento, e de propositura de ação conexa, porém, deverão ser conjuntos, sempre que possível, com fundamento no art. 105 do CPC.

A reconvenção somente tem cabimento, no atual Código de Processo Civil, no processo de conhecimento e no de rito comum, ou no de rito especial, mas que tenha sido contestado e, portanto, tenha assumido rito ordinário, pois nela existe uma pretensão à sentença definidora de direito, o que não ocorre no processo de execução de título extrajudicial, em que, pelos embargos do devedor, se objetiva desconstituir um título executivo, judicial ou extrajudicial.[92]

Na reconvenção, em face do que expressamente dispõe o art. 316, faz-se uma exceção à regra geral, de que toda demanda é, necessariamente, precedida de citação (art. 214).

Na *reconvenção* não há, do ponto de vista formal, *citação*, senão *intimação do reconvindo*, na pessoa do seu advogado. Assim, uma vez oferecida a reconvenção, não há necessidade de citação ou *intimação pessoal* do reconvindo, bastando, e isto já mesmo à época do antigo Código de Processo Civil, a sua simples intimação na pessoa do advogado, para impugnar a reconvenção (art. 316). E tal é assim disciplinado porque, ao ser oferecida a reconvenção, o autor já está no processo, bastando para impugná-la a intimação de seu procurador.[93] Entretanto, apesar de se tratar de intimação e não de citação, esta circunstância só diz respeito a aspectos da *forma* de se levar a efeito o ato de comunicação, pois que os *efeitos* produzidos pela "intimação" ao reconvindo são, em princípio, os elencados no art. 219, que se refere especificamente à citação. Há, to-

a da flexibilidade da conexão. A reconvenção é ação do réu contra o autor no mesmo processo ou em apartado. É ação, assim nos seus pressupostos, como na sua estrutura (Pontes de Miranda)" – *DJU* I, 25.8.1995, p. 26.357.

90. Neste sentido: *RJTJSP* 37/26 e 63/81.

91. STJ, REsp 50.535-6/DF, 4.ª T., j. 22.11.1994, rel. Min. Barros Monteiro, v.u., *DJU* I, 13.3.1995, p. 5.305.

92. TJSP, *RT* 308/386, 237/235, 181/697, 169/353 e 161/163.

93. STJ, REsp 58.273/GO, 3.ª T., j. 16.4.1996, rel. Min. Waldemar Zveiter, *DJ* 1.7.1996, p. 24.047.

davia, decisões, equivocadas em nosso sentir, no sentido de que na reconvenção não há citação, senão que apenas intimação, na pessoa do advogado do autor reconvindo, por isso não se pode atribuir à intimação o efeito de constituir em mora, que é imanente ao ato da citação.[94]

Assim, a reconvenção, sendo uma *ação*, produz determinados efeitos jurídicos materiais, a que alude a lei processual, bem como os processuais, tais como a litispendência, e torna a coisa litigiosa. Não há que se falar em prevenção, todavia, como também não há que se cogitar de *perpetuatio iurisdictionis* (art. 87), dado que é pressuposto da própria admissibilidade da reconvenção (art. 109), sempre, submeter-se à competência do juízo da ação principal. Esses efeitos são produzidos quando da intimação da demanda feita ao autor, na pessoa de seu advogado. Há vários aspectos procedimentais, de cabimento mesmo e de forma que merecem análise.[95]

A falta de impugnação à reconvenção produz *revelia* em detrimento do reconvindo; nem sempre, porém, poderão operar-se os *efeitos* que dela decorrem, previstos no art. 319 do CPC.[96] São pertinentes as cautelas na aplicação dos efeitos da revelia à ação reconvencional, tendo em vista a regra geral de que reconvenção é antagônica à ação principal; daí, então – em nosso sentir – estar, *a priori*, excluída a veracidade dos fatos, "negados" pela inicial. Corretamente, nesse sentido, assim se decidiu: "Conquanto, em princípio, tenha aplicação o art. 319 do CPC ao reconvindo que não contesta, a presunção de veracidade dos fatos alegados na reconvenção em face da revelia é relativa, cedendo passo a outras circunstâncias constantes dos autos, tendo em conta que adstrito o julgador ao princípio do livre convencimento motivado. A consequência da falta de resposta à reconvenção não conduz, necessariamente, à procedência do pedido reconvencional".[97]

Já se tem tolerado – e corretamente – o oferecimento de reconvenção sem ser em peça autônoma.[98] Mais ainda, tem-se admitido que, se *na contestação estiver inequivocamente embutido* pedido reconvencional, sem, contudo, ter esse *nomen iuris*, tal circunstância não obsta a admissibilidade da reconvenção, entendimento que nos parece correto (ainda que não ortodoxamente obediente à

94. *RJTJRS* 56/256; *RTJ* 94/295 [a tese, neste acórdão, é dúbia, ou, mais precisamente, foi desnecessariamente afirmada. E isto porque se diz no acórdão que a reconvenção não teria a virtude de constituir em mora, pois, se essa tivesse sido a intenção do legislador, teria estendido os efeitos do art. 219 – no caso, o da mora – para as intimações. No caso concreto, todavia, a afirmação dessa tese – *em si mesma inexata* – era desnecessária para se ter decidido, como se fez. Na realidade, consta do acórdão que a reconvenção não é apta para constituir em mora, para os efeitos do Dec.-lei 745/1969, como não o é, em regra, também a ação, com a citação. Desta forma, parece-nos que se haveria de ter afirmado que reconvenção não constitui em mora, para o fim de rescisão contratual (Dec.-lei 745/1969); o Dec.-lei 745 exige ato prévio à propositura de *ação* ou *reconvenção*; nada mais].

95. Em ação de usucapião, negou-se a possibilidade de pedido de usucapião *por reconvenção*, oposto (ao que tudo indica) por demandado, fundando-se corretamente o acórdão na inadmissibilidade, principalmente, em face do rito especial da usucapião (*RJTJSP* 73/225). Em medida cautelar descabe reconvenção (*JUTACivSP* 57/104, tb. publ. na *RT* 530/118), salientando-se caber ao requerido, isto sim, pleitear a sua própria medida cautelar (que poderá ser conexa à precedente).

96. *RJTJSP* 78/242. *Nesse acórdão, conquanto se tenha reconhecido a revelia, negou-se o efeito do art. 319* (rev. cit., p. 243, 1.ª col., *fine*).

97. STJ, REsp 334.922/SE, 5.ª T., j. 16.10.2001, rel. Min. Felix Fischer, *DJ* 12.11.2001, p. 168.

98. *JUTACivSP* 57/104, como fundamento marginal do acórdão. No mesmo sentido: *JUTACivSP* 39/247; *RT* 562/99.

lei).[99] A *oportunidade para a manifestação* do autor sobre esta contra-ação é indispensável (art. 316), e bem assim a sentença do juiz deverá decidir expressamente tanto a ação principal, quanto a reconvenção (art. 318), sob pena de nulidade.[100]

Se para a inicial há um exame perfunctório, de cognição superficial, não criando para o juiz preclusão alguma, o qual, assim, poderá rejeitar a ação posteriormente, a mesma coisa ocorre para a reconvenção.

Saliente-se que, *nos pressupostos de admissibilidade de resolução de mérito da reconvenção*, compreendem-se: 1.º) os pressupostos processuais, em geral; 2.º) os pressupostos processuais específicos, isto é, os exigíveis para a reconvenção, a que nós já nos referimos; 3.º) as condições da ação (isto é, as da reconvenção).

122. A autonomia da reconvenção

A reconvenção deverá ser apresentada no prazo de resposta do réu, simultaneamente com a contestação,[101] mas em instrumento autônomo (como regra), devendo seu objeto ser conexo com o da ação principal ou com o fundamento da própria defesa.

Já no que se refere aos procedimentos especiais, se houver contestação, dever-se-á admitir a reconvenção, uma vez que a lei nada dispõe e a jurisprudência antiga era no sentido de admiti-la. Nessa hipótese, a causa seguirá o rito comum ordinário.

A jurisprudência, corretamente, já admitiu a reconvenção nas seguintes ações: de consignação em pagamento;[102] de pres-

99. *RTJ* 55/735, *RE* 70.951, na vigência do CPC/1939); *RT* 553/255, *RE* 78.418-7/SP (tb. publ. no *DJU* de 22.5.1981, em que, conquanto não conhecido o recurso, há manifestação no sentido da legitimidade da tese).

100. *RT* 472/254, 487/192, 496/80 e 504/180; *Arquivo Forense* 65/111 e 66/305; *RF* 258/270; *Anais Forenses do Estado do Mato Grosso* 44/313; *Jurisprudência Mineira* 65/230.

101. Interessante é a opinião expressada por José Roberto dos Santos Bedaque (*Efetividade do processo e técnica processual,* p. 151-152): "Deve ser repudiada a solução formalista, que insiste na preclusão consumativa, interpretando literalmente a exigência de que ambas, contestação e reconvenção, sejam apresentadas simultaneamente, mas ressalva de forma expressa a possibilidade de o réu propor ação autônoma, que será reunida no mesmo processo, para julgamento conjunto. É o império da forma sem conteúdo, do formalismo estéril e injustificado."Assim, melhor afastar a ideia da preclusão consumativa também aqui. Não admitir a reconvenção neste caso somente acarretaria maior dificuldade ao desenvolvimento do processo – consequência incompatível com a celeridade e a economia processuais."Mais simples é a solução quanto à interpretação de recursos extraordinário e especial, ante o disposto no art. 541 do CPC. Este dispositivo não exige simultaneidade. Não prevê hipótese de ato processual complexo. Limita-se a indicar o destinatário e os requisitos da petição recursal."Nada impede, portanto, sejam tais recursos interpostos em momentos distintos, desde que observado o prazo legal."Revela-se mais adequada à visão instrumentalista do processo a concepção restritiva da preclusão consumativa. Apenas nas hipóteses em que – por opção expressa do legislador processual, feita à luz do princípio da eventualidade – exige-se a prática de vários atos simples num mesmo momento, a omissão quanto a alguns implica preclusão consumativa."Na grande maioria dos casos esse fenômeno está ligado ao prazo previsto para a prática do ato, resolvendo-se à luz da preclusão temporal. O que parece importante ressaltar é a inexistência de óbice à regularização ou complementação de atos processuais, se a parte o fizer antes de encerrado o prazo previsto para a sua prática".

102. *RT* 500/235, 548/161 e 597/155. Esta orientação jurisprudencial deu ensejo à admissão expressa, pelo art. 67, VI, da Lei 8.245/1991 (Lei de Locação dos Imóveis Urbanos), do cabimento de *reconvenção em ação de consignação de aluguel e acessórios da locação.* Para as ações consignatórias em geral (vale dizer, que não versem sobre os bens jurídicos regulados pela Lei 8.245/1991), a Lei 8.951/1994, alterando os dispositivos do Código de Pro-

tação de contas, mas em hipótese toda peculiar;[103] de alimentos;[104] de exoneração de alimentos;[105] de despejo.[106]

Ainda, já se admitiu a reconvenção em anulatória de registro de nascimento para pleitear investigação de paternidade.[107]

cesso Civil sobre o tema, reconheceu não o cabimento (formal) de reconvenção nestas consignatórias, mas a possibilidade de o réu, em contestação, formular pedido contra o autor nas hipóteses de insuficiência do depósito. Transformou-as, portanto, em verdadeiras ações dúplices.

103. *RTJ* 91/365 [sem propriamente enfrentar o problema, admitiu-se reconvenção, nesse caso concreto, sob o fundamento de outro negócio ("um outro ajuste") entre as mesmas partes], o que não afronta a regra geral do descabimento de reconvenção. Semelhantemente, decidiu o STJ que "é possível a reconvenção em ação de prestação de contas, mas o seu indeferimento não é causa de nulidade se a mesma matéria foi apresentada na contestação, considerando-se que nesse tipo de ação 'a reconvenção é implícita na defesa'" (STJ, REsp 239.311/CE, 4.ª T., j. 15.2.2000, rel. Min. Ruy Rosado de Aguiar, *DJ* 8.5.2000, p. 101). Contra: *Revista de Processo* (*RePro*) 9/364, em. 167, e 10/326, em. 155.

104. *Ementários de Jurisprudência do Estado do Ceará* 1/32-45. Contra: *RJTJSP* 45/55. Admitiu-se, recentemente, que, ao menos em tese, é possível o pedido de alimentos através de reconvenção, apresentada em ação de separação judicial (STJ, REsp 30.730/SP, 4.ª T., j. 8.3.2005, rel. Min. Aldir Passarinho Júnior, *DJ* 18.4.2005, p. 338).

105. *RT* 479/92.

106. Nesse sentido, recentemente, STJ, REsp 619.489/DF, 5.ª T., j. 14.9.2004, rel. Min. Arnaldo Esteves Lima, *DJ* 4.10.2004, p. 338. Cf. também *RT* 478/211 e 547/154; *Ementário de Jurisprudência do Estado do Ceará* 2/141; *JUTACivSP* 71/378; *Revista de Processo* (*RePro*) 5/372, em. 168; *JUTACivSP* 62/246. Contra: *RF* 265/315 (considerando o processo da ação de despejo incompatível com o da consignatória); *JUTACivSP* 57/176 (pela inadmissibilidade, quando visara à rescisão do contrato).

107. *RT* 490/111.

Também (pacificamente) nas ações declaratórias.[108]

A jurisprudência não tem admitido reconvenção nos casos de ações possessórias[109] e ação renovatória de locação. Nestes dois casos, lembre-se que são duas hipóteses clássicas de *ações dúplices*, onde se pode solicitar em sede de contestação o que seria objeto de reconvenção, a qual não é admitida porque não desempenharia função alguma. Nesse sentido é expresso o art. 922, para as possessórias, e, para renovação de aluguel, o é o art. 72, *caput*, c/c art. 52, II, da Lei 8.245/1991, que regula a hipótese do art. 8.º, *e*, da revogada Lei de Luvas.[110] Também, como anotado anteriormente, o art. 72, § 4.º, da Lei 8.245/1991, dá caráter dúplice para a renovatória de locação, ao facultar ao locador ou sublocador (réu) que seja arbitrado aluguel provisório, desde que apresente elementos hábeis para tanto. São, ainda, dois outros exemplos de ações de caráter dúplice: a ação de prestação de contas (art. 918)[111] e a ação de consignação em pagamento (art. 899, § 2.º, com a redação da Lei 8.951/1994). Também os embargos de terceiro[112] e a liquidação de sentença.[113]

Conforme lucidamente observado por Eduardo Arruda Alvim, nesses casos de

108. STF, Súmula 258; v. *JUTACivSP* 48/50.

109. STJ, REsp 119.775/SP, 3.ª T., j. 12.5.1998, rel. Min. Menezes Direito, *DJ* 22.6.1998, p. 73; *Anais Forenses do Estado do Mato Grosso* 40/238; *RT* 495/233 e 579/142.

110. STJ, REsp 285.472/SP, 6.ª T., j. 16.10.2001, rel. Min. Fernando Gonçalves, *DJ* 5.11.2001, p. 147. Sob a égide do revogado Dec. 24.150/1934, art. 8.º, e, cf. os acórdãos veiculados em *RT* 519/251 e 579/159 e em *JUTACivSP* 76/320.

111. Na doutrina, v. Edson Cosac Bortolai, *Da ação de prestação de contas*, Cap. VIII, 8.3, p. 97, e doutrina comum, aí referida (p. 98, notas 94/98).

112. TAPR, ApCív 71516-8, j. 23.9.1996, rel. Juiz Miguel Pessoa.

113. *RT* 495/163; *JUTACivSP* 49/181.

ações dúplices, o autor da ação reconvencional padeceria de interesse de agir, eis que já dispõe de autorização legal para formular pedido em sede de contestação.[114]

Ainda, o STF decidiu pela impossibilidade de se opor reconvenção, que seria ação da competência da Justiça Federal, em ação que tramita em Vara Cível da Justiça Comum Estadual.[115]

123. A reconvenção e o procedimento sumário

Nas causas em que, segundo o Código, em sua redação anterior ao advento da Lei 9.245/1995, fosse observado o procedimento sumário (art. 275),[116] não poderia o réu reconvir ao autor, caso tivesse uma pretensão, com que se pudesse se opor a este. Mesmo sendo a reconvenção conexa com a ação principal, ou com o fundamento da defesa, deveria o réu formular sua pretensão em processo autônomo, por força do primitivo art. 315, § 2.º, do CPC.

A jurisprudência, em parte, e trilhando caminho incorreto, baseada na impossibilidade de reconvenção no procedimento sumário, negava, à luz deste mesmo dispositivo, também a possibilidade de reunião de ações conexas, pois entendia que, uma vez admitida a reunião, estar-se-ia admitindo reflexamente a reconvenção.[117]

Com a Lei 9.245/1995, que alterou a disciplina do procedimento sumário do Código de Processo Civil, passou-se a admitir que o réu, na sua contestação, formule pedido contra o autor, desde que fundado nos mesmos fatos referidos na inicial (art. 278, § 1.º). Outrossim, em plena consonância com a introdução deste novo dispositivo, foi revogado o art. 315, § 2.º, do CPC, passando o atual § 1.º para parágrafo único. Diz-se "em plena consonância" porque acertada a ideia de que, com o advento desta nova disciplina, ainda que não passe, propriamente, a ser admitida a reconvenção em procedimento sumário, dispõe o art. 278, § 1.º (redação dada pela Lei 9.245/1995), o seguinte: "§ 1.º É lícito ao réu, na contestação, formular pedido em seu favor, desde que fundado nos mesmos fatos referidos na inicial". As diferenças entre a reconvenção do art. 315 e o que se estabelece no art. 278, § 1.º, são as seguintes: 1.º) não tem o pedido que pode ser formulado na contestação, a que se refere o art. 278, § 1.º, o *nomen iuris* de reconvenção; 2.º) ainda haverá esse pedido, a que se refere o art. 278, § 1.º, de ser baseado "nos mesmos fatos referidos na inicial", ao passo que, pelo art. 315, admite-se conexão, também, com os fundamentos da defesa, o que não ocorre no art. 278, § 1.º.

Diga-se, a propósito, que já se decidiu que o indeferimento liminar da reconvenção, que põe fim à dita *ação reconvencional*, não acarreta a extinção do processo (principal); logo, incabível é o recurso de apelação, mas, sim, cabível o de agravo de instrumento.[118]

Em nosso entender, efetivamente, o recurso cabível é o de agravo na modalidade instrumentada – ainda que o indeferimento

114. *Direito processual civil*, p. 417.

115. *RTJ* 102/308; *Revista de Processo* (*RePro*) 24/265, em. 74.

116. Este artigo (275) foi modificado pela Lei 10.444/2002, e, pela nova redação, o procedimento sumário será observado "nas causas cujo valor não exceda a 60 (sessenta) vezes o valor do salário mínimo" (inciso I).

117. *Revista de Processo* (*RePro*) 2/359, em. 149. *Contra: RT* 583/153, em.

118. *JUTACivSP* 43/178 e 47/76; *Revista de Processo* (*RePro*) 1/210, em. 144; *RT* 531/177 (admitiu a apelação interposta no prazo do agravo pela fungibilidade), *RT* 547/126; VI ENTA – concl. 58, por v.u., *RT* 580/297. Contra: *JUTACivSP* 43/178 e 47/76; *Revista de Processo* (*RePro*) 1/210, em. 144.

se dê em audiência –,[119] pois com tal indeferimento não se porá fim ao processo principal. Assim, não se equipara indeferimento de petição inicial do processo "principal" ao indeferimento da petição em que se contém a reconvenção.[120]

124. A ação declaratória incidental, como espécie da resposta do réu[121]

Conquanto o art. 297 não se refira à ação declaratória incidental,[122] deverá o réu, querendo dela se utilizar, fazê-lo na oportunidade de sua resposta. Vale dizer, conjuntamente com a sua contestação e com sua reconvenção, dado que distinguimos entre ação declaratória incidental e reconvenção.[123]

Na hipótese de utilização da ação declaratória incidental, no prazo da resposta, pelo réu, este deverá ou poderá, melhor dizendo, aguardar que se resolvam a exceção ou as exceções opostas, que têm a virtude de suspender o prazo para a resposta. Nada impede, entretanto, que, embora tendo excepcionado, responda desde logo; neste caso, todavia, a sua postulação, contida na resposta, só se examinará para ser processada, quando o procedimento da exceção, ou exceções, venha(m) a ser definitivamente resolvido(s), em primeiro grau de jurisdição (art. 306).

Se o réu se utilizar da ação declaratória incidental, no prazo da resposta, tal fato produzirá litispendência para o autor, que, então, não se poderá dela utilizar, na forma do art. 325. E isto ocorre pela circunstância de que, proposta a declaratória incidental pelo réu, *ipso facto*, o autor verá, igualmente, atingido o objetivo que teria, se ele mesmo a propusesse: *produção de coisa julgada sobre a relação subordinante ou prejudicial*. Assim, a ação declaratória incidental, proposta pelo réu, produz litispendência (art. 219), seja para a ação declaratória incidental, que o autor pretendesse propor, seja, ainda, para a própria ação autônoma que quisesse propor o mesmo autor, e para o próprio réu, que já propôs ação declaratória incidental.

Além da litispendência, produzem-se os demais efeitos emergentes da propositura da

119. O afastamento da regra geral – agravo retido –, até mesmo se tal decisão se der em audiência, se justifica na exata medida em que, se o agravo for retido, a justificativa da reconvenção (economia processual, instrução conjunta, uma única decisão) não seria privilegiada. E mais, se, ao final, se verificar, por ocasião do julgamento do agravo retido posteriormente, o equívoco da decisão agravada, o processo teria na verdade um retrocesso, eis que haveria a necessidade de se observar as questões atinentes à ação reconvencional, culminando com a cassação da sentença. Com isso, resta evidente que faleceria ao agravante o interesse recursal, em razão da inadequação da via eleita.

120. V., neste sentido, além das decisões acima referidas, Arruda Alvim e Luiz Sérgio de Souza Rizzi, Indeferimento liminar de ação declaratória incidental, reconvenção, *Revista de Processo* (*RePro*) 2/237. Sobre o tema, cf., amplamente, Teresa Arruda Alvim Wambier, *Os agravos no CPC brasileiro*, itens 2 e 3.1.

121. V. jurisprudência e doutrina sobre a ação declaratória incidental no Cap. XI, n. 134, da primeira Parte.

122. Sobre ação declaratória incidental, v.: Galeno Lacerda, *RF* 246/160; Athos Gusmão Carneiro, *RT* 458/26 e *RF* 246/217; Francisco Negrisollo, *RT* 476/41 e *JTA* 29/467.

123. *Diversamente*, na doutrina, entre outros, entendendo que a ação declaratória incidental, quando usada pelo réu, sê-lo-á por via reconvencional, v. Adroaldo Furtado Fabrício, *A ação declaratória incidental*, 1976, n. 82, p. 176, e em vários outros pontos da obra, posição mantida na última edição da obra (ano de 1995 – n. 107, p. 170-172). Este autor (op. e loc. ult. cit.) entende que a reconvenção e ação declaratória incidental relacionam-se como gênero e espécie, respectivamente.

Admitindo a apresentação de ação declaratória incidental no prazo para a resposta, cf. STJ, REsp 30.747/SP, 3.ª T., j. 25.10.1993, rel. Min. Nilson Naves, *DJ* 29.11.1993, p. 25.875.

ação. A *prevenção* dá-se no juízo do processo principal (art. 109).

Se o réu, entretanto, propuser inadequadamente a ação declaratória incidental – como, por exemplo, fora do prazo –, neste caso, se presentes os pressupostos para sua utilização pelo autor, poderá este idoneamente fazê-lo.

Se existe para o réu concurso eletivo, consistente em se poder utilizar ou da ação declaratória incidental, reconvenção ou de ação autônoma, que então seja prejudicialmente conexa à do autor, em virtude de *prejudicialidade externa*, outro tanto ocorre para o próprio autor, salvo quanto à reconvenção.

Ainda, a litispendência para o autor poderá decorrer, não necessariamente da propositura da ação declaratória incidental, pelo réu, mas também emergirá, se o réu – agora como autor – tiver proposto ação autônoma, cujo objeto seja a relação subordinante ou condicionante, tendo em vista relação jurídica da ação em que tenha sido citado como réu (prejudicialidade externa). Nesta hipótese, pois, haverá uma ação de *A* contra *R*, cujo objeto seja uma relação subordinada; no entanto, esse *R*, agora como autor, propõe contra aquele *A*, agora como réu, ação destinada a discutir precisamente a relação subordinante. Há, pois, também, entre essas duas ações autônomas, uma *prejudicialidade externa*, diversamente do que ocorre com a ação declaratória incidental, que se apoia sobre uma relação de prejudicialidade interna.

Os pressupostos atinentes à utilização da ação declaratória incidental são os seguintes: 1.º) que o autor tenha proposto uma ação, cujo pedido se constitua numa relação subordinada, tendo em vista outra relação jurídica, por ele também deduzida no processo, constitutiva da *causa petendi* e sobre a qual, pois, não tenha formulado um pedido autônomo, pois, do contrário, ter-se-ia cumulação de ações, embora entre elas subsistindo a relação de prejudicialidade; 2.º) que o réu, necessariamente, conteste essa relação prejudicial, isto é, que, discutindo-a, crie a *controvérsia*, ou que a *torne litigiosa* (art. 5.º); 3.º) que o juízo onde pende o pedido, que contenha a relação jurídica subordinada, seja competente *ratione materiae* (em nosso sentir, que seja competente em razão da matéria, como, ainda, tendo em vista sua função), também para a relação subordinante ou prejudicial, porque, na verdade, o art. 470 contém menos um pressuposto de formação da coisa julgada, porém um pressuposto de admissibilidade da *ação* declaratória incidental.

Presentes tais pressupostos, lícito será ao réu e, se este não o tiver feito, ao autor, propor ação declaratória incidental.

O objetivo precípuo da ação declaratória incidental é o de, elevando a relação jurídica subordinante à categoria da *causa petendi*, subjacente à ação, tal como proposta pelo autor, inserir, portanto, tal relação jurídica subordinante no dever do juiz de decidir a respeito, agora com autoridade de coisa julgada (art. 470; v. tb. art. 469, III).

A propositura da ação declaratória incidental, portanto, não alterará a tarefa *cognitiva* do juiz, propriamente dita, porquanto, tenha sido proposta ou não, em ambos os casos o juiz deverá *conhecer* da relação jurídica subordinante, mesmo porque esta se coloca lógica, jurídica e cronologicamente como antecedente necessário a que se resolva a relação jurídica subordinada. Se não proposta a ação declaratória incidental, no entanto, embora tendo conhecido da relação jurídica subordinante, não se formará, a respeito da mesma, tendo em vista a sentença, coisa julgada (art. 469, III); ao reverso, se tiver sido proposta e admitida a declaratória incidental, haverá coisa julgada, também, a respeito da relação jurídica subordinante.

A ação declaratória incidental encontra seu pressuposto mais relevante de cabimento na relação de prejudicialidade entre a relação jurídica subordinante e a subordinada. É certo que a prejudicialidade existe, seja ou não utilizada a ação declaratória incidental, precisamente porque é ela pressuposto de cabimento – um dos pressupostos de cabimento da ação declaratória incidental.

Vários autores têm sustentado que, na hipótese de a ação declaratória incidental ter sido usada pelo réu, sê-lo-ia sempre por via reconvencional, isto é, seria sempre uma reconvenção de cunho declaratório, normalmente, mas não necessariamente, de cunho declaratório negativo.

Tal posição, todavia, não se nos afigura correta. E assim pensamos pelas seguintes razões:

1.ª) se a lei distinguiu, nitidamente, entre reconvenção e declaratória incidental, não é lícito ao intérprete deixar de acatar a distinção;

2.ª) na reconvenção, propriamente dita, existe *causa petendi* e pedidos, que são encartados no processo, via de regra, contrapostamente à ação nela contida;

3.ª) na ação declaratória incidental, o que ocorre é, exclusivamente, solicitação de que, também sobre a relação prejudicial, *que seria necessariamente examinada, tendo havido, ou não, ação declaratória incidental*, sobre essa matéria se opere a autoridade de coisa julgada;

4.ª) na reconvenção, o reconvinte *traz* a sua *causa petendi* e o seu pedido, ao passo que, na ação declaratória incidental, diversamente, *a matéria já consta do processo*, ou seja, o ponto (relação subordinante ou prejudicial) é trazido ao processo pelo autor, e o réu, contestando-o (contestando a relação prejudicial), transmuda-o em *questão*, e a respeito solicita (= *formula pedido, propondo a ação*) autoridade de coisa julgada;

5.ª) a ação declaratória incidental apoia-se sempre sobre questão prejudicial, ao passo que isto não ocorre, necessariamente, com a reconvenção;

6.ª) pode haver reconvenção sem que tenha havido contestação, o que inocorre com a ação declaratória incidental – praticamente sempre (v. art. 321) –, porquanto o tornar litigiosa a relação subordinante é um dos pressupostos da proponibilidade de ação declaratória incidental;

7.ª) à reconvenção não impugnada aplicar-se-á o art. 319, quanto àqueles fatos de que, no processo, não resulta a evidência contrária; diversamente, o art. 319 é inaplicável à ação declaratória incidental, porque: a) se proposta a ação declaratória incidental, necessariamente, já se terá criado controvérsia a respeito da relação prejudicial, e, portanto, deverá, *ipso facto*, haver atividade probatória; b) outrossim, e, da mesma forma, se vier a ser proposta pelo autor, também por causa da contestação à relação prejudicial, que é um dos pressupostos do cabimento da ação declaratória incidental, terá de haver, igualmente, atividade probatória.

Todavia, estas distinções, que se nos afiguram reais, seriam destituídas de maior sentido prático, se não se lhes desse uma significação prática, tangentemente à diversidade de regime jurídico.

Se a ação declaratória incidental é *incidente*, isto significa que, ocorrendo a extinção do processo, sem resolução de mérito (cf. art. 267, na redação da Lei 11.232/2005), e, já tendo sido proposta e admitida a ação declaratória incidental, todo o processo se extinguirá, inclusive o pedido de declaração incidental, tenha sido ele feito pelo autor, como também na hipótese de ter sido ele realizado pelo réu. Diversamente, todavia, ocorre com a reconvenção, à qual a lei deu plena autonomia (art. 317).

124-A. Apontamentos sobre a resposta do réu no Projeto de Novo Código de Processo Civil

Conquanto o Projeto de Novo Código de Processo Civil (PL 8.046/2010) já tenha sido objeto de nossas considerações em tópico próprio deste Manual (n. 21-B da Primeira Parte deste Manual) bem como de observações esparsas ao longo da obra, parece-nos oportuno retomar a matéria no que concerne, especificamente, às modificações propostas para a resposta do réu.

As proposições relativas à matéria, constantes do PL 8.046/2010, modificam substancialmente os procedimentos e incidentes analisados nos nesse capítulo, principalmente se tomarmos como referência o procedimento comum ordinário – adotado como regra geral no sistema vigente.

É que Projeto de Novo Código de Processo Civil simplifica a resposta do réu sob diversos aspectos.

Quanto ao prazo para a apresentação de contestação, estabelece o art. 336, I, do PL 8.046/2010 como termo inicial a data da audiência de conciliação, o que inibe a realização desnecessária do ato, caso venha ocorrer a transação (art. 335, § 11, do PL 8.046/2010). Caso ambas as partes manifestem desinteresse na composição através de audiência de conciliação, ou se no caso não for admitida a autocompostição (art. 335, § 4.º, II), a audiência não será realizada, e nessa hipótese o prazo para contestar terá início na data do protocolo do pedido de cancelamento da audiência de conciliação (art. 336, II).

Tenha-se presente, ainda, que o PLS 166/2010, com redação aprovada pelo Senado Federal anteriormente à tramitação na Câmara dos Deputados como PL 8.046/2010, previa a substituição da figura da reconvenção no procedimento comum ordinário (arts. 315 a 318 do CPC vigente) por um pedido contraposto (art. 326, § 1º do PLS 166/2010).[124] A possibilidade de formulação deste pedido contraposto (que tem espectro mais amplo que o pedido contraposto previsto no CPC vigente para o procedimento comum sumário) na própria contestação, vinha sendo aceita por parte da jurisprudência, como visto precedentemente.

Observe-se que o art. 326, *caput*, primeira parte, do PLS 166/2010 estabelecia que "É lícito ao réu, na contestação, formular pedido contraposto para manifestar pretensão própria, conexa com a ação principal ou com o fundamento da defesa", donde se extrai que, tal como na reconvenção, e diversamente do que ocorre no rito sumário (art. 278, § 1.º do CPC vigente), não seria necessário que o pedido contraposto seja fundado nos mesmos fatos que embasaram a pretensão do autor.

Malgrado o pedido contraposto seja veiculado na peça contestatória, o PLS

---

124. Era a seguinte a redação proposta pelo PLS 166/2010 (em tramitação na Câmara dos Deputados como PL 8.046/2010) para o art. 326, e parágrafo único, do Novo Código de Processo Civil:

"Art. 326. É lícito ao réu, na contestação, formular pedido contraposto para manifestar pretensão própria, conexa com a ação principal ou com o fundamento da defesa, hipótese em que o autor será intimado, na pessoa do seu advogado, para responder a ele no prazo de quinze dias.

§ 1.º. O pedido contraposto observará regime idêntico de despesas àquele formulado na petição inicial.

§ 2.º. A desistência da ação ou a ocorrência de causa extintiva não obsta ao prosseguimento do processo quanto ao pedido contraposto".

O pedido contraposto era também regulado pelos arts. 297, parágrafo único (estendia ao pedido contraposto as exigências pertinentes ao pedido formulado na ação originária), 304, parágrafo único (estendia ao pedido contraposto as regras pertinentes à alteração do pedido e da causa de pedir deduzidos na ação originária e 337, parágrafo único do PLS 166/2010 (concedia prazo de quinze dias para manifestação do autor da ação originária e requerimento de provas).

166/ era explícito ao atribuir-lhe a natureza de ação autônoma, pois "*A desistência da ação ou a ocorrência de causa extintiva não obsta ao prosseguimento do processo quanto ao pedido contraposto*" (art. 326, § 2º.). Logo, pode-se inferir que, apesar da simplificação, a dedução de pedido contraposto produziria, a partir da respectiva intimação do autor da ação principal para oferecer resposta, idênticos efeitos aos da reconvenção (*cf.*, a propósito, o que dissemos sobre o *procedimento da reconvenção* – item 121, *supra*).

As alterações concernentes à eliminação da reconvenção referiam-se, portanto, às formalidades exigidas pela sistemática atual, que em parte já vêm sendo flexibilizadas pela própria jurisprudência e pela doutrina. Não há supressão de direitos ou prerrogativas do réu, mas, tão somente, eliminação de exigências formais para o exercício desses direitos e prerrogativas, na linha do que determina a instrumentalidade processual. Essa modificação, no entanto, não foi mantida pela Câmara, e, portanto, a reconvenção permanece em moldes similares aos do direito vigente (art. 344 do PL 8.046/2010).

Assim, também, as matérias que atualmente constituem objeto de incidentes processuais específicos, tais como as denominadas exceções de incompetência, suspeição e impedimento, poderão vir a ser arguidas de maneira mais simples.

Atento à advertência de que a arguição incidente das *exceções* em sentido estrito faz com que o processo seja mais demorado (*cf.* o que dissemos no item 112, *supra*), o Projeto prevê, no art. 338, II, a arguição de incompetência relativa como preliminar de contestação. Quanto às arguições de suspeição e impedimento, o art. 146 do PL 8.046/2010 dispõe que deverão ser feitas mediante simples petição, acompanhada das respectivas provas documentais e/ou de rol de testemunhas.

Relativamente à ação declaratória incidental, seu ajuizamento perderia a razão de ser diante do disposto no art. 490 do PLS 166/2010 que, no sentido de fazer incidir a coisa julgada sobre o pedido e sobre as questões prejudiciais que antecedam à lide principal. A intenção era dar maior abrangência e utilidade às soluções contidas na sentença. No entanto, também essa modificação não foi acatada pela Câmara, e no art. 519, III, da redação original do PL 8.046/2010, ficaram expressamente excluídas as questões prejudiciais decididas incidentalmente da abrangência da coisa julgada.

A atual redação do projeto (na versão de julho de 2013), em seu art. 514, reinsere o tema das questões prejudiciais em determinadas hipóteses, apresentando uma sistemática mais detalhada. O *caput* do mencionado artigo dispõe que "a decisão que julgar total ou parcialmente o mérito tem força de lei nos limites da questão principal expressamente decidida". O § 1.º, no entanto, permite que a questão prejudicial, expressa e incidentalmente decidida, faça coisa julgada, se a) dessa resolução depender o julgamento de mérito; b) a seu respeito tiver havido contraditório prévio e efetivo, não se aplicando no caso de revelia; e c) o juízo tiver competência da matéria e da pessoa para resolvê-la como questão principal. (incisos I, II, e III, respectivamente). Em outras palavras, quando esses três requisitos estiverem presentes, uma questão que for decidida de maneira incidental poderá ter os mesmos efeitos do julgamento da questão prejudicial, formando coisa julgada material.

Por fim, a redação original do art. 151, § 1.º do PLS 166/2010 autorizava o juiz a promover o necessário ajuste ao procedimento ou aos atos processuais, quando estes se revelassem inadequados às peculiaridades da causa e desde que ouvidas as partes e observados o contraditório e a ampla defesa. Esse dispositivo – que certamente, seria aplicável à resposta do réu –, enfatizava a utilidade dos atos praticados pelas partes, sobrepondo a mera observância das formalidades legais à finalidade a ser atingida de maneira melhor. Contudo, devido ao temor de que tal ampliação dos poderes do juiz pudesse ocasionar insegurança jurídica, já a Comissão do Senado para o Novo CPC excluiu esta norma da redação do substitutivo aprovado em dezembro de 2010 e remetido à Câmara dos Deputados, onde recebeu o n. 8.046/2010.

Bibliografia

Alvim, Eduardo Arruda. *Curso de direito processual civil*. São Paulo: Ed. RT, 1999. vol. 1.

______. *Direito processual civil*. 2. ed. rev., atual. e ampl. São Paulo: Ed. RT, 2008.

______. *Direito processual civil*. 3. ed. São Paulo: Ed. RT, 2010.

______. *Direito processual civil*. 4. ed. São Paulo: Ed. RT, 2012.

Alvim Netto, José Manoel de Arruda. *Curso de direito processual civil*. São Paulo: Ed. RT, 1972. vol. II.

______. *Direito processual civil – Teoria geral do processo de conhecimento*. São Paulo: Ed. RT, 1972. vols. I e II.

______. Lei 11.280, de 16 de fevereiro de 2006. In: *Terceira Etapa da Reforma do Código de Processo Civil:* estudos em homenagem ao Ministro José Augusto Delgado. Salvador : Juspodivm, 2007.

______. *Soluções Práticas de Direito: Pareceres*. vol. IV. São Paulo: Ed. RT, 2011

______. *Tratado de direito processual civil*. São Paulo: Ed. RT, 1996. vol. II.

______. e outro. Indeferimento liminar de ação declaratória incidental, reconvenção, oposição, embargos do devedor e pedido de assistência – Recurso cabível. *Revista de Processo (RePro)* 2/237, ano I, São Paulo, Ed. RT, abr.-jun. 1976.

Amorim, Aderbal Torres. *Direito* – Reconvenção e ação consignatória. *RT* 565/259.

______. Reconvenção, cumulação de ações e ação rescisória. *RBDP* 40/21, 1983.

______. Reconvenção e prejudicial de inconstitucionalidade. *RBDP* 44/13, 1984.

______. Reconvenção e revelia. *Ajuris* 25/200, 1982.

Assis, Jacy de. *Comentários ao Código de Processo Civil*, 1979. vol. II, t. II.

______. Direito de resposta. *RBDP* 16/107, 1978.

______. Prazo para resposta. *RF* 285/461.

______. *Procedimento ordinário*. São Paulo: LAEL, 1975.

Barbosa Moreira, José Carlos. *A conexão de causas como pressuposto da reconvenção*, 1979.

______. A resposta do réu no sistema do Código de Processo Civil. *Revista de Processo (RePro)* 2/249, ano I, São Paulo, Ed. RT, abr.-jun. 1976.

______. Conflito positivo e litispendência. *Juriscível* 82/7.

______. *O novo processo civil brasileiro*. 25. ed. Rio de Janeiro: Ed. Forense, 2007.

Bedaque, José Roberto dos Santos. *Efetividade do processo e técnica processual*. São Paulo: Malheiros, 2006.

Bittencourt, Frederico. Efeitos do agravo ante o julgamento da exceção de incompetência. *RF* 254/461.

Bolsanello, Élio. Reconvenção na execução. *Revista de Processo (RePro)* 13/27, 1979.

Borges, Marcos Afonso. *Comentários ao Código de Processo Civil*. São Paulo: LEUD, 1975. vol. I.

Bortolai, Edson Cosac. *Da ação de prestação de contas*. São Paulo: Saraiva, 1981.

Branco, Elcir Castello. Defesa – verbete. *Enciclopédia Saraiva do Direito*, 1979. vol. 23.

Bueno, Cassio Scarpinella. *A nova etapa da reforma do Código de Processo Civil*. São Paulo: Saraiva, 2006. vol. 2.

______. *Curso sistematizado de direito processual civil*: teoria geral do direito processual civil. vol. 1. São Paulo: Saraiva, 2007.

Carneiro, Athos Gusmão. Ação declaratória incidental no novo Código de Processo Civil. *RT* 458/26; *RF* 246/217.

Carnelutti, Francesco. *Istituzioni del processo civile italiano*. 5. ed. Roma: Foro Italiano, 1956. vol. 1.

Cintra, Antonio Carlos de Araújo; Grinover, Ada Pellegrini; Dinamarco, Cândido Rangel. *Teoria geral do processo*. 23. ed. São Paulo: Malheiros, 2007.

Coelho, José Manuel. Da contestação no novo Código de Processo Civil. *Arquivos do Ministério da Justiça* 138/144.

Costa, Carlos Coqueijo Torreão da. Reconvenção. *RBDP* 2/35, 1975.

Cresci Sobrinho, Elício de. Considerações sobre o ônus de responder. *RBDP* 21/214, 1980.

Cribari, Giovanni. A exceção de incompetência relativa e a suspensão do processo. *Revista de Processo* (*RePro*) 9/71, ano III, São Paulo, Ed. RT, jan.-mar. 1978.

Dinamarco, Cândido Rangel. Julgamento das exceções. *Ajuris* 18/49, 1980.

Fabrício, Adroaldo Furtado. *A ação declaratória incidental*. 2. ed. Rio de Janeiro: Ed. Forense, 1995; 1. ed., 1976.

Fadel, Sergio Sahione. *Código de Processo Civil comentado*. Rio de Janeiro: Ed. Forense, 1984. vol. I.

Fornaciari Júnior, Clito. *Da reconvenção no direito processual civil brasileiro*, 1979.

______. *Reconhecimento jurídico do pedido*. São Paulo: Ed. RT, 1977.

Furtado, Paulo. A contestação na ação de alimentos. *Ajuris* 32/189, 1984.

Gianesini, Rita. Alguns aspectos da reconvenção. *Revista de Processo* (*RePro*) 7-8/79, ano II, São Paulo, Ed. RT, jul.-dez. 1977.

______. *Da revelia no processo civil brasileiro*. São Paulo: Ed. RT, 1977.

Greco Filho, Vicente. *Direito processual civil brasileiro*. 17. ed. São Paulo: Saraiva, 2007. vol. II.

Lacerda, Galeno. As defesas de direito material no novo Código de Processo Civil. *RF* 246/160.

Liebman, Enrico Tullio. *Estudos sobre o processo civil brasileiro*. São Paulo: José Bushatsky, 1976.

Lima, Alcides de Mendonça. A nova sistemática das exceções. *Revista de Processo* (*RePro*) 5/61, ano II, São Paulo, Ed. RT, jan.-mar. 1977; *RF* 261/63.

______. *Processo de conhecimento e processo de execução*. Uberaba: Vitória, 1981.

______. Reconvenção: prazo para a Fazenda Pública. *Revista de Processo* (*RePro*) 9/265, ano III, São Paulo, Ed. RT, jan.-mar. 1978; *RBDP* 28/203, 1981.

Marcato, Antonio Carlos. *Código de Processo Civil interpretado*. São Paulo: Atlas, 2004.

Marinoni, Luiz Guilherme. Arenhart, Sérgio Cruz. *Manual do processo de conhecimento*. 5. ed. São Paulo: Ed. RT, 2006.

Marques, José Frederico. *Manual de direito processual civil*. São Paulo: Saraiva, 1984. vol. II.

Miranda, Francisco Cavalcanti Pontes de. *Comentários ao Código de Processo Civil* (de 1973). Rio de Janeiro: Ed. Forense, 1974. t. IV.

Naconecy, Luiz Carlos Macedo. *Curso de direito processual civil*. São Paulo: Ed. RT, 1984.

Negrão, Theotonio; Gouvêa, José Roberto F. *Código de Processo Civil e legislação processual em vigor*. 41. ed. amplamente atualizada. São Paulo: Saraiva, 2009.

Negrisollo, Francisco. O princípio da estabilização do pedido na ação declaratória incidental. *RT* 476/41.

Nilsson, Jurandyr. *Nova jurisprudência de processo civil*. São Paulo: Max Limonad. vol. II.

Passos, José Joaquim Calmon de. *Comentários ao Código de Processo Civil*. Rio de Janeiro: Ed. Forense, 1979. vol. III.

______. Contestação – verbete. *Enciclopédia Saraiva do Direito*, 1979. vol. 19.

______. Contumácia – verbete. *Enciclopédia Saraiva do Direito*, 1979. vol. 19.

______. Direito de defesa – verbete. *Enciclopédia Saraiva do Direito*, 1979. vol. 26.

PAULA, Alexandre de. *Código de Processo Civil anotado*. São Paulo: Ed. RT, 1976. vol. II.

PELUSO, Antônio Cezar e outros. Exegese do art. 315 do Código de Processo Civil. *Revista de Processo (RePro)* 2/241, ano I, São Paulo, Ed. RT, abr.-jun. 1976.

PIMENTEL, Wellington Moreira. *Comentários ao Código de Processo Civil*. São Paulo: Ed. RT, 1979. vol. III.

PIZA, Marcos Salvador de Toledo. Exceção, suspensividade do processo principal e julgamento definitivo. *RT* 563/271.

PIZZOL, Patrícia Miranda. *A competência no processo civil*. São Paulo: Ed. RT, 2003.

SANSEVERINO, Milton. Proposta de reformulação parcial do art. 299 do CPC. *RBDP* 34/81, 1982.

SANTOS, Cézar. O ônus da impugnação específica no novo Código de Processo Civil. *RBDP* 42/11, 1984.

SANTOS, Moacyr Amaral. *Primeiras linhas de direito processual civil*. 23. ed. (atualizada por Aricê Moacyr Amaral Santos.) São Paulo: Saraiva, 2004. vol. II.

SICA, Heitor Vitor Mendonça. *O direito de defesa no processo civil brasileiro: um estudo sobre a posição do réu*. São Paulo: Atlas, 2011.

SILVA, Ovídio A. Baptista da; MACHADO, L. Melíbio Uiraçaba; GESSINGER, Ruy Armando; GOMES, Fábio Luiz. *Teoria geral do processo civil*. Rio Grande do Sul: Letras Jurídicas, 1983.

SOUZA, Everardo de. Do princípio da eventualidade no sistema do Código de Processo Civil. *RF* 251/101.

THEODORO JÚNIOR, Humberto. *Curso de direito processual civil*. Rio de Janeiro: Ed. Forense, 1985.

______. Pressupostos processuais, condições da ação e mérito da causa. *Revista de Processo (RePro)* 17/41, ano V, São Paulo, Ed. RT, jan.-mar./80.

______. *Processo de conhecimento*. Rio de Janeiro: Ed. Forense, 1981. t. II.

TUCCI, José Rogério Cruz e. *Da reconvenção*. São Paulo: Saraiva, 1984.

VILLAR, Willard de Castro. Observações em torno da reconvenção. *RBDP* 4/163, 1975.

WAMBIER, Luiz Rodrigues; WAMBIER, Teresa Arruda Alvim; MEDINA, José Miguel Garcia. *Breves comentários à nova sistemática processual civil*. 3. ed. São Paulo: Ed. RT, 2005.

WAMBIER, Teresa Arruda Alvim. *Nulidades do processo e da sentença*. 6. ed. São Paulo: Ed. RT, 2007.

______. *Os agravos no CPC brasileiro*. 4. ed. São Paulo: Ed. RT, 2005.

______; MEDINA, José Miguel Garcia. *O dogma da coisa julgada – Hipóteses de relativização*. São Paulo: Ed. RT, 2003.

XIII

Da Revelia

125. Introdução

Formada a relação jurídica processual, surge, durante todo o desenvolver do processo, uma série de ônus, quer para o autor, quer para o réu.

Distingue-se o *ônus* da figura da *obrigação*, porquanto na obrigação – entre outras características – a prática do ato objetiva "favorecer" a outra parte, ao passo que o ônus se caracteriza, precisamente, pela circunstância de que a prática do ato reverterá, em regra, em benefício exclusivo daquele que o pratica, ou, eventualmente e quase sempre, prejudicará quem não o praticou, ou quem o tenha praticado mal. Pode-se dizer que, praticado o ato ao qual corresponde o ônus, *poderá disso derivar, geralmente quando esse ato possa produzir efeito maléfico para a outra parte*.

Um dos ônus existentes no processo para o réu é o de *contestar* a ação proposta, implicando o seu descumprimento a revelia.[1]

O legislador reservou o nome de *revelia*, nesta hipótese, ao réu, devendo ao autor denominar-se a sua inércia de *contumácia*.[2]

O termo *contumácia*, no entanto, pode ser empregado como gênero e designa a inatividade do autor e do réu, sendo a revelia uma espécie, a qual se deve usar para designar a inércia do réu validamente citado em contestar, no prazo legal.

126. A revelia no sistema do Código de Processo Civil[3] e seus aspectos capitais

A revelia consiste na não apresentação de contestação, por parte do réu, no prazo legal (desde que citado regularmente).[4]

Assim, é considerado revel aquele que não apresentou contestação,[5] ainda que,

1. Sobre a revelia, consultar: Maria Lúcia L. C. de Medeiros, *A revelia sob o aspecto da instrumentalidade, passim*; Rita Gianesini, *Da revelia no processo civil brasileiro, passim*. Ainda, cf.: Alcides de Mendonça Lima, A revelia nos embargos do devedor, *Ajuris* 27/153; Arruda Alvim, O gestor de negócios e o curador especial diante da revelia do assistido, *Revista de Processo [RePro]* 10/217, e A revelia e a ação declaratória incidental, *Revista de Processo [RePro]* 10/213.

2. V. Rita Gianesini, op. cit., p. 54 e *et. seq*.

3. No que diz respeito à revelia nas causas dos juizados especiais, ver: J. E. Carreira Alvim, Revelia nos juizados especiais estaduais e federais, *Revista de Processo [RePro]* 109, p. 57 a 62.

4. V. Wambier, Talamini e Correia de Almeida, *Curso avançado de processo civil,* p. 383: "A revelia pressupõe citação válida. Se nula ou inexistente a citação, o vício alcança todos os atos processuais subsequentes, e, por isso, não se falará em revelia".

5. De se por em relevo a lição de Rita Gianesini (Revelia, *Revista de Processo [RePro]* 109, p. 222), que assim nos ensina:

"Consideramos revel:

eventualmente, tenha comparecido, através de advogado legalmente habilitado; o só fato de existir nos autos procuração a advogado, outorgada pelo réu, não descaracteriza a revelia.

Por outro lado, se o réu comparece ao processo, no sistema do Código de Processo Civil, sem se fazer acompanhar de advogado, da mesma forma é revel,[6] pois, por si só, não poderá o réu contestar a ação por falta de capacidade postulatória, em regra.

Da revelia decorrem duas consequências fundamentais: a *primeira* consiste em que, *contra o revel, correrão os demais prazos, independente de intimação*, a partir da publicação de cada ato decisório, enquanto não tiver advogado nos autos (art. 322, *caput*, do CPC, na redação da Lei 11.280/2006).

Existe, assim, simplificação na ulterior comunicação processual, não havendo, por exemplo, necessidade de o revel ser intimado para a audiência de instrução e julgamento, pois não é intimado de ato algum.[7]

Se, no entanto, o revel, por advogado constituído nos autos, intervier no processo, passará a ser intimado dos atos processuais realizados *a partir de então* (cf. art. 322, *caput* e parágrafo único, do CPC, na redação da Lei 11.280/2006). Neste sentido entendíamos nós, sendo esta a orientação majoritária tanto na doutrina quanto na jurisprudência,[8] mesmo antes da alteração do art. 322 pela Lei mencionada.

"– aquele que não comparece em juízo e não apresenta contestação;

"– aquele que comparece em juízo – junta tão somente o instrumento de mandato – e não contesta;

"– aquele que comparece em juízo e apresenta contestação sem anexar o instrumento de mandato e, intimado, não regulariza a situação;

"– aquele que comparece em juízo mas apresenta contestação intempestiva;

"– aquele que comparece em juízo e apresenta outra modalidade de resposta que não seja a contestação, como exceção de incompetência relativa."Nestas condições, a não apresentação da peça, denominada contestação, caracteriza a revelia. Aliás, o art. 319 do CPC, que está inserido no capítulo da revelia, é expresso nesse sentido: "Se o réu não contestar a ação (...)"."Assim, se o réu apresentar peça intitulada contestação, mas sem fundamentação, não pode ser considerado revel. Isto porque a rigor apresentou defesa, não obstante ter infringido os princípios da impugnação específica e da concentração, que a inspiram e que estão expressos nos arts. 300 e 301 do Estatuto Processual. A penalidade, nesta hipótese, está consignada no art. 302 do CPC – reputaram-se verdadeiros os fatos afirmados pelo autor, salvo se ocorrer uma das exceções nele previstas. Caso contrário, letra morta seria este dispositivo legal. Não há que se falar, assim, em revelia parcial".

6. *Revista de Processo [RePro]* 2/361, em. 165; *RF* 246/359; *RJTJSP* 63/134. *Na doutrina*: Rita Gianesini, op. cit., p. 107 *et seq.*

7. Nem mesmo a sentença demanda intimação do réu revel sem advogado nos autos, de sorte que o prazo recursal do revel tem início com a publicação em cartório da sentença, e não com a publicação pelo órgão oficial. Assim: "É uníssono o entendimento nesta Corte no sentido de que, nos termos do artigo 322 do Código de Processo Civil, começa a correr o prazo para o revel a partir da publicação da sentença *em cartório, independentemente de sua intimação"* (AgRg no REsp 812.117/SC, 3.ª T., j. 08.05.2007, rel. Min. Castro Filho, *DJ* 18.06.2007, p. 261, onde são citados diversos precedentes).

Na hipótese, contudo, de ser controvertida a data da publicação da sentença em cartório, já decidiu o STJ que:o prazo deverá ser contado a partir da data primeiro ato induvidosamente praticado pela secretaria após a sentença: "(...) Havendo incerteza quanto ao momento em que a sentença foi publicada em cartório, não pode a data ser estabelecida por ilações, pois o direito processual deve trazer segurança às partes. No caso, esse momento somente ocorreu, seguramente, quando foi efetuado o primeiro ato da Secretaria após a prolação da sentença (STJ, REsp 799.965/RN, 3.ªT., j. 07.10.2008, rel. Min Sidnei Beneti, *DJe* 28.10.2008).

8. Cf., a respeito, doutrina e jurisprudência citadas nas notas seguintes.

Porém, isso não retira a importância da modificação efetuada pela Lei 11.280/2006 no *caput* do art. 322 do CPC.[9] Com efeito, tal norma legal acabou por contribuir decisivamente para eliminar certa oscilação que, apesar de minoritária, havia no tratamento da matéria pelos tribunais, não deixando nenhuma margem de dúvida quanto à necessidade de intimar o revel, a partir do momento em que passe a ser representado por advogado nos autos.[10]

Há, entretanto, alguns pontos em que a regra do art. 322 do CPC deve ser "atenuada", atendendo-se ao disposto no art. 321, ou, mesmo, ao próprio sistema do Código de Processo Civil.[11] Assim, por força do art. 321: a) o autor não poderá alterar o libelo, sem promover nova citação do réu, mesmo revel, e, havendo nova citação, assiste ao réu o direito de contestar, sem, todavia, romper a revelia anterior, restringindo-se a sua contestação à parte em que houve modificação de libelo, e desde que o revel com tal modificação concorde (art. 264); mesmo que não tenha contestado, o seu advogado passará a ser intimado de todos os atos referentes ao processo;[12] b) não poderá também o autor demandar declaração incidental, sem dar oportunidade ao réu revel de se manifestar. Só terá cabimento declaratória incidental, todavia, se, apesar da revelia, tiver havido contestação por um *curador especial*, mesmo sem o ônus da impugnação exaustiva (parágrafo único do art. 302 do CPC). Esta contestação é essencial, pois, do contrário, não haveria a *litigiosidade*, que é um dos pressupostos de cabimento da ação declaratória incidental (arts. 5.º e 325, do CPC).

Existem outros casos em que se haverá de dar nova oportunidade ao réu para se manifestar: a) deverá o réu ser intimado para falar a respeito do pedido de desistência do

9. Cf. Humberto Theodoro Júnior, *Curso de direito processual civil*, p. 451:

"O art. 322 foi alterado em seu *caput* pela Lei 11.280, de 16.02.2006, para deixar claro que nem sempre a presença do advogado do réu nos autos impede a configuração da revelia, mas tem repercussão sobre os seus efeitos processuais. "Assim, se o réu se apresenta como revel, por não ter contestado a ação, mas tem advogado nos autos, os efeitos de sua revelia só atuam no plano de presunção de veracidade dos fatos arrolados na inicial. O efeito puramente processual – fluência do prazo sem intimação – não se dá, uma vez que o réu, mesmo sendo revel, está presente em juízo. As intimações de seu advogado haverão de ocorrer, normalmente, a cada ato do processo".

10. Nesse sentido, cf. Glauco Gumerato Ramos, Participação do revel no processo, em Daniel Amorin Assumpção Neves et al., *Reforma do CPC: Leis 11.187/2005, 11.232/2005, 11.276/2006, 11.277/2006 e 11.280/2006*, p. 483-484.

11. V. Rita Gianesini, op. cit., p. 106-107.

12. No REsp 19.094, 4.ª T., j. 31.03.1992, rel. Min. Athos Carneiro, *RSTJ* 32/446, frisa-se que, a partir do comparecimento do revel, por advogado, cessam os efeitos da revelia, *observando-se, todavia, subsistirem os que já hajam ocorrido*. Decidiu-se, adotando-se a mesma orientação, que "o prazo de recurso para o revel começa a fluir da publicação da sentença em cartório, independentemente de qualquer intimação (art. 322 do CPC), salvo se após a caracterização da revelia tenha cessado a contumácia" (STJ, REsp 31.914/SP, 5.ª T., j. 24.03.1993, rel. Min. Assis Toledo, *DJ* 19.04.1993, p. 6.688). No mesmo sentido: STJ, REsp 549.919/MG, 1.ª T., j. 16.09.2003, rel. Min. José Delgado, *DJ* 20.10.2003, p. 238. É doutrina corrente esse entendimento: Ernane Fidélis dos Santos, no seu *Manual de direito processual civil*, vol. 1, n. 604, p. 457; Vicente Greco Filho, *Direito processual civil brasileiro*, vol. 2, n. 32, p. 158-159; e Wellington Moreira Pimentel, nos seus *Comentários ao Código de Processo Civil*, vol. 3, p. 347. No mesmo e substancial sentido, v. *RSTJ* 20/252, REsp 2.846, 4.ª T., j. 02.10.1990, rel. Min. Barros Monteiro, sendo o seguinte o expressivo teor da ementa: "Revelia – Efeitos – A presunção de veracidade dos fatos alegados pelo autor em face da revelia do réu é relativa, podendo ceder a outras circunstâncias constantes dos autos, de acordo com o princípio do livre convencimento do juiz".

autor, relativamente à ação (art. 267, § 4.º, do CPC); b) deverá ao réu ser comunicado o pedido de exibição de documento ou coisa, formulado pelo autor; c) deverá ser intimado para prestar seu depoimento pessoal; d) finalmente, deverá ser intimado para a prática de ato ou abstenção de fato que tenha sido pedido pelo autor. Se a revelia decorrer de ação fundada no art. 461 do CPC, cumpre observar o seguinte: poderá, em decorrência da revelia, proceder ao julgamento da causa, desde logo. Ademais, o juiz poderá valer-se das medidas apontadas no § 5.º daquele dispositivo, se as entender cabíveis e necessárias, para as finalidades da ação, que vêm descritas nesse § 5.º, *início*, do CPC, com a redação da Lei 10.444/2002. O recurso não haverá de ter efeito suspensivo – a teor do que estabelece o art. 520, VII, do CPC, acrescido pela Lei 10.352/2001 – exatamente porque, se o juiz podia ter concedido tutela liminar (art. 461, § 3.º, do CPC), poderá concedê-la em sua sentença, determinando se proceda à execução imediata dessa sentença, tal como passou a constar de expresso texto de lei (art. 520, VII – "confirmar a antecipação dos efeitos da tutela").

Enquanto não tiver advogado nos autos, não haverá razão para a intimação do réu revel; porém, este poderá intervir no processo a qualquer momento, mas sempre o receberá *no estado em que se encontre*. Tal regra, antes prevista na segunda parte do *caput*, foi, com a Lei 11.280/2006, inserida no parágrafo único do art. 322 do CPC. Houve, portanto, somente um deslocamento do dispositivo, já que permaneceu inalterada a sua redação.

O comparecimento do revel ao processo, assim, não faz com que possa alegar, no entanto, matéria relativa à contestação, dado que, tendo perdido o prazo para contestar, a matéria suscetível de ser alegada ficou preclusa. Basicamente, o que não pode mais alegar são os fatos próprios da contestação, para se contraporem àqueles alegados pelo autor, com o objetivo de que, alegados aqueles, os efeitos do fato ou fatos alegados pelo autor desaparecem ou sejam neutralizados.[13] Pode o revel, contudo, alegar *incompetência absoluta* e solicitar a citação dos litisconsortes necessários e discutir qualquer matéria que o juiz *deva* conhecer de ofício.[14]

Como decorrência, ainda, do art. 322 do CPC, não se conhece do recurso interposto tardiamente pelo revel da decisão final, pois os prazos contra este correm "a partir da publicação de cada ato decisório" (art. 322, *caput*, na redação da Lei 11.280/2006), independentemente de intimação.[15]

Nesse sentido, a jurisprudência, corretamente, entende que o prazo recursal começa

13. Em STJ, REsp 55, 4.ª T., j. 08.05.1989, *RSTJ* 5/363, sublinha-se, com precisão, que a revelia diz respeito a fatos, e não a matéria de direito, por isso que, *v.g.*, as condições da ação, dado constituírem matéria conhecível de ofício, podem ser discutidas, apesar da revelia. Bastante elucidativo trecho do voto (rev. cit., p. 366), *verbis*: "Com efeito, a revelia acarreta a presunção de veracidade apenas, e tão somente, dos fatos, jamais do direito. Ademais, em se tratando de legitimidade de parte, *ad causam*, uma das condições da ação, o Código de Processo Civil chega a ser enfático ao afirmar que a seu respeito não há preclusão enquanto em curso a causa, devendo o julgador dela conhecer de ofício, em qualquer tempo e grau de jurisdição (arts. 267, § 3.º, e 301, § 4.º)". Semelhantemente, decidiu-se que "a revelia do réu não impede a decretação de improcedência da ação", e que "a coisa julgada pode ser reconhecida de ofício pelo juízo, não implicando em cerceamento de defesa (art. 267, § 3.º, do CPC)" (STJ, REsp 196.822/SP, 5.ª T., j. 16.03.2000, rel. Min. Gilson Dipp, *DJ* 10.04.2000, p. 107).

14. TJRS, AgIn 70007806011, 19.ª Câm.Cível, j. 09.03.2004, rel. Des. José Francisco Pellegrini.

15. *Revista de Processo [RePro]* 4/406, em. 189. *No mesmo sentido*: *RT* 538/212, 543/123, em., 558/82 e 566/97, em.; *RF* 281/314; *RJTJSP* 79/288. Neste sentido é a Súmula 12 do TJRS, redigida nos seguintes termos: "O prazo recursal para o réu revel corre independentemente da intimação, a partir da publicação da sentença em audiência ou em cartório" (*RJTJERGS* 133/426).

a fluir para o revel a partir da publicação da sentença em cartório, independentemente da intimação.[16] Permanece, portanto, ainda válido este entendimento quando o revel não estiver representado por advogado nos autos (art. 322, *caput*, do CPC, com a alteração promovida pela Lei 11.280/2006).

Aliás, a jurisprudência já vinha decidindo, com correção, que, tendo o réu revel advogado constituído nos autos, não se aplica a regra de que "correrão os prazos independentemente de intimação".[17] Como foi dito anteriormente, esta orientação restou literalmente estabelecida, na nova redação do art. 322, *caput*, do CPC.

Desta forma e nessa linha, a partir do momento em que "ingressa no processo", por advogado, qualquer que seja a fase em que se encontre, ao réu deve ser assegurado o direito de ser intimado dos atos processuais, mas tão somente daqueles subsequentes a seu ingresso (art. 5.º, LV, da CF/1988).[18]

Ainda, ocorrendo o desentranhamento da contestação por intempestividade, deverá o advogado do réu ser intimado, permanecendo a procuração[19] nos autos para as intimações de todos os atos subsequentes do processo. A revelia, verificada pela não contestação (ainda que exceções tenham sido usadas), não dispensa a intimação desse revel, na pessoa do seu advogado.[20]

---

16. *RTJ* 83/591; *RT* 532/213, 540/206, em., 558/95, em., 565/145, em., 574/164, 580/156 e 589/116; *JUTACivSP* 59/338, 78/272, 81/270, 82/333 e 84/130; *RJTJSP* 74/149 e 79/255.

Em *RTJ* 96/193, firmou o mesmo princípio ao decidir o STF que o prazo começa a fluir do momento em que a sentença se torna pública em audiência, dispensando qualquer outra intimação.

Não discrepa do quanto dito o entendimento do STJ: "Entregue em cartório a sentença, publicada fica, e o termo inicial do prazo para recurso independe de sua intimação ao revel. Recurso especial denegado" (REsp 16.879-0, rel. Min. Fontes de Alencar, *DJ* 28.09.1992, *RSTJ* 47/214 – citado por Sálvio de Figueiredo Teixeira, *O STJ e o processo civil*, p. 250). Ver, ainda, no mesmo sentido, REsp 43.681-8/AL, rel. Min. Waldemar Zveiter, *DJ* 13.06.1994 e REsp 31.681-2/RJ, rel. Min. Nilson Naves, *DJ* 10.05.1993, que toma como base outros três precedentes da 2.ª S. daquele tribunal, além do já citado anteriormente (op. cit., p. 251). Ainda, STJ, REsp 606.415/BA, 3.ª T., j. 07.06.2005, rel. Min. Menezes Direito, *DJ* 12.09.2005, p. 320, e, mais recentemente: "É assente neste STJ o entendimento de que, nos termos do artigo 322 do Código de Processo Civil, o prazo recursal para o revel corre a partir da publicação da sentença em cartório, independentemente de sua intimação" (STJ, REsp 1027582/CE, 2ª T., j. 05.11.2008, rel. Min. Herman Benjamin, DJe 11.03.2009).

17. *Revista de Processo [RePro]* 9/365, em. 177, 14-15/409, em. 172; *RT* 493/113 e 565/219 em.; *RJTJSP* 73/183. Este é o entendimento que vem predominando no STJ, como demonstram os REsps 6.813/RS (rel. Min. Barros Monteiro, *DJ* 09.09.1991, *RSTJ* 26/452); 33.995-2/SP (*DJ* 31.05.1993); 15.449/SP (rel. Min. Waldemar Zveiter, *DJ* 24.02.1992); 33.995-2/SP (rel. Min. Eduardo Ribeiro, *DJ* 31.05.1993); 43.525-0/SP (rel. Min. Eduardo Ribeiro, *DJ* 16.05.1994); 54.637-0/RJ (rel. Min. Eduardo Ribeiro, *DJ* 05.12.1994), todos citados por Sálvio de Figueiredo Teixeira em *O STJ e o Processo Civil*, cit., p. 249-251. Mais recentemente, no mesmo sentido: STJ, REsp 732.537/MA, 4.ª T., j. 15.09.2005, rel. Min. Jorge Scartezzini, *DJ* 03.10.2005, p. 280.

18. *RT* 576/80. Ainda: *RT* 493/113, 565/219, *RJTJSP* 73/183; *JTA* 44/180; *RBDP* 34/174 e *Revista de Processo [RePro]* 9/365. Ainda: "O comparecimento do revel no processo, quando devidamente representado por advogado regularmente constituído, assegura o direito à intimação de todos os atos judiciais subsequentes à sua intervenção no feito, inclusive da sentença" (REsp 726.396/RJ, 3ª T., j. 26.06.2012, rel. Min. Ricardo Villas Bôas Cueva, DJe 29.06.2012).

19. *JUTACivSP* 39/97 e 63/38; *RJTJSP* 38/153 e 55/120.

20. *RSTJ* 26/453, REsp 6.813, 4.ª T., j. 27.06.1991, rel. Min. Barros Monteiro, cuja ementa reza: "Ainda que não tenha sido admitida a contestação, se o réu possui procurador nos autos deve ser ele intimado dos atos processuais. Inteligência do art. 322, última parte, do CPC".

Constata-se que a nova redação do art. 322, *caput* e parágrafo único, do CPC, decorrente da Lei 11.280/2006, apenas reproduziu entendimentos já consolidados, majoritariamente, na doutrina e na jurisprudência.

A necessidade de intimação do revel que tenha patrono nos autos tem como fundamento jurídico as exigências constitucionais do contraditório e da ampla defesa, as quais não podem, dentro de um Estado Democrático de Direito, ser subtraídas dos litigantes, em processo judicial e administrativo (art. 5.º, LV, da Constituição Federal). Em realidade, se a revelia implica um estado negativo, nem por isso dever-se-ia sucessivamente deixar de intimar o revel, sendo isso possível.

Como *segunda* consequência da revelia, esta de transcendental importância, temos que os *fatos afirmados pelo autor reputar-se-ão (= poderão ser reputados) verdadeiros* (art. 319 do CPC),[21] desde que não se trate de litígio acerca de direito indisponível, ou de fatos a respeito dos quais a lei exija prova através de *instrumento público* (casos de prova indisponível), e, ainda, desde que, havendo pluralidade de réus, nenhum deles tenha contestado. Mas, sobretudo, desde que este efeito seja compatível com a convicção do juiz.

Tratando-se de direitos indisponíveis, pois, a revelia não dispensa o autor de provar os fundamentos jurídicos de sua pretensão, para que possa a mesma ser reconhecida por sentença.[22-23]

Assim, nas *ações de estado*, como no caso da investigação de paternidade, não basta a revelia para prosperar a pretensão dos autores, pois, como os direitos sobre que versam essa ações, de regra, são indisponíveis, é imprescindível a prova por parte do autor, devendo a demanda ser julgada improcedente se resultar, do conjunto das provas, insustentável o pedido do autor.[24] A propósito da necessidade de se analisar o conjunto probatório, deve-se mencionar que a própria presunção estabelecida no parágrafo único do art. 2.º-A, da Lei 8.560/1992, incluído pela Lei 12.004/2009, depende da apreciação em conjunto com os demais elementos probatórios: "A recusa do réu em se submeter ao exame de código genético – DNA gerará a presunção da paternidade, a ser apreciada em conjunto com o contexto probatório"). Esta regra representa um "aprofundamento" do disposto no art. 231, do Código Civil, para a hipótese de investigação de paternidade.[25]

No mesmo sentido, em decisão mais recente, STJ, REsp 238229/RJ, 3.ª T., *DJ* 16.09.2002, j. 13.08.2002, rel. Min. Castro Filho: "Processo civil – Réu revel – Intervenção no processo – Intimação – Precedentes – Da revelia resultam duas consequências, uma de natureza material – a presunção de veracidade dos fatos afirmados pelo autor – e outra de cunho processual – a dispensa de intimação do réu para os atos subsequentes. Mas não fica o réu proibido de intervir no processo. Só que o recebe no estado em que se encontra (CPC, art. 322, parte final). Comparecendo aos autos, através de advogado devidamente constituído, a partir daí adquire o direito de ser intimado de todos os atos subsequentes, inclusive, a toda evidência, da sentença. Recurso conhecido e provido".

21. *JSTJ* 53/140.

22. STJ, REsp 96.691/PR, 2.ª T., j. 21.10.2004, rel. Min. João Otávio de Noronha, *DJ* 13.12.2004, p. 269.

23. Moacyr Amaral Santos, *Primeiras linhas de direito processual civil*, p. 243, vol. 2: "Os fatos, em relação aos quais não se admite confissão, independem de impugnação (Cód. cit., art. 302, n. I). Ora, 'não vale como confissão a admissão em juízo, de fatos relativos a direitos indisponíveis' (Cód. cit., art. 351). A presunção de veracidade dos fatos, por falta de contestação, consiste num efeito equivalente ao da confissão. Daí aquela presunção não ocorrer quando o litígio versar sobre direitos indisponíveis".

24. *RT* 482/219 e 512/250; *RJTJSP* 38/141.

25. Assinale-se que, embora a Súmula 301 do STF também mencione a "presunção *juris tantum*" de paternidade, decorrente da recusa na realização dos exames de DNA, a maioria dos precedentes que a originaram fazem referência

Também no pedido de conversão de separação de fato em divórcio não incide o efeito da revelia, por se tratar de direito *indisponível*.[26]

Já se decidiu que a separação judicial não constitui direito indisponível e, portanto, não foge à regra do art. 319 do CPC, ensejando, ainda, julgamento antecipado da lide, de conformidade com o art. 330, II, do mesmo diploma legal.[27] Há, contudo, decisões em sentido diverso.[28]

Por outro lado, incidirá o inciso II do art. 320 do CPC quando se tratar de ação movida contra pessoa jurídica de direito público. No entanto, em se tratando de mandado de segurança dirigido contra pessoa de direito público (ou quem lhe faça as vezes), é ônus do impetrante fazer prova de seu direito líquido e certo, não podendo decorrer estes pressupostos essenciais do cabimento do *writ* da ausência ou intempestividade de informações da autoridade coatora.[29]

Outro aspecto que temos de considerar, haurido do art. 319 do CPC, é o de que são reputados verdadeiros *os fatos*, o que não implica, contudo, que a demanda seja necessariamente ganha pelo autor, pois daqueles fatos, ainda que devam ser considerados verídicos, segundo a lei, poderão não decorrer as consequências tiradas pelo autor, como poderão eles não encontrar apoio em lei,[30] o que, então, levará, apesar da revelia, a um julgamento de improcedência.[31]

A vitória do autor, assim, não é inexorável, como se houvesse uma relação de causa e efeito entre a não contestação e a procedência da ação.[32]

Em primeiro lugar, poderá ocorrer qualquer uma das exceções, aludidas nos incisos I, II e III, do art. 320, que já vimos. Mesmo,

ao fato de que, nos casos julgados, a recusa injustificada do suposto pai em submeter-se aos exames apenas veio a corroborar os demais elementos probatórios e deve ser analisada em conjunto com estes elementos *Cf.*, exemplificativamente: 3.ªT., Resp 460.302, rel. Min. Castro Filho, j. 28.10.2003, *DJ* 17.11.2003; 4.ªT., REsp 409285/PR, rel. Min. Aldir Passarinho Junior, j. 7.5.2002, *DJ* 26.08.2002.

26. *RT* 579/99, em.

27. *Revista de Processo [RePro]* 4/405, em. 187; *RF* 254/269; *RJTJSP* 33/75 e 49/59; *RT* 483/182, 491/179 e 508/106.

28. STJ, REsp 485.958/SP, 4.ª T., j. 18.12.2003, rel. Min. Aldir Passarinho Júnior, *DJ* 08.03.2004, p. 259; STJ, REsp 50.703/RJ, 3.ªT., j. 01.10.1998, rel. Min. Nilson Naves, *DJ* 19.04.1999, p. 132. Semelhantemente, *RJTJSP* 36/71, 40/136 e 47/84: *RT* 501/111.

29. STJ, RMS 14.591/RJ, 2.ª T., j. 13.08.2002, rel. Min. Eliana Calmon, *DJ* 09.09.2002, p. 181.

30. V. Luiz Guilherme Marinoni e Sérgio Cruz Arenhart, *Manual do processo de conhecimento*, p. 133.

31. No mesmo sentido: Rita Gianesini, op. cit., p. 105. Há precedentes do STJ neste sentido: "A falta de contestação conduz a que se tenham como verdadeiros os fatos alegados pelo autor. Não, entretanto, a que necessariamente deva ser julgada procedente a ação. Isso pode não ocorrer, seja em virtude de os fatos não conduzirem às consequências jurídicas pretendidas, seja por evidenciar-se existir algum, não cogitado na inicial, a obstar que aquelas se verifiquem" (REsp 14.987/CE, 3.ª T., j. 10.12.1991, rel. Min. Eduardo Ribeiro, deram provimento ao recurso, v.u., *DJU* 17.02.1992, p. 1.377, 2.ª col. em.); "O efeito da revelia não induz procedência do pedido e nem afasta o exame de circunstâncias capazes de qualificar os fatos fictamente comprovados" (*RSTJ* 53/335). No mesmo sentido: STJ, REsp 94.193/SP, 4.ª T., j. 15.09.1998, rel. Min. Cesar Asfor Rocha, *DJ* 03.11.1998, p. 140.

32. V. Rita Gianesini, Revelia cit., p. 223:

"O sinônimo de revelia era procedência da ação?

"Com o passar dos anos, porém, restou cristalino o entendimento de que a mentira processual não pode gozar de proteção, que o magistrado não deve se contentar com a verdade formal, mas deve ir em busca da verdade real, no sentido de que o juiz deve ser um participante no processo, deve estar convencido de que o fato constitutivo do autor está efetivamente provado e não por presunção deva ser admitido como verdadeiro".

entretanto, que inocorram tais exceções, a procedência ainda não será inexorável, porque: a) desde logo, conquanto aceitos os fatos, as consequências jurídicas deles solicitadas podem ser inviáveis: por outras palavras, quando não se subsumam os referidos fatos a normas de que se pretendam as consequências jurídicas pedidas; b) ainda, se se alegarem fatos incríveis, ou seja, fatos inverossímeis (*v.g.*, que afrontem leis científicas, como a lei da gravidade), não será hipótese de aplicar o art. 319 do CPC. Nesse sentido, aliás, é a previsão do Projeto de Novo Código de Processo Civil que, atenta à evolução do direito, acrescenta uma hipótese à não produção dos efeitos da revelia: quando "as alegações de fato formuladas pelo autor forem inverossímeis ou estiverem em contradição com a prova constante dos autos" (art. 352, IV, do PL 8.046/2010 em sua versão atual).

Na realidade, o art. 319 do CPC vigente dispensa efetivamente o autor de prova, desde que o réu não conteste a ação; mas os fatos por ele alegados hão de passar pelo crivo da *plausibilidade* ou *verossimilhança*.[33] Caso contrário, a ação deverá ser julgada improcedente. Tratar-se-ia, aliás, mesmo, de hipótese de indeferimento liminar da inicial (art. 295, parágrafo único, II, do CPC).

A função do art. 319, pois, mais precisamente, circunscreve-se *à eventual supressão do segmento probatório, subsequente à fase postulatória*, se o juiz, autorizado a isso *ex lege*, entender que *um ou outro fato, ainda não especificamente provados*, são dedutíveis, *seguramente*, da prova que existe, ou, de *forma muito excepcional*, são dedutíveis da narração, com leve início de prova; *vale dizer*, tê-los-á como efetivamente ocorridos. Já em 1974 nosso pensamento era o seguinte: "O art. 319 não pode ser aplicado favoravelmente no que diz respeito às soluções de fato, quando estas não *se revestirem do requisito da credibilidade*".[34] Neste preciso sentido é o art. 277, § 2.º, do CPC, redação dada pela Lei 9.245/1995, que alterou o regime do procedimento sumário, *verbis*: "Deixando injustificadamente o réu de comparecer à audiência, reputar-se-ão verdadeiros os fatos alegados na petição inicial (art. 319), *salvo se o contrário resultar da prova dos autos*, proferindo o juiz, desde logo, a sentença". Assim, também, o art. 20 da Lei dos Juizados Especiais (Lei 9.099/1995) contém ressalva no sentido de não se operar o efeito material da revelia (presunção de veracidade dos fatos alegados) se "o contrário resultar da convicção do juiz".

No que concerne ao procedimento comum ordinário, a natureza relativa da presunção de veracidade estabelecida no art. 319 do CPC já está pacificada na jurisprudência pátria, que entende, na linha do quando determinado para o procedimento sumário (art. 277, § 2.º), pela imprescindibilidade da apreciação, mesmo no procedimento sumário, da compatibilidade entre a prova existente nos autos e as afirmações do autor. Tem decidido o STJ que: "A presunção de veracidade dos fatos alegados pelo autor em face da revelia do réu é relativa, podendo ceder a outras circunstâncias constantes dos autos, de acordo com o princípio do livre convencimento do juiz".[35]

33. *RJTJSP* 44/143; *JUTACivSP* 89/93. *Jurisprudência Catarinense*: 22/196 e 23/24; *RT* 524/118 e 536/116; *RJTJSP* 44/143 e 49/126; *JUTARS* 29/445 e 32/280; *JUTACivSP* 45/190, 62/114 e 85/230; *PJ* 14/328; *JC* 48/295; *JUTAMG* 21/238.

34. *Revista de Processo* [*RePro*] 2/245.

35. STJ, REsp 434.866/CE, 4.ª T., j. 15.08.2002, rel. Min. Barros Monteiro, *DJ* 18.11.2002 p. 227. No mesmo sentido: "O efeito da revelia não dispensa a presença, nos autos, de elementos suficientes para a persuasão do juiz. A presunção de veracidade dos fatos alegados pelo autor é relativa, e não absoluta, podendo ceder frente às provas existentes nos autos, em consonância com o princípio do livre convencimento do juiz" (STJ, REsp 723.083/SP, 3.ª T.,

Dessa forma, conclui-se que a presunção de veracidade prevista no art. 319 depende da verossimilhança ou plausibilidade dos fatos alegados na inicial. Verificada tal verosssimilhança ou plausibilidade, é preciso, ainda, analisar se o caso comporta alguma das exceções previstas nos incisos I, II e III do art. 320. E, finalmente, às exceções do art. 320, I, II e III, do CPC, devemos acrescentar aquela que pode ser anunciada da seguinte forma: *ainda que possam ser tidos por verdadeiros os fatos aduzidos pelo autor, mesmo que o réu não conteste a ação, não incide a "favor" do autor o art. 319, quando de tais fatos não se possa fazer emergir efeitos jurídicos pedidos.*

127. Revelia e litisconsórcio

No litisconsórcio necessário, em que há a imprescindibilidade da presença de todos os litisconsortes no processo, tanto no unitário quanto no simples, pois, nesta hipótese, a lei não distingue (art. 320, I, do CPC) e, assim, em função justamente da regra do inciso I do art. 320, não serão considerados verdadeiros os fatos alegados pelo autor, desde que algum dos litisconsortes os tenha contestado. Neste caso, portanto, a revelia de um litisconsorte, se outro ou outros tiverem contestado, não lhe trará qualquer prejuízo,[36-37] embora tendo em vista *apenas os fatos comuns* ao contestante e ao revel.

Na opinião de Pontes de Miranda, não há dúvida quanto à não incidência do art. 319 ao litisconsórcio unitário e ao litisconsórcio necessário. E, quanto ao litisconsórcio facultativo, anota: "Seria infringir-se o art. 320 não se pensar na amplitude e no conteúdo do art. 46. No art. 48, quando se disse que os litisconsortes são considerados, 'em suas relações com a parte adversa, como litigantes distintos', e até mesmo que os atos e as omissões de um não prejudicam nem beneficiam os outros, pôs explícita a ressalva 'salvo disposição em contrário'". Assim, de acordo com o autor, a ressalva contida no art. 320, I, do CPC, aplicar-se-ia também ao litisconsórcio facultativo, na medida em que a contestação do litisconsorte pudesse ser útil ao demandado revel, uma vez que "há eficácia da revelia e são tidos como ver-

j. 09.08.2007, rel. Min. Nancy Andrighi, *DJ* 27.08.2007, p. 223). "A presunção da veracidade dos fatos alegados pelo autor é relativa. O alcance do art. 319 do CPC deve ser mitigado, porquanto a revelia não induz obrigatoriamente à procedência do pedido inicial, que dependerá do exame pelo magistrado de todas as evidências e provas dos autos. Precedentes" (STJ, REsp 689.331/AL, 2.ª T., j. 21.02.2006, rel. Min. Castro Meira, *DJ* 13.03.2006 p. 266). "No caso da revelia, a presunção de veracidade dos fatos alegados pelo autor e não infirmados pelo réu é relativa e pode ceder diante de outras circunstâncias apuradas no curso do processo" (STJ, REsp 538.638/RS, 3.ª T., j. 04.11.2003, rel. Min. Antônio de Pádua Ribeiro, *DJ* 01.12.2003, p. 355).

36. Entendemos *necessariamente* aplicável o art. 320, I, do CPC, somente ao litisconsórcio facultativo unitário, ou necessário-unitário, bem como ao litisconsórcio simples, mas apenas na medida em que os *fatos forem comuns*.

37. Cf. Rita Gianesini, Revelia cit., p. 224:

"Trata-se de litisconsórcio – pluralidade de sujeitos no polo passivo. Obviamente o litisconsórcio unitário está contemplado no dispositivo porque a sorte tem que ser igual no plano do direito material para todos, como no caso de anulação de casamento, anulação de deliberação de assembleia." Todavia, podemos, tranquilamente, acrescentar nesta hipótese também o litisconsórcio simples, quer o necessário, quer o facultativo, desde que os fatos sejam comuns a todos. Assim, se um dos devedores solidários alegar a inexistência da dívida ou o pagamento integral, esta defesa a todos aproveita. Se, porém, um dos devedores solidários alegar a sua ilegitimidade de parte passiva, o mesmo não ocorre porque o acolhimento da defesa só a ele beneficia". Discorda-se, apenas, do exemplo do casamento, pela circunstância de que, à luz do art. 1.561, § 1.º do Código Civil (a que correspondia o art. 221, parágrafo único, do Código Civil de 1916), há diferença em relação aos efeitos.

dadeiros os fatos alegados" pelo autor e não contestados pelo litisconsorte do réu revel.[38]

Também Calmon de Passos enfatiza a necessidade de serem *comuns* os fatos sobre os quais não incidirá a revelia, a teor do art. 320, I, do CPC; isso indica que a presunção de veracidade dos fatos alegados pelo autor apenas não incidirá sobre aqueles fatos contestados pelo litisconsorte, pois, "relativamente aos demais fatos", aduz, "a sanção do art. 319 incide: eles serão reputados verdadeiros pelo juiz, eliminada a possibilidade de prova contrária do réu quanto aos mesmos".[39]

Há que se ressaltar, ainda, que, como já decidiu corretamente o Tribunal de Justiça do Estado de São Paulo, o efeito da revelia que é objeto de ressalva no art. 320 refere-se à presunção de veracidade dos fatos alegados pelo autor. No tocante à desnecessidade de intimação do revel que não tenha advogado constituído nos autos, permanece incidindo o disposto no art. 322 do CPC, de sorte que os prazos correrão independentemente de intimação.[40]

Desse modo, ainda que ao réu revel, sem advogado constituído nos autos, possam aproveitar os argumentos de defesa alegados por litisconsorte passivo que tenha apresentado contestação tempestiva e regularmente (art. 320, I, do CPC), de sorte a afastar a presunção de veracidade preceituada no artigo 319 do CPC, é de se notar que os prazos processuais correrão independentemente de intimação, sendo desnecessária, até mesmo, na linha da jurisprudência do STJ, a intimação do revel da sentença proferida nos autos, eis que o prazo recursal correrá a partir da publicação *em cartório* da dita sentença.

128. Revelia e assistência

Na hipótese de o assistido ser revel, dispõe o art. 52, parágrafo único, do CPC, que o assistente será considerado um gestor de negócios, devendo atuar e defender o direito da parte assistida.[41] Se o assistente simples "contestar" no prazo da contestação do assistido, estará elidida a revelia deste último. Outro tanto diga-se quanto à mesma hipótese, tratando-se de assistência litisconsorcial, quando, então, o problema resolve-se em face dos princípios atinentes ao litisconsórcio.

129. Revelia e reconvenção

A reconvenção consubstancia uma demanda movida pelo réu contra o autor, na oportunidade de responder à pretensão deste. Vimos, ao estudarmos a reconvenção, que o autor da causa principal será intimado para responder à pretensão do réu (art. 316 do CPC). Caso, entretanto, o autor-reconvindo não impugne a reconvenção, não poderá alegar, depois do prazo da impugnação, quaisquer outros fatos que porventura fossem úteis à rejeição da reconvenção. Pode-se, ademais, indagar se os fatos alegados pelo réu reconvinte serão reputados verdadeiros, naquilo que não contrariarem os alegados pelo autor reconvindo da causa primeira.[42] Afi-

38. Pontes de Miranda, *Comentários ao Código de Processo Civil*, 1996, t. IV. p. 200/201.

39. Calmon de Passos, *Comentários ao Código de Processo Civil*. Rio de Janeiro: Forense, 1998, p. 374. vol. 3.

40. "O réu que não constituiu advogado, e cuja revelia não foi declarada, por força da aplicação do art. 320, I, do CPC, não desfruta do direito de ser pessoalmente intimado com relação à sentença e outros atos processuais, pois o efeito da revelia circunscreve-se à matéria de fato, vale dizer, à veracidade dos fatos alegados pelo autor" (TJSP, AgIn.1175866003, 34.ª Câm. de Dir.Priv., j. 25.06.2008, rel. Des. Antonio Benedito do Nascimento).

41. V. mais amplamente, Maria Lúcia L. C. de Medeiros, op. cit., item 3.1.2; Rita Gianesini, *Da revelia*... cit., p. 93-95.

42. Nesse sentido: Rita Gianesini, *Da revelia*... cit., p. 114.

gura-se-nos que sim. Terá incidência o art. 319 do CPC, só tendo em vista os fatos não comuns à ação ou à defesa, como, *v.g.*, na hipótese de reconvenção não impugnada.[43-44]

130. Revelia e julgamento antecipado da lide

Esgotado o prazo para manifestação do réu (15 dias), o escrivão fará os autos conclusos ao juiz. Este, dentro de 10 dias, verificará se ocorreu o efeito da revelia (art. 319 do CPC). Tendo ocorrido, conhecerá diretamente do pedido, proferindo julgamento conforme o estado do processo. Assim, não haverá saneamento, produção de provas, audiência de instrução e julgamento etc.; o processo será julgado de acordo com os elementos trazidos pelo autor na oportunidade em que propôs a ação (arts. 323 e 330, II, do CPC) (v. n. 126, *retro* e *fine*).[45]

Não nos parece que as modificações trazidas ao art. 331 do CPC pela Lei 8.952/1994 (*necessidade* da audiência de conciliação, necessidade esta que, em nosso sentir, foi amenizada pela nova redação atribuída a este dispositivo pela Lei 10.444/2002) tenham afetado esta conclusão. É certo que, se o caso é de julgamento antecipado da lide (indiferentes os motivos pelos quais o magistrado chega a esta conclusão), não deve ser realizada a audiência a que se refere aquele artigo em sua nova redação. O *caput* do art. 331 é claro a este respeito: "Se não ocorrer qualquer das hipóteses previstas nas seções precedentes (...) designará audiência" (essa parte do art. 331 fica mantida pela nova redação do texto, pela Lei 10.444/2002).[46] Ora, as "seções

---

43. STJ, REsp 334.922/SE, 5.ª T., j. 16.10.2001, rel. Min. Felix Fischer, *DJ* 12.11.2001, p. 168.

44. No mesmo sentido: Calmon de Passos: "Aplica-se, na hipótese, o art. 319, reputando-se verdadeiros os fatos afirmados pelo réu-reconvinte, no caso autor na ação reconvencional (...). Deve-se, contudo, atentar para a circunstância de que a ação e reconvenção serão julgadas simultaneamente, sendo incindível quer a instrução, quer a decisão, pelo que o comportamento do autor-reconvindo na ação por ele proposta e as provas que nela ou em função dela tenha produzido terão, necessariamente, que influir sobre a aplicação do art. 319 na espécie. O convencimento do juiz, para decidir ação e reconvenção, deve ser coerente e único em relação aos fatos que sejam relevantes e pertinentes para ambas as ações, pouco importando tenham eles sido comprovados em função da demanda principal ou do litígio reconvencional" (*Comentários ao Código de Processo Civil*, p. 326).

Cf., na doutrina mais recente: Fredie Didier Jr.: "Se o autor reconvindo for revel na reconvenção, mas a reconvenção for conexa à ação principal de molde a que o julgamento de ambas passe pela apreciação da existência de fatos comuns, o juiz, pelo princípio da comunhão da prova, não poderá presumir existentes, para fins da reconvenção fatos que foram não ocorridos por conta da instrução probatória ocorrida na ação originária" (*Curso de Direito Processual Civil:* Teoria Geral do Processo e Processo de Conhecimento. vol. 1, p. 498).

45. *RT* 590/221. *Cf.*, ainda, no STJ: "Processual Civil – Revelia – A presunção de que trata o art. 319 do CPC é relativa, não absoluta. Assim, mesmo na hipótese de revelia, pode o juiz determinar a realização de prova (art. 130 do CPC) e decidir a causa segundo seu livre convencimento" (STJ, REsp 57.283/SP, 5.ª T., j. 26.04.1995, rel. Min. Assis Toledo, *DJ* 16.10.1995, p. 34679).

46. Em realidade, pela nova redação atenua-se a exigência com referência à audiência, ou seja: "Art. 331. Se não ocorrer qualquer das hipóteses previstas nas seções precedentes, e versar a causa sobre direitos que admitam transação, o juiz designará audiência preliminar, a realizar-se no prazo de 30 (trinta) dias, para a qual serão as partes intimadas a comparecer, podendo fazer-se representar por procurador ou preposto, com poderes para transigir. (...) § 3.º Se o direito em litígio não admitir transação, ou se as circunstâncias da causa evidenciarem ser improvável sua obtenção, o juiz poderá, desde logo, sanear o processo e ordenar a produção da prova, nos termos do § 2.º".Esta mesma lei (10.444/2002) também alterou o título da Seção III (Do saneamento do processo), que agora passa a ser "Seção III – Da Audiência

precedentes" versam, precisamente, sobre a extinção do processo (Seção I do Capítulo V) e sobre o julgamento antecipado da lide (Seção II do Capítulo V).

Pode o juiz, no entanto, determinar a produção de provas com base no art. 130 do CPC.[47]

Muita discussão doutrinária existe, e é grande a divergência na jurisprudência no que diz respeito às limitações da atividade do réu revel, que comparece ao processo, especificamente no que tange à produção de provas. A tendência que parece estar se tornando dominante é a de que o revel possa até produzir contraprovas dos fatos alegados pelo autor (já que ele não fez alegações, pois não contestou).[48] Assim, aproxima-se o máximo possível a "verdade formal" da substancial, decorrente esta da atividade das partes, em carrear o maior número de elementos probatórios ao processo, *apesar da letra do art. 324*, o que é cada vez mais marcante na atividade e no pensamento do processualista atual.

Se tiver havido revelia, mas não o efeito a que alude o art. 319, deverá o autor, então, especificar as provas (art. 324 do CPC), que serão, "em regra", deferidas total ou parcialmente no *saneamento* a que se refere o § 2.º do art. 331 do CPC (o texto deste parágrafo foi mantido pela precitada Lei 10.444/2002). Frise-se que, ao contrário do que ocorria na redação original deste dispositivo (art. 331, II, do CPC, com a redação precedente, então alterada pela Lei 8.952/1994), a prova deverá versar apenas sobre os pontos controvertidos fixados pelo juiz. No sistema original do Código de Processo Civil de 1973, com efeito, a fixação destes pontos controvertidos sobre os quais incide a prova dava-se, tão somente, no início da audiência de instrução e julgamento (art. 451 do CPC).

131. A revelia e os procedimentos especiais

A revelia, nos procedimentos especiais, tem, geralmente, consequências similares, com as suas peculiaridades. Senão, vejamos.

Na ação de consignação em pagamento, sendo o réu revel, o juiz julgará procedente o pedido, *desde que ocorrentes os efeitos da revelia*, declarando, então, extinta a obrigação e condenando o réu no pagamento das custas e honorários advocatícios (art. 897 do CPC, com a redação que lhe deu a Lei 8.951/1994). Como se vê, aqui, a revelia implica a perda da demanda, como regra geral.

Apesar da literalidade do texto, é curial que a demanda só poderá ser julgada procedente se presentes os pressupostos processuais positivos e as condições da ação, se ausentes os pressupostos processuais negativos e, finalmente, se o autor tiver razão. A exegese, portanto, do art. 897 só pode ser a de que o

---

Preliminar". Sobre o assunto, cf., amplamente, Luiz Rodrigues Wambier, Teresa Arruda Alvim Wambier e José Miguel Garcia Medina, *Breves comentários à nova sistemática processual civil*, p. 202 ss.

47. Cf. Rita Gianesini, Revelia cit., p. 226: "Na hipótese de não se convencer, o juiz não aplicará o efeito da revelia – não reputará verdadeiro o fato afirmado pelo autor – e determinará a realização de prova. Isto porque, nos termos do art. 130 c/c o art. 324, ambos do CPC, pode de ofício determinar a produção de provas que entender necessárias. É o poder instrutório do juiz. É a busca da verdade real. Os limites que devem ser impostos a essa atividade só poderão ser definidos no caso concreto. Concordamos que o juiz tenha poderes instrutórios, todavia não de forma irrestrita ou ilimitada".

48. Decidiu o STJ que, "comparecendo [o réu] antes de iniciada a fase probatória, incumbe ao julgador sopesar a sua intervenção e a pertinência da produção das provas, visando a evidenciar a existência dos fatos da causa, não se limitando a julgar procedente o pedido somente como efeito da revelia". No entanto, nesse caso "a produção de provas requeridas pelo revel limita-se aos fatos afirmados na inicial" (STJ, REsp 211.851/SP, 4.ªT., j. 10.08.1999, rel. Min. Sálvio de Figueiredo Teixeira, *DJ* 13.09.1999, p. 71; g.n.). Semelhantemente, cf. *RJTJSP* 45/207 e 45/159. Contra: *RF* 269/232.

réu não alegou, tempestivamente, na contestação (de que não se utilizou) qualquer fato *extintivo, modificativo ou impeditivo* do pedido; mas não significa isso que o autor, pura e simplesmente, venha a ter razão, pela mera *omissão* do réu. Repisa-se, portanto, o que escrevemos acima: não decorre, necessariamente, da revelia (*rectius*, de seus efeitos) a procedência da ação, inexoravelmente. Toda a matéria conhecível de ofício pelo juiz (requisitos de admissibilidade do julgamento de mérito) e, mesmo, o material probatório carreado aos autos pelo autor, poderá levar a conclusão diversa, dando ensejo, senão a uma sentença *terminativa* (que não aprecia o mérito), a uma sentença de improcedência.[49]

Na ação de depósito, a contestação implica a adoção do procedimento ordinário (art. 903 do CPC). Somente se seguirá o rito próprio (= especial) na ação de depósito, quando não haja contestação.

Na ação de anulação e substituição de títulos ao portador, ocorrendo revelia, o juiz deverá proferir a sentença, não implicando necessariamente que esta seja favorável ao autor (art. 912, parágrafo único, do CPC). Também aqui a contestação, apresentada *opportuno tempore*, implica a submissão ao procedimento ordinário.

Na ação de prestação de contas, havendo revelia, procede-se tal qual no procedimento ordinário (art. 915, § 2.º, do CPC), julgando-se antecipadamente a lide se ocorrente, *efetivamente*, uma das hipóteses dos incisos do art. 330 do CPC.

Nas ações possessórias, no que se refere à de manutenção e à de reintegração de posse, a contestação ou não implica, igualmente, que a causa siga o procedimento ordinário (art. 931 do CPC); na do interdito proibitório a implicação é a mesma (art. 933 do CPC).

Na ação de nunciação de obra nova, não havendo contestação, presumem-se aceitos pelo requerido, como verdadeiros, os fatos alegados pelo requerente (art. 939 do CPC).

Na ação de usucapião, ocorrendo a revelia, proceder-se-á de acordo com o rito ordinário. Mesmo que possa subsistir alguma dúvida acerca da revogação, ou não, do parágrafo único do art. 943 do CPC, pelo advento da Lei 8.951/1994 – já que este diploma, tal qual publicado no *DOU* de 14.12.1994, p. 19.391, nada dispôs sobre este dispositivo, tendo somente transformado a redação do § 2.º do art. 942 original no atual art. 943, *caput*, do CPC – a conclusão lançada no texto é correta porque, suprimida a audiência preliminar de justificação de posse, *ipso facto*, o procedimento destas ações passou a ser inelutavelmente o ordinário, desde o início, com o que o parágrafo único do art. 943 do CPC ficou sem qualquer função.

O mesmo se dá com a *ação de demarcação e divisão* de terras particulares (arts. 955 e 981 do CPC).

Na ação de embargos de terceiro, não sendo os mesmos contestados, reputam-se verídicos os fatos alegados (art. 1.053 do CPC).

No processo de habilitação, a revelia também implica a aceitação, como verídicos, dos fatos alegados (art. 1.058 do CPC); o mesmo se dá no processo de *restauração dos autos* (art. 1.065, § 2.º, do CPC).[50]

No processo para a cobrança de *vendas a crédito, feitas com reserva de domínio*, a revelia dá oportunidade ao autor de requerer a reintegração imediata na posse da coisa de-

49. Mais claro, ou, se se preferir, mais incisivo, que o legislador de 1994 neste sentido é o art. 277, § 2.º, do CPC, relativo à disciplina do procedimento sumário, com redação dada pela Lei 9.245/1995.

50. Em todos esses textos em que, similarmente ao art. 319 do CPC, alude o legislador à veracidade dos fatos, como emergente da revelia, vale o que foi dito sobre a interpretação do art. 319 (v. n. 126, *retro* e *fine*).

positada. Neste caso, a revelia se dá com a não contestação, *com a ausência de pedido de prazo para efetuar o pagamento* (art. 1.071, § 3.º, do CPC). *Com exceção da hipótese de ser a ação contestada*, tanto o pedido de prazo para pagamento como o próprio pagamento das prestações com os acréscimos legais têm um efeito que transcende à revelia; isto porque é verdadeiro reconhecimento da mora, devendo ser a ação julgada procedente, se concedido o prazo e o réu não efetuar o pagamento.

Outro caso interessante de revelia, é dizer, de ausência de *defesa* (em sentido *lato*) está no art. 1.102-C do Código de Processo Civil, introduzido pela Lei 9.079/1995. Segundo este dispositivo, não oferecendo o réu *embargos* no prazo de quinze dias (art. 1.102-B) à *ação monitória*, o mandado injuncional expedido *in limine* constituir-se-á de pleno direito em título executivo judicial, convertendo-se o mandado inicial em mandado de execução, a ser processado na forma prevista pelo Código para o cumprimento da sentença (cf. art. 1.102-C do CPC, na redação da Lei 11.232/2005, que remete aos arts. 475-I e ss., do CPC, inseridos pela mesma Lei). Nesta hipótese, ao menos após um primeiro exame do dispositivo, parece-nos que a ausência de *defesa* do réu dará ensejo à formação de título executivo judicial (*cum granus salis*: procedência da ação), desde que não ocorrentes vícios quanto aos pressupostos processuais (positivos e negativos), condições da ação ou outras matérias conhecíveis de ofício pelo juiz (*v.g.*: prescrição, cf. art. 219, § 5.º, do CPC, na redação da Lei 11.280/2006).

A jurisprudência divide-se quanto à incidência do efeito da revelia em ação rescisória.[51] A propósito da controvérsia, nosso entendimento sempre foi o de que não incide o efeito da revelia, sendo inaplicável o art. 319 do CPC à ação rescisória. Assim também, o prof. José Carlos Barbosa Moreira, para quem, "sendo indisponível o *iudicim rescidens*, não pode o réu reconhecer validamente o pedido de rescisão" e, por igual razão, "a revelia não produz, na rescisória, o efeito previsto no art. 319".[52] Em julgado recente, a 3.ª Seção do STJ assentou tal posicionamento, que entendemos correto: "Em observância ao princípio da preservação da coisa julgada não incidem sobre a rescisória os efeitos da revelia previstos no art. 319 do CPC".[53]

132. A revelia nos processos cautelar e execução de título extrajudicial

No processo cautelar, o requerido será citado para, no prazo de cinco dias, contestar o pedido, apresentando as provas que entenda necessário produzir. Caso não conteste o pedido, serão considerados aceitos os fatos alegados pelo requerente, devendo o juiz decidir no prazo de cinco dias (arts. 802 e 803 do CPC).[54] Essa aceitação dos fatos, todavia, passará sempre pelo exame do poder de convicção que carreguem, segundo o juiz, mas a revelia é fator indicativo da ausência de razão, e, deve ter o seu peso.

51. Pela admissibilidade: *Revista de Processo [RePro]* 25/280. Em sentido contrário: *JUTACivSP* 49/56; "Na ação rescisória – é pacífico na doutrina e na jurisprudência – não se aplicam os efeitos da revelia. a *res judicata* é de ordem pública. assim por se tratar de 'direitos indisponíveis' (CPC, art. 320, II), não se pode presumir verdadeiro o fato alegado pelo autor e não contrariado pelo reu. mister se faz a prova por quem alega (CPC, art. 333, I)" (STJ, AR .193/SP, 1.ª S., j. 28.11.1989, rel. Min. Adhemar Maciel, *DJ* 05.03.1990, p. 1395).

52. *Comentários ao Código de Processo Civil*. 11. ed., vol. 5. p. 193-194.

53. STJ, AR 3.341/SP, 3.ª S., j. 14.12.2009, rel. Min. Arnaldo Esteves Lima, *DJe* 01.02.2010.

54. Cf. STJ, MC 4.747/RN, 4.ª T., j. 03.04.2003, rel. Min. Fernando Gonçalves, *DJ* 28.04.2003, p. 201; STJ, MC 4.891/DF, 2.ª T., j. 26.11.2002, rel. Min. Laurita Vaz, *DJ* 24.05.2004, p. 227.

Os fatos que serão tidos como verdadeiros, *em regra*, são somente aqueles referentes ao *periculum in mora* e ao *fumus boni iuris*, e não os relativos ao pedido dedutível de processo de conhecimento.[55] O extinto 1.º Tribunal de Alçada Civil do Estado de São Paulo já decidiu que a contestação oferecida em cautelar de sustação de protesto cria controvérsia em torno dos fatos alegados, afastando a incidência do efeito da revelia ocorrida na demanda principal de declaração de inexistência de relação cambial, desconsiderando-se, para esse efeito, a duplicidade dos processos, vendo-os, assim, como integrantes de um só contexto de litigiosidade.[56]

Embora a contestação apresentada no processo cautelar não possa fazer as vezes, ou valer como a contestação que seria apresentada no processo dito principal, parece-nos que, normalmente, aquela contestação *retira dos fatos alegados pelo requerente, e, sucessivamente, reiterados pelo autor, a verossimilhança de que haveriam de se revestir, para que, na demanda principal, se aplicasse o art. 319, pura e simplesmente.*

Assunto que tem merecido solução correta é o respeitante à indagação consistente em se saber se há, ou não, o efeito da *revelia*, na hipótese de ausência de *impugnação aos embargos* de devedor (art. 740 do CPC).[57] A solução correta é, de forma praticamente pacífica, *no sentido de não ocorrência do efeito da revelia.*[58] Não será, por certo, esta omissão do embargado que implicará reduzir a *nada* o título executivo. Este, por sua vez, é fato bastante para *retirar pretendida verossimilhança* aos fatos constantes dos embargos (é raciocínio similar à hipótese de revelia em ação rescisória).

133. Revelia e incompetência

Como reservamos o nome de revelia exclusivamente para a ausência de contestação, no que diz respeito ao mérito, devemos dizer que a inércia do réu, tangentemente à utilização, em tempo adequado, da exceção de incompetência, é manifestação de contumácia, acarretando a prorrogação da competência (art. 114 do CPC, na redação da Lei 11.280/2006, desde que se trate de incompetência relativa; vide também Súmula 33 do STJ) mesmo na hipótese do parágrafo único do art. 112 do CPC (inserido

55. Cf. Rita Gianesini, Revelia cit., p. 230: "No processo cautelar a revelia, nos termos do art. 803 do CPC, só tem implicações neste processo, não se irradiam, ou não tem influência no processo principal".

56. *JUTACivSP* 84/110.

57. Sobre a falta da impugnação aos embargos à execução, ver: Paulo Henrique dos Santos Lucon, *Embargos à execução*, p. 295 a 298 (ainda que em obra escrita anteriormente à Lei 11.382/2006).

58. Nesse sentido, TRF-1.ª R., ApCív 691156, j. 22.02.2005, rel. Des. João Carlos Costa Mayer Soares, *DJ* 17.03.2005, p. 51; TRF-3.ª Reg., ApCív 518524, j. 25.09.2002, rel. Des. Therezinha Cazerta, *DJ* 18.11.2002. No mesmo sentido, cf. ainda *JUTACivSP* 48/95, 55/62, 58/165, 64/105, 66/210, 68/73, 71/84, 72/65 e 69, 73/76 e 347, 78/53 e 225 e 84/137; *RT* 543/159, em., e 569/127, em.; VI ENTA, conclusão 15, v.u., *RT* 580/297; *JUTARS* 54/334, em.; *JC* 48/134; *JUTAMG* 21/218.

Há precedente do STJ neste sentido, isto é, não entendendo aplicável o art. 319 àqueles casos em que não há impugnação aos embargos do devedor. Trata-se do REsp 23.177/PR, rel. Min. Fontes de Alencar, *DJ* 03.05.1993, citado por Sálvio de Figueiredo Teixeira, *O STJ e o Processo Civil*, p. 479. *Em sentido contrário*: *JUTACviSP* 62/275 e 65/252 (contanto que os fatos não embargados não estejam em contradição com o título que deu ensejo à execução).

Em sentido, ainda, algo diverso, já se decidiu que impugnação serôdia a embargos do devedor pode conduzir à configuração de revelia, em sentido amplo, devendo, então, o magistrado decidir os embargos do devedor (TFR, ApCív 66.315, 5.ª T., j. 12.06.1985, rel. Geraldo Sobral, v.u., *DJU* 08.08.1985, p. 13.500, em., apud Boletim AASP n. 1.393, sob n. 17, p. 214. No mesmo sentido, v. *Boletim AASP* n. 1.391/202, em. 19).

pela Lei 11.280/2006), e, relativamente à incompetência absoluta que pode ser alegada em qualquer tempo ou grau de jurisdição, lhe traz, também, algumas desvantagens, como o pagamento integral das custas (art. 113, § 1.º, do CPC).

De acordo com o parágrafo único do art. 305 do CPC, inserido pela Lei 11.280/2006, "na exceção de incompetência (art. 112 desta Lei), a petição pode ser protocolizada no juízo de domicílio do réu, com requerimento de sua imediata remessa ao juízo que determinou a citação". Parece, assim, que a eventual nulidade da cláusula de eleição de foro que dificulte a defesa do réu (art. 112, parágrafo único, do CPC, na redação da Lei 11.280/2006), não é óbice à ocorrência da revelia, pois, ainda que se afirme que a apresentação de contestação seria de extrema dificuldade para o réu (por exemplo, em razão da grande distância existente entre seu domicílio e aquele no qual tramita a ação), *o mesmo não ocorre com a apresentação da exceção de incompetência, que poderá ser protocolizada perante o juízo do próprio domicílio do réu.*

134. Revelia e a citação ficta

Tendo sido o revel citado por edital ou com hora certa, modalidades de citação ficta, conforme já vimos, deverá o juiz dar ao réu curador especial, com plenos poderes processuais. Nesta hipótese, apesar de existir a revelia, não se pode falar *em efeitos da revelia*[59] e, tampouco, em julgamento antecipado da lide.[60]

Não sofre, o curador especial, as limitações que suporta o procurador da parte. Não tem aquele, por exemplo, o ônus de impugnar especificamente os fatos (art. 302, parágrafo único, do CPC).

Tratando-se de réus incertos, citados por edital, mas que não compareçam ao processo, não é necessária a nomeação de curador especial para a defesa de seus eventuais interesses.[61]

Bibliografia

ALVIM, Eduardo Arruda. *Curso de direito processual civil.* São Paulo: Ed. RT, 1999. vol. 1.

______. *Direito processual civil.* 2. ed., revista, atualizada e ampliada. São Paulo: Ed. RT, 2008.

______. *Direito processual civil.* 3. ed. São Paulo: Ed. RT, 2010.

______. *Direito processual civil.* 4. ed. São Paulo: Ed. RT, 2012.

ALVIM NETTO, José Manoel de Arruda. *Código de Processo Civil comentado.* São Paulo: Ed. RT, 1975. vol. 2.

______. *Tratado de direito processual civil.* São Paulo: Ed. RT, 1996. vol. 2.

______; e outros. A revelia e a ação declaratória incidental. *Revista de Processo [RePro]* 10/213, ano III. São Paulo, Ed. RT, abr.-jun./78.

______; e outros. O gestor de negócios e o curador especial diante da revelia do réu assistido. *Revista de Processo [RePro]* 10/217, ano III. São Paulo, Ed. RT, abr.-jun./78.

59. V. Arruda Alvim, *Código de Processo Civil comentado*, vol. 2/42; mais recentemente, ver nosso *Tratado de direito processual civil*, vol. 2, comentários ao art. 9.º; J. J. Calmon de Passos, *Comentários ao Código de Processo Civil*, p. 362 a 405.

60. TJPR, *RT* 693/197.

61. TJSP, *RT* 538/59. Em outro julgado, decidiu-se que "tal nomeação só se justifica no caso de pessoa certa e determinada" (TJSP, AgIn 190968, j. 06.04.1993, rel. Des. Guimarães e Souza).

Com argumentação cabal e definitiva v. Nelson Luiz Pinto, *Da ação de usucapião*, cap. V, n. 8, esp. nota 162, p. 94. À luz da nova redação dada ao art. 942, que alude, doravante, à necessidade de citação por edital de "eventuais interessados" na ação de usucapião, v. Cândido Rangel Dinamarco, *A reforma do Código de Processo Civil*, p. 263-264.

AMORIM, Aderbal Torres de. Reconvenção e revelia. *Ajuris* 25/200, 1982, *RF* 284/63.

ASSIS, Jacy de. *Comentários ao Código de Processo Civil*, 1979. vol. 2, t. II.

______. *Procedimento ordinário*. São Paulo: Lael, 1975.

______. Revelia. *RBDP* 8/85, 1976.

BARBOSA MOREIRA, José Carlos. Exegese do art. 119 do CPC. *Revista de Processo [RePro]* 2/241, ano I. São Paulo, Ed. RT, abr.-jun./78.

______. *Comentários ao Código de Processo Civil*. 11. ed. Rio de Janeiro: Forense, 2003. vol. 5.

______. *O novo processo civil brasileiro*. 25. ed. Rio de Janeiro: Forense, 2007.

BATISTA, Nílvio de Oliveira. Considerações sobre a revelia em embargos do devedor. *Juriscível* 82/19; *Revista do Curso de Direito da Universidade Federal de Uberlândia* 9/231, 1980.

BORGES, Marcos Afonso. *Comentários ao Código de Processo Civil*. São Paulo: LEUD, 1975. vol. 1.

CARNEIRO, Athos Gusmão. A ação de execução e o instituto de revelia. *RT* 496/15.

______. Da execução no novo CPC – A unificação das vias executivas – Revelia na execução – Prazo para embargos. *Revista de Processo [RePro]* 10/97, 1978.

______. Questões polêmicas no novo Código de Processo Civil. *RT* 496/15.

CARREIRA ALVIM, José Eduardo. Revelia nos juizados especiais estaduais e federais. *Revista de Processo [RePro]* 109/57, ano 28, São Paulo, Ed.RT, jan.-mar./2003.

CASTRO FILHO, José Olympio de. Revelia, efeitos da revelia, declaração incidente, fatos impeditivos, modificativos ou extintivos do pedido. *RF* 246/207.

CORTES, Hélio Armond Werneck. Revelia, confissão e transigência (relativamente aos direitos indisponíveis no CPC vigente). *RF* 251/148, 1975, *RT* 471/26.

CRUZ, José Raimundo Gomes da. A curadoria à lide no processo de execução. *RF* 271/53.

DINAMARCO, Cândido Rangel. *A reforma do Código de Processo Civil*. 3. ed. São Paulo: Malheiros, 1996.

DIDIER JR., FREDIE. *Curso de Direito Processual Civil:* Teoria Geral do Processo e Processo de Conhecimento. 9. ed. Salvador: Podivm, 2008. vol. 1.

FERNANDES, Raimundo Nonato. Revelia e outros problemas de processo civil. *Revista de Processo [RePro]* 20/204, ano V. São Paulo, Ed. RT, out.-dez./80; *RF* 276/47.

GIANESINI, Rita. *Da revelia no processo civil brasileiro*. São Paulo: Ed. RT, 1977.

______. Revelia. *Revista de Processo [RePro]* 109/221, ano 28, São Paulo, Ed. RT, jan.-mar./2003.

GOMES, Maria Ivone. *Revelia*, 1977.

GRECO FILHO, Vicente. *Direito processual civil brasileiro*. 18. ed. São Paulo: Saraiva, 2007. vol. 2.

LIMA, Alcides de Mendonça. A revelia nos embargos do devedor. *Ajuris* 27/153, 1983.

______. *Processo de conhecimento e processo de execução*. Rio de Janeiro: Forense, 1992.

LUCON, Paulo Henrique dos Santos. *Embargos à execução*. 2. ed. São Paulo: Saraiva, 2001.

MARINONI, Luiz Guilherme; ARENHART, Sérgio Cruz. *Manual do processo de conhecimento*. 5. ed. São Paulo: Ed. RT, 2006.

MARQUES, José Frederico. *Manual de direito processual civil*. São Paulo: Saraiva, 1984. vol. 2.

MEDEIROS, Maria Lúcia L.C. de. *A revelia sob o aspecto da instrumentalidade*. São Paulo: Ed. RT, 2003.

MIRANDA, Francisco Cavalcanti Pontes de. *Comentários ao Código de Processo Civil* (de 1973). Rio de Janeiro: Forense, 1974. t. IV.

______. *Comentários ao Código de Processo Civil*. 3. ed., revista e aumentada. Atualização legislativa de Sérgio Bermudes. Rio de Janeiro: Forense, 1996. t. IV.

NEVES, Daniel Amorim Assumpção *et al*. *Reforma do CPC: Leis 11.187/2005, 11.232/2005, 11.276/2006, 11.277/2006 e 11.280/2006*. São Paulo: RT, 2006.

PASSOS, José Joaquim Calmon de. *Comentários ao Código de Processo Civil*. 8. ed. Rio de Janeiro: Forense, 1998. vol. 3; 9. ed., 2004. vol. 3.

PIMENTEL, Wellington Moreira. *Comentários ao Código de Processo Civil*. São Paulo: Ed. RT, 1979. vol. 3.

SANTOS, Ernane Fidélis dos. *Manual de direito processual civil*. 11. ed. São Paulo: Saraiva, 2006. vol. 1.

SANTOS, Moacyr Amaral. *Primeiras linhas de direito processual civil*. 23. ed. (atualizada por Aricê Moacyr Amaral Santos.) São Paulo: Saraiva, 2004. vol. 2.

SELL, Ivo. A revelia nos embargos do devedor. *Ajuris* 21/10, 1981; *RMPr* 22/29.

SILVA, Ovídio A. Baptista da. *Curso de processo civil*. 7. ed. Rio de Janeiro: Forense, 2005. vol. 1.

______; MACHADO L. Melíbio Uiraçaba; GESSINGER, Ruy Armando; GOMES, Fábio Luiz. *Teoria geral do processo civil*. Porto Alegre: Letras Jurídicas, 1983.

THEODORO JÚNIOR, Humberto. *Curso de direito processual civil*. 47. ed. Rio de Janeiro: Forense, 2007. vol. 1.

______. *Processo de conhecimento*. Rio de Janeiro: Forense, 1981. t. II.

WAMBIER, Luiz Rodrigues; WAMBIER, Teresa Arruda Alvim; MEDINA, José Miguel Garcia. *Breves comentários à nova sistemática processual civil*. 3. ed. São Paulo: Ed. RT, 2005.

______; TALAMINI, Eduardo; CORREIA DE ALMEIDA, Flávio Renato. *Curso avançado de processo civil*. 9. ed. São Paulo: Ed. RT, 2007. vol. 1.

XIV
Da Modificação do Libelo

135. Introdução

A modificação, do ponto de vista de sua influência na estrutura de processo, poderá ser denominada *objetiva*, quando disser respeito ao *pedido* ou à *causa de pedir*. Pode-se vislumbrar uma modificação no *aspecto qualitativo*, quando se altera *essencialmente* a demanda; ou, então, no aspecto quantitativo, se houver apenas alteração da extensão do pedido (ampliação ou restrição; nesta última hipótese há, em verdade, desistência) (v. n. 137, *fine* e *infra*).

Quer havendo modificação *quantitativa*, quer *qualitativa*, é de se exigir nova citação (art. 264 do CPC), ainda quando o réu seja revel (art. 321 do CPC); e, em ambos os casos, deve ser ensejado um novo prazo para contestação, a partir da admissibilidade da modificação, e tendo em vista só o seu âmbito. Se retificada a peça inicial, e o réu, antes de citado, mas dela ciente, contestar a ação, não haverá vício algum.

136. A modificação do libelo e suas implicações no problema de identificação das ações

Podemos ver três momentos com repercussão na modificação do libelo. Até a citação, é possível a modificação do pedido e da causa de pedir livremente. Após a citação, o pedido e a causa de pedir somente poderão ser alterados com o consentimento do réu. A alteração, no entanto, em nenhum caso será permitida após o saneamento.

Assim, não é lícito ao juiz decidir a lide (considerados *pedido* e *causa petendi*) nem alterar-se o que preexistia se feita a solicitação para alterar após a citação, salvo se houver concordância do réu (art. 264 do CPC).

Feita a citação, nasce uma preclusão para o autor, que não mais pode modificar o pedido, a não ser com anuência do réu, se já tiver contestado.

Depois do saneamento, a preclusão para o autor é absoluta, pois nem mesmo com o consentimento do réu pode ser modificado o pedido.

137. Os arts. 264 e 294 do CPC. Distinção

A redação do art. 294 originalmente constante do Código de Processo Civil de 1973 vedava ao autor, depois da apresentação da inicial, de acrescentar pedido que omitira. Referia-se a lei ao fato de haver *omissão* por parte do autor, deixando de formular pedido (= outro pedido) que lhe fosse lícito fazer. Com o advento da Lei 8.718/1993, foi modificada a redação daquele dispositivo precisamente para permitir ao autor, antes da citação, poder aditar o pedido, correndo à sua conta as custas acrescidas em razão dessa iniciativa. A esta possibilidade de adição de pedido não constante na petição inicial a doutrina mais antiga denominava de "adição de libelo".

Se a redação original do art. 294 do CPC significava que, se o autor entendesse de *aditar* o pedido, teria de fazê-lo em processo autônomo,[1] já com a redação que lhe deu a Lei 8.718/1993, veio essa a significar que esta possibilidade de adição é viável desde que (1) seja efetivada *antes* da citação do réu e (2) o autor arque (*rectius*, antecipe) com as custas decorrentes desta adição (*v.g.*, com o recolhimento das custas processuais incidentes sobre a inclusão de pedido a danos morais, além dos danos patrimoniais). Todavia, antes e depois da Lei 8.718/1993, se o autor entender apenas de *modificar* o libelo, poderá fazê-lo, no mesmo processo, antes da citação do réu (art. 264 do CPC) e, neste caso, mesmo sem o consentimento deste, ou, posteriormente, com seu consentimento, porém, nunca depois do saneamento do processo (art. 264, parágrafo único).

Já no que diz com *restrição ao pedido*, tem sido admitida, porque nada tem a ver com modificação do pedido, propriamente dito. Neste caso, no curso do processo, ao invés de se solicitarem parcelas a partir de abril/1978, restringiu-se essa solicitação, que passou a ser somente a partir de janeiro/1982, tendo-se, então, por não violados os arts. 264 e nem o 294 do CPC.[2]

138. Tipo de prestação jurisdicional e modificação da demanda

Quando o autor, embora não alterando a *causa petendi* ou o pedido mediato, modificar o tipo de tutela jurídica (pedido imediato), pretendendo agravar a posição do réu, tal modificação não pode ser atendida, salvo se o réu concordar com a modificação da ação, exceto se se verificar antes da citação (art. 264 do CPC), *v.g.*, quando o autor quer alterar o pedido declaratório para condenatório.

Quando pretender o autor, unilateralmente, modificação que abrange a posição do réu, como, por exemplo, depois de contestada a ação, pretende que o provimento almejado não seja mais condenatório, mas tão somente declaratório, não deverá ser recusada, em princípio. Isto porque, mesmo que tal hipótese seja entendida como *desistência da sanção* da ação condenatória, no Direito vigente é essencial a audiência do réu para a prática deste ato (art. 267, § 4.º, do CPC), como o é para a desistência pura e simples da ação. Se não houver prejuízo para o réu, ainda que o mesmo discorde, deverá ser aceita esta modificação, na verdade, uma desistência, o que prevalece como correto à luz da nova redação do art. 294 do CPC.[3]

139. Mudança dos fatos e mudança do direito

A invocação de outra norma legal supervenientemente à petição inicial é irrelevante para se pretender a modificação do libelo, porque o juiz, em face do princípio *iura novit curia*, não está adstrito às indicações de normas legais feitas pelas partes.[4] Tendo

1. À luz da redação anterior do art. 294, a jurisprudência admitia a modificação *qualitativa*, que é a modificação do pedido, *propriamente dito*, desde que consentida; não, porém, a chamada modificação *quantitativa*. *V.g.*, foi esta inadmitida em processo em que, tendo o magistrado determinado esclarecesse o autor a sua inicial, este solicitou, nessa oportunidade, *multa* que não se encontrava compreendida na sua inicial. Fixou a decisão, corretamente à época, o sentido de que se configuraria infração ao art. 294 se se admitisse *esse aditamento ao pedido*, uma vez que nem sequer de modificação possível se tratava (*JUTACivSP* 50/208).

2. *RJTJSP* 91/189. Ainda: *JTA* 91/189 e 93/134 (não é vedada a restrição ou a redução do pedido inicial), citadas por Theôtonio Negrão e José Roberto Ferreira Gouvêa, *Código de Processo Civil e legislação processual civil em vigor*, p. 378, nota 4 ao art. 264.

3. Modificamos, com isto, opinião lançada anteriormente.

4. STJ, REsp 582.421/MS, 3.ª T., j. 12.04.2005, rel. Min. Humberto Gomes de Barros, *DJ*

em vista a *fundamentação jurídica* da demanda, não sua mera *fundamentação legal*, já se decidiu que "o princípio da inalterabilidade do libelo não tem o condão de impedir a parte de apelar da sentença, visando a dar qualificação jurídica diversa aos fatos por ela considerados, à vista da perícia efetivada".[5]

Sob outro ângulo e outros fins, o art. 303, I, do CPC permite expressamente que, depois da contestação, se deduzam novas alegações concernentes a direito superveniente.

Haverá modificação causal (da *causa petendi*, ou do *fundamento da pretensão*) se for substituído o *fato* em que se baseava o pedido, ou seja, em mercê do qual este foi feito. Ou melhor, se forem substituídos os fatos que servem à própria identificação da ação ou à identificação da relação jurídica material.[6] Fatos secundários, que servem para completar o quadro dos fatos narrados, se modificados, ou retificados, não alteram a demanda.[7] O que não é possível é modificar *o acontecer histórico* que *dá base* à demanda. Assim, é possível ao autor corrigir, ainda que já realizada a citação, equívocos ou erros e, se for o caso, esclarecer dúvidas constantes da inicial, sem que isto queira significar a modificação vedada pelo art. 264 do CPC.[8]

Concluindo, podemos afirmar que a modificação de artigo de lei e a modificação em torno de fatos simples não representam alteração do libelo, pois não integram a *causa petendi*.[9]

140. Alteração do pedido e concordância do réu. Momento preclusivo

A modificação da demanda não poderá ser feita, mesmo estando de acordo autor e réu, após o saneamento do processo (art. 264, parágrafo único, do CPC),[10] vale dizer, no momento processual hoje encampado no art. 331, § 2.º, com a redação que lhe deu a Lei 8.952/1994, e mantida pela Lei 10.444/2002. Não se pode falar que o *saneamento* do processo tenha sido afetado pela redação que a Lei 8.952/1994 deu ao art. 331 do Código de Processo Civil, porquanto o pressuposto de incidência desse art. 331 é o de que não tenha havido julgamento antecipado por

---

09.05.2005, p. 394; 1.º TACivSP, *RT* 258/426 e 242/399.

5. STJ, REsp 19.239-0/SP, 2.ª T., j. 13.04.1994, rel. Min. Antônio de Pádua Ribeiro, deram provimento, v.u., *DJU* 09.05.1994, p. 10.857, 2.ª col., em., in Theotônio Negrão e José Roberto Ferreira Gouvêa, *Código de Processo Civil e legislação processual civil em vigor*, cit., p. 378, nota 3-a ao art. 264.

6. Cf. STJ, REsp 188.784/RS, 1.ª T., j. 04.10.2001, rel. Min. Milton Luiz Pereira, *DJ* 25.02.2002, p. 208.

7. *RT* 634/122 (maioria), pelo qual "simples mudança do fato na sustentação dos fundamentos da ação não significa alteração do pedido" (Theotônio Negrão e José Roberto Ferreira Gouvêa, *Código de Processo Civil e legislação processual civil em vigor*, cit., p. 378, nota 3-c ao art. 264). Semelhantemente, cf. STJ, REsp 590.393/RJ, 4.ª T., j. 07.12.2004, rel. Min. Jorge Scartezzini, *DJ* 21.03.2005, p. 390.

8. *JTA* 108/521, *RT* 506/189, 567/144 e 609/152 e *RTFR*-3.ª R. 9/119, colacionados por Theotônio Negrão e José Roberto Ferreira Gouvêa, *Código de Processo Civil e legislação processual civil em vigor*, cit., p. 378, nota 4 ao art. 264.

9. Decidiu o STJ que "enquanto não realizadas todas as citações, é possível a modificação do pedido e da causa de pedir, mesmo sem o consentimento dos réus já citados" (STJ, REsp 482.087/RJ, 4.ª T., j. 03.05.2005, rel. Min. Barros Monteiro, *DJ* 13.06.2005, p. 309). Tendo-se como correta esta conclusão, deve-se frisar a necessidade de serem convocados aqueles réus já citados para que tenham ciência da modificação efetivada, sob pena de o princípio da ampla defesa e do contraditório serem afetados.

10. STJ, EREsp 441.038/SP, 1.ª S., j. 11.05.2005, rel. Min. Peçanha Martins, *DJ* 20.06.2005, p. 116; *JUTACivSP* 89/415; *RT* 583/169. Doutrinariamente, sobre o tema, cf.: Breves considerações sobre a *emendatio libelli* e a *mutatio libelli*, por Sérgio Seiji Shimura, *RePro* 59/236.

qualquer dos motivos encampados no sistema processual.[11]

Na redação inicial do Projeto de novo Código de Processo Civil (PLS 166/2010, art. 314, em sua redação originária, não aprovada pelo Senado Federal), houve uma tentativa de se ampliar o lapso temporal destinado à possibilidade de alteração do pedido e da causa do pedido, desde que se procedesse de boa fé, que a alteração não gerasse tumulto no processo, e, ainda, que fosse obedecido o princípio do contraditório, facultando-se, a critério do juiz, a produção de prova complementar. Eram estes os mandamentos do primitivo artigo 314 do PLS 166/2010.[12]

Este sistema, com espectro mais amplo para a modificação *causa petendi* e do pedido, visava evidentemente à instrumentalidade e economia processuais, com vistas a aproveitar o processo nas hipóteses em que o interessado decidisse reformular o pedido ou causa de pedir. A norma projetada no art. 314 do PLS 166/2010 era claramente inspirada em proposição que integrou o Anteprojeto Brasileiro de Processos Coletivos, em suas diversas versões, e culminou no texto contido no art. 16 do PL 5.139/2009 (Câmara dos Deputados), referente à Nova Lei da Ação Civil Pública (esse PL 5.139/2009 foi rejeitado pela Comissão de Constituição, Justiça e de Cidadania, tendo sido interposto recurso contra a rejeição).

A proposição, entretanto, foi alvo de críticas que motivaram a manutenção da regra atualmente vigente: a alteração do pedido e da causa de pedir é possível até o saneamento do processo. A redação, no entanto, foi aprimorada de forma a sistematizar os momentos e limites de alteração do libelo. Assim, o art. 330, do PL 8.046/2010, dispõe que o autor poderá "até a citação, aditar ou alterar o pedido ou a causa de pedir, independentemente do consentimento do réu", (330, I) e, até o saneamento do processo, com o consentimento do réu, aditar ou alterar o pedido e a causa de pedir, assegurado o contraditório mediante a possibilidade de manifestação deste no prazo mínimo de quinze dias, facultado o requerimento de prova suplementar (330, II).

141. Emenda do libelo

É de tradição do nosso Direito permitir emendas, que pela sua natureza *não alterem o pedido*, a qualquer tempo.

Assim, já se decidiu que as simples emendas da petição inicial, desde que não impliquem mudança das partes litigantes, nem alteração da coisa demandada, não incidem na proibição legal e são permitidas

---

11. Como já tivemos oportunidade de anotar no Capítulo 13, *supra*, a Lei 10.444 modificou o art. 331. Atualmente, está assim redigido referido dispositivo: "Art. 331. Se não ocorrer qualquer das hipóteses previstas nas seções precedentes, e versar a causa sobre direitos que admitam transação, o juiz designará audiência preliminar, a realizar-se no prazo de 30 (trinta) dias, para a qual serão as partes intimadas a comparecer, podendo fazer-se representar por procurador ou preposto, com poderes para transigir. (...) § 3.º Se o direito em litígio não admitir transação, ou se as circunstâncias da causa evidenciarem ser improvável sua obtenção, o juiz poderá, desde logo, sanear o processo e ordenar a produção da prova, nos termos do § 2.º". O que nos pareceu, e isto também consignamos precedentemente, é que a nova redação proposta ao artigo atenua a exigência da realização da audiência em questão.

12. Essa mesma orientação consta do Anteprojeto de Código Brasileiro de Processos Coletivos (elaborado em conjunto nos programas de pós-graduação *stricto sensu* da Universidade do Estado do Rio de Janeiro (UERJ) e da Universidade Estácio de Sá (UNESA), de agosto de 2005, art. 15; consta, igualmente, de outras versões de anteprojetos de Código Brasileiro de Processos Coletivos. No Anteprojeto de Código Brasileiro de Processos Coletivos, versão de janeiro de 2007, no parágrafo único, do seu art. 5.º, consta a mesma previsão. Este é antecedido de Exposição de Motivos da lavra da Profa. Ada Pellegrini Grinover.

a qualquer tempo, independentemente de consentimento da parte contrária.[13]

Já se decidiu ser possível o ingresso de litisconsorte ativo (cocredor solidário) após o *saneamento* do processo, ainda que sem a concordância da parte contrária, sob o fundamento de que se tratava, na espécie, de *litisconsórcio não unitário*, hipótese encartável no art. 46, I, do CPC, mesmo porque, desde que o devedor pudesse ser acionado por este cocredor (tardio), que estava a postular pelo seu direito, este ingresso não infringia o art. 264, pois não desestabilizaria o processo. Nesta hipótese houve voto vencido que, resumida sua argumentação, entendia ser inviável tal litisconsórcio ulterior e dizia mais: que a integração litisconsorcial só seria permitida do lado passivo.

Parece-nos que, neste caso, a solução correta estava com a maioria, porque o cocredor era condômino do imóvel, e, assim, a *res in iudicio deducta* dizia respeito a direito seu, e, quer parecer, se inadmitida sua intervenção, poderia demandar autonomamente o mesmo réu, com o que, se isto ocorresse, seria redutível à conexão de causas.[14]

Por outro lado, inexiste óbice que vede ao expropriante, após a contestação, pedir aditamento da inicial sob o fundamento de que houve equívoco quanto à real dimen-

13. STJ, REsp 258.207/DF, 4.ª T., j. 13.09.2000, rel. Min. Barros Monteiro, *DJ* 23.10.2000, p. 144; *JUTACivSP* 33/117. *No mesmo sentido*: RT 477/45; 537/90 e 567/144; *JUTACivSP* 39/327 e 48/207; *Anais Forenses do Estado do Mato Grosso* 37/327. Não admitindo a modificação da parte que ocupa o polo ativo, cf. STJ, REsp 758.622/RJ, 3.ª T., j. 15.09.2005, rel. Min. Castro Filho, *DJ* 10.10.2005, p. 366.

14. *JUTACivSP* 65/150. Por outro lado, tem decidido o STJ que a "admissão de litisconsorte ativo, após o deferimento de liminar, contraria o princípio do juiz natural" (STJ, REsp 258.207/DF, 4.ª T., j. 13.09.2000, rel. Min. Barros Monteiro, *DJ* 23.10.2000, p. 144). A restrição do STJ refere-se também à formação do litisconsórcio facultativo ativo ulterior, ainda em casos em que não tenha sido ultimada a citação. Veja-se julgado no qual são citados diversos precedentes, no sentido da impossibilidade de formação de litisconsórcio ativo facultativo após a *propositura da ação*: "(...) 1. A inclusão de litisconsorte ativo facultativo, após a distribuição da ação judicial, configura desrespeito à garantia constitucional do juiz natural (art. 5.º, incisos XXXVII e LIII, da Constituição Federal de 1988), praxe que é coibida pela norma inserta no art. 253, do CPC, segundo o qual as causas de qualquer natureza distribuir-se-ão por dependência quando, tendo sido extinto o processo, sem julgamento de mérito, for reiterado o pedido, ainda que em litisconsórcio com outros autores ou que sejam parcialmente alterados os réus da demanda (art. 253, inciso II, do CPC, com a redação dada pela Lei 11.280/2006) (Precedentes do STJ: AgRg no MS 615/DF, Corte Especial, j. 13.06.1991, rel. Min. Bueno de Souza, *DJ* 16.03.1992; REsp 24.743/RJ, 5.ª Turma, j. 20.08.1998, rel. Min. Edson Vidigal, *DJ* 14.09.1998; e REsp 931.535/RJ, 1.ª Turma, j. 25.10.2007, rel. Min. Francisco Falcão, *DJ* 05.11.2007). 2. A violação do princípio do juiz natural em virtude do ulterior ingresso de litisconsortes ativos facultativos não atrai a incidência do art. 113, § 2.º, do CPC. Isto porque decorre da inobservância das regras de determinação de competência, e não em razão da incompetência do juízo, consoante se depreende do seguinte excerto do voto condutor do acórdão recorrido: 'Com efeito, o juízo não é absolutamente incompetente, tanto que, no caso de nova apresentação da ação (havendo uma nova distribuição e não uma redistribuição), a lide poderia vir a ser julgada pelo mesmo juízo, mas desta vez com a estrita observância do princípio do juiz natural, pelo emprego das devidas e inafastáveis regras de distribuição de feitos.' 3. O litisconsórcio superveniente inadmitido impõe, quanto aos litisconsortes, a extinção do processo, porquanto o desmembramento e redistribuição dos autos implicaria em violação aos princípios da razoabilidade e da celeridade processuais, comprometendo o desenvolvimento regular da função jurisdicional e prejudicando o exercício da ação ou da defesa, e contrariando o escopo do parágrafo único do art. 46 do *Codex* Processual (...)" (STJ, REsp 796.064/RJ, 1.ª S., j. 22.10.2008, rel. Min. Luiz Fux, *DJe* 10.11.2008).

são da área atingida, que seria maior do que a inicialmente mencionada.[15]

Da mesma forma, se o autor durante o processo presta esclarecimentos sobre fatos alegados na inicial, não está sendo alterada a causa de pedir ou o pedido.[16] Ainda, não representa alteração ou ampliação do pedido o fato de o autor requerer durante o processo a intimação cautelar do réu com valor de protesto.[17] Por outro lado, citado o réu por edital na ação de separação judicial e não obtida ou inviável de obtenção a sua aquiescência, inadmissível é a modificação unilateral do pedido pela autora, pretendendo converter o feito em divórcio direto.[18]

Já se decidiu, com acerto, não ser possível, após a citação, a inclusão, na ação possessória, de outros fatos ditos turbativos praticados por outras pessoas e não abrangidos na petição inicial.[19]

Quanto à possibilidade de o juiz mandar substituir o sujeito passivo do mandado de segurança, chamando a juízo a verdadeira autoridade coatora, encontramos decisões em ambos os sentidos.[20] O argumento em que se baseia a corrente de menor rigidez é o de que *parte*, no mandado de segurança, é a pessoa jurídica de direito público e não a autoridade coatora.[21] Sendo esta substituída por outra, não estaria havendo alteração do polo passivo. Entendemos que correto

---

15. *RT* 482/179; *RJTJSP* 75/191. Trata-se, aqui, de uma nova identificação da área, pelo que possível, mesmo à luz da redação original do art. 294, notadamente mais radical que aquela que lhe deu a Lei 8.718/1993.

16. STJ, REsp 192.161/RJ, 3.ª T., j. 29.06.1999, rel. Min. Menezes Direito, *DJ* 09.08.1999, p. 169; *RJTJSP* 60/245.

17. 2.º TACivSP, 5.ª Câm., 12.06.1974 AgIn 18.499, rel. Ney Almada, v.u.

18. *RT* 572/82; *RJTJSP* 82/263.

19. TJRJ, EI na Ap. 1.506/Parati, 4.º Gr. Cs., 04.05.1977, rel. Abeylard Gomes, v.u. Algo diversamente, a mera "explicitação da área objeto da demanda" não implica em violação ao referido princípio (STJ, REsp 590.393/RJ, 4.ª T., j. 07.12.2004, rel. Min. Jorge Scartezzini, *DJ* 21.03.2005, p. 390).

20. Pela admissibilidade: TJRJ, MS 180, Cs. Civs. Reuns., 04.08.1976, rel. Hamilton de Moraes e Barros, m.v. Idem, pela admissibilidade, TRF–4.ª R., AMS 92.04.21322-1/SC, 2.ª T., 02.09.1993, rel. Juíza Luiza Dias Cassales, anularam a sentença, m.v., *IOB* 1/6.912; TRF-2.ª Reg., 4.ª T., CC 200102010307333-RJ, j. 24.05.2005, rel. Des. Fed. Guilherme Diefenthaeler, *DJU* 14.07.2005; TRF-1.ª Reg., Ap em MS 200538000288738, 8.ª T., j. 17.04.2007, rel. Des. Fed. Carlos Fernando Mathias, *DJ* 14.05.2007, p. 179.

    Contra, inadmitindo que o juiz possa mandar substituir o sujeito passivo do mandado de segurança: TJRJ, MS 144, Cs. Civs. Reuns., rel. Ebert Chamoun, m.v., 28.06.1976; *RT* 564/230 (tendo o processo sido extinto sem julgamento de mérito.Contrariamente à substituição (alteração) da autoridade coatora, quando tal modificação acarrete incompetência absoluta do juízo onde o mandado de segurança tenha sido impetrado:

    "(...) A indicação incorreta da autoridade para responder à ação mandamental com repercussão na incompetência absoluta do juízo a que requerida a ação é vício insanável e desafia sentença de extinção sem julgamento do mérito, sendo inviável, ainda que a requerimento da parte impetrante, a alteração do polo passivo que implique declinação de competência" (TRF-1.ª Reg., Ap em MS 200338020041312, 7.ª T., j. 20.06.2005, rel. Des. Fed. Luciano Tolentino Amaral, *DJ* 15.07.2005, p. 108). Pela possibilidade de alteração do polo passivo, ainda que acarrete a modificação de competência:

    "(...) *Em homenagem aos princípios da celeridade e da economia processual, descabe a decretação da inépcia da inicial, se a parte impetrante pleiteou a alteração do polo passivo da demanda e a remessa dos autos ao Juízo competente*" (TRF-3.ª Reg., Ap em MS 200161240037930-SP, 5.ª T., j. 16.02.2004, rel. Juíza Federal Ramza Tartuce, *DJU* 30.03.2004).

21. Assim, já decidiu o TRF da 2.ª Região que "a mera mudança da autoridade coatora não acarreta propriamente a alteração do polo passivo da demanda, já que a ré não deixou de ser a União Federal"(TRF-2.ª Reg., Ap em MS 200102010123672-RJ, 5.ª T., j. 18.12.2002, rel. Des. Fed. Vera Lucia Lima, *DJU* 16.05.2003).

é o entendimento que não admite a substituição.[22] A polêmica sobre esse assunto, por dizer respeito à caracterização, ou não, da autoridade coatora como *parte* no mandado de segurança remanesce à luz da Lei 12.016/2009, que atualmente regulamenta o mandado de segurança.

Por fim, já se decidiu, corretamente, pela impossibilidade da modificação do pedido de imissão de posse em pedido de reivindicação de imóvel,[23] uma vez que a fungibilidade das possessórias só a elas se confina (art. 920 do CPC), ou, ainda, com exatidão, inadmitiu-se conversão da ação de reintegração de posse, fundada em comodato não configurado, em imissão de posse ou reivindicação,[24] o que se assenta na mesma razão de ser (= imodificabilidade do pedido), e, de outra parte, pela circunstância de ser inaplicável o art. 920, *porque tal pretendida fungibilidade extravasa o espectro de abrangência contido nesse art. 920.*

22. A jurisprudência recente do STJ firmou-se nesse sentido: Cf., CC 30.306/AL, 1.ª S., j. 14.02.2001, rel. Min. José Delgado, *DJ* 02.04.2001, p. 250 (*"Se houve indicação errônea da autoridade coatora, cabia ao Juízo Suscitante apurar a arguição de ilegitimidade passiva* ad causam *e, se fosse o caso, extinguir o processo, sem julgamento do mérito. Não se pode modificar o polo passivo da impetração, depois de já completada a relação processual")*; RMS 19.151/SP, 2.ª T., j. 06.09.2005, rel. Min. João Otávio de Noronha, *DJ* 10.10.2005, p. 269; RMS 18.059/SC, 5.ª T., j. 01.03.2005, rel. Min. Arnaldo Esteves Lima, *DJ* 11.04.2005, p. 336; RMS 31.795/MT, 1.ª T., j. 25.05.2010, rel. Min. Teori Albino Zavascki, *DJe* 08.06.2010.

Este entendimento – que nega a possibilidade de substituição do sujeito passivo do mandado de segurança – tem sido acolhido pelo Superior Tribunal de Justiça, como se disse, e também pelo Supremo Tribunal Federal (*RTJ* 123/475, 145/186 e *RT* 691/227 – julgados colacionados por Theotônio Negrão e José Roberto Ferreira Gouvêa, *Código de Processo Civil e legislação processual civil em vigor*, cit., p. 1.120).

No entanto, há decisão do STJ no sentido de que "o princípio geral é o de que, em sede de mandado de segurança, a indicação errônea da autoridade impetrada pode acarretar a carência da ação. Essa regra, todavia, comporta temperamentos, como, *in casu*, em que o ato coator está perfeitamente apontado e não produz indagações acerca de sua autoria, confirmada com a apresentação das informações. Precedentes" (RMS 5.415-2/SP, 1.ª T., j. 07.06.1995, rel. Min. Demócrito Reinaldo, recurso provido, unânime, *DJU*, I, 14.08.1995, p. 23.984).

23. *RJTJSP* 61/91.

24. *RT* 583/183, em.

Bibliografia

ALVIM, Eduardo Arruda. *Curso de direito processual civil*. São Paulo: Ed. RT, 1999. vol. I.

______. *Direito processual civil*. 2. ed. rev., atual. e ampl. São Paulo: Ed. RT, 2008.

______. *Direito processual civil*. 3. ed. São Paulo: Ed. RT, 2010.

______. *Direito processual civil*. 4. ed. São Paulo: Ed. RT, 2012.

ARAGÃO, Egas Dirceu Moniz de. *Comentários ao Código de Processo Civil*. Rio de Janeiro: Ed. Forense, 1979. vol. II.

ASSIS, Jacy de. *Comentários ao Código de Processo Civil*. 1979. vol. II, t. II.

BORGES, Marcos Afonso. *Comentários ao Código de Processo Civil*. São Paulo: LEUD, 1975. vol. I.

CRUZ E TUCCI, José Rogério. *A causa petendi no processo civil brasileiro*. São Paulo: Ed. RT, 1993.

MOREIRA, José Carlos BARBOSA. *O novo processo civil brasileiro. 25. ed.* Rio de Janeiro: Ed. Forense, 2007.

NACONECY, Luiz Carlos de Macedo. *Curso de direito processual civil*. São Paulo: Ed. RT, 1984.

NEGRÃO, Theôtonio; GOUVÊA, José Roberto Ferreira. *Código de Processo Civil e legislação processual civil em vigor*. 37. ed. São Paulo: Saraiva, 2007.

PASSOS, José Joaquim Calmon de. *Comentários ao Código de Processo Civil*. 9. ed. Rio de Janeiro: Ed. Forense, 2004. vol. III.

PIMENTEL, Wellington Moreira. *Comentários ao Código de Processo Civil*. São Paulo: Ed. RT, 1979. vol. III.

SANTOS, Moacyr Amaral. *Primeiras linhas de direito processual civil*. 23. ed. São Paulo: Saraiva, 2004. vol. II.

SHIMURA, Sérgio Seiji. Breves considerações sobre a *emendatio libelli* e a *mutatio libelli*. *Revista de Processo (RePro)*, vol. 59, ano 15, São Paulo, Ed. RT, jul.-set. 1990.

THEODORO JÚNIOR, Humberto. *Curso de direito processual civil*. 47. *ed*. Rio de Janeiro: Ed. Forense, 2007. vol. I.

______. *Processo de conhecimento*. Rio de Janeiro: Ed. Forense, 1981. t. II.

TORNAGHI, Hélio. *Comentários ao Código de Processo Civil*. São Paulo: Ed. RT, 1978. vol. II.

WAMBIER, Luiz Rodrigues; WAMBIER, Teresa Arruda Alvim; MEDINA, José Miguel Garcia. *Breves comentários à nova sistemática processual civil*. 3. ed. São Paulo: Ed. RT, 2005.

XV
Da Suspensão do Processo

142. Ideias gerais

A nossa lei refere-se ao instituto de suspensão do processo nos arts. 265 e 266, elencando, no primeiro, as hipóteses em que ela ocorre, e prescrevendo, no segundo, a proibição da prática de atos enquanto durar a suspensão.

A suspensão do processo poderá ser *necessária ou facultativa*. São hipóteses de suspensão necessária as elencadas nos incisos I, III, IV e V, e de suspensão facultativa a do inciso II, todos do art. 265 do Código de Processo Civil.

Alguns Códigos estrangeiros, como o italiano, fazem uma outra diferença, mais de índole terminológica. Distinguem a suspensão da interrupção do processo, conquanto o efeito seja o mesmo: proibição de praticar atos enquanto durar a interrupção ou a suspensão. A interrupção se dá pelo fato de que, se tal não houvesse, propiciar-se-ia uma vantagem ao outro litigante, recolhendo o seu fundamento na igualdade dos litigantes. Os incisos I, III e V do art. 265 do CPC, em sistemas que adotam essa diferenciação, constituir-se-iam em causas de interrupção.

143. A suspensão necessária do processo

A suspensão do processo deverá necessariamente ocorrer:

a) Pela morte ou pela perda da capacidade processual de qualquer das partes, de seu representante legal, ou de procurador (art. 265, I, do CPC).[1]

Falecendo a parte, o processo suspende-se, se ainda não foi iniciada a audiência de instrução e julgamento. Caso esta tenha sido iniciada, o advogado da parte nela continuará, somente suspendendo-se o processo a partir da publicação da sentença ou do acórdão (art. 265, § 1.º, do CPC), não começando a fluir o prazo para recurso. Quando se der o falecimento do advogado de qualquer das partes, o juiz dará 20 dias para que esta promova a substituição. Encerrado este prazo, sem que tenha havido a providência, o juiz ou declarará extinto o processo sem resolução do mérito, se o falecimento fora do advogado do autor, ou mandará prosseguir no processo, à revelia do réu, se o falecido fora o advogado deste (art. 265, § 2.º, do CPC).

Tem-se entendido que a suspensão do processo tem início a partir do exato momento em que o fato ocorre, sendo considerados nulos os atos praticados quando à relação processual falta uma das partes, *ainda que não se tenha noticiado o fato ao juiz da causa então pendente*.[2-3]

1. V. Vicente Greco Filho, *Direito processual civil brasileiro*, vol. II, p. 63 a 65.

2. STJ, REsp 535.635/PR, 4.ª T., j. 05.10.2004, rel. Min. Barros Monteiro, *DJ* 17.12.2004, p. 557; STJ, EREsp 270.191/SP, Corte Especial, j. 04.08.2004, rel. Min. Peçanha Martins, *DJ* 20.09.2004, p. 175. *No mesmo sentido*, quanto ao momento da suspensão: v. *RT* 571/138; *RT* 585/141; *JUTACivSP* 88/97.

3. De se destacar que tal regra não se aplica apenas às pessoas físicas como também às pessoas jurídicas em situação semelhante, como, por exemplo, em casos de extinção ou de falência. *Nesse sentido*: Luiz Guilherme Marinoni e Sérgio Cruz Arenhart, *Manual do processo de conhecimento*, p. 199, nota de rodapé.

No mesmo sentido, o Pleno do extinto 1.º TACivSP já decidiu, por maioria, que, ocorrendo o falecimento do advogado de uma das partes, durante o prazo entre o julgamento e a publicação do dispositivo do acórdão, suspende-se a fluência do prazo para recurso, não importando que o óbito tenha vindo a ser noticiado nos autos muito tempo depois.[4]

Leva também à suspensão do processo o falecimento de pessoa física integrante de pessoa jurídica parte no processo, quando essa pessoa física foi a que assinou o instrumento de mandato.[5]

Ainda, o TJPE já decidiu pela não suspensão do processo por morte de uma das partes, por estar o mesmo em pauta para julgamento, entendendo que a suspensão somente deva ocorrer após o julgamento do recurso.[6]

b) Quando for oposta exceção de incompetência do juízo, da câmara ou do tribunal, bem como de suspeição ou impedimento do juiz (art. 265, III, do CPC), e desde que não tenha sido rejeitada *in limine*.[7]

Nestes casos, o processo suspende-se por estar em jogo a própria imparcialidade do juiz, condição primeira para o oferecimento de justiça, e/ou a competência do juízo.

Assim, decidiu-se que, realizado o depósito em ação de consignação em pagamento durante o período de suspensão do processo, em decorrência do oferecimento de exceção de incompetência, não se pode desencadear o prazo para a resposta.[8]

c) Quando a sentença de mérito depender do julgamento de outra causa ou da declaração da existência ou inexistência da relação jurídica, que constitua o objeto principal de outro processo pendente.

Consoante decisão do TJSP, o outro processo pendente a que alude o Código é, obviamente, o processo já em curso quando tem início aquele que deverá ser suspenso.[9]

Ainda, com relação à alínea *a* do inciso IV do art. 265 do CPC, a jurisprudência tem admitido a suspensão do processo nos casos de: ação de alimentos julgada procedente, que já se encontra em grau de apelação, diante da existência de investigatória de paternidade ainda em andamento em primeiro grau;[10] embargos do devedor, por estar pendente ação anulatória do título que está sendo executado;[11] ação de anulação de escritura cumulada com reivindicatória, na

4. *JUTACivSP* 71/25.
5. TAMG, MS 346/Ituiutaba, 1.ª Câm.Civ., 15.02.1975, rel. Gouthier de Vilhena, v.u. Em sentido algo diverso: "Suspensão do processo. Execução fiscal. Falecimento do representante legal da executada. Anulação dos atos praticados que não se justifica. Sócios da agravante que tiveram tempo mais que suficiente para regularizar a necessária substituição. Recurso improvido" (TJSP, AgIn 103.938-5/Taubaté, 8.ª Câm. Dir. Púb., 10.02.1999, rel. Paulo Travain).
6. *Arquivo Forense* 67/164.
7. STJ, REsp 790.567, 3.ª T., rel. Min. Humberto Gomes de Barros, v.u., *DJ* 14.05.2007: "Recurso especial. Exceção de incompetência. Atos praticados no período de suspensão. Nulidade. 1. A simples oposição da exceção de incompetência suspende o processo, até o julgamento definitivo do incidente. 2. Durante o período de suspensão previsto no art. 306 do CPC, é proibida a prática de atos processuais, salvo aqueles urgentes, imprescindíveis para a conservação do direito objeto da lide. 3. Antes de realizar qualquer ato processual, inclusive audiência de instrução previamente designada, o juízo deve decidir a exceção de incompetência. 4. São nulos os atos praticados pelo juiz, durante a suspensão do processo por efeito de exceção de incompetência".
8. *JUTACivSP* 58/19. O julgamento, frisamos, é anterior à modificação sentida na sistemática da ação de consignação em pagamento no Código de Processo Civil por força da Lei 8.951/1994.
9. *RT* 500/96.
10. *RJTJSP* 85/42; *RT* 587/104.
11. STJ, REsp 392.680/RS, 4.ª T., j. 16.04.2002, rel. Min. Barros Monteiro, *DJ* 26.08.2002, p. 236.

pendência de possessória;[12] ação de usucapião, na pendência de ação possessória.[13]

Por outro lado, não se admitiu a suspensão nos casos de: execução hipotecária, por estar em andamento ação paralela visando à anulação dos títulos da dívida garantida pela hipoteca;[14] processo de inventário, ante o fato de estar em curso ação de investigação de paternidade cumulada com a de petição de herança;[15] ação de indenização no cível, diante da existência de processo criminal contra o responsável pelo dano;[16] processo em que se pede a retomada de imóvel locado, ante a pendência de ação de preferência.[17] No mesmo sentido, não é de se suspender o andamento do processo para se aguardar a conclusão de inquérito policial referente a fatos ligados à demanda.[18]

d) Quando não puder ser proferida a sentença, senão depois de verificado determinado fato, ou de produzida certa prova, requisitada a outro juízo, hipótese em que, de acordo com o art. 338, *caput*, do CPC (na redação da Lei 11.280/2006), a suspensão somente ocorrerá "quando, tendo sido [a carta precatória e a carta rogatória] requeridas antes da decisão de saneamento, a prova nelas solicitada apresentar-se imprescindível".

Evidencia-se, de imediato, duas modificações feitas pela Lei 11.280/2006, em relação ao texto anterior do art. 338. A primeira, formal, ligada à melhora de redação do dispositivo, por meio da substituição da expressão "despacho saneador" por "decisão de saneamento", uniformizando a nomenclatura do sistema (arts. 22, 264, parágrafo único, e 338 do CPC).

A segunda, substancial, com o objetivo de concretizar a celeridade exigida pelo art. 5.º, LXXVIII, da CF, determinando que somente haverá a suspensão do trâmite procedimental quando o magistrado considerar a prova imprescindível para o julgamento da causa.[19] Assim, mesmo que a parte tenha requerido a carta precatória ou a rogatória antes de o juiz sanear o processo, não haverá a suspensão automática se a prova a ser produzida não for tida como fundamental para o desfecho da lide.

e) Quando a sentença tiver por pressuposto o julgamento de questão de estado, requerido como declaração incidente (art. 265, IV, *c*, do CPC), estamos também em face de hipótese de suspensão.

Em todos esses casos, elencados nas letras *c*, *d* e *e*, *supra*, a paralisação do processo não poderá perdurar por mais de um ano;[20] vencido este prazo, o juiz mandará prosseguir o processo, estejam ou não resolvidos os casos que motivaram a paralisação (art. 265, § 5.º, do CPC).

---

12. *RJTJSP* 74/226. Semelhantemente: "Tendo o acórdão recorrido afirmado que a decisão em outro processo, em curso perante outro juízo, poderá afetar a eficácia do título de propriedade dos autores da reivindicatória, não se observa violação do art. 265, IV, *a*, da Lei Processual pela suspensão do processo reivindicatório até a solução definitiva do primeiro" (STJ, REsp 81.851/SP, 4.ª T., j. 09.11.1999, rel. Min. Sálvio de Figueiredo Teixeira, *DJ* 17.12.1999, p. 371).
13. *RJTJSP* 91/293.
14. *RePro* 3/299; *RT* 566/126; *RTJ* 94/818. Embora a execução hipotecária seja regida por norma especial, este entendimento parece não mais poder prevalecer diante do § 1.º do art. 585 do CPC, com a redação da Lei 8.953/1994.
15. *RJTJSP* 61/217.
16. *RT* 495/87 e 506/106; *RJTJSP* 47/243.
17. *JUTACivSP* 83/400.
18. *RJTJSP* 61/103.
19. V., a respeito, Humberto Theodoro Júnior, *As novas reformas do Código de Processo Civil*, p. 32.
20. *Nesse sentido*: STJ, REsp 556.059/SP, 1.ª T., j. 17.02.2005, rel. Min. Teori Zavascki, *DJ* 07.03.2005, p. 146. Na doutrina, admitindo que o processo *possa* ser suspenso para aguardar o julgamento de ação penal até o seu trânsito em julgado: Celso Agrícola Barbi, *Comentários ao Código de Processo Civil*, p. 476-477; Hélio Tornaghi, *Comentários ao Código de Processo Civil*, vol. I, p. 355, 1979. Contra: TFR, AgIn 39.872/RJ, 4.ª T., 13.10.1978, rel. Jarbas Nobre, v.u.

f) Por motivo de força maior. Nesta hipótese, a suspensão do processo deverá perdurar, enquanto existir o motivo de força maior.

g) Nos demais casos previstos no CPC ou em qualquer outra lei federal.[21-22]

O Projeto de Novo Código de Processo Civil acrescenta ainda outra hipótese de suspensão necessária: quando houver a admissão de incidente de resolução de demandas repetitivas (art. 314, IV, do PL 8.046/2010).[23] Nesse caso, os feitos que se subsumirem à demanda paradigma aguardarão o seu julgamento, devendo a suspensão durar o tempo necessário para a resolução do incidente. Os pedidos de tutela de urgência (art. 990, § 3.º, do PL 8.046/2010) e os requerimentos de prosseguimento do feito – se o caso suspenso não for faticamente idêntico ao do incidente[24] – (art. 990, § 4.º), contudo, poderão ser realizados ao juízo onde tramita o processo suspenso.

---

21. Cf. Luiz Guilherme Marinoni e Sérgio Cruz Arenhart, *Manual do processo de conhecimento*, cit., p. 201: "Por derradeiro, estabelece o art. 265 que o processo deve suspender-se nos demais casos regulados pelo Código de Processo Civil. O dispositivo limita-se a autorizar a *suspensão nos demais casos regulados pelo CPC* (art. 265, VI), *mas é certo que, em havendo lei federal outra que assim preveja, não há razão para negar-se a extensão do dispositivo a tais hipóteses.* São exemplos dessas previsões as regras dos arts. 173 (férias forenses) e 72 (denunciação da lide) do CPC, ou ainda a do art. 18 da Lei 6.024/1974 (liquidação extrajudicial de instituições financeiras)". A respeito das férias forenses, remetemos o leitor ao que escrevemos no item 150 da Primeira Parte deste Manual, onde se registrou a edição, pelo Conselho Nacional de Justiça, da Resolução 8, de 2005, que estabeleceu a possibilidade de suspensão do expediente forense e dos prazos processuais no âmbito das Justiças Estaduais, conforme regulamentem os Tribunais de Justiça dos Estados, no período de 20 de dezembro a 6 de janeiro. Aludida resolução ressalva a prática de atos processuais urgentes e necessários à preservação de direitos, além de determinar a manutenção de plantões judiciais de sorte, a assegurar a prestação da atividade jurisdicional ininterrupta. Assim, muito embora, de acordo com o art. 93, XII, da Constituição Federal, na redação da EC 45/2004, a atividade jurisdicional seja ininterrupta, "*sendo vedado férias coletivas nos juízos e tribunais de segundo grau*, funcionando, nos dias em que não houver expediente forense normal, juízes em plantão permanente", a possibilidade de suspensão dos prazos processuais é chancelada pelo CNJ no âmbito das Justiças Estaduais. No âmbito das Justiças Federais, o art. 62 da Lei 5.010/1966 já previa a possibilidade de recesso forense no período citado, sendo tal recesso interpretado pela jurisprudência como período de suspensão dos prazos processuais, nos termos do art. 179 do CPC, como dissemos, também, no item 150, Primeira Parte, deste Manual.

22. V. Marcus Vinícius Rios Gonçalves, *Novo curso de direito processual civil*, p. 280 e 281.

23. O incidente, previsto nos arts. 988 a 1.000 do PL 8.046/2010, é admissível "quando, estando presente o risco de ofensa à isonomia e à segurança jurídica, houver efetiva ou potencial repetição de processos que contenham controvérsia sobre a mesma questão de direito material ou processual" (art. 988). O art. 990, I, determina a suspensão dos processos pendentes, e o § 2.º determina que "a suspensão será comunicada, por ofício, aos juízes diretores dos fóruns de cada comarca ou seção judiciária".

24. A regra a ser implementada é a suspensão automática de todos os feitos. O que poderá ser alegado, portanto, é a falta de similitude fática entre o caso paradigma e o caso suspenso, através de uma adoção, pelo nosso direito processual, de instituto semelhante ao *distinguishing* da *common law*. O § 9.º, do art. 521, do PL 8.046/2010, determina que haverá distinção "quando o órgão jurisdicional distinguir o caso sob julgamento, demonstrando fundamentadamente se tratar de situação particularizada por hipótese fática distinta ou questão jurídica não examinada, a impor solução jurídica diversa. Sobre a figura do distinguishing, v. Neil Duxbury, *The nature and the authority of precedent*, p. 114; na doutrina brasileira, v. Thomas da Rosa de Bustamante, *Teoria do Precedente Judicial: a Justificação e a Aplicação de Regras Jurisprudenciais*, p. 472.

144. A suspensão facultativa do processo[25]

O processo também poderá ser suspenso por acordo entre as partes, pelo prazo de até seis meses,[26] quando, então, o escrivão fará os autos conclusos ao juiz (art. 265, § 3.º, do CPC). O acordo entre as partes é celebrado para que, durante a suspensão da causa, possam, eventualmente, as partes chegar a outro acordo, desta vez concernente ao mérito da demanda. Após esse prazo, o escrivão encaminhará os autos ao juiz para o prosseguimento do feito. A convenção a respeito da suspensão não pode ser entendida como um abandono do processo, sendo vedada a extinção do feito.[27]

145. A suspensão do processo e os atos urgentes

Sempre entendemos, mesmo na vigência do Código de Processo Civil anterior (de 1939), e agora a lei assim expressamente o determina (art. 266, *fine*, do CPC), que os atos urgentes podem ser praticados mesmo durante a suspensão do processo. Consideramos atos urgentes aqueles tendentes a resguardar direitos em via de perecimento.[28-29]

---

25. Caso de interesse sobre a facultatividade da suspensão do processo, ainda que alheia ao corpo do Código de Processo Civil, é aquele regulado pelo art. 104 do Código de Defesa do Consumidor (Lei 8.078/1990), *verbis*: "Art. 104. As ações coletivas, previstas nos incisos I e II do parágrafo único do art. 81, não induzem litispendência para as ações individuais, mas os efeitos da coisa julgada *erga omnes* ou *ultra partes* a que aludem os incisos II e III do artigo anterior não beneficiarão os autores das ações individuais, se não for requerida sua suspensão no prazo de 30 (trinta) dias, a contar da ciência nos autos do ajuizamento da ação coletiva". Sobre o assunto, discorremos longamente em nosso *Código do Consumidor comentado*, p. 487-492, ao qual remetemos o leitor.

26. "Processo Civil. Suspensão do processo. Convenção das partes. Limite temporal. Artigo 265 do CPC. 1. Embora a lei confira o direito de as partes convencionarem a suspensão do processo, este é limitado pela disposição do §3º do artigo 265 do CPC e tal limite funda-se na necessidade de que as pendências judiciais não se perpetuem, sobretudo diante da garantia constitucional dirigida a todos (não exclusivamente às partes processuais) da razoável duração do processo e dos meios que garantam a celeridade de sua tramitação. 2. Encerrado o prazo de seis meses, imediatamente os autos devem ir conclusos para o magistrado para que este restabeleça o curso do procedimento." (STJ, AgRg no REsp 1231891/PR, 2ª T., j. 07.02.2013, rel. Ministro Mauro Campbell Marques, *DJe* 18.02.2013).

27. Nesse sentido: "O requerimento, em petição conjunta, de suspensão do processo até o cumprimento do acordo celebrado entre as partes, não faculta ao juiz a extinção do feito, mas enseja a suspensão pelo prazo máximo previsto no § 3º do art. 265, CPC" (REsp 332.230/RO, 4ª T., j. 27.11.2001, rel. Min. Sálvio de Figueiredo Teixeira, *DJ* 18.02.2002, p. 459).

28. V. Arruda Alvim, *Curso de direito processual civil*, cit., vol. II, n. 146, p. 131.

29. TJMG, AgIn 1.0471.03.006602-4/001, 16.ª Câm. Civ., j. 18.01.2006, rel. Des. Otávio de Abreu Portes, *DOE* 24.02.2006: "Agravo de instrumento. Execução. Embargos. Sobrestamento. Medidas urgentes. Determinação necessária. Conforme norma contida no art. 793 do Código de Processo Civil, não se mostra possível a prática de atos processuais após a suspensão da execução ocorrida com a oposição de embargos, devendo o Magistrado, entretanto, determinar sejam efetuadas providências cautelares que se revelarem urgentes". *No mesmo sentido*, também antes da vigência da Lei 11.382/2006: "Penhora. Registro. Pedido de expedição de mandado formulado pelo exequente. Indeferimento em razão da oposição de embargos do devedor. Suspensão da execução (art. 739, § 1.º, do CPC [artigo revogado pela Lei 11.382/2006]) que impede a prática de atos que importem na expropriação do bem dos executados. Possibilidade da realização de atos urgentes ou necessários. Ausente, entretanto, o interesse recursal ante a possibilidade do próprio exequente diretamente realizar o registro. Alteração superveniente da norma do § 4.º do art. 659 do Código de

Comportam recurso de agravo de instrumento a decisão que suspende o processo[30] (seja acolhendo pedido de parte ou *ex officio*) e, igualmente, a decisão que denega a suspensão.[31] Em ambos os casos se resolve questão incidente, não se finda o processo, e, assim, afastada fica a hipótese de apelação (arts. 162, § 1.º, e 513 do CPC), sendo correto o cabimento de agravo de instrumento (arts. 162, § 2.º, e 522 do CPC). Descabe agravo retido, por falta de interesse jurídico-recursal.[32-33]

Processo Civil pela Lei 10.444/2002 [parágrafo posteriormente alterado pela Lei 11.382/2006]. Recurso prejudicado" (extinto 1.ºTACivSP, AgIn 1120688-3, 4.ª Câm., j. 27.11.2002, rel. Juiz Paulo Roberto de Santana).

30. *RePro* 5/375, em. 192.

31. *RJTJSP* 44/238.

32. Acreditamos que este entendimento continua sendo correto, apesar das modificações decorrentes da Lei 11.187/2005, que estabeleceu o regime de retenção do agravo como a regra, somente admitindo-se a interposição por instrumento "quando se tratar de decisão suscetível de causar à parte lesão grave e de difícil reparação" (cf. nova redação do art. 522 do CPC). É que, se se suspende o processo e se o recurso é retido, *não haverá, sucessivamente ao agravo retido, apelação*, e, assim, quando o processo vier a continuar, *não terá mais sentido algum esse agravo retido* igualmente, se não se suspende e se o objetivo é a suspensão, quando e se houver apelação, em cuja sede, ou em contrarrazões, quando e se em ambos os casos o agravo for reiterado, revelar-se-á inócuo. Daí dizer que não há interesse jurídico.Sobre este assunto, consultar, com proveito, Teresa Arruda Alvim Wambier, *Os agravos no CPC brasileiro*, itens 4.2.1 e 7.1; Antonio Notariano Júnior e Gilberto Gomes Bruschi, *Agravo contra as decisões de primeiro grau*, especialmente Capítulo 6.

33. A propósito dessa fungibilidade do agravo de instrumento em retido, importa registrar o novo texto do art. 527, II, do CPC (redação dada pela Lei 11.187/2005), pelo qual dispõe-se que "[o relator] converterá o agravo de instrumento em agravo retido, salvo quando se tratar de decisão suscetível de causar à parte lesão grave e de difícil reparação, bem como nos casos de inadmissão da apelação e nos relativos aos efeitos em que a apelação é recebida, mandando remeter os autos ao juiz da causa". De acordo com o parágrafo único do referido dispositivo legal, tal decisão "somente é passível de reforma no momento do julgamento do agravo, salvo se o próprio relator a reconsiderar".

Bibliografia

ALVIM, Eduardo Arruda. *Curso de direito processual civil*. São Paulo: Ed. RT, 1999. vol. I.

______. *Direito processual civil*. 2. ed. rev., atual. e ampl. São Paulo: Ed. RT, 2008.

______. *Direito processual civil*. 3. ed. São Paulo: Ed. RT, 2010.

______. *Direito processual civil*. 4. ed. São Paulo: Ed. RT, 2012.

ALVIM NETTO, José Manoel de Arruda. *Curso de direito processual civil*. São Paulo: Ed. RT, 1971. vol. I e II.

______; et alii. *Código do Consumidor comentado*. 2. ed. São Paulo: Ed. RT, 1995.

ARAGÃO, Egas Dirceu Moniz de. *Comentários ao Código de Processo Civil*. Rio de Janeiro: Ed. Forense, 1979. vol. II.

ASSIS, Jacy de. *Comentários ao Código de Processo Civil*. Rio de Janeiro: Ed. Forense, 1979. vol. II, t. II.

______. Das providências preliminares. *RBDP* 33/77, 1982.

BARBOSA MOREIRA, José Carlos. *O novo processo civil brasileiro*. 25. ed. Rio de Janeiro: Ed. Forense, 2007.

BARBI, Celso Agrícola. *Comentários ao Código de Processo Civil*. 3. ed. Rio de Janeiro: Ed. Forense, 1983.

BORGES, Marcos Afonso. *Comentários ao Código de Processo Civil*. São Paulo: LEUD, 1975. vol. I.

BUSTAMANTE, Thomas da Rosa de. *Teoria do Precedente Judicial: a Justificação e a Aplicação de Regras Jurisprudenciais*. São Paulo: Noeses, 2012

CRIBARI, Giovanni. A exceção de incompetência relativa e a suspensão do processo. *Revista de Processo (RePro)* 9, ano III, São Paulo, Ed. RT, jan.-mar. 1978, p. 71.

DUXBURY, Neil. *The nature and the authority of precedent*. New York: Cambridge University Press, 2008.

GONÇALVES, Marcus Vinícius Rios. *Novo curso de direito processual civil*. 4. ed. São Paulo: Saraiva, 2007.

GRECO FILHO, Vicente. *Direito processual civil brasileiro*. 18. ed. São Paulo: Saraiva, 2007. vol. II.

GRINOVER, Ada Pellegrini. *Direito processual civil*. São Paulo: Bushatsky, 1974.

MARINONI, Luiz Guilherme; ARENHART, Sérgio Cruz. *Manual do processo de conhecimento*. 5. ed. São Paulo: Ed. RT, 2006.

MARQUES, José Frederico. *Manual de direito processual civil*. São Paulo: Saraiva, 1984. vol. II.

MIRANDA, Francisco Cavalcanti Pontes de. *Comentários ao Código de Processo Civil* [de 1973]. Rio de Janeiro: Ed. Forense, 1974. t. III.

NOTARIANO JR., Antonio; BRUSCHI, Gilberto Gomes. *Agravo contra as decisões de primeiro grau*. São Paulo: Método, 2006.

PASSOS, José Joaquim Calmon de. *Comentários ao Código de Processo Civil*. Rio de Janeiro: Ed. Forense, 1979. vol. III.

PIMENTEL, Wellington Moreira. *Comentários ao Código de Processo Civil*. São Paulo: Ed. RT, 1979. vol. III.

SANTOS, Moacyr Amaral. *Primeiras linhas de direito processual civil*. 23. ed. Atual. Aricê Moacyr Amaral Santos. São Paulo: Saraiva, 2004. vol. II.

THEODORO JÚNIOR, Humberto. *As novas reformas do Código de Processo Civil*. Rio de Janeiro: Ed. Forense, 2006.

______. *Curso de direito processual civil*. 47. ed. Rio de Janeiro: Ed. Forense, 2007. vol. I.

______. *Processo de conhecimento*. Rio de Janeiro: Ed. Forense, 1981. t. II.

TORNAGHI, Hélio. *Comentários ao Código de Processo Civil*. São Paulo: Ed. RT, 1978. vol. I.

______. *Comentários ao Código de Processo Civil*. São Paulo: Ed. RT, 1979. vol. II.

WAMBIER, Teresa Arruda Alvim. *Os agravos no CPC brasileiro*. 4. ed. São Paulo: Ed. RT, 2005.

XVI

Da Tutela Antecipada

146. Introdução[1]

Há, nos últimos tempos, no Brasil, de uma forma especial, uma tendência acentuada de, por intermédio da lei – na medida em que a lei pode realmente constituir-se numa variável em favor da celeridade do processo, *especialmente com vistas à satisfação do autor* –, engendrarem-se institutos com esta finalidade de *precipitar no tempo*[2] *a satisfação da pretensão. A decisão proferida dentro de um sistema, mais célere, em que se prescinda de audiência, sem lesão às partes, corresponde à ambição generalizada de uma justiça mais célere. A demora dos processos é um mal universal.* Essa tendência continuada dos legisladores, de tentarem agilizar a Justiça, tem sido a resposta correspondente ao grande aumento do acesso à Justiça, mercê do qual o aparato estatal tradicional, seja tendo em vista o seu tamanho, a sua eficiência, não tem logrado atender com a rapidez desejável.[3]

---

1. Sobre o tema da antecipação de tutela, v. amplamente e com riqueza de detalhes excelente trabalho de Eduardo Arruda Alvim, intitulado *Antecipação da tutela, passim*.

2. Entre nós, na esteira e, neste passo, confinados à história do direito luso-brasileiro, *especialmente do direito português,* o que se pôde verificar foi um aumento sucessivo das finalidades do despacho saneador. A grande preocupação dos legisladores, e, assim, a do português, era, *no limiar do século,* apenas a referente a fazer com que o processo, quando viesse a ser julgado, não albergasse invalidade alguma; já ao longo da evolução ocorrida e com o Código de Processo Civil de 1939 (art. 514), somou-se a essa primitiva finalidade de escoimar-se o processo de quaisquer vícios, antes da sentença, a própria possibilidade de julgamento de mérito, no momento em que haveria de ser prolatado o despacho saneador. Mas, consigne-se, o art. 514 colocava como requisito para a decisão do mérito, além de outros, similares aos do nosso art. 330, que a lide pudesse "ser decidida com perfeita segurança; ou se, sendo a questão de direito e de fato, ou só de fato, o processo contiver todos os elementos necessários para uma decisão consciênciosa" [v. amplamente, para esse histórico, Arruda Alvim, Despacho saneador (O saneador no Código de Processo Civil de 1939), publicado na *Revista do Instituto de Pesquisas e Estudos – Divisão Jurídica, da Instituição Toledo de Ensino*, vol. 8/10, intitulado Histórico do saneador (referente ao direito português, então vigente), p. 247-249].

3. É vasta a literatura contemporânea, revelando a universalidade do tema, no que diz respeito à sensação, senão, mesmo, à clara *percepção* do descompasso existente entre as sociedades civis e os seus aparatos estatais. O que varia é a extensão real do problema, a que é geralmente correlato o grau de insatisfação. V. a respeito Mauro Cappelletti e Bryant Garth, *Access to justice:* a world survey [*Acesso à justiça* – Uma visão mundial], com inúmeras publicações em diversos países, que é o relatório geral sobre o assunto, elaborado à luz das múltiplas informações dos relatores nacionais; ainda, veja-se *Access to Justice and the Welfare State [Acesso à Justiça e o Estado de Bem Estar]*, editado por Mauro Cappelletti, com a assistência

As motivações decorrentes do tema do acesso à Justiça, tendo em vista o tempo gasto no processo – maior ou menor interregno verificado entre a consumação da lesão a determinado patrimônio jurídico e sua recomposição –, são as que informam basicamente a tutela antecipatória do art. 273. Em outra ocasião (primeira parte deste *Manual*, n. 21-A), já tivemos oportunidade de tecer nossas considerações acerca do tema do acesso à Justiça levando em conta, entretanto, outra espécie de motivação: a coletivização (massificação) da sociedade atual.[4]

A antecipação, dentro do processo, do resultado final pretendido, seja de forma integral ou apenas parcial, já era admitida no ordenamento pátrio – a exemplo do que já ocorrida na Itália – mediante a extensão do alcance e da finalidade das medidas cautelares, prática a que se convencionou denominar utilização "anômala" das cautelares.

O prof. Giuseppe Tarzia observou, na última década do século passado, que uma tônica que permeou a reforma italiana, no que diz respeito ao processo de cognição de primeiro grau, foi a "di dotare questo [o juiz de primeiro grau] della massima efficaccia possibile",[5] tendência que, entre nós, culminou na previsão expressa da antecipação de tutela (art. 273), é resultado de uma evolução iniciada no direito processual civil há mais de dois séculos, no período da implantação do Estado Liberal.[6]

Neste particular, Roger Perrot observa que as demandas do século XIX, tais como questões referentes ao direito de propriedade, sucessão ou atinentes aos regimes matrimoniais, não exigiam um processo cautelar expedito e permitiam que se esperasse uma solução final, até por tempo dilatado.[7] A ordem jurídica do liberalismo fora instituída com os olhos voltados para a burguesia emergente que, naturalmente, possuía recursos

de John Weiner e Monica Seccombe, 1981, com diversas publicações; ainda, de Mauro Cappelletti e Bryant Garth, editado em abril de 1983, *Finding an appropriate compromise: A comparative study of individualistic models and group rights in civil procedure [Na busca de um compromisso adequado: um estudo comparativo dos modelos individualistas e dos direitos dos grupos no processo civil]*. Pode-se dizer que esta referência bibliográfica, iniciada em função de se terem tornado agudas as pressões com o descontentamento dos grupos sociais, revelou-se interminável e se iniciou aproximadamente umas duas décadas depois da Segunda Guerra Mundial. Na América Latina, é digno de leitura o trabalho de Morello, Berinzonce, Hitters e Nogueira, *La Justicia entre dos épocas, passim*, mas, especialmente, o trabalho de Augusto Mario Morello, capítulo II, *Las nuevas exigencias de tutela (Experiencias y alternativas para repensar la política procesal y asegurar la eficacia del servicio)*.

4. Ver, ainda, o que longamente escrevemos, sob as mais variadas óticas, em nosso *Tratado de direito processual civil* (reedição do *Código de Processo Civil comentado*, São Paulo, 1975), p. 106 *et seq.*, 1990.

5. Cf. *Lineamenti del nuovo processo di cognizione*, n. 36, p. 185. V., a respeito, Giuseppe Tarzia, *I procedimenti cautelari*, trabalho *intitulado La tutela cautelare*, n. 4, p. XXI [v. tb. *Il nuovo processo cautelare*, n. 4, p. XXIX], em que se diz que "crescente è infatti, nel nostro ordinamento, la diffusione di provvedimenti, definiti dalla legge como provvisori", referindo-se ao elenco das leis italianas que podem ser reunidas sob o denominador comum "dell'estensione della tutela cautelare anticipatoria".

6. A propósito da reforma italiana, que também teve funda motivação por causa do tema da urgência, é enfatizado em texto, altamente elucidativo, de Piero Pajardi, que, não incomumente, muitos procedimentos cautelares "siano in realtà, sempre in via di fatto definitivi" Pondera mais que as cautelares não raramente dão ao juiz um poder "di provvedere interinalmente quando il diritto sia in pericolo ed in tempo tecnico per la tutela ordinaria inidoneo a salvarlo" (I provvedimenti d'urgenza nel processo civile, la giurisdizione cautelare e d'urgenza – Articolo 700, p. 11 et seq., p. 15-16).

7. Cf. Roger Perrot, *Les Mesures Provisoires en Droit Français*, p. 152/153.

bastantes para suportar a espera da sentença e da coisa julgada. Para a classe social dominante fazia-se preferível aguardar desfecho seguro do processo do que obter, com celeridade, soluções provisórias – e meramente assecuratórias – passíveis de revogação posterior. O procedimento ordinário tinha ampla aplicação e sua sistemática atendia aos interesses dominantes.

Em autores franceses clássicos, acentua-se que "l'on ne trouve aucun développement particulier sur la mesure provisoire en général". Diz-se, mais, que somente com a alteração do tipo de civilização e, principalmente, com a passagem de uma sociedade predominantemente agrária para uma sociedade industrial, veio a alterar-se "la philosophie même de la mesure provisoire".[8]

Em outras palavras, o burguês modelou o sistema jurídico em prol de sua atuação e dos seus interesses que, somente com a evolução gradativa das relações econômicas e sociais, passou a demandar tutelas de urgência.

E, se a evolução das relações econômicas e sociais demandou certo período de tempo, a absorção dos novos valores no âmbito do direito processual – e a decorrente expansão das medidas de urgência – demandou um processo de conscientização igualmente gradual.

A evolução das tutelas de urgência implicou, além da alteração de valores do âmbito do processo – tais como a noção de tutela preventiva do dano, em lugar da tutela meramente ressarcitória e a sobrelevação da efetivação imediata do direito em detrimento do valor segurança, que em determinadas situações se revela inútil ou insuficiente à consecução de uma solução justa –, uma alteração no próprio modo de encarar a lei e o direito.

8. *Cf.* Roger Perrot, *Les Mesures Provisoires en Droit Français*, nº 1, p. 151.

A necessidade dessa evolução é também percebida no direito processual civil italiano, em que evoluiu a interpretação em torno do art. 700 do vigente CPC italiano, originariamente confinado à cautelaridade (estrita cautelaridade), para vir a abarcar também a antecipação de tutela ou de direitos. A maior difusão desse tipo de tutela partiu de soluções jurisprudenciais que conferiram interpretação inovadora às normas do Código.

Antes disso, ainda na segunda metade do século XIX, entreviu-se, na Itália, um poder geral da cautela, que poderia ser exercido mediante a observância dos requisitos do *fumus boni iuris* e do *periculum in mora*, a serem aferidos concretamente pelo juiz quando não houvesse previsão de processo cautelar típico para a hipótese.[9]

Com Código de Processo Civil italiano de 1865 (revogado), escasso na disciplina das medidas cautelares, atrofiou-se o quadro precedente, chegando-se a discutir-se se as inibitórias subsistiriam, ou não.[10] A ju-

9. Giovanni Arieta, *I Provvedimenti d'Urgenza – ex art. 700 C. P.C*, I, 3, p. 9. Outro autor refere-se a esse mesmo ponto cogitando do risco que consistiria desnaturarem-se as medidas cautelares, se satisfativas, *opinião de que não se comunga* – v. Francisco Ramos Mendez, Las mesures provisoires indéterminées dans le procès civil espagnol, *Les mesures provisoires en procédure civile [Atti del Colloquio Internazionale*, Milão, 12/13 out. 1984], n. 2, p. 191, *fine*.

10. Possivelmente as opiniões que propendiam pela não extensão ou aplicação analógica, *mutatis mutandis*, de outros procedimentos típicos de que a lei tratava, para abranger hipóteses não previstas, tinham como raiz evitar que através de normas vagas de conteúdo, o juiz tivesse maiores poderes, como os que tem hoje. A negação de tais tarefas ao juiz assentava-se na concepção de legalidade, nos quadros do liberalismo e no temor de uma maior adjudicação de poderes ao juiz. Para um panorama mais completo da evolução da tutela de urgência, à luz das concepções políticas e ideológicas de cada momento histórico, *cf.* nosso artigo

risprudência, todavia, inclinou-se, por fim, pela possibilidade de concessão de *algumas medidas*, em nome e por causa da boa administração da justiça, fundamentalmente, através de uma *interpretação extensiva* das regras referentes ao sequestro.[11]

Como conclusão expressiva desse período, pode-se dizer que os tribunais sentiam que o sistema positivo era insuficiente, na medida em que somente se disciplinavam as medidas cautelares típicas e, por isso mesmo, havia exigência de "creare un terreno cautelare più ampio nel quale il giudice potesse muoversi a suo bell'agio, evitando gli sconfinamenti e le improprietà".[12] Na doutrina italiana, a anteviu-se um poder geral de cautela, dissociado da estrita tipicidade das cautelares. Chiovenda afirmou, independentemente do acerto de sua opinião em relação ao regime jurídico que lhe servia de base de raciocínio (Código de Processo Civil italiano, de 1865), que: "esiste dunque anche nella nostra legge la figura generale del provvedimento provvisorio cautelare; è rimesso completamente al giudice di stabilirne l'opportunità e la natura".[13] Do conjunto de disposições então vigentes – continuava Chiovenda – haver-se-ia de extrair a existência de um poder cautelar geral que permitia ao juiz estabelecer, conforme as circunstâncias, o melhor modo de conservar o *status quo*, tendo em vista, de um lado, o receio de lesão ao direito tutelado, e, de outro, os danos que eventualmente poderiam ser provocados pela própria medida assecuratória.

Essa posição, desde logo, todavia, não predominou.

De todo modo, as manifestações de Chiovenda e a propensão jurisprudencial à concessão de cautelares atípicas – ainda que de maneira excepcional –, podem ser consideradas um prognóstico do que sucederia na virada do Estado Liberal para o Estado Social, quando o poder geral de cautela veio a tornar-se imprescindível.

No Código de Processo Civil italiano vigente previu-se o poder geral de cautela (art. 700) e a partir da metade do século XX, remarcou-se o aumento da cautelaridade, de que, uma das variáveis é a necessidade da " "effettività" della tutela giurisdizionale".[14] Entre nós, à semelhança do que ocorreu no direito italiano, o Código de Processo Civil de 1973, conquanto ainda pautado no modelo clássico herdado do liberalismo, previu expressamente a utilização um poder geral de cautela pelo juiz (art. 798 do CPC), a depender da verificação de critérios cuja apreciação deve ser feita *in concrecto* (*fumus boni iuris* e *periculum in mora*). Esse poder geral, que não excluiu a previsão de medidas cautelares típicas, abriu caminho para a utilização "promíscua" e "anômala" do processo cautelar com vistas a conceder ao requerente, mais que medidas assecuratórias da eficácia do resultado do processo principal, a tutela preventiva do próprio direito material. Daí viriam a se desenvolver as mais diversas modalidades de tutela de urgência hoje utilizadas.

Ao lado da desejável aspiração geral à celeridade de Justiça, tornou-se muito mais aguda a necessidade de tutelas de urgência, em nossa civilização (industrializada e de massa, com autêntica multiplicação de situações de emergência), pelos multiformes danos que podem ocorrer.

"A evolução do direito e a tutela de urgência", publicado na Revista Forense v. 402.

11. *Cf.* Giovanni Arieta, op. cit., I, 3, p. 10, esp. p. 11.

12. Giuseppe Chiovenda, *Istituzioni di Diritto Processuale Civile*, vol. I, p. 242.

13. Cf. Giuseppe Tarzia, *Il Nuovo Processo Cautelare*, Padova, 1993, Cedam, *La Tutela Cautelare*, p. XXII.

14. Cf. Giuseppe Tarzia, *Il Nuovo Processo Cautelare*, Padova, 1993, Cedam, *La Tutela Cautelare*, p. XXII.

O Estado Social reservou – sobretudo às minorias não privilegiadas – a proteção de bens jurídicos considerados essenciais à dignidade humana, dentre os quais sobressaem os direitos à vida, à saúde, à educação, à moradia e ao trabalho. Tais direitos revelaram-se, muitas vezes, insuscetíveis de proteção pela via da tripartição rígida e clássica do processo, cujos segmentos estanques (conhecimento, execução e cautelar), impossibilitava a produção de efeitos apreciáveis fora da fase executória.

Cada vez mais, punham-se à disposição do juiz instrumentos ajustados à realização do direito, à restauração do ilícito que houvesse ocorrido e para evitar que o ilícito ocorresse ou se repetisse, e, quando verificado, fosse minimizado.

É esse o contexto que informa, precipuamente, o disposto no inciso I, do art. 273.

O que se quer dizer é que aquele a que poderíamos denominar de modelo tradicional predominante,[15] *i.e.*, o processo com

15. Por modelo tradicional entende-se o processo ordinário (principalmente o com audiência). A insuficiência deste modelo pode-se dizer universalmente reconhecida e proclamada: v. Fritz Baur, *A tutela jurídica mediante medidas cautelares*, § 1.º, II, 1, p. 12, em que diz que o âmbito das cautelares "amplia-se constantemente", abrangendo todos os segmentos da atividade humana e todos os valores e todas as atividades que dizem respeito ao homem; diz mais que, na Alemanha, então Ocidental (já no ano de 1967), "a proporção entre processos ordinários e causas que têm por objeto o arresto e medida cautelar já é de 3 por 1". À medida cautelar – como se sabe – deve seguir-se o "processo principal" necessariamente dentro em certo tempo, observando-se, todavia, quanto a este último ponto que "as partes contentam-se com a decisão judicial proferida no procedimento da medida cautelar e desistem do processo principal". Por elementos externos – diga-se assim – delimita-se o âmbito do § 940 do Código de Processo Civil alemão, em que se permite ao juiz, *provisoriamente*, disciplinar uma relação jurídica *controvertida*, principalmente quando se tratar de relações continuativas, desde que necessária a medida para evitar prejuízos, ameaças por atos de força "ou por outros motivos" (v. Baumbach e outros, *Zivilprozeßordnung [Código de Processo Civil]*, comentários ao § 940, p. 2.097, em que observam que a medida: *a)* não poderá infringir a lei; *b)* não poderá atingir terceiro [obrigando-o a algo, por exemplo]). A medida não deflui da natureza da relação jurídica *mesma*, senão que das circunstâncias que a envolvam (cf. Zoller e outros, *Zivilprozeßordnung [Código de Processo Civil]*, p. 2.237, comentários ao § 940, II, 1, *a*); deve ter duração determinada; basta a *mera controvérsia, não sendo necessária lesão ao direito (o que realça também o caráter altamente preventivo que pode ter);* é utilizada no campo das ações coletivas previstas no § 13 da ABGB (Lei da Disciplina das Condições Gerais dos Negócios); deverá o juiz, de preferência (mas não necessariamente), decidir depois de audiência (cf. Zoller e outros, *Zivilprozeßordnung* [Código de Processo Civil], p. 2.238, *fine*). Exemplos outros concretos de decisões com base no § 940 são: *1)* vedar a realização de negócio jurídico, por infração à lei (ao § 1.365 do Código Civil alemão); *2)* possível para vedar a reprodução de uma caricatura, que lesão a direito da personalidade; *3)* pode-se, conforme as circunstâncias, suspender uma reunião assemblear (Baumbach e outros, *op. ult. cit.*, p. 2.100-2.101).A mesma observação – ficar a parte *praticamente satisfeita* com a medida cautelar – é feita por Ferruccio Tommaseo, *Provvedimenti d'urgenza*, 1, p. 7 (dizendo que, obtida medida urgente, raramente se lhe segue a instauração do processo principal, a que se refere o art. 702 do CPC it.). A mesma situação é proclamada, por todos, ainda que com discursos diferentes. V.: *a)* Giuseppe Tarzia, *I procedimenti cautelari,* trabalho intitulado *La tutela cautelare,* n. I, p. XXV, em que diz, ao finalizar o seu artigo, que "il messaggio è quello, del resto ovvio, che solo il ricupero della funzionalità del processo ordinario potrà ricondurre i procedimenti cautelari nell'alveo di quella funzione, sussidiaria e integratrice e non sostitutiva della giurisdizione ordinaria, (...)"; *b)* do mesmo autor, o mesmo pensamento, na obra *Il Nuovo Processo Cautelare*, p. XXXIII, Milão, 1993; *c)* destaca-se a obra de Marco Sica, *Effettività della tutela giurisdizionale e provvedimenti d'urgenza – Nei confronti della Pubblica Amministrazione,* Milão, 1991, em que faz

a necessária instrução oral, em audiência,[16] com sentença sucessiva à audiência, quan-

coro uniforme com outros juristas, ao dizer que a duração exasperante conduziu a uma verdadeira crise na justiça (Introdução, n. 1, p. 1), e, que, por isso mesmo, as medidas cautelares constituem-se num corretivo de tal anomalia e operam com vistas a uma recomposição do sistema, pois que, só assim, ter-se-á uma "efetiva proteção jurisdicional", o que diz com *o princípio da efetividade da tutela jurisdicional* (p. 1-12); *d)* outro eminente autor, A. Proto Pisani, *Rivista di Diritto Processuale*, p. 26 *et seq.*, escrevendo sobre "Chiovenda e la tutela cautelare", diz que o princípio da efetividade não é, apenas, uma diretiva para o legislador, senão que é "un principio ermeneutico del diritto vigente". A essa ideia faz também referência Francisco Ramos Mendez, Les mesures provisoires indéterminées dans le procès civil espagnol, *Les mesures provisoires en procédure civile [Atti del Colloquio Internazionale*], n. 2, I, p 193, dizendo que um sistema flexível e expedito de medidas cautelares coloca-se como condição de uma tutela efetiva.No direito norte-americano, a *injunction* é editada, geralmente, por corte de *equidade*, objetivando estabelecer uma conduta para os litigantes ou *quase*-litigantes (os que virão a ser partes, no processo principal), para *vedar ou permitir fazer alguma coisa*. Na Inglaterra não é, *na praxe*, conteúdo de um *writ*, senão que decorre de ordem da Corte. A utilização, no direito norte-americano, é imensa e variadíssima, servindo para: *1)* obstar transferência de estoques, de notas promissórias ou outros documentos; *2)* bloquear transferência de título de domínio; *3)* para impedir que a parte deduza uma defesa sem significação, *i.e.*, injusta; *4)* obstar que a parte transfira mercadorias, com objetivo de fraude; *5)* desfazer uma "camuflagem" de um verdadeiro estado de insolvência; *6)* interromper a continuação lesiva de comportamento a direito de vizinhança; *7)* obstar a ruptura de um contrato; *8)* para obstar que uma companhia, em liquidação voluntária, distribua seus bens sem resguardo de suas responsabilidades para com terceiros (v. *Bouvier's law dictionary and concise encyclopedia [Dicionário de direito e enciclopédia concisa]*, por John Bouvier, p. 1.569 *et seq.* – os exemplos são incomparavelmente mais numerosos do que os muito poucos aqui referidos. O Código de Processo Civil da Califórnia, inclusive, no seu art. 526, descreve as hipóteses possíveis, dentro das quais se amoldam muitíssimas – v. *Code of Civil Procedure* [Código de Processo Civil], p. 186, St. Paul, Minn., 1988). Necessário é, como pressuposto, ao menos, a possibilidade de dano; é, ordinariamente, preventiva e não é apta à correção de lesão já definitivamente consumada (v. *Bouvier's law dictionary*... cit., p. 1.577). Se o requerente *demora muito* para tomar uma providência, descabe esta medida (v. *Bouvier's law dictionary*... cit., p. 1.577, 1.ª col.), *o que representa, também, um critério que poderá auxiliar o juiz, seja numa cautelar, seja, ainda, na hipótese do art. 273, I, do Código de Processo Civil.* É possível ordenar-se uma *interlocutory injunction* sem audiência, quando o peticionário irá "suffer irreparable injury", se a ordem não for concedida imediatamente, e em que é inviável, pela escassez do tempo, a *notícia à outra parte* (v. *Black's law dictionary*, p. 705, em que há uma "tipificação e classificação" das diversas modalidades de injunção e a descrição do fim a que se destinam). Se concedida sem audiência da outra parte, nos termos da regra 65 das *Federal Rules of Civil Procedure* (v. abaixo), dever-se-á seguir essa audiência, com contraditório posposto [v. Richard H. Field, Benjamin Kaplan e Kevin Clermont, *Materials for a basic course in civil procedure (Elementos para um curso básico de processo civil),* Secção 2 ("Remédios Provisionais"), p. 84].Para a obtenção de uma *injunction,* o requerente deve agir em boa-fé (*clean hands*), que se constitui num verdadeiro requisito informador da conduta do requerente. Por isso a Corte poderá, em qualquer momento, tomar conhecimento da má-fé (v. John F. Dobryn, *Injunctions*, capítulo III, p. 98).A sede legal em que se prevê a injunção está nas *Federal Rules of Civil Procedure,* regra 65 [v. *Federal Civil Judicial Procedure and Rules (Regras e Processo Federal Civil Judicial),* Nova Iorque, 1986, p. 144, em que há, inclusive, a evolução legislativa ocorrida a respeito desde 1946]. Aponta-se na literatura, para o processo do Estado de Nova Iorque, que a *injunction* é possível em qualquer tipo de ação, *desde que ocorrentes seus pressupostos* [v. Herbert Peterfreund e Joseph M. McLaughlin, *New York practice, cases and other materials (Elementos, casos e prática (de Direito Processual Civil) de Nova Iorque)*, p. 1.025].

16. Na Alemanha Ocidental, bem no fim da década de 1960, percebeu-se que o princípio

do só então se definirá a pretensão do autor, mas cuja eficácia da sentença viabilizadora da execução, ou realização concreta do direito nela definido, depende, ainda, do julgamento de recurso ou recursos, tem tido o seu espectro de abrangência diminuído.

Uma primeira linha de concretização de tal tendência evolutiva foi na trilha de ensejar a possibilidade de ser proferida sentença, no âmbito do processo ordinário, independentemente de audiência, nas hipóteses em que, bem sopesada a finalidade a que se destinaria a audiência, esta não tinha razão de ser. Essas hipóteses, no entanto, ainda que se decida a causa independentemente de audiência, cuja realização não se justificava – pois seria vazia de conteúdo mais fecundo e sem funcionalidade autônoma –, apenas eliminaram a realização de audiência, onde esta, realmente, não tinha razão de ser. Dentro deste quadro, pois, não haveria, sequer, que se cogitar de uma possível lesão ao princípio do contraditório.

Já em relação à tutela antecipatória, a possibilidade de tal lesão comparece mais proximamente, exatamente porque, neste instituto, admite-se seja proferida a decisão, com acolhimento da pretensão do autor, no processo em que, pelo próprio sistema do instituto, a instrução ainda não está terminada. Por isso é que o legislador foi cuidadoso, e, bem assim, deverá ser cauteloso, o aplicador da lei. Diz-se cuidadoso porque a Constituição Federal consagra o princípio da bilateralidade da audiência, o qual deve presidir o desenvolvimento do processo todo (art. 5.º, LV), como, também, *até com certa repetitividade*, garante constitucionalmente que ninguém será privado de seus bens (e de sua liberdade), "sem o devido processo legal" (art. 5.º, LIV). Por causa desses mandamentos, deve-se ter presente que o juiz, para antecipar a tutela, deverá realmente constatar verossimilhança, à luz de prova inequívoca, *i.e.*, que o convença realmente de que – ao que tudo está a indicar – o autor tem efetivamente razão, e, por isto, com apreciável margem de segurança, pode antecipar a tutela.

Deve o aplicador da lei, ainda, ao lado dos textos citados, ter presente o art. 5.º, XXXV, o qual deve ser considerado também; e, se o réu houver feito arguição séria de fato e tiver prova que seja relevante, a bem da sua defesa, *ainda a ser produzida*, não deverá ser antecipada a tutela.[17] Assim é que o juiz haverá de agir atendendo ao velho e nunca desgastado valor da prudência, que é uma das mais relevantes virtudes que pode ter um juiz, a informar a sua atividade jurisdicional.

O *nomen iuris* do instituto, tutela antecipatória,[18] revela que poderá ser con-

da oralidade, manifestamente excelente, em relação "ao produto final", com sua carga "ótima de convicção", tendo em vista ensejar uma cognição dos fatos de padrão superior, deveria sofrer temperamento, "ajudado" mais pela escritura no processo [vejam-se, a respeito, as obras de Peter Arens, *Mündlichkeitsprinzip und Prozeßbeschleunigung im Zivilprozeß (Princípio da oralidade e princípio da celeridade no processo civil),* especialmente capítulos VI e VII, p. 33-35 e 35 *et seq.*, respectivamente; Fritz Baur, *Wege zu einer Konzentration der mündlichen Verhandlung (Caminho para uma concentração do debate oral)*, p. 9, em que diz que, se o processo é lento, há uma inversão da finalidade a que ele se destina].

17. Fritz Baur, em *Wege zu einer Konzentration... [Caminho para uma concentração...]*, p. 9, observa que a rapidez do processo nunca poderá vir a implicar o desrespeito ao princípio do contraditório.

18. Pode-se dizer que, entre nós, a inspiração próxima, no direito positivo, do sistema do art. 273, com a redação decorrente da Lei 8.952/1994, está no art. 84, § 3.º, do CDC (Lei 8.078, de 11.09.1990). V. o que a esse respeito escrevemos em *Código do Consumidor comentado*, 2. ed., comentários ao art. 84, p. 394-403, São Paulo, 1995. Há diferenças de redação entre o art. 273 e o art. 84, § 3.º, mas a função que o

cedida a própria tutela (*rectius*, os *efeitos* da tutela), tal como constante no pedido, acolhendo-o totalmente ou em parte, e que essa poderá ser concedida antes do momento normal para a sua concessão.[19] Referimo-nos a "momento normal", pois, se concedida antecipadamente a tutela, nem por isto o processo deixará de prosseguir e vir a comportar sentença (art. 273, § 5.º).

A antecipação da tutela, pelo juiz, diz respeito ao pedido, tal como foi feito. Por outras palavras, o que se antecipa é, exclusivamente, a tutela, sem possível alteração do pedido. Há, desta forma, adstrição do juiz ao pedido e a atividade jurisdicional é condicionada pelo princípio dispositivo.

No caso do art. 798 do CPC, ainda que haja, igualmente, adstrição ao princípio dispositivo, dentro do espectro de possibilidades, ensejado por esse texto, pode haver variação, no que diz respeito à solução (= tutela a ser concedida). Desta forma, no caso da tutela antecipatória, há uma adstrição rígida ou "subsuntiva ao pedido", ou comparece a adstrição tradicional ao princípio dispositivo, ao passo que, tendo em vista o aludido art. 798, conquanto subsista essa adstrição, deve ela ser entendida à luz da permissão dada ao juiz de determinar, provisoriamente, as medidas que julgar necessárias quando existir *periculum in mora* (art. 798).

Neste sentido, com base em ampla pesquisa doutrinária, já decidiu a 9.ª Câmara do extinto 2.º TACivSP, em acórdão assim ementado: "Agravo de instrumento – Decisão que deferiu antecipação de tutela – Rescisão, multa por infração contratual, restituição de quantia paga a título de luvas, ressarcimento de despesas e perdas e danos. Divergência entre os pedidos da inicial e a cautela almejada. Recurso provido para cassar a tutela deferida. O limite objetivo da tutela é a coincidência em extensão com a prestação definitiva ou a procedência da inicial caracterizada pela provisoriedade, e não se confunde com o provimento cautelar" (AgIn 456.382-00/8-São Paulo, j. 10.04.1996, v.u., rel. Juiz Francisco Casconi, *ADCOAS* 8151009).

147. A efetivação da tutela antecipada[20]

A modificação do § 3.º do art. 273, do CPC, realizada pela Lei 10.444/2002, eliminou qualquer dúvida – infundada – quanto à possibilidade de efetivar, no plano fático, a própria tutela antecipadamente, ou seja, de satisfação do direito antes do momento "normal" para a sua ocorrência. A redação atual do § 3.º preceitua que "a efetivação da tutela

art. 84, § 3.º, desempenha no plano do Código de Proteção e Defesa do Consumidor é idêntica à desempenhável pelo art. 273, no plano do processo em geral. Anote-se, contudo, que a hipótese do art. 84, § 3.º, ajusta-se, *rigorosamente*, à do art. 273, I, e não à do inciso II desse mesmo art. 273. Sem embargo disto ou desta diferença, o art. 273, II, deverá ser aplicado ao sistema do CDC, porque: *a)* o sistema do CPC é subsidiário ao do CDC; *b)* o sistema do CDC é *intencionalmente* mais protetivo, e, de uma forma geral, efetivamente o é; *c)* se o sistema do CPC avançou mais do que o CDC, é certo que o sistema daquele aplicar-se-á a este, no que este não avançou tanto quanto aquele. Inspirada, ainda, claramente, neste dispositivo do Código do Consumidor é a nova redação do art. 461 do CPC, em tudo similar àquele.

19. Vale dizer, trata-se concretamente de hipótese em que deverá, normalmente, ser realizada a audiência, mas em que o risco de alteração do que terá sido decidido (basicamente, em virtude de modificação do quadro probatório), quando da concessão da tutela, é mínimo, e sempre a tutela adjudicada ao autor haverá de ser reversível (art. 273, § 2.º).

20. V. Gilberto Gomes Bruschi, A efetivação da tutela antecipada e a Lei 11.232/2005, in Ernane Fidelis dos Santos, Luiz Rodrigues Wambier, Nelson Nery Jr. e Teresa Arruda Alvim Wambier (coords.), *Execução civil* – estudos em homenagem ao Professor Humberto Theodoro Júnior, p. 796 a 808.

antecipada observará, no que couber e conforme sua natureza, as normas previstas nos arts. 588 [revogado pela Lei 11.232/2005], 461, §§ 4.º e 5.º, e 461-A".

Houve, portanto, uma conexão das regras sobre a efetivação da tutela antecipatória com outros textos do Código de Processo Civil. O cerne da mudança exige a busca de complementaridade dos dispositivos, com o nítido escopo de tornar o processo mais efetivo, por meio do encurtamento do tempo entre a decisão dada pelo juiz e o seu resultado prático no mundo dos fatos.[21]

Ressalte-se que, com a revogação do art. 588 pela Lei 11.232/2005, o § 3.º do art. 273 do CPC, apesar de não ter sido diretamente alterado pela referida lei, deve agora ser correlacionado com nova regra do art. 475-O para o cumprimento da decisão antecipatória de pagar quantia certa. O conteúdo da nova regra, porém, é praticamente o mesmo que tinha a anterior revogada, com exceção da dispensa de caução, que, na atual, além da hipótese de crédito de natureza alimentar de valor de até 60 salários mínimos, também engloba a execução provisória dos processos com agravo de instrumento pendente no Supremo Tribunal Federal ou no Superior Tribunal de Justiça (§ 2.º, inciso II do art. 475-O).

Assim, se se tratar de tutela antecipatória de pagamento de quantia certa, em princípio, deverá ser seguido, no que couber, o procedimento estabelecido para a execução provisória, o qual, desde a Lei 10.444/2002, passou a admitir a integral efetivação da decisão, por meio da alienação de bens ou do saque de depósito em dinheiro. Deve-se ter presente que o § 3.º, do art. 273, com a redação dada pela Lei 10.444/2002, utiliza as expressões "no que couber e conforme sua natureza, (...)", o que significa que está atribuída flexibilidade para o juiz na idealização dos meios e caminhos para a realização do direito decorrente da tutela antecipada. Conforme a gravidade da situação de urgência, como, ainda, a significação do bem a ser protegido, não será viável seguir o rito da Lei 11.232.

Para as hipóteses urgentes, por isso mesmo, será inviável seguir o rito da Lei 11.232, porquanto, ainda que desenhado esse procedimento de forma a proporcionar maior rapidez do que o regime anterior, do Livro II, em relação à execução por título judicial; outro caminho deverá ser eleito pelo magistrado, compatível com a urgência. Em outras palavras, a execução provisória nos moldes do art. 475-O só deve ser utilizada no que couber, e de acordo com a natureza da lide (da solução urgente reclamada e em função do bem jurídico a ser resguardado), já que, para a grande maioria dos casos de urgência, tal procedimento se mostra extremamente ineficaz pela sua morosidade intrínseca.[22]

21. Sobre o tema, cf. Arruda Alvim, Notas sobre a disciplina da antecipação de tutela na Lei 10.444, de maio de 2002, in Arruda Alvim e Eduardo Arruda Alvim (coords.), *Inovações sobre o direito processual civil:* tutelas de urgência, p. 3-14.

22. Nesse sentido, cf. primoroso trabalho de Eduardo Arruda Alvim, *Antecipação da tutela*, p. 130. Segundo o autor, "o fato de o § 3.º do art. 273 mandar aplicar à antecipação de tutela o regime da execução provisória, remetendo também ao art. 588 (hoje, art. 475-O), não engessa o juiz ao regime da fase de cumprimento da sentença (art. 475-I e ss.). O dispositivo manda aplicar o regime da execução provisória no que couber e, ademais, faz remissão aos §§ 4.º e 5.º do art. 461 do CPC. O seguir o *iter* procedimental da fase de cumprimento da sentença, se a decisão tiver sido concedida com base no pressuposto da urgência (art. 273, inciso I), pode levar a não implementação da ordem expedida no plano empírico, em tempo hábil a obstar a ocorrência de dano que a antecipação de tutela terá colimado evitar. Não é essa, evidentemente, a melhor interpretação: de nada adianta decidir antecipadamente, com base em cognição sumária, porém não implementar a decisão em tempo de evitar o dano que levou à antecipação de tutela".

De fato, o rumo a ser seguido pelo juiz deverá – na efetivação da tutela antecipada para pagamento de determinada quantia certa – se aproximar do rito de uma tutela específica ou da obtenção do resultado prático equivalente, principalmente nas situações de iminente risco à vida ou grave risco à saúde. Assim, além da possibilidade de impor multa diária ao réu, poderá o juiz bloquear valores em contas bancárias realizar a busca e apreensão de bens e até mesmo expedir um ofício ao Ministério Público, se houver descumprimento da ordem judicial, para que seja proposta uma ação penal por crime de desobediência (art. 330 do Código Penal).[23]

Aplicar-se-á, no entanto, a nova sistemática do cumprimento de sentença (arts. 475-I a 475-R) para a decisão que conceda a antecipação de tutela determinando o pagamento de soma em dinheiro, se proferida com base no inciso II e no § 6.º do art. 273. A estas hipóteses, a urgência é estranha.

Já quando se tratar das hipóteses de antecipação de tutela que busquem obrigar o réu a fazer ou não fazer algo, o magistrado – como nos casos de urgência a que se aludiu – deve fazer uso do instrumental previsto no art. 461, §§ 4.º e 5.º, do Código de Processo Civil. E, por fim, se for o caso de forçar o réu a entregar coisa móvel ou imóvel antecipadamente, os mecanismos a serem utilizados são os que constam no art. 461-A.

Deste modo, o legislador colocou à disposição do juiz diversos instrumentos para a completa satisfação do direito material, como, por exemplo, a imposição de multa diária para *coagir o réu* ao cumprimento da decisão interlocutória que concedeu os *efeitos* da tutela antecipada, ou mesmo a determinação de outras medidas necessárias para a real efetivação das obrigações de fazer e não fazer e de entrega de coisa (*i.e.*, apreender bens, remover coisas e pessoas, desfazer obras, impedir qualquer atividade nociva à saúde ou ao meio ambiente, em todas elas até mesmo com apoio de força policial, se não houver o cumprimento por parte do réu).[24] Aqui também, se ocorrer o fracasso de todas essas medidas coercitivas, como último recurso, será possível remeter ao Ministério Público cópia dos autos, com as informações necessárias para a propositura de ação criminal por desobediência à ordem judicial.

Aquele que desobedeceu à ordem do magistrado antecipando a tutela e não tenha se comprometido a comparecer ao Juizado Especial Estadual Criminal pode ter sua prisão

23. Sobre o tema, cf., amplamente, Paulo Afonso Brum Vaz, O *contempt of court* no novo processo civil, *Revista de Processo [RePro]*, ano 29, n. 118, p. 167. Nas palavras do citado processualista: "O descumprimento de ordem judicial, em princípio, caracteriza o delito de *prevaricação* (art. 319 do CP), se a conduta for praticada por funcionário público no exercício da função, ou crime de *desobediência* (art. 330 do CP), quando se trate de crime de particular contra a Administração. A grande discussão que se trava diz respeito à possibilidade de ser decretada a *prisão em flagrante* daquele que descumpre decisão mandamental final ou antecipatória da tutela, qualquer que seja a sua espécie (genérica ou específica). A primeira questão que se põe, quanto à prisão em flagrante, é se pode ser ela decretada por juiz cível. A jurisprudência, quase que de forma uníssona, tem entendido que somente o juízo criminal é que pode decretar a prisão em flagrante (STJ, HC 4031, 5.ª T, j. 18.12.1995, Min. José Dantas; TRF 4.ª Reg., HC 97.04.12030-3/97, 2.ª T., rel. Des. Federal Tânia Escobar, *DJU* 16.07.1997, p. 54.723; e TJRR, T.Crim., HC 13/02, rel. Des. Carlos Henrique, *DJP* 21.03.2002, p. 3). Dessarte, ao juiz do cível incumbe apenas determinar a extração de cópias das peças dos autos e remessa para o Ministério Público, a fim de que tome as providências cabíveis, nos termos do art. 28 do CPP".

24. Nesse sentido, v. Luiz Rodrigues Wambier, Teresa Arruda Alvim Wambier e José Miguel Medina, *Breves comentários à nova sistemática processual civil*, vol. 1, p. 168-170.

em flagrante decretada.[25] Tal medida, apesar de excepcional, não encontra vedação no ordenamento jurídico brasileiro, pela simples razão de não representar uma verdadeira prisão civil por dívida, esta sim – com exceção da resultante de dívida de obrigação alimentícia – proibida pela Constituição (art. 5.º, LVII). O que acontece na espécie é a tipificação da atitude do réu no crime de desobediência à ordem legal, dada por um funcionário público *lato sensu*: o juiz. Prisão penal, portanto, a ser posta em prática de acordo o regramento previsto nos Códigos Penal e Processual Penal.[26]

Deve-se ter em mente que o rol de medidas que podem servir ao juiz para efetivar a tutela antecipada é *numerus apertus*, ou seja, um rol aberto – não taxativo, meramente exemplificativo –, aliás facilmente perceptível na exegese da norma, pois o legislador fez uso da expressão "tais como" para enumerar as possíveis providências a serem tomadas de ofício ou a requerimento da parte (art. 461, § 5.º, do CPC).[27]

A conclusão que se retira na análise do que dispõe o § 3.º, do art. 273, é a de que a aplicação dos arts. 475-O (inserido pela Lei 11.232/2005, que revogou o art. 588),[28]

25. Antes das alterações implementadas pela Lei 11.403/2011 no Código de Processo Penal, era possível, atendidos os pressupostos previstos no art. 312 do CPP, a decretação da prisão preventiva pelo juízo competente, já que o art. 313 do CPP fazia alusão à tal possibilidade relativamente a *crimes apenados com reclusão*. Sobre o assunto, Fernando da Costa Tourinho Neto, *Juizados especiais cíveis e criminais*: comentários à Lei 9.099/1995, p. 477. Aduz o citado autor que "se houver a prisão em flagrante, o autor do fato não será *recolhido* se comprometer-se a comparecer ao Juizado. A lei está dando um benefício – não ser recolhido à prisão se fizer o compromisso. Não comparecendo, há possibilidade de ser, excepcionalmente, decretada a prisão preventiva, uma vez presentes os requisitos dos arts. 312 e 313, II e III (o inciso I diz respeito aos crimes punidos com reclusão), do Código de Processo Penal". A partir da vigência da nova redação do art. 313 do CPP (conferida pela Lei 11.413/2011), não se afigura lícita a decretação da prisão preventiva, já que o inciso I do citado dispositivo agora alude a "crimes dolosos punidos com pena privativa de liberdade máxima superior a 4 (quatro) anos".

26. Fernando da Costa Tourinho Neto, *Juizados Especiais Cíveis e Criminais*: comentários à Lei 9.099/1995, p. 478. Comenta Tourinho Neto: "Pode o juiz cível decretar a prisão daquele que desobedece à sua decisão? Não, porque não tem competência penal. O que pode fazer é determinar, observados os pressupostos legais, prisão em flagrante do desobediente, uma vez que esse tipo de prisão pode ser efetuado por qualquer do povo (CPP, art. 301). Se tiver passado esse momento, só lhe resta encaminhar ao Ministério Público cópias das peças necessárias à demonstração da conduta do desobediente. O crime de desobediência, art. 330 do Código Penal, é punido com pena de detenção, de quinze dias a seis meses, e multa. Logo, a competência, por ser crime de menor potencial ofensivo, é do Juizado Especial Criminal. Preso o desobediente, deverá ser apresentado à autoridade policial, que o encaminhará ao Juizado".

27. Perfilha esse entendimento Eduardo Arruda Alvim, *Antecipação da tutela*, p. 131, ao afirmar: "Imaginemos um caso de ação objetivando a condenação de pagamento em dinheiro, em que seja concedida a antecipação de tutela. E, mais do que isso, que essa tutela tenha sido concedida com base no pressuposto da urgência (hipótese do inciso I do art. 273, além, é claro, de estarem presentes os requisitos do *caput* do art. 273). Em tal hipótese, poderá a mesma ser implementada com auxílio das medidas elencadas no § 5.º do art. 461, que ademais, são ali postas de forma meramente explicitativa".

28. Como foi dito anteriormente o art. 588 foi revogado pela Lei 11.232/2005, que instituiu a nova sistemática de execução de sentença que determina o pagamento de soma em dinheiro (cf. arts. 475-I ss.). Não obstante, a *norma* cujo conteúdo antes constava no revogado art. 588 do CPC é repetida no art. 475-O do CPC. Por tal razão, a remissão indicada no art. 273, § 3.º – que não foi alterado pela Lei 11.232/2005 – deve ser compreendida no sentido de que se aplica à execução da decisão que antecipa efeitos da tutela, em

461, §§ 4.º e 5.º, e 461-A terá lugar "quando couber" e tendo em vista a "natureza" do direito a ser realizado ou efetivado e dependentemente da urgência demandada nessa efetivação. As expressões "quando couber" e o referencial de ter-se em vista a "natureza" da pretensão a ser efetivada demonstram a *flexibilidade* normativa posta em mãos do juiz, o que deste demandará, de um lado, *prudência*, e, de outro, a *necessária energia e determinação*, quando entender que ao autor assiste razão, *ainda que em sede de juízo provisório*. É largo o espaço de escolha e de deliberação para o juiz. E esse conjunto de instrumentos justifica-se pelo fim a ser atingido: a efetividade, a realização no mundo empírico, em tempo curto, do que o juiz haja decidido. Qual é a natureza do poder de que o juiz se utiliza para exercer esses poderes, preordenados a atingir esse fim, da ocorrência o mais rapidamente possível, do que haja *mandado*? Aqui se encontra um tipo de atividade que se aproxima da *discricionariedade* no que tange à forma de efetivação da tutela, mas lembrando sempre que permanece o juiz adstrito ao resultado final pretendido pelo autor.[29]

Com efeito, existe uma fungibilidade dos meios coercitivos voltados à atuação jurisdicional do pedido imediato feito em relação à tutela de urgência, a fim de permitir que o magistrado consiga adaptar o tipo de providência jurisdicional solicitada à proteção efetiva do pedido mediato, o qual representa o bem da vida desejado pelo autor. Aí se inclui o uso das *astreintes*, bem como o das outras medidas coercitivas acima citadas, capazes de "pressionar" o réu ao cumprimento da decisão judicial que concedeu os efeitos da tutela antecipadamente (art. 461, §§ 4.º e 5.º).

Ressalte-se, por fim, que é objetiva a responsabilidade civil do beneficiado pela antecipação dos efeitos da tutela, como, aliás, sempre ocorreu com a do requerente das medidas cautelares. Tal responsabilização, por ser objetiva, independe de culpa ou dolo do autor – em relação aos danos ocasionados ao réu pela medida antecipatória –, podendo dar ensejo, se for constada que era indevida, a indenização e a restituição das partes ao estado anterior. Não sendo possível esta restituição, restará ao réu pleitear o ressarcimento dos danos causados.[30]

148. A possibilidade de antecipação de tutela no julgamento antecipado da lide e nas hipóteses de pedido incontroverso

Nada impedirá que, mesmo nos casos em que seja possível o julgamento antecipado da lide, o juiz possa conceder tutela antecipada. O julgamento antecipado far-se-á diante da ocorrência dos pressupostos do art. 330, do CPC, mas seguir-se-á(ão), normalmente, recurso(s), com efeito suspensivo.[31] No julgamento antecipado apenas a sentença será "antecipada", mas não se anteciparão os seus *efeitos*. Por isto é que poderão, num mesmo processo, configurar-se: *a)* os pressupostos de julgamento antecipado; e, *b)* os referentes à antecipação da tutela (uns e/ou outros, do art. 273, I e/ou II, e do § 6.º deste mesmo dispositivo, inserido pela Lei 10.444/2002).

Na hipótese de configuração dos pressupostos de julgamento antecipado, não será

---

relação ao dever de pagar quantia certa, a *norma* do novo art. 475-O do CPC.

29. Arruda Alvim, Notas sobre a disciplina da antecipação de tutela na Lei 10.444, de maio de 2002, em Arruda Alvim e Eduardo Arruda Alvim (coords.), *Inovações sobre o direito processual civil: tutelas de urgência*, p. 5.

30. Sobre o tema, v. Luiz Guilherme Marinoni, *A antecipação da tutela*, p. 216-218.

31. Cf., a respeito, o que escrevemos no Cap. XVII – Do julgamento conforme o estado do processo – deste *Manual*.

improvável mesmo que até o próprio quadro probatório enseje uma segurança mais ponderável ao juiz, para a hipótese de concessão de tutela antecipatória. Isto porque, no julgamento antecipado, a causa é decidida com a segurança *emergente do poder pleno de convicção da prova*, necessário à prolação de uma sentença final. Mas é certo que, para conceder a tutela antecipatória, haverá de ter sido feito pedido, como, ainda, deverão comparecer os pressupostos do art. 273, *caput*, I e/ou II, ou, ainda, do § 6.º do art. 273, acrescentado pela Lei 10.444/2002, que, em nosso entender, dispensaria a presença dos requisitos do *caput* desse dispositivo. Se se caracterizar hipótese de julgamento antecipado da lide, e se, cumulativamente, configurar-se o pressuposto do art. 273, I, ou, ainda, tanto o do inciso I, quanto do II, do mesmo art. 273, não parece ser razoável que, pelo julgamento antecipado, porque houve revelia (e o quadro fático apresenta-se convincente aos olhos do juiz) ou, se o quadro fático é controvertido, mas desnecessita de prova oral ou pericial, se também configurados os pressupostos à antecipação da tutela, e, portanto, a isso tendo direito a parte, o juiz não a conceda. Relativamente à possibilidade de virem a ser antecipados os efeitos da tutela nos casos de revelia, é de notar-se o que passou a constar do expresso texto da lei, em decorrência da inserção do § 6.º ao art. 273 pela precitada Lei 10.444. Com este novo parágrafo, passou a ser admitida a concessão da tutela antecipada também nos casos em que, havendo cumulação de pedidos, um ou mais deles mostrarem-se incontroversos, e desde que não haja dúvida no espírito do juiz. Dentro dessa previsão, podemos encartar as hipóteses em que há revelia e desde que o juiz, em referibilidade ao que consta dos autos do processo não contestado, não compreenda que essa circunstância (revelia) tenha sido afastada.

O § 6.º, portanto, admite tutela antecipada se não há controvérsia em relação a um ou mais pedidos, ou a parcela destes, e justamente porque, se há ausência de controvérsia (e, desde que não haja dúvida no espírito do juiz), não se justifica que se deixe de decidir favoravelmente ao autor.

Relativamente a esta hipótese, o que nos parece é que, como adiantamos – conquanto o § 6.º seja um dos parágrafos do art. 273 –, não há necessidade da presença dos requisitos do caput *desse art. 273*. Mas, é evidente, para isso poder acontecer, necessária deverá ser a situação de ausência de controvérsia em relação a um pedido, ou a parte de um pedido, por isso que, aqui também, suscetível de divisibilidade, em si mesmo. Só assim é que se mostrará praticamente viável cogitar-se da possibilidade de antecipação da tutela.

Os fatos que estejam à base de um pedido, ou de parte deste, poderão ser incontroversos pelo seguinte: 1) desde logo, havendo revelia, *e desde que, efetivamente, o juiz venha a entender que essa circunstância (revelia) não é afastada pelo exame dos fatos do processo não contestados, em si mesmos (fatos impossíveis, ou, se possíveis, não verossímeis); ou, então, e ainda, conquanto não contestado determinado pedido (e, pois, seria incontroverso), na medida em que dúvida possa surgir da contestação a outro(s) pedido(s), é certo que não cabe a antecipação de tutela; ou, ainda, mesmo que a dúvida surja, pura e simplesmente, no espírito do juiz, como, por exemplo, na hipótese de os fatos, ou parte deles, ser inverossímil*; essa sempre foi a interpretação correta do art. 319, que pode, nessa medida, auxiliar no caso; 2) o mesmo critério deve presidir a consideração para o caso da hipótese do art. 302, e desde que os fatos que possam vir a ser presumidos como verdadeiros estejam à base de um pedido ou de parcela de um dos pedidos, ensejando a possibilidade da antecipação da tutela; 3) os fatos confessados, *v.g.*, como numa confissão extrajudicial (art. 334, II), desde que ensejem o fato ou fatos suficientemente, à base de pedido, a antecipação (fatos confessados suficientes para embasar a antecipação do pedido ou de parcela deste); ou, ainda, porque admitidos no processo, *v.g.*, quando contestados alguns fatos e expressamente admitidos outros (art. 334, III); 4) no caso, todavia, a exigência legal não é – somente – a de que os fatos sejam *incontroversos*, senão que é o pedido que deverá não ter sido objeto de controvérsia, distinção importante, dado que é possível não se controverter sobre o fato, concordando com ele, mas o pedido pode ter sido objeto de controvérsia. Dir-se-ia, aqui, que possível seria a tutela antecipada, dado que, por não ter havido controvérsia sobre o fato ou fatos que embasam o pedido ou parte dele (ainda que o pedido tenha sido contestado), o juiz poderia decidir, dado que só lhe incumbiria decidir matéria de direito, o que é verdade; 5) ainda que assim pudesse ter sido, não foi essa a opção do legislador, tendo este escolhido que, em face e nos casos de *pedidos não objeto de controvérsia*, é que poderá ocorrer a antecipação de tutela; 5.1) possivelmente foi eleito este caminho, uma vez que, em tal hipótese, tornar-se-ia *sem sentido* recurso que dessa decisão viesse a ser interposto; 5.2) isto porque essa decisão se lastreia em pressuposto – ausência de controvérsia sobre pedido ou parte dele – e, sendo assim, se interposto recurso, isto importaria em vir a ser negado esse pressuposto por aquele que não criou ou não estabeleceu a controvérsia, *i.e.*, o réu; 5.3) já se tratasse de fato incontroverso, mas pedido controverso, é certo que, decidindo-se contrariamente ao que postulou o réu, seria manifesto o interesse recursal deste; 6) há um ponto em que a lei não é explícita, mas nela está presente, e a isso já nos referimos. É o seguinte. O que parece ser legítimo concluir é que o pedido não deverá ter sido objeto de controvérsia, e, mais ainda, a essa circunstância deve-se agregar a ausência de dúvida, por parte do juiz, dado que, *mesmo quando não especificamente controvertido um dado pedido, ou parte dele, é possível que o juiz tenha dúvida, hipótese em que não caberá a antecipação de tutela.* Esse entendimento escora-se – além do próprio princípio do livre convencimento – no texto da lei, quando dela consta a expressão *poderá*.

O que não se deve perder de vista é que, se tiver havido reconhecimento jurídico de um dos pedidos cumulados, ou de parte de um desses pedidos cumulados, caberá decisão, e não será mais, então, antecipação de tutela. Se o juiz pode o mais – antecipar o pedido sobre o qual não há controvérsia (e desde não tenha dúvida quanto a isso) –, é certo que, tendo havido reconhecimento, e, pois, não mais sendo *mera ausência de controvérsia*, senão que *concordância com o pedido*, deverá decidir favoravelmente, resolvendo o mérito, nessa parte (art. 269, II). Como dissemos, a possibilidade de cisão do ato decisório está *ex lege* reconhecida, e não se deverá entender esse reconhecimento como confinando à *mera* possibilidade de antecipação de tutela. De outra parte, se não existir cumulatividade, senão que somente um pedido, não contestado, o juiz deverá decidir. Nesta última hipótese incidirá o art. 319, sem que o recurso suscetível de ser interposto tenha efeito suspensivo. *Mutatis mutandis*, aplicar-se-á a regra do art. 520, VII (tal como acrescentado pela Lei 10.352/2001). Poder-se-ão formar, portanto, dois segmentos recursais.

Tenha-se presente, ainda, que o disposto nesse § 6.º implica o expresso reconhecimento, pelo legislador, da possibilidade de *cisão* do ato decisório, em parte com a antecipação da tutela e o restante sucessivamente, *"no momento normal"*.

De outra parte, se se desfigurarem os pressupostos do art. 273, *caput*, que podem ser designados como básicos *ou* primários, não há que se cogitar da possibilidade dos incisos I e/ou II deste dispositivo. Mas a não presença dos pressupostos do art. 273, *caput*, não tem o condão de afastar a hipótese do prevista no § 6.º, que, em nosso entender, como já adiantamos, não está vinculada à presença dos requisitos dele constantes. A dúvida que poderia haver é relativamente à urgência, que está no inciso I do art. 273, dado que a *verossimilhança* e a *prova inequívoca* encontrarão na *revelia (e na ausência de dúvida) requisitos equivalentes*. Mas remanesce a dúvida consistente em saber se há necessidade de *urgência*, à luz do inciso I do art. 273. A nossa impressão é de que não há essa necessidade, em nome da instrumentalidade, ou seja, há condições objetivas de bem decidir parte do litígio. E não haveria razão plausível para esperar até o término, quando viesse a ser decidida, também, a parte que se encontra controvertida. Resta patenteada a possibilidade *ex lege* de cisão do ato decisório.

149. A importância da correta avaliação dos requisitos que autorizam a antecipação de tutela dos incisos I e II do art. 273

Se restar abalada a convicção que deve *primariamente* emergir à luz dos elementos normativos do art. 273, *caput*, isto, a um tempo, revela ser possível que o réu tenha razão, e, se assim isso é possível, isto também significa que a pretensão do autor poderá vir a ser havida como infundada. Se esta dúvida existir *a priori*, é certo não ser caso de antecipação da tutela. Se assim se configurar a situação, consequentemente, não há certeza de ocorrência do dano (art. 273, I), pois que é imanente, no caso, à ideia de dano, aquela da possível juridicidade da pretensão do autor.

O dano, a que se refere o art. 273, I, não diz necessariamente respeito ao "perecimento da pretensão", se não for antecipada a tutela. O texto do art. 273, I, não faz maiores distinções. Esse dano pode ser externo à pretensão, ou seja, pode ser um dano evitável por causa do acolhimento da pretensão, desde que presentes os pressupostos do *caput* do art. 273, c/c o inciso I do mesmo artigo, ou pode mesmo dizer respeito ao injustificável agravamento do dano que o autor assevera estar sofrendo em virtude da atitude do réu, ainda que seja este solvente.

Assim, *v.g.*, numa ação para entrega de coisas certas, tais como máquinas vitais para a própria sobrevivência econômica da empresa-autora, de nada adiantará, por hipótese, obter sentença de procedência quando a empresa já estiver insolvente de fato ou, efetivamente, falida. Tais máquinas podem representar a própria revitalização da empresa-autora, e, se se caracterizarem também os elementos normativos do art. 273, *caput*, é certo que será hipótese de adiantamento da tutela. Dever-se-á, no caso, contragarantir o réu, que será despojado da posse das máquinas.

O dano diz respeito à situação financeira e econômica da empresa-autora e a pretensão, sendo objeto de tutela antecipatória, constituir-se-á no meio para, *possivelmente*, com a antecipação, obstar a ocorrência do dano.

Mutatis mutandis, o mesmo raciocínio aplica-se ao caso do inciso II, do art. 273, em relação ao disposto no art. 273, *caput*.

Se se verificar o julgamento antecipado da lide, e, cumulativamente, se se imprimir à sentença o caráter de tutela antecipada, parece que não terão aplicação os §§ 4.º e 5.º do art. 273. *Se o juiz, antes do possível julgamento antecipado, pode conceder a antecipação da tutela, nada impede que o faça simultaneamente, no mesmo ato formal de julgamento.*

Se isto ocorrer, cogitar-se-á de recurso de apelação, o qual, no caso, não poderá ser havido sistematicamente como portador de efeito suspensivo, tanto que, com a Lei 10.352/2001, foi implementada alteração no art. 520 do Código de Processo Civil, cujo inciso VII aponta agora neste sentido. *Inversamente* e na mesma medida, a nova redação dada ao parágrafo único do art. 558 do Código de Processo Civil, pela Lei 9.139/1995, confirma o acerto deste entendimento, ao dispor que às hipóteses do art. 520 deve ser aplicado o critério do *caput* do art. 558, ou seja, a possibilidade de concessão de efeito suspensivo, desde que presentes e comprovados os pressupostos lá delineados.

Diga-se, ademais, que, sendo imprimido à sentença, resultante do julgamento antecipado da lide o caráter de tutela antecipada, na forma delineada precedentemente, efeito suspensivo, não terão embargos infringentes, eventualmente cabíveis e sucessivos ao julgamento da apelação, dado que o efeito (suspensivo, ou não) imprimido a este último recurso é aquele que teve o precedente recurso de apelação. O que poderá ocorrer é que, pelo teor do voto vencido, a Turma julgadora entenda que é o caso de *modificar* ou *revogar* a tutela antecipada, se, no entendimento majoritário da Turma julgadora, vier a se entender não estarem ou não mais estarem presentes os pressupostos viabilizadores da concessão. Diferentemente, se há reforma da decisão em que se concedera a tutela antecipatória, *será efeito natural dessa decisão a reversão ao estado anterior*.[32]

Como regra geral, a reversibilidade não deverá ser a solução de perdas e danos ao depois da decisão (sentença ou acórdão), em que se venha a "cassar" a tutela antecipatória. No entanto, em casos extremos, de *perecimento da pretensão do autor* ou de dano que só com a antecipação da tutela pode ser evitado, a solução que poderá corretamente vir a ser a adotada é a de resolver-se o assunto até assumindo o risco das perdas e danos.

A reversibilidade por perdas e danos – e a lei não explicita o que entende por reversível – é uma solução possível, mas só deve ser assumida naqueles casos em que isso seja necessário à sobrevivência da pretensão do autor.

O dilema do juiz será o de, porque o processo não tem, ainda, condições para a solução final, proteger ou não o autor. Porque deverá deixar de proteger o autor, se lhe parece que é ao réu que falece razão? E, ainda, que a solução possível, que viria a decorrer da modificação ou da alteração da tutela antecipatória, deverá antecipar a tutela, pois que, do contrário, faria com que a pretensão do autor – ao que tudo indica, fundada, e, correlatamente, não fundada a defesa – viesse a perecer. O que nos parece, é que dificilmente se poderá propugnar, com acerto, para uma interpretação que fique aquém daquela que, em casos realmente graves, existia a respeito das chamadas cautelares satisfativas.

Com a adoção deste instituto, o legislador acaba por assumir um risco mínimo[33-34]

32. V. Federico Carpi, em tema análogo, e em obra escrita antes da reforma mais recente do direito italiano, *La provvisoria esecutorietà della sentenza*, p. 273-274.

33. É patente que o legislador, por contingência até sistemática, assume realmente um risco, que, no entanto, é muito pequeno. Da extensão do risco, no entanto, está resguardado o réu, pois que não será concedida a antecipação da tutela se a realização do direito do autor levar a uma situação de irreversibilidade (art. 273, § 2.º).

34. Nesta hipótese, que é a mais extremada e limite, quando o art. 273, § 3.º, refere-se à aplicabilidade do art. 588 (revogado pela Lei 11.232/2005, que, por outro lado, inseriu o art. 475-O, idêntico, no particular, ao revogado art. 588 – cf. nota 32, *infra*), há de se ler, no inciso II do art. 475-O, "restituindo-se as partes ao estado anterior" como significando o pagamento de perdas e danos, e, quanto à caução, deve valer o que consta do inciso III. As hipóteses de assunção deste risco ou desta eventual solução *a posteriori* deverão, quase sempre, estar confinadas à hipótese do mandamento do art. 273, I. Com a promulgação da Lei 10.444/2002, nova redação foi dada ao citado § 3.º, na linha do que já propugnava a doutrina. Referido preceito agora está assim redigido: "A efetivação da tutela antecipada observará, no que couber e conforme sua natureza, as normas previstas nos arts. 588, 461, §§ 4.º e 5.º, e 461-A". O art. 588

de que a decisão concessiva da tutela possa vir a ser alterada, e o faz sopesando os valores em jogo.

O risco pessoal-patrimonial do autor, que requer e obtém a tutela antecipatória, em caso de "reversão do resultado em que se antecipara a tutela" é, como se disse, assumido por esse, pois a antecipação de tutela depende de pedido, devendo ser concedida, se for o caso, *na medida desse pedido, em que poderá o autor, inclusive, restringir o âmbito do pedido da demanda* (art. 273, *caput*);[35] ademais e ainda, a realização do seu direito far-se-á por sua conta e risco, e, se sobrevier sentença em sentido contrário à decisão antecipatória da tutela (art. 273, § 5.º), ou, então, decisão incidente mesmo (art. 273, § 4.º); ou ainda, se o Tribunal reformar a decisão em que se antecipou a tutela, ou, reformando a sentença que no processo venha a ser proferida, cessará a tutela e incidirá, no que couber, o art. 475-O, II e III (com a Lei 11.232/2005 e a revogação do art. 588, II e III)[36], todos do Código de Processo Civil. E a responsabilidade pelos atos de execução/realização do direito, no caso, é objetiva, prescindindo-se de qualquer cogitação atinente à culpa.

De um lado, colocaram-se os seguintes valores, que capeiam a situação do autor, se não for concedida a antecipação da tutela: *1.º*) o dano do autor, pela demora,[37] se tiver

---

foi revogado pela Lei 11.232/2005, que, por outro lado, inseriu o art. 475-O, idêntico, no particular, ao referido dispositivo revogado (cf. nota 32, *infra*).De qualquer forma, à tutela antecipatória se procederá no processo, perante o juiz natural, à luz da atividade probatória até então desenvolvida e havida como suficiente por esse juiz. Por isto, pode-se legitimamente argumentar que não se trata de uma supressão do contraditório.Em nossa literatura há estudo do prof. Humberto Theodoro Júnior, intitulado *A execução de sentença e a garantia do devido processo legal,* que se constituiu em tese de doutoramento em Direito constitucional, cuja leitura é altamente proveitosa (v. n. 3 e 15, *especialmente*).O que nos parece é que, havendo matéria a ser eventualmente deduzida em embargos do devedor, direito a estes terá o réu, ainda que dele não se possa vir a dizer tratar-se, propriamente, de um executado.

35. Por outras palavras, não há necessária justaposição entre o pedido da demanda e o pedido em que o autor solicite a tutela antecipatória. Aquele em que se pede a tutela antecipatória pode ter âmbito menor do que o pedido da demanda; nunca maior ou diferente, todavia.

O que constará desse pedido de tutela antecipatória será, cumulativamente à *causa petendi* do pedido da petição inicial, esse pedido mesmo. Uma e outro serão a *causa petendi* do pedido de antecipação de tutela. Nesta *causa petendi* integrar-se-ão a alegação de dano irreparável, que é a *causa petendi* específica do pedido de antecipação (art. 273, I), e/ou a ausência de defesa útil do réu (art. 273, II), e, mais, a alegação de que a prova existente conduz à inequívoca verossimilhança da juridicidade da situação (art. 273, *caput*), ou – e em tais casos não há necessidade da presença dos pressupostos do art. 273, *caput* – a ausência de controvérsia em relação a um ou mais dos pedidos cumulados, ou a parcela deles (art. 273, § 6.º, com a redação da Lei 10.444/2002). Sobre a matéria, consulte-se, mais amplamente, José Miguel Garcia Medina, Teresa Arruda Alvim Wambier e Luiz Rodrigues Wambier, *Breves Comentários à nova sistemática processual civil,* vol. 1, p. 163 e ss.

36. Como mencionado acima, o art. 475-O revogou o art. 588, passando ele a regular a execução provisória no CPC. Portanto, a antecipação de tutela de pagamento de soma em dinheiro far-se-á nos moldes da nova sistemática do cumprimento da sentença (arts. 475-I a 475-R). Cf., a respeito, o que escrevemos no capítulo referente à sentença (Cap. XXXI deste *Manual*).

37. É afirmação comum – e, em realidade, universal e verdadeira – a de que a medida cautelar objetiva e tem como fim precípuo o de evitar o dano. Cf. Calamandrei, *Introduzione allo studio sistematico dei provvedimenti cautelari*, p. 18, em que diz que o *periculum in mora* "é o perigo do dano na demora da decisão definitiva: um dano que é evitado" com uma medida cautelar. Não será fácil distinguir-se entre o dano, evitável por uma medida cautelar *lato sensu*, e aquele que somente poderia ser obstado pela tutela anteci-

(este) de aguardar a sentença final e ainda o seguimento de recursos com efeito suspensivo, para só então poder realizar o direito que lhe foi reconhecido, poderá(ria) ser irreparável ou de difícil reparação (art. 273, I). É evidente estar subjacente a este texto a própria ideia de utilidade da prestação jurisdicional, a qual, se vier a ser outorgada ao autor somente a final, depois da audiência, ou mesmo que o seja em julgamento antecipado [mas com realização só depois do julgamento do(s) recurso(s) com efeito suspensivo], poderá vir a concretizar-se só no momento em que o dano a ser evitado,[38] pelo processo, por este não mais possa vir a ser obstado;[39] 2.º) ou, então, conquanto não presente a situação de urgência *aguda* a que se refere o art. 273, I, verificar-se que a defesa apresentada configura um abuso do direito de se defender, ou, ainda, perceber-se-á do comportamento do réu o intuito evidente de procrastinar o processo, com vistas a adiar a solução final, que se lhe ostenta claramente desfavorável. Vale dizer, está subjacente à hipótese do art. 273, II, a inocorrência de um contraditório sério, cuja não seriedade decorreu das alegações e do comportamento do réu; ou, então, uma resistência ao andamento do processo, que não mais se justifica plausivelmente. É certo que tanto o abuso do direito de defesa, quanto uma resistência incabível podem apresentar-se *cumulativamente* no mesmo comportamento do réu;[40]

patória, na hipótese do art. 273, I. Ocorre-nos dizer o seguinte: suponha-se uma pessoa que foi operada por um médico e que, em decorrência da operação, teve a sua situação agravada, *e, mais do que isto, crescentemente agravada*. Não há, no caso, medida cautelar *lato sensu* suscetível de evitar o dano, senão que, somente dando-se pela procedência de um pedido de indenização, virá essa pessoa a ter numerário suficiente para operar e tentar corrigir a sua situação, para que esta deixe, ao menos, de agravar-se. É claro que, ainda aqui, colocar-se-á o problema consistente em saber se essa vítima, para levantar o numerário, *que haja sido depositado em juízo pelo réu*, poderá, ou não, prestar caução (art. 273, § 3.º c/c o art. 475-O, III, ambos do Código de Processo Civil, já que o art. 588 foi revogado pela Lei 11.232/2005, que, por outro lado, inseriu o referido art. 475-O – cf. nota 32, acima). Esta solução aqui propugnada é expressamente reconhecida no direito inglês (v. Vicenzo Varano, Appunti sulla tutela provvisoria nell'ordinamento inglese, con particolare riferimento all'*interlocutory injunction*, *Les mesures provisoires en procedure civile [Atti del Colloquio Internazionale*, 12/13 out. 1984], n. 1, p. 236; um dos textos que embasa essa possibilidade é amplo e consta do *Supreme Court Act of 1981* (art. 37), em que se diz que os poderes da Alta Corte permitem a essa que faça o que entender "just and convenient to do (...)" (art. 37, 1); e o art. 37, 2, dispõe que a Corte pode emanar ordens incondicionais ou em termos e condições tais que julgue justas (cf. *Statutes on English legal system [Leis sobre o sistema legal inglês]*, coligidas por A. Howarth e Stephen R. Wilson, p. 208).

38. A duração de todo e qualquer processo causa um "dano marginal", no dizer de inumeráveis juristas – cf. Andrea Proto Pisani, *La nuova disciplina del processo civile*, p. 296. O *contraditório pleno*, no âmbito do processo comum, que leva a essa demora danosa, exige um *instrumento sofisticado*, que reside, nas medidas cautelares, em que deve haver simplificação. No caso da tutela antecipatória, constitui esta uma espécie de "desvencilhamento" desse contraditório complexo – sem lhe suprimir os elementos essenciais –, quando configurados os pressupostos do art. 273. No caso do art. 273, I, comparecerá o dano irreparável; e, no caso do art. 273, II, é certo que, pelas próprias alegações do réu, o contraditório já se encontrará virtualmente simplificado, justamente porque o que esse disse (e diz) não teve a virtude de instaurar um contraditório digno de tal nome.

39. Referimo-nos a uma tutela específica que tenha sido pedida, pois que, mesmo que inviável a tutela específica, certamente a esse autor caberiam perdas e danos. Mas parece restar evidente que o objetivo do legislador, com a antecipação de tutela, foi o de colimar que a própria pretensão, *tal como tenha sido pedida*, possa vir a ser assim satisfeita.

40. Quando a lei se refere a "réu", *dixit minus quam voluit*, pois que um tal comportamento pode

3.º) ou ainda, conquanto ausentes as hipóteses acima referidas, um ou mais dos pedidos cumulados, ou parcela deles, mostram-se incontroversos (art. 273, § 6.º), e desde que ao lado disto não haja dúvida no espírito do juiz.

É necessário que institutos como este, da tutela antecipatória, respeitem o princípio da bilateralidade da audiência.[41] Vale dizer, ainda que se possa satisfazer o autor, antes daquele que seria o momento normal (comparativamente à estrutura clássica do processo), isto somente deverá ocorrer desde que respeitados determinados limites em relação à posição do réu. Se inexistisse o texto do art. 273, § 2.º, e, pois, a realização prática ou a execução do conteúdo da tutela concedida antecipadamente ao autor, criasse uma situação irreversível,[42] certamente sentido algum teria mesmo, sequer, em prosseguir no processo, para aí vir a ser proferida outra sentença, em que, hipoteticamente, poder-se-ia vir a alterar a decisão em que se concedera antecipadamente a tutela. Se a situação criada pela concessão da tutela fosse irreversível, essa tutela concedida seria definitiva, no sentido de não poder mais vir a ser desfeita, ainda que, em tal hipótese, se pudesse pensar em dever o autor vir a pagar perdas e danos ao réu. A reversibilidade é necessária até mesmo pela regra do art. 5.º, LIV, da Constituição, pois, se irreversível fosse, alguém restaria condenado "sem o devido processo legal", e, ainda, teria sido esse alguém privado de seus bens sem "o contraditório e ampla defesa, com os meios e recursos a ela inerentes" (art. 5.º,

---

ser do reconvindo, como, ainda, poderá ser do oposto.

41. O que nos parece é que, na hipótese do art. 273, I, se o juiz verificar, a pedido do autor, que, na hipótese de ouvir a parte contrária, esta poderá agravar específica ou concretamente, ou, mesmo, *consumar o prejuízo* da outra, é certo que deverá antecipar a tutela sem audiência prévia da outra parte, posposto o contraditório neste ponto e em tal caso.

42. Devemos ter presente que, em relação às chamadas cautelares "satisfativas", ou, como aqui as designamos, medidas cautelares "não *stricto sensu*", percebe-se aí também estar presente o limite da reversibilidade, sem nunca se ter intencionalmente propugnado por possível implicação ou solução de perdas e danos (exceto as do art. 811, do Código de Processo Civil), no que, parece, diferem da tutela antecipatória, no caso do art. 273, I.Este parece ser um possível *discrímen* entre as cautelares chamadas satisfativas e a tutela antecipatória.De outra parte, com a tutela antecipatória, houve um *esvaziamento parcial* das "cautelares satisfativas". Esse fenômeno – ainda que não se trate de revogação – não é desconhecido na história do direito. Basta recordar a utilização de remédios possessórios para situações pessoais, que deixaram de ser para isso utilizados, quando da criação do instituto do mandado de segurança.

Outro exemplo que nos ocorre é o de, diante da disciplina do recurso de agravo de instrumento dada pela Lei 9.139/1995 (em especial, diante da alteração do art. 558, *caput*, do Código de Processo Civil), verificar-se o esvaziamento do uso generalizado do mandado de segurança contra ato judicial para emprestar efeito suspensivo a recurso que, *ex lege*, hoje o tem, *pelo menos em relação às decisões interlocutórias proferidas pelos juízos de primeiro grau*, já que, de acordo com a nova redação do art. 527, parágrafo único do CPC (cf. Lei 11.187/2005), *a decisão do relator sobre o requerimento de efeito suspensivo ou antecipação dos efeitos da tutela recursal, feito em agravo de instrumento, é irrecorrível*, o que, por certo, *atrai, neste caso, o manejo de mandado de segurança contra ato judicial*. A respeito, cf. amplo estudo de Teresa Arruda Alvim Wambier, *Os agravos no CPC brasileiro*, item 6); Antonio Notariano Jr. e Gilberto Gomes Bruschi, *Agravo contra as decisões de primeiro grau*, cap. 8, p. 95 a 109.O *esvaziamento* das "cautelares satisfativas", todavia, não foi total, pois que pelas cautelares é possível não dar pela procedência (ainda que resoluvelmente) da pretensão, mas resolver o dilema dano/prejuízo por meio de outro caminho (ensejado pelo art. 798 do Código de Processo Civil). Diferentemente ocorre no caso da tutela antecipatória, cuja solução é a procedência, *si et in quantum*, da pretensão.

LV, da CF/1988). A preocupação resta enormemente diminuída, porque a tutela antecipatória ocorre num processo, perante um juiz imparcial, em face de contraditório, não havendo referências mais extensas quanto à inconstitucionalidade dessa antecipação, ou situações similares no direito comparado. O ângulo mais correto de equacionamento é o de verificar-se se o réu teve oportunidade para demonstrar a inocorrência dos pressupostos para a concessão.

Os motivos crescentes para reduzir-se o procedimento ao essencial e ao suficiente à apreciação do direito do autor e da defesa do réu (*v.g.*, possibilidade de julgamento antecipado e situações similares), e, sucessivamente, *intensificando-se essa tendência* com a idealização de um sistema antecipatório de tutela como o presente (no caso do inciso II, do art. 273), são os decorrentes de uma demora na prestação jurisdicional em virtude do crescimento do acesso à Justiça, mesmo que focalizado a partir do prisma do indivíduo, e ante a impossibilidade de crescimento correspondente do aparato estatal para atender a tais necessidades, se para todas, ou para a maioria das hipóteses, fosse sempre observado o "modelo tradicional". Conquanto a lei não possa ser um fator decisivo na aceleração da tutela, em alguns casos – como este – pode ela representar um elemento conducente a uma maior celeridade.

No que atine à hipótese do art. 273, I, resta inequivocamente presente, em nosso sistema, a possibilidade de antecipar-se a tutela, por razão ou motivo de ordem cautelar, levada a cautelaridade às últimas consequências, mas necessárias, na medida em que, se assim não fosse, a pretensão do autor pereceria. A *ratio* do art. 273, I, pode, sucintamente, expressar-se à luz do seguinte dilema: ou se antecipa a proteção à pretensão mesma (total ou parcialmente, na medida do que se tem por imprescindível à sobrevivência da pretensão), ou essa pretensão perece, ou, então, ocorrerá um dano que somente com a tutela antecipatória poderá ser evitado.

Já no Código de Processo Civil português, de 1939, admitia-se a possibilidade de julgamento do processo, ao ensejo da prolação do despacho saneador, quando se evidenciasse ao juiz a desnecessidade da produção de provas em audiência. Em nosso direito, mesmo antes do Código de Processo Civil vigente, houve essa possibilidade.[43] O Código de Processo Civil de 1973, com o instituto do julgamento antecipado da lide, acorre a essa necessidade, mesmo porque sobrevive este instituto ao lado do da tutela antecipatória. Estes institutos, todavia, conquanto inseridos praticamente na mesma vertente de proporcionar uma solução o mais rápida possível e, em certa escala, atenderem aos mesmos valores, não podem ser confundidos. São diferentes porque o julgamento antecipado da lide, por exemplo, pura e sim-

43. Entre os mais antigos antecedentes, em nosso direito positivo, que proporcionavam a possibilidade de decisão ao ensejo do despacho saneador, deve-se lembrar o Dec.-lei 960, de 1938 (art. 19, IV), em que se regulava a cobrança da dívida ativa fiscal, nos casos de revelia ou quando a defesa houvesse sido apresentada fora do prazo legal.

Ainda que deva, em regra, ser proferida, em processo em que tenha havido tutela antecipatória, a sentença final (art. 273, § 5.º) posterior à decisão em que se conceda a tutela antecipatória, esta é concedida por decisão incidente que pode vir a dar ensejo a execução (ainda que com os limites do art. 273, § 3.º, que manda aplicar, no cabível, o art. 588, II e III – hoje, aplica-se o art. 475-O, II e III), desde que não se consiga suspender sua eficácia, mercê da interposição de agravo de instrumento (CPC, art. 527, III, na redação da Lei 10.352/2001) pela demonstração da ocorrência, na espécie, dos pressupostos do art. 558, *caput*, com a redação da Lei 9.139/1995. A antecipação da tutela será feita *formalmente* por uma decisão, mas *substancialmente* se trata de sentença. Julgamos *predominar a forma,* e por isso é que o recurso é o de agravo de instrumento.

plesmente, viabiliza o julgamento final, de mérito, em momento antecipado *em relação àquele que, hipoteticamente, seria o momento normal*,[44] mas que, no caso concreto, não o é. O julgamento antecipado da lide, *pura e simplesmente*, implica que, inexistindo razão de ser para a designação de audiência, seja porque houve revelia (art. 319 c/c o art. 330, II – vide, *supra*, n. 130 e n. 156), seja porque, conquanto instaurado um contraditório, as questões de fato podem ser deslindadas pelo exame da prova documental, ou, quando há somente questões de direito, não se justifica a produção de mais provas. O julgamento antecipado apenas evidenciou, dentro dos quadros do sistema, que não se devem realizar audiências *vazias de sentido prático*.

Mas a sentença proferida no momento do chamado julgamento antecipado consubstancia uma decisão marcada pela irreversibilidade, para o juiz, do que este decidiu,[45] no sentido de que somente poderá ser alterada pelo tribunal, mercê do provimento de recurso. Sem embargo do julgamento antecipado, os recursos que contra tal decisão possam ser interpostos comportam, normalmente, efeito suspensivo. Desta forma, ainda que a decisão seja antecipada ou precipitada no tempo – comparativamente a uma decisão que fosse proferida somente depois da audiência –, trata-se de uma decisão irreversível, *em si mesma*, para o juiz (porque não se trata, aqui, evidentemente, da hipótese do art. 296, *caput*, com a redação da Lei 8.952/1994), mas que restará com sua eficácia suspensa por recurso(s), salvo se o(s) recurso(s), em si mesmo(s), não tiver(em) esse efeito. Informa o julgamento antecipado da lide, apenas, uma celeridade comum, desejável na maioria dos casos, mas desde que se configurem as hipóteses descritas no art. 330, I e II.

Diferentemente se passa com a tutela antecipatória, em que, além da celeridade normal, colima o legislador uma celeridade especial ou particularizada, à luz das situações previstas no art. 273, I e/ou II, ou, ainda, § 6.º (acrescido pela Lei 10.444/2002).

A hipótese do art. 273, I, é claramente diferenciada daquelas em que se admite o julgamento antecipado, pois está presente na situação do autor o risco da irreparabilidade ou da difícil irreparabilidade do dano, que poderá destruir a sua pretensão, se este tivesse de aguardar a sentença final, para, depois desta e depois do julgamento dos recursos com efeito suspensivo, vir a ter satisfeita a sua pretensão. Aqui coloca-se, à evidência, a hipótese de uma *urgência agônica*, a qual justifica a procedência do pedido (se verossímil), total ou parcialmente, sob pena de inocuidade da procedência somente ao depois da sentença, e do julgamento dos recursos, com efeito suspensivo.

Já a situação descrita no art. 273, II, ou seja, aquela em que admitir-se-á a tutela antecipatória quando "fique caracterizado o abuso do direito de defesa ou o manifesto propósito protelatório do réu", não é evidenciadora de uma urgência incomum, senão que revela ser injustificável uma defesa, *manifestamente sem fundamento,* ou, então,

44. O *nomen iuris* de julgamento antecipado da lide, no fundo, decorre de uma possível comparação da linha mestra entre o sistema de 1939 e o vigente. Vale dizer, diz-se, atualmente, julgamento antecipado, querendo-se significar com isso que esse julgamento é antecipado, àquilo que ocorreria no sistema de 1939, quando esse mesmo julgamento *sempre* dependeria de audiência de instrução e julgamento; no sistema atual, dizer-se antecipado não tem maior sentido, pois que, se se configurarem os pressupostos desse julgamento, é dever do juiz decidir nessa oportunidade e, pois, em rigor, não há antecipação propriamente dita. Se não decidisse, ocorrentes os pressupostos para fazê-lo só a final, *o que haveria, na verdade, seria um julgamento atrasado.*

45. Nem pelo fato de essa decisão ser irreversível, sê-lo-á, também, a antecipação de tutela, que a tal decisão se imprima.

quando nos defrontarmos com uma resistência ilegítima proteladora do resultado final, caracterizada quando das próprias alegações e do comportamento do réu, *i.e.*, tudo está a indicar que o autor tem razão. Será uma hipótese fática representativa desta situação, por exemplo, aquela em que já tenham sido deferidas provas em audiência, ou, também, realização de perícia, com preclusão pesando sobre tais decisões, com o que torna-se inviável determinar-se uma reversão do procedimento. *No entanto, apesar disto, é possível que se acabe ostentando, mais claramente, a situação ou as situações do art. 273, II. Se assim for, dever-se-á, havendo pedido, antecipar-se a tutela.*

O que se deve acentuar é que, se o juiz vier a entender que o processo apresenta condições para julgamento antecipado, não deverá ele ter nenhuma dúvida a respeito da suficiência da instrução. A instrução estará completa, pois tudo se poderá resolver pelo exame de documentos, ou, então, poderá defrontar-se com um processo em que somente existam questões de direito. O julgamento antecipado deve ser visto como o epílogo de uma evolução, em que se veio a prescindir de audiência, nos casos em que esta efetivamente não se justifica. No julgamento antecipado, é o sistema jurídico que impõe se prescinda da audiência.

Diferentemente, na hipótese de tutela antecipatória,[46] regida pelo art. 273, I, na qual, ainda que a instrução haja de vir a ser completada, verifica o juiz a possibilidade de difícil reparabilidade da situação do autor, se não conceder a tutela, tal como pedida, protegendo a própria pretensão. No caso do art. 273, II, dever-se-á analisar o comportamento do réu, e distinguir se este está usando do seu direito de defesa, ou, então, se deste está abusando.[47-48] Não há, em nos-

46. Se a antecipação da tutela for negada, pensamos que ocorre preclusão, pois, da mesma forma que ao juiz não é dado rever a tutela concedida, modificando-a por erro, igualmente, se foi negada, deve, por causa da preclusão, subsistir essa negativa. Para obviar a preclusão, necessário será, se for solicitada novamente, que o seja por *novo fundamento* (aplica-se, analogicamente, a regra do art. 808, parágrafo único, do CPC). Para o direito italiano, depois da reforma, no mesmo sentido, *quanto às medidas cautelares*, v. Aldo Attardi, *Le nuove disposizioni sul processo civile*, p. 241.

47. Servem de supedâneo à regra do art. 273, II, em que se atribui à deslealdade uma consequência extrema, os seguintes pontos e aspectos: 1.º) a publicidade do processo exige a lealdade processual e o seu controle pelo juiz com um regime jurídico que lhe empreste sentido (é o caso do art. 273, II, acentuadamente, muito mais do que os arts. 14 e 17), descartada a ideologia liberal, em que o processo era havido como uma "luta" e, desta forma, incomparavelmente menor era o controle do juiz (cf. Hans Welzel, *Die Wahrheitsplicht im Zivilprozeß [O dever de veracidade no processo civil]*, p. 6, Berlim, 1935; Klaus Eckhard Schönfeld, *Zur Verhandlungsmaxime im Zivilprozeß und in den übrigen Verfahrensarten – Die Modifikation des Prozeßrechts für das Socialstaatspostulat [A máxima do debate no processo civil e em outros procedimentos – A modificação do direito processual em direção ao postulado do Estado Social]*, Francoforte sobre o Meno, § 12, p. 150 *et seq.*; Epifanio J. L. Condorelli, *Del abuso y la mala fe dentro del proceso,* Buenos Aires, s/d, Cap. I, p. 26 *et seq.*; 2.º). Descartou-se, assim, posição *intensamente* liberal, que tinha raízes em texto de Gönner, em que se afirmava que as partes traziam o material ao juiz e a atividade deste era exercível só e exclusivamente à luz do resultado desse material, *vedando-se atividade oficiosa* (v. sobre este texto e sua influência, Arwed Blomeyer, *Zivilprozeßrecht – Erkenntnisverfahren [Direito processual civil – Processo de conhecimento]*, § 14, I, 2, p. 66; 3.º) O princípio da boa-fé, a que se antagoniza o comportamento de má-fé, encontra-se definitivamente ancorado na história do direito e, inequivocamente, no direito contemporâneo [v. Arruda Alvim, Deveres das partes e dos procuradores no direito processual civil brasileiro (a lealdade no processo), publicado nos *Scritti in Onore di Elio Fazzalari,* vol. 2, p. 249-268]; 4.º) como características mais evidentes da má-fé, diz-se que a parte deve acreditar *subje-*

so sentir, uma sobreposição ou coincidência de campos, entre a má-fé e os erros que o demandado possa incorrer. *V.g.*, a defesa de uma tese absurda e pouquíssimo plausível juridicamente, e, pois, ainda que possa não configurar má-fé, nem por isto deixará de se constituir em pressuposto possível para a tutela antecipatória, pois, em termos práticos, o processo está sendo injustificadamente procrastinado.[49] Ou, então, se o réu está, apenas, procrastinando ou atrasando um resultado, o qual, ao que tudo indica, ser-lhe-á desfavorável. Nesta hipótese, haver-se-á de igualmente antecipar a tutela. Em ambos os casos o juiz, em face do sistema jurídico, ao ensejo da concessão de tutela antecipada, não se encontrará *inteiramente* satisfeito com a instrução existente. No entanto, o juiz verificará que, pela instrução já existente, pode ter um grau de certeza suficiente (o qual a lei denomina de prova inequívoca conducente à verossimilhança), que lhe permite visualizar quer a situação jurídica como verossímil, e, ademais, o pedido, como juridicamente aptos à produção dos efeitos aí ambicionados. Neste caso, poderá antecipar a tutela, desde que ocorrentes as hipóteses do inciso I ou II, do art. 273, c/c o *caput* desse mesmo artigo.

Na hipótese do art. 273, I, o juiz terá como elementos de convicção aquilo a que a lei chama de prova inequívoca, de que emerge a verossimilhança. Parece-nos que a situação desenhável no âmbito desse inciso I é incompatível com uma defesa que apresente certa plausibilidade. Entre esta "certa plausibilidade" e a gravidade da situação constante desse inciso I do art. 273, o juiz poderá entender ser a hipótese de antecipação. Neste caso, errará, porque essa "certa plausibilidade" é excludente da configuração dos pressupostos do art. 273, *caput*. Se é possível que o réu tenha razão, inexistirá, nessa escala excludente, a verossimilhança a que faz referência o art. 273, *caput*.

Um critério de que o juiz poderá servir-se será aquele em que sopese a propor-

---

tivamente no que postula, que os fatos alegados haverão de ser *possíveis* de serem provados [v. Josef Trutter, *Bona Fides im Zivilprozesse, Ein Beitrag zur Lehre von der Herstellung der Urteilsgrundlage (A boa-fé nos processos civis, uma contribuição para o estudo da modificação da base da sentença)*, p. 11]. A redação dada ao art. 18 do Código de Processo Civil, pela Lei 8.952, de 13 de dezembro de 1994, é característica, no sentido de um "avanço" na trilha de envergar a posição do juiz, no particular.

48. Exemplos que poderão servir para o entendimento da regra do art. 273, II, são os seguintes: 1) nega-se validade a um contrato, mas em face de outro documento, nos autos, verificando-se que a mesma parte, que negava ser válido o contrato, entendia que esse era válido (*JTA*/Saraiva 72/225); 2) credor pretende cobrar o que se comprova não ser devido, sendo que o credor disto sabia (TJSC, *Jurisprudência Catarinense* 52/115, esp. p. 116, 2.ª col., e, também, TJSC, *Jurisprudência Catarinense* 45/156); 3) o que aqui se verifica é que ninguém pode agir em desconformidade com sua própria conduta, pretendendo ignorá-la (v. a respeito Luiz Diez Picazo Ponce de Leon, *La doctrina de los proprios actos – Un estudio critico sobre la jurisprudencia del Tribunal Supremo*, Barcelona, 1951, passim; na Alemanha, Ennecerus-Nipperdey, *Allgemeiner Teil des bürgerlichen Recht [Parte Geral do Direito Civil]*, § 239, p. 1.444); 4) a asserção de teses jurídicas grosseiramente erradas, *v.g.*, como afirmar-se que cambial não configura obrigação autônoma (*JTA*/Saraiva 77/25).

49. Erros palmares podem não chegar a configurar má-fé, pois que a boa-fé deve ser presumida, mas isto não impede que se possa entender que o processo – *em face de tal contexto criado por uma parte, no caso o réu* – está sendo injustificadamente procrastinado [exemplos de erros palmares, sem má-fé, são muitos, *v.g.*, propositura de ação de consignação, sem oferta real (*JTA/Lex* 35/103); erros *sem ânimo de obtenção de vantagem* (*JTA/Lex* 36/186); renovação de argumentos, já repelidos, "desde que não sejam juridicamente aberrantes" (TARS-*JTARS* 20/163); e, ainda que não se configure má-fé, certamente se engendrará uma procrastinação indevida do processo]. Poder-se-á aplicar o inciso II, *segunda parte*, do art. 273.

cionalidade entre as posições do autor e do réu, visualizando essas posições ao depois de imaginar os efeitos da antecipação da tutela, tais como incidiriam sobre as situações de um e de outro. É o critério-limite[50] inserto no art. 401, n. 1, do CPC português, *encartado na disciplina das medidas cautelares*.[51-52]

Na hipótese do art. 273, II, no entanto, ao lado da prova inequívoca, conducente à verossimilhança da situação do autor e do que este pede, o juiz haverá de ter presente, ainda, a ausência de plausibilidade da defesa apresentada, pois o réu desta estará abusando; ou a defesa vem a ter característica procrastinatória, *i.e.*, ainda que originariamente a defesa estivesse revestida de plausibilidade, durante o processo, com incidentes e expedientes, poder-se-á caracterizar-se a situação do inciso II, *fine*, do art. 273. Assim, possivelmente, uma interpretação que possa dar-se a esse inciso II, do art. 273, será a de que *originariamente* a defesa apresentava plausibilidade, mas que, com o andamento do processo, veio a perdê-la. Isto porque, *v.g.*, a situação provável do processo será de que estarão deferidas provas, a respeito do que já exista preclusão, e, portanto, deverão ser realizadas, mas que, ulteriormente à apresentação da defesa, e, no evolver do processo, revelar-se-ão potencialmente sem maior significação, para alterar o quadro praticamente conclusivo que o juiz possa ter ao conceder a tutela, *i.e.*, será muito pouco provável que o resultado real da instrução possa ser alterado, à luz do contraditório existente e das provas já então produzidas.

O risco assumido, sem embargo do que se disse, reside na hipótese de, produzido o restante da prova, em audiência, ou mesmo fora de audiência, vir o juiz a constatar que aquilo que entendera verossímil, na realidade, total ou parcialmente, não traduzia a real situação que veio a se revelar diferente, ulte-

50. Diz-se critério limite porque, se concedida a *medida cautelar*, que é do que trata o legislador português, e se isso causar um prejuízo maior do que a sua não concessão, à luz desse referencial, não deverá o juiz conceder a medida cautelar. No que diz respeito à antecipação de tutela, o critério deverá ser *mais tenuemente aplicado*, porque, aqui, trata-se da antecipação do próprio direito subjetivo da parte.

51. Dispõe esse texto: "A providência é decretada, desde que as provas produzidas revelem uma probabilidade séria da existência do direito e mostrem ser fundado o receio da sua lesão, *salvo se o prejuízo resultante da providência exceder o dano que com ela se quer evitar*" (este texto decorreu de modificação de 1967 – v. Código de Processo Civil, 7. ed., Coimbra, Livr. Almedina, s/d, p. 274, copilado por Wanda Ferraz de Brito, Fernando Luso Soares e Duarte Romeira Mesquita). O critério do prejuízo (*balance of convenience*) existe no direito inglês com fisionomia, no entanto, algo diversa, qual seja, há de examinar-se a situação de concessão da tutela ao tutor (*injunction*), tendo em vista a hipótese imaginada de o réu sair-se vencedor no juízo de mérito (v. Vicenzo Varano, Appunti sulla tutela provvisoria nell'ordinamento inglese, con particolare riferimento all'*interlocutory injunction*, *Les mesures provisoires en procedure civile [Atti del Colloquio Internazionale*], n. 5, p. 244). Mas, também no direito português, na medida em que a cautelar seja indispensável ou essencial à proteção do direito, ela existe "comme *anticipation* des effects utiles de la sentence finale" [cf. Alexandre Mário Pessoa Vaz, Les mesures provisoires et les procédures préventives dans l'évolution du droit de procédure portugais, n. 1.2., p. 182, *Les mesures provisoires en procédure civile (Atti del Colloquio Internazionale*), citado].

52. O mesmo adiantamento possível da eficácia do provimento final dizendo-se a respeito da antecipação da execução que "la mesure conservatoire ou provisoire permet d'anteciper l'éxecution à un moment où il n'y a pas encore lieu de prendre une mesure exécutoire" – v. Francisco Ramos Mendez, Les mesures provisoires indéterminées dans le procès civil espagnol, *Les mesures provisoires en procédure civile [Atti del Colloquio Internazionale*], n. 2, letra *c*, p. 191. É conveniente que isto possa ocorrer, mas deve ser compreendido inteiramente, pelo que o texto citado deve ser inteiramente lido.

riormente. Neste caso, deverá modificar, total ou parcialmente, a tutela que antecipara. A juntada de documento ou a realização de audiência são, claramente, acontecimentos/fatos supervenientes, legitimadores da modificação ou revogação da tutela. Parece-nos, com efeito, que a modificação ou a revogação somente deverá dar-se diante de pedido lastreado em fato(s) superveniente(s), e não porque o juiz haja errado. Esta é uma situação, no âmbito das medidas cautelares, ainda controvertida, mas tanto nessas, quanto na tutela antecipatória, o que nos parece é que comparece o instituto da preclusão. Mas é evidente que não há que falar-se em preclusão, diante da verificação ou da ocorrência de fatos supervenientes.[53]

O legislador, na conjuntura atual, já referida amplamente, encontra-se inserido numa sociedade em constante evolução, em que os padrões tradicionais – e, no caso, o modelo do processo tradicional, *principalmente* aquele com audiência e recursos com efeito suspensivo, sucessivos à sentença – vêm tendo sua aplicação quantitativamente reduzida pelas leis. O processo "vive um momento de crise", de que se pode ter como exemplo, para o que nos interessa neste ponto, este instituto da tutela antecipatória, com vistas a minimizar os efeitos dessa crise.

Para tentar resolver zonas de crise, nas sociedades, por meio do Direito, inviável será uma linguagem rígida, com mandamentos legais prenhes de elementos definitórios, pois isto retiraria a liberdade do juiz. Os mandamentos hão de ser necessariamente vagos, dado que o juiz deve ser o artífice, ao influxo das solicitações dos jurisdicionados, pelos seus advogados, dessa mudança.

O universo da realidade da vida e, mais do que isto, um universo em que hipóteses qualitativamente diferentes variam e aumentam muito na civilização industrial-contemporânea, é, induvidosa e incomparavelmente, mais amplo do que qualquer conceituação ou do que qualquer definição, ou tentativa de definição, que fosse tentada pelo legislador.

53. No direito italiano vigente, em decorrência da modificação da Lei 353/1990, de que decorreu o art. 669-*decies* do CPC it., verifica-se que, na hipótese de que "si verificano mutamenti nelle circunstanze", o juiz poderá (e deverá) alterar a cautelar, tendo em vista que o objetivo do texto é fazer com que a medida cautelar seja, sempre, *adequada* a novas circunstâncias, obviamente devendo subsistir, enquanto não alterada a conjuntura fática (v. a respeito, nesse sentido, trabalho de Elena Merlin em *Provvedimenti urgenti per il processo civile,* comentários aos cuidados de Giuseppe Tarzia e Franco Cipriani, p. 370). Isto significa que no direito italiano há preclusão. A mesma Lei 353, de 26 de novembro de 1990, no art. 669-*terdecies,* diferentemente do sistema precedente, instituiu recurso ("reclamo"), contra as decisões concessivas de cautelares antes do início do processo relativo à causa de mérito, sem efeito suspensivo, sem embargo de poder haver suspensão, se o presidente do tribunal entender que a medida causa dano grave. Há, pois, no direito italiano, preclusão, ideia que convive, perfeitamente, com a mutação das circunstâncias. Esta ideia deve prevalecer também no direito brasileiro, uma vez que uma decisão reporta-se a uma dada situação de fato e de direito, que, modificada(s), certamente, deve levar à alteração do que foi decidido, se assim vier a ser pedido. Elena Merlin (op. ult. cit., p. 370, 1.ª col.) designa a tal preclusão de "giudicato cautelare". Em sede doutrinária, todavia, não é absolutamente pacífico que somente fatos supervenientes possam levar à modificação da tutela, com vistas a adaptá-la àquilo que, realmente, deve corresponder. Autores há, em menor número, que admitem a alegação de fatos preexistentes à concessão da tutela, *mas não alegados antes da oportunidade; poderiam ser alegados ulteriormente; a "novidade" estaria menos no acontecimento superveniente, senão que na alegação de fato que já acontecera* (v. Giacomo Oberto, *Il nuovo processo cautelare*, p. 73-74, que, no entanto, não participa desse ponto de vista). Esta solução, da maioria, parece que legitimamente deve ser a referente à exegese do art. 273, § 2.º.

O que se constata, portanto, é que o legislador utilizou-se, no art. 273, *caput*, com a redação decorrente da Lei 8.952/1994, de conceitos vagos ou indeterminados, dado que, se houvesse se servido de outra linguagem ou de outra técnica (precisa, casuística e minuciosa), certamente não se lograriam resultados úteis.[54] No art. 273 vislumbram-se os seguintes conceitos vagos:

a) art. 273, *caput*, "prova inequívoca" e "verossimilhança", aquela suscetível de convencer o juiz desta última;

b) art. 273, I, no qual, conquanto não haja conceitos propriamente vagos, ensejam margem a larga escala interpretativa, *i.e.*, as expressões "fundado receio", "dano irreparável" ou "dano de difícil reparação", que possivelmente ocorrerão, salvo a hipótese de antecipação da tutela;

c) "abuso de direito" ou "manifesto propósito protelatório", no art. 273, II;

d) no art. 273, § 2.º, "perigo de irreversibilidade".

A circunstância de ter o legislador se utilizado de diversos conceitos vagos (e expressões proporcionadoras de textos com ampla margem e larga possibilidade de interpretação), os quais e as quais, ademais, para correta aplicação da lei, deverão vir a ser conjugados, torna complexa a interpretação e a aplicação de tais textos, ademais do que se teria conferido "larga margem de poder" ao juiz.[55]

No entanto, não se deverá dizer que o juiz haverá de aplicar tais conceitos vagos *discricionariamente*.[56] A discricionarieda-

54. De certa feita escrevemos o seguinte, que é útil para perceber-se, *em determinadas situações*, a inocuidade de normas prenhes de elementos, para tentar solucionar-se problemas emergentes de situações críticas: "Há 'ideias' que, em si mesmas, dificilmente comportam uma definição. Mais ainda, se definidas forem, seguramente – agora no campo da operatividade do Direito – passam a deixar de ensejar, só por isso, o rendimento esperado de um determinado instituto jurídico. Com os valores, que são ideias indefiníveis [aporias, e, portanto, inverbalizáveis], o que ocorre é que devem ser indicados por conceitos vagos; não são, nem devem ser propriamente definidos, pois é intensa a interação entre eles e a realidade paralela, a que se reportam. Não há como fazê-los que fiquem adequadamente cristalizados num texto de lei, ou ser verbalizados de forma plena na lei posta".

55. Referimo-nos no texto à "larga margem de poder" como sendo representada pela maior latitude de interpretação, que resta adjudicada ao magistrado, na aplicação desse art. 273. Não se trata, todavia, de uma *autêntica margem de poder*, tal como ocorre com o fenômeno da discricionariedade, a que é estranho o texto deste art. 273 (não é incomum, todavia, o uso da expressão discricionariedade ("discrezionale"), neste campo, o que, no entanto, constitui-se em erro (v., utilizando-a, entre muitos outros, o excelente trabalho de Vicenzo Varano, Appunti sulla tutela provvisoria nell'ordinamento inglese, con particolare riferimento all'*interlocutory injunction, Les mesures provisoires en procedure civile [Atti del Colloquio Internazionale*], cit., n. 2 e 3, p. 237 e 241.

56. Valendo-se desta expressão ("poder discricionário"), por exemplo, decidiu, por unanimidade de votos, a 8.ª Câm. de Dir. Público do E. Tribunal de Justiça do Estado de São Paulo, quando do julgamento do AgIn 11.560-5/Fartura, 08.05.1996, rel. Des. Celso Bonilha: Tutela – Antecipação – Concessão – Faculdade atribuída ao juiz – Vinculação ao livre convencimento e prudente arbítrio do julgador – Prova inequívoca e verossimilhança das alegações – Necessidade – Recurso não provido. Fica a critério discricionário do juiz, que ele exercerá prudente e motivadamente em cada caso, a outorga da tutela antecipada total ou parcial. A exigência de prova inequívoca significa que a mera aparência não basta e que a verossimilhança exigida é mais do que o *fumus boni iuris* para a cautelar" (*Informativo JUBI*, n. 17, ago. 1996, p. 9); bem como a 2.ª Turma do Tribunal Regional Federal da 5.ª Região (AgIn 4.982/PE, j. un. 10.10.1995, rel. Juiz José Delgado): Agravo de instrumento – Tutela antecipada – Poder discricionário do juiz. 1. Para chegar ao grau de probabilidade necessário à antecipação, o juiz precisa proceder a uma instrução que lhe

de, *propriamente dita*, se considerada nos quadros de uma interrelação entre o ato discricionário, tal como aplicado pela Administração, e quando venha a ser objeto de apreciação pelo Poder Judiciário, revela que há um núcleo, que é o mérito do ato administrativo, que não deve ser objeto, sequer, de manifestação pelo Poder Judiciário, pois este deverá, apenas, verificar se o administrador praticou o ato adstrito ao âmbito de possibilidades emergentes da regra discricionária em que se pautou, em função da competência que lhe foi adjudicada. Daí é que se diz – com infelicidade, talvez – que o ato discricionário enseja diversificadas soluções, obviamente diferentes e até opostas, e que, em face de qualquer uma delas, satisfeita estará a ordem jurídica.

Isto somente tem algum sentido, se considerarmos esse enunciado tendo em vista a apreciação jurisdicional do ato administrativo. Vale dizer, na interrelação entre Administração e Poder Judiciário. Se o ato administrativo discricionário puder ser reapreciado internamente, dentro do âmbito da própria administração, é certo que os escalões superiores alterarão, e, até radicalmente, o ato, na medida em que entendam que o seu conteúdo não traduziu o que é mais *conveniente* e *oportuno* para a administração, na perseguição do interesse público.

Se, no entanto, tal ato for apreciado pelo Poder Judiciário, e como este não tem competência para substituir-se ao administrador, para o fim de dizer o que é conveniente e oportuno, por isso e nessa conjuntura, diz-se que o ato poderia ter sido *a* ou *b*, se *a* ou *b* apresentam-se como soluções possíveis à luz do espectro da regra de direito. Como o Judiciário somente examina a legalidade do ato, se este, como ocorreu, está dentro do âmbito da legalidade, a solução do administrador é válida. Se, de outra forma ou com outro conteúdo, houvesse sido concretizado o ato, e se esta outra forma ou conteúdo, igualmente, fossem possíveis à luz da mesma norma e esta outra forma ou conteúdo foram os escolhidos pelo administrador a quem, com exclusividade, cabe dizer da conveniência e da oportunidade, no caso, certamente, o Judiciário dirá, também, que o ato é válido. Mas isto não é rigorosamente equivalente a dizer-se que há real e autêntica indiferença pelo conteúdo do ato, desde que afeiçoado à lei.

Na hipótese do art. 273, não há que se cogitar de discricionariedade, portanto, senão que *da interpretação de conceitos vagos e da interpretação de expressões que ensejam dificuldade, para determinar-se a delimitação correta do seu campo de abrangência*. Precisamente por esta técnica de linguagem à qual é impelido o legislador atual para regrar as constantes mutações sociais, é patentemente difícil, *senão impossível*, antecipar-se grande parte do que virá a ser efetivamente o objeto da tutela antecipatória. Deve-se dizer que há estágios da cognição de um objeto – e dos quais as regras que viabilizam essa cognição – que, no limiar da observação do objeto, são necessariamente imperfeitos ou "inacabados". Hartmann, estudando os momentos e os perfis da cognição, ensina que existe um estado em que o conhecimento é representativo de uma postura de aproximação a um

---

revele suficientemente a situação do fato (*Reforma do Código de Processo Civil* – Cândido Rangel Dinamarco). 2. A plausibilidade do dano é avaliada pelo juiz, segundo as regras do livre conhecimento, de modo que não dispense a fundamentação ou motivação de seu conhecimento. 3. Decisão mantida. 4. Agravo improvido" (*Repertório IOB de Jurisprudência*, vol. 4/96, n. 3/11.698, p. 60). No voto do relator, colhe-se, ainda, o seguinte trecho que bem elucida seu pensamento sobre o tema: "O grau dessa probabilidade será apreciado pelo juiz, prudentemente e atento à gravidade da medida a conceder. A exigência de prova inequívoca significa que a mera aparência não basta e que a verossimilhança exigida é mais do que o *fumus boni iuris* igualmente exigido para a tutela cautelar".

quadro futuro, em que, só então, retratar-se-á a totalidade do objeto, ao que, sinteticamente, designa como *progresso no conhecimento*.[57]

O que deverá ocorrer, quando a realidade da vida *vier a preencher o sentido amplo desse texto*, será a interação entre os conceitos da expressão *normativa* e a significação *da lei*, o que levará a que sejam vistos como "conceitos paralelos", indicativos praticamente da mesma relação, observando-se, de uma óptica (na coisa, *v.g.*, a realidade social e os problemas por ela criados) e de outra visualização (no texto), a interação que há entre ambos. Diz-se expressivamente, em obra de hermenêutica escrita para a nossa época de mutações constantes: "Uma coisa será vista 'como' o sentido de um texto, e [a seu turno] o texto, como a expressão dessa coisa".[58]

Ressalta neste instituto menos um método subsuntivo, senão que se aproxima do *estilo tópico*, em que, da realidade e da problematicidade social, tira o legislador motivação para tentar solucionar. Mas, exatamente porque a realidade é difusa e não rigorosamente dimensionada, a técnica de que se utiliza são textos que comportam grande latitude de interpretação, mercê do que se verificará só depois de algum tempo e, crescentemente, o verdadeiro âmbito da norma. Diz-se que, sem embargo disto, "quando se logra a estabelecer um sistema dedutivo, a que toda a ciência, do ponto de vista lógico, deve aspirar, a tópica tem de ser abandonada".[59]

Toda a interpretação que se erigirá sobre os textos da tutela antecipatória está inserida naquilo que nos revela texto fundamental, de sociologia do direito, ou seja, diante da existência de "uma reação do Direito às modificações sociais, através de mecanismos de configuração variada", de tal maneira "a poder o Direito, o sistema jurídico e o *aparato estadual* recuperar a sua correspondência para com a sociedade".[60]

De outra parte, mister a ênfase, por mais complexa ou árdua que seja a interpretação de tais conceitos, comportam eles revisão por recursos, inclusive, por recurso especial, pois, no fundo, trata-se, pura e simplesmente, de verificar se a lei foi interpretada corretamente. Vale dizer, deverá ser o tribunal mais elevado do País para interpretar o direito federal, infraconstitucional – o Superior Tribunal de Justiça –, que haverá de dizer se a hipótese concreta está, ou não, encartada na lei e no sistema.

O art. 273, *caput*, utiliza-se de expressões, quais sejam, prova inequívoca conducente ao convencimento do juiz da verossimilhança, cujo entendimento poderá gerar perplexidade, antes que se estabeleça a verdadeira significação.

Para isto, se segue que é importante considerar a própria posição e a grandeza da tutela antecipatória, nos quadros do sistema, com vistas a interpretar corretamente as expressões utilizadas pelo legislador quando da criação deste instituto.

150. Análise de algumas hipóteses de cabimento ou não da antecipação dos efeitos da tutela

É importante o exame de cada hipótese concreta em que se tenha verificado a con-

57. V. Nicolai Hartmann, *Grundzüge einer Metaphysik der Erkenntnis* [*Caminhos fundamentais para uma metafísica do conhecimento*], capítulo 5, letra i, p. 58.

58. Cf. Joachim Hruschka, *Das Verstehen von Rechtstexten – Zur hermeneutischen Transpositivität des positiven Rechts* [*O entendimento dos textos de direito – Por uma transposição do direito positivo*], capítulo V, p. 40.

59. V., sobre o assunto, a obra fundamental de Theodor Viehweg, *Topik und Jurisprudenz* [*Tópica e Jurisprudência*], § 3.º, p. 44.

60. V. Klaus A. Ziegert, *Zur Effektivität der Rechtssoziologie: die Rekonstruktion der Gesselschaft durch Recht* [*Pela efetividade da sociologia do direito: a reconstrução da sociedade através do Direito*], n. 2.13.3, p. 33.

cessão (ou a negação) da tutela antecipada, para que se possa paulatinamente perquirir quais são os valores concretos que levaram o magistrado àquela decisão. O recurso à jurisprudência, para tal finalidade, é inafastável.[61]

Assim, *v.g.*, por não se ter verificado, *in casu*, a demonstração da ocorrência da situação prevista no art. 273, *caput* e inciso I, e por causa da indisfarçável irreversibilidade da medida, já se decidiu que não cabe antecipação de tutela para declarar a nulidade de eleição dos membros de diretoria de determinada associação civil, impedindo-se que os membros eleitos tomassem posse e que a associação fosse administrada por comissão provisória a ser indicada pelo magistrado, com incumbência de realizar novas eleições.[62]

Tem-se formado jurisprudência no sentido de não admitir que a antecipação de tutela acabe por significar o prejuízo ou a vedação do exercício da ação executiva para o detentor de título executivo, nos termos das leis processuais.[63]

O extinto 2.º Tribunal de Alçada Civil do Estado de São Paulo não admitia a antecipação de tutela em hipóteses de ação de despejo, fundando-se, principalmente, na taxatividade do rol do art. 59, § 1.º, da Lei 8.245/1991.[64]

---

61. V. o quanto dissemos na nota 82, *supra*, tendo em vista a busca do referencial da jurisprudência existente sobre o art. 7.º, II, da Lei do Mandado de Segurança [atual art. 7, III da lei 12.016/2009], e mesmo, guardadas as distinções dos institutos, em torno do art. 798 do Código de Processo Civil para fins de pesquisa em torno da efetiva ocorrência das hipóteses do art. 273.

62. TJSP, AgIn 271.479.2, 14.ª Câm.Civ., j. 24.10.1995, v.u., rel. Des. Ruiter Oliva, negaram provimento (*Boletim de Jurisprudência ADCOAS* n. 3/96, p. 84).

63. Neste sentido, v. as seguintes decisões do extinto Tribunal de Alçada do Estado do Paraná: AgIn 85.685-7, 1.ª Câm.Cív., j. 07.02.1996, v.u., rel. Juiz Mário Rau, *Repertório IOB de Jurisprudência*, vol. 7/96, n. 3/11.849, p. 114-115 (com base em outros precedentes do mesmo tribunal e com destaque à necessária aplicação, ao caso, do vigente § 1.º do art. 585, do Código de Processo Civil – redação da Lei 8.953/1994 – e o consequente "direito líquido e certo do credor em promover medidas executivas ou outras medidas jurisdicionais..."), e AgIn 84.321-4/Arapongas, 5.ª Câm.Cív., rel. Juíza Denise Martins Arruda, v.u., j. 13.12.1995, *Repertório IOB de Jurisprudência*, vol. 6/96, n. 3/11.795, p. 95 (em que se decidiu no mesmo sentido do julgado anterior, destacando-se, ademais, a circunstância de que a antecipação de tutela não poderia fazer as vezes de recurso não interposto, a tempo e modos oportunos, em ação de busca e apreensão proposta pelo credor da obrigação). Do extinto Tribunal de Alçada do Estado do Rio Grande do Sul destaca-se, no mesmo sentido: 5.ª Câm.Cív., AgIn 196.012.777/Canguçu, j. 11.04.1996, v.u., rel. Juiz João Carlos Branco Cardoso, *Boletim de Jurisprudência ADCOAS* 75613, em que se reconheceu, entretanto, que, em sede de antecipação de tutela, seria lícita a vedação de remessa do nome do devedor a órgãos como o SPC, SERASA ou CADIN, bem como de título em discussão judicial a protesto, citando, neste particular, o quanto decidido em diversos agravos de instrumento julgados por aquela mesma Câmara. O extinto 1.º Tribunal de Alçada Civil do Estado de São Paulo, quando do julgamento do AgIn 667.839-9, da Comarca de Pirajuí, entendeu que, já proposta ação executiva de título extrajudicial, o veículo processual de defesa a ser exercitado por aquele que é apontado como executado são os embargos à execução, sendo vedado, nos termos do art. 585, § 1.º, do Código de Processo Civil, que a ação que visasse à anulação do título suspendesse a tramitação da execução por força de antecipação de tutela (o agravo era dirigido à decisão que *revogara* antecipação concedida anteriormente). Ademais, considerando que, *na espécie*, o executado já havia ofertado embargos à execução, entendeu-se desnecessária a antecipação de tutela pretendida na noticiada ação anulatória, não ocorrendo na hipótese, pois, o dano irreparável ou de difícil reparação tratado no art. 273, I, do Código de Processo Civil (1.º TACivSP [extinto], 2.ª Câm., j. 02.04.1996, v.u, rel. Juiz Alberto Tedesco).

64. Assim, *v.g.*: 2.º TACivSP [extinto], AgIn 460.373-00/6, 5.ª Câm., rel. Juiz Laerte Sampaio, j.

Muito se discutiu sobre o cabimento da tutela antecipada em ação rescisória, havendo entendimento quanto à sua possibilidade,[65] bem como quanto à sua inadmissibilidade.[66] Esta divisão jurisprudencial restou superada com a nova Lei 11.280/2006, que alterou a redação do art. 489, o qual passou a ter a seguinte redação: "O ajuizamento da ação rescisória não impede o cumprimento da sentença ou acórdão rescindendo, ressalvada a concessão, caso imprescindíveis e sob os pressupostos previstos em lei, de medidas de natureza cautelar ou antecipatória de tutela".

Assim, colocou-se um ponto final na antiga divergência jurisprudencial quanto ao cabimento ou não da antecipação de tutela na ação rescisória, ainda que se admitisse crescentemente nos Tribunais e na doutrina, de forma claramente predominante, a possibilidade de medida cautelar ou de antecipação de tutela. Em outros termos, a Lei 11.280/2006 pacificou o entendimento de que tanto medida cautelar quanto antecipação de tutela são cabíveis em ação rescisória, desde que ocorrentes os respectivos pressupostos.

A tutela antecipatória é uma antecipação dos possíveis (muito possíveis) efeitos que virá ter a sentença favorável ao autor. Consequentemente, ainda que seja uma decisão eficaz, poderá ela ser revogada ou modificada, para o que, de resto, sequer há necessidade de recurso, porque não ocorrente preclusão (art. 273, § 4.º).

Se, conquanto tenha sido proferida decisão em que se conceda tutela antecipatória, normalmente deverá o processo prosseguir (art. 273, § 5.º), disto se segue que a segurança emergente da prova que haja servido de base a tal decisão carrega uma certeza menor do que aquela emergente da prova que sirva de base à sentença final, *propriamente dita*. A decisão antecipatória é alterável pelo próprio órgão prolator, ao passo que a sentença final não o é.

Sendo assim, o grau de estabilidade da decisão antecipatória de tutela é menor do que o da sentença. Isto quer dizer que o grau de convicção que deve gerar a prova que sirva de base a uma sentença é necessariamente maior do que aquele que gerará a aludi-

---

08.05.1996, v.u. (contra *Parecer* que havíamos dado para o caso concreto, em que sustentávamos a possibilidade da antecipação pautados exatamente na permeabilidade do sistema da Lei 8.245/1991 à hipótese, doravante *genérica*, do art. 273, cujos pressupostos entendíamos ocorrentes na espécie). Este entendimento do extinto 2.º Tribunal de Alçada Civil do Estado de São Paulo acabou por se consubstanciar no Enunciado 31 de seu Centro de Estudos.

65. Admitida a antecipação de tutela em ação rescisória, v. a decisão prolatada pelo Des. Abrahão Miguel, do Tribunal de Justiça do Estado do Paraná, publicada na *Revista de Processo [RePro]*, vol. 82, p. 319, acolhendo, no particular, tese desenvolvida por Teresa Arruda Alvim Wambier, Luiz Rodrigues Wambier, José Eli Salamancha e Carlos Werzel, publicada no mesmo volume da precitada *Revista*, às p. 276-292.

66. *V.g.*: Processo civil – Ação rescisória – Tutela antecipada – Medida cautelar. 1. A antecipação de tutela satisfativa, na espécie, não pode ser conhecida porque postula apenas a antecipação dos efeitos constitutivos negativos do acórdão rescindendo. 2. Conhecida como pedido de tutela cautelar, resta denegada ante a ausência de *fumus boni iuris*. Agravo regimental improvido. (TRF-4.ª Reg., AgRg 95.04.54020-1/RS, 2.ª S., j. 22.11.1995, v.u., rel. Juíza Virgínia Scheibe, negaram provimento, *Repertório IOB de Jurisprudência*, vol. 4/96, n. 3/11.699); Ação rescisória – Decisão que indeferiu antecipação dos efeitos da tutela – Ausência de ilegalidade ou abuso de poder – Recurso improvido. A tutela antecipatória tem por escopo adiantar o provimento final, apreciando-lhe *initio litis* o mérito do pedido. Provimento de cunho exauriente, embora reversível. Impossibilidade de concessão da medida *inaudita altera parte*. Inteligência dos arts. 273 e 461, § 3.º, do CPC. Inexistência de ilegalidade ou abuso de poder. Agravo regimental improvido" (TRF-3.ª Reg., AgRg em AR 96.03.013493-7/SP, j. 05.06.1996, v.u., rel. Juiz Sinval Antunes, *Boletim da Associação dos Advogados de São Paulo* n. 1973, p. 329).

da prova inequívoca. O grau de convicção desta é, em princípio, menor do que aquele que gerará a prova que servirá de base a uma sentença, *necessariamente*.

De outra parte, ainda, se à prova inequívoca segue-se *verossimilhança*, é evidente, pela conjugação desses dois termos, que o grau de certeza, daquele emergente, será suficiente se gerar verossimilhança. Já a prova que serve de base à sentença gerará a verdade. Possível e comum mesmo será, todavia, que o resultado da prova produzida, no momento da sentença, confirme inteiramente a verossimilhança existente quando da outorga da tutela antecipatória.

Por isto, a expressão "prova inequívoca" significa, apenas, que o juiz, para conceder a tutela, deverá estar firmemente convencido da verossimilhança da situação jurídica apresentada pelo autor, e, bem assim, convencido da juridicidade da solução pleiteada.

As expressões de que se utilizou o legislador sugerem a ideia de que, demorando-se o autor para obter a sentença (no pressuposto de que fosse proferida depois da audiência), ou mesmo com julgamento antecipado, e, em ambos os casos, depois do julgamento de recurso(s),[67] quando, só então, os seus efeitos poderão tornar-se concretos, isto não se revelará de utilidade para o autor, *ainda que vencedor*. O que nos parece é que a irreparabilidade será obstada com a antecipação d'"os efeitos da tutela pretendida no pedido inicial" (art. 273, *caput*), o que significa que se tratará de fazer produzir, *agora*, total ou parcialmente, se isto for possível, os efeitos normais da sentença que viesse dar pela procedência. Diferentemente, as medidas cautelares, ainda que ditas satisfativas, cujo conteúdo pode ser amplo e variado, não são necessariamente coincidentes com o pedido do processo principal; ou, ao menos, o juiz, agindo ao influxo da regra do art. 798 do Código de Processo Civil, tem ampla liberdade criativa, para adequar a tutela ao caso concreto.

Parece que deverão ser excluídos do âmbito de antecipação as hipóteses de direitos indisponíveis, seja objetivamente, seja subjetivamente.

Aspecto mais delicado é o de saber se é possível a tutela antecipatória em determinados procedimentos especiais,[68] *v.g.*, como no caso de possessória. As ações possessórias, por meio da possibilidade de medida liminar, contém, historicamente mesmo, um sistema que guarda alguma similitude com a antecipação da tutela.[69] O problema que se coloca é saber se, conquanto o autor haja promovido a sua ação *depois de ano e dia, e, portanto, sem direito a medida liminar*, se se configurarem os pressupostos do art. 273, se, ainda assim, poderá ter direito à tutela antecipada. Em nosso sentir a resposta é positiva, pois que a fonte da liminar, quando a possessória é promovida dentro de ano e dia, é uma, ao passo que a razão de ser da tutela antecipada é outra ou são outras. *Mas é evidente que, nesse caso, o juiz deverá avaliar o tempo, condições da posse etc.*, vale dizer, se, no caso concreto que se lhe apresenta, estão

67. No caso do julgamento antecipado, há sentença final seguida de recurso que, com a aplicação da regra *geral* (art. 520), porque o recurso tem efeito suspensivo, onde está implicado que a sentença (por hipótese favorável ao autor), *ainda* não produza efeitos.

68. Similarmente ao que se passa na Itália, em decorrência da reforma a que aí se procedeu, deve haver compatibilidade, para aplicar-se o art. 273 aos procedimentos especiais (cf. Andrea Proto Pisani, op. cit., p. 376; Edoardo Caputo, *La Nuova Normativa sul Processo Civile – Commento ali Articoli del Codice Modificati dalle Leggi 353/90 e 374/91*, p. 416, comentários ao art. 669/14).

69. Dissemos "alguma similitude" porque a liminar, no caso de vir a ser concedida, *v.g.*, ao autor, acaba antecipando-lhe os possíveis efeitos da sentença em que este se veja vencedor, no que diz respeito ao pedido referente à posse.

presentes, *efetivamente*, os requisitos valorados pelo legislador neste art. 273 para legitimar a antecipação da tutela.

151. Diferenças entre a tutela cautelar e a tutela antecipada[70]

O processo cautelar, tal como criado no sistema de 1973, mercê de seu sistema e riqueza de disciplina, representou um grande avanço sistemático e de abertura, respondendo a uma sempre crescente necessidade, que é universal.

A tutela cautelar deve submeter-se a uma adequação à situação acautelanda, e, se alterada esta, deve ser modificada aquela, ou mesmo suprimida.

Com efeito, a medida cautelar é, por implicação sistemática, sempre provisória, *ao passo que a tutela antecipatória pode resultar em ter sido provisória, já que pode ser modificada ou revogada;* mas pode-se dizer que, conquanto a provisoriedade seja à tutela antecipatória também inerente, inumeráveis vezes a tutela antecipada valerá em definitivo. A tutela cautelar é necessariamente provisória, ou é intrinsecamente provisória.[71-72]

A medida cautelar é, por definição, provisória; a tutela antecipatória é provisória, *mas tende a ser definitiva*. Aquela será superada com a sentença final, *i.e.*, será por esta "absorvida"; *a tutela antecipatória, ao que tudo indica, carrega a expectativa de vir a ser confirmada pela sentença final*.

Devemos, desde logo, ponderar o seguinte. Por meio das medidas cautelares, objetiva-se, igualmente, obstar a ocorrência de um dano. O que impende, pois, é distinguir o dano, que é pressuposto destas medidas, do dano a que se refere o art. 273, I. O dano referente às cautelares pode ser obstado por uma pluralidade de formas (v. art. 798 do CPC), ao passo que o dano que justifica a tutela antecipatória do art. 273, I, é evitável pela procedência (total ou parcial) do pedido feito no processo.

O que nos parece é que o dano a ser obstado através de medida cautelar, *não satisfativa,* é aquele normalmente provocado por uma parte, em detrimento da outra, desequilibrando uma relação que, precedentemente, se baseava numa igualdade, de que havia a legítima e defensável expectativa de subsistir assim durante a duração do processo.[73] O dano a que se referem as medidas cautelares genericamente referidas no art.

---

70. V. Carlos Augusto de Assis, *A antecipação da tutela*, itens 3.3 a 3.5, p. 119 a 133.

71. V., a respeito, Giuseppe Tarzia, *I procedimenti cautelari,* Milão, 1990, no trabalho aí intitulado *La tutela cautelare,* n. I, p. XVI; na edição de *Il nuovo processo cautelare*, p. 29, Milão, 1993, em que diz que "il provvedimento cautelare è provisorio *nel fine,* destinato a esaurirsi quando sarà emanata la decisione sul merito della controversia", ao passo que os "provvedimenti provvisori non cautelari", categoria coincidente com aquilo a que Chiovenda denominava de "accertamenti con prevalente funzione esecutiva", em realidade, significam decisão ou "un provvedimento provisorio che aspira a diventare definitivo". Este *discrímen* ilumina os traços distintivos mais relevantes, respectivamente, das medidas cautelares em relação à tutela antecipada.

72. É evidente, todavia, que, em muitos casos das chamadas cautelares satisfativas, *v.g.*, quando se determina o não pagamento de uma dívida, diante do fato de vir a ser proposta, ou de já estar proposta (sempre com manifesto *fumus boni iuris*), ação declaratória de inexigibilidade da mesma, o que se alterará, com a sentença de procedência, em realidade, será, apenas, a qualificação jurídica, mediante a qual, no limiar do processo não havia a obrigação de pagar, *si et in quantum*, em relação à ulterior e "definitiva" qualificação jurídica, de verdadeira inexigibilidade, por se ter decidido que inexiste relação jurídica.

73. O art. 798 do Código de Processo Civil dispõe o seguinte: "Além (...), poderá o juiz determinar as medidas provisórias que julgar adequadas, quando houver fundado receio de que uma parte, antes do julgamento da lide, cause ao direito da outra lesão grave e de difícil reparação".

798, e, no que diz respeito às medidas cautelares em espécie, devidamente tipificadas nos arts. 813 a 889, decorre normalmente de comportamento ilícito da outra parte, ou de uma situação por esta criada, engendrando, gerando, com isso, uma situação de desigualdade e quebrando a precedente situação de estabilidade e igualdade, existentes no plano empírico ou prático, em cuja situação de estabilidade se esperava fosse desenrolar-se o processo. Conecta-se, este tipo de dano, geralmente, a uma conduta, em si mesma ilícita, cujos efeitos devem ser coarctados pela medida cautelar. Mais comumente, a medida cautelar é usada pelo autor, em decorrência de conduta ilícita do réu, a qual se constitui na *causa petendi* da medida cautelar; ou seja, nessa conduta, configura-se o *periculum in mora* e, se vier a ter efeitos, configurar-se-á o dano, insuscetível de ser reparado desde logo. Refeita ou restaurada a situação das partes que veio a ser equilibrada através da concessão da cautelar, *ipso facto*, esse dano desaparece.[74]

Já o dano a que se refere o legislador, no art. 273, I, é de caráter algo diferente. O dano do art. 273, I, não decorrerá necessariamente de conduta da outra parte e nem será restaurável pela concessão de uma cautelar.[75] Poderá nascer durante o curso do processo, independentemente de tal conduta. Mas o art. 273, I, não coloca como requisito, para a configuração desse dano, uma conduta específica da outra parte, senão que suficiente é a sua resistência à pretensão do autor, ao que se somará a ocorrência do dano e o que haverá de ser examinado caso a caso.

Quanto à hipótese de tutela antecipatória do art. 273, II, o que se pode dizer da conduta ou do comportamento da outra parte é que não se trata de uma conduta ativa, alteradora do mundo empírico, senão que uma resistência exacerbada e em que se contém o abuso do direito de defesa ou o intuito manifestamente protelatório.

Sem embargo de tudo o que se disse, por meio de medida cautelar *não satisfativa*, deverá o juiz, por definição e imposição sistemática, abster-se em relação ao adiantamento da tutela, tal como pedida ou a ser pedida, no processo principal, senão que o seu objetivo deve ser, unicamente, o de assegurar condições materiais objetivas para, vencendo aquele que requereu e obteve a tutela cautelar, possa, em face de tais condições que lhe foram asseguradas, também praticamente, realizar o seu direito, jurisdicionalmente reconhecido. No processo cautelar,[76-77-78] pela criação do *periculum in*

74. V., a respeito, Giuseppe Tarzia, *I procedimenti cautelari,* Milão, 1990, trabalho intitulado *La tutela cautelare,* n. I, p. XVII; do mesmo autor, *Il nuovo processo cautelare*, p. XXV, em que diz, aqui, tratar de "un danno cui se ovvia con una misura cautelare, *che antecipi provvisoriamente gli effetti del provvedimento definitivo*". O texto é transcrição de Calamandrei, na sua conhecida obra *Introduzione allo studio sistematico dei provvedimenti cautelari,* n. 8, p. 18.

75. Distinguem-se, principalmente, os danos pressupostos pela cautelar e pela tutela antecipatória, pela forma por meio da qual podem ser obstados: 1) na cautelar, por meio da medida cautelar típica, ou, sendo o caso, por meio da atípica (nem sequer aqui há necessária coincidência dos efeitos dessa medida com os da sentença final, ainda que ambas sejam favoráveis ao autor); 2) na tutela antecipatória, deve o dano ser obstado pela procedência ou acolhimento total do pedido, se necessário (ainda que eventualmente possa ocorrer resolução [v. art. 273, § 4.º], *mas com tendência à definitividade*), ou parcial, se suficiente.

76. Utilizamo-nos do conceito de processo cautelar *stricto sensu*, tal como está no texto, com o sentido de correção de uma situação de fato geralmente desequilibrada, por comportamento da parte contrária, e em cuja sede as medidas cautelares são as típicas (e, geralmente, as nominadas), constituindo-se em autêntico instrumento com vistas a garantir objetivamente uma situação tal, em virtude do que a sentença final possa utilmente produzir os seus efeitos. É certo, todavia, que outra função, mais ampla,

mora, o juiz objetivará, com a concessão da cautela, à luz da constatação do *fumus boni iuris* (que deve ter ou virá a ter o seu referencial retratado no processo principal, e,

profunda e delicada, do processo cautelar *lato sensu* – de cuja temática deriva, precisamente, a antecipação da tutela (no caso do inciso I do art. 273) – não é estranha ao nosso direito.

77. Há elementos que apresentam certa similitude, colocadas, lado a lado, a tutela antecipatória e as medidas cautelares, e, de outra parte, elementos que as distinguem. Podem ser assim arrolados e distinguidos os principais elementos diferenciais: 1.º) na cautelar típica, o juiz não deve conceder o pedido (do processo principal), propriamente dito; e, nas cautelares atípicas, *ainda que praticamente possa haver coincidência (entre a efeito da concessão da cautelar atípica e o da sentença que acolhe o pedido do processo principal*), o pedido que será concedido terá sido, sempre, formulado no âmbito do processo cautelar, e, como tal, na tutela antecipatória o juiz concederá o pedido, propriamente dito; 2.º) na cautelar, o *fumus boni iuris* é examinado por uma ótica indireta (e não aprofundadamente), ou seja, é esse *referido* na cautelar, mas a sua existência está ou virá a estar no processo principal; na tutela antecipatória o juiz examina o direito pleiteado no próprio processo, e, portanto, de uma maneira direta; 3.º) os fatos que se reputam verdadeiros para a concessão da medida cautelar (art. 803) são os do procedimento cautelar propriamente (o que envolve um "assentimento" à juridicidade da pretensão = *fumus boni iuris*) e àqueles fatos em que se configura o *fumus boni iuris* atribui-se apenas verossimilhança, vale dizer, admite-se que *pode existir o direito da principal meramente como hipótese possível*; na tutela antecipatória são os próprios fatos constitutivos do direito do autor que são havidos por verossímeis, sendo que, se este convencimento se alterar por fato novo, o juiz, uma vez solicitado, deverá revogar ou modificar sua decisão; 4.º) a cognição do juiz nas medidas cautelares é sumária (pela carência de material existente, normalmente, e não por deficiência do sujeito cognoscente), ao passo que, na tutela antecipatória, o juiz deverá exaustivamente examinar a prova, para se convencer da verossimilhança, exatamente porque a tutela antecipatória envolve a procedência do pedido; 5.º) as medidas cautelares são marcadas pela ideia-função de serem instrumentos do processo principal. O maior desenvolvimento desta ideia deveu-se a Calamandrei, *Introduzione allo studio sistematico dei provvedimenti cautelari,* cit., p. 15-18, que, em suas linhas gerais, perdura até hoje na Itália (cf. Giuseppe Tarzia, *Il nuovo processo cautelare*, p. XXIV). Deve-se ter presente que, na Alemanha, porque as cautelares foram sistematicamente colocadas ao lado do processo de execução, não houve uma floração tão intensa, como na Itália, cuja grande figura histórica, e em escala apreciável atual, foi Calamandrei, ainda que o desenvolvimento que na Alemanha se haja emprestado principalmente ao § 940 do Código de Processo Civil e se insira precisamente nesta linha. Os principais elementos que guardam *similitude* entre estes dois institutos podem ser assim referenciados: 1.º) a eficácia da cautelar (concedida) resta dependente do resultado do processo principal, e a tutela antecipatória, para sobreviver e transformar-se em eficácia de sentença final, ao que, de resto, tende, fica também dependente do resultado final do processo; 2.º) as cautelares podem ser revogadas ou modificadas a qualquer momento, mas isso depende de fato novo (posição controvertida, entretanto) e a tutela antecipatória poderá vir a ser revogada ou modificada pelo juiz, diante de fato novo (o qual deverá ter imprimido um novo perfil defluente da instrução no processo, ou, mesmo, por fato externo, mas em decorrência do qual se descaracterize a precedente situação configuradora da potencialidade do dano). *Esta assertiva, provavelmente, será também um dos polos de uma posição, que virá a ser igualmente controvertida no que diz respeito à necessidade de pedido, em que se traga esse fato novo (que pensamos ser necessário)*.

78. Na cautelar, em relação ao processo principal, há um acertamento meramente hipotético e abstrato do *fumus boni iuris* do que consta ou deverá constar do processo principal. Trata-se de uma premissa material admitida como possível. Por isto é que na medida cautelar poder-se-á em larga escala prescindir-se de resultado probatório "para se contentar [o juiz] com as alegações de verossimilhança fundadas num mero cálculo de probabilidades" (v. Ferruccio Tommaseo, *I provvedimenti d'urgenza,* Padova, cit., p. 171; v. tb. Grunsky, *Arrest und einstweilige Verfügung,* in Stein-Jonas, *Kommentar zur Zivilprozeßordnung [Comentário ao Código de*

se antecedente à cautelar, deve dela mesma constar), reequilibrar a situação das partes, eis que o requerido tê-la-á injustificadamente desequilibrado, com uma conduta criadora do *periculum in mora*.

Possivelmente uma diferença fundamental, do ponto de vista de sua operatividade, entre a *tutela cautelar satisfativa* e a *tutela antecipada*, residirá em que, para aquela, o juiz poderá concedê-la, *se necessária para evitar o perecimento do direito (= pretensão do autor)*, ainda mesmo antes da própria propositura da ação principal, contentando-se com o *fumus boni iuris*, ao passo que, na tutela antecipatória do art. 273, I, o seu grau de segurança será maior, e, consequentemente, as hipóteses de provisoriedade deverão ser em número menor. De qualquer forma, a tutela antecipatória pressupõe a propositura da ação, pois é ela concedida no próprio processo. Diferem, ainda, em que nas hipóteses, *v.g.*, dos arts. 798 e 799, há um "leque" de medidas possíveis ("medidas provisórias que julgar adequadas"), ao passo que, no caso do art. 273, I, a medida deverá consistir na própria *procedência do pedido, ainda que com o caráter de provisoriedade e da reversibilidade, mas com tendência à definitividade*.

Processo Civil], § 940 do Código de Processo Civil Alemão). Na tutela antecipatória o juiz não deverá, nessa escala, prescindir de resultado probatório porque a tanto não o autoriza o art. 273, *caput*. Em realidade, o juiz, para conceder a tutela antecipatória, deverá, exaustivamente, fundamentar com a juridicidade de sua decisão (é a regra do art. 273, § 1.º), claramente assumindo que essa qualidade está presente na situação postulada (art. 273, *caput*).

Nas medidas cautelares, exatamente porque há a possibilidade de prescindir-se, em escala mais ampla, do exame da prova, diz-se, quando o contraditório é diferido, que este deverá ser avaliado "ao quadrado", como, ainda, quanto ao *fumus boni iuris*, o juiz deverá fundamentar, neste particular, sucintamente, "para evitar que se externem considerações com nítidas propensões decisórias sobre o próprio direito" (o direito/pretensão do processo principal) – v. Consolo, Luiso e Sassani, *La riforma del processo civile*, comentários ao art. 74 n. 3, da Lei 353/1990, p. 468.

Diferentemente, pelo próprio texto do art. 273, § 1.º, está enfatizado o dever exaustivo de fundamentação, incidindo a análise que o juiz fará diretamente sobre a pretensão (= ação proposta e defesa oposta), o que se justifica tanto pela excepcionalidade da antecipação da tutela como, ainda, porque o juiz está decidindo, *ainda que por imposição legal*, com eficácia potencialmente provisória, mas defluindo da lei a intencionalidade da tendência de que essa decisão, possivelmente, venha a ser igual à sentença final e definitiva. E a fundamentação, aqui, por isso mesmo, deverá ser um prognóstico do sentido e de como deverá ser proferida a sentença final.

152. A fungibilidade das tutelas de urgência[79]

A admissão da fungibilidade do pedido antecipatório para o cautelar foi inserido pelo legislador, por meio da Lei 10.444/2002, com o acréscimo do § 7.º ao art. 273 do Código de Processo Civil. Referido dispositivo, que demonstra o comprometimento do nosso legislador com a efetividade e instrumentalidade do processo, tem o seguinte texto: "§ 7.º. Se o autor, a título de antecipação de tutela, requer providência de natureza cautelar, poderá o juiz, quando presentes os respectivos pressupostos, deferir a medida cautelar em caráter incidental do processo ajuizado".

Em respeito à fungibilidade que passou a ser admitida pelo legislador, trata-se da hipótese de medida cautelar requerida como antecipação de tutela, ou desta por aquela, novidade que revela a tônica que parece nor-

79. V. Bruno Campos Silva, Comentários ao novo § 7.º do art. 273, do Código de Processo Civil Brasileiro, acrescentado pela Lei 10.444, de 2002, *Revista de Direito Processual Civil*, vol. 27, p. 5 a 16. Mais amplamente sobre o tema, v. Eduardo de Avelar Lamy *Flexibilização da tutela de urgência*. p. 105 a 130).

tear as últimas reformas processuais que têm sido levadas a efeito: imprimir maior efetividade e instrumentalidade ao processo.[80]

Portanto, em prol da efetividade da tutela jurisdicional, passa-se a adotar a tese de que, em certos casos, o § 7.º do art. 273 permitirá a fungibilidade em ambos os sentidos, se presentes os pressupostos exigidos para a substituição de uma por outra medida de urgência.[81] Modifica-se, neste passo, opinião anterior, na qual se admitia a fungibilidade somente da tutela antecipada para a cautelar, e não inversamente.

80. TJSP, AgIn 270.167.4/1, 1.ª Câm.Dir.Priv., j. 12.11.2002, v.u., rel. Guimarães e Souza: Recurso – Agravo de instrumento – Interposição contra ato judicial que indeferiu pedido de antecipação de tutela pleiteado na petição inicial – Cabimento. Hipótese em que não presente a prova inequívoca da possibilidade da rescisão unilateral do contrato. Inteligência do art. 273 do Código de Processo Civil. Fungibilidade do pedido. Admissibilidade, conforme a Lei 10.444, de 07.05.2002. Presentes os requisitos próprios da medida cautelar para garantir a eficácia da decisão a ser proferida a final. *Fumus boni iuris* e *periculum in mora*. Concessão da liminar em providência cautelar, conforme o § 7.º, do art. 273 do Código de Processo Civil. Recurso provido.

81. Cf. Nelson Nery Junior e Rosa Maria de Andrade Nery, *Código de Processo Civil comentado e legislação extravagante*, p. 460, nota 49 ao art. 273 do CPC: "A recíproca é verdadeira. Caso o autor ajuíze a ação cautelar incidental, mas o juiz verifique ser caso de tutela antecipada, deverá transformar o pedido cautelar em pedido de tutela antecipada. Isso ocorre, por exemplo, quando a cautelar tem natureza satisfativa. Dado que os requisitos da tutela antecipada são mais rígidos que os da cautelar, ao receber o pedido cautelar como antecipação de tutela o juiz deve dar oportunidade ao requerente para que adapte o seu requerimento, inclusive para que possa demonstrar e comprovar a existência dos requisitos legais para a obtenção da tutela antecipada. A cautelar só deverá ser indeferida se não puder ser adaptada ao pedido de tutela antecipada ou se o autor se negar a proceder à adaptação".

O exame da possibilidade dessa *conversão* deve ser feito *ex officio* pelo juiz. Parece estar subjacente à *mens legis* dotar o juiz de poderes amplos para, em situações de urgência, evitar que um simples engano formal prejudique o autor, tolhendo-o de seu direito fundamental à efetividade do processo. Assim, desde que presentes os pressupostos da tutela antecipada ou da medida cautelar, é imperiosa a concessão da tutela de urgência, ainda que o autor tenha formalmente se equivocado em seu pedido.

O que se pode dizer, no caso, é que há, expressa e implicitamente, uma fungibilidade "de duas mãos" prevista na lei, ou seja, a da hipótese em que a tutela antecipada impropriamente requerida poderá vir a valer como medida cautelar, bem como a de que esta poderá valer como aquela, desde que presentes os pressupostos que justificam as duas espécies de tutelas de urgência.

Com efeito, essa fungibilidade, tendo em vista a efetividade e instrumentalidade do processo, deve ser considerada em ambos os sentidos, *i.e.*, da tutela antecipada para o campo da cautelar, mas também inversamente. Apesar dos requisitos da tutela antecipada serem mais robustos – pois há maior intensidade na exigência em relação à aparência do direito, *i.e.*, verossimilhança é requisito mais *denso* do que *fumus boni iuris* –, em princípio, nada impede que também possam estar presentes os requisitos para a antecipação, por se tratar, em rigor e fundamentalmente, de uma questão de grau. Se os requisitos são ontologicamente os mesmos, o que irá ser verdadeiramente relevante é a observação dos requisitos que comportam a medida cautelar e a tutela antecipada. É nisso que a lei inovou, ainda que na *praxis* já houvesse esse entendimento.

O que expressamente veio objetivar o legislador, com a inclusão do referido § 7.º ao art. 273, é manifestamente que, por defeito de postulação, requerendo *antecipação de tutela*, mas em realidade a providência que haveria de ter sido requerida seria de *natureza cautelar*, o juiz deverá deferir a medida cautelar, "em caráter incidental ao processo ajuizado".[82]

É claro, todavia, que esse § 7.º do art. 273 coloca como inequívoco o dever do juiz de "aproveitar" o requerimento de tutela antecipada e dar-lhe um *tratamento substancial* de medida cautelar; e, processualmente, resolverá o assunto tal como resolveria um pedido de antecipação, ou seja, nos próprios autos, no que difere do procedimento das medidas cautelares; vale dizer, *flexibilizou* a solução do problema, determinando o *aproveitamento substancial* dessa postulação, e, como se disse, esse aproveitamento dar-se-á por meio do procedimento existente para a tutela antecipada. Em realidade, o que se contém nesse § 7.º do art. 273 é uma modalidade de fungibilidade, ainda que na decisão, ao aplicar esse texto, terá por equivocada a solicitação de tutela antecipada. Isto ocorrendo, deve-se remarcar que a medida cautelar deverá observar o procedimento da antecipação de tutela, ou seja, nos próprios autos e não separadamente.

Já quando o autor tenha pedido, por equívoco, uma providência cautelar – sendo que a situação de urgência demonstra a necessidade de uma medida satisfativa –, deverá o magistrado receber tal requerimento como tutela antecipada, desde que atendidos os pressupostos de "maior calibre" do *caput* do art. 273, I, do Código de Processo Civil.

A fungibilidade, portanto, ocorre da *antecipação de tutela para a medida cautelar e da cautelar para a antecipação*. A fundamentação desta fungibilidade em ambos os sentidos foi, inclusive, erigida a garantia constitucional, pois, com a EC 45, ficou expressamente assegurado a todos, no âmbito judicial, o uso de meios céleres para evitar que ocorra qualquer lesão ou ameaça a direito (art. 5.º, LXXVIII, da CF/1988). E um desses meios céleres é, sem sombra de dúvida, a tutela antecipada, mesmo que erroneamente pleiteada como medida cautelar.

Além disso, em certa escala, o próprio *erro de forma* não tem significação *mais expressiva* em prejuízo do direito, tendo em vista o disposto do que já constava e subsiste no art. 250 do CPC, ainda mais quando o ato realizado de outro modo atinge a sua finalidade (art. 244 do CPC).

O que vai realmente importar, com efeito, é o preenchimento dos requisitos que autorizam a concessão da antecipação dos efeitos da tutela, já que, como demonstrado, eles são mais rigorosos do que os da tutela cautelar.

De fato, possuindo o autor a chamada prova inequívoca capaz de convencer da ve-

---

82. Sobre as situações onde existirá dúvida sobre a aplicação das tutelas de urgência, v. Humberto Theodoro Júnior, *Processo cautelar,* item 337, p. 456:

"Em princípio, pois, não se pode formular pretensão de antecipar efeitos do julgamento de mérito, em sede de ação cautelar, porquanto isso ensejaria à parte obter tutela excepcional do art. 273 do CPC, sem se submeter às suas exigências e condicionamentos típicos.

"Haverá, contudo, sempre situações de fronteira, que ensejarão dificuldades de ordem prática para joeirar com precisão uma e outra espécie de tutela. Não deve o juiz, na dúvida, adotar posição de intransigência. Ao contrário, deverá agir sempre com maior flexibilidade, dando maior atenção à função máxima do processo, a qual se liga à meta da instrumentalidade e da maior e mais ampla efetividade da tutela jurisdicional. É preferível transigir com a pureza dos institutos a que sonegar a prestação justa a que o Estado obrigou-se perante todos os que dependem do Poder Judiciário para defender seus direitos e interesses envolvidos em litígio. Eis a orientação merecedora de aplausos, sempre que o juiz deparar-se com algum desvio procedimental no conflito entre tutela cautelar e tutela antecipatória". E, em rigor, diante do § 7.º, do art. 273, está autorizada a fungibilidade da cautelar para a antecipação, bem como o inverso.

rossimilhança dos fatos alegados, e, demonstrando a iminência de dano irreparável ou de difícil reparação, mas tendo feito um pedido equivocado de medida cautelar, deverá o juiz conceder-lhe uma antecipação da tutela. Do contrário, não concederá a medida de urgência satisfativa, *i.e.*, se somente estiver presente o *fumus boni iuris*, pressuposto de menor calibre da medida cautelar, não irá deferir a tutela antecipadamente.

Com o escopo de concretizar a efetividade e a instrumentalidade do processo, deve, portanto, o magistrado ater-se a um critério substancial na interpretação da fungibilidade prevista no art. 273, § 7.º, do Código de Processo Civil.

152-A. A tutela antecipada e as medidas cautelares no Projeto de Novo Código de Processo Civil

O tema das medidas de urgência foi amplamente discutido no processo de reforma do Código de Processo Civil. Sabidamente, o pano de fundo da elaboração do anteprojeto é a efetividade e a celeridade da prestação jurisdicional, e a melhor sistematização da questão das tutelas antecipadas foi um ponto central dos debates em todas as versões do projeto. Muitas foram, aliás, as modificações de redação e estrutura, propostas pelas casas legislativas, referentes à tutela antecipada e aos procedimentos cautelares. Não obstante o que já foi dito neste manual (v. item 21-B, cap. 1, primeira parte) a respeito do tema, cabe traçar um breve histórico de como a questão tem sido tratada nos projetos de reforma processual.

O PLS 166/2010, originário do Senado Federal, propôs a revogação do Livro III do CPC vigente, passando a tratar da matéria através de uma nova sistemática: a das tutelas de urgência e de evidência (arts. 269 a 286 do PLS 166/2010). Assim, fossem as medidas de "natureza cautelar ou satisfativa", poderiam ser requeridas "antes ou no curso do procedimento" (art. 269). Estavam aí reestruturados e reunidos os procedimentos correspondentes ao art. 273 e ao Livro III do CPC.

Essa versão do projeto dedicou seções específicas à tutela de urgência e à tutela de evidência, onde seria "dispensada a demonstração de risco de dano irreparável ou de difícil reparação" (art. 278). As medidas cautelares em caráter antecedente (art. 279) e incidental (art. 286) também receberam tratamento específico.

Com a aprovação do PLS 166/2010 pelo Senado, o projeto foi à Câmara dos Deputados sob a forma de PL 8.046/2010 e, em novembro de 2012, foi publicado o Relatório Geral, contendo modificações nos dispositivos referentes à antecipação de efeitos da tutela. O art. 276 do PL 8.046/2010 dispunha que "A tutela antecipada pode: I – ser satisfativa ou cautelar; II – concedida em caráter antecedente ou incidental; III - fundamentar-se em urgência ou em evidência". Assim, foram definitivamente estabelecidas as categorias de classificação dessa espécie de tutela, considerando-se autônomos entre si o disposto nos incisos. A tutela, portanto, deverá observar as três categorias, enquadrando-se quanto à natureza jurídica (satisfativa, ou cautelar), ao momento de sua prestação (de maneira antecedente ou incidental) e à razão de sua antecipação (se por motivo de urgência, ou por demonstração da evidência do direito).

Foram mantidas as disposições específicas para a tutela de urgência (arts. 282 a 286), de evidência (art. 287) e para o procedimento cautelar antecedente (arts. 288 a 293). O pedido de tutela antecipada, de natureza cautelar, a ser concedido incidentalmente a outra demanda, recebeu tratamento diferenciado, devendo observar as disposições comuns a todo o Título da antecipação de efeitos da tutela.

Em julho de 2013, foi apresentada a mais recente versão do Projeto de Novo Código de Processo Civil, atualizando e modificando a redação do PL 8.046/2010. O art. 295 desta versão propõe uma sistemática semelhante à da versão anterior, dispondo que "A tutela antecipada, de natureza satisfativa ou cautelar, pode fundamentar-se em urgência ou evidência e ser concedida em caráter antecedente ou incidental".

A tutela de urgência "será concedida quando houver elementos que evidenciem a probabilidade do direito e o perigo na demora da prestação da tutela jurisdicional" (art. 301), e se tiver natureza cautelar – e não satisfativa, portanto – pode inclusive ser concedida de ofício (art. 302). Caso não seja interposto o recurso da decisão que defere a tutela de urgência, a medida torna-se estável, podendo qualquer das partes demandar a outra com o intuito de rever a medida estabilizada (art. 305, § 2.º).

Por outro lado, a tutela de evidência, "independentemente da demonstração de perigo da demora da prestação da tutela jurisdicional", será concedida quando "I – ficar caracterizado o abuso de direito de defesa ou o manifesto propósito protelatório do réu; II – a petição inicial for instruída com prova documental suficiente dos fatos constitutivos do direito do autor, a que o réu não oponha outra prova capaz de gerar dúvida razoável; III – as alegações de fato puderem ser comprovadas apenas documentalmente e houver tese firmada em julgamento de casos repetitivos ou em súmula vinculante; IV – se tratar de pedido reipersecutório fundado em prova documental adequada do contrato de depósito, caso em que será decretada a ordem de entrega do objeto custodiado, sob cominação de multa".

É mantida, nessa mais recente versão do PL 8.046/2010, o que já vinha sendo disposto a respeito da medida cautelar em caráter antecedente (arts. 307 a 312), em moldes semelhantes às disposições do CPC vigente para o processo cautelar *preparatório*.

De forma geral, a intenção do Projeto foi a de, desde sempre, eliminar um Livro específico para tratar das medidas cautelares, tendo em vista sua melhor sistematização juntamente com as medidas satisfativas. Conforme já concluímos (v. item 21-B, cap. 1, primeira parte), neste ponto não há propriamente uma revolução ou modificação radical, eis que as disposições do Projeto de Novo Código de Processo Civil apenas reorganizam o instrumento das tutelas concedidas antecipadamente, para sua melhor utilização dentro da sistemática processual civil contemporânea.

153. Linhas gerais "conjugadas" na evolução do direito material e do direito processual, tendo em vista as obrigações de fazer, de não fazer e de entrega de coisa e a efetividade do processo

A verdadeira significação e o real rendimento de um instituto jurídico – como é o caso também do que se encontra no art. 461 e, mais recentemente, também no art. 461-A (com o texto da Lei 10.444/2002) – somente pode ser percebida em extensão apreciável se se comparem as realidades, a precedente e a atual, nascidas do texto sob análise.

Um dos aspectos por que passa a evolução *geral* do direito processual civil, nos últimos tempos, consiste em encontrar meios e fórmulas novas para viabilizar-se àquele que se apresenta *com razão* a obtenção do seu direito, entendida esta expressão como significativa da *própria fruição do bem jurídico perseguido*. A obtenção dessa fruição acentua-se quando comparecem o *periculum in mora* e o *fumus boni iuris* (*vide* art. 273, *caput* e inciso I), ou, então, por outra linguagem, quando se vislumbra a *inutilidade ou a ineficácia da decisão/provimento, se obtido somente ao cabo do processo de conhecimento* (art. 461, § 3.º). Esta tendência pode-se dizer universal e tem afetado as várias facetas em relação às quais se engendraram soluções.

A obtenção *in natura* daquilo que tenha sido pactuado, por meio de obrigação de fazer ou de não fazer, todavia, sempre encontrou obstáculos sérios, menos residentes no processo, mas assentados no direito material. O que se pode asseverar dessa interrelação entre processo e direito material é que o processo *submetia-se e circunscrevia-se* às premissas aceitas, em relação às implicações do inadimplemento das obrigações, *particularmente das de fazer e de não fazer.*

Podem-se referir diversos exemplos, representativos de *communis opinio* no que diz respeito ao inadimplemento das obrigações de fazer ou de não fazer, cujas consequências aceitas, no plano do direito material, eram as de acarretar perdas e danos. Afirma René Démogue, a propósito da interpretação do art. 1.142 (do Código Civil francês) o seguinte: "136. Respeitantemente às obrigações de fazer ou de não fazer, o art. 1.142 estabelece quanto à sua sanção uma regra muito importante: 'Toda obrigação de fazer ou de não fazer resolve-se em perdas e danos no caso de inexecução da parte do devedor'".[83]

Planiol e Ripert, em obra com a colaboração de Esmein, Radouant e Gabolde,[84] procuram, apenas, construir doutrinariamente um perfil da execução específica. Todavia, ao darem um panorama contemporâneo da jurisprudência francesa, à época em que escreveram, a propósito do que denominam de *Pouvoirs des tribunaux*, informam que "a Corte de Cassação entende na realidade que, a partir do momento em que a obrigação não é executada voluntariamente pelo devedor, tem lugar *unicamente* a reparação do credor". Mais adiante, ponderam a respeito da seguinte hipótese: "Restaria que nos perguntássemos, na hipótese de o credor ter pedido a execução específica, sem pedir subsidiariamente uma indenização, se o tribunal não decidira *ultra petita* ao condenar o devedor em perdas e danos. A jurisprudência, de um modo geral, não considera essa objeção; ela ('a jurisprudência') decide que *de plano* tem o credor direito a perdas e danos; se o devedor não executou, perdas e danos podem ser conferidos ao credor, mesmo quando o credor não os tenha pedido".[85] *Ou seja, perdas e danos são um direito constante e imanente ao inadimplemento.*

Na obra de A. Colin e H. Capitant,[86] na parte em que tratam do assunto, chegam a dizer, em face do disposto no art. 1.142, que, "quando, portanto, a obrigação é de fazer ou de não fazer, o credor não poderia nunca exigir a execução específica". O que sustentam os autores é que é *possível, também, exigir a execução específica* (*exécution en nature*). Categoricamente, dizem: "Todavia, por exceção, casos haverá em que a execução adequada não será possível, e aí, o credor deverá contentar-se com uma exe-

83. No original: "136. En ce qui concerne ces obligations de faire ou de ne pas faire, l'art. 1.142 établit quant à leur sanction une règle très importante: 'Toute obligation de faire ou de ne pas faire se résout en dommages-intérêts en cas d'inexécution de la parte du débiteur'" (René Démogue, *Traité des obligations en général, effets des obligations,* II, t. VI, p. 140-141).

84. Referimo-nos à obra de Marcel Planiol e Georges Ripert (com a colaboração de Paul Esmein, Jean Radouant e Gabriel Gabolde), *Traité pratique de droit civil français, obligations,* Paris, 1954, edição da Librarie Générale de Droit et de Jurisprudence, tomo VIII, n. 776 e 780.

85. Cf. Planiol-Ripert (Marcel Planiol e Georges Ripert, com a colaboração de Paul Esmein, Jean Radouant e Gabriel Gabolde), *Traité pratique de droit civil français, obligations,* cit., n. 783, p. 93-94 – a última afirmação é suportada por jurisprudência coligida desde o ano de 1820.

86. Referimo-nos ao *Cours élémentaire de droit civil français,* 1920, Paris, 1920, Livraria Dalloz, 2.ª ed., t. II, Secção I, n. 2, p. 17 do tomo II, texto no original: "Quand donc l'obligation est de faire ou de ne pas faire, le créancier ne pourrait jamais exiger l'éxecution en nature".

cução pelo equivalente, vale dizer, por perdas e danos".[87]

Autores mais recentes e que dão um panorama hodierno do Direito francês não discrepam do nosso precedente.

Alex Weil e François Terre, a propósito do tema, informam que, em face de uma obrigação contratual, que ainda possa vir a ser executada especificamente, "il est normal que le débiteur puisse être condamné à cette exécution". Mais adiante, e em face do art. 1.142 do Código Civil francês, observam que a tese, diante da inexecução, da legitimidade de pedido de perdas e danos, foi praticamente absoluta.[88] Dizem mais, ao analisarem o art. 1.142, o qual, expressamente determina a solução em perdas e danos, observando que não se pode, todavia, deduzir "que l'exclusion de la réparation en nature soit absolue"; vale dizer, é possível, em alguns casos, ser pedida a execução específica (= *reparation en nature*), mas não que a isto o credor esteja obrigado.[89] Mais adiante, observam os mesmos autores que o art. 1.142, em relação ao 1.144, ambos do Código Civil francês, conduz a que esse Direito autoriza que o credor faça os reparos necessários ele mesmo.

Jean Carbonnier[90] observa constituir-se "[n]uma máxima tradicional expressa que ninguém pode ser constrangido diretamente a fazer qualquer coisa: *nemo praecise potest cogi ad factum*. O corolário, expressado no art. 1.142, é o de que o devedor de uma obrigação de fazer (ou de não fazer) pode somente ser constrangido a fornecer o equivalente pecuniário de seu vínculo sob a forma de perdas e danos". Sobre as obrigações de fazer, *sem caráter pessoal (i.e., que outro ou outros possam prestar)*, "o credor de tal obrigação não deve necessariamente contentar-se com uma indenização pecuniária no caso de inexecução". Quando se cogita de uma *derrogação* da regra do art. 1.142, esta existe em proveito do credor "(...); mais il y a dérogation au profit du créancier, qui n'est pas plus réduit à se contenter d'un équivalent pécuniare".[91] Isto significa que o equivalente pecuniário (= perdas e danos) é, sempre, um direito do credor.

Em França, todavia, *paralelamente* ao reconhecimento do direito a perdas e danos, existe a possibilidade de *vergar a vontade do obrigado, tratando-se de obrigação de fazer,* por meio das *astreintes,* ou seja, uma condenação pecuniária, incidente por determinada unidade de tempo, tendo em vista a *mora no cumprimento da obrigação,* aplicando-se, também, em determinadas hipóteses, às obrigações de dar.[92] Marcam-se as *astreintes* por uma condenação *exasperada* ou *exagerada* de perdas e danos, que não expressam, todavia, o prejuízo sofrido.[93]

Este "hábito" de fazer-se seguir a uma "injunção" uma pena é provavelmente muito antigo, mas começou a chamar a atenção no limiar do século XIX, havendo exemplos antigos que datam do início do século XVIII.

Pode-se, todavia, afirmar que se tratou de criação jurisprudencial, diante da utili-

87. No original: "Cependant, par exception, il y aura des cas où l'exécution adéquate ne sera pas possible, et où le créancier devra se contenter d'une exécution par équivalent, c'est à dire des dommages-intérêts" (loc. cit., p. 17, *fine*).

88. Cf. Alex Weil e François Terré, *Droit civil, les obligations*, n. 428, p. 449-450, Paris, 1986. No original: "En outre, l'article 1.144 limite l'article 1.142, en disposant que le créancier peut (en cas d'inexécution d'une obligation de faire) être autorisé à faire exécuter lui-même l'obligation aux dépens du débiteur".

89. Cf. Alex Weil e François Terré, *Droit civil, les obligations*, n. 428, p. 450.

90. V. Jean Carbonnier, *Droit civil, les obligations*, p. 624.

91. Cf. Alex Weil e François Terré, *Droit civil, les obligations*, n. 143, p. 626.

92. Georges Ripert, *Traité élémentaire de droit civil de Planiol*, t. II, n. 1.648, p. 554.

93. Idem, ibidem.

dade incontestável dos resultados práticos obtidos, mas foi combatida energicamente por diversos autores como "*arbitraire et illégale*",[94-95] tendo em vista que tal modo de agir não esteve, *até recentemente*, previsto por lei e "il lui est véritablement contraire, si on l'envisage comme une application des principes relatifs aux *dommages-intérêts*".[96] Recolhia-se o fundamento – de caráter indireto – não do Direito Material, mas do art. 1.306 do Código de Processo Civil, em que se admitia que o juiz pronunciasse *injunções*, e as *astreintes* eram naturalmente um meio de fazer-se o juiz obedecido. Critica-se, também, a posição dos tribunais, que, tratando-se essencialmente de *astreintes*, não se deveriam referir, como habitualmente o fizeram, a perdas e danos, ainda que, mais recentemente, haja decisões que procuraram distinguir claramente as *astreintes* das perdas e danos.

Observações similares são encontráveis na literatura francesa, devendo-se consignar que só recentemente verificou-se na França previsão legal expressa.[97] Admitem-se as *astreintes provisórias* e *definitivas*. Aquelas configuram uma *ameaça*, porque objetivam o cumprimento da obrigação, podendo o juiz agir de ofício, como, ainda, o devedor pode pedir a respectiva redução.[98]

No direito italiano, em cuja evolução sentiu-se a grande dificuldade de obtenção de execuções de forma específica, encontrou-se a solução do art. 612 do Código de Processo Civil, que diz respeito às obrigações de fazer e de não fazer, texto esse correlacionável com os arts. 2.931 e 2.933 do Código Civil italiano. Aplica-se o art. 612, diante da amplitude de sua redação, tanto a situações negociais, quanto àquelas derivadas de direitos absolutos, direitos reais.[99] Alguns autores tendem, na esteira de jurisprudência, a admitir que pode emergir de uma decisão que não necessariamente a sentença final, ainda que, em tais hipóteses, ligue-se a decisão à urgência, própria dos processos cautelares.[100]

154. As dificuldades no efetivo cumprimento/satisfação das obrigações de fazer, de não fazer e de entrega de coisa

O direito sempre encontrou extraordinária dificuldade no que diz respeito ao instrumento processual e de Direito Material, tendo em vista a obtenção efetiva da satisfação das obrigações de fazer, de não fazer e de entrega de coisa.

É indubitável que o não cumprimento das obrigações acima referidas configura um ilícito.

A ideia e o objetivo de *restauração do direito* são – em escala apreciável – estranhos àquilo que se objetiva com a aplicação *frutífera dos arts. 461 e 461-A*, em prol do autor. Isto porque, conquanto o ilícito seja pressuposto da invocação do art. 461 ou do art. 461-A, é certo, todavia, que o objetivo é lograr-se o cumprimento *in natura*, e, conforme as circunstâncias, *desde logo, no limiar do processo*, à luz das regras dos §§ 3.º a 6.º

94. Idem, n. 1.652, p. 555.

95. Poucos autores defenderam a legitimidade das *astreintes* em face do sistema jurídico, antes da lei de julho de 1972, podendo ser referido, entre esses, M. A. Esmein, M. A., *L'origine et la logique de la jurisprudence en matière d'astreintes*, *Révue Trimestrielle de Droit Civil*, 1903, t. II, p. 5-53.

96. Georges Ripert, *Traité élémentaire de droit civil de Planiol*, cit., t. II, n. 1.653, p. 555.

97. Jean Carbonnier, *Droit civil*, *Les obligations*, 1985, 12. ed., PUF, n. 144, vol. 4, p. 628.

98. É patente a similitude entre as *astreintes* e o mandamento do art. 461, tal como recentemente reformulado.

99. Carpi, Colesanti e Taruffo, *Commentario breve ao Codice di Procedura Civile*, comentários 1, I, ao art. 612, p. 865.

100. *Codice Civile*, aos cuidados de Pietro Rescigno, comentários ao art. 2.931, n. 3, p. 3.068.

desse art. 461 (aplicáveis à hipótese do art. 461-A). Na medida em que, concedida medida liminar, acompanhada de multa diária, é provável que o réu adimpla a sua obrigação de fazer ou de não fazer ou, ainda, de entrega de coisa. E sob este espírito o legislador reformista conferiu poderes ao juiz para, segundo as circunstâncias do caso em concreto, modificar o valor ou a periodicidade da multa (art. 461, § 6.º, acrescentado pela Lei 10.444/2002).

Há, no art. 461, e também no art. 461-A, uma aproximação do *direito substancial* em relação ao *direito processual*. Vale dizer, por meio de sanção pecuniária, possível *initio litis*, verifica-se *finalisticamente* que se deseja obter *o mais rapidamente possível* a satisfação do direito substancial.[101]

Se, de regra, quando no processo de condenação a que se sucede execução, há nítida diferença entre o direito originário ou primário e o direito restaurador, nas hipóteses dos arts. 461 e 461-A, o que se objetiva é uma realização do direito violado de forma específica.[102]

Há, sabidamente, uma dualidade possível de soluções, desde que verificada uma lesão: a) ou tende-se à restauração direta e específica do direito violado, por meio da remoção do óbice que a isso se opõe, *que é, precisamente, a hipótese colimada pela aplicação dos arts. 461 e 461-A;* b) ou, então, o que se objetiva é o *ressarcimento.*

Os objetivos a serem atingidos pela aplicação do art. 461 são de obtenção da realização específica das obrigações de fazer e de não fazer, e, pela aplicação do art. 461-A, obtenção da realização das obrigações de entrega de coisa, *sem que se verifique uma degenerescência da situação provocada pelo ilícito.* Vale dizer, aspira-se à criação de uma situação jurídica idêntica àquela que seria representada pelo adimplemento da obrigação de fazer ou de não fazer, ou, ademais, de entrega de coisa.

O que se objetiva é, *o quanto isso seja possível,* a *supressão* ou *diminuição expressiva* do tempo durante o qual subsista o inadimplemento. É o que no direito alemão se denomina de *Rechtszeitigkeit*, ou seja, a imediatidade ou a prontidão da supressão do ilícito.[103]

Deve-se, neste passo, recordar a frase, *expressiva* e *verdadeiramente emblemática,* de Chiovenda, quando disse que o fim do processo é tornar "possibile praticamente, a chi ha un diritto tutto quello e proprio quello che ha diritto di conseguire".[104] Esta frase assume uma significação *toda particular* no tema que estamos a considerar.

À luz da consideração de que é pouco aceitável, ou de que é verdadeiramente ina-

---

101. V. a respeito Julius Binder, *Prozeß und Recht – Ein Beitrag zur Lehre vom Rechtsschutzanspruch* [*Processo e Direito – Uma contribuição ao estudo da pretensão à tutela jurídica*], p. 105 *et seq.* e p. 303 *et seq.* O que se procura, expressivamente, sublinhar é mesmo a ideia de não separação entre um ordenamento substancial separado do processual. Ainda que não seja esta a sede própria para discutir-se isso, sem embargo, aflora evidente a intensa proximidade do direito substancial, em relação ao processual, que, transpondo-se esse entendimento para o direito positivo brasileiro, pode-se dizer encontrarem-se amalgamados nesse art. 461. Em sentido algo similar ao de Julius Binder, v. Pekelis, verbete Azione, no *Nuovo Digesto Italiano*, vol. 2, p. 91 *et seq.*

102. V. Crisanto Mandrioli, *L'esecuzione forzata in forma specifica* – Premesse e nozioni generali, p. 4, nota 4.

103. Mandrioli, op. ult. cit., p. 15, define a execução específica como sendo "forma de execução que é idônea à restauração da situação jurídica violada, mercê da restituição, realizando integralmente de forma direta a restauração do direito, *com o limite, somente, que deriva da ausência de tempestividade do adimplemento*".

104. Chiovenda, Dell'azione nascente dal contratto preliminare, publ. na *Rivista di diritto commerciale*, 1991, I, p. 103, e nas *Istituzioni di diritto processuale civile*, p. 41.

ceitável, que o *devedor inadimplente* ponha-se em *contraste com a vontade da lei, e que o direito nada pudesse fazer,* disto resulta que o direito *deve conter instrumentos aptos a vergar essa vontade,* e mais, que a aplicação de tal instrumental *não significa, como já se pensou, uma indevida interferência na esfera privada do devedor.*

155. Traços fundamentais dos arts. 461 e 461-A, com a redação das Leis 8.952, de 13.12.1994, e 10.444, de 07.05.2002

O que se verifica dos arts. 461 e 461-A é a vontade do legislador de: a) obter, primordialmente, a tutela específica, ou seja, "o juiz concederá a tutela específica da obrigação", de fazer ou de não fazer (art. 461) e de entrega de coisa (art. 461-A); b) se isto se mostrar inviável, deverá, então, assegurar "resultado prático equivalente ao do adimplemento"; c) somente se impossível uma das duas soluções, com preferência para a primeira, é que, então, passar-se-á à conversão dessa obrigação (= do inadimplemento dessa obrigação) em perdas e danos; ou, então, e sempre d) quando o devedor, desde logo, pedir perdas e danos (art. 461, § 1.º, aplicável às hipóteses do art. 461-A por expressa determinação legal, conforme está exposto no art. 461-A, § 3.º).[105]

As perdas e danos, a seu turno, são diferentes e podem ser *cumuladas* à multa (art. 461, § 2.º).

Mudança profunda representa o art. 461, em relação à multa que, precedentemente, pelo procedimento comum ordinário, podia ser aplicada à luz dos arts. 287 e 644.[106] Sempre se entendeu, *predominantemente,* que a incidência da multa se iniciava a *partir do trânsito em julgado.*[107] É preciso, ainda, que o devedor da prestação tenha sido intimado pessoalmente para cumpri-la, circunstância que se apresenta como condição *sine qua non* à configuração do inadimplente.[108]

A multa a ser determinada pelo juiz, a pedido ou não do autor (art. 461, § 4.º), deverá ser *suficiente,* devendo-se entender por suficiente um *valor capaz de efetivamente infundir temor, no ânimo do devedor recalcitrante, de tal forma a vergar a sua vontade, que se opõe à da lei.*[109] No que diz respeito à multa, importante novidade foi trazida pela Lei 10.444/2002, que acrescentou o § 6.º ao art. 461, estabelecendo que o juiz, à luz das circunstâncias ("*caso verifique que se tornou insuficiente ou excessiva*", diz a lei), poderá alterar a periodicidade ou o valor da multa.

É possível medida liminar *satisfatória* se houver "juridicidade do pedido", como, ainda, se se constatar "justificado receio de ineficácia do provimento final" (art. 461, § 3.º). Quando a lei se refere que deve ser "relevante o fundamento", no fundo, quer,

---

105. O § 3.º do art. 461-A tem o seguinte texto: "Aplica-se à ação prevista neste artigo o disposto nos §§ 1.º a 6.º do art. 461".

106. Referimo-nos à redação precedente à da Lei 8.953/1994.

107. No Supremo Tribunal Federal o entendimento resultou pacificado no sentido de que a multa seria devida a partir do trânsito em julgado – cf. Alcides de Mendonça Lima, *Comentários ao Código de Processo Civil,* p. 696, nota 878.

108. A questão é objeto da Súmula 410 do STJ, *verbis*: "A prévia intimação pessoal do devedor constitui condição necessária para a cobrança de multa pelo descomprimento de obrigação de fazer ou não fazer".

109. Nelson Nery Junior e Rosa Andrade Nery, *Código...* cit., comentários ao art. 461, n. 10, p. 587, chegam mesmo, *expressivamente,* a referir-se a que "a fixação em valor elevado ocorre justamente porque a multa tem a finalidade de compelir o devedor a cumprir a obrigação na forma específica e a inibi-lo de negar-se a cumpri-la. Essa multa não é pena, mas providência inibitória. Daí porque pode e deve ser fixada em valor elevado" (v. tb. n. 17, p. 588, em que a mesma ideia vem enfaticamente reiterada).

apenas, dizer que o pedido é juridicamente verossímil, à semelhança do texto do art. 7.º, II, da Lei 1.533/1951 [revogada pela Lei 12.016/2009], que corresponde ao atual art. 7.º, III, da Lei 12.016/2009 (Lei do Mandado de Segurança).

Bibliografia

AMARAL SANTOS, Moacyr. *Primeiras linhas de direito processual civil*. 23. ed. (atualizada por Aricê Moacyr Amaral Santos.) São Paulo: Saraiva, 2004. vol. 2.

ARRUDA ALVIM (coord.). *Inovações sobre o direito processual civil: tutelas de urgência*. Diversos autores. Rio de Janeiro: Forense (em coedição com a Fadisp), 2003.

ARRUDA ALVIM, Eduardo. *Curso de direito processual civil*. São Paulo: Ed. RT, 1999. vol. 1.

______. *Direito processual civil*. 3. ed. São Paulo: Ed. RT, 2010.

______. *Direito processual civil*. 4. ed. São Paulo: Ed. RT, 2012.

______. *Antecipação da tutela*. Curitiba: Juruá, 2007.

ARRUDA ALVIM NETTO, José Manoel de. A evolução do direito e a tutela de urgência. *Revista Forense*, v. 402, p. 23-46, 2009.

______. A nulidade da sentença por infração ao art. 398 do CPC. *Revista de Processo [RePro]* 3/214, ano I. São Paulo, RT, jul./set.1976.

______. Despacho saneador (O saneador no Código de Processo Civil de 1939). *Revista do Instituto de Pesquisas e Estudos – Divisão Jurídica, da Instituição Toledo de Ensino*, vol. 8/10, São Paulo, Max Limonad, 1968.

______. Deveres das partes e dos procuradores no direito processual civil brasileiro (a lealdade no processo). *Scritti in Onore di Elio Fazzalari*, vol. 2, Milão, 1993, p. 249-268.

______. Do julgamento conforme o estado do processo. *RBDP* 3/39, 1975.

______. O julgamento conforme o estado do processo e o procedimento sumaríssimo. *RF* 246/231, 1974.

______. Prescrição intercorrente. In: Mirna Cianci (coord.). *Prescrição no novo Código Civil*. São Paulo: Saraiva, 2005.

______. *Tratado de direito processual civil* (reedição do *Código de Processo Civil comentado*, São Paulo, 1975) São Paulo: Ed. RT, 1990. vol. 1.

______; e outros. A revelia e a ação declaratória incidental. *Revista de Processo [RePro]* 10/213, ano III. São Paulo, RT, abr./jun. 1978.

ARRUDA ALVIM WAMBIER, Teresa. *Os agravos no CPC brasileiro*. 4. ed. São Paulo: Ed. RT, 2005.

______. Fungibilidade de "meios": uma outra dimensão do princípio da fungibilidade. In: WAMBIER, Teresa Arruda Alvim; NERY JR., Nelson (coord.). *Aspectos polêmicos e atuais dos recursos cíveis*. São Paulo: Ed. RT, 2001.

ARENS, Peter. *Mündlichkeitsprinzip und Prozeßbeschleunigung im Zivilprozeß (Princípio da oralidade e princípio da celeridade no processo civil)*, Berlim: ed. J. Schweiter, 1971.

ARIETA, Giovanni. *I Provvedimenti d'Urgenza – ex art. 700 C. P.C.* Milão: Casa Editrice Antonio Milani, 1985.

ASSIS, Carlos Augusto de. *A antecipação de tutela*. São Paulo: Malheiros, 2001.

ASSIS, Jacy de. *Comentários ao Código de Processo Civil*. Rio de Janeiro: Forense, 1979. vol. 2, t. II.

ATTARDI, Aldo. *Le nuove disposizioni sul processo civile*. Milão: Casa Editrice Antonio Milani, 1991.

BARBOSA MOREIRA, José Carlos. *O novo processo civil brasileiro. 25. ed.* Rio de Janeiro: Forense, 2007.

BAUMBACH et al. *Zivilprozeßordnung [Código de Processo Civil]*, Munique: ed. Beck'sche, 1986.

BAUR, Fritz. *A tutela jurídica mediante medidas cautelares*, Porto Alegre: Sérgio Antônio Fabris, 1985.

______.. *Wege zu einer Konzentration der mündlichen Verhandlung (Caminho para uma concentração do debate oral)*. Berlim: Walter de Gruyter & Co.,1966.

BLOMEYER, Arwed. *Zivilprozeßrecht – Erkenntnisverfahren [Direito processual civil – Processo de conhecimento]*. Berlim, 1963.

BEDAQUE, José Roberto dos Santos. *Tutela cautelar e tutela antecipada:* tutelas sumárias e de urgência (tentativa de sistematização). 4. ed. São Paulo: Malheiros, 2006.

BERIZONCE, Roberto O.; HITTERS, Juan C.; MORELLO, Augusto M.; NOGUEIRA, Carlos. *La Justicia entre dos épocas*. La Plata: Libreria Editora Platense, 1983.

BERMUDES, Sérgio. Despacho saneador no Código de Processo Civil. *Juriscível* 53/7.

BINDER, Julius. *Prozeß und Recht – Ein Beitrag zur Lehre vom Rechtsschutzanspruch [Processo e Direito – Uma contribuição ao estudo da pretensão à tutela jurídica]*, Leipzig: A. Deichert, 1927.

BLACK'S *law dictionary*. 5. ed. Nova York: West Publishing, 1979.

BORGES, Marcos Afonso. *Comentários ao Código de Processo Civil*. São Paulo: LEUD, 1975. vol. 1.

______. Do julgamento conforme o estado do processo. *Revista de Processo [RePro]* 1/145, ano I. São Paulo, RT, jan./mar.1976.

BOUVIER, *John. Bouvier's law dictionary and concise encyclopedia [Dicionário de direito e enciclopédia concisa]*, 3.ª revisão/8. ed.: Nova York: William S. Hein & Company, 1984. vol. 2.

BRUSCHI, Gilberto Gomes. A efetivação da tutela antecipada e a Lei 11.232/2005. In: Ernane Fidelis dos Santos, Luiz Rodrigues Wambier, Nelson Nery Junior e Teresa Arruda Alvim Wambier (coords.). *Execução civil* – estudos em homenagem ao Professor Humberto Theodoro Júnior. São Paulo: Ed. RT, 2007.

BUENO, CASSIO SCARPINELLA. *Tutela antecipada*. SÃO PAULO: SARAIVA, 2004.

BURNIER, Penido. Ação declaratória incidental. *Revista de Processo [RePro]* 11-12/101, 1978.

CALAMANDREI, Piero. *Introduzione allo studio sistematico dei provvedimenti cautelari*. Pádua: Cedam, 1936.

CAMPOS, Benedito de. O julgamento antecipado da lide. *Justitia* 87/101.

CAPPELLETTI, Mauro. *Access to Justice and the Welfare State [Acesso à Justiça e o Estado de Bem-Estar Social]*, editado com a assistência de John Weiner e Monica Seccombe. Sijthoff: European University Institute, 1981.

______; GARTH, Bryant. *Access to justice:* a world survey [*Acesso à justiça* – Uma visão mundial]. Alphen Aan Den Rijn: Sythoff And Noordhoff, 1978.

______. *Finding an appropriate compromise: a comparative study of individualistic models and group rights in civil procedure [Na busca de um compromisso adequado: um estudo comparativo dos modelos individualistas e dos direitos dos grupos no processo civil]. Civil Justice Quarterly 2, april 1983, p. 111 s; London:* Sweet & Maxwell/ Institute of Judicial Administration at the University of Birmingham.

CAPUTTO, Edoardo. *la nuova normativa sul processo civile – commento ali articoli del codice modificati dalle leggi 353/90 e 374/91*, Padova: Cedam, 1993.

CARBONNIER, Jean. *Droit civil, les obligations*, 12. ed. Paris: Presses Universitaires de France, 1985. vol. 4.

CARNEIRO, Athos Gusmão. Ação declaratória incidental no novo código de processo civil. *RT* 458/26, *RF* 246/217.

______. Notas sobre a ação declaratória incidental. *Ajuris* 27/47, 1983.

______. *Da antecipação de tutela*. 5. ed. Rio de Janeiro: Forense, 2004.

CARPI, FEDERICO. *La provvisoria esecutorietà della sentenza*. Milão: Giuffrè, 1979.

______; COLESANTI; TARUFFO. *Commentario breve ao codice di procedura civile*, Padova: Cedam, 1988, vol. 1.

CARVALHO, Pedro Leonel Pinto de. Julgamento antecipado, conciliação e audiência preliminar. *RBDP* 17/83, 1979.

Chiovenda. Dell'azione nascente dal contratto preliminare, publ. na *Rivista di diritto commerciale*, n. 3,1991, I.

______. *Istituzioni di diritto processuale civile*. Nápoles, 1935. vol. 1.

Cintra, Antonio Carlos de Araújo. Abandono de causa no novo código de processo civil. *RF* 254/171.

Condorelli, Epifanio J. L. *Del abuso y la mala fe dentro del proceso*. Buenos Aires: Abeledo-Perrot, 1986.

Démogue, René. *Traité des obligations en général, effets des obligations,* II, Paris: ed. de Rousseau et Cie, 1931, t. VI.

Diez, Luiz Picazo Ponce de Leon. *La doctrina de los proprios actos – un estudio critico sobre la jurisprudencia del Tribunal Supremo,* Barcelona: Bosch, 1951.

Dinamarco, Cândido Rangel. *A nova era do processo civil*. São Paulo: Malheiros, 2003.

Dobryn, John F. *Injunctions*. St. Paul: West Publishing, 1974.

Eckhard Schönfeld, Klaus. *Zur Verhandlungsmaxime im Zivilprozeß und in den übrigen Verfahrensarten – Die Modifikation des Prozeßrechts für das Socialstaatspostulat [A máxima do debate no processo civil e em outros procedimentos – A modificação do direito processual em direção ao postulado do Estado Social]*. Frankfurt am Main, 1981.

Field, Richard H.; Kaplan, Benjamin; Clermont, Kevin. *Materials for a basic course in civil procedure*. Nova York: Foundation Press, 1984.

Figueira Júnior, Joel Dias. *Comentários à novíssima reforma do CPC*. Rio de Janeiro: Forense.

Forster, Nestor José. Da tentativa de conciliação e do julgamento antecipado da lide. *RT* 540/25.

Gianesini, Rita. *Da revelia no processo civil brasileiro*. São Paulo: Ed. RT, 1977.

Gomes, Maria Ivone. *Revelia*, 1976.

Gonçalves, Zanoni de Quadros. A conciliação e o julgamento antecipado da lide. *Ajuris* 8/113, 1976.

Greco Filho, Vicente. *Direito processual civil brasileiro*. 18. ed. São Paulo: Saraiva, 2007. vol. 2.

Grinover, Ada Pellegrini. O julgamento antecipado da lide – enfoque constitucional. *Revista de Processo [RePro]* 5/101, ano II. São Paulo, RT, jan./mar.1977.

______. *O processo em sua unidade*. São Paulo: Saraiva, vol. 1; Rio de Janeiro: Forense, 1984. vol. 2.

Hartmann, Nicolai. *Grundzüge einer Metaphysik der Erkenntnis [Caminhos fundamentais para uma metafísica do conhecimento]*, 4. ed., Berlim Walter de Gruyter & Co., 1949.

Howarth, A; Wilson, Stephen R. *Statutes on English legal system [Leis sobre o sistema legal inglês]*. Londres: Blackstone's, 1989.

Hruschka, Joachim. *Das Verstehen von Rechtstexten – Zur hermeneutischen Transpositivität des positiven Rechts [O entendimento dos textos de direito – Por uma transposição do direito positivo]*. Munique, 1962.

Junqueira, Luiz Zenun. Julgamento antecipado da lide. *RBDP* 24/25, 1980.

Lacerda, Galeno. A declaratória incidente e a reconvenção. *RF* 246/160.

Lamy, Eduardo de Avelar. *Flexibilização da tutela de urgência*, 2.ª ed. Curitiba: Juruá, 2007.

Lima, Alcides de Mendonça. A nova terminologia do Código de Processo Civil. *Ajuris* 1/110-111, 1974.

______. As providências preliminares no Código de Processo Civil brasileiro de 1973. *Revista de Processo [RePro]* 1/34, ano I. São Paulo, RT, jan.-mar./76; *RBDP* 4/13, 1975.

______. *Processo de conhecimento e processo de execução*. Minas Gerais: Vitória, 1981.

Lopes, João Batista. *Tutela antecipada no processo civil brasileiro*. São Paulo: Saraiva, 2001.

Maia, Ayrton. Julgamento antecipado da lide. *RF* 269/423.

Malachini, Edson Ribas. Do julgamento conforme o estado do processo. *Revista de Pro-*

cesso [RePro] 6/77, ano III. São Paulo, RT, abr.-jun./77; *RF* 261/400.

MANDRIOLI, Crisanto. *L'esecuzione forzata in forma specifica* – Premesse e nozioni generali. Milão: Giuffrè, 1953.

MARCATO, Antônio Carlos. Da extinção anormal do processo. *Revista de Processo [RePro]* 18/75, ano V. São Paulo, Ed. RT, abr.-jun./80.

______. *Código de Processo Civil interpretado*. 2. ed. São Paulo: Atlas, 2005.

MARINONI, Luiz Guilherme. *A antecipação da tutela*. 9. ed. São Paulo: Ed. RT, 2006; 3. ed. São Paulo: Malheiros, 1997.

MARQUES, José Frederico. *Manual de direito processual civil*. São Paulo: Saraiva, 1984. vol. 2.

MCLAUGHLIN, Joseph M.; PETERFREUND, Herbert. *New York practice, cases and other materials (Elementos, casos e prática (de Direito Processual Civil) de Nova York)*. Nova York: Foundation Press, 1978.

MENDEZ, Francisco Ramos. Las mesures provisoires indéterminées dans le procès civil espagnol. *Les mesures provisoires en procédure civile [Atti del Colloquio Internazionale*, Milão, 12/13 out. 1984], n. 2. Milão: Giuffrè, 1985, p. 191.

MENDONÇA LIMA, Alcides de. *Comentários ao Código de Processo Civil*. 6. ed. Rio de Janeiro: Forense, 1991.

MONIZ DE ARAGÃO, Egas Dirceu. *Comentários ao código de processo civil*. Rio de Janeiro: Forense, 1979. vol. 2.

______. O julgamento conforme o estado do processo. *RT* 502/11; *Revista de Processo [RePro]* 5/197, ano V. São Paulo, RT, jan./mar.1977.

NASCIMENTO, Cláudio Nunes do. Do julgamento conforme o estado do processo. *Revista de Processo [RePro]* 24/222, ano VI. São Paulo, Ed. RT, jul./set. 1981; *RF* 276/65; *RBDP* 28/63, 1981.

NEGRISOLLO, Francisco. O princípio da estabilização do pedido na ação declaratória incidental. *RT* 476/41, *JTA* 29/467.

NERY JUNIOR, Nelson. Extinção do processo sem julgamento de mérito – Legitimidade recursal do réu. *Revista de Processo [RePro]* 19/173, ano V. São Paulo, Ed. RT, jul./ set. 1980.

______; NERY, Rosa Maria de Andrade. *Código de processo civil comentado e legislação extravagante*. 9. ed. São Paulo: Ed RT, 2006.

NIPPERDEY, Ennecerus. *Allgemeiner Teil des bürgerlichen Recht [Parte Geral do Direito Civil]*, 15. ed., Tubingen: Allgemeiner Teil, 1960, vol. 1.

NOGUEIRA, Daniel Moura. *A antecipação da tutela em face da incontrovérsia do § 6.º, do art. 273 do CPC*. Porto Alegre: Sérgio Antonio Fabris Editor, 2007.

NOGUEIRA, Paulo Lúcio. Da extinção do processo. *Juriscível* 104/7.

NOTARIANO JR., Antonio; BRUSCHI, Gilberto Gomes. *Agravo contra as decisões de primeiro grau*. São Paulo: Método, 2006.

OBERTO, Giacomo. *Il nuovo processo cautelare*, Milão: Giuffrè, 1992.

PAJARDI, Piero. *I provvedimenti d'urgenza nel processo civile, la giurisdizione cautelare e d'urgenza – Articolo 700*, 2. ed, Milão: Il Sole 24 Ore Pirola, 1989.

PASSOS, José Joaquim Calmon de. *Comentários ao Código de Processo Civil*. Rio de Janeiro: Forense, 1979. vol. 3.

PAULA, Alexandre de. *Código de Processo Civil anotado*. São Paulo: Ed. RT, 1976. vol. 2.

PEKELIS. *Nuovo Digesto Italiano*, Torino: UTET, 1939, vol. 2.

PERROT, Roger. Les mesures provisoires en droit français. *Les mesures provisoires en procédure civile [Atti del Colloquio Internazionale*, Milão, Milão, 12/13 out. 1984], n. 1, p. 151, Milão, Giuffrè, 1985.

PIMENTEL, Wellington Moreira. *Comentários ao Código de Processo Civil*. São Paulo: Ed. RT, 1979. vol. 3.

PLANIOL, Marcel; RIPERT, Georges. *Traité pratique de droit civil français, obligations*. Paris:

Librarie Générale de Droit et de Jurisprudence, 1954. t. VIII.

PONTES DE MIRANDA, Francisco Cavalcanti. *Comentários ao código de processo civil* (de 1973). Rio de Janeiro: Forense, 1974. t. IV.

PRATA, Edson. Pressupostos processuais. *RBDP* 29/27, 1981.

______. Providências preliminares no código de processo civil. *RBDP* 34/17, 1982.

PROTO PISANI, Andrea. *La nuova disciplina del processo civile*, Nápoles: Jovene, 1991.

RESCIGNO, *Pietro (aos cuidados de)*. *Codice Civile*. 2 .ed. Milão: Giuffrè, 1994, comentários ao art. 2.931, n. 3, p. 3.068.

RIPERT, Georges. *Traité élémentaire de droit civil de Planiol*. Paris: LGDJ, 1952. t. II.

ROCHA, José de Albuquerque. Extinção do processo. *Revista de Processo [RePro]* 2/327, ano I. São Paulo, Ed. RT, abr./jun.1976.

ROCHA, José de Moura. A sentença liminar e o princípio da economia processual. *RF* 254/63, 1976.

______. O abandono no novo Código de Processo Civil. *RF* 268/59; *Juriscível* 71/7; *Estudos sobre Processo Civil*, vol. 2/117, 1982.

ROSAS, Roberto. Das providências preliminares no Código de Processo Civil. *Revista de Processo [RePro]* 9/247, ano III. São Paulo, RT, jan.-mar./78; *Ajuris* 12/116, 1978.

TERRÉ, François; Weil, Alex. *Droit civil, les obligations*. 4. ed. Paris: Dalloz, 1986.

SILVA, Bruno Campos. Comentários ao novo § 7.º do art. 273, do Código de Processo Civil Brasileiro, acrescentado pela Lei 10.444, de 2002. *Revista de Direito Processual Civil*, Curitiba, Genesis, ano VIII, vol. 27, jan./mar. 2003.

SILVA, Hélio Theresino da. Abandono do processo. *Juriscível* 63/53.

SILVA, Ovídio Araújo Baptista da; MACHADO, L. Melíbio Uiraçaba; GESSINGER, Ruy Armando; GOMES, Fábio Luiz. *Teoria geral do processo civil*. Rio Grande do Sul: Letras Jurídicas Editora, 1983.

SOUZA, Paulo Roberto Pereira de. Abandono da causa. *Revista de Processo [RePro]* 24/117, ano VI. São Paulo, Ed. RT, out. /dez.1981.

STEIN-JONAS. *Kommentar zur Zivilprozeßordnung [Comentário ao código de processo civil]*. 20. ed. Tubingen: Mohr Siebeck, 1981.

TARZIA, Giuseppe. *I procedimenti cautelari*. Milão, 1990.

______. *Il nuovo processo cautelare*. Padova: Cedam, 1993. vol. 4.

______. *La tutela cautelare*, Padova: Cedam, 1993.

______. *Lineamenti del nuovo processo di cognizione*. Milão: Giuffrè, 1991.

______. *Les mesures provisoires en procédure civile [Atti del Colloquio Internazionale*, Milão, 12/13 outubro 1984], Milão: Giuffrè, 1985.

TELLES, Gil Trotta. Considerações sobre o art. 267, III, do Código de Processo Civil. *RBDP* 15/51, 1978; *RMPr* 11/33.

THEODORO JÚNIOR, Humberto. *A execução de sentença e a garantia do devido processo legal*. São Paulo: Aide, 1987.

______. *Curso de direito processual civil*. 47. ed. Rio de Janeiro: Forense, 2007.

______. *Processo cautelar*. 22. ed. São Paulo: LEUD, 2005.

______. Pressupostos processuais, condições da ação e mérito da causa. *Juriscível* 69/7.

______. *Processo de conhecimento*. Rio de Janeiro: Forense, 1981. t. II.

TOMMASEO, Ferruccio. *Provvedimenti d'urgenza*. Padova: Cedam, 1983. vol. 1.

TOURINHO NETO, Fernando da Costa; Figueira Junior, Joel Dias. *Juizados especiais estaduais cíveis e criminais: comentários à Lei 9.099/1995*. 4 ed. São Paulo: Ed. RT, 2005.

TRUTTER, Josef. *Bona Fides im Zivilprozesse, Ein Beitrag zur Lehre von der Herstellung der Urteilsgrundlage (A boa-fé nos processos civis, uma contribuição para o estudo da modificação da base da sentença)*. Munique, 1892.

TARZIA, Giuseppe. *Il Nuovo Processo Cautelare*. Padova: Cedam, 1992.

TUCCI, Rogério Lauria. *Do julgamento conforme o estado do processo*. São Paulo: José Bushatsky, 1975.

______. Julgamento antecipado da lide. *RBDP* 19/207, 1979.

______. Julgamento conforme o estado do processo – Temas polêmicos. *RT* 588/15, 1984.

VARANO, Vicenzo. Appunti sulla tutela provvisoria nell'ordinamento inglese, con particolare riferimento all'*interlocutory injunction*, *Les mesures provisoires en procedure civile [Atti del Colloquio Internazionale*, Milão, 12/13 out. 1984], n. 1.

VAZ, Alexandre Mário Pessoa. Les mesures provisoires et les procédures préventives dans l'évolution du droit de procédure portugais, n. 1.2, p. 182.

VAZ, Paulo Afonso Brum. O *contempt of court* no novo processo civil. *Revista de Processo [RePro]*, ano 29, n. 118, São Paulo, Ed. RT, nov.-dez. 2004.

VIEHWEG, Theodor. *Topik und Jurisprudenz [Tópica e Jurisprudência]*. 5. ed. Munique: C. H. Beck, 1974.

WAMBIER, Luiz Rodrigues; ARRUDA ALVIM WAMBIER, Teresa; MEDINA, José Miguel Garcia. *Breves comentários à nova sistemática processual civil*. 3. ed. São Paulo: Ed. RT, 2005.

WELZEL, Hans. *Die Wahrheitsplicht im Zivilprozeß [O dever de veracidade no processo civil]*. Berlim/Leipzig: W. de Gruyter & Co., 1935.

ZIEGERT, Klaus A. *Zur Effektivität der Rechtssoziologie: die Rekonstruktion der Gesselschaft durch Recht [Pela efetividade da sociologia do direito: a reconstrução da sociedade através do Direito]*. Stuttgart: Ferdinand Enke, 1975.

ZOLLER et al. *Zivilprozeßordnung [Código de Processo Civil]*. 14. ed. Köln: O. Schmidt, 1984.

XVII

Do Julgamento Conforme o Estado do Processo

156. Providências preliminares

Antes do julgamento conforme o estado do processo, supõe a lei uma série de providências que se apresentam arroladas nos arts. 323 a 328.

Tais providências preliminares, como salienta Eduardo Arruda Alvim, têm em mira a manutenção do processo "sob o efetivo crivo do contraditório", e "colimam, por exemplo, impedir que o juiz sentencie o processo sem que eventualmente o autor seja ouvido a respeito de determinado fato impeditivo do pedido do autor que possa ter sido levantado pelo réu".[1]

Findo o prazo para a resposta, tenha respondido o réu ou não, o escrivão fará os autos conclusos ao juiz, para que este determine, *sendo o caso*, as providências que entender necessárias no prazo de 10 dias (art. 323).

Observe-se que, se houver litisconsortes, há que se aguardar o transcurso do prazo para a resposta em dobro, pois poderão os litisconsortes ter procuradores diversos, fazendo, então, com que incida a regra do art. 191.[2] Caso, desrespeitando o preceito acima, seja proferido o julgamento antecipado da lide, a sentença padecerá de vício,[3] mesmo que tenha ocorrido a revelia de um dos litisconsortes.[4]

O réu poderá contestar ou não o pedido. Contestando-o, poderá alegar fatos impeditivos, modificativos ou extintivos

1. Eduardo Arruda Alvim, *Direito processual civil*, p. 449.
2. Cf. STJ, REsp 647.803/SP, 4.ª T., j. 15.03.2005, rel. Min. Jorge Scartezzini, *DJ* 11.04.2005, p. 321.
3. TJPR, Ap.Cív. 151154-4, 8.ª Câm., j. 14.04.2004, rel. Juiz Conv. Jorge Wagih Massad, v.u.: "Há de ser anulada a decisão que, ignorando tratar-se de litisconsórcio passivo, com diferentes procuradores, não observa o disposto no art. 191, do Código de Processo Civil, que determina a contagem de prazo em dobro para contestar. Ademais, em face da existência de vários réus, a contagem de prazo se dá a partir da juntada aos autos do último aviso de recebimento ou mandado citatório cumprido. Equivocada é a respeitável sentença que deixa de observar estas regras, realizando antecipadamente o julgamento do feito, a pretexto de revelia. Apelação conhecida e provida".
4. "Processual civil. Litisconsorte passivo. Dois réus. Contestação apresentada por apenas um, utilizando-se da regra benévola do art. 191, do CPC. Possibilidade. Precedente. Recurso provido."Em interpretação integrativa, é de aplicar-se a regra benévola do art. 191, do CPC, mesmo quando apenas um dos corréus contesta o feito, e no prazo duplo" (STJ, REsp 277.155/PR, 4.ª T., j. 07.11.2000, rel. Min. Ruy Rosado de Aguiar, v.u., *DJ* 11.12.2000); "Litisconsórcio. Contestação. Revelia. Art. 191 do Código de Processo Civil. Precedentes da Corte. 1. Não podendo a parte adivinhar se o outro réu vai, ou não, contestar, é inviável afastar-se o benefício do prazo em dobro, previsto no art. 191 do Código de Processo Civil, pelo só fato de estar ausente a contestação do outro réu, decretada a revelia. 2. Recurso especial conhecido e provido" (STJ, REsp 443.772/MT, 3.ª T., j. 27.05.2003, rel. Min. Carlos Alberto Menezes Direito, v.u., *DJ* 04.08.2003).

do pedido, ou questões de ordem processual, elencadas no art. 301, que, se comprovadas, impedirão o julgamento do mérito; ou ainda, poderá tão somente contrariar os fatos e/ou as consequências jurídicas solicitadas pelo autor.

De acordo com a natureza da defesa do réu, ocorrerão ou não as providências preliminares e variará o seu possível conteúdo.[5] Tratando-se da dedução da defesa indireta de mérito, qual seja a alegação de fato impeditivo, modificativo ou extintivo do direito do autor, a providência a ser determinada pelo juiz é a prevista no art. 326 do CPC, ouvindo o juiz o autor no prazo de 10 dias, ensejando a este, nessa oportunidade, só a produção de prova documental.

Também a alegação das preliminares elencadas no art. 301 do CPC imporá a abertura de vista para o autor durante 10 dias, facultando-se-lhe a produção de prova documental, *exclusivamente* (art. 327). Caso o réu tenha tanto oferecido defesa indireta de mérito, como também arguindo questões preliminares, os prazos são dois, e não um só, modificada nossa posição a respeito deste tema.

Ficando a contestação do réu confinada tão somente à insurgência contra os fatos deduzidos pelo autor, ou tão somente contra as consequências jurídicas pedidas pelo mesmo, tendo em vista os fatos deduzidos, não havendo qualquer providência preliminar das elencadas nos arts. 324 a 327, ressalvando-se unicamente a hipótese em que a contestação aos fatos e às consequências jurídicas do pedido venha embasada em prova documental, é de se ensejar ao autor a oportunidade de manifestar-se com fundamento no art. 398, cuja inobservância acarreta nulidade.[6] A jurisprudência sedimentou a orientação de que "Constitui-se cerceamento de defesa quando o juiz, admitindo a produção de documentos novos, profere sentença sem que fosse dada oportunidade à parte contrária para que sobre eles se manifestasse".[7]

Presume-se que desistiu do prazo previsto no art. 398 do CPC a parte que, tomando conhecimento da documentação acostada aos autos, mesmo que não intimada para esse fim, silencia acerca da mesma.[8]

Também os arts. 324 e 325 preveem providências preliminares, que antecedem ao julgamento conforme o estado do processo. O primeiro deles contempla a hipótese de ter ocorrido a revelia, mas não se ter verificado o seu efeito principal, como quando a demanda verse sobre direito indisponível, por exemplo. Nesse caso, não incide, conforme já vimos, a regra do art. 319, necessitando o autor, para vir a ter a demanda julgada procedente, produzir provas em audiência (caso, evidentemente, não seja só hipótese de prova documental). Se isso vier a ocorrer, o juiz mandará que o autor especifique as provas com as quais pretende demonstrar a veracidade do alegado.

Finalmente, existe a possibilidade de o réu contestar o direito que constitui o fundamento do pedido, caracterizando, então, a litigiosidade que possibilitará ao autor, caso

5. Neste sentido: Alcides de Mendonça Lima, As providências preliminares no Código de Processo Civil brasileiro de 1973, *Revista de Processo [RePro]* 1/34.

6. *Anais Forenses do Estado do Mato Grosso* 31/265. *Na doutrina*: Arruda Alvim, *Parecer* sobre A nulidade da sentença por infração do art. 398 do CPC, *Revista de Processo [RePro]* 3/214; Moacyr Amaral Santos, *Comentários ao Código de Processo Civil*, 1986, vol. IV, n. 197, p. 254; Marcos Afonso Borges, *Comentários ao Código de Processo Civil*, vol. II/74.

7. STJ, RMS 119/BA, j. 13.04.1992, rel. Min. Waldemar Zveiter, *DJU* 08.06.1992. No mesmo sentido: STJ, REsp 264.660/SP, 2.ª T., j. 04.09.2003, rel. Min. Franciulli Netto, *DJ* 03.11.2003.

8. *Jurisprudência Catarinense* 25/262.

o réu já não o tenha feito no prazo da resposta, requerer, em 10 dias, a ação declaratória incidental, buscando revestir com a autoridade da coisa julgada também a decisão em torno da relação prejudicial controvertida, se for a hipótese (art. 325).

As providências preliminares visam a expungir do processo os vícios que este possa apresentar; para tanto, o juiz, após o transcurso do prazo para resposta, quando houver irregularidades ou nulidades sanáveis, mandará supri-las, fixando para a parte interessada prazo não superior a 30 dias (art. 327).

Após as providências preliminares, ou não sendo as mesmas necessárias, terá lugar o julgamento conforme o estado do processo, se for o caso.

Retomando as ideias há pouco sucintamente expostas, agora de forma esquemática, pode-se dizer que, frente à citação, o réu pode, *grosso modo*, ter seis reações: *a)* oferecer *exceção(ões)*; *b)* oferecer *contestação*, levantando preliminares, com defesa direta ou indireta; *c)* oferecer *reconvenção*; *d)* omitir-se quanto à contestação (*revelia*); *e)* propor *ação declaratória incidental*, se tiver contestado; *f) reconhecer juridicamente o pedido*.

As providências preliminares devem ser tomadas pelo juiz, se houver, na contestação, arguição das preliminares do art. 301 ou defesa indireta (arts. 326 e 327); se houver *revelia* e não incidirem seus efeitos (art. 324); se houver *vícios sanáveis*, para que sejam emendados (art. 327); e, finalmente, se o réu juntar à contestação *prova documental* (art. 398), por força do princípio do contraditório.

Dessas providências preliminares, que devem ser tomadas pelo juiz nestas hipóteses antecedentemente relacionadas, ou origina-se a convocação das partes para a audiência de conciliação a que se refere o art. 331, *caput,* com a redação da Lei 10.444/2002 e respectivo § 1.º, com a redação da Lei 8.952/1994 (em se tratando de direitos que admitam transação), ou, desde que a conciliação se frustre ou, ainda, desde que as circunstâncias revelem improvável a transação (hipóteses em que está autorizado o juiz a dispensar a realização desta audiência preliminar, conforme o art. 331, § 3.º, acrescentado pela Lei 10.444/2002), o saneamento do processo (art. 331, § 2.º), entrando-se, assim, na fase instrutória e, posteriormente, na fase decisória. Em não sendo o caso destas hipóteses, o juiz *deverá* extinguir o processo conforme o seu estado, julgando, ou não, antecipadamente a lide, como se verá a seguir.

157. Introdução ao julgamento conforme o estado do processo

O julgamento conforme o estado do processo é uma possibilidade que se biparte em: extinção do processo *sem* resolução de mérito (a qual, verificando-se, impede as hipóteses sucessivas – art. 267); proferimento de sentença *com* resolução de mérito, seja por atos autocompositivos das partes (art. 269, II, III e V), com repercussão imediata no processo, ou com o julgamento antecipado da lide (art. 330), nas hipóteses em que não haja necessidade de prova em audiência.

Caso não se tenha caracterizado nenhuma das hipóteses do art. 329, com ou sem resolução de mérito, será o caso de convocação das partes para a audiência preliminar, em se tratando de direitos que admitam a transação (art. 331, *caput*, com o texto da Lei 10.444/2002) e se não estiverem presentes as situações previstas no § 3.º deste mesmo dispositivo (hipóteses em que pode o juiz sanear desde logo o processo, cf. redação da Lei 10.444/2002); frustrada esta tentativa de conciliação, será saneado o processo (art. 331, § 2.º), para que o mesmo seja julgado após a colheita de provas em audiência para tanto designada e/ou antes dela (*v.g.*, prova pericial).

As sentenças proferidas nesta fase do processo o serão prematuramente, isto é, fora do tempo normal em que se prolatam as sentenças. Está-se no fim da fase postulatória, e, havendo decisão final neste momento, dispensar-se-á a fase seguinte (a instrutória), para se passar diretamente à etapa decisória. Os arts. 329 e 330 são, pois, permissivos para que o juiz, se for o caso, profira nesta fase sua decisão final, que pode ter, entretanto, o mesmo conteúdo de qualquer sentença proferida em processos em que tenha havido instrução, isto é, o conteúdo previsto nos arts. 267 e 269.

158. Da extinção do processo sem resolução de mérito[9]

O processo é relação jurídica, que se concretiza no procedimento, e se constitui em uma série de atos, tendentes para uma sentença final de mérito, que porá fim ao litígio entre as partes, com força de autoridade de coisa julgada, *se o mérito tiver sido resolvido*, uma vez esgotados os recursos e, eventualmente, observado o disposto no art. 475, quando aplicável. Assim, *extinguir-se o processo sem resolução do mérito* constitui uma anormalidade somente cabível nas hipóteses expressamente prescritas em lei.

O nosso atual Código dispõe, em 11 incisos, no art. 267, sobre as hipóteses em que caberá o encerramento do processo, sem resolução de mérito. Examinemo-las com mais detalhes a seguir.

159. O inciso I do art. 267

A primeira hipótese de encerramento do processo, sem que haja um pronunciamento judicial sobre o mérito, vem disciplinada no art. 267, I. O processo será encerrado sem resolução do mérito quando o juiz indeferir a petição inicial, salvo se o motivo do indeferimento for a incidência do art. 285-A (inserido pela Lei 11.277/2006), em que se proferirá sentença de improcedência (art. 269, I), ou o reconhecimento da decadência ou da prescrição (arts. 295, IV e 269, IV – v. observações *infra*, neste item), hipótese em que também se estará diante de sentença de mérito.[10]

Na realidade, neste dispositivo, o processo vem considerado como *relação bilateral* (não abrangendo o réu), uma vez que ainda não existe em relação ao réu, pois

9. O art. 267, *caput* do CPC foi alterado pela Lei 11.232/2005, que substituiu a expressão "julgamento de mérito" por "resolução de mérito". O mesmo ocorreu com o art. 269, *caput*. Na redação anterior à alteração pela Lei 11.232/2005, estabelecia o referido dispositivo legal: "Extingue-se o processo *com julgamento* de mérito: [...]". Na redação da Lei 11.232/2005, consta, apenas: "Haverá *resolução* de mérito".Cf. também, a respeito, item 143 da Primeira Parte deste *Manual*, em que se trata da eliminação, na redação do art. 269, da expressão "extingue-se o processo".

10. "Quando o juiz indefere a petição inicial por motivo de decadência ou de prescrição, há encerramento do processo com julgamento do mérito", foi o resultado a que se chegou no SIMP de Curitiba, concl. XXVI, na *RT* 482/271.Em face do art. 219, § 5.º do CPC, na redação da Lei 11.280/2006, "o juiz pronunciará, de ofício, a prescrição". Similarmente, o art. 40, § 4.º da Lei 6.830/1980 (na redação da Lei 11.051/2004), estabelece que, "se da decisão que ordenar o arquivamento tiver decorrido o prazo prescricional, *o juiz, depois de ouvida a Fazenda Pública, poderá, de ofício, reconhecer a prescrição intercorrente e decretá-la de imediato*" (g.n.). Controverte-se, no STJ, sobre a aplicabilidade imediata da referida disposição legal às execuções fiscais iniciadas antes de sua vigência. Em sentido afirmativo, cf. STJ, REsp 735.220/RS, 1.ª T., j. 03.05.2005, rel. Min. Teori Zavascki, *DJ* 16.05.2005, p. 270. *Em sentido diverso*, cf. STJ, REsp 758.566/RS, 2.ª T., j. 13.09.2005, rel. Min. Eliana Calmon, *DJ* 03.10.2005, p. 229. Mais recentemente: STJ, REsp 966.493/RS, 2.ª T., j. 25.09.2007, rel. Min. Castro Meira, *DJ* 08.10.2007, p. 256.

somente se formaria com a sua *citação inicial válida* (art. 263, 2.ª parte), o que não se realizará com o indeferimento da petição inicial.

A petição inicial poderá ser indeferida nas hipóteses contempladas nos arts. 284, parágrafo único, e 295 do CPC, quais sejam, por não preencher seus requisitos legais, ou apresentar defeitos ou irregularidades *não sanadas*, que dificultem o julgamento final (art. 284). Nas hipóteses dos arts. 282 e 283, devem ser corrigidos os defeitos ou as irregularidades pelo autor (art. 284), e só se inocorrente tal hipótese incidirá o art. 284, parágrafo único.

De outra parte, são hipóteses de indeferimento da petição inicial a inépcia, a falta de interesse processual, a manifesta ilegitimidade da parte, a ocorrência de decadência ou prescrição (incide o art. 269, IV, c/c art. 295, IV), o não atendimento às prescrições dos arts. 39, parágrafo único, primeira parte, e 284 ou, ainda, quando a parte escolher procedimento inadequado para a pretensão que pretende fazer valer no processo. Neste último caso, se possível a adaptação do procedimento (art. 295, V), não há que se indeferir a inicial, senão que se determinar sua adaptação.

Em todos esses casos, o juiz procederá *ex officio*, uma vez que ainda não foi chamado ao processo o réu.

Tangentemente à ocorrência de prescrição, no regime do CC/1916, se se tratasse de prescrição de direitos patrimoniais, o juiz não poderia proceder de ofício, devendo necessariamente aguardar a provocação do réu. Diferentemente haveria de agir nas hipóteses de prescrição de direitos não patrimoniais, quando, somente então, aplicava-se a previsão do art. 295. Posteriormente, contudo, estabeleceu o art. 194 que a prescrição não podia ser conhecida de ofício pelo juiz, *salvo se favorecesse a absolutamente incapaz*, com o que eliminou a distinção para fins de decretação de prescrição de direitos patrimoniais e não patrimoniais.

Atualmente, com a nova redação do § 5.º do art. 219 do CPC e a revogação do art. 194 do Código Civil pela Lei 11.280, estabeleceu-se a regra de que "o juiz pronunciará, de ofício, a prescrição", não mais havendo restrição, na norma jurídica, à natureza da dívida prescrita ou à capacidade do favorecido por tal pronunciamento.[11]

11. Humberto Theodoro Jr. (*As novas reformas do Código de Processo Civil*, p. 66-69), analisando sob enfoque *sistemático e teleológico* a revogação do art. 194 do Código Civil e a permissão para o juiz conhecer de ofício da prescrição de direito patrimonial, consequências da aludida Lei, chegou às seguintes conclusões: "a) A revogação do art. 194 do Código Civil, realizada de maneira heterotópica, dentro de uma lei de reforma do Código de Processo Civil, não quebra necessariamente o conceito e natureza do instituto da prescrição, figura típica do direito material, reconhecida, como tal, pela própria lei processual (há extinção do processo com resolução do mérito da causa, quando o juiz pronuncia a prescrição – art. 269, IV). b) A sistemática do regime normativo substancial da prescrição e os objetivos sociais e éticos do instituto exigem que a aplicação dos efeitos extintivos da prescrição relacionados aos direitos patrimoniais disponíveis fiquem subordinados ao instituto da *exceção*, manejável pelo devedor, caso a caso, segundo suas conveniências, e na oportunidade que lhe aprouver (Cód. Civil, arts. 191 e 193). c) A não fatalidade do prazo prescricional, sujeito que é a numerosos e constantes fatores de interrupção e suspensão (Cód. Civil, arts. 197 a 204), não permite ao juiz sequer reconhecer, sem concurso da parte, a consumação da prescrição, na generalidade dos casos. A decretação *in limine litis* da prescrição agride o devido processo legal, violando interesses legítimos tanto do credor quanto do devedor, ao negar-lhes o eficaz contraditório e ampla defesa e privá-los do livre exercício de direitos e faculdades assegurados pela ordem jurídica material. d) A decretação autoritária e sumária da prescrição, sem a necessidade de provocação da parte, ofende a garantia do devido processo legal por não respeitar os interesses tanto do credor como do devedor:

Indeferindo a petição inicial com base no art. 295, IV, estará o juiz proferindo sentença que resolve o mérito (art. 269, IV).

Da decisão de indeferimento da petição inicial, caberá apelação, sendo facultado ao juiz, em quarenta e oito horas, retratar-se de sua decisão, quando deverá citar o réu (art. 296, com a redação da Lei 8.952/1994). Sem que o juiz se retrate da decisão de indeferimento, é dizer, se não for o caso de o juiz se retratar, os autos serão remetidos imediatamente ao tribunal competente (*rectius*, sem prévia citação do réu, como no sistema originalmente constante do Código de 1973), sendo determinada a citação do réu somente se provido o recurso do autor (que não terá revisor – art. 551, § 3.º, com a redação que lhe deu a Lei 8.950/1994). O Projeto de Novo Código de Processo Civil, no art. 495, § 7.º (PL 8.046/2010), estende para cinco dias o prazo para retratação, alargando a possibilidade a todas as hipóteses de extinção sem resolução de mérito.

Pode ocorrer, ainda, que estejam presentes os pressupostos para a incidência do art. 285-A do CPC (inserido pela Lei 11.277/2006), hipótese em que "poderá ser dispensada a citação e proferida sentença", tal como ocorre nas hipóteses referidas no art. 295. Havendo apelação, poderá o juiz reformar sua decisão no prazo de cinco dias (§ 1.º do art. 285-A). Mantida a sentença, deverá o réu ser *citado* para apresentar resposta ao recurso (art. 285-A, § 2.º).

160. O inciso II do art. 267

Apesar de o andamento do processo dever ser ordenado pelo juiz de ofício (art. 262, 2.ª parte), muitas vezes o processo permanece parado aguardando alguma providência das partes, e os incisos II e III do art. 267 são indicativos de que o *impulso oficial* não é absoluto. Outras vezes, as próprias partes poderão convencionar a suspensão do processo (art. 265, II). Em qualquer dos dois casos (arts. 267, II, e 265, II), o processo não poderá ficar paralisado indefinidamente. Constatando tal paralisação, na hipótese de acordo entre as partes, quando a paralisação ultrapassar a seis meses, proceder-se-á na forma do § 3.º do art. 265; na hipótese do inciso II do art. 267, quando por negligência das partes o processo ficar parado por mais de um ano, o juiz intimará as partes para, em 48 horas, cumprirem as providências de que o processo está carente. Se estas não o fizerem, o juiz declarará extinto o processo sem resolução do mérito, condenando as partes, proporcionalmente, nas custas (art. 267, §§ 1.º e 2.º).[12]

---

do credor, porque o surpreende, sem dar-lhe oportunidade de adequada demonstração das objeções que legalmente possa opor a uma causa extintiva que não é automática e que em regra envolve, ou pode envolver, complexos elementos de fato e de direito; ao devedor, porque lhe impõe o reconhecimento de uma obrigação e uma exoneração que nem sempre correspondem a seus desígnios éticos e jurídicos. e) As regras procedimentais que cogitam a decretação da prescrição sem condicioná-las à provocação do devedor (CPC, arts. 295, IV, e 219, § 5.º) somente podem ser aplicadas, *in concreto*, nos casos em que a lei material considere indisponível o direito patrimonial (casos, *v.g.*, de prescrição em favor de pessoas absolutamente incapazes) ou quando a própria lei substancial determine a aplicação *ex officio* da prescrição (caso como a da Lei de Execução Fiscal, art. 40, § 4.º, a respeito dos créditos tributários). Essa é a única interpretação que permite aos referidos dispositivos processuais harmonizarem-se com o sistema e os objetivos da prescrição, disciplinada pela ordem jurídica substancial. f) Melhor mesmo seria revogar, *de lege ferenda*, a infeliz inovação, mas, enquanto isto não se der, o dever do intérprete e aplicador da lei inovadora será o de buscar minimizar as impropriedades contidas em sua literalidade, e reduzir sua aplicação apenas às hipóteses compatíveis com a natureza, finalidade e sistema da prescrição do direito material".

12. Uma vez que ambas as partes são, nesse caso, consideradas negligentes pelo abandono do processo, não há que se falar em sucumbên-

No caso do art. 265, II, findo o prazo da suspensão, aplicado o art. 265, § 3.º, é possível – conforme a hipótese – que venha a ser aplicado o inciso III do art. 267, ou, então, se não incidente a regra do inciso III, poderá vir a ser aplicado o inciso II do mesmo art. 267.

161. O inciso III do art. 267

O inciso III contempla a hipótese de negligência tão somente do autor encarregado de promover algum ato ou realizar alguma diligência, a respeito de que se omita. Neste caso, ainda, deverá o juiz dar-lhe 48 horas para realizar a diligência, para, somente após este prazo, extinguir o processo, condenando-o nas custas e honorários de advogado e nas despesas (art. 267, §§ 1.º e 2.º).

Justifica-se a intimação à parte, conforme reza o § 1.º do art. 267 – *insuficiente, para a extinção do processo, a mera intimação ao seu advogado* –, pelo fato de que, *verificando-se efetiva omissão*, tudo indica que a intimação ao advogado seria inócua, *uma vez que por sua inércia é que terá havido a omissão*.

A intimação às partes, nesta hipótese do inciso III, bem como na do inciso II, ambos do art. 267, é indispensável e deverá ser feita pessoalmente à parte (art. 267, § 1.º).[13] Há decisões no sentido de que a intimação poderá ser realizada por meio de editais, no caso de a parte não ser localizada;[14] do contrário, perpetuar-se-ia a omissão e a pendência do processo, sem andamento. Não obstante tais decisões, em razão do quanto consta no parágrafo único do art. 238 do CPC, inserido pela Lei 11.382/2006, pensamos não mais se justificar a intimação por meio de editais, exatamente em razão da presunção legal lá consignada, ou seja, caso as partes não atualizem seus endereços, presumem-se válidas as intimações e quaisquer comunicações dirigidas ao endereço declinado no processo.[15]

Um dos problemas mais importantes que se coloca é o referente à possibilidade ou não de o juiz, de ofício, extinguir o processo, verificando a inércia só do autor.[16]

---

cia. Nesse sentido: "Decorrendo a extinção do processo de negligência de ambas as partes (art. 267, II), as custas são rateadas entre elas e não há condenação em honorários de advogado (STJ, REsp 435.681/ES, 3.ª T., j. 19.10.2010, rel. Min. Paulo de Tarso Sanseverino, *DJe* 26.10.2010)

13. Este também é o entendimento que vem predominando no STJ: para que se dê a extinção do processo nos termos deste art. 267, II, há necessidade inafastável de que a *parte* – não o advogado – seja intimada *pessoalmente* para que dê prosseguimento ao feito, seguindo-se sua extinção somente na hipótese de sua inércia: STJ, REsp 901.910/PB, 1.ª T., j. 17.04.2007, rel. Min. Teori Albino Zavascki, *DJ* 07.05.2007, p. 294; STJ, REsp 737.933/MG, 1.ª T., j. 03.05.2005, rel. Min. José Delgado, *DJ* 13.06.2005, p. 211; STJ, AgRg no AgIn 581.679/RJ, 3.ª T., j. 17.03.2005, rel. Min. Menezes Direito, *DJ* 23.05.2005, p. 272; STJ, REsp 51.198-4/DF, rel. Min. Waldemar Zveiter, *DJ* 31.10.1994, em Sálvio de Figueiredo Teixeira, *O STJ e o processo civil*, p. 225; STJ, REsp 35.102-2/RJ, rel. Min. Dias Trindade, *DJ* 30.08.1993, in Sálvio de Figueiredo Teixeira, op. cit., p. 224. Cf. também *RT* 473/116; 474/64; 476/102; 478/136; 479/153; 482/135; 487/160; 491/52; 491/167; 536/97; 575/195, em.; 586/44; 591/129 e 592/219; *JUTACivSP* 36/324; 37/46; 47/119; 69/210 e 70/171.

14. *JUTACivSP* 44/199; 82/381 e 86/453; *RT* 583/160; 585/140 e 585/155, em. Se o endereço atual da parte a ser intimada é desconhecido, esta deve ser efetivada por editais, por aplicação analógica do art. 231 do CPC (cf. REsp 38.691-8/DF, rel. Min. Antônio Torreão Braz, *DJ* 1.8.1994, in Sálvio de Figueiredo Teixeira, op. cit., p. 224-225). No mesmo sentido, mais recentemente, STJ, REsp 328.389/PR, 4.ª T., j. 9.11.2004, rel. Min. Barros Monteiro, *DJ* 7.3.2005, p. 259.

15. *Do mesmo sentir:* Luiz Rodrigues Wambier, Teresa Arruda Alvim Wambier e José Miguel Garcia Medina, *Breves comentários à nova sistemática processual civil*, vol. 3, p. 32.

16. Admitindo essa possibilidade: *Revista de Processo [RePro]* 3/336, em. 92; *RT* 473/116 e 511/84; *JUTACivSP* 31/59; 74/322 e 86/360.

Parece-nos que o juiz não poderá decretar a extinção de ofício, *em face da caracterização da hipótese do inciso III do art.* 267, pois, caso assim procedesse, seria bastante fácil ao autor burlar a exigência de aceitação, pelo réu, para desistir da ação, bastando-lhe, para conseguir a desistência a que se opõe o réu, abandonar o processo.[17] Ademais disto, agindo diligentemente o juiz – o que há de ser suposto na interpretação e aplicação da lei processual –, não haveria oportunidade para a incidência da regra do inciso II do art. 267. Ainda, o inciso III do art. 267 tem claramente caráter penal, *dependente de manifestação do réu*. Critique-se, apenas, a ordem do Código de Processo Civil, pois os incisos II e III parecem estar dispostos na ordem inversa do que indicaria a lógica. A redação do Projeto de Novo Código de Processo Civil repete o equívoco (art. 495, II, e III, da última versão do PL 8.046/2010).

Em sentido contrário: *RT* 498/171 e 526/105; *JUTACivSP* 86/392; *Revista de Processo [RePro]* 1/203, em. 73.Na doutrina, consultar: Abandono de causa no novo Código de Processo Civil, por Antônio Carlos de Araújo Cintra, *Revista Forense* 254/171; O abandono no novo processo civil brasileiro, por José de Moura Rocha, *Revista Forense* 268/59; *Juriscível* 71/7; *Estudos sobre processo civil*, vol. II/117, 1982. Já se decidiu que a extinção do processo sem resolução do mérito, em razão do abandono pelo autor, somente é possível quando o ato ou diligência que lhe competia cumprir inviabilizar o julgamento da lide, o que não ocorre na omissão da realização de prova pericial destinada a comprovar o fato constitutivo do seu direito (*RT* 671/132).

17. V. neste sentido: José de Albuquerque Rocha, Extinção do processo, *Revista de Processo [RePro]* 2/327. Assim já decidiu o STJ. Cf. REsp 40.210-7/RJ, rel. Min. Costa Lima, *DJ* 07.03.1994, em Sálvio de Figueiredo Teixeira, op. cit., p. 224, e REsp 20.408-6/MG, rel. Min. Sálvio de Figueiredo Teixeira, *DJ* 01.06.1992 (op. cit., p. 223), em que se anota, a respeito, que é "inadmissível presumir-se desinteresse do réu no prosseguimento do feito".

Nesse sentido, foi editada a Súmula 240 do STJ, segundo a qual "a extinção do processo, por abandono da causa pelo autor, depende de requerimento do réu".[18]

A jurisprudência admite que a regra de que a inércia do autor leva à extinção do processo sem resolução de mérito seja também aplicável ao processo de execução de título extrajudicial.[19]

162. O inciso IV do art. 267

Faltando os requisitos de constituição e desenvolvimento válido do processo, o juiz deverá extingui-lo sem resolução do mérito. Na primeira hipótese, faltando os requisitos de constituição do processo, na realidade o processo não existe, não é senão aparência; na segunda, existe o processo, mas ele não é válido.

Nestas hipóteses, deverá o juiz conhecê-las de ofício, independentemente de manifestação do réu e em qualquer grau de jurisdição. Entretanto, o réu, quando comparecer ao processo, deverá alegá-las, sob pena de ser condenado nas custas a que seu retardamento der causa (art. 267, § 3.º). A oportunidade primeira de o réu falar sobre a ausência de tais pressupostos é na contestação, alegando-a antes de entrar no mérito, como preliminar.

Sendo extinto o processo sem resolução de mérito, pela falta de pressuposto processual, em decorrência de fato superveniente, cada parte arcará com as despesas que

18. *DJ* 06.09.2000, p. 215.

19. *Revista de Processo [RePro]* 3/335, em. 82 e 6/313, em. 94; *JUTACivSP* 82/179. Especificamente quanto aos embargos do devedor, v. *Revista de Processo [RePro]* 3/333, em. 73. Já se decidiu, por maioria, não incidir o art. 267, III em embargos do devedor, por não possuir o devedor, no caso, bens penhoráveis, tendo sido aplicado o art. 791, III, do CPC (*JUTACivSP* 86/20).

realizou, ou relativas aos atos que requereu no processo, dado inexistir vencido ou vencedor.[20]

163. O inciso V do art. 267[21]

O inciso V enumera três hipóteses, que, uma vez ocorrentes, fazem com que se extinga o processo: a perempção, a litispendência e a coisa julgada.

Toda vez que ocorre a extinção do processo, ocorre a *perempção* deste (art. 267, II e III), inconfundível com a *perempção da ação* (art. 268, parágrafo único). Entretanto, sabemos que, mesmo extinto ou perempto o processo, a parte poderá voltar a peticionar sobre o mesmo objeto, em outro processo. Se o autor, todavia, der causa a três extinções do processo por inércia, o que ficará perempto será o próprio direito de ação, pois não mais poderá pedir providência jurisdicional acerca daquele direito (art. 268, parágrafo único).[22]

Outra causa enumerada no inciso V é a *litispendência*. Esta se constitui na existência de dois processos, com as mesmas partes e a mesma lide, simultaneamente produzindo efeitos, o que contraria a economia e a certeza judiciárias. Nesta hipótese, o segundo processo, qual seja, aquele em que se deu a citação cronologicamente posterior, deverá ser extinto sem resolução de mérito.[23]

Por fim, a *coisa julgada*, na hipótese sob exame, é a existência de um processo com lide idêntica à de outro entre as mesmas partes; entretanto, diferentemente da litispendência, já terá transitado em julgado sua decisão final *de mérito*.

Em todas essas hipóteses, a parte deverá alegar quer a ocorrência da perempção, quer a de litispendência, ou mesmo a de coisa julgada, sob pena de responder pelas custas, a que seu retardamento der causa, mas deverá o juiz conhecer de tais questões *ex officio*, sem qualquer manifestação da parte interessada, e, conforme o caso, poderá incidir o art. 17.

164. O inciso VI do art. 267

O inciso VI estabelece como causa de extinção do processo a ausência de qualquer uma das condições da ação. O inciso I também estabelece ocorrer a extinção do processo, sem resolução do mérito, com o indeferimento da petição inicial, e entre as causas de indeferimento da petição inicial encontra-se a ausência de qualquer das condições da ação (como, aliás, se vê expressamente no art. 295 e seu parágrafo único). Estaria sendo a lei redundante?

Não, pois, no inciso I, trata-se de um exame que deve ser feito, *à luz da evidência*, liminarmente, e, no inciso VI, de um exame que há de ser feito a qualquer tempo, devendo o réu, ao constatar a inexistência do interesse de agir, a ilegitimidade da parte ou a falta de possibilidade jurídica do pedido para aquele tipo de pretensão, alegá-lo,

---

20. Cf., a respeito, STJ, REsp 614.254/RS, 1.ª T., j. 01.06.2004, rel. Min. José Delgado, *DJ* 13.09.2004, p. 178. No mesmo sentido, STJ, REsp 403.560/RN, 5.ª T., j. 18.08.2005, rel. Min. Arnaldo Esteves Lima, *DJ* 19.09.2005, p. 363.

21. V. n. 112 *et seq.*, *supra*, que tratam do art. 301.

22. Há acórdão do STJ negando a possibilidade de ser aplicado este art. 268, parágrafo único, diante do não pagamento das custas de processo anterior, àquele que é beneficiário da justiça gratuita, porque a previsão da assistência judiciária é constitucional (CF, art. 5.º, LXXIV), pelo que era de prevalecer, *in casu*, sobre a disposição legal constante do Código de Processo Civil (cf. REsp 1.673/ES, rel. Min. Bueno de Souza, *DJ* 26.10.1992, *RSTJ* 37/294, in Sálvio de Figueiredo Teixeira, *O STJ e o processo civil*, p. 225).

23. Amplamente sobre o tema, v. Arruda Alvim, *Ensaio sobre a litispendência no direito processual civil* (trabalho que foi publicado como *Teoria geral do processo de conhecimento*), vol. 2, p. 375 e ss.

podendo o juiz conhecer *ex officio*, porém (art. 267, § 3.º). Evidente, portanto, que o deferimento da inicial faz com que, para o juiz, haja preclusão consumativa em relação a esta possibilidade, pois decisão *propriamente* indeferitória *in limine* não mais pode ocorrer; porém, pode extinguir o processo, a qualquer tempo, com base no art. 267, VI.[24]

Há mesmo coincidência ontológico-jurídica entre os fundamentos do inciso VI do art. 267 e os do art. 295, parágrafo único, III, do art. 295, *caput*, II, e o do art. 295, *caput*, III. A *função jurídica* do art. 295 é permitir decisão *in limine litis*, em face da evidência, mas não criadora de preclusão (inibitória, portanto) de que, ulteriormente, se decida contrariamente ao deferimento liminar da petição inicial, este sim *consumado*, até mesmo pela natureza das coisas.

É importante notar o cuidado do legislador ao redigir o Projeto de Novo Código de Processo Civil, nesse ponto. O art. 495, VI, do PL 8.046/2010 (equivalente ao atual art. 267, VI), dispõe que o mérito não será julgado quando o órgão jurisdicional "verificar ausência de legitimidade ou de interesse processual". Com isso, está-se explicitamente retirando a "possibilidade jurídica do pedido" como uma condição da ação, ou, ainda, estar-se-ia superando e abandonando a categoria "condições da ação", enquanto uma classificação do fenômeno processual, dentro da teoria da ação.[25]

165. O inciso VII do art. 267

O inciso VII previa, na sua redação constante originariamente do Código de Processo Civil de 1973, como causa de extinção do processo, o compromisso arbitral. A Lei 9.307/1996, alterou este dispositivo para determinar que é causa de extinção do processo, sem resolução de mérito, a *convenção de arbitragem*, que, segundo o art. 3.º dessa mesma Lei, é tanto a cláusula compromissória, definida, quanto o compromisso arbitral.

Somente poderá haver arbitragem (tanto a cláusula compromissória, como o compromisso arbitral) se se tratar de direitos patrimoniais disponíveis (Lei 9.307/1996, art. 1.º), isto é, desde que a lei admita sobre estes direitos transação, e desde que possam os interessados na arbitragem contratar.

O *compromisso arbitral* é a convenção pela qual as partes submetem um litígio à arbitragem de uma ou mais pessoas, podendo ser judicial ou extrajudicial (Lei 9.307/1996, art. 9.º, *caput*), enquanto a cláusula compromissória, como diz o art. 4.º, *caput*, deste

24. STJ, AgRg no Ag 332.188/RJ, 3.ª T., rel. Min. Nancy Andrighi, *DJ* 25.06.2001; STJ, RMS 14.399/RJ, 2.ª T., j. 23.08.2005, rel. Min. João Otávio de Noronha, *DJ* 10.10.2005, p. 265; STJ, REsp 509.831/RJ, 4.ª T., j. 23.11.2004, rel. Min. Aldir Passarinho Júnior, *DJ* 7.3.2005, p. 260; STJ, AgRg no REsp 678.131/MG, 3.ª T., rel. Min. Ari Pargendler, *DJ* 21.11.2005; STJ, REsp 847.390/SP, 1.ª T., rel. Min. Teori Zavascki, *DJ* 22.03.2007; STJ, REsp 670.233/RN, 4.ª T., j. 04.03.2008, rel. Min. João Otávio de Noronha, *DJe* 16.06.2008; STJ, REsp 1.004.910/RJ, 4.ª T., j. 18.03.2008, rel. Min. Fernando Gonçalves, *DJe* 04.08.2008. No mesmo sentido: "A ilegitimidade *ad causam*, como uma das condições da ação (art. 267, VI, CPC), deve ser conhecida de ofício (art. 301, § 4.º) e em qualquer tempo e grau de jurisdição (art. 267, § 3.º), inocorrendo preclusão a respeito" (REsp 55/RJ, rel. Min. Sálvio de Figueiredo, *DJ* 06.11.1989, *RSTJ* 5/363, em Sálvio de Figueiredo Teixeira, op. cit., p. 221). V., também, REsp 41.292-7/SP, rel. Min. Waldemar Zveiter, *DJ* 18.04.1994, op. cit., p. 224, com menção expressa à aplicação do art. 267, § 3.º, para a matéria relativa aos pressupostos processuais, perempção, litispendência, coisa julgada e condições de admissibilidade da ação.

25. Sobre o tema, repetindo o que parte da doutrina já afirmava há alguns anos, v. Fredie Didier, Será o fim da categoria "condições da ação"? Um elogio ao projeto do novo código de processo civil. p. 256.

mesmo diploma legal, "é a convenção através da qual as partes em um contrato comprometem-se a submeter à arbitragem os litígios que possam vir a surgir, relativamente a tal contrato".

Válida, diante dos conceitos empregados pela lei, portanto, a distinção que já fazíamos, doutrinariamente, de que o *compromisso arbitral* é realidade distinta da *cláusula compromissória*. O compromisso é um negócio jurídico de direito material, significativo de uma renúncia à atividade jurisdicional do Estado (Lei 9.307/1996, art. 9.º); já a cláusula compromissória, diferentemente, é uma cláusula (*propriamente dita*), ou parte acessória de um contrato, isto é, uma *obrigação*, significativa de que esta cláusula, *como tal*, não tem a virtude de obstar a que se recorra ao Poder Judiciário (Lei 9.307/1996, art. 4.º), sendo certo, de todo modo, que a lei brasileira acabou por criar mecanismos para que, compulsoriamente, seja instituída a arbitragem na hipótese de *descumprimento* desta cláusula compromissória por um dos contratantes (v. Lei 9.307/1996, arts. 6.º e 7.º).

O compromisso, como se afirmou, implica renúncia à atividade estatal. No entanto, há que ser corretamente entendida a validade e a *eficácia* dessa renúncia. Assim, sendo esse compromisso *precedente* ao processo, a cuja lide se refiram, *concretamente*, um e outro, se não for alegado o compromisso *como preliminar de contestação*, no prazo de 15 dias (CPC, art. 301, IX, que, com a Lei 9.307/1996, também se refere, amplamente, ao gênero "convenção de arbitragem"), tal significará que a aludida renúncia (à atividade estatal) não virá a produzir efeitos.[26]

Por estes motivos é que entendemos que, apesar do silêncio da Lei 9.307/1996, o art. 301, § 4.º do Código de Processo Civil (não alterado pelos arts. 41 ou 42 da Lei 9.307/1996) deve ser interpretado, por analogia, amplamente, para nele conglobar não só o compromisso arbitral, mas, também, aquelas hipóteses em que, a despeito da *cláusula compromissória*, uma das partes contratantes foi a juízo. Dito de outro modo: deve-se ler neste dispositivo, nos termos da lei, que a exceção à atividade oficiosa do magistrado em conhecer da matéria dos incisos do art. 301 do Código de Processo Civil é a relativa à *convenção de arbitragem* (inciso IX, com a redação dada pela Lei 9.307/1996).

A alegação de convenção de arbitragem, no Projeto de Novo Código de Processo Civil, ganhou destaque como uma das possíveis atitudes do réu ao responder a ação, ao lado da contestação e reconvenção. Assim, os arts. 345 a 350 do PL 8.046/2010 dispõem sobre a alegação, que será feita em petição autônoma na audiência de conciliação (art. 345). A existência da convenção de arbitragem dependerá da manifestação da parte (art. 349), e a ausência de alegação acarretará a renúncia automática do juízo arbitral e aceitação do juízo estatal (art. 350).

166. O inciso VIII do art. 267

O Código atual coloca entre as causas de extinção do processo sem resolução do mérito a *desistência da ação*, por parte do autor. Neste caso, o autor abre mão do seu direito de ação *atual*, mas não do seu direito material alegado (= pretensão material), que poderá tentar fazer valer extrajudicialmente, ou, mesmo, repropor a ação, nos moldes do art. 268.[27]

26. Cf. Arruda Alvim, *Direito processual civil...*, vol. II/388-389, notas 48 e 48-A, e farta doutrina aí citada; Pontes de Miranda, *Tratado de direito privado*, vol. XXVI, § 3.181, 4, p. 327; e *jurisprudência, no sentido do texto* (existente para o CPC de 1939, mas aproveitável em linhas gerais) (Arruda Alvim, op. e vol. ult. cits., p. 389, nota 48-A).

27. *RT* 490/59. A contraposição entre renúncia ao direito material e desistência da ação pode

A possibilidade de desistência da ação, sem audiência do réu, encontra seu termo final no *momento em que seja esgotado o prazo para resposta do réu*, após o que só poderá o autor desistir da ação com o consentimento do réu (art. 267, § 4.º).[28] Se forem diversos os réus, que já tenham apresentado defesa, todos deverão ser ouvidos.[29] Se se tratar de desistência de ação, tendo em vista direito indisponível (*v.g.*, investigação de paternidade) e havendo oposição expressa à desistência pelo curador especial ou pelo Ministério Público, não há como admiti-la.[30]

Há, no entanto, orientação recente do Superior Tribunal de Justiça no sentido de que, a partir da interpretação teleológica do dispositivo citado (art. 267, § 4.º), que fixa a data da *citação* – e não a resposta do réu – como termo final do momento para desistência unilateral do autor, por entender que, uma vez formada a relação processual, não poderia o autor desistir do pronunciamento de mérito sem a anuência do réu, que já integra a lide independentemente do decurso do prazo de resposta.[31] Trata-se, todavia – ao que parece –, de posição ainda não consolidada nos tribunais.

O réu, todavia, no interior do sistema do Código de Processo Civil, não pode se opor injustificadamente à desistência manifestada pelo autor.[32]

Por outro lado, se o réu não tiver sido ainda citado, pode o autor desistir da ação,

ser verificada na jurisprudência do STJ, donde se extrai o seguinte: "A desistência da ação é instituto de natureza eminentemente processual, que possibilita a extinção do processo, sem julgamento do mérito, até a prolação da sentença. Após a citação, o pedido somente pode ser deferido com a anuência do réu ou, a critério do magistrado, se a parte contrária deixar de anuir sem motivo justificado. A demanda poderá ser proposta novamente e, se existirem depósitos judiciais, estes poderão ser levantados pela parte autora. Antes da citação o autor somente responde pelas despesas processuais e, tendo sido a mesma efetuada, deve arcar com os honorários do advogado do réu". (...) A renúncia é ato privativo do autor, que pode ser exercido em qualquer tempo ou grau de jurisdição, independentemente da anuência da parte contrária, ensejando a extinção do feito com julgamento do mérito, o que impede a propositura de qualquer outra ação sobre o mesmo direito. É instituto de natureza material, cujos efeitos equivalem aos da improcedência da ação e, às avessas, ao reconhecimento do pedido pelo réu. (...)" (STJ, REsp 555.139/CE, 2.ª T., j. 12.05.2005, rel. Min. Eliana Calmon, *DJ* 13.6.2005, p. 240).

28. *Nesse sentido*: STJ, REsp 5.616/SP, 1.ª T., j. 14.11.1990, rel. Min. Armando Rolemberg, *DJ* 18.02.1991, p. 1.024; STJ, REsp 90.738/RJ, 4.ª T., j. 09.06.1998, rel. Min. Sálvio de Figueiredo Teixeira, *DJ* 21.09.1998, p. 167, *LEXSTJ,* vol. 114, p. 101, *REVFOR,* vol. 353, p. 279, *RT,* vol. 761, p. 196; STJ, REsp 203.151/SP, 5.ª T., j. 05.10.1999, rel. Min. Edson Vidigal, *DJ* 25.10.1999, p. 122; STJ, REsp 293.600/SP, 3.ª T., j. 27.03.2001, rel. Min. Nancy Andrighi, *DJ* 13.08.2001, p. 153; STJ, REsp 380.022/SC, 1.ª T., j. 21.02.2002, rel. Min. Garcia Vieira, *DJ* 25.03.2002, p. 208; STJ, REsp 416.372/SP, 4.ª T., j. 25.02.2003, rel. Min. Aldir Passarinho Júnior, *DJ* 05.05.2003, p. 304. Cf. também *JUTACivSP* 79/127, citando várias decisões.

29. *JTA* 56/128. Ainda que, entre os réus, haja direito regressivo de um contra outro, *todos* (inclusive aquele contra quem se quer regredir) devem ser ouvidos (*RT* 478/99).

30. *RTJ* 70/826.

31. "Após a citação, o pedido de desistência da ação depende da anuência do réu para ser deferido" (STJ, REsp 844.727/BA, 1.ª T., j. 17.08.2006, rel. Min. Teori Albino Zavascki, *DJ* 31.08.2006, p. 282). No mesmo sentido: STJ, REsp 241.780/PR, 4.ª T., rel. Min. Sálvio de Figueiredo Teixeira, *DJ* 03.04.2000; STJ, REsp 627.022/SC, 2.ª T., rel. Min. Eliana Calmon, *DJ* 13.12.2004).

32. STJ, REsp 241.780/PR, 4.ª T., j. 17.02.2000, rel. Min. Sálvio de Figueiredo Teixeira, *DJ* 03.04.2000, p. 157; *Revista de Processo [RePro]* 1/200, em. 42 e 6/308, em. 61; STJ, REsp 627.022/SC, 2.ª T., rel. Min. Eliana Calmon, *DJ* 13.12.2004.

sem que o juiz mande ouvi-lo (o réu),[33] como já se disse.

No caso de o pedido de desistência da ação ser feito pelo autor, antes da consumação do prazo para a resposta, mas após esta já ter sido apresentada, já se entendeu que deverá contar com a aquiescência do réu.[34] Contudo, a se adotar o entendimento consignado em julgados mais recentes do STJ, no sentido de que a *citação* do réu seria determinante para estabelecer a necessidade de seu consentimento com a desistência da ação, deve-se observar que o fato de já haver sido ou não apresentada defesa torna-se irrelevante, eis que, a partir do momento em que foi citado, tem o réu o direito de se opor justificadamente à desistência por parte do autor.

Tratando-se de procedimento sumário, persistia o entendimento de que o autor poderia manifestar desistência, independentemente do consentimento do réu, enquanto este não oferecesse defesa em audiência.[35] De outra parte, já havia se decidido que, uma vez apresentada a contestação em ação que segue o rito sumário, ainda que antes da audiência, o autor somente poderia desistir da ação com o consentimento do réu,[36] o que não deixava de se justificar ante a sistemática deste procedimento sumário – o prazo de resposta consuma-se em audiência –, aplicação da regra constante do parágrafo anterior.

No entanto, à luz da jurisprudência que estabelece a citação como o termo final para a desistência unilateral da ação, e mesmo com as modificações trazidas pela Lei 9.245/1995, parece-nos coerente que se estabeleça idêntico raciocínio para todos os procedimentos, uma vez que a orientação, que parece ser a atual do STJ, está amparada no fato de que o réu já integra a relação processual a partir da citação, possuindo, portanto, direito a um pronunciamento jurisdicional de mérito. Desta forma, deverá ser-lhe propiciada a possibilidade de, justificadamente, manifestar-se sobre a desistência da ação por parte do autor, a partir da citação, independentemente do procedimento adotado, sendo irrelevante a circunstância de haver ou não apresentado resposta. Diante de silêncio do réu, a solução haverá de ser a de admitir a desistência da ação.

Ainda, já se decidiu que o Ministério Público não pode levantar a questão decorrente da não oitiva do réu, quanto ao pedido de desistência da ação pelo autor, quando o réu, presente ao processo por curador especial, não impugnou a matéria.[37]

Nas hipóteses de desistência da ação, incumbe ao autor, naturalmente, arcar com as despesas processuais e, no caso de o réu ter comparecido nos autos por meio de advogado devidamente constituído, serão devidos pelo autor honorários advocatícios.[38]

33. STJ, REsp 64.410/ES, 4.ª T., j. 27.02.1996, rel. Min. Barros Monteiro, *DJ* 15.04.1996, p. 11.539. *Na doutrina*: v. Rogério Lauria Tucci, *Do julgamento conforme o estado do processo*, p. 120; Hélio Tornaghi, *Comentários ao Código de Processo Civil*. São Paulo: RT, 1975, vol. II/338; Humberto Theodoro Júnior, *Processo de conhecimento*, vol. I, n. 322, p. 395.

34. Cf., a respeito, STJ, REsp 94.871/RJ, 4.ª T., j. 14.12.2000, rel. Min. Aldir Passarinho Júnior, *DJ* 5.3.2001, p. 166.

35. *JUTACivSP* 83/24; *RT* 493/60 e 580/162, em.; *RJTJSP* 39/118. *Contra*: *JUTACivSP* 86/359 (tratava-se, no caso, de processo acidentário em que já havia sido produzida prova pericial, antes da realização da audiência).

36. REsp 14.044-0/SP, rel. Min. Cesar Rocha, *DJ* 07.03.1994, *RSTJ* 59/219, em Sálvio de Figueiredo Teixeira, *O STJ e o processo civil*, p. 222.

37. *RJTJSP* 61/34.

38. "São devidos honorários de advogado quando, em decorrência da atuação do autor, o réu, regularmente citado antes do pedido de desistência, tiver contratado advogado e oferecido defesa. Recurso conhecido e provido" (STJ, REsp 111.966/MG, 4.ª T., j. 15.02.2000, rel. Min. Cesar Asfor Rocha, *DJ* 10.04.2000, p. 92).

167. O inciso IX do art. 267

Toda vez que uma dada ação for considerada, por força de lei, intransmissível, falecendo o titular do direito invocado, haverá a extinção do processo, sem resolução do mérito.[39]

No entanto, tratando-se de ações de natureza patrimonial, a morte do titular faz com que a própria ação seja transmissível aos sucessores ou ao espólio, operando-se, outrossim, a sucessão no processo (art. 43).

A jurisprudência tem entendido que a morte de um dos cônjuges é caso de extinção do processo, nos casos de separação judicial[40] ou consensual,[41] bem como nos casos de divórcio[42] e de anulação de casamento.[43]

Também é caso de extinção do processo de interdição,[44] se vier a falecer o interditando, e de ação de cobrança de benefício previdenciário, se falecer o beneficiário.[45] Ainda, se a obrigação for personalíssima e vier a falecer o réu.[46]

Ocorrendo o falecimento do impetrante de mandado de segurança, inocorrente a sucessão no direito líquido e certo, não será possível a habilitação de seus herdeiros, dado o caráter mandamental da sentença concessiva do *writ*,[47] e, ainda, tendo em vista a *pessoalidade* do que se postulava. *Estes casos são representativos de perda do objeto da ação proposta.*

168. O inciso X do art. 267

Recaindo na mesma pessoa as qualidades de autor e réu, logicamente não poderá haver processo, caracterizado como um conflito de interesses, em que uma parte pede acerca de um direito e a outra se opõe a tal pedido. Em virtude disto, ocorrendo a *confusão*, o processo extingue-se sem que haja resolução de mérito.

169. O inciso XI do art. 267

Finalmente, o Código genericamente estabelece que se extingue o processo sem resolução do mérito *nos demais casos previstos nele previstos*. Trata-se de hipóteses disciplinadas aqui e ali no Código de Processo Civil, todas ensejadoras do encerramento do processo, sem que se conheça do mérito da causa. Dentre elas, apontemos o § 2.º do art. 265, e, no que diz respeito ao autor, a hipótese do parágrafo único do art. 47.

170. As consequências comuns aos diversos casos de encerramento do processo sem resolução de mérito

Nas onze hipóteses expressamente disciplinadas pelo Código no art. 267, bem como nas demais hipóteses por este espar-

39. Decidiu-se, no entanto, que, em ação de alimentos em que tenha falecido a credora, "vencido o réu no litígio, tanto que condenado ao pagamento das parcelas vencidas até a data de falecimento da autora, são cabíveis os honorários de advogado, nos termos do disposto no art. 20, § 3.º, do CPC" (STJ, REsp 215.659/SP, 4.ª T., j. 16.12.2003, rel. Min. Barros Monteiro, *DJ* 05.04.2004, p. 266).
40. *RT* 471/100; *RJTJSP* 39/29.
41. *RT* 541/72.
42. *RT* 582/47; *RJTJSP* 89/226.
43. *RT* 486/49.
44. *Revista de Processo [RePro]* 6/316, em. 114.
45. TRF-3.ª Reg., j. 22.10.2002, ApCív 190601, rel. Des. Carlos Loverra, *DJ* 19.11.2002, p. 205.
46. *RT* 492/77; *RF* 255/300.
47. *RT* 90/125 (os efeitos patrimoniais poderão ser reclamados pelos herdeiros na via ordinária). Idêntica orientação está consignada nos seguintes acórdãos: STJ, RMS 2.415/ES, 6.ª T., j. 10.09.1996, rel. Min. Vicente Leal, *DJ* 21.10.1996, p. 40.271; STJ, REsp 89.882/MG, 5.ª T, rel. Min. Edson Vidigal, j. 17.11.1998, *DJ* 14.12.1998, p. 266; STJ, MS 6.594/DF, 3.ª S., j. 22.03.2000, rel. Min. Hamilton Carvalhido, *DJ* 18.09.2000, p. 88; STJ, MS 11.448/DF, 3.ª S., j. 10.05.2006, rel. Min. Laurita Vaz, *DJ* 14.06.2006, p. 192.

samente previstas como causas obstativas do conhecimento do mérito e consequente extinção de processo, vislumbramos algumas consequências comuns, entre elas: *a)* a extinção do processo não impede que outro seja proposto, salvo se se deveu ao acolhimento da alegação de perempção da ação, litispendência ou coisa julgada, quando, então, a mesma ação não poderá ser reproposta;[48-49] *b)* a parte que arca com as custas e despesas processuais é a que deu causa à extinção do processo, ou as duas, proporcionalmente, quando ambas concorreram para a sua extinção. No que diz com a extinção por litispendência e inviabilidade de *repropositura* da ação, entenda-se isto como afirmação reportada à subsistência (= litispendência) do processo não extinto. Se este, todavia, vier a ser extinto sem resolução de mérito e sem que esse julgamento seja obstativo da ação (v., p. ex., n. 28, *retro*), um terceiro poderá ser instaurado.

171. O conteúdo do saneamento

No saneamento,[50] a exemplo do que já ocorria com o antigo despacho saneador constante do Código de Processo Civil de 1939, são fixados, de pronto – não mais, como antes da reforma empreendida em dezembro de 1994, somente no início da audiência (art. 451) –, os pontos controvertidos, decididas as questões processuais pendentes e determinadas as provas a serem produzidas, à luz das que foram requeridas pelo autor na inicial e pelo réu com a contestação e reconvenção, se oposta, e que o juiz entender necessárias e relevantes para o julgamento da causa. Será designada audiência de instrução e julgamento, dispõe o art. 331, § 2.º, acrescentado pela Lei 8.952/1994,[51] desde que necessária a colheita de prova oral (art. 336) ou, ainda, sendo o caso, quando for determinada a inquirição do perito e dos assistentes a respeito das coisas e pessoas que, informalmente, tiverem examinado, nos moldes do art. 421, § 2.º (com a redação

48. No mesmo sentido, Eduardo Arruda Alvim, com a pertinente ressalva relativa à litispendência. Transcrevemos o trecho na íntegra para plena compreensão do leitor: "Evidentemente, se for o caso de extinção com base no art. 267, V, do CPC, a repropositura será inviável, consoante previsão expressa do *caput* do art. 268. Deveras, se a razão de ser da extinção sem resolução de mérito foi a existência de outro processo idêntico pendente (litispendência no sentido de processo em ato) ou ainda de outro processo idêntico já resolvido pelo mérito (coisa julgada material), evidentemente não se há de cogitar da possibilidade de repropositura, dado que o vício que terá levado à extinção do processo com amparo no art. 267, V, é absolutamente insuscetível de ser sanado, daí a ressalva expressa pelo legislador no *caput* do art. 268, excepcionando a hipótese do inc. V do art. 267. *No caso de litispendência, porém, caso a primitiva ação que ensejou a extinção da segunda venha a ser extinta sem resolução do mérito, nada obsta que o pedido seja renovado numa terceira ação, desde, claro, que sanado o vício que tiver levado à extinção daquela primeira ação sem resolução do mérito*" (*Direito processual civil*, p. 606 – os destaques são nossos).

49. Quanto à carência de ação e, mais especificamente, à decretação de ilegitimidade *ad causam*, também nos parece inviável a repropositura da ação (sem modificação alguma), na medida em que a sanação do vício deve necessariamente implicar a existência de outra ação, diversa daquela originariamente proposta e extinta prematuramente. Por outras palavras, a ação não pode pura e simplesmente ser "repetida". A respeito deste tema, remetemos o leitor ao que escrevemos acerca da interpretação do art. 268 do CPC, no item 122-B, Primeira Parte, desta obra.

50. Remarque-se que a Seção III, Capítulo V, do Título VIII, até então designada por "Do saneamento do processo", com a promulgação da Lei 10.444/2002, passou a denominar-se "Da audiência preliminar".

51. Note-se que deve ser interpretada a expressão "se, por qualquer motivo, não for obtida a conciliação" constante do art. 331, § 2.º, também no sentido de "não ser possível juridicamente a conciliação".

da Lei 8.455/1992). Note-se que, se o direito litigioso não admitir a transação ou, ainda, nos casos em que as circunstâncias revelarem improvável a transação, está autorizado o juiz a sanear o processo, designando a audiência de que trata o § 2.º (art. 331, § 3.º, acrescentado pela Lei 10.444/2002).

Se imprescindível a realização de prova pericial – não meramente a oitiva do perito, como anotado, e não ocorrendo a hipótese do art. 427, com a redação da Lei 8.455/1992 –, não vemos razão para que o juiz deixe de, nesta mesma ocasião, nomear o perito, fixando, de pronto, o prazo para entrega do laudo (art. 421, *caput*, com a redação da Lei 8.455/1992), que deverá anteceder, pelo menos, vinte dias a audiência de instrução e julgamento (art. 433, *caput*, com a redação da Lei 8.455/1992). Ainda que silente o art. 331, § 2.º, sobre o tema, não vislumbramos qualquer descompasso entre estes haveres, aliás, expressamente previstos na redação constante do art. 331, inciso I, antes do advento da Lei 8.952/1994, e a nova disposição legal.[52]

O saneamento tem a natureza de uma decisão meramente interlocutória, contra a qual caberá o recurso de agravo.[53]

Todavia, o despacho, que se limita a ordenar às partes que especifiquem as provas que pretendam produzir, é irrecorrível,[54] já se decidiu, ainda que, anotemos, tal prática, tão comum na praxe forense, contrarie claramente o atual art. 331, § 2.º.

Diz a Súmula 424 do STF que "transita em julgado o despacho saneador de que não houve recurso, excluídas as questões deixadas, explícita ou implicitamente, para a sentença". Evidentemente, não se pode falar de trânsito em julgado de decisões interlocutórias, em relação às quais o que pode ocorrer é a preclusão. No nosso sistema, só transitam em julgado sentenças de mérito. Ademais, esta súmula, elaborada na vigência do Código de Processo Civil de 1939, não mais subsiste, tendo em vista que, no caso das condições da ação, não ocorre preclusão, mesmo existindo decisão explícita a respeito.[55]

---

52. Continua válido, desta forma, o entendimento pelo qual se tem como agravável a decisão que defere (*Revista de Processo [RePro]* 2/359, em. 153) ou indefere (*Revista de Processo [RePro]* 6/325, em. 172) a realização de prova pericial.

53. Com as alterações da Lei 11.187/2005, o agravo passou a ser admitido, em regra, apenas na forma retida, e, de acordo com a nova redação do § 3.º do art. 523, "das decisões interlocutórias proferidas na *audiência de instrução e julgamento* caberá agravo na forma retida, *devendo ser interposto oral e imediatamente* [...]" (g.n.). A respeito, assim escreve Teresa Arruda Alvim Wambier: "Pensamos que, em se tratando de 'decisão suscetível de causar à parte lesão grave e de difícil reparação' (art. 522, na redação da Lei 11.187/2005), deverá ser admitido agravo de instrumento, apesar do que dispõe a nova redação do art. 523, § 3.º, já que, neste caso, a interposição de agravo retido seria inútil para a parte, razão pela qual lhe faltaria interesse em recorrer por esta forma retida". Assim, apesar do que dispõe a nova redação do § 3.º do art. 523, parece-nos que, *em se tratando de decisão suscetível de causar à parte lesão grave e de difícil reparação, ainda que proferida no curso de audiência de instrução e julgamento, deverá admitir-se a interposição de agravo de instrumento.*"

Contra as decisões interlocutórias proferidas em audiência de instrução e julgamento, à luz da nova redação do art. 523, § 3.º, poderá a parte: a) interpor agravo retido, o que, obrigatoriamente, deverá ser feito oralmente; b) interpor agravo de instrumento, demonstrando que a decisão causa à parte lesão grave e de difícil reparação. "Note-se que não se refere a nova redação do art. 523, § 3.º a decisões proferidas em *audiência preliminar* (art. 331, § 2.º), razão pela qual tais decisões não deverão, obrigatoriamente, ser alvo de recurso *oral*. Neste caso, nada impede que a parte interponha agravo retido por escrito" (*Os agravos no CPC brasileiro*, item 4.1).

54. *RT* 490/112, em. No mesmo sentido: STJ, REsp 163.775/RS, 2.ª T., j. 09.10.1998, rel. Min. Adhemar Maciel, *DJ* 01.02.1999, p. 152.

55. Trata-se de orientação tranquila no STJ: REsp 261.651/PR, 3.ª T., j. 03.05.2005, rel. Min. Cas-

Já no tocante à análise da ocorrência ou não de prescrição de direitos patrimoniais, o Superior Tribunal de Justiça modificou entendimento anterior para se posicionar no sentido de que a prescrição afastada em decisão saneadora irrecorrida não poderá ser objeto de reapreciação pelo Judiciário.[56] Tal entendimento provém do fato de que a prescrição, quando cuida de direitos patrimoniais, não é entendida como matéria de ordem pública – ao revés do que ocorre com as condições da ação e pressupostos processuais, que também devem ser objeto de análise na decisão saneadora.

Dessa forma, o que se deve concluir é que a discussão acerca da existência ou inexistência de preclusão da decisão saneadora será solucionada de acordo com a matéria em foco: se se cuidar de questão de ordem pública (v.g., condições da ação, pressupostos processuais, nulidades absolutas, decadência e prescrição sobre direitos indisponíveis). Nesse sentido, permanece atualíssima a lição de Galeno Lacerda: "solução certa, portanto, será a de subordinar a preclusão à natureza da questão versada. Desta forma, dosar-se-ão as necessidades de economia e certeza com os preceitos de justiça, dentro de um esquema imposto pelas exigências da realidade".[57]

Salvo casos excepcionais, em que a solução de uma preliminar dependa da produção de provas, tem-se entendido que o juiz está obrigado a solucionar aquelas que antecedem o exame de mérito, sob pena de anulação do saneamento.[58]

---

tro Filho, *DJ* 23.05.2005, p. 266; REsp 343.750/MG, 4.ª T., j. 21.05.2002, rel. Min. Sálvio de Figueiredo Teixeira, *DJ* 10.02.2003, p. 215; AgRg no AgIn 332.188/RJ, 3.ª T., j. 22.05.2001, rel. Min. Nancy Andrighi, *DJ* 25.06.2001, p. 177; REsp 56.171/GO, 2.ª T., j. 06.04.2000, rel. Min. Eliana Calmon, *DJ* 01.08.2000, p. 217. No mesmo sentido, VI ENTA, concl. 9, aprovada por maioria, *RT* 580/297.

Em *RT* 573/217, entendeu-se que a Súmula 424 encontra-se "revogada" pelo art. 245, parágrafo único, do atual CPC; pela não subsistência: *RTJ* 112/1.164. Em realidade, a colocação correta é algo diferente, ou seja, o princípio contido na Súmula 424 subsiste, respeitadas as exceções do sistema do vigente CPC, em que se insere a ausência de preclusão no que diz respeito à matéria a que se refere o art. 267, § 3.º (*RSTJ* 9/261, REsp 565, rel. Min. Bueno de Souza). Além dos julgados citados no início da presente nota, há outros precedentes do STJ que confirmam este entendimento, ainda que não nos pareçam da melhor técnica os termos lá utilizados: "Transita em julgado o despacho saneador de que não houve recurso (Súmula 424/STF), ressalvada apenas a matéria dos incisos IV, V e VI do art. 267 do Código de Processo Civil" (REsp 23.583-6/RJ. rel. Min. Nilson Naves, *DJ* 03.11.1992, in Sálvio de Figueiredo Teixeira, op. cit., p. 257). Em sentido similar, não admitindo a preclusão no momento do saneamento do processo, v. REsp 11.827/SP, rel. Min. Cláudio Santos, *DJ* 30.11.1992, in Sálvio de Figueiredo Teixeira, op. cit., p. 222; REsp 24.258-0/RJ, rel. Min. Sálvio de Figueiredo Teixeira, *DJ* 20.06.1994, op. cit., p. 223 (referindo-se à falta de preclusão ainda que, em primeiro grau, tenha havido decisão de mérito), e REsp 38.595-4/RS, rel. Min. Assis Toledo, *DJ* 13.12.1993, op. cit., p. 224.

56. "(...) Prescrição afastada em saneador. Decisão irrecorrida. Preclusão. Em se tratando de pretensão de natureza patrimonial, afastada a prescrição no despacho saneador e não havendo recurso, não poderá a matéria ser rediscutida em âmbito de apelação, tendo em vista a ocorrência da preclusão. Agravo improvido" (STJ, AgRg no REsp 1.069.442/PR, 3.ª T., j. 16.10.2008, rel. Min. Sidnei Beneti, *DJe* 03.11.2008).

No mesmo sentido: STJ, AgRg no REsp 1.045.481/PR, 3.ª T., j. 07.08.2008, rel. Min. Massami Uyeda, *DJe* 28.08.2008; STJ, REsp 706.754/RJ, 4.ª T., j. 15.04.2008, rel. Min. João Otávio de Noronha, *DJe* 05.05.2008; STJ, REsp 595.776/MG, 1.ª T., j. 14.11.2006, rel. Min. Denise Arruda, *DJ* 4.12.2006, p. 263; STJ, REsp 800.536/DF, 1.ª T., j. 07.11.2006, rel. Min. Denise Arruda, *DJ* 27.11.2006, p. 252; STJ, REsp 84.075/RS, 2.ª T., j. 19.08.2004, rel. Min. Castro Meira, *DJ* 27.09.2004, p. 283.

57. Galeno Lacerda, *Despacho saneador*, p. 186.

58. *RT* 471/171 e 547/165; *RJTJSP* 44/233; *JUTACivSP* 39/305, 41/109, 43/153, 49/43 e 65/167.

Ainda, o saneamento há que ser fundamentado (v. art. 93, IX, da CF, reportando-se, genericamente, a todas as decisões emanadas do Poder Judiciário).[59]

172. O saneamento do processo

Um dos institutos que mais sofreu com a reforma do Código de Processo Civil foi o do *despacho saneador,* hoje designado *saneamento* do processo.

No sistema antigo, o despacho saneador, disciplinado no art. 294 do CPC/1939, prestava-se, *em profundidade*, para sanear o processo, para regularizá-lo, para escoimá-lo dos vícios que o maculavam. Era a oportunidade adequada para que o juiz pronunciasse as nulidades insanáveis e mandasse suprir as sanáveis, para que verificasse a presença das condições da ação, bem como designasse a audiência de instrução e julgamento e deferisse o pedido para a realização de provas.

No sistema atual, o saneamento (a que se refere o art. 331, §§ 2.º e 3.º, inserido pela Lei 10.444/2002) tem função somente positiva.

O saneamento do processo no Código, mesmo após a denominada reforma de dezembro de 1994, se faz por partes, e não num só momento, tal qual ocorria no sistema do Código antigo. Assim, a declaração das nulidades insanáveis é feita como providência preliminar ao julgamento, conforme o estado do processo. Se as condições da ação estão presentes, ou não, o juiz deverá constatar quer no despacho liminar inicial, de ofício, quer depois da contestação, quando então deverá o réu ter alegado a falta, ou o próprio juiz, novamente *ex officio*, constatando a falta, deverá extinguir o processo sem resolução de mérito.

Na realidade, o saneamento, nos termos do art. 331, § 2.º, somente ocorrerá: *a)* se a petição inicial não tiver sido liminarmente indeferida; *b)* se o processo não tiver sido extinto sem resolução do mérito, pela ocorrência de uma das hipóteses elencadas no art. 267, alegadas pelo réu ou conhecidas de ofício pelo juiz, quando possível; *c)* quando não tenha havido julgamento antecipado da lide, em virtude da ocorrência de alguma das hipóteses do art. 330, proferíveis com base no conteúdo do art. 269, I (art. 330, I), ou art. 319 (art. 330, II); *d)* se não tiver verificado sentença de mérito baseada no art. 269, incisos II a V, quando se terá resolução do mérito, hipótese que inclui (art. 269, III), para todos os fins, a possibilidade de as partes transigirem, quando isto é viável juridicamente. Somente não ocorrendo qualquer das hipóteses antes enumeradas, será proferido o saneamento.

Em realidade, a função *própria e precipuamente saneadora* encontra-se no art. 327, 2.ª parte, *verbis*: "Verificando a existência de irregularidades ou de nulidades sanáveis, o juiz mandará supri-las, fixando à parte prazo nunca superior a 30 (trinta) dias".

Este texto evidencia a missão do juiz, no sentido de expungir o processo de defeitos que dificultem ou impeçam o respectivo prosseguimento, seja para a hipótese de julgamento antecipado ou não.

Os arts. 326 e 327 (1.ª parte), determinadores de que se enseje, ao autor, *produção de prova documental*, funcionam como representativos do direito do autor de ser ouvido a respeito das alegações a que respectivamente se referem esses textos, e de poder produzir prova documental. Diante desta audiência do autor e eventual produção de prova documental de sua parte, é possível que: *a)* se siga rumo à extinção do processo, sem resolução de mérito (art. 329, que se refere ao

59. STJ, REsp 116.209/PR, 4.ª T., j. 25.04.2000, rel. Min. Aldir Passarinho Júnior, *DJ* 28.08.2000, p. 85. Neste julgado, decidiu-se que "o vício pode ser sanado no juízo de retratação, quando o magistrado processante, ainda que ratificando a decisão agravada, explicita, satisfatoriamente, os temas impugnados".

art. 267); *b)* ou, então, que se siga julgamento de mérito (art. 329, que se refere ao art. 269, II a V); *c)* ou, então, que ocorra o julgamento antecipado da lide, com fulcro no art. 330, incidindo o art. 269, I; *d)* ou, então, não ocorrendo qualquer destas hipóteses, será hipótese do que o Código de Processo Civil atualmente designa como tentativa de *conciliação*, em se tratando de direitos que admitam transação – art. 331, *caput*, com a redação da Lei 10.444/2002 – e, para estes, frustrada a conciliação, que daria ensejo a uma sentença nos moldes do art. 269, III, ou para os indisponíveis, ou para os casos cujas circunstâncias evidenciem improvável a obtenção da transação (art. 331, § 3.º, acrescentado pela Lei 10.444/2002), *saneamento* (art. 331, § 2.º, acrescentado pela Lei 8.952/1994).

A possibilidade de produção de prova documental, *exclusivamente, nessa oportunidade* (arts. 326 e 327), liga-se à *possível* hipótese de decisão da ação proposta (com ou sem resolução de mérito), sem qualquer outro tipo de prova.

Como se disse, *se isso não tiver sido possível*, incide o art. 331, § 2.º.

173. Julgamento antecipado da lide

O julgamento antecipado da lide terá lugar em três casos distintos: *a)* quando a questão de mérito for unicamente de direito; *b)* quando, apesar da questão ser de direito e de fato, não houver necessidade de produção de prova em audiência (art. 330, I); *c)* quando ocorrer a revelia e o *efeito da revelia* (arts. 330, II, e 319).

O julgamento antecipado da lide marca-se pela desnecessidade ou irrelevância da audiência para produção de provas. Este entendimento vem claro na interpretação do § 2.º do art. 331, ao se referir à designação da audiência de instrução e julgamento, *se necessária*. Esta expressão, parece-nos, diz com a necessidade de produção de provas em audiência *de instrução e julgamento*. Assim sendo, deve-se ter o julgamento antecipado da lide porque a questão de mérito se resume na aplicação da lei ao caso concreto, já definido pela ausência de qualquer controvérsia em torno dos fatos, e, então, encontra aplicação a regra de que acerca do direito não se faz prova, por força da aplicação do princípio *iura novit curia* (art. 330, I, 1.ª parte), ou, então, porque, apesar da existência de questões de fato que dependam de prova, essa prova não é oral e nem há prova pericial a ser realizada em audiência de instrução, por ser exclusivamente documental, por exemplo (art. 330, I, 2.ª parte).[60]

60. Confiram-se os pronunciamentos do STJ: "(...) O art. 330, inciso I, do CPC permite ao magistrado julgar antecipadamente a causa e dispensar a produção de provas quando a questão é unicamente de direito ou quando já houver prova suficiente dos fatos alegados (...)" (STJ, REsp 673.869/PR, 1.ª T., j. 18.12.2007, rel. Min. Teori Albino Zavascki, *DJ* 11.2.2008, p. 56). "(...) O juiz tem o poder-dever de julgar a lide antecipadamente, desprezando a realização de audiência para a produção de provas ao constatar que o acervo documental é suficiente para nortear e instruir seu entendimento. É do seu livre convencimento o deferimento de pedido para a produção de quaisquer provas que entender pertinentes ao julgamento da lide (...). Nos termos da reiterada jurisprudência do STJ, 'a tutela jurisdicional deve ser prestada de modo a conter todos os elementos que possibilitem a compreensão da controvérsia, bem como as razões determinantes de decisão, como limites ao livre convencimento do juiz, que deve formá-lo com base em qualquer dos meios de prova admitidos em direito material, hipótese em que não há que se falar em cerceamento de defesa pelo julgamento antecipado da lide' e que 'o magistrado tem o poder-dever de julgar antecipadamente a lide, desprezando a realização de audiência para a produção de prova testemunhal, ao constatar que o acervo documental acostado aos autos possui suficiente força probante para nortear e instruir seu entendimento' (REsp 102.303/PE, rel. Min. Vicente Leal, *DJ* 17.05.1999)" (STJ, AgRg no

Consoante já decidiu o TJSP, "o uso do art. 330 do CPC deve ser feito com parcimônia pelos magistrados, a fim de evitar prejuízos às partes e até cerceamento da defesa. Às vezes, é preferível estender um pouco mais o processo, imprimindo-lhe o rito ordinário, do que procurar solucioná-lo de imediato"[61] (v. *supra*, n. 126, *fine*, sobre revelia).

Desta maneira, já se anulou sentença proferida em julgamento antecipado, pelo fato de os réus terem requerido na contestação a produção de provas.[62]

Também já se anulou julgamento de apelação em ocasião em que a parte, embora tenha formulado requerimento de julgamento antecipado da lide, formulou também pedido subsidiário, no sentido de que, acaso se reputassem insuficientes as provas dos autos, fosse realizada a prova oral em audiência. No caso, o juiz de primeiro grau, entendendo pela suficiência das provas constantes nos autos, julgara antecipadamente a lide, em favor do autor; porém, em sede de apelação, a sentença foi reformada, julgando-se improcedente o pedido por serem insuficientes as provas dos fatos constitutivos de direito. Interposto recurso especial contra o acórdão da apelação, o Superior Tribunal de Justiça entendeu que, como o autor havia formulado pedido subsidiário de produção de provas, com a respectiva especificação dos meios de prova, o julgamento de improcedência pelo Tribunal cerceara o direito à ampla defesa, fazendo-se necessário o retorno dos autos à origem para proceder à dilação probatória.[63]

Há outras hipóteses em que o julgamento antecipado da lide toma como premissa básica questão cronologicamente anterior ou até mesmo questão prejudicial ao exame dos demais aspectos da lide. É o caso, por exemplo, de julgamento antecipado da ação de cobrança de aluguéis fundado no reconhecimento da inexistência de contrato de locação, tendo em vista a prova documental ou, ainda, do julgamento antecipado de ação indenizatória por responsabilidade civil embasado na prova documental de inocorrência dos fatos constitutivos narrados na inicial. Em ambas as hipóteses, se o Tribunal competente para o julgamento da apelação entender, quando do julgamento do recurso, que os fundamentos

---

Ag 938.880/PA, 1.ª T., j. 12.2.2008, rel. Min. José Delgado, *DJe* 3.3.2008). Desse entendimento hão de ser excluídas as hipóteses em que a prova testemunhal seja manifestamente impertinente.

61. *RJTJSP* 43/132.

62. *RT* 565/69. Também já decidiu neste sentido o Superior Tribunal de Justiça: STJ, REsp 688.654/RS, 1.ªT., j. 22.02.2005, rel. Min. José Delgado, *DJ* 04.04.2005, p. 215. Cf., também, o seguinte julgado – ainda que analisando a questão a partir do outro extremo da relação processual: "Evidenciando-se a necessidade de produção de provas, pelas quais, aliás, protestou o autor, ainda que genericamente, constitui cerceamento de defesa o julgamento antecipado da lide, fundado exatamente na falta de prova do alegado na inicial" (REsp 7.267/RS, rel. Min. Eduardo Ribeiro, *DJ* 8.4.1991, em Sálvio de Figueiredo Teixeira, *O STJ e o processo civil*, p. 253). Não é outro o sentido do REsp 35.290-8/GO, rel. Min. Costa Leite, *DJ* 5.9.1994: "Revelando-se essencial ao deslinde da controvérsia a produção de prova pericial oportunamente requerida, não há lugar para o julgamento antecipado da lide. Negativa de vigência ao art. 330, I, do CPC caracterizada. Recurso conhecido e provido" (in Sálvio de Figueiredo Teixeira, op. cit., p. 256). *Cf.*, ainda, acórdão recentemente relatado pelo Min. Ari Pargendler, cuja ementa se transcreve a seguir: "Processo civil. Provas. Cerceamento. O julgamento antecipado da lide sem que a instrução seja a mais ampla possível cerceia indevidamente a atividade probatória da parte. Recurso especial conhecido e provido" (STJ, REsp 487.955/MG, 3.ª T., j. 08.02.2008, rel. Min. Ari Pargendler, *DJe* 09.4.2008).

63. STJ, REsp 50.467/SP, 3.ª T., j. 12.09.1994, rel. Min. Eduardo Ribeiro, *DJ* 17.10.1994, p. 27.893; *RDTJRJ*, vol. 21, p. 16; *REVFOR*, vol. 330, p. 306.

da sentença estariam equivocados (*i.e.*, entender pela existência de contrato de locação, no caso da ação de cobrança ou pela ocorrência dos fatos constitutivos que embasaram a ação indenizatória), e, se os demais aspectos da lide demandarem dilação probatória (para verificar, por exemplo, se houve pagamento da dívida, no caso da ação de cobrança de aluguéis, ou se houve culpa ou dolo do agente, na hipótese de ação de responsabilidade civil), deverá o Tribunal determinar a remessa dos autos ao juízo de origem para que sejam produzidas provas quanto aos aspectos remanescentes da lide, sob pena de cerceamento de defesa. Isso porque, em casos tais, a convicção do juiz da desnecessidade de produção de provas está atrelada ao fundamento utilizado na sentença, de sorte que, modificado aquele fundamento, é possível que as questões subsequentes da lide não sejam eminentemente de direito e que, sendo controvertidas, demandem produção de provas.

Por outro lado, sendo o caso, o juiz *deve* julgar antecipadamente a lide,[64] razão pela qual, inclusive, já se anulou sentença que determinara a produção desnecessária de prova pericial, quando se tratava de questão eminentemente de direito. Por entender ser o julgamento antecipado da lide uma *necessidade*, o Superior Tribunal de Justiça confirmou integralmente o acórdão que anulara a decisão interlocutória de primeiro grau, tendo em vista a desnecessidade da prova designada e a imprescindibilidade do julgamento antecipado.[65]

64. O Superior Tribunal de Justiça também compartilha deste entendimento: STJ, AgRg no Ag 848.292/SP, 6.ª T., j. 6.9.2007, rel. Min. Maria Thereza de Assis Moura, *DJ* 24.9.2007, p. 384; STJ, AgRg nos EDcl no AgIn 664.359/RS, 1.ª T., j. 13.9.2005, rel. Min. José Delgado, *DJ* 10.10.2005, p. 230; STJ, AgRg no AgIn 481.607/DF, 3.ª T., j. 18.3.2004, rel. Min. Pádua Ribeiro, *DJ* 12.4.2004, p. 205. Assim também, por exemplo, os seguintes precedentes: "Presentes as condições que ensejam o julgamento antecipado da causa, é dever do juiz, e não mera faculdade, assim proceder" (REsp 2.832/RJ, rel. Min. Sálvio de Figueiredo Teixeira, *DJ* 17.9.1990, em Sálvio de Figueiredo Teixeira, *O STJ e o processo civil*, p. 253); "Quando a audiência se apresenta dispensável, impõe-se o julgamento antecipado da lide em obséquio aos princípios processuais da economia e da celeridade, inocorrendo, via de consequência, cerceamento de defesa" (REsp 5.640/RS, rel. Min. Sálvio de Figueiredo Teixeira, *DJ* 24.6.1991, op. cit., p. 254). No entanto, tendo-se presente o comando da Súmula 7 do Superior Tribunal de Justiça, há de ser asseverado que, "em regra, saber se os fatos relevantes à solução do conflito já se encontram, ou não, suficientemente comprovados de molde a dispensar a produção de prova em audiência e a permitir o julgamento antecipado da lide, é tema exigente do reexame e da análise do conjunto probatório, não admissível na sede angusta do recurso especial" (REsp 8.965/SP, rel. Min. Athos Carneiro, *DJ* 3.2.1992, op. cit., p. 254).

65. "Processo civil. Cerceamento de defesa. Reforma do despacho saneador que deferiu o pedido de produção de prova pericial. Controvérsia acerca da aplicação da taxa Selic para fins tributários. Matéria eminentemente de direito. Julgamento antecipado da lide. Necessidade. Prescindibilidade da perícia. Princípios da economia e celeridade processuais. 1. O art. 131, do CPC, consagra o princípio da persuasão racional, habilitando o magistrado a valer-se do seu convencimento, à luz dos fatos, provas, jurisprudência, aspectos pertinentes ao tema e da legislação que entender aplicável ao caso concreto, constantes dos autos. Nada obstante, compete-lhe rejeitar diligências que delonguem desnecessariamente o julgamento, a fim de garantir a observância do princípio da celeridade processual. 2. *In casu*, a recorrente, em sede de ação consignatória, formulou pedido de que lhe fosse autorizado o depósito de valores referentes a débito fiscal, excluída a multa moratória, bem como a Taxa Selic, 'uma vez que esta não se presta para fins tributários'. 3. Malgrado a controvérsia gravite em torno de questão eminentemente de direito, o Juízo Singular deferiu o pedido de produção de prova pericial contábil, limitando seu objeto ao esclarecimento de eventual acumulação da Taxa Selic com juros e correção monetária. 4. Entrementes, o art. 330, do *Codex* Processual,

Finalmente, haverá julgamento antecipado da lide quando ocorrer a revelia e o efeito da revelia.[66] Por força do art. 319 do CPC, a revelia faz com que os fatos deduzidos pelo autor sejam tidos como verdadeiros, ressalvadas as causas excludentes previstas no Código ou decorrentes da própria natureza dos fatos, ou de circunstâncias da própria narração do acontecer histórico (v. n. 126, *fine* e *retro*).

Aqui, o julgamento antecipado deve ocorrer porque não existe mais controvérsia em torno dos fatos, bastando unicamente ao juiz fazer com que a lei seja aplicada aos mesmos, e, mais uma vez, encontra aplicação o princípio de que o juiz conhece o direito. Evidentemente, se estivermos ante uma daquelas hipóteses em que ocorre a revelia, mas não se dão os *efeitos da revelia*, por existir, por exemplo, litisconsorte passivo que contestou, será necessária a realização de provas que, se orais, serão produzidas em audiência, frustrada a conciliação, sendo direitos que admitam a transação (art. 331, *caput* e § 2.º, com a redação da Lei 8.952/1994 e alterações da Lei 10.444/2002), não possibilitando, assim, o julgamento antecipado.[67]

---

que trata do julgamento antecipado da lide, dispõe que o juiz conhecerá diretamente do pedido, proferindo sentença, quando a questão de mérito for unicamente de direito, ou, sendo de direito e de fato, não houver necessidade de produzir prova em audiência (inciso I). 5. Desta sorte, revela-se escorreito o fundamento da decisão monocrática, que reformou a decisão interlocutória proferida pelo Juízo Singular, no sentido da prescindibilidade da produção de prova pericial na hipótese dos autos, uma vez ausente o 'trinômio que justifica a sua feitura (adequação, utilidade e necessidade), porque o conhecimento técnico do perito nada acrescentará para solução da controvérsia, que é puramente jurídica'. 6. Deveras, é cediço nesta Corte que inocorre cerceamento de defesa quando desnecessária a produção da prova pretendida (REsp 226.064/CE, 4.ª T., j. 24.06.2003, rel. Min. Sálvio de Figueiredo Teixeira, *DJ* 29.09.2003), impondo-se o julgamento antecipado da lide em que se controverte apenas sobre matéria de direito, em obediência aos princípios da economia e da celeridade processuais (REsp 324.098/RJ, 4.ª T., j. 21.03.2002, rel. Min. Sálvio de Figueiredo Teixeira, *DJ* 29.04.2002; e REsp 337.785/RJ, 3.ª T., j. 04.12.2001, rel. Min. Nancy Andrighi, *DJ* 25.03.2002). 7. Recurso especial desprovido" (STJ, REsp 797.184/DF, 1.ª T., j. 25.03.2008, rel. Min. Luiz Fux, *DJe* 09.04.2008).

66. V. Rita Gianesini, op. cit., p. 115.

67. No tocante à hipótese do inciso II do art. 330, do CPC, convém registrar a existência de projeto de lei alteradora do CPC, em trâmite na Câmara dos Deputados. O Projeto de Lei 4.346/2008, de autoria do Deputado Cleber Verde, acrescenta a ressalva – já consolidada na interpretação sistemática procedida pela doutrina e pela jurisprudência pátrias – de que a revelia deverá, para ensejar o julgamento antecipado da lide, gerar presunção de veracidade. Inicialmente, o que o projeto prevê é explicitar na lei a necessidade de que se operem os efeitos da revelia; do contrário, não haverá julgamento antecipado. Adicionalmente, porém, está contida na exigência de que "haja comprovação do direito alegado" pelo autor. A redação proposta do dispositivo subordina claramente a ocorrência dos efeitos da revelia à demonstração do fato constitutivo do direito do autor. De acordo com o Projeto de Lei 4.346/2008, a redação do inciso II do art. 330 do CPC passaria a ser a seguinte: "II – fica autorizado o julgamento antecipado antecipado da lide quando houver revelia, *desde que ela gere presunção de veracidade, ou seja, haja comprovação do direito alegado, aplicando-se ao caso, se necessário, o disposto no artigo 130 da lei processual*" (destaque acrescido). Parece-nos que há redação algo imprecisa em se equiparar a "presunção de veracidade" à "comprovação do direito alegado." E, embora entendamos que a presunção de veracidade operada na revelia não possui natureza absoluta, disso não deflui a necessidade de o autor cabalmente comprovar os fatos alegados na inicial. Ao contrário, essa comprovação somente será necessária quanto tais fatos se mostrarem inverossímeis ou quando conflitarem com as provas dos autos (trazidas pelo próprio autor).

Da sentença proferida com julgamento antecipado da lide caberá o recurso de apelação, pois trata-se de decisão que põe fim ao processo.[68]

A principal modificação trazida pelo Projeto de Novo Código de Processo Civil neste ponto diz respeito ao julgamento antecipado parcial do mérito. Já de início, é preciso deixar claro que há muita divergência, em sede doutrinária, sobre a natureza jurídica das chamadas "sentenças parciais" em nosso direito posto. A esse respeito, admitindo a sua existência, Ovídio Araújo Baptista da Silva observa que "como a sentença definitiva, está a que se dá o nome de sentença parcial também produz coisa julgada e apenas da primeira se distingue por não encerrar inteiramente o procedimento. Tanto na sentença definitiva, quanto na sentença parcial o juiz pronuncia-se sobre o *meritum causae* de tal modo que o ponto decidido não mais poderá ser controvertido pelas partes naquela relação processual nem o julgador poderá sobre ele emitir um julgamento diverso, nas fases posteriores do procedimento".[69]

Adotando esse posicionamento, o art. 361, parágrafo único, do PL 8.046/2010, permite a extinção sem julgamento de mérito de apenas "parcela do processo". Congruentemente, o art. 363 possibilita a decisão antecipada parcial, quando um ou mais dos pedidos formulados for incontroverso (art. 363, I) ou simplesmente puder ser julgado sem produção probatória (art. 363, II).

No CPC vigente o art. 273, § 6.°, permite, como passará a permitir o art. 364, I, do PL 8.046/2010, que o pedido incontroverso seja julgado antecipadamente (v. item 148, *supra*). A nosso ver, o disposto no art. 273, § 6.°, é já um exemplo de julgamento antecipado parcial da lide, e não de antecipação de efeitos de tutela, a despeito do princípio da unicidade da sentença. A localização desse § 6.°, portanto, não privilegia a melhor técnica processual, pois acaba por confundir julgamento parcial de mérito – apto a produzir efeitos imediatamente e com todas as características de uma sentença definitiva – com antecipação de efeitos da tutela.[70]

O projeto toma posição, ainda, sobre as discussões sobre a natureza da decisão parcial de mérito, dispondo que o julgamento parcial é impugnável por agravo de instrumento (art. 363, § 4.°), por mais que certa corrente doutrinária defendesse uma "apelação por instrumento",[71] como híbrido recursal aplicável à espécie.

174. Casuísmo em torno do julgamento conforme o estado do processo

Se existem questões de fato no processo, mas essas são estranhas à questão principal, é de se aplicar a regra que autoriza o julgamento antecipado da lide.[72] Isto porque a dispensa da audiência ocorrerá quando existirem fatos *relevantes* para a decisão da causa, que não dependam de prova. Se

68. Neste sentido, v. *RJTJSP* 63/302.

69. *Decisões interlocutórias e sentenças liminares*, p. 21.

70. Mais amplamente, v. Arruda Alvim e outros, Comentários ao código de processo civil, 2. ed, pp. 612/617.

71. Discordando da possibilidade de "apelação por instrumento", e abordando as diversas posições da doutrina, v. Teresa Arruda Alvim Wambier, *O agravo e o conceito de sentença, passim*.

72. TARS, em Jurandyr Nilsson, *Repertório*, vol. 2/448, j. n. 396. A redação do art. 331, § 2.°, autoriza que seja reafirmado este entendimento porque, no sistema atual, o juiz deverá fixar, desde logo, os pontos controvertidos (*rectius*, questões) sobre os quais recairá toda a produção da prova. Assim sendo, não se poderá deferir seja feita qualquer prova de fatos tidos como irrelevantes para o deslinde da causa. Se os únicos fatos a serem provados são tidos como *irrelevantes*, o caso é de julgamento antecipado da lide (art. 330, I).

houver requerimento de prova acerca de fatos irrelevantes, ou estando os relevantes devidamente provados, é, da mesma forma, de se proceder ao julgamento antecipado da lide.

Tem cabimento o julgamento antecipado da lide nas ações de despejo fundadas na Lei 8.245, de 18 de outubro de 1991, uma vez que seu art. 59, *caput*, submete tais ações ao rito ordinário, que outro não é senão o regulado no Livro I, Título VIII, do citado Código, em cujo corpo se situa o art. 330, I, autorizando a antecipação do julgamento, quando este não dependa de prova a ser produzida em audiência.[73]

A jurisprudência tem admitido o julgamento antecipado da lide, *desde que ocorrente o pressuposto respectivo*, nos seguintes casos: nas medidas cautelares;[74] nas renovatórias de locação;[75] em ação de consignação em pagamento;[76] em ação de prestação de contas;[77] nas reivindicatórias;[78] nas ações de reintegração de posse;[79] nas ações de falência;[80] na ação de resilição de arrendamento rural cumulada com despejo.[81]

Admite-se, também, o julgamento antecipado da lide, quando, apesar de existirem provas requeridas, estas se revelem desnecessárias ao esclarecimento da causa,[82] ou quando se refiram a fatos impertinentes ou irrelevantes para o deslinde da causa.[83]

Todas estas hipóteses espelham aplicação correta do sistema do Código de Processo Civil, no particular, com a ressalva feita anteriormente de que, *v.g.*, por causa da compulsoriedade da perícia e a possibilidade de esclarecimentos em audiência (Dec.-lei 3.365/1941, art. 14, que dispõe sobre desapropriação), não se pode pretender julgar antecipadamente ações de desapropriação. Sem embargo, quando inocorrer solicitação

73. Para o direito anterior (antes da promulgação da Lei 8.245/1991), também admitindo o julgamento antecipado da lide, desde que presentes seus elementos caracterizadores, v. TARS, em Jurandyr Nilsson, *Repertório*, vol. 2/449; 2.º TACivSP, ApCív 19.814, 5.ª Câm., 4.9.1974, rel. Maércio Sampaio (v.u.); 1.º TARJ, ApCív 50.382, 2.ª Câm., 18.12.1975, rel. Narciso Pinto (v.u.); 2.º TARJ, ApCív 4.407, 2.ª Câm., 15.8.1978, rel. Enéas Machado Cotta (v.u.); *RT* 585/154, em.

74. Para as medidas cautelares aplica-se o art. 803, *caput*: STJ, REsp 436.232/ES, 1.ª T., j. 11.02.2003, rel. Min. Luiz Fux, *DJ* 10.03.2003 p. 103.

75. STJ, REsp 62.349/GO, 5.ª T., j. 19.06.1995, rel. Min. Assis Toledo, *DJ* 21.08.1995, p. 25.383; *RF* 261/291; *RT* 543/271. Sobre outras ações fundadas em contrato de locação, cf. STJ, AgRg no REsp 586.342/SC, 5.ª T., j. 04.08.2005, rel. Min. Arnaldo Esteves de Lima, *DJ* 05.09.2005, p. 458.

76. TRF-4.ª Reg., ApCív 608044, j. 09.12.2003, rel. Des. Dirceu de Almeida Soares, *DJ* 07.01.2004, p. 261. V. art. 896, aplicável à espécie, não afetado, neste particular, pela redação que a Lei 8.951/1994, deu ao dispositivo.

77. STJ, REsp 474.983/RJ, 3.ª T., j. 3.6.2003, rel. Min. Nancy Andrighi, *DJ* 04.08.2003, p. 297 (v. art. 915, § 2.º, 1.ª parte, que faz remissão ao art. 330).

78. *RT* 500/108.

79. STJ, REsp 290.594/PR, 3.ª T., j. 15.10.2001, rel. Min. Menezes Direito, *DJ* 04.02.2002, p. 348; *Arquivo Forense* 66/132.

80. Cf. STJ, REsp 78.658/SP, 4.ª T., j. 02.05.1998, rel. Min. Sálvio de Figueiredo Teixeira, *DJ* 01.03.1999, p. 317; STJ, REsp 27.017/RJ, 3.ª T., j. 09.08.1993, rel. Min. Eduardo Ribeiro, *DJ* 23.08.1993, p. 16.577.

81. STJ, AgRg no AgIn 582.525/RJ, 6.ª T., j. 12.04.2005, rel. Min. Nilson Naves, *DJ* 15.08.2005, p. 370; *RT* 532/165.

82. STJ, REsp 536.585/ES, 4.ª T., j. 19.08.2003, rel. Min. Sálvio de Figueiredo Teixeira, *DJ* 06.10.2003, p. 284; STJ, REsp 215.011/BA, 2.ª T., j. 03.05.2005, rel. Min. João Otávio de Noronha, *DJ* 05.09.2005, p. 330; *RT* 569/217.

83. Cf. STJ, AgRg no AgIn 768/SP, 3.ª T., j. 06.02.1990, rel. Min. Gueiros Leite, *DJ* 26.03.1990, p. 2.173; STJ, REsp 150.196/CE, 4.ª T., j. 03.03.1998, rel. Min. Ruy Rosado de Aguiar, *DJ* 22.06.1998, p. 92; STJ, REsp 193.279/MA, 4.ª T., j. 16.12.2004, rel. Min. Aldir Passarinho Júnior, *DJ* 21.03.2005, p. 382.

de esclarecimentos, e, *ainda assim*, se realizar a audiência, induvidosamente será ela vazia de sentido, pois limitar-se-á à entrega de memoriais, ou a debates sobre a causa.[84]

A realização de tentativa de conciliação e acordo nas ações que tramitam sob o rito ordinário não tem mais como pressuposto, ao contrário do que reservava para o assunto o sistema original do Código de 1973, a ocorrência de audiência de instrução e julgamento. Antes da promulgação da Lei 8.952/1994, que alterou, dentre tantos, o art. 331, não se realizando a audiência, tendo em vista o julgamento antecipado da lide, por não haver mais prova a se colher, não havia que se falar em tentativa de conciliação. Este o entendimento da jurisprudência,[85] com o qual concordávamos.

Doravante, não sendo caso de julgamento antecipado da lide e versando a causa sobre direitos que admitam a transação, e, ainda, se não se estiver diante da situação prevista pelo § 3.º do art. 331, acrescentado pela Lei 10.444/2002, isto é, *se as circunstâncias da causa evidenciarem ser improvável a sua obtenção, necessariamente* deverá ser designada a audiência de conciliação a que se refere o art. 331, *caput* (com a redação da Lei 10.444/2002). Somente se frustrada esta tentativa (que, de resto, poderá ser tentada a qualquer tempo – art. 125, IV, incluído pela Lei 8.952/1994), ou, evidentemente, desde que impossível (como no caso dos direitos que não admitem a transação), ou, ainda, nas hipóteses em que as circunstâncias revelarem ser improvável a obtenção da conciliação (art. 331, § 3.º, redação da Lei 10.444/2002) é que terá cabimento o saneamento do processo e, se necessária a produção de prova em audiência, designação de audiência de instrução e julgamento (art. 331, § 2.º). Deste modo, vê-se que, com a nova sistemática imprimida para o procedimento ordinário, a tentativa de conciliação em audiência (art. 331, *caput*, excetuadas as hipóteses previstas em seu § 3.º) deverá sempre preceder a audiência de instrução, que somente será designada (aqui não há novidade quanto ao sistema constante originalmente do Código) se necessária.[86]

Superada a fase postulatória e proferido o saneamento, não há, *tecnicamente*, mais como se cogitar de julgamento antecipado da lide.[87]

84. STJ, REsp 12.288/MA, 2.ª T., j. 17.11.1993, rel. Min. Hélio Mosimann, *DJ* 07.03.1994, p. 3.650; TRF-1.ª Reg., ApCív 200239010005249, j. 16.12.2004, rel. Des. Carlos Olavo, *DJ* 15.02.2005, p. 28.

85. *Revista de Processo [RePro]* 3/329, em. 46. *No mesmo sentido*: 1.º TACivSP, ApCív 206.418, 1.ª Câm., 15.10.1974, rel. Nogueira Garcez (v.u.).

Bibliografia

Alvim, Eduardo Arruda. *Curso de direito processual civil*. São Paulo: RT, 1999. vol. 1.

______. *Direito processual civil*. 2. ed. rev., atual. e ampl. São Paulo: Ed. RT, 2008.

______. *Direito processual civil*. 3. ed. São Paulo: Ed. RT, 2010.

______. *Direito processual civil*. 4. ed. São Paulo: Ed. RT, 2012.

______; Alvim Netto, José Manoel de Arruda (coords.). *Inovações sobre o direito processual*

86. Sobre o tema, cf., amplamente, Luiz Rodrigues Wambier, Teresa Arruda Alvim Wambier e José Miguel Garcia Medina, *Breves comentários à nova sistemática processual civil*, p. 202 e ss. Não é diversa a disciplina do processo *sumário*, tal qual passou a ser regrado no Código de Processo Civil, com a promulgação da Lei 9.245/1995. Com efeito, neste procedimento, o réu é citado para uma audiência de conciliação e, não sendo o caso de extinção do processo, ou de julgamento antecipado da lide, será designada audiência de instrução e julgamento (arts. 277, *caput*, 278, § 2.º e 281).

87. *RT* 542/113; *JUTACivSP* 59/283 e 62/178.

civil: tutelas de urgência. Diversos autores. Rio de Janeiro: Ed. Forense (em coedição com a Fadisp), 2003.

ALVIM NETTO, José Manoel de Arruda. A nulidade da sentença por infração ao art. 398 do CPC. *Revista de Processo [RePro]* 3/214, ano I. São Paulo, Ed. RT, jul.-set./1976.

______. *Direito processual civil: teoria geral do processo de conhecimento*. São Paulo: Ed. RT, 1972, vol. 2.

______. Do julgamento conforme o estado do processo. *RBDP* 3/39, 1975.

______. O julgamento conforme o estado do processo e o procedimento sumaríssimo. *RF* 246/231, 1974.

______. Prescrição intercorrente. In: CIANCI, Mirna (coord.). *Prescrição no novo Código Civil*. São Paulo: Saraiva, 2005.

______. e outros. A revelia e a ação declaratória incidental. *Revista de Processo [RePro]* 10/213, ano III. São Paulo: Ed. RT, abr.-jun./1978.

______; e outros. *Comentários ao código de processo civil*. 2. ed. São Paulo: Ed. RT, 2012.

ARAGÃO, Egas Dirceu Moniz de. *Comentários ao Código de Processo Civil*. Rio de Janeiro: Ed. Forense, 1979. vol. II.

______. O julgamento conforme o estado do processo. *RT* 502/11; *Revista de Processo [RePro]* 5/197, ano V. São Paulo: Ed. RT, jan.-mar./1977.

ASSIS, Jacy de. *Comentários ao Código de Processo Civil*, 1979. vol. II, t. II.

BARBOSA MOREIRA, José Carlos. *O novo processo civil brasileiro. 25. ed.* Rio de Janeiro: Ed. Forense, 2007.

______. Saneamento do processo e audiência preliminar. In: *Temas de Direito Processual*. 4.ª Série. São Paulo: Saraiva, 1989.

BERMUDES, Sergio. Despacho saneador no Código de Processo Civil. *Juriscível* 53/7.

BORGES, Marcos Afonso. *Comentários ao Código de Processo Civil*. São Paulo: LEUD, 1975. vol. I e II.

______. Do julgamento conforme o estado do processo. *Revista de Processo [RePro]* 1/145, ano I. São Paulo: Ed. RT, jan.-mar./1976.

BURNIER, Penido. Ação declaratória incidental. *Revista de Processo [RePro]* 11-12/101, 1978.

BUZAID, Alfredo. Do despacho saneador. In: *Estudos de Direito*. São Paulo: Saraiva, 1972.

CAMPOS, Benedito de. O julgamento antecipado da lide. *Justitia* 87/101.

CARNEIRO, Athos Gusmão. Ação declaratória incidental no novo Código de Processo Civil. *RT* 458/26, *RF* 246/217.

______. Notas sobre a ação declaratória incidental. *Ajuris* 27/47, 1983.

CARVALHO, Pedro Leonel Pinto de. Julgamento antecipado, conciliação e audiência preliminar. *RBDP* 17/83, 1979.

CINTRA, Antônio Carlos de Araújo. Abandono de causa no novo Código de Processo Civil. *RF* 254/171.

DIDIER, Fredie. Será o fim da categoria "condições da ação"? Um elogio ao projeto do novo código de processo civil. *Revista de Processo*. São Paulo: Ed. RT, jul/2011, p. 256, vol. 197.

FIGUEIRA JÚNIOR, Joel Dias. *Comentários à novíssima reforma do CPC*. Rio de Janeiro: Ed. Forense, 2002.

FORSTER, Nestor José. Da tentativa de conciliação e do julgamento antecipado da lide. *RT* 540/25.

GIANESINI, Rita. *Da revelia no processo civil brasileiro*. São Paulo: Ed. RT, 1977.

GOMES, Maria Ivone. *Revelia*. Rio de Janeiro: Ed. Rio, 1976.

GONÇALVES, Zanoni de Quadros. A conciliação e o julgamento antecipado da lide. *Ajuris* 8/113, 1976.

GRECO FILHO, Vicente. *Direito processual civil brasileiro*. 18. ed. São Paulo: Saraiva, 2007. vol. II.

GRINOVER, Ada Pellegrini. O julgamento antecipado da lide – Enfoque constitucional. *Revista de Processo [RePro]* 5/101, ano II. São Paulo: Ed. RT, jan.-mar./1977.

______. *O processo em sua unidade*. São Paulo: Saraiva, 1978. vol. I; Rio de Janeiro: Ed. Forense, 1984. vol. II.

JUNQUEIRA, Luiz Zenun. Julgamento antecipado da lide. *RBDP* 24/25, 1980.

LACERDA, Galeno. A declaratória incidente e a reconvenção. *RF* 246/160.

______. *Despacho saneador*. 3. ed. Porto Alegre: Sérgio Fabris, 1990.

LIMA, Alcides de Mendonça. A nova terminologia do Código de Processo Civil. *Ajuris* 1/110-111, 1974.

______. As providências preliminares no Código de Processo Civil brasileiro de 1973. *Revista de Processo [RePro]* 1/34, ano I. São Paulo: Ed. RT, jan.-mar./1976; *RBDP* 4/13, 1975.

______. *Processo de conhecimento e processo de execução*. Minas Gerais: Vitória, 1981.

MAIA, Ayrton. Julgamento antecipado da lide. *RF* 269/423.

MALACHINI, Edson Ribas. Do julgamento conforme o estado do processo. *Revista de Processo [RePro]* 6/77, ano III. São Paulo: Ed. RT, abr.-jun./1977; *RF* 261/400.

MARCATO, Antônio Carlos. *Código de Processo Civil interpretado*. 2. ed. São Paulo: Atlas, 2005.

______. Da extinção anormal do processo. *Revista de Processo [RePro]* 18/75, ano V. São Paulo: Ed. RT, abr.-jun./1980.

MARQUES, José Frederico. *Manual de direito processual civil*. São Paulo: Saraiva, 1984. vol. II.

MIRANDA, Francisco Cavalcanti Pontes de. *Comentários ao Código de Processo Civil* (de 1973). Rio de Janeiro: Ed. Forense, 1974. t. IV.

______. *Tratado de direito privado*. Rio de Janeiro: Borsoi, 1975.

NASCIMENTO, Cláudio Nunes do. Do julgamento conforme o estado do processo. *Revista de Processo [RePro]* 24/222, ano VI. São Paulo: Ed. RT, jul.-set./1981; *RF* 276/65; *RBDP* 28/63, 1981.

NEGRISOLLO, Francisco. O princípio da estabilização do pedido na ação declaratória incidental. *RT* 476/41, *JTA* 29/467.

NERY JUNIOR, Nelson. Extinção do processo sem julgamento de mérito – Legitimidade recursal do réu. *Revista de Processo [RePro]* 19/173, ano V. São Paulo: Ed. RT, jul.-set./1980.

NOGUEIRA, Paulo Lúcio. Da extinção do processo. *Juriscível* 104/7.

PASSOS, José Joaquim Calmon de. *Comentários ao Código de Processo Civil*. Rio de Janeiro: Ed. Forense, 1979. vol. III.

PAULA, Alexandre de. *Código de Processo Civil anotado*. São Paulo: Ed. RT, 1976. vol. II.

PIMENTEL, Wellington Moreira. *Comentários ao Código de Processo Civil*. São Paulo: Ed. RT, 1979. vol. III.

PRATA, Edson. Pressupostos processuais. *RBDP* 29/27, 1981.

______. Providências preliminares no Código de Processo Civil. *RBDP* 34/17, 1982.

ROCHA, José de Albuquerque. Extinção do processo. *Revista de Processo [RePro]* 2/327, ano I. São Paulo: Ed. RT, abr.-jun./1976.

ROCHA, José de Moura. A sentença liminar e o princípio da economia processual. *RF* 254/63, 1976.

______. O abandono no novo Código de Processo Civil. *RF* 268/59; *Juriscível* 71/7; *Estudos sobre Processo Civil*, vol. II/117, 1982.

ROSAS, Roberto. Das providências preliminares no Código de Processo Civil. *Revista de Processo [RePro]* 9/247, ano III. São Paulo: Ed. RT, jan.-mar./1978; *Ajuris* 12/116, 1978.

SANTOS, Moacyr Amaral. *Comentários ao Código de Processo Civil*. 4. ed. Rio de Janeiro: Ed. Forense, 1986. vol. IV.

______. *Primeiras linhas de direito processual civil*. 23. ed. (atualizada por Aricê Moacyr Amaral Santos.) São Paulo: Saraiva, 2004. vol. II; 4. ed., 1986. vol. IV.

SILVA, Hélio Theresino da. Abandono do processo. *Juriscível* 63/53.

SILVA, Ovídio A. Baptista da; MACHADO, L. Melíbio Uiraçaba; GESSINGER, Ruy Armando; GOMES, Fábio Luiz. *Teoria geral do processo civil*. Rio Grande do Sul: Letras Jurídicas, 1983.

SOUZA, Paulo Roberto Pereira de. Abandono da causa. *Revista de Processo [RePro]* 24/117, ano VI. São Paulo: Ed. RT, out.-dez./1981.

TEIXEIRA, Sálvio de Figueiredo. *O STJ e o processo civil*. Brasília: Brasília Jurídica, 1995.

TELLES, Gil Trotta. Considerações sobre o art. 267, III, do Código de Processo Civil. *RBDP* 15/51, 1978; *RMPr* 11/33.

THEODORO JÚNIOR, Humberto. *Curso de direito processual civil*. 47. ed. Rio de Janeiro: Ed. Forense, 2007. vol. 1.

______. *As novas reformas do Código de Processo Civil*. Rio de Janeiro: Ed. Forense, 2006.

______. Pressupostos processuais, condições da ação e mérito da causa. *Juriscível* 69/7.

______. *Processo de conhecimento*. Rio de Janeiro: Ed. Forense, 1981. t. II, vol. I.

TORNAGHI, Hélio. *Comentários ao Código de Processo Civil*. São Paulo: Ed. RT, 1975, vol. II.

TUCCI, Rogério Lauria. *Do julgamento conforme o estado do processo*. São Paulo: José Bushatsky, 1975.

______. Julgamento antecipado da lide. *RBDP* 19/207, 1979.

______. Julgamento conforme o estado do processo – Temas polêmicos. *RT* 588/15, 1984.

WAMBIER, Luiz Rodrigues; WAMBIER, Teresa Arruda Alvim; MEDINA, José Miguel Garcia. *Breves comentários à nova sistemática processual civil*. São Paulo: Ed. RT, 2007. vol. 3.

______. *Breves comentários à nova sistemática processual civil*. 3. ed. São Paulo: Ed. RT, 2005.

WAMBIER, Teresa Arruda Alvim. *Os agravos no CPC brasileiro*. 4. ed. São Paulo: Ed. RT, 2005.

______. Fungibilidade de "meios": uma outra dimensão do princípio da fungibilidade. In: WAMBIER, Teresa Arruda Alvim; NERY JUNIOR, Nelson (coord.). *Aspectos polêmicos e atuais dos recursos cíveis*. São Paulo: Ed. RT, 2001. vol. 4.

WAMBIER, Teresa Arruda Alvim. O agravo e o conceito de sentença. *Doutrinas Essenciais de Processo Civil*, vol. 6. São Paulo: Ed. RT, out/2011, p. 495.

XVIII

Conceito Jurídico da Prova

175. Generalidades

A prova é um dos capítulos do Direito Processual. Em nosso entender, as normas que disciplinam as provas não pertencem exclusivamente ao campo do Direito Material, o que se daria se seu objetivo único fosse o convencimento da parte contrária e não o do juiz, que, na verdade, é, por excelência, o destinatário da prova. A maior parte da disciplina das mesmas pertence ao Direito Processual Civil, que as regula, salvo nos casos das *provas legais* e de outros aspectos. À modalidade de prova legal alude o art. 366 do CPC, que se reporta às leis de Direito Material, sua sede própria.

Nesse mesmo sentido, posicionava-se Pontes de Miranda, na antiga polêmica acerca da natureza jurídica da prova pela natureza híbrida, também que: "A prova de nenhum modo se reduz ao direito processual. (...) O direito processual é o direito de aplicação das regras jurídicas, com a promessa de atender à tutela jurídica, a que o Estado se vinculou. A prova, no processo, é o que concorre para que o juiz, ao aplicar a lei, fique certo de que está a prestar, com exatidão, o que se prometera: a tutela jurídica. O documento, por exemplo, de ordinário só diz o que o direito material exigiu ou permitiu. Quase sempre, toda a eficácia do documento proveio do direito material (instrumento público, particular com exigência de número de testemunhas, ou, por vezes, reconhecimento de firma). No direito processual, o que prova é o que tem, por si só, eficácia de provar. No direito processual, a prova é para se chegar à certeza, uma vez que a litigiosidade leva a ter-se de afastar a dúvida. Se o documento é perfeito, perante o direito material, basta ele para que nenhuma dúvida se tenha. Se se diz, na lide, que a firma não é da pessoa vinculada ao negócio jurídico, ou ao ato jurídico, a dúvida leva ao exame e as provas que se produzirem são para os resultados processuais. No plano do direito processual, importa o que está provado no direito material. Se divergência ou vacilação surge, o juiz tem de buscar o que seja verdade, respeitadas as regras de direto material e conforme lhe impõem as regras de direito processual. O juiz tem que chegar a uma conclusão, a um resultado suficiente e entregar, com exatidão, à prestação judicial de tutela jurídica, que o Estado prometeu. Há a prova pré-constituída, a prova que é do direito material, eficácia dos seus fatos, e o direito processual a recebe e, após recebê-la, se precisa de convencer-se, atende ao que o direito material e o direito processual exigiram ou permitiram."[1]

Com relação à postura do juiz diante do exame das provas, o Código de Processo Civil encampou o princípio do *livre convencimento motivado*, respeitados os limites intransponíveis das provas legais (*v.g.*, art. 215 do Código Civil) e, em certa escala, os limites das provas escritas (provas literais – art.

1. Pontes de Miranda, *Comentários ao Código de Processo Civil*, t. IV, 1996, p. 245-247.

368 do CPC). Relativamente às provas legais haverá, apenas, de constatar o juiz se a prova *existe* ou não, e, existindo validamente, não poderá deixar de lhe emprestar o valor que lhe atribui a ordem jurídica (eficácia).

O juiz pode atribuir o valor que tiver por conveniente às provas reguladas pelo Código de Processo Civil, e sua liberdade se manifesta até em poder (= dever) deferir ou não a produção delas, ou seja, admiti-las ou não.

Pertencem ao Direito Material *as regras formativas* dos atos jurídicos (prova literal), como, ainda, o valor jurídico respectivo de tais provas. Sob este último aspecto, exemplificativamente, quando se exige, *prova literal* (art. 353, parágrafo único), não se poderá no processo admitir prova testemunhal exclusivamente (art. 401 do CPC), regra aquela integrante do Código de Processo Civil, mas de natureza material.

Por outro lado, a função do art. 401 do CPC é diferente da do art. 336, pois relativamente àquele admite-se *confissão*, para o fim de suprir *as provas legais*, referidas por este artigo.

Desta forma, a *teoria da prova*, predominantemente, vem regulada no Código de Processo Civil, quanto aos seus tipos (= *meios de prova*); à *sua admissibilidade* (pelo juiz), reporta-se a tais normas; à sua produção (pelas partes, e, excepcionalmente, pelo juiz – art. 130); e, ainda quanto ao ônus da prova (v. art. 333 – atividade dos litigantes) e sua valoração (art. 131), que são assuntos intrinsecamente processuais; já quanto ao tema relativo às provas legais, aloja-se a disciplina nos Códigos de Direito Material, donde, então, pertencer o assunto à *teoria geral do direito*, pois, sediada a matéria no Direito Material, repercute no processo.[2]

176. A prova e o problema da verdade

A *verdade*, no processo, deve ser sempre buscada pelo juiz, mas o legislador, embora se preocupe com a *busca da verdade*, não a coloca como um fim absoluto em si mesmo. Ou seja, o que é *suficiente*, muitas vezes, para

2. Para Leonardo Greco, "o processo estudaria apenas os meios e o modo como o conhecimento dos fatos é produzido como premissa necessária da sentença judicial, estabelecendo ainda, juntamente com o direito material e em benefício deste, algumas regras mais ou menos interventivas na sua investigação ou na sua avaliação" (O conceito de prova, *Estudos de direito processual*, p. 423-424). Noutro artigo publicado na obra precitada, Leonardo Greco adverte que a discussão acerca da natureza jurídica do instituto é estéril, e que o que é relevante é ter consciência de que o Código de Processo Civil de 1973 já havia acolhido, no art. 332, os meios de prova previstos em leis substanciais. Acrescenta que, "sobrevindo a Constituição de 1988, o Brasil reconstrói seu Estado de Direito, adotando como pedra fundamental o primado dos direi=tos fundamentais", dentre os quais se destacam o direito ao amplo acesso a um tribunal independente previamente instituído pela lei para a tutela de direitos lesados ou ameaçados de lesão, o direito à intimidade e à vida privada, à ampla defesa e ao contraditório no âmbito do processo – cuja concreção depende da igualdade concreta, do contraditório participativo e do mais amplo respeito à dignidade humana, claramente representado pela proibição de provas ilícitas" (A prova no processo civil: do Código de Processo Civil de 1973 ao novo Código Civil, *Estudos de direito processual*, p. 357-358). Assim, conclui, as disposições sobre provas, independentemente de constarem da lei processual ou da lei material, devem observar os preceitos constitucionais, de modo que, no entendimento de Leonardo Greco, as novas regras sobre o tema, constantes do Código Civil de 2002, devem ser interpretadas "de modo a assegurar a mais ampla eficácia das garantias fundamentais do processo, constitucionalmente reconhecidas, pois, se isso não for possível, deverão se repudiadas por inconstitucionalidade." Por isso, as normas materiais não necessariamente se sobrepõem às processuais e vice-versa, e as normas posteriores não podem ser tidas como revogadoras das normas já vigentes senão após uma análise de sua constitucionalidade e do âmbito exato de aplicação (op. ult. cit., p. 358-359).

a validade e a eficácia da sentença é a verossimilhança dos fatos. O que se pretende significar é que, *conquanto* o escopo do juiz haja de ser a descoberta da verdade, este fim não é absoluto, *no sentido*, v.g., *de que, se um processo tiver tido sua prova mal avaliada, deixe a decisão nele proferida de subsistir*, pois a má apreciação da prova não enseja cabimento ou não é fundamento para ação rescisória. Se este é o entendimento que prevalece, *quer isto dizer que a ordem jurídica convive e alberga decisões menos exatas (não desejáveis, mas toleráveis) quanto à apreciação da prova, ou seja, quanto à "verdade" (inexata verdade) apurada.* Desta forma, se uma apreciação inexata é sempre corrigível, em nível de recursos ordinários, não o é, no entanto, em face da eventual propositura de ação rescisória, como, ainda, é inadmissível recurso extraordinário ou especial, por esse fundamento e para correção de má apreciação da prova.[3] Por isto é que se pode dizer que, para subsistir uma determinada decisão, suficiente é a *verossimilhança*, não se colocando a *verdade* como absolutamente essencial (exceção feita, quanto à ação rescisória, às graves hipóteses dos incisos VI e IX do art. 485 do CPC).[4]

Quando se trata de bens indisponíveis, procura-se, de forma mais acentuada, fazer com que, o quanto possível, o resultado obtido no processo (verdade formal) seja o mais aproximado da verdade material, que se pretende fielmente retratar no processo, como, por exemplo, na anulação de casamento. Mais severa há de ser a aferição da prova por cujo intermédio, por exemplo, se pretenda atribuir prole ilegítima à mulher casada. Há, pois, uma maior ou menor severidade na aferição das provas, em função do bem da vida em lide.

Nessa linha, o Superior Tribunal de Justiça preconiza – e preconizava, já em 1996 –, maior iniciativa probatória do juiz na busca

3. V., a respeito, as Súmulas 279 do STF e 7 do STJ, que, respectivamente, vedam o reexame de prova em casos de recurso extraordinário e de recurso especial. Tenha-se presente, ainda, a respeito da proibição de reexame de fatos em recursos extraordinários, o teor das Súmulas 5 do STJ, 389 e 454 do STF.

4. Para uma leitura aprofundada acerca dos questionamentos de ordem filosófica e técnico-processual que envolvem a descoberta da verdade, são altamente recomendáveis as obras de Michele Taruffo, em que se analisam as teorias que rejeitam a verdade real como objetivo do processo, na convicção de que a eficácia do processo exigiria restrições de tal porte à investigação dos fatos que não se poderia equiparar a verdade processual à verdade buscada, por exemplo, na pesquisa científica. Analisa também as concepções que se respaldam na busca da legitimação pelo procedimento, segundo as quais, para o cumprimento do objetivo da tutela jurisdicional, bastaria a observância das normas formais destinadas à solução de conflitos. Nessa linha, o conteúdo das decisões judiciais e a coincidência entre os fundamentos da sentença e a verdade dos fatos ocorridos seria irrelevante para o escopo do direito processual. Na visão crítica de Taruffo, o *adversarial system* norte-americano se encartaria nessa filosofia, ao delegar às partes a tarefa de instruírem o feito, vedada a iniciativa probatória do juiz:

"Non manca, tra i sostenitori della bontà dell'*adversary system*, qualcuno che pensa che si tratti di un buon metodo processuale per scoprire la verità dei fatti, ma questa opinione sembra priva di fondamento: è storicamente confermato che l'*adversary system* non è mai stato orientato alla scoperta della verità, e pare comunque evidente che esso non sia finalizzato all'accertamento della verità dei fatti" (Michele Taruffo, Verità e probabilità nella prova dei fatti. In: Fredie Didier e Eduardo Ferreira Jordão (orgs.), *Teoria do processo: panorama doutrinário mundial,* p. 669).

V., também, *La prueba de los hechos,* do mesmo Taruffo (título no original: *La prova dei fatti giuridiche)*, especialmente no Capítulo I, intitulado "Prueba y verdad en el proceso civil", p. 21-88, onde se discorre mais amplamente sobre o tema. E, entre nós, *cf.* a análise feita por Marinoni e Arenhart no *Manual do processo de conhecimento,* p. 253 e ss., item 13.1, onde abordam "a verdade e a função da prova".

da verdade real, quando se tratasse de interesse público. Tal orientação apontava para uma tendência, hoje crescente, de se privilegiar a busca da verdade no processo em detrimento do princípio dispositivo, que atribui às partes o papel de requerer e produzir as provas necessárias à formação do convencimento judicial acerca dos fatos. A defesa da ampliação da iniciativa probatória do juiz – especialmente em casos que envolvam o interesse público ou em que se detecte manifesto desequilíbrio socioeconômico ou técnico-processual entre as partes – ampara-se no argumento de que a atuação de ofício do magistrado não ofenderia o princípio da imparcialidade, mas, antes, cuidaria de equilibrar as partes do litígio, colocando-as em pé de igualdade, o que aumentaria as chances de alcançar uma solução mais próxima da verdade e, portanto, mais justa.[5]

Precisamente, porém, porque existe esta preocupação com a descoberta da verdade material, é que o sistema fundamental de apreciação das provas é denominado de *apreciação livre e racional* ou *livre convencimento motivado* por parte do juiz.

O magistrado não mais fica jungido às provas, cujo valor probante tenha sido previamente estabelecido no sistema, pois, em regra, não mais há provas aprioristicamente valoradas. Tem o juiz liberdade, como regra geral, de valorar as diversas provas e até de mandar completá-las, desde que isto seja necessário ao seu convencimento, nos casos em que a atividade produtora da prova, pelos litigantes, não resolva suficientemente as questões de fato.

A exceção, neste contexto, é o fenômeno da prova legal, ou seja, a prova que, uma vez produzida, já encontra na própria lei a respectiva valoração (é uma valoração totalmente atribuída pelo próprio legislador), bem como as suas consequências, que se impõem ao juiz. Outrossim, tangentemente às provas literais, nos casos em que for, para a sua convicção, exigida por prova literal, salvo havendo *confissão extrajudicial*, nos moldes do art. 353, *caput*, 1.ª parte, e parágrafo único, do CPC.

A regra geral, quanto aos documentos, é a de que a prova há de ser produzida no processo em que se vai sentenciar (art. 283 do CPC); quanto às perícias, se for o caso (arts. 145 a 147 e 420 a 439 do CPC), e, ainda, quanto às provas orais, hão de ser realizadas (= colhidas) na audiência (art. 452 do CPC).

Excepcionalmente, admite-se a chamada *prova emprestada, assim denominada a prova que é produzida em um processo e trasladada, na forma documental, para outro.* Assim, havendo os requisitos: *a)* identidade da relação *fática*; e *b)* as mesmas partes, deve-se

---

5. Confira-se a ementa do julgado referido: "Direitos civil e processual. Investigação de paternidade. Determinação de ofício de audiência de testemunhas. Possibilidade. Direito indisponível. Art. 130, CPC. Direito de família. Evolução. Hermenêutica. Precedentes. Recurso desacolhido. I. Na fase atual da evolução do direito de família, é injustificável o fetichismo de normas ultrapassadas em detrimento da verdade real, sobretudo quando em prejuízo de legítimos interesses de menor. II. Diante do cada vez maior sentido publicista que se tem atribuído ao processo contemporâneo, o juiz deixou de ser mero espectador inerte da batalha judicial, passando a assumir uma posição ativa que lhe permite, dentre outras prerrogativas, determinar a produção de provas, desde que o faça, é certo, com imparcialidade e resguardando o princípio do contraditório. III. Tem o julgador iniciativa probatória quando presentes razões de ordem pública e igualitária, como, por exemplo, quando se esteja diante de causa que tenha por objeto direito indisponível (ações de estado), ou quando o julgador, em face das provas produzidas, se encontre em estado de perplexidade ou, ainda, quando haja significativa desproporção econômica ou sociocultural entre as partes" (STJ, REsp 43.467/MG, 4.ªT., j. 12.12.1995, rel. Min. Sálvio de Figueiredo Teixeira, *DJ* 18.03.1996, p. 7.568).

admitir, em princípio, a prova produzida em outro feito, ou seja, prova emprestada.[6] A prova emprestada será tanto mais admissível quanto mais difícil for a sua realização diretamente no processo destinatário. Embora seja transportada sob a forma documental (p. ex., sob a forma de laudo pericial ou termo de depoimento de testemunha), a prova emprestada preserva, na essência, a natureza do meio pela qual foi produzida originariamente (prova pericial, prova documental etc.).[7] A respectiva valoração, todavia, poderá, dependentemente do poder de convicção que carreguem, sofrer esta ou aquela restrição.

Já se decidiu corretamente, no entanto, que o juiz não é obrigado a atribuir à prova emprestada idêntica valoração à que lhe atribuiu o juízo perante o qual foi produzida, máxime se impugnada por uma das partes.[8]

177. A prova legal e a limitação do juiz

Há, como resultado da prova legal, o estabelecimento absoluto de uma verdade formal, dentro do seguinte esquema sistemático:

1.º) a prova legal é disciplinada por normas imperativas, cujo desrespeito acarretará a impossibilidade de se ter como provado o fato jurídico a que esta prova se refere;

2.º) como consequência da supressão da liberdade de escolha de meio de prova pelos litigantes, há, também, supressão de toda e qualquer valoração judicial, exceto no que respeite à existência e à idoneidade (regularidade formal) da prova;

3.º) assim, o julgador fica rigorosamente adstrito a, uma vez apresentada a prova legal e desde que a mesma tenha sido tida por *válida*, ter como verdadeiro(s) determinado(s) fato(s), ou seja, haverá de lhe reconhecer a *eficácia* respectiva.[9]

178. Noção do conceito de prova e dos meios de prova admitidos no processo

A prova deve ser compreendida, antes de tudo, como um *direito* das partes, consectário do devido processo legal, da ampla defesa e do contraditório (art. 5.º, LV da CF de 1988).[10] O Pacto de São José da Costa Rica (art. 8.º, 2, '*f*') e o Pacto Inter-

---

6. Impõe-se, para a admissibilidade da prova emprestada, a observância ao princípio do contraditório: STJ, MS 9.850/DF, 3.ª S., j. 27.04.2005, rel. Min. José Arnaldo da Fonseca, *DJ* 09.05.2005, p. 293; STJ, REsp 526.316/SC, 2.ª T., j. 04.09.2003, rel. Min. Franciulli Netto, *DJ* 03.11.2003, p. 310; cf. também *RT* 300/229; *RePro* 33/296, em. 86, 35/310, ems. 27 e 28; *JUTARS* 26/255; *Arquivos do TARJ* 20/261; STJ, REsp 933.345/SP, 1.ª T., j. 14.08.2007, rel. Min. Francisco Falcão, *DJ* 20.09.2007, p. 262. Estes requisitos comportam exame com amplo espectro de inteligência por parte do juiz.

7. Cf. COMOGLIO, Luigi Paolo. *Le prove civili*, p. 59.

8. *RT* 506/212. Decidiu-se, corretamente, que "a apreciação da prova compete ao juiz do processo. Destarte, a verdade dos fatos a que chegou uma decisão através da interpretação da prova não pode ser estabelecida como premissa em outro processo" (STJ, REsp 41.264/RJ, 4.ª T., j. 13.05.1996, rel. Min. Sálvio de Figueiredo Teixeira, *DJ* 10.06.1996, p. 20.333).

9. O Código Civil refere-se, em pelo menos dois dispositivos, à chamada *prova plena* nos arts. 215 e 225.

10. Cf., sobre o tema, COMOGLIO, Luigi Paolo, *Le prove civili*, p. 40, onde inclui entre as garantias do *giusto processo* "il diritto alla prova, cioè il diritto di agire in giudizio provando i fatti a fondamento delle proprie pretese, nonché il diritto di reagire e di difendersi nei confronti delle allegazioni di fatto o delle attività probatorie svolte dalla controparte, deducendo prove a se favorevoli o contestando le prove contrarie, in un contraddittorio che, pur non potendo sempre instaurarsi direttamente sulla formazione stessa di quelle prove, sia quanto meno sempre pieno ed effettivo sulle modalità della loro acquisizione, nonché (soprattutto)

nacional de Direitos Civis e Políticos (art. 9º), incorporados ao ordenamento jurídico brasileiro, respectivamente, pelo Decreto 678/1992 e pelo Decreto 592/1992, também tutelam o direito à prova. Em síntese, estas normas asseguram às partes o direito de deduzirem pretensão e de se defenderem *provando*. Mas este direito não se refere à produção de *qualquer* prova, e sim à produção de prova sobre fatos *pertinentes* ao litígio e *relevantes* para influenciar a solução jurídica a ser adotada.

A caracterização da prova como direito é reforçada pelo circunstância de ser o esclarecimento adequado dos fatos do litígio condição *sine qua non* para uma decisão justa, embasada na verdade, sem a qual não se pode cogitar de efetivo acesso à justiça (art. 5.º, XXXV, da CF).[11]

Prosseguindo o exame do que seria(m) o(s) conceito(s) jurídico(s) de prova (*rectius*, "meio[s] de prova"), concluímos que consiste(m) naqueles meios, definidos pelo Direito ou contidos por compreensão num sistema jurídico (v. arts. 332 e 366 do CPC) como idôneos a convencer (prova como "resultado") o juiz da ocorrência de determinados fatos, isto é, da verdade de determinados fatos, os quais vieram ao processo em decorrência de atividade, principalmente dos litigantes (prova como "atividade").

Não será por ter sido o legislador omisso a respeito, ou então porque à época em que foi feita a lei se desconhecia, cientificamente, um meio de prova, que este não deverá ser admitido. O que interessa é que o meio seja jurídico – isto é, não repelido pelo sistema, mas harmônico com este –, como também moralmente lícito. O art. 332 do CPC autoriza que os meios de prova moralmente legítimos possam ser empregados para provar a verdade dos fatos ainda que não especificados no Código, ou mesmo que não o tenham sido fora dele.[12]

Quanto à gravação magnética, feita clandestinamente, de ligações telefônicas ser admitida como meio de prova legal, antes da promulgação da CF de 1988, encontravam-se decisões em ambos os sentidos.[13]

---

sulla determinazione dell'efficacia probatoria da attribuire a ciascuna di esse nel giudizio".

11. "Não se pode esquecer que a ciência processual evoluiu. Com o tempo, a visão dos problemas processuais tem se modificado. Hoje pensa-se mais em justiça e menos em técnica ou ciência processual. Para que a decisão seja substancial e qualitativamente justa, (...) é preciso buscar, pelo processo, a aplicação correta e racionalmente justificada do direito. Para atingir esse objetivo, fundamental é a preocupação com a verdade dos fatos. Somente a solução baseada em fatos verdadeiros pode ser considerada justa." (BEDAQUE, José Roberto dos Santos. *Poderes instrutórios do juiz*, p. 107).

12. Quer dizer, então, que a despeito do rol dos meios de prova traçado pelo art. 212 do Código Civil, admitem-se outros meios de prova, além dos aqui previstos (= provas inominadas).

13. Era dividida a jurisprudência, sob a égide da Constituição revogada. Pela admissibilidade: *RT* 488/205 e *RF* 257/227; *RBDP* 43/137; *RT* 573/110 (no caso, não se entendeu como interceptação a gravação de conversa realizada por meio de secretária eletrônica, meio comum, portanto), também publicado em *RePro* 33/292, em. 41. *Em sentido contrário*: *RTJ* 84/609 e 110/798, também publicado em *RT* 593/264.

O STF, reiteradamente, sob um enfoque *legal* (e, a nosso ver, *algo unilateral*, pois considerava o ângulo só daquele contra quem se faria a prova e não da vítima da conduta), especialmente no caso da *RTJ* 84/609, afirmava o entendimento, sob a égide da CF/1969 revogada, pela *inadmissibilidade*, de uma forma geral, de tal meio de prova. Em *RTJ* 110/798 invocaram-se como fundamentos: *a)* o direito ao recato ou à intimidade; *b)* violação ao art. 153, § 9.º, da CF revogada; *c)* lesão ao art. 356, § 4.º, III, do Dec. 29.151, de 17.01.1951 (revogado pelo Dec. 83.858/1979); *d)* mais ainda, infração ao art. 75 do Dec. 57.611/1966 (atualmente revogado pelo Dec. sem número de 18.02.1991). Neste caso, tratava-se de conversa telefônica de uma das partes com a advogada dos seus antagonis-

Malgrado fosse controvertida a matéria, já se verificavam, no que diz com o processo civil, posicionamentos no sentido de que tal meio de obtenção de prova deveria ser considerado ilícito, pois colidia com o espectro traçado no art. 332 do CPC, extrapolando-o, sendo, pois, prova desvestida de legitimidade moral.[14]

Hoje, a Constituição Federal tem textos expressos a este propósito: art. 5.º, X e XII e, especialmente, LVI. Ainda assim, a licitude de interceptação de conversação telefônica – para fins de investigação e instrução criminal e mediante autorização judicial – somente veio a ser admitida pelo ordenamento com a regulamentação do inciso XII do art. 5.º da Constituição [15] (*"é inviolável o sigilo da correspondência e das comunicações telegráficas, de dados e das comunicações telefônicas, salvo, no último caso, por ordem judicial, nas hipóteses e na forma que a lei estabelecer para fins de investigação criminal ou instrução processual penal;"*) pela Lei 9.296/1996.[16]

De acordo com o dispositivo constitucional e, também, com a Lei 9.626/1996, referida lei é aplicável apenas ao âmbito criminal, pelo que se controverte a doutrina acerca da possibilidade de se transportarem para o processo civil as interceptações telefônicas judicialmente autorizadas no âmbito do processo penal, em conformidade com os pressupostos legais.[17]

Deve-se, porém, atentar para a exclusão, do conceito de interceptação, da gravação feita por um dos interlocutores – e, portanto, de prova ilícita. Nessa linha, a jurisprudência mais recente do STF a respeito do tema assentou que "a gravação de conversa entre dois interlocutores, feita por um deles, sem conhecimento do outro, com a finalidade de documentá-la, futuramente, em caso de negativa, *nada tem de ilícita*, principalmente quando constitui exercício de defesa".[18] Tal relevante distinção já vinha sendo observada pelo STJ: "A gravação de conversa telefônica por um dos interlocutores não é interceptação telefônica", sendo esta, e não

tas (*RTJ* 110/801). O RE 85.439, *RTJ* 84/609, é invocado como precedente.

14. A hipótese de *RTJ* 110/798 parece-nos ter merecido solução aceitável, o que ocorre com a de *RTJ* 84/609 também.

15. Já sob a égide da Carta de 1988, quando do julgamento do Habeas Corpus 69.912/RS (STF, j. 16.12.1993, rel. Min. Sepúlveda Pertence, *DJU*, I, 25.3.1994, *IOB* 3/9547), o Supremo Tribunal Federal decidiu quanto à impossibilidade de, sem lei que regulamentasse o art. 5.º, XII, da CF, ser autorizada a interceptação de conversação de escutas telefônicas, ainda que mediante autorização judicial e para fins de investigação criminal.

16. A partir dessa lei, passou a ser admitida a interceptação de comunicações telefônicas (inclusive em sistemas de informática e telemática), de qualquer natureza, para prova em investigação criminal e em instrução processual penal (art. 1.º, caput e respectivo parágrafo único, da Lei 9.296/1996), desde que presentes os requisitos e pressupostos disciplinados naquele diploma legal.

17. No sentido da licitude desta prova emprestada: DIDIER JR., Fredie et. al., *Curso de Direito Processual Civil,* v. II, pp. 31 e ss., GRINOVER, Ada Pellegrini, "O regime brasileiro das interceptações telefônicas". *A marcha do processo*. pp. 117-118, NERY JR. Nelson, Princípios do processo na *constituição federal,* p. 268; no sentido oposto, pela ilicitude: KNIJNIK, Danilo, *A prova nos juízos cível, penal e tributário,* p. 79, GRECO FILHO, Vicente, *Interceptação telefônica. Considerações sobre a Lei 9.296/1996*, p. 39-40, TALAMINI, Eduardo. *Prova Emprestada no processo civil e penal*, pp. 157-158. Para uma síntese dos argumentos favoráveis e desfavoráveis a estas correntes, cf. BARBOSA MOREIRA, José Carlos. "A constituição e as provas ilicitamente obtidas". *Temas de direito processual. Sexta série,* p. 120.

18. STF, AgIn 503.617-AgRg, rel. Min. Carlos Velloso, *DJ* 04.03.2005; g.n. *No mesmo sentido*: RE 402.035-AgRg, rel. Min. Ellen Gracie, *DJ* 06.02.2004.

aquela, vedada pelo sistema jurídico.[19] Por tal razão, a gravação de conversa por um dos interlocutores pode vir a ser admitida no âmbito do processo civil, cuja controvérsia diga respeito às partes interlocutoras.

Observa-se, por outro lado, o posicionamento no sentido de que "a quebra do sigilo dos dados telefônicos contendo os dias, os horários, a duração e o números das linhas chamadas e recebidas, não se submete à disciplina das interceptações telefônicas regidas pela Lei 9.296/1996 (que regulamentou o inciso XII do art. 5.º da Constituição Federal) e ressalvadas constitucionalmente tão somente na investigação criminal ou instrução processual penal".[20] Advirta-se, contudo, que o fato de tais dados não estarem incluídos na vedação concernente às interceptações telefônicas no processo civil não exclui, em definitivo, a possibilidade de ser considerada ilícita a prova obtida a partir desses meios, pelo fato de, analisadas as circunstâncias do caso e os bens jurídicos em jogo, concluir-se pelo sacrifício excessivo ao direito à privacidade e a intimidade do sujeito contra quem se produz a prova.

Ainda quanto ao tema das provas ilícitas, predomina na jurisprudência pátria o entendimento de que a ilicitude da prova contamina todas aquelas que lhe são derivadas. Conquanto seja uma questão extremamente difícil e efetivamente controvertida, não só entre nós, como no Direito e na própria casuística do Direito comparado,[21] já nos inclinávamos, mesmo sob a égide da Constituição Federal revogada, pela linha de raciocínio adotada pelo STF, hoje reafirmada e acolhida, também, pelo STJ,[22] principalmente pelos fundamentos de que a torpeza não deve ser surpreendida por comportamento igualmente torpe, e do direito à intimidade [art. 153, § 9.º, da CF anterior (revogada), interpretado *lato sensu*].

Em geral, a admissão de provas ilícitas e de provas ilícitas "por derivação" conduz à nulidade do processo e da sentença. Quando, porém, se verificar que, apesar de admitidas tais provas, o resultado delas decorrente não foi determinante na convicção judicial ou, ainda, teria sido alcançado, inevitavelmente, por outros meios (lícitos) de prova, não se declarará a nulidade.

179. Da prova nas hipóteses de julgamento conforme o estado do processo. Da extinção do processo

A maior ou menor necessidade de elementos probatórios influi na complexidade e na dimensão do próprio procedimento.

O art. 329 do CPC estabelece que será extinto o processo, ocorrendo quaisquer das hipóteses previstas nos arts. 267 e 269, II a V, do CPC.

Se, diante das primeiras hipóteses, o juiz deverá julgar extinto o processo sem reso-

---

19. STJ, REsp 214.089/SP, 5.ª T., j. 16.03.2000, rel. Min. José Arnaldo da Fonseca, *DJ* 17.04.2000. No mesmo sentido: STJ, REsp 9.012/RJ, 3.ª T., j. 24.02.1997, rel. p/ acórdão Min. Nilson Naves, *DJ* 14.04.1997.
20. STJ, EDcl no RMS 17.732/MT, 5.ª T., j. 23.08.2005, rel. Min. Gilson Dipp, *DJ* 19.09.2005.
21. Cf. *v.g.*, Alberto Monton Redondo, *Los nuevos medios de prueba y la posibilidad de su uso en el proceso (con especial referencia a las grabaciones magnetofónicas a la eficacia de las pruebas ilícitamente conseguidas)*, *passim*.
22. Em voto proferido no HC 69.912/RS (j. 19.12.1993, *DJU* 25.3.1994), o Min. Celso de Mello menciona, em específico, o precedente do STF veiculado em RTJ 110/798, em que se concluiu que a ilicitude de interceptação telefônica é incompatível com a tutela constitucional da intimidade. Tendo como ilícita a prova obtida por meio de conversa telefônica, também já decidiu o STJ, mencionando este precedente do STF (STJ, AgRg no Ag 42.325-5/GO, rel. Min. Antônio Torreão Braz, *DJ* 13.12.1993).

lução de mérito, é certo que desnecessária é ulterior produção de provas que convençam o juiz para tal decisão, pois nos autos já deverão estar contidos os elementos suficientes à sua convicção, *se for o caso*.

Nos casos de extinção do processo com resolução de mérito (art. 269 do CPC), é necessário que conste a prova em que, especificamente, se apoia a sentença.

180. Do julgamento antecipado da lide

O art. 330, I e II, do CPC determina ao juiz quando deverá conhecer diretamente do pedido, ou seja, quando a questão de mérito for unicamente de direito, ou, sendo de direito e de fato, não houver necessidade de produzir prova em audiência (art. 330, I), ou quando ocorrer a revelia (arts. 330, II, e 319 do CPC).

Parece-nos louvável a iniciativa do legislador, nesse aspecto, porque a audiência, e a consequente produção de provas, em quaisquer das hipóteses mencionadas, é realmente desnecessária.

Deve, por isto, o magistrado proferir julgamento antecipado da lide, quando as questões de fato, apesar de controvertidas, nenhuma relevância têm para o julgamento do pedido.[23] Isto porque, se as partes têm liberdade de alegar o que desejarem, isto não exclui o *dever* de o juiz só admitir que se discutam e se provem fatos relevantes.

Deve o magistrado, também, dispensar as provas inúteis ou meramente protelatórias (art. 130, *fine*, do CPC), proferindo, desde logo, o julgamento antecipado da lide.[24]

Em regra, porém, entenda-se que é vedado ao juiz proferir sentença, inclusive em julgamento antecipado da lide, sem ouvir a parte sobre documento produzido pela outra.[25]

Atualmente, no campo da revelia, encontramos um princípio, em certa medida aparente, derrogador do livre convencimento motivado do juiz incidente sobre o resultado probatório. É aquele segundo o qual o juiz deverá considerar verdadeiros os fatos alegados pelo autor e não contestados pelo réu, desde que não se trate de quaisquer das hipóteses elencadas no art. 320, I a III, do CPC (este é um *critério negativo*). Como *critério positivo*, mesmo tendo havido revelia (art. 319 do CPC), para que ocorram os efeitos desta (interpretação *a contrario sensu* do art. 324 do CPC), é necessário que os fatos alegados pelo autor sejam *verossímeis*, o que exclui os fatos impossíveis, contraditoriamente narrados, o que, aliás, já deveria ter levado ao indeferimento da inicial (art. 295, parágrafo único, II e III, do CPC). Trata-se, pois, de modificação apenas *aparente* do princípio do livre convencimento motivado.

Cumpre ressaltar, contudo, que necessário se torna que, efetivamente, exista a revelia e a incidência deste seu efeito, para que o juiz fique jungido à regra do art. 319 do CPC, de que são verdadeiros os fatos afirmados pelo autor, e serão assim tidos como tais, se forem *verossímeis* (*por ele, juiz*).

O art. 320 do CPC, conforme mencionamos, elenca as hipóteses em que, embora

---

23. STJ, REsp 150.196/CE, 4.ª T., j. 03.03.1998, rel. Min. Ruy Rosado de Aguiar, *DJ* 22.06.1998, p. 92; STJ, REsp 193.279/MA, 4.ª T., j. 16.12.2004, rel. Min. Aldir Passarinho Júnior, *DJ* 21.03.2005, p. 382.

24. STJ, REsp 215.011/BA, 2.ª T., j. 03.05.2005, rel. Min. João Otávio de Noronha, *DJ* 05.09.2005, p. 330; STJ, REsp 536.585/ES, 4.ª T., j. 19.08.2003, rel. Min. Sálvio de Figueiredo Teixeira, *DJ* 06.10.2003, p. 284.

25. STJ, REsp 264.660/SP, 2.ª T., j. 04.09.2003, rel. Min. Franciulli Netto, *DJ* 03.11.2003, p. 290. Neste sentido já emitimos Parecer (cf. *RePro* 3/218), embora não ligando diretamente o problema ao julgamento antecipado da lide, senão à necessária audiência da parte adversária, tendo em vista documento produzido pela parte contrária (v. art. 398 do CPC).

tendo ocorrido a revelia, ou seja, a ausência de contestação, tal circunstância não induzirá às implicações oriundas deste *possível*, mas não necessário, *efeito da revelia*. Outrossim, se houver curador especial (v. art. 9.º, II, 2.ª parte, do CPC), mesmo tendo havido revelia, não pode, *sequer em tese*, incidir o art. 319.

181. Rápida referência ao Direito Civil

O legislador civil pátrio estabeleceu liberdade de forma, como *regra geral*, para a celebração dos contratos. Sendo assim, os contratos valerão, revestidos de forma ou não, salvo quando a lei material exigir determinada forma. Neste último caso, sem a observância da forma prescrita em lei, não terão validade. No primeiro caso, a prova dos atos poderá ser feita por qualquer dos meios admitidos em lei, observadas as implicações do art. 401 do CPC no tema (v. n. 182, *infra*); no segundo caso, somente se admitirá a prova pela forma estabelecida em lei.

A nosso ver, mais precisa era a redação do art. 118, *caput*, do CPC revogado, repetida, em parte, no art. 366 do atual CPC que, em sua frase final, estabelecia: "Mas, quando a lei considerar determinada forma *como da substância do ato*, o juiz não lhe admitirá a prova por outro meio" (g.n.). O Código atual, cingindo-se ao instrumento público como da substância do ato, envolve a aplicação da regra de que o legislador *dixit minus quam voluit*. E isto porque há *documentos particulares, se inscritos*, que são prova legal: v. Dec.-lei 58/1937, Lei 649/1949 e a alienação de bens pelo Registro Torrens (arts. 277 a 288 da Lei 6.015/1973), que pode ser feita por instrumento particular.[26] *Conquanto usualmente as provas legais sejam instrumentos públicos*,[27] *é possível que o sistema* – como faz o nosso – *admita prova legal que não seja instrumento público*. Assim, para a compra e venda, por compromisso, *ter eficácia relativamente a terceiros*, é indispensável a obediência aos requisitos da lei e, também, segundo o que se entendia anteriormente à edição da Súmula 84 do Superior Tribunal de Justiça, sua inscrição, para poder ensejar ao compromissário-comprador o direito à ação de adjudicação compulsória (v. Dec.-lei 58/1937, Lei 649/1949 e Lei 6.014/1973); e Súmula 621 do Supremo Tribunal Federal (v. o que se diz nas notas 29 e 30, *infra* sobre a alteração da posição do Poder Judiciário a respeito da Súmula 621 do STF, tendo-se presente, em especial, a precitada Súmula 84 do Superior Tribunal de Justiça, com a Constituição de 1988, o intérprete maior da lei federal).

182. O art. 227 do Código Civil em confronto com o art. 401 do CPC

O art. 227 do Código Civil reproduziu, com pequenas modificações, a regra que constava do art. 141 do CC/1916, que não admitia a prova exclusivamente testemunhal para contratos a partir de determinado valor. Servindo-se dos parâmetros que já constavam do Código de Processo, mas ampliando o âmbito de incidência, ao substituir "contratos" por "negócios jurídicos", aduz o refe-

26. Ainda podem ser celebrados por instrumento particular contratos em que seja parte o extinto Banco Nacional de Habitação ou entidade que faça parte do Sistema Financeiro de Habitação (art. 60 da Lei 4.380/1964); *ainda*, tendo em vista imóveis loteados, igualmente, assim dispõe o art. 26 da Lei 6.766/1979 (além da menção, no texto, ao Dec.-lei 58/1937); atos referentes a cédula hipotecária (Dec.-lei 70/1966); e, bem assim, os atos constantes dos livros do SPU (Serviço do Patrimônio da União), ou de livros de repartição federal arrecadadora (na forma do art. 74, *caput*, Dec.-lei 9.760/1946).

27. A Lei federal 6.952/1981, deu nova redação ao art. 134 do CC/1916, disciplinando, em realidade, os requisitos da escritura pública. Atualmente, a matéria em voga encontra-se regulada no art. 215 do Código Civil.

rido dispositivo que, "salvo os casos expressos, a prova exclusivamente testemunhal só se admite nos negócios jurídicos cujo valor não ultrapasse o décuplo do maior salário mínimo vigente no País ao tempo em que foram celebrados" (art. 227, *caput*, do CC).

O art. 141 do CC/1916 estabelecia que a prova exclusivamente testemunhal ficava restrita aos contratos no valor (hoje histórico) de até Cr$ 10.000,00. Enquanto isso, o Código de Processo Civil, na linha do que veio a constar do Código Civil em vigor, já estabelecia como limite máximo para a prova exclusivamente testemunhal o valor do décuplo do maior salário mínimo vigente no País, ao tempo em que se celebrou o contrato (art. 401 do CPC), o que significa que revogou o art. 141 citado. Fique dito, de pronto, que não se pode querer ver neste art. 401 da Lei Processual, e no art. 227 da Lei Civil, qualquer colidência com o art. 7.º, IV, da CF. Isto porque não se concebe naquele dispositivo, ao vedar a produção exclusiva de prova testemunhal naqueles contratos de valor superior ao décuplo do salário mínimo à época de sua celebração, qualquer tentativa de indexação monetária com o piso salarial, *ratio* única da vedação constitucional.

Deve-se fazer a seguinte distinção entre os dispositivos constantes da lei processual civil e da lei civil. A circunstância de o art. 401 do CPC limitar a prova do contrato a certo valor não significa que, se um dado serviço tiver sido efetivamente prestado, não possa ser objeto de prova exclusivamente testemunhal, mesmo que o valor pretendido exceda a esse valor legal. No entanto, *in casu*, ter-se-á feito prova do *serviço prestado* e, em decorrência dela, obter-se-á o *quantum* devido por dita prestação de serviço. Se, entretanto, pretender-se que, além dos serviços prestados, teria havido também a incidência de cláusula penal, que teria tido sua avença testemunhada, através de cuja prova se retrataria essa cláusula do contrato, é certo que esta não poderá ser tida como devida. A existência do contrato é que daria direito, ao beneficiário da cláusula penal, de ser satisfeito do respectivo *quantum*. Como, porém, não se pode provar o contrato, segue-se que não podem operar efeitos suas cláusulas que, então, são juridicamente insuscetíveis de comprovação, exceto na rara hipótese de confissão pela parte ou terceiro (quanto ao terceiro, v. o art. 353, *caput*, 1.ª parte, e parágrafo único, do CPC). Tudo aquilo, pois, que derivar do contrato, como tal não poderá ser objeto de prova. É curial, porém, que esta vedação não exclui que se provem fatos constitutivos de direito, na medida em que tais fatos evidenciem que certo serviço foi prestado, de tal arte que, pelos serviços feitos, haja recebimento por quem os tenha prestado.

183. A validade de documento entre as partes e terceiros. O documento, sua data e dúvida a respeito

Outro aspecto relativo à prova disciplinado pela lei civil diz respeito à validade dos documentos entre as partes e perante terceiros.

O art. 221 do Código Civil[28] dispõe que os efeitos dos documentos celebrados por instrumento particular, bem como os da cessão, atingem as partes, mas somente se estendem a terceiros a partir da respectiva publicidade, ou seja, através do registro público.

No entanto, poderá surgir dúvida a respeito da data do documento *particular*, emergente de impugnação. Poderá se dar que o documento não tenha data ou, então, que a data nele constante seja impugnada, o que se admite se prove "por todos os meios de direito" (art. 370, *caput*, do CPC). Nesse sentido já se decidiu que fica à chamada

28. Cf. art. 135 do CC/1916.

"discrição" do juiz admitir qualquer meio de prova para a comprovação da data certa de um documento.[29] Mas, quando se trata de demanda entre um dos signatários e terceiros, são de se aplicar os incisos I a V do mesmo art. 370, que fixam os critérios para se apurar a data do documento, e no qual não *estaria* prevista a prova testemunhal.[30]

Esta interpretação dada ao CPC não nos parece a correta, porque o inciso V do art. 370 *enseja a prova testemunhal*. A amplitude dos *meios de prova*, assim, restringir-se-ia, segundo se depreende do art. 370, *caput*, em princípio, às próprias partes, às quais diga respeito o documento. No entanto, o mesmo art. 370, *caput*, disciplina, tendo em vista os incisos I a V, o mesmo problema com referência a terceiros.

Na verdade o inciso V do art. 370 exerce uma função jurídica e logicamente preferente a respeito dos demais itens. E isto porque aí se lê que será reputado, como datado, o documento particular, "em relação a terceiros", da prova "do ato ou fato que estabeleça, de modo certo, a anterioridade da formação do documento", ao registro, tendo em vista data que dele conste, ou, na ausência de data, quando a respeito da mesma se discuta. Verifica-se, pois, que, provando-se por qualquer ato ou fato a data certa da formação anterior do documento (anterior àquela que se pretende tenha ele sido formado), logicamente, havendo uso do art. 370, V, não haverá lugar para incidência dos demais incisos II a IV do mesmo art. 370.

Inocorrendo, todavia, tal *ato* ou *fato*, a que a lei alude no inciso V do art. 370 do CPC, segue-se que servirão como elementos certos de convicção os casos elencados nos incisos II a IV do mesmo art. 370.

29. *RT* 481/156. Esta possível comprovação de data, todavia, *não significa* que o documento tenha necessária eficácia *contra terceiros*, cuja segurança é preservada, no sentido de serem atingidos somente pela *publicidade específica* [v. Súmula 621 do STF, com base nos arts. 346 do CPC/1939, então vigente, 1.046, CPC/1973, e 22 do Dec.-lei 58/1937 (redação da Lei 6.014/1973); antes, Lei 649/1949]. Na jurisprudência: *RTJ* 63/222, 89/285 e 95/282 (ambos do Pleno do STF), 91/257, 96/1.358, 97/1.390, 100/215 e 835, 101/1.305, 102/232, 107/686. *Na doutrina*: cf. trabalho de Othelo Castilhos, *no mesmo sentido*, *RT* 567/260. Diversamente do que consta da Súmula 621 do STF, a Súmula 84 do STJ estabelece que "é admissível a oposição de embargos de terceiro fundados em alegação de posse advinda do compromisso de compra e venda de imóvel, ainda que desprovido do registro". Cf. nota seguinte.

30. *JUTACivSP* 85/217 (hipótese: compromisso de compra e venda não inscrito não vale *erga omnes*, ainda que o fato seja provado por testemunha).

Em relação à nota precedente e a esta nota, cumpre observar que, depois do advento da Constituição Federal de 1988, com a modificação do Poder Judiciário em relação aos Tribunais Superiores, a orientação sobre este ponto alterou-se.

O Superior Tribunal de Justiça, criado pela CF vigente (art. 104 e ss.), ao julgar o REsp 188/PR, por sua 4.ª T., em acórdão que acabou sendo relatado pelo Min. Bueno de Souza, em razão de ter ficado vencido o relator, o Min. Sálvio de Figueiredo Teixeira, assentou a tese de que "é admissível a oposição de embargos de terceiro fundados em alegação e posse advindas de contrato de compromisso de compra e venda desprovido de registro imobiliário", afastando, assim, a aplicação da Súmula 621 do Supremo Tribunal Federal (*Lex – Jurisprudência do TRF*, n. 3, p. 112).

Essa orientação tem sido adotada generalizadamente pelo Superior Tribunal de Justiça, ao julgar recursos especiais em embargos de terceiros, como, por exemplo, se verifica dos acórdãos publicados na *Lex – Jurisprudência do STJ* e *TRF* 9/148 (REsp 1.480/SP, 4.ª T., rel. Min. Fontes Alencar) e 13/67 (REsp 1.172/SP, 4.ª T., rel. Min. Athos Carneiro). Acabou, por isto mesmo, convertendo-se na Súmula 84 daquele Tribunal, cujo Enunciado é quase que símile ao do precedente anotado acima.

Por outro lado, ainda, constata-se que, pela incidência do inciso V do art. 370, é perfeitamente possível que tal fato ou ato comprove, por exemplo, que o terceiro já conhecia o documento antes do seu registro.

184. A prova vista sob o prisma dos efeitos que provoca

A prova, entendida aqui como *atividade probatória*, diz respeito ao agir humano que, por definição, é finalístico; é, assim, uma atividade intencional. Todo aquele que prova, deseja obter um certo e determinado resultado: a convicção do juiz. Se num certo processo foram produzidas provas, por ambas as partes, e o juiz deu ganho de causa a uma delas, há que se considerar sob certo prisma que, nessa hipótese, a prova oferecida por ambas produziu efeitos em relação ao juiz, visto que, efetivamente, a prova da que ganhou lhe formou a convicção; e a prova da que perdeu, ao contrário, porque carente de poder de convicção e, assim, inferior ao conjunto probatório da vencedora, ainda assim, e, embora indiretamente, pode confirmar o poder de convicção da prova que embasa a decisão (v. n. 185, *fine*).

185. A atividade probatória e a sentença

Toda atividade probatória deve subordinar-se, necessariamente, sob pena de inutilidade ou impertinência, ao esclarecimento dos fatos que servirão de base à sentença, pois, do contrário, há de ser indeferida (art. 130 do CPC). Sendo requerida e deferida, será sucessivamente realizada. O documento, embora se subordine teleologicamente a esses fatos, no que pertine à admissibilidade e à produção, leva a que tais momentos se sobreponham.

De modo geral, podemos apontar as seguintes principais espécies de fatos, para, em seguida, examinarmos como devem ser provados, ou como são havidos por provados:

1.º) os fatos reais;

2.º) os fatos hipotéticos;

3.º) os fatos aos quais, verificadas determinadas circunstâncias (indícios), atribuir-se-lhes-á o condão de serem havidos como verdadeiros (presunção *hominis*);

4.º) ainda, os fatos que, pela teoria da prova, são absoluta ou relativamente tidos como verdadeiros (presunção *iuris et de iure* e presunção *iuris tantum*), demandam, porém, prova capaz de demonstrar os fatos dos quais nascem (= fato auxiliar ou fato base), cuja comprovação leva à convicção da existência do *fato presumido*, e é isso o que interessa.

Fatos reais são os que se disseram acontecidos e dos quais haja demonstração no processo de *como e quando* se verificaram.

Quanto aos *fatos hipotéticos*, decide o juiz, não em função de fato que já se encontra provado, mas, admitindo a hipótese de, vindo a ser positivada a ocorrência de um fato (correlacionado e *emergente* de fatos já provados), seguirem-se-lhe determinadas consequências. Levam às chamadas sentenças condicionais ou incompletas.[31]

Sob o *terceiro grupo*, reunimos os fatos a que se atribui veracidade, pela verificação de uma circunstância ocorrida e do seu significado aos olhos do juiz, pela experiência da vida, similar às dos outros homens (v. também art. 335, 2.ª frase, do CPC).[32]

31. V. Valentin Carrion, As sentenças incompletas, *RePro* 4/106 e ss. Vejam-se *exemplos* nesse trabalho, *RePro* 4/109 e ss., itens IX, XIV, especialmente.

32. No que concerne a estas presunções *hominis* ou máximas de experiência, é aconselhável que as duas etapas percorridas pelo juiz no processo intelectivo de convicção (primeira etapa: identificação da regra geral de experiência ordinária a ser aplicada; segunda etapa: indução acerca da veracidade ou inveracidade de um fato da lide, a ser feita a partir da regra geral de experiência) constem expressamente da fundamentação da sentença. Além disso, acautela Adroaldo

Finalmente, os fatos poderão ser havidos como verdadeiros no caso de haver *presunção de veracidade*. Se esta for de natureza absoluta, da prova específica do fato (= fato presumido *iuris et de iure)* estará dispensado quem alegou o fato, não podendo a parte contrária produzir prova para demonstrar a inocorrência do fato, e, se o fizer, tal prova é juridicamente imprestável. A dispensa da prova diz respeito ao fato presumido (= fato controvertido) e não com o que conduz à presunção.

Se a presunção for relativa, quem tiver alegado o fato (= fato presumido *iuris tantum*) estará dispensado de sua prova específica; à parte contrária, porém, incumbe o ônus de provar a inveracidade a respeito deste fato relativamente presumido, e, se o fizer, ser-lhe-á útil tal prova, apesar de estar comprovado o fato base ou o auxiliar. Entendemos que a parte não poderá fazer prova *absolutamente* negativa, a não ser que a prova possa ser convertida em afirmativa, e, então, o problema se resolverá de conformidade com o disposto no art. 333, I e II, do CPC, ou seja, o autor prova o fato constitutivo e o réu o fato em que se consubstancia a sua afirmação conducente à inocorrência do fato constitutivo.[33]

Outrossim, interfere na sentença o chamado *ônus da prova*. Assim, por exemplo, se o autor tem ônus de provar, mas não o faz, a precedente afirmação de negativa absoluta do réu aos fatos do autor é que, em princípio, terá valor. Da mesma forma, verificada a revelia, os fatos alegados pelo autor reputam-se verdadeiros (art. 319 do CPC), o que há de se entender com as cautelas inerentes ao significado e função deste art. 319.

Há que se dizer, ainda, que o processo contemporâneo é informado pelo chamado *princípio da aquisição processual*. Pouco importará, ao juiz, quem tenha trazido a prova aos autos (art. 131 do CPC); ela pertence ao processo e será, *pelo seu valor intrínseco* de convicção, sopesada pelo juiz, independentemente de se ter originado da atividade deste ou daquele litigante, ou mesmo de atividade oficiosa do juiz. Diante do princípio da aquisição processual ou da comunhão nos resultados da prova, *cujo pressuposto é a existência de prova nos autos, nos casos em que tenha sido produzida pela parte a quem prejudica*, não se aplicará o ônus da prova, pois o juiz julga com base no art. 131 do CPC, que pressupõe prova suficiente dos fatos, sendo de se consignar que o termo *ônus* objetivo[34] é o mais infeliz, não devendo ser usado. Isto porque, se há comunhão nos resultados da prova, *num caso concreto*, não há que se falar em ônus. Demais disso, o *ônus* é, por natureza, eminentemente subjetivo e relacionado com o agir ou com o não agir bem ou mal sucedido de um litigante.[35]

O princípio da aquisição processual admite que uma parte, em última análise, *produza prova contra si mesma*. Se a prova reali-

---

Furtado Fabrício, amparado na doutrina de Friederich Stein, que o juiz "deve estar consciente de que, em qualquer dessas passagens *[i.e., tanto na primeira como na segunda etapas do raciocínio judicial]*, pode ocorrer erro: na primeira, quando a generalização da mesma foi indevida e apressada, o que pode levá-lo a tomar como certo o que é apenas plausível; na segunda, quando a inserção do caso concreto na série é equivocada, por tratar-se de hipótese diversa, conquanto talvez semelhante, daquelas a que se atém a generalização" (Adroaldo Furtado Fabrício, Fatos notórios e máximas de experiência, in Flávio Luiz Yarshell e Maurício Zanoide Moraes, *Estudos em homenagem à Professora Ada Pellegrini Grinover*, p. 438).

33. V. Arruda Alvim, *Curso de direito processual civil*, cit., vol. II, Capítulo XIX, p. 203 e ss.

34. Veja-se sobre a origem do termo *ônus* objetivo: Alfredo Buzaid, Do ônus da prova, *Revista de Direito Processual Civil* (1964), vol. 4, n. 17/19, p. 16-17.

35. Concorde (embora escrevendo em relação ao CPC de 1939), Alfredo Buzaid, Do ônus da prova, cit., n. 27, p. 23-24.

zada por um litigante for favorável ao outro e constar do processo, deverá o juiz tomar conhecimento da mesma e, convencido, deverá julgar contra aquele litigante. Na apreciação das provas abstrai-se, neste sentido, de sua origem, pois não será pelo fato de alguém produzir prova contra si que esta circunstância poderá beneficiá-lo.[36]

Bibliografia

AHRENDS, Ney da Gama. Prova por meio de gravação no novo CPC. *Estudos sobre o novo Código de Processo Civil*. Porto Alegre: Bels, 1974.

ALVES, José Carlos Moreira. Os requisitos da escritura pública no direito brasileiro. *Ajuris* 20/7.

ALVIM, Eduardo Arruda. *Curso de direito processual civil*. São Paulo: Ed. RT, 1999. vol. I.

______. *Direito processual civil*. 2. ed. rev., atual. e ampl. São Paulo: Ed. RT, 2008.

______. *Direito processual civil*. 3. ed. São Paulo: Ed. RT, 2010.

______. *Direito processual civil*. 4. ed. São Paulo: Ed. RT, 2012.

ALVIM NETTO, José Manoel de Arruda. A nulidade da sentença por infração ao art. 398, CPC. *Revista de Processo (RePro)* 4/23, 1976.

______. *Curso de direito processual civil*. São Paulo: Ed. RT, 1971. vol. II.

______. A nulidade da sentença por infração ao art. 398 do Código de Processo Civil (parecer). *Revista de Processo (RePro)* 3/218.

______. Incidente de falsidade ideológica em processo de inventário (parecer). *Revista de Processo (RePro)* 16/201.

______. Reexame do valor da prova. *Revista de Processo (RePro)* 6/189, ano II, São Paulo, Ed. RT, abr.-jun. 1977.

______; e outros. O ônus da prova e o direito intertemporal. *Revista de Processo (RePro)* 4/227, 1976.

______; e outros. O ônus da prova nas ações declaratórias negativas. *Revista de Processo (RePro)* 4/231, 1976.

AMORIM, Sebastião Luiz; MELLO FILHO, José Celso de. Aspectos da escritura pública. *RJTJSP* 45/13; *RF* 257/401.

AULICINO, Carlos Alberto. A fé pública. *RT* 484/27.

BARBOSA MOREIRA, José Carlos. *O novo processo civil brasileiro. 25. ed.* Rio de Janeiro: Ed. Forense, 2007.

BARBOSA MOREIRA, José Carlos. "A constituição e as provas ilicitamente obtidas". *Temas de direito processual. Sexta série,* São Paulo: Saraiva, 1997, pp. 107-123.

BEDAQUE, José Roberto dos Santos. *Poderes instrutórios do juiz*. São Paulo: Revista dos Tribunais, 2009.

BORGES, Marcos Afonso. *Comentários ao Código de Processo Civil*. São Paulo: LEUD, 1975. vol. II.

BUSCHEL, Ricardo Raupp. O incidente de falsidade nos embargos à execução. *Ajuris* 24/146.

BUZAID, Alfredo. *Exposição de Motivos ao Projeto de Código de Processo Civil*. Cap. IV, n. 20, em 31.07.1972.

______. Do ônus da prova. *Revista de Direito Processual Civil* (1964), vol. 4, n. 17/19 e n. 27.

36. Neste preciso sentido já decidiu o Superior Tribunal de Justiça, em decisão na qual se lê: "Ao juiz, frente à moderna sistemática processual, incumbe analisar o conjunto probatório em sua globalidade, sem perquirir a quem competiria o *onus probandi*. Constando dos autos a prova, ainda que desfavorável a quem a tenha produzido, é dever do julgador tomá-la em consideração na formação de seu convencimento" (REsp 11.468-0/RS, rel. Min. Sálvio de Figueiredo Teixeira, *DJ* 11.05.1992, Sálvio de Figueiredo Teixeira, *O STJ e o processo civil*, cit., p. 258). Assim, se "pelo princípio da comunhão da prova, esta, depois de realizada, é comum, pertence ao processo e não a quem a fez" (TRF-4.ª R., Ap.Cív. 9404162892, j. 16.05.1995, rel. Des. Marga Tessler, *DJ* 19.06.1996, p. 42.245), pode o juiz decidir a lide "apreciando a prova produzida também pelo autor não necessariamente em seu favor" (TRF-1.ª R., Ap.Cív. 283510, j. 25.05.2004, rel. Des. Fagundes de Deus, *DJ* 01.06.2004, p. 4).

CAMBI, Eduardo. *A prova civil*: admissibilidade e relevância. São Paulo: Ed. RT, 2006.

CARRION, Valentin. As sentenças incompletas. *Revista de Processo (RePro)* 4/106 e ss.

CASTILHOS, Othelo Dilon. Embargos de terceiro. Penhora – Compromisso de compra e venda não inscrito no competente Registro Público – Inadmissibilidade do remédio, ainda que fundamentado na posse do bem. *RT* 567/260.

CINTRA, Antonio Carlos de Araújo. Prova do direito estrangeiro. *RT* 485/16.

______; GRINOVER, Ada Pellegrini; DINAMARCO, Cândido Rangel. *Teoria geral do processo. 23. ed.* São Paulo: Malheiros, 2007.

COMOGLIO, Luigi Paolo. *Le prove civili*. Terza edizione. Torino: UTET Giuridica, 2010.

CREDIE, Ricardo Antonio Arcoverde. Comentário a acórdão, sobre a tese de que o incidente de falsidade, segundo o art. 390, do CPC, tem lugar quando da produção e juntada aos autos do documento falso. *Revista de Processo (RePro)* 5/329; *JUTACivSP* 37/189.

DIDIER JR., Fredie et. al. *Curso de Direito Processual Civil*. v. II, 4 ed. Salvador: Podivm, 2009.

DUVAL, Hermano. A dimensão jurídica da fita magnética. *RF* 251/385.

FABRICIO, Adroaldo Furtado. Fatos notórios e máximas de experiência. In: YARSHELL, Flávio Luiz; MORAES, Maurício Zanoide. *Estudos em homenagem à Professora Ada Pellegrini Grinover*. São Paulo: DPJ, 2005, p. 430-441.

GRECO FILHO, Vicente. *Direito processual civil brasileiro. 20. ed.* São Paulo: Saraiva, 2007.

______. *Interceptação telefônica. Considerações sobre a Lei 9.296/1996*, 2ª ed. 3ª tiragem. São Paulo: Saraiva, 2008.

GRECO, Leonardo. *Estudos de direito processual*. Campos dos Goytacazes: Editora Faculdade de Campos, 2005.

GRINOVER, Ada Pellegrini. "O regime brasileiro das interceptações telefônicas". *A marcha do processo*. Rio de Janeiro: Forense Universitária, 2000, pp. 100-118.

INACARATO, Márcio Antonio. O valor probante dos livros comerciais. *RF* 268/427.

JUNQUEIRA, Luiz Zenun. Julgamento antecipado da lide. *RBDP* 24/25, 1980.

KNIJIK, Danilo. *A prova nos juízos cível, penal e tributário*. Rio de Janeiro: Forense, 2007.

LIMA, Alcides de Mendonça. A nova terminologia do Código de Processo Civil. *Ajuris* 1/112, 1974.

LOPES, João Batista. *A prova no direito processual civil*. 3. ed. São Paulo: Ed. RT, 2007.

MALUF, Carlos Alberto Dabus. As presunções na teoria da prova. *Revista de Processo (RePro)* 24/62, ano VI, São Paulo, Ed. RT, out. 1981.

MARINONI, Luiz Guilherme; ARENHART, Sérgio Cruz. *Manual do processo de conhecimento*. 5. ed. São Paulo: Ed. RT, 2006.

MARQUES, José Frederico. *Manual de direito processual civil*. São Paulo: Saraiva, 1984. vol. II.

MELENDO, Santiago Sentís. Natureza da prova. *RF* 246/93.

MICHELI, Gian Antonio. Teoria geral da prova. *Revista de Processo (RePro)* 3/161, ano I, São Paulo, RT, jul.-set. 1976.

MIRANDA, Francisco Cavalcanti Pontes de. *Comentários ao Código de Processo Civil* (de 1973). Rio de Janeiro: Ed. Forense, 1974. t. IV; 3. ed. rev. e aum., com atualização legislativa de Sérgio Bermudes, 1996. t. IV.

MUNIZ, Antonio Carlos. Do incidente de falsidade. *RT* 541/17.

NACONECY, Luiz Carlos Macedo. *Curso de direito processual civil*. São Paulo: Ed. RT, 1984.

NERY JÚNIOR, Nelson. *Princípios do processo na Constituição Federal. Processo civil, penal e administrativo*. 9ª ed.. São Paulo: RT, 2009.

PELLEGRINI, José Francisco. Do ônus da prova – Crítica ao art. 333 do CPC. *Ajuris* 16/41, 1979.

Pereira, Sérgio Gisckow. Receita Federal e informações ao Poder Judiciário. *Ajuris* 22/212, 1981.

Redondo, Alberto Monton. *Los nuevos medios de prueba y la posibilidad de su uso en el proceso (con especial referencia a las grabaciones magnetofónicas a la eficacia de las pruebas ilícitamente conseguidas)*. Salamanca, 1977.

Rego, Hermenegildo de Souza. *Natureza das normas sobre prova*. São Paulo: Ed. RT, 1982.

Ronhelt, Ladislau Fernando. Prova emprestada. *Ajuris* 17/37, 1979.

Sá Jr., Renato Maciel de. A prova fonográfica. *Ajuris* 28/143, 1983.

Santiago, Assis. Exigência e admissibilidade da prova no processo civil. *RBDP* 29/39, 1979; *Revista do Curso de Direito da Universidade Federal de Uberlândia*, 8/63, 1979.

Santos, Gildo dos. *A prova no processo civil*. São Paulo: Saraiva, 1975.

Santos, Moacyr Amaral. *Comentários ao Código de Processo Civil*. Rio de Janeiro: Ed. Forense, 1982. vol. IV.

______. *Primeiras linhas de direito processual civil*. 23. ed. Atual. Aricê Moacyr Amaral Santos. São Paulo: Saraiva, 2004. vol. II.

______. *Prova judiciária no cível e comercial*. São Paulo: Max Limonad, 1968/1972. 5 vols.

Santos Neto, Getúlio Evaristo dos. Fato Notório – Verdade Sábia – Ciência Privada. *RJTJSP* 84/25, 1983.

Silva, Clóvis do Couto e. Direito material e processual em tema de prova. *RF* 251/32; *Revista de Processo (RePro)* 13/135, ano IV, São Paulo, Ed. RT, jan.-mar. 1979.

Silva, João Carlos Pestana de Aguiar. *Comentários ao Código de Processo Civil*. São Paulo: Ed. RT, 1977. vol. IV.

______. Introdução ao estudo da prova. *RF* 248/27.

Silva, Ovídio A. Baptista da; Machado, L. Melíbio Uiraçaba; Gessinger, Ruy Armando; Gomes, Fábio Luiz. *Teoria geral do processo civil*. Rio Grande do Sul: Letras Jurídicas, 1983.

Talamini, Eduardo. "Prova Emprestada no processo civil e penal". *Revista de Informação Legislativa*. V. 35, n. 140, Brasília, out-dez 1998, p. 145-162.

Taruffo, Michele. *La prueba de los hechos*. Madrid: Editorial Trotta, 2002.

______. Verità e Probabilità nella prova dei fatti. In: Didier, Fredie; Jordão, Eduardo Ferreira (orgs.). *Teoria do processo: panorama doutrinário mundial*. Salvador: Podivm, 2008, pp. 665-681.

Teixeira, Sálvio de Figueiredo. *O STJ e o processo civil*. Brasília: Brasília Jurídica, 1995.

Theodoro Júnior. *Curso de direito processual civil*. Rio de Janeiro: Ed. Forense, 1985.

______. Dos poderes do juiz em face da prova. *Revista do Curso de Direito da Universidade Federal de Uberlândia*, 1983, p. 37-61.

Tucci, Rogério Lauria. Julgamento antecipado da lide. *RBDP* 19/207, 1979.

XIX

A Prova e os Princípios Regentes do Direito Processual Civil

186. A prova e o princípio dispositivo

Em face do que dispõe o art. 130 do CPC, a única limitação à atividade do juiz com relação à atividade instrutória é a de que a ele não é dado ir *além* do tema probatório, ou seja, da lide ou do *objeto litigioso*, nem infringir o princípio do ônus (subjetivo) da prova. É com esta limitação que se há de entender e usar o art. 130 do CPC, a respeito da qual era claro o Código de Processo Civil estadual da Bahia (art. 306). No Código antigo (CPC de 1939), o art. 117 dispunha semelhantemente, com o mesmo sentido e função.

O art. 130 do CPC aplica-se a quaisquer processos ou procedimentos; e, no que diz com a jurisdição voluntária, há de ser respeitado o alto grau de proximidade entre a verdade formal e a verdade substancial (= verossimilhança) com que deverá ser aferida a prova, como ainda há de se ter *especificamente presente* a maior extensão dos poderes do juiz, pois poderá "investigar livremente os fatos e ordenar de ofício a realização de quaisquer provas" (art. 1.107). Há, a propósito do âmbito deste art. 1.107, quem já tenha sustentado ser possível ao juiz perquirir a respeito de fatos não alegados pelas partes.[1]

Se, de um lado, pode o juiz, licitamente, adentrar a atividade probatória, tendo em vista a necessidade da prova para a formação de sua convicção, deverá sempre fazê-lo *subsidiariamente*, não suprindo as omissões da parte inerte. É justamente neste passo que deverá aplicar as regras respeitantes ao ônus da prova. Deve-se ter presente que o juiz deverá sempre formar seu julgamento em função dos fatos provados e apreciá-los livremente, salvo o(s) caso(s) do art. 366 (v. tb. o art. 353, parágrafo único). *Somente diante da inexistência de prova é que deverá interferir na esfera probatória. O ônus da prova, pois, é caminho normal para a solução das lides.*[2]

---

1. STJ, REsp 471.857/ES, 1.ª T., j. 21.10.2003, rel. Min. Humberto Gomes de Barros, *DJ* 17.11.2003, p. 207; José Olympio de Castro Filho, *Comentários ao Código de Processo Civil*, vol. 10, n. 13, p. 37.

2. Afirmando o papel do juiz no processo civil atual, no respeitante à produção probatória, colacionável o seguinte precedente do Superior Tribunal de Justiça: "O Código de 1973 acolheu o princípio dispositivo, de acordo com o qual o juiz deve julgar segundo o alegado pelas partes (*iudex secundum allegata et probata partium iudicare debet*). Mas o abrandou, tendo em vista as cada vez mais acentuadas publicização do processo e socialização do direito, que recomendam, como imperativo de justiça, a busca da verdade real. O juiz, portanto, não é mero assistente inerte da batalha judicial, ocupando posição ativa, que lhe permite, dentre outras prerrogativas, determinar a produção de provas, desde que o faça com imparcialidade, sem ensejar injustificado favorecimento a litigante que haja descurado ou negligenciado em diligenciar as providências probatórias de seu interesse" (REsp 17.591-0/SP, rel. Min. Sálvio de Figueiredo Teixeira, *DJ* 27.06.1994, em Sál-

Além do dever de o juiz vedar a procrastinação do feito, cabe-lhe impedir diligências probatórias inúteis ao respectivo objeto (art. 130), que, aliás, são também procrastinatórias. Desta forma, não há disponibilidade quanto aos meios de prova, *no sentido de a parte poder impor* ao juiz provas por ele reputadas *inúteis* (relativamente a fatos alegados, mas não relevantes), como *procrastinatórias* (relativamente à produção de provas sem necessidade de expedição de precatória ou rogatória, mas, antes, por outro meio mais expedito). Ao juiz, ao admitir ou não a produção de determinada prova em relação a certo fato, é concedida pelo sistema, a nosso ver, de regra, uma certa dose de liberdade, embora haja algumas regras de caráter cogente, que ensejam exercício de atividade vinculada, vale dizer, excluem do juiz qualquer liberdade na sua atuação (p. ex., art. 366).

De qualquer forma, é fundamental que se tenha presente, em face dos poderes do art. 130, que o juiz nunca *age em favor de uma das partes*, determinando realização de prova que só a uma delas interesse, pois, se o fizesse, quebraria a paridade de tratamento e ignoraria as disposições atinentes ao ônus da prova. Poderá fazê-lo ante sua indispensabilidade em função da sentença que deve necessariamente proferir, ou desde que o material probatório esteja confuso ou insuficiente, apesar da atividade probatória já desenvolvida pelos litigantes.[3]

187. A prova e o princípio da oralidade

Por oralidade, num sentido absoluto e teórico, entende-se que somente tem validade para o processo aquilo que tenha sido deduzido originariamente de forma *oral*, frente ao juiz ou juízes. Por outro lado, por processo escrito, também num sentido absoluto e ideal, ao reverso, somente teriam validade judicial aqueles atos praticados originariamente por escrito. Dizemos *originariamente*, porquanto as alegações orais, que podem ser datilografadas ou registradas por taquigrafia, estenotipia ou outro método idôneo de documentação, sendo até, mesmo, facultada às partes sua gravação (art. 417, com a redação que lhe deu a Lei 8.952/1994), deverão ser reduzidas a escrito "para versão datilográfica" quando for interposto recurso da sentença, ou quando o juiz assim determinar, a requerimento da parte ou oficiosamente (art. 417, § 1.º do CPC, anterior parágrafo único renumerado pela Lei 11.419/2006).

Todavia, tais conceitos radicais somente idealmente podem ser concebidos, porque atualmente não há exemplo algum de adoção *pura*, seja do sistema oral, seja do escrito, em nenhum ordenamento positivo.

Por isso, o mais correto é falar-se em adoção do princípio da oralidade, no sentido do seu predomínio sobre o princípio da forma escrita. Razão essa de falar-se, usualmente, em *processo misto, com predomínio da oralidade*.

---

vio de Figueiredo Teixeira, *O STJ e o processo civil*, p. 131). No mesmo sentido, cf. STJ, AgRg no REsp 738.576/DF, 3.ª T., j. 18.08.2005, rel. Min. Nancy Andrighi, *DJ* 12.09.2005, p. 330.

3. Em julgado interessante, o STJ assim decidiu: "1. Não se conhece de recurso especial intentado contra acórdão que transformou o julgamento de apelação em diligência para que nova perícia seja realizada a fim de ser encontrado o real valor da indenização reconhecida como devida ao exequente. (...) 4. Acórdão de segundo grau que reconheceu ser impossível, com base nos trabalhos periciais existentes nos autos, a fixação de um julgamento equânime, capaz de dar cumprimento ao acórdão. 5. Aresto baseado em fatos que entendeu, de modo incensurável, que os trabalhos periciais realizados contêm falhas impossibilitadoras de determinar-se o real valor da indenização reconhecida em juízo" (STJ, REsp 648.474/SP, 1.ª T., j. 16.11.2004, rel. Min. José Delgado, *DJ* 17.12.2004, p. 458).

A adoção do princípio da oralidade implica a adoção de uma série de subprincípios que se prestem para caracterizar um sistema de oralidade.

188. O subprincípio da identidade física do juiz

A primeira exigência, racionalmente dedutível do princípio da oralidade, é a adoção do subprincípio da *identidade física do juiz*. O juiz que instrui a causa terá que ser, necessariamente, o que venha a proferir sentença.

Entretanto, tal subprincípio encontra limite de incidência no caso de o juiz ser convocado, licenciado, afastado por qualquer motivo, promovido ou aposentado, desde que esteja em meio à instrução da causa em audiência. Nestas hipóteses, o juiz, se por qualquer dessas formas – notadamente amplas e claramente exemplificativas com a redação que a Lei 8.637/1993, deu ao art. 132 do Código de Processo Civil –, for retirado do juízo onde estava, desvincula-se da causa cuja instrução ainda não tenha findado, passando esta para o seu *sucessor*, que poderá aceitar as provas perante aquele produzidas e deverá produzir as restantes, ou, então, mandar que se repitam, perante ele, as já produzidas pelo seu antecessor quando julgar necessário (art. 132, parágrafo único, acrescentado pela Lei 8.637/1993).[4]

Em face do Código de Processo Civil de 1939 (art. 120), o subprincípio da identidade física do juiz encontrava mais intensa aplicação, pois, ainda que o juiz fosse promovido, aposentado ou transferido, mesmo com a instrução oral a meio caminho, continuava vinculado à causa, devendo, toda vez que fossem praticados atos orais de instrução, estar presente naquela comarca de onde fora transferido. Entretanto, já nos últimos tempos de sua vigência, vinha tal subprincípio sendo reformulado pela jurisprudência, *atenuando-o*. O mesmo se diga com relação à redação original do art. 132 do Código de Processo Civil de 1973, que, embora fosse mais tênue que a do seu antecessor, não continha, ao menos claramente, rol meramente exemplificativo de causas de desvinculação do juiz.[5] De qualquer sorte, o legislador de 1993, ao modificar a redação daquele dispositivo, acabou por acolher a tendência da jurisprudência de reformular este subprincípio, atenuando-o, às claras, na redação atual do art. 132, *caput*.[6]

4. STJ, REsp 192.680/PR, 3.ª T., j. 26.09.2000, rel. Min. Waldemar Zveiter, *DJ* 06.11.2000, p. 199; STJ, REsp 227.364/AL, 4.ª T., j. 24.04.2001, rel. Min. Sálvio de Figueiredo Teixeira, *DJ* 11.06.2001, p. 226.

5. Por exemplo, havia fundadas dúvidas na doutrina e na jurisprudência sobre se o juiz promovido e/ou transferido, após concluída a instrução, não havendo mais a necessidade de qualquer prova, estaria, ou não, desligado do processo, devendo proferir sentença (posição à qual nos inclinávamos), ressalvadas as hipóteses, estas claras, de aposentadoria (sentença proferida por magistrado aposentado [= não juiz] é sentença inexistente) – v. a respeito, Teresa Arruda Alvim Wambier, *Nulidades do processo e da sentença* cit., itens 2.2.5 e 3.1.2. Todos estes assuntos foram tratados na Primeira Parte deste *Manual* (n. 4, *fine*), com extensa casuística em torno da redação original do art. 132.

6. O Superior Tribunal de Justiça já enfrentou problema interpretativo com respeito a este art. 132, da seguinte forma: "I. Encontrando-se já encerrada a instrução do feito, a simples remoção do juiz que a tenha conduzido e concluído, máxime se realizada para outra vara da mesma comarca, não faz cessar a sua vinculação, incumbindo-lhe proferir a sentença. II. Interpretação que se coaduna com a nova redação do art. 132, dada pela Lei 8.637/1993, que não mais contemplou a remoção – impropriamente denominada de 'transferência' pelo legislador de 1973 – como causa de desvinculação nas hipóteses em que finda a fase instrutória" (REsp 19.826-0/PR, rel. Min. Sálvio de Figueiredo, *DJ* 20.09.1993, em Sálvio de Figueiredo Teixeira, *O STJ e o processo civil*, p. 133). Posteriormente, em acórdão também lavrado pelo Min. Sálvio de Figueiredo Teixeira,

A posição adotada pelo legislador de 1993, que alterou a redação do art. 132, acabou por ampliar bastante as hipóteses de desvinculação do juiz do julgamento da causa, em que pese a afirmação que sempre fizemos a respeito deste dispositivo, de que deveria o mesmo ser entendido não meramente do ponto de vista literal, mas à luz do significado maior da função do princípio da oralidade, do qual era e é parte constituinte, é dizer: constituindo-se o art. 132 numa exceção à regra do princípio da identidade, exatamente por ser uma exceção, deveria ter interpretação restritiva. Assim, para justificar que o juiz, mesmo sendo transferido ou promovido, deveria julgar a ação (ver nota 4, *supra*), líamos o dispositivo anterior, na sua redação primitivamente constante do Código de 1973, no sentido de que o pronome "los" constante do texto da norma queria dizer que os autos deveriam ser passados ao juiz sucessor, *que deveria prosseguir na audiência*, o que significaria audiência não finda, pois, do contrário, nela não poderia prosseguir. Acrescíamos, ademais, que o juiz sucessor poderia mandar repetir as provas já produzidas. Ora, a lei revogada não teria querido dizer que o juiz sucessor *pudesse mandar repetir todas as provas*, inteligência a que se chegaria, se se admitisse o entendimento de que, nos casos de instrução finda, também haveria desligamento do juiz, estando finda a instrução, justamente porque o juiz que colheu a prova seria o que estava presente à dita colheita e a teria realizado (subprincípio da imediatidade), o que justificaria não haver juiz sucessor, pois aquele que se apropriou dos aspectos da colheita da prova seria quem melhor poderia avaliá-la; ao passo que o juiz sucessor nada conheceria respeitantemente a tais aspectos e, pois, não teria condições de avaliação tão boas quanto o que colheu a prova. Seria, assim, sob mais este ângulo, exato o entendimento do não desligamento do juiz, uma vez estando finda a instrução, o qual não se afinaria com o sentido e com a função do princípio da oralidade. Demais disto, esta tendência, entendíamos, se acentuaria à luz dos seus subprincípios da imediatidade e identidade física, para que não houvesse transferência de juiz, que se objetivaria ocorresse exclusivamente a título de exceção.[7]

---

assentou-se que "o afastamento do juiz que concluiu a audiência de instrução, colhendo a prova oral, não impede que seja a sentença proferida pelo seu sucessor, o qual, se entender necessário, poderá mandar repetir as provas já produzidas" (STJ, REsp 149.366/SC, 4.ª T., j. 17.06.1999, *DJ* 09.08.1999, p. 172).

Prepondera, no STJ, a orientação de que a expressão "afastado por qualquer motivo" compreende as férias do juiz (cf. STJ, REsp 617.396/RJ, 1.ª T., j. 03.08.2004, rel. Min. José Delgado, *DJ* 27.09.2004, p. 256; STJ, REsp 650.594/MA, 4.ª T., j. 26.10.2004, rel. Min. Aldir Passarinho Júnior, *DJ* 28.02.2005, p. 336; STJ, AgRg no Ag 632.742/MA, 4.ª T., j. 25.09.2007, rel. Min. Massami Uyeda, *DJ* 22.10.2007, p. 280).

A jurisprudência majoritária do STJ é no sentido de que o proferimento de sentença por juiz designado em regime de "cooperação" ou "mutirão" não viola o art. 132 do CPC (STJ, REsp 149.366/SC, 4.ª T., j. 17.06.1999, rel. Min. Sálvio de Figueiredo Teixeira, *DJ* 09.08.1999, p. 172; STJ, REsp 413.898/SC, 2.ª T., j. 20.05.2004, rel. Min. Peçanha Martins, *DJ* 03.11.2004, p. 171; STJ, AgRg no Ag 654.298/RS, 1.ª T., j. 24.05.2005, rel. Min. José Delgado, *DJ* 27.06.2005, p. 242; STJ. AgRg no REsp 1002006/PA, 1ª T., j. 6.12.2011, rel. Min. Teori Albino Zavascki, *DJe* 13.12.2011); *em sentido contrário*, STJ, REsp 493.838/CE, 3.ª T., j. 04.12.2003, rel. Min. Ari Pargendler, *DJ* 01.03.2004, p. 180.

7. A jurisprudência do STJ, entretanto, tem-se revelado cada vez mais liberal no que concerne à interpretação deste dispositivo, a ponto de considerar válida sentença prolatada por juiz que não tenha conduzido a instrução, mesmo quando inexistente qualquer das hipóteses de afastamento do juiz prevista no art. 132, por reputar que não houve – no caso – demonstração de efetivo prejuízo ao contraditório e à ampla defesa (STJ, REsp 780.775/CE, 3.ª T.,

De qualquer modo, é preciso repisar, a tendência jurisprudencial e legislativa é oposta ao que preconizávamos acerca do princípio da identidade física do juiz, o que se reforça tanto pela redação atual do art. 132 do CPC, conferida pela Lei 8.637/1993, como, ainda, pelo fato de que o Projeto de Novo Código de Processo Civil (PL 8.046/2010) não manteve a previsão de tal princípio.[8]

189. O subprincípio da concentração dos atos processuais

Outro subprincípio da oralidade é o da *concentração dos atos processuais*. Por este subprincípio, os atos processuais, *particularmente os relativos à instrução oral*, devem ser o mais proximamente realizados uns dos outros, e, sendo possível, dever-se-á realizar toda a instrução oral numa só audiência (art. 455). O objetivo do princípio é o de que, em nome do princípio anterior, seja o mesmo juiz que colhe a prova o que vai julgar, dado que, tendo colhido a prova, tem mais condições de proferir sentença conforme a verdade. Se houvesse um grande lapso de tempo entre os atos instrutórios, esvanecer-se-iam provavelmente na sua memória os pormenores e peculiaridades, observados na colheita da prova, e daí a razão da *concentração* dos atos instrutórios.

Nesse sentido, o art. 455 do atual CPC estabelece: "A audiência é una e contínua. Não sendo possível concluir, num só dia, a instrução, o debate e o julgamento, o juiz marcará o seu prosseguimento para dia próximo".

Esse dispositivo constitui-se em fundamento operativo do princípio da oralidade, segundo o qual a audiência deve criar condições tais para o juiz que imediatamente colheu a prova, justamente porque a audiência deve ser feita em breve espaço de tempo, o menor possível, para que não se esqueça do que nela ouviu e, assim, possa traduzir, na fundamentação fática da sentença que irá proferir, certos dados e elementos que são irredutíveis a uma documentação, por mais idônea que seja. Na medida em que, mesmo havendo *imediatidade* na colheita da prova pelo juiz, e que seja ele mesmo o que venha a decidir (princípio da identidade física), *se se realizarem audiências, umas distantes das outras*, é bem provável que ele se esqueça de circunstâncias que tenham envolvido a colheita de prova oral, *praticamente irredutíveis à documentação*, o que diminuirá a alta utilidade da prova colhida *imediatamente* por esse magistrado.

190. O subprincípio da imediatidade

Por princípio da imediatidade entende-se a necessidade de o juiz colher as provas imediatamente, junto às partes e testemunhas, e receber os esclarecimentos do perito e dos assistentes técnicos, ou seja, que deve fazê-lo *pessoalmente* (art. 446, II). Tal subprincípio foi consagrado pela nossa lei, especialmente no que se refere ao depoimento pessoal das partes e à ouvida da prova testemunhal. Respeita ao *modus agendi* do juiz que vai julgar, quando da colheita da prova. Esta deve ser feita, *imediatamente*, ou seja, sem intermediação alguma, entre o magistrado e a parte; e entre o juiz e a testemunha.

191. O subprincípio da irrecorribilidade em separado (*rectius*, por apelação) das interlocutórias[9]

Este subprincípio consiste em se criarem recursos específicos para as decisões

j. 15.08.2006, rel. Min. Nancy Andrighi, *DJ* 04.09.2006, p. 269).

8. Conquanto o PLS 166/2010 contivesse, originariamente, dispositivo com conteúdo semelhante ao do art. 132 do atual CPC (art. 112 do PLS 166/2010, na redação original), este dispositivo veio a ser excluído nos substitutivos que sucederam o primeiro texto.

9. Sobre o recurso de agravo *após a Lei 11.187/2005*, v., com proveito, Teresa Arruda

interlocutórias, evitando que o processo, pelos recursos em separado, isto é, pela interposição de apelação, tenha o seu fluir obstado. Por meio desses recursos (agravos de instrumento ou retido), evita-se que se opere preclusão a respeito das questões decididas, isolando-se a questão, *sem obstar e sem interferir no andamento do processo*. Atualmente, a nossa lei prevê o recurso de agravo, excepcionalmente com subida imediata e, em regra, em regime de retenção nos autos, para toda e qualquer *decisão interlocutória* (art. 522, na redação da Lei 11.187/2005). De acordo com a nova redação do art. 522, será admitida a interposição do agravo por instrumento "quando se tratar de decisão suscetível de causar à parte lesão grave e de difícil reparação, bem como nos casos de inadmissão da apelação e nos relativos aos efeitos em que a apelação é recebida".

Estabelece o § 3.º do art. 523, também recentemente alterado pela Lei 11.187/2005, que "das decisões interlocutórias proferidas na audiência de instrução e julgamento caberá agravo na forma retida, devendo ser interposto oral e imediatamente, bem como constar do respectivo termo (art. 457), nele expostas sucintamente as razões do agravante".

Pelo sistema do Código de 1939, previam-se dois recursos para as decisões interlocutórias: o agravo de instrumento e o agravo no auto do processo, com extenso elenco de casos, porém taxativos, em que eram cabíveis, ora um, ora outro (arts. 842 e 851 do Código de 1939).

Estes recursos coadunam-se, especialmente, com o subprincípio da concentração (dos atos instrutórios), exatamente porque não desconcentram eles o que se pretende seja concentrado.

Se se admitisse o recurso de apelação das interlocutórias, ou seja, se cada uma delas fosse objeto de apelação, isto levaria à paralisação do processo todo, o que contribuiria nefastamente para a *desconcentração* dos atos processuais. A *admissão de recurso de apelação das interlocutórias da fase probatória oral, pois, seria particularmente lesiva da razão de ser da concentração mesma.* Precisamente por esta razão é que o legislador previu que o agravo de toda a decisão proferida em audiência de instrução e julgamento deva ser *retido* (art. 523, § 3.º, com a redação da Lei 11.187/2005).[10]

Observe-se que, no Código de 1939, o art. 269 era explícito em dispor que, *finda a instrução*, "o juiz fixará o objeto da demanda e os pontos em que se manifestou a divergência". Na verdade, inexiste exata correspondência desse dispositivo no Código novo, uma vez que o art. 451 trata da fixação pelo juiz, *no início da instrução*, dos pontos controvertidos sobre que incidirá a prova; e o art. 454 disciplina os debates orais que terão lugar ao término da instrução. Tampouco é correlato àquela prescrição o art. 331, § 2.º, acrescentado pela Lei 8.952/1994, ao dispor que, não obtida a conciliação, o juiz fixará os pontos controvertidos e decidirá as questões processuais pendentes, designando audiência de instrução e julgamento se necessário, eis que é ato *antecedente* à instrução. O art. 451, a seu turno, com mandamento

Alvim Wambier, *Os agravos no CPC brasileiro, passim,* José Carlos Barbosa Moreira, *Comentários ao Código de Processo Civil,* Antonio Notariano Júnior e Gilberto Gomes Bruschi, *Agravo contra as decisões de primeiro grau,* Eduardo Chemale Senistre Peña, *O recurso de agravo como meio de impugnação das decisões interlocutórias de primeiro grau.*

10. Caso seja o agravo interposto por instrumento, e o relator entenda que não estão presentes as circunstâncias referidas no art. 522, *converterá* o agravo de instrumento em agravo retido, mandando remeter os autos ao juiz da causa (art. 527, II, na redação da Lei 11.187/2005). Esta decisão, de acordo com o parágrafo único do mesmo artigo, é irrecorrível (parágrafo único também com a redação da Lei 11.187/2005).

linguístico idêntico, diz respeito ao início da audiência de instrução e julgamento, fundamentalmente, à prova oral que irá, nessa audiência, ser colhida (seja esta prova oral depoimentos pessoais, oitiva de testemunhas ou inquirição do perito). Quer parecer que, embora o juiz determine (fixe) os pontos controvertidos, com base no art. 331, § 2.º, poderá haver lugar para que o faça, ulteriormente, nos termos do art. 451. Se, todavia, o processo exigir perícia, utilizar-se-á do disposto no art. 331, § 2.º, circunscritamente àqueles fatos que deverão ser provados por perícia; e utilizar-se-á do art. 451, no que diz respeito à prova oral. Poderá haver, inclusive, variação de fatos, a serem provados por perícia e oralmente.

Como quer que seja, estará autorizado o juiz, nos casos envolvendo direito que não admita transação ou em que as circunstâncias evidenciem improvável a obtenção desta, desde logo, a sanear o processo, ordenando a produção da prova, sem a necessidade, portanto, de designar a audiência preliminar a que se refere o *caput* do art. 331. O que nos parece, relativamente a esta audiência, conquanto as modificações trazidas ao art. 331 pela Lei 8.952/1994 deixaram transparecer a *necessidade* da designação e realização da audiência de conciliação, é que a Lei 10.444/2002, em especial em face da nova redação atribuída a este dispositivo (art. 331), amenizou esta necessidade, amenizando, também, os eventuais efeitos decorrentes de sua não realização.[11]

192. O debate oral

O debate oral deve desenvolver-se, tendo em vista a nítida fixação dos limites da controvérsia ou, mais precisamente, os contornos firmados pelos pontos em que se manifestou a divergência ou divergências (arts. 331, § 2.º, 451, 454 e respectivos parágrafos), tais como os venha fixar o juiz no limiar da instrução. Façamos notar que há dois momentos processuais distintos para esta atividade: o do art. 331, § 2.º, especificamente para a prova realizável fora da audiência e, desde que necessária, no início desta, como determina o art. 451, especificamente para a prova oral. Verifica-se, ainda, aqui, a interferência do juiz delimitando o contraditório fático e a atividade probatória a ser desenvolvida na audiência, expurgando-a de questões de fato que sejam impertinentes e irrelevantes ao deslinde do processo.

Tecnicamente são mais perfeitos o art. 331, § 2.º, e o art. 451 do que o antigo art. 269, porquanto o que o juiz fixa são efetivamente *pontos controvertidos*, e não propriamente o objeto da demanda, como rezava o art. 269 do Código revogado. Na verdade, o objeto da demanda (= lide; = objeto litigioso) era (art. 4.º do Código de 1939; art. 128 do Código vigente) e continua sendo *fixado pelo autor*. O réu, sabidamente, levanta questões de *fato* (que são as que nos interessam neste passo) e de direito. O autor, a seu turno, sendo ouvido sobre a contestação (art. 326), poderá, replicando, suscitar novas questões de fato, sempre dentro, porém, do âmbito da lide e em estrita correspondência à resposta ao réu. Ainda, no art. 327, tendo o réu levantado qualquer das matérias do art. 301, a esse respeito manifestar-se-á o autor.

Ademais, tendo havido reconvenção, o autor reconvindo deverá impugná-la. Ora, o que incumbe ao juiz é, do conjunto de tais alegações, fazer emergir as questões de mérito suscetíveis de serem objeto de prova oral útil, na audiência *que se vai iniciar*, tendo em vista a discriminação entre as questões que sejam pertinentes e as que não o sejam. Estas deverão ser excluídas da instrução oral e do debate, seja porque irrelevantes para a solução da lide, seja porque certos fatos,

---

11. Cf., a respeito, Luiz Rodrigues Wambier, Teresa Arruda Alvim Wambier e José Miguel Garcia Medina, *Breves comentários à nova sistemática processual civil*, 2005, p. 202 ss.

apesar de relevantes, desnecessitam de prova: *a)* porque já estejam provados (v.g., art. 400, I, c/c o art. 334, II); *b)* ou porque desnecessitem mesmo de prova – art. 334, I (pela natureza mesma do fato: *notório*), III (pela ausência de discussão a respeito do fato: *admitido*) e IV (este último inciso IV relativo ao fato presumido, já existindo prova do fato auxiliar ou fato base).

Justamente essa completa "limpeza" das questões de fato, fazendo aflorar as que sejam relevantes, do ponto de vista da pertinência e da necessidade de prova, é que constitui o objeto da tarefa definida no art. 331, § 2.º e, desde que necessária a realização de audiência, no art. 451, frustrada a segunda tentativa de conciliação.

Outro aspecto, em que avulta a vantagem do sistema atual – notavelmente encarecido pelo legislador de 1994 ao acrescentar o § 2.º ao art. 331 – é que essa função deve reger toda a fase de instrução, e não, como no sistema original do Código de 1973, somente no início da audiência, o que evita uma instrução totalmente inútil, ao passo que, pelo sistema de 1939 (art. 269), a função só abrangia o debate e, no sistema original de 1973, somente a audiência, conduzindo, pois, a possíveis instruções parcialmente inúteis, ainda que realizadas fora da audiência. Vale dizer, a instrução poderia ser feita, *embora por lapso*, tendo por base fatos irrelevantes, o que afrontava o princípio da economia processual.

Bibliografia

AGUIAR, João Carlos Pestana de. *Comentários ao Código de Processo* Civil. São Paulo: Ed. RT, 1977. vol. IV.

AMARAL SANTOS, Moacyr. *Comentários ao Código de Processo Civil*. Rio de Janeiro: Ed. Forense, 1982. vol. IV.

______. *Primeiras linhas de direito processual civil. 23. ed. (atualizada por Aricê Moacyr Amaral Santos.)* São Paulo: Saraiva, 2004. vol. II.

AMORIM, Sebastião Luiz. Vinculação do juiz no novo CPC. *RT* 476/281 e *RF* 254/461.

ARRUDA ALVIM, Eduardo. *Curso de direito processual civil*. São Paulo: Ed. RT, 1999. vol. 1.

______. *Direito processual civil*. 2. ed. rev., atual. e ampl. São Paulo: Ed. RT, 2008.

______. *Direito processual civil*. 3. ed. São Paulo: Ed. RT, 2010.

______. *Direito processual civil*. 4. ed. São Paulo: Ed. RT, 2012.

ARRUDA ALVIM NETTO, José Manoel de e outros. Promoção do juiz depois de relatada a instrução e antes da prolação da sentença. *Revista de Processo (RePro)* 4/219, 1976.

ARRUDA ALVIM WAMBIER, Teresa. *Nulidades do processo e da sentença*. 5. ed. São Paulo: Ed. RT, 2004.

______. *Os agravos no CPC brasileiro*. 4. ed. São Paulo: Ed. RT, 2005.

BARBOSA MOREIRA, José Carlos. *O novo processo civil brasileiro. 25. ed.* Rio de Janeiro: Ed. Forense, 2007.

CASTRO FILHO, José Olympio de. *Comentários ao Código de Processo Civil*. Rio de Janeiro: Ed. Forense, 1976. vol. 10.

CINTRA, Antonio Carlos de Araújo; GRINOVER, Ada Pellegrini; DINAMARCO, Cândido Rangel. *Teoria geral do processo. 23. ed.* São Paulo: Malheiros, 2007.

MARQUES, José Frederico. *Manual de direito processual civil*. São Paulo: Saraiva, 1984. vol. II.

MENDONÇA LIMA, Alcides de. A liberdade de julgamento na jurisdição voluntária. *Ajuris* 16/5.

______. *Comentários ao Código de Processo Civil*. Rio de Janeiro: Ed. Forense, 2008. vol. V.

NACONECY, Luiz Carlos Macedo. *Curso de direito processual civil*. São Paulo: Ed. RT, 1984.

NOTARIANO JR., Antonio; BRUSCHI, Gilberto Gomes. *Agravo contra as decisões de primeiro grau*. São Paulo: Método, 2006.

PARÁ FILHO, Tomás. A recorribilidade das decisões interlocutórias do CPC. *Revista de Processo (RePro)* 5/15, 1977.

PEÑA, Eduardo Chemale Senistre. *O recurso de agravo como meio de impugnação das decisões interlocutórias de primeiro grau*. Porto Alegre: Livraria do Advogado, 2008.

SILVA, Ovídio Araújo Baptista da; MACHADO, L. Melíbio Uiraçaba; GESSINGER, Ruy Armando; GOMES, Fábio Luiz. *Teoria geral do processo civil*. Rio Grande do Sul: Letras Jurídicas, 1983.

TEIXEIRA, Sálvio de Figueiredo. *O STJ e o processo civil*. Brasília: Brasília Jurídica, 1995.

THEODORO Júnior, Humberto. *Curso de direito processual civil*. Rio de Janeiro: Ed. Forense, 1985. vol. I.

______. Dos poderes do juiz em face da prova. *Revista do Curso de Direito da Universidade Federal de Uberlândia*, 1983.

______. Princípios gerais de direito processual civil. *Ajuris* 34/161, 1985.

______. *Processo de conhecimento*. Rio de Janeiro: Ed. Forense, 1981. t. II.

WAMBIER, Luiz Rodrigues; Arruda Alvim WAMBIER, Teresa; MEDINA, José Miguel Garcia. *Breves comentários à nova sistemática processual civil*. 3. ed. São Paulo: Ed. RT, 2005.

XX

Classificação Geral das Provas

193. Classificação das provas

Uma das principais formas de classificação das provas é a que leva em consideração o *sujeito, o objeto* e a *forma da prova.*

194. Classificação das provas tendo em vista o sujeito

Considerando-se o sujeito e a prova, haver-se-ão de considerar as partes e o juiz. Nesta perspectiva, ter-se-á de constatar que a atividade probatória é, acima de tudo, uma atividade *tendencional*, desenvolvida pelas partes, colimando cada uma delas demonstrar a verdade dos fatos que alegou, e, ainda, comumente, a inveracidade dos fatos aduzidos pela outra (nessa linha de enfoque o autor deverá, na petição inicial, indicar os meios de prova que objetiva produzir – art. 282, VI, do CPC); outro tanto deve acontecer com o réu, na contestação – art. 300 do CPC. A própria existência do ônus da prova (art. 333 do CPC) indica que a prova é atividade realizável, por excelência, pelas partes.

O juiz necessariamente deverá realizar atividade probatória, quando a lei expressamente o determine,[1] como, por exemplo, na ação desapropriatória (Dec.-lei 3.365/1941, art. 14). No campo específico do processo civil, a atividade jurisdicional relativamente à determinação oficiosa de que se realize prova (art. 130 do CPC) deverá, normalmente, nos processos de jurisdição contenciosa, nascer da dúvida gerada no espírito do juiz, isto é, quando lhe seja impossível decidir a causa: *a)* pelas provas já bilateralmente produzidas, através de sua livre apreciação (art. 131 do CPC); *b)* ainda, quando não a possa solucionar pelo ônus da prova.

Segue-se, portanto, que a atividade do juiz, determinando a realização de prova, normalmente, deverá realizar-se ao cabo da instrução finda, pois somente então é que terá condições para constatar se tem, ou não, dúvida, na conformidade do que se disse. Se se fosse interpretar o art. 130 do CPC com amplitude maior do que a propugnada, curialmente, estar-se-ia conflitando a interpretação com aquela que há de ser dada ao art. 333 do CPC (ônus da prova).

Em sentido divergente ao que propugnamos, a jurisprudência pátria reflete a ampliação da atividade do magistrado na fase instrutória, tendência a que não estamos alheios, mas que, cremos, deva ser vista com cautela, face à imparcialidade do juiz e ao princípio dispositivo. De todo modo, deve ser consignado esse entendimento, segundo o qual seria dever do juiz buscar a verdade dos fatos, independentemente da iniciativa das partes, de sorte que as regras relativas à distribuição do ônus da prova somente teriam aplicabilidade se esgotadas as provas produzidas pelas partes e pelo magistrado. Conquanto não estejamos convencidos desse entendimento, é certo que este raciocínio

1. V. Cassio Scarpinella Bueno, *Curso sistematizado de direito processual civil,* vol. 2, t. 1, p. 234 e ss.

deverá ser adotado em menor ou em maior medida conforme seja menor ou maior o desequilíbrio econômico ou técnico-processual entre as partes (*i.e.*, sob o ponto de vista da capacidade técnica de produção da prova, a ser analisada de acordo com a atuação dos procuradores das partes), ou na proporção direta da indisponibilidade dos direitos versados.

Registro da iniciativa probatória do juiz pode ser verificado em acórdão proferido recentemente pelo STJ, de cuja ementa se extrai o seguinte: "Em que pese o art. 333, I do CPC determinar que compete ao autor o ônus da prova, quanto ao fato constitutivo do seu direito, o art. 130 do CPC possibilita também ao Juiz a iniciativa probatória, mesmo quando a parte tenha tido a oportunidade de requerer a produção da prova e, no entanto, quedou-se inerte. (...)".[2]

Noutro julgado da Corte Superior, relatado pelo Min. Hélio Quaglia Barbosa, busca-se demonstrar que o ativismo judicial não se incompatibiliza com a imparcialidade do juiz. Valendo-se da opinião de Cândido Rangel Dinamarco, o voto do relator preleciona: "A experiência mostra que a imparcialidade não resulta comprometida quando, com serenidade e consciência da necessidade de instruir-se para melhor julgar, o juiz supre com iniciativas próprias as deficiências probatórias das partes. Os males de possíveis e excepcionais comportamentos passionais de algum juiz não devem impressionar o sentido de fechar a todos os juízes, de modo absoluto, as portas de um sadio ativismo" (*Instituições de direito processual civil*, vol. III, 2. ed. São Paulo: Malheiros, 2002, p. 52-54, grifos no original)".[3]

A razão de não estarmos convencidos de que o ativismo judicial na instrução probatória seja totalmente coincidente com os escopos do processo civil brasileiro reside na dificuldade de se exercer o controle da imparcialidade do juiz diante da possibilidade ampla e irrestrita deste vir a produzir provas. Especialmente em casos em que se permite às partes renunciarem de seus direitos materiais, parece-nos questionável a iniciativa probatória do juiz, quando as partes dispõem do direito de produzir provas.

Esse problema afina-se com os questionamentos acerca dos reais escopos da jurisdição (solução eficiente dos litígios x solução do litígio com "justiça") e, do ponto de vista pragmático, com as dificuldades: a) de se distinguir a postura ativa e imparcial do juiz de uma eventual propensão – ainda que íntima ou involuntária – a favorecer alguma das partes na condução do processo; b) de se definir os limites exatos da atividade probatória, uma vez que, a se admitir a prevalência do disposto no art. 130 sobre as regras de distribuição do ônus da prova (art. 333 do CPC), aumenta-se o grau de indefinição acerca do momento limítrofe em que a busca da verdade deixa de ter justificativa na certeza da decisão proferida e torna-se injustificável pela ineficácia advinda da exaustão das possibilidades fático-probatórias pelo juiz.[4]

2. STJ, REsp 964.649/RS, 5.ª T., j. 23.08.2007, rel. Min. Napoleão Nunes Maia Filho, *DJ* 10.09.2007, p. 308.

Em sentido análogo: STJ, AgRg no REsp 738576/DF, 3.ª T., j. 18.08.2005, rel. Min. Nancy Andrighi, *DJ* 12.09.2005, p. 330; 2.º TACivSP, EDcl 486052, 4.ª Câm., j. 22.1.1998, rel. Juiz Antonio Vilenilson, Bol. AASP 2079-6, supl. *apud* Nelson Nery Junior e Rosa Maria de Andrade Nery, *Código de Processo Civil comentado*, p. 389-390.

3. STJ, REsp 629.312/DF, 4.ª T., j. 27.03.2007, rel. Min. Hélio Quaglia Barbosa, *DJ* 23.04.2007.

4. O Projeto de Novo Código de Processo Civil deslocou o atual art. 130, ao nosso ver corretamente, para o capítulo que trata das disposições gerais sobre as provas (art. 377 do PL 8.046/2010). Isso, pois a faculdade dada ao juiz de determinar quais provas serão produzidas e indeferir as diligências protelatórias diz mais

Apesar dessas objeções, não se pode fechar os olhos à realidade jurisprudencial e doutrinária contemporâneas. É preciso também, ter presente que a postura ativa do juiz em processos que encerrem questões de interesse público é plenamente justificável à luz das restrições que incidem sobre quaisquer normas que impliquem, direta ou indiretamente, disposição a direitos materiais que envolvam tal ordem de interesse.

Por fim, há algumas situações em que não se pode vislumbrar propensão alguma na iniciativa do magistrado, pois surgem de circunstâncias do processo que revelam, verdadeiramente, um dever do juiz de produzir a prova. Tais hipóteses podem ser exemplificadas na oitiva de testemunhas referidas, na inquirição oral de perito ou na intimação para prestar esclarecimentos sobre aspectos que não tenham ficado claros no laudo pericial e na requisição de documento público cuja existência seja noticiada pelas partes, perito ou testemunhas (*e.g.*, boletim de ocorrência policial, prontuário arquivado em hospital público etc.). *Tendo em vista, ainda, o sujeito*, poder-se-á dizer que a prova pode ser *pessoal* ou *real*.

A prova é, nesta outra perspectiva, pessoal, quando se origina de uma afirmação pessoal, como, por exemplo, a prova testemunhal etc.

Prova real será o próprio fato materialmente verificável por documento ou através de perícia, como, exemplificativamente, o exame das circunstâncias que ocasionaram um desastre, da situação de um imóvel etc., embora o perito, relatando os fatos, se aproxime, sob certo ângulo, da função de testemunhar, conquanto agregue ao seu relato uma interpretação técnica ou científica. Não é outro o entendimento que se pode dar, *v.g.*, ao art. 421, § 2.º, do CPC, com a redação determinada pela Lei 8.455/1992, ao permitir, dependendo da natureza do fato, a substituição da perícia por mera inquirição do perito e dos assistentes pelo juiz, quando da realização da audiência de instrução e julgamento, a respeito das coisas que houverem informalmente examinado ou avaliado.

195. Classificação das provas tendo em vista o objeto

Quanto ao objeto, a prova classifica-se, normalmente, em *direta e indireta*. Será direta a prova quando tiver por finalidade a evidência, ou tiver por escopo a revelação de fatos que se constituem em fundamento do objeto litigioso, por encerrarem *representação* "direta" dos mesmos.

A *inspeção judicial* é a "mais" direta das provas. Na realidade, nesta modalidade, o juiz *conhece diretamente* os fatos, sem intermediação de ninguém e de nenhum objeto. Trata-se de conhecimento direto, na expressão *real* e *literal* do termo, ao passo que todas as demais provas constituem em substitutivos do conhecimento direto do juiz.

Será indireta a prova quando, provados outros fatos, através de raciocínio, levarem ao conhecimento dos fatos que, efetivamente, deveriam ser provados.

Os fatos hão, normalmente, de ser objeto de prova, exceto aqueles que vêm arrolados no art. 334 do CPC, ou, ainda, a respeito dos quais a *lei* dispense a prova específica do fato. Como fatos que levam à desnecessidade de atividade probatória de acordo com o atual Código de Processo, temos:

1. *Os fatos notórios:*[5] *não se trata de um fato seriamente controvertido, para o juiz,*

---

respeito à atividade probatória, que aos deveres e responsabilidades genéricos do juiz.

5. V. Getúlio Evaristo dos Santos Neto, Fato notório – Verdade sabida – Ciência privada, *RJTJSP* 84/25.

Decidiu sobre o tema o Superior Tribunal de Justiça nos seguintes termos: "A circunstância de o fato encontrar certa publicidade na

pois, embora possa ter sido contestado, pode ser relevante a ponto de influir na sentença, que irá ser proferida; pela sua notoriedade, no entanto, fica, quem o alegou, dispensado de prová-lo (art. 334, I, do CPC).

Não é fácil a conceituação de *fato notório*. De regra, dá-se-lhe uma definição formal, que leva a uma petição de princípio, dado que se diz que fato notório é o que não precisa ser provado, sem, todavia, descrever tal realidade, em si mesma. O que é relevante, pois, é endereçarmo-nos para uma definição substancial. Parece que os pontos cardeais são os seguintes: 1.º) não se circunscreve a notoriedade a um dado lugar,[6] embora o *tempo* nela possa influir, pois o que já foi notório poderá deixar de o ser; 2.º) a notoriedade, pois, deve abarcar, pela sua evidência, todos os membros do Judiciário, assim como, também, a média dos homens cultos; 3.º) não se confina, portanto, nessa linha, a um só dado grau de jurisdição, mas há de abranger todos aqueles por onde possa tramitar a causa; 4.º) por notório, no entanto, não se haverá de entender o que seja efetivamente conhecido, senão o que possa, facilmente e com segurança, ser conhecível, de tal arte que o juiz, *v.g.*, com acesso a qualquer livro de história ou de geografia, possa se inteirar do fato, que, por constar de qualquer livro, é seguramente notório; 5.º) deve ser conhecido o fato, tendo em vista um padrão médio de cultura, de que participa também o juiz, e, justamente por isto, não se encontrará o juiz psicologicamente inibido em fazer uso de seu conhecimento, como aconteceria se *conhecimento privado* fosse.

Adroaldo Furtado Fabrício adverte, a nosso ver, com acerto, que a notoriedade há de ser do próprio fato em si, não de uma inferência ou uma ideia geral. Assim, "independentemente de sua exatidão ou inexatidão, a hipótese de caráter genérico, mesmo científica, não se presta à dispensa da prova". Nessa linha, a afirmação genérica de que "o grande consumo de fogos de artifício, em períodos juninos, aumenta consideravelmente o perigo de queimaduras e outras lesões por ele provocados" não configuraria fato notório e, portanto, não poderia levar à dispensa da comprovação de que determinada lesão sofrida por certa pessoa, durante o período destes festejos, tivesse sido desse modo produzida.[7]

Afigura-se-nos, ainda, que no conceito de fato notório está contida, também, a figura designada no Direito comparado por *notoriedade judicial*, ou seja, aquele ou aqueles fatos de que o juiz, em decorrência de sua função, tem conhecimento seguro. Neste caso, menos em função de qualquer conhecimento privado, senão com fulcro na notoriedade judicial, poderá dar por conhecido o fato, indicando a fonte, para conferência de sua assertiva.

Finalmente, deve-se dizer que o fundamento da notoriedade (desnecessitar de prova) é o da economia processual, já que a atividade que se desenvolveria não teria sentido, pois o que se quer saber já é sabido, ou

---

imprensa não basta para tê-lo como notório, de maneira a dispensar a prova. Necessário que o seu conhecimento integre o comumente sabido, ao menos em determinado estrato social, por parcela da população a quem interesse" (REsp 7.555/SP, 3.ª T., j. 30.04.1991, rel. Min. Eduardo Ribeiro, v.u., *DJU* 03.06.1991, p. 7.425, 2.ª col., em.).

Seguindo-se este critério, assim se decidiu: "(...) as empresas concessionárias ressalvam evidentemente um percentual de inadimplemento na sua avaliação de perdas, e os fatos notórios não dependem de prova (*notoria nom egent probationem*), por isso que a empresa recebe mais do que experimenta inadimplementos" (STJ, REsp 684.442/RS, 1.ª T., j. 03.02.2005, rel. p/ac. Min. Luiz Fux, *DJ* 05.09.2005, p. 260).

6. V. Enrico Allorio, *Rivista di Diritto Processuale Civile*, parte II, p. 6, 1934.

7. Fatos notórios e máximas de experiência, p. 432.

sem atividade probatória *pode ser verificado facilmente pelo juiz*.

2. *Os fatos afirmados por uma parte e confessados pela parte contrária*, desde que a demanda seja acerca de bem ou direito disponível; se indisponível, a confissão da parte contrária não tem relevância alguma, no contexto das provas, senão o mero peso psicológico se conferir com o conjunto probatório (art. 334, II, e art. 351 do CPC); este inciso II do art. 334 aloja-se mal debaixo do *caput* do artigo, dado que a confissão é meio de prova. Em verdade, quis a lei (art. 334, II, do CPC) significar que ditos fatos confessados desnecessitam de *outra* prova, além da própria confissão. É certo que interfere, aqui, um problema de ordem cronológica, consistente em que, curialmente, a confissão terá de anteceder a outro tipo de prova (v., nesse sentido, art. 400, I, do CPC), para que se opere a dispensabilidade de outra prova.

O STF, corretamente, já decidiu no sentido de que a regra do art. 334, II, do CPC não exclui o princípio da livre e fundamentada apreciação das provas pelo juiz.[8]

3. *Os fatos admitidos como incontroversos no processo* (inciso III do art. 334), sendo estes não necessariamente os *confessados* (por via de confissão, judicial ou extrajudicial), mas simplesmente com o(s) qual(is) concorda o adversário, de quem os alegou. No caso, podem ser admitidos *só* pelo silêncio, isto é, mesmo os não contestados.[9]

4. *Os fatos em cujo favor milita a presunção legal de existência ou veracidade*: no Código atual (art. 334, IV) milita a "presunção" legal de veracidade dos fatos não contestados pelo réu (art. 319), nos moldes e com as cautelas já expostas, e tendo-se presente também a regra do art. 302, *caput*.

Ainda, podemos apontar dentre os fatos que, por não serem controversos, dispensam a prova:

1. *Os fatos inconcludentes*, que, com ou sem prova, seriam irrelevantes para o processo, servindo, a prova, se realizada, unicamente para protelá-lo, sem utilidade alguma; são estes o contrário dos fatos relevantes. As provas a serem produzidas, com efeito, devem dizer respeito aos limites da lide, e por isso fatos que não exercem influência sobre a decisão da causa não necessitam – por sua inutilidade à resolução do processo – de prova.[10]

2. *Os fatos intuitivos*, que são aqueles perceptíveis pela experiência comum ao juiz e aos demais homens.

3. *Os fatos indeterminados*, que, por não se fixarem na realidade espacial ou temporal, não podem, logicamente, ser objeto de atividade probatória.

4. *Os fatos negativos*.[11] Hodiernamente e de forma pacífica, a afirmação de que os fatos negativos não necessitam ser provados vem perdendo o valor, uma vez que pode-

---

8. STF, AgIn 62.631/MG, in Alexandre de Paula, *O processo civil à luz da jurisprudência*, vol. III, nova série, p. 533, n. 6.952. Semelhantemente, decidiu o STJ que "ao juiz, frente à moderna sistemática processual, incumbe analisar o conjunto probatório em globalidade, sem perquirir a quem competiria o *onus probandi*" (STJ, REsp 11.468/RS, 4.ª T., j. 07.04.1992, rel. Min. Sálvio de Figueiredo Teixeira, *DJ* 11.05.1992, p. 6.437).

9. *RTJ* 93/162-164. Decidiu o STJ que "se o réu oferece defesa indireta de mérito, reconhece implicitamente os fatos em que se baseia a pretensão do autor, tornando-os incontroversos e, portanto, despiciendos de prova" (STJ, AgRg no REsp 235.154/DF, 3.ª T., j. 01.03.2001, rel. Min. Nancy Andrighi, *DJ* 09.04.2001, p. 354).

Também no direito alemão, a confissão (*geständnis*), no que diz respeito a seus efeitos, é equiparada à não contestação (*nichtbestreiten*). V. Wolfgang Grunsky, *Grundlagen des verfahrensrechts*, p. 163.

10. DIDIER, Fredie. *Curso de direito processual civil*. vol. 2. p. 26.

11. V. Luciano Henrique Diniz Ramires, *As provas como instrumentos de efetividade no processo civil*, item 2.8, p. 49-51.

rão, ou melhor, *deverão* ser provados, quando uma parte, negando o(s) afirmado(s) pela outra, a seu turno, fizer uma afirmação de fato (positivo), contrária e excludente do fato, por essa razão negado, caso em que o ônus da prova será bilateral.[12] Somente os "fatos" *absolutamente* negativos, as negativas absolutas ou as indefinidas é que são insuscetíveis de prova, por quem as tenha feito; *aqui, o ônus é só de quem alegou o fato.*

Os fatos constituem-se no meio através do qual se traçam nitidamente os contornos da situação ou relação jurídica, que será decidida pelo juiz.[13]

196. Classificação das provas tendo em vista a forma

Atendendo à sua forma, a prova pode ser classificada em literal ou documental (*stricto sensu*), na linguagem contemporânea; ou, então, vocal, denominada, atualmente, de testemunhal. No primeiro grupo estão colocados os documentos, enquanto no segundo todas as formas de manifestação oral perante o juiz, como a prova testemunhal, o depoimento e outros tipos.

A redação do art. 417 do CPC, determinada pela Lei 8.952/1994, a este respeito, evidencia que é facultado às partes a *gravação* do depoimento das testemunhas,[14] sem prejuízo de sua documentação por outros meios (para o rito sumário, ver o art. 279, *caput*, do CPC, com a redação da Lei 9.245/1995), na mesma linha do que já dispunha o art. 14, § 3.º, da Lei 7.244/1984 (Lei do Juizado de Pequenas Causas) e do que dispõe o art. 13, § 3.º, da atual Lei 9.099/1995, que revogou expressamente aquele diploma (juizados especiais cíveis), sendo certo que, nestes diplomas (arts. 37 e 36, respectivamente), a prova oral, produzida em audiência, não se reduz a escrito.[15-16]

No Projeto de Código de Processo Civil foi inserida uma seção para tratar das provas em meio eletrônico (arts. 446 a 448 do PL 8.046/2010, na sua versão atual). Sua utilização no processo dependerá de conversão à forma impressa e verificação de autenti-

---

12. *RT* 381/273; cf. também STJ, REsp 529.176/PR, 1.ª T., j. 23.03.2004, rel. Min. Luiz Fux, *DJ* 10.05.2004, p. 176; TJSP, AgIn 402.581-4/6-Santos, 5.ª Câm.Dir.Priv., j. 13.07.2005, rel. Des. A. C. Mathias Coltro; na doutrina, v. Alfredo Buzaid, Do ônus da prova, n. 23, p. 20, *Revista de Direito Processual Civil*, Saraiva, vol. IV. *Cada parte haverá de ter o ônus de provar o fato que afirmou.* Assim, "em regra, o ônus da prova incumbe a quem alega o fato, sendo desnecessário provar os fatos afirmados por uma parte e confessados pela parte contrária, sendo igualmente certo, até porque proclamado pela lei, que, salvo nas declaratórias negativas, ao autor cabe a prova dos fatos constitutivos, e ao réu a prova dos fatos extintivos, impeditivos ou modificativos" (STJ, REsp 161.629/ES, 4.ª T., j. 16.11.1999, rel. Min. Sálvio de Figueiredo Teixeira, *DJ* 21.02.2000, p. 129, *REPDJ* 20.03.2000, p. 76).

13. V. mais amplamente Arruda Alvim, *Curso*... cit., vol. II, Cap. XXII, n. 173 *et seq.*, p. 279 *et seq.*

14. V. Vicente Greco Filho, *Direito processual civil brasileiro*, vol. II, p. 240.

15. Na atual Lei 9.099/1995, os atos tidos como essenciais serão registrados resumidamente em notas manuscritas, datilografadas ou estenotipadas, havendo *faculdade* de sua gravação (art. 13, § 3.º), com o que o conteúdo do art. 36 deste mesmo diploma deve ser interpretado, tendo-se presente aquele dispositivo (observação válida também para a Lei 7.244/1984, diante de seu art. 37). Já na revogada Lei 7.244/1984, o art. 14, § 3.º, falava no *dever* de gravação daqueles atos realizados em audiência, seguindo-se, com o trânsito em julgado, a inutilização posterior das fitas, reduzindo-se a escrito somente os atos havidos por essenciais. O sistema atual dos juizados especiais cíveis, portanto, revela maior celeridade na documentação dos atos processuais e, mesmo, redução dos custos do processo, deixando de lado a obrigatoriedade da gravação.

16. O disposto no § 3.º do art. 13 da Lei 9.099/1995 tem inteira aplicação aos juizados especiais federais, porque absolutamente compatível com os ditames da Lei 10.259/2001 (*cf.* art. 1.º deste diploma) (v. mais amplamente Fernando da Costa Tourinho Neto e Joel Dias Figueira Júnior, *Juizados Especiais Federais Cíveis e Criminais*, p. 205 e ss.).

cidade, nos termos da legislação específica (Lei 11.419/2006, que dispõe sobre a informatização do processo judicial).

Bibliografia

AGUIAR, João Carlos Pestana de. *Comentários ao código de processo civil*. São Paulo: Ed. RT, 1977. vol. IV.

AMARAL SANTOS, Moacyr. *Comentários ao Código de Processo Civil*, Rio de Janeiro: Ed. Forense, 1982. vol. IV.

______. *Primeiras linhas de direito processual civil*. 23. ed. (atualizada por Aricê Moacyr Amaral Santos.) São Paulo: Saraiva, 2004. vol. II.

ARRUDA ALVIM, Eduardo. *Curso de Direito Processual Civil*. São Paulo: Ed. RT, 1999. vol. 1.

______. *Direito processual civil*. 2. ed. rev., atual. e ampl. São Paulo: Ed. RT, 2008.

______. *Direito processual civil*. 3. ed. São Paulo: Ed. RT, 2010.

______. *Direito processual civil*. 4. ed. São Paulo: Ed. RT, 2012.

ARRUDA ALVIM NETTO, José Manoel de. *Curso de direito processual civil*. São Paulo: Ed. RT, 1972. vol. II.

BARBOSA MOREIRA, José Carlos Barbosa. Anotações sobre o título "Da Prova" no Código Civil. Temas de direito processual. Nona série. São Paulo: Saraiva, 2007.

________. Regras de experiência e conceitos juridicamente indeterminados. *RF* 261/13.

BORGES, Marcos Afonso. *Comentários ao Código de Processo Civil*. São Paulo: LEUD, 1975. vol. II.

BUENO, CASSIO SCARPINELLA. *Curso sistematizado de direito processual civil*. São Paulo: Saraiva, 2007. vol. 2, t. 1.

BUZAID, Alfredo. Do ônus da prova. *RDPC* 4/20 e *RF* 204/412.

CARNELUTTI, Francesco. *A prova civil* – parte geral: o conceito jurídico da prova. Trad. Amilcare Carletti. São Paulo: LEUD, 2003.

CINTRA, Antonio Carlos de Araújo; GRINOVER, Ada Pellegrini; DINAMARCO, Cândido Rangel. *Teoria geral do processo*. 20. ed. São Paulo: Malheiros, 2004.

DIDIER, Fredie. *Curso de direito processual civil*. Salvador: Juspodivm, 2007. vol.2.

FABRÍCIO, Adroaldo Furtado. Fatos notórios e máximas de experiência. In: YARSHELL, Flávio Luiz; MORAES, Maurício Zanoide. *Estudos em homenagem à Professora Ada Pellegrini Grinover*. São Paulo: DPJ, 2005. p. 430-441.

GIANNICO, Marici. *A prova no Código Civil*: natureza jurídica. São Paulo: Saraiva, 2005.

GRECO FILHO, Vicente. *Direito processual civil brasileiro*. 18. ed. São Paulo: Saraiva, 2007. vol. II.

GRUNSKY, WOLFGANG. GRUNDLAGEN DES VERFAHRENSRECHTS (BASES DO DIREITO PROCESSUAL). BIELEFELD: GIESEKING, 1974.

MARQUES, José Frederico. *Manual de direito processual civil*. São Paulo: Saraiva, 1984. vol. II.

NACONECY, Luiz Carlos Macedo. *Curso de direito processual civil*. São Paulo: Ed. RT, 1984.

NERY JUNIOR, Nelson; NERY, Rosa Maria de Andrade. *Código de processo civil comentado*. 10. ed. São Paulo: Ed. RT, 2007.

PELLEGRINI, José Francisco. Do ônus da prova – crítica do art. 333 do CPC. *Ajuris* 16/41.

RAMIRES, Luciano Henrique Diniz. *As provas como instrumentos de efetividade no processo civil*. São Paulo: Juarez de Oliveira, 2002.

SANTOS, Ernane Fidélis dos. *Manual de direito processual civil*. 11. ed. São Paulo: Saraiva, 2006. vol. 1.

SANTOS NETO, Getúlio Evaristo dos. Fato notório – verdade sabida – ciência privada. *RJTJSP* 84/25.

SILVA, Ovídio Araújo Baptista da; MACHADO, L. Melíbio Uiraçaba; GESSINGER, Ruy Armando; GOMES, Fábio Luiz. *Teoria geral do processo civil*. Rio Grande do Sul: Letras Jurídicas Editora, 1983.

THEODORO JÚNIOR, Humberto. *Curso de Direito Processual Civil*. 47. ed. Rio de Janeiro: Ed. Forense, 2007. vol. I.

______. *Processo de conhecimento*. Rio de Janeiro: Ed. Forense, 1981. t. II.

TOURINHO NETO, Fernando da Costa; FIGUEIRA JÚNIOR, Joel Dias. *Juizados especiais federais cíveis e criminais: comentários à Lei 10.259, de 10.07.2001*. São Paulo: Ed. RT, 2002.

XXI
Ônus da Prova

197. Introdução

Aplica-se a teoria do ônus da prova a todos os processos e ações, atendidas, certamente, as peculiaridades de uns e de outros. As regras do ônus da prova destinam-se aos litigantes do ponto de vista de como se devem comportar, à luz das expectativas (ônus) que o processo lhes enseja, por causa da atividade probatória. O juiz, como é imparcial, não deve influir na conduta dos litigantes, salvo se, excepcionalmente, tiver de decidir o incidente da inversão do ônus da prova (art. 333, parágrafo único, do CPC), o que deverá fazer, mesmo que não haja impugnação, pois de *nulidade* se trata. Não será, todavia, propriamente atividade jurisdicional que influencie no resultado da aplicação da lei, mas a propósito da validade da convenção sobre distribuição do ônus da prova (v. 203, *infra*).

Assim, o atual Código de Processo Civil estabelece que incumbe o ônus da prova:[1] ao autor, quanto ao fato constitutivo do seu direito (*v.g.*, a sua propriedade e lesão, posse e turbação ou esbulho; locação e infração etc.); ao réu, quanto à existência de fato impeditivo (*v.g.*, não está em mora, porque sua prestação depende de prestação do autor), modificativo (*v.g.*, falta de requisito do negócio jurídico em que se estriba o autor, ou a situação em que se baseia o autor se alterou) ou extintivo (*v.g.*, pagamento, remissão e, comumente, prescrição ou decadência) do direito do autor (art. 333, *caput* e seus incisos, do CPC).[2] A distribuição do ônus da prova é a mesma no Projeto de Código de Processo Civil. O art. 380, §1.º do projeto, porém, acrescenta que, em determinadas situações de excessiva dificuldade de uma das partes cumprir com seu encargo probatório, o juiz poderá atribuir o ônus à parte contrária, dando-lhe a oportunidade de manifestação nos autos para se desincumbir dessa atribuição (v. 208-A, *infra*).

198. Distinção entre ônus e obrigação

A distinção que nos parece primordial é a de que a obrigação pede uma conduta cujo adimplemento ou cumprimento traz benefícios à parte que ocupa o outro polo da relação jurídica. Havendo omissão do obrigado, este será ou poderá ser coercitivamente obrigado pelo sujeito ativo. Já com relação ao ônus, o indivíduo que não o cumprir sofrerá, pura e simplesmente, em regra, as consequências negativas do descumpri-

1. A Lei 8.078/1990, que instituiu o Código de Proteção e Defesa do Consumidor, traz, em seu art. 6.º, VIII, a regra da inversão do ônus da prova, com intuito de beneficiar o consumidor – "quando, a critério do juiz, for verossímil a alegação ou quando for ele hipossuficiente, segundo as regras ordinárias de experiências".

2. V. Antonio Carlos de Araújo Cintra, Ada Pellegrini Grinover e Cândido Rangel Dinamarco, *Teoria geral do processo,* n. 228, p. 373 e 374.

mento que recairão sobre ele próprio. Aquela é essencialmente transitiva e o ônus só o é reflexamente.[3]

Outra distinção importante que cabe fazer entre ônus e obrigação é a circunstância de esta última ter um valor e poder, assim, ser convertida em pecúnia, o que não ocorre no que tange ao ônus.

Há, ainda, uma terceira figura, a do *dever* (*stricto sensu*). Além de não ser conversível em pecúnia, tem como característica básica a "perpetuidade", ao contrário do ônus e da obrigação, que se esgotam com o seu cumprimento.

Exemplo de dever processual é o da lealdade (arts. 16 *et seq.*, *a contrario sensu*; v., também, o art. 14, II, ambos do CPC).

O ônus da prova não é tão inexorável como outros. Se alguém não prova o fato de que depende o seu direito, se normalmente perderia a demanda, é possível, todavia, que o seu adversário desavisadamente prove esse fato e, fatalmente, isto lhe aproveitará (art. 131 do CPC).

Já o ônus de recorrer de uma sentença totalmente contrária, onde não haja duplo grau de jurisdição, *é quase* absoluto, pois, do contrário, é fatal que se consolidarão os efeitos da sentença, mercê da formação da coisa julgada. *Quase* absoluto porque, mesmo recorrendo, nem por isto necessariamente será provido o recurso; *em rigor*, é apenas seguro que se evite, desde logo, ou que se atrase, a consolidação dos efeitos da sentença.

3. Cf. Marici Giannico, *A prova no Código Civil:* natureza jurídica, n. 20, p. 95: "Como é intuitivo, os ônus diferem substancialmente das obrigações e dos deveres. Enquanto o descumprimento de um ônus não causa mal algum nem frustra expectativas de outras pessoas, a inobservância de uma obrigação ou de um dever contraria o direito e, portanto, deve ser sancionada de forma a propiciar ao prejudicado resultado idêntico que seu cumprimento espontâneo produziria".

199. O ônus perfeito e o ônus imperfeito

Parece-nos, pois, cabível a distinção, no sentido de que se terá ônus perfeito quando, do descumprimento de uma atividade processual, necessariamente decorrer uma consequência jurídica danosa. O indivíduo que perdeu a demanda tem o ônus de dela recorrer. Se não o fizer, fatalmente, como já se disse, consolidar-se-ão os efeitos da sentença, formando-se a coisa julgada. Já não se constitui em um exemplo de ônus perfeito a revelia: o réu tem o ônus de contestar a ação, mas, caso não a conteste, nem sempre se reputarão verdadeiros os fatos alegados pelo autor (art. 320 do CPC e suas exceções), como ainda os fatos constitutivos do pedido deverão ser críveis. Normalmente, porém, advirão daí consequências de transcendental importância no campo do processo. Já o ônus será imperfeito, quando, em verdade, a consequência danosa for possível, mas não necessária. É o caso, por exemplo, de a parte perder a oportunidade de provar; é possível que, a final, a prova resulte feita pelo adversário.

200. Correlação do ônus da prova com os princípios dispositivo e inquisitório

A generalidade das ordens jurídicas positivas, adotando o princípio dispositivo, aceita, correlatamente no campo da prova, o ônus da prova como um dos elementos primordiais na distribuição do dever às partes, determinando essa ordem jurídica *quem*, *quando e como* deve trazer a prova, de tais e quais fatos.

O art. 130 do CPC somente poderá ser corretamente aplicado pelo juiz às hipóteses em que não opere a teoria do ônus da prova e desde que haja um fato incerto, mas desde que esta incerteza seja emergente da prova já produzida. O art. 130, pois, aplicar-se-á como um *posterius* à insuficiência da prova produzida, e não tem lugar na teoria do ônus da prova. Nunca deverá o juiz sub-rogar-se no ônus subjetivo da parte inerte ou omissa.

A nosso ver, não é incorreta a afirmação de que o art. 130 do CPC só será aplicado quando não funcione a teoria do ônus da prova.[4] O que ocorre é que, tendo a parte deixado de produzir, ou requerer determinada prova, o juiz, necessitando dela para sua convicção, não deverá, normalmente, determinar que ela se realize. Por outro lado, e diversamente, poderá ocorrer que a prova já realizada seja insuficiente e que o juiz mande completá-la.[5]

Todas as considerações por nós feitas procuraram *interpretar o sistema vigente*, de inspiração individualista. *No entanto*, parece-nos que se pode afirmar deverem preponderar, cada vez mais, as seguintes *condutas* animadas por uma ideia não individualista do processo, e, mais, que o processo não deve ser sede da perda de direito, nem, correlatamente, da atribuição injustificada de bem jurídico: *a)* se o magistrado verificar que a parte não provou porque não tinha direito e em cuja verificação ingressam vários fatores, e até a *intuição*, não terá dificuldade de resolver o quadro pelo ônus da prova; *b)* se, todavia, à luz das mesmas motivações, chegar à convicção de que pode, com grau acentuado de convicção, haver perda de direito e atribuição de bem jurídico "indevidamente" à outra parte, acreditamos que, possivelmente, e, cada vez mais, interpretar-se-á o sistema atrofiando-se o espaço do art. 333 do CPC. Desta forma, portanto, acreditamos que, apesar da interpretação dada, dificilmente, sendo viável, o juiz deixará de ordenar a realização de prova, ainda que omisso o litigante, se se convencer de que haverá perda de direito.

201. A convenção das partes na distribuição do ônus da prova

Vimos, anteriormente, que o ônus da prova incumbe ao autor e ao réu, conforme a distribuição do art. 333 do CPC. Entretanto, as partes poderão convencionar distribuição diversa, toda vez que a demanda não versar sobre bem ou direito indisponí-

4. Existe, atualmente, uma tendência no sentido de se hipertrofiar o poder do juiz, no que diz com sua atividade *ex officio* – inspirada, acreditamos, por uma concepção não individualista de Justiça –, e, correlatamente, minimizar a importância da eventual inércia do litigante que não tenha diligenciado na atividade probatória. Exemplo desta orientação, temos para nós, é a posição assumida por Barbosa Moreira (*Revista de Processo [RePro]* 35/178 *et seq.*, especialmente p. 180), e que já assim se manifestara em relatório ao Congresso Internacional realizado em 1977, na Bélgica – cf. As bases do Direito Processual Civil, do prof. Walther J. Habscheid, por nós traduzido e publicado em *Revista de Processo [RePro]* 11-12/117 *et seq.*, v. especialmente, p. 143, 8, letra *b*, nota 176; igualmente é a tendência denunciada pelo relator italiano, a esse Congresso, prof. Trocker (*op. ult. cit.*, 143, 177). Lembra-se, no *relatório geral*, o novo *Code de Procédure Civile* francês que, em seu art. 7.º, alíneas 2 e 9, possibilita poder oficioso ao juiz, e o § 139 do CPC alemão, este no sentido de que o juiz *tem o dever* de colocar questões para relacionamento do litígio. No entanto, e, em síntese, se conclui: *a)* que sempre o *discrímen superior* será o da imparcialidade do juiz; *b)* de qualquer forma, é inviável cogitar-se da existência de um processo suscetível de ser qualificado como "inquisitório" na Europa Continental (op. ult. cit., conclusões do relator geral, p. 143-144). Mantemos a opinião do texto *em face do texto e do sistema positivo*, tendo-se presente, para os fins deste *Manual, o sistema do Código de Processo Civil*. Reconhecemos, entretanto, estar-se atravessando uma fase de transição, a qual, por isto mesmo, torna difícil a caracterização no que diz com a possibilidade de definição clara dos poderes oficiosos e em qual medida deve subsistir o ônus da prova, como classicamente preconizado pelo sistema processual codificado.

5. Sobre as principais teorias acerca do ônus da prova, v. Alfredo Buzaid, *Revista de Direito Processual Civil*, vol. IV/6 *et seq.*, 1964.

vel e desde que não fique sobremaneira dificultado a uma das partes conseguir provar os fatos.

Como a ordem jurídica só vulnerará o bem indisponível diante da verificação dos pressupostos da legitimidade de tal ocorrência, não será possível que, não provados os pressupostos, haja sentença contrária ao referido bem. Ou se provam os pressupostos, ou a sentença terá de ser contrária àquele que pretender destruir o referido bem. Assim, se se tratar de anulação de casamento, não é possível que o autor convencione com a ré que, *alegados certos fatos*, por ele, seriam tidos por verdadeiros, salvo se a ré provasse que seriam inverídicos. É evidente que a omissão da ré, *in casu*, levaria à anulação do casamento, sem que os respectivos pressupostos de direito material estivessem *efetivamente* comprovados. Se o bem é indisponível, tal convenção ofenderia a ordem jurídica, em ponto em que ela não pode ser afetada, pois, direta ou indiretamente, não pode haver disposição do bem. Do bem jurídico indisponível, ainda que subjetivado no litigante, não lhe é lícito dispor (art. 333, I, do CPC) ou agir como se estivesse dispondo (ainda que assevere que a outra parte tem razão).

Quanto ao inciso II do art. 333, a admissibilidade de convenção, nos casos em que muito difícil fosse à parte a prova, significaria esta permissão que a ordem jurídica estaria transigindo com convenções, que, em última análise, acabariam fazendo com que muitos direitos – mesmo disponíveis – perecessem em caso de litígio, afastando-se, assim, a verdade formal da substancial, o que não é desejável. Se a parte quer transigir, que o faça, mas não se reconhece validade a convenções dificultadoras do exercício de direito, pois isto importaria usar ou erigir o processo como elemento contributivo de álea, e, nessa medida, até eventualmente obstativo do exercício de direito.

202. A sentença, o raciocínio do juiz e a função do ônus da prova

De um modo geral, podemos dizer que, recaindo sobre uma das partes o ônus da prova relativamente a tais e quais fatos, não cumprindo esse ônus e inexistindo nos autos quaisquer outros elementos, pressupor-se-á um estado de fato contrário a essa parte. Assim, quem devia provar e não o fez perderá a demanda.

Assim, tendo o réu negado a autoridade do fato do qual nasceria sua obrigação, incumbe ao autor o ônus da prova, sob pena de absolvição do réu.[6]

Outrossim, havendo impugnação da validade de documento particular, assinado em branco, ao impugnante compete o ônus da prova, sob pena de não ser acolhida sua arguição.[7]

203. Momento do funcionamento do ônus

À sistemática do CPC vigente aplica-se a regra geral de que o juiz, sendo impar-

6. STJ, REsp 285.612/SP, 4.ª T., j. 09.11.2004, rel. Min. Jorge Scartezzini, *DJ* 06.12.2004, p. 314; STJ, REsp 529.176/PR, 1.ª T., j. 23.03.2004, rel. Min. Luiz Fux, *DJ* 10.05.2004, p. 176; STJ, REsp 316.058/RJ, 4.ª T., j. 15.08.2002, rel. Min. Aldir Passarinho Júnior, *DJ* 07.10.2002, p. 263; STJ, REsp 62.097/SP, 2.ª T., j. 05.10.2000, rel. Min. Peçanha Martins, *DJ* 15.04.2002, p. 187; STJ, REsp 237.555/RJ, 3.ª T., j. 16.03.2000, rel. Min. Ari Pargendler, *DJ* 03.04.2000, p. 148.

7. Assim, cumpre àquele que assinou a nota promissória provar o preenchimento abusivo (cf. STJ, REsp 33.200/SP, 4.ª T., j. 13.03.1995, rel. Min. Sálvio de Figueiredo Teixeira, *DJ* 15.05.1995, p. 13.407). Semelhantemente, "a só falta de autenticação das cópias das notas fiscais juntadas aos autos, sem a conjugação de outros elementos que indiquem vícios nos documentos, não implicam sua falsidade" (STJ, REsp 203.225/MG, 4.ª T., j. 02.04.2002, rel. Min. Sálvio de Figueiredo Teixeira, *DJ* 05.08.2002, p. 344).

V., *supra*, n. 183.

cial, não poderá de forma alguma indicar, a qualquer das partes, em momento algum do processo, quais os fatos que, segundo o sistema jurídico (Código de Processo e leis de Direito Privado), lhes incumbe provar, salvo o caso excepcional do art. 333, parágrafo único, do CPC, menos como indicação intencional, propriamente dita, mas como decorrência objetiva do decreto de nulidade de inversão convencional da prova.[8] O que lhe compete fazer, e este é o sentido que deve ser dado ao art. 331, § 2.º (incluído pela Lei 8.952/1994) e ao art. 451, já constante originariamente do Código de Processo Civil, é fixar os *pontos controvertidos* sobre os quais recairá a produção probatória, evitando-se, com isto, qualquer dilação probatória inútil, o que atentaria, em última *ratio*, ao princípio da economia processual. A atitude normal do juiz, sob este aspecto, é negativa. Quando estimar que uma determinada prova é impertinente, a lei lhe confere poderes para denegá-la.[9-10]

Poderá, entretanto, se assim entender necessário, determinar ele próprio, e *ex officio*, as provas indispensáveis ao esclarecimento dos fatos, no que isto não favoreça deliberadamente uma das partes, como vimos (n. 190, *retro e fine*), onde procuramos fixar uma posição dogmática a respeito, *e, nesse plano, de difícil descarte; e, de outra parte*, expressamos *a tendência que se acentua e os motivos dela animadores*. A servir de supedâneo, todavia, a esta linha em que avançam muitas opiniões, devemos recordar o CPC da Colômbia que, em seu art. 6.º, prescreve que, atinentemente à interpretação da norma processual, *o critério superior e intransponível é o de que o processo não serve à criação de direitos (e, logicamente, não se presta à supressão de direito de quem o tenha)*.

204. Fundamentos da repartição do ônus da prova

Pensamos que são os seguintes os fundamentos ou princípios gerais do Direito que, particularmente, informam a teoria do ônus da prova: 1.º) o da igualdade de posição dos litigantes; 2.º) o de se imprimir "autorresponsabilidade" aos litigantes, princípio em verdade dessumido do primeiro; assim, por exemplo, o litigante que não age diligentemente, dentro dos prazos (preclusão temporal), é responsável pelas consequências advindas da sua inércia, ou seja, deve suportar o que *possa* decorrer da omissão.[11] Justifica-se a expressão "autorresponsabilidade", no sentido de que alguém é "responsável" pelos seus atos ou omissões. É certo, porém, que o sentido tradicional de responsabilidade é o transitivo, vale dizer, o de dirigir-se a outrem, e, pois, supõe outra pessoa.

8. Também nas hipóteses excepcionais de inversão do ônus da prova, amparadas na teoria da carga dinâmica das provas (*cf.* n. 208-A, *infra*) é necessário que a decisão do juiz se reporte aos fatos que serão objeto da inversão ou necessariamente a inversão.

9. Registre-se que a lei confere poderes ao juiz, nas hipóteses envolvendo direitos que não admitam transação ou em casos em que as circunstâncias evidenciem improvável a obtenção desta (transação), para, desde logo, sanear o processo, ordenando a produção da prova, dispensando-o, em tais casos, da designação da audiência preliminar a que se refere o *caput* do art. 331 (v. art. 331, § 3.º, com a redação da Lei 10.444/2002).

Sobre a matéria, consulte-se, mais amplamente, Luiz Rodrigues Wambier, Teresa Arruda Alvim Wambier e José Miguel Garcia Medina, *Breves comentários à nova sistemática processual civil*, 2005, p. 202 ss.

10. V. Moacyr Amaral Santos, *Primeiras linhas de direito processual civil*, n. 588, p. 359-360.

11. Assim, o autor que requereu oitiva de testemunha e não promoveu as diligências necessárias para a sua realização em audiência é *autorresponsável* por sua sucumbência ante a preclusão temporal (STJ, REsp 518588/MG, 4.ª T., j. 16.09.2005, rel. Min. Cesar Asfor Rocha, *DJ* 03.11.2003, p. 323).

205. O ônus da prova e a revelia[12]

Com a revelia, facilita-se sobremaneira a atividade do autor, que é a quem incumbiria o ônus da prova dos fatos de que pretende se extraia uma consequência jurídica, se contestados, como usualmente ocorre. Neste caso ele comparece, alega fatos e não os prova (ou, *pelo menos, deixa de provar todos eles*). O réu, por sua vez, não terá comparecido ao processo para negar a ocorrência daqueles fatos, tais como relatados pelo autor. Constatando tal estado de coisas, pode não haver audiência de instrução e julgamento e o juiz profere o julgamento antecipado do processo, desde que verificados os pressupostos respectivos. É conveniente mais uma vez ressaltar que, embora ocorrendo a revelia, o autor não será, *ipso facto*, considerado vencedor da demanda, mas tão somente tem sua situação, no que diz respeito à prova, aliviada, ficando dispensado, *em escala maior ou menor*, do ônus da prova (arts. 319, 320 e 324, do CPC). No sistema antigo, a revelia não dispensava o autor do ônus da prova (Código de 1939, art. 209), embora atenuasse dito ônus (no sistema atual *quase sempre* se procederá da mesma maneira).

Cabendo ao réu o ônus da prova, relativo a fato impeditivo, modificativo ou extintivo, com inteiro acerto, já se decidiu não incidir a regra geral do art. 319 do CPC ("revelia do autor", por não impugnar o fato), na hipótese de o autor não o impugnar, no prazo do art. 326 do CPC,[13] pois, do contrário, estar-se-ia ignorando a regra do art. 333, II, do CPC. *O entendimento, em nosso sentir, é o correto.*

206. A confissão e o ônus da prova[14]

Veremos mais adiante que, quando o processo disser respeito a direito disponível, poderá o réu comparecer e admitir como verdadeiros os *fatos* alegados contra ele. A confissão restringe-se, exclusivamente, à matéria de fato, jamais à matéria de direito.[15] A confissão, todavia, convive com o princípio do livre convencimento motivado e há de ser apreciada à luz do mesmo, levando o magistrado em conta todo o conjunto probatório.[16]

207. A falsidade de documento e o ônus da prova

Àquele que alega falsidade do documento incumbe a prova de tal afirmação.[17]

12. Sobre o tema, v. Maria Lúcia L.C. de Medeiros, *A revelia sob o aspecto da instrumentalidade*, item 3.4; Rita Gianesini, *Da revelia no processo civil brasileiro*, p. 119.

13. *JUTACivSP* 74/297. Por tal razão, "se a parte ré, em sua contestação, alega fato impeditivo do direito do autor e o julgador, ao invés de abrir prazo para este se manifestar em réplica, julga antecipadamente a lide, ocorre cerceamento de defesa, restando ofendidos os princípios do contraditório e da ampla defesa" (STJ, REsp 655.226/PE, 4.ª T., j. 13.09.2005, rel. Min. Jorge Scartezzini, *DJ* 03.10.2005, p. 269).

14. V. Fredie Didier Júnior, Considerações sobre a confissão, in Bento Herculano Duarte e Ronnie Preuss Duarte (coords.), *Processo civil* – aspectos relevantes, vol. 2, n. 5, p. 266 e 267.

15. Em acórdão do STJ, afirmou-se que "a consequência processual da revelia é semelhante à da confissão (art. 348, CPC), bem diversa, portanto, daquela própria do reconhecimento do pedido (art. 269, II, CPC)". Segundo se decidiu, a consideração de que os fatos são verdadeiros "não conduz, necessariamente, à procedência do pedido inicial, que dependerá do exame pelo juiz, com base nas circunstâncias dos autos, *das consequências jurídicas dos fatos*" (STJ, REsp 94.193/SP, 4.ª T., j. 15.09.1998, rel. Min. Cesar Asfor Rocha, *DJ* 03.11.1998, p. 140). Cf. também STF, *Arquivo Judiciário* 81/339; TJCE, *Jurisprudência e Doutrina* 8/246; TJPR, *Paraná Judiciário* 55/304.

16. "A confissão, enquanto meio de prova, conduz a uma presunção relativa da veracidade dos fatos, devendo ser analisada pelo juiz diante de todo o contexto probatório produzido nos autos" (STJ, REsp 464.041/SE, 3.ª T., j. 16.10.2003, rel. Min. Castro Filho, *DJ* 03.11.2003, p. 316); *RTJ* 99/144.

17. TJMG, *RT* 159/317 – art. 389, I. Diversamente, se se tratar de falsidade de assinatura (art. 389, II): STJ, REsp 488.165/MG, 3.ª T., j. 29.10.2003, rel. Min. Nancy Andrighi, *DJ* 01.12.2003, p. 349.

É a confirmação do princípio que atribui o ônus de provar a quem alega.

Quanto à falsidade de documento, afigura-se-nos terem cabimento as seguintes distinções: 1.º) o art. 389, I, do CPC, disciplina o problema em função do ônus da prova (em rigor e mais restritamente, da *falsidade de assinatura*), vale dizer, se a parte que arguiu a falsidade não diligenciar na atividade probatória, certamente sua arguição não será aceita, e, da assertiva de tal fato, não se poderá beneficiar, porque não o terá provado; 2.º) no entanto, se suscitar o incidente de falsidade, *podendo, neste caso, fazê-lo*, a perícia será necessariamente ordenada pelo juiz (art. 392 do CPC), donde, então, aqui não se poder, com propriedade, aludir a ônus da prova.

Para se poder dar um rendimento autônomo ao art. 389, I, do CPC, que fala em ônus da prova, o único entendimento plausível é o de que a falsidade pode ser alegada – independentemente de se suscitar o incidente de falsidade – e, então, reger-se-á pelo ônus da prova, e a *decisão interlocutória*, ou, se for o caso, a parte da *sentença* que dê pela falsidade não fará *coisa julgada*, neste seu aspecto de fundamento de fato.

Diversamente, se o problema se colocar dentro da arguição de falsidade (*aqui, necessária falsidade documental*), o objeto do *pedido* será o da declaração da falsidade, que levará à sua declaração de falsidade ou da autenticidade do documento (art. 395 do CPC) e, tal ocorrendo, haverá *coisa julgada* a respeito. Isto significa que, então, o referido documento não mais poderá produzir qualquer efeito (= falsidade declarada), ou, ao contrário, não mais poderá ser atacado (= autenticidade declarada), no mesmo, ou em qualquer outro processo.

Se se contestar a assinatura (= falsidade de assinatura), é ao signatário (a parte que produziu o documento) que cabe provar que a mesma é verídica (art. 389, II, do CPC). Houve, aqui, uma inversão legal das regras tradicionais do ônus da prova, feita pelo legislador. Inversamente, se se pretender que uma assinatura é de alguém e se esse alguém negá-la, caberá ao que faz a afirmação provar que ela é daquele de quem se diz ser o signatário. Nesta hipótese segue-se a regra geral, pois o art. 389, II, do CPC, deve ter interpretação restrita.

208. A alegação de fato modificativo, impeditivo ou extintivo e o ônus da prova

Se o autor vem cobrar uma dívida em juízo e a parte contrária admite que deve, mas opõe um fato extintivo à cobrança da mesma, a esta (parte que alegou) incumbe provar a extinção da obrigação.[18] Quando o réu, por exemplo, alega pagamento em ação na qual lhe está sendo cobrada uma dívida, é seu o ônus da prova.[19] É, desta forma, incogitável se pudesse falar em presunção de pagamento.[20]

18. STJ, REsp 759.056/PR, 1.ª T., j. 06.09.2005, rel. Min. Luiz Fux, *DJ* 26.09.2005, p. 255; TJSP, *RT* 181/323.

19. Assim, "a prova do pagamento do aluguer, feito pelo locatário ao locador, há de ser feita através do respectivo recibo, ônus que recai na pessoa do devedor" (TJSP, ApCív 69.2719-0/3, São Paulo, 35.ª Câm.Dir.Priv., j. 21.03.2005, rel. Mendes Gomes); cf. também 1.º TACivSP, *RT* 672/119.

20. "A prova do pagamento é ônus do devedor, seja porque consubstancia fato extintivo do direito do autor (art. 333, II, do CPC), seja em razão de comezinha regra de direito das obrigações, segundo a qual cabe ao devedor provar o pagamento, podendo até mesmo haver recusa ao adimplemento da obrigação à falta de quitação oferecida pelo credor (arts. 319 e 320 do Código Civil de 2002" (STJ, REsp 1084745/MG, 4.ª T., j. 06.11.2012, rel. Min. Luis Felipe Salomão, *DJe* 30.11.2012); *diversamente*, em se tratando da presunção decorrente de entrega do título ao devedor (CC/2002, art. 324; CC/1916, art. 945): STJ, REsp 236.005/SP, 3.ª T., j. 08.06.2000, rel. Min. Waldemar Zveiter, *DJ* 21.08.2000, p. 126.

Aliás, é esta a orientação do atual Código de Processo Civil, na distribuição do ônus da prova: "O ônus da prova incumbe: (...) ao réu, quanto à existência de fato impeditivo, modificativo ou extintivo do direito do autor" (art. 333, II).

Assim, reconhecido o fato constitutivo, cabe ao réu a prova do fato excludente ou extintivo,[21] pois aquele passa a ser fato incontroverso, porque como tal admitido no processo (art. 334, III, do CPC).

Quando a contestação é apresentada pelo curador especial, que se limita à negativa geral, o ônus da prova compete ao autor.[22]

Casos haverá em que se poderá ter dúvida a respeito da distribuição, *in concreto*, do ônus da prova. Um dos critérios preconizados é o de, então, atentar-se para a *facilidade com que um litigante faria a prova do fato que lhe interessa, e, correlatamente, a extrema dificuldade que essa mesma prova acarretaria se fosse feita pelo outro litigante*. Afigura-se-nos que a hipótese que se segue é exemplo da adoção deste critério. Assim é que, com acerto, já se decidiu que a prova sobre o fato de não ser culposa a conduta hospitalar, em ação de indenização por responsabilidade de hospital, compete a este, mormente quando seus arquivos não estão em ordem e se a parte contrária já apontou falhas.[23]

Acresce, neste caso, ainda, que a circunstância de não haver arquivos em ordem já coloca o assunto, tendo em vista presunção *hominis* de que, por isso, tudo indica, desde que feita e provada a alegação de fichas em desordem, já se constitui essa circunstância em plausível indício da própria veracidade da conduta culposa, no caso discutido.

Em rigor, nesta hipótese, que vale como paradigma-diretriz, há, embora se tratando de presunção *hominis*, a seguinte construção mental. O que conta provar é a *conduta culposa do hospital* (fato probando *e controvertido*); de outro fato ou fatos (*desordem da organização hospitalar*) "presume-se" verdadeira a assertiva da *culpa*. Fica patente, portanto, que, também nesta hipótese de pre-

21. STF, *RT* 110/75; cf. também STJ, REsp 313.048/DF, 2.ª T., j. 20.09.2001, rel. Min. Franciulli Netto, *DJ* 11.03.2002, p. 233.

22. Afirma-se, em julgado recente do TJPR, que "a contestação apresentada por curador especial, dado ao revel citado por edital, ainda que por negação geral, *torna os fatos controvertidos*, não estando o autor isento do ônus da prova quanto aos constitutivos do seu direito" (TJPR, ApCív 150379-7, j. 08.03.2005, rel. Des. Roberto de Vicente). A referida decisão cita, como precedente no mesmo sentido, acórdão do TJBA (ApCív 16.750-2/02, j. 26.03.2003, rel. Des. Raimundo Antônio de Queiroz).

23. *RJTJSP* 61/180 (acórdão embargado e m.v., *RJTJSP* 61/182). Semelhantemente, o princípio foi observado em interessante julgado do STJ: "No entanto, penso que a solução deveria ter sido diferente. A autora era proprietária de uma cartela que a autorizava a concorrer a sorteio em tele bingo promovido pelo réu. A sua pretensão de receber o prêmio sorteado no dia 20 de novembro de 1994 está amparada na única prova de que dispunha: a cartela com os números que teriam sido sorteados naquela ocasião, em programa televisionado. Cabia ao réu comprovar que aqueles não foram os números sorteados. Para isso, deveria trazer o registro computadorizado do sorteio; se este se perdeu por defeito na rede elétrica, deveria apresentar o videoteipe que afirmou ter obtido, com fundamento no qual negou estivesse a autora entre os sorteados; (...)."A teoria da dinâmica da prova transfere o ônus *para a parte que melhores condições tenha de demonstrar os fatos e esclarecer o juízo sobre as circunstâncias da causa*. Na hipótese dos autos, encontramos um bom exemplo para a aplicação dessa regra probatória, pois apenas a organizadora do certame televisionado poderia fornecer os elementos esclarecedores do ato que promoveu, porquanto não seria razoável exigir que o concorrente gravasse o programa a fim de eventualmente produzir prova em juízo. Não lhe cabe fazer essa demonstração apenas com os recursos da telemática, mas também com a simples juntada do registro constante da ata exigida na legislação pertinente" (STJ, REsp 316.316/PR, 4.ª T., j. 18.09.2001, rel. Min. Ruy Rosado de Aguiar, v.u., *DJ* 12.11.2001, p. 156; os trechos transcritos foram extraídos do voto do relator).

sunção *hominis*, há *fato base* ou *fato auxiliar*, que, se comprovado, conduz à verdade do fato probando e controvertido.

208-A. A inversão do ônus da prova, o Código de Processo Civil e o Código de Defesa do Consumidor

Ainda na sistemática do Código de Processo Civil, conforme entendimento noticiado no item precedente, a existência de situações limítrofes ou duvidosas no tocante à aplicação das regras de distribuição do ônus probatório poderia ser solucionada pela adoção do critério "facilidade" ou "disponibilidade da prova". Assim, a distribuição do ônus seria realizada pelo juiz de acordo com a maior ou menor possibilidade de o litigante comprovar o fato sobre o qual incidisse dúvida acerca do titular da incumbência.

Essa possibilidade, porém, não está expressa no art. 333 do Código de Processo Civil, ressalvada apenas a hipótese em que é convencionada distribuição do ônus pelas partes litigantes de forma diversa daquela prevista no *caput*, e a convenção torne excessivamente difícil a uma parte o exercício do direito à prova (art. 333, parágrafo único, inc. II, do CPC).

De fato, nossa legislação adotou, expressamente (exceto pelo inc. II do parágrafo único do art. 333, CPC), um sistema inflexível da distribuição das cargas probatórias, o que indica, em princípio, que o critério da maior ou menor facilidade do litigante na produção da prova não integra a sistemática pátria, eis que não foi concedida ao magistrado discricionariedade para analisá-lo.

O Código de Defesa do Consumidor (Lei 8.078/1990), diversamente, prevê de maneira expressa a possibilidade de se inverterem as regras relativas ao ônus probatório em favor do consumidor, com o fim de garantir o acesso à justiça, desde que demonstradas a hipossuficiência do consumidor e a verossimilhança das alegações (art. 6.º, VIII, do CDC).

Todavia, paralela e independentemente da redação do citado dispositivo, que trouxe critérios mais flexíveis à aferição da aptidão das partes para produzir as provas, defende-se, como assinalamos linhas atrás, em sede doutrinária e jurisprudencial, a mitigação das regras de distribuição contidas no *caput* do CPC.

Amparada na preocupação histórica com a prova diabólica – de realização impossível ou muito difícil por uma das partes –, a Teoria da Carga Dinâmica das Provas, cuja denominação é atribuída ao argentino Jorge W. Peyrano,[24-25] motivou, já em 1996,

24. A teoria, em si, não poderia ser atribuída à originalidade do citado doutrinador argentino, pois, como observa Robson Renault Godinho (A distribuição do ônus da prova na perspectiva dos direitos fundamentais, p. 307), há registros bem fundamentados de que o critério orientador da teoria das cargas dinâmicas data de épocas mais remotas. De acordo com a pesquisa empreendida por Godinho, para alguns doutrinadores, como Alexandre Câmara e Maximiliano García Grande, as raízes da teoria poderiam ser entrevistas na obra de Bentham, e, no âmbito do direito argentino, há notícia de que já em 1957 a Corte Suprema da Argentina teria decidido com base em critérios "dinâmicos". Contudo, conclui o citado autor, "não se pode deixar de reconhecer a importância da formulação e da divulgação das ideias que decorreram dessa formulação doutrinária para o incremento do debate sobre a distribuição do ônus da prova" (op. cit., p. 307-308).

São as seguintes as fontes citadas pelo autor, cuja leitura é recomendável: Jorge W. Peyrano (dir.), Inês Lépori White (coord.), *Cargas probatorias dinámicas*, Buenos Aires: Rubinzal-Culzoni, 2004; Maximiliano García Grande. *Las Cargas Probatorias Dinámicas: inaplicabilidad*, Rosario: Juris, 2005; Alexandre Freitas Câmara, Doenças preexistentes e ônus da prova: o problema da prova diabólica e uma possível solução, *Revista Dialética de Direito Processual*, n. 31, out. 2005.

25. Nessa linha, o art. 217 e §§, da *Ley de Enjuiciamento Civil*, donde se extrai o seguinte:

a prolação de acórdão do Superior Tribunal de Justiça, relatado pelo Min. Ruy Rosado de Aguiar, em que se adotava como critério a disponibilidade do litigante para a produção da prova.[26]

Em sede doutrinária, argumenta-se ser injustificável a flexibilização das regras relativas ao ônus da prova somente para as relações de consumo, e pondera-se, com base no disposto no parágrafo único, inc. II, do art. 333 do CPC, nos princípios da igualdade, da lealdade e da cooperação processual, que ao juiz deveria ser concedida discricionariedade para modificar a distribuição do ônus probatório sempre que, no caso concreto, a regra geral do *caput* do art. 333 do CPC conduzisse à dificuldade ou impossibilidade de uma das partes para se desincumbir do ônus que lhe tenha sido atribuído legalmente.[27]

Há, no entanto, vozes no sentido de que a mitigação das regras estáticas de distribui-

---

"7. Para la aplicación de lo dispuesto en los apartados anteriores de este artículo el tribunal deberá tener presente la disponibilidad y facilidad probatoria que corresponde a cada una de las partes del litigio".

26. "Responsabilidade civil. Médico. Clínica. Culpa. Prova. 1. Não viola regra sobre a prova o acórdão que, além de aceitar implicitamente o princípio da carga dinâmica da prova, examina o conjunto probatório e conclui pela comprovação da culpa dos réus. 2. Legitimidade passiva da clínica, inicialmente procurada pelo paciente. 3. Juntada de textos científicos determinada de ofício pelo juiz. Regularidade. 4. Responsabilização da clínica e do médico que atendeu o paciente submetido a uma operação cirúrgica da qual resultou a secção da medula. 5. Inexistência de ofensa à lei e divergência não demonstrada. Recurso especial não conhecido" (STJ, REsp 69.309/SC, 4.ª T., j. 18.06.1996, rel. Min. Ruy Rosado de Aguiar, *DJ* 26.08.1996, p. 29688, *JBCC*, vol. 194 p. 55; *LEXSTJ*, vol. 89, p. 155; *RSTJ*, vol. 87, p. 287).

27. Extrai-se a seguinte argumentação da obra de Paulo Cezar Pinheiro Carneiro: "As regras do ônus da prova devem se coadunar com os princípios que regem o direito processual. É impossível assegurar a igualdade das partes e o devido processo legal, na medida em que se exige de uma das partes algo que ela não pode fazer, e ao mesmo tempo, sujeitá-la a uma decisão desfavorável em decorrência dessa situação. Seria uma iniquidade". Prossegue, ponderando que "é o próprio Código de Processo Civil que proíbe às partes que a convenção sobre a distribuição do ônus da prova possa tornar excessivamente difícil a uma delas o exercício do direito (...). Ora, se a lei proíbe, no campo do direito disponível, a convenção que resultar em excessiva dificuldade para uma das partes produzir a prova de fatos relevantes, como admitir que o legislador possa fazê-lo?" (*Acesso à Justiça – Juizados Especiais Cíveis e ação civil pública: uma nova sistematização da teoria geral do processo*, p. 75).

Humberto Theodoro Jr. também registra o abrandamento doutrinário-jurisprudencial ao sistema legal do ônus da prova, especialmente em ações de responsabilidade civil decorrentes da prestação de serviços técnicos, aludindo à *distribuição dinâmica do ônus probatório* (*Curso de direito processual civil*, vol. I, p. 431). Leonardo Greco, com apoio em Michele Taruffo (Presunzioni, inversioni, prova del fato. *Rivista Trimestrale di Diritto e Procedura Civile*. Giuffrè, Milano, ano XLVI, 1992, p. 733 e ss.), faz menção a teorias análogas, que justificam a flexibilização das regras sobre o ônus da prova, como a da *Anscheinsbeweis* (prova da aparência) ou a da *Wahrcheinlichkeit* (juízo de verossimilhança), que, mediante presunções simples, conduzem à inversão do ônus da prova em inúmeras situações. Chama a atenção para o critério da disponibilidade probatória acolhido pelo direito espanhol e conclui que, em nosso ordenamento, há possibilidade de inversão do ônus da prova mesmo fora das hipóteses do art. 6.º, VIII, do CDC, sempre que, de acordo com as circunstâncias do caso, o magistrado puder vislumbrar que as regras ortodoxas do ônus da prova acarretam dificuldade excessiva a uma das partes no exercício de seu direito (A prova no processo civil: do Código de 1973 ao novo Código Civil, *Estudos de direito processual*, p.369). Para Robson Renault Godinho, a inversão do ônus da prova fora das relações de consumo, com base na Teoria das Cargas Dinâmicas da Prova, decorre dos princípios da igualdade, lealdade, boa-fé e veracidade, solidariedade, devido processo legal e acesso à justiça (op. cit., p. 306).

ção do ônus da prova contidas no CPC deve se operar excepcionalmente e ser analisada com extrema cautela pelo magistrado.[28]

Parece-nos, contudo, que tal cautela não deve ser observada apenas *fora* das relações de consumo, uma vez que também o art. 6.º, VIII, do CDC contém disposição de ordem excepcional, que não exclui, *a priori*, a norma do art. 333, *caput*, do CPC.

De fato, conquanto a inversão do ônus probatório tenha previsão expressa no Código de Defesa do Consumidor (art. 6.º, VIII), não se pode entendê-la como automática, pois depende da verificação dos requisitos ali previstos, a saber: hipossuficiência do consumidor e verossimilhança das alegações. Do contrário, aplicam-se as normas gerais do Código de Processo Civil.

A inversão (*ou a aparente inversão*) autorizada pelo Código de Defesa do Consumidor somente será automática quando se tratar da hipótese prevista no art. 38, que dispõe: "O ônus da prova da veracidade e correção da informação ou comunicação publicitária cabe a quem as patrocina". Nesse caso, como já expusemos noutra ocasião, ao réu-patrocinador, que em regra será o fornecedor, é a quem *sempre* caberá provar que a publicidade foi coincidente com o produto, ou seja, retratou ela fielmente os atributos, de que o produto é, efetivamente, portador".[29] A existência de norma específica a estabelecer esse ônus da prova [*i.e.*, basta se configurar a hipótese de invocação de publicidade enganosa para se operar essa inversão (ou aparente inversão) quanto à veracidade da informação], reforça o argumento de que, ao revés do que se possa crer, a *genuína* inversão prevista no inc. VIII do art. 6.º do CPC não é automática para todas as relações de consumo.

Quanto ao momento adequado à inversão do ônus da prova pelo juiz, controvertem doutrina e jurisprudência. De um lado, há aqueles que defendem a necessidade de decisão interlocutória que determine a inversão, a ser proferida, preferencialmente, anteriormente à instrução probatória, de modo a não ferir os princípios do contraditório e da não surpresa; esta a posição correta.[30] De outro, há aqueles que sustentam que, justamente por se tratar de regra afeta ao julgamento da lide, a inversão apenas poderia ocorrer no momento da sentença, quando

28. Nesse sentido, Danilo Knijnik esclarece que "o ônus dinâmico não pode ser aplicado para simplesmente compensar a inércia ou a inatividade processual do litigante inicialmente onerado, mas, única e exclusivamente, para evitar a formação da *probatio diabolica* diante da impossibilidade material que recai sobre uma das partes, à luz do fato e da sintaxe da norma". Assim, prossegue, citando Barberio: "'não bastará sustentar ou provar que uma parte se encontra em melhor posição para a produção da prova se, assim mesmo, não tiver evidenciado que quem o invoca não tem modos de produzi-la'", porquanto "continua em vigor o *ultimum refugium* previsto no art. 333 do CPC" (Danilo Knijnik, *A prova nos juízos cível, penal e tributário*, p. 180 – a citação de Barberio foi extraída de Sérgio José Barberio, *Cargas probatorias dinámicas: que se debe probar el que non puede probar?*, in Jorge W. Peyrano, *Cargas probatórias dinámicas*, p. 101).

29. José Manoel de Arruda Alvim Netto, Eduardo Arruda Alvim, Thereza Alvim e James Marins, *Código do Consumidor comentado*, p. 93.

30. *Cf.*, na doutrina: Luiz Paulo Araujo Filho, *Comentários ao Código de Defesa do Consumidor – Direito procesual*, p .25; Carlos Fonseca Monnerat, Momento da ciência aos sujeitos da relação processual de que a inversão do ônus da prova pode ocorrer, p. 77-87; Luiz Antonio Rizzato Nunes, *Curso prático de direito do consumidor*, p. 54-56; Humberto Theodoro Jr., *Curso de direito processual civil*, p. 432; Antônio Gidi, Aspectos da inversão do ônus da prova no Código do Consumidor, p. 39. E, na jurisprudência: STJ, REsp 662.608/SP, 4.ª T., j. 12.12.2006, rel. Min. Hélio Quaglia Barbosa, *DJ* 05.02.2007, p. 242; STJ, REsp 881.651/BA, 4.ª T., j. 10.04.2007, rel. Min. Hélio Quaglia Barbosa, *DJ* 21.05.2007, p. 592.

o juiz disporia de todos os elementos para a apuração das circunstâncias que ensejam tal excepcionalidade.[31]

Este último entendimento, *se não houver espaço útil para a realização da prova*, desconsidera, *em princípio*, o próprio princípio fundamental do contraditório, pois, se invertido o ônus da prova, há de se ensejar àquele sobre quem veio caber o ônus oportunidade útil para que desse se desempenhe. E, na hipótese de a inversão não ser determinada ensejando essa oportunidade – v.g., momento imediatamente anterior à prolação da sentença), isso violará o contraditório; é por isso que uma inversão deve sempre levar à exigência de o juiz, então, abrir espaço que haja desempenho possível por aquele a quem veio a caber o ônus. Nessa hipótese, o juiz não deverá prolatar a sentença, mas ensejar esse espaço àquele a quem determinou houvesse de provar, antes de prolatar efetivamente a sentença.

O Projeto de Novo Código de Processo Civil estabelece no art. 380, incisos I e II, os mesmos critérios estáticos de competência definidas no art. 333, incisos I, II, do CPC vigente. Ressalva, contudo, em seus §§1.º e 2.º, a possibilidade de o juiz se valer da Teoria das Cargas Dinâmicas da Prova para atribuir o ônus da prova de modo diverso, "diante de peculiaridades da causa, relacionadas à impossibilidade ou à excessiva dificuldade de cumprir o encargo, nos termos do *caput* ou à maior facilidade de obtenção da prova do fato contrário". A decisão que flexibilizar o ônus da prova deverá ser fundamentada e deverá ser oportunizado à parte a manifestação, para se desincumbir do ônus que lhe foi atribuído. O projeto, ao adotar expressamente a Teoria das Cargas Dinâmicas da Prova, acatou o posicionamento mais recente dos tribunais, que já há alguns anos vêm utilizando-se dessa flexibilização nas mais diversas situações em que a rigidez de atribuição de ônus possa mostrar-se inadequada.[32]

Nessas hipóteses de distribuição do ônus de maneira diversa à prevista na regra geral, na linha do que já defendemos no que concerne ao sistema do Código de Defesa do Consumidor (art. 6.º, VIII), os §§ 1.º e 2.º do art. 380 do PL 8.046/2010 fazem menção à exigência de se dar à parte oportunidade para desempenho adequado do ônus que lhe for atribuído. Desse modo, se for aprovado o Projeto para o novo CPC, não mais se poderá cogitar, como fazem parte da jurisprudência e da doutrina, da inversão do ônus probatório apenas no momento do julgamento da causa.

Bibliografia

AGUIAR, João Carlos Pestana de. *Comentários ao código de processo civil*. São Paulo: Ed. RT, 1977. vol. IV.

ALVIM, Eduardo Arruda. *Curso de direito processual civil*. São Paulo: Ed. RT, 1999. vol. 1.

______. *Direito processual civil*. 2. ed. rev., atual. e ampl. São Paulo: Ed. RT, 2008.

______. *Direito processual civil*. 3. ed. São Paulo: Ed. RT, 2010.

31. Assim: Ada Pellegrini Grinover et. al., *Código Brasileiro de Defesa do Consumidor comentado pelos autores do Anteprojeto*, p. 494. E, na jurisprudência: STJ, AgRg na MC 11.970/RJ, 3.ª T, j. 07.12.2006, rel. Min. Nancy Andrighi, *DJ* 18.12.2006, p. 357; STJ, AgRg nos EDcl no Ag 977.795/PR, 3.ª T., j. 23.09.2008, rel. Min. Sidnei Beneti, *DJe* 13.10.2008; STJ, REsp 949.000/ES, 3.ª T., j. 27.03.2008, rel. Min. Humberto Gomes de Barros, *DJe* 23.06.2008, este último com a ressalva do relator, no sentido de que tal solução não se compatibiliza com o devido processo legal.

32. Nesse sentido, em ação civil pública ambiental (STJ, REsp 883656/RS, 2.ª T., j. 09.05.2010, rel. Min. Herman Benjamin, *DJe* 28.02.2012); e em processo monitório (STJ, REsp 1084371/RJ, 3.ª T., j. 01.12.2011, rel. Min. Nancy Andrighi, *DJe* 12.12.2011, p. 126).

______. *Direito processual civil*. 4. ed. São Paulo: Ed. RT, 2012.

AMARAL SANTOS, Moacyr. *Comentários ao código de processo civil*. Rio de Janeiro: Ed. Forense, 1982. vol. IV.

______. *Primeiras linhas de direito processual civil*. 23. ed. (atualizada por Aricê Moacyr Amaral Santos.) São Paulo: Saraiva, 2004. vol. II.

ARRUDA ALVIM NETTO, José Manoel de. O ônus da prova nas ações declaratórias negativas. *Revista de Processo [RePro]* 4/233, ano I. São Paulo: RT, out./dez.1976.

______; ARRUDA ALVIM, Eduardo; ARRUDA ALVIM, Thereza Celina Diniz de; MARINS, James. *Código do Consumidor comentado*. São Paulo: Ed. RT, 1991.

______; e outros. O ônus da prova e o direito intertemporal. *Revista de Processo [RePro]* 4/227, ano I, São Paulo, Ed. RT, out./dez. 1976.

ARAUJO FILHO, Luiz Paulo. *Comentários ao código de defesa do consumidor – direito processual*. São Paulo: Saraiva, 2002.

BARBOSA MOREIRA, José Carlos Barbosa. *O novo processo civil brasileiro*. 25. ed. Rio de Janeiro: Ed. Forense, 2007.

______. O juiz e a prova. *Revista de Processo [RePro]* 35/178, 1984.

BORGES, Marcos Afonso. *Comentários ao código de processo civil*. São Paulo: LEUD, 1975. vol. II.

BUZAID, Alfredo. Do ônus da prova. *Estudos*, 1972; *RF* 204/412.

CARNEIRO, Paulo Cezar Pinheiro. *Acesso à Justiça – juizados especiais cíveis e ação civil pública: uma nova sistematização da teoria geral do processo*. 2. ed. Rio de Janeiro: Ed. Forense, 2000.

CINTRA, Antonio Carlos de Araújo. Prova de direito estrangeiro. *RT* 485/16.

______. GRINOVER, Ada Pellegrini; DINAMARCO, Cândido Rangel. *Teoria geral do processo*. *23. ed*. São Paulo: Malheiros, 2007.

DIDIER JUNIOR, Fredie. Considerações sobre a confissão. In: DUARTE, Bento Herculano; DUARTE, Ronnie Preuss (coords.). *Processo civil – aspectos relevantes*. São Paulo: Método, 2007. vol. 2.

FADEL, Sergio Sahione. *Código de Processo Civil Comentado*. Rio de Janeiro: Ed. Forense, 1984. vol. I.

GIANNICO, Maricí. *A prova no código civil*: natureza jurídica. São Paulo: Saraiva, 2005.

GIANESINI, Rita. *Da revelia no processo civil brasileiro*. São Paulo: Ed. RT, 1977.

GIDI, Antônio. Aspectos da inversão do ônus da prova no Código do Consumidor. *Revista de Direito do Consumidor*, n. 13, jan./mar. 1995, p. 31 e ss.

GODINHO, Robson Renault. A distribuição do ônus da prova na perspectiva dos direitos fundamentais. In: Camargo, Marcelo Novelino (org.). *Leituras complementares de direito constitucional: direitos fundamentais*. 2. ed. Salvador: JusPodivm, 2006, p. 293-311.

GRECO, Leonardo. *Estudos de direito processual*. Campos dos Goytacases: Editora da Faculdade de Campos, 2005.

GRECO FILHO, Vicente. *Direito processual civil brasileiro. 18. ed.* São Paulo: Saraiva. 2007, vol. II.

GRINOVER, Ada Pellegrini et. al. *Código Brasileiro de defesa do consumidor comentado pelos autores do anteprojeto*. Rio de Janeiro: Forense Universitária, 1992.

KARAN, Munir. Ônus da prova: noções fundamentais. *Revista de Processo [RePro]* 17/50, ano V, São Paulo, Ed. RT, jan./mar.1980.

KNIJNIK, Danilo. *A prova nos juízos cível, penal e tributário*. Rio de Janeiro: Ed. Forense, 2007.

MARQUES, José Frederico. *Manual de direito processual civil*. São Paulo: Saraiva, 1984. vol. II.

MEDEIROS, Maria Lúcia L.C. de. *A revelia sob o aspecto da instrumentalidade*. São Paulo: Ed. RT, 2003.

MONNERRAT, Carlos Fonseca. Momento da ciência aos sujeitos da relação processual de que a inversão do ônus da prova pode ocorrer. *Revista de Processo [RePro]* 113, p. 77-87.

Naconecy, Luiz Carlos Macedo. *Curso de direito processual civil. São Paulo: Ed.* RT, 1984.

Nery Junior, Nelson. Ônus da prova. *Revista de Processo [RePro]* 17/210, ano V, São Paulo, Ed. RT, jan./mar.1980.

Nunes, Luiz Antonio Rizzatto. *Curso prático de direito do consumidor*. São Paulo: Ed. RT, 1992.

Pellegrini, José Francisco. Do ônus da prova – crítica do art. 333 do CPC. *Ajuris* 16/41, 1979.

Pontes de Miranda, Francisco Cavalcanti. *Comentários ao código de processo civil* (de 1973). Rio de Janeiro: Ed. Forense, 1974. t. IV.

Santos, Ernane Fidélis. *Comentários ao código de processo civil*. Rio de Janeiro: Ed. Forense, 1980. vol. II, t. I.

Santos, Gildo dos. *A prova no processo civil*. São Paulo: Saraiva, 1979.

Silva, Ovídio Araújo Baptista da; Machado, L. Melíbio Uiraçaba; Gessinger, Ruy Armando; Gomes, Fábio Luiz. *Teoria geral do processo civil*. Rio Grande do Sul: Letras Jurídicas Editora, 1983.

Theodoro Júnior, Humberto. *Curso de direito processual civil*. 47. ed. Rio de Janeiro: Ed. Forense, 2007. vol. 1.

______. *Curso de direito processual civil*. 49. ed. Rio de Janeiro: Gen/Forense, 2008. vol. I.

______. *Processo de conhecimento*. Rio de Janeiro: Ed. Forense, 1981. t. II.

Wambier, Luiz Rodrigues; Arruda Alvim Wambier, Teresa; Medina, José Miguel Garcia. *Breves comentários à nova sistemática processual civil*. 3. ed. São Paulo: Ed. RT, 2005.

XXII

Momentos da Prova

209. Introdução

Consideram-se momentos da prova as etapas em que se desenvolve a atividade probatória, promovida pelos litigantes, sob a vigilância do juiz. Os momentos da prova se consubstanciam, em verdade, num autêntico *procedimento* probatório, com sua estrutura própria, isto é, uma sucessão rigorosamente ordenada, que atinge os litigantes, determinando-lhes a lei como devem agir, de molde a que consigam desincumbir-se do ônus de provarem os fatos que lhes interessam.

Por procedimento probatório deve-se entender o conjunto das disposições, inseridas no procedimento, que dizem respeito à atividade probatória.

210. Especificamente os momentos da prova

Os momentos da prova são fundamentalmente três.

O primeiro, o do requerimento e apresentação *dos meios de prova*, dá-se: 1) com a petição inicial (art. 282, VI, do CPC); 2) com a contestação (art. 300 do CPC); 3) e/ou com a reconvenção (art. 297 do CPC); 4) se não tiver havido contestação, nem se tiver operado o *efeito* da revelia, fica ensejado ao autor que especifique (*reiteradamente*) quais as provas que pretende produzir em audiência (art. 324 do CPC),[1] o que deverá minudentemente indicar nessa oportunidade, *considerada a influência possível da revelia, no particular*, pois genericamente a elas já se referira (art. 282, VI, *cit.*); *5)* e, de qualquer forma, tendo presente que houve revelia.

O segundo momento é aquele em que *as provas são admitidas*. Isto normalmente se dá no saneamento do processo (art. 331, § 2.º, do CPC).

Por fim, o terceiro momento é o da *realização das provas*, o que se dá precipuamente na audiência de instrução e julgamento, ou, excepcionalmente, em outro momento, mas quase sempre depois do saneamento (v. art. 336 do CPC). O Código antigo, fundamentalmente, dispunha da mesma forma (art. 294, IV, do CPC de 1939). O Projeto de Código de Processo Civil, além de determinar que a prova oral será realizada em audiência (art. 368 do PL 8.046/2010), inova, ao dispor especificamente sobre a possibilidade de produção antecipada de provas (arts. 388 a 390), nos casos em que for comprovada a dificuldade de sua produção posterior (388, I), ou ainda quando a prova produzida puder viabilizar a conciliação entre as partes (II) ou evitar a propositura de ação (III). O procedimento de produção antecipada de provas, no CPC vigente, é tratado como provimento de natureza cautelar, pelos arts. 846 a 851, e a grande diferença introduzida pelo projeto é a desnecessidade de demonstração de urgência, tendo em vista que a jurisprudência atual não admite medida cautelar de produção antecipada de provas sem esse re-

1. V. n. 130, *supra*.

quisito.[2] A mudança afigura-se-nos salutar, pois o objetivo da produção antecipada, conforme se lê do texto do projeto, é também preventivo, buscando evitar ajuizamento de demandas desnecessariamente quando há a possibilidade de conciliação.

Quanto à prova documental, deve-se ter presente que, tanto que *admitida* a juntada do documento aos autos, a mesma dir-se-á produzida. Há, portanto, uma sobreposição de momentos, quais sejam, o da produção da prova se dá quando da respectiva admissão, salvo a hipótese de ulterior desentranhamento. Tanto é assim que a lei (art. 372 do CPC) alude a competir à parte "contra quem foi *produzido documento* particular, alegar, no prazo estabelecido no art. 390, se lhe admite ou não a autenticidade da assinatura e a veracidade do contexto (...)". Segue-se, portanto, que, para ocorrer esta manifestação, isto significa que a prova já foi produzida. De outra parte, ainda, os problemas respeitantes à autenticidade e veracidade do contexto não mais dizem respeito à produção da prova, em si, senão que se constituem em elementos preordenados a definirem, mercê de discussão, qual a validade que possa ter o documento, o que influirá na respectiva valoração, pelo juiz, que reconhecerá ou não, total ou parcialmente, a sua validade e lhe "emprestará", ao decidir, a eficácia própria.

Quanto à prova pericial, haverá ela de ser produzida, normalmente, no interregno que vai do *saneamento* (art. 331, § 2.º, do CPC) até 20 dias antes da realização da audiência (art. 433, *caput*, do CPC, com a redação dada pela Lei 8.455/1992). O CPC, no art. 146, alude a que o perito deverá cumprir sua diligência "no prazo que lhe assina a lei"; *no entanto*, na realidade, pelo sistema do Código, não se há de entender que a perícia deva ser realizada sempre dentro de um *prazo judicial*, qual seja, aquele marcado pelo juiz (art. 432 do CPC), e, isto, *especialmente*, tendo em vista o disposto no art. 433 do CPC. Verifica-se, portanto, que a lei manteve indesejável dicotomia de disciplinas, pois de um lado o sistema prevê um prazo judicial (art. 432 do CPC), e, de outro, alude a um prazo legal *mais dilatado que o judicial*, qual seja, 20 dias antes da realização da audiência (art. 433, *caput*, do CPC).

A *inspeção judicial* poderá se dar a qualquer momento, porquanto emerge da imprescindibilidade de exame, pelo juiz, de *fatos* (art. 442, I, do CPC) que interessem à decisão da lide, tendo em vista pessoas ou coisas (art. 440 do CPC). Todavia, afigura-se-nos que, normalmente, o juiz deverá realizar a inspeção depois de efetivada atividade probatória precedente, dado que não é função rotineira do juiz determinar este tipo de prova. Sem embargo de dever ser esta a regra normal e usual de conduta do magistrado, nada impedirá, havendo motivos para agir diversamente, que o faça. O *modus procedendi* encontra-se definido nos arts. 441 ao 443 do CPC.

O desenvolvimento cronológico da produção da prova, em audiência, vem previsto no art. 452, I ao III, do CPC. A despeito da ordem prevista nesse dispositivo, admite-se a flexibilização da norma diante de motivo justificado (v.g., impossibilidade de com-

2. "Medida cautelar - Antecipação de prova pericial - Inexistência do *periculum in mora* - Descabimento. I - Necessário para o deferimento da medida cautelar de antecipação de prova pericial a existência do *periculum in mora*, consubstanciado no fundado receio de que venha a tornar-se impossível ou muito difícil a verificação de certos fatos na pendência da ação. Inexistindo esse, não se afigura necessária a medida, principalmente quando é a própria requerente quem afirma que juntou na inicial farta documentação para comprovar as alegações que pretende ver confirmadas com a perícia" (STJ, REsp 230.972/SP, 3.ª T., j. 19.02.2001, rel. Min. Waldemar Zveiter, *DJ* 16.04.2001, p. 106).

parecimento de uma das testemunhas)[3] e desde que não se verifique prejuízo às partes. É esta, aliás, a tendência jurisprudencial há muito consolidada,[4] em larga medida incorporada pelo Projeto de Novo Código de Processo Civil (arts. 139, VI e 463, parágrafo único, do PL 8.046/2010 em sua redação atual).

Conquanto a *prova oral* deva, como regra geral, ser produzida em audiência, *perante o juiz da causa*, possível é que isto não ocorra. Fogem a esta regra geral os arts. 410 e o art. 452, II, do CPC, que dispõem: 1.º) quando as testemunhas prestarem depoimento antecipadamente (art. 410, I); 2.º) normalmente, quando as testemunhas sejam inquiridas por *carta* (art. 410, II, do CPC), o que se deverá verificar antes da audiência de instrução e julgamento, mas não de forma absolutamente necessária; 3.º) normalmente, ainda, quando as testemunhas, por motivo de doença, ou outro igualmente relevante, estiverem "impossibilitadas de comparecer em juízo" (art. 410, III, e art. 336, parágrafo único, do CPC), valendo, analogicamente, esta exceção, para o depoimento pessoal, se, para este, comparecerem os mesmos motivos (art. 452, II, e art. 336, parágrafo único, do CPC); 4.º) ainda, normalmente, haverá inquirição antes da audiência de instrução e julgamento, nos casos do art. 411 do CPC, exceto se as referidas autoridades se dispuserem a comparecer à audiência de instrução e julgamento (art. 410, IV, do CPC).

O PLS 498/2009 (denominado PL 7.584/2010 na Câmara dos Deputados), aprovado no Senado e apensado ao PL 8.046/2010 para análise e deliberação conjunta, propunha a inserção de mais um inciso no art. 410 do CPC para prever outra exceção à regra geral da produção de prova oral em audiência. Trata-se da "*inquirição por videoconferência, quando a testemunha residir em outra comarca ou estiver presa*". Esse Projeto de Lei também propunha o acréscimo de parágrafo único ao dispositivo em questão, no qual se estabelece que "Poderá ser dispensada a expedição de carta quando a testemunha residir em comarca contígua, de fácil comunicação, ou que se situe na mesma região metropolitana, caso em que prestará depoimento perante o juiz da causa, devendo a parte que a arrolou facilitar-lhe os meios de transporte, se necessário".

Já o Projeto de Novo Código de Processo Civil (PL 8.046/2010) prevê, no capítulo referente às "Comunicações dos Atos Processuais", a admissibilidade da "prática de atos processuais por meio de videoconferência ou outro recurso tecnológico de transmissão de sons e imagens em tempo real" (art. 236, § 3.º, do Projeto). Especificamente quanto ao depoimento pessoal da parte, dispõe o § 3.º do art. 392 do Projeto que "O depoimento pessoal da parte que residir em comarca ou seção judiciária diversa daquela onde tramita o processo poderá ser colhido por meio de videoconferência ou outro recurso tecnológico de transmissão de sons e imagens em tempo real, o que poderá ocorrer, inclusive, durante a realização da audiência de instrução e julgamento". Analogamente, o mesmo é disposto para as testemunhas, no § 1.º do art. 460; o § 2.º do mesmo dispositivo estabelece que os juízos deverão manter equipamento para transmissão de sons e imagem a que se refere o parágrafo anterior.

211. Procedimentos probatórios especiais

Entretanto, há os procedimentos probatórios especiais, que têm como razão de ser: a) ou o tipo de prova que se pretende produ-

3. Cf. Eduardo Arruda Alvim, *Direito processual civil*, p. 566; Athos Gusmão Carneiro, *Audiência de instrução e julgamento e audiências preliminares*, itens 64 e 65, p. 82-84.

4. STJ, REsp 35.786/SP, 4.ª T., j. 14.11.1994, rel. Ministro Barros Monteiro, *DJ* 12.12.1994.

zir e que não se submete, num ou mais pontos, ao esquema geral, como é, por exemplo, o caso da prova documental. Como esta deve ser produzida com a petição inicial, tendo em vista o disposto no art. 283 do CPC, verificam-se, em um só momento, a *propositura* e a *produção da prova documental*, inserida no despacho liminar a própria *admissão* dessa prova, *i.e.*, com a decisão de recebimento da inicial, o que envolve, igualmente, estarem sendo admitidos os documentos que a instruem; b) ou a circunstância de se tratar de um procedimento especial, e que, por ser especial, afeta também o *desenvolvimento* da atividade probatória, como, por exemplo, na ação demarcatória (v. art. 950 do CPC).

212. Os momentos da prova no procedimento sumário

Nas causas sujeitas ao procedimento sumário,[5] os três momentos da prova apresentam-se da seguinte forma: 1.º) as provas, em sua totalidade, são propostas pelo autor com a petição inicial, de conformidade com o art. 276 do CPC,[6] na redação da Lei 9.245/1995; o réu proporá suas provas, frustrada a conciliação do art. 277, *caput*, do CPC, juntamente com a apresentação de sua defesa (art. 278 do CPC, na redação da Lei 9.245/1995), inclusive se desejar produzir prova testemunhal. Não vige mais, diante das modificações que a Lei 9.245/1995 trouxe ao rito sumário, a antiga redação do art. 278, § 2.º, que dispunha que o réu que pretendesse produzir prova testemunhal deveria depositar em cartório seu rol dentro de 48 horas antes da audiência de instrução e julgamento, ou, se não o tivesse feito diretamente em cartório, dito rol deveria permanecer pelo menos 48 horas em cartório, no caso de se ter utilizado do *protocolo*; 2.º) o segundo momento, ou seja, aquele em que o juiz defere a realização das provas, relativamente ao autor, coincide, cronologicamente, tendo em vista o procedimento sumário, com o despacho de deferimento da petição inicial; 3.º) o terceiro momento, o da realização, ocorrerá na audiência de instrução e julgamento

5. Com a atual sistemática imprimida ao procedimento sumário pela Lei 9.245/1995, objetivando uma maior celeridade processual, o legislador, ao dar nova redação ao art. 276 do CPC, exige que o autor, na petição inicial, além de oferecer o rol de testemunhas, formule, desde já, quesitos e indique assistente técnico, quando requerer perícia. A citação não será mais para comparecimento em audiência de conciliação, instrução e julgamento, mas, tão somente, para conciliação (art. 277, *caput*, do CPC). Frustrada a conciliação, o réu apresentará sua defesa acompanhada de documentos e rol de testemunhas, além de quesitos e assistente técnico tendo em vista eventual realização de perícia (art. 278, *caput*, do CPC). Diga-se, de passagem, que pode se extrair do § 4.º do art. 277 do CPC e sua atual redação, por analogia com o já modificado art. 331, § 2.º, que deverá ser procedido o saneamento do processo nesta audiência, após a apresentação da defesa pelo réu, negada a tentativa de conciliação.

Não sendo caso de julgamento antecipado da lide, será designada audiência de instrução e julgamento *para data próxima não excedente a trinta dias, salvo a necessidade de realização de perícia,* quando serão realizados os atos probatórios (art. 278, § 2.º, do CPC). Com a supressão do inciso II do art. 280, pela Lei 10.444/2002, não mais estará o perito adstrito – conquanto se tratasse de prazo impróprio – ao exíguo prazo predeterminado pela lei de 15 (quinze) dias para a apresentação do laudo pelo perito nas causas do procedimento sumário.

6. Cf. Gilson Delgado Miranda, *Procedimento sumário*, p. 51: "O autor, com as ressalvas do art. 276 do CPC, está obrigado, na inicial, a protestar pela produção das provas necessárias à demonstração dos fatos constitutivos do seu direito (art. 333, I, do CPC). Tecnicamente, não se admite o protesto genérico ("protesto por todos os meios de prova admitidos no Direito"), mas, no meio forense, esta foi uma praxe que se formou, bastando, na maioria dos casos, a natureza da prova (testemunhal, pericial, depoimento pessoal, juntada de documentos etc.)".

(art. 278, § 2.º, na redação da Lei 9.245/1995, e art. 279, na redação dada pela mesma lei).

Se houver necessidade de prova pericial, no procedimento sumário, deverá esta ser determinada ao cabo da primeira audiência, desde que frustrada a conciliação e apresentada a defesa pelo réu (art. 278, *caput*, do CPC, com a redação da Lei 9.245/1995),[7] o que levará a que a respectiva realização seja feita, necessariamente, depois desta primeira audiência, devendo-se, então, o mais brevemente possível, marcar outra audiência, ainda que o art. 278, § 2.º, do CPC (na redação da Lei 9.245/1995), refira-se à hipótese de realização de perícia como causa de não designação da audiência de instrução e julgamento para os trinta dias seguintes do encerramento da primeira audiência. Nesta, então, dever-se-á terminar a instrução, se for o caso, decidindo a lide.

O modelo incorporado ao Código de Processo Civil pela Lei 9.245/1995 acabou por consagrar o que já previa a Lei 8.245/1991, Lei de Locação de Imóveis Urbanos, ao dispor, em seu art. 68, IV, que, na ação revisional de aluguel, que necessariamente seguirá o procedimento *sumário (a redação originária do art. 68, caput, da precitada lei referia-se a sumaríssimo, dicção alterada pela Lei 12.112/2009)*, frustrada a tentativa de conciliação, será determinada a realização da prova pericial (desde que efetivamente necessária), designando-se, desde logo, audiência em continuação.

A nosso ver é incorreta decisão da 2.ª Câm. Civil do TJSP, no sentido de que não é de se anular o processo se as testemunhas do autor, em procedimento sumário, não são arroladas na inicial, uma vez que, por força do art. 130, o juiz pode determinar, de ofício ou a requerimento da parte, as provas necessárias à instrução. Neste caso, tendo havido omissão do autor, deveria o juiz submetê-lo aos eventuais efeitos negativos de sua inércia (art. 333, I, do CPC) e não *suprir* dita inércia, com fulcro no art. 130 do CPC.[8] No sentido por nós sustentado, vem decidindo o STJ.[9-10]

Diante da redação atual do art. 278, *caput*, do CPC, tal qual determinada pela Lei 9.245/1995, não mais deve prevalecer, como já colocamos em destaque, a pesquisa em torno da validade, ou não, da apresentação do rol de testemunhas pelo réu em ação de trâmite sob o rito sumário no protocolo e não no cartório. Ainda que tivéssemos como correto o entendimento pelo qual o protocolo deveria ser considerado, para todos os fins, um prolongamento do cartório,[11] é certo que, com o novo sistema legal, a apresen-

7. *JUTACivSP* 58/220 (é inviável a realização da prova pericial antes da audiência no procedimento sumaríssimo, doravante designado por sumário); diversamente, em se tratando de ação acidentária, cf. STJ, REsp 34.045/RJ, 5.ª T., j. 05.05.1993, rel. Min. Jesus Costa Lima, *DJ* 24.05.1993, p. 10.018.

8. TJSP, Ap 242.970-São Paulo, 2.ª Câm. Civ., j. 10.06.1975, rel. Almeida Bicudo, v.u. (v., *todavia*, as ponderações do n. 200, *fine* e *supra*). *Corretamente*, conforme o texto, mais recentemente, assim decidiu o TJSP: "No procedimento sumário, não apresentado o rol de testemunhas pelo autor na petição inicial, e nem antes da citação, precluso o seu direito à produção da prova, que não pode ser substituída pela colheita do depoimento como testemunhas do Juízo sob pena de violação do princípio isonômico" (TJSP, AgIn 347.493-4/4-Sumaré, 2.ª Câm. Dir. Priv., j. 17.06.2004, rel. Boris Kauffmann).

9. STJ, REsp 435.024/MG, 4.ª T., j. 15.04.2003, rel. Min. Ruy Rosado de Aguiar, *DJ* 26.05.2003, p. 364; STJ, REsp 61.788/DF, 4.ª T., j. 17.02.1998, rel. p/ acórdão Min. Sálvio de Figueiredo Teixeira, *DJ* 23.11.1998, p. 180.

10. Na doutrina ver: Gilson Delgado Miranda, op. cit., p. 152-153.

11. STJ, REsp 118.180/SP, 4.ª T., j. 13.10.1998, rel. Min. Sálvio de Figueiredo Teixeira, *DJ* 01.02.1999, p. 200. A tese firmada neste acórdão é correta (para o sistema legal *anterior* à Lei 9.245/1995), na medida em que, dentro das *48 horas* antecedentes da audiência, fosse possível ao adversário conhecer, *em cartório*, quem são as testemunhas.

tação do rol de testemunhas do réu deve se dar, doravante, com a apresentação da defesa deste *em audiência*.

Bibliografia

ALVIM, Eduardo Arruda. *Curso de direito processual civil*. São Paulo: Ed. RT, 1999. vol. 1.

______. *Direito processual civil*. 2. ed. rev., atual. e ampl. São Paulo: Ed. RT, 2008.

______. *Direito processual civil*. 3. ed. São Paulo: Ed. RT, 2010.

______. *Direito processual civil*. 4. ed. São Paulo: Ed. RT, 2012.

ALVIM NETTO, José Manoel de Arruda. *Curso de direito processual civil*. São Paulo: Ed. RT, 1972. vol. II.

BARBOSA MOREIRA, José Carlos Barbosa. *O novo processo civil brasileiro*. 25. ed. Rio de Janeiro: Ed. Forense, 2007.

BERMUDES, Sergio. Despacho saneador no Código de Processo Civil. *Juriscível* 53/7.

BORGES, Marcos Afonso. *Comentários ao Código de Processo Civil*. São Paulo: LEUD, 1975. vol. II.

CARNEIRO, Athos Gusmão. *Audiência de instrução e julgamento e audiências preliminares*. 13. ed. Rio de Janeiro: Forense, 2007.

FADEL, Sergio Sahione. *Código de Processo Civil comentado*. Rio de Janeiro: Ed. Forense, 1984. vol. I.

GRECO FILHO, Vicente. *Direito processual civil brasileiro*. 18. ed. São Paulo: Saraiva, 2007. vol. II.

MARQUES, José Frederico. *Manual de direito processual civil*. São Paulo: Saraiva, 1984. vol. II.

MIRANDA, Gilson Delgado. *Procedimento sumário*. São Paulo: Ed. RT, 2000.

MUNIZ, Antônio Severino. Prazo para o réu arrolar suas testemunhas, no procedimento sumaríssimo. *Revista do Curso de Direito da Universidade Federal de Uberlândia* 11/167.

PRATA, Edson. *Petição inicial e seus requisitos. São Paulo: Liber Juris*, 1981.

SANTOS, Ernane Fidélis dos. *Manual de direito processual civil*. 11. ed. São Paulo: Saraiva, 2006. vol. 1.

SANTOS, Moacyr Amaral. *Comentários ao Código de Processo Civil*. Rio de Janeiro: Ed. Forense, 1982. vol. IV.

______. *Primeiras linhas de direito processual civil*. 23. ed. (atualizada por Aricê Moacyr Amaral Santos). São Paulo: Saraiva, 2004. vol. II.

XXIII
Da Prova Documental

213. Noções gerais

Se a palavra documento é, fundamentalmente, utilizada como sinônimo de *prova literal*, nem por isto deixa de ser o documento uma coisa; e é, também, usada em sentido algo diverso. Alude, assim, o Código (art. 383) à reprodução mecânica, à fonográfica ou de outra espécie etc., salientando-se que tais provas não se ajustam, com rigor, ao conceito de prova literal.

O documento é uma *prova histórica*, porquanto quase sempre antecede o início do processo, em que especificamente se pretende que produza os seus efeitos. Além do mais, é, em princípio, *prova real* (do latim *res, rei*), dado que todo documento é uma *coisa*. O Código, todavia, usa, principal e precipuamente, a palavra documento como sinônimo de *prova literal* (v., todavia, art. 383, em sentido diverso do de prova literal).[1]

Há uma tendência de se rever a identificação estrita entre documento e *coisa*, dado que, à vista da evolução tecnológica, nem todo documento possui um suporte físico. Nesse sentido, parece-nos correto ampliar a abrangência do conceito para considerar como documentos aqueles criados através de tecnologias modernas da informação e das comunicações, como os dados inseridos na memória do computador ou transmitidos por uma rede de informática, em geral denominados documentos de informática ou documentos eletrônicos.[2]

O Projeto de Novo Código de Processo Civil (PL 8.046/2010), já contempla tal possibilidade, ao dispor que "A utilização de documentos eletrônicos no processo

1. Cf., a respeito do tema, João Abrahão, O valor probatório das reproduções mecânicas, *Revista de Processo [RePro]* 20/127.

2. Marinoni-Arenhart, *Prova*, p. 529-530, com remissão a Comoglio, Ferri e Taruffo, *Lezioni sul processo civile*, p. 657. *Cf.*, ainda, sobre o documento eletrônico: Luigi Paolo Comoglio, *Le prove civili*, terceira parte, cap. IV, denominado "Il documento informatico". Já sustentamos enquadrar-se na essência do conceito de documento o endosso realizado eletronicamente, independentemente da existência de título-papel, o que se dá em virtude de legislação específica que regula a emissão e circulação de determinados títulos de crédito eletrônicos (neste sentido, parecer intitulado "Da validade do endosso eletrônico e da autonomia dos títulos de crédito", publicado na nossa coleção *Soluções Práticas de Direito,* vol. III, p. 867 e ss.). Na mesma obra, há parecer acerca da viabilidade de se utilizar, como início de prova documental de novação celebrada entre as partes, a correspondência eletrônica trocada por seus representantes legais (op. cit., p. 391 e ss., parecer intitulado "Da interrupção única da prescrição e da possibilidade da novação pela via eletrônica"). Estão de acordo com a necessidade de alargamento do conceito de documento Eduardo Arruda Alvim, *Direito processual civil,* 3.ª ed., cap. XXX, n. 1, p. 533; Didier, Braga e Oliveira, *Curso de direito processual civil.* vol. 2. p. 102.

convencional dependerá de sua conversão à forma impressa e de verificação de sua autenticidade, na forma da lei" (art. 446), sendo que, quanto aos documentos eletrônicos não convertidos, o juiz apreciará o seu valor probante (art. 447), o que pressupõe sua admissibilidade, ainda que não impressos ou mesmo que sua autenticidade não possa ser verificada na forma da lei. Ainda, o art. 448 do citado projeto prevê, em complementação, que "serão admitidos documentos eletrônicos produzidos e conservados com observância da lei específica".

214. Definição de documento

O documento não se destina tão somente a fixar indelevelmente o pensamento, que é a sua utilização mais comum; mas, sim, é também destinado a fixar duradouramente um fato, ideia esta mais ampla e compreensiva que a anterior.[3]

215. Os autores intelectual e material do documento

Autor intelectual, ou autor propriamente dito, de documento particular é quem procura produzir, com o documento, determinados efeitos jurídicos e a quem tais efeitos aproveitarão (art. 371); é aquele, ou são aqueles, em função de quem o documento existe. É certo que, nos negócios jurídicos bilaterais, tendo em vista a sua essência – conteúdo dispositivo bilateral –, haverá dois autores.

Por "autor" material do documento deve-se entender quem (ou aqueles que), de fato e materialmente, elaborou(aram) o documento (art. 364). Num documento público,[4] autor(es) intelectual(is) do documento será(ão) aquele(s) que procurou(aram) o oficial e lhe pediu(ram) que lavrasse o documento; este último será o seu autor material.

216. O conteúdo e a eficácia do documento

O documento vale pelo seu conteúdo, pois é deste que se pretende extrair elementos produtores de consequências jurídicas.

O conteúdo do documento é, de um modo amplo, um fato de diversas espécies: manifestação de pensamento, declaração de ciência ou de vontade. Ou, ainda, poderão, num só documento, estar conglobadas essas três espécies.

O documento público prova de maneira absoluta – até demonstração em contrário – inclusive os fatos verificados na presença de seu autor material e aí documentados (v. art. 364), pois o documento público tem fé pública, que lhe empresta a lei. Quanto ao documento particular, quer seja escrito e assinado, ou somente assinado, as declarações dele constantes presumem-se verdadeiras em relação ao signatário (art. 368), tendo-se presente o disposto no art. 372.

---

3. Mais amplamente, Arruda Alvim, *Curso*... cit., 183, 3.º, p. 322 *et seq*.

4. Disciplinava os requisitos da *escritura pública* a Lei 6.952/1981, constitutiva do que eram os §§ 1.º e 3.º do art. 134 do CC/1916. No Código Civil de 2002, está disposto que "a escritura pública, lavrada em notas de tabelião, é documento dotado de fé pública, fazendo prova plena" (art. 215, *caput*). No § 1.º, I a VII, deste dispositivo, encontram-se enunciados os requisitos que deve conter a escritura pública; no § 2.º dispõe-se que, "se algum comparecente não puder ou não souber *escrever*, outra pessoa capaz assinará por ele, a seu rogo" (grifou-se); o § 3.º exige que a mesma esteja redigida em língua nacional. Os preceitos contidos nos §§ 4.º e 5.º correspondem aos mesmos parágrafos do art. 134 do CC/1916. O que se há de entender por *prova plena* está no art. 364 do CPC (v. 216, *infra*). Quanto aos documentos que devem ser apresentados para lavratura de *atos notariais*, inclusive referentes a imóveis, no que diz com identificação das partes, veja-se a Lei 7.433/1985 (*DOU* 19.12.1985).

Se o documento contiver declaração de ciência, isto é, nele se dá ciência (= se declara) que um determinado fato se passou de uma dada maneira, é certo que o documento comprovará, tão somente, que certa pessoa (o declarante, o autor [intelectual] do documento) tem conhecimento de como se passou tal ou qual fato. Provará, pois, esse conhecimento por parte de alguém (= signatário), *mas não necessariamente o fato em si mesmo*. Significa isto que a parte interessada poderá solicitar a esse autor (é o *interessado*, a que alude o art. 368, parágrafo único) do documento que comprove o fato, o que com outra modalidade de prova deverá providenciar (art. 368, parágrafo único).

Para que a fotocópia autenticada de documento particular valha como documento, é necessário que ele seja levado a juízo para que o escrivão possa conferir a reprodução com o original, portanto, por fé, se tiver havido impugnação (v. arts. 372 e 385, *caput*).[5]

Quanto à necessidade de a fotografia estar acompanhada do respectivo negativo, exigência constante do art. 385, § 1.º, com acerto já se decidiu que a falta de apresentação do mesmo pode retirar o valor probante da fotografia, a qual, então, há de ser considerada apenas como princípio de prova, cuja valia será aferida pelo magistrado, no âmbito de sua livre convicção, não gerando, entretanto, para ele, a obrigatoriedade de ordenar seu desentranhamento dos autos.[6]

Acompanhando o desenvolvimento tecnológico das últimas décadas, o Projeto de Novo Código de Processo Civil substituiu as disposições a respeito das provas realizadas através de fotografias. O art. 429, § 1.º, do PL 8.046/2010 diz que "A fotografia digital e as extraídas da rede mundial de computadores fazem prova das imagens que reproduzem; se impugnadas, deverá ser apresentada a respectiva autenticação eletrônica ou, não sendo isso possível, realizada perícia." Foram suprimidas, de resto, as referências aos negativos das fotografias utilizadas como prova, o que se coaduna com a realidade tecnológica atual. Não há prejuízo, no entanto, a que o escrivão faça a conferência da autenticidade de qualquer cópia de documento (art. 431, reproduzindo o atual art. 385). A lei confere autenticidade ao documento particular, quando: 1.º) o tabelião certifique que o seu signatário o assinou em sua presença (art. 369), o que terá a significação de que quem o firmou concorda com o seu conteúdo; 2.º) se a outra parte concordar expressamente com a autenticidade do documento (art. 372), ou se ficar inerte, presumir-se-á que o tem por verdadeiro (*rectius*, autêntico – art. 372).

5. STJ, REsp 26.723/SP, 6.ª T., j. 25.09.1995, rel. Min. William Patterson, *DJ* 04.12.1995, p. 42.140. Também já se decidiu que "a cópia sem autenticação de documento particular não indispensável faz a mesma prova que o original e sua conferência somente é imprescindível se a parte contra quem for produzida impugná-la" (*RT* 624/146). Igualmente, é do STJ o entendimento de que, havendo impugnação, a conferência deve ser feita pelo escrivão; na negativa, a cópia passa a ter o mesmo valor probante do original (*RT* 676/186). Este entendimento foi confirmado em julgado recente do STJ: "Pacífico o entendimento nesta Corte Superior no sentido de que as cópias não autenticadas juntadas aos autos, e que não são impugnadas pela parte adversa no momento próprio, têm o mesmo valor probante dos originais" (STJ, AgRg no AgIn 535.018/RJ, 1.ª T., j. 16.03.2004, rel. Min. José Delgado, *DJ* 10.05.2004, p. 178).

6. "A simples falta da juntada dos negativos das fotografias apresentadas pela parte não é motivo para o seu desentranhamento, e seu valor probante deverá ser estabelecido no momento adequado" (STJ, REsp 188.953/PR, 4.ª T., j. 03.12.1998, rel. Min. Ruy Rosado de Aguiar, *DJ* 12.04.1999, p. 161). Cf. também *RT* 592/194, em., e *JUTACivSP* 90/275. Caso a ausência de negativo não seja arguida tempestivamente, já se decidiu que ocorre preclusão (STJ, AgRg no AgIn 42.659/MG, 4.ª T., j. 14.12.1993, rel. Min. Sálvio de Figueiredo Teixeira, *DJ* 28.02.1994, p. 2.898).

Desaparecerá tal autenticidade, oriunda da admissão, expressa (art. 372) ou tácita (art. 372, *in fine*), se a parte provar que houve, em tal admissão, erro, dolo ou coação, ou seja, um dos vícios da vontade, tais como definidos no Código Civil (art. 171, II, que alinhou também, como defeitos do negócio jurídico, capazes de ensejar a sua anulação, a lesão, o estado de perigo e a fraude contra credores), a teor do que prevê o art. 372, parágrafo único, do CPC.

217. A forma como sendo da substância do documento

A evolução dos sistemas jurídicos tem sido no sentido de reduzir à forma somente aquilo que se crê indispensável à segurança nas relações jurídicas, por exigência legal expressa. Os sistemas jurídicos modernos, *como regra geral*, propendem pela liberdade de forma: é o que consta do art. 107 do nosso Código Civil.

Do mesmo modo que no direito civil, em que existe liberdade de forma, entende-se, no direito processual civil, que o juiz, ao apreciar a validade de um negócio, não fica aprioristicamente sujeito a este ou àquele tipo de prova, tendo em vista o disposto no art. 131 do CPC, em sua primeira parte, salvo, é certo, a hipótese prevista no art. 366, tendo-se presente, também, o disposto no art. 353, parágrafo único (v. n. 257, *fine* e *infra*).

Quanto à exegese dos arts. 401, 402 e 403, há que se dizer o seguinte.

O art. 401 do CPC (similar, em sua função, ao art. 227 do CC),[7] limita a prova exclusivamente testemunhal a certo valor, qual seja, o décuplo do maior salário mínimo vigente no País à época da celebração do contrato. Isto significa, juridicamente, que não se pode extrair de um contrato de valor superior ao apontado quaisquer efeitos que diretamente derivassem do contrato (salvo *confissão*), justamente porque o mesmo não pode ser provado.

O rendimento prático do art. 401, portanto, reside em que, se se pretender provar por testemunhas um contrato de valor superior ao apontado, para fins de que o outro contratante cumpra o contrato, tal será impossível. Ainda, desdobrando o raciocínio, se se pretender, comprovando por testemunhas, que o "contrato verbal", embora efetivamente presenciado por testemunhas, continha cláusula penal, esta última, bem como o contrato mesmo, não poderá ser objeto desse meio de prova (art. 401).[8] No en-

7. Correspondia-lhe, no CC/1916, o art. 141. A respeito do tema, cf. José Miguel Garcia Medina, Admissibilidade da prova testemunhal: questões sobre o art. 401 do Código de Processo Civil, *RT* 784/55-67.

8. Neste sentido, e nessa linha, corretamente, já se decidiu que "não é possível a prova de alteração de cláusulas contratuais por intermédio de testemunhas" (TJAC, Ap.Cív. 161, 20.12.1978, rel. Des. Lourival Marques de Oliveira, v.u.); *em sentido contrário*, decidiu o STJ que "é possível admitir a alteração de condições estipuladas no contrato escrito, sobre a modalidade do pagamento das prestações, a partir do exame do reiterado comportamento das partes e dos recibos fornecidos, tudo explicado por robusta prova testemunhal" (STJ, REsp 93.386/ES, 4.ªT., j. 13.08.1996, rel. Min. Ruy Rosado de Aguiar, *DJ* 02.09.1996, p. 31.088). Corretamente se entendeu que "não é admissível a prova testemunhal para demonstrar a exigência de contrato de locação de valor superior ao décuplo do maior salário mínimo" (*RT* 537/182). Esta regra do art. 401 *é regra geral* e, pois, convive com *regra especial* (Lei 4.504/1964). Dispõe-se, nesta última, que, para a prova dos contratos nela previstos, será permitida prova testemunhal (art. 92, § 8.º). Esta convivência entre a regra geral, constante do CPC, e regra específica constante da legislação extravagante foi acolhida pelo STJ quando do julgamento do REsp 10.807/PI, j. 21.06.1991, rel. Min. Dias Trindade, *DJU*, 19.08.1991, p. 10.995. No mesmo sentido, tendo em vista o Dec. 59.566/1966, art. 11, decidiu recentemente o STJ: REsp 651.315/MT,

tanto, se tiver havido execução (= execução ou adimplemento *civil*) do contrato, não se tranca o direito à prova exclusivamente testemunhal àquele que adimpliu o contrato para o fim de, em decorrência dos *serviços prestados*, possa receber aquilo a que tem direito.[9] Prova-se por testemunhas a *prestação dos serviços*. Não terá direito, todavia, ao *quantum* representativo da cláusula penal, mesmo que tenha havido inadimplemento de quem deveria pagá-la, senão aos serviços efetivamente prestados, pois a cláusula penal liga-se à *existência do contrato*, e o que se pode provar é a prestação de serviços.

Já o art. 402, havendo *começo de prova por escrito*, admite que, então, se comprove contratos de qualquer valor através de testemunhas. Vale dizer, prova por escrito, embora só iniciada, porém, somada à prova testemunhal (complementar ou subsidiária), tem o condão de possibilitar que se extraia do próprio contrato, com o que, então, fica clara a diferença entre o art. 401 e este art. 402, I. Neste sentido, aliás, o parágrafo único do art. 227 do Código Civil, à semelhança do que fazia o CC/1916 (parágrafo único, art. 141), preceitua que: "Qualquer que seja o valor do negócio jurídico, a prova testemunhal é admissível como subsidiária ou complementar da prova por escrito".[10]

Todavia, o art. 403 determina que as normas enfocadas, diversas em seus conteúdos, sejam aplicadas às hipóteses de pagamento e de remissão de dívida.

Correlatamente com o disposto no art. 403, haver-se-á de entender o art. 353 e seu parágrafo único. Ou seja, se a confissão tiver sido feita a terceiro ou contida em testamento, será livremente apreciada pelo juiz, conforme a parte final do *caput* do art. 353. Se feita oralmente, segundo o parágrafo único do mesmo artigo, só valerá nos casos em que o legislador não estabeleceu, como exigência, a prova literal. Sem embargo desta restrição do art. 353, parágrafo único, a confissão poderá, em tais casos, ocorrer, mas deverá obedecer à forma escrita, e não verbal, *restrição inaplicável à parte* (v. 257, *fine* e *infra*).[11]

Todavia, se o objeto é *ir contra o contrato* (art. 404), ou seja, evidenciar ter havido *simulação* (art. 404, I), ou, então, os chama-

---

3.ª T., j. 09.08.2005, rel. Min. Castro Filho, *DJ* 12.09.2005, p. 324.

9. Nesse sentido era a jurisprudência anterior: STF, *Arquivo Judiciário* 112/503; TJSP, *RT* 149/218, 153/228, 248/236, 278/398, 287/243 e 480; TJPR, *Revista Jurídica* 33/301; na vigência do Código atual: TJRS, Ap.Cív. 23.277, 09.10.1974, *RJTJRS* 52/306, e Jurandyr Nilsson, *Nova jurisprudência de processo civil*, vol. II/484-486, sob. 438. Mais recentemente, no mesmo sentido: STJ, AgRg no AgIn 487.413/GO, 3.ª T., j. 18.03.2003, rel. Min. Nancy Andrighi, *DJ* 31.03.2003, p. 224.

10. Indaga-se se o art. 227, do Código Civil, que praticamente reproduziu (mas sem os avanços do CPC/1973 – art. 402 e incisos) a redação do art. 141, do CC/1916, implicou em revogação do inciso II do art. 402, do CPC ("[...] II – o credor não pode ou não podia, moral ou materialmente, obter a prova escrita da obrigação, em casos como o de parentesco, depósito necessário ou hospedagem em hotel"). Inclinamo-nos a sustentar que não há que se falar em revogação desse inciso II, que traduz regra de extrema lucidez e, em nosso sentir, permanece em vigor. Tomamos por base, para essa conclusão, o disposto no art. 2.º, § 2.º, da Lei de Introdução ao Código Civil – atualmente denominada Lei de Introdudução às Normas do Direito Brasileiro, conforme redação dada pela Redação dada pela Lei 12.376, de 2010 –, onde se lê: "A lei nova, que estabeleça disposições gerais ou especiais a par das já existentes, não revoga nem modifica a anterior".

11. Assim é que, se alguém cobra com base em contrato não assinado pelo credor, valerá, todavia, o contrato, como prova de crédito, porque houve confissão do vendedor, além de outros elementos conducentes à existência do aludido crédito. Tratava-se, *ademais*, de contrato regido pela Lei 4.504/1964, aplicado à espécie o seu art. 92, § 8.º (Jurandyr Nilsson, *Repertório*, vol. II, 443, p. 489-490, decisão do TJSC).

dos vícios do consentimento (art. 404, II), curialmente inexistem quaisquer limites. O escopo da prova, nestes casos, é evidenciar-se que o contrato padece de vício conducente ao reconhecimento de sua nulidade.[12]

218. O documento, em regra, é prova pré-constituída

É fora de dúvida que o documento é a representação de um fato, mas não se confunde com o próprio fato. Esta ideia está clara na lei, quando disciplina o documento particular (art. 368, parágrafo único). O tema da prova documental constitui-se no exemplo por excelência da prova *duradoura* do fato representado, que é fato transeunte, através do exame do fato representativo, ou seja, do fato permanente (= documento).

O documento, desta forma, normalmente integra a chamada categoria das provas pré-constituídas, ou seja, aquelas provas feitas com uma finalidade predeterminada, consistente em que o ato documentado possa ser facilmente provado, quando e se necessário. Quando a lei erigir tal ou qual documento como o único meio para se comprovar a existência de um certo fato, será ele, ademais (além de prova pré-constituída), uma *prova legal* (*v.g.*, registro de bem imóvel em nome do proprietário: no regime do Código Civil, o art. 1.245 – v. n. 213, *fine*).

As cartas (art. 376), bem como os *registros domésticos*, produzem prova contra quem os *escreveu* (ainda que sem assinatura),[13] para os fins dos incisos I/III do art. 376, mas não podem, *pelo menos necessariamente*, ser considerados *prova pré-constituída*. Embora as cartas, sem que o permita o seu autor, não possam ser publicadas, podem servir como documento de prova em processos administrativos e judiciais (art. 34 da Lei 9.610/1998).

219. Classificação dos documentos. Aspectos gerais

A classificação dos documentos pode ser feita a partir de diversos critérios:

a) *Classificação dos documentos quanto à forma*: quanto à forma, poderá haver liberdade ou forma preestabelecida. Quando há um modelo legal, pode-se, com mais propriedade, designá-los *instrumentos*. Relativamente à última espécie, em regra, tais documentos são prova legal, em especial quando são documentos públicos.

b) *Classificação dos documentos quanto à formação*: quanto à formação, os documentos poderão ser *públicos* ou *particulares*. Serão públicos os documentos que forem formados por uma autoridade pública, isto é, que tenha fé pública e seja a autora material do documento. Estes prescindem da concordância de outra parte para se reputarem autênticos (v. art. 364). Se a autoridade não tiver competência, dar-se-á a degradação do *documento público*, que ele não é, por causa da incompetência da referida autoridade, ou por inobservância de formalidades legais, mas valerá como *documento particular*. Segue-se, então, que se lhe aplicará o regime jurídico de documento particular (art. 367).[14]

12. V. a respeito: 1.º TACivSP, EI 197.886, *JUTACivSP* 31/167 e também Jurandyr Nilsson, *Repertório,* vol. II/487, sob. 439; STJ, REsp 117.419/MS, 4.ª T., j. 06.05.1997, rel. Min. Ruy Rosado de Aguiar, *DJ* 30.06.1997, p. 31.035.

13. O Código define quem se reputa como autor do documento (art. 371). No inciso III desse art. 371, dispensa-se a necessidade da firma nos livros comerciais e *assentos domésticos*, sendo esta uma norma *exemplificativa*. Daí termos afirmado que as *cartas*, conforme a hipótese concreta, não necessitam estar firmadas pelo seu autor. Se, todavia, negada a *autoria*, caberá à parte que imputa a autoria o ônus da prova (art. 389, II).

14. Ao lado do assunto referente à *incompetência do oficial público*, no que diz com as *formalidades legais*, devem estas ser consideradas tendo-se presente o disposto na Lei 6.952/1981.

As principais espécies de documentos públicos são: os *instrumentos públicos*, que são feitos por oficial público e que necessariamente devem respeitar determinadas formalidades, e, assim, *v.g.*, o *registro de imóvel* (Lei 6.015/1973, art. 167) é instrumento público (v. art. 366, que compreende essa hipótese); idem, a matrícula de imóvel (Lei 6.015/1973, art. 228); e outras hipóteses, com as quais se tem *instrumento público em caráter genérico*; e a *escritura pública*, que é *modalidade* de instrumento público, lavrado por tabelião, em que, *ao lado de requisitos outros que possam estar previstos em lei especial*, conterá os requisitos dos incisos I a VII, do § 1.º do art. 215 do Código Civil, observado sempre o disposto no § 3.º desse art. 215, assim como os §§ 2.º, 4.º e 5.º, do mesmo dispositivo.[15]

No instrumento público, o autor material do documento deverá obedecer a determinados requisitos, dentre os quais essencial é a sua legitimação (competência do órgão, e, ainda, a circunstância de o agente estar legitimamente no exercício do órgão etc.).

A lei, no art. 365 do CPC, equipara, para o fim de também valerem como documento público (fazem a mesma prova que os originais – art. 365, *caput*), as hipóteses arroladas em seus incisos I a VI. O relevante é se ter presente que, para tal ocorrer, *haver-se-á de verificar verdadeira geneticidade entre a certidão textual, o traslado e a certidão, bem como as reproduções mecânicas (art. 365, I a III) e o documento que retratam ou reproduzem*. Vale dizer, terá o mesmo valor e eficácia que o próprio documento público a certidão textual, desde que extraída pelo escrivão, do próprio documento, "sob sua vigilância" e por ele subscrita. Ainda, no caso do inciso II do art. 365, alude-se aos traslados e certidões, também extraídos por (= pelo) oficial público, de documentos existentes *em suas notas*. Quanto ao inciso III do art. 365, alude-se à reprodução de documento, que há de ser feita do próprio documento público, deverá ser autenticada pelo próprio oficial público, ou há de ser conferida "em cartório" com os respectivos originais. Assim, para ficar mais claro, se se leva esta certidão textual, a que alude o art. 365, I, e é ela fotocopiada, a autenticação a ela aposta por *outro* tabelião não pode absolutamente fazer com que ela equivalha a um documento público. Constata-se que, nesta hipótese, não existe segurança *quanto à origem*, e a autenticação não soluciona esta insegurança. Nos casos dos incisos I a III do art. 365, identifica-se claramente o agente público que dá fé, e é por isto que, então, a lei dotou tais documentos da mesma validade e eficácia que os próprios documentos públicos. Outrossim, lembre-se o disposto no art. 161, *caput*, da Lei de Registros Públicos (Lei 6.015/1973), que também confere a certidões do registro integral de títulos o mesmo valor que tenham os originais. É certo que o mesmo texto ressalva a hipótese de haver incidente de falsidade pertinente ao original, o qual, então, se tido por fundado, certamente, quer o original, quer aquilo que dele seja retrato, será tido por falso.

No tema da *legitimação*, merecem relevo, fundamentalmente, dois aspectos: 1.º) a *competência*, no sentido de que a autoridade que lavrou o documento deverá

15. No que diz respeito ao valor, diferentemente do que ocorria no CC/1916 – que, em razão do disposto no inciso II de seu art. 134 prever que era da substância do ato a escritura pública nas hipóteses de "contratos constitutivos ou translativos de direitos reais sobre imóveis de valor superior a cinquenta mil cruzeiros, excetuado o penhor agrícola", o § 6.º desse mesmo art. 134 (redações conforme a Lei 7.104/1983) previa a forma de atualização desse valor –, o Código Civil de 2002 não repetiu a regra que tratava da atualização.

ocupar órgão a que tenha sido atribuído poder para que, quem o ocupe, lavre o documento, e, 2.º) ainda não propriamente dentro do próprio tema da competência, desdobrando-se este, a *capacidade*, que se poderia definir como sendo a atualidade da competência encarnada num agente público determinado, ao lado dos demais requisitos da *capacidade propriamente dita*.

Pergunta-se: se desrespeitada a *forma do instrumento público*, pode o instrumento valer como documento particular? A resposta é afirmativa (art. 367). Tal é o caso também do oficial público incompetente, de acordo com o art. 367, o qual prescreve, igualmente, que, nesse caso, terá a mesma eficácia probatória que o documento particular o documento pretensamente público, feito por oficial público incompetente.

220. Os documentos e a autenticidade

O documento público gera a presunção de autenticidade, que somente será destruída na hipótese de se lhe demonstrar a sua falsidade. Já o documento particular, para ser autêntico, necessitará do reconhecimento da parte contrária (v. art. 372, o qual dispõe que, havendo reconhecimento expresso, ou silenciando a parte contra a qual foi produzido o documento, considerar-se-á autêntico o documento). O atual Código prescreve, dentre as hipóteses de autenticidade de documento particular, a de haver reconhecimento de firma por parte do tabelião, declarando que a assinatura foi aposta em sua presença (art. 369), autenticidade que, desde logo, é presumida ou como tal reputada pelo sistema, independentemente de reconhecimento da parte contrária.

Todavia, cessa a eficácia da admissão do documento, lograda nos moldes do art. 372 (pela admissão expressa ou pelo silêncio), quando se verificar que o documento tenha sido obtido em decorrência de vício de consentimento, isto é, por erro, dolo ou coação (art. 372, parágrafo único).

Saliente-se, outrossim, que o novo inciso IV do art. 365, inserido pela Lei 11.382/2006, atribui – na linha do que já constava do sistema – ao advogado a possibilidade de declarar a autenticidade de peças do processo, assumindo, pessoalmente, a responsabilidade por tal declaração.

Também foram inseridos ao art. 365 os incisos V e VI, incluídos pela Lei 11.419/2006 (disciplina o processo eletrônico e os atos processuais por meios eletrônicos). O inciso V estabelece que os extratos digitais de bancos de dados, públicos e privados, fazem mesma prova que os originais, "desde que atestado pelo seu emitente, sob as penas da lei, que as informações conferem com o que consta na origem"; já o inciso VI equipara aos originais as reproduções digitalizadas de qualquer documento, público ou particular, quando juntados aos autos pelos órgãos da Justiça e seus auxiliares, pelas procuradorias, repartições públicas em geral e por advogados públicos ou privados, ressalvada a alegação motivada e fundamentada de adulteração antes ou durante o processo de digitalização. Tais disposições estabelecem uma presunção de autenticidade relativa, *i.e.*, que admite prova em contrário, seja no que concerne aos documentos privados, seja quanto aos documentos públicos em relação aos quais a inveracidade ou falsidade dependerá de demonstração mais contundente.

A consequência específica oriunda da autenticidade é a de que o documento faz prova da declaração nele constante, atingindo o seu autor (art. 373).

As fotocópias autenticadas de documentos públicos, já se decidiu, fazem a mesma prova que os originais.[16] Esta posição, todavia, não se nos afigura *necessariamente* correta e somente pode ser aceita (v. o que foi dito no n. 210, *retro) com e na medida da ressalva por nós já feita.*

221. O documento e a extensão subjetiva de sua validade

O documento público vale *erga omnes*, o que não significa que vincule ou atinja a todos, entretanto. O documento particular passará a valer perante terceiros, a partir de seu registro no Registro de Títulos e Documentos ou no registro competente, segundo o que dispõe o art. 221 do Código Civil,[17] e o art. 129 da Lei 6.015, de 31.12.1973 (Lei dos Registros Públicos), e, conforme a hipótese, sempre há de se atentar para o tipo de registro e o tipo de documento, *em função da publicidade almejada* (v. n. 224, *infra*).

Apesar da sua autenticidade, o documento público apenas prova o que se denomina de verdade extrínseca das declarações, bem como aqueles fatos que se passaram diante da autoridade que lavrou o documento, e, *como tais*, constantes do mesmo.

222. As autoridades que são autoras materiais dos documentos

A autoridade que lavrou o documento público, ou seja, a sua *autora material*, poderá ser administrativa, judicial e extrajudicial (v. art. 364, que a estas figuras alude).

16. STJ, REsp 696.386/RS, 5.ª T., j. 07.04.2005, rel. Min. Gilson Dipp, *DJ* 02.05.2005, p. 403.
17. Cf. art. 135 do CC/1916.

223. Instrumentos e documentos particulares. Distinção específica

O termo *documento*, quando empregado num sentido genérico, compreende o termo *instrumento*. Este último é empregado pelo Código Civil como uma espécie do termo *documento*.

A subdistinção entre ambos consiste em que certos documentos e o instrumento integram a categoria das provas preconstituídas; outros documentos integram a categoria das provas causais (v. n. 218, *supra*).

224. Documento e sua data

De um modo geral, a doutrina admite, atualmente, todos os meios de prova para se provar a data dos documentos, ocorrendo dúvida entre os litigantes. É o que consta do art. 370, *caput*. Certamente, uma vez impugnada a data, o ônus da prova não recai sobre aquele que se queira utilizar do documento e queira que valha a data que foi objeto de impugnação, senão que sobre o impugnante. Ocorrendo dúvida atinente à data, tendo em vista terceiros, segue-se as regras dos incisos I a V do art. 370, sendo que o inciso I desse art. 370 há de ser correlacionado com o art. 221 do Código Civil e com a Lei 6.015/1973 (art. 129).

Sem embargo dos fatos descritos nos incisos I, II, III e IV do art. 370, *caput*, 2.ª parte (critérios de determinação da *data*, em relação a terceiros), verificamos que é possível, com fulcro em *ato* ou *fato*, estabelecer-se que terceiro tinha conhecimento do documento antes da eventual ocorrência de um, ou de mais de um dos fatos descritos nos incisos I a IV do art. 370 (v., por exemplo, o que se prevê no art. 370, V).

O art. 370, V, enseja a prova de qualquer *ato* ou *fato* que, com certeza, estabeleça a data do documento. Se, todavia, não foi feita a prova de tal *ato ou fato, que em si mesmo demonstre qual tenha sido a data do documento*, dever-se-á, então, utilizar um dos critérios descritos nos incisos I a IV do art. 370. Os critérios a que se alude fixam que, *pelo menos a partir de quaisquer dos acontecimentos aí descritos, será tido como datado o documento*.

Desta forma, pelo cabimento do inciso V do art. 370, em que se admite qualquer tipo de prova, provar-se-á através de ato ou fato que, a um ou outro, tenha sido anteriormente formado o documento.

Já os incisos I a IV tratam de presunções previstas em lei, através das quais, comprovado(s) o(s) fato(s) aí descrito(s), seguir-se-á a data do documento, a qual é o fato probando.

225. Validade, autenticidade e nominalidade do documento. Distinção

O documento ou o instrumento particular tem validade e eficácia em relação ao seu autor, ou autores (art. 368, *caput*), pois o documento particular feito (= escrito) e assinado, ou só assinado, leva a que as declarações nele contidas se presumam verdadeiras em relação ao(s) signatário(s).[18]

A autenticidade é a atribuição da qualidade de autoria intelectual (art. 371, I a III), de quem se diz ser autor do documento, através da admissão tácita ou expressa por esse autor (art. 372); ou, caso contrário, mercê de prova, de que aquele de quem se diz que faz o documento (art. 371, I) efetivamente o produziu e assim seja considerado pelo juiz, salvo nos casos dos arts. 364 e 369.

A *nominalidade* consiste no documento ter o nome do seu autor. Haverá autenticidade, sem admissão, expressa ou tácita, nos casos dos arts. 364 e 369, salvo prova em contrário, cujo ônus é sempre da parte de quem se insurja contra essa *autenticidade*, ínsita a tais documentos, diante da fé pública de que são portadores.

226. O valor probante dos documentos

Quanto ao valor probante, os documentos distinguem-se em perfeitos e imperfeitos. Dizem-se documentos perfeitos quando, além da assinatura das partes, constam também as assinaturas das testemunhas e outros requisitos mais que nos casos específicos sejam exigidos, como, por exemplo, documento particular feito com base no art. 22 do Dec.-lei 58/1937 (com a redação dada pela Lei 6.014/1973). Neste caso, em rigor, trata-se de instrumento particular, porque se deve subsumir a um modelo legal (Dec.-lei 58/1937, art. 11). Em tais casos, serão imperfeitos os documentos, quando lhes faltar qualquer um daqueles requisitos.

O art. 387 do atual CPC estabelece que cessará a fé pública do documento público ou particular quando houver declaração judicial de falsidade. O art. 389 distribui o ônus da prova, no caso de falsidade, da seguinte forma: deverá ser provada pela parte que a arguir e, se apenas for contestada a autenticidade da assinatura, à parte que produziu o documento incumbirá o *onus probandi*.

O incidente de falsidade vem regulado nos arts. 390 a 395.

O fato de a lei permitir que o incidente de falsidade seja suscitado a qualquer mo-

18. Trata-se, todavia, de presunção relativa ou *iuris tantum*: STJ, AgRg no Ag 1088781/MG, 5.ª T., j. 16.04.2009, rel. Min. Laurita Vaz, *DJe* 11.05.2009; STJ, REsp 33.200/SP, 5.ª T., j. 13.03.1995, rel. Min. Sálvio de Figueiredo Teixeira, *DJ* 15.05.1995, p. 13.407; 1.°TACivSP, *RT* 566/130, em. *Na doutrina*: Moacyr Amaral Santos, *Comentários ao Código de Processo Civil*, vol. IV/180; Pestana de Aguiar Silva, *Comentários ao Código de Processo Civil*, vol. IV/200.

mento não autoriza, todavia, a sua propositura após o décimo dia depois de produzido o documento.[19] A expressão "qualquer tempo e grau de jurisdição" (art. 390, 1.ª parte) deve ser entendido com a leitura de todo o art. 390.

Corretamente, não se tem admitido o incidente de falsidade nos seguintes casos: quando se tratar de falsidade ideológica;[20] quando suscitado pela parte que produziu o documento;[21] em processo de inventário;[22] se for manifestado contra laudo pericial ou de assistente técnico;[23] em medida cautelar de exibição de documentos;[24] quando o documento for considerado impertinente ou irrelevante para o deslinde da causa;[25] quando julgada definitivamente a causa principal, inadmissível é o incidente.[26] Admite-se, contudo, que seja suscitado o incidente de falsidade em embargos do devedor.[27] Ainda, já se decidiu que descabe no procedimento sumário.[28] Conquanto se trate de acórdão ementado, inviabilizando, pois, um exame mais aprofundado, a orientação não se justifica.

Se for levantado, sendo julgado procedente, a sentença que declarará a falsidade do documento produz coisa julgada material. Do mesmo modo, sendo julgado au-

19. STJ, AgRg no AgIn 331.423/RJ, 4.ª T., j. 19.02.2004, rel. Min. Aldir Passarinho Júnior, *DJ* 29.03.2004, p. 245. Cf. também *RT* 544/168 e 556/139, em.; *RJTJSP* 83/142; *JUTACivSP* 33/267 e 85/57.

20. *RT* 539/85; *RJTJSP* 64/145 e 88/285; *JUTACivSP* 60/252. Contra: *RTJ* 90/241, 2.ª col; STJ, REsp 19.920/PR, 4.ª T., j. 15.06.1993, rel. Min. Sálvio de Figueiredo Teixeira, *DJ* 25.10.1993, p. 22.498. No sentido de que a arguição de falsidade deve ser relativa a vício do documento (i.e., a vício constante do suporte material do documento) e não a vício do consentimento ou vício social inerente à declaração de vontade nele contida: Nery e Nery, Código de Processo Civil comentado e legislação extravagante em vigor, 12ª ed., p. 758; Eduardo Arruda Alvim, *Direito Processual Civil*, 4ª ed., p. 589-590. Marinoni e Mitidiero ressalvam a possibilidade de arguição de falsidade ideológica de documento narrativo, que apenas pretende descrever determinado fato ou declaração; em contrapartida, asseveram, não é cabível o incidente quando se trate de documento constitutivo, em que há manifestação de vontade destinada a modificar situação jurídica pré-existente (Código de processo civil comentado artigo por artigo, p. 379). Para este último caso, far-se-ia necessária a propositura de ação desconstitutiva autônoma.

21. *Revista de Processo [RePro]* 4/395, em. 130.

22. *RT* 490/111, em. Neste sentido já emitimos *Parecer*, que foi publicado in *Revista de Processo [RePro]* 16/201 *et seq.*; v. especialmente p. 202, 2, do *Parecer*.

23. *Revista de Processo [RePro]* 5/329; *JC* 48/330 (para que possa prosperar, o incidente deve ser do documento em si mesmo e não das afirmações do perito); STJ, REsp 324.405/SP, 2.ª T., j. 06.09.2001, rel. Min. Eliana Calmon, *DJ* 24.06.2002, p. 255 (assistente técnico).

24. STJ, REsp 20.064/AM, 3.ª T., j. 08.06.1992, rel. Min. Eduardo Ribeiro, *DJ* 29.06.1992, p. 10.319; *JUTACivSP* 67/166.

25. *RT* 544/142; *JUTACivSP* 74/258 e 79/307; *RTJ* 90/936.

26. *RT* 524/139 e 541/94; *JUTACivSP* 55/100. Já se inadmitiu incidente de falsidade relativamente à *falsidade de assinatura* de petição inicial, distinguindo-se entre *falsidade de assinatura* e *falsidade de documento*, entendendo-se que, para a primeira hipótese, não é imprescindível o incidente, podendo se proceder na forma do art. 388, I (*na verdade, art. 389, I*) – *JUTACivSP* 92/294. A distinção correta está feita no item 207, *supra*.

27. *JUTACivSP* 71/90. Se o executado quiser suscitar a falsidade do documento que constitui o título executivo, deverá fazê-lo na petição inicial de embargos, sob pena de preclusão (TJGO, *RT* 656/166).

28. *RT* 578/231, em. Note-se que a Lei 9.245/1995, que alterou a disciplina do procedimento sumário, acabou por vedar tão somente a propositura da ação declaratória incidental (art. 280, I, na antiga redação proposta pela Lei 9.245). Essa vedação foi mantida pela Lei 10.444/2002, e consta do art. 280. Nada dispõe (ao menos, não expressamente) sobre o incidente de falsidade.

têntico o documento, haverá coisa julgada material (art. 395).

O incidente, todavia, *só está previsto para que haja coisa julgada material* e, portanto, não mais se possa fazer uso do documento, não só no processo onde o incidente tenha frutificado, para quem o arguiu e em detrimento do seu adversário, como em *quaisquer outros processos*.

A hipótese inversa também é exata, no sentido de, se for tido por autêntico, não mais se poderá discutir a respeito, em quaisquer processos. No entanto, se a parte só não lhe admitir a autenticidade, o juiz poderá acolher o pedido, com eficácia confinada àquele processo e àquela lide ou lides. Se assim não fosse, não se explicaria, neste último caso, a distribuição do ônus de prova (art. 389). E isto se aclara porque, no bojo do incidente de falsidade, não haverá propriamente *ônus da prova*, dado que, à luz da falsidade arguida, o juiz mandará realizar oficiosamente *exame pericial* (art. 392).

Quanto ao recurso cabível contra a decisão que julga o incidente de falsidade, não há unanimidade na doutrina e, tampouco, na jurisprudência, havendo os que propendem ao cabimento do agravo[29] e os que defendem o cabimento de apelação.

Para nós, induvidosamente, aplica-se o princípio da fungibilidade, e, ainda, desnecessário é que, entendendo-se que o recurso é o de apelação, se ingresse no prazo do recurso menor, que seria o agravo. A fungibilidade abrange, também, o direito ao prazo do recurso maior, embora, neste Código de Processo Civil e mesmo no de 1939, esta posição tivesse sido sempre a vencida.[31]

Parece-nos que, no caso, o recurso efetivamente cabível é o de apelação, conforme frisa Barbosa Moreira, mesmo porque, se fosse agravo, o processo prosseguiria (salvo a hipótese de concessão de efeito suspensivo a este recurso, *ex vi* do art.

---

29. No STJ, decidiu-se que, se o incidente é processado nos autos principais, o recurso cabível é o agravo: STJ, REsp 10.318/PR, 4.ª T., j. 07.04.1992, rel. Min. Sálvio de Figueiredo Teixeira, *DJ* 04.05.1992, p. 5.889.Cf. também *RTJ* 95/925 e *Juriscível* 92/174; *RT* 505/147, 525/144, 564/123 (publicado tb. em *JUTACivSP* 79/37), 564/128 (publicado tb. em *JUTACivSP* 80/35), 570/150 e 574/149, em *JUTACivSP* 46/82, 48/91, 64/131, 66/97 e 75/347; *RJTJSP* 86/274. Na doutrina: Moacyr Amaral Santos, *Comentários ao Código de Processo Civil*, vol. IV/247; José Frederico Marques, *Manual de direito processual civil*, vol. III/75 (salvo quando o incidente ocorrer em autos apartados); e, no mesmo sentido, Teresa Arruda Alvim Wambier, *Os agravos no CPC brasileiro*, itens 3.1 e 3.2.2.

30. Prepondera, no STJ, a orientação de que, "processando-se o incidente em autos apartados à ação principal, da decisão que o julga cabe apelação" (STJ, REsp 343.564/SP, 4.ª T., j. 07.02.2002, rel. Min. Barros Monteiro, *DJ* 27.05.2002, p. 177); semelhantemente, *JUTACivSP* 90/245 (autos apartados).Cf., ainda, *JUTACivSP* 43/67, 52/54 (a apelação foi conhecida, dada a controvérsia sobre o recurso cabível existente), 55/104 e 73/297; *RT* 530/131, 561/117 e 206 (apelação conhecida, dada a controvérsia sobre o recurso cabível), 565/158 (só se conhece da apelação se interposta no prazo do agravo de instrumento, que é o recurso específico). *Na doutrina*: Milton Sanseverino, Recurso cabível no incidente de falsidade documental, *Revista de Processo [RePro]* 24/201 (salvo quando o incidente não seja autuado em apenso aos autos principais e se revela flagrantemente procrastinatório); Barbosa Moreira, *Comentários ao Código de Processo Civil*, p. 418 (sob o fundamento de que o incidente é *processo incidente* e não é *incidente do processo*); idem, *O novo processo civil brasileiro*, § 19, I, 1, p. 131.

31. Sobre *fungibilidade*, v., amplamente, Teresa Arruda Alvim Wambier, ob. ult. cit., item 3.2.2, e Arruda Alvim, *Revista de Processo [RePro]* 1/190, em que justificamos o entendimento do texto.

558, com redação da Lei 9.139/1995), e, sentenciado, poderia não haver apelação. Suponha-se, então, que o agravo fosse provido: resolver-se-ia a sentença, uma vez que o documento (tido por autêntico, suponha-se) venha a ser tido por falso, com o provimento do agravo?[32]

No Projeto de Novo Código de Processo Civil, houve alteração quanto à coisa julgada formada, questão que foi expressamente tratada pelo art. 437, parágrafo único (PL 8.046/2010). A arguição de falsidade de documentos será, via de regra, resolvida incidentalmente, podendo porém, a pedido da parte, ser decidida como questão principal, nos moldes do art. 19, II, do Projeto (equivalente ao atual art. 4º, II). Dependendo de como tramitar a resolução da falsidade documental – se incidentalmente ou como questão principal –, haverá ou não coisa julgada oponível em outros processos. Assim, prevê o art. 440 do PL 8.046/2010 que "A declaração sobre a falsidade do documento, quando suscitada como questão principal, constará da parte dispositiva da sentença, de que, necessariamente, dependerá a decisão do mérito, e sobre ela incidirá também autoridade de coisa julgada." Também no Projeto, o prazo para arguir a falsidade passou a ser de quinze, e não dez dias como ocorre atualmente (art. 439).

227. Da exibição de documento ou coisa. Generalidades

Conquanto similares, os procedimentos destinados a conseguir a vinda do documento ou da coisa ao processo, conforme se encontre com a parte adversa ou com terceiros, não são, todavia, idênticos.

Com efeito, estando o documento ou a coisa em poder da parte adversa, será ela intimada para apresentar um ou outra. No pedido, deverão o documento ou a coisa ser individuados, com a maior minúcia possível (art. 356, I); deverá também ser indicada a finalidade da exibição (= pertinência a qual/ou quais fatos probandos estão relacionados com a coisa ou documento: art. 356, II), como, ainda, que razões justificam que o documento ou a coisa estejam em poder da parte contrária (art. 356, III). Na finalidade se insere o requisito de que o documento ou a coisa seja comum, isto é, afete também o requerente (v. tb. art. 358, II e III). Observar-se-á, após, o disposto nos arts. 357, 358 e 359. Este último dispositivo é drástico, *aparentemente*, no que diz com a convicção que se gerará *ex lege*, no espírito do juiz, dado que, se omisso o requerido (art. 359, I), ou, se não omisso, mas rejeitada sua recusa, por ilegítima (art. 359, II), ter-se-ão por verdadeiros os fatos que se pretendia provar com a exibição do documento (art. 359, *caput*) (v. 232, *infra*).

Entretanto, se o documento estiver em poder de terceiro, será este citado, para que responda ao pedido em dez dias.

A parte contrária tem o *ônus* de trazer o documento ao processo; já o terceiro tem *obrigação* de trazer o documento. Se a parte adversa negar-se a trazer o documento ou a coisa aos autos, sofrerá consequên-

32. Quanto à hipótese aventada no texto de que, *nessa contingência*, tal agravo teria efeito resolutório sobre a sentença, a nosso ver, corretamente, já assim decidiu o STF – *RTJ* 91/320 *et seq. No entanto*, quer parecer que, se se puder evitar tal contingência, como será evitada, mercê da solução do texto, propendendo-se pelo cabimento do recurso de apelação, parece ser o caminho correto. Com as alterações trazidas para o recurso de agravo pela Lei 9.139/1995 (não alteradas, *no particular*, pela Lei 11.187/2005), é de se frisar que, mercê da incidência, no caso concreto, do art. 558, é viável a obtenção de efeito suspensivo à tramitação do agravo (de instrumento), donde a possibilidade da não ocorrência da situação aventada no texto.

cias de ordem processual, especialmente a prevista no art. 359, enquanto o terceiro sofrerá consequências de ordem civil e penal (art. 362 do CPC e art. 330 do CP, respectivamente).

A jurisprudência, com acerto, tem decidido ser cabível o requerimento de exibição de livros de sociedade para se apurar a retirada de sócio, contra o qual foi proposta ação de alimentos.[33]

Já se decidiu, também, que o sócio tem legitimidade para requerer a exibição de livros comerciais de sociedades da qual faça parte, sem indicar a finalidade da medida,[34] apesar do texto da lei.

Não se tem considerado ser cabível a arguição de falsidade documental em medida cautelar de exibição de documentos, uma vez que, com a exibição, se exaure o processo cautelar, e uma providência incidental não pode pretender resultados mais significativos, juridicamente, do que a própria ação em que se vai inserir o documento.[35]

228. Espécies da ação de exibição e fundamento jurídico ao direito à exibição

A exibição pode ser requerida quando já *pendente* o processo principal, dizendo-se, então, que é *incidente*, ou *antes* do processo principal (v. arts. 844-845).[36] Em julgado recente, admitiu-se, com fundamento no art. 273, § 7.º, que o requerimento incidental fosse realizado independentemente do ajuizamento de ação autônoma.[37]

A exibição antecedente ao processo principal não deve ser considerada necessariamente como preventiva e, ainda, num sentido rigoroso, sequer preparatória. É perfeitamente possível que a exibição satisfaça plenamente o requerente e que até mesmo desaconselhe qualquer providência ulterior. Se no art. 845 determina-se a observância dos arts. 355 a 363 (além dos arts. 381 e 382), há de se concluir que, aludindo o art. 356, II, *à finalidade da prova e ao relacionamento do documento, ou da coisa, com a prova mesma e os fatos probandos*, e se exige indicação da *demanda a ser proposta*, segue-se que esta medida pode se exaurir em si mesma.

É nesse sentido que, como já nos referimos (v. 210, *supra*), o Projeto de Novo Código de Processo Civil deslocou a produção antecipada de provas, retirando seu conteúdo exclusivamente cautelar. Assim, nos arts. 388 a 390, do PL 8.046/2010, a prova poderá ser realizada antes mesmo da propositura da ação, sem que se deva necessariamente indicar qual a demanda "principal" a ser proposta. Isso, porque a razão de ser da medida antecipada é, dentre outras, viabilizar uma possível conci-

---

33. *RJTJSP* 61/244. Semelhantemente, admitiu-se a exibição de livros comerciais, "a fim de apurar quanto houve de lucro" com a prática de ato supostamente ilícito: STJ, REsp 696.676/RS, 3.ª T., j. 16.12.2004, rel. Min. Humberto Gomes de Barros, *DJ* 28.02.2005, p. 322.

34. 1.º TACivSP, AgIn 208.886, Santos, 1.ª Câm., 18.02.1975, rel. Evaristo dos Santos, v.u.

35. *JUTACivSP* 67/166; STJ, REsp 13.936/SP, 3.ª T., j. 11.11.1991, rel. Min. Eduardo Ribeiro, *DJ* 02.12.1991, p. 17.537.

36. *Conforme*: Ovídio A. Baptista da Silva, *As ações cautelares e o novo processo civil*, p. 141. *Diversamente*, entendíamos que tinha sempre cunho *preparatório*: TJSP, AgIn 451, 4.ª Câm.Cív., 08.07.1976, rel. Des. Cavalcanti de Gusmão, v.u. Esta orientação, contudo, é vencida no próprio TJSP, que, em julgados mais recentes, admite a ação incidental de exibição, a qual, para nós, alterando opinião precedente, é a posição correta (TJSP, AgIn 64.745-4, São Paulo, 10.ª Câm.Dir.Priv., 04.11.1997, rel. Des. Marcondes Machado; TJSP, rel. Des. Walter Moraes, AgIn 180.571-1, São Paulo, j. 11.12.1992).

37. TJPR, AgIn 158979-9, j. 25.08.2004, rel. Des. Airvaldo Stela Alves.

liação (art. 388, II) ou mesmo evitar o ajuizamento da ação (388, III). Assim, deve a parte requerente indicar tão somente quais são os fatos sobre os quais deverá recair a prova, explicitando a necessidade de sua produção antecipada.

Conquanto a *ratio essendi* da exibição seja indiscutivelmente de ordem pública, há, também, que se compatibilizar o direito à exibição com o direito exercitado contra quem se pretenda exiba o documento, de não ser este último, em todos os casos, inexoravelmente constrangido a produzir prova contra si (v. 230, *infra*).

229. Das partes e de sua legitimidade

De certa forma, pode-se dizer que partes, na exibição de documento ou coisa, são os sujeitos do processo, conceito mais amplo do que o de parte na lide, e em que até um *terceiro* pode vir a figurar.

A lei não se refere explicitamente, na parte em que especificamente disciplina o assunto, à necessidade de *interesse*. No entanto, não se pode, como é a regra geral, agir em juízo sem interesse, o que se aceita como autêntico axioma, aplicando-se a regra do art. 3.º. Ademais, a ideia de interesse jurídico na exibição emerge clara dos arts. 356, II (requisitos para a exibição) e 358, I a III (casos de inadmissão da recusa).

230. Os limites da ação de exibição de documento ou coisa

Do ponto de vista objetivo, os limites existentes são decorrentes dos fatos alegados, ou eventualmente alegáveis em juízo, e que sejam reputados controvertidos e necessitando de prova a ser feita pela exibição, ou, então, pela demonstração no *interesse* mesmo da prova (art. 356, II).

Do ponto de vista subjetivo, são as seguintes as regras que devem ser observadas: 1.º) normalmente, o direito à exibição somente assiste aos sujeitos do processo, ou que o venham a ser, nomeadamente às partes (partes principais), o que não exclui a possibilidade de que assistente formule tal pedido. Isto ocorrendo, haver-se-á de pautar o juiz distinguindo pelo regime de atuação do assistente, simples ou litisconsorcial; 2.º) do ponto de vista passivo, comumente é a exibição pedida por uma parte contra a outra (art. 355), sem embargo de poder ser solicitada contra terceiro (art. 360); 3.º) finalmente, é possível a exibição desde que preenchidos os requisitos do art. 356, sem que quem a solicite seja obrigado, ou necessariamente tenha de vir a acionar a parte contrária.

O terceiro, a que alude o art. 360, tem que possuir o documento efetivamente em comum com uma das partes, para que seja constrangido à exibição (art. 361, que alude à *obrigação legal* de exibir).

Terceiro é todo aquele absolutamente estranho ao processo; é aquele que no processo não faz qualquer afirmação, quer relativamente a direito seu (o que cabe ao autor, ao réu ou ao opoente), quer relativamente ao direito de outrem (*v.g.*, o que cabe ao assistente simples, quando afirma o direito do assistido). O terceiro, pois, não é sequer parte secundária (ou não principal).

231. A recusa fundada de exibição

A parte ou o terceiro, a quem se pediu a exibição de documento ou coisa, pode se escusar de exibi-lo, toda vez que o documento ou a coisa disser respeito a negócio da vida familiar (interpretação com base no art. 363, I); se a exibição puder violar dever de honra (art. 363, II); se da exibição puder resultar a desonra própria ou familiar (art. 363, III); ainda, possibilitar a abertura de ação penal contra o exibidor ou alguém de sua família (art. 363, III, *in fine*), e nos casos em que isto acarretar a revelação de segredo profissional (art. 363, IV). Deixa a lei, ainda, através de conceito vago – outros "motivos graves" (art. 363, V) –, a possibilidade de o juiz aceitar a recusa.

Segue-se, pois, que os incisos I a IV do art. 363 são taxativos, e, diante da ocorrência de quaisquer dos fatos aí descritos, se comprovados, legítima deverá ser tida a recusa. Já quanto ao inciso V do art. 363, deixou-se margem à interpretação de conceito vago conducente, ou, ao menos, tendente a *uma única* solução pelo juiz, a partir da verificação dos elementos de cada caso concreto que se lhe apresente.

Nestes casos, a parte ou terceiro não estão obrigados a exibir o documento ou a coisa, salvo se for possível *cindi-los*, quando, então, será exibida *no processo* somente a parte que não for comprometedora (art. 363, parágrafo único).

232. Efeitos sobre a parte, tendo em vista a não exibição

No caso de a parte que tenha o ônus de exibir a coisa ou o documento não ter podido, de forma legal, se escusar *fundadamente* de exibi-lo, o juiz deverá admitir como verdadeiros os fatos que, através do documento ou coisa, a parte solicitante da exibição pretendia provar. Isto, contudo, não implica necessariamente a vitória da parte que desejava a exibição do documento; tais fatos, tidos como verdadeiros por força de lei, serão *examinados no conjunto de todos os fatos*, pois que nem pelo fato de *deverem ser* reputados verídicos deixarão de sofrer avaliação com o conjunto das provas. Poderão, ou não, influir no resultado probatório e no da sentença. Ainda no caso de recusa *fundada*, conforme as circunstâncias, os fatos poderão vir a ser tidos como verdadeiros.

233. Efeitos sobre terceiros, tendo em vista a não exibição

Quando se tratar de terceiro que esteja *obrigado* a exibir a coisa ou o documento, as consequências extravasam do âmbito interno do processo, pois que o terceiro será passível de sanções de ordem civil e mesmo penal.

As civis são previstas na norma primária do art. 362 e dizem respeito a ser ele obrigado a depositar a coisa ou o documento no prazo de cinco dias, contados da ordem judicial eficaz determinando a exibição; e, na hipótese de recusa, a mesma norma do art. 362 prescreve que será expedido mandado de apreensão que poderá, se houver resistência, ser cumprido com o auxílio de força policial (mandamento secundário ou sancionatório).

No que diz respeito ao aspecto criminal, será o terceiro passível de punição pelo crime de desobediência, a cuja figura típica se alude no próprio art. 362 do CPC.

Por fim, a jurisprudência tem entendido que a multa diária prevista para o cumprimento de obrigações de fazer e de entrega de coisa não e aplica à exibição de documento ou coisa, seja no curso do processo de conhecimento, seja como medida cautelar. Esta orientação foi construída a partir da súmula 372 do STJ ("Na ação de exibição de documentos, não cabe a aplicação de multa cominatória"), sob a justificativa de que "o escopo das regras instrutórias do Código de Processo Civil é buscar o caminho adequado para que as partes produzam provas de suas alegações, ensejando a formação da convicção do magistrado, e não assegurar, de pronto, o cumprimento antecipado (tutela antecipada) ou definitivo (execução de sentença) de obrigação de direito material de fazer, não fazer ou entrega de coisa".[38]

234. Dos recursos

A decisão que, pendente a lide principal, aprecia pedido incidental de exibição de documento, feito por uma parte contra a outra, é agravável, ainda que processado em apartado o pedido.[39]

Por outro lado, é sentença, e, portanto, passível de ser objeto de apelação, a decisão que, em processo incidental, reconhece a obrigação de exibir documentos por parte de terceiro, em face do procedimento especial respectivo, cujo núcleo se estampa no art. 361.[40]

235. A produção da prova documental e o procedimento

São os seguintes os principais aspectos referentes à produção da prova documental, tendo em vista a sua relação com o procedimento:

Exceção feita aos chamados *documentos essenciais* (v. *infra*, 236), que são os necessários à admissão da petição inicial, os demais, determináveis por exclusão, podem, de um modo geral, ser juntos ao processo no curso do seu evolver procedimental.

São os seguintes os aspectos que gravitam em torno do art. 397.

Pode ser produzida prova documental nas razões ou contrarrazões de recurso.[41] Não se conhece, todavia, de documentos juntados com recurso de apelação, se o apelante não prova a impossibilidade da juntada no momento anterior e próprio, *principalmente quando ele próprio reconhece que houve preclusão, a respeito do assunto que pretende documentar só em sede de recurso.*[42]

Não é de se anular o processo, tem-se decidido, pela circunstância de documentos serem juntados aos autos após a abertura da audiência de instrução e julgamento.[43] É possível, como regra geral, a juntada de documentos ao processo, após a fase postulatória, para contrapô-los a qualquer outra espécie de prova produzida, que não documental.[44] É possível a juntada de documentos que não sejam essenciais à propositura da causa durante o correr do processo.[45]

A propósito das questões surgidas em torno do art. 398 do CPC, decidiu-se que é causa de nulidade da sentença, na medida em que fica ferido o princípio do contraditório, impedir-se a manifestação da parte contra a qual foi produzido o documento

38. STJ, AgRg no Ag 1.179.249/RJ, Rel.ª Min.ª Maria Isabel Gallotti, DJe 3.5.2011. Cf., no mesmo sentido: STJ, 3.ª T., REsp 1245961/SP, rel. Min. Sidnei Beneti, j.14.02.2012, *DJe* 09.03.2012; STJ, 3.ª T., EDcl no AgRg no REsp 1230189/SP, rel. Min. Nancy Andrighi, j. 02.08.2012, *DJe* 09.08.2012.

39. *RT* 506/146. *Na doutrina*: Teresa Arruda Alvim Wambier, *Os agravos no CPC brasileiro*, item 3.2, ao sustentar que só caberá o agravo se o incidente for dirigido de uma parte à outra. Contra terceiro, diz a prestigiada professora, não há necessidade de se entender a sentença que o decide como agravável, cabendo, pois, a apelação (op. e loc. cit.).

40. *JUTACivSP* 63/50.

41. STJ, REsp 466.751/AC, 1.ª T., j. 03.06.2003, rel. Min. Luiz Fux, *DJ* 23.06.2003, p. 255; STJ, REsp 431.716/PB, 4.ª T., j. 22.10.2002, rel. Min. Sálvio de Figueiredo Teixeira, *DJ* 19.12.2002, p. 370; *JUTAMG* 19/243.

42. *Revista de Processo [RePro]* 33/291, em. 32.

43. STJ, REsp 325.211/TO, 1.ª T., j. 21.06.2001, rel. Min. José Delgado, *DJ* 03.09.2001, p. 159.

44. STJ, REsp 236.369/RJ, 3.ª T., j. 15.09.2005, rel. Min. Castro Filho, *DJ* 10.10.2005, p. 354.

45. STJ, REsp 114.312/MG, 3.ª T., j. 20.10.1998, rel. Min. Eduardo Ribeiro, *DJ* 26.04.1999, p. 89; *RJTJSP* 45/89, 88/296 e 90/375 (tb. publ. in *RT* 599/106, em.); *Revista de Processo [RePro]* 4/403 e 33/291, em. 33; *JUTACivSP* 61/20; *RT* 560/85, 581/73, 585/89.

no prazo de cinco dias.[46] Não há nulidade, porém, se o documento não influi(u) no teor da decisão.[47] A cópia de acórdão juntada com a réplica à defesa, não comprovando ato ou fato jurídico, equivale a simples arrazoado, não sendo a peça considerada documento para os fins do art. 398.[48] Decidiu-se que é dispensável a providência do art. 398 do CPC, com relação aos documentos comuns às partes, não havendo falar-se, além disso, em prejuízo.[49] Esta orientação não se nos afigura a correta, porquanto, ainda que o documento seja comum, é necessário que a outra parte, em relação à qual se pretende que produza efeito o documento, seja ouvida. É curial, ademais, que, *em regra*, um documento haverá de ser utilizado quando seja comum às partes.

Também se considerou dispensável a providência do art. 398 do CPC, quando se tratar de parecer emitido por jurista, que, conquanto possa receber a qualificação genérica de documento, não é documento *probatório*.[50] A regra firmada por este acórdão ortodoxamente é sustentável; porém, o comportamento que realmente responde (*pelo menos dialeticamente*) ao princípio do contraditório *recomenda* seja a outra parte ouvida. A propósito da necessidade de se viabilizar o contraditório sobre argumentos jurídicos trazidos ao processo, propiciando às partes oportunidade para influenciarem, efetivamente, a decisão do juiz, é explícito o texto do art. 10 do Projeto de Novo Código de Processo Civil (PL 8.046/2010). Diz o referido artigo que "O juiz não pode decidir, em grau algum de jurisdição, com base em fundamento a respeito do qual não se tenha dado às partes oportunidade de se manifestar, ainda que se trate de matéria sobre a qual tenha que decidir de ofício". A juntada de procuração durante o processo não torna obrigatória a ciência à parte contrária.[51] Esta decisão firma entendimento correto.

Em mandado de segurança, não é necessária a manifestação da parte contrária sobre documentos apresentados pela autoridade coatora.[52] A tese firmada, no particular, não nos parece a correta, pois, se este pode influir no direito (= pretensão) do impetrante, este

46. *RT* 536/211 e 564/157; *JUTACivSP* 42/123 e 78/376; *RJTJSP* 63/151; *Revista de Processo [RePro]* 5/537, em. 69, 33/291, em. 35; *Arquivo Forense* 63/111 e 67/127; *Anais Forenses do Estado do Mato Grosso* 31/263; *Ementários de Jurisprudência do Estado do Ceará* 1/222-326. Neste sentido também já decidiu o STJ, em decisão assim ementada: "Nula se apresenta a decisão, proferida sem audiência da parte contrária sobre documento juntado aos autos, se dela resulta prejuízo, caracterizando-se, em tal contexto, ofensa à norma federal e ao princípio do contraditório, um dos pilares do devido processo legal" (REsp 6.081/RJ, rel. Min. Sálvio de Figueiredo Teixeira, *DJ* 25.05.1992, in Sálvio de Figueiredo Teixeira, *O STJ e o processo civil*, p. 271. Idem em REsp 998/PA, rel. Min. Sálvio de Figueiredo Teixeira, *DJ* 20.11.1989 (op. cit., p. 270-271); RMS 1.199/BA, rel. Min. Waldemar Zveiter, *DJ* 08.06.1992 (op. cit., p. 271) e REsp 49.976-3/RS, rel. Min. Eduardo Ribeiro, *DJ* 14.11.1994 (op. cit., p. 272). Esta mesma orientação tem sido igualmente adotada pelo STJ em julgados mais recentes: STJ, REsp 66.631/SP, 2.ª T., j. 04.03.2004, rel. Min. Castro Meira, *DJ* 21.06.2004, p. 180; STJ, REsp 264.660/SP, 2.ª T., j. 04.09.2003, rel. Min. Franciulli Netto, *DJ* 03.11.2003, p. 290.

47. *RT* 562/85. *No mesmo sentido*: *JUTACivSP* 86/121 e *RJTJSP* 92/230. Não é outro o entendimento do Superior Tribunal de Justiça, como se verifica do REsp 2.459/RJ, rel. Min. Gueiros Leite, *DJ* 10.09.1990 (in Sálvio de Figueiredo Teixeira, *O STJ e o processo civil*, p. 271), e REsp 29.622-9/PE, rel. Min. Dias Trindade, *DJ* 01.03.1993 (op. e loc. cit.). Mais recentemente, no mesmo sentido: STJ, REsp 222.785/RO, 4.ª T., j. 17.06.2004, rel. Min. Fernando Gonçalves, *DJ* 01.07.2004, p. 198.

48. *RT* 584/176 e *JUTACivSP* 90/307 (acórdão não autenticado não foi reputado documento).

49. *RT* 585/126, em.

50. *RT* 592/49.

51. *RJTJSP* 42/127.

52. *RJTJSP* 63/111.

deve ser ouvido. Por outras palavras, ferido estará o princípio do contraditório.[53] Se o princípio do contraditório diz com o direito de ser ouvido perante o Judiciário, nem pelo fato de a prova haver sido junta aos autos pela impetrada haver-se-á de dispensar a audiência do impetrante. Se a prova foi admitida, o impetrante haverá de ser ouvido, porque a sua audiência poderá modificar o entendimento jurisdicional a respeito da apreciação de tal prova.

Documento juntado aos autos *ex officio* pelo juiz, com base no art. 130 do CPC, não está sujeito a vista obrigatória às partes.[54] Parece-nos que, também, a orientação admitida por este acórdão não é a correta. Nem pelo fato de a prova ter sido ordenada pelo juiz *deixará de influir na pretensão do impetrante*, e, assim, não há como deixar de ouvi-lo a respeito. Se foi ordenada, tinha cabimento; e, se cabimento tinha, coloca-se como direito do impetrante o de ser ouvido, ainda que a origem de tal prova documental tenha sido a determinação do magistrado. Aliás, no particular, admite-se no acórdão que, possivelmente, a interpretação dada, no acórdão recorrido e "apreciado" pelo STF, *não tenha sido possivelmente a melhor, a respeito do art. 398.*[55]

Questão atual refere-se à hipótese de o julgador (juiz de primeiro grau ou desembargador) realizar consulta feita na rede mundial de computadores (*internet*) para servir-se do texto impresso de documento eletrônico ou de sua transcrição no momento do julgamento. Neste caso, como alerta Adroaldo Furtado Fabrício, terá havido uma "juntada" atípica de documento, totalmente ilegal, "além de tudo porque infratora do princípio do contraditório, ainda sem tomar-se conta o intuitivo descumprimento da regra do citado art. 398 (aliás, bastião do mesmo princípio) e ainda sem se discutir se essa busca de documentos estranhos aos autos pelo juízo, particularmente o de segundo grau, cabe na extensão de seus poderes."[56] Quanto ao art. 399, a principal questão é a que se segue.

Sobre a admissibilidade da requisição de ofício à Delegacia da Receita Federal, para a obtenção de informações, quanto ao endereço e quanto aos bens do devedor (em execução), a jurisprudência tem decidido em ambos os sentidos.[57] Nosso enten-

53. Ver, do STJ, RMS 1.199/BA, rel. Min. Waldemar Zveiter, *DJ* 08.06.1992, citado na nota 44. No mesmo sentido, STJ, REsp 264.660/SP, 2.ª T., j. 04.09.2003, rel. Min. Franciulli Netto, *DJ* 03.11.2003, p. 290.

54. *RTJ* 99/347.

55. *RTJ* 99/354 (voto decorrente de pedido de vista). Consta acórdão do STJ, no qual se decidiu: "O autor da ação deve ser intimado de documentos novos juntados aos autos pelo réu, e vice-versa, sempre que influenciarem no julgamento da causa; ambos devem ser cientificados dos que forem neles entranhados por iniciativa do juiz" (STJ, REsp 12.499/PR, 2.ª T., j. 29.11.1995, rel. Min. Ari Pargendler, v.u., *Boletim da Associação dos Advogados de São Paulo* 1974, p. 85-e).

56. Iniciativa judicial e prova documental da internet, p. 296.

57. *Pela admissibilidade*: *RTJ* 110/184 (tb. publ. in *JUTACiviSP* 87/191), 110/195; *JUTACivSP* 66/64, 67/106 e 212, 69/226, 73/90, 91/105 e 158; *JUTARS* 54/182; *RT* 580/235 e 595/156. Diz, a respeito, a Súmula 3 do extinto TAPR: "É legítima a pretensão do credor em obter, para efeito de penhora em processo de execução, esclarecimentos sobre a existência de bens declarados pelo devedor perante a Receita Federal". Contra, inadmitindo tal possibilidade: *JUTACivSP* 83/195, 84/169, 89/192 e 64. A jurisprudência do STJ sobre o tema, outrossim, tem sido bastante vacilante: há julgados pendendo para a possibilidade destas requisições, em nome do caráter público do processo [*RSTJ* 21/298 (4.ª T.) e 34/294 (m.v. – 4.ª T.)], enquanto outras a negam, pelo menos enquanto não esgotados ou frustrados os meios razoáveis de que pode a parte dispor para alcançar tal desiderato, isto é, demonstrado o *interesse* (*necessidade*) na requisição judicial destas

der é pela admissibilidade.[58] Ao contrário do que já havia decidido anteriormente,[59] o STF tem entendido viável a expedição de ofícios a repartições públicas para localização de bens do executado a serem indicados à penhora, vez que a mesma se faz no interesse da Justiça (CPC, art. 600, IV), tendo em vista, ainda, o art. 198, § 1.°, I, do Código Tributário Nacional (com a redação da LC 104/2001).[60] Este entendimento já foi compartilhado, ainda que sem unanimidade, pelo STJ, anotando-se, todavia, não ser tranquilo.[61] Mais recentemente, a jurisprudência daquele Tribunal é no sentido de que tal medida, embora possível, somente pode ser manejada em "hipóteses extremas", diante de "relevantes motivos".[62]

---

informações [*RSTJ* 23/249 (não conheceram do recurso, entretanto – 4.ª T.), 36/213 (m.v. – 4.ª T.) e 50/205 (reportando-se à necessidade de serem demonstradas "situações excepcionais" para legitimar a requisição judicial destas informações – 3.ª T.)].

58. V. *JUTACivSP* 67/106, julgado citado na nota anterior, extensivamente; entendimento este acolhido, ainda que com dois votos vencidos (Mins. Sálvio de Figueiredo e Fontes de Alencar), em *RSTJ* 34/294.

59. O STF, em *RTJ* 96/933, teve como legítima a recusa do juiz diante do pedido do exequente para que se indagasse da repartição do Imposto de Renda sobre bens do devedor.

60. *RTJ* 119/1.336, que remete aos precedentes constantes de *RTJ* 110/184 e 110/195.

61. *RT* 698/199. Ver, também, os julgados constantes da nota 54, que bem demonstram a controvérsia existente na 2.ª Seção daquela Corte sobre o tema.

62. Cf., dentre outros, os seguintes julgados: STJ, AgRg no REsp 504.250/RS, 1.ªT., j. 23.08.2005, rel. Min. Denise Arruda, *DJ* 19.09.2005, p. 185; AgRg no REsp 609.068/RS, 2.ªT., j. 17.02.2005, rel. Min. Franciulli Netto, *DJ* 01.07.2005, p. 472; STJ, AgRg no REsp 747.239/SP, 1.ª T., j. 28.06.2005, rel. Min. José Delgado, *DJ* 08.08.2005, p. 208; STJ, AgRg no REsp 667.578/MG, 1.ªT., j. 21.06.2005, rel. Min. Luiz Fux, *DJ* 01.08.2005, p. 334.

Bibliografia

ABRAHÃO, João. O valor probatório das reproduções mecânicas. *Revista de Processo [RePro]* 20/127, ano V. São Paulo: RT, out.-dez./1980.

ALVES, José Carlos Moreira. Os requisitos da escritura pública no direito brasileiro. *Ajuris* 20/7, 1980.

ALVIM, Eduardo Arruda. *Curso de direito processual civil*. São Paulo: Ed. RT, 1999. vol. 1.

______. *Direito processual civil*. 2. ed. rev., atual. e ampl. São Paulo: Ed. RT, 2008.

______. *Direito processual civil*. 3. ed. São Paulo: Ed. RT, 2010.

______. *Direito processual civil*. 4. ed. São Paulo: Ed. RT, 2012.

ALVIM NETTO, José Manoel de Arruda. A nulidade da sentença por infração do art. 398 do CPC. *Revista de Processo [RePro]* 3/218, ano I. São Paulo: Ed. RT, jul.-set./1976.

______. *Curso de direito processual civil*. São Paulo: Ed. RT, 1972. vol. II.

______. Incidente da falsidade ideológica em processo de inventário. *Revista de Processo [RePro]* 16/201, 1979.

______. *Soluções Práticas de Direito: Pareceres*. vol. III. São Paulo: Ed. RT, 2011.

AMORIM, Sebastião Luiz; MELLO FILHO, José Celso de. Aspectos da escritura pública. *RJTJSP* 45/13; *RF* 257/401; *JTA* 45/219.

AULICIO, Carlos Alberto. A fé pública. *RF* 256/448; *RT* 484/27.

BARBOSA MOREIRA, José Carlos. *Comentários ao Código de Processo Civil*. 13. ed. Rio de Janeiro: Ed. Forense, *2006*. vol. 5.

______. *O novo processo civil brasileiro. 25. ed.* Rio de Janeiro: Ed. Forense, 2007.

BORGES, Marcos Afonso. Ação exibitória. *Juriscível* 90/31.

______. *Comentários ao Código de Processo Civil*. São Paulo: LEUD, 1975. vol. II.

BUSCHEL, Ricardo Raupp. O incidente de falsidade nos embargos à execução. *Ajuris* 24/146.

COMOGLIO, Luigi Paolo. *Le prove civili*. Terza Edizione. Torino: UTET Giuridica, 2010.

______; FERRI, Corrado; e TARUFFO, Michele. *Lezioni sul processo civile*. 2. ed., Bologna: Il Mulino, 1995.

DEDA, Artur Oscar de Oliveira. *A prova no processo civil*. São Paulo: Saraiva, 2006.

DIDIER JR., Fredie; SARNO, Paula; e OLIVEIRA, Rafael. *Curso de direito processual civil*. Vol. 2. Teoria da prova, direito probatório, teoria do precedente, decisão judicial, coisa julgada e antecipação dos efeitos da tutela. 4. ed. Salvador: Juspodivm, 2009.

DUVAL, Hermano. A dimensão jurídica da fita magnética. *RF* 251/385.

FABRÍCIO, Adroaldo Furtado. Iniciativa judicial e prova documental da internet. IN: MARINONI, Luiz Guilherme (coord). *Estudos de direito processual civil. Homenagem ao Professor Egas Dirceu Moniz de Aragão*. São Paulo: RT, 2005, p. 292-301.

FADEL, Sergio Sahione. *Código de Processo Civil Comentado*. Rio de Janeiro: Ed. Forense, 1984. vol. I.

INACARATO, Márcio Antonio. O valor probante dos livros comerciais. *RF* 268/427.

LOPES, João Batista. *A prova no direito processual civil*. 3. ed. São Paulo: Ed. RT, 2007.

MARINONI, Luiz Guilherme; ARENHART, Sérgio Cruz. *Prova*. São Paulo: Ed. RT, 2010.

MARQUES, José Frederico. *Manual de direito processual civil*. São Paulo: Saraiva, 1984. vol. III.

MEDINA, José Miguel Garcia. Admissibilidade da prova testemunhal: questões sobre o art. 401 do Código de Processo Civil. *RT* 784/55-67, fev. 2001.

MIRANDA, Francisco Cavalcanti Pontes de. *Comentários ao Código de Processo Civil* (de 1973). Rio de Janeiro: Ed. Forense, 1974. t. IV.

MUNIZ, Antonio Carlos. Do incidente de falsidade. *RT* 541/17.

NACONECY, Luiz Carlos de Macedo. *Curso de direito processual civil*. São Paulo: Ed. RT, 1984.

NILSSON, Jurandyr. *Nova jurisprudência do processo civil*. São Paulo: Max Limonad, 1977, vol. II.

PEREIRA, Sergio Gischkow. Receita Federal e informações ao Poder Judiciário. *Ajuris* 22/212, 1980.

RODRIGUES FILHO, Eulâmpio. Incidente de falsidade. *RBDP* 31/103, 1982.

SANSEVERINO, Milton. Recurso cabível no incidente de falsidade documental. *Revista de Processo [RePro]* 24/20, ano VI. São Paulo: Ed. RT, out.-dez./1981; *RBDP* 39/91.

SANTOS, Ernane Fidélis dos. *Comentários ao Código de Processo Civil*. Rio de Janeiro: Ed. Forense, 1980. vol. III, t. I.

SANTOS, Moacyr Amaral. *Comentários ao Código de Processo Civil*. Rio de Janeiro: Ed. Forense, 1982. vol. IV.

______. *Primeiras linhas de direito processual civil. 23. ed. (atualizada por Aricê Moacyr Amaral Santos.)*. São Paulo: Saraiva, 2004. vol. II.

SILVA, João Pestana de Aguiar. *Comentários ao Código de Processo Civil*. São Paulo: Ed. RT, 1977. vol. IV.

SILVA, Ovídio A. Baptista da. *As ações cautelares e o novo processo civil*. Rio de Janeiro: Ed. Forense, 1974.

Teixeira, Sálvio de Figueiredo. *O STJ e o processo civil*. Brasília: Brasília Jurídica, 1995.

Theodoro Júnior, Humberto. *Curso de direito processual civil*. Rio de Janeiro: Ed. Forense, 1985.

______. *Processo de conhecimento*. Rio de Janeiro: Ed. Forense, 1981. t. II.

Wambier, Teresa Arruda Alvim. *Os agravos no CPC brasileiro*. 4. ed. São Paulo: Ed. RT, 2005.

XXIV

Da Prova Testemunhal

236. Noções gerais

A prova testemunhal é aquela produzida oralmente perante o juiz através de depoimento de pessoa estranha à lide, exceto nos casos em que a lei vede esse meio de prova (art. 400, *caput*, 1.ª frase, e incisos I e II).

A testemunha é, em regra, alguém estranho ao objeto do litígio, quer direta ou indiretamente, que vem narrar ao juiz um fato de que tem conhecimento direto, por qualquer um dos meios de sua percepção (v. n. 242, *infra*).

A prova testemunhal não será admitida se houver documento que comprove o fato, ou, então, se já existir nos autos confissão, judicial ou extrajudicial, comprobatória do fato (art. 400, I). Verifica-se, assim, que o legislador "preferiu" os outros meios de prova – documental e confissão – à testemunhal. Ressalta haver uma "hierarquia" entre as provas (= meios de prova), não figurando a testemunhal em lugar privilegiado.[1]

Se se tratar de caso concreto que demande a produção de prova pericial, onde hajam de comparecer necessariamente conhecimentos técnicos ou científicos, a prova testemunhal será inadequada (art. 400, II). Esta vedação da lei não deve ser confundida com aquela constante do art. 421, § 2.º, com a redação da Lei 8.455/1992, eis que neste dispositivo o que se tem é efetiva realização de perícia – daí a inquirição do *perito* e dos *assistentes* pelo juiz –, ainda que de maneira *informal*, visando, tão somente, a uma maior celeridade da tramitação do feito. As duas realidades, pois, são totalmente diversas: o que se tem neste art. 421, § 2.º, está em estrita obediência à proibição constante do art. 400, II.

1. Já decidiu o STJ que não há hierarquia entre as provas: REsp 600.075/RJ, 5.ª T., j. 26.04.2005, rel. Min. José Arnaldo da Fonseca, *DJ* 23.05.2005, p. 327 (v. 229, *infra*). Em relação aos documentos e depoimentos colhidos em inquérito civil, decidiu o STJ que "as provas colhidas no inquérito têm valor probatório relativo, porque colhidas sem a observância do contraditório, mas só devem ser afastadas quando há contraprova de hierarquia superior, ou seja, produzida sob a vigilância do contraditório" (STJ, REsp 476.660/MG, 2.ª T., j. 20.05.2003, rel. Min. Eliana Calmon, *DJ* 04.08.2003, p. 274). Já decidiu, ainda, o Superior Tribunal de Justiça, pela possibilidade da demonstração da existência de cláusula de exclusividade mesmo em contratos de representação firmados verbalmente, admitindo-se a respectiva prova por todos os meios em direito admitidos: "Estabelecida, no caso concreto, pelo acórdão recorrido a premissa de que o ajuste de representação comercial vigorava com cláusula de exclusividade, confirmada por prova testemunhal, inarredável a conclusão de que houve rescisão imotivada do contrato, pela contratação de novo representante para atuar na mesma zona anteriormente conduzida pela recorrida." (STJ, 3.ª T., REsp 846543/RS, j. 05.04.2011, rel. Min. Paulo de Tarso Sanseverino, *DJe* 11.04.2011).

Trata-se, neste caso, de inadmissibilidade legal, por inadequação da prova testemunhal. Ainda, se o fato só puder ser provado por documento, como: a) nos casos a que se refere o art. 366; b) nas hipóteses em que a prova testemunhal *per se* e exclusivamente é inidônea à prova de certos fatos (*v.g.*, o art. 401), como quando se objetive provar contratos de valor superior ao décuplo do salário mínimo vigente, no país, quando da celebração do contrato, sem que haja começo de prova escrita (art. 402, *a contrario sensu*), trata-se de inadmissibilidade legal da prova testemunhal.

237. Testemunha e parte. Distinção

Pela diversidade de posição em que se encontram, a lei trata diferentemente as partes e as testemunhas, com relação à hipótese da desobediência à ordem judicial de virem informar ao juízo.

Às partes comina-se a pena de confesso. Para a testemunha, porém, há a própria condução ao juízo, coercitivamente ("condução debaixo de vara" – art. 412 do CPC).

Por outro lado, a prova oral que tem por objetivo colher informações (inclusive ensejando confissão) sobre os fatos da lide, prestadas pela parte, é o depoimento pessoal, enquanto a prova oral, através de terceiro, estranho à lide, para o mesmo fim, é a prova testemunhal.

238. Testemunha e perito. Distinção

Distingue-se a testemunha do perito, porquanto, embora seja este um terceiro desinteressado do litígio, a informação que vem fornecer ao juiz é de caráter científico ou técnico. Casos de perícia não são de prova testemunhal, e nem de outro tipo ou meio de prova. Por isto, como visto acima, a distinção entre o comando do art. 421, § 2.º, com a redação que lhe deu a Lei 8.455/1992, e o art. 400, II.

Por outro lado, o conhecimento, por parte da testemunha, dos fatos da demanda é anterior, normalmente, ao início desta, enquanto o perito é nomeado depois de iniciada a ação e, em regra, conhece os fatos durante o processo.

239. Do valor da prova testemunhal

A prova testemunhal não pode ser considerada, no quadro das provas existentes, como sendo a prova ideal. Certamente, a prova documental supera-a de muito, pela precisão e pela certeza de que ela se reveste, e é por isso preferida à testemunhal (art. 400, I; e, ainda, arts. 402 e 366), o que, neste sentido, coloca-se como uma "hierarquia" entre os meios de prova, pois que, ao nível da lei, sendo suscetível o fato de prova documental *e já estando assim provado*, é inadmissível a prova testemunhal (art. 400, I), o que se passa, também, com a confissão. Casos haverá que *só por documento poderão ser provados* (art. 400, II); clara, igualmente nestes casos, a preferência dada pela lei. No entanto, se se tratar de vícios de negócio ou atos jurídicos, é livre e, pois, admissível, prova testemunhal (art. 404, I e II). Se esta "hierarquia" se manifesta na "eleição" preferencial do legislador, por este ou aquele meio de prova, será menos intensa na *avaliação da prova* (art. 131).

Pode-se aceitar, contudo, como verdadeiro o princípio jurídico emergente da realidade de que as testemunhas muito mais dizem a verdade do que mentem, e que o testemunho encerra uma "presunção" de verdade. Por outro lado, existe a fiscalização do juiz (art. 452, III), pela colheita direta dessa prova, como por parte do advogado do adversário.

Existem, de um modo geral, duas espécies de causas desvalorizadoras da prova testemunhal: 1.º) as causas que se podem denominar conscientes, cuja principal a ser apontada é a disposição de mentir, que, ocorrendo na prática, determina até mesmo o crime de falso testemunho (CP, art. 342); 2.º) as deficiências do próprio homem, quer no que tange à sua *capacidade de percepção e observação*, quer pertinente à sua *memória*, quer, finalmente, no que diz respeito à própria *incapacidade de reprodução rigorosamente exata* dos fatos por ele percebidos.[2]

Há, no Código de Processo Civil, instrumentação para que o juiz *limite* e, sendo possível, *evite* o falso testemunho, principalmente advertindo a testemunha de sua obrigação de dizer a verdade e das sanções previstas, inclusive no Direito Penal (art. 415, parágrafo único).

Todavia, ao lado da mentira propriamente dita, o testemunho poderá ser inexato em virtude de fatores extrínsecos, como a angústia e o medo, ainda que irracionais, ou de condições pessoais etc., como, ainda, pelos outros fatores já apontados.

240. A técnica de inquirição

A forma ou técnica de inquirição adotada por um sistema jurídico constitui uma garantia, ou, ao contrário, poderá ser uma forma através da qual estarão facilitados os falsos testemunhos ou testemunhos inexatos (ainda que não propriamente falsos). Assim, por exemplo, permitir-se à testemunha narrar o que sabe, sem intervenção alguma do juiz, *em regra* constituirá uma maneira de propiciar testemunhos menos exatos ou inúteis, pelo menos em parte. Assim, se a lei determina que o juiz colha diretamente a prova testemunhal (art. 452, III), isto significa que deverá discreta e sensatamente intervir no rumo do depoimento, eventualmente mesmo a começar pela formulação das perguntas, fazendo com que as respostas se reportem aos fatos objeto da prova, e, ainda, apurando mesmo se a testemunha diz a verdade.

De acordo com a dinâmica ensejada pela aplicação do princípio da oralidade, podemos considerar concretamente mais dois requisitos para uma perfeita colheita da prova testemunhal: 1.º) o juiz, inquirindo a testemunha, deverá, *se entender que melhor convenha ao caso concreto*, todavia, permitir à mesma que narre; ou, então, deverá formular questões. Constitui-se, como regra, no método ideal, a conjugação das duas técnicas; 2.º) subsequentemente, é de máxima importância a redação, isto é, a documentação do que disse a testemunha, devendo o juiz, na medida do possível, inclusive, aproveitar-se das suas próprias expressões, por haver uma maior autenticidade.

Deve-se atentar para a tendência recente de se acolherem algumas técnicas advindas do *adversary system*, típico dos países de *common law*. Neste sistema, há um protagonismo das partes em detrimento da função do juiz, e a função de direção e controle do magistrado na produção da prova oral, realçada nos países de *civil law*, é extremamente mitigada. Enquanto no sistema inquisitorial entende-se que a atuação marcante do juiz dirigindo a audiência, formulando as primeiras perguntas e intermediando as perguntas das partes, garante maior equilíbrio entre os litigantes, no sistema *adversarial* sustenta-se que a posição passiva do magistrado é garantia de imparcialidade. Como, contemporaneamente, nenhum sistema é absolutamente inquisitorial ou *adversarial*, passou a ser frequente a adoção por este das técnicas daquele e vice-versa.[3]

O Projeto de Novo Código de Processo Civil é expressão desta convergência entre as famílias de *common law* e *civil law*, o que

2. V., mais amplamente, Arruda Alvim *Curso*... cit., vol. II, 189, p. 363 *et seq.*

3. Cf., sobre o tema: BARBOSA MOREIRA, *Correntes e contracorrentes no processo civil contemporâneo*, p. 55-67.

fica nítido na disposição prevista para a colheita da prova testemunhal. De acordo com o art. 466 do PL 8.046/2010, "as perguntas serão formuladas pelas partes diretamente à testemunha, começando por aquela que a arrolou (...)", tomando-se o cuidado de conferir ao juiz poderes para indeferir perguntas repetitivas ou que possam induzir a resposta. No § 1.º do citado artigo, há autorização para que o juiz inquira as testemunhas, tanto antes,como após a inquirição das partes. A inquirição direta e protagonizada pelas partes é um traço nítido do sistema de interrogatório direto e cruzado (*direct and cross-examination*) adotado nos países anglo-americanos, já previsto no Código de Processo Penal brasileiro (art. 212 e parágrafo único, na redação conferida pela Lei 11.690/2008).É de se ressaltar que a crítica ao depoimento, na sentença, será tanto mais proveitosa quando for feita pelo próprio juiz que conduziu a inquirição e que, assim, terá sido aquele que ditou o testemunho. Trata-se, entre nós, de regras consagradas em lei (arts. 132, 452, III, e 131 do CPC).

Princípio salutar de técnica de apreciação da prova testemunhal colhida será, em caso de dúvida, dar-se crédito ao depoimento de quem seja mais idôneo, e, por isto, há de ser tido como o verossímil.[4]

Por outro lado, a par de já não ter sido reputado pela jurisprudência como um princípio absoluto, o de que uma testemunha não ouça o depoimento das outras (art. 413), cabe, ainda, ao juiz cuidar para que as testemunhas não estejam presentes à audiência, enquanto estiver sendo ouvido o depoimento pessoal das partes.[5]

4. *RT* 272/512. Cf. também STJ, REsp 504.568/PR, 5.ª T., j. 16.11.2004, rel. Min. Laurita Vaz, *DJ* 13.12.2004, p. 406; STJ, REsp 172.880/SP, 5.ª T., j. 11.04.2000, rel. Min. Jorge Scartezzini, *DJ* 29.05.2000, p. 169.

5. TJSP, Jurandyr Nilsson, *Repertório*, vol. II/493.

241. O sujeito da prova testemunhal

A testemunha deverá:

a) *ter conhecimento próprio do fato*, e mesmo as referidas (art. 418, I) hão de ter esse conhecimento direto e próprio do(s) fatos(s);

b) *ser imparcial*, no sentido de que deve dizer a verdade;

c) *ser capaz*, isto é, ter aptidão, reconhecida pela lei, para que possa validamente prestar testemunho;

d) *não ser incompatível*, isto é, incapaz, impedida ou suspeita (art. 405, §§ 1.º, 2.º e 3.º). A incompatibilidade se estabelece tendo em vista a pessoa que se pretende venha testemunhar e as partes da causa.

Excepcionalmente, o juiz poderá ouvir as pessoas a que se refere o art. 405 (que possui o mesmo conteúdo do art. 228 do Código Civil), "*para a prova de fatos que só elas conheçam*" (art. 228, parágrafo único, do CC). Cuida do tema o art. 405, § 4.º, prevendo que o juiz pode ouvir as testemunhas *impedidas* ou *suspeitas*, sem que prestem compromisso, e, ainda, valorará tais depoimentos com maior cautela (art. 405, § 4.º).[6]

6. A novidade no tratamento da matéria foi considerada um avanço por Humberto Theodoro Júnior, que pontua: "A nosso ver, porém, o novo Código é mais aberto, nesta matéria, que o Código de Processo Civil, pelo que se vê de seu art. 228, parágrafo único. É, portanto, pela linha do estatuto material mais recente, que o problema deve ser enfrentado. (...) Evitando o cunho puramente impeditivo, o Código Civil preferiu estatuir uma norma positiva, que se aplica não só às causas de família, mas a todos os processos, e que autoriza o juiz a colher depoimento das pessoas impedidas legalmente para testemunhar, sempre que seja para a prova de fatos que só elas conheçam. (...) O recurso à testemunha impedida deve ser visto como exceção, para suprir a falta ou a deficiência das desimpedidas, sempre sujeita ao prudente arbítrio do juiz, nas circunstâncias concretas de cada caso" (*Comentários ao novo Código Civil*, vol. III, t. II, p. 544-545).

242. Conceito de testemunha

Testemunha é a pessoa física, distinta das partes do processo, que, admitida pela lei, vem informar o juiz – a pedido das partes e por determinação do juiz, ou só por ordem deste – sobre os fatos suscetíveis de serem provados por esse tipo de prova; *em regra,* admissível a prova por testemunhas (art. 400, 1.ª frase, *caput*).

Só a pessoa física pode testemunhar, desde que não seja legalmente incapaz, impedida ou suspeita (art. 405).[7]

É essencial que a testemunha seja rigorosamente estranha ao litígio, pois, conquanto incline-se, em nome da verdade, para uma das partes, concorrendo assim para a vitória dela, deverá fazê-lo, exclusivamente, porque entenda que os fatos efetivamente favorecem a essa parte e jamais por qualquer outro motivo.[8]

A testemunha "por ouvir dizer" (*hearsay testimony*) não deve, em princípio, ser admitida, pois nada mais fará senão repetir o que lhe disseram, visto não ter conhecimento próprio dos fatos. Se, porém, for eventualmente admitida a depor, o valor do depoimento será relativamente pequeno.[9]

A prova testemunhal é um direito da parte e, desde que na hipótese se caracterize o direito à ouvida de testemunhas, o juiz não poderá, *sponte sua,* dispensá-la.[10]

Existe a exceção do julgamento antecipado da lide (art. 330), que leva legitimamente à não ouvida de testemunhas, conforme já ressaltado, quer porque a questão de mérito seja unicamente de direito, quer porque não seja necessária a produção de provas em audiência, quando o processo é extinto sem que haja audiência de instrução e julgamento (art. 330, I e II). Aqui, pois, não se terão configurados os pressupostos em função dos quais haveria a prova testemunhal de ter sido admitida.

Algumas pequenas incoerências não invalidam, só por isso, um testemunho, pois são elas comuníssimas.[11]

Se a prova é estritamente técnica, como já se asseverou, não há que se admitir a testemunhal,[12] ainda que o juiz possa, quando a natureza do fato o permitir, inquirir o perito e os assistentes em audiência acerca das coisas que, informalmente, tenham sido examinadas ou avaliadas (art. 421, § 2.º, com a redação da Lei 8.455/1992). Aliás, neste sentido, é expresso o inciso II do art. 400: "O juiz indeferirá a inquirição de testemunhas sobre fatos (...) que só por documento ou prova pericial puderem ser provados".[13] A prova testemunhal será inadequada (*rectius*, desnecessária), também, se já tiver havido confissão (art. 400, I).

243. Da obrigação de testemunhar

Todas as pessoas maiores e capazes estão *obrigadas* a testemunhar sobre fatos de

7. *RT* 307/604.
8. Cf., a respeito, o acórdão do STF, 4.ª T., veiculado na *RTJ* 107/459; cf. também STJ, AgRg no Ag 398.015/SP, j. 19.12.2002, rel. Min. Barros Monteiro, *DJ* 31.03.2003, p. 228.
9. *RT* 304/759, 335/334 e 330/713.
10. *RTJ* 49/205. No entanto, "inexiste nulidade da audiência quando não é feito protesto da parte quanto à dispensa de testemunhas e depoimentos próprios, bem como da forma como foi ela dirigida" (STJ, REsp 219.120/ES, 3.ª T., j. 05.10.2004, rel. Min. Antônio de Pádua Ribeiro, *DJ* 06.12.2004, p. 281).
11. *RT* 291/327. Na doutrina: Moacyr Amaral Santos, *Da prova judiciária no cível e comercial*, vol. III, 85, p. 196.
12. *RT* 293/175; STJ, REsp 67.024/SP, 6.ª T., j. 06.10.1997, rel. Min. Vicente Leal, *DJ* 03.11.1997, p. 56379, *REPDJ* 15.12.1997, p. 66.575.
13. V. *RT* 594/145. *A contrario sensu*, inexistindo tal exceção, a prova testemunhal deve ser admitida: STJ, REsp 146.478/PR, 2.ª T., j. 10.10.2000, rel. Min. Franciulli Netto, *DJ* 05.02.2001, p. 85.

que têm conhecimento, salvo se a revelação desses fatos implicar revelação de segredo profissional, ou lhe causar grave dano pessoal, ou a pessoa de sua família (art. 406).

Já se decidiu, corretamente, que o segredo profissional limita-se ao que foi confiado ao advogado pelo constituinte, nada obstando a que o advogado seja convocado a depor sobre fatos que por outros meios tenham chegado ao seu conhecimento.[14]

Por outro lado, o juiz poderá indeferir pergunta formulada à testemunha para preservar a sua idoneidade profissional.[15]

Não se pode pretender substituir a prova testemunhal por declarações escritas de quem deveria testemunhar, pois isto afetaria o princípio da oralidade e imediação do juiz, ínsitos no Código vigente e que se concretizam justamente na audiência de instrução e julgamento (art. 331, § 2.º e § 3.º, inserido pela Lei 10.444/2002, e, especialmente, art. 336), bem como o próprio controle pelo adversário, realizado por seu advogado.

O testemunho é prova oral, por excelência. Isto, porém, não impede que se juntem aos autos tais declarações, a que aludimos. Não se lhes poderá, todavia, atribuir valor de prova testemunhal.[16]-[17]

O art. 410 do CPC estabelece algumas exceções, isto é, a testemunha, pelas circunstâncias, prestará depoimento fora da audiência, e tais serão, na forma dos incisos I a IV do art. 410, as seguintes:

I – as que prestam depoimento antecipadamente;

II – as que são inquiridas por carta;

III – as que, por doença, ou outro motivo relevante, estão impedidas de comparecer a juízo; e

IV – as designadas no art. 411: Presidente e Vice-Presidente da República, Ministros etc.

Estas exceções devem ser entendidas apenas no sentido de que tais provas não se realizam na audiência, mas não necessariamente que a colheita da prova seja feita por outro juiz que não aquele que vai julgar a causa, salvo se a colheita tiver de ser realizada em outra comarca.

O Projeto de Novo Código de Processo Civil acrescenta disposição relevante quanto à forma e o local de oitiva das testemunhas. Atento à evolução tecnológica, aos fatores que dificultam o deslocamento de testemunhas e aos inconvenientes da oitiva por carta precatória (prejuízo da identidade física do juiz, demora na expedição e cumprimento da carta etc.), dispõe o § 1.º do art. 460 do PL 8.046/2010 que "A oitiva de testemunha que residir em comarca, seção ou subseção

14. *Revista de Processo* (*RePro*) 33/295, em. 73; STJ, Corte Especial, AgRg na APn 206/RJ, j. 10.04.2003, rel. Min. Cesar Asfor Rocha, *DJ* 04.08.2003, p. 202.

15. *RJTJSP* 39/165.

16. *Arquivo Judiciário* 83/231; *RT* 137/174, 313/420 e 333/412 (sócio não pode depor em ação da qual a sociedade é parte); *RT* 313/419.

17. Como bem registrou Moacyr Amaral Santos (*Prova judiciária no cível e comercial*, vol. III, p. 532): "Impondo o Código a oralidade do depoimento, fica, consequentemente, vedado à testemunha trazer o depoimento escrito. Tal qual o regime geralmente adotado pelas legislações estrangeiras e sempre seguido no direito brasileiro. Não será preciso dizer que o depoimento escrito desnatura o caráter da prova testemunhal, que tem na originalidade das declarações a sua maior eficácia. Ora, não poderia esta originalidade ser apurada se a testemunha se limitasse a ler declarações previamente escritas. Ficar-se-ia, com a aceitação da leitura do depoimento escrito, sem meios de se indagar se este constituiria o real conhecimento da testemunha quanto aos fatos informados, ou se constituiria fruto de sugestão de terceiros ou mesmo obra de má-fé a serviço de interessados. Por outro lado, as partes se tornariam cerceadas de inquirir a testemunha e desta obter subsídios preciosos à elucidação do fato e suas circunstâncias".

judiciárias, diversa daquela onde tramita o processo poderá ser realizada por meio de videoconferência ou outro recurso tecnológico de transmissão de sons e imagens em tempo real, o que poderá ocorrer, inclusive, durante a realização da audiência de instrução e julgamento". Já o § 2.º preceitua que "Os juízos deverão manter equipamento para a transmissão e recepção dos sons e imagens a que se refere o § 1.º".[18]

244. Quem pode ser testemunha

Do exposto anteriormente, conclui-se que, *em regra*, pode ser testemunha toda pessoa física que não seja suspeita ou impedida (incapacidade específica, mas *relativa* – art. 405, § 4.º) ou incapaz (incapacidade genérica e *absoluta* – art. 405, § 4.º, em cujo âmbito de exceções não se compreende o incapaz), conforme o disposto nos parágrafos do art. 405 do CPC (v. este n. 244, adiante).

Pelo sistema antigo, a incapacidade não vinha prevista no Código de Processo Civil, e, sim, somente no CC/1916, art. 142, I a IV, proibições que estão previstas também no Código Civil em vigor, em seu art. 228.

O atual Código de Processo, no art. 405, § 2.º, considera *impedidos* para depor: "I – o cônjuge, bem como o ascendente e o descendente em qualquer grau, ou colateral, até o terceiro grau, de alguma das partes por consanguinidade ou afinidade, salvo se o exigir o interesse público, ou, tratando-se de causa relativa ao estado da pessoa, não se puder obter de outro modo a prova, que o juiz repute necessária ao julgamento do mérito". Não se tratando de questão de família ou quando o exigir o interesse público, o cônjuge, os descendentes e os ascendentes não poderão depor, porque impedidos (art. 405, § 2.º, I).[19]

No inciso II do § 2.º do mesmo artigo, a lei considera impedido de depor aquele que é parte. Desnecessária seria a referência da lei, pois o seu depoimento só deverá ser colhido como depoimento pessoal, e não como prova testemunhal.

Finalmente, o inciso III do § 2.º do art. 405 enumera como impedidos: o que intervém em nome de uma das partes, como o tutor na causa do menor; o representante legal da pessoa jurídica, quando esta for parte; o juiz, o advogado[20] e outros que assistam ou

18. O PLS 498/2009, denominado PL 7.584/2010 na Câmara dos Deputados e apensado ao PL 8.046/2010, propunha a inserção de mais um inciso no art. 410 do CPC para prever outra exceção à regra geral da produção de prova oral em audiência. Tratava-se, analogamente ao disposto no § 1.º do art. 439 do PL 8.046/2010, da "inquirição por videoconferência, quando a testemunha residir em outra comarca ou estiver presa". O PLS 498/2009 também propunha o acréscimo de parágrafo único ao art. 410 do CPC, no qual se estabelecia que "Poderá ser dispensada a expedição de carta quando a testemunha residir em comarca contígua, de fácil comunicação, ou que se situe na mesma região metropolitana, caso em que prestará depoimento perante o juiz da causa, devendo a parte que a arrolou facilitar-lhe os meios de transporte, se necessário". Tal disposição não está prevista no PL 8.046/2010, limitando-se o Projeto de Novo Código de Processo Civil a autorizar, no art. 255, a prática de atos de comunicação (intimações e citações) e de atos executivos (penhoras, p. ex.) em comarcas contíguas e de fácil comunicação.

19. *RT* 398/341. A regra referida deve ser observada também em se tratando de união estável (STJ, REsp 81.551/TO, 3.ª T., j. 23.09.1997, rel. Min. Waldemar Zveiter, *DJ* 27.10.1997, p. 54.786).

20. O art. 7.º, XIX, da Lei 8.906/1994, a exemplo do que já dispunha o anterior Estatuto da Ordem dos Advogados do Brasil (Lei 4.215/1963, art. 87, XVI), disciplinando o sigilo do advogado como testemunha, libera-o da obrigação de depor em processo em que já funcionou ou deva funcionar; ainda, estende o sigilo a fato relacionado com pessoa de quem seja ou foi advogado, "mesmo quando autorizado ou solicitado pelo constituinte", bem como sobre fato que constitua sigilo profissional. Ainda que, tendo em vista o Estatuto da Advocacia anterior, o

mesmo tenham assistido a qualquer das partes. Relativamente ao juiz, caso tenha conhecimento de fatos que possam influir na decisão da causa e se tiver sido arrolado, deverá se dar por impedido; mas, se nada souber a respeito da demanda, mandará simplesmente excluir seu nome, prosseguindo normalmente na condução da causa (art. 409, II). Se, todavia, for sabedor de fatos pertinentes à causa, dar-se-á o juiz por impedido (*rectius*, impedido de continuar como juiz no processo em que vai testemunhar, arts. 409, I, e 134, II), e passará a causa ao seu substituto legal. Nesta hipótese, todavia, à parte que arrolou o juiz não será lícito desistir do seu depoimento (art. 409, I, 2.ª frase), pois, do contrário, obliquamente, existiria um meio de afastar o juiz do processo, além do impedimento ou suspeição.

Por outro lado, se no art. 134, II, consta que é *impedido* o juiz "que prestou depoimento como testemunha", o sentido correto é o de que é impedido também o juiz que vier a prestar testemunho, pois é para o futuro o sentido e função da disciplina do art. 409. É curial, por outro lado, que, a partir do momento em que o juiz se reconheça como tendo conhecimento de fatos relativos à causa, e dispondo-se a testemunhar, *deixa de ser impedido como testemunha, conquanto fique impedido como juiz*. Deixa de incidir o art. 405, § 2.º, III, passando a incidir os arts. 134, II, e 409, I.

As testemunhas não devem, conforme preceitua o art. 413, ouvir umas o depoimento das outras. Entretanto, se isto ocorrer, e por inadvertência do próprio juiz, não há propriamente vício a ser decretado, *salvo se*, em nosso sentir, *houver reclamação imediata* (art. 245, *caput*).[21]

No § 3.º do art. 405, a lei prescreve ser defeso aos *suspeitos* prestarem testemunho. Suspeitos são aqueles que, embora não definitivamente proibidos de testemunhar, de preferência não devem fazê-lo, por certas razões, tais como considera a lei: condenação por crime de falso testemunho; indigno de fé, por seus hábitos e costumes; amigo íntimo ou o inimigo capital da parte ou, ainda, o interessado no litígio (art. 405, § 3.º, I a IV).

A simples malquerença, a mera inimizade não bastam para resultar a suspeição.[22]

Por interessados no litígio (art. 405, § 3.º, IV), hão de se entender todos aqueles que não têm a necessária imparcialidade, a qual decorre da absoluta estranheza à lide.

Entretanto, a proibição que cerca os impedidos e suspeitos não é uma proibição absoluta. Quando for estritamente necessário, o juiz poderá ouvi-los, dando ao testemunho por eles prestado o valor que reputar merecer, no conjunto das provas (§ 4.º do art. 405). Assim, poderá ser tomado o depoimento de testemunha, apesar da suspeição, se imprescindível ao esclarecimento dos fatos (art. 405, § 4.º). É o que ocorre, quando se trata do único testemunho disponível.[23] Mas, caso a sentença venha a se basear fundamentalmente em prova testemunhal de pessoa incapacitada especificamente, *sem se ter consignado que o depoimento era estritamente necessário* (art. 405, § 4.º), há violação de disposição literal de lei, ensejando

STF (*RTJ* 88/847, tb. publicado em *RT* 521/513), em hipótese em que se apurava falsidade de documentos, liberou o advogado de depor a respeito, como testemunha (os documentos haviam sido por ele utilizados e diziam respeito ao seu constituinte envolvido). A lição, segundo nos parece, ainda é válida para a Lei 8.906/1994.

21. TARS, Jurandyr Nilsson, *Repertório* cit., vol. II/493.

22. *Revista de Processo* (*RePro*) 33/26, em. 85.

23. *RT* 350/438. Neste sentido, o parágrafo único do art. 228, do Código Civil, representou verdadeiro avanço em relação ao dispositivo equivalente no CC/1916 (art. 142), prevendo que: "Para a prova de fatos que só elas conheçam, pode o juiz admitir o depoimento das pessoas a que se refere este artigo."

sua nulidade ou mesmo ação rescisória, se tiver havido trânsito em julgado (art. 485, V), *na medida em que esse testemunho tenha influído na sentença.*

Reputa-se incapaz para prestar seu depoimento o interdito por demência; o enfermo e o débil mental, que o eram ao tempo em que ocorreram os fatos, ou que, ao tempo do testemunho, não mais possam informar ao juiz; o menor de 16 anos; o cego e o surdo, naquilo em que a falta de tais sentidos os impedir de ter conhecimento dos fatos (art. 405, § 1.º).

Nesses casos de incapacidade genérica, a proibição é absoluta; em nenhuma hipótese deverão ser admitidos a depor. Neste ponto distinguem-se dos impedidos e dos suspeitos.

A testemunha que se declara interessada na vitória de uma das partes, para a qual veio depor, não poderá ser admitida a fazê-lo. Todavia, a testemunha que, em nome da verdade, se inclina para uma das partes, concorrerá direta ou indiretamente para a vitória dela, o que é absolutamente lícito *e responde mesmo à própria razão de ser do testemunho, nesta hipótese.*

Há decisões considerando suspeita a testemunha que é empregada da parte.[24] Com acerto, o STF decidiu que o simples fato de a testemunha ser empregado, o que evidentemente não lhe anula o conhecimento eventual dos fatos, não o impede de depor, sendo que o interesse *pessoal* na causa é o condenado pela lei e que não se confunde com opiniões ou convicções pessoais sobre a matéria, em tese.[25]

24. STJ, REsp 97.916/SP, 4.ª T., j. 12.11.1996, rel. Min. Ruy Rosado de Aguiar, *DJ* 03.02.1997, p. 733; *RT* 536/117; TJSP, AgIn 131.507-4/Sertãozinho, 2.ª Câm.Dir.Priv., 19.10.1999, rel. Theodoro Guimarães. O TJSP, mais recentemente, decidiu em sentido contrário (cf. nota seguinte).

25. TJSP, AgIn 895.809-0/0-São Paulo, 26.ª Câm. Dir.Priv., j. 04.07.2005, rel. Andreatta Rizzo. *RTJ* 107/459. Na mesma linha, *substancialmente*, *RTJ* 109/466, sendo que, ainda que se possa vir a entender haver suspeição, o depoimento será tomado independentemente de compromisso (tratava-se de testemunha *servidor* ou *funcionário* da parte, tida como não incluída no art. 405, § 3.º, e que teria mesmo se compromissado).

Já se entendeu também que, pela própria natureza da ação de cobrança, em que se discute a existência ou não de vínculo contratual entre duas empresas, não se pode impugnar os depoimentos de testemunhas, apenas porque possuem vínculo empregatício com uma das partes.[26]

A testemunha que teve seu depoimento contraditado nem por isso fica impedida de depor, se, decidindo a contradita, o juiz entender que deve testemunhar.

Se a parte concorda com a ouvida de testemunhas impedidas, não lhe é dado, depois do depoimento, pretender que a prova nada valha.[27]

245. Obrigações e direitos da testemunha

Se intimada ou requisitada, no prazo de até cinco dias imediatamente antecedentes

26. *Revista de Processo [RePro]* 33/295, em. 76; e ainda: "A testemunha somente será suspeita se tiver interesse na causa efetivamente demonstrado, não bastando, para tanto, a simples relação empregatícia que mantém com uma das partes", (TJSC, AgRg 20060340562, 3.º CâmCiv., j. 22.05.2007, rel. Fernando Carioni, *DJ* 30.07.2007).

27. STJ, REsp 51714/MG, 4.ª T., j. 22.08.1995, rel. Min. Barros Monteiro, *DJ* 02.10.1995, p. 32.372. No mesmo sentido, em sede doutrinária: ARRUDA ALVIM, Eduardo. *Direito processual civil*, 4.ª ed., p. 535. Diversamente, entendendo que quando o fato indicador da incapacidade, do impedimento ou da suspeição se verificar somente no curso do depoimento, há a possibilidade de arguição do vício: MARINONI, Luiz Guilherme; MITIDIERO, Daniel. *Código de processo civil comentado artigo por artigo*. p. 398.

à audiência, a testemunha não comparecer, o juiz, de conformidade com o que dispõe o art. 412 do CPC, determinará que seja conduzida, respondendo, ainda, pelas despesas do adiamento (art. 412, *fine*).

Deverá, ainda, a testemunha, comparecendo a juízo, depor conforme a verdade (art. 415 do CPC).

Se mentir, terá feito afirmação falsa, passível de punição penal (v. parágrafo único do art. 415 e art. 342 e respectivos parágrafos do CP). A circunstância de a testemunha não prestar compromisso (art. 405, § 4.º) não desfigura o crime de falso testemunho, em que, de tal forma, mesmo a testemunha suspeita ou impedida nele incidem, se tiverem mentido. Verifica-se, assim, que o *compromisso* tem relevância na apreciação da prova, no sentido de que a testemunha, que não o tenha prestado, *em regra*, há de ter seu testemunho menos valorizado pelo juiz (arts. 405, § 4.º, e 131).

Como contrapartida dos deveres que lhe incumbe, a testemunha também tem direitos. Entre eles, destaquemos:

a) o seu depoimento é tomado tão somente por *juiz* (art. 416), seja o juiz da causa (art. 452, III), seja outro juiz (art. 410 e, eventualmente, art. 411);

b) as reperguntas dos advogados são, também, apresentadas à testemunha por intermédio do juiz (art. 416);

c) tratamento cortês pelos advogados das partes (art. 416, § 1.º), como, ainda, podem insurgir-se contra perguntas ou considerações, mesmo que tenham por impertinentes, capciosas ou vexatórias (art. 416, § 1.º), cabendo ao juiz intervir e resolver, em caso de reclamação;

d) direito de ler seu depoimento antes de assiná-lo e, eventualmente, o de corrigi-lo (o que não foi afetado pela nova redação que a Lei 8.952/1994 deu ao art. 417, *caput*);

e) direito à compensação daquilo que perdeu em decorrência de ter vindo prestar seu depoimento. A parte que requereu o depoimento da testemunha paga tão somente as despesas decorrentes da locomoção da mesma (art. 419, *caput*); o dia *de serviço*, como é comum chamar-se, fica por conta do empregador, uma vez que o dever de testemunhar é considerado "serviço público" (art. 419 e seu parágrafo único).

Pode a testemunha, ainda, requerer ao juiz o pagamento das despesas efetuadas para seu comparecimento, e, neste caso, a parte que a tiver arrolado pagar-lhe-á o que tiver sido arbitrado, ou, então, depositará quantia em cartório (art. 419, *caput*).

246. Do pedido e da admissibilidade da prova testemunhal

Normalmente a regra é a de que a prova testemunhal seja admissível; entretanto, não o será quando o Código ou outras leis não a admitirem. O próprio Código, no mesmo artigo em que dispõe sobre a admissibilidade da prova testemunhal (art. 400), veda-a quando o testemunho versar sobre fatos "já provados por documento ou confissão da parte", ou, ainda, sobre fatos "que só por documento ou por exame pericial puderem ser provados" (incisos I e II do art. 400).

Verifica-se que, havendo *documento* tido por autêntico e verdadeiro (art. 372), as declarações dele constantes terão de ser tidas como verídicas em relação ao signatário (art. 368).[28] Assim, lugar não há para prova testemunhal, eis que prova do fato já existe. O

28. A *presunção* do art. 368 é *juris tantum* ou relativa, o que não impede que possa ser desfeita. Cf. STJ, REsp 33.200/SP, 4.ª T., j. 13.03.1995, rel. Min. Sálvio de Figueiredo Teixeira, *DJ* 15.05.1995, p. 13.407; *RT* 566/130. Na doutrina, cf. Moacyr Amaral Santos, *Comentários ao Código de Processo Civil*, 1977, vol. IV/180; Pestana de Aguiar, *Comentários ao Código de Processo Civil*, 1977, vol. IV/200. *No entanto, aceito o documento, haverá inadmissibilidade de prova testemunhal, ressalvadas as hipóteses*

mesmo se diga quanto à confissão (art. 400, I). Relativamente à confissão, todavia, haver-se-á, apesar de a parte ter admitido os fatos que beneficiam o adversário e a prejudicam, de verificar se se trata de direitos indisponíveis. Isto porque, se de direito indisponível se tratar, a declaração da parte a seu respeito não terá valor de confissão (art. 351). Neste caso terá cabimento prova testemunhal. Esta também terá cabimento, mesmo diante de confissão, se esta tiver emanado de um só litisconsorte (art. 350). Ainda, cabimento terá no caso do art. 350, parágrafo único, a mesma prova testemunhal.

Mesmo que a regra seja a da admissibilidade da prova testemunhal, sofre, entretanto, um limite, tendo em vista o valor do contrato que se deseja provar. Assim, como já salientamos, somente se admite a prova *exclusivamente* testemunhal nos contratos de valor até 10 vezes o maior salário mínimo vigente no País, tendo em vista o valor do salário *à data da celebração do contrato* (art. 401).

Se alguém pretende cobrar serviços realizados de valor superior àquele constante do art. 401, pode fazê-lo, ainda que só conte com prova testemunhal. A distinção com o quanto afirmamos no parágrafo precedente não é descabida. Não se fundará a decisão na existência do contrato, senão na realização efetiva dos serviços (*v.g.*, na execução do contrato verbal). *Trata-se, pois, de provar o fato da execução.* Já, todavia, se pretender o *quantum* correspondente a certa cláusula penal, ínsita num contrato verbal, de valor superior ao do art. 401, não lhe será lícito fazê-lo. Nesta última hipótese, em rigor, ter-se-á de ter como provado o próprio contrato, objetivando fazer valer uma de suas cláusulas, o que não é lhe permitido pelo sistema. O que a lei procurou impedir foi a validade da prova exclusivamente testemunhal de contratos com valor superior à taxa legal. Não há impedimento, contudo, de se provarem *fatos* como a prestação ou locação de serviços *já realizados em função do contrato.*[29] Da mesma forma, sendo o contrato de qualquer valor, admitir-se-á a prova testemunhal, quando houver início de prova por escrito, ou quando o credor, moral ou materialmente, não podia exigir comprovante escrito da dívida (art. 402).[30]

A parte poderá oferecer 10 testemunhas; entretanto, ouvidas três para um mesmo fato, o juiz poderá dispensar as demais (arts. 407, parágrafo único). Cumpre apenas esclarecer que o juiz só poderá dispensar o depoimento das demais quando ficar convencido de que os fatos ou o fato está(ão) suficientemente provado(s) com a ouvida das testemunhas anteriores.[31]

---

legais, que se constituam em exceção ao art. 400, I, 1.ª parte do CPC (*v.g.*, art. 404, I e II).

29. Cf., jurisprudência do STJ, REsp 329.533/SP, 3.ª T., j. 06.05.2002, rel. Min. Menezes Direito, *DJ* 24.06.2002, p. 297; STJ, AgRg no Ag 487.413/GO, 3.ªT., j. 18.03.2003, rel. Min. Nancy Andrighi, *DJ* 31.03.2003, p. 224.Esta é a orientação que prepondera, na jurisprudência, desde o início da vigência do CPC/1973. Cf. TJRS, Ap.Cív. 23.277, 4.ª Câm.Cív., j. 09.10.1974, rel. Homem de Carvalho Roenick, v.u. Já respeitantemente a pretender provar alteração de cláusula contratual ou a existência mesma do contrato, a prova exclusivamente testemunhal é inviável: *a)* não é possível a prova de alteração de cláusulas contratuais, por meio de testemunhas (TJRJ, Ap.Cív. 161, j. 20.12.1978, rel. Lourival Marques de Oliveira, v.u.; *em sentido contrário*, mais recentemente, STJ, REsp 93.386/ES, 4.ªT., j. 13.08.1996, rel. Min. Ruy Rosado de Aguiar, *DJ* 02.09.1996, p. 31.088); *b)* é inadmissível demonstrar a existência de contrato de locação, de valor superior ao décuplo do maior mínimo vigente (*RT* 537/182).

30. Vale salientar que há decisões corretas, pois se apoiam no art. 404, no sentido de que esta limitação, relativa ao valor do contrato, não se aplica aos casos em que se discute ter havido simulação, dolo ou fraude (*v.g.*, STJ, REsp 117.419/MS, 4.ªT., j. 06.05.1997, rel. Min. Ruy Rosado de Aguiar, *DJ* 30.06.1997, p. 31.035).

31. Nesse sentido, v. *RJTJSP* 55/115.

247. Procedimento da prova testemunhal

Deve ser requerida a prova testemunhal:

a) com a petição inicial (art. 282 do CPC).

Esclarecemos que com a inicial deverá o autor, apenas, formalizar o protesto pelo oferecimento da prova testemunhal – *indicará*, diz a lei (art. 282);

b) com a contestação (art. 300 do CPC), nas mesmas condições que com a inicial;[32]

c) com a reconvenção dá-se o mesmo;

d) com o pedido de oposição ocorre a mesma indicação (art. 57 do CPC);

e) com o requerimento de produção autônoma e antecipada de provas. Tal será o caso de testemunha de idade avançada. Interessante observar, nesta hipótese, que o só fato de a testemunha ter idade avançada, como já se decidiu, apesar de gozar de boa saúde, demonstra a ocorrência do *periculum in mora*, a ponto de justificar a coleta antecipada da prova,[33] pois ao tempo da audiência é possível que não mais esteja viva a testemunha. Em nosso sentir, o juiz deverá avaliar o caso concreto e decidir em função da possibilidade de se perder a prova. Como já foi visto (v. 210 e 228, *supra*), no Projeto de Novo Código de Processo Civil o procedimento de produção autônomo de provas (arts. 388 a 390 do PL 8.046/2010, em sua redação atual) não terá, como atualmente tem, feição de provimento cautelar. Assim, as hipóteses em que a prova testemunhal poderá ser realizada antecipadamente não serão, exclusivamente, aquelas em que há urgência na oitiva de determinada pessoa, e não dependerão, sempre, da demonstração de *periculum in mora*, uma vez que sua feição cautelar foi retirada.

A prática evidenciou que, depois de depositado o rol em cartório, o prazo anterior de cinco dias para a realização das diligências de intimação das testemunhas era exíguo em demasia, algumas vezes contribuindo para o adiamento da própria audiência de instrução e julgamento. Para contornar tal inconveniente, o legislador, além de aumentar o prazo para dez dias, conferiu ao juiz o poder de fixá-lo em outra data (art. 407, com a redação da Lei 10.358/2001).[34]

Portanto, a parte que protestou por prova testemunhal deverá apresentar o rol de até 10 testemunhas no prazo que houver fixado o juiz ou, se omisso, em até dez dias antes da audiência (art. 407). A intenção do legislador foi, com efeito, estabelecer como regra o prazo mínimo de dez dias da audiência de instrução e julgamento, devendo ser observado este interstício inclusive pelo juiz, quando designar o dia em que deve ser realizado o depósito do rol de testemunhas no cartório.[35] Numa hipótese de urgência, o juiz poderá fixar um prazo menor.

32. "É possível a apresentação do rol de testemunhas com a contestação, se esta foi apresentada em mera audiência de conciliação, designada a de instrução e julgamento para data futura, havendo tempo hábil a que o autor conhecesse quais os depoimentos pretendidos pela parte ré". (STJ, REsp 118612/PR, 4.ª T., j. 29.06.200, rel. Min. Aldir Passarinho Junior, *DJ* 25.09.2000, p. 102).

33. STJ, REsp 5.923/RS, 3.ª T., j. 13.05.1991, rel. Min. Dias Trindade, *DJ* 10.06.1991, p. 7.846.

34. Sobre a atual redação do art. 407, de acordo com a Lei 10.358/2001, cf., amplamente, Luiz Rodrigues Wambier, Teresa Arruda Alvim Wambier e José Miguel Garcia Medina, *Breves comentários à nova sistemática processual civil*, p. 209 ss.

35. V., diferentemente, Luiz Rodrigues Wambier, Teresa Arruda Alvim Wambier e José Miguel Garcia Medina, *Breves comentários*... cit., p. 210. Segundo os processualistas: "Ao fixar o legislador o prazo de 10 dias, estimando-o suficiente para, o quanto possível, evitarem-se as designações infrutíferas de datas de audiências, certamente terá ele considerado como insuficiente qualquer prazo a esse inferior". *Em*

Decisões há *liberais, no caso de adiamento da audiência de instrução e julgamento*, que têm admitido a apresentação do rol a contar da data da nova designação.[36] Entretanto, tenha-se presente que, quando a produção de provas já fora iniciada anteriormente e a instância suspendeu-se para que as partes viessem a se compor, não é mais dado às partes o direito de arrolar testemunhas, com o que haveria inversão da ordem e tumulto processual.[37] Neste caso, ter-se-á verificado preclusão, ou porque arrolaram as testemunhas desejadas (preclusão consumativa), ou, então, se não o fizeram, terão perdido o prazo para tanto (preclusão temporal). Já no procedimento sumário, o próprio rol deverá acompanhar o pedido inicial (art. 276). O réu, a seu turno, pretendendo produzir prova testemunhal, apresentará seu rol respectivo com sua defesa, nos termos do art. 278, *caput* (redação da Lei 9.245/1995).

Diante das alterações introduzidas no Código de Processo Civil, no que se refere ao rito sumário pela Lei 9.245/1995, já não mais subsiste o sistema anterior, de que o réu deveria cuidar para que depositasse o rol de suas testemunhas no Cartório até 48 horas antes da audiência. Salientávamos, à luz do sistema ora revogado com o advento do precitado diploma legal, que a diferença de tratamento entre autor e réu, no que se referia ao momento de apresentação do rol de testemunhas, era injusta, dado que propiciava que o réu tivesse condições de abordagem, relativamente às testemunhas do autor, por longo tempo, porquanto sabidamente não se designam (e já não se designavam) rapidamente as audiências, inclusive no procedimento sumário. Levava, pois, esta discriminação, a carrear para o réu pouco escrupuloso "chances" que deveriam ter sido evitadas pelo legislador.[38]

Mesmo que, como acabamos de referir, esta sistemática já não prevaleça diante da Lei 9.245/1995, é certo que o legislador mais recente perdeu oportunidade para dar por findo este desmedido tratamento desigual entre as partes. O autor da ação que deva tramitar pelo rito sumário, parece-nos que seria esta a solução mais adequada, em sendo o caso de produção de provas em audiência própria, poderia requerê-las (inclusive, senão sobretudo, a testemunhal) no encerramento da própria audiência de tentativa de conciliação, então frustrada, a exemplo e na mesma proporção do que o art. 278, *caput*, prevê para o réu ao indicar o rol de testemunhas como requisito de sua defesa. Não

---

conformidade com o texto, cf. Cândido Rangel Dinamarco, *A reforma da reforma*, p. 113. De acordo com este último, a "lei não proíbe *a priori* a fixação judicial de prazo menor que dez dias, mas só em casos muito excepcionais isso deve ser feito, dada a intenção dos reformadores, de ampliar o prazo para o depósito do rol em cartório".

36. *RJTJSP* 44/239: *JUTACivSP* 87/186; *RJTJRS* 105/290, em.

37. TJSP, *RT* 562/111, *RT* 642/131. No *procedimento sumário* é inadmissível a conversão do julgamento em diligência, para oitiva de testemunhas, quando não forem estas arroladas na inicial, em face da ocorrência de preclusão (*JUTACivSP* 90/348). No mesmo sentido, entendendo ter havido preclusão: *RJTJSP* 39/61 e 63/139; *JUTACivSP* 62/282, 65/234 e 69/223, orientação que subsiste para o atual art. 276, na redação que lhe foi dada pela Lei 9.245/1995. Diante da nova sistemática imprimida para a apresentação da defesa, no processo que tramita sob o rito sumário (art. 278, *caput*), não mais pode prevalecer discussão existente na jurisprudência a respeito da aplicabilidade, ou não (ainda que analógica), do art. 407 à redação original daquele dispositivo, que se referia à apresentação do rol de testemunhas pelo réu até 48 horas antes da audiência, eis que aquela norma não distinguia a hipótese em que a testemunha devia ser intimada da hipótese na qual a testemunha compareceria independentemente de intimação (*v.g.*: *JUTAMG* 21/265).

38. Cf. a edição de 1996 de nosso *Manual*, p. 488-489.

vislumbramos razão que justifique o tratamento díspar entre os litigantes.

Quem não arrolar testemunhas não faz nascer o seu direito de ouvi-las.[39]

Outrossim, em regra, perderá o direito, mesmo aquele que as arrolou, mas forneceu endereço errado, e por isso não pode a testemunha ser encontrada, *se comprovada má-fé*.[40]

Também, o que entregar o rol por protocolo e não diligenciar sua entrada em Cartório – já se decidiu antes da Lei 9.245/1995 – não terá direito a ouvir as testemunhas.[41]

O prazo para a intimação pela lei antiga (*notificação* por ela designada) era de, pelo menos, cinco dias antes da audiência.[42] Para as testemunhas no sistema atual, só haverá obrigatoriedade de comparecimento, se forem intimadas antes da audiência, muito embora não haja exigência quanto ao prazo para esse requerimento.

Assim, para que exista, para a testemunha, a obrigatoriedade de comparecer, deverá ser a mesma devidamente intimada, pelo correio, sob registro ou com entrega em mão própria, quando a testemunha tiver residência certa, como faculta o art. 412, § 3.º, acrescentado pela Lei 8.710, 24.09.1993.[43] Correto, pois, o entendimento de que, não tendo o autor nem as testemunhas sido intimados para estarem presentes à audiência, em que deveriam ser tomados os seus depoimentos, a audiência deve ser adiada. É caso de nulidade do seguimento do processo, a partir do ato do juiz que indeferiu o pedido de adiamento, ou seja, da audiência, e, por isso, nulos serão os atos posteriores. Deverá, também, ser repetida a própria audiência, com a efetivação da prova deferida quando do saneamento (v. art. 331, § 2.º, que se refere à fixação dos pontos controvertidos e à produção da prova sobre eles e, também, o § 3.º deste mesmo dispositivo, acrescentado pela Lei 10.444/2002), e especificada nas manifestações posteriores das partes.[44] O fato de a lei vigente ser especificamente omissa quanto a um prazo de cinco dias para a intimação das testemunhas para que fiquem obrigadas a prestar depoimento constitui-se em falha, tal como ocorrera também originariamente com o Código de 1939, que fora corrigida por lei extravagante.

O que, efetivamente, deverá a parte providenciar é que o rol seja depositado em Cartório no prazo designado pelo juiz ou, no silêncio deste, em até dez dias antes da audiência. Na realidade, a entrega oportuna do rol faz nascer o direito à ouvida das testemunhas. Por outro lado, a intimação das mesmas completa a função do rol, pois faz nascer o direito à condução das testemunhas (v. arts. 407 e 412). Se se entrega o rol, mas não se providencia a intimação, ter-se-á só o direito à ouvida da testemunha, mas não à condução coercitiva. Se não for providenciada oportunamente a intimação, e, por isto, não se lograr que a mesma seja efetuada também em tempo, ou seja, antes do início da audiência, será caso de adiamen-

39. TJSP – *Revista de Jurisprudência* 4/54 (v. 237).

40. *RT* 290/432. Nesse sentido, na doutrina, Cândido Rangel Dinamarco: "se a parte se vale de serviços de protocolo integrado ou se remete o rol pelo correio, assume os riscos decorrentes de eventual atraso na chegada ao *cartório do juízo*" (DINAMARCO, Cândido Rangel.*Instituições de direito processual*. p 638. vol. III).

41. *RT* 331/402 e 312/491.

42. *RT* 371/203 e 377/294.

43. No Estado de São Paulo, já o art. 9.º da Lei Estadual 3.947, de 08.12.1983, dispunha que as testemunhas poderiam ser intimadas por via postal, quando concordes com tal providência os interessados e o Ministério Público. Mais, em seu § 1.º, aquela regra dispunha poderem as partes por seus advogados e o Ministério Público responsabilizar-se (pessoalmente – § 2.º) pelo serviço de entrega das intimações às suas testemunhas.

44. 2.º TACivSP, in Jurandyr Nilsson, *Repertório* cit., vol. II/458.

to da audiência. Isto, certamente, ensejará a prática de "chicanas", como ocorreu no sistema passado. Ainda, se a parte se comprometer a levar a testemunha à audiência, independentemente de intimação, isto não ocorrendo, perderá o direito de ouvi-la, eis que a lei *presume* que "desistiu de ouvi-las" (art. 412, § 1.º), salvo se quem as arrolou provar que as mesmas não compareceram por justo motivo.[45]

A contradita é a impugnação da testemunha feita pela parte contrária àquela que a arrolou. Deve o juiz decidir a respeito (art. 414, § 1.º, do CPC). Tratando-se de impedimento ou suspeição, poderá o juiz ouvir a testemunha, emprestando ao depoimento o crédito de que o ache digno (art. 405, § 4.º), em princípio menor do que o da testemunha não impedida e não suspeita. Entre testemunhas não impedidas e não suspeitas, e estas duas últimas categorias, sendo as primeiras em número suficiente para provar os fatos (critério do art. 407, parágrafo único), a conduta do juiz deverá ser a de dispensar as impedidas e suspeitas.

Se a testemunha não é localizada pelo carteiro, quando requerida e viável sua intimação pelo correio (art. 412, § 3.º, acrescentado pela Lei 8.710/1993) ou pelo oficial, a parte não perde o direito de ouvi-la ou, então, poderá substituí-la (o art. 408, III, não alterado pela Lei 8.710/1993, continua a referir-se somente à testemunha não encontrada pelo oficial, mas deve ser entendido desta forma mais ampla, sistematicamente).[46]

O objetivo da apresentação do rol, além de individualizar as testemunhas, é o de propiciar à parte contrária o conhecimento das mesmas, e, sendo o caso, ensejada essa cognição, viabilizar as condições ao exercício do direito de contraditá-las, na devida oportunidade.[47]

A não apresentação tempestiva do rol (art. 407) impede sejam ouvidas as testemunhas.[48]

O prazo para apresentação do rol de testemunhas é contado para trás.[49]

Outrossim, as testemunhas que não constarem do rol depositado não poderão ser ouvidas.[50]

Poderá, por outro lado, a própria testemunha requerer ao juiz que a escuse de depor (art. 414, § 2.º), desde que ocorra qualquer das hipóteses previstas no art. 406, I e II. Sobre a questão da escusa em depor, deverá ser consultado o art. 406. Cumpre, apenas, esclarecer que poderá ser alegado pela testemunha qualquer preceito, mesmo que

45. *Revista de Processo* (*RePro*) 6/327, em. 138. No mesmo sentido, *RJTJSP* 50/186; STJ, REsp 57.144/SP, 1.ª T., j. 06.02.1995, rel. Min. Garcia Vieira, *DJ* 06.03.1995, p. 4327; STJ, REsp 109.851/DF, 4.ª T., j. 07.12.1999, rel. Min. Barros Monteiro, *DJ* 20.03.2000, p. 75.

46. TJSP, *RT* 332/217.

47. STJ, REsp 648.457/MT, 3.ª T., j. 04.08.2005, rel. Min. Nancy Andrighi, *DJ* 29.08.2005, p. 334; STF, *DJU* 28.02.1955, p. 747, apud Alexandre de Paula, *Repertório*, v. 15/825, julgado 21.179; *RT* 185/782; criticável: *RT* 195/264, 250/465 e 304/555.

48. Nesse sentido: "Nos termos do art. 407 do CPC, é preclusivo o prazo fixado pelo juiz para a apresentação em cartório do rol de testemunhas. Deve ser indeferida a oitiva das testemunhas indicadas pela agravante fora do prazo estipulado pelo juízo de primeiro grau, sob pena de tratamento desigual entre as partes". (STJ, AgRg no Ag 954677/RJ, 3.ª T., j. 06.12.2007, rel. Min. Humberto Gomes de Barros, *DJ* 18.12.2007, p. 277); ainda, *RT* 171/189, 175/173, 222/437, 224/405, 237/209, 350/431 e 278/655, orientação válida para o Código vigente (art. 407).

49. *RT* 350/431; 320/210 (rol apresentado na antevéspera); *RT* 357/235: conta-se o prazo de meia-noite a meia-noite. Decidiu-se, ainda, que "a contagem do prazo começa a fluir regressivamente do primeiro dia útil anterior ao da audiência e não terminará em dia feriado" (STJ, REsp 5.510/MG, 4.ª T., j. 23.04.1991, rel. Min. Barros Monteiro, *DJ* 20.05.1991, p. 6.535).

50. STF, *RF* 138/424.

não estritamente jurídico, como o religioso, no caso do padre católico, no tocante ao segredo da confissão.

O juiz deve formular verbalmente, antes de colher os depoimentos, a advertência sobre falso testemunho, na conformidade do que dispõe o art. 415, parágrafo único, do CPC.

O art. 416, § 2.º, trata do indeferimento de perguntas, esclarecendo o artigo que deverão constar do termo, se assim a parte interessada o requerer, as perguntas que forem indeferidas.

A *acareação*, a pedido ou *ex officio*, tem como pressuposto fundamental a *contradição* existente entre os dois ou mais depoimentos de testemunhas (art. 418, II),[51] entre parte e testemunha (art. 418, II), como ainda pode haver acareação, tendo em vista *testemunha referida* pela parte, ou por testemunha, desde que ambos tenham deposto (art. 418, II).

A acareação é faculdade oficiosa do juiz, que deverá ordená-la ou deferi-la, se a pedido, quando entender justificada.[52]

Na acareação, dever-se-á observar o princípio de identidade física do juiz, em que pese sua menor amplitude na redação atual do art. 132.

O magistrado tem, também, o poder de direção do processo, em decorrência do que pode converter o julgamento em diligência, a fim de que seja inquirida testemunha referida (art. 418, I).[53] A testemunha referida não se deve computar para fins dos limites do art. 407, parágrafo único. A possível oitiva desta é assunto posterior à incidência do art. 407, parágrafo único.

248. Local em que devem ser ouvidas as testemunhas

As testemunhas, em regra, prestam seus depoimentos na audiência de instrução e julgamento. Entretanto, desde que se configurem determinados pressupostos, poderão prestar seus depoimentos antecipadamente, no próprio juízo ou fora dele, como, exemplificativamente, em cumprimento de precatória ou rogatória, ou em casa, desde que por motivo de doença, ou por se tratar de algumas das pessoas designadas no art. 411 (art. 410). Entre as pessoas elencadas no art. 411, encontram-se: o Presidente e o Vice-Presidente da República, o Presidente do Senado e da Câmara dos Deputados, bem como os demais deputados e senadores, os Ministros dos diversos Tribunais Superiores,[54] os Desembargadores do Tribunal de Justiça, os Governadores dos Estados, Territórios, bem como do Distrito Federal; ainda os embaixadores, desde que haja reciprocidade de tratamento, em seus países, para com os nossos agentes diplomáticos.

Como se trata de um benefício, as pessoas que dele poderiam fruir podem dele abrir mão.

Já se decidiu que a testemunha, embora *possa* depor fora de seu domicílio, jamais poderá ser obrigada a proceder dessa forma, pois que deve ser ouvida por carta, na forma do art. 410, II, do CPC, se quiser.[55]

249. A substituição de testemunhas

Com a *expiração do prazo* para apresentação do rol de testemunhas, fixam-se

51. *RT* 792/302, *RT* 275/270, 128/227 e 300/467; *RF* 99/137.
52. *RT* 313/587 e 319/536.
53. TJSP, Ap.Cív. 114.563-4/São Paulo, 3.ª Câm. Dir.Priv., j. 30.01.2001, rel. Alfredo Migliore; *RT* 752/247.
54. A Lei 11.382, de 6 de dezembro de 2006, alterou o Código de Processo Civil substituindo, no art. 411, IV, a referência feita ao antigo Tribunal Federal de Recursos – presente no texto original da Lei 5.925/1973 – pela do Superior Tribunal de Justiça.
55. *JUTACivSP* 66/77 e *Revista de Processo* (*RePro*) 33/296, em. 81.

as mesmas, não sendo mais possível alterá-las, sob pena de a parte que o fizer não poder ouvir a testemunha substituta.

Entretanto, a substituição será possível, quando a testemunha falecer; quando, por enfermidade, não estiver em condições de depor e, ainda, quando mudou de residência, não a tendo encontrado o serviço postal (embora, para ser deferida a intimação postal para estes fins, necessário que a testemunha tenha endereço certo – art. 412, § 3.º) ou o oficial de justiça, como visto acima (art. 408, I a III).

Ainda assim, a mudança será possível, desde que a audiência não tenha sido iniciada.

A jurisprudência tem admitido a substituição de testemunhas, se formulada antes dos dez dias anteriores à audiência, mesmo fora dos casos mencionados no art. 408 do CPC.[56]

Admite-se, igualmente, que se acrescente testemunha ou testemunhas ao rol, *desde que respeitado o prazo do art. 407, caput, com a redação atribuída pela Lei 10.358, de 27.12.2001.*[57]

Bibliografia

ABRAHÃO, João. Valor do depoimento de uma testemunha na convicção do juiz. *Revista de Processo (RePro)* 20/250, ano V, São Paulo, Ed. RT, out.-dez. 1980.

AGUIAR, João Carlos Pestana de. *Comentários ao código de processo civil.* São Paulo: Ed. RT, 1977. vol. IV.

ARRUDA ALVIM, Eduardo. *Curso de direito processual civil.* São Paulo: Ed. RT, 1999. vol. 1.

______. *Direito processual civil.* 2. ed. rev. atual. e ampl. São Paulo: Ed. RT, 2008.

______. *Direito processual civil.* 3. ed. São Paulo: Ed. RT, 2010.

______. *Direito processual civil.* 4. ed. São Paulo: Ed. RT, 2012.

ARRUDA ALVIM NETTO, José Manoel de. *Curso de direito processual civil.* São Paulo: Ed. RT, 1972. vol. II.

BARBOSA MOREIRA, José Carlos. *O novo processo civil brasileiro. 25. ed.* Rio de Janeiro: Ed. Forense, 2007.

______. Correntes e contracorrentes no processo civil contemporâneo. *Temas de direito processual.* Nona série. São Paulo: Saraiva, 2009, p. 55-67.

BORGES, Marcos Afonso. *Comentários ao Código de Processo Civil.* São Paulo: LEUD, 1975. vol. II.

DEDA, Artur Oscar de Oliveira. *A prova no processo civil.* São Paulo: Saraiva, 2006.

DINAMARCO, Cândido Rangel. *A reforma da reforma.* São Paulo: Malheiros, 2002.

______. *Instituições de direito processual civil.*. 6.ª ed. São Paulo: Malheiros, 2009. vol. III

FADEL, Sérgio Sahione. *Código de Processo Civil comentado.* Rio de Janeiro: Ed. Forense, 1984. vol. I.

LOPES, João Batista. *A prova no direito processual civil.* 3. ed. São Paulo: Ed. RT, 2007.

MARQUES, José Frederico. *Manual de direito processual civil.* São Paulo: Saraiva, 1984. vol. II.

MARINONI, Luiz Guilherme; MITIDIERO, Daniel. *Código de processo civil comentado artigo por artigo.* São Paulo: RT, 2010.

MELO, Luiz Pereira de. Da prova testemunhal. *Juriscível* 51/14.

MUNIZ, Antonio Severino. Prazo para o réu arrolar suas testemunhas no procedimento

56. *RT* 522/83 e 579/123; *Revista de Processo (RePro)* 33/296, em. 83; *RJTJSP* 55/115.

57. TJRJ, AgIn 1.110, 8.ª Câm.Cív., rel. Rodrigues Silva – v.u. (consignando o respeito ao *prazo limite* do art. 407); na doutrina: Moacyr Amaral Santos, *Comentários ao Código de Processo Civil*, 1975, 225, p. 306; Pestana de Aguiar, *Comentários ao Código de Processo Civil*, 1974, p. 324. A respeito, decidiu-se que, não havendo oportuna impugnação da outra parte, e sendo as testemunhas ouvidas, ocorre preclusão: STJ, REsp 9.777/AM, 3.ª T., j. 04.06.1991, rel. Min. Nilson Naves, *DJ* 24.06.1991, p. 8.639, *DJ* 02.12.1991, p. 17.532.

sumaríssimo. *Revista do Curso de Direito da Universidade Federal de Uberlândia*, 11/167.

NACONECY, Luiz Carlos Macedo. *Curso de direito processual civil*. São Paulo: Ed. RT, 1984.

PONTES DE MIRANDA, Francisco Cavalcanti. *Comentários ao código de processo civil* (de 1973). Rio de Janeiro: Ed. Forense, 1974. t. IV.

SANTOS, Ernane Fidélis dos. *Comentários ao código de processo civil*. Rio de Janeiro: Ed. Forense, 1980. vol. III, t. I.

SANTOS, Gildo dos. *A prova no processo civil*. São Paulo: Saraiva, 1979.

SANTOS, Moacyr Amaral. *Prova judiciária no cível e comercial*. 3. ed. São Paulo: Max Limonad, 1970. vol. III.

______. *Comentários ao código de processo civil*. Rio de Janeiro: Ed. Forense, 1982. vol. IV.

______. *Primeiras linhas de direito processual civil*. 23. ed. (atualizada por Aricê Moacyr Amaral Santos.) São Paulo: Saraiva, 2004. vol. II.

THEODORO JÚNIOR, Humberto. *Comentários ao novo código civil*. Rio de Janeiro: Ed. Forense, 2003. v. III, t. II.

______. *Curso de direito processual civil*. Rio de Janeiro: Ed. Forense, 1985.

______. *Processo de conhecimento*. Rio de Janeiro: Ed. Forense, 1981. t. II.

WAMBIER, Luiz Rodrigues; ARRUDA ALVIM WAMBIER, Teresa; MEDINA, José Miguel Garcia. *Breves comentários à nova sistemática processual civil*. 3. ed. São Paulo: Ed. RT, 2005.

ZARIF, Marcelo Cintra. Prova testemunhal – contradita – acareação – testemunha referida. *Revista de Processo (RePro)* 21/90, ano VI, São Paulo, Ed. RT, jan./mar. 1981.

ZAVATARO, Elyseu. Preclusão temporal na apresentação do rol de testemunhas. *RT* 562/268.

XXV

Do Depoimento Pessoal

250. Noções gerais

O depoimento pessoal é a oitiva da parte, solicitada pela outra parte (art. 343),[1] perante o juiz da causa (art. 343),[2] devendo, para tanto, intimá-la, e, para que se lhe aplique a pena de confesso, deverá do mandado de intimação constar a advertência do § 1.º do art. 343. Dever-se-á proceder à tomada do depoimento pessoal, *solicitado pela parte*,[3] similarmente ao modo previsto para a inquirição de testemunhas (art. 344; v. tb. art. 452, II). Apesar dos dizeres literais do art. 344, equiparando o modo de tomada do depoimento pessoal ao do depoimento das testemunhas, é defeso ao advogado da parte que vai depor fazer-lhe perguntas.[4] Na realidade, a interpretação a ser dada ao art. 344 diz respeito ao *modus faciendi* da inquirição das partes, que tenham sido devidamente intimadas para que prestem o seu depoimento pessoal.

Nesta linha da tradição do nosso direito, há que se ter presente que o art. 416, § 1.º, quando disciplina o *dever de urbanidade* com que devem ser tratadas as *testemunhas*, regula, o direito às reperguntas, e, no § 2.º do art. 416, o direito de o advogado solicitar ao juiz que faça constar do termo as perguntas que tenham sido por ele *indeferidas*. Este art. 416, no entanto, vem colocado na Seção pertinente à *prova testemunhal*. O que se aplica, precipuamente, ao depoimento pessoal são as regras de audiência de instrução e julgamento, em especial a do art. 452, e as especificamente regradoras das testemunhas somente serão aplicáveis naquilo que não colidirem com a diferença existente entre testemunha e parte (= parte que deponha).

Alude a lei a *depoimento pessoal*. O escopo do legislador, na linha de tradição histórica universal, ao admitir o depoimento pessoal como *meio de prova*, é o de lograr obter,

---

1. O Código de Processo Civil coloca debaixo da rubrica "depoimento pessoal" (art. 342) a determinação oficiosa do juiz para que as partes perante ele compareçam, para que as possa interrogar sobre os fatos da causa. *Nominalmente*, portanto, é também depoimento pessoal (v. § 1.º deste n. 250, *infra*). O depoimento pessoal deve ser requerido pelo adversário (ou por quem nesta posição esteja), pelo que, considerando a relação de antagonismo comum, inviável que, em litisconsórcio passivo, um corréu do outro corréu requeira depoimento (*RT* 581/235, tb. publ. em *RTJ* 107/729).

2. *JUTACivSP* 33/432, 34/331, 39/199, 58/141, 76/343 e 91/135; *RJTJSP* 87/177; *RT* 572/187 e 593/132.

3. O interrogatório a que se alude no art. 342 é *informal*, poderá ser assistido pelo advogado da parte e pelo do adversário (se for o caso), não se lhe aplicando os §§ 1.º e 2.º do art. 343.

4. V. Moacyr Amaral Santos, *Comentários ao Código de Processo Civil*, 71, *b*, *fine*, p. 86; Humberto Theodoro Júnior, *Curso de direito processual civil*, 432, p. 489. Na jurisprudência, v. *RT* 578/93. O art. 416, *caput*, alude às reperguntas, o que inocorre com o art. 346 e o art. 452, II, o qual, igualmente, silencia.

mercê de tal depoimento, a verdade respeitante aos fatos controvertidos objeto desse meio de prova, o que, aliás, vem previsto já no preâmbulo da audiência de instrução e julgamento (art. 451), na qual fatos que sejam objeto de prova, nessa oportunidade, deverão ser fixados pelo magistrado, de tal forma que se reduza a prova oral (testemunhas e depoimentos pessoais) àqueles fatos que, por intermédio de tal prova, devam e possam efetivamente ser provados. Do mesmo modo, como já ficou dito, a fixação dos pontos controvertidos sobre os quais será produzida a prova, fora da audiência de instrução e julgamento, deverá ser efetivada no momento do art. 331, § 2.º. Desde que a prova a ser produzida seja a oral, *necessária* a realização de audiência de instrução para colhê-la (art. 336, *caput*).

Como regra geral, praticamente absoluta, somente poderá a *própria parte* depor. O depoimento, portanto, justamente porque pessoal, é, *em regra*, insuscetível de "delegação". E isto se deve à circunstância de ser o litigante – conhecedor dos fatos dos quais se pretende extrair uma consequência jurídica contra ele, ou, ainda, sabedor dos fatos que ele próprio alegou, contrapondo-se ao seu adversário – quem tem o *ônus* de prestar depoimento. Sentido prático algum teria, na verdade, admitir-se que o litigante delegasse a outrem a tarefa de depor, pois: *a)* este alguém não poderia saber de tais fatos, como o litigante sabe; *b)* de outra parte, ainda, poderia delegar tal tarefa a alguém altamente experimentado na vivência forense e, assim, frustrar-se-iam os objetivos em função dos quais se disciplina o depoimento pessoal.

Constata-se, desta forma, que a *pessoalidade* é praticamente essencial aos fins colimados pelo legislador, tendo em vista o depoimento pessoal.

Problema que se insere exatamente em seguida às considerações que acabamos de tecer é saber se é possível algum *procurador* prestar depoimento. Afigura-se-nos que, tratando-se de demandas entre pessoas físicas, a vedação é absoluta,[5] justamente porque comparecem, em tal tipo de demanda, precisamente as razões por nós arroladas.[6-7] No entanto, quando se tratar de demandas movidas contra ou por pessoas jurídicas, *conforme o caso*, as soluções poderão variar. Mais ainda, variarão precisamente em nome dos mesmos pressupostos e dados da reali-

5. Na doutrina: José Frederico Marques, *Instituições de direito processual civil*, vol. 3, item 800, p. 402:

"Só as partes é que podem prestar depoimento pessoal. Como o próprio nome o indica, o ato é da própria pessoa chamada a depor, pelo que não é admissível o depoimento pessoal mediante procurador ou por intermédio de mandatário judicial." Nem mesmo com poderes expressos poderia o advogado comparecer em nome da parte, quando esta chamada a depoimento pessoal, para, como *nuncius*, confessar os fatos ou algum dos fatos da demanda. O depoente vai a juízo para ser interrogado; e apesar de se tentar muitas vezes, com esse ato, a obtenção de uma confissão parcial ou completa das alegações do adversário, o certo é que pode o depoente ser indagado a respeito de circunstâncias da causa (mesmo que confesse e ainda que não confesse), que sejam úteis esclarecer para o juiz conseguir convicção segura da lide e respectivas controvérsias".

6. Exatamente nesse sentido, STJ, REsp 623.575/RO, 3.ª T., j. 18.11.2004, rel. Min. Nancy Andrighi, *DJ* 07.03.2005, p. 250.

7. Em sentido contrário: Marcus Vinicius Rios Gonçalves, *Novo curso de direito processual civil*, vol. 1, p. 484: "Prevalece entre nós, o entendimento de que o depoimento pessoal, ainda que de pessoa física, pode ser prestado por procurador, desde que tenha poderes especiais para transigir. Não basta a mera qualidade de preposto, sendo necessários os poderes especiais, já que a finalidade precípua do depoimento é tentar obter uma confissão. A questão, porém, é controversa, havendo respeitáveis opiniões no sentido de que, por ser ato personalíssimo, o depoimento pessoal da pessoa física não pode ser delegado".

dade que presidem o princípio de que o depoimento seja pessoal.[8]

Na verdade, conforme o tamanho de uma sociedade, civil ou comercial, é evidente que aquele que a deve formalmente representar em juízo, ou seja, quem os seus estatutos designem (art. 12, VI), ou o seu diretor, justamente porque é grande, poderá desconhecer as circunstâncias e peculiaridades do caso. Na verdade, nesta hipótese, será precisamente outra pessoa aquela que estará de posse do conhecimento dos fatos, de forma direta e efetiva. Segue-se disto que, exatamente porque tal pessoa reúne o conhecimento dos fatos, é que deverá depor, e não aquele que desconhece os fatos. É com o depoimento de tal pessoa que se logrará obter, eventualmente, esclarecimentos úteis ao dilucidamento dos fatos, e, mesmo, até a própria confissão, que terá sido provocada. Por isso já se decidiu que os órgãos representativos das pessoas jurídicas podem delegar o depoimento pessoal a prepostos.[9] Tal representante será admitido pelo juiz, a seu critério, *mas* deverá estar sempre devidamente documentado, *inclusive e sempre* com poderes para confessar;[10] isto é, se confessar, este fato acarretará as consequências normais ou próprias daquela confissão, sem que se possa discutir a *legitimidade* de tal representante.

Afigura-se-nos, porém, que nessa escolha interfere, manifestamente, *certa margem de interpretação do juiz, com vistas à escolha da situação (da representação) que se mostre adequada à hipótese,* para que constate se, no caso concreto, deverá admitir outrem, que não aquele estatutariamente designado, ou, à falta deste último, o diretor de sociedade que, *ex lege,* deve representá-la. Nesta linha, ainda, insere-se o direito de a parte contrária solicitar o depoimento de quem não tenha sido estatutariamente designado ou de quem não seja diretor, exemplificativamente, como, ainda, da própria sociedade demandada de explicar ao juiz que o diretor, ou quem tenha sido estatutariamente designado para representação judicial, nada sabe diretamente do assunto.

É certo que o juiz deverá agir com extrema cautela, dentro dos limites desta interpretação, atentando, em específico, para o sentido limitativo do texto, em que se disciplina a representação das pessoas jurídicas (art. 12, VI). Mas é evidente, todavia, que errará quando, diante de uma macrossociedade, pretender que o seu diretor venha depor quando este nada saiba diretamente do assunto, ao passo que determinado funcionário, por hipótese, esteja absolutamente inteirado dos fatos, por conhecimento próprio, direto e íntimo.

Haveria de se cogitar, ainda, da possibilidade de depoimento pessoal do representante de órgão da Administração Pública, nos casos em que houvesse necessidade de sua oitiva. Ocorre, no entanto, que a relação existente entre o representante e a pessoa jurídica de direito público não é, de forma alguma, a mesma que aquela entre o sócio ou diretor e a pessoa jurídica de direito privado. Além disso, o caráter de absoluta indisponibilidade do direito defendido pelo Poder Público impede que qualquer

---

8. V. *Revista de Processo [RePro]* 1/199, em. 40, *RT* 481/165 e 595/126, em., *JUTACivSP* 72/130 e 76/343; v. tb. STF, RE 85.655/SP, 2.ª T., rel. Cordeiro Guerra, v.u., 31.07.1976 (admitindo o depoimento de procurador com poderes especiais para confessar) – v., no entanto, orientação jurisprudencial mais recente, citada na nota precedente.

9. *JUTACivSP* 86/349 e *RT* 578/182, em. A respeito decidiu o STJ que esta "pode ser representada em Juízo por preposto, ainda que este não seja seu diretor; basta a designação regular" (STJ, REsp 191.078/MA, 3.ª T., j. 15.09.2000, rel. Min. Ari Pargendler, *DJ* 09.10.2000, p. 142).

10. V. nesse sentido: Luiz Rodrigues Wambier, Eduardo Talamini e Flávio Renato Correia de Almeida, *Curso avançado de processo civil,* vol. 1, n. 32.1.3, p. 430.

representante seu venha a confessar fatos referentes à causa (art. 351). Sendo assim, o representante da pessoa jurídica de direito público deve ser tratado como testemunha informante (art. 405, §2.º, III),[11] resultando sem utilidade processual a tomada de depoimento de representante da Administração Pública.[12]

Cumpre, agora, passar à distinção do chamado interrogatório livre em face do depoimento pessoal, propriamente dito (arts. 342, 343, 347, respectivamente).

§ 1.º Interrogatório livre e depoimento pessoal (propriamente dito). Diversidade de regimes jurídicos

A lei processual civil brasileira, na linha da nossa tradição, e, ainda, tendo em vista o preceito amplo do art. 117 do CPC/1939, admitia o denominado interrogatório das partes pelo magistrado, sem as formalidades inerentes ao depoimento pessoal, propriamente dito.

O art. 342, agora, estabelece nitidamente o caráter de *prova complementar* do direito-dever do juiz de ordenar, em qualquer estado do processo, o comparecimento pessoal das partes, "a fim de interrogá-las sobre os fatos da causa". Desde logo, devemos consignar que o instituto disciplinado no art. 342, *apesar de sua localização no Código de Processo Civil*, é inconfundível com o depoimento pessoal, pois, como é sabido, é regra de hermenêutica que se dê a cada instituto, sendo possível, como no caso o é, um rendimento autônomo e próprio.[13]

O art. 342 confere ao juiz, como se disse, um poder-dever, no sentido de que deverá ser usado quando o juiz se encontrar num estado de dúvida, insuscetível de ser esclarecida por outro modo que não o interrogatório, ou, pelo menos, que entenda ser o interrogatório meio manifestamente adequado para tais esclarecimentos.

Assentamos o pressuposto de utilização dos poderes descritos no art. 342, como *fundamentalmente* fulcrados na *dúvida* e/ou na extrema gravidade dos fatos retratados em juízo, vale dizer, na seriedade do bem jurídico retratado na lide (em sede de jurisdição voluntária, v. art. 1.107, 2.ª parte). *Regra geral*, a atividade probatória é algo que respeita aos litigantes e não ao juiz (algo diferentemente em jurisdição voluntária). Ademais, e por causa disto, o juiz deve ser equidistante das partes, no sentido de não pender para lado algum, de forma que seja efetivamente imparcial. Se a parte ficar inerte, quando poderia, eventualmente, ter provado o direito que alega ser seu, ou o réu com relação aos fatos embasadores de sua contestação ou reconvenção, deverá o juiz, diante de tal contexto, decidir pelo ônus da prova (art. 333). Outra interpretação do art. 342, tendo em perspectiva os poderes do juiz, levaria ao desequilíbrio do tratamento das partes, o que afronta todo o sistema.

Se, como dissemos, o pressuposto *mais importante* de aplicabilidade do art. 342 é a *dúvida* do juiz, não esclarecida pelas provas aportadas ao processo, segue-se disto que tal atividade será normalmente complementar de outras atividades probatórias que a tenham precedido. Ademais, por estas razões, em regra, o uso do mesmo art. 342 deverá, normalmente, ter lugar depois de realizadas as provas, justamente porque aí é que o juiz, examinando-as, constatará a sua *dúvida*. Em nome desta e tendo em vista que o respectivo esclarecimento respeita não ao direito de qualquer dos litigantes, senão ao estabe-

11. V. Ernane Fidélis dos Santos, *Manual de direito processual civil*. p. 91. vol. 2.

12. Sobre o tema, V. Antonio Vidal Ramos de Vasconcelos. *Depoimento pessoal do poder público*. p. 483.

13. V. Moacyr Amaral Santos, *Primeiras linhas de direito processual civil*, vol. 2, n. 661, p. 450 a 452.

lecimento dos pressupostos de fato sobre os quais há de incidir a atividade jurisdicional, em nome do desempenho de sua função, terá de usar dos poderes do art. 342. Daí porque aludimos a *poder-dever*.

No caso do art. 342 é inviável, todavia, cogitar-se da pena de confesso, que só tem cabimento no depoimento propriamente dito.

Por outro lado, apesar das considerações que tecemos, devemos observar que, diante da amplitude do texto legal, se o juiz entender útil justamente ao estabelecimento da verdade fática, poderá determinar o interrogatório antes e/ou depois do término da atividade probatória, que deverá ou que venha a ser realizada pelos litigantes.

Afigura-se-nos, ainda, que do interrogatório livre, tal como previsto no art. 342, dever-se-á lavrar um termo, de tal forma que fique documentado nos autos o que a parte, ou partes, tenham dito ao magistrado. Ainda, parece-nos ser direito dos advogados o de assistirem ao referido interrogatório, menos para nele intervirem, senão para fiscalizar a atividade do juiz, no sentido de evitar que saia ele, eventualmente, de sua imparcialidade. Aplica-se o disposto no art. 342 a quaisquer tipos de processos, inclusive, senão especialmente, aos casos de *segredo de justiça*, hipótese em que também têm os advogados o direito de ao mesmo estarem presentes (v. art. 2.º, §§ 1.º e 2.º, da Lei 8.906/1994, Estatuto da OAB).

Há decisão, que parece correta, pelo menos como *regra geral*, entendendo ser inoportuna e inútil a diligência do art. 342 na fase inicial de execução contra devedor solvente, realizada, simultaneamente, com a citação do devedor.[14]

Ainda, não deverá uma parte ouvir o interrogatório da outra, mercê de aplicação do art. 413.

14. *JUTACivSP* 72/188.

Afigura-se-nos incorreta a posição consistente em que, uma vez determinado o interrogatório, com fulcro no art. 342, tal fato "prejudica o requerimento da parte no mesmo sentido".[15]

Se os regimes jurídicos são manifestamente diversos, e se, como observa o mesmo autor, de cuja opinião discordamos, não é viável a aplicação da pena de confesso, nos casos do art. 342,[16] segue-se que, mesmo tendo o juiz determinado o interrogatório livre, é direito da parte solicitar o depoimento pessoal, justamente, *e pelo menos*, para que submeta o seu adversário às consequências *eventualmente negativas* (pouco prováveis, é verdade, mas possíveis) emergentes do seu não comparecimento (art. 343, § 2.º; v. tb. art. 345), isto é, se não comparecer, que se lhe aplique a *pena de confesso*.

Assim, a determinação judicial de comparecimento não elide o direito de solicitação, pelo menos, de que à parte seja aplicada a pena de confesso. Caso o adversário nada solicite, curialmente, nada poderá pretender, que eventualmente pudesse decorrer do não comparecimento.[17] Sem embargo

15. V., contrariamente ao texto, Moacyr Amaral Santos, *Comentários*... cit., n. 64, *fine*, p. 88.

16. V. Amaral Santos, *Comentários*... cit., n. 63, p. 86.

17. Consta precedente, neste sentido, do Superior Tribunal de Justiça, cuja ementa é a seguinte: "A ausência do autor à audiência em que deveria prestar depoimento pessoal, por si só, não importa em improcedência do pedido, devendo o juiz examinar as provas e formar o seu convencimento, tanto mais quando deficiente a contestação que deixa de impugnar os fatos deduzidos na inicial, que se tornam incontroversos" (AgRg no AgIn 43.984-4/SP, rel. Min. Dias Trindade, *DJ* 28.03.1994, in Sálvio de Figueiredo Teixeira, *O STJ e o processo civil*, Brasília: Brasília Jurídica, 1995, p. 260).Esta orientação foi reafirmada pelo STJ em diversos outros julgados: "A confissão, enquanto meio de prova, conduz a uma presunção relativa da veracidade dos fatos, devendo ser analisada

disto, concordamos em que poderá haver quase coincidência cronológica entre o interrogatório determinado pelo juiz, o qual se poderá verificar no início de uma audiência de instrução e julgamento. Sucessivamente, porém, ao término do mesmo, e, *em seguida*, assistirá ao advogado o direito de *perguntar*, ou reperguntar, o que inocorre no interrogatório livre propriamente dito.

A interpretação literal do art. 343, todavia, não pode levar a entendimento diverso daquele que estamos sustentando. Na verdade, o art. 343, *caput*, dispõe que: "Quando o juiz não o determinar de ofício, compete a cada parte requerer o depoimento pessoal da outra [...]", literalidade do texto esta que levaria ao entendimento de que *somente diante da omissão do juiz* é que teria cabimento providência da parte. Na realidade, diante do que dissemos, a determinação oficiosa e a solicitação de depoimento, de parte a parte, são providências autônomas, com objetivos diversos, inseridas, cada uma delas, dentro de um regime jurídico diverso. Circunstâncias variadas, até mesmo posteriores ao interrogatório, poderão surgir, que justifiquem, especialmente, o pedido de depoimento pessoal. *As perguntas ou reperguntas* do advogado, ademais, são outro móvel à obtenção da verdade, e estas não poderiam ter sido feitas ao ensejo do interrogatório.

Na praxe forense verificou-se, por algum tempo, a intimação judicial das partes *initio litis*, independentemente do prazo para resposta do réu, para tentativa de conciliação. O fundamento de que os magistrados se valiam para tanto era, precisamente, este art. 342. Com as reformas amplas trazidas ao sistema do Código de Processo Civil pela Lei 8.952/1994, não mais pode prevalecer a designação destas audiências com base naquele dispositivo. Doravante, há texto expresso (art. 125, IV – cabe ao juiz tentar, a qualquer tempo, conciliar as partes –, e art. 331, *caput*) para justificar esta prática, sendo certo que a audiência a que se refere o art. 331, em sua redação atual, não tem lugar *initio litis*, nem, tampouco, se o caso comportar julgamento antecipado da lide, *ex vi* dos arts. 329 e 330.[18]

251. Definição

Constata-se, do que foi dito, que o depoimento pessoal decorre do ato de uma parte, em relação à outra, que requer ao juiz para que esta, na instrução oral do processo, ou, mais precisamente, na audiência de instrução e julgamento, venha depor. Para tanto, deverá dirigir petição ao juiz, devendo constar do mandado[19] que determine a

pelo juiz diante de todo o contexto probatório produzido nos autos. E foi exatamente o que ocorreu no caso vertente, ao assinalar a câmara julgadora que o depoimento pessoal não poderia se sobrepor à prova documental carreada ao processo, notadamente o contrato de prestação de serviços firmado entre as partes, base de toda a controvérsia deduzida em juízo" (STJ, REsp 464.041/SE, 3.ª T., j. 16.10.2003, rel. Min. Castro Filho, *DJ* 03.11.2003, p. 316) ; "A pena de confissão não gera presunção absoluta, de forma a excluir a apreciação do Juiz acerca de outros elementos probatórios. Prematura, assim, a decisão do Magistrado que, declarada encerrada desde logo a instrução, dispensa a oitiva das testemunhas arroladas". (STJ, REsp 161438/SP, 4.ª T., j. 06.10.2005, rel. Min. Barros Monteiro, , *DJ* 20.02.2006, p. 341); "A confissão ficta conduz a uma presunção relativa de veracidade, passível de sucumbir frente aos demais elementos de prova existentes nos autos".(STJ, REsp 856699/MS, 3.ª T., , j. 15.09.2009, rel. Min. Nancy Andrighi, *DJe* 30.11.2009).

18. Elogios a esta iniciativa dos juízes da Comarca de São Paulo, antes da chamada reforma de dezembro/94 e às modificações por ela introduzidas no sistema, podem ser colhidas em *Reforma do Código de Processo Civil*, de Cândido Rangel Dinamarco, p. 120.

19. Assim, já decidiu o Superior Tribunal de Justiça em decisão encimada da seguinte ementa: "A pena de confissão – meio de prova, aliás,

providência a cominação da *pena de confesso*, para que, se a parte solicitada a depor não comparecer, seja-lhe aplicada a pena de confesso (art. 343, § 1.º).

É essencial, para que possa ser aplicada a pena de confesso, como se disse, que constem do mandado de intimação os dizeres do art. 343, § 1.º,[20] ou a invocação mesma do dispositivo, com as respectivas consequências; ou seja, que na hipótese de não comparecimento se presumirão confessados os fatos contra ela (a parte intimada a depor) alegados. A lei coloca, como *conditio sine qua non*, a necessidade da intimação da parte, que seja feita de modo pessoal; se, entretanto, tal não for possível, porque esteja o litigante em lugar incerto e não sabido, o seu adversário, já se decidiu, ou desistirá da prova, ou então deverá intimá-lo por editais.[21]

No entanto, se a lei se refere à intimação *pessoal* (art. 343, § 1.º),[22] ou esta será feita, ou, então, não havendo condições para a realização da prova, consequentemente, é incogitável pensar-se na aplicação da pena.[23]

Os pressupostos da aplicação da pena de confesso serão vistos a seguir.

252. Escusa de depor e aplicação da pena de confesso

Dispõe a lei que, não comparecendo a parte que tenha sido regularmente intimada para prestar depoimento pessoal, ser-lhe-á aplicada a pena de confesso,[24] como ainda, se comparecer, mas "se recusar a depor", igualmente, "o juiz lhe aplicará a pena de confissão" (art. 343, § 2.º).

A redação da lei levaria a um entendimento aparentemente automático sobre a aplicação da pena de confesso, como decorrente do não comparecimento e da recusa a depor.

Afigura-se-nos, todavia, que essa interpretação não se coaduna com o sistema.

Assim, a denominada *pena de confesso* há de ser aplicada tendo em vista o conjunto das provas e o exame global que dele faça o juiz (art. 131). Sendo assim, a *pena de*

---

que conduz a uma presunção relativa, e não absoluta – somente poderá ser aplicada se no mandado intimatório constar expressamente, para ciência inequívoca do intimado, que, se o mesmo não comparecer ou se recusar a depor, se presumirão verdadeiros os fatos alegados contra ele. Não é bastante a sucinta menção à pena de confesso" (REsp 2.340/SP, 4.ª T., j. 29.06.1990, v.u., rel. Min. Athos Carneiro, não conheceram, *DJU* 10.09.1990) – in Sálvio de Figueiredo Teixeira, *O STJ e o processo civil*, p. 261. No mesmo sentido: "É pressuposto para a aplicação da pena de confesso, prevista no § 2.º do art. 343, do CPC, que a parte seja previamente intimada para prestar depoimento pessoal e advertida do risco de aplicação da pena". (STJ, REsp 702739/PB, 3ª T., , j. 19.9.2006, rel. Min. Ari Pagendler, *DJ* 02.10.2006, p. 266).

20. *RT* 659/165; TAPR [extinto], ApCív 152931-5, j. 18.02.2002, rel. Des. Rabello Filho. Na doutrina, cf. Moacyr Amaral Santos, *Comentários*... cit., 65, p. 88; João Carlos Pestana de Aguiar Silva, *Comentários ao Código de Processo Civil*, p. 101.

21. 1.º TACivSP [extinto], *RT* 829/234.

22. V. Cassio Scarpinella Bueno, *Curso sistematizado de direito processual civil*, vol. 2, t. 1, p. 256.

23. Conforme: entendendo que, quando a lei alude a intimação pessoal, exclui, expressamente, a intimação por edital (*RT* 552/122). V. tb. rescisória do TJBA, em que não se admitiu a intimação realizada por meio do *Diário da Justiça* (*RT* 573/187). É esta a posição que nos parece a correta.

24. V. acórdão do STF, considerando obrigatória a imposição da pena de confesso, neste caso, em *RT* 538/273. Trilhando caminho aparentemente similar, já se decidiu que se trataria mesmo, o não comparecimento, de uma presunção *iuris et de iure* (*JUTARS* 52/390, em.). Esta veracidade poderá ter comparecido nesse caso concreto, mas não nos parece se possa e deva falar em presunção absoluta (v. neste n. 242, adiante). A jurisprudência mais recente considera que, não obstante seja aplicada tal pena, a presunção de veracidade dos fatos daí oriunda é relativa (STJ, REsp 464.041/SE, j. 16.10.2003, rel. Min. Castro Filho, *DJ* 03.11.2003, p. 316).

confesso somente terá *algum* sentido prático se não contradisser o conjunto probatório, pois, do contrário, seria fazer emergir uma consequência, decorrente da pena de confesso, contrastante com o conjunto probatório existente nos autos, *em sentido oposto* ao conjunto probatório mesmo.

Ademais, poder-se-á cogitar da incidência da pena de confesso tendo em vista uma parte dos fatos, quais sejam, aqueles que não estejam devidamente comprovados no processo, e, em função de ter a parte que deveria depor se omitido em comparecer, operar-se-á a incidência do referido dispositivo, com referência determinada a tais fatos. Por outro lado, tenha-se, na linha do que corretamente vem firmando a jurisprudência, que, "para a imposição da pena de confesso, por não ter a parte comparecido para prestar depoimento, devem ser respeitados alguns princípios estabelecidos para a confissão real". Nessa perspectiva, pois, "não opera a pena de confesso de um litisconsorte, com referência aos demais, de fatos relativos a direitos indisponíveis".[25] *Em rigor, em face do disposto no art. 48, não só se de direito indisponível se tratar, senão que em caso algum, pois "os atos e as omissões de um [litisconsorte] não prejudicarão nem beneficiarão os outros"* (v., especificamente, o art. 350; v. n. 254, *infra*).

Salienta-se, todavia, que, tratando-se de direitos indisponíveis, não poderá ser aplicada a pena de confesso para, somente com base e em função de a mesma vir a se decidir contrariamente, àquele que se omitiu, *e nem mesmo ao que tenha "confessado"* (art. 351).

Na verdade, a pena de confesso, é certo, configura elemento ponderável a ter influência no espírito do juiz, quando não colida frontalmente com o restante do conjunto probatório. Não poderá tal pena de confesso ter outro alcance que não este, todavia.

Assim, deve-se distinguir a eficácia própria da confissão que faz prova contra o confitente (art. 350) do fato de ter aquele comparecido, mas se haver recusado, mercê de evasivas, a esclarecer o juízo, esclarecimento este que é o escopo da própria figura do depoimento pessoal. Assim, não nos parece correto o entendimento de que o sistema vigente teria transformado em *presunção absoluta* de verdade dos fatos que operam consequências desfavoráveis contra a parte devidamente intimada, deixado de comparecer, como já se entendeu.[26] Na verdade, correto é o entendimento sucessivo a esta afirmação, do mesmo autor, consistente em que "resta à doutrina e à jurisprudência abrandar a rispidez do legislador".

253. Procedimento do depoimento pessoal

A maneira de ser interrogada a parte identifica-se, em quase tudo, com aquela prescrita para a inquirição das testemunhas (art. 344), com a diferença, já anotada, de que o advogado da parte não pode fazer reperguntas.

Deve a parte ser interrogada diretamente pelo juiz da causa (arts. 452, II, e 344), tendo em vista não necessariamente os fatos articulados (todos),[27] senão tendo em vista os fatos suscetíveis de serem provados por depoimento pessoal, com vistas a: *a)* que se esclareçam; *b)* que, eventualmente, possa ser provocada a confissão, suscetível de ser feita na audiência de instrução e julgamento.

A lei veda, à parte que ainda vá depor, que assista ao interrogatório da outra (art. 344, parágrafo único).

Tendo comparecido a parte e sendo-lhe feitas as perguntas, mas respondendo com evasivas, deverá então o juiz, "apreciando as

25. TJSP, ApCív 246.275-2, São Paulo, j. 22.11.1994, v.u, rel. Franklin Neiva.

26. V. Moacyr Amaral Santos, *Comentários*... cit., n. 70, p. 97.

27. *Nesse sentido*, Moacyr Amaral Santos, *Comentários*... cit., n. 71, p. 99.

demais circunstâncias e elementos de prova", declarar, eventualmente, que houve recusa de depor, o que, em nosso sentir, equivale à pena de confesso (art. 345), com as limitações próprias a que já aludimos. Efetivamente, tanto faz não comparecer, pura e simplesmente, quanto fazê-lo e tentar enganar o juiz, utilizando-se de artifícios verbais, com o escopo de encobrir a verdade. Nessa linha de considerações, encontramos decisão, proferida sob a égide do Código de Processo Civil de 1939, que confirma este entendimento e que tem aplicação para o atual sistema.[28]

Admite, a lei, embora restritamente, à parte que vá depor, que consulte breves notas (art. 346), o que se justifica, principalmente, diante da eventual complexidade de fato(s) da causa. É certo que deflui do próprio art. 346 o direito de o juiz examinar ditas notas, precisamente para saber se se constituem elas em "notas breves", a que se refere o texto (art. 346). Se entender que não se constituem, todavia, em simples apontamentos, consistentes em meramente avivar a memória e a conferir um roteiro genérico a ser imprimido ao depoimento, ou, quando se refiram a fatos de fácil memorização, tem o juiz o direito-dever de vedar a utilização de tais esclarecimentos, o que, a seu turno, poderá comportar recurso da parte, se entender inexata a decisão. O recurso, neste caso, poderá ser o agravo de instrumento, ou o agravo retido, se for adiada a audiência; se não o for, a matéria será necessariamente devolvida do âmbito do próprio recurso de apelação, que porventura se interponha.[29]

A restrição ao uso de notas minuciosas ou amplas objetiva evitar que a parte prepare totalmente seu depoimento, tornando fundamentalmente inócuas as perguntas que lhe faça o juiz ou o advogado do adversário. É inerente à dinâmica do depoimento pessoal a função do juiz, em nome da descoberta histórica do que ocorreu, bem como ao advogado da parte que solicitou o depoimento pessoal este tipo legítimo de pressão psicológica, incidente sobre a parte que está depondo. Do contrário, praticamente sem utilidade seria

---

28. Alexandre de Paula, *O processo civil à luz da jurisprudência*.

29. A Lei 9.245/1995, ao modificar o procedimento sumário, dispôs que, de toda decisão proferida em audiência naquele rito (atinente à matéria probatória, ou não), caberia agravo retido (v. art. 280, III, antiga redação). A Lei 9.139/1995, por seu turno, ao alterar, substancialmente, o regime do recurso de agravo, dispôs, no art. 523, § 3.º, do CPC, que "das decisões interlocutórias proferidas em audiência admitir-se-á a interposição oral do agravo retido a constar do respectivo termo, expostas sucintamente as razões que justificam o pedido de nova decisão". Com a promulgação da Lei 10.444/2002, alterou-se o texto do art. 280, suprindo-lhe o inciso III e, ainda, com a promulgação da Lei 10.352/2001, mantendo a redação do § 3.º do art. 523, foi acrescido novo parágrafo a este dispositivo (art. 523), assim redigido: "§ 4.º Será retido o agravo das decisões proferidas na audiência de instrução e julgamento e das posteriores à sentença, salvo nos casos de dano de difícil e incerta reparação, nos de inadmissão da apelação e nos relativos aos efeitos em que a apelação é recebida". De outra parte, não é demais registrar que, em evidente tentativa de impedir a indiscriminada utilização do agravo na forma de instrumento, alterou-se o art. 527, II, conferindo poderes ao relator do agravo de instrumento para convertê-lo em retido, excepcionados os casos de "provisão jurisdicional de urgência ou houver perigo de lesão grave e de difícil reparação" (redação da Lei 10.352/2001). Foi também com este escopo que a Lei 11.187/2005 alterou mais uma vez a redação do arts. 522, *caput*, e do 523 § 3.º, fixando a regra geral de que das decisões interlocutórias caberá agravo retido, e, excepcionalmente agravo de instrumento, em casos de risco de lesão grave e de difícil reparação, bem como nos casos de inadmissibilidade do recurso de apelação e dos efeitos em que ela é recebida. Sobre o agravo retido oral contra as decisões proferidas em audiência de instrução e julgamento, ver, na doutrina: Teresa Arruda Alvim Wambier, *Os agravos no CPC brasileiro*, n. 4.1, p. 258 a 261 e n. 11.3, p. 587 e 588; Antonio Notariano Jr. e Gilberto Gomes Bruschi, *Agravo contra as decisões de primeiro grau*, n. 4, p. 57 a 68.

o depoimento pessoal, pois que, substancialmente, teria sido preparado com antecipação. A parte diria o que desejasse e não aquilo que o sistema deseja que seja dito, ou seja, a retratação dos fatos tais como ocorreram.

Entre as inovações previstas no Projeto de Novo Código de Processo Civil está a possibilidade de oitiva da parte por videoconferência. Dispõe o § 3.º do art. 392 do PL 8.046/2010 que "O depoimento pessoal da parte que residir em comarca ou seção judiciária diversa daquela onde tramita o processo poderá ser colhido por meio de videoconferência ou outro recurso tecnológico de transmissão de sons e imagens em tempo real, o que poderá ocorrer, inclusive, durante a realização da audiência de instrução e julgamento".

§ 1.º Restrições a certos fatos (art. 347)[30]

A lei assegura o direito de a parte não depor acerca de fatos criminosos, ou torpes, que lhe sejam imputados (art. 347, I), bem como tendo em vista aqueles que, por estado ou profissão, devam ser objeto de sigilo (art. 347, II). O parágrafo único do art. 347, todavia, prescreve que a disposição do art. 347, *caput*, I e II, não tem aplicação nas ações de filiação, de desquite (leia-se, separação judicial e divórcio) e de anulação de casamento, compreendendo-se, pelo óbvio, nesta última expressão, as ações de nulidade de casamento.[31] Em sentido análogo e complementar, o art. 229 do Código Civil dispensa a parte de depor sobre fatos: "I – a cujo respeito, por estado ou profissão, deva guardar segredo; II – a que não possa responder sem desonra própria, de seu cônjuge, parente em grau sucessível, ou amigo íntimo; III – que o exponha, ou às pessoas referidas no inciso antecedente, a perigo de vida, de demanda, ou de dano patrimonial imediato".

254. Depoimento pessoal e confissão

Dispõe o art. 349, última parte, que "a confissão provocada constará do depoimento pessoal prestado pela parte". Significa isto que, depondo em juízo, poderá a parte, seja ao responder às perguntas que lhe tenha feito o magistrado, seja respondendo àquelas do advogado da parte que a chamou a depor, acabe por reconhecer a veracidade dos fatos, total ou parcialmente, que lhe aportam consequências jurídicas desfavoráveis, *possivelmente*.

Trata-se, na espécie, de *confissão judicial provocada*, a qual, todavia, não prejudica os litisconsortes, em nome do princípio da independência dos litisconsortes (v. art. 48, previsão genérica; v. art. 350, *caput*, previsão específica).

Segue-se disto que, havendo litisconsórcio, seja unitário ou não, e havendo confissão, por parte de um dos litisconsortes, mas do conjunto probatório fique nítido que a referida confissão não se compadece com o restante da prova, é certo que, *tratando-se dos mesmos fatos*, o juiz será obrigado a dar validade ao restante da prova, desprezando a confissão.

Se for possível separar parte dos fatos provados por outros meios de prova, da outra parte dos fatos provados por este meio de prova (*v.g.*, a confissão), aproveitará, nessa hipótese e medida, a confissão judicial provocada contra o litisconsorte que confessou.

A confissão judicial provocada somente poderá ser feita pela parte, em depoimento pessoal, sendo *pessoa física*, ou, no caso de pessoa jurídica, por quem a represente, seja estatutariamente, seja o seu diretor à falta daquela previsão, seja, ainda, mais raramente, quando comparecerem os pressupostos respectivos, por aquele que não seja estatutariamente seu representante, ou o seu diretor (v. n. 240, *retro*).

Difere, portanto, esta modalidade de confissão da chamada confissão espontânea (art. 349, parágrafo único), que poderá ser

30. V. Marcos Destefenni, *Curso de processo civil*, vol. 1, p. 381 e 382.

31. V. Wambier, Talamini e Almeida, *Curso*... cit., n. 32.1.9, p. 434.

feita pela própria parte “ou por mandatário com poderes especiais”.

Bibliografia

Aguiar, João Carlos Pestana de. *Comentários ao código de processo civil.* São Paulo: Ed. RT, 1977. vol. 4.

Ahrends, Ney da Gama. O depoimento pessoal no novo código de processo civil. *Ajuris* I/76, 1974.

Amaral dos Santos, Moacyr. *Comentários ao código de processo civil.* Rio de Janeiro: Forense, 1982. vol. 4.

______. *Primeiras linhas de direito processual civil.* 23. ed. (atualizada por Aricê Moacyr Amaral Santos.) São Paulo: Saraiva, 2004. vol. 2.

Arruda Alvim, Eduardo. *Curso de direito processual civil.* São Paulo: Ed. RT, 1999. vol. 1.

______. *Direito processual civil.* 2. ed., revista, atualizada e ampliada. São Paulo: Ed. RT, 2008.

______. *Direito processual civil.* 3. ed. São Paulo: Ed. RT, 2010.

______. *Direito processual civil.* 4. ed. São Paulo: Ed. RT, 2012.

Arruda Alvim Wambier, Teresa. *Os agravos no CPC brasileiro.* 4. ed. São Paulo: Ed. RT, 2005.

Barbosa Moreira, José Carlos. *O novo processo civil brasileiro. 25. ed.* Rio de Janeiro: Forense, 2007.

Borges, Marcos Afonso. *Comentários ao código de processo civil.* São Paulo: Leud, 1975. vol. 2.

Bueno, Cassio Scarpinella. *Curso sistematizado de direito processual civil.* São Paulo: Saraiva, 2007. vol. 2, t. I.

Destefenni, Marcos. *Curso de processo civil.* São Paulo: Saraiva, 2006. vol. 1.

Dinamarco, Cândido Rangel. *Reforma do código de processo civil.* 5. ed. São Paulo: Malheiros, 2001.

Fadel, Sergio Sahione. *Código de processo civil comentado.* Rio de Janeiro: Forense, 1984. vol. 1.

Gonçalves, Marcus Vinicius Rios. *Novo curso de direito processual civil.* 4. ed. São Paulo: Saraiva, 2007. vol. 1.

Lopes, João Batista. O depoimento pessoal e o interrogatório livre no processo civil brasileiro e estrangeiro. *Revista de Processo [RePro]* 13/86, ano IV. São Paul, Ed. RT, jan./mar. 1979; Marques, José Frederico. *Instituições de direito processual civil.* Atual. Ovídio Rocha Barros Sandoval. Campinas: Millennium, 2000. vol. 3.

Naconecy, Luiz Carlos Macedo. *Curso de direito processual civil.* São Paulo: Ed. RT, 1984.

Notariano Jr., Antonio; Bruschi, Gilberto Gomes. *Agravo contra as decisões de primeiro grau.* São Paulo: Método, 2006.

Paula, Alexandre de. *O processo civil à luz da doutrina e da jurisprudência.* Rio de Janeiro: Forense, 1983.

Pontes de Miranda, Francisco Cavalcanti. *Comentários ao código de processo civil* (de 1973). Rio de Janeiro: Forense, 1974. t. II.

Santos, Ernane Fidélis dos. *Comentários ao código de processo civil.* Rio de Janeiro: Forense, 1980. vol. 3, t. I.

______. *Manual de direito processual civil.*. São Paulo: Saraiva, 1986. vol. 2.

Santos, Gildo dos. *A prova no processo civil.* São Paulo: Saraiva, 1979.

Teixeira, Sálvio de Figueiredo. *O STJ e o processo civil.* Brasília: Brasília Jurídica, 1995.

Telles, Gil Trotta. O depoimento de litisconsorte. *RBDP* 43/79, 1984.

Theodoro Júnior, Humberto. *Curso de direito processual civil.* 47. ed. Rio de Janeiro: Forense, 2007. vol. 1.

______. *Processo de conhecimento.* Rio de Janeiro: Forense, 1981. t. II.

Vasconcelos, Antonio Vidal Ramos de. Depoimento pessoal do poder público. *Doutrinas Essenciais de Processo Civil*, vol. 4. São Paulo: Ed. RT, out/2011;. Wambier, Luiz Rodrigues; Arruda Alvim Wambier, Teresa; Medina, José Miguel Garcia. *Breves comentários à nova sistemática processual civil.* 3. ed. São Paulo: Ed. RT, 2005.

Talamini, Eduardo; Almeida; Flávio Renato Correia de. *Curso avançado de processo civil.* 9. ed. São Paulo: Ed. RT, 2007. vol. 1.

XXVI

Da Confissão

255. Noções gerais

A confissão é um meio de prova,[1] mesmo porque ela deve ser valorada pelo juiz em confronto com as demais provas. Como consequência, não deverá ser aceita se inverídica, como, por exemplo, se tiver sido confessado um fato cuja prova dos autos seja contrária à confissão etc. Diga-se o mesmo para o caso em que se confessam fatos patentemente inexistentes. Tem-se, como consequência, comumente, que:

a) quase sempre, uma vez aceita, sofre a parte confitente as consequências probatórias de sua confissão, e, pois, normalmente, as jurídicas emergentes naturalmente de sua confissão, ou seja, operar-se-ão os efeitos jurídicos a ela contrários, solicitados pelo seu adversário, decorrentes dos fatos confessados;

b) na teoria do ônus da prova, a parte adversária à que confessou fica, realmente, dispensada de provar por outro meio de prova os fatos que sejam objeto da confissão (art. 334, II). Há que observar, porém, que, se foi a parte beneficiária da confissão que requereu o depoimento do confitente, toda esta atividade terá sido probatória. Confessam-se fatos cuja prova, pela teoria do ônus da prova, caberia à parte contrária. Assim, se desenvolveu tal atividade, que levou à confissão do adversário, terá sido ela motivada, justamente, pelo ônus da prova que pesava sobre o beneficiário da confissão. Nesse sentido, pois, está mal colocado o art. 334, II, em relação ao *caput* do mesmo artigo, eis que aí prescreve que "não dependem de prova" (art. 334, *caput*) os fatos "afirmados por uma parte e confessados pela parte contrária" (art. 334, II). Ora, como se viu, a confissão é, em si mesma, uma prova. Segue-se, portanto, que o que a lei quis realmente significar é que não precisam ditos fatos confessados de *outra* prova, além da já feita. Ou, então, haver-se-á de restringir o sentido literal do art. 334, II à confissão que tenha sido feita desligadamente de qualquer atividade do litigante que seja por ela beneficiado; *nem por isto, e ainda, perderá a natureza de meio de prova.*

1. Há certa discordância na doutrina sobre a confissão ser considerada meio de prova, no direito brasileiro. José Carlos Barbosa Moreira, por exemplo, vê na confissão um elemento da prova. Nas suas palavras: "A fonte de prova, a rigor, não é a confissão, e sim a parte que confessa (quando presta seu depoimento), ou o documento em que ela admite o fato contrário ao seu interesse e favorável ao adversário. O juiz ouve (depoimento pessoal) ou vê (documento) as palavras da parte, que admite o fato. Fonte de prova é a parte; meio de prova (pelo qual a fonte se comunica com o órgão judicial) é o depoimento pessoal do confitente ou o documento que contém a confissão". (*Anotações sobre o título "Da Prova" no Código Civil*. Temas de direito processual. p. 151). Afigura-se-nos, no entanto, que essa é uma questão terminológica, sem consequências jurídicas, e portanto para este Manual a confissão será tratada como *meio de prova*.

256. Conceito de confissão

Consiste a confissão na declaração, com efeito probatório, de ciência de fatos tidos como verídicos pelo confitente e contrários ao seu interesse, sendo favoráveis à outra parte.

Tais fatos deverão, *comumente*, ter sido afirmados pela parte contrária, pois, se o fossem primeiramente pelo confitente, seriam fatos alegados por ele e prejudiciais a si próprio. Esta realidade *possível*, todavia, também se alberga no *conceito legal de confissão*, mas sua utilidade para a outra parte dependerá do âmbito do pedido e respectiva *causa(e) petendi*, considerado o problema sempre enquanto confissão, propriamente dita.

O art. 348 do CPC conceituou a confissão: "Há confissão, quando a parte admite a verdade de um fato, contrário ao seu interesse e favorável ao adversário (...)".

A confissão é judicial ou extrajudicial. Resulta da confissão um reconhecimento de verdade formal, eis que o juiz, em regra, aceita a confissão sem realizar uma perquirição mais profunda do *animus* daquele que confessou, no sentido de saber se os fatos são realmente verdadeiros ou não. Basta que o confitente assim o creia e assim o declare. *O animus confitendi* é também indispensável para a jurisprudência italiana, como elemento subjetivo, para conferir validade à confissão.[2]

A confissão (do réu) distingue-se do reconhecimento jurídico do pedido, porque na confissão o processo não se extingue, devendo ser proferida uma sentença, que muito provavelmente tomará a confissão como uma prova fundamental. Já no reconhecimento jurídico do pedido, como são aceitos não só os fatos, mas também as consequências jurídicas, extingue-se o processo, e, por isso, com sentença necessariamente favorável à parte contrária.[3] Nesse sentido, há decisão do extinto 1.º TACivSP em que se entendeu que não se pode confundir confissão e reconhecimento jurídico do pedido, uma vez que a confissão se inscreve nos meios de prova (art. 348 *et seq.* do CPC), enquanto o reconhecimento jurídico do pedido diz respeito à própria pretensão do autor. A confissão não obriga sempre o magistrado (art. 131), ao passo que o reconhecimento do pedido produz efeitos vinculativos no tocante à declaração das consequências jurídicas afirmadas pelo autor e admitidas pelo réu,[4] desde que objetivamente disponível o bem jurídico (e, bem assim, desnecessitando de *prova legal* de sua existência), e, subjetivamente, sendo a parte capaz (de dispor de seu "direito").[5]

2. Neste sentido, é torrencial a jurisprudência italiana (cf. Aurélio Scardaccione, *Le prove*, n. 107, p. 285). A nós parece que *o animus confitendi* deve ser encarado *negativamente*, ou seja, *vontade e declaração* devem estar imunes a vícios (*arg. ex* art. 352, *caput*). Assim, inocorrentes tais vícios, *ipso facto*, há *animus confitendi*.

3. V. Clito Fornaciari Júnior, *Reconhecimento jurídico do pedido*, 30/73.

4. 1.º TACivSP, em Jurandyr Nilsson, *Repertório*, vol. II/467. Cf., a respeito, os seguintes julgados do STJ: REsp 94.193/SP, 4.ª T., j. 15.09.1998, rel. Min. Cesar Asfor Rocha, *DJ* 03.11.1998, p. 140; REsp 464.041/SE, 3.ª T., j. 16.10.2003, rel. Min. Castro Filho, *DJ* 03.11.2003, p. 316. *Na doutrina*: Clito Fornaciari Júnior, *Reconhecimento jurídico do pedido*, 30/73-77; Luís Antônio de Andrade, *Aspectos e inovações do Código de Processo Civil*, p. 19; Sérgio Rizzi, *Ação rescisória*, p. 159-161.

5. Nessas condições, o reconhecimento jurídico do pedido (de um lado), tanto quanto a renúncia ao direito (*rectius*, pretensão) conduzem, *vinculativamente*, à extinção do processo, com resolução de mérito (art. 269, II e V, respectivamente). Corretamente afirmou-se, em julgado do STJ, que "o reconhecimento jurídico do pedido impõe limitação ao livre convencimento do juiz acerca da causa" (STJ, REsp 19.837/SP, 4.ª T., j. 14.06.1993, rel. Min. Bueno de Souza,

As mesmas considerações valem para contrastar a renúncia do direito sobre que se funda a ação (*rectius*, à pretensão – art. 269, V) e a confissão feita pelo autor.[6]

Quem deve confessar é a própria parte, ou outrem com poderes rigorosamente especificados (art. 349, parágrafo único). Nos poderes gerais *ad judicia* não se contém o de confessar (art. 38), devendo o procurador, para praticar o ato, recebê-lo expressamente.

Do ponto de vista de quem confessa, devemos verificar dois elementos distintos: *a)* a capacidade do confitente; *b)* a legitimação.

A "capacidade para confessar" não é rigorosamente equivalente à capacidade para agir, diante de uma situação concreta (*em rigor*, legitimidade para confessar). Assim, há que se verificar, na capacidade, o aspecto subjetivo, ou seja, se o indivíduo pode dispor do direito relacionado com os fatos confessados ou se confessa por mandatário, com poder especial, na confissão *espontânea*.[7]

A legitimação, de outra parte, pode envolver os poderes conferidos a um mandatário, o que pressupõe, por sua vez, o preenchimento dos anteriores requisitos, bem como o exame dos poderes em si e da própria pessoa do representante.

257. Elementos da confissão

Dentre os elementos da confissão, temos o objetivo, o subjetivo e o intencional.

Como elemento objetivo da confissão, tenhamos presente que ele se assenta sobre os fatos relevantes e contrários ao interesse do confitente, e situados, pois, dentro do tema probatório. Assim, os fatos que são objeto da prova, que foram alegados por uma parte e que são desfavoráveis ao confitente poderão por este ser confessados.

É necessário que os fatos se refiram a direitos de que possa dispor o confitente, embora a confissão não seja, propriamente, e nem envolva, renúncia (típica) a direito, mesmo porque se reconhece como verdadeiro fato embasador do direito afirmado pelo adversário. Não há confissão de direito de terceiro – salvo por mandatário (art. 349, parágrafo único) – e, de outro lado, os efeitos da confissão se limitam ao confitente, na forma do art. 350, não atingindo, absolutamente, os litisconsortes do processo, visto que os litisconsortes são considerados autonomamente (arts. 48 e 350). Assim, os atos de um litisconsorte não poderão prejudicar os demais. Por outro lado, tratando-se de litisconsórcio unitário, e justamente porque a decisão deverá ser igual para todos, a confis-

---

DJ 04.10.1993, p. 20.556). A confissão, igualmente, vincula *pelo seu poder de convicção*. A confissão *extrajudicial*, feita por escrito, tem a mesma eficácia que a *judicial, desde que convença*, e, por isto, ambas vincularão o juiz, *mas não porque sejam prova legal*, como já se disse (STF, RE 82.001, 2.ª T., 20.06.1975, rel. Cordeiro Guerra (v.u.), *RF* 254/258-259; *RTJ* 75/326-7), precisamente porque a *prova legal, sendo ela mesma da substância do direito* (v., *genericamente, a ela se referindo, o art. 366), é, por isto mesmo, insubstituível.*

6. Em sentido contrário, o E. STJ tem entendido, em matéria tributária, que a confissão extrajudicial de dívida tem a mesma consequência jurídica que a renúncia da pretensão de discutí-la em juízo: "Segundo a jurisprudência do STJ, a adesão a parcelamento com assinatura de termo de confissão de dívida equivale a renúncia do direito sobre a qual se funda a ação, devendo ser extinto o feito com julgamento do mérito, nos termos do art. 269, V, do CPC" (STJ, REsp 643187/RS, 2.ª T., j. 11.04.2006, rel. Min. Eliana Calmon, *DJ* 22.05.2006, p. 181).

7. A bem da verdade, o art. 213, do Código Civil, nada diz sobre a validade da confissão em si mesma considerada, senão que, diversamente, trata apenas da sua eficácia. Quer dizer, então, que o dispositivo em referência, em razão das situações que prevê, apenas impede que a declaração de ciência do fato adquira o *status* de confissão, com as consequências legais daí decorrentes (art. 334, II e 350, do CPC). V., nesse sentido, Fredie Didier Jr., *Regras processuais no novo Código Civil*, p. 45.

são de um litisconsorte será ineficaz em relação à determinação do resultado da decisão da causa, conquanto possa ser considerada válida em si mesma, desde que esteja revestida das formalidades. O fato de se dizer que a confissão do litisconsorte unitário é *válida* significa que não poderá ser revogada pelo litisconsorte-confitente, e somente nos casos do art. 352 pode ser anulada. Não será, todavia, eficaz. Dessa forma – porque válida, mas ineficaz –, ela poderá gerar efeitos fora do processo, em relação ao confitente e à parte contrária, mas nenhum efeito poderá gerar em relação à decisão a ser proferida no feito em que foi feita. Para que se verifique a eficácia *no processo*, necessário será que todos os litisconsortes unitários igualmente confessem, de forma válida.[8]

Os herdeiros que venham a suceder naquele direito cujos fatos foram objeto da confissão têm, contudo, de respeitá-la. Cumpre acrescentar que, no que diz respeito ao elemento objetivo, o direito do confitente, eventualmente subjacente à confissão, além de dever ser renunciável, segundo o art. 351 do CPC, necessário é que inexista uma modalidade de prova especial ou essencial à prova do fato que se pretenda confessar e que, portanto, seja da substância do direito (v. n. 246, *retro*).

Entretanto, o TJSP *teria considerado* admissível a confissão em ações de estado, quando reforçada por outras circunstâncias.[9]

O elemento intencional é aquele que leva a parte a confessar, ou seja, a consciência do que faz, livre de pretensões ilegítimas e de equívoco tipificável como vício (de ato jurídico) (v. art. 352). Entretanto, se houver confissão maculada pelo erro ou pela coação, esta poderá ser anulada (art. 352, I), enquanto pendente o processo, ou, se transitada em julgado a sentença de mérito, nela fundada, poderá, como já dito precedentemente, ensejar direito à ação rescisória (arts. 352, II, e 485, VIII).

A confissão pode ser judicial ou extrajudicial (art. 348, *fine*). A judicial é a que foi regulada pelos arts. 349 e 350 do CPC e pode

---

8. A ineficácia da confissão dá-se, no entanto, no plano jurídico, podendo advir um prejuízo de fato ao litisconsorte necessário, se o juiz utilizar a prova confessional como elemento de formação de sua convicção. Nesse sentido: "Se um litisconsorte confessa, tal confissão não se estende aos outros litisconsortes, os quais continuarão litigando sem que o juiz possa considerá-los também em situação de confissão. Todavia, por ocasião da sentença, e em virtude do princípio do livre convencimento do juiz, poderá ele levar em consideração, na análise da matéria, a confissão do litisconsorte como elemento de prova, podendo advir daí um prejuízo de fato" (STJ, REsp 1091710/PR, Corte Especial, j. 17.11.2010, rel. Min. Luiz Fux,, *DJe* 25.03.2011).

9. *RJTSP* 39/33 (na realidade, conquanto se refira, no acórdão, o tema da confissão, citada inclusive obra doutrinária que a admite em ação de estado, não é essa confissão identificada no teor do acórdão, ou seja, não fica explicitado o que e como teria havido confissão; o voto vencido não se refere a confissão – rev. cit., p. 36 do acórdão, p. 36-38 do voto vencido). Ao que parece ter sido atribuído o valor de confissão foi o fato de, em ação de anulação de casamento (postulada pelo marido), a mulher ter vivido, durante o processo, em concubinato, incompatível com a possível regularização da vida matrimonial, propriamente dita (rev. cit., p. 35, *fine*, e 36). Tratando-se de separação judicial, o TJSP já admitiu como válida a confissão em contestação, sob o fundamento de que se cuidava de direito disponível e, ademais, ante a inexistência, no caso dos autos, de prova em contrário. A decisão a que nos referimos consta da *JTJ – Lex* 226, p. 152-154, e está assim ementada: "Separação judicial litigiosa. Réu que na resposta admite os termos da inicial. Confissão real válida, porque direito disponível, desde que a lei permite a separação consensual. Inexistência de prova em contrário. Culpa do confitente, com suas consequências, uma delas de deixar o lar comum. Recurso provido para esse fim" (TJSP, Ap.Cív. 113.787-4, São Bernardo do Campo, 2.ª Câm. Dir. Priv., j. 19.10.1999, v.u., rel. Des. Linneu Carvalho).

ser espontânea ou provocada. Com relação à confissão espontânea, é de ser dito que a mesma poderá ser feita pela própria parte ou por mandatário com poderes especiais (inclusive extrajudicialmente), na forma estatuída pelo art. 349, parágrafo único.

A confissão *provocada* em depoimento pessoal (art. 349) é possível somente pela parte, da mesma forma que pode ocorrer em interrogatório ordenado pelo juiz, ao contrário da extrajudicial (confissão sempre espontânea – art. 349, parágrafo único), que pode ser feita por mandatário com poderes especiais.

A confissão extrajudicial, no que pertine à sua eficácia, vem regulada pelo art. 353 e, conforme estabelece o referido artigo, terá o mesmo efeito probatório da judicial, se feita por escrito à parte ou a quem a representa. Se tiver sido feita a terceiro ou contida em testamento, será livremente apreciada pelo juiz, diz a parte final do art. 353.[10] Se feita oralmente, conforme estabelece o parágrafo único do mesmo art. 353, só valerá nos casos em que o legislador não estabeleceu, como exigência, a prova literal. Se se desejasse confessar (a terceiro) em hipótese que haveria de ter sido objeto de prova literal, a confissão *teria de ter sido escrita* (art. 353, parágrafo único, *a contrario sensu*).

Este parágrafo único, em nosso sentir, refere-se parcialmente ao *caput* do art. 353. Diz esta parte desse *caput*: "Feita [a confissão] a terceiro, ou contida em testamento, *será livremente apreciada pelo juiz*". Vale dizer, a confissão feita a terceiro não é *a priori* e *ex lege* tão valorizada como a que seja feita *pela própria parte*. Quer isto significar que a valoração da prova, nesta hipótese, será diferente, *embora o resultado possa ser convincente*.

Ora, o parágrafo único do art. 353 refere-se a *confissão feita verbalmente*. Parece que a hipótese possível de encarte nesse texto é representativa de confissão feita a terceiro ou por ele presenciada, que irá levá-la a juízo (*v.g.*, quando a própria parte tenha falecido). Essa confissão feita a terceiro valerá, nos termos do art. 353, *caput* e *fine,* mas "só terá eficácia nos casos em que a lei não exija prova literal".

Vale dizer: *a)* se fosse a própria parte que viesse fazer a confissão, ainda que exigida prova literal, a *confissão por ela feita valeria*, e, pois, teria eficácia; *b)* diferentemente, se a parte não puder depor, a confissão que tenha feito a terceiro, *o qual irá testemunhar o fato, não valerá, entretanto, se o fato devesse ter sido objeto de prova literal, isto é, prova escrita*. O interessado haveria de ter deixado em mãos desse terceiro prova literal.

Esta *prova literal* não se confunde com *prova legal*, pois que, se de prova legal se tratasse, a própria parte não poderia ter confessado o fato, *porque a prova legal é a única que dá substância ao ato*, e com isto pretender que o fato viesse a ser provado por outro meio é inviável (art. 366).

Como é prova literal, se se tratar da parte, valerá a confissão; se, todavia, feita por terceiro, a informação (= *depoimento*) do terceiro (reproduzindo o que alguém lhe dissera *verbalmente*) não terá eficácia, se a hipótese houvesse exigido prova literal (*v.g.*, um contrato de valor superior àquele constante do art. 401).

258. Espécies de confissão

Judicial é a confissão feita em juízo, em depoimento pessoal, pela parte e é conside-

10. No Projeto de Novo Código de Processo Civil, há uma pequena alteração nesse dispositivo, para unificar as consequências jurídicas nas formas de confissão extrajudicial. Deixa de existir a diferença entre a confissão extrajudicial por escrito à parte – com valor idêntico à judicial – e aquela feita a terceiro ou constante de testamento, a ser apreciada pelo juiz. Diz o art. 401 da atual versão do PL 8.046/2010, simplesmente, que "a confissão extrajudicial será livremente apreciada pelo juiz".

rada como provocada (art. 349, parte final); quando *espontânea*, pode ser feita pela própria parte ou por mandatário com poderes especiais.

A confissão judicial poderá, conforme já mencionamos, ser espontânea ou provocada, na medida em que a primeira seja feita pela iniciativa da própria parte confitente, e a segunda feita através do pedido da parte que requer o depoimento pessoal, ou quando o depoimento tenha sido ordenado pelo juiz.

Quanto à estrutura, a confissão pode ser: *a)* simples, se aceito, sem quaisquer restrições, o fato deduzido pela parte contrária; *b)* qualificada ou complexa, quando, embora aceito o fato pela parte contrária, alega-se outro fato, extintivo, que implique a restrição total ou parcial dos efeitos do fato confessado.[11] A confissão, conforme estabelece o art. 354 do CPC, é, em regra, indivisível,[12] ou seja, a parte, à qual ela aproveita, não poderá dividi-la, no sentido de só invocar a parte que lhe beneficie e rejeitá-la no que for desfavorável. Todavia, ainda, no dizer do artigo supramencionado, cindir-se-á, quando a parte que confessa lhe aduzir fatos novos, suscetíveis de constituir fundamento de defesa, de direito material. Nestes casos, a parte interessada teria de ter, oportuna e idoneamente, alegado tais fatos em contestação e/ou reconvenção e fazer prova – que não fosse sua confissão – para que tais fatos pudessem produzir efeitos úteis, em seu benefício.

259. Efeitos da confissão

A confissão, prova que é (art. 350), tem valor ou eficácia probante. Ela atinge a pessoa que confessou, isto é, a parte e os seus herdeiros e sucessores, no que tange a seu objeto, cuja confissão *pode* levar à perda respectiva.

260. Divisibilidade e indivisibilidade da confissão

A parte que se quiser utilizar da confissão prestada *pela outra*, diz textualmente o art. 354, não poderá cindi-la, aceitando-a em uma parte e rejeitando-a em outra, salvo se o confitente alegar *fatos novos*, capazes de servirem como fundamento de defesa. E isto porque ninguém pode pelo *seu depoimento* fazer prova em seu favor. Por outro lado, tais fatos, que poderiam embasar contestação e/ou reconvenção, situam-se fora do *thema probandum* próprio da confissão, vale dizer, fatos *contrários* ao interesse do confitente e *favoráveis* ao adversário, o que não se passa com a contestação e/ou reconvenção, porque ninguém "confessa" a seu favor.

A dicção legal não é feliz, porque a *parte* normalmente "não invoca", ou deixa de invocar, a confissão como prova. A *confissão está nos autos e como tal será valorada pelo juiz*. O sentido da lei, portanto, diz com a eficácia da confissão e não, como se poderia entender, com a disponibilidade em invocá-la, ou não.

Se se "confessam" os fatos da inicial, mas não do modo que seria útil à parte contrária à que presta depoimento, é provável que inútil seja essa declaração, que, propriamente confissão, como meio de prova, não será.

Se, todavia, se confessa um fato (*v.g.*, débito), isto significa que o crédito pretendido está provado; se, no entanto, se *alega*

---

11. O conceito de confissão complexa é inserido no Brasil por influência alemã. O *Zivilprocessordnung*, em seu §289, diz que "a eficácia de uma admissão [confissão] feita em juízo não é descaracterizada pelo fato de existir uma alegação adicional, que inclui um meio independente de impugnação ou defesa" (*Die Wirksamkeit des gerichtlichen Geständnisses wird dadurch nicht beeinträchtigt, dass ihm eine Behauptung hinzugefügt wird, die ein selbständiges Angriffs- oder Verteidigungsmittel enthält*).

12. V. *RJTJSP* 74/62.

nessa confissão um *contracrédito* que daria margem a *compensação*, ainda que esta tenha sido deduzida, haverá necessidade de tal compensação ser *provada, pois a declaração do confitente de que é credor lhe é inútil. Aí, então, cinde-se a confissão: a) vale no que lhe é desfavorável; b) não vale, no que lhe é favorável, mesmo porque confissão não é* (v. art. 348 e *supra*, neste n. 260).

261. Aspectos principais da confissão em nosso direito positivo

Se a confissão pode ser feita por procurador, com poderes especiais, tal não ocorre com o depoimento pessoal,[13] conforme já mencionamos, salvo em casos definitivamente excepcionais, como já decidiu a jurisprudência.[14]

É imprescindível a intimação específica para o direito ao depoimento pessoal, sendo insuficiente a mera especificação na inicial.[15]

No depoimento, não tem a parte depoente o direito de ser reperguntada pelo seu advogado.[16]

É vedado, outrossim, ao corréu formular perguntas, pois isto é direito privativo da parte contrária.[17]

Finalmente, cumpre ressaltar que, embora de meio de prova se trate, pode ter lugar a qualquer tempo e grau de jurisdição.

262. Revogação da confissão

Podemos afirmar que a confissão é irrevogável (art. 214 do Código Civil, que revogou, em parte, o art. 352 do CPC). Entretanto, poderá ser *revogada* (na terminologia usada pelo CPC; na verdade, trata-se de *invalidação*) quando emanada de erro de fato, ou coação (*rectius*, anulada – art. 352, I), ou ser objeto de rescisória, se já findo o processo (arts. 352, II, e 485, VIII). São os vícios inerentes a qualquer ato jurídico e que podem comprometer também a confissão.

Em face do art. 214 do Código Civil, não tem (mais) cabimento a invalidação da confissão com fundamento na existência de dolo. Referido dispositivo (art. 214) revogou, nessa parte, o art. 352 do CPC, que previa essa possibilidade, corrigindo um equívoco do sistema, já que o dolo só tem pertinência (para o fim de anular a confissão) se conduzir a erro na vontade do confitente. E, ainda, dissipando incertezas em torno de qual erro tratava o art. 352, capaz de ensejar essa invalidação, se de fato ou direito, o art. 214 do Código Civil, acima referido, foi incisivo: "A confissão é irrevogável, mas pode ser anulada se decorreu de erro de fato ou de coação".[18]

Quando o processo em que houve confissão, emanada de erro de fato ou coação,

---

13. STF, *Arquivo Judiciário* 93/261; STJ, REsp 623.575/RO, 3.ª T., j. 18.11.2004, rel. Min. Nancy Andrighi, *DJ* 07.03.2005, p. 250.
14. Excepcionalmente, deve ser admitido depoimento pessoal por intermédio de procurador, com poderes bastantes, e desde que este tenha conhecimento próprio das circunstâncias (v. n. 246).
15. No direito antigo: *RT* 304/794; no direito vigente: 2.º TACivSP, em Jurandyr Nilsson, *Repertório*, vol. II/465. Mais recentemente, cf. TAPR, Ap. Civ. 152931-5, j. 18.02.2002, rel. Des. Rabello Filho, *DJ* 6.077; *RT* 659/165.
16. *RT* 578/93; TJGB, *Revista de Jurisprudência* 10/178, Ap 323.332, 2.ª Câm.; TJRS, Ap 12.574, 1.ª Câm., *Revista Jurídica* 32/312; TJSP, *RF* 112/457. Em sentido contrário: TJSC, Ap 5.289, 1.ª Câm., *Jurisprudência*, ano 1962, p. 401; TASP, Ap 38.526, *RT* 330/523. Já se decidiu que, realizadas perguntas pelo advogado do depoente, não haverá nulidade (TAPR, Ap. Civ. 266204-4, j. 17.08.2004, rel. Des. Sá Ravagnani).
17. *RT* 300/467 e 581/235 e, ainda, *RTJ* 107/729.
18. Seguiu, assim, orientação já adotada pelo CPC/1939, de cujo art. 231 constava o seguinte: "A confissão produzirá efeitos em relação apenas ao confitente e a seus herdeiros e não prejudicará os litisconsortes, podendo ser retratada por erro de fato até o julgamento definitivo da causa, ou, em qualquer tempo, em ação direta, quando obtida por dolo ou violência".

ainda estiver pendente, o meio adequado para a anulação da mesma é a ação anulatória; se já findo o processo, a ação será a rescisória (art. 352). Todavia, para que se possa fazer uso da ação rescisória, necessário será que o fundamento *basilar* da sentença seja a confissão obtida por erro de fato ou coação, isto é, que entre a confissão e a sentença, que a tenha acolhido, haja uma relação absoluta de causa e efeito. O Código antigo dispunha acerca do problema, no sentido de que a confissão podia "ser retratada por erro de fato até o julgamento definitivo da causa, ou, em qualquer tempo, em ação direta, quando obtida por dolo ou violência" (art. 231).

Bibliografia

AGUIAR, João Carlos Pestana de. *Comentários ao código de processo civil*. São Paulo: Ed. RT, 1977. vol. IV.

AMARAL SANTOS, Moacyr. *Comentários ao código de processo civil*. Rio de Janeiro: Ed. Forense, 1982. vol. IV.

______. *Primeiras linhas de direito processual civil*. 23. ed. (atualizada por Aricê Moacyr Amaral Santos.) São Paulo: Saraiva, 2004. vol. II.

ARRUDA ALVIM, Eduardo. *Curso de direito processual civil*. São Paulo: Ed. RT, 1999. vol. 1.

______. *Direito processual civil*. 2. ed. rev., atual. e ampl. São Paulo: Ed. RT, 2008.

______. *Direito processual civil*. 3. ed. São Paulo: Ed. RT, 2010.

______. *Direito processual civil*. 4. ed. São Paulo: Ed. RT, 2012.

ARRUDA ALVIM NETTO, José Manoel de. *Curso de direito processual civil*. São Paulo: Ed. RT, 1972. vol. II.

ANDRADE, Luís Antônio de. *Aspectos e inovações do código de processo civil*. Rio de Janeiro: Francisco Alves, 1974.

BARBOSA MOREIRA, José Carlos. *O novo processo civil brasileiro*. Rio de Janeiro: Ed. Forense, 1984.

BARBOSA MOREIRA, José Carlos. *O novo processo civil brasileiro. 25. ed.* Rio de Janeiro: Ed. Forense, 2007.

BORGES, Marcos Afonso. *Comentários ao código de processo civil*. São Paulo: Leud, 1975. vol. II.

CASTRO, Arabela Maria Sampaio. *Da confissão no processo civil*. Tese de Doutorado, São Paulo, Universidade de São Paulo, 1981.

DEDA, Artur Oscar de Oliveira. *A prova no processo civil*. São Paulo: Saraiva, 2006.

DIDIER JUNIOR, Fredie. *Regras processuais no novo código civil*. São Paulo: Saraiva, 2004.

FADEL, Sergio Sahione. *Código de processo civil comentado*. Rio de Janeiro: Ed. Forense, 1984. vol. I.

FORNACIARI JÚNIOR, Clito. *Reconhecimento jurídico do pedido*. São Paulo: Ed. RT, 1977.

GUERRA, João Baptista Cordeiro. O valor probante das confissões extrajudiciais. *RF* 285/1.

LOBO DA COSTA, Moacyr. *Confissão e reconhecimento jurídico do pedido. São Paulo: Saraiva,* 1983.

LOPES, João Batista. *A prova no direito processual civil*. 3. ed. São Paulo: Ed. RT, 2007.

MARQUES, José Frederico. *Manual de direito processual civil*. São Paulo: Saraiva, 1984. vol. II.

NACONECY, Luiz Carlos Macedo. *Curso de direito processual civil*. São Paulo: Ed. RT, 1984.

PONTES DE MIRANDA, Francisco Cavalcanti. *Comentários ao código de processo civil* (de 1973). Rio de Janeiro: Ed. Forense, 1974. t. IV.

RIZZI, Sérgio. *Ação rescisória*. São Paulo: Ed. RT, 1979.

SANTOS, Ernane Fidélis dos. *Comentários ao código de processo civil*. Rio de Janeiro: Saraiva, 1980. vol. III, t. I.

SANTOS, Gildo dos. *A prova no processo civil*. São Paulo: Saraiva, 1979.

SCARDACCIONE, Aurélio. *Le prove*. Torino: Utet, 1971.

THEODORO JÚNIOR, Humberto. *Curso de direito processual civil*. Rio de Janeiro: Ed. Forense, 1985.

______. *Processo de conhecimento*. Rio de Janeiro: Ed. Forense, 1981. t. II.

TUCCI, Rogério Lauria. Ficta confessio. *Temas e problemas de direito processual*. São Paulo: Saraiva, 1983.

XXVII
Da Prova Pericial

263. Conceito de perícia

A perícia constitui-se numa forma de provar, por meio da qual pessoas especialmente capacitadas, em decorrência de conhecimentos especiais (técnicos ou científicos) que possuem, por ordem judicial e, de acordo com a sistemática da Lei 8.455/1992,[1] que alterou a redação do art. 422, independentemente de compromisso, informam o juízo a respeito da ocorrência de determinados fatos, bem como o significado dos mesmos (parte narrativa da perícia e parte *conclusiva ou opinativa*, pela aplicação dos conhecimentos técnicos, ou científicos, sobre ditos fatos). Ao contrário do sistema constante originariamente do Código de Processo Civil, diante da redação do art. 427 dada pela Lei 8.455/1992, é possível que seja dispensada a perícia quando as partes, na inicial e na contestação, apresentarem sobre as questões de fato pareceres técnicos ou documentos elucidativos, tidos como suficientes pelo juiz. Neste caso, não se teria, propriamente, que se falar em perícia, mas em algo muito próximo da prova documental. Cuida-se de prova técnica documentada, para cuja produção não incidiu o contraditório, ficando este restrito à discussão posterior sobre o conteúdo do documento.

1. Analogamente, o art. 479 do Projeto de Novo Código de Processo Civil, PL 8.046/2010, prevê que "O juiz poderá dispensar prova pericial quando as partes, na inicial e na contestação, apresentarem sobre as questões de fato pareceres técnicos ou documentos elucidativos que considerar suficientes."

Salvo raras exceções, em que as partes conjuntamente elegem um *expert* por ambas escolhido, a fim de elaborar o parecer técnico, o que ocorre, na hipótese do art. 427, é a apresentação, ao juiz, de documentos unilateralmente produzidos pelos *experts* contratados por cada uma delas. Estas provas documentadas e constituídas unilateralmente não são idênticas à prova produzida no processo mediante contraditório pleno e na presença do juiz.

Diante disso, evidentemente, se a discordância dos litigantes sobre aquelas questões de fato for tal que afetar a própria formação da convicção judicial, necessariamente e em que pese a atual redação do art. 427, será caso de ser determinada perícia.

264. Do cabimento da prova pericial

A prova pericial, no que tange ao seu cabimento, deve ser vista sob dois aspectos básicos: 1.º) a prova pericial pode ser *inútil*, ou, então, 2.º) *supérflua*.

Sempre se entendeu que o juiz, para evitar isso, antes de deferir pedido de realização de prova, poderia (em verdade, *deveria*), tendo dúvida, solicitar esclarecimento acerca do objeto e/ou do objetivo da prova.[2]

2. TJSP, AgIn 237.117, Salto, 3.ª Câm.Cív., j. 12.09.1974, rel. Costa Leite, v.u.

Com a redação dada ao art. 331, § 2.º, pela Lei 8.952/1994, e com o acréscimo do § 3.º a este mesmo dispositivo pela Lei 10.444/2002, fica evidenciado que a prova realizável fora da audiência (como a perícia, salvantes as hipóteses do art. 421, § 2.º, e da juntada de documentos elucidativos referida no art. 427) versará, precisamente, sobre aqueles pontos controvertidos fixados naquele instante processual.

A prova inútil ou impertinente é toda aquela que refoge ao objeto litigioso ou à lide; por outras palavras, diz respeito aos fatos que, mesmo se devidamente provados, não influem na decisão da causa. Evidentemente, não é só a prova pericial, dentre as provas, que não deve ser inútil ou supérflua. Trata-se de assunto que, particularmente, e de forma especial, se põe com alguma complexidade no que tange à prova pericial, porque, às vezes, com relação a esta prova, como conhecimentos técnicos ou científicos estão envolvidos, pode não ser fácil julgar da sua utilidade, necessidade ou pertinência.[3]

Também é fator determinante para que se dê, ou não, realização de perícia a circunstância de as partes, com a inicial ou com a contestação, apresentarem, ou não, pareceres técnicos ou documentos elucidativos sobre as questões de fato *que o juiz tiver como suficientes* (art. 427, com a redação da Lei 8.455/1992). Assim, a prova pericial, sempre custosa e demorada, pode ser resumida, conforme o caso, à *prova documental* trazida durante a própria fase postulatória – especificamente com a petição inicial e com a contestação – pelas partes interessadas.

Assim, se o juiz entender inviável a prova pericial, pode (e, na verdade, *deve*) indeferi-la.[4] A prova pericial deverá ser dispensada, se a prova pode ser feita por outros meios, como, diante do art. 427, na hipótese das partes carrearem aos autos documentos elucidativos ou pareceres técnicos previamente constituídos para comprovar suas alegações de fato *e o juiz os tiver como suficientes*.[5] Por isso já se decidiu, com acerto, mesmo antes da Lei 8.455/1992, que se o fato, objeto da prova, independe de conhecimento especial de técnico e pode ser provado diretamente por intermédio de prova testemunhal, admitir a perícia seria transformar o perito em um mero coletor de prova testemunhal.[6]

Por isso, acentua-se que, relativamente à perícia, é necessário que compareça o

3. *Cf. Fredie Didier. Curso de direito processual civil. p. 26. vol.2. "Devem ser provados apenas os fatos que tenham relação ou conexão com a causa ajuizada. Os fatos por provar devem ser relevantes ou influentes, isto é, em condições de poder influir na decisão da causa; são excluídos da prova os fatos que nenhuma influência exercem sobre a decisão da causa."*

4. Nesse sentido: STJ, REsp 526.530/MG, 4.ª T., j. 28.06.2005, rel. Min. Barros Monteiro, *DJ* 03.10.2005, p. 257. Cf. também *Anais Forenses do Estado do Mato Grosso* 43/466 (trata-se de pedido de realização de perícia em veículo abalroado para verificação de danos, decorrido mais de um ano do acidente e já tendo sido totalmente restaurado o referido veículo). Ainda: "Prova. Perícia contábil. Existência, nos autos, de elementos de convicção aptos ao esclarecimento do julgador e ao correto equacionamento da lide. Indeferimento da prova pericial. Admissibilidade. Cerceamento de defesa. Inocorrência. Preliminar acolhida e recurso improvido na parte conhecida" (TJSP, Ap.Cív. 707.501-0/3, São Paulo, 25.ª Câm.Dir. Priv., j. 07.02.2006, rel. Des. Antônio Benedito Ribeiro Pinto, v.u.).

5. *RT* 288/421; STJ, AgRg no REsp 541.351/ES, 1.ª T., j. 15.09.2005, rel. Min. Denise Arruda, *DJ* 24.10.2005, p. 176.

6. *Revista de Processo* [*RePro*] 35/310, em. 22. Semelhantemente, cf. STJ, AgRg no REsp 614.221/PR, 1.ª T., j. 18.05.2004, rel. Min. José Delgado, *DJ* 07.06.2004, p. 171.

pressuposto específico de sua realizabilidade, qual seja a necessidade de conhecimentos técnicos ou científicos. É imprescindível que os fatos a serem provados por seu intermédio *necessitem* de tais esclarecimentos e interpretação.

Referindo-se ao aspecto técnico, quis o legislador significar um conhecimento *especial*, como o de um agricultor, um sapateiro, um mecânico etc., mas não necessariamente científico. Pertinentemente ao chamado conhecimento científico, quis, especificamente, salientar a necessidade de alguém que tenha qualificação científica especial, ou seja, em decorrência de estar apropriado de saber científico, oriundo de estudo, ou seja, alguém que tenha estudado o assunto, regular e cientificamente e, pois, tenha uma qualificação formal, assim como o médico, o engenheiro, o contador etc.

O art. 130 do estatuto processual dá poderes ao juiz de deferir as diligências requeridas, determinando *ex officio* as que entenda necessárias, como ainda, ao reverso, o de *indeferir* as diligências inúteis em relação ao seu objeto, ou requeridas com propósitos manifestamente protelatórios (o que, se verificado e, *desde que requerido pela parte interessada* e presentes seus pressupostos genéricos, poderá dar ensejo à antecipação de tutela nos moldes do art. 273, II, do Código de Processo Civil, com a redação que lhe deu a Lei 8.952/1994).

A lei não impede que o juiz, independentemente de peritagem, se utilize de seus conhecimentos técnicos. Efetivamente, no art. 335, encontramos o permissivo para tanto. Alude-se aí a que o juiz, para certos casos, deverá usar *normas jurídicas particulares*, que serão aquelas que, especialmente, disciplinam um dado assunto, *v.g.*, como aquelas que regulem problemas de agricultura, de qualificação jurídica de um dado material, como adubo, em decorrência de sua composição química, e ainda, como as que definem os requisitos de segurança de um veículo etc. É, todavia, possível que não existam tais normas, quando, então, o juiz deverá usar de sua *experiência comum* (art. 335), ou seja, aplicará ao caso as chamadas "máximas de experiência".

O conceito de experiência comum, ou de máximas de experiência, é significativo de que o juiz, como homem culto e conhecedor dos fatos da vida, entende o sentido de certas realidades usuais e rotineiras, donde, então, ter-se que as máximas de experiências são *regras gerais* que esclarecem o sentido da norma aplicável. Assim, se se discute a respeito de um acidente automobilístico, onde a norma jurídica a ser usada será a da *culpa* (art. 186 do CC),[7] poder-se-á estar diante de um veículo que estava num acostamento, o que leva à presunção *hominis* de culpa; ou, então, estar-se-á diante de um veículo que brecou e deixou rastro imenso. A experiência da vida indicará – à falta de outros elementos – que, seguramente, o condutor do veículo, que estava fora da pista e a adentrou, ou aquele que deixou o rastro, serão os culpados. As máximas de experiência, pois, completam o sentido normativo, reportado a uma dada cultura ou civilização. São regras de *cunho abstrato* que completam a moldura da lei, no sentido de expressarem uma referibilidade da lei à realidade sobre a qual ela incide, tendo em vista o que a experiência comum (leis físicas, da medicina, da biologia etc.), necessariamente generalizada, significa de verdadeiro, *independentemente de prova pericial*. Nessa medida, assimilam-se mais à norma do que ao fato, muito embora sejam extraídas do mundo empírico. Se, entretanto, vier a entender o juiz que

7. Cf. art. 159 do CC/1916.

não pode seguramente aplicar ao caso sua experiência comum, porque dela careça, o art. 335 indica, no fim de sua redação, o caminho da *perícia*.

Questão interessante diz respeito ao conhecimento técnico obtido pelo juiz a partir de informações extraídas em consulta feita à rede mundial de computadores (*internet*). Deve-se advertir que a facilidade e abertura destas informações ao domínio público não induz à conclusão de que integrem o acervo da experiência comum para, nos termos do art. 335, dispensar a perícia. Conforme ressaltou Adroaldo Furtado Fabrício, as máximas da experiência submetem-se "a limitações e critérios bem definidos" que, em geral, não se enquadram na diversidade e – muitas vezes – na baixa credibilidade das informações extraídas da *internet*. Por outro lado, "menos aceitável seria a suposição de que a generalizada facilidade de acesso aos dados entesourados permitisse tratá-los como 'fatos notórios'. Aqui, mais do que nunca, é preciso que se tenha presente o baixíssimo nível de confiabilidade desses dados." Estas características, associadas à ausência de contraditório na colheita das informações, levam o autor a concluir, com acerto, que, "quando a regra seja da experiência *técnica*, exigente de conhecimentos *especializados*, o que se impõe é a realização da perícia".[8]

Quando o resultado da prova anterior ou da prova existente no processo for positivo, favoravelmente àquele que alegou os fatos, a atitude do juiz deverá ser a de negar a perícia; já se for negativo, o juiz (conforme a circunstância) deverá agir com mais cautela, sob pena de incidir na censura de estar cerceando o direito de a parte provar amplamente o que alegou.

Dentre as modificações trazidas a essa Seção pelo Projeto de Novo Código de Processo Civil, é importante destacar o §2.º do art. 471, do PL 8.046/2010, que acrescenta um novo meio de prova ao dispor: "De ofício ou a requerimento das partes, o juiz poderá, em substituição à prova pericial, determinar a produção de *prova técnica simplificada*, quando o ponto controvertido for de menor complexidade". A prova técnica simplificada, de acordo com o §3.º do mesmo artigo, consiste na "inquirição pelo juiz de especialista sobre ponto controvertido da causa que demande especial conhecimento científico ou técnico". Trata-se de um esclarecimento técnico-científico a respeito de pontos controvertidos que demandem conhecimento especializado. Embora o projeto silencie a respeito, é de se crer que as partes devam ser intimadas da data da oitiva do especialista, para comparecerem caso queiram.

Em convergência a este entendimento, já decidiu o Superior Tribunal de Justiça que "há cerceamento de defesa quando o juiz indefere a realização de perícia requerida fundamentadamente pela parte, com o fito de comprovar determinada alegação, e esta mesma alegação é rejeitada, na sentença, sob o fundamento de não ter sido provada".[9]

265. Momento do pedido da prova pericial

Parece-nos que o juiz, a qualquer momento, antes da prolação da sentença, mesmo procedendo à conversão do processo em diligência, a final, poderá determinar sejam feitos exames periciais, na medida em que não tenha elementos finais e conclusivos de inteligência do(s) fato(s) para decidir.

As partes deverão requerer a prova pericial: o autor, com a petição inicial (art. 282) – o mesmo seja dito quanto ao opoente e ao

8. Adroaldo Furtado Fabrício, Iniciativa judicial e prova documental da internet, p. 300.

9. STJ, REsp 471322/RS, 3.ª T., j. 26.06.2003, rel. Min. Nancy Andrighi, *DJ* 18.08.200.

reconvinte; o réu deverá requerê-la com a apresentação da contestação (art. 300).[10]

Antes do saneamento (isto é, o momento processual a que se refere o art. 331, § 2.º, no procedimento ordinário), em algumas hipóteses, o juiz poderá mandar que sejam especificadas as provas (art. 324). Tal se dará ainda quando, embora não tenha o réu contestado o feito, não se tenham produzido os efeitos da revelia.

Por outro lado, e por excelência, o deferimento do exame pericial dar-se-á na oportunidade do saneamento, ainda que o art. 331, § 2.º, não se refira diretamente a esta forma de prova, a exemplo do que ocorria com o revogado inciso I deste mesmo dispositivo. Equivalentemente, no procedimento sumário o legislador acabou por fazer breve menção à realização da prova pericial, quando consignou, no atual art. 278, § 2.º (redação da Lei 9.245/1995), que a audiência de instrução e julgamento será designada para data próxima, não excedente a trinta dias, *salvo se houver determinação de perícia.*

Já se entendeu, abrandando o texto da lei, que o termo final para o pedido de prova pericial é o imediatamente anterior ao saneamento.[11] Parece-nos que esta afirmação não foi afetada pelas diversas modificações experimentadas pelo Código de Processo Civil. Pelo contrário, restou fortalecida, eis que é no momento do art. 331, § 2.º que serão fixados os pontos controvertidos e, consequentemente, deverão ser requeridas (na verdade, *reiteradas* – eis que os requerimentos de prova, como visto, devem ser formulados na fase postulatória) e, se for o caso, deferidas, as provas que recairão sobre cada um deles. O mesmo se verifica para o procedimento sumário, diante da sistemática impressa no art. 278, *caput*, c/c seu § 2.º, pela Lei 9.245/1995.

266. O juiz e o resultado da perícia

A própria *ratio essendi* da perícia recomenda ao juiz que atenda aos elementos dela constantes, acolhendo uma das três orientações que lhe são apresentadas a partir do mesmo fato, pois, de acordo com as modificações implementadas pela Lei 8.455/1992, o perito e os assistentes técnicos trabalharão independentemente, apresentando em separado suas conclusões. Assim, é possível que o juiz se defronte com três diferentes orientações: a do perito, que consiste em *laudo* (art. 433, *caput*, com a redação da Lei 8.455/1992); e a dos assistentes, que consistem em *pareceres* (art. 433, parágrafo único, com a reda-

10. A necessidade de a prova pericial já ser requerida quando do oferecimento da inicial e, do mesmo modo, quando do oferecimento da contestação, ganhou destaque na Lei 9.245/1995, que alterou, substancialmente, o regime do procedimento sumário. Com efeito, tanto a redação do art. 276 (que regula a petição inicial da ação a ser processada sob aquele rito), bem como a do art. 278, *caput* (que disciplina o conteúdo da contestação oferecida pelo réu em ação que segue aquele rito), preveem que, se solicitada a perícia, desde pronto deve(m) o(s) requerente(s) formular seus quesitos, podendo, na mesma oportunidade, indicar seu(s) respectivo(s) assistente(s) técnico(s).

11. *RT* 536/100; *Revista de Processo [RePro]* 35/310, em. 23. Decidiu-se, a respeito, que "o fato de a autora omitir-se na formulação, desde logo, na exordial, de seus quesitos não obsta a realização da prova pericial por ela requerida. Apenas, por força da preclusão consumativa, estará impedida de fazê-lo em momento posterior do procedimento" (STJ, REsp 227.930/SP, 4.ª T., j. 05.10.2000, rel. Min. Barros Monteiro, *DJ* 27.11.2000, p. 168).O prazo para indicação de assistente técnico é preclusivo (art. 421, § 1.º, não afetado, neste particular, pela Lei 8.455/1992), sendo lícita nova indicação se tiver havido escusa ou rejeição do anteriormente indicado pela parte – *RJTJSP* 92/270. V., no entanto, item 267, *infra*.

ção da Lei 8.455/1992, e alterações da Lei 10.358/2001).[12]

No entanto, se esta é a regra geral e de bom senso, há que se ter sempre presente que o juiz é o *peritus peritorum*, ou seja, mesmo que careça de conhecimentos científicos, poderá, ainda assim, sobrepor-se ao *laudo* e aos *pareceres*, liberdade essa que é rigorosamente inerente à função jurisdicional (art. 436)[13] e de que não pode o juiz, em face do sistema, abdicar. Por outras palavras, a perícia idônea é a que demonstra ao juiz, em face dos dados colhidos e da explicação, técnica ou científica, serem aqueles claramente identificados e ser a explicação nitidamente entendida. O perito deve traduzir o objeto da prova pericial de forma a que sejam os fatos e sua explicação cabalmente entendidos. *E, sendo assim, poderá o juiz concordar ou não com a conclusão do perito.*

Por outro lado, corretamente se tem decidido, e esta orientação ainda é plenamente válida, que o juiz não fica vinculado ao laudo pericial, podendo formar sua convicção a partir de outros elementos probatórios existentes nos autos.[14-15]

Em face do art. 437, o juiz, se tiver dúvidas que persistam, mesmo após a realização da perícia, poderá determinar, de ofício ou a requerimento da parte, a realização de nova perícia, que terá por objeto os mesmos fatos considerados pela primeira (art. 438). Mas a segunda perícia não *substituirá* (pelo menos necessariamente) a primeira (parágrafo único do art. 439), e o juiz apreciará, de conformidade com sua convicção, o valor de *ambas*.

Há decisões entendendo que ao juiz é reconhecido certo "poder discricionário" no exercício de iniciativa na determinação da prova pericial e na deliberação da segunda perícia (*rectius*, possibilidade de decidir sobre a realização, ou não, da perícia a partir da análise dos elementos de cada caso

12. Cândido Rangel Dinamarco, ao comentar as alterações trazidas pela Lei 8.455/1992 (*Reforma do Código de Processo Civil*, p. 99 e p. 105), entende que, não tendo subsistido a regra pela qual os litisconsortes, não concordando a respeito de quem deveria ser o assistente técnico do polo da relação processual, deveriam realizar um sorteio (art. 421, § 2.º, redação revogada), cada litisconsorte poderá indicar seu próprio assistente, de confiança pessoal. Assim, poderá haver a apresentação de tantos *pareceres* quantos sejam os litisconsortes, incrementando, com isto, ainda mais, a pluralidade de orientações perante o magistrado.

13. Já decidiu o Superior Tribunal de Justiça que, "como consequência do princípio da não adstrição do juiz ao laudo na formação de seu convencimento (art. 436 do CPC), a lei processual o autoriza, como diretor do processo, mas não lhe impõe, determinar a realização de nova perícia" [REsp 24.035-2/RJ, 4.ª T., 06.06.1995, rel. Min. Sálvio de Figueiredo, não conheceram, v.u. (*DJU*, I, 04.09.1995, p. 27.834/27.835)]. No mesmo sentido, mais recentemente, STJ, AgRg no AgIn 587.628/RS, j. 19.05.2005, rel. Min. Arnaldo Esteves Lima, *DJ* 01.08.2005, p. 517.

14. *JUTACivSP* 83/251 e 270, 84/399, 88/85, 89/344, 90/268 e 91/394; *Boletim da AASP* 1.397/238, em. 18. No mesmo sentido: "Prova. Perícia. Laudo realizado pelo IMESC. Pretensão de desconsideração do laudo, para a realização de nova perícia. Juiz que entendeu ser o caso apenas de sua complementação. Segunda perícia que somente terá cabimento se houver necessidade de correção de eventual omissão ou inexatidão no laudo pericial. Juiz que não está adstrito ao laudo, podendo formar sua convicção por outros elementos ou fatos provocados nos autos. Decisão mantida. Recurso não provido" (TJSP, AgIn 7.031.448-0, São Paulo, 23.ª Câm.Dir.Priv., 05.10.2005, rel. Des. Oséas Davi Viana, v.u.).

15. "(...) Da mesma forma que o juiz não está adstrito ao laudo pericial, podendo, inclusive, formar a sua convicção com outros elementos ou fatos provados nos autos, inexiste empecilho para que ele o adote integralmente como razões de decidir, dispensando as outras provas produzidas, inclusive os laudos apresentados pelos assistentes técnicos das partes, desde que dê a devida fundamentação" (STJ, REsp 921.767/PE, 1.ª T., j. 28.08.2007, rel. Min. Denise Arruda, *DJ* 04.10.2007, p. 198).

concreto).[16] Não se tratando, em nosso entendimento, verdadeiramente, de exercício de poder discricionário, não podemos concordar com decisão na qual foi reconhecida a carência do mandado de segurança impetrado contra decisão que determinou nova perícia.[17] Entendeu-se, a nosso ver, com desacerto, ser irrecorrível o despacho que ordena a segunda perícia,[18] mas há julgado mais recente, do STJ, em sentido inverso.[19] O extinto 2.º TACivSP considerou não ser defeso ao juiz a realização de nova perícia, mesmo que já tenham sido realizadas duas outras.[20] Ainda, o tribunal pode mandar realizar nova perícia para seu esclarecimento (a primeira normalmente terá sido realizada em primeiro grau).[21]

267. Perícia. Requisitos e realização

A perícia há de atender a certos requisitos, para que possa produzir efeitos. No entanto, não mais pode subsistir, diante da nova redação dada aos arts. 421, § 2.º, e 422 pela Lei 8.455/1992, o entendimento pelo qual o ato praticado por perito que não tivesse prestado compromisso seria inválido.[22] Da mesma sorte, não mais prevalecem os entendimentos de que o fato de ter sido o assistente técnico do réu compromissado, mesmo que após a expedição do laudo pericial, não invalidaria a perícia.[23] Pela sistemática atual do Código de Processo Civil (art. 422, com a redação dada pela Lei 8.455/1992), nem o perito, nem os assistentes técnicos estão sujeitos a qualquer compromisso, até porque estes são "de confiança da parte, não sujeitos a impedimento ou suspeição" (art. 422, 2.ª parte).[24]

16. Em julgado recente do STJ, afirma-se que fica ao "prudente arbítrio" do juiz a realização da segunda perícia (STJ, REsp 217.847/PR, 3.ª T., j. 04.05.2004, rel. Min. Castro Filho, *DJ* 17.05.2004, p. 212). Cf. também *RT* 553/185, em.; *JUTACivSP* 82/289; *Revista de Processo [RePro]* 35/311, em. 35. *No mesmo sentido*: *RT* 584/180, em.

17. *Revista de Processo [RePro]* 35/311, ems.; 37 e 39.

18. *RT* 579/163, em.; *Revista de Processo [RePro]* 35/315, em. 70; *JUTACivSP* 82/289. Precisamente porque a hipótese não é de *discricionariedade* do magistrado, a noção de *controle* (é dizer: recorribilidade da decisão que cause prejuízo à parte) não pode ser afastada.

19. STJ, REsp 651.001/SP, 4.ª T., j. 16.09.2004, rel. Min. Barros Monteiro, *DJ* 27.06.2005, p. 407. Por igual: "O pronunciamento judicial que, em sede de liquidação de sentença, converte o julgamento em diligência, determinando a realização de nova perícia e fixando parâmetros a serem seguidos pelo perito, tem natureza de decisão interlocutória, passível de ataque pela via do agravo de instrumento". (STJ, REsp 469924/RJ, 1.ª T., , j. 20.05.2003, rel. Min. Luiz Fux, *DJ* 16.06.2003, p. 266). No sentido do texto, Eduardo Arruda Alvim, afirmando que o entendimento correto "é o de que, se o magistrado não se sentir apto a julgar determinada demanda, pode determinar a realização de outras perícias, cabendo, em tese, recurso da decisão que determina a segunda perícia se, eventualmente, os fatos estiverem exaustivamente provados" (*Direito processual civil*, 4.ª ed., p. 560). Convergentemente: MARTINS, Samir Caetano. *A prova pericial civil*. p, 195.

20. *Revista de Processo* [*RePro*] 35/311, em. 34.

21. *RTJ* 93/735.

22. *Arquivo Forense* 67/97. Se houvesse necessidade de sorteio entre assistentes técnicos, este deveria ser realizado entre os indicados e não entre os compromissados (*RJTJSP* 94/924). Com a modificação da redação do art. 421, § 2.º, que versava, originariamente, sobre a hipótese de sorteio do assistente pela Lei 8.455/1992, não subsiste qualquer norma símile no Código. Se é assim, como faz Cândido Rangel Dinamarco (op. cit., p. 99 e p. 105), não se pode entender de outra forma que não a possibilidade de cada litisconsorte ter seu próprio assistente.

23. *JUTACivSP* 87/249 e *Revista de Processo* [*RePro*] 35/312, em. 41.

24. Neste sentido, cf. TJMG, Ap.Cív. 21.728/1, 5.ª Câm., j. 30.06.1994, v.u., rel. Des. Campos Oliveira: "Não constitui mais requisito essencial o compromisso do perito e, se anulado o processo, o perito nomeado não seria compromissado, por força do disposto no art.

A função de perito não pode ser objeto de delegação, tendo em vista não só a sua nomeação, como também a sua escolha em virtude de aptidão para o exercício da função.

O laudo tem de ser fundamentado, uma vez que as conclusões deverão ser aceitas, discutidas e criticadas.[25] A carência absoluta de fundamentação acarreta a nulidade do laudo. O Projeto de Novo Código de Processo Civil acrescenta requisitos mínimos para a validade do laudo pericial apresentado: exposição do objeto; análise técnica; indicação do método utilizado; e resposta conclusiva (art. 480 do PL 8.046/2010). Dispõe, ainda, no §1.º, que "o perito deve apresentar a sua fundamentação em linguagem simples e com coerência lógica, indicando como alcançou suas conclusões", e, no §2.º, que "é vedado ao perito ultrapassar os limites da sua designação, bem assim emitir opiniões pessoais que excedam o exame técnico ou científico do objeto da perícia". Estes limites mínimos de conteúdo são salutares, pois estabelecem parâmetros para a qualidade dos laudos periciais e possibilitam um controle efetivo das partes sobre o conteúdo técnico do trabalho realizado pelo *expert*.

O âmbito mais concreto da perícia é fixado pelos quesitos formulados pelas partes (art. 421, § 1.º, II) e/ou pelo juiz (art. 426, II), sempre obedecidos os parâmetros da lide e dos pontos controvertidos, tais como fixados nos termos do art. 331, §§ 2.º e 3.º, e dentro deles os fatos que *efetivamente* dependam de conhecimento especial. Os quesitos impertinentes hão de ser indeferidos pelo juiz (art. 426, I). Tanto a perícia, como os quesitos, devem ser adequados à finalidade de provar o fato controvertido. A impertinência dos quesitos poderá ser de duas ordens: 1.º) de ordem fática, no sentido de se querer provar um fato irrelevante e, nessa medida, conquanto a perícia em si não fosse inútil, sê-lo-ia parcialmente, através da resposta a um quesito que em nada elucidaria o litígio; 2.º) ou, de ordem jurídica, no sentido de a parte querer formular um quesito vedado pelo direito.

Além dos quesitos a que nos referimos, existem os chamados suplementares, que poderão ser formulados, ainda que já iniciadas as diligências (art. 425), dentro, porém, do âmbito dos quesitos básicos.

Serão os quesitos principais ou *básicos* oferecidos nos cinco dias,[26] contados do despacho de nomeação do perito (art. 421, § 1.º, II), e poderão as partes oferecer *quesitos suplementares*, durante a realização das diligências (art. 425), cabendo ao juiz indeferir os impertinentes, mesmo se suplementares (art. 426, I).

Parte expressiva da jurisprudência considera como sendo preclusivo este prazo de cinco dias do art. 421, § 1.º, do CPC.[27] To-

422 do CPC, com a nova redação dada pela Lei 8.455, de 24.08.1992" (*RT* 715/241-245). Ainda: "Processo. Nulidade de perícia. Falta de compromisso de do perito e a intimação do assistente técnico para essa finalidade, e não fixação de dia, hora e lugar do início da diligência. Regras nesse sentido revogadas. Recursos não providos. No procedimento da perícia não mais se exige o compromisso do perito e dos assistentes técnicos e nem mais cabe ao juiz fixar o dia, hora e o lugar do início da diligência" (TJSP, ApCív 272.296-2, São Paulo, 9.ª Câm.Dir. Priv., j. 12.08.1997, rel. Des. Ruiter Oliva, v.u., *RT* 727/363).

25. *RJTJSP* 39/48.

26. O art. 472, § 1.º, do PL 8.046/2010 estende esse prazo para quinze dias.

27. *JUTACivSP* 60/69; 86/256: *RT* 578/179 (publ. tb. em *Revista de Processo [RePro]* 35/308, em. 58); *RJTJSP* 47/251; *RJTJRS* 106/332: *RTJ* 93/1.363 e *Boletim da AASP* 1.145/230, em. 8. Contra: *RT* 541/259, em.; *Revista de Processo [RePro]* 2/359, em. 152; 35/308, em. 6. É sempre direito da parte pedir esclarecimentos, do perito ou dos assistentes (*JUTACivSP* 92/369). Já se decidiu, corretamente, que, se houve produção antecipada de provas por meio de perícia, não ca-

davia, havendo justo motivo, o prazo de cinco dias para indicação de assistente técnico pode ser ultrapassado.[28] No mesmo sentido, corretamente, o STF já decidiu que o prazo de cinco dias para a apresentação de quesitos é suscetível de ser dilatado, em casos devidamente justificados.[29] Mais recentemente, contudo, prepondera a orientação de que, se for o caso de não ter sido ainda iniciada a perícia,[30] deve-se admitir a formulação de quesitos, mesmo após encerrado o quinquídio legal,[31] solução que não nos parecia a mais acertada; porém, entendemos hoje que, se não foi ainda iniciada a perícia, não há, de um lado, prejuízo algum, e a admissão de que se formulem quesitos proporcionará dados e elementos para que haja a possibilidade de uma retratação mais próxima da verdade real.

Ainda, incabível se cogita a aplicação do art. 421, § 1.º, I, nos casos em que o juiz nomeie avaliador de bens penhorados,[32] bem como no processo de interdição.[33]

A parte que tiver perdido o prazo para formular quesitos básicos nem por isso estará impedida de formular quesitos suplementares, tendo em vista, todavia, em nosso sentir, *um limite*, qual seja o dos quesitos apresentados pela parte contrária. Outra interpretação, logicamente, reduziria a nada a preclusão do art. 421, § 1.º.[34-35]

Há decisões corretas, no sentido de que não é de se admitir a apresentação de quesitos suplementares após a apresentação do laudo pericial,[36] sendo que a parte que não apresentou os quesitos principais não poderá apresentar quesitos suplementares.[37] Como dissemos, poderá apresentar os suplementares aos quesitos da outra parte, uma vez que a preclusão só diz respei-

berá, no processo de conhecimento, alegação de cerceamento de defesa, se se nega ouvida do perito na audiência, o que deveria ter sido requerido e ocorrido no processo cautelar – *RT* 599/216, em.

28. *RT* 509/119; *RJTJSP* 43/195.

29. *RTJ* 109/742.

30. *JUTACivSP* 76/16; *RT* 469/167. Estes acórdãos tratam, também, de não terem sido, ainda, compromissados o perito e os assistentes, o que, de acordo com as novas regras constantes do Código de Processo Civil, é matéria irrelevante.

31. "É possível a indicação de assistente técnico e a formulação de quesitos de perícia, além do quinquídio previsto no art. 421, § 1.º, do Código de Processo Civil (prazo não preclusivo), desde que não dado início aos trabalhos da prova pericial (STJ, REsp 796960/MS, 4.ª T., j. 15.04.2010, rel. Min. Fernando Gonçalves, *DJe* 26.04.2010); ainda: *Revista de Processo* [*RePro*] 35/313, em. 56. Cf., a respeito, os seguintes julgados: STJ, REsp 193.178/SP, 2.ª T., j. 04.10.2005, rel. Min. Castro Meira, *DJ* 24.10.2005, p. 225; STJ, REsp 182.548/SP, 1.ª T., j. 15.10.1998, rel. Min. José Delgado, *DJ* 22.03.1999, p. 76; STJ, REsp 148.204/SP, 4.ª T., j. 21.10.1997, rel. Min. Sálvio de Figueiredo Teixeira, *DJ* 09.12.1997, p. 64.742; STJ, AgRg no AgIn 381.069/SP, j. 13.08.2001, rel. Min. Menezes Direito, *DJ* 08.10.2001, p. 215.

32. *JUTACivSP* 85/150; *Revista de Processo* [*RePro*] 35/310, em. 18.

33. *Revista de Processo* [*RePro*] 35/310, em. 23.

34. Decidiu-se que "realizada a perícia, têm os assistentes técnicos o prazo de dez dias para apresentar sua manifestação. Não o fazendo, há a preclusão. O simples deferimento de quesitos suplementares não tem o condão de estender aquele prazo. Assim, os esclarecimentos dos assistentes técnicos serão restritos aos temas neles tratados" (STJ, AgRg no AgIn 286.716/SP, 3.ª T., j. 08.06.2000, rel. Min. Eduardo Ribeiro, *DJ* 21.08.2000, p. 131).

35. . No mesmo sentido, tem entendido o E. STJ que a apresentação de quesitos suplementares não pode dar azo a protelações: "Conquanto seja assegurado à parte apresentar quesitos suplementares, essa faculdade deve ser apreciada com atenção, a fim de se evitar ações procrastinatórias, que retardem a marcha processual" (STJ, REsp 697446/AM, 4.ª T., j. 27.05.2007, rel. Min. Cesar Asfor Rocha, *DJ* 24.09.2007, p. 313).

36. *RT* 471/136; *Revista de Processo [RePro]* 35/314, ems. 61 e 62; *JUTACivSP* 73/88.

37. *Revista de Processo* [*RePro*] 35/309, em. 9.

to aos quesitos principais ou básicos dela. Ademais, o fato de uma das partes não ter oferecido quesitos, ou tê-los oferecido intempestivamente, não a impede, todavia, de pedir que o perito preste esclarecimento em audiência.[38]

Os quesitos suplementares têm por finalidade elucidar os pontos que, por omissão ou por falta de oportunidade, deixaram de ser objeto dos quesitos temporaneamente oferecidos (nos cinco dias após a intimação do despacho de nomeação do perito). A atividade do perito ao responder os quesitos suplementares pode, inclusive, dependendo do trabalho despendido, ser objeto de nova estipulação de honorários periciais.[39] Se a parte não ofereceu quesitos principais anteriormente à perícia, impossibilitada não estará, pois, de oferecer os quesitos ditos suplementares, dentro dos limites acima indicados. Ademais, restará à parte o direito de, na conformidade do art. 435, desejando qualquer esclarecimento do perito ou dos assistentes técnicos, requerer ao juiz que mande intimá-los a comparecer à audiência, e as perguntas a serem feitas serão apresentadas sob a forma de quesitos, conforme estabelece a lei (arts. 435 e 452, I).

A Lei 8.455/1992 distinguiu os prazos do perito e dos assistentes, estabelecendo que o primeiro antecede a apresentação do segundo.[40] O laudo pericial, portanto, deve ser entregue antes em cartório, no prazo fixado pelo juiz quando de sua nomeação (art. 421, *caput*, com a redação dada pela Lei 8.455/1992), o qual jamais pode ser inferior a 20 (vinte) dias da audiência de instrução e julgamento (art. 433, com a redação que lhe deu a Lei 8.455/1992).[41] Caso o perito não o faça (e não apresente qualquer motivo justificado para não fazê-lo, o que poderia levar o magistrado a prorrogar seu prazo, nos termos do art. 432), dará ensejo à sua substituição (art. 424, II, com a redação da Lei 8.455/1992), devendo o juiz comunicar a ocorrência à corporação profissional respectiva, sem prejuízo da imposição de multa ao perito, fixada ao cotejo do valor da causa e do possível prejuízo decorrente do atraso do processo (art. 424, parágrafo único, com a redação da Lei 8.455/1992).

Dessa forma, o juiz não pode determinar a realização de audiência de instrução e julgamento antes de completa a prova pericial, devendo observar o prazo mínimo de 20 (vinte) dias, constante do art. 433, *caput*, do CPC, com a redação da Lei 8.455/1992.[42]

Recebido o laudo do perito, deverão, na sequência, ser intimadas as partes. Inicia-se, então, após a intimação, o prazo comum de dez dias para que os assistentes técnicos de ambas as partes entreguem seus *pareceres* (art. 433, parágrafo único, com a

38. *RTJ* 93/1.363; *Revista de Processo [RePro]* 35/314, ems. 60 e 63. Firmando a posição do texto: *RT* 550/85 e *Revista de Processo [RePro]* 35/314, em. 64.

39. Nesse sentido: "I – Os honorários periciais relativos a quesitos suplementares que, como no caso dos autos, configuram em realidade uma nova perícia, devem ser adiantados pela parte que os formula. II – Essa orientação, além de respeitar a real natureza da nova quesitação, ainda impede eventual comportamento processual malicioso" (STJ, REsp 842316/MG, 3.ª T., j. 25.05.2010, rel. Min. Sidnei Beneti, *DJe* 18.06.2010).

40. V., a respeito, Luiz Rodrigues Wambier, Teresa Arruda Alvim Wambier e José Miguel Garcia Medina, *Breves comentários à nova sistemática processual civil*, p. 223.

41. Decidiu o STJ que, "apresentado o laudo pericial, é defeso ao juiz proferir desde logo a sentença, devendo abrir vista às partes para que se manifestem sobre o mesmo, pena de violação do princípio do contraditório" (STJ, REsp 421.342/AM, 4.ª T., j. 11.06.2002, rel. Min. Sálvio de Figueiredo Teixeira, *DJ* 25.11.2002, p. 240).

42. *RJTJSP* 62/263.

redação da Lei 8.455/1992, alterada pela Lei 10.358/2001).

Situação diferente da que foi acima mencionada em relação ao perito – em que não pode, antes de finda a prova pericial, ser designada a audiência de instrução e julgamento –, acontece quando o remisso for um ou alguns dos assistentes técnicos das partes, pois, nesta hipótese, a audiência realizar-se-á independentemente do comparecimento deste, em prejuízo, portanto, da parte que o indicou.

Já se decidiu que a efetiva apresentação do *parecer* pelo assistente técnico é assunto que fica a critério da parte que o indicou; assim, a manifestação da parte, dizendo que desistira da perícia, pode ser reconsiderada e a apresentação do *laudo* admitida, sem que nesse assunto interfira a parte contrária.[43]

Cada parte deverá indicar um assistente técnico (art. 421, § 1.º, I). Se, porventura, houver pluralidade de litigantes, ativa ou passivamente, cada litisconsorte poderá indicar um assistente técnico.[44]

Sucessivamente à nomeação do perito e fixação, de pronto, do prazo de entrega do laudo (publicação do despacho), seguem-se a indicação dos assistentes técnicos e a formulação de quesitos (quesitos básicos, como visto – art. 421, § 1.º, I e II). Ao contrário do que ocorria antes da promulgação da Lei 8.455, de 24.08.1992, nem o perito, tampouco os assistentes técnicos, devem prestar compromisso (art. 422, alterado). Ainda que o perito *deva* cumprir escrupulosamente o encargo que lhe foi cometido, independentemente de termo de compromisso (art. 422, alterado, 1.ª parte), não é menos certo que poderá ser recusado por impedimento ou suspeição (art. 138, III, com a redação da Lei 8.455/1992). Outrossim, poderá o perito, alegando motivo legítimo (a ser verificado, caso a caso, pelo juiz), abrir mão de seu cargo nos cinco dias que se seguirem à intimação de sua nomeação ou de impedimento superveniente, sob pena de ser reputado renunciado o direito de alegá-lo (art. 146 e parágrafo único). Desde que o juiz acolha as eventuais impugnações formuladas pelas partes, ou dê como legítima a escusa apresentada pelo perito para não assumir o *munus* que lhe foi atribuído, deverá ser nomeado, em substituição, outro perito, nos termos do art. 423, com a redação que lhe deu a Lei 8.455/1992. Tal já não mais pode ocorrer com os assistentes técnicos livremente nomeados pelas partes, posto que são, doravante, de sua confiança e não sujeitos a impedimento ou suspeição (art. 422, alterado, 2.ª parte; v., também, o art. 138, III, que, com a atual redação, já não mais se refere aos assistentes técnicos).

Como somente o perito, na sistemática imprimida pela Lei 8.455/1992, exerce *munus* público – veja-se que os assistentes são de *confiança da parte*, não mais auxiliares do

43. *Revista de Processo [RePro]* 35/308, em. 4. Esta posição, *discutível*, depende da hipótese concreta.

44. Assim, Cândido Rangel Dinamarco, *Reforma do Código de Processo Civil*, p. 99 e p. 105, e José Eduardo Carreira Alvim, *Código de Processo Civil reformado*, p. 81-82; ao contrário, previa o Código, antes do advento da Lei 8.455/1992, que alterou a redação do art. 421, § 2.º, que era permitida indicação de apenas um assistente técnico por "polo da relação processual". Não havendo acordo ou havendo empate na votação realizada entre os litigantes, dispunha a norma revogada, "decidiria a sorte". Mesmo antes do advento desta nova sistemática da realização da prova pericial, já se havia decidido, à luz das peculiaridades da hipótese concreta, e corretamente, a nosso ver, no sentido de que, se a posição de um dos réus era muito diversa da dos demais, sendo diversos os interesses, estes teriam a faculdade de indicar assistente autônomo (cf. *RT* 580/98) e, no mesmo sentido, admitindo que cada réu apresentasse assistente técnico, quando não fosse o caso de litisconsórcio necessário (v. *RT* 594/138).

juiz, em sentido amplo –, somente ele, não mais os assistentes, é que pode ser substituído quando carecer de conhecimento técnico ou científico (art. 424, I), e, ainda, quando, sem motivo legítimo, deixar de cumprir o encargo no prazo que em sua nomeação foi assinado (art. 424, II, com a redação da Lei 8.455/1992, que retirou da redação original a possibilidade de substituição do perito se não prestado, quando devido, o compromisso). Neste caso, saliente-se, deverá o juiz comunicar a ocorrência à corporação profissional respectiva, sem prejuízo de poder impor multa ao perito calculada com base no valor da causa e condená-lo no possível prejuízo decorrente do atraso do processo (art. 424, parágrafo único, com a redação dada pela precitada Lei).

No sistema originariamente constante do Código de Processo Civil, desejava-se que, sendo possível, fossem unânimes os pronunciamentos, pelo que perito e pelos assistentes técnicos, sucessivamente à averiguação dos fatos, que poderia ter sido individual ou conjuntamente feita, deveriam conferenciar reservadamente e elaborar, a partir daí, laudo unânime (art. 430). Nesta hipótese, dispunha o parágrafo único do art. 430, seria o laudo redigido pelo perito e assinado pelos assistentes técnicos. Somente na hipótese de ocorrer divergência entre perito e assistentes técnicos é que as conclusões seriam apresentadas em separado, devendo cada um dar as razões específicas da divergência (art. 431).[45]

A Lei 8.455/1992 revogou, expressamente, os arts. 430 e 431 do CPC, nada acrescentando em seus lugares. Tudo faz crer, portanto, que o que o legislador mais recente quis foi o trabalho individual do perito e dos assistentes técnicos e, consequentemente, a apresentação individual de suas conclusões: as do perito consubstanciadas em *laudo*; as dos assistentes técnicos consubstanciadas em *pareceres*. O que pode ocorrer, não se pode negar, é que as conclusões sejam semelhantes, ainda que apresentadas separadamente.

Com a promulgação da Lei 10.358/2001, foram acrescentados os arts. 431-A e 431-B. Revelando intensa preocupação com a necessidade da observância ao princípio do contraditório, por meio do art. 431-A dispõe-se que as partes serão cientificadas da data e do local do início da perícia, designada pelo juiz ou indicada pelo perito.[46]

É necessário, portanto, que se informe às partes o momento em que se realizará a prova pericial, a fim de que, com isso, se permita a elas o acompanhamento de todo o procedimento probatório. Com efeito, a exigência de tal intimação decorre de norma cogente, cuja falta acarretará a nulidade absoluta do processo.[47]

O art. 431-B, por sua vez, parece atender às novas realidades e exigências da sociedade contemporânea, em que as relações sociais são cada vez mais complexas, verificando-se, em todas as áreas do conhecimento humano, a tendência a uma maior especialização. Dis-

45. Durante o sistema primitivamente constante do Código de Processo Civil, havia-se decidido que, caso não existisse a conferência aludida no antigo art. 430 do CPC, a sanção jamais poderia ensejar o retardamento de atos processuais, como, por exemplo, o adiamento da audiência ou a continuidade do prazo para diligência (*RT* 587/128).

46. Já se decidiu que, na falta de disposição específica sobre a forma de intimação das partes, é perfeitamente válida a comunicação procedida pelo próprio perito (TJSP, AgIn 7.166.822-7, Franco da Rocha, 13.ª Câm.Dir.Priv., j. 22.08.2007, rel. Luiz Sabbato, v.u.).

47. Com a mesma opinião, v. José Rogério Cruz e Tucci, *Lineamentos da nova reforma do CPC*, p. 74. Cf. também, nesse sentido, Luiz Rodrigues Wambier, Teresa Arruda Alvim Wambier e José Miguel Garcia Medina, *Breves comentários à nova sistemática processual civil*, p. 211-215.

põe-se neste artigo que, "tratando-se de perícia complexa, que abranja mais de uma área de conhecimento especializado, o juiz poderá nomear mais de um perito e a parte indicar mais de um assistente técnico". Trata-se de uma regra que a todos beneficia, tendo em vista que o auxílio de especialistas em determinada área permitirá trazer mais subsídios para que o juiz decida com mais segurança e, sem dúvida, mais segurança também às partes que receberão a tutela jurisdicional.[48]

Se se tratar de autenticidade ou falsidade de documento, ou de perícia médico-legal, o juiz deverá dar preferência a técnicos de estabelecimentos oficiais especializados (art. 434).[49] Não sendo mais o caso de ser prestado qualquer compromisso (art. 434, *caput*, na redação original), uma vez nomeado o perito, o juiz autorizará a remessa dos autos, bem como do material sujeito a exame, ao diretor daquele estabelecimento (art. 434, *caput*, com a redação que lhe deu a Lei 8.952, de 13.12.1994, que adequou este dispositivo à sistemática introduzida pela Lei 8.455/1992).

Casos há em que a perícia é, *ex lege*, obrigatória, portanto, como, exemplificativamente, em interdição (art. 1.183) e em desapropriação (Dec.-lei 3.365/1941, arts. 14 e 23).

268. A perícia e o perito

O perito é alguém da confiança do juízo e haverá de procurar informar a Justiça objetivamente. Desta forma, não pode o juiz nomear como perito um dos assistentes técnicos indicados pelas partes.[50] Esta observação continua válida para o sistema atual. A confiança do perito não decorria, já antes da Lei 8.455/1992, da obrigatoriedade do compromisso, mas, antes, primordialmente (senão exclusivamente) de sua capacidade técnica. Nesse ponto, é de ser ressaltado que o PL 8.046/2010 possibilita às partes, em comum acordo, escolherem o perito (art. 478), submetendo sua escolha ao juiz e indicando, cada qual, assistentes técnicos. A perícia *consensual* tem os mesmos efeitos jurídicos daquela que seria realizada por nomeação judicial (§3.º).

O perito tem o dever de aceitar o cargo e, para não o fazer, deverá evidenciar ao juiz a impossibilidade ou o grande incômodo que a perícia lhe traria (art. 424, II); tem, ainda, o direito de pedir prorrogação do prazo judicial fixado, justificando tal medida (art. 432), podendo o juiz conceder a prorrogação por uma vez. Tem, outrossim, obrigações que consistem em informar lealmente o juízo, em fornecer dados reais e verídicos e, ainda, na argumentação técnica, utilizar-se de meios idôneos e não sofísticos (art. 422, 1.ª parte).

Ainda, segundo o entendimento prevalecente da jurisprudência (anterior à Lei

48. A respeito, cf., amplamente, Luiz Rodrigues Wambier, Teresa Arruda Alvim Wambier e José Miguel Garcia Medina, *Breves comentários à nova sistemática processual civil*, p. 211 ss.

49. Decidiu o TJSP que a nomeação de perito fora dos quadros de médicos dos órgãos oficiais não afronta o art. 434 do CPC, eis que tal norma atribui preferência aos profissionais de estabelecimento oficial, porém, não obriga a que a eles recorra necessariamente o juiz. Cf. *RT* 670/119.

50. 2.º TACivSP, AgIn 27.222, Itápolis, 3.ª Câm., j. 03.04.1975, rel. Juiz Sabino Neto, v.u. Mas, de acordo com o art. 427, o juiz pode dispensar a perícia quando as partes fizeram acompanhar suas manifestações com pareceres técnicos. Diante disso, decidiu-se que "não há óbice ao aproveitamento do laudo do assistente técnico do autor, contra o qual não se levanta nenhuma suspeita" (STJ, REsp 322.642/SP, 3.ª T., j. 12.03.2002, rel. Min. Menezes Direito, *DJ* 22.04.2002, p. 202). *A perícia deve ser realizada onde se processa a causa,* mas, excepcionalmente, poderá se realizar em outro juízo, por intermédio de precatória (art. 428) – *JUTACivSP* 88/268.

10.358/2001), para o sistema da prova pericial, o juiz não podia nomear perito suplente conjuntamente com o perito judicial.[51] Porém, com o atual art. 431-B, acrescentado pela Lei 10.358/2001, alterou-se este posicionamento majoritário, pois tal dispositivo expressamente autoriza o juiz a nomear mais de um perito, se se tratar de perícia complexa.

Têm as partes, quando da realização dos exames periciais, o direito de estar presentes aos mesmos.

Tal entendimento, aliás, se coaduna perfeitamente com a publicidade de que, obrigatoriamente, têm de se revestir os atos processuais (até mesmo por disposição constitucional – art. 93, IX da CF), salvo cautelas que podem vir a ocorrer, também, na perícia (casos do art. 155 do CPC). Certamente, a parte que desejar estar presente ao exame pericial deverá tomar a cautela prévia de cientificar o perito disto, pois permite a lei que assistam à inspeção judicial (art. 442, parágrafo único), onde o juiz poderá estar acompanhado de perito(s) (art. 441).

O perito, bem como os assistentes técnicos, não estão obrigados a comparecer à audiência de instrução e julgamento, salvo se a parte interessada na sua presença requerer a intimação dos mesmos no prazo de até cinco dias antes da audiência, formulando desde logo, isto é, quando da intimação, as perguntas sob a forma de quesitos (art. 435 e parágrafo único), conforme já mencionamos.[52] À evidência que esta disposição não tem qualquer relação com aquela introduzida pela Lei 8.455/1992 (art. 421, § 2.º), que prevê a possibilidade de inquirição do perito e dos assistentes técnicos pelo juiz quando da realização da audiência, acerca da coisa examinada ou avaliada informalmente. Neste caso, o perito será, quando nomeado, intimado a comparecer à audiência para este fim específico (art. 421, *caput* c/c § 2.º).

269. O perito e a sua responsabilidade

O Código de Processo Civil, neste particular, já se marcava, na sua redação original, por um acentuado peso de responsabilidade carreada aos peritos e, então, aos assistentes técnicos, através da cominação de multas, visando, assim, a reprimir o retardamento, quer na prestação do compromisso (art. 424, II), quer na apresentação do laudo. Hoje, com a sensível modificação trazida pela Lei 8.455/1992, para o regime da perícia, esta responsabilidade, pelas razões sistemáticas já referidas – os assistentes técnicos passaram a ser de confiança da parte (art. 422, 2.ª frase) –, esta *responsabilidade* – entendida no interior do ordenamento processual originariamente constante do Código – repousa quase que exclusivamente no perito. Assim, como visto, além da cominação de multas para o não cumprimento do encargo no prazo que lhe foi assinado, o perito estará sujeito, ocorrendo esta mesma hipótese, cumulativamente, a sofrer representação por parte do juiz perante sua respectiva corporação profissional (art. 424, parágrafo único, alterado).

Quanto à entrega do laudo, o art. 146 alude a que o perito deve entregá-lo no prazo "que lhe assina a lei". No entanto, esse prazo *legal* do art. 146 colide com o prazo *judicial* previsto, doravante, no art. 421, *caput*, *que é fixado pelo juiz* já quando da nomeação do perito.[53] Atendendo à sistemática do Códi-

51. *JUTACivSP* 75/222 e 224, 80/267. *Contra: JUTACivSP* 76/285 e 80/295.

52. *RT* 587/151.

53. Decidiu-se, à luz do sistema do CPC, antes das mudanças introduzidas pela Lei 8.455/1992, que se deveria considerar a falta de fixação da data do início da perícia como mera irregularidade. Assim: *JUTACivSP* 42/181, 45/186 e 68/72 e *RJTJSP* 48/208. Da mesma sorte, e este entendimento ainda vale para o sistema atual, trata-se mera irregula-

go, há de se procurar fazer prevalecer o prazo *judicial*, como regra geral de conduta para o Judiciário, sendo certo que a apresentação do laudo deverá anteceder pelo menos vinte dias a audiência, enquanto a apresentação dos *pareceres* dos assistentes técnicos deve se dar nos dez dias após intimadas as partes da apresentação do laudo (art. 433, parágrafo único).[54]

O perito será substituído quando se verificar, *in concreto*, que não tem conhecimento técnico ou científico ou, ainda, quando deixar de cumprir escrupulosamente (art. 422, 1.ª parte) o encargo que assumiu no prazo que lhe foi assinado. Na ocorrência desta segunda hipótese, poderá, como visto, estar sujeito a representação formulada pelo juiz perante sua corporação profissional respectiva, além de ser condenado a pagar multa arbitrada em cotejo ao valor da causa e do possível prejuízo decorrente do atraso do processo (art. 424, parágrafo único, com a redação da Lei 8.455/1992). Dentro da previsão genérica do art. 424, II, e do parágrafo único daquele dispositivo, a hipótese de incidência daquelas sanções deve ser entendida como a não apresentação do laudo pericial nos vinte dias que antecederem a audiência (art. 433, *caput*), a menos que o perito tenha tido deferido requerimento de prorrogação (art. 432). A ressalva faz-se importante, eis que, na redação anterior do Código, é dizer, antes do advento da Lei 8.455/1992, a falta de apresentação do laudo pelo perito tinha sanção específica no art. 433, parágrafo único, qual fosse a aplicação de multa de até 10 salários mínimos vigentes na sede do juízo. Mesmo entre o prazo *judicial* (art. 421, *caput*) e o a que alude o art. 433, *caput*, quer parecer que este indica, *porque mais dilatado* do que o judicial (art. 421, *caput*), não ser aquele preclusivo.

Em nenhum destes casos pode-se falar em assistentes técnicos, por força do regime jurídico que, com a Lei 8.455/1992, passaram a estar submetidos. Especificamente na última hipótese ventilada no parágrafo precedente – da não apresentação de seus *pareceres* no prazo comum de dez dias, contados da intimação das partes da apresentação do laudo (art. 433, parágrafo único, com a redação da Lei 10.358/2001) –, cogitou-se tão somente em perito, pois, se a falta for proveniente do assistente técnico, esta se

---

ridade a ausência de fixação de prazo para a entrega do laudo, desde que apresentado no prazo máximo constante atualmente no art. 433, *caput*.

54. Antes da promulgação da Lei 10.358/2001, ou seja, sob a égide da Lei 8.455/1992, quando o parágrafo único do art. 433 dispunha que a apresentação dos pareceres pelos assistentes dar-se-ia nos 10 (dez) dias seguintes, *independentemente de intimação*, decidiu o 2.º Tribunal de Alçada Civil do Estado de São Paulo (AgIn 413.800-00/3, j. 03.08.1994, *RT* 712/210-211), em que pese a literalidade do art. 433, parágrafo único (com a redação que lhe havia sido atribuída pela Lei 8.455), que somente a partir da intimação às partes da juntada do laudo pericial é que terá início a fluência do prazo para a apresentação de críticas (pareceres) dos assistentes técnicos. Os argumentos utilizados pelo relator, Juiz Ismeraldo Farias, na oportunidade, consistem na circunstância de que o referido dispositivo apenas não exige que seja intimado o assistente técnico da apresentação do laudo pericial. No entanto, como as partes devem ser intimadas de todos os atos processuais que sejam realizados (arts. 234 e, principalmente, 237, do CPC), inclui-se, aí, a necessidade de intimação das partes sobre a apresentação do laudo do perito porque (i) os assistentes técnicos, de acordo com a sistemática introduzida pela Lei 8.455/1992, ficam adstritos unicamente às instâncias das partes que assessoram (salvo a disposição genérica constante do art. 339) e porque, atualmente, (ii) "(...) não há necessidade de que os técnicos façam averiguação conjunta, nem muito menos de conferência deles, antes da lavratura do laudo (conferência que permitiria o conhecimento do entendimento do perito e consequentemente as críticas dos assistentes técnicos, até mesmo antes da juntada do laudo)".

refletirá (*rectius*: poderá refletir, se for este o entendimento do juiz – art. 131) exclusivamente sobre a parte que o indicou, de vez que a audiência se realizará sem embargo da ausência do *parecer* de seu assistente. Neste sentido era expresso o revogado parágrafo único do art. 433, decorrendo, todavia, esta conclusão, da análise sistemática desta Seção VII do Capítulo VI, do Título VIII, do Livro I do Código de Processo Civil.[55]

Bibliografia

AGUIAR, João Carlos Pestana de. *Comentários ao código de processo civil*. São Paulo: Ed. RT, 1977. vol. IV.

AMARAL SANTOS, Moacyr. *Comentários ao código de processo civil*. Rio de Janeiro: Ed. Forense, 1982. vol. IV.

______. *Primeiras linhas de direito processual civil*. 23. ed. (atualizada por Aricê Moacyr Amaral Santos.) São Paulo: Saraiva, 2004. vol. II.

ARRUDA ALVIM, Eduardo. *Curso de direito processual civil*. São Paulo: Ed. RT, 1999. vol. 1.

______. *Direito processual civil*. 2. ed. rev. atual. e ampl. São Paulo: Ed. RT, 2008.

______. *Direito processual civil*. 3. ed. São Paulo: Ed. RT, 2010.

______. *Direito processual civil*. 4. ed. São Paulo: Ed. RT, 2012.

ARRUDA ALVIM NETTO, José Manoel de. Apontamento sobre a perícia. *Revista de Processo [RePro]* 23/9, ano VI. São Paulo: RT, jul./set.1981; *RBDP* 37/17, 1981; e em *Estudos jurídicos em homenagem a Amílcar de Castro*. Uberaba: Ed. Vitória, 1982. p. 29.

______. *Curso de direito processual civil*. São Paulo: Ed. RT, 1972. vol. II.

55. A recente alteração promovida no art. 433, parágrafo único, pela Lei 10.358/2001 manteve a sistemática anterior no que diz com a ausência de previsão legal de sanções para a eventual falta da oportuna apresentação dos pareceres pelos assistentes técnicos.

BARBOSA MOREIRA, José Carlos. *O novo processo civil brasileiro*. 25. ed. Rio de Janeiro: Ed. Forense, 2007.

BORGES, Marcos Afonso. *Comentários ao código de processo civil*. São Paulo: Leud, 1975. vol. II.

CARNEIRO, Ernesto Whitaker; MEDEIROS JR., Joaquim da Rocha. Avaliação de terrenos superaproveitados. *RT* 522/267.

CARREIRA ALVIM, José Eduardo. *Código de processo civil reformado*. 2. ed. Belo Horizonte: Del Rey, 1995.

COQUEIJO COSTA, Carlos. Perícia facultativa e perícia obrigatória. *RF* 256/151.

CRUZ E TUCCI, José Rogério. *Lineamentos da nova reforma do CPC*. 2. ed. São Paulo: Ed. RT, 2002.

DIDIER JUNIOR, Fredie. *Curso de direito processual civil*. Salvador: Juspodivm, 2007. vol.2.

DINAMARCO, Cândido Rangel. *Reforma do código de processo civil*. 2. ed. São Paulo: Malheiros, 1995.

FABRÍCIO, Adroaldo Furtado. Iniciativa judicial e prova documental da internet. In: MARINONI, Luiz Guilherme (coord). *Estudos de direito processual civil. Homenagem ao Professor Egas Dirceu Moniz de Aragão*. São Paulo: RT, 2005. p. 292-301.

FADEL, Sergio Sahione. *Código de processo civil comentado*. Rio de Janeiro: Ed. Forense, 1984. vol. I.

FORNACIARI JÚNIOR, Clito. Responsabilidade do perito. *Ajuris* 10/18, 1977.

MARQUES, José Frederico. *Manual de direito processual civil*. São Paulo: Saraiva, 1984. vol. II.

MARTINS, Samir Caetano. *A prova pericial civil*. Salvador: Podivm, 2008.

NACONECY, Luiz Macedo. *Curso de direito processual civil*. São Paulo: Ed. RT, 1984.

OLIVEIRA, Mozart Costa de. Laudo pericial no juízo cível. *RT* 564/271.

PIRES, Sylvio José de Almeida. Sobre a função e a remuneração dos peritos judiciais. *RT* 497/252.

PONTES DE MIRANDA, Francisco Cavalcanti. *Comentários ao código de processo civil* (de 1973). Rio de Janeiro: Ed. Forense, 1974. t. IV.

SANTOS, Ernane Fidélis dos. *Comentários ao código de processo civil*. Rio de Janeiro: Ed. Forense, 1980. vol. III, t. I.

SANTOS, Gildo dos. *A prova no processo civil*. São Paulo: Saraiva, 1975.

THEODORO JÚNIOR, Humberto. *Curso de direito processual civil*. Rio de Janeiro: Ed. Forense, 1985.

______. *Processo de conhecimento*. Rio de Janeiro: Ed. Forense, 1981. t. II.

WAMBIER, Luiz Rodrigues; ARRUDA ALVIM WAMBIER, Teresa; MEDINA, José Miguel Garcia. *Breves comentários à nova sistemática processual civil*. 3. ed. São Paulo: Ed. RT, 2005.

XXVIII

Da Inspeção Judicial

270. Noções gerais

A inspeção judicial vem regulada no Código como meio de prova.[1] A *inspeção judicial* disciplinada no Código de Processo Civil obedece a algumas formalidades e valerá como prova, desde que tais requisitos tenham sido regularmente observados. É, desta forma, inconfundível com *mera visita informal, cunhada de subjetividade, que tenha sido eleita pelo magistrado.*[2] Outrossim, à semelhança do *interrogatório livre* (art. 342), pode a inspeção ser determinada de ofício (art. 440), o que ocorre (1.ª *hipótese*) quando o juiz tiver motivos de dúvida respeitantemente a fato controvertido relativo à decisão da causa, e, para eliminar essa dúvida, deverá examinar (= inspecionar) pessoas ou coisas, sucessivamente à produção de outras provas, ou, então, (2.ª *hipótese*), quando, desde logo, entender que, *somente* mercê de inspeção judicial, puder se esclarecer. Pode ser nesta linha (1.ª *hipótese*) também, prova complementar, e será determinada quando tiver o magistrado dúvida de que não tenha sido resolvida por outro meio de prova. Do contrário, estaria o magistrado utilizando-se desse seu poder para o fim de, eventualmente, suprir a atividade precária de uma das partes, ou mesmo a inatividade. É, portanto, prova que, de ofício, somente deverá ser determinada em tais circunstâncias.

Por outro lado, tendo em vista que o Código disciplina um grande número de meios de provas, como, ainda, admite quaisquer outras, desde que moralmente lícitas, segue-se, por mais este aspecto, que a inspeção judicial é, regra geral, marcada pela subsidiariedade[3] (1.ª *hipótese*).

---

1. No entendimento de João Batista Lopes (*A prova no processo civil*, p. 159): "Em rigor técnico, não se poderia falar em meio de prova, porque o juiz não se vale de instrumentos ou pessoas para obter elementos necessários à formação de seu convencimento, mas procede às verificações e exames *ictu oculi*, sem intermediários".
2. *RT* 587/139, em. E ainda, neste mesmo sentido: "Agravo de instrumento – Inspeção judicial – Simples visita do magistrado – Ausência de auto circunstanciado – Falta de intimação das parte –. Ausência de publicidade – Ausência de peritos. Impossibilidade jurídica – Recurso conhecido e provido. Se o Código de Processo Civil regula a inspeção judicial, o magistrado deve escolher, se necessário, essa via probatória. Contudo, não há como ser considerada simples visita do magistrado no local a ser inspecionado, faltando intimação das partes para acompanhar o ato judicial, ausência do escrivão para o imprescindível auto circunstanciado, por estar em desconforme com o previsto à espécie e, em verdade, tratar-se de mero subjetivismo, não há como convalidar decisão que embasou em ato eivado de nulidade insanável" (TJMT, AgIn 8.527 3.ª Câm.Cív.,– Classe II – 15 – Cáceres, j. 05.08.1998, rel. Des. Wandyr Clait Duarte, *Juris Síntese Millenium* CD-Rom de Jurisprudência n. 27, Síntese, RS, não paginado).
3. Cf. Eduardo Arruda Alvim, *Curso de direito processual civil*, vol. 1, p. 564.

Outrossim, se a inspeção tiver sido solicitada por um dos litigantes, deverá o juiz verificar se comparecem estes pressupostos.

Nesta linha, pode-se dizer que não é atividade normal do juiz fazer inspeções.

Entretanto (2.ª *hipótese*), na exata medida em que entender o juiz que, somente mercê da inspeção, possa, eventualmente, reunir condições para se esclarecer a respeito de fatos interessantes à causa, segue-se que, de forma alguma, então, poderá abdicar do seu poder-dever de determinar a referida inspeção.

Se, de um lado, asseverou-se que esta prova é normalmente sucessiva às demais (1.ª *hipótese*), nem por isto, todavia, haverá o juiz, verificando ocorrerem os pressupostos contidos nos incisos I a III do art. 442, ficar inibido, desde logo, em determinar a inspeção judicial (2.ª *hipótese*). É certo, pois, que, tipificados quaisquer dos casos, tais como descritos no art. 442, nem por isto precisará o juiz, *necessariamente*, aguardar a produção de outras provas para realizar a inspeção. Fará, em tais casos, diretamente a inspeção judicial.

A realidade é que, para avaliar a utilidade da inspeção judicial, o juiz ficou munido do que, *impropriamente*, diz-se ser *poder discricionário*. Este "poder" consiste na verificação, por parte do juiz, com certa margem de liberdade, da conveniência, oportunidade e licitude da realização de tal prova a partir da análise dos elementos de cada caso concreto.[4]

Com efeito, já se decidiu que violenta o princípio do livre convencimento a "imposição" ao juiz do uso de meio de prova que depende de sua eleição, tal como ocorre com a inspeção judicial, ato afeto à usualmente denominada *discricionariedade judicial* do condutor do feito.[5]

271. A participação de peritos na inspeção

De outra parte, admite a lei que o juiz se faça acompanhar de perito, para a inspeção judicial, ou até mesmo por mais de um perito (art. 441). Ainda, nesta hipótese, dever-se-á realizar a inspeção judicial ao ensejo da realização da diligência da perícia (art. 441).[6]

Nesta hipótese, é certo, haverá duplo meio de prova, preordenado ao esclarecimento do mesmo, ou dos mesmos fatos.

272. A presença das partes na inspeção

Conquanto a inspeção judicial diga respeito à necessidade de conhecimento direto ("absolutamente direto") da coisa (que não possa ser apresentada em juízo, "sem consideráveis despesas ou graves dificuldades" – art. 442, II), ou à reconstituição de fatos (art. 442, III), ou, ainda, quando "julgar necessário para a melhor verificação ou interpretação dos fatos que deva observar" (art. 442, I), nem por isto deixarão as partes de ter o direito a assistir à inspeção, prestando esclarecimentos e fazendo observações tidas por úteis para a causa (*em função da realização de tal prova*) – (art. 442, parágrafo único), documentando-se tudo idoneamente em auto circunstanciado (art. 443) – (v. n. 273, *infra*).

4. Cf. Pestana de Aguiar, *Comentários ao Código de Processo Civil*, vol. 4, comentário ao art. 440, n. 5, p. 427.

5. Decidiu o STJ que, "no que toca ao indeferimento de prova solicitada (inspeção judicial), ressalta-se que tal decisão compete à esfera discricionária do Juiz, que decidirá livremente sobre a conveniência e oportunidade da produção de determinada prova" (STJ, REsp 480.697/RJ, 3.ª T., j. 07.12.2004, rel. Min. Nancy Andrighi, *DJ* 04.04.2005, p. 300). Cf. também *RT* 595/226, 629/206, 633/134 e 784/413.

6. Cf. Pestana de Aguiar, op. cit., comentário ao art. 441, 2, p. 428.

Assim é que, na conformidade do disposto no parágrafo único do art. 442, tendo as partes direito a assistir à inspeção, *segue-se que da realização respectiva deverão ser regularmente intimadas, nas pessoas dos advogados*,[7-8] que as representam em juízo. Se, todavia, apesar da intimação, à diligência da inspeção judicial não comparecerem, sofrerão as eventuais consequências de a ela não terem estado presentes. Ou seja, deixarão de ter podido prestar esclarecimentos, ou de ter feito observações que lhes poderiam ter sido úteis, eventualmente (art. 442, parágrafo único).

Verifica-se, portanto, que a regra do art. 442 alberga o princípio do contraditório (art. 5.º, LV da CF/1988), tendo em vista a realização da inspeção judicial, como também leva à implicação de que se trata de ônus, diretamente relacionado com a utilidade do comparecimento dos litigantes, que tenham sido regularmente intimados da diligência respeitante à inspeção judicial.

273. A documentação da inspeção

No que pertine à realização da diligência, propriamente dita, deverá ela ser objeto de documentação idônea (art. 443). Ou seja, uma vez concluída, dever-se-á lavrar "auto circunstanciado, mencionando-se nele tudo quanto for útil ao julgamento da causa" (art. 443, *caput*, com a redação da Lei 5.925/1973). Esse auto circunstanciado, ademais, poderá ser instruído com desenho, gráfico ou fotografia que o complete e que esclareça a finalidade em decorrência da qual foi realizada a diligência (art. 443, parágrafo único, com a redação que lhe deu a precitada lei).

Já se decidiu que, não sendo lavrado o auto circunstanciado referido neste dispositivo, a inspeção perde o valor de prova.[9]

Bibliografia

AGUIAR, Pestana de. *Comentários ao Código de Processo Civil*. 6. ed. Rio de Janeiro: Forense, 1994. vol. 4.

ALVIM, Eduardo Arruda. *Curso de direito processual civil*. São Paulo: Ed. RT, 1999. vol. 1.

______. *Direito processual civil*. 2. ed., revista, atualizada e ampliada. São Paulo: RT, 2008.

7. "A intimação é ao advogado – também no caso concreto, acrescenta-se – e não à parte, salvo quando a lei determinar o contrário" (conclusão sob 29, de índole genérica sobre o Código de Processo Civil, aprovada por unanimidade) – v. *Conclusões Cíveis e Criminais do VI Encontro Nacional dos Tribunais de Alçada* [extintos] – Dir. de Rev. Jurisprudência (TJRS), 1984 (tb. publ. em *RT* 580/297).

Decidiu-se corretamente, que "a inspeção judicial, conquanto seja providência que pode ser determinada até de ofício, não pode ser realizada à revelia dos litigantes. Não dispensa a publicidade, mas, ao contrário, deve cercar-se de especiais cautelas, a primeira das quais é assegurar-se às partes, seus procuradores e assistentes técnicos o direito de assisti-la, ficando uns e outros autorizados a prestar esclarecimentos e fazer as observações que reputarem de interesse para a causa" (2.º TACivSP [extinto], *RT* 674/158).

No mesmo sentido: "A inspeção judicial é prevista na lei adjetiva (CPC, arts. 440 a 443), porém não dispensa o respeito ao princípio da publicidade e muito menos a sua formalização, mediante a lavratura do respectivo auto. Assim, tal como realizada, sem forma nem figura de juízo, e na clandestinidade, é nula, como nula é a decisão que nela se esteou, induzindo cerceio de defesa, porque proferida em vulneração aos princípios da ampla defesa e do contraditório" (TJMG, 9.ª Câm. Cív, j. 27.05. 2008, rel. Des. Tarcisio Martins Costa, *DJ* 14.06.2008).

8. Já se decidiu que não há qualquer nulidade se a inspeção for realizada fora do horário designado, deixando de comparecer um dos defensores, porém, tendo ele se manifestado posteriormente em sentido conforme o laudo produzido (*RT* 612/119).

9. STJ, Ag 14.646/MG, 1.ª T., j. 09.12.1992, v.u., rel. Min. Garcia Vieira, negaram provimento, *DJU* 05.04.1993, p. 5.810, 1.ª col., em., em Theotonio Negrão e José Roberto Ferreira Gouvêa, *Código de Processo Civil e legislação processual civil em vigor*, p. 527.

______. *Direito processual civil*. 3. ed. São Paulo: RT, 2010.

______. *Direito processual civil*. 4. ed. São Paulo: RT, 2012.

ALVIM NETTO, José Manoel de Arruda. *Curso de direito processual civil*. São Paulo: Ed. RT, 1972. vol. 2.

BARBOSA MOREIRA, José Carlos. *O novo processo civil brasileiro*. 25. ed. Rio de Janeiro: Forense, 2007.

BORGES, Marcos Afonso. *Comentários ao Código de Processo Civil*. São Paulo: LEUD, 1975. vol. 2.

DEDA, Artur Oscar de Oliveira. *A prova no processo civil*. São Paulo: Saraiva, 2006.

FADEL, Sergio Sahione. *Código de Processo Civil comentado*. Rio de Janeiro: Forense, 1984. vol. 1.

LIMA, Alcides de Mendonça. A nova terminologia do Código de Processo Civil. *Ajuris* 1/112, 1974.

LOPES, João Batista. *A prova no direito processual civil*. 3. ed. São Paulo: Ed. RT, 2007.

MARQUES, José Frederico. *Manual de direito processual civil*. São Paulo: Saraiva, 1984. vol. 2.

NACONECY, Luiz Carlos Macedo. *Curso de direito processual civil*. São Paulo: Ed. RT, 1984.

NEGRÃO, Theotonio. *Código de Processo Civil e legislação processual civil em vigor*. 39 ed. São Paulo: Saraiva, 2007.

SANTOS, Ernane Fidélis dos. *Comentários ao Código de Processo Civil*. Rio de Janeiro: Forense, 1980. vol. 3, t. I.

SANTOS, Gildo dos. *A prova no processo civil*. São Paulo: Saraiva, 1979.

SANTOS, Moacyr Amaral. *Comentários ao Código de Processo Civil*. Rio de Janeiro: Forense, 1982. vol. 4.

______. *Primeiras linhas de direito processual civil*. 23. ed. (atualizada por Aricê Moacyr Amaral Santos.) São Paulo: Saraiva, 2004. vol. 2.

SILVA, João Carlos Pestana de Aguiar. *Comentários ao Código de Processo Civil*. São Paulo: Ed. RT, 1977. vol. 4.

THEODORO JÚNIOR, Humberto. *Curso de direito processual civil*. Rio de Janeiro: Forense, 1985.

______. *Processo de conhecimento*. Rio de Janeiro: Forense, 1981. t. II.

XXIX

Indícios e Presunções

274. Diferença entre prova direta e indireta

A prova classificada como direta traduz objetivamente, perante o juiz, a ocorrência de um fato.

A prova tida por indireta ou lógica o é, precisamente, por não se retratar nela mesma o *fato probando*; pelo contrário, retrata-se nela, apenas, um *outro fato*, a que muitos denominam de *fato auxiliar* ou *fato base*, o qual levará à percepção do *fato probando* (fato principal, controvertido nos autos).

A presunção, tanto a legal quanto a *hominis*, situa-se precisamente na esfera das chamadas provas indiretas, exatamente porque uma e outra demandam elaboração mental para conduzir o magistrado ao *fato probando*.[1]

Os indícios e presunções *hominis* (também denominadas comuns, simples ou do homem), geralmente, só poderão ser idoneamente utilizados, no campo da atividade probatória, quando se demonstrar que não é possível trazer ao juiz o *fato probando* em si, mercê da prova direta.[2]

1. Toda classificação (em Direito ou fora dele) parte de um (alguns) determinado(s) critério(s), que haverá(ão) de informá-la. Encerrará uma *verdade*, ou melhor, uma *utilidade*, na medida em que os objetos classificados se ajustem ao(s) critério(s) eleito(s), ou não. Assim, a própria prova direta (documental, testemunhal) implica intermediação entre o meio de prova e o fato (quais sejam, o documento e a testemunha). Desta forma, *sob outro critério, prova direta* seria, exclusivamente, a *inspeção judicial* [e, mesmo nesta, se houver auxílio de perito(s)], terá havido a intermediação intelectiva e explicativa entre o fato, diretamente observado, a sua compreensão; vale dizer, a explicação fornecida pelo(s) perito(s). Rigorosamente direta, portanto, seria a inspeção, desacompanhada de perito(s) (v., *supra*, Cap. XXVII). Aceitando-se, todavia, que a prova testemunhal ou documental seja prova direta também (ao lado da inspeção judicial), neste Capítulo, em face de tal critério, trata-se das provas indiretas.

2. A afirmação feita respeitantemente à finalidade das provas indiretas deve ser entendida em termos. É extremamente complexa a *avaliação das provas*, mas é informada por um objetivo único: a descoberta do acontecer histórico, ou seja, a verdade dos fatos, para, assim identificados, servirem de base à decisão. Para a obtenção dessa verdade, em face das provas existentes, o legislador, *como regra geral*, deixou liberdade de avaliação da prova ao juiz, que *"apreciará livremente a prova"*, e, mais ainda, *"atendendo aos fatos e circunstâncias constantes dos autos..."* (art. 131 do CPC). Há, no entanto, de outra parte, e em regra, certas limitações que devem ser observadas, a saber: 1.ª) o documento público (art. 364 do CPC) que, com fé pública, prova o seu conteúdo, e, bem assim, os fatos verificados na presença do escrivão, tabelião, ou funcionário, e que, como tais, tenham sido declarados, por essas autoridades; 2.ª) a mesma prova fazem os documentos a que se refere o art. 365, I a VI, do CPC; 3.ª) se a lei exigir, como único meio possível, determinado meio de prova, só este poderá ser usado (art. 366 do CPC; *v.g.*, alguém somente será proprietário, se comprovar existir transcrição em seu nome na hipótese do art. 1.245 do CC/2002, ainda que se trate de presun-

Indícios e presunções encontram-se, na hierarquia das provas, numa posição subsidiária.

O indício é o *fato provado* que, estando na base do raciocínio do juiz, leva a que este creia (como acreditaria qualquer *homo medius*) que tenha ocorrido outro fato (o fato principal ou fato *probando*). É, pois, o indício, o fato auxiliar, do qual se pode extrair o fato base, que é aquele que constitui objeto de controvérsia. A este raciocínio se dá o nome de presunção *hominis*.

Deste conceito estão excluídas as presunções legais (relativas ou absolutas), sobre as quais falaremos adiante.

275. Distinção entre presunção *hominis* e presunção legal

As presunções *hominis* têm lugar toda vez que a lei não as assumir de forma expressa, estão implicitamente autorizadas pelo art. 335 do CPC, ao referir-se à possibilidade de o juiz fazer uso das "máximas de experiência".

Existem casos, todavia, em que a lei, dada a frequência com que ocorriam, encampou especificamente certas presunções, transformando-as, por isso, de presunções *hominis* em presunções legais.

Nas presunções legais, tem-se um *fato provado* (que seria o indício, mas, no caso de a presunção ser legal, recebe o nome de *fato auxiliar*, ou *fato base*), e um fato que *se tem por provado* (presumido), em função de ter sido aquele (o indício) efetivamente provado. A existência do *fato presumido* é o aplicador da lei levado a considerar, porque se provou (diretamente) o fato auxiliar, mas, desta vez, não só porque o *fato probando* normalmente teria ocorrido (como seria na presunção *hominis*) *mas, sim, por força de lei*. Ambos os fatos (auxiliar e principal) vêm referidos pela lei, ao contrário do que ocorre na presunção *hominis*.

Há uma gradação de força entre as presunções. A presunção *hominis*, baseada em indícios, é a mais fraca, em princípio. A mais forte delas é a presunção legal absoluta, à qual não se pode furtar o juiz, pois não se admite prova em contrário desde que provado o fato auxiliar ou básico.

276. Presunção

A presunção, genericamente considerada, constitui-se num processo lógico-jurídico, admitido pelo sistema para provar determinados fatos. Por esse processo, uma vez conhecido determinado fato auxiliar (indício), admite-se como verdadeiro um outro fato, que é desconhecido, e que é (este último) o inserido no objeto da prova.

277. Espécies de presunção

As presunções, quanto à sua divisão, tendo em vista a origem, dizem-se presun-

---

ção legal relativa); 4.ª) para prova de contrato, em si mesmo, o valor da prova exclusivamente testemunhal é limitado (art. 401 do CPC); 5.ª) se, na prova de contrato, houver começo de prova, poder-se-á, então, complementar com outra prova, especialmente a testemunhal (art. 402, I, do CPC). Outros exemplos poderiam ser arrolados, emergentes de disposições legais. *Estes limites* significam que a prova indireta, normalmente, encontrará razão de ser para valer, desde que respeitados tais critérios, que são os legais. Por outras palavras, geralmente, o art. 131 do CPC, conquanto confira liberdade ao juiz, deverá, de outra parte, ser entendido *dentro do sistema positivo, no qual, aliás, se encontra ele mesmo*. Já, no entanto, se se tratar de simulação ou outro vício de ato ou negócio jurídico, é livre a utilização da prova testemunhal, mercê de cuja utilização colimar-se-á evidenciar o vício de que padeça, *v.g.*, um contrato, como consta do art. 404 do CPC. Nesta hipótese, poderá ser de grande valia a utilização dos indícios e presunções, emergentes e sediados na prova testemunhal que se faça (por exemplo, os arts. 252 e 253 do CPC/1939).

O que se objetiva é observar que a utilização dos indícios e presunções é tarefa que demanda mais cuidado pelo magistrado, pois é representativa de um dos aspectos mais delicados da prova, ou, mais precisamente, da *avaliação da prova*.

ções simples (comuns ou do homem) e presunções legais (ou de direito), como já se mencionou. Diz-se que as primeiras são aquelas decorrentes do raciocínio comum do homem, em considerar verdadeiro um fato, por inferência de outro fato.

As legais, conquanto o raciocínio seja o mesmo, são aquelas decorrentes de criação legal, e por isso o próprio raciocínio *está traçado na lei*.

As presunções legais, no que tange aos seus efeitos, emergentes da lei, subdividem-se em *absolutas e relativas*.[3-4]

Nas absolutas, desde que provado pelo beneficiário o fato base ou auxiliar, a inferência legal terá que ser necessariamente extraída, não restando possibilidade alguma de o juiz deixar de atender à presunção, ou seja, o fato presumido haverá de ser *reputado verdadeiro*. Justamente por isso não poderá a parte contrária *provar contra* a presunção absoluta, isto é, contra o *resultado* da presunção absoluta. É certo, todavia, que a parte que vai sofrer o efeito inamovível de veracidade de fato presumido absolutamente deve direcionar seus esforços no que respeita à demonstração da inocorrência do *fato auxiliar* ou *base*. A atividade probatória, portanto, cifrar-se-á em torno do fato que leva à presunção absoluta. Se a parte conseguir provar não ter ocorrido o fato base, *ipso facto*, não poderá ser invocada a presunção.

É nesse sentido que se haverá de entender o disposto no art. 334, IV, ou seja, "não dependem de prova" (art. 334, *caput*) os fatos a respeito dos quais milita a presunção legal de existência ou veracidade, o que vale dizer que o fato *auxiliar* ou *base*, que leva à presunção, tem de ser objeto de prova. Sob este aspecto, poder-se-ia dizer que a presunção absoluta, tendo em vista os seus predicados, é quase uma das espécies da prova legal; será uma *prova legal lógica*.

Já a presunção relativa pode ser afastada por prova em contrário, realizada pela outra parte, *inclusive quanto ao fato presumido*. Ela confere ao seu beneficiário o favor de que, uma vez provado o fato do qual se vai, *ex lege*, inferir o outro (que é o probando), seja este havido como verdadeiro. Todavia, permite

3. Na *presunção relativa*, provado o fato auxiliar ou base, o fato *probando* será tido por verdadeiro. Por isto, conquanto deva haver atividade probatória, esta não necessita (por parte do beneficiário da presunção) de se endereçar para o fato presumido, tanto bastando que o fato auxiliar seja provado. *Verbi gratia*, se o devedor pretende ter pago a nona prestação (é a prestação que se discute) e juntar o recibo da décima, por força do art. 322 do CC/2002, a nona será tida como paga. No entanto, apesar disto, é possível ao credor comprovar que, conquanto esteja paga a décima, a nona prestação não se encontra paga. A atividade do devedor pode se endereçar só para o fato auxiliar, ao passo que a do credor há de se dirigir, necessariamente, para o fato presumido, diante da circunstância de estar provado o fato auxiliar.

Já se tratando de presunção absoluta, provado o fato auxiliar, é juridicamente irrelevante a prova da inocorrência do fato presumido, que, no sistema jurídico, será sempre tido como existente e verdadeiro (*v.g.*, art. 174 do CC/2002). *Daí não há de ser admitida mesmo tal prova*.

Desta forma, no campo da presunção absoluta a atividade probatória deve-se exercer, de lado a lado, exclusivamente, tendo em vista o *fato auxiliar*. Ainda que se pudesse comprovar a inexatidão do *fato presumido*, apesar da existência do fato auxiliar, *valeria a verdade do fato presumido*; leva esta proposição jurídica à conclusão da inutilidade, e, portanto, inadmissibilidade de qualquer atividade probatória, tendo em vista o fato probando, propriamente dito.

4. É de se registrar que Moacyr Amaral Santos (*Primeiras linhas de direito processual civil*, vol. 2, p. 512) acresce às presunções legais mais uma categoria, qual seja, as presunções *mistas* ou *intermediárias*. Segundo o referido autor, tais presunções são aquelas estabelecidas pela própria lei, mas que admitem prova em sentido contrário; porém, não será qualquer prova capaz de afastar a presunção, mas apenas e tão somente aquelas *referidas e previstas na própria lei* [*v.g.*, art. 1.545 e 1.597 do CC/2002 (art. 203 e 338 do CC/1916)].

que a parte contrária demonstre que, conquanto provado o fato de que se vai extrair a inferência ou ilação conducente à veracidade do fato probando, tal inferência ou ilação não corresponde à realidade.

O comportamento dos litigantes, dessa forma, em face das presunções relativas, é algo diverso daquele pertinente às presunções absolutas.

Nas presunções relativas, desenvolve-se atividade probatória – tal como em face das absolutas – *tendo em vista o fato auxiliar* ou *fato base*. Tanto aquele que é o possível beneficiário da presunção relativa quanto seu antagonista devem envidar esforços para evidenciar a ocorrência ou a inocorrência do fato base. Se, todavia, ficar comprovada a ocorrência do fato base, e, portanto, aquele que é o beneficiário de tal circunstância ficar numa situação privilegiada, pois, se deverá ter, afinal, e, em princípio, como verídico o fato presumido, nem por isto terá, todavia, *a seu favor*, uma situação indestrutível. E isto porque a atividade probatória do seu adversário poderá se dirigir à comprovação de que, apesar de provado o fato auxiliar ou base, ainda assim o fato presumido inocorreu. A presunção relativa, portanto, leva a que, mesmo evidenciado o fato base ou auxiliar, admita-se prova de inocorrência do fato presumido, atividade certamente a cargo daquele que sofrerá os efeitos legais desfavoráveis decorrentes, *ex lege*, da existência do fato presumido.

278. As presunções legais. Aspecto histórico

As presunções legais historicamente são originadas das presunções comuns, que, num dado instante, ou seja, naquele em que sejam consideradas ou assumidas pelo legislador, passam a ter força impositiva para o juiz, desde que se verifiquem os pressupostos de aplicabilidade das presunções (*prova do fato auxiliar*).

Não é grande o número de presunções legais absolutas (*iuris et de iure*) no Direito brasileiro. Como exemplo, podem ser apontadas as seguintes: no CC/2002, arts. 163, 174, 574, 659; v. também, a Lei 8.245/1991, art. 46, § 1.º, para a locação de imóveis residenciais urbanos, e art. 50, *caput*, para a locação de imóveis urbanos para temporada. Todas estas hipóteses não admitem prova em contrário, *tendo em vista o fato presumido*. Se provado o fato auxiliar, é inexorável que o fato probando (= absolutamente presumido) seja tido como verdadeiro.

A atividade da parte contrária se cifrará, apenas, na tentativa de demonstração de que o *fato auxiliar não ocorreu*.

Vejamos alguns exemplos de presunções legais relativas: CC/2002, arts. 232, 322, 324, 500, § 1.º, 581, 1.201, 1.203 e 1.231; CCo, art. 457.[5] Estas admitem prova em contrário, no sentido de que, embora ocorrido o fato auxiliar, não se terá verificado o fato presumido.

Geralmente, as leis, considerando as hipóteses de presunções legais relativas, utilizam-se da expressão "salvo prova em contrário" e similares.

Determina o art. 335 do CPC ao juiz, finalmente, que, na hipótese de inexistên-

5. Mesmo que se pudesse entender, como faz Fabio Ulhoa Coelho (*Código Comercial anotado*, p. 130), que o art. 457 do CCo não teria sido recepcionado pelo art. 178, § 2.º, da CF/1988, que dava a definição de navio brasileiro, tal entendimento não deve prevalecer diante da revogação daquele dispositivo constitucional pela Emenda Constitucional n. 7, de 15.08.1995, nada dispondo a atual redação do art. 178 e respectivo parágrafo único da Constituição Federal sobre a definição de navio brasileiro. Assim, prevalece a disciplina do registro das embarcações de acordo com o que dispõe a Lei 7.652/1988. O art. 5.º, parágrafo único, deste diploma traz uma presunção legal relativa ao prescrever que "presume-se proprietário a pessoa física ou jurídica em cujo nome estiver registrada ou inscrita a embarcação, conforme o caso".

cia de normas jurídicas específicas, aplique as regras de experiência comum, tendo em vista o que ordinariamente acontece, e mesmo as regras de experiência técnica, se delas tiver conhecimento coincidente com aquele que seja reputado comum e suscetível de dispensar perícia. Se, todavia, não tiver tais conhecimentos, ou se os tiver, por qualquer razão particular, mas a média dos magistrados não os tiver, deverá, igualmente, ordenar a perícia.

279. As presunções do homem

A presunção *hominis* significa que existirá uma verdade relativamente a um *fato probando* (intuído) decorrente de um fato (provado), presumido pelo juiz, coincidente com aquela perceptível pelo comum dos homens; é, todavia, uma verdade que não se encontra definida em lei. O juiz, aceitando uma *praesumptio hominis*, aceitá-la-á, precisamente porque ela expressa algo *comum*, *habitual*, e que normalmente ocorre.[6]

Mesmo que nas presunções *hominis* exista certa liberdade, pois o único limite existente para o juiz é a sua racionalidade, o seu bom senso e a sua crítica, não se pode falar, de forma alguma, em presunção *hominis* de grau absoluto e nem mesmo de grau relativo. É bem verdade que o art. 335 do CPC prescreve ao juiz que, sendo o caso, use de sua experiência comum.

6. Como exemplo dessa percepção de uma consequência habitual que gere presunção, v., do STJ: "O nexo de causalidade entre os danos suportados pelo autor e a conduta ilícita dos requeridos já restou suficientemente apreciado alhures. A existência de danos morais é também incontroversa, na medida em que é de presunção *hominis* que a lesão grave de membro, inequivocadamente, causa-lhe lesões de ordem íntima, subjetiva, referente às tristezas e sentimentos de inferioridade que a própria debilidade lhe trará, prejudicando-o em sua vida familiar e social" (STJ, AgRg no REsp 914.936/MG, 1.ªT., j. 05.02.2009, rel. Min. Luiz Fux, *DJe* 18.02.2009).

No entanto, devemos considerar que a ideia de experiência comum é, em si mesma, um *conceito vago* que, embora suscetível de interpretação, não se reveste da certeza e da univocidade das *presunções relativas* ou das *absolutas*.

No campo das presunções do homem, do ponto de vista lógico, é perfeitamente possível que, provado um fato, se chegue à conclusão da ocorrência de outro e, ainda, deste, pelo mesmo tipo de raciocínio, que se admita outro fato. A doutrina, porém, de um modo geral, tem repelido tal possibilidade.

Entretanto, no Direito brasileiro, deve-se admitir, diante da amplitude do art. 131 do CPC, a presunção de presunção, em nosso sentir. Dever-se-á, todavia, raciocinar com a maior precisão e com redobrada cautela.

280. Valoração das presunções *hominis*

O problema da valoração das presunções do homem envolve maior delicadeza de raciocínio, o que já não ocorre com as legais, uma vez que, nestas, a atividade mental do juiz é definida, e, assim, limitada pelo legislador. Desta forma, o que importa apenas é constatar-se a ocorrência do fato auxiliar.

As presunções do homem não vêm definidas pelo Direito. Assim, cabe à doutrina determinar os requisitos necessários à admissão de tais presunções.

Fala-se, geralmente, em requisitos da *gravidade*, da *precisão* e da *concordância*, requisitos que comparecem de forma especialmente intensa a respeito do que se disse no tópico 269, *fine*.[7]

Por *gravidade* deve-se entender a intensidade da convicção provocada no juiz.

7. A respeito do tema, confiram-se os comentários de Mario Conte (*Commentario al codice civile (a cura di Paolo Cendon). Artt. 2697-2739*, p. 281-302) e de Michele Taruffo (*La prova nel processo civile*, p. 1103 e ss.).

Em face do requisito da *precisão*, torna-se necessário que o juiz extraia consequências precisas, claras e efetivamente possíveis do fato, e não consequências insuscetíveis ou muito pouco possíveis de serem dele extraídas.

O requisito da *concordância* consiste na reunião de *diversos indícios*, conducentes todos a uma *conclusão*: admissão de *um fato* não provado, mas perfeitamente presumível (= possível logicamente).

Na hipótese de atos jurídicos viciados, tais como a fraude, a simulação e, em geral, os atos de má-fé, como dispunha o art. 252 do Código de 1939, há de se admitir a prova por indícios e presunções *hominis*, ou, na *verba legis*, "por indícios e circunstâncias". É claro que, para tal finalidade, úteis serão os indícios e circunstâncias que levam às presunções *hominis*, justamente porque tais atos não se praticam às claras, e, assim, bastante difícil é a prova direta dos mesmos. Ainda, útil era o critério constante do art. 253 do Código de 1939, tangentemente à apreciação dos indícios, ou seja, que "o juiz considerará livremente a natureza do negócio, a reputação dos indiciados e a verossimilhança dos fatos alegados na inicial e na defesa", que, embora não seja previsto de forma expressa pela lei atual, pode-se considerar como ainda aplicável.

Duas novidades do Código Civil, que tangenciam o problema das presunções e que têm grande aplicação no terreno da investigação de paternidade, merecem ser referidas. Uma delas é o art. 231, segundo o qual a parte que se nega a submeter-se a exame médico não poderá argumentar com a ausência dessa prova, decorrente de sua recusa. E, ainda, o art. 232, pelo qual se permite ao juiz equiparar a própria recusa ao exame à prova que se pretendia obter com a realização da perícia médica. Há, neste sentido, uma autorização legal para que o juiz proceda a um raciocínio por presunção, que não é absoluto, mas passível de ser afastado por prova em contrário do investigado.[8] Súmula do STJ é expressa ao referir-se a *presunção relativa*.[9] Conquanto a súmula 301 refira-se a *presunção relativa*, há na doutrina opinião valiosa de que trataria, a recusa, num *indício* conducente à convicção de que há paternidade.[10]

281. A presunção *hominis* e a prova contrária

Se a parte contrária pediu a aplicação de uma presunção *hominis*, deverá o adversário tentar neutralizar as consequências possivelmente decorrentes da utilização de tal presunção.

Poderá, assim, provar contrariamente ao próprio indício ou indícios, diligenciando no sentido de demonstrar que tal fato ou fatos indiciários não aconteceram. Se, porém, entender que tal caminho não será frutífero, deverá, mesmo assim, procurar provar que, embora devidamente provado o indício ou indícios, nem por isso o fato (= a conclusão de fato) que se pretende deles extrair deverá ser aceito. Para tanto, poderá lograr mesmo fazer contra o "fato presumido" a pro-

8. Sobre o tema, ver: Fredie Didier Jr. e Rodrigo Mazzei (coords.), *Prova, exame médico e presunção* – O art. 232 do Código Civil.

9. "Em ação investigatória, a recusa do suposto pai a submeter-se ao exame de DNA induz presunção *juris tantum* de paternidade".

10. Confira-se, neste sentido, artigo de José Carlos Barbosa Moreira *"La negativa de la parte a someterse a una pericia médica (Según el nuevo Código Civil Brasileño)"*, onde se explica que a introdução do dispositivo no Código Civil veio para aclarar a situação de dúvida gerada pela orientação do Supremo Tribunal Federal acerca da impossibilidade de compelir o réu em ação de investigação de paternidade a realizar o exame de DNA (STF, HC 71.373, j. 10.11.1994). Observa, ainda, o citado autor, que o preceito legal estabelece que a conduta processual da parte *pode,* neste caso, funcionar como um *indício,* hábil a fundamentar uma *presunção judicial.*

va contrária. Tal atitude é a mais indicada, certamente, pois, logrando êxito, cairá por terra a própria possibilidade de invocação da presunção.

282. A prova *prima facie*

Deve-se ao Direito alemão, do início do século XX, a criação teórica da chamada prova *prima facie*, destacando o fenômeno do quadro das presunções, onde, diante da não percepção da possível autonomia da figura, encontra-se encravado.

Enquanto na presunção, provado o fato *x* (fato auxiliar), admite-se como verdadeiro juridicamente o fato *y* (fato presumido), na prova *prima facie*, provado um determinado fato, *ipso facto*, essa mesma prova traz ou carrega consigo uma consequência jurídica, esta última não autonomamente provada, *mas embutida ou imanente no fato provado*.

Desde logo, parece-nos legítimo dizer que a admissibilidade da prova *prima facie* deve ficar condicionada à dificuldade de provar-se o nexo de causalidade (*v.g.*, culpa ou dolo) entre o fato e a consequência que acarreta.

Divide-se o entendimento dos juristas no sentido de entenderem a prova *prima facie* como encartada no ônus da prova,[11] ou, então, no campo da valoração da prova,[12] ou, ainda, poderá ser assimilada a uma presunção *hominis*.

Com efeito, a partir de exemplos concretos (colhidos da jurisprudência alemã, mas aplicáveis à nossa realidade e ao nosso Direito), poder-se-á extrair o conceito que nos interessa. Se um veículo, dirigido em estrada sem defeito algum, bate em uma árvore (ou em um muro), desse fato emerge a culpa de quem dirigia; se há derramamento de óleo numa estrada, provocado por uma fábrica, *ipso facto*, a conduta foi culposa e é atribuível à fábrica; se, depois de uma operação há uma hemorragia, com abertura de corte (16 cm por 8 cm), *sem que o paciente tenha para isso contribuído*, segue-se que houve culpa do médico.[13]

O que nos parece é que, provado um determinado fato, a batida no muro, o derramamento de óleo e a hemorragia consequente à operação, *encontra-se imantado*, *em tais fatos*, *o da culpa*.

A ideia de que este tema se situaria no ônus da prova parece-nos mais aceitável do que a de que inseriria na valoração da prova. São duas visualizações, todavia, compatíveis com o tema. No entanto, o encarte na temática do ônus afigura-se-nos mais correto, porque a vítima, em tais casos, teria o ônus de provar apenas: a) o desastre na estrada; b) o derramamento de óleo; e c) a hemorragia, com o que, *ipso facto*, teria provado a culpa, *realidade imanente ao próprio fato provado*. A mesma coisa se diga de objeto caído (ou jogado) de um prédio e que tenha ferido alguém. Bastará provar a queda (tenha sido atirado ou tenha caído), que estará provada a culpa. Eventualmente, o ônus da prova contrária será, de outra parte, *extremamente difícil*. É possível, no entanto, provar que o apartamento de onde caiu o objeto havia sido assaltado (apesar de bem fechado, tendo sido rendido o zelador ou guarda), e que foram os ladrões que teriam deixado cair o objeto.

Se se encarta no ônus da prova, no entanto, coloca-se como modalidade particularmente acentuada de *presunção hominis*, no sentido de *defluir claramente do fato mesmo* a culpa, ou dolo, que serão os critérios legais geradores de responsabilidade civil.

11. V. Fritz Baur, *Zivilprozessrecht* (*Direito processual civil*), 167, p. 158.

12. V. Rosenberg-Schwab, *Zivilprozessrecht* (*Direito processual civil*), § 114, 3.

13. Exemplos colhidos em Fritz Baur, op. cit., n. 167, p. 158.

283. A prova *prima facie* e o problema do ônus da prova

Na prova *prima facie*, a parte contrária demonstrará apenas que, conquanto aquelas consequências pudessem ser extraídas dos fatos, no caso específico não se verificaram. Assim, a parte que seria considerada como tendo agido culposa ou dolosamente, evidenciando que assim não agiu, ficará isenta de qualquer responsabilidade.

Há, pois, com a prova *prima facie*,[14] verdadeira inversão de ônus da prova.

Bibliografia

Alvim, Eduardo Arruda. *Curso de direito processual civil*. São Paulo: Ed. RT, 1999. vol. 1.

______. *Direito processual civil*. 2. ed. São Paulo: Ed. RT, 2008.

______. *Direito processual civil*. 3. ed. São Paulo: Ed. RT, 2010.

______. *Direito processual civil*. 4. ed. São Paulo: Ed. RT, 2012.

Alvim Netto, José Manoel de Arruda. *Curso de direito processual civil*. São Paulo: Ed. RT, 1972. vol. 2.

Barbosa Moreira, José Carlos. La negativa de la parte a someterse a una pericia médica (según el nuevo código civil brasileño). In: *Temas de Direito Processual. Nona série*. São Paulo: Saraiva, 2007, p. 159-166.

Baur, Fritz. *Zivilprozessrecht*. Frankfurt am Main: Metzner, 1985.

Borges, Marcos Afonso. *Comentários ao Código de Processo Civil*. São Paulo: LEUD, 1975. vol. 2.

Coelho, Fabio Ulhoa. *Código Comercial anotado*. 9. ed. São Paulo: Saraiva, 2003.

Conte, Mario. In: Cendon, Paolo (a cura di). *Commentario al codice civile. Artt.* 2697-2739. *Prove*. Milano: Giuffrè, 2008.

Didier Jr., Fredie; Mazzei, Rodrigo. *Prova, exame médico e presunção* – O art. 232 do Código Civil. Salvador: JusPODIVM, 2006.

Fadel, Sergio Sahione. *Código de Processo Civil comentado*. Rio de Janeiro: Forense, 1984. vol. 1.

Greco Filho, Vicente. *Direito processual civil brasileiro*. 18. ed. São Paulo: Saraiva, 2007. vol. 2.

Magalhães, Teresa Ancona. A presunção no direito, especialmente no direito civil. *RT* 513/26.

Maluf, Carlos Alberto Dabus. As presunções na teoria da prova. *Revista de Processo* (*RePro*) 24/62, ano VI, São Paulo, Ed. RT, out.-dez. 1981.

Marques, José Frederico. *Manual de direito processual civil*. São Paulo: Saraiva, 1984. vol. 2.

Rosenberg-Schwab, *Zivilprozessrecht*. 10. ed. Munique: Beck'sche, 1969.

Santos, Ernane Fidélis dos. *Comentários ao Código de Processo Civil*. Rio de Janeiro: Forense, 1980. vol. 3, t. I.

Santos, Gildo dos. *A prova no processo civil*. São Paulo: Saraiva, 1979.

Santos, Moacyr Amaral. *Comentários ao Código de Processo Civil*. Rio de Janeiro: Forense, 1982. vol. 4.

______. *Primeiras linhas de direito processual civil*. 23. ed. Atual. Aricê Moacyr Amaral Santos. São Paulo: Saraiva, 2004. vol. 2.

Silva, João Carlos Pestana de Aguiar. *Comentários ao Código de Processo Civil*. São Paulo: Ed. RT, 1977. vol. 4.

Surgik, Aloísio. Presunção absoluta e relativa (*teoria da prova*) – verbete. *Enciclopédia Saraiva do Direito*, 1981. vol. 60.

Taruffo, Michele (a cura di). *La prova nel processo civile*. Milano: Giuffrè, 2012.

14. Sobre o assunto, consultar Arruda Alvim, *Curso de direito processual civil* cit., vol. 2, Cap. XXX, p. 443 *et seq*.

XXX

Das Audiências: Preliminar e de Instrução e Julgamento

284. Introdução

No curso do procedimento comum ordinário há lugar para a realização de duas audiências, quais sejam: a audiência preliminar, disciplinada no art. 331 do Código de Processo Civil, e a audiência de conciliação, instrução e julgamento, também designada simplesmente audiência de instrução e julgamento, disciplinada nos arts. 444 e seguintes do Código.

A primeira audiência a que aludimos, a preliminar, é aquela que se realiza na fase predominantemente saneadora do processo, onde se visa a obter alguma forma de autocomposição ou, caso frustrada esta hipótese, se resolvem questões pendentes no feito e se prepara o processo para a fase de instrução, a partir da fixação dos pontos controvertidos e do deferimento das provas especificadas pelas partes. Trataremos desta modalidade de audiência no tópico subsequente, por ser este dedicado às audiências no procedimento comum ordinário. De se advertir, porém, que a audiência preliminar tem lugar após a análise da possibilidade de julgamento conforme o estado do processo, quando descartadas as hipóteses dos arts. 329 e 330 (matéria tratada no Capítulo XVII, parte II, deste Manual).

Convém destacar que, no âmbito do procedimento sumário, a primeira audiência (e, eventualmente, a única) realizada no processo não tem a mesma denominação e finalidade que a audiência preliminar no procedimento comum. No procedimento sumário, designa-se por audiência de conciliação (art. 277 do CPC) a audiência em que se praticam atos voltados à autocomposição das partes (tentativa de conciliação), além daqueles de índole predominantemente postulatória (resposta do réu, escrita ou oral) e de outros, que dizem respeito ao saneamento do feito (análise do requerimento de provas formulado pelas partes) e, com a constatação de existirem questões controvertidas, designação da audiência de instrução e decisão sobre a pertinência das provas requeridas.

O Projeto de Novo Código de Processo Civil (PL 8.046/2010) optou, no procedimento comum, pela realização de uma audiência de conciliação anterior à apresentação da defesa do réu, no claro objetivo de propiciar a composição das partes antes mesmo do encerramento da fase postulatória (art. 335).

Já a audiência de instrução e julgamento (do procedimento comum ordinário), segundo a dicção de Eduardo Arruda Alvim, "é o ato processual complexo que visa, precipuamente, à colheita de prova oral, em que é praticada uma série de atos pelo juiz, pelas e partes e por terceiros, terminando com a sentença".[1] Tendo por objetivo a produção de provas orais, a audiência de instrução é permeada pelo

1. *Direito processual civil*, 4. ed. p. 599.

princípio da oralidade e pelo princípio da imediatidade.

Muito embora se cuide de audiência voltada à apuração da verdade acerca dos fatos controvertidos – o que se viabiliza mediante produção de prova oral, o Código de Processo Civil permeado pela tendência ampliativa da concepção de acesso à justiça, estimula a busca de composição entre as partes, no curso de todo o processo, como um caminho para diminuir a sobrecarga do Judiciário.

Somente se frustrada essa possibilidade é que o juiz dá início à instrução propriamente dita, nos moldes descritos nos itens subsequentes e, se for o caso de se proferir sentença em audiência, procederá ao julgamento da lide, após expostas oralmente as razões finais das partes.

Deve-se ter presente, por fim, que, a depender do procedimento sob o qual se desenvolve o feito, e de acordo com as circunstâncias do caso, o juiz poderá promover outras espécies de audiência, de que são exemplos as audiências de justificação das ações possessórias e nas cautelares (art. 928 e 804 do CPC, respectivamente); as de conciliação incidentais (na forma permitida pela atual redação do art. 331 do CPC); a audiência prevista no art. 672, § 4.º, do CPC, requerida pelo credor em ação de execução, na hipótese de penhora de crédito cuja existência seja controvertida, para tomada de depoimento do devedor e de terceiro etc.

285. A audiência preliminar

A audiência preliminar foi introduzida em nosso sistema processual pela Lei 8.952/1994, criando uma ocasião apropriada para a tentativa de conciliação, antes do início da fase instrutória. Razões ligadas à economia processual certamente serviram de inspiração ao legislador, pois, com a criação desse momento processual próprio para tentativa de conciliação, a realizar-se antes da instrução, a aproximação das partes, com vistas a eventual acordo, ocorre antes mesmo da realização da prova pericial, por exemplo.

O legislador reformista de 1994, porém, ao inseri-la no Código de Processo Civil, denominou-a de *audiência de conciliação*, o que contribuiu, de certa forma, para uma equivocada interpretação restritiva sobre a função desta audiência, como se ela servisse somente para mais uma tentativa de conciliação.

A audiência do art. 331, com efeito, não se destina apenas à tentativa de conciliação.[2] Não alcançada esta última, criou o legislador excelente oportunidade para a realização do saneamento do processo, com a interessante colaboração das partes e de seus procuradores. Diz o texto legal que, não obtida a conciliação, deve o juiz efetuar o saneamento do processo, decidindo as questões processuais pendentes, fixando os pontos controvertidos e determinando as provas a serem produzidas, e, por fim, se for o caso, designando a audiência de instrução e julgamento.

O contato direto entre o juiz e as partes na audiência preliminar, para efeito de sanear as irregularidades processuais e delinearem-se os aspectos fáticos relevantes e controvertidos, bem como para estabelecer

2. Sem embargo de ser este um objetivo induvidosamente nobre, o que costuma ser, erroneamente, desprezado por muitos julgadores, como noticia por Kazuo Watanabe: "Há a falsa percepção de que a função de conciliar é atividade menos nobre, sendo a função de sentenciar a atribuição mais importante do juiz. Não percebem os magistrados que assim pensam que a função jurisdicional consiste, basicamente, em *pacificar com justiça os conflitantes,* alcançando por via de consequência a solução do conflito" (Cultura da sentença e cultura da pacificação, p. 686 e ss).

os meios de prova pertinentes à demonstração das alegações das partes, já foi apontado pela doutrina como fator de desestímulo à interposição de recursos contra as decisões interlocutórias proferidas nesta fase. O argumento desses autores é no sentido de que o diálogo entre o juiz e as partes facilitaria a compreensão das questões expostas, de forma a viabilizar-lhes uma solução adequada e satisfatória, porque construída num processo de colaboração.[3] Nessa linha, Luiz Guilherme Marinoni e Daniel Mitidiero entendem ser mais adequado que "a atividade de organização do processo (sanação de vícios processuais e preparação da prova) ocorra oralmente, em que as partes e o juiz possam dialogar e participar ativamente na definição destas questões".[4]

Com a promulgação da Lei 10.444, de 7 de maio de 2002, a audiência de que trata o art. 331, acertadamente – já que engloba várias providências ordinatórias e não apenas a tentativa de conciliação –, passou a ser designada como "preliminar", e a Seção III do Capítulo V do Título VIII do Livro I (até então "Do saneamento do processo") passou a denominar-se "Da audiência preliminar".

De fato, a audiência preliminar é um momento importante que, se bem conduzido pelo juiz, cria espaço para um contacto mais direto do magistrado com as partes e/ou seus procuradores, justamente naquela "delicada fase do saneamento, em que, com a verificação da ausência de vícios processuais relevantes, ou com sua correção, se definem os limites dentro dos quais deve permanecer a discussão no processo, mediante a fixação dos pontos sobre os quais incidirá a atividade probatória".[5]

Toda vez que a demanda versar sobre direito que admita transação, faculta-se ao juiz, com a atual redação do *caput* do art. 331, ordenar a realização da audiência preliminar, com o escopo de realizar uma sequência de atos inclinados a tornar mais fácil a continuidade do rito procedimental, desse instante para a frente.[6] A conciliação é, desta forma, somente um momento dentro desta audiência, no qual o juiz procurará fazer com que as partes transacionem. A transação é o conteúdo mais comum da conciliação, pois consiste num acordo em que se fazem concessões mútuas.[7] Na oportunidade da conciliação, pode ter lugar, todavia, em vez da transação, o reconhecimento jurídico do pedido, a renúncia ao direito (*rectius*, pretensão) ou a desistência da ação.

Sempre se entendeu, tendo em vista o sistema constante originariamente no Có-

---

3. Luiz Rodrigues Wambier, A nova audiência preliminar (art. 331 do CPC), *Revista de Processo [RePro]* 80/31; id., A audiência preliminar como fator de otimização do processo (O saneamento compartilhado e a probabilidade de redução da atividade recursal das partes), *Revista da Escola Nacional de Magistratura,* vol. 1, n. 2, out. 2006, p. 100-107; Paulo Hoffman, *Saneamento Compartilhado,* passim.

4. *O projeto de CPC – crítica e propostas*, p. 121. Além dos autores citados na nota precedente, são defensores fervorosos da oralidade no saneamento os professores Cândido Rangel Dinamarco (*A reforma do Código de Processo Civil,* p. 119 e ss.) e Leonardo Greco (O saneamento do processo e o Novo Código de Processo Civil. *Revista Eletrônica de Direito Processual – REDP*. vol. VIII. Periódico da Pós-Graduação *Stricto Sensu* em Direito Processual da UERJ, p. 566 e ss.).

5. Luiz Rodrigues Wambier, A nova audiência preliminar (art. 331 do CPC), *cit.* Cf., também, Luiz Rodrigues Wambier, Teresa Arruda Alvim Wambier e José Miguel Garcia Medina, *Breves comentários à nova sistemática processual civil,* p. 202-208.

6. Nesse sentido, cf. Luiz Rodrigues Wambier, Teresa Arruda Alvim Wambier e José Miguel Garcia Medina, *Breves comentários à nova sistemática processual civil*, p. 204.

7. V. sobre a conciliação: Luiz Guilherme Marinoni e Sérgio Cruz Arenhart, *Manual do processo de conhecimento*, n. 12.2, p. 248-250.

digo de Processo Civil de 1973, que a realização de tentativa de conciliação, nas ações que se processam pelo rito ordinário, tinha como pressuposto a ocorrência de audiência *de instrução e julgamento*.[8] Assim, mesmo que, tendo havido julgamento antecipado da lide, inexista oportunidade – mesmo depois da modificação verificada no art. 331, pela Lei 8.952/1994 – para a tentativa de conciliação,[9] pois, nesta hipótese, não haveria momento processual adequado para realização desta audiência. É certo que, sucessivamente a essa modificação trazida pela Lei 8.952/1994 – em *não* sendo caso de julgamento antecipado da lide –, pode[10] o juiz marcar audiência preliminar nos termos do art. 331, *caput*, e, nessa oportunidade, não haverá o juiz de referir-se, de plano, à fixação dos pontos controvertidos, justamente porque se lhe afigura, neste primeiro instante, *eventualmente* possível a concretização da conciliação. Se esta for obtida, será reduzida a termo e homologada por sentença (art. 331, § 1.º).

As partes, nessas hipóteses em que é admissível a tentativa de conciliação, serão intimadas, na pessoa dos advogados, para que compareçam à audiência, podendo fazer-se representar por procurador ou preposto, com poderes para transigir, tal como está disposto pelo art. 331, *caput* (com a redação da Lei 10.444/2002). Nessa linha, a jurisprudência já não era rigorosa quanto à obrigatoriedade da expedição de mandado para intimação pessoal das partes para comparecer à audiência, pois a determinação podia ser feita em despacho de que as partes sejam intimadas na pessoa de seus advogados.[11] Não dispondo a lei de outro modo (art. 238, redação da Lei 8.710/1993), as intimações poderão ser feitas às partes, aos seus advogados etc., também pelo correio. Por outro lado, como a tentativa de conciliação é feita no interesse das partes, eventual nulidade pela falta de intimação deve ser alegada na primeira oportunidade em que o prejudicado deva falar nos autos, sob pena de ficar convalescido o ato irregular.[12]

---

8. *Revista de Processo [RePro]* 3/329, em. 46. Na doutrina: Luís Antônio de Andrade, *Aspectos e inovações do Código de Processo Civil*, p. 180; Moacyr Amaral Santos, *Comentários ao Código de Processo Civil*, 299, p. 375; Arruda Alvim, Dogmática jurídica e o novo Código de Processo Civil, *Revista de Processo [RePro]* 1/122.

9. STJ, REsp 485.253/RS, 1.ª T., j. 05.04.2005, rel. Min. Teori Zavascki, *DJ* 18.04.2005, p. 214; STJ, AgRg no AgIn 481.607/DF, 3.ª T., j. 18.03.2004, rel. Min. Pádua Ribeiro, *DJ* 12.04.2004, p. 205; STJ, REsp 297.432/PI, 3.ª T., j. 21.02.2002, rel. Min. Castro Filho, *DJ* 11.03.2002, p. 253.

10. A Lei 10.444/2002 retirou a obrigatoriedade – mesmo nas causas que tratem de direitos que permitam a transação – de o magistrado designar a audiência preliminar quando, da análise das circunstâncias presentes nos próprios autos, restar evidente a improbabilidade da obtenção da conciliação entre as partes. Em tais situações, o juiz poderá proceder imediatamente ao saneamento do processo. A respeito do tema, enaltecendo a lei como portadora de boas novas, mas também advertindo que o seu uso deve ficar dentro da hipótese legal, sob pena de se desprezar a importante função da audiência preliminar, cf., amplamente, Joel Dias Figueira Júnior, *Comentários à novíssima reforma do CPC*: Lei 10.444, de 7 de maio de 2002, p. 180-184.

11. Admitindo a intimação pela imprensa: *RT* 794/278; *Revista de Processo [RePro]* 2/346, em. 38; *RJTJSP* 42/266 e 49/186; *Anais Forenses do Estado do Mato Grosso* 37/327. Na doutrina: Athos Gusmão Carneiro, A conciliação no novo Código de Processo Civil, *Revista de Processo [RePro]* 2/98; Luís Antônio de Andrade, *Aspectos e inovações do Código de Processo Civil*, 214, p. 181; Humberto Theodoro Júnior, *Processo de conhecimento*, 478, p. 628. A possibilidade de intimação das partes, de seus representantes e de seus advogados pelo *correio* passou, com a Lei 8.710, de 24.09.1993, que alterou, dentre vários dispositivos, o art. 238, a ser regra geral no sistema do Código de Processo Civil.

12. *RT* 574/172.

A presença da própria parte na audiência não é necessária, podendo esta ser representada por advogado, com poderes para transigir,[13] ou, ainda, por preposto.[14]

Se as partes não comparecerem à audiência preliminar, tendo sido intimadas, não há que se cogitar de nulidade,[15] sendo que a ausência, neste caso, é de ser havida como recusa a qualquer acordo.[16]

Caso as partes, pessoalmente ou através de seus advogados, cheguem a acordo, o juiz determinará seja tomado por termo, homologando-o, o que fará com que tenha valor de sentença (arts. 331, § 1.º, e 449), não se realizando, evidentemente, os atos posteriores à conciliação. Não é outro, como já assinalado, o comando do art. 331, § 1.º, acrescentado pela Lei 8.952/1994, ao dispor sobre o tema, afirmando que, obtida a conciliação, será esta reduzida a termo e homologada por sentença.

Caso não haja a conciliação, prosseguirá a audiência, realizando-se, então, a determinação dos pontos controvertidos e das questões processuais, bem como a delimitação das provas que devem ser produzidas, inclusive, havendo necessidade, com a designação do dia da audiência de instrução e julgamento (art. 331, § 2.º).[17]

Todavia, o § 2.º do art. 331 não será *necessariamente aplicado* pelo juiz. Isto porque, se o magistrado acabar se convencendo de que a hipótese comporta julgamento antecipado da lide, e, pois, sem necessidade de qualquer prova a ser produzida, fora ou dentro da audiência de instrução e julgamento, deverá, nestes casos, decidir a causa. Até mesmo na hipótese de o juiz ter aplicado o art. 331, § 2.º, definindo os pontos controvertidos e determinando a produção de provas, se, ulteriormente, mudar sua posição, *quando se equivocara,* deverá julgar a causa, independentemente da realização da audiência de instrução e julgamento.[18] De

13. *Revista de Processo [RePro]* 6/305, em. 43; *JUTACivSP* 39/100; *RT* 536/205. Na doutrina: Athos Gusmão Carneiro, A conciliação no novo Código de Processo Civil, *Revista de Processo [RePro]* 2/98; Wellington Moreira Pimentel, *Comentários ao Código de Processo Civil*, p. 451; Moacyr Amaral Santos, *Comentários ao Código de Processo Civil,* vol. IV, 299, p. 375, 1982; Luís Antônio de Andrade, op. cit., 215, p. 181.

14. Cf. Cândido Rangel Dinamarco, A reforma da reforma, n. 65, p. 110: "O comparecimento por preposto já vinha sendo praticado antes, mesmo em processo civil. A nova redação do art. 331 tem porém o mérito da explicitude, a evitar dúvidas da possibilidade dessa representação e da eficácia dos atos realizados pelo preposto. Mas, também como antes, admite-se que o advogado da parte, detendo poderes para transigir, participe das negociações em audiência, sem estrita necessidade do comparecimento da própria parte ou de um preposto".

15. V. André Antonio da Silveira Alcântara, Saneamento do processo, n. 2.1, p. 110-113.

16. "Conciliação. Ausência da parte e de seu advogado devidamente intimados. Fato que não inibe a realização da audiência, mas apenas prejudica o acordo. Hipótese em que devem ser praticados os demais atos previstos no art. 331 do CPC" (2.º TACivSP, *RT* 751/300). Cf. também *JUTACivSP* 31/190; *RJTJSP* 60/43.

17. Cf. Sérgio Bermudes, A reforma do Código de Processo Civil, p. 59: "O juiz só designa a audiência de instrução e julgamento se necessário, como esclarece a oportuna condicional com que se conclui o § 2.º [do art. 331]. Assim, o juiz só marca a audiência se houver prova oral a se produzir. Não havendo, deixa de designá-la, ainda quando defira perícia, sobre a qual, uma vez produzida, ordenará a manifestação das partes, julgando em seguida, salvo se a perícia revelar necessária prova oral, consistente em depoimentos, pessoais ou de testemunhas, ou em esclarecimentos verbais do perito e assistentes. Em outras palavras, o juiz só deve realizar a audiência de instrução e julgamento se houver prova oral a ser colhida nela. Não havendo, dispensa-se a audiência, como deixa induvidoso o § 2.º".

18. Ainda que anterior à reforma empreendida pela Lei 8.952/1994, é válido o entendimento constante de *RSTJ* 24/411, REsp 5.614, rel. Min.

fato, como já tivemos oportunidade de consignar, a redação atribuída pela Lei 10.444 parece amenizar a exigência com referência a essa audiência. O texto está assim disposto: "Art. 331. Se não ocorrer qualquer das hipóteses previstas nas seções precedentes, e versar a causa sobre direitos que admitam transação, o juiz designará audiência preliminar, a realizar-se no prazo de 30 (trinta) dias, para a qual serão as partes intimadas a comparecer, podendo fazer-se representar por procurador ou preposto, com poderes para transigir. [...] § 3.º Se o direito em litígio não admitir transação, ou se as circunstâncias da causa evidenciarem ser improvável sua obtenção, o juiz poderá, desde logo, sanear o processo e ordenar a produção da prova, nos termos do § 2.º".[19-20]

Na ação de execução, já se decidiu, não há oportunidade para a conciliação.[21] Mais recentemente, porém, tem-se entendido que a audiência de conciliação, na ação de execução, é uma "faculdade, não uma obrigação do juiz",[22] razão pela qual sua inocorrência não gera nulidade.[23] Havendo embargos do devedor e audiência de instrução e julgamento (art. 740, *caput*), deverá ser observado o disposto no art. 447. Não fosse pela sua aplicação subsidiária diante do comando do art. 598, pela regra genérica constante do art. 125, IV (acrescentado pela Lei 8.952/1994), pela qual o juiz poderá, a qualquer instante, e em mais de uma oportunidade, tentar conciliar as partes.

Nas ações em que for pessoa jurídica de direito público, não é de se tentar, em regra, a conciliação das partes, diante da indisponibilidade do interesse público, subjacente à pretensão ou à defesa.[24] Essa é a regra geral. Exceção a esta regra, todavia, *entre outras*, é a constante do art. 1.º da Lei 9.469, de 10 de julho de 1997, que, dentre outras providências, regulamentou o art. 4.º, VI da Lei Complementar 73/1993 e revogou a Lei 8.197/1991. O que está disposto no art. 1.º precitado é o seguinte: "O Advogado-Geral da União, diretamente ou mediante delegação, e os dirigentes máximos das empresas públicas federais poderão autorizar a realização de acordos ou transações, em juízo, para terminar o litígio, nas causas de valor até R$ 500.000,00 (quinhentos mil reais)." (Redação dada pela Lei 11.941/2009.) § 1.º Quando a causa envolver valores superiores ao limite fixado neste artigo, o acordo ou a transação, sob pena de nulidade, dependerá de prévia e expressa autorização do Advogado-Geral da União e do Ministro de Estado ou do titular da Secretaria da Presidência da República a cuja área de competência estiver afeto o assunto, ou ainda do Presidente da Câmara dos Deputados, do Senado Federal, do Tribunal de Contas da União, de Tribunal ou Conselho, ou do Procurador-Geral da República, no caso de interesse dos órgãos

Fontes de Alencar. Esse comportamento é legítimo e, como se diz no acórdão, "nada impedia que julgasse o feito, modificando a sua posição anterior, ao verificar a desnecessidade da prova. Restava ao interessado demonstrar ao tribunal o seu prejuízo. Mas, não o conseguiu" (rev. cit., p. 413 do relatório). No caso, ostentava-se o *intuito manifestamente protelatório*, como se vê do voto (rev. cit., p. 414).

19. A respeito, cf., amplamente, Luiz Rodrigues Wambier, Teresa Arruda Alvim Wambier e José Miguel Garcia Medina, *Breves comentários à nova sistemática processual civil*, p. 202 ss.

20. V. Cândido Rangel Dinamarco, op. cit., n. 63, p. 109.

21. *RJTJSP* 50/27; *Revista de Processo* [*RePro*] 1/198, em. 28.

22. AgRg no AgIn 206.618/MG, 3.ª T., j. 19.12.2000, rel. Min. Waldemar Zveiter, *DJ* 05.03.2001, p. 155.

23. STJ, REsp 493.518/SP, 5.ª T., j. 15.05.2003, rel. Min. Félix Fischer, *DJ* 30.06.2003, p. 296.

24. *Revista de Processo* [*RePro*] 5/354, em. 50. Na doutrina: José Sampaio, *O procedimento comum no novo Código de Processo Civil*, 223, p. 252; Wellington Moreira Pimentel, *Comentários ao Código de Processo Civil*, p. 449.

dos Poderes Legislativo e Judiciário, ou do Ministério Público da União, excluídas as empresas públicas federais não dependentes, que necessitarão apenas de prévia e expressa autorização de seu dirigente máximo." (Redação dada pela Lei 11.941/2009) § 3.º As competências previstas neste artigo podem ser delegadas". (Redação dada pela Lei 11.941/2009).

Ademais, pelo texto do art. 2.º da Lei 9.469/1997, na redação dada pela Lei 12.176/2009, preceitua-se que o Procurador-Geral da União, o Procurador-Geral Federal, os dirigentes máximos das empresas públicas federais e do Banco Central do Brasil poderão autorizar a realização de acordos, homologáveis pelo Juízo, nos autos do processo judicial, para o pagamento de débitos de valores não superiores a R$ 100.000,00 (cem mil reais), em parcelas mensais e sucessivas até o máximo de 60 (sessenta).[25]

Consta dessa mesma lei que as autoridades mencionadas no *caput* do art. 1.º poderão concordar com pedido de desistência da ação, nas causas de quaisquer valores, desde que o autor renuncie expressamente ao direito sobre que se funda a ação, nos moldes do que preceitua o art. 269, V, do CPC, salvo nos casos em que a "desistência de que trata este artigo decorrer de prévio requerimento do autor dirigido à administração pública federal para apreciação de pedido administrativo com o mesmo objeto da ação", pois, neste caso, a administração pública federal "não poderá negar o seu deferimento exclusivamente em razão da renúncia prevista no *caput* deste artigo [3.º]", conforme preceitua o parágrafo único do art. 3.º.

E consta ainda da Lei que está autorizado o Advogado-Geral da União a dispensar a propositura de ações ou a interposição de recursos judiciais quando a controvérsia jurídica estiver sendo iterativamente decidida pelo Supremo Tribunal Federal ou pelos Tribunais Superiores, desde que inexista Súmula da Advocacia-Geral da União a esse respeito.

Não há vício algum na homologação de acordo concluído pessoalmente pela parte sem a assistência de advogado,[26] pois a substância do acordo é, em regra geral, a de uma transação. Pode ser reconhecimento jurídico do pedido ou renúncia ao direito (*rectius*, a

25. Acrescente-se ao tema, para fins de ilustração, que foi firmado posicionamento na Advocacia-Geral da União (cf. *DOU* I, 13.09.1995, p. 14.127/14.133), pautada em rica doutrina e jurisprudência, de que inexiste qualquer óbice normativo (tendo em vista, especialmente, o art. 100 da Constituição da República) para que sejam extintos, por *novação*, créditos contra a Fazenda Federal havidos em decorrência de sentença judiciária líquida – com execução já ajuizada e precatório já expedido ou não –, por meio de instrumentos contratuais a serem celebrados entre a União e os respectivos credores interessados, *nos termos de decreto presidencial que preveja genérica e impessoalmente esta possibilidade*. Acolhido este parecer pelo Advogado-Geral da União – que foi elaborado tendo em vista a possibilidade ou não da utilização de créditos da Fazenda Pública federal como moeda para aquisição de bens e direitos, no âmbito do Programa Nacional de Desestatização –, passou o mesmo a ter caráter *vinculante*, nos termos dos art. 4.º, VII e XI, e 41 da Lei Complementar 73/1993, para todos os órgãos da Administração Pública federal – art. 40, § 1.º, da precitada Lei. O Decreto Presidencial a que se referia o parecer precitado foi editado, pouco tempo depois, consistindo no Dec. 1.647, de 26.09.1995 (*DOU* I, 27.09.1995, p. 15.055/15.056), sendo possível, diante do comando do art. 4.º deste ato normativo, serem negociados pela Secretaria do Tesouro Nacional (órgão do Ministério da Fazenda) todos os créditos líquidos e certos, cujo vencimento tenha ocorrido até 30.06.1995, nos termos do que disciplina seu art. 5.º.

26. STJ, REsp 92.478/PR, 4.ª T., j. 07.02.2002, rel. Min. Barros Monteiro, *DJ* 20.05.2002, p. 142; *RT* 582/71.

pretensão), com o que a capacidade da parte não se altera.

O termo de conciliação, assinado pelas partes, ainda que não homologado pelo juiz, é irretratável,[27] pois vale como manifestação de vontade.

Já se decidiu que o fato de não ter sido – antes da alteração do art. 331, especialmente o seu § 2.º, pela Lei 8.952/1994 – tentada a conciliação das partes não acarretava a nulidade da sentença proferida,[28] pois para essa omissão não havia sido cominada essa implicação. Em relação ao art. 331, § 2.º, ainda que se haja imprimido maior significação à tentativa de conciliação, inexiste, também, cominação de nulidade, tendo em vista a sentença que possa vir a ser proferida. Parece que somente se se demonstrar prejuízo é que se poderá cogitar de nulidade. E, se for o caso de prosseguir o processo, com prova a ser produzida em audiência (de instrução e julgamento), outra oportunidade haverá para tentar a conciliação (art. 447), mormente à luz do art. 125, IV, incluído pela Lei 8.952, de 13.12.1994.

285-A. A audiência de conciliação no Projeto de Novo Código de Processo Civil

O Projeto de Novo Código de Processo Civil (PL 8.046/2010) não prevê a realização necessária de uma audiência preliminar, de caráter ordinatório. Na disciplina do procedimento comum do PL 8.046/2010, a tentativa de conciliação tem lugar em audiência realizada antes da apresentação da defesa do réu (art. 335).

Dessa forma, pode-se afirmar que, em princípio, o saneamento do processo será realizado por decisão escrita, independentemente de realização de audiência. À primeira vista, tal panorama excluiria a possibilidade de realização de audiência no intuito de conciliar as partes nesse momento processual, *i.e.*, posteriormente à resposta do réu e antes da produção de prova pericial e da realização de audiência de instrução e julgamento.

Todavia, dispõe o art. 364, § 3.º, do PL 8.046/2010, que, "se causa for complexa, fática ou juridicamente, deverá o juiz designar audiência, para que o saneamento seja feito em cooperação com as partes", oportunidade em que o juiz "convidará as partes a integrar ou esclarecer suas decisões". Ainda, nesta hipótese, as partes deverão levar à audiência do rol de testemunhas, para o caso de vir a ser determinada a prova testemunhal (364, § 4.º).

Saliente-se, outrossim, que, à luz do que dispõe o art. 10 do PL 8.046/2010,[29] não se deve afastar a possibilidade de o juiz intimar as partes para esclarecerem ou debaterem questões fáticas ou jurídicas, por escrito ou oralmente. Deve ser lembrado, inclusive, que o Projeto confere ao magistrado a incumbência de promover, a qualquer tempo, a autocomposição, preferencialmente com o auxílio de conciliadores e mediado-

27. *RJTJSP* 45/64.

28. *RJTJSP* 42/43; *JUTACivSP* 39/309 e 46/66. No mesmo sentido, mais recentemente, decidiu o STJ que "a conciliação é uma forma de composição da lide, de modo que, se houve a prestação jurisdicional por meio da sentença, a ausência de tentativa de conciliação entre os litigantes não justifica a declaração da nulidade do processo, máxime quando as partes se insurgem somente em sede recursal" (STJ, REsp 268.696/MT, 3.ª T., j. 03.04.2001, rel. Min. Nancy Andrighi, *DJ* 07.05.2001, p. 139). Semelhantemente, STJ, REsp 769.119/RR, 1.ª T., j. 13.09.2005, rel. Min. Teori Zavascki, *DJ* 26.09.2005, p. 259.

29. "Art. 10. O juiz não pode decidir, em grau algum de jurisdição, com base em fundamento a respeito do qual não se tenha dado às partes oportunidade de se manifestar, ainda que se trate de matéria sobre a qual tenha que decidir de ofício."

res judiciais, o que implica, necessariamente, a presença das partes, prepostos ou representantes com poderes especiais, para o fim de buscar a composição amigável (art. 139, V, do PL 8.046/2010). Tenha-se presente, ademais, que, pelo que se consignou linhas atrás, a jurisprudência tem entendido que a realização de audiência de conciliação independe de previsão legal para tal ato, de modo que, à luz do CPC vigente, o juiz pode designá-la até mesmo no processo ou fase de execução.

Por outro lado, prevê o Projeto, que o juiz poderá determinar, a qualquer tempo, o comparecimento das partes para ouvi-las sobre os fatos da causa, caso em que sequer incide a pena de confissão (art. 139, VIII). Transparece, nesse dispositivo, a viabilidade de um contato oral entre partes e juiz com a finalidade precípua de esclarecimento sobre fatos, que razoavelmente pode ser estendida a outros aspectos do processo, *i.e*, às questões jurídicas, inclusive.

E, se é verdade que a colaboração das partes, de forma simplificada e oral, como simples prerrogativa do juiz, não afasta a cultura burocrática do juiz brasileiro, acostumado a dispensar a audiência preliminar (art. 330 do CPC) para decidir por escrito questões que poderiam ser mais bem debatidas na presença das partes e de seus advogados,[30] é também notório que a audiência preliminar – obrigatória ou facultativa – não teve e não tem o condão de modificar esse tipo de postura.

Parece-nos que a questão de "convencer" o juiz a realizar ou não uma audiência com finalidade ordinatória e conciliatória, no momento imediatamente anterior à instrução, situa-se muito mais no plano de uma mudança de mentalidade e, mesmo, de estrutura no âmbito do Poder Judiciário. Quanto à primeira – mudança de mentalidade –, o PL 8.046/2010 desempenha um papel fundamental ao incentivar a utilização de técnicas alternativas à adjudicação (*v.*, exemplificativamente, o art. 166 e 709 do Projeto); já no que concerne à estrutura do Judiciário, a questão demanda providências práticas voltadas ao desafogamento dos órgãos jurisdicionais, de molde a viabilizar o chamado "saneamento compartilhado"[31] e o maior empenho do juiz na busca de soluções não adjudicatórias.

Deve-se registrar que a realização da audiência de conciliação em momento anterior à defesa do réu propicia a busca de soluções consensuais antes mesmo do aperfeiçoamento da relação processual, de maneira econômica e célere, evitando-se desgastes desnecessários. De outro lado, nas hipóteses em que não se logra, de imediato, a solução conciliatória, permite-se ao juiz e às partes vislumbrarem o mecanismo mais adequado para auxiliar na resolução do conflito. Com efeito, de nada adianta o magistrado insistir, no curso do processo, na tentativa de conciliação, se para a natureza do litígio existente entre as partes essa via de composição é insuficiente. Pode ocorrer, em casos de relações continuadas, que a natureza do conflito exija uma forma mais aprofundada de composição, a partir da presença de um

30. Essa a crítica feita pelo Prof. Leonardo Greco, justificada pela predominância das situações em que, à luz do CPC vigente, a audiência preliminar é dispensada, ou tratada como um simples ritual a ser mecanicamente observado, sem o devido aproveitamento dos atos que podem ser praticados nesse momento do processo (*O Saneamento do processo*..., cit., p. 582).

31. Trata-se de expressão cunhada pela doutrina (v., especialmente, Luiz Rodrigues Wambier, A audiência preliminar como fator de otimização... cit., e Paulo Hoffman, *Saneamento compartilhado* cit.) para designar a realização do saneamento do processo permeada pela oralidade e pelo contato direto entre partes e juiz.

mediador.[32] Isso ocorre porque a principal distinção entre conciliação e mediação consiste na natureza do conflito a ser solucionado. Diz Humberto Dalla Bernardina de Pinho[33] que, enquanto a conciliação está voltada para soluções imediatas de conflitos decorrentes de relações "descartáveis" (numa ação indenizatória oriunda de ato ilícito qualquer, por exemplo, num acidente de automóvel), a mediação é mais adequada à solução de conflitos ocorridos em relações continuadas (v.g., entre cônjuges, vizinhos, familiares e associados). Neste último caso, a solução buscada deverá visar não apenas o desfecho pontual da questão discutida em juízo, mas, principalmente, à preservação da relação preexistente entre as partes. Pode, ainda, ocorrer de se tratar de conflito em que as vias conciliatórias se afigurem inúteis ou inadequadas; essa verificação depende, no mais das vezes, de um contato direto entre o juiz e as partes, o que deve ser feito o quanto antes, a fim de evitar a prática de atos desnecessários.

Desse modo, e tendo em vista o disposto nos arts. 166 e ss. do Projeto de Novo Código de Processo Civil, a audiência de conciliação afigura-se essencial, senão para solucionar liminarmente o conflito de forma amigável, para permitir ao juiz que encaminhe às partes para o programa destinado a estimular a composição de forma não adjudicatória que seja mais consentâneo com a relação jurídica discutida em juízo.

286. Da audiência de instrução e julgamento

A audiência de instrução e julgamento divide-se, logicamente, em quatro fases, de molde a que a primeira sirva de base à segunda, e assim sucessivamente. Antes de tudo deverá o juiz, sendo a causa acerca de direito patrimonial de caráter privado ou de assunto de família, no âmbito em que a matéria possa ser objeto de transação, tentar novamente a conciliação das partes (arts. 447 e 448); caso estas aceitem a conciliação, o juiz homologará o termo respectivo, passando o resultado emergente da conciliação, após tomado o termo (art. 448, *fine*), assinado e homologado pelo juízo, a valer como sentença (arts. 269, III e 449).

Para a validade da conciliação deverão ser observadas as regras do art. 447 e seu parágrafo único, ou seja, a transação é possível tratando-se de direitos patrimoniais, de caráter privado; e, tratando-se de causas referentes "à família", deverá o juiz, igualmente, tentar a conciliação, "nos casos e para os fins em que a lei consente a transação" (art. 477, parágrafo único, *fine*) (v. 285, *supra*).

Conquanto se possa dividir em mais de um dia de trabalho, a audiência é uma *realidade unitária* (art. 455, 1.ª parte; v. tb. o art. 456), e essa unitariedade exige que, se não

32. A principal distinção entre a conciliação e a mediação , segundo Humberto Dalla Bernardina de Pinho, sendo um conflito entre duas pessoas físicas, é preciso investigar a natureza do relacionamento entre elas. Poder ser uma relação descartável (numa ação indenizatória oriunda de ato ilícito qualquer, como, por exemplo, num acidente de automóvel) ou numa relação continuada (aquela que vai subsistir, quer as partes queiram, quer não queiram, após a solução daquele conflito, como é o caso da convivência entre cônjuges, familiares, afins, vizinhos e associados). É exatamente aqui que, a meu juízo, reside a grande contribuição da mediação. De nada adianta a sentença de um juiz ou a decisão de um árbitro numa relação continuativa sem que o conflito tenha sido adequadamente trabalhado. Ele continuará a existir, independentemente do teor da decisão e, normalmente, é apenas uma questão de tempo para que volte a se manifestar concretamente.

33. A mediação no direito brasileiro: evolução, atualidades e possibilidades no projeto do novo código de processo civil. In: *Processo civil: novas tendências em homenagem ao Ministro Sálvio de Figueiredo Teixeira* (org. JAYME, Fernando Gonzaga; FARIA, Juliana Cordeiro de; LAUAR, Maira Terra), p. 295-313.

concluída num dia, seja marcado dia para continuação proximamente (art. 455, *fine*).

Não havendo conciliação, passa-se à segunda fase da audiência, que é a de instrução da causa, devendo nesta oportunidade serem colhidas as provas orais (arts. 451 e 452), à luz da fixação dos fatos controvertidos, tais como os tenha fixado o juiz no saneamento do processo (art. 331, § 2.º) ou no início da instrução *desta* audiência (art. 451). Esses pontos controvertidos dizem respeito ao tipo de prova realizável nessa audiência. Dentre esses pontos, não deverá o juiz delimitar o que perito e assistentes hajam de responder, pois isso haverá de ter ocorrido na forma do art. 435.

Referentemente às provas orais produzidas na audiência, além da oitiva de testemunhas, tomam-se esclarecimentos do perito e/ou assistentes técnicos, quando tenha sido caso de prova pericial anterior e tenha(m) sido, oportunamente, apresentado(s) o laudo e o(s) parecer(es), respectivamente, e a intimação do perito e/ou assistente(s) tenha sido adequadamente realizada (arts. 435, parágrafo único, e 452, I); se for o caso, podem o perito e/ou os assistentes técnicos ser inquiridos pelo juiz a respeito do que tenham avaliado e/ou examinado informalmente (art. 421, § 2.º, acrescentado pela Lei 8.455/1992, c/c o art. 452, I, interpretado sistematicamente); ouvem-se os depoimentos pessoais, na hipótese de terem sido requeridos (arts. 343 e 452, II) e as partes pessoalmente intimadas para esse fim, ou, então, ordenado pelo juiz o interrogatório (art. 343); processa-se à inquirição de testemunhas (art. 452, III), desde que oportunamente arroladas e intimadas (art. 407), ou que deveriam comparecer e hajam efetivamente comparecido, independentemente de intimação (art. 412, § 1.º), ou, ainda, das testemunhas arroladas e *requisitadas*, nos casos do art. 412, § 2.º. Sucessivamente à instrução, segue-se a discussão da causa (art. 454 e §§ 1.º e 2.º), na qual as partes, por seus advogados, reiteram as respectivas posições, ligando toda a prova produzida aos fatos por elas alegados e de que pretendem emerjam consequências jurídicas úteis e por elas pedidas. Admite a lei que o debate, ao invés de ser oral, seja feito por memoriais (art. 454, § 3.º), caso em que o juiz designará "dia e hora para o seu oferecimento". Se a designação é de dia e hora, isto significa que não há necessidade de designação de audiência, propriamente dita, para tal finalidade. Apesar de o art. 456 dispor: "Encerrado o debate ou oferecidos os memoriais", e, portanto, sugerir a ideia de que os memoriais deveriam ser oferecidos em audiência, na verdade poderão os memoriais ser entregues em dia e hora marcados pelo juiz (arts. 454, § 3.º), aplicando-se, então, o art. 456. Finalmente, à vista da prova e da análise dos fatos, encerra-se toda a atividade jurisdicional, em primeiro grau de jurisdição, com a sentença.

A jurisprudência entende majoritariamente, e de forma correta, que, não tendo o juiz proferido a sentença na audiência de instrução e julgamento, não há necessidade de que seja designado dia e hora para a audiência de publicação da sentença, valendo a intimação na forma dos arts. 236 e 237 do CPC.[34]

A audiência de instrução é um ato processual complexo, dado que composto de diversos outros.

---

34. *JUTACivSP* 39/227; *Revista de Processo [RePro]* 5/375, em. 188 (tb. publ. em *RF* 255/286, em.); Simpósio de Curitiba, concl. 35, em *RT* 482/271. Na doutrina, v. Wellington Moreira Pimentel, *Comentários ao Código de Processo Civil*, p. 499; Moacyr Amaral Santos, *Comentários ao Código de Processo Civil*, 311, p. 390, 1982; Arruda Alvim, Sentença no processo civil, *Revista de Processo [RePro]* 2/84. Em sentido contrário: TJRJ, 2.ª Câm.Cív., Ap.Cív. 3.836, v.u., 12.04.1977, rel. Felisberto Monteiro Ribeiro Neto; Marcos Afonso Borges, *Comentários ao Código de Processo Civil*, vol. II/134.

Também a audiência é o espaço de tempo onde devem ser realizados os chamados subprincípios da concentração, da imediatidade e da identidade física do juiz, que formam o chamado sistema da oralidade.

Acentua-se, ainda, que a audiência de instrução deverá ser pública (art. 444). O segredo de justiça poderá ser ordenado a pedido, ou mesmo *ex officio*, se entender o juiz presentes os respectivos pressupostos (art. 155), o que está em perfeita harmonia com o disposto no art. 93, IX, da Constituição Federal. O problema, pois, como é óbvio, diz respeito tanto ao interesse das partes quanto à própria moralidade pública.

286-A. Decisões proferidas na audiência de instrução e julgamento e os recursos cabíveis

Interessa destacar, nesse passo, importante inovação feita no procedimento da audiência de instrução e julgamento pela Lei 11.187/2005, que instituiu nova redação ao art. 523, § 3.º, do CPC, que agora prevê: "Das decisões interlocutórias proferidas na audiência de instrução e julgamento caberá agravo na forma retida, devendo ser interposto oral e imediatamente, bem como contar do respectivo termo (art. 457), nele expostas sucintamente as razões do agravante".

A redação anterior[35] fazia menção a toda e qualquer audiência, mas não tornava obrigatório o agravo retido interposto na forma oral, sendo, portanto, antes da entrada em vigor da Lei 11.187/2005, perfeitamente possível a interposição do agravo retido escrito no prazo de dez dias, a contar da audiência.[36]

Com a obrigatoriedade do agravo retido na forma oral, imposta pela nova disposição do § 3.º do art. 523 do CPC, surge a questão do real significado do termo *imediatamente*.

Preferimos crer que deverá ser interposto o agravo retido oralmente, logo após a decisão ter sido proferida, antes, portanto, do próximo ato ou assunto da audiência, sob pena de preclusão.[37]

Poderá, também, ser manejado, excepcionalmente, o agravo de instrumento, desde que a decisão agravada seja suscetível de causar à parte lesão grave e de difícil reparação, de acordo com o previsto no *caput* do art. 522 do CPC.[38-39]

35. "Das decisões interlocutórias proferidas em audiência admitir-se-á interposição oral do agravo retido, a constar do respectivo termo, expostas sucintamente as razões que justifiquem o pedido de nova decisão".

36. Cf. Ovídio Araújo Baptista da Silva, *Curso de processo civil*, vol. 1, p. 420 e 421 (posição defendida antes da Lei 11.187/2005): "As controvérsias que existiam no que respeita ao agravo retido foram, em sua maioria, eliminadas pela reforma, dentre estas a dúvida existente sobre a necessidade de permitir-se a impugnação do agravado, assim como a possibilidade de interpor-se oralmente o agravo. A nova lei assegurou a audiência do agravo também no agravo retido, assim como o juízo de retratação, (...), bem como dispôs a respeito da faculdade de interpor o recorrente o agravo retido sob a forma oral, contra as decisões preferidas em audiência (art. 523, § 3.º, do CPC)".

37. V. nesse sentido: Antonio Notariano Jr. e Gilberto Gomes Bruschi, *Agravo contra as decisões de primeiro grau*, n. 4.1, p. 61 a 65; Araken de Assis, *Manual dos recursos*, n. 52.1.1, p. 525. Em sentido contrário: Rodrigo da Cunha Lima Freire, *Reformas do CPC*, p. 53 a 55.

38. V. Teresa Arruda Alvim Wambier, *Os agravos no CPC brasileiro*, n. 4.1, p. 258.

39. Nesse sentido: "é admissível a interposição de agravo de instrumento contra decisão proferida em audiência, se há risco de dano irreparável para o recorrente, a quem são impostos ônus da prova e do pagamento de honorários periciais. A inversão do ônus da prova é cabível quando haja desequilíbrio entre as partes, sendo a hipossuficiência intelectual e técnica, não importando em transferência da obrigação de arcar com as despesas para produção de perícia"

287. Atos que antecedem a audiência

As partes deverão, previamente e pela imprensa oficial, nas capitais ou nas comarcas onde existe órgão oficial ou que faça as vezes deste, ser intimadas (pelo correio, em regra – art. 238) da audiência, o que se constitui em requisito essencial à sua realização válida.

Havendo antecipação da audiência, não é imprescindível a intimação pessoal às partes, mas só aos procuradores, sob pena de nulidade, dado inexistir dispositivo com essa exigência no vigente Código de Processo Civil.[40] Haverá de ser feita intimação nas hipóteses em que a audiência não se conclui no mesmo dia e é adiada, tendo em vista a data para a qual venha a ser designada, se já não a tiver sido na audiência anterior, do que terão ficado intimadas as partes.

288. O adiamento da audiência

Pelo atual Código de Processo Civil, a audiência de instrução e julgamento pode ser adiada[41] "por convenção das partes [...]" (art. 453, I), e se "não puderem comparecer, por motivo justificado, o perito, as partes, as testemunhas ou os advogados" (art. 453, II). O adiamento da audiência de instrução e julgamento, pelo acordo entre as partes, somente é possível uma única vez (art. 453, I, *in fine*); quanto ao não comparecimento do perito, dos advogados ou das partes, haverá adiamento tão somente se a impossibilidade se dever a motivo de força maior. Neste caso, comprovado o motivo, *em regra antes* da audiência de instrução e julgamento, deverá o juiz adiá-la (art. 453, § 1.º).

A audiência de instrução e julgamento de qualquer feito civil, uma vez aberta, deve ser una e contínua, na linguagem do Código (art. 455). Essa unidade não se quebra porque pode, por motivos justificados, ser interrompida. Havendo interrupção, qualquer que seja o motivo, o seu prosseguimento não é uma nova audiência, mas apenas e tão somente continuação da audiência única do processo. Não é, pois, possível se arrolarem testemunhas no interregno entre "duas" audiências.

Já se entendeu, com acerto, haver abuso, a importar inversão tumultuária de atos e fórmulas legais, na admissão de rol de testemunhas no interregno decorrente de interrupção da audiência de instrução e julgamento.[42] Também já se entendeu que, se a parte permitiu que se procedesse à oitiva das testemunhas, sem suscitar a existência de requerimento de depoimento pessoal da outra parte, tal comportamento acarreta renúncia tácita ao dito depoimento pessoal, que não pode ser realizado *após* a oitiva de testemunhas, em clara infringência a ordem legal da produção de provas orais em audiência.[43]

(TJMG, AgIn 1.0024.07.452888-6/002, 14.ª Câm. Cív., j. 06.12.2007, rel. Des. Evangelina Castilho Duarte, *DJ* 08.01.2008).

40. O art. 370 do PL 8.046/2010 acrescenta justamente essa disposição: "Havendo antecipação ou adiamento da audiência, o juiz, de ofício ou a requerimento da parte, mandará intimar os advogados ou sociedade de advogados para ciência da nova designação".

41. V. Moacyr Amaral Santos, *Primeiras linhas de direito processual civil*, n. 533, p. 300-302.

42. *JUTARS* 13/137.

43. *Cf.* jurisprudência citada por Nery e Nery: "Renúncia tácita ao direito de ouvir corréu em depoimento pessoal. Se a autora deixou que suas testemunhas fossem inquiridas, renunciou tacitamente ao direito de ouvir corréu em depoimento pessoal, posto que na ordem legal das provas o depoimento pessoal precede a oitiva das testemunhas (1.º TACivSP, Ag. 413019, j. 19.06.1989, rel. Juiz Elliot Akel)" (Nelson Nery Jr. e Rosa Maria de Andrade Nery, *Código de Processo Civil comentado e legislação extravagante*, p. 662).

289. Audiência e o problema do cerceamento de defesa

Se não comparece um dos procuradores, como, por exemplo, o *único* advogado do réu, mas provado motivo de doença, caracteriza-se força maior, e, pois, deverá a audiência ser adiada, sob pena de caracterizar-se cerceamento de defesa.[44]

Já se decidiu haver cerceamento de defesa e nulidade do processo, se for comprovado que o advogado de uma das partes não compareceu à hora designada para audiência, por motivo justificado, pois se achava em outra vara, em que tinha também audiência designada, tendo sido levado o fato de imediato ao conhecimento do juízo.[45]

A impossibilidade de comparecimento do advogado à audiência de instrução e julgamento deve ser justificada com motivos convincentes, e esta justificação há de ser feita até o momento da abertura da audiência, tornando-se inócua qualquer justificativa posterior, como regra geral (art. 453, § 1.º).[46] Diga-se a propósito desta última decisão, correta, que, se o motivo dessa impossibilidade de comparecimento for anterior e posterior à audiência, *isto é, se o motivo for real e impedir mesmo a justificativa nos termos textuais do art. 453, § 1.º, nem por isto deverá deixar de ser acolhida a justificativa do advogado* (suponha-se, o único advogado).

Deve o juiz dispensar as provas se o advogado da parte e as testemunhas, que deveriam comparecer independentemente de intimação, não o fizerem.[47] Neste caso, presume-se que a parte desistiu de ouvir as testemunhas (art. 412, § 1.º).

Faltando os advogados de ambas as partes, aduz Humberto Theodoro Jr., lastreado em entendimento da jurisprudência mineira, que o juiz poderá dispensar toda a instrução e proferir logo o julgamento conforme o estado do processo, ou então, promover a colheita da prova, sem a presença dos interessados,[48] não sendo, para o citado

44. *RT* 674/123 (ausência do advogado à audiência em razão de "chuvas torrenciais", "fato anormal, inusitado, público e notório"); *RT* 654/314; *RF* 212/211. Corretamente, admitindo-se comprovação posterior, com a consequência de revogação de decisão declaratória de *confissão* (porque também o réu, além do advogado, não comparecera) porque houve motivo de força maior, devidamente comprovado, e como tal reconhecido, v. *RJTJRS* 106/329. Já precisamente neste sentido havia precedente do STF, conquanto na vigência do CPC/1939 – *RTJ* 53/176.

45. "É justa causa para adiar-se julgamento, obrigação de o advogado impetrante atuar em audiência realizada no mesmo dia, em outro juízo. Demonstrado oportunamente o impedimento de o advogado comparecer ao julgamento, é nulo o julgamento realizado em sua ausência" (STJ, RMS 15.158/SE, 1.ª T., j. 07.11.2002, rel. Min. Gomes de Barros, *DJ* 16.12.2002, p. 246). Cf. também *RT* 537/192, em.; *Ementários de Jurisprudência do Estado do Ceará* 1/77-187.

46. *RT* 592/216.

47. *RF* 214/173. Em nome do princípio da unidade da audiência, o que não colide com a realidade de que é ela desdobrada em vários momentos, o que, por sua vez, não colide com a unitariedade que a marca, já se decidiu, corretamente, que, se o advogado (do autor) comparece em "várias audiências", mas deixa de comparecer a uma (a derradeira), não se aplica o art. 453, § 2.º – *JUTARS* 51/385.

48. *Curso de direito processual civil,* vol. I, p. 495. O julgado citado pelo autor foi proferido pelo extinto TAMG na Ap. 7.021, j. 22.04.1975, rel. Juiz Oliveira Leite, publicado em *Rev. Julgs. TAMG,* vol. 2, p. 215 ("A sistemática atual do processo civil não autoriza a extinção do processo por falta de comparecimento das partes à audiência de instrução e julgamento. Apregoadas as partes, não comparecendo elas, poderá o juiz adiar a audiência, mas, de regra, dispensando ou não a prova requerida pelos faltosos, deverá o magistrado levar a audiência a seu termo, eis que as razões das partes já constam do processo, no libelo ou na defesa". Em sentido diverso, indicando a extinção do processo sem resolução de mérito: "Apelação cível. Ação

autor, o caso de extinção do processo sem resolução do mérito.

290. Audiência e o comparecimento do Ministério Público

A regra (*regra* a ser observada, *a priori*) é a da necessidade da intimação do Ministério Público, sob pena de nulidade, para que compareça à audiência.[49]

Se o Ministério Público não compareceu à audiência, em causa onde havia menores, mas não houve prejuízo, porque estes tiveram ganho de causa, não se anula o processo,[50] aplicando-se a regra do § 2.º do art. 249.

291. Audiência e a identidade física do juiz

O princípio da identidade física do juiz só tem sentido se houver prova oral (art. 132 do CPC).[51] A conciliação não vincula o juiz, pois de colheita de prova oral não se trata.

O atual art. 132, com a redação que lhe deu a Lei 8.637/1993, ao contrário do que constava do Código de 1939 – e ainda mais amplo do que a redação original constante do Código de 1973 –, estabelece que se o juiz for convocado, licenciado, afastado por qualquer motivo, promovido ou aposentado, não julgará a lide, ficando tal encargo transferido ao seu sucessor, que poderá, caso assim entenda necessário, mandar repetir as provas já produzidas (art. 132, parágrafo único, acrescentado pela Lei 8.637/1993).[52]

Se o juiz que presidiu a audiência é o que sentencia, pouco importa que a audiência de entrega de memoriais tenha sido presidida por outro juiz.[53] Por outro lado, se o juiz está afastado, por doença, ou em gozo de licença, não é obrigado a julgar,[54] orien-

---

revisional de alimentos. Audiência de instrução e julgamento. Autor. Ausência injustificada. Extinção do processo. Cerceamento de defesa inocorrente. Recurso não provido. 1. O art. 453, II, do CPC prevê a hipótese de adiamento da audiência de instrução e julgamento, caso não possam comparecer as partes ou os advogados, por motivo justificado. 2. Inexistindo a justificativa prévia do autor e de seu advogado relativa à ausência em audiência, deixou de caracterizar-se a hipótese de cerceamento de defesa, já que foi o apelante quem deu causa à extinção do processo. 3. Apelação conhecida e não provida, mantida a sentença que extinguiu o processo, sem resolução de mérito" (TJMG, Ap. 1.0205.08.006027-5/001, j. 16.12.2008, rel. Des. Caetano Levi Lopes, *DJ* 15.01.2009).

49. *RF* 226/204.

50. *RT* 307/740. Semelhantemente, "não se configura nulidade na ação de divórcio litigioso, convertido em consensual, se o Ministério Público, intimado a comparecer à audiência em que se deu o acordo, deixa de comparecer e se manifestar a respeito" (STJ, REsp 85.276/MG, 4.ª T., j. 18.05.2000, rel. Min. Aldir Passarinho Júnior, *DJ* 21.08.2000, p. 135).

    Sobre o princípio de que não se decreta nulidade sem que tenha havido prejuízo, consultar, com proveito, Teresa Arruda Alvim Wambier, *Nulidades do processo e da sentença*, item 2.3.

51. "Não viola o art. 132 do CPC a sentença prolatada por juiz diverso do que presidiu a audiência de instrução e julgamento, se não houve produção de provas" (STJ, REsp 241.868/SP, 3.ª T., j. 26.10.2000, rel. Min. Menezes Direito); "Princípio da identidade física do juiz. Depoimento pessoal e prova testemunhal. Relevância para a solução da lide. Anular a sentença. De acordo com o princípio da identidade física do juiz, o magistrado que conduz a instrução e, portanto, que teve contato direto com as provas orais produzidas em audiência, deve proferir a sentença, especialmente quando tais provas são fundamentais para a solução da lide" (TJMG, Ap.Cív. 1.0452.02.006100-1/001, 15.ª Câm.Cív., j. 09.02.2006, rel. Des. D. Viçoso Rodrigues).

52. Sobre o princípio da identidade física do juiz, v., neste *Manual*, especificamente, parte I, n. 4, *fine*, com extensa citação de jurisprudência sobre o assunto.

53. "Não havendo a produção de qualquer prova na audiência, que se limitou a marcar prazo para apresentação dos memoriais, não há vinculação do juiz para proferir sentença" (STJ, *RT* 712/267).

54. TJCE – *Jurisprudência e Doutrina* 35/195; "Processual civil. Ação de usucapião julgada im-

tação que continua válida para o sistema codificado vigente.

Por outro lado, se ficar impossibilitado de decidir a causa por estar enfermo, por analogia ao disposto no art. 132, poder-se-á concluir que os autos, também neste caso, deverão passar às mãos de seu sucessor que, tal como no caso de falecimento, poderá mandar repetir as provas, caso entenda necessário. O caso, na redação atual do art. 132, *caput*, resolve-se no âmbito da expressão ampla "afastado por qualquer motivo".

Vimos que uma das fases da audiência de instrução e julgamento é o debate oral. Assim, dispõe o art. 454: "Finda a instrução, o juiz dará a palavra ao advogado do autor e ao do réu, bem como ao órgão do Ministério Público, sucessivamente, pelo prazo de 20 (vinte) minutos para cada um, prorrogável por 10 (dez), a critério do juiz [...]". Pelo sistema originalmente constante do Código de Processo Civil, ficou estabelecido que o escrivão lavrará *termo da audiência*, sob ditado do juiz, de todo o ocorrido, incluindo-se os despachos e sentença, "se esta for proferida no ato" (art. 457, *caput*), *observadas as formalidades dos §§ 1.º ao 4.º* desse art. 457, sendo lícito, para tal finalidade, o uso da taquigrafia, da estenotipia, ou de qualquer outro método idôneo (art. 170, com a redação determinada pela Lei 8.952, de 13.12.1994).

Neste sentido, agora adotado no Código de Processo Civil, como propugnávamos nas edições anteriores desta obra, já dispunha o art. 12 da Lei 3.947, de 08.12.1983, do Estado de São Paulo, *verbis*: "Poderá ser utilizado nas audiências o serviço de estenotipia, para redução a termo de atos do processo. § 1.º As notas de estenotipia, após lidas, corrigidas e autenticadas, serão juntadas aos autos, mencionado o fato no termo de audiência. Nesta, serão intimadas as partes de que as transcrições das notas serão juntadas aos autos na mesma data, ou dentro de 3 (três) dias. A transcrição será autenticada pelo estenotipista, com visto do juiz. § 2.º A transcrição das notas, nos processos cíveis, poderá ser dispensada, a prudente critério do juiz, havendo concordância das partes".

Não se poderia pensar ser ilegal o sistema da lei paulista, porque, evidentemente, aquele método de documentação inseria-se dentro do comando do art. 170 do Código de Processo Civil.[55] De qualquer sorte, frisemos, diante da opção do legislador federal apontada precedentemente, não tem cabimento qualquer crítica ao sistema já vigorante, mais de dez anos antes, no Estado de São Paulo. A Lei 8.952/1994 trouxe outra novidade para o sistema de documentação de atos contido no Código de Processo Civil. Doravante, por força da redação emprestada ao art. 417, o depoimento das testemunhas poderá, além de datilografado, registrado por taquigrafia, estenotipia ou outro método idôneo de documentação, ser gravado, facultativamente, pelas partes. Ademais, dispõe o § 1.º deste art. 417 que o depoimento será passado para versão datilográfica quando

---

procedente. Audiência de instrução presidida por juiz titular. Ingresso em férias. Sentença proferida por juíza, em substituição. Possibilidade. Violação ao princípio da identidade física do juiz não caracterizada. CPC, art. 132. I. Entre as exceções à aplicação do princípio da identidade física do juiz, previstas no art. 132 do CPC, insere-se o afastamento por motivo de férias, período em que é possível ao substituto proferir sentença, ainda que colhida prova oral em audiência de instrução e julgamento pelo magistrado originário, que a presidiu. II. Inexistência, segundo o aresto objurgado, de particularidade atinente à audiência que pudesse recomendar a vinculação ao juiz substituído ou indicar prejuízo à defesa das partes. III. Dissídio não configurado, por não identificada a exata similitude fático-jurídica entre as espécies confrontadas. IV. Recurso especial não conhecido" (STJ, REsp 127.519/RS, 4.ª T., j. 21.11.2005, rel. Min. Aldir Passarinho Júnior).

55. *RT* 600/121-122, 1.ª col.

houver recurso da sentença, ou em outros casos, quando o juiz determinar, de ofício ou a requerimento da parte. O § 2.º, do art. 417, remete ao art. 169, §§ 2.º e 3.º, do CPC, que regulamentam os atos processuais por meio eletrônico.

A opção do legislador mais recente por buscar uma maior facilitação e agilidade na documentação dos atos processuais, portanto, é evidente. No Projeto de Novo Código de Processo Civil, a tramitação processual por meio eletrônico já é tida como regra, uma vez que o art. 374, § 1.º, do PL 8.046/2010, excetua que "Quando o termo *não* for registrado em meio eletrônico, o juiz rubricar-lhe-á as folhas, que serão encadernadas em volume próprio". O § 4.º do mesmo artigo dispõe que o trâmite de autos eletrônicos deverá observar a legislação específica (Lei 11.419/2006, que dispõe sobre a informatização do processo judicial) e os regimentos internos dos tribunais.

Apresentando a causa questões complexas, quer de fato como de direito, os debates orais poderão ser substituídos pela apresentação de memoriais, com dia e hora designados para o seu oferecimento (art. 454, § 3.º).[56]

Os memoriais não ficam sujeitos a limite algum quanto ao seu conteúdo, diferentemente do que acontece com os debates, que têm prazo de duração previamente delimitado pela lei (art. 454, *caput* e §§ 1.º e 2.º).

292. A audiência de instrução no procedimento sumário[57]

A audiência de instrução, no procedimento sumário (CPC, art. 278, § 2.º, com a redação dada pela Lei 9.245/1995), terá lugar desde que frustrada a tentativa de conciliação em audiência designada nos termos do art. 277, *caput*, vale dizer, dentre trinta dias da citação, ressalvado o lapso mínimo de tempo de dez dias a mediar entre a citação e a realização da audiência. Se entre a citação e a audiência – ainda é correto este entendimento – mediarem menos de 10 dias, aquela é válida,[58] mas esta não pode ser realizada, e, se realizada, haverá nulidade.[59]

O prazo de 10 dias para a audiência conta-se do mandado de citação junto aos autos.[60]

Na audiência de conciliação em procedimento sumário, desde que aquela não seja obtida, haver-se-á de deduzir, por escrito ou oralmente, a exceção de incompetência,[61] que é matéria de defesa (art. 278, *caput*, com a redação da Lei 9.245/1995, que fala, amplamente, em "resposta escrita ou oral"). Pensamos que o parágrafo único do art. 305 (inserido pela Lei 11.280/2006) deve ser observado também no procedimento sumário, especialmente se se tratar de exceção de incompetência fundada no motivo refe-

56. V. Cassio Scarpinella Bueno, *Curso sistematizado de direito processual civil*, vol. 2, t. I, p. 323.

57. V. Gilson Delgado Miranda, *Procedimento sumário*, esp. Cap. 8, p. 187-216.

58. *RJTJSP* 60/113.

59. STJ, REsp 416.217/MA, 4.ªT., j. 05.12.2002, rel. Min. Cesar Asfor Rocha, *DJ* 12.05.2003, p. 305; *RJTJSP* 41/163; *RT* 549/124; *RJTJSP* 80/169; *RT* 572/75; *JUTACivSP* 69/219 e 88/158.

60. Salvo se a parte, a despeito da exiguidade do prazo, apresentar contestação: STJ, REsp 200.490/SP, 4.ª T., j. 13.04.1999, rel. Min. Sálvio de Figueiredo Teixeira, *DJ* 17.05.1999, p. 217; na doutrina: J. J. Calmon de Passos, *Comentários ao Código de Processo Civil*. vol. III, 12.1, p. 155; José Carlos Barbosa Moreira, *O novo processo civil brasileiro*, § 14, p. 105-108. Em sentido contrário: Wellington Moreira Pimentel, *Comentários ao Código de Processo Civil*, vol. III/123 (entendendo dever ser contado o prazo da citação). Neste sentido, na jurisprudência, *JUTACivSP* 91/25, 91/50.

61. *RT* 566/131 (em.) – deduzida em audiência – não se aplica o art. 297 do CPC; Wellington Moreira Pimentel, *Comentários ao Código de Processo Civil*, p. 293.

rido no parágrafo único do art. 112, inserido pela mesma Lei, já que, neste caso, o que autoriza o reconhecimento da nulidade da cláusula de eleição de foro é justamente a dificuldade do réu em deslocar-se ao foro eleito, para apresentar sua defesa.[62] Neste caso, pensamos que a petição de exceção deverá ser protocolizada até a data da audiência, e, se acolhida, importará na anulação dos atos que eventualmente tiverem sido praticados (CPC, art. 248).

Já se decidiu, antes do advento da Lei 9.245/1995, com base em alguma doutrina, que, se a audiência tiver sido designada para antes do 15.º dia, dos que sejam sucessivos à citação, nessa audiência se discutirá a incompetência relativa; mas, se designada para além desses 15 dias, haverá de ser deduzida, por escrito, e dentro desses 15 dias.[63]

O entendimento correto, todavia, é o de que não tem prazo especial,[64] sendo todas as exceções (de incompetência relativa, impedimento ou suspeição do juiz), à falta de norma que discipline de outro modo, sempre dedutíveis quando do oferecimento da resposta, pelo réu, na audiência de conciliação, desde que frustrada esta (art. 278, *caput*, com a redação da Lei 9.245/1995).

Igualmente, na hipótese de denunciação da lide (e a maioria, antes das modificações trazidas pela Lei 9.245/1995, entendia-a cabível neste rito), se a audiência fosse realizada até o 15.º dia (contado da citação), nela seria requerida a denunciação da lide; se designada para além desse 15.º dia, deveria a denunciação ser feita até o 15.º dia após a citação.[65]

O entendimento correto, no entanto, era o de que poderia ser feita a denunciação na audiência, ainda que além do 15.º dia, contado o prazo da citação.[66]

O prazo para a apresentação do rol de testemunhas neste rito, antes das modificações que lhe foram introduzidas pela Lei 9.245/1995, haveria de ser contado de hora em hora.[67] Havia decisão pela qual se decidira que a apresentação do rol de testemunhas, 48 horas antes da audiência, poderia ser feita por protocolo, o que não condizia com a garantia que a lei conferia à parte contrária, no sentido desta ser titular do direito de ter, 48 horas antes da audiência, conhecimento de tal rol de testemunhas, o que parecia implicar que essas 48 horas se passavam em cartório.[68]

Pela sistemática da Lei 9.245/1995, como dispõe a atual redação do art. 278, §

62. A respeito, cf., amplamente, o que se disse nos itens 92 e 94 da parte I deste *Manual*.
63. TJSP, 2.ª Câm.Cív., AgIn 237.873, São Paulo, rel. Des. Alves Braga, v.u., 15.10.1974; Alcides de Mendonça Lima, *Direito processual civil*, p. 68.
64. Decidiu o STJ que, "no procedimento sumário, a exceção de incompetência deve ser oposta no corpo da própria contestação, em peça única" (STJ, REsp 432.524/MA, 3.ª T., j. 28.10.2004, rel. Min. Nancy Andrighi, *DJ* 29.11.2004, p. 316). Cf. também 1.º TACivSP, 2.ª Câm., AgIn 280.929, rel. Mendes Pereira, v.u., 12.11.1980 (deve ser oposta no prazo para a contestação, ou seja, na própria audiência, atualmente, a primeira audiência, de conciliação), *RT* 547/125; 1.º TACivSP, AgIn 302.222, Tietê, 7.ª Câm., 24.08.1982, rel. Luís de Macedo, v.u., *JUTACivSP* 78/60.
65. TJSP, Ap.Cív. 236.767, São Paulo, 3.ª Câm.Cív., 08.08.1974, rel. Carlos A. Ortiz, v.u.
66. Antes das modificações verificadas com a Lei 9.245/1995, aludindo à apresentação da denunciação da lide, *em audiência*, ou antes dela, v.: Hélio Tornaghi, *Comentários ao Código de Processo Civil*, vol. I/263; Agrícola Barbi, *Comentários ao Código de Processo Civil*, vol. I, 411, p. 345; Calmon de Passos, *Comentários ao Código de Processo Civil*, 17, p. 176.
67. TJSP, Ap.Cív. 242.566, São Paulo, 1.ª Câm. Cív., 13.05.1975, rel. Pacheco de Mattos, v.u.; Moniz de Aragão, *Comentários ao Código de Processo Civil*, p. 153 (afirmação feita para todos os prazos fixados em hora).
68. TJSP, Ap.Cív. 239.530, São Paulo, 1.ª Câm.Cív., 23.12.1974, rel. Geraldo Roberto, v.u.

2.º, do CPC, desde que se faça necessária a realização de audiência de instrução e julgamento, será a mesma marcada para data próxima, não excedente a trinta dias (salvo a necessidade de realização de perícia), devendo o réu apresentar seu rol de testemunhas com sua defesa no momento do art. 278, *caput*, vale dizer, desde que frustrada a conciliação designada nos moldes do art. 277.[69] Assim, parece-nos, a questão aventada no parágrafo anterior, à luz do revogado art. 278, § 2.º, do CPC, não tem mais lugar.

Vimos, anteriormente, que o procedimento sumário caracteriza-se por uma simplificação de atos, tendente a obter com maior presteza a providência jurisdicional solicitada. Daí a circunstância de, já na primeira audiência, desde que frustrada a conciliação, dever ser apresentada a defesa escrita ou oral do réu acompanhada de documentos, rol de testemunhas e, desde que requeira a realização de perícia, oferecer, prontamente, os quesitos que entenda pertinentes e seu assistente técnico (art. 278, *caput*). A realização destas provas – desde que não ocorrentes as hipóteses dos arts. 329 e 330, I e II – será objeto de audiência de instrução e julgamento especialmente designada para esta finalidade (art. 278, § 2.º).

Identicamente ao que ocorre com a audiência de instrução e julgamento do procedimento ordinário, deverá o juiz, antes de iniciar a instrução da causa, tentar, ainda uma vez, a conciliação das partes. Ainda que a nova sistemática imprimida ao procedimento sumário seja silente a este respeito (ao contrário do que dispunha, expressamente, o revogado art. 278, § 1.º), é certo que tal conclusão é impositiva dentro do sistema, mormente, à luz do art. 125, IV, com a redação da Lei 8.952/1994, lido em conjunto com o art. 448.

No sistema primitivamente codificado, a lei não previa a realização de debates no procedimento sumário e, para que fosse proferida a sentença, fixava o máximo de cinco dias (art. 280, antes da redação dada pela Lei 7.219/1984).

A jurisprudência entendia, todavia, que a audiência de instrução, nas causas sujeitas ao procedimento sumário, estava submetida às regras dos arts. 454 *et seq.* do CPC, pelo que era imprescindível, sob pena de nulidade, a realização de debates após a instrução.[70] A obrigatoriedade dos debates no procedimento sumário, inclusive, acabou sendo consagrada em lei (art. 280, com a redação dada pela Lei 7.219/1984), ainda que reduzisse o prazo para os debates, se comparado ao procedimento ordinário, limitando-o a dez minutos para cada parte.

O legislador mais atual, no art. 281, limitou-se a prescrever que, "findos a instrução e os debates orais, o juiz proferirá sentença na própria audiência ou no prazo de 10 (dez) dias". Assim, considerando a laconicidade da Lei 9.245/1995, deve prevalecer o

69. O autor, por sua vez, deve apresentar o rol de testemunhas com a petição inicial (art. 276), sob pena de preclusão (STJ, REsp 435.024/MG, 4.ª T., j. 15.04.2003, rel. Min. Ruy Rosado de Aguiar, *DJ* 26.05.2003, p. 364).

70. TJSP, Ap.Cív. 241.887, Araçatuba, 6.ª Câm. Cív., 18.04.1975, rel. Moretzsohn de Castro, v.u.; 1.º TACivSP, Ap.Cív. 211.080, 3.ª Câm., 07.05.1975, rel. Martiniano de Azevedo, v.u., em Jurandyr Nilsson, *Repertório*, vol. II/524; 1.º TACivSP, Ap.Cív. 205.488, 18.09.1974, 2.ª Câm.Cív., rel. Felizardo Calil, v.u. Na doutrina, no mesmo sentido: Calmon de Passos, *Comentários ao Código de Processo Civil*, 15, p. 173; Adroaldo Furtado Fabrício, Doutrina e prática do procedimento sumaríssimo, *Ajuris*, p. 71, 1977. Igualmente, a XXIII Conclusão do Simpósio realizado em Curitiba: "Também no procedimento sumaríssimo têm inteiro cabimento os debates orais em audiência", *RT* 482/271. Em sentido contrário, entendendo ser desnecessária a fase processual concernente aos debates: *RT* 598/137, e *JUTARS* 50/410.

entendimento de que os debates, mesmo no procedimento sumário, deverão obedecer ao prazo previsto no art. 454, *caput*, a exemplo do prazo (impróprio) para a prolação da sentença, em consonância com aquele previsto para o rito ordinário (art. 456). Mesmo que o art. 281 se refira a debates *orais*, entendemos possível a aplicação, ao procedimento sumário, da regra do art. 454, § 3.º, quando ocorrentes as hipóteses lá previstas, que devem prevalecer sobre a celeridade do rito.[71]

Não será tomada em consideração a defesa escrita do réu cujo advogado deixar de comparecer à audiência,[72] pois que essa presença (vale dizer, capacidade postulatória) é exigida pelo art. 36.

No procedimento sumário (e em qualquer tipo de procedimento, aliás), não é obrigatória a presença pessoal das partes para a tentativa de conciliação,[73] a qual poderá ser realizada pelos advogados, com poderes suficientes, no que, aliás, é claro o comando do atual art. 277, § 3.º, com a redação da Lei 9.245/1995: "As partes comparecerão pessoalmente à audiência, podendo fazer-se representar por preposto com poderes para transigir".[74]

71. No entanto, já se decidiu que, "realizada a audiência de conciliação, instrução e julgamento, a simples substituição dos debates orais pela apresentação de memoriais não desqualifica o procedimento sumário" (STJ, REsp 594.828/BA, 3.ª T., j. 14.12.2004, rel. Min. Menezes Direito, *DJ* 11.04.2005, p. 290).

72. Simpósio de Curitiba, conclusão 18, *RT* 482/271.

73. Simpósio de Curitiba, conclusão 22, *RT* 482/271.

74. Cf., em senso análogo: "(...) A teor do disposto no art. 277, § 3.º, do CPC, na audiência de conciliação e julgamento promovida no procedimento sumário, a parte autora não necessita comparecer pessoalmente, sendo bastante a presença de seu advogado dotado de poderes expressos para transigir" (STJ, REsp 705.269/SP, 4.ª T., j. 22.04.2008, rel. Min. João Otávio de Noronha, *DJe* 05.05.2008).

Há de se atentar, diante da sistemática trazida pela Lei 9.245/1995, que, a exemplo do que o legislador de dezembro de 1994 reservou para o procedimento ordinário, o sumário, à luz das modificações incorporadas ao direito positivo pelo diploma legal precitado, passou a conter duas audiências diversas: uma exclusivamente para fins de conciliação e de saneamento (art. 277 e respectivos parágrafos – assimilável à hipótese do atual art. 331, §§ 1.º e 2.º), quando poderão se fazer representar por prepostos com poderes específicos para transigir (art. 277, § 3.º); outra – embora sem prejuízo de o juiz, a qualquer tempo, buscar a conciliação das partes (art. 125, IV) – para fins de instrução e julgamento (art. 278, § 2.º), assimilável aos arts. 444 *et seq.* para o procedimento ordinário.

Nas audiências relativas às ações que seguirem este rito (aquelas previstas no art. 275 do CPC, com a redação dada pelas Leis 9.245/1995, 10.444/2002 e 12.122/2009), os atos probatórios poderão, como a lei já dispunha em geral para o processo civil (art. 170), ser documentados mediante taquigrafia, estenotipia ou outro método hábil de documentação, sendo feita a respectiva transcrição, se assim for determinado pelo juiz (art. 279). Não sendo possível o uso da taquigrafia, da estenotipia ou de qualquer outro método de documentação, os depoimentos serão reduzidos a termo, do qual constará apenas o essencial (art. 279, parágrafo único).

Como já colocamos em destaque, porque o réu deve apresentar seu rol de testemunhas em conjunto com sua contestação na audiência de conciliação, desde que frustrada esta (art. 278, *caput*), não subsiste a dificuldade relativa às dúvidas hoje dominantes, na doutrina e na jurisprudência, de se saber se o atual prazo de 48 horas deve corresponder à entrega da petição no protocolo ou no cartório. De qualquer sorte, deixamos consignada nossa crítica ao legislador de, uma vez mais, imprimir desarrazoado critério de tratamento diverso entre autor (que deve com a inicial apresentar seu rol de testemunhas) e réu (que só o apresenta na primeira audiência). Não vislumbramos, com efeito, qualquer óbice à essência do próprio rito, diante da admissão de tanto autor como réu poderem apresentar, concomitantemente, seu rol de testemunhas *se e quando* frustrada a conciliação, nos moldes do atual art. 278, *caput*.

Por fim, diante do comando do art. 280, *caput* (com a redação da Lei 10.444/2001), não sendo admitida a intervenção de terceiros no procedimento sumário, cai por terra, tendo em vista a literalidade do precitado dispositivo na sistemática do Código de Processo Civil, toda a problemática atinente à possibilidade, ou não, por exemplo, de denunciação da lide nas ações processadas mediante o rito sumário. Inclinou-se o legislador a não admitir a denunciação no procedimento sumário (porque o Código a classifica como intervenção de terceiro – Seção III, no Título II do Livro I, *Da Denunciação da Lide*, incluída no Capítulo VI, *Da Intervenção de Terceiros*), aliás, dentro ou fora da audiência, a menos que se trate de intervenção fundada em contrato de seguro.

Bibliografia

ALCÂNTARA, André Antonio da Silveira. *Saneamento do processo*. São Paulo: Leud, 2004.

ALMADA, Maria Thereza. Adiamento da audiência – Cerceamento da defesa. *Revista de Processo [RePro]* 20/247, ano V. São Paulo: Ed. RT, out.-dez./1980.

ALVIM, Eduardo Arruda. *Curso de direito processual civil*. São Paulo: Ed. RT, 1999. vol. 1.

______. *Direito processual civil*. 2. ed. rev., atual. e ampl. São Paulo: Ed. RT, 2008.

______. *Direito processual civil*. 3. ed. São Paulo: Ed. RT, 2010.

______. *Direito processual civil*. 4. ed. São Paulo: Ed. RT, 2012.

ALVIM NETTO, José Manoel de Arruda. *Curso de direito processual civil*. São Paulo: Ed. RT, 1971. vol. II.

______. Dogmática e o novo Código de Processo Civil. *Revista de Processo [RePro]* 1/122.

______. Sentença no processo civil. *Revista de Processo [RePro]* 2/84.

______. et alii. Promoção do juiz depois de terminada a instrução e antes da prolação da sentença. *Revista de Processo [RePro]* 4/219, 1976.

ANDRADE, Luís Antônio de. *Aspectos e inovações do Código de Processo Civil*. Rio de Janeiro: Francisco Alves, 1974.

ARAGÃO, Egas Dirceu Moniz de. *Comentários ao Código de Processo Civil*. Rio de Janeiro: Ed. Forense, 2000.

ASSIS, Araken de. *Manual dos recursos*. São Paulo: Ed. RT, 2007.

BARBI, Celso Agrícola. *Comentários ao Código de Processo Civil*. Rio de Janeiro: Ed. Forense, 1983. vol. I.

BARBOSA MOREIRA, José Carlos. *O novo processo civil brasileiro*. 25. ed. Rio de Janeiro: Ed. Forense, 2007.

______. Tentativas de conciliação. *Estudos sobre o novo Código de Processo Civil*. Rio de Janeiro: Liber Juris, 1974.

BERMUDES, SÉRGIO. *A reforma do Código de Processo Civil*. 2. ed. São Paulo: Saraiva, 1996.

BORGES, Marcos Afonso. *Comentários ao Código de Processo Civil*. São Paulo: Leud, 1975. vol. II.

______. Da audiência, da sentença e da coisa julgada. *RBDP* 3/143, 1975; *Revista de Processo [RePro]* 2/263, ano I. São Paulo: Ed. RT, abr.-jun./1976.

BUENO, Cassio Scarpinella. *Curso sistematizado de direito processual civil*. São Paulo: Saraiva, 2007. vol. 2, t. I.

CALMON DE PASSOS, J. J. *Comentários ao Código de Processo Civil*. 9. ed. Rio de Janeiro: Ed. Forense, 2004. vol. III.

Carneiro, Athos Gusmão. A conciliação no novo Código de Processo Civil. *Revista de Processo [RePro]* 2/98, ano I. São Paulo: Ed. RT, abr.-jun./1976.

______. *Audiência de instrução e julgamento*. Rio de Janeiro: Ed. Forense, 1983.

______. Conciliação (verbete). *Enciclopédia Saraiva do Direito*, 1978. vol. 17.

Costa, Lopes da. *Manual elementar do direito processual civil*. Rio de Janeiro: Ed. Forense, 1982.

Dinamarco, Cândido Rangel. *A reforma do Código de Processo Civil*. São Paulo: Editora Malheiros. 1995.

______. *A reforma da reforma*. 6. ed. São Paulo: Malheiros, 2003.

Fabrício, Adroaldo Furtado. Doutrina e prática do procedimento sumaríssimo. *Ajuris*, p. 71, 1977.

Fadel, Sergio Sahione. *Código de Processo Civil comentado*. Rio de Janeiro: Ed. Forense, 1984. vol. I.

Figueira Júnior, Joel Dias. *Comentários à novíssima reforma do CPC:* Lei 10.444, de 7 de maio de 2002. Rio de Janeiro: Ed. Forense, 2002.

Forster, Nestor José. Da tentativa de conciliação e do julgamento antecipado da lide. *RT* 540/25.

Freire, Rodrigo da Cunha Lima et alii. *Reformas do CPC*. São Paulo: Ed. RT, 2006.

Greco, Leonardo. O saneamento do processo e o novo Código de Processo Civil. *Revista Eletrônica de Direito Processual – REDP.* vol. VIII. Periódico da Pós-Graduação *Stricto Sensu* em Direito Processual da UERJ.

Hoffman, Paulo. *Saneamento compartilhado*. São Paulo: Quartier Latin, 2011.

Lenzi, C. A. Silveira. Do procedimento conciliatório no Código de Processo Civil: novos aspectos. *RF* 267/390.

Lima, Alcides de Mendonça. Audiência de instrução e julgamento. *RBDP* 24/221, 1980.

______. *Direito processual civil*. Rio de Janeiro: Ed. Forense, 1977.

Lima, Domingos Savio Brandão de. Conciliação, verbete. *Enciclopédia Saraiva do Direito*, 1978. vol. 17.

Marinoni, Luiz Guilherme; Arenhart, Sérgio Cruz. *Manual do processo de conhecimento*. 5. ed. São Paulo: Ed. RT, 2006.

______; Mitidiero, Daniel. *O projeto do CPC – crítica e propostas*. São Paulo: Ed. RT, 2010.

Marques, José Frederico. *Manual de direito processual civil*. São Paulo: Saraiva, 1982. vol. III.

Miranda, Francisco Cavalcanti Pontes de. *Comentários ao Código de Processo Civil* (de 1973). Rio de Janeiro: Forense, 1974. t. V.

Miranda, Gilson Delgado. *Procedimento sumário*. São Paulo: Ed. RT, 2000.

Nery Jr., Nelson; Nery, Rosa Maria de Andrade. *Código de Processo Civil comentado e legislação extravagante*. 10. ed. São Paulo: Ed. RT, 2007.

Notariano Jr., Antonio; Bruschi, Gilberto Gomes. *Agravo contra as decisões de primeiro grau*. São Paulo: Método, 2006.

Paula, Alexandre de. *Código de Processo Civil anotado*. São Paulo: Ed. RT, 1976. vol. II.

Pimentel, Wellington Moreira. *Comentários ao Código de Processo Civil*. São Paulo: Ed. RT, 1979. vol. III.

Pinho, Humberto Dalla Bernardina de. A mediação no direito brasileiro: evolução, atualidades e possibilidades no projeto do novo código de processo civil. In: Jayme, Fernando Gonzaga; Faria, Juliana Cordeiro de; Lauar. Maira Terra (orgs.). *Processo civil: novas tendências em homenagem ao Ministro Sálvio de Figueiredo Teixeira*. Belo Horizonte: Del Rey, 2011.

Pinto, Fernando. Conciliação (verbete). *Enciclopédia Saraiva do Direito*. São Paulo: Saraiva, 1978. vol. 17.

ROCHA, José de Moura. Há poder de polícia no art. 445 do Código de Processo Civil? *Revista de Processo [RePro]* 6/27, 1977.

RODRIGUES FILHO, Eulâmpio. *Das provas e da audiência*. São Paulo: Universitária de Direito, 1981.

SAMPAIO, José. *O procedimento comum no novo Código de Processo Civil*. São Paulo: Ed. RT, 1975.

SANTOS, Moacyr Amaral. *Comentários ao Código de Processo Civil*. Rio de Janeiro: Forense, 1982. vol. IV.

______. *Primeiras linhas de direito processual civil*. 23. ed. (atualizada por Aricê Moacyr Amaral Santos.) São Paulo: Saraiva, 2004. vol. II.

SILVA, Ovídio Araújo Baptista da. *Curso de processo civil*. 7. ed. Rio de Janeiro: Forense, 2005. vol. 1.

SOUZA, Ernane Vieira de. Da necessidade da publicação da sentença em audiência. *RF* 254/467.

THEODORO JÚNIOR, Humberto. *Curso de direito processual civil*. 47. ed. Rio de Janeiro: Forense, 2007. vol. 1.

______. *Processo de conhecimento*. Rio de Janeiro: Forense, 1981. t. II.

TORNAGHI, Hélio. *Comentários ao Código de Processo Civil*. São Paulo: Ed. RT, 1975. vol. I.

TUCCI, Rogério Lauria. Abertura da audiência (verbete). *Enciclopédia Saraiva do Direito*, 1977. vol. I.

______. Audiência de instrução e julgamento (verbete). *Enciclopédia Saraiva do Direito*, vol. IX.

WAMBIER, Luiz Rodrigues. A nova audiência preliminar (art. 331 do CPC). *Revista de Processo*, v. 80, São Paulo, Ed. RT, out.-dez. 1995.

______. A audiência preliminar como fator de otimização do processo (O saneamento compartilhado e a probabilidade de redução da atividade recursal das partes). *Revista da Escola Nacional de Magistratura*, vol. 1, n. 2, p. 100-107, out. 2006.

______; WAMBIER, Teresa Arruda Alvim; MEDINA, José Miguel Garcia. *Breves comentários à nova sistemática processual civil*. 3. ed. São Paulo: Ed. RT, 2005.

WAMBIER, Teresa Arruda Alvim. *Nulidades do processo e da sentença*. 6. ed. São Paulo: Ed. RT, 2007.

______. *Os agravos no CPC brasileiro*. 4. ed. São Paulo: Ed. RT, 2005.

WATANABE, Kazuo. Cultura da sentença e cultura da pacificação. In: YARSHELL, Flávio Luiz. MORAES, Maurício Zanoide (orgs.). *Estudos em homenagem à Professora Ada Pellegrini Grinover*. São Paulo: DPJ Editora, 2005.

XXXI
DA SENTENÇA

293. Generalidades sobre sentença

O juiz, durante o procedimento, profere *decisões*. "Decisões", *lato sensu*, no sistema do Código de Processo Civil, podem ser consideradas como o gênero, constituindo-se as sentenças e as "decisões" *stricto sensu* (decisões interlocutórias) nas suas espécies. Umas e outras, nos tribunais, têm a forma e o *nomen iuris* de acórdão (art. 163).

A *sentença*, pela sua complexidade, porque geralmente define a lide (cf. art. 269, na redação da Lei 11.232/2005; salvo a hipótese *anormal* de ausência de resolução de mérito, cf. art. 267), pelos elementos que necessariamente a constituem, distingue-se de *decisão*, e esta, por sua vez, do despacho.

Conquanto sejam os despachos *atos do juiz*, não são *atos decisórios, em regra*; se tiverem, todavia, algum *conteúdo decisório*, assimilam-se ao regime das decisões *stricto sensu* (interlocutórias). Conquanto sejam os despachos *atos do juiz*, em regra (exceção à hipótese do art. 162, § 4.º, que, de qualquer sorte, prevê a possibilidade de o juiz rever o ato praticado pelo servidor quando necessário), não são, inexoravelmente, atos decisórios.

Na verdade, embora o art. 162 aluda à categoria genérica de *atos* do juiz, refere-se em verdade a seus *pronunciamentos*, que se constituem em *sentenças, decisões interlocutórias e despachos*, desprovidos estes últimos, *normalmente*, de caráter decisório. Tanto que o § 4.º deste art. 162, introduzido pela Lei 8.952/1994, delegou ao servidor a prática dos atos meramente ordinatórios, como, por exemplo, a juntada e a vista obrigatória. No entanto, prevê o mesmo dispositivo que, havendo necessidade, estes atos serão revistos pelo juiz, passando a poder gerar, conforme o caso, prejuízo, tornando-se, assim, recorríveis. *Os atos do juiz* são uma categoria mais ampla que *pronunciamentos*, que abrangem, *v.g.*, a inquirição de testemunhas, a inspeção judicial etc.

Dos despachos devemos distinguir *os atos de mero expediente sem caráter decisório* (CF/1988, art. 93, IX, na redação da EC 45/2004), que ficam a cargo dos serventuários de justiça (por exemplo, o ato de determinar a remessa dos autos ao contador), a estes se referindo o § 4.º do art. 162 do CPC. Os atos *que não são de mero expediente*, pelo *conteúdo decisório mínimo* que albergam, não podem ser realizados pelos serventuários de justiça.[1] Se em relação ao pronunciamento

1. Sobre o tema, cf., amplamente, Teresa Arruda Alvim Wambier, *Os agravos no CPC brasileiro*, itens 2 e 3.1. Afirma a citada processualista que "a necessidade de realização de algum juízo sobre qual a atitude adequada afasta a possibilidade de prática do ato pelo serventuário", e que "tal situação ocorre sempre que se colocar ao juiz a possibilidade de proferir o despacho *ou* deliberar de outro modo. Diversamente, quando não se permitir a iniciativa do juiz quanto à escolha de outra opção, seguramente será caso

do juiz se pretender que seja um *despacho*, mas se neste existir conteúdo decisório, ainda que mínimo, descaracterizar-se-á como despacho e será *decisão interlocutória*.

A sentença, por sua vez, é o ato culminante da fase processual de conhecimento. Na sentença,[2] o juiz, na qualidade de representante do Estado, dá, com base em fatos, na lei e no Direito, uma resposta imperativa ao pedido formulado pelo autor, bem como à resistência oposta a esse pedido, pelo réu, na defesa apresentada. Mesmo não havendo defesa, e tendo sido o réu revel, não fica liberado o Estado-juiz do dever de resolver a pretensão, o que é feito essencialmente pela sentença.

A sentença assenta-se em fato ou fatos, dando a eles uma significação no universo jurídico, com base nos valores contidos na lei (v. art. 458, I e II, relatório e fundamentação). Assim, temos, fundamentalmente, de uma perspectiva lógico-formal, na sentença, a sequência silogística da norma, do fato e da conclusão decorrente da subsunção do fato à norma (*primária*) e da sucessiva aplicação da norma (*secundária*) ao fato. Por isso, se diz que o processo judicial tem estrutura lógica. É exatamente no instante em que é proferida a sentença que tal atividade lógica assume o momento fundamental de sua aplicação, no campo do processo.

A Lei 11.232/2005 modificou a redação do § 1.º do art. 162, conceituando a sentença como "o ato do juiz que implica alguma das situações previstas nos arts. 267 e 269" do Código de Processo Civil.[3] Esta mudança do texto legal fez reacender a celeuma doutrinária a respeito do conceito de sentença, porque na redação precedente referia-se o texto a que a sentença era "o ato pelo qual o juiz põe termo ao processo", com ou sem solucionar ou resolver o mérito.

Prevalecia, com a redação anterior, um critério de término do processo para definir a sentença, e, com isso, diferenciá-la das decisões interlocutórias, proferidas pelo juiz durante o trâmite procedimental. Sentença era o ato final do juiz, que encerrava o procedimento em primeiro grau de jurisdição, decidindo ou não o mérito da causa (*cf.* redação original do citado § 1.º do art. 162 e do *caput* do art. 463, também alterada pela Lei 11.232/2005).

Entretanto, existiam doutrinadores brasileiros e italianos que discordavam, com fortes argumentos, desse critério classificatório, porque ele desprezaria o conteúdo do ato. Segundo estes, estaria, no conteúdo da sentença, a única forma, não tautológica, de discernimento entre ela e as outras decisões *stricto sensu* (interlocutórias).[4]

Além disso, havia outros questionamentos acerca do antigo conceito legal de sentença: na verdade, a sentença nem sempre extinguia o processo. Existem recursos interponíveis contra a sentença, inclusive em primeiro grau de jurisdição (art. 535 do CPC) e, pendente a fase recursal, não se pode considerar extinto o processo. O Código de Processo Civil autoriza, ainda que em hipóteses excepcionais, que o juiz da causa corrija erro de cálculo ou equívoco material contido na sentença (art. 463), pelo que não se pode afirmar, de modo absoluto, que a sentença ponha fim ao processo em primeiro grau de jurisdição. Há, ainda, hipótese em que a lei autoriza o juízo de retratação, a

de incidência do art. 162, § 4.º, do CPC" (ob. loc. cits., item 2, p. 119).

2. Referimo-nos aqui à sentença resolutiva de mérito, a qual, como assinalado, é a forma normal de se extinguir a fase cognitiva.

3. V. José Carlos Barbosa Moreira, A nova definição de sentença, *Revista de Processo [RePro]* 137, p. 268-276.

4. É o que sempre defendeu, brilhantemente, Teresa Arruda Alvim Wambier, *Nulidades do processo e da sentença*, 2004, p. 29, antes mesmo da Lei 11.232/2005; e também na sua obra *Os agravos no CPC brasileiro*, p. 107-112.

saber: interposta a apelação contra sentença que extingue o processo por indeferimento da petição inicial (art. 296), pode o juiz sentenciante rever este pronunciamento; mais recentemente, essa possibilidade foi estendida ao julgamento de improcedência de ações repetitivas (arts. 285-A, parágrafo único, inserido pela Lei 11.277/2006).

Com a criação da "fase de cumprimento de sentença" pela Lei 11.232/2005, essa crítica ao antigo conceito de sentença, amparado no critério meramente topográfico, teria sido ainda mais pertinente se não tivesse sido acompanhada da modificação procedida na definição vigente, porquanto a execução de sentença passou a ser considerada uma nova fase processual.

Diante disso, fez-se necessária a concomitante modificação do conceito legal, agora inscrito no § 1.º, do art. 162, pela Lei 11.232/2005, a mesma que modificou a sistemática da execução.

Essa nova noção legal de sentença, estabelecida pelo § 1.º do art. 162 do CPC, veio a fortalecer a tese que propunha serem os conteúdos específicos dos arts. 267 e 269 do CPC os verdadeiros caracterizadores do ato decisório do juiz como sentença.

A redefinição do conceito de sentença visou, principalmente, adequar-se à nova visão teórica e sistemática do sincretismo processual, iniciado com a alteração procedimental da execução das obrigações de fazer e não fazer (art. 461 do CPC); das obrigações de entrega de coisa (art. 461-A); e, por último, das obrigações de pagamento de quantia certa (475-I).

Com efeito, a nova concepção do § 1.º do art. 162 procurou evidenciar que, atualmente, a sentença condenatória de mérito (art. 269) não põe termo final ao processo, já que o mesmo prossegue, de maneira contínua, até o cumprimento dessa sentença de procedência. Por esta razão, o legislador suprimiu a frase "põe termo ao processo", presente na redação anterior do dispositivo comentado, a fim de adaptar o sistema do Código de Processo Civil à principal modificação operada pela Lei 11.232/2005.[5]

De fato, a alteração mais profunda da Lei 11.232/2005, e que diz respeito à lei toda, foi feita com as sentenças suscetíveis à execução por quantia certa, as quais passaram somente a colocar fim a uma fase do procedimento (art. 475-I).[6] Assim, da mesma forma que nas ações designadas pela doutrina como mandamentais ou executivas *lato sensu* (p.ex., art. 461 do CPC), as sentenças passíveis de execução por quantia certa marcam o encerramento da fase de conhecimento da ação, mas não encerrarão o procedimento, em primeiro grau de jurisdição, já que a ação prossegue, para a prática de atos tendentes ao cumprimento do teor da sentença.[7] Referimo-nos às "sentenças passíveis de execução por quantia certa" por entendermos que, pela nova sistemática, não somente a sentença condenatória ao pagamento de quantia certa, como também a sentença declaratória que tenha dado pela existência de todos os elementos suscetíveis de constituírem ou espelharem o conteúdo de uma sentença condenatória poderá ensejar a fase de cumprimento,[8] tal como se houvesse sido

5. Cf. Arruda Alvim, Cumprimento da sentença condenatória por quantia certa – Lei 11.232, de 22.12.2005 – Anotações de uma primeira impressão, in Luiz Fux, Nelson Nery Junior e Teresa Arruda Alvim Wambier (coords.), *Processo e Constituição* – Estudos em homenagem ao professor José Carlos Barbosa Moreira, p. 289-291.

6. Nesse sentido, cf. Cassio Scarpinella Bueno, *A nova etapa da reforma do Código de Processo Civil*, p. 15.

7. Cf., a respeito, o que escrevemos na Primeira Parte deste *Manual*, itens 24 e 143, e *infra*, item 303.

8. V. interessantíssimo trabalho monográfico da lavra de Eduardo Talamini, "Sentença que reconhece obrigação" como título executivo (CPC,

nominada de sentença condenatória (v. n. 123, Primeira Parte).

Destarte, somente nas ações declaratórias em que não estejam presentes todos os elementos do vínculo obrigacional, ou naquelas em que o autor não tenha a pretensão de promover uma execução e nas constitutivas, a sentença de procedência e de improcedência continua sendo o ato final do juiz, que encerra o procedimento em primeiro grau de jurisdição, com ou sem resolução de mérito (art. 162, § 1.º). Já nas ações condenatórias, isso só ocorrerá nas hipóteses do art. 267, 269, IV, nas sentenças definitivas de improcedência ou quando o réu cumprir, voluntariamente, o direito reconhecido na sentença.

Tanto é sentença aquela prolatada com base no art. 267 (extinção do processo sem resolução de mérito), quanto aquela proferida com base no art. 269, I (julgamento da causa), como, ainda, a que seja enunciada com base no art. 269, II, III e V (que tenham como subjacentes atos autocompositivos). Em todas elas, quando a sentença "colocar fim" ao procedimento ou à fase cognitiva do processo de conhecimento, em primeiro grau de jurisdição, caberá o recurso de apelação (art. 513).

De acordo com parcela da doutrina, o cabimento do recurso de apelação de sentenças se explica pelo fato de que, muito embora não se possa afirmar, peremptoriamente, ser a sentença o ato que põe fim ao processo, é certo ser este o *objetivo* da sentença: o prolongamento do feito, seja com a fase de cumprimento de sentença, seja em virtude de recurso interposto pela parte ou pela necessidade de correção de erro de cálculo ou erro material, decorrem de atitudes de insubordinação ou insurgência da parte (inadimplemento do réu, na fase de cumprimento; interposição de recurso, na fase recursal) ou de exceções legais taxativas (art. 463).

Nesse sentido, pondera Eduardo Arruda Alvim, após elogiar a mudança do conceito legal, com foco no *conteúdo* do pronunciamento, ser igualmente relevante a "aptidão da decisão para pôr fim ao processo", como critério distintivo entre as sentenças e as decisões interlocutórias. Até porque, complementa, as decisões interlocutórias permanecem definidas no § 2.º do art. 162 como aquelas que resolvem questões incidentes, no curso do processo, e, é destas que tem cabimento o recurso de agravo (art. 522, redação da Lei 11.187/2005).[9]

Assim, é bem possível que seja proferida decisão que, conquanto não finalizando o procedimento ou a etapa cognitiva, mesmo tendo um dos conteúdos do art. 267 e 269, não tenha aptidão para finalizar o processo ou o procedimento em primeiro grau de jurisdição. É o caso, por exemplo, da decisão que exclui um litisconsorte da lide; da decisão que extingue apenas reconvenção e da decisão que indefere parcialmente a petição inicial, em virtude de um dos pedidos cumulados ser juridicamente impossível. O processo não se extingue em nenhuma destas hipóteses, e nesse caso, o ato decisório do juiz desafiará o recurso de agravo (art. 522). O que se pode ponderar a respeito é que uma tal decisão, conquanto sob certo ângulo – o do seu conteúdo – seja uma sentença, em relação ao processo, em si mesmo considerado, porque esse continua, pode ser havida como decisão interlocutória.

Nelson Nery Jr. e Rosa Maria de Andrade Nery utilizam critério análogo ao preconizado por Eduardo Arruda Alvim para determinar o conceito de sentença, fazendo referência à *finalidade* do pronunciamen-

---

art. 475-N, I – acrescido pela Lei 11.232/2005), in *Execução civil e cumprimento da sentença*, p. 135 a 159.

9. *Direito Processual Civil*, 2. ed., 2008, p. 607. Na última edição da citada obra (4. ed., 2012), o tema é abordado à p.664.

to – o que, em hipótese alguma, exclui o "conteúdo" da sentença como determinante para sua definição, mas a ele apenas se agrega.[10]

A utilização do critério *finalidade* ou *aptidão para a extinção do processo* é útil, pelo fato de nem sempre o critério *conteúdo* ser satisfatório para definir o recurso a ser interposto contra a respectiva decisão. Utilizando-nos desse mesmo critério, deve-se dizer que o agravo diz com as interlocutórias, em relação às quais a finalidade é resolver incidente, preparando o processo para a decisão final. Conjugados os dois raciocínios, pode-se concluir ter subsistido o sistema precedente de caber apelação em relação às sentenças finais, extintivas do processo, com ou sem resolução de mérito, e agravo, das decisões não extintivas do processo.

Já para Teresa Arruda Alvim Wambier, nas situações em que o juiz, no curso do processo, resolve questões incidentes, proferindo decisões interlocutórias com conteúdo de sentença, tais decisões abrigam, verdadeiramente, natureza de *sentença*. De acordo com esta autora, cujo entendimento ampara-se em autorizada doutrina pátria e alienígena,[11] "o único elemento por meio do qual se pode identificar as sentenças é o seu *conteúdo*".[12] Desse modo, quando o juiz profere decisão com algum dos conteúdos dos artigos 267 e 269, e sendo tal decisão desprovida de aptidão para extinguir o processo, cuida-se de sentença, porém, *agravável*.[13]

Seja como for, independentemente da denominação que se atribua às decisões proferidas no curso do processo cujo conteúdo se enquadre numa das hipóteses dos artigos 267 e 269 do CPC, o fato é que permanecem inalteradas as regras do sistema recursal brasileiro, apesar da nova dicção do § 1.º do art. 162 do CPC.[14] Do contrário, correr-se-ia o sério risco de ressuscitar alguns dos inúmeros problemas recursais do Código de Processo Civil de 1939 no Código de Processo Civil de 1973.

Há uma hipótese que merece consideração especial, que é a do § 6.º do art. 273. É questão de que ainda se pode dizer controvertida. No entanto, acompanhando Eduardo Arruda Alvim, que analisa percucientemente o assunto, julgamos que se trata de *sentença de mérito*, ainda que *parcial*.[15] Esse mesmo autor analisa minudentemente o recurso que seria cabível, em tal hipótese,

10. Nery Jr., Nelson. Nery, Rosa Maria de Andrade. *Código de Processo Civil Comentado e legislação extravagante*, 10. ed., p. 427. ; 12. ed., p. 516.

11. *Cf.*, entre nós, Fabrício, Adroaldo Furtado. *Ação declaratória incidental*. Rio de Janeiro: Forense, 1976, p. 196; e, no direito italiano, Rocco, Alfredo. *La sentenza civile*. Milão: Giuffrè, 1962, p. 65, ambos citados por Teresa Arruda Alvim Wambier na mencionada obra *Nulidades do processo e da sentença*, p. 333.

12. *Nulidades do processo e da sentença*, p. 33.

13. Sobre a questão da recorribilidade das sentenças proferidas no curso do processo – v.g. prescrição de um dos pedidos formulados ou exclusão de um dos litisconsortes por ilegitimidade de parte – e outras questões atinentes ao princípio da correspondência entre as decisões proferidas e os recursos, ver com alto proveito: Teresa Arruda Alvim Wambier, *Nulidades do processo e da sentença*, item 1.1.3, p. 34 a 43.

14. Entendendo que as regras recursais se alteraram em virtude da nova redação do art. 162, § 1.º, do CPC, devendo ser sempre interposta apelação, mesmo que proferida no curso do processo, ver: Daniel Amorim Assumpção Neves, O novo conceito de sentença de mérito e os problemas recursais, *Execução civil e cumprimento da sentença*), p. 71 a 86, vol. 2; Luiz Guilherme da Costa Wagner, O novo conceito de sentença e os reflexos na escolha dos meios de impugnação cabíveis diante dos pronunciamentos judiciais: aplicação do princípio da fungibilidade, *Aspectos polêmicos e atuais dos recursos cíveis* p. 187 a 206, vol. 11.

15. Alvim, Eduardo Arruda, *Antecipação de tutela*, Curitiba, 1.ª reimpressão, 2008.

observando ser caso típico de *fungibilidade*; como ainda, esmiuça o que se há de entender por *incontroverso*.[16]

Cada uma das sentenças, previstas nos arts. 267 e 269, tem os seus pressupostos específicos, os quais, presentes, deverão necessariamente levar à sua prolação. Nesse sentido, pode-se dizer que não há liberdade para o juiz decidir desta ou daquela forma. Assim, se não estiver presente qualquer pressuposto processual, como regra geral, será inexorável que o juiz profira sentença arrimado no art. 267, *sentença essa de conteúdo processual*, ou que diz respeito só ao processo, não atingindo a lide.[17]

Já se estiverem presentes os pressupostos processuais (positivos), e, portanto, estivermos em face de *processo existente e válido*, e se não existir nenhum pressuposto processual negativo (impediente, a presença de um pressuposto desta espécie, do reconhecimento da validade do processo), bem como verificada a presença das condições da ação, constituindo todos estes elementos o que se designa mais amplamente por *pressupostos de admissibilidade de julgamento de mérito*, apresentam-se ao juiz, *integralmente*, os requisitos que o habilitam a proferir a sentença de mérito.

Na sentença é o magistrado de primeiro grau obrigado, da mesma forma que o é o tribunal, a respeitar as preclusões ocorridas (art. 471, *caput*), e haver-se-á de obstar que as partes "revivam" questões, para elas, preclusas (art. 473), salvo se houver permissão legal.[18]

Fundamentalmente, podemos admitir, assim, na sentença, três atividades que se encadeiam: 1.ª) a reconstrução da situação de fato ocorrida ("crítica do fato"); 2.ª) sucessivamente, a qualificação jurídica respectiva; 3.ª) a própria interpretação do direito, aplicando-o ao fato ("crítica do direito"), operando-se tais atividades mercê de uma interação recíproca, da norma ao fato e vice-versa.

294. A sentença e as oportunidades em que pode ser proferida

A lei, ao lado de disciplinar com nitidez o *conteúdo* da sentença, regrou, também, as *oportunidades variadas* em que esta pode ser prolatada.

Como regra geral, dedutível do sistema, temos a sentença proferida depois da audiência de instrução (e julgamento), cujo conteúdo normalmente é aquele a que se refere o art. 269, I. O julgamento antecipado da lide pode ocorrer por sentença cujo conteúdo seja o art. 269, I, se se configuraram as hipóteses do art. 330, I ou II (sendo que este inciso II se refere ao regime decorrente do art. 319). O proferimento desta sentença (ao cabo da instrução oral) pressuporá a existência dos pressupostos processuais positivos, bem como a inexistência de qualquer pressuposto processual negativo, o preenchimento das condições da ação e *instrução completa*, o que, então, habilitará o juiz a sentenciar,

16. Alvim, Eduardo Arruda, op. ult. cit., p. 88 e ss.

17. Há casos em que o juiz, ausente um pressuposto processual, não julga a lide, e não extingue o processo (quando, por exemplo, for impedido). Estes casos só ocorrem como decorrência de previsão legal expressa, a qual prevê essa consequência da não extinção pela própria razão de ser da ausência desse pressuposto, que não compromete o processo, em si mesmo, senão que repercutiria negativamente na sentença e nos atos decisórios.

18. É, *v.g.*, a hipótese do art. 267, § 3.º, em que não ocorre preclusão (STJ, 4.ª T., AgRg no REsp 668.552/RJ, rel. Min. Antonio Carlos Ferreira, j. 02.08.2012, *DJe* 10.08.2012; STJ, RMS 14.399/RJ, 2.ª T., j. 23.08.2005, rel. Min. João Otávio de Noronha, *DJ* 10.10.2005, p. 265; STJ, AgRg no REsp 193.204/PR, 1.ª T., j. 04.08.2005, rel. Min. Francisco Falcão, *DJ* 03.10.2005, p. 118; *RTJ* 112/1.164 e 1.404; *JC* 48/228), como acentuamos ao longo deste trabalho.

acolhendo ou rejeitando o pedido. Esta sentença encerra a fase predominantemente[19] cognitiva do procedimento e supõe o que se denomina de *maturidade* do processo.[20] Esta *maturidade* pode ser entendida, ou desdobrada, em dois sentidos:

1.º) *requisitos do processo* lato sensu, vale dizer, a existência, como condição de ser proferida sentença de mérito, dos pressupostos processuais positivos e das condições da ação (art. 267) e inexistência dos pressupostos processuais negativos;

2.º) *maturidade probatória*, isto é, a instrução propriamente dita, no sentido de existirem, no processo, os elementos probatórios suficientes para que o juiz decida. É certo, entretanto, que, no que respeita a este segundo aspecto, havemos de ter presente: *a)* se houve oportunidade para o(s) litigante(s) provar(em) e, se não o fez(fizeram), *há de se entender o processo como maduro*, e aplicar-se, então, a teoria do ônus da prova, consagrada no sistema *em sua plenitude*, isto é, julgando-se contra o que poderia ter provado e não o fez (art. 333, I e II); *b)* segue-se, portanto, que a maturidade não significa que o juiz – faltantes elementos probatórios, por inércia das partes – vá substituir-se à(s) parte(s) e produzir prova; *c)* tal deverá ocorrer, tão somente, quando, *apesar da diligência probatória, subsista a dúvida*, hipótese em que se coloca como imperativa sua interferência na atividade probatória. É este o sentido e a função do art. 130.[21]

Apesar de a oportunidade ou momento "normal" do proferimento da sentença ser aquele depois da audiência de instrução e julgamento, outras oportunidades anteriores há para que sejam proferidas sentenças.

Se, depois da contestação, entender o juiz que o processo deve ser extinto, sem resolução de mérito, deverá fazê-lo, tendo em vista os arts. 329 e 267, aquele (art. 329) inserido em "Do julgamento conforme o estado do processo". No art. 267 são elencados, nos incisos I a X e XI (esta última *norma de remissão* a outras hipóteses do sistema), os possíveis conteúdos de sentença sem resolução de mérito. O conteúdo de tal sentença será processual, o recurso cabível o do art. 513 (apelação), e tal sentença será despida da autoridade de coisa julgada material (*entenda-se isto à luz do quanto dito, a respeito do tema, no Capítulo X desta segunda parte, e no Capítulo XI da Primeira Parte deste Manual*).

Todavia, verificando o juiz que o processo existe e é *válido* (pressupostos processuais positivos presentes e ausência de qualquer pressuposto processual negativo, bem como preenchidas as condições da ação), poderá defrontar-se com qualquer das hipóteses definidas no art. 269, II, III e V. Neste dispositivo, exceto no inciso IV (e o inciso I, já considerado), disciplinam-se atos autocompositivos do litígio. O juiz, conquanto profira sentença, não julga *intrinsecamente* a lide. A sua sentença, entretanto, reveste

19. Com a adoção do instituto da tutela antecipatória, o processo de conhecimento passou a viabilizar, nas situações específicas dos arts. 273, 461 e 461-A do CPC, a possibilidade de realização concreta – ainda que provisoriamente – do direito no limiar da fase cognitiva, em que a instrução ainda não está terminada. Por esta razão, é, *prima facie*, tecnicamente mais correto afirmar que a sentença põe termo, com a alteração da Lei 11.232/2005, a etapa procedimental onde se sobressaem as atividades jurisdicionais de cognição, não excluindo, desta forma, a eventualidade de o juiz também praticar, nesta fase, atos satisfativos de execução, ainda que marcados por possível resolubilidade.

20. Nesse preciso sentido é o acórdão do extinto TAMG [extinto] (*JUTAMG* 21/293-8), AgIn 4.014, da lavra de ilustre processualista (Prof. Ronaldo Cunha Campos) – 1.ª T., j. 27.04.1984, v.u. Vale a leitura, eis que o pensamento é o coincidente com o sustentado nesta obra (v. Cap. XXIII, 230).

21. STJ, REsp 208.582/PR, 3.ª T., j. 03.05.2005, rel. Min. Castro Filho, *DJ* 23.05.2005, p. 265.

aqueles atos autocompositivos da autoridade de coisa julgada, dado que, no art. 485, são eles indicados como rescindíveis. Se não houver qualquer ato autocompositivo, mas o juiz entender que houve decadência ou prescrição em relação ao direito do autor, extinguirá o processo, resolvendo o mérito (art. 269, IV). A extinção do processo por decadência ou prescrição independe de arguição pelo réu (CC/2002, art. 210; CPC, art. 219, § 5.º, na redação da Lei 11.280/2006). Mas o juiz, para decretar a prescrição, deverá proporcionar condições para que o art. 191 do Código Civil seja aplicado, deixando espaço para a hipótese de renúncia expressa da prescrição, ou atentar para a circunstância de ter havido renúncia tácita. Isto porque, entre outras razões, a Lei 11.280/2006 não revogou o aludido art. 191, e, portanto, há de ser proporcionado espaço para sua aplicação.

Dentro do instituto do "julgamento conforme o estado do processo", temos o instituto do "julgamento antecipado da lide", ideia esta de *antecipado* indicativa de uma "aparente precipitação" no julgamento, diante de condições especiais, descritas no art. 330, I e II.[22] É certo que as sentenças proferidas em julgamento antecipado, propriamente dito, serão sempre sentenças de mérito.

Ainda, liminarmente, nos casos de indeferimento da petição inicial, temos sentença normalmente de conteúdo processual (art. 295, I, II, III, V e VI), com a consequência do art. 268, isto é, viabilidade de nova propositura da ação, dela cabendo sempre o recurso de apelação. Já, todavia, na oportunidade descrita no art. 295, IV (com o *conteúdo* do art. 269, IV), temos uma sentença de mérito, com autoridade de coisa julgada (material), muito embora o réu não tenha, ainda, sequer sido citado para o processo (v. art. 219, § 6.º), o mesmo ocorrendo na hipótese do art. 285-A (em que a sentença proferida encarta-se no art. 269, I), recentemente inserido pela Lei 11.277/2006 (v. *o quanto dito sobre o tema no Capítulo X, segunda parte, item 93, acima*).

295. A fundamentação da sentença e as lacunas da lei

O que podemos constatar é que existe uma profunda, senão indissociável, simbiose entre *fato* e *norma*, a qual é admiravelmente evidenciada na sentença, pois: 1.º) a norma a ser aplicada é identificável pelo fato trazido ao processo, como alegado e devidamente provado, ou, então, havido como verdadeiro por força de próprio sistema, *v.g.*, nas hipóteses de revelia, na sistemática atual, com aplicação do art. 319 ("efeito da revelia"); 2.º) uma vez conhecido o fato, é em função deste que será iden-

22. Calha mencionar, neste passo, a hipótese de julgamento antecipado parcial da lide estampada no § 6.º do art. 273 do CPC, quando um ou mais dos pedidos cumulados, ou parcela deles, mostrar-se incontroverso. O dispositivo em apreço, já tratado por nós no Capítulo XVI, segunda parte, deste *Manual*, a nosso ver, representa a possibilidade *ex lege* de cisão do ato decisório. E não haveria razão plausível para esperar até o término da fase cognitiva, quando viesse a ser decidida, também, a parte da demanda que se encontra controvertida. Nesse sentido, aliás, cf. Eduardo Arruda Alvim, *Antecipação da tutela*, p. 85. Diz o autor, com pertinência, ao tratar do § 6.º, do art. 273, que aludido dispositivo legal quebra o princípio da unicidade da sentença, "pois não parece haver motivo para retardar a prestação jurisdicional que é possível de ser concedida em definitivo, em razão da necessidade de dilação probatória para que o juiz possa decidir acerca de outros pedidos". Ainda, segundo esse jurista, "o princípio da unidade e da unicidade tem de ser repensado em função de novos valores prestigiados pelo ordenamento e claramente inspiradores das reformas do CPC, em especial daquela realizada em fins de 1994, que introduziu entre nós, de forma generalizada, a antecipação de tutela".

tificada a norma; 3.º) feito isto, com base na lei e no fato (*intervenção recíproca*), são extraídas todas as consequências jurídicas possíveis (*consequências jurídicas legais*), à luz do juízo histórico-concreto, acontecido e identificado pelo magistrado.[23]

É preciso que o juiz, decidindo a controvérsia, justifique porque acolheu a posição do autor ou do réu. Justamente porque o juiz não decide arbitrariamente – em função de sua mera vontade – é que deve constar expressa e explicitamente da sentença a sua fundamentação, que é pressuposto do seu controle jurisdicional. A parte que sofre prejuízo se insurge contra os mesmos; recorrendo, tentará comprometer a fundamentação, pois, logrando fazê-lo, *ipso facto*, seu recurso será provido, e *modificada a sentença*. Conquanto não se recorra de fundamentos, mas da conclusão, os fundamentos hão de ser atacados também, e como premissas do pedido de reforma da decisão.

O sistema positivo atual *é incisivo a respeito da indispensabilidade da fundamentação* também no patamar constitucional (CF/1988, art. 93, IX). Quanto às decisões, de um modo geral, vem tal exigência prescrita no art. 165, 2.ª parte ("as demais decisões serão fundamentadas, ainda que de modo conciso"). Admite-se, para a generalidade das decisões, fundamentação concisa, mas esta é sempre exigida. Sua omissão poderá dar ensejo à anulação do decidido. Para as sentenças de mérito, a fundamentação é imprescindível, e é *elemento essencial*, não podendo, diferentemente, ser concisa (art. 458, *caput*). Para as sentenças que deem pela extinção do processo, sem resolução do mérito, lembremos, a própria decisão poderá ser "em forma concisa" (art. 459, 2.ª parte), mas sempre com fundamentação (art. 165, *in fine*).[24]

Nos casos de aplicação analógica de um dispositivo legal ou dos *princípios gerais de direito*, em que, *lacunosa* a lei, mas não lacunoso o sistema, que é, por definição, pleno, há o juiz de, *igualmente, explicar*, dentro do sistema, a forma mediante a qual se deverá solucionar o caso concreto. No entanto, neste passo, o trabalho do juiz, ao invés de se basear numa lei, identificada à luz dos fatos jurídicos que lhe foram trazidos, constituir-se-á, diante da lacunosidade da lei, em buscar no sistema qual o meio através de cujo parâmetro resolverá a lide, mercê de cujo mecanismo se constata que o sistema é íntegro.

---

23. *Cf.*, sobre o tema: TARUFFO, Michele. Il fatto e l'interpretazione. *Rev. Fac. Dir. Sul de Minas*, Pouso Alegre, v. 26, n. 2, jul./dez. 2010, pp. 195-208.

24. Há acórdão da 1.ª T. do STJ no qual ficou frisado que "não há falar em desmotivação da decisão do tribunal *a quo*, se esta, adotando como razão de decidir os fundamentos da sentença de primeira instância, em face da excelência e profundidade dos seus termos, explicitou suficientemente a forma pela qual erigiu o convencimento dos julgadores quanto à inexistência do pretendido direito do recorrente" (REsp 27.842-2/RS, j. 10.08.1994, rel. Min. Demócrito Reinaldo, *DJU*, I, 29.08.1994, p. 22.173). No mesmo sentido, STJ, REsp 592.092/AL, 2.ª T., j. 26.10.2004, rel. Min. Eliana Calmon, *DJ* 17.12.2004, p. 492.De outra sorte, quando do julgamento do RE 172.084-1/MG, rel. Min. Marco Aurélio (*DJU*, I, 03.03.1995, *IOB* 1/8.558, abr./95), por unanimidade de votos, a 2.ª T. do Supremo Tribunal Federal entendeu que não é possível a decisão do tribunal *a quo* tomar como base parecer proferido pelo Ministério Público em ação rescisória, se este é omisso a respeito de temas ventilados na petição inicial da rescisória. Máxime quando, opostos embargos declaratórios para suprir a omissão, são os mesmos rejeitados com repetição dos votos anteriores. Curioso notar, na espécie, que o recurso extraordinário foi conhecido (e provido) diante da infringência do art. 5.º, II e XXXV, da CF/1988, que assegura o princípio da inafastabilidade do controle jurisdicional. Em sentido diverso, no STF, Pleno, EDecl no MS 24510-DF, j. 04.08.2004, rel. Min. Ellen Gracie, *DJ* 27.08.2004, p. 52.

Diz-se, normalmente, mas com imprecisão, que se constituem tais meios em formas de integração do sistema jurídico. Todavia, na verdade, afiguram-se-nos meios ou modos de evidenciar a já precedente integridade do sistema jurídico; *meios*, portanto, de *explicação da integridade do sistema*, em face da lacuna *da lei*.

Tanto o art. 126, quanto o art. 4.º da LINDB, *congruentemente com a Constituição Federal, art. 5.º, II, estabelecem que as controvérsias ou lides haver-se-ão de decidir com base na lei*. Somente quando "a lei for omissa" (LINDB, art. 4.º), pautar-se-á o juiz por outros critérios. O art. 126, 2.ª parte, dispõe: "No julgamento da lide caber-lhe-á [*ao juiz*] aplicar as normas legais (...)". Inocorrente norma legal, todavia, ou, ainda, se entender haver obscuridade (art. 126, 1.ª parte), é, ainda assim, e sempre, obrigado a decidir. Verificada, desta forma, a inexistência de lei que discipline uma dada conduta, passará o juiz, sucessivamente, à *analogia*; inocorrente esta (e, *a fortiori*, a lei, pois, do contrário, não poderia ter sido sequer legitimamente cogitada a hipótese de aplicação da analogia), verificará, então, da exigência de *costume*, que é norma jurídica *não escrita*. Não ocorrente a possibilidade de analogia e inexistente costume, cairá, finalmente, *numa regra de encerramento*, qual seja, haverá, então, de identificar, dentre os *princípios gerais de direito*, qual deles, ou quais deles, haverá de aplicar à hipótese concreta, para assim, decidi-la. Há, em nosso sentir, *hierarquia nessas formas de explicitação da integridade, e, não obedecida essa hierarquia, haverá ilegalidade; vale dizer, se é possível decisão com base na analogia e o juiz utiliza-se de costume (que, por hipótese, "exista"), terá infringido o art. 126*. A analogia se coloca logo após a lei, principalmente em nome do *princípio da igualdade de todos perante a lei* (= *igualdade de todos perante o sistema: CF/1988, art. 5.º, II*), pois que é, o quanto possível, representativo de solução igualitária, desde que lacunosa a lei, o utilizar-se a analogia. Tal já não o será, em face dos costumes variáveis no espaço. Finalmente, dizer que o sistema *é íntegro não significa, e nem poderia significar, que foram – e que isto seria possível, pois não o é – previstos todos os casos e hipóteses suscetíveis de ocorrerem, mas, simplesmente, que devem estar previstas formas de solução genéricas, nitidamente identificáveis e operacionais, para hipóteses não expressamente previstas* (= tipificadas). Diga-se, ademais, que somente a analogia e os princípios gerais de direito poderão ser aplicados para assunto relativo ao *processo mesmo* lato sensu (*pressupostos processuais e condições da ação*). Já o costume é sempre critério ou parâmetro, referente à solução da lide. A esta também servem de parâmetro, por certo, a analogia e os princípios gerais de direito, se lacunosa a lei, ou seja, se for o caso de aplicação daqueles métodos de integração, na forma exposta precedentemente.

Conquanto, antes da alteração da Lei 11.232/2005, o art. 463 aludisse só à *sentença de mérito*, decorria para o juiz a mesma consequência inibitória aí estabelecida, se se tratasse de sentença sem ser de mérito (hipóteses do art. 267). *Ainda que não fosse de mérito*, o que o magistrado poderia fazer, depois de ter sentenciado, também, é exclusivamente o que se encontra gizado nos incisos I e II do art. 463. Este entendimento veio a ser confirmado, com a nova redação do *caput* do art. 463, que se refere a "sentença", genericamente, sem a delimitação que antes havia, no texto legal revogado.

Afirmava-se, na redação anterior do art. 463, que, com o proferimento da sentença de mérito, "o juiz cumpre e acaba o ofício jurisdicional". Esta frase não condiz com o que atualmente ocorre (e ocorria nos arts. 461 e 461-A, mesmo antes da Lei 11.232/2005), nas ações voltadas ao pagamento de quantia certa e ao cumprimento de deveres ou obrigações de fazer e de entregar coisa, nas quais o cumprimento da sentença se dá *no mesmo processo*, suprimindo-se a necessidade de ajuizamento de nova ação, para a execução da sentença. Ou seja, nestes casos a tutela jurisdicional é prestada com a sentença *e* com os atos em seguida realizados para a sua concretização fática, nas situações em que o réu deixe de cumprir, voluntariamente, a decisão judicial. Ressalte-se, porém, que, quando se tratar de pagamento de soma em dinheiro, haverá a necessidade de requerimento do credor para que a execução possa ter prosseguimento. Se esta solicitação não for feita no prazo de seis meses, os autos serão arquivados, restando ao credor a faculdade de pedir o seu desarquivamento (§ 5.º do art. 475-J).[25]

De todo modo, publicada a sentença, o juiz não mais poderá alterá-la, com exceção das hipóteses referidas no art. 463 (com a redação da Lei 11.232/2005). Na verdade, o que se quis significar é que, com a sentença de mérito (exceção feita a sentenças que deem pela prescrição ou decadência), ter-se-á atingido o ponto último suscetível de ser julgado, pois se terá *resolvido a lide, ou seja, ter-se-á decidido sobre o bem jurídico, em si mesmo.* Ainda aqui, todavia, poder-se-á cogitar da hipótese de decisão que dê pela prescrição, quando, hipoteticamente, seria pensável (e possível) que, inocorrente a prescrição, poder-se-ia decidir *mais aprofundadamente dentro do próprio mérito,* uma vez que, pela lei (art. 269, IV), a prescrição faz parte do mérito. Mas estas são considerações, em rigor, extrajurídicas.

O que conta, pois, é que, proferida a sentença (ainda que não seja de mérito), estará terminada uma fase do processo de conhecimento – a chamada fase decisória –,[26] *à luz do pressuposto que o juiz entendeu presente, para a prolação da sentença*, já que esta não mais poderá ser alterada. Obviamente, existirão circunstâncias em que o proferimento da sentença acarretará o término do ofício jurisdicional, como, por exemplo, nas ações meramente declaratórias[27] e constitutivas, ou mesmo quando o réu cumprir, de forma voluntária, o comando judicial.

Assunto que refoge do âmbito do art. 463 é o da hipótese de o juiz ter proferido sentença sem ser de mérito, e, mercê de provimento do recurso, vir a ser reformada essa sentença, e no mesmo juízo, e até o mesmo juiz, vir a ser obrigado a proferir sentença de mérito. No entanto, fá-lo-á pautado pela circunstância de o órgão hierarquicamente situado em relação ao seu juízo ter assim decidido, substituindo pelo acórdão, então, a sua sentença (art. 512).

Com esta última observação fica claro que, muitas vezes, o magistrado vê-se na contingência de decidir *não rigorosamente de acordo com o seu pensamento*, pois poderá não ter ficado convencido do acerto do tribunal e, ainda assim, é obrigado a proferir sentença de mérito.

---

25. Sobre a questão da inércia do credor em requerer a execução e o arquivamento dos autos, ver: Antonio Notariano Jr. e Gilberto Gomes Bruschi, Os prazos processuais e o cumprimento da sentença, *Execução civil e cumprimento da sentença*, item 4, p. 53 e 54.

26. Sobre o assunto, cf. Cassio Scarpinella Bueno, *A nova etapa da reforma do Código de Processo Civil*, p. 27. Aduz o citado autor que: "A diretriz assumida pelo legislador na atual redação do art. 463, *caput*, é a de que o proferimento da sentença de mérito tem de ser entendida apenas como o encerramento de uma 'fase' ou de uma 'etapa' do processo, pensando nele como um todo que envolve não só a atividade intelectual do juiz (*definição* de quem tem e de quem não tem razão) mas, indo além disto, praticando atos materiais para a *satisfação* daquele que tem razão". Em suma, o que se quer é transformar o processo em um instrumento mais moderno e efetivo, realmente capaz de tutelar o direito material, dentro de um prazo razoável, como determina o art. 5.º, LXXVIII, da CF/1988.

27. V., todavia, o que está no Capítulo XI, item 123, da Primeira Parte.

296. Natureza jurídica da sentença

A sentença é *ato intelectual de índole, ou com estrutura, predominantemente lógica (formal e material)*, que pressupõe apuração dos fatos e identificação da norma, através da qual o Estado-juiz se manifesta, concretizando imperativamente a vontade do legislador, traduzida ou expressada pela lei.

A lei é um comando, para que os que a ela estão submetidos o sejam conforme a conduta nela descrita. Desde que isto não tenha ocorrido, e se forme o processo, o juiz, ao sentenciar, deverá querer como a lei quer. A esta função do juiz, de *intérprete* do sentido da lei, alia-se à sua *autoridade*, porquanto a norma legal deverá ser *aplicada*, em razão da autoridade do juiz, tal como definida na sentença.

Na sentença o juiz desempenha a função jurisdicional, aplicando a lei ao caso concreto controvertido, com a finalidade de extinguir juridicamente a controvérsia.

Não se confunde a sentença de mérito, e nem as que não o sejam, com as decisões interlocutórias, proferidas no curso do procedimento. Tais decisões não solucionam a controvérsia; apenas decidem questões que, uma vez suscitadas pelas partes (e, eventualmente, pelo juiz), necessariamente têm de ser solucionadas antes da *questão fundamental ou básica*, que é o mérito (as que não sejam de mérito encerram o processo em virtude da ausência de um ou mais de um dos pressupostos de admissibilidade de julgamento de mérito, ou, tenha-se presente, ainda, da *presença* de um ou mais de um pressuposto processual negativo). Desta forma, pode-se dizer que as interlocutórias preparam o processo (e solucionam questões que tenham surgido, *v.g.*, sobre condições da ação e outras mais) para receber a sentença final.

Desde que haja uma relação jurídica processual e respectiva litispendência, entendidas ambas como representativas de um processo na plenitude de seus efeitos, já nasceu para o Estado-juiz o poder-dever de prestar tutela jurídica.

297. Efeitos da sentença

É fora de dúvida que a sentença produz no universo jurídico uma *novidade*, ainda que a sentença seja *meramente declaratória*.

Precisamente em função desta novidade, decorrente do seu próprio nascimento, é que os efeitos emergidos da sentença somente podem ser considerados como existentes, jurídica e logicamente, a partir da sua prolação. Antes, *a contrario sensu*, não há que se pensar, propriamente, em efeitos jurídicos. Assim, sintetizando, podemos dizer: 1.º) os efeitos da sentença só se efetivam com esta e, em certo sentido, muitas vezes, só assumem aspecto prático na execução, sucessiva à sentença, se de condenatória se tratar; 2.º) a sentença, porém, deverá reconhecer os efeitos numa extensão abrangedora do lapso de tempo, desde a ocorrência dos fatos a respeito dos quais se controverte e, para certos fins, desde o início do processo.

Ao proferir a sentença, *em regra*, deverá o magistrado considerar os efeitos jurídicos como existentes a partir de momento anterior à sentença, o qual, em nosso sentir, *de um modo geral*, deve coincidir com o momento em que ocorreram os próprios fatos, que levaram o autor a demandar – efeitos jurídicos *ex tunc*, salvo disposição legal em sentido contrário (*v.g.*, o art. 219, *caput*, se a mora houver de ser determinada pela citação, pois poderá se dar que preceda à citação).

Assim, há que, como *regra geral*, excluir-se a fixação de tal momento como sendo o da propositura da ação. Os efeitos jurídicos, que se produzem na sentença, normalmente, reportam-se à própria ocorrência dos fatos. Há que se ter presente que, como já se disse, o "processo não é mais do que o corretivo da imperfeita realização automática do direito objetivo".

Se assim não fosse, consequentemente, não se constituiria o processo em corretivo ou substitutivo do direito material, em seu funcionamento automático, pois, se os efeitos oriundos da sentença não encontrassem seu momento *a quo* na própria verificação dos fatos, causa remota da demanda, não haveria "cobertura integral" de uma lesão sofrida.

Correto é o entendimento de que, em nome desse princípio, na hipótese de julgamento de uma declaratória, afirmar-se a tese de que "os efeitos da sentença declaratória retroagem à data da aquisição do direito declarado".

298. Sentenças processuais e de mérito

Se se classificarem as sentenças (no processo de conhecimento, por excelência) tendo em vista o seu conteúdo, isto é,o objeto da decisão, teremos as sentenças de mérito – ou definitivas – e as processuais – ou terminativas, de acordo com a designação usual de doutrina.

Os pressupostos processuais (positivos e negativos) e as condições da ação,outrossim, ficam fora do mérito (v. art. 267, IV, V e VI). A ação, *nesta perspectiva*, é considerada como "instituto processual". É verdade que, em si mesma, é ela inconfundível com a relação jurídica processual (a que a nossa lei denomina de *processo*) e, curialmente, com os elementos constituintes do processo e que lhe conferem existência e validade, quais sejam os pressupostos processuais.

Esta forma de classificação das sentenças reveste-se de importância digna de nota, pois tem consequências práticas de porte, e a nossa lei limitou a eficácia da sentença que decida com base em matéria processual (na qual, *em parte*, estão incluídas as condições da ação) ao próprio processo (v. art. 268).[28]

Desta forma, portanto, neste Código de Processo Civil de 1973, os problemas atinentes à ação aproximam-se mais dos pressupostos processuais, *por implicação sistemática,* do que ocorria antigamente, pois, pelo Código de Processo Civil de 1939, tanto o mérito, quanto qualquer decisão, respeitante às condições da ação, ficavam revestidos pela autoridade de coisa julgada material. Atualmente, tal imutabilidade só é própria das decisões que versam o mérito (v., todavia, o que se disse, a respeito, no Capítulo X desta segunda parte e Capítulo XI da Primeira Parte deste *Manual*, especialmente no item 122-A, onde abordamos as perplexidades advindas da interpretação literal do art. 268 e os diversos posicionamentos doutrinários e jurisprudenciais).

299. Sentenças classificadas por sua eficácia

Por um outro prisma, classificam-se as ações tendo em vista basicamente os efeitos processuais especialmente visados pelo autor, quando propôs a demanda. Está, nesta classificação, portanto, relevantemente considerado, o critério da simetria ou congruência,[29] a que já nos referimos, dado que, sendo a sentença de recebimento total da ação, produzir-se-ão, precisamente, aqueles efeitos colimados pelo autor. Segundo este critério, são as sentenças declarató-

28. De forma idêntica, mas ressalvada a exclusão da possibilidade jurídica do pedido como condição da ação, o Projeto de Novo Código de Processo Civil (PL 8.046/2010) inclui a carência de ação na categoria das sentenças que *não* resolvem o mérito (art. 495, VI) e autoriza nova propositura da ação nos casos de decretação de ilegitimidade ou ausência de interesse processual, desde que corrigido o vício (art. 496, § 1.º). Esta ressalva, atinente à necessária correção do vício, não consta do art. 268 do CPC, mas pode ser extraída de uma interpretação consentânea com as finalidades do processo e a prevenção ao abuso processual.

29. Vallisney de Souza Oliveira. *Nulidade da sentença e o princípio da congruência, passim.*

rias, constitutivas e condenatórias (precipuamente no processo de conhecimento), em função do tipo de pretensão que baseia a ação proposta.[30]

Se se tratar de sentença em que se julgue improcedente a ação, *os seus efeitos serão sempre declaratórios negativos.*

Por outras palavras, dar pela improcedência da ação significa *negar o direito pretendido pelo autor, ou seja, afirmar-se-á, na parte dispositiva da sentença, que não existe aquele direito.*

Conquanto nem sempre assim tenhamos pensado, *no que diz com a sentença que julga improcedente ação declaratória negativa*, julgamos que não há exceção à regra geral. Vale dizer, se se propõe uma ação declaratória de inexistência de dívida, sendo ela julgada improcedente, na realidade, terá o magistrado negado que exista o direito pleiteado pelo autor. *Juridicamente*, portanto, a sentença é declaratória de inexistência do direito à declaração pretendida. Não se deve confundir, como alguns autores, que duas negativas seriam, tal como em matemática, redutíveis, ou equivaleriam a positivo.

É certo, no entanto, que, *na fundamentação* da sentença, o magistrado possivelmente afirmará a existência da relação jurídica, que o autor pretende ver negada.

Todavia, dizer que tal sentença *seria declaratória positiva* implicaria classificar-se, *só esta sentença,* não em função da ação proposta pelo autor *e parte dispositiva da sentença,* senão que *tendo em vista a contestação deduzida pelo réu.*

Ademais disto, a sentença de improcedência, nesta hipótese, significará que, à luz de uma determinada *causa petendi*, determinado negócio existe, ou seja, *não é fundada a declaração de sua inexistência.*

Mas tal existência não imuniza "definitivamente" o negócio jurídico, senão que o faz, exclusivamente, no âmbito daquela improcedência e em face da respectiva *causa petendi*. Vale dizer, se o autor pretende declarar, novamente, a inexistência daquele negócio jurídico, invocada *outra causa petendi*, poderá fazê-lo perfeitamente, e vencendo, então, *praticamente estará sem utilidade, para o réu, a anterior decisão.*

300. Sentença declaratória

Pela ação e sentença declaratória, o que se objetiva é, exclusivamente, a declaração do direito, sendo que a sentença declaratória vale como autêntico preceito, disciplinador das relações jurídicas (ou relação jurídica) das partes, ou do conflito de interesses retratado na lide e questões a ela agregadas. Acrescenta-se, à sentença declaratória, o atributo da coisa julgada, pelo que ela não poderá absolutamente ser desrespeitada. De acordo com o Código de Processo Civil vigente (art. 4.º, parágrafo único), pode o autor lançar mão da ação declaratória, ainda que alegue já ter havido lesão e, pois, pudesse ter-se servido da ação condenatória, por causa da situação concreta. Se, por exemplo, houver uma dívida já vencida e não paga, e o autor não almejar a *condenação* do réu ao pagamento, nada impede que pleiteie junto ao Poder Judiciário, exclusivamente, a declaração da existência da relação jurídica entre autor e réu (crédito daquele, correlato ao débito deste).[31]

É evidente que se, nessa hipótese, entretanto, tiver sido proposta ação declaratória, julgada procedente, esta sentença trará *certeza jurídica*. Se a condenação não foi pedida – conquanto o pudesse ter sido, dado que já

30. Sobre as denominadas sentenças mandamentais e executivas *lato sensu*, cf. item 303, *infra*.

31. Cf. também, a respeito, item 123 da Primeira Parte deste *Manual*.

tinha havido lesão –, a sentença não poderá, em princípio, condenar o réu.[32]

Todavia, precisamente, como a ação e sentença declaratória têm por finalidade a obtenção da mera declaração do direito dos litigantes, não é ela, *por definição*, suscetível de servir de título à execução ulterior, como dissemos no item 123 da Primeira Parte deste *Manual*.

A norma jurídica, no entanto, pode atribuir eficácia de título executivo também à sentença declaratória, tal como ocorre com o art. 475-N, I do CPC, na redação da Lei 11.232/2005, segundo o qual é título executivo judicial a sentença que "reconheça a existência de obrigação". De todo o modo, neste caso a constituição de tal sentença como título executivo decorre de lei.

A sentença declaratória, assim, *pode vir* a ser considerada título executivo, *se encartar-se* no comando do art. 475-N, I.[33]

Antes da entrada em vigor da Lei 11.232/2005, contudo, se, porventura, o interessado desejasse a execução do que tenha sido apurado a favor, por sentença declaratória transitada em julgado, teria de fazê-lo por ação condenatória, viabilizando-se a execução por título judicial só quando da prolação da sentença condenatória, nos termos do revogado art. 584, I.

Certamente, tendo sido movida ação condenatória quando já existente sentença declaratória, tal sentença declaratória projetava-se na ulterior sentença condenatória, com a sua força de coisa julgada material, no que tange à declaração do direito; por outras palavras, *o resultado da sentença condenatória já estava prefixado ("prejulgado") na anterior sentença declaratória*. Apenas, não tendo tido a ação declaratória o fim de obter a *sanção* – e nem mesmo isto seria viável em seu âmbito –, a sentença respectiva não teria podido, por essa razão, acrescentar à anterior declaração positiva, sobre a qual já pesa a autoridade da coisa julgada, a respectiva sanção; nada mais.

A partir da entrada em vigor do art. 475-N, I do CPC, de todo modo, a sentença declaratória *que subsumir-se à hipótese normativa* será considerada título executivo, *ex vi legis*.[34] Portanto, a sentença declaratória que definir, com exatidão, a integralidade da relação jurídico-obrigacional é, por si só, título judicial apto para a realização da execução.[35]

---

32. Neste sentido, a lição de Proto Pisani: "Con l'espressione 'tutela di mero accertamento' ci si intendi riferire alle ipotesi in cui il provvedimento giurisdizionale richiesto dall'attore sia una sentenza di mero accertamento; cioè a quelle ipotesi in cui l'attore si limita a domandare al giudice di dichiarare se un determinato diritto esiste o non esiste e il bisogno di tutela giurisdizionale è soddisfatto dalla sola autorità di cosa giudicata, dalla sola immutabilità dell'accertamento contenuto nella sentenza..." (*Lezioni di Diritto Processuale Civile*. Napoli: Jovene, 1999, p. 143). Assim, também, sustenta Araken de Assis: "Quem só pleiteia declaração ao juiz, e obtém êxito, dar-se-á por satisfeito, e cabalmente, desde o curso em julgado da sentença. Então se apropria do que pedira ao órgão judicial – certeza –, carecendo a regra jurídica de qualquer atividade complementar em juízo" (*Manual da execução*, p. 82).

33. V. nesse sentido: José Miguel Garcia Medina, A sentença declaratória como título executivo – considerações sobre o art. 475-N, inciso I do CPC, *Processo de execução civil* – Modificações da Lei 11.232/2005, p. 95-126.

34. V. Araken de Assis, *Manual da execução*, p. 156-160.

35. Aliás, como foi dito no item 123 da Primeira Parte deste *Manual* (nota de rodapé), a jurisprudência do STJ, anterior à Lei 11.232/2005, já vinha admitindo a possibilidade da sentença declaratória ter eficácia de título executivo para haver a repetição do indébito por meio de precatório: STJ, REsp 588.202/PR, 1.ª T., j. 10.02.2004, rel. Min. Teori Albino Zavascki, *DJ* 25.02.2004, p. 123; tal orientação foi depois ratificada em acórdão da 1.ª Seção: STJ, REsp 502.618/RS, j. 08.06.2005, rel. Min. João Otávio de Noronha, *DJ* 01.07.2005, p. 359.

Do ponto de vista dos elementos constitutivos da ação e sentença declaratória, deve ela ser considerada a mais simples de todas, pois nela encontramos exclusivamente o elemento declaração. Daí ser ela denominada ação e sentença de *mera* declaração, para ser distinguida das demais ações do processo de conhecimento que, *lato sensu*, também são declaratórias [ao lado de conterem outro(s) elemento(s) que lhes conferem *especificidade*]. A sentença declaratória, justamente por tratar tão somente da certeza jurídica sobre uma dada relação, limita-se a pronunciar algo que "sempre foi", ou algo que "nunca chegou a ser" (no caso das declarações negativas). Quer dizer, a declaração é a atribuição de efeitos jurídicos à (in)existência de uma relação, formada anteriormente à sentença. Por esse motivo, por via de regra, a sentença declaratória tem efeitos *ex tunc*. Nesse caso, a "novidade" (v. 297, *supra*) apresentada pela sentença não é a relação em si, mas sim a certeza jurídica que recai sobre ela.

301. Sentença constitutiva

A ação constitutiva é mais complexa do que a meramente declaratória. Também como a declaratória, contém ela (fundamentalmente ínsita na ação constitutiva e sentença respectiva) a solicitação, ao Judiciário, de que se declare um determinado direito, como já dissemos. No entanto, não é este aspecto da declaratividade que marca especificamente a sentença constitutiva, mas, sim, o que lhe peculiariza, ou que lhe confere o seu *quid*, é que ela *cria*, *extingue* ou *modifica* uma relação jurídica preexistente. Ela traz para o universo jurídico uma inovação específica – é justamente isto que a distingue das demais, particularmente da declaratória –, e se discrimina da condenatória porque essa *inovação específica* é produzida integralmente pela sentença constitutiva, a qual, para ter eficácia, *independe de execução*, ao passo que a condenatória, diversamente: *a)* depende da fase de cumprimento, para vir a ser útil ao vencedor; *b)* ou, então, não ocorrerá execução apenas se o réu, com sua *conduta*, ulterior à sentença, der cumprimento ao que lhe incumbe (o que, na ordem prática da vida, raramente ocorre).

Isto significa que deverá, *conforme o caso*, a sentença que julgue procedente a ação constitutiva, com a *criação* de novo regime jurídico (*rectius*, inserção dos litigantes em novo regime jurídico), ter mais este elemento, além da mera e pura declaração; ou, então, *modificará* um elemento de relação jurídica preexistente (ação renovatória em que, mantendo-se a locação preexistente, altera-se, *v.g.*, um elemento, qual seja o valor do aluguel); e, finalmente, a ação constitutiva poderá ter por escopo a *extinção* de uma relação jurídica, como, exemplificativamente, a ação de divórcio, em que se põe termo ao casamento. Todas estas modificações, todavia, verificar-se-ão na sentença, tendo em vista a constatação dos respectivos pressupostos fáticos de ocorrência, tais como disciplinados no direito material. É certo que essa *constitutividade* decorre da lei, no sentido de o juiz haver de *atender aos pressupostos de direito material, desencadeados pelos fatos (subsunção), se na sentença vir a tornar efetivos* os efeitos emergentes da submissão dos fatos à lei, em função do *pedido. A virtude da sentença, portanto, é "criar esta nova situação" no sentido processual e, em certo sentido, "real", porém com observância aos fatos e às regras de direito material e ao pedido.*

Todavia, *a própria eficácia da sentença constitutiva (de divórcio) poderá depender de providência a ela posterior, qual seja, o registro.* Esta hipótese colima salientar que haverá sempre estrita obediência às regras de direito material e de direito processual. *A criação, modificação ou extinção* de direito *ocorre com a sentença constitutiva procedente*, mas depende do cumprimento de regras jurídicas materiais.

Esta providência do registro, no entanto, é inconfundível, tecnicamente, com a execução propriamente dita, uma vez que execução diz com a necessidade de uma etapa jurisdicional executiva, a qual, não ocorrendo conduta obediente ao comando da ação condenatória, colocar-se-á como *conditio sine qua non* à produção de efeitos, no mundo empírico, da sentença condenatória.

Já no caso concreto examinado, apenas se subordina a *eficácia* da sentença constitutiva a uma providência a ela posterior (= registro).

A sentença constitutiva caracteriza-se pela produção de um estado jurídico diverso do anterior. Tal estado jurídico, por sua vez, na medida em que o direito, objeto da ação constitutiva, seja disponível, faz com que distingamos a *sentença constitutiva necessária*, contraposta *à voluntária*.

Será *constitutiva voluntária*, quando o estado jurídico obtido pela sentença poderia ter sido conseguido pelas próprias partes litigantes, como, exemplificativamente, a rescisão amigável de um negócio jurídico, entre maiores e capazes, cujo objeto seja um bem disponível. Já, diversamente, será *constitutiva necessária*, quando o novo estado jurídico não possa ser alcançado pelas partes, senão por intermédio da intervenção do Judiciário. Assim, por exemplo, a hipótese de anulação de casamento.

Nas sentenças constitutivas, *normalmente*, os efeitos produzidos o são a partir da própria sentença (*ex nunc*), e, por exceção, são *ex tunc*. Este aspecto depende, basicamente, do direito material, e há de ser equacionado em função da proteção que o direito material deve realizar e, para isto, reclama o instrumental do direito processual.

302. Sentença condenatória[36]

A sentença condenatória haure os seus elementos dos da ação declaratória. Tal como nas demais sentenças, também na condenatória declara-se o direito. Todavia, não é tal declaração que a caracteriza. O que a marca, precipuamente, é a sanção. Obtida a sentença condenatória, adquire o autor um instrumento jurídico destinado à satisfação efetiva do seu direito. Geralmente, com o trânsito em julgado da condenatória (*v.g.*, na hipótese de condenação em quantia certa, líquida e exigível), a *sentença é o próprio título executivo judicial* (arts. 475-J, *caput*, e 475-N, I, na redação da Lei 11.232/2005), que habilitará o credor a solicitar ao juiz o ingresso no patrimônio do devedor, para a satisfação do seu direito. Se, porventura, o recurso interposto não tiver efeito suspensivo (hipóteses dos incisos do art. 520, com a redação da Lei 11.232/2005, e, excepcionalmente, as do art. 558, parágrafo único, com a redação da Lei 9.139/1995), desde logo autoriza o sistema jurídico o ingresso do credor, por determinação judicial, na esfera jurídica patrimonial do devedor, com base em título executivo judicial, que é a própria sentença condenatória, embora a execução, em tais casos, seja provisória (art. 475-I, § 1.º, equivalente ao art. 587, 2.ª parte), subsumível às regras do art. 475-O (com a redação da Lei 11.232/2005, o qual revogou o art. 588, que antes regulava a execução provisória).

A sentença condenatória caracteriza-se por declarar a existência de um direito, condenando o réu a satisfazê-lo, permitindo a adoção de medidas coercitivas (meios indiretos de execução) e sub-rogatórias (meios diretos de execução) para sua concretização, no plano dos fatos. No processo civil,[37]

36. V. Ovídio Araújo Baptista da Silva, Sentença condenatória na Lei 11.232, *Revista Jurídica*, vol. 345, p. 11-20.

37. A ressalva é pertinente porquanto a legislação trabalhista prevê hipótese de sentença conde-

a adoção de tais medidas, nos casos de condenação em pecúnia, é precedida de requerimento do autor, e ocorre, naturalmente, nas hipóteses em que o réu não efetua o cumprimento espontâneo da obrigação contida na sentença. Assim, o que diferencia a sentença condenatória das sentenças declaratórias e constitutivas é justamente a impossibilidade de gerar, *de imediato*, os efeitos práticos almejados pelo autor, salvo na hipótese de cumprimento espontâneo pelo réu, sem que sejam praticados os atos necessários à satisfação do direito declarado na sentença.

É, assim, a sentença condenatória *vocacionada* para a execução, que hoje é realizável dentro do mesmo processo de conhecimento, como uma simples fase sucessiva àquela preponderantemente cognitiva. Tal sistema, inspirado na instrumentalidade do processo, passa a ser dotado de um sincretismo total, no sentido de permitir um amálgama entre as atividades jurisdicionais de cognição e execução, proporcionando, assim, uma estrutura normativa capaz de concretizar o direito de forma mais célere e, com isso, atingir a meta da plena efetividade da sentença condenatória que determina o pagamento de soma em dinheiro.[38]

Podemos, de um modo geral, dizer que as sentenças condenatórias, no que diz respeito aos respectivos possíveis conteúdos jurídico-materiais, correspondem aos diversos tipos de obrigações existentes no sistema jurídico. A ação condenatória é denominada, também, ação de prestação. Por prestação não se entenda, aqui, só a preexistente obrigação ou vínculo obrigacional, senão que se objetiva, pela ação/sentença condenatória, um *título sentencial* ou *executivo* que faça as vezes do adimplemento da obrigação, o qual só não enseja a fase de execução se houver uma *conduta* do réu para, ainda que depois da sentença (transitada em julgado ou ensejando o seu cumprimento, ainda que não haja coisa julgada), adimplir a preexistente obrigação.

Naturalmente, a importância da sentença condenatória é sensivelmente reduzida, na medida em que surgem, no ordenamento jurídico-processual, *outros títulos executivos judiciais*, ou se permita que não só a sentença condenatória venha a configurar título executivo, mas também a sentença que "reconheça a existência de obrigação" (art. 475-N, I), ainda quando tal reconhecimento se dê por uma sentença declaratória em que estejam identificados todos os elementos do inadimplemento.

Ressalte-se, por fim, que a sentença condenatória contra a Fazenda Pública ainda segue o procedimento tradicional dos arts. 730-731 do CPC. Permanece, portanto, a necessidade de a parte credora propor, depois do trânsito em julgado do processo de conhecimento, uma ação de execução, citando a devedora para opor, se desejar, embargos à execução, podendo a mesma arguir o rol de matérias do art. 741, o qual sofreu, com a Lei 11.232/2005, mínimas alterações de conteúdo.

303. Sentenças mandamentais e executivas *lato sensu*[39]

Parte da doutrina brasileira acrescenta à classificação doutrinária e tradicional[40] das

natória ao pagamento de quantia certa suscetível de execução iniciada pelo julgador, *ex officio* (art. 878 da CLT).

38. Cf. Arruda Alvim, Cumprimento da sentença condenatória por quantia certa – Lei 11.232, de 22.12.2005 – Anotações de uma primeira impressão, in Luiz Fux, Nelson Nery Junior e Teresa Arruda Alvim Wambier, *Processo e Constituição* – Estudos em homenagem ao professor José Carlos Barbosa Moreira, p. 290.

39. V., a respeito, o que escrevemos no item 24 da Primeira Parte deste *Manual*. Cf., também, Luiz Rodrigues Wambier, Teresa Arruda Alvim

sentenças, tendo em vista os efeitos distintos que produzem as diversas espécies, duas novas categorias, a saber: as *mandamentais* e as executivas *lato sensu*. Em rigor, os efeitos a que refere a doutrina não são efeitos intrínsecos da decisão, senão que dizem respeito à forma de realização do direito. O que nos parece é que se legitima classificar como da mesma espécie a partir de uma identidade fundamental, que, em nosso sentir, não há na hipótese.

A inclusão das modalidades *mandamental* e *executiva lato sensu* como tipos de sentenças e influindo na classificação das sentenças – segundo alguns – deveu-se à tendência crescente de se aprimorarem as técnicas de cumprimento de sentença, dissociadas do antigo processo de execução (atual fase de cumprimento de sentença), e, em parte, também, à prática de atos que podem ser determinados *ex officio* pelo juízo sentenciante com o objetivo de conceder à parte vencedora, no plano prático, exatamente aquilo o que pretendia quando da propositura da ação, em lugar da conversão da obrigação em valor pecuniário.

Em nosso sentir, todavia, as modalidades mandamental e executiva *lato sensu*, são menos modalidades de ações, senão que formas de execução. Acentue-se, ainda, que a chamada *executiva lato sensu* nos casos de reintegração de posse e de despejo são exemplos antigos e não se ligam, em rigor, a uma tendência contemporânea de simplificar a execução.

Essa tendência, como se acentuou, que já não era desconhecida do direito processual brasileiro, e que se fazia sentir, *v.g.*, nas ações de despejo, reintegração de posse e mandado de segurança, tornou-se gradativamente mais forte a partir das alterações que resultaram na redação dos artigos art. 14, V, parágrafo único, do CPC; arts. 461 e 461-A, do CPC. Surgiu, então, a percepção de que a sentença condenatória não pode ser considerada, por si só, instrumento hábil para garantir a tutela adequada de alguns direitos, sobretudo aqueles cujo exercício exige prestação *in natura* por parte do réu.[41]

Wambier e José Miguel Garcia Medina, *Breves comentários à nova sistemática processual civil*, p. 131 ss; 230 ss. Ainda sobre a classificação quinária das sentenças, v. a obra de Eduardo Talamini: *Tutela relativa aos deveres de fazer e não fazer*; *cf.*, também, o que escrevemos na obra coletiva em homenagem à Prof. Ada Pellegrini Grinover, em artigo intitulado: "Sobre as multas instituídas nos artigos 14 e 18 do Código Civil" (p.639 e ss.). Nessa mesma obra, encontram-se os questionamentos do Professor José Carlos Barbosa Moreira acerca da correção da denominação "sentenças executivas *lato sensu*", e, também, indagações acerca coerência metodológica da classificação quinária (Sentenças executivas?, in Flávio Luiz Yarshell e Maurício Zanoide de Moraes (orgs.), *Estudos em homenagem à professora Ada Pellegrini Grinover*, p. 624 e ss).

40. Sobre a classificação trinária, que distingue as espécies de sentença em declaratórias, constitutivas e condenatórias, *v.* L. P. Comoglio, C. Ferri e M. Taruffo, *Lezioni sul Processo Civile*, p. 651 ("Secondo la tripartizione tradizionale, l'attore può chiedere, predeterminando così il contenuto della sentenza, una tutela di mero accertamento, di condanna o costitutiva"). Ainda: A. Proto Pisani, *Lezioni di Diritto Processuale Civile*, p. 143 ("Nel processo a cognizione piena si chiede che il giudice emani, riguardo al diritto fatto valere in giudizio, un provvedimento giurisdicionale (sentenza) di tutela che, secondo una tripartizione tradizionale, può avere contenuto di mero accertamento, di condanna o costitutivo").

41. É o que sustenta Sérgio Arenhart, ao afirmar que a sentença condenatória é inadequada para a tutela de direitos da personalidade, pois: "a uma, porque se está diante de direitos evidentes, que dispensam a dilatada fase de conhecimento que antecede qualquer condenação. A duas, em virtude da completa ausência de coercitibilidade – herdada dos romanos, onde a execução era privada – desta espécie de sentença, incapaz de operar 'per se' qualquer transformação no plano fático, ou mesmo de compelir alguém a agir em determinado sentido" (*Tutela

A evolução da sistemática de efetivação das sentenças no direito processual brasileiro deixa transparecer um rompimento gradativo com o dogma da intangibilidade da vontade do devedor, que levava à necessidade de que o credor se contentasse com perdas e danos diante do inadimplemento de obrigações, como p.ex., de fazer, já que o devedor não podia ser "compelido" a cumprir a obrigação *in natura*. O afastamento deste dogma já se fazia notar, ainda que de forma tímida, desde a inclusão do art. 639 no CPC de 1973 (atualmente, art. 466-A, com a alteração decorrente da Lei 11.232/2005), em que se prevê a possibilidade de o juiz proferir sentença substitutiva da vontade do obrigado, quando se trata de obrigação específica de fazer (prestar declaração de vontade), cuja ausência pode ser suprida por sentença, sendo, assim, ainda que indiretamente, cumprida *in natura* a obrigação. Acentue-se que o art. 639 já se inspirava no art. 1.006 do CPC/1939.

Por outro lado, contemporaneamente, bens como a saúde, o ambiente, o patrimônio histórico etc., vêm recebendo, cada vez mais clara e abrangentemente, proteção jurídica. Sabe-se que a ofensa a estes bens é impossível de ser genuinamente compensada ou restaurada pelo 'equivalente' pecuniário.

Neste contexto, ganharam ênfase os instrumentos enérgicos e eficazes, aptos a proporcionar, desde logo, a satisfação *in natura* do credor, fato que extrapolou as modificações legislativas precitadas (*cf.* arts. 461, 461-A e 14, V, parágrafo único, do CPC) A implementação de novas formas de efetivação das obrigações de fazer, não fazer e de entrega de coisa gera sentenças que não se encartam confortavelmente na categoria das condenatórias. Disso resultou, então, a *classificação quinária* das sentenças, difundida no Brasil, principalmente, por Pontes de Miranda[42] e Ovídio Baptista da Silva,[43] que acrescentou, à doutrina clássica, as categorias sentenças mandamentais e executivas *lato sensu*. Como dissemos, parece-nos que esses novos instrumentos dizem respeito a uma forma *enérgica* de execução.

Ambas as espécies das denominadas sentenças mencionadas – mandamentais e executivas *lato sensu* – têm, em comum, um traço que, para os defensores da concepção quinária, as distingue das sentenças condenatórias: prescindem da instauração de fase executiva[44] pela por provocação da parte interessada para que gerem efeitos no mundo empírico. Mas, em realidade, a mandamentalidade significa um caminho enérgico e mais eficiente para a realização do direito; não tem cabimento colocar lado a lado, por exemplo, *efeito condenatório* e *efeito mandamental*, porque são diferentes.

Cumpre, então, tecidas observações a respeito do aspecto que apresentam em comum, analisar as especificidades de ambas as sentenças em discussão.

A sentença mandamental,[45] em nosso sentir, constitui-se modalidade de realiza-

inibitória da vida privada, p. 173) Também vêm sustentando a mesma linha de entendimento eminentes processualistas que têm se dedicado ao estudo das tutelas de obrigação de fazer e não fazer, diante das profundas mudanças operadas no ordenamento processual vigente. Entre tantos: Luiz Guilherme Marinoni (*Tutela inibitória: individual e coletiva)* e Eduardo Talamini (op. cit.).

42. *Tratado das Ações*, t. VII, passim.

43. *Curso de Processo Civil: Processo de conhecimento*, vol. 1, p. 160 e ss.

44. Antes da reforma implementada pela Lei 11.232/2005, alteradora do Código de Processo Civil, as sentenças mandamentais e executivas *lato sensu* distinguiam-se das sentenças condenatórias, segundo a classificação quinária, pelo fato de somente estas últimas necessitarem da abertura de processo de execução autônomo para o cumprimento forçado da obrigação.

45. Esta modalidade de ação/sentença, *denominada mandamental*, foi idealizada por Kuttner, em obra de 1914, intitulada *Urteilswirkungen*

ção do direito, a qual, por isso mesmo, pode conviver com uma sentença condenatória. Nossa doutrina e jurisprudência já se têm manifestado pelo entendimento de que a categoria das mandamentais é autônoma, de forma particular, em relação ao mandado de segurança.[46] A *mandamentalidade* veio a comportar grande desenvolvimento no direito brasileiro, inclusive legislativo, do que são exemplos, entre outros, o disposto no art. 461, tal como veio a ser disciplinado pela Lei 8.952, de 13.12.1994.

Em rigor, o perfil que veio a assumir a *mandamentalidade* significa que, se a sentença tiver caráter *mandamental*, isto conduz a que essa *mandamentalidade* deve levar à supressão da execução, *propriamente dita*, significando isto que aquele que é o destinatário precípuo da ordem, ou do mandamento, deve cumpri-lo, sob pena de serem contra ele praticados atos coercitivos ou intimidatórios (não sub-rogatórios), independentemente de requerimento do autor ou de abertura de uma fase de cumprimento de sentença. A *mandamentalidade* convive, como se disse, portanto, com o caráter *condenatório* ou *constitutivo*, dizendo respeito, por excelência, à forma de realização do direito.[47]

A Lei 10.358/2001 veio a dispor, expressamente, a respeito dos provimentos mandamentais, municiando o juiz com instrumental (redação do art. 14 do CPC e de seu parágrafo único, dada por essa Lei 10.358), com a possibilidade de imposição de multa, em ocorrendo recalcitrância do destinatário *precípuo* da ordem, podendo atingir outros que contribuam para o não cumprimento.

As modificações trazidas pelas Leis 10.352 e 10.358, de dezembro de 2001, foram realizadas na esteira de toda uma filoso-

---

ausserhalb des Zivilprozeß [Efeitos da sentença além do processo civil]. A ideia foi retomada, particularmente, por James Goldschmidt (in *Zivilprozeßrecht [Direito processual civil]*, § 15-a, letra *d*, p. 61-62), em que se vê autonomia deste tipo de sentença, inconfundível com outros tipos de efeitos das sentenças, embora remarque que é tema, no próprio direito alemão, dependente de estudos futuros, à época em que escreveu; este mesmo autor, *Der Prozess als Rechtslage (O processo como situação jurídica)*, 1925, Berlim, reedição da Scientia Aalen, 1962, § 31, B, p. 496, nota 2.615, então, chegara a considerar a sentença mandamental como espécie de sentença condenatória ("... so betrachte ich das Leistungsurteil als eine Art der Anordnungsurteile", *sic*, p. 496, 2.615. Esta ideia é retomada no *Zivilprozeßrecht [Direito processual civil]* cit., p. 61, 1). Parece ser a característica mais marcante deste tipo de ação/sentença a de que se pede que o juiz *ordene a outro órgão*, o que envolve a "execução", embora não se possa vislumbrar, em tal "execução", um segmento procedimental, propriamente exigente de um processo de execução. Há quem negue a tais ações/sentenças virtualidade constitutiva (v. Goldschmidt, *Derecho procesal civil*, ed. esp., p. 115, as *notas* do Prof. Niceto Alcalá Zamora y Castillo). A classe da ação/sentença mandamental tem peculiaridades que dificilmente se amoldam nas categorias que se podem dizer clássicas e consagradas. A literatura alemã ulterior, *no entanto*, não parece se ter preocupado com esta modalidade. No Brasil, v. Pontes de Miranda, *Tratado das ações*, t. I/133, 179, 191 e 211, baseado, no entanto, em literatura antiga. Retomou a ideia, recentemente, Ovídio A. Baptista da Silva, in *Sentença e coisa julgada*, §§ 9.º e 10, p. 78/89, *especialmente*, p. 37 *et seq*. Este mesmo autor aprofundou o tema em seu *Curso de processo civil*, vol. 2, p. 245 *et seq*. Na jurisprudência aponta-se acórdão do TJMG – *RT* 389/362; STJ, REsp 692.386/PB, 1.ª T., j. 11.10.2005, rel. Min. Luiz Fux, *DJ* 24.10.2005, p. 193.

46. Sérgio de Andréa Ferreira, Natureza do mandado de segurança, *RDP* 22/66.

47. Eduardo Talamini enfatiza a importância da existência autônoma das sentenças mandamentais, afirmando que "serve para a conscientização de que, em certos casos, apenas ordem direta ao devedor, acompanhada de medidas coercitivas, pode garantir a tutela específica, assegurando que 'o processo dê a quem tem direito tudo aquilo e exatamente aquilo a que tem direito'" (op. cit., p. 207).

fia e uma disciplina citada em relação àquilo que se denomina de *execução indireta.*[48] Em trabalho em que se versam diversos assuntos, a respeito da *mandamentalidade*, escrevemos o seguinte:

"O 'comando mandamental', em nosso sentir, é significativo de que se agrega ao efeito da decisão uma ordem, categórica, para que o destinatário desta, a esse mandamento submeta-se. De certa forma, se na execução, *propriamente dita,* praticam-se atos materiais substitutivos da vontade do executado, na *mandamentalidade* a realização do direito *depende dessa vontade; ou talvez, mais comumente, de vergar e submeter essa vontade.* Nessa medida, ou, diante dessa contingência, é necessário quebrar essa vontade do destinatário do mandamento. Pretender-se que alguma coisa se cumpra ou que uma ordem seja obedecida, sem a correspondente sanção, *ou sem a correspondente possibilidade de* sanção, é manifesta ingenuidade".[49]

As determinações mandamentais, portanto, necessitam vir acompanhadas da correlata consequência intimidadora do destinatário da ordem, para a hipótese de recalcitrância, *mormente porque é necessária a vontade do destinatário, ao menos a sua conduta, ainda que contra a sua própria vontade,* para a consecução ou o cumprimento da ordem ou do mandamento.

No inciso V do art. 14, se estabelece a *indeclinabilidade de cumprimento e obediência às decisões judiciais,* sejam eles da natureza que forem, decisões interlocutórias ou sentenças, de caráter antecipatório ou final. É um texto dirigido aos litigantes, ou, mais precisamente, à parte destinatária de ordem a ser cumprida ou da conduta que a esta incumbe se submeter. É oportuno lembrar a exclusão dos advogados, submissos à Ordem dos Advogados, como consta do próprio parágrafo único, do inciso V.

Este mandamento é significativo de um reforço à decisão de caráter mandamental, tal como se prevê no inciso V deste art. 14. A mandamentalidade, *i.e.*, a determinação do juiz para que a sua ordem seja imediatamente cumprida, será apreciavelmente inócua, se não for acompanhada de uma sanção, que, no caso, é uma pena pecuniária, em benefício da União ou do Estado-federado, conforme se trate de Justiça Federal ou Estadual. Uma determinação desacompanhada de uma sanção, incidente para o não cumprimento da ordem, é normalmente inócua, *i.e.*, não é obedecida.

Deve-se ter presente, ainda, que o cumprimento das obrigações de fazer ou de não fazer pressupõe a intimação pessoal do devedor, condição necessária à imposição de multa pelo descumprimento de fazer e não fazer, conforme preceitua a Súmula 410 do STJ ("A prévia intimação pessoal do devedor constitui condição necessária para a cobrança de multa pelo descumprimento de obrigação de fazer ou não fazer."). A partir

48. Dispõe o art. 14, com a redação que lhe foi dada pela Lei 10.358, de 27.12.2001, que acrescentou ao texto o seu inciso V: "V – cumprir com exatidão os provimentos mandamentais e não criar embaraços à efetivação de provimentos judiciais, de natureza antecipatória ou final".

49. Em obra clássica diz-se com todo o realismo: "I. Em nenhuma ordem jurídica basta apenas haver *direitos;* estes *devem* também *ser exequíveis.* (...) Uma ordem jurídica que renuncie, em princípio, à exequibilidade, renuncia a si própria; põe a sua observância ao dispor do interessado" (v. Othmar Jauernig, *Direito processual civil,* § 1.º, I, p. 35; é o que igualmente consta *do Zivilprozeßrecht,* § 1.º, I, p. 1). O texto do trabalho que escrevemos e aqui citado, e bem assim a citação desta nota, foram tirados de um artigo, com maior extensão, escrito em homenagem ao Min. Sálvio de Figueiredo, a convite da Min. Eliana Calmon. Denomina-se o artigo: *Algumas notas sobre as principais mutações verificadas com as Leis 10.352 e 10.358, de dezembro de 2001,* in Eliana Calmon e Uadi Lammêgo Bulos (coords.), *Direito processual: inovações e perspectivas (Estudos em homenagem ao Ministro Sálvio de Figueiredo Teixeira).*

deste enunciado, editado com vistas a estabelecer uma condição de exigibilidade para as *astreintes* (arts. 461 e 644 do CPC), deve também, a nosso sentir, aplicar-se ao disposto no art. 14, V, e parágrafo único, do CPC.

Refere-se, como exemplo clássico e histórico de *mandamentalidade*, entre nós, a sentença proferida em mandado de segurança, que, sendo julgado procedente, envolve a *ordem* de um órgão do Estado (o Judiciário) a outro órgão, normalmente integrante do Poder Executivo.[50] Haveria, pois, em tal ordem, um autêntico *mandamento*, para que o ocupante do órgão (seu destinatário concreto) fizesse ou deixasse de fazer algo. Não comporta tal decisão em mandado de segurança, todavia, do ponto de vista técnico-jurídico, uma execução, tal como a sentença constitutiva, que, sob este mesmo prisma, também não comporta execução. Certamente há providências ulteriores à sentença concessiva de mandado de segurança; não se constituem, todavia, em execução, como não são executivas as medidas subsequentes à sentença constitutiva.

Faz-se necessário, por fim, analisar a estrutura das sentenças ditas executivas *lato sensu*.

Como já se disse, a principal característica dessa categoria de sentença estava, originariamente, no fato de prescindir da instauração de processo de execução, para que pudesse gerar efeitos, de que se podem apontar a sentença de reintegração de posse e de despejo. Atualmente, esta característica para outras hipóteses veio a ser dotada de instrumental eficiente – expandiu-se e generalizou-se, *v.g.*, em relação às obrigações de fazer e de não fazer; deve ser entendida essa evolução como prescindibilidade de uma fase rigidamente disciplinada para o cumprimento de sentença, com ampla discricionariedade do juiz para, de ofício, praticar os atos tendentes à consecução do resultado *in natura*.

Além do aspecto acima mencionado, há de se levar em consideração, em relação às sentenças executivas *lato sensu*, o seguinte: contrariamente ao que ocorre nas sentenças mandamentais – e à semelhança do que se dá nas sentenças condenatórias –, para serem efetivadas, as sentenças executivas *lato sensu* independem da participação do devedor. Vale dizer: para o cumprimento forçado destas sentenças podem ser praticados atos sub-rogatórios (execução direta), típicos, como se sabe, da fase executiva instaurada por conta de sentença condenatória.

Esta é a semelhança que entre as sentenças executivas *lato sensu* e as condenatórias, e daí porque, segundo parte da doutrina, não justifica o tratamento de ambas como categorias autônomas. Atualmente, o que distancia as sentenças executivas *lato sensu* das sentenças condenatórias, segundo a classificação quinária, seria a autorização legal para o juiz agir de ofício na efetivação daquelas (arts. 461 e 461-A), ao passo que, nas condenações ao pagamento em pecúnia, é preciso que a fase de cumprimento de sentença seja precedida de provocação da parte. Além disso, a atividade executiva no próprio processo em curso faz com que a efetivação das sentenças executivas *lato sensu* seja regulada por fórmulas mais genéricas do que aquelas previstas para a fase de cumprimento de sentença condenatória. Tais diferenciais são, como se pode ver, extremamente tênues, se considerarmos as semelhanças que guardam tais categorias de sentença.[51]

50. Cf., mais amplamente, Arruda Alvim, *Direito processual civil – TGPC*, vol. 1/61 e nota 146 da p. 98.

51. A dificuldade de diferenciação entre sentenças condenatórias e executivas agravou-se com a nova sistemática da efetivação de sentenças. Na sistemática anterior à Lei 11.232/2005, podia-se falar em outros traços distintivos, tais como a necessidade de um processo de execu-

Por fim, o que nos parece é que a classificação tradicional das sentenças em relação à mandamentalidade e à 'executividade', permite afirmar-se que a mandamentalidade e a executividade podem-se agregar uma sentença condenatória ou constitutiva, tais como tradicionalmente classificadas.

Assim, por exemplo (e este exemplo diz com a sentença constitutiva), no caso de mandado de segurança, em que uma sentença concessiva haja de ser classificada como constitutiva (à luz do critério tradicional), manda-se ou ordena-se ao impetrado que a ela dê cumprimento pela prática do ato necessário. Há, aqui, de serem vislumbradas duas eficácias: (a) a constitutiva e (b) a mandamental, em que se expressa a ordem ao impetrado. *V.g.*, a sentença concessiva altera a situação de um dado funcionário, em relação ao seu regime estatutário com a Administração. Ao mesmo tempo, a prática do ato obedientemente à sentença, nos assentamentos da Administração, depende da prática de ato concreto pelo impetrado.[52]

Exemplo de sentença executiva *lato sensu* seria a condenação do réu à entrega de coisa (sentença condenatória), sob pena de busca e apreensão, que pode ser determinada pelo juízo independentemente de instauração pela parte de uma fase de cumprimento de sentença, bastando que se informe nos autos o descumprimento da sentença (eficácia executiva *lato sensu*).

A sentença mandamental e a denominada sentença executiva *lato sensu* têm aptidão de produzir efeitos executivos independentemente de fase de cumprimento sucessiva à prolação da sentença, com o particular de que a efetivação daquela não é passível de ato de sub-rogação estatal, mas, tão somente, de atos coercitivos.

Parece-nos que não há utilidade prática em distinguir as sentenças executivas *lato sensu* e mandamentais das constitutivas e/ou das condenatórias,[53] pelo menos no estágio atual da doutrina, e, *principalmente*, em face dos objetivos a que se circunscreve esta obra. Todavia, diga-se que a classificação das sentenças em declaratórias, constitutivas e condenatórias permite que sejam incluídas através de um mesmo critério, que é o do

ção autônomo e a possibilidade de embargos do devedor para as sentenças condenatórias, aspectos que eram questionáveis em relação às executivas *lato sensu*.

52. No entanto, percebe-se nos tribunais, especialmente no e. STJ, uma relação quase que de identidade entre o instituto do Mandado de Segurança e o caráter mandamental da ação. "Ação mandamental" é utilizada, equivocadamente, como sinônimo de Mandado de Segurança, pela suposta prevalência da eficácia mandamental sobre a constitutiva ou mesmo a declaratória. Nesse sentido, em julgados recentes, v. STJ, MS 19.320/DF, 1.ª S., j. 24.04.2013, rel. Min. Mauro Campbell Marques, *DJe* 02.05.2013; STJ, MS 13.695/DF, 3.ª S., j. 24.04.2013, rel. Min. Og Fernandes, *DJe* 03.05.2013; STJ, AgRg no AREsp 50.991/SP, 1.ª T., j. 11.04.2013, rel. Min. Benedito Gonçalves, *DJe* 17.04.2013.

53. Nessa afirmação não está encartada a negativa de relevância das sentenças mandamentais ou executivas, como parece ter entendido Humberto Dalla Bernardina de Pinho (Cf. *Teoria geral do processo civil contemporâneo*, p. 147), ao posicionar-se contrariamente ao nosso entendimento.

Para melhor esclarecer o ponto, não negamos, em absoluto, a utilidade da denominação sentenças "mandamentais" ou mesmo sentenças "executivas". O que se afirma é que, apesar das importantes peculiaridades inerentes a essas sentenças, trata-se de categorias sistematizadas a partir de um critério de classificação diverso daquele tradicionalmente conhecido como o plano de eficácia. Tanto assim que, como dito, as sentenças mandamentais e executivas podem ser, ao mesmo tempo, condenatórias ou constitutivas.

Estamos, ademais, de pleno acordo com a opinião do referido autor, ao ponderar sobre a necessidade de maior amadurecimento da doutrina sobre o tema.

tipo de eficácia de produzem. Já as chamadas mandamentais dizem respeito a uma forma de realização do direito. Aqui, como é perceptível, o critério é outro e as classificações se entrelaçam. Por isto é que uma sentença pode ser condenatória e mandamental. Não há, portanto, a nosso ver, que se falar em uma nova classificação das sentenças, senão que tomar consciência das diversas formas de efetivação das sentenças condenatórias e constitutivas.

304. Sentenças dispositivas

Dizem-se sentenças dispositivas aquelas que teriam por finalidade específica dispor a respeito das relações jurídicas dos litigantes, denominando-se também, segundo outros, sentenças determinativas.[54]

O termo "dispor" poderia especificamente levar-nos a entender que as outras sentenças não disporiam sobre os direitos, e, assim, constituir-se-ia esta categoria de sentenças dispositivas em uma categoria autônoma. Na realidade, o que a doutrina pretende, denominando-se desta forma, é que existiria, em tais sentenças, um *quid* ou uma carga bem mais acentuada de *disposições* sobre o direito (= relação[ões] jurídica[s]) do que nas demais espécies. Exemplificativamente, a sentença coletiva do trabalho teria esse caráter, porquanto, fundamentalmente, tem por finalidade disciplinar minudentemente certos aspectos das relações trabalhistas entre empregados e empregadores, sentença essa que, pela sua própria função, tem ínsita, dentro de si, finalidade complementar em relação à lei trabalhista e, mais especificamente, aos próprios contratos de trabalho. Desta forma, o fim colimado e obtido nas sentenças coletivas do trabalho é precisamente o de disciplinar minuciosamente relação ou relações jurídicas, que estariam sujeitas ou que poderiam ter sido reguladas pelo próprio poder dispositivo dos interessados.

No entanto, afigura-se-nos também que tais sentenças dispositivas podem ser assimiladas às demais, ainda que tenham peculiaridades. Nelas haverá principalmente caráter constitutivo, conforme o caso, ou mesmo só declaratório. No fundo, também as sentenças constitutivas e declaratórias, muitas vezes, *ao lado de serem tais*, dispõem respeitantemente às relações jurídicas que se desenvolvem no tempo, como, exemplificativamente, é o caso da sentença proferida em casos de litígios regulamentadores de visita de filhos de pais separados ou divorciados (v. assunto correlato, *infra*). Assumem tais sentenças, verdadeiramente, "função normativa", no sentido de – conquanto proferidas com base na *lei*, à luz de pedido e fatos acontecidos – regrarem, para o futuro, certa ou certas relações ou situações de direito, cuja juridicidade poderá ser, à luz da sentença, a todo tempo, verificável.

Apenas há, ainda, que se observar que, no caso das sentenças dispositivas, é comum a pluralidade de partes, dado que nelas há praticamente sempre um caráter de disciplina global de relações de uma classe, e é, pois, notadamente, coletiva. Muitas vezes a ordem jurídica submete diversos indivíduos a um dado regime jurídico, dispondo a respeito de assuntos a estes pertinentes. Tratar-se-á de sentença dispositiva, proferida porque alguém tenha agido, *atingindo mesmo "os que não tenham, pessoalmente, sido partes"*. Este aspecto, na realidade, diz com os temas da *legitimidade correlacionada com a eficácia subjetiva da sentença*. Para ser operacional uma sentença dispositiva, normalmente, confere-se a alguém ou a uma entidade *legitimidade* para que outros sejam igualmente alcançados pela eficácia da sentença. A este respeito, é de salientar que inovou bastante a Constituição Federal de 1988, em artigos como, por exem-

54. *Revista de Processo [RePro]* 6/326, em 182; *RT* 596/188.

plo, 5.º, XXI e LXX, e 8.º, III (este dispositivo assimilável, de qualquer sorte, ao art. 513, *a*, da CLT, preexistente no sistema).

Todavia, também esse aspecto não é suficiente para erigi-las em categoria autônoma.

Considere-se, como foi dito, que as próprias sentenças constitutivas podem, igualmente, *dispor para o futuro*. Assim, as sentenças que decretaram desquites dispunham sobre o *desquite, propriamente dito, e sobre as consequências ligadas, concretamente, a uma dada separação judicial*.

Ora, essa disciplina *permanente* pode, inclusive, *ex lege*, vir a ser alterada, como o foi, pela Lei 6.515/1977, art. 42, em que se dispôs: "As sentenças já proferidas em causas de desquite *são equiparadas, para efeitos desta Lei*, às de separação judicial". Assim, se, em face de um *desquite*, era inviável pedir-se divórcio, mesmo porque inexistia *divórcio*, pelo art. 42 a sentença de desquite passou *ex lege* a servir, ela mesma, como, em regra, pressuposto para o divórcio.

Vale dizer, com base nesse exemplo (que pode e deve ser aplicado a outras hipóteses), ainda que constitutiva uma sentença, na medida em que *estabelece um novo estado* (*constitutivo*, portanto), havendo uma modificação legal, redefinidora daquela situação jurídica – desde que não configurado um direito adquirido, *v.g.* –, a nova lei regulará aquela situação, e a partir da sentença mesma, como visto.

305. Sentenças complexas[55]

Por sentenças complexas devemos entender aquelas oriundas da conjunção do poder jurisdicional subjetivado em mais de um órgão jurisdicional. Será da conjugação do poder fracionado, em mais de um órgão, que nascerá a sentença propriamente dita. A isto a doutrina denominou de sentenças subjetivamente complexas.

No direito processual civil é exemplo de decisão (*em verdade, acórdão complexo*) a hipótese de ter havido o incidente de uniformização de jurisprudência ou declaração de inconstitucionalidade da lei, ou, mesmo, em ambas as hipóteses. Nessas hipóteses, a decisão do plenário (ou do órgão competente, que pode ser o plenário, na uniformização de jurisprudência) será obrigatória para a câmara ou turma julgadora, que, na hipótese, deverá: *a)* seguir o entendimento adotado pelo plenário, no que diz com a posição fixada sobre a lei em tese; e *b)* resolver as remanescentes questões de fato, não objeto do incidente. Este acórdão (que é uma "sentença"/decisão colegiada) compõe-se do resultado do que mais de um órgão decidiu.

306. A sentença: sua intelecção e seus elementos

A sentença, como já vimos, é o ato fundamental dos praticados pelo juiz; e, dos de índole decisória, o mais importante. É o ato jurídico, por excelência, definidor do direito das partes. É precisamente pela sentença e por sua fase sucessiva de cumprimento que se realiza, praticamente, a função substitutiva da jurisdição dentro e por meio do processo. E isto pela circunstância de que, prolatada a sentença, valerá (e terá eficácia) o que nela se contiver, imperativamente, e não mais aquilo que anteriormente, e de forma antagônica, desejavam as partes litigantes.

Por esse motivo, o legislador foi cuidadoso, disciplinando quais as partes componentes da sentença, elevando-as, pelo menos, *nominalmente*, à categoria de *essenciais*, atribuindo a cada uma delas uma determinada função, no contexto estrutural do ato decisório. Assim, o art. 458 do CPC dispõe: "São requisitos essenciais da sentença: I – o

55. V. José Carlos Barbosa Moreira, Sentença objetivamente complexa, trânsito em julgado e rescindibilidade, *Revista de Processo [RePro]* 141, p. 7-19.

relatório, que conterá os nomes das partes, a suma do pedido e da resposta do réu, bem como o registro das principais ocorrências havidas no andamento do processo; II – os fundamentos, em que o juiz analisará as questões de fato e de direito; III – o dispositivo, em que o juiz resolverá as questões, que as partes lhe submeterem".

A circunstância de a lei atual (art. 458, *caput*) aludir a elementos ou *requisitos essenciais* implica que, faltante qualquer um deles, o ato padecerá de vício de *considerável gravidade*. A carência de um elemento definido como essencial, pela lei, significará que inexiste parte da própria essência, e o ato inexistirá com foros de validade, por uma interpretação literal, que, no entanto, como se verá, não deve ser adotada em todos os casos.

Assim, haverá *nulidade*[56] caso a sentença não observe as regras do art. 458 do CPC,[57] nulidade esta decretável de ofício.[58]

Ressalva, todavia, o Código as sentenças de extinção do processo sem resolução de mérito, quando, então, o juiz decidirá de forma concisa (art. 459 do CPC, *fine*).

Neste caso, a jurisprudência entende que a sentença não se sujeita, necessariamente, aos requisitos do art. 458 do CPC.[59]

Já no âmbito dos Juizados Especiais Cíveis, a lei dispensa o juiz da elaboração do relatório, sendo suficiente um breve resumo dos fatos (art. 38 da Lei 9.099/1995).

Examinamos, agora, de per si, cada um dos requisitos da sentença.

307. Relatório

Refere-se, a lei, (art. 458, I) ao relatório como devendo mencionar o nome das partes, a suma do pedido, a resposta do réu, bem como as principais ocorrências havidas no andamento do processo. A ausência desse requisito invalida a sentença.[60] Já se decidiu

56. TJMG, *RT* 700/363.

57. STJ, REsp 628.594/RJ, 2.ª T., j. 17.05.2005, rel. Min. Castro Meira, *DJ* 01.08.2005, p. 393; *JUTACivSP* 51/81 e 62/248.

58. STJ, REsp 93.864/RJ, 6.ª T., j. 18.11.1997, rel. Min. Fernando Gonçalves, *DJ* 01.12.1997, p. 62.820, *DJ* 09.12.1997, p. 64.779; *Revista de Processo* [*RePro*] 5/374, em 183; *RJTJSP* 54/175; *RT* 567/116. Na doutrina: José S. Sampaio, *O procedimento comum no novo Código de Processo Civil*, p. 131; E. D. Moniz de Aragão, *Comentários ao Código de Processo Civil*, 45, p. 62 *et seq.*, vol. 2; Arruda Alvim, A sentença no processo civil, *Revista de Processo [RePro]* 2/63. No mesmo sentido, decisão do Simpósio de Processo Civil realizado em 1975, em Curitiba: "A sentença que encerra o processo sem julgamento de mérito deverá conter o suficiente à sua conformação como ato decisório final" – concl. 37, *RF* 252/26 e *RT* 482/271.

59. STJ, REsp 737.933/MG, 1.ª T., j. 03.05.2005, rel. Min. José Delgado, *DJ* 13.06.2005, p. 211; *RT* 474/89; STJ, RMS 20.078/RJ, 1.ª T., j. 23.10.2007, rel. Min. Denise Arruda, *DJ* 22.11.2007, p. 186; *Revista de Processo [RePro]* 4/406, em 190; *Arquivo Forense* 67/127 (decisão que extinguiu o processo sem julgamento de mérito). Na doutrina: Wellington Moreira Pimentel, *Comentários ao Código de Processo Civil*, vol. 3/513; Moacyr Amaral Santos, *Comentários ao Código de Processo Civil*, vol. 4, 323, p. 405; Arruda Alvim, A sentença no processo civil, *Revista de Processo [RePro]* 2/13; Teresa Celina de Arruda Alvim Wambier, *Nulidades do processo e da sentença*, 6. ed., p. 304 *et seq*.

60. O mesmo vício ocorre quando o relatório diz respeito a *outro processo*: "(...), o relatório do acórdão recorrido, em lugar de enunciar os nomes das partes, refere-se a terceiros que não integram a relação processual, e, ao invés de registrar as ocorrências havidas nos autos dos embargos à execução, cuida de ação de mandado de segurança. Além disso, os fundamentos do *decisum* impugnado reportam-se a sentença proferida em outro processo. Assim, também foi violado o art. 458, I e II, do CPC" (STJ, REsp 478.951/BA, 2.ª T., j. 16.12.2004, rel. Min. Franciulli Netto, *DJ* 02.05.2005, p. 269). Cf. também TJMS, ApCív 28.681, 3.ª Câm.Cív., rel. Leão Neto do Carmo, *JUTACivSP* 65/75.

que o requisito do art. 458, I está satisfeito quando o acórdão, ainda que sucintamente, aprecia cada uma das questões aventadas na apelação, descrevendo-as com a clareza necessária e decidindo explicitamente sobre cada uma delas.[61]

A ausência absoluta de relatório, fazendo-se pura e simplesmente remissão a uma peça do processo, para que esta sirva de relatório e fundamentos, sempre ensejou a anulação de decisões tais. Já se decretou a nulidade de sentença proferida em mandado de segurança, por não se ter examinado a situação, senão de uma primeira impetrante, deixando de fazê-lo em relação às duas outras, e sequer justificando o magistrado a razão de assim ter procedido. Raras são as decisões em sentido contrário.[62]

Tal é a gravidade do vício de que padece a sentença a que falta relatório, que se tem admitido a rescisão de tais decisões.[63]

Entretanto, mais comuns são as hipóteses em que este vício seja detectado em fase de apelação, sendo, então, decretada a nulidade da sentença.[64]

Trata-se de nulidade absoluta, sendo, portanto, decretável pelo juiz, em segundo grau de jurisdição, independentemente de provocação da parte.[65]

Toda matéria em que se consubstancia o contraditório deve vir relatada, para que possa ser objeto de exame e que se coloque como premissa do pronunciamento jurisdicional, na forma do que dispõem os incisos I e II do art. 458.[66]

Se a sentença só tem decisório é *nula*, e, em seu lugar, outra deverá ser proferida, mormente se considerarmos que os requisitos da sentença são, *até pela letra da lei, essenciais*, na terminologia do art. 458. Esta solução era também a do Código de Processo Civil de 1939.[67]

308. Fundamentação

Dentro do tema dos elementos da sentença, necessários à sua intelecção, um dos mais importantes é o que diz respeito à respectiva fundamentação. Já frisamos que hoje esta exigência é feita expressa e explicitamente pelo art. 93, IX, da CF/1988.

Ausente absolutamente a fundamentação, por ser a mesma elemento essencial

61. STJ, REsp 25.102-7/BA, rel. Min. Barros Monteiro, *DJ* 01.02.1993 (Sálvio de Figueiredo Teixeira, *O STJ e o processo civil*, p. 288).

62. TJSP, AR 250.951, 3.ª Câm.Cív., j. 14.07.1977, v.u., rel. Costa Leite. Semelhantemente: "O Tribunal de origem limitou-se a certificar nos autos o julgamento do agravo interno interposto, mantendo pelos seus fundamentos a decisão monocrática que deu parcial provimento à apelação, sem lavrar acórdão e sem tecer qualquer consideração ou oferecer os fundamentos que levaram a Turma julgadora àquela conclusão" (STJ, REsp 628.594/RJ, 2.ª T., j. 17.05.2005, rel. Min. Castro Meira, *DJ* 01.08.2005, p. 393).

63. TFR, ApCív 41.592/DF, j. 06.05.1977, rel. Carlos Mário Velloso; TJSP, ApCív 262.242, j. 20.10.1977, rel. Young da Costa Manso.

64. TRF-2.ª Reg., ApCív 309498, j. 30.11.2004, rel. Des. Raldênio Bonifácio Costa, *DJ* 08.12.2004, p. 11.

65. TRF-3.ª Reg., ApCív 547605, j. 16.03.2005, rel. Des. Consuelo Yoshida, *DJ* 08.04.2005, p. 629; TRF-3.ª Reg., ApCív. 231576, j. 16.11.2004, rel. Des. Galvão Miranda, *DJ* 13.12.2004, p. 248. Nestas decisões, foi declarada, de ofício, a nulidade da sentença, em razão da não observância ao art. 458 do CPC, e foi considerada *prejudicada a apelação*. Cf. também *RF* 196/193.

66. Nessa linha, o STJ firmou entendimento no sentido de que "o artigo 200, § 2.º, do RITJRJ, que autoriza a dispensa da lavratura do acórdão nos agravos regimentais não providos por aquele Tribunal, é ilegal, uma vez que, nos termos dos artigos 165 e 458 do Código de Processo Civil, são nulas as decisões judiciais não fundamentadas"(STJ, AgRg no Ag 648.231/RJ, 3.ª T., j. 14.06.2007, rel. Min. Castro Filho, *DJ* 29.06.2007 p. 579, onde são citados diversos precedentes).

67. Nesse sentido, na jurisprudência: *JUTACivSP* 89/398 e 90/319; *RJTJSP* 34/73, 49/130 e 62/267 (sentença que julgou impugnação à fixação de vintena).

e indispensável, *nula* será a sentença. Por isso mesmo, decidiu o STF que "não satisfaz a exigência constitucional de que sejam fundamentadas todas as decisões do Poder Judiciário (CF, art. 93, IX) a afirmação de que a alegação deduzida pela parte é 'inviável juridicamente, uma vez que não retrata a verdade dos compêndios legais': não servem à motivação de uma decisão judicial afirmações que, a rigor, se prestariam a justificar qualquer outra".[68] Há inúmeros julgados do STJ no mesmo sentido, considerando nulas as sentenças desprovidas de fundamentação,[69] incluídas nesse conceito aquelas que se limitam a transcrever ementas de julgados análogos, sem esclarecer os fundamentos jurídicos da solução adotada, ou, ainda, aquelas que reproduzem pareceres jurídicos, mas divergem total ou parcialmente da conclusão neles contida, sem qualquer motivação.[70]

Tal entendimento decorre do art. 93, IX, da CF/1988; do inciso II do art. 458, já por nós referido, bem como dos arts. 131 e 165, os quais, no entanto, estabelecem que a fundamentação para as demais decisões, que não as sentenças e os acórdãos

68. STF, RE 217.631, rel. Min. Sepúlveda Pertence, *DJ* 24.10.1997 – g.n. Cf. também STF, RE 77.792, 1.ª T., j. 15.10.1974, v.u., rel. Rodrigues de Alckmin, *RF* 479/235; *Revista de Processo [RePro]* 4/406.

69. "Nula é a sentença completamente desprovida de fundamentação. Bem diversa da sentença com motivação sucinta é a sentença sem fundamentação, que agride o devido processo legal e mostra a face da arbitrariedade, incompatível com o Judiciário democrático" (REsp 18.731/PR, rel. Min. Sálvio de Figueiredo, *DJ* 30.03.1992); "Não é nula a decisão com fundamentação sucinta, mas a que carece de devida motivação, essencial ao processo democrático" (REsp 19.661-0/SP, rel. Min. Sálvio de Figueiredo, *DJ* 08.06.1992); "A exemplo da sentença, o acórdão deve conter a necessária fundamentação, mediante análise das questões de fato e direito. Tratando-se de requisito essencial, a sua falta acarreta a nulidade da decisão. Precedentes do STF e STJ. Recurso especial conhecido e provido" (REsp 44.850-6/MG, rel. Min. Barros Monteiro, *DJ* 22.08.1994) – em Sálvio de Figueiredo Teixeira, *O STJ e o processo civil*, p. 288-289; "É nulo o Acórdão que, sem esclarecer os fundamentos jurídicos da solução adotada, limita-se a transcrever algumas ementas de julgados análogos (REsp 203.525/SP, rel. Min. Edson Vidigal, *DJ* 04.10.1999); "I – É contraditório o acórdão que adota o parecer do Ministério Público pelo deferimento de curatela parcial na ação de interdição e conclui pela curatela plena, sem fundamentação. II – Na linha da jurisprudência desta Corte, o princípio do duplo grau de jurisdição confere ao apelante o direito de ver solucionadas as teses postas na apelação, tornando nulo o acórdão que se limita a adotar as razões do parecer do Ministério Público, mas com conclusão diversa" (REsp 302.216/RJ, rel. Min. Sálvio de Figueiredo Teixeira, *DJ* 04.02.2002); "1. É nulo o acórdão que, sem esclarecer os fundamentos jurídicos da solução adotada, se limita a confirmar a sentença recorrida. Violação dos arts. 130 e 535 do Código de Processo Civil. 2. Na sessão do último dia 20.09.2007, no julgamento do AgRg no AgRg no Ag 749.394/RJ, rel. Min. Herman Benjamin, a Segunda Turma consignou que as decisões que simplesmente façam remissão aos fundamentos de outra ou de parecer do Ministério Público sem, ao menos, transcrevê-los, devem ser declaradas nulas, determinando-se o retorno dos autos para que novo julgamento seja proferido. 3. Necessário determinar-se o retorno dos autos ao Tribunal de origem para que seja proferida nova decisão. Prejudicado o exame do mérito" (REsp 841.823/MS, 2.ª T., j. 23.10.2007, rel. Min. Castro Meira, *DJ* 09.11.2007).

70. Na doutrina, a Prof. Teresa Arruda Alvim Wambier observa e ensina: "A esse respeito, há, praticamente, unanimidade na jurisprudência. Foi considerada nula sentença desprovida de fundamentação e de relatório, aliás, sob certo aspecto, duplamente nula! Nula é a sentença desprovida de fundamento" (cf. Teresa Arruda Alvim Wambier, *Nulidades do processo e da sentença,* 6. ed., item 3.2.3, p. 310 – esta autora refere fartíssima e indiscrepante jurisprudência, nas notas 68 a 72 do referido item, no sentido do que sustentamos no texto).

(cujo conteúdo *for de mérito*), poderá ser concisa.[71]

Apesar de o princípio jurídico que determina a fundamentação da sentença ser de ordem pública, o juiz, ao fundamentá-la, não é obrigado a responder à totalidade da argumentação, desde que conclua com firmeza e assente o decisório em fundamentos idôneos a sustentarem a conclusão. O critério é o de se exigir uma *fundamentação suficiente*, mas não absolutamente exaustiva, pois muitas vezes há argumentos impertinentes (inclusive, *pouco sérios*) e até indignos de maior consideração; neste sentido, a jurisprudência já se manifestou, afirmando que não é nula a sentença com motivação sucinta.[72]

Da mesma forma, mesmo que contenha apenas um resumo (desde que suficiente) dos fundamentos e dos motivos de decidir, a sentença não é nula.[73]

Nesse sentido, o § 1.º do art. 499 do Projeto de Novo Código de Processo Civil (PL 8.046/2010) prevê, de forma esclarecedora: "Não se considera fundamentada a decisão, sentença ou acórdão que: I – se limita à indicação, à reprodução ou à paráfrase de ato normativo; II – empregue conceitos jurídicos indeterminados sem explicar o motivo concreto de sua incidência no caso; III – invoque motivos que se prestariam a justificar qualquer outra decisão; IV – não enfrentar todos os argumentos deduzidos no processo capazes de, em tese, infirmar a conclusão adotada pelo julgador; V – se limita a invocar precedente ou enunciado de súmula, sem identificar seus fundamentos determinantes nem demonstrar que o caso sob julgamento se ajusta àqueles fundamentos; VI – deixar de seguir enunciado de súmula, jurisprudência ou precedente invocado pela parte, sem demonstrar a existência de distinção no caso em julgamento ou a superação do entendimento." A disposição estabelece parâmetros mínimos a serem observados pelos magistrados na elaboração das decisões judiciais, que, naturalmente, não excluem outros, estabelecidos a partir de critérios lógico-jurídicos e das peculiaridades do caso. Parece-nos salutar a fixação desses parâmetros, num contexto evolutivo do direito em que, cada vez menos, a literalidade do texto legal é capaz de, sem maiores esforços interpretativos, conduzir à solução a ser implementada nas hipóteses específicas. Agregue-se, ainda, a profusão de situações, previstas na Constituição Federal,[74] na lei vigente e no próprio PL 8.046/2010,[75] em que os magistrados deverão valer-se de entendimentos previamente estabelecidos pelos tribunais, o que exigirá a análise consciente e lúcida da similitude entre os casos submetidos a julgamento

71. A jurisprudência do STJ tem procurado indicar quando é possível a fundamentação sucinta mesmo nas sentenças e nos acórdãos, como demonstram os seguintes precedentes: "Não é nula decisão cujo relatório de sentença lançada nos autos, ainda que sucinto, expõe os atos da causa e da pretensão resistida" (REsp 15.417/SP, rel. Min. Cláudio Santos, *DJ* 14.09.1992); "Não se anula acórdão que tenha fundamentação sucinta, desde que não careça da devida motivação" (REsp 2.856-0/SP, rel. Min. Cesar Rocha, *DJ* 25.04.1994) – em Sálvio de Figueiredo Teixeira, *O STJ e o processo civil*, p. 286-288. No mesmo sentido, mais recentemente: STJ, AgRg no AgIn 663.018, j. 28.06.2005, rel. Min. Jorge Scartezzini, *DJ* 22.08.2005, p. 295; STJ, REsp 526.570, j. 16.06.2005, rel. Min. Castro Filho, *DJ* 01.07.2005, p. 513; STJ, REsp 737.933, j. 03.05.2005, rel. Min. José Delgado, *DJ* 13.06.2005, p. 211.

72. *RJTJSP* 62/184.

73. STJ, REsp 58.359, j. 21.06.1995, rel. Min. Hélio Mosimann, *DJ* 28.08.1995, p. 26.619; 1.º TACivSP [extinto] – *RT* 345/446; TRT-3.ª Reg. – *Minas Forense* 35/219, Proc. 1.656/59; TRT-2.ª Reg., 4.ª Câm. – *RT* 304/837, Proc. 90/59.

74. Caso da súmula vinculante (art. 103-A da CF).

75. Nesse sentido, exemplificativamente, os julgamentos das demandas repetitivas (arts. 988/1.000 do PL 8.046/2010) e dos recursos repetitivos (arts. 543-B e 543-C do CPC; arts. 1.049/1.054 do PL 8.046/2010).

e o paradigma que se pretende vinculante. Nesse passo, afiguram-se-nos oportunas e coerentes as propostas contidas no Projeto de Novo Código para a fundamentação das decisões judiciais de modo geral.

Lembramos que, também em decisão interlocutória, apesar de a manifestação do juiz ser mais sucinta, nem por isso fica dispensado de fundamentar a sua decisão (v. o art. 165, que tem âmbito de generalidade extrema). Se há absoluta falta de fundamentação, será nula a interlocutória. Assim, já decidiu nossa jurisprudência (na vigência do Código de Processo Civil de 1939) pela nulidade de interlocutória que, decidindo sobre incompetência, foi absolutamente carente de fundamentos.[76] Sobrevive esse entendimento, já que, como decidiu o STJ, o art. 93, IX "não distingue o tipo de provimento decisório".[77]

Nessas condições, vemos que o juiz, apesar da ampla liberdade de que goza ao julgar, não poderá eximir-se de explicar o porquê das soluções dadas. A liberdade do juiz ao decidir, conforme o direito, encontra na necessidade de fundamentação ("justificação") o seu preço.

309. A essencialidade do conteúdo decisório da sentença

Anota-se, ainda, que, se existe uma parte, especialmente da sentença de mérito, que deve ser absolutamente clara, esta é precisamente *a parte dispositiva*, pois é aquela que realmente produz efeitos e virá, ao cabo da fase de conhecimento do processo, depois do esgotamento dos recursos, a ser coberta pela autoridade da coisa julgada (material).

Aliás, todas as decisões, mesmo aquelas que não sejam sentenças, não podem padecer de dubiedade (= não podem *objetivamente* gerar dúvida).[78] A clareza tem de ser atributo de toda e qualquer decisão. A figura dos embargos declaratórios denota a preocupação do legislador neste sentido, para se obter uma sentença sem obscuridade ou que não seja contraditória (art. 535, I, com a redação da Lei 8.950/1994, que unificou,

---

76. TJGB, Reclamação 4.579, 3.ª Câm.; *RJTJGB* 4/25.

77. "A fundamentação das decisões judiciais – veiculando conteúdo decisório, *sejam sentenças ou interlocutórias* – decorre do art. 165 do Código de Processo Civil, não se confundindo decisão concisa e breve com a decisão destituída de fundamentação, ao tempo em que deixa de apreciar ponto de alta indagação e lastreado em prova documental. (...) Esse pressuposto de validade da decisão judicial – adequada fundamentação – tem sede legal e na consciência da coletividade, porque deve ser motivada toda a atuação estatal que impinja a aceitação de tese contrária à convicção daquele que está submetido ao poder de império da Administração Pública, do Estado. Também, por isso, *seu berço constitucional está no art. 93, IX, o qual não distingue o tipo de provimento decisório*" (STJ, AgRg no REsp 251.049/SP, 2.ªT., j. 13.06.2000, rel. Min. Nancy Andrighi, *DJ* 01.08.2000, p. 246; g.n.). No mesmo sentido: "De acordo com o art. 165 do Código de Processo Civil, que dá efetividade a garantias constitucionais, as decisões judiciais devem ser fundamentadas. *A exigência impõe-se também para as decisões interlocutórias*, cujos fundamentos não podem ser encaminhados apenas quando do oferecimento das informações ao órgão destinatário do agravo de instrumento. No caso vertente, as razões do agravo apontavam justamente para a ausência de fundamentos da decisão agravada, os quais só foram encaminhados diretamente ao órgão *ad quem* juntamente com as informações" (STJ, REsp 450.123/PR, 3.ªT., j. 20.02.2003, rel. Min. Antônio de Pádua Ribeiro, *DJ* 31.03.2003, p. 219; g.n.).

78. "(...) compete ao magistrado fundamentar todas as suas decisões, de modo a robustecê-las, bem como afastar qualquer dúvida quanto a motivação tomada, tudo em respeito ao disposto no art. 93, IX, da Carta Magna de 1988" (STJ, REsp 690.309, j. 19.05.2005, rel. Min. Gilson Dipp, *DJ* 13.06.2005, p. 338). Cf. também *RT* 561/137; *JUTACivSP* 87/58. Contra: *RT* 593/156.

no particular, os regimes dos embargos de declaração para sentença e para acórdãos).

A jurisprudência, corretamente, tem admitido a interposição de embargos de declaração de todas as decisões, *inclusive das decisões interlocutórias*, desde que presentes seus pressupostos específicos.[79]

A sentença que deixa de apreciar alguma questão controvertida, nada decidindo a respeito, é sentença nula.[80]

De outra parte, vemos que é imprescindível que a sentença *decida* a controvérsia; não o fazendo, há infração a disposição literal de lei (art. 458 do CPC), ensejando, no mínimo, ação rescisória, que terá fundamento no art. 485, V.[81]

O art. 458, III, embora se refira ao termo *questões*, não o está empregando no sentido de questões "prévias" (isto é, aquelas cujo exame deve preceder à análise do pedido), mas no sentido de *mérito*. É na parte decisória da sentença (*decisum*) que o juiz decide o pedido, a lide, o mérito, que, por vezes, se apresenta sob forma de itens (= questões). Nesta segunda acepção é que a expressão foi utilizada no art. 458, III, referindo-se, portanto, ao próprio objeto litigioso. É, assim, nula a sentença se não se decidem todos os pedidos feitos pelo autor; e, se tiver transitado em julgado a sentença, em cujo processo havia pedido que não foi objeto de sentença, poderá esse ser feito novamente.

Em síntese, podemos dizer que a falta de qualquer dos elementos analisados, que denominamos, em conformidade com a lei, de *essenciais*, acarreta a nulidade do ato decisório, devendo outro ser proferido em substituição ao nulo, mercê de provimento de recurso interposto pelo interessado. Se a sentença de mérito tiver transitado em julgado, caberá ação rescisória (art. 485, V).

Parece-nos, entretanto, que a falta *absoluta* de "decisório" faz com que a sentença seja *juridicamente inexistente, e não nula*, o que implica *não estar sujeita* a possibilidade de sua *vulneração* ao prazo decadencial de dois anos da ação rescisória.[82]

---

79. Decidiu o STJ que "os embargos declaratórios são cabíveis contra qualquer decisão judicial e, uma vez interpostos, interrompem o prazo recursal. A interpretação meramente literal do art. 535 do Código de Processo Civil atrita com a sistemática que deriva do próprio ordenamento processual, notadamente após ter sido erigido em nível constitucional o princípio da motivação das decisões judiciais" (STJ, Corte Especial, j. 07.10.1998, rel. Min. Sálvio de Figueiredo Teixeira – *RePro*, vol. 103, p. 327). No mesmo sentido: STJ, REsp 478.459/RS, 1.ª T., j. 25.02.2003, rel. Min. José Delgado, *DJ* 31.03.2003, p. 175; STJ, REsp 327.032/PR, 2.ª T., j. 04.09.2001, rel. Min. Eliana Calmon, *DJ* 18.02.2002, p. 360. Na doutrina, cf. aprofundado exame realizado por Teresa Arruda Alvim Wambier, *Omissão judicial e embargos de declaração*, item 1.2.

80. Neste sentido já decidiu o STJ, em acórdão assim ementado: "Sentença proferida com abstração de ponto relevante de defesa, ao arrepio da norma do art. 458, II, do CPC. Tratando-se de norma de ordem pública, a inobservância induz nulidade absoluta, podendo, pois, ser declarada de ofício. Recurso não conhecido" (REsp 44.266-4/MG, rel. Min. Costa Leite, *DJ* 07.11.1994 – em Sálvio de Figueiredo Teixeira, *O STJ e o processo civil*, p. 289).

81. Neste sentido, STJ, REsp 265.351, j. 23.11.2000, rel. Min. Menezes Direito, *DJ* 05.02.2001, p. 108; na doutrina, José Carlos Barbosa Moreira, *Temas de direito processual civil* – 2.ª Série, p. 241. *Ex professo*, de forma correta e ampla, v. Teresa Arruda Alvim Wambier, *Nulidades do processo e da sentença*, item 3.4.7, p. 482 *et seq*.

82. A respeito das sentenças juridicamente inexistentes, cf., amplamente, Teresa Arruda Alvim Wambier, *Nulidades do processo e da sentença*, 6. ed., 2007, item 3.6, p. 460 ss.; Teresa Arruda Alvim Wambier e José Miguel Garcia Medina, *O dogma da coisa julgada* – Hipóteses de relativização, itens 2.4 e 6.1. Na jurisprudência, cf. *JUTACivSP* 31/408 (em desapropriação indireta, abdicou o juiz de decidir sobre o fato constitutivo do pedido e sobre o montante da indenização, remetendo a solução para a exe-

310. A sentença *infra* ou *citra petita*

Na medida em que existe um poder-dever da autoridade jurisdicional de responder ao pedido feito pela parte, não estará cumprido, totalmente, este poder-dever, se o juiz deixar de resolver, em parte, o que foi pedido, ainda que esse pedido se subdivida em itens.

A sentença que não aprecia todos os pedidos é *infra petita*, devendo, portanto, ter sua nulidade decretada.[83]

Pode ser tida como *infra petita*, já se decidiu, a sentença que se omite quanto à apreciação da lide.[84] Também será caso de julgamento *infra petita* se o juiz declara extinto o processo de possessória, deixando de examinar o pedido de proteção da mesma natureza, formulado pelo réu, embora sem ter reconvindo, por ser a possessória, como já posto em destaque, *ação dúplice*. A proteção possessória, no entanto, pedida em sede própria (= contestação), ainda que extinto o processo principal, haveria de prosseguir para julgamento dessa pretensão remanescente, que é a do réu. O mesmo raciocínio pode ser utilizado para o caso da ação consignatória em pagamento, à luz do art. 899, § 2.º, c/c art. 896, IV, e parágrafo único, todos com a redação determinada pela Lei 8.951/1994, bem como diante da Lei 9.245/1995, que alterou a redação do art. 278, § 1.º, e estabeleceu que, ao apresentar defesa na ação que tramita sob o rito sumário, poderá o réu (presentes os pressupostos indicados naquele dispositivo) formular *pedido* em seu favor.

Essa regra encontra entre nós, especificamente, seu fundamento no art. 458.

A sentença *infra petita*, portanto, em última análise, além de infringir o sentido dos arts. 128 e 458 citados, importará a própria denegação *parcial* de justiça, com o que, em certa medida, ofende também o art. 126.[85]

Não incidirá em tal vício, porém, a sentença que não se pronunciar sobre um ponto que poderia ter sido resolvido, mas que as próprias partes deliberam não obter, a respeito do mesmo, solução judicial. Tratar-se-á, então, de um *ponto* e não de uma questão.

São as seguintes, as hipóteses, ainda de nulidade de sentença, que giram em torno do art. 458.

Há nulidade quando a sentença julgar o mérito da causa, antes de decidir sobre arguição de incompetência.[86]

Também será caso de nulidade quando a sentença deixar de apreciar preliminar suscitada.[87] Será nula, como visto acima, a sentença ou o acórdão que rejeitar as questões preliminares sem a devida motivação.[88]

A decretação da nulidade da sentença *extra petita* pode ser realizada de ofício pelo Tribunal.[89]

A respeito do art. 459, parágrafo único, as hipóteses que merecem, ainda, ser objeto de consideração são as que se seguem.

Há nulidade quando o juiz profere sentença ilíquida diante de pedido certo, já se

---

cução – criticável, apenas, a terminologia do acórdão, que a *pedidos* designa como pontos).

83. *RJTJSP* 62/217. Em rigor, trata-se de *sentença inexistente* sobre a denunciação da lide. A sentença *infra petita* pode ser decretada nula até mesmo de ofício, cf. STJ, REsp 115.458/MG, 2.ª T., j. 19.05.1997, rel. Min. Adhemar Maciel, *DJ* 15.09.1997, p. 44340.

84. STJ, REsp 149.762, j. 14.06.2005, rel. Min. Barros Monteiro, *DJ* 27.06.2005, p. 393; *JUTACivSP* 72/50.

85. Semelhantemente, afirma-se em julgado do TRF-3.ª Reg. que a sentença *citra petita* viola o princípio da indeclinabilidade da jurisdição (ApCív 787.776, j. 02.12.2003, rel. Des. Nelton dos Santos, *DJ* 17.09.2004, p. 564).

86. TJRJ, ApCív 27.723, 8.ª Câm.Cív., j. 18.10.1977, v.u., rel. Doreste Batista.

87. *RT* 595/127.

88. Cf. REsp 7.004/AL, rel. Min. Sálvio de Figueiredo, *DJ* 30.09.1991 – Sálvio de Figueiredo Teixeira, *O STJ e o processo civil*, p. 286.

89. STJ, REsp 243.988, j. 27.10.2004, rel. Min. Hélio Quaglia Barbosa, *DJ* 22.11.2004, p. 393.

decidiu; parece-nos, todavia, correto o entendimento divergente, diante da não cominação expressa de nulidade.[90]

No caso do parágrafo único do art. 459, ademais, atenuada fica, por diversas decisões, a pretendida nulidade, pois se tem entendido tratar-se de nulidade relativa.[91]

À luz do parágrafo único do art. 459 do CPC, dada a falta de elementos suficientes para fixar-se desde logo a indenização, impõe-se sua apuração em liquidação por artigos, por todos os meios indispensáveis à sua fixação, se decidiu em interpretação correta da regra.[92]

Ao contrário, se, embora realizado pedido genérico, o juiz dispuser de elementos para fixação do valor da condenação, poderá fixar na sentença o *quantum debeatur*, o que não caracteriza sentença *ultra petita*.[93]

Ainda, procurando minimizar os efeitos que decorreriam de uma interpretação literal, decidiu-se que:

a) o parágrafo único do art. 459 do CPC não se aplica às ações indenizatórias,[94] nem ao juízo de segundo grau;[95]

b) a sentença que homologava a liquidação por cálculo, antes de sua extinção pela Lei 8.898/1994, não estava sujeita ao formalismo do art. 458 do CPC.[96] No entanto, não se poderia dispensar, de todo, fundamentação à decisão que homologava esta modalidade de liquidação;[97]

c) em homenagem aos fins teleológicos e instrumentais do processo, não se deve decretar a nulidade da sentença na hipótese do art. 459, parágrafo único, para que não seja retardada a prestação jurisdicional, frustrando-se, com isso, o principal objetivo desta norma.[98]

311. A sentença *extra petita*

A sentença será *extra petita* quando se pronunciar sobre o que não tenha sido objeto do pedido. Além da infringência literal

90. *RT* 536/200. Diversamente, pois, e entendendo que o descumprimento ao parágrafo único do art. 459 não será sancionado com a cominação expressa de nulidade, pelo que pode o juiz de segundo grau suprir a omissão ao julgar o recurso. *Revista de Processo* [*RePro*] 3/349, em. 180.

91. *RT* 571/129; *JUTACivSP* 66/28. No mesmo sentido, já se reconheceu que somente o autor teria interesse em suscitar a nulidade da sentença ilíquida de que trata o art. 459, p. único, não existindo sucumbência ou prejuízo ao réu. STJ, REsp 145.246/SP, 4.ªT., j. 18.08.1998, rel. Min. Sálvio de Figueiredo Teixeira, *DJ* 03.11.1998, p. 149.

92. Nesse sentido: AgRg no Ag 676.160/MG, 4.ªT., j. 25.11.2010, rel. Min. Maria Isabel Gallotti, *DJe* 17.12.2010; STJ, REsp 59.209/PR, 2.ª T., j. 15.08.2000, rel. Min. Eliana Calmon, *DJU* 20.11.2000, p. 284; STJ, REsp 162.194/SP, 4.ªT., j. 07.12.1999, rel. Min. Barros Monteiro, *DJU* 20.03.2000, p. 76; STJ, REsp 49.445/SP, 4.ª T., j. 12.12.1994, rel. Min Ruy Rosado de Aguiar, *DJU* 13.03.1995, p. 5.304. Cf. também *RJTJSP* 78/190.

93. STJ, REsp 285.630, j. 16.10.2001, rel. Min. Ruy Rosado de Aguiar, *DJ* 04.02.2002, p. 377. No mesmo sentido, STJ, REsp 261.028/RJ, 3.ª T., j. 30.05.2001, rel. Min. Carlos Alberto Menezes Direito, *DJU* 20.08.2001, p. 459; STJ, REsp 263.223/SP, 4.ª T., j. 04.10.2001, rel. Min. Aldir Passarinho Júnior, *DJU* 25.02.2002, p. 384. Argumenta-se que o princípio contido no referido preceito legal é estabelecido em benefício do autor e, por isso, este não pode ser prejudicado com a improcedência do pedido, nos casos em que o juiz não tenha condições de precisar o *quantum debeatur* (cf. Luiz Rodrigues Wambier, *Sentença civil:* liquidação e cumprimento, n. 3.3.3, p. 115 ss.).

94. *JUTACivSP* 80/55; *RJTJSP* 50/158.

95. *RTJ* 90/581 – m.v.

96. *RTJ* 93/1.240. No mesmo sentido: *JUTACivSP* 85/356.

97. *RT* 556/149; *JUTACivSP* 78/120.

98. REsp 12.697-0/SP, rel. Min. Sálvio de Figueiredo, *DJ* 10.01.1994 – citado por Sálvio de Figueiredo Teixeira, *O STJ e o processo civil*, p. 291.

aos arts. 126, 128, 458 e, especialmente, ao 460, *caput*, do CPC, haverá infração clara ao próprio princípio dispositivo, consagrado como princípio medular do sistema, o qual deve inspirar todo o pronunciamento judicial, inclusive a sentença.

A sentença *extra petita* viria a subtrair ao réu a legítima possibilidade de se ter defendido, pois não teria ele tido oportunidade de manifestar-se sobre o que viria a ser decidido, e que não foi pedido.

A decisão *extra petita* poderá consistir num pronunciamento excedente sobre o tipo de ação ("pedido imediato") propriamente dito, como, ainda, será também *extra petita* se, conquanto atendido o pedido, tal ocorra por outra *causa petendi*. Assim, se alguém solicita separação judicial, fundada em determinada injúria grave, e o juiz decreta a separação, mas baseado em adultério (*não alegado*), padece tal sentença do referido vício.

Isto porque, conforme tivemos oportunidade de salientar, embora a *causa petendi* não *integre* o pedido, ela o *identifica*. Assim, se o autor faz o pedido *x* baseado na causa de pedir *x1*, e se o juiz conceder o "mesmo" pedido *x* pela causa de pedir *y*, *não* estará, na verdade, concedendo o *mesmo pedido*. Assim tem entendido a nossa jurisprudência, maciçamente.[99]

Nessa linha, o STJ já decidiu, por exemplo, em ação de responsabilidade civil ajuizada contra clínica médica e seus sócios, cuja causa de pedir consistia na morte de paciente em decorrência de maus tratos sofridos durante a internação, ser defeso ao Tribunal condenar os réus com base nas más condições de atendimento da clínica, não relacionadas com o óbito. Pontuou-se, na ocasião, que "O provimento judicial está adstrito, não somente ao pedido formulado pela parte na inicial, mas também à causa de pedir, que, segundo a teoria da substanciação, adotada pela nossa legislação processual, é delimitada pelos fatos narrados na petição inicial". Em decorrência, "incide em vício de nulidade por julgamento *extra petita* a decisão que julga procedente o pedido com base em fato diverso daquele narrado pelo autor na inicial como fundamento do seu pedido".[100] Noutro acórdão, proferido em sede de mandado de segurança, entendeu-se ser *extra petita* o julgamento do Tribunal *a quo* que levou em conta, para efeitos de se constatar a existência de direito líquido e certo, abuso de autoridade referente a ato outro que não o indicado pelo impetrante na inicial.[101]

Na medida em que o próprio sistema defina o pedido como alternativo, "quando, pela natureza da obrigação, o devedor puder cumprir a prestação de mais de um modo" (art. 288 do CPC), segue-se que, sendo solicitado o cumprimento de tal obrigação, a sentença poderá determinar o referido adimplemento da obrigação, de mais de uma maneira. Em rigor, no caso, a alternativa é *ex lege*, e, assim sendo, o juiz está, pela lei, autorizado a decidir de forma a ensejar mais de uma modalidade de cumprimento, *mesmo que o autor não tenha expressamente solicitado*. Não poderá o referido autor insurgir-se contra tal decisão.

Mesmo que, eventualmente, tenha o autor solicitado o cumprimento da obrigação de uma só forma, ou maneira, nem por isto estará o juiz vinculado a tal unicidade de maneira de cumprimento que tenha sido

99. STJ, MS 9.315, 3.ª S., j. 13.12.2004, rel. Min. Arnaldo Esteves Lima, *DJ* 27.04.2005, p. 160, extensamente fundamentado; STJ, RHC 17612, j. 16.06.2005, rel. Min. Gilson Dipp, *DJ* 01.07.2005, p. 565; *RJTJSP* 60/50.

100. STJ, REsp 1169755/RJ, 3.ª T., j. 06.05.2010, rel. Min. Vasco della Giustina (Desembargador convocado do TJ/RS), *DJe* 26.05.2010.

101. STJ, RMS 18655/SC, 1.ª T., j. 14.11.2006, rel. Min. Luiz Fux, *DJ* 16.08.2007.

pedida. Prevalece, *in casu*, a regra do art. 288, parágrafo único, *verbis*: "Quando, pela lei ou pelo contrato, *a escolha couber ao devedor*, o juiz lhe assegurará o direito de cumprir a prestação de um ou de outro modo, *ainda que o autor não tenha formulado pedido alternativo*".

De outra parte, lembremos a regra do art. 289, que dispõe: "É lícito formular mais de um pedido em ordem sucessiva, a fim de que o juiz conheça do posterior, em não podendo acolher o anterior". Com relação a este texto, tendo em vista sua repercussão na sentença, podemos dizer que só no caso de inviabilidade de atendimento a pedido anterior é que o juiz poderá passar à apreciação do posterior. Se, eventualmente, o juiz apreciar diretamente o pedido posterior, estará infringindo a regra da correspondência entre o pedido e a sentença, pois está ínsito no pedido que a solicitação posterior só poderá ser objeto de consideração se a anterior for inviável. Por outras palavras, a inversão da ordem infringe a vontade do autor e, assim, implica julgamento *extra petita*.[102-103]

Ainda, deve ser recordado o art. 290, o qual dispõe que, consistindo a obrigação "em prestações periódicas, considerar-se-ão elas incluídas no pedido, independentemente de declaração expressa do autor". *Ex lege*, portanto, sendo a obrigação de cumprimento em prestações periódicas, *ipso facto*, basta a solicitação de seu cumprimento, para se entender que se pedem todas as prestações. Inversamente, se é o autor que deseja cumprir a obrigação, entendendo haver *mora accipiendi*, ao devedor, pelo fato de consignar a primeira prestação, fica assegurado o direito de, em curso do procedimento, efetuar os depósitos sucessivos. Aliás, lembramos que a regra do art. 290 coaduna-se com a do art. 892 (este último dispositivo é específico para a ação de consignação em pagamento).

Se não foram pedidos perdas e danos, a sentença que condene o réu ao pagamento será *extra petita*.[104]

A jurisprudência tem reiteradamente entendido ser nula a sentença que decidir *extra petita*,[105] nulidade esta que deve ser declarada de ofício.[106]

A jurisprudência, corretamente, tem entendido ser a decisão *extra petita* em ca-

102. De outro lado, já decidiu o STJ que, em se tratando de lide com uma só causa de pedir, repelida esta, tem-se como consequência inafastável a improcedência dos pedidos alternativos. Se o acórdão do tribunal local entende que a prestação jurisdicional não está completa neste caso, estará ferindo a regra constante no art. 458 (REsp 39.752-9/SP, rel. Min. Antônio Torreão Braz, *DJ* 21.11.1994 – em Sálvio de Figueiredo Teixeira, *O STJ e o processo civil*, p. 289-290).

103. Com base nesse raciocínio, já defendemos a impossibilidade de se promover o cumprimento de sentença quanto à obrigação subsidiária, acolhida na sentença, sem qualquer justificativa para se desprezar a execução da obrigação principal, acolhida pela sentença, de acordo com a ordem de preferência do autor (*Soluções práticas de direito: pareceres*, vol. III, p. 835 e ss.).

104. TJDF, ApCív 20010111048807, 4.ª T., j. 04.12.2002, rel. Des. Vera Andrighi: Processo civil – Civil – Rescisão contratual – Arrendamento mercantil – Retomada do bem – Condenação ao pagamento das prestações em atraso – Cobrança antecipada do VRG – Sentença *extra petita* – I. A r. sentença é *extra petita* ao proferir decreto condenatório, pois o pedido constante da petição inicial é tão somente de rescisão do contrato e retomada do bem objeto do arrendamento mercantil. II. Acolhimento da preliminar para decotar da r. sentença o decreto condenatório.

105. STJ, AgRg no REsp 731359, j. 14.06.2005, rel. Min. José Delgado, *DJ* 08.08.2005, p. 202; 1.º TACivSP [extinto] – *RT* 236/452, 246/422 e 263/544; *JUTACivSP* 37/44.

106. STJ, REsp 610843, j. 23.03.2004, rel. Min. Castro Meira, *DJ* 30.08.2004, p. 271; *Anais Forenses do Estado do Mato Grosso* 39/211. Na doutrina: Arruda Alvim, Sentença no processo civil, *Revista de Processo [RePro]* 2/79.

sos em que o acórdão confirma a sentença de primeiro grau, por fundamento não invocado na inicial.[107]

Por outro lado, não decide *extra petita* o juiz que, em ação de prestação de contas, afastar o pedido de multa formulado pela parte para a não prestação das contas e faz incidir a previsão legal, no sentido de não poder o réu (que não apresentou as contas), impugnar as apresentadas pelo autor.[108]

312. A sentença *ultra petita*

Afigura-se que, teoricamente, é possível distinguir-se julgamento *ultra petita* do *extra petita*. Será *ultra petita* quando a sentença for *além* do pedido formulado, concedendo ou deixando de conceder expressamente mais do que tenha sido pedido. Já a sentença *extra petita*, como vimos, constitui-se em julgar coisa diversa da que fora pedida, deixando-se, em certa medida, praticamente sem resposta o que foi pedido.[109] A base legal, que veda o julgamento *extra* e *ultra petita*, está nos arts. 460, *caput*, e 128.

A sentença ser *infra*, *extra* ou *ultra petita* é fenômeno que diz respeito à sua parte decisória (ao *decisum*), pois que consiste em infração ao princípio da congruência do *decisum* com o pedido. Não diz respeito à "extensão argumentativa" da fundamentação.

A alteração do *nomen juris* da ação não importará infração à regra da proibição de julgamento *ultra petita*, mesmo porque tal providência insere-se no âmbito da regra *da mihi factum, dabo tibi jus*.

Em nome do *princípio do aproveitamento* ou da *conservação*, a sentença *ultra petita* deve ser cancelada apenas no que exceda ao pedido,[110] com o que está satisfeito o *princípio dispositivo*, que implica, nesta temática, que a sentença seja delimitada pelo pedido e, também, pela causa de pedir (*princípio da correlação* ou *da congruência*).

É *ultra petita*, já se decidiu, a sentença que, diante da concordância da parte em que os juros sejam contados a partir do trânsito em julgado da decisão, manda contá-los a partir da citação.[111]

Por outro lado, não se decide *ultra petita* na sentença em que, ao se resolver sobre separação de corpos, em procedimento cautelar, se decide sobre a posse e guarda de filhos menores.[112] O juiz que, em ação de reintegração de posse com pedido de reintegração, *initio litis*, manda realizar audiência de justificação não decide *ultra petita*.[113]

Ainda, não decide *ultra petita* o juiz que, em ação de indenização, concede a correção monetária sem que conste o pedido da inicial.[114]

107. *JUTACivSP* 59/213.

108. *JUTACivSP* 59/39.

109. STJ, REsp 709.654, j. 07.06.2006, rel. Min. Denise Arruda, *DJ* 01.07.2005, p. 425; STF – *RT* 273/819. A jurisprudência frequentemente confunde as expressões, cf.: TJSP, ApCív 28.170-1, 1.ª Câm.Cív., j. 29.03.1983, v.u, rel. Octavio Stucchi.

110. STJ, EDcl no REsp 493.093, j. 20.05.2004, rel. Min. Laurita Vaz, *DJ* 21.06.2004, p. 239; *Revista de Processo [RePro]* 4/406, em. 193; *RJTJSP* 49/129. No mesmo sentido: *RT* 592/219.

111. *JUTACivSP* 58/27.

112. TJRJ, MS 355, 6.ª Câm. Civ., m.v., rel. Vivaldo Couto.

113. TJSP, MS 225.523, Cotia, Câm. Civ., 10.08.1974, v.u., rel. Macedo Bittencourt.

114. STJ, REsp 475.174, j. 11.02.2003, rel. Min. Felix Fischer, *DJ* 17.03.2003, p. 280; *RTJ* 100/773. A afirmação do texto é *suportada* pelo entendimento da Súmula 562 do STF ("Na indenização de danos materiais decorrentes de ato ilícito cabe a atualização de seu valor, utilizando-se, para esse fim, dentre outros critérios, dos índices de correção monetária") e da Súmula 43 do STJ ("Incide correção monetária sobre dívida por ato ilícito a partir da data do efetivo prejuízo").

313. A sentença e o julgamento em face de pedido genérico

Tendo em vista o disposto no art. 460, parágrafo único (acrescentado pela Lei 8.952/1994 – que nada mais fez do que transportar para este dispositivo o comando do art. 461 na redação primitiva do CPC), há que ser ressaltado que, ainda que o pedido possa ser genérico, isso não significa, todavia, que os fatos dos quais decorra a *obrigação de indenizar* perdas e danos não devam, necessariamente, ser comprovados no processo de conhecimento, e deverá a existência desta obrigação constar da sentença, deixando-se para a liquidação, tão somente, a apuração do *quantum*.[115]

Quanto à possibilidade de o juiz proferir sentença ilíquida em face de pedido genérico, há que se atentar para uma peculiaridade do procedimento sumário nas hipóteses previstas nas letras "d" e "e" do art. 275, II, do CPC, que cuidam, respectivamente, das ações indenizatórias por danos causados em acidente de veículo de via terrestre e das de cobrança de seguro, relativamente aos danos causados em acidente de veículo. Para as citadas ações, o art. 475-A, recentemente incluído no CPC pela Lei 11.232/2005, prevê, em seu § 3.º, a necessidade de o juiz fixar, de plano, na sentença proferida na fase de conhecimento, a seu prudente critério, o valor devido.

Dispõe o referido § 3.º do art. 475-A, do CPC: "§ 3.º Nos processos sob procedimento comum sumário, referidos no art. 275, inc. II, alíneas 'd' e 'e' desta Lei, é defesa a sentença ilíquida, cumprindo ao juiz, se for o caso, fixar de plano, a seu prudente critério, o valor devido" (Incluído pela Lei 11.232/2005).

Como se vê, a proibição de o juiz, nesses casos de procedimento sumário, prolatar sentença ilíquida, é seguida da autorização para estimativa do valor devido, em conformidade com o "prudente critério do magistrado".

Advirta-se que tal estimativa do valor devido pelo magistrado só tem lugar quando o pedido genérico é formulado em conformidade com um dos incisos do art. 286 do CPC.

Se assim não for, não poderá o juiz conhecer do pedido genérico, devendo indeferir de plano a petição inicial, porque ausente um requisito essencial (pedido certo e determinado – arts. 282, IV, c/c 286 do CPC).

Caso contrário, a prática equivocada dos juízos e tribunais de admitirem a propositura de ação mediante formulação de pedido genérico, sem amparo em qualquer dos incisos do art. 286, terá no rito sumário (art. 275, II, *d* e *e*) o efeito grave de permitir, fora das excepcionais hipóteses autorizadas no CPC, que o juiz arbitre o valor devido já na fase de conhecimento.

314. A sentença enfocada em face dos mais comuns problemas de direito intertemporal

Tendo presente o quanto disposto no art. 462, deve-se fazer as seguintes observações.

O juiz não pode conhecer de fato novo ocorrido posteriormente à propositura da ação, caso este venha a alterar a *causa petendi*[116] e/ou o pedido, pois por *fato novo* deve-

115. *RTJ* 105/1.289.

116. *Revista de Processo* [*RePro*] 4/393, 114 (*causa petendi*); *JUTACivSP* 58/53 (pedido). Confira-se a ementa de acórdão proferido pelo extinto Tribunal de Alçada de Minas Gerais: Anulação de negócio jurídico – Causa de pedir: incapacidade de parte e coação – Impossibilidade de modificação, depois de saneado o processo, para incluir irregularidades no procedimento do cartório que levariam à anulação da formalização do negócio jurídico. Se a postulação do autor tem como fundamentos incapacidade e coação, o que se pretende é anular o negócio jurídico, e não sua formalização, feita pelo cartório de notas. As pessoas que emitiram sua

-se entender aquele que, rigorosamente, se ajusta à *causa petendi* e ao pedido. É fato *novo* só quanto à circunstância de sua ulterior ocorrência, relativamente à época da postulação inicial, e não no sentido de *inovar o petitum* e sua(s) *causa(æ) petendi*, pois já daí deve constar.

O juiz pode e *deve, ex officio*, configurados os pressupostos, levar em consideração a ocorrência de fato superveniente,[117] pois isso está estabelecido no art. 462.

Ocorrendo fato superveniente, o qual deve ser provado, que faça desaparecer o direito de autor, já se decidiu, cada parte arca com suas despesas e honorários de advogado.[118] Entretanto, a *regra correta* dependerá da *mensuração dos atos praticados, e enquanto tinha* (= *subsistia*) *motivo para agir*. Assim, caso o autor, v.g., até a audiência, *tivesse razão*, mas tenha deixado de tê-la pela ocorrência do fato superveniente, por certo a sua condenação em metade das custas não está correta, em face das regras do Código de Processo Civil a respeito.

O juiz deve decidir a causa da forma como a mesma se encontra, quando (no momento) da entrega da prestação jurisdicional,[119] enunciado este em que se expressa a aplicação ou observância ao art. 462.

O que se pretende firmar, através da regra anteriormente enunciada, é que, pelo sistema do Código de Processo Civil (e em face do art. 462), *os parâmetros (legais e fáticos) para a decisão devem ser aqueles existentes no momento da sentença*, o que vale como *regra geral* se, entre o momento da postulação e o instante da sentença, houver alteração de um e outro.

Isto implicará que, verificada a existência de direito superveniente (art. 462), será o momento da sentença aquele em que *tal fato ou regra jurídica supervenientes deverão ser considerados e aplicados*. Nesse ponto, o parágrafo único do art. 504 do PL 8.046/2010 inova ao dispor que "se constatar de ofício o fato novo, o órgão jurisdicional ouvirá as partes sobre ele antes de decidir".

No entanto, *este aspecto ou esta ótica* a seguir considerada é, também, *relevante ao lado da anterior e a ela deve ser acrescentada*, o que equivale a dizer que *o assunto deverá ser visualizado, também, em face das regras de direito intertemporal*, tendo em vista o direito material *e, particularmente, o ato jurídico perfeito e o direito adquirido*.

Por outras palavras, no processo não se poderá desconhecer a existência, v.g.,

---

vontade para a formação do negócio jurídico é que devem suportar os efeitos de sua anulação, e dentre tais pessoas não se inclui o cartório, que se limita a formalizar o ato, sendo portanto parte passiva ilegítima. Se a petição inicial apontou a invalidade como efeito jurídico de incapacidade e coação e não de irregularidades no procedimento do cartório, a evocação destas irregularidades configura inovação da causa de pedir, o que é vedado pelos art. 264 e 303 do Código de Processo Civil. TAMG [extinto], Ap. 320.101-4, 4.ª Câm., rel. Juíza Maria Elza, ac. 06.02.2002). Em sentido convergente: TRF – 2.ª Região, AgRg na Ap 9902155952/RJ, 3.ª T., 21.11.2000, rel. Des. Virgínia Procópio de Oliveira Silva, *DJU* 15.02.2001.

117. STJ, REsp 688.151, j. 07.04.2005, rel. Min. Nancy Andrighi, *DJ* 08.08.2005, p. 305; STJ, 6.ª T., AgRg no REsp 895.798/CE, Rel. Min. Maria Thereza de Assis Moura, j. 23.03.2010, *DJe* 12.04.2010. Nos tribunais de segundo grau: TJRS, 3.ª Câmara Especial Cível, Apelação Cível 70046645651, rel. Miguel Ângelo da Silva, j. 14.02.2012, *DJ* 22.2.2012; TRF da 3.ª Região, AMS 63.408 SP 1999.03.99.063408-0, rel. Juiz Convocado Leonel Ferreira, j. 25.05.2011; TRF da 3.ª Região, AMS 2.413 SP 2000.61.83.002413-0, rel. Juíza Convocada Cláudia Arruga, j. 20.06.2011.

118. STJ, REsp 673.450, j. 02.12.2004, rel. Min. José Delgado, *DJ* 18.04.2005, p. 230; *JUTACivSP* 33/264.

119. STJ, REsp 551.959, j. 07.04.2005, rel. Min. Luiz Fux, *DJ* 06.06.2005, p. 181.

de direito adquirido, de ato jurídico perfeito, institutos que *afastam a incidência da lei nova;* desde que verificados os respectivos pressupostos, deverão ser respeitados no processo civil. Nesta hipótese, será inviável pretender-se aplicar norma jurídica posterior, pois não será, propriamente, *o direito superveniente* a que se refere o art. 462. Já procuramos abordar essa matéria com detença, *e o que se disse prevalece atualmente,*[120] no que diz respeito ao ato jurídico perfeito e ao direito adquirido.

Merece referência decisão do extinto 1.º TACivSP, do então Juiz César de Moraes,[121] na qual o assunto vem tratado com toda a propriedade, tendo aí sido encampado nosso pensamento.[122]

No que interessa, para se terminar o traçado do perfil, na hipótese, deve-se dizer que, "em sendo alterada a lei material, durante o procedimento, aplica-se *a lei material contemporânea à ocorrência do fato* sobre o qual se pretende o pronunciamento judicial" (quando houver *direito adquirido* ou *ato jurídico perfeito*). *Fundamentalmente, trata-se de assunto disciplinado pelo direito intertemporal, e, no Brasil, há garantia constitucional contra a retroatividade da lei.*[123] *Caso clássico é o da existência de um contrato, que é ato jurídico perfeito, a respeito do qual se discuta, e, durante o processo, se altere a legislação, colocando-se o problema e a solução de que a demanda deverá ser decidida com base na lei regente na época da feitura do contrato.* Nesse sentido é a doutrina. Vale lembrar, como exemplo expressivo, o referente à aplicabilidade do Código de Proteção e Defesa do Consumidor a fatos ocorridos antes da sua vigência; ou, então, exclusivamente, a fatos verificados só a partir de sua vigência, *sendo esta a posição correta.*[124] E fazendo aplicação desse princípio, e a propósito do mesmo Código de Defesa do Consumidor, assim tem decidido o STJ.[125] E assim decidia e decide o STF.

---

120. Cf. Arruda Alvim, *Curso de direito processual civil.* São Paulo: RT, 1971, vol. 1/117-120.

121. *JUTACivSP* 31/135.

122. Rev. cit., p. 136/137.

123. Trata-se da norma do art. 5.º, XXXVI, pelo que se vê que "a lei não prejudicará o direito adquirido, o ato jurídico perfeito e a coisa julgada".

124. Nelson Nery Junior, em trabalho intitulado *Os princípios gerais do Código Brasileiro de Defesa do Consumidor*, diz que "a regra é a não retroatividade da lei, não se aplicando a lei nova (Código do Consumidor) aos contratos já celebrados"; v., ainda, José Luiz Bayeux Filho, em trabalho intitulado *O Código do Consumidor e o direito intertemporal*; Arruda Alvim, Thereza Alvim, Eduardo Arruda Alvim e James J. Marins de Souza, *Código do Consumidor comentado*, comentários ao art. 118, p. 513, em que se lê: "No que diz respeito à vigência do Código de Proteção e Defesa do Consumidor, há de se considerar que o mesmo é inaplicável a situações juridicamente consolidadas, anteriormente à sua vigência".

125. O Superior Tribunal de Justiça, no REsp 31.954-9/RS, do voto do Min. Waldemar Zveiter, que prevaleceu, afasta a incidência pretérita do Código de Defesa do Consumidor. Aí se lê: "Tenho compromisso com precedentes julgados da Turma. Afasto a incidência dos dispositivos do Código do Consumidor ao caso concreto. O só fato de se constituir em lei de ordem pública, na espécie, não traz em si o condão de desconstituir os atos jurídicos formalizados sob a égide de norma anterior". O STJ, pode-se dizer que sem variação de entendimento, tanto pela sua 4.ª T., quanto pela sua 3.ª T. (responsáveis, fundamentalmente, pelo julgamento, em grau de recurso especial, das lides que envolvam relações qualificáveis como sendo de direito privado), orienta-se categoricamente pela inaplicabilidade do Código de Proteção e Defesa do Consumidor, tendo em vista fatos anteriores à sua vigência. Vale dizer, todo o Tribunal decide pela inaplicabilidade do Código de Proteção e Defesa do Consumidor a fatos anteriores à vigência deste Código. Verifiquem-se os seguintes acórdãos: 1.º) REsp 36.952, 3.ª T., rel. Min. Eduardo Ribeiro, cuja ementa reza que o "Código de Defesa do Consumidor, (tendo em vista) rescisão contratual ocorrida antes de

Vale dizer, as figuras ou os institutos do direito adquirido e do ato jurídico perfeito, *ainda que se modifique a lei material (em curso a um processo, ou não)*, levarão à *necessária* aplicação, "agora", da lei coeva à época do direito adquirido e do ato jurídico perfeito (no caso do contrato, da data de sua celebração). *Incogitável, pois, aplicação imediata da lei material, e inaplicável é o art. 462, para o fim de vulnerar os bens jurídicos protegidos por esses institutos (previstos na própria Constituição Federal)*, o que não colide com a assertiva no sentido de que as leis aplicam-se imediatamente (tanto as processuais, quanto as materiais, se assim o tiver prescrito o legislador). Por outras palavras, a aplicação imediata de lei não pode acarretar vulneração de ato jurídico perfeito, de coisa julgada ou de direito adquirido. *É aplicável a lei superveniente, desde que não haja direito adquirido ou ato jurídico perfeito, e, também, quando preexista coisa julgada* (art. 462).[126]

A aplicação da *lei material* na sentença, diversa da vigente ao tempo do pedido inicial, pode ocorrer, pois, quando não haja direito adquirido, quando inexista coisa julgada ou quando não nos defrontemos com ato jurídico perfeito. Na realidade, aliás, a aplicação da lei ulterior, isto é, a vigente à época da sentença e revogadora da vigente quando da postulação inicial, *será de rigor* (art. 462).

Por outras palavras, *não estando em pauta a existência de direito adquirido, coisa julgada ou ato jurídico perfeito*, haver-se-á de aplicar a lei posterior, no que diz respeito à solução da lide. *Verbi gratia*, em direito de propriedade relacionado com o seu limite de fracionamento, porque inexiste direito adquirido a um determinado tamanho ou gabarito (= módulo). Se houver modifica-

---

sua entrada em vigor". A decisão local era no mesmo sentido, e daí não se ter conhecido do recurso, por unanimidade (publicado no *DJU* em 16.05.1994, p. 11.761); 2.º) REsp 38.639, rel. Min. Edson Vidigal, cuja ementa reza o seguinte: "1) Correta a decisão que afastou a incidência do Código de Consumidor, o qual não pode alcançar contrato constituído antes de sua vigência, por força do princípio da irretroatividade. 2) Recurso não conhecido" – *DJU* 30.05.1994, p. 13.497; 3.º) REsp 40.228, 3.ª T., rel. Min. Waldemar Zveiter, cuja ementa reza: "I – Não incidem os dispositivos do Código de Defesa do Consumidor nos contratos celebrados antes de sua vigência. O só fato de se constituir em lei de ordem pública não traz em si o condão de desconstituir os atos jurídicos formalizados sob a égide de norma anterior, eis que sem conteúdo de aplicação imediata e intervencionista, força da suspensividade nela mesma contida (art. 118 da Lei 8.078/90). II – Há de se respeitar a cláusula livremente pactuada, que prevê a perda das parcelas pagas, em caso de inadimplemento do contrato. Precedentes do STJ e STF. III – Recurso não conhecido" – *DJU* 13.06.1994, p. 15.103; 4.º) REsp 45.226, 4.ª T., rel. Min. Sálvio de Figueiredo, cuja ementa reza: "I – Em se tratando de compromisso de compra e venda firmado em data anterior à vigência do Código de Defesa do Consumidor, é de ser havida como válida a previsão contratual da perda das quantias pagas pelo compromissário adquirente, instituída a título de cláusula penal compensatória para o caso de resolução a que haja dado causa. II – Assim estipulada a pena convencional, pode o juiz, autorizado pelo disposto no art. 924, CC [1916], reduzi-la a patamar justo, com fito de evitar enriquecimento sem causa que de imposição integral adviria à promitente vendedora", cuja decisão foi de conhecer e dar provimento ao recurso, por votação unânime – *DJU* 31.10.1994, p. 29.504.

---

126. Cf. STJ, AgRg no REsp 449.039, j. 01.04.2003, rel. Min. Luiz Fux, *DJ* 05.05.2003, p. 228. O STF (RE 145.933-6/MG, j. 03.12.1994, v.u., rel. Min. Ilmar Galvão, *DJU*, I, de 16.12.1994, *IOB* 3/10.554 – fev./95) entendeu constitucional a aplicação da Lei 8.009/90 (impenhorabilidade do bem de família) em execuções em curso, eis que inexistente qualquer direito adquirido à penhora no curso da ação (a penhora é, de acordo com o entendimento que então prevaleceu, ato inicial da execução, sujeito, pois, a modificações que podem resultar em sua ampliação ou redução, mas também na substituição de seu objeto).

ção, pendente o processo, aplicar-se-á a lei posterior.[127]

Nesse sentido é correta a assertiva constante de acórdão[128] de que "a sentença deve refletir o estado de fato no momento da decisão, devendo o juiz levar em consideração, de conformidade com os arts. 303, I, e 462 do CPC, direito *superveniente* ou fato constitutivo [do direito ou, *mutatis mutandis*, dos fatos] modificativo ou extintivo, pois aquele nada mais é do que o resultado da incidência deste",[129] e, completamos nós: *deverá, todavia, ser desconsiderada e não aplicada a lei posterior se se estiver em face do ato jurídico perfeito, coisa julgada ou de direito adquirido.*

Já se decidiu que o fato superveniente não pode ser levado em consideração em mandado de segurança, quando só a partir do mesmo se configura o direito que até aquele momento não existia.[130] Mais recentemente, há decisões que aplicam o art. 462 também ao mandado de segurança.[131]

A ilegitimidade de parte, igualmente, pode ser "convalidada" com base no art. 462 do CPC.[132]

A ocorrência de fato, ainda que posterior à sentença, deve ser levada em conta no momento do julgamento da apelação, em face do princípio da economia processual, que tem abrandado o rigorismo do princípio de que a ação deve ser julgada como posta em juízo.[133] Em rigor, o fundamento legal é o art. 462 que, *no âmbito* do que dispõe, encampou o princípio da economia processual.

As *inexatidões materiais* e os *erros de cálculo* não sofrem a ação do tempo, isto é, *não precluem*. Podem ser corrigidos em face de pedido *simples* e *devem* ser corrigidos *ex officio*, independentemente de uso de embargos de declaração. Tanto umas, quanto outros, não correspondem àquilo que efetivamente se decidiu, e daí deverem ser corrigidos através de petição simples.[134]

127. Nesse sentido: *RJTJSP* 82/700, embora com fundamentação algo diversa.

128. *RJTJSP* 82/700.

129. V., ainda, *RT* 527/107; *RJTJSP* 40/72; e *JUTACivSP* 34/120.

130. TJRJ, Ap 5.289, 8.ª Câm. Civ., j. 14.03.1979, m.v., rel. Olavo Tostes Filho (em parte).

131. STJ, REsp 670.842, j. 02.06.2005, rel. Min. Laurita Vaz, *DJ* 13.06.2005, p. 337; STJ, REsp 438623, j. 10.12.2002, rel. Min. Felix Fischer, *DJ* 10.03.2003, p. 288 ; STJ, 2ª T., AgRg no RMS 34.595/PR, rel. Min. Herman Benjamin, j. 01.09.2011, *DJe* 09.09.2011. Inaplicável, entretanto, o art. 462 do CPC, se a análise de fato novo demandar dilação probatória: STJ, RMS 21.037/RJ, 6.ª T., rel. Min. Maria Thereza de Assis Moura, j. 24.11.2009, *DJe* 14.12.2009).

132. *RJTJSP* 74/184.

133. *JUTACivSP* 87/446.

134. Nesse sentido é o entendimento pacífico de nossos tribunais: STJ, REsp 111.850, j. 26.02.2002, rel. Min. Aldir Passarinho Júnior, *DJ* 15.04.2002, p. 220; STF-*RTJ* 73/946 e 74/510; v., igualmente, ApCiv. 146.794, 3.º Grupo de Câmaras do 2.º TACivSP [extinto], rel. Juiz Cézar Peluso, *RT* 573/189-191, especialmente à p. 190. O trecho em *itálico* está no acórdão indicado, da forma seguinte: "(...) fortuita divergenza fra l'idea e la sua rapprensentazione, chiaramente riconoscibile da chiunque", ou seja, a representação da ideia não corresponde àquilo que foi decidido; na doutrina, v. Humberto Theodoro Jr., que, aludindo à homologação de sentença no processo de liquidação, assevera "ser possível, *mesmo após o trânsito em julgado*, a correção de erro material, pois estes, não sendo fruto da *intenção* do juiz, não transitam em julgado" (cf. *Comentários ao Código de Processo Civil*, vol. 4/252). Cf. também: TJRS, EDcl. 70013817630, 1.ª Câm. Cível, j. 17.05.2006, rel. Des. Irineu Mariani,: Embargos de declaração – Manifestação da parte apontando ocorrências no acórdão – Recebimento pelo relator como embargos declaratórios. Impossibilidade de serem conhecidos, visto que já fluído o quinquídio. Porém, envolvendo inexatidões materiais, a despeito de dependerem de manifestação oficial da câmara, nada obsta sejam corrigidos de ofício. Exegese do art. 463, I, do CPC. Embargos declaratórios não conhecidos e inexatidões materiais sanadas de ofício".

Em face do disposto no art. 463, I, devemos considerar os seguintes pontos fundamentais.

O juiz pode corrigir de ofício inexatidões materiais da sentença (independentemente da utilização de embargos de declaração).[135]

De outra parte, porque se prescinde dos embargos de declaração, ou de outro recurso, deve-se dizer que o erro de cálculo pode ser alegado e corrigido a qualquer momento,[136] não transitando em julgado,[137] podendo e, em rigor, *devendo* ser corrigido de ofício pelo juiz.[138]

Inexatidões materiais constantes da sentença, por serem materiais, podem ser corrigidas quando da oportunidade da elaboração da conta de liquidação,[139] ou, acrescentamos, diante da sistemática imprimida para a liquidação pela Lei 8.898/1994 (art. 604, posteriormente revogado), e mantida pela Lei 11.232/2005 (que inseriu o art. 475-B, e revogou o art. 604), quando da apresentação da memória discriminada de cálculo no início da fase de cumprimento da sentença (art. 475-I ss.), considerando a necessária lealdade e boa-fé que deve presidir toda a atuação das partes em juízo (art. 14, II).

Por fim, já ficou consignado corretamente que: "As correções de ofício ou a requerimento das partes de inexatidões materiais, ou para retificar erros de cálculo, não são apenas admitidas no prazo dos embargos declaratórios, mas podem ser feitas a qualquer tempo, exceto, é óbvio, se o conhecimento da causa já tiver sido devolvido, em grau de recurso, à superior instância".[140]

A propósito do art. 466, devemos salientar que a hipoteca judiciária pode ser inscrita, desde que essa eficácia natural da sentença se ajuste às disposições legais, independentemente de pendência ou não de recurso, pois é resultante de um efeito inerente ou imediato da decisão (= condenatória), que surge com ela, para oferecer pronta garantia à disponibilidade do credor.[141]

Uma sentença deve ser entendida e interpretada à luz de determinados elementos, os quais hajam sido assumidos pelo julgador, e, principalmente, no plano dos fatos dela constantes ou nela descritos, tendo em vista a referibilidade aos fatos que aí se pretende descrever. Estes elementos são úteis para o entendimento de uma sentença, e particularmente úteis quando se tratar da identificação e consequente correção de *erro material* ou *erro de cálculo.*

Se considerarmos o critério da interpretação literal, é ele, certamente, inservível para detecção de um erro material que possa ter sido cometido. O que se há de fazer para identificar a ocorrência de erro material é, precisamente, verificar o que teria querido, inequivocamente, significar a decisão de que se cogite.

Ao lado de não se poder, jamais, interpretar uma norma processual como *criadora originária* de direitos, *que não existam a partir do plano do direito material*, há de se

---

135. STJ, AgRg no REsp 627200, j. 03.03.2005, rel. Min. Paulo Medina, *DJ* 18.04.2005, p. 405; *Arquivo Forense* 65/77. Nesse preciso sentido sempre foi a jurisprudência do STF – v. acórdãos fundamentais: RE 79.524/SP, 2.ª T., rel. Min. Leitão de Abreu, *RTJ* 73/946; RE 87.631/RJ, 2.ª T., rel. Min. Djaci Falcão, *RTJ* 89/599.V., ainda: 10.ª Câm., TJSP, *RJTJSP* 94/287, AgIn 85.363-2, 2.ª col., j. 19.12.1984, rel. Des. Mariz de Oliveira; ainda, 2.º TAC [extinto], AgIn 248.364-5, 1.ª Câm., j. 09.11.1989, rel. Juiz Fraga Teixeira, publicado na *JUTACivSP/LEX*, 120/282-283.

136. *RT* 594/93, tb. publ. em *RJTJSP* 94/286.

137. STJ, REsp 706.633, j. 14.06.2005, rel. Min. Luiz Fux, *DJ* 27.06.2005, p. 268.

138. *RTJ* 107/195.

139. *RT* 537/193.

140. *JUTACivSP* 90/30.

141. *RT* 596/99.

atentar, em sede da hermenêutica, para uma coerência que há de existir entre a natureza e a norma (ou sentença) interpretanda. Neste sentido, ilustre autor pondera que, como ponto preambular a ser respeitado para interpretação, haver-se-á de ter presente uma "coerência imanente das coisas existentes na natureza".[142] Ou seja, dever-se-á repudiar uma interpretação aberrante.

Nessa linha, ainda, um dos mais notáveis lógicos do direito contemporâneo pondera, em sua obra fundamental, que há de se criticar e reprovar a inteligência do direito feita com distanciamento da vida, ou que enfoque o direito (ou o direito tal como constante da sentença) com distância e "abstracionismo" em relação aos fatos na sentença descritos. Necessário é que os resultados da interpretação e do trato do direito representem uma maior "proximidade à vida", de tal forma que assim é que se sabe "do que se está tratando", devendo-se ficar a salvo de possíveis surpresas provenientes de pressupostos ignorados.[143]

Estas premissas, situadas no plano da lógica jurídica, demonstram, igualmente, que a inteligência e a interpretação corretas não podem deixar de observar uma interação entre a sentença e os fatos nela referidos e que ocorreram na vida real, *i.e.*, deve haver um ajuste entre *representação* e *objeto representado*, pois que, do contrário, chegar-se-ia a resultados inaceitáveis, tal como se uma sentença pudesse ser entendida desligadamente daqueles fatos que se pretende hajam sido por ela descritos.

Emilio Betti – sem dúvida o autor de maior prestígio em língua latina que escreveu sobre o assunto –, ao se referir à "totalità e coerenza dell'apprezzamento ermeneutico", ensina ser imprescindível compreender a correlação existente nas diversas partes de um discurso (no caso, de uma sentença) e ter presente que há, através de uma expressão, referência e correlação "que tornam possível a recíproca iluminação do significado entre o todo e os seus elementos constitutivos".[144]

Outro eminente autor – Francesco Ferrara – observa, em obra sobre hermenêutica, que se há de considerar sempre que "ordem jurídica e vida social coincidem: aquela é uma superestrutura desta".[145]

Autor alemão de excepcional prestígio, na mesma linha de Francesco Ferrara, observa que o texto (de uma sentença) tem de refletir a realidade das coisas, *mesmo porque pretende o julgador que isso haja ocorrido*. Este autor observa, como premissa-chave e fundamental do processo hermenêutico, que as *expressões* e os seus respectivos *significados* levam a que hajam sempre de ser vistos como "conceitos paralelos"; diz mais, que essa relação é observável na coisa, havendo o texto legal de traduzir, através da sentença, nesta hipótese, o efetivo valor da indenização, e não outra coisa. Diz, textualmente, o seguinte: "Verifica-se que os conceitos 'expressão' e 'sentido' são conceitos paralelos, que indicam precisamente a mesma coisa, sendo que essa indicação (= relação) ora decorre do texto, ora decorre da coisa: devem ser vistos, ora como a expressão do texto, ora como a expressão da coisa".[146]

142. Cf. Giorgio Lazzaro, *L'interpretazione sistematica della legge*, II, 3, p. 32.

143. Cf. Ulrich Klug, *Logica jurídica*, p. 214; na edição alemã, Ulrich Klug, *Juristische Logik*, p. 174.

144. Cf. Emilio Betti, *Teoria generale della interpretazione*, vol. 2, § 16-a, p. 307-308.

145. Cf. Francesco Ferrara, *Interpretação e aplicação das leis,* 11, p. 157, editada juntamente com a obra de Manuel A. Domingues de Andrade (*Ensaio sobre a teoria da interpretação das leis*). O texto de Ferrara é tradução de parte do seu *Trattato di diritto civile italiano*, edição italiana, de 1921.

146. Cf. Joachim Hruschka, *Das Verstehen von Rechtstexten* – Zur hermeneutischen Transpositivität des positiven Rechts (*A compreensão dos textos jurídicos* – Por uma hermenêutica

Ou seja, todos estes autores citados observam que inexiste hermenêutica correta fora da realidade; vale dizer, o resultado de uma decisão necessariamente tem de ser entendido em função do seu significado na realidade, *mesmo porque uma sentença pretende referir e descrever uma dada realidade, ou determinados acontecimentos, aos quais ela se reporta e nela se relata;* ou seja, *tem de traduzir para a realidade os comandos do direito material.*

Todas estas considerações foram feitas objetivando-se situar o único *ambiente* ou as únicas *regras-premissas* dentro das quais se pode exercer legitimamente uma atividade interpretativa.

Quando se tratar de erro material, cuja existência não possa ser legitimamente posta em dúvida – equivalente, pois, a um *mero* e *puro* lapso, a um manifesto engano, a respeito do qual não se opera preclusão e nem sobre esse recai a autoridade de coisa julgada –, é o mesmo passível de ser modificado e corrigido, *devendo*, efetivamente, sê-lo, no que diz respeito à atividade jurisdicional, pois a parte da decisão eivada de erro material, como visto, não transita em julgado, não ficando, *a fortiori*, acobertada pela preclusão.

Bibliografia

ALVIM, Eduardo Arruda. *Antecipação da tutela.* Curitiba: Juruá, 2007; 1.ª reimpressão: 2008.

______. *Curso de direito processual civil.* São Paulo: Ed. RT, 1999. vol. 1.

______. *Direito processual civil.* 2. ed., revista, atualizada e ampliada. São Paulo: Ed. RT, 2008.

transpositiva do direito positivo), cap. V, p. 40, nota 16, *verbis*: "Man sieht daß die Begriffe 'Ausdruck' und 'Sinn' Parallelbegriffe sind, die genau dieselbe Beziehung bezeichnen, nur daß diese Beziehung bald von Text, bald vom der Sache her betrachtet wird: eine Sache wird als gesehen 'als' der Sinn eines Textes und der Text 'als' Ausdruck dieser Sache".

______. *Direito processual civil.* 3. ed. São Paulo: Ed. RT, 2010.

______. *Direito processual civil.* 4. ed. São Paulo: Ed. RT, 2012.

ALVIM NETTO, José Manoel de Arruda. A nulidade da sentença por infração ao art. 398 do CPC. *Revista de Processo [RePro]* 3/218, 1976.

______. Algumas notas sobre as principais mutações verificadas com as Leis 10.352 e 10.358, de dezembro de 2001. In: CALMON, Eliana; BULOS, Uadi Lammêgo (coords.). *Direito processual: inovações e perspectivas. (Estudos em homenagem ao Ministro Sálvio de Figueiredo Teixeira).* São Paulo: Saraiva, 2003.

______. Cumprimento da sentença condenatória por quantia certa – Lei 11.232, de 22.12.2005 – Anotações de uma primeira impressão. In: FUX, Luiz; NERY JUNIOR, Nelson; WAMBIER, Teresa Arruda Alvim. *Processo e Constituição – Estudos em homenagem ao Prof. José Carlos Barbosa Moreira.* São Paulo: Ed. RT, 2006.

______. *Direito processual civil – Teoria geral do processo de conhecimento.* São Paulo: Ed. RT, 1972. vol. 1.

______. Sentença *citra petita* – Necessidade de ação rescisória. *Revista de Processo [RePro]* 14-15/235, 1979.

______. A sentença no processo civil. *Revista de Processo [RePro]* 2/13, ano I. São Paulo, Ed. RT, abr.-jun./76.

______. Sobre as multas instituídas nos artigos 14 e 18 do Código Civil In: YARSHELL, Flávio Luiz. MORAES, Maurício Zanoide (org.) *Estudos em Homenagem à Professora Ada Pellegrini Grinover.* São Paulo: DPJ Editora, 2005.

______. *Soluções práticas de direito: pareceres.* vol. III: São Paulo: Ed. RT, 2011.

______; ALVIM, Thereza; ARRUDA ALVIM, Eduardo; SOUZA, James J. Marins de. *Código do Consumidor comentado.* 2. ed. São Paulo: Ed. RT, 1995.

ALVIM, Thereza. *Questões prévias e limites objetivos da coisa julgada.* São Paulo: Ed. RT, 1977.

ANDRADE, Luís Antônio de. *Aspectos e inovações do Código de Processo Civil*. Rio de Janeiro: Francisco Alves, 1974.

ANDRADE, Manuel A. Domingues de. *Ensaio sobre a interpretação das leis*. 3. ed. Coimbra: Coimbra, 1978.

ARAGÃO, Egas Dirceu Moniz de. *Comentários ao Código de Processo Civil*. Rio de Janeiro: Forense, 1979. vol. 2.

ARAGÃO, Paulo Cezar. Reflexões sobre as sentenças determinativas. *Revista de Processo [RePro]* 2/159, ano I. São Paulo, Ed. RT, abr.-jun./1976.

ARENHART, Sérgio Cruz. *Tutela inibitória da vida privada*. São Paulo: Ed. RT, 2000.

ASSIS, Araken de. *Manual da execução*. 8. ed. São Paulo: Ed. RT, 2003.

______. *Manual da execução*. 11. ed. São Paulo: Ed. RT, 2007.

BARBI, Celso Agrícola. *Comentários ao Código de Processo Civil*. Rio de Janeiro: Forense, 1983. vol. 1.

BARBOSA MOREIRA, José Carlos. Eficácia da sentença e autoridade da coisa julgada. *Ajuris* 28/15 e *Revista de Processo [RePro]* 34/273, 1984.

______. Os limites objetivos da coisa julgada no novo CPC. *RF* 246/30.

______. A nova definição de sentença. *Revista de Processo [RePro]* 137, 2006.

______. *O novo processo civil brasileiro. 25. ed.* Rio de Janeiro: Forense, 2007.

______. Sentença objetivamente complexa, trânsito em julgado e rescindibilidade. *Revista de Processo [RePro]* 141, 2006.

______. Sentenças Executivas? In: YARSHELL, Flávio Luiz. MORAES, Maurício Zanoide (org.) *Estudos em homenagem à professora Ada Pellegrini Grinover.* São Paulo: DPJ Editora, 2005.

______. *Temas de direito processual civil* – 2.ª Série. São Paulo: Saraiva, 1980.

BAYEUX FILHO, José Luiz. O Código do Consumidor e o direito intertemporal. *Revista de Direito do Consumidor* 5/54-72, jan.-mar./1992.

BETTI, Emilio. *Teoria generale della interpretazione*. Milano: Giuffrè, 1955. vol. 2.

BONICIO, Marcelo José Magalhães. *Capítulos de sentença e efeitos dos recursos*. São Paulo: RCS, 2006.

BORGES, Marcos Afonso. *Comentários ao Código de Processo Civil*. São Paulo: Leud, 1975. vol. 2.

______. Da audiência, da sentença e da coisa julgada. *RBDP* 3/143, 1975; *Revista de Processo [RePro]* 2/263, ano I. São Paulo, Ed. RT, abr.-jun./1976.

BUENO, Cassio Scarpinella. *A nova etapa da reforma do Código de Processo Civil.* São Paulo: Saraiva, 2006.

CAMPOS, Ronaldo Cunha. Sentença como efeito do processo. *RBDP* 22/83.

CARNEIRO, Athos Gusmão. A sentença ilíquida e o art. 459, parágrafo único, do CPC. *Ajuris* 5/166, 1975.

COMOGLIO, Luigi Paolo; FERRI, C.; TARUFFO, Michelle. *Lezioni sul processo civile*. Bologna: Mulino, 1995.

FABRÍCIO, Adroaldo Furtado. *Ação declaratória incidental*. Rio de Janeiro: Forense, 1976.

FERRARA, Francesco. *Interpretação e aplicação das leis*. Trad. da edição italiana de 1921. Coimbra: Coimbra, 1978.

FERREIRA, Sérgio de André. Natureza do mandado de segurança. *RBDP* 22/66.

GIORDANO, J. Batista Arruda. Do arbítrio judicial na elaboração da sentença. *Ajuris* 21/221, 1981.

GOLDSCHMIDT, James. *Der Prozess als Rechtslage.* Darmstadt: Scientia Aalen, 1962.

______. *Zivilprozeßrecht*. 2. ed. Darmstadt: Scientia Aalen, 1969.

______. *Derecho procesal civil*. Ed. esp.

HRUSCHKA, Joachim. *Das Verstehen von Rechtstexten* – Zur hermeneutischen Transpositivität des positiven Rechts (*A compreensão dos textos jurídicos* – Por uma hermenêutica transpositiva do direito positivo). Munique, 1962.

Jauernig, Othmar. *Direito processual civil.* Trad. portuguesa da 25. ed. alemã. Lisboa: Almedina, 2002.

Jobim, Nélson A. A sentença e a preterição do litisconsorte necessário. *Ajuris* 28/32, 1983; *RBDP* 43/83, 1984.

Klug, *Ulrich. Juristische Logik [Lógica jurídica]*. Berlin: Springer-Verlag, 1982.

Kuttner, Georg. *Urteilswirkungen ausserhalb des Zivilprozeß [Efeitos da sentença além do processo civil]*. München: Beck, 1914.

Lazzaro, Giorgio. *L'interpretazione sistemática della legge.* Torino: Giappichelli, 1965.

Leite, J. Oswaldo de Oliveira. Direito superveniente à propositura da ação. *RF* 266/443.

Lima, Alcides de Mendonça. A nova terminologia do Código de Processo Civil. *Ajuris* 1/113, 1974.

Lopes, João Batista. Carência de ação e coisa julgada no novo CPC. *RT* 466/23.

Marinoni, Luiz Guilherme. *Tutela inibitória: individual e coletiva.* São Paulo: Ed. RT, 1998.

______. *Tutela inibitória da vida privada.* São Paulo: Ed. RT, 2000.

Malachini, Edson Ribas. Pedido certo e sentença ilíquida. *RBDP* 19/47, 1979.

Marques, José Frederico. *Manual de direito processual civil.* São Paulo: Saraiva, 1982. vol. 3.

Martins, Milton dos Santos. Da sentença ilíquida. Dois estudos de processo civil. *Ajuris* 5/54, 1975; *Revista de Processo [RePro]* 10/101, ano III. São Paulo, Ed. RT, abr.-jun. 1978.

Medina, José Miguel Garcia. A sentença declaratória como título executivo – considerações sobre o art. 475-N, inciso I do CPC. In: Hoffman, Paulo; Ribeiro, Leonardo Ferres da Silva (coords.). *Processo de execução civil* – Modificações da Lei 11.232/2005. São Paulo: Quartier Latin, 2006.

Melo, Luiz Pereira de. Requisitos essenciais da sentença. *Revista de Processo [RePro]* 11-12/37, ano III. São Paulo, Ed. RT, jul.--dez. 1978.

Miranda, Francisco Cavalcanti Pontes de. *Comentários ao Código de Processo Civil* (1973). Rio de Janeiro: Forense, 1974. t. V.

______. *Tratado das ações.* São Paulo: Ed. RT, 1970. t. I.

______. *Tratado das ações.* São Paulo: Ed. RT, 1978. t.VII.

Monteiro, João Baptista. O conceito de decisão. *Revista de Processo [RePro]* 23/61, 1979.

Naconecy, Luiz Carlos Macedo. *Curso de direito processual civil.* São Paulo: Ed. RT, 1984.

Nery Jr., Nelson. Os princípios gerais do Código Brasileiro de Defesa do Consumidor. *Revista de Direito do Consumidor* 3/65, set.--dez. 1992.

______; Nery, Rosa Maria de Andrade. *Código de Processo Civil comentado e legislação extravagante.* 10. ed., revista, ampliada e atualizada. São Paulo: Ed. RT, 2007.

______; Nery, Rosa Maria de Andrade. *Código de Processo Civil comentado e legislação extravagante.* 12. ed., revista, ampliada e atualizada. São Paulo: Ed. RT, 2012.

Neves, Daniel Amorim Assumpção. O novo conceito de sentença de mérito e os problemas recursais. In: Bruschi, Gilberto Gomes e Shimura, Sérgio (coords.). *Execução civil e cumprimento da sentença.* São Paulo: Método, 2007. vol. 2.

Notariano Jr., Antonio; Bruschi, Gilberto Gomes. Os prazos processuais e o cumprimento da sentença. In: Bruschi, Gilberto Gomes (coord.). *Execução civil e cumprimento da sentença.* São Paulo: Método, 2006.

Oliveira, Vallisney de Souza. *Nulidade da sentença e o princípio da congruência.* São Paulo: Saraiva, 2004.

Pará Filho, Tomás. *Sentença constitutiva.* São Paulo: Lael, 1973.

Pereira, Caio Mário da Silva. Da sentença e seus efeitos no novo Código de Processo Civil. *RF* 251/49; *Litis* 3/5.

PIMENTEL, Wellington Moreira. *Comentários ao Código de Processo Civil*. São Paulo: Ed. RT, 1979. vol. 3.

PINHO, Humberto Dalla Bernardina de. *Teoria geral do processo civil contemporâneo*. Rio de Janeiro: Lumen Iuris, 2007.

PISANI, Andrea PROTO. *Lezioni di diritto processuale civile*. Napoli: Jovene, 1999.

RESTIFFE, Lauro Paiva. Aspectos práticos da coisa julgada. *RJTJESP* 48/13.

ROENICK, Hermann Homem de Carvalho. A sentença civil e a coisa julgada. *RF* 251/173.

SAMPAIO, José S. *O procedimento comum no novo Código de Processo Civil*. São Paulo: Ed. RT, 1975.

SANTOS, Ernane Fidélis dos. *Comentários ao Código de Processo Civil*. Rio de Janeiro: Forense, 1980. vol. 3, t. I.

SANTOS, Moacyr Amaral. *Comentários ao Código de Processo Civil*. Rio de Janeiro: Forense, 1982. vol. 4.

______. *Primeiras linhas de direito processual civil*. 21. ed. (atualizada por Aricê Moacyr Amaral Santos.) São Paulo: Saraiva, 2003. vol. 3.

SILVA, Ovídio A. Baptista. *Curso de processo civil*: processo de conhecimento. 4. ed. São Paulo: Ed. RT, 1998. vol. 1.

______. *Curso de processo civil*. Porto Alegre: Sérgio Antonio Fabris Editor, 1990. vol. 2.

______. Limites objetivos da coisa julgada no Direito brasileiro atual. *Revista de Processo [RePro]* 14-15/45, 1979.

______. *Sentença e coisa julgada*. 3. ed. Porto Alegre: Sérgio Antonio Fabris Editor, 1995.

______. Sentença condenatória na Lei 11.232. *Revista Jurídica*, Porto Alegre: Notadez, vol. 345, jul. 2006.

TALAMINI, Eduardo. "Sentença que reconhece obrigação" como título executivo (CPC, art. 475-N, I – acrescido pela Lei 11.232/2005). In: BRUSCHI, Gilberto Gomes (coord.). *Execução civil e cumprimento da sentença*. São Paulo: Método, 2006.

______. *Tutela relativa aos deveres de fazer e não fazer*. 2. ed., rev., atual. e ampliada. São Paulo: Ed. RT, 2003.

TARUFFO, Michele. Il fatto e l'interpretazione. *Revista da Faculdade de Direito do Sul de Minas*, Pouso Alegre, v. 26, n. 2, jul.-dez. 2010, p. 195-208.

TEIXEIRA, Sálvio de Figueiredo. *O STJ e o processo civil*. Brasília: Brasília Jurídica, 1995.

THEODORO JÚNIOR, Humberto. *Comentários ao Código de Processo Civil*. Rio de Janeiro: Forense, 1983. vol. 4.

______. *Curso de direito processual civil*. 47. ed. Rio de Janeiro: Forense, 2007. vol. 1.

______. Princípios informativos e a técnica de julgar no processo civil. *RF* 268/103; *Juriscível* 90/7.

______. *Processo de conhecimento*. Rio de Janeiro: Forense, 1981. t. II.

WAGNER, Luiz Guilherme da Costa. O novo conceito de sentença e os reflexos na escolha dos meios de impugnação cabíveis diante dos pronunciamentos judiciais: aplicação do princípio da fungibilidade. In: NERY JR., Nelson e WAMBIER, Teresa Arruda Alvim (coords.). *Aspectos polêmicos e atuais dos recursos cíveis*. São Paulo: Ed. RT, 2007. vol. 11.

WAMBIER, Luiz Rodrigues. *Sentença civil – Liquidação e cumprimento*. 3. ed. São Paulo: Ed. RT, 2006.

______; WAMBIER, Teresa Arruda Alvim; MEDINA, José Miguel Garcia. *Breves comentários à nova sistemática processual civil*. 3. ed. São Paulo: RT, 2005.

WAMBIER, Teresa Arruda Alvim. *Nulidades do processo e da sentença*. 6. ed. São Paulo: Ed. RT, 2007; 5. ed., 2004.

______. *Os agravos no CPC brasileiro*. 4. ed. São Paulo: Ed. RT, 2005.

______. *Omissão judicial e embargos de declaração*. São Paulo: Ed. RT, 2005.

______; MEDINA, José Miguel Garcia. *O dogma da coisa julgada – Hipóteses de relativização*. São Paulo: Ed. RT, 2003.

Índice Legislativo*

(os números citados referem-se aos itens em que aparecem)

* A abrevitaura "p. I" designa a 1.ª Parte desta obra e a abreviatura p. II, a 2.ª Parte; o número seguinte ao hífen indica o item ou subdivisão da respectiva parte da obra. Ex.: p. I - 51 (Parte I, n. 51, da obra).

CÓDIGO PENAL

Arts.:

Índice Onomástico*

(os números citados referem-se aos itens em que aparecem)

* A abrevitaura "p. I" designa a 1.ª Parte desta obra e a abreviatura p. II, a 2.ª Parte; o número seguinte ao hífen indica o item ou subdivisão da respectiva parte da obra. Ex.: p. I - 51 (Parte I, n. 51, da obra).

Índice Alfabético-remissivo*

(os números citados referem-se aos itens)

* A abreviatura "p. I" designa a 1ª Parte desta obra e a abreviatura p. II, a 2ª Parte; o número seguinte ao hífen indica o item ou subdivisão da respectiva parte da obra. Ex.: p. I - 51 (Parte I, n. 51, da obra).

Diagramação eletrônica:
Editora Revista dos Tribunais Ltda., CNPJ 60.501.293/0001-12.
Impressão e encadernação:
Escolas Profissionais Salesianas, CNPJ 60.927.290/0001-45.

A.S. L8038